20
25

CAIO
BARTINE

DIREITO TRIBUTÁRIO
INTERDISCIPLINAR

Dados Internacionais de Catalogação na Publicação (CIP) de acordo com ISBD

B288d	Bartine, Caio
	Direito tributário interdisciplinar / Caio Bartine. – Indaiatuba, SP : Editora Foco, 2025.
	1256 p. ; 17cm x 24cm.
	Inclui bibliografia e índice.
	ISBN: 978-65-6120-525-2
	1. Direito. 2. Direito tributário. I. Título.
2025-2217	CDD 341.39 CDU 34:336.2

Elaborado por Vagner Rodolfo da Silva - CRB-8/9410

Índices para Catálogo Sistemático:

1. Direito tributário 341.39

2. Direito tributário 34:336.2

CAIO
BARTINE

DIREITO TRIBUTÁRIO
INTERDISCIPLINAR

2025 © Editora Foco

Autor: Caio Bartine
Diretor Acadêmico: Leonardo Pereira
Editor: Roberta Densa
Coordenadora Editorial: Paula Morishita
Revisora Sênior: Georgia Renata Dias
Revisora Júnior: Adriana Souza Lima
Capa Criação: Leonardo Hermano
Diagramação: Ladislau Lima
Impressão miolo e capa: FORMA CERTA

DIREITOS AUTORAIS: É proibida a reprodução parcial ou total desta publicação, por qualquer forma ou meio, sem a prévia autorização da Editora FOCO, com exceção do teor das questões de concursos públicos que, por serem atos oficiais, não são protegidas como Direitos Autorais, na forma do Artigo 8º, IV, da Lei 9.610/1998. Referida vedação se estende às características gráficas da obra e sua editoração. A punição para a violação dos Direitos Autorais é crime previsto no Artigo 184 do Código Penal e as sanções civis às violações dos Direitos Autorais estão previstas nos Artigos 101 a 110 da Lei 9.610/1998. Os comentários das questões são de responsabilidade dos autores.

NOTAS DA EDITORA:

Atualizações e erratas: A presente obra é vendida como está, atualizada até a data do seu fechamento, informação que consta na página II do livro. Havendo a publicação de legislação de suma relevância, a editora, de forma discricionária, se empenhará em disponibilizar atualização futura.

Erratas: A Editora se compromete a disponibilizar no site www.editorafoco.com.br, na seção Atualizações, eventuais erratas por razões de erros técnicos ou de conteúdo. Solicitamos, outrossim, que o leitor faça a gentileza de colaborar com a perfeição da obra, comunicando eventual erro encontrado por meio de mensagem para contato@editorafoco.com.br. O acesso será disponibilizado durante a vigência da edição da obra.

Impresso no Brasil (5.2025) – Data de Fechamento (5.2025)

2025
Todos os direitos reservados à
Editora Foco Jurídico Ltda.
Rua Antonio Brunetti, 593 – Jd. Morada do Sol
CEP 13348-533 – Indaiatuba – SP

E-mail: contato@editorafoco.com.br
www.editorafoco.com.br

APRESENTAÇÃO

A obra "Direito Tributário Interdisciplinar", de autoria de Caio Bartine, representa um marco relevante na produção doutrinária nacional, ao propor um olhar sistêmico, crítico e transversal sobre os fundamentos, institutos e funções da tributação no Brasil contemporâneo. Longe de limitar-se a uma abordagem dogmática tradicional, a obra se propõe a redesenhar os contornos do Direito Tributário mediante a integração metodológica entre economia, filosofia política, sociologia, teoria do Estado e ciência das finanças públicas.

O autor – pós-doutorando em Direito pelas Universidades de Messina e Bolonha, doutor em Direito pela PUC-RJ e em Ciências Jurídicas e Sociais pela UBA, com destacada trajetória como professor, advogado e dirigente institucional – conduz o leitor por um percurso teórico-prático que alia solidez acadêmica e aplicabilidade concreta. Sua formação multidisciplinar se expressa na estrutura metodológica e na profundidade dos temas explorados, revelando domínio técnico, sensibilidade constitucional e rara habilidade de articulação entre normas, princípios e realidades institucionais.

A obra parte da concepção clássica da atividade financeira do Estado, abordando com rigor as dimensões da receita, despesa, orçamento e crédito público, à luz da Constituição Federal, da Lei de Responsabilidade Fiscal e da Lei 4.320/64. Em seguida, avança para uma abordagem crítica das obrigações tributárias, revelando a tessitura da solidariedade passiva, da capacidade tributária e do domicílio fiscal com suporte em doutrina, jurisprudência e fundamentos históricos e comparados. A intersecção entre direito civil e direito público – especialmente no exame da solidariedade – é um dos destaques analíticos da obra, que alia tradição dogmática e inovação conceitual.

Com uma linguagem precisa, juridicamente escorreita e formal, a obra não se restringe a comentar o Direito Positivo. Ela provoca o leitor a repensar as estruturas institucionais do sistema tributário, inclusive à luz da reforma fiscal, das transformações digitais e das novas exigências sociais sobre o Estado. Com comparações internacionais pontuais, mas sempre estratégicas, o autor exemplifica institutos e práticas que desafiam a racionalidade clássica do tributo no século XXI.

O que distingue o presente trabalho é sua vocação interdisciplinar aliada a um compromisso didático. Embora profundo em sua análise, o texto é acessível para o leitor que busca compreender – e transformar – a lógica tributária vigente. O autor consegue produzir uma obra de consulta obrigatória tanto para estudantes e jovens operadores do Direito quanto para magistrados, professores, procuradores, consultores e gestores públicos.

É, portanto, uma obra que dialoga com o presente, interpreta os dilemas do sistema tributário sob uma lente crítica e estratégica, e oferece ao leitor ferramentas para compreender e intervir no complexo sistema de justiça fiscal brasileiro.

SUMÁRIO

APRESENTAÇÃO.. V

1. ATIVIDADE FINANCEIRA DO ESTADO.. 1

  1.1   Despesas públicas.. 9

      1.1.1   Classificação das despesas públicas.. 10

      1.1.2   Execução das despesas públicas 12

  1.2   Receitas públicas... 20

      1.2.1   Classificação das receitas públicas.. 21

      1.2.2   Estágios da receita pública 23

      1.2.3   Disponibilidade de caixa 24

  1.3   Orçamento público 24

      1.3.1   Natureza jurídica do orçamento público.. 25

           1.3.1.1   Princípios do orçamento público.. 26

           1.3.1.2   Leis orçamentárias 28

                 1.3.1.2.1   Lei do Plano Plurianual (PPA) 29

                 1.3.1.2.2   Lei de Diretrizes Orçamentárias (LDO) 29

                 1.3.1.2.3   Lei Orçamentária Anual (LOA)........................... 30

      1.3.2   Fiscalização orçamentária.. 32

  1.4   Crédito público.. 35

      1.4.1   Classificação do crédito público.. 35

      1.4.2   Créditos adicionais 37

2. FONTES DO DIREITO TRIBUTÁRIO.. 41

  2.1   Constituição Federal... 43

  2.2   Emendas Constitucionais.. 57

  2.3   Lei Complementar e Lei Ordinária.. 60

  2.4   Lei Delegada.. 94

  2.5   Medida Provisória... 95

  2.6   Atos Normativos do Poder Executivo 98

2.6.1	Decreto executivo		99
2.6.2	Convênios		103

2.7 Resoluções do Senado Federal 106

2.8 Tratados e Convenções Internacionais 108

3. COMPETÊNCIA TRIBUTÁRIA E CAPACIDADE TRIBUTÁRIA ATIVA 115

3.1 Competência legislativa tributária 115

3.2 Competência tributária propriamente dita 116

    3.2.1 Características ou atributos da competência tributária 119

    3.2.2 Espécies de competência tributária 125

        3.2.2.1 Competência privativa 126

        3.2.2.2 Competência comum 126

        3.2.2.3 Competência residual 127

        3.2.2.4 Competência extraordinária 128

        3.2.2.5 Competência exclusiva 129

        3.2.2.6 Competência cumulativa 131

        3.2.2.7 Competência nos territórios federais 132

        3.2.2.8 Competência compartilhada: análise crítica 133

3.3 Capacidade tributária ativa 134

    3.3.1 Atributos da capacidade tributária ativa 135

4. LIMITAÇÕES CONSTITUCIONAIS AO PODER DE TRIBUTAR 141

4.1 Eficácia e aplicabilidade das normas constitucionais limitadoras do poder de tributar 142

4.2 Limitações implícitas ao poder de tributar 145

    4.2.1 Vedação à invasão de competência tributária 146

    4.2.2 Vedação à bitributação e ao *bis in idem* 147

4.3 Limitações explícitas ao poder de tributar 150

    4.3.1 Principiologia constitucional tributária 150

        4.3.1.1 Princípios do Sistema Tributário Nacional 151

            4.3.1.1.1 Princípio da Simplicidade 153

            4.3.1.1.2 Princípio da Transparência 154

            4.3.1.1.3 Princípio da Justiça Tributária 155

            4.3.1.1.4 Princípio da Cooperação 155

            4.3.1.1.5 Princípio da Defesa do Meio Ambiente 156

4.3.1.2 Princípios constitucionais tributários................................. 157

4.3.1.2.1 Princípio da Legalidade Tributária e Estrita Legalidade Tributária 158

4.3.1.2.1.1 Exceções ao Princípio da Legalidade Tributária.................................... 166

4.3.1.2.2 Princípio da Tipicidade Cerrada ou Fechada...... 170

4.3.1.2.3 Princípio da Isonomia Tributária 174

4.3.1.2.4 Princípio da Capacidade Contributiva............... 178

4.3.1.2.4.1 A progressividade tributária.......... 179

4.3.1.2.4.1.1 Da progressividade fiscal do Imposto sobre a Propriedade Predial e Territorial Urbana (IPTU) 184

4.3.1.2.4.1.2 Da Progressividade do Imposto sobre a Transmissão Causa Mortis e Doações de quaisquer Bens ou Direitos (IT-CMD) 185

4.3.1.2.4.1.3 Da Progressividade do Imposto sobre a Transmissão Onerosa de Bens Imóveis Inter Vivos (ITBI) 187

4.3.1.2.5 Princípio da Irretroatividade Tributária 190

4.3.1.2.5.1 Exceções aplicáveis ao Princípio da Irretroatividade Tributária: retroatividade benéfica ou benigna.......... 193

4.3.1.2.6 Princípio da Anterioridade tributária................. 197

4.3.1.2.6.1 Exceções aplicáveis ao Princípio da Anterioridade Tributária................ 200

4.3.1.2.6.2 Discussões doutrinárias e jurisprudenciais sobre o princípio da anterioridade tributária........................ 202

4.3.1.2.7 Princípio da Vedação ao Confisco..................... 210

4.3.1.2.7.1 Confisco e Seletividade Tributária.. 213

4.3.1.2.8 Princípio da Liberdade de Tráfego de Pessoas Interestaduais e Intermunicipais 218

DIREITO TRIBUTÁRIO INTERDISCIPLINAR • Caio Bartine

4.3.1.2.9 Princípio da Uniformidade Geográfica na Tributação 219

4.3.1.2.9.1 Vedação de Concessão de Isenções Heterônomas 222

4.3.1.2.10 Princípio da Não Discriminação ou Não Diferenciação 224

4.3.1.2.11 Princípio da Não Cumulatividade..................... 225

4.3.2 Imunidades tributárias 232

4.3.2.1 Imunidades genéricas.. 235

4.3.2.1.1 Imunidade recíproca 235

4.3.2.1.2 Imunidade religiosa................................ 241

4.3.2.1.3 Imunidade subjetiva assistencial............ 245

4.3.2.1.4 Imunidade objetiva cultural................... 252

4.3.2.1.5 Imunidade fonográfica musical.............. 257

4.3.2.2 Imunidades específicas... 258

4.3.2.2.1 Imunidades específicas dos impostos nominados... 259

4.3.2.2.1.1 Imunidade específica do Imposto sobre Produtos Industrializados (IPI)... 259

4.3.2.2.1.2 Imunidade específica do Imposto Territorial Rural (ITR)................... 260

4.3.2.2.1.3 Imunidade específica do Imposto sobre a Transmissão Causa Mortis e Doações de quaisquer Bens ou Direitos (ITCMD)........................... 261

4.3.2.2.1.4 Imunidade específica do Imposto sobre as Operações de Circulação de Mercadorias e Prestação de Serviços de Transporte Interestadual, Intermunicipal e de Comunicações (ICMS) 262

4.3.2.2.1.5 Imunidade Específica do Imposto sobre a Propriedade de Veículos Automotores (IPVA)...................... 266

4.3.2.2.1.6 Imunidade específica do Imposto sobre a Propriedade Predial e Territorial Urbana (IPTU) 268

4.3.2.2.1.7 Imunidade específica do Imposto sobre a Transmissão Onerosa de Bens Imóveis Inter Vivos (ITBI)..... 269

4.3.2.2.1.8 Imunidade Específica do Imposto

		sobre Serviços de Qualquer Natureza (ISS)	272
4.3.2.2.1.9		Imunidade específica do Imposto sobre Bens e Serviços (IBS)	273
4.3.2.2.2		Imunidades específicas das taxas	274
4.3.2.2.3		Imunidades interpretativas	278
4.3.2.2.4		Imunidades específicas de contribuições especiais	286
4.3.2.2.4.1		Imunidades específicas das contribuições sociais e interventivas	286
4.3.2.2.4.2		Imunidades específicas de contribuições previdenciárias do trabalhador e demais segurados	287

5. TRIBUTO E ESPÉCIES TRIBUTÁRIAS 291

5.1 Análise conceitual de tributo 292

5.2 Escolas doutrinárias: as espécies tributárias e sua natureza jurídica 297

5.3 Impostos 301

    5.3.1 Princípio da não Afetação 302

    5.3.2 Classificação dos impostos 307

        5.3.2.1 Impostos diretos 307

        5.3.2.2 Impostos indiretos 307

        5.3.2.3 Impostos pessoais 307

        5.3.2.4 Impostos reais 308

        5.3.2.5 Impostos progressivos 308

        5.3.2.6 Impostos seletivos 308

        5.3.2.7 Impostos não cumulativos 312

        5.3.2.8 Impostos residuais 312

5.4 Taxas 312

    5.4.1 Taxa de polícia 313

        5.4.1.1 Atributos do poder de polícia 313

        5.4.1.2 Limites de atuação do poder de polícia 317

        5.4.1.3 Taxa de serviço 319

            5.4.1.3.1 Serviço público uti universi 320

            5.4.1.3.2 Serviço público uti singuli 320

            5.4.1.3.3 Base de cálculo da taxa 322

5.5 Contribuição de melhoria 327

5.5.1	Valorização imobiliária em decorrência de obras públicas: *numerus apertus*	328

5.5.2 Contribuição de melhoria inversa 329

5.5.3 Limite de arrecadação pelo poder público 329

6. OS TRIBUTOS FINALÍSTICOS 333

6.1 Empréstimos compulsórios 333

    6.1.1 Espécies constitucionais 335

    6.1.2 Temporariedade e restituibilidade 339

7. CONTRIBUIÇÕES ESPECIAIS 343

7.1 Contribuição de Intervenção no Domínio Econômico (CIDE) 344

7.2 Contribuições de interesse das categorias profissionais e econômicas (Corporativas) 353

7.3 Contribuições sociais 355

    7.3.1 Contribuições sociais gerais 356

        7.3.1.1 Contribuição do salário-educação 357

        7.3.1.2 Contribuição do SAT (RAT/FAP) 358

    7.3.2 Contribuições sociais específicas 360

        7.3.2.1 Contribuição social específica sobre o empregador, empresa ou entidade equiparada (pessoa jurídica) 362

        7.3.2.2 Contribuição social específica dos segurados do regime geral de previdência social 369

        7.3.2.3 Contribuição social específica sobre a receita do concurso de prognósticos 371

        7.3.2.4 Contribuição social específica sobre o importador de bens ou serviços do exterior 373

        7.3.2.5 Contribuição Social sobre Bens e Serviços (CBS) 382

7.4 Outras contribuições 383

    7.4.1 Contribuição sindical e contribuição confederativa 384

    7.4.2 Contribuição destinada ao FGTS 385

8. NORMAS GERAIS EM MATÉRIA TRIBUTÁRIA 389

8.1 Análise constitucional 389

9. LEGISLAÇÃO TRIBUTÁRIA 391

10. VIGÊNCIA DA NORMA TRIBUTÁRIA	405
10.1 Vigência da norma tributária no tempo	405
10.2 Vigência da norma tributária no espaço	406
11. APLICAÇÃO DA NORMA TRIBUTÁRIA	409
12. INTEGRAÇÃO E INTERPRETAÇÃO DA NORMA TRIBUTÁRIA	413
12.1 Integração da norma tributária	418
13. DIREITO OBRIGACIONAL TRIBUTÁRIO	421
13.1 Obrigação tributária	422
13.1.1 Obrigação principal	422
13.1.2 Obrigação acessória	424
13.1.3 Autonomia no direito obrigacional tributário	425
13.2 Fato gerador da obrigação tributária	427
13.2.1 Análise conceitual	428
13.2.2 Classificação de fatos geradores	429
13.2.3 Marco temporal da ocorrência do fato gerador	431
13.2.4 Norma antilelisiva em matéria tributária: estudos sobre elisão, elusão e evasão fiscal	432
13.3 Sujeitos da obrigação tributária	438
13.3.1 Sujeito Ativo	438
13.3.1.1 Sujeito ativo de obrigação tributária e sujeito ativo da relação jurídico-processual tributária	441
13.3.2 Sujeito passivo	442
13.3.2.1 Contribuinte	443
13.3.2.2 Responsável	445
13.3.2.3 Distinção entre contribuinte de fato e responsável	446
13.4 Solidariedade tributária	450
13.4.1 A solidariedade enquanto instituto de direito privado	450
13.4.1.1 Solidariedade ativa e solidariedade passiva	452
13.4.2 Solidariedade tributária passiva	453
13.4.3 Efeitos da solidariedade tributária passiva	455
13.5 Capacidade tributária passiva	459
13.5.1 Capacidade civil	460
13.5.2 Exercício de atividade econômica ou profissional	462

13.5.3 Constituição de uma sociedade e sua regularização............................ 463

13.6 Domicílio tributário.. 469

13.6.1 Ausência de eleição do foro pelo sujeito passivo................................ 472

13.6.1.1 Pessoa natural.. 472

13.6.1.2 Pessoa jurídica de direito privado 473

13.6.1.3 Pessoa jurídica de direito público................................ 475

13.6.2 Aplicabilidade do § 1º do art. 127 do Código Tributário Nacional (CTN)... 476

13.6.3 Recusa de domicílio eleito pelo sujeito passivo 477

13.7 Responsabilidade tributária 493

13.7.1 Análise conceitual 493

13.7.2 Espécies de responsabilidade tributária... 494

13.7.2.1 Responsabilidade tributária por substituição 495

13.7.2.1.1 Substituição progressiva (para frente) 496

13.7.2.1.2 Substituição regressiva (para trás)...................... 499

13.7.2.2 Responsabilidade tributária por transferência...................... 504

13.7.2.2.1 Responsabilidade tributária por sucessão 505

13.7.2.2.1.1 Espécies de responsabilidade tributária por sucessão 507

13.7.2.2.1.1.1 Sucessão imobiliária 507

13.7.2.2.1.1.2 Sucessão intuitu personae (pessoal).. 517

13.7.2.2.1.1.3 Sucessão empresarial 519

13.7.2.2.1.2 Responsabilidade tributária de terceiros 538

13.7.2.2.1.2.1 Terceiros responsáveis 539

13.7.2.2.2 Responsabilidade tributária por excesso de poderes... 548

13.7.2.2.3 Responsabilidade tributária por infrações........... 554

13.7.2.2.3.1 Direito Tributário Penal.................. 555

13.7.2.2.3.2 Direito Penal Tributário.................. 556

13.8 Denúncia espontânea... 558

14. CRÉDITO TRIBUTÁRIO.. 565

14.1 Análise conceitual 566

14.2 Exigibilidade do crédito tributário: lançamento 566

14.3 Modalidades de lançamento 577

    14.3.1 Lançamento de ofício (direto) 577

    14.3.2 Lançamento por declaração (misto) 578

    14.3.3 Lançamento por homologação (autolançamento) 579

14.4 Alteração e revisão do lançamento 588

14.5 Suspensão da exigibilidade do crédito tributário 596

    14.5.1 Moratória 598

    14.5.2 Depósito do montante integral 602

    14.5.3 Reclamações e recursos administrativos 608

    14.5.4 Concessão de liminar em mandado de segurança 613

    14.5.5 Concessão de medida liminar ou de tutela antecipada em outras espécies de ação judicial 620

    14.5.6 Parcelamento 626

14.6 Extinção do crédito tributário 630

    14.6.1 Pagamento 632

        14.6.1.1 Imputação de pagamento 634

        14.6.1.2 Pagamento indevido e direito de restituição 636

        14.6.1.3 Direito de restituição de tributos indiretos 638

    14.6.2 Compensação 646

    14.6.3 Transação 656

    14.6.4 Remissão 661

    14.6.5 Decadência tributária 666

    14.6.6 Prescrição tributária 679

    14.6.7 Conversão do depósito em renda 687

    14.6.8 Pagamento antecipado e a homologação do lançamento 688

    14.6.9 Consignação em pagamento 689

    14.6.10 Decisão administrativa irreformável 693

    14.6.11 Decisão judicial transitada em julgado 696

    14.6.12 Dação em pagamento de bens imóveis 700

14.7 exclusão do crédito tributário 704

    14.7.1 Isenção 705

        14.7.1.1 Isenção autonômica e isenção heterônoma 707

        14.7.1.2 Prazo de duração da lei concessiva de isenção 709

        14.7.1.3 Concessão de isenção e lei de responsabilidade fiscal 710

14.7.1.4 A isenção de icms e sua eficácia 712

14.7.2 Anistia.. 717

14.7.2.1 Penalidades pecuniárias não abrangidas pela anistia 719

14.8 Garantias e privilégios do crédito tributário 722

14.8.1 Bens atingíveis pelo crédito tributário e o bem de família 723

14.8.2 Presunção de fraude fiscal 728

14.8.3 Indisponibilidade patrimonial eletrônica: penhora on-line em matéria tributária... 735

14.8.4 Preferências do crédito tributário... 740

15. ADMINISTRAÇÃO TRIBUTÁRIA 753

15.1 Análise conceitual 753

15.2 Exercício da fiscalização tributária: imunidade e isenção 759

15.3 Fiscalização de livros e documentos: prazos e limites................................ 761

15.4 Agentes obrigados à prestação de informações de terceiros 763

15.5 Fiscalização tributária e os direitos fundamentais do contribuinte.............. 768

16. DÍVIDA ATIVA 777

16.1 Análise conceitual: dívida ativa tributária e não tributária 777

16.2 Requisitos do termo de inscrição em dívida ativa 778

17. EXECUÇÃO FISCAL 789

18. DIREITO DE CERTIDÃO DE REGULARIDADE FISCAL...................................... 801

19. IMPOSTOS EM ESPÉCIE 809

19.1 Regramento de incidência tributária... 810

19.1.1 Aspecto material 813

19.1.2 Aspecto espacial 813

19.1.3 Aspecto temporal.. 814

19.1.4 Aspecto pessoal 815

19.1.5 Aspecto quantitativo.. 816

20. IMPOSTOS ORDINÁRIOS FEDERAIS... 817

20.1 Imposto sobre a Importação (II).. 817

20.1.1 Fundamentação constitucional e legal 817

20.1.2	Regramento de incidência tributária	818
20.1.3	Entendimento jurisprudencial	829

20.2 Imposto sobre a exportação (II) 835

20.2.1	Fundamentação constitucional e legal	835
	20.2.1.1 Regramento de incidência tributária	835
	20.2.1.2 Entendimento jurisprudencial	843

20.3 Imposto sobre a renda e proventos de qualquer natureza (IR) 844

20.3.1	Fundamentação constitucional e legal	844
20.3.2	Regramento de incidência tributária	845
20.3.3	Entendimento jurisprudencial	872

20.4 Imposto sobre Produtos Industrializados (IPI) 877

20.4.1	Fundamentação constitucional e legal	877
20.4.2	Regramento de incidência tributária	877
20.4.3	Entendimento jurisprudencial	899

20.5 Imposto sobre as operações de crédito, câmbio, seguros, títulos e valores mobiliários (IOF) 906

20.5.1	Fundamentação constitucional e legal	906
20.5.2	Regramento de incidência tributária	906
20.5.3	Entendimento jurisprudencial	933

20.6 Imposto territorial rural 937

20.6.1	Fundamentação constitucional e legal	937
20.6.2	Regramento de incidência tributária	938
20.6.3	Entendimento jurisprudencial	953

20.7 Imposto sobre a produção, extração, comercialização ou importação de bens e serviços prejudiciais à saúde e ao meio ambiente (Imposto Seletivo) 958

20.7.1	Fundamentação constitucional e legal	959
20.7.2	Regramento estabelecido na Lei Complementar 214/2025	959

21. IMPOSTOS ORDINÁRIOS ESTADUAIS 981

21.1 Imposto sobre a Transmissão *Causa Mortis* e Doações de quaisquer Bens ou Direitos (ITCMD) 981

21.1.1	Fundamentação constitucional e legal	981
21.1.2	Regramento de incidência tributária	982
21.1.3	Regramento previsto pela PLC 108/2024	994
21.1.4	Entendimento jurisprudencial	1001

DIREITO TRIBUTÁRIO INTERDISCIPLINAR • Caio Bartine

21.2 Imposto Sobre as Operações de Circulação de Mercadorias e Prestações de Serviços de Transporte Interestadual, Intermunicipal e de Comunicações (ICMS).... 1006

    21.2.1 Fundamentação constitucional e legal 1006

    21.2.2 Regramento de incidência tributária 1009

    21.2.3 Entendimento jurisprudencial 1040

21.3 Imposto sobre a Propriedade de Veículos Automotores (IPVA) 1043

    21.3.1 Fundamentação constitucional e legal 1043

    21.3.2 Regramento de incidência tributária 1044

    21.3.3 Entendimento jurisprudencial 1054

22. IMPOSTOS ORDINÁRIOS MUNICIPAIS 1059

22.1 Imposto sobre a Propriedade Predial e Territorial Urbana (IPTU) 1060

    22.1.1 Fundamentação constitucional e legal 1060

    22.1.2 Regramento de incidência tributária 1061

22.2 Imposto sobre a Transmissão Onerosa de Bens Imóveis *inter vivos* (ITBI) 1087

    22.2.1 Fundamentação constitucional e legal 1087

    22.2.2 Regramento de incidência tributária 1087

    22.2.3 Entendimento jurisprudencial 1098

22.3 Imposto Sobre Serviços de Qualquer Natureza (ISS) 1103

    22.3.1 Fundamentação constitucional e legal 1104

    22.3.2 Regramento de incidência tributária 1104

    22.3.3 Entendimento jurisprudencial 1124

23. PROCESSO TRIBUTÁRIO 1131

23.1 Processo administrativo fiscal 1132

    23.1.1 Procedimento administrativo e processo administrativo fiscal 1133

    23.1.2 A consulta fiscal 1136

    23.1.3 A impugnação administrativa 1140

23.2 Recursos administrativos 1143

23.3 Processo judicial 1145

    23.3.1 Medidas judiciais de iniciativa da fazenda pública 1148

        23.3.1.1 Ação de execução fiscal 1149

        23.3.1.2 Medida cautelar fiscal 1155

    23.3.2 Medidas judiciais de iniciativa do sujeito passivo 1157

23.3.2.1 Ação declaratória de inexistência de relação jurídico-tributária.. 1158

23.3.2.2 Ação anulatória de débito fiscal... 1159

23.3.2.3 Ação de repetição de indébito fiscal 1162

23.3.2.4 Ação de consignação em pagamento 1164

23.3.2.5 Mandado de segurança 1166

23.3.2.6 Defesas do executado 1172

        23.3.2.6.1 Embargos à execução fiscal............................... 1172

        23.3.2.6.2 Exceção de pré-executividade........................... 1175

24. DIREITO SUMULAR TRIBUTÁRIO.. 1177

24.1 Súmulas do Conselho Administrativo de Recursos Fiscais do Ministério da Fazenda (CARF)... 1179

24.2 Súmulas Vinculantes do Supremo Tribunal Federal (STF) 1202

24.3 Súmulas não Vinculantes do Supremo Tribunal Federal (STF).............................. 1207

24.4 Súmulas do Superior Tribunal de Justiça (STJ)... 1221

1
ATIVIDADE FINANCEIRA DO ESTADO

Entende-se por **atividade financeira** do Estado a busca, pela própria Administração Pública, da **satisfação das necessidades públicas**. A finalidade precípua é a de **atingir o bem comum**, satisfazendo todas as necessidades coletivas.

Inúmeros fatores fazem com que, com o passar dos anos, haja um aumento significativo das despesas públicas. Fatores como o **aumento populacional**, a **expectativa de vida**, dentre outros acarretam maiores gastos da Administração Pública para manter a satisfação das necessidades públicas.

No passado, uma das formas do Estado obter meios para a satisfação de suas necessidades ocorria mediante a **requisição de bens e serviços de seus súditos**, da **posse dos despojos de guerra**, dentre outros. Com o passar dos anos e com a modernização do próprio Estado, substituímos tais formas por **obtenção de valores dos cidadãos**.

A **principal finalidade do Estado** no exercício da atividade financeira é a **realização do bem comum**, ou seja, buscar o atendimento das necessidades da coletividade.

Conforme estudos, a atividade financeira do Estado está vinculada à satisfação de três necessidades públicas básicas: **prestação de serviços públicos**, **exercício regular do poder de polícia** e a **intervenção no domínio econômico**. Tais funções são consideradas fundamentais no exercício da atividade estatal.

No artigo 175 da Constituição Federal[1] temos a tratativa sobre os **serviços públicos**, além de outros dispositivos inseridos no texto constitucional, incumbindo ao Poder Público a prestação dos serviços públicos, seja de forma direta ou indireta.

Parcela da doutrina classifica o **serviço público** como toda atividade de oferecimento de utilidade pública e comodidade material destinada à satisfação da coletividade em geral, mas fruível singularmente pelos administrados, pelo qual o Estado assume

---

1. **Art. 175.** Incumbe ao Poder Público, na forma da lei, diretamente ou sob regime de concessão ou permissão, sempre através de licitação, a prestação de serviços públicos.

    Parágrafo único. A lei disporá sobre:

    I – o regime das empresas concessionárias e permissionárias de serviços públicos, o caráter especial de seu contrato e de sua prorrogação, bem como as condições de caducidade, fiscalização e rescisão da concessão ou permissão;

    II – os direitos dos usuários;

    III – política tarifária;

    IV – a obrigação de manter serviço adequado.

como pertinente a seus deveres e presta por si mesmo ou por quem lhe faça às vezes, sob regime de direito público.

É cediço que um dos grandes objetivos da atividade financeira do Estado é a **obtenção de valores para uma prestação de serviços públicos adequada a toda a coletividade**.

Todo o serviço público é **titularizado pelo Poder Público**. Entretanto, o Poder Público poderá **delegar certas atividades materiais** às pessoas jurídicas de direito privado, transferindo o exercício de maneira temporária.

> **RESUMO**
> Os serviços públicos sempre serão de titularidade do Poder Público, mas este detém o poder de **delegar a execução de tais atividades** para **outras pessoas jurídicas**, tanto de **direito público** quanto de **direito privado**.

A divisão constitucional para a prestação de serviços públicos estabelece a competência da União, dos Estados, do Distrito Federal e dos Municípios.

Na **esfera federal**, compete à **União**, nos termos do artigo 21, X a XII, XXII e XXIII, da Constituição Federal a prestação dos seguintes serviços:

⇒ serviço postal e correio aéreo nacional;

⇒ exploração direta ou mediante autorização, concessão e permissão, os serviços de telecomunicações, nos termos da lei;

⇒ exploração direta ou mediante autorização, concessão e permissão, os serviços de radiodifusão sonora, de sons e imagens;

⇒ exploração direta ou mediante autorização, concessão e permissão, os serviços e instalações de energia elétrica e o aproveitamento energético dos cursos de água, em articulação com os Estados onde se situam os potenciais hidroenergéticos;

⇒ exploração direta ou mediante autorização, concessão e permissão, a navegação aérea, aeroespacial e a infraestrutura aeroportuária;

⇒ exploração direta ou mediante autorização, concessão e permissão, os serviços de transporte ferroviário e aquaviário entre portos brasileiros e fronteiras nacionais, ou que transponham os limites de Estado ou Território;

⇒ exploração direta ou mediante autorização, concessão e permissão, os serviços de transporte rodoviário interestadual e internacional de passageiros;

⇒ exploração direta ou mediante autorização, concessão e permissão os portos marítimos, fluviais e lacustres;

⇒ execução dos serviços de polícia marítima, aeroportuária e de fronteiras; e

⇒ exploração dos serviços e instalações nucleares de qualquer natureza.

Na esfera estadual, compete aos **Estados**, residualmente, nos termos do artigo 25, § 2º, da Constituição Federal[2], a **exploração direta ou mediante concessão, dos serviços locais de gás canalizado**, na forma da lei.

Na esfera distrital, o artigo 32, § 1º, da Constituição Federal[3] estabelece que ao **Distrito Federal** são atribuídas as competências legislativas reservadas aos Estados e aos Municípios, **podendo prestar a totalidade de serviços públicos estaduais** e **municipais**.

E, por fim, na esfera municipal, compete aos **Municípios**:

⇒ organização e prestação, diretamente ou sob regime de concessão, os serviços públicos de interesse local, incluído o de transporte coletivo, que tem caráter essencial[4];

⇒ prestação, com cooperação técnica e financeira da União e do Estado, programas de educação infantil e de ensino fundamental[5]; e

⇒ prestação, com cooperação técnica e financeira da União e do Estado, serviços de atendimento à saúde da população[6].

Existem serviços cuja titularidade é **comum para todos os entes federados**, como **saúde**, **educação**, **previdência social** e **assistência social**, podendo inclusive ser prestados por **particulares em colaboração com o Poder Público**.

O **poder de polícia** é representativo de uma atividade estatal restritiva, visando limitar direitos individuais relativos à liberdade e a propriedade em decorrência do interesse da coletividade, tendo sua definição tratada no art. 78 do Código Tributário Nacional[7].

Assim, podemos concluir que o **poder de polícia** é a faculdade de que dispõe a Administração Pública para condicionar e restringir o uso e gozo de bens, atividade e

---

2. Art. 25. Os Estados organizam-se e regem-se pelas Constituições e leis que adotarem, observados os princípios desta Constituição.
§ 2º Cabe aos Estados explorar diretamente, ou mediante concessão, os serviços locais de gás canalizado, na forma da lei, vedada a edição de medida provisória para a sua regulamentação. (Redação dada pela Emenda Constitucional 5, de 1995)

3. Art. 32. O Distrito Federal, vedada sua divisão em Municípios, reger-se-á por lei orgânica, votada em dois turnos com interstício mínimo de dez dias, e aprovada por dois terços da Câmara Legislativa, que a promulgará, atendidos os princípios estabelecidos nesta Constituição.
§ 1º Ao Distrito Federal são atribuídas as competências legislativas reservadas aos Estados e Municípios.

4. Art. 30, V da Constituição Federal.

5. Art. 30, VI, da Constituição Federal.

6. Art. 30, VII, da Constituição Federal.

7. Art. 78. Considera-se poder de polícia atividade da administração pública que, limitando ou disciplinando direito, interesse ou liberdade, regula a prática de ato ou abstenção de fato, em razão de interesse público concernente à segurança, à higiene, à ordem, aos costumes, à disciplina da produção e do mercado, ao exercício de atividades econômicas dependentes de concessão ou autorização do Poder Público, à tranquilidade pública ou ao respeito à propriedade e aos direitos individuais e coletivos"

direitos, em benefício da coletividade ou do próprio Estado. Tratando-se da manifestação do poder de império do Estado, o **poder de polícia é indelegável**.

Ressaltamos que não se trata da denominada **Polícia Judiciária**, mas de **Polícia Administrativa**. Um dos diferenciadores dessa atuação resta no **caráter eminentemente preventivo** da **Polícia Administrativa**, buscando evitar maiores danos à coletividade. No entanto, a atuação da **Polícia Judiciária** é **repressiva**, agindo sobre as pessoas que praticam condutas definidas em lei como crime ou contravenção, sujeitando-se as normas de direito penal.

Para que haja a necessária compreensão da **atuação do Estado no domínio econômico** como uma das atividades fundamentais básicas da Administração Pública e consequentemente da atividade financeira do Estado, cumpre observamos uma síntese evolutiva:

A **escola liberal**, iniciada no século XVIII e tendo como seu principal precursor **Adam Smith**[8] perdurou durante grande período, afirmando-se que a **principal função do Estado** na economia era de se **permitir que esta não sofresse qualquer interferência pelo próprio Estado**, pois, por si só, **haveria uma autorregulação**. Para Smith, a principal finalidade do Estado era a **manutenção da defesa comum, provimento da justiça e realização de obras públicas**. Assim, a ideia principal era **mantença de uma economia de livre mercado por completo**.

A **quebra da Bolsa de Valores de Nova Iorque**, em 1929, trouxe a "grande depressão" e fez com que países estritamente capitalistas permitissem que o Estado passasse a intervir nas relações econômicas, sendo considerado como **protagonista da movimentação econômica**.

Tal **intervencionismo estatal** encontra em **Keynes**[9] os principais ideais para retirar o mundo capitalista da depressão que o assolava. Assim, passa o **Estado** a ser o **grande realizador de políticas econômicas e sociais**, estabelecendo-se o *Welfare State* ou **Estado do Bem-Estar Social**.

A denominada **escola neoclássica** determinava a existência de um **Estado mínimo em relação aos direitos sociais e trabalhistas**. Em decorrência das crises petrolíferas, começa o declínio do *Welfare State* em meados da década de 70.

Com o advento da Constituição Federal de 1988, o Estado tem como seu principal fundamento o **princípio da dignidade da pessoa humana**, sendo necessário o auxílio direto da economia para o alcance de tal princípio.

---

8. **Adam Smith** (1723-1790) foi um economista e filósofo social do Iluminismo Escocês, sendo considerado o Pai da Economia Moderna.
9. **John Maynard Keynes** (1883-1946) foi um economista inglês, considerado um dos mais importantes economistas do século XX, precursor da Macroeconomia.

Nossa Constituição Federal estabelece, em seu artigo 170[10], os **princípios informadores da ordem econômica**, fundada na **valorização do trabalho** e da **livre-iniciativa**, tendo justamente a finalidade de assegurar a todos uma existência digna, conforme os ditames da justiça social.

No julgamento da **ADI 3.512**[11], o Ministro Eros Grau reitera que a ordem econômica na Constituição Federal de 1988 se define por um sistema no qual joga um **papel primordial à livre-iniciativa**.

Tal circunstância, segundo o jurista, **não legitima a assertiva de que o Estado só intervirá na economia em situações excepcionais**. Mais do que um simples instrumento de Governo, a nossa Constituição Federal enuncia **diretrizes**, **programas** e **fins** a serem realizados pelo Estado e pela sociedade.

A **livre-iniciativa** é expressão de liberdade titulada não apenas pela empresa, mas também pelo trabalho. Por isso, a Constituição Federal de 1988, ao contemplá-la, cogita também da iniciativa do Estado. Se de um lado, a Constituição assegura a livre-iniciativa, de outro determina ao Estado a **adoção de todas as providências tendentes a garantir o efetivo exercício do direito à educação**, à **cultura** e ao **desporto**. Na composição entre esses princípios e regras, há de ser preservado o **interesse da coletividade**, o denominado **interesse público primário**.

Visando assegurar a mantença da livre iniciativa e os preceitos de liberdade econômica, em 20 de setembro de 2019 foi editada a **Lei 13.784**, denominada de **Lei da Liberdade Econômica**, instituindo a **declaração de direitos de liberdade econômica** através de normas de **proteção à livre iniciativa** e ao **livre exercício da atividade econômica** e disposições sobre a **atuação do Estado como agente normativo e regulador**. Dentre os preceitos, a interpretação de todas as normas de ordenação pública sobre atividades econômicas privadas deve se dar em favor da liberdade econômica, da boa-fé e do respeito aos contratos, investimentos e propriedade.

---

10. **Art. 170.** A ordem econômica, fundada na valorização do trabalho humano e na livre iniciativa, tem por fim assegurar a todos existência digna, conforme os ditames da justiça social, observados os seguintes princípios:

I – soberania nacional;

II – propriedade privada;

III – função social da propriedade;

IV – livre concorrência;

V – defesa do consumidor;

VI – defesa do meio ambiente, inclusive mediante tratamento diferenciado conforme o impacto ambiental dos produtos e serviços e de seus processos de elaboração e prestação (Redação dada pela Emenda Constitucional 42, de 19.12.2003);

VII – redução das desigualdades regionais e sociais;

VIII – busca do pleno emprego;

IX – tratamento favorecido para as empresas de pequeno porte constituídas sob as leis brasileiras e que tenham sua sede e administração no País (Redação dada pela Emenda Constitucional 6, de 1995).

Parágrafo único. É assegurado a todos o livre exercício de qualquer atividade econômica, independentemente de autorização de órgãos públicos, salvo nos casos previstos em lei.

11. **STF, ADI 3.512**, de 15 de fevereiro de 2.006, de relatoria do Min. Eros Grau.

Assim, a **possibilidade de intervenção do Estado no domínio econômico** não exonera o Poder Público do dever jurídico de respeitar os postulados que emergem do ordenamento constitucional brasileiro. Para conciliação dos fundamentos da livre-iniciativa e do princípio da livre-concorrência com a defesa do consumidor e a redução das desigualdades sociais, em conformidade com os ditames da justiça social, pode o Estado, por via legislativa, **regular a política de preços de bens e serviços**, abusivo que é o poder econômico que visa o **aumento arbitrário dos lucros**.

Importante ressaltar que a Constituição só permite a exploração da atividade econômica pelo Estado quando necessário aos **imperativos da segurança nacional** ou a **relevante interesse coletivo**, conforme o argumento trazido no artigo 173 da Constituição Federal[12]. O Estado faz tal exploração mediante a criação de **empresas públicas e sociedades de economia mista**, mediante autorização legislativa.

Tais entidades se sujeitam ao **regime jurídico próprio das empresas privadas**, inclusive quanto às suas **obrigações trabalhistas** e **tributárias**, não podendo gozar de privilégios fiscais não extensivos às do setor privado[13].

Note-se, ainda, que o **poder interventor da economia** não se concentra apenas nas mãos da União, mas também repassados aos Estados e aos Municípios. Pela leitura do artigo 174 da Constituição Federal[14] temos tal interpretação, já que destina ao Estado a função de **fiscalização, regulação, incentivo e planejamento**, sendo este **determinante para o setor público** e **indicativos para o setor privado**.

O principal órgão repressor ao abuso do poder econômico é o **Conselho Administrativo de Defesa Econômica – CADE**, autarquia federal com força judicante, vinculada ao Ministério da Justiça, com sede e foro no Distrito Federal, nos termos do art. 4º da Lei 12.529/2011[15].

Toda a **prevenção e repressão às infrações da ordem econômica**, orientada pelos ditames constitucionais da **liberdade de iniciativa, livre-concorrência, função social da propriedade, defesa dos consumidores e repressão ao abuso do poder econômico** é realizado pelo **Sistema Brasileiro de Defesa da Concorrência – SBDC**. Integram o sistema, além do CADE, a Secretaria de Acompanhamento Econômico do Ministério da Fazenda.

---

12. **Art. 173.** Ressalvados os casos previstos nesta Constituição, a exploração direta de atividade econômica pelo Estado só será permitida quando necessária aos imperativos da segurança nacional ou a relevante interesse coletivo, conforme definidos em lei.

13. **Art. 173** (...)

    § 2º As empresas públicas e as sociedades de economia mista não poderão gozar de privilégios fiscais não extensivos às do setor privado.

14. **Art. 174.** Como agente normativo e regulador da atividade econômica, o Estado exercerá, na forma da lei, as funções de fiscalização, incentivo e planejamento, sendo este determinante para o setor público e indicativo para o setor privado.

15. **Art. 4º** O Cade é entidade judicante com jurisdição em todo o território nacional, que se constitui em autarquia federal, vinculada ao Ministério da Justiça, com sede e foro no Distrito Federal, e competências previstas nesta Lei.

Já o CADE, na sua estrutura organizacional, é constituído pelo **Tribunal Administrativo de Defesa Econômica**, a **Superintendência Geral** e pelo **Departamento de Estudos Econômicos**.

Conforme salienta o artigo 32 da Lei 12.529/2011, as diversas formas de infração da ordem econômica implicam a **responsabilidade da empresa** e a **responsabilidade individual de seus dirigentes ou administradores, solidariamente**.

Assim, vislumbramos as três funções precípuas da Administração Pública que integram a atividade financeira do Estado: **prestação de serviços públicos, exercício do poder de polícia** e **intervenção do Estado no domínio econômico**.

De maneira didática, podemos determinar que a **atividade financeira do Estado** se dá pela análise de quatro elementos fundamentais: **despesa, receita, orçamento** e **crédito público**.

A Constituição Federal estabelece, entre os artigos 163 a 169, a tratativa sobre **finanças públicas**. O artigo 163 estabelece:

> "Art. 163. Lei complementar disporá sobre:
>
> I – finanças públicas;
>
> II – dívida pública externa e interna, incluída a das autarquias, fundações e demais entidades controladas pelo Poder Público;
>
> III – concessão de garantias pelas entidades públicas;
>
> IV – emissão e resgate de títulos da dívida pública;
>
> V – fiscalização financeira da Administração Pública direta e indireta;
>
> VI – operações de câmbio realizadas por órgãos e entidades da União, dos Estados, do Distrito Federal e dos Municípios;
>
> VII – compatibilização das funções das instituições oficiais de crédito da União, resguardadas as características e condições operacionais plenas das voltadas ao desenvolvimento regional.
>
> (...)".

A norma que versa sobre o disposto no art. 163 da Constituição Federal é a **Lei 4.320/1964**, denominada de **Lei Geral de Finanças Públicas**.

Trata-se de uma lei, em sua origem, **ordinária**. No entanto, foi recepcionada pela Constituição Federal de 1967 e mantida pela Constituição Federal de 1988 materialmente como **lei complementar**. Assim, podemos determinar que se trata de **lei ordinária em sentido formal** e de **lei complementar em sentido material**.

Além da norma geral de finanças públicas, em 4 de maio de 2000 foi publicada a Lei Complementar 101, que estabelece as **normas de finanças públicas voltadas para a responsabilidade na gestão fiscal**. Trata-se da denominada **Lei de Responsabilidade Fiscal**.

Atualmente, as duas legislações são utilizadas para determinação do **funcionamento** e **gestão da atividade financeira do Estado**.

Basicamente, a **atividade financeira do Estado** é dotada de algumas características básicas:

✓ presença direta ou indireta de uma pessoa jurídica de direito público;
✓ economicidade; e
✓ instrumentalidade.

Quando se diz **presença direta ou indireta de uma pessoa jurídica de direito público**, mesmo quando diante de pessoas jurídicas de direito privado (empresas públicas e sociedades de economia mista), as **pessoas jurídicas de direito público exercem controle das atividades**, visto que, numa **empresa pública**, o **capital social será iminentemente público**; já numa **sociedade de economia mista**, o **controle da companhia** será pertencente a uma pessoa jurídica de direito público.

Segundo rege o artigo 165, § 5º, I e II do texto constitucional:

> "Art. 165. Leis de iniciativa do Poder Executivo estabelecerão:
> (...)
> § 5º A lei orçamentária anual compreenderá:
> I – o orçamento fiscal referente aos Poderes da União, seus fundos, órgãos e entidades da administração direta e indireta, inclusive fundações instituídas e mantidas pelo Poder Público;
> II – o orçamento de investimento das empresas em que a União, direta ou indiretamente, detenha a maioria do capital social com direito a voto".

Veja que, nos termos da Constituição Federal, tanto o **orçamento fiscal** como o de **investimento** devem levar em consideração as **receitas e despesas das pessoas jurídicas de direito privado que mantenham vínculo societário com a pessoa jurídica de direito público**, sendo incluídas no conceito de atividade financeira do Estado.

A **atividade financeira do Estado** sempre deverá observar a **relação de custo/benefício na obtenção de valores** ou de bens que possam ser convertidos em valores, não interessando bens que não possam satisfazer as necessidades públicas. Tal observância se dá pela **economicidade**.

Também deve a Administração Pública viabilizar a garantir recursos para que as demais atividades estatais possam ocorrer em atendimento ao interesse público, seja através da prestação de serviços, realização de obras e demais atividades inerentes ao funcionamento do Estado. Esse atributo que permite ao Estado a realização de um conjunto de medidas voltadas à atuação da produção, distribuição e consumo de bens e serviços damos o nome de **instrumentalidade**.

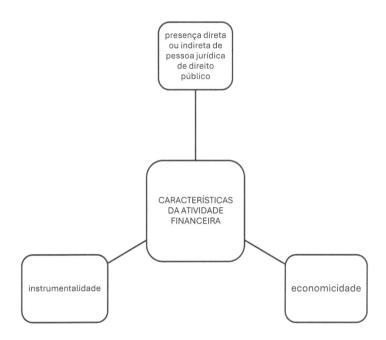

1.1 DESPESAS PÚBLICAS

Nas palavras de Aliomar Baleeiro, a **despesa pública** corresponde ao conjunto de dispêndios do Estado para o funcionamento dos serviços públicos. Em suma, a despesa pública é o **conjunto de gastos públicos num determinado período**, para **atendimento das necessidades da coletividade**.

Notadamente, os principais gastos públicos devem ser direcionados à **realização de obras públicas** e à **prestação de serviços públicos**. Entretanto, a decisão de gastar **não se configura como instrumento jurídico**, mas sim como um **instrumento político**, que deve se coadunar com um **plano de ação governamental**.

Esse **conjunto de dispêndios** a serem gastos pelo Estado devem observar todas as **normas de responsabilidade fiscal** daquele que está na condição de gestor da coisa pública.

1.1.1 Classificação das despesas públicas

A doutrina traz várias formas de **classificação de despesas públicas**. Vamos aqui abordar as principais classificações existentes:

a) Quanto à **periodicidade: despesas ordinárias e despesas extraordinárias**

São consideradas **despesas ordinárias** aquelas que se **renovam a cada orçamento**, sendo utilizadas nas rotinas de serviços públicos.

As **despesas extraordinárias** são aquelas destinadas para **atendimento de serviços excepcionais**, que não integram a rotina de serviços, não se renovando a cada exercício fiscal.

Há determinada corrente doutrinária que entende a existência de **despesas especiais**, sendo aquelas que decorrem de **fato previsível**, mas que a Administração Pública **não tem ideia de quando ocorrerá**, quando se dará a sua execução.

b) Quanto à **produtividade: despesas produtivas, despesas reprodutivas e despesas improdutivas**

As **despesas produtivas** são aquelas que criam utilidades mediante atuação estatal. As **despesas reprodutivas** são aquelas que representam o aumento da capacidade produtora do país, tais como construção de rodovias, escolas etc. Já as **despesas improdutivas** correspondem aquelas que não possuem qualquer utilidade pública, gerando desperdícios de verbas públicas.

c) Quanto à **esfera de governo: despesas federais, estaduais e municipais**

As **despesas federais** são aquelas que devem ser utilizadas para o cumprimento das atividades materiais da União, no que tange à realização de seus objetivos estabelecidos na Constituição Federal. Os serviços estabelecidos no artigo 21, além de outros, geram esse tipo de despesas. As **despesas estaduais** são aquelas para manutenção das atividades materiais do Estado. Dentre elas, podemos citar o disposto no artigo 25, § 1º, da Constituição Federal. E, por fim, as **despesas municipais** são aquelas utilizadas para mantença das atividades materiais dos Municípios, como, por exemplo, nos serviços públicos dispostos no artigo 30 da Constituição Federal.

d) Quanto ao **aspecto econômico: despesa-compra e despesa-transferência**

A **despesa-compra** é aquela realizada para aquisição de bens e serviços, visando a satisfação das necessidades públicas. São gastos com aquisição de bens de consumo, valores gastos com folha de pagamento etc.

A **despesa-transferência** é aquela que se limita a criar rendimentos para outras pessoas sem que exista qualquer espécie de contraprestação. São os gastos com pensões, aposentadorias, dentre outros.

A classificação adotada pela Lei 4.320/1964 tem sido denominada de **classificação econômica das despesas públicas**.

Conforme estabelece o artigo 12 da Lei 4.320/1964, temos a seguinte classificação:

⇒ **Despesas correntes**: são aquelas que surgem para o cumprimento de serviços públicos comuns, subdividindo-se em **despesas de custeio** e **transferências correntes**.

As **despesas de custeio** são aquelas utilizadas para a manutenção dos serviços públicos, inclusive para obras de conservação e adaptação de bens imóveis[16].

As **transferências correntes** são aquelas que não são utilizadas diretamente para custeio de bens ou serviços, mas principalmente para cobrir os gastos com benefícios destinados às entidades de direito público e privado[17].

⇒ **Despesas de capital**: são as despesas que geram para a Administração Pública, a médio e longo prazo, um retorno dos gastos realizados. São divididas em **despesas de investimento, inversões financeiras e transferências de capital**.

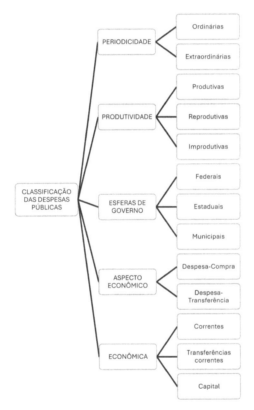

---

16. **Art. 12.** A despesa será classificada nas seguintes categorias econômicas:
    (...)
    § 1º Classificam-se como Despesas de Custeio as dotações para manutenção de serviços anteriormente criados, inclusive as destinadas a atender a obras de conservação e adaptação de bens imóveis.
17. **Art. 12** (...)
    § 2º Classificam-se como Transferências Correntes as dotações para despesas as quais não corresponda contraprestação direta em bens ou serviços, inclusive para contribuições e subvenções destinadas a atender à manutenção de outras entidades de direito público ou privado.

1.1.2 Execução das despesas públicas

As **despesas públicas** são a totalidade de gastos executados pela Administração Pública num determinado espaço de tempo. Um dos mandamentos constitucionais orçamentários é a **vedação de despesas acima do previsto no orçamento**.

Vimos, contudo, que não há como o administrador prever a totalidade de despesas, podendo estas surgirem de forma excepcional, extraordinária e, portanto, sem qualquer previsão orçamentária.

Não podemos esquecer, entretanto, que o administrador público, como gestor da coisa pública, está sujeito aos princípios constitucionais estabelecidos no artigo 37 da Constituição Federal, quais sejam: **legalidade, impessoalidade, moralidade, publicidade** e **eficiência**. Assim, **toda a realização de despesas** deve **observar os princípios** acima determinados, além dos demais princípios orçamentários.

Caso o gestor público permita que despesas sejam pagas **sem autorização legal**, importará em **ato de improbidade administrativa** decorrente de **danos ao erário**. Diz o artigo 10, IX, da Lei 8.429/1992:

> "Art. 10. Constitui ato de improbidade administrativa que causa lesão ao erário qualquer ação ou omissão dolosa, que enseje, efetiva e comprovadamente, perda patrimonial, desvio, apropriação, malbaratamento ou dilapidação dos bens ou haveres das entidades referidas no art. 1º desta Lei, e notadamente:
>
> (...)
>
> IX – ordenar ou permitir realização de despesas não autorizadas em lei ou regulamento".

Dentre as **fases de execução das despesas públicas** podemos elencar os seguintes:

a) **empenho**: é o ato emanado por uma autoridade competente que cria para a Administração Pública uma obrigação de pagamento pendente ou não de implemento de condição, conforme delineado no artigo 58 da Lei 4.320/1964[18]. A **principal finalidade** do empenho é de **assegurar uma reserva para pagamento**, mas não é suficiente para que o Estado determine tal pagamento.

As **despesas públicas** têm seus pagamentos realizados por via de empenho, exigindo formalidades que **não admitem transmissão de cheques de terceiro contribuinte por via de simples endosso**, conforme entendimento esposado pelo STJ, no julgamento do **Recurso Especial 701.381/MT**.

É **vedada a realização de despesa sem o prévio empenho**. O empenho passa a ser materializado pela **nota de empenho**, indicando o nome do credor, a representação e a importância da despesa, bem como a dedução desta do saldo[19].

---

18. **Art. 58.** O empenho de despesa é o ato emanado de autoridade competente que cria para o Estado obrigação de pagamento pendente ou não de implemento de condição.
19. **Art. 61.** Para cada empenho será extraído um documento denominado "nota de empenho" que indicará o nome do credor, a representação e a importância da despesa bem como a dedução desta do saldo da dotação própria.

O empenho da despesa **não poderá exceder o limite dos créditos concedidos**, autorizando a disponibilidade da soma empenhada e tornando essa soma indisponível para outras espécies de encargo. Pode-se enquadrar como certa garantia de que o fornecimento de bens ou serviços contratados será pago, uma vez que haja estrita observância às cláusulas contratuais.

É possível a **dispensa da nota de empenho** quando se tratar de gastos comuns e de pequena monta como, por exemplo, o pagamento de uma corrida de táxi por um servidor público no exercício de suas funções, conforme determina o artigo 60, § 1º da Lei 4.320/64[20]. Lembre-se, entretanto, que pode ser dispensada a nota de empenho, mas jamais o empenho em si.

Temos situações em que a legislação autoriza o **cancelamento total ou parcial** do empenho. Tal situação poderá ocorrer quando o valor empenhado **exceder ao montante de despesa realizada**, quando o **serviço contratado não tenha sido prestado**, quando a **obra não for executada, quando não se entregar o material encomendado** ou, ainda, nos casos de **emissão incorreta do empenho**.

Caberá ao **ordenador de despesas** autorizar os empenhos, sendo toda autoridade de cujos atos resultarem na emissão do empenho, autorização ou liquidação de pagamento, suprimento ou dispêndio de recurso do Erário Público, à luz do artigo 80, § 1º do DL 200/67[21]. Cabe a ele provar que não é responsável pelas infrações que lhe são imputadas na aplicação dos recursos públicos (**STF, MS 20.335/DF**).

A **nota de empenho** deverá atender o disposto no art. 61 da Lei 4.320/64[22], devendo indicar o **nome do credor**, a **representação** e a **importância da despesa** e a **dedução da despesa do saldo de dotação própria**.

Uma vez emitida dentro dos limites legais, a nota de empenho, quando emitida por agente público, é um **título executivo extrajudicial**, sendo dotada de **certeza** e **liquidez**.

b) **liquidação**: consiste na verificação do direito adquirido pelo credor, tendo por base os títulos e documentos comprobatórios do respectivo crédito[23].

A **principal finalidade** da verificação dos documentos é a **análise da origem** e do **objeto que se deve pagar**, da **importância exata a ser paga pela autoridade competente** e a **quem se deve pagar a importância**, acarretando a **extinção da obrigação**. Assim, a liquidação torna **líquida a obrigação de pagamento** a ser realizada pela Administração Pública. No caso de **liquidação da despesa por fornecimento ou serviços prestados**, a

---

20. **Art. 60.** É vedada a realização de despesa sem prévio empenho.
    § 1º Em casos especiais previstos na legislação específica será dispensada a emissão da nota de empenho.
21. **Art. 80.** Os órgãos de contabilidade inscreverão como responsável todo o ordenador da despesa, o qual só poderá ser exonerado de sua responsabilidade após julgadas regulares suas contas pelo Tribunal de Contas.
    § 1º Ordenador de despesas é toda e qualquer autoridade de cujos atos resultarem emissão de empenho, autorização de pagamento, suprimento ou dispêndio de recursos da União ou pela qual esta responda.
22. **Art. 61.** Para cada empenho será extraído um documento denominado "nota de empenho" que indicará o nome do credor, a representação e a importância da despesa bem como a dedução desta do saldo da dotação própria.
23. **Art. 63.** A liquidação da despesa consiste na verificação do direito adquirido pelo credor tendo por base os títulos e documentos comprobatórios do respectivo crédito.

verificação será feita no **contrato** ou **respectivo ajuste**, juntamente com a nota de empenho e os comprovantes de que houve a entrega do material ou a prestação do serviço.

c) **ordem de pagamento**: é o despacho exarado pela autoridade competente, determinando que a despesa seja paga, somente podendo ser determinada em documentos processados pelos serviços de contabilidade da repartição competente da Administração Pública[24].

d) **pagamento**: decorre da transferência do numerário respectivo ao credor, após sua regular liquidação, extinguindo a obrigação[25].

Para o pagamento dos denominados **precatórios**, que são os débitos oriundos de condenação judicial, observa-se o disposto no artigo 100 da Constituição Federal[26], modificado pela Emenda Constitucional 62/2009.

Ocorrendo a condenação judicial das entidades da Administração Pública Direta, o pagamento será realizado em observância a uma **ordem cronológica de apresentação dos precatórios**.

Os débitos considerados de **natureza alimentícia** serão pagos preferencialmente sobre os demais, **exceto os débitos cujos titulares tenham 60 (sessenta) anos de idade ou mais quando da data da expedição do precatório**, ou sejam **portadores de doença grave**, definidos na forma da lei.

Para tais titulares, admite-se uma quantia de até o **triplo do mínimo fixado para pagamento dos demais débitos alimentícios**, inclusive com pagamento fracionado, ingressando numa ordem de pagamento entre si.

Assim, teremos **duas espécies de ordem de pagamento de precatórios**: uma entre os titulares de débitos de natureza alimentícia e outros que não se encontram nessa situação.

Determina a Súmula 655 do STF:

> "A exceção prevista no art. 100, *caput*, da Constituição, em favor dos créditos de natureza alimentícia, não dispensa a expedição de precatório, limitando-se a isentá-los da observância da ordem cronológica dos precatórios decorrentes de condenação de outra natureza".

Nos termos do artigo 100, § 1º da Constituição Federal[27], entende-se por **débitos de natureza alimentícia** os decorrentes de salário, vencimentos, proventos, pensões

---

24. **Art. 64.** A ordem de pagamento é o despacho exarado por autoridade competente, determinando que a despesa seja paga.
25. **Art. 62.** O pagamento da despesa só será efetuado quando ordenado após sua regular liquidação.
26. **Art. 100.** Os pagamentos devidos pelas Fazendas Públicas Federal, Estaduais, Distrital e Municipais, em virtude de sentença judiciária, far-se-ão exclusivamente na ordem cronológica de apresentação dos precatórios e à conta dos créditos respectivos, proibida a designação de casos ou de pessoas nas dotações orçamentárias e nos créditos adicionais abertos para este fim.
27. **Art. 100** (...)
   § 1º Os débitos de natureza alimentícia compreendem aqueles decorrentes de salários, vencimentos, proventos, pensões e suas complementações, benefícios previdenciários e indenizações por morte ou por invalidez,

e suas complementações, benefícios previdenciários e indenizações por morte ou invalidez.

É **obrigatória** a inclusão de **verba necessária ao pagamento dos débitos dos precatórios**, oriundos de sentença transitada em julgado. Quando apresentados até 1º de julho, deverão ser pagos até o final do exercício financeiro seguinte, atualizados monetariamente.

A competência para determinação do pagamento de precatórios cabe ao **Presidente do Tribunal** que profere a decisão. Caso não seja cumprida a decisão, poderá ocorrer a determinação de **sequestro de quantias públicas**, configurando-se, inclusive, como **exceção ao atributo da impenhorabilidade de bens públicos**.

O Conselho Nacional de Justiça (CNJ), por meio da **Resolução 115**, editada em 29 de junho de 2010, regulamentou o **pagamento de precatórios** de acordo com as mudanças estabelecidas pela Emenda Constitucional 62/2009, instituindo o **Cadastro de Entidades Devedores Inadimplentes (CEDIN)** que pode implicar a proibição de o ente da federação inadimplente receber transferências voluntárias da União.

As denominadas **transferências voluntárias** são os recursos entregues a outro ente da federação, a título de cooperação, auxílio ou assistência financeira, que não decorra de determinação constitucional, legal ou os destinados ao Sistema Único de Saúde (SUS). É o que determina o artigo 25 da Lei Complementar 101/2000 (Lei de Responsabilidade Fiscal)[28].

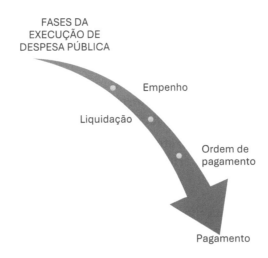

fundadas em responsabilidade civil, em virtude de sentença judicial transitada em julgado, e serão pagos com preferência sobre todos os demais débitos, exceto sobre aqueles referidos no § 2º deste artigo.

28. Para efeito desta Lei Complementar, entende-se por transferência voluntária a entrega de recursos correntes ou de capital a outro ente da Federação, a título de cooperação, auxílio ou assistência financeira, que não decorra de determinação constitucional, legal ou os destinados ao Sistema Único de Saúde.

De acordo com a **Lei de Responsabilidade Fiscal** (LC 101/00), as despesas públicas terão sua tratativa nos artigos 16 e 17, classificando-as em **despesa adequada** e **despesa compatível**.

Temos a **despesa adequada** quando a despesa objeto de **dotação específica e suficiente**, ou que esteja **abrangida por crédito genérico** – de forma que somadas todas as despesas da mesma espécie, realizadas e a realizar, previstas no programa de trabalho – não ultrapassem os limites estabelecidos para o exercício financeiro[29].

A **despesa compatível** é aquela que, de acordo com a Lei do Plano Plurianual (PPA) e Lei de Diretrizes Orçamentárias (LDO), se conforme com as diretrizes, objetivos, prioridades e metas previstas nessas leis, não infringindo quaisquer disposições[30].

Outras três espécies de despesas públicas são tratadas, de acordo com a Lei de Responsabilidade Fiscal: **despesas obrigatórias de caráter continuado**, **despesas com pessoal** e **despesas com a seguridade social**.

A **despesa obrigatória de caráter continuado** é aquela que obrigue a norma obrigue o ente a executá-la **por período superior a dois exercícios**. Trata-se de uma

---

29. **Art. 16.** A criação, expansão ou aperfeiçoamento de ação governamental que acarrete aumento da despesa será acompanhado de:
    (...)
    § 1º Para os fins desta Lei Complementar, considera-se:
    I – adequada com a lei orçamentária anual, a despesa objeto de dotação específica e suficiente, ou que esteja abrangida por crédito genérico, de forma que somadas todas as despesas da mesma espécie, realizadas e a realizar, previstas no programa de trabalho, não sejam ultrapassados os limites estabelecidos para o exercício.
30. **Art. 16** (...)
    § 1º (...)
    II – compatível com o plano plurianual e a lei de diretrizes orçamentárias, a despesa que se conforme com as diretrizes, objetivos, prioridades e metas previstos nesses instrumentos e não infrinja qualquer de suas disposições.

forma de **despesa corrente**, dependendo de lei, medida provisória ou qualquer outro ato administrativo normativo. **Não se incluem**, nesse caso, as **despesas correntes com obras públicas**, visto que estas **se enquadram como despesas de capital**.

Para criação de tais despesas, devem ser atendidas as seguintes exigências:

- **Estimativa de impacto financeiro-orçamentário** nos exercícios em que deva entrar em vigor e nos dois exercícios financeiros subsequentes, com a metodologia de cálculo que foi utilizada[31];

- **Origem dos recursos** para o custeio;

- Comprovação de que tais despesas que foram criadas ou aumentadas **não afetarão as metas de resultados fiscais** que estão previstas no Anexo de Metas Fiscais.

As **despesas de caráter continuado** que deixar de atender tais exigências serão consideradas **irregulares**, **não autorizadas**, bem como **lesivas ao patrimônio público**. Sua ordenação se enquadra, inclusive, como **crime contra as finanças públicas**, nos termos do artigo 359-D do Código Penal[32].

A **despesa com pessoal** é a despesa gasta pela Administração Pública com **ativos, inativos, pensionistas, detentores de mandatos eletivos, civis, militares** e **membros dos Poderes da República**. No somatório englobam-se os vencimentos, vantagens (fixas e variáveis), subsídios, proventos de aposentadoria, reformas, pensões, horas-extras, gratificações e demais vantagens pessoais de qualquer natureza (vale-transporte, vale-refeição).

Os **limites máximos de gastos com pessoal** encontram-se previstos nos artigos 19 e 20 da LC 101/00[33]. Cada ente federativo terá o seu limite assegurado nos termos da Lei.

---

31. **Art. 17.** Considera-se obrigatória de caráter continuado a despesa corrente derivada de lei, medida provisória ou ato administrativo normativo que fixem para o ente a obrigação legal de sua execução por um período superior a dois exercícios.

    § 1º Os atos que criarem ou aumentarem despesa de que trata o *caput* deverão ser instruídos com a estimativa prevista no inciso I do art. 16 e demonstrar a origem dos recursos para seu custeio.

32. **Art. 359-D.** Ordenar despesa não autorizada por lei:

    Pena: reclusão, de 1 (um) a 4 (quatro) anos (inserido pela Lei 10.028/2000).

33. **Art. 19.** Para os fins do disposto no caput do art. 169 da Constituição, a despesa total com pessoal, em cada período de apuração e em cada ente da Federação, não poderá exceder os percentuais da receita corrente líquida, a seguir discriminados:

    I – União: 50% (cinquenta por cento);

    II – Estados: 60% (sessenta por cento);

    III – Municípios: 60% (sessenta por cento).

    Art. 20. A repartição dos limites globais do art. 19 não poderá exceder os seguintes percentuais:

    I – na esfera federal:

    a) 2,5% (dois inteiros e cinco décimos por cento) para o Legislativo, incluído o Tribunal de Contas da União;

    b) 6% (seis por cento) para o Judiciário;

    c) 40,9% (quarenta inteiros e nove décimos por cento) para o Executivo, destacando-se 3% (três por cento) para as despesas com pessoal decorrentes do que dispõem os incisos XIII e XIV do art. 21 da Constituição e o art. 31 da Emenda Constitucional no 19, repartidos de forma proporcional à média das despesas relativas a cada

> **IMPORTANTE**
>
> No julgamento da **ADI 6533**, o Supremo Tribunal Federal autorizou o remanejamento da distribuição interna do limite global da receita corrente líquida para as despesas com pessoal entre a Assembleia Legislativa e o Tribunal de Contas do Estado de Roraima (TCE-RR), desde que observado o percentual máximo estabelecido pela Lei de Responsabilidade Fiscal (LRF) e as reais necessidades orçamentárias dos órgãos. Pelo entendimento, que seguiu o voto do relator do processo, ministro Alexandre de Moraes, a redistribuição poderá ser feita se ficar comprovada a dificuldade do Tribunal de Contas do Estado de Roraima com gastos para o desempenho de suas atribuições.

A **União** poderá gastar **50% da receita corrente líquida** com gastos de pessoal, sendo distribuídos da seguinte forma:

- 2,5% para o Poder Legislativo (juntamente com o TCU);
- 40,9% para o Poder Executivo;
- 6% para o Poder Judiciário; e
- 0,6% para o Ministério Público da União.

Os **Estados** poderão gastar com o pessoal até **60% da receita corrente líquida**, sendo distribuídos da seguinte forma:

- 3% para o Poder Legislativo;
- 49% para o Poder Executivo;
- 6% para o Poder Judiciário; e
- 2% para o Ministério Público Estadual.

Nos Estados em que houver **Tribunal de Contas dos Municípios** (nos casos de RJ e SP), o percentual do Poder Legislativo será **acrescido** de 0,4% e do Poder Executivo será **reduzido** em 0,4%.

As mesmas regras relativas aos limites máximos para gastos com pessoal dos Estados também se aplicam ao DF[34].

---

um destes dispositivos, em percentual da receita corrente líquida, verificadas nos três exercícios financeiros imediatamente anteriores ao da publicação desta Lei Complementar

d) 0,6% (seis décimos por cento) para o Ministério Público da União;

II – na esfera estadual:

a) 3% (três por cento) para o Legislativo, incluído o Tribunal de Contas do Estado

b) 6% (seis por cento) para o Judiciário;

c) 49% (quarenta e nove por cento) para o Executivo

d) 2% (dois por cento) para o Ministério Público dos Estados

III – na esfera municipal:

a) 6% (seis por cento) para o Legislativo, incluído o Tribunal de Contas do Município, quando houver;

b) 54% (cinquenta e quatro por cento) para o Executivo.

34. **Art. 1º** (...)

§ 3º Nas referências:

II – a Estados entende-se considerado o DF.

Nos **Municípios** poderão gastar com pessoal até **60% da receita corrente líquida**, sendo assim distribuídos:

- 54% para o Poder Executivo; e
- 6% para o Poder Legislativo.

Todo ato que provocar **aumento de despesa com pessoal** deverá atender às seguintes exigências:

- ser instruído com a **estimativa do impacto financeiro-orçamentário** no exercício financeiro em que deva entrar em vigor a despesa e nos dois anos subsequentes, a qual será acompanhada da metodologia de cálculo utilizada;
- ser instruído com a **declaração do ordenador de despesas**, de que tal aumento tem adequação com a Lei Orçamentária Anual (LOA) e compatibilidade com a Lei do Plano Pluriananual (PPA) e com a Lei de Diretrizes Orçamentárias (LDO);
- demonstrar a **origem dos recursos** para seu custeio;
- comprovar de que a despesa criada ou aumentada **não afetará as metas de resultados fiscais previstas no Anexo de Metais Fiscais**, devendo seus efeitos financeiros ser compensados pelo aumento permanente de receita ou pela redução permanente de despesa;
- **não vincular** ou **equiparar quaisquer espécies remuneratórias** para o efeito da remuneração de pessoal do serviço público;
- **cumprir com a dotação orçamentária prévia e suficiente**, bem como autorização específica da Lei de Diretrizes Orçamentárias, ressalvadas às autorizações de empresas públicas e sociedades de economia mista;
- observar o **limite legal de comprometimento** aplicado às despesas com pessoa inativo.

A inobservância das exigências acima acarretará ao aumento de despesa com pessoal **nulidade de pleno direito**, assim como o seu aumento nos últimos **180 dias** do mandato eletivo, além de configuração de **crime contra as finanças públicas**.

Caso a despesa total com pessoal exceder **95%** (noventa e cinco por cento) do limite legal, ficam vedados ao órgão ou Poder que incorrer no excesso:

- concessão de vantagem ou aumento de remuneração não previsto em lei ou contrato de trabalho;
- revisão, reajuste ou adequação da remuneração;
- criação de cargo, emprego ou função;
- alteração na estrutura da carreira que implique em aumento de despesa;
- provimento de cargo público, admissão ou contratação de pessoal a qualquer título, ressalvados os casos decorrentes de aposentadoria ou falecimento de servidores nas áreas de educação, saúde e segurança, em que haverá reposição de pessoal;

- contratação de hora-extra, salvo em decorrência da Lei de Diretrizes Orçamentárias (LDO).

As **despesas com seguridade social** são aquelas destinadas ao atendimento de direitos relativos à **saúde**, à **previdência social** e a **assistência social**.

Visando evitar o déficit público gerado por criação de benefícios ou serviços sem que haja uma fonte de receita correspondente, a Constituição Federal determina em seu artigo 195, § 5º que **nenhum benefício ou serviço da seguridade social poderá ser criado, majorado ou estendido sem a correspondente fonte de custeio total**.

Assim, os **atos que criarem ou aumentarem despesas com a seguridade social** deverão atender às seguintes exigências[35]:

- demonstrar a origem dos recursos para o seu custeio total;
- estimativa de impacto financeiro-orçamentário no exercício em que deva entrar em vigor a despesa e nos dois exercícios financeiros subsequentes, acompanhada da metodologia de cálculo;
- comprovação de que a despesa criada ou aumentada não afetará as metas de resultados fiscais previstas no Anexo de Metas Fiscais.

> **IMPORTANTE**
> No julgamento da **ADI 6357**, julgado em 13 de maio de 2020, as restrições impostas pelos artigos 14, 16, 17 e 24 da Lei de Responsabilidade Fiscal não se aplicam durante o estado de calamidade pública decorrente da COVID-19.

1.2 RECEITAS PÚBLICAS

Para que a Administração Pública possa arcar com todas as despesas, faz-se a necessidade de obter receita. Assim, a **receita pública** passa a ser todo o valor arrecadado pela Administração Pública para fazer frente a tais gastos públicos (despesas públicas).

Existem várias maneiras de o Estado arrecadar dinheiro para fazer frente a tais gastos. No passado, o Estado obtinha tais valores mediante extorsões sobre outros povos, quando do término das guerras, dentre outros meios.

Devemos, entretanto, estabelecer uma diferença entre as **receitas públicas** e o **mero ingresso aos cofres públicos**.

A doutrina entende que as **receitas públicas** passam a ser o **ingresso de valores definitivos aos cofres públicos** e não uma simples movimentação de caixa. Nesse sentido, uma fiança, por exemplo, não seria considerada receita pública, mas mero ingresso de valores.

---

35. **Art. 24** da Lei Complementar 101/00. Nenhum benefício ou serviço relativo à seguridade social poderá ser criado, majorado ou estendido sem a indicação da fonte de custeio total, nos termos do § 5º do art. 195 da Constituição, atendidas ainda as exigências do art. 17.

1.2.1 Classificação das receitas públicas

A doutrina estabelece diversas **classificações** para as **receitas públicas**. Uma classificação, contudo, mostra-se relevante em matéria tributária. São as denominadas **receitas originárias** e as **receitas derivadas**.

Assim, quando o Estado obtém tais recursos financeiros mediante a **exploração de seu próprio patrimônio** (p. ex. decorrente do aluguel de bens imóveis, da colocação de títulos no mercado para aquisição etc.), não se utiliza de imposição, do seu poder de império. Ninguém está obrigado a realizar um contrato de locação com o Estado, mas o faz pela sua própria autonomia de vontade. Essa obtenção de recursos pelo Estado, objetivando angariar recursos públicos sem a necessidade de coerção dá-se o nome de **Receita Originária**.

As **receitas originárias** podem ser **patrimoniais** ou **industriais** (comerciais). **Patrimoniais** são as receitas decorrentes da efetiva exploração do patrimônio mobiliário ou imobiliário da Administração Pública. **Industriais** (comerciais) são as receitas obtidas pela exploração da atividade empresarial da Administração Pública, que o faz mediante as empresas públicas e sociedades de economia mista.

No entanto, o Estado pode obter recursos mediante a exploração, como dissemos anteriormente, do **patrimônio de terceiros**. Para tanto, o Estado se utilizará de seu **poder de império**, impondo ao particular, de maneira coercitiva, mecanismos para que se faça a transferência de recursos e bens para os cofres públicos. Dentre as formas de obtenção de recursos mediante a imposição ao particular de mecanismos coercitivos para essa transferência de parcela da própria riqueza, damos o nome de **Receita Derivada**.

Reza o artigo 9º da Lei 4.320/1964:

> "Art. 9º Tributo é a receita derivada instituída pelas entidades de direito público, compreendendo os impostos, as taxas e contribuições nos termos da constituição e das leis vigentes em matéria financeira, destinando-se o seu produto ao custeio de atividades gerais ou específicas exercidas por essas entidades".

Assim, os **tributos** são encarados como forma de **receita derivada**, uma vez que o particular não tem escolha em pagar ou não tais valores dele decorrente, mas tem o dever legal de cumprir, sob pena de sanção imposta pelo próprio Estado.

Sob a égide da Constituição Federal de 1946, o STF entendeu que os **empréstimos compulsórios não possuíam natureza tributária**, uma vez que **não se amoldavam ao conceito de tributo trazido pela Lei de Finanças Públicas**. Se o tributo é uma receita (portanto aplicando-se uma natureza de definitividade), o fato de existir um tributo a ser restituído e que possui temporariedade lhe retirava essa condição. Para tanto, editou a Súmula 418:

> "O empréstimo compulsório não é tributo, e sua arrecadação não está sujeita a exigência constitucional da prévia autorização orçamentária".

No entanto, ao observarmos o disposto no artigo 3º do Código Tributário Nacional, que define o tributo como sendo toda **prestação pecuniária compulsória**, retirando-se do conceito a expressão **receita derivada**, os empréstimos compulsórios acabam se coadunando e, portanto, podem ser enquadrados como uma espécie de tributo.

Assim, há muito tempo a Súmula 418 do STF fora revogada, conforme precedente de 1988, no **RE 111.954**, rel. Min. Oscar Corrêa.

Atualmente, o Supremo Tribunal Federal (STF) entende que os tributos possuem **cinco espécies distintas**. É o que se denomina de **escola pentapartida** (ou **quinquipartida**), em que os tributos são divididos em **impostos**, **taxas**, **contribuição de melhoria**, **empréstimos compulsórios** e **contribuições especiais**, conforme julgamento do **RE 138.284/CE**, rel. Min. Carlos Velloso.

A **classificação legal ou econômica** adotada pela Lei 4.320/1964 é outra. O artigo 11[36] da referida lei determina que as receitas se subdividem em **receitas correntes** e **receitas de capital**.

As **receitas correntes** são as receitas ordinárias obtidas como meio de fazer frente às despesas correntes. São as receitas advindas de tributos, receitas patrimoniais, dentre outras. As **receitas de capital** são aquelas obtidas pela venda de bens, de recursos recebidos de todas as pessoas jurídicas de direito público ou privado, da atuação do Estado como se empresário fosse. São receitas utilizadas para fazer frente às despesas de capital.

Dessa forma, podemos concluir que as **receitas públicas** são o **conjunto de receitas originárias e derivadas para a consecução das despesas públicas**.

---

36. Art. 11. A receita classificar-se-á nas seguintes categorias econômicas: Receitas Correntes e Receitas de Capital.
§ 1º São Receitas Correntes as receitas tributária, de contribuições, patrimonial, agropecuária, industrial, de serviços e outras e, ainda, as provenientes de recursos financeiros recebidos de outras pessoas de direito público ou privado, quando destinadas a atender despesas classificáveis em Despesas Correntes.
§ 2º São Receitas de Capital as provenientes da realização de recursos financeiros oriundos de constituição de dívidas; da conversão, em espécie, de bens e direitos; os recursos recebidos de outras pessoas de direito público ou privado, destinados a atender despesas classificáveis em Despesas de Capital e, ainda, o superávit do Orçamento Corrente.

1.2.2 Estágios da receita pública

De acordo com o Regulamento Geral de Contabilidade (Decreto Federal 15.783, de 08 de agosto de 1922), a receita pública possui três estágios: **fixação**, **arrecadação** e **recolhimento**.

A **fixação** compreende a organização das estimativas e os lançamentos dos tributos, depois de votado o orçamento, compreendendo a **proposta orçamentária**, **a conversão da proposta em orçamento público** e o **lançamento.**

Entretanto, grande parte da doutrina diverge do entendimento previsto no **Regulamento Geral de Contabilidade**, citando algumas impropriedades na utilização de tais dispositivos. Sendo assim, a corrente doutrinária majoritária entende pela existência de dois estágios da receita pública:

- **previsão**: compreendendo a **elaboração da proposta orçamentária** (ato administrativo) e a **conversão da proposta em orçamento público** (ato legislativo); e
- **realização**: compreende o **lançamento**, a **arrecadação** e o **recolhimento**.

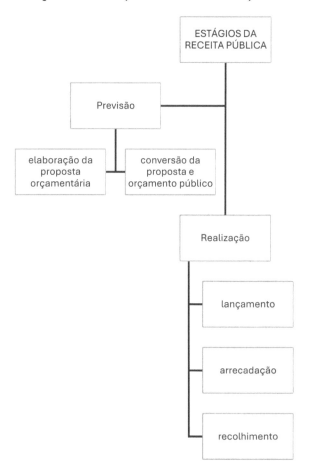

1.2.3 Disponibilidade de caixa

Disponibilidade de Caixa é a soma dos recursos de que pode dispor o ente público sem acarretar dificuldades financeiras. Nos termos do art. 43 da LC 101/00[37], as disponibilidades de caixa dos entes federativos deverão ser depositadas em **instituições financeiras oficiais,** não se admitindo a contratação de instituição financeira privada para recebimento de disponibilidades financeiras, conforme já decidido pelo STF, no julgamento da **ADI-MC 2.661/MA.**

Entretanto, o STF já decidiu que o **depósito da folha de pagamento de salário** ou **remuneração de servidores públicos em instituição financeira privada não afronta** o artigo 164, § 3º da Constituição Federal[38], pois não se enquadra no conceito de **disponibilidade de caixa (AI-AgR 837.677/MA).**

No que diz respeito aos **regimes de previdência social,** a disponibilidade de caixa observará os ditames do artigo 43 da LC 101/00:

- deverão ficar em conta separada das demais disponibilidades de cada ente federativo;
- serão aplicadas nas condições de mercado;
- não poderão ser aplicadas em títulos da dívida pública estadual e municipal;
- não poderão ser aplicadas em ações e outros papéis relativos às empresas controladas pelo ente federativo;
- não poderão ser aplicadas em empréstimos aos segurados e ao Poder Público, inclusive a suas empresas controladas.

1.3 ORÇAMENTO PÚBLICO

O **Orçamento Público** é uma peça que contém as despesas e as receitas, de forma estimada, para atingimento do bem comum. Nas palavras de Aliomar Baleeiro trata-se do ato pelo qual o Poder Legislativo **prevê** e **autoriza o Poder Executivo,** por um **certo período,** as **despesas destinadas ao funcionamento dos serviços públicos** e outros fins adotados pela política econômica ou geral do país, assim como a arrecadação das receitas já criadas em lei.

---

37. **Art. 43.** As disponibilidades de caixa dos entes da Federação serão depositadas conforme estabelece o § 3º do art. 164 da Constituição.

    § 1º As disponibilidades de caixa dos regimes de previdência social, geral e próprio dos servidores públicos, ainda que vinculadas a fundos específicos a que se referem os arts. 249 e 250 da Constituição, ficarão depositadas em conta separada das demais disponibilidades de cada ente e aplicadas nas condições de mercado, com observância dos limites e condições de proteção e prudência financeira.

38. **Art. 164.** A competência da União para emitir moeda será exercida exclusivamente pelo banco central.

    § 3º As disponibilidades de caixa da União serão depositadas no banco central; as dos Estados, do Distrito Federal, dos Municípios e dos órgãos ou entidades do Poder Público e das empresas por ele controladas, em instituições financeiras oficiais, ressalvados os casos previstos em lei.

É certo que tal documento **não irá conter todas as despesas e todas as receitas públicas**, pois podem decorrer ao longo de um exercício, **situações imprevisíveis** que fazem com que o Estado tenha maiores gastos e, consequentemente, precise de mais dinheiro. Um claro exemplo disso se dá quando da existência de **calamidade pública, investimentos de caráter urgente**, que não estavam previstos, como ocorreu no caso da COVID-19.

Atualmente, **não pode o orçamento público ser uma mera peça contábil e técnica** que visa apenas traduzir em números os gastos e valores para fazer frente a eles, mas deve **espelhar um plano de ação governamental** que seja **factível**, ou seja, que possa ser realizado, saindo do campo de uma mera ficção jurídica.

Possui o orçamento um aspecto **político, econômico, contábil** e **jurídico**. O **aspecto político** se traduz pelo fato de o orçamento espelhar um plano de ação governamental, elaborado com base em decisões políticas. Afinal, a **decisão de gastar** é de **caráter estritamente político**.

O **aspecto econômico** do orçamento é definido como um **meio de otimização de recursos financeiros** para um melhor atendimento do interesse coletivo. Por meio do orçamento, a Administração Pública poderá estimular ou desestimular a produção, o consumo, os investimentos etc.

O **aspecto contábil** se traduz na existência de documentos que **necessitam de técnicas de contabilidade para a sua estrutura**. Sendo o orçamento um documento que espelha planos de ação governamental, que visa estimular ou desestimular a economia do país, depende de formalidades contábeis próprias.

E, por fim, o **aspecto jurídico** se traduz pelo fato de que o orçamento é considerado **lei em sentido formal**, observando todos os princípios jurídicos pertinentes para a sua formação e execução.

1.3.1 Natureza jurídica do orçamento público

De acordo com a doutrina, temos **quatro escolas** para a determinação da natureza jurídica do orçamento. A **primeira esco**la, defendida por **Léon Duguit**[39], determina que o orçamento é um **mero ato administrativo, não assumindo característica de lei em sentido formal ou material**.

A **segunda escola**, defendida por **Gaston Jèze**[40], determina que o orçamento deve ser visto como **ato-condição**, uma vez que não basta apenas uma simples previsão legal, mas é necessário que os agentes públicos pratiquem atos jurídicos para realização das despesas públicas.

---

39. **Pierre Marie Nicolas Léon Duguit** (1859-1928) foi um jurista francês especializado em direito público que, em especial, estabeleceu a noção de serviço público como fundamento do Estado, postulando que a ciência do direito deve ser puramente positiva.
40. **Gaston Jéze** (1869-1953) foi um jurista francês, ativista humanitário e de direitos humanos.

A **terceira escola** entende ser o orçamento uma **lei propriamente dita**, vez que se encontra disponibilizado na Constituição Federal como tal, quando da determinação das leis orçamentárias.

A **quarta escola**, inclusive defendida pelo STF, determina que o orçamento é **lei em sentido formal**, tendo **conteúdo de ato administrativo**, uma vez que os efeitos gerados não são próprios de uma lei.

A lei é caracterizada por ser genérica, abstrata e indeterminada. Já a **lei orçamentária** passa a ser **específica**, de **efeitos concretos** e **temporária**. Nesse caso, entende o STF que o orçamento passa a ser **lei em sentido formal** e **ato administrativo em sentido material**.

Existem vários posicionamentos doutrinários que analisam a **natureza jurídica do orçamento**. Para uma corrente, o orçamento é um **mero ato administrativo**, como um simples instrumento de arrecadação; para outros, é visto como **lei em sentido formal**, porém, sem o ser em sentido material, pela sua temporariedade e seus efeitos concretos, entendimento que prevalece no direito brasileiro.

O STF, no julgamento do **RE 75.908/PR**, entendeu que se trata de uma **lei autorizativa**, sendo que o administrador só pode gastar os recursos da maneira nele prevista, mas a ocorrência da despesa não se torna obrigatória só pelo fato de se ver incluída na lei orçamentária, vez que as prioridades podem ser alteradas durante o ano.

A teoria do orçamento como sendo uma **lei em sentido formal** é mais uma vez aduzida no julgamento da **Ação Rescisória 929/PR**, compreendendo-se que a **previsão da despesa**, em **lei orçamentária, não gera direito subjetivo a ser assegurado por via judicial**.

1.3.1.1 Princípios do orçamento público

Nas palavras de Carrazza, os princípios figuram como **alicerces onde se estruturam as normas jurídicas**. Para que o orçamento seja válido, necessita da observância de princípios específicos de forma explícita ou implícita, determinados pela Constituição Federal.

O professor Kiyoshi Harada traduz, com clareza, a existência dos seguintes princípios:

⇒ **Princípio da Exclusividade:** as leis orçamentárias só podem trazer conteúdos próprios de orçamento, quando de sua discussão perante o Poder Legislativo. Tal determinação vem expressa no artigo 165, § 8º da Constituição Federal. A ideia do legislador constituinte é de se evitar que, juntamente com a discussão da proposta orçamentária, outros temas que não são afetos ao orçamento sejam votados. Apenas existe, excepcionalmente, a possibilidade de se votar, em conjunto com as leis orçamentárias, a abertura de créditos suplementares e contratação de operações de crédito;

⇒ **Princípio da Programação**: o orçamento deve conter uma programação à luz do plano de ação governamental. Toda lei orçamentária deverá trazer em seu bojo uma programação para execução da atividade financeira, descrevendo quais as metas e objetivos a serem tratados num determinado lapso temporal;

⇒ **Princípio do Equilíbrio Orçamentário**: cabe ao orçamento equilibrar a economia do país, limitando o endividamento dos governantes e primando pela otimização de recursos e redução de gastos públicos;

⇒ **Princípio da Anualidade**: conforme reza o art. 165, § 9º, I, da Constituição Federal[41], a lei complementar que versa sobre o orçamento deverá dispor sobre o exercício financeiro, a vigência, os prazos e a elaboração das leis orçamentárias. Uma vez que o exercício financeiro coincide com o ano civil (art. 34 da Lei 4.320/1964[42]), a lei orçamentária deverá observar a **periodicidade anual para a sua conclusão**, dentro dos limites constitucionalmente previstos. Não podemos confundir essa anualidade com a anualidade tributária, já revogada em decorrência do princípio da anterioridade tributária;

⇒ **Princípio da Transparência**: de acordo com o que determina o art. 165, § 6º, da CF/1988[43], o projeto de lei orçamentária será acompanhado de demonstrativos regionalizados dos efeitos decorrentes dos benefícios fiscais concedidos. Tal medida facilita o controle interno e externo de execução orçamentária. O **Decreto 5.482/2005** instituiu o **Portal de Transparência do Poder Executivo**, disponibilizando toda a **execução orçamentária**. Hoje, temos mecanismos legais que determinam que os salários dos servidores da Administração Pública sejam publicados, com todas as vantagens e gratificações, como forma de efetivo controle, não apenas do Poder Público, mas da população, sobre os gastos executados em determinada gestão governamental;

⇒ **Princípio da Publicidade**: a Administração Pública se rege pelos princípios da legalidade, impessoalidade, moralidade, publicidade e eficiência (art. 37 da CF/1988). Além da determinação principiológica geral que deve observar a Administração Pública, o art. 165, § 3º, da CF/1988[44] determina que o relatório

---

41. **Art. 165.** Leis de iniciativa do Poder Executivo estabelecerão:

    (...)

    § 9º Cabe à lei complementar:

    I – dispor sobre o exercício financeiro, a vigência, os prazos, a elaboração e a organização do plano plurianual, da lei de diretrizes orçamentárias e da lei orçamentária anual;

42. **Art. 34.** O exercício financeiro coincidirá com o ano civil.

43. **Art. 165** (...)

    § 6º O projeto de lei orçamentária será acompanhado de demonstrativo regionalizado do efeito, sobre as receitas e despesas, decorrente de isenções, anistias, remissões, subsídios e benefícios de natureza financeira, tributária e creditícia.

44. **Art. 165** (...)

    § 3º O Poder Executivo publicará, até trinta dias após o encerramento de cada bimestre, relatório resumido da execução orçamentária.

de execução orçamentária deve ser publicado pelo Poder Executivo até trinta dias após o encerramento de cada bimestre;

⇒ **Princípio da Responsabilidade na Gestão Fiscal:** tal princípio decorre do disposto no art. 11 da LC 101/2000[45] (Lei de Responsabilidade Fiscal – LRF). Por tal princípio, a Administração Pública Direta deve **instituir** e **prever** a **efetiva arrecadação de todos os tributos outorgados**. Tal princípio acaba, de certo modo, se chocando com a determinação do STF de que os tributos devem ser instituídos de maneira **facultativa** pelos entes federados, em contramão à determinação da Lei de Responsabilidade Fiscal;

⇒ **Princípio da não vinculação da receita de impostos:** o art. 167, IV, da CF/1988[46] veda a **vinculação da receita de impostos** a qualquer espécie de **fundo, órgão** ou **despesa**. Tal princípio reforça a ideia de que o imposto é um **tributo que serve para o custeio de serviços e obras gerais da Administração Pública**, tendo sua **arrecadação desvinculada de qualquer despesa específica**. Daí surge o entendimento de que o imposto passa a ser um **tributo não vinculado**. No entanto, a CF/1988 permite a vinculação da receita de impostos nos casos de *repartição* de receitas, destinação de recursos para a saúde e educação, realização da administração tributária, oferecimento de garantias por antecipação de receita e nos fundos, previstos na CF/1988 e criados por lei específica.

1.3.1.2 Leis orçamentárias

Como vimos há pouco, o entendimento do STF para a natureza jurídica do orçamento é de ser uma **lei em sentido formal** e **ato administrativo em sentido material**.

Reza o art. 165 da CF/1988:

> "Art. 165. Leis de iniciativa do Poder Executivo estabelecerão:
>
> I – o plano plurianual;
>
> II – as diretrizes orçamentárias;
>
> III – os orçamentos anuais."

---

45. **Art. 11.** Constituem requisitos essenciais da responsabilidade na gestão fiscal a instituição, previsão e efetiva arrecadação de todos os tributos da competência constitucional do ente da Federação.

46. **Art. 167.** São vedados (...)

IV – a vinculação de receita de impostos a órgão, fundo ou despesa, ressalvadas a repartição do produto da arrecadação dos impostos a que se referem os arts. 158 e 159, a destinação de recursos para as ações e serviços públicos de saúde, para manutenção e desenvolvimento do ensino e para realização de atividades da administração tributária, como determinado, respectivamente, pelos arts. 198, § 2º, 212 e 37, XXII, e a prestação de garantias às operações de crédito por antecipação de receita, previstas no art. 165, § 8º, bem como o disposto no § 4º deste artigo;

1.3.1.2.1 Lei do Plano Plurianual (PPA)

A **Lei do Plano Plurianual (PPA)** é aquela que cuida da **previsão orçamentária durante o mandato governamental**, ou seja, pelo **período de quatro anos**. Nos termos do art. 165, § 1º, da CF/1988[47], tal lei deverá instituir, de **forma regionalizada**, as diretrizes, objetivos e metas da Administração Pública Federal para as despesas de capital e outras dela decorrente, e para as relativas aos programas de duração continuada.

Segundo o entendimento do STJ, é possível a **propositura de ação popular contra lei de efeitos concretos**, como o próprio PPA, que prevê dispêndios realizáveis com dinheiro público, nos termos do **Recurso Especial 501.854/SC**.

1.3.1.2.2 Lei de Diretrizes Orçamentárias (LDO)

A **Lei de Diretrizes Orçamentárias (LDO)** é aquela que compreende as **metas e prioridades da Administração Pública Federal**, incluindo as despesas de capital para o exercício financeiro subsequente, orientando a elaboração da lei orçamentária anual e dispondo sobre as alterações na legislação tributária e a política de aplicação das agências financeiras oficiais de fomento.

Trata-se da lei que visa determinar efetivamente as metas que devem ser cumpridas no orçamento anual.

É importante ressaltar que a LDO **não visa alterar a legislação tributária**, não cabendo a ela este papel: apenas **orienta** quais as alterações que devem ocorrer na legislação tributária para que as metas e prioridades possam ser cumpridas, de maneira mais acertada pela Administração Pública.

Quando da expressão "**agências financeiras de fomento**", leva-se em consideração as **agências financeiras vinculadas à Administração Pública** e que estão intimamente ligadas com a **implementação de programas de investimento** e **incentivo** junto ao cidadão.

Dentre tais agências de fomento, destacamos:

– **Caixa Econômica Federal**: visa a redução do déficit habitacional através de programas de incentivo para desenvolvimento dessa infraestrutura;
– **Banco do Brasil**: visa o incentivo ao setor agrícola;
– **Bancos do Nordeste e da Amazônia**: visam ao incentivo regionalizado com a finalidade de reduzir as desigualdades sociais e econômicas;
– **Banco Nacional de Desenvolvimento Econômico**: destina-se ao financiamento do desenvolvimento das micro, pequenas e médias empresas, visando a redução do desemprego, dentre vários incentivos para a indústria e agricultura do país.

---

47. **Art. 165** (...)

    § 1º A lei que instituir o plano plurianual estabelecerá, de forma regionalizada, as diretrizes, objetivos e metas da administração pública federal para as despesas de capital e outras delas decorrentes e para as relativas aos programas de duração continuada.

Ressalta-se, ainda, que a LDO possui objeto determinado e destinatários certos. Assim, **não possui a generalidade abstrata**, própria das leis, sendo considerada uma **lei de efeitos concretos**. Por essa razão, o STF entendeu que a LDO **não está sujeita à fiscalização jurisdicional no controle concentrado de constitucionalidade** (ADI 2.484-MC, j. 19.12.2001, rel. Min. Carlos Velloso).

Conforme entendimento do STF, a inobservância da norma constitucional que condiciona o aumento das despesas com pessoal à existência de autorização específica da LDO não induz à sua inconstitucionalidade, impedindo apenas a sua execução no exercício financeiro respectivo (**STF, ADI 1.585/DF**).

1.3.1.2.3 Lei Orçamentária Anual (LOA)

A **Lei do Orçamento Anual (LOA)** compreende três orçamentos distintos: o **orçamento fiscal**, o **orçamento de investimentos** e o **orçamento da seguridade social**. Visa tratar quais serão as despesas e as receitas dentro do período de um ano.

O denominado **orçamento fiscal** compreende as receitas e despesas referentes aos Poderes da União, seus fundos, órgãos e entidades da Administração Pública Direta e Indireta, inclusive das fundações instituídas e mantidas pelo Poder Público (art. 165, § 5º, I, CF/1988[48]).

O **orçamento de investimento** abrange as receitas e despesas em que a União, direta ou indiretamente, detenha a maioria do capital com direito de voto. Assim, compreende as **empresas públicas** e **sociedades de economia mista exploradoras de atividade econômica** (art. 165, § 5º, II, da CF/1988) em que o ente federado possua a maioria das ações ordinárias.

Por fim, o **orçamento da seguridade social** abrange todas as receitas e despesas cuja finalidade seja o atendimento da assistência social, previdência social e saúde, institutos que compõe a seguridade social (art. 194 da CF/1988[49]).

Todas as **leis orçamentárias** são de **iniciativa do Poder Executivo**, cabendo ao Presidente da República enviar ao Congresso Nacional os projetos de lei e propostas orçamentárias, de acordo com o disposto no art. 84, XXIII, da CF/1988. Além da União, Estados, DF e Municípios enviarem suas propostas para o Poder Legislativo, em decorrência do **princípio da simetria constitucional**, o **Poder Judiciário**, o **Ministério**

---

48. **Art. 165** (...)

§ 5º A lei orçamentária anual compreenderá:

I – o orçamento fiscal referente aos Poderes da União, seus fundos, órgãos e entidades da administração direta e indireta, inclusive fundações instituídas e mantidas pelo Poder Público;

II – o orçamento de investimento das empresas em que a União, direta ou indiretamente, detenha a maioria do capital social com direito a voto;

III – o orçamento da seguridade social, abrangendo todas as entidades e órgãos a ela vinculados, da administração direta ou indireta, bem como os fundos e fundações instituídos e mantidos pelo Poder Público.

49. **Art. 194.** A seguridade social compreende um conjunto integrado de ações de iniciativa dos Poderes Públicos e da sociedade, destinadas a assegurar os direitos relativos à saúde, à previdência e à assistência social.

Público e a **Defensoria Pública** possuem **orçamentos próprios**, cujos projetos e propostas serão unificados pelos Presidentes do Supremo Tribunal Federal e dos Tribunais Superiores e encaminhados ao Congresso e demais casas legislativas.

Os **projetos de leis orçamentárias** no âmbito da União serão apreciados por **ambas as casas do Congresso Nacional** (Câmara dos Deputados e Senado Federal), na forma de **regimento comum**, sendo examinados por uma comissão mista permanente de deputados e senadores que, dentro das exigências legais, emitirá o parecer favorável ou não.

Os projetos poderão ainda sofrer alterações por meio de emendas, que devem ser apresentadas a **comissão mista de deputados e senadores**, sendo também apreciadas na forma do regimento comum e emanado respectivo parecer.

As emendas ao projeto de lei do orçamento anual (LOA) ou projetos que o modifiquem somente podem ser aprovadas caso haja compatibilidade com o plano plurianual (PPA) e com a lei de diretrizes orçamentárias (LDO).

Todo o **trâmite do processo legislativo das leis orçamentárias** deverá observar o disposto na lei complementar que versa sobre as normas gerais sobre finanças públicas. Entretanto, a norma geral que versa sobre finanças públicas (Lei 4.320/1964) não traz os prazos para encaminhamento dos projetos das leis orçamentárias, cabendo a observância ao art. 35, § 2º, do ADCT, que reza:

> "Art. 35 (...)
>
> § 2º Até a entrada em vigor da lei complementar a que se refere o art. 165, § 9º, I e II, serão obedecidas as seguintes normas:
>
> I – o projeto do plano plurianual, para a vigência até o final do primeiro exercício financeiro do mandato presidencial subsequente, será encaminhado até quatro meses antes do encerramento do primeiro exercício financeiro e devolvido para sanção até o encerramento da sessão legislativa;
>
> II – o projeto de lei de diretrizes orçamentárias será encaminhado até oito meses e meio antes do encerramento do exercício financeiro e devolvido para sanção até o encerramento do primeiro período da sessão legislativa;
>
> III – o projeto de lei orçamentária da União será encaminhado até quatro meses antes do encerramento do exercício financeiro e devolvido para sanção até o encerramento da sessão legislativa".

Assim, o encaminhamento dos projetos das leis orçamentárias continua a observância dos prazos previstos no ADCT, até que haja o advento da lei complementar que verse sobre ele.

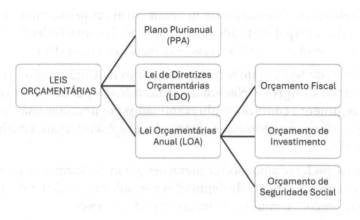

1.3.2 Fiscalização orçamentária

É cediço que o **principal objetivo da Administração Pública** é atingimento do bem comum. Para tanto, a Constituição Federal estabelece princípios básicos a serem observados pelo administrador público, visando coibir os abusos que podem ser praticados no exercício da sua função pública.

Os valores que são arrecadados para composição do orçamento público são considerados como **bens públicos**, uma vez que serão utilizados para o atendimento das finalidades do Estado.

Vige em nosso meio o **princípio da indisponibilidade dos bens públicos**, determinando que ao administrador, como mero gestor da coisa pública, não poderá agir ao seu mero deleite na aplicação dos recursos, sempre devendo observar o que melhor atenda o interesse público primário.

A **transparência na gestão pública**, conforme já salientamos, deve pautar a atividade exercida pela Administração Pública. Com a transparência, há possibilidade por parte dos demais Poderes da União, bem como do particular, de um maior controle na atuação dos administradores.

O **controle da execução orçamentária** nada mais é do que permitir que haja otimização de recursos com a redução dos gastos públicos, fazendo com que haja uma melhor aplicação dos recursos públicos. Conforme saliente Harada, significa verificar a **compatibilidade entre o planejado e o que está sendo executado**.

O **controle externo** é realizado pelo Poder Legislativo com auxílio do Tribunal de Contas. De acordo com o art. 31, § 1º, da CF/1988[50], nos Municípios onde inexiste Tribunal de Contas, o Poder Legislativo Municipal será auxiliado pelos Tribunais de Contas dos Estados.

---

50. **Art. 31.** A fiscalização do Município será exercida pelo Poder Legislativo Municipal, mediante controle externo, e pelos sistemas de controle interno do Poder Executivo Municipal, na forma da lei.
§ 1º O controle externo da Câmara Municipal será exercido com o auxílio dos Tribunais de Contas dos Estados ou do Município ou dos Conselhos ou Tribunais de Contas dos Municípios, onde houver.

Reza o art. 70 da CF/1988:

> "Art. 70. A fiscalização contábil, financeira, orçamentária, operacional e patrimonial da União e das entidades da administração direta e indireta quanto à legalidade, legitimidade, economicidade, aplicação das subvenções e renúncia de receitas, será exercida pelo Congresso Nacional, mediante controle externo, e pelo sistema de controle interno de cada Poder.
>
> Parágrafo Único. Prestará contas qualquer pessoa física ou jurídica, pública ou privada, que utilize, arrecade, guarde, gerencie ou administre dinheiros, bens e valores públicos ou pelos quais a União responda, ou que, em nome desta, assuma obrigações de natureza pecuniária."

A doutrina explicita três espécies de **controle externo: prévio**, **concomitante** e **posterior**.

O **controle prévio** passa a ser um dos mecanismos mais eficazes para evitar os abusos praticados no exercício da Administração Pública. Apesar de não estar mais previsto na Constituição Federal, é previsto no âmbito da norma geral de finanças públicas (Lei 4.320/1964), em seu art. 77[51], que explicita que a **verificação da legalidade** dos atos de execução orçamentária será **prévia**, **concomitante** e **subsequente**.

O **controle concomitante** é exercido quando se descobre alguma irregularidade no curso da realização da despesa, determinando-se a sustação do ato irregular.

Por fim, o **controle posterior** ou **subsequente** é determinado quando do julgamento das contas dos administradores, onde o Tribunal de Contas encontrando qualquer ilegalidade ou irregularidade aplicará àqueles que praticaram tal conduta as sanções estabelecidas em lei.

Além do controle externo, temos o **exercício do controle interno**, exercido por cada um dos Poderes em decorrência do princípio da autotutela. É o controle exercido no âmbito da repartição competente, verificando a legalidade e eficácia dos atos praticados no exercício da administração. Uma vez que se funda no princípio da hierarquia, cada um dos Poderes (Executivo, Legislativo e Judiciário) tem o dever legal de verificar os atos praticados pelos subordinados, anulando aqueles que forem ilegais e revogando aqueles que forem inconvenientes ou inoportunos de acordo com o interesse público primário.

A CF/1988 traz ainda a possibilidade de um controle privado, determinando a possibilidade no art. 74, § 2º:

> "Art. 74 (...)
>
> § 2º Qualquer cidadão, partido político, associação ou sindicato é parte legítima para, na forma da lei denunciar irregularidades ou ilegalidades perante o Tribunal de Contas da União".

Apesar do constituinte determinar a expressão **Tribunal de Contas da União**, nada obsta que tais irregularidades ou ilegalidades sejam denunciadas perante o **Tribunal de Contas dos Estados** ou dos **Municípios**, se houver.

---

51. **Art. 77.** A verificação da legalidade dos atos de execução orçamentária será prévia, concomitante e subsequente.

JURISPRUDÊNCIA

"Medida cautelar em ação direta de inconstitucionalidade. LC 101, de 4-5-2000 (Lei de Responsabilidade Fiscal). MP 1.980-22/2000. (...) LC 101/2000. Vícios materiais. Cautelar indeferida. O inc. II do § 2º do art. 4º apenas obriga Estados e Municípios a demonstrarem a viabilidade das metas programadas, em face das diretrizes traçadas pela política econômica do Governo Federal (políticas creditícia e de juros, previsões sobre inflação etc.), o que não encontra óbice na Constituição. Art. 4º, § 4º: a circunstância de certos elementos informativos deverem constar de determinado documento (Lei de Diretrizes Orçamentárias) não impede que venham eles a ser reproduzidos em outro, principalmente quando destinado à apresentação do primeiro, como simples reiteração dos argumentos nele contidos. Art. 7º, *caput*: norma de natureza fiscal, disciplinadora da realização da receita, e não norma vinculada ao Sistema Financeiro Nacional. Art. 7º, § 1º: a obrigação do Tesouro Nacional de cobrir o resultado negativo do Banco Central do Brasil não constitui utilização de créditos ilimitados pelo Poder Público. (...) Art. 15: o dispositivo apenas torna efetivo o cumprimento do plano plurianual, das diretrizes orçamentárias e dos orçamentos anuais, não inibindo a abertura de créditos adicionais previstos no art. 166 da Carta Política. Art. 17 e § 1º a § 7º: que o aumento de despesa de caráter continuado esteja condicionado à redução de despesa ou aumento de receita, também em caráter continuado, é proposição que, por achar-se em sintonia com a lógica, não pode ser obviamente considerada responsável pelo engessamento de qualquer dos Poderes de Estado ou órgãos da Administração e, portanto, ofensiva ao princípio da separação dos Poderes. Pela mesma razão, não se pode ver como atentatória ao princípio da autonomia dos entes federados. O incremento da arrecadação pelas formas indicadas no § 3º do art. 17 da LRF se reveste de previsibilidade e se presta, por isso, para um cálculo de compensação, que há de ser, tanto quanto possível, exato. (...) Art. 24: as exigências do art. 17 da LRF são constitucionais, daí não sofrer de nenhuma mácula o dispositivo que determina sejam atendidas essas exigências para a criação, majoração ou extensão de benefício ou serviço relativo à seguridade social" (STF, **ADI 2.238-MC**, Plenário, j. 09.08.2007, rel. p/ o ac. Min. **Ayres Britto**, *DJE* 12.09.2008).
• "A previsão do calendário rotativo escolar na lei que institui o Plano Plurianual parece legitimar o exercício, pelo Chefe do Executivo, do seu poder regulamentar, tornando possível, desse modo, a implantação dessa proposta pedagógica mediante Decreto" (STF, **ADI 748-MC**, Plenário, j. 01.07.1992, rel. Min. **Celso de Mello,** *DJ* 06.11.1992).
• "Ação direta de inconstitucionalidade. Lei 553/2000, do Estado do Amapá. Desconto no pagamento antecipado do IPVA e parcelamento do valor devido. Benefícios tributários. Lei de iniciativa parlamentar. (...) A reserva de iniciativa prevista no art. 165, II, da Carta Magna, por referir-se a normas concernentes às diretrizes orçamentárias, não se aplica a normas que tratam de direito tributário, como são aquelas que concedem benefícios fiscais" (STF, **ADI 2.464**, Plenário, rel. Min. **Ellen Gracie**, *DJ* 25.05.2007). **No mesmo sentido**: STF, **RE 601.348-ED**, 2.ª T., rel. Min. **Ricardo Lewandowski**, *DJE* 07.12.2011.
• "Controle abstrato de constitucionalidade de normas orçamentárias. Revisão de jurisprudência. O STF deve exercer sua função precípua de fiscalização da constitucionalidade das leis e dos atos normativos quando houver um tema ou uma controvérsia constitucional suscitada em abstrato, independente do caráter geral ou específico, concreto ou abstrato de seu objeto. Possibilidade de submissão das normas orçamentárias ao controle abstrato de constitucionalidade" (STF, **ADI 4.048-MC**, Plenário, j. 14.05.2008, rel. Min. **Gilmar Mendes**, *DJE* 22.08.2008). **No mesmo sentido**: STF, **ADI 4.049-MC**, Plenário, j. 05.11.2008, rel. Min. **Ayres Britto**, *DJE* 08.05.2009. **Em sentido contrário**: STF, **ADI 1.716**, Plenário, j. 19.12.1997, rel. Min. **Sepúlveda Pertence**, *DJ* 27.03.1998.
• "Lei de diretrizes orçamentárias, que tem objeto determinado e destinatários certos, assim sem generalidade abstrata, é lei de efeitos concretos, que não está sujeita à fiscalização jurisdicional no controle concentrado" (STF, **ADI 2.484-MC**, Plenário, j. 19.12.2001, rel. Min. **Carlos Velloso,** *DJ* 14.11.2003). **No mesmo sentido**: STF, **ADI 2.535-MC**, Plenário, j. 19.12.2001, rel. Min. **Sepúlveda Pertence**, *DJ* 21.11.2003. **Em sentido contrário**: STF, **ADI 4.049-MC**, Plenário, j. 05.11.2008, rel. Min. **Ayres Britto**, *DJE* 08.05.2009; **ADI 4.048-MC**, Plenário, j. 14.05.2008, rel. Min. **Gilmar Mendes**, *DJE* 22.08.2008.

• "A Lei de Diretrizes Orçamentárias possui destinação constitucional específica e veicula conteúdo material próprio, que, definido pelo art. 165, § 2º, da Carta Federal, compreende as metas e prioridades da administração pública, inclusive as despesas de capital para o exercício financeiro subsequente. Mais do que isso, esse ato estatal tem por objetivo orientar a elaboração da lei orçamentária anual e dispor sobre as alterações na legislação tributária, além de estabelecer a política de aplicação das agências financeiras oficiais de fomento" (STF, **ADI 612-QO**, Plenário, j. 03.06.1993, rel. Min. **Celso de Mello**, *DJ* 06.05.1994).

• "Apesar da existência de termo final de vigência da CPMF e da DRU (31.12.2007), não seria exigível outro comportamento do Poder Executivo, na elaboração da proposta orçamentária, e do Poder Legislativo, na sua aprovação, que não o de levar em consideração, na estimativa de receitas, os recursos financeiros provenientes dessas receitas derivadas, as quais já eram objeto de proposta de emenda constitucional (PEC 50, de 2007). O princípio da universalidade em matéria orçamentária exige que todas as receitas sejam previstas na lei orçamentária, sem possibilidade de qualquer exclusão" (STF, **ADI 3.949-MC**, Plenário, j. 14.08.2008, rel. Min. **Gilmar Mendes**, *DJE* 07.08.2009).

1.4 CRÉDITO PÚBLICO

O denominado **crédito público** é a aptidão econômica e jurídica de que desfruta o ente público para obtenção de receitas perante outros entes públicos ou privados, mediante promessa de devolução. Para alguns doutrinadores, a expressão **crédito público** e **empréstimo público** são sinônimos.

Para a determinação da **natureza jurídica do crédito público**, temos três entendimentos doutrinários que merecem destaque. Há doutrinadores que aplicam ao crédito público natureza jurídica de **ato de soberania**, outros como **ato legislativo** e uma terceira corrente entende tratar-se de **mero contrato**.

Como **ato de soberania**, o crédito público passa a ser o resultado do **poder de autodeterminação do Estado**, não sendo possível o exercício de qualquer espécie de controle. Por esta razão, o Estado pode modificar todas as condições do empréstimo público, mesmo que seja exercido de maneira unilateral. Tal teoria não se aplica em nossos dias.

Sendo **ato legislativo**, o crédito público já estaria disciplinado em lei, simplesmente dependendo da anuência das partes para a sua consecução.

Para a grande massa doutrinária, o crédito público é um **contrato** que visa transferir determinada quantia de uma pessoa, seja ela física ou jurídica, para o ente público, mediante incidência de juros e dentro de um prazo pré-determinado.

1.4.1 Classificação do crédito público

Dentre as classificações doutrinárias mais importantes, assinalamos a seguinte:

a) **Dívida Pública Flutuante:** é a dívida de curto prazo contraída para satisfação de necessidades prementes do Poder Público, geralmente provenientes de despesas imprevisíveis que surgiram no decorrer do exercício financeiro;

b) **Dívida Pública Fundada:** é a dívida contraída a longo prazo, podendo ser **amortizável** ou **perpétua**. **Amortizável** é aquela que possui **prazo certo para ser resgatada**. **Perpétua** é aquela que **não possui prazo definido para resgate**, ficando o Poder Público responsável, apenas, pelo pagamento de juros. O não pagamento pelos Estados e pelos Municípios, de dívida fundada por mais de dois anos consecutivos, sem que haja motivo de força maior, ensejará a *intervenção* (art. 34, V, *a*, art. 35, I, da CF/1988[52]);

c) **Dívida Pública Interna:** é aquela obtida no âmbito do próprio espaço territorial, seja federal, estadual ou municipal;

d) **Dívida Pública Externa:** quando o Estado celebra contrato de empréstimo em moeda estrangeira com pessoas sediadas em território estrangeiro. Caso o empréstimo ocorra por meio de instituições multinacionais, não sendo vinculadas diretamente a nenhum país, temos o **crédito internacional**;

e) **Operações de Crédito por Antecipação de Receita:** modalidade de empréstimo público em que o Estado promove com o objetivo de suprir o déficit de caixa, ocorridos em curto prazo dentro do mesmo exercício financeiro, atualmente disciplinadas por Resolução do Conselho Monetário Nacional.

Resumidamente, a **atividade financeira do Estado** é composta da análise das **despesas**, **receitas**, **orçamento** e **crédito público**, sendo fundamental o seu conhecimento para o estudo tributário.

---

52. **Art. 34.** A União não intervirá nos Estados nem no Distrito Federal, exceto para:
    V – reorganizar as finanças da unidade da Federação que:
    a) suspender o pagamento da dívida fundada por mais de dois anos consecutivos, salvo motivo de força maior;
    Art. 35 O Estado não intervirá em seus Municípios, nem a União nos Municípios localizados em Território Federal, exceto quando:
    I – deixar de ser paga, sem motivo de força maior, por dois anos consecutivos, a dívida fundada;

Vamos analisar, de maneira objetiva, algumas ponderações para fixação dessa temática tão importante:

- Uma vez que o Estado deve prestar, dentre outras atividades inerentes, serviços públicos para atendimento das finalidades básicas do ser humano, com a finalidade de dar-lhe uma condição de vida mais digna, necessitando de dinheiro para cobrir os gastos públicos. Estes gastos tendem a aumentar por vários fatores: aumento populacional, a existência de pessoas que começam a buscar uma melhor qualidade na prestação de serviços, má administração, dentre outros fatores.

- Devemos entender a acepção de Estado, nesse caso, como todos os entes federativos dotados de competência legislativa plena, quais sejam, União, Estados, Distrito Federal e Municípios.

- Em regra, possui a Administração Pública duas formas de arrecadar dinheiro para custear esses gastos: ou explora o seu próprio patrimônio e dessa exploração consegue receita para fazer frente a esses gastos, ou explora o patrimônio de terceiros para uma maior arrecadação de dinheiro. No primeiro caso, quando o Estado explora o seu próprio patrimônio, sem qualquer coação ao particular, temos a chamada **receita originária**. Esta passa a ser obtida, por exemplo, quando o Estado firma um contrato de locação com o particular, quando coloca no mercado de capitais ações de empresas estatais etc. No segundo caso, a imposição coativa do Estado para que o particular tenha que dispor de parte de suas receitas para o custeio dessas atividades, temos a chamada **receita derivada**. Vemos esta forma de arrecadação quando da imposição de multas, tributos, perdimento de bens etc.

- É equívoco o entendimento que o Direito Tributário tem por finalidade cuidar de todas as receitas públicas. Apenas cuida de uma das vertentes das receitas públicas, daquelas enquadradas como derivadas. E, mesmo nesse sentido, não se preza a normatizar todas as receitas derivadas, mas sim, as receitas tributárias.

1.4.2 Créditos adicionais

Os **créditos adicionais** são utilizados visando o **ajuste no orçamento**, tendo por objetivos **reforçar as dotações constantes no orçamento**, mas que, no decorrer da execução orçamentárias, tornaram-se insuficientes e atender as despesas não computadas na lei orçamentária.

Créditos Suplementares são aqueles destinados a **reforço de dotação orçamentária**, sendo cabíveis nos casos em que os créditos previstos no orçamento se mostraram insuficientes. Assim, vez que os créditos se tornam insuficientes, a lei poderá autorizar a abertura de créditos suplementares.

Tais créditos serão autorizados por lei e efetivados através de orçamento. A abertura dos créditos suplementares mediante a autorização legislativa depende da existência de recursos disponíveis, sendo precedida de exposição justificativa.

Nos termos do art. 43, § 1º da Lei 4.320/64[53], consideram-se recursos para abertura de créditos suplementares, desde que não comprometidos:

- superávit financeiro (diferença positiva entre o ativo e o passivo financeiro) apurado em balanço patrimonial do exercício anterior;
- provenientes de excesso de arrecadação (saldo positivo das diferenças, acumuladas mês a mês, entre a arrecadação prevista e a realizada);

---

53. **Art. 43.** A abertura dos créditos suplementares e especiais depende da existência de recursos disponíveis para ocorrer a despesa e será precedida de exposição justificativa.
§ 1º Consideram-se recursos para o fim deste artigo, desde que não comprometidos:
I – o superávit financeiro apurado em balanço patrimonial do exercício anterior;
II – os provenientes de excesso de arrecadação;
III – os resultantes de anulação parcial ou total de dotações orçamentárias ou de créditos adicionais, autorizados em Lei;
IV – o produto de operações de credito autorizadas, em forma que juridicamente possibilite ao poder executivo realizá-las.

- resultantes de anulação total ou parcial de dotações orçamentárias ou de créditos adicionais, autorizados em lei;
- produto de operações de crédito autorizadas.

Créditos Especiais são aqueles destinados a despesas para as quais **não haja dotação orçamentária específica para atendimento à criação de programas, projetos** e **atividades eventuais ou especiais**. Tais créditos criam elemento de despesa para atendimento de objetivos **não previstos no orçamento**.

Será **obrigatoriamente autorizado pelo Poder Legislativo** e **aberto mediante decreto do Poder Executivo**, não podendo ser autorizado na própria Lei Orçamentária Anual, mas em leis específicas.

Créditos Extraordinários somente podem ser abertos quando destinados a despesas **imprevisíveis e urgentes**, tais como decorrentes de guerra, calamidade pública, dentre outras.

Tais créditos não podem ser utilizados para despesas comuns, sem caracterizar a imprevisibilidade e urgência, violando o disposto no art. 167, § 3º da CF:

"Art. 167. São vedados:

(...)

§ 3º A abertura de crédito extraordinário somente será admitida para atender despesas imprevisíveis e urgentes, como as decorrentes de guerra, comoção interna ou calamidade pública, observado o disposto no art. 62".

2
FONTES DO DIREITO TRIBUTÁRIO

Fonte significa nascedouro, origem, aquilo que servirá como parâmetro inicial para o desdobramento de uma matéria. O vocábulo fonte encontra sua origem no latim (*fons, fontis*). Utilizamo-nos da palavra fonte no sentido de **origem**, **procedência**, conforme ilustra parte dos estudiosos.

Sob o prisma da fonte, o Direito pode ser encarado de dois modos: como **produto cultural** (como dado) e como **resultado** de uma construção implementada no âmbito da cultura humana. De um lado, coloca-se o direito positivado (fonte formal) e, de outro, situam-se os fatos sociais dentre os quais serão escolhidos pelo legislador para composição de uma determinada regra (fonte material).

Assim, as **fontes formais** são definidas como aquelas constituídas pelos **atos normativos**, motivo pelo qual se situam no plano do dever-ser. As **fontes materiais** abrangem os fatos da realidade social, adotados por agentes competentes para a elaboração de proposições prescritivas.

Para Norberto Bobbio, fontes do direito são **atos e fatos dos quais decorrem a produção de normas jurídicas**. Para ele, as normas de um ordenamento jurídico não advêm apenas de uma fonte.

Resumidamente, são consideradas **fontes formais** todos os atos por meio dos quais se veiculam normas jurídicas ("lei" – enquanto ato complexo, envolvendo todo um procedimento especial; decretos; resoluções). São também chamados de **atos normativos**. É a dogmática do Direito Tributário. Já as **fontes materiais** seriam os fatos da realidade social, os conflitos sociais que reclamariam uma solução jurídica. Exemplificando, os litígios envolvendo consumidores e fornecedores quanto à responsabilidade por danos causados pelos produtos postos no mercado (fonte material), acarretaram regulação, mediante lei (fonte formal), da amplitude subjetiva do dever de reparar dos fornecedores (art. 12 do CDC[1]).

Conforme ilustra Carraza, o **ordenamento jurídico** é formado por um conjunto de **normas dispostas hierarquicamente**, não estando situadas no mesmo patamar, mas, sim, escalonadamente, de tal sorte que as superiores dão validade às inferiores, que, assim, não as pode contrariar.

---

1. **Art. 12.** O fabricante, o produtor, o construtor, nacional ou estrangeiro, e o importador respondem, independentemente da existência de culpa, pela reparação dos danos causados aos consumidores por defeitos decorrentes de projeto, fabricação, construção, montagem, fórmulas, manipulação, apresentação ou acondicionamento de seus produtos, bem como por informações insuficientes ou inadequadas sobre sua utilização e riscos.

Fonte jurídica seria a **origem primária do Direito**, confundindo-se com o problema da gênese do Direito. Muitas vezes passa a ser utilizada como **fundamento de validade da ordem jurídica**. Nas palavras de Rui Barbosa Nogueira, as fontes do Direito Tributário são, na **ordem real**, o conjunto de **fatos** e, na **ordem ideal**, o conjunto de **atos** que dão nascimento ao Direito Tributário.

As **fontes reais** constituem os suportes fáticos das imposições tributárias; é a subjacência sobre que incide a tributação, se incidem sobre patrimônio, renda ou serviços, sendo de suma importância quando do exame dos **fatos geradores dos tributos**.

A **principal fonte** do Direito Tributário é a **fonte formal**, ou seja, o **conjunto normativo**, as **normas jurídicas**. Quando falamos em **norma jurídica**, orientamos você no sentido de entender que a expressão "**norma**" não se limita à existência de leis, mas de **todo e qualquer ato normativo que venha regular o direito tributário**, desde a Lei Maior do nosso país até uma possível Instrução Normativa editada pela Secretaria da Receita Federal do Brasil, ou seja, deve-se ter em mente as diferentes normas (Constituição, Leis, Regulamentos, Instruções Normativas, Decretos) que compõem o nosso ordenamento jurídico.

Quando a Constituição Federal, no art. 59[2], determina o **processo legislativo**, vemos que tal processo compreende a elaboração de **Emendas Constitucionais, Leis Complementares, Leis Ordinárias, Leis Delegadas, Medidas Provisórias, Decretos Legislativos e Resoluções**. Estas podem ser usadas, em grande parte, como fontes em matéria tributária.

> **IMPORTANTE**
>
> Todas as fontes do Direito, sejam formais ou materiais, são relevantes para o direito tributário. No entanto, as **fontes formais** traduzidas pelas normas fazem com que o direito tributário tenha, mesmo que de forma aparente, maior segurança jurídica na relação entre o Estado e o particular, vez que, no Estado Democrático de Direito, o Estado que cria as normas sujeita-se a estas próprias normas.

Assim, podemos considerar como possíveis fontes formais do Direito Tributário as seguintes normas:

---

2. **Art. 59.** O processo legislativo compreende a elaboração de:

I – emendas à Constituição;

II – leis complementares;

III – leis ordinárias;

IV – leis delegadas;

V – medidas provisórias;

VI – decretos legislativos;

VII – resoluções.

Parágrafo único. Lei complementar disporá sobre a elaboração, redação, alteração e consolidação das leis.

2.1 CONSTITUIÇÃO FEDERAL

A Constituição é a lei maior de um Estado, vez que traça os fins públicos que devem ser alcançados, além de dispor sobre a organização do Estado e dos Poderes, tendo por objetivo central o atendimento dos direitos fundamentais. Assim, a Constituição tem por objeto a tratativa sobre a **estrutura do Estado**, sobre a **organização dos poderes**, buscando o atendimento dos **direitos fundamentais**.

Duas são as características principais da Constituição Federal:

- **Supralegalidade**: as normas constitucionais são revestidas de supralegalidade, uma vez que a demais normas estão alocadas hierarquicamente abaixo da Constituição, sendo que de tal supremacia, decorre o **princípio da compatibilidade** ou **hierarquia vertical**, sendo que a validade da norma inferior depende de compatibilidade com a norma superior – nesse caso, a Constituição Federal;

- **Rigidez**: a Constituição Federal desfruta da denominada **rigidez constitucional**, vez que para alteração de seus dispositivos, há necessidade da adoção de procedimento mais solene e formal que a alteração de demais normas existentes.

A **Constituição Federal de 1988**, chamada de **Constituição Cidadã**, dentre as mais variadas classificações adotadas, é considerada como **analítica**, pois não versa apenas sobre a organização do Estado, separação dos Poderes ou Administração Pública, mas cuida de outras matérias, desde direitos e garantias individuais até cultura, lazer etc., mesmo que tais temas dependam, para sua aplicabilidade total e regular produção de efeitos, da edição de leis.

Conforme bem ilustra Pedro Lenza, a ideia de que todo o Estado deva possuir uma Constituição e de que esta deve conter **limitações ao poder autoritário** e **regras de prevalência dos direitos fundamentais** desenvolve-se no sentido de consagração de um Estado Democrático de Direito.

Nas palavras de Ricardo Lobo Torres, a Constituição, que engloba vários subsistemas e que se apresenta também como um **cossistema no conjunto maior da comunidade internacional**, é, por outro lado, um **sobressistema com referência à ordem jurídica interna**.

Temos vários subsistemas constitucionais que fazem parte da nossa Constituição Federal. Temos uma constituição social, financeira, econômica e, porque não dizer, tributária.

> **DICA**
>
> Entende-se por **Constituição Tributária** o complexo normativo a partir do qual fornece os contornos da base funcional do Direito Tributário. Pode ser **formal**, quando as normas constitucionais dependem, de forma indireta ou reflexa, da funcionalidade do sistema tributário para a consecução de seus objetivos, ou **material**, quando advém de normas constitucionais que tratam, de maneira direta, sobre a organização e funcionamento do sistema tributário nacional.

Em **matéria tributária**, a Constituição Federal é a fonte de maior importância, pois orientará a interpretação e a aplicação de todas as demais normas jurídicas existentes na seara fiscal. Tal diploma possui um capítulo próprio denominado de "**Sistema Tributário Nacional**", previsto no art. 145 até o art. 162 do Texto Maior. Como se trata de um "**sistema**", a simples análise de tais artigos não é suficiente para nos aprofundarmos no conhecimento dessa matéria, mas servirá como um ponto de partida para o nosso estudo. Assim, é importante estudar todo o texto constitucional para entendermos a profundidade e os reflexos das normas constitucionais em matéria tributária.

A nossa Constituição procura tratar, de forma minuciosa a estrutura de todo o sistema tributário. Em comparação com outras constituições existentes, nosso sistema constitucional acaba sendo dotado de maior complexidade.

A **Constituição Italiana** (1947) dedica tão somente um único dispositivo sobre a sistemática tributária (art. 53), no qual estabelece o princípio da capacidade contributiva e determina que o sistema tributário será informado por critérios de progressividade.

A **Constituição Espanhola** (1978) estabelece em dois artigos (31 e 133), os princípios da capacidade contributiva, isonomia tributária, não confisco, progressividade e legalidade, tratando sobre a competência originária dos Estados para estabelecer tributos, facultando às leis a delegação de competência às Comunidades Autônomas e às Corporações Locais.

A **Lei Fundamental de Bohn** (base da tratativa constitucional alemã), apesar de estabelecer alguns dispositivos sobre matéria tributária e financeira, basicamente se funda na divisão de competências, não estabelecendo as limitações ao poder de tributar expressamente. Porém, são extraídos os princípios da isonomia tributária e capacidade tributária ativa, notadamente do entendimento aplicado pela jurisprudência alemã.

Importante ressaltar que **não temos um sistema tributário unificado**. A Constituição Federal engloba vários subsistemas, apresentando-se como uma espécie de ecossistema na comunidade internacional. Assim, temos uma supremacia interna pela ordem constitucional e uma integração no sistema internacional.

O papel da Constituição Federal em matéria tributária poderia ser resumido da seguinte forma:

a) Estabelecer as espécies tributárias

Devemos compreender que **não é papel da Constituição Federal** em matéria tributária **criar tributos**. Esse papel passa a ser dos **entes federativos** que possuem competência legislativa plena, ou seja, da União, Estados, DF e Municípios. Mas o Texto Constitucional traz em seu bojo as espécies tributárias que podem ser instituídas.

Ressalta-se: a **Constituição Federal não cria tributos**, mas estabelece um **rol de tributos que podem ser instituídos**.

De acordo com o atual entendimento do STF (**RE 138.284/CE**), as espécies tributárias podem ser divididas em **cinco categorias**, o que é denominados por **classificação pentapartida**. Assim, temos a seguinte classificação:

I – **Impostos**

- ✓ **Ordinários**: são os **impostos federais** (art. 153 da CF/1988), **estaduais** (art. 155 da CF/1988), **municipais** (art. 156 da CF/1988) e de **compartilhado** (art. 156-A da CF/1988).
- ✓ **Extraordinários**: são os **impostos residuais** (art. 154, I, da CF/1988) e o **imposto extraordinário de guerra** (art. 154, II, da CF/1988).

II – **Taxas**

- ✓ Taxa de **polícia**
- ✓ Taxa de **serviço**

III – **Contribuição de Melhoria**

IV – **Empréstimos Compulsórios**

- ✓ **Emergenciais**: aqueles cuja finalidade de sua instituição visa atender a calamidade pública, guerra externa ou sua iminência;
- ✓ **Investimento**: decorre de investimento público de caráter urgente e relevante interesse nacional

V – **Contribuições Especiais**

- ✓ Contribuições de Intervenção no Domínio Econômico (CIDE);
- ✓ Contribuições de Interesse das Categorias Profissionais e Econômicas (Corporativas)
  - Contribuição dos Conselhos Profissionais
  - Contribuição do Sistema "S"
- ✓ Contribuições de Seguridade Social (Contribuições Sociais)
  - Contribuição Social Geral
  - Contribuição Social Específica
- ✓ Contribuição para o custeio e expansão do serviço de iluminação pública (COSIP)

Outras contribuições previstas na CF/1988

- ✓ Contribuição sindical (deixa de ter natureza tributária à luz da Reforma Trabalhista, trazida pela Lei 13.467/17)
- ✓ Contribuição confederativa (desprovida de natureza tributária, de acordo com a súmula vinculante 40)
- ✓ Contribuição para o FGTS

Tal classificação se contrapõe àquela trazida no Código Tributário Nacional, em seu art. 5º, uma vez que neste as espécies tributárias são classificadas em três: **impostos**, **taxas** e **contribuições de melhoria** (**classificação tripartida**).

Nenhuma Constituição Federal é tão minuciosa em matéria de tributação quanto a nossa. Tivemos sistemas tributários que fortemente influenciaram o nosso sistema tributário nacional, como o sistema italiano, o sistema alemão e o sistema espanhol, mas em todos eles, o trato do sistema tributário nacional é sucinto.

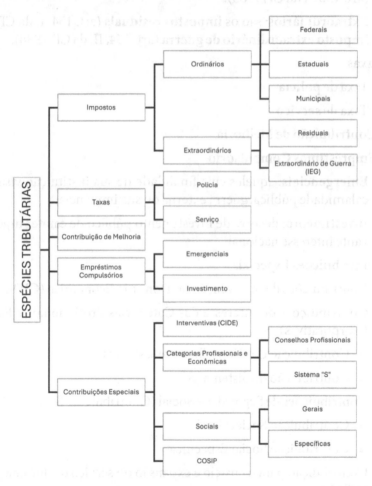

b) Determinar a competência tributária

Como vimos, a Constituição Federal não se preza a instituir tributos, estabelecendo apenas as espécies tributárias (rol de tributos). No entanto, a Constituição Federal determina quem são as **pessoas competentes para a instituição desses tributos**.

A **competência tributária** significa capacidade para a instituição, modificação e extinção de tributos, o denominado **poder de tributar**. Quem possui essa competência são os entes públicos federados (União, Estados, Distrito Federal e Municípios) dotados de competência legislativa plena.

Não podemos afirmar que todas as pessoas jurídicas de direito público exercem competência tributária; isto porque são consideradas como pessoas jurídicas de direito público as **autarquias** e as **fundações públicas** e estas, apesar de possuírem as mesmas prerrogativas e privilégios que os entes públicos federados, **não gozam de competência tributária**.

c) Limitar o poder de tributar

Na estrutura federativa do Brasil, o poder de tributar, ao ser distribuído pelas normas constitucionais, é exercido pelos entes federativos nos lindes da respectiva competência tributária, enquanto um dos aspectos da competência legislativa plena deles. Tal competência **não pode ser absoluta**, evitando-se, assim, que os entes públicos possam instituir tributos indiscriminadamente. Tais limitações podem ser **explícitas** (quando expressamente determinadas na Constituição Federal) ou **implícitas** (quando produto de interpretação sistemática das normas constitucionais).

Determinadas limitações ao poder de tributar são **direitos e garantias individuais do contribuinte**, consistindo verdadeiras **cláusulas pétreas**, insuscetíveis de supressão ou excepcionalização por emendas constitucionais (nesse sentido: **STF, RE 573.675**, rel. Min. Ricardo Lewandowski).

No julgamento da **ADI 2.551**, o STF se posicionou no sentido que o Poder Público **não pode agir imoderadamente em sede de tributação**, pois a atividade estatal acha-se essencialmente condicionada **pelo princípio da razoabilidade e proporcionalidade**, que traduz a limitação material à ação normativa do Poder Legislativo, vez que temos um sistema de proteção destinado a amparar o contribuinte contra eventuais excessos cometidos pelo poder tributante.

Assim, este é o grande papel das limitações ao poder de tributar: **assegurar direitos** e **garantias do contribuinte-cidadão** contra os **excessos de tributação cometidos pelo Estado**.

Ora, se levarmos em consideração que as limitações constitucionais ao poder de tributar são direitos e garantias individuais do cidadão-contribuinte, chegaremos à conclusão de que sua **aplicabilidade** sempre será **imediata**, nos termos do art. 5º, § 1º, da CF/1988[3].

Observando a classificação do ilustre jurista José Afonso da Silva, as normas constitucionais poderão ser dotadas de **eficácia plena, contida** ou **limitada**.

As **normas constitucionais de eficácia plena** são aquelas aptas a produção de todos os seus efeitos no momento da entrada em vigor da Constituição Federal.

As **normas constitucionais de eficácia contida** são aquelas cuja aplicabilidade, apesar de ser imediata, poderá a norma infraconstitucional **reduzir a sua abrangência**, limitando seus direitos.

E, por fim, as **normas constitucionais de eficácia limitada** são aquelas que, de imediato, quando a Constituição Federal é promulgada, não tem o condão de produzir todos os seus efeitos, dependendo de uma regulamentação infraconstitucional para a extensão de seus efeitos.

O fato de as limitações constitucionais ao poder de tributar serem consideradas direitos e garantias individuais do contribuinte garante uma aplicabilidade imediata, **afastando a eficácia limitada de suas aplicações**. Sendo assim, tais limitações ora serão dotadas de **eficácia plena**, ora serão dotadas de **eficácia contida**. No entanto, tal posicionamento não é acolhido por uma parte da doutrina, tal como Paulo de Barros Carvalho e Sacha Calmon Navarro Coelho, entendendo a existência de limitações dotadas de eficácia limitada.

d) Tratar das repartições de receitas tributárias

O Estado Brasileiro passa a ser considerado uma **federação**, ou seja, uma união indissolúvel de Estados membro para a formação do Estado Federal. Assim, os Estados renunciam a sua soberania – que passa a ser do Estado Federal – mas **não de sua autonomia**. Tal **autonomia** se dá na área **política, administrativa** e **financeira**.

Para uma parte da doutrina, o Brasil adota a denominada **federação imprópria**, pois além dos Estados membros serem dotados de autonomia, temos os Municípios que gozam da mesma autonomia política, administrativa e financeira, mas que escapa ao conceito originário de federação.

Quando falamos em **autonomia política**, afirmamos que os entes federativos têm condições de eleger os seus próprios governantes, dentro dos limites legais. Já a **autonomia administrativa** remonta a ideia de organização interna, uma vez que todos os entes federativos gozam de tal prerrogativa. Já a **autonomia financeira** traduz a possibilidade de os entes federativos angariar recursos próprios para fazer frente aos seus gastos públicos.

---

3. **Art. 5º** (...)

§ 1º As normas definidoras dos direitos e garantias fundamentais têm aplicação imediata.

A adoção de uma República Federativa vem determinada no art. 1º, *caput*, da CF/1988[4] e a autonomia dos entes federativos é garantida no art. 18, *caput*, do Texto Constitucional[5].

Autonomia Política: assegura ao ente federado a competência para legislar, para participar nas decisões do poder central, elegendo, inclusive, os seus próprios governantes

Autonomia Administrativa: compreende a capacidade de organizar os seus próprios serviços, sua própria atividade administrativa, podendo os entes federados criar e manter os órgãos públicos, em decorrência do princípio da hierarquia.

Autonomia Financeira: se dá quando os entes alcançam *independência* na obtenção de recursos para fazer frente às despesas públicas

Há muito tempo os entes federativos mantêm sua autonomia financeira mediante o exercício da tributação. Podemos identificar, assim, a existência de um **Federalismo Fiscal**, ou seja, os entes mantêm sua autonomia financeira mediante a instituição e arrecadação de tributos, fazendo frente aos seus gastos públicos.

É cediço, contudo, que a maior parte dos serviços públicos prestados diretamente à população é realizada pelos Municípios e, consequentemente, pelos Estados. Ocorre que a grande massa de tributos passa ser arrecadada pela União, acarretando um verdadeiro desequilíbrio nesse federalismo fiscal.

Com o fito de **corrigir ou minimizar o desequilíbrio no federalismo fiscal**, a Constituição Federal criou o mecanismo de **repartição de receitas tributárias**.

Dois entes federativos são responsáveis por repartir suas receitas: a **União** e os **Estados**. O **Distrito Federal** e os **Municípios** apenas recebem as **receitas transferidas** sem, contudo, repartir suas receitas tributárias.

Temos as denominadas **repartições de receitas tributárias diretas**, quando a repartição das receitas se dá entre os entes federados, sempre do ente dotado de maior competência (União) para os entes dotados de menor competência (Estados, DF e Municípios).

Existe, ainda, a possibilidade de repartição de receitas para **fundos**, que funcionam como instrumento de redistribuição de recursos entre os entes da federação. Quando a transferência das receitas tributárias ocorre para os fundos, temos a **repartição de receita tributária indireta**.

---

4. **Art. 1º** A República Federativa do Brasil, formada pela união indissolúvel dos Estados e Municípios e do Distrito Federal, constitui-se em Estado Democrático de Direito e tem como fundamentos:
5. **Art. 18.** A organização político-administrativa da República Federativa do Brasil compreende a União, os Estados, o Distrito Federal e os Municípios, todos autônomos, nos termos desta Constituição.

Não são todos os tributos que sofrem repartição de receitas tributárias, sendo que a Constituição Federal estabelece a partir do art. 157[6], que apenas **determinados impostos** e a **Cide-Combustíveis** são passíveis de repartição.

Assim, certos impostos não são passíveis de repartição de receitas, pela exclusão do disposto nos arts. 157 e 158 da CF/1988. Podemos classificar os seguintes **impostos que não são passíveis de repartição:**

IMPOSTOS FEDERAIS	IMPOSTOS ESTADUAIS	IMPOSTOS MUNICIPAIS
Imposto sobre a Importação (II)	Imposto sobre a transmissão *causa mortis* e doações de qualquer natureza (ITCMD)	Imposto Predial e Territorial Urbana (IPTU)
Imposto sobre a Exportação (IE)		
Imposto Extraordinário de Guerra (IEG)	Imposto sobre operações de circulação de mercadorias e prestação de serviços de transporte interestadual, intermunicipal e de comunicação (ICMS)	Imposto sobre a transmissão de bens imóveis *inter vivos* (ITBI)
Imposto sobre Grandes Fortunas (IGF)		Imposto sobre serviços de qualquer natureza (ISS)
Imposto Seletivo (IS)		
	Imposto sobre a Propriedade de Veículos Automotores (IPVA)	

Uma vez que os **Municípios** e o **Distrito Federal** não repartem suas receitas tributárias, apenas recebendo receitas por transferência, **todos os impostos municipais não sofrem repartição**.

O **sistema de repartição de receitas tributárias** para os **fundos** (repartição de receita tributária indireta) encontra o devido respaldo nos arts. 159 e ss. do Texto Constitucional[7].

---

6. **Art. 157.** Pertencem aos Estados e ao Distrito Federal:

I – o produto da arrecadação do imposto da União sobre renda e proventos de qualquer natureza, incidente na fonte, sobre rendimentos pagos, a qualquer título, por eles, suas autarquias e pelas fundações que instituírem e mantiverem;

II – vinte por cento do produto da arrecadação do imposto que a União instituir no exercício da competência que lhe é atribuída pelo art. 154, I.

7. **Art. 159.** A União entregará:

I – do produto da arrecadação dos impostos sobre renda e proventos de qualquer natureza e sobre produtos industrializados, 50% (cinquenta por cento), da seguinte forma:

a) vinte e um inteiros e cinco décimos por cento ao Fundo de Participação dos Estados e do Distrito Federal;

b) vinte e dois inteiros e cinco décimos por cento ao Fundo de Participação dos Municípios;

c) três por cento, para aplicação em programas de financiamento ao setor produtivo das Regiões Norte, Nordeste e Centro-Oeste, através de suas instituições financeiras de caráter regional, de acordo com os planos regionais de desenvolvimento, ficando assegurada ao semiárido do Nordeste a metade dos recursos destinados à Região, na forma que a lei estabelecer;

d) um por cento ao Fundo de Participação dos Municípios, que será entregue no primeiro decêndio do mês de dezembro de cada ano;

e) 1% (um por cento) ao Fundo de Participação dos Municípios, que será entregue no primeiro decêndio do mês de julho de cada ano;

f) 1% (um por cento) ao Fundo de Participação dos Municípios, que será entregue no primeiro decêndio do mês de setembro de cada ano;

Dentre os principais fundos, temos o **Fundo de Participação dos Estados e do Distrito Federal**, previsto no art. 159, I, *a*, da CF/1988. Tal fundo é constituído por receitas oriundas do **Imposto de Renda** (IR) e do **Imposto sobre Produtos Industrializados** (IPI).

A distribuição dos recursos pertencentes ao **Fundo de Participação dos Estados e do Distrito Federal (FPE)** vem regulada pela **LC 62/1989**. Nos termos do art. 2º dessa Lei (com a redação da LC 143/2013), podemos conferir a seguinte distribuição:

> "Art. 2º Os recursos do Fundo de Participação dos Estados e do Distrito Federal (FPE), observado o disposto no art. 4º, serão entregues da seguinte forma:
>
> I – os coeficientes individuais de participação dos Estados e do Distrito Federal no FPE a serem aplicados até 31 de dezembro de 2015 são os constantes do Anexo Único desta Lei Complementar;
>
> II – a partir de 1º de janeiro de 2016, cada entidade beneficiária receberá valor igual ao que foi distribuído no correspondente decêndio do exercício de 2015, corrigido pela variação acumulada do Índice Nacional de Preços ao Consumidor Amplo (IPCA) ou outro que vier a substituí-lo e pelo percentual equivalente a 75% (setenta e cinco por cento) da variação real do Produto Interno Bruto nacional do ano anterior ao ano considerado para base de cálculo;
>
> III – também a partir de 1º de janeiro de 2016, a parcela que superar o montante especificado no inciso II será distribuída proporcionalmente a coeficientes individuais de participação obtidos a partir da combinação de fatores representativos da população e do inverso da renda domiciliar per capita da entidade beneficiária, assim definidos:
>
> a) o fator representativo da população corresponderá à participação relativa da população da entidade beneficiária na população do País, observados os limites superior e inferior de, respectivamente, 0,07 (sete centésimos) e 0,012 (doze milésimos), que incidirão uma única vez nos cálculos requeridos;
>
> b) o fator representativo do inverso da renda domiciliar *per capita* corresponderá à participação relativa do inverso da renda domiciliar *per capita* da entidade beneficiária na soma dos inversos da renda domiciliar per capita de todas as entidades."

O art. 159, I, *b*, da CF/1988 estabelece a existência do **Fundo de Participação dos Municípios (FPM)**, composto de receitas obtidas também do Imposto de Renda (IR) e do Imposto sobre Produtos Industrializados (IPI).

Todos os recursos pertencentes ao **Fundo de Participação dos Municípios** são distribuídos da seguinte forma:

– 10% (dez por cento) aos Municípios das Capitais dos Estados;

– 90% (noventa por cento) aos demais Municípios do País.

Os **cálculos de distribuição**, tanto do Fundo de Participação dos Estados e Distrito Federal (FPE) quando do Fundo de Participação dos Municípios (FPM) levam

---

II – do produto da arrecadação do imposto sobre produtos industrializados, dez por cento aos Estados e ao Distrito Federal, proporcionalmente ao valor das respectivas exportações de produtos industrializados.

III – do produto da arrecadação da contribuição de intervenção no domínio econômico prevista no art. 177, § 4º, 29% (vinte e nove por cento) para os Estados e o Distrito Federal, distribuídos na forma da lei, observada a destinação a que se refere o inciso II, c, do referido parágrafo.

em consideração **critérios infraconstitucionais para a sua distribuição equitativa**. Ademais, a CF/1988, em seu art. 161, II[8], estabelece que Lei Complementar definirá os critérios de distribuição dos recursos, é necessário que o Legislador tenha em mente as normas constitucionais sobre os objetivos fundamentais da República Federativa, norteando-se pela previsão dos incisos II e III do art. 3º da CF/1988[9].

Além dos fundos já analisados, temos ainda o **Fundo Constitucional de Financiamento do Norte (FCN), Nordeste (FNE) e Centro-Oeste (FCO)**, o **Fundo de Combate e Erradicação da Pobreza (FCEP)**, o **Fundo de Manutenção e Desenvolvimento da Educação Básica e de Valorização dos Profissionais da Educação (Fundeb)**, dentre outros.

Sendo as repartições de receitas tributárias uma forma de mantença do **federalismo fiscal** de maneira equilibrada, tais repartições **não poderão sofrer supressão por emendas constitucionais**, vez que encontram limites materiais de supressão (art. 60, § 4º, I, da CF/1988).

> **IMPORTANTE**
> O nosso sistema tributário é, em sua essência, nacional, aplicando-se a todos os membros da federação e vinculando-os ao seu estrito cumprimento.

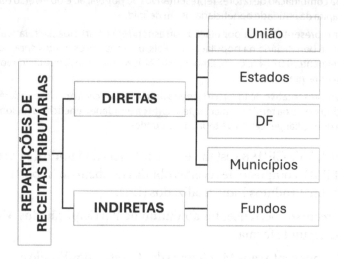

---

8. **Art. 161.** Cabe à lei complementar:
   II – estabelecer normas sobre a entrega dos recursos de que trata o art. 159, especialmente sobre os critérios de rateio dos fundos previstos em seu inciso I, objetivando promover o equilíbrio socioeconômico entre Estados e entre Municípios;
9. **Art. 3º** Constituem objetivos fundamentais da República Federativa do Brasil:
   II – garantir o desenvolvimento nacional;
   III – erradicar a pobreza e a marginalização e reduzir as desigualdades sociais e regionais.

REPARTIÇÃO DE RECEITAS TRIBUTÁRIAS DIRETAS

Aos **Estados e ao DF** pertencem:

- IRRF (Imposto de Renda retido na Fonte) sobre os rendimentos pagos, a qualquer título, por eles, suas autarquias e fundações públicas;
- 20% dos impostos residuais;
- 30% do IOF incidente sobre o ouro, enquanto ativo financeiro ou instrumento de política cambial;
- 29% da CIDE-Combustíveis

Aos **Municípios** pertencem:

- IRRF (Imposto de Renda retido na Fonte) sobre os rendimentos pagos, a qualquer título, por eles, suas autarquias e fundações públicas;
- 50% do ITR no caso de fiscalização e arrecadação pela União e 100% no caso de arrecadação e fiscalização pelos Municípios;
- 70% do IOF incidente sobre o ouro, enquanto ativo financeiro ou instrumento de política cambial;
- 50% do IPVA
- 25% do ICMS
- 25% do montante de 29% dos recursos que a União entregar a cada Estado devem ser repassados aos seus Municípios.

Os valores a serem repassados pelos Estados aos Municípios pertencem a estes de **pleno direito**, sendo vedada aos Estados a instituição de benefícios fiscais que tenham como consequência a redução ou a postergação dos repasses devidos aos Municípios. Tal posicionamento foi adotado pelo STF, quando do julgamento do **RE 572.762/SC**, no ano de 2008.

REPARTIÇÃO DE RECEITAS TRIBUTÁRIAS INDIRETAS

Em tese, tais repartições são efetivadas quando a repartição ocorre por meio de quatro fundos previstos no art. 159 da CF/1988, sendo três fundos compostos de **48%** da arrecadação do **IPI** e do **IR excluindo-se** desse último a parcela do **IRRF** já pertencentes aos Estados, ao DF e aos Municípios por participação direta, e o quarto fundo, destinado aos Estados e ao DF, composto de **10%** da arrecadação do IPI. Assim, temos:

- Fundo de Participação dos Estado e DF (FPE): 21,5% do IR e do IPI;
- Fundo de Participação dos Municípios (FPM): 22,5% do IR e do IPI;
- Fundo de Financiamento das Regiões Norte, Nordeste e Centro-Oeste: 3% do IR e do IPI;

54 DIREITO TRIBUTÁRIO INTERDISCIPLINAR • Caio Bartine

- Fundo Compensatório de Exportação de Produtos Industrializados (FUNCEP): 10% do IPI aos Estados e DF, devendo cada Estado repassar 25% do montante recebido aos Municípios.

Conforme dispõe o art. 161, II, da CF/1988[10], caberá a União através de lei complementar estabelecer normas sobre a entrega dos recursos desses fundos, objetivando promover o equilíbrio socioeconômico entre Estados e Municípios.

Caberá ao **Tribunal de Contas da União** (TCU) o dever de efetuar o **cálculo das quotas referentes aos fundos de participação** previstos no art. 159 da CF/1988, nos termos do art. 161, parágrafo único da CF/1988[11].

Além do regramento geral sobre a repartição de receitas tributárias, existem situações específicas que tratam sobre repartição:

- participação dos Municípios na arrecadação do ITR referente aos imóveis rurais nele situados;
- participação dos Municípios na arrecadação do IPVA referente aos veículos licenciados em seus territórios;
- participação dos Municípios na arrecadação do ICMS, sendo três quartos, no mínimo, na proporção do valor adicionado nas operações realizadas em seus territórios, que sejam fato gerador do ICMS e o restante de acordo com o que dispuser lei do estado membro (art. 158, parágrafo único, II, da CF/1988).

A lei estadual a que se refere o art. 158, parágrafo único, inciso II da CF/1988[12] não pode chegar ao ponto de excluir completamente determinado Município da participação na parcela dos recursos a que o dispositivo constitucional se refere. Tal lei não precisa adotar como critério de distribuição dessa parcela o valor adicionado nas operações que sejam fato gerador do ICMS realizadas no território de cada Município.

Seja qual o critério utilizado na lei estadual para a distribuição de até um quarto dos 25% da arrecadação do ICMS, não poderá resultar na **exclusão de um Município**. Esse é o entendimento esposado pelo STF no **RE 401.953/RJ**:

---

10. **Art. 161.** Cabe à lei complementar:

    II – estabelecer normas sobre a entrega dos recursos de que trata o art. 159, especialmente sobre os critérios de rateio dos fundos previstos em seu inciso I, objetivando promover o equilíbrio socioeconômico entre Estados e entre Municípios.

11. **Art. 161** (...)

    Parágrafo único. O Tribunal de Contas da União efetuará o cálculo das quotas referentes aos fundos de participação a que alude o inciso II.

12. **Art. 158** (...)

    Parágrafo único. As parcelas de receita pertencentes aos Municípios, mencionadas no inciso IV, serão creditadas conforme os seguintes critérios:

    II – até 35% (trinta e cinco por cento), de acordo com o que dispuser lei estadual, observada, obrigatoriamente, a distribuição de, no mínimo, 10 (dez) pontos percentuais com base em indicadores de melhoria nos resultados de aprendizagem e de aumento da equidade, considerado o nível socioeconômico dos educandos.

- recursos do fundo para os programas de financiamento do setor produtivo das Regiões Norte, Nordeste e Centro-Oeste, que forem destinados à Região Nordeste, 50% devem ser assegurados ao seu semiárido;
- participação dos Estados e DF no fundo compensatório de exportação será proporcional ao valor das exportações de produtos industrializados para cada um efetivadas. Porém, nenhum deve receber mais de 20%;
- total de valores que os Estados receberem a título de participação no fundo compensatório de exportações, 25% serão entregues aos Municípios;
- recursos que os Estados e DF receberem da União a título de participação no produto da arrecadação da CIDE-Combustíveis devem ser destinados ao financiamento de programas de infraestrutura de transportes;
- total que cada Estado receber, referente a participação na arrecadação da CIDE-Combustíveis, 25% cabem aos Municípios localizados em seu território, segundo critérios estabelecidos pela mesma lei que determina as regras de repartição da CIDE-Combustíveis aos Estados e ao DF. As regras de repartição estão previstas na Lei 10.866/04.

Por fim, a Constituição Federal proíbe que sejam feitos condicionamentos, restrições ou retenções relativos à entrega de recursos repartidos, tendo como únicas exceções:
- possibilidade de a União ou os Estados reterem os recursos quando o ente federado que os deveria receber possuir débitos com eles ou com as suas autarquias, condicionando a entrega ao pagamento desses débitos;
- condicionamento do repasse à aplicação de recursos mínimos no financiamento da saúde pública.

Nos demais casos, quaisquer outras espécies de retenções serão consideradas inconstitucionais, podendo afrontar, de forma direta, a funcionalidade do federalismo fiscal.

JURISPRUDÊNCIA

"Fundo de Participação dos Municípios. Cálculo do coeficiente de participação segundo critérios demográficos. (...) O critério legal estabelecido no art. 2º da LC 91/1997 reduz a participação dos Municípios que recebem mais que o permitido pelos seus índices populacionais e conduz a maior participação daqueles que percebem menos do que deveriam. A LC 91/1997 não assegura aos Municípios sujeitos ao fator de redução o direito de perceber o mesmo valor dos Municípios que, com a mesma população, não estejam sujeitos ao redutor" (STF, MS 26.464, Plenário, j. 07.04.02008, rel. Min. Cármen Lúcia, DJE 16.05.2008). No mesmo sentido: MS 23.632, Plenário, j. 18.9.2008, rel. Min. Ayres Britto, DJE 14.11.2008; MS 26.469, Plenário, j. 22.11.2007, rel. Min. Eros Grau, DJE 28.03.2008.

• "A Constituição de 1967 não previa expressamente a partilha com os Estados membros dos valores arrecadados com o Imposto sobre a Renda retido na fonte, incidente sobre os pagamentos efetuados a servidores de autarquia. A circunstância de as autarquias pertencerem à estrutura da administração indireta não afasta a distinção entre as personalidades jurídicas e os patrimônios das entidades periférica e central. O pagamento de remuneração pela autarquia não se confunde, em termos financeiros-orçamentários, ao pagamento de remuneração pelo próprio Estado membro" (STF, RE 248.447, 2ª T., j. 24.11.2009, rel. Min. Joaquim Barbosa, DJE 18.12.2009).

• "O Estado membro é parte legítima para figurar no polo de ação de restituição de imposto de renda, por pertencer a ele o produto da arrecadação do imposto da União sobre a renda e os proventos de qualquer natureza, incidente na fonte, sobre pagamentos feitos a servidores" (STF, AgIn 577.516-AgR, 1ª T., j. 20.10.2009, rel. Min. Cármen Lúcia, DJE 20.11.2009).

• "Participação dos Municípios na arrecadação de tributos estaduais. IPVA – Interpretação conforme, sem redução de texto, para suspensão da eficácia da aplicação do § 3º do art. 114, introduzido na Lei 6.537/1973 pela Lei 11.475/2000, com relação ao IPVA, tendo em vista que, ao dispor que 'na data da efetivação do respectivo registro no órgão competente deverá ser creditado, à conta dos Municípios, 25% do montante do crédito tributário extinto', interfere no sistema constitucional de repartição do produto da arrecadação do IPVA (50%)" (STF, ADI 2.405-MC, Plenário, j. 06.11.2002, rel. p/ o ac. Min. Sepúlveda Pertence, DJ 17.02.2006.

• "Constitucional. ICMS. Repartição de rendas tributárias. PRODEC. Programa de Incentivo Fiscal de Santa Catarina. Retenção, pelo Estado, de parte da parcela pertencente aos Municípios. Inconstitucionalidade. RE desprovido. A parcela do imposto estadual sobre operações relativas à circulação de mercadorias e sobre prestações de serviços de transporte interestadual e intermunicipal e de comunicação, a que se refere o art. 158, IV, da Carta Magna pertence de pleno direito aos Municípios. O repasse da quota constitucionalmente devida aos Municípios não pode sujeitar-se à condição prevista em programa de benefício fiscal de âmbito estadual. Limitação que configura indevida interferência do Estado no sistema constitucional de repartição de receitas tributárias" (STF, RE 572.762, Plenário, j. 18.06.2008, rel. Min. Ricardo Lewandowski, DJE 05.09.2008, com repercussão geral).

• "Financeiro. ICMS. Partilha e repasse do produto arrecadado. Art. 158, IV, parágrafo único, II, da CF/1988. Legislação estadual. Exclusão completa de Município. Inconstitucionalidade. Com base no disposto no art. 3º, III, da Constituição, lei estadual disciplinadora do plano de alocação do produto gerado com a arrecadação do ICMS, nos termos do art. 157, IV, parágrafo único, II, da CF/1988, pode tomar dados pertinentes à situação social e econômica regional como critério de cálculo. Contudo, não pode a legislação estadual, sob o pretexto de resolver as desigualdades sociais e regionais, alijar por completo um Município da participação em tais recursos" (RE 401.953, Plenário, j. 16.05.2007, rel. Min. Joaquim Barbosa, DJ 21.09.2007).

• "Repartição do ICMS. Art. 158, IV e 161, I, da CF/1988. Reserva de lei complementar. Usina hidrelétrica. Reservatório. Áreas alagadas. Hidrelétrica cujo reservatório de água se estende por diversos Municípios. Ato do Secretário de Fazenda que dividiu a receita do ICMS devida aos Municípios pelo 'valor adicionado' apurado de modo proporcional às áreas comprometidas dos Municípios alagados. Inconstitucionalidade formal do ato normativo estadual que disciplina o 'valor adicionado'. Matéria reservada à lei complementar federal. Precedentes. Estender a definição de apuração do adicional de valor, de modo a beneficiar os municípios em que se situam os reservatórios de água representa a modificação dos critérios de repartição das receitas previstos no art. 158 da CF/1988" (RE 253.906, Plenário, j. 23.09.2004, rel. Min. Ellen Gracie, *DJ* 18.2.2005).

2.2 EMENDAS CONSTITUCIONAIS

Uma **constituição rígida** é aquela que depende de um **processo legislativo formal**, **solene** e **dificultoso** para **modificar o seu conteúdo**, sempre com observância de limites estabelecidos na própria Constituição.

Criadas a partir da existência de um **poder constituinte derivado reformador**, as emendas constitucionais possuem o importante papel de **modificar o conteúdo da Constituição Federal**, **revogando** ou **inserindo normas** para compatibilizar a Constituição Federal com a evolução da sociedade e consequentemente do próprio direito.

Como bem ilustra Pedro Lenza, o **poder constituinte derivado reformador** tem a capacidade de **modificar a Constituição Federal** por meio de um procedimento específico, estabelecido pelo originário, **sem que haja uma verdadeira revolução**.

Independentemente do uso das emendas constitucionais como instrumentos formais para a alteração do texto constitucional, o caráter dinâmico da ordem jurídica constitucional propicia o redimensionamento da realidade normativa da Constituição sem a necessidade de se recorrer à revisão ou a emenda do respectivo texto. Tais mudanças informais visando à adequação do ordenamento constitucional a realidade social denomina-se *mutação constitucional*, adaptando-se o texto constitucional à realidade concreta.

As **emendas constitucionais** em **matéria tributária** são utilizadas:

- **inserção de tributos na Constituição Federal**

Não há nenhuma vedação constitucional das emendas constitucionais serem utilizadas para tal finalidade. Ao longo dos anos, várias emendas constitucionais foram editadas visando a **inclusão de espécies tributárias no texto constitucional**. Podemos citar, como exemplo, a **EC 39/02**, que inseriu a possibilidade do DF e Municípios instituírem a **Contribuição para o Custeio do Serviço de Iluminação Pública (COSIP)**, assim, como a **EC 41/03** conferiu a possibilidade dos Estados, DF e Municípios instituírem uma **contribuição para custeio do regime previdenciário de seus servidores**, nos termos do art. 149, § 1º da CF/1988.

De igual modo, a EC 132/2023 institui a denominada **Reforma Tributária**, inserindo outros tributos, como o **Imposto Seletivo** (art. 153, VIII, da CF/1988), o **Imposto sobre Bens e Serviços** (IBS) que virá em substituição gradual a unificação do ICMS e do ISS e a **Contribuição Social de Bens e Serviços** (CBS), em substituição gradual as contribuições sociais do PIS e da COFINS.

- **reforçar as limitações constitucionais ao poder de tributar**

As emendas constitucionais não podem alterar quaisquer normas constitucionais, constituindo verdadeiro núcleo imutável da Constituição Federal. As limitações constitucionais ao poder de tributar são consideradas garantias fundamentais do cidadão contribuinte contra os abusos que podem ser perpetrados pelo Estado. Assim, as **limitações não podem ser sufragadas por emendas constitucionais**, mas estas podem ser utilizadas para os fins de **reforço da garantia constitucionalmente prevista**.

As emendas constitucionais possuem limitações **formais**, **materiais** e **circunstanciais**, que podem afetar diretamente as questões tributárias.

As **limitações formais ou procedimentais** são aquelas que dizem respeito a **legitimidade e quórum de aprovação**. Trata-se de iniciativa privativa e concorrente para alteração do texto constitucional.

A Constituição Federal somente poderá ser emendada mediante proposta de:

- um terço, no mínimo, dos membros da Câmara dos Deputados ou do Senado Federal;
- Presidente da República;
- mais da metade das Assembleias Legislativas, pela maioria relativa de seus membros.

A proposta de emenda constitucional será votada em cada casa do Congresso Nacional, em dois turnos de votação, necessitando de, pelo menos, três quintos dos membros.

Outra imposição formal é a **promulgação** da emenda constitucional pelas Mesas da Câmara dos Deputados e do Senado Federal, com o seu respectivo número de ordem.

Com relação aos **limites materiais**, as emendas constitucionais não poderão suprimir as denominadas **cláusulas pétreas**, estabelecidas no art. 60, § 4º da CF/1988. São elas: **forma federativa de Estado**, **voto direto**, **secreto**, **universal** e **periódico**, a **separação dos Poderes** e os **direitos e garantias individuais**. Os Tribunais Superiores, notadamente o STF, têm admitido que determinadas limitações constitucionais ao poder de tributar, tais como determinados princípios e imunidades, são verdadeiras cláusulas pétreas implícitas, não podendo sofrer qualquer supressão por meio de emendas constitucionais.

Os **limites circunstanciais** vedam que em determinadas ocasiões, a Constituição Federal não poderá ser alterada, em decorrência da **gravidade** e **anormalidade**

institucional. Assim, não poderá ser emendada a Constituição Federal na vigência de **intervenção federal**, **estado de defesa** ou **estado de sítio**.

Não podemos classificar, diretamente, as emendas constitucionais como fontes do direito tributário, mas como **veículos introdutores de modificação da principal fonte em matéria tributária**, que é a Constituição Federal. O STF já declinou entendimento no sentido de que a emenda constitucional poderia, inclusive, possibilitar a instituição de tributo, desde que o fato gerador, a base de cálculo e os contribuintes fossem por ela discriminados.

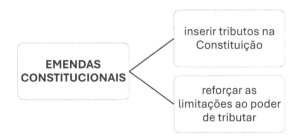

JURISPRUDÊNCIA

O início da tramitação da proposta de emenda no Senado Federal está em harmonia com o disposto no art. 60, I, da CF/1988, que confere poder de iniciativa a ambas as Casas Legislativas" (STF, ADI 2.031, Plenário, j. 03.10.2002, rel. Min. Ellen Gracie, *DJ* 17.10.2003).

• "A Constituição Federal de 1988 não fixou um intervalo temporal mínimo entre os dois turnos de votação para fins de aprovação de emendas à Constituição (CF, art. 60, § 2º), de sorte que inexiste parâmetro objetivo que oriente o exame judicial do grau de solidez da vontade política de reformar a Lei Maior. A interferência judicial no âmago do processo político, verdadeiro *locus* da atuação típica dos agentes do Poder Legislativo, tem de gozar de lastro forte e categórico no que prevê o texto da Constituição Federal" (STF, **ADI 4.425**, Plenário, j. 14.3.2013, rel. p/ o ac. Min. **Luiz Fux**, *DJE* 19.12.2013).

• "Processo de reforma da Constituição estadual. Necessária observância dos requisitos estabelecidos na CF/1988 (art. 60, § 1º a § 5º). Impossibilidade constitucional de o Estado membro, em divergência com o modelo inscrito na Lei Fundamental da República, condicionar a reforma da Constituição estadual à aprovação da respectiva proposta por 4/5 da totalidade dos membros integrantes da Assembleia Legislativa. Exigência que virtualmente esteriliza o exercício da função reformadora pelo Poder Legislativo local (...)" (STF, ADI 486, Plenário, j. 03.04.1997, rel. Min. Celso de Mello, *DJ* 10.11.2006).

• "As cláusulas pétreas não podem ser invocadas para sustentação da tese da inconstitucionalidade de normas constitucionais inferiores em face de normas constitucionais superiores, porquanto a Constituição as prevê apenas como limites ao poder constituinte derivado ao rever ou ao emendar a Constituição elaborada pelo poder constituinte originário, e não como abarcando normas cuja observância se impôs ao próprio poder constituinte originário com relação às outras que não sejam consideradas como cláusulas pétreas, e, portanto, possam ser emendadas" (STF, ADI 815, Plenário, j. 28.03.1996, rel. Min. Moreira Alves, *DJ* 10.05.1996).

• "A 'forma federativa de Estado' – elevado a princípio intangível por todas as Constituições da República – não pode ser conceituada a partir de um modelo ideal e apriorístico de Federação, mas, sim, daquele que o constituinte originário concretamente adotou e, como o adotou, erigiu em limite material imposto às futuras emendas à Constituição; de resto as limitações materiais ao poder constituinte de reforma, que o art. 60, § 4º, da Lei Fundamental enumera, não significam a intangibilidade literal da respectiva disciplina na Constituição originária, mas apenas a proteção do núcleo essencial dos princípios e institutos cuja preservação nelas se protege" (STF, ADI 2.024, Plenário, j. 03.05.2007, rel. Min. Sepúlveda Pertence, *DJ* 22.06.2007).

• "A eficácia das regras jurídicas produzidas pelo poder constituinte (redundantemente chamado de 'originário') não está sujeita a nenhuma limitação normativa, seja de ordem material, seja formal, porque provém do exercício de um poder de fato ou suprapositivo. Já as normas produzidas pelo poder reformador, essas têm sua validez e eficácia condicionadas à legitimação que recebam da ordem constitucional. Daí a necessária obediência das emendas constitucionais às chamadas cláusulas pétreas. O art. 78 do ADCT, acrescentado pelo art. 2º da EC 30/2000, ao admitir a liquidação 'em prestações anuais, iguais e sucessivas, no prazo máximo de dez anos' dos 'precatórios pendentes na data de promulgação' da emenda, violou o direito adquirido do beneficiário do precatório, o ato jurídico perfeito e a coisa julgada. Atentou ainda contra a independência do Poder Judiciário, cuja autoridade é insuscetível de ser negada, máxime no concernente ao exercício do poder de julgar os litígios que lhe são submetidos e fazer cumpridas as suas decisões, inclusive contra a Fazenda Pública, na forma prevista na Constituição e na lei. Pelo que a alteração constitucional pretendida encontra óbice nos incs. III e IV do § 4º do art. 60 da Constituição, pois afronta 'a separação dos Poderes' e 'os direitos e garantias individuais'" (STF, **ADI 2.356-MC e ADI 2.362-MC,** Plenário, j. 25.11.2010, rel. p/ o ac. Min. **Ayres Britto,** *DJE* 19.5.2011).

2.3 LEI COMPLEMENTAR E LEI ORDINÁRIA

No Brasil, o **surgimento de Lei Complementar** adveio com a **EC 4/1961**, instituindo o **sistema parlamentar de governo** e facultando a este a complementação do sistema por leis votadas, nas duas casas do Congresso Nacional, pela maioria absoluta dos seus membros.

A **EC 18/1965** tratou a respeito da Lei Complementar, sendo uma das exigências para tratamento de várias matérias tributárias. Entretanto, silenciou-se quanto ao quórum exigido para a sua aprovação, sendo sanado com o advento da Constituição de 1967.

O art. 61, § 1º, II, *b*, da CF/1988[13] determina serem de iniciativa reservada do Presidente da República as leis que disponham sobre organização administrativa e judiciária, **matéria tributária** e orçamentária, serviços públicos e pessoal da administração dos Territórios.

---

13. **Art. 61.** A iniciativa das leis complementares e ordinárias cabe a qualquer membro ou Comissão da Câmara dos Deputados, do Senado Federal ou do Congresso Nacional, ao Presidente da República, ao Supremo Tribunal Federal, aos Tribunais Superiores, ao Procurador-Geral da República e aos cidadãos, na forma e nos casos previstos nesta Constituição.

    § 1º São de iniciativa privativa do Presidente da República as leis que:

    b) organização administrativa e judiciária, matéria tributária e orçamentária, serviços públicos e pessoal da administração dos Territórios.

O STF já entendeu que a exclusividade em iniciar o processo legislativo sobre matéria tributária é **exclusivamente em relação às leis dos Territórios Federais**. Portanto, no âmbito da União, dos Estados, DF e Municípios, a iniciativa de leis sobre matéria tributária é **concorrente** entre os chefes do Poder Executivo e os membros do Legislativo, podendo-se ainda, avançar a sustentar a iniciativa popular sobre matéria tributária, observadas as formalidades do art. 61, § 2º, da CF/1988[14].

> **IMPORTANTE**
>
> Para uma lei ser considerada complementar, é fundamental que tenha o *nomen juris* de lei complementar, que tenha sido aprovada por maioria absoluta e que disponha sobre matéria reservada à lei complementar. Os dois primeiros requisitos são *formais* e o último requisito *material*.

O uso de lei complementar em matéria tributária apenas será de uso obrigatório quando houver **expressa previsão constitucional**, **não havendo hierarquia entre lei complementar e lei ordinária**.

O STF, quando do julgamento da **ADI 2.010-MC** determinou que não se presume a necessidade de edição de lei complementar, pois esta é somente exigível nos casos expressamente previstos na Constituição.

De acordo com o mesmo tribunal, a função da lei complementar em matéria tributária é uma **função tríplice**. A Lei Complementar tem um papel fundamental em matéria tributária, vez que a própria Constituição Federal disciplina, em artigo próprio (art. 146 da CF/1988), algumas de suas funções. Assim, podemos entender, dentre outras finalidades da lei complementar em matéria tributária:

a) Dispor sobre conflitos de competência tributária

Como já estudado, a competência tributária é definida pela Constituição Federal. A Lei Complementar apenas pode dispor sobre eventuais **conflitos de competência tributária**.

O **conflito de competência** pode ser **positivo** (quando dois entes se julgam competentes para a instituição do mesmo tributo) ou **negativo** (quando dois entes se julgam incompetentes para a instituição de determinado tributo).

Assim, por exemplo, se à União cabe tributar os produtos industrializados e ao Município, os serviços de qualquer natureza, deve a norma geral que disciplina o IPI e o ISS estabelecer se o trabalho de "montagem" é uma industrialização (sujeita ao IPI) ou uma prestação de serviço (sujeita ao ISS). Outro exemplo está na limitação do conflito entre a União e o Município quanto à tributação dos imóveis urbanos (sujeitos ao IPTU) e dos imóveis rurais (sujeitos ao ITR).

---

14. § 2º A iniciativa popular pode ser exercida pela apresentação à Câmara dos Deputados de projeto de lei subscrito por, no mínimo, um por cento do eleitorado nacional, distribuído pelo menos por cinco Estados, com não menos de três décimos por cento dos eleitores de cada um deles.

Note-se, ainda, que **dificilmente teremos um conflito de competência tributária**, mesmo porque a Constituição Federal tentou ser **exaustiva** ao atribuir o âmbito de poder de cada um dos entes públicos federativos sobre a possibilidade de instituição de tributos. Por isso, se determina que, no **plano lógico**, o **conflito de competência praticamente é impossível**, uma vez que a Constituição Federal exaure as competências dos entes federativos, determinando quais os tributos que cada ente federativo poderá instituir.

Em relação às **taxas e contribuições de melhoria** não há lugar para conflitos de competência, uma vez que **todos os entes federativos possuem competência tributária para a instituição desses tributos**, tendo em vista que os fatos geradores desses tributos apresentam como núcleo o exercício de atividades (serviços, obras) englobadas na capacidade administrativa de cada qual. Contudo, se algum tributo pode dar ensejo a conflito de competência, geralmente este se dará mediante a figura jurídica dos impostos, já que os demais possuem sua competência exaustiva no texto constitucional.

Temos uma situação interessante no que diz respeito à incidência de **Imposto Territorial Rural (ITR)** em **imóvel situado em zona urbana**. O art. 15 do Dec.-lei 57/1966[15], complementando o CTN, determina a incidência do ITR sobre imóveis que, mesmo situados em zona urbana, sejam utilizados para a **exploração vegetal**, **agrícola**, **pecuária** ou **agroindustrial**.

Inicialmente, tal decreto havia sido revogado pela Lei 5.868/1972, mas no julgamento do **RE 140.773/SP**, o Plenário do STF declarou inconstitucional a revogação, **sendo suspensa pela Resolução do Senado Federal 9/2005**.

No julgamento do **REsp 1.112.646**, em 2009, fora decidido que o art. 15 do Dec.-lei 57/1966 **deve ser aplicado em conjugação com o art. 32 do CTN** para fins de determinar a incidência do ITR e não do IPTU sobre os imóveis que, embora estejam localizados na zona urbana do Município, sejam utilizados com finalidade extrativa vegetal, agrícola, pecuária ou agroindustrial.

JURISPRUDÊNCIA

• "ICMS e repulsa constitucional à guerra tributária entre os Estados membros: o legislador constituinte republicano, com o propósito de impedir a 'guerra tributária' entre os Estados membros, enunciou postulados e prescreveu diretrizes gerais de caráter subordinados a compor o estatuto constitucional do ICMS. (...) justificam a edição de lei complementar nacional vocacionada a regular o modo e a forma como os Estados membros e o Distrito Federal, sempre após deliberação conjunta, poderão, por ato próprio, conceder e/ou revogar isenções, incentivos e benefícios fiscais" (**ADI 1.247-MC**, Plenário, j. 17.8.1995, rel. Min. **Celso de Mello**, DJ 08.09.1995).

---

15. Art. 15. O disposto no art. 32 da Lei 5.172, de 25 de outubro de 1966, não abrange o imóvel de que, comprovadamente, seja utilizado em exploração extrativa vegetal, agrícola, pecuária ou agroindustrial, incidindo assim, sobre o mesmo, o ITR e demais tributos com o mesmo cobrados.

b) Regular as limitações ao poder de tributar

As limitações são elencadas, de modo explícito na Constituição Federal, a partir do art. 150. Não compete à lei complementar **limitar o poder de tributar**, mas apenas **regular o modo como deve ser aplicada a limitação ao poder de tributar**. Por exemplo, dentre as limitações ao poder de tributar, temos as **imunidades**. As imunidades são definidas pela Constituição Federal, mas caso tenham que ser regulamentadas para sua total aplicabilidade, o Legislador deverá o fazer por meio de lei complementar.

Não cabe à lei complementar **criar limitações ao poder de tributar**, uma vez que esta matéria é de competência direta da Constituição Federal.

O STF tem rejeitado qualquer espécie de restrições aos direitos de imunidades tributárias veiculadas por lei ordinária.

Com a finalidade de regular a denominada **imunidade tributária subjetiva**, estabelecida no art. 150, VI, *c*, da CF/1988[16], fora editada a **Lei 9.532/1997**, que impôs critérios para a concessão das imunidades de impostos sobre as entidades de assistência social e outras entidades beneficentes. Com o advento da **Lei 12.973/2014**, alguns dispositivos dessa lei sofreram alterações, notadamente em seu art. 64[17], que trata sobre o arrolamento de bens. Na ocasião, fora ajuizada a **MC na ADI 1.802** e, ao ser julgada, o STF **entendeu ser a exigência inconstitucional**, uma vez que a norma que **criava as regulações da limitação foi veiculada por lei ordinária**, afrontando o disposto no art. 146, II, da CF/1988[18]. O fato de determinadas limitações dependerem de regulamentação mediante lei complementar reforça a existência de **eficácia contida** nas normas constitucionais que versam sobre as limitações ao poder de tributar.

Ademais, a Lei 12.101/2009 traz uma determinação sobre a **certificação das entidades beneficentes de assistência social** (CEBAS) com a finalidade de prestação de serviços nas áreas de assistência social, saúde ou educação. Uma vez que se trata de lei ordinária, não poderá servir como limitador ao poder de tributar, refreando a possibilidade de se ter uma imunidade, por exemplo, mas poderá servir como parâmetro de alcance ou não de outros benefícios legais, contratação com o Poder Público, dentre outros.

---

16. **Art. 150.** Sem prejuízo de outras garantias asseguradas ao contribuinte, é vedado à União, aos Estados, ao Distrito Federal e aos Municípios:

    VI – instituir impostos sobre:

    c) patrimônio, renda ou serviços dos partidos políticos, inclusive suas fundações, das entidades sindicais dos trabalhadores, das instituições de educação e de assistência social, sem fins lucrativos, atendidos os requisitos da lei.

17. **Art. 64 da Lei 9.532/97.** A autoridade fiscal competente procederá ao arrolamento de bens e direitos do sujeito passivo sempre que o valor dos créditos tributários de sua responsabilidade for superior a trinta por cento do seu patrimônio conhecido.

18. **Art. 146.** Cabe a lei complementar:

    II – regular as limitações ao poder de tributar.

Devemos nos recordar de que a **lei complementar não pode restringir as limitações constitucionais ao poder de tributar**. Se a lei complementar, sob o pretexto de regulação, terminasse por restringir as limitações, padeceria de vício de inconstitucionalidade.

JURISPRUDÊNCIA

"As limitações constitucionais ao poder de tributar são o conjunto de princípios e demais regras disciplinadoras da definição e do exercício da competência tributária, bem como das imunidades. O art. 146, II, da CF/1988 regula as limitações constitucionais ao poder de tributar reservadas à lei complementar, até então carente de formal edição. (...) A Suprema Corte, guardiã da CF/1988, indicia que somente se exige lei complementar para a definição dos seus limites objetivos (materiais), e não para a fixação das normas de constituição e de funcionamento das entidades imunes (aspectos formais ou subjetivos), os quais podem ser veiculados por lei ordinária, como sois ocorrer com o art. 55 da Lei 8.212/1991, que pode estabelecer requisitos formais para o gozo da imunidade sem caracterizar ofensa ao art. 146, II, da CF/1988, *ex vi* dos incs. I e II (...)" (STF, **RE 636.941**, Plenário, j. 13.02.2014, rel. Min. **Luiz Fux**, *DJE* 04.04.2014, com repercussão geral).

c) Tratar sobre normas gerais em matéria tributária

Quando da promulgação da Constituição Federal de 1988, as normas gerais em matéria tributária já eram disciplinadas pelo Código Tributário Nacional (Lei 5.172, editada em 1966). Tal diploma foi promulgado como **lei ordinária em sentido formal**, vez que sua criação estava sob a égide da Constituição de 1946, não prevendo esta a existência de matéria sob reserva de lei complementar. No entanto, com o advento da Constituição de 1967, a possibilidade da edição da lei complementar para certas temáticas constitucionais possibilitou que tais normas fossem disciplinadas pelas normas gerais da Lei 5.172/1966. Portanto, mesmo o Código Tributário Nacional (CTN) ser **formalmente ordinário** entende-se ser **materialmente complementar**.

As denominadas **normas gerais** são aquelas que regulam os aspectos fundamentais da parte geral tributária, devendo ser observância obrigatória de todos os entes federativos. O STF, no julgamento do **RE 562.276** definiu que as normas gerais são aquelas que, simultaneamente, **estabelecem os princípios**, os **fundamentos**, as **diretrizes**, os **critérios básicos**, conformadoras das leis que completarão a regência da matéria e que possam ser aplicadas uniformemente em todo o país, indiferentemente de regiões ou localidades.

A competência para dispor sobre **direito tributário** é **concorrente** da União, dos Estados, do Distrito Federal e dos Municípios, conforme disciplinam os arts. 24, I e 30 da CF/1988[19]. No entanto, a tratativa de normas gerais é da União, nos termos do art. 24, § 1º, da CF/1988[20].

As **normas gerais** tratam de regras gerais disciplinadoras da competência e solução de conflitos entre União, Estado e Município. É esse o papel do Código Tributário Nacional, que não institui tributo. Só o fato de existir o Código Tributário Nacional não obriga ninguém a pagar tributo. A obrigatoriedade em pagar decorre da lei, daquela lei que especificamente institui o tributo, que pode ser tanto **lei ordinária** (e o é na maioria das vezes) ou então **uma lei complementar**, desde que haja expressa previsão constitucional.

A observância de **normas gerais em matéria tributária** é considerada um **imperativo de segurança jurídica**, conforme já asseverou o STF, quando do julgamento do **AgRg em RE 433.352**, em 2010. Passa a ser necessário assegurar um tratamento centralizado a alguns temas para que se torne possível estabilizar as relações jurídicas.

Para que fique bem clara a importância e o papel das **normas gerais de Direito Tributário** e, portanto, compreender o papel do Código Tributário Nacional é relevante analisar o art. 146 da CF/1988, eis que uma leitura apressada poderia levar à interpretação de que a **lei complementar**, além de estabelecer normas gerais tributárias deveria também **definir** e **instituir todos os tributos**, indicando sua base de cálculo, alíquotas, contribuintes etc.

Exatamente para prestigiar a harmonia das pessoas políticas é que as normas gerais, no caso das regras do Código Tributário Nacional, vão disciplinar, quando necessário, a "**definição dos tributos**", a indicação dos eventos que deflagram a tributação, ou seja,

---

19. **Art. 24.** Compete à União, aos Estados e ao Distrito Federal legislar concorrentemente sobre:

    I – direito tributário, financeiro, penitenciário, econômico e urbanístico;

    Art. 30. Compete aos Municípios:

    I – legislar sobre assuntos de interesse local;

    II – suplementar a legislação federal e a estadual no que couber; (Vide ADPF 672)

    III – instituir e arrecadar os tributos de sua competência, bem como aplicar suas rendas, sem prejuízo da obrigatoriedade de prestar contas e publicar balancetes nos prazos fixados em lei;

    IV – criar, organizar e suprimir distritos, observada a legislação estadual;

    V – organizar e prestar, diretamente ou sob regime de concessão ou permissão, os serviços públicos de interesse local, incluído o de transporte coletivo, que tem caráter essencial;

    VI – manter, com a cooperação técnica e financeira da União e do Estado, programas de educação pré-escolar e de ensino fundamental;

    VI – manter, com a cooperação técnica e financeira da União e do Estado, programas de educação infantil e de ensino fundamental);

    VII – prestar, com a cooperação técnica e financeira da União e do Estado, serviços de atendimento à saúde da população;

    VIII – promover, no que couber, adequado ordenamento territorial, mediante planejamento e controle do uso, do parcelamento e da ocupação do solo urbano;

    IX – promover a proteção do patrimônio histórico-cultural local, observada a legislação e a ação fiscalizadora federal e estadual.

20. **Art. 24** (...)

    § 1º No âmbito da legislação concorrente, a competência da União limitar-se-á a estabelecer normas gerais.

o **fato gerador** como a situação concreta que uma vez presente exige esse pagamento, podendo também dispor sobre quem serão os **contribuintes** do tributo e sua **base de cálculo**.

Outro aspecto muito relevante ainda sobre o estudo das normas gerais é a **segurança da uniformidade legislativa** em alguns pontos básicos. Ora, uma vez que cada Município, cada Estado e a União Federal são detentoras de capacidade e competência tributárias, cada uma dessas pessoas políticas poderia, em tese, disciplinar regras envolvendo prazos e procedimentos próprios para a exigência, a cobrança e a fiscalização de seus tributos, o que daria margem a um **sistema caótico**, pois essas regras variariam conforme os municípios, onde um poderia estabelecer o prazo decadencial de dois anos, outro de cinco e outro de quinze anos, instalando insegurança nos contribuintes.

Existe diferenciação entre **lei federal** e uma **lei nacional**. A **lei federal** vincula diretamente a **União, não impedindo com que os Estados legislem de forma suplementar**. Já a **lei nacional vincula**, de igual forma, **todos os entes federativos, impedindo com que os Estados legislem de forma suplementar**.

Em matéria tributária, o STF entendeu que **as normas gerais** devem ser veiculadas por uma **lei complementar nacional**, o que impedirá com que os Estados legislem de forma suplementar, salvo ante a omissão legislativa, em que os Estados exercerão competência legislativa plena (art. 24, § 3º da CF/1988[21]).

Exatamente para afastar essas discussões a respeito de matérias uniformes e comuns a todas as pessoas políticas (pois as atividades de fiscalizar e cobrar os contribuintes são inerentes ao Direito Tributário) é que o art. 146, III, da CF/1988 prescreve quanto à edição dessas normas gerais pela lei complementar dos seguintes itens:

> **Definição de tributo, bem como de espécies tributárias, dos impostos já discriminados na Constituição Federal, dos respectivos fatos geradores, base de cálculo e contribuintes (art. 146, III, *a*, da CF/1988)**

Em nenhum momento a Constituição Federal determina que o tributo deve ser **criado por lei complementar**; o texto constitucional afirma que a **definição de tributo** deve se dar mediante lei complementar, assim como das respectivas **espécies tributárias**.

Temos a definição de tributo prevista no art. 3º do CTN, como sendo

> toda prestação pecuniária compulsória, em moeda ou cuja nela se possa exprimir, que não constitua sanção por ato ilícito, instituído por lei e cobrado mediante atividade administrativa plenamente vinculada.

---

21. **Art. 24 (...)**
   § 3º Inexistindo lei federal sobre normas gerais, os Estados exercerão a competência legislativa plena, para atender a suas peculiaridades.

2 • FONTES DO DIREITO TRIBUTÁRIO   67

Além do disposto no art. 3º do CTN, temos outra definição de tributo prevista no art. 9º da Lei 4.320/1964, determinando que tributo

> é a receita derivada, instituída pelas entidades de direito público, compreendendo os impostos, as taxas e as contribuições, nos termos da Constituição e das leis vigentes em matéria financeira, destinando-se o seu produto ao custeio de atividades gerais ou específicas exercidas por estas entidades.

Segundo o entendimento doutrinário, **ambos os conceitos** de tributo adotados **são válidos**, sendo que o conceito pelo CTN é denominado de **conceito econômico de tributo** e o conceito adotado pelo art. 9º da Lei 4.320/1964 é o **conceito financeiro de tributo**.

Quando a Constituição Federal faz alusão às espécies tributárias, não significa que estas devem ser **instituídas por lei complementar**, mas sim **definidas por lei complementar**. Quando da edição da Constituição Federal, primava-se pela **classificação tripartida,** como podemos observar no art. 145 da CF/1988 e no art. 5º do CTN. Assim, a definição do **imposto** encontra-se no **art. 16 do CTN**[22], a definição de **taxa** entre os **arts. 77 a 80 do CTN**[23] e a definição de **contribuição de melhoria** encontra-se entre os **arts. 81 e 82 do CTN**[24].

---

22. **Art. 16.** Imposto é o tributo cuja obrigação tem por fato gerador uma situação independente de qualquer atividade estatal específica, relativa ao contribuinte.

23. **Art. 77.** As taxas cobradas pela União, pelos Estados, pelo Distrito Federal ou pelos Municípios, no âmbito de suas respectivas atribuições, têm como fato gerador o exercício regular do poder de polícia, ou a utilização, efetiva ou potencial, de serviço público específico e divisível, prestado ao contribuinte ou posto à sua disposição.
    Parágrafo único. A taxa não pode ter base de cálculo ou fato gerador idênticos aos que correspondam a imposto nem ser calculada em função do capital das empresas.
    Art. 78. Considera-se poder de polícia atividade da administração pública que, limitando ou disciplinando direito, interesse ou liberdade, regula a prática de ato ou abstenção de fato, em razão de interesse público concernente à segurança, à higiene, à ordem, aos costumes, à disciplina da produção e do mercado, ao exercício de atividades econômicas dependentes de concessão ou autorização do Poder Público, à tranquilidade pública ou ao respeito à propriedade e aos direitos individuais ou coletivos.
    Parágrafo único. Considera-se regular o exercício do poder de polícia quando desempenhado pelo órgão competente nos limites da lei aplicável, com observância do processo legal e, tratando-se de atividade que a lei tenha como discricionária, sem abuso ou desvio de poder.
    Art. 79. Os serviços públicos a que se refere o artigo 77 consideram-se:
    I – utilizados pelo contribuinte:
    a) efetivamente, quando por ele usufruídos a qualquer título;
    b) potencialmente, quando, sendo de utilização compulsória, sejam postos à sua disposição mediante atividade administrativa em efetivo funcionamento;
    II – específicos, quando possam ser destacados em unidades autônomas de intervenção, de utilidade, ou de necessidades públicas;
    III – divisíveis, quando suscetíveis de utilização, separadamente, por parte de cada um dos seus usuários.
    Art. 80. Para efeito de instituição e cobrança de taxas, consideram-se compreendidas no âmbito das atribuições da União, dos Estados, do Distrito Federal ou dos Municípios, aquelas que, segundo a Constituição Federal, as Constituições dos Estados, as Leis Orgânicas do Distrito Federal e dos Municípios e a legislação com elas compatível, competem a cada uma dessas pessoas de direito público.

24. **Art. 81.** A contribuição de melhoria cobrada pela União, pelos Estados, pelo Distrito Federal ou pelos Municípios, no âmbito de suas respectivas atribuições, é instituída para fazer face ao custo de obras públicas de

O STF trouxe o entendimento da aplicação da escola pentapartida, em que a espécies tributárias estão classificadas em cinco categorias, sendo incluídas os **empréstimos compulsórios** e as **contribuições especiais**. Estas duas últimas espécies têm sua tratativa na Constituição Federal, não tendo lei complementar que os regulamente. Levando em consideração a hierarquia normativa de Kelsen, se é possível a tratativa por lei complementar, quanto mais através do texto constitucional.

Os **impostos discriminados na Constituição Federal** são os denominados **impostos nominados**, ou seja, aqueles que estão previstos diretamente no texto constitucional. São os impostos privativos da União, dos Estados e dos Municípios que são tratados no CTN a partir do art. 19.

O **fato gerador** é a realização de um fato típico tributário que esteja descrito numa lei tributária gerando o dever do contribuinte de levar dinheiro aos cofres públicos. O fato gerador é tratado no CTN, a partir do art. 114[25].

A **base de cálculo** é uma estimativa legal sobre a qual se multiplica determinada percentagem para se verificar o *quantum* deverá ser recolhido aos cofres públicos. Juntamente com a **alíquota**, faz parte do chamado **aspecto quantitativo do tributo**. É tratada no CTN, a partir do art. 19, versando sobre cada um dos impostos tipicamente nominados.

Por fim, o **sujeito passivo da obrigação tributária** é formado pela figura do **contribuinte** ou do **responsável**, sendo o **contribuinte** aquele que faz nascer o fato gerador da obrigação tributária principal e o **responsável** como terceira pessoa indicada por lei para assunção de determinado encargo tributário. É tratado a partir do art. 121 do CTN[26].

---

que decorra valorização imobiliária, tendo como limite total a despesa realizada e como limite individual o acréscimo de valor que da obra resultar para cada imóvel beneficiado.

Art. 82. A lei relativa à contribuição de melhoria observará os seguintes requisitos mínimos:

I – publicação prévia dos seguintes elementos:

a) memorial descritivo do projeto;

b) orçamento do custo da obra;

c) determinação da parcela do custo da obra a ser financiada pela contribuição;

d) delimitação da zona beneficiada;

e) determinação do fator de absorção do benefício da valorização para toda a zona ou para cada uma das áreas diferenciadas, nela contidas;

II – fixação de prazo não inferior a 30 (trinta) dias, para impugnação pelos interessados, de qualquer dos elementos referidos no inciso anterior;

III – regulamentação do processo administrativo de instrução e julgamento da impugnação a que se refere o inciso anterior, sem prejuízo da sua apreciação judicial.

§ 1º A contribuição relativa a cada imóvel será determinada pelo rateio da parcela do custo da obra a que se refere a alínea c, do inciso I, pelos imóveis situados na zona beneficiada em função dos respectivos fatores individuais de valorização.

§ 2º Por ocasião do respectivo lançamento, cada contribuinte deverá ser notificado do montante da contribuição, da forma e dos prazos de seu pagamento e dos elementos que integram o respectivo cálculo.

25. **Art. 114.** Fato gerador da obrigação principal é a situação definida em lei como necessária e suficiente à sua ocorrência.

26. **Art. 121.** Sujeito passivo da obrigação principal é a pessoa obrigada ao pagamento de tributo ou penalidade pecuniária.

É importante que se anote a importância do papel do Código Tributário Nacional nesta temática. Não cabe ao Código Tributário Nacional instituir os impostos discriminados na Constituição Federal, mas de trazer à baila sua estrutura jurídica, as bases que possam fundamentar a sua instituição. Assim, quando se fala a respeito do **fato gerador**, da **base de cálculo** e dos **contribuintes**, o que se pretende é a observância irrestrita de todos os entes federativos aos ditames estabelecidos nesta norma geral.

Ressalta-se ainda que nem todos os impostos de competência privativa dos Estados e dos Municípios possuem sua normatização geral no Código Tributário Nacional. Exemplificamos acerca do próprio **ICMS** (Imposto sobre a circulação de mercadorias e serviços de transporte interestadual, intermunicipal e serviços de comunicação). A Lei Complementar Federal que trata do referido imposto é a **LC 87/1996**, fora do Código Tributário Nacional, portanto. E isto porque, quando do advento da Constituição Federal, várias determinações constitucionais que deveriam estar contidas nas normas gerais não estavam previstas no Código Tributário Nacional. Assim, optou o legislador por dispor sobre a normatização geral do ICMS em lei complementar federal fora do Código Tributário Nacional. Isso se deu com o ISS, atualmente tratado pela **LC 116/2003**.

No que tange ao **IPVA**, tal imposto não tem sua normatização geral tratada no Código Tributário Nacional, vez que este imposto surgiu após o advento da codificação, por meio da **EC 27/1985**. Historicamente, trata-se de um imposto que surgiu em **substituição da antiga TRU** (Taxa Rodoviária Única), cobrada **anualmente** pela União em razão do **licenciamento dos veículos.**

Em observância ao disposto no art. 24, § 3º, da CF/1988[27] e no art. 34, § 3º, do ADCT[28], enquanto não for editada uma lei complementar federal que estabeleça as normas gerais do IPVA, os **Estados** e o **DF** exercerão **competência legislativa plena.**

Ainda, o STF determinou que os **Estados não dependem de lei complementar para criação da estrutura jurídica do IPVA**, podendo ser realizada mediante **lei ordinária**, conforme julgamento do **RE 205.165**, em 1999.

Parágrafo único. O sujeito passivo da obrigação principal diz-se:

I – contribuinte, quando tenha relação pessoal e direta com a situação que constitua o respectivo fato gerador;

II – responsável, quando, sem revestir a condição de contribuinte, sua obrigação decorra de disposição expressa de lei.

27. Art. 24 (...)

§ 3º Inexistindo lei federal sobre normas gerais, os Estados exercerão a competência legislativa plena, para atender a suas peculiaridades.

28. **Art. 34.** O sistema tributário nacional entrará em vigor a partir do primeiro dia do quinto mês seguinte ao da promulgação da Constituição, mantido, até então, o da Constituição de 1967, com a redação dada pela Emenda 1, de 1969, e pelas posteriores.

§ 3º Promulgada a Constituição, a União, os Estados, o Distrito Federal e os Municípios poderão editar as leis necessárias à aplicação do sistema tributário nacional nela previsto.

> **DICA**
> O STF, em interpretação literal, determinou que os elementos das contribuições (regra de incidência) sejam veiculados mediante lei ordinária, sem a necessidade da edição de lei complementar, conforme julgamento no **RE 146.733**.

Deve-se compreender que a Constituição Federal não afirma que os **impostos** devam ser instituídos por lei complementar, mas que a sua **estrutura jurídica** seja definida por uma lei complementar, para que haja maior segurança jurídica na tributação desses tributos.

Grande parte da estrutura jurídica dos impostos ordinários em espécie encontra sua previsão no Código Tributário Nacional. Vejamos:

REGRA-MATRIZ DE INCIDÊNCIA TRIBUTÁRIA	
IMPOSTOS ORDINÁRIOS FEDERAIS	
Imposto sobre a Importação (II)	Arts. 19 a 22 do CTN
Imposto sobre a Exportação (IE)	Arts. 23 a 28 do CTN
Imposto sobre a Renda e Proventos de qualquer natureza (IR)	Arts. 43 a 45 do CTN
Imposto sobre Produtos Industrializados (IPI)	Art. 46 a 51 do CTN
Imposto sobre Operações de Crédito, Câmbio, Seguros, Títulos e Valores Mobiliários (IOF)	Arts. 63 a 67 do CTN
Imposto Territorial Rural (ITR)	Arts. 29 a 31 do CTN
Imposto sobre Grandes Fortunas (IGF)	Não foi instituído
Imposto Seletivo (IS)	PLC 68/2024

REGRA-MATRIZ DE INCIDÊNCIA TRIBUTÁRIA	
IMPOSTOS ORDINÁRIOS ESTADUAIS	
Imposto sobre a transmissão *causa mortis* e doações de quaisquer bens ou direitos (ITCMD/ITCD)	PLC 108/2024
Imposto sobre as operações de circulação de mercadorias e prestações de serviços de transporte interestadual, intermunicipal e de comunicações (ICMS)	LC 87/96 LC 24/75
Imposto sobre a Propriedade de Veículos Automotores (IPVA)	Não tem lei complementar editada

REGRA-MATRIZ DE INCIDÊNCIA TRIBUTÁRIA	
IMPOSTOS ORDINÁRIOS MUNICIPAIS	
Imposto sobre a propriedade predial e territorial urbana (IPTU)	Arts. 32 a 34 do CTN
Imposto sobre transmissão onerosa de bens imóveis *inter vivos* (ITBI)	Arts. 35 a 42 do CTN (mediante adequação constitucional)
Imposto sobre serviços de qualquer natureza (ISS)	LC 116/03

JURISPRUDÊNCIA

"Todas as espécies tributárias, entre as quais as contribuições de seguridade social, estão sujeitas às normas gerais de direito tributário. O Código Tributário Nacional estabelece algumas regras matrizes de responsabilidade tributária, como a do art. 135, III, bem como diretrizes para que o legislador de cada ente político estabeleça outras regras específicas de responsabilidade tributária relativamente aos tributos da sua competência, conforme seu art. 128. O preceito do art. 124, II, no sentido de que são solidariamente obrigadas 'as pessoas expressamente designadas por lei', não autoriza o legislador a criar novos casos de responsabilidade tributária sem a observância dos requisitos exigidos pelo art. 128 do CTN, tampouco a desconsiderar as regras matrizes de responsabilidade de terceiros estabelecidas em caráter geral pelos arts. 134 e 135 do mesmo diploma. A previsão legal de solidariedade entre devedores – de modo que o pagamento efetuado por um aproveite aos demais, que a interrupção da prescrição, em favor ou contra um dos obrigados, também lhes tenha efeitos comuns e que a isenção ou remissão de crédito exonere a todos os obrigados quando não seja pessoal (art. 125 do CTN) – pressupõe que a própria condição de devedor tenha sido estabelecida validamente. A responsabilidade tributária pressupõe duas normas autônomas: a regra matriz de incidência tributária e a regra matriz de responsabilidade tributária, cada uma com seu pressuposto de fato e seus sujeitos próprios. A referência ao responsável enquanto terceiro (*dritter Persone, terzo ou tercero*) evidencia que não participa da relação contributiva, mas de uma relação específica de responsabilidade tributária, inconfundível com aquela. O 'terceiro' só pode ser chamado responsabilizado na hipótese de descumprimento de deveres próprios de colaboração para com a Administração Tributária, estabelecidos, ainda que a *contrario sensu*, na regra matriz de responsabilidade tributária, e desde que tenha contribuído para a situação de inadimplemento pelo contribuinte. O art. 135, III, do CTN responsabiliza apenas aqueles que estejam na direção, gerência ou representação da pessoa jurídica e tão somente quando pratiquem atos com excesso de poder ou infração à lei, contrato social ou estatutos. Desse modo, apenas o sócio com poderes de gestão ou representação da sociedade é que pode ser responsabilizado, o que resguarda a pessoalidade entre o ilícito (mal gestão ou representação) e a consequência de ter de responder pelo tributo devido pela sociedade. O art. 13 da Lei 8.620/1993 não se limitou a repetir ou detalhar a regra de responsabilidade constante do art. 135 do CTN, tampouco cuidou de uma nova hipótese específica e distinta. Ao vincular à simples condição de sócio a obrigação de responder solidariamente pelos débitos da sociedade limitada perante a Seguridade Social, tratou a mesma situação genérica regulada pelo art. 135, III, do CTN, mas de modo diverso, incorrendo em inconstitucionalidade por violação ao art. 146, III, da CF" (STF, **RE 562.276**, Plenário, j. 3.11.2010, rel. Min. **Ellen Gracie**, *DJE* 10.02.2011, com repercussão geral.

• "Ação direta de inconstitucionalidade. Direito tributário. ICMS. Lei estadual 7.098, de 30.12.1998, do Estado de Mato Grosso. Inconstitucionalidade formal. Matéria reservada à disciplina de lei complementar. Inexistência. Lei complementar federal (não estadual) é a exigida pela Constituição (arts. 146, III, e 155, § 2º, XII) como elo indispensável entre os princípios nela contidos e as normas de direito local" (STF, **ADI 1.945-MC**, Plenário, j. 26.05.2010, rel. p/ o ac. Min. **Gilmar Mendes**, *DJE* 14.03.2011). **No mesmo sentido**: STF, **RE 578.582-AgR**, 1ª T., j. 27.11.2012, rel. Min. **Dias Toffoli**, *DJE* 19.12.2012.

• "Conflito entre legislação local e lei complementar de normas gerais em matéria tributária. (...) Nem toda contraposição entre lei ordinária e lei complementar se resolve no plano constitucional. Dentre outras hipóteses, a discussão será de alçada constitucional se o ponto a ser resolvido, direta ou incidentalmente, referir-se à existência ou inexistência de reserva de lei complementar para instituir o tributo ou estabelecer normas gerais em matéria tributária, pois é a Constituição que estabelece os campos materiais para o rito de processo legislativo adequado" (STF, **RE 228.339-AgR**, 2ª T., j. 20.04.2010, rel. Min. **Joaquim Barbosa**, *DJE* 28.05.2010. A observância de normas gerais em matéria tributária é imperativo de segurança jurídica, na medida em que é necessário assegurar tratamento centralizado a alguns temas para que seja possível estabilizar legitimamente expectativas. Neste contexto, 'gerais' não significa 'genéricas', mas sim 'aptas a vincular todos os entes federados e os administrados'" (STF, **RE 433.352-AgR**, 2ª T., j. 20.4.2010, rel. Min. **Joaquim Barbosa**, *DJE* 28.5.2010).

72 DIREITO TRIBUTÁRIO INTERDISCIPLINAR • Caio Bartine

• "Viola o art. 146, III, *a*, da Carta Federal norma ordinária segundo a qual hão de ser incluídos, na base de cálculo do Imposto sobre Produtos Industrializados – IPI, os valores relativos a descontos incondicionais concedidos quando das operações de saída de produtos, prevalecendo o disposto na alínea *a* do inciso II do artigo 47 do Código Tributário Nacional" (STF, **RE 567.935**, Plenário, j. 04.09.2014, rel. Min. **Marco Aurélio**, *DJE* 04.11.2014, com repercussão geral).

Obrigação, lançamento, crédito, prescrição e decadência tributários (art. 146, III, *b*, da CF/1988)

Obrigação tributária é a relação jurídica estabelecida entre o Estado e o particular para levar dinheiro aos cofres públicos ou cumprir deveres administrativos atinentes a arrecadação e a fiscalização de tributos. Nos termos do art. 113 do CTN[29], tal obrigação poderá se dividir em **principal** e **acessória**.

Uma vez que a competência para disciplinar sobre obrigação tributária pertence à lei complementar, não poderão os Estados e Municípios, mediante o advento de leis ordinárias, alterar o conceito e aplicação desses institutos.

Sendo assim, passa a ser inconcebível um Estado criar uma modalidade de obrigação, sem que esta esteja prevista na lei complementar nacional.

Lançamento é o procedimento administrativo do Fisco para verificar a ocorrência do fato gerador, determinar a matéria tributável, calcular o montante do tributo devido, identificar o sujeito passivo e, sendo possível, propor a penalidade cabível. É através deste procedimento que o Estado torna o crédito tributário exigível (art. 142 do CTN[30]).

O CTN não apenas traz o conceito de lançamento, definindo suas **modalidades**: **ofício** ou **direto** (art. 149 do CTN[31]), **declaração** ou **misto** (art. 147 do CTN[32]) e **homologação** ou **autolançamento** (art. 150 do CTN[33]).

---

29. **Art. 113.** A obrigação tributária é principal ou acessória.
30. **Art. 142.** Compete privativamente à autoridade administrativa constituir o crédito tributário pelo lançamento, assim entendido o procedimento administrativo tendente a verificar a ocorrência do fato gerador da obrigação correspondente, determinar a matéria tributável, calcular o montante do tributo devido, identificar o sujeito passivo e, sendo caso, propor a aplicação da penalidade cabível.
31. **Art. 149.** O lançamento é efetuado e revisto de ofício pela autoridade administrativa nos seguintes casos:

    I – quando a lei assim o determine;

    II – quando a declaração não seja prestada, por quem de direito, no prazo e na forma da legislação tributária;

    III – quando a pessoa legalmente obrigada, embora tenha prestado declaração nos termos do inciso anterior, deixe de atender, no prazo e na forma da legislação tributária, a pedido de esclarecimento formulado pela autoridade administrativa, recuse-se a prestá-lo ou não o preste satisfatoriamente, a juízo daquela autoridade;

    IV – quando se comprove falsidade, erro ou omissão quanto a qualquer elemento definido na legislação tributária como sendo de declaração obrigatória;

    V – quando se comprove omissão ou inexatidão, por parte da pessoa legalmente obrigada, no exercício da atividade a que se refere o artigo seguinte;

    VI – quando se comprove ação ou omissão do sujeito passivo, ou de terceiro legalmente obrigado, que dê lugar à aplicação de penalidade pecuniária;

Além das modalidades de lançamento, o CTN também traduz as hipóteses de **alteração do lançamento**, insculpidas no art. 145[34].

Dessa forma, não poderá ser criada outra definição, modalidade ou alteração do lançamento se não estiver prevista em **lei complementar em âmbito nacional**.

Crédito tributário é o montante devido ao Estado quando o particular pratica o fato gerador de uma obrigação tributária principal. Tecnicamente, o Estado é detentor de um crédito (direito de crédito) e o particular é responsável por um débito tributário (art. 139 do CTN[35]).

Além da definição dos critérios gerais acerca do crédito tributário, o CTN define as hipóteses de **suspensão** (art. 151 do CTN[36]), **extinção** (art. 156 do CTN[37]) e **exclusão**

VII – quando se comprove que o sujeito passivo, ou terceiro em benefício daquele, agiu com dolo, fraude ou simulação;

VIII – quando deva ser apreciado fato não conhecido ou não provado por ocasião do lançamento anterior;

IX – quando se comprove que, no lançamento anterior, ocorreu fraude ou falta funcional da autoridade que o efetuou, ou omissão, pela mesma autoridade, de ato ou formalidade especial.

Parágrafo único. A revisão do lançamento só pode ser iniciada enquanto não extinto o direito da Fazenda Pública.

32. **Art. 147.** O lançamento é efetuado com base na declaração do sujeito passivo ou de terceiro, quando um ou outro, na forma da legislação tributária, presta à autoridade administrativa informações sobre matéria de fato, indispensáveis à sua efetivação.

33. **Art. 150.** O lançamento por homologação, que ocorre quanto aos tributos cuja legislação atribua ao sujeito passivo o dever de antecipar o pagamento sem prévio exame da autoridade administrativa, opera-se pelo ato em que a referida autoridade, tomando conhecimento da atividade assim exercida pelo obrigado, expressamente a homologa.

34. **Art. 145.** O lançamento regularmente notificado ao sujeito passivo só pode ser alterado em virtude de:

I – impugnação do sujeito passivo;

II – recurso de ofício;

III – iniciativa de ofício da autoridade administrativa, nos casos previstos no artigo 149.

35. **Art. 139.** O crédito tributário decorre da obrigação principal e tem a mesma natureza desta.

36. **Art. 151.** Suspendem a exigibilidade do crédito tributário:

I – moratória;

II – o depósito do seu montante integral;

III – as reclamações e os recursos, nos termos das leis reguladoras do processo tributário administrativo;

IV – a concessão de medida liminar em mandado de segurança.

V – a concessão de medida liminar ou de tutela antecipada, em outras espécies de ação judicial;

VI – o parcelamento.

37. **Art. 156.** Extinguem o crédito tributário:

I – o pagamento;

II – a compensação;

III – a transação;

IV – remissão;

V – a prescrição e a decadência;

VI – a conversão de depósito em renda;

VII – o pagamento antecipado e a homologação do lançamento nos termos do disposto no artigo 150 e seus §§ 1º e 4º;

VIII – a consignação em pagamento, nos termos do disposto no § 2º do artigo 164;

do crédito tributário (art. 175 do CTN[38]), além de determinar quais são as **garantias e privilégios do crédito tributário** (art. 183 a 193 do CTN[39]).

No julgamento da **ADI 1.917/DF**, o STF declarou inconstitucional uma lei distrital que facultava as microempresas, as empresas de pequeno porte e as empresas de médio porte extinguir tributos mediante **dação em pagamento de bens móveis**, por meio da entrega de materiais destinados ao atendimento de programas destinados a atender programas governamentais do Distrito Federal.

A Corte entendeu que a lei distrital não poderia criar uma modalidade de extinção de crédito tributário (dação em pagamento de bens móveis), devendo todas as modalidades estarem previstas em lei complementar.

> **IMPORTANTE**
>
> Deve ficar claro que a lei complementar terá o papel de definir quais são as hipóteses de suspensão, extinção e exclusão do crédito tributário, não tendo qualquer necessidade de se criar cada uma dessas hipóteses, podendo a criação se dar mediante lei ordinária.

Prescrição tributária é a perda do direito de o Estado cobrar judicialmente o crédito tributário. A cobrança do crédito se dá pelo ajuizamento da execução fiscal (art. 174 do CTN[40]).

Decadência tributária é a perda do direito de o Estado constituir o crédito tributário. Uma vez que o crédito tributário é constituído pelo lançamento, em suma, a **decadência tributária** seria a perda do direito de o Estado **lançar** (art. 173 do CTN[41]).

Cabe ressaltar que o STF decidiu pela inconstitucionalidade dos arts. 45 e 46 da Lei 8.212/1991, uma vez que esta lei ordinária, ao disciplinar o Plano de Custeio da

---

IX – a decisão administrativa irreformável, assim entendida a definitiva na órbita administrativa, que não mais possa ser objeto de ação anulatória;

X – a decisão judicial passada em julgado.

XI – a dação em pagamento em bens imóveis, na forma e condições estabelecidas em lei. (Incluído pela LCP 104, de 2001.

Parágrafo único. A lei disporá quanto aos efeitos da extinção total ou parcial do crédito sobre a ulterior verificação da irregularidade da sua constituição, observado o disposto nos artigos 144 e 149

38. **Art. 175.** Excluem o crédito tributário:

I – a isenção;

II – a anistia.

Parágrafo único. A exclusão do crédito tributário não dispensa o cumprimento das obrigações acessórias dependentes da obrigação principal cujo crédito seja excluído, ou dela consequente.

39. **Art. 183.** A enumeração das garantias atribuídas neste Capítulo ao crédito tributário não exclui outras que sejam expressamente previstas em lei, em função da natureza ou das características do tributo a que se refiram.

40. **Art. 174.** A ação para a cobrança do crédito tributário prescreve em cinco anos, contados da data da sua constituição definitiva.

41. **Art. 173.** O direito de a Fazenda Pública constituir o crédito tributário extingue-se após 5 (cinco) anos, contados:

I – do primeiro dia do exercício seguinte àquele em que o lançamento poderia ter sido efetuado;

II – da data em que se tornar definitiva a decisão que houver anulado, por vício formal, o lançamento anteriormente efetuado.

Previdência Social, estabeleceu os **prazos decadencial e prescricional das contribuições previdenciárias**, determinando que o INSS gozaria de um prazo de **dez anos** para lançar o tributo e mais **dez anos** para cobrá-lo.

Como as contribuições previdenciárias são espécies de tributos, estão sujeitas ao regime jurídico tributário, que determina a observância da formalidade prevista na lei complementar que, atualmente, passa a ser regida pelo próprio Código Tributário Nacional. Uma vez que o Código Tributário Nacional traz um prazo de **cinco anos** para a decadência e a prescrição e a Lei 8.212/1991 determinava um prazo de **dez anos**, o INSS se utilizava do prazo maior para a cobrança dessas contribuições. O STF declarou que a lei ordinária não possui competência para versar sobre matéria de prescrição e decadência tributária, editando a **Súmula Vinculante 08**, conforme transcrição abaixo:

> "São inconstitucionais o parágrafo único do art. 5º do Decreto-Lei 1.569/1977 e os arts. 45 e 46 da Lei 8.212/1991, que tratam de prescrição e decadência de crédito tributário".

A **LC 128/2008** realizou a inserção do **art. 45-A na Lei 8.212/1991**[42], determinando que o contribuinte individual que pretenda contar como tempo de contribuição, para fins de obtenção de benefício do Regime Geral de Previdência Social ou de contagem recíproca do tempo de contribuição, período de atividade remunerada alcançada pela decadência **deverá indenizar o INSS**.

O **valor da indenização** a ser paga ao INSS pelos trabalhadores que comprovadamente exercerem ou exercem atividades autônomas, corresponderá a 20% da média aritmética dos maiores salários de contribuição, reajustados, correspondente a 80% de todo o período contributivo decorrido desde a competência de julho de 1994.

O art. 2º, § 3º da Lei 6.830/1980 (Lei de Execução Fiscal) reza:

> Art. 2º Constitui Dívida Ativa da Fazenda Pública aquela definida como tributária ou não tributária na Lei 4.320, de 17 de março de 1964, com as alterações posteriores, que estatui normas gerais de direito financeiro para elaboração e controle dos orçamentos e balanços da União, dos Estados, dos Municípios e do Distrito Federal:
>
> [...]
>
> § 3º A inscrição, que se constitui no ato de controle administrativo da legalidade, será feita pelo órgão competente para apurar a liquidez e certeza do crédito e suspenderá a prescrição, para todos os efeitos de direito, por 180 dias, ou até a distribuição da execução fiscal, se esta ocorrer antes de findo aquele prazo.

A Lei 6.830/1980 é uma lei ordinária, tanto em seu sentido formal quanto em seu sentido material. Sendo assim, o disposto no art. 2º, § 3º **não se aplica aos créditos tributários**, sendo aplicável, apenas, aos **créditos não tributários**, uma vez que

---

42. **Art. 45-A.** O contribuinte individual que pretenda contar como tempo de contribuição, para fins de obtenção de benefício no Regime Geral de Previdência Social ou de contagem recíproca do tempo de contribuição, período de atividade remunerada alcançada pela decadência deverá indenizar o INSS.

tudo o que se refere a prescrição do crédito tributário deve ser veiculado mediante lei complementar.

Não se pode, contudo, utilizar o mesmo argumento para o afastamento da **prescrição intercorrente,** prevista no art. 40, § 4º, da Lei 6.830/1980[43]. A **prescrição intercorrente** é a prescrição do **processo executivo fiscal** e não do **crédito tributário**, tratando-se, portanto, de prazo **processual** e não **material**. Uma vez que o direito processual poderá ser veiculado mediante lei ordinária, não há qualquer óbice na tratativa da prescrição intercorrente pela Lei de Execução Fiscal, esta uma **lei ordinária.**

Mesmo a temática não estando diretamente consignada no art. 146, III, *b*, da CF/1988, a **responsabilidade tributária** é um tema que depende da edição de lei complementar em âmbito nacional para a sua tratativa. Tal fato se evidencia pela própria estrutura do Código Tributário Nacional que, ao regular a obrigação tributária, dedica um capítulo específico à responsabilidade tributária.

Tal situação já fora decidida pelo STF, quando da inconstitucionalidade do art. 13 da Lei 8.620/1993, que estabelecera hipótese de **responsabilidade solidária dos sócios,** em dissonância da moldura instituída pelo art. 135, III, do CTN[44] (**STF, RE 562.276**).

O art. 79 da Lei 11.941/2009, em seu inc. VII determinou a revogação desse dispositivo, **não mais se aplicando a responsabilidade solidária dos sócios,** corroborando, assim, com o entendimento já anteriormente esposado pela jurisprudência dominante.

---

43. **Art. 40.** O Juiz suspenderá o curso da execução, enquanto não for localizado o devedor ou encontrados bens sobre os quais possa recair a penhora, e, nesses casos, não correrá o prazo de prescrição.

    § 4º Se da decisão que ordenar o arquivamento tiver decorrido o prazo prescricional, o juiz, depois de ouvida a Fazenda Pública, poderá, de ofício, reconhecer a prescrição intercorrente e decretá-la de imediato.

44. **Art. 135.** São pessoalmente responsáveis pelos créditos correspondentes a obrigações tributárias resultantes de atos praticados com excesso de poderes ou infração de lei, contrato social ou estatutos:

    III – os diretores, gerentes ou representantes de pessoas jurídicas de direito privado.

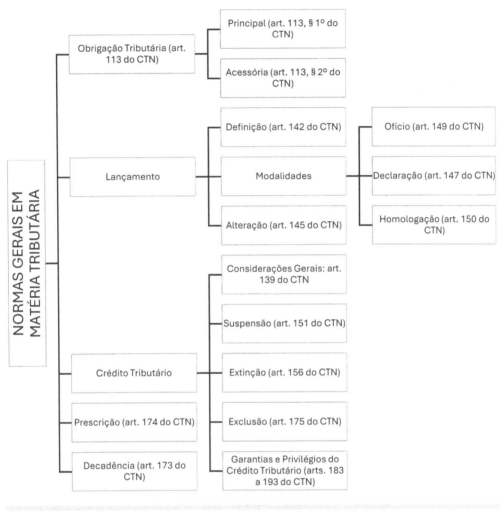

JURISPRUDÊNCIA

• "São inconstitucionais o parágrafo único do art. 5º do Decreto-Lei 1.569/1977 e os arts. 45 e 46 da Lei 8.212/1991, que tratam de prescrição e decadência de crédito tributário" (Súmula Vinculante 8).
• "Prescrição e decadência tributárias. Matérias reservadas a lei complementar. Disciplina no Código Tributário Nacional. Natureza tributária das contribuições para a seguridade social. Inconstitucionalidade dos arts. 45 e 46 da Lei 8.212/1991 e do parágrafo único do art. 5º do Decreto-Lei 1.569/1977. Recurso extraordinário não provido. Modulação dos efeitos da declaração de inconstitucionalidade. Prescrição e decadência tributárias. Reserva de lei complementar. As normas relativas à prescrição e à decadência tributárias têm natureza de normas gerais de direito tributário, cuja disciplina é reservada a lei complementar, tanto sob a Constituição pretérita (art. 18, § 1º, da CF/1988 de 1967/1969) quanto sob a Constituição atual (art. 146, b, III, da CF/1988). Interpretação que preserva a força normativa da Constituição, que prevê disciplina homogênea, em âmbito nacional, da prescrição, decadência, obrigação e crédito tributários. Permitir regulação distinta sobre esses temas, pelos diversos entes da federação, implicaria prejuízo à vedação de tratamento desigual entre contribuintes em situação equivalente e à segurança jurídica.

Disciplina prevista no Código Tributário Nacional. O Código Tributário Nacional (Lei 5.172/1966), promulgado como lei ordinária e recebido como lei complementar pelas Constituições de 1967/1969 e 1988, disciplina a prescrição e a decadência tributárias. Natureza tributária das contribuições. As contribuições, inclusive as previdenciárias, têm natureza tributária e se submetem ao regime jurídico-tributário previsto na Constituição. Interpretação do art. 149 da CF/1988. Precedentes. Recurso extraordinário não provido. Inconstitucionalidade dos arts. 45 e 46 da Lei 8.212/1991, por violação do art. 146, III, *b*, da Constituição de 1988, e do parágrafo único do art. 5º do Dec.-lei 1.569/1977, em face do § 1º do art. 18 da Constituição de 1967/69. Modulação dos efeitos da decisão. Segurança jurídica. São legítimos os recolhimentos efetuados nos prazos previstos nos arts. 45 e 46 da Lei 8.212/1991 e não impugnados antes da data de conclusão deste julgamento" (STF, RE 556.664, j. 12.06.2008, rel. Min. Gilmar Mendes, *DJE* 14.11.2008). No mesmo sentido: STF, RE 559.882, j. 12.06.2008, rel. Min. Gilmar Mendes, *DJe* 14.11.2008; RE 560.626, j. 12.06.2008, rel. Min. Gilmar Mendes, *DJe* 05.12.2008.

• "Ausência de Lei Complementar. Regulação do IPVA por lei estadual. Legitimidade. Mostra-se constitucional a disciplina do Imposto sobre a Propriedade de Veículos Automotores mediante norma local. Deixando a União de editar normas gerais, exerce a unidade da federação a competência legislativa plena – § 3º do art. 24, do corpo permanente da Carta de 1988 – sendo que, com a entrada em vigor do sistema tributário nacional, abriu-se à União, aos Estados, ao Distrito Federal e aos Municípios, a via de edição de leis necessárias à respectiva aplicação – § 3º do art. 34 do ADCT" (STF, AgRg no AgIn 167.777, 2ª T., j. 04.03.1997, rel. Min. Marco Aurélio, *DJ* 20.03.1997).

• "Quando do advento da LC 118/2005, estava consolidada a orientação da Primeira Seção do STJ no sentido de que, para os tributos sujeitos a lançamento por homologação, o prazo para repetição ou compensação de indébito era de dez anos contados do seu fato gerador, tendo em conta a aplicação combinada dos arts. 150, § 4º; 156, VII; e 168, I, do CTN. A LC 118/2005, embora tenha-se autoproclamado interpretativa, implicou inovação normativa, tendo reduzido o prazo de dez anos contados do fato gerador para cinco anos contados do pagamento indevido. Lei supostamente interpretativa que, em verdade, inova no mundo jurídico deve ser considerada como lei nova. Inocorrência de violação à autonomia e independência dos Poderes, porquanto a lei expressamente interpretativa também se submete, como qualquer outra, ao controle judicial quanto à sua natureza, validade e aplicação. A aplicação retroativa de novo e reduzido prazo para a repetição ou compensação de indébito tributário estipulado por lei nova, fulminando, de imediato, pretensões deduzidas tempestivamente à luz do prazo então aplicável, bem como a aplicação imediata às pretensões pendentes de ajuizamento quando da publicação da lei, sem resguardo de nenhuma regra de transição, implicam ofensa ao princípio da segurança jurídica em seus conteúdos de proteção da confiança e de garantia do acesso à Justiça. Afastando-se as aplicações inconstitucionais e resguardando-se, no mais, a eficácia da norma, permite-se a aplicação do prazo reduzido relativamente às ações ajuizadas após a *vacatio legis*, conforme entendimento consolidado por esta Corte no enunciado 445 da Súmula do Tribunal. O prazo de *vacatio legis* de 120 dias permitiu aos contribuintes não apenas que tomassem ciência do novo prazo, mas também que ajuizassem as ações necessárias à tutela dos seus direitos. Inaplicabilidade do art. 2.028 do CC, pois, não havendo lacuna na LC 118/2005, que pretendeu a aplicação do novo prazo na maior extensão possível, descabida sua aplicação por analogia. Além disso, não se trata de lei geral, tampouco impede iniciativa legislativa em contrário. Reconhecida a inconstitucionalidade art. 4º, segunda parte, da LC 118/2005, considerando-se válida a aplicação do novo prazo de cinco anos tão somente às ações ajuizadas após o decurso da *vacatio legis* de 120 dias, ou seja, a partir de 09.06.2005" (STF, **RE 566.621**, Plenário, j. 04.08.2011, rel. Min. **Ellen Gracie**, *DJE* 11.10.2011, com repercussão geral). **No mesmo sentido**: STF, **RE 732.370-AgR**, 2ª T., j. 22.04.2014, rel. Min. **Cármen Lúcia**, *DJE* 06.05.2014.

• "(...) o tema do conflito aparente entre o art. 56 da Lei 9.430/1996 e o art. 6º, II, da LC 70/1991 não se resolve por critérios hierárquicos, mas sim por critérios constitucionais quanto à materialidade própria a cada uma destas espécies. Logo, equacionar aquele conflito é sim uma questão diretamente constitucional. Assim, verifica-se que o art. 56 da Lei 9.430/1996 é dispositivo legitimamente veiculado por legislação ordinária (art. 146, III, *b*, a *contrario sensu*, e art. 150, § 6º, ambos da CF), que importou na revogação de dispositivo anteriormente vigente (sobre isenção de contribuição social) inserto em norma materialmente ordinária (art. 6°, II, da LC 70/1991). Consequentemente, não existe, na hipótese, qualquer instituição, direta ou indireta, de nova contribuição social, a exigir a intervenção de legislação complementar, nos termos do art. 195, § 4°, da CF" (**RE 377.457**, voto do rel. Min. **Gilmar Mendes**, j. 17.09.2008, Plenário, *DJE* 19.12.2008, com repercussão geral). **No mesmo sentido: RE 522.719-AgR**, 2ª T., j. 23.11.2010, rel. Min. **Ayres Britto**, *DJE* de 04.03.2011.

De igual modo, existem alguns dispositivos previstos na Lei 6.830/1980 (Lei de Execução Fiscal) que tratam sobre a possibilidade de suspensão de prazo prescricional quando da inscrição em dívida ativa. O mesmo argumento utilizado para afastar a Lei 8.212/1991 foi utilizado para afastar a aplicação dessa forma de suspensão de prescrição para créditos de natureza tributária.

Adequado tratamento tributário ao ato cooperativo praticado pelas sociedades cooperativas (art. 146, III, *c*, da CF/1988)

O **cooperativismo** e toda e qualquer forma de **associativismo** é estimulado pela CF/1988, no art. 5°, XVII a XIX. Trata-se de um movimento econômico e social, entre pessoas, em que a cooperação se baseia na participação dos associados nas atividades econômicas com vistas a atingir o bem comum e promover uma reforma social. A **Política Nacional do Cooperativismo** é regida pela Lei 5.764/1971, definindo ato cooperativo em seu art. 79, *in verbis*:

> "Art. 79. Denominam-se atos cooperativos os praticados entre cooperativas e seus associados, entre estes e aquelas e pelas cooperativas entre si quando associados, para a consecução dos objetivos sociais.
>
> Parágrafo único. O ato cooperativo não implica operação de mercado, nem contrato de compra e venda de produto ou mercadoria".

O art. 1.093 do CC/2002[45] também trata acerca da **sociedade cooperativa**, determinando suas características e suas responsabilidades. O art. 982, parágrafo único do CC/2002[46], determina que, não importando o objeto, considera-se empresária a sociedade por ações e **simples a cooperativa**. Assim, nos termos do Código Civil, toda cooperativa será enquadrada como **sociedade simples**, independentemente do objeto social adotado.

Nenhum destes artigos versa sobre qualquer espécie de tratamento tributário adequado às sociedades cooperativas e isto porque **não temos uma lei complementar em âmbito nacional** que determine o que seria este tratamento tributário adequado.

---

45. **Art. 1.093.** A sociedade cooperativa reger-se-á pelo disposto no presente Capítulo, ressalvada a legislação especial.
46. **Art. 982.** Salvo as exceções expressas, considera-se empresária a sociedade que tem por objeto o exercício de atividade própria de empresário sujeito a registro (art. 967); e, simples, as demais.
    Parágrafo único. Independentemente de seu objeto, considera-se empresária a sociedade por ações; e, simples, a cooperativa.

Não podemos determinar que esse tratamento seria uma espécie de **redução de carga tributária** ou de **concessão de benefícios fiscais**. O que é pacífico é o fato de que, enquanto a União não editar uma lei complementar em âmbito nacional para fins de regulamentar esse tratamento adequado, os **Estados** poderão fazê-lo no âmbito de seus respectivos territórios, determinando por edição de **lei complementar** ou de **lei ordinária**, visto que, o atual entendimento do STF é no sentido da **inexistência de hierarquia entre tais leis**, havendo diferença apenas no âmbito **formal** e **material**.

Temos precedentes da 1ª Turma do STF no sentido de que o legislador estaria livre para dar às cooperativas o tratamento que julgar adequado, uma vez que o tratamento adequado não significa, necessariamente, tratamento privilegiado (**STF, RE 141.800**).

Reza a súmula 262 do STJ:

> "Incide o imposto de renda sobre o resultado das aplicações financeiras realizadas pelas cooperativas".

JURISPRUDÊNCIA

• "O adequado tratamento tributário referido no art. 146, III, c, CF/1988 é dirigido ao ato cooperativo. A norma constitucional concerne à tributação do ato cooperativo, e não aos tributos dos quais as cooperativas possam vir a ser contribuintes. O art. 146, III, c, CF/1988 pressupõe a possibilidade de tributação do ato cooperativo ao dispor que a lei complementar estabelecerá a forma adequada para tanto. O texto constitucional a ele não garante imunidade ou mesmo não incidência de tributos, tampouco decorre diretamente da Constituição direito subjetivo das cooperativas à isenção. A definição do adequado tratamento tributário ao ato cooperativo se insere na órbita da opção política do legislador. Até que sobrevenha a lei complementar que definirá esse adequado tratamento, a legislação ordinária relativa a cada espécie tributária deve, com relação a ele, garantir a neutralidade e a transparência, evitando tratamento gravoso ou prejudicial ao ato cooperativo e respeitando, ademais, as peculiaridades das cooperativas com relação às demais sociedades de pessoas e de capitais" (STF, **RE 599.362**, Plenário, j. 06.11.2014, rel. Min. **Dias Toffoli**, DJE 10.02.2015, com repercussão geral). **No mesmo sentido**: RE **598.085**, Plenário, j. 06.11.2014, rel. Min. **Luiz Fux**, DJE 10.02.2015, com repercussão geral.
• "A falta de Lei Complementar da União que regulamente o adequado tratamento tributário do ato cooperativo praticado pelas sociedades cooperativas, (CF/1988, art. 146, III, c), o regramento da matéria pelo legislador constituinte estadual não excede os lindes da competência tributária concorrente que lhe é atribuída pela Lei Maior (CF/1988, art. 24, § 3º)" (MC na ADI 429, j. 04.04.1991, rel. Min. Célio Borja, DJ 19.02.1993).
• "O fato de a Constituição determinar que seja estabelecido adequado tratamento tributário ao ato cooperativo não veda a incidência de CPMF sobre as movimentações financeiras efetuadas pelas sociedades cooperativas" (**RE 437.776-AgR**, 1ª T., j. 02.12.2010, rel. Min. **Ricardo Lewandowski**, DJE 01.02.2011). **No mesmo sentido: AgIn 740.269-AgR**, 2ª T., j. 18.09.2012, rel. Min. **Gilmar Mendes**, DJE 03.10.2012.

Definição de tratamento favorecido e diferenciado para as microempresas e para as empresas de pequeno porte (art. 146, III, *d*, da CF/1988)

O art. 179 da CF/1988 determina que

a União, os Estados, o Distrito Federal e os Municípios dispensarão às microempresas e às empresas de pequeno porte, assim definidas em lei, tratamento jurídico diferenciado, visando a incentivá-las pela simplificação de suas obrigações administrativas, tributárias, previdenciárias e creditícias, ou pela eliminação ou redução destas por meio de lei".

A existência de tal regime simplificado em matéria tributária não é novidade, sendo que a existência do denominado **Simples Federal** já estava presente com a Lei 9.317/96, como forma de regime especial de tributação das microempresas e empresas de pequeno porte. A nova sistemática foi erigida com o advento da LC 123/06 e, em virtude de englobar impostos e contribuições de todos os entes políticos, acabou por levar o nome de **SIMPLES NACIONAL**.

O art. 3º da LC 123/2006, com as alterações da LC 155/16, define **microempresas** (ME) e **empresas de pequeno porte** (EPP) nos traz a seguinte determinação:

"Art. 3º Para os efeitos desta Lei Complementar, consideram-se microempresas ou empresas de pequeno porte, a sociedade empresária, a sociedade simples, a empresa individual de responsabilidade limitada e o empresário a que se refere o art. 966 da Lei 10.406, de 10 de janeiro de 2002 (Código Civil), devidamente registrados no Registro de Empresas Mercantis ou no Registro Civil de Pessoas Jurídicas, conforme o caso, desde que:

I – no caso da microempresa, aufira, em cada ano

calendário, receita bruta igual ou inferior a R$ 360.000,00 (trezentos e sessenta mil reais); e

II – no caso da empresa de pequeno porte, aufira, em cada ano calendário, receita bruta superior a R$ 360.000,00 (trezentos e sessenta mil reais) e igual ou inferior a R$ 4.800.000,00 (quatro milhões e oitocentos mil reais)."

Em matéria tributária, foi possibilitada às ME e EPP a opção do chamado "**Simples Nacional**", sendo um regime unificado de arrecadação de tributos e contribuições da União, Estados e Municípios visando à simplificação das obrigações tributárias administrativas e a redução da carga tributária dessas atividades.

A **finalidade precípua do Simples Nacional** é possibilitar às microempresas e empresas de pequeno porte que sejam optantes desse regime, em regra, uma **diminuição da carga tributária**, além **simplificar o recolhimento dos tributos em guia única arrecadada e administrada pela Secretaria da Receita Federal do Brasil**. Dentre os tributos que fazem parte, temos: IRPJ, IPI, COFINS, PIS, CSSL, INSS-Patronal, ICMS e ISS.

IMPORTANTE
Não se pode afirmar que toda microempresa e empresa de pequeno porte optante do SIMPLES NACIONAL terá uma diminuição da carga tributária, devendo ser realizado um planejamento tributário estratégico para análise do melhor regime de apuração.

O tratamento diferenciado e favorecido para a pequena empresa mostra consonância com os preceitos de ordem econômica adotados no Brasil, qual seja, a livre iniciativa e a livre concorrência.

A **base aristotélica** se mostra presente, versando sobre tratamento desigual às pessoas que estão em desigualdade. Não há como se dar o mesmo tratamento tributário para uma pequena empresa em detrimento a uma grande corporação, pois, fatalmente, acarretará a quebra do pequeno negócio.

A partir do advento da LC 155/16, tivemos significativas mudanças no **SIMPLES NACIONAL** a partir de janeiro de 2018. Dentre as principais mudanças oferecidas pela legislação, destacamos:

- mudança nas alíquotas, havendo uma alíquota maior, porém com um desconto fixo diferenciado para cada faixa de enquadramento no regime. Isso fará com que, para alguns segmentos, haverá diminuição da carga tributária e para outros segmentos, aumento significativo;

- instituição do **investidor-anjo**, sendo uma pessoa física ou jurídica que poderá contribuir para o desenvolvimento do negócio. Trata-se de uma forma de incentivo para o desenvolvimento das atividades inovadores, denominadas de *start-ups*. Esse investidor poderá aportar capital para investimento tendo direito à participação nos lucros obtidos pela empresa, sem participar do quadro societário;

- os limites de adesão foram modificados. As pequenas empresas poderão aderir ao SIMPLES NACIONAL com faturamento de até R$ 4,8 milhões, enquanto o microempreendedor individual poderá alcançar R$ 81 mil;

- para acesso as linhas de crédito específicas, as empresas que aderirem ao SIMPLES NACIONAL deverão atender ao pré-requisito de contratação de pessoas portadoras de deficiência ou de jovem aprendiz;

- ampliação na rede de empresas que poderão aderir ao regime do SIMPLES NACIONAL, sendo incluídas as pequenas empresas do ramo de bebidas alcoólicas, as sociedades cooperativas, as sociedades integradas por pessoas em situação de vulnerabilidade pessoal ou social, OSCIP, organizações religiosas de cunho social, empreendedores do MEI da área rural, tanto no segmento de comércio e indústria, quanto na prestação de serviço;

- o prazo para pagamento das dívidas vencidas poderá ser realizado em 120 parcelas, observando-se os valores mínimos de cada parcela nos termos da lei.

As modificações no cálculo da empresa optante pelo SIMPLES sofreram significativas alterações, devendo aplicar tabelas diferenciadas para serviços, indústria e comércio:

ANEXO I – COMÉRCIO (Lojas em geral)

FAIXA	RECEITA BRUTA	ALÍQUOTA	DEDUÇÃO
1ª	até 180.000,00	4,00%	-
2ª	de 180.000,01 a 360.000,00	7,30%	5.940,00
3ª	de 360.000,01 a 720.000,00	9,50%	13.860,00
4ª	de 720.000,01 a 1.800.000,00	10,70%	22.500,00
5ª	de 1.800.000,00 a 3.600.000,00	14,30%	87.300,00
6ª	de 3.600.000,01 a 4.800.000,00	19,00%	378.000,00

PERCENTUAL DE REPARTIÇÃO DE TRIBUTOS (ANEXO I)

FAIXAS	IRPJ	CSLL	COFINS	PIS/PASEP	CPP	ICMS
1ª	5,50%	3,50%	12,74%	2,76%	41,50%	34,00%
2ª	5,50%	3,50%	12,74%	2,76%	41,50%	34,00%
3ª	5,50%	3,50%	12,74%	2,76%	42,00%	33,50%
4ª	5,50%	3,50%	12,74%	2,76%	42,00%	33,50%
5ª	5,50%	3,50%	12,74%	2,76%	42,00%	33,50%
6ª	13,50%	10,00%	28,27%	6,13%	42,10%	-

ANEXO II – INDÚSTRIA (Fabricação em Geral)

FAIXA	RECEITA BRUTA	ALÍQUOTA	DEDUÇÃO
1ª	até 180.000,00	4,50%	-
2ª	de 180.000,01 a 360.000,00	7,80%	5.940,00
3ª	de 360.000,01 a 720.000,00	10,00%	13.860,00
4ª	de 720.000,01 a 1.800.000,00	11,20%	22.500,00
5ª	de 1.800.000,00 a 3.600.000,00	14,70%	85.000,00
6ª	de 3.600.000,01 a 4.800.000,00	30,00%	720.000,00

PERCENTUAL DE REPARTIÇÃO DE TRIBUTOS (ANEXO II)

FAIXAS	IRPJ	CSLL	COFINS	PIS/PASEP	CPP	IPI	ICMS
1ª	5,50%	3,50%	11,51%	2,49%	37,50%	7,50%	32,00%
2ª	5,50%	3,50%	11,51%	2,49%	37,50%	7,50%	32,00%
3ª	5,50%	3,50%	11,51%	2,49%	37,50%	7,50%	32,00%
4ª	5,50%	3,50%	11,51%	2,49%	37,50%	7,50%	32,00%
5ª	5,50%	3,50%	11,51%	2,49%	37,50%	7,50%	32,00%
6ª	8,50%	7,50%	20,96%	4,54%	23,50%	35,00%	-

ANEXO III
Empresas de serviços de instalação, de reparos e de manutenção, agência de viagens, escritórios de contabilidade (art. 18, § 5º-C e 5º D da LC 123/06)

FAIXA	RECEITA BRUTA	ALÍQUOTA	DEDUÇÃO
1ª	até 180.000,00	6,00%	-
2ª	de 180.000,01 a 360.000,00	11,20%	9.360,00
3ª	de 360.000,01 a 720.000,00	13,50%	17.640,00
4ª	de 720.000,01 a 1.800.000,00	16,00%	35.640,00
5ª	de 1.800.000,00 a 3.600.000,00	21,00%	125.640,00
6ª	de 3.600.000,01 a 4.800.000,00	33,00%	648.000,00

ANEXO IV
Empresas de serviços gerais, como vigilância e serviços advocatícios (art. 18, § 5º-F da LC 123/06)

FAIXA	RECEITA BRUTA	ALÍQUOTA	DEDUÇÃO
1ª	até 180.000,00	4,50%	-
2ª	de 180.000,01 a 360.000,00	9,00%	8.100,00
3ª	de 360.000,01 a 720.000,00	10,20%	12.420,00
4ª	de 720.000,01 a 1.800.000,00	14,00%	39.780,00
5ª	de 1.800.000,00 a 3.600.000,00	22,00%	183.780,00
6ª	de 3.600.000,01 a 4.800.000,00	33,00%	828.000,00

ANEXO V
Empresas de serviços de academias, empresas de tecnologia, eventos, clínicas de exames médicos (art. 18, § 5º-I da LC 123/06)

FAIXA	RECEITA BRUTA	ALÍQUOTA	DEDUÇÃO
1ª	até 180.000,00	15,50%	-
2ª	de 180.000,01 a 360.000,00	18,00%	4.500,00
3ª	de 360.000,01 a 720.000,00	19,50%	9.900,00
4ª	de 720.000,01 a 1.800.000,00	20,50%	17.100,00
5ª	de 1.800.000,00 a 3.600.000,00	23,00%	62.100,00
6ª	de 3.600.000,01 a 4.800.000,00	30,50%	540.000,00

A LC 123/06 com as alterações da LC 155/16, passou a adotar uma **fórmula** para que se possa realizar o cálculo do valor a ser pago:

$$\frac{\textbf{RBT12xAliq-PD}}{\textbf{RBT12}}$$

Assim, imaginemos como exemplo uma empresa situada no ramo de comércio – portanto se utilizará do **ANEXO I** e cuja receita bruta dos últimos 12 meses é de **R$ 1.331.108,20** (um milhão, trezentos e trinta e um mil, cento e oito reais e vinte centavos), com uma receita mensal de **R$ 170.133,20** (cento e setenta mil, cento e trinta e três reais e vinte centavos).

Observando-se a tabela do **ANEXO I**, vemos que o valor se enquadra na **4ª faixa** (entre 720.000,00 a 1.800.000,00), tendo uma alíquota nominal de **10,70%** e uma dedução de **R$ 22.500,00** (vinte e dois mil e quinhentos reais).

Aplicando-se a fórmula, temos:

$$\frac{\text{(RBT12) } 1.331.108,20 \text{ x (Aliq) } 10,70\% - \text{(PD) } 22.500,00 = 119.928,57}{\text{(RBT12) } 1.331.108,20} = \frac{0,09009679}{(9,01\%)}$$

O montante a ser pago do **SIMPLES NACIONAL** será o valor da **receita mensal** multiplicada pela alíquota alcançada pela fórmula:

R$ 170.133,20 x 9,01% = **R$ 15.329,00** *(quinze mil, trezentos e vinte e nove reais).

Caso a empresa tiver algum caso que não pague determinado tributo, como nos casos de ICMS-ST, PIS e COFINS **monofásico**, deve-se **segregar** a **alíquota efetiva** encontrada para saber qual o percentual do tributo a ser desconsiderado. Por esse motivo, existe a tabela de **percentual de repartição de tributos**.

Dentre os tratamentos distintos conferidos ao pequeno empresário que faz a opção pelo Simples Nacional, a **Lei 11.898/2009** traz um tratamento tributário para um grupo determinado de pessoas: os microempresários e empresários de pequeno porte inscritos no Simples Nacional e que realizam a **importação "via terrestre" de produtos vindos do Paraguai.**

A tentativa legislativa ocorre no sentido de **diminuir** o **contrabando** e o **descaminho** de bens advindos do Paraguai e a possibilidade de introduzir a formalidade e a arrecadação tributária, mediante uma alíquota unificada de **42,25%**, correspondendo a **18%** de **Imposto sobre a Importação** (II), **15%** de **Imposto sobre Produtos Industrializados** (IPI), **7,6%** de **COFINS-Importação** e **1,65%** de **PIS-Importação.**

A **adesão** de tal regime ocorrerá de **forma opcional.**

IMPORTANTE
O fomento da micro e pequena empresa foi elevado à condição de princípio constitucional., de modo a orientar todos os entes federados a conferir tratamento favorecido aos empreendedores que contam com menos recursos para fazer frente à concorrência. Por tal motivo, a literalidade da complexa legislação tributária deve ceder à interpretação mais adequada e harmônica com a finalidade de assegurar a equivalência de condições para as empresas e menor porte (**STF, ADI 4033**).

Atualmente, discute-se se a **inclusão do ICMS** e do **ISS** no regime especial de tributação de microempresa e empresa de pequeno porte é legítima. Isto porque, quando da existência do Simples Federal (Lei 9.317/96), os **Estados** e **Municípios** tinham a **faculdade de aderir ao programa**, mediante **convênio** firmado com a **União**.

Na sistemática adotada no **SIMPLES NACIONAL** (LC 123/06), a adesão por parte dos Estados e Municípios é **obrigatória**.

Por mais que a mantença do **SIMPLES NACIONAL** é inevitável, não nos impede de discutir sobre sua constitucionalidade ou não, uma vez que a autonomia dos Estados, DF e Municípios foi arranhada pela inclusão obrigatória de tributos de sua competência, afetando o federalismo fiscal e, consequentemente, cláusula pétrea, nos termos do art. 60, § 4º, I, da CF/1988.

O art. 17, V, da LC 123/06[47] vedou o ingresso e a permanência no SIMPLES NACIONAL, de empresas com **débitos no INSS** e/ou **Fazendas Públicas Federal**, **Estadual** ou **Municipal**. A permanência somente será assegurada caso a ME e EPP regularize seus débitos em **até trinta dias**, contados a partir da **ciência** da referida comunicação de **exclusão**.

Entendemos que a exclusão e, principalmente, a vedação ao ingresso de pequenas empresas que estejam em débitos com o Fisco viola os **preceitos de ordem econômica** – notadamente a **livre concorrência** – configurando-se como forma de **sanção política**, inviabilizando um direito fundamental das pequenas empresas com o intuito de exigir o cumprimento das obrigações tributárias.

JURISPRUDÊNCIA

• "O Simples Nacional surgiu da premente necessidade de se fazer com que o sistema tributário nacional concretizasse as diretrizes constitucionais do favorecimento às microempresas e às empresas de pequeno porte. A LC 123, de 14.12.2006, em consonância com as diretrizes traçadas pelos arts. 146, III, *d*, e parágrafo único; 170, IX; e 179 da CF/1988, visa à simplificação e à redução das obrigações

---

47. **Art. 17.** Não poderão recolher os impostos e contribuições na forma do Simples Nacional a microempresa ou empresa de pequeno porte:

V – que possua débito com o Instituto Nacional do Seguro Social – INSS, ou com as Fazendas Públicas Federal, Estadual ou Municipal, cuja exigibilidade não esteja suspensa.

2 • FONTES DO DIREITO TRIBUTÁRIO

dessas empresas, conferindo a elas um tratamento jurídico diferenciado, o qual guarda, ainda, perfeita consonância com os princípios da capacidade contributiva e da isonomia. Ausência de afronta ao princípio da isonomia tributária. O regime foi criado para diferenciar, em iguais condições, os empreendedores com menor capacidade contributiva e menor poder econômico, sendo desarrazoado que, nesse universo de contribuintes, se favoreçam aqueles em débito com os fiscos pertinentes, os quais participariam do mercado com uma vantagem competitiva em relação àqueles que cumprem pontualmente com suas obrigações. A condicionante do inc. V do art. 17 da LC 123/2006 não se caracteriza, a priori, como fator de desequilíbrio concorrencial, pois se constitui em exigência imposta a todas as pequenas e microempresas (MPE), bem como a todos os microempreendedores individuais (MEI), devendo ser contextualizada, por representar, também, forma indireta de se reprovar a infração das leis fiscais e de se garantir a neutralidade, com enfoque na livre concorrência. A presente hipótese não se confunde com aquelas fixadas nas Súmulas 70, 323 e 547 do STF, porquanto a espécie não se caracteriza como meio ilícito de coação a pagamento de tributo, nem como restrição desproporcional e desarrazoada ao exercício da atividade econômica. Não se trata, na espécie, de forma de cobrança indireta de tributo, mas de requisito para fins de fruição a regime tributário diferenciado e facultativo" (STF, **RE 627.543**, Plenário, j. 30.10.2013, rel. Min. **Dias Toffoli**, *DJE* 29.10.2014, com repercussão geral).
• "Ação direta de inconstitucionalidade ajuizada contra o art. 13, § 3º, da LC 123/2006, que isentou as microempresas e as empresas de pequeno porte optantes pelo Regime Especial Unificado de Arrecadação de Tributos e Contribuições devidos pelas Microempresas e Empresas de Pequeno Porte – Simples Nacional (Supersimples). (...) A isenção concedida não viola o art. 146, III, d, da Constituição, pois a lista de tributos prevista no texto legal que define o campo de reserva da lei complementar é exemplificativa, e não taxativa. Leitura do art. 146, III, *d*, juntamente com o art. 170, IX, da Constituição. O fomento da micro e da pequena empresa foi elevado à condição de princípio constitucional, de modo a orientar todos os entes federados a conferir tratamento favorecido aos empreendedores que contam com menos recursos para fazer frente à concorrência. Por tal motivo, a literalidade da complexa legislação tributária deve ceder à interpretação mais adequada e harmônica com a finalidade de assegurar equivalência de condições para as empresas de menor porte. Risco à autonomia sindical afastado, na medida em que o benefício em exame poderá tanto elevar o número de empresas a patamar superior ao da faixa de isenção quanto fomentar a atividade econômica e o consumo para as empresas de médio ou de grande porte, ao incentivar a regularização de empreendimentos" (STF, **ADI 4.033**, Plenário, j. 15.09.2010, rel. Min. **Joaquim Barbosa**, *DJE* 07.02.2011).
• "Por disposição constitucional (CF/1988, art. 179), as microempresas e as empresas de pequeno porte devem ser beneficiadas, nos termos da lei, pela 'simplificação de suas obrigações administrativas, tributárias, previdenciárias e creditícias, ou pela eliminação ou redução destas' (CF/1988, art. 179). Não há ofensa ao princípio da isonomia tributária se a lei, por motivos extrafiscais, imprime tratamento desigual a microempresas e empresas de pequeno porte de capacidade contributiva distinta, afastando do regime do Simples aquelas cujos sócios têm condição de disputar o mercado de trabalho sem assistência do Estado" (ADI 1.643, j. 05.12.2003, rel. Min. Maurício Corrêa, *DJ* 14.03.2003).

Prevenir desequilíbrios de concorrência com o estabelecimento de critérios especiais de tributação

A **livre concorrência** passa a ser um dos **princípios da ordem econômica**, possibilitando que todas as pessoas possam disputar o mercado em igualdade de condições de tratamento, de forma a se **evitar concentrações econômicas**, dentre outras formas que afrontam diretamente a economia do país. Passa a ser mecanismo indispensável para o funcionamento do sistema capitalista adotado, na medida em que possibilita a evolução das **condições de competitividade das empresas**, traduzindo-se numa das vigas mestras no êxito da economia de mercado.

Considerando a necessidade de possibilitar aos agentes econômicos igualdade de competição, observando-se o **princípio da livre concorrência**, é necessário que o Estado mantenha a **neutralidade** em relação aos atos e políticas que possam interferir no equilíbrio concorrencial. Assim, a **neutralidade tributária** deve ser observada como a determinação de que um **tributo não pode provocar no mercado distorções sobre a oferta**, a **demanda** e os **preços, salvo quando utilizado para mantença da política fiscal**.

A existência de mecanismos que confiram regimes tributários diferenciados somente pode ser admitida visando a igualdade de condições e o desenvolvimento socioeconômico. Em face da atividade econômica, a **neutralidade tributária** decorre da **proibição de um tratamento desigual** e a **estrita observância da capacidade contributiva**, sendo certo que qualquer medida impositiva em matéria tributária interferirá na capacidade de competição entre os agentes econômicos.

Independentemente do advento desse dispositivo pela EC 42/03, tal matéria já se encontrava implícita na Constituição Federal, uma vez que não pode a lei tributária ser elaborada de modo a provocar descompassos na economia.

Os critérios que podem ser adotados pela União visando evitar possíveis desequilíbrios de concorrência podem ser destinados tanto a neutralidade tributária quanto à intervenção no domínio econômico.

A **proteção da concorrência** não tem a pretensão de garantir aos destinatários dos bens e serviços que se mantenha o maior número de empresas independentes possível, assim como se pretende nos mercados de concorrência perfeita. O que se pretende é **preservar o número suficiente de empresas para que os consumidores tenham uma razoável possibilidade de escolha (concorrência praticável)**.

Independentemente da possibilidade de a União editar, através de lei complementar, normas que visem evitar possíveis desequilíbrios no sistema concorrencial, temos a **Lei 12.529/11**, que trata da estrutura do **Sistema Brasileiro de Defesa da Concorrência**, dispondo sobre a **prevenção** e **repressão às infrações contra a ordem econômica**, sendo orientada pelos ditames constitucionais de liberdade de iniciativa, livre concorrência, função social da propriedade, defesa dos consumidores e repressão ao abuso do poder econômico.

O denominado *dumping* (palavra de origem inglesa, não tendo tradução em línguas latinas) é o **ato de vender em quantidade**, a **preços muito baixos** ou **sem considerar o preço de venda** ou a **venda de excedentes no exterior a um preço menor que o mercado interno**. Trata-se de uma forma de **concorrência desleal em caráter internacional**, consistindo na **venda de produtos pelo país exportador com preços abaixo do valor normal**, não necessariamente abaixo do preço de custo, praticados no mercado interno do país exportador, **podendo causar** ou **ameaçar causar danos às empresas estabelecidas no país importador** ou **prejudicar o estabelecimento de novas indústrias do mesmo ramo nesse país**.

Não se confunde **dumping** com **preço predatório** (*underselling*), correspondendo à **venda injustificada de um bem abaixo do preço de custo dentro do mercado interno de um país**. O preço predatório recebe, no Brasil, um tratamento específico no Conselho Administrativo de Defesa Econômica (CADE), nos termos da Lei 12.529/11.

Não se pode afirmar, contudo, que o **dumping** sempre será passível de punição, devendo ocorrer somente quando a prática trouxer **reais prejuízos às indústrias do país importador** ou **retardar o estabelecimento da indústria local**, visto que nem sempre a venda de produtos do país exportador por um preço abaixo de seu valor nominal acarretará prejuízos ao mercado interno daquele que está importando.

Assim, visando o atendimento ao disposto no art. 146-A da CF/1988[48], nada obsta de a União editar uma lei complementar específica em matéria de tributação com a finalidade de estabelecer critérios especiais de tributação, como p.ex., nos casos de empresas automobilísticas internacionais para fazer frente à indústria automobilística nacional etc. Se tal lei for editada, isso não afetará as outras normas editadas pela União com o intuito de continuar a preservação da livre concorrência.

JURISPRUDÊNCIA

• "American Virginia Indústria e Comércio Importação Exportação Ltda. pretende obter efeito suspensivo para recurso extraordinário admitido na origem, no qual se opõe a interdição de estabelecimentos seus, decorrente do cancelamento do registro especial para industrialização de cigarros, por descumprimento de obrigações tributárias. (...) Não há impedimento a que norma tributária, posta regularmente, hospede funções voltadas para o campo da defesa da liberdade de competição no mercado, sobretudo após a previsão textual do art. 146-A da Constituição da República. Como observa Misabel de Abreu Machado Derzi, 'o crescimento da informalidade (...), além de deformar a livre concorrência, reduz a arrecadação da receita tributária, comprometendo a qualidade dos serviços públicos (...). A deformação do princípio da neutralidade (quer por meio de um corporativismo pernicioso, quer pelo crescimento da informalidade (...), após a Emenda Constitucional 42/03, afronta hoje o art. 146-A da Constituição da República. Urge restabelecer a livre concorrência e a lealdade na competitividade'" (MC na AC 1.657, j. 27.06.2007, voto do Min. Cezar Peluso, *DJ* 31.08.2007).

---

48. **Art. 146-A.** Lei complementar poderá estabelecer critérios especiais de tributação, com o objetivo de prevenir desequilíbrios da concorrência, sem prejuízo da competência de a União, por lei, estabelecer normas de igual objetivo.

Instituir tributos, quando expressamente determinados na Constituição Federal

A competência para se instituir e se majorar tributos, em regra, pertence à **lei ordinária**. Contudo, a **lei complementar** poderá instituir tributos **quando houver expressa determinação na Constituição Federal**.

Dentre os tributos que devem ser criados por **lei complementar**, temos:

- Imposto sobre Grandes Fortunas (IGF): art. 153, VII, da CF/1988[49];
- Imposto Seletivo (IS): art. 153, VIII, da CF/1988[50];
- Empréstimos Compulsórios: art. 148 da CF/1988[51];
- Impostos residuais: art. 154, I, da CF/1988[52];
- contribuições sociais residuais: art. 195, § 4º da CF/1988[53] c/c art. 154, I, da CF/1988; e a
- contribuição de bens e serviços (CBS): art. 195, V, da CF/1988[54].

---

49. **Art. 153.** Compete à União instituir impostos sobre:
    VII– grandes fortunas, nos termos de lei complementar.
50. VIII – produção, extração, comercialização ou importação de bens e serviços prejudiciais à saúde ou ao meio ambiente, nos termos de lei complementar. (Incluído pela Emenda Constitucional 132, de 2023).
51. **Art. 148.** A União, mediante lei complementar, poderá instituir empréstimos compulsórios:
    I – para atender a despesas extraordinárias, decorrentes de calamidade pública, de guerra externa ou sua iminência;
    II – no caso de investimento público de caráter urgente e de relevante interesse nacional, observado o disposto no art. 150, III, "b".
    Parágrafo único. A aplicação dos recursos provenientes de empréstimo compulsório será vinculada à despesa que fundamentou sua instituição.
52. **Art. 154.** A União poderá instituir:
    I – mediante lei complementar, impostos não previstos no artigo anterior, desde que sejam não cumulativos e não tenham fato gerador ou base de cálculo próprios dos discriminados nesta Constituição.
53. **Art. 195.** A seguridade social será financiada por toda a sociedade, de forma direta e indireta, nos termos da lei, mediante recursos provenientes dos orçamentos da União, dos Estados, do Distrito Federal e dos Municípios, e das seguintes contribuições sociais:
    (...)
    § 4º A lei poderá instituir outras fontes destinadas a garantir a manutenção ou expansão da seguridade social, obedecido o disposto no art. 154, I.
54. **Art. 195.** A seguridade social será financiada por toda a sociedade, de forma direta e indireta, nos termos da lei, mediante recursos provenientes dos orçamentos da União, dos Estados, do Distrito Federal e dos Municípios, e das seguintes contribuições sociais (...):
    V – sobre bens e serviços, nos termos de lei complementar. (Incluído pela Emenda Constitucional 132, de 2023)

IMPORTANTE

O Imposto sobre Bens e Serviços (IBS), inserido pela EC/132/2023 será gerido por um Comitê Gestor, sendo uma entidade pública em regime especial, nos termos de uma lei complementar. A Proposta de Lei Complementar (PLC) 108/2024 traz as determinações necessárias para sua instituição e demais atribuições, em consonância com o art. 156-B da CF/1988[55].

Em síntese, **tributo é criado e aumentado por lei ordinária**, cabendo a instituição e majoração por **lei complementar** quando a **Constituição Federal expressamente determinar.**

Sinteticamente, portanto, no Direito Tributário, **lei complementar e lei ordinária** se distinguem em razão de:

- **Aspecto formal**, ou seja, o *quórum* para aprovação, exigindo a **lei complementar** *quórum* **qualificado da maioria absoluta** (art. 69 da CF/1988[56]) e a **lei ordinária**, o *quórum* **de maioria simples** (*quórum* não qualificado);

- **Aspecto material**, ou seja, a matéria, cabendo exclusivamente à Constituição Federal indicar quando se usa lei complementar e quando se usa lei ordinária. Em regra, **matérias de maior envergadura** são dispostas através de **lei complementar** e as **matérias de crivo comum** tratadas através de **lei ordinária**.

Não sendo explícita a Constituição Federal quanto à utilização de lei ordinária ou lei complementar, nos casos em que não há um comando expresso no texto constitucional, a interpretação que prevalece é: **utilização mediante lei ordinária.**

Para o STF, inexiste hierarquia entre lei complementar e lei ordinária, havendo distinções apenas quanto à formalidade e à matéria veiculada.

Lembre-se de que o **Código Tributário Nacional é uma lei complementar infraconstitucional que trata de normas gerais em matéria tributária**, mas não institui tributo. Portanto, caso haja no Código Tributário Nacional algum dispositivo que conflite ou colida com a Constituição Federal, esse dispositivo estará eivado de vício de inconstitucionalidade, ou então será tido como "não recepcionado" pela CF/1988, uma vez que o Código Tributário Nacional foi editado em 1966.

Como lei infraconstitucional, tudo que se encontra disciplinado pelo Código Tributário Nacional e guarda correspondência com o constante da Constituição Federal **está de acordo com o Sistema Tributário Constitucional**. O que não se admite é a aceitação da validade da regra prevista no Código Tributário Nacional

---

55. **Art. 156-B.** Os Estados, o Distrito Federal e os Municípios exercerão de forma integrada, exclusivamente por meio do Comitê Gestor do Imposto sobre Bens e Serviços, nos termos e limites estabelecidos nesta Constituição e em lei complementar, as seguintes competências administrativas relativas ao imposto de que trata o art. 156-A: (Incluído pela Emenda Constitucional 132, de 2023)

56. **Art. 69.** As leis complementares serão aprovadas por maioria absoluta.

quando falta essa harmonia, pois a prevalência e a supremacia da Constituição Federal são totais.

De acordo com o entendimento esposado pelo STF, o disposto no art. 97 do CTN também depende apenas da lei ordinária para a sua instituição. Reza o art. 97 CTN:

> "Art. 97. Somente a lei pode estabelecer:
>
> I – a instituição de tributos, ou a sua extinção;
>
> II – a majoração de tributos, ou sua redução, ressalvado o disposto nos artigos 21, 26, 39, 57 e 85;
>
> III – a definição do fato gerador da obrigação tributária principal, ressalvado o disposto no inciso I do § 3º do artigo 52, e do seu sujeito passivo;
>
> IV – a fixação de alíquota do tributo e da sua base de cálculo, ressalvado o disposto nos artigos 21, 26, 39, 57 e 85;
>
> V – a cominação de penalidades para as ações ou omissões contrárias a seus dispositivos, ou para outras infrações nela definidas;
>
> VI – as hipóteses de exclusão, suspensão e extinção de créditos tributários, ou de dispensa ou redução de penalidades."

Assim, além da lei ordinária ter, como regra geral, a competência para a instituição de tributos, sendo o seu principal papel, outras matérias atreladas à dinâmica da tributação previstas pelo Código Tributário Nacional dependem de sua existência.

Cumpre ressaltar que, **não apenas a instituição do tributo**, mas também seu **aumento**, **redução** e **extinção dependem de lei**.

Outro dado não menos importante: a **fixação de penalidades depende de lei específica**. Assim, qualquer **aplicação de multa** que não esteja amparada por lei passa a ser ilegal, uma vez que a sua **existência**, **dispensa** ou **redução de qualquer penalidade** sempre **dependerá da existência de lei específica**.

Importante ressaltar que, se um tributo que não depende de lei complementar para a sua instituição for criado por esse instrumento normativo, sua alteração poderá se dar por via de lei ordinária. Isto porque, conforme entendimento do STF, tal tributo será apenas uma **lei complementar em sentido formal**, mas uma **lei ordinária em sentido material**. Uma vez que o conteúdo será "ordinário", sua alteração poderá ser feita mediante lei ordinária.

Este foi o caso que ocorreu quando da **instituição da Contribuição para o Financiamento da Seguridade Social – COFINS**, mediante a LC 70/1991; as alterações posteriores foram introduzidas mediante **leis ordinárias**. Tivemos tais alterações pela Lei 9.718/1998 e pela Lei 10.833/2003, que sofreram alterações pela Lei 12.973/2014. Tal fato foi objeto do julgamento da **ADC 1**, perante o STF.

Concessão de incentivos, subsídios e benefícios fiscais

A CF/1988 assegura, nos termos do art. 150, § 6º que

> qualquer subsídio ou isenção, redução de base de cálculo, concessão de crédito presumido, anistia ou remissão, relativas a impostos, taxas ou contribuições, só poderá ser concedido mediante lei específica, federal, estadual ou municipal, que regule exclusivamente as matérias acima enumeradas ou o correspondente tributo ou contribuição, sem prejuízo do disposto no art. 155, § 2º, XII, g (Redação da EC 03/93).

Em regra, todo e qualquer **benefício fiscal** será concedido mediante **lei específica**, sendo esta uma lei ordinária. Porém, alguns **benefícios fiscais** deverão ser tratados exclusivamente mediante **lei complementar**:

- **tratamento favorecido e simplificado de microempresas e empresas de pequeno porte (art. 146, III, *d*, da CF/1988**[57]**):** podemos considerar o SIMPLES NACIONAL como uma forma de incentivo fiscal para as microempresas e para as empresas de pequeno porte, que deve ser tratado mediante lei complementar, sendo tal benefício opcional para tais atividades;

- **Concessão e revogação de isenções, incentivos fiscais e benefícios fiscais relativos ao ISS (art. 156, § 3º, III, da CF/1988**[58]**):** a EC 37/02 autorizou que fosse editada lei complementar dispondo sobre as alíquotas máximas e mínimas do ISS. Além disso, reservou a lei complementar o encargo de regular a concessão e revogação de isenções, tendo um papel meramente formal, de regular o procedimento e os requisitos sobre os incentivos de ISS. Entretanto, a possibilidade de a União instituir isenções relativas ao ISS é restrita a hipótese de **exportação de serviços**, sendo as demais desoneradas pelas próprias leis municipais.

---

57. **Art. 146.** Cabe à lei complementar:
    III – estabelecer normas gerais em matéria de legislação tributária, especialmente sobre:
    d) definição de tratamento diferenciado e favorecido para as microempresas e para as empresas de pequeno porte, inclusive regimes especiais ou simplificados no caso do imposto previsto no art. 155, II, das contribuições previstas no art. 195, I e §§ 12 e 13, e da contribuição a que se refere o art. 239.

58. **Art. 156** (...)
    § 3º Em relação ao imposto previsto no inciso III do caput deste artigo, cabe à lei complementar:
    III – regular a forma e as condições como isenções, incentivos e benefícios fiscais serão concedidos e revogados.

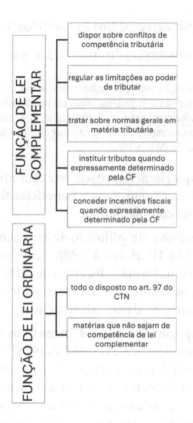

2.4 LEI DELEGADA

Pode se caracterizar a lei delegada como uma **exceção ao princípio da indelegabilidade de atribuições**, uma vez que sua elaboração antecede a delegação de atribuição do próprio Poder Legislativo ao Poder Executivo. Trata-se de uma função atípica do Poder Executivo, uma vez que este avoca determinadas matérias para cumprir a função legislativa, prevista no art. 68 da CF/1988[59].

A lei delegada será de competência do **Presidente da República**, após **prévia solicitação ao Congresso Nacional**, desde que haja delimitação do assunto que se pretenda legislar. Uma vez que a solicitação foi feita ao Congresso Nacional, uma vez aprovada, tomará a forma de **resolução**, determinando o conteúdo da delegação.

Determinadas matérias não poderão ser objeto de delegação, sendo vedados:

---

59. **Art. 68.** As leis delegadas serão elaboradas pelo Presidente da República, que deverá solicitar a delegação ao Congresso Nacional.

- atos de competência exclusiva do Congresso Nacional;
- atos de competência privativa da Câmara dos Deputados e do Senado Federal;
- matérias reservadas à lei complementar;
- legislação sobre: organização do Poder Judiciário e do Ministério Público, carreira e garantia de seus membros, nacionalidade, cidadania, direitos individuais, políticos e eleitorais, planos plurianuais, diretrizes orçamentárias e orçamentos.

Durante a vigência da CF/1988, foram elaboradas duas leis delegadas (LD 12, de 07 de agosto de 1992 e LD 13, de 27 de agosto de 1992), sendo a adoção de tal mecanismo incomum, ante a existência de medida provisória.

Independentemente dessa situação, não temos **nenhuma vedação expressa da utilização** de tal instrumento normativo em **matéria tributária**, a não ser as vedações já descritas no próprio texto constitucional. Assim, não pode existir Lei Delegada com o fito de instituir o Imposto sobre Grandes Fortunas (IGF), uma vez que este tributo **somente poderá ser instituído mediante lei complementar, matéria esta vedada em sua utilização por lei delegada.**

JURISPRUDÊNCIA

Matéria tributária e delegação legislativa: a outorga de qualquer subsídio, isenção ou crédito presumido, a redução da base de cálculo e a concessão de anistia ou remissão em matéria tributária só podem ser deferidas mediante lei específica, sendo vedado ao Poder Legislativo conferir ao chefe do Executivo a prerrogativa extraordinária de dispor, normativamente, sobre tais categorias temáticas, sob pena de ofensa ao postulado nuclear da separação de poderes e de transgressão ao princípio da reserva constitucional de competência legislativa". Precedente: **ADI 1.296/PE**, rel. Min. Celso de Mello.

2.5 MEDIDA PROVISÓRIA

É um **ato administrativo normativo** editado pelo **Presidente da República** em caso de **relevância** e **urgência**, com **força de lei**, devendo ser levado à apreciação do **Congresso Nacional** para que, no **prazo de 60** (sessenta) **dias** (podendo sofrer dilação por igual período), **podendo ser convertida em lei ou sofrer rejeição pelo Parlamento**.

Sua previsão constitucional se encontra no art. 62[60].

Segundo parte da doutrina, a medida provisória substituiu o antigo *decreto-lei*, recebendo **influência da Constituição Italiana**, de 1947. O art. 25, § 2º do ADCT estabelece:

---

60. **Art. 62.** Em caso de relevância e urgência, o Presidente da República poderá adotar medidas provisórias, com força de lei, devendo submetê-las de imediato ao Congresso Nacional.

> "Os decretos-leis editados entre 3 de setembro de 1988 e a promulgação da Constituição serão convertidos, nesta data, em medidas provisórias, aplicando-se-lhes as regras estabelecidas no art. 62, parágrafo único".

A **medida provisória** perderá a eficácia *ex tunc* se não forem convertidas em lei no prazo já assinalado. **Não cabe a reedição**, na **mesma sessão legislativa**, de medida provisória que tenha sido **rejeitada** ou que **não tenha perdido sua eficácia por decurso de tempo**.

Na hipótese de **perda de eficácia** ou **rejeição das medidas provisórias** caberá ao **Congresso Nacional**, no **prazo de 60** (sessenta) **dias** disciplinar, mediante **decreto legislativo**, as relações jurídicas delas decorrentes, sob pena de conservação dos efeitos até então produzidos.

Caso a medida provisória não seja apreciada em até **45** (quarenta e cinco) **dias** contados de sua publicação entrará em **regime de urgência**, subsequentemente, em cada uma das casas do Congresso Nacional.

Desde que as Constituições Estaduais e as Leis Orgânicas do DF e dos Municípios reproduzam todas as diretrizes básicas fixadas na CF/88 sobre o processo legislativo das medidas provisórias entende-se ser possível a edição dessa norma pelos chefes dos executivos estaduais (governadores) e municipais (prefeitos). Tal situação já fora tratada pelo STF, no julgamento das **ADI 812 e 822**.

Muito se discutiu se a medida provisória poderia ser utilizada em matéria tributária entre os doutrinadores. Já o STF sempre admitiu a instituição ou modificação de tributos através desse instrumento.

Após o advento da EC 32/01, a medida provisória poderá **instituir** e **majorar impostos**, nos termos do art. 62, § 2º, da CF/1988[61]. A Constituição foi categórica no sentido de legitimar a instituição ou majoração de uma espécie tributária (imposto) e não de um gênero (tributo).

Sabemos que, de forma originária, a medida provisória é um ato normativo de competência do Presidente da República, chefiando o Poder Executivo Federal. Assim, para que não se incorra em invasão de competência, os impostos que poderão ser instituídos ou majorados são os **impostos federais**.

No caso de **instituição de impostos federais**, uma vez que todos eles já estão instituídos por lei ordinária (com exceção do Imposto sobre Grandes Fortunas – IGF), o único imposto que poderá ser criado mediante este ato normativo é o **Imposto Extraordinário** nos casos de **guerra externa ou sua iminência** (IEG), nos termos do art. 154,

---

61. **Art. 62 (...)**
    § 2º Medida provisória que implique instituição ou majoração de impostos, exceto os previstos nos arts. 153, I, II, IV, V, e 154, II, só produzirá efeitos no exercício financeiro seguinte se houver sido convertida em lei até o último dia daquele em que foi editada.

II, da CF/1988[62]. Não tem cabimento medida provisória instituir Imposto sobre Grandes Fortunas (IGF), uma vez que este é de competência normativa de lei complementar (art. 153, VII, da CF/1988), assim como os impostos residuais (art. 154, I, da CF/1988).

Caso a medida provisória majore um imposto que tem observância estrita ao princípio da anterioridade tributária (art. 150, III, *b* e *c* da CF/1988[63]), se for convertida em lei no mesmo ano em que foi editada, contar-se-á o prazo a **partir da data de sua edição**, para efeitos da aplicação do referido princípio.

O STF posicionava-se no sentido de tomar por base a data da **primeira edição** da medida provisória, a fim de ver preenchido o **princípio da anterioridade comum** (própria ou de exercício), insculpida no art. 150, III, *b*, da CF/1988 (**STF, ADI 1617-MS**). Assim, com exceção dos impostos que não se sujeitam a anterioridade tributária, a instituição ou majoração de demais impostos por medida provisória só produzirá efeitos no exercício financeiro seguinte se tiver sido convertida em lei até o último dia do exercício financeiro em que foi editada.

É cediço que, a partir do momento em que a medida provisória é publicada, tal ato normativo deverá ser apreciado imediatamente pelo Congresso Nacional. Caso o Poder Legislativo determine a **rejeição da medida provisória**, caberá ao próprio Congresso Nacional a edição de um **decreto legislativo** para determinar quais os efeitos que deverá produzir no período em que estava vigente.

Para o STF, a medida provisória pode ser utilizada para **instituição** ou **majoração de tributos**, desde que observados os limites constitucionalmente previstos.

Isto passa a ser de suma importância para os casos de **restituição do tributo pago** quando da rejeição da referida medida. Caso o Congresso Nacional, dentro do prazo de **sessenta dias**, contados da data da rejeição, editar um decreto legislativo determinando efeito *ex tunc*, e o tributo seja pago nesse período, o contribuinte fará jus à restituição dos valores. Se, no entanto, o decreto legislativo não for editado nesse prazo, mantêm-se os efeitos da medida enquanto vigorava, não restando qualquer direito de restituição (art. 62, §§ 3º e 11, da CF/1988[64]). Ademais, o STF tem admitido o uso de medida provisória para a concessão de determinadas **isenções**, tal como ocorreu com

---

62. **Art. 154.** A União poderá instituir:

    II – na iminência ou no caso de guerra externa, impostos extraordinários, compreendidos ou não em sua competência tributária, os quais serão suprimidos, gradativamente, cessadas as causas de sua criação.

63. **Art. 150.** Sem prejuízo de outras garantias asseguradas ao contribuinte, é vedado à União, aos Estados, ao Distrito Federal e aos Municípios:

    III – cobrar tributos:

    b) no mesmo exercício financeiro em que haja sido publicada a lei que os instituiu ou aumentou;

    c) antes de decorridos noventa dias da data em que haja sido publicada a lei que os instituiu ou aumentou, observado o disposto na alínea b.

64. **Art. 62** (...)

    § 3º As medidas provisórias, ressalvado o disposto nos §§ 11 e 12 perderão eficácia, desde a edição, se não forem convertidas em lei no prazo de sessenta dias, prorrogável, nos termos do § 7º, uma vez por igual período, devendo o Congresso Nacional disciplinar, por decreto legislativo, as relações jurídicas delas decorrentes.

a **MP 693**, de 30.09.2015, que concedeu **isenção** da **Taxa de Fiscalização de Produtos Controlados pelo Exército Brasileiro** – TFPC em relação aos fatos geradores decorrentes das atividades próprias e diretamente vinculadas à organização e à realização dos Jogos Olímpicos e Paraolímpicos de 2016.

Resumidamente, **admite-se o uso de medida provisória em matéria tributária** para:

- instituir ou majorar impostos, nos termos do art. 62, § 2º, da CF/1988;
- instituir ou majorar demais tributos, dentro dos limites constitucionalmente previstos, conforme entendimento pacificado do STF;
- concessão de incentivos fiscais, nos limites constitucionalmente previstos, conforme entendimento pacificado no STF.

Resta uma dúvida sobre a possibilidade do Governador do Estado ou do DF e dos Prefeitos instituírem ou majorarem tributos por medida provisória. Pelo nosso entendimento, se tal possibilidade vier disposta na **Constituição dos Estados**, bem como nas **Leis Orgânicas do DF** e dos **Municípios**, a **instituição ou majoração de tributos estaduais, distritais e municipais poderá se dar através de medida provisória**.

JURISPRUDÊNCIA

• "Embora válido o argumento de que MP não pode tratar de matéria submetida pela Constituição Federal a Lei Complementar, é de se que, no caso, a Constituição Federal não exige Lei Complementar para alterações no Código Florestal, ao menos as concernentes à Floresta Amazônica" (**MC na ADI 1.516**, j. 06.03.1997, rel. Min. Sydney Sanches, *DJ* 13.08.1999).
• "(...) já se acha assentado no STF o entendimento de ser legítima a disciplina de matéria de natureza tributária por meio de medida provisória, instrumento a que a Constituição confere força de lei (cf. **MC na ADI 1.417**)" (**MC na ADI 1.667**, j. 25.09.1997, rel. Min. Ilmar Galvão, *DJ* 21.11.1997).

2.6 ATOS NORMATIVOS DO PODER EXECUTIVO

A Administração Pública dispõe de prerrogativas especiais visando a satisfação do interesse público, tendo em vista dois pilares fundamentais: **supremacia do interesse público** e a **indisponibilidade do interesse público**.

Para galgar seus objetivos, a Administração Pública é dotada de poderes específicos (poderes administrativos), classificados de acordo com a majoritária doutrina em: **vinculado, discricionário, hierárquico, disciplinar, regulamentar** e de **polícia**.

---

§ 11. Não editado o decreto legislativo a que se refere o § 3º até sessenta dias após a rejeição ou perda de eficácia de medida provisória, as relações jurídicas constituídas e decorrentes de atos praticados durante sua vigência conservar-se-ão por ela regidas.

O **poder regulamentar** ou **normativo** é aquele conferido aos chefes do Poder Executivo para **edição de atos normativos**. Tais atos administrativos gozam de determinações gerais e abstratas, não tendo destinatários determinados.

2.6.1 Decreto executivo

O exercício do poder regulamentar se materializa, em regra, na edição de **decretos** e **regulamentos**, visando cumprir a fiel execução de uma lei. Esses são denominados de **decretos regulamentares** ou **de execução**, tendo seu fundamento no art. 84, IV, da CF/1988:

> "Art. 84. Compete privativamente ao Presidente da República:
>
> (...)
>
> IV – sancionar, promulgar e fazer publicar as leis, bem como expedir decretos e regulamentos para sua fiel execução".

Consideram-se os **decretos** como instrumentos que veiculam os atos normativos editados pelo Chefe do Poder Executivo para fazer cumprir uma determinada lei.

Em matéria tributária, a possibilidade de utilização é de **decretos regulamentares**, uma vez que tais atos normativos não têm por função criar uma ordem jurídica, seja criando, modificando ou extinguindo direitos e deveres. Presta-se, tão somente, a **regulamentar uma lei existente**.

A **edição de decretos regulamentares**, embora decorra de competência constitucional expressa, tem como pressuposto a **existência de uma lei**, sendo o ato primário a ser regulamentado. Deve-se restringir ao conteúdo da lei, detalhando seus dispositivos.

Sendo assim, os decretos regulamentares têm como **limite de atuação** a própria **lei**, não podendo tal ato ser atacado por meio de **Ação Direta de Inconstitucionalidade** (ADI), vez que sofrem **controle de legalidade** e não **controle de constitucionalidade**.

Atualmente, ensina-se a possibilidade dos chamados **decretos autônomos**. Até o advento da EC 32/01 era cediço o entendimento da **extinção do decreto autônomo** de nosso ordenamento jurídico.

Todavia, nos termos do art. 84, VI, da CF/1988, passa-se a **autorizar a edição dos decretos autônomos**, especificamente para tratar de organização e funcionamento da Administração Pública bem como versar sobre a extinção de determinados cargos e funções, conforme abaixo:

> "Art. 84. Compete privativamente ao Presidente da República:
>
> (...)
>
> VI – dispor, mediante decreto, sobre:
>
> a) organização e funcionamento da administração federal, quando não implicar aumento de despesa nem criação ou extinção de órgãos públicos;
>
> b) extinção de funções ou cargos públicos, quando vagos".

Atualmente, a Constituição Federal prevê a possibilidade de serem editados decretos como **atos primários**, ou seja, decorrentes diretamente do texto constitucional, não estando na dependência de determinada lei. Por tais razões, esses decretos sofrem o **controle de constitucionalidade**, podendo ser atacados via Ação Direta de Inconstitucionalidade (ADI).

DECRETOS REGULAMENTARES (DE EXECUÇÃO)
- não inovam a ordem jurídica
- dependem da existência de lei para sua regulamentação
- sofrem controle de legalidade
- não podem ser objeto de ADI

DECRETOS AUTÔNOMOS
- inovam a ordem jurídica, como atos primários
- independem da existência de lei, derivando-se diretamente da CF
- sofrem controle de constitucionalidade
- podem ser objeto de ADI

A **possibilidade do uso de atos normativos do Poder Executivo** em matéria tributária justifica-se em razão da **extrafiscalidade**. Trata-se de um fenômeno que visa a utilização da tributação fora do escopo geral de arrecadação, mas de sua utilização com finalidade regulatória, objetivando a correção de distorções sociais e econômicas.

Assim, para que a Administração Pública possa regular adequadamente o comércio exterior e a política cambial, econômica e monetária, se faz a necessidade de atuação com agilidade na modificação da carga tributária.

Neste caso, os decretos têm a função de **majorar ou reduzir as alíquotas de determinados tributos**, considerados **extrafiscais**, visando a implementação ágil de suas **políticas econômicas**, somente nos casos autorizados pela Constituição Federal e desde que haja estrita observância aos limites legais.

Assim, o Poder Executivo não é totalmente livre no estabelecimento dessas bases econômicas, devendo se atentar as condições e limites da própria lei que institui determinados tributos. Não vale o ato do Poder Executivo se a lei não o autoriza. Não tem eficácia a lei, para esse fim, se não estabelece condições e limites, dentro dos quais deve agir o Poder Executivo.

Determina o art. 153, § 1º da CF/1988:

"Art. 153. Compete à União instituir impostos sobre:

I – importação de produtos estrangeiros;

II – exportação, para o exterior, de produtos nacionais ou nacionalizados;

III – renda e proventos de qualquer natureza;

IV – produtos industrializados;

V – operações de crédito, câmbio, seguros, títulos e valores mobiliários;

VI – propriedade territorial rural;

VII – grandes fortunas, nos termos da lei complementar;

VIII – produção, extração, comercialização ou importação de bens e serviços prejudiciais à saúde ou ao meio ambiente, nos termos de lei complementar. (Incluído pela Emenda Constitucional 132, de 2023)

§ 1º É facultado ao Poder Executivo, atendidas as condições e os limites estabelecidos em lei, alterar as alíquotas dos impostos enumerados nos incisos I, II, IV, e V."

De acordo com o texto constitucional, o **Poder Executivo** poderá **alterar as alíquotas do Imposto de importação** (II), **Imposto de Exportação** (IE), **Imposto sobre Produtos Industrializados** (IPI) e **Imposto sobre Operações Financeiras** (IOF). Tal alteração se dará, em regra, através de **decreto executivo** (sendo tal decreto regulamentar).

Nem nenhum momento a CF/1988 determina que o Poder Executivo deverá se utilizar de decreto executivo. Notadamente, o Poder Executivo acaba se utilizando desse instrumento mais facilmente, mas nada obsta a possibilidade de utilização de outros atos normativos, tal como uma portaria, um regulamento, uma instrução normativa etc.

De igual modo, o ato não precisa necessariamente vir da chefia do Poder Executivo. A CF/1988 determina que o Poder Executivo tomará essa providência, podendo advir de outros órgãos públicos.

Os **órgãos públicos** são unidades integrantes da estrutura de uma mesma pessoa jurídica nas quais são agrupadas competências a serem exercidas através de seus agentes públicos. Assim, os Ministérios são órgãos da administração direta federal, sendo centros de competência despersonalizados, cuja atuação é imputada à União.

Por consequência, **poderá ser deferido de modo genérico ao Poder Executivo**, através de **atos infralegais**, que órgãos públicos alterem alíquotas dos impostos mencionados, como já ocorreu com a **Câmara de Comércio Exterior** (CAMEX), admitindo-se **majoração de alíquotas por atos infralegais de segundo escalão**, como **portarias ministeriais**. Tais situações já foram julgadas pelo STF, no **RE 570.680** e pelo STJ, no **REsp 1.123.249**.

Resumidamente, nos termos do art. 153, § 1º da CF/1988, o Poder Executivo poderá alterar (majorar ou reduzir) as alíquotas do II, IE, IPI e IOF, dentro dos limites estabelecidos na própria lei instituidora desses tributos.

aumento ou redução das alíquotas do Imposto de Importação (II), dentro dos limites do DL 37/66	aumento ou redução das alíquotas do Imposto de Exportação (IE), dentro dos limites do DL 1578/77
ATOS DO PODER EXECUTIVO	
aumento ou redução das alíquotas do Imposto sobre Produtos Industrializados (IPI), dentro dos limites do Dec 8950/16	aumento ou redução das alíquotas do Imposto sobre Operações Financeiras (IOF), dentro dos limites da Lei 5143/66

Além da possibilidade de aumento e redução das alíquotas do II, IE, IPI e IOF, a Constituição Federal autoriza a utilização de atos do Poder Executivo para **redução e restabelecimento das alíquotas da CIDE-Combustíveis**, nos termos do art. 177, § 4º, I, *b*, da CF/1988:

> "Art. 177 (...)
>
> § 4º A lei que instituir contribuição de intervenção no domínio econômico relativas às atividades de importação ou comercialização de petróleo e os seus derivados, gás natural e seus derivados e álcool combustível deverá atender aos seguintes requisitos:
>
> I – a alíquota da contribuição poderá ser:
>
> (...)
>
> b) reduzida e restabelecida por ato do Poder Executivo, não se lhe aplicando o disposto no art. 150, III, b".

A CIDE-Combustíveis foi instituída pela Lei 10.336/01, com modificações na Lei 10.636/02, tendo como fatos geradores as operações de importação e comercialização no mercado interno de gasolinas, diesel, querosene de aviação e outros, bem como óleos combustíveis, gás liquefeito e álcool etílico combustível. As alíquotas dessa contribuição serão específicas, incidindo sobre o metro cúbico de cada material.

Se o Poder Executivo desejar, poderá **reduzir** as **alíquotas** ou **restabelecê-las** no patamar legal através de **atos normativos**.

> **IMPORTANTE**
>
> Apenas os tributos indicados pela Constituição Federal poderão ter alterações de suas alíquotas por atos normativos do Poder Executivo, sendo completamente vedado aos tributos não elencados no texto constitucional, mesmo que ostentem a qualidade extrafiscal.

É completamente equivocada a ideia de que as "contribuições interventivas" estão sujeitas à redução e ao restabelecimento de suas alíquotas por meio de decreto; isto porque a única contribuição interventiva sujeita a essa possibilidade é aquele incidente sobre combustíveis e seus derivados.

A lei deve balizar o **uso do decreto executivo, não podendo exorbitar os limites estabelecidos em lei**. Assim, se uma lei determina que a alíquota máxima de um determinado imposto passa a ser de 5% (cinco por cento), não poderá o decreto do poder executivo estabelecer um aumento de 6% (seis por cento). Tal aumento acima dos limites legais deve ser realizado apenas pela lei.

No entanto, caso a **Presidência da República exorbite o Poder Regulamentar** quando da edição do decreto executivo, **caberá ao Congresso Nacional**, de **forma exclusiva**, sustar os atos normativos que exorbitem o poder regulamentar ou dos limites da delegação legislativa:

> "Art. 49. É da competência exclusiva do Congresso Nacional:
> (...)
> V – sustar os atos normativos do Poder Executivo que exorbitem do Poder Regulamentar ou dos limites de delegação legislativa".

Devemos nos recordar que o ato do Poder Executivo mais comum na utilização dessas situações é o **decreto regulamentar** ou **de execução**, devendo observar os limites estabelecidos na própria lei.

JURISPRUDÊNCIA

"Imposto de importação: alteração das alíquotas, por ato do Executivo, atendidas as condições e os limites estabelecidos em lei: CF/1988, art. 153, § 1º. A lei de condições e de limites é lei ordinária, dado que a lei complementar somente será exigida se a Constituição, expressamente, assim determinar. No ponto, a Constituição excepcionou a regra inscrita no art. 146, II. A motivação do decreto que alterou as alíquotas encontra-se no procedimento administrativo de sua formação, mesmo porque os motivos do decreto não vêm nele próprio. Fato gerador do imposto de importação: a entrada do produto estrangeiro no território nacional (CTN, art. 19). Compatibilidade do art. 23 do Dec.-lei 37/1966 com o art. 19 do CTN. Súmula 4 do antigo TFR. O que a Constituição exige, no art. 150, III, *a*, é que a lei que institua ou que majore tributos seja anterior ao fato gerador. No caso, o decreto que alterou as alíquotas é anterior ao fato gerador do imposto de importação" (**RE 225.602**, rel. Min. Carlos Velloso, *DJ* 06.04.2001). No mesmo sentido: **AgRg no RE 441.537**, *DJ* 29.09.2006.

• "É compatível com a Carta Magna a norma infraconstitucional que atribui a órgão integrante do Poder Executivo da União a faculdade de estabelecer as alíquotas do Imposto sobre a Exportação. Competência que não é privativa do Presidente da República. Inocorrência de ofensa aos arts. 84, *caput*, IV, e parágrafo único, e 153, § 1º, da CF/1988 ou ao princípio da reserva legal. Precedentes. Faculdade discricionária atribuída à Câmara de Comércio Exterior (Camex), que se circunscreve ao disposto no Dec.-lei 1.578/1977 e às demais regulamentares". (**RE 570.680/RS**, Plenário, j. 28.10.2009, rel. Min. Ricardo Lewandowski, *DJe* 04.12.2009, com repercussão geral).

2.6.2 Convênios

Os **convênios** são acordos celebrados pelas unidades políticas entre si, devendo ser submetidos à apreciação das respectivas Assembleias para a sua validade. Conforme leciona Carrazza, os convênios não são leis, mas **atos normativos *sui generis***, só passando a valer com o **direito interno dos Estados** e do **DF depois da ratificação**, que se dá mediante **decreto legislativo**.

O art. 100, IV do CTN[65] coloca os convênios como sendo parte das normas complementares em matéria tributária, partícipes da legislação tributária. A principal finalidade da existência de tais atos normativos em matéria tributária é a **diminuição da guerra fiscal entre entes federativos**.

Podemos conceituar os **convênios estaduais** como **acordos firmados pelos Secretários de Fazenda dos Estados para a concessão de incentivos fiscais e redução das alíquotas do ICMS**.

Não existe uma obrigatoriedade legal ou constitucional de todos os Estados serem obrigados a estabelecer e firmar convênios, mas sim de um mecanismo jurídico destinado àqueles que possuem algum interesse comum na relação jurídica, especialmente sobre o ICMS, buscando com isso, evitar ou minimizar ao máximo as guerras fiscais.

Sendo firmado convênio entre dois ou mais Estados da Federação, poderá ou não ser ratificado pelas respectivas Assembleias Estaduais. No entanto, somente após aprovação legislativa, gozarão de eficácia.

Dois ou mais Estados e o DF poderá celebrar, entre si, **Protocolos**, estabelecendo procedimentos comuns visando:

- a implementação de políticas fiscais;
- a permuta de informações e fiscalização conjunta;
- a fixação de critérios para a elaboração de pautas fiscais;
- outros assuntos de interesse dos Estados e do DF.

O Estado **não poderá estabelecer diretrizes fiscais sobre outro Estado**, salvo se este anuir ao **Protocolo estabelecido**. Assim, um Protocolo estabelecido entre São Paulo e Rio Grande do Sul não poderá ser aplicado ao Estado do Paraná, salvo se este também aderir expressamente ao mesmo.

Os **Protocolos** não podem estabelecer normas que aumentem, reduzam ou revoguem benefícios fiscais, sendo previamente submetidos à apreciação formal do COTEPE/ICMS para fins de verificação de seu enquadramento às disposições exigidas para sua eficácia. Obtida a manifestação favorável da maioria dos representantes do COTEPE/ICMS e assinado o **Protocolo** por todos os signatários, inclusive por certificação digital, será providenciada pela Secretaria Executiva a publicação no Diário Oficial da União, para sua vigência.

---

65. **Art. 100.** São normas complementares das leis, dos tratados e das convenções internacionais e dos decretos:
IV – os convênios que entre si celebrem a União, os Estados, o Distrito Federal e os Municípios.

A **Comissão Técnica Permanente do ICMS** (COTEPE/ICMS), com sede no DF, tem por finalidade realizar os trabalhos relacionados com a política e a administração do ICMS, visando o estabelecimento de medidas uniformes no tratamento do imposto em território nacional, bem como desincumbir-se de outros encargos atribuídos pelo Conselho Nacional de Política Fazendária (CONFAZ).

O **Conselho Nacional de Política Fazendária** (Confaz) é o órgão responsável por promover a celebração dos convênios para os efeitos de concessão ou revogação dos incentivos fiscais.

Sua composição é de um **representante de cada unidade federativa** e da **União**. Geralmente, tal representante nos Estados e no DF é o **Secretário de Fazenda**.

No prazo de quinze dias contados da publicação do convênio, o Poder Executivo de cada Estado e do DF publicará um decreto ratificando ou não o convenio que foi celebrado.

Tal ratificação poderá se dar de forma **expressa** ou **tácita**.

Considera-se ratificação **tácita** a falta de manifestação do Poder Executivo dentro do prazo assinalado.

O convênio será **rejeitado** quando não for ratificado pelo Poder Executivo de todos os Estados e do DF, a hipótese da concessão de isenções, incentivos e benefícios fiscais de ICMS ou de quatro quintos dos Estados e do DF, nas hipóteses de revogação total ou parcial desses benefícios.

A LC 24/1975, dispõe sobre os **convênios para a concessão de isenções do imposto sobre operações relativas ao ICMS**.

Importante trazer à baila o disposto no art. 1º da LC 24/1975:

> "Art. 1º As isenções do imposto sobre operações relativas à circulação de mercadorias serão concedidas ou revogadas nos termos de convênios celebrados e ratificados pelos Estados e pelo Distrito Federal, segundo esta Lei.
>
> Parágrafo Único – O disposto neste artigo também se aplica:
>
> I – à redução da base de cálculo;
>
> II – à devolução total ou parcial, direta ou indireta, condicionada ou não, do tributo, ao contribuinte, a responsável ou a terceiros;
>
> III – à concessão de créditos presumidos;
>
> IV – à quaisquer outros incentivos ou favores fiscais ou financeiro-fiscais, concedidos com base no imposto de Circulação de Mercadorias, dos quais resulte redução ou eliminação, direta ou indireta, do respectivo ônus;
>
> V – às prorrogações e às extensões das isenções vigentes nesta data".

A Constituição Federal impõe a adoção de alíquotas uniformes em todo o território nacional para o ICMS monofásico sobre combustíveis e lubrificantes, as quais deverão ser definidas pelos Estados e DF mediante **convênio** editado na forma estabelecida para a concessão de incentivos fiscais relativos ao ICMS (art. 155, § 4º, IV, c/c 155, § 2º, XII, g, h, da CF/1988⁶⁶).

Vê-se, nessa situação, que a Constituição Federal autoriza o Poder Executivo, mediante **celebração de convênio** (portanto, **sem a participação do Poder Legislativo**), a possibilidade de **definição das alíquotas do ICMS** nas **operações com combustíveis e derivados** que **incidirão uma única vez (incidência monofásica)**.

O STF tem manifestado entendimento no sentido de que seria possível a utilização do convênio para tal finalidade, excepcionando-se o princípio da legalidade tributária.

JURISPRUDÊNCIA

"O art. 155, § 2º, XII, g, da CF/1988, só admite a concessão de isenções, incentivos e benefícios fiscais por deliberação dos Estados e do DF, mediante convênio"(ADI 286/RO, Plenário, j. 22.05.2002, rel. Min. Mauricio Corrêa, *DJ* 29.05.2002).
• "Ato normativo que, instituindo isenção de ICMS sem prévia e necessária edição de convênio entre os Estados e o DF, contraria o disposto no mencionado art. 155, § 2º, XII, g, do texto constitucional. Inaplicabilidade, no caso, da regra do art. 61, § 1º, II, b, da Carta da República, relativa à iniciativa legislativa reservada ao Presidente da República em relação, exclusivamente, à matéria tributária dos Territórios" (MC na ADI 2.357/SC, Plenário, j. 18.04.2001, rel. Min. Ilmar Galvão, *DJ* 07.11.2003).

2.7 RESOLUÇÕES DO SENADO FEDERAL

As **Resoluções do Senado Federal** figuram como instrumento do processo legislativo destinado ao exercício das competências constitucionais privativas a este órgão do Poder Legislativo. A competência privativa do Senado Federal está prevista no art. 52 da CF/1988.

Uma das competências estabelecidas na Constituição Federal é a avaliação periódica da funcionalidade do sistema tributário nacional, em sua estrutura e seus com-

---

66. **Art. 155.** Compete aos Estados e ao Distrito Federal instituir impostos sobre:
    § 2º O imposto previsto no inciso II atenderá ao seguinte:
    XII – cabe à lei complementar:
    g) regular a forma como, mediante deliberação dos Estados e do Distrito Federal, isenções, incentivos e benefícios fiscais serão concedidos e revogados.
    h) definir os combustíveis e lubrificantes sobre os quais o imposto incidirá uma única vez, qualquer que seja a sua finalidade, hipótese em que não se aplicará o disposto no inciso X, b ;
    § 4º Na hipótese do inciso XII, h , observar-se-á o seguinte:
    IV – as alíquotas do imposto serão definidas mediante deliberação dos Estados e Distrito Federal, nos termos do § 2º, XII, g , observando-se o seguinte:
    a) serão uniformes em todo o território nacional, podendo ser diferenciadas por produto;
    b) poderão ser específicas, por unidade de medida adotada, ou *ad valorem*, incidindo sobre o valor da operação ou sobre o preço que o produto ou seu similar alcançaria em uma venda em condições de livre concorrência;
    c) poderão ser reduzidas e restabelecidas, não se lhes aplicando o disposto no art. 150, III, b .

ponentes, bem como do desempenho das administrações tributárias de todos os entes da federação (art. 52, XV, da CF/1988).

As resoluções emanadas do Senado Federal têm um papel significativo na diminuição da guerra fiscal entre entes federativos.

Especificamente em matéria tributária tem por finalidade **estabelecer os limites das alíquotas dos impostos estaduais**. Quando se fala em estabelecer limites, estamos falando de fixar os tetos e pisos, ora o **limite máximo**, ora o **limite mínimo** dos impostos de competência dos Estados (IPVA – ITCMD – ICMS).

O cabimento das Resoluções do Senado Federal poderá ser de maneira obrigatória ou facultativa, de acordo com os ditames estabelecidos na Constituição Federal.

Em se tratando do **ITCMD** (Imposto sobre a transmissão *causa mortis* e doações de qualquer natureza), o Senado Federal fixará **obrigatoriamente as alíquotas máximas**, conforme determina o art. 155, § 1º, IV, da CF/1988. O Senado Federal já o fez por meio da Resolução 9/1992, determinando o **limite máximo de 8%** (oito por cento).

Para o **IPVA** (Imposto sobre a Propriedade de Veículos Automotores), o art. 155, § 6º, I, da CF/1988 determina que as **alíquotas mínimas** serão *obrigatoriamente* definidas por Resolução do Senado Federal. Até o momento, o Senado Federal não editou uma resolução com a finalidade de determinar tal limite, cabendo a *competência à própria lei estadual*.

Para o **ICMS** (Imposto Sobre a Circulação de Mercadorias e Serviços de Transporte Interestadual, Intermunicipal e Serviços de Comunicação), temos algumas determinações constitucionais específicas. Inicialmente, nos termos do art. 155, § 2º, IV, CF/1988, caberá a **resolução do Senado Federal**, por **iniciativa do Presidente da República** ou de **um terço dos Senadores**, aprovada pela **maioria absoluta** de seus membros, estabelecer as **alíquotas máxima e mínima aplicáveis às operações e prestações interestaduais e de exportação**, de maneira **obrigatória**.

É **facultado**, no entanto, ao Senado Federal **estabelecer as alíquotas mínimas nas operações internas**, mediante a resolução de **iniciativa de um terço** e aprovada pela **maioria absoluta** de seus membros. Também possui a faculdade de se estabelecer as **alíquotas máximas** nas mesmas operações para resolver conflito específico que envolva interesse de Estados, mediante resolução de **iniciativa da maioria absoluta** e aprovada por **dois terços dos seus membros**.

Em se tratando do **Imposto sobre Bens e Serviços** (IBS) previsto no art. 156-A da CF/1988, caberá a Resolução do Senado Federal fixar a **alíquota de referência** do imposto para **cada esfera federativa**, nos termos de lei complementar, que será aplicada se outra não houver sido estabelecida pelo próprio ente federativo, em consonância com o art. 156-A, § 1º, XII, da CF/1988[67].

---

67. **Art. 156-A.** Lei complementar instituirá imposto sobre bens e serviços de competência compartilhada entre Estados, Distrito Federal e Municípios. (Incluído pela EC 132/2023)

DIREITO TRIBUTÁRIO INTERDISCIPLINAR • Caio Bartine

Resumidamente, podemos identificar o seguinte:

ITCMD	IPVA	ICMS	IBS
• Obrigatório	• Obrigatório	• Obrigatório	• Obrigatório
Limite máximo	Limite Mínimo	Limites máximo/mínimo	Fixação da alíquota de referência de cada esfera federativa
		Operações Interestaduais e Exportação	
		• Facultativo	
		Limites máximo/mínimo	
		Operações Internas	

JURISPRUDÊNCIA

"Medida Cautelar em Ação Direta de Inconstitucionalidade. Caráter normativo autônomo e abstrato dos dispositivos impugnados. Possibilidade de sua submissão ao controle abstrato de constitucionalidade. Precedentes. ICMS. Guerra fiscal. Art. 2º da Lei 10.689/1993 do Estado do Paraná. Dispositivo que traduz permissão legal para que o Estado do Paraná, por meio de seu Poder Executivo, desencadeie a denominada 'guerra fiscal', repelida por larga jurisprudência deste Tribunal. Precedentes. Art. 50, XXXII e XXXIII, e §§ 36, 37 e 38 do Decreto Estadual 5.141/2001. Ausência de convênio interestadual para a concessão de benefícios fiscais. Violação ao art. 155, § 2º, XII, g, da CF/1988. A ausência de convênio interestadual viola o art. 155, § 2º, IV, V e VI, da CF/1988. A Constituição é clara ao vedar aos Estados e ao Distrito Federal a fixação de alíquotas internas em patamares inferiores àquele instituído pelo Senado para a alíquota interestadual. Violação ao art. 152 da CF/1988, que constitui o princípio da não diferenciação ou da uniformidade tributária, que veda aos Estados, ao Distrito Federal e aos Municípios estabelecer diferença tributária entre bens e serviços, de qualquer natureza, em razão de sua procedência ou destino. Medida cautelar deferida" **(MC na ADI 3.936**, j. 19.09.2007, rel. Min. Gilmar Mendes, DJ 09.11.2007).
• "Ao Senado Federal compete a fixação da alíquota máxima para a cobrança do Imposto de Transmissão Causa Mortis, cabendo aos Estados a definição da alíquota interna exigível, mediante lei específica, observada a resolução expedida por essa Casa Legislativa" **(AgRg no RE 224.786**, j. 24.08.1999, rel. Min. Maurício Corrêa, DJ 04.02.2000).

> As resoluções do Senado Federal não podem ser utilizadas para majoração ou redução de tributos, apenas tendo o papel de fixação das alíquotas máximas e mínimas, visando a redução ou minimização da guerra fiscal entre os Estados.

2.8 TRATADOS E CONVENÇÕES INTERNACIONAIS

Tratados são atos jurídicos que são firmados entre dois ou mais Estados, mediante a deliberação dos órgãos competentes, tendo por finalidade estabelecer normas comuns

---

§ 1º O imposto previsto no caput será informado pelo princípio da neutralidade e atenderá ao seguinte: resolução do Senado Federal fixará alíquota de referência do imposto para cada esfera federativa, nos termos de lei complementar, que será aplicada se outra não houver sido estabelecida pelo próprio ente federativo.

de direito internacional. O art. 84, VIII, da CF/1988 estabelece a competência privativa do Presidente da República para celebrar tratados, convenções e atos internacionais, sujeitos a referendo do Congresso Nacional.

O art. 49, I, da CF/1988, por sua vez, estabelece a **competência exclusiva do Congresso Nacional** para resolver definitivamente sobre tratados, acordos ou atos internacionais que acarretem encargos ou compromissos gravosos ao patrimônio nacional.

Temos ainda, as denominadas **normas *soft law***, sendo normas que são emanadas de entidades internacionais, irradiando seus efeitos tanto no âmbito do direito internacional público quanto privado. Como exemplo, podemos citar as normas editadas pela Câmara Internacional do Comércio (CCI) e as declarações de intenções que são firmadas entre as nações quando da estipulação de metas e resultados nos encontros internacionais.

Importante ressaltar ainda que o tratado internacional não é a norma jurídica em si, mas sim o decreto legislativo que o referenda.

Tratados e convenções internacionais de que o Estado estrangeiro ou organismo internacional e o Brasil sejam partes, e que versem *sobre matéria previdenciária*, serão interpretados como **lei especial**. É o que preleciona o art. 85-A da Lei 8.212/1991.

Existe muita divergência sobre a existência ou não de hierarquia entre os tratados internacionais e a legislação interna.

Prevê o art. 98 do CTN:

"Art. 98. Os tratados e as convenções internacionais revogam ou modificam a legislação tributária interna, e serão observados pela que lhes sobrevenha".

Pela interpretação literal, o dispositivo normativo nos leva ao entendimento de que os tratados internacionais em matéria tributária teriam **força supralegal**, uma vez que podem revogar ou modificar a legislação interna.

O Ministro Francisco Rezek, ao realizar uma abordagem sobre os tratados internacionais numa mesa de debates sobre tributação federal procurou enfrentar a problemática da hierarquia dos tratados internacionais:

"Posto o tratado em confronto com uma lei que hostiliza de algum modo, e que é de produção mais recente, a questão é saber se o tratado, por sua própria qualidade, há de prevalecer assim mesmo, visto que a Constituição Brasileira não diz isso; é de saber se a lei doméstica tem algum vicio congênito, pelo fato de ter sido produzida em obediência ao art. 98 da Lei Complementar, que diz que os tratados hão de ser observados na produção legislativa doméstica que viceja posteriormente. A esse respeito, aguarda-se alguma produção doutrinária que oriente, de algum modo, os caminhos da jurisprudência".

O julgado do STF que costuma ser citado como precedente sobre a matéria é o RE 80.004/SE, em que a Corte Suprema decidiu no sentido de **inexistência de hierarquia**. Sendo assim, seria possível a lei interna posterior ao tratado ser aplicada validamente.

Caberá ao Poder Judiciário dispor sobre o **exame de constitucionalidade dos tratados ou convenções internacionais** já incorporados ao sistema positivo interno, seja através da via difusa ou concentrada.

No que tange as **normas de natureza administrativa**, o STJ tem se posicionado no sentido que o tratado internacional tem prevalência sobre as mesmas (STJ, REsp 769.955/PE, rel. Min. Teori Albino Zavascki).

Em **matéria tributária**, estes tratados têm a finalidade de **evitar a bitributação sobre a renda de possíveis contribuintes dos países signatários** e **concessão de incentivos relativamente à importação e exportação de determinados produtos e serviços**, como ocorre nos casos do Mercosul e outros acordos internacionais do qual o Brasil é signatário (OMC, dentre outros).

O **Acordo Tarifário da Organização Mundial do Comércio** (GATT) tem como regra principal que os produtos estrangeiros somente podem ser tributados pelo imposto de importação nas mesmas condições para todos os membros do acordo (chamada de cláusula da nação mais favorecida). Assim, após a deliberação pela alfândega, os produtos estrangeiros nacionalizados serão tributados nas mesmas condições dos produtos nacionais, não sendo permitida qualquer discriminação entre os nacionais e os nacionalizados. Por consequência, a tributação ou isenção concedida a um produto brasileiro não deverá ser diferente para um produto nacionalizado.

Reza a súmula 20 do STJ:

> "A mercadoria importada de país signatário do GATT é isenta do ICM, quando contemplado com esse favor o similar nacional".

Na mesma esteira temos a súmula 575 do STF, *in verbis*:

> "A mercadoria importada de país signatário do GATT ou membro da ALALC, estende-se a isenção do imposto de circulação de mercadorias concedida a similar nacional".

Importante frisar que existem teorias que discutem se o Direito Internacional e o Direito Interno são duas ordens jurídicas distintas (**teoria dualista**) ou uma ordem jurídica (**teoria monista**), tendo o entendimento que o Brasil adota uma **teoria dualista moderada**.

A principal diferença existente entre a **Teoria Dualista** e a **Monista** funda-se na necessidade ou não de incorporação da norma internacional no direito interno. Enquanto a **teoria dualista** defende que uma norma internacional só passa a surtir efeitos no âmbito interno após a sua transformação em lei interna, a **teoria monista**, por defender a existência de um sistema jurídico único, entende não haver necessidade dessa incorporação, porque não há separação entre o direito interno e o direito internacional.

Os principais tratados internacionais em matéria tributária são aqueles utilizados para evitar a bitributação sobre a renda. Dentre os mais variados acordos internacionais, temos:

ACORDOS INTERNACIONAIS DE BITRIBUTAÇÃO	
África do Sul	Decreto Legislativo 301/2006
	Decreto 5.922/2006
	Portaria MF 433/2006
Alemanha	Acordo sem efeito desde 1º de janeiro de 2006
Argentina	Decreto Legislativo 74/1981
	Decreto 87.976/1982
	Portaria MF 22/1983
Áustria	Decreto Legislativo 95/1975
	Decreto 78.107/1976
	Portaria MF 470/1976
Bélgica	Decreto Legislativo 76/1972
	Decreto 72.542/1973
	Portaria MF 271/1974
Canadá	Decreto Legislativo 28/1985
	Decreto 92.318/1986
	Portaria MF 199/1986
Chile	Decreto Legislativo 331/2003
	Decreto 4.852/2003
	Portaria MF 285/2003
China	Decreto Legislativo 85/1992
	Decreto 762/1993
Coreia do Sul	Decreto Legislativo 205/1991
	Decreto 354/1991
	Ato Declaratório Interpretativo SRF 3/2006
Dinamarca	Decreto Legislativo 90/1974
	Decreto 75.106/1974
	Portaria MF 70/1976
Equador	Decreto Legislativo 4/1986
	Decreto 95.717/1988
Eslováquia e República Tcheca	Decreto Legislativo 11/1990
	Decreto 43/1991

ACORDOS INTERNACIONAIS DE BITRIBUTAÇÃO	
Espanha	Decreto Legislativo 62/1975
	Decreto 76.975/1976
	Portaria MF 45/1976
	Ato Declaratório Interpretativo SRF 6/2002
	Ato Declaratório Interpretativo SRF 27/2004
	Ato Declaratório Interpretativo SRF 4/2006
Filipinas	Decreto Legislativo 198/1991
	Decreto 241/1991
Finlândia	Decreto Legislativo 35/1997
	Decreto 2.465/1998
	Ato Declaratório SRF 12/1998
França	Decreto Legislativo 87/1971
	Decreto 70.506/1972
	Portaria MF 287/1972
Hungria	Decreto Legislativo 13/1990
	Decreto 53/1991
Índia	Decreto Legislativo 214/1991
	Decreto 510/1992
Israel	Decreto Legislativo 931/2005
	Decreto 5.576/2005
	Portaria MF 1/2006
Itália	Decreto Legislativo 77/1979
	Decreto 85.985/1981
	Portaria MF 203/1981
Japão	Decreto Legislativo 43/1967
	Decreto 61.899/1967
	Portaria MF 92/1978
Luxemburgo	Decreto Legislativo 78/1979
	Decreto 85.051/1980
	Portaria MF 510/1985
México	Decreto Legislativo 58/2006
	Decreto 6.000/2006
	Portaria MF 38/2007
	Ato Declaratório SRF 22/2008

ACORDOS INTERNACIONAIS DE BITRIBUTAÇÃO

Noruega	Decreto Legislativo 50/1981
	Decreto 86.710/1981
	Portaria MF 227/1984
Países Baixos	Decreto Legislativo 60/1990
	Decreto 355/1991
Peru	Decreto Legislativo 500/2009
	Decreto 7.020/2009
	Portaria MF 553/2010
Portugal	Decreto Legislativo 188/2001
	Decreto 4.012/2001
	Portaria MF 28/2002
Russia	Decreto Legislativo 80/2017
	Decreto 9.115/2017
Suécia	Decreto Legislativo 93/1975
	Decreto 57/1997
	Portaria MF 5/1979
Trinidad e Tobago	Decreto Legislativo 1/2011
	Decreto 8.335/2014
Turquia	Decreto Legislativo 248/2012
	Decreto 8.140/2013
Ucrânia	Decreto Legislativo 66/2006
	Decreto 5.799/2006
	Portaria MF 198/2006
Venezuela	Decreto Legislativo 559/2010
	Decreto 8.336/2014

IMPORTANTE

Não podemos confundir os tratados internacionais que versam sobre matéria tributária com os tratados internacionais que versam sobre direito humanos. Estes possuem força supralegal, podendo inclusive gozar de força constitucional se forem ratificados com quórum qualificado das emendas constitucionais (art. 5º, § 3º, da CF/1988). Aqueles possuem força normativa de lei ordinária, segundo atual posicionamento do STF (RE 466.343/SP).

3
COMPETÊNCIA TRIBUTÁRIA E CAPACIDADE TRIBUTÁRIA ATIVA

Competência tributária significa poder atribuído pela Constituição Federal para **instituir**, **modificar** e **extinguir tributos**. Trata-se de uma **espécie de competência legislativa**. Tal competência é atribuída pela Constituição Federal para os **entes públicos políticos** (União, Estados, Distrito Federal e Municípios).

Não podemos confundir **competência tributária** com **competência para legislar sobre direito tributário**, tampouco com o exercício da administração tributária, que ocorre através da **capacidade tributária ativa**.

3.1 COMPETÊNCIA LEGISLATIVA TRIBUTÁRIA

A **competência legislativa** sobre direito tributário é denominada de **competência concorrente**.

Dispõe o art. 24, I, da CF/1988:

> "Art. 24. Compete a União, aos Estados e ao Distrito Federal legislar concorrentemente sobre:
> I – direito tributário, financeiro, penitenciário, econômico e urbanístico."

Percebe-se, pela leitura do artigo, que não temos a indicação da competência dos Municípios. Entretanto, estabelece o art. 30, I a III, da CF/1988:

> "Art. 30. Compete aos Municípios:
> I – legislar sobre assuntos de interesse local;
> II – suplementar a legislação federal e estadual no que couber;
> III – instituir e arrecadar os tributos de sua competência, bem como aplicar suas rendas, sem prejuízo da obrigatoriedade de prestar contas e publicar balancetes nos prazos fixados em lei."

Assim sendo, os Municípios também possuem **competência legislativa** para **atendimento dos interesses locais**, desde que não seja contrário às normas estabelecidas pela União ou pelos Estados.

Mesmo que a norma constitucional não determinasse o dispositivo para os Municípios, pelo princípio da simetria constitucional, eles teriam o direito de legislar sobre os **interesses locais em matéria tributária**, vez que fazem parte da federação, dotados, de igual modo, de autonomia.

No que tange as **normas gerais**, a competência para legislar pertence à **União**, nos termos do art. 24, § 1º, da CF/1988. Caso a União deixe de legislar sobre normas gerais, os Estados poderão exercer sua competência legislativa plena, até que as normas gerais sejam editadas pela lei federal (art. 24, § 3º, CF/1988[1]).

Não obstante a competência legislativa em matéria tributária seja **concorrente**, quando se emprega a expressão **competência tributária** usualmente se adota outra acepção, de forma mais restrita, que abrange apenas a competência legislativa para **instituir**, **modificar** e **extinguir tributos**. De acordo com o julgamento do STF, no RE 573.540, esta competência não é propriamente concorrente, cabendo ao titular do tributo.

3.2 COMPETÊNCIA TRIBUTÁRIA PROPRIAMENTE DITA

A denominada **competência tributária propriamente dita** é aquela deferida pela Constituição Federal com a finalidade de **instituir** (criar), **modificar** e **extinguir tributos**.

Os **titulares da competência tributária** somente podem ser as pessoas dotadas de **competência legislativa plena: União, Estados, DF e Municípios**. Tal competência jamais poderá ser outorgada para toda a qualquer pessoa jurídica de direito público interno.

> **IMPORTANTE**
> A competência tributária somente pode ser exercida por pessoa jurídica de direito público interno dotada de competência legislativa plena. Assim, apenas os entes federativos são dotados de tal atribuição, não podendo se estender as autarquias e fundações públicas.
> Os territórios Federais não gozam de competência tributária porque não são dotados de competência legislativa, uma vez que a competência legislativa será do próprio Congresso Nacional.

As competências tributárias são determinadas pelas **regras de competência**, sendo divididas nas **regras atributivas de competência** e pelas **regras que consagram imunidades** (também denominadas de **regras de incompetência**).

As **regras atributivas de competência tributária** conferem ao legislador o poder de editar as denominadas **normas impositivas**, ordenando comportamentos dos cidadãos, visando a satisfação do crédito tributário. Por outro lado, as **regras de incompetência** vedam a incidência sobre determinadas materialidades ou pessoas.

Somente a **Constituição Federal** exerce o papel de **estabelecer as competências tributárias** e, nos casos de eventuais **conflitos**, as **leis complementares** exercem tal atribuição, conforme já estudado anteriormente.

---

1. **Art. 24 (...)**

   § 3º Os Estados poderão, mediante lei complementar, instituir regiões metropolitanas, aglomerações urbanas e microrregiões, constituídas por agrupamentos de municípios limítrofes, para integrar a organização, o planejamento e a execução de funções públicas de interesse comum.

A emenda constitucional em matéria tributária poderá extinguir competências tributárias, como já o fez quando da edição da EC 3/93, extinguindo a competência dos Estados e do DF na instituição do **Imposto Adicional ao Imposto de Renda (AIR)**, bem como do **Imposto sobre Vendas a Varejo de Combustíveis Líquidos e Gasosos (IVVC)**. Tal supressão não foi considerada risco à integridade ou equilíbrio da federação. Se assim fosse, tal emenda seria julgada inconstitucional por afronta direta a uma cláusula pétrea.

O legislador, ao exercitar a competência tributária, encontra limites jurídicos, dentre eles, a **estrita observância das normas constitucionais**. O respeito às normas constitucionais é absoluto, sendo que sua violação importa em total inconstitucionalidade. As normas legais têm sua validade vinculada à observância e ao respeito aos limites previstos pelas normas constitucionais.

Uma vez que todos os limites foram observados, não há como afastar a competência tributária, advindo de um verdadeiro poder de império (poder extroverso) estatal. Cria-se um **estado genérico de sujeição**, consistente na impossibilidade de se subtraírem à sua esfera de influência, nas palavras de Roque Carraza. Em suma, uma vez que a **competência tributária** observa **limites**, não se pode afastar a exação tributária.

Conforme assinalado anteriormente, a Constituição Federal não cria tributos, apenas discriminando a competência para que os entes federativos, mediante lei, possam exercê-la.

A **aplicabilidade** e eficácia das normas constitucionais são temas centrais no estudo do Direito Constitucional, sendo fundamentais para a compreensão do funcionamento do Estado e da proteção dos direitos fundamentais. A doutrina e a jurisprudência oferecem diversas abordagens sobre esses conceitos, que podem ser analisados sob diferentes perspectivas.

Quando falamos em **aplicabilidade** referimo-nos à possibilidade de uma norma ser **aplicada em situações concretas**. As normas constitucionais podem ser classificadas em normas de **aplicação imediata**, que podem ser **diretamente invocadas**, e normas de **eficácia limitada**, que dependem de **legislação infraconstitucional** para sua implementação.

Já a **eficácia** diz respeito ao impacto que uma norma possui na realidade social. A eficácia pode ser **total**, quando a norma produz efeitos plenos, ou **parcial**, quando suas consequências são limitadas. A eficácia das normas constitucionais pode ser classificada em **eficácia plena**, **eficácia contida** e **eficácia limitada**.

As **normas de eficácia plena** são aquelas que independem de regulamentação para sua aplicação. É o que ocorre, p.ex., com os direitos fundamentais, que gozam eficácia plena, podendo ser invocados diretamente perante os tribunais.

As **normas de eficácia contida** têm **aplicação imediata**, mas podem ser **restringidas** por legislação infraconstitucional. Exemplos incluem certos direitos que podem ser limitados em situações específicas, como ocorre com livre o exercício de qualquer trabalho, ofício ou profissão, atendidas as qualificações profissionais que a lei estabelecer[2].

Por fim, temos as **normas de eficácia limitada**, que **dependem de normas infraconstitucionais** para sua **efetivação**. Um exemplo é a norma que prevê a criação de políticas públicas, que só se torna eficaz quando o legislador a regulamenta.

A doutrina discute a **relevância** das normas constitucionais na proteção dos direitos fundamentais e na estruturação do Estado. A jurisprudência, por sua vez, tem acompanhado essa evolução, com decisões que reafirmam a aplicabilidade direta de direitos constitucionais, como demonstrado em diversos julgados do Supremo Tribunal Federal (STF).

Um exemplo notável é a decisão do STF na Ação Direta de Inconstitucionalidade (ADI) 1946, que declarou a inconstitucionalidade de normas que limitavam o direito à saúde, reforçando a eficácia das normas constitucionais que garantem direitos fundamentais.

Apesar do reconhecimento da aplicabilidade e eficácia das normas constitucionais, existem desafios práticos. A falta de regulamentação pode levar à **inefetividade de direitos assegurados**, e a resistência de órgãos públicos em cumprir determinações constitucionais pode comprometer a realização plena dos direitos.

As **normas constitucionais** que outorgam competências tributárias gozam de **eficácia plena** e **aplicabilidade imediata**, inadmitindo-se gradações, ou seja, não existe **meia competência**: ou se tem ou não se tem. Nas palavras de Souto Maior Borges, ninguém é mais competente ou menos competente. O conceito de competência não admite graduação.

O art. 6º do CTN determina:

> "Art. 6º A atribuição constitucional de competência tributária compreende a competência legislativa plena, ressalvadas as limitações contidas na Constituição Federal, na Constituição dos Estados e nas Leis Orgânicas do Distrito Federal e dos Municípios, e observado o disposto dessa lei".

Com a Constituição Federal, não apenas a **União** e os **Estados** são dotados de autonomia no exercício da competência, mas tal autonomia também passa a ser dos **Municípios**, gerando inúmeras críticas. A **competência tributária dos Municípios** decorre da própria Constituição Federal e **não pode ser cerceada pelos Estados por meio da Constituição Estadual**. O pacto federativo é estabelecido pela Constituição Federal atribuindo a competência tributária a cada ente federativo.

---

2. **Art. 5º**, XIII, da CF/1988.

IMPORTANTE
Os Municípios gozam de autonomia e exercem a competência tributária derivada da Constituição Federal, não podendo os Estados exercerem a limitação da competência tributária municipal através da Constituição Estadual.

Pode-se afirmar que a **competência tributária** é **exaustiva** na CF/1988, uma vez que este diploma determina, com precisão, a **competência de cada ente federativo para a instituição de tributos**. Assim, a União, os Estados, o DF e os Municípios terão a determinação da competência para a instituição dos respectivos tributos e, em tese, **não há o porquê da ocorrência de conflitos de competência tributária**; no plano lógico, isso passa a ser impossível.

Entretanto, uma vez que excepcionalmente ocorrer o conflito de competência em matéria tributária, caberá à **lei complementar** o papel de resolver tal situação, em conformidade com o art. 146, I, do texto constitucional[3].

O art. 6º, parágrafo único do CTN determina que:

> "Art. 6º (...)
> Parágrafo único. Os tributos cuja receita seja distribuída, no todo ou em parte, a outras pessoas jurídicas de direito público pertencem à competência legislativa daquela a que tenham sido atribuídos".

Não se pode confundir **repartição de receita tributária** com **repartição do poder de tributar**. O **poder de tributar**, conforme veremos, **não pode ser repartido**, nem perante terceiros, nem entre os próprios entes federativos que são dotados de competência legislativa plena.

Lembremos que a **repartição da receita tributária** existe para **adequação do federalismo fiscal**, permitindo que a autonomia financeira dos entes federativos seja mantida.

Apenas **determinados impostos** e a **CIDE-Combustíveis** admitem repartição de suas receitas. Assim, p.ex., mesmo que haja repartição de Imposto sobre a renda (IR) entre os entes federativos e perante os fundos autorizados pela Constituição Federal, a **competência** para a instituição do Imposto sobre a Renda (IR) **sempre pertencerá à União**.

3.2.1 Características ou atributos da competência tributária

Ao analisarmos a melhor doutrina e o entendimento jurisprudencial dominante, encontramos várias características aplicáveis à competência tributária, dentre as quais destacamos:

---

3. **Art. 146.** Cabe a lei complementar:
   I – dispor sobre conflitos de competência tributária entre a União, os Estados, o Distrito Federal e os Municípios.

a) **indelegabilidade**: entende-se por *indelegabilidade* a impossibilidade de os entes públicos dotados de competência tributária delegar a instituição, modificação e extinção de tributos para outras pessoas dotadas de personalidade jurídica, independentemente de serem de direito público ou privado. Por esta característica, não pode, por exemplo, uma autarquia ser dotada de competência tributária, por ser pessoa estranha àquelas determinadas na Constituição Federal para instituírem tributos, apesar de ser dotada de personalidade jurídica de direito público.

Determina o art. 7º do CTN:

> "Art. 7º. A competência tributária é indelegável, salvo as atribuições de arrecadar e fiscalizar tributos, ou de executar leis, serviços, atos ou decisões administrativas em matéria tributária, conferida por uma pessoa jurídica de direito público a outra, nos termos do § 3º do art. 18 da Constituição".

A Constituição Federal estabelece um modelo preciso de delineação das pessoas que podem instituir, modificar e extinguir tributos. Uma delegabilidade afetaria sobremaneira o texto constitucional, tornando a norma inócua. Ao se estabelecer a repartição de atribuições – dentre estas, a de criar, modificar e extinguir tributos – se elege um *modus operandi* que visa favorecer o exercício das funções estatais que mais favorecem o interesse público primário.

b) **intransferibilidade**: mesmo os entes públicos políticos dotados de competência tributária determinada pela Constituição Federal não podem transferir a instituição, modificação e extinção de tributos entre si. Em suma, aquele que possui uma competência tributária determinada na Constituição Federal deve instituir os tributos cabíveis, sem transferir tal possibilidade para nenhum outro ente, mesmo que seja dotado de competência tributária.

O disposto no art. 153, § 4º, III, da CF/88 determina:

> "Art. 153. Compete a União instituir impostos sobre:
> (...)
> § 4º O imposto previsto no inciso VI do *caput* (ITR):
> III – será fiscalizado e cobrado pelos Municípios que assim optarem, na forma da lei, desde que não implique redução de imposto ou qualquer outra forma de renúncia fiscal".

Não há no dispositivo mencionado nenhuma alteração da competência tributária ou mesmo sua transferência para outro entre – no caso, para os Municípios que realizarem esta opção. Mas se autoriza o legislador federal delegar os **poderes de fiscalização**, **lançamento** e **exigência do pagamento** do Imposto Territorial Rural – ITR (arrecadação).

A **repartição de receita tributária** do **Imposto Territorial Rural** (ITR) entre a União e os Municípios (50% da União e 50% para o Município em que situado o imóvel) fica alterada na hipótese de opção do Município pela arrecadação e fiscalização, permanecendo a municipalidade com a totalidade da arrecadação, nos termos do art. 158, II, da CF/88, *in verbis*:

> "Art. 158. Pertencem aos Municípios:
>
> II – cinquenta por cento do produto da arrecadação do imposto da União sobre a propriedade territorial rural, relativamente aos imóveis nele situados, cabendo a totalidade na hipótese da opção a que se refere o art. 153, § 4º, III".

Visando a **regulamentação** do dispositivo constitucional, tivemos a edição da **Lei 11.250/05,** permitindo o **exercício da capacidade tributária ativa pelos Municípios** através de **convênios** firmados com a União por intermédio da Secretaria da Receita Federal do Brasil. Ademais, a IN SRF 643/06 determina que a celebração do convênio entre União e Município não prejudicará a competência supletiva da Secretaria da Receita Federal do Brasil (SRF) de fiscalização, inclusive de lançamento de créditos tributários e de cobrança do ITR, tendo os Municípios que atenderem as metas de fiscalização que são estabelecidas pela SRF.

Parte da doutrina entende que, **em não havendo convênio**, a autoridade coatora no mandado de segurança é o **Delegado da Receita Federal**, sendo a **União** a Ré ou Requerida nas demais ações. No caso da **existência de convênios**, a autoridade coatora no mandado de segurança será a **autoridade municipal** responsável pelo exercício da arrecadação, com litisconsórcio da União.

A meu ver, tal situação merece ser observada não com tamanha obviedade. Isso porque, se a medida judicial ajuizada for uma **ação de repetição de indébito fiscal**, tendo por fundamento o art. 165 do CTN[4] e o **exercício da administração tributária é exercido pelo Município**, não há qualquer lógica para que a União figure no polo passivo como litisconsorte: afinal, a cobrança realizada de forma indevida foi feita pela **municipalidade** e o valor arrecadado integra os **cofres municipais**.

C) **irrenunciabilidade**: é a característica da competência tributária que impede que os entes públicos se utilizem de sua autonomia para afastar a instituição de determinados tributos. Não pode, p. ex., a União renunciar a competência fixada pela Constituição Federal para a instituição do Imposto sobre a Renda (IR), uma vez que a Constituição Federal foi expressa ao determinar que tal tributo é cabível para a União. O que pode acontecer é a chamada **renúncia de**

---

4. **Art. 165.** O sujeito passivo tem direito, independentemente de prévio protesto, à restituição total ou parcial do tributo, seja qual for a modalidade do seu pagamento, ressalvado o disposto no § 4º do artigo 162, nos seguintes casos:

I – cobrança ou pagamento espontâneo de tributo indevido ou maior que o devido em face da legislação tributária aplicável, ou da natureza ou circunstâncias materiais do fato gerador efetivamente ocorrido;

II – erro na edificação do sujeito passivo, na determinação da alíquota aplicável, no cálculo do montante do débito ou na elaboração ou conferência de qualquer documento relativo ao pagamento;

III – reforma, anulação, revogação ou rescisão de decisão condenatória.

receita tributária, onde os entes públicos renunciam à **arrecadação de receita** para conferir **benefícios fiscais** ou por **questões políticas**.

Não se pode confundir **irrenunciabilidade** com a possibilidade de **renúncia de receita tributária**.

A **renúncia de receita tributária** poderá ocorrer de duas formas: **impositiva** e **discricionária** ou **facultativa**.

RENÚNCIA DE RECEITA TRIBUTÁRIA IMPOSITIVA

A **renúncia de receita tributária impositiva** é aquela determinada pela Constituição Federal em que determinado ente federativo é **obrigado a deixar de tributar por questões políticas**.

Podemos dividir a renúncia de receita tributária impositiva da seguinte forma:

Repartição de receitas tributárias

Com o fito de manter em equilíbrio o **federalismo fiscal**, a Constituição Federal entre os artigos 157 a 162 determina a possibilidade de a União e os Estados **transferirem receitas tributárias para o Distrito Federal e os Municípios** (repartição de receita tributária direta) ou ainda **determinar a transferência de parcelas de suas receitas para fundos autorizados** (repartição de receita tributária indireta).

Devemos nos recordar, contudo, que apenas **determinados impostos** e a **CIDE-Combustível** são passíveis de repartição de receitas, não se estendendo a outras espécies tributárias.

- **Imunidades Tributárias**

Sendo uma limitação ao exercício da própria competência tributária, as imunidades figuram como verdadeiras **regras de incompetência**, limitando o exercício do poder de tributar dos entes federativos.

O ente federativo não é impedido de tributar porque deseja, mas porque a Constituição Federal impõe tal circunstância.

Exemplificando, a Municipalidade desejaria tributar de IPTU os templos de qualquer culto, mas a Constituição Federal impede tal tributação, afastando sua incidência impositivamente.

RENÚNCIA DE RECEITA TRIBUTÁRIA DISCRICIONÁRIA OU FACULTATIVA

Além das formas de renúncia de receita tributária impositiva, temos a **renúncia de receita tributária discricionária ou facultativa**. Esta deriva da **discricionariedade** que o ente federativo goza para o exercício desse direito.

Podemos identificar as seguintes formas de **renúncia de receita tributária facultativa**:

- **Faculdade de instituição de tributos**

A Constituição Federal traz no art. 145 que os entes federativos **podem instituir tributos**, existindo um verdadeiro **poder de tributar**. Assim, o ente federativo não estaria obrigado à instituição de tributo, mas teria a faculdade de fazê-lo.

Em contrapartida, a LC 101/2000, conhecida como **Lei de Responsabilidade Fiscal**, determina em seu art. 11[5] que os tributos **devem ser instituídos pelos entes federativos**, como um verdadeiro **dever de tributar**.

Reza o artigo em comento que constituem **requisitos essenciais da responsabilidade na gestão fiscal** a **instituição, previsão** e **efetiva arrecadação** de todos os tributos da competência constitucional do ente da federação. Tal situação decorre pelo fato de que, se um ente federativo tem a possibilidade da instituição de um tributo e não o faz, isso acaba por influenciar diretamente as questões orçamentárias.

Mesmo assim, o STF se inclina na dimensão constitucional conferida, determinando, assim, que os entes da federação têm a **faculdade de instituição de tributos**, como ocorre, por exemplo, com o **Imposto sobre Grandes Fortunas** (IGF), previsto no art. 153, VII, da CF/1988, mas até hoje não instituído.

- **Concessão de incentivos, subsídios e benefícios fiscais**

Estabelece o art. 150, § 6º da CF que:

> "Art. 150 (...)
>
> § 6º Qualquer subsídio ou isenção, redução de base de cálculo, concessão de crédito presumido, anistia ou remissão, relativos a impostos, taxas ou contribuições, só poderá ser concedido mediante lei específica federal, estadual ou municipal que regule exclusivamente as matérias acima enumeradas ou o correspondente tributo ou contribuição, sem prejuízo do disposto no art. 155, § 2º, XII, *g*".

Os entes federativos podem conferir **benefícios, subsídios** ou **incentivos fiscais,** desde que ocorram mediante lei específica. No entanto, toda a concessão de incentivos corresponde a uma forma de deixar de arrecadar aquela receita específica.

Pela **análise orçamentária**, toda despesa corresponde a uma **receita equivalente**, o que nos faz pensar que **toda receita existente** possui um **comprometimento com um gasto público.**

Por esta razão, a Lei de Responsabilidade Fiscal, em seu art. 14 determina que toda a **renúncia de receita**, mediante a concessão de um incentivo ou benefício de natureza tributária deverá estar acompanhada de uma **estimativa de impacto orçamentário-**

---

5. **Art. 11.** Constituem requisitos essenciais da responsabilidade na gestão fiscal a instituição, previsão e efetiva arrecadação de todos os tributos da competência constitucional do ente da Federação.

-**financeiro no exercício em que deva iniciar a sua vigência** e nos **dois seguintes**, atender ao disposto na **Lei de Diretrizes Orçamentárias** (LDO) e a pelo menos uma das seguintes condições:

I – demonstração pelo proponente de que a renúncia foi considerada na estimativa de receita da lei orçamentária e de que não afetará as metas de resultados fiscais previstas no anexo próprio da lei de diretrizes orçamentárias;

II – estar acompanhada de medidas de compensação, no período mencionado no *caput*, por meio do aumento de receita, proveniente da elevação das alíquotas, ampliação da base de cálculo, majoração ou criação de tributo ou contribuição.

Discutiu-se perante a Corte Suprema a **validade da isenção concedida pela LC 126/03 às empresas optantes do Simples Nacional** quanto ao pagamento das **contribuições instituídas pela União**, incluindo-se aquelas devidas às **entidades dos serviços sociais autônomos** (contribuições de terceiros). No julgamento da **ADI 4033/DF**, a Corte afastou a inconstitucionalidade, determinando a pertinência temática ofertada pela lei em consonância com o dispositivo constitucional.

Mediante a observância de tal preceito não poderá o Estado prever em seus Atos das Disposições Constitucionais Transitórias (ADCT) a possibilidade de qualquer benefício fiscal ante a afronta ao preceito constitucional previsto no art. 150, § 6º da CF, conforme já decidiu o STF, no julgamento da **ADI 155/SC**.

Não se pode, contudo, confundir os incentivos, subsídios e benefícios fiscais inseridos no dispositivo constitucional com outros institutos, tais como multa e juros, moratória, transação, dação em pagamento, dentre outros.

> **IMPORTANTE**
> O STF entende que o dispositivo estabelecido no art. 150, § 6º da CF não se aplica a outras figuras jurídicas ali não tratadas, tais como a moratória e o parcelamento. Assim, não há exigência de lei específica para concessão de tais institutos, observando-se as normas contidas no Código Tributário Nacional ou nas leis estaduais e municipais próprias (STF, ADI 2405/RS).

d) **incaducabilidade** (imprescritibilidade): determina que a competência tributária não prescreve por decurso de lapso temporal, ou seja, **não se perde competência tributária por decurso de tempo**. Por exemplo, a União até o dia de hoje não instituiu o Imposto sobre Grandes Fortunas (IGF), devendo sua instituição decorrer de lei complementar. O fato de a União não instituir o referido imposto até hoje **não significa a perda da competência tributária para a sua instituição**, quando melhor aprouver ao legislador.

3.2.2 Espécies de competência tributária

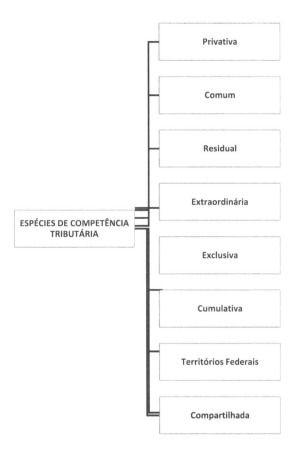

A doutrina se divide na nomenclatura de várias espécies de competência em matéria tributária. Entretanto, observando os dispositivos constitucionais, encontramos **sete espécies de competência tributária: privativa, comum, residual, extraordinária, exclusiva, cumulativa**, a exercida nos **territórios federais** e a recém-denominada **competência compartilhada**.

3.2.2.1 Competência privativa

É a competência atribuída pela Constituição Federal para instituir **impostos nominados** (impostos ordinários), ou seja, **aqueles impostos que estão previstos ordinariamente na Constituição Federal**. Nenhum outro ente político poderá instituir os impostos previstos na Constituição Federal que não sejam os mesmos ali determinados. Lembramos ainda que a estrutura jurídica destes impostos deverá estar definida em lei complementar em âmbito nacional, atualmente disposta em sua boa parte no CTN. Tal determinação vem prevista no art. 146, III, *a*, da CF/1988[6].

Entende-se pela **estrutura jurídica dos impostos** a determinação do **fato gerador**, **base de cálculo** e **contribuintes**, também denominada de **regra-matriz de incidência tributária**.

Impostos Federais	Impostos Estaduais	Impostos Municipais
Imposto sobre a Importação (II)	Imposto sobre a transmissão *causa mortis* e doações (ITCMD)	Imposto sobre a propriedade predial e territorial urbana (IPTU)
Imposto sobre a Exportação (IE)	Imposto sobre a operação de circulação de mercadorias e prestação de serviços de transporte interestadual, intermunicipal e de comunicação (ICMS)	Imposto sobre a transmissão onerosa de bens imóveis *inter vivos* (ITBI)
Imposto sobre a renda e proventos de qualquer natureza (IR)		
Imposto sobre produtos industrializados (IPI)		
Imposto sobre operações de crédito, câmbio, seguros, títulos e valores mobiliários (IOF)	Imposto sobre a propriedade de veículos automotores (IPVA)	Imposto sobre serviços de qualquer natureza (ISS)
Imposto territorial rural (ITR)		
Imposto sobre grandes fortunas (IGF)		
Imposto Seletivo (IS)		

3.2.2.2 Competência comum

É a competência que a União, os Estados, o Distrito Federal e os Municípios têm para a instituição de **taxas** e **contribuições de melhoria**.

Basta que estes entes pratiquem o fato gerador do respectivo tributo para que todos eles, indiscriminadamente, desde que atendam aos requisitos exigidos em lei, possam instituir os mesmos tributos.

---

6. **Art. 146.** Cabe à lei complementar:

   III – estabelecer normas gerais em matéria de legislação tributária, especialmente sobre:

   a) definição de tributos e de suas espécies, bem como, em relação aos impostos discriminados nesta Constituição, a dos respectivos fatos geradores, bases de cálculo e contribuintes.

A instituição desses tributos, pela regra geral, **não dará ensejo a existência de bitributação, vez que os serviços e obras que são custeados mediante tais tributos podem ser exercidos em quaisquer esferas de governo**. Exemplificando, o exercício regular do poder de polícia pode se dar no âmbito federal, estadual, distrital ou municipal, ensejando, para tanto, a possibilidade de instituição de uma taxa de polícia por todos esses entes federativos sem que se incorra, em tese, a existência de bitributação.

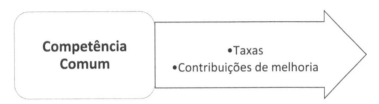

3.2.2.3 Competência residual

Esta competência pertence **apenas à União**, autorizando a instituição de outros impostos não previstos na Constituição Federal, desde que mediante a observância de requisitos constitucionais estabelecidos no art. 154, I[7].

Tais requisitos, de forma cumulativa, são:

- Instituição mediante **lei complementar**;
- Que tais impostos sejam **não cumulativos**; e
- Que tenham o **fato gerador** e a **base de cálculo** diferente de todos os impostos já previstos na Constituição Federal.

Seria o mesmo que se afirmar a possibilidade de a União instituir **novos impostos**, dentro dos limites constitucionalmente previstos.

Tal competência também é estendida nos casos de **outras contribuições sociais não previstas na Constituição Federal, com a intenção da expansão da seguridade social**, conforme determina o art. 195, § 4º, da CF/1988[8], devendo obedecer aos mesmos parâmetros do art. 154, I, da CF.

O STF manifestou entendimento no sentido de que as contribuições sociais residuais necessitam ter o **fato gerador** e a **base de cálculo** diferente das **contribuições**

---

7. **Art. 154.** A União poderá instituir:
   I – mediante lei complementar, impostos não previstos no artigo anterior, desde que sejam não cumulativos e não tenham fato gerador ou base de cálculo próprios dos discriminados nesta Constituição.
8. **Art. 195.** A seguridade social será financiada por toda a sociedade, de forma direta e indireta, nos termos da lei, mediante recursos provenientes dos orçamentos da União, dos Estados, do Distrito Federal e dos Municípios, e das seguintes contribuições sociais:
   § 4º A lei poderá instituir outras fontes destinadas a garantir a manutenção ou expansão da seguridade social, obedecido o disposto no art. 154, I.

sociais já existentes, e não dos impostos. Portanto, **as contribuições sociais podem adotar fato gerador e base de cálculo próprios de impostos**.

Vale a pena ressaltar que **não apenas as contribuições sociais residuais** podem adotar o **mesmo fato gerador e base de cálculo dos impostos**, mas **qualquer espécie de contribuição social**, podendo se considerar um *bis in idem* legítimo em determinados casos. É o que vemos no caso do **Imposto de Renda da Pessoa Jurídica (IRPJ)** e da **Contribuição Social sobre Lucro Líquido (CSLL)** que adotam o mesmo fato gerador sem que haja ofensa direta à Constituição Federal.

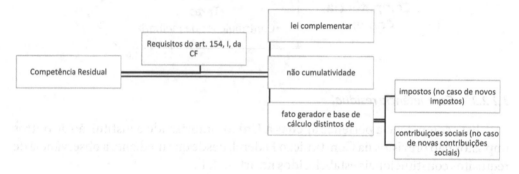

3.2.2.4 Competência extraordinária

Passa a ser a competência da **União** para instituição de tributos em **situações excepcionais**, em que se comprove a **inexistência de recursos financeiros para fazer frente a gastos públicos imprevisíveis**, tais como nos casos de guerra, calamidade pública etc. Neste caso, a União poderá instituir dois tributos distintos:

a) Empréstimos Compulsórios

A União poderá instituir **empréstimos compulsórios** mediante **lei complementar** para atendimento do custeio de despesas com **calamidade pública, guerra externa** ou **iminência** (empréstimo compulsório emergencial) ou para situações de **investimento público de caráter urgente ou relevante interesse nacional** (empréstimo compulsório de investimento), nos termos do art. 148 da CF[9].

---

9. **Art. 148.** Art. 148. A União, mediante lei complementar, poderá instituir empréstimos compulsórios:
   I – para atender a despesas extraordinárias, decorrentes de calamidade pública, de guerra externa ou sua iminência;
   II – no caso de investimento público de caráter urgente e de relevante interesse nacional, observado o disposto no art. 150, III, "b".

b) Imposto Extraordinário de Guerra (IEG)

Instituídos pela União, **independentemente de lei complementar**, nos casos de guerra externa e sua iminência, nos termos do art. 154, II, da CF/1988[10].

A situação que enseja dúvida quanto ao fato gerador de um e de outro tributo – empréstimo compulsório emergencial e imposto extraordinário – será demonstrada mais à frente, quando da tratativa dos tributos e espécies tributárias.

> **IMPORTANTE**
> Enquanto o empréstimo compulsório dependerá exclusivamente de lei complementar para a sua instituição, o imposto extraordinário de guerra poderá ser instituído mediante lei ordinária ou até mesmo medida provisória, vez que não há exigência de lei complementar para a sua instituição.

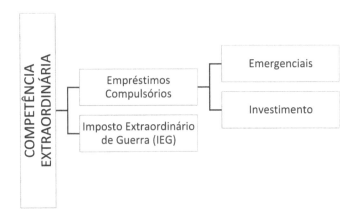

3.2.2.5 Competência exclusiva

Tal competência pertence, **em regra**, à **União**, para a instituição das denominadas **contribuições especiais**. Essas contribuições encontram previsão nos arts. 149, 195, 212, 239 e 240 da Constituição Federal[11], sendo de competência exclusiva da União as seguintes contribuições especiais:

---

10. **Art. 154.** A União poderá instituir:
    II – na iminência ou no caso de guerra externa, impostos extraordinários, compreendidos ou não em sua competência tributária, os quais serão suprimidos, gradativamente, cessadas as causas de sua criação.
11. **Art. 149.** Compete exclusivamente à União instituir contribuições sociais, de intervenção no domínio econômico e de interesse das categorias profissionais ou econômicas, como instrumento de sua atuação nas respectivas áreas, observado o disposto nos arts. 146, III, e 150, I e III, e sem prejuízo do previsto no art. 195, § 6º, relativamente às contribuições a que alude o dispositivo.
    Art. 195. A seguridade social será financiada por toda a sociedade, de forma direta e indireta, nos termos da lei, mediante recursos provenientes dos orçamentos da União, dos Estados, do Distrito Federal e dos Municípios, e das seguintes contribuições sociais:

a) Contribuições sobre a Intervenção no Domínio Econômico (CIDE)

b) Contribuições de Interesse das Categorias Profissionais ou Econômicas (Corporativas)

c) Contribuições Sociais (gerais e específicas)

Essa competência não é, de todo, **exclusiva**, pois utilizando-nos do sentido *lato* da expressão, tal competência não poderia ser, de modo algum, repassada a outros entes públicos, que não seja a própria União.

Porém, temos **duas situações excepcionais** em que existe a possibilidade de outros entes federativos instituírem **contribuições especiais que não seja a União**: aquelas previstas nos arts. 149-A e 149, § 1º, da CF. Assim, temos:

a) Contribuição para o custeio e expansão do serviço de iluminação pública (COSIP): tal contribuição prevista no art. 149-A da CF[12] permite que o DF e os Municípios possam instituí-la; e

b) Contribuição para o custeio do regime previdenciário dos servidores estaduais, distritais e municipais: prevista no art. 149, § 1º da CF[13], autoriza que os Estados, DF e Municípios possam instituir uma **contribuição previdenciária** para atendimento do **regime próprio de servidores**.

Art. 212. A União aplicará, anualmente, nunca menos de dezoito, e os Estados, o Distrito Federal e os Municípios vinte e cinco por cento, no mínimo, da receita resultante de impostos, compreendida a proveniente de transferências, na manutenção e desenvolvimento do ensino.

Art. 239. A arrecadação decorrente das contribuições para o Programa de Integração Social, criado pela Lei Complementar 7, de 7 de setembro de 1970, e para o Programa de Formação do Patrimônio do Servidor Público, criado pela Lei Complementar 8, de 3 de dezembro de 1970, passa, a partir da promulgação desta Constituição, a financiar, nos termos que a lei dispuser, o programa do seguro-desemprego, outras ações da previdência social e o abono de que trata o § 3º deste artigo.

Art. 240. Ficam ressalvadas do disposto no art. 195 as atuais contribuições compulsórias dos empregadores sobre a folha de salários, destinadas às entidades privadas de serviço social e de formação profissional vinculadas ao sistema sindical.

12. **Art. 149-A.** Os Municípios e o Distrito Federal poderão instituir contribuição, na forma das respectivas leis, para o custeio, a expansão e a melhoria do serviço de iluminação pública e de sistemas de monitoramento para segurança e preservação de logradouros públicos, observado o disposto no art. 150, I e III. (Redação dada pela EC 132/2023).

13. **Art. 149** (...)

§ 1º A União, os Estados, o Distrito Federal e os Municípios instituirão, por meio de lei, contribuições para custeio de regime próprio de previdência social, cobradas dos servidores ativos, dos aposentados e dos pensionistas, que poderão ter alíquotas progressivas de acordo com o valor da base de contribuição ou dos proventos de aposentadoria e de pensões.

3.2.2.6 Competência cumulativa

Pertencente ao **Distrito Federal**, permite que este ente federativo possa instituir os **impostos** de competência dos **Estados** e dos **Municípios, cumulativamente**. Importa ressaltar que, apesar da instituição desses impostos, o **DF não partilha essas receitas**, permanecendo com todo o produto arrecadado, conforme estabelecem os arts. 155[14] e 147[15], ambos da CF/1988.

---

§ 1º-A Quando houver deficit atuarial, a contribuição ordinária dos aposentados e pensionistas poderá incidir sobre o valor dos proventos de aposentadoria e de pensões que supere o salário mínimo. (Incluído pela EC 103/2019)

§ 1º-B Demonstrada a insuficiência da medida prevista no § 1º-A para equacionar o deficit atuarial, é facultada a instituição de contribuição extraordinária, no âmbito da União, dos servidores públicos ativos, dos aposentados e dos pensionistas. (Incluído pela EC 103/2019)

§ 1º-C A contribuição extraordinária de que trata o § 1º-B deverá ser instituída simultaneamente com outras medidas para equacionamento do deficit e vigorará por período determinado, contado da data de sua instituição. (Incluído pela EC 103/2019)

14. **Art. 155.** Compete aos Estados e ao Distrito Federal instituir impostos sobre:
15. **Art. 147.** Competem à União, em Território Federal, os impostos estaduais e, se o Território não for dividido em Municípios, cumulativamente, os impostos municipais; ao Distrito Federal cabem os impostos municipais.

3.2.2.7 Competência nos territórios federais

Os **territórios federais** são unidades políticas vinculadas diretamente à União. Atualmente, **inexistem no Brasil territórios federais**, sendo que os últimos territórios existentes (Roraima e Amapá) foram transformados em Estados Federados. Já o Território de Fernando de Noronha foi reincorporado ao Estado do Pernambuco, nos termos dos arts. 14 e 15 do ADCT[16].

Nos termos do art. 18, § 2º da CF:

> "Art. 18. A organização político-administrativa da República Federativa do Brasil compreende a União, os Estados, o Distrito Federal e os Municípios, todos autônomos, os termos dessa Constituição.
>
> § 2º Os Territórios Federais integram a União, e sua criação, transformação em Estado ou reintegração ao Estado de origem serão reguladas em lei complementar".

Segundo o entendimento do STF, quando do julgamento da **Ação Originária** (AO) **97**, em sede cautelar, o aperfeiçoamento da conversão de um Território Federal em Estado membro, na plenitude do seu status constitucional, **não é um fato instantâneo** – *unico actu perf iciuntur*: é o resultado de um processo mais ou menos complexo, que se inicia com o **ato de criação**, mas somente se exaure quando o novo Estado puder exercer por órgãos próprios a plenitude dos poderes que lhe confere a Constituição da República, no que se traduz a plena e efetiva assunção de sua autonomia.

Atualmente o Brasil não dispõe de nenhum território federal, **o que não significa uma vedação à sua existência**. No caso da **existência de territórios federais**, a competência para a instituição de **impostos estaduais** será da própria **União**. Nada obsta, contudo, dos Territórios Federais serem divididos em **Municípios**; se, no caso, forem divididos de tal maneira, **caberá a cada Município instituir seus próprios impostos municipais**. Porém, **caso não sejam divididos em Municípios**, compete à própria **União** a instituição dos impostos municipais, nos termos do art. 147 da CF:

> "Art. 147. Competem à União, em Território Federal, os impostos estaduais e, se o Território não for dividido em Municípios, cumulativamente, os impostos municipais; ao Distrito Federal cabem os impostos municipais".

---

16. **Art. 14.** Os Territórios Federais de Roraima e do Amapá são transformados em Estados Federados, mantidos seus atuais limites geográficos.

    Art. 15. Fica extinto o Território Federal de Fernando de Noronha, sendo sua área reincorporada ao Estado de Pernambuco.

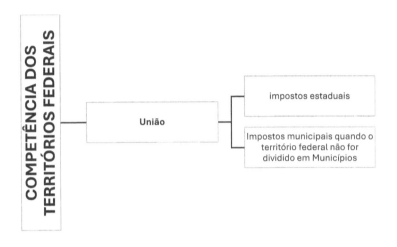

3.2.2.8 Competência compartilhada: análise crítica

Com o advento da EC 132/2023, a chamada **Reforma Tributária** trouxe uma nova nomenclatura para a atribuição da instituição do **Imposto sobre Bens e Serviços** (IBS): a **competência compartilhada**, prevista no art. 156-A da CF/1988[17].

Conforme estabelece o texto constitucional, tal imposto deverá atender ao **princípio da neutralidade** e incidirá sobre operações com bens materiais e imateriais, incluindo-se os serviços e os direitos e sobre a importação de bens através de qualquer pessoa – seja física ou jurídica – não importando a finalidade de sua destinação.

Nos termos do inciso IV[18] a legislação que deverá instituí-lo deve ser **única** e **uniforme em todo o território nacional**, tendo apenas como exclusão a fixação de **alíquotas próprias** mediante a adoção de uma **legislação específica**, no entanto, o valor final atribuído a tal alíquota será o somatório das alíquotas do Estado e do Município de destino da operação.

Trata-se da adoção de uma **lei complementar em âmbito nacional** e, portanto, não será instituída por Estados e Municípios, mas pela **União**. Aos Estados e aos Mu-

---

17. Lei complementar instituirá imposto sobre bens e serviços de competência compartilhada entre Estados, Distrito Federal e Municípios. (Incluído pela EC 132/2023).
18. Art. 156-A (...)
    IV – terá legislação única e uniforme em todo o território nacional, ressalvado o disposto no inciso V; (Incluído pela EC 132/2023)
    V – cada ente federativo fixará sua alíquota própria por lei específica; (Incluído pela EC 132/2023)
    VI – a alíquota fixada pelo ente federativo na forma do inciso V será a mesma para todas as operações com bens materiais ou imateriais, inclusive direitos, ou com serviços, ressalvadas as hipóteses previstas nesta Constituição; (Incluído pela EC 132/2023)
    VII – será cobrado pelo somatório das alíquotas do Estado e do Município de destino da operação; (Incluído pela EC 132/2023)

nicípios caberá a fixação de **alíquotas**, não podendo exercer qualquer outra forma de suplementação legislativa.

É possível atribuir que a fixação de alíquotas por lei específica estadual e municipal se configura, verdadeiramente, como **competência tributária compartilhada?**

Ora, se a competência tributária propriamente dita diz respeito a possibilidade de um ente federativo **instituir, modificar** e **extinguir tributos**, a fixação de alíquotas não nos parece um caso de **competência compartilhada**, visto que limita, inclusive, os Estados e Municípios, de concederem qualquer forma de incentivos e benefícios financeiros e fiscais[19].

O que temos, em verdade, é uma forma de **compartilhamento de receita tributária** entre os Estados e Municípios, vez que tais entes **não poderão legislar sobre o IBS**, cabendo tão somente a fixação de alíquotas que serão somadas para formação de uma alíquota de referência, que será revisada a cada 5 (cinco) anos para fins de determinação de sua calibragem.

Nos parece que o legislador, ante a ausência de uma linguagem adequada para a atribuição de uma seção própria no texto constitucional, se utilizou da expressão **competência compartilhada** para a atribuição inserida no art. 156-A da CF/1988.

3.3 CAPACIDADE TRIBUTÁRIA ATIVA

Capacidade tributária ativa é a capacidade conferida a determinadas pessoas jurídicas para **arrecadação e fiscalização de tributos**. Trata-se do **exercício da administração tributária** que, em regra, será exercido por **toda pessoa jurídica de direito público**, não podendo ser exercida por pessoa jurídica de direito privado.

Mero agente arrecadador não significa o exercício da capacidade tributária ativa, pois as funções inerentes ao lançamento do tributo e sua consequente cobrança somente poderão ser exercidas por pessoas jurídicas de direito público.

Muito se discute acerca de **determinados serviços sociais autônomos** exercerem a **capacidade tributária ativa de suas contribuições de natureza econômica**, sendo demonstrada a **diferença de mera função arrecadatória e exercício da administração tributária**. Ou seja: se temos um serviço social autônomo (p. ex. SESC, SESI, SENAI, dentre outros), tal entidade é dotada de personalidade jurídica de direito privado, não podendo exercer a administração tributária, vez que essa é conferida apenas a pessoas jurídicas de direito público. Mesmo que tais entidades do terceiro setor possam exercer

---

19. **Art. 156-A** (...)

X – não será objeto de concessão de incentivos e benefícios financeiros ou fiscais relativos ao imposto ou de regimes específicos, diferenciados ou favorecidos de tributação, excetuadas as hipóteses previstas nesta Constituição; (Incluído pela EC 132/2023)

3 • COMPETÊNCIA TRIBUTÁRIA E CAPACIDADE TRIBUTÁRIA ATIVA **135**

a arrecadação, o lançamento do tributo e sua respectiva cobrança serão realizados pelo ente federativo dotado de competência tributária.

Estabelece o art. 7º, § 3º do CTN:

> "Art. 7º (...)
>
> § 2º Não constitui delegação de competência o cometimento, a pessoas de direito privado, do encargo ou da função de arrecadar tributos".

IMPORTANTE

O exercício da administração tributária compreende as funções de arrecadação e fiscalização de tributos, inclusive com o lançamento do respectivo tributo e a continuidade de sua cobrança. Não se trata de mera arrecadação.

3.3.1 Atributos da capacidade tributária ativa

Dentre as principais características ou atributos da capacidade tributária ativa, podemos citar as seguintes:

a) Delegabilidade

A competência tributária, conforme vimos, é indelegável. No entanto, a **capacidade de arrecadação e fiscalização de tributos pode ser delegada a outras pessoas jurídicas de direito público**. Assim, a capacidade tributária ativa dos entes políticos pode ser delegada às **autarquias** e às **fundações públicas**. Veja que, do mesmo modo que a própria Constituição Federal outorga a competência para as entidades federativas, estas no âmbito de suas atribuições, podem delegar a capacidade para outras entidades de direito público.

Como fundamento legal, temos a determinação do art. 7º do CTN, que diz:

> "Art. 7º A competência tributária é indelegável, salvo a atribuição das funções de arrecadar ou fiscalizar tributos, ou de executar leis, serviços, atos ou decisões administrativas em matéria tributária, conferida por uma pessoa jurídica de direito público a outra, nos termos do § 3º do art. 18 da CF/1988."

b) Transferibilidade

A competência tributária é intransferível, no entanto, a capacidade tributária ativa poderá ser transferida **entre os próprios entes dotados de competência tributária**, desde que haja, para tanto, **autorização expressa na Constituição Federal**.

Temos uma autorização expressa na Constituição Federal, quando do advento da EC 42/2003, que insere o inciso III no § 4º do art. 153 da CF[20], possibilitando que os

---

20. **Art. 153.** Compete à União instituir impostos sobre:

§ 4º O imposto previsto no inciso VI do *caput*:

Municípios que assim optarem, na forma da lei, realizar a arrecadação e a fiscalização do Imposto Territorial Rural (ITR), desde que **não haja implicação na redução do imposto ou qualquer outra forma de renúncia fiscal**.

Percebe-se, claramente, que o **Município não está**, de maneira nenhuma, **exercendo a competência tributária do Imposto Territorial Rural** (ITR), sendo este imposto de **competência federal**. Apenas aqueles Municípios que resolverem, por opção, realizar a arrecadação e a fiscalização desse tributo, poderão fazê-lo, **permanecendo, ainda, com a totalidade do produto da arrecadação**.

A **repartição de receita tributária do Imposto Territorial Rural** (ITR) entre a União e o Município (50% para a União e 50% para o Município em que se situar o imóvel) fica alterada na hipótese de o **Município optar pela referida fiscalização**, conforme colocado anteriormente.

Vejamos o que dispõe o art. 158, II, da CF:

> "Art. 158. Pertencem aos Municípios:
>
> (...)
>
> II – cinquenta por cento do produto da arrecadação do imposto da União sobre a propriedade territorial rural, relativamente aos imóveis nele situados, **cabendo a totalidade na hipótese da opção a que se refere o art. 153, § 4º, III**"(grifo nosso).

A **Lei 11.250/2005** veio para regulamentar tal transmissão de capacidade tributária ativa entre os Municípios e a União, em se tratando do Imposto Territorial Rural (ITR), mediante formalização **mediante convênio firmado entre os Municípios e a Secretaria da Receita Federal do Brasil** (SRFB). A **celebração do convênio** não prejudicará a competência supletiva da Secretaria da Receita Federal no que diz respeito à fiscalização, inclusive de lançamentos de créditos tributários e cobrança do Imposto Territorial Rural (ITR).

A regulamentação da transferência de capacidade da União para os Municípios está no Decreto 6.433/2008, instituindo um **Comitê Gestor do Imposto sobre a Propriedade Territorial Rural (CGITR)**, com a atribuição de dispor sobre as matérias relativas à opção dos Municípios e pelo Distrito Federal para fins de fiscalização, inclusive a de lançamento de créditos tributários.

A CGITR será composta de **três representantes da Administração Tributária Federal** e de **três representantes de Municípios e Distrito Federal**, tendo por objetivos (art. 3º, I a III):

I – convocar e presidir as reuniões;

II – coordenar e supervisionar os trabalhos; e

III – emitir voto de qualidade em caso de empate.

III – será fiscalizado e cobrado pelos Municípios que assim optarem, na forma da lei, desde que não implique redução do imposto ou qualquer outra forma de renúncia fiscal.

A **União permanece na condição de sujeito ativo** e que delega apenas a **realização da arrecadação e fiscalização**, a ser realizada em conformidade com as determinações constitucionais e legais.

c) Precariedade

Como vimos, a **capacidade tributária ativa pode ser delegada pelas pessoas jurídicas de direito público interno dotadas de competência legislativa plena** (União, Estados, DF e Municípios).

Ao delegar tal capacidade, devemos entender que **esta não gera para as autarquias e fundações públicas o direito adquirido em continuar a arrecadação sempre que desejarem**. Devemos compreender que o verdadeiro direito consignado constitucionalmente para a arrecadação e fiscalização de tributos pertence aos entes federados. Apenas por uma facilidade organizacional administrativa, a CF/1988 permite que haja descentralização da arrecadação a qualquer tempo, dentro dos limites da lei.

Do mesmo modo que se pode descentralizar a possibilidade de arrecadação e fiscalização de tributos, esta **poderá ser revogada a qualquer tempo pelos entes federados**, portanto, tem **caráter precário**.

O fundamento legal resta demonstrado no § 2º do art. 7º do CTN, que reza:

> "Art. 7º (...)
>
> § 2º – A atribuição pode ser revogada, a qualquer tempo, por ato unilateral da pessoa jurídica de direito público que a tenha conferido."

Temos uma questão importante no que diz respeito à transmissão de capacidade tributária ativa da União para os Municípios e Distrito Federal no caso de Imposto Territorial Rural (ITR).

A Carta Magna determina que a **totalidade do valor arrecadado pelo Município permanecerá em seus cofres**, não havendo qualquer repasse à Administração Pública Federal.

Levando em consideração que o valor não será repassado, o montante integrará o **orçamento municipal**, podendo ser utilizado, inclusive, como fonte de custeio de despesas de pessoal, uma vez que a arrecadação advinda de impostos **não possui destinação específica**, à luz do princípio da não afetação inserido no art. 167, IV, da CF[21].

Entendemos **não ser possível a precariedade aplicável a este caso**, sob pena de **afronta ao pacto federativo**, notadamente ao **federalismo fiscal**. Assim, nos casos de

---

21. **Art. 167.** São vedados:

IV – a vinculação de receita de impostos a órgão, fundo ou despesa, ressalvadas a repartição do produto da arrecadação dos impostos a que se referem os arts. 158 e 159, a destinação de recursos para as ações e serviços públicos de saúde, para manutenção e desenvolvimento do ensino e para realização de atividades da administração tributária, como determinado, respectivamente, pelos arts. 198, § 2º, 212 e 37, XXII, e a prestação de garantias às operações de crédito por antecipação de receita, previstas no art. 165, § 8º, bem como o disposto no § 4º deste artigo.

Imposto Territorial Rural (ITR), deverão os entes federativos observar o disposto no **convênio** para que se possa determinar o término da arrecadação pelos Municípios.

Assim, toda vez que se falar do atributo da **precariedade**, a **revogação unilateral da delegação se dará nos casos de autarquias e fundações públicas, mas não entre entes federativos**, mesmo porque não é o ente federativo que diretamente transfere a capacidade a outro, advindo dos limites constitucionalmente previstos.

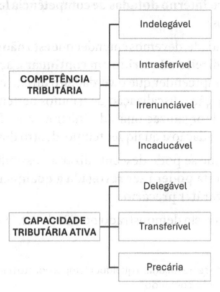

JURISPRUDÊNCIA

"O entendimento sobre a legitimidade da delegação de poderes às autarquias e empresas estatais para o exercício das funções descentralizadas consolidou-se na jurisprudência do extinto TFR e do STJ. Indelegável é o poder de tributar, isto é, de instituir impostos, taxas, contribuições e empréstimos compulsórios, reservado ao Estado pela Constituição Federal. Recurso Especial não conhecido" (**STJ, REsp 782.891/DF, 2.ª T.,** rel. Min. Peçanha Martins, mar. 1996).

• "O Poder Público, especialmente em sede de tributação, não pode agir imoderadamente, pois a atividade estatal acha-se essencialmente condicionada pelo princípio da razoabilidade, que traduz limitação material à ação normativa do Poder Legislativo. O Estado não pode legislar abusivamente. A atividade legislativa está necessariamente sujeita à rígida observância de diretriz fundamental, que, encontrando suporte teórico no princípio da proporcionalidade, veda os excessos normativos e as prescrições irrazoáveis do Poder Público. O princípio da proporcionalidade, nesse contexto, acha-se vocacionado a inibir e a neutralizar os abusos do Poder Público no exercício de suas funções, qualificando-se como parâmetro de aferição da própria constitucionalidade material dos atos estatais. A prerrogativa institucional de tributar, que o ordenamento positivo reconhece ao Estado, não lhe outorga o poder de suprimir (ou de inviabilizar) direitos de caráter fundamental constitucionalmente assegurados ao contribuinte. É que este dispõe, nos termos da própria Carta Política, de um sistema de proteção destinado a ampará-lo contra eventuais excessos cometidos pelo poder tributante ou, ainda, contra exigências irrazoáveis veiculadas em diplomas normativos editados pelo Estado" (**STF, QO no MC na ADI 2.551/MG**, Plenário, j. 02.04.2003, rel. Min. Celso de Mello, *DJ* 20.04.2006).

3 • COMPETÊNCIA TRIBUTÁRIA E CAPACIDADE TRIBUTÁRIA ATIVA

• "Todas as espécies tributárias, entre as quais as contribuições de seguridade social, estão sujeitas às normas gerais de direito tributário. O Código Tributário Nacional estabelece algumas regras matrizes de responsabilidade tributária, como a do art. 135, III, bem como diretrizes para que o legislador de cada ente político estabeleça outras regras específicas de responsabilidade tributária relativamente aos tributos da sua competência, conforme seu art. 128. O preceito do art. 124, II, no sentido de que são solidariamente obrigadas 'as pessoas expressamente designadas por lei', não autoriza o legislador a criar novos casos de responsabilidade tributária sem a observância dos requisitos exigidos pelo art. 128 do CTN, tampouco a desconsiderar as regras matrizes de responsabilidade de terceiros estabelecidas em caráter geral pelos arts. 134 e 135 do mesmo diploma. A previsão legal de solidariedade entre devedores – de modo que o pagamento efetuado por um aproveite aos demais, que a interrupção da prescrição, em favor ou contra um dos obrigados, também lhes tenha efeitos comuns e que a isenção ou remissão de crédito exonere a todos os obrigados quando não seja pessoal (art. 125 do CTN) – pressupõe que a própria condição de devedor tenha sido estabelecida validamente. A responsabilidade tributária pressupõe duas normas autônomas: a regra matriz de incidência tributária e a regra matriz de responsabilidade tributária, cada uma com seu pressuposto de fato e seus sujeitos próprios. A referência ao responsável enquanto terceiro (*dritter Persone, terzo ou tercero*) evidencia que não participa da relação contributiva, mas de uma relação específica de responsabilidade tributária, inconfundível com aquela. O 'terceiro' só pode ser chamado responsabilizado na hipótese de descumprimento de deveres próprios de colaboração para com a Administração Tributária, estabelecidos, ainda que a *contrario sensu*, na regra matriz de responsabilidade tributária, e desde que tenha contribuído para a situação de inadimplemento pelo contribuinte. O art. 135, III, do CTN responsabiliza apenas aqueles que estejam na direção, gerência ou representação da pessoa jurídica e tão somente quando pratiquem atos com excesso de poder ou infração à lei, contrato social ou estatutos. Desse modo, apenas o sócio com poderes de gestão ou representação da sociedade é que pode ser responsabilizado, o que resguarda a pessoalidade entre o ilícito (má gestão ou representação) e a consequência de ter de responder pelo tributo devido pela sociedade. O art. 13 da Lei 8.620/1993 não se limitou a repetir ou detalhar a regra de responsabilidade constante do art. 135 do CTN, tampouco cuidou de uma nova hipótese específica e distinta. Ao vincular à simples condição de sócio a obrigação de responder solidariamente pelos débitos da sociedade limitada perante a Seguridade Social, tratou a mesma situação genérica regulada pelo art. 135, III, do CTN, mas de modo diverso, incorrendo em inconstitucionalidade por violação ao art. 146, III, da CF/1988" (**STF, RE 562.276**, Plenário, j. 03.11.2010, rel. Min. Ellen Gracie, *DJE* 10.02.2011, com repercussão geral).
• "O Poder Público, especialmente em sede de tributação, não pode agir imoderadamente, pois a atividade estatal acha-se essencialmente condicionada pelo princípio da razoabilidade, que traduz limitação material à ação normativa do Poder Legislativo. O Estado não pode legislar abusivamente. A atividade legislativa está necessariamente sujeita à rígida observância de diretriz fundamental, que, encontrando suporte teórico no princípio da proporcionalidade, veda os excessos normativos e as prescrições irrazoáveis do Poder Público. O princípio da proporcionalidade, nesse contexto, acha-se vocacionado a inibir e a neutralizar os abusos do Poder Público no exercício de suas funções, qualificando-se como parâmetro de aferição da própria constitucionalidade material dos atos estatais. A prerrogativa institucional de tributar, que o ordenamento positivo reconhece ao Estado, não lhe outorga o poder de suprimir (ou de inviabilizar) direitos de caráter fundamental constitucionalmente assegurados ao contribuinte. É que este dispõe, nos termos da própria Carta Política, de um sistema de proteção destinado a ampará-lo contra eventuais excessos cometidos pelo poder tributante ou, ainda, contra exigências irrazoáveis veiculadas em diplomas normativos editados pelo Estado" (**STF, ADI 2.551-MC-QO**, Plenário, j. 02.04.2003, rel. Min. Celso de Mello, *DJ* 20.04.2006).
• "Os tributos, nas suas diversas espécies, compõem o Sistema Constitucional Tributário brasileiro, que a Constituição inscreve nos seus arts. 145 a 162. Tributo, sabemos todos, encontra definição no art. 3º do CTN, definição que se resume, em termos jurídicos, no constituir ele uma obrigação que a lei impõe às pessoas, de entrega de uma certa importância em dinheiro ao Estado. As obrigações são voluntárias ou legais. As primeiras decorrem da vontade das partes, assim, do contrato; as legais resultam da lei, por isso são denominadas obrigações *ex lege* e podem ser encontradas tanto no direito público quanto no direito privado.

A obrigação tributária, obrigação *ex lege*, a mais importante do direito público, 'nasce de um fato qualquer da vida concreta, que antes havia sido qualificado pela lei como apto a determinar o seu nascimento.' (Geraldo Ataliba, '*Hermenêutica e Sistema Constitucional Tributário*', '*Diritto e pratica tributaria*', volume L, Padova, Cedam, 1979). As diversas espécies tributárias, determinadas pela hipótese de incidência ou pelo fato gerador da respectiva obrigação (CTN, art. 4º), são a) os impostos (CF/1988, art. 145, I, arts. 153, 154, 155 e 156), b) as taxas (CF/1988, art. 145, II), c) as contribuições, que são c.1) de melhoria (CF/1988, art. 145, III), c.2) sociais (CF, art. 149), que, por sua vez, podem ser c.2.1) de seguridade social (CF, art. 195, CF/1988, 195, § 4º) e c.2.2) salário educação (CF/1988, art. 212, § 5º) e c.3) especiais: c.3.1.) de intervenção no domínio econômico (CF/1988, art. 149) e c.3.2) de interesse de categorias profissionais ou econômicas (CF/1988, art. 149). Constituem, ainda, espécie tributária, d) os empréstimos compulsórios (CF/1988, art. 148)" (**STF, ADI 447**, Plenário, j. 05.06.1991, rel. Min. Octavio Gallotti, voto do Min. Carlos Velloso, *DJ* 05.03.1993)

4
LIMITAÇÕES CONSTITUCIONAIS AO PODER DE TRIBUTAR

Como já estudado, a **competência tributária** é aquela deferida pela Constituição Federal com a finalidade de **instituição**, **modificação** e **extinção de tributos**, sendo exercida por aqueles dotados com **competência legislativa plena**. Trata-se do **exercício do poder de tributar** dos entes públicos políticos.

Este **poder não é absoluto**, pois a própria Constituição Federal teve o cuidado de limitar o poder de tributar dos entes que podem exercer a competência tributária, com o fito de evitar possíveis abusos perpetrados pelo Estado.

Conforme ensina Luciano Amaro, a **principal função das limitações** é **demarcar**, **delimitar**, **fixar as fronteiras** ou **limites do próprio exercício do poder de tributar**. São instrumentos demarcadores da competência tributária dos entes políticos no sentido de que concorrem para fixar o que pode ser tributado e como pode sê-lo, não devendo, portanto, ser encaradas como meros obstáculos ou vedações ao exercício da competência tributária.

Segundo entendimento esposado pela nossa majoritária jurisprudência, as limitações ao poder de tributar figuram como verdadeiras **garantias fundamentais do cidadão contribuinte**. Temos ainda o entendimento de que as limitações constitucionais ao poder de tributar não limitam o poder de tributar propriamente dito, mas delimitam os contornos da competência tributária.

Todas as limitações constitucionais ao poder de tributar somente podem ser **reguladas por meio de lei complementar**, conforme dispõe o art. 146, II, da CF/1988. Reza o dispositivo constitucional:

> "Art. 146. Cabe a lei complementar:
> (...)
> II – regular as limitações constitucionais ao poder de tributar".

Assim, qualquer limitação constitucional ao poder de tributar somente poderá ser regulamentada através de lei complementar em âmbito nacional.

4.1 EFICÁCIA E APLICABILIDADE DAS NORMAS CONSTITUCIONAIS LIMITADORAS DO PODER DE TRIBUTAR

A Constituição Federal traz um capítulo próprio sobre as limitações ao poder de tributar, a partir do art. 150 da CF/1988[1]. Tais limitações não podem ser suscetíveis de supressão por emendas constitucionais por se tratar de **cláusulas pétreas**, uma vez que resguardam diretamente a segurança jurídica do contribuinte, enquadradas no art. 60, § 4º, IV do texto constitucional[2] como **direitos e garantias individuais do contribuinte**.

Como tais normas limitadoras do poder de tributar conferem garantias fundamentais do cidadão contribuinte e estão espalhadas por todo o texto constitucional – e não apenas nos arts. 150 a 152 da CF/1988 – resta à análise da eficácia e aplicabilidade de tais normas constitucionais.

A **aplicabilidade** de uma norma significa a possibilidade de sua aplicação mediante preenchimento de determinadas condições. Para tanto, a norma deverá estar em vigor, estar em consonância e conformidade com o sistema constitucional e ter a capacidade de produzir regulares efeitos jurídicos. Assim, a aplicabilidade acaba por depender da eficácia jurídica da norma, pois não há possibilidade de aplicar uma norma que não goza de aptidão para produção de regulares efeitos jurídicos.

Conforme ensina Michel Temer, a **eficácia jurídica se diferencia da eficácia social**. A **eficácia jurídica** é entendida como aptidão de uma norma para produção de seus efeitos em **situações concretas**. Levando o argumento em consideração, todas as normas constitucionais teriam eficácia jurídica, variando-se o grau de sua aplicabilidade. A denominada **eficácia social** é a efetividade, ou seja, a produção concreta dos efeitos jurídicos.

Uma norma **pode ter eficácia jurídica sem ter eficácia social**, ou seja, ter **aplicabilidade sem ser socialmente eficaz**.

Á luz da classificação adotada pelo Professor José Afonso da Silva, temos a seguinte divisão:

---

1. **Art. 150.** Sem prejuízo de outras garantias asseguradas ao contribuinte, é vedado à União, aos Estados, ao Distrito Federal e aos Municípios:
2. **Art. 60.** A Constituição poderá ser emendada mediante proposta (...)
   § 4º Não será objeto de deliberação a proposta de emenda tendente a abolir:
   IV – os direitos e garantias individuais.

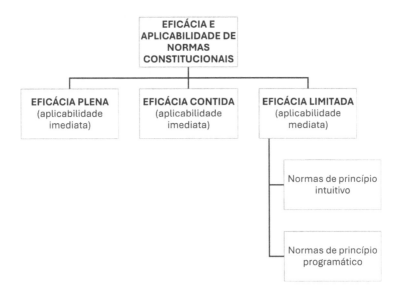

As **normas constitucionais de eficácia plena** são aquelas que, desde a entrada em vigor da Constituição Federal, produzem ou estar aptas à produção de seus regulares efeitos, sem qualquer dependência de regulamentação. Por mais que a Constituição Federal apresente uma tendência de determinar a complementação da maioria de seus dispositivos, tais normas operam de forma integral, tendo aplicabilidade imediata e direta.

As **normas constitucionais de eficácia contida** são aquelas em que o legislador constituinte regulou suficientemente os interesses relativos à determinada matéria deixando, entretanto, uma margem de atuação restritiva por parte da competência discricionária do poder público, dependendo de uma regulamentação infraconstitucional para contenção de determinados efeitos. Há de se ressaltar, porém, que caso não haja a regulamentação infraconstitucional, a aplicabilidade normativa será **integral**.

As **normas constitucionais de eficácia limitada** são aquelas que dependem integralmente de regulamentação infraconstitucional para sua integral aplicabilidade. Gozam de aplicabilidade mediata, indireta, reduzida, uma vez que incidem totalmente sobre esses interesses, após normatividade ulterior que lhes desenvolva aplicabilidade.

Tais normas possuem duas subespécies: **normas de princípio institutivo** (organizatório) e **normas de princípio programático**.

As denominadas **normas de princípio institutivo** dependem de lei para organizar ou dar estrutura a entidades, órgãos ou instituições previstas na Constituição Federal. Tais normas possuem **conteúdo organizatório e regulatório**, indicando que uma legislação futura deverá conferir eficácia e aplicação efetiva ao dispositivo constitucional. São **normas dotadas de pouca eficácia**, uma vez que **não trazem nenhuma sanção específica** caso o legislador deixe de regulamentá-las.

Já as **normas de princípio programático** são aquelas em que o legislador **não regula direta ou indiretamente um interesse**, mas indica princípios que o Estado deve adotar como fim. **Acabam por impor ao Estado uma obrigação**, mas **não apontam como os resultados deverão ser atingidos**. Se eu digo, p.ex., que todos têm direito à saúde, não existe uma determinação de como o Estado deverá ou poderá alcançar tal resultado.

Em matéria tributária, as limitações constitucionais ao poder de tributar foram classificadas pelo STF como **direitos fundamentais do contribuinte**. Observando o disposto no art. 5º, § 1º do texto constitucional, temos:

> "Art. 5º Todos são iguais perante a lei, sem distinção de qualquer natureza, garantindo-se aos brasileiros e estrangeiros residentes no país a inviolabilidade do direito à vida, à liberdade, à igualdade, à segurança e à propriedade, nos termos seguintes:
>
> (...)
>
> § 1º As normas definidoras dos direitos e garantias fundamentais **têm aplicação imediata.**"

Ora, se os **direitos e garantias fundamentais gozam de aplicabilidade imediata**, por uma interpretação lógica, as **normas limitadoras do poder de tributar também**, o que já afasta a possibilidade de uma **eficácia limitada**, vez que esta goza de **aplicabilidade mediata**.

Pode-se afirmar que as normas limitadoras do poder de tributar gozam de ambas as eficácias. Haverá limitações ao poder de tributar cuja **eficácia** será **plena**, como ocorre com o **princípio da anterioridade tributária**, insculpido no art. 150, III, *b* e *c*, da CF/88, assim como temos limitações dotadas de eficácia contida, como ocorre na **imunidade tributária genérica subjetiva**, estabelecida no art. 150, VI, *c*, da CF/88[3].

Existem doutrinadores, contudo, que afirmam existirem **limitações constitucionais** dotadas de **eficácia limitada**, desde que não se encontrem entre os arts. 150 a 152 da CF/88.

Temos limitações ao poder de tributar que são **explícitas** no texto constitucional e outras que são **implícitas**, fruto da doutrina, jurisprudência e outras normas jurídicas extravagantes.

Conforme ensina Leandro Paulsen, há de se considerar que nem todas as limitações podem ser consideradas direitos e garantias individuais.

---

3. **Art. 150.** Sem prejuízo de outras garantias asseguradas ao contribuinte, é vedado à União, aos Estados, ao Distrito Federal e aos Municípios:

VI – instituir impostos sobre:

c) patrimônio, renda ou serviços dos partidos políticos, inclusive suas fundações, das entidades sindicais dos trabalhadores, das instituições de educação e de assistência social, sem fins lucrativos, atendidos os requisitos da lei;

JURISPRUDÊNCIA

"O Estado não pode legislar abusivamente, eis que todas as normas emanadas do Poder Público – tratando-se, ou não, de matéria tributária – devem ajustar-se à cláusula que consagra, em sua dimensão material, o princípio do *substantive due process of law* (art. 5º, LIV, da CF/1988). O postulado da proporcionalidade qualifica-se como parâmetro de aferição da própria constitucionalidade material dos atos estatais. Hipótese em que a legislação tributária reveste-se do necessário coeficiente de razoabilidade" (**STF, AgRg no RE 200.844/PR**, j. 25.06.2002, rel. Min. Celso de Mello, *DJ* 16.08.2002).

"O exercício do poder tributário, pelo Estado, submete-se, por inteiro, aos modelos jurídicos positivados no texto constitucional que, de modo explícito ou implícito, institui em favor dos contribuintes decisivas limitações à competência estatal para impor e exigir, coativamente, as diversas espécies tributárias existentes. Os princípios constitucionais tributários, assim, sobre representarem importante conquista político-jurídica dos contribuintes, constituem expressão fundamental dos direitos individuais outorgados aos particulares pelo ordenamento estatal. Desde que existem para impor limitações ao poder de tributar do estado, esses postulados têm por destinatário exclusivo o poder estatal, que se submete a imperatividade de suas restrições" (**STF, MC na ADI 712/DF**, j. 07.10.1992, rel. Min. Celso de Mello, *DJ* 19.02.1993).

Dividiremos nosso estudo das limitações ao poder de tributar em **limitações implícitas** e **limitações explícitas**.

4.2 LIMITAÇÕES IMPLÍCITAS AO PODER DE TRIBUTAR

É cediço que a Constituição Federal **não exaure as garantias dos contribuintes**, conforme vemos no próprio *caput* do art. 150 da Carta Maior:

> "Art. 150. **Sem prejuízo de outras garantias asseguradas ao contribuinte**, é vedado à União, aos Estados, ao Distrito Federal e aos Municípios" (grifo nosso).

As **limitações implícitas ao poder de tributar** são o fruto de uma **hermenêutica constitucional**, visto que não estão expressamente consignadas na Constituição Federal. Dentre as limitações implícitas ao poder de tributar temos a **vedação à invasão de competência tributária** e a **vedação à bitributação e ao *bis in idem***.

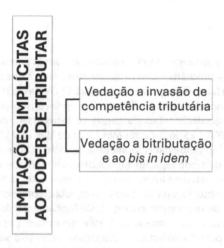

4.2.1 Vedação à invasão de competência tributária

A **competência tributária**, exaustivamente estudada, está **haurida na Constituição Federal**, não se permitindo margem para que os entes públicos possam extrapolar os seus limites constitucionais.

Uma vez que a própria Constituição Federal determinou a competência tributária dos entes públicos políticos, **estes não podem invadir a competência uns dos outros**, para cobrarem tributos ou instituírem tributos que não sejam de sua competência.

Entretanto, existem situações autorizadas pela Constituição Federal em que se autoriza a invasão de competência tributária. A primeira ocorre pela **instituição do Imposto Extraordinário de Guerra** (IEG), previsto no art. 154, II, da CF/1988, autorizando que a União possa invadir a competência dos Estados e dos Municípios para instituição do referido imposto, vez que a União poderá adotar o mesmo fato gerador e a mesma base de cálculo dos impostos já previstos no texto constitucional:

> "Art. 154. A União poderá instituir:
> II – na iminência ou no caso de guerra externa, impostos extraordinários, **compreendidos ou não em sua competência tributária**, os quais serão suprimidos, gradativamente, cessadas as causas de sua criação" (grifo nosso).

Isso significa, por exemplo, que a **União poderia instituir** um **Imposto Extraordinário de Guerra** cujo fato gerador fosse à **aquisição de propriedade em área urbana** ou ainda a **aquisição de veículo automotor**, ambos os fatos já definidos em outros impostos (IPTU – IPVA).

Outra **possibilidade de invasão de competência tributária** autorizada pela CF/88 ocorrerá nos casos de **competência tributária exercida junto aos Territórios Federais**. Os territórios são meras descentralizações administrativo-territoriais da União, nos termos do art. 18, § 2º da CF/1988[4] e não entes federativos autônomos. Eles não possuem Poder Legislativo próprio e, consequentemente, carecem de competência tributária, a qual é reservada apenas aos entes federativos.

Os Territórios Federais, diversamente do DF, podem ser **divididos em Municípios**. Atualmente, não há Territórios Federais, sendo como antigos Territórios o Amapá, Roraima e Fernando de Noronha, nos termos do arts. 14 e 15 do ADCT.

Reza o art. 147 da CF/88:

"Art. 147. Competem à União, em Território Federal, os impostos estaduais e, se o Território não for dividido em Municípios, cumulativamente os impostos municipais; ao Distrito Federal cabem os impostos municipais".

A **União** instituirá, nos **Territórios Federais**, os **impostos estaduais, invadindo o âmbito de competência dos Estados e do DF** para este fim; caso o **Território Federal não seja fracionado em Municípios**, a União também **invadirá a competência dos Municípios**, instituindo os **impostos municipais**.

Por fim, a denominada **competência tributária compartilhada**, prevista no art. 156-A da CF/1988 e já comentada, seria uma forma de invasão de competência tributária da União na instituição do **Imposto sobre Bens e Serviços**, uma vez que suprime a possibilidade dos Estados e Municípios legislarem sobre esse imposto, salvo nos casos de fixação de suas alíquotas.

4.2.2 Vedação à bitributação e ao *bis in idem*

Os institutos da **bitributação** e do *bis in idem* não se confundem, apesar de uma parte da doutrina encontrar similaridade nas expressões.

A **bitributação** significa que dois entes federativos poderiam instituir tributos sobre um mesmo fato gerador, conduta esta implicitamente rechaçada pela Constituição Federal, ante o exaurimento da competência tributária dos entes federativos.

No entanto, existe uma **situação excepcional** que autoriza a **bitributação**: quando a União instituir o **Imposto Extraordinário de Guerra** (IEG) e o **Imposto** Seletivo (IS), respectivamente[5]. No caso do IEG, uma vez que a **União pode adotar fato gerador e**

---

4. **Art. 18.** A organização político-administrativa da República Federativa do Brasil compreende a União, os Estados, o Distrito Federal e os Municípios, todos autônomos, nos termos desta Constituição.
   § 2º Os Territórios Federais integram a União, e sua criação, transformação em Estado ou reintegração ao Estado de origem serão reguladas em lei complementar.
5. **Art. 154.** A União poderá instituir (...):
   II – na iminência ou no caso de guerra externa, impostos extraordinários, compreendidos ou não em sua competência tributária, os quais serão suprimidos, gradativamente, cessadas as causas de sua criação.
   Art. 153. Compete à União instituir impostos sobre (...):
   VIII – produção, extração, comercialização ou importação de bens e serviços prejudiciais à saúde ou ao meio ambiente, nos termos de lei complementar. (Incluído pela EC 132/2023)

base de cálculo de impostos que não pertencem ao seu âmbito de competência, é possível que a conduta praticada pelo cidadão seja tributada pelo Imposto Extraordinário de Guerra (IEG) e por outro imposto estadual ou municipal. Exemplificando, se a União institui o Imposto Extraordinário de Guerra (IEG) tendo por base a **circulação de mercadorias**, quando tal conduta ocorrer a União poderá cobrar o Imposto Extraordinário de Guerra (IEG) e os Estados, o Imposto sobre a Circulação de Mercadorias e Prestação de Serviços de Transporte Interestadual, Intermunicipal e de Comunicações (ICMS), respectivamente.

De maneira mais explícita, temos o caso do **Imposto Seletivo**, no qual o legislador deixa claro que poderá adotar o mesmo fato gerador e a mesma base de cálculo de outros tributos.

Temos o *bis in idem* quando um único ente federativo instituir dois tributos sobre um mesmo fato gerador. Assim como a bitributação, tal prática passa a ser rechaçada pela Constituição Federal, ante ao exaurimento da competência tributária entre os entes federativos.

Verificamos, porém, que tal vedação passa a ser **relativa**, uma vez que passa a ser excepcionalmente possível a utilização desse instituto. A própria instituição do Imposto Extraordinário de Guerra (art. 154, II, da CF/1988) e do Imposto Seletivo (art. 153, VIII, da CF/1988) é um caso autorizativo, vez que a União pode se utilizar do seu próprio campo de competência ou da competência tributária de terceiros para a instituição desse imposto. *In casu*, se utilizar-se do âmbito de competência tributária próprio, teremos uma situação legitimada de *bis in idem*. Exemplificando, se a União institui o Imposto Extraordinário de Guerra (IEG) ou o Imposto Seletivo (IS) tendo como fato gerador uma forma de industrialização de produtos, teremos esse mesmo ente cobrando o IEG e o IS e, consequentemente, o Imposto sobre Produtos Industrializados (IPI), salvo se houver alguma espécie de benefício fiscal aplicado.

De igual modo, o **STF autoriza a possibilidade de se instituir as contribuições sociais mediante a utilização do mesmo fato gerador e base de cálculo de impostos**.

> **IMPORTANTE**
> A União poderá instituir contribuições sociais adotando o mesmo fato gerador e base de cálculo dos impostos, sendo vedada expressamente no caso das taxas, nos termos do art. 145, § 2º da CF/88.

O melhor exemplo da situação em comento ocorre no caso do **Imposto de Renda da Pessoa Jurídica (IRPJ)** e a **Contribuição Social sobre o Lucro Líquido** (CSLL). Ambos são tributos de competência da **União**, mediante a adoção de um mesmo **fato gerador**: a **obtenção de lucro**.

---

§ 6º O imposto previsto no inciso VIII do caput deste artigo: (Incluído pela EC 132/2023)

V – poderá ter o mesmo fato gerador e base de cálculo de outros tributos; (Incluído pela EC 132/2023)

A jurisprudência do STF tem entendido que o **postulado da proporcionalidade** seria uma forma de **limitação implícita ao poder de tributar**, inclusive pela lavra do Min. Celso de Mello, quando do julgamento do **RE 200.844**:

JURISPRUDÊNCIA

"O Estado não pode legislar abusivamente, eis que todas as normas emanadas do Poder Público – tratando-se, ou não, de matéria tributária – devem ajustar-se à cláusula que consagra, em sua dimensão material, o princípio do *substantive due process of law* (art. 5º, LIV). O **postulado da proporcionalidade** qualifica-se como parâmetro de aferição da própria constitucionalidade material dos atos estatais" (grifo nosso).

O próprio **princípio da segurança jurídico-tributária** vem sendo consagrado pela jurisprudência dominante como uma **limitação implícita ao poder de tributar**, derivando da cláusula do Estado de Direito. Vemos tal manifestação no julgamento do **RE 566.621**, conforme ementa abaixo:

JURISPRUDÊNCIA

"O princípio da segurança jurídica decorre implicitamente não só de sua concretização em direitos e garantias individuais expressamente contemplados no art. 5º da Constituição, como, entre vários outros, os incisos XXXV e XXXVI, mas também de outros dispositivos constitucionais e diretamente do sobreprincípio do Estado de Direito, estampado no art. 1º da Constituição, do qual se extraem, independentemente da norma expressa, garantias como a proteção da liberdade e contra a arbitrariedade, bem como o acesso ao Judiciário".

Observando-se à luz do Direito Tributário, o **princípio da segurança jurídica** constitui uma **garantia de todos os que se encontram vinculados a uma obrigação tributária**, seja na condição de **contribuinte, responsável** ou **qualquer outra espécie de vínculo**.

> **IMPORTANTE**
> Para determinados doutrinadores, o **princípio da segurança jurídica** é qualificado como **sobreprincípio**, pois diversos outros princípios constituem meras manifestações específicas e correlatas, tais como legalidade, irretroatividade tributária e anterioridade tributária.

Sabe-se, porém, que a **concretização do princípio da segurança jurídica** deriva de uma certeza. Parte da doutrina classifica como **subprincípio da certeza jurídica**.

Os aspectos fundamentais da certeza jurídica são: **estabilidade**, **clareza** e **determinação semântica do Direito**, além da **estabilidade das situações e relações jurídico-tributárias**, bem como de seus efeitos.

Diante de uma **legislação tributária complexa e efêmera**, temos normas que trazem **contradições e conceitos jurídicos indeterminados**, fazendo com que haja um prejuízo significativo à segurança jurídica. O **subprincípio da certeza jurídica** exige o **respeito ao direito adquirido**, ao **ato jurídico perfeito** e à **coisa julgada**.

4.3 LIMITAÇÕES EXPLÍCITAS AO PODER DE TRIBUTAR

As **limitações explícitas ao poder de tributar** estão consignadas expressamente na Constituição Federal, a partir do art. 150. São **direitos e garantias individuais do contribuinte** expressamente assinalados, visando evitar ou, pelo menos, **minimizar os abusos que podem ser perpetrados pelo Estado**. Dividem-se as limitações explícitas em **princípios constitucionais tributários** e **imunidades tributárias**.

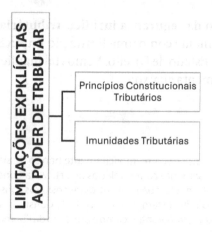

4.3.1 Principiologia constitucional tributária

Os ensinamentos do Professor Roque Carraza no estudo do Direito Constitucional Tributário são fundamentais, ainda mais quando do estudo de **princípios**. Nas colocações do eminente mestre, etimologicamente, o termo **princípio** (do latim *principium*) encerra a ideia de **começo**, de **origem**. Para Platão, foi usado no sentido de fundamento do raciocínio e para Aristóteles, como premissa maior de uma demonstração.

Didaticamente, os **princípios** são **alicerces nos quais se estruturam as normas jurídicas**, são os **mandamentos nucleares de todo um sistema**. Podemos afirmar que violar um princípio é muito mais grave que violar a própria norma.

Não importa saber se um princípio é **explícito** ou **implícito**, mas se existe ou não. Afirma-se que se encontram princípios em todo o escalonamento jurídico, seja constitucional, legal ou até mesmo, infralegal.

Para parte da doutrina, existem princípios que são utilizados em **mais de uma ciência** (**onivalentes**), sendo considerados como **princípios-valores** (ética, justiça, boa-fé), outros que são utilizados **numa mesma ciência**, porém, em **inúmeras áreas** (**plurivalentes**), tal como ocorre com o **princípio da igualdade**, ou aqueles utilizados numa **única ciência** e para uma **determinada área** (**monovalentes**), sendo aqueles que conferem a denominada **autonomia de uma ciência**, como ocorre em matéria tributária, p.ex. com o **princípio da uniformidade geográfica na tributação**.

Parte da doutrina entende que **princípios** são **regras que servem de interpretação das demais normas jurídicas**, sendo **vetores para um sistema interpretativo**.

Por terem um âmbito de validade maior, **orientam a interpretação de outras regras**, inclusive das regras constitucionais.

Assim, se uma **norma possui uma pluralidade de sentidos, prevalecerá aquela que esteja em maior conformidade com os princípios constitucionais**.

A visão mais moderna da doutrina faz distinção entre **princípios** e **normas**. Os **princípios** são considerados **proposições básicas** que condicionam todas as estruturas e institutos subsequentes de cada disciplina. Quando da existência de **conflito entre os princípios** (antinomia), eles **não são excluídos**, mas **ponderados**. Existe uma **ponderação de interesses**, mas não a sua exclusão.

No que tange as **normas**, as **situações de conflito** (antinomia) resolvem-se dou-tra maneira. Estas contêm determinações sobre situações fáticas e jurídicas possíveis, sendo operadas de maneira **disjuntiva**, isto é, o conflito entre elas é dirimido no **plano de validade**.

Para muitos juristas, no entanto, **inexiste hierarquia entre princípios e regras**, podendo qualquer um deles prevalecer, desde que haja a observância de sua aplicabilidade ao caso concreto.

IMPORTANTE

Nas palavras de Alexy, o conflito de regras se resolve na **dimensão da validade**, enquanto os princípios da **dimensão do peso**. E essa ideia de peso significa que o conflito entre princípios será resolvido tendo em vista uma **hierarquização**, não de uma forma absoluta, mas mediante a análise do caso em concreto.

Os **princípios** são **vetores fundamentais para garantia do contribuinte** em face de possíveis abusos perpetrados pelo Estado.

4.3.1.1 *Princípios do Sistema Tributário Nacional*

Embora existam discursos ideológicos contrários, a análise da realidade econômica do Brasil aponta para a **necessidade de um equilíbrio** entre a **carga tributária** e as **capacidades do Estado**.

A Constituição de 1988, com o objetivo de descentralizar as receitas tributárias, estabeleceu uma série de limitações à capacidade de reconfiguração dessa carga, sendo um dos pilares da nossa estrutura federativa. A jurisprudência mais recente do STF confirma a necessidade de um **sistema tributário eficiente**, que seja capaz de **gerar receita suficiente** para manter a **funcionalidade do Estado**, sem sobrecarregar excessivamente a sociedade.

O Supremo Tribunal Federal tem reafirmado, em diversas decisões, que a **carga tributária brasileira não pode ser excessivamente reduzida sem comprometer a execução das funções essenciais do Estado**, como a **garantia dos direitos sociais**. Tem-se o apontamento que a manutenção de um **nível mínimo de tributação** é essencial para a **promoção da justiça social**, que não pode ser alcançada apenas por reformas na estrutura de gasto público, sem considerar a capacidade tributária.

O legislador entendeu, por bem, inserir princípios que devem ser observados na funcionalidade do **Sistema Tributário Nacional** (STN), ao buscar um **modelo mais eficiente**, alinhando alguns princípios importantes para garantir que qualquer modificação não prejudique os setores mais vulneráveis da população.

A necessidade de se melhorar a **administração fiscal**, combatendo a **sonegação** e a **evasão fiscal** é fundamental através de uma **fiscalização eficiente** e a **redução da informalidade** para se garantir uma tributação realmente progressiva e justa, alinhada à capacidade contributiva dos cidadãos.

Tal medida se deve, principalmente, ao fato do Brasil se alinhar com a Organização para a Cooperação e Desenvolvimento Econômico (OCDE), que atua como um fórum onde os governos podem compartilhar experiências e buscar soluções para desafios comuns, promovendo a cooperação internacional e a troca de boas práticas.

A OCDE foi fundada em 1961, sucedendo a Organização Europeia de Cooperação Econômica (OEEC), que foi estabelecida em 1948 para coordenar o Plano Marshall de reconstrução Pós-Segunda Guerra Mundial. As nações europeias fundadoras da OEEC foram mais tarde unidas por países não europeus, resultando na formação da OCDE. A organização tem como objetivo promover políticas que buscam aumentar o crescimento econômico e a prosperidade, tanto para seus membros como para países não membros.

Ao todo, possui 38 (trinta e oito) países membros, incluindo os Estados Unidos, o Japão, a Alemanha e a França. Além disso, a organização possui uma relação próxima com vários países associados, como o Brasil, a China e a Índia, que participam de muitas atividades e fóruns da OCDE, colaborando na elaboração de políticas e análises econômicas.

Na área da economia e desenvolvimento econômico, a OCDE realiza pesquisas, produz relatórios e fornece orientação sobre uma série de questões, tais como **produtividade, competitividade, investimento em infraestrutura, políticas fiscais** e **monetárias**, e **reformas estruturais**. Além disso, a organização dedica-se a promover a cooperação internacional em matéria de políticas econômicas para alcançar um crescimento sustentável e inclusivo, bem como a redução da pobreza e desigualdade.

Justamente com o intuito do alinhamento mais adequado as evoluções sociais, nos termos do art. 145, §§ 3º e 4º da CF/1988, o legislador determina que Sistema Tributário Nacional deve observar os princípios da **simplicidade**, da **transparência**, da **justiça tributária**, da **cooperação** e da **defesa do meio ambiente**, sendo que as alterações na legislação tributária buscarão atenuar efeitos regressivos.

4.3.1.1.1 Princípio da Simplicidade

O **princípio da simplicidade tributária** refere-se à ideia de que sistemas tributários devem ser claros, acessíveis e fáceis de entender e cumprir, tanto para os contribuintes quanto para as autoridades fiscais. Esse princípio busca **reduzir** a **complexidade burocrática**, **minimizar custos administrativos** e **evitar distorções econômicas** que possam surgir de sistemas fiscais excessivamente complicados.

A importância da aplicabilidade desse princípio exerce fundamental importância na **facilidade do cumprimento das exigências administrativas**. Quando as regras são simples e bem definidas, os contribuintes têm mais facilidade para compreender e cumprir suas obrigações fiscais.

Isso faz com que haja uma **significativa redução de incentivos à sonegação**, denominada de **evasão fiscal**, pois eliminam ambiguidades que poderiam ser exploradas, melhorando a competitividade econômica, pois ambientes fiscais mais simples atraem investidores e facilitam o empreendedorismo.

Podemos adotar alguns exemplos de países que compõe a OCDE para termos uma noção exata da implementação desse princípio. Vejamos:

 ESTÔNIA

Este país implementou um **sistema de tributação eletrônica** que é amplamente digitalizado, permitindo que os contribuintes completem suas declarações fiscais em minutos. Além disso, o imposto sobre a **renda corporativa** na Estônia só é devido quando os lucros são distribuídos, simplificando a contabilidade empresarial.

 REINO UNIDO

Embora o sistema tributário britânico tenha complexidades, a introdução do *Making Tax Digital* (MTD) é uma tentativa significativa de simplificação. O MTD exige que empresas e indivíduos registrem e enviem suas informações fiscais por meio de sistemas digitais, reduzindo erros e facilitando a interação com o fisco.

 REINO UNIDO

O sistema tributário sueco é elogiado pela **transparência e acessibilidade**. Empregadores enviam automaticamente as informações fiscais dos funcionários ao governo, e a declaração de imposto de renda para indivíduos geralmente já vem pré-preenchida. Em muitos casos, os contribuintes apenas confirmam os dados sem precisar fazer ajustes.

CANADÁ

O Canadá simplifica o processo para pequenas empresas por meio do **regime de contabilidade simplificada** para o GST/HST (imposto sobre bens e serviços). Pequenas empresas podem usar métodos padronizados para calcular créditos fiscais, reduzindo a necessidade de registros detalhados.

4.3.1.1.2 Princípio da Transparência

O **princípio da transparência tributária** é um dos pilares fundamentais para a construção de um sistema fiscal eficiente, justo e confiável. Ele exige que as regras tributárias sejam claras, acessíveis e compreensíveis para os contribuintes, permitindo-lhes saber quanto pagam, por que pagam e como os recursos arrecadados são utilizados pelo Estado.

No Brasil, esse princípio é essencial para enfrentar desafios como a complexidade do sistema tributário, a falta de informação sobre a carga tributária real e a percepção de iniquidade fiscal.

Dentre os principais aspectos a serem aplicados através desse princípio, destacamos:

- **Clareza na legislação tributária**

O sistema tributário deve evitar normas ambíguas ou de difícil interpretação, que geram insegurança jurídica e aumentam os custos de conformidade para contribuintes e empresas. A elevada quantidade de normas tributárias (mais de seis milhões de alterações desde a Constituição de 1988) compromete a transparência e dificulta o entendimento pelos contribuintes.

- **Divulgação da carga tributária aplicável**

O princípio exige que os cidadãos tenham ciência do quanto pagam em tributos, seja de forma direta (como no Imposto de Renda) ou indireta (como no ICMS embutido no preço de produtos e serviços). A Lei 12.741/2012, conhecida como **Lei da Transparência Fiscal**, determina que notas fiscais indiquem o valor aproximado de tributos incidentes sobre o consumo. Embora seja um avanço, a aplicação dessa lei ainda enfrenta desafios, como a falta de uniformidade nas informações apresentadas.

- **Facilitação na prestação de contas e exercício da educação fiscal**

É essencial que o Estado informe de maneira clara e acessível como os recursos arrecadados são aplicados, promovendo a *accountability*. No Brasil, a falta de uma comunicação efetiva sobre o destino dos tributos pagos é um dos fatores que geram insatisfação entre os contribuintes.

Por outro lado, o princípio da transparência também implica capacitar os cidadãos para compreenderem o sistema tributário e sua relação com os serviços públicos. Programas de educação fiscal no Brasil, como o promovido pela Secretaria da Receita Federal, ainda têm alcance limitado.

4.3.1.1.3 *Princípio da Justiça Tributária*

Apesar da alta carga de subjetividade conceitual, pode-se afirmar que o **princípio da justiça tributária** é um dos pilares do direito tributário e tem como objetivo garantir que a tributação seja aplicada de forma justa e equilibrada, respeitando a **capacidade contributiva** dos indivíduos e promovendo a **equidade** no sistema fiscal. Este princípio está implícito na Constituição Federal brasileira e deriva de outros princípios fundamentais, como o da **igualdade**, da **capacidade contributiva** e da **progressividade tributária**.

Sem dúvida, tal princípio enfrenta vários desafios como, p.ex., a **alta regressividade do sistema tributário**, sendo que, até o momento, a maior parte da arrecadação no Brasil provém de tributos indiretos (como ICMS e ISS), que oneram proporcionalmente mais os consumidores de baixa renda.

A ineficiência no combate à sonegação e as brechas legais para a elisão reduzem a equidade do sistema, não devendo tal princípio figurar como ideal normativo, mas também uma **diretriz prática para a formulação de políticas fiscais**. Para efetivá-lo, é essencial que o sistema tributário seja estruturado de forma a **reduzir desigualdades**, respeitando a capacidade contributiva e promovendo uma redistribuição eficiente e ética dos recursos públicos.

4.3.1.1.4 *Princípio da Cooperação*

O princípio da **cooperação em matéria tributária** reflete uma abordagem moderna e colaborativa no relacionamento entre contribuintes e o Fisco. Ele está associado à busca de um sistema tributário mais eficiente, transparente e equilibrado, no qual ambas as partes – Estado e cidadãos – desempenhem papéis complementares e respeitem suas obrigações e direitos.

Embora esse princípio não esteja expressamente mencionado na CF/1988, pode ser inferido a partir de **normas que exigem um comportamento ético, leal** e **colaborativo** nas relações entre o Estado e os cidadãos. Ele deriva de conceitos como a **boa-fé**, a **moralidade administrativa** e o **devido processo legal tributário**.

Esse princípio também é inspirado por **normas de direito internacional tributário** e pela **influência de tendências globais**, como a Organização para a Cooperação e Desenvolvimento Econômico (OCDE), que promove **mecanismos de cooperação** para **evitar a evasão fiscal** e **melhorar a eficiência tributária**.

4.3.1.1.5 Princípio da Defesa do Meio Ambiente

O **princípio da defesa do meio ambiente em matéria tributária** reflete a necessidade de **alinhar o sistema tributário às preocupações ambientais**, utilizando tributos como ferramentas para promover a sustentabilidade e proteger o meio ambiente. Este princípio está vinculado ao artigo 225 da Constituição Federal[6], que estabelece o direito de todos ao meio ambiente ecologicamente equilibrado e atribui ao Estado e à coletividade o dever de defendê-lo e preservá-lo.

A existência de tal princípio se correlaciona com alguns fundamentos jurídicos importantes:

- **Função Socioambiental da Tributação**

A tributação deve ir além de arrecadar recursos; deve também **induzir comportamentos** que protejam o meio ambiente, adotando a denominada **extrafiscalidade**. Isso pode ser alcançado por meio de tributos que desencorajem práticas nocivas ou incentivem práticas sustentáveis.

- **Princípio do Poluidor-Pagador e do Protetor-Recebedor**

Quem causa danos ambientais deve arcar com os custos de reparação ou prevenção, princípio reconhecido em tratados internacionais e na legislação brasileira, incentivando comportamentos ambientalmente positivos. Por exemplo, agentes que preservam ou restauram o meio ambiente podem receber incentivos fiscais ou benefícios tributários.

- **Instituição de Tributos Ambientais**

A criação de tributos com finalidades ambientais é plenamente compatível com o ordenamento jurídico brasileiro, desde que respeite os princípios constitucionais tributários. Os tributos ambientais podem ser implementados sob diversas espécies tributárias:

I – **Impostos Ambientais**: são aqueles cuja base de cálculo está relacionada a **fatores ambientais**, como a emissão de gases poluentes ou a exploração de recursos naturais.

Exemplo: Um imposto sobre carbono (*carbon tax*), que incide sobre as emissões de dióxido de carbono, penalizando atividades poluentes.

Entretanto, no Brasil, os impostos não podem ser criados com vinculação de receita (art. 167, IV, da CF/1988[7]), ou seja, o montante arrecadado não pode ser destinado exclusivamente a fins ambientais, mas deve ingressar no orçamento geral.

---

6. **Art. 225.** Todos têm direito ao meio ambiente ecologicamente equilibrado, bem de uso comum do povo e essencial à sadia qualidade de vida, impondo-se ao Poder Público e à coletividade o dever de defendê-lo e preservá-lo para as presentes e futuras gerações.

7. **Art. 167.** São vedados (...):

IV – a vinculação de receita de impostos a órgão, fundo ou despesa, ressalvadas a repartição do produto da arrecadação dos impostos a que se referem os arts. 158 e 159, a destinação de recursos para as ações e serviços

II – Taxas Ambientais: podem ser cobradas em razão da utilização de recursos naturais ou da necessidade de fiscalização de atividades com impacto ambiental.

Exemplo: Taxas para licenciamento ambiental ou pelo uso da água em determinados sistemas de abastecimento.

III – Contribuições de Melhoria e Especiais: podem ser criadas para financiar **obras** ou **projetos** que promovam a **recuperação ambiental** ou melhorias específicas em áreas afetadas por degradação.

Exemplo: Contribuições para reflorestamento de áreas devastadas ou recuperação de bacias hidrográficas.

A criação de tributos ambientais no Brasil é não apenas possível, mas também desejável, considerando os **desafios socioambientais** enfrentados pelo país e pelo mundo. Eles são ferramentas estratégicas para promover a sustentabilidade e integrar a preservação ambiental à agenda econômica, desde que sejam estruturados com base nos princípios constitucionais tributários e respeitem os direitos dos contribuintes.

4.3.1.2 Princípios constitucionais tributários

Os **princípios constitucionais** são normas fundamentais que orientam e fundamentam o ordenamento jurídico de um país. Eles possuem caráter geral e estruturante, servindo como diretrizes para a interpretação e aplicação das leis, bem como para a formulação de políticas públicas.

Por óbvio, os **princípios** são mais **amplos** e **vagos**, exigindo **interpretação** e **ponderação** para sua aplicação em situações concretas. Quando há conflito entre princípios, eles não se excluem mutuamente. Em vez disso, são ponderados, de modo que um deles prevaleça sobre o outro em determinado caso, sem que isso implique a invalidação do princípio preterido.

Talvez seja uma das maiores distinções das denominadas **regras**. Quando duas regras entram em conflito, aplica-se o critério da **validade**, **hierarquia** ou **especialidade**. Uma regra prevalece e a outra é declarada inválida ou inaplicável no caso.

Em matéria tributária, a Constituição Federal estabeleceu uma série de **princípios monovantes**, possuindo um valor único, específico e direcionado, ou seja, orientam a atuação jurídica ou normativa em uma direção determinada, sem admitir contrapontos ou ponderações internas.

---

públicos de saúde, para manutenção e desenvolvimento do ensino e para realização de atividades da administração tributária, como determinado, respectivamente, pelos arts. 198, § 2º; 212; e 37, XXII, e a prestação de garantias às operações de crédito por antecipação de receita, previstas no art. 165, § 8º, bem como o disposto no § 4º deste artigo; (Redação dada pela EC 42/2003)

Uma vez que tais princípios possuem um valor único, são menos propensos a gerar conflitos com outros princípios. Quando há conflito, sua solução geralmente envolve critérios de **hierarquia, especialidade** ou **constitucionalidade**.

Os princípios monovalentes em matéria tributária desempenham um papel essencial na proteção de valores absolutos e fundamentais para a sociedade. Eles atuam como uma garantia ao cidadão contribuinte de que determinados valores não serão relativizados, mesmo diante de situações extremas, assegurando a proteção de direitos dos contribuintes que são considerados invioláveis.

4.3.1.2.1 *Princípio da Legalidade Tributária e Estrita Legalidade Tributária*

A Constituição Federal trata da **legalidade** de uma forma **ampla e geral** no art. 5º, II e de forma **específica** quanto aos **tributos** no art. 150, I. O art. 5º, II já seria suficiente para incorporar e dispor sobre as obrigações de natureza tributária, mas o constituinte preferiu reforçar e reafirmar de maneira categórica e enfática que os tributos devem ser sempre instituídos por lei.

Estabelece o art. 5º, II, da CF/1988:

> " Art. 5º. Todos são iguais perante a lei, sem distinção de qualquer natureza, garantindo-se aos brasileiros e estrangeiros residentes no país a inviolabilidade do direito à vida, à liberdade, à igualdade, à segurança e à propriedade, nos termos seguintes:
>
> (...)
>
> II – ninguém será obrigado a fazer ou deixar de fazer alguma coisa senão em virtude de lei".

Tal dispositivo refere-se a uma **ampla legalidade**, atuando como expressiva **limitação constitucional ao poder do Estado**, cuja competência regulamentar, por tal razão, não se reveste de suficiente idoneidade jurídica que lhe permita restringir direitos ou criar obrigações. **Nenhum ato regulamentar pode criar obrigações ou restringir direitos**, sob pena de incidir em domínio constitucionalmente reservado no âmbito de atuação material da lei em sentido formal.

Assim, a **inobservância do princípio da legalidade em seu aspecto mais amplo** pressupõe o reconhecimento de preceito de lei dispondo de determinada forma e provimento judicial em sentido diverso, ou então, a inexistência de base legal e, mesmo assim, a condenação a satisfazer o pleiteado, conforme bem asseverou o STF, no julgamento do **AI 147.203 AgR**, de relatoria do Ministro Marco Aurélio.

O disposto no art. 150, I, da CF/1988 determina a observância irrestrita à **legalidade em sentido estrito**:

> "Art. 150. Sem prejuízo de outras garantias asseguradas ao contribuinte, é vedado à União, aos Estados, ao Distrito Federal e aos Municípios:
>
> I – exigir ou aumentar tributos sem lei que o estabeleça".

Normalmente, quando o princípio da legalidade menciona "lei" quer referir-se a **todos atos normativos primários** que tenham o **mesmo nível de eficácia da lei ordinária**. Não se refere aos **atos infralegais**, uma vez que estes não podem limitar atos das pessoas, restringindo sua liberdade.

A lei não pode existir sem a concordância do Poder Legislativo, mas poderá sem a vontade concordante do Poder Executivo. Vemos isso quando o **veto presidencial** é derrubado pelo Poder Legislativo.

Pela regra geral, **o tributo deve ser instituído e majorado por meio de lei ordinária**. Isto não significa, entretanto, que outras espécies legais existentes não tenham importância em matéria tributária, conforme já estudamos na análise das fontes do Direito Tributário. Assim, temos a possibilidade de utilização de **lei complementar, lei delegada** e até mesmo a **medida provisória**.

Importante o argumento trazido pelo STF ante a **inexistência de hierarquia** entre **lei complementar** e **lei ordinária**. Temos algumas interessantes correntes que tratam desse tema.

Numa **primeira corrente**, entende-se que a Constituição Federal outorga **competência material exclusiva**, tanto a lei complementar quanto a lei ordinária, aspecto que, por si só, já **inviabilizaria a ocorrência de hierarquia entre ambas as leis**. Entre elas, teríamos uma **relação de coordenação**.

Na **segunda corrente**, entende-se que a Constituição Federal outorga a **competência material**, exclusiva, tanto a **lei complementar** quanto a **lei ordinária**, mas há hipóteses em que se estabelece, entre ambas, uma **subordinação**. Poderíamos afirmar que, a partir dessa corrente, teríamos o **princípio da hierarquia das leis.**

Na **terceira corrente** doutrinária, entende-se que a **lei complementar é sempre hierarquicamente superior a lei ordinária**, independentemente das outorgas constitucionais. Prevalece, sobremaneira, o **princípio da hierarquia das leis em sentido estrito**.

A **última corrente** encartada examina de maneira mais profunda a questão de fundo. Posiciona-se no sentido de que a Constituição Federal, no art. 59 (que trata do processo legislativo), estabelece a **hierarquia das leis primárias**. Há uma **relação de subordinação escalonada** na ordem disposta pela Constituição Federal.

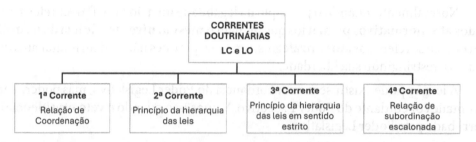

A jurisprudência do STF é clara no sentido de determinar a **inexistência de hierarquia entre lei complementar e ordinária**. Entende-se que as leis buscam um **suporte de validade** diretamente na Constituição Federal. Assim, **se a Constituição Federal não exige lei complementar, tem-se que a lei ordinária pode validamente dispor sobre a matéria**, não sendo pertinente qualquer comparação com o veículo legislativo anteriormente utilizado. Para o STF, as diferenças existem no **campo formal** e no **campo material**, mas não no **campo hierárquico**.

A Constituição Federal determinará quando o **uso de lei complementar em matéria tributária será de uso obrigatório**. Tais hipóteses, em sua grande maioria, encontram-se dispostas no art. 146 do texto constitucional.

Trata-se de uma **garantia essencial para o cidadão contribuinte** que a estrita legalidade, como inerente à obrigação tributária, implica que todos os elementos que integram a relação jurídica tributária devem estar, necessariamente, previstos em lei. Tal determinação, inclusive, gera a possibilidade de análise de um **subprincípio da legalidade**, denominado pela doutrina de **tipicidade cerrada**, que veremos a seguir.

IMPORTANTE
Pelo princípio da legalidade, não apenas todos os tributos devem ser instituídos, modificados e extintos através de lei, mas tudo o que encampa a relação jurídico-tributária, tais como a concessão de incentivos fiscais ou até mesmo a aplicação de penalidades ao contribuinte.

a) **Instituição, modificação e extinção de tributos**

Pela regra geral, os tributos estabelecidos na Constituição Federal serão criados, modificados ou extintos mediante lei, **bastando a edição de lei ordinária** para tal finalidade.

Porém, o texto constitucional determina que certos tributos somente podem ser criados mediante edição de **lei complementar**. São eles:

⇒ Imposto sobre Grandes Fortunas (IGF): art. 153, VII, da CF/1988;
⇒ Imposto Seletivo (IS): art. 153, VIII, da CF/1988;
⇒ Imposto sobre Bens e Serviços (IBS): art. 156-A da CF/1988;
⇒ Impostos Residuais: art. 154, I, da CF/19988;

⇒ Empréstimos Compulsórios: art. 148 da CF/1988;

⇒ Contribuições Sociais Residuais: art. 195, § 4º, c/c 154, I, CF/1988; e

⇒ Contribuição Social de Bens e Serviços (CBS): art. 195, V, da CF/1988.

Caso um determinado tributo seja **instituído por lei complementar sem que haja determinação constitucional**, entende o STF que se trata de uma **lei complementar** apenas em seu **sentido formal**, mas o **conteúdo** tratado nessa norma é **meramente ordinário**. Assim, se tal tributo for **criado por lei complementar sem que haja expressa determinação constitucional, poderá ser modificado ou até mesmo extinto por lei ordinária**.

Tal fato ocorreu com a instituição da **Contribuição para o Financiamento da Seguridade Social – COFINS**, através da LC 70/91. Como se trata de uma **contribuição social devida pela pessoa jurídica e incidente sobre receita e faturamento**, nos termos do art. 195, I, *b*, da CF/88[8], **não há qualquer determinação constitucional de que tal tributo deveria ser criado por lei complementar**. Assim, por mais que a formalidade de sua instituição tenha sido através de lei complementar, sua modificação e até mesmo sua extinção podem se dar através de lei ordinária. A primeira alteração que a COFINS sofreu se deu pela Lei 9.718/98, uma lei ordinária.

Tal fato foi um dos objetos de discussão permeados pela **Ação Declaratória de Constitucionalidade** (ADC) 1.

Não existe uma expressa vedação da utilização de **lei delegada** para instituição, modificação ou extinção de tributos. Sendo assim, tal fato seria, em tese, possível, nos termos do art. 68 da CF/88[9], apenas vedando-se a utilização de tal ato normativo para tratar sobre matéria que seja reservada à lei complementar.

O uso de **medida provisória** em matéria tributária sempre teve inúmeros questionamentos doutrinários, até o advento da EC 32/01, que acabou por, expressamente, autorizar o uso de medida provisória com o fito de instituir ou aumentar impostos (art. 62, § 2º da CF/1988[10]).

---

8. **Art. 195.** A seguridade social será financiada por toda a sociedade, de forma direta e indireta, nos termos da lei, mediante recursos provenientes dos orçamentos da União, dos Estados, do Distrito Federal e dos Municípios, e das seguintes contribuições sociais:

    I – do empregador, da empresa e da entidade a ela equiparada na forma da lei, incidentes sobre:

    b) a receita ou o faturamento;

9. **Art. 68.** As leis delegadas serão elaboradas pelo Presidente da República, que deverá solicitar a delegação ao Congresso Nacional.

10. **Art. 62.** Em caso de relevância e urgência, o Presidente da República poderá adotar medidas provisórias, com força de lei, devendo submetê-las de imediato ao Congresso Nacional.

    § 2º Medida provisória que implique instituição ou majoração de impostos, exceto os previstos nos arts. 153, I, II, IV, V, e 154, II, só produzirá efeitos no exercício financeiro seguinte se houver sido convertida em lei até o último dia daquele em que foi editada.

b) Concessão de incentivos, subsídios e benefícios fiscais

O art. 150, § 6º da CF/88 determina que:

> "Art. 150. (...)
>
> § 6º Qualquer subsídio ou isenção, redução da base de cálculo, concessão de crédito presumido, anistia ou remissão, relativas a impostos, taxas ou contribuições, só poderá ser concedido mediante lei específica, federal, estadual ou municipal, que regule exclusivamente as matérias acima enumeradas ou o correspondente tributo ou contribuição, sem prejuízo do disposto no art. 155, § 2º, XII, *g*".

Conforme assenta o texto constitucional, as **concessões de benefícios fiscais de qualquer natureza** dependem, única e exclusivamente, de **lei específica**. Tal lei deve ser conferida pelo próprio ente dotado de competência tributária, dentro dos seus limites constitucionais. Assim, um benefício fiscal federal somente poderá ser concedido por lei específica federal, sob pena de **ofensa ao princípio da autonomia tributária** e a **forma federativa**.

A imposição de lei específica torna incabível a delegação de concessão de benefícios fiscais pelo Poder Executivo, mesmo que haja o cumprimento dos pressupostos genéricos atendidos pela atuação discricionária da Administração Pública, de acordo com o entendimento do STF, na **ADI 1.296/MC**.

Não apenas as concessões de benefícios e incentivos fiscais dependem do uso de lei específica, devendo ser estendido, de igual modo, para os casos de **revogação** ou **suspensão dos incentivos concedidos**.

IMPORTANTE

A concessão dos incentivos fiscais depende de lei exclusiva, não sendo autorizado nem mesmo às Constituições Estaduais e às Leis Orgânicas do DF e dos Municípios veicular tais benefícios, haja vista que não os regulam de forma exclusiva, conforme debatido pelo STF, quando do julgamento da **ADI 155**.

Mesmo sendo exigida lei específica, quando do julgamento da **ADI 2.522**, o STF concordou com a **isenção da contribuição sindical** (hoje facultativa, de acordo com a Lei 13.467/17, que trata da reforma trabalhista) para os advogados, concedida através do art. 47 da Lei 8.906/94. Ou seja: **sempre que os benefícios tributários integrem um plexo normativo harmônico**, o fato de a lei regular outras matérias **não implicaria violação constitucional**.

Antes do advento da EC 3/93, os benefícios fiscais que estavam determinados no dispositivo eram a **remissão** e a **anistia**. Após a alteração constitucional, incluiu-se o **subsídio**, a **isenção**, a **redução da base de cálculo** e o **crédito presumido**.

Quando se fala de **alíquota zero**, esta também deve ser concedida através de lei específica, por tratar-se de uma espécie de **isenção** (alguns doutrinadores dizem a alíquota zero seria uma forma de isenção total de alíquota).

No texto originário, não se abrangiam isenções conferidas através de lei específica (antes da EC 3/93), de modo que o CTN previa a possibilidade de **isenções** estabelecidas mediante **contrato**:

> "Art. 176. A isenção, **ainda quando prevista em contrato**, é sempre decorrente de lei que especifique as condições e requisitos exigidos para a sua concessão, os tributos a que se aplica e, sendo o caso, o prazo de sua duração" (grifo nosso).

Tal dispositivo deve ser **interpretado conforme a Constituição Federal**, de modo que **não se admite a concessão de isenção por outro ato que não seja lei**, pelo menos em sentido material. O STJ, quando do julgamento do **EREsp 723.575**, afastou a possibilidade de **instituição de isenção através de resolução editada pelo Poder Legislativo**. Diga-se lei em sentido material pelo simples fato que o STF tem admitido a concessão de isenção através de medida provisória.

Os benefícios fiscais devem ser concedidos através de lei específica, conforme vimos. E tal lei específica se dá através de **lei ordinária**. No entanto, determinados benefícios fiscais somente poderão ser concedidos através de **lei complementar**. São eles:

- **Tratamento diferenciado e favorecido de microempresas e empresas de pequeno porte**

A Constituição Federal exige, nos termos do art. 146, III, d[11], que tal tratamento seja conferido através de lei complementar. Tal benefício fiscal já fora editado através da LC 123/06 (Simples Nacional);

- **Concessão de isenções, incentivos e benefícios fiscais do Imposto sobre Serviços de Qualquer Natureza (ISS)**

O art. 156, § 3º, III, da CF/1988[12] determina um papel meramente formal do uso de lei complementar, visando regular o procedimento e os requisitos da concessão e da revogação das isenções e incentivos fiscais do ISS, possibilitando a União instituir isenções relativas ao ISS no caso de exportação de serviços, sendo os demais serviços desonerados através de lei municipal.

De igual modo, nada obsta a possibilidade de incentivos fiscais relativamente à importação e à exportação serem conferidos através de **tratados e convenções inter-**

---

11. **Art. 146.** Cabe à lei complementar:
    III – estabelecer normas gerais em matéria de legislação tributária, especialmente sobre:
    d) definição de tratamento diferenciado e favorecido para as microempresas e para as empresas de pequeno porte, inclusive regimes especiais ou simplificados no caso do imposto previsto no art. 155, II, das contribuições previstas no art. 195, I e §§ 12 e 13, e da contribuição a que se refere o art. 239.
12. **Art. 156.** Compete aos Municípios instituir impostos sobre (...)
    § 3º Em relação ao imposto previsto no inciso III do caput deste artigo, cabe à lei complementar:
    III – regular a forma e as condições como isenções, incentivos e benefícios fiscais serão concedidos e revogados.

nacionais, uma vez que tais convenções, quando devidamente ratificadas pelo Poder Legislativo, gozam de força de **lei ordinária**, atendendo os requisitos constitucionalmente exigidos.

Essa concessão de incentivos através de tratados internacionais não colide com o princípio **da vedação de concessão de isenções heterônomas**, estabelecido no art. 151, III, da CF, *in verbis*:

> Art. 151. É vedado a União:
>
> (...)
>
> III – instituir isenções de tributos de competência dos Estados, do Distrito Federal ou dos Municípios.

Quando a União firma um tratado internacional, se coloca na condição de **sujeito de direito internacional**, ou seja, **pessoa jurídica de direito público externo**, nos termos do art. 42 do CC[13]. Assim, não há o que se falar em afronta a tal princípio no caso de o tratado internacional prever a aplicação de um incentivo de tributo estadual ou municipal. O que está em jogo, nesse caso, são os **interesses do Brasil enquanto República Federativa** e não apenas os interesses da **União** enquanto **pessoa jurídica de direito público interno**.

Vinculado ao estudo do princípio da legalidade, temos uma **vedação à utilização de meios coercitivos indiretos de cobrança**, denominadas de **sanções políticas**. Tais sanções são imposições administrativas que, mesmo estabelecidas em lei, impedem o exercício de direitos relativos às pessoas físicas e jurídicas, visando forçar a todos ao pagamento de tributos.

Assim, em vez de o Fisco se utilizar de via adequada – qual seja, o ajuizamento de uma execução fiscal ou de medida cautelar fiscal – se utiliza de imposições normativas que limitam direitos, fazendo com que o particular tenha que pagar o tributo para ter o seu direito assegurado.

O STF considera **inconstitucionais todos os meios coercitivos** utilizados de maneira indireta, que obrigam o particular a pagar tributos sem a observância do devido processo legal.

Mesmo sendo vedado pela jurisprudência dominante do STF, hoje temos no ordenamento jurídico algumas sanções políticas impostas. Veremos algumas das principais sanções políticas adotadas em nossa legislação e aplicáveis hodiernamente:

a) **Art. 191-A do CTN**: a concessão de recuperação judicial depende da apresentação da prova de quitação de todos os tributos, observado o disposto no art. 151, 205 e 206 desta lei. Neste caso, apenas após a apresentação de uma certidão negativa de débitos ou certidão positiva com efeitos de negativa, o

---

13. **Art. 42.** São pessoas jurídicas de direito público externo os Estados estrangeiros e todas as pessoas que forem regidas pelo direito internacional público.

juízo competente poderia conceder a recuperação judicial, tornando completamente inviável a utilização desse instituto;

b) **Lei 9.069/1995**: traz a proibição de concessão de benefícios fiscais federais quando houver débitos relativos a quaisquer tributos federais;

c) **Lei 10.522/2002**: traz a possibilidade de inscrição no cadastro informativo de créditos não quitados do setor público federal (Cadin), visando trazer àqueles que possuem débitos inscritos consequências restritivas, dentre outras;

d) **Lei 9.492/97**: traz a possibilidade de apontamento de protesto extrajudicial de certidão de dívida ativa, sendo considerado pelo STF, quando do julgamento da **ADI 5.135** como sendo mecanismo eficaz de cobrança de créditos tributários.

O STF editou súmulas com o fito de vedar a imposição de sanções políticas:

Súmula 70: É inadmissível a interdição de estabelecimento como meio coercitivo para cobrança de tributo;

Súmula 323: É inadmissível a apreensão de mercadorias como meio coercitivo para pagamento de tributos;

Súmula 547: Não é lícito à autoridade proibir que o contribuinte em débito adquira estampilhas, despache mercadorias nas alfândegas e exerça suas atividades profissionais.

Conforme importante julgado em 2008, o Estado de Minas Gerais editou uma lei que exigia, para a constituição de uma pessoa jurídica, a **comprovação da regularidade fiscal de todos os sócios**, sejam **pessoas naturais** ou **jurídicas**, perante a Fazenda Estadual. O STF entendeu que tal exigência afronta o disposto no art. 5º, XIII, da CF/1988[14], declarando **abusiva a exigência de condicionar o registro de empresa mediante regularidade daqueles que pretendem figurar como sócios**.

Uma situação, no entanto, é importante de ser discutida. Vários operadores do direito, nos casos de importação de mercadorias do exterior, requerem a aplicação da Súmula 323 do STF para evitar o pagamento dos tributos incidentes na importação sob o argumento de que seria uma sanção política. Tal fato **não merece prosperar**, uma vez que é **condição do desembaraço aduaneiro o pagamento de todos os tributos para a liberação da mercadoria**, não se configurando tal exigência uma sanção política.

Dentro do aspecto principiológico da legalidade, passa a ser considerada inconstitucional a exigência, **mesmo que seja mediante lei**, de **depósito prévio, arrolamento**

---

14. **Art. 5º** Todos são iguais perante a lei, sem distinção de qualquer natureza, garantindo-se aos brasileiros e aos estrangeiros residentes no País a inviolabilidade do direito à vida, à liberdade, à igualdade, à segurança e à propriedade, nos termos seguintes:

XIII – é livre o exercício de qualquer trabalho, ofício ou profissão, atendidas as qualificações profissionais que a lei estabelecer.

de bens ou qualquer outra **imposição patrimonial** que seja utilizada como meio para **admissibilidade em recursos nos processos administrativos**. Tal exigência ofende a garantia da ampla defesa e do contraditório, estabelecida no art. 5º, LV, da CF/1988[15].

Súmula Vinculante 21. "É inconstitucional a exigência de depósito ou arrolamento prévios de dinheiro ou bens para admissibilidade de recurso administrativo."

O art. 38 da Lei 6.830/1980 determina:

"Art. 38. A discussão judicial da Dívida Ativa da Fazenda Pública só é admissível em execução, na forma da lei, salvo as hipóteses de mandado de segurança, ação de repetição do indébito ou ação anulatória do ato declarativo da dívida está precedida do depósito preparatório do valor do débito, monetariamente corrigido e acrescido dos juros e da multa de mora e demais encargos."

O **princípio da inafastabilidade de jurisdição** (art. 5º, XXXV, da CF/1988[16]) garante que o **Poder Judiciário** não pode se escusar de apreciar lesão ou ameaça a direito. Sendo assim, não se pode numa ação judicial exigir que o Poder Judiciário só aprecie mediante existência de depósito da quantia total. O STF entendeu que esta exigência **ofende a garantia do acesso à jurisdição** a exigência de depósitos como condição para a propositura da ação judicial que se pretenda discutir a exigência do tributo.

Súmula Vinculante 28. "É inconstitucional a exigência do depósito prévio como requisito de admissibilidade de ação judicial na qual se pretenda discutir a exigibilidade do crédito tributário".

4.3.1.2.1.1 Exceções ao Princípio da Legalidade Tributária

A instituição de tributos deve ser, necessariamente, mediante lei. Toda a estrutura jurídica das espécies tributárias deve estar disposta numa lei complementar em âmbito nacional, conforme dispõe o art. 146, III, *a*, CF/1988.

Para a instituição de tributos não há que se falar em exceção, ou seja, somente por meio de lei, seja complementar ou ordinária, o tributo poderá ser instituído.

A utilização de **medida provisória** em matéria tributária é **assunto superado**, uma vez que a Constituição Federal dispõe da possibilidade de seu uso para os fins de

---

15. Art. 5º (...)
    LV – aos litigantes, em processo judicial ou administrativo, e aos acusados em geral são assegurados o contraditório e ampla defesa, com os meios e recursos a ela inerentes.
16. XXXV – a lei não excluirá da apreciação do Poder Judiciário lesão ou ameaça a direito.

instituir ou majorar impostos (art. 62, § 2º, CF/1988). Para que a eficácia da medida provisória se perdure no tempo, se faz uma necessidade de **conversão em lei** pelo Congresso Nacional, a exigência constitucional para a instituição do tributo estará superada, não comportando exceção a esse respeito.

O que se pretende ao falarmos de exceção ao postulado da legalidade é questionarmos se existem possibilidades de dispensa da lei em matéria tributária sem que isso acarrete qualquer espécie de afronta constitucional.

Certos tributos são utilizados pela Administração Pública com um papel maior na economia do país. São tributos que **não visam apenas à arrecadação pura e simples** para fazer frente aos gastos públicos, mas almejam um **instrumento de regulação econômica**, buscando equacionar os interesses da nação às políticas econômicas do mundo globalizado.

Quando temos uma **tributação** que visa apenas à **arrecadação dos cofres**, dizemos que se trata de uma **tributação fiscal**. Pelo contrário, quando temos uma **tributação** cujo escopo principal é a **regulação econômica**, e não apenas a arrecadação tributária, temos uma **tributação extrafiscal**.

Conforme já mencionado, não podemos afirmar que a edição de **Medida Provisória** seja considerada como **exceção ao princípio da legalidade**, uma vez que este ato normativo, desde que aprovado pelo Congresso Nacional **poderá ser convertido em lei**, cumprindo assim com o requisito exigido pela Constituição Federal.

Assim, a exceção ao princípio da legalidade reside no fato de **alteração das alíquotas de determinados tributos** autorizados pela Constituição Federal **sem a necessidade imediata da lei**. Isso ocorre justamente na tributação denominada **extrafiscal**, em que temos a possibilidade do uso de **atos normativos editados pelo Poder Executivo Federal** para alteração de determinadas alíquotas.

Tais atos normativos são veiculados, normalmente, por meio de **decreto do Poder Executivo**, sendo utilizados em matéria tributária nos seguintes casos:

Art. 153, § 1º, da CF/1988

O ato normativo do Poder Executivo poderá ser utilizado para **alteração das alíquotas** do **Imposto sobre a Importação** (II), **Imposto sobre a Exportação** (IE), **Imposto sobre Produtos Industrializados** (IPI) e do **Imposto sobre Operações decorrentes de crédito, câmbio, seguros, títulos e valores mobiliários** (IOF). Quando falamos de **alteração das alíquotas**, temos tanto a possibilidade de **aumento** ou **redução**;

Art. 177, § 4º, I, b, da CF/1988

O ato normativo do Poder Executivo pode ser utilizado para a **redução** e o **restabelecimento das alíquotas da Cide-Combustíveis**.

Art. 155, § 4º, IV, da CF/1988

É possível que haja a aplicação de alíquotas monofásicas (incidência única) de ICMS sobre combustíveis e lubrificantes. Neste caso, as alíquotas do ICMS serão definidas mediante a deliberação dos Estados e do DF, que ocorre, em regra, através de convênios emanados do CONFAZ[17].

Devemos observar que tais atos normativos **não podem inovar a ordem jurídica**, mas **regulamentar uma lei existente**. Sendo assim, se a lei determina que a alíquota máxima do Imposto sobre a Importação é de 150% (cento e cinquenta por cento), não pode o ato normativo aumentar acima desse limite, uma vez que este é o papel específico da lei.

> Como exceção ao princípio da legalidade, os decretos do Poder Executivo não podem ser utilizados além dos limites estabelecidos em lei. Caso isso ocorra, o Congresso Nacional tem competência exclusiva para sustar os atos normativos que exorbitem o poder regulamentar, nos termos do art. 49, V, da CF/1988.

Uma vez que todo o tributo só pode ser instituído, majorado, reduzido ou extinto por meio da lei, temos uma situação em que um **convênio** pode ser utilizado como **exceção ao princípio da legalidade**: a lei complementar poderá determinar a **incidência monofásica de ICMS sobre combustíveis**, tendo a **definição das alíquotas** realizadas por meio do **convênio**, nos termos do art. 155, § 4º, IV, combinado com o art. 155, § 2º, XII, *g*, *h*, todos da CF/1988[18].

Percebe-se claramente que a possibilidade de exceções ao princípio da legalidade encontra respaldo na **possibilidade de alteração das alíquotas**, e não da base de cálculo do tributo. Isto porque, de acordo com o disposto no art. 150, § 6º da CF/88 e do art. 97, § 1º do CTN, toda **base de cálculo** de um tributo somente poderá ser definida, aumentada ou reduzida **mediante lei**.

---

17. O **CONFAZ** (Conselho Nacional de Política Fazendária) é um órgão colegiado brasileiro que reúne os secretários de Fazenda, Receita ou Tributação dos estados e do Distrito Federal, sob a coordenação do Ministério da Fazenda. Sua principal função é promover a uniformidade e a harmonização das políticas tributárias estaduais, especialmente em relação ao **ICMS** (Imposto sobre Circulação de Mercadorias e Serviços), que é de competência estadual.

18. **Art. 155.** Compete aos Estados e ao Distrito Federal instituir impostos sobre:

    § 2º O imposto previsto no inciso II atenderá ao seguinte:

    XII – cabe à lei complementar:

    g) regular a forma como, mediante deliberação dos Estados e do Distrito Federal, isenções, incentivos e benefícios fiscais serão concedidos e revogados.

    h) definir os combustíveis e lubrificantes sobre os quais o imposto incidirá uma única vez, qualquer que seja a sua finalidade, hipótese em que não se aplicará o disposto no inciso X, b ;

    § 4º Na hipótese do inciso XII, h , observar-se-á o seguinte:

    IV – as alíquotas do imposto serão definidas mediante deliberação dos Estados e Distrito Federal, nos termos do § 2º, XII, g , observando-se o seguinte:

Reza o art. 97, § 2º do CTN que **não constitui majoração do tributo** a **atualização monetária da respectiva base de cálculo**. Isso significa que **atualização monetária** não é **majoração de tributo**.

Sendo assim, não há qualquer vedação expressa para **atualização monetária** mediante qualquer **ato normativo emanado do Poder Executivo**.

Ressalta-se, contudo, que atualização monetária é a **recomposição da perda do poder aquisitivo de moeda em decorrência de uma inflação**. Sendo assim, toda atualização monetária observará os **índices oficiais de correção**. Qualquer possibilidade de suposta atualização monetária acima dos índices oficiais de correção trata-se de **majoração disfarçada**, vedada por lei.

Tal entendimento já fora pacificado na jurisprudência, nos termos da súmula 160 do STJ.

 JURISPRUDÊNCIA

• **Súmula 160 do STJ.** "É defeso ao Município, atualizar o IPTU, mediante decreto, em percentual superior ao índice oficial de correção monetária".

• "Contribuição social. Majoração de alíquota. MP 1.526, de 1996. Conversão parcial. Lei 9.528, de 1997. Cláusula de convalidação. Ocorrida conversão parcial de medida provisória e presente, fazendo as vezes de decreto legislativo, cláusula de convalidação dos atos praticados, improcede a alegação de perda retroativa de eficácia de normas ao final superadas" (**STF, AgIn 857.374-AgR**, 1ª T., j. 26.11.2013, rel. Min. Marco Aurélio, *DJE* 18.12.2013.) No mesmo sentido: **AgIn 810.740-AgR**, 2ª T., j. 28.04.2015, rel. Min. Dias Toffoli, *DJE* 10.06.2015.

• "O Tribunal reconheceu a existência de repercussão geral da matéria debatida nos presentes autos, para reafirmar a jurisprudência desta Corte, no sentido de que a Anotação de Responsabilidade Técnica, instituída pela Lei 6.496/1977, cobrada pelos Conselhos Regionais de Engenharia, Arquitetura e Agronomia, tem natureza jurídica de taxa, sendo, portanto, necessária a observância do princípio da legalidade tributária previsto no art. 150, I, da CF/1988. Em consequência, conheceu do recurso extraordinário, desde já, mas lhe negou provimento" (**STF, ARE 748.445**, Plenário, j. 31.10.2013, rel. Min. Ricardo Lewandowski, *DJE* 12.02.2014, com repercussão geral).

• "É inconstitucional a majoração do IPTU sem edição de lei em sentido formal, vedada a atualização, por ato do Executivo, em percentual superior aos índices oficiais" (STF, RE 648.245, Plenário, j. 01.08.2013, rel. Min. Gilmar Mendes, *DJE* 24.02.2014, com repercussão geral). *Vide*: **STF, RE 234.605**, 1ª T., j. 08.08.2000, rel. Min. Ilmar Galvão, *DJ* 01.12.2000.

• "A fixação da base de incidência da contribuição social alusiva ao frete submete-se ao princípio da legalidade. (...) Surge conflitante com a Carta da República majorar mediante portaria a base de incidência da contribuição social relativa ao frete" (**STF, RMS 25.476**, Plenário, j. 22.05.2013, rel. p/ o ac. Min. Marco Aurélio, *DJE* 26.05.2014).

• "O parágrafo único do art. 24 do DL 288/1967, que autoriza a Superintendência da Zona Franca de Manaus a instituir taxas por meio de portaria contraria o princípio da legalidade e, portanto, não foi recepcionado pela CR de 1988" (STF, **RE 556.854**, rel. Min. Cármen Lúcia, j. 30.06.2011, Plenário, *DJE* 11.10.2011).

"As Leis 7.787/1989, art. 3º, II, e 8.212/1991, art. 22, II, definem, satisfatoriamente, todos os elementos capazes de fazer nascer a obrigação tributária válida. O fato de a lei deixar para o regulamento a complementação dos conceitos de 'atividade preponderante' e 'grau de risco leve, médio e grave', não implica ofensa ao princípio da legalidade genérica, CF, art. 5º, II, e da legalidade tributária, CF/1988, art. 150, I" (STF, RE 343.446/SC, j. 20.03.2003, rel. Min. Carlos Velloso, **DJ** 04.04.2003). No mesmo sentido: **STF, AgRg em RE 567.544/SP**, 1ª T., j. 28.10.2008, rel. Min. Ayres Britto, **DJe** 27.02.2009.

"Tributo. Regência. Princípio da legalidade estrita. Garantia constitucional do cidadão. Tanto a Carta em vigor, quanto – na feliz expressão do Ministro Sepúlveda Pertence – a decaída encerram homenagem ao princípio da legalidade tributária estrita. Mostra-se inconstitucional, porque conflitante com o art. 6º da CF/1969, o art. 1º do Dec.-lei 1.724, de 07.12.1979, no que implicou a esdrúxula delegação ao Ministro de Estado da Fazenda de suspender – no que possível até mesmo a extinção – 'estímulos fiscais de que tratam os arts. 1º e 5º do Dec.-lei 491, de 05.03.1969'" (**STF, RE 250.288/SP,** j. 12.12.2001, rel. Min. Marco Aurélio, **DJ** 19.04.2002).

"A instituição dos emolumentos cartorários pelo Tribunal de Justiça afronta o princípio da reserva legal. Somente a lei pode criar, majorar ou reduzir os valores das taxas judiciárias. Precedentes" (**STF, ADI 1.709/MT**, j. 10.02.2000, rel. Min. Maurício Corrêa, **DJ** 31.03.2000).

"O parágrafo único do art. 24 do Dec.-lei 288/1967, que autoriza a Superintendência da Zona Franca de Manaus a instituir taxas por meio de portaria contraria o princípio da legalidade e, portanto, não foi recepcionado pela Constituição da República de 1988" (**STF, RE 556.854/AM**, Plenário, j. 30.06.2011, rel. Min. Cármen Lúcia, **DJe** 11.10.2011).

"O art. 153, § 1º, da CF/1988 estabelece expressamente que o Poder Executivo pode definir as alíquotas do II e do IPI, observados os limites estabelecidos em lei" (**STF, RE 429.306/PR**, 2ª T., j. 01.02.2011, rel. Min. Joaquim Barbosa, **DJe** 16.03.2011).

"Ante o disposto no art. 113, § 2º, do CTN, a exigir lei em sentido formal e material para ter-se o surgimento de obrigação tributária, ainda que acessória, mostra-se relevante pedido de tutela antecipada veiculado por Estado, visando a afastar sanções, considerado o que previsto em instrução da Receita Federal" (**STF, AgRg na ACO 1.098/MG**, Plenário, j. 08.10.2009, rel. p/ o acórdão Min. Marco Aurélio, **DJe** 14.05.2010).

4.3.1.2.2 Princípio da Tipicidade Cerrada ou Fechada

Alguns doutrinadores não classificam este item como sendo um princípio propriamente dito, por não estar literalmente expresso na Constituição Federal. Entendemos, contudo, tratar-se de um importante **princípio implícito na Constituição Federal**, no qual o contribuinte possui a **segurança jurídica** devida para a instituição e majoração de tributos.

Todo e qualquer tributo deve ter sua conduta, sua **tipicidade descrita numa norma tributária**. Enquanto esta norma de conduta não ocorrer no mundo concreto, estará apenas no campo abstrato. A esta **norma de conduta previamente descrita** denominamos **hipótese de incidência**.

Uma vez que se realiza o fato descrito nesta norma de conduta, dizemos que houve um **fato típico**, ou seja, houve um **enquadramento do fato no mundo concreto na norma tributária previamente descrita**. Assim, temos o que se chama de **subsunção do fato à norma jurídica**. Este fato no mundo concreto, uma vez que é típico, gera um dever para o particular em cumprir com determinadas obrigações. Tal fato no mundo concreto é o **fato gerador ou fato imponível**.

Tal fato, para que seja perfeitamente válido, deve ter todas as condutas **previamente descritas em lei**. Tais condutas podem ser denominadas de aspectos ou critérios do fato gerador ou de regra-matriz de incidência tributária. Desta forma, **todos os aspectos de incidência deverão estar descritos na norma**, seja de forma **determinada** ou **determinável**. Podemos dividi-los em cinco aspectos:

a) Aspecto material

É a **descrição do fato típico tributável**, sendo por si só, suficiente para fazer nascer a obrigação de pagar o tributo. Tal descrição induz **uma ação em conjunto com um complemento**. Na observância normativa, a expressão traduz a existência de um verbo e um complemento, tais como industrializar produtos, circular mercadorias, auferir renda etc. Tal aspecto, por si só, já seria suficiente para o nascimento da conduta típica tributável, mas é insuficiente para a exigência do tributo em questão.

b) Aspecto espacial

É o **local da ocorrência do fato gerador** de uma obrigação tributária. Este aspecto está atrelado em saber identificar a **competência tributária** e a **capacidade tributária passiva** para que não se incorra a invasão de competência ou a na exigência do tributo por pessoa ilegítima. Em casos especificados em lei, o aspecto espacial passa a ser fundamental para a definição do domicílio tributário (art. 127, parágrafo único do CTN[19]).

c) Aspecto temporal

É o **momento da ocorrência do fato gerador**. É importante a sua descrição para se entender **qual a norma aplicável ao evento concreto**, refletindo de forma direta na aplicação dos princípios da irretroatividade tributária e anterioridade tributária.

O momento em que o fato ocorre é fundamental em matéria tributária, uma vez que o lançamento se reporta a ocorrência do fato gerador, nos termos do art. 144 do CTN:

> "Art. 144. O lançamento reporta-se à data da ocorrência do fato gerador da obrigação e rege-se pela lei então vigente, ainda que posteriormente modificada ou revogada".

---

19. **Art. 127.** Na falta de eleição, pelo contribuinte ou responsável, de domicílio tributário, na forma da legislação aplicável, considera-se como tal (...)

    § 1º Quando não couber a aplicação das regras fixadas em qualquer dos incisos deste artigo, considerar-se-á como domicílio tributário do contribuinte ou responsável o lugar da situação dos bens ou da ocorrência dos atos ou fatos que deram origem à obrigação.

Ademais, nos casos dos tributos sujeitos ao lançamento por homologação, o prazo decadencial observa-se o seu início de contagem do momento da ocorrência do fato gerador, conforme dispõe o art. 150, § 4º do CTN:

> "Art. 150 (...)
>
> § 4º Se a lei não fixar prazo a homologação, será ele de cinco anos a contar da ocorrência do fato gerador; expirado esse prazo sem que a Fazenda Pública tenha se pronunciado, considera-se homologado o lançamento e definitivamente extinto o crédito tributário, salvo se comprovada a ocorrência de dolo, fraude ou simulação".

d) Aspecto pessoal

São os **sujeitos do fato gerador da obrigação tributária**, divididos no **sujeito ativo** (aquele que tem o dever legal de exigir o cumprimento da respectiva obrigação tributária) e o **sujeito passivo** (aquele que deve cumprir com a obrigação tributária).

e) Aspecto quantitativo

São os **critérios valorativos do fato gerador**, divididos em **base de cálculo** e **alíquota**. Entendemos por **base de cálculo** o valor estimado pela lei para atribuição de um critério de tributação (base legal tributável) e de **alíquota** o percentual devido ou e especificação legislativa que, multiplicada pela base de cálculo, demonstrará o *quantum* a ser pago pelo sujeito passivo ao Estado. A alíquota poderá ser **específica** – quando se leva em consideração uma unidade de medida – ou ***ad valorem*** – quando estabelece um percentual.

Os três primeiros aspectos – material, espacial e temporal – estão **determinados na norma**; mesmo que o fato gerador não aconteça, tais aspectos **já se encontram definidos**. No que diz respeito aos aspectos pessoal e quantitativo, suas determinações **dependem da ocorrência do respectivo fato gerador para sua definição** e, portanto, estão **determináveis na norma tributária**.

A **regra-matriz de incidência tributária** é formada pelo **antecedente** e o **consequente** normativo. O **antecedente normativo** é formado pelos **aspectos de incidência determinados na norma tributária** e o **consequente normativo** pelos **aspectos determináveis da norma tributária**.

Determinada corrente doutrinária defende a ideia da possibilidade de o país aplicar a **tipicidade aberta**, ante a existência de **normas tributárias em branco**. Para tal corrente, a análise dos aspectos de incidência **não é suficiente para cumprimento da obrigação tributária**, vez que depende de interpretação e regulamentação.

Exemplificando, o fato gerador do imposto de importação descrito no art. 19 do CTN é a **entrada de produto estrangeiro no território nacional**. Aplicando-se uma interpretação meramente literal ou gramatical, o mero ingresso de uma aeronave com produtos no espaço aéreo ou uma embarcação adentrando em águas territoriais brasileiras seria suficiente para a exigência da obrigação tributária. Ou, para não adotarmos um radicalismo, se uma mercadoria ingressa, mesmo que temporariamente no território nacional para fins de uma exposição ou evento seria suficiente para a exigência da referida exação. Entretanto, o imposto de importação somente será exigido se o **produto ingressar no território nacional de forma definitiva, incorporando-o a economia nacional**.

Mesmo ante a dependência de regulamentação ou critérios de interpretação, o tributo somente poderá ser exigido se os aspectos de sua incidência estiverem previstos em lei, **mantendo-se a aplicabilidade da tipicidade cerrada**, justamente com o intuito de aumentar a segurança jurídica na tributação, evitando-se, por exemplo, de cobrar um tributo por simples analogia, sendo expressamente vedado em nosso ordenamento, conforme estabelece o art. 108, § 1º do CTN[20].

---

20. **Art. 108.** Na ausência de disposição expressa, a autoridade competente para aplicar a legislação tributária utilizará sucessivamente, na ordem indicada (...)

§ 1º O emprego da analogia não poderá resultar na exigência de tributo não previsto em lei.

JURISPRUDÊNCIA

"Apelações cíveis. Direito tributário. Embargos à execução fiscal. ICMS. Nulidade de CDA. Imposto informado em GIA. Inscrição como dívida ativa. Processo administrativo. Juros de mora. Desnecessidade. Venda a prazo. Base de cálculo. Valor da operação. Imposto 'por dentro'. Percentual da multa. Disposição extra petita. Sucumbência redistribuída. A presunção de liquidez e certeza da Certidão de Dívida Ativa depende do preenchimento dos seus requisitos formais (arts. 203 do CTN e 3º da Lei 6.830/1980), o que se verifica no caso concreto. Tratando-se de ICMS informado em GIA pelo sujeito passivo, a inscrição do débito como dívida ativa não depende de apuração em processo administrativo. Precedentes do STJ" (**TJRS, ApCiv 70014568331**, 2ª Câm. Civ., j. 15.08.2007, rel. Des. Adão Sérgio do Nascimento Cassiano).

"Tributário. Repetição de indébito. Tributo declarado inconstitucional. Juros de mora. Termo inicial. 1. Os juros de mora na repetição do indébito, ainda que de tributos declarados inconstitucionais, são devidos a partir do trânsito em julgado da sentença, na conformidade do que dispõem o art. 167 do CTN e a Súmula 188 do STJ. 2. O argumento de que o tributo declarado inconstitucional perde a natureza tributária, razão por que não lhe pode ser aplicado o disposto no art. 167 do CTN, gera reflexos práticos de difícil equacionamento. Se ao tributo não se aplica o termo inicial de incidência dos juros previstos na lei para a repetição do que foi pago indevidamente, também não incidem as demais normas que disciplinam o indébito tributário, tais como as relativas à prescrição, à decadência, à compensação, à Taxa Selic, dentre outras. 3. O art. 167 do CTN, que trata da incidência dos juros moratórios na repetição de indébito, não faz qualquer distinção quanto à origem do pagamento indevido, se decorrente da ilegalidade ou inconstitucionalidade do tributo. É regra de hermenêutica, não cabe ao intérprete distinguir onde a lei não distingue, principalmente em matéria tributária, que, assim como no Direito Penal, se socorre do princípio da legalidade e da tipicidade cerrada. 4. Recurso especial provido" (**STJ, REsp, 1.040.718/MG,** j. 07.08.1998, rel. Min. Castro Meira).

4.3.1.2.3 Princípio da Isonomia Tributária

É o tratamento igualitário dado pela lei aos jurisdicionados, assim entendido como o **tratamento igual dado pela lei àqueles que se encontrem em situação equivalente**, e um **tratamento desigual dado pela lei a esses mesmos cidadãos** na proporção de suas desigualdades.

O *caput* do art. 5º da CF/1988 é expresso ao dispor "**todos são iguais perante a lei**", exigindo esse tratamento isonômico na lei a todos os cidadãos. No capítulo do sistema tributário da Constituição Federal, o art. 150, II, é explícito quanto à **obrigatoriedade de igualdade no tratamento tributário**, não podendo haver discriminação, via tributação de pessoas que exerçam diferentes profissões ou ocupações, muito menos da denominação dos rendimentos:

"Art. 150. Sem prejuízo de outras garantias asseguradas ao contribuinte, é vedado à União, aos Estados, ao Distrito Federal e aos Municípios:

(...)

II – instituir tratamento desigual entre contribuintes que se encontrem em situação de equivalência, proibida qualquer distinção em razão de ocupação profissional ou função por eles exercida, independentemente da denominação jurídica dos rendimentos, títulos ou direitos".

Trata-se de um **princípio aristotélico**, em que se deve tratar iguais como iguais e desiguais como desiguais, na medida de suas igualdades e de suas desigualdades.

Segundo assinala Carraza, a **isonomia existe em decorrência do princípio republicano**. Com a República, **desaparecem os privilégios tributários de indivíduos**, de classes ou de segmentos da sociedade. Assim, **todos devem ser alcançados na tributação**.

Não significa, entretanto, que todos devem ser submetidos a todas as leis tributárias, podendo ser gravados com todos os tributos, mas sim, que **todos aqueles que realizam a situação de fato a que a lei vincula o dever de pagar um dado tributo estão obrigados**, sem discriminação arbitrária alguma, a fazê-lo.

O princípio republicano leva ao **princípio da generalidade da tributação**, pelo qual a carga tributária alcança a todos com isonomia e justiça.

Por este princípio, se exige que todos os que realizam o fato imponível tributário venham a ser tributados com igualdade.

Humberto Ávila ensina que a **igualdade é a relação entre dois ou mais sujeitos**, com base numa **medida de comparação**, aferida por meio de um elemento indicativo, que serve de instrumento para a realização de uma determinada finalidade. A medida de comparação deve ser aferida por meio de um elemento indicativo com o qual guarde vinculação, devendo manter vínculo de pertinência, fundada e conjugada, com a finalidade que justifica sua utilização.

Assim, a **isonomia impede que haja diferenciação tributária entre contribuintes que estejam em situação equivalente**. Entretanto, justifica-se a diferenciação tributária quando haja situações efetivamente distintas, se tenha em vista uma finalidade constitucionalmente amparada e o tratamento diferenciado seja apto a alcançar o fim colimado.

IMPORTANTE

Segundo o STF, o princípio da isonomia reveste-se de **autoaplicabilidade**, sendo postulado fundamental de nossa ordem político-jurídica, sendo insuscetível de regulamentação. Ademais, eventual inobservância desse princípio pelo legislador é inconstitucional.

Não afronta o princípio da isonomia o **tratamento diferenciado** que deve ser aplicado às **microempresas** e às **empresas de pequeno porte**. Se a lei, por motivos extrafiscais, imprime tratamento desigual a microempresas e empresas de pequeno porte de capacidade contributiva distinta, afastando do regime do Simples Nacional aquelas cujos sócios têm condição de disputar o mercado de trabalho sem a assistência do Estado, não há afronta à isonomia.

Mesmo que haja **benefício fiscal autorizado por lei** e extensivo a uma **determinada atividade, não haverá afronta a isonomia**, desde que vise **resguardar determinado setor da economia**.

Exemplificando, a MP 67/2002, que dispôs sobre o **tratamento tributário dispensado às empresas de transporte aéreo**, foi convertida na Lei 10.560/2002, criando uma remissão em favor de companhias aéreas.

Mesmo sendo uma medida beneficiando determinada atividade econômica, não ofende o princípio da isonomia, porque esse tratamento desigual decorre de lei e tem por finalidade o **resguardo de um setor estratégico que atravessava grave crise após a ocorrência, à época, de atentados terroristas**.

Neste caso, o fim que justifica a diferenciação procedida é a **manutenção do setor estratégico**, sendo pacífica a jurisprudência do STF em afirmar que a conveniência política que autoriza a concessão de um benefício fiscal não é suscetível de controle pelo Poder Judiciário, sob pena de violação do princípio da vedação do legislador positivo.

Inclusive a própria Constituição Federal assegura **tratamento diferenciado para o ato cooperativo praticado pelas sociedades cooperativas** (art. 146, III, c[21]) e de acordo com a **utilização intensiva de mão de obra, porte da empresa e mercado de trabalho** (art. 195, § 9o[22]).

Entretanto, várias leis foram emanadas pelos Estados da federação conferindo determinados tratamentos tributários diferenciados em descompasso com o postulado da isonomia. A LC 165 do Estado do Rio Grande do Norte conferiu **isenção de custas e emolumentos cartorários para membros do Poder Judiciário**, fazendo com o que o STF, através do julgamento da **ADI 3334** determinasse sua **inconstitucionalidade**.

Como guardião da Constituição Federal, **não pode o STF atuar como legislador positivo com o intuito de estender benefícios isonômicos subvertendo a função jurisdicional em função legislativa**.

---

21. **Art. 146.** Cabe à lei complementar:
    III – estabelecer normas gerais em matéria de legislação tributária, especialmente sobre:
    c) adequado tratamento tributário ao ato cooperativo praticado pelas sociedades cooperativas
22. **Art. 195.** A seguridade social será financiada por toda a sociedade, de forma direta e indireta, nos termos da lei, mediante recursos provenientes dos orçamentos da União, dos Estados, do Distrito Federal e dos Municípios, e das seguintes contribuições sociais (...)
    § 9º As contribuições sociais previstas no inciso I do caput deste artigo poderão ter alíquotas diferenciadas em razão da atividade econômica, da utilização intensiva de mão de obra, do porte da empresa ou da condição estrutural do mercado de trabalho, sendo também autorizada a adoção de bases de cálculo diferenciadas apenas no caso das alíneas "b" e "c" do inciso I do *caput*.

4 • LIMITAÇÕES CONSTITUCIONAIS AO PODER DE TRIBUTAR

🔨 JURISPRUDÊNCIA

• "Concessão de isenção à operação de aquisição de automóveis por oficiais de justiça estaduais. (...) A isonomia tributária (CF/1988, art. 150, II) torna inválidas as distinções entre contribuintes 'em razão de ocupação profissional ou função por eles exercida', máxime nas hipóteses nas quais, sem qualquer base axiológica no postulado da razoabilidade, engendra-se tratamento discriminatório em benefício da categoria dos oficiais de justiça estaduais" (**STF, ADI 4.276**, Plenário, j. 20.08.2014, rel. Min. Luiz Fux, **DJE** 18.09.2014).

• "Pis/Cofins-Importação. Lei 10.865/2004. (...) O fato de não se admitir o crédito senão para as empresas sujeitas à apuração do Pis e da Cofins pelo regime não cumulativo não chega a implicar ofensa à isonomia, de modo a fulminar todo o tributo. A sujeição ao regime do lucro presumido, que implica submissão ao regime cumulativo, é opcional, de modo que não se vislumbra, igualmente, violação do art. 150, II, da CF/1988" (**STF, RE 559.937**, Plenário, j. 20.03.2013, rel. p/ o ac. Min. Dias Toffoli, **DJE** 17.10.2013, com repercussão geral).

• "Não passa pela minha cabeça que o sistema possa apenar o contribuinte duas vezes. Explico melhor: o contribuinte não recebe as parcelas na época devida. É compelido a ingressar em Juízo para ver declarado o direito a essas parcelas e, recebendo-as posteriormente, há a junção para efeito de incidência do Imposto de Renda, surgindo, de início, a problemática da alíquota, norteada pelo valor recebido. (...) Qual é a consequência de se entender de modo diverso do que assentado pelo TRF da 4ª Região? Haverá, como ressaltado pela doutrina, principalmente a partir de 2003, transgressão ao princípio da isonomia. Aqueles que receberam os valores nas épocas próprias ficaram sujeitos a certa alíquota. O contribuinte que viu resistida a satisfação do direito e teve que ingressar em Juízo será apenado, ao fim, mediante a incidência de alíquota maior. Mais do que isso, tem-se o envolvimento da capacidade contributiva, porque não é dado aferi-la, tendo em conta o que apontei como disponibilidade financeira, que diz respeito à posse, mas o estado jurídico notado à época em que o contribuinte teve jus à parcela sujeita ao Imposto de Renda. O desprezo a esses dois princípios conduziria a verdadeiro confisco e, diria, à majoração da alíquota do Imposto de Renda" (**STF, RE 614.406,** Plenário, j. 25.05.2011, voto do rel. p/ o ac. Min. Marco Aurélio, **DJE** 27.11.2014, com repercussão geral).

"Violação do princípio da isonomia (art. 150, II, da CF/1988), na medida em que o art. 17 da Lei 6.099/1974 proíbe a adoção do regime de admissão temporária para as operações amparadas por arrendamento mercantil. Improcedência. A exclusão do arrendamento mercantil do campo de aplicação do regime de admissão temporária atende aos valores e objetivos já antevistos no projeto de lei do arrendamento mercantil, para evitar que o leasing se torne opção por excelência devido às virtudes tributárias, e não em razão da função social e do escopo empresarial que a avença tem" (**STF, RE 429.306/PR**, 2ª T., j. 01.02.2011, rel. Min. Joaquim Barbosa, **DJe** 16.03.2011).

"Lei que restringe os contribuintes da Cosipa aos consumidores de energia elétrica do Município não ofende o princípio da isonomia, ante a impossibilidade de se identificar e tributar todos os beneficiários do serviço de iluminação pública. A progressividade da alíquota, que resulta do rateio do custo da iluminação pública entre os consumidores de energia elétrica, não afronta o princípio da capacidade contributiva. Tributo de caráter sui generis, que não se confunde com um imposto, porque sua receita se destina a finalidade específica, nem com uma taxa, por não exigir a contraprestação individualizada de um serviço ao contribuinte. Exação que, ademais, se amolda aos princípios da razoabilidade e da proporcionalidade" (**STF, RE 573.675/SC**, Plenário, j. 25.03.2009, rel. Min. Ricardo Lewandowski, **DJe** 22.05.2009, com repercussão geral).

"Sistema Simples. Art. 9º da Lei 9.317/1996. Ofensa ao princípio da isonomia. Inocorrência. Precedente" (**STF, AgRg no RE 476.106/SC**, 2ª T., j. 01.04.2008, rel. Min. Gilmar Mendes, **DJe** 25.04.2008).

"A lei complementar estadual que isenta os membros do Ministério Público do pagamento de custas judiciais, notariais, cartorárias e quaisquer taxas ou emolumentos fere o disposto no art. 150, II, da CF. O texto constitucional consagra o princípio da igualdade de tratamento aos contribuintes. Precedentes. Ação direta julgada procedente para declarar a inconstitucionalidade do art. 271 da Lei Orgânica e Estatuto do Ministério Público do Estado do Rio Grande do Norte – LC 141/1996" (**STF, ADI 3.260/ RN**, Plenário, j. 29.03.2007, rel. Min. Eros Grau, **DJU** 29.06.2007). No mesmo sentido: STF, ADI 3.334/RN, Plenário, j. 17.03.2011, rel. Min. Ricardo Lewandowski, **DJe** 05.04.2011.

• "Forçoso é concluir que, no caso de produtor rural, embora pessoa natural, que tenha empregados, incide a previsão relativa ao recolhimento sobre o valor da folha de salários. É de ressaltar que a Lei 8.212/1991 define empresa como a firma individual ou sociedade que assume o risco de atividade econômica urbana ou rural, com fins lucrativos, ou não, bem como os órgãos e entidades da administração pública direta, indireta e fundacional – inc. I do art. 15. Então, o produtor rural, pessoa natural, fica compelido a satisfazer, de um lado, a contribuição sobre a folha de salários e, de outro, a COFINS, não havendo lugar para ter-se novo ônus, relativamente ao financiamento da seguridade social, isso a partir de valor alusivo à venda de bovinos. Cumpre ter presente, até mesmo, a regra do inc. II do art. 150 da CF/1988, no que veda instituir tratamento desigual entre contribuintes que se encontrem em situação equivalente" (**STF, RE 363.852**, Plenário, j. 03.02.2010, voto do rel. Min. Marco Aurélio, **DJE** 23.04.2010.) No mesmo sentido: STF, RE 596.177, Plenário, j. 1º.08.2011, rel. Min. Ricardo Lewandowski, **DJE** 29.08.2011, com repercussão geral. **Vide**: **STF, RE 486.828-AgR-ED-AgR**, 1ª T., j. 17.12.2013, voto do rel. Min. Marco Aurélio, **DJE** 13.02.2014.

4.3.1.2.4 Princípio da Capacidade Contributiva

Decorrente do princípio da isonomia, o **princípio da capacidade contributiva** busca a tributação maior para aqueles **dotados de maior condição econômica** e **tributação menor** ou nenhuma tributação para aqueles que não gozam dessa condição.

Nos termos do art. 145, § 1º da CF:

> "Art. 145 (...)
>
> § 1º Sempre que possível, os impostos terão caráter pessoal e serão graduados segundo a capacidade econômica do contribuinte, facultado à administração tributária, especialmente para conferir efetividade a esses objetivos, identificar, respeitados os direitos individuais e nos termos da lei, os rendimentos e atividades econômicas do contribuinte".

Entende-se por **capacidade contributiva** a aptidão do contribuinte em **pagar mais ou menos tributo**, em razão de uma situação que a lei irá individualizar. A regra do § 1º do art. 145 da CF é muito importante, pois, na eventualidade de suspeita por parte da administração tributária quanto à **existência de capacidade tributária muito maior àquela declarada** (por exemplo, mediante sinais exteriores de riqueza – casas suntuosas, propriedade ou posse de veículos de luxo, hábitos e costumes incompatíveis com rendimentos declarados), poderá haver a **investigação** dessa situação, para, se for o caso, exigir tributo de maneira compatível com a capacidade contributiva que é ostentada.

Sacha Calmon Navarro Coelho determina que a capacidade contributiva é a **possibilidade econômica de pagar tributos**, sendo subjetiva, quando se leva em conta a pessoa. Passa a ser objetiva, quando toma em consideração manifestações objetivas da pessoa, como, por exemplo, ter casa, carros etc.

Levamos em consideração que tal princípio aplica-se tanto em relação às pessoas físicas quanto as pessoas jurídicas.

Quando a Constituição Federal insere a expressão "impostos terão caráter pessoal" confere ensejo a uma classificação dicotômica dos impostos: **impostos pessoais** e **impostos reais**.

Os denominados **impostos pessoais** são aqueles que tributam a condição econômica do sujeito, sem levar em consideração outros critérios, podendo ser tributados tanto a pessoa física quanto a pessoa jurídica. O único imposto pessoal já instituído é o **imposto sobre renda e proventos de qualquer natureza** (IR); temos também o **imposto sobre grandes fortunas** sem instituição até os dias de hoje.

Os **impostos reais** são aqueles que tributam o patrimônio, as operações, os direitos, sem levar em conta a condição econômica do sujeito, mas o denominado **fato signo presuntivo de riqueza**. Os demais impostos previstos na CF são considerados reais, com exceção dos dois impostos já mencionados acima.

4.3.1.2.4.1 A progressividade tributária

A **progressividade** é um instrumento de **implementação da capacidade contributiva**, visando o **aumento da alíquota** na medida em que ocorra o **aumento da base de cálculo (progressividade fiscal)** ou ainda o **aumento da alíquota** visando **desestimular determinados comportamentos do contribuinte (progressividade extrafiscal)**. A primeira forma visa o **aumento da arrecadação** tendo por base a **condição econômica do sujeito** e a segunda a utilização do aumento da tributação com **fins regulatórios**.

Parte da doutrina afirma não ocorrer **qualquer compatibilidade** entre **progressividade** e **capacidade contributiva**, na medida em que os **sistemas de tributação progressiva não medem capacidade econômica**, sendo utilizados como meros **instrumentos políticos de distribuição de riqueza**. Para tal corrente, equivoca-se quem afirma que a igualdade de sacrifícios no suporte do custeio do Estado não se atinja pela regra da proporcionalidade, mas sim da progressividade.

Na **progressividade** tanto a alíquota quanto a base de cálculo admitem variações; no caso da **proporcionalidade**, apenas a base de cálculo é variável, sendo a alíquota aplicada de forma fixa.

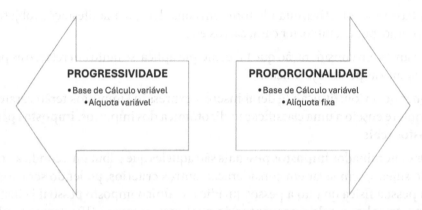

Num primeiro momento, a **proporcionalidade** pode traduzir **maior justiça fiscal**, mas **não configura maior justiça contributiva** ante a observância de **critérios econômicos**. Se determinada pessoa que ganhe 100 pague 10% de alíquota, pagará 10; se outra pessoa ganhe 1.000 e pague os mesmos 10% pagarão 100, o que refletirá, inicialmente, num critério de justiça. Entretanto, observe que economicamente, quem ganha 100 e tem 10 retirado para cumprimento da tributação terá uma falta muito maior na sua mantença do que aquele que tiver 100 retirado de 1.000. Sem dúvida, o impacto econômico será bem desigual.

Por um critério de interpretação lógica, se a progressividade é um instrumento de implementação da capacidade contributiva e esta determina que **sempre que possível os impostos terão caráter pessoal**, logo, **todo imposto pessoal será progressivo**.

Conforme observamos, o único imposto pessoal já instituído é o **imposto sobre a renda e proventos de qualquer natureza** (IR) e a Constituição Federal é clara na identificação da existência de sua progressividade, nos termos dos critérios constitucionais estampados no art. 153, § 2º, I:

> "Art. 153 (...)
> § 2º O imposto previsto no inciso III:
> I – será informado pelos critérios da generalidade, da universalidade e da progressividade, na forma da lei".

a) Progressividade gradual e progressividade simples

Temos **duas maneiras** de calcular a progressividade: quando uma a uma das alíquotas previstas para o valor a tributar devem ser utilizadas, tendo-se como montante devido o **valor que resultar da soma de todos os cálculos parciais sucessivamente efetuados**, temos a **progressividade gradual**. Quando se deve adotar apenas a **alíquota** prevista para a faixa na qual se enquadra o valor a tributar, temos a **progressividade simples**.

Segundo o majoritário entendimento, devemos aplicar a **progressividade gradual**.

b) Progressividade e Seletividade

A **seletividade** é uma **regra de tributação** que permite **alíquotas diferenciadas com base na essencialidade de um bem ou produto em razão do uso ou consumo**. Assim, quanto mais essencial for um bem, menor será sua alíquota ou vice-versa. Tal regramento faz com que produtos ou bens considerados supérfluos tenham alíquotas maiores que os considerados essenciais.

c) Progressividade nos impostos reais

Já verificamos que a **progressividade** é vista como um **instrumento de implementação da capacidade contributiva**. Nesse caso, por um critério de interpretação, os impostos pessoais serão progressivos. Já os denominados **impostos reais** somente serão **progressivos** quando da ocorrência, pela regra geral, de duas circunstâncias:

- Ocorrer expressa previsão constitucional;
- Possuir caráter de extrafiscalidade.

Conclui-se que a progressividade admitida nos impostos reais é a **progressividade extrafiscal**. É o que ocorre com o **Imposto Territorial Rural** – ITR (para se evitar a manutenção de terras improdutivas) e o **Imposto sobre a Propriedade Predial e Territorial Urbana** – IPTU (para evitar o descumprimento da função social da propriedade).

c.1) Progressividade do Imposto Territorial Rural (ITR)

Reza a Constituição Federal que o **Imposto Territorial Rural (ITR) poderá ser progressivo** para **desestimular a manutenção de propriedades improdutivas**, nos termos do art. 153, § 4º, I, da CF:

> "Art. 153 (...)
>
> § 4º O imposto previsto no inciso VI do caput:
>
> I – será progressivo e terá suas alíquotas fixadas de forma a desestimular a manutenção de propriedades improdutivas".

Vê-se, claramente, que se trata de uma **progressividade extrafiscal**, visando não o simples aumento do Imposto Territorial Rural (ITR), mas o **desestímulo ao descumprimento da função social da propriedade rural**.

Tal aumento, entretanto, deve guardar correlação com o **princípio da vedação ao confisco**, não se admitindo um aumento desmensurado a ponto de acarretar o confisco das terras.

Caso a fiscalização tributária realize o aumento de Imposto Territorial Rural (ITR) ante o descumprimento da função social e o proprietário cumprir com a função social, a

alíquota deverá retornar ao patamar inicial, sob pena de se configurar uma tributação sancionatória, vedada desde a definição de tributo.

Por exemplo, se o proprietário foi notificado pelo Fisco Federal, no ano de 2.016 pelo não cumprimento da função social, aumentando hipoteticamente a alíquota de 3% para 5% a ser aplicada já no próprio exercício e, no ano de 2017, o proprietário cumprir a função social, em 2.018 a alíquota deverá retornar ao patamar de 3%, uma vez que a progressividade extrafiscal cumpriu os seus efeitos. Caso o contrário, aplicaremos o tributo com natureza sancionatória, o que é vedado já na definição do próprio conceito do tributo.

Porém, caso o proprietário não cumpra a função social, a **alíquota será aumentada progressivamente em até 5 anos**, sendo que no último ano de aumento dessa alíquota, o **percentual não poderá ultrapassar 20%** (vinte por cento). Caso, mesmo assim, o proprietário não cumpra a função social, haverá a possibilidade de a União **desapropriar para fins de reforma agrária**, indenizando o proprietário em **títulos da dívida agrária**, nos termos do art. 184 da CF:

> "Art. 184. Compete a União desapropriar por interesse social, para fins de reforma agrária, o imóvel rural que não esteja cumprindo sua função social, mediante prévia e justa indenização em títulos da dívida agrária, com cláusula de preservação do valor real, resgatáveis no prazo de até vinte anos, a partir do segundo ano de sua emissão e cuja utilização será definida em lei".

Trata-se de uma **desapropriação com natureza sancionatória**, visto que a União apenas realizará a desapropriação ante o descumprimento da função social da propriedade; caso o contrário, não terá o proprietário a ocorrência desse tipo de desapropriação.

O caráter sancionatório da desapropriação se mostra evidente ante ao pagamento de indenização em **títulos da dívida agrária**, conforme previsão no próprio art. 184 da CF e a regulamentação da Lei 8.629/93, em seu art. 5º:

> Art. 5º A desapropriação por interesse social, aplicável ao imóvel rural que não cumpra sua função social, importa prévia e justa indenização em títulos da dívida agrária.
>
> § 1º As benfeitorias úteis e necessárias serão indenizadas em dinheiro.
>
> § 2º O decreto que declarar o imóvel como de interesse social, para fins de reforma agrária, autoriza a União a propor ação de desapropriação.
>
> § 3º Os títulos da dívida agrária, que conterão cláusula assecuratória de preservação de seu valor real, serão resgatáveis a partir do segundo ano de sua emissão, em percentual proporcional ao prazo, observados os seguintes critérios:
>
> I – do segundo ao décimo quinto ano, quando emitidos para indenização de imóvel com área de até setenta módulos fiscais;
>
> II – do segundo ao décimo oitavo ano, quando emitidos para indenização de imóvel com área acima de setenta e até cento e cinquenta módulos fiscais; e
>
> III – do segundo ao vigésimo ano, quando emitidos para indenização de imóvel com área superior a cento e cinquenta módulos fiscais.

§ 4º Na hipótese de acordo administrativo ou acordo realizado no âmbito do procedimento previsto na Lei Complementar 76, de 6 de julho de 1993, o pagamento será efetuado de forma escalonada em Títulos da Dívida Agrária (TDA), resgatáveis em parcelas anuais, iguais e sucessivas, a partir do segundo ano de sua emissão, observadas as seguintes condições:

I – imóveis com área de até três mil hectares, no prazo de cinco anos;

II – imóveis com área superior a três mil hectares:

a) o valor relativo aos primeiros três mil hectares, no prazo de cinco anos;

b) o valor relativo à área superior a três mil e até dez mil hectares, em dez anos;

c) o valor relativo à área superior a dez mil hectares até quinze mil hectares, em quinze anos; e

d) o valor da área que exceder quinze mil hectares, em vinte anos.

§ 5º Os prazos previstos no § 4º, quando iguais ou superiores a dez anos, poderão ser reduzidos em cinco anos, desde que o proprietário concorde em receber o pagamento do valor das benfeitorias úteis e necessárias integralmente em TODA.

§ 6º Aceito pelo proprietário o pagamento das benfeitorias úteis e necessárias em TDA, os prazos de resgates dos respectivos títulos serão fixados mantendo-se a mesma proporcionalidade estabelecida para aqueles relativos ao valor da terra e suas acessões naturais.

c.2) **Progressividade do Imposto Predial e Territorial Urbano (IPTU)**

Reza a Constituição Federal que o **Imposto sobre a Propriedade Predial e Territorial Urbana** (IPTU) **poderá ser progressivo no tempo** para evitar o **descumprimento da função social da propriedade**, conforme o art. 182, § 4º, II, da CF, *in verbis*:

"Art. 182 (...)

§ 4º É facultado ao Poder Público municipal, mediante lei específica para a área incluída no plano diretor exigir, nos termos da lei federal, do proprietário do solo urbano não edificado ou não utilizado, que promova seu adequado aproveitamento, sob pena, sucessivamente, de:

(...)

II – imposto sobre a propriedade predial e territorial urbana progressivo no tempo".

Trata-se de uma **progressividade extrafiscal**, visando não o simples aumento do Imposto sobre a Propriedade Predial e Territorial Urbana (IPTU), mas o **desestímulo ao descumprimento da função social da propriedade urbana**.

Assim como nos casos do Imposto Territorial Rural (ITR), o aumento progressivo deve guardar correlação com o **princípio da vedação ao confisco**, não se admitindo um aumento desmensurado a ponto de acarretar o confisco da propriedade urbana.

Caso a fiscalização tributária realize o aumento de Imposto sobre a Propriedade Predial e Territorial Urbana (IPTU) ante o descumprimento da função social e o proprietário cumprir com a função social, a alíquota deverá retornar ao patamar inicial, sob pena de se configurar uma tributação sancionatória, vedada desde a definição de tributo.

Porém, caso o proprietário não cumpra a função social, a alíquota será **aumentada progressivamente em até 5 anos**, sendo que no último ano de aumento dessa alíquota, o percentual **não poderá ultrapassar 15%** (quinze por cento), nos termos da Lei 10.257/2001 (Estatuto da Cidade).

Estabelece o art. 7º da Lei 10.257/01 (Estatuto da Cidade):

> "Art. 7º Em caso de descumprimento das condições e dos prazos previstos na forma do *caput* do art. 5º desta lei, ou não sendo cumpridas as etapas previstas no § 5º do art. 5º desta lei, o Município procederá à aplicação do imposto sobre a propriedade predial e territorial urbana (IPTU) progressivo no tempo, mediante a majoração da alíquota pelo prazo de cinco anos consecutivos.
>
> § 1º O valor da alíquota a ser aplicado a cada ano será fixado na lei específica a que se refere o *caput* do art. 5º desta lei e não excederá duas vezes o valor referente ao ano anterior, respeitada a alíquota máxima de quinze por cento".

Caso, mesmo assim, o proprietário não cumpra a função social, haverá a possibilidade de o Município **desapropriar para fins de interesse social**, indenizando o proprietário em **títulos da dívida pública**, nos termos do art. 182, § 4º, III, da CF:

> "Art. 182 (...)
>
> § 4º É facultado ao Poder Público municipal, mediante lei específica para a área incluída no plano diretor exigir, nos termos da lei federal, do proprietário do solo urbano não edificado ou não utilizado, que promova seu adequado aproveitamento, sob pena, sucessivamente, de:
>
> (...)
>
> III – desapropriação com pagamento mediante títulos da dívida pública de emissão previamente aprovada pelo Senado Federal, com prazo de resgate de até dez anos, em parcelas anuais, iguais e sucessivas, assegurados o valor real da indenização e dos juros legais."

IMPORTANTE

A progressividade extrafiscal do IPTU, nos termos do art. 182, § 4º, II, da CF/1988, é possível para Municípios que tenham acima de 20.000 habitantes, desde que haja previsão expressa em seu plano diretor. Caso não haja tal previsão expressa ou até mesmo o Município não tenha criado o seu plano diretor, tal progressividade é inconstitucional.

4.3.1.2.4.1.1 Da progressividade fiscal do Imposto sobre a Propriedade Predial e Territorial Urbana (IPTU)

Quando do advento da EC 29/2000, admitiu-se para o IPTU a denominada **progressividade fiscal** visando diretamente o **aumento da arrecadação municipal** em razão do valor do imóvel, nos termos do art. 156, § 1º, I, da CF:

> "Art. 156 (...)
>
> § 1º Sem prejuízo da progressividade no tempo a que se refere o art. 182, § 4º, inciso II, o imposto previsto no inciso I poderá:
>
> I – ser progressivo em razão do valor do imóvel".

Vislumbra-se claramente a **aplicação da progressividade fiscal** em razão da **capacidade contributiva**, uma vez que, se determinada pessoa possuir imóvel com valor superior, presumir-se-á a existência de uma **condição econômica maior** a de outra que possuir um imóvel com valor inferior. Trata-se de um aumento de arrecadação com base na capacidade econômica do proprietário.

Reza o artigo 5º da Lei 10.257, de 10 de julho de 2001 (Estatuto da Cidade):

> Art. 5º Lei municipal específica para área incluída no plano diretor poderá determinar o parcelamento, a edificação ou a utilização compulsórios do solo urbano não edificado, subutilizado ou não utilizado, devendo fixar as condições e os prazos para implementação da referida obrigação.

Em havendo descumprimento de tais condições previstas neste dispositivo, a Municipalidade procederá a aplicação do **IPTU progressivo no tempo**, desde que haja previsão no plano diretor. Assim, os Municípios somente poderão preceder a progressividade fiscal no IPTU desde que haja específica previsão no plano diretor.

A obrigatoriedade do plano diretor tem sua previsão no art. 41 da Lei 10.257/2001:

> "Art. 41. O plano diretor é obrigatório para cidades:
> I – com mais de vinte mil habitantes;
> II – integrantes de regiões metropolitanas e aglomerações urbanas;
> III – onde o Poder Público municipal pretenda utilizar os instrumentos previstos no § 4º do art. 182 da Constituição Federal;
> IV – integrantes de áreas de especial interesse turístico;
> V – inseridas na área de influência de empreendimentos ou atividades com significativo impacto ambiental de âmbito regional ou nacional.
> VI – incluídas no cadastro nacional de Municípios com áreas suscetíveis à ocorrência de deslizamentos de grande impacto, inundações bruscas ou processos geológicos ou hidrológicos correlatos."

Vários Municípios começaram a admitir essa forma de aplicação progressiva antes da EC 29/00. Porém, somente se admite a progressividade fiscal ao IPTU **após o advento da EC 29/00**. Caso ocorra **aumento progressivo fiscal antes do advento da referida emenda**, tal aumento será considerado **inconstitucional**. É o que se observa pela leitura da súmula 668 do STF:

"Súmula 668. É inconstitucional a lei municipal que tenha estabelecido, antes da EC 29/2000, alíquotas progressivas para o IPTU, salvo se destinada a assegurar o cumprimento da função social da propriedade urbana."

4.3.1.2.4.1.2 Da Progressividade do Imposto sobre a Transmissão Causa Mortis e Doações de quaisquer Bens ou Direitos (ITCMD)

No caso do ITCMD, no julgamento do **RE 562.045/RS**, o STF reconhece a **repercussão geral** da possibilidade de progressividade aplicável.

Aduziu a Corte Suprema que **seria possível aferir a capacidade contributiva do ITCMD** pois, tratando-se de um **imposto direto**, a sua incidência poderia expressar, em diversas circunstâncias, **progressividade** ou **regressividade direta**. Asseverou-se que a progressividade de alíquotas do imposto não teria como descambar para o confisco, porquanto haveria o controle do limite máximo da alíquota pelo Senado Federal.

Tal entendimento, porém, não foi unânime, entendendo os Ministros com voto vencido que a progressividade das alíquotas, embora teoricamente realizasse justiça tributária, não o faria no caso, visto que **herdeiros em situações econômicas distintas** seriam compelidos ao **pagamento de igual valor do tributo**.

Com essa decisão, a súmula 656 STF restou prejudicada, uma vez que seria juridicamente inconcebível admitir a progressividade no ITCMD mas não permiti-la ao ITBI.

Ressalta-se, contudo, que a lei estadual gaúcha estabelece que o contribuinte do ITCMD para a aplicação da progressividade, em se tratando de doação, será ao doador e não ao donatário.

Sedimentando a possibilidade de inserção constitucional as mudanças perpetradas pela Suprema Corte ao longo dos anos, a EC 132/2023, quando da **Reforma Tributária**, confere a **progressividade do ITCMD** em razão do **valor do quinhão**, **legado** ou da **doação**, nos termos do art. 155, § 1º, VI, da CF/1988[23].

> **IMPORTANTE**
> De acordo com as mudanças paradigmáticas do STF, vê-se claramente a possibilidade da extensão do instituto da progressividade à totalidade de tributos, desde que haja estrita observância aos demais preceitos constitucionais estabelecidos.

Tal situação é plenamente apresentada quando da **Reforma da Previdência**, através da EC 103/2019, prevendo a possibilidade de aplicação de **progressividade** às alíquotas da **Contribuição Previdenciária do Trabalhador e demais segurados da Previdência Social**, nos termos do art. 195, II, da CF/1988[24]. A progressividade das alíquotas poderá ser aplicada sobre o **valor do salário de contribuição**.

---

23. **Art. 155.** Compete aos Estados e ao Distrito Federal instituir impostos sobre (...):
    § 1º O imposto previsto no inciso I (...):
    VI – será progressivo em razão do valor do quinhão, do legado ou da doação.

24. **Art. 195.** A seguridade social será financiada por toda a sociedade, de forma direta e indireta, nos termos da lei, mediante recursos provenientes dos orçamentos da União, dos Estados, do Distrito Federal e dos Municípios, e das seguintes contribuições sociais:
    II – do trabalhador e dos demais segurados da previdência social, podendo ser adotadas alíquotas progressivas de acordo com o valor do salário de contribuição, não incidindo contribuição sobre aposentadoria e pensão concedidas pelo Regime Geral de Previdência Social.

4.3.1.2.4.1.3 Da Progressividade do Imposto sobre a Transmissão Onerosa de Bens Imóveis Inter Vivos (ITBI)

O imposto sobre transmissão onerosa de bens imóveis *inter vivos* (ITBI), previsto no art. 156, II, da CF é um imposto real e só admitiria a progressividade com base nos argumentos já arguidos pelo STF: mediante **previsão constitucional** e **caráter extrafiscal**.

Observando a Constituição Federal, não se observa qualquer situação que autorize o aumento progressivo do ITBI. Mesmo assim, inúmeros Municípios inseriram em suas respectivas leis tal possibilidade.

No **RE 234.105/SP**, julgado em abril de 1999, o STF declarou a **inconstitucionalidade de norma legal que estabeleça a progressividade das alíquotas do ITBI**, em razão de sua natureza real. Entendeu-se que o ITBI não pode variar na razão da presumível capacidade contributiva do sujeito passivo.

Para tanto, fora editada a Súmula 656 do STF:

"é inconstitucional a lei que estabelece alíquotas progressivas para o ITBI com base no valor venal do imóvel".

Porém, veremos que o STF, através dos anos, tem aplicado modificações significativas no instituto da progressividade, o que acabará por afetar a súmula em comento, conforme analisaremos no tópico abaixo.

Ensina Leandro Paulsen que a **possibilidade de graduação do tributo** conforme a capacidade contributiva pressupõe, evidentemente, que se tenha como hipótese de incidência **situação efetivamente reveladora de tal capacidade**, do que se extrai que o princípio encontra campo **maior de aplicação** nos tributos com **fato gerador não vinculado**.

No entanto, o STF foi modificando o entendimento para os fins de atribuir tal princípio para outras espécies tributárias e não apenas aos impostos, conforme dicção do art. 145, § 1º da CF.

a) **Aplicação do princípio da capacidade contributiva às demais espécies tributárias**

O princípio da capacidade contributiva baseia-se num **ideal de justiça fiscal**. Relativamente às taxas, porém, a justiça fiscal reside na sua simples cobrança. O STF tem admitido a **possibilidade de inserção da capacidade contributiva às taxas**, tendo por observância o disposto no art. 5º, LXXVI, da CF:

> "Art. 5º (...)
> LXXVI – são gratuitos para os reconhecidamente pobres, na forma da lei:
> o registro civil de nascimento;
> a certidão de óbito".

Tanto o registro civil de nascimento quanto a certidão de óbito são emanados pelo **Registro Civil das Pessoas Naturais**, uma das serventias extrajudiciais componentes da atividade notarial e registral. Para o cumprimento do exercício da atividade notarial e registral, as serventias extrajudiciais cobram o **valor da prestação dos serviços dos usuários** através de **taxas de serviço**, conforme entendimento pacificado do STF, no julgamento da **ADI 1378** e da **ADI 3089**.

Partindo da premissa que a Constituição Federal assegura aos reconhecidamente pobres a possibilidade de gratuidade dessas certidões, **entende-se que há a observância da capacidade contributiva também às taxas** e não apenas aos impostos.

Em outra oportunidade, o STF julgou o **AgRg no RE 176.382/CE** admitindo o princípio da capacidade contributiva na **taxa de fiscalização dos mercados de títulos e valores mobiliários**. A Corte afirma que o critério adotado pelo legislador para a cobrança dessa taxa busca realizar o princípio constitucional da capacidade contributiva, também aplicável a essa modalidade de tributo, notadamente quando a taxa tem, como fato gerador, o exercício do poder de polícia.

Assim como ocorre no caso das taxas, o STF não vê qualquer impossibilidade de aplicar o princípio da capacidade contributiva às contribuições, utilizando-se da mesma premissa.

No julgamento da **ADI 948/GO**, o STF considerou **constitucional** a **instituição de uma taxa judiciária progressiva**, exceto se a progressividade de suas alíquotas e a ausência de teto para a sua cobrança inviabilizarem ou tornarem excessivamente oneroso o acesso ao Poder Judiciário.

"Súmula 667 do STF. Viola a garantia constitucional de acesso à jurisdição a taxa judiciária calculada sem limite sobre o valor da causa".

⚖ JURISPRUDÊNCIA

"Lei que restringe os contribuintes da Cosip aos consumidores de energia elétrica do município não ofende o princípio da isonomia, ante a impossibilidade de se identificar e tributar todos os beneficiários do serviço de iluminação pública. A progressividade da alíquota, que resulta do rateio do custo da iluminação pública entre os consumidores de energia elétrica, não afronta o princípio da capacidade contributiva. Tributo de caráter *sui generis*, que não se confunde com um imposto, porque sua receita se destina a finalidade específica, nem com uma taxa, por não exigir a contraprestação individualizada de um serviço ao contribuinte. Exação que, ademais, se amolda aos princípios da razoabilidade e da proporcionalidade" (**STF, RE 573.675/SC**, j. 25.03.2009, rel. Min. Ricardo Lewandowski, Plenário, *DJe* 22.05.2009).

• "ICMS. Apuração por períodos. Compensação. Crédito do contribuinte. Correção monetária. Princípios da não cumutatividade e da isonomia. Ação cautelar repristinatória. Medida cautelar obtida na origem não pode surtir efeitos no Supremo Tribunal Federal, que deu provimento ao recurso extraordinário da Fazenda. Desse modo, ainda que penda de julgamento o agravo regimental do contribuinte, operou-se a substituição do acórdão recorrido, a que servia aquela cautelar (art. 512 do CPC). A jurisprudência do STF é de que não incide correção monetária sobre créditos de natureza meramente contábil ou escritural. Precedentes" (**STF, AC 1.313/RS**, j. 23.10.2008, rel. Min. Carlos Ayres Britto, *DJe* 11.04.2008).

• "A Constituição Federal outorga aos Estados e ao Distrito Federal a competência para instituir o Imposto sobre Propriedade de Veículos Automotores e para conceder isenção, mas, ao mesmo tempo, proíbe o tratamento desigual entre contribuintes que se encontrem na mesma situação econômica. Observância aos princípios da igualdade, da isonomia e da liberdade de associação" (**STF, ADI 1.655/AP**, j. 03.03.2004, rel. Min. Maurício Corrêa, *DJ* 02.04.2004).

• "Isenção de IPTU, em razão da qualidade de servidor estadual do Agravante, postulada em desrespeito da proibição contida no art. 150, II, da Constituição Federal de 1988" (**AgRg no AI 157.871**, rel. Min. Octavio Gallotti, j. 15.09.1995, *DJ* 09.12.1996).

• "IPVA. Progressividade. Todos os tributos submetem-se ao princípio da capacidade contributiva (precedentes), ao menos em relação a um de seus três aspectos (objetivo, subjetivo e proporcional), independentemente de classificação extraída de critérios puramente econômicos" (STF, AgRg no RE 406.955/MG, 2ª T., j. 04.10.2011, rel. Min. Joaquim Barbosa, *DJe* 21.10.2011).

• "IPTU. (...). Surge legítima, sob o ângulo constitucional, lei a prever alíquotas diversas presentes imóveis residenciais e comerciais, uma vez editada após a EC 29/2000" (**STF, RE 423.768/SP**, Plenário, j. 01.12.2010, rel. Min. Marco Aurélio, *DJe* 10.05.2011). No mesmo sentido: STF, RE 586.693/SP, rel. Min. Marco Aurélio, j. 25.05.2011, Plenário, DJE 22.06.2011, com repercussão geral. Vide: **STF, AgRg no RE 437.107/PR**, 2ª T., j. 06.04.2010, rel. Min. Joaquim Barbosa, *DJe* 23.04.2010.

• "IPTU. Incidência de alíquotas progressivas até a EC 29/2000. Relevância econômica, social e jurídica da controvérsia. Reconhecimento da existência de repercussão geral da questão deduzida no apelo extremo interposto. Precedentes desta Corte a respeito da inconstitucionalidade da cobrança progressiva do IPTU antes da citada emenda. Súmula 668 deste Tribunal. Ratificação do entendimento" (**STF, QO no AgRg no RE 712.743/SP**, Plenário, j. 12.03.2009, rel. Min. Ellen Gracie, *DJe* 08.05.2009, com repercussão geral).

• "IPVA. Lei estadual. Alíquotas diferenciadas em razão do tipo do veículo. Os Estados membros estão legitimados a editar normas gerais referentes ao IPVA, no exercício da competência concorrente prevista no art. 24, § 3º, da CF. Não há tributo progressivo quando as alíquotas são diferenciadas segundo critérios que não levam em consideração a capacidade contributiva" (**STF, AgRg no RE 414.259/MG**, 2ª T., j. 24.06.2008, rel. Min. Eros Grau, *DJe* 15.08.2008).

• "As bases de cálculo previstas para as sociedades prestadoras de serviços profissionais foram recepcionadas pela nova ordem jurídico-constitucional, na medida em que se mostram adequadas a todo o arcabouço principiológico do sistema tributário nacional. Ao contrário do que foi alegado, a tributação diferenciada se presta a concretizar a isonomia e a capacidade contributiva. As normas inscritas nos § 1º e § 3º não implicam redução da base de cálculo" (**STF, AI 703.982-AgR,** 1ª T., j. 09.04.2013, rel. Min. Dias Toffoli, **DJE** 07.06.2013). No mesmo sentido: STF, RE 795.415-AgR, 2ª T., j. 03.06.2014, rel. Min. Cármen Lúcia, **DJE** 13.06.2014.

• "(...) todos os impostos podem e devem guardar relação com a capacidade contributiva do sujeito passivo e não ser impossível aferir-se a capacidade contributiva do sujeito passivo do ITCD. Ao contrário, tratando-se de imposto direto, a sua incidência poderá expressar, em diversas circunstâncias, progressividade ou regressividade direta. Todos os impostos, repito, estão sujeitos ao princípio da capacidade contributiva, especialmente os diretos, independentemente de sua classificação como de caráter real ou pessoal; isso é completamente irrelevante. Daí por que dou provimento ao recurso, para declarar constitucional o disposto no art. 18 da Lei 8.821/1989 do Estado do Rio Grande do Sul" (**STF, RE 562.045**, Plenário, j. 06.02.2013, rel. p/ o ac. Min. Cármen Lúcia, voto do Min. Eros Grau, **DJE** 27.11.2013, com repercussão geral)

• "IPVA. Progressividade. Todos os tributos submetem-se ao princípio da capacidade contributiva (precedentes), ao menos em relação a um de seus três aspectos (objetivo, subjetivo e proporcional), independentemente de classificação extraída de critérios puramente econômicos" (**STF, RE 406.955-AgR,** 2ª T., j. 04.10.2011, rel. Min. Joaquim Barbosa, **DJE** 21.10.2011.

• "Imposto Predial e Territorial Urbano. (...) Surge legítima, sob o ângulo constitucional, lei a prever alíquotas diversas, presentes imóveis residenciais e comerciais, uma vez editada após a EC 29/2000" (**STF, RE 586.693**, rel. Min. Marco Aurélio, Plenário, j. 25.05.2011, **DJE** 22.06.2011, com repercussão geral.) **Vide**: RE 437.107-AgR, 2ª T., j. 06.04.2010, rel. Min. Joaquim Barbosa, **DJE** 23.04.2010.

4.3.1.2.5 Princípio da Irretroatividade Tributária

A regra geral é de que a **lei tributária**, uma vez publicada, **produz efeitos para o futuro**, e não para o passado. Assim, a lei tributária **não pode ser aplicada a fatos ocorridos anteriormente a sua vigência**. Este é o comando do art. 150, III, *a*, da CF/1988:

> "Art. 150. Sem prejuízo de outras garantias asseguradas ao contribuinte, é *vedado* à União, aos Estados, ao Distrito Federal e aos Municípios:
>
> (...) III – cobrar tributos:
>
> *a*) em relação a fatos geradores ocorridos antes da vigência da lei que os houver instituído ou aumentado."

A lei tributária prevê uma situação hipotética (fato gerador) que ocorrendo concretamente (realização do fato gerador), deflagra a obrigação de pagar o tributo. Essa previsão da lei tributária só poderá atingir fatos concretos (fatos geradores) que ocorram após sua vigência.

A lei tributária não retroage para atingir fatos do passado e exigir tributo com base nos mesmos, isto é, antes da vigência da lei tributária.

Em suma, lei tributária **não se aplica a fatos ocorridos anteriormente à sua vigência**. A lei, pela regra geral, possui **efeitos prospectivos** e não retrospectivos.

4 • LIMITAÇÕES CONSTITUCIONAIS AO PODER DE TRIBUTAR 191

Os atos já praticados ou situações que já ocorreram não podem ser considerados, por uma nova lei, como suficientes para geração de uma obrigação tributária, assim como não podem estabelecer maior ônus ao contribuinte.

IMPORTANTE
Em matéria tributária, a lei a ser aplicada é aquela vigente à época da ocorrência do respectivo fato gerador.

Vigência é a **aptidão da regra do direito positivo** (que institui tributo) **em produzir seus efeitos**, ou seja, em obrigar que o contribuinte pague o valor devido e em dar poder para o Estado exigir o pagamento do valor devido, sendo que neste último caso o Estado tem todo o aparato legal para exigir, inclusive mediante eventual ação de execução fiscal, o valor devido. Antes de adentrar nos comentários do Código Tributário Nacional, vale chamar a atenção da regra da irretroatividade para um outro dispositivo da Constituição Federal de 1988, que é o art. 5º, XXXVI, que estabelece:

> "Art. 5º (...).
>
> (...)
>
> XXXV – a lei não prejudicará o direito adquirido, o ato jurídico perfeito e a coisa julgada."

Trata-se de um preceito elementar do Estado Democrático de Direito, a **segurança jurídica**, ou seja, a **certeza e segurança na estabilidade dos tratamentos jurídicos das situações já consumadas e concretizadas**, que não poderão ser modificadas pela lei, no nosso campo de estudo, pela lei tributária, que fica vedada de dispor sobre situações que ocorreram no passado. É este mesmo comando que se vê no art. 6º da LINDB (Lei de Introdução às normas do Direito Brasileiro):

> "Art. 6º A lei em vigor terá efeito imediato e geral, respeitados o ato jurídico perfeito, o direito adquirido e a coisa julgada."

A lição que deve ficar clara é a **preservação e respeito** de que **qualquer lei tributária não venha a dispor sobre eventos e fatos do passado**, para dessas situações extrair a obrigação de pagar tributo.

Com a vista preparada por essas explicações é que se pode analisar o art. 101 do CTN, que nada mais faz que a relação da legislação tributária com as disposições das normas gerais de direito sobre a vigência, que é como já destacado, a Lei de Introdução às normas do Direito Brasileiro – LINDB. O art. 102 do CTN, por sua vez, trata de uma situação que foge à regra geral, que é a situação de vigência das leis municipais e estaduais fora dos respectivos territórios, o que se dá no caso de convênios, celebrados em grande parte para dispor sobre regras de fiscalização e combate à sonegação.

O art. 103 também trata de uma situação toda especial de vigência de alguns atos administrativos de natureza tributária, contando-se prazo da publicação desses atos, ou como deles for disposto. Sucede que "publicação" sempre tem um significado técnico que é a publicação na imprensa oficial, com a presunção de que a todos foi levado a conhecer, exatamente para ninguém se eximir do descumprimento de uma regra alegando seu desconhecimento. Essa é outra regra muito importante insculpida no art. 3° da LINDB, determinando que ninguém se escusa de cumprir a lei, alegando que não a conhece.

Nos fatos geradores considerados **instantâneos**, a **aplicação do princípio da irretroatividade passa a ser extremamente simples**. No que diz respeito a situação dos fatos geradores **continuados**, ou seja, aqueles que se prolongam no tempo, devemos observar o **entendimento esposado pelo STF**.

Segundo a Corte Suprema, mesmo em decorrência do princípio da irretroatividade, nada impede de que uma lei vigente posteriormente que vise instituir ou aumentar determinado tributo alcance **todo o período de duração do fato gerador**. A lei que institui ou majore tributos, já estando vigente e apta a produzir efeitos na data em que se verifique o termo final do fato gerador poderá alcançar todo o período de apuração a que se refira esse mesmo fato gerador, ainda que o seu termo inicial tenha se dado antes de a lei estar vigente.

A **regra geral** determina que a lei a ser aplicada é aquela vigente quando da **ocorrência do fato gerador**.

Traz o art. 144 do CTN:

> "Art. 144. O lançamento reporta-se à data da ocorrência do fato gerador da obrigação e rege-se pela lei então vigente, ainda que posteriormente modificada ou revogada."

- **Aplicação de lei posterior a ocorrência do fato gerador**

Por uma determinação legal, pode ser aplicada uma lei que seja **posterior à ocorrência do fato gerador**, desde que a lei posterior tenha **instituído novos critérios de apuração ou processos de fiscalização, ampliado os poderes de investigação das autoridades administrativas** ou ainda quando se **outorga ao crédito tributário maiores garantias ou privilégios, excetuando-se, neste último caso, para o efeito de atribuir responsabilidade tributária a terceiros**.

Como se apercebe, tal possibilidade de se aplicar lei posterior ao fato gerador ocorre quando das **modificações dos procedimentos e prerrogativas instrumentais**, não havendo o que se falar em afronta ao princípio da irretroatividade (art. 144, § 1°, do CTN).

4.3.1.2.5.1 Exceções aplicáveis ao Princípio da Irretroatividade Tributária: retroatividade benéfica ou benigna

Como regra geral, a lei tributária **não poderá ser aplicada a fatos geradores ocorridos anteriormente a sua vigência**. Quando afirmamos da existência de **retroatividade benéfica**, a lei tributária **poderá ser aplicada a fatos ocorridos anteriormente a sua vigência**, desde que nos **limites estabelecidos da lei** e sejam situações **benéficas ao contribuinte**.

Assim, a **retroatividade benéfica** somente poderá ocorrer mediante o cumprimento das seguintes exigências:

⇒ **determinação legislativa**;
⇒ **benefício do contribuinte**.

Prevê o art. 106 do CTN:

> Art. 106. A lei aplica-se a ato ou fato pretérito:
> I – em qualquer caso, quando seja expressamente interpretativa, excluída a aplicação de penalidade à infração dos dispositivos interpretados;
> II – tratando-se de ato não definitivamente julgado:
> a) quando deixe de defini-lo como infração;
> b) quando deixe de tratá-lo como contrário a qualquer exigência de ação ou omissão, desde que não tenha sido fraudulento e não tenha implicado em falta de pagamento de tributo;
> c) quando lhe comine penalidade menos severa que a prevista na lei vigente ao tempo de sua prática.

A permissão para que a lei tributária possa ser aplicada de forma retroativa encontra-se no art. 106 do CTN, dividindo-se da seguinte forma:

- **lei expressamente interpretativa**, desde que não aplique ao contribuinte nenhuma espécie de sanção;

Deve-se entender por **lei expressamente interpretativa** aquela que **não necessita de outra norma para extensão ou restrição de seus efeitos**, ou seja, é aquela norma que se interpreta de forma literal. O próprio dispositivo legal, de **maneira expressa**, dará a possibilidade de a lei ser aplicada de maneira retroativa.

Mesmo nesse sentido, observe que se trata de retroatividade benéfica, ou seja, a lei expressamente interpretativa vai retroagir apenas para o benefício do contribuinte.

Assim, p. ex., se uma lei tributária determina que sua aplicação se faça **desde o mês de janeiro de determinado ano** e esta norma fora editada em julho, trata-se de uma lei expressamente interpretativa, porque se extrai do seu entendimento que aquela norma deverá ser aplicada desde o mês de janeiro, desde que a norma não dependa de qualquer regulamentação.

Porém, **mesmo que a lei seja expressamente interpretativa**, só que esteja aplicando ao contribuinte **qualquer tipo de penalidade ou infração**, tal norma **não poderá retroagir**.

Explica Leandro Paulsen que a situação das leis interpretativas é a seguinte: constituem **leis novas** e, portanto, como tal devem ser consideradas e, se meramente esclarecem o sentido de outra anterior, não estarão inovando na ordem jurídica, de maneira que nenhuma influência maior terá, senão de esclarecimento para os agentes públicos e contribuintes, se no seu texto constar aplicação retroativa à data da lei interpretada.

Demais juristas determinam que **lei expressamente interpretativa** é aquela que tem por objetivo **determinar**, em caso de dúvida, o **sentido das leis existentes, sem introduzir disposições novas**.

Um exemplo recente de lei expressamente interpretativa é a Lei 13.259/16 que, dentre outras funções, regulamenta a **dação em pagamento de bens imóveis**, modalidade de extinção do crédito tributário, nos termos do art. 156, XI, do CTN.

O último artigo dessa norma diz:

> Art. 5º Esta lei entra em vigor na data de sua publicação, **produzindo efeitos a partir de 1º de janeiro de 2016** (grifo nosso)

Esta lei foi publicada em março de 2016; no entanto, o legislador determina que os seus efeitos serão produzidos desde o início de janeiro. Vez que não aplica ao contribuinte nenhuma espécie de sanção, sendo expressamente interpretativa, poderá ser aplicada de forma retroativa.

- Quando lei posterior deixar de definir um **ato como infração, contrário à lei** ou **mediante aplicação de penalidade menos severa** ao contribuinte infrator, **desde que o ato infracional não esteja definitivamente julgado**.

Não se trata o dispositivo de qualquer espécie de ato praticado pelo contribuinte, mas de **ato infracional**, ou seja, contrário à lei. Tal situação não poderá ser aplicada, por exemplo, na lei posterior que diminui uma alíquota, pois a lei a ser aplicada, conforme vimos, é a lei vigente na época da ocorrência do fato gerador.

Para que o contribuinte, entretanto, faça jus ao benefício, o ato infracional não poderá transitar em julgado. No Brasil, vige o **princípio da inafastabilidade de jurisdição**, ou seja, somente pode se falar em trânsito julgado em face do contribuinte mediante definição pelo **Poder Judiciário. Tribunal Administrativo não faz coisa julgada contra o particular.**

Assim, p.ex., se o contribuinte pratica um ato contrário à lei e tem a aplicação de uma multa e, não concordando com a multa, apresenta tempestivamente uma impugnação administrativa, **não houve trânsito em julgado e se sobrevier uma lei que aplica uma multa mais benéfica poderá retroagir.**

Caso o contribuinte não logre êxito na primeira instância administrativa e apresente um recurso voluntário perante a segunda instância administrativa, a norma posterior poderá retroagir se for mais benéfica.

E, mesmo que o contribuinte não logre êxito na segunda instância administrativa, acarretando o **trânsito em julgado na esfera administrativa**, este poderá se socorrer do Poder Judiciário, pois somente este pode determinar a coisa julgada material contra o contribuinte.

JURISPRUDÊNCIA

Ao imposto de renda calculado sobre os rendimentos do ano-base, aplica-se a lei vigente no exercício financeiro em que deve ser apresentada a declaração" (**Súmula 584 do STF**).

• "Não é legítima a aplicação retroativa do art. 1º, I, da Lei 7.988/89 que majorou a alíquota incidente sobre o lucro proveniente de operações incentivadas ocorridas no passado, ainda que no mesmo exercício. Relativamente a elas, a legislação havia conferido tratamento fiscal destacado e mais favorável, justamente para incrementar a sua exportação. A evidente função extrafiscal da tributação das referidas operações afasta a aplicação, em relação a elas, da Súmula 584/STF" (**STF, RE 183.130**, Plenário, j. 25.09.2014, rel. p/ o ac. Min. Teori Zavascki, **DJE** 17.11.2014).

• "Acórdão recorrido que não violou a Constituição ao afastar, no caso concreto, a aplicação retroativa de decreto estadual posterior, para aplicar a legislação vigente à época dos fatos. Não ocorrência de violação ao art. 150, III, **a**, da CF/1988" (**STF, RE 558.136**-AgR, 2ªT., j. 07.08.2012, rel. Min. Gilmar Mendes, **DJE** 17.08.2012).

• "O Plenário desta Corte, ao julgar o RE 213.396 (**DJ** 01.12.2000), assentou a constitucionalidade do sistema de substituição tributária 'para frente', mesmo antes da promulgação da EC 3/1993. Alegação de que a aplicação do sistema de substituição tributária no mês de março de 1989 ofenderia o princípio da irretroatividade. Procedência. Embora a instituição deste sistema não represente a criação de um novo tributo, há substancial alteração no sujeito passivo da obrigação tributária" (**STF, RE 266.602**, Plenário, j. 14.09.2006, rel. Min. Ellen Gracie, **DJ** 02.02.2007).

• "Salientou que, em matéria de imposto de renda, a lei aplicável é a vigente na data do encerramento do exercício fiscal e que os recorrentes tiveram modificada pela Lei 8.981/1995 uma mera expectativa de direito. (...). Em razão disso, até que encerrado o exercício fiscal, ao longo do qual se forma e se conforma o fato gerador do imposto de renda, o contribuinte possui mera expectativa de direito quanto à manutenção dos patamares fixados pela legislação que regia os exercícios anteriores. Considerou não se estar diante, portanto, de qualquer alteração de base de cálculo do tributo, a exigir lei complementar, nem de empréstimo compulsório, não havendo ofensa aos princípios da irretroatividade ou do direito adquirido.

Concluiu que a Lei 8.981/1995 não incide sobre fatos geradores ocorridos antes do início de sua vigência e que os prejuízos havidos em exercícios anteriores não são fato gerador algum, mas meras deduções cuja projeção para exercícios futuros foi autorizada nos termos da lei, a qual poderá ampliar ou reduzir a proporção de seu aproveitamento" (**STF, RE 344.994/PR**, Plenário, j. 25.03.2009, rel. p/ Acórdão Min. Eros Grau, **DJe** 28.08.2009, **Informativo** 540 do STF).

• "Contribuição social sobre o lucro das pessoas jurídicas. Lei 7.689/1988. Não é inconstitucional a instituição da contribuição social sobre o lucro das pessoas jurídicas, cuja natureza é tributária. Constitucionalidade dos arts. 1º, 2º e 3º da Lei 7.689/1988. Refutação dos diferentes argumentos com que se pretende sustentar a inconstitucionalidade desses dispositivos legais. Ao determinar, porém, o art. 8º da Lei 7.689/1988 que a contribuição em causa já seria devida a partir do lucro apurado no período-base a ser encerrado em 31.12.1988, violou ele o princípio da irretroatividade contido no art. 150, III, **a**, da CF/1988, que proíbe que a lei que institui tributo tenha, como fato gerador deste fato ocorrido antes do início da vigência dela. Recurso Extraordinário conhecido com base na letra **b** do inc. III do art. 102 da CF, mas a que se nega provimento porque o mandado de segurança foi concedido para impedir a cobrança das parcelas da contribuição social cujo fato gerador seria o lucro apurado no período-base que se encerrou em 31.12.1988. Declaração de inconstitucionalidade do art. 8º da Lei 7.689/1988" (**STF, RE 146.733/SP**, j. 29.06.1992, rel. Moreira Alves, **DJ** 06.11.1992). No mesmo sentido: STF, ADI 15/DF, j. 14.06.2007, rel. Min. Sepúlveda Pertence, **DJ** 31.08.2007.

• "O Plenário desta Corte, ao julgar o RE 213.396/SP (**DJ** 01.12.2000), assentou a constitucionalidade do sistema de substituição tributária 'para frente', mesmo antes da promulgação da EC 3/1993. Alegação de que a aplicação do sistema de substituição tributária no mês de março de 1989 ofenderia o princípio da irretroatividade. Procedência. Embora a instituição deste sistema não represente a criação de um novo tributo, há substancial alteração no sujeito passivo da obrigação tributária" (**STF, RE 266.602/MG**, Plenário, j. 14.09.2006, rel. Min. Ellen Gracie, **DJU** 02.02.2007).

• "Adicional de imposto de renda. (...). Este excelso Tribunal, por meio de julgamentos proferidos pela E. 2ª T., firmou a orientação de que o Dec.-lei 2.462, de 31.08.1988, não violou os princípios da irretroatividade e da anterioridade tributária. Precedentes: **STF, RE 199.352/PR**, rel. p/ o Acórdão Min. Nelson Jobim, RE 197.981/PR e AgRg no RE 229.147/MG, ambos de relatoria do Min. Carlos Velloso" (**STF, AgRg no RE 177.091**, 1ª T., j. 22.03.2005, rel. Min. Ayres Britto, **DJU** 10.03.2006).

• "Seguridade Social. Servidor público. Vencimentos. Proventos de aposentadoria e pensões. Sujeição à incidência de contribuição previdenciária, por força de emenda constitucional. Ofensa a outros direitos e garantias individuais. Não ocorrência. Contribuição social. Exigência patrimonial de natureza tributária. Inexistência de norma de imunidade tributária absoluta. Regra não retroativa. Instrumento de atuação do Estado na área da previdência social. Obediência aos princípios da solidariedade e do equilíbrio financeiro e atuarial, bem como aos objetivos constitucionais de universalidade, equidade na forma de participação no custeio e diversidade da base de financiamento" (**STF, ADI 3.105/DF**, j. 18.08.2004, Plenário, rel. Min. Cezar Peluso, **DJ** 18.02.2005).

• "Taxa referencial diária. Índice de remuneração mensal da média líquida de impostos, de títulos privados ou títulos públicos federais, estaduais e municipais. Utilização do indexador como fator de correção monetária de débitos fiscais. Possibilidade. Fato gerador consumado anteriormente à vigência da Lei 8.177/1991. Incidência da TRD. Impossibilidade em face do princípio da irretroatividade, dado que a referida taxa altera não apenas a expressão nominal do imposto, mas também o valor real da respectiva base de cálculo" (**STF, RE 204.133**, 2ª T., j. 16.12.1999, rel. Min. Maurício Corrêa, **DJ** 17.03.2000.) No mesmo sentido: STF, ARE 660.740-AgR, 1ª T., j. 11.12.2012, rel. Min. Dias Toffoli, **DJE** 08.02.2012.

O litígio constitucional posto se traduz em um confronto entre o direito ao sigilo bancário e o dever de pagar tributos, ambos referidos a um mesmo cidadão e de caráter constituinte no que se refere à comunidade política, à luz da finalidade precípua da tributação de realizar a igualdade em seu duplo compromisso, a autonomia individual e o autogoverno coletivo. Do ponto de vista da autonomia individual, o sigilo bancário é uma das expressões do direito de personalidade que se traduz em ter suas atividades e informações bancárias livres de ingerências ou ofensas, qualificadas como arbitrárias ou ilegais, de quem quer que seja, inclusive do Estado ou da própria instituição financeira. Entende-se que a igualdade é satisfeita no plano do autogoverno coletivo por meio do pagamento de tributos, na medida da capacidade contributiva do contribuinte, por sua vez vinculado a um Estado soberano comprometido com a satisfação das necessidades coletivas de seu povo. Verifica-se que o Poder Legislativo não desbordou dos parâmetros constitucionais, ao exercer sua relativa liberdade de conformação da ordem jurídica, na medida em que estabeleceu requisitos objetivos para a requisição de informação pela administração tributária às instituições financeiras, assim como manteve o sigilo dos dados a respeito das transações financeiras do contribuinte, observando-se um translado do dever de sigilo da esfera bancária para a fiscal. A alteração na ordem jurídica promovida pela Lei 10.174/2001 não atrai a aplicação do princípio da irretroatividade das leis tributárias, uma vez que aquela se encerra na atribuição de competência administrativa à Secretaria da Receita Federal, o que evidencia o caráter instrumental da norma em questão. Aplica-se, portanto, o art. 144, § 1º, do CTN. Fixação de tese em relação ao item *a* do Tema 225 da sistemática da repercussão geral: "O art. 6º da LC 105/2001 não ofende o direito ao sigilo bancário, pois realiza a igualdade em relação aos cidadãos, por meio do princípio da capacidade contributiva, bem como estabelece requisitos objetivos e o translado do dever de sigilo da esfera bancária para a fiscal". Fixação de tese em relação ao item *b* do Tema 225 da sistemática da repercussão geral: "A Lei 10.174/2001 não atrai a aplicação do princípio da irretroatividade das leis tributárias, tendo em vista o caráter instrumental da norma, nos termos do art. 144, § 1º, do CTN." (**RE 601.314**, rel. Min. Edson Fachin, j. 24.02.2016, P, *DJE* de 16.09.2016, Tema 225).

No RE 183.130, rel. p/ o ac. Min. Teori Zavascki, o Plenário desta Corte assentou que a utilização do imposto de renda com conotação extrafiscal afasta a incidência da Súmula 584 do STF. O fato gerador se consolida no momento em que ocorre cada operação de exportação incentivada pela redução da alíquota do imposto de renda, à luz da extrafiscalidade da tributação na espécie. É inconstitucional a aplicação retroativa do art. 1º, I, da Lei 7.988/1989, que majorou a alíquota incidente sobre o lucro proveniente de operações incentivadas ocorridas no passado, ainda que no mesmo ano-base. (...) Recurso extraordinário a que se dá provimento, reafirmando a jurisprudência desta Corte, em sede de repercussão geral, para reformar o acórdão recorrido e declarar a inconstitucionalidade, incidental e com os efeitos da repercussão geral, do art. 1º, I, da Lei 7.988/1989, uma vez que a majoração de alíquota de 6% para 18%, a qual se reflete na base de cálculo do imposto de renda pessoa jurídica incidente sobre o lucro das operações incentivadas no ano-base de 1989, ofende os princípios da irretroatividade e da segurança jurídica. (**STF, RE 592.396**, rel. Min. Edson Fachin, j. 03.12.2015, P, *DJE* de 28.03.2016, Tema 168.

4.3.1.2.6 *Princípio da Anterioridade tributária*

Trata-se de um dos princípios mais importantes para a segurança jurídica na tributação. Tal princípio substituiu o **princípio da anualidade tributária** que, inclusive, foi legitimado pelo STF.

Tal princípio determinava que o **tributo poderia ser exigido** desde que estivesse **previsto nas leis orçamentárias**. Assim, a cobrança estava condicionada a uma **prévia inclusão orçamentária**. O princípio estava vinculado mais a uma questão orçamentária do que tributária.

O STF, por ocasião desse princípio, editou a súmula 66:

Súmula 66. É legítima a cobrança do tributo que houver sido aumentado após o orçamento, mas antes do respectivo exercício financeiro.

No entanto, vez que o tributo estivesse incluído em legislação orçamentária, quando de sua instituição ou aumento, sua exigência poderia ser efetuada de forma imediata. Tal situação acarretava **insegurança jurídica na tributação**, uma vez que o contribuinte não tinha qualquer conhecimento ou previsibilidade do que pagar e de quando isso ocorreria.

O advento do princípio da anterioridade tributária revogou a anualidade tributária. A razão de ser dessa regra é dispor sobre a **previsibilidade** e o **conhecimento**, por parte do sujeito passivo, de **quais serão os tributos que incidirão sobre uma determinada atividade**, sobre um **determinado evento**, a contar do exercício financeiro subsequente, podendo deles conhecer assim que for publicada a lei instituindo ou majorando o tributo.

Como é conhecido, o STF já manifestou decisão no sentido de que as **limitações constitucionais ao poder de tributar** são **cláusulas pétreas** e tal evento manifestou-se no julgamento da **ADI 939**. O que motivou tal decisão foi justamente a existência do princípio da anterioridade.

Essa orientação foi traçada de forma clara pelo seguinte trecho do voto do então Ministro Carlos Velloso:

> "Direitos e garantias individuais não são apenas aqueles que estão inscritos nos incisos do art. 5º. Não. Esses direitos e garantias se espalham pela constituição. O próprio art. 5º, parágrafo 2, estabelece que os direitos e garantias expressos nesta Constituição não excluem outros decorrentes do regime e dos princípios por ela dotados, ou dos tratados internacionais em que a República do Brasil seja parte".

A aptidão dessas leis tributárias de produzirem efeitos e obrigar os sujeitos passivos, portanto, ficam **postergadas para os eventos** (fatos geradores concretos realizados) **que ocorrerem a partir do primeiro dia do exercício financeiro subsequente** àquele em que for **publicada a lei instituindo ou majorando os tributos**.

É importante ressaltar que a publicidade **complementa o processo legislativo**, sendo o marco para o ingresso da lei no ordenamento jurídico. Se a lei não for publicada, não produzirá efeitos.

Assim, para efeitos da aplicação do princípio da anterioridade, imprescindível a **publicidade da lei**.

Para uma maior compreensão, podemos classificar a aplicação do princípio da anterioridade da seguinte forma:

a) Anterioridade Comum, de Exercício ou Anual

O regramento está estabelecido no art. 150, III, b, da CF:

> Art. 150. Sem prejuízo de outras garantias asseguradas ao contribuinte, é vedado à União, aos Estados, ao Distrito Federal e aos Municípios:
>
> (...)
>
> III – cobrar tributos:
>
> b) no mesmo exercício financeiro em que haja sido publicada a lei que os instituiu ou aumentou;

O dispositivo estabelece que **todo o tributo** que foi **instituído** ou **aumentado** em determinado exercício financeiro somente poderá ser **exigido** no **exercício seguinte da data da publicação da lei**.

No Brasil, o **exercício financeiro coincide com o ano civil**, nos termos do art. 34 da Lei 4.320/64:

> O exercício financeiro coincidirá com o ano civil.

Assim, no caso de um tributo ser instituído no mês de janeiro de 2.024, somente poderá ser exigido a partir de janeiro de 2.025, desde que a lei tenha sido publicada.

Por mais que, de forma aparente, a segurança jurídica estaria estabelecida, o administrador público começou a se utilizar de mecanismos para **acelerar o processo de exigência do tributo**. No caso, as normas tributárias de instituição e aumento de tributos começaram a ser **publicadas a partir do final de dezembro** para que sua **exigência** começasse a partir de **janeiro do próximo ano**.

Tivemos, inclusive, situação pela qual uma medida provisória foi publicada em 31 de dezembro, sendo um sábado, gerando discussão perante o STF sobre sua validade. A interpretação adotada pelo STF foi no sentido que, apesar do dia da publicação ser um sábado e o Diário Oficial ter sido posto à venda à noite, não ocorreria ofensa ao princípio da anterioridade (**STF, RE 226.451/PE**).

Desta feita, a segurança jurídica na tributação restava, novamente, ameaçada, fazendo com que o Poder Legislativo estabelecesse um reforço ao referido princípio.

b) Anterioridade Nonagesimal ou Noventena

A EC 42/03 introduziu a alínea c ao art. 150, III, criando o mecanismo denominado nonagesimal, *in verbis*:

> "Art. 150. Sem prejuízo de outras garantias asseguradas ao contribuinte, é vedado à União, aos Estados, ao Distrito Federal e aos Municípios:
>
> III – cobrar tributos:
>
> c) antes de decorridos noventa dias da data em que haja sido publicada a lei que os instituiu ou aumentou, observado o disposto na alínea b."

Tal aplicação da anterioridade surge como **reforço ao regramento da anterioridade de exercício**. Assim, os tributos em geral, continuam **sujeitos a anterioridade de exercício** não podendo, contudo, sofrer exigência antes de decorridos, **no mínimo, 90 (noventa) dias da publicação da lei instituidora ou majoradora**.

Não deixa de ser uma **forma de imposição constitucional de *vacatio legis*** de, pelo menos, **90 (noventa) dias** para a vigência de leis instituidoras ou majoradoras de tributos.

Tal princípio é aplicado em sua totalidade (comum e nonagesimal), sendo sempre observado de maneira que melhor atenda o interesse do contribuinte.

c) Anterioridade Mitigada ou Especial

Tal regramento versa sobre situação peculiar que recai sobre as **contribuições sociais**. Dispõe o art. 195, § 6º da CF que:

> "Art. 195. A seguridade social será financiada por toda a sociedade, de forma direta e indireta, nos termos da lei, mediante recursos provenientes dos orçamentos da União, dos Estados, do Distrito Federal e dos Municípios, e das seguintes contribuições sociais:
>
> (...)
>
> § 6º As contribuições sociais de que trata este artigo **só poderão ser exigidas após decorridos noventa dias da data da publicação da lei que as houver instituído ou modificado, não se lhes aplicando o disposto no art. 150, III, "b".**

No caso, trata-se de uma **norma especial** aplicável às **contribuições sociais**, pois trata-se da **única forma admitida**, existindo anteriormente as exceções estabelecidas no art. 150, § 1º da CF e da própria existência da anterioridade nonagesimal, inserida pela EC 42/03.

Garante-se que a lei que instituir ou modificar uma contribuição social **não incidirá senão sobre fatos geradores ocorridos a partir de 90 dias da edição da lei**. No entanto, não podemos admitir que as contribuições sociais figurem como **exceção parcial ao princípio da anterioridade tributária**, uma vez que, para essa espécie tributária, não se trata de **exceção**, mas de **regramento constitucional especial próprio**.

Ademais, por mais que o constituinte estabelecera a expressão **modificação** no parágrafo sexto, deverá ser interpretada como **majoração** para fins de aplicação da anterioridade especial.

IMPORTANTE

A adoção da tipologia **anterioridade mitigada ou especial** foi admitida pelo STF, quando do julgamento do **RE 183.119/SC**, no ano de 1996, quando da relatoria do então Min. Ilmar Galvão.

4.3.1.2.6.1   Exceções aplicáveis ao Princípio da Anterioridade Tributária

As exceções aplicáveis ao princípio da anterioridade estão dispostas nos seguintes dispositivos: art. 150, § 1º, 155, § 4º, IV, *c* e 177, § 4º, I, *b*, da CF. Para melhor entendimento do tema proposto, podemos observar as exceções no quadro abaixo:

a) Tributos exigidos imediatamente

Neste caso, os tributos elencados **não se sujeitam a nenhum regramento de anterioridade**, seja **comum** ou **nonagesimal**; o que se exige é a **publicação da lei** e a exigência poderá se dar **imediatamente**. É o que ocorre nos casos dos Impostos sobre a Importação (II), Exportação (IE), Operações Financeiras (IOF), Extraordinário de Guerra (IEG) e no Empréstimo Compulsório Emergencial (quando decorrente de calamidade pública, guerra externa ou sua iminência).

b) Tributos que somente observam o prazo mínimo de 90 dias

Tais tributos que figuram nessa **exceção parcial** sujeitam-se a **anterioridade nonagesimal, sem que haja sujeição a anterioridade de exercício**. Assim, o tributo poderá ser exigido após decorridos noventa dias da publicação da lei, não importando se a exigência ocorrer no mesmo ou em outro exercício financeiro, uma vez que dependerá do mês em que foi instituído ou aumentado.

Figuram nessa exceção parcial o **Imposto sobre Produtos Industrializados** (IPI), o **Imposto de Circulação de Mercadorias e Serviços incidente sobre combustíveis** (ICMS-Combustíveis) e a **Contribuição de Intervenção no Domínio Econômico incidente sobre combustíveis** (CIDE-Combustíveis).

Exemplificando: se o Imposto sobre Produtos Industrializados for aumentado em fevereiro de 2.019 poderá ser exigido a partir de maio de 2.019, no mesmo exercício financeiro, portanto. No entanto, se o mesmo aumento ocorrer em novembro de 2.019, somente a partir de março de 2.020 poderá ser exigido.

No caso das **contribuições sociais**, por mais que o **prazo de exigência seja o mesmo** inserido acima, não indicarei como sendo uma exceção à anterioridade, visto que se trata de **regramento constitucional próprio**.

c) Tributos que só poderão ser exigidos no ano seguinte

Vimos que, no Brasil, o exercício financeiro coincide com o ano civil, conforme disposição na normatização geral de finanças públicas (Lei 4.320/64, art. 34). Assim, tais tributos somente terão a observância da primeira regra de anterioridade criada (anterioridade comum ou de exercício), sem que haja observância a anterioridade nonagesimal.

No caso, vez que nessa situação os tributos somente poderão ser exigidos a partir do próximo exercício financeiro, deve-se observar que a **publicação da norma instituidora ou majorada deverá ocorrer no exercício financeiro anterior**.

Por exemplo, caso o tributo seja instituído ou aumentado em qualquer mês de um exercício financeiro, se houver a publicação da lei até 31 de dezembro, poderá ser exigido a partir do primeiro dia do exercício financeiro subsequente.

4.3.1.2.6.2 Discussões doutrinárias e jurisprudenciais sobre o princípio da anterioridade tributária

Por se tratar de um dos princípios mais significativos na segurança jurídica na tributação, o princípio da anterioridade tributária sofreu inúmeras discussões perante o STF, sendo dispostas abaixo para maior compreensão temática.

a) Redução de tributos e o restabelecimento de alíquotas

A anterioridade é um princípio que serve como **segurança jurídica do contribuinte pessoa física ou jurídica** e não do Estado. A **redução de um tributo**, por óbvio, **não traz qualquer espécie de insegurança** ao particular ao ponto de ensejar a observância ao princípio da anterioridade para sua implementação.

Temos uma situação importante a ser observada no tratamento específico da Contribuição de Intervenção no Domínio Econômico incidente sobre Combustíveis, nos termos do art. 177, § 4º, I, *b*, da CF, *in verbis*:

> "Art. 177. Constituem monopólio da União:
>
> (...)
>
> § 4º A lei que instituir contribuição de intervenção no domínio econômico relativa às atividades de importação ou comercialização de petróleo e seus derivados, gás natural e seus derivados e álcool combustível deverá atender aos seguintes requisitos:
>
> I – a **alíquota** da contribuição poderá ser:
>
> b) **reduzida** e **restabelecida** por ato do Poder Executivo, **não se lhe aplicando o disposto no art. 150, III, *b*".

A EC 33/01, quando da inserção do dispositivo, teve como resultado a **permissão que a lei estabeleça a alíquota máxima do tributo**, deixando ao Poder Executivo o papel de transitar abaixo do limite legal, assim como proceder o restabelecimento de suas alíquotas.

A problemática gira em torno da observância ou não do princípio da anterioridade tributária nessa situação. Uma vez que o legislador não excepcionou a CIDE-Combustíveis das exceções estampadas no art. 150, § 1º da CF inseridas pela EC 42/03, **sua redução e restabelecimento de alíquotas não se sujeitaria ao referido princípio?** Seria uma situação peculiar trazida ao legislador ante a importância dos combustíveis, derivados e lubrificantes?

Não nos parece que, ante a uma interpretação teleológica, o legislador deixasse de observar o regramento e as exceções. No entanto, faço algumas considerações:

I – O **princípio da anterioridade tributária** é **corolário fundamental da segurança jurídica na tributação**, sendo insculpido com a finalidade de evitar a surpresa do contribuinte na instituição e majoração de tributos e exigi-los imediatamente a publicação da lei.

II – Em se tratando de um princípio descrito como cláusula pétrea, em consonância com o julgamento da **ADI 939, não poderá sofrer qualquer espécie de supressão, inclusive interpretativa**, que possa **subestimar a garantia constitucional**.

III – A **redução de um tributo** não resulta qualquer espécie de **supressão de garantia**, mas, ao contrário, enseja **diminuição de carga tributária**, não restando razão para a observância ao princípio da anterioridade, seja comum, seja nonagesimal.

IV – O **restabelecimento de alíquotas**, entretanto, **não se configura como majoração**, visto que se alcança o patamar legal previsto anteriormente por critérios nitidamente regulatórios. Entretanto, como se trata da **possibilidade de aumento de fato** – não de direito – de carga tributária, **prevalece o preceito constitucional de segurança jurídica**, devendo, *in casu*, estrita observância a anterioridade nonagesimal.

Por fim, entendo que a **redução de tributo não deve se sujeitar a anterioridade**, por não se configura qualquer espécie de supressão da garantia constitucional da não surpresa; no entanto, o **restabelecimento de alíquota**, por mais que não se configure como majoração, **observará o disposto no art. 150, III, c, da CF**, mediante a interpretação do art. 177, § 4º, I, *b*, do texto constitucional. Tal interpretação foi adotada, inclusive, pelo Plenário do STF, quando do julgamento da **ADI 4016**, em 2008, no esclarecimento adotado pelo então Min. Cezar Peluso:

> "(...) nos casos em que a Constituição excepciona a aplicação da alínea B, **a regra da alínea C ganha autonomia**, independentemente do fato de a lei ter entrado em vigor no último trimestre, no trimestre anterior ou em outra data".

b) Majoração temporária de alíquota (prorrogação de prazo)

Merece destaque a questão de **prorrogação de prazo** estabelecido na majoração de determinada alíquota. Tal situação teve como ponto de partida a vigência de uma lei paulista que manteve, para o ano de 2005, a majoração da alíquota do Imposto sobre Circulação de Mercadorias e Serviços (ICMS) de 17% para 18%, que já se encontrava vigente em 2004 e em anos anteriores.

O STF, quando do julgamento do **RE 584.100**, julgou que a **mera prorrogação de prazo não se constitui instituição ou majoração de tributo, não se aplicando o princípio da anterioridade**. Tal julgamento levou em consideração o que a Corte Suprema havia decidido, no mesmo sentido, no julgamento da ADI 2673 a constitucionalidade da EC 37/02 que prorrogou a cobrança da CPMF.

c) Medida Provisória e (in)observância do princípio da anterioridade tributária

A Constituição Federal, no art. 62, traz a possibilidade de **utilização de medida provisória**, pelo Presidente da República, em caso de **relevância** e **urgência**, devendo submetê-la a imediata apreciação do Congresso Nacional.

A doutrina divergia sobre a possibilidade do uso de medida provisória em matéria tributária, ante ao fato de ser a referida medida um ato **administrativo normativo em sentido formal**, configurando-se como **lei em sentido material**.

Com o advento da EC 32/01, o § 2º do art. 62 da CF prevê a **possibilidade de utilização de medida provisória** para **instituição ou majoração de impostos**, determinando que **deverá produzir efeitos no exercício financeiro seguinte se houver sido convertida em lei até o último dia daquele em que foi editada**.

Submete-se a discussão sobre a observância ou não do princípio da anterioridade quando da instituição ou majoração de impostos por medida provisória e, em caso de observação, como se dará o termo *a quo* para a observância do referido princípio.

A observância do princípio da anterioridade na medida provisória trata-se de **afirmação inquestionável**, devendo a **medida provisória** sujeitar-se a **mesma dinâmica aplicada na instituição ou majoração de impostos**. Assim, **caso o imposto se sujeite a anterioridade**, a **medida provisória também deverá se sujeitar ao princípio**. A discussão sujeita-se não em se tratando de aplicação do princípio, mas **quando se dará o início de contagem de prazo**, se dá referida edição ou da conversão em lei.

O STF sempre entendeu que o termo *a quo*, para verificação da observância da anterioridade, era da **data da edição da medida provisória**, inclusive considerando a **primeira medida provisória da série** em se tratando de **reedições** (quando as reedições eram possíveis antes da EC 32/01), desde que houvesse **alteração da redação**. Com a

EC 32/01, a restrição imposta para a espécie tributária **impostos**, de maneira que, para as demais espécies tributárias, continua **aplicável a orientação do STF**.

Portanto, relativamente aos **impostos sujeitos à anterioridade**, foi estabelecida a seguinte **regra constitucional**: medida provisória pode instituí-los ou majorá-los, mas **somente produzirá efeitos no exercício financeiro seguinte se for convertida em lei até o dia 31 de dezembro do ano em que for editada.**

Ressalte-se que a regra acima **não se aplica aos impostos que não estão sujeitos ao princípio da anterioridade** quanto à sua majoração, conforme excepciona o próprio art. 62, § 2º, da CF e por razões óbvias: um **decreto presidencial aumentando a alíquota do Imposto de Importação**, por exemplo, **incidirá imediatamente**; caso o Poder Executivo, ao invés do decreto, opte por utilizar a **medida provisória, sua incidência também será imediata, independentemente da conversão em lei.**

> **IMPORTANTE**
> Prevalecerá sempre quando da utilização das medidas provisórias na instituição ou majoração de impostos a **observância da dinâmica de anterioridade aplicável ao imposto**: se o imposto se **sujeitar a anterioridade**, a **medida provisória se sujeitará**, de igual modo, sendo o **prazo de contagem** iniciado **a partir da sua conversão em lei**, desde que tenha sido **convertida no mesmo ano em que foi editada**; em se tratando de impostos que **não se sujeitam**, seja de forma total ou parcial a anterioridade, a sua **exigência independe da conversão em lei**.

d) O princípio da anterioridade no Imposto sobre Renda e Proventos de qualquer natureza (IR)

É **incontroversa a aplicação do princípio da anterioridade tributária para os impostos**, nos termos do art. 62, § 2º da CF. No entanto, temos algumas particularidades na aplicação do princípio no Imposto sobre a Renda (IR).

O IR é um imposto que possui um **fato gerador complexo** ou **complexivo**, considerando o acréscimo patrimonial obtido durante determinado período. Assim, a **observância da anterioridade tributária** exige que a **lei seja publicada no exercício financeiro anterior ao início do ano-base ou ano-calendário.**

Assim, o aumento de IR por lei publicada até 31 de dezembro de um ano, independentemente de o imposto adotar o fato gerador complexivo, **somente produzirá efeitos para o exercício financeiro seguinte contados da publicação da lei.**

e) Princípio da Anterioridade e vigência do art. 104 do CTN

O art. 104 do CTN traz a seguinte determinação:

> "Art. 104. Entram em vigor no **primeiro dia do exercício seguinte aquele em que ocorra a sua publicação os dispositivos de lei**, referentes a impostos sobre patrimônio ou a renda:
>
> I – que **instituem ou majoram tais impostos**;
>
> II – que definem novas hipóteses de incidência;
>
> III – que **extinguem ou reduzem isenções**, salvo se a lei dispuser de maneira mais favorável ao contribuinte, e observado o disposto no artigo 178.

Alguns doutrinadores afirmam que o disposto no art. 104 do CTN traduz a **existência do princípio da anterioridade tributária** o que, com o devido respeito, **não me parece adequado**. Nossa codificação foi editada sob a égide da Constituição Federal de 1946, quando da aplicabilidade do **princípio da anualidade tributária**. Não há como ocorrer **compatibilização direta** sem que haja **revisão de sua interpretação**.

O referido dispositivo se refere apenas a **uma espécie tributária** e a **duas tipologias possíveis: impostos** que incidam sobre **patrimônio** e **renda**. Ora, temos impostos que incidem sobre serviços, operações, direitos e, assim sendo, não se sujeitariam a este dispositivo e, consequentemente, ao princípio da anterioridade? Me parece que não é o caso.

A nossa Constituição Federal estabelece a **garantia constitucional principiológica a totalidade de tributos**, não apenas aos impostos e ainda, somente aqueles que incidam sobre patrimônio e renda. Não me parece correto o entendimento esposado de que o dispositivo legal estabelecido no art. 104 do CTN tenha qualquer influência direta na dicção adotada.

f) Revogação de benefício fiscal e o princípio da anterioridade tributária

Dispõe o art. 150, § 6º da CF:

> "Art. 150 (...)
>
> § 6º Qualquer subsídio ou isenção, redução de base de cálculo, concessão de crédito presumido, anistia ou remissão, relativos a impostos, taxas ou contribuições, **só poderá ser concedido mediante lei específica, federal, estadual** ou **municipal**, que regule exclusivamente as matérias acima enumeradas ou o correspondente tributo ou contribuição, sem prejuízo do disposto no art. 155, § 2º, XII, g".

Benefícios fiscais de qualquer natureza traduzem **forma de renúncia de receita tributária**, não podendo ser conferidos pelos entes federativos por qualquer outro ato normativo que não seja uma **lei específica**.

Entretanto, não se pode confundir **lei específica** com **lei de conteúdo exclusivo**. Assim, mesmo que a norma trate sobre **diversos assuntos**, desde que a **temática seja devidamente separada em disciplina própria, autônoma**, poderá ser realizada no mesmo **ato normativo** e será considerada como **específica**. Leva-se em consideração tal distinção ante a observância do **princípio da razoabilidade**.

Não seria razoável exigir do legislador, quando do tratamento de outros temas, a elaboração de **duas leis formais** apenas com o intuito de prever um **benefício fiscal em uma delas**, visando atendimento a **especificidade**. Assim, entende-se que **especificidade** não se correlaciona com a **exclusividade de conteúdo**, mas com **separação temática própria**.

Pois bem, enfrentada a primeira situação que pode ensejar divergência, questiona-se sobre a **aplicação da anterioridade** quando da **revogação de um benefício fiscal**.

O ordenamento jurídico admite **benefícios** concedidos tanto por **prazo determinado** quanto **indeterminado** de duração. Caso um benefício fiscal seja conferido por **prazo determinado** de duração, mesmo que lei posterior o revogue, **os efeitos não serão estendidos àqueles que já obtiveram o benefício**, uma vez que estes possuem **direito adquirido** até o final do prazo concedido.

É o que vemos em se tratando de isenção por prazo determinado de duração prevista no art. 178 do CTN, *in verbis*:

> "Art. 178. A isenção, **salvo se concedida por prazo certo e em função de determinadas condições, pode ser revogada ou modificada por lei, a qualquer tempo**, observado o disposto no inciso III do art. 104".

É o que determina a súmula 544 do STF:

> "Súmula 544. Isenções tributárias concedidas, sob **condição onerosa, não podem ser livremente suprimidas**."

Assim, quando da existência de um benefício fiscal – seja isenção, remissão ou qualquer outro indicado por lei – a **concessão por prazo certo gera** ao contribuinte que cumpriu as exigências legais, **direito adquirido** de permanecer até o final do prazo concedido anteriormente à sua revogação.

A discussão remonta no caso de **revogação de benefício fiscal por prazo indeterminado de duração**. Uma vez que, não tendo prazo certo, trata-se de benefício precário – podendo, portanto, ser revogado a qualquer tempo – discute-se sobre o momento da exigência do referido tributo que estava abarcado pelo benefício revogado: será este imediato ou terá que observar o princípio da anterioridade?

Nos últimos anos, houve decisões no sentido de que poderiam ser **imediatamente suprimidos ou reduzidos** isenções, créditos presumidos, compensações de prejuízos e descontos para pagamento antecipado. Observamos isso nos julgamentos dos **Recursos Extraordinários 344.994, 204.062, 545.308**, assim como no julgamento da **ADI 4016**.

No ano de 2013, a 2ª Turma do STF decidiu que:

"A suspensão de benefício tributário pode ser realizada a qualquer momento, sendo **inaplicável o princípio da anterioridade**".

Entendia o STF que **a revogação de um benefício fiscal não equivale a instituição de uma nova hipótese de incidência**, nem mesmo a um aumento de tributo, uma vez que a norma que traduz o benefício não afastou a incidência tributária.

Tal entendimento, contudo, sempre pareceu em **desconformidade com a segurança jurídica** que se espera através da implementação do princípio da anterioridade. E isto porque, a **supressão do benefício fiscal** aumentará a **carga tributária** a que o contribuinte está sujeito.

Recentemente, quando do julgamento do **RE 564.225** em AgR, o STF manifestou entendimento de que a **revogação de benefício fiscal por prazo indeterminado** seria considerada uma **forma de instituição indireta de tributos**, sujeitando-se as regras da anterioridade tributária, naquilo em que for compatível.

Caso o benefício fiscal por prazo determinado de duração seja conferido ao Imposto sobre a Importação (II), sua revogação acarretará a exigência imediata do imposto, pelo simples fato de que tal tributo não se sujeita a garantia constitucional da anterioridade tributária. No entanto, se o benefício fiscal pertencia o Imposto Territorial Rural (ITR), a exigência do tributo se fará ante a observância completa da anterioridade tributária, uma vez que este tributo goza de sujeição completa.

IMPORTANTE
O preceito constitucional da anterioridade tributária **não especifica o modo de se implementar o aumento**. Assim, vale dizer que **toda modificação legislativa que**, de maneira **direta** ou **indireta**, implicar **carga tributária maior** há de ter eficácia em observância ao princípio da anterioridade, salvo em hipóteses excepcionais.

g) Prazo de pagamento, correção monetária e o princípio da anterioridade tributária

Os dispositivos relacionados ao vencimento dos tributos e ao indexador de correção monetária a ser utilizado não estão abarcados pela garantia constitucional da anterioridade tributária. O Poder Executivo poderá fixar o período de apuração e o prazo de vencimento sem que haja observância ao princípio da anterioridade tributária, conforme já determinado na edição da súmula vinculante 50:

Norma legal que altera o prazo de recolhimento de obrigação tributária não se sujeita ao princípio da anterioridade.

O fato de o Poder Público não ter a necessidade de observância do princípio da anterioridade **não autoriza que se sublime o princípio da segurança jurídica**, notadamente quando de **antecipação de prazos de recolhimento** quando já se **encontra em curso**, que poderá afetar sobremaneira o planejamento financeiro dos contribuintes.

 JURISPRUDÊNCIA

"Imposto de Renda. Apuração semestral. Lei 7.450/1985 e Decreto-Lei 2.341/1987. Apuração anual. Decreto-Lei 2.354/1987. Irretroatividade. A Corte possui firme entendimento no sentido de que viola o princípio da irretroatividade a introdução de mudanças na sistemática de apuração do tributo capazes de majorá-lo, se o período de apuração estava encerrado" (**STF, ARE 660.173-AgR**, 1ª T., j. 05.11.2013, rel. Min. Dias Toffoli, *DJE* 28.11.2013.

• "Somente por via de lei, no sentido formal, publicada no exercício financeiro anterior, é permitido aumentar tributo, como tal havendo de ser considerada a iniciativa de modificar a base de cálculo do IPTU, por meio de aplicação de tabelas genéricas de valorização de imóveis, relativamente a cada logradouro, que torna o tributo mais oneroso. Caso em que as novas regras determinantes da majoração da base de cálculo não poderiam ser aplicadas no mesmo exercício em que foram publicadas, sem ofensa ao princípio da anterioridade" (**STF, RE 234.605**, 1ª T., j. 08.08.2000, rel. Min. Ilmar Galvão, *DJ* 01.12.2000.) No mesmo sentido: STF, AI 534.150-AgR, 2ª T., j. 06.04.2010, rel. Min. Joaquim Barbosa, *DJE* 30.04.2010. *Vide*: **STF, RE 648.245**, Plenário, j. 01.08.2013, rel. Min. Gilmar Mendes, *DJE* 24.02.2014, com repercussão geral.

• "Mostra-se relevante pedido de concessão de medida acauteladora objetivando afastar a exigibilidade da majoração do Imposto sobre Produtos Industrializados, promovida mediante decreto, antes de decorridos os noventa dias previstos no art. 150, III, *c*, da Carta da República" (**STF, ADI 4.661-MC**, Plenário, j. 20.10.2011, rel. Min. Marco Aurélio, *DJE* 23.03.2012). No mesmo sentido: STF, RE 671.927, j. 15.03.2012, rel. Min. Ayres Britto, decisão monocrática, *DJE* 03.04.2012.

• "O Plenário, por maioria, acolheu proposta de edição de enunciado de súmula vinculante com o seguinte teor: 'Norma legal que altera o prazo de recolhimento da obrigação tributária não se sujeita ao princípio da anterioridade'. Assim, tornou vinculante o conteúdo do Verbete 669 da Súmula do STF. Vencido o Ministro Marco Aurélio, que não acolhia a proposta. Considerava que a alteração do prazo para recolhimento do tributo, por representar alteração substancial, a surpreender os contribuintes, deveria se sujeitar ao princípio da anterioridade tributária" **PSV 97/DF**, 17.6.2015. (PSV-97).

• "Art. 3º da Lei 15.747, de 24.12.2007, do Estado do Paraná, que estabelece como data inicial de vigência da lei a data de sua publicação. Alteração de dispositivos da Lei 14.260/2003 do Estado do Paraná, a qual dispõe sobre o Imposto sobre a Propriedade de Veículos Automotores (IPVA). Alegada violação ao art. 150, III, *c*, da CF. A redução ou a extinção de desconto para pagamento de tributo sob determinadas condições previstas em lei, como o pagamento antecipado em parcela única, não pode ser equiparada à majoração do tributo em questão, no caso, o IPVA. Não incidência do princípio da anterioridade tributária. Vencida a tese de que a redução ou supressão de desconto previsto em lei implica, automática e aritmeticamente, aumento do valor do tributo devido. Medida cautelar indeferida" (**STF, MC na ADIn 4.016/PR**, Plenário, j. 01.08.2008, rel. Min. Gilmar Mendes, *DJe* 24.04.2009).

• "Contribuições instituídas pela LC 110/2001. Legitimidade. Princípio da anterioridade. Pacífico o entendimento deste Tribunal quanto à legitimidade das contribuições instituídas pela LC 110/2001, sendo inexigíveis, contudo, no mesmo exercício em que publicada a lei que as instituiu (STF, MC na ADIn 2.556/DF, Pleno, rel. Min. Moreira Alves, *DJU* 08.08.2003)" (STF, AgRg nos Edcl no RE 456.187/AL, 2ª T., j. 04.12.2007, rel. Min. Eros Grau, *Dje* 01.02.2008). No mesmo sentido: **STF, AgRg no AgIn 744.31/MG**, 1ª T., j. 02.12.2010, rel. Min. Dias Toffoli, *Dje* 22.03.2011; **AgRg no RE 591.452/RJ,** 2ª T., j. 10.03.2009, rel. Min. Cezar Peluso, *Dje* 17.04.2009.

• "Recurso extraordinário. Tributário. ITR. A nova configuração do ITR disciplinada pela MedProv 399/1993 somente se aperfeiçoou com sua reedição de 07.01.1994, a qual por meio de seu anexo alterou as alíquotas do referido imposto. A exigência do ITR sob esta nova disciplina, antes de 01.01.1995, viola o princípio constitucional da anterioridade tributária (art. 150, III, *b*, da CF)" (**STF, RE 448.558/PR**, 2ª T., j. 29.11.2005, rel. Min. Gilmar Mendes, *DJU* 16.12.2005). No mesmo sentido: **STF, AgRg no RE 470.823/PR**, 2ª T., j. 31.08.2010, rel. Min. Joaquim Barbosa, *Dje* 08.10.2010.

• "ICMS. Minas Gerais. Decs. 30.087/1989 e 32.535/1991, que anteciparam o dia de recolhimento do tributo e determinaram a incidência de correção monetária a partir de então. Alegada ofensa aos princípios da legalidade, da anterioridade e da não cumulatividade. Improcedência da alegação, tendo em vista não se encontrar sob o princípio da legalidade estrita e da anterioridade a fixação do vencimento da obrigação tributária (...)" (**STF, RE 195.218/MG**, 1ª T., j. 28.05.2002, rel. Min. Ilmar Galvão, *DJU* 02.08.2002). No mesmo sentido: STF, AgRg no RE 546.316/SP, 2ª T., j. 18.10.2011, rel. Min. Joaquim Barbosa, *Dje* 08.11.2011.

• "Somente por via de lei, no sentido formal, publicada no exercício financeiro anterior, é permitido aumentar tributo, como tal havendo de ser considerada a iniciativa de modificar a base de cálculo do IPTU, por meio de aplicação de tabelas genéricas de valorização de imóveis, relativamente a cada logradouro, que torna o tributo mais oneroso. Caso em que as novas regras determinantes da majoração da base de cálculo não poderiam ser aplicadas no mesmo exercício em que foram publicadas, sem ofensa ao princípio da anterioridade" (**STF, RE 234.605/RJ**, 1ª T., j. 08.08.2000, rel. Min. Ilmar Galvão, *DJU* 01.12.2000). No mesmo sentido: STF, AgRg no AgIn 534.150/RJ, 2ª T., j. 06.04.2010, rel. Min. Joaquim Barbosa, *Dje* 30.04.2010.

• "A Lei paulista 11.813/2004 apenas prorrogou a cobrança do ICMS com a alíquota majorada de 17% para 18%, criada pela Lei paulista 11.601/2003. O prazo nonagesimal previsto no art. 150, III, *c*, da CF somente deve ser utilizado nos casos de criação ou majoração de tributos, não na hipótese de simples prorrogação de alíquota já aplicada anteriormente" (**STF, RE 584.100**, Plenário, j. 25.11.2009, rel. Min. Ellen Gracie, *Dje* 05.02.2010, com repercussão geral). No mesmo sentido: STF, AgRg no AgIn 780.210/SP, 1ª T., j. 14.06.2011, rel. Min. Cármen Lúcia, *Dje* 01.08.2011.

4.3.1.2.7 Princípio da Vedação ao Confisco

Trata-se de princípio insculpido no art. 150, IV, da CF:

> Art. 150. Sem prejuízo de outras garantias asseguradas ao contribuinte, é vedado à União, aos Estados, ao Distrito Federal e aos Municípios:
>
> IV – utilizar tributo com efeito de confisco.

Entende-se por **confisco** a expropriação de um bem particular, com caráter meramente sancionatório, sem a devida indenização. Assim, não há como se confundir **confisco** com o instituto da **desapropriação**, vez que esta tem expressa autorização constitucional (art. 5º, XXIV) e gera indenização justa, prévia e, em regra, em dinheiro.

Temos um preceito constitucional autorizativo de confisco, nos termos do art. 243 da CF, com redação modificada pela EC 81/14:

> "Art. 243. As propriedades rurais e urbanas de qualquer região do País onde forem localizadas **culturas ilegais de plantas psicotrópicas** ou a **exploração de trabalho escravo na forma da lei** serão **expropriadas e destinadas à reforma agrária** e a **programas de habitação popular, sem qualquer indenização ao proprietário** e sem prejuízo de outras sanções previstas em lei, observado, no que couber, o disposto no art. 5º."

No entanto, a **delimitação do ponto** de até onde não se trata de confisco e onde o mesmo começa é muito **difícil e complexa**, devendo, portanto, ser analisada e considerada caso a caso. Nos tributos cujas **características de fiscalidade** (arrecadação pura e simples) estejam presentes é **muito mais objetivo** estabelecer a presença do **efeito de confisco** do que naquelas situações onde o timbre da extrafiscalidade (situações que visam à regulação econômica) se faz presente.

No entanto, as decisões recentes do STF caminham no sentido de que se configuraria o confisco quando um determinado **ente público** político introduzisse uma **carga tributária insuportável ao particular**, a ponto de levá-lo a uma **inviabilidade econômica**.

Tal princípio representa a **interdição constitucional de qualquer pretensão governamental** que possa conduzir, no campo da fiscalidade, à **injusta apropriação estatal**, seja no todo ou em parte, **atingindo o patrimônio e rendimentos do contribuinte** e comprometendo-lhe sua **existência digna, prática de atividade profissional lícita** ou a **regular satisfação de suas necessidades vitais**.

IMPORTANTE
A delimitação do efeito confiscatório deve ser feita em função da totalidade da carga tributária, mediante a verificação da capacidade de que dispõe o contribuinte para suportar e sofrer a incidência da totalidade de tributos que deverá pagar dentro de determinado período (STF, ADI 2010)

Não pode o Poder Público, em sede de tributação, agir **imoderadamente**, pois a atividade estatal acha-se essencialmente **condicionada** pelo **princípio da razoabilidade**.

Vê-se, claramente, que o **efeito confiscatório** não pode levar em consideração o **aumento isolado de um tributo**, mas a **totalidade da carga tributária global**. No caso das empresas, p.ex., leva-se em consideração os custos, as condições de mercado, a conjuntura social e econômica e a margem de lucro.

a) Tributação Extrafiscal e o princípio da vedação ao confisco

A **tributação extrafiscal** é aquela que traduz a **possibilidade de utilização de tributo com fins regulatórios**, possibilitando, inclusive, o **aumento de alíquotas** para **desestimular determinados comportamentos do contribuinte**.

O fato da existência de extrafiscalidade **não autoriza**, em qualquer hipótese, a **utilização de um tributo com caráter confiscatório**. No **confisco**, objetiva-se **punir o** infrator por atos praticados à contrariedade legal, não ensejando qualquer contrapartida pela sua expropriação de riqueza; a **extrafiscalidade** visa acarretar **desestímulo de comportamento do contribuinte**, dando-lhe a **oportunidade de adequação aos preceitos** que envolvem a supremacia do interesse público sobre o particular.

Não pode o Poder Público, visando **impedir a existência de determinada atividade econômica**, buscar a sublimação através de **tributação ambiental**, por exemplo. As atividades econômicas que se apresentem **prejudiciais ao meio ambiente** e que mereçam ser proibidas, devem ter sua **proibição consignada pelo legislador**. Não pode a tributação ambiental servir de **instrumento de intervenção** extrapolando os limites constitucionais e legais e afrontando o próprio conceito legal estabelecido no art. 3º do CTN.

b) Multas confiscatórias

Não apenas o tributo poderá acarretar a inviabilidade econômica; as **penalidades pecuniárias**, quando aplicadas de **forma desproporcional**, poderão acarretar a inviabilidade econômica do contribuinte.

Tal fato não significa que o Poder Público deixará de aplicar sanções quando de atos e condutas contrários à legislação: o que se espera é a **aplicação de penalidades** com observância aos **princípios da razoabilidade e proporcionalidade**.

No julgamento da **ADI 1075**, o Plenário do STF manifestou entendimento no sentido de que **multas tributárias que ultrapassem 100% do valor do débito fiscal**.

A **mera alusão à mora, pontual e isoladamente** considerada, é **insuficiente para estabelecer a relação de causalidade entre a gravidade da conduta e o peso da punição**.

Para a Procuradoria-Geral da República, a **multa fiscal** consiste em **penalidade pecuniária** imposta para compelir o contribuinte a cumprir com as obrigações tributárias, tanto principais quanto acessórias. Assim, a **fixação em patamares expressivos** deve existir para que se **imponha a eficácia**, desencorajando seu inadimplemento.

Por mais que a manifestação da PGR seja dotada de fundamento, não se admite ultrapassar os limites da razoabilidade para o atendimento das obrigações tributárias.

Cinge-se a discussão quando da **gravidade da conduta do contribuinte** como, no caso, da **prática de crime contra a ordem tributária**. Segundo parcela da jurisprudência, a **gravidade das condutas** pode **justificar o percentual exacerbado da multa**. Isto porque, os **aspectos subjetivos** dessas infrações – visto que a configuração de crime tributário dependerá da existência de dolo – tornaria os **limites** da proibição do efeito confiscatório mais **permeáveis**.

Nestes termos, em se tratando de ocorrência de **sonegação, fraude** ou **conluio**, em que se deseja **reprimir** tais práticas que são **incompatíveis** não apenas aos **interesses fiscais**, mais aos **interesses de toda a sociedade**, percentuais superiores a 100% do débito tributário **não seriam considerados confiscatórios**.

4.3.1.2.7.1 Confisco e Seletividade Tributária

Não se pode confundir a existência de **confisco** com o regramento (ou, para alguns, princípio) da **seletividade**.

A **seletividade** é um regramento de tributação que implica em **tratamento tributário diferenciado** conforme a **natureza do produto** ou do **uso a que se destina**. Tem-se **alíquotas diferenciadas** com base na **essencialidade de um bem ou produto ao seu uso ou consumo**. Leva-se em consideração o **objeto da tributação**, sem observância do sujeito.

Por esse motivo que não há como se atribuir confisco apenas por uma **dimensão quantitativa de alíquota**, um dos critérios do aspecto quantitativo de um tributo. A aplicação de uma alíquota de 25% ou de 300% sem qualquer observância de qual critério se está considerando, torna **impossível a identificação** do que seja ou não um confisco. Se tivermos, p.ex., a **incidência de 25%** na tributação de **IPTU**, em apenas **4 anos** o proprietário teve a **perda de sua propriedade**, considerando-se **flagrante confisco**; entretanto, uma **alíquota de 300%** em determinado produto à título de **incidência de IPI** pode não ser considerado confisco, tratando-se de uma **alíquota seletiva** em atenção à **essencialidade daquele produto ao consumo**.

Em tese, **quanto mais essencial um bem ou produto** ao contribuinte, **menor será sua tributação** e, consequentemente, sua **alíquota**; quanto **menos essencial** ao contribuinte, **maior será a tributação** e, consequentemente, **maior será sua alíquota**.

No entanto, o **legislador não é livre** para identificar ou conceituar o que é ou não essencial. Mercadorias e serviços essenciais – sob o ponto de vista jurídico – são aquelas cujos valores constitucionais denotam ser **indispensáveis à promoção da igualdade**, da **justiça**, da **liberdade**, **segurança**, dentre outros.

A Constituição Federal estabelece a **seletividade** para determinados tributos.

Reza o art. 153, IV, § 3º, I, da CF:

> "Art. 153. Compete à União instituir impostos sobre:
> (...)
> IV – produtos industrializados;
> § 3º O imposto previsto no inciso IV:
> I – **será seletivo**, em função da **essencialidade do produto**".

A Constituição Federal se utiliza de imperativo, determinando que o **Imposto sobre Produtos Industrializados** (IPI) seja **seletivo**. Trata-se de uma **imposição constitucional**.

Cabe ao legislador identificar os produtos que são considerados essenciais ou não e estabelecer uma **tabela de incidência**.

Ressalta-se que, o fato de o legislador tem **certa discricionariedade na atribuição** do que se considera ou não essencial, o regramento (ou princípio) da seletividade expressa **regra de proteção do contribuinte**, não podendo ensejar uma discricionariedade absoluta. A **comparação das alíquotas** dos produtos resultará na observância, pelo legislador, da essencialidade.

Por isso, plenamente cabível o **controle judicial acerca da seletividade**, bastando a observância da Tabela de Incidência do IPI, **desde que não haja atuação como legislador positivo**, adentrando no **campo da política fiscal**.

Temos outros impostos que admitem seletividade, no entanto, mediante a **discricionariedade estatal**. É o que ocorre com o **ICMS**, o **IPVA** e o **IPTU**.

A seletividade aplicável ao ICMS está prevista no art. 155, II, § 2º, III, da CF:

> "Art. 155. Compete aos Estados e ao Distrito Federal instituir impostos sobre:
>
> II – operações relativas à circulação de mercadorias e sobre prestações de serviços de transporte interestadual e intermunicipal e de comunicação, ainda que as operações e as prestações se iniciem no exterior.
>
> § 2º O imposto previsto no inciso II atenderá ao seguinte:
>
> III – **poderá ser seletivo**, em função da **essencialidade das mercadorias e dos serviços**".

Diferentemente do comando conferido pela Constituição Federal à União, em se tratando do IPI, o Estado e o DF **poderão adotar a seletividade ao ICMS** em função da **essencialidade das mercadorias e dos serviços**.

Por mais que haja discricionariedade, se determinado Estado ou o DF adotarem a seletividade, o **critério sempre será a essencialidade** das mercadorias e dos serviços.

Atualmente, encontra-se em repercussão geral discussão acerca da **seletividade de ICMS** aplicável à **energia elétrica** e **serviços de telecomunicação**, visto que, em regra, as alíquotas comuns aplicáveis ao ICMS em determinados Estados da Federação permanecem entre 17% ou 18%, incidindo uma alíquota de 25% em se tratando de energia elétrica e telecomunicações (**STF, RE 714.139**). Isto porque é plenamente possível identificar que, hodiernamente, a **energia elétrica é considerada essencial**, seja para o funcionamento de cada residência, seja para o funcionamento do estabelecimento empresarial. **Admitindo-se a essencialidade**, tal **alíquota** se mostra **desproporcional e abusiva**, conforme já decidido em tribunais de segundo grau.

Com o advento da Lei Complementar 194/2022, tivemos uma alteração no Código Tributário Nacional ante a inserção do art. 18-A, *in verbis*:

> "Art. 18-A. Para fins da incidência do imposto de que trata o inciso II do caput do art. 155 da Constituição Federal, os combustíveis, o gás natural, a energia elétrica, as comunicações e o transporte coletivo são considerados bens e serviços essenciais e indispensáveis, que não podem ser tratados como supérfluos.
>
> Parágrafo único. Para efeito do disposto neste artigo:

4 • LIMITAÇÕES CONSTITUCIONAIS AO PODER DE TRIBUTAR

I – é vedada a fixação de alíquotas sobre as operações referidas no caput deste artigo em patamar superior ao das operações em geral, considerada a essencialidade dos bens e serviços;

II – é facultada ao ente federativo competente a aplicação de alíquotas reduzidas em relação aos bens referidos no caput deste artigo, como forma de beneficiar os consumidores em geral; e

III – é vedada a fixação de alíquotas reduzidas de que trata o inciso II deste parágrafo, para os combustíveis, a energia elétrica e o gás natural, em percentual superior ao da alíquota vigente por ocasião da publicação deste artigo."

In casu, independentemente da discussão travada na Corte Constitucional, o legislador entendeu por bem inserir que, para fins de incidência de ICMS, os **combustíveis**, **gás natural**, **energia elétrica**, **comunicações** e **transporte coletivo** são considerados **essenciais** e, portanto, gozarão de um **tratamento diferenciado pelo referido imposto**.

No caso do IPVA, temos o disposto no art. 155, III, § 6º, II, da CF, *in verbis*:

"**Art. 155.** Compete aos Estados e ao Distrito Federal instituir impostos sobre:

III – propriedade de veículos automotores.

§ 6º O imposto previsto no inciso III:

II – poderá ter alíquotas diferenciadas em função do tipo, do valor, da utilização e do impacto ambiental."

Vemos uma autorização constitucional para que o Estado e o DF aplique, de forma facultativa (discricionária) a **seletividade**, tendo por base a **possibilidade de alíquotas diferenciadas em função do tipo, da utilização do veículo**, bem como do respectivo **impacto ambiental**.

Assim, poderá o Poder Público competente **admitir alíquotas maiores** ou **menores** para **veículos de passeio e caminhões** (tipo) ou quando **utilizados por pessoas físicas ou jurídicas** (utilização) ou que utilizem **matrizes energéticas em conformidade com o meio ambiente sustentável**.

Já o IPTU tem sua seletividade estabelecida no art. 156, I, § 1º, II, da CF:

"Art. 156. Compete aos Municípios instituir impostos sobre:

I – propriedade predial e territorial urbana;

§ 1º Sem prejuízo da progressividade no tempo a que se refere o art. 182, § 4º, inciso II, o imposto previsto no inciso I poderá:

II – ter **alíquotas diferentes** de acordo com a **localização e o uso do imóvel**".

A Constituição Federal autoriza, de forma facultativa, a **possibilidade dos Municípios e do DF** estabelecerem uma **seletividade** tendo por base a **localização e uso do imóvel**.

Se a **seletividade** tem o papel de conferir **proteção ao contribuinte**, não se tem a certeza de que a previsão constitucional observou esse papel. Isto porque, ao se permitir alíquotas diferenciadas em razão da localização poderá acarretar uma **farta especulação** imobiliária, além do **isolamento da classe menos favorecida para regiões ainda mais distantes**. Outrossim, se o imóvel estiver localizado em **zona considerada nobre**, o **valor venal do imóvel** já será **maior** e **autoriza a utilização da progressividade**.

Pode-se até admitir uma seletividade visando a **promoção do meio ambiente**, permitindo **alíquotas menores para áreas de interesse ambiental**, abrigando-se uma espécie de **IPTU ecológico**.

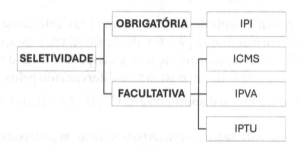

No que tange as **contribuições sociais**, a Constituição Federal prevê a possibilidade de aplicação de alíquotas diferenciadas às **contribuições sociais específicas da pessoa jurídica** (art. 195, I, da CF/1988) em razão da **atividade econômica**, da **utilização intensiva de mão de obra**, do **porte da empresa** ou da **condição estrutural do mercado de trabalho**[25]. É possível também a existência de uma seletividade aplicável às **bases de cálculo** da contribuição social da pessoa jurídica incidentes sobre **receita** ou **faturamento e lucro**.

JURISPRUDÊNCIA

"O entendimento desta Corte é no sentido de que a abusividade da multa punitiva apenas se revela naquelas arbitradas acima do montante de 100% (cem por cento) do valor do tributo"**(STF, AI 851.038-AgR**, rel. Min. Roberto Barroso, j. 10.2.2015, 1ª T., *DJE* 12.3.2015).

• "A multa punitiva é aplicada em situações nas quais se verifica o descumprimento voluntário da obrigação tributária prevista na legislação pertinente. Trata-se da sanção prevista para coibir a prática de ilícitos tributários. Nessas circunstâncias, conferindo especial relevo ao caráter pedagógico da sanção, que visa desestimular a burla à atuação da Administração tributária, deve ser reconhecida a possibilidade de aplicação da multa em percentuais mais rigorosos. Nesses casos, a Corte vem adotando como limite o valor devido pela obrigação principal" (**STF, RE 602.686-AgR**-segundo, 1ª T., j. 09.12.2014, rel. Min. Roberto Barroso, *DJE* 05.02.2015.) *Vide*: **STF, RE 523.471-AgR**, 2ª T., j. 06.04.2010, rel. Min. Joaquim Barbosa, *DJE* 23.04.2010.

---

25. Art. 195. A seguridade social será financiada por toda a sociedade, de forma direta e indireta, nos termos da lei, mediante recursos provenientes dos orçamentos da União, dos Estados, do Distrito Federal e dos Municípios, e das seguintes contribuições sociais:

I – do empregador, da empresa e da entidade a ela equiparada na forma da lei, incidentes sobre (...)

§ 9º As contribuições sociais previstas no inciso I do caput deste artigo poderão ter alíquotas diferenciadas em razão da atividade econômica, da utilização intensiva de mão de obra, do porte da empresa ou da condição estrutural do mercado de trabalho, sendo também autorizada a adoção de bases de cálculo diferenciadas apenas no caso das alíneas "b" e "c" do inciso I do caput.

4 • LIMITAÇÕES CONSTITUCIONAIS AO PODER DE TRIBUTAR   217

• "O ICMS incidente na aquisição decorrente de operação interestadual e por meio não presencial (*internet, telemarketing, showroom*) por consumidor final não contribuinte do tributo não pode ter regime jurídico fixado por Estados-membros não favorecidos, sob pena de contrariar o arquétipo constitucional delineado pelos arts. 155, § 2º, VII, *b*, e 150, IV e V, da CRFB/88. (...) O princípio do não confisco, que encerra direito fundamental do contribuinte, resta violado em seu núcleo essencial em face da sistemática adotada no cognominado Protocolo ICMS 21/2011, que legitima a aplicação da alíquota interna do ICMS na unidade federada de origem da mercadoria ou bem, procedimento correto e apropriado, bem como a exigência de novo percentual, a diferença entre a alíquota interestadual e a alíquota interna, a título também de ICMS, na unidade destinatária, quando o destinatário final não for contribuinte do respectivo tributo" (**STF, ADI 4.628**, Plenário, j. 17.09.2014, rel. Min. Luiz Fux, *DJE* 24.11.2014).

• "(...) a norma inscrita no art. 150, IV, da Constituição encerra uma cláusula aberta, veiculadora de conceito jurídico indeterminado, reclamando, em consequência, que os Tribunais, na ausência de 'uma diretriz objetiva e genérica, aplicável a todas as circunstâncias' (ANTÔNIO ROBERTO SAMPAIO DÓRIA, *Direito Constitucional Tributário e Due processo of Law*, p. 196, item n. 62, 2. ed., 1986, Forense) – e tendo em consideração as limitações que derivam do princípio da proporcionalidade –, procedam à avaliação dos excessos eventualmente praticados pelo Estado. (...) não há uma definição constitucional de confisco em matéria tributária. Trata-se, na realidade, de um conceito aberto, a ser utilizado pelo juiz, com apoio em seu prudente critério, quando chamado a resolver os conflitos entre o poder público e os contribuintes" (**STF, ARE 712.285-AgR**, 2ª T., j. 23.04.2013, voto do rel. Min. Celso de Mello, *DJE* 28.06.2013).

• "O Plenário do STF, após reconhecer a repercussão geral da matéria, ao julgar o RE 582.461, da relatoria do ministro Gilmar Mendes, decidiu pela legitimidade da utilização da taxa Selic como índice de atualização de débitos tributários, bem como pelo caráter não confiscatório da multa moratória" (**STF, AI 798.089-AgR**, 2ª T., j. 13.03.2012, rel. Min. Ayres Britto, *DJE* 28.03.2012.) *Vide*: **STF, RE 582.461**, Plenário, j. 18.05.2011, rel. Min. Gilmar Mendes, *DJE* 18.8.2011, com repercussão geral.

• "A aplicação da multa moratória tem o objetivo de sancionar o contribuinte que não cumpre suas obrigações tributárias, prestigiando a conduta daqueles que pagam em dia seus tributos aos cofres públicos. Assim, para que a multa moratória cumpra sua função de desencorajar a elisão fiscal, de um lado não pode ser pífia, mas, de outro, não pode ter um importe que lhe confira característica confiscatória, inviabilizando inclusive o recolhimento de futuros tributos" (**STF, RE 582.461**, Plenário, j. 18.05.2011, rel. Min. Gilmar Mendes, *DJE* 18.08.2011, com repercussão geral).

• "Conforme orientação fixada pelo STF, o princípio da vedação ao efeito de confisco aplica-se às multas. Esta Corte já teve a oportunidade de considerar multas de 20% a 30% do valor do débito como adequadas à luz do princípio da vedação do confisco. Caso em que o Tribunal de origem reduziu a multa de 60% para 30%. A mera alusão à mora, pontual e isoladamente considerada, é insuficiente para estabelecer a relação de calibração e ponderação necessárias entre a gravidade da conduta e o peso da punição. É ônus da parte interessada apontar peculiaridades e idiossincrasias do quadro que permitiriam sustentar a proporcionalidade da pena almejada" (**STF, RE 523.471-AgR**, 2ª T., j. 06.04.2010, rel. Min. Joaquim Barbosa, *DJE* 23.04.2010.) No mesmo sentido: **STF, ARE 637.717-AgR**, 1ª T., j. 13.3.2012, rel. Min. Luiz Fux, *DJE* 30.03.2012.

• "(...) O STF, em casos análogos, decidiu que a instituição de alíquotas progressivas para a contribuição previdenciária dos servidores públicos ofende o princípio da vedação de utilização de qualquer tributo com efeito confiscatório, nos termos do art. 150, IV, da Constituição da República" (**STF, AI 701.192-AgR**, 1ª T., j. 19.05.2009, voto da Min. Cármen Lúcia, *DJE* 26.06.2009.) No mesmo sentido: **STF, AI 676.442-AgR**, 1ª T., j. 19.10.2010, rel. Min. Ricardo Lewandowski, *DJE* 16.11.2010.

4.3.1.2.8 Princípio da Liberdade de Tráfego de Pessoas Interestaduais e Intermunicipais

Reza a Constituição Federal, no art. 150, V, que é **vedado aos entes públicos federados estabelecer limitações ao tráfego de pessoas ou bens**, por meio de **tributos interestaduais** ou **intermunicipais**, inclusive em se tratando de **importação**. O aspecto teleológico e axiológico da norma é a **garantia de livre circulação de pessoas e de mercadorias em todo o território nacional**, uma vez que, dentro da federação, tais entes se constituem como uma única **unidade econômica**.

No entanto, a Constituição Federal admite uma salvaguarda: estabelece a possibilidade da cobrança de **pedágio** pela utilização de vias conservadas pelo Poder Público.

Um ponto importante a ser analisado é a **natureza jurídica do pedágio**. Anteriormente, debruçavam-se juristas sobre a natureza jurídica dessa cobrança, se tributária ou não tributária, devendo ser analisada no caso em concreto mediante observância de vários fatores, tais como: quem presta o serviço, se o preço está fixado em lei ou em contrato administrativo etc. Neste caso, seria admitida a existência de um **pedágio-taxa** ou de um **pedágio-tarifa**.

Porém, o atual entendimento do STF é de se determinar a natureza jurídica do pedágio como sendo uma **tarifa**, não importando quem preste ou execute tal atividade. É o que afirma o STF no julgamento da **ADI 800**.

Sabedores que hoje grande parte das rodovias do nosso país estão sendo administradas por concessionárias de serviços públicos, observando as determinações do art. 175 da CF/1988 e das Leis 8.666/1993, bem como da Lei 14.133/21 e 8.987/1995, o pagamento realizado pelo usuário para a concessionária restaria configurado como **tarifa** ou **preço público**, e não como espécie tributária.

• Discussões sobre a cobrança de ICMS nas operações interestaduais

O ICMS tem incidência em operações interestaduais e intermunicipais, distinguindo-se os valores de alíquotas internas e interestaduais. O texto constitucional determina que as alíquotas internas não poderão ser inferiores às previstas para as alíquotas interestaduais, justamente com o intuito de se evitar, ao máximo, a guerra fiscal.

É **possível que haja diferenças entre as alíquotas internas e as alíquotas interestaduais** e o princípio **não tem o condão de afastar o pagamento do diferencial de alíquota**. Entretanto, a **tributação que torne mais gravosa as operações interestaduais e intermunicipais acabam por afrontar o princípio da limitação ao tráfego**.

Por tal motivo, o Protocolo ICMS 21/2011, que acabou por ensejar a cobrança de alíquota cheia no Estado de origem e de diferencial de alíquota no Estado de destino de compras pela internet por consumidor final é considerado inconstitucional. É o que o STF decidiu no **ADI 4.628**.

4 • LIMITAÇÕES CONSTITUCIONAIS AO PODER DE TRIBUTAR

JURISPRUDÊNCIA

"O ICMS incidente na aquisição decorrente de operação interestadual e por meio não presencial (internet, telemarketing, showroom) por consumidor final não contribuinte do tributo não pode ter regime jurídico fixado por Estados membros não favorecidos, sob pena de contrariar o arquétipo constitucional delineado pelos arts. 155, § 2º, VII, *b*, e 150, IV e V, da CF/1988. (...) O tráfego de pessoas e bens, consagrado como princípio constitucional tributário (CF/1988, art. 150, V), subjaz infringido pelo ônus tributário inaugurado pelo Protocolo ICMS 21/2011 nas denominadas operações não presenciais e interestaduais" (STF, **ADI 4.628**, Plenário, j. 17.09.2014, rel. Min. **Luiz Fux**, *DJE* 24.11.2014).

• "O pedágio cobrado pela efetiva utilização de rodovias conservadas pelo poder público, cuja cobrança está autorizada pelo inciso V, parte final, do art. 150 da CF/1988, não tem natureza jurídica de taxa, mas sim de preço público, não estando a sua instituição, consequentemente, sujeita ao princípio da legalidade estrita" (**STF, ADI 800**, Plenário, j. 11.6.2014, rel. Min. Teori Zavascki, *DJE* 01.07.2014).

• "O perfil constitucional do ICMS exige a ocorrência de operação de circulação de mercadorias (ou serviços) para que ocorra a incidência e, portanto, o tributo não pode ser cobrado sobre operações apenas porque elas têm por objeto 'bens', ou nas quais fique descaracterizada atividade mercantil-comercial" (**STF, MC na ADIn 4.565**, Plenário, j. 07.04.2011, rel. Min. Joaquim Barbosa, *DJe* 27.06.2011).

• "Tributário. Pedágio. Lei 7.712, de 22.12.1988. Pedágio: natureza jurídica: taxa: CF, art. 145, II, art. 150, V. Legitimidade constitucional do pedágio instituído pela Lei 7.712, de 1988" (**STF, RE 181.475**, 2ªT., j. 04.05.1999, rel. Min. Carlos Velloso, *DJ* 25.06.1999).

4.3.1.2.9 *Princípio da Uniformidade Geográfica na Tributação*

O art. 151, I, da Constituição Federal:

"Art. 151. É vedado à União:

I – instituir tributo que não seja uniforme em todo o território nacional ou que implique distinção ou preferência em relação a Estado, ao Distrito Federal ou a Município, em detrimento de outro, admitida a concessão de incentivos fiscais destinados a promover o equilíbrio do desenvolvimento socioeconômico entre as diferentes regiões do País".

O objetivo desse princípio é assegurar a **igualdade tributária em âmbito nacional**, prevenindo **discriminações fiscais** entre as diferentes regiões do país.

A **uniformidade** é necessária para garantir que a tributação não favoreça injustamente um Estado em detrimento de outro, garantindo a **isonomia** entre os **contribuintes** de Estados diferentes. Isso também ajuda a evitar que os Estados adotem políticas fiscais que possam prejudicar a **competitividade** ou a **justiça tributária**.

Os **tributos devem ser uniformes**, ou seja, não é possível tratar de maneira diferente, do ponto de vista tributário, dois Estados distintos, para dizer que um terá uma carga tributária maior ou menor do que o outro. Essa uniformidade tributária implica em **uniformidade de tratamento tributário a todo o país**, visto que o comando foi conferido à União.

Nada obsta, contudo, o princípio da uniformidade geográfica sofrer **mitigação** quando a União passa a conceder **incentivos fiscais para o desenvolvimento socioeconômico de toda uma região**.

Ainda, podemos afirmar que **seria possível** uma mitigação ao princípio da uniformidade geográfica quando a União, por intermédio de **pacotes de medidas econômicas, concede incentivos fiscais a uma determinada atividade econômica que tenha impacto nacional**. Um exemplo desse tipo de medida é a **concessão de incentivos fiscais** para a **indústria automobilística**, atividade que possui impacto em todo o território nacional.

O STF tem sido enfático ao afirmar que a concessão de benefícios fiscais relativos ao ICMS, sem a aprovação do **CONFAZ (Conselho Nacional de Política Fazendária)**, fere o **princípio da uniformidade geográfica** e pode ser considerada **inconstitucional**. O entendimento é de que os Estados não podem conceder isenções ou reduções de alíquotas de ICMS de forma isolada, sem um acordo entre eles, visando evitar a guerra fiscal.

No julgamento da **ADI 4.018**, o Supremo Tribunal Federal decidiu que a concessão de benefícios fiscais de ICMS, sem a devida homologação pelo CONFAZ, é **inconstitucional**, pois viola a **uniformidade geográfica da tributação**, resultando em distorções na concorrência entre os Estados.

Conforme estabelecida na própria Constituição Federal, existe **relativização do princípio da uniformidade geográfica da tributação** quando da **concessão de incentivos fiscais** destinados a promover o **equilíbrio do desenvolvimento socioeconômico** entre as diferentes regiões do país.

Os Estados podem conceder **benefícios fiscais** de ICMS, mas apenas se houver a **aprovação do CONFAZ** (Conselho Nacional de Política Fazendária), em convênios ou ajustes. Esses benefícios podem se aplicar a setores específicos ou atividades econômicas, podendo reduzir a alíquota do imposto ou mesmo isentar determinadas operações, sempre com o objetivo de fomentar o desenvolvimento econômico, sem comprometer a competitividade interestadual.

Contudo, como regra, o **CONFAZ** precisa aprovar esses benefícios de forma **unânime** entre os estados para garantir que eles não criem distorções ou favoreçam injustamente um estado em detrimento de outros. A concessão unilateral de benefícios fiscais sem a adesão ao CONFAZ é considerada **inconstitucional**, ante a violação a tal princípio.

A Constituição permite um **diferencial de tratamento** para produtos **importados** em comparação com os produtos nacionais, no que diz respeito ao ICMS. Os Estados podem adotar alíquotas de ICMS diferenciadas ou mesmo **incidir ICMS sobre produtos importados** de forma mais rígida do que sobre produtos nacionais, com o objetivo de proteger a produção interna e incentivar o consumo de mercadorias produzidas localmente.

Outro exemplo significativo de relativização do princípio da uniformidade na tributação é a criação da **Zona Franca de Manaus** (ZFM). Trata-se de um **modelo de** desenvolvimento regional criado para promover a **industrialização e o desenvolvimento econômico** da região Norte do Brasil, com foco na cidade de **Manaus** e seu entorno. Ela foi instituída em 1957 pelo governo federal com o objetivo de estimular o crescimento econômico da Amazônia, uma região historicamente marcada pela escassez de infraestrutura e por desafios econômicos e sociais. A ZFM é um exemplo de **política fiscal e tributária** que busca incentivar a instalação de indústrias e o desenvolvimento regional através de **isenções fiscais e benefícios tributários**.

As principais metas da ZFM incluem:

- **Desenvolvimento Industrial**: estimular a instalação de indústrias na região Norte, em particular em Manaus, com o intuito de gerar empregos e reduzir as desigualdades regionais;

- **Incentivo ao Comércio**: estimular o comércio local e a exportação de produtos fabricados na região, o que aumentaria a competitividade das empresas localizadas na zona;

- **Geração de Emprego e Renda**: criar empregos diretos e indiretos e melhorar a qualidade de vida da população local, ao atrair investimentos para a região; e

- **Proteção do Meio Ambiente**: embora o foco principal seja o desenvolvimento econômico, a ZFM também tem como desafio equilibrar o crescimento industrial com a preservação ambiental, dada a localização na Amazônia, uma das maiores florestas tropicais do mundo.

A **indústria de Manaus** é um dos principais pilares da economia da ZFM. O modelo de incentivo fiscal atraiu um grande número de indústrias para a região, especialmente no setor **eletrônico**, com a instalação de empresas de **informática, eletrônicos, automóveis e móveis**, que têm se beneficiado da **isenção de tributos** e dos **benefícios fiscais**.

O setor eletrônico, em particular, tem se destacado, com a produção de componentes eletrônicos, como televisores, computadores, celulares, entre outros produtos. Além disso, a ZFM também abriga indústrias nos setores **químico, têxtil, alimentício, metalúrgico e autopeças**, que geram uma significativa quantidade de empregos e contribuem para o aumento da competitividade da economia local.

Embora a **Zona Franca de Manaus** tenha sido um sucesso em muitos aspectos, ela também enfrenta desafios e críticas, incluindo:

- **Dependência de Incentivos Fiscais**: a ZFM depende fortemente dos incentivos fiscais, o que pode torná-la vulnerável a mudanças na política fiscal do governo federal. Além disso, a competição com outras regiões do Brasil e do mundo pode limitar os efeitos desses incentivos.

- **Problemas de Infraestrutura**: apesar dos benefícios fiscais, a infraestrutura de Manaus ainda apresenta desafios significativos, como **transporte** e **energia elétrica**, o que pode aumentar os custos operacionais para as empresas da zona.

- **Questões Ambientais**: o desenvolvimento industrial na Amazônia precisa ser equilibrado com a preservação ambiental, e as atividades na ZFM enfrentam desafios relacionados à **sustentabilidade** e à **proteção da biodiversidade** da região.
- **Concorrência Internacional**: a ZFM também enfrenta a crescente concorrência de outras regiões do mundo, especialmente no setor de eletrônicos, que tem se deslocado para países com custos mais baixos de produção e mão de obra.

 JURISPRUDÊNCIA

Decreto 420/1992. Lei 8.393/1991. IPI. Alíquota regionalizada incidente sobre o açúcar. Alegada ofensa ao disposto nos arts. 150, I, II e § 3º, e 151, I, da CF. Constitucionalidade. O Decreto 420/1992 estabeleceu alíquotas diferenciadas – incentivo fiscal – visando dar concreção ao preceito veiculado pelo art. 3º da Constituição, ao objetivo da redução das desigualdades regionais e de desenvolvimento nacional. Autoriza-o o art. 151, I, da Constituição. A alíquota de 18% para o açúcar de cana não afronta o princípio da essencialidade. Precedente. A concessão do benefício da isenção fiscal é ato discricionário, fundado em juízo de conveniência e oportunidade do Poder Público, cujo controle é vedado ao Judiciário. Precedentes" **(STF, AgRg no AgIn 630.997**, 2ª T., j. 24.04.2007, rel. Min. Eros Grau, *DJ* 18.05.2007).
• "A Constituição, na parte final do art. 151, I, admite a 'concessão de incentivos fiscais destinados a promover o equilíbrio do desenvolvimento socioeconômico entre as diferentes regiões do país'. A concessão de isenção é ato discricionário, por meio do qual o Poder Executivo, fundado em juízo de conveniência e oportunidade, implementa suas políticas fiscais e econômicas e, por- tanto, a análise de seu mérito escapa ao controle do Poder Judiciário. Precedentes: RE 149.659 e AI 138.344-AgRg. Não é possível ao Poder Judiciário estender isenção a contribuintes não contemplados pela lei, a título de isonomia (**RE 159.026**)"(**STF, RE 344.331**, 1ª T., j. 11.02.2003, rel. Min. Ellen Gracie, *DJ* 14.03.2003).

4.3.1.2.9.1 Vedação de Concessão de Isenções Heterônomas

O art. 151, III, da CF/1988 estabelece que é **vedado à União** instituir **isenções de tributos de competência dos Estados, DF e Municípios**. Tal vedação passa a denotar que a União não poderá conceder isenções de tributos estaduais e municipais, como regra geral.

Isso passa a ser um tanto óbvio: apenas aquele que tem competência para instituir um tributo tem a competência para isentá-lo.

Porém, quando a União estiver na condição de **sujeito de Direito Internacional** firmando **tratados e convenções internacionais**, não busca o atendimento de seus interesses como unidade federativa, mas busca os **interesses do país**. Assim, passa a ser plenamente possível, nos casos de tratados e convenções internacionais, estabelecer isenções de tributos estaduais e municipais.

Um exemplo bem característico dessa possibilidade encontra-se na **Súmula 575 do STF**:

"a mercadoria importada de país signatário do GATT ou membro da ALALC estende-se a isenção do imposto de circulação de mercadorias concedida a similar nacional".

Entretanto, existem dois casos em que a CF/1988 prevê a **concessão de isenções heterônomas**:

– art. 155, § 2º, XII, *e*: autoriza o Poder Legislativo Federal, por meio de lei complementar, a exclusão da incidência do ICMS os serviços e outros produtos exportados para o exterior que não sejam amparados por regra imunizatória.

– art. 156, § 3º, II: autoriza a União editar lei complementar para a exclusão da incidência do ISS sobre as exportações de serviços para o exterior.

Nos dois casos acima esposados, a competência tributária pertence aos Estados e DF (ICMS) e aos Municípios e DF (ISS), passando a CF/1988 para a **competência da União legislar sobre determinadas temáticas isentivas.**

A doutrina determina que, neste caso, o Poder Legislativo não está agindo como União, mas como Poder Legislativo em âmbito nacional.

 JURISPRUDÊNCIA

"A cláusula de vedação inscrita no art. 151, III, da CF/1988 – que proíbe a concessão de isenções tributárias heterônomas – é inoponível ao Estado Federal brasileiro (vale dizer, à República Federativa do Brasil), incidindo, unicamente, no plano das relações institucionais domésticas que se estabelecem entre as pessoas políticas de direito público interno (...). Nada impede, portanto, que o Estado Federal brasileiro celebre tratados internacionais que veiculem cláusulas de exoneração tributária em matéria de tributos locais (como o ISS, p. ex.), pois a República Federativa do Brasil, ao exercer o seu *treatymaking power*, estará praticando ato legítimo que se inclui na esfera de suas prerrogativas como pessoa jurídica de direito internacional público, que detém – em face das unidades meramente federadas – o monopólio da soberania e da personalidade internacional" (**STF, AgRg no RE 543.943**, 2ª T., j. 30.11.2010, rel. Min. Celso de Mello, *DJe* 15.02.2011). Vide: **STF, RE 229.096**, rel. p/ o ac. Min. Cármen Lúcia, j. 16.08.2007, Plenário, *Dje* 11.04.2008.
• "A jurisprudência do Supremo é firme no sentido de que as exceções previstas nas partes finais dos arts. 44, 46 e 48 da lista anexa ao DL 406/1968 não veiculam isenções heterônomas" (**STF, AgRg no AgIn 646.020**, 2ª T., j. 24.11.2009, rel. Min. Eros Grau, *Dje* 11.12.2009).
• "A isenção de tributos estaduais prevista no Acordo Geral de Tarifas e Comércio para as mercadorias importadas dos países signatários, quando o similar nacional tiver o mesmo benefício, foi recepcionada pela CF/1988. O art. 98 do CTN 'possui caráter nacional, com eficácia para a União, os Estados e os Municípios' (voto do eminente Min. Ilmar Galvão). No direito internacional apenas a República Federativa do Brasil tem competência para firmar tratados (art. 52, § 2º, da CF), dela não dispondo a União, os Estados membros ou os Municípios. O presidente da República não subscreve tratados como chefe de Governo,

> mas como chefe de Estado, o que descaracteriza a existência de uma isenção heterônoma, vedada pelo art. 151, III, da Constituição" **(STF, RE 229.096**, Plenário, j. 16.08.2007, rel. p/ o ac. Min. Cármen Lúcia, *Dje* 11.04.2008.) No mesmo sentido: STF, AgRg no AgIn 235.708, 2ª T., j. 24.08.2010, rel. Min. Gilmar Mendes, *Dje* 17.09.2010; STF, AgRg no RE 254.406, 2ª T., j. 02.03.2010, rel. Min. Ellen Gracie, *Dje* 19.03.2010; STF, AgRg no RE 234.662, 1ª T., j. 13.10.2009, rel. Min. Ayres Britto, *Dje* 20.11.2009; STF, AgRg no AgIn 223.336, 2ª T., j. 21.10.2008, rel. Min. Joaquim Barbosa, *Dje* 28.11.2008; STF, AgRg no RE 385.311, 1ª T., j. 12.08.2008, rel. Min. Marco Aurélio, *Dje* 26.09.2008. Vide: **STF, AgRg no RE 543.943**, 2ª T., j. 30.11.2010, rel. Min. Celso de Mello, *Dje* 15.02.2011.
>
> • "O ISS é um imposto municipal. É dizer, ao Município competirá instituí-lo (CF, art. 156, III). Todavia, está ele jungido à norma de caráter geral, vale dizer, à lei complementar que definirá os serviços tributáveis, lei complementar do Congresso Nacional (CF/1988, art. 156, III). Isto não quer dizer que a lei comple- mentar possa definir como tributáveis pelo ISS serviços que, ontologicamente, não são serviços. No conjunto de serviços tributáveis pelo ISS, a lei complementar definirá aqueles sobre os quais poderá incidir o mencionado imposto. (...) a lei complementar, definindo os serviços sobre os quais incidirá o ISS, realiza a sua finalidade principal, que é afastar os conflitos de competência, em matéria tributária, entre as pessoas políticas (CF/1988, art. 146, I). E isso ocorre em obséquio ao pacto federativo, princípio fundamental do Estado e da República (CF, art. 1º) (...) não adoto a doutrina que defende que a lista de serviços é exemplificativa. (...) Não há falar em isenção, mas, simplesmente, em exclusão de serviços praticados pelas instituições mencionadas. Trata-se, na verdade, de não incidência, motivo por que não há invocar o disposto no art. 151, III, CF" **(RE 361.829**, 2ª T., j. 13.12.2005, voto do rel. Min. Carlos Velloso, *DJ* de 24.02.2006). No mesmo sentido: **AR 2.105-AgR**-segundo, Plenário, j. 19.09.2013, rel. Min. Ricardo Lewandowski, *DJE* 16.10.2013.

4.3.1.2.10 Princípio da Não Discriminação ou Não Diferenciação

Trata-se de um princípio estabelecido no art. 152 da CF/1988, que reza:

> "Art. 152. É vedado aos Estados, ao Distrito Federal e aos Municípios estabelecer diferença tri- butária entre bens e serviços, de qualquer natureza, em razão de sua procedência ou destino."

A mesma dinâmica aplicada ao princípio da uniformidade geográfica aplica-se a este princípio, vedando que **Estados** e **Municípios** possam dar **tratamento diferenciado em razão da origem ou do destino de bens e serviços**.

A **principal finalidade** desse princípio é **minimizar** ou **evitar** ao máximo a **guerra fiscal**. Entretanto, tal princípio acaba sofrendo exceção, quando Estados e Municípios estabelecem convênios.

Esse princípio busca garantir que a **tributação seja imparcial** e que **não haja dis- criminação** entre os estados da Federação ou entre as mercadorias e serviços com base em sua origem ou destino. Esse princípio é crucial para a preservação da **uniformidade tributária** e para evitar a **guerra fiscal** entre os Estados e Municípios.

É cediço que aqueles que assinem **convênios** tenham tratamento diferenciado entre aqueles que não foram signatários dos convênios. Assim, p. ex. o Estado de São Paulo dará preferência para aquisição de bens e serviços de um Estado que tem um convênio firmado (Rio de Janeiro) em relação àquele Estado que não seja signatário.

Embora o artigo 152 da Constituição proíba a diferença tributária existente entre **origem** ou **destino**, o STF tem **reforçado que a tributação sobre produtos importados** pode ser **diferenciada** para proteger a produção nacional e **combater práticas desleais de comércio**. Nesse sentido, o princípio da **não diferenciação** aplica-se principalmente ao **comércio intrafederativo** e não ao comércio com o exterior, onde os incentivos fiscais podem ser mais flexíveis

De acordo com o STF, invocando a aplicabilidade desse princípio, o **IPVA não poderá ter alíquotas diferenciadas em razão da procedência do veículo**, ou seja, se **importado** ou **nacional**.

JURISPRUDÊNCIA

"ICMS. Benefício tributário concedido às operações internas. Extensão às operações de importação de produto proveniente de país signatário do GATT. Ofensa reflexa ou indireta ao texto constitucional. A decisão agravada está em conformidade com o entendimento firmado por ambas as Turmas desta Corte, no sentido de se considerar infraconstitucional o debate a respeito da extensão ou não às operações de importação de produto proveniente de país signatário do GATT do benefício tributário relativo ao ICMS concedido às operações internas" (**STF, AgRg no AgIn 560.391**, 2ª T., j. 10.02.2009, rel. Min. Joaquim Barbosa, *DJe* 20.03.2009.) No mesmo sentido: STF, AgRg no AgIn 845.360, 2ª T., j. 02.08.2011, rel. Min. Ellen Gracie, *DJe* 19.08.2011; STF, AgRg no AgIn 776.838, 2ª T., j. 20.04.2010, rel. Min. Eros Grau, *DJe* 14.05.2010; STF, AgRg no AgIn 714.039, 1ª T., j. 15.09.2009, rel. Min. Cármen Lúcia, *DJe* 09.10.2009; STF, AgRg no AgIn 708.617, rel. Min. Celso de Mello, j. 10.03.2009, 2ª T., *DJe* 17.04.2009; STF, AgRg no AgIn 459.998, 1ª T., j. 18.11.2008, rel. Min. Marco Aurélio, *DJe* 20.03.2009. *Vide*: **STF, RE 229.096**, j. 16.08.2007, Plenário, rel. p/ o ac. Min. Cármen Lúcia, *DJe* 11.04.2008.

• "A concessão de benefício fiscal às operações com farinha de trigo e mistura pré-preparada de farinha de trigo, nos termos do art. 422, § 3º, do Capítulo LIV da Parte 1 do Anexo IX do RICMS/MG, introduzido pelo Decreto 43.891/2004, não viola a proibição de outorga de tratamento diferenciado a bens e mercadorias, em função da origem ou destino, à medida que for aplicado indistintamente às operações com mercadorias provenientes do Estado de Minas Gerais e às mercadorias provenientes dos demais Estados" (**STF, ADIn 3.410**, Plenário, j. 22.11.2006, rel. Min. Joaquim Barbosa, DJ 08.06.2007).

• "No mérito, a vedação constitucional de tratamento desigual a contribuintes que estão em situação equivalente não foi observada pelo legislador estadual, ao editar a lei ora atacada. Um exame mais aprofundado, após o deferimento da medida liminar, revela não ser possível, no universo dos proprietários de veículos destinados ao transporte escolar, que somente os filiados a determinada cooperativa alcancem a isenção do IPVA. Acerca do princípio da isonomia a que se refere o art. 152 da CF, e da observância a ele devida, bem resumiu os termos de sua abrangência Sacha Calmon Navarro, ao explicitar que 'o princípio da igualdade da tributação impõe ao legislador "não discriminar entre os iguais, que devem ser tratados igualmente"'(**STF, ADIn 1.655**, Plenário, j. 03.03.2004, voto do rel. Min. Maurício Corrêa, *DJ* 02.04.2004.) No mesmo sentido: STF, AgRg no AgIn 483.726, 1ª T., j. 21.06.2011, rel. Min. Marco Aurélio, *DJe* 22.08.2011.

4.3.1.2.11 Princípio da Não Cumulatividade

O **princípio da não cumulatividade** é um dos princípios fundamentais do sistema tributário brasileiro e está diretamente relacionado à **eliminação da duplicidade de tributação** ao longo das etapas de produção e comercialização de bens e serviços. Este princípio visa evitar que o mesmo valor seja tributado mais de uma vez, garantindo que o tributo pago em uma etapa da cadeia produtiva possa ser **compensado** nas etapas seguintes. A não cumulatividade, portanto, reduz o impacto do tributo sobre o produto final e promove a **justiça tributária**, evitando a **cascata tributária**.

Para a aplicabilidade da **não cumulatividade**, é imprescindível o conhecimento das formas de tributação **monofásica e plurifásica**.

Os **tributos monofásicos** são aqueles em que a **tributação ocorre em apenas uma fase da cadeia de produção ou comercialização**, ou seja, o imposto é cobrado uma única vez, geralmente em um **único ponto da cadeia produtiva** ou **no início** do processo.

Dentre as principais características aplicáveis aos tributos monofásicos, destacamos as seguintes:

- **Cobrança concentrada em um único estágio**: a tributação é feita em uma fase única da cadeia de circulação ou produção, normalmente na **fabricante** ou no **importador**, que é o responsável pelo pagamento do imposto.

- **Transição para as fases seguintes**: após a cobrança, o imposto pago pelo contribuinte na fase inicial é repassado para o consumidor final por meio do preço do produto ou serviço, mas não há nova cobrança do tributo nas fases subsequentes da cadeia.

- **Exemplo de tributos monofásicos**:

- O **PIS/PASEP** e a **COFINS** em relação a alguns produtos, como os **combustíveis**, em que a cobrança é feita apenas na **primeira fase** da circulação (quando o importador ou o fabricante realiza a venda do produto);

- O **IPI (Imposto sobre Produtos Industrializados)**, em certos produtos, pode ser cobrado na **indústria**, e os revendedores não precisam pagar novamente o imposto quando comercializam o produto.

- **Simplificação da tributação**: o sistema monofásico tende a ser mais **simples**, pois há menos incidência de obrigações tributárias nas etapas seguintes da cadeia, o que pode facilitar a fiscalização e o controle tributário.

Já os denominados **tributos plurifásicos** são aqueles em que a **tributação ocorre em várias fases da cadeia produtiva ou comercial**, ou seja, o imposto é cobrado **em cada etapa** do processo de **produção** e **comercialização**. A cada nova etapa da cadeia, o tributo é **recolhido novamente**.

Como principais características dos tributos plurifásicos, temos:

- **Cobrança em várias etapas**: o imposto é cobrado **em cada fase** da cadeia produtiva ou comercial, em que cada participante (fabricante, distribuidor, comerciante) é responsável por uma parte da arrecadação do tributo.

- **Regime de compensação ou crédito**: Nos tributos plurifásicos, frequentemente há a possibilidade de **compensação de créditos tributários**, onde cada contribuinte da cadeia pode deduzir o valor do imposto que já foi pago na fase anterior da cadeia. Isso evita a **cumulatividade** do tributo e garante que o imposto incida apenas sobre o **valor agregado** em cada etapa.

- **Exemplo de tributos plurifásicos:**

- **ICMS (Imposto sobre Circulação de Mercadorias e Serviços)**: trata-se de um exemplo clássico de tributo plurifásico. Ele é cobrado em **várias etapas** da cadeia de circulação de mercadorias, desde o produtor até o varejista. No entanto, cada participante da cadeia pode descontar o valor do imposto já pago na fase anterior, utilizando o mecanismo de **crédito**.

- **PIS/PASEP e COFINS (no regime não cumulativo)**: essas contribuições sociais são cobrados nas diversas fases da cadeia, mas as empresas podem **compensar os créditos** de PIS e COFINS pagos na etapa anterior da cadeia produtiva.

- **Regime de apuração**: a cada nova etapa da cadeia, o valor do tributo é apurado e pago, mas pode haver mecanismos de **créditos e débitos** que permitem a **compensação** dos tributos pagos nas fases anteriores, resultando em um imposto efetivo sobre o valor agregado.

No âmbito da **não cumulatividade**, é relevante destacar que existem duas formas distintas de **aproveitamento de créditos**: a modalidade do **crédito físico** e a modalidade do **crédito financeiro**. Na modalidade do **crédito físico**, o contribuinte tem direito de se creditar apenas do imposto que incide sobre os **itens que são efetivamente incorporados ao produto final**. Já na modalidade do **crédito financeiro**, o contribuinte pode se creditar do imposto pago em **todas as operações anteriores que constituem custos para a produção ou comercialização do produto**, abrangendo não apenas os materiais físicos, mas também despesas como **energia elétrica** e **máquinas** utilizadas no processo de fabricação.

Esse modelo ideal de não cumulatividade, com **crédito financeiro** integral, elimina a **cumulatividade** ao permitir que o imposto pago nas operações anteriores seja totalmente deduzido nas fases seguintes. Esse sistema permite que o tributo seja efetivamente transferido **somente ao consumidor final**, sem onerar as empresas intermediárias. No entanto, isso exige que o **sistema tributário** seja perfeitamente estruturado para garantir **a desoneração do imposto pago nas operações anteriores**, incluindo até mesmo **ativos permanentes**, o que pode ser uma tarefa complexa em muitos contextos fiscais.

A **cumulatividade tributária** implica na **sobreposição de tributos** em cada etapa da cadeia produtiva, gerando o chamado **efeito cascata**. Esse fenômeno ocorre quando a base de cálculo de um tributo inclui o valor do tributo exigido na operação anterior e, em alguns casos, o valor de outros tributos. Por exemplo:

- O **ICMS**, calculado "por dentro", inclui a si próprio em sua base de cálculo.

- O **IPI** e as contribuições ao **PIS/COFINS** podem incidir sobre valores que incluem o ICMS e o ISS.

Essas práticas elevam os preços dos produtos ao longo da cadeia, transferindo o ônus tributário para o consumidor final e prejudicando a **transparência** da carga tributária.

O sistema cumulativo penaliza empresas que atuam em cadeias produtivas mais longas, favorecendo grandes conglomerados capazes de concentrar etapas produtivas para evitar a **incidência multifásica de tributos**. Isso contraria o princípio da **neutralidade tributária**, que visa minimizar a interferência do sistema fiscal na economia. A busca por evitar o efeito cascata também dificulta a entrada de novos competidores no mercado, inibindo a inovação e a diversificação econômica.

No Brasil, embora alguns tributos como o **ICMS, IPI, PIS** e **COFINS** sejam classificados como **não cumulativos**, sua aplicação é limitada. Temos, como restrições, alguns pontos a serem considerados:

- A exclusão de **ativos permanentes** e itens de **uso e consumo** do direito ao crédito no ICMS e no IPI;
- A dificuldade de apropriação de créditos relativos a insumos no regime do **PIS/COFINS não cumulativo**, agravada por interpretações restritivas e disputas judiciais;
- A ausência de mecanismos de devolução eficiente de **saldos credores acumulados**, com valores que, além de não serem corrigidos, muitas vezes não retornam aos contribuintes.

O princípio da não cumulatividade possui determinações previstas no texto constitucional:

- **Imposto sobre Produtos Industrializados (IPI)**

O IPI é um tributo que deve ser não cumulativo, compensando-se o que for devido em cada operação com o montante cobrado nas anteriores (art. 153, § 3º, II, da CF/1988[26].

No caso do IPI, a compensação também ocorre entre as etapas da cadeia produtiva e comercial.

Mediante a aplicação exemplificativa, podemos citar o seguinte:

---

26. **Art. 153.** Compete à União instituir impostos sobre:
    IV – produtos industrializados;
    § 3º O imposto previsto no inciso IV:
    II – será não cumulativo, compensando-se o que for devido em cada operação com o montante cobrado nas anteriores.

- **Indústria 1**: O fabricante de um produto industrializado paga IPI sobre as matérias-primas e produtos intermediários adquiridos.
- **Indústria 2**: Quando ele revende o produto acabado, ele cobra IPI do cliente final.
- **Compensação**: O valor do IPI pago nas compras de matérias-primas pode ser descontado do valor do IPI devido na venda do produto acabado.

- **Imposto sobre as operações de circulação de mercadorias e prestações de serviços de transporte interestadual, intermunicipal e de comunicação (ICMS)**

O ICMS é um tributo que deve ser não cumulativo, permitindo a compensação do que for devido em cada operação relativa à circulação de mercadorias ou prestação de serviços com o montante cobrado nas anteriores pelo mesmo ou outro Estado ou pelo Distrito Federal (art. 155, § 2º, I, da CF/1988[27]).

Mediante a aplicação exemplificativa, podemos citar o seguinte:

- **Etapa 1**: O fabricante compra as matérias-primas e paga ICMS sobre o valor da compra.
- **Etapa 2**: Quando o fabricante revende o produto, ele cobra ICMS do comprador sobre o preço da venda.
- **Compensação**: O fabricante pode **descontar o ICMS pago na compra das matérias-primas** do ICMS que ele cobra sobre a venda do produto. Ou seja, o ICMS pago na compra é subtraído do ICMS devido na venda.

Esse processo é chamado de **crédito de ICMS**, e a compensação do tributo impede que o imposto se acumule a cada etapa da produção e comercialização, o que resultaria em preços mais elevados para o consumidor final e maior custo de produção para as empresas.

Exemplo:

Se um produto custa R$ 100 e o ICMS devido sobre ele é 12%, o valor do ICMS seria R$ 12. Se, na compra das matérias-primas, o fabricante pagou R$ 6 de ICMS, ele pode descontar esse valor ao calcular o ICMS a ser pago na venda do produto final.

---

27. **Art. 155.** Compete aos Estados e ao Distrito Federal instituir impostos sobre:

II – operações relativas à circulação de mercadorias e sobre prestações de serviços de transporte interestadual e intermunicipal e de comunicação, ainda que as operações e as prestações se iniciem no exterior.

§ 2º O imposto previsto no inciso II atenderá ao seguinte: (Redação dada pela EC 3/1993)

I – será não cumulativo, compensando-se o que for devido em cada operação relativa à circulação de mercadorias ou prestação de serviços com o montante cobrado nas anteriores pelo mesmo ou outro Estado ou pelo Distrito Federal.

O efeito prático é que o fabricante paga ICMS apenas sobre o **valor agregado** à mercadoria, e não sobre o valor total da venda.

• Imposto sobre Bens e Serviços (IBS)

Inserido na CF/1988 com o intuito de substituir, de forma gradual, o ICMS e o ISS, temos o IBS, que terá sua regulamentação mediante lei complementar em âmbito nacional.

De acordo com a determinação constitucional, o IBS será **não cumulativo**, compensando-se o imposto devido pelo contribuinte com o montante cobrado sobre todas as operações nas quais seja **adquirente de bem material** ou **imaterial**, inclusive **direito**, ou de **serviço**, excetuadas exclusivamente as consideradas de uso ou consumo pessoal especificadas em lei complementar e as hipóteses constitucionalmente previstas.

O regime de compensação bem como o aproveitamento do crédito será definido em lei complementar nacional, conforme estabelece o art. 156-A, § 5º, II, da CF/1988[28].

• Contribuições Sociais da Pessoa Jurídica incidentes sobre receita ou faturamento e nos casos de importação de bens e serviços do exterior

As contribuições sociais da pessoa jurídica incidentes sobre receita e faturamento, bem como as contribuições sociais sobre a importação de bens ou serviços do exterior poderão adotar o regime não cumulativo. A aplicação da **não cumulatividade** constitui um regime que visa mitigar o impacto tributário em cadeia. Essa abordagem busca assegurar que o tributo seja efetivamente calculado sobre o valor agregado, e não sobre o montante acumulado ao longo das operações econômicas. Tal possibilidade encontra seu fundamento no art. 195, § 12 da CF/1988[29].

Assim, tais contribuições sociais podem ser aplicadas sob dois regimes: **cumulativo** e **não cumulativo**. As contribuições sociais da pessoa jurídica sobre receita e faturamento instituídas pela União foram o **PIS** (LC 7/70) e a **COFINS** (LC 70/91); no caso de importação de bens e serviços do exterior foi instituída a contribuição social do **PIS/COFINS Importação** (Lei 10.865/04).

---

28. **Art. 156-A.** Lei complementar instituirá imposto sobre bens e serviços de competência compartilhada entre Estados, Distrito Federal e Municípios.

    § 5º Lei complementar disporá sobre:

    II – o regime de compensação, podendo estabelecer hipóteses em que o aproveitamento do crédito ficará condicionado à verificação do efetivo recolhimento do imposto incidente sobre a operação com bens materiais ou imateriais, inclusive direitos, ou com serviços, desde que:

    a) o adquirente possa efetuar o recolhimento do imposto incidente nas suas aquisições de bens ou serviços; ou

    b) o recolhimento do imposto ocorra na liquidação financeira da operação.

29. **Art. 195.** A seguridade social será financiada por toda a sociedade, de forma direta e indireta, nos termos da lei, mediante recursos provenientes dos orçamentos da União, dos Estados, do Distrito Federal e dos Municípios, e das seguintes contribuições sociais (...):

    § 12. A lei definirá os setores de atividade econômica para os quais as contribuições incidentes na forma dos incisos I, b, e IV do caput serão não cumulativas.

As contribuições ao **PIS** (Programa de Integração Social) e à **COFINS** (Contribuição para o Financiamento da Seguridade Social) podem ser recolhidas tanto no regime **cumulativo** quanto no regime **não cumulativo**, da forma abaixo descrita:

a) Regime Cumulativo

Aplica-se, em regra, às pessoas jurídicas tributadas pelo **Lucro Presumido** ou **Arbitrado**.

A **alíquota total** é **menor** (3,65%, sendo 0,65% para PIS e 3% para COFINS), mas **não há direito à apuração de créditos tributários**.

Caracteriza-se pela **cobrança em cascata**, sem dedução de valores pagos em operações anteriores.

b) Regime Não Cumulativo

No caso do regime não cumulativo, previsto nas Leis 10.637/02 e 10.833/03, aplica-se às pessoas jurídicas tributadas pelo **Lucro Real**, tendo alíquotas mais altas (9,25%, sendo 1,65% para PIS e 7,6% para COFINS), mas, **permitindo o desconto de créditos relacionados a insumos** usados na **atividade produtiva** ou **comercialização**.

Os créditos passíveis de **desconto** incluem:

- Custos com bens e serviços utilizados como insumos;
- Aquisições de energia elétrica e combustíveis;
- Depreciação de ativos permanentes;
- Despesas financeiras, como aluguéis de imóveis utilizados nas atividades empresariais.

No entanto, o conceito de **insumo** foi objeto de inúmeras disputas judiciais, especialmente porque a legislação infraconstitucional (como a Lei 10.833/2003 e a Lei 10.637/2002) não o define de maneira clara. O Superior Tribunal de Justiça (STJ), em julgamento do **REsp 1.221.170**, adotou o critério da **essencialidade ou relevância** do bem ou serviço para a atividade produtiva, ampliando o alcance dos créditos.

Visando substituir gradualmente as contribuições sociais do PIS e da COFINS, temos a possibilidade de instituição da **Contribuição Social de Bens e Serviços** (CBS), estampada no art. 195, V, da CF/1988 e com as mesmas regras aplicáveis ao **Imposto sobre Bens e Serviços** (IBS). Assim, a CBS adotará o **regime não cumulativo pleno**, permitindo a dedução do valor devido pelo contribuinte com o montante cobrado sobre todas as operações nas quais seja **adquirente de bem material** ou **imaterial**, inclusive **direito**, ou de **serviço**, excetuadas exclusivamente as consideradas de uso ou consumo pessoal especificadas em lei complementar e as hipóteses constitucionalmente previstas.

4.3.2 Imunidades tributárias

Sendo considerada de igual modo como limite constitucional ao poder de tributar, entende-se por **imunidade tributária a vedação constitucional que impede a ocorrência do fato gerador da obrigação tributária principal**. Por seu intermédio, estabelece a CF/1988 a impossibilidade de que qualquer pessoa política venha a legislar, instituindo ou modificando a tributação, sobre situações expressamente delimitadas no texto da Carta Magna.

De acordo com a doutrina, a origem do termo imunidade advém de *imunitas*, ou exonerado de *múnus*, indicando a liberação de *múnus* ou encargo, dispensa de carga, ônus.

As imunidades tributárias constituem limitações constitucionais ao poder de tributar, conferindo proteção a determinadas pessoas, bens ou situações em prol de **objetivos sociais, econômicos, culturais** ou **religiosos**, funcionando como garantias jurídicas para que certos entes ou atividades estejam fora do alcance da tributação, mesmo diante da competência constitucional conferida aos entes federativos.

Enquanto as imunidades são normas constitucionais não se prestam a cuidar problemática da incidência, atuando em instante que antecede, na lógica do sistema, ao momento da percussão tributária.

Ademais, é importante ressaltar que há diferença entre os institutos jurídicos **imunidade, não incidência, isenção** e **alíquota zero**.

O instituto da **incidência** consiste no enquadramento de determinada situação hipotética em um dispositivo legal fazendo com que, em sendo praticado o ato pelo cidadão, gera-se uma obrigação, podendo vir a ensejar o pagamento de tributos. Sendo assim, a **não incidência** exige que **não haja norma determinando que aquele ato praticado seja objeto de tributação**, assim se exigiria uma ausência de norma – seja ela constitucional, ou infraconstitucional.

Não há como se confundir, de igual modo, com o instituto da **isenção**. Esta se dá no plano da **legislação ordinária**. Sua dinâmica pressupõe um encontro normativo, conforme preleciona Paulo de Barros Carvalho, em que ela, regra de isenção, opera como expediente redutor do campo de abrangência dos critérios da hipótese ou da consequência da regra-matriz do tributo.

Assim, a imunidade é norma constitucional que denega a competência tributária (competência tributária negativa), distinguindo-se da isenção, que se dá no plano infraconstitucional, atingindo a obrigação tributária principal.

Diferentemente, temos a **alíquota zero**. As situações em que há a aplicação de alíquota zero, há a ocorrência do fato gerador, porém, no momento da apuração do montante devido, em sendo 0% a alíquota, não haverá tributo a ser recolhido. Entretanto, a alteração destas alíquotas pode ser realizada por atos normativos do Poder Executivo – em alguns casos expressamente autorizados – bem como por lei ordinária, podendo ser as mesmas majoradas ou reduzidas de acordo com as necessidades do ente tributante. Assim, passa a ser utilizada como **forma de estímulo a determinado** setor produtivo com maior celeridade, tendo em vista a desnecessidade da utilização legislativa em sentido estrito.

Nas palavras da Ministra do Superior Tribunal de Justiça Regina Helena Costa, se a Lei Maior assegura o exercício de determinados direitos, que qualifica como fundamentais, não pode tolerar que a tributação, também constitucionalmente disciplinada, seja desempenhada em desapreço a esses mesmos direitos. E uma das maneiras pelas quais, indesejavelmente, pode o exercício de direitos vir a ser amesquinhado é por intermédio da tributação, porquanto o tributo, necessariamente, interfere com o direito de liberdade e o direito de propriedade.

O **princípio da não obstância do exercício de direitos fundamentais por via da tributação** projeta seus efeitos, inicialmente, no próprio Texto Fundamental. Todas as normas constitucionais vedatórias da tributação em determinadas situações ou em relação a determinadas pessoas, bem como aquelas garantidoras do exercício de direitos, representam sua aplicação, tais como as imunidades e os princípios.

Continua a Ministra, afirmando que

"Se, de um lado, parece evidente que vários dos direitos assegurados na ordem constitucional dependem, para sua proteção e efetivação, dos recursos advindos da receita tributária, de outro lado a exigência de tributos pode, inadequadamente, dificultar ou mesmo inviabilizar o exercício daqueles. Assim é que muitos direitos fundamentais podem ter seu exercício afetado pela exigência de tributos, a tal ponto que, em diversas hipóteses, a própria Constituição afasta a possibilidade de sua instituição, peculiaridade do sistema tributário brasileiro".

Se a imunidade tributária serve como arcabouço para a consecução de direitos fundamentais, o questionamento levantado diz respeito aos limites materiais de sua modificação ou extração do texto constitucional. Afinal, se forem consideradas como **cláusulas pétreas**, não poderão ser extraídas do texto constitucional ou modificadas ao ponto de deixar de garantir direitos fundamentais do contribuinte.

Assi, não será possível determinar que toda e qualquer imunidade se configura como cláusula pétrea, uma vez que nem todas as imunidades constitucionais atingem direitos fundamentais. Não foi outro o entendimento do STF, quando do julgamento do **RE 372.600/SP**:

"IMUNIDADE. ART. 153, § 2º, II DA CF/88. REVOGAÇÃO PELA EC 20/98. POSSIBILIDADE. 1. Mostra-se impertinente a alegação de que a norma Art. 153, § 2º, II, da Constituição Federal não poderia ter sido revogada pela EC 20/98 por se tratar de cláusula pétrea. 2. Esta norma não consagrava direito ou garantia fundamental, apenas previa a imunidade do imposto sobre a renda a um determinado grupo social. Sua supressão do texto constitucional, portanto, não representou a cassação ou o tolhimento de um direito fundamental e, tampouco, um rompimento da ordem constitucional vigente. 3. Recurso extraordinário conhecido e improvido."

As imunidades tributárias podem ser classificadas da seguinte forma:

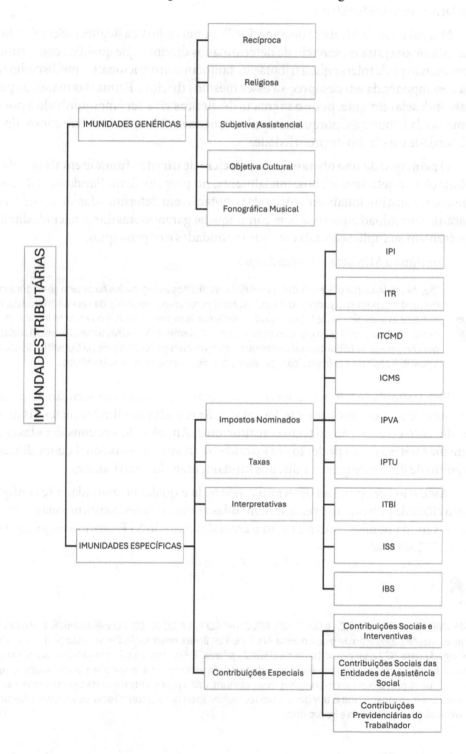

4.3.2.1 Imunidades genéricas

As **imunidades genéricas** ou **gerais** são vedações constitucionais que visam o atendimento dos direitos fundamentais, visando a consecução dos **fundamentos** e **objetivos** da República Federativa do Brasil, bem como dos **direitos fundamentais** insculpidos no texto constitucional.

Por tal prisma, a **abolição de uma imunidade tributária genérica** implica profundas consequências do ponto de vista da dogmática dos direitos fundamentais. Esse impacto vai **além da esfera econômica** e reflete diretamente no **direito fundamental à propriedade**, além de repercutir em **outros direitos fundamentais conexos**, como a **liberdade profissional,** o direito à **educação** e os direitos de **participação política**. A análise dessas repercussões revela a complexidade que envolve o regime das imunidades e a relação intrínseca entre tributação e direitos fundamentais.

As imunidades genéricas protegem determinados **entes**, **setores** ou **atividades** de exações impostas pelo Estado. Essa proteção tem como objetivo **preservar valores constitucionais relevantes**, como a **dignidade da pessoa humana**, a **liberdade** e o **acesso a bens essenciais**. A abolição de uma imunidade genérica representa, na prática, uma ampliação do poder de tributar, que se traduz em maior intervenção estatal na esfera patrimonial desses determinados contribuintes. Assim, a dogmática dos direitos fundamentais exige que qualquer intervenção estatal seja analisada à luz dos princípios da **proporcionalidade** e da **razoabilidade**. O exercício do poder de tributar, embora legítimo, deve respeitar limites impostos pela Constituição para evitar a violação de direitos fundamentais.

Todas as imunidades genéricas, contudo, atingem uma única espécie tributária: os **impostos**. Não se trata de uma vedação que alcança o gênero **tributo**, focando apenas em uma das espécies existentes. Assim, as imunidades genéricas não podem ser aplicadas as taxas, contribuição de melhoria, empréstimos compulsórios ou às contribuições especiais.

As **imunidades genéricas** se subdividem em **recíproca**, **religiosa**, **subjetiva assistencial**, **objetiva cultural** e **fonográfica musical**.

4.3.2.1.1 Imunidade recíproca

Prevista no art. 150, VI, *a*, da CF/1988, veda a União, Estados, DF e Municípios de instituir **impostos** sobre o **patrimônio**, **renda** ou **serviços** uns para com os outros, confirmando a autonomia das pessoas políticas que formam a República Federativa do Brasil (art. 1º da CF/1988). Essa imunidade assegura, portanto, a **convivência política** dessas pessoas políticas, pois se uma pudesse tributar a outra, a **estrutura federativa** estaria sob grave risco e sujeita a desequilíbrios que se articulariam ao sabor das discussões políticas partidárias, e não sob o alicerce jurídico da segurança e certeza.

Portanto, o aspecto teleológico que deve ser observado na aplicação dessa imunidade é o **pacto federativo**. Trata-se de um mecanismo que protege a capacidade administrativa e financeira de cada ente, garantindo sua independência frente às ações tributárias de outros níveis de governo.

O **pacto federativo** brasileiro está fundamentado nos princípios da **autonomia** e da **repartição de competências tributárias e administrativas**, previstos na Constituição. Nesse contexto, a imunidade recíproca desempenha um papel crucial ao reforçar alguns aspectos fundamentais:

I – **proteção da autonomia tributária**

II – **fortalecimento do federalismo cooperativo**

III – **harmonização política e fiscal**

Cada ente federativo possui competência para instituir tributos conforme dispõe o art. 145 da CF/1988. Contudo, a **imunidade recíproca** impõe limites a essa competência, evitando que tributos sejam usados como **instrumentos para enfraquecer outros entes**. Essa proteção garante que Estados, Municípios e a União possam exercer suas funções sem interferências externas. Proibindo essa tributação, a **imunidade recíproca incentiva a colaboração em políticas públicas** e no **financiamento de serviços essenciais**, como saúde, educação e segurança. Assim, evita-se que **disputas tributárias** prejudiquem o desenvolvimento de **ações conjuntas**.

Em síntese, o patrimônio, renda, bens e serviços de que as pessoas políticas são proprietárias e empregados na busca do bem comum **não podem ser tributados de impostos**, assim, p.ex., os veículos utilizados pelos Municípios no atendimento de suas finalidades não poderão ser tributados através do Imposto sobre a Propriedade de Veículos Automotores (IPVA), de competência estadual. De igual modo, a União não poderá tributar os rendimentos dos Estados e Municípios, que se utilizam dos valores para a consecução de objetivos essenciais ao cidadão.

a) Aplicação extensiva da imunidade tributária recíproca e sua vinculação

A imunidade tributária recíproca será extensiva ao patrimônio, renda ou serviços das **autarquias, fundações públicas**, bem como a **empresa pública postal**, no que diz respeito ao atendimento de suas finalidades essenciais, em consonância com o art. 150, § 2º da CF/1988[30].

A EC 132/2023 inseriu a **empresa pública postal** na extensividade da imunidade recíproca em consonância com entendimento jurisprudencial sedimentado. O STF exa-

---

30. § 2º A vedação do inciso VI, a, é extensiva às autarquias e às fundações instituídas e mantidas pelo poder público e à empresa pública prestadora de serviço postal, no que se refere ao patrimônio, à renda e aos serviços vinculados a suas finalidades essenciais ou às delas decorrentes.

rou entendimento no sentido de que as **empresas públicas** e **sociedades de economia mista**, desde que **prestadoras de serviços públicos essenciais do Estado** ou, ainda, que **prestem serviços cujo monopólio seja da União**, poderiam gozar da imunidade recíproca. A decisão se deu mediante o julgamento do **RE 407.099**, quando foi decidido sobre a Empresa Brasileira de Correios e Telégrafos (EBCT).

Observa-se que tal extensividade não se aplica às empresas públicas ou sociedades de economia **exploradoras de atividade econômica**, visto que, nos termos do art. 173, § 2º da CF/1988[31], tais entidades não podem gozar de privilégios que não se estendem ao setor privado.

O fato de o Estado autorizar a iniciativa privada oferecer à população serviços que constitucionalmente seriam de competência do ente político faz com que não se torne possível a tributação destas entidades. Isto porque, ademais de se estar assegurando um direito fundamental, se está o fazendo tão somente devido à deficiência estatal de cumprir os deveres a ela atribuídos pelo texto constitucional.

b) A imunidade tributária recíproca e o Imposto sobre Transmissão Onerosa de Bens Imóveis *Inter Vivos* (ITBI)

O **Imposto sobre Transmissão Onerosa de Bens Imóveis** *Inter Vivos* (ITBI) é um tributo de competência municipal, previsto no art. 156, II, da CF/1988. Ele incide sobre a transmissão *inter vivos*, a qualquer título, de propriedade ou de direitos reais sobre imóveis, exceto os de garantia. Assim, a imunidade também pode abranger os impostos incidentes sobre a transmissão, como ocorre no caso do ITBI.

Contudo, devemos observar algumas particularidades legislativas para fins de determinação da imunidade tributária recíproca. Caso a União aliene um imóvel de sua propriedade, que se encontre desafetado, para o particular, **haverá incidência de ITBI**, uma vez que o **adquirente** (particular) **não goza da imunidade tributária**, mas sim, o ente público federado. Como este imposto é **suportado pelo adquirente**, não há o que se falar em imunidade tributária.

No entanto, em situação inversa (particular alienando imóvel para a União), **inexiste a incidência do ITBI**, uma vez que **adquirente do bem imóvel** (no caso em tela, a União), **goza de imunidade tributária recíproca**.

c) Imunidade Tributária Recíproca da OAB e Caixa de Assistência dos Advogados

Muito se discutiu se a **Ordem dos Advogados do Brasil** (OAB) estaria abrangida pelo benefício da imunidade tributária recíproca, na medida em que a OAB desem-

---

31. **Art. 173.** (...)

    § 2º As empresas públicas e as sociedades de economia mista não poderão gozar de privilégios fiscais não extensivos às do setor privado.

penha **atividade própria de Estado** (defesa da Constituição, da ordem jurídica do Estado Democrático de Direito, dos direitos humanos, da justiça social, bem como a seleção e controle disciplinar dos advogados). O entendimento do STF vai no sentido de **conceder a extensão dos benefícios da imunidade recíproca à entidade**, não impedindo a autoridade fiscal de examinar a correção do procedimento adotado pela entidade imune. Uma vez constatado desvio de finalidade, a autoridade fiscal tem o poder-dever de constituir o crédito tributário e de tomar as demais medidas legais cabíveis[32].

Em se tratando da **Caixa de Assistência dos Advogados**, instituída nos termos dos arts. 45, IV, e 62 da Lei 8.906/1994[33], não se pode afirmar que desempenha as atividades inerentes à OAB (defesa da Constituição, da ordem jurídica do Estado Democrático de Direito, dos direitos humanos, da justiça social.

De igual modo, não lhe compete privativamente promover a representação, a defesa, a seleção e a disciplina dos advogados em todo o país. Trata-se de entidade destinada a prover benefícios pecuniários e assistenciais a seus associados e, pelo fato de não se revelar instrumentalidade estatal, a Caixa de Assistência dos Advogados não é protegida pela imunidade tributária recíproca[34].

d) Imunidade Tributária Recíproca dos Impostos Indiretos

Situação que merece maior atenção ocorre nos denominados **impostos indiretos**, como o ICMS, ISS e IPI, que são aqueles cujo **ônus financeiro** pode ser **transferido ao consumidor final**, diferenciando-se dos impostos diretos, como o IPTU e o IR, que são suportados diretamente pelo contribuinte. A aplicação da imunidade recíproca a esses tributos envolve peculiaridades, especialmente em operações que envolvem entes públicos.

A distinção entre **tributos diretos** (incidência direta sobre o contribuinte) e **indiretos** (repasse do ônus econômico a terceiros) é um dos fundamentos do sistema tributário e tem relevância teórica e prática. No entanto tais conceitos são instrumentalizados para limitar os efeitos das imunidades tributárias

A imunidade recíproca nos impostos indiretos aplica-se somente às **atividades realizadas diretamente pelos entes federativos para fins públicos e institucio-**

---

32. Vide STF, RE 259.976 AgR, rel. Min. Joaquim Barbosa, j. 23.03.2010, 2ª T, DJE de 30.04.2010.
33. **Art. 45.** São órgãos da OAB:
    IV – as Caixas de Assistência dos Advogados.
    Art. 62. A Caixa de Assistência dos Advogados, com personalidade jurídica própria, destina-se a prestar assistência aos inscritos no Conselho Seccional a que se vincule.
    § 1º A Caixa é criada e adquire personalidade jurídica com a aprovação e registro de seu estatuto pelo respectivo Conselho Seccional da OAB, na forma do regulamento geral.
    § 2º A Caixa pode, em benefício dos advogados, promover a seguridade complementar.
34. STF, RE 233.843, rel. Min. Joaquim Barbosa, j. 1º.12.2009, 2ª T, DJE de 18.12.2009.

nais. Por exemplo, a aquisição de bens destinados à prestação de serviços públicos essenciais, como saúde e educação, está protegida pela imunidade, mesmo que o imposto seja de caráter indireto, desde que a pessoa que adquire o bem ou serviço se encontre na condição de **contribuinte de direito**, ou seja, para a **pessoa que realiza o fato gerador da respectiva obrigação tributária**. Quando, porém, estiver na condição de **contribuinte de fato**, a assunção de encargo tributário não gera direito de imunidade.

A **repercussão econômica dos tributos indiretos** também merece atenção. Mesmo que o ente imune seja formalmente protegido, a incidência do imposto sobre terceiros (como fornecedores ou consumidores) pode prejudicar indiretamente sua atuação, aumentando custos operacionais ou reduzindo o acesso a bens e serviços. Assim, devemos considerar a **função econômica das imunidades** como **instrumento de fomento** à **educação**, **saúde**, **assistência social** e outros fins protegidos constitucionalmente.

In casu, o STF estabeleceu que a imunidade recíproca **não se estende a tributos que recaem sobre consumidores finais de bens ou serviços fornecidos por entes públicos**, como ocorre no **fornecimento de energia elétrica** ou **água** por empresas públicas. Nesses casos, o imposto é considerado **incidente sobre o consumo** e não diretamente sobre o patrimônio do ente público. Segundo o STJ,

"TRIBUTÁRIO E CONSTITUCIONAL – ICMS – ENERGIA ELÉTRICA – TELECOMUNICAÇÃO – MANDADO DE SEGURANÇA – SUSPENSÃO DA EXIGIBILIDADE DO TRIBUTO – ART. 150, INCISO VI, ALÍNEA "A", DA CF – SUPOSTA IMUNIDADE TRIBUTÁRIA – INEXISTÊNCIA. 1. Restringe-se a controvérsia acerca da imunidade tributária recíproca entre o município e o Estado membro no que tange à incidência do ICMS. 2. A imunidade recíproca ou intergovernamental recíproca decorre da essência do sistema federativo pátrio. Por certo, depreende-se da Constituição da República que os entes de Direito Público, quais sejam, União, Estados, Distrito Federal e Municípios não podem instituir impostos sobre diversas entidades, serviços ou renda uns dos outros. (Art. 150, inciso VI, alínea "a", da CF). 3. Na hipótese dos autos, o ICMS não incide sobre o patrimônio a renda ou os serviços do Município, mas, incide sobre o fornecimento dos serviços de energia elétrica e de telefonia por ele consumidos, descaracterizando, por conseguinte, a suposta imunidade recíproca do art. 150, inciso VI, alínea "a", da Constituição da República. Recurso em mandado de segurança improvido". **Recurso em Mandado de Segurança 19711/SC**. Relator: Ministro Humberto Martins, DJ 09.03.2007.

JURISPRUDÊNCIA

"É da jurisprudência do Supremo Tribunal que o princípio da imunidade tributária recíproca (CF, art. 150, VI, a) – ainda que se discuta a sua aplicabilidade a outros tributos, que não os impostos – não pode ser invocado na hipótese de contribuições previdenciárias". [**ADI 2.024**, rel. Min. Sepúlveda Pertence, j. 03.05.2007, P, DJ de 22.06.2007.]

"A EC 3, de 17.03.1993, que, no art. 2º, autorizou a União a instituir o IPMF, incidiu em vício de inconstitucionalidade, ao dispor, no § 2º desse dispositivo, que, quanto a tal tributo, não se aplica "o art. 150, III, b, e VI, da Constituição, porque, desse modo, violou os seguintes princípios e normas imutáveis (somente eles, não outros): (...). O princípio da imunidade tributária recíproca (que veda à União, aos Estados, ao Distrito Federal e aos Municípios a instituição de impostos sobre o patrimônio, rendas ou serviços uns dos outros) e que é garantia da Federação (art. 60, § 4º, I, e art. 150, VI, a, da CF)". [**ADI 939**, rel. Min. Sydney Sanches, j. 15.12.1993, P, DJ de 18.03.1994.]

"Está em jogo definir se a imunidade prevista na alínea a do inciso VI do art. 150 da CF alcança, ou não, bem imóvel de propriedade da União cedido a empresa privada que explora atividade econômica. (...) Mostra-se inequívoco ser o imóvel da União empregado, por particular, em atividade de fins exclusivamente privados e com intuito lucrativo. Não há base a justificar o gozo de imunidade nos termos assentados pelo Tribunal de origem. (...) Fixo a seguinte tese: "Incide o IPTU considerado imóvel de pessoa jurídica de direito público cedido a pessoa jurídica de direito privado, devedora do tributo." [**RE 601.720**, voto do rel. p/ o ac. Min. Marco Aurélio, j. 19.04.2017, P, DJE de 05.09.2017, **Tema 437**.]

"(...) cumpre definir se, à luz do art. 150, VI, a, da CF, a imunidade tributária recíproca alcança, ou não, sociedade de economia mista arrendatária de terreno localizado em área portuária pertencente à União. (...) Mostra-se inequívoco ser o imóvel da União empregado em atividade de sociedade de economia mista que atua no mercado com fins lucrativos. Não há base a justificar o gozo de imunidade nos termos pretendidos. (...) Fixo a seguinte tese: "Incide o IPTU considerado imóvel de pessoa jurídica de direito público arrendado a pessoa jurídica de direito privado, devedora do tributo." [**RE 594.015**, voto do rel. Min. Marco Aurélio, j. 06.04.2017, P, DJE de 25.08.2017, **Tema 385**.]

"Imunidade recíproca. Empresa Brasileira de Correios e Telégrafos. Peculiaridades do serviço postal. Exercício de atividades em regime de exclusividade e em concorrência com particulares. Irrelevância. ICMS. Transporte de encomendas. Indissociabilidade do serviço postal. Incidência da Imunidade do art. 150, VI, a, da Constituição. Condição de sujeito passivo de obrigação acessória. Legalidade. (...) O transporte de encomendas está inserido no rol das atividades desempenhadas pela ECT, que deve cumprir o encargo de alcançar todos os lugares do Brasil, não importa o quão pequenos ou subdesenvolvidos. Não há comprometimento do status de empresa pública prestadora de serviços essenciais por conta do exercício da atividade de transporte de encomendas, de modo que essa atividade constitui *conditio sine qua non* para a viabilidade de um serviço postal contínuo, universal e de preços módicos". [**RE 627.051**, rel. Min. Dias Toffoli, j. 12.11.2014, P, DJE de 11.02.2015, **Tema 402.**]

"A imunidade tributária recíproca não exonera o sucessor das obrigações tributárias relativas aos fatos jurídicos tributários ocorridos antes da sucessão (aplicação "retroativa" da imunidade tributária)". [**RE 599.176**, rel. Min. Joaquim Barbosa, j. 05.06.2014, P, DJE de 30.10.2014, **Tema 224**.]

"A questão suscitada neste recurso versa sobre a possibilidade de extensão da imunidade tributária recíproca, nos termos do art. 150, VI, a, da CF, à Empresa Brasileira de Infraestrutura Aeroportuária (INFRAERO), na qualidade de empresa pública prestadora de serviço público. Esta Corte possui jurisprudência firmada no sentido de que a Infraero faz jus à imunidade recíproca prevista no art. 150, VI, a, da CF". [**ARE 638.315 RG**, voto do rel. Min. Cezar Peluso, j. 09.06.2011, P, DJE de 31.08.2011, **Tema 412.**]

"As sociedades de economia mista prestadoras de ações e serviços de saúde, cujo capital social seja majoritariamente estatal, gozam da imunidade tributária prevista na alínea a do inciso VI do art. 150 da CF". [**RE 580.264**, rel. p/ o ac. Min. Ayres Britto, j. 16.12.2010, P, DJE de 06.10.2011, **Tema 115**.]

4.3.2.1.2 Imunidade religiosa

Estabelece o art. 150, VI, *b*, da CF/1988,

> "Art. 150. Sem prejuízo de outras garantias asseguradas ao contribuinte, é vedado à União, aos Estados, ao Distrito Federal e aos Municípios:
>
> VI – instituir impostos sobre:
>
> b) entidades religiosas e templos de qualquer culto, inclusive suas organizações assistenciais e beneficentes."

A República Federativa do Brasil adotou a **laicidade** em sua estrutura política, conforme estabelecido na Constituição de 1988. Esse princípio não implica hostilidade às religiões, mas sim a **neutralidade do Estado** frente a elas. Essa neutralidade é essencial para garantir a **inviolabilidade da liberdade de consciência e crença**, consagrada no artigo 5º, VI, VII e VIII, da CF/1988[35].

Entretanto, no contexto brasileiro, o **princípio da laicidade** é conciliado com a **proteção da liberdade religiosa** e com instrumentos que visam assegurar o pleno exercício dessa liberdade, como a **imunidade tributária religiosa**. Esse equilíbrio é fundamental, pois o Estado deve garantir que as organizações religiosas possam desempenhar suas funções sem interferências indevidas, especialmente de ordem tributária.

Tal imunidade tem um **aspecto teleológico**, não abrangendo apenas o espaço de celebração religiosa, mas visa assegurar condições financeiras adequadas para que as entidades religiosas possam cumprir sua função social, espiritual e comunitária, sem o ônus de suportar a carga tributária. A jurisprudência do STF reforça esse entendimento ao adotar uma interpretação ampliativa do conceito de "**templos de qualquer culto**", reconhecendo que a imunidade abrange não apenas o local físico das celebrações, mas também atividades acessórias diretamente relacionadas à finalidade religiosa:

---

35. **Art. 5º** Todos são iguais perante a lei, sem distinção de qualquer natureza, garantindo-se aos brasileiros e aos estrangeiros residentes no País a inviolabilidade do direito à vida, à liberdade, à igualdade, à segurança e à propriedade, nos termos seguintes:

    VI – é inviolável a liberdade de consciência e de crença, sendo assegurado o livre exercício dos cultos religiosos e garantida, na forma da lei, a proteção aos locais de culto e a suas liturgias;

    VII – é assegurada, nos termos da lei, a prestação de assistência religiosa nas entidades civis e militares de internação coletiva;

    VIII – ninguém será privado de direitos por motivo de crença religiosa ou de convicção filosófica ou política, salvo se as invocar para eximir-se de obrigação legal a todos imposta e recusar-se a cumprir prestação alternativa, fixada em lei.

"Recurso extraordinário. 2. Imunidade tributária de templos de qualquer culto. Vedação de instituição de impostos sobre o patrimônio, renda e serviços relacionados com as finalidades essenciais das entidades. Artigo 150, VI, b e § 4º, da Constituição. 3. Instituição religiosa. IPTU sobre imóveis de sua propriedade que se encontram alugados. 4. A imunidade prevista no art. 150, VI, b, CF, deve abranger não somente os prédios destinados ao culto, mas, também, o patrimônio, a renda e os serviços "relacionados com as finalidades essenciais das entidades nelas mencionadas". 5. O § 4º do dispositivo constitucional serve de vetor interpretativo das alíneas b e c do inciso VI do art. 150 da Constituição Federal. Equiparação entre as hipóteses das alíneas referidas. 6. Recurso extraordinário provido". (STF – RE: 325822 SP, Relator: ILMAR GALVÃO, Data de Julgamento: 18.12.2002, Tribunal Pleno, Data de Publicação: DJ 14.05.2004 PP-00033 EMENT VOL02151-02 PP– 00246).

De fato, a expressão **"templo de qualquer culto"** é um conceito jurídico que abrange mais do que apenas o edifício físico onde se realizam as celebrações religiosas. A interpretação constitucional desse termo tem sido ampliativa, considerando o propósito da imunidade tributária: **proteger e viabilizar o pleno exercício da liberdade religiosa.**

Do ponto de vista **formal**, o **templo** é o espaço físico destinado à realização de cultos, cerimônias ou atividades próprias da religião ou crença. Isso inclui igrejas, sinagogas, mesquitas, terreiros, entre outros. A imunidade se aplica a esses espaços e à sua função primordial de promover práticas religiosas.

O Supremo Tribunal Federal (STF) tem adotado um entendimento **teleológico**, não se limitando apenas aos espaços de culto, mas abrangem bens e rendas que sejam diretamente utilizados para fins religiosos. Isso inclui:

- Prédios administrativos usados para a organização de atividades religiosas;
- Locais destinados à formação de líderes religiosos (como seminários);
- Áreas destinadas a obras sociais mantidas por entidades religiosas, desde que relacionadas à missão espiritual e comunitária da organização.

Inclusive, houve a modificação da letra *b* do inciso VI do art. 150 da CF/1988 justamente para não deixar dúvidas sobre tal possibilidade, ao incluir a expressão **"organizações assistenciais e beneficentes"**, vinculando todas as organizações que vinculadas a organização religiosa com o intuito de mantença do exercício da liberdade religiosa.

No Brasil, **nenhuma autoridade estatal ou jurídica pode definir formalmente o que constitui ou não uma religião**. Esse entendimento decorre da adoção do princípio da **laicidade do Estado**, previsto no art. 19, I, da CF/1988, que proíbe a União, os Estados e os Municípios de estabelecerem cultos religiosos ou de criar embaraços ao seu funcionamento.

A definição da existência de uma religião decorre de sua **autoafirmação** por parte de seus praticantes. Os critérios utilizados para reconhecer uma religião, no entanto, podem ser analisados em diferentes situações, como:

I – registro de pessoa jurídica para fins religiosos: nesse caso, as autoridades públicas não avaliam a validade teológica ou espiritual das crenças, mas apenas verificam o cumprimento dos requisitos legais para o registro, que se dará perante o Registro Civil das Pessoas Jurídicas, conforme estabelece o art. 114 da Lei 6.015/73 (Lei de Registros Públicos)[36];

II – reconhecimento pelo Poder Judiciário: eventualmente, a existência de uma religião pode ser analisada pelo Poder Judiciário, especialmente em casos que envolvam **conflitos sobre imunidades tributárias, liberdade religiosa** ou **litígios internos** de organizações religiosas. Nessas situações, o Judiciário busca respeitar o **princípio da neutralidade religiosa** e avalia a religião em função de sua finalidade social e sua natureza religiosa declarada, sem adentrar no mérito das crenças.

III – reconhecimento social: religiões também podem ser reconhecidas informalmente pela sociedade, sem necessidade de registro formal. Muitas religiões tradicionais ou indígenas, por exemplo, existem há séculos sem qualquer estrutura institucional formalizada.

Ressaltamos que a liberdade religiosa abrange tanto a liberdade de crença quanto a liberdade de **não professar religião alguma**, protegendo tanto a **prática religiosa** quanto o **ateísmo** e o **agnosticismo**.

As **religiões minoritárias** ou **não convencionais** têm a mesma proteção que as religiões majoritárias, o que impede discriminações baseadas no tamanho ou na popularidade de uma religião. Um caso emblemático foi o **reconhecimento do direito de cultos afro-brasileiros**, que enfrentaram preconceitos históricos e passaram a ser amplamente protegidos sob o princípio da liberdade religiosa.

a) A imunidade tributária religiosa e os cemitérios

Os **cemitérios** podem ser classificados como **públicos** ou **privados**. Cemitérios **públicos** são geridos por órgãos da administração direta ou indireta, enquanto os **privados** podem ser constituídos como empresas, associações ou fundações. É necessário obter **licenças específicas**, especialmente em relação ao uso do solo e à proteção ambiental. No Brasil, a competência para legislar sobre a criação e funcionamento de cemitérios recai predominantemente sobre os **municípios**, nos termos do art. 30, I, da CF/1988[37].

O entendimento adotado pelo STF se dá pela **possibilidade de extensão do benefício imunizatório** desde que sejam utilizados de maneira extensiva ao exercício da atividade religiosa, não detendo exploração de atividade econômica[38].

---

36. **Art. 114.** No Registro Civil de Pessoas Jurídicas serão inscritos:
    I – os contratos, os atos constitutivos, o estatuto ou compromissos das sociedades civis, religiosas, pias, morais, científicas ou literárias, bem como o das fundações e das associações de utilidade pública.
37. **Art. 30.** Compete aos Municípios:
    I – legislar sobre assuntos de interesse local.
38. STF, RE 325.822, rel. p/ o ac. Min. Gilmar Mendes, j. 18.12.2002, P, DJ de 14.05.2004.

b) Imunidade tributária religiosa e a maçonaria

A **maçonaria** é frequentemente descrita como uma fraternidade filosófica, filantrópica e iniciática, possuindo trajetória histórica e uma base filosófica que a tornam objeto de grande interesse e, por vezes, de controvérsia. Ela combina tradições antigas, ideias iluministas e princípios éticos que influenciaram sociedades em diferentes contextos históricos.

Tem suas raízes históricas associadas às **guildas de pedreiros medievais da Europa**, particularmente no período entre os séculos XII e XVI. Essas guildas eram compostas por **artesãos** especializados na **construção de catedrais** e outros **edifícios religiosos**. Eram conhecidas por seus **rituais, símbolos** e **segredos** que protegiam o conhecimento técnico de sua profissão.

No século XVII, as **"lojas operativas"** começaram a incluir membros não ligados à construção, conhecidos como **"maçons aceitos"** ou **"maçons especulativos"**. Esse processo marcou a **transição da maçonaria operativa** para a **maçonaria especulativa**, que enfatizava mais os aspectos filosóficos e simbólicos do que a prática da construção.

O STF enfrentou o tema, estabelecendo que a **maçonaria não pode gozar do benefício imunizatório** por não se admitir que seja um **culto** na acepção técnica do termo. Trata-se de uma **associação fechada**, não aberta ao público em geral e que não tem e nem professa qualquer religião, não se podendo afirmar que seus prédios sejam templos para o exercício de qualquer culto. Trata-se de uma **confraria** que **professa uma filosofia de vida**, na busca do que ela mesmo denomina de **aperfeiçoamento moral, intelectual** e **social** do Homem e da Humanidade[39].

c) A imunidade tributária religiosa e o satanismo ou luciferianismo

O **satanismo** e o **luciferianismo** são correntes filosóficas, espirituais e culturais frequentemente associadas a conceitos controversos, o que dificulta sua classificação como atividade religiosa sob uma ótica uniforme. Contudo, ao analisar suas características e a relação com o conceito de religião, é necessário adotar um enfoque isento e compreender as nuances históricas, filosóficas e práticas dessas correntes.

O **satanismo** não é um movimento homogêneo; apresenta diversas vertentes com significados distintos:

- **Satanismo La Veyano**: fundado por Anton LaVey em 1966, com a publicação da Bíblia Satânica. Essa vertente não considera satanás como uma entidade sobrenatural, mas como um arquétipo de individualismo, liberdade e rejeição à moralidade religiosa tradicional. É, essencialmente, uma filosofia ateísta.

---

39. STF, RE 562.351, rel. Min. Ricardo Lewandowski, j. 04.09.2012, 1ª T, DJE de 14.12.2012.

- **Satanismo Teísta:** nesta vertente, satanás é adorado como uma divindade ou figura espiritual. Os praticantes veem satanás como um símbolo de conhecimento, liberdade e oposição às forças opressoras.

- **Satanismo Simbólico ou Cultural:** aqui, o "satanás" é usado como símbolo de rebelião, crítica à religião institucionalizada ou oposição às normas sociais opressivas.

O **luciferianismo** compartilha algumas semelhanças com o **satanismo**, mas com alguns apontamentos de distinção:

- O **luciferianismo** tende a adotar uma **visão simbólica de Lúcifer**, visto como portador de luz, conhecimento e esclarecimento, alinhando-se a uma tradição mais esotérica.

- Seus praticantes podem identificar **Lúcifer** como um arquétipo ou figura espiritual que representa a busca pela verdade, a rebelião contra a ignorância e o progresso intelectual.

Enquanto o satanismo muitas vezes é **confrontacional** em relação às tradições religiosas dominantes, o **luciferianismo** é mais centrado, segundo os seus seguidores, em valores como o crescimento pessoal e o conhecimento.

Em vários países, incluindo o Brasil, o reconhecimento formal de uma organização como religiosa depende de seu registro e da conformidade com normas legais. Nos Estados Unidos, por exemplo, o "**Satanic Temple**" é reconhecido como uma organização religiosa, defendendo a separação entre Igreja e Estado e promovendo direitos civis. No Brasil, o reconhecimento passa a ser considerado dotado de maior dificuldade, não ensejando, até o momento, o exercício de atividade religiosa para fins de benefícios fiscais, como no caso da imunidade.

Tal tema, contudo, não chegou a ser objeto de debate em Tribunais Superiores.

4.3.2.1.3 Imunidade subjetiva assistencial

A imunidade tributária subjetiva assistencial está prevista no art. 150, VI, *c*, da CF/1988, que estabelece:

> "Art. 150. Sem prejuízo de outras garantias asseguradas ao contribuinte, é vedado à União, aos Estados, ao Distrito Federal e aos Municípios: [...]
>
> VI – instituir impostos sobre: [...]
>
> c) patrimônio, renda ou serviços dos partidos políticos, inclusive suas fundações, das entidades sindicais dos trabalhadores, das instituições de educação e de assistência social, sem fins lucrativos, atendidos os requisitos da lei".

Tal imunidade é considerada **subjetiva**, visto que alcança **determinadas pessoas jurídicas de direito privado** indicadas no texto constitucional, sendo ainda considerada **condicional**, visto que devem atender os **requisitos estabelecidos em lei**.

Por se tratar de uma imunidade tributária e, portanto, de uma limitação ao poder de tributar; os requisitos ensejadores dessa imunidade devem ser veiculados através de **lei complementar nacional**, mediante a interpretação sistêmica com o disposto no art. 146, II, da CF/1988[40].

Os requisitos para a concessão dessa imunidade estão previstos no art. 14 do CTN, que determina:

> "Art. 14. O disposto na alínea c do inciso IV do artigo 9º é subordinado à observância dos seguintes requisitos pelas entidades nele referidas:
>
> I – não distribuírem qualquer parcela de seu patrimônio ou de suas rendas, a qualquer título; (Redação dada pela LCP 104, de 10.1.2001)
>
> II – aplicarem integralmente, no País, os seus recursos na manutenção dos seus objetivos institucionais;
>
> III – manterem escrituração de suas receitas e despesas em livros revestidos de formalidades capazes de assegurar sua exatidão.
>
> § 1º Na falta de cumprimento do disposto neste artigo, ou no § 1º do artigo 9º, a autoridade competente pode suspender a aplicação do benefício.
>
> § 2º Os serviços a que se refere a alínea c do inciso IV do artigo 9º são exclusivamente, os diretamente relacionados com os objetivos institucionais das entidades de que trata este artigo, previstos nos respectivos estatutos ou atos constitutivos."

Para que as entidades previstas no art. 150, VI, *c*, da CF/1988 possam gozar do benefício da imunidade há necessidade de cumprirem com as formalidades legais exigidas para sua existência e regularidade. Não há como conferir um benefício imunizatório a uma entidade que se encontra irregular.

a) Partidos Políticos e suas fundações

Os **partidos políticos** são pessoas jurídicas de direito privado, criadas por cidadãos para atuar no cenário político, com o objetivo principal de participar do processo eleitoral e do exercício do poder político. Eles são essenciais para a **democracia**, pois representam **diferentes ideologias**, **visões de mundo** e **propostas** para a sociedade.

O art. 17 da CF/1988[41] assegura a livre criação, fusão, incorporação e extinção dos partidos políticos, desde que respeitem:

---

40. **Art. 146.** Cabe à lei complementar:

    II – regular as limitações constitucionais ao poder de tributar.
41. **Art. 17.** É livre a criação, fusão, incorporação e extinção de partidos políticos, resguardados a soberania nacional, o regime democrático, o pluripartidarismo, os direitos fundamentais da pessoa humana e observados os seguintes preceitos:

    I – caráter nacional;

- Caráter nacional;
- Proibição de recebimento de recursos financeiros de entidades ou governos estrangeiros;
- Prestação de contas à Justiça Eleitoral;
- Fidelidade ao regime democrático.

A regulamentação dos partidos políticos se dá pela observância da Lei 9.096/95, sendo que, dentre as exigências para sua regularidade, temos a obtenção do registro de seu estatuto social perante o Tribunal Superior Eleitoral (TSE), comprovando possuir um caráter nacional, com diretórios em pelo menos um terço dos estados brasileiros, além do atendimento de demais exigências legais, tal como, a prestação de contas e o respeito às normas de governança interna.

Já as **fundações partidárias** são entidades criadas por partidos políticos, com personalidade jurídica de direito privado e autonomia administrativa, voltadas para o apoio às atividades de formação política, pesquisa e promoção de debates ideológicos e estratégicos.

Possuem objetivos vinculados ao **fortalecimento do partido** e à **promoção do interesse público**, especialmente nas áreas de **formação e capacitação política de cidadãos** e **lideranças, pesquisa e difusão de ideias, ideologias** e **programas partidários**, bem como de **estímulo ao debate sobre políticas públicas e estratégias de governança**.

Os partidos políticos e suas fundações estão submetidos ao controle da Justiça Eleitoral, responsável por verificar a regularidade do registro partidário, a prestação de contas anual e a legalidade da utilização de recursos públicos.

A jurisprudência do **Tribunal Superior Eleitoral** (TSE) reforça a importância de partidos e fundações cumprirem seus deveres legais e respeitarem os princípios constitucionais, como a **transparência** e a **democracia interna**.

Assim, se os partidos políticos e fundações partidárias cumprirem as exigências legais de sua regularidade, bem como o atendimento de todos os preceitos estabelecidos no art. 14 do CTN gozarão do benefício da imunidade tributária estendida aos **impostos** incidentes sobre o patrimônio, renda e serviços vinculadas as suas finalidades estatutárias.

II – proibição de recebimento de recursos financeiros de entidade ou governo estrangeiros ou de subordinação a estes;

III – prestação de contas à Justiça Eleitoral;

IV – funcionamento parlamentar de acordo com a lei.

§ 1º É assegurada aos partidos políticos autonomia para definir sua estrutura interna e estabelecer regras sobre escolha, formação e duração de seus órgãos permanentes e provisórios e sobre sua organização e funcionamento e para adotar os critérios de escolha e o regime de suas coligações nas eleições majoritárias, vedada a sua celebração nas eleições proporcionais, sem obrigatoriedade de vinculação entre as candidaturas em âmbito nacional, estadual, distrital ou municipal, devendo seus estatutos estabelecer normas de disciplina e fidelidade partidária. (Redação dada pela Emenda Constitucional 97, de 2017)

§ 2º Os partidos políticos, após adquirirem personalidade jurídica, na forma da lei civil, registrarão seus estatutos no Tribunal Superior Eleitoral.

b) Entidades Sindicais dos Trabalhadores

As **entidades sindicais** são associações de direito privado, com personalidade jurídica e autonomia administrativa, criadas para a defesa dos interesses coletivos e individuais de trabalhadores ou empregadores de uma determinada categoria econômica ou profissional. Sua atuação é regulada através do art. 8º da CF/1988[42] e pela **Consolidação das Leis do Trabalho (CLT)**, além de tratados internacionais como as convenções da **Organização Internacional do Trabalho** (OIT), especialmente as Convenções 87 (ainda não ratificada pelo Brasil) e 98.

As formalidades exigidas na constituição da entidade sindical dependem:

- **Assembleia Geral**: é necessário realizar uma assembleia geral dos interessados na criação do sindicato, com aprovação de estatuto e escolha da diretoria.

- **Registro Sindical:** o registro no **Ministério do Trabalho e Emprego (MTE)** é indispensável para garantir a representatividade oficial da entidade dentro de uma base territorial e categoria específica. A obtenção do registro pode ser contestada caso exista outra entidade atuando na mesma base, em razão da unicidade sindical.

- **Personalidade Jurídica:** após a elaboração do estatuto e a aprovação pela assembleia, o sindicato deve ser registrado perante o Registro Civil das Pessoas Jurídicas, nos termos do art. 114, III, da Lei 6.015/76[43].

A Constituição Federal é clara no sentido de atribuir a possibilidade de imunidade tributária aos **sindicatos dos trabalhadores**, sendo aqueles que representam os interesses dos trabalhadores de determinada categoria profissional, objetivam a proteção e melhoria das condições de trabalho (incluindo salário, jornada, saúde etc.) e exercendo maior foco no **direito coletivo do trabalho**, como convenções e acordos coletivos, greves e demais mobilizações.

Já os **sindicatos patronais** representam os interesses dos empregadores, organizados em categorias econômicas, tais como comércio, indústria, varejo etc. Essas entidades defendem pautas relacionadas a liberdade econômica, redução de custos trabalhistas, simplificação de procedimentos e negociações coletivas equilibradas. Tais entidades **não gozarão do benefício da imunidade tributária.**

c) Instituições de Educação e de Assistência Social sem finalidade lucrativa

As **instituições educacionais públicas** ou **privadas** são regidas por um conjunto de normas e processos que asseguram a criação, regulamentação e funcionamento das

---

42. **Art. 8º** É livre a associação profissional ou sindical, observado o seguinte:
43. **Art. 114**. No Registro Civil de Pessoas Jurídicas serão inscritos (...):
    III – os atos constitutivos e os estatutos dos partidos políticos.

escolas, universidades e outras modalidades educacionais. Esse processo é influenciado pela Constituição Federal de 1988, pela Lei de Diretrizes e Bases da Educação Nacional (LDB) e outras normativas que regulam o setor educacional.

A Constituição Federal estabelece a **educação** como um **direito fundamental** impondo ao Estado o dever de assegurar esse direito a totalidade de cidadãos, sem discriminação. Além disso, define a **educação** como um **direito de todos** e **dever do Estado** e da **família**.

A Constituição também estabelece princípios que devem nortear a educação no Brasil, tais como:

- Igualdade de condições para o acesso e permanência na escola;
- Liberdade de aprender, ensinar, pesquisar e divulgar o pensamento, a arte e o saber;
- Pluralismo de ideias e concepções pedagógicas;
- Valorização dos profissionais da educação;
- Gestão democrática da educação pública; e
- Garantia de acesso à educação infantil, ao ensino fundamental, ao ensino médio e à educação superior.

A **Lei 9.394/1996**, também conhecida como **Lei de Diretrizes e Bases da Educação Nacional (LDB)**, regulamenta a organização da educação no Brasil, definindo como se dá a instituição de escolas, universidades e outras formas de ensino. Ela é a principal norma para a organização e funcionamento da educação no Brasil e estabelece diretrizes gerais para a educação básica, profissionalizante e superior.

A criação de uma **escola de educação básica (infantil, fundamental ou média)** requer o cumprimento de alguns requisitos formais, sendo eles:

I – **Autorização e credenciamento pelo órgão competente**, geralmente a Secretaria de Educação do Estado ou Município, dependendo da localidade.

II – **Aprovação do projeto pedagógico**, que deve estar em conformidade com as diretrizes da LDB, com a proposta educacional, e com os parâmetros curriculares nacionais.

III – **Infraestrutura adequada**, conforme as normas de acessibilidade e segurança definidas pelos órgãos de vigilância sanitária e de segurança pública.

IV – **Aprovação do corpo docente**, que deve possuir as qualificações exigidas pela LDB e pelas normativas regionais e nacionais.

A criação de uma **instituição de ensino superior** (universidade, faculdade ou centro universitário) depende de uma série de etapas legais:

I – Credenciamento pelo Ministério da Educação (MEC): as instituições de ensino superior devem ser credenciadas pelo MEC, que verifica a adequação da proposta institucional, a infraestrutura e o projeto pedagógico.

II – Autorização ou Reconhecimento de Cursos: além do credenciamento da instituição, cada curso superior precisa ser autorizado ou reconhecido pelo MEC, de acordo com normas específicas.

III – Regulamentação do ensino: as universidades possuem autonomia didático-científica e administrativa, mas devem seguir as diretrizes estabelecidas pelo MEC e outras normativas federais, estaduais ou municipais.

Além das exigências mencionadas e demais requisitos a serem cumpridos por meio de órgãos reguladores, o benefício da imunidade é aplicado para as instituições educacionais desprovidas de finalidade lucrativa. Tais entidades não exercem a **distribuição de lucros** entre os membros ou fundadores. Qualquer **superávit** obtido deve ser **destinado exclusivamente** para a **manutenção** e **desenvolvimento** das atividades educacionais.

Assim, os membros ou administradores da entidade são responsáveis pela gestão dos recursos de forma transparente, e devem aplicar os recursos exclusivamente para as finalidades da organização, de acordo com seu estatuto social.

Já as **entidades de assistência social sem finalidade lucrativa** são organizações que têm como objetivo prestar serviços e apoio a grupos ou indivíduos em situação de vulnerabilidade social, sem a intenção de obter lucro para seus membros ou fundadores. Essas entidades desempenham uma função social importante ao atuar em áreas como saúde, educação, assistência a pessoas com deficiência, crianças e adolescentes, idosos, entre outros.

De acordo com o entendimento jurisprudencial, a imunidade das entidades de assistência social sem fins lucrativos pode abranger o denominado **terceiro setor**.

O **terceiro setor** refere-se ao conjunto de organizações **sem fins lucrativos** que atuam em diversas **áreas de interesse público**, promovendo o bem-estar social, cultural, ambiental, educacional, assistencial e outros. Essas organizações não têm o objetivo de gerar lucro, e qualquer superávit financeiro é reinvestido nas suas atividades. Podem ser financiadas por **doações, patrocínios, fundos públicos** (principalmente em parcerias com o setor público), **campanhas de arrecadação** e até **projetos de financiamento coletivo**.

Se todas as entidades descritas no art. 150, VI, *c*, da CF/1988 atenderem todos os critérios de sua regularidade formal e material e, em conjunto, as determinações constantes no art. 14 do CTN, a imunidade tributária de impostos incidentes sobre o patrimônio, renda ou serviços deve ser aplicada. Caso alguma das exigências deixar de ser atendida, haverá a **suspensão do benefício imunizatório** até o atendimento de todas as exigências.

JURISPRUDÊNCIA

"Ainda quando alugado a terceiros, permanece imune ao IPTU o imóvel pertencente a qualquer das entidades referidas pelo art. 150, VI, c, da CF, desde que o valor dos aluguéis seja aplicado nas atividades para as quais tais entidades foram constituídas". [**Súmula Vinculante 52**.]

"A imunidade tributária conferida a instituições de assistência social sem fins lucrativos pelo art. 150, VI, c, da Constituição, somente alcança as entidades fechadas de previdência social privada se não houver contribuição dos beneficiários". [**Súmula 730**.]

"Imunidade do art. 150, VI, c, CF. Entidade beneficente de assistência social. ICMS. Aquisição de insumos e produtos no mercado interno na qualidade de contribuinte de fato. Beneplácito reconhecido ao contribuinte de direito. Repercussão econômica. Irrelevância. (...) "A imunidade tributária subjetiva aplica-se a seus beneficiários na posição de contribuinte de direito, mas não na de simples contribuinte de fato, sendo irrelevante para a verificação da existência do beneplácito constitucional a repercussão econômica do tributo envolvido". [**RE 608.872**, rel. Min. Dias Toffoli, j. 23.02.2017, P, DJE de 27.09.2017, **Tema 342**.]

"Imunidade tributária. Instituições de educação e de assistência social, sem fins lucrativos, atendidos os requisitos da lei. IPTU. Lote vago. Não incidência. A imunidade tributária, prevista no art. 150, VI, c, da CF/1988, aplica-se aos bens imóveis, temporariamente ociosos, de propriedade das instituições de educação e de assistência social sem fins lucrativos que atendam os requisitos legais". [**RE 767.332 RG**, rel. Min. Gilmar Mendes, j. 31.10.2013, P, DJE de 22.11.2013, **Tema 693**.]

"A vedação à instituição de impostos sobre o patrimônio e a renda das entidades reconhecidamente de assistência social que estejam vinculados às suas finalidades essenciais é uma garantia constitucional. Por seu turno, existe a presunção de que o imóvel da entidade assistencial esteja afetado a destinação compatível com seus objetivos e finalidades institucionais. O afastamento da imunidade só pode ocorrer mediante a constituição de prova em contrário produzida pela administração tributária". [**AI 746.263 AgR-ED**, rel. Min. Dias Toffoli, j. 12.11.2013, 1ª T, DJE de 16.12.2013.]

"No caso do ITBI, a destinação do imóvel às finalidades essenciais da entidade deve ser pressuposta, sob pena de não haver imunidade para esse tributo. A condição de um imóvel estar vago ou sem edificação não é suficiente, por si só, para destituir a garantia constitucional da imunidade. A regra da imunidade se traduz numa negativa de competência, limitando, a priori, o poder impositivo do Estado. Na regra imunizante, como a garantia decorre diretamente da Carta Política, mediante decote de competência legislativa, as presunções sobre o enquadramento originalmente conferido devem militar a favor das pessoas ou das entidades que apontam a norma constitucional. Quanto à imunidade prevista no art. 150, VI, c, da CF, o ônus de elidir a presunção de vinculação às atividades essenciais é do fisco". [**RE 470.520**, rel. Min. Dias Toffoli, j. 17.09.2013, 1ª T, DJE de 21.11.2013.]

"O reconhecimento da imunidade tributária prevista no art. 150, VI, c, da CF exige o cumprimento dos requisitos estabelecidos em lei. Assim, para se chegar à conclusão se o recorrente atende aos requisitos da lei para fazer jus à imunidade prevista neste dispositivo, necessário seria o reexame do conjunto fático-probatório constante dos autos. Incide, na espécie, o teor da Súmula 279 do STF. (...) A imunidade tributária conferida pelo art. 150, VI, b, é restrita aos templos de qualquer culto religioso, não se aplicando à maçonaria, em cujas lojas não se professa qualquer religião". [**RE 562.351**, rel. min. Ricardo Lewandowski, j. 4-9-2012, 1ª T, DJE de 14.12.2012.]

"A imunidade prevista no art. 150, VI, c, do Diploma Maior, a impedir a instituição de impostos sobre patrimônio, renda ou serviços das entidades sindicais dos trabalhadores, das instituições de educação e de assistência social, sem fins lucrativos, está umbilicalmente ligada ao contribuinte de direito, não abarcando o contribuinte de fato". [**RE 491.574 AgR**, rel. Min. Marco Aurélio, j. 21.08.2012, 1ª T, DJE de 06.09.2012.]

"Imunidade. Entidade de assistência social beneficente. (...) Nos termos da Constituição e da legislação de regência, as autoridades fiscais não podem partir de presunções inadmissíveis em matéria tributária nem impor ao contribuinte dever probatório inexequível, demasiadamente oneroso ou desnecessário. As mesmas balizas são aplicáveis ao controle jurisdicional do crédito tributário. Por se tratar de embargos à execução fiscal, é lícito presumir que a própria autoridade fiscal apontou com precisão as razões que levaram à descaracterização da entidade e da destinação dada ao imóvel como objetos da proteção constitucional. Portanto, não poderiam a sentença ou o acórdão recorrido impor ao contribuinte dever de provar fatos cuja existência era incontroversa ou irrelevante para desate do litígio, por não terem feito parte da motivação do ato de lançamento ou não impedirem que se avalie a possibilidade de imóvel vago ser objeto da proteção constitucional". [**AI 579.096 AgR,** rel. Min. Joaquim Barbosa, j. 17.05.2011, 2ª T, DJE de 03.06.2011.]

"Entidade sem fins lucrativos. Imunidade recíproca. (...) Entidade educacional que não é contribuinte de direito do ICMS relativo a serviço de energia elétrica não tem benefício da imunidade em questão, uma vez que esta não alcança o contribuinte de fato". [**AI 731.786 AgR,** rel. Min. Ricardo Lewandowski, j. 19.10.2010, 1ª T, DJE de 16.11.2010.]

"O ensino de línguas estrangeiras caracteriza-se como atividade educacional para aplicação da imunidade tributária (art. 150, VI, c, da Constituição). A distinção relevante para fins de aplicação da imunidade tributária é o conceito de "atividade assistencial", isto é, a intensidade e a abrangência da prestação gratuita ou altamente subsidiada do ensino da língua inglesa a quem necessitar". [**RMS 24.283 AgR-segundo**, rel. Min. Joaquim Barbosa, j. 21.09.2010, 2ª T, DJE de 08.10.2010.]

"Na tributação das operações de importação, o contribuinte por excelência do tributo é o importador (que tende a ser o adquirente da mercadoria) e não o vendedor. Há confusão entre as figuras do contribuinte de direito e do contribuinte de fato. Assim, não faz sentido argumentar que a imunidade tributária não se aplica à entidade beneficente de assistência social nas operações de importação, em razão de a regra constitucional não se prestar à proteção de terceiros que arquem com o ônus da tributação". [**AI 476.664 AgR**, rel. min. Joaquim Barbosa, j. 06.04.2010, 2ª T, DJE de 07.05.2010.]

4.3.2.1.4   Imunidade objetiva cultural

A imunidade objetiva cultural é tratada no art. 150, VI, *d*, da CF/1988, que dispõe:

> "**Art. 150.** Sem prejuízo de outras garantias asseguradas ao contribuinte, é vedado à União, aos Estados, ao Distrito Federal e aos Municípios:
>
> VI – instituir impostos sobre:
>
> d) livros, jornais, periódicos e o papel destinado a sua impressão."

A imunidade é denominada como **objetiva** porque recai sobre determinados objetos, sem se ater as pessoas que o utilizam. Assim, a imunidade pertence, p.ex., ao livro, não se estendendo à livraria; a imunidade alcança o jornal, mas não alcança uma banca, e assim, sucessivamente. Ademais, essa imunidade tributária reflete a intenção do constituinte de proteger a **livre circulação de ideias**, o **acesso à informação** e o **desenvolvimento cultural**.

A exegese nos Tribunais Superiores foram evoluindo mediante a evolução social. O STF tem reiterado, em sua jurisprudência, a importância da imunidade tributária prevista no Art. 150, VI, *d*, da CF/1988, reconhecendo que a tributação sobre livros e materiais impressos pode configurar uma violação aos direitos fundamentais de **liberdade de expressão** e de **acesso à informação**. O Tribunal tem interpretado que essa imunidade não é apenas uma isenção fiscal comum, mas um **direito constitucional** de natureza **fundamental**, que visa preservar a **democracia e a pluralidade de ideias**.

Em diversos julgados, o STF tem reforçado que a liberdade de expressão é um direito essencial e que a imposição de tributos sobre livros, jornais e periódicos poderia constituir um **obstáculo econômico** à **difusão do conhecimento**. Esse entendimento pode ser observado em decisões como a **ADI 939-7**, onde o Supremo explicitou que as limitações ao poder de tributar, especialmente sobre meios de comunicação e cultura, estão intrinsecamente ligadas à proteção da **livre manifestação do pensamento**.

O STF também tem adotado uma abordagem de **ampla interpretação** no que diz respeito ao conceito de "**livro**" e "**periódico**", considerando não apenas o bem material em si, mas também sua **função social e educativa**, dentro de uma concepção de **acesso universal à informação**. Assim, qualquer tipo de tributo que incida sobre esses bens ou sobre materiais destinados à sua impressão poderia ser interpretado como uma **restrição ao direito à educação e à livre comunicação**.

É importante frisar que tal imunidade não deve ser vista como uma simples benesse fiscal, mas como uma **medida estratégica** para a **promoção de direitos fundamentais**, como o direito à educação, à cultura e à livre expressão. A imunidade tributária dos livros é um instrumento de **efetivação do direito fundamental à educação**, pois, ao diminuir o custo desses produtos, o Estado contribui para que mais pessoas possam acessar o conhecimento, sem obstáculos financeiros.

A **Política Nacional do Livro (PNL)**, estabelecida pela **Lei 10.753**, de 30 de outubro de 2003, tem como objetivo principal **garantir o acesso à leitura e à produção literária** no Brasil, promovendo o **desenvolvimento da cultura e da educação** no país. Ela visa fomentar o mercado editorial, incentivar a produção literária nacional e garantir a democratização do acesso aos livros. A PNL abrange diversas ações, entre as quais destacam-se a **promoção do livro** como ferramenta essencial para a educação e a cultura, **fomento à leitura**, e **garantia do acesso universal ao livro**, especialmente para as populações em situação de vulnerabilidade.

a) Imunidade objetiva cultural e os insumos

Os **insumos utilizados na produção de livros, jornais e periódicos** referem-se aos materiais e recursos empregados no processo de produção e impressão desses produtos, que têm grande importância econômica, cultural e social. Esses insumos podem ser classificados em **materiais físicos** (materiais tangíveis) e **serviços** (recursos intangíveis), e variam conforme o tipo de publicação e o processo de produção utilizado. Dentre os principais insumos utilizados, destacam-se:

I – Papel

O **papel** é o insumo principal para a impressão de livros, jornais e periódicos. Ele varia em tipo e qualidade, dependendo do formato e da finalidade da publicação. Podemos estruturá-los da seguinte forma:

- **Papel para jornais:** Normalmente, utiliza-se papel de baixa gramatura, mais barato, para permitir a impressão em grande escala.

- **Papel para livros:** Pode variar entre tipos mais finos, como papel *couchê*, usado em livros de arte ou livros ilustrados, até papéis mais grossos e de qualidade superior, usados em livros de capa dura.

- **Papel reciclado:** Em muitos casos, o uso de papel reciclado tem sido incentivado por questões ambientais.

Nos casos que englobam livros e publicações mais robustas, temos os materiais para as capas e encadernação, tais como a **capa dura**, a **capa brochura** e os adesivos e demais revestimentos, com a finalidade de conferir um acabamento estético ao produto.

II – Tinta

As **tintas** são outro insumo essencial na impressão de publicações, seja para o uso em impressão em preto e branco ou colorida. As tintas podem ser à base de **óleo** (tintas a óleo, comumente utilizadas para impressão em offset), **água** (tintas à base d'água, mais comuns em publicações sustentáveis) ou **tintas de secagem rápida** ou **UV**, quando é necessária uma secagem mais eficiente.

III – Placas e Chapas de Impressão

Na impressão *offset*, a impressão é realizada a partir de **chapas de impressão**, que transferem a imagem para o papel. Essas chapas precisam ser produzidas com precisão para garantir a qualidade da impressão. As chapas podem ser feitas de **alumínio** ou outros materiais.

A jurisprudência do STF, até o momento, entendeu que a imunidade tributária relativa aos impostos abrange tão somente o **papel utilizado para a impressão dos livros, jornais** e **periódicos**, não conferindo a extensão da interpretação para os demais insumos utilizados em sua confecção.

b) Imunidade objetiva cultural e a mídia digital

O Brasil começou a adotar tecnologias computacionais na década de 1960, principalmente em setores como finanças e indústria. O foco era o uso de computadores importados. A política de reserva de mercado estabeleceu que empresas estrangeiras só poderiam atuar no Brasil em associação com empresas nacionais, visando desenvolver a indústria de *hardware* nacional. Apesar de proteger o setor, a reserva de mercado limitou o acesso a tecnologias mais avançadas.

Em **1995**, a internet foi aberta ao uso comercial no Brasil, marcando o início da popularização da rede entre empresas e indivíduos. Na década de 2000 o governo lançou programas como o **Computador para Todos** e o **Programa Nacional de Banda Larga (PNBL)**, visando democratizar o acesso às tecnologias digitais.

As editoras brasileiras começaram a experimentar a digitalização de livros nesse mesmo período. No entanto, o mercado era incipiente devido à baixa penetração de dispositivos adequados e ao custo elevado. Os *e-books* eram acessados principalmente em computadores e laptops, já que *e-readers* como o **Kindle** ainda não haviam chegado ao Brasil.

O marco inicial da popularização dos livros digitais foi a chegada do **Kindle**, da Amazon, em **2012**. Ele trouxe um modelo consolidado de leitura digital, aliado a uma loja virtual integrada. Com a maior disponibilidade de dispositivos móveis, como *smartphones* e *tablets*, os brasileiros passaram a consumir mais *e-books*, principalmente por meio de *apps* de leitura (p.ex.: Kindle, Google Books e Apple Books).

A compatibilidade entre a **Política Nacional do Livro** e a **tecnologia digital** (livros eletrônicos e *e-readers*) é um tema importante à medida que o acesso ao livro está se diversificando para além do formato físico tradicional. A **leitura digital** tem se tornado uma realidade crescente, permitindo **maior alcance e democratização do acesso aos livros**, especialmente para **públicos distantes** ou em **situações de difícil acesso físico ao livro impresso**.

A PNL precisa incorporar as novas tecnologias, considerando o **mercado de livros eletrônicos e a democratização do acesso a e-books**, principalmente por meio de iniciativas públicas que estimulem a produção digital. Além disso, programas que subsidiem a **aquisição de livros digitais** para **bibliotecas públicas, escolas** e **instituições culturais** podem ser criados, assim como a disponibilização de **acervos digitais**. A criação de plataformas digitais, como **bibliotecas virtuais**, pode ampliar o alcance do livro, indo além das barreiras físicas de distribuição.

A abrangência da imunidade objetiva cultural aos livros digitais decorre de atenção ímpar o fenômeno da **mutação constitucional**, quando a máxima eficácia é promovida pela **mudança interpretativa**, sendo aplicada a Constituição com fulcro em seus valores imanentes, embora o seu texto em si não tenha sofrido alterações formais.

Tal entendimento levou ao advento da **súmula vinculante 57**:

A imunidade tributária constante do art. 150, VI, d, da CF/88 aplica-se à importação e comercialização, no mercado interno, do livro eletrônico (e-book) e dos suportes exclusivamente utilizados para fixá-los, como leitores de livros eletrônicos (e-readers), ainda que possuam funcionalidades acessórias.

Desse modo, os livros acabaram sendo interpretados pela exegese da **dimensão finalística**, como meios hábeis a conferir **plena eficácia** aos valores constitucionais sensíveis, portanto, para além de seu aspecto tão somente físico, material, ou mesmo de sua conceituação legal formal.

Observamos, portanto, que as **imunidades tributárias** são mecanismos usados pelo Estado para promover objetivos de política pública, muitas vezes relacionados à **promoção e à efetivação de direitos fundamentais**. A concessão de imunidades tributárias deve ser analisada à luz da **função social do tributo**, e pode ter o efeito de **potencializar o exercício de direitos essenciais** para determinados grupos da população.

 JURISPRUDÊNCIA

"A imunidade prevista no art. 150, VI, da CF alcança componentes eletrônicos, quando destinados, exclusivamente, a integrar a unidade didática com fascículos periódicos impressos". [**RE 595.676**, rel. Min. Marco Aurélio, j. 08.03.2017, P, DJE de 18.12.2017, **Tema 259**.]

"A imunidade tributária constante do art. 150, VI, d, da CF/1988 aplica-se ao livro eletrônico (e-book), inclusive aos suportes exclusivamente utilizados para fixá-lo". [**RE 330.817**, rel. Min. Dias Toffoli, j. 08.03.2017, P, DJE de 31.08.2017, **Tema 593**.]

"Finsocial. Natureza jurídica de imposto. Incidência sobre o faturamento. Alcance da imunidade prevista no art. 150, VI, d, da CF sobre livros, jornais, periódicos e papel destinado a sua impressão. Imunidade objetiva. Incidência sobre o objeto tributado. Na hipótese, cuida-se de tributo de incidente sobre o faturamento. Natureza pessoal. Não alcançado pela imunidade objetiva prevista no art. 150, VI, d, da CF". [**RE 628.122**, rel. Min. Gilmar Mendes, j. 19.06.2013, P, DJE de 30.09.2013, **Tema 209**.]

"A imunidade tributária prevista no art. 150, VI, d, da CF não abrange os serviços prestados por empresas que fazem a distribuição, o transporte ou a entrega de livros, jornais, periódicos e do papel destinado a sua impressão. Precedentes. O STF possui entendimento no sentido de que a imunidade em discussão deve ser interpretada restritivamente". [**RE 530.121 AgR**, rel. Min. Ricardo Lewandowski, j. 09.11.2010, 1ª T, DJE de 29.03.2011.]

"Álbum de figurinhas". Admissibilidade. A imunidade tributária sobre livros, jornais, periódicos e o papel destinado à sua impressão tem por escopo evitar embaraços ao exercício da liberdade de expressão intelectual, artística, científica e de comunicação, bem como facilitar o acesso da população à cultura, à informação e à educação. O constituinte, ao instituir esta benesse, não fez ressalvas quanto ao valor artístico ou didático, à relevância das informações divulgadas ou à qualidade cultural de uma publicação. Não cabe ao aplicador da norma constitucional em tela afastar este benefício fiscal instituído para proteger direito tão importante ao exercício da democracia, por força de um juízo subjetivo acerca da qualidade cultural ou do valor pedagógico de uma publicação destinada ao público infantojuvenil". [**RE 221.239**, rel. Min. Ellen Gracie, j. 25.05.2004, 2ª T, DJ de 06.08.2004.]

"Papel: filmes destinados à produção de capas de livros. CF, art. 150, VI, d. Material assimilável a papel, utilizado no processo de impressão de livros e que se integra no produto final – capas de livros sem capadura – está abrangido pela imunidade do art. 150, VI, d. Interpretação dos precedentes do STF, pelo seu Plenário, nos RE 174.476/SP, RE 190.761/SP, Min. Francisco Rezek, e RE 203.859/SP e RE 204.234/RS, Min. Maurício Corrêa". [**RE 392.221**, rel. Min. Carlos Velloso, j. 18.05.2004, 2ª T, DJ de 11.06.2004.]

"O preceito da alínea d do inciso VI do art. 150 da Carta da República alcança as chamadas apostilas, veículo de transmissão de cultura simplificado". [**RE 183.403**, rel. Min. Marco Aurélio, j. 07.11.2000, 2ª T, DJ de 04.05.2001.]

"Encartes de propaganda distribuídos com jornais e periódicos. ISS. Art. 150, VI, d, da Constituição. Veículo publicitário que, em face de sua natureza propagandística, de exclusiva índole comercial, não pode ser considerado como destinado à cultura e à educação, razão pela qual não está abrangido pela imunidade de impostos prevista no dispositivo constitucional sob referência, a qual, ademais, não se estenderia, de qualquer forma, às empresas por eles responsáveis, no que concerne à renda bruta auferida pelo serviço prestado e ao lucro líquido obtido". [**RE 213.094**, rel. Min. Ilmar Galvão, j. 03.08.1999, 1ª T, DJ de 15.10.1999.]

4.3.2.1.5 Imunidade fonográfica musical

A EC 75/2013 inseriu a última das imunidades genéricas, mediante a adoção da alínea *e* no inciso VI do art. 150 da CF/1988:

> "**Art. 150.** Sem prejuízo de outras garantias asseguradas ao contribuinte, é vedado à União, aos Estados, ao Distrito Federal e aos Municípios:
>
> VI – instituir impostos sobre:
>
> e) fonogramas e videofonogramas musicais produzidos no Brasil contendo obras musicais ou literomusicais de autores brasileiros e/ou obras em geral interpretadas por artistas brasileiros bem como os suportes materiais ou arquivos digitais que os contenham, salvo na etapa de replicação industrial de mídias ópticas de leitura a laser."

O critério teleológico para a interpretação do dispositivo imunizatório é o fortalecimento da cultura nacional, protegendo as obras musicais de autores e intérpretes brasileiros, permitindo a democratização do acesso pela redução de custos de produção e disseminação de fonogramas e videofonogramas, tornando-os mais acessíveis ao público.

Observe que a imunidade alcança os **fonogramas** (registros sonoros de obras musicais, p.ex., CDs, arquivos MP3 etc.), **videofonogramas** (registros audiovisuais de obras musicais, tais como DVD, videoclipes, dentre outros) e os **suportes materiais ou arquivos digitais** (incluem CDs, pendrives, e formatos digitais disponibilizados por plataformas online).

A condição para o benefício imunizatório é:

I – produção nacional;

II – conter músicas ou obras literomusicais de **autores brasileiros**; ou

III – Ser interpretadas por **artistas brasileiros**, independentemente da autoria da obra.

Independentemente do benefício da imunidade tributária, algumas normas devem ser observadas com a finalidade de regulamentação dos aspectos práticos envolvidos: é o caso das **Leis 9.610/1998 (Lei de Direitos Autorais)** e **12.965/2014 (Marco Civil da Internet)**.

A inclusão de **arquivos digitais** na imunidade foi um avanço importante para acompanhar as mudanças tecnológicas e os novos meios de consumo de música. Plataformas digitais de *streaming*, como Spotify e Deezer, além de lojas de música online, como Amazon Music e Apple Music, se beneficiam da imunidade, desde que respeitem os critérios constitucionais.

Porém, reside uma situação excepcional estabelecida na norma constitucional: a **replicação industrial de mídias ópticas de leitura a laser**. A etapa de fabricação de CDs e DVDs (mídias físicas) em massa não é contemplada pela imunidade, devido ao caráter predominantemente industrial dessa atividade, desvinculado diretamente da produção cultural. Ademais, foi uma forma de preservar a arrecadação da região Norte do país, que perderia a totalidade da arrecadação do ICMS na comercialização desse material para as demais regiões, visto que grande parte das indústrias fonográficas no Brasil se concentram na Zona Franca de Manaus (ZFM).

Outro aspecto finalístico que deve ser observado quando da adoção dessa imunidade é a **minimização dos impactos da contrafação**. Esta consiste na reprodução, imitação, distribuição ou comercialização não autorizada de obras protegidas por direitos autorais, como músicas, livros, filmes, marcas, programas de computador, entre outros. Em essência, trata-se de uma forma de **pirataria** que viola os direitos morais e patrimoniais do autor ou titular da obra.

A contrafação prejudica não apenas os autores e criadores, mas também a **economia formal**, o **consumidor** (pela falta de garantia de qualidade) e o **governo** (pela evasão fiscal). A partir do momento em que a administração pública cria, através do legislador, **regimes tributários simplificados** para indústrias vulneráveis à contrafação, como a de *softwares* ou produtos culturais, pode reduzir a informalidade e incentivar a legalidade.

A implantação de tecnologias como **notas fiscais eletrônicas** e sistemas de rastreamento pode dificultar a inserção de produtos contrafeitos na cadeia formal de distribuição, assim como parcerias entre o governo e entidades como a **Associação Antipirataria de Cinema e Música** (APCM) para o fim de promover a conscientização sobre os danos da contrafação.

4.3.2.2 *Imunidades específicas*

As imunidades tributárias específicas são as demais vedações constitucionais ao poder de tributar que se encontram fora do dispositivo constitucional estampado no art. 150, VI, da CF/1988. Não se limitam a vedação de **impostos** sobre **patrimônio, renda** ou **serviços**, como ocorre no caso das imunidades genéricas, alcançando temáticas específicas sobre determinados impostos federais, estaduais e municipais, bem como sobre taxas e contribuições especiais.

Para parte da jurisprudência, tais imunidades não se concentram como cláusulas pétreas, mas como regramentos constitucionais específicos que podem ser reduzidos através de emendas constitucionais.

4.3.2.2.1 Imunidades específicas dos impostos nominados

Independentemente das imunidades genéricas previstas no art. 150, VI, da CF/1988 que alcançam a **totalidade de impostos**, temos imunidades aplicáveis especificamente para **determinados tributos**, com **regramentos próprios**.

4.3.2.2.1.1 Imunidade específica do Imposto sobre Produtos Industrializados (IPI)

O art. 153, § 3º, III, da CF/1988 reza que:

> "Art. 153. Compete à União instituir impostos sobre:
>
> IV – produtos industrializados;
>
> § 3º O imposto previsto no inciso IV:
>
> III – não incidirá sobre produtos industrializados destinados ao exterior."

O **Imposto sobre Produtos Industrializados** (IPI) é um tributo de competência federal incidente sobre as

O **aspecto teleológico** é a **promoção e incentivo das exportações brasileiras**, fortalecendo a presença do país no comércio internacional. Para entender melhor essa imunidade, é essencial analisá-la sob algumas perspectivas:

I – **A competitividade econômica**

A desoneração do IPI sobre produtos destinados ao exterior tem como propósito direto evitar que tributos internos sobre a produção brasileira sejam "**exportados**". Ou seja, a imunidade impede que o **preço final dos produtos exportados** incorpore o **custo do imposto**, tornando-os **menos competitivos** em comparação com produtos de outros países.

Ao retirar o peso tributário da cadeia produtiva para exportação, o Brasil adota uma postura que **incentiva a colocação** de seus bens no **mercado global**, promovendo **maior competitividade** frente a concorrentes internacionais. Essa estratégia é uma prática adotada em diversos países para fomentar as exportações e ampliar a participação no comércio global (*tax-free*).

II – **Estímulo ao setor industrial**

De certa forma, temos um maior estímulo da **indústria nacional** ao assegurar que os produtos destinados ao mercado externo não enfrentem barreiras tributárias. Isso incentiva a produção interna e contribui para o crescimento econômico por meio do aumento das exportações.

III – **Equilíbrio da balança comercial**

Ao incentivar as exportações, a imunidade também colabora para o fortalecimento do **superávit comercial** e o **equilíbrio das contas externas**. A ausência de tributação sobre o IPI nas exportações assegura maior atratividade para os produtos brasileiros no exterior, aumentando o fluxo de divisas para o país.

De acordo com o entendimento exarado pelo STF, no julgamento do **RE 627.815**, a imunidade do IPI nas exportações inclui tanto as **operações diretas de exportação** quanto as **vendas para empresas intermediárias** que têm o compromisso de exportar o produto.

Ocorreu uma ampliação do alcance da imunidade, assegurando que também beneficie operações realizadas por **empresas que não exportam diretamente**, mas que **vendem para outras que o fazem**. Essa interpretação teleológica busca garantir que o tributo não incida em nenhum momento sobre produtos destinados ao mercado externo.

4.3.2.2.1.2 Imunidade específica do Imposto Territorial Rural (ITR)

Tal imunidade é prevista no art. 153, § 4º, II, da CF/1988:

> "Art. 153. Compete à União instituir impostos sobre:
>
> VI – propriedade territorial rural;
>
> § 4º O imposto previsto no inciso VI do caput:
>
> II – não incidirá sobre pequenas glebas rurais, definidas em lei, quando as explore o proprietário que não possua outro imóvel".

As **pequenas glebas rurais** estão tratadas na Lei 9.393/1996, levando em consideração um conceito **métrico-topográfico**, levando em conta a **localização** e a **metragem** do imóvel em **hectares**.

Assim, caso o imóvel esteja situado na região da **Amazônia Ocidental** e no **Pantanal Mato-grossense** e **Sul Mato-grossense**, considera-se pequena gleba rural o limite de **até 100 ha** (cem hectares); imóveis situados na região da **Amazônia Oriental** e no **Polígono das Secas**, considera-se **pequena gleba rural** o limite de **até 50 ha** (cinquenta hectares) e, nas **demais regiões rurais** do país, o limite de **até 30 ha** (trinta hectares).

Além disso, o benefício da imunidade depende de a propriedade ser explorada **diretamente pelo proprietário e por sua família**, sem contratação de trabalhadores assalariados, e de o proprietário não possuir qualquer outro imóvel, seja rural ou urbano, refletindo o compromisso constitucional de proteção às **pequenas propriedades rurais** e à **agricultura familiar**, alinhando-se aos princípios da **função social da propriedade** e da **dignidade da pessoa humana**.

O **Supremo Tribunal Federal (STF)** e o **Superior Tribunal de Justiça (STJ)** têm reconhecido a importância dessa imunidade e interpretado a norma em conformidade com sua finalidade social e econômica.

Na análise do **Tema 218 da Repercussão Geral**, o STF analisou a imunidade no contexto da **função social da propriedade rural**. A Corte reafirmou que a imunidade prevista no art. 153, § 4º, II, é uma garantia destinada a **pequenos produtores**, devendo ser interpretada de **forma restritiva** para evitar abusos e fraudes.

No julgamento do **RE 576.679/MT**, a Corte destacou a conexão entre a **imunidade do ITR** e a **função social da propriedade**, reforçando a necessidade de o proprietário demonstrar que a **gleba** é **explorada diretamente** e que atende aos critérios legais e o **STJ**, quando do julgamento do **REsp 1.330.567/RS** decidiu que a imunidade do ITR **não se aplica automaticamente**, devendo o proprietário **comprovar o cumprimento dos requisitos legais**, como a **exploração direta** e a **inexistência de outro imóvel**.

O cadastro rural junto ao **Sistema de Gestão Fundiária (SIGEF)**, administrado **pelo Instituto Nacional de Colonização e Reforma Agrária** (INCRA), é essencial para a identificação das pequenas glebas e para a análise da regularidade da imunidade.

4.3.2.2.1.3 Imunidade específica do Imposto sobre a Transmissão Causa Mortis e Doações de quaisquer Bens ou Direitos (ITCMD)

A imunidade específica do **ITCMD** foi inserida através da EC 132/2023 (Reforma Tributária), nos termos do art. 155, I, § 1º, V e VII, da CF/1988:

> "Art. 155. Compete aos Estados e ao Distrito Federal instituir impostos sobre:
>
> I – transmissão *causa mortis* e doação, de quaisquer bens ou direitos;
>
> § 1º O imposto previsto no inciso I:
>
> V – não incidirá sobre as doações destinadas, no âmbito do Poder Executivo da União, a projetos socioambientais ou destinados a mitigar os efeitos das mudanças climáticas e às instituições federais de ensino.
>
> VII – não incidirá sobre as transmissões e as doações para as instituições sem fins lucrativos com finalidade de relevância pública e social, inclusive as organizações assistenciais e beneficentes de entidades religiosas e institutos científicos e tecnológicos, e por elas realizadas na consecução dos seus objetivos sociais, observadas as condições estabelecidas em lei complementar."

A imunidade específica do **ITCMD** é um mecanismo essencial para o incentivo a ações de interesse público, promovendo projetos socioambientais, educação, ciência e tecnologia, bem como fortalecendo instituições que contribuem para a redução das desigualdades sociais e para a preservação ambiental. Sua aplicação deve ser regulada por lei complementar e interpretada em conformidade com seus objetivos teleológicos, de forma a equilibrar justiça fiscal e desenvolvimento social.

Em se tratando das **doações destinadas aos projetos socioambientais** ou destinados a **mitigar os efeitos das mudanças climáticas** tem o condão de incentivar a canalização de recursos privados para projetos que promovam a **sustentabilidade**, **adaptação climática** e **desenvolvimento científico**. Esse dispositivo reflete o compromisso do Brasil com **acordos internacionais** como o **Acordo de Paris** e com os **Objetivos de Desenvolvimento Sustentável** (ODS) da ONU. A imunidade destinada a projetos ambientais está em consonância com o dever constitucional de todos, incluindo o Estado, em garantir um meio ambiente ecologicamente equilibrado (art. 225 da CF/1988[44]).

Já as doações realizadas as **instituições federais de ensino** e **institutos científicos e tecnológicos** fomentam o desenvolvimento educacional e científico, se coadunando com os dispositivos constitucionais previstos nos artigos 205, 207 e 218[45].

A partir do art. 159 do **PLP 108/2024**, temos a regulamentação do **ITCMD**, determinando em seu art. 161, § 1º que são consideradas **instituições sem fins lucrativos com finalidade de relevância pública e social** aquelas dedicadas à promoção dos direitos fundamentais compreendidos nos arts. 5º e 6º da Constituição e das políticas sociais e ambientais compreendidas no Título VIII da Constituição.

Tais entidades, para que possam usufruir do benefício imunizatório do **ITCMD** deverão atender as exigências previstas no art. 14 do CTN, no mesmo modelo previsto para a imunidade genérica subjetiva assistencial do art. 150, VI, *c*, da CF/1988. Isso é reforçado no art. 161, § 4º do **PLP 108/2024**.

4.3.2.2.1.4 Imunidade específica do Imposto sobre as Operações de Circulação de Mercadorias e Prestação de Serviços de Transporte Interestadual, Intermunicipal e de Comunicações (ICMS)

A imunidade tributária específica do **ICMS** está veiculada no art. 155, § 2º, X, da CF/1988:

> "Art. 155. Compete aos Estados e ao Distrito Federal instituir impostos sobre:
>
> II – operações relativas à circulação de mercadorias e sobre prestações de serviços de transporte interestadual e intermunicipal e de comunicação, ainda que as operações e as prestações se iniciem no exterior;
>
> § 2º O imposto previsto no inciso II atenderá ao seguinte:
>
> X – não incidirá:
>
> a) sobre operações que destinem mercadorias para o exterior, nem sobre serviços prestados a destinatários no exterior, assegurada a manutenção e o aproveitamento do montante do imposto cobrado nas operações e prestações anteriores;

---

44. **Art. 225.** Todos têm direito ao meio ambiente ecologicamente equilibrado, bem de uso comum do povo e essencial à sadia qualidade de vida, impondo-se ao Poder Público e à coletividade o dever de defendê-lo e preservá-lo para as presentes e futuras gerações.

45. **Art. 205.** A educação, direito de todos e dever do Estado e da família, será promovida e incentivada com a colaboração da sociedade, visando ao pleno desenvolvimento da pessoa, seu preparo para o exercício da cidadania e sua qualificação para o trabalho.

    Art. 207. As universidades gozam de autonomia didático-científica, administrativa e de gestão financeira e patrimonial, e obedecerão ao princípio de indissociabilidade entre ensino, pesquisa e extensão.

    Art. 207. As universidades gozam de autonomia didático-científica, administrativa e de gestão financeira e patrimonial, e obedecerão ao princípio de indissociabilidade entre ensino, pesquisa e extensão.

b) sobre operações que destinem a outros Estados petróleo, inclusive lubrificantes, combustíveis líquidos e gasosos dele derivados, e energia elétrica;

c) sobre o ouro, nas hipóteses definidas no art. 153, § 5°;

d) nas prestações de serviço de comunicação nas modalidades de radiodifusão sonora e de sons e imagens de recepção livre e gratuita."

Para melhor entendimento do dispositivo constitucional, dividiremos os estudos em quatro espécies de imunidades específicas de **ICMS**:

I – Imunidade específica do ICMS sobre Exportações (art. 155, § 2°, X, *a*, da CF/1988)

Esse dispositivo garante a não incidência do **ICMS** sobre **operações que destinem mercadorias ao exterior** e sobre **serviços prestados a destinatários no exterior.**

Essa imunidade visa **estimular o comércio exterior**, tornando os produtos e serviços brasileiros **mais competitivos no mercado internacional**. Ao evitar a tributação na exportação, o constituinte buscou eliminar o chamado **efeito "cascata" da tributação** e assegurar que os produtos brasileiros cheguem ao mercado externo com preços mais baixos.

Tal imunidade é acompanhada da garantia de **manutenção e aproveitamento do crédito tributário** relativo ao **ICMS** pago nas **etapas anteriores da cadeia produtiva**. Isso significa que, mesmo que não haja cobrança de **ICMS** na exportação, o **exportador** pode **compensar** ou **aproveitar os créditos acumulados** do imposto pago em operações anteriores. Esse mecanismo evita que o exportador seja penalizado com custos acumulados ao longo da cadeia produtiva.

O Supremo Tribunal Federal (STF) reafirma a imunidade como medida de incentivo à exportação e proibição de práticas que restrinjam seu alcance. Observamos isso quando do julgamento do **RE 759.244/PR**, em que o STF reconheceu que a imunidade também abrange **operações indiretas de exportação**, desde que vinculadas diretamente ao mercado externo, bem como no julgamento da **ADI 4735/DF**, decisão esta que invalidou leis estaduais que dificultavam a utilização de créditos de ICMS em exportações.

II – Imunidade específica do ICMS sobre combustíveis, lubrificantes e energia elétrica (art. 155, § 2°, X, *b*, da CF/1988)

A imunidade específica do ICMS é aplicada às operações que destinam **petróleo, lubrificantes, combustíveis líquidos e gasosos derivados de petróleo** e **energia elétrica** para outros Estados da federação. Essa imunidade reflete o **interesse nacional** em garantir a livre circulação de bens estratégicos (petróleo e derivados, além de energia elétrica) e **evitar conflitos fiscais** entre os Estados.

Esses insumos são essenciais para o **desenvolvimento econômico**, e sua tributação em operações interestaduais poderia gerar um **aumento nos custos de produção e consumo**, além de estimular a chamada **guerra fiscal**.

O Superior Tribunal de Justiça (STJ) e o STF têm decisões que reiteram a aplicação da imunidade para **evitar bitributação** ou **aumento artificial de preços no mercado interno**.

III – Imunidade específica do ICMS sobre o ouro (art. 155, § 2º, X, c, da CF/1988)

Essa imunidade decorre do **art. 153, § 5º da CF/1988**[46], que estabelece que o **ouro**, quando caracterizado como **ativo financeiro** ou **instrumento cambial,** não pode ser tributado pelo ICMS. O objetivo é estimular o uso do ouro em operações financeiras e cambiais, desonerando-o para fins econômicos e monetários estratégicos.

Entende-se por **ouro** como **ativo financeiro** ou **instrumento cambial** aquele que, desde sua extração, inclusive, em qualquer estado de pureza, seja bruto ou refinado, for **destinado ao mercado financeiro** ou à **execução da política cambial do País**, em operação realizada com a interveniência de instituição integrante do Sistema Financeiro Nacional, na forma e condições autorizadas pelo Banco Central do Brasil.

No caso do ouro enquanto ativo financeiro, teremos a incidência do **IOF**. A partir do momento em que o **ouro** for tratado como **mercadoria**, teremos a **incidência do ICMS**.

Há um entendimento consolidado de que a caracterização do **ouro** como **ativo financeiro** depende da **destinação específica da operação**. O STJ, no **REsp 1.220.053/ MT**, estabeleceu que o **ônus** de comprovar a **finalidade do ouro** cabe ao **contribuinte**.

IV – Imunidade específica do ICMS sobre radiodifusão livre e gratuita (art. 155, § 2º, X, c, da CF/1988)

O aspecto teleológico de tal imunidade é incentivar o acesso gratuito à informação e ao entretenimento, protegendo o **princípio da liberdade de expressão** e da **democratização da comunicação**, previstos no **art. 220 da CF/1988**[47]. Essa imunidade assegura que serviços de radiodifusão livre e gratuita não enfrentem **barreiras econômicas**, garantindo maior alcance e acesso universal.

---

46. **Art. 153** (...)

    § 5º O ouro, quando definido em lei como ativo financeiro ou instrumento cambial, sujeita-se exclusivamente à incidência do imposto de que trata o inciso V do "caput" deste artigo, devido na operação de origem; a alíquota mínima será de um por cento, assegurada a transferência do montante da arrecadação nos seguintes termos:

    I – trinta por cento para o Estado, o Distrito Federal ou o Território, conforme a origem;

    II – setenta por cento para o Município de origem.

47. **Art. 220.** A manifestação do pensamento, a criação, a expressão e a informação, sob qualquer forma, processo ou veículo não sofrerão qualquer restrição, observado o disposto nesta Constituição.

O STF, no julgamento do **RE 172.720/SP**, destacou que a imunidade não abrange serviços de radiodifusão pagos, como TV a cabo ou *streaming*, pois o benefício é **restrito a serviços gratuitos** e acessíveis à população em geral.

 JURISPRUDÊNCIA

"O art. 155, § 2º, X, a, da CF – cuja finalidade é o incentivo às exportações, desonerando as mercadorias nacionais do seu ônus econômico, de modo a permitir que as empresas brasileiras exportem produtos, e não tributos – imuniza as operações de exportação e assegura "a manutenção e o aproveitamento do montante do imposto cobrado nas operações e prestações anteriores". Não incidem, pois, a Cofins e a contribuição ao PIS sobre os créditos de ICMS cedidos a terceiros, sob pena de frontal violação do preceito constitucional. O conceito de receita, acolhido pelo art. 195, I, b, da CF, não se confunde com o conceito contábil. Entendimento, aliás, expresso nas Leis 10.637/2002 (art. 1º) e Lei 10.833/2003 (art. 1º), que determinam a incidência da contribuição ao PIS/Pasep e da Cofins não cumulativas sobre o total das receitas, "independentemente de sua denominação ou classificação contábil". Ainda que a contabilidade elaborada para fins de informação ao mercado, gestão e planejamento das empresas possa ser tomada pela lei como ponto de partida para a determinação das bases de cálculo de diversos tributos, de modo algum subordina a tributação. A contabilidade constitui ferramenta utilizada também para fins tributários, mas moldada nesta seara pelos princípios e regras próprios do direito tributário. Sob o específico prisma constitucional, receita bruta pode ser definida como o ingresso financeiro que se integra no patrimônio na condição de elemento novo e positivo, sem reservas ou condições. O aproveitamento dos créditos de ICMS por ocasião da saída imune para o exterior não gera receita tributável. Cuida-se de mera recuperação do ônus econômico advindo do ICMS, assegurada expressamente pelo art. 155, § 2º, X, a, da CF. Adquirida a mercadoria, a empresa exportadora pode creditar-se do ICMS anteriormente pago, mas somente poderá transferir a terceiros o saldo credor acumulado após a saída da mercadoria com destino ao exterior (art. 25, § 1º, da LC 87/1996). Porquanto só se viabiliza a cessão do crédito em função da exportação, além de vocacionada a desonerar as empresas exportadoras do ônus econômico do ICMS, as verbas respectivas qualificam-se como decorrentes da exportação para efeito da imunidade do art. 149, § 2º, I, da CF. Assenta esta Suprema Corte a tese da inconstitucionalidade da incidência da contribuição ao PIS e da Cofins não cumulativas sobre os valores auferidos por empresa exportadora em razão da transferência a terceiros de créditos de ICMS. Ausência de afronta aos arts. 155, § 2º, X; 149, § 2º, I; 150, § 6º; e 195, caput e I, b, da CF". [**RE 606.107**, rel. Min. Rosa Weber, j. 22.05.2013, P, DJE de 25.11.2013, **Tema 283**.]

"A imunidade do ICMS relativa à exportação de produtos industrializados abrange todas as operações que contribuíram para a exportação, independentemente da natureza da moeda empregada". [**RE 248.499**, rel. Min. Cezar Peluso, j. 27.10.2009, 2ª T, DJE de 20.11.2009.]

"A CF, ao conceder imunidade tributária, relativamente ao ICMS, aos produtos industrializados destinados ao exterior, situou-se, apenas, numa das hipóteses de incidência do citado imposto: operações que destinem ao exterior tais produtos, excluídos os semielaborados definidos em lei complementar: art. 155, § 2º, X, a. Deixou expresso a CF, art. 155, § 2º, XII, e, que as prestações de serviços poderão ser excluídas, nas exportações para o exterior, mediante lei complementar. Incidência do ICMS sobre a prestação de serviço de transporte interestadual, no território nacional, incidindo a alíquota estabelecida por resolução do Senado Federal: CF, art. 155, § 2º, IV". [**RE 212.637**, rel. Min. Carlos Velloso, j. 25.05.1999, 2ª T, DJ de 17.09.1999.]

"A CF de 1988, ao revés, foi expressa ao excluir os semielaborados da não incidência do ICMS, art. 155, § 2º, X, a, condicionando a incidência da exação à edição de lei complementar que os definisse. Não editada a necessária lei complementar, os Estados e o Distrito Federal, em face da autorização contida no art. 34, § 8º, do ADCT/1988, editaram convênios definindo e conceituando o produto industrializado semielaborado, para a incidência do ICMS na sua exportação". [**RE 205.634**, rel. Min. Maurício Corrêa, j. 07.08.1997, P, DJ de 15.12.2000.]

"ICMS. Operações interestaduais com Gás Liquefeito de Petróleo (GLP), derivado de gás natural tributado na forma do Convênio ICMS 3/1999. Ato normativo. Protocolo 33/2003. Cláusulas primeira e segunda. Prescrição de deveres instrumentais, ou obrigações acessórias. Subsistência do regime de substituição tributária. Inexistência de ofensa à Constituição. Ação julgada improcedente. São constitucionais as cláusulas primeira e segunda do Protocolo 33/2003, que prescrevem deveres instrumentais, ou obrigações acessórias, nas operações com GLP sujeitas à substituição tributária prevista no Convênio ICMS 3/1999". [**ADI 3.103**, rel. Min. Cezar Peluso, j. 1º.06.2006, P, DJ de 25.08.2006.]

"Recurso extraordinário. Decisão do Tribunal de Justiça do Estado do Rio de Janeiro que reconheceu a imunidade prevista no art. 155, § 2º, X, b, da CF. Incidência do ICMS sobre a operação de bombeamento e tancagem de combustível. Não comprovação de venda do produto em outros Estados. Não caracterização da operação tancagem como operação de destinação. Afronta ao art. 155, § 2º, X, b, CF/1988 por má aplicação". [**RE 358.956**, rel. p/ o ac. Min. Gilmar Mendes, j. 20.09.2005, 2ª T, DJE de 27.06.2008.]

"A imunidade ou hipótese de não incidência contemplada na alínea b do inciso X do § 2º do art. 155 da CF restringe-se ao Estado de origem, não abrangendo o Estado de destino da mercadoria, onde são tributadas todas as operações que compõem o ciclo econômico por que passam os produtos, independentemente de se tratar de consumidor final ou intermediário". [**RE 190.992 AgR**, rel. Min. Ilmar Galvão, j. 12.11.2002, 1ª T, DJ de 19.12.2002.]

"ICMS. Lubrificantes e combustíveis líquidos e gasosos, derivados do petróleo. Operações interestaduais. Imunidade do art. 155, § 2º, X, b, da CF. Benefício fiscal que não foi instituído em prol do consumidor, mas do Estado de destino dos produtos em causa, ao qual caberá, em sua totalidade, o ICMS sobre eles incidente, desde a remessa até o consumo. Consequente descabimento das teses da imunidade e da inconstitucionalidade dos textos legais, com que a empresa consumidora dos produtos em causa pretendeu obviar, no caso, a exigência tributária do Estado de São Paulo". [**RE 198.088**, rel. Min. Ilmar Galvão, j. 17.05.2000, P, DJ de 05.09.2003.].

4.3.2.2.1.5 Imunidade Específica do Imposto sobre a Propriedade de Veículos Automotores (IPVA)

A EC 132/2023 estabeleceu uma possibilidade de aplicar uma imunidade específica ao **IPVA**, disposta no art. 155, § 6º, III, da CF/1988, que diz:

"Art. 155. Compete aos Estados e ao Distrito Federal instituir impostos sobre:

III – propriedade de veículos automotores.

§ 6º O imposto previsto no inciso III:

III – incidirá sobre a propriedade de veículos automotores terrestres, aquáticos e aéreos, excetuados: (Incluído pela EC 132/2023)

a) aeronaves agrícolas e de operador certificado para prestar serviços aéreos a terceiros; (Incluída pela EC 132/2023)

b) embarcações de pessoa jurídica que detenha outorga para prestar serviços de transporte aquaviário ou de pessoa física ou jurídica que pratique pesca industrial, artesanal, científica ou de subsistência; (Incluída pela EC 132/2023)

c) plataformas suscetíveis de se locomoverem na água por meios próprios, inclusive aquelas cuja finalidade principal seja a exploração de atividades econômicas em águas territoriais e na zona econômica exclusiva e embarcações que tenham essa mesma finalidade principal; (Incluída pela EC 132/2023)

d) tratores e máquinas agrícolas. (Incluída pela EC 132/2023)"

A inclusão das imunidades no art. 155, III, § 6º, III, da CF pela EC 132/2023, reflete uma política tributária voltada para o **desenvolvimento econômico**, a **sustentabilidade ambiental** e a **justiça social**. Ao desonerar setores estratégicos como a **agricultura, pesca, transporte** e **exploração marítima**, essas disposições contribuem para a **competitividade econômica do Brasil** e para o **fortalecimento de atividades essenciais** para o bem-estar da sociedade. A eficácia dessas medidas dependerá de sua regulamentação, fiscalização e aplicação uniforme pelos Estados.

As **aeronaves agrícolas** e aquelas de **operadores certificados para prestar serviços aéreos a terceiros** foram excluídas da incidência do **IPVA**. O incentivo busca apoiar a **agricultura nacional**, especialmente em práticas que dependem da aviação para pulverização de defensivos, semeadura e outras atividades que aumentam a produtividade agrícola.

Nesse sentido, a imunidade fomenta o setor de **transporte aéreo comercial e privado**, viabilizando **maior competitividade** e **acessibilidade** para empresas que prestam **serviços essenciais**, como **transporte de passageiros** e **carga**.

No caso das **embarcações de transporte aquaviário** e **pesca**, a imunidade contempla as **embarcações** pertencentes a **pessoas jurídicas** com outorga para **transporte aquaviário** e as **embarcações** de **pessoa física ou jurídica** que praticam **pesca industrial, artesanal, científica ou de subsistência**. A imunidade busca incentivar o **uso das vias aquáticas para transporte**, reduzindo custos logísticos e promovendo alternativas mais sustentáveis ao transporte terrestre, bem como beneficia a **cadeia produtiva pesqueira**, especialmente os **pescadores artesanais**, que muitas vezes têm renda limitada. Também fomenta a **produção científica**, essencial para o estudo de **ecossistemas aquáticos** e a **sustentabilidade ambiental**.

Temos a extensão da imunidade do **IPVA** sobre **plataformas móveis e embarcações econômicas**. Isso inclui plataformas que se locomovem na água por meios próprios e aquelas destinadas à **exploração de atividades econômicas em águas territoriais e na zona econômica exclusiva**, bem como embarcações que possuam a mesma finalidade.

Esse aspecto imunizatório busca incentivar a exploração econômica sustentável das águas brasileiras, especialmente em setores estratégicos como o **petróleo**, o **gás natural** e a **pesca industrial**. Para **plataformas móveis**, que são estruturas caras e essenciais em **atividades econômicas marítimas**, a imunidade **reduz custos operacionais e estimula investimentos** no setor.

O **impacto econômico** é fundamental. A medida apoia a **indústria naval e petrolífera**, fortalecendo a competitividade das empresas que exploram os recursos marítimos e contribuindo para o desenvolvimento da economia nacional.

Finalizando o instituto da imunidade do **IPVA**, temos a abrangência sobre **tratores e máquinas agrícolas**. Isso visa apoiar a **agricultura** ao desonerar veículos essenciais para o **preparo do solo, plantio** e **colheita**. O incentivo favorece especialmente os

pequenos e **médios produtores**, que dependem de tratores e máquinas agrícolas para sustentar sua produção.

O **fundamento econômico** e **social** da aplicação da imunidade, nesse caso, é relevante, pois **reduz** os **custos da produção agrícola**, contribuindo para a competitividade no mercado interno e externo e **fortalece** a **produção de alimentos**, ajudando no combate à fome e na redução do custo de vida para a população.

4.3.2.2.1.6 Imunidade específica do Imposto sobre a Propriedade Predial e Territorial Urbana (IPTU)

A imunidade específica do **IPTU** foi inserida pela EC 116/2022, quando estabeleceu a inserção da letra A, no parágrafo 1º do art. 156 da CF/1988, *in verbis*:

> "Art. 156. Compete aos Municípios instituir impostos sobre:
>
> I – propriedade predial e territorial urbana;
>
> § 1º-A O imposto previsto no inciso I do caput deste artigo não incide sobre templos de qualquer culto, ainda que as entidades abrangidas pela imunidade de que trata a alínea b do inciso VI do caput do art. 150 desta Constituição sejam apenas locatárias do bem imóvel. (Incluído pela EC 116/2022)"

Trata-se de uma aplicação extensiva da **imunidade religiosa**, prevista no art. 150, VI, *b*, da CF/1988. A previsão de imunidade para templos de qualquer culto tem um objetivo claro: garantir que as **entidades religiosas** possam realizar suas atividades **sem o ônus de uma tributação** que poderia comprometer suas **funções essenciais**, como a assistência social, a promoção do bem-estar e a realização de cultos. Além disso, o dispositivo reconhece a **diversidade religiosa do Brasil**, promovendo um ambiente de liberdade de crença e prática religiosa.

Antes da **EC 116/2022**, a imunidade religiosa abarcava **apenas os imóveis em que a entidade religiosa fosse a proprietária**. Com a EC 116/2022, foi ampliada a interpretação dessa imunidade para que se aplique também quando as **entidades religiosas são locatárias** do imóvel. Ou seja, a imunidade agora abrange **não só os templos que são donos de seus imóveis, mas também aqueles que alugam o imóvel onde realizam suas atividades religiosas**.

Essa expansão tem um forte impacto nas **comunidades religiosas** que, devido à falta de recursos financeiros, muitas vezes optam por **alugar espaços para a realização de suas atividades**. O benefício tributário contribui para que essas entidades possam **redirecionar seus recursos para fins mais diretamente ligados à sua missão**, como **obras sociais, assistência a pessoas carentes** e **promoção de atividades culturais** e **educacionais**. Tal medida contribui para a **equidade social**, ao reduzir a carga tributária sobre as atividades que têm um impacto positivo na sociedade, como o auxílio a populações vulneráveis.

Por óbvio, apesar de ser uma medida amplamente positiva para o fortalecimento da liberdade religiosa e das atividades assistenciais, existem **desafios práticos** que podem surgir com a aplicação da imunidade do IPTU, tais como a **definição de critérios claros** para distinguir os **templos religiosos** das **demais entidades** ou **comércios** que possam tentar se aproveitar da imunidade indevidamente e o risco de que **algumas entidades religiosas possam abusar do benefício**, utilizando-a de maneira contrária à sua finalidade, o que exige uma fiscalização mais eficaz por parte da municipalidade.

4.3.2.2.1.7 Imunidade específica do Imposto sobre a Transmissão Onerosa de Bens Imóveis Inter Vivos (ITBI)

Dispõe o art. 156, § 2º, I, da CF/1988 que:

> "Art. 156. Compete aos Municípios instituir impostos sobre:
>
> II – transmissão inter vivos, a qualquer título, por ato oneroso, de bens imóveis, por natureza ou acessão física, e de direitos reais sobre imóveis, exceto os de garantia, bem como cessão de direitos a sua aquisição;
>
> § 2º O imposto previsto no inciso II:
>
> I – não incide sobre a transmissão de bens ou direitos incorporados ao patrimônio de pessoa jurídica em realização de capital, nem sobre a transmissão de bens ou direitos decorrente de fusão, incorporação, cisão ou extinção de pessoa jurídica, salvo se, nesses casos, a atividade preponderante do adquirente for a compra e venda desses bens ou direitos, locação de bens imóveis ou arrendamento mercantil".

O **Imposto de Transmissão Onerosa de Bens Imóveis** *Inter Vivos* **(ITBI)** é um tributo municipal que incide sobre a transferência de bens imóveis ou direitos reais sobre imóveis, normalmente no contexto de compras e vendas. No entanto, a Constituição Federal, no **art. 156, § 2º, I**, estabelece uma **imunidade do ITBI** para determinadas operações, com o objetivo de evitar a tributação de transações que envolvam a **reestruturação de empresas** ou a **formação de capital social**. A imunidade em questão abrange a **transmissão de bens ou direitos incorporados ao patrimônio de pessoa jurídica** na **realização de capital**, assim como as transmissões de bens ou direitos decorrentes de operações de **fusão, incorporação, cisão ou extinção** de uma pessoa jurídica.

A imunidade específica visa, principalmente, proteger **operações societárias** e evitar que o processo de **capitalização das empresas** e as operações de **reestruturação** (como fusões, cisões e incorporações) sejam oneradas por impostos que não correspondem diretamente à finalidade econômica da operação.

As **operações societárias** são processos jurídicos e econômicos que envolvem a reorganização, alteração ou transformação de uma empresa, visando otimizar sua estrutura, alcançar maior eficiência ou atender a novas exigências de mercado. Essas operações incluem **fusões, incorporações, cisões, transformações** e **liquidações** de sociedades, com o objetivo de alterar a configuração do patrimônio ou da estrutura de poder da empresa.

Dentre as principais **operações societárias**, destacamos:

I – Fusão: ocorre quando duas ou mais empresas se unem para formar uma nova entidade, com o objetivo de fortalecer suas operações, ampliar sua participação no mercado ou obter sinergias. A empresa resultante da fusão absorve os ativos e passivos das empresas que se fundem, nos termos do art. 228 da Lei 6.404/76[48], bem como do art. 1.119 e seguintes do Código Civil[49].

II – Incorporação: na **incorporação**, uma empresa absorve outra, que deixa de existir como uma entidade jurídica independente. Os ativos e passivos da empresa incorporada são transferidos para a empresa incorporadora. Tem sua previsão no art. 227 da Lei 6.404/76[50], bem como no art. 1.116 do Código Civil[51].

III – Cisão: ocorre quando uma empresa divide seu patrimônio, seja para formar novas empresas ou transferir parte de seus bens e direitos para uma ou mais empresas já existentes. A cisão pode ser **parcial**, quando apenas parte do patrimônio é transferido, ou **total**, quando a empresa é dividida em várias entidades independentes. Seu fundamento se encontra no art. 229 da Lei 6.404/76[52] e nos arts. 1.113 e seguintes do Código Civil[53].

O Supremo Tribunal Federal reconheceu a importância da discussão sobre a imunidade do ITBI em operações de integralização de capital social de empresas ao pautar o **Recurso Extraordinário (RE) 1.495.108**, conhecido como **Tema 1.348**, como de repercussão geral. Este julgamento é altamente relevante para **empresários do setor imobiliário** e **gestores de *holdings* familiares**, que devem ficar atentos às implicações econômicas e jurídicas.

Isto porque, a aplicação da imunidade do ITBI depende da determinação do que se considera como **atividade preponderante da pessoa jurídica adquirente**.

Segundo o CTN, em seu art. 37, § 1º:

---

48. **Art. 228**. A fusão é a operação pela qual se unem duas ou mais sociedades para formar sociedade nova, que lhes sucederá em todos os direitos e obrigações.
49. **Art. 1.119**. A fusão determina a extinção das sociedades que se unem, para formar sociedade nova, que a elas sucederá nos direitos e obrigações.
   Art. 1.120. A fusão será decidida, na forma estabelecida para os respectivos tipos, pelas sociedades que pretendam unir-se.
50. **Art. 227**. A incorporação é a operação pela qual uma ou mais sociedades são absorvidas por outra, que lhes sucede em todos os direitos e obrigações.
51. **Art. 1.116**. Na incorporação, uma ou várias sociedades são absorvidas por outra, que lhes sucede em todos os direitos e obrigações, devendo todas aprová-la, na forma estabelecida para os respectivos tipos.
52. **Art. 229**. A cisão é a operação pela qual a companhia transfere parcelas do seu patrimônio para uma ou mais sociedades, constituídas para esse fim ou já existentes, extinguindo-se a companhia cindida, se houver versão de todo o seu patrimônio, ou dividindo-se o seu capital, se parcial a versão.
53. **Art. 1.113**. O ato de transformação independe de dissolução ou liquidação da sociedade, e obedecerá aos preceitos reguladores da constituição e inscrição próprios do tipo em que vai converter-se.

"§ 1º Considera-se caracterizada a atividade preponderante referida neste artigo quando mais de 50% (cinquenta por cento) da receita operacional da pessoa jurídica adquirente, nos 2 (dois) anos anteriores e nos 2 (dois) anos subsequentes à aquisição, decorrer de transações mencionadas neste artigo".

Ou seja, se a pessoa jurídica adquirente, antes ou após a transação de fusão, cisão ou incorporação, realizar predominantemente **negócios imobiliários**, como compra, venda ou locação de imóveis, **não será aplicável a imunidade do ITBI**, e a operação estará sujeita ao imposto.

Caso a pessoa jurídica realize a operação antes de completar dois anos de existência de direito, dispõe o § 2º do art. 37 do CTN que

"§ 2º Se a pessoa jurídica adquirente iniciar suas atividades após a aquisição, ou menos de 2 (dois) anos antes dela, apurar-se-á a preponderância referida no parágrafo anterior levando em conta os 3 (três) primeiros anos seguintes à data da aquisição".

No caso de a pessoa jurídica adquirente iniciar suas atividades **após a aquisição** ou **menos de dois anos antes dela**, a análise da atividade preponderante será realizada considerando-se os **três primeiros anos subsequentes à data da aquisição**. Ou seja, a atividade preponderante será verificada durante um período de **cinco anos**, considerando dois anos anteriores e três anos seguintes à aquisição, para definir se a imunidade do **ITBI** será aplicada.

A **imunidade do ITBI não se aplica** à transmissão de bens ou direitos realizada **conjuntamente com a da totalidade do patrimônio da pessoa jurídica alienante**. Ou seja, se a transferência de bens ou direitos ocorrer junto com a **totalidade do patrimônio** de uma empresa, a imunidade do ITBI poderá ser afastada, pois, nesse contexto, a operação é tratada de forma mais abrangente, e não há distinção específica para a transmissão de bens isolados.

A tese firmada no **tema 796** estabelece que:

"A imunidade em relação ITBI, prevista no inciso I do § 2º do art. 156 da Constituição Federal, não alcança o valor dos bens que exceder o limite do capital social a ser integralizado."

Com fundamento no **Tema 796**, os municípios, de forma equivocada, passaram a cobrar referido tributo sobre o **valor do imóvel** na **parcela excedente ao valor do capital social**. Em outras palavras, passou a cobrar o ITBI sobre a **diferença do valor venal do imóvel** versus **valor da integralização**. A diferença do **valor adicional** que autorizou a cobrança é o valor caracterizado como **ágio de subscrição de capital**, valor esse que **adentra ao patrimônio líquido das sociedades** como **reserva de capital**.

Nada impede que os sócios ou os acionistas contribuam com **quantia superior ao montante subscrito** por eles nem que o contrato social classifique essa parcela como **reserva de capital**, pois isso se insere na **autonomia de vontade dos subscritores**. Pelo entendimento do STF o que não pode ser admitido é que, a pretexto de criar uma reserva de capital, pretenda-se imunizar o **valor dos imóveis excedente às quotas subscritas**, ao arrepio da norma constitucional e em prejuízo ao Fisco municipal.

4.3.2.2.1.8 Imunidade Específica do Imposto sobre Serviços de Qualquer Natureza (ISS)

Nos termos do art. 156, § 3º, II, da CF/1988,

> "Art. 156. Compete aos Municípios instituir impostos sobre:
>
> III – serviços de qualquer natureza, não compreendidos no art. 155, II, definidos em lei complementar.
>
> § 3º Em relação ao imposto previsto no inciso III do caput deste artigo, cabe à lei complementar: (Redação dada pela EC 37/2002)
>
> II – excluir da sua incidência exportações de serviços para o exterior."

Muito se discutiu doutrinariamente, se o fato da determinação da exclusão do campo de incidência do **ISS** sobre exportações seria tratado como **imunidade específica** ou como forma de **isenção**, já que determina a exclusão através de lei complementar.

Devemos considerar que a Constituição não contém, nem deve conter **dispositivos inúteis**, cabendo ao exegeta conferir àquele texto constitucional uma **interpretação** que confira algum **efeito jurídico**.

Pela **interpretação sistemática** das normas constitucionais e pela **interpretação teleológica** podemos determinar que a Constituição Federal manda **exonerar da tributação os serviços contratados por pessoas físicas ou jurídicas domiciliadas no exterior**, mediante pagamento do respectivo preço por fonte igualmente situada no exterior do País.

No caso é indispensável que o efeito do serviço prestado seja gerado em nosso território, do contrário tratar-se-á de mera **não incidência pura**, isto é, o fato de o objeto da tributação **não estar abrangido no campo da incidência tributária**.

O § 3º, II, da Constituição Federal, trata especificamente da **exportação de serviços** para o exterior, determinando que esses serviços **não serão sujeitos à incidência de ISS**. Isso implica que os serviços prestados a clientes fora do Brasil são considerados **excluídos da incidência do ISS**, o que significa que **não há imposto devido sobre esses serviços**. Este dispositivo tem caráter de **imunidade tributária**, pois a **exclusão da tributação** é estabelecida **diretamente** pela Constituição.

A imunidade nesse caso é **específica** e **incondicional**, ou seja, a exclusão da incidência do **ISS** sobre serviços exportados para o exterior é uma norma estabelecida pela Constituição, e não depende de uma lei complementar ou de condições adicionais.

A **Lei Complementar 116/2003**, que regula o **ISS**, complementa as disposições constitucionais, detalhando questões como a **base de cálculo, alíquotas** e a **lista de serviços tributáveis**. Porém, a imunidade prevista pela Constituição para as **exportações de serviços** não está sujeita à criação de uma lei complementar; ela **decorre diretamente do texto constitucional**. A lei complementar apenas estabelece **detalhes sobre a aplicação do imposto**, como as alíquotas, mas não podendo instituir novas imunidades fora do que o texto constitucional já dispõe.

4.3.2.2.1.9 Imunidade específica do Imposto sobre Bens e Serviços (IBS)

A adoção do **Imposto sobre Bens e Serviços** (IBS), nos termos do art. 156-A da CF/1988, que substituirá, gradualmente, o ICMS e o ISS, tem como suas principais características: base ampla de incidência, abrangendo todas as operações com bens materiais e imateriais, inclusive direitos, e com serviços; creditamento do tributo pago nas aquisições realizadas no meio da cadeia, de modo que o ônus econômico recaia sobre o consumidor final; e um número restrito de alíquotas reduzidas e de regimes diferenciados.

A CF/1988 vai estabelecer os **mesmos regramentos das imunidades genéricas ao IBS**, estabelecendo, inclusive, a **imunidade do IBS sobre as exportações de bens e serviços**, com fundamento no inciso III do § 1º do art. 156-A da CF/1988.

Nos termos dos arts. 8 e 9º da PLP 68/2024:

> "Art. 8º São imunes do IBS e da CBS as exportações de bens e de serviços para o exterior, nos termos do Capítulo V deste Título.
>
> Art. 9º Também são imunes do IBS e da CBS:
>
> I – as operações realizadas pela União, pelos Estados, pelo Distrito Federal e pelos Municípios;
>
> II – as operações realizadas por entidades religiosas e templos de qualquer culto, inclusive suas organizações assistenciais e beneficentes;
>
> III – as operações realizadas por:
>
> a) partidos políticos, inclusive suas fundações;
>
> b) entidades sindicais dos trabalhadores; e
>
> c) instituições de educação e de assistência social, sem fins lucrativos;
>
> IV – as operações com livros, jornais, periódicos e o papel destinado a sua impressão;
>
> V – as operações com fonogramas e videofonogramas musicais produzidos no Brasil contendo obras musicais ou literomusicais de autores brasileiros e/ou obras em geral interpretadas por artistas brasileiros bem como os suportes materiais ou arquivos digitais que os contenham, salvo na etapa de replicação industrial de mídias ópticas de leitura a laser;
>
> VI – as prestações de serviço de comunicação nas modalidades de radiodifusão sonora e de sons e imagens de recepção livre e gratuita; e
>
> VII – as operações com ouro, quando definido em lei como ativo financeiro ou instrumento cambial.
>
> § 1º A imunidade prevista no inciso I do **caput** é extensiva às autarquias e às fundações instituídas e mantidas pelo poder público e à empresa pública prestadora de serviço postal, bem como:
>
> I – compreende somente as operações relacionadas com as suas finalidades essenciais, ou as delas decorrentes;

II – não se aplica às operações relacionadas com exploração de atividades econômicas regidas pelas normas aplicáveis a empreendimentos privados, ou em que haja contraprestação ou pagamento de preços ou tarifas pelo usuário; e

III – não exonera o promitente comprador da obrigação de pagar tributo relativamente a bem imóvel".

Ao observarmos os dispositivos previstos em lei complementar, há uma repetição dos dispositivos constitucionais constantes no art. 150, VI, da CF/1988. Devemos, contudo, nos recordar que não é papel da lei complementar instituir imunidades tributárias, visto que são de única e exclusiva competência constitucional. É possível a utilização da lei complementar para os fins de **regular as limitações ao poder de tributar**, nos termos do art. 146, II, da CF/1988[54].

4.3.2.2.2   Imunidades específicas das taxas

A Constituição Federal traz uma possibilidade de gratuidade de taxas, que deve ser interpretada como verdadeira imunidade tributária. As imunidades específicas de taxas possuem como fundamento a **proteção de direitos fundamentais**, a **garantia do acesso universal a serviços essenciais**, como o registro civil e o direito de petição, bem como o **impedimento à restrição do exercício de direitos por barreiras econômicas**, assegurando a igualdade material e o princípio da dignidade da pessoa humana.

O **art. 5º, XXXIV**, da Constituição, garante:

"São a todos assegurados, independentemente do pagamento de taxas:

a) o direito de petição aos Poderes Públicos em defesa de direitos ou contra ilegalidade ou abuso de poder;

b) a obtenção de certidões em repartições públicas, para defesa de direitos e esclarecimento de situações de interesse pessoal."

Esse dispositivo estabelece **imunidade específica** contra a cobrança de taxas sobre o exercício do **direito de petição** e a **obtenção de certidões** para a defesa de direitos, reforçando o direito fundamental de acesso à Justiça e à informação pública.

O **art. 5º, inciso LXXVI, da CF/1988** prevê que:

"São gratuitos para os reconhecidamente pobres, na forma da lei, o registro civil de nascimento e a certidão de óbito."

Essa imunidade específica impede a cobrança de **taxas** por esses serviços para **pessoas de baixa renda**. É uma medida que busca garantir o direito fundamental à cidadania e à dignidade da pessoa humana, evitando barreiras financeiras no acesso ao registro civil.

---

54. **Art. 146.** Cabe à lei complementar:

II – regular as limitações constitucionais ao poder de tributar;

Por um critério hermenêutico, podemos identificar que o **art. 206, IV**, da CF/1988[55], estabelece a **gratuidade do ensino público em estabelecimentos oficiais**. Embora o texto não trate diretamente de taxas, a jurisprudência impede a cobrança de taxas que estejam ligadas ao **acesso à educação pública**, pois isso comprometeria o direito fundamental à educação.

O mesmo ocorre com a **saúde** e a **assistência social**, enquanto direitos fundamentais garantidos pelos **arts. 6º e 196 da CF/1988**[56], que preveem a universalidade de acesso. Por isso, taxas que limitem ou dificultem o acesso a serviços de saúde pública, como atendimentos hospitalares ou emergenciais, têm sido amplamente vedadas pelo Judiciário. A imposição de taxas sobre esses serviços seria inconstitucional por violar o princípio da universalidade e gratuidade desses direitos.

A imunidade específica das taxas também se estende a determinados **remédios constitucionais**, nos termos do art. 5º, LXXVII, da CF/1988:

> "LXXVII – são gratuitas as ações de habeas corpus e habeas data, e, na forma da lei, os atos necessários ao exercício da cidadania".

Tal imunidade reflete o compromisso do texto constitucional com a garantia do **acesso à Justiça** e a **efetividade de direitos fundamentais**, ao imunizar determinados atos jurídicos de qualquer tipo de custo ou ônus financeiro para os indivíduos. Essa imunidade tem um **caráter especial**, pois assegura a gratuidade para ações e procedimentos indispensáveis à defesa da liberdade, à proteção de direitos fundamentais e ao exercício pleno da cidadania.

O *Habeas Corpus* é um **remédio constitucional** destinado à proteção da liberdade de locomoção contra ilegalidades ou abusos de poder (art. 5º, LXVIII da CF/1988[57]). A imunidade tributária garante que ninguém seja impedido de acessar esse direito devido à imposição de taxas ou custos processuais. Já o *Habeas Data* assegura ao indivíduo o direito de obter informações pessoais constantes em bancos de dados públicos ou pri-

---

55. **Art. 206.** O ensino será ministrado com base nos seguintes princípios (...):
    IV – gratuidade do ensino público em estabelecimentos oficiais.
56. **Art. 6º** São direitos sociais a educação, a saúde, a alimentação, o trabalho, a moradia, o transporte, o lazer, a segurança, a previdência social, a proteção à maternidade e à infância, a assistência aos desamparados, na forma desta Constituição.
    Art. 196. A saúde é direito de todos e dever do Estado, garantido mediante políticas sociais e econômicas que visem à redução do risco de doença e de outros agravos e ao acesso universal e igualitário às ações e serviços para sua promoção, proteção e recuperação.
    Parágrafo único. Todo brasileiro em situação de vulnerabilidade social terá direito a uma renda básica familiar, garantida pelo poder público em programa permanente de transferência de renda, cujas normas e requisitos de acesso serão determinados em lei, observada a legislação fiscal e orçamentária.
57. LXVIII – conceder-se-á *habeas corpus* sempre que alguém sofrer ou se achar ameaçado de sofrer violência ou coação em sua liberdade de locomoção, por ilegalidade ou abuso de poder.

vados, bem como corrigir dados incorretos (art. 5º, LXXII, da CF/1988[58]). A gratuidade visa permitir o acesso **pleno ao direito à informação e à privacidade**.

Ambos são **direitos fundamentais de primeira geração**, vinculados à **liberdade individual**, e a imunidade tributária visa assegurar que esses direitos não sejam restringidos por questões econômicas.

 JURISPRUDÊNCIA

"Exigência de depósito prévio em recurso administrativo. Relevância econômica, social e jurídica da controvérsia. Reconhecimento da existência de repercussão geral da questão deduzida no apelo extremo interposto. Precedentes desta Corte a respeito da inconstitucionalidade da exigência como requisito de admissibilidade de recurso administrativo. Ratificação do entendimento. (...) A exigência de depósito prévio como requisito de admissibilidade de recurso administrativo – assunto de indiscutível relevância econômica, social e jurídica – já teve a sua inconstitucionalidade reconhecida por esta Corte, no julgamento do RE 388.359, do RE 389.383 e do RE 390.513, todos de relatoria do eminente ministro Marco Aurélio". [**AI 698.626 QO-RG**, rel. Min. Ellen Gracie, j. 02.10.2008, P, DJE de 05.12.2008.] vide **ADPF 156**, rel. min. Cármen Lúcia, j. 18-8-2011, P, DJE de 28.10.2011.

"Arguição de descumprimento de preceito fundamental. Parágrafo 1º do art. 636 da CLT: não recepção pela Constituição de 1988. Incompatibilidade da exigência de depósito prévio do valor correspondente à multa como condição de admissibilidade de recurso administrativo interposto junto à autoridade trabalhista (§ 1º do art. 636 da CLT) com a Constituição de 1988. Inobservância das garantias constitucionais do devido processo legal e da ampla defesa (art. 5º, LIV e LV); do princípio da isonomia (art. 5º, *caput*); do direito de petição (art. 5º, XXXIV, a). Art. 5º, XXXIV, a" [**ADPF 156**, rel. Min. Cármen Lúcia, j. 18.08.2011, P, DJE de 28.10.2011.]

"A natureza jurídica da reclamação não é a de um recurso, de uma ação e nem de um incidente processual. Situa-se ela no âmbito do direito constitucional de petição previsto no art. 5º, XXXIV, da CF". [**ADI 2.212**, rel. Min. Ellen Gracie, j. 02.10.2003, P, DJ de 14.11.2003.]

"O direito de petição, presente em todas as Constituições brasileiras, qualifica-se como importante prerrogativa de caráter democrático. Trata-se de instrumento jurídico-constitucional posto à disposição de qualquer interessado – mesmo daqueles destituídos de personalidade jurídica –, com a explícita finalidade de viabilizar a defesa, perante as instituições estatais, de direitos ou valores revestidos tanto de natureza pessoal quanto de significação coletiva. Entidade sindical que pede ao PGR o ajuizamento de ação direta perante o STF. *Provocatio ad agendum*. Pleito que traduz o exercício concreto do direito de petição. Legitimidade desse comportamento". [**ADI 1.247 MC**, rel. Min. Celso de Mello, j. 17.08.1995, P, DJ de 08.09.1995.]

"As garantias constitucionais do direito de petição e da inafastabilidade da apreciação do Poder Judiciário, quando se trata de lesão ou ameaça a direito, reclamam, para o seu exercício, a observância do que preceitua o direito processual (art. 5º, XXXIV, a, e XXXV, da Constituição do Brasil/1988)". [**Pet 4.556 AgR**, rel. Min. Eros Grau, j. 25.06.2009, P, DJE de 21.08.2009.]

---

58. LXXII – conceder-se-á *habeas data*:

    a) para assegurar o conhecimento de informações relativas à pessoa do impetrante, constantes de registros ou bancos de dados de entidades governamentais ou de caráter público;

    b) para a retificação de dados, quando não se prefira fazê-lo por processo sigiloso, judicial ou administrativo;

4 • LIMITAÇÕES CONSTITUCIONAIS AO PODER DE TRIBUTAR   **277**

"No tocante ao cabimento da reclamação no processo trabalhista, observem que, de há muito, o Supremo assentou a necessidade de esse instrumento estar previsto em lei no sentido formal e material, não cabendo criá-lo por meio de regimento interno. (...) Realmente, não se pode cogitar de disciplina em regimento interno, porquanto a reclamação ganha contornos de verdadeiro recurso, mostrando-se inserida, portanto, conforme ressaltado pelo Supremo, no direito constitucional de petição. Cumpre, no âmbito federal, ao Congresso Nacional dispor a respeito, ainda que o faça, ante a origem da regência do processo do trabalho, mediante lei ordinária. Relativamente ao Supremo e ao STJ, porque o campo de atuação dessas Cortes está delimitado na própria Carta Federal, a reclamação foi prevista, respectivamente, no art. 102, I, l, e no art. 105, I, f. Assim, surge merecedora da pecha de inconstitucional a norma do Regimento Interno do TST que dispõe sobre a reclamação. Não se encontrando esta versada na CLT, impossível instituí-la mediante deliberação do próprio Colegiado". [**RE 405.031**, voto do rel. Min. Marco Aurélio, j. 15.10.2008, P, DJE de 17.04.2009.]

"O direito à certidão traduz prerrogativa jurídica, de extração constitucional, destinada a viabilizar, em favor do indivíduo ou de uma determinada coletividade (como a dos segurados do sistema de previdência social), a defesa (individual ou coletiva) de direitos ou o esclarecimento de situações. A injusta recusa estatal em fornecer certidões, não obstante presentes os pressupostos legitimadores dessa pretensão, autorizará a utilização de instrumentos processuais adequados, como o mandado de segurança ou a própria ação civil pública. O Ministério Público tem legitimidade ativa para a defesa, em juízo, dos direitos e interesses individuais homogêneos, quando impregnados de relevante natureza social, como sucede com o direito de petição e o direito de obtenção de certidão em repartições públicas". [**RE 472.489 AgR**, rel. Min. Celso de Mello, j. 29.04.2008, 2ª T, DJE de 29.08.2008.]

"O direito constitucional de petição e o princípio da legalidade não implicam a necessidade de esgotamento da via administrativa para discussão judicial da validade de crédito inscrito em dívida ativa da Fazenda Pública. É constitucional o art. 38, parágrafo único, da Lei 6.830/1980 (Lei da Execução Fiscal – LEF), que dispõe que "a propositura, pelo contribuinte, da ação prevista neste artigo (ações destinadas à discussão judicial da validade de crédito inscrito em dívida ativa) importa em renúncia ao poder de recorrer na esfera administrativa e desistência do recurso acaso interposto". [**RE 233.582**, rel. p/ o ac. Min. Joaquim Barbosa, j. 16.08.2007, P, DJE de 16.05.2008.]

"Extração de certidões, em repartições públicas, condicionada ao recolhimento da "taxa de segurança pública". Violação à alínea b do inciso XXXIV do art. 5º da CF". [**ADI 2.969**, rel. Min. Ayres Britto, j. 29.03.2007, P, DJ de 22.06.2007.]

"O direito à certidão traduz prerrogativa jurídica, de extração constitucional, destinada a viabilizar, em favor do indivíduo ou de uma determinada coletividade (como a dos segurados do sistema de previdência social), a defesa (individual ou coletiva) de direitos ou o esclarecimento de situações. A injusta recusa estatal em fornecer certidões, não obstante presentes os pressupostos legitimadores dessa pretensão, autorizará a utilização de instrumentos processuais adequados, como o mandado de segurança ou a própria ação civil pública. O Ministério Público tem legitimidade ativa para a defesa, em juízo, dos direitos e interesses individuais homogêneos, quando impregnados de relevante natureza social, como sucede com o direito de petição e o direito de obtenção de certidão em repartições públicas. Art. 5º, XXXIV, b" [**RE 472.489 AgR**, rel. Min. Celso de Mello, j. 29.04.2008, 2ª T, DJE de 29.08.2008.]

"TCU: direito de acesso a documentos de processo administrativo. CF, art. 5º, XXXIII, XXXIV, b, e LXXII; e art. 37. Processo de representação instaurado para apurar eventual desvio dos recursos arrecadados com a exploração provisória do Complexo Pousada Esmeralda, situado no arquipélago de Fernando de Noronha/PE: direito da empresa impetrante, permissionária de uso, ter vista dos autos da representação mencionada, a fim de obter elementos que sirvam para a sua defesa em processos judiciais nos quais figura como parte. Não incidência, no caso, de qualquer limitação às garantias constitucionais (incisos X e XXXIII, respectivamente, do art. 5º da CF). Ressalva da conveniência de se determinar que a vista pretendida se restrinja ao local da repartição, ou, quando permitida a retirada dos autos, seja fixado prazo para tanto". [**MS 25.382**, rel. Min. Sepúlveda Pertence, j. 15.02.2006, P, DJ de 31.03.2006.]

4.3.2.2.3 Imunidades interpretativas

A **imunidade tributária** e a **isenção tributária** são institutos jurídicos do Direito Tributário que se relacionam com a exclusão de tributos em determinadas situações. Apesar de parecerem semelhantes, possuem diferenças significativas quanto à sua origem, abrangência e natureza jurídica. Enquanto a **imunidade** é prevista **diretamente** na **Constituição Federal** e estabelece uma **limitação ao poder de tributar**, impedindo que o ente tributante sequer institua o tributo sobre determinadas situações, bens ou pessoas, a **isenção** é concedida por **lei**, seja ordinária ou complementar, através de uma discricionariedade do legislador e dentro dos **limites** impostos pela Constituição.

A imunidade afeta **toda a competência tributária** do ente federativo. Ou seja, nenhum ente pode instituir ou cobrar tributos sobre as hipóteses protegidas pela imunidade. Já a **isenção** afeta apenas a **relação jurídica tributária** existente dentro da competência do ente tributante.

O STF frequentemente interpreta a **imunidade** de forma **ampla** e **teleológica**, visando garantir os valores constitucionais subjacentes. O STJ analisa a isenção de forma **restritiva**, já que ela constitui uma exceção à regra geral de tributação.

Assim, temos duas situações constitucionalmente previstas que, de maneira equivocada, trazem a expressão **isenção**, quando se trata, na verdade, do instituto jurídico da **imunidade**:

I – Transferência de imóveis desapropriados para a reforma agrária

Dispõe o art. 184, § 5º da CF/1988:

> "Art. 184. Compete à União desapropriar por interesse social, para fins de reforma agrária, o imóvel rural que não esteja cumprindo sua função social, mediante prévia e justa indenização em títulos da dívida agrária, com cláusula de preservação do valor real, resgatáveis no prazo de até vinte anos, a partir do segundo ano de sua emissão, e cuja utilização será definida em lei.
>
> (...)
>
> § 5º São **isentas** de impostos federais, estaduais e municipais as operações de transferência de imóveis desapropriados para fins de reforma agrária".

O dispositivo constitucional do art. 184 da CF/1988 trata de uma das mais **relevantes políticas públicas** no âmbito da **ordem econômica e social: a reforma agrária**. Ele estabelece o poder-dever da União de desapropriar imóveis rurais que não cumprem sua função social, um **princípio fundamental do Direito Agrário** previsto no art. 5º,

XXIII[59], e no art. 186 da CF/1988[60], que impõe que a propriedade deve atender a finalidades como produtividade, preservação ambiental, respeito às relações de trabalho e bem-estar dos trabalhadores.

O **aspecto teleológico** dessa imunidade abrange a promoção da viabilidade econômica e social do programa de reforma agrária, a facilitação da transferência de terras aos beneficiários, evitando que a tributação inviabilize ou encareça o processo e garantia que o custo das operações não recaia sobre os pequenos agricultores que recebem as terras.

Assim, a promoção da concretização dos objetivos fundamentais da República, como a erradicação da pobreza, a redução das desigualdades sociais e regionais e a construção de uma sociedade mais justa e solidária (art. 3º, III e IV, da CF/1988[61]) passa a ser amplamente atendida com tal instituto. A **reforma agrária** é vista como um mecanismo para alcançar esses objetivos, ao **redistribuir terras improdutivas** e integrá-las ao **sistema produtivo**, fortalecendo o **setor agrícola familiar** e promovendo a **inclusão social**.

Embora a imunidade tributária facilite o programa de reforma agrária, existem desafios e críticas, tais como:

- **Burocracia no processo de desapropriação e transferência**: o excesso de trâmites administrativos pode atrasar a efetividade da política pública;

- **Fiscalização insuficiente**: há dificuldade em assegurar que os beneficiários utilizem a terra para os fins previstos, como a produção agrícola sustentável, ocorrendo um desvio de finalidade; e

- **Conflitos fundiários**: questões envolvendo a propriedade e posse da terra frequentemente levam a disputas judiciais prolongadas.

De fato, ao reduzir os custos das operações de transferência de imóveis rurais desapropriados, a imunidade incentiva a **redistribuição fundiária** e fortalece **políticas públicas** voltadas para a **promoção da função social da terra**. Além disso, reflete o **compromisso constitucional** com a **justiça social**, alinhando-se aos valores fundamentais da República Federativa do Brasil. Contudo, a **efetividade plena** da norma depende

---

59. **Art. 5º** (...)
XXIII – a propriedade atenderá a sua função social.
60. **Art. 186.** A função social é cumprida quando a propriedade rural atende, simultaneamente, segundo critérios e graus de exigência estabelecidos em lei, aos seguintes requisitos:
I – aproveitamento racional e adequado;
II – utilização adequada dos recursos naturais disponíveis e preservação do meio ambiente;
III – observância das disposições que regulam as relações de trabalho;
IV – exploração que favoreça o bem-estar dos proprietários e dos trabalhadores.
61. **Art. 3º** Constituem objetivos fundamentais da República Federativa do Brasil:
III – erradicar a pobreza e a marginalização e reduzir as desigualdades sociais e regionais;
IV – promover o bem de todos, sem preconceitos de origem, raça, sexo, cor, idade e quaisquer outras formas de discriminação.

de uma implementação eficiente, fiscalização adequada e políticas complementares de apoio aos pequenos agricultores que recebem as terras.

II – Entidades Beneficentes de Assistência Social e as contribuições para a seguridade social

Estabelece o art. 195, § 7º da CF/1988:

> "Art. 195. A seguridade social será financiada por toda a sociedade, de forma direta e indireta, nos termos da lei, mediante recursos provenientes dos orçamentos da União, dos Estados, do Distrito Federal e dos Municípios, e das seguintes contribuições sociais:
>
> (...)
>
> § 7º São isentas de contribuição para a seguridade social as entidades beneficentes de assistência social que atendam às exigências estabelecidas em lei".

A teleologia dessa imunidade é **promover a solidariedade social** e incentivar o trabalho das **entidades beneficentes** que complementam as políticas públicas nas áreas de saúde, educação e assistência social. Ao desonerá-las das contribuições à seguridade social, o Estado reconhece o papel estratégico dessas organizações no atendimento às demandas sociais, especialmente em contextos de vulnerabilidade.

Além disso, a imunidade busca evitar a descapitalização dessas entidades, garantindo que seus recursos sejam integralmente aplicados em suas finalidades sociais.

Para usufruir da imunidade, as **entidades beneficentes de assistência social** precisam atender a requisitos legais específicos. A regulamentação deve se dar, obrigatoriamente, através de uma **lei complementar em âmbito nacional**, por se tratar de uma limitação ao poder de tributar.

Atualmente, a regulamentação é feita pela **Lei Complementar 187/2021**, que consolidou as exigências anteriormente previstas em legislações dispersas. Os principais requisitos incluem:

I – Natureza jurídica e objetivos institucionais

- Ser uma **entidade beneficente** sem fins lucrativos.
- Atuar nas áreas de assistência social, saúde ou educação, desenvolvendo atividades voltadas ao atendimento de populações carentes e em situação de vulnerabilidade social.

II – Certificação de Entidade Beneficente de Assistência Social (CEBAS)

A imunidade depende da obtenção do **CEBAS**, concedido por órgãos específicos:

- Ministério da Saúde, para entidades da área de saúde.
- Ministério da Educação, para entidades educacionais.

- Ministério da Cidadania, para entidades de assistência social.

Vale destacar que a **Lei 12.101/2009**, que tratava dos procedimentos de concessão e de renovação do Certificado de Entidade Beneficente de Assistência Social (CEBAS) de interesse das entidades do terceiro setor, foi **revogada** pela **LC 187/2021**. O Supremo Tribunal Federal decidiu pela **inconstitucionalidade** de diversos dispositivos da Lei 12.101/2009 (lei ordinária), visto que somente lei complementar possui **legitimidade constitucional** para regular os requisitos para fruição da imunidade tributária.

O art. 2º da LC 187/2021[62] define claramente que é considerada "**entidade beneficente**" a pessoa jurídica de direito privado, sem fins lucrativos, que presta serviço nas áreas de assistência social, de saúde e de educação, no entanto, exigindo uma condicionante indispensável: desde que **devidamente certificadas nos moldes da referida lei complementar**.

III – Requisitos Especiais para as Organizações da Sociedade Civil de Assistência Social

No que diz respeito as **Organizações da Sociedade Civil** (OSCs), a certificação do **Certificado de Entidade Beneficente de Assistência Social (CEBAS)**, concedida pelo **Ministério da Cidadania** das OSCs da **área de assistência social**, é essencial para que possam usufruir da imunidade tributária sobre as contribuições à seguridade social. Contudo, a obtenção do CEBAS exige o **cumprimento cumula**tivo de requisitos previstos no **art. 3º da LC 187/2021**, que incluem:

- **Finalidade social específica**: o alinhamento da atuação da OSC com objetivos voltados à assistência social, sem fins lucrativos;
- **Princípio da universalidade do atendimento**: atendimento sem discriminação de qualquer natureza, em conformidade com a **Lei Orgânica da Assistência Social (LOAS)**;
- **Gratuidade na oferta dos serviços**: os serviços prestados devem ser oferecidos gratuitamente aos beneficiários, exceto em situações específicas previstas em lei.

Esses requisitos são uma continuação das exigências da revogada **Lei 12.101/2009** e estão alinhados ao **Marco Regulatório das Organizações da Sociedade Civil (MROSC)**, instituído pela **Lei 13.019/2014**, bem como ao **Código Tributário Nacional (CTN)**, que define contrapartidas para entidades de fins filantrópicos.

---

62. **Art. 2º** Entidade beneficente, para os fins de cumprimento desta Lei Complementar, é a pessoa jurídica de direito privado, sem fins lucrativos, que presta serviço nas áreas de assistência social, de saúde e de educação, assim certificada na forma desta Lei Complementar.

O **art. 31 da LC 187/2021**[63] reforça exigências específicas para as OSCs vinculadas ao **Sistema Único de Assistência Social (SUAS)**. Essas organizações devem alinhar seus objetivos e público-alvo aos princípios da **LOAS (Lei 8.742/1993)**, que estruturam a política pública de assistência social no Brasil.

IV – A exceção ao princípio da gratuidade das Instituições de Longa Permanência para Idosos (ILPIs)

As denominadas **Instituições de Longa Permanência para Idosos (ILPIs)** possuem um regime diferenciado quanto ao **princípio da gratuidade**. A **LC 187/2021** permite que as ILPIs filantrópicas cobrem até **70% da renda mensal dos idosos residentes**, conforme estabelece o **art. 35, § 2º, da Lei 10.741/2003** (Estatuto da Pessoa Idosa)[64], redação dada pela Lei 14.423/2022.

Essa prerrogativa busca equilibrar a **sustentabilidade financeira** das ILPIs, considerando os **custos elevados de manutenção** dessas instituições, e garantir o atendimento contínuo aos idosos abrigados. O reconhecimento explícito dessa exceção na nova legislação reforça a **segurança jurídica** para as ILPIs que adotam tal prática.

V – Geração de recursos e segregação contábil das Organizações da Sociedade Civil

O **art. 30 da LC 187/2021** trouxe inovações relevantes ao permitir que as OSCs desenvolvam **atividades geradoras de recursos** por meio de filiais, com ou sem cessão de mão de obra. Essa possibilidade amplia as opções de financiamento das organizações, desde que observadas as seguintes condições:

---

63. **Art. 31.** Constituem requisitos para a certificação de entidade de assistência social:

I – ser constituída como pessoa jurídica de natureza privada e ter objetivos e públicos-alvo compatíveis com a Lei 8.742, de 7 de dezembro de 1993;

II – comprovar inscrição no conselho municipal ou distrital de assistência social, nos termos do art. 9º da Lei 8.742, de 7 de dezembro de 1993;

III – prestar e manter atualizado o cadastro de entidades e organizações de assistência social de que trata o inciso XI do *caput* do art. 19 da Lei 8.742, de 7 de dezembro de 1993;

IV – manter escrituração contábil regular que registre os custos e as despesas em atendimento às Normas Brasileiras de Contabilidade;

V – comprovar, cumulativamente, que, no ano anterior ao requerimento:

a) destinou a maior parte de seus custos e despesas a serviços, a programas ou a projetos no âmbito da assistência social e a atividades certificáveis nas áreas de educação, de saúde ou em ambas, caso a entidade também atue nessas áreas;

b) remunerou seus dirigentes de modo compatível com o seu resultado financeiro do exercício, na forma a ser definida em regulamento, observados os limites referidos nos §§ 1º e 2º do art. 3º desta Lei Complementar.

64. **Art. 35.** Todas as entidades de longa permanência, ou casa-lar, são obrigadas a firmar contrato de prestação de serviços com a pessoa idosa abrigada.

§ 2º O Conselho Municipal da Pessoa Idosa ou o Conselho Municipal da Assistência Social estabelecerá a forma de participação prevista no § 1º deste artigo, que não poderá exceder a 70% (setenta por cento) de qualquer benefício previdenciário ou de assistência social percebido pela pessoa idosa.

- **Segregação contábil**: as receitas provenientes dessas atividades devem ser contabilizadas separadamente, com transparência e detalhamento nas notas explicativas das demonstrações financeiras;
- **Destinação das receitas**: os recursos gerados devem ser integralmente aplicados na manutenção e ampliação das atividades finalísticas da OSC.

A **LC 187/2021** que traz a observância dos requisitos para a concessão da imunidade tributária promove maior segurança jurídica às OSCs, consolidando normas que antes estavam dispersas em legislações anteriores. A regulamentação detalhada das atividades mercantis, a definição clara de requisitos e contrapartidas e o alinhamento com a política pública de assistência social contribuem para o fortalecimento do terceiro setor, a valorização da assistência social e a transparência com os recursos públicos e privados percebidos.

Por fim, vez que a **imunidade tributária** pertence a tais **entidades beneficentes**, as contribuições sociais que serão abrangidas são aquelas previstas no **art. 195, I, da CF/1988**, com exceção da alínea *c* que dispõe sobre as contribuições sociais da pessoa jurídica incidentes sobre o **lucro**. Assim, a imunidade tributária recairá sobre as **contribuições previdenciárias patronais** incidentes sobre a folha de salários) e as **contribuições sociais incidentes sobre receita e faturamento** (*in casu*, p.ex., PIS e COFINS).

A imunidade tributária visa aliviar **encargos** que impactam a **operação** e **manutenção** das atividades das entidades beneficentes. As contribuições sobre o lucro, entretanto, incidem somente sobre **resultados financeiros positivos**, o que reduz a **necessidade de proteção específica**. Entende-se que, caso a entidade registre lucro, possui capacidade contributiva para suportar tal encargo.

O **Supremo Tribunal Federal (STF)** já se posicionou sobre a extensão da imunidade tributária às entidades beneficentes, reforçando que esta abrange apenas as contribuições sociais relacionadas ao **custeio da seguridade social**, como aquelas incidentes sobre a **folha de salários** e o **faturamento**. A exclusão da **Contribuição Social sobre o Lucro Líquido** (CSLL) é amplamente reconhecida na jurisprudência, tendo em vista que a contribuição sobre o lucro tem natureza distinta.

No julgamento do **RE 566.622**, o STF consolidou a interpretação de que a imunidade tributária do art. 195, § 7º, da CF/1988 abrange apenas as **contribuições voltadas ao custeio direto da seguridade social**.

Ressaltamos, contudo, que as **entidades beneficentes** devem ser desprovidas de finalidade lucrativa e, em assim sendo, não há o que se falar em incidência de CSLL. Lembramos que existe uma distinção entre **lucro** e **superávit**. A geração de **receitas** que **superem** seus **custos operacionais** é o que se exige de uma administração eficaz.

O que chama atenção, no entanto, é o que dispõe a LC 187/2022, quando diz que as entidades beneficentes podem desenvolver **atividades empresariais**, desde que sejam acessórios à sua missão principal. Isso ficou mais claro com a **LC 187/2021**, que prevê a possibilidade de operar filiais voltadas a atividades econômicas, com ou sem cessão de mão de obra, desde que as receitas sejam contabilizadas de forma segregada, desde que a destinação de todo o recurso arrecadado a suas finalidades institucionais.

Como exemplo, uma entidade beneficente que mantém uma escola pode operar uma cantina para gerar recursos. O lucro obtido pela cantina deve ser utilizado exclusivamente para melhorias na escola ou na ampliação de seus projetos educacionais, o que caracterizaria um **superávit**, não sendo lucro propriamente dito. É óbvio que cabe a entidade comprovar que toda a receita obtida deve ser utilizada ao atendimento de suas finalidades essenciais.

Caso a entidade descumpra os requisitos legais, como distribuir lucros ou não reinvestir os recursos nas suas atividades finalísticas, ela pode perder o reconhecimento de imunidade tributária e as autoridades fiscais podem desconsiderar sua condição de entidade beneficente e exigir o pagamento de tributos devidos, incluindo contribuições sociais e impostos anteriormente não recolhidos.

Além disso, o Ministério Público ou os órgãos de fiscalização podem responsabilizar a entidade ou seus dirigentes pelo desvio de finalidade.

JURISPRUDÊNCIA

Nos exatos termos do voto proferido pelo eminente e saudoso ministro Teori Zavascki, ao inaugurar a divergência: 1."(...) fica evidenciado que (a) entidade beneficente de assistência social (art. 195, § 7º) não é conceito equiparável a entidade de assistência social sem fins lucrativos (art. 150, VI); (b) a CF não reúne elementos discursivos para dar concretização segura ao que se possa entender por modo beneficente de prestar assistência social; (c) a definição desta condição modal é indispensável para garantir que a imunidade do art. 195, § 7º, da CF cumpra a finalidade que lhe é designada pelo texto constitucional; e (d) esta tarefa foi outorgada ao legislador infraconstitucional, que tem autoridade para defini-la, desde que respeitados os demais termos do texto constitucional." 2. "Aspectos meramente procedimentais referentes à certificação, fiscalização e controle administrativo continuam passíveis de definição em lei ordinária. A lei complementar é forma somente exigível para a definição do modo beneficente de atuação das entidades de assistência social contempladas pelo art. 195, § 7º, da CF, especialmente no que se refere à instituição de contrapartidas a serem observadas por elas". [**ADI 2.028**, rel. p/ o ac. Min. Rosa Weber, j. 02.03.2017, P, DJE de 08.05.2017.]

Exigência, pelo art. 19 da mencionada lei [Lei 10.260/2001], de aplicação do equivalente à contribuição de que trata o art. 22 da Lei 8.212/1991 na concessão de bolsas de estudo. Violação ao disposto no art. 195, § 7º, da CF. (...) O art. 19 da Lei 10.260/2001, quando determina que o valor econômico correspondente à exoneração de contribuições seja obrigatoriamente destinado a determinada finalidade, está, na verdade, substituindo por obrigação de fazer (conceder bolsas de estudo) a obrigação de dar (pagar a contribuição patronal) de que as entidades beneficentes educacionais estão expressamente dispensadas. [**ADI 2.545 MC**, rel. Min. Cármen Lúcia, j. 1º.02.2002, P, DJ de 07.02.2003.]

(...) o art. 55 da Lei 8.212, de 1991, prevê requisitos para o exercício da imunidade tributária, versada no § 7º do art. 195 da Carta da República, que revelam verdadeiras condições prévias ao aludido direito e, por isso, deve ser reconhecida a inconstitucionalidade formal desse dispositivo no que extrapola o definido no art. 14 do CTN, por violação ao art. 146, II, da CF. Os requisitos legais exigidos na parte final do mencionado § 7º, enquanto não editada nova lei complementar sobre a matéria, são somente aqueles do aludido art. 14 do Código. [**RE 566.622**, voto do rel. Min. Marco Aurélio, j. 23.02.2017, P, DJE de 1º.03.2017, Tema 32.]

4 • LIMITAÇÕES CONSTITUCIONAIS AO PODER DE TRIBUTAR

Imunidade às contribuições. Art. 195, § 7º, CF/1988. O PIS é contribuição para a seguridade social (art. 239 c/c art. 195, I, CF/1988). A conceituação e o regime jurídico da expressão "instituições de assistência social e educação" (art. 150, VI, c, CF/1988) aplicam-se por analogia à expressão "entidades beneficentes de assistência social" (art. 195, § 7º, CF/1988). (...) A expressão "isenção" utilizada no art. 195, § 7º, CF/1988, tem o conteúdo de verdadeira imunidade. O art. 195, § 7º, CF/1988 reporta-se à Lei 8.212/1991, em sua redação original (MI 616/SP, rel. min. Nelson Jobim, Pleno, DJ de 25.10.2002). O art. 1º da Lei 9.738/1998 foi suspenso pela Corte Suprema (ADI 2.028 MC/DF, rel. Moreira Alves, Pleno, DJ de 16.06.2000). A Suprema Corte indicia que somente se exige lei complementar para a definição dos seus limites objetivos (materiais), e não para a fixação das normas de constituição e de funcionamento das entidades imunes (aspectos formais ou subjetivos), os quais podem ser veiculados por lei ordinária (art. 55 da Lei 8.212/1991). As entidades que promovem a assistência social beneficente (art. 195, § 7º, CF/1988) somente fazem jus à imunidade se preencherem cumulativamente os requisitos de que trata o art. 55 da Lei 8.212/1991, na sua redação original, e aqueles previstos nos arts. 9º e 14 do CTN. Ausência de capacidade contributiva ou aplicação do princípio da solidariedade social de forma inversa (**ADI 2.028 MC/DF**, rel. Moreira Alves, Pleno, DJ de 16.06.2000). Inaplicabilidade do art. 2º, II, da Lei 9.715/1998 e do art. 13, IV, da MP 2.158-35/2001 às entidades que preenchem os requisitos do art. 55 da Lei 8.212/1991, e legislação superveniente, a qual não decorre do vício de inconstitucionalidade destes dispositivos legais, mas da imunidade em relação à contribuição ao PIS como técnica de interpretação conforme à Constituição. [**RE 636.941**, rel. Min. Luiz Fux, j. 13.02.2014, P, DJE de 14.04.2014, Tema 432.]

A imunidade prevista no art. 195, § 7º, da CF incide apenas em relação ao contribuinte de direito do PIS e da Cofins, não impedindo a incidência dos chamados tributos indiretos. [**ARE 741.918 AgR,** rel. Min. Marco Aurélio, j. 18.03.2014, 1ª T, DJE de 02.04.2014.]

A imunidade das entidades beneficentes de assistência social às contribuições sociais obedece a regime jurídico definido na Constituição. O inciso II do art. 55 da Lei 8.212/1991 estabelece como uma das condições da isenção tributária das entidades filantrópicas a exigência de que possuam o Certificado de Entidade Beneficente de Assistência Social (CEBAS), renovável a cada três anos. A jurisprudência desta Corte é firme no sentido de afirmar a inexistência de direito adquirido a regime jurídico, motivo pelo qual não há razão para falar-se em direito à imunidade por prazo indeterminado. A exigência de renovação periódica do Cebas não ofende os arts. 146, II, e 195, § 7º, da Constituição. (...) Hipótese em que a recorrente não cumpriu os requisitos legais de renovação do certificado. [**RMS 27.093**, rel. Min. Eros Grau, j. 02.09.2008, 2ª T, DJE de 14.11.2008.]

Contribuição previdenciária. Quota patronal. Entidade de fins assistenciais, filantrópicos e educacionais. Imunidade (CF, art. 195, § 7º). A cláusula inscrita no art. 195, § 7º, da Carta Política – não obstante referir-se impropriamente à isenção de contribuição para a seguridade social –, contemplou as entidades beneficentes de assistência social com o favor constitucional da imunidade tributária, desde que por elas preenchidos os requisitos fixados em lei. A jurisprudência constitucional do STF já identificou, na cláusula inscrita no art. 195, § 7º, da CF, a existência de uma típica garantia de imunidade (e não de simples isenção) estabelecida em favor das entidades beneficentes de assistência social. Precedente: RTJ 137/965. Tratando-se de imunidade – que decorre, em função de sua natureza mesma, do próprio texto constitucional –, revela-se evidente a absoluta impossibilidade jurídica de a autoridade executiva, mediante deliberação de índole administrativa, restringir a eficácia do preceito inscrito no art. 195, § 7º, da Carta Política, para, em função de exegese que claramente distorce a teleologia da prerrogativa fundamental em referência, negar, à entidade beneficente de assistência social que satisfaz os requisitos da lei, o benefício que lhe é assegurado no mais elevado plano normativo. [**RMS 22.192**, rel. Min. Celso de Mello, j. 28.11.1995, 1ª T, DJ de 19.12.1996.]

4.3.2.2.4 Imunidades específicas de contribuições especiais

A **imunidade específica das contribuições especiais** é um tema de grande relevância no direito tributário brasileiro, especialmente porque abrange a **proteção a determinadas categorias e atividades** contra a incidência de contribuições destinadas à seguridade social, ao Sistema S, entre outras finalidades. O Supremo Tribunal Federal (STF) possui uma jurisprudência consolidada sobre o tema, destacando os limites e a interpretação teleológica dessa imunidade.

4.3.2.2.4.1 Imunidades específicas das contribuições sociais e interventivas

O disposto no art. 149, § 2º, I da CF/1988 estabelece:

> "Art. 149. Compete exclusivamente à União instituir contribuições sociais, de intervenção no domínio econômico e de interesse das categorias profissionais ou econômicas, como instrumento de sua atuação nas respectivas áreas, observado o disposto nos arts. 146, III, e 150, I e III, e sem prejuízo do previsto no art. 195, § 6º, relativamente às contribuições a que alude o dispositivo.
>
> § 2º As contribuições sociais e de intervenção no domínio econômico de que trata o caput deste artigo:
>
> I – não incidirão sobre as receitas decorrentes de exportação."

A imunidade das receitas de exportação tem objetivos econômicos e sociais, tais como **competitividade internacional**, o **incentivo ao comércio exterior**, bem como o **fomento ao desenvolvimento nacional**. As exportações são um motor do crescimento, gerando divisas, empregos e aumento da arrecadação indireta.

A imunidade abrange diversas contribuições, incluindo as **contribuições sociais** (p.ex., PIS, COFINS e outras relacionadas à seguridade social) e **contribuições de intervenção no domínio econômico** (p.ex. CIDE Royaties – Lei 10.168/00 e CIDE Combustíveis – Lei 10.336/01).

O STF decidiu, no julgamento do **RE 759.244/SC** (Tema 674 da Repercussão Geral), que a imunidade alcança as receitas de exportação **indiretas**, realizadas por intermédio de empresas *trading* (intermediárias). Nesse caso, mesmo que o produtor/exportador venda o produto para uma *trading* nacional, se o destino final for o exterior, a receita estará protegida pela imunidade.

Em decisões como no **RE 474.132/SC**, o STF reconheceu que as receitas de exportação **não devem compor a base de cálculo das contribuições sociais**, como PIS e COFINS, reforçando a proteção constitucional.

Embora a imunidade mencione "receitas de exportação", o STF já estendeu sua aplicação às **exportações de serviços** em situações específicas. Isso inclui casos em que o serviço é **prestado para beneficiários no exterior**, ainda que **parte da execução ocorra no Brasil**, desde que o **resultado** se destine exclusivamente ao **exterior**.

Dentre os principais desafios encontrados na aplicabilidade dessa imunidade, temos a questão relativa a **identificação de receitas**, visto que se deve comprovar que a receita abarcada pela imunidade está diretamente vinculada à exportação, bem como a imunidade da receita de serviços, notadamente gerando discussões sobre o que se considera **resultado destinado ao exterior**. Apesar de sua abrangência, a imunidade não elimina a obrigação de comprovar a destinação ao exterior. A fiscalização tributária pode exigir documentos que demonstrem o **efetivo embarque da mercadoria** para fora do país, bem como a **natureza da receita** (se é diretamente oriunda da exportação).

JURISPRUDÊNCIA

"Esta Suprema Corte, nas inúmeras oportunidades em que debatida a questão da hermenêutica constitucional aplicada ao tema das imunidades, adotou a interpretação teleológica do instituto, a emprestar-lhe abrangência maior, com escopo de assegurar à norma supralegal máxima efetividade. O contrato de câmbio constitui negócio inerente à exportação, diretamente associado aos negócios realizados em moeda estrangeira. Consubstancia etapa inafastável do processo de exportação de bens e serviços, pois todas as transações com residentes no exterior pressupõem a efetivação de uma operação cambial, consistente na troca de moedas. O legislador constituinte – ao contemplar na redação do art. 149, § 2º, I, da Lei Maior as "receitas decorrentes de exportação" – conferiu maior amplitude à desoneração constitucional, suprimindo do alcance da competência impositiva federal todas as receitas que resultem da exportação, que nela encontrem a sua causa, representando consequências financeiras do negócio jurídico de compra e venda internacional. A intenção plasmada na Carta Política é a de desonerar as exportações por completo, a fim de que as empresas brasileiras não sejam coagidas a exportarem os tributos que, de outra forma, onerariam as operações de exportação, quer de modo direto, quer indireto. Consideram-se receitas decorrentes de exportação as receitas das variações cambiais ativas, a atrair a aplicação da regra de imunidade e afastar a incidência da contribuição ao PIS e da Cofins. Assenta esta Suprema Corte, ao exame do *leading case*, a tese da inconstitucionalidade da incidência da contribuição ao PIS e da Cofins sobre a receita decorrente da variação cambial positiva obtida nas operações de exportação de produtos". [**RE 627.815**, rel. Min. Rosa Weber, j. 23.05.2013, P, DJE de 1º.10.2013, **Tema 329**.]
"O art. 149, § 2º, I, da CF é claro ao limitar a imunidade apenas às contribuições sociais e de intervenção no domínio econômico incidentes sobre as receitas decorrentes de exportação. Em se tratando de imunidade tributária, a interpretação há de ser restritiva, atentando sempre para o escopo pretendido pelo legislador. A CPMF não foi contemplada pela referida imunidade, porquanto a sua hipótese de incidência – movimentações financeiras – não se confunde com as receitas". [**RE 566.259**, rel. Min. Ricardo Lewandowski, j. 12.08.2010, P, DJE de 24.09.2010, **Tema 52**.]
"A imunidade prevista no inciso I do § 2º do art. 149 da Carta Federal não alcança o lucro das empresas exportadoras. (...) Incide no lucro das empresas exportadoras a CSLL". [**RE 564.413**, rel. Min. Marco Aurélio, j. 12.08.2010, P, DJE de 06.12.2010, **Tema 8**.]

4.3.2.2.4.2 Imunidades específicas de contribuições previdenciárias do trabalhador e demais segurados

As **contribuições previdenciárias** são tributos destinados a financiar a seguridade social, incluindo a **previdência, saúde** e **assistência social**. Elas incidem, entre outras hipóteses, sobre a **remuneração de empregados, trabalhadores avulsos** e **segurados individuais** e os rendimentos auferidos por **contribuintes individuais** e **facultativos**.

A base legal geral dessas contribuições está nos artigos **20 e seguintes** da **Lei 8.212/1991**[65] (**Plano de Custeio da Previdência Social**).

Nos termos do art. 195, II, da CF/1988:

> "Art. 195. A seguridade social será financiada por toda a sociedade, de forma direta e indireta, nos termos da lei, mediante recursos provenientes dos orçamentos da União, dos Estados, do Distrito Federal e dos Municípios, e das seguintes contribuições sociais:
>
> II – do trabalhador e dos demais segurados da previdência social, podendo ser adotadas alíquotas progressivas de acordo com o valor do salário de contribuição, não incidindo contribuição sobre aposentadoria e pensão concedidas pelo regime geral de previdência social".

A **imunidade da contribuição previdenciária** sobre **aposentadorias e pensões** é uma forma de resguardar os direitos sociais e patrimoniais dos beneficiários do Regime Geral de Previdência Social (RGPS). Trata-se de uma garantia constitucional que evita a **incidência de tributos** sobre **benefícios que têm natureza de reposição de renda**.

Tal imunidade, advinda da EC 103/2019 assegura que os valores recebidos por aposentados e pensionistas sejam preservados, especialmente considerando que esses indivíduos, muitas vezes, têm outras despesas decorrentes da idade avançada ou de condições de saúde. Tal situação evita a bitributação, já que a aposentadoria é resultado de contribuições feitas durante a vida laboral.

A imunidade alcança apenas aposentadorias e pensões do Regime Geral de Previdência Social (RGPS), não se estendendo automaticamente a outros regimes de previdência, como os **regimes próprios de previdência social (RPPS)**. No RPPS, aplica-se regra específica do art. 40, § 18, da CF/1988[66], que prevê a incidência de contribuição apenas sobre valores que excedam o teto do RGPS.

No julgamento do **RE 593.068**, o STF firmou o entendimento de que a imunidade das aposentadorias e pensões no RGPS é de **aplicação obrigatória**, consolidando que qualquer norma infraconstitucional que pretenda onerar tais benefícios seria inconstitucional.

---

65. **Art. 20.** A contribuição do empregado, inclusive o doméstico, e a do trabalhador avulso é calculada mediante a aplicação da correspondente alíquota sobre o seu salário de contribuição mensal, de forma não cumulativa, observado o disposto no art. 28, de acordo com a seguinte tabela:

    § 1º Os valores do salário de contribuição serão reajustados, a partir da data de entrada em vigor desta Lei, na mesma época e com os mesmos índices que os do reajustamento dos benefícios de prestação continuada da Previdência Social.

    § 2º O disposto neste artigo aplica-se também aos segurados empregados e trabalhadores avulsos que prestem serviços a microempresas.

66. **Art. 40.** O regime próprio de previdência social dos servidores titulares de cargos efetivos terá caráter contributivo e solidário, mediante contribuição do respectivo ente federativo, de servidores ativos, de aposentados e de pensionistas, observados critérios que preservem o equilíbrio financeiro e atuarial.

    § 18. Incidirá contribuição sobre os proventos de aposentadorias e pensões concedidas pelo regime de que trata este artigo que superem o limite máximo estabelecido para os benefícios do regime geral de previdência social de que trata o art. 201, com percentual igual ao estabelecido para os servidores titulares de cargos efetivos.

JURISPRUDÊNCIA

"No ordenamento jurídico vigente, não há norma, expressa nem sistemática, que atribua à condição jurídico-subjetiva da aposentadoria de servidor público o efeito de lhe gerar direito subjetivo como poder de subtrair ad aeternum a percepção dos respectivos proventos e pensões à incidência de lei tributária que, anterior ou ulterior, os submeta à incidência de contribuição previdencial. Noutras palavras, não há, em nosso ordenamento, nenhuma norma jurídica válida que, como efeito específico do fato jurídico da aposentadoria, lhe imunize os proventos e as pensões, de modo absoluto, à tributação de ordem constitucional, qualquer que seja a modalidade do tributo eleito, donde não haver, a respeito, direito adquirido com o aposentamento. (...) Não é inconstitucional o art. 4º, *caput*, da EC 41, de 19.12.2003, que instituiu contribuição previdenciária sobre os proventos de aposentadoria e as pensões dos servidores públicos da União, dos Estados, do Distrito Federal e dos Municípios, incluídas suas autarquias e fundações. (...) São inconstitucionais as expressões "cinquenta por cento do" e "sessenta por cento do", constantes do parágrafo único, I e II, do art. 4º da EC 41, de 19.12.2003, e tal pronúncia restabelece o caráter geral da regra do art. 40, § 18, da Constituição da República, com a redação dada por essa mesma emenda". [**ADI 3.105 e ADI 3.128**, rel. p/ o ac. Min. Cezar Peluso, j. 18.08.2004, P, DJ de 18.02.2005.]
"Repetida é a jurisprudência desta Corte no sentido de que as contribuições recolhidas por órgão de seguridade social dos servidores civis inativos e respectivos pensionistas após a edição da EC 20/1998 são inconstitucionais, por expressa hipótese de não incidência criada pela referida emenda. Nesse contexto, o Tribunal demanda exaustivamente a devolução aos pensionistas e inativos de parcelas indevidamente recolhidas, sob pena de enriquecimento ilícito. Ressalte-se que esta Corte, no julgamento da ADI 2.010 MC, Pleno, rel. Min. Celso de Mello, DJ de 29.09.1999, entendeu que o art. 195, II, c/c o art. 40, §§ 8º e 12, com a redação dada pela EC 20, de 16 de dezembro de 1998, vedou a instituição de contribuições sobre os proventos e rendas de servidores civis inativos e seus respectivos pensionistas. Assim, somente após a edição da EC 41, de 19 de dezembro de 2003, ao incluir o § 18 no art. 40 do texto constitucional, possibilitou-se a contribuição sobre os proventos e rendas de aposentadorias e pensões dos servidores públicos inativos. Foi o que se decidiu nas ADIs 3.105 e 3.128, rel. Min. Ellen Gracie, rel. p/ o ac. Min. Cezar Peluso, Pleno, DJ de 18.02.2005". [**RE 580.871 QO-RG**, voto do rel. Min. Gilmar Mendes, j. 17.11.2010, P, DJE de 13.12.2010, **Tema 343**.]
"Servidor público. Contribuição social. Art. 2º da Lei 8.688/1993. Alíquotas progressivas. Constitucionalidade". [**RE 467.929 AgR**, rel. Min. Gilmar Mendes, j. 30.09.2008, 2ª T, DJE de 21.11.2008.]

5
TRIBUTO E ESPÉCIES TRIBUTÁRIAS

Os **tributos** desempenham um papel essencial nas sociedades humanas desde os tempos mais remotos, sendo **fundamentais** para o **desenvolvimento de estruturas organizadas de governo**, a **promoção do bem-estar coletivo** e o **financiamento de obras e serviços públicos**.

Os tributos existem desde o **surgimento das primeiras civilizações organizadas**. Eles surgiram como forma de **financiar atividades essenciais** à **manutenção do poder político** e **militar**, além de possibilitar a construção de infraestruturas.

Na **Mesopotâmia**, tributos eram pagos em produtos agrícolas, trabalho ou metais preciosos, e financiavam templos, palácios e exércitos. Já no **Egito**, os faraós utilizavam tributos para financiar grandes obras públicas, como pirâmides e canais de irrigação, com pagamentos frequentemente realizados em forma de trabalho compulsório.

O **Império Romano** consolidou um sistema tributário sofisticado, com tributos incidentes sobre **propriedades** (*tributum solis*), **pessoas** (*tributum capitis*) e **comércio**. A tributação romana contribuiu para a expansão militar, mas, quando exacerbada, gerou revoltas e crises fiscais.

Com a **fragmentação do poder político**, o **sistema feudal** instituiu a cobrança de tributos em forma de **corveia** (trabalho obrigatório), **talha** (tributo em bens) e outros impostos feudais. Durante a **Idade Média**, a Igreja Católica tornou-se uma **grande coletora de tributos**, como o **dízimo**, que sustentava suas atividades espirituais e temporais.

A transição para a **modernidade** trouxe a **centralização do poder nas mãos dos monarcas absolutistas**, que passaram a financiar Estados mais complexos e guerras expansivas por meio da tributação. Isso desencadeou uma série de **revoluções fiscais**. A carga tributária excessiva foi um dos fatores que desencadeou eventos históricos como a **Revolução Francesa** (1789) e a **Revolução Americana** (1776), ambas marcadas pela contestação à tributação injusta ou sem representação (*"no taxation without representation"*).

Nos séculos XIX e XX, a tributação passou a ser regulada por Constituições e legislada em bases mais democráticas. Após as guerras mundiais, os tributos se tornaram instrumentos fundamentais para financiar o **Estado de Bem-Estar Social**, promovendo saúde, educação e seguridade social.

Assim, o **tributo** é o cerne dos estudos da disciplina do Direito Tributário, cuidando-se de prestações em dinheiro exigidas compulsoriamente pelos entes políticos, de quem revele capacidade contributiva ou que se relacione direta ou indiretamente à atividade estatal específica.

A Constituição Federal de 1988 estabelece que a **definição do tributo**, bem como das **espécies tributárias**, deve ser realizada através de uma **lei complementar em âmbito nacional**:

> "Art. 146. Cabe à lei complementar:
>
> III – estabelecer normas gerais em matéria de legislação tributária, especialmente sobre:
>
> a) definição de tributos e de suas espécies, bem como, em relação aos impostos discriminados nesta Constituição, a dos respectivos fatos geradores, bases de cálculo e contribuintes."

5.1 ANÁLISE CONCEITUAL DE TRIBUTO

O **art. 9º da Lei 4.320/64** estabelece o seguinte **conceito de tributo**:

> "Art. 9º Tributo é a receita derivada instituída pelas entidades de direito público, compreendendo os impostos, as taxas e contribuições nos termos da constituição e das leis vigentes em matéria financeira, destinando-se o seu produto ao custeio de atividades gerais ou específicas exercidas por essas entidades."

Embora a Lei 4.320/64 tenha sido originalmente publicada como **lei ordinária**, o Supremo Tribunal Federal (STF) reconheceu sua recepção pela Constituição Federal de 1988 como **lei complementar nacional em matéria de finanças públicas**. Isso decorre de sua compatibilidade com o artigo 165, § 9º, da CF/1988[1], que determina a normatização sobre orçamento público por lei complementar.

---

1. **Art. 165.** Leis de iniciativa do Poder Executivo estabelecerão:
   I – o plano plurianual;
   II – as diretrizes orçamentárias;
   III – os orçamentos anuais.
   § 9º Cabe à lei complementar:

Esse reconhecimento confere **validade e aplicabilidade** ao **conceito financeiro de tributo** como um **elemento complementar** à normatização do sistema tributário nacional, sendo utilizado no contexto de **planejamento, execução e controle orçamentário**.

No **âmbito orçamentário**, o conceito auxilia na **identificação das receitas tributárias** que integrarão o **orçamento público**, conforme previsto **na Lei de Diretrizes Orçamentárias** (LDO) e na **Lei Orçamentária Anual** (LOA), permitindo avaliar o **impacto das receitas tributárias** sobre a **gestão fiscal** e a **sustentabilidade financeira** do ente público, em consonância com a Lei de Responsabilidade Fiscal (LC 101/2000).

A norma que traz o conceito versa sobre a **normatização geral de finanças públicas**, sendo, de igual modo, recepcionada como **lei complementar nacional**. Portanto, tal conceito é **totalmente válido**, com enfoque em **direito financeiro**. Trata-se do denominado **conceito financeiro** de tributo.

O **conceito econômico de tributo** analisa sua função no **sistema econômico** e seus impactos sobre a sociedade. Nessa perspectiva, o tributo é compreendido como:

> um instrumento de transferência compulsória de riqueza do setor privado para o setor público, com o objetivo de financiar o Estado e viabilizar políticas públicas, podendo também ser utilizado como ferramenta de intervenção econômica.

O **conceito econômico** e o **jurídico-tributário** de tributo são **complementares**. O conceito jurídico-tributário, como o do Código Tributário Nacional, estabelece as bases normativas para a criação e cobrança dos tributos, garantindo segurança jurídica e respeito aos direitos fundamentais. Já o **conceito econômico** examina os tributos em seu contexto mais amplo, considerando sua **utilidade prática** para o **financiamento do Estado**, a **promoção da justiça social** e a **regulação econômica**.

O **conceito jurídico-tributário** estabelecido no art. 3º do CTN determina:

> "Art. 3º Tributo é toda prestação pecuniária compulsória, em moeda ou cujo valor nela se possa exprimir, que não constitua sanção de ato ilícito, instituída em lei e cobrada mediante atividade administrativa plenamente vinculada."

Trata-se do denominado **conceito jurídico-tributário** de tributo, que descreve os **elementos fundamentais** que caracterizam o tributo sob o **ponto de vista jurídico**, como a **compulsoriedade**, a **legalidade** e a **ausência de caráter sancionatório**. No entanto, é possível analisar o tributo sob uma **perspectiva econômica**, considerando sua **função** no **sistema econômico** e sua relação com a sociedade. Vejamos:

I – dispor sobre o exercício financeiro, a vigência, os prazos, a elaboração e a organização do plano plurianual, da lei de diretrizes orçamentárias e da lei orçamentária anual;

II – estabelecer normas de gestão financeira e patrimonial da administração direta e indireta bem como condições para a instituição e funcionamento de fundos.

III – dispor sobre critérios para a execução equitativa, além de procedimentos que serão adotados quando houver impedimentos legais e técnicos, cumprimento de restos a pagar e limitação das programações de caráter obrigatório, para a realização do disposto nos §§ 11 e 12 do art. 166.

a) Prestação pecuniária compulsória

Devemos nos atentar que **prestação pecuniária** faz alusão direta a **dinheiro, moeda**. É a transferência de um valor em dinheiro do particular, do contribuinte, para o Estado, com a finalidade de fazer frente às suas despesas. Essa característica **diferencia os tributos** de **outras formas de obrigação** que poderiam ser pagas por meio de **bens** ou **serviços**. A **natureza monetária** é essencial para permitir que o Estado cumpra suas funções constitucionais, tais como o **financiamento das políticas públicas**, o **pagamento de servidores e fornecedores** e a **realização de investimentos estratégicos**.

Esse elemento reforça a **natureza arrecadatória do tributo**, sendo a base de um sistema tributário eficaz, que utiliza recursos financeiros para atender às **necessidades coletivas**.

A **compulsoriedade**, a seu turno, implica nessa **obrigação de dar** (entregar dinheiro do particular para o Estado) que se faz de **forma obrigatória**, sem qualquer espécie de participação do particular ou de sua autonomia de vontade na instituição.

Isto significa que **uma vez ocorrido o fato gerador** deflagra-se a **obrigação de pagar o tributo**, não podendo o contribuinte dela se esquivar, ou seja, não querer se sujeitar ao pagamento do valor devido embora tenha ocorrido fato gerador. A obrigação de pagar é **imperativa** e deve ser inexoravelmente cumprida. Trata-se **mais do que uma simples obrigatoriedade**, mas de um poder de império estatal, denominado de **poder extroverso**.

Não cabe ao contribuinte **decidir se quer** ou **não pagar o tributo**. Uma vez ocorrido o **fato gerador** (como o auferimento de renda, a aquisição de bens ou a prestação de serviços), a **obrigação tributária** nasce automaticamente. Assim, a **compulsoriedade** deriva da **norma jurídica tributária**, sendo imposta pelo Estado de forma unilateral e inquestionável no aspecto jurídico, salvo nos casos em que o contribuinte conteste a legalidade ou constitucionalidade da cobrança.

A relação tributária é caracterizada pela **imperatividade**, ou seja, a obrigação de pagar tributos é **irrenunciável**. Uma vez ocorrido o **fato gerador** (evento definido em lei como suficiente para gerar a obrigação tributária), a **relação jurídico-tributária** é estabelecida, criando deveres para o contribuinte e direitos para o Fisco. Isso implica em **inexorabilidade** (a obrigação de pagar o tributo é inevitável, salvo hipóteses de isenção, imunidade ou outra exclusão tributária prevista em lei) e de **efetividade da cobrança** (o não pagamento do tributo pode levar à aplicação de sanções administrativas e judiciais, como multas, juros e penhoras, reforçando o caráter imperativo da relação tributária).

b) Em moeda ou cujo valor nela se possa exprimir

Alguns afirmam se tratar de expressão redundante, uma vez que **em moeda** seria o mesmo da afirmação **prestação pecuniária compulsória**. Pensamos que não foi a intenção do legislador quando da indicação da expressão.

O que se pretende é evitar o pagamento de **tributo *in natura*** ou de **tributo *in labore***. O chamado **tributo *in natura*** é aquele em que o contribuinte oferecia **parte daquilo que produz** como **forma de quitação dos tributos**. Assim, p.ex., se uma pessoa cria galinhas, oferecia tantas quantas fossem necessárias para a quitação dos débitos tributários.

Apesar da expressão, nem todo valor que venha a expressar moeda pode se considerar para fins de pagamento de tributo. Não se pode pagar tributo e não são considerados tributos o **serviço militar obrigatório**, a **atuação do particular como agente honorífico do Estado**, enquanto membro do Tribunal do Júri, mesários em eleições perante a Justiça Eleitoral etc., denominando-se **tributo *in labore***. Tais fatos, embora decorrentes de lei, não significam tributos.

Por outro lado, tributo pode ser **pago em dinheiro** ou **outra forma prevista em lei** para extinguir o crédito tributário. Basicamente, identificamos duas formas de pagamento de tributo: em **dinheiro** ou por meio de **imóveis**, através de **dação em pagamento**.

Outro fato interessante que merece destaque é a **fixação dos valores dos tributos em indexadores**. Isso acontece com frequência e inexiste qualquer vedação a esta situação. **Exemplificando**: no Estado de São Paulo, certos tributos estão identificados por **UFESP** (Unidade Fiscal do Estado de São Paulo), determinando que, para tais situações, serão pagas tantas UFESP's.

O **uso de indexadores** como parâmetro para determinar o valor de tributos é uma prática comum no direito tributário brasileiro. Isso ocorre para **garantir a atualização monetária dos valores** e evitar **perdas decorrentes da inflação**. Entretanto, a doutrina argumenta que o uso de indexadores pode gerar **insegurança jurídica** caso não haja **transparência em sua aplicação**, ou se a **atualização dos valores não for proporcional à realidade econômica**.

Assim, não há qualquer vedação de tributos mediante **fixação em indexadores**.

c) Que não constitua sanção de ato ilícito

O comando que prescreve tratar-se o tributo de uma prestação compulsória que não decorra da imposição de uma sanção de ato ilícito pode ser dito com as seguintes palavras: o **evento** (fato gerador) que faz deflagrar a obrigação compulsória do particular entregar dinheiro ao Estado é **sempre lícito** e **decorrente de lei**, implicando no pagamento de tributo. Se esse **evento fosse ilícito** a obrigação **não seria de pagamento de tributo**, mas a **aplicação de uma sanção**. Verifica-se, pois, que **tributo não se confunde com penalidade pecuniária**, ou seja, **multa não é tributo**. A Constituição Federal já traz, em seu texto, quais são os **eventos lícitos** que estão autorizados a serem utilizados pelo legislador tributário para prever a exigência de tributo.

Não pode o tributo ensejar **sanção direta** ou **sanção indireta**. Temos uma **sanção direta** quando da aplicação de penalidade pecuniária propriamente dita. Temos **sanção indireta** quando o Fisco visa **inviabilizar um direito fundamental do cidadão** visando a **exigência do cumprimento de uma obrigação tributária**. Tal tipo de sanção sempre foi rechaçada pela Corte Suprema, como vemos quando da edição das súmulas 70, 323 e 547:

"**Súmula 70.** É inadmissível a interdição de estabelecimento como meio coercitivo para cobrança de tributo.
Súmula 323. É inadmissível a apreensão de mercadorias como meio coercitivo para pagamento de tributos."
"**Súmula 547.** Não é lícito à autoridade proibir que o contribuinte em débito adquira estampilhas, despache mercadorias nas alfândegas e exerça suas atividades profissionais."

d) Instituída em lei

Outra característica essencial é que o tributo deva estar previsto em lei, entendida esta como o **produto da atuação do Poder Legislativo da pessoa jurídica de direito público interno competente**, sancionado e publicado após regular processo legislativo. A **obrigação de pagar** está prevista **sempre em lei**, a mesma lei que deve identificar quem é o **sujeito passivo**, o **sujeito ativo** da relação jurídica tributária, como também o **valor a pagar**, ou seja, qual é a **alíquota** e a **base de cálculo**.

A **legalidade** é um ponto essencial do Direito Tributário, pois não só está expresso que ninguém será obrigado a fazer ou deixar de fazer alguma coisa senão em virtude de lei (regra geral da legalidade do art. 5º, II, da CF/1988[2]), como também que no capítulo do Sistema Tributário está previsto no art. 150, I, da CF, que a **lei é essencial na instituição de tributo**. Aparentemente pode parecer redundância a previsão do art. 150, I, da CF/1988[3], todavia, esse reforço, antes de ser apenas um jogo de palavras do legislador, é uma **reafirmação categórica e enfática de que a instituição** (e consequente majoração e redução) **sempre decorre de previsão legal**. Em suma, **somente a lei pode instituir tributo**, sendo que, no mais das vezes, a instituição se faz mediante lei ordinária, apenas sendo o tributo instituído por meio de lei complementar quando a Constituição Federal expressamente o determinar.

e) E cobrada mediante atividade administrativa plenamente vinculada

A atividade desenvolvida para a arrecadação e fiscalização em conjunto com a cobrança deve estar **intimamente associada à atuação do Estado**, denominada de **administração tributária**. Essa atividade é exercida de forma **vinculada**, ou seja, os

---

2. Art. 5º (...)
   II – ninguém será obrigado a fazer ou deixar de fazer alguma coisa senão em virtude de lei;
3. Art. 150 (...)
   I – exigir ou aumentar tributo sem lei que o estabeleça.

5 • TRIBUTO E ESPÉCIES TRIBUTÁRIAS

agentes públicos encarregados da fiscalização e arrecadação dos tributos **não têm nenhuma margem de discricionariedade** quanto a **forma de agir**, que se encontra **integralmente disciplinada em lei**. Isto significa que havendo tributo a ser pago pelo contribuinte, o tributo deve ser corretamente exigido, não sendo possível ao encarregado da fiscalização dispensar alguém do pagamento, nem exigir valor diverso do devido.

Além do mais, a **cobrança** tem a ver com a **arrecadação**, sendo esta apenas realizada por pessoas que estejam vinculadas àquelas dotadas de competência tributária. No entendimento do STF, apenas as **pessoas jurídicas de direito público poderão realizar a arrecadação de tributos**, não sendo possível sua **arrecadação por pessoas jurídicas de direito privado**, criando uma enorme divergência entre os tributaristas.

Mostra-se oportuno enfatizar, por fim, que o Direito Tributário não se ocupa apenas dos tributos, mas também das regras que versam sobre a sua instituição, arrecadação e fiscalização.

5.2 ESCOLAS DOUTRINÁRIAS: AS ESPÉCIES TRIBUTÁRIAS E SUA NATUREZA JURÍDICA

O tributo é um gênero que comporta espécies. Com a evolução social, a doutrina e a jurisprudência foram sendo alteradas para melhor adequação. Assim, as **escolas doutrinárias** sobre as espécies tributárias surgiram para **interpretar** e **classificar** os tributos no **sistema jurídico**, considerando suas **características** e **finalidades**. Dentre as escolas existentes, temos: **bipartida**, **tripartida**, **quadripartida**, **pentapartida** e **hexapartida**, cada qual com origens distintas, baseando-se em diferentes momentos históricos e normativos.

I – Escola Bipartida

Defendida por autores como **Geraldo Ataliba**[4], essa escola sustenta que a classificação dos tributos deveria se restringir a:

a) **Tributos vinculados:** aqueles que dependem de uma contraprestação estatal específica; e

b) **Tributos não vinculados:** aqueles que independem de qualquer contraprestação estatal específica.

Essa visão reduz o sistema tributário a **apenas dois tipos principais**, sendo criticada por **simplificar excessivamente a complexidade normativa**.

---

4. **Geraldo Ataliba Nogueira (1936–1995)** foi um dos mais destacados juristas brasileiros, reconhecido especialmente por suas contribuições no campo do **direito tributário** e do **direito constitucional**. Discípulo de outro renomado jurista, **Pontes de Miranda**, Ataliba deixou um legado teórico fundamental para a compreensão do sistema tributário brasileiro. Além de professor e advogado, ele também foi um intelectual com profunda influência acadêmica e prática.

II – Escola Tripartida ou Tripartide

A **escola tripartite** classifica os tributos em apenas **três espécies**, considerando que estas atendem às necessidades da época. Essa classificação se baseia na **função do tributo** e em sua **vinculação** (ou não) a uma contraprestação estatal. Tal escola foi defendida por **Rubens Gomes de Souza**[5], refletindo o entendimento traduzido no art. 5º do CTN:

> **Art. 5º** Os tributos são impostos, taxas e contribuições de melhoria.

III – Escola Tetrapartida ou Quadripartide

Tem como um de seus precursores o professor **Aliomar Baleeiro**[6], introduzindo uma quarta espécie tributária, com base nos ditames da CF/1946, que já previa as **contribuições especiais** como uma modalidade autônoma de tributo. Assim, **escola quadripartite** amplia a classificação tripartite ao incluir as **contribuições especiais**, que possuem **destinação vinculada** (como as contribuições sociais e de intervenção no domínio econômico). A Constituição de 1946 foi pioneira ao reconhecer a autonomia desse tipo de tributo.

Embora a escola quadripartite tenha sido relevante, especialmente entre 1946 e 1967, ela foi suplantada pela escola pentapartida após a Constituição de 1988.

IV – Escola Pentapartida

A **escola pentapartida** adota uma **classificação ampliada**, reconhecendo a existência de **cinco espécies tributárias**, com base na interpretação da Constituição de 1988. Essa visão foi consolidada pelo Supremo Tribunal Federal (STF), que passou a reconhecer a **autonomia das contribuições sociais**, de **intervenção no domínio econômico** e de **interesse das categorias profissionais**, bem como dos **empréstimos compulsórios**.

O STF consolidou o entendimento da **escola pentapartida** a partir de decisões que reconhecem a existência de **contribuições especiais** e **empréstimos compulsórios** como **espécies tributárias autônomas**. As principais decisões que refletem esse entendimento são:

---

5. **Rubens Gomes de Sousa (1916–1991)** foi um dos mais renomados juristas brasileiros, considerado um dos pais do direito tributário no Brasil. Sua contribuição à área jurídica, especialmente no campo do direito tributário, é de relevância histórica. Ele foi um dos principais responsáveis pela construção dos fundamentos teóricos e práticos do direito tributário moderno no país, tendo influenciado diretamente a elaboração do **Código Tributário Nacional (CTN)**, de 1966.

6. **Aliomar Baleeiro (1905–1978)** foi um dos mais notáveis juristas, professores, políticos e magistrados brasileiros. Ele é amplamente reconhecido por sua profunda contribuição ao **direito tributário**, à **ciência jurídica em geral**, e também por seu papel como ministro do Supremo Tribunal Federal (STF), onde desempenhou um papel fundamental na interpretação da Constituição.

- **RE 138.284/CE**: o STF reconheceu que a Constituição Federal ampliou o sistema tributário brasileiro ao prever tributos com finalidades específicas, como as contribuições sociais; e

- **RE 146.733/SP**: esclareceu que a Constituição não se limitou às espécies do CTN, trazendo novas categorias tributárias.

V – Escola Hexapartida

A **escola hexapartida** é uma corrente doutrinária moderna que busca expandir a classificação das espécies tributárias tradicionalmente adotadas no Brasil, com base em interpretações detalhadas do texto constitucional e das práticas legislativas. Ela propõe a existência de **seis espécies tributárias**, diferentemente das escolas tripartida e pentapartida, sendo uma evolução das discussões sobre a categorização dos tributos.

Essa escola foi idealizada a partir do entendimento de que o texto constitucional admite a existência de **outras figuras tributárias**, além das cinco classificações geralmente reconhecidas pela doutrina e pela jurisprudência do STF (impostos, taxas, contribuições de melhoria, empréstimos compulsórios e contribuições especiais).

A inovação seria a categorização dos denominados **tributos extrafiscais autônomos**, abrigando figuras que não possuem natureza tipicamente fiscal, mas que são instituídas com finalidades predominantemente regulatórias, não se enquadrando nas espécies anteriores.

Para tal corrente, o principal exemplo seria a **Contribuição para o Custeio e Expansão do Serviço de Iluminação Pública (COSIP/CIP)**, prevista no art. 149-A da CF/1988[7], sendo citada como uma figura de difícil classificação dentro da escola pentapartida. Por isso, a **escola hexapartida** a reconhece como uma **espécie tributária autônoma**.

- **Natureza Jurídica do Tributo**

Estabelece a regra geral que o **nome do tributo** e o **destino da arrecadação não são relevantes para a definição de sua natureza jurídica,** e que a relevância está no "**fato gerador da respectiva obrigação**", conforme determina o art. 4º do CTN[8].

O dispositivo legal reflete a preocupação em garantir que a natureza jurídica de um tributo seja identificada com base em **critérios objetivos**, relacionados ao **fato gerador**. Esse dispositivo traz maior **segurança jurídica**, ao evitar que o legislador

---

7. **Art. 149-A** Os Municípios e o Distrito Federal poderão instituir contribuição, na forma das respectivas leis, para o custeio, a expansão e a melhoria do serviço de iluminação pública e de sistemas de monitoramento para segurança e preservação de logradouros públicos, observado o disposto no art. 150, I e III.
8. **Art. 4º** A natureza jurídica específica do tributo é determinada pelo fato gerador da respectiva obrigação, sendo irrelevantes para qualificá-la:
   I – a denominação e demais características formais adotadas pela lei;
   II – a destinação legal do produto da sua arrecadação.

ou administrador tributário desvirtue a classificação de tributos por razões políticas ou de conveniência fiscal. Assim, a norma prioriza a **essência** sobre a **forma**, ou seja, o que importa para determinar a espécie tributária é o **fato gerador**, ou seja, o **evento que dá origem à obrigação tributária**, e não o **nome atribuído ao tributo** ou **como seus recursos serão utilizados**.

Porém, **tal entendimento não pode prevalecer em todas as espécies tributárias**, sendo aplicável diretamente aos **impostos, taxas e contribuição de melhoria**. O fato de incorrer a aplicação dessa natureza jurídica aos demais é pelo fato de não se conseguir delimitar a **natureza jurídica de empréstimos compulsórios** e de **contribuições especiais** com impostos ou taxas. Muitas vezes, a análise do fato gerador nos leva ao entendimento de se tratar de um imposto, mas na verdade estávamos diante de um empréstimo compulsório, como nos casos de guerra externa e sua iminência, nas quais, por exemplo, a União poderá instituir **empréstimo compulsório** ou **imposto extraordinário de guerra**, conforme discrimina os arts. 148 e 154, II, da CF/1988[9].

Para tanto, os **empréstimos compulsórios** e as **contribuições especiais** não adotam o fato gerador para a determinação de sua natureza jurídica. Observar-se-á, contudo, a **finalidade constitucional** pela qual estão sendo instituídos. São assim, denominados de **tributos finalísticos**.

> **IMPORTANTE**
> Os **tributos finalísticos** são aqueles instituídos para o atendimento de uma finalidade constitucional específica e cuja receita arrecadada possui destinação específica, ou seja, são vinculados a uma finalidade previamente definida pela legislação.

O Supremo Tribunal Federal (STF) tem reiterado que a **destinação dos tributos finalísticos** deve respeitar o **vínculo constitucional** ou **legal** estabelecido. Caso a **destinação específica** não seja respeitada, a norma tributária pode ser questionada judicialmente.

Mediante o entendimento já pacificado na jurisprudência, podemos classificar as espécies tributárias da forma abaixo:

---

9. **Art. 148.** A União, mediante lei complementar, poderá instituir empréstimos compulsórios:
   I – para atender a despesas extraordinárias, decorrentes de calamidade pública, de guerra externa ou sua iminência;
   II – no caso de investimento público de caráter urgente e de relevante interesse nacional, observado o disposto no art. 150, III, "b".
   Parágrafo único. A aplicação dos recursos provenientes de empréstimo compulsório será vinculada à despesa que fundamentou sua instituição.
   Art. 154. A União poderá instituir:
   II – na iminência ou no caso de guerra externa, impostos extraordinários, compreendidos ou não em sua competência tributária, os quais serão suprimidos, gradativamente, cessadas as causas de sua criação.

5.3 IMPOSTOS

É um tributo que possui previsão expressa no art. 145, I, da CF/1988 e no art. 16 do CTN[10]. Trata-se de um **tributo não vinculado**, uma vez que os atos e fatos que dão ensejo à incidência dos impostos refletem condutas cotidianas e normais na vida de cada contribuinte, sem vinculação, como já afirmado, com qualquer atividade ou contraprestação por parte do Estado.

A **competência** para a instituição de impostos é **exaustiva** e **privativa** daqueles expressamente indicados na Constituição Federal, de forma a impedir que uma pessoa jurídica de direito público interno venha a invadir a competência da outra.

Sendo assim, a Constituição Federal estabelece que a **União** tem a **competência** para a instituição dos **impostos** elencados no **art. 153**[11], os **Estados** para a instituição

---

10. **Art. 16.** Imposto é o tributo cuja obrigação tem por fato gerador uma situação independente de qualquer atividade estatal específica, relativa ao contribuinte.
11. **Art. 153.** Compete à União instituir impostos sobre:
    I – importação de produtos estrangeiros;
    II – exportação, para o exterior, de produtos nacionais ou nacionalizados;
    III – renda e proventos de qualquer natureza;
    IV – produtos industrializados;
    V – operações de crédito, câmbio e seguro, ou relativas a títulos ou valores mobiliários;

dos **impostos** indicados no **art. 155**[12] e os **Municípios** para a instituição dos **impostos** elencados no **art. 156**[13].

5.3.1 Princípio da não Afetação

Trata-se de um princípio de direito financeiro, no entanto, aplicável aos impostos. Tal princípio está consignado no art. 167, IV, da CF:

> "Art. 167. São vedados:
>
> IV – a **vinculação de receita de impostos a órgão, fundo** ou **despesa**, ressalvadas a repartição do produto da arrecadação dos impostos a que se referem os arts. 158 e 159, a destinação de recursos para as ações e serviços públicos de saúde, para manutenção e desenvolvimento do ensino e para realização de atividades da administração tributária, como determinado, respectivamente, pelos arts. 198, § 2º; 212; e 37, XXII, e a prestação de garantias às operações de crédito por antecipação de receita, previstas no art. 165, § 8º, bem como o disposto no § 4º deste artigo."

A arrecadação de impostos n**ão pode ser utilizada para custeio de atividades específicas da Administração Pública**, admitindo-se, tão somente, para o **custeio de serviços gerais do Estado**. Não se pode, por exemplo, afirmar que o montante pago de IPVA será destinado a estradas e rodovias, mas o valor a título de IPVA será destinado aos cofres públicos do Estado, sendo a decisão de gastar meramente política, vez que a decisão compete ao Poder Executivo, chancelado pelo Poder Legislativo.

Podemos apontar, contudo, uma **relativização do princípio da não afetação**, sendo possível aplicar uma parcela das receitas de impostos para despesas específicas, conforme abaixo:

VI – propriedade territorial rural;

VII – grandes fortunas, nos termos de lei complementar;

VIII – produção, extração, comercialização ou importação de bens e serviços prejudiciais à saúde ou ao meio ambiente, nos termos de lei complementar.

12. **Art. 155**. Compete aos Estados e ao Distrito Federal instituir impostos sobre: (Redação dada pela Emenda Constitucional 3, de 1993)

I – transmissão causa mortis e doação, de quaisquer bens ou direitos; (Redação dada pela Emenda Constitucional 3, de 1993)

II – operações relativas à circulação de mercadorias e sobre prestações de serviços de transporte interestadual e intermunicipal e de comunicação, ainda que as operações e as prestações se iniciem no exterior; (Redação dada pela Emenda Constitucional 3, de 1993)

III – propriedade de veículos automotores.

13. **Art. 156**. Compete aos Municípios instituir impostos sobre:

I – propriedade predial e territorial urbana;

II – transmissão "inter vivos", a qualquer título, por ato oneroso, de bens imóveis, por natureza ou acessão física, e de direitos reais sobre imóveis, exceto os de garantia, bem como cessão de direitos a sua aquisição;

III – serviços de qualquer natureza, não compreendidos no art. 155, II, definidos em lei complementar.

5 • TRIBUTO E ESPÉCIES TRIBUTÁRIAS

303

- **Repartição de receitas tributárias**

A **repartição de receitas tributárias** é um dos mecanismos fundamentais do **pacto federativo brasileiro**, instituído pela Constituição Federal de 1988, que busca equilibrar a distribuição de recursos entre os entes federativos (União, Estados, Distrito Federal e Municípios). Esse mecanismo é essencial para assegurar a **autonomia financeira** e **administrativa** dos entes subnacionais e para viabilizar políticas públicas descentralizadas e regionais.

Nos termos do arts. 157 a 162 da CF/1988[14], parte da receita obtida dos impostos deve sofrer a repartição de receita tributária, podendo ser **direta** – quando essa repartição ocorrer entre entes federativos – e **indireta** – quando a repartição ocorrer para os fundos criados para determinada finalidade.

O **Supremo Tribunal Federal (STF)** tem papel fundamental na interpretação dos dispositivos constitucionais relativos à repartição de receitas. Algumas decisões importantes incluem a **ADI 875/DF**, onde se reafirmou a obrigatoriedade de repasse de recursos da União aos entes subnacionais conforme previsto na Constituição e o **Recurso Extraordinário (RE) 572.762** que trata da fiscalização e distribuição de recursos arrecadados do Imposto Territorial Rural (ITR) aos Municípios que exercem a fiscalização.

- **Aplicação de recursos mínimos para a saúde**

Uma parcela da arrecadação dos impostos deve ter aplicação de **recursos mínimos para a saúde**, sendo que, nos casos da **União**, deve ser aplicado, pelo menos, **15% da receita corrente líquida do respectivo exercício financeiro**, conforme reza o art. 198, § 2º da CF/1988[15].

---

14. **Art. 157**. Pertencem aos Estados e ao Distrito Federal:

    I – o produto da arrecadação do imposto da União sobre renda e proventos de qualquer natureza, incidente na fonte, sobre rendimentos pagos, a qualquer título, por eles, suas autarquias e pelas fundações que instituírem e mantiverem;

    II – vinte por cento do produto da arrecadação do imposto que a União instituir no exercício da competência que lhe é atribuída pelo art. 154, I.

    (...)

15. **Art. 198**. As ações e serviços públicos de saúde integram uma rede regionalizada e hierarquizada e constituem um sistema único, organizado de acordo com as seguintes diretrizes:

    I – descentralização, com direção única em cada esfera de governo;

    II – atendimento integral, com prioridade para as atividades preventivas, sem prejuízo dos serviços assistenciais;

    III – participação da comunidade.

    § 2º A União, os Estados, o Distrito Federal e os Municípios aplicarão, anualmente, em ações e serviços públicos de saúde recursos mínimos derivados da aplicação de percentuais calculados sobre:

    I – no caso da União, a receita corrente líquida do respectivo exercício financeiro, não podendo ser inferior a 15% (quinze por cento);

A determinação constitucional de aplicação mínima de recursos em saúde reflete um compromisso da **Constituição Federal de 1988** com a **proteção ao direito à saúde**, consagrado como um direito social fundamental no art. 6º da Carta Magna e regulado pelo **Sistema Único de Saúde (SUS)**. O art. 198, § 2º, da Constituição, introduzido pela Emenda Constitucional 86/2015, estabelece um **piso mínimo de investimento em saúde**, com o objetivo de garantir a **continuidade** e a **qualidade** dos serviços prestados à população.

A **receita corrente líquida (RCL)**, base para o cálculo do percentual, é definida pela Lei de Responsabilidade Fiscal (LC 101/2000, art. 2º, inciso IV[16]). Trata-se da **soma das receitas correntes** (como impostos, contribuições e outras receitas correntes) deduzidas de **transferências constitucionais obrigatórias** e **Contribuições ao Regime Próprio de Previdência Social**.

Ao determinar 15% (quinze por cento) da RCL como piso, a Constituição impõe à União uma **obrigação vinculada** que **restringe a discricionariedade na alocação de recursos** e reforça a **prioridade das políticas públicas de saúde**.

- **Aplicação de recursos mínimos para a educação**

Nos termos do art. 212 da CF/1988[17], a **União aplicará anualmente, nunca menos que 18%** e os **Estados, DF e Municípios, nunca menos do que 25%**, no mínimo, da receita resultante de impostos na manutenção e desenvolvimento do ensino. Esses percentuais referem-se à receita resultante de impostos, **incluindo as transferências constitucionais** recebidas por cada ente federativo.

O objetivo é **assegurar recursos mínimos** para garantir a **universalização da educação básica**, a **expansão do ensino superior público** e a **melhoria da qualidade do ensino** em todas as etapas e modalidades.

II – no caso dos Estados e do Distrito Federal, o produto da arrecadação dos impostos a que se referem os arts. 155 e 156-A e dos recursos de que tratam os arts. 157 e 159, I, "a", e II, deduzidas as parcelas que forem transferidas aos respectivos Municípios;

III – no caso dos Municípios e do Distrito Federal, o produto da arrecadação dos impostos a que se referem os arts. 156 e 156-A e dos recursos de que tratam os arts. 158 e 159, I, "b", e § 3º.

16. **Art. 2º** Para os efeitos desta Lei Complementar, entende-se como:

(...)

IV – receita corrente líquida: somatório das receitas tributárias, de contribuições, patrimoniais, industriais, agropecuárias, de serviços, transferências correntes e outras receitas também correntes, deduzidos:

a) na União, os valores transferidos aos Estados e Municípios por determinação constitucional ou legal, e as contribuições mencionadas na alínea a do inciso I e no inciso II do art. 195, e no art. 239 da Constituição;

b) nos Estados, as parcelas entregues aos Municípios por determinação constitucional;

c) na União, nos Estados e nos Municípios, a contribuição dos servidores para o custeio do seu sistema de previdência e assistência social e as receitas provenientes da compensação financeira citada no § 9º do art. 201 da Constituição.

17. **Art. 212.** A União aplicará, anualmente, nunca menos de dezoito, e os Estados, o Distrito Federal e os Municípios vinte e cinco por cento, no mínimo, da receita resultante de impostos, compreendida a proveniente de transferências, na manutenção e desenvolvimento do ensino.

Os recursos vinculados ao art. 212 devem ser aplicados na **manutenção e desenvolvimento do ensino** (MDE). A **Lei 9.394/1996** (Lei de Diretrizes e Bases da Educação Nacional – LDB) e outras normas reguladoras definem o que pode ser considerado como tal. Entre as despesas permitidas estão:

- remuneração de profissionais da educação;
- aquisição de material didático e pedagógico;
- construção e manutenção de escolas
- expansão do acesso à educação básica e superior.

Por outro lado, despesas como **aposentadorias, pensões e encargos com pessoal inativo não podem ser incluídas no cálculo dos percentuais vinculados**, conforme entendimento consolidado pelo **Supremo Tribunal Federal (STF)** e regulamentado pela Lei Complementar 101/2000 (Lei de Responsabilidade Fiscal). Na **ADPF 528**, o STF determinou que os entes federativos **não podem incluir despesas com inativos** e **pensionistas** no cálculo dos percentuais mínimos destinados à educação e no **Recurso Extraordinário (RE) 1.008.165** ratificou a obrigatoriedade de aplicação mínima, destacando que o descumprimento representa violação direta à Constituição.

- **Custeio da administração tributária**

As **administrações tributárias** de todos os entes federativos terão recursos prioritários advindos de impostos para a realização de suas atividades, atuando de **forma integrada**, por meio de lei ou mediante convênio, nos termos do art. 37, XXII, da CF/1988[18].

O texto constitucional assegura que as administrações tributárias da União, dos Estados, do Distrito Federal e dos Municípios tenham **recursos prioritários advindos de impostos**. Essa garantia reflete o reconhecimento da **atividade fiscal** como **essencial ao funcionamento do Estado**, uma vez que a arrecadação de tributos é a **principal fonte de financiamento das políticas públicas, serviços essenciais** e **investimentos governamentais**.

O **Supremo Tribunal Federal (STF)** já se manifestou sobre a autonomia e a relevância da administração tributária, especialmente na **Ação Direta de Inconstitucionalidade (ADI) 1945**, que reconheceu a importância de garantir os recursos necessários para o funcionamento independente dessas estruturas.

---

18. **Art. 37** (...)

XXII – as administrações tributárias da União, dos Estados, do Distrito Federal e dos Municípios, atividades essenciais ao funcionamento do Estado, exercidas por servidores de carreiras específicas, terão recursos prioritários para a realização de suas atividades e atuarão de forma integrada, inclusive com o compartilhamento de cadastros e de informações fiscais, na forma da lei ou convênio.

- **Prestação de garantias às operações de crédito por antecipação de receita**

Na vigência da lei orçamentária anual, não há qualquer proibição para **abertura de créditos suplementares e contratação de créditos**, mesmo que por **antecipação de receita**. E, para tal contratação, caso o Poder Público necessite de garantias, poderão os entes oferecer como tal garantia uma parcela da arrecadação dos impostos.

A **contratação de créditos** pelo Poder Público, especialmente por meio de **antecipação de receitas**, refere-se a operações de crédito feitas para financiar a execução de despesas, geralmente quando há uma necessidade urgente de recursos. Essas operações são realizadas com instituições financeiras e envolvem o endividamento do ente público.

No entanto, a Constituição de 1988, em seu **art. 167, § 3º**[19], determina que a União, os Estados, o Distrito Federal e os Municípios só podem contratar operações de crédito, inclusive as antecipações de receita, se autorizadas por lei e se observadas as limitações de endividamento impostas pelas normas fiscais, como as previstas na **Lei de Responsabilidade Fiscal (LRF) – Lei Complementar 101/2000**. Isso é importante para garantir que o endividamento público não ultrapasse os limites que comprometeriam a **sustentabilidade fiscal**.

No caso das **antecipações de receita**, essas operações de crédito são realizadas contra a **previsão de arrecadação futura**, ou seja, o ente público **antecipa a entrada de recursos** para cobrir uma **necessidade imediata de caixa**. Embora a antecipação de receita seja uma medida legalmente permitida, ela deve ser utilizada com cautela, pois envolve comprometer o fluxo de caixa futuro, o que pode impactar a capacidade de cumprimento das obrigações futuras.

Quando um ente federativo contrata um crédito, especialmente no contexto de antecipação de receita, ele pode ser exigido a fornecer **garantias**. Essas garantias servem para assegurar o cumprimento das obrigações financeiras assumidas, dando maior segurança ao credor de que o empréstimo será pago conforme acordado. Uma das formas de garantia mais comuns é o **comprometimento de uma parte da arrecadação futura de impostos**, como o ICMS, IPVA, ISS ou outras receitas tributárias correntes. Ao oferecer uma parcela da arrecadação, o ente público está formalmente comprometendo parte de seus recursos futuros para honrar a dívida.

O **art. 167, § 4º, da CF/1988**[20] estabelece que a União, os Estados, o Distrito Federal e os Municípios podem oferecer garantias da arrecadação de impostos ou

---

19. **Art. 167 (...)**

§ 3º A abertura de crédito extraordinário somente será admitida para atender a despesas imprevisíveis e urgentes, como as decorrentes de guerra, comoção interna ou calamidade pública, observado o disposto no art. 62.

20. **Art. 167 (...)**

§ 4º É permitida a vinculação das receitas a que se referem os arts. 155, 156, 156-A, 157, 158 e as alíneas "a", "b", "d", "e" e "f" do inciso I e o inciso II do caput do art. 159 desta Constituição para pagamento de débitos com a União e para prestar-lhe garantia ou contragarantia.

outras receitas para contrair empréstimos ou financiamentos. No entanto, a garantia de parte da arrecadação de impostos deve ser feita de forma **transparente** e **dentro dos limites definidos pela LRF**, para evitar sobrecarga do orçamento público e para garantir que os recursos sejam suficientes para a manutenção dos serviços essenciais à população.

5.3.2 Classificação dos impostos

Temos inúmeras classificações aplicáveis aos impostos, sendo que podemos destacar as seguintes:

5.3.2.1 *Impostos diretos*

São aqueles cujo **contribuinte que praticou a conduta típica tributável** (o fato gerador), **tem o dever de suportar o encargo econômico**, mesmo que haja algum contrato ou convenção particular que diga o contrário. Neste caso, o **contribuinte de direito** (aquele que realizou o fato gerador) e o **contribuinte de fato** (que assume o referido encargo tributário) **são a mesma pessoa**. É o que acontece nos casos de IPVA e IPTU. Por mais que o proprietário determine que, num determinado contrato de locação, caberá ao locatário o pagamento das parcelas de IPTU, a dívida tributária perante a Fazenda Pública sempre será suportada pelo proprietário, cabendo a este apenas a possibilidade de discussão do contrato na esfera cível, mediante ação regressiva.

5.3.2.2 *Impostos indiretos*

São aqueles que admitem **repercussão econômica**, ou seja, admitem que o **encargo econômico acaba seja suportado por terceira pessoa que não praticou a conduta típica**. Tal fato poderá ocorrer por expressa determinação legal ou pelo modo de cobrança do referido imposto. Neste caso, o **contribuinte de direito** e o **contribuinte de fato são pessoas distintas**. É o que acontece com o IPI, ICMS e ISS, nos quais o maior encargo tributário acaba sendo suportado pelo consumidor final ou tomador de serviços.

5.3.2.3 *Impostos pessoais*

Os **impostos pessoais** são aqueles cuja **obrigação tributária é atribuída ao sujeito (pessoa física ou jurídica)**, e o valor do tributo depende da **situação pessoal** do contribuinte, como sua **capacidade econômica**. Ou seja, são impostos que levam em consideração **fatores pessoais do contribuinte**, como sua renda, patrimônio, ou capacidade de pagamento.

O fato gerador dos impostos pessoais está relacionado à **situação pessoal do contribuinte**, sendo determinado por sua **condição econômica**. Portanto, a **incidência** do imposto é mais flexível, pois ela varia de acordo com a capacidade contributiva do indivíduo. Ex.: Imposto de Renda (IR).

5.3.2.4 Impostos reais

Os **impostos reais**, por outro lado, não levam em consideração a **capacidade econômica do contribuinte** ou sua situação pessoal. Eles são **tributos vinculados diretamente à coisa tributada**, como **bens ou serviços**, independentemente da situação financeira ou da capacidade do contribuinte. A tributação recai diretamente sobre o **objeto** e não sobre a pessoa.

No caso dos impostos reais, o valor do tributo está associado ao **bem ou à operação tributada** e não à capacidade do proprietário ou do contribuinte. Portanto, a capacidade de pagamento do sujeito passivo não é levada em conta para fins de cálculo do imposto, o que caracteriza a natureza objetiva da tributação. Ex.: os demais impostos, com exceção do Imposto de Renda (IR), Imposto sobre Grandes Fortunas (IGF) e Imposto Seletivo (IS).

5.3.2.5 Impostos progressivos

São aqueles que admitem o aumento de suas alíquotas mediante o aumento da base de cálculo (**progressividade fiscal**) ou o aumento da alíquota visando desestimular determinados comportamentos do contribuinte (**progressividade extrafiscal**). Uma vez que, de acordo com a jurisprudência, a progressividade é o instrumento que implementa a capacidade contributiva e a Constituição Federal, em seu artigo 145, § 1º diz que, sempre que possível, os impostos terão caráter pessoal, por uma interpretação lógica, **todo imposto pessoal** – aquele imposto que incide sobre determinada condição da pessoa física ou jurídica – **deve ser progressivo**. Já os impostos reais, ou seja, aqueles que incidem sobre o patrimônio, somente gozarão da progressividade se tiverem previsão na Constituição Federal e detiverem caráter extrafiscal, ou seja, admite-se a progressividade extrafiscal, desde que prevista no texto constitucional. É o que ocorre com o ITR, nos termos do art. 153, § 4º, I, da CF e do IPTU, conforme o art. 182, § 4º, II, da CF.

Tal conceito hoje sofre influência direta da decisão emanada no julgamento do RE 562.045/RS, uma vez que, segundo o STF, **todos os tributos** estão sujeitos ao **princípio da capacidade contributiva** e, como a progressividade é um instrumento de implementação da capacidade contributiva, **seria admitida, em tese**, a **progressividade à totalidade de tributos**, dentro dos limites constitucionalmente expressos.

5.3.2.6 Impostos seletivos

São aqueles que possuem a possibilidade de **diferenciar as alíquotas** pelo **uso** ou pela **essencialidade do produto para consumo**. Assim, quanto mais essencial um produto for para o consumo, menor será sua alíquota, ou vice-versa.

A Constituição Federal estabelece a possibilidade de uma aplicação seletiva nos seguintes casos:

a) Imposto sobre Produtos Industrializados (IPI)

Estabelece o art. 153, IV, § 3º, I, da CF:

> "Art. 153. Compete à União instituir impostos sobre:
> IV – produtos industrializados.
> § 3º O imposto previsto no inciso IV:
> I – **será seletivo**, em função da **essencialidade** do produto."

O comando constitucional é imperativo em se tratando do IPI: tal imposto **deve ser seletivo**, não sendo mera discricionariedade do Poder Executivo. A seletividade do IPI é demonstrada pelo Decreto 8.950/16, que trata da **Tabela de Incidência do IPI**.

b) Imposto sobre Circulação de Mercadorias e Prestação de Serviços de Transporte Interestadual, Intermunicipal e de Comunicações (ICMS)

Reza o art. 155, II, § 2º, III, da CF:

> "Art. 155. Compete aos Estados e ao Distrito Federal instituir impostos sobre:
> II – operações relativas à circulação de mercadorias e sobre prestações de serviços de transporte interestadual e intermunicipal e de comunicação, ainda que as operações e prestações se iniciem no exterior.
> § 2º O imposto previsto no inciso II atenderá:
> III – **poderá ser seletivo**, em função da **essencialidade das mercadorias e dos serviços**."

Diferentemente do IPI, o ICMS **poderá** ser seletivo, cabendo ao Poder Executivo a discricionariedade na sua atribuição. Ao contrário do **IPI (Imposto sobre Produtos Industrializados)**, que é **seletivo por natureza** e possui uma sistemática com alíquotas diferenciadas de acordo com a essencialidade de bens, o **ICMS tem uma flexibilidade maior**, uma vez que sua seletividade pode ser **discricionária**. Isso significa que os **Estados e o Distrito Federal** têm **liberdade para decidir quais produtos e serviços devem ser tratados de maneira seletiva**, desde que respeitados os princípios constitucionais, como a **isonomia tributária** e a **não discriminação**.

O critério de **essencialidade** das mercadorias e serviços é o cerne da seletividade do ICMS. Itens que são considerados essenciais para a população têm maior relevância social, enquanto produtos ou serviços considerados supérfluos ou de luxo podem ser tributados de maneira mais onerosa.

A **seletividade do ICMS** tem uma forte **implicação social**, pois busca minimizar o impacto tributário sobre os **bens essenciais**, que são consumidos principalmente pelas **camadas mais carentes da população**. Ao aplicar **alíquotas diferenciadas**, os Estados conseguem promover uma **justiça fiscal**, diminuindo o ônus tributário para os produtos e serviços de primeira necessidade e direcionando uma maior carga tributária para produtos de luxo ou supérfluos.

Essa seletividade também visa **incentivar o consumo de bens essenciais**, contribuindo para o bem-estar social, ao mesmo tempo em que **desestimula o consumo de bens e serviços menos necessários**, alinhando a tributação ao comportamento econômico desejado.

Porém, a aplicação da seletividade no ICMS pode gerar desafios, como a **complexidade administrativa** e a **dificuldade de fiscalização**. Além disso, a definição do que é considerado **essencial** ou **supérfluo** pode ser **subjetiva**, o que torna a implementação de uma política tributária seletiva um desafio. A **harmonização das alíquotas** e a **definição clara de bens e serviços essenciais** são fundamentais para garantir a eficácia do sistema.

c) Imposto sobre a Propriedade de Veículos Automotores (IPVA)

Conforme determina o art. 155, III, § 6º, II, da CF:

> "Art. 155. Compete aos Estados e ao Distrito Federal instituir impostos sobre:
>
> III – propriedade de veículos automotores.
>
> § 6º O imposto previsto no inciso III:
>
> II – poderá ter alíquotas diferenciadas em função do tipo, do valor, da utilização e do impacto ambiental."

A **seletividade por tipo de veículo** refere-se à possibilidade de variar a alíquota do IPVA conforme as características específicas dos veículos tributados. Isso significa que diferentes categorias de veículos podem ter alíquotas diferenciadas, levando em consideração as funções e o valor de uso que cada tipo de veículo proporciona à sociedade.

Assim, os **veículos de passeio** geralmente são tributados com uma alíquota maior que veículos de carga, já que o impacto social e econômico do transporte de pessoas pode ser considerado mais significativo do que o de mercadorias, assim como **caminhões, tratores ou outros veículos de carga** podem ser tributados com uma alíquota inferior a dos veículos de passeio, reconhecendo que esses veículos são destinados a funções produtivas essenciais e a utilização deles pode estar mais atrelada à necessidade de transporte de bens para o desenvolvimento da economia.

Outro fator de **seletividade** no IPVA pode ser o **valor do veículo**, considerando que veículos de maior valor possuem uma capacidade contributiva maior. Essa distinção leva em conta que um veículo de alto valor é um bem de luxo e, portanto, a capacidade econômica de seu proprietário justifica a cobrança de uma alíquota maior.

A **utilização do veículo** também pode ser um critério para a seletividade do IPVA. Este fator envolve a **forma como o veículo é utilizado** e pode ser considerado no **momento da definição das alíquotas**. O Estado pode adotar diferentes alíquotas com base no uso social e econômico do veículo. Exemplificando: os **veículos de transporte coletivo de passageiros**, como ônibus e micro-ônibus, podem ter alíquotas reduzidas, já que a utilização desses veículos está ligada ao transporte público, que atende a uma função social relevante. O mesmo pode se dar com **veículos de transporte escolar** que podem ser beneficiados com uma alíquota menor, uma vez que têm uma finalidade educacional e são essenciais para o deslocamento dos estudantes.

Por fim, inserido pela EC 132/2023 (Reforma Tributária), a última forma de aplicação da seletividade leva em consideração o **impacto ambiental**. A preocupação com o **meio ambiente** tem levado vários Estados a adotar uma tributação diferenciada baseada nas **emissões de poluentes** e no **consumo de combustível dos veículos**. A ideia é **incentivar** o **uso de veículos mais eficientes** e com **menor impacto ambiental**. Essa seletividade visa estimular práticas mais sustentáveis e ambientalmente responsáveis, alinhando a política tributária com os objetivos de proteção ambiental.

d) Imposto sobre Propriedade Predial e Territorial Urbana (IPTU)

Diz o art. 156, I, § 1º, II, da CF:

> "Art. 156. Compete aos Municípios instituir impostos sobre:
> I – propriedade predial e territorial urbana.
> § 1º Sem prejuízo da progressividade no tempo a que se refere o art. 182, § 4º, inciso II, o imposto previsto no inciso I **poderá**:
> II – ter **alíquotas diferentes** de acordo com a **localização** e o **uso do imóvel**."

Caberá ao Poder Público, **dentro dos limites de sua discricionariedade**, estabelecer **alíquotas diferenciadas** em razão do uso e localização do imóvel. *In casu*, poderá o Poder Público Municipal estabelecer **alíquotas maiores para imóveis situados em regiões mais valorizadas de seu território** (localização), como estabelecer **diferenças de alíquotas entre imóveis residenciais e comerciais** (uso).

A **localização do imóvel** é um critério crucial para a determinação das alíquotas do IPTU. Imóveis localizados em regiões mais valorizadas ou em áreas de alta densidade urbana, como **centros comerciais** ou **zonas nobres das cidades**, poderão ser tributados com **alíquotas mais altas**. Essa diferenciação visa refletir o **maior valor econômico da propriedade** em áreas de grande procura e valorização. O **uso do imóvel** é outro critério importante para a aplicação das alíquotas diferenciadas do IPTU. O Município pode estabelecer **alíquotas maiores** para imóveis que gerem **mais impacto urbano** ou que **não atendam à função social da propriedade**, como os **imóveis comerciais**, enquanto imóveis de **uso residencial** podem ser tributados com alíquotas menores.

Ademais, o **uso híbrido** de um imóvel (residencial e comercial) pode justificar a **adoção de alíquotas diferenciadas**, ou até mesmo uma maior alíquota, para imóveis que sejam utilizados para fins comerciais, mesmo que parcialmente.

5.3.2.7 Impostos não cumulativos

São aqueles em que **existe a possibilidade de compensação dos valores pagos em operações anteriores com as operações subsequentes**, ocasionando um **regime de débito e crédito**, evitando, assim, uma carga tributária insuportável ao consumidor final. É o que ocorre com o IPI e o ICMS, nos termos dos artigos 153, § 3º, II e 155, § 2º, I, da CF/1988. Assim, os **valores que já foram pagos anteriormente não seriam novamente tributados na operação subsequente**, possibilitando uma diminuição significativa no preço final do produto, tornando o produto mais competitivo junto ao mercado nacional.

5.3.2.8 Impostos residuais

São outros impostos não previstos na CF (novos impostos), sendo de competência da União, mediante a observância dos requisitos previstos no art. 154, I, do texto constitucional: devem ser criados mediante **lei complementar**, devem ser **não cumulativos** e ter o **fato gerador** e a **base de cálculo** diferentes dos impostos ordinários já existentes.

5.4 TAXAS

Previstas no art. 145, II, da CF/1988[21] e entre os arts. 77 a 80 do CTN[22], as taxas são **tributos completamente vinculados a uma determinada atividade estatal**, seja por

---

21. **Art. 145. (...)**
II – taxas, em razão do exercício do poder de polícia ou pela utilização, efetiva ou potencial, de serviços públicos específicos e divisíveis, prestados ao contribuinte ou postos a sua disposição;

22. **Art. 77.** As taxas cobradas pela União, pelos Estados, pelo Distrito Federal ou pelos Municípios, no âmbito de suas respectivas atribuições, têm como fato gerador o exercício regular do poder de polícia, ou a utilização, efetiva ou potencial, de serviço público específico e divisível, prestado ao contribuinte ou posto à sua disposição.
Parágrafo único. A taxa não pode ter base de cálculo ou fato gerador idênticos aos que correspondam a imposto nem ser calculada em função do capital das empresas.
Art. 78. Considera-se poder de polícia atividade da administração pública que, limitando ou disciplinando direito, interesse ou liberdade, regula a prática de ato ou abstenção de fato, em razão de interesse público concernente à segurança, à higiene, à ordem, aos costumes, à disciplina da produção e do mercado, ao exercício de atividades econômicas dependentes de concessão ou autorização do Poder Público, à tranquilidade pública ou ao respeito à propriedade e aos direitos individuais ou coletivos.
Parágrafo único. Considera-se regular o exercício do poder de polícia quando desempenhado pelo órgão competente nos limites da lei aplicável, com observância do processo legal e, tratando-se de atividade que a lei tenha como discricionária, sem abuso ou desvio de poder.
Art. 79. Os serviços públicos a que se refere o artigo 77 consideram-se:
I – utilizados pelo contribuinte:
a) efetivamente, quando por ele usufruídos a qualquer título;
b) potencialmente, quando, sendo de utilização compulsória, sejam postos à sua disposição mediante atividade administrativa em efetivo funcionamento;
II – específicos, quando possam ser destacados em unidades autônomas de intervenção, de unidade, ou de necessidades públicas;
III – divisíveis, quando suscetíveis de utilização, separadamente, por parte de cada um dos seus usuários.

meio do **exercício regular do poder de polícia**, seja por meio da **prestação de serviços públicos específicos** e **divisíveis**.

A **competência** para a instituição de taxas é **comum**, sendo que todos os entes federativos podem instituí-la.

Pode-se dizer, portanto, numa simplificação para fins didáticos, que as taxas se dividem em:

5.4.1 Taxa de polícia

É aquela cobrada pelo **exercício regular do poder de polícia**, sendo este o poder de **fiscalização administrativa do Estado** que, por meio de seus órgãos e agentes públicos, tem por finalidade **limitar os direitos individuais** relativamente à **liberdade** e à **propriedade** em detrimento do interesse coletivo. Esse poder tem objetivo de atuar preventivamente, evitando que ocorram maiores danos à coletividade. É a **polícia administrativa** que em nada se confunde com a polícia judiciária. Tal definição se encontra no art. 78 do CTN.

Este tributo é diretamente vinculado ao poder de **limitar direitos individuais** para **proteger o interesse coletivo**, atuando de forma **preventiva**. O Estado arrecada essa taxa para custear os gastos envolvidos em atividades como **fiscalização, regulamentação** e **monitoramento**.

Temos, como exemplo, a vigilância sanitária, a fiscalização de funcionamento de bares e restaurantes, fiscalização de obras para concessão de *habite-se*, dentre outras.

Embora a taxa de polícia seja uma ferramenta importante para garantir a **ordem pública** e o **bem-estar coletivo**, a sua **natureza vinculada** exige que a cobrança seja feita de forma **proporcional e justa**, de acordo com os **custos efetivos da atividade de fiscalização**. O Supremo Tribunal Federal (STF) já se debruçou sobre a validade dessa cobrança, reafirmando que a taxa deve ter **vinculação direta** ao serviço prestado, ou seja, o valor cobrado deve estar **relacionado à efetiva atuação do Estado** na fiscalização e controle de atividades.

5.4.1.1 *Atributos do poder de polícia*

O poder de polícia é dotado de certos **atributos** que podem ser vinculados ao exercício da fiscalização tributária, tais como:

Art. 80. Para efeito de instituição e cobrança de taxas, consideram-se compreendidas no âmbito das atribuições da União, dos Estados, do Distrito Federal ou dos Municípios, aquelas que, segundo a Constituição Federal, as Constituições dos Estados, as Leis Orgânicas do Distrito Federal e dos Municípios e a legislação com elas compatível, competem a cada uma dessas pessoas de direito público.

314 DIREITO TRIBUTÁRIO INTERDISCIPLINAR • Caio Bartine

• Discricionariedade

Não há discricionariedade na existência da fiscalização, vez que esta deve ocorrer de qualquer maneira, sendo dever da administração pública; tanto se torna um dever, porque agir ilicitamente na arrecadação tributária ou de renda, bem como no que tange à conservação do patrimônio público, configura-se **ato de improbidade administrativa por danos ao erário** (art. 10, X, da Lei 8.429/92[23]). O **dever de fiscalização** é um dos pilares para garantir que os **recursos públicos** sejam geridos de maneira eficaz e que os **direitos dos cidadãos sejam respeitados**, evitando fraudes, desvios ou qualquer outro tipo de ilícito. **A fiscalização tributária**, por exemplo, visa assegurar que os contribuintes cumpram suas obrigações fiscais, respeitando as normas tributárias e evitando a sonegação de impostos.

Porém, há discricionariedade no **modo da fiscalização**, visto que esta depende da **escolha do agente público**. Essa discricionariedade está relacionada à **escolha da abordagem mais eficaz** para atingir os objetivos da fiscalização.

Por exemplo, o fiscal pode optar por realizar uma **auditoria mais profunda** em certos contribuintes ou **adotar medidas preventivas** em áreas de maior risco de corrupção ou fraude. Essas escolhas devem ser feitas com base em **critérios técnicos** e **objetivos**, sempre visando o **interesse da coletividade**, como a **redução da evasão fiscal** ou o **combate à corrupção**.

Portanto, nenhuma discricionariedade é **absoluta**, porque a escolha dependerá daquilo que melhor atender o interesse da coletividade.

• Autoexecutoriedade

A fiscalização tributária ocorrerá **independentemente de autorização judicial**, pois se trata de poder inerente a sua atuação. Reza o art. 6º da LC 105/2001:

> "Art. 6º As autoridades e os agentes fiscais tributários da União, dos Estados, do Distrito Federal e dos Municípios somente poderão examinar documentos, livros e registros de instituições financeiras, inclusive os referentes a contas de depósitos e aplicações financeiras, quando houver processo administrativo instaurado ou procedimento fiscal em curso e tais exames sejam considerados indispensáveis pela autoridade administrativa competente."

Tal dispositivo foi discutido pelo STF, em sede do **RE 601.314**, em que decidiu pela não ofensa ao direito do sigilo bancário, pois realiza a igualdade em relação aos cidadãos, por meio do princípio da capacidade contributiva, bem como estabelece

---

23. **Art. 10.** Constitui ato de improbidade administrativa que causa lesão ao erário qualquer ação ou omissão dolosa, que enseje, efetiva e comprovadamente, perda patrimonial, desvio, apropriação, malbaratamento ou dilapidação dos bens ou haveres das entidades referidas no art. 1º desta Lei, e notadamente:

    (...)

    X – agir ilicitamente na arrecadação de tributo ou de renda, bem como no que diz respeito à conservação do patrimônio público;

requisitos objetivos e o translado do dever de sigilo da esfera bancária para a fiscal. A Corte considerou que a **fiscalização tributária** se insere no **princípio da capacidade contributiva**, o que significa que o Estado tem o direito de examinar as condições financeiras do contribuinte para verificar se ele está cumprindo suas obrigações fiscais de acordo com sua real capacidade econômica. Nesse sentido, a fiscalização tem como objetivo promover a **igualdade tributária**, já que ela permite ao Fisco **verificar a veracidade das informações fiscais** e garantir que os impostos sejam pagos de acordo com a **real situação financeira** do contribuinte.

O STF também entendeu que **o exame de documentos financeiros** não viola o **sigilo bancário**, pois o dispositivo da LC 105/2001 estabelece **requisitos objetivos** para o acesso a essas informações, como a necessidade de um **processo administrativo** ou **procedimento fiscal em andamento**. Além disso, a fiscalização é feita no âmbito da **atividade administrativa** e deve respeitar o **devido processo legal**, ou seja, ela não é realizada de maneira arbitrária ou sem fundamento, mas sim no contexto de um procedimento legítimo de controle das obrigações tributárias.

Essa possibilidade de fiscalização sem autorização judicial é importante para a administração pública, pois visa garantir a **observância das leis tributárias** e combater a **evasão fiscal**. No entanto, a fiscalização deve ser realizada com observância dos direitos fundamentais dos contribuintes, especialmente no que diz respeito à proteção da **privacidade e do sigilo bancário**.

- **Imperatividade**

A fiscalização tributária deverá ocorrer **independentemente da autonomia de vontade do particular**, podendo a Fazenda Pública examinar e ter acesso a quaisquer livros bancários e fiscais, objeto da própria fiscalização, sem que sofra nenhum tipo de embaraço.

Ademais, estabelece a súmula 439 do STF:

"**Súmula 439**. Estão sujeitos à fiscalização tributária ou previdenciária quaisquer livros comerciais, limitado o exame aos pontos objeto da fiscalização."

No contexto da fiscalização tributária, os **livros fiscais e bancários** representam **documentos essenciais** para o **processo de verificação do cumprimento das obrigações tributárias**. A Fazenda Pública tem o direito de examinar esses livros, uma vez que eles contêm informações sobre a **movimentação financeira**, **fluxo de caixa**, **entradas e saídas de valores** e outras informações fiscais e tributárias do contribuinte.

Embora o Fisco tenha amplos poderes para realizar a fiscalização tributária, conforme definido pelo CTN e pela **Súmula 439 do STF**, esse exame é limitado ao **objeto**

da fiscalização. Isso significa que, embora o Fisco possa acessar os livros bancários e fiscais do contribuinte, ele deve se ater apenas às informações que são relevantes para o caso e para a verificação da **obrigação tributária.**

Por exemplo, se o Fisco está fiscalizando o pagamento do **ICMS** de uma empresa, ele não pode usar essa fiscalização como justificativa para examinar **informações pessoa**is ou que **não tenham relação direta com a tributação sobre circulação de mercadorias ou prestação de serviços.** Essa limitação visa proteger a **privacidade do contribuinte** e evitar que **a fiscalização ultrapasse os limites estabelecidos pela legislação,** prevenindo **abusos de poder por parte das autoridades fiscais.**

- **Coercibilidade**

Caso a fiscalização tributária sofra embaraços ao cumprimento de seu mister, **poderá se socorrer da polícia judiciária para o seu cumprimento.** Não se trata da utilização do exercício arbitrário das próprias razões, mas da solicitação do uso de força policial para o atendimento de suas exigências.

O embaraço à fiscalização tributária pode ocorrer de diversas formas. Os contribuintes ou responsáveis tributários podem, por exemplo:

- ocultar ou destruir documentos fiscais;
- opor-se ao ingresso da fiscalização nos estabelecimentos;
- impedir ou dificultar o exame de livros fiscais ou bancários;
- prejudicar o trabalho dos auditores fiscais de maneira direta ou indireta, dentre outros.

Nessas situações, o **embaraço à fiscalização** pode tornar difícil ou impossível para os agentes fiscais realizarem seu trabalho. Esse tipo de obstrução compromete a eficácia do sistema tributário, prejudicando a **justiça fiscal** e o **cumprimento das obrigações tributárias.**

Assim, quando a fiscalização tributária encontra dificuldades de execução devido a embaraços ou resistência por parte do contribuinte ou de terceiros, a administração tributária pode **solicitar a ajuda da polícia judiciária** para garantir o cumprimento de suas exigências. A **polícia judiciária**, nesse contexto, pode ser acionada para **assegurar o cumprimento das ordens fiscais**, e não para atuar de forma independente ou arbitrária, como ocorre em outras situações judiciais.

Cabe ressaltar que a intervenção da polícia judiciária, neste caso, **não se caracteriza como exercício arbitrário de poder** por parte do Estado. O poder de polícia da fiscalização tributária continua a ser exercido pelos **agentes da Receita Federal, Secretaria da Fazenda** ou **outros órgãos competentes.** O papel da polícia judiciária é garantir que a fiscalização seja realizada de forma pacífica e ordenada, através da **preservação da ordem pública** e do **cumprimento das obrigações legais.**

5.4.1.2 Limites de atuação do poder de polícia

Mesmo possuindo tais atributos, não se pode admitir que o poder seja utilizado de forma arbitrária e abusiva pela administração pública, tendo a necessidade da observância dos seguintes **limites**:

- **Razoabilidade**

A **fiscalização deve ser adequada**, não se admitindo medidas excessivas por parte dos agentes fiscalizadores. A utilização de medidas inadequadas ao exercício da fiscalização tributária poderá ensejar a nulidade do exercício da fiscalização tributária.

Enquanto princípio constitucional, a **razoabilidade** exige que as ações do Estado, incluindo a **fiscalização tributária**, sejam **adequadas e proporcionais à situação**. Isso significa que os órgãos responsáveis pela fiscalização devem agir de forma **eficiente**, sem adotar medidas que ultrapassem o necessário para a realização da fiscalização ou que sejam desproporcionais em relação ao objetivo a ser alcançado. Isso implica que a **ação dos fiscais** deve ser conduzida com **equilíbrio**, sem recorrer a **medidas extremas**, como o uso de poder excessivo ou invasivo, quando existem meios menos danosos e igualmente eficazes para atingir o objetivo da fiscalização.

A atuação excessiva dos agentes fiscais pode acarretar na **nulidade do ato fiscal**. Por exemplo, se um agente fiscal invadir um estabelecimento comercial de maneira desproporcional, ou se utilizar medidas agressivas sem necessidade, pode-se alegar que houve **abuso de poder** ou **violação dos direitos do contribuinte**. Nesse caso, a fiscalização pode ser considerada **nula**, pois a medida tomada não observou o **princípio da razoabilidade**.

- **Proporcionalidade**

A proporcionalidade é a **adequação dos meios aos fins desejados pelo Estado**. Não se pode conceber o uso de medidas que sejam exorbitantes pelo ente estatal no atendimento de suas exigências, seja no exercício da fiscalização ou não aplicação de penalidades.

Notadamente, na **aplicação de sanções**, não é incomum encontrarmos **sanções** – diretas e indiretas – aplicáveis ao particular completamente **desproporcionais** aos danos acarretados ao ente federativo. Ademais, conforme já estudamos, no que diz respeito à **imposição de penalidades**, além da estrita observância aos limites da lei, tem-se a observância do **princípio da vedação ao confisco**, aplicável não apenas aos tributos, mas, estendendo-se de igual modo às multas tributárias.

Jurisprudencialmente, o STF tem aplicado o **princípio da proporcionalidade** de maneira rigorosa. No **RE 601.314**, a Corte afirmou que, em matéria fiscal, o poder público deve agir com **razoabilidade**, e que a **imposição de tributos**, ou até mesmo a aplicação de **multas, não pode ser excessiva**. Assim, não é aceitável que a sanção aplicada ao contribuinte seja desproporcional à infração cometida ou aos danos causados ao erário.

Nota-se que o fato ensejador deste tributo não é a fiscalização propriamente dita, mas o **exercício regular da fiscalização**. Deve-se entender por **regular** a fiscalização exercida por **agente público competente**, portanto, dotado de total **legitimidade**, além da fiscalização gozar de **amplo amparo legal** – dotada de **legalidade**. O STF, em sua jurisprudência, reconheceu a **legitimidade da cobrança da taxa de polícia** mesmo que **não haja uma fiscalização efetiva em determinado momento**, desde que o **ente público tenha uma estrutura adequada para a fiscalização** e o contribuinte esteja sujeito a essa fiscalização. No **RE 612.857**, o STF afirmou que a taxa de polícia é devida **independentemente de uma fiscalização concreta**, desde que o **serviço de fiscalização esteja disponível**, sendo uma contraprestação pela **disponibilidade da fiscalização**.

Assim, para que a cobrança desse tributo seja feita de forma regular, **basta à existência de um órgão fiscalizador completamente estruturado** e que o **particular esteja sujeito àquela fiscalização, não tendo a necessidade de estar sofrendo diretamente a fiscalização para ensejar o pagamento do tributo**. No caso, é legítima a cobrança de taxa de polícia mesmo que o particular não tenha sofrido a efetiva fiscalização.

Assim, o binômio **legitimidade/legalidade** deve ser preenchido para que a taxa de polícia possa ser exigida de maneira legítima.

JURISPRUDÊNCIA

"Taxa de Licença para Localização, Funcionamento e Instalação. Base de cálculo. Número de empregados. Dado insuficiente para aferir o efetivo poder de polícia. Art. 6º da Lei 9.670/1983. Inconstitucionalidade. Jurisprudência pacífica da Corte. A taxa é um tributo contraprestacional (vinculado) usado na remuneração de uma atividade específica, seja serviço ou exercício do poder de polícia e, por isso, não se atém a signos presuntivos de riqueza. As taxas comprometem-se tão somente com o custo do serviço específico e divisível que as motiva, ou com a atividade de polícia desenvolvida. A base de cálculo proposta no art. 6º da Lei 9.670/1983 atinente à taxa de polícia se desvincula do maior ou menor trabalho ou atividade que o poder público se vê obrigado a desempenhar em decorrência da força econômica do contribuinte.

O que se leva em conta, pois, não é a efetiva atividade do poder público, mas, simplesmente, um dado objetivo, meramente estimativo ou presuntivo de um ônus à administração pública. No tocante à base de cálculo questionada nos autos, é de se notar que, no **RE 88.327/SP**, rel. Min. Décio Miranda (*DJ* 28.09.1979), o Tribunal Pleno já havia assentado a ilegitimidade de taxas cobradas em razão do número de empregados. Essa jurisprudência vem sendo mantida de forma mansa e pacífica" (**STF, RE 554.951**, 1ª T., j. 15.10.2013, rel. Min. Dias Toffoli, *DJE* 19.11.2013).

• "O Plenário do STF decidiu pela constitucionalidade da instituição da taxa de fiscalização, de localização e de funcionamento. **RE 220.316/MG**, rel. Min. Ilmar Galvão, *DJ* 26.06.2001" (**STF, AI 707.357-ED**, 2ª T., j. 02.02.2010, rel. Min. Ellen Gracie, *DJE* 26.2.2010.) *Vide*: **STF, RE 588.322**, Plenário, j. 16.06.2010, rel. Min. Gilmar Mendes, *DJE* 03.09.2010, com repercussão geral.

• "Taxa. Exercício do poder de polícia. (...) Este Tribunal tem orientação no sentido de que o exercício do poder de polícia é presumido em favor da Municipalidade" (**STF, RE 581.947-AgR**, 2ª T., j. 16.12.2008, rel. Min. Eros Grau, *DJE* 27.02.2009, com repercussão geral.)

• "A hipótese de incidência da taxa é a fiscalização de atividades poluidoras e utilizadoras de recursos ambientais, exercida pelo Ibama (Lei 6.938/1981, art. 17-B, com a redação da Lei 10.165/2000). Tem-se, pois, taxa que remunera o exercício do poder de polícia do Estado. Não há invocar o argumento no sentido de que a taxa decorrente do poder de polícia fica 'restrita aos contribuintes cujos estabelecimentos tivessem sido efetivamente visitados pela fiscalização', por isso que, registra Sacha Calmon parecer, fl. 377 essa questão já foi resolvida, pela negativa, pelo STF, que deixou assentada em diversos julgados a suficiência da manutenção, pelo sujeito ativo, de órgão de controle em funcionamento (cf., *interplures*, RE 116.518 e RE 230.973). Andou bem a Suprema Corte brasileira em não aferrar-se ao método antiquado da vistoria porta a porta, abrindo as portas do Direito às inovações tecnológicas que caracterizam a nossa era'. Destarte, os que exercem atividades de impacto ambiental tipificadas na lei sujeitam-se à fiscalização do Ibama, pelo que são contribuintes da taxa decorrente dessa fiscalização, fiscalização que consubstancia, vale repetir, o poder de polícia estatal" (**STF, RE 416.601**, Plenário, j. 10.08.2005, voto do rel. Min. Carlos Velloso, *DJ* 30.09.2005). No mesmo sentido: **STF, RE 603.513-AgR**, 1ª T., j. 28.08.2012, rel. Min. Dias Toffoli, *DJE* 12.09.2012.

• "Taxa em razão do poder de polícia: a Lei mato-grossense 8.033/2003 instituiu taxa em razão do exercício do poder de polícia. Poder que assiste aos órgãos diretivos do Judiciário, notadamente no plano da vigilância, orientação e correição da atividade em causa, a teor do § 1º do art. 236 da Carta-cidadã. É constitucional a destinação do produto da arrecadação da taxa de fiscalização da atividade notarial e de registro a órgão público e ao próprio Poder Judiciário" (**STF, ADI 3.151**, Plenário, j. 08.06.2005, rel. Min. Ayres Britto, *DJ* 28.04.2006).

• "Taxa florestal. (...) Exação fiscal que serve de contrapartida ao exercício do poder de polícia, cujos elementos básicos se encontram definidos em lei, possuindo base de cálculo distinta da de outros impostos, qual seja, o custo estimado do serviço de fiscalização" (**STF, RE 239.397**, 1ª T., j. 21.03.2000, rel. Min. Ilmar Galvão, *DJ* 28.04.2000).

5.4.1.3 *Taxa de serviço*

Tem como o seu fato gerador a **prestação de serviços públicos específicos** e **divisíveis**, que são **utilizados de forma efetiva** ou **potencial**.

Serviço Público é toda atividade material prestada pelo Poder Público, de forma direta ou indireta, fruível pelo cidadão ou pela coletividade, para o atendimento do interesse coletivo.

A principal característica de um serviço público é que ele visa o **bem coletivo**, atendendo a uma **necessidade social** ou **individual** que não seria suficientemente atendida por iniciativas privadas. O serviço público deve ser **prestado sem caráter lucrativo**, isto é, seu objetivo **não é o de gerar lucro** para o poder público, mas sim **garantir o atendimento de uma necessidade fundamental à sociedade.**

5.4.1.3.1 Serviço público uti universi

O conceito de **serviço público *ut universi*** (do latim, "para o todo" ou "para a coletividade") refere-se a serviços que são prestados de maneira **indiscriminada** a toda a população, **sem a possibilidade de individualização dos beneficiários.** O objetivo desses serviços é atender ao **interesse coletivo de forma ampla e geral,** sem vinculação específica a nenhum indivíduo ou grupo. Ou seja, são serviços que têm uma **utilização coletiva** e **não divisível,** ou seja, a sua fruição é indiscriminada e não pode ser individualizada.

São exemplos de **serviços públicos gerais e indivisíveis** (*uti universi*):

- **Segurança pública:** o policiamento, as forças armadas e os serviços de defesa nacional atendem a todos os cidadãos sem que seja possível individualizar quem está usufruindo do serviço a cada momento.

- **Defesa nacional:** todos os cidadãos são protegidos pelo serviço de defesa nacional, que é prestado de forma indiscriminada.

- **Educação pública:** embora alguns serviços educacionais possam ter uma característica mais individualizada (como ensino superior, por exemplo), a educação básica, como ensino fundamental e médio, pode ser considerada como serviço público *ut universi*, pois atende a toda a população sem distinção.

- Em regra, o custeio de tais serviços ocorrerão mediante a arrecadação de **impostos** e de **contribuições especiais.**

5.4.1.3.2 Serviço público uti singuli

Por outro lado, o **serviço público *ut singuli*** (do latim, "para o indivíduo" ou "para o singular") diz respeito a serviços públicos prestados de forma **individualizada e específica** para um determinado contribuinte ou grupo de indivíduos. Nesse caso, o serviço é **divisível,** permitindo uma relação mais direta e individualizada entre o usuário e o serviço. A fruição desse serviço é voltada para um número limitado de pessoas, e as consequências do uso podem ser **individualizadas.**

As taxas de serviço não poderão incidir sobre a totalidade de serviços públicos, abarcando os serviços públicos específicos e divisíveis (*ut singuli*). O **fato gerador da taxa de serviço** está relacionado à efetiva ou potencial **utilização de serviços públicos específicos e divisíveis.**

Assim, o conceito de **serviço específico e divisível** implica que o serviço prestado pelo poder público atenda a uma **demanda concreta** e **identificável** de um grupo de indivíduos ou até de um único contribuinte, sendo possível delimitar o benefício individual que o contribuinte recebe.

> **IMPORTANTE**
> **Serviços específicos** são aqueles que atendem a uma necessidade determinada e concreta do cidadão, como a coleta de lixo, o fornecimento de água, o serviço de esgoto, entre outros. A especificidade é importante, pois significa que o serviço deve ser de natureza individualizável, permitindo distinguir claramente quem se beneficia dele. Já os **serviços divisíveis** são aqueles que podem ser **consumidos por partes**. Isso significa que, ao contrário dos serviços públicos gerais (como saúde pública ou educação, que são indisponíveis e não divisíveis), as taxas de serviço são vinculadas à prestação de um serviço concreto, que pode ser fruído de forma parcial e individualizada.

Não se pode afirmar que todo o serviço público específico e divisível será custeado mediante taxa, uma vez que a própria natureza do serviço e sua estrutura de fornecimento podem demandar outras formas de cobrança.

Por mais que existe uma distinção técnica entre os institutos, a **tarifa** e o **preço público** são considerados, invariavelmente, sinônimos, inclusive para a própria jurisprudência.

A **tarifa** é o valor cobrado pela prestação de serviços públicos com caráter **econômico** e **transacional**. Em geral, as **tarifas** são aplicadas em situações em que o serviço prestado pelo Estado se assemelha mais a uma **relação contratual** de mercado, em que há uma **quantificação do custo de utilização** do serviço. Serviços como **energia elétrica**, **transporte público** e **abastecimento de água** são comumente financiados por tarifas, pois são serviços **divisíveis** e voltados para o consumo individualizado.

A **tarifa** é geralmente utilizada quando a **prestação do serviço público envolve a exploração econômica** ou **concessão a terceiros**, ou seja, em situações em que o serviço público é prestado **por empresas estatais ou privadas sob concessão**. Nesse sentido, a tarifa **não é considerada um tributo**, mas sim um **preço pago pelo usuário em contraprestação ao serviço prestado**, podendo ser fixada conforme os **custos do serviço** e a **demanda de consumo**. Está regulada, por exemplo, pela **Lei 8.987/1995**, que trata das concessões e permissões de serviços públicos, e pela **Lei 9.472/1997**, que trata da regulamentação dos serviços de telecomunicações. O **princípio da autossuficiência do serviço público**, no caso da **tarifa**, deve ser observado, isto é, os recursos arrecadados com a cobrança da **tarifa devem cobrir os custos da prestação do serviço**.

O **preço público** também é uma cobrança feita pelo Estado por **serviços específicos e divisíveis**, mas **se distingue da taxa e da tarifa** por sua **natureza contratual** e por sua aplicabilidade em situações em que o serviço prestado tem um caráter de **serviço público de utilidade econômica**. O **preço público** é comumente cobrado em casos de **contratação administrativa**, em que a administração pública e o usuário firmam uma relação **contratual**, sendo este pagamento mais próximo a um valor de mercado. São exemplos de preço público são os valores cobrados por serviços como **fornecimento de documentos** (como certidões) ou pela **utilização de espaços públicos** (como feiras ou exposições). Nesse sentido, o preço público é **cobrado em situações em que há uma prestação de serviço com caráter de negócio jurídico** entre o Estado e o particular, sem caráter tributário, e com **custo específico e predeterminado**.

Embora o **serviço público** possa ser **específico e divisível**, o fato de ele ser **divisível** não implica automaticamente que ele será custeado por taxa. A escolha da **forma de cobrança** – taxa, tarifa ou preço público – depende de alguns aspectos importantes, dentre eles:

a) **Natureza do serviço:** se o serviço público envolve um benefício direto ao usuário (exemplo de serviços de polícia ou saúde), poderá ser cobrada uma **taxa**. No entanto, quando o serviço assume caráter econômico ou de consumo, poderá ser cobrada **tarifa** (como no caso de fornecimento de água ou energia elétrica);

b) **Relação entre o Estado e o usuário:** quando há uma relação de mercado ou contratual (como no caso de concessões ou serviços de utilidade pública), o **preço público** pode ser a forma adequada de cobrança;

c) **Princípio da legalidade:** a cobrança de **taxas** está sujeita à legislação que a autoriza, e deve observar as limitações constitucionais, como a **legalidade**, **anterioridade e vedação ao confisco**. Já as **tarifas** e os **preços públicos** podem ser mais flexíveis, dependendo da natureza do serviço e da relação contratual estabelecida, não dependendo de lei para sua implementação, bastando um aditivo contratual estabelecendo o equilíbrio econômico-financeiro da relação com o ente federativo.

O STF, no julgamento do **RE 173.197/DF** considerou a **tarifa de energia elétrica** e **abastecimento de água** como exemplos de **preço público**, não estando sujeita à mesma regulação de taxas, demonstrando a similaridade entre os institutos. Em relação ao **preço público**, a jurisprudência destaca que, se a cobrança tiver caráter de **contraprestação** por serviços prestados em caráter mais **contratual**, não estará sujeita aos princípios tributários tradicionais, como o da **capacidade contributiva**[24].

O poder público está autorizado a cobrar o tributo não apenas pela utilização efetiva, mas pelo serviço estar à **disposição para uso do contribuinte**, denominada de **prestação potencial**. Exige-se, também, a existência de **referibilidade**, não se podendo cobrar do usuário valores que não condizem como tipo de serviço oferecido.

A taxa, enquanto contraprestação a uma atividade do Poder Público, **não pode superar a relação de razoável equivalência que deve existir entre o custo real da atuação estatal referida ao contribuinte e o valor que o Estado pode exigir de cada contribuinte**, considerados, para esse efeito, os elementos pertinentes às alíquotas e à base de cálculo fixadas em lei.

5.4.1.3.3 Base de cálculo da taxa

A **base de cálculo da taxa** é um tema fundamental dentro do sistema tributário, pois estabelece os parâmetros sobre os quais se baseia o valor que o contribuinte deverá

---

24. STF, RE 227.869/SP.

pagar, em razão da utilização de serviços públicos específicos e divisíveis. O art. 145, § 2º, da CF/1988[25] e o art. 77, parágrafo único, do CTN[26] estabelecem que **as taxas não podem adotar a mesma base de cálculo dos impostos**, uma vez que são tributos com finalidades e características distintas.

A **base de cálculo de impostos** está geralmente relacionada ao **valor do patrimônio**, da **renda** ou da **circulação de bens e serviços**. Adotar a mesma base para as taxas criaria uma **identificação indevida** entre tributos com finalidades diferentes. A **base de cálculo da taxa** deve refletir o **custo** ou a **proporcionalidade** ao serviço prestado (referibilidade) e não a **capacidade econômica do contribuinte**, como ocorre no caso dos impostos.

Embora a **Constituição Federal** proíba a adoção da base de cálculo dos impostos para as taxas, o STF tem se posicionado em algumas situações permitindo uma **maior flexibilidade na interpretação** desse regramento, especialmente no que diz respeito às **contribuições especiais**. Em relação às taxas, o STF tem reafirmado que elas devem ter base de cálculo que **represente diretamente o serviço prestado**.

O STF, contudo, estabeleceu uma exceção importante, ao declarar que as **contribuições especiais**, **contribuições de melhoria** ou **taxas vinculadas à utilização de serviços públicos**, podem adotar a mesma base de cálculo de certos impostos, **desde que não haja identidade total entre as bases**. Ou seja, o STF admite que a base de cálculo da taxa e do imposto possa ter **alguns elementos em comum**, desde que a **base não seja idêntica** em sua totalidade.

Esse entendimento foi consolidado pela **Súmula Vinculante 29**[27], que estabelece que é **constitucional** a adoção de **um ou mais elementos** da base de cálculo de determinado imposto na cobrança da taxa, desde que **não haja identidade integral** entre as bases de cálculo de ambos. A ideia aqui é permitir uma maior **flexibilidade** nas relações tributárias, sem comprometer a essência da **especificidade** e **divisibilidade** das taxas, respeitando, ao mesmo tempo, os princípios constitucionais.

Esta decisão do STF permite que, em algumas situações, a **base de cálculo da taxa** possa ser influenciada por elementos que também são utilizados nos impostos, **como a área de um imóvel (para taxa de vigilância sanitária ou segurança pública)**, desde que o critério utilizado para a taxa seja distinto do critério utilizado para a cobrança do imposto correspondente, como no caso do **IPTU**. Embora a **Súmula Vinculante 29** tenha dado maior **flexibilidade**, é importante destacar que a **base de cálculo das taxas** deve sempre ser estabelecida de forma que **reflita a efetiva utilização do serviço**

---

25. **Art. 145** (...)
    § 2º As taxas não poderão ter base de cálculo própria de impostos.
26. **Art. 77** (...)
    Parágrafo único. A taxa não pode ter base de cálculo ou fato gerador idênticos aos que correspondam a imposto nem ser calculada em função do capital das empresas.
27. **Súmula Vinculante 29**. É constitucional a adoção, no cálculo do valor de taxa, de um ou mais elementos da base de cálculo própria de determinado imposto, desde que não haja identidade integral entre uma base e outra

público. Assim, é vedada a utilização de base de cálculo excessivamente ampla que possa desvirtuar a natureza da taxa, fazendo com que ela se assemelhe a um imposto. A **taxa de segurança pública** ou **taxa de vigilância sanitária**, por exemplo, pode ter como base de cálculo a **área** do imóvel ou a **quantidade de pessoas** em uma atividade comercial, já que essas variáveis estão diretamente relacionadas à **intensidade do serviço prestado**. O imposto sobre a propriedade de imóveis (IPTU), por sua vez, tem base de cálculo também vinculada à **área do imóvel**, mas a razão de ser desse imposto é completamente distinta – trata-se de uma cobrança relacionada à **propriedade e não ao uso efetivo de serviços públicos**.

O **Superior Tribunal de Justiça (STJ)** também tem abordado o tema da base de cálculo das taxas em diversas decisões. Em linhas gerais, o STJ tem confirmado a necessidade de que a base de cálculo da taxa seja **proporcional ao serviço prestado** e que não seja igual à de impostos. Em algumas decisões, o STJ considerou que o uso de **atributos semelhantes**, como **área ou valor**, pode ser compatível com a natureza da taxa, desde que **não se configure como uma forma disfarçada de imposto**[28].

JURISPRUDÊNCIA

Súmula Vinculante 12. "A cobrança de taxa de matrícula nas universidades públicas viola o disposto no art. 206, IV, da Constituição Federal".
• **Súmula Vinculante 19.** "A taxa cobrada exclusivamente em razão dos serviços públicos de coleta, remoção e tratamento ou destinação de lixo ou resíduos provenientes de imóveis, não viola o art. 145, II, da CF/1988."
• **Súmula Vinculante 41.** "O serviço de iluminação pública não pode ser remunerado mediante taxa."
• **Súmula 545 do STF.** "Preços de serviços públicos e taxas não se confundem, porque estas, diferentemente daquelas, são compulsórias e têm sua cobrança condicionada à prévia autorização orçamentária, em relação à lei que as instituiu."
• "Taxa de expediente. (...) Inconstitucionalidade. A emissão de guia de recolhimento de tributos é de interesse exclusivo da administração, sendo mero instrumento de arrecadação, não envolvendo a prestação de um serviço público ao contribuinte. Possui repercussão geral a questão constitucional suscitada no apelo extremo. Ratifica-se, no caso, a jurisprudência da Corte consolidada no sentido de ser inconstitucional a instituição e a cobrança de taxas por emissão ou remessa de carnês/guias de recolhimento de tributos" (**STF, RE 789.218-RG**, Plenário, j. 17.04.2014, rel. Min. Dias Toffoli, *DJE* 01.08.2014, com repercussão geral.)
• "Taxa e preço público diferem quanto à compulsoriedade de seu pagamento. A taxa é cobrada em razão de uma obrigação legal enquanto o preço público é de pagamento facultativo por quem pretende se beneficiar de um serviço prestado" (**STF, RE 556.854**, Plenário, j. 30.06.2011, rel. Min. Cármen Lúcia, *DJE* 11.10.2011.) Vide: **ADI 447**, Plenário, j. 05.06.1991, rel. Min. Octavio Gallotti, voto do Min. Carlos Velloso, *DJ* 05.03.1993.
• "O texto constitucional diferencia as taxas decorrentes do exercício do poder de polícia daquelas de utilização de serviços específicos e divisíveis, facultando apenas a estas a prestação potencial do serviço público. A regularidade do exercício do poder de polícia é imprescindível para a cobrança da taxa de localização e fiscalização. À luz da jurisprudência deste STF, a existência do órgão administrativo não é

---

28. STJ, REsp 1.186.090/SP.

5 • TRIBUTO E ESPÉCIES TRIBUTÁRIAS

condição para o reconhecimento da constitucionalidade da cobrança da taxa de localização e fiscalização, mas constitui um dos elementos admitidos para se inferir o efetivo exercício do poder de polícia, exigido constitucionalmente. (...) É constitucional taxa de renovação de funcionamento e localização municipal, desde que efetivo o exercício do poder de polícia, demonstrado pela existência de órgão e estrutura competentes para o respectivo exercício, tal como verificado na espécie quanto ao Município de Porto Velho/RO (...)" **(STF, RE 588.322**, Plenário, j. 16.6.2010, rel. Min. Gilmar Mendes, *DJE* 03.09.2010, com repercussão geral.) No mesmo sentido: AI 677.664-AgR, 1ª T., j. 05.05.2009, rel. Min. Cármen Lúcia, *DJE* 19.6.2009. *Vide*: **STF, ARE 664.722**, j. 12.03.2012, rel. Min. Gilmar Mendes, decisão monocrática, *DJE* 21.03.2012; AI 707.357-ED, 2ª T., j. 02.02.2010, rel. Min. Ellen Gracie, *DJE* 26.02.2010.

• "Taxa de incêndio. Constitucionalidade. (...) É legítima a cobrança da Taxa cobrada em razão da prevenção de incêndios, porquanto instituída como contraprestação a serviço essencial, específico e divisível" **(STF, AgIn 677.891-AgR**, 1ª T., j. 17.03.2009, rel. Min. Ricardo Lewandowski, *DJE* 17.04.2009. *Vide*: RE 206.777, Plenário, j. 25.02.1999, rel. Min. Ilmar Galvão, *DJ* 30.04.1999).

• "Lei Estadual 12.986/1996. Violação do art. 167, IV, da CF. Não ocorrência. Preceito de lei estadual que destina 5% [cinco por cento] dos emolumentos cobrados pelas serventias extrajudiciais e não oficializadas ao Fundo Estadual de Reaparelhamento e Modernização do Poder Judiciário – FUNDESP não ofende o disposto no art. 167, IV, da CF. Precedentes. A norma constitucional veda a vinculação da receita dos impostos, não existindo, na Constituição, preceito análogo pertinente às taxas" **(STF, RE 570.513-AgR**, 2ª T., j. 16.12.2008, rel. Min. Eros Grau, *DJE* 27.02.2009.)

• "Com efeito, a Corte entende como específicos e divisíveis os serviços públicos de coleta, remoção e tratamento ou destinação de lixo ou resíduos provenientes de imóveis, desde que essas atividades sejam completamente dissociadas de outras serviços públicos de limpeza realizados em benefício da população em geral (*uti universi*) e de forma indivisível, tais como os de conservação e limpeza de logradouros e bens públicos (praças, calçadas, vias, ruas, bueiros). Decorre daí que as taxas cobradas em razão exclusivamente dos serviços públicos de coleta, remoção e tratamento ou destinação de lixo ou resíduos provenientes de imóveis são constitucionais, ao passo que é inconstitucional a cobrança de valores tidos como taxa em razão de serviços de conservação e limpeza de logradouros e bens públicos" **(STF, RE 576.321-QO-RG**, Plenário, *DJE* 12.02.2008, voto do rel. Min. Ricardo Lewandowski, j. 04.12.2008, com repercussão geral.) *Vide*: STF, RE 501.876-AgR, 1ª T., j. 01.02.2011, rel. Min. Ricardo Lewandowski, *DJE* 23.02.2011.

• "Pacífica a jurisprudência desta Corte no sentido da impossibilidade de aplicação de efeitos *ex nunc*, nos termos do art. 27 da Lei 9.868/1999, à declaração de inconstitucionalidade de legislação do Município do Rio de Janeiro que (...) instituiu a Taxa de Coleta de Lixo e Limpeza Pública (TCLLP) e a Taxa de Iluminação Pública (TIP)" **(STF, AI 651.389-AgR**, 1ª T., j. 10.06.2008, rel. Min. Menezes Direito, *DJE* 08.08.2008). No mesmo sentido: STF, AI 672.163-AgR, 1ª T., j. 31.5.2011, rel. Min. Dias Toffoli, *DJE* 17.8.2011. *Vide*: **STF, AI 573.560.AgR**, 2ª T., j. 27.03.2007, rel. Min. Eros Grau, *DJ* 04.05.2007.

• "Taxa: correspondência entre o valor exigido e o custo da atividade estatal. A taxa, enquanto contraprestação a uma atividade do Poder Público, não pode superar a relação de razoável equivalência que deve existir entre o custo real da atuação estatal referida ao contribuinte e o valor que o Estado pode exigir de cada contribuinte, considerados, para esse efeito, os elementos pertinentes às alíquotas e à base de cálculo fixadas em lei. Se o valor da taxa, no entanto, ultrapassar o custo do serviço prestado ou posto à disposição do contribuinte, dando causa, assim, a uma situação de onerosidade excessiva, que descaracterize essa relação de equivalência entre os fatores referidos (o custo real do serviço, de um lado, e o valor exigido do contribuinte, de outro), configurar-se-á, então, quanto a essa modalidade de tributo, hipótese de ofensa à cláusula vedatória inscrita no art. 150, IV, da CF" **(STF, ADI 2.551-MC-QO**, Plenário, j. 02.04.2003, rel. Min. Celso de Mello, *DJ* 20.04.2006.)

- "As custas, a taxa judiciária e os emolumentos constituem espécie tributária, são taxas, segundo a jurisprudência iterativa do Supremo Tribunal Federal. (...) Impossibilidade da destinação do produto da arrecadação, ou de parte deste, a instituições privadas, entidades de classe e Caixa de Assistência dos Advogados. Permiti-lo, importaria ofensa ao princípio da igualdade. Precedentes do STF" (**ADI 1.145**, Plenário, j. 03.10.2002, rel. Min. Carlos Velloso, *DJ* 08.11.2002). *Vide*: STF, MS 28.141, Plenário, j. 10.02.2011, rel. Min. Ricardo Lewandowski, *DJE* 01.07.2011; **STF, RE 233.843**, 2ª T., j. 01.12.2009, rel. Min. Joaquim Barbosa, *DJE* 18.12.2009.

- "Taxas de lixo e sinistro. (...) Taxas legitimamente instituídas como contraprestação a serviços essenciais, específicos e divisíveis, referidos ao contribuinte a quem são prestados ou a cuja disposição são postos, não possuindo base de cálculo própria de imposto" (**STF, RE 233.784**, 1ª T., j. 12.11.1999, rel. Min. Ilmar Galvão, *DJ* 12.11.1999.) No mesmo sentido: **STF, RE 491.982-AgR**, 1ª T., j. 26.05.2009, rel. Min. Ricardo Lewandowski, *DJE* 26.06.2009.

- "Em face do art. 144, *caput*, V e § 5º, da CF/1988, sendo a segurança pública, dever do Estado e direito de todos, exercida para a preservação da ordem pública e da incolumidade das pessoas e do patrimônio, através, entre outras, da polícia militar, essa atividade do Estado só pode ser sustentada pelos impostos, e não por taxa, se for solicitada por particular para a sua segurança ou para a de terceiros, a título preventivo, ainda quando essa necessidade decorra de evento aberto ao público. Ademais, o fato gerador da taxa em questão não caracteriza sequer taxa em razão do exercício do poder de polícia, mas taxa pela utilização, efetiva ou potencial, de serviços públicos específicos e divisíveis, o que, em exame compatível com pedido de liminar, não é admissível em se tratando de segurança pública" (**STF, ADI 1.942-MC**, Plenário, j. 05.05.1999, rel. Min. Moreira Alves, *DJ* 22.10.1999.) No mesmo sentido: **STF, RE 536.639-AgR**, rel. Min. Cezar Peluso, j. 07.08.2012, 2ª T., *DJE* 29.08.2012.

- "Taxas de limpeza pública e de segurança. Leis municipais (...). Acórdão que os declarou inexigíveis. (...). Decisão que se acha em conformidade com a orientação jurisprudencial do STF no que tange (...) à taxa de limpeza urbana (...), exigida com ofensa ao art. 145, II e § 2º, da CF/1988, porquanto a título de remuneração de serviço prestado *uti universi* e tendo por base de cálculo fatores que concorrem para formação da base de cálculo do IPTU. Declaração da inconstitucionalidade dos dispositivos enumerados, alusivos à taxa de limpeza urbana. Pechas que não viciam a taxa de segurança, corretamente exigida para cobrir despesas com manutenção dos serviços de prevenção e extinção de incêndios" (**STF, RE 206.777**, rel. Min. Ilmar Galvão, j. 25.02.1999, Plenário, *DJ* 30.04.1999.) No mesmo sentido: **AI 848.281-AgR**, rel. Min. Ricardo Lewandowski, j. 20.09.2011, 2ª T., *DJE* 04.10.2011. *Vide*: STF, AI 677.891-AgR, rel. Min. Ricardo Lewandowski, j. 17.03.2009.

- "Lei 5.607, de 31.05.1990, do Estado de Mato Grosso, que atribui em favor da OAB, Seção daquele Estado, parcela de custas processuais. Exercendo a OAB, federal ou estadual, serviço público, por se tratar de pessoa jurídica de direito público (autarquia), e serviço esse que está ligado à prestação jurisdicional pela fiscalização da profissão de advogado que, segundo a parte inicial do art. 133 da Constituição, é indispensável à administração da justiça, não tem relevância, de plano, a fundamentação jurídica da arguição de inconstitucionalidade da lei em causa no sentido de que o serviço por ela prestado não se vincula à prestação jurisdicional, desvirtuando-se, assim, a finalidade das custas judiciais, como taxa que são" (**STF, ADI 1.707-MC**, Plenário, j. 1º.07.1998, rel. Min. Moreira Alves, *DJ* 16.10.1998).

- "A jurisprudência do STF firmou orientação no sentido de que as custas judiciais e os emolumentos concernentes aos serviços notariais e registrais possuem natureza tributária, qualificando-se como taxas remuneratórias de serviços públicos, sujeitando-se, em consequência, quer no que concerne à sua instituição e majoração, quer no que se refere à sua exigibilidade, ao regime jurídico-constitucional pertinente a essa especial modalidade de tributo vinculado, notadamente aos princípios fundamentais que proclamam, dentre outras, as garantias essenciais (a) da reserva de competência impositiva, (b) da legalidade, (c) da isonomia e (d) da anterioridade" (**STF, ADI 1.378-MC**, Plenário, j. 30.11.1995, rel. Min. Celso de Mello, *DJ* 30.05.1997). No mesmo sentido: **STF, ADI 3.260**, Plenário, j. 29.03.2007, rel. Min. Eros Grau, *DJ* 29.06.2007. *Vide*: STF, **ADI 1.926-MC**, rel. Min. Sepúlveda Pertence, j. 19.04.1999, Plenário, *DJ* 10.09.1999.

• "Lei Estadual 12.986/1996. Violação do art. 167, IV, da CF/1988. Não ocorrência. Preceito de lei estadual que destina 5% [cinco por cento] dos emolumentos cobrados pelas serventias extrajudiciais e não oficializadas ao Fundo Estadual de Reaparelhamento e Modernização do Poder Judiciário – FUNDESP não ofende o disposto no art. 167, IV, da CF/1988. Precedentes. A norma constitucional veda a vinculação da receita dos impostos, não existindo, na Constituição, preceito análogo pertinente às taxas" **(STF, AgRg no RE 570.513/GO**, 2ª T., j. 16.12.2008, rel. Min. Eros Grau, *DJe* 27.02.2009).

• "Com efeito, a Corte entende como específicos e divisíveis os serviços públicos de coleta, remoção e tratamento ou destinação de lixo ou resíduos provenientes de imóveis, desde que essas atividades sejam completamente dissociadas de outros serviços públicos de limpeza realizados em benefício da população em geral (*uti universi*) e de forma indivisível, tais como os de conservação e limpeza de logradouros e bens públicos (praças, calçadas, vias, ruas, bueiros). Decorre daí que as taxas cobradas em razão exclusivamente dos serviços públicos de coleta, remoção e tratamento ou destinação de lixo ou resíduos provenientes de imóveis são constitucionais, ao passo que é inconstitucional a cobrança de valores tidos como taxa em razão de serviços de conservação e limpeza de logradouros e bens públicos" **(STF, QO em RG no RE 576.321/SP**, Plenário, j. 04.12.2008, voto do Min. Ricardo Lewandowski, *DJe* 13.02.2009). No mesmo sentido: **STF, AgRg no AgIn 632.562/SP**, 1ª T., j. 26.05.2009, rel. Min. Cármen Lúcia, *DJe* 26.06.2009; STF, AgRg no RE 411.251/MG, j. 04.09.2007, rel. Min. Eros Grau, *DJ* 28.09.2007.

5.5 CONTRIBUIÇÃO DE MELHORIA

Tal tributo tem sua previsão no art. 145, III, da CF/1988[29], bem como nos artigos 81 e 82 do CTN[30]. Sua regulamentação ocorre pelo advento do DL 195/67.

Assim como ocorre com a taxa, trata-se de um **tributo vinculado e de competência comum**, visto que é devido em razão da **valorização de um imóvel** gerada pela **realização de obra pública**.

---

29. **Art. 145** (...)

    III – contribuição de melhoria, decorrente de obras públicas.

30. **Art. 81**. A contribuição de melhoria cobrada pela União, pelos Estados, pelo Distrito Federal ou pelos Municípios, no âmbito de suas respectivas atribuições, é instituída para fazer face ao custo de obras públicas de que decorra valorização imobiliária, tendo como limite total a despesa realizada e como limite individual o acréscimo de valor que da obra resultar para cada imóvel beneficiado.

    Art. 82. A lei relativa à contribuição de melhoria observará os seguintes requisitos mínimos:

    I – publicação prévia dos seguintes elementos:

    a) memorial descritivo do projeto;

    b) orçamento do custo da obra;

    c) determinação da parcela do custo da obra a ser financiada pela contribuição;

    d) delimitação da zona beneficiada;

    e) determinação do fator de absorção do benefício da valorização para toda a zona ou para cada uma das áreas diferenciadas, nela contidas;

    II – fixação de prazo não inferior a 30 (trinta) dias, para impugnação pelos interessados, de qualquer dos elementos referidos no inciso anterior;

    III – regulamentação do processo administrativo de instrução e julgamento da impugnação a que se refere o inciso anterior, sem prejuízo da sua apreciação judicial.

    § 1º A contribuição relativa a cada imóvel será determinada pelo rateio da parcela do custo da obra a que se refere a alínea c, do inciso I, pelos imóveis situados na zona beneficiada em função dos respectivos fatores individuais de valorização.

    § 2º Por ocasião do respectivo lançamento, cada contribuinte deverá ser notificado do montante da contribuição, da forma e dos prazos de seu pagamento e dos elementos que integram o respectivo cálculo.

Não se trata de incidência sobre serviços, mas sobre a existência de uma **obra pública** que venha a acarretar a valorização imobiliária. A **obra pública** a ser objeto da contribuição de melhoria deve, em regra, estar prevista no DL 195/67, sendo recepcionado pela CF como **lei complementar**.

5.5.1 Valorização imobiliária em decorrência de obras públicas: *numerus apertus*

Estabelece o art. 2º do DL 195/67, *in verbis*:

> "Art 2º Será devida a Contribuição de Melhoria, no caso de valorização de imóveis de propriedade privada, em virtude de qualquer das seguintes obras públicas:
>
> I – abertura, alargamento, pavimentação, iluminação, arborização, esgotos pluviais e outros melhoramentos de praças e vias públicas;
>
> II – construção e ampliação de parques, campos de desportos, pontes, túneis e viadutos;
>
> III – construção ou ampliação de sistemas de trânsito rápido inclusive todas as obras e edificações necessárias ao funcionamento do sistema;
>
> IV – serviços e obras de abastecimento de água potável, esgotos, instalações de redes elétricas, telefônicas, transportes e comunicações em geral ou de suprimento de gás, funiculares, ascensores e instalações de comodidade pública;
>
> V – proteção contra secas, inundações, erosão, ressacas, e de saneamento de drenagem em geral, diques, cais, desobstrução de barras, portos e canais, retificação e regularização de cursos d'água e irrigação;
>
> VI – construção de estradas de ferro e construção, pavimentação e melhoramento de estradas de rodagem;
>
> VII – construção de aeródromos e aeroportos e seus acessos;
>
> VIII – aterros e realizações de embelezamento em geral, inclusive desapropriações em desenvolvimento de plano de aspecto paisagístico."

Não se pode estabelecer que todo e qualquer tipo de obra possa vir a gerar contribuição de melhoria, mas a obra que venha a **gerar valorização do imóvel**, sendo considerada uma **obra nova**. Assim, não há o que cogitar a incidência de tal tributo sobre a **manutenção de obra pública**, como ocorre no caso de **recapeamento asfáltico**.

A simples **manutenção de obras públicas**, como o **recapeamento de ruas**, não gera a contribuição de melhoria, pois, embora a manutenção melhore a condição das vias e dos imóveis ao redor, **não há uma valorização adicional mensurável**. O recapeamento pode, por exemplo, ser considerado uma **obra de manutenção**, **sem agregar uma nova valorização significativa aos imóveis**. Por isso, **não se cobra contribuição de melhoria sobre esse tipo de serviço**, já que ele não se enquadra como uma "**obra nova**" que gera valorização dos imóveis.

Para que a **Contribuição de Melhoria** seja devida, a **obra pública não pode ser apenas realizada**. A obra deve **efetivamente valorizar os imóveis** na área de sua execução, ou seja, a obra precisa gerar um **aumento no valor de mercado** dos imóveis que a cercam. O **aumento no valor do imóvel** deve ser mensurado, e sobre o valor dessa valorização é que será calculada a contribuição de melhoria.

Note que **não é suficiente a simples existência da obra pública**, que em tese pode **valorizar, desvalorizar** ou ser **indiferente** em relação ao imóvel. No caso da contribuição de melhoria, essa **obra deve ter que necessariamente valorizar o imóvel** para então, sobre o montante da valorização ver incidir, **uma única vez**, a contribuição de melhoria.

O disposto no art. 2º do DL 195/67 traz exemplos de obras que podem gerar a contribuição, mas o rol não é **exauriente**, ou seja, outras obras que também resultem em valorização dos imóveis podem ser consideradas para a cobrança do tributo, desde que cumpram os requisitos legais. Trata-se, portanto, de **rol exemplificativo** (*numerus apertus*).

5.5.2 Contribuição de melhoria inversa

O conceito de **contribuição de melhoria inversa**, que sugeriria a cobrança do tributo mesmo quando uma obra pública não é realizada, como no caso da demolição de um presídio, é refutado pelo texto. A ideia é que, para a incidência da contribuição de melhoria, deve haver uma **obra pública** que resulte em **valorização dos imóveis**, não uma simples mudança no uso de uma propriedade pública ou a sua desocupação.

A jurisprudência, de forma geral, não aceita a cobrança de contribuição de melhoria em situações como essa, que não envolvem uma **obra pública efetiva**. Em relação a situações de **não realização de obra**, como a desativação de um presídio, a ideia de "melhoria" seria absurda, pois **não há uma ação estatal positiva que gere a valorização dos imóveis**. Não se configura, portanto, uma cobrança legítima de contribuição de melhoria.

5.5.3 Limite de arrecadação pelo poder público

O limite que o poder público possui para a exigência deste tributo é o **custo total da obra**. Não pode o poder público exigir valor que seja **superior ao valor total da obra**, sob pena de **enriquecimento sem causa do ente federativo**.

De igual modo, **nem todos os imóveis possuirão a mesma valorização**, visto que dependerá do **tipo de obra, distanciamento**, dentre outros fatores. Assim, além de observar o **limite global** (valor total da obra pública), não se pode deixar de lado o **limite individual de valorização**, cabendo ao Poder Público se utilizar, como **base de cálculo da contribuição de melhoria**, a **diferença do valor venal do imóvel antes e após a realização da obra pública**.

Lembre-se que a exigência de contribuição de melhoria **não exonera ou impede também a incidência do IPTU**, que é devido e tem como evento que gera essa incidência o fato de deter a **propriedade**, o **domínio útil** ou a **posse** de bem imóvel, com *animus domini*.

Mesmo que a obra pública esteja **inacabada** é possível a instituição de contribuição de melhoria, desde que o Poder Público **já tenha condições de aferir qual o limite de valorização dos imóveis.**

No entanto, não há que se falar desse tributo, conforme já ressaltado anteriormente, no caso de manutenção de obras públicas. Não há o que se falar na exigência de **contribuição de melhoria inversa**, ou seja, a **cobrança do tributo ante a inexistência de uma obra pública** (p.ex. uma demolição de um presídio que gera a valorização dos imóveis pelo simples fato de sua inexistência). Tal tributo exige uma **obrigação de fazer**, no sentido da **existência de uma obra pública que acarrete a valorização dos imóveis.**

Em regra, **não há o que se falar em indenização ante a existência de uma obra pública que venha a acarretar a desvalorização dos imóveis**, vez que se rege tal situação pelo **princípio da supremacia do interesse público**. No entanto, **caso a obra venha a gerar**, por si só, uma possível **desapropriação indireta**, dará ensejo à indenização devida, **não pela existência da obra em si**, mas sim, pela **ocorrência da desapropriação indireta**. Estabelece o art. 35 do DL 3.365/41:

> "Art. 35. Os bens expropriados, uma vez incorporados à Fazenda Pública, não podem ser objeto de reivindicação, ainda que fundada em nulidade do processo de desapropriação. Qualquer ação, julgada procedente, resolver-se-á em perdas e danos."

Não há a obrigação de indenizar quando uma obra pública resulta em **desvalorização dos imóveis**, em virtude do princípio da **supremacia do interesse público**. A ideia central é que, quando o Estado realiza uma obra pública, ele o faz em atendimento ao **interesse coletivo**, ainda que isso cause **danos indiretos aos bens privados** (como a desvalorização dos imóveis próximos).

Contudo, o **princípio da supremacia do interesse público** não significa que o particular não tenha nenhum direito. O Supremo Tribunal Federal e o Superior Tribunal de Justiça entendem que, se a desvalorização for tão significativa que implique uma **desapropriação indireta**, o particular terá direito à **indenização**, não pela obra em si, mas pelos efeitos da obra que configuram uma **perda econômica** para o proprietário. A **desapropriação indireta** ocorre quando uma obra pública interfere de tal forma nos bens privados que torna o imóvel **inegociável ou inutilizável**, mas sem que haja uma desapropriação formal.

A **indenização deve ser proporcional** aos danos causados pela obra pública, considerando os efeitos **diretos e indiretos** dessa obra para os imóveis próximos. A **indenização por desapropriação indireta** leva em conta a **natureza da obra**, o **grau de impacto** sobre a propriedade privada e a **necessidade de garantir os direitos do proprietário**, ainda que a obra pública seja realizada em prol do interesse coletivo.

JURISPRUDÊNCIA

"Obra pública: o particular que assumiu por contrato a obrigação de ressarcir a sociedade de economia mista executora dos custos de obra pública de seu interesse não pode opor à validade da obrigação livremente contraída a possibilidade, em tese, da instituição para a hipótese de contribuição de melhoria" (**STF, RE 236.310/SP**, j. 14.12.1998, rel. Min. Sepúlveda Pertence, *DJ* 06.04.2001).

• "Taxa de pavimentação asfáltica. (…). Tributo que tem por fato gerador benefício resultante de obra pública, próprio de contribuição de melhoria, e não a utilização, pelo contribuinte, de serviço público específico e divisível, prestado ao contribuinte ou posto a sua disposição. Impossibilidade de sua cobrança como contribuição, por inobservância das formalidades legais que constituem o pressuposto do lançamento dessa espécie tributária" (**STF, RE 140.779/SP**, Pleno, j. 02.08.1995, rel. Min. Ilmar Galvão, *DJ* 08.09.1995).

• "Esta Corte consolidou o entendimento no sentido de que a contribuição de melhoria incide sobre o *quantum* da valorização imobiliária" (**STF, AI 694.836 AgR**, 2ª T., j. 24.11.2009, rel. Min. Ellen Gracie, *DJ*e 18.12.2009).

6
OS TRIBUTOS FINALÍSTICOS

Os denominados **tributos finalísticos** são aqueles criados para atendimento de uma **finalidade constitucionalmente prevista** e cuja **arrecadação é destinada a financiar uma atividade pública específica**. Em outras palavras, são tributos cuja utilização dos recursos arrecadados é **vinculada a um fim determinado**, geralmente em **benefício direto dos contribuintes ou da coletividade**. Assim, a natureza finalística desses tributos implica que o poder público está **condicionado** a **usar a arrecadação para cumprir uma finalidade específica**, conforme determinada pela Constituição Federal ou por lei. Essa característica pode ser entendida como uma forma de assegurar que os tributos, além de financiar o Estado, atendam a necessidades concretas da população.

Destacam-se como tributos finalísticos os **empréstimos compulsórios** e as **contribuições especiais**.

6.1 EMPRÉSTIMOS COMPULSÓRIOS

A história do **empréstimo compulsório** no Brasil está diretamente ligada às necessidades do governo federal de **obter recursos de maneira rápida e eficaz**, especialmente em **períodos de crise econômica** ou de **guerra**. Ao longo dos anos, essa figura tributária foi utilizada de maneira pontual para enfrentar dificuldades fiscais ou para financiar investimentos específicos.

A primeira previsão constitucional de **empréstimos compulsórios** no Brasil foi feita pela **Constituição de 1946**, que estabeleceu, em seu artigo 22, a possibilidade de o Estado cobrar empréstimos compulsórios em situações de **guerra externa** ou em **situações de calamidade pública**. A medida, embora não tenha sido amplamente utilizada, representava um mecanismo importante para o financiamento de grandes despesas emergenciais.

A **Constituição de 1967** também previu os empréstimos compulsórios, mas com uma característica mais abrangente. O artigo 18 permitia que o governo federal criasse empréstimos compulsórios tanto em situações de guerra como para **atender a necessidades extraordinárias da economia**, como a **modernização da infraestrutura do país**. Foi nesse período que alguns dos maiores empréstimos compulsórios foram criados.

Para tanto, citamos os seguintes empréstimos compulsórios:

I – Empréstimo Compulsório para a Segunda Guerra Mundial

O primeiro empréstimo compulsório significativo criado no Brasil ocorreu em 1942, no contexto da **Segunda Guerra Mundial**. O governo federal, enfrentando o esforço de guerra, necessitava de recursos financeiros urgentes para sustentar a participação do Brasil no conflito. Assim, foi instituído o **Empréstimo Compulsório para a Guerra** (Lei 1.164, de 1942), que visava arrecadar recursos para a manutenção das forças armadas e para o financiamento de ações relacionadas ao esforço de guerra. Esse empréstimo compulsório era claramente um **tributo** com **finalidade específica**, vinculado ao **financiamento de uma necessidade emergencial do Estado**, de forma que sua arrecadação deveria ser usada exclusivamente para os fins definidos pela lei.

II – Empréstimo Compulsório para o Desenvolvimento Econômico

Outro empréstimo compulsório relevante foi instituído pelo governo militar, por meio do Decreto-Lei 1.199, de 1969, com o objetivo de financiar o **desenvolvimento econômico** do país, particularmente voltado à **construção de grandes obras de infraestrutura** (como a rodovia Transamazônica). Esse empréstimo foi uma das principais ferramentas de captação de recursos do governo para enfrentar o processo de modernização econômica do Brasil. O empréstimo foi criado com uma **finalidade específica e temporária**, com a previsão de devolução do montante arrecadado ao contribuinte **após a execução dos projetos**. Ele possuía, assim, caráter de um tributo extraordinário, criado para atender a uma **necessidade pública urgente** e com vínculo claro com o uso dos recursos arrecadados.

III – Empréstimo Compulsório para o Financiamento da Crise Fiscal

Em 1983, o Brasil enfrentava uma severa crise fiscal e financeira, o que levou o governo a adotar uma série de medidas para obter recursos rapidamente. Nesse contexto, foi criado um **empréstimo compulsório** com o objetivo de **financiar a superação da crise fiscal**. Embora não tenha sido amplamente utilizado, o empréstimo de 1983 era um tributo extraordinário e de **emergência fiscal**, criado para suprir uma **necessidade urgente de recursos** no orçamento federal.

Além desses empréstimos compulsórios indicados, tivemos a ocorrência de outros ao longo do tempo: para aquisição de veículos novos, sobre combustíveis e energia elétrica etc.

Atualmente previstos no art. 148 da CF/1988[1], são tributos de **competência extraordinária da União**, que somente poderá instituí-los mediante **lei complementar**.

---

1. **Art. 148.** A União, mediante lei complementar, poderá instituir empréstimos compulsórios:
   I – para atender a despesas extraordinárias, decorrentes de calamidade pública, de guerra externa ou sua iminência;

Diferentemente do que ocorre com os impostos, taxas e contribuição de melhoria, que são **tributos cuja natureza jurídica é determinada pelo fato gerador**, o empréstimo compulsório é um **tributo finalístico**: passa a ser criado visando **atender uma finalidade constitucionalmente prevista**, não se aplicando o disposto no art. 4º do CTN.

6.1.1 Espécies constitucionais

Dentre as espécies de empréstimos compulsórios estabelecidos na CF/1988, temos:

a) Empréstimo Compulsório Emergencial

Encontra-se disposto no art. 148, I, da CF, visando atender **despesas públicas decorrentes de calamidade pública**, **guerra externa** ou sua **iminência**:

> "Art. 148. A União, mediante lei complementar, poderá instituir empréstimos compulsórios:
>
> I – para atender a despesas extraordinárias, decorrentes de calamidade pública, de guerra externa ou sua iminência".

A finalidade desse tributo é atender as **despesas extraordinárias** que decorrem de **calamidade pública**, **guerra externa** ou sua **iminência**. *In casu*, trata-se de situação emergencial, decretada pelo Poder Executivo Federal, sendo que a calamidade pública ora apresentada deve se dar em **âmbito nacional**, não se justificando a criação desse tributo por situações regionais ou locais.

A **calamidade pública** é caracterizada por uma situação de **extrema gravidade**, que compromete a capacidade do Estado de lidar com uma **crise** ou **desastre de grande escala**, prejudicando a **ordem pública**, a **saúde**, a **economia** ou o **bem-estar da população**. Para que se configure uma calamidade pública que justifique a criação de empréstimos compulsórios, são necessários alguns elementos:

- **Gravidade e Impossibilidade de Enfrentamento Imediato**: a calamidade deve ser de tal magnitude que o Estado não tenha meios suficientes para enfrentá-la **sem recorrer a fontes extraordinárias de financiamento**. Exemplos incluem **desastres naturais de grande porte** (terremotos, inundações, epidemias em larga escala) ou **crises sanitárias e ambientais** de grande alcance, como ocorreu no caso da COVID-19;

- **Afetação Direta à População**: a calamidade deve afetar diretamente a vida dos cidadãos, como no caso de **enchentes massivas**, **epidemias** ou **acidentes ambientais graves** que exijam recursos urgentes para a recuperação da ordem social; dentre outros.

II – no caso de investimento público de caráter urgente e de relevante interesse nacional, observado o disposto no art. 150, III, "b".

Parágrafo único. A aplicação dos recursos provenientes de empréstimo compulsório será vinculada à despesa que fundamentou sua instituição.

A **guerra externa** é uma situação extrema em que o Brasil se envolve diretamente em um **conflito armado com outro país ou grupo estrangeiro**. Para que a guerra externa seja considerada como justificativa para a criação de um empréstimo compulsório, deve-se observar:

- **Estado de Beligerância:** a guerra externa exige a presença de um **estado de beligerância formal** entre o Brasil e uma nação ou grupo estrangeiro, ou pelo menos uma situação que implique risco imediato à segurança nacional;

- **Urgência no Financiamento:** durante a guerra externa, o governo pode precisar de **recursos extraordinários** para financiar **operações militares**, a **defesa nacional** e o **suporte logístico**. Esses recursos podem ser obtidos por meio de empréstimos compulsórios, com a **obrigação de devolução** dos valores aos cidadãos após a guerra.

- **Formalização e Declaração Oficial:** a guerra deve ser formalmente reconhecida, seja por uma **declaração de guerra** ou por outro meio legal, como uma **mobilização nacional**.

Durante a **Segunda Guerra Mundial**, o Brasil, por exemplo, criou empréstimos compulsórios para financiar o esforço de guerra, com base na necessidade de recursos para sustentar a participação brasileira no conflito.

Já a **iminência de guerra** se refere à **possibilidade concreta e imediata de um conflito armado** com outro país, que ainda não se materializou, mas que apresenta uma **grave ameaça à segurança nacional**. Para que a iminência de guerra seja caracterizada, é necessário que se preencham alguns requisitos:

- **Sinalização Clara de Risco de Conflito:** a iminência de guerra pode ser caracterizada pela **escalada de tensões diplomáticas ou militares**, com um claro risco de escalonamento para um conflito armado. Esse risco deve ser reconhecido tanto internamente (pelo governo brasileiro) quanto externamente (pela comunidade internacional);

- **Utilização de Medidas Preparatórias:** a iminência de guerra frequentemente leva o governo a tomar medidas de preparação, como o **recrutamento de tropas**, a **mobilização de recursos materiais** e a **implementação de medidas defensivas**, que podem exigir recursos financeiros extraordinários;

- **Necessidade de Recursos para Defesa:** nesse contexto, o governo pode criar um empréstimo compulsório para garantir o **financiamento de preparações para o possível conflito**, garantindo que a segurança nacional esteja protegida.

A **instituição de um empréstimo compulsório em caso de iminência de guerra** geralmente ocorre em momentos de **grande tensão internacional** ou quando há uma mobilização militar iminente.

Denota-se, ainda, que tal empréstimo compulsório **não se sujeita ao princípio da anterioridade**, podendo ser exigido i**mediatamente** após a publicação da lei complementar competente.

b) Empréstimo Compulsório de Investimento

Tal empréstimo compulsório pode ser instituído pela União para atendimento de **despesas decorrentes de investimento público**, de **caráter urgente** e **relevante interesse nacional**, nos termos do art. 148, II, da CF/1988:

> "Art. 148. A União, mediante lei complementar, poderá instituir empréstimos compulsórios:
>
> (...)
>
> II – no caso de investimento público de caráter urgente e de relevante interesse nacional, observado o disposto no art. 150, III, "b"."

Por óbvio, o que se considera **como investimento público de caráter urgente e relevante interesse nacional** trata-se de análise de **mérito administrativo**, vez que a decisão do que é urgente e relevante caberá ao Poder Executivo, mediante a aprovação da lei complementar pelo Congresso Nacional.

No entanto, classifica-se como **urgência** uma **necessidade imediata**, que **não pode ser adiada sem que gere sérios prejuízos à coletividade**. Em termos práticos, isso pode se referir a **emergências** como, por exemplo, o **financiamento de grandes obras de infraestrutura essenciais para o desenvolvimento ou recuperação de setores fundamentais da economia**. O **relevante interesse nacional** se refere àquilo que é considerado de importância central para o **bem-estar coletivo** e a **segurança nacional**. Isso inclui grandes projetos de **infraestrutura** (por exemplo, rodovias, hidrelétricas, aeroportos) ou iniciativas relacionadas à **educação**, **saúde** e **segurança pública** que afetam significativamente a vida social e econômica do país.

Mesmo identificando os institutos, a **definição de urgência e relevância** é, em última instância, uma questão de **política pública** e envolve uma avaliação administrativa feita pelo **Poder Executivo**, que possui, por meio do **Presidente da República** e seus ministros, a responsabilidade de analisar as necessidades do país e tomar as decisões adequadas sobre os investimentos a serem feitos. Essa análise de **mérito administrativo** é justamente uma das justificativas para a **autonomia do Executivo** em definir o que constitui um **investimento público urgente e relevante**. Para o **Poder Executivo**, cabe a responsabilidade de determinar as **prioridades nacionais** e o **uso adequado dos recursos públicos**.

Exemplificando, poderá o Presidente da República indicar que, dentre a ocorrência de determinada **pandemia e ausência de recursos públicos na área da saúde**, o Congresso Nacional poderá editar lei complementar para instituição de tal exação.

Observa-se, contudo, que o dispositivo determina que esse tributo **deve se sujeitar ao princípio da anterioridade no regramento anual**, ou seja, estaria tão somente sujeito ao regramento anual, **o que levaria ao equívoco de se denotar que tal tributo não se sujeitaria a anterioridade nonagesimal**. Contudo, a interpretação deve ser à luz do disposto no art. 150, §1º da CF/1988[2], que foi alterado pela EC 42/03. Sendo assim, o empréstimo compulsório de investimento **deverá se sujeitar ao princípio da anterioridade**, seja **anual** (de exercício) ou **nonagesimal**.

c) Empréstimo Compulsório pela absorção temporária do poder aquisitivo

Estabelece o art. 15, III, do CTN que:

> **"Art. 15.** Somente a União, nos seguintes casos excepcionais, pode instituir empréstimos compulsórios:
>
> (...)
>
> III – conjuntura que exija a absorção temporária de poder aquisitivo."

O **empréstimo compulsório** instituído pela União, nos termos do art. 15, III, do CTN, teve a finalidade específica de **absorver** ou **compensar o poder aquisitivo da moeda** em contextos econômicos críticos, como períodos de **inflação elevada** ou outras distorções econômicas. O dispositivo estabelece que a União pode instituir um empréstimo compulsório com o objetivo de **absorver a inflação** e recuperar o poder de compra da moeda nacional.

A **criação** do empréstimo compulsório para **absorção do poder aquisitivo da moeda** seria possível em situações de **grande distorção econômica**, como uma **inflação galopante**, quando o poder de compra da moeda resta comprometido.

Isso significava que, em períodos de grande desvalorização da moeda, a **União poderia criar um tributo** (o empréstimo compulsório) para **recolher valores de forma forçada** da população e utilizá-los para **absorver os efeitos inflacionários**, estabilizando o poder aquisitivo da moeda. A ideia era retirar recursos do mercado e reduzir a circulação de moeda, com o objetivo de combater a **inflação** e **restabelecer a estabilidade econômica**.

Embora o **art. 15, III, do CTN** tenha sido válido no período de sua criação e ao longo de vários anos, com o advento da **Constituição de 1988**, a situação mudou radicalmente. A **CF/88**, em seu processo de **transição e recepção de normas infra-constitucionais** anteriores, estabeleceu novos parâmetros para a criação de tributos, especialmente no tocante a instrumentos como o **empréstimo compulsório**. Assim, estabeleceu um novo regime para a criação de tributos e a utilização de **empréstimos compulsórios**, com normas mais rígidas e bem definidas para sua aplicação.

---

2. **Art. 150** (...)

§ 1º A vedação do inciso III, b, não se aplica aos tributos previstos nos arts. 148, I, 153, I, II, IV e V; e 154, II; e a vedação do inciso III, c, não se aplica aos tributos previstos nos arts. 148, I, 153, I, II, III e V; e 154, II, nem à fixação da base de cálculo dos impostos previstos nos arts. 155, III, e 156, I.

Nesse contexto, o **art. 15, III, do CTN**, ao prever um empréstimo compulsório com o objetivo de **absorver a moeda** (uma finalidade econômica de caráter exclusivamente monetário e com enfoque na política monetária), foi considerado **não recepcionado** pela CF/88. Ou seja, o dispositivo do CTN perdeu sua validade no ordenamento jurídico brasileiro por não atender aos novos parâmetros e princípios constitucionais estabelecidos pela **CF/88**.

Algumas considerações foram observadas para a **não recepção** do dispositivo:

- a instituição de um tributo para absorção do poder aquisitivo da moeda **não possui clareza em sua finalidade**, especialmente se considerarmos o papel da **política monetária**, que é de competência do **Banco Central** e não do governo federal por meio de tributos;

- o empréstimo compulsório tem como fundamento o caráter **temporário** e **finalístico**, mas sua utilização para **absorver a moeda** e **combater a inflação** contraria a natureza e os princípios do novo ordenamento tributário, pois a **política de estabilização econômica** deve ser tratada de forma **independente dos instrumentos tributários**, com enfoque nas políticas monetária e fiscal, e não por meio de um tributo temporário.

A **política monetária** (que envolve o controle da inflação e do poder aquisitivo da moeda) é de competência do **Banco Central**, conforme os dispositivos constitucionais. A utilização de um **empréstimo compulsório** para controlar a inflação e o poder aquisitivo da moeda usurpava a função da política monetária, que deve ser desempenhada pelo Banco Central, e não por meio de um tributo.

6.1.2 Temporariedade e restituibilidade

O empréstimo compulsório é um tributo com **vigência temporária**, isto é, **possui prazo de validade**. Não se pode atribuir, contudo, que tal validade termina quando **cessado o fator que gerou sua instituição**. Isto porque, muitas vezes, o fato que desencadeou sua instituição se findou, mas os **efeitos se perduram no tempo, autorizando a mantença da cobrança**. Por exemplo, se um empréstimo fora criado devido à existência de uma **calamidade pública** e esta termina, não significa a retirada do empréstimo de forma estanque do ordenamento jurídico, isto porque **os efeitos da calamidade podem se perdurar durante algum período**, autorizando a cobrança do empréstimo. Assim, apesar de ser um tributo temporário, sua retirada do ordenamento jurídico é gradual.

Em regra, o prazo para que o empréstimo compulsório possa ser extraído do ordenamento jurídico, quando findas as razões para sua instituição, é de **até 5 anos**. Assim, sendo um **critério casuístico**, pode ser extinto **desde o primeiro mês em até cinco anos**, a depender das despesas decorrentes dos efeitos gerados.

O empréstimo compulsório é um tributo **cujo valor deve ser restituído ao particular quando do final de sua cobrança**, nos termos estabelecidos pela própria lei complementar que o instituiu. Assim, a lei complementar, quando da instituição desse tributo, deve estabelecer a **forma**, o **prazo** e as **condições** à sua restituição.

Discute-se se o montante arrecadado **pode ser devolvido em títulos da dívida pública** ou **qualquer outra forma de devolução**. Isto porque, antes da Constituição Federal de 1988, tivemos a instituição de empréstimos compulsórios que foram restituídos em títulos, como ocorreu na situação que envolve a energia elétrica, sendo o **montante restituído em títulos da Eletrobras**. *In casu*, a Eletrobras figurou como delegatária da União na arrecadação e administração do empréstimo compulsório, que serviu para viabilizar programas de governo no setor elétrico, atendendo obrigações assumidas pela União junto aos Estados e realizar a devolução dos valores arrecadados.

Levamos em consideração a natureza jurídica da Eletrobras, na condição de **sociedade de economia mista federal**, não se aplicando na discussão do montante a ser recebido a **competência absoluta em razão da pessoa**, insculpida no art. 109, I, da Constituição Federal, aplicando-se o disposto na súmula 556 do STF:

É competente a **Justiça comum** para julgar as causas em que é parte **sociedade de economia mista**.

No entanto, se diante da discussão perante o juízo de primeiro grau, a **União realizar respectiva intervenção**, sendo esta deferida pelo juízo, as **razões do Recurso de Apelação serão processadas e julgadas pelo competente Tribunal Regional Federal da respectiva região**, conforme estabelece a súmula 553 do STJ, *in verbis*:

Nos casos de empréstimo compulsório sobre o consumo de energia elétrica, é competente a **Justiça estadual** para o julgamento de demanda proposta **exclusivamente contra a Eletrobrás**. Requerida a **intervenção da União** no feito após a **prolação de sentença** pelo juízo estadual, os autos devem ser remetidos ao **Tribunal Regional Federal** competente para o julgamento da **apelação** se deferida a intervenção.

Um dos aspectos mais fundamentais desse tributo é o fato de ser **restituível**, cabendo à **lei complementar** estabelecer a **forma**, o **prazo** e as **condições** para sua **restituição**. Quando do julgamento do **RE 121.336/CE**, discutiu-se a **natureza jurídica do empréstimo** para se ter a aceitação ou não de sua restituição através de **títulos da dívida pública**. Segundo o entendimento majoritário da Corte Supremo, o **empréstimo**, ainda que **compulsório**, continua sendo empréstimo, devendo observar o regramento estabelecido no art. 110 do CTN[3], não podendo a norma tributária alterando o conceito, institutos e formas de direito privado.

Assim, sendo uma **prestação pecuniária compulsória** – portanto, mediante pagamento em dinheiro – sua restituição deverá se dar da mesma maneira: **em dinheiro**. Portanto, notadamente para os empréstimos compulsórios instituídos após a CF/88, sua **restituição somente poderá se dar em dinheiro**.

Toda a receita arrecadada do empréstimo compulsório deve ser vinculada às despesas que fundamentaram sua instituição. Determina o art. 148, parágrafo único da CF:

> A aplicação dos recursos provenientes de empréstimo compulsório será vinculado à despesa que fundamentou sua restituição.

Trata de um princípio fundamental que assegura a **finalidade específica** dos recursos arrecadados por meio do **empréstimo compulsório**. Essa regra é de extrema importância tanto para a **transparência fiscal** quanto para a **segurança jurídica** dos contribuintes, pois garante que os **valores arrecadados de maneira extraordinária**, sob a forma de empréstimos compulsórios, sejam utilizados de forma eficiente e diretamente relacionada ao objetivo para o qual foram criados.

---

3. Art. 110. A lei tributária não pode alterar a definição, o conteúdo e o alcance de institutos, conceitos e formas de direito privado, utilizados, expressa ou implicitamente, pela Constituição Federal, pelas Constituições dos Estados, ou pelas Leis Orgânicas do Distrito Federal ou dos Municípios, para definir ou limitar competências tributárias.

JURISPRUDÊNCIA

"O Supremo Tribunal Federal, no julgamento do RE 146.615-4, reconheceu que o empréstimo compulsório, instituído pela Lei 7.181/1983, cobrado dos consumidores de energia elétrica, foi recepcionado pela nova Constituição Federal, na forma do art. 34, § 12, do ADCT. Se a Corte concluiu que a referida disposição transitória preservou a exigibilidade do empréstimo compulsório com toda a legislação que o regia, no momento da entrada em vigor da Carta Federal, evidentemente também acolheu a forma de devolução relativa a esse empréstimo compulsório imposta pela legislação acolhida, que a agravante insiste em afirmar ser inconstitucional" (**RE 114.069**, 1.ª T., j. 18.12.1995, rel. Min. Ilmar Galvão, DJ 19.04.1996).

"Empréstimo compulsório. Incidência na aquisição de veículos automotores. Dec.-lei 2.288/1986. Inconstitucionalidade. Repetição do indébito. Declarada a inconstitucionalidade das normas instituidoras do empréstimo compulsório incidente na aquisição de automóveis (RE 121.336/CE), surge para o contribuinte o direito à repetição do indébito, independentemente do exercício financeiro em que se deu o pagamento indevido" (**STF, RE 136.805**/RJ, 2.ª T., j. 29.03.1994, rel. Min. Francisco Rezek, DJ 26.08.1994).

"As diversas espécies tributárias, determinadas pela hipótese de incidência ou pelo fato gerador da respectiva obrigação (art. 4.º do CTN) são as seguintes: (a) os impostos (arts. 145, I, 153, 154, 155 e 156 da CF/1988); (b) as taxas (art. 145, II, da CF/1988); (c) as contribuições, que podem ser assim classificadas: (c.1) de melhoria (art. 145, III, da CF/1988); (c.2) parafiscais (art. 149 da CF), que são: (c.2.1) sociais; (c.2.1.1) de seguridade social (art. 195, I, II e III, da CF); (c.2.1.2) outras de seguridade social (art. 195, § 4.º, da CF/1988); (c.2.1.3) sociais gerais (o FGTS, o salário educação, art. 212, § 5.º, da CF/1988, contribuições para o Sesi, Senai, Senac, art. 240 da CF); (c.3) especiais; (c.3.1) de intervenção no domínio econômico (art. 149 da CF) e (c.3.2) corporativas (art. 149 da CF/1988). Constituem, ainda, espécie tributária: (d) os empréstimos compulsórios (art. 148 da CF/1988)" (**STF, RE 138.284/CE**, 2.ª T., j. 01.07.1992, voto do rel. Min. Carlos Velloso, DJ 28.08.1992).

"O depósito judicial, sendo uma faculdade do contribuinte a ser exercida ou não, dependendo de sua vontade, não tem característica de empréstimo compulsório, nem índole confiscatória (CF/1988, art. 150, IV), pois o mesmo valor corrigido monetariamente lhe será restituído se vencedor na ação, rendendo juros com taxa de melhor aproveitamento do que à época anterior à vigência da norma" (**STF, ADI 2.214 MC**, Plenário, j. 06.02.2002, rel. Min. Maurício Corrêa, DJ 19.04.2002.) No mesmo sentido: STF, ADI 1.933, Plenário, j. 14.04.2010, rel. Min. Eros Grau, DJe 03.09.2010.

7
CONTRIBUIÇÕES ESPECIAIS

Até o advento da CF/88, o único tributo existente como contribuição era a **contribuição de melhoria**, na denominada **classificação tripartida**. A EC 18/65, quando se refere a um Sistema Tributário Nacional, não fazia qualquer alusão ao tema **contribuições**.

Antes da CF/88, as contribuições eram vistas de forma bastante restrita e com um campo de atuação limitado. A **Emenda Constitucional 1/69,** modificando a CF/67, inserindo o art. 21, § 2º, I, abriu o caminho para que as contribuições se tornassem mais amplas, mas ainda com certo **grau de incerteza** quanto ao seu tratamento jurídico.

O STF passou a considerar definitivamente tributo tão somente após a CF/88, indicando a expressão **contribuições especiais** como **gênero de demais contribuições previstas na CF.**

Trata-se de **tributos finalísticos**, uma vez que todas as contribuições são instituídas para atendimento de uma **finalidade constitucional**. Reza o art. 149 da CF:

> "Compete exclusivamente à União instituir contribuições sociais, de intervenção no domínio econômico e de interesse das categorias profissionais ou econômicas, como instrumento de sua atuação nas respectivas áreas, observado o disposto nos artigos 146, III, e 150, I e III, e sem prejuízo do previsto no art. 195, § 6º, relativamente às contribuições a que alude o dispositivo."

A **CF/88** procurou estabelecer um sistema tributário mais **justo e equitativo**, e a inserção das contribuições como tributos finalísticos tem um papel importante nesse contexto. As contribuições passaram a ser vistas como **instrumentos de política pública**, com o intuito de **financiar serviços** e **setores** que são de **interesse coletivo** e **público**, como as contribuições sociais para a seguridade social (previdência, saúde, assistência social), ou as contribuições para **intervenção no domínio econômico**, que buscam regular certos setores da economia.

A expressão "**contribuições parafiscais**" está em total desuso, visto que designava as contribuições instituídas em favor das entidades que, embora desempenhassem atividade de interesse público, não compunham a Administração Pública Direta. Tal situação não mais é aplicável, ante o advento da Lei 11.457/07, que unificou os órgãos e entidades da administração tributária federal, criando a **Secretaria da Receita Federal do Brasil** – denominada de **Super Receita**. Assim, não mais se admite a arrecadação e fiscalização de tributos na esfera federal por outra entidade que não seja a Secretaria da Receita Federal do Brasil – SRFB.

O fim das contribuições parafiscais, com a unificação da administração tributária pela **Lei 11.457/07**, também pode ser visto como uma tentativa de **racionalizar** e **centralizar a fiscalização**, embora isso tenha levado a uma concentração de poder na **Secretaria da Receita Federal do Brasil**, o que pode ser criticado por restringir a **autonomia administrativa** de determinadas entidades que antes gerenciavam suas próprias contribuições, como era o caso de entidades representativas de categorias profissionais.

São espécies do gênero **contribuições especiais**: a **contribuição de intervenção no domínio econômico (CIDE)**, as **contribuições de interesse das categorias profissionais e econômicas (Corporativas)**, as **contribuições sociais** e a **contribuição para o custeio do serviço de iluminação pública (COSIP)**.

7.1 CONTRIBUIÇÃO DE INTERVENÇÃO NO DOMÍNIO ECONÔMICO (CIDE)

São contribuições instituídas pela União com a finalidade de **regular** as **possíveis distorções no mercado econômico**, bem como de **fomentar o desenvolvimento econômico** de alguma área que a União entenda ser importante para o desenvolvimento nacional, observados os **princípios da ordem econômica** previstos no art. 170 da CF/1988[1].

Para a validade da instituição da CIDE, há necessidade de observância de determinados elementos:

⇒ atendimento das exigências constitucionais na possibilidade de intervenção, pela União, em segmentos econômicos objeto da referida intervenção;

⇒ referibilidade da CIDE a contribuinte participante de determinado domínio econômico;

⇒ vinculação do produto da arrecadação; e

---

1. **Art. 170.** A ordem econômica, fundada na valorização do trabalho humano e na livre iniciativa, tem por fim assegurar a todos existência digna, conforme os ditames da justiça social, observados os seguintes princípios:
   I – soberania nacional;
   II – propriedade privada;
   III – função social da propriedade;
   IV – livre concorrência;
   V – defesa do consumidor;
   VI – defesa do meio ambiente, inclusive mediante tratamento diferenciado conforme o impacto ambiental dos produtos e serviços e de seus processos de elaboração e prestação;
   VII – redução das desigualdades regionais e sociais;
   VIII – busca do pleno emprego;
   IX – tratamento favorecido para as empresas de pequeno porte constituídas sob as leis brasileiras e que tenham sua sede e administração no País.
   Parágrafo único. É assegurado a todos o livre exercício de qualquer atividade econômica, independentemente de autorização de órgãos públicos, salvo nos casos previstos em lei.

⇒ transitoriedade de existência pelo atendimento da finalidade constitucionalmente prevista.

Estabelece o art. 174 da CF:

> "Art. 174. Como **agente normativo** e **regulador** da atividade econômica, o Estado exercerá, na forma da lei, as funções de **fiscalização, incentivo** e **planejamento**, sendo este **determinante para o setor público** e **indicativo para o setor privado**."

A função de **fiscalização** é um dos pilares da atuação do Estado na economia. Isso envolve a **supervisão** das atividades econômicas para garantir o **cumprimento das leis e normas** que regem os mercados, evitando abusos, práticas desleais, monopólios ou qualquer ação que prejudique a concorrência justa. A fiscalização é um instrumento para assegurar que as empresas operem dentro dos limites legais e que as **diretrizes** estabelecidas pelo planejamento econômico sejam cumpridas.

A fiscalização também busca **proteger os consumidores**, os trabalhadores e o meio ambiente, além de garantir que as empresas contribuam de forma justa para o sistema tributário e para a economia nacional. Em um sentido mais amplo, ela abrange a **auditoria** e o **monitoramento da atuação de empresas e mercados**, evitando, por exemplo, o uso de **cartéis**, fraudes fiscais e outras práticas ilícitas.

A função de **incentivo** do Estado envolve a criação de condições favoráveis ao **desenvolvimento econômico** e à **inovação**, estimulando **setores estratégicos**, como **infraestrutura, tecnologia, educação** e **saúde**. A Constituição de 1988 reconhece a importância de estimular o crescimento econômico, especialmente em áreas que demandam mais recursos para se desenvolver.

Os incentivos podem assumir diversas formas, como **subsídios, isenções fiscais, financiamento** a juros mais baixos e **subsídios** para a **pesquisa e desenvolvimento**. Isso ajuda a fomentar a **atividade privada**, promovendo a inovação e a **competitividade** no mercado. Ao incentivar certas indústrias ou atividades, o Estado pode, por exemplo, reduzir as desigualdades regionais ou promover o desenvolvimento de setores que são essenciais para o crescimento nacional.

O **planejamento econômico** envolve a **organização e direcionamento da política econômica** do Estado, com a definição de **metas** e **estratégias** a serem seguidas para promover o desenvolvimento social e econômico. No **art. 174**, o planejamento é descrito como **determinante para o setor público** e **indicativo para o setor privado**. Esse planejamento visa à **coordenação das políticas públicas**, ajudando a direcionar os investimentos e as ações do governo de maneira eficiente, principalmente nas áreas de **infraestrutura, educação, saúde** e **desenvolvimento regional**.

No setor privado, o planejamento atua como um **indicativo**, ou seja, fornece um **direcionamento** para as empresas privadas, sugerindo áreas em que os investimentos devem ser feitos para atender às necessidades do país e contribuir para o desenvolvimento econômico. Além disso, o **planejamento público** deve ser **flexível**, considerando as mudanças constantes no cenário econômico global e nacional. O Estado, ao planejar suas ações, deve equilibrar a **intervenção econômica** com o incentivo à **iniciativa privada**, para garantir uma **economia de mercado** dinâmica e eficiente.

O art. 174 da CF/1988 reflete a tentativa de equilibrar duas forças no sistema econômico: a **liberdade econômica** e a **necessidade de intervenção estatal**. O Estado não deve ser um ator **dominante** na economia, mas também **não deve ser completamente ausente**. Ele tem a responsabilidade de garantir que a economia opere de maneira justa e que as políticas públicas atendam aos interesses da sociedade como um todo.

Embora o texto constitucional descreva o planejamento como **determinante para o setor público** e **indicativo para o setor privado**, na prática, o papel do Estado como regulador da atividade econômica envolve uma **complexa dinâmica de interação com o mercado privado**, no sentido de garantir que as ações do setor privado **não prejudiquem os interesses coletivos e sociais**.

A Lei 13.874, de 20 de setembro de 2019, institui o **Estatuto da Liberdade Econômica**, tendo como **princípios norteadores** a liberdade como uma garantia no exercício de atividades econômicas, a **boa-fé do particular perante o Poder Público**, a **intervenção subsidiária e excepcional do Estado sobre o exercício de atividades econômicas** e o **reconhecimento da vulnerabilidade do particular perante o Estado**.

Dentre as contribuições interventivas mais relevantes, temos:

a) Adicional de Frete para Renovação da Marinha Mercante (AFRMM)

Objetiva captar recursos financeiros para a União promover o **apoio** e **desenvolvimento** das **atividades da marinha mercante**, bem como da **indústria de reparo** e **construção naval**, tendo como **fato gerador** o **início efetivo da operação de descarregamento da embarcação em porto brasileiro** e por **base de cálculo** o **frete** cobrado nos **transportes marítimos**.

A previsão originária está no DL 2.404/1987 e, atualmente, regulamentada pela Lei 10.893/04. O contexto histórico de sua criação está vinculado à necessidade de fortalecer a **infraestrutura naval brasileira**. Durante as décadas de 1970 e 1980, o Brasil buscou expandir sua capacidade de transporte marítimo e promover a construção de embarcações nacionais, visando reduzir a dependência de serviços de transporte estrangeiros.

Com a **Lei 10.893/2004**, foram ajustados critérios relacionados à arrecadação e destinação dos recursos, reforçando o caráter interventivo do AFRMM. Essa lei também prevê **condições especiais de isenção** e **redução** para determinados **tipos de mercadorias e operações**, em alinhamento com a política de incentivo setorial.

Os recursos arrecadados com o AFRMM são vinculados ao **Fundo da Marinha Mercante (FMM)**, que tem como finalidade:

- financiar a construção e modernização de embarcações nacionais;

- sustentar a **indústria naval brasileira**;
- apoiar o **transporte de cabotagem** e o desenvolvimento de operações marítimas estratégicas.

O fundo desempenha papel fundamental na política econômica brasileira, especialmente no **fomento da logística marítima**, que é crucial para um país com **dimensões continentais** e **grande dependência do comércio exterior**.

De acordo com a **súmula 37** do extinto **Tribunal Federal de Recursos** (TRF), a **isenção** do AFRMM depende da existência de **ato internacional de natureza contratual**, firmado pelo Brasil concedendo o benefício à mercadoria importada, **não podendo ser concedida por acordo** ou **tratado de caráter geral**, cujo objeto é a regulamentação do comércio internacional.

O AFRMM é essencial para o fortalecimento da **soberania nacional** no setor **marítimo e naval**. A capacidade de construir e reparar embarcações é vital para garantir a **segurança logística e reduzir a dependência de serviços estrangeiros**, especialmente em um país como o Brasil, cuja economia é amplamente baseada no **comércio exterior**.

Ademais, o tributo cumpre um papel de estímulo ao **transporte de cabotagem**, que é estratégico para a **integração territorial** e para a **redução dos custos de transporte interno**, considerando a extensão do litoral brasileiro. O **fortalecimento da marinha mercante** e da **indústria naval** também gera impactos positivos na **geração de empregos** e no desenvolvimento de tecnologia.

b) Adicional de Tarifa Portuária – ATP

Trata-se de contribuição interventiva, estabelecida pela Lei 7.700/88, destinando-se ao **melhoramento, reaparelhamento, reforma e expansão das instalações portuárias**. Incide sobre as operações realizadas com **mercadorias importadas e exportadas**, objeto do **comércio de navegação de longo curso**.

O ATP é justificado pela necessidade de **investimentos constantes no setor portuário brasileiro**, especialmente diante da **importância dos portos** para o **comércio internacional**. A estrutura portuária é essencial para o escoamento de mercadorias exportadas e a recepção de bens importados, sendo um **pilar logístico** para a economia do país.

A **intervenção estatal** no setor portuário é necessária para garantir que as **instalações estejam adequadas à demanda crescente do comércio exterior, reduzindo custos logísticos e aumentando a competitividade** do Brasil no mercado global.

A jurisprudência também abordou o impacto do ATP no **custo logístico** das operações de exportação e importação. Embora reconheça que o ATP **aumenta o custo das transações comerciais**, os tribunais têm considerado que a finalidade do tributo – melhorar a infraestrutura portuária – justifica sua cobrança, desde que os recursos sejam aplicados corretamente.

Entretanto, o ATP é frequentemente criticado por **aumentar os custos logísticos** das **operações de comércio exterior**, especialmente em um país onde a infraestrutura portuária já é deficiente. Esse custo adicional pode prejudicar a competitividade das empresas brasileiras no mercado internacional. Embora a destinação do ATP seja claramente definida, há questionamentos sobre a **efetividade dos investimentos realizados** com os recursos arrecadados. Muitas vezes, os portos brasileiros continuam enfrentando **problemas estruturais**, como atrasos, falta de modernização e capacidade insuficiente.

c) Contribuição ao FUST (Fundo de Universalização dos Serviços de Telecomunicações)

A **Contribuição ao Fundo de Universalização dos Serviços de Telecomunicações (FUST)** é uma **contribuição interventiva** instituída pela **Lei 9.998/2000**. Seu principal objetivo é **viabilizar a universalização dos serviços de telecomunicações no Brasil**, conforme disposto no **art. 81 da Lei Geral de Telecomunicações (Lei 9.472/1997[2])**.

Criada pela Lei 9.998/00, o fato gerador decorre da **prestação de serviços de telecomunicações no território nacional**, realizada por empresas regularmente autorizadas ou outorgadas a operar nesse setor. A capacidade tributária ativa será realizada pela **Agência Nacional de Telecomunicações** (ANATEL). A base de cálculo será a **receita operacional bruta**, decorrente da prestação de serviços de telecomunicações, excluindo-se o ICMS, o IPI e a COFINS. Essas exclusões visam evitar a **bitributação** e assegurar que a CIDE-FUST incida apenas sobre a **receita** diretamente relacionada à **prestação do serviço**.

A alíquota do FUST foi fixada em **1%** (um por cento) **da receita operacional bruta**, após as deduções previstas.

A criação do FUST como CIDE foi amplamente debatida nos tribunais, especialmente no que diz respeito à sua **constitucionalidade** e conformidade com o sistema tributário nacional. O entendimento consolidado no STF é que o FUST é **constitucional**, pois atende aos requisitos do art. 149 da CF/1988, sendo legítima sua finalidade de intervenção no domínio econômico para **promover a universalização dos serviços de telecomunicações**.

Questão recorrente na jurisprudência envolve o **uso efetivo dos recursos arrecadados pelo FUST**. Em várias ocasiões, foi questionado se os recursos estão sendo aplicados de maneira **adequada e vinculada** às finalidades previstas na lei. O **Tribunal de Contas da União (TCU)** já identificou desvios na utilização desses recursos, que, em

---

2. **Art. 81.** Os recursos complementares destinados a cobrir a parcela do custo exclusivamente atribuível ao cumprimento das obrigações de universalização de prestadora de serviço de telecomunicações, que não possa ser recuperada com a exploração eficiente do serviço, poderão ser oriundos das seguintes fontes:

I – Orçamento Geral da União, dos Estados, do Distrito Federal e dos Municípios;

II – Fundo de Universalização dos Serviços de Telecomunicações (Fust), criado pela Lei 9.998, de 17 de agosto de 2000.

alguns casos, foram empregados para outros fins não relacionados à universalização dos serviços de telecomunicações.

Um tema controvertido na jurisprudência é a incidência do FUST sobre **operadoras de pequeno porte** (OPPs), que muitas vezes alegam que o pagamento dessa contribuição inviabiliza sua operação em mercados menores e de baixa lucratividade. A questão ainda gera debates, embora a legislação não preveja isenções específicas para essas empresas.

d) Cide-Royalties

Instituída pela Lei 10.168/2000, trata-se de um tributo cobrado das **receitas** advindas dos **contratos de licença de uso de marca** ou **tecnologia das empresas conveniadas com Universidades** para este fim, visando ao **fomento** e **desenvolvimento de projetos tecnológicos brasileiros**.

Assim, o fato gerador decorre da **remuneração decorrente dos contratos de licença de uso ou cessão de direitos sobre marcas e tecnologias**. Em termos práticos, ela incide sobre **valores pagos, creditados, entregues, empregados** ou **remetidos ao exterior**, a título de *royalties* e remuneração por **serviços técnicos**.

A base de cálculo do tributo é o valor dos **pagamentos realizados em contratos de licença ou cessão de direitos** relacionados ao **uso de marcas, tecnologias** e **conhecimentos técnicos**. A **alíquota** da CIDE-Royalties foi fixada inicialmente em **10%** (dez por cento) pela Lei 10.168/2000, podendo ser alterada por legislação complementar.

As receitas obtidas através desta contribuição interventiva são destinadas ao **Fundo Nacional do Desenvolvimento de Pesquisas – FNDP. Desenvolvimento de Pesquisas (FNDP)**, conforme disposto na legislação. Este fundo tem como objetivo o **fomento de projetos científicos e tecnológicos**, especialmente em parceria com universidades e instituições de pesquisa. Essa destinação busca criar uma **sinergia entre o setor produtivo e o meio acadêmico**, incentivando o avanço da inovação tecnológica no Brasil.

Em decisões reiteradas, o STF e o STJ confirmaram que a CIDE-Royalties **incide sobre as remessas ao exterior** realizadas em contratos de licença de uso de tecnologia, desde que estejam enquadradas nas hipóteses previstas na Lei 10.168/2000. A jurisprudência também reafirma que **não há bitributação**, mesmo que essas operações também sejam sujeitas ao **Imposto de Renda Retido na Fonte** (IRRF), pois possuem bases legais e finalidades distintas.

e) Cide-Combustíveis

Instituída pela Lei 10.336/2001, com a finalidade de **fomentar** o desenvolvimento da **distribuição de derivados de petróleo, financiamento de pesquisas** para busca de formas diferentes de energia sem afetação ao meio ambiente e ao **financiamento de infraestrutura de transportes**.

A **incidência** recai sobre a **comercialização** e **importação** de petróleo e derivados, gás natural e derivados e álcool etílico combustível. A **base de cálculo é o valor da operação de venda ou importação dos produtos mencionados**. A Lei 10.336/2001 prevê **alíquotas específicas** para cada produto, que podem ser alteradas por decreto do Poder Executivo.

Tal contribuição terá os seus recursos repartidos com os Estados e o DF, na seguinte proporção:

- **40%** (quarenta por cento) proporcionalmente à **extensão da malha viária federal** e **estadual pavimentada** existente em cada Estado e no Distrito Federal, conforme estatísticas elaboradas pelo Departamento Nacional de Infraestrutura de Transportes – DNIT;
- **30%** (trinta por cento) proporcionalmente ao **consumo**, em cada Estado e no Distrito Federal, dos **combustíveis** a que a CIDE se aplica, conforme estatísticas elaboradas pela Agência Nacional do Petróleo – ANP;
- **20%** (vinte por cento) proporcionalmente à **população**, conforme apurada pela Fundação Instituto Brasileiro de Geografia e Estatística – IBGE;
- **10%** (dez por cento) distribuídos em **parcelas iguais** entre os **Estados** e o **Distrito Federal**.

Um dos principais problemas da CIDE-Combustíveis é a **desvinculação parcial de suas receitas pela DRU (Desvinculação de Receitas da União)**. Esse mecanismo permite que parte dos valores arrecadados seja utilizada em despesas gerais do governo, comprometendo sua destinação original. Isso enfraquece a credibilidade do tributo como instrumento de intervenção finalística.

Não obstante, esse tributo é frequentemente utilizado como um **instrumento de política de preços**. Quando o governo decide reduzir sua alíquota, busca **minimizar o impacto do preço do petróleo no consumidor final**. Embora isso beneficie o consumidor no curto prazo, reduz a arrecadação destinada a investimentos em infraestrutura e energia. Projetos essenciais, como pesquisas para fontes de energia limpa e manutenção da infraestrutura de transporte, frequentemente recebem **financiamento insuficiente**, o que levanta dúvidas sobre a eficiência do tributo.

A CIDE-Combustíveis incide sobre o **mesmo setor tributado pelo ICMS** gerando **custos adicionais para os consumidores**. Essa sobreposição de tributos é alvo de críticas, principalmente no que diz respeito à **carga tributária elevada sobre combustíveis**, um insumo estratégico para diversos setores econômicos.

f) Contribuição destinada ao INCRA

Regida pelo Decreto 1.110/70, conforme orientação esposada pelo STJ, se configura como **contribuição interventiva**, não tendo sido revogada pelas Leis 7.789/89 e 8.212/91. Parte da jurisprudência conferiu entendimento no sentido que a Emenda Constitucional 33/01 revogou tal dispositivo. Porém, o STJ firmou entendimento de ser **devido** tanto o **recolhimento da contribuição destinada ao INCRA** quanto ao **FUN-RURAL**, conforme decisão em sede de Recurso Repetitivo (**STJ, REsp 977.058-RS**).

Parte da doutrina e jurisprudência defendeu que a **EC 33/2001**, ao modificar o regime jurídico das contribuições de intervenção no domínio econômico, teria revogado a contribuição ao INCRA. No entanto, o **STJ**, no julgamento do **REsp 977.058-RS**, afastou essa tese, reafirmando que a contribuição permanece válida e exigível.

O que continua sendo discutido é a **constitucionalidade da amplitude da sujeição passiva** pois, se a finalidade da exação é fiscalizar e fazer com que os imóveis rurais cumpram sua função social, de fato, só se dirá respeito ao mundo rural. Plenamente discutível se tal cobrança poderá ser realizada de **empresas urbanas**, conforme entendimento esposado na súmula 516 do STJ, *in verbis*:

"**Súmula 516**. A contribuição de intervenção no domínio econômico para o INCRA (DL 1.110/70), devida por empregadores rurais e urbanos, não foi extinta pelas Leis 7.787/1989, 8.212/91 e 8.213/91, não podendo ser compensada com a contribuição ao INSS."

As Leis **7.787/1989**, **8.212/1991** e **8.213/1991**, que reformularam o **sistema de contribuições sociais**, não revogaram a contribuição destinada ao INCRA. Esse entendimento foi consolidado pela **Súmula 516 do STJ**, que declara que a contribuição continua vigente e não pode ser compensada com as contribuições devidas ao INSS.

O **STJ**, em sede de **recurso repetitivo**[3], reafirmou a **validade da contribuição ao INCRA** e seu caráter cumulativo com outras contribuições, como o **FUNRURAL**. Esse entendimento reforça a manutenção da exação, ainda que haja críticas quanto à sua amplitude.

Algumas ponderações merecem o devido destaque. A contribuição ao INCRA, como tributo de natureza interventiva, deveria estar restrita ao **setor rural**, já que sua finalidade é fomentar ações voltadas para a **reforma agrária** e o **cumprimento da função social da propriedade**. A exigência de empresas urbanas, nesse sentido, parece desproporcional e **desconexa com o princípio da solidariedade tributária**, que exige uma relação lógica entre o fato gerador e a finalidade do tributo.

Embora a contribuição tenha uma destinação finalística, há questionamentos sobre a **transparência e eficiência na aplicação dos recursos arrecadados pelo INCRA**. Parte dos valores pode ser destinada a outras finalidades, especialmente diante da possibilidade de desvinculação de receitas, o que compromete a legitimidade do tributo.

g) **Contribuição destinada ao Sebrae**

As **contribuições destinadas ao Serviço de Apoio às Micro e Pequenas Empresas** (SEBRAE), regidas pela Lei 8.029/90, têm por finalidade **promover a competitividade e o desenvolvimento sustentável dos empreendimentos de micro e pequeno porte**. O

---

3. STJ – Recurso Repetitivo (REsp 977.058-RS).

STF entendeu que não se trata apenas de uma contribuição para entidades profissionais, como as do chamado "**sistema S**" (SESI – SESC – SENAI etc.), uma vez que a atividade do pequeno e do médio empresário **fomenta o desenvolvimento nacional**, sofrendo proteção constitucional, nos termos dos arts. 170 e 179 da CF/1988[4].

O STF, no julgamento do **RE 396.266** entendeu tratar-se de **contribuição interventiva**, tendo em vista a fomento conferido às microempresas e empresas de pequeno porte, sendo um dos corolários principiológicos da ordem econômica e social, estampado no art. 170, IX e 179 da CF.

A contribuição ao SEBRAE cumpre uma **função estratégica** na **política econômica** brasileira, ao direcionar recursos para um segmento econômico que enfrenta dificuldades de acesso a crédito, tecnologia e mercados. No entanto, críticas podem ser feitas sobre a **transparência na aplicação dos recursos** e a **efetividade das políticas implementadas pelo SEBRAE**. Críticos argumentam que empresas maiores acabam contribuindo de forma **desproporcional**, financiando políticas voltadas para um público que não é diretamente beneficiado.

 JURISPRUDÊNCIA

"Sebrae: Contribuição de intervenção no domínio econômico. Lei 8.029/1990, art. 8º, § 3º, da Lei 8.154/1990. Lei 10.668/2003. Arts. 146, III; 149; 154, I e 195, § 4º, da CF. As contribuições do art. 149 da CF – Contribuições sociais, de intervenção no domínio econômico e de interesse de categorias profissionais ou econômicas – Posto estarem sujeitas à lei complementar do art. 146, III, da CF/1988, isto não quer dizer que deverão ser instituídas por lei complementar. (...) A contribuição não é imposto. Por isso, não se exige que a lei complementar defina a sua hipótese de incidência, a base imponível e contribuintes: art. 146, III, *a*, da CF (...). A contribuição do Sebrae – Art. 8º, § 3º, da Lei 8.029/1990, redação das Leis 8.154/1990 e 10.668/2003 – É contribuição de intervenção no domínio econômico, não obstante a lei a ela se referir como adicional às alíquotas das contribuições sociais gerais relativas às entidades de que trata o art. 1º do Dec.-lei 2.318/1986, Sesi, Senai, Sesc, Senac. Não se inclui, portanto, a contribuição do Sebrae, no rol do art. 240 da CF. Constitucionalidade da contribuição do Sebrae" (**STF, RE 396.266/SC**, Plenário, j. 26.11.2003, rel. Min. Carlos Velloso, *DJ* 27.02.2004). No mesmo sentido: **STF, AgRg no AgIn 604.712/SP**, j. 26.05.2009, 1ª T., rel. Min. Ricardo Lewandowski, *DJe* 19.06.2009; STF, AgRg no AgIn 710.609/SP, 2ª T., j. 19.05.2009, rel. Min. Celso de Mello, *Dje* 12.06.2009; STF, AgRg no AgIn 630.179/RS, 1ª T., j. 17.03.2009, rel. Min. Cármen Lúcia, *Dje* 17.04.2009; STF, AgRg no AgIn 653.383/SP, 2ª T., j. 10.02.2009, rel. Min. Joaquim Barbosa, *Dje* 20.03.2009; STF, AgRg no AgIn 708.772/SP, 2ª T., j. 10.02.2009, rel. Min. Eros Grau, *Dje* 13.03.2009.

• "A desvinculação parcial da receita da União, constante do art. 76 do ADCT, não transforma as contribuições sociais e de intervenção no domínio econômico em impostos, alterando a essência daquelas, ausente qualquer implicação quanto à apuração do Fundo de Participação dos Municípios" (**STF, RE 793.564-AgR**, 1ª T., j. 12.08.2014, rel. Min. Marco Aurélio, *DJE* 1º.10.2014).

---

4. **Art. 179.** A União, os Estados, o Distrito Federal e os Municípios dispensarão às microempresas e às empresas de pequeno porte, assim definidas em lei, tratamento jurídico diferenciado, visando a incentivá-las pela simplificação de suas obrigações administrativas, tributárias, previdenciárias e creditícias, ou pela eliminação ou redução destas por meio de lei.

7 • CONTRIBUIÇÕES ESPECIAIS **353**

• "(...) conforme demonstrado na decisão atacada por meio de precedente citado (RE 158.208/RN), da relatoria do Min. Marco Aurélio, a Contribuição para o IAA configura contribuição de intervenção no domínio econômico, nos termos do art. 149 da CF. (...) Dessa forma, a prescrição é regida pelo CTN. (...) Asseverou-se, naquele julgamento, que a EC 8/1977 retirou a natureza tributária das contribuições sociais, com exceção daquelas de intervenção no domínio econômico, como a de que tratam estes autos (IAA). E, uma vez definida a natureza jurídico-tributária da contribuição ao IAA, apenas foi citada e não aplicada a Súmula Vinculante 8, tão somente como reforço de argumentação para explicar que o instituto da prescrição é aplicável às contribuições que têm natureza tributária e, por isso mesmo, submetem-se, quanto ao tema de prescrição, ao CTN (Lei 5.172/1966), que foi promulgado como lei ordinária e recebido como lei complementar pelas Constituições de 1967/1969 e 1988"(**STF, RE 543.997-AgR**, 2ª T., j. 22.06.2010, voto da rel. Min. Ellen Gracie, *DJE* 06.08.2010). *Vide*: STF, RE 214.206, Plenário, j. 15.10.1997, rel. p/ o ac. Min. Nelson Jobim, *DJ* 29.5.1998.
• "O STF fixou entendimento no sentido da dispensabilidade de lei complementar para a criação das contribuições de intervenção no domínio econômico e de interesse das categorias profissionais"(**STF, AI 739.715-AgR**, 2ª T., j. 26.05.2009, rel. Min. Eros Grau, *DJE* 19.6.2009).
• "Contribuição devida ao Instituto do Açúcar e do Álcool – IAA. A CF/1988 recepcionou o DL 308/1967, com as alterações dos DL 1.712/1979 e 1.952/1982. Ficou afastada a ofensa ao art. 149, da CF/1988, que exige lei complementar para a instituição de contribuições de intervenção no domínio econômico. A contribuição para o IAA é compatível com o sistema tributário nacional. Não vulnera o art. 34, § 5º, do ADCT/CF/1988. É incompatível com a CF/1988 a possibilidade da alíquota variar ou ser fixada por autoridade administrativa"(**STF, RE 214.206**, rel. p/ o ac. Min. Nelson Jobim, j. 15.10.1997, Plenário, *DJ* 29.5.1998.) No mesmo sentido: RE 597.098-AgR, rel. Min. Joaquim Barbosa, j. 4.10.2011, *DJE* 17.11.2011. *Vide*: STF, RE 543.997-AgR, 2ª T., j. 22.06.2010, voto da rel. Min. Ellen Gracie, *DJE* 6.8.2010)
• "Adicional ao Frete para Renovação da Marinha Mercante – AFRMM: Contribuição parafiscal ou especial de intervenção no domínio econômico. CF art. 149, art. 155, § 2º, IX. ADCT, Art. 36. O AFRMM é uma contribuição parafiscal ou especial, contribuição de intervenção no domínio econômico, terceiro gênero tributário, distinta do imposto e da taxa (CF/1988, art. 149)"(**STF, RE 177.137**, Plenário, j. 24.05.1995, rel. Min. Carlos Velloso, *DJ* 18.4.1997).
• "Adicional de Tarifa Portuária – ATP. Lei 7.700, de 1988, art. 1º, § 1º. Natureza jurídica do ATP: contribuição de intervenção no domínio econômico, segundo o entendimento da maioria, a partir dos votos dos Min. Ilmar Galvão e Nelson Jobim. Voto do Relator, vencido no fundamento: natureza jurídica do ATP: taxa (...)"(**STF, RE 209.365**, Plenário, j. 04.03.1999, rel. Min. Carlos Velloso, *DJ* 7.12.2000.)

7.2 CONTRIBUIÇÕES DE INTERESSE DAS CATEGORIAS PROFISSIONAIS E ECONÔMICAS (CORPORATIVAS)

Também denominadas de **contribuições corporativas**, são subdividas nas **contribuições de categorias profissionais** e nas **contribuições de categorias econômicas**.

Existem várias profissões que são regulamentadas formalmente no Brasil, exigindo que o profissional a ocupar essas funções, além de obter o título de bacharel, se submeta a um Conselho de Classe específico, que irá, conforme o caso, disciplinar e garantir a forma do exercício da profissão, coibindo abusos que possam eventualmente ser causados por esses profissionais.

Para tanto, esses profissionais, dentre outras obrigações, contribuem para as **Entidades de Classe** com uma **anuidade** (ou **mensalidade**) e recebem de volta a **licença** e o **reconhecimento** de que podem atuar naquela atividade, e a garantia de que o Conselho de Classe irá zelar pela qualidade da atuação dos profissionais.

Tais entidades de classe são dotadas de **natureza autárquica** e, portanto, **não gozam de competência para a instituição de tributos**. Assim, tais **anuidades** são dotadas de **natureza tributária**, sendo criadas pela **União** e transferindo a capacidade tributária ativa para tais entidades.

O STF, quando do julgamento da **ADI 4.697** decidiu que os **Conselhos Profissionais** são **autarquias federais** e que as **anuidades** por eles cobradas constituem **tributo** da espécie **categoria profissional**. Atualmente, tais anuidades estão disciplinadas pela **Lei 12.514/11**, seja reafirmada sua constitucionalidade pela mesma medida judicial.

Estabelece o art. 6º da Lei 12.514/11:

> "Art. 6º As anuidades cobradas pelo conselho serão no valor de:
>
> I – para profissionais de **nível superior**: até **R$ 500,00** (quinhentos reais);
>
> II – para profissionais de **nível técnico**: até **R$ 250,00** (duzentos e cinquenta reais); e
>
> III – para **pessoas jurídicas**, conforme o **capital social**, os seguintes valores máximos:
>
> a) até **R$ 50.000,00** (cinquenta mil reais): **R$ 500,00** (quinhentos reais);
>
> b) acima de **R$ 50.000,00** (cinquenta mil reais) e até **R$ 200.000,00** (duzentos mil reais): **R$ 1.000,00** (mil reais);
>
> c) acima de **R$ 200.000,00** (duzentos mil reais) e até **R$ 500.000,00** (quinhentos mil reais): **R$ 1.500,00** (mil e quinhentos reais);
>
> d) acima de **R$ 500.000,00** (quinhentos mil reais) e até **R$ 1.000.000,00** (um milhão de reais): **R$ 2.000,00** (dois mil reais);
>
> e) acima de **R$ 1.000.000,00** (um milhão de reais) e até **R$ 2.000.000,00** (dois milhões de reais): **R$ 2.500,00** (dois mil e quinhentos reais);
>
> f) acima de **R$ 2.000.000,00** (dois milhões de reais) e até **R$ 10.000.000,00** (dez milhões de reais): **R$ 3.000,00** (três mil reais);
>
> g) acima de **R$ 10.000.000,00** (dez milhões de reais): **R$ 4.000,00** (quatro mil reais)."

In casu, um **enfermeiro** (nível superior) passa a ter a anuidade máxima cobrada pelo COREN até o limite anual de **R$ 500,00** (quinhentos reais); um **técnico em enfermagem** (nível técnico) terá o valor máximo de **R$ 250,00** (duzentos e cinquenta reais) ao ano.

Não se pode afirmar, contudo, **que todas as anuidades são dotadas de natureza tributária** e que seus limites observem o disposto no artigo comentado. Tal situação ocorre no próprio julgamento sobre a **natureza jurídica da Ordem dos Advogados do Brasil – OAB**, na **ADI 3.026**. Isto porque, além de ter suas funções estampadas no art. 133 da CF, **não pode gozar de natureza jurídica autárquica**, visto que deve atuar com **total autonomia** e **independência**, sem vinculação a quaisquer dos Poderes da República. Portanto, as **anuidades** cobradas pela OAB **não são dotadas de natureza tributária**, não se sujeitando ao regime tributário da inscrição em dívida ativa com a consequente execução fiscal; passa a ser dotada de **natureza financeira**, sujeitando-se aos **limites de cada Seccional**, nos termos da legislação federal de regência.

As **contribuições de categorias econômicas** são aquelas que visam o **desenvolvimento das áreas assistenciais do comércio**, da **indústria**, sendo utilizadas para a cultura e educação. São as contribuições do chamado "Sistema S": os denominados **serviços sociais autônomos**, entidades componentes do Terceiro Setor, sendo pessoas jurídicas de direito privado, sem finalidade lucrativa, atuando com atividades privadas de interesse público.

Conforme estabelece o art. 240 da CF/1988:

> "Art. 240. Ficam ressalvadas do disposto no art. 195 as atuais contribuições compulsórias dos empregadores sobre a folha de salários, destinadas às **entidades privadas de serviço social** e de **formação profissional vinculadas ao sistema sindical**."

As contribuições do **Sistema S** são distintas das contribuições gerais previstas no art. 195 da CF/88, que financiam a seguridade social. O art. 240 assegura que essas contribuições tenham **destinação específica**, desvinculando-as da arrecadação geral e das regras constitucionais aplicáveis às contribuições sociais em sentido estrito. O STF reconhece que essas contribuições cumprem função importante na **ordem social e econômica**, tendo fundamento nos princípios da **solidariedade social** e da **justiça distributiva**. A arrecadação compulsória é justificada pela necessidade de financiar serviços que complementam a atuação estatal, promovendo capacitação e assistência ao trabalhador.

 JURISPRUDÊNCIA

"Constitucional. Administrativo. Entidades fiscalizadoras do exercício profissional. Conselho Federal de Odontologia: natureza autárquica. Art. 2º da Lei 4.234/1964 [Lei 4.324/1964]. Fiscalização por parte do TCU. Natureza autárquica do Conselho Federal e dos Conselhos Regionais de Odontologia. Obrigatoriedade de prestar contas ao Tribunal de Contas da União. (...) As contribuições cobradas pelas autarquias responsáveis pela fiscalização do exercício profissional são contribuições parafiscais, contribuições corporativas, com caráter tributário. Art. 149 da CF (...)" (STF, MS 21.797/RJ, Pleno, j. 09.03.2000, rel. Min. Carlos Velloso, DJ 18.05.2001).
• "A atividade desempenhada por empresa prestadora de serviços com intuito lucrativo é compatível com o escopo de atuação do Sesc e do Senac, enquanto não for criada entidade sindical de grau superior com o objetivo de orientar, coordenar e defender todas as atividades econômicas relacionadas à prestação de serviços" (STF, RE 509.624-AgR, 2ª T., j. 01.03.2011, rel. Min. Joaquim Barbosa, DJE 01.04.2011.
• "O STF fixou entendimento no sentido da dispensabilidade de lei complementar para a criação das contribuições de intervenção no domínio econômico e de interesse das categorias profissionais" (STF, AI 739.715-AgR, 2ª T., j. 26.05.2009, rel. Min. Eros Grau, DJE 19.06.2009.

7.3 CONTRIBUIÇÕES SOCIAIS

A Constituição Federal atribui o qualificativo de **social** a todos os **direitos sociais** tratados sob o Título "Da Ordem Social", dentre os quais destaco a **educação**, a **saúde**, a **alimentação**, o **trabalho**, a **moradia** e outros. A promoção dos direitos sociais e a realização dos objetivos da ordem social é que delimitarão as atividades passíveis de serem custeadas pelas contribuições sociais, em consonância com o art. 6º da CF/1988[5].

Os **direitos sociais** são instrumentos constitucionais que visam garantir uma **existência digna** e promover a **justiça social**, funcionando como meio de concretização dos **fundamentos do Estado Democrático de Direito**, previstos no art. 1º da CF/1988[6], como a **dignidade da pessoa humana** e os **valores sociais do trabalho**.

Os **direitos sociais** são uma categoria de **direitos fundamentais** voltados à **promoção da dignidade da pessoa humana** e à **redução das desigualdades sociais**, compondo o **núcleo central** do Estado Democrático de Direito. Esses direitos exigem **ações positivas** do Estado e possuem forte conexão com **políticas públicas**, que demandam **recursos financeiros** para sua implementação.

7.3.1 Contribuições sociais gerais

Tais contribuições não visam, tão somente, o atendimento de direitos sociais relativamente à saúde, previdência social e assistência social – que faz parte do vocábulo **seguridade social** – mas atingem **demais direitos sociais** insculpidos na CF.

Assim, as **contribuições sociais gerais** têm uma abrangência mais ampla, permitindo a implementação de uma **política pública universal** que busca atender **diferentes direitos sociais**, não se restringindo à seguridade social. Nesse sentido, o Estado assegura que diversos setores da sociedade, como a **educação** e **a segurança do trabalhador**, sejam financeiramente sustentados por meio dessas contribuições.

A prática de vincular contribuições a fins específicos, como educação ou segurança no trabalho, reflete a **diretiva constitucional** de que os tributos devem ter uma **destinação finalista**, ou seja, garantir que os recursos arrecadados sejam aplicados **diretamente no atendimento das necessidades sociais**. Embora essa vinculação traga benefícios evidentes em termos de eficiência na aplicação dos recursos, também impõe desafios, como a **fiscalização e transparência** no uso desses recursos.

São consideradas como **contribuições sociais gerais**: a **contribuição do salário-educação** e a **contribuição destinada ao SAT (RAT/FAP)**.

---

5. **Art. 6º** São direitos sociais a educação, a saúde, a alimentação, o trabalho, a moradia, o transporte, o lazer, a segurança, a previdência social, a proteção à maternidade e à infância, a assistência aos desamparados, na forma desta Constituição.

6. **Art. 1º** A República Federativa do Brasil, formada pela união indissolúvel dos Estados e Municípios e do Distrito Federal, constitui-se em Estado Democrático de Direito e tem como fundamentos:

I – a soberania;

II – a cidadania

III – a dignidade da pessoa humana;

IV – os valores sociais do trabalho e da livre iniciativa;

V – o pluralismo político.

Parágrafo único. Todo o poder emana do povo, que o exerce por meio de representantes eleitos ou diretamente, nos termos desta Constituição.

7.3.1.1 Contribuição do salário-educação

O **salário-educação** existe desde a Constituição Federal de 1.934, sendo inicialmente um **tributo** *in natura*, vez que a exigência da exação **não ocorria em dinheiro** (pecúnia), mas pela **mantença do ensino primário** – atual ensino fundamental I – para os **funcionários** e respectivos dependentes das empresas. Com o advento da EC 1/69, o art. 178 facultou às empresas a **opção** entre **manter o ensino gratuito** ou concorrer para aquele fim mediante o **pagamento da contribuição do salário-educação**.

Ante as discussões se tal tributo foi ou não recepcionado pela Constituição Federal de 1988, o STF editou a **súmula 732**, *in verbis*:

> "**Súmula 732.** É constitucional a cobrança da contribuição do salário-educação, seja sob a Carta de 1,969, seja sob a Constituição Federal de 1.988 e no regime da Lei 9.424/96."

Portanto, tal contribuição foi abarcada pela CF/1988, tendo sua tratativa no **art. 212, § 5º da CF**:

> "Art. 212. A União aplicará, anualmente, nunca menos de dezoito, e os Estados, o Distrito Federal e os Municípios vinte e cinco por cento, no mínimo, da receita resultante de impostos, compreendida a proveniente de transferências, na manutenção e desenvolvimento do ensino.
> (...)
> § 5º A educação básica pública terá como fonte adicional de financiamento a **contribuição social do salário-educação**, recolhida pelas empresas na forma da lei."

A Lei 11.494, de 20 de junho de 2007 regulamenta o **Fundo de Manutenção e Desenvolvimento da Educação Básica e de Valorização dos Profissionais da Educação – FUNDEB**, trazendo o disposto no art. 5º, § 1º a **vedação** dos recursos oriundos da **arrecadação da contribuição social do salário-educação** em sua complementação.

A contribuição do **salário-educação** se apresenta como uma **medida eficaz de financiamento da educação básica**. Sua longa trajetória e o fato de ter sido mantida e adaptada pela Constituição de 1988 demonstram sua importância para o sistema educacional brasileiro, especialmente para garantir recursos à **educação pública**. Contudo, a **limitação do uso dos recursos** provenientes do salário-educação ao **desenvolvimento da educação básica** e a **vedação da complementação do FUNDEB** com esses recursos, como estipulado pela Lei 11.494/2007, pode ser vista como uma tentativa de garantir maior **transparência** e **eficiência** no uso desses recursos, evitando que eles sejam desviados para outras finalidades.

Além disso, embora a cobrança do **salário-educação** tenha sido consolidada pelo STF, o **modelo de financiamento educacional** ainda enfrenta desafios, como a **distribuição desigual dos recursos** e a necessidade de um **maior investimento público em educação** para garantir a **universalização do acesso à educação de qualidade**.

7.3.1.2 Contribuição do SAT (RAT/FAP)

Tal contribuição tem sua previsão em decorrência do imperativo constitucional previsto no art. 7º, XXVIII, da CF:

> "Art. 7º São direitos dos trabalhadores urbanos e rurais, além de outros que visem à melhoria de sua condição social:
> (...)
> XXVIII – **seguro contra acidentes do trabalho**, a cargo do empregador, sem excluir a indenização a que este está obrigado, quando incorrer em dolo ou culpa."

A instituição da contribuição adveio com a **Lei 8.212/91**, em seu art. 22, II, a saber:

> "Art. 22. A contribuição a cargo da empresa, destinada à Seguridade Social, além do disposto no art. 23, é de:
> (...)
> II – para o financiamento do benefício previsto nos arts. 57 e 58 da Lei 8.213, de 24 de julho de 1991, e daqueles concedidos em razão do grau de incidência de incapacidade laborativa decorrente dos **riscos ambientais do trabalho**, sobre o **total das remunerações pagas ou creditadas**, no decorrer do mês, aos segurados empregados e trabalhadores avulsos:
> a) 1% (um por cento) para as empresas em cuja atividade preponderante o risco de acidentes do trabalho seja considerado leve;
> b) 2% (dois por cento) para as empresas em cuja atividade preponderante esse risco seja considerado médio;
> c) 3% (três por cento) para as empresas em cuja atividade preponderante esse risco seja considerado grave."

A edição do Decreto 3.048/99 fez a regulamentação da contribuição, indicando os **agentes patogênicos laborais** e a **mensuração do risco inerente de cada atividade desenvolvida** e, posteriormente, a regulamentação se deu pela Lei 10.666/2003.

O **Fator Acidentário de Prevenção** – FAT é o mecanismo que permite **diminuir** em **50%** (cinquenta por cento) ou **aumentar** em até **100%** (cem por cento), as **alíquotas mensais do RAT** de 1%, 2% e 3% **sobre a folha de pagamento de cada estabelecimento**. Varia conforme a **quantidade**, a **gravidade** e o **custo das ocorrências acidentárias** de cada estabelecimento em relação ao seu **segmento econômico**.

No ano de 2015 – com vigência a partir do ano de 2016 –, a forma de cálculo do FAP passou a ser **atribuído por CNPJ** e não mais por empresa, como ocorria anteriormente. Para tanto, fora editada a **súmula 351 do STJ**, conforme redação abaixo:

> "**Súmula 351 do STJ**. A alíquota de contribuição para o Seguro de Acidente do Trabalho (SAT) é aferida pelo grau de risco desenvolvido em cada empresa, individualizada pelo seu CNPJ, ou pelo grau do risco da atividade preponderante quando houver apenas um registro."

De igual modo, o art. 19, II, da Lei 10.522/2002[7] e no Ato Declaratório 11/2011[8], além de demais atos normativos têm a mesma aplicabilidade.

O **Ato Declaratório da Procuradoria-Geral da Fazenda Nacional (PGFN)** citado reflete uma decisão importante no âmbito da administração tributária e das ações judiciais envolvendo a contribuição para o **Seguro de Acidente do Trabalho (SAT)**.

A dispensa de **contestação** e de **interposição de recursos** em ações judiciais que tratam da **aplicação da alíquota do SAT** é o ponto central do ato. O SAT, como é sabido, é uma contribuição previdenciária que varia de acordo com o **grau de risco** da atividade de cada empresa, que é calculado com base no **CNPJ** e no tipo de atividade exercida. Essa variação de alíquota visa ajustar a contribuição às reais condições de risco de cada empresa ou setor. O Ato Declaratório estabelece que, nas **ações judiciais** que discutem a aplicação dessa alíquota, a **PGFN poderá dispensar a contestação** e **desistir de recursos já interpostos**, caso não haja outro fundamento relevante para dar continuidade à defesa. Em outras palavras, a PGFN está autorizada a considerar que, em certos casos, **não há necessidade de prosseguir com a discussão judicial** quando os pontos discutidos já foram suficientemente abordados ou quando o risco envolvido não justifique um posicionamento mais combativo.

Para as empresas que enfrentam litígios sobre o **SAT**, o Ato Declaratório representa uma **potencial flexibilização** da atuação da PGFN em casos de **contestação da alíquota**, o que pode resultar em um alívio para aqueles que se veem em litígios prolongados. No entanto, a **condicionalidade** de que não haja "outro fundamento relevante" implica que as empresas ainda podem ser chamadas a discutir a matéria caso o Estado entenda que a disputa jurídica continua válida.

Os **principais objetivos do FAP** podem ser resumidamente descritos:

i. Ampliação da cultura de prevenção de acidentes e redução de doenças do trabalho, além de incentivar a prática do trabalho seguro junto a empregadores e empregados;

---

7. **Art. 19.** Fica a Procuradoria-Geral da Fazenda Nacional dispensada de contestar, de oferecer contrarrazões e de interpor recursos, e fica autorizada a desistir de recursos já interpostos, desde que inexista outro fundamento relevante, na hipótese em que a ação ou a decisão judicial ou administrativa versar sobre:
   II – tema que seja objeto de parecer, vigente e aprovado, pelo Procurador-Geral da Fazenda Nacional, que conclua no mesmo sentido do pleito do particular.
8. Ato Declaratório 11/2011. A PROCURADORA-GERAL DA FAZENDA NACIONAL, no uso da competência legal que lhe foi conferida, nos termos do inciso II do art. 19, da Lei 10.522, de 19 de julho de 2002, e do art. 5º do Decreto 2.346, de 10 de outubro de 1997, tendo em vista a aprovação do Parecer PGFN/CRJ/ 2120 /2011, desta Procuradoria-Geral da Fazenda Nacional, pelo Senhor Ministro de Estado da Fazenda, conforme despacho publicado no DOU de 15.12.2011, DECLARA que fica autorizada a dispensa de apresentação de contestação, de interposição de recursos e a desistência dos já interpostos, desde que inexista outro fundamento relevante: "nas ações judiciais que discutam a aplicação da alíquota de contribuição para o Seguro de Acidente do Trabalho (SAT), aferida pelo grau de risco desenvolvido em cada empresa, individualizada pelo seu CNPJ, ou pelo grau de risco da atividade preponderante quando houver apenas um registro."

ii. Fomento da flexibilização das alíquotas, através da possibilidade de redução de até 50% da taxa aos estabelecimentos que investem em políticas para o trabalho adequado, prevenção de acidente do trabalho e registram queda no índice de acidentalidade e doenças. De igual modo, criou-se a possibilidade de elevação das alíquotas em até 100% para estabelecimentos que apresentam maior acidentalidade.

As **vantagens do FAP** podem ser indicadas da forma a seguir:

SOCIEDADE	EMPRESAS
•redução de custos sociais •distribuição equitativas dos riscos sociais	•redução de custos •vantagem competitiva •retorno econômico •imagem mercadológica

7.3.2 Contribuições sociais específicas

Segundo os ditames do art. 194 da CF/1988[9], a **seguridade social** compreende um conjunto integrado de ações de iniciativa dos Poderes Públicos e da sociedade, destinadas a assegurar direitos relativos à **saúde**, à **previdência** e à **assistência social**.

A **organização da seguridade social** deverá ter como **objetivos fundamentais**:

⇒ Universalidade da cobertura e do atendimento;

⇒ Uniformidade e equivalência dos benefícios e serviços às populações urbanas e rurais;

⇒ Seletividade e distributividade na prestação dos benefícios e serviços;

⇒ Irredutibilidade do valor dos benefícios;

⇒ Equidade na forma de participação do custeio;

⇒ Diversidade da base de financiamento, identificando-se, em rubricas contábeis específicas para cada área, as receitas e as despesas vinculadas a ações de saúde, previdência e assistência social, preservado o caráter contributivo da previdência social;

⇒ Caráter democrático e descentralizado da administração, mediante gestão quadripartite, com participação dos trabalhadores, dos empregadores, dos aposentados e do Governo nos órgãos colegiados.

---

9. **Art. 194.** A seguridade social compreende um conjunto integrado de ações de iniciativa dos Poderes Públicos e da sociedade, destinadas a assegurar os direitos relativos à saúde, à previdência e à assistência social.

A Constituição Federal de 1.988 consagra o denominado **princípio da universalidade do custeio da seguridade social** que impõe à sociedade como um todo o ônus de seu financiamento, figurando como uma contrapartida do **princípio da universalidade da cobertura e do atendimento**, estampado no art. 194, parágrafo único, I, *in verbis*:

> "Art. 194. A seguridade social compreende um conjunto integrado de ações de iniciativa dos Poderes Públicos e da sociedade, destinadas a assegurar os direitos relativos à saúde, à previdência e à assistência social.
>
> Parágrafo único. Compete ao Poder Público, nos termos da lei, organizar a seguridade social, com base nos seguintes objetivos:
>
> I – **universalidade da cobertura e do atendimento**."

Ressalta-se que o princípio em comento não obriga todos os cidadãos a custear, de forma direta, a seguridade social; **certos segmentos da sociedade custearão de forma indireta**. O denominado **custeio direto** consiste no pagamento, por pessoas físicas ou jurídicas, das contribuições específicas de seguridade social; já o **custeio indireto** consiste no financiamento mediante recursos orçamentários da União, Estados, Distrito Federal e Municípios, decorrente de **receitas não vinculadas**, de forma direta, à seguridade social. Podemos exemplificar como tais receitas àquelas obtidas através de **impostos**.

Visando o **custeio e financiamento** da seguridade social para o alcance dos **objetivos** propostos acima, indicamos a existência das seguintes contribuições sociais específicas:

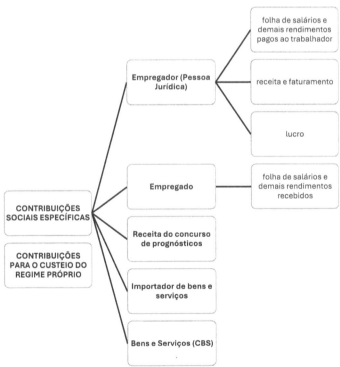

7.3.2.1 Contribuição social específica sobre o empregador, empresa ou entidade equiparada (pessoa jurídica)

A **Contribuição Social Específica sobre o Empregador**, prevista no **art. 195, I, da CF/1988**, é uma contribuição destinada ao financiamento da **Seguridade Social** no Brasil, abrangendo os setores de **saúde, assistência social** e **previdência social**. Trata-se de uma das formas de tributação estabelecidas para o financiamento do sistema de seguridade social, sendo essencial para a manutenção e expansão de políticas públicas voltadas à proteção social dos cidadãos.

O inciso I do **art. 195** define que a contribuição social será recolhida por **empregadores, empresas** e **entidades a elas equiparadas** com base na **receita** ou no **faturamento** dessas pessoas jurídicas, além de incidir sobre a **folha de salários** e **lucro**. O principal objetivo dessas contribuições é assegurar os recursos necessários para a manutenção da seguridade social.

Nesse sentido, a incidência recai sobre **qualquer pessoa jurídica** que tenha empregados sob seu vínculo, independentemente do ramo de atividade ou porte, incluindo **sociedades empresárias, sociedades simples, cooperativas, autarquias** e **fundações**, entre outros tipos de organizações que atuem no mercado de trabalho formal. As **empresas comerciais, industriais** e **prestadoras de serviços**, independentemente de sua categoria tributária (Simples Nacional, Lucro Real ou Lucro Presumido), são obrigadas a contribuir com base em seu faturamento, receita bruta, lucro ou folha de pagamento.

As entidades que, embora desprovidas de caráter empresarial, são equiparadas a **empregadores** figuram cono sujeitos passivos das contribuições sociais, abarcando as **fundações de direito privado** que possuam empregados e atuem em diversas áreas, como educação ou assistência social, **entidades filantrópicas** e **associações sem fins lucrativos** que contratam trabalhadores para prestação de serviços. Essas entidades devem contribuir conforme o faturamento ou a folha de salários, embora possam se beneficiar de regimes especiais de tributação ou isenções, dependendo do caso.

A contribuição social específica do empregador poderá incidir sobre a folha de salários, receita ou faturamento e lucro.

> a) **Folha de salários e demais rendimentos pagos ou creditados, a qualquer título, à pessoa física que lhe preste serviço, mesmo sem vínculo empregatício**

Prevista no art. 195, I, *a*, CF, foi regulamentada pelo art. 22, I, da Lei 8.212/91:

> "Art. 22. A contribuição a cargo da empresa, destinada à Seguridade Social, além do disposto no art. 23, é de:

I – **vinte por cento** sobre o **total das remunerações pagas, devidas** ou **creditadas a qualquer título,** durante o mês, aos **segurados empregados** e **trabalhadores avulsos** que lhe prestem serviços, destinadas a retribuir o trabalho, qualquer que seja a sua forma, inclusive as gorjetas, os ganhos habituais sob a forma de utilidades e os adiantamentos decorrentes de reajuste salarial, quer pelos serviços efetivamente prestados, quer pelo tempo à disposição do empregador ou tomador de serviços, nos termos da lei ou do contrato ou, ainda, de convenção ou acordo coletivo de trabalho ou sentença normativa."

A denominada **contribuição previdenciária patronal (CPP)** é devida pelo empregador, mediante a utilização do conceito adotado pela legislação trabalhista, conforme decidido pelo STF, em sede do **RE 166.772**, não recaindo, portanto, sobre empresas **não empregadoras à luz do Direito do Trabalho**. Contudo, a Lei 8.212/91 determina a incidência sobre a **empresa**, sem a indicação da existência ou inexistência de empregados, recaindo sobre **empresas individuais**, *holding*, dentre outras formas.

Mesmo ante a discussão judicial de patente inconstitucionalidade, no julgamento do **RE 442.725 AgR**, o STF manifestou entendimento no sentido de alcançar as **empresas potencialmente empregadoras**, chancelando a tributação sobre as **empresas não empregadoras**.

Visto que a materialidade da finalidade constitucional é a incidência sobre **remunerações pagas a pessoas físicas que prestem serviços aos empregadores**, remunerações que são **pagas a pessoas jurídicas**, ainda que decorram de **prestação de serviços**, não se sujeitam a incidência da contribuição previdenciária patronal.

De igual modo, **verbas não remuneratórias** – tais como as decorrentes de **indenizações** – fogem ao campo de incidência da referida contribuição. O STF e o STJ têm debatido, de maneira frequente, verbas que não compõem a base de cálculo da exação previdenciária, tais como:

- **auxílio-doença nos quinze primeiros dias de afastamento**: STJ, REsp 836.531;
- **vale-transporte pago em pecúnia**: STF, RE 478.410;
- **terço constitucional de férias**: STJ, Pet 7.296;
- **auxílio-creche**: STJ, REsp 1.146.772 etc.

Ademais, a Corte Suprema se deparou com a discussão da constitucionalidade da incidência da contribuição previdenciária patronal sobre os valores pagos por intermédio das **cooperativas de trabalho**. No julgamento do **RE 595.838**, o STF declarou a **inconstitucionalidade da incidência** por não se adequar ao disposto no art. 195, I, *a*, tampouco na residualidade do parágrafo 4º do mesmo artigo.

No caso específico das **cooperativas de trabalho**, a decisão do STF levou em conta que as **cooperativas**, por sua natureza, são **pessoas jurídicas** que **não têm a mesma finalidade** das empresas tradicionais. A Corte entendeu que a contribuição previdenciária sobre os valores pagos aos cooperados **não se encaixa no modelo de contribuição previdenciária patronal** exigido pela Constituição, uma vez que **não** há vínculo empregatício direto entre a **cooperativa** e os **cooperados**, mas sim uma **relação de trabalho autônoma**. Assim, a Corte considerou **inconstitucional** a cobrança de contribuições sobre tais valores, por entender que não havia base constitucional para essa tributação específica.

Não se pode confundir, porém, com a obrigatoriedade de **retenção na fonte**, da **alíquota de 11%** (onze por cento) do **valor bruto da nota fiscal**, referente aos **serviços prestados mediante cessão de mão de obra**, visto que há enorme distinção entre obrigação principal e acessória, já sedimentado pela Suprema Corte, quando do julgamento do **RE 393.946**.

b) Receita e Faturamento

Inicialmente, a Constituição Federal tão somente outorgou a possibilidade de a União instituir uma contribuição social específica da empresa sobre **faturamento**, adotando a possibilidade de instituição de uma **contribuição social residual** (art. 195, § 4º da CF) para **aumentar a competência tributária**.

Porém, o advento da EC 20/98 tornou possível a incidência dessa exação sobre **toda e qualquer receita**, mediante a inserção desse termo, no art. 195, I, *b*, da CF. Pode-se afirmar que **todo faturamento é uma receita**, mas **nem toda receita é um faturamento**.

Pelo fato de o conceito de **faturamento** estar contido no conceito de **receita**, basicamente a distinção pode servir como base em **questões meramente contábeis**.

O STF, entretanto, consolidou-se no sentido de tomar as expressões **receita bruta** e **faturamento** como **sinônimas**, jungindo-as à **venda de mercadorias**, de **serviços** ou de **mercadorias e serviços**.

A contribuição específica da pessoa jurídica incidente sobre receita e faturamento criada, de forma inicial, foram as **contribuições do PIS-PASEP**, instituídas pelas Leis Complementares 7 e 8, de 7 de setembro de 1970, tendo a incidência originária sobre o **faturamento da empresa** à alíquota inicial de 0,15% (quinze décimos por cento). Como advento do Decreto-Lei 2.445, de 29 de junho de 1988, alterado pelo Decreto-Lei 2.449, de 21 de julho de 1988, os **fatos geradores ocorridos após 1º de julho de 1988** deveriam incidir em **0,65%** (sessenta e cinco décimos por cento) sobre a **receita bruta operacional**.

A arrecadação e destinação do PIS-PASEP vem determinada no art. 239 da CF/1988, com alterações da EC 103/19 (Reforma da Previdência):

> "Art. 239. A arrecadação decorrente das contribuições para o Programa de Integração Social, criado pela Lei Complementar 7, de 7 de setembro de 1970 e para o Programa de Formação do Patrimônio do Servidor Público, criado pela Lei Complementar 8, de 3 de dezembro de 1970, passa, a partir da promulgação desta Constituição, a financiar, nos termos que a lei dispuser, o programa do seguro-desemprego, outras ações da previdência social e o abono de que trata o § 3º deste artigo.

§ 1º Dos recursos mencionados no "caput" deste artigo, pelo menos quarenta por cento serão destinados a financiar programas de desenvolvimento econômico, através do Banco Nacional de Desenvolvimento Econômico e Social, com critérios de remuneração que lhes preservem o valor.

§ 1º Dos recursos mencionados no *caput*, no mínimo 28% (vinte e oito por cento) serão destinados para o financiamento de programas de desenvolvimento econômico, por meio do Banco Nacional de Desenvolvimento Econômico e Social, com critérios de remuneração que preservem o seu valor.

§ 2º Os patrimônios acumulados do Programa de Integração Social e do Programa de Formação do Patrimônio do Servidor Público são preservados, mantendo-se os critérios de saque nas situações previstas nas leis específicas, com exceção da retirada por motivo de casamento, ficando vedada a distribuição da arrecadação de que trata o "caput" deste artigo, para depósito nas contas individuais dos participantes.

§ 3º Aos empregados que percebam de empregadores que contribuem para o Programa de Integração Social ou para o Programa de Formação do Patrimônio do Servidor Público, até dois salários mínimos de remuneração mensal, é assegurado o pagamento de um salário mínimo anual, computado neste valor o rendimento das contas individuais, no caso daqueles que já participavam dos referidos programas, até a data da promulgação desta Constituição.

§ 4º O financiamento do seguro-desemprego receberá uma contribuição adicional da empresa cujo índice de rotatividade da força de trabalho superar o índice médio da rotatividade do setor, na forma estabelecida por lei.

§ 5º Os programas de desenvolvimento econômico financiados na forma do § 1º e seus resultados serão anualmente avaliados e divulgados em meio de comunicação social eletrônico e apresentados em reunião da comissão mista permanente de que trata o § 1º do art. 166."

Já a contribuição social da **COFINS** veio em substituição da contribuição ao **Fin-social**, criada pelo Decreto-Lei 1.940/92. O regramento de incidência da COFINS surge com Lei Complementar 70/91, considerada como **lei complementar em sentido formal e lei ordinária em sentido material**, visto que não houve qualquer obrigatoriedade constitucional na exigência de lei complementar para instituição das contribuições sociais previstas no *caput* do art. 195 da CF.

A **base de cálculo da COFINS** será a **receita bruta das vendas de mercadorias**, de **mercadorias e serviços** e de **serviços de qualquer natureza**, estabelecida no art. 2º da LC 70/91[10].

Passa a ser possível a adoção, para as contribuições sociais específicas de COFINS e PIS-PASEP, do **regramento de seletividade**, podendo a norma adotar **alíquotas diferenciadas** em razão da **atividade econômica**, da **utilização intensiva de mão de obra**, do **porte da empresa** ou da **condição estrutural do mercado** (art. 195, § 9º da

---

10. **Art. 2º** A contribuição de que trata o artigo anterior será de dois por cento e incidirá sobre o faturamento mensal, assim considerado a receita bruta das vendas de mercadorias, de mercadorias e serviços e de serviço de qualquer natureza.

Parágrafo único. Não integra a receita de que trata este artigo, para efeito de determinação da base de cálculo da contribuição, o valor:

a) do imposto sobre produtos industrializados, quando destacado em separado no documento fiscal;

b) das vendas canceladas, das devolvidas e dos descontos a qualquer título concedidos incondicionalmente.

CF/1988[11]). Com o advento da Reforma Previdenciária, passa a ser possível a **adoção de uma base de cálculo diferenciada**, não tão somente as alíquotas.

A lei **não poderá estabelecer moratória e parcelamento** em **prazo superior a 60** (sessenta) **meses**. Em se tratando de **remissão e anistia** – que figuram como hipóteses de extinção e exclusão do crédito tributário, respectivamente – **há exigência de lei complementar para tal finalidade** (art. 195, § 11, da CF/1988[12]).

Em regra, as contribuições da COFINS e PIS-PASEP são calculadas de forma **cumulativa**, ou seja, tendo a **incidência em cascata**, com alíquotas de **3%** (três por cento) para a **COFINS-cumulativa e 0,65%** (sessenta e cinco décimos por cento) para o **PIS-PASEP cumulativo**. A Constituição Federal de 1.988, contudo, estabeleceu a possibilidade de a lei definir os **setores de atividade econômica** para as quais as contribuições sociais sobre receita e faturamento **incidirão de forma não cumulativa** (art. 195, § 12, da CF[13]).

No denominado **regime cumulativo**, os valores de tributação pagos nas operações anteriores **não são abatidos** nas operações subsequentes. Já no **regime não cumulativo**, os valores tributados em operações anteriores são **compensados com as operações subsequentes**.

A Lei 10.637/02 estabeleceu a possibilidade da cobrança do **PIS-PASEP não cumulativo**, admitindo uma alíquota de **1,65%** (um inteiro e sessenta e cinco décimos por cento) sobre o **total das receitas auferidas no mês pela pessoa jurídica**, independentemente de sua denominação e classificação contábil.

Posteriormente, a Lei 10.833/03 estabeleceu a cobrança da **COFINS não cumulativa**, admitindo uma alíquota de **7,6%** (sete inteiros e seis décimos por cento) sobre o **total das receitas auferidas no mês pela pessoa jurídica**, independentemente de sua denominação e classificação contábil.

Em julgamento controverso, o STF, quando do julgamento do **RE 240.785**, entendeu que o ICMS não compõe a base de cálculo da COFINS, porque é estranho ao conceito de **faturamento**. Tal decisão acabou por determinar, por interpretação extensiva, a impossibilidade de cobrança de **tributo sobre tributo**.

---

11. Art. 195 (...)

    § 9º As contribuições sociais previstas no inciso I do *caput* deste artigo poderão ter alíquotas diferenciadas em razão da atividade econômica, da utilização intensiva de mão de obra, do porte da empresa ou da condição estrutural do mercado de trabalho, sendo também autorizada a adoção de bases de cálculo diferenciadas apenas no caso das alíneas "b" e "c" do inciso I do caput.

12. Art. 195 (...)

    § 11. São vedados a moratória e o parcelamento em prazo superior a 60 (sessenta) meses e, na forma de lei complementar, a remissão e a anistia das contribuições sociais de que tratam a alínea "a" do inciso I e o inciso II do *caput*.

13. Art. 195 (...)

    § 12. A lei definirá os setores de atividade econômica para os quais as contribuições incidentes na forma dos incisos I, b; e IV do caput, serão não cumulativas.

Nos termos da **súmula 423 do STJ**:

"A Contribuição para o Financiamento da Seguridade Social – COFINS incide sobre as receitas provenientes das operações de bens móveis."

Resumidamente, temos:

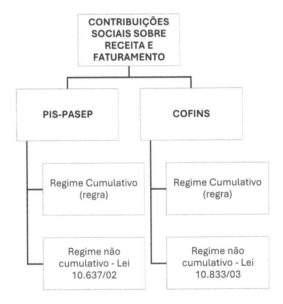

Em regra, tanto a COFINS quanto o PIS-PASEP serão calculados pelo **regime cumulativo**, adotando o **regime não cumulativo** tão somente nas **hipóteses estabelecidas nas respectivas leis**.

c) Lucro

O art. 195, I, c, da CF/1988 prevê a possibilidade de **contribuição social específica da pessoa jurídica incidente sobre o lucro**.

Não há o que se confundir o conceito jurídico de **lucro** com **renda**. Por mais que o legislador infraconstitucional apresente **vários conceitos de lucro** – conforme se extrai do **art. 187 da Lei 6.404/76**[14] (Lei das Sociedades Anônimas) – o conceito jurídico-constitucional utilizado para a incidência é o denominado **lucro líquido**.

---

14. Art. 187. A demonstração do resultado do exercício discriminará:
    I – a receita bruta das vendas e serviços, as deduções das vendas, os abatimentos e os impostos;
    II – a receita líquida das vendas e serviços, o custo das mercadorias e serviços vendidos e o **lucro bruto**;

De fato, o **lucro** é um conceito fundamental para avaliar o desempenho financeiro de uma empresa. Existem diferentes formas de calcular e interpretar o lucro, dependendo do contexto e da metodologia contábil utilizada.

Dentre as espécies de lucro previstos, temos:

Lucro Bruto: diferença entre a receita líquida de vendas e o custo das mercadorias ou serviços vendidos (CMV). Este indicador mostra o desempenho da empresa em termos de produção e vendas antes de deduzir despesas operacionais, financeiras e tributárias.

- **Lucro Operacional:** refere-se ao lucro gerado pelas atividades principais da empresa, ou seja, pela sua operação regular. Ele é obtido após a dedução das despesas operacionais, como despesas com vendas, gerais e administrativas, mas antes das despesas financeiras e impostos.

- **Lucro Antes dos Impostos** (ou **Lucro Antes do Imposto de Renda e Contribuições** – LAIR): trata-se do lucro operacional ajustado pelas receitas e despesas financeiras. Esse lucro ainda não leva em conta a dedução de impostos, mas reflete a situação financeira da empresa com base na sua operação e nas receitas financeiras

- **Lucro Líquido:** é o lucro final da empresa, resultante da dedução de todas as despesas, incluindo custos operacionais, despesas financeiras, impostos e outras deduções. Esse é o valor que efetivamente fica para os acionistas ou proprietários da empresa, após o pagamento de todas as obrigações.

- **Lucro Operacional Líquido:** refere-se ao lucro obtido pela empresa com suas atividades operacionais após a dedução das despesas operacionais e impostos relacionados. Diferente do lucro operacional, o lucro operacional líquido pode ser ajustado por fatores não recorrentes.

- **Lucro de Caixa:** considera não apenas o lucro contábil, mas também os fluxos de caixa relacionados. Ele leva em conta o efeito das operações de caixa, como a venda de ativos ou a obtenção de financiamentos, que podem alterar o resultado da empresa sem impactar diretamente o lucro contábil.

III – as despesas com as vendas, as despesas financeiras, deduzidas das receitas, as despesas gerais e administrativas, e outras despesas operacionais;

IV – o **lucro ou prejuízo operacional**, as outras receitas e as outras despesas; (Redação dada pela Lei 11.941, de 2009)

V – o resultado do exercício antes do Imposto sobre a Renda e a provisão para o imposto;

VI – as participações de debêntures, empregados, administradores e partes beneficiárias, mesmo na forma de instrumentos financeiros, e de instituições ou fundos de assistência ou previdência de empregados, que não se caracterizem como despesa; (Redação dada pela Lei 11.941, de 2009)

VII – o lucro ou prejuízo líquido do exercício e o seu montante por ação do capital social.

§ 1º Na determinação do resultado do exercício serão computados:

a) as receitas e os rendimentos ganhos no período, independentemente da sua realização em moeda; e

b) os custos, despesas, encargos e perdas, pagos ou incorridos, correspondentes a essas receitas e rendimentos.

- **Lucro Econômico:** é uma medida mais ampla que leva em consideração não apenas os lucros contábeis, mas também o custo de oportunidade do capital investido. O lucro econômico é calculado subtraindo o custo do capital utilizado (ou custo de oportunidade) do lucro operacional.

- **Lucro Contábil:** é o lucro apurado com base nas normas contábeis estabelecidas. Ele é o resultado da aplicação das normas de contabilidade, que podem incluir ajustes em relação ao lucro operacional ou financeiro, como depreciação, amortização e provisões.

- **EBIT** (*Earnings Before Interest and Taxes*): é um conceito muito utilizado para medir o lucro operacional de uma empresa, pois exclui as despesas com juros e impostos. Ele fornece uma visão clara da performance operacional sem a influência de decisões financeiras ou tributárias.

- **Lucro por Ação** (LPA) é um indicador utilizado para medir o lucro gerado por cada ação da empresa. Esse indicador é amplamente utilizado por acionistas e investidores para avaliar o desempenho de uma empresa em termos de rentabilidade para os acionistas.

Independentemente da quantidade de conceitos com implicações contáveis e econômicas diversas, a Lei 7.689/88 institui a **Contribuição Social sobre o Lucro Líquido – CSLL**; tal exação incide sobre o valor do resultado do exercício, **antes da provisão para o imposto de renda.**

A norma estabelece que a alíquota da contribuição é de **15%** (quinze por cento) no caso de pessoas jurídicas de **seguros privados, empresas de capitalização**, dentre **outras atividades** estabelecidas nos **incisos I a VII e IX e X do § 1º do art. 1º da Lei Complementar 105, de 10 de janeiro de 2001**. As demais pessoas jurídicas terão uma alíquota de **9%** (nove por cento).

Uma vez que o sujeito passivo deve, **obrigatoriamente**, se qualificar como **empregador**, empresas ou entidades desprovidas desse fim, tais como sociedades ou associações juridicamente criadas para fins específicos, fundos de investimento, dentre outras, não estarão no campo de incidência dessa exação tributária.

7.3.2.2 Contribuição social específica dos segurados do regime geral de previdência social

Tal contribuição está prevista no art. 195, II, da CF/1988 permitindo a incidência dessa contribuição previdenciária sobre os **trabalhadores** e demais **segurados obrigatórios**. Tal contribuição **não alcança o produtor**, o **parceiro**, o **meeiro**, o **arrendatário rural** e o **pescador artesanal**, conforme estabelece o § 8º do art. 195 da CF/1988[15]:

---

15. **Art. 195** (...)

    II – do trabalhador e dos demais segurados da previdência social, podendo ser adotadas alíquotas progressivas de acordo com o valor do salário de contribuição, não incidindo contribuição sobre aposentadoria e pensão concedidas pelo Regime Geral de Previdência Social.

> **"Art. 195.** A seguridade social será financiada por toda a sociedade, de forma direta e indireta, nos termos da lei, mediante recursos provenientes dos orçamentos da União, dos Estados, do Distrito Federal e dos Municípios e das seguintes contribuições sociais:
>
> (...)
>
> § 8º O produtor, o parceiro, o meeiro e o arrendatário rurais e o pescador artesanal, bem como os respectivos cônjuges, que exerçam suas atividades em regime de economia familiar, sem empregados permanentes, contribuirão para a seguridade social mediante a aplicação de uma alíquota sobre o resultado da comercialização da produção e farão jus aos benefícios nos termos da lei."

A Constituição de 1988, com a inclusão do **art. 195, § 8º**, garante a **contribuição diferenciada** para os **trabalhadores rurais** e o **pescador artesanal**, assegurando-lhes o direito à **proteção previdenciária**. Contudo, a exceção que se dá ao **trabalhador rural** e suas especificidades (como no caso da **economia familiar**) reflete o reconhecimento das condições de trabalho mais informais e menos estruturadas no campo. A Constituição não os coloca em igualdade com o trabalhador urbano, mas oferece um **regime adequado** à sua realidade.

O advento da EC 103/2019 – Reforma da Previdência, estabeleceu a adoção de alíquotas progressivas de acordo com o valor do salário de contribuição. Ademais, temos uma **imunidade tributária específica da contribuição dos segurados da previdência social**: não incide a contribuição previdenciária do art. 195, II da CF sobre as **aposentadorias** e **pensões** concedidas pelo Regime Geral da Previdência Social.

Antes da **EC 103/2019**, o sistema de contribuições previdenciárias no Brasil adotava **alíquotas fixas**, aplicadas sobre a remuneração ou salário do segurado, com um teto máximo de contribuição. A reforma introduziu a **progressividade das alíquotas**, com o objetivo de estabelecer um sistema mais justo, adaptado à capacidade contributiva de cada trabalhador. A **progressividade** significa que, à medida que o **salário de contribuição aumenta**, também **aumenta a alíquota incidente sobre a parte da remuneração que ultrapassar certos limites**. Isso ocorre porque o sistema pretende adotar uma abordagem mais proporcional ao **salário do contribuinte**, ou seja, aqueles que ganham mais contribuem com uma porcentagem maior da sua renda, enquanto os trabalhadores com salários mais baixos pagam uma porcentagem menor.

Embora a **progressividade das alíquotas** e a **imunidade tributária sobre aposentadorias e pensões** representem avanços importantes no sistema, a **EC 103/2019** também foi alvo de críticas por diversos setores da sociedade. Alguns dos pontos controversos incluem:

- **Alteração nas regras de transição** para quem já estava no mercado de trabalho, o que gerou debates sobre a **justiça** e a **equidade** entre os contribuintes de diferentes faixas etárias e tempo de contribuição;

- **Enxugamento do sistema de benefícios**, com a limitação ou eliminação de alguns direitos previdenciários, como a pensão por morte, que foi alterada, tornando-se mais restritiva;
- **Aumento da idade mínima de aposentadoria**, que pode ser visto como uma medida punitiva para trabalhadores de categorias mais vulneráveis, como os **rurais**, as **mulheres** e os **trabalhadores informais**, que já enfrentam dificuldades adicionais.

Apesar das críticas, a reforma tem o **objetivo de garantir a sustentabilidade do sistema previdenciário a longo prazo**, especialmente com o **crescente aumento da expectativa de vida da população** e o **envelhecimento da população brasileira**. Ao promover **alíquotas progressivas** e manter a **imunidade tributária** sobre os benefícios, a reforma busca conciliar a **justiça social** com as necessidades fiscais do Estado.

7.3.2.3 *Contribuição social específica sobre a receita do concurso de prognósticos*

Nos termos do art. 195, III, da CF/1988[16], a União poderá instituir uma contribuição para o financiamento da seguridade social incidente sobre as **receitas de concursos de prognósticos**.

A **contribuição sobre as receitas de concursos de prognósticos**, como parte do financiamento da seguridade social, é uma medida que visa diversificar as fontes de recursos destinados a essa finalidade. Os **concursos de prognósticos** incluem loterias e sorteios, que, desde o século XX, têm sido explorados como fontes de financiamento para diversos fins públicos. No Brasil, as **loterias** são uma forma bem consolidada de arrecadação de tributos, com grande parte da receita destinada a ações de assistência social e a programas de saúde.

A expressão **concurso de prognósticos** significa os concursos baseados em conjeturas acerca de fatos prováveis. Com efeito, o **art. 26 da Lei 8.212/91**[17], alterado pela Lei 13.756/18, estabelece que a **base de cálculo da contribuição** será a **receita auferida nos concursos de prognósticos, sorteios e loterias**, sendo que a alíquota corresponde ao percentual vinculado à Seguridade Social em cada modalidade lotérica, conforme previsto em lei.

A origem do **concurso de prognósticos** remonta à prática de **sorteios** e **apostas**, os quais, por sua vez, evoluíram ao longo do tempo para se tornarem uma **forma legalizada de arrecadação tributária**. A inclusão dessa contribuição na Constituição de 1988 reflete um esforço para consolidar a seguridade social de maneira mais robusta, incorporando fontes diversificadas de recursos. Assim, a Constituição reconhece a im-

---

16. **Art. 195** (...)
    III – sobre a receita de concursos de prognósticos.
17. **Art. 26.** Constitui receita da Seguridade Social a contribuição social sobre a receita de concursos de prognósticos a que se refere o inciso III do caput do art. 195 da Constituição Federal.

portância dos **concursos de prognósticos** como mecanismo de fomento à seguridade social, principalmente pela relação que os jogos de azar possuem com uma grande massa de participantes e pela capacidade dessas atividades de gerar receitas expressivas.

O **sujeito passivo** da contribuição é o **administrador de concursos de prognósticos**. Em termos práticos, esse administrador é a **entidade responsável pela organização** e pela **administração** das loterias ou outros sorteios. No caso de uma **entidade pública**, como a **Caixa Econômica Federal**, que gere a maior parte das loterias no Brasil, a contribuição seria paga diretamente pela **União**, enquanto nas **loterias privadas**, as empresas responsáveis pela organização dos concursos de prognósticos seriam as responsáveis pelo recolhimento da contribuição. Essa **responsabilidade objetiva do administrador** é uma forma de **facilitar o processo de arrecadação**, pois concentra a obrigação na **pessoa jurídica responsável pela realização das loterias**, garantindo que o processo de cobrança seja eficiente e que os recursos sejam destinados à seguridade social.

Com o avanço da **tecnologia** e da **internet**, surgiram novas formas de apostar, como as **apostas eletrônicas** (ou **apostas online**) e os **bets**. As **apostas eletrônicas** incluem uma gama de jogos, como **cassino online**, **bingo virtual**, e **apostas em eventos esportivos**, que podem ser realizadas por meio de plataformas digitais. Os *bets esportivos*, por sua vez, referem-se às apostas realizadas em torno de eventos esportivos, como campeonatos de futebol, corridas de cavalos, ou outros esportes, por meio de sites e aplicativos.

Essas **modalidades de apostas** têm se tornado cada vez mais populares devido à **facilidade de acesso**, **conveniência**, e à **globalização do setor de jogos de azar**. O crescimento dessas plataformas digitais de apostas, muitas vezes operadas por empresas estrangeiras, gerou uma necessidade de **regulação jurídica** no Brasil, especialmente com o objetivo de garantir a **arrecadação tributária** sobre os recursos gerados por essas atividades.

A **incidência da contribuição sobre apostas eletrônicas e** *bets* encontra respaldo no entendimento de que essas atividades se enquadram no conceito de **concursos de prognósticos, sorteios** e **loterias**, conforme previsto no art. 195, III da CF. A **Lei 8.212/91**, alterada pela **Lei 13.756/18**, regulamenta essa contribuição, estabelecendo que a base de cálculo da contribuição será a **receita auferida** nos **concursos de prognósticos**, incluindo loterias e jogos de azar, **independentemente de sua modalidade** (presenciais ou online).

Pragmaticamente, a contribuição incide sobre a receita gerada pela **exploração de jogos de azar** e apostas, e, em específico, as **apostas eletrônicas** ou *bets* realizadas **on-line**, considerando que são uma forma de **concurso de prognósticos**, que envolve a **previsão de resultados**, como é o caso de **apostas em eventos esportivos**.

A **Lei 14.790/2023**, também conhecida como a "**Lei das Bets**", trata da regulamentação das apostas esportivas online no Brasil, introduzindo uma série de implicações tributárias e operacionais tanto para as empresas de apostas quanto para os apostadores. Entre suas disposições mais relevantes, a lei estabelece a **tributação das apostas** e regulamenta a **exploração do serviço**, incluindo regras específicas para a cobrança de tributos.

7 • CONTRIBUIÇÕES ESPECIAIS   373

A lei institui a cobrança de uma **contribuição de 2%** (dois por cento) sobre o **valor arrecadado com as apostas**, com essa receita sendo destinada ao financiamento da seguridade social. Além disso, as empresas de apostas esportivas são tributadas em **12%** (doze por cento) **sobre a sua receita bruta** (*Gross Gaming Revenue* – GGR), enquanto os **prêmios líquidos recebidos pelos apostadores** estão sujeitos à **tributação do Imposto de Renda** (IR), com uma alíquota de **15%** (quinze por cento).

7.3.2.4   *Contribuição social específica sobre o importador de bens ou serviços do exterior*

A EC 42/03 inseriu a possibilidade de a União instituir uma **contribuição incidente sobre a importação de bens e serviços**, sem a observância dos requisitos previstos no art. 154, I, da CF/1988, uma vez que não foi considerada como uma **contribuição social residual**. A inserção do inciso IV no art. 195 da CF faz com que simples lei ordinária seja utilizada pata tal fim.

A Lei 10.865/04 acabou por instituir duas contribuições: a **COFINS-Importação** e o **PIS/PASEP-Importação**. O STF, através do julgamento do **RE 559.937**, declarou a **constitucionalidade da lei**, exceto na incidência sobre o **valor aduaneiro** acrescido do **montante relativo ao ICMS** e às **próprias contribuições**.

A **COFINS-Importação** e o **PIS/PASEP-Importação** incidem sobre **bens importados**, tendo como **base de cálculo** o **valor aduaneiro**, conforme definido pelo art. 7º, I, da Lei 10.865/2004[18], bem como **serviços provenientes do exterior**: Nesse caso, a **base de cálculo** é o **preço do serviço contratado**.

No julgamento do **RE 559.937**, o STF reconheceu a constitucionalidade da Lei 10.865/2004, mas estabeleceu uma importante limitação. O STF decidiu que **não é constitucional incluir na base de cálculo da COFINS-Importação e do PIS/PASEP-Importação os valores correspondentes ao ICMS incidente na importação e às próprias contribuições**. A inclusão desses valores caracterizaria uma base de cálculo "**em cascata**" e violaria o **princípio da capacidade contributiva**, além de desrespeitar o critério da legalidade tributária.

Essa decisão teve **repercussão geral**, o que significa que sua aplicação deve ser observada em todos os casos semelhantes. Além disso, gerou discussões sobre a **restituição de valores pagos indevidamente**, caso os contribuintes tenham recolhido as contribuições sobre a **base de cálculo majorada** (que incluía o ICMS e as próprias contribuições).

---

18.   **Art. 7º** A base de cálculo será:

I – o valor aduaneiro, na hipótese do inciso I do **caput** do art. 3º desta Lei; ou

II – o valor pago, creditado, entregue, empregado ou remetido para o exterior, antes da retenção do imposto de renda, acrescido do Imposto sobre Serviços de qualquer Natureza – ISS e do valor das próprias contribuições, na hipótese do inciso II do caput do art. 3º desta Lei.

JURISPRUDÊNCIA

"Contribuição pre*vid*enciária. Inativo. Vigência da EC 20/1998. Inconstitucionalidade da cobrança. A contribuição pre*vid*enciária referente a proventos de inativos e pensionistas tornou-se inexigível a partir da promulgação da EC 20/1998" (**STF, AgRg no RE 593.272**, 2ª T., j. 03.03.2009, rel. Min. Eros Grau, *DJe* 27.03.2009). No mesmo sentido: **STF, AgRg em AgIn 699.887**, 1ª T., j. 28.04.2009, rel. Min. Ricardo Lewandowski, *DJe* 22.05.2009.

"A decisão objeto de irresignação via agravo regimental, com efeito, deixou claro que houve violação ao disposto no art. 195, III, da CF/1988, matéria especificamente impugnada quando dos embargos de declaração interpostos pelo Ministério Público Federal (...) De fato, o art. 195, III, da CF/1988, estabeleceu tão somente a possibilidade da seguridade social ser financiada por receitas de prognóstico. Por conseguinte, tal disposição não se refere à exploração de jogos de azar mediante pagamento, feita por particular, a qual, além disso, não se constitui sequer como atividade autorizada por lei" (**STF, AgRg em RE 502.271**, 2ª T., j. 10.06.2008, voto da rel. Min. Ellen Gracie, *DJ* 27.06.2008).

• "Contribuições instituídas pela LC 110/2001. Legitimidade. Princípio da anterioridade. Pacífico o entendimento deste Tribunal quanto à legitimidade das contribuições instituídas pela LC 110/2001, sendo inexigíveis, contudo, no mesmo exercício em que publicada a lei que as instituiu [**STF, ADI 2.556/MC**, Pleno, j. 09.10.2002, rel. Min. Moreira Alves, *DJ* 08.08.2003" (STF, EDcl em AgRg no RE 456.187/AL, 2ª T., j. 04.12.2007, rel. Min. Eros Grau, *DJe* 01.02.2008). No mesmo sentido: **STF, AgRg no RE 485.870/DF**, 1ª T., j. 16.12.2008, rel. Min. Cármen Lúcia, *DJE* 20.02.2009.

• "Contribuição pre*vid*enciária: aposentado que retorna à atividade: art. 201, § 4º, da CF; art. 12 da Lei 8.212/1991: aplicação à espécie, *mutatis mutandis*, da decisão plenária da ADIn 3.105/DF, rel. p/ acórdão Peluso, *DJ* 18.02.2005. A contribuição pre*vid*enciária do aposentado que retorna à atividade está amparada no princípio da universalidade do custeio da Previdência Social (art. 195 da CF/1988); o art. 201, § 4º, da CF 'remete à lei os casos em que a contribuição repercute nos benefícios'" (**STF, RE 437.640/RS**, 1ª T., j. 05.09.2006, rel. Min. Sepúlveda Pertence, *DJ* 02.03.2007). No mesmo sentido: **STF, AgRg no RE 364.083/RS**, 2ª T., j. 28.04.2009, rel. Min. Ellen Gracie, *DJe* 22.05.2009.

• **Súmula 688 do STF**. "É legítima a incidência da contribuição pre*vid*enciária sobre o 13º salário".

• "Imposto de renda e proventos de qualquer natureza. Pessoa jurídica. Contribuição social sobre o lucro líquido. Cessão de mão de obra temporária. Lei 6.019/1974. Cálculo dos tributos com base nos valores repassados pela tomadora-cliente à requerente cessionária como ressarcimento pelas quantias devidas a título de salário. Processual civil. Recurso extraordinário. Efeito suspensivo. Impropriedade. Suspensão da exigibilidade dos créditos tributários. Medida liminar concedida para suspender a exigibilidade dos créditos tributários pertinentes à inclusão dos valores pagos pela tomadora de mão de obra temporária à empresa cedente e referentes ao salário devido aos trabalhadores (Lei 6.019/1974). Discussão que se reduz a se saber se os valores constituem custo ou despesa da empresa cedente e, portanto, devem ser tributados, ou se, ao contrário, trata-se de quantias que apenas transitam pela contabilidade da requerente, não vocacionadas a se incorporar ao patrimônio da empresa de agência de mão de obra temporária. Presença do *periculum in mora* e do *fumus boni juris*, sem prejuízo de novo exame por ocasião do julgamento de mérito. Impropriedade da atribuição de efeito suspensivo ao recurso extraordinário, dado que não há decisão de mérito anterior benéfica ao requerente e cuja força poderia ser restaurada. Trata-se, na verdade, de pedido para suspensão da exigibilidade dos créditos tributários (art. 151, V, do CTN). A suspensão da exigibilidade dos créditos tributários se limita à pretensão da União de calcular o IRPJ e a CSLL sobre os valores recebidos de clientes pela requerida, pertinentes à remuneração paga ao trabalhador temporário que tem sua força de trabalho cedida nos termos da Lei 6.019/1974. Também está suspensa a exigibilidade dos créditos tributários relativos à inclusão dos valores pertinentes à incidência da contribuição pre*vid*enciária sobre a remuneração paga ao trabalhador temporário, e que é repassada pelo tomador do serviço à requerente" (**STF, QO em MC na AC 2.051/SC**, 2ª T., j. 10.06.2008, rel. Min. Joaquim Barbosa, *DJe* 10.10.2008).

7 • CONTRIBUIÇÕES ESPECIAIS **375**

• "Contribuição social: seguridade. Retenção de 11% sobre o valor bruto da nota fiscal ou da fatura de prestação de serviço. Art. 31 da Lei 8.212/1991, com a redação da Lei 9.711/1998 [hoje a redação do art. 31 da Lei. 8.212/1991 é dada pela Lei 11.933/2009]. Empresa contratante de serviços executados mediante cessão de mão de obra: obrigação de reter onze por cento do valor bruto da nota fiscal ou fatura de prestação de serviços e recolher a importância retida até o dia dois do mês subsequente ao da emissão da respectiva nota fiscal ou fatura, em nome da empresa cedente da mão de obra: inocorrência de ofensa ao disposto no art. 150, IV e § 7º, 195, § 4º, 154, I, e 148 da CF" (**STF, RE 393.946/MG**, Plenário, j. 03.11.2004, rel. Min. Carlos Velloso, *DJ* 01.04.2005). No mesmo sentido: **STF, AgRg no AgIn 484.418/ RJ**, 2ª T., j. 09.05.2006, rel. Min. Celso de Mello, *DJe* 13.03.2009.
• "Contribuição social sobre o faturamento – COFINS (art. 195, I, da CF). Revogação, pelo art. 56 da Lei 9.430/1996, da isenção concedida às sociedades civis de profissão regulamentada pelo art. 6º, II, da LC 70/1991. Legitimidade. Inexistência de relação hierárquica entre lei ordinária e lei complementar. Questão exclusivamente constitucional, relacionada à distribuição material entre as espécies legais. Precedentes. A LC 70/1991 é apenas formalmente complementar, mas materialmente ordinária, com relação aos dispositivos concernentes à contribuição social por ela instituída". **STF, ADC 1/DF**, 2ª T., j. 01.12.1993, rel. Moreira Alves, *DJ* 16.06.1995, *RTJ* 156/721 (**STF, RE 381.964/MG**, Plenário, j. 17.09.2008, rel. Min. Gilmar Mendes, *DJe* 13.03.2009).
• "O conceito de receita bruta sujeita à incidência da COFINS envolve, não só aquela decorrente da venda de mercadorias e da prestação de serviços, mas também a soma das receitas oriundas do exercício de outras atividades empresariais" (**STF, EDcl em RE 444.601/RJ**, 2ª T., j. 07.11.2006, rel. Min. Cezar Peluso, *DJ* 15.12.2006).
• "Tributo. Contribuição social. PIS. COFINS. Alargamento da base de cálculo. Art. 3º, § 1º, [§ 1º revoga- do pela Lei 11.941/2009] da Lei 9.718/1998. Inconstitucionalidade. Precedentes do Plenário (STF, RE 346.084/PR, Pleno, j. 09.11.2005, rel. orig. Min. Ilmar Galvão, *DJ* 01.09.2006; RE 357.950/RS, RE 358.273/ RS e RE 390.840/ MG, 2ª T., j. 09.11.2005, rel. Min. Marco Aurélio, *DJ* 15.08.2006) Repercussão Geral do tema. Reconhecimento pelo Plenário. Recurso improvido. É inconstitucional a ampliação da base de cálculo do PIS e da COFINS prevista no art. 3º, § 1º, [a Lei 11.941/2009 revogou o § 1º] da Lei 9.718/1998" (**QO em RG no RE 585.235/MG**, j. 10.09.2008, rel. Min. Cezar Peluso, *DJe* 28.11.2008).
• "Constitucionalidade superveniente – Art. 3º, § 1º [§ 1º revogado pela Lei 11.941/2009], da Lei 9.718/1998 – EC 20/1998. O sistema jurídico brasileiro não contempla a figura da constitucionalidade superveniente. Tributário – Institutos – Expressões e vocábulos – Sentido. A norma pedagógica do art. 110 do CTN ressalta a impossibilidade de a lei tributária alterar a definição, o conteúdo e o alcance de consagrados institutos, conceitos e formas de direito privado utilizados expressa ou implicitamente. Sobrepõe-se ao aspecto formal o princípio da realidade, considerados os elementos tributários. Contribuição Social – PIS – Receita Bruta – Noção – Inconstitucionalidade do § 1º [que foi revogado pela Lei 11.941/2009] do art. 3º da Lei 9.718/1998. A jurisprudência do Supremo, ante a redação do art. 195 da Carta Federal anterior à EC 20/1998, consolidou-se no sentido de tomar as expressões receita bruta e faturamento como sinônimas, jungindo-as à venda de mercadorias, de serviços ou de mercadorias e serviços. É inconstitucional o § 1º que foi revogado pela Lei 11.941/2009] do art. 3º da Lei 9.718/1998, no que am- pliou o conceito de receita bruta para envolver a totalidade das receitas auferidas por pessoas jurídicas, independentemente da atividade por elas desenvolvida e da classificação contábil adotada" (**STF, RE 346.084/PR**, Pleno, j. 09.11.2005, rel. Min. Ilmar Galvão, rel. p/ acórdão Marco Aurélio, *DJ* 01.09.2006). No mesmo sentido: (STF, EDcl no RE 410.691/MG, 1ª T., j. 23.05.2006, rel. Min. Sepúlveda Pertence, *DJ* 23.06.2006); STF, RE 390.840 e RE 357.950, Pleno, j. 09.11.2005, rel. Min. Marco Aurélio, *DJ* 15.08.2006.
• "Contribuição social sobre o lucro. Instituições financeiras. Alíquotas diferenciadas. Isonomia. Equipara- ção ou supressão. Impossibilidade jurídica do pedido. A declaração de inconstitucionalidade dos textos normativos que estabelecem distinção entre as alíquotas recolhidas, a título de contribuição social, das instituições financeiras e aquelas oriundas das empresas jurídicas em geral teria como consequência normativa ou a equiparação dos percentuais ou a sua supressão. Ambas as hipóteses devem ser afas- tadas, dado que o STF não pode atuar como legislador positivo nem conceder isenções tributárias. Daí a impossibilidade jurídica do pedido formulado no recurso extraordinário" (**STF, AgRg no RE 584.315/ RJ**, 2ª T., j. 23.09.2008, rel. Min. Eros Grau, *DJe* 31.10.2008).

• "Contribuição previdenciária. Inativo. Vigência da EC 20/1998. Inconstitucionalidade da cobrança. A contribuição previdenciária referente a proventos de inativos e pensionistas tornou-se inexigível a partir da promulgação da EC 20/1998" (**STF, AgRg no RE 593.272,** 2ª T., j. 03.03.2009, rel. Min. Eros Grau, *DJe* 27.03.2009). No mesmo sentido: **STF, AgRg em AgIn 699.887**, 1ª T., j. 28.04.2009, rel. Min. Ricardo Lewandowski, *DJe* 22.05.2009.

"A decisão objeto de irresignação via agravo regimental, com efeito, deixou claro que houve violação ao disposto no art. 195, III, da CF/1988, matéria especificamente impugnada quando dos embargos de declaração interpostos pelo Ministério Público Federal (...) De fato, o art. 195, III, da CF/1988, estabeleceu tão somente a possibilidade da seguridade social ser financiada por receitas de prognóstico. Por conseguinte, tal disposição não se refere à exploração de jogos de azar mediante pagamento, feita por particular, a qual, além disso, não se constitui sequer como atividade autorizada por lei" (**STF, AgRg em RE 502.271**, 2ª T., j. 10.06.2008, voto da rel. Min. Ellen Gracie, *DJ* 27.06.2008).

• "Contribuições instituídas pela LC 110/2001. Legitimidade. Princípio da anterioridade. Pacífico o entendimento deste Tribunal quanto à legitimidade das contribuições instituídas pela LC 110/2001, sendo inexigíveis, contudo, no mesmo exercício em que publicada a lei que as instituiu [STF, ADI 2.556/MC, Pleno, j. 09.10.2002, rel. Min. Moreira Alves, *DJ* 08.08.2003" (**STF, EDcl em AgRg no RE 456.187/AL**, 2ª T., j. 04.12.2007, rel. Min. Eros Grau, *DJe* 01.02.2008). No mesmo sentido: **STF, AgRg no RE 485.870/DF**, 1ª T., j. 16.12.2008, rel. Min. Cármen Lúcia, *DJE* 20.02.2009.

• "Contribuição previdenciária: aposentado que retorna à atividade: art. 201, § 4º, da CF; art. 12 da Lei 8.212/1991: aplicação à espécie, *mutatis mutandis*, da decisão plenária da ADIn 3.105/DF, rel. p/ acórdão Peluso, *DJ* 18.02.2005. A contribuição previdenciária do aposentado que retorna à atividade está amparada no princípio da universalidade do custeio da Previdência Social (art. 195 da CF/1988); o art. 201, § 4º, da CF 'remete à lei os casos em que a contribuição repercute nos benefícios'" (**STF, RE 437.640/RS**, 1ª T., j. 05.09.2006, rel. Min. Sepúlveda Pertence, *DJ* 02.03.2007). No mesmo sentido: **STF, AgRg no RE 364.083/RS**, 2ª T., j. 28.04.2009, rel. Min. Ellen Gracie, *DJe* 22.05.2009.

• **Súmula 688 do STF**. "É legítima a incidência da contribuição previdenciária sobre o 13º salário".

• "Imposto de renda e proventos de qualquer natureza. Pessoa jurídica. Contribuição social sobre o lucro líquido. Cessão de mão de obra temporária. Lei 6.019/1974. Cálculo dos tributos com base nos valores repassados pela tomadora-cliente à requerente cessionária como ressarcimento pelas quantias devidas a título de salário. Processual civil. Recurso extraordinário. Efeito suspensivo. Impropriedade. Suspensão da exigibilidade dos créditos tributários. Medida liminar concedida para suspender a exigibilidade dos créditos tributários pertinentes à inclusão dos valores pagos pela tomadora de mão de obra temporária à empresa cedente e referentes ao salário devido aos trabalhadores (Lei 6.019/1974). Discussão que se reduz a se saber se os valores constituem custo ou despesa da empresa cedente e, portanto, devem ser tributados, ou se, ao contrário, trata-se de quantias que apenas transitam pela contabilidade da requerente, não vocacionadas a se incorporar ao patrimônio da empresa de agência de mão de obra temporária. Presença do *periculum in mora* e do *fumus boni juris*, sem prejuízo de novo exame por ocasião do julgamento de mérito. Impropriedade da atribuição de efeito suspensivo ao recurso extraordinário, dado que não há decisão de mérito anterior benéfica ao requerente e cuja força poderia ser restaurada. Trata-se, na verdade, de pedido para suspensão da exigibilidade dos créditos tributários (art. 151, V, do CTN). A suspensão da exigibilidade dos créditos tributários se limita à pretensão da União de calcular o IRPJ e a CSLL sobre os valores recebidos de clientes pela requerida, pertinentes à remuneração paga ao trabalhador temporário que tem sua força de trabalho cedida nos termos da Lei 6.019/1974. Também está suspensa a exigibilidade dos créditos tributários relativos à inclusão dos valores pertinentes à incidência da contribuição previdenciária sobre a remuneração paga ao trabalhador temporário, e que é repassada pelo tomador do serviço à requerente" (**STF, QO em MC na AC 2.051/SC**, 2ª T., j. 10.06.2008, rel. Min. Joaquim Barbosa, *DJe* 10.10.2008).

7 • CONTRIBUIÇÕES ESPECIAIS

• "Contribuição social: seguridade. Retenção de 11% sobre o valor bruto da nota fiscal ou da fatura de prestação de serviço. Art. 31 da Lei 8.212/1991, com a redação da Lei 9.711/1998 [hoje a redação do art. 31 da Lei. 8.212/1991 é dada pela Lei 11.933/2009]. Empresa contratante de serviços executados mediante cessão de mão de obra: obrigação de reter onze por cento do valor bruto da nota fiscal ou fatura de prestação de serviços e recolher a importância retida até o dia dois do mês subsequente ao da emissão da respectiva nota fiscal ou fatura, em nome da empresa cedente da mão de obra: inocorrência de ofensa ao disposto no art. 150, IV e § 7º, 195, § 4º, 154, I, e 148 da CF" (**STF, RE 393.946/MG**, Plenário, j. 03.11.2004, rel. Min. Carlos Velloso, *DJ* 01.04.2005). No mesmo sentido: **STF, AgRg no AgIn 484.418/ RJ,** 2ª T., j. 09.05.2006, rel. Min. Celso de Mello, *DJe* 13.03.2009.

• "Contribuição social sobre o faturamento – COFINS (art. 195, I, da CF). Revogação, pelo art. 56 da Lei 9.430/1996, da isenção concedida às sociedades civis de profissão regulamentada pelo art. 6º, II, da LC 70/1991. Legitimidade. Inexistência de relação hierárquica entre lei ordinária e lei complementar. Questão exclusivamente constitucional, relacionada à distribuição material entre as espécies legais. Precedentes. A LC 70/1991 é apenas formalmente complementar, mas materialmente ordinária, com relação aos dispositivos concernentes à contribuição social por ela instituída". **STF, ADC 1/DF**, 2ª T., j. 01.12.1993, rel. Moreira Alves, *DJ* 16.06.1995, *RTJ* 156/721" (STF, RE 381.964/MG, Plenário, j. 17.09.2008, rel. Min. Gilmar Mendes, *DJe* 13.03.2009).

• "O conceito de receita bruta sujeita à incidência da COFINS envolve, não só aquela decorrente da venda de mercadorias e da prestação de serviços, mas também a soma das receitas oriundas do exercício de outras atividades empresariais" (**STF, EDcl em RE 444.601/RJ**, 2ª T., j. 07.11.2006, rel. Min. Cezar Peluso, *DJ* 15.12.2006).

• "Tributo. Contribuição social. PIS. COFINS. Alargamento da base de cálculo. Art. 3º, § 1º, [§ 1º revoga-do pela Lei 11.941/2009] da Lei 9.718/1998. Inconstitucionalidade. Precedentes do Plenário (STF, RE 346.084/PR, Pleno, j. 09.11.2005, rel. orig. Min. Ilmar Galvão, *DJ* 01.09.2006; RE 357.950/RS, RE 358.273/ RS e RE 390.840/ MG, 2ª T., j. 09.11.2005, rel. Min. Marco Aurélio, *DJ* 15.08.2006) Repercussão Geral do tema. Reconhecimento pelo Plenário. Recurso improvido. É inconstitucional a ampliação da base de cálculo do PIS e da COFINS prevista no art. 3º, § 1º, [a Lei 11.941/2009 revogou o § 1º] da Lei 9.718/1998" (**QO em RG no RE 585.235/MG**, j. 10.09.2008, rel. Min. Cezar Peluso, *DJe* 28.11.2008).

• "Constitucionalidade superveniente – Art. 3º, § 1º [§ 1º revogado pela Lei 11.941/2009], da Lei 9.718/1998 – EC 20/1998. O sistema jurídico brasileiro não contempla a figura da constitucionalidade superveniente. Tributário – Institutos – Expressões e vocábulos – Sentido. A norma pedagógica do art. 110 do CTN ressalta a impossibilidade de a lei tributária alterar a definição, o conteúdo e o alcance de consagrados institutos, conceitos e formas de direito privado utilizados expressa ou implicitamente. Sobrepõe-se ao aspecto formal o princípio da realidade, considerados os elementos tributários. Contribuição Social – PIS – Receita Bruta – Noção – Inconstitucionalidade do § 1º [que foi revogado pela Lei 11.941/2009] do art. 3º da Lei 9.718/1998. A jurisprudência do Supremo, ante a redação do art. 195 da Carta Federal anterior à EC 20/1998, consolidou-se no sentido de tomar as expressões receita bruta e faturamento como sinônimas, jungindo-as à venda de mercadorias, de serviços ou de mercadorias e serviços. É inconstitucional o § 1º que foi revogado pela Lei 11.941/2009] do art. 3º da Lei 9.718/1998, no que ampliou o conceito de receita bruta para envolver a totalidade das receitas auferidas por pessoas jurídicas, independentemente da atividade por elas desenvolvida e da classificação contábil adotada" (**STF, RE 346.084/PR**, Pleno, j. 09.11.2005, rel. Min. Ilmar Galvão, rel. p/ acórdão Marco Aurélio, *DJ* 01.09.2006). No mesmo sentido: (**STF, EDcl no RE 410.691/MG**, 1ª T., j. 23.05.2006, rel. Min. Sepúlveda Pertence, *DJ* 23.06.2006); STF, RE 390.840 e RE 357.950, Pleno, j. 09.11.2005, rel. Min. Marco Aurélio, *DJ* 15.08.2006.

• "Contribuição social sobre o lucro. Instituições financeiras. Alíquotas diferenciadas. Isonomia. Equipara-ção ou supressão. Impossibilidade jurídica do pedido. A declaração de inconstitucionalidade dos textos normativos que estabelecem distinção entre as alíquotas recolhidas, a título de contribuição social, das instituições financeiras e aquelas oriundas das empresas jurídicas em geral teria como consequência normativa ou a equiparação dos percentuais ou a sua supressão. Ambas as hipóteses devem ser afas-tadas, dado que o STF não pode atuar como legislador positivo nem conceder isenções tributárias. Daí a impossibilidade jurídica do pedido formulado no recurso extraordinário" (**STF, AgRg no RE 584.315/ RJ**, 2ª T., j. 23.09.2008, rel. Min. Eros Grau, *DJe* 31.10.2008).

• "O STF fixou entendimento no sentido da dispensabilidade de lei complementar para a criação das contribuições de intervenção no domínio econômico e de interesse das categorias profissionais"(**STF, AgRg em AgIn 739.715/RJ**, 2ª T., j. 26.05.2009, rel. Min. Eros Grau, *DJe* 19.06.2009).

• "Prescrição e decadência tributárias. Matérias reservadas a lei complementar. Disciplina no Código Tributário Nacional. Natureza tributária das contribuições para a seguridade social. Inconstitucionalidade dos arts. 45 e 46 da Lei 8.212/1991 e do parágrafo único do art. 5º do Dec.-lei 1.569/1977. As normas relativas à prescrição e à decadência tributárias têm natureza de normas gerais de direito tributário, cuja disciplina é reservada a lei complementar, tanto sob a Constituição pretérita (art. 18, § 1º, da CF/1967-1969) quanto sob a Constituição atual (art. 146, III, *b*, da CF/1988). Interpretação que preserva a força normativa da Constituição, que prevê disciplina homogênea, em âmbito nacional, da prescrição, decadência, obrigação e crédito tributários. Permitir regulação distinta sobre esses temas, pelos diversos entes da federação, implicaria prejuízo à vedação de tratamento desigual entre contribuintes em situação equivalente e à segurança jurídica. Disciplina prevista no Código Tributário Nacional. O Código Tributário Nacional (Lei 5.172/1966), promulgado como lei ordinária e recebido como lei complementar pelas Constituições de 1967-1969 e 1988, disciplina a prescrição e a decadência tributárias. Natureza tributária das contribuições. As contribuições, inclusive as pre*vid*enciárias, têm natureza tributária e se submetem ao regime jurídico tributário previsto na Constituição. Interpretação do art. 149 da CF/1988. Precedentes. Recurso extraordinário não provido. Inconstitucionalidade dos arts. 45 e 46 da Lei 8.212/1991, por violação do art. 146, III, *b*, da CF/1988, e do parágrafo único do art. 5º do Dec.-lei 1.569/1977, em face do § 1º do art. 18 da CF/1967-1969. Modulação dos efeitos da decisão. Segurança jurídica. São legítimos os recolhimentos efetuados nos prazos previstos nos arts. 45 e 46 da Lei 8.212/1991 e não impugnados antes da data de conclusão deste julgamento"(**STF, RE 556.664/RS e RE 559.882/RS**, Pleno, j. 12.06.2008, rel. Min. Gilmar Mendes, *DJe* 14.11.2008). No mesmo sentido: STF, AgRg no RE 505.771/RS, 2ª T., j. 10.02.2009, rel. Min. Eros Grau, *DJe* 13.03.2009; STF, RE 560.626, Plenário, j. 12.06.2008, rel. Min. Gilmar Mendes, *DJe* 05.12.2008 (Súmula Vinculante 8)

• "Contribuições instituídas pela LC 110/2001. Legitimidade. Princípio da anterioridade. Pacífico o entendimento deste Tribunal quanto à legitimidade das contribuições instituídas pela LC 110/2001, sendo inexigíveis, contudo, no mesmo exercício em que publicada a lei que as instituiu [**STF, ADI 2.556/DF**, Pleno, j. 09.02.2003, rel. Min. Moreira Alves, *DJ* 08.08.2003]"(STF, EDcl em AgRg no RE 456.187/AL, 2ª T., j. 04.12.2007, rel. Min. Eros Grau, *DJe* 01.02.2008). No mesmo sentido: **STF, AgRg em AgIn 630.999/SP**, 1ª T., j. 26.05.2009, rel. Min. Ricardo Lewandowski, *DJe* 19.06.2009; STF, AgRg no RE 555.026/GO, 2ª T., j. 12.05.2009, rel. Min. Cezar Peluso, *DJe* 05.06.2009; STF, AgRg no RE 485.870/DF, 1ª T., j. 16.12.2008, rel. Min. Cármen Lúcia, *DJe* 20.02.2009; STF, RE 499.769/SP, 1ª T., j. 26.08.2008, rel. Min. Marco Aurélio, *DJe* 03.04.2009.

• "Regime próprio de previdência privada e assistência social dos servidores do Estado de Minas Gerais. Aposentadoria e benefícios assegurados a servidores não titulares de cargo efetivo. Alegada violação aos arts. 40, § 13, e 149, § 1º, da CF/1988. Ação direta julgada parcialmente procedente (...). (...) Embargos de declaração acolhidos parcialmente para (...) conferir efeitos prospectivos (eficácia *ex nunc*) à declaração de inconstitucionalidade proferida pelo STF no julgamento de mérito da presente ação direta, fixando como marco temporal de início da sua vigência a data de conclusão daquele julgamento (14 de abril de 2010) e reconhecendo a impossibilidade de repetição das contribuições recolhidas junto aos servidores públicos do Estado de Minas Gerais até a referida data"(**STF, ADI 3.106-ED**, Plenário, j. 20.05.2015, rel. Min. Luiz Fux, *DJE* 13.08.2015). *Vide*: STF, ADI 3.106, Plenário, j. 14.04.2010, rel. Min. Eros Grau, *DJE* 24.09.2010.

• "Lei 8.633/2005 do Estado do Rio Grande do Norte. Contribuição social incidente sobre proventos de aposentadoria e pensões. Dispensa na reforma da Carta estadual para instituição da exação em tela, a qual pode perfeitamente ser criada pela lei estadual. A CF/1988, em seu art. 40, com redação conferida pela EC 41/2003, estabelece regra geral a ser observada pelos Estados, Municípios e Distrito Federal. § 1º do art. 149 da CF/1988. Imposição aos Estados de obrigatoriedade de instituição da contribuição social para custeio do regime previdenciário de seus servidores. Parágrafo único do art. 3º da lei hostilizada. Interpretação à luz do § 21 do art. 40 da CF/1988, segundo a técnica de interpretação conforme"(**STF, ADI 3.477**, Plenário, j. 04.03.2015, rel. p/ o ac. Min. Luiz Fux, *DJE* 04.05.2015.)

• "Regime previdenciário próprio de servidor público municipal. Período anterior ao regime eminentemente contributivo da EC 20/1998. Exclusão do regime geral de previdência social, independentemente de contribuição dos segurados" (**STF, RE 426.335-AgR**-segundo, 2ª T., j. 30.10.2012, rel. Min. Cármen Lúcia, *DJE* 23.11.2012.

• "A norma que fixa alíquota mínima (contribuição dos servidores titulares de cargos efetivos na União) para a contribuição a ser cobrada pelos Estados, pelo Distrito Federal e pelos Municípios de seus servidores, para o custeio, em benefício destes, do regime previdenciário de que trata o art. 40 da CF/1988 não contraria o pacto federativo ou configura quebra de equilíbrio atuarial. A observância da alíquota mínima fixada na EC 41/2003 não configura quebra da autonomia dos Estados Federados. O art. 201, § 9º, da CF/1988, ao estabelecer um sistema geral de compensação, há ser interpretado à luz dos princípios da solidariedade e da contributividade, que regem o atual sistema previdenciário brasileiro" (**STF, ADI 3.138**, Plenário, j. 14.09.2011, rel. Min. Cármen Lúcia, *DJE* 13.02.2012.

• "Os materiais de limpeza/desinfecção e os serviços de dedetização usados no âmbito produtivo de contribuinte fabricante de gêneros alimentícios devem ser considerados como "insumos" para efeitos de creditamento na sistemática de não cumulatividade na cobrança da contribuição ao PIS/PASEP (Lei 10.637/2002) e da COFINS (Lei 10.833/2003). Isso porque há perfeito enquadramento dos referidos materiais e serviços na definição de "insumos" extraída do art. 3º, II, da Lei 10.637/2002 e do art. 3º, II, da Lei 10.833/2003. Na hipótese, a empresa é fabricante de gêneros alimentícios, sujeita, portanto, a rígidas normas de higiene e limpeza. No ramo a que pertence, as exigências de condições sanitárias das instalações, se não atendidas, implicam a própria impossibilidade da produção e substancial perda de qualidade do produto resultante. Ademais, o que se extrai de nuclear da definição de "insumos" para efeito dos referidos artigos é que: (i) o bem ou serviço tenha sido adquirido para ser utilizado na prestação do serviço ou na produção, ou para viabilizá-los (pertinência ao processo produtivo); (ii) a produção ou prestação do serviço dependa daquela aquisição (essencialidade ao processo produtivo); (iii) não se faz necessário o consumo do bem ou a prestação do serviço em contato direto com o produto (possibilidade de emprego indireto no processo produtivo). Assim, são "insumos", para efeitos das citadas normas, todos aqueles bens e serviços que viabilizam ou são pertinentes ao processo produtivo e à prestação de serviços, que neles possam ser direta ou indiretamente empregados e cuja subtração importa na impossibilidade mesma da prestação do serviço ou da produção, isto é, cuja subtração obsta a atividade da empresa, ou implica em substancial perda de qualidade do produto ou serviço daí resultantes. Por seu turno, conforme interpretação teleológica e sistemática do ordenamento jurídico em vigor, a conceituação de "insumos", para efeitos das Leis 10.637/2002 e Lei 10.833/2003, não se identifica com a conceituação adotada na legislação do Imposto sobre Produtos Industrializados (IPI), posto que excessivamente restritiva. Dessa forma, é de se reconhecer a ilegalidade das Instruções Normativas 247/2002 e 404/2004 da Secretaria da Receita Federal, por adotarem definição de insumos semelhante à da legislação do IPI. Do mesmo modo, "insumo" não corresponde exatamente aos conceitos de "Custos e Despesas Operacionais" utilizado na legislação do Imposto de Renda (IR), porque demasiadamente elastecidos" (**STJ, REsp 1.246.317-MG, j. 16.06.2011, rel. Min. Mauro Campbell Marques,** *DJe* **29.06.2015)**

• "Até o advento da Lei 12.844/2013, os valores ressarcidos no âmbito do Regime Especial de Reintegração de Valores Tributários para as Empresas Exportadoras (REINTEGRA) incorporavam a base de cálculo da contribuição ao PIS e da COFINS, sobretudo no caso de empresas tributadas pelo lucro real na sistemática da não cumulatividade do PIS e da COFINS instituída pelas Leis 10.637/2002 e 10.833/2003. A Lei 12.546/2011, que institui o REINTEGRA, tem como objetivo reintegrar valores referentes a custos tributários federais residuais existentes nas cadeias de produção de tais empresas. A propósito, extrai-se dos arts. 1º e 2º dessa lei, que esse benefício fiscal tem natureza de "reintegração de valores referentes a custos tributários". Dessa forma, seja por se tratar de recuperação ou devolução de custos, seja por se tratar de subvenção corrente para custeio ou operação, os valores do benefício fiscal criado pelo REINTEGRA integram a receita bruta operacional da empresa por expressa determinação do art. 44 da Lei 4.506/1964, de forma que, salvo autorizativo legal, tais valores integram a base de cálculo do PIS e da COFINS no regime da não cumulatividade previsto nas Leis 10.637/2002 e 10.833/2003.

A propósito, conforme entendimento adotado pela 2ªT. desta Corte nos autos dos EDcl no REsp 1.462.313-RS, *DJe* 19.12.2014 e do AgRg no REsp 1.518.688-RS, *DJe* 07.05.2015, os valores do REINTEGRA são passíveis de incidência do imposto de renda, até o advento da MP 651/2014, posteriormente convertida na Lei 13.043/2014, de forma que a conclusão lógica que se tem é a de que tais valores igualmente integram a base de cálculo do PIS e da COFINS, que é mais ampla e inclui, *a priori*, ressalvadas as deduções legais, os valores relativos ao IRPJ e à CSLL, sobretudo no caso de empresas tributadas pelo lucro real na sistemática da não cumulatividade do PIS e da COFINS instituída pelas Leis 10.637/2002 e 10.833/2003, cuja tributação se dá com base na receita bruta mensal da pessoa jurídica, a qual, por expressa disposição do art. 44 da Lei 4.506/1964, abrange as recuperações ou devoluções de custos, deduções ou provisões e as subvenções correntes, para custeio ou operação, recebidas de pessoas jurídicas de direito público ou privado, ou de pessoas naturais. Nos termos do art. 150, § 6º, da CF/1988, qualquer subsídio ou isenção, redução de base de cálculo, concessão de crédito presumido, anistia ou remissão, relativos a impostos, taxas ou contribuições, só poderá ser concedido mediante lei específica que regule exclusivamente as matérias acima enumeradas ou o correspondente tributo ou contribuição. Nesse sentido, somente com o advento da Lei 12.844/2013, que incluiu o § 12 no art. 2º da Lei 12.546/2011, é que os valores ressarcidos no âmbito do REINTEGRA foram excluídos expressamente da base de cálculo do PIS e da COFINS. Por não se tratar de dispositivo de conteúdo meramente procedimental, mas sim de conteúdo material (exclusão da base de cálculo de tributo), sua aplicação somente alcança os fatos geradores futuros e aqueles cuja ocorrência não tenha sido completada (consoante o art. 105 do CTN), não havendo que se falar em aplicação retroativa" (**STJ, REsp 1.514.731-RS,** j. 26.5.2015, rel. Min. Mauro Campbell Marques, *DJe* 01.06.2015).

• "A contribuição social prevista no art. 1º da LC 110/2001 – baseada no percentual sobre o saldo de FGTS em decorrência da despedida sem justa causa –, a ser suportada pelo empregador, não se encontra revogada, mesmo diante do cumprimento da finalidade para qual a contribuição foi instituída. Inicialmente, esclareça-se que a jurisprudência do STJ tem reconhecido a atualização do saldo de FGTS (REsp 1.111.201-PE, 1ª Seção, *DJe* 04.03.2010, julgado sob o rito do art. 543-C do CPC). De fato, a finalidade da norma era trazer novas receitas ao FGTS, visto a necessidade de promover complementação de atualização monetária a que fariam *jus* os trabalhadores, em decorrência dos expurgos inflacionários das contas vinculadas ao referido fundo que não foram devidamente implementadas pela Caixa Econômica Federal. Entretanto, não se pode inferir do normativo complementar que sua regência é temporária e que sua vigência extingue-se com o cumprimento da finalidade para a qual a contribuição foi instituída. Se assim o fosse, haveria expressa previsão, tal como ocorreu com outra contribuição social instituída pelo própria LC 110/2001, que estabeleceu prazo de vigência de sessenta meses, a contar de sua exigibilidade (art. 2º, § 2º). Portanto, a contribuição instituída pelo art. 1º da LC 110/2001 ainda é exigível, mormente ante o fato de que sua extinção foi objeto do Projeto de Lei Complementar 200/2012, o qual foi vetado pela Presidência da República e mantido pelo Congresso Nacional em agosto de 2013" (**STJ, REsp 1.487.505-RS,** j. 17.03.2015, rel. Min. Humberto Martins, *DJe* 24.03.2015).

• "Compõe a base de cálculo da COFINS a receita proveniente da locação de vagas em estacionamento de *shopping center* ou de centros comerciais de prestação de serviços ou de venda de produtos, mesmo que esses estejam constituídos na forma de condomínio e que não haja a intervenção de terceira pessoa jurídica empresária. Mesmo na forma de condomínio – destituído de personalidade jurídica – e sem a intervenção de terceira pessoa jurídica empresária, o *shopping center* ou o centro comercial de prestação de serviços ou venda de produtos é considerado unidade econômica autônoma para fins de tributação, nos termos do art. 126, III, do CTN. Assim, se o empreendimento gera renda por meio de locação de bens e/ou prestação de serviços - mesmo que em benefício de sua infraestrutura ou a favor dos condôminos – sem a intervenção de terceira pessoa jurídica empresária, os valores que recebe compõem a base de cálculo de contribuições sociais (no caso, a COFINS), porquanto referidos valores fazem parte de seu faturamento. A propósito, nos termos do art. 2º da LC 70/1991, a COFINS incide "sobre o faturamento mensal, assim considerado a receita bruta das vendas de mercadorias, de mercadorias e serviços e de serviço de qualquer natureza". Ademais, o STJ, em diversos casos, tem entendido pela legalidade da incidência da COFINS sobre receitas provenientes da administração e locação procedidas por *shopping centers*. Ora, se há incidência da contribuição sobre a administração e locação das lojas e salas comerciais (AgRg no Ag 1.213.712-PR, 2ªT., *DJe* 08.10.2010; e AgRg no REsp 1.164.449-PR, 2ªT., *DJe* 04.02.2011), não há falar em não incidência na locação de vagas de estacionamento, as quais, igualmente àquelas, são bens imóveis aptos à locação e obtenção de renda. Além disso, cumpre mencionar que a Primeira Seção do STJ, por ocasião do julgamento do REsp 1.141.065-SC (*DJe* 01.02.2010), realizado sob a sistemática do art. 543-C do CPC, no qual decidiu pela incidência da COFINS nas receitas provenientes de locação de mão de obra, fez-se peculiar menção à semelhança do caso com os dos *shopping centers*. Portanto, nessa linha, e ressalvadas as devidas diferenças entre os casos, se o empreendimento aufere renda da locação de vagas de estacionamento e/ou outra espécie de prestação de serviços, essa renda deve compor a base de cálculo da COFINS" (**STJ, REsp 1.301.956-RJ,** j. 10.2.2015, rel. Min. Benedito Gonçalves, *DJe* 20.02.2015).

• "É cabível o aproveitamento, na verificação do crédito dedutível da base de cálculo da contribuição ao PIS e da COFINS, das despesas e custos inerentes à aquisição de combustíveis, lubrificantes e peças de reposição utilizados em veículos próprios dos quais faz uso a empresa para entregar as mercadorias que comercializa. Isso porque o creditamento pelos insumos previstos nos arts. 3º, II, da Lei 10.833/2003 e da Lei 10.637/2002 abrange os custos com peças, combustíveis e lubrificantes utilizados por empresa que, conjugada com a venda de mercadorias, exerce também a atividade de prestação de serviços de transporte da própria mercadoria que revende. De fato, o art. 3º, II, da Lei 10.833/2003 registra expressamente que a pessoa jurídica poderá descontar créditos calculados em relação aos bens e serviços utilizados como insumo na prestação de serviços e na produção ou fabricação de bens ou produtos destinados à venda, inclusive combustíveis e lubrificantes. Dessa forma, importante ressaltar que é o próprio dispositivo legal que dá, expressamente, à pessoa jurídica o direito ao creditamento pelos bens utilizados como insumo na prestação de serviços, incluindo no conceito desses bens os combustíveis e lubrificantes. Ademais, fato incontroverso é o de que o valor do transporte da mercadoria vendida está embutido no preço de venda (faturamento), como custo que é da empresa, ingressando assim na base de cálculo das contribuições ao PIS/COFINS (receita bruta). Com o custo do transporte e o correspondente aumento do preço de venda, há e*vidente* agregação de valor, pressuposto da tributação e também da aplicação da não cumulatividade. Por certo, a vedação do creditamento em casos como o presente teria por únicos efeitos (a) forçar a empresa vendedora/transportadora a registrar em cláusula contratual que as despesas da tradição (frete) estariam a cargo do comprador, fornecendo a ele o serviço, ou (b) terceirizar a atividade de transporte de suas mercadorias para uma outra empresa que possivelmente seria criada dentro de um mesmo grupo econômico apenas para se fazer planejamento tributário, com renovados custos burocráticos (custos de conformidade à legislação tributária, empresarial e trabalhista para a criação de uma nova empresa). Em suma, caracterizada a prestação de serviços de transporte, ainda que associada à venda de mercadorias que comercializa, há de ser reconhecido o direito ao creditamento pelo valor pago na aquisição das peças, combustíveis e lubrificantes necessários a esse serviço, tendo em vista que são insumos para a prestação do serviço" (**STJ, REsp 1.235.979-RS,** rel. originário Min. Herman Benjamin, j. 16.12.2014, rel. para acórdão Min. Mauro Campbell Marques, *DJe* 19.12.2014).

• "A despeito dos arts. 1º da Lei 8.540/1992, 1º da Lei 9.528/1997 e 1º da Lei 10.256/2001, desde a vigência da Lei 8.212/1991, não é possível exigir a contribuição social ao FUNRURAL, a cargo do empregador rural pessoa física, incidente sobre o valor comercial dos produtos rurais. A contribuição social incidente sobre a produção rural foi extinta pela Lei 8.213/1991 para os produtores rurais empregadores pessoas físicas, que passaram a recolher contribuições sobre a folha de salários de seus empregados. Todavia, a referida contribuição foi mantida para os segurados especiais (produtores rurais em regime de economia familiar). Dessa forma, com a criação do Plano de Custeio da Previdência Social pela Lei 8.212/1991, os produtores rurais passaram a contribuir para a Previdência Social, ou sobre o resultado da comercialização (segurados especiais), ou sobre a folha de salários (caso dos empregadores rurais pessoas físicas). Com o advento da Lei 8.540/1992, que deu nova redação ao art. 25 da Lei 8.212/1991, voltou-se a exigir dos produtores rurais empregadores pessoas físicas o recolhimento de contribuição social sobre a comercialização de produtos. Entretanto, o STF, sob o rito do art. 543-B do CPC (RE 596.177-RS, Pleno, *DJe* 29.08.2011), declarou a inconstitucionalidade do art. 1º da Lei 8.540/1992, com base nos seguintes fundamentos: (I) referido dispositivo teria criado nova hipótese de incidência de contribuição social não prevista no art. 195, I, da CF/1988; (II) os empregadores rurais pessoa física estariam sujeitos a dupla tributação ao recolher a Contribuição para Financiamento da Seguridade Social – COFINS, além daquela instituída pela Lei 8.540/1992, ferindo, portanto, o princípio da isonomia; e (III) a lei é formalmente inconstitucional, em razão de que nova fonte de custeio da Seguridade Social só poderia ser criada por meio de Lei Complementar. Saliente-se que as posteriores alterações legislativas impostas ao art. 25 da Lei 8.212/1991 por meio dos arts. 1º da Lei 9.528/1997 e 1º da Lei 10.256/2001 não alteram a conclusão em torno da mesma inconstitucionalidade, haja vista padecerem, por igual, de vício semelhante ao do art. 1º da Lei 8.540/1992, marcadamente no ponto em que havia determinado o restabelecimento da contribuição ao FUNRURAL" (**STJ, REsp 1.070.441-SC**, j. 02.09.2014, rel. Min. Sérgio Kukina).

• "Incide contribuição pre*vid*enciária a cargo da empresa sobre os valores pagos a título de licença casamento (art. 473, II, da CLT) e de licença para prestação de serviço eleitoral (art. 98 da Lei 9.504/1997). Consoante a jurisprudência do STJ, o parâmetro para incidência da contribuição pre*vid*enciária é o caráter salarial da verba, já a não incidência ocorre nas verbas de natureza indenizatória. Posto isso, cumpre esclarecer que a licença para prestação do serviço eleitoral e a licença casamento não ostentam caráter indenizatório. Sua natureza estrutural remete ao inafastável caráter remuneratório, integrando parcela salarial cujo ônus é do empregador, sendo irrelevante a inexistência da efetiva prestação laboral no período, porquanto mantido o vínculo de trabalho, o que atrai a incidência tributária sobre as indigitadas verbas. Ademais, não se sustenta, e não encontra albergue na jurisprudência do STJ o parâmetro de que qualquer afastamento ao serviço justificaria o não pagamento de contribuição pre*vid*enciária. Assim, há hipóteses em que ocorre o efetivo afastamento do empregado, ou seja, não há a efetiva prestação do serviço ou o efetivo tempo à disposição do empregador, mas ainda assim é devida a incidência tributária, tal como ocorre quanto ao salário-maternidade, situação na qual a mãe se ausenta para cuidar do filho e nem por isso a contribuição é indevida. No mesmo caminho estão as férias gozadas, situação em que o empregado se ausenta por, em regra, 30 dias – período muito maior do que as vinculadas à licença TRE eleição e à licença casamento –, e ainda assim a incidência da contribuição pre*vid*enciária se faz presente" (**STJ, REsp 1.455.089-RS**, rel. Min. Humberto Martins, j. 16.09.2014).

7.3.2.5 Contribuição Social sobre Bens e Serviços (CBS)

Nos termos da EC 132/2023, a instituição da Contribuição Social de Bens e Serviços (CBS), tem sua previsão constitucional no art. 195, V[19], tendo sua regulamentação prevista no PLP 68/2024.

As mesmas atribuições e regramentos de incidência aplicáveis ao **Imposto sobre Bens e Serviços** (IBS), em conformidade com o art. 156-A da CF/1988, se aplicam à CBS, seguindo os modelos internacionais adotados sobre o **Imposto sobre o Valor Adicionado** (IVA). Assim, a CBS deverá ser informada pelo **princípio da neutralidade**, segundo o qual o tributo deve evitar distorcer as decisões de consumo e de organização da atividade econômica.

---

19. **Art. 195** (...)

V – sobre bens e serviços, nos termos de lei complementar.

Como regra geral, a CBS incidente sobre a **operação ao consumidor final** deve corresponder aos valores recolhidos ao longo da **cadeia de produção** e **comercialização**, de modo que o **ônus econômico** recaia sobre o **consumidor final**. Conforme os modelos de IVA, a CBS é um **tributo plurifásico**, incidindo sobre **todas as operações com bens e serviços realizadas ao longo da cadeia**, até o **consumidor final**.

Em conjunto com a regra de incidência, e para que não haja tributação em cascata (tributo sobre tributo), aplica-se a **regra do creditamento**: os contribuintes no meio da cadeia têm direito a crédito correspondente aos tributos recolhidos nas suas aquisições, de modo que recolhem ao fisco somente a diferença entre o tributo incidente sobre as suas operações próprias e o tributo recolhido nas suas aquisições de bens e serviços. O creditamento se refere aos tributos que foram efetivamente pagos e corresponde, economicamente, a uma devolução desses tributos ao fornecedor, na forma de créditos.

O efeito da aplicação das regras de incidência e do creditamento faz com que o **fornecedor** no **meio da cadeia não sofra oneração pelos tributos**. De um lado, a CBS incidente sobre suas operações próprias foi cobrada e coletada de seus adquirentes. De outro lado, quando ocorrer o **pagamento** nas **aquisições de bens e serviços pelo fornecedor** deverá ser **integralmente devolvida por meio do creditamento**. Ao desonerar os contribuintes no meio da cadeia, o **creditamento** evita **distorções na organização dos agentes econômicos**, pois a **carga tributária ao consumidor final será a mesma**, independentemente da forma pela qual a cadeia produtiva esteja organizada.

Ressalta-se que não haverá a incidência da CBS sobre os **serviços prestados por pessoas físicas na qualidade de empregados, administradores** ou **membros de conselhos** e **comitês de assessoramento** previstos em lei.

De igual modo, a **transferência de bens entre estabelecimentos do contribuinte** também **não sofre a incidência da CBS**, inclusive sobre a **transmissão de participação societária**, assim como sobre a **transmissão de bens** em decorrência de **fusão, cisão** e **incorporação** e de **integralização e devolução de capital**.

Os **rendimentos financeiros**, as **operações com títulos ou valores mobiliários** e o **recebimento de dividendos** e demais **resultados de participações societárias** também não sofrerão a incidência da CBS, com exceção do disposto no **regime específico de serviços financeiros**. Entretanto, a CBS poderá incidir sobre arranjos envolvendo uma **combinação de atos e negócios jurídicos** caso este constitua, na essência, uma **operação onerosa com bem ou com serviço** (denominada de **regra antiabuso**).

7.4 OUTRAS CONTRIBUIÇÕES

Além das contribuições especiais anteriormente analisadas, temos a existência de demais contribuições que merecem a atenção pela natureza jurídica e aplicabilidade.

7.4.1 Contribuição sindical e contribuição confederativa

A denominada **contribuição sindical** tem o seu fundamento no **art. 578 da CLT**[20], sendo que, antes do advento da **Reforma Trabalhista**, pela **Lei 13.467/17**, era dotada de **natureza tributária**, conforme entendimento adotado pelo STF. Entretanto, a reforma trabalhista inseriu a natureza **facultativa** ao recolhimento da respectiva exação, extraindo a natureza tributária da contribuição sindical.

O dispositivo foi questionado na **ADI 5.794** e, de acordo com o voto da maioria da Corte Suprema, manifestou-se entendimento no sentido de conferir a **constitucionalidade da alteração da Lei 13.467/07**, que determinou o **recolhimento facultativo** da contribuição sindical, ao afirmar que a Constituição Federal de 1.988 diminuiu o tradicional **sistema de cabresto**, instituído pelo Estado Novo em 1.937, tanto no nível do Estado perante os sindicatos, quanto no dos sindicatos sobre os trabalhadores.

Segundo a maioria dos Ministros, a **Reforma Trabalhista** busca a **evolução de um sistema sindical centralizador**, **arcaico** e **paternalista** para um modelo mais moderno, baseado na liberdade.

No que tange à **contribuição confederativa**, estabelece o art. 8º, IV, da CF/1988:

> "Art. 8º. É livre a associação profissional ou sindical, observado o seguinte:
> (...)
> IV – a **assembleia geral** fixará a contribuição que, em se tratando de categoria profissional, será descontada em folha, para custeio do **sistema confederativo da representação sindical** respectiva, independentemente da contribuição prevista em lei."

Existe distinção entre a **contribuição sindical**, em prol dos interesses das categorias profissionais – até antes da reforma trabalhista dotada de caráter obrigatório e com natureza tributária – da **contribuição confederativa**, destinada ao custeio das atividades assistenciais do sindicato, principalmente no curso de negociações coletivas, sem natureza tributária.

Tal entendimento vem estabelecido na **súmula 666 do STF**:

"Súmula 666. A contribuição confederativa de que trata o art. 8º, IV, da Constituição, **só é exigível dos filiados ao sindicato respectivo.**"

Atualmente, o **mesmo entendimento** vem esposado na **súmula vinculante 40**, adotando a mesma redação estabelecida na súmula acima descrita.

---

20. **Art. 578.** As contribuições devidas aos sindicatos pelos participantes das categorias econômicas ou profissionais ou das profissões liberais representadas pelas referidas entidades serão, sob a denominação de contribuição sindical, pagas, recolhidas e aplicadas na forma estabelecida neste Capítulo, desde que prévia e expressamente autorizadas.

7.4.2 Contribuição destinada ao FGTS

A **Contribuição ao Fundo de Garantia do Tempo de Serviço** (FGTS) foi instituída pela **Lei 5.107/1966**, alterado pela **Lei 8.036/90** e posteriormente incorporada na Constituição Federal de 1988, no art. 7°, III[21], como um **direito social dos trabalhadores**. Originalmente concebido como uma **alternativa ao regime de estabilidade decenal**, o FGTS tem o objetivo de **proteger o trabalhador demitido sem justa causa**, constituindo um **fundo compulsório** destinado ao **desenvolvimento de políticas públicas habitacionais, infraestrutura** e **saneamento**.

Apesar de possuir elementos comuns aos tributos, como a **compulsoriedade** e a **destinação pública**, sua natureza é desprovida de natureza tributária, sendo dotada de **caráter trabalhista finalístico**. De acordo com a **súmula 353 do STJ**,

"As disposições do Código Tributário Nacional não se aplicam às contribuições para o FGTS."

Diferentemente das **contribuições previdenciárias**, que têm como base o financiamento do **sistema de seguridade social**, a **contribuição ao FGTS se destina exclusivamente à formação de um fundo para os trabalhadores**, gerido pela **Caixa Econômica Federal**. Tal contribuição é devida por **empregadores** sobre a **folha de pagamento dos trabalhadores**, com uma **alíquota de 8%** (oito por cento), conforme a legislação vigente.

Com a edição da **Lei Complementar 110**, de 29 de junho de 2001, foram criadas em seus artigos 1° e 2°, duas novas **Contribuições Sociais**, cujas **hipóteses de incidência** encontram-se traçadas nos seguintes termos, *in verbis*:

> "**Art. 1°** Fica instituída contribuição social devida pelos empregadores em caso de despedida de empregado sem justa causa, à alíquota de dez por cento sobre o montante de todos os depósitos devidos, referentes ao Fundo de Garantia do Tempo de Serviço FGTS. durante a vigência do contrato de trabalho. acrescido das remunerações aplicáveis às contas vinculadas".
>
> **Art. 2°** Fica instituída contribuição social devida pelos empregadores, à alíquota de cinco décimos por cento sobre a remuneração devida, no mês anterior, a cada trabalhador, incluídas as parcelas de que trata o art. 15 da Lei 8.036, de 11 de maio de 1990."

A **multa** decorrente da **rescisão sem justa causa** sobre o FGTS possui **natureza de indenização compensatória**, possuindo como **base de cálculo** os depósitos realizados na conta vinculada durante a **vigência do contrato de trabalho**, conforme dispõem o art. 18, § 1° da Lei 8.036/1990:

---

21. **Art. 7°** São direitos dos trabalhadores urbanos e rurais, além de outros que visem à melhoria de sua condição social:
    (...)
    III – fundo de garantia do tempo de serviço.

> **"Art. 18.** Ocorrendo rescisão do contrato de trabalho, por parte do empregador, ficará este obrigado a depositar na conta vinculada do trabalhador no FGTS os valores relativos aos depósitos referentes ao mês da rescisão e ao imediatamente anterior, que ainda não houver sido recolhido, sem prejuízo das cominações legais.
>
> § 1º Na hipótese de despedida pelo empregador sem justa causa, depositará este, na conta vinculada do trabalhador no FGTS, importância igual a quarenta por cento do montante de todos os depósitos realizados na conta vinculada durante a vigência do contrato de trabalho, atualizados monetariamente e acrescidos dos respectivos juros."

A instituição do montante de **10%** (dez por cento) sobre o FGTS se deu para **recompor as contas dos empregados beneficiários do FGTS** que sofreram com a **desvalorização monetária** dos valores depositados em suas contas durante os **planos Verão e Collor I**. A referida contribuição foi criada com a **finalidade específica** de **recompor o déficit gerado às contas de empregados celetistas beneficiários do FGTS**, sob a administração Caixa Econômica Federal. Porém, no julgamento da **ADI 5.090/DF**, o STF entendeu que, **mesmo com a recomposição das contas do FGTS**, a **manutenção da contribuição de 10% não violava a Constituição**, pois a sua destinação continua sendo pública e relacionada ao FGTS. A extinção ou manutenção do tributo seria uma questão de política legislativa, e não de inconstitucionalidade.

Ora, de fato, a manutenção da contribuição de **10% após a recomposição das perdas** evidencia um possível **desvirtuamento do objetivo inicial**, transformando-a em um **mecanismo de arrecadação permanente**. Embora juridicamente válida, a legitimidade é questionável sob o ponto de vista da **justiça tributária**, sobretudo em relação ao princípio da **transparência fiscal**.

O **FGTS** somente se tornou **obrigatório** para todos os empregados brasileiros após a previsão constitucional. A nova **previsão majorou em quatro vezes o valor do depósito em caso de demissão sem justa causa**, passando então ao percentual de **40%** (quarenta por cento) sobre os valores mensais depositados.

Conforme decisão prolatada pelo STF, na **ADI 5.050**, por mais que a **constitucionalidade do tributo** foi reconhecida pelo STF na **ADI 2.556**, julgada sob a relatoria do Ministro Joaquim Barbosa, a **eficácia vinculante** dessa decisão **não impede** com que o próprio Tribunal **rediscuta a matéria**, notadamente em face de alterações supervenientes na realidade fática ou na compreensão jurídica dominante.

O direito ao FGTS para os **empregados domésticos,** era **facultativo** até a entrada em vigor da **Lei Complementar 150/15**, nos termos do art. 21:

> "É devida a inclusão do empregado doméstico no Fundo de Garantia do Tempo de Serviço (FGTS), na forma do regulamento a ser editado pelo Conselho Curador e pelo agente operador do FGTS, no âmbito de suas competências, conforme disposto nos arts. 5º e 7º da Lei 8.036/90, inclusive no que tange aos aspectos técnicos de depósitos, saques, devolução de valores e emissão de extratos, entre outros determinados na forma da lei.

> Parágrafo único. O empregador doméstico somente passará a ter obrigação de promover a inscrição e de efetuar os recolhimentos referentes a seu empregado após a entrada em vigor do regulamento referido no *caput*."

Embora o FGTS represente uma conquista trabalhista significativa, ele ainda enfrenta desafios em termos pragmáticos. Questões como a **correção monetária inadequada** (inclusive debatida no STF no **RE 1.290.894** sobre a substituição da TR por outro índice) e a **complexidade no cumprimento de obrigações acessórias por parte de empregadores domésticos** mostram a necessidade de ajustes contínuos. A jurisprudência e o legislador desempenham papéis centrais para **equilibrar o direito dos trabalhadores** e a **sustentabilidade econômica do sistema**.

8
NORMAS GERAIS
EM MATÉRIA TRIBUTÁRIA

As normas gerais em matéria tributária são estudadas a partir do **livro II do Código Tributário Nacional**, que vai dos arts. 96 a 218. Normas gerais devem ser **editadas pela União** com o intuito de **uniformizar os procedimentos** entre os entes públicos federativos, evitando discrepâncias em sua aplicação. Assim, **normas gerais** são essenciais para evitar **discrepâncias na aplicação das leis tributárias em um país de estrutura federativa**, onde os entes têm **autonomia legislativa em matéria tributária** dentro de suas **competências constitucionais**.

8.1 ANÁLISE CONSTITUCIONAL

A **competência legislativa** para versar sobre normas gerais em matéria tributária **depende de lei complementar em âmbito nacional** (art. 146, III, CF/1988), sendo **impossível** o tratamento da matéria por medida provisória, mesmo que o Presidente da República alegue estrita urgência e relevância da matéria (art. 62, § 1º, III, CF/1988), ante a vedação temática formal e material.

Existe diferença entre **lei federal** e **lei nacional**. Apesar de ambas serem instituídas pela União, a **lei federal** veicula atribuições **diretamente à União**, não impedindo que os Estados legislem de forma suplementar, podendo ser aplicado o disposto no art. 24, § 2º, da CF/1988[1]. Já a **lei nacional vincula diretamente todos os entes federativos**, impedindo que haja qualquer complementação dos temas já tratados por outros entes federativos.

O STF entendeu que as normas gerais em matéria tributária devem ser veiculadas através de **lei complementar nacional**, sendo inaplicável o disposto no art. 24, § 2º da CF/1988.

A exigência de que as normas gerais sejam veiculadas por **lei complementar nacional** reflete a intenção de:

---

1. **Art. 24 (...)**

    § 2º A competência da União para legislar sobre normas gerais não exclui a competência suplementar dos Estados.

- **Garantir maior participação democrática**: a aprovação de uma lei complementar exige maioria absoluta no Congresso Nacional, o que implica um processo mais consensual e inclusivo;

- **Evitar instabilidade legislativa**: por ser mais difícil de alterar do que leis ordinárias, a lei complementar assegura maior previsibilidade no ordenamento jurídico;

- **Respeitar a repartição de competências**: normas gerais visam evitar que entes federativos adotem práticas incompatíveis entre si, garantindo um padrão uniforme que não comprometa o equilíbrio federativo.

Sob uma **perspectiva teleológica**, as normas gerais em matéria tributária existem para garantir que o sistema tributário brasileiro funcione de maneira **coordenada, justa e eficiente**, respeitando os **princípios constitucionais** e a **repartição de competências** entre os entes federativos. A interpretação dessas normas deve sempre priorizar os valores de **segurança jurídica, isonomia** e **equilíbrio federativo**, em consonância com a **estrutura federativa** e o **objetivo de desenvolvimento socioeconômico do país**.

9
LEGISLAÇÃO TRIBUTÁRIA

A **legislação tributária** compreende o conjunto de normas jurídicas que regulam a tributação no Brasil. Inclui normas que instituem, regulam e limitam o poder de tributar, além de prever os direitos e deveres do Estado e dos contribuintes. O **art. 96 do CTN** dispõe sobre o conceito de legislação tributária, delimitando seu alcance e seu papel no ordenamento jurídico:

"**Art. 96**. A expressão "legislação tributária" compreende as leis, os tratados e as convenções internacionais, os decretos e as normas complementares que versem, no todo ou em parte, sobre tributos e relações jurídicas a eles pertinentes."

O dispositivo ocupa um lugar central no sistema tributário ao delimitar o conceito e as fontes de legislação tributária. A **análise sistemática** evidencia sua conexão com outras normas do CTN e da CF/1988, além de destacar sua funcionalidade no ordenamento jurídico.

a) Leis

Por um critério de segurança jurídica na tributação, as leis passam a ser os veículos normativos de maior importância em matéria tributária.

Em matéria tributária, temos as funções normativas da **lei complementar**, **lei ordinária**, **lei delegada** e a **medida provisória** que, mesmo na condição de ato administrativo em sentido formal, passa a ser **lei em sentido material**.

A **função da lei complementar** em matéria tributária está inserida, em grande parte, no art. 146 da CF/1988. Dentre as principais funções, destacamos:

- ✓ dispor sobre **conflitos de competência tributária** entre a União, Estados, DF e Municípios;
- ✓ **regular** as limitações constitucionais ao poder de tributar;
- ✓ tratar sobre as **normas gerais** em matéria de legislação tributária.

Além dos temas acima citados, existem **determinados tributos que só podem ser instituídos mediante lei complementar**, assim como **incentivos fiscais que dependem de lei complementar**.

Dentre os **tributos que só podem ser instituídos mediante lei complementar**, temos:

⇒ imposto sobre grandes fortunas (art. 153, VII, da CF/1988);

⇒ imposto seletivo (art. 153, VIII, da CF/1988);

⇒ impostos residuais (art. 154, I, da CF/1988);

⇒ imposto sobre bens e serviços (art. 156-A da CF/1988);

⇒ empréstimos compulsórios (art. 148 da CF);

⇒ contribuição sobre bens e serviços (art. 195, V, da CF/1988); e

⇒ contribuições sociais residuais (art. 195, § 4º c/c 154, I, da CF/1988).

⇒ Os **incentivos fiscais** que dependem de lei complementar são:

⇒ tratamento favorecido e simplificado das microempresas e empresas de pequeno porte (art. 146, III, *d*, da CF/1988);

⇒ incentivos fiscais de ISS (art. 156, § 3º, III, da CF/1988); e

⇒ normas gerais sobre a isenção do ICMS (art. 155, § 2º, XII, *g*, da CF/1988).

> **IMPORTANTE**
> O uso de **lei complementar** somente se faz **obrigatório** em matéria tributária quando houver **expressa previsão constitucional.**

A função de **lei ordinária** em matéria tributária está descrita no art. 97 do CTN[1], dentre as quais destacamos:

⇒ instituição, modificação e extinção de tributos;

⇒ aplicação e redução de penalidades;

⇒ concessão de incentivos fiscais.

Devido a grande importância da lei complementar em matéria tributária, o **uso de lei ordinária atualmente passa a ter um caráter residual**. O que não for de competência de lei complementar far-se-á através de lei ordinária.

Não há qualquer óbice constitucional para o uso de lei delegada em matéria tributária. A lei delegada tem sua previsão no art. 68 da CF/1988[2]. Trata-se de lei cuja

---

1. **Art. 97**. Somente a lei pode estabelecer:
   I – a instituição de tributos, ou a sua extinção;
   II – a majoração de tributos, ou sua redução, ressalvado o disposto nos artigos 21, 26, 39, 57 e 65;
   III – a definição do fato gerador da obrigação tributária principal, ressalvado o disposto no inciso I do § 3º do artigo 52, e do seu sujeito passivo;
   IV – a fixação de alíquota do tributo e da sua base de cálculo, ressalvado o disposto nos artigos 21, 26, 39, 57 e 65;
   V – a cominação de penalidades para as ações ou omissões contrárias a seus dispositivos, ou para outras infrações nela definidas;
   VI – as hipóteses de exclusão, suspensão e extinção de créditos tributários, ou de dispensa ou redução de penalidades.
2. **Art. 68**. As leis delegadas serão elaboradas pelo Presidente da República, que deverá solicitar a delegação ao Congresso Nacional.

competência pertence ao **Presidente da República**, devendo solicitar delegação ao Congresso Nacional, desde que não trate de **atos de competência exclusiva do Congresso Nacional, atos de competência privativa da Câmara dos Deputados ou do Senado Federal**, a **matéria reservada à lei complementar** e temas que disponham sobre **organização do Poder Judiciário** e do **Ministério Público**, a **carreira** e a **garantia** de seus membros, **nacionalidade, cidadania, direitos individuais, políticos e eleitorais**, bem como as **leis orçamentárias**.

No entanto, o STF, quando do julgamento da **ADI 1.296**, decidiu que a **outorga de qualquer subsídio, isenção ou crédito presumido, a redução da base de cálculo e a concessão de anistia ou remissão em matéria tributária só podem ser deferidas mediante lei específica**, sendo vedado ao Poder Legislativo conferir ao chefe do Executivo a prerrogativa extraordinária de dispor, normativamente, sobre tais categorias temáticas, sob pena de **ofensa ao postulado nuclear da separação de poderes** e de transgressão ao **princípio da reserva constitucional de competência legislativa**.

A **medida provisória**, prevista no art. 62 da CF/1988[3] **não se trata de uma lei em sentido formal**, mas de um ato normativo, de competência do Presidente da República que poderá, nos casos de **urgência** e **relevância**, tratar sobre determinadas matérias, passando-se a imediata apreciação do Congresso Nacional.

Muito se discutiu sobre a possibilidade de utilização da medida provisória em matéria tributária, até o advento da EC 32/2001, que inseriu, dentre os vários dispositivos, o disposto no § 2º do art. 62 da CF/1988[4], autorizando a utilização desse instrumento normativo para **instituir** ou **aumentar impostos**. Assim, **plenamente possível a adoção da medida provisória em matéria tributária**, conforme já assentado pelo STF, no julgamento da **ADI 1.667 MC**, inclusive para a instituição e a majoração de **outros tributos**, observados os **limites constitucionalmente previstos**.

b) Tratados e convenções internacionais

Tratados são atos jurídicos que são firmados entre dois ou mais Estados, mediante a deliberação dos órgãos competentes, tendo por finalidade estabelecer **normas comuns de direito internacional**. O art. 84, VIII, da CF/1988[5] estabelece a **competência privativa do Presidente da República** para celebrar tratados, convenções e atos internacionais, sujeitos a referendo do Congresso Nacional.

---

3. **Art. 62.** Em caso de relevância e urgência, o Presidente da República poderá adotar medidas provisórias, com força de lei, devendo submetê-las de imediato ao Congresso Nacional.
4. § 2º Medida provisória que implique instituição ou majoração de impostos, exceto os previstos nos arts. 153, I, II, IV, V, e 154, II, só produzirá efeitos no exercício financeiro seguinte se houver sido convertida em lei até o último dia daquele em que foi editada.
5. **Art. 84.** Compete privativamente ao Presidente da República:
   VIII – celebrar tratados, convenções e atos internacionais, sujeitos a referendo do Congresso Nacional.

O art. 49, I, da CF/1988[6], por sua vez, estabelece a **competência exclusiva do Congresso Nacional** para resolver definitivamente sobre tratados, acordos ou atos internacionais que acarretem **encargos** ou **compromissos gravosos ao patrimônio nacional**.

Temos, ainda, as denominadas **normas *soft law***, sendo normas que são emanadas de **entidades internacionais**, irradiando seus efeitos tanto no âmbito do direito internacional público quanto privado. Como exemplo, podemos citar as normas editadas pela **Câmara Internacional do Comércio** (CCI) e as declarações de intenções que são firmadas entre as nações quando da estipulação de metas e resultados nos encontros internacionais.

Importante ressaltar ainda que o tratado internacional **não é a norma jurídica em si**, mas sim o **decreto legislativo que o referenda**.

Tratados e convenções internacionais de que o **Estado estrangeiro** ou **organismo internacional** e o Brasil sejam partes, e que versem sobre **matéria previdenciária**, serão interpretados como **lei especial**. É o que preleciona o art. 85-A da Lei 8.212/1991[7].

Existe muita divergência sobre a **existência ou não de hierarquia entre os tratados internacionais** e a **legislação interna**.

Prevê o art. 98 do CTN:

> Art. 98. Os tratados e as convenções internacionais revogam ou modificam a legislação tributária interna, e serão observados pela que lhes sobrevenha.

Pela **interpretação literal**, o dispositivo normativo nos leva ao entendimento de que os tratados internacionais em matéria tributária teriam **força supralegal**, uma vez que podem **revogar** ou **modificar** a legislação interna.

O Ministro Francisco Rezek, ao realizar uma abordagem sobre os **tratados internacionais** numa mesa de debates sobre tributação federal procurou enfrentar a problemática da hierarquia dos tratados internacionais:

> Posto o tratado em confronto com uma lei que hostiliza de algum modo, e que é de produção mais recente, a questão é saber se o tratado, por sua própria qualidade, há de prevalecer assim mesmo, visto que a Constituição Brasileira não diz isso; é de saber se a lei doméstica tem algum vício congênito, pelo fato de ter sido produzida em obediência ao art. 98 da Lei Complementar, que diz que os tratados hão de ser observados na produção legislativa doméstica que viceja posteriormente. A esse respeito, aguarda-se alguma produção doutrinária que oriente, de algum modo, os caminhos da jurisprudência.

---

6. **Art. 49.** É da competência exclusiva do Congresso Nacional:
   I – resolver definitivamente sobre tratados, acordos ou atos internacionais que acarretem encargos ou compromissos gravosos ao patrimônio nacional.
7. **Art. 85-A.** Os tratados, convenções e outros acordos internacionais de que Estado estrangeiro ou organismo internacional e o Brasil sejam partes, e que versem sobre matéria previdenciária, serão interpretados como lei especial.

O julgado do STF que costuma ser citado como precedente sobre a matéria é o **RE 80.004/SE**, em que a Corte Suprema decidiu no sentido de **inexistência de hierarquia**. Sendo assim, **seria possível a lei interna posterior ao tratado ser aplicada validamente**.

Caberá ao **Poder Judiciário** dispor sobre o **exame de constitucionalidade dos tratados ou convenções internacionais já incorporados ao sistema positivo interno**, seja através da via difusa ou concentrada.

No que tange às **normas de natureza administrativa**, o STJ tem se posicionado no sentido de que o **tratado internacional tem prevalência** sobre elas (**STJ, REsp 769.955/ PE**, rel. Min. Teori Albino Zavascki).

Em **matéria tributária**, estes tratados têm a finalidade de **evitar a bitributação sobre a renda de possíveis contribuintes dos países signatários** e **concessão de incentivos relativamente à importação e exportação de determinados produtos e serviços**, como ocorre nos casos do **Mercosul** e outros acordos internacionais do qual o Brasil é signatário (OMC, dentre outros).

O **Acordo Tarifário da Organização Mundial do Comércio** (GATT) tem como regra principal que os **produtos estrangeiros somente podem ser tributados pelo imposto de importação nas mesmas condições para todos os membros do acordo** (chamada de **cláusula da nação mais favorecida**). Assim, após a deliberação pela alfândega, os produtos estrangeiros nacionalizados serão tributados nas mesmas condições dos produtos nacionais, não sendo permitida qualquer discriminação entre os nacionais e os nacionalizados. Por consequência, a **tributação** ou **isenção** concedida a um **produto brasileiro não deverá ser diferente para um produto nacionalizado**.

Reza a **Súmula 20 do STJ**:

"A mercadoria importada de país signatário do GATT é isenta do ICM, quando contemplado com esse favor o similar nacional."

Na mesma esteira temos a **Súmula 575 do STF**, *in verbis*:

"A mercadoria importada de país signatário do GATT ou membro da ALALC, estende-se a isenção do imposto de circulação de mercadorias concedida a similar nacional."

Importante frisar que existem teorias que discutem se o **Direito Internacional** e o **Direito Interno** são duas ordens jurídicas distintas (**teoria dualista**) ou uma ordem jurídica (**teoria monista**), tendo o entendimento de que o Brasil adota uma **teoria dualista moderada**.

A principal diferença existente entre a **Teoria Dualista** e a **Monista** funda-se na **necessidade** ou **não de incorporação da norma internacional no direito interno**. Enquanto a **teoria dualista** defende que uma norma internacional só passa a surtir efeitos no âmbito interno **após a sua transformação em lei interna**, a **teoria monista**, por defender a existência de um **sistema jurídico único**, entende não haver necessidade dessa incorporação, porque não há separação entre o direito interno e o direito internacional.

c) Decretos

O exercício do poder regulamentar se materializa, em regra, na edição de **decretos** e **regulamentos**, visando cumprir a fiel execução de uma lei. Esses são denominados de **decretos regulamentares** ou **de execução**, tendo seu fundamento no art. 84, IV, da CF/88:

> Art. 84. Compete privativamente ao Presidente da República:
>
> (...)
>
> IV – sancionar, promulgar e fazer publicar as leis, bem como expedir decretos e regulamentos para sua fiel execução.

Consideram-se os **decretos** como instrumentos que veiculam os atos normativos editados pelo Chefe do Poder Executivo para fazer cumprir uma determinada lei.

Em **matéria tributária**, a possibilidade de utilização é de **decretos regulamentares**, uma vez que tais atos normativos não têm por função criar uma ordem jurídica, seja criando, modificando ou extinguindo direitos e deveres. Presta-se, tão somente, a **regulamentar uma lei existente**.

A **edição de decretos regulamentares**, embora decorra de competência constitucional expressa, tem como pressuposto a **existência de uma lei**, sendo o ato primário a ser regulamentado. Deve-se restringir ao conteúdo da lei, detalhando seus dispositivos.

Sendo assim, os **decretos regulamentares** têm como **limite de atuação** a própria **lei**, não podendo tal ato ser atacado por meio de **Ação Direta de Inconstitucionalidade** (ADI), vez que sofrem **controle de legalidade** e não controle de constitucionalidade.

Atualmente, ensina-se a possibilidade dos chamados **decretos autônomos**. Até o advento da EC 32/01 era cediço o entendimento da extinção do decreto autônomo de nosso ordenamento jurídico.

Todavia, nos termos do art. 84, VI, da CF/88, passa-se a **autorizar a edição dos decretos autônomos**, especificamente para tratar de **organização e funcionamento da Administração Pública** bem como versar sobre a **extinção de determinados cargos e funções**, conforme abaixo:

"Art. 84. Compete privativamente ao Presidente da República:

(...)

VI – dispor, mediante decreto, sobre:

a) organização e funcionamento da administração federal, quando não implicar aumento de despesa nem criação ou extinção de órgãos públicos;

b) extinção de funções ou cargos públicos, quando vagos."

Atualmente, a Constituição Federal prevê a possibilidade de serem editados decretos como **atos primários**, ou seja, decorrentes diretamente do texto constitucional, não estando na dependência de determinada lei. Por tais razões, esses decretos sofrem o **controle de constitucionalidade**, podendo ser atacados via Ação Direta de Inconstitucionalidade (ADI).

DECRETOS REGULAMENTARES (DE EXECUÇÃO)

- não inovam a ordem jurídica
- dependem da existência de lei para sua regulamentação
- sofrem controle de legalidade
- não podem ser objeto de ADI

DECRETOS AUTÔNOMOS

- inovam a ordem jurídica, como atos primários
- independem da existência de lei, derivando-se diretamente da CF
- sofrem controle de constitucionalidade
- podem ser objeto de ADI

A **possibilidade do uso de atos normativos do Poder Executivo em matéria tributária** justifica-se em razão da **extrafiscalidade**. Trata-se de um fenômeno que visa a utilização da tributação fora do escopo geral de arrecadação, mas de sua utilização com **finalidade regulatória**, objetivando a **correção de distorções sociais e econômicas**.

Assim, para que a Administração Pública possa regular adequadamente o **comércio exterior** e a **política cambial, econômica** e **monetária**, se faz a necessidade de atuação com **agilidade na modificação da carga tributária**.

Neste caso, os decretos têm a função de **majorar ou reduzir as alíquotas de determinados tributos**, considerados extrafiscais, visando a **implementação ágil de suas políticas econômicas**, somente nos casos autorizados pela Constituição Federal e desde que haja estrita observância aos limites legais.

Assim, o **Poder Executivo** não é totalmente livre no estabelecimento dessas bases econômicas, devendo se atentar às **condições** e **limites da própria lei** que institui determinados tributos. Não vale o ato do Poder Executivo se a lei não o autoriza. Não tem eficácia a lei, para esse fim, se não estabelece condições e limites, dentro dos quais deve agir o Poder Executivo.

Determina o art. 153, § 1º, da CF/88:

> "Art. 153. Compete à União instituir impostos sobre:
> I – importação de produtos estrangeiros;
> II – exportação, para o exterior, de produtos nacionais ou nacionalizados;
> III – renda e proventos de qualquer natureza;
> IV – produtos industrializados;
> V – operações de crédito, câmbio, seguros, títulos e valores mobiliários;
> VI – propriedade territorial rural;
> VII – grandes fortunas, nos termos da lei complementar.
> VIII – produção, extração, comercialização ou importação de bens e serviços prejudiciais à saúde ou ao meio ambiente, nos termos de lei complementar.
> § 1º É facultado ao Poder Executivo, atendidas as condições e os limites estabelecidos em lei, alterar as alíquotas dos impostos enumerados nos incisos I, II, IV, e V.

De acordo com o texto constitucional, o Poder Executivo poderá **alterar as alíquotas** do **Imposto de importação** (II), **Imposto de Exportação** (IE), **Imposto sobre Produtos Industrializados** (IPI) e o **Imposto sobre Operações Financeiras** (IOF). Tal alteração se dará, em regra, através de **decreto executivo** (sendo tal decreto regulamentar).

Em nenhum momento a Constituição Federal determina que o Poder Executivo **deverá se utilizar de decreto executivo**. Notadamente, o Poder Executivo acaba se utilizando desse instrumento mais facilmente, mas nada obsta a **possibilidade de utilização de outros atos normativos**, tal como uma **portaria**, um **regulamento**, uma **instrução normativa** etc.

De igual modo, o **ato não precisa necessariamente vir da chefia do Poder Executivo**. A CF determina que o Poder Executivo tomará essa providência, podendo advir de outros órgãos públicos.

Os **órgãos públicos** são unidades integrantes da estrutura de uma mesma pessoa jurídica nas quais são agrupadas competências a serem exercidas através de seus agentes públicos. Assim, os Ministérios são órgãos da administração direta federal, sendo centros de competência despersonalizados, cuja atuação é imputada à União.

Por consequência, poderá ser deferido de modo genérico ao Poder Executivo, através de **atos infralegais**, que órgãos públicos alterem alíquotas dos impostos mencionados, como já ocorreu com a **Câmara de Comércio Exterior** (CAMEX), admitindo-se **majoração de alíquotas por atos infralegais de segundo escalão**, como **portarias ministeriais**. Tais situações já foram julgadas pelo **STF**, no **RE 570.680** e pelo **STJ**, no **REsp 1.123.249**.

Resumidamente, nos termos do art. 153, § 1º, da CF/88, o Poder Executivo poderá **alterar** (majorar ou reduzir) as **alíquotas do II, IE, IPI e IOF**, dentro dos limites estabelecidos na própria lei instituidora desses tributos.

ATOS DO PODER EXECUTIVO

aumento ou redução das alíquotas do Imposto de Importação (II), dentro dos limites do DL 37/66	aumento ou redução das alíquotas do Imposto de Exportação (IE), dentro dos limites do DL 1.578/77	aumento ou redução das alíquotas do Imposto sobre Produtos Industrializados (IPI), dentro dos limites da Lei 4.502/64	aumento ou redução das alíquotas do Imposto sobre Operações Financeiras (IOF), dentro dos limites da Lei 5143/66

Além da possibilidade de aumento e redução das alíquotas do II, IE, IPI e IOF, a Constituição Federal autoriza a utilização de atos do Poder Executivo para **redução e restabelecimento das alíquotas da CIDE-Combustíveis**, nos termos do art. 177, § 4°, I, *b*, da CF/1988:

> "Art. 177 (...)
>
> § 4º A lei que instituir contribuição de intervenção no domínio econômico relativas às atividades de importação ou comercialização de petróleo e os seus derivados, gás natural e seus derivados e álcool combustível deverá atender aos seguintes requisitos:
>
> I – a alíquota da contribuição poderá ser:
>
> (...)
>
> b) reduzida e restabelecida por ato do Poder Executivo, não se lhe aplicando o disposto no art. 150, III, b."

A **CIDE-Combustíveis** foi instituída pela Lei 10.336/2001, com modificações na Lei 10.636/2002, tendo como fatos geradores as **operações de importação** e **comercialização** no mercado interno de **gasolinas, diesel, querosene de aviação** e outros, bem como **óleos combustíveis, gás liquefeito** e **álcool etílico combustível**. As **alíquotas** dessa contribuição serão **específicas**, incidindo sobre o **metro cúbico de cada material**.

Se o Poder Executivo desejar, poderá **reduzir as alíquotas** ou **restabelecê-las** no patamar legal através de atos normativos.

IMPORTANTE

Apenas os tributos indicados pela Constituição Federal poderão ter alterações de suas alíquotas por atos normativos do Poder Executivo, sendo completamente vedado aos tributos não elencados no texto constitucional, mesmo que ostentem a qualidade extrafiscal.

É completamente equivocada a ideia de que as **contribuições interventivas** estão sujeitas à redução e ao restabelecimento de suas alíquotas por meio de decreto; isto porque a **única contribuição interventiva sujeita a essa possibilidade é aquele incidente sobre combustíveis e seus derivados**.

A lei deve balizar o **uso do decreto executivo**, não podendo **exorbitar** os limites estabelecidos em lei. Assim, se uma lei determina que a alíquota máxima de um determinado imposto passa a ser de 5% (cinco por cento), **não poderá o decreto do Poder Executivo estabelecer um aumento** de 6% (seis por cento). Tal **aumento acima dos limites legais deve ser realizado apenas pela lei.**

No entanto, caso a Presidência da República **exorbite o Poder Regulamentar** quando da edição do decreto executivo, caberá ao **Congresso Nacional**, de **forma exclusiva**, sustar os atos normativos que exorbitem o poder regulamentar ou dos limites da delegação legislativa, conforme estabelece o art. 49, V, da CF/1988:

> "Art. 49. É da competência exclusiva do Congresso Nacional:
>
> (...)
>
> V – sustar os atos normativos do Poder Executivo que exorbitem do Poder Regulamentar ou dos limites de delegação legislativa."

Devemos nos recordar que o ato do Poder Executivo mais comum na utilização dessas situações é o **decreto regulamentar** ou **de execução**, devendo observar os limites estabelecidos na própria lei.

d) Normas complementares

Conforme determina o art. 100 do CTN[8], são atos **dotados de eficácia normativa** e que **auxiliam na complementação da aplicação das leis**, dos **tratados e convenções internacionais** e dos **decretos**. São as seguintes:

- **Atos administrativos normativos**: são aqueles editados pela Administração Pública com a finalidade de estabelecer regras gerais e abstratas destinadas a orientar a aplicação da lei em situações concretas. Esses atos não criam direitos ou obrigações novos, mas detalham ou regulamentam a execução de disposições legais ou superiores, garantindo sua efetiva aplicação. São os decretos, regulamentos, instruções normativas, resoluções etc.;

- **Decisões de órgãos singulares e coletivos de jurisdição administrativa**, desde que a **lei atribua a estas decisões eficácia normativa**: são decisões extraídas de órgãos públicos que, além de resolverem casos concretos, possuem caráter geral e vinculante, impondo orientações normativas para futuras situações

---

8. **Art. 100**. São normas complementares das leis, dos tratados e das convenções internacionais e dos decretos:

   I – os atos normativos expedidos pelas autoridades administrativas;

   II – as decisões dos órgãos singulares ou coletivos de jurisdição administrativa, a que a lei atribua eficácia normativa;

   III – as práticas reiteradamente observadas pelas autoridades administrativas;

   IV – os convênios que entre si celebrem a União, os Estados, o Distrito Federal e os Municípios.

   Parágrafo único. A observância das normas referidas neste artigo exclui a imposição de penalidades, a cobrança de juros de mora e a atualização do valor monetário da base de cálculo do tributo.

semelhantes. Diferentemente de decisões comuns, essas decisões criam um padrão de interpretação ou aplicação normativa a ser seguido. Essas decisões ultrapassam a mera resolução de conflitos ou questões específicas, adquirindo **efeito normativo** que orienta a Administração Pública e, muitas vezes, também os administrados. A eficácia normativa dessas decisões depende de expressa previsão legal que atribua a elas essa força (por exemplo, decisão de um delegado da Receita Federal ou a decisão do Conselho de Contribuintes);

- **Práticas reiteradamente observadas pelas autoridades administrativas**: são comportamentos, procedimentos ou condutas que, embora não estejam formalmente previstos em lei ou em regulamento, passam a orientar a atuação da Administração Pública devido à sua **constância, uniformidade** e **aceitação generalizada** pelos agentes públicos. Em outras palavras, trata-se de um **padrão de ação** que se **consolida ao longo do tempo** e que acaba adquirindo certa força normativa na prática administrativa, influenciando a tomada de decisões e servindo como referência para as autoridades. São denominados de **costumes administrativos**; e

- **Convênios** que entre si celebrem a União, Estados, Distrito Federal e Municípios: os convênios em matéria tributária, especialmente no contexto do ICMS, são acordos firmados entre os Estados e o Distrito Federal, com a participação da União, por meio do **Conselho Nacional de Política Fazendária** (CONFAZ). Esses convênios têm como objetivo **harmonizar** a concessão de isenções, incentivos e benefícios fiscais relacionados ao ICMS, assegurando uniformidade e evitando a chamada "guerra fiscal" entre as unidades federativas. Os convênios, no âmbito do art. 241 da CF/1988[9], não devem ser confundidos com os convênios em matéria tributária, sendo considerados **instrumentos de colaboração administrativa** e **funcional** entre entes federados, regidos por normas de direito público. Tais convênios visam a **integração da atuação federativa** em áreas como saúde, educação, segurança pública, saneamento básico e transporte, a **otimização de recursos públicos**, promovendo a eficiência administrativa, bem como **descentralização de serviços públicos**, adaptando a execução às peculiaridades regionais.

A **modificação da base de cálculo de um tributo**, se torná-lo mais oneroso, **equipara-se à majoração de tributos** (art. 97, § 1º, do CTN[10]).

A **atualização da base de cálculo** não configura majoração de tributo (art. 97, § 2º, do CTN[11]). Portanto, **atualizar a base de cálculo de um tributo não depende de lei**

---

9. **Art. 241**. A União, os Estados, o Distrito Federal e os Municípios disciplinarão por meio de lei os consórcios públicos e os convênios de cooperação entre os entes federados, autorizando a gestão associada de serviços públicos, bem como a transferência total ou parcial de encargos, serviços, pessoal e bens essenciais à continuidade dos serviços transferidos.

10. **Art. 97** (...)
§ 1º Equipara-se à majoração do tributo a modificação da sua base de cálculo, que importe em torná-lo mais oneroso.

11. § 2º Não constitui majoração de tributo, para os fins do disposto no inciso II deste artigo, a atualização do valor monetário da respectiva base de cálculo.

expressa, podendo ser realizado por **outro ato normativo**, desde que não seja realizada uma suposta atualização utilizando-se de índices acima da inflação. Isso caracterizaria uma **majoração disfarçada**, sendo vedado por completo, conforme já estampada na **súmula 160 do Superior Tribunal de Justiça**[12].

Para Leandro Paulsen, a **legislação tributária** abrange todas as **normas que disciplinam o fenômeno tributário**, sejam **internacionais** ou **internas**, tenham **nível de lei** ou constituam **atos normativos** editados para a operacionalização do seu cumprimento. Abrange, ainda, os **convênios** e **decisões normativas**, bem como as **práticas reiteradas dos órgãos administrativos** que, na aplicação da lei, acabam por gerar nos contribuintes a confiança de que determinado modo de proceder seja o correto, razão pela qual o CTN lhes reconhece como **normas complementares**.

Resumidamente, temos:

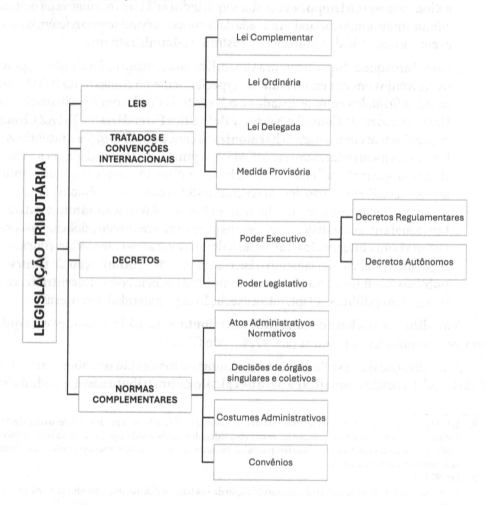

---

12. **Súmula 160**. É defeso, ao município, atualizar o IPTU, mediante decreto, em percentual superior ao índice oficial de correção monetária.

JURISPRUDÊNCIA

LEGISLAÇÃO TRIBUTÁRIA – NORMAS GERAIS – LEI QUALIFICADA – Normas gerais sobre legislação tributária hão de estar contidas em lei complementar. IMPOSTO SOBRE PRODUTOS INDUSTRIALIZADOS – INCENTIVOS FISCAIS – AUMENTO – REDUÇÃO – SUSPENSÃO – EXTINÇÃO – DECRETOS-LEI 491/69 E 1.724/79 – DELEGAÇÃO AO MINISTRO DE ESTADO DA FAZENDA – INCONSTITUCIONALIDADE. A delegação ao Ministro de Estado da Fazenda, versada no artigo 1º do Decreto-Lei 1.724, de 7 de dezembro de 1979, mostrou-se inconstitucional, considerados os incentivos fiscais previstos no Decreto-Lei 491, de 5 de março de 1969.
(**STF – RE: 208260 RS**, Relator: MAURÍCIO CORRÊA, Data de Julgamento: 16/12/2004, Tribunal Pleno, Data de Publicação: DJ 28.10.2005 PP-00036 EMENT VOL-02211-02 PP-00326)
"... É pacífica a jurisprudência desta Corte no sentido de que a definição de prazo para recolhimento de tributo pode ser delegada pela lei ao regulamento, porquanto não se inclui entre as matérias sujeitas à reserva legal pelo art. 97 do CTN." (**STJ, 2ªT., REsp 84.554/SP**, Rel. Ministro Antônio de Pádua Ribeiro, mai/97)
-> **Súmula Vinculante 50 do STF**: Norma legal que altera o prazo de recolhimento de obrigação tributária não se sujeita ao princípio da anterioridade.
-> **Súmula 160 do STJ**: "É defeso, ao município, atualizar o IPTU, mediante decreto, em percentual superior ao índice oficial de correção monetária."
"ATO DECLARATÓRIO NORMATIVO – NORMA COMPLEMENTAR – INOBSERVÂNCIA – CONDUTA DIVERSA. 3. Somente o comportamento adequado à legislação tributária, consoante dicção da Administração tributária, exime o contribuinte de sanções tributárias pelo inadimplemento, nos termos do art. 100, I, parágrafo único, do CTN." (**STJ, 2ªT., REsp 1074015/PR**, ELIANA CALMON, ago/09

10
VIGÊNCIA DA NORMA TRIBUTÁRIA

Entende-se por **vigência** quando a norma está **apta à produção de seus regulares efeitos jurídicos**. Isso significa que a norma foi instituída mediante o **procedimento legislativo adequado**, sendo devidamente **publicada** e entrando em vigor, respeitando eventuais **vacâncias** (prazo entre a publicação e o início de sua obrigatoriedade).

A **vigência** é, portanto, um **estado formal da norma no sistema jurídico**, indicando que ela já existe como fonte de direito. No entanto, sua vigência **não implica automaticamente que esteja produzindo efeitos jurídicos concretos**, visto que é plenamente possível uma norma estar em vigor, mas ainda não gozar de eficácia.

A **eficácia** da norma se refere à sua **capacidade de produzir efeitos jurídicos concretos**, ou seja, de ser **aplicada em situações reais**. Para que uma norma seja eficaz, é necessário que **haja compatibilidade com a realidade fática** (a norma deve ser aplicável às condições sociais, políticas e econômicas do momento), **não haja óbices legais** (não podem existir impedimentos jurídicos, como necessidade de regulamentação ou existência de norma conflitante) e **seja observada pelos destinatários** (a eficácia também depende da adesão à norma, seja pela aplicação por autoridades competentes, seja pelo cumprimento espontâneo pelos indivíduos).

10.1 VIGÊNCIA DA NORMA TRIBUTÁRIA NO TEMPO

Salvo disposição de lei em contrário, a **norma entrará em vigor no prazo assinalado pela Lei de Introdução às Normas do Direito Brasileiro**, sendo que no âmbito interno, a norma entra em vigor após **45** (quarenta e cinco) **dias contados da publicação** e no **plano internacional em três meses contados da data da publicação**.

No que tange à **matéria tributária**, contudo, sabemos que apenas de maneira **excepcional** poderemos nos utilizar da **Lei de Introdução às Normas do Direito Brasileiro** para a vigência de tributos, uma vez que as regras constitucionais determinam **observância dos princípios da irretroatividade e anterioridade tributária**. Nada obsta, contudo, em observar a possibilidade desse uso da Lei de Introdução às Normas do Direito Brasileiro quando de normas que versam sobre **obrigações de natureza administrativa**, desde que de **maneira suplementar**, quando não houver disposição expressa no Código Tributário Nacional.

Importante modificação se deu com a **Lei 13.655/2018** que alterou os dispositivos da LINDB, para incluir, dentre outros, nova redação no art. 20, que diz:

> "Art. 20. Nas esferas **administrativa, controladora** e **judicial,** não se decidirá com base em **valores jurídicos abstratos** sem que sejam consideradas as consequências práticas da decisão."

Tal temática será de suma importância nas **decisões tomadas pelos Tribunais Administrativos e o Poder Judiciário** em temas que envolvem **matéria tributária**, principalmente que possam conferir a **restituição dos valores pagos indevidamente nos últimos 5 (cinco) anos**, o que poderá acarretar graves prejuízos ao erário e, consequentemente, comprometer a repetição dos valores pagos indevidamente.

O **aspecto espacial** das normas tributárias sempre corresponde ao **território da pessoa detentora da competência para a instituição do tributo.**

a) **Vigência no tempo das normas complementares**

Salvo disposição de lei em contrário, o Código Tributário Nacional, em seu art. 103, determina que as **normas complementares** deverão ter sua **vigência no tempo**, da seguinte forma:

- **Atos administrativos de eficácia normativa** entram em vigor na **data da publicação na imprensa oficial;**
- **Decisões de órgãos singulares e coletivos de jurisdição administrativa que a lei determine eficácia normativa** entram em vigor **30 (trinta) dias após a data de sua publicação;**
- Os **convênios** firmados entre os entes públicos políticos entram em vigor na **data neles estabelecida.**

10.2 VIGÊNCIA DA NORMA TRIBUTÁRIA NO ESPAÇO

As normas tributárias obedecerão às **regras de territorialidade dos entes públicos tributantes**. Assim, se uma norma é **federal**, ou seja, editada pela União, terá sua **vigência de igual modo em todo o território nacional**. No que tange aos **Estados**, as normas estaduais editadas terão vigência no **âmbito regional** (dentro do território do respectivo Estado) e nos **Municípios** haverá vigência em **âmbito local**.

Vige, no Direito Brasileiro, contudo, a possibilidade de **aplicação extraterritorial da norma**, como ocorre, por exemplo, no caso do Imposto de Renda (IR) incidente sobre os **rendimentos recebidos no exterior** e em determinados casos do ICMS e do ISS.

Segundo a E. Ministra do Superior Tribunal de Justiça, Regina Helena Costa, a **vigência** é a **aptidão de uma norma para qualificar fatos**, desencadeando seus **efeitos de direito**. Uma lei está em vigor quando **idônea a incidir sobre situações fáticas**, gerando **consequências jurídicas**. Releva destacar que a vigência, assim compreendida, não pode ser confundida com a eficácia, que é a aptidão de uma norma para produzir efeitos na ordem jurídica.

Tais **atributos normativos**, que usualmente andam juntos, podem existir separadamente. Desse modo, uma **norma pode ser vigente e não eficaz**, como acontece com aquela que **aumenta tributo sujeito à observância dos princípios da anterioridade da lei tributária**, pois sua eficácia está diferida para 1º de janeiro do exercício seguinte ao qual foi publicada, observado o decurso de noventa dias (art. 150, III, *b* e *c*, CF). Outrossim, uma norma **pode ser eficaz, mas não mais vigente**, como acontece na hipótese de **aplicação**, para **efeito de lançamento**, da lei que se encontrava em vigor à época da ocorrência do fato gerador da obrigação, ainda que posteriormente revogada (art. 144, *caput*, CTN[1]).

Embora muitas vezes estejam correlacionados, **vigência** e **eficácia** não são sinônimos. A norma pode ser:

I – Vigente e sem eficácia

Isso decorre nos casos de **normas dependentes de regulamentação**, no caso de uma lei que exige a edição de um decreto para sua plena aplicação está vigente, mas não é eficaz até que o regulamento seja editado; **normas de eficácia limitada**, sendo aquelas que necessitam de complementação legislativa para produzirem efeitos concretos (por exemplo, direitos fundamentais dependentes de regulamentação infraconstitucional) ou ainda **normas suspensas**: mesmo estando vigentes, podem estar com sua **eficácia suspensa** por **decisão judicial**, como em casos de **concessão de liminar em controle de constitucionalidade**.

II – Vigente e eficaz

Se dá quando a norma **está em vigor** e é **plenamente aplicável**, produzindo efeitos jurídicos no cotidiano das relações jurídicas. Por exemplo, uma lei ordinária que não exige regulamentação e não encontra entraves jurídicos.

III – Eficaz e não vigente

Embora mais rara, pode ocorrer em **situações excepcionais**, como a **aplicação de normas revogadas em respeito a direitos adquiridos** ou **atos jurídicos perfeitos**, conforme previsto no art. 5º, XXXVI, da CF/1988[2].

A distinção entre **vigência** e **eficácia** tem implicações importantes:

---

1. **Art. 144**. O lançamento reporta-se à data da ocorrência do fato gerador da obrigação e rege-se pela lei então vigente, ainda que posteriormente modificada ou revogada.
2. **Art. 5º** (...)
   XXXVI – a lei não prejudicará o direito adquirido, o ato jurídico perfeito e a coisa julgada;

- **Controle de Constitucionalidade:** uma norma pode ser questionada judicialmente antes de produzir efeitos concretos;
- **Planejamento Legislativo:** legisladores precisam prever mecanismos de regulamentação e prazos de vacância para garantir a eficácia das normas; e
- **Segurança Jurídica:** a distinção entre vigência e eficácia garante clareza sobre o *status* normativo e a aplicabilidade das leis, evitando incertezas.

JURISPRUDÊNCIA

"REDUÇÃO DA ALÍQUOTA. LEI 8.540/92. NECESSIDADE DE REGULAMENTAÇÃO. DECRETO 789/93. EXIGÊNCIA. *VACATIO LEGIS*.
1... 4. Distinção entre eficácia e vigência. No caso de leis que necessitem de regulamentação, sua eficácia opera-se após a entrada em vigor do respectivo decreto ou regulamento. O regulamento transforma a estática da lei em condição dinâmica. É lícito ao regulamento, sem alterar o mandamento legal, estabelecer o termo *a quo* de incidência da novel norma tributária. Uma vez prometido pela lei um termo inicial, ele não pode ser interpretado de forma surpreender o contribuinte, nem o Fisco, posto que a isso corresponde violar a *ratio essendi* do princípio da anterioridade e da própria legalidade. 5..." (STJ, 1ª T., REsp 408.621/RS, Min. Luiz Fux, out/02)

11
APLICAÇÃO DA NORMA TRIBUTÁRIA

Podemos determinar que a lei tributária é **prospectiva**, ou seja, **aplica-se aos fatos geradores futuros ou aqueles que já iniciaram sua ocorrência**, mas ainda dependem de alguma exigência legal para se consumarem, o que se denomina de **fatos geradores pendentes**. Em regra, a **lei tributária não retroage a fatos anteriores a sua vigência**.

Entretanto, tal determinação é muito discutível na doutrina, vez que o denominado **fato gerador pendente** não passa de **fato gerador dependente de uma situação jurídica** ou que **depende de condição jurídica**; enquanto tal condição não ocorrer, não ocorre o fato gerador.

Para Hugo de Brito Machado, o art. 105 do CTN[1] **não fora recepcionado pela CF**, no qual também perfilho. Porém, trata-se de um **posicionamento isolado**, uma vez que **várias decisões jurisprudenciais** atuais aplicam o disposto no art. 105 do CTN.

Reza o dispositivo em comento:

> "Art. 105. A legislação tributária aplica-se imediatamente aos fatos geradores futuros e aos pendentes, assim entendidos aqueles cuja ocorrência tenha tido início, mas não esteja completa nos termos do artigo 116."

FG"x"	LEI "x"	FG "y"	LEI "y"	FG "z"	LEI "z"

No quadro ilustrado acima, vemos duas leis hipotéticas: "x" e "y". Se a lei a ser aplicada é aquela **vigente na época da ocorrência do fato gerador**, a **lei "x"** se aplica ao **fato gerador "y"**, uma vez que tal fato ocorreu durante a vigência da norma.

A própria Constituição Federal estabelece a **existência do princípio da irretroatividade**, em seu art. 150, III, a[2], porém existe a **possibilidade de a lei tribu-**

---

1. **Art. 105**. A legislação tributária aplica-se imediatamente aos fatos geradores futuros e aos pendentes, assim entendidos aqueles cuja ocorrência tenha tido início mas não esteja completa nos termos do artigo 116.
2. **Art. 150**. (...)
   III – cobrar tributos:
   a) em relação a fatos geradores ocorridos antes do início da vigência da lei que os houver instituído ou aumentado.

tária ser aplicada a fatos anteriores à sua vigência quando se tratar de **benefício ao contribuinte** e **dentro dos limites estabelecidos em lei**. É o que chamamos de **retroatividade benigna ou benéfica**, prevista no art. 106 do CTN, já anteriormente estudado nesta obra:

> "Art. 106 CTN. A **lei aplica-se a ato ou fato pretérito**:
>
> I – em **qualquer caso**, quando seja **expressamente interpretativa**, excluída a aplicação de penalidade à infração dos dispositivos interpretados;
>
> II – tratando-se de **ato não definitivamente julgado**:
>
> a) quando **deixe de defini-lo como infração**;
>
> b) quando deixe de tratá-lo como **contrário** a qualquer **exigência de ação ou omissão**, desde que **não tenha sido fraudulento** e não tenha implicado em **falta de pagamento de tributo**;
>
> c) quando lhe **comine penalidade menos severa** que a prevista na lei vigente ao tempo da sua prática."

Poderão ocorrer situações em que a **lei posterior ao fato gerador poderá ser aplicada**, entendida como **forma diversa de retroatividade**. É o que acontece quando a lei posterior **imponha novos critérios de apuração ou processos de fiscalização de tributos, ampliação dos poderes de investigação das autoridades administrativas** e nos **casos de se outorgar maiores privilégios e garantias do crédito tributário**, conforme estabelece o art. 144, § 1º do CTN:

> "Art. 144 CTN. O lançamento **reporta-se à data da ocorrência do fato gerador da obrigação** e rege-se pela **lei então vigente**, ainda que posteriormente **modificada** ou **revogada**.
>
> § 1º Aplica-se ao lançamento a legislação que, posteriormente à ocorrência do fato gerador da obrigação, tenha instituído novos critérios de apuração ou processos de fiscalização, ampliado os poderes de investigação das autoridades administrativas, ou outorgado ao crédito maiores garantias ou privilégios, exceto, neste último caso, para o efeito de atribuir responsabilidade tributária a terceiros."

O art. 106 CTN é categórico ao determinar a **aplicação ao ato** ou **fato pretérito das leis** que refere em seus incisos. Assim, prescinde de que a lei que se diga interpretativa revogue ou dê tratamento mais benéfico a penalidades preveja, ela própria, a sua aplicação retroativa.

Resumidamente e, mediante a lição de Leandro Pulsem, a lei tributária tem de observar, quanto à instituição de tributos, a **garantia da irretroatividade**, estampada no art. 150, III, *a*, da CF/1988, aplicando-se, pois, aos **fatos geradores ocorridos a partir da sua vigência**, que, por sua vez, está condicionada pela **anterioridade de exercício** (comum) e/ou **nonagesimal** (art. 150, III, *b* e *c*, da CF) ou **mínima** (especial) (art. 195, § 6º, da CF), conforme se trate de tributos em geral ou especificamente de contribuições para a Seguridade Social. As demais leis tributárias também são, normalmente, **prospectivas**. O art. 106 do CTN traz casos **excepcionais de retroatividade em situações não gravosas para o contribuinte**.

Estabelece a súmula 584 do STF:

"Ao imposto de renda calculado sobre os rendimentos do ano-base, aplica-se a lei vigente no exercício financeiro em que deve ser apresentada a declaração."

Em relação aos tributos cujos fatos geradores são **instantâneos**, tais como, por exemplo, o ICMS, a aplicação dos postulados de anterioridade e retroatividade mostra-se relativamente fácil, sem maiores controvérsias. A dúvida surge, no entanto, em relação aos tributos exigidos sobre fatos geradores complexos, nos quais há um **fluxo de rendimentos ou de incremento do patrimônio**, em **determinado período**, tais como o **imposto de renda**.

Veja-se que o fato gerador do imposto de renda é considerado **complexivo**, pois **todos os eventos ocorridos ao longo do ano são considerados para o aperfeiçoamento do fato gerador**, o qual é materializado no dia **31 de dezembro de cada ano**. Assim, a lei que entra em vigor **antes do último dia do período de apuração poderá ser aplicada a todo o ano-base**, sem ofensa ao **princípio da anterioridade da lei tributária**, segundo o entendimento do STF, no **RE 553.508 AgR**, Rel. Min. Ellen Gracie.

Não se pode compactuar com a ideia de que tal súmula pode continuar sendo aplicada, tendo em vista a **contrariedade aos ditames constitucionais**. Os princípios da **irretroatividade** e **anterioridade** são **direitos fundamentais** do cidadão contribuinte, não podendo ser alterados ou interpretados de forma contrária, sequer por emendas constitucionais, visto que são **cláusulas pétreas**.

Nesse sentido, o STJ, responsável pela interpretação da legislação federal em âmbito nacional, consignou ser **inaplicável o verbete sumular 584 do STF**, erigido à luz da legislação anterior à **atual Carta Magna**, vigendo, desde então, os princípios da anterioridade e da irretroatividade da lei tributária, nos termos do **AgRg no Ag 1.363.478**, Rel. Min. Castro Meira.

JURISPRUDÊNCIA

"TRIBUTÁRIO MULTA REDUÇÃO LEI MENOS SEVERA APLICAÇÃO RETROATIVA POSSIBILIDADE CTN, ART. 106 – PRECEDENTES STJ. 1. É pacífico o entendimento desta Corte no sentido de que, tratando-se de execução não definitivamente julgada, aplica-se o disposto no art. 106 do CTN que permite a redução da multa prevista na lei mais nova, por ser mais benéfica ao contribuinte, mesmo a fatos anteriores à legislação aplicada. 2. Recurso especial não provido".
(STJ – REsp: 950143 ES 2007/0102609-3, Relator: Ministra ELIANA CALMON, Data de Julgamento: 21/08/2008, TÊ – SEGUNDA TURMA, Data de Publicação: DJe 26.09.2008)

> "PROCESSUAL CIVIL. TRIBUTÁRIO. EMBARGOS À EXECUÇÃO FISCAL. REDUÇÃO DA ALÍQUOTA DO IMPOSTO DE IMPORTAÇÃO DE 30% PARA 3% IRRETROATIVIDADE DA LEI TRIBUTÁRIA ART. 1º DO DECRETO 99.044/90 PREVALÊNCIA DO ARTIGO 105 DO CTN INAPLICABILIDADE DO ART. 106, II, C, DO CTN. 1 ... 3. O art. 106, II, c, do CTN, que dispõe que a lei mais benéfica ao contribuinte aplica-se a ato ou fato pretérito, desde que não tenha sido definitivamente julgado, aplica-se tão-somente para penalidades, o que não é o caso dos autos. Recurso especial provido."
> **(STJ – REsp: 640584 RJ 2004/0017259-1**, Relator: Ministro HUMBERTO MARTINS, Data de Julgamento: 21.08.2008, T2 – SEGUNDA TURMA, Data de Publicação: DJe 12.09.2008)

12
INTEGRAÇÃO E INTERPRETAÇÃO DA NORMA TRIBUTÁRIA

A tarefa essencial do profissional do Direito é **interpretar o Direito para saber extrair**, dos textos normativos, o **conteúdo, sentido** e **alcance** dessas regras e **melhor saber aplicá-las ao caso concreto que se apresenta**. Além dessa percepção, o profissional do Direito deve conhecer com muita atenção o sistema jurídico e os seus valores e princípios vetores, para conseguir extrair o conteúdo, sentido e alcance de uma determinada regra e dizer se é, ou não, constitucional. De outra forma, a ausência de uma regra expressa ou explícita implica em uma lacuna, e essa lacuna pode ser superada com o uso de **regras de interpretação**, exatamente para não se furtar da aplicação do Direito ao caso concreto.

Qualquer abordagem doutrinária que se possa fazer sobre o tema de interpretação legal faz passar, necessariamente, pela **regra fundamental que dá composição harmônica ao sistema jurídico como um todo**, que é a Lei de Introdução às Normas do Direito Brasileiro (LINDB – DL 4.657, de 04.09.1942), cujo conteúdo estabelece regras fundamentais no art. 4º da LINDB[1]. No **campo tributário**, como se trata de um ramo do Direito Público, os **princípios gerais de direito que interferem na maneira de interpretar** (extrair o conteúdo, sentido e alcance do texto) estão explícitos na Constituição Federal em termos de **garantias** e **princípios**, tangendo assim a atuação do Estado dentro das garantias dos contribuintes.

Com efeito, o Direito Tributário, como ramo do Direito Público que é, **subordina-se às regras fundamentais juspublicistas: prevalência do interesse público ao particular** e **indisponibilidade dos bens públicos**. Mas isso não significa que à luz do interesse público o cidadão contribuinte deva se curvar a toda e qualquer necessidade de arrecadação do Estado. Ao contrário, esse poder de tributar tem limite, e esse limite **está no respeito que o legislador tributário deve guardar em relação aos princípios constitucionais, direitos** e **garantias fundamentais do contribuinte**.

No art. 5º da LINDB[2] há outra prescrição fundamental: no Direito Tributário a **razão essencial é obter**, dos particulares para o Estado, os **recursos financeiros hábeis para promover a movimentação da sua máquina administrativa buscando atingir**

---

1. **Art. 4º** Quando a lei for omissa, o juiz decidirá o caso de acordo com a analogia, os costumes e os princípios gerais de direito.
2. **Art. 5º** Na aplicação da lei, o juiz atenderá aos fins sociais a que ela se dirige e às exigências do bem comum.

o bem comum. Todavia, existe **limite** para a prevalência dos interesses públicos em face dos interesses dos particulares, e a compreensão desses limites é que compõe o universo de análise para a realização de uma **boa interpretação**, enfatizando-se que se trata de uma tarefa complexa a busca do conteúdo, sentido e alcance das regras de Direito.

O art. 107 do CTN[3], ao prescrever que a legislação tributária será **interpretada conforme disposto no capítulo IV do Código Tributário Nacional**, dá margem a uma compreensão de que as **regras sobre interpretação de normas jurídico-tributárias seriam apenas e tão somente aquelas elencadas no Código Tributário Nacional**, o **que não procede**, pois o Código Tributário Nacional está inserido em um **contexto jurídico nacional** cujo ápice é a Constituição Federal, isso de maneira indiscutível.

a) A utilização de conceitos de direito privado

Conforme salienta a doutrina, a **problemática na definição do conteúdo das normas** está em resolver os **conflitos internos**, em que o exegeta deverá observar as principais características inerentes a **unidade** e **ordenação do sistema jurídico** como um todo e do sistema tributário em particular.

É possível se falar que o Direito Tributário é um **direito de sobreposição**, uma vez que as normas tributárias que disciplinam a arrecadação e fiscalização dos tributos regulam atos e fatos da disciplina jurídica tratada em outros campos do direito positivo.

Estabelece o art. 110 do CTN:

> "A **lei tributária não pode alterar a definição**, o **conteúdo** e o **alcance de institutos, conceitos** e **formas de direito privado**, utilizados, expressa ou implicitamente, pela Constituição Federal, pelas Constituições Estaduais, ou pelas Leis Orgânicas do Distrito Federal ou dos Municípios, para **definir** ou **limitar competências tributárias**."

Alguns sustentam que tal dispositivo seria redundante pois, mesmo que não houvesse advento desse artigo, o legislador infraconstitucional não poderia alterar conceitos do direito privado visando ampliar as competências tributárias.

Muitos dispositivos foram julgados inconstitucionais, pelo fato do desrespeito aos institutos de direito privado anteriormente definidos. É o que aconteceu com o advento da Lei 9.718/98, em seu art. 3º, quando do alargamento do conceito de **faturamento**, incluindo toda e qualquer espécie de **receita**, assim como a definição do **valor aduaneiro** mediante a inclusão do ICMS, como ocorreu com a Lei 10.865/04, em se tratando de COFINS-PIS/PASEP-Importação.

---

3. **Art. 107.** A legislação tributária será interpretada conforme o disposto neste Capítulo.

12 • INTEGRAÇÃO E INTERPRETAÇÃO DA NORMA TRIBUTÁRIA

b) Métodos de interpretação da norma tributária

O estudo da **hermenêutica** compreende a existência de metodologias próprias que podem ser utilizadas pelo exegeta para alcance do sentido normativo mais adequado ao caso concreto.

O intérprete, portanto, não cria, nem inova; deve se **limitar a considerar o mandamento legal**. Tal circunstância, até hoje, merece atenção, vez que sempre se pretendeu um método que conduzisse a um **maior favorecimento dos interesses do Estado**.

A expressão *ut fisco faveat* foi a fórmula que prevaleceu em Roma, sendo sua reação contrária representada por um adágio de Montesquieu, recomendando que, na dúvida, a **lei deveria ser interpretada de maneira mais favorável ao contribuinte** (*in dubio contra fiscum*).

Nessa exegese da lei tributária, o intérprete levará em conta não apenas o elemento léxico, como bem informa Amilcar de Araújo Falcão, mas deverá investigar os **motivos da elaboração normativa**, os **antecedentes históricos da disciplina legal**, bem como a **apreciação do fim** e do **enquadramento no sistema jurídico**.

Precisamos entender que o emprego de uma interpretação moderna se faz necessário, admitindo todos os meios e processos consentidos pelos demais ramos do direito, através de um necessário **diálogo das fontes**.

O **"diálogo das fontes"** descreve a **interação**, **coordenação** e **convivência** entre diferentes **normas jurídicas**, **sistemas normativos** ou **fontes do direito** em um **determinado ordenamento jurídico**. Essa abordagem reflete a necessidade de resolver conflitos entre normas de diferentes níveis, origens ou âmbitos de aplicação, garantindo a harmonização e a coerência do sistema jurídico.

Assim, o diálogo das fontes se fundamenta na **complementaridade, harmonização** e **flexibilidade interpretativa**, sendo essencial em contextos jurídicos complexos, tais como:

- A relação entre direito interno e normas de direitos humanos ou tratados internacionais;
- A interação entre normas federais, estaduais e municipais; e
- A aplicação conjunta de normas do direito público e privado.

Assim, podemos salientar como os **principais métodos de interpretação**:

- **Literal (gramatical)**: trata-se do método que visa a aplicação da letra fria da lei, tendo observância meramente semântica. Tal método gera **efeitos restritivos** na interpretação normativa, não permitindo a extensividade normativa;
- **Axiológica**: axiomas são **valores**; assim, a interpretação axiológica leva em consideração os **valores** que devem ser observados para o alcance normativo, tais como ética, moral, justiça, boa-fé, equidade, dentre outros;

- **Teleológica**: é a interpretação que analisa os **fins desejados pelo legislador** quando da criação da norma. Em determinados diplomas, p.ex., o Código Penal, temos uma exposição de motivos que, nada mais é do que a finalidade que o legislador teve quando da edição normativa;

- **Histórica**: é a interpretação que leva em consideração **fatores do passado** visando o alcance da melhor interpretação para a normatização atual;

- **Sistemática (sistêmica)**: é a interpretação que observa a **funcionalidade da norma tributária dentro de um sistema**, verificando suas compatibilidades e incompatibilidades com outros dispositivos.

Sem qualquer dúvida, **toda a interpretação deverá ser feita à luz do que determina os preceitos constitucionais**, para que não se incorra em erros na aplicação da norma dentro do próprio sistema.

c) A interpretação literal da norma tributária e sua imposição

De acordo com o disposto no art. 111 do CTN, **interpreta-se literalmente** a norma que disponha sobre:

⇒ **Suspensão e Exclusão do Crédito Tributário**

As hipóteses de **suspensão da exigibilidade do crédito tributário** se encontram consignadas no art. 151 do CTN[4]. Assim, nos casos de moratória, parcelamento, dentre outras hipóteses, a interpretação que deve ser conferida pelo exegeta deverá ser **literal**, **não se admitindo**, portanto, **efeitos extensivos**. O mesmo ocorrerá nas hipóteses de **isenção** e **anistia**, sendo estas as formas de exclusão do crédito tributário, nos termos do art. 175 do CTN[5]. Os efeitos serão sempre **restritivos**.

⇒ **Outorga de Isenção**

A **concessão de isenção** somente poderá ser conferida mediante a observância literal do dispositivo legal, gerando, portanto, **efeitos restritivos** em sua interpretação.

O entendimento de que as normas de isenção devem ser interpretadas restritivamente gera alguns efeitos relevantes:

---

4. **Art. 151**. Suspendem a exigibilidade do crédito tributário:

   I – moratória;

   II – o depósito do seu montante integral;

   III – as reclamações e os recursos, nos termos das leis reguladoras do processo tributário administrativo;

   IV – a concessão de medida liminar em mandado de segurança.

   V – a concessão de medida liminar ou de tutela antecipada, em outras espécies de ação judicial;

   VI – o parcelamento.

5. **Art. 175**. Excluem o crédito tributário:

   I – a isenção;

   II – a anistia.

- **Limitação de Benefícios:** apenas os casos expressamente previstos na legislação podem ser beneficiados, evitando interpretações que ampliem o alcance da norma isentiva;

- **Segurança Jurídica:** reduz o risco de interpretações subjetivas ou criativas por parte do Judiciário ou da Administração Tributária;

- **Restrições ao Contribuinte:** os contribuintes que se encontram em situações similares às descritas pela norma, mas não perfeitamente enquadrados, não podem usufruir do benefício.

⇒ **Dispensa no cumprimento das obrigações tributárias acessórias**

Qualquer forma de **dispensa no cumprimento das obrigações acessórias** – cumprimento de exigências administrativas – deverá depender de uma literal interpretação do dispositivo, **não podendo ocorrer a dispensa por um critério extensivo de uma norma tributária**. Assim, nos casos de dispensa no pagamento de tributo – tais como nos casos de isenção ou imunidade – o não pagamento de tributo **não gera a dispensa do cumprimento das exigências administrativas**.

No julgamento do **RE 586.482/RS,** o STF reafirmou que a isenção tributária é uma **renúncia fiscal** que só pode ser concedida nas condições e limites fixados pela legislação, não cabendo ao intérprete **alargar** ou **restringir** os critérios legais.

De modo semelhante, o STJ, no julgamento do **Tema 110 (REsp 1.111.002/SP)** decidiu que o **benefício da isenção** deve ser interpretado de maneira literal, com base no artigo 111 do CTN. No caso analisado, foi negado o direito à isenção de Imposto sobre Produtos Industrializados (IPI) em situações não expressamente previstas na legislação.

d) A interpretação benéfica da norma tributária

Nos casos em que a norma tributária **definir infrações** ou **aplicar penalidades ao contribuinte**, a interpretação sempre deverá ocorrer de maneira **mais favorável ao contribuinte**, conforme estabelece o art. 112 do CTN:

> "Art. 112. A lei tributária que define infrações, ou lhe comina penalidades, **interpreta-se da maneira mais favorável ao acusado**, em caso de dúvida quanto:
>
> I – à capitulação legal do fato;
>
> II – à natureza ou às circunstâncias materiais do fato, ou à natureza ou extensão dos seus efeitos;
>
> III – à autoria, imputabilidade, ou punibilidade;
>
> IV – à natureza da penalidade aplicável, ou à sua graduação."

Sempre prevalecerá o brocardo *in dubio contra fiscum.*

Resumidamente, temos:

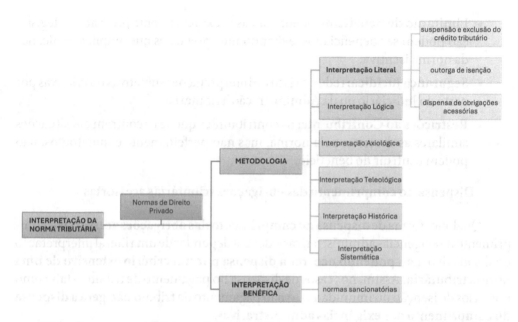

Ressaltamos que tal aplicação hermenêutica deve ser realizada em **situações de total normalidade**, não podendo ser aplicada em **situações excepcionais**, tais como vivenciamos no exercício de 2020 através da COVID-19. Assim, caberá ao exegeta uma **interpretação diferenciada** e **adequada** ao caso concreto, de forma **interdisciplinar** e **multidisciplinar**, criando um **diálogo das fontes** virtuoso.

12.1 INTEGRAÇÃO DA NORMA TRIBUTÁRIA

A **integração** será aplicada quando da existência de uma **lacuna na legislação tributária** ou quando, mesmo se utilizando das regras interpretativas, não se consiga extrair de uma norma o seu verdadeiro sentido. A condição *sine qua non*, portanto, recai na **ausência de dispositivo legal** ou, em caso de sua existência, a **ausência de interpretação sistemática**.

Para que haja possibilidade de integração normativa, o Código Tributário Nacional dispõe da observância de uma **ordem descendente** a ser observada. Assim, deve-se aplicar para fins de integração:

- **Analogia**: é a utilização de normas aplicáveis a fatos semelhantes que estejam juridicizados ao fato que carece de normatividade. A analogia pode ser utilizada no Direito Tributário apenas para resolver **lacunas em normas** que **beneficiem o contribuinte** ou que. Tal situação inclui:

- **Interpretação de normas procedimentais:** tais como prazos ou formas de cumprimento de obrigações acessórias;

- **Benefícios fiscais:** em casos em que a legislação se omita quanto a situações específicas, mas semelhantes às previstas;

- **Direitos do contribuinte:** aplicação de normas de proteção ao contribuinte em situações análogas.

- **Princípios gerais de direito tributário**: são aqueles discriminados de forma explícita na Constituição Federal, a partir do art. 150, ou até mesmo os que têm aplicabilidade implícita em matéria tributária, como razoabilidade e proporcionalidade;

- **Princípios gerais de direito público**: são os princípios basilares da Constituição Federal, que servem como vetores de todo o sistema, como o princípio da dignidade da pessoa humana, princípio republicano etc.; e

- **Equidade**: tal expressão apresenta várias acepções, podendo ser classificada como uma forma do magistrado aplicar o sentido de justiça ao caso concreto, consistindo em corrigir a própria lei, na medida em que esta se mostra insuficiente em razão do seu caráter geral e abstrato. Consiste na aplicação da norma jurídica de maneira mais **justa** e **razoável**, ajustando seus efeitos às peculiaridades de um caso concreto. No Direito Tributário, tem como principal finalidade evitar que a aplicação estrita e literal da norma resulte em situações desproporcionais ou que violem princípios de justiça e igualdade.

Por óbvio, a doutrina rechaça a existência de tal ordem, afirmando ser um verdadeiro absurdo a existência de analogia em primeiro caso, deixando os princípios – sendo estes, alicerces onde se estruturam as normas jurídicas – em outra posição.

Estabelece o art. 108, § 1º do CTN:

"Art. 108 (...)
§ 1º O emprego da analogia não poderá resultar na exigência de tributo não previsto em lei."

Em matéria tributária figura o **princípio da tipicidade cerrada**, em que todos os **elementos da incidência de um tributo**, para que se possa exigi-lo, deverá ter sua **descrição em lei**, seja de forma **determinada** ou **determinável**.

Assim, não se admite **tributação por analogia**, restando total **insegurança jurídica** se tal situação for conferida.

Reza o disposto no art. 108, § 2º do CTN:

"Art. 108 (...)
§ 2º O emprego da equidade não poderá resultar na dispensa do pagamento de tributo devido."

A **equidade** tem por finalidade ampliar as circunstâncias sociovalorativas do fato ante a sua aplicação *sub judice*. Porém, não pode um magistrado, alegando aplicação de um "senso de justiça" **dispensar um pagamento de tributo que seja devido**, visto que isso poderá acarretar uma forma de renúncia de receita que seja devida.

No julgamento do **RE 183.403/SP**, o STF reconheceu que a equidade pode **justificar a redução de penalidades excessivas**, desde que dentro dos parâmetros legais. Já o STJ, no julgamento do **REsp 1.643.944/SP** concluiu que a equidade **pode ser aplicada em questões acessórias**, mas **não pode afastar a exigência de tributos devidos**, uma vez que isso violaria a legalidade.

Quando se trata de **multa em matéria tributária**, temos uma inclinação jurisprudencial que **impossibilita a aplicação de equidade pelo seu afastamento**, visto que, em matéria tributária, não há compatibilização com uma flexibilização do princípio da legalidade. A adoção no direito tributário brasileiro passa a ser do **princípio da tipicidade cerrada** (fechada).

Resumidamente, temos:

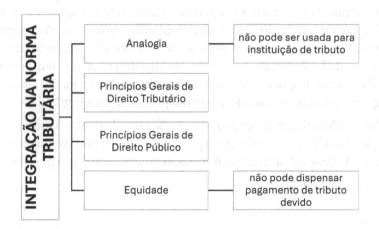

 JURISPRUDÊNCIA

"TRIBUTÁRIO. IMPOSTO DE RENDA E CONTRIBUIÇÃO SOCIAL SOBRE O LUCRO. ART. 110 DO CTN. PRINCÍPIO DA SUPREMACIA CONSTITUCIONAL. BASE DE CÁLCULO. ART. 15, § 1º, III, A, DA LEI 9.249/95. ATIVIDADES HOSPITALARES. CLÍNICA DE CIRURGIA PLÁSTICA E REPARADORA. SÚMULA 7/STJ. 1. O artigo 110 do CTN não pode ser analisado no âmbito do especial, uma vez que tal dispositivo, sendo mera explicitação do princípio da supremacia da Carta Magna, possui nítida carga constitucional. 2..."
(STJ – REsp: 893898 PR 2006/0227519-7, Relator: Ministro CASTRO MEIRA, Data de Julgamento: 06/03/2007, T2 – SEGUNDA TURMA, Data de Publicação: DJ 15.03.2007 p. 303)
"PROCESSUAL CIVIL E TRIBUTÁRIO VIOLAÇÃO DO ART. 535 DO CPC. IMPOSTO DE RENDA. ART. 6º, XIV, DA LEI 7.713/1988. NEOPLASIA MALIGNA. DEMONSTRAÇÃO DA CONTEMPORANEIDADE DOS SINTOMAS. DESNECESSIDADE RESERVA REMUNERADA. ISENÇÃO. OFENSA AO ART. 111 DO CTN NÃO CARACTERIZADA. INCIDÊNCIA DA SÚMULA 83/STJ. 1... 4. É firme o entendimento do STJ, no sentido de que a busca do real significado, sentido e alcance de benefício fiscal não caracteriza ofensa ao art. 111 do CTN."
(STJ – REsp: 1125064 DF 2009/0033741-9, Relator: Ministra ELIANA CALMON, Data de Julgamento: 06.04.2010, T2 – SEGUNDA TURMA, Data de Publicação: DJe 14.04.2010).

13
DIREITO OBRIGACIONAL TRIBUTÁRIO

O **Direito Obrigacional Tributário** é o ramo do Direito Tributário que regula a **relação jurídica obrigacional** entre o **sujeito ativo** (Estado) e o **sujeito passivo** (contribuinte ou responsável tributário), com base na **incidência de tributos**. Essa relação tem como núcleo central o dever do contribuinte de pagar tributos ao Estado, que, por sua vez, exerce a função arrecadatória para garantir a manutenção do aparato estatal e a implementação de políticas públicas.

A teleologia do Direito Obrigacional Tributário está intrinsecamente ligada aos **objetivos do tributo na sociedade**. Esses objetivos podem ser analisados sob diferentes perspectivas:

a) Manutenção do Estado

A função primordial dos tributos é fornecer recursos financeiros para **custear o funcionamento do Estado** e a **prestação de serviços públicos**, como saúde, educação, segurança e infraestrutura.

b) Função Distributiva

O Direito Tributário tem um papel importante na **redução das desigualdades sociais**. Por meio da **progressividade tributária** e da **destinação de receitas a programas sociais**, busca-se promover **justiça fiscal**.

c) Instrumento de Políticas Públicas

Os tributos podem ser utilizados como instrumentos para **incentivar** ou **desestimular comportamentos**, como ocorre nos casos de **redução de impostos para setores estratégicos** (incentivo ao desenvolvimento econômico) e da **tributação ambiental**, para desestimular práticas poluentes.

d) Garantia da Segurança Jurídica

O Direito Obrigacional Tributário organiza as **regras** e os **procedimentos** para que a relação entre o Fisco e o contribuinte seja pautada pela **legalidade**, **previsibilidade** e **transparência**.

13.1 OBRIGAÇÃO TRIBUTÁRIA

É a **relação jurídica** que resulta da **ocorrência do fato gerador** e tem por objeto a prestação consistente em **levar dinheiro aos cofres públicos** ou o **cumprimento deveres administrativos** atinentes à arrecadação e a fiscalização de tributos.

Tal relação jurídica é firmada entre a **Administração Pública** e o **particular**, podendo decorrer da **lei** ou da **legislação tributária** a depender do tipo de obrigação tributária existente.

Nos termos do art. 113 do CTN:

> "A obrigação tributária é principal ou acessória."

13.1.1 Obrigação principal

Decorre do fato gerador e tem por objeto o pagamento de tributo (obrigação de dar) ou da penalidade pecuniária (multa). É toda **prestação de cunho patrimonial** decorrente da lei em sentido estrito – obrigação *ex lege*, estampada no art. 113, § 1º do CTN:

> "Art. 113. A obrigação tributária é principal ou acessória.
>
> § 1º A **obrigação principal** surge com a **ocorrência do fato gerador**, tem por objeto o **pagamento de tributo** ou **penalidade pecuniária** e extingue-se juntamente com o crédito dela decorrente."

Em suma, a obrigação principal é a **obrigação de se levar dinheiro aos cofres públicos**. E o sujeito passivo pode levar dinheiro aos cofres públicos quando **realiza o pagamento de tributo** *ou de* **penalidade pecuniária** (multa).

Vez que se trata de **obrigação dependente de lei**, segundo orientação do próprio Supremo Tribunal Federal, poderemos estar diante de uma **lei complementar, ordinária, delegada** ou, até mesmo, de uma **medida provisória**, posto que, ante ao advento da EC 32/01, a utilização de medida provisória em matéria tributária é pacificamente aceita e, mesmo sendo um ato administrativo em sua origem, para mantença de sua eficácia, deverá ser convertida em lei.

O STF, quando do julgamento do **RE 146.733/SP** destacou que a obrigação tributária principal decorre **exclusivamente da lei**, reafirmando o princípio da legalidade estrita no Direito Tributário.

No julgamento do **REsp 1.221.170/PR**, o STJ entendeu que a obrigação tributária principal é uma **relação de direito material** que surge automaticamente com o fato gerador, **independentemente de ato administrativo que formalize o crédito tributário**.

13 • DIREITO OBRIGACIONAL TRIBUTÁRIO

JURISPRUDÊNCIA

"AGRAVO INTERNO NA SUSPENSÃO DE TUTELA PROVISÓRIA. ORDEM ECONÔMICA. REGISTRO ESPECIAL DE FUNCIONAMENTO DE INDÚSTRIA DE CIGARROS. CANCELAMENTO ADMINISTRATIVO. DECRETO-LEI 1.593/77, ART. 2º, II. DECISÃO SUSPENSIVA. ALEGADO RISCO À ECONOMIA E À SAÚDE PÚBLICAS. OCORRÊNCIA. CONSTITUCIONALIDADE DA MEDIDA JÁ ASSENTADA PELO PLENÁRIO DESTA CORTE EM SEDE DO JULGAMENTO DO RE 550.769 E DA ADI 3.952. RAZOABILIDADE NO CASO CONCRETO. VULTUOSOS DÉBITOS TRIBUTÁRIOS NÃO ADIMPLIDOS. OBSERVÂNCIA DO DEVIDO PROCESSO LEGAL. PRECLUSÃO ADMINISTRATIVA. EFEITOS NOCIVOS À SAÚDE PÚBLICA ASSOCIADOS AO CONSUMO DO TABACO. ILÍCITA VANTAGEM COMPETITIVA CAPAZ DE FOMENTAR O CONSUMO. AGRAVO INTERNO DESPROVIDO. 1. O incidente de contracautela é meio processual autônomo de impugnação de decisões judiciais, franqueado ao Ministério Público ou à pessoa jurídica de direito público interessada exclusivamente quando se verifique risco de grave lesão à ordem, à saúde, segurança e à economia públicas no cumprimento da decisão impugnada (art. 4º, *caput*, da Lei 8.437/1992; art. 15 da Lei 12.016/2009 e art. 297 do RISTF). 2. A medida administrativa de cancelamento, pela autoridade fiscal, do registro especial de empresas dedicadas à fabricação de cigarros em razão do não cumprimento de obrigação tributária principal ou acessória, prevista no art. 2º, II, do Decreto-Lei 1.593/77, com a redação dada pela Lei 9.822/1999, é constitucional, nos termos da jurisprudência desta Corte. Precedentes: RE 550.769, Rel. Min. Joaquim Barbosa, Tribunal Pleno, DJe 03.04.2014; ADI 3.952, Rel. Min. Joaquim Barbosa. 3. *In casu*, a empresa agravante se encontra em situação de recorrente inadimplência de obrigações tributárias principais vultuosas, em montante capaz de desequilibrar a concorrência no setor econômico de atuação pela criação de vantagem competitiva ilícita, de modo que a medida administrativa de cancelamento do registro especial imposta pela Receita Federal do Brasil deu-se de modo pleno de juridicidade. 4. A existência de risco de grave lesão à economia e à saúde públicas se revela na possibilidade do prosseguimento da atividade de empresa produtora de derivados do tabaco em situação de ilícita vantagem competitiva, tornando-a, em tese, capaz de oferecer ao mercado produtos desta natureza a preços menores, de modo a fomentar de modo irregular o consumo dos mesmos e, por consequência, as enfermidades a este consumo associadas. 5. Agravo interno a que se nega provimento". **STF, STP 809 AgR.**

"AGRAVO REGIMENTAL EM RECURSO EXTRAORDINÁRIO. ICMS. DIFERENCIAL DE ALÍQUOTA. EMPRESA CONTRIBUINTE DO ISS. NECESSIDADE DE REVOLVIMENTO DE FATOS E PROVAS. SÚMULA 279/STF. A obrigação tributária principal relativa ao tributo só pode ser deflagrada pela ocorrência do fato imponível. As evidências dos autos demonstram que os insumos foram adquiridos para consumo próprio do contribuinte, no exercício do seu objeto social. A inscrição no cadastro fiscal foi utilizada para o locupletamento indevido, tendo em vista que a parte se beneficiou da alíquota interestadual sem promover uma segunda circulação. O consequente normativo para tal conduta deve ser a multa punitiva e não o tributo cujo fato gerador não ocorreu. O acolhimento da pretensão importaria em fazer incidir o diferencial de alíquota, o que só seria possível caso ficasse comprovada a operação de revenda. Aplica-se ao caso a Súmula 279/STF. Agravo regimental a que se nega provimento". **STF, RE 417912 AgR**

"AGRAVO REGIMENTAL NO AGRAVO DE INSTRUMENTO. TRIBUTÁRIO. MULTA MORATÓRIA DE 30%. CARÁTER CONFISCATÓRIO RECONHECIDO. INTERPRETAÇÃO DO PRINCÍPIO DO NÃO CONFISCO À LUZ DA ESPÉCIE DE MULTA. REDUÇÃO PARA 20% NOS TERMOS DA JURISPRUDÊNCIA DA CORTE. 1. É possível realizar uma dosimetria do conteúdo da vedação ao confisco à luz da espécie de multa aplicada no caso concreto. 2. Considerando que as multas moratórias constituem um mero desestímulo ao adimplemento tardio da obrigação tributária, nos termos da jurisprudência da Corte, é razoável a fixação do patamar de 20% do valor da obrigação principal. 3. Agravo regimental parcialmente provido para reduzir a multa ao patamar de 20%." **STF, AI 727872 AgR.**

"AÇÃO DIRETA DE INCONSTITUCIONALIDADE. DIREITO CONSTITUCIONAL E TRIBUTÁRIO. LEI COMPLEMENTAR 157/2016. LEI COMPLEMENTAR 175/2020. IMPOSTO SOBRE SERVIÇOS DE QUALQUER NATUREZA – ISSQN. COMPETÊNCIA PARA COBRANÇA DO MUNICÍPIO DO LOCAL DO DOMICÍLIO DO TOMADOR DE DETERMINADOS SERVIÇOS. MATERIALIDADE DO IMPOSTO ATENDIDA. INCONSTITUCIONALIDADE PELA NECESSIDADE DE OBSERVÂNCIA DOS POSTULADOS DA SEGURANÇA JURÍDICA E DE RESPEITO AO PACTO FEDERATIVO. EFEITOS PRESERVADOS DA MEDIDA CAUTELAR. PROCEDÊNCIA. 1. A Lei Complementar 157/2016, na parte em que alterou o art. 3º, incisos XXIII, XXIV e XXV, e os parágrafos 3º e 4º do art. 6º da Lei Complementar 116/2003, prevê a incidência do ISSQN no local do domicílio do tomador de serviços. 2. Superveniência da Lei Complementar 175/2020, presente a continuidade normativa. Aditamento da petição inicial. 3. Alegação de inconstitucionalidade formal por invasão de reserva de iniciativa do Chefe do Executivo. Inexistência. Os dispositivos impugnados disciplinam matéria relacionada ao estabelecimento de normas gerais em matéria tributária e sobre conflitos de competência em matéria tributária. 4. Alteração da norma para ser o imposto devido no local do domicílio do tomador, ainda que seja diverso daquele do estabelecimento prestador. Conexão entre o serviço prestado e o local onde está domiciliado o tomador, que é o sujeito destinatário da atividade. Existência de vinculação entre a realidade econômica subjacente à incidência tributária e o local do domicílio do tomador para os fins pretendidos. Atendimento à materialidade constitucional do ISSQN. 5. Alterações promovidas pela Lei Complementar 157/2016. Medida Cautelar deferida por ausência de segurança jurídica. Superveniência da Lei Complementar 175/2020. Inexistência de avanço na densidade normativa, persistindo ausência de clareza na definição do domicílio do tomador de serviços. Para que o imposto seja devido no local do domicílio do tomador dos serviços é necessário que a alteração legislativa estabeleça, com exatidão, o seu conteúdo, sob pena de ensejar insegurança jurídica apta a provocar considerável conflito de competência e retrocesso nas relações ficais, mormente diante de um universo de mais de cinco mil municipalidades na federação brasileira. 6. Incompletude na definição do domicílio do tomador de serviço. Ausência de clareza e confiabilidade. Inconstitucionalidade por ofensa ao princípio constitucional da segurança jurídica e por ameaça à estabilidade do pacto federativo fiscal. 7. Padrão unificado para as obrigações acessórias e Comitê Gestor das Obrigações Acessórias do ISSQN (CGOA). Normas gerais sobre obrigação tributária envolve as de cunho principal e as acessórias. Ausência de autonomia normativa, presente hipótese de inconstitucionalidade por arrastamento. 8. Medida cautelar confirmada. Ações Diretas julgadas procedentes. **STF, ADI 5835**

13.1.2 Obrigação acessória

Decorre da **legislação tributária** e tem por objeto **prestações positivas** (obrigação de fazer) ou **negativas** (obrigação de não fazer) atinentes à **arrecadação** e à **fiscalização de tributos**. São os **deveres administrativos** que devem ser realizados pelo sujeito passivo, tais como a emissão de notas fiscais, a escrituração de livros, a entrega de declarações etc.

Estabelece o art. 113, § 2º do CTN:

> "Art. 113 (...)
>
> § 2º A obrigação acessória decorre da legislação tributária e tem por objeto as prestações, positivas ou negativas, nela previstas no interesse da arrecadação ou da fiscalização dos tributos."

Observe que a obrigação acessória impõe um **fazer** (p.ex., escriturar livros, emitir notas fiscais etc.) e um **não fazer** (p.ex., não impedir a fiscalização tributária, não realizar operações econômicas sem os devidos registros fiscais etc.).

Uma vez que decorre da **legislação tributária**, não depende apenas de lei em sentido estrito, mas pode ser instituída ou modificada mediante decreto, tratados e convenções internacionais e demais normas complementares, nos termos já estudados do art. 96 do CTN.

O **fato gerador da obrigação acessória** é qualquer situação que, na forma da legislação aplicável, impõe a prática ou abstenção de ato que não configure obrigação principal.

Na **ADI 1.903/DF**, o STF destacou que **atos administrativos** não podem **extrapolar** ou **inovar o conteúdo normativo** estabelecido pela legislação tributária, no que diz respeito as obrigações acessórias. A administração pública não pode, sob o pretexto de **regulamentar a legislação tributária**, impor ao contribuinte **obrigações excessivas** ou **não previstas**, uma vez que isso extrapolaria o papel regulatório dos atos administrativos.

13.1.3 Autonomia no direito obrigacional tributário

Diferentemente do que ocorre com o direito privado – onde a máxima de que a **obrigação acessória sempre segue a obrigação principal** – a obrigação tributária principal e acessória gozam de **total autonomia**. Pode ocorrer que, mesmo ante a **dispensa de uma obrigação tributária principal**, o contribuinte esteja obrigado ao **cumprimento de uma obrigação tributária acessória**.

A **acessoriedade** no **Direito Privado** – notadamente no direito civil – manifesta-se entre obrigações sob um **caráter hierárquico**: determinada obrigação principal e a vinculação de uma obrigação acessória. E matéria tributária, a **obrigação acessória** é um **instrumento** para se alcançar a **obrigação principal**.

Tal situação ocorre, por exemplo, quando o contribuinte é dotado de alguma espécie de **benefício fiscal**, seja uma **imunidade constitucional** ou uma **isenção**. Neste caso, temos uma **dispensa do pagamento do tributo**, o que enseja a **dispensa do atendimento de uma obrigação principal**. No entanto, o contribuinte deverá continuar o **cumprimento de exigências administrativas**, tais como a emissão de notas fiscais, a escrituração de livros, a prestação de informações etc. Assim, **mesmo estando dispensado do atendimento da obrigação principal**, o contribuinte deverá **cumprir com as obrigações acessórias**.

Se o contribuinte deixar de atender as exigências administrativas por entender que estaria dispensado por não recolher o tributo, em havendo a fiscalização tributária, será **autuado**. E, esta autuação – **penalidade pecuniária** – será considerada uma **obrigação principal**.

Não importa se a penalidade pecuniária foi aplicada ante ao descumprimento de uma obrigação acessória ou principal; **toda penalidade pecuniária sempre será uma obrigação principal**.

Estabelece a **súmula vinculante 50**:

"Norma legal que altera o prazo de recolhimento de obrigação tributária não se sujeita ao princípio da anterioridade."

O verbete reflete o entendimento de que a anterioridade protege o contribuinte apenas contra **modificações** que **onerem a obrigação tributária principal,** não abrangendo mudanças em **aspectos procedimentais**. Alterações relacionadas a **prazos de recolhimento de tributos** não configuram **instituição** ou **majoração** de tributos e, portanto, **não estão sujeitas ao princípio da anterioridade**.

Assim, podemos afirmar que o **princípio da anterioridade tributária** não pode ser aplicado à **totalidade das obrigações tributárias**, tendo sua aplicabilidade restrita a **obrigação principal**. A **obrigação acessória**, como se trata de critérios formais e administrativos no cumprimento de exigências vinculadas a arrecadação e fiscalização de tributos, não se sujeita ao postulado principiológico.

No julgamento da **ADI 605/DF**, o STF reafirmou que a anterioridade protege apenas **alterações substanciais** na relação tributária, não abrangendo **mudanças meramente formais ou administrativas**.

 JURISPRUDÊNCIA

"CONSTITUCIONAL. TRIBUTÁRIO. IMUNIDADE TRIBUTÁRIA RECÍPROCA. INAPLICABILIDADE À RESPONSABILIDADE TRIBUTÁRIA POR SUCESSÃO. ART. 150, VI, A DA CONSTITUIÇÃO. A imunidade tributária recíproca não exonera o sucessor das obrigações tributárias relativas aos fatos jurídicos tributários ocorridos antes da sucessão (aplicação "retroativa" da imunidade tributária). Recurso Extraordinário ao qual se dá provimento.
Tese: A imunidade tributária recíproca não exonera o sucessor das obrigações tributárias relativas aos fatos jurídicos tributários ocorridos antes da sucessão". **STF, RE 599176.**
"QUESTÃO DE ORDEM. RECURSO EXTRAORDINÁRIO COM AGRAVO. REPERCUSSÃO GERAL. REAFIRMAÇÃO DE JURISPRUDÊNCIA. DIREITO TRIBUTÁRIO. IMPOSTO SOBRE CIRCULAÇÃO DE MERCADORIAS E SERVIÇOS – ICMS. IMPORTAÇÃO. ART. 155, § 2º, IX, "A", DA CONSTITUIÇÃO DA REPÚBLICA. ART. 11, I, "D" E "E", DA LEI COMPLEMENTAR 87/96. AS PECTO PESSOAL DA HIPÓTESE DE INCIDÊNCIA. DESTINATÁRIO LEGAL DA MERCADORIA. DOMICÍLIO. ESTABELECIMENTO. TRANSFERÊNCIA DE DOMÍNIO. IMPORTAÇÃO POR CONTA PRÓPRIA. IMPORTAÇÃO POR CONTA E ORDEM DE TERCEIRO. IMPORTAÇÃO POR CONTA PRÓPRIA, SOB ENCOMENDA. 1. A despeito da eficácia do pedido de renúncia à pretensão do pedido vertido em libelo e respectiva decisão homologatória do juízo, é viável avançar quanto ao mérito da questão constitucional imbuída de repercussão geral. Art. 998, parágrafo único, CPC. Precedentes. 2. É possível a reafirmação de jurisprudência no que diz respeito a questões iterativamente decididas pelo STF, sob o rito da repercussão geral. Precedente: RE-QO 582.650, de relatoria da Ministra Presidente Ellen Gracie, Tribunal Pleno, j. 16.04.2008, DJe 24.10.2008. 3. Fixação da seguinte tese jurídica ao Tema 520 da sistemática da repercussão geral: "O sujeito ativo da obrigação tributária de ICMS incidente sobre mercadoria importada é o Estado membro no qual está domiciliado ou estabelecido o destinatário legal da operação que deu causa à circulação da mercadoria, com a transferência de domínio." Precedentes.

4. Utilização de técnica de declaração de inconstitucionalidade parcial, sem redução de texto, ao art. 11, I, "d", da Lei Complementar federal 87/96, para fins de afastar o entendimento de que o local da operação ou da prestação, para os efeitos da cobrança do imposto e definição do estabelecimento responsável pelo tributo, é apenas e necessariamente o da entrada física de importado, tendo em conta a juridicidade de circulação ficta de mercadoria emanada de uma operação documental ou simbólica, desde que haja efetivo negócio jurídico. 5. Questão de ordem resolvida com a finalidade de fixar interpretação ao art. 998, parágrafo único, do CPC/15, assim como homologar pedido de renúncia da ação, nos termos do art. 487, III, "c", do mesmo diploma processual, com a reafirmação de jurisprudência em Tema da sistemática da repercussão geral".

"Tema 520 – Sujeito ativo do ICMS a incidir sobre circulação de mercadorias importadas por um estado da federação, industrializadas em outro estado da federação e que retorna ao primeiro para comercialização. Tese: O sujeito ativo da obrigação tributária de ICMS incidente sobre mercadoria importada é o Estado membro no qual está domiciliado ou estabelecido o destinatário legal da operação que deu causa à circulação da mercadoria, com a transferência de domínio". **STF, ARE 665134 QO**

"Recurso extraordinário com agravo. Tributário. Contribuição previdenciária. Créditos tributários atrelados a sentença trabalhista ou a acordo homologado judicialmente. Artigo 43 da Lei 8.212/1991 (MP 449/2009). Artigo 276, Decreto 3.048/1999. Encargos da mora. Regime de apuração. Retroação à data da prestação do serviço. Momento da ocorrência do fato gerador. Natureza infraconstitucional da controvérsia. Afronta reflexa ou indireta. Ausência de repercussão geral".

"Tema 1006 – Aplicação de juros de mora e de multa moratória sobre créditos de contribuição previdenciária atrelados a sentença trabalhista ou a acordo homologado judicialmente, considerado o momento da ocorrência do fato gerador da obrigação tributária. Tese: É infraconstitucional, a ela se aplicando os efeitos da ausência de repercussão geral, a controvérsia relativa à aplicação de juros de mora e de multa moratória sobre créditos de contribuição previdenciária atrelados a sentença trabalhista ou a acordo homologado judicialmente, considerado o momento da ocorrência do fato gerador da obrigação tributária". **STF, ARE 1070334 RG.**

"OBRIGAÇÃO TRIBUTÁRIA ACESSÓRIA – SURGIMENTO POR FORÇA DE INSTRUÇÃO DA RECEITA FEDERAL – RELEVÂNCIA DO PEDIDO DE CONCESSÃO DE TUTELA ANTECIPADA E RISCO DE MANTER-SE O QUADRO COM PLENA EFICÁCIA. Ante o disposto no artigo 113, § 2º, do Código Tributário Nacional, a exigir lei em sentido formal e material para ter-se o surgimento de obrigação tributária, ainda que acessória, mostra-se relevante pedido de tutela antecipada veiculado por Estado, visando a afastar sanções, considerado o que previsto em instrução da Receita Federal". **STF, ACO 1098 AgR-TA.**

"DECLARAÇÃO DE DÉBITOS E CRÉDITOS TRIBUTÁRIOS FEDERAIS – OBRIGAÇÃO TRIBUTÁRIA ACESSÓRIA – MORA – MULTA – BASE: VALOR DOS TRIBUTOS – ARTIGOS 145, § 1º, E 150, INCISO IV, DA CARTA DA REPÚBLICA – REPERCUSSÃO GERAL CONFIGURADA. Possui repercussão geral a controvérsia acerca da constitucionalidade de dispositivo legal a autorizar a exigência de multa por ausência ou atraso na entrega de Declaração de Débitos e Créditos Tributários Federais – DCTF, apurada mediante percentual a incidir, mês a mês, sobre os valores dos tributos a serem informados.

Tema 872 – Constitucionalidade da exigência de multa por ausência ou atraso na entrega de Declaração de Débitos e Créditos Tributários Federais – DCTF, prevista no art. 7º, II, da Lei 10.426/2002, apurada mediante percentual a incidir, mês a mês, sobre os valores dos tributos a serem informados". **STF, RE 606010 RG.**

13.2 FATO GERADOR DA OBRIGAÇÃO TRIBUTÁRIA

A disposição legislativa entre os artigos 114 a 118 do CTN revelam o estudo do fato gerador.

Estabelece o art. 114 do CTN:

> "Art. 114. Fato gerador da obrigação tributária principal é a situação definida em lei como necessária e suficiente à sua ocorrência."

Devemos distinguir a denominada **hipótese de incidência** do **fato gerador**. Alguns preferem a adoção da expressão **fato gerador em abstrato** – hipótese de incidência – e **fato gerador em concreto** – fato imponível.

Segundo o STF, no julgamento da **ADI 286**, a **incidência** é um fenômeno jurídico de adequação da **situação de fato verificada** (fato gerador) à **previsão normativa** (hipótese de incidência), gerando a **obrigação de pagar tributo**. A **não incidência** seria entendida como forma de exclusão, equivalente a todas as **situações de fato não contempladas pela regra jurídica da tributação** e decorre da abrangência ditada pela norma.

Assim, quando a pessoa no mundo concreto pratica o fato descrito na norma, temos um dever de entregar os recursos aos cofres públicos. Tal situação denomina-se de **fato gerador da obrigação tributária principal**.

Reza o art. 115 do CTN:

> "Art. 115. Fato gerador da obrigação tributária acessória é qualquer situação que, na forma da legislação aplicável, impõe a prática ou a abstenção de ato que não configure obrigação principal."

O legislador estabelece a obrigação tributária acessória como forma de **exclusão**: tudo o que não for considerado como principal, entende-se como **obrigação acessória**. Nesses termos, tudo o que não significa a entrega de recursos aos cofres públicos, decorrente de uma lei, passa a se considerar como obrigação tributária acessória.

13.2.1 Análise conceitual

O **fato gerador** é o evento jurídico descrito na legislação tributária que, ao ocorrer, dá origem à obrigação tributária principal. Trata-se da **materialização de uma hipótese de incidência tributária**, prevista abstratamente em lei, que gera o dever do sujeito passivo de realizar a prestação tributária, seja por meio do pagamento de tributo ou penalidade pecuniária.

Para a doutrina, o fato gerador é um **fato jurídico tributário**, ou seja, um evento que gera consequências jurídicas na esfera tributária, como a obrigação de pagar um tributo, sendo a **concretização da hipótese de incidência tributária**, que é a **descrição abstrata**, feita pela lei, de um evento apto a desencadear a obrigação tributária.

Podemos determinar a existência de três dimensões aplicáveis ao fato gerador:

I – Dimensão Normativa: trata-se da descrição abstrata da hipótese de incidência na lei;

II – Dimensão Fática: é a ocorrência concreta do evento descrito, também denominado de **fato imponível**; e

III – Dimensão Aplicativa: é a identificação do fato concreto como cumprimento da obrigação tributária.

13.2.2 Classificação de fatos geradores

Os fatos geradores podem ser classificados com base na **forma como se manifestam**, considerando o **tempo** e a **estrutura de sua ocorrência**. Essa classificação ajuda a compreender as diferentes situações que podem desencadear a obrigação tributária, garantindo maior precisão na sua aplicação e interpretação.

a) Quanto ao momento de sua ocorrência

- **Fato Gerador Instantâneo:** ocorre de forma pontual e em um momento específico, desencadeando imediatamente a obrigação tributária. É típico de tributos incidentes sobre eventos ou atos isolados. Ex.: a prestação de um serviço é um evento instantâneo, que ocorre quando a prestação efetivamente existe.

- **Fato Gerador Continuado:** refere-se a uma situação que persiste no tempo, sendo caracterizada por um estado de fato ou direito. A obrigação tributária decorre da manutenção dessa situação. Ex.: a posse ou propriedade de um imóvel em uma zona urbana é um fato continuado, válido durante todo o exercício fiscal, para fins de incidência do IPTU.

- **Fato Gerador Complexivo:** resulta da conjunção de múltiplos atos ou eventos que, analisados em conjunto, configuram o fato gerador. É comum em tributos cuja base de cálculo é apurada periodicamente. Ex.: a apuração do lucro líquido em um período fiscal exige a soma de diversos atos de aquisição e despesas realizados ao longo do exercício.

b) Quanto à estrutura

- **Fato Gerador Simples:** ocorre quando um único ato ou evento desencadeia a obrigação tributária. Ex.: no caso do ITCMD, a transmissão de bens por herança ou doação é um único evento que gera o fato gerador.

- **Fato Gerador Composto:** envolve a ocorrência de múltiplos eventos que, analisados conjuntamente, caracterizam o fato gerador. Ex.: incidência do **ICMS em Operações de Importação**, que requer a entrada de mercadoria no país e o despacho aduaneiro para caracterizar o fato gerador.

c) Quanto à materialidade

- **Fato Gerador Jurídico**: ocorre a partir de uma situação jurídica ou formal, reconhecida no ordenamento jurídico. Ex.: na incidência do **ITBI**, a transmissão de propriedade de bens imóveis é formalizada no registro de imóveis, configurando o fato gerador.

- **Fato Gerador Fático**: surge de um evento material, independentemente de formalização jurídica. Ex.: no caso do **IPVA,** a posse ou propriedade de um veículo automotor, verificada na prática, constitui o fato gerador.

d) Quanto à origem

- **Fato Gerador Real**: refere-se a situações ligadas à existência de bens, direitos ou atividades econômicas. Ex.: o **IPTU**, que incide sobre a propriedade ou posse de imóveis e o **IPVA**, que incide sobre a propriedade de veículos automotores.

- **Fato Gerador Pessoal**: relativo à capacidade pessoal ou à situação econômica do contribuinte. Ex.: a incidência do **Imposto de Renda Pessoa Física (IRPF)**, vez que a incidência decorre da percepção de renda ou proventos de qualquer natureza, considerando as condições econômicas do indivíduo.

e) Quanto à localização

- **Fato Gerador Nacional**: ocorre dentro do território nacional e é regido por normas internas. Ex.: a incidência do **IPI (Imposto sobre Produtos Industrializados)** sobre a industrialização realizada no território nacional.

- **Fato Gerador Internacional**: refere-se a eventos ocorridos em outros países, mas que geram efeitos tributários no Brasil. Ex.: a renda obtida por um brasileiro no exterior está sujeita ao **Imposto de Renda (IR)**, conforme tratados internacionais.

f) Quanto à atividade tributária

- **Fato Gerador Próprio**: acontece quando o tributo incide diretamente sobre o contribuinte, que é o sujeito passivo direto. Ex.: o **IRPF** incide diretamente sobre a renda obtida pelo contribuinte.

- **Fato Gerador de Tributo Substituído:** ocorre quando a obrigação tributária é transferida a um terceiro, responsável pelo recolhimento. Ex.: Na **Substituição Tributária no ICMS,** o fabricante de mercadorias recolhe o ICMS devido em toda a cadeia comercial, substituindo os demais agentes econômicos.

A **classificação dos fatos geradores** permite uma análise mais detalhada das diversas formas de incidência tributária, considerando a natureza, o tempo e a estrutura

13 • DIREITO OBRIGACIONAL TRIBUTÁRIO 431

do evento gerador. Essa **sistematização** é essencial para assegurar a aplicação correta das normas tributárias, respeitando os **princípios da legalidade**, da **justiça fiscal** e da **segurança jurídica**.

13.2.3 Marco temporal da ocorrência do fato gerador

O **momento da ocorrência do fato gerador** é de fundamental importância, uma vez que **delimita a norma tributária aplicável**, as **limitações ao exercício da competência tributária** – com a aplicabilidade do princípio da irretroatividade e anterioridade – e até considerações sobre a **decadência tributária** – nos tributos sujeitos ao lançamento por homologação.

Reconhece-se, contudo, que o marco temporal do acontecimento da obrigação pode ser **antecipado** ou **diferido**.

Segundo o art. 116 do CTN:

> "Art. 116. Salvo disposição de lei em contrário, considera-se ocorrido o fato gerador e existentes os seus efeitos:
>
> I – tratando-se de **situação de fato**, desde o momento em eu se verifiquem as circunstâncias materiais necessárias a que se produza os efeitos que normalmente lhe são próprios;
>
> II – tratando-se de **situação jurídica**, desde o momento em que seja definitivamente constituída, nos termos do direito aplicável."

É certo identificarmos que todo o tributo passa a ser devido quando **consumado**, ou seja, quando da **concretude da hipótese de incidência**. Entretanto, pelo **direito intertemporal**, não significa que o fato gerador do tributo deva ser considerado instantâneo.

Se a lei define como hipótese de incidência de um tributo uma situação jurídica na qual se encarta um **negócio jurídico condicional**, e não disponha de modo diverso, **considera-se consumado** tal negócio:

a) sendo a **condição suspensiva**, no **momento de seu implemento**, ou seja, no **momento em que se realiza a condição** e;

b) sendo a **condição resolutória**, desde o **momento em que o ato ou negócio jurídico foi celebrado**, sendo irrelevante a condição nesse caso.

É o que disciplina o art. 117 do CTN, *in verbis*:

> "Art. 117. Para os efeitos do inciso II do artigo anterior e salvo disposição de lei em contrário, os atos ou negócios jurídicos condicionais reputam-se perfeitos e acabados:
>
> I – sendo suspensiva a condição, desde o momento de seu implemento;
>
> II – sendo resolutória a condição, desde o momento da prática do ato ou da celebração do negócio."

Considera-se **condição suspensiva** um evento futuro e incerto de cuja realização se faz depender os efeitos do ato ou negócio jurídico. Já a **condição resolutória** existe quando um evento futuro e incerto de cuja realização se faz decorrer o desfazimento do ato ou negócio jurídico.

Exemplificando: no caso da **doação de um imóvel**, pode se estabelecer a seguinte condição:

a) somente produzirá os efeitos se o **donatário se casar**: nesse caso, o casamento é indicado como **condição suspensiva**, uma vez que **dependerá de sua ocorrência para a produção dos efeitos jurídicos**;

b) somente produzirá efeitos se o **donatário não se casar**: nesse caso, o casamento é uma **condição resolutória**, vez que sua ocorrência acarretará o **desfazimento do ato jurídico**.

Resumidamente, no primeiro caso o **fato gerador do imposto sobre a doação somente ocorrerá quando implementada a condição** – qual seja, quando da ocorrência do casamento. No segundo caso, o **imposto é devido desde logo**, visto que a **doação já produz os seus efeitos**, não gerando a condição (o casamento) qualquer espécie de relevância jurídico-tributária.

13.2.4 Norma antilelisiva em matéria tributária: estudos sobre elisão, elusão e evasão fiscal

O disposto no parágrafo único do art. 116 do CTN, inserido pela LC 104/01, dispõe sobre a denominada **norma antielisiva**.

Dispõe a norma jurídica:

> "Parágrafo Único. A autoridade administrativa poderá desconsiderar atos ou negócios jurídicos praticados com a finalidade de dissimular a ocorrência do fato gerador do tributo ou a natureza dos elementos constitutivos da obrigação tributária, observados os procedimentos a serem estabelecidos em lei ordinária."

O dispositivo admite que a **autoridade fiscal** está autorizada a **não levar em consideração os documentos firmados pelo contribuinte**, desconsiderando a forma jurídica adotada pelo sujeito passivo para revestir ou representar os seus atos comerciais ou econômicos quando, **em seu entender**, terem sido praticados outros atos ou negócios jurídicos que gerariam quantidade maior de tributação.

É cediço que é **dever do contribuinte** o pagamento de **todos os tributos**. No entanto, o contribuinte **pode se utilizar de meios lícitos** ou **ilícitos** para **pagar menos tributos** ou até mesmo deixar de cumprir com a obrigação tributária.

A **elisão fiscal** é a utilização de **meios lícitos** com o fito de tornar a **tributação menos onerosa**. É o que determinamos de **planejamento tributário**. Se o contribuinte tem condições de pagar menos, seria ilógico pagar mais tributação, desde que se utilizasse de todos os meios lícitos para fugir do excesso tributário.

Qualquer um pode ordenar seu patrimônio ou seus interesses de tal maneira que o imposto tenha a menor incidência possível. Tal circunstância se coaduna com o **princípio da moralidade**, desde que compatível com as **normas legais aplicáveis à espécie**.

A **evasão fiscal** é a utilização de **meios ilícitos** com a intenção de **evitar o pagamento de tributos considerados devidos**. A doutrina geralmente aplica a ocorrência de evasão fiscal quando o contribuinte busca **meios artificiosos para deixar de cumprir com a obrigação tributária**, ou seja, quando pratica condutas consideradas evasivas após a ocorrência do fato gerador. No entanto, podem ser admitidas situações evasivas mesmo antes da ocorrência do fato gerador. Os contribuintes do ICMS podem emitir notas fiscais consideradas fraudulentas mesmo antes da ocorrência do fato gerador, ou seja, da saída da mercadoria do estabelecimento empresarial.

O que distingue a **elisão** da **fraude fiscal** é que, neste último caso, trata-se de um **descumprimento ilícito de obrigação já validamente surgida com a ocorrência do fato gerador**, ao passo que na **elisão impede-se o surgimento da obrigação tributária evitando a ocorrência do fato gerador**. Se o contribuinte age ou se omite **antes da ocorrência do fato gerador** segundo definido na lei aplicável, e sempre no pressuposto de que o seu procedimento seja objetiva e formalmente lícito por não contrariar lei alguma, haverá **elisão**, enquanto que existirá **evasão** se o ato ou a omissão **é posterior à ocorrência do fato gerador**.

Já a denominada **elusão fiscal** seria uma forma de **elisão ineficaz**, em que o sujeito passivo **simula um negócio jurídico aparentemente válido** com a finalidade de **dissimular** a ocorrência do fato gerador. Tal situação poderá se dar antes ou após a ocorrência do fato gerador.

Conforme assinala a melhor doutrina, a **simulação** é a modalidade de ilícito tributário que, com maior frequência, costuma ser confundida com elisão.

Na **simulação** temos algo distinto daquilo que realmente se almeja, com o fito de se obter alguma vantagem, ocorrendo **duas realidades jurídicas**: existe uma **verdade aparente jurídica**, que se exterioriza para o mundo, e existe uma outra **verdade** – esta **real** – que não é perceptível, ao menos à primeira vista, e que se restringe ao círculo dos participes do engodo.

A causa da ocultação está sempre voltada para a obtenção de algum benefício que **não poderia ser atingido pelas vias normais**, o que demonstra tratar-se de um ato antecipadamente deliberado pelas partes envolvidas.

Neste caso, o Fisco fica autorizado a **desconsiderar atos** ou **negócios jurídicos** praticados com a intenção de **ludibriar a Fazenda Pública**. Quando a Fazenda Pública invocar a **desconsideração**, deverá demonstrar que os atos praticados pelo contribuinte foram realizados com o intuito de **ocultar a ocorrência do fato gerador**.

Para a ocorrência da **desconsideração**, entretanto, **não há como aplicar um critério discricionário**, dependendo a norma contida no CTN de regulamentação, sob pena de ameaçar a segurança jurídica.

> **IMPORTANTE**
>
> Faz-se necessário que o Fisco, quando promover a desconsideração, justifique a decisão tomada, demonstrando que o ato ou negócio foi realizado com a finalidade de ocultar a ocorrência do fato gerador.

No final de julho de 2015, fora publicada a MP 685, convertida na Lei 13.202/2015 que, além de instituir o **Programa de Redução de Litígios Tributários – PRORELIT**, criou a obrigação de informar à administração tributária federal todas as operações, atos e negócios jurídicos que acarretam, de algum modo, supressão, redução e diferimento de tributo. No caso, o sujeito passivo com débitos de natureza tributária, vencidos até 30 de junho de 2015 e em discussão administrativa ou judicial perante a Secretaria da Receita Federal do Brasil ou a Procuradoria-Geral da Fazenda Nacional poderá, mediante requerimento, desistir do respectivo contencioso e utilizar créditos próprios de prejuízos fiscais e de base de cálculo negativa da Contribuição Social sobre Lucro Líquido – CSLL, apurados até 31 de dezembro de 2013 e declarados até 30 de junho de 2015, para a quitação dos débitos em contencioso administrativo ou judicial.

O **abuso de forma** consiste na utilização, pelo contribuinte, de uma forma jurídica atípica, anormal ou desnecessária, para a realização de um negócio jurídico que, se fosse adotada a forma considerada normal, teria um tratamento tributário mais oneroso. Já o denominado **abuso de direito** é adoção de procedimentos que, embora correspondentes a modelos abstratos legalmente previstos, só estariam sendo concretamente adotados para fins outros que não aqueles que normalmente decorreriam de sua prática.

Em 1935, o teste do **Propósito Negocial** foi criado pela Suprema Corte Norte Americana quando da necessidade de se avaliar a existência de lastro em operação praticada por determinado contribuinte. Assim, a doutrina do propósito negocial acabou por se desdobrar em três princípios padrões:

⇒ **transações fictícias**: o teste do propósito negocial é aplicado para desconsiderar a existência de uma entidade e/ou o benefício por ela obtido, de forma direta ou indireta, não apresentando razão de existir, servindo ao propósito único de promover economia fiscal;

⇒ **transações fora da realidade econômica**: aplica-se aos casos em que a transação é praticada dentro dos contornos da lei e envolve relações reais, porém a transação ou reorganização revela-se economicamente irreal na medida em que não teria sido realizada não fossem os resultados obtidos;

⇒ **transações com série de operações**: um determinado resultado em um caminho linear não pode ser alterado em razão de utilização de caminho tortuoso injustificado, mediante a utilização de uma série de operações.

Como se vê, visando o combate às **práticas abusivas de planejamento fiscal**, as administrações tributárias têm se valido de diferentes mecanismos hermenêuticos dos atos e dos negócios artificiosos. Situações como o **ágio interno**, a **subcaptalização**, a **transferência de dívida**, a **incorporação de controladora lucrativa por controlada**

deficitária, dentre outras operações, têm sido analisadas pelas autoridades fazendárias para se saber os limites do planejamento fiscal e do abuso de forma.

Entretanto, não se pode esquecer que a atuação do planejamento fiscal se baseia em duas vertentes, a saber:

- **lacunas em direito tributário**: tais lacunas são inseridas pelo advento de normas tributárias em branco, conceitos jurídicos indeterminados ou pela inadvertência do legislador;
- **negócios indiretos** e **estruturas jurídicas**: consistentes na utilização de operações ou negócios jurídicos que configuram situações de economicidade tributária, sendo tais operações previstas no art. 109 do CTN e, portanto, normas alheias ao direito tributário, advindo de um **diálogo das fontes**.

Não há como se equiparar o **negócio indireto** com a **simulação**. Na **simulação**, as partes **não desejam aquilo que foi pactuado no plano jurídico**, mas uma **outra realidade**, que remanesce subjacente. No **negócio indireto**, o que foi pactuado corresponde fielmente à vontade dos contratantes, sendo que a **finalidade não é ilegal**, apesar do seu **alcance através de vias oblíquas**.

Assim, caberá tão somente ao Supremo Tribunal Federal observar os **limites constitucionais do planejamento tributário** e da **fraude fiscal**, visando não tolher os mecanismos adotados para a busca de uma economicidade e os contornos da arrecadação e administração tributárias.

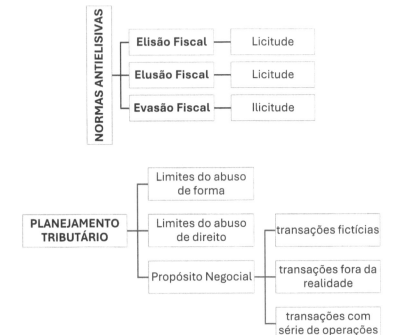

JURISPRUDÊNCIA

"As multas aplicadas pela Receita Federal do Brasil, decorrentes do descumprimento de obrigação acessória, detêm caráter tributário e são incluídas nos programas de parcelamentos de débitos fiscais. Inteligência dos arts. 113, §§ 2º e 3º e 115 CTN." (**STJ, 2ªT., REsp 837.949/RS**, Rel. Ministro LUIZ FUX, abr/2009)

"TRIBUTÁRIO. IMPOSTO SOBRE SERVIÇOS DE QUALQUER NATUREZA - ISSQN. LISTA DE SERVIÇOS ANEXA AO DECRETO-LEI 406/68. TAXATIVIDADE DA LISTA. INTERPRETAÇÃO EXTENSIVA. POSSIBILIDADE. DEVER INSTRUMENTAL. FORNECIMENTO DE DECLARAÇÃO MENSAL DE FATURAMENTO. LEGISLAÇÃO TRIBUTÁRIA MUNICIPAL. LEGALIDADE. 1 ... 6. Os deveres instrumentais (obrigações acessórias) são autônomos em relação à regra matriz de incidência tributária, aos quais devem se submeter, até mesmo, as pessoas físicas ou jurídicas que gozem de imunidade ou outro benefício fiscal, *ex vi* dos artigos 175, parágrafo único, e 194, parágrafo único, do CTN".

(**STJ – REsp: 866851 RJ** 2006/0137052-8, Relator: Ministro LUIZ FUX, Data de Julgamento: 12/08/2008, T1 – PRIMEIRA TURMA, Data de Publicação: DJe 15.09.2008)

"4. A penalidade fiscal (perdimento da mercadoria desacompanhada da documentação exigida) decorre do não cumprimento das obrigações acessórias, ao passo que o pagamento do tributo advém da ocorrência do fato gerador, representando institutos diferentes a serem abordados de forma específica nas leis."

(**STJ, 1ªT., Resp 778896/AM**, Rel. Ministro LUIZ FUX, jun/07)

"1. Recurso extraordinário. Repercussão geral. 2. Taxa Selic. Incidência para atualização de débitos tributários. Legitimidade. Inexistência de violação aos princípios da legalidade e da anterioridade. Necessidade de adoção de critério isonômico. No julgamento da ADI 2.214, Rel. Min. Maurício Corrêa, Tribunal Pleno, DJ 19.4.2002, ao apreciar o tema, esta Corte assentou que a medida traduz rigorosa igualdade de tratamento entre contribuinte e fisco e que não se trata de imposição tributária. 3. ICMS. Inclusão do montante do tributo em sua própria base de cálculo. Constitucionalidade. Precedentes. A base de cálculo do ICMS, definida como o valor da operação da circulação de mercadorias (art. 155, II, da CF/1988, c/c arts. 2º, I, e 8º, I, da LC 87/1996), inclui o próprio montante do ICMS incidente, pois ele faz parte da importância paga pelo comprador e recebida pelo vendedor na operação. A Emenda Constitucional 33, de 2001, inseriu a alínea "i" no inciso XII do § 2º do art. 155 da Constituição Federal, para fazer constar que cabe à lei complementar "fixar a base de cálculo, de modo que o montante do imposto a integre, também na importação do exterior de bem, mercadoria ou serviço". Ora, se o texto dispõe que o ICMS deve ser calculado com o montante do imposto inserido em sua própria base de cálculo também na importação de bens, naturalmente a interpretação que há de ser feita é que o imposto já era calculado dessa forma em relação às operações internas. Com a alteração constitucional a Lei Complementar ficou autorizada a dar tratamento isonômico na determinação da base de cálculo entre as operações ou prestações internas com as importações do exterior, de modo que o ICMS será calculado "por dentro" em ambos os casos. 4. Multa moratória. Patamar de 20%. Razoabilidade. Inexistência de efeito confiscatório. Precedentes. A aplicação da multa moratória tem o objetivo de sancionar o contribuinte que não cumpre suas obrigações tributárias, prestigiando a conduta daqueles que pagam em dia seus tributos aos cofres públicos. Assim, para que a multa moratória cumpra sua função de desencorajar a elisão fiscal, de um lado não pode ser pífia, mas, de outro, não pode ter um importe que lhe confira característica confiscatória, inviabilizando inclusive o recolhimento de futuros tributos. O acórdão recorrido encontra amparo na jurisprudência desta Suprema Corte, segundo a qual não é confiscatória a multa moratória no importe de 20% (vinte por cento). 5. Recurso extraordinário a que se nega provimento".

13 • DIREITO OBRIGACIONAL TRIBUTÁRIO

"Tema 214 – a) Inclusão do ICMS em sua própria base de cálculo; b) Emprego da taxa SELIC para fins tributários; c) Natureza de multa moratória fixada em 20% do valor do tributo.
Tese I – É constitucional a inclusão do valor do Imposto sobre Circulação de Mercadorias e Serviços - ICMS na sua própria base de cálculo; II – É legítima a utilização, por lei, da taxa SELIC como índice de atualização de débitos tributários; III - Não é confiscatória a multa moratória no patamar de 20%". **STF, RE 582461**
"EMENTA: AÇÃO DIRETA DE INCONSTITUCIONALIDADE. LEI COMPLEMENTAR 104/2001. INCLUSÃO DO PARÁGRAFO ÚNICO AO ART. 116 DO CÓDIGO TRIBUTÁRIO NACIONAL: NORMA GERAL ANTIELISIVA. ALEGAÇÕES DE OFENSA AOS PRINCÍPIOS DA LEGALIDADE, DA LEGALIDADE ESTRITA EM DIREITO TRIBUTÁRIO E DA SEPARAÇÃO DOS PODERES NÃO CONFIGURADAS. AÇÃO DIRETA JULGADA IMPRO-CEDENTE". **STF, ADI 2446**
"Ementa: PENAL E PROCESSUAL PENAL. HABEAS CORPUS. CONTRABANDO DE CIGARROS (ART. 334, § 1º, "D", DO CP). DESCLASSIFICAÇÃO PARA O CRIME DE DESCAMINHO. IMPOSSIBILIDADE. PRINCÍPIO DA INSIGNIFICÂNCIA. NÃO INCIDÊNCIA. ORDEM DENEGADA. 1. O cigarro posto mercadoria importada com elisão de impostos, incorre em lesão não só ao erário e à atividade arrecadatória do Estado, mas a outros interesses públicos como a saúde e a atividade industrial internas, configurando-se contrabando, e não descaminho. Precedente: HC 100.367, Primeira Turma, DJ de 08.09.11. 2. O crime de contrabando incide na proibição relativa sobre a importação da mercadoria, presentes as conhecidas restrições dos órgãos de saúde nacionais incidentes sobre o cigarro. 3. *In casu*, a) o paciente foi condenado a 1 (um) ano de reclusão, em regime inicial aberto, pela prática do crime previsto no artigo 334, § 1º, alínea d, do Código Penal (contrabando), por ter adquirido, para fins de revenda, mercadorias de procedência estrangeira – 10 (dez) maços, com 20 (vinte) cigarros cada – desacompanhadas da documentação fiscal comprobatória do recolhimento dos respectivos tributos; b) o valor total do tributo, em tese, não recolhido aos cofres públicos é de R$ 3.850,00 (três mil oitocentos e cinquenta reais); c) a pena privativa de liberdade foi substituída por outra restritiva de direitos. 4. O princípio da insignificância não incide na hipótese de contrabando de cigarros, tendo em vista que "não é o valor material que se considera na espécie, mas os valores ético-jurídicos que o sistema normativo-penal resguarda" (**HC 118.359**, Segunda Turma, Relatora a Ministra Cármen Lúcia, DJ de 11.11.13). No mesmo sentido: HC 119.171, Primeira Turma, Relatora a Ministra Rosa Weber, DJ de 04.11.13; HC 117.915, Segunda Turma, Relator o Ministro Gilmar Mendes, DJ de 12.11.13; HC 110.841, Segunda Turma, Relatora a Ministra Cármen Lúcia, DJ de 14.12.12. 5. Ordem denegada". **STF, HC 118.558.**
"EMENTA EXTRADIÇÃO EXECUTÓRIA. PENA RESIDUAL. CRIMES DE EXERCÍCIO ARBITRÁRIO DAS PRÓPRIAS RAZÕES COM VIOLÊNCIA ÀS PESSOAS, DE DETENÇÃO E PORTE ILÍCITO DE ARMAS, DE BANCARROTA FRAU-DULENTA, DE FAVORECIMENTO DE IMIGRAÇÃO CLANDESTINA, DE FAVORECIMENTO E EXPLORAÇÃO DA PROSTITUIÇÃO, DE OMISSÃO DAS DECLARATÓRIAS PARA FINS FISCAIS E DE EMISSÃO DE FATURAS POR OPERAÇÕES INEXISTENTES A FIM DE EVASÃO FISCAL. PRESCRIÇÃO PELAS LEIS ESTRANGEIRA E BRASI-LEIRA QUANTO AOS DELITOS IMPUTADOS AO EXTRADITANDO NA SENTENÇA 1052/2000. DUPLA TIPICI-DADE E DUPLA PUNIBILIDADE. REQUISITOS PREENCHIDOS EM RELAÇÃO AOS CRIMES ELENCADOS NAS SENTENÇAS 590/2009, 632/2012, 183/2013 E 932/2013. REGULARIDADE FORMAL DO PEDIDO. CONTEN-CIOSIDADE LIMITADA. INEXISTÊNCIA DE ÓBICES LEGAIS À EXTRADIÇÃO. ASSUNÇÃO DE COMPROMISSOS PELO ESTADO REQUERENTE. DEFERIMENTO PARCIAL. 1. Pedido de extradição formulado pelo Governo da Itália que atende os requisitos da Lei 6.815/1980 e do Tratado de Extradição específico. 2. Requisitos da dupla tipicidade e dupla punibilidade preenchidos, à exceção dos delitos imputados ao Extraditando na sentença 1052/2000. 3. A documentação acostada aos autos pelo Estado Requerente em absoluto dificultou o cotejo dos requisitos indispensáveis ao processamento do pedido extradicional (art. 80, § 1º, da Lei 6.815/80 e art. 11 do Tratado de Extradição), tampouco criou óbices ao postulado constitucional da ampla defesa. Nesse diapasão, "sequer cabe discutir eventual vício na Nota Verbal se os documentos que a acompanham contêm a narração dos fatos que deram origem à persecução criminal no Estado Requeren-te, viabilizando-se, assim, o exercício da defesa" (Ext 1.114, Rel. Min. Cármen Lúcia, Plenário, DJe 06.3.2008).

4. A apreciação das teses defensivas pertinentes ao mérito da imputação extrapola o sistema de contenciosidade limitada que rege o processo de extradição (art. 85, § 1º, do Estatuto do Estrangeiro). Precedentes. 5. O compromisso de detração da pena, considerando o período de prisão decorrente da extradição, deve ser assumido antes da entrega do preso, não obstando a concessão da extradição. O mesmo é válido para os demais compromissos previstos no art. 91 da Lei 6.815/1980. 6. Extradição parcialmente deferida". **STF, Ext 1391.**

13.3 SUJEITOS DA OBRIGAÇÃO TRIBUTÁRIA

Como vimos, a **obrigação tributária** é uma relação jurídica estabelecida entre o Estado e o particular, objetivando uma **prestação de cunho patrimonial** (pagamento do tributo ou da penalidade pecuniária) ou a **realização de deveres instrumentais administrativos** relativos à arrecadação e à fiscalização de tributos.

Sendo uma relação jurídica, decorrerá obrigatoriamente da existência de dois polos distintos: o **ativo** e o **passivo**.

13.3.1 Sujeito Ativo

Sujeito ativo da obrigação tributária é a pessoa que deverá exigir o cumprimento da respectiva obrigação tributária.

Trata-se de um **dever**, visto que qualquer lesão ao erário através de **ação** ou **omissão dolosa**, comprovando a perda patrimonial na **arrecadação tributária** se constitui como **ato de improbidade administrativa por danos ao erário**, nos termos do art. 10, X, da Lei 8.429/92, *in verbis*:

> **"Art. 10.** Constitui ato de improbidade administrativa que causa lesão ao erário qualquer ação ou omissão dolosa, que enseje, efetiva e comprovadamente, perda patrimonial, desvio, apropriação, malbaratamento ou dilapidação dos bens ou haveres das entidades referidas no art. 1º desta Lei, e notadamente: (...)
>
> X – agir ilicitamente na arrecadação de tributo ou de renda, bem como no que diz respeito à conservação do patrimônio público".

Esse papel transcende uma mera faculdade, sendo essencialmente um **dever do ente público**. Essa obrigação de exigir o tributo está intrinsecamente ligada à **manutenção do equilíbrio fiscal** e à **preservação do erário**. A omissão ou a prática inadequada na arrecadação de tributos pode configurar uma grave falha administrativa com consequências legais.

Estabelece o art. 119 do CTN:

> "Art. 119. Sujeito ativo da obrigação é a pessoa jurídica de direito público, titular da competência para exigir o seu cumprimento."

A análise do dispositivo leva ao entendimento que a **sujeição ativa da obrigação** somente pode ser figurada por aqueles que são dotados de **competência tributária**, o que não denota correção. Toda a **pessoa jurídica de direito público interno**, dotada de **capacidade tributária ativa**, pode figurar como sujeito ativo de obrigação tributária. Assim, tanto a **União**, os **Estados**, o **Distrito Federal**, os **Municípios**, bem como suas respectivas **Autarquias** e **Fundações Públicas** podem figurar como sujeitos ativos de obrigação tributária.

Não podemos confundir o **sujeito ativo** com aquele que passa a ser o **destinatário da receita do tributo**. **Pessoas jurídicas de direito privado**, desde que exerçam **função pública** e **sem intuito lucrativo**, podem ser **destinatários do produto de determinados tributos**.

O art. 18, § 3º da CF/1988[1] estabelece que os **Estados podem incorporar-se entre si, subdividir-se** ou **desmembrar-se** para se **anexarem a outros** ou mesmo **formarem novos Estados** ou Territórios Federais.

Duas são as **condições** para que tais formações ocorram:

⇒ **aprovação pela população diretamente interessada**, através de **plebiscito**;

⇒ **aprovação do Congresso Nacional** por meio de **lei complementar**.

Salientamos que a convocação do **plebiscito**, nos termos do art. 49, XV, da Constituição[2] é de **competência exclusiva do Congresso Nacional**, não podendo ocorrer, portanto, qualquer espécie de **delegação**, cuja determinação encontra respaldo no art. 13, III, da Lei 9.784/99, *in verbis*:

> "Art. 13. **Não** podem ser objeto de **delegação**:
> (...)
> III – as matérias de **competência exclusiva do órgão** ou **autoridade**."

Em se tratando da existência de plebiscito para a formação de um novo Estado, deverá ocorrer uma **convocação mediante um decreto legislativo**, por proposta de, no **mínimo, 1/3 dos membros que compõem qualquer das Casas do Congresso Nacional**. Assim estabelece o art. 3º da Lei 9.709/98:

> "Art. 3º Nas questões de relevância nacional, de competência do Poder Legislativo ou do Poder Executivo, e no caso do § 3º do art. 18 da Constituição Federal, o plebiscito e o referendo são convocados mediante **decreto legislativo**, por proposta de **um terço**, no **mínimo**, dos membros que compõem qualquer das Casas do Congresso Nacional, de conformidade com esta Lei."

Os Estados podem surgir de três formas:

---

1. **Art. 18.** A organização político-administrativa da República Federativa do Brasil compreende a União, os Estados, o Distrito Federal e os Municípios, todos autônomos, nos termos desta Constituição.

   § 3º Os Estados podem incorporar-se entre si, subdividir-se ou desmembrar-se para se anexarem a outros, ou formarem novos Estados ou Territórios Federais, mediante aprovação da população diretamente interessada, através de plebiscito, e do Congresso Nacional, por lei complementar.
2. **Art. 49.** É da competência exclusiva do Congresso Nacional:

   XV – autorizar referendo e convocar plebiscito;

Na **fusão**, dois ou mais Estados-membros se unem **geograficamente** para formarem um **terceiro e novo Estado** ou Território Federal, distinto dos anteriores e que deixam de existir, perdendo sua personalidade originária. Nesse caso, se considerará a população diretamente interessada no processo, qual seja, a população que **pertence aos Estados que pretendem se fundir**. Um dos principais exemplos ocorreu com o antigo **Estado da Guanabara** que se fusionou com o Estado do Rio de Janeiro, existindo uma nova personalidade jurídica.

A **cisão** acontece quando um Estado se subdivide em dois ou mais Estados-membros, dotados de **personalidades jurídicas próprias e distintas**. O **Estado originário deixará de existir** e, nesse caso, a **população** diretamente interessada é tão somente aquela que **habita no Estado originário**.

Por fim, em se tratando de **desmembramento**, um ou mais Estados-membros **cedem parte do seu território geográfico** para a formação de um Estado ou Território que não existia, bem como para a **anexação** a um outro Estado existente.

Temos como **modalidades de desmembramento**:

i. **desmembramento-formação**: ocorrerá o desmembramento para a formação de um novo Estado ou Território;
ii. **desmembramento-anexação**: onde um Estado se anexa a um outro, sem a ocorrência de instituição de um novo Estado.

Tais situações são relevantes em se tratando da **definição do sujeito ativo da obrigação tributária**, em que prevê o art. 120 do CTN:

"Art. 120. Salvo disposição de lei em contrário, a pessoa jurídica de direito público, que se constituir pelo **desmembramento territorial de outra, sub-roga-se nos direitos desta**, cuja legislação tributária aplicará até que entre em vigor a sua própria."

Assim, no **desmembramento-formação**, enquanto o novo Estado ou Território será formado, a **legislação tributária** a ser utilizada será aquela que **pertence ao Estado originário do desmembramento**, visto que a organização administrativa demandará tempo para sua constituição definitiva.

Já no caso de **desmembramento-anexação**, a legislação tributária a ser utilizada será do **próprio Estado em que a parte geograficamente desmembrada aderir**. Foi o que ocorreu com o **Território Federal de Fernando de Noronha**, ocorrendo sua **anexação ao Estado de Pernambuco**, nos termos do art. 15 dos Atos das Disposições Constitucionais Transitórias:

> "Art. 15. Fica extinto o Território Federal de Fernando de Noronha, sendo sua área reincorporada ao Estado de Pernambuco."

13.3.1.1 Sujeito ativo de obrigação tributária e sujeito ativo da relação jurídico-processual tributária

É cediço que o **sujeito ativo da obrigação tributária** é o **ente público titular do crédito tributário** (União, Estados, Distrito Federal, Municípios, bem como suas respectivas autarquias e fundações públicas). Ele é quem tem o direito de exigir do sujeito passivo o cumprimento da obrigação tributária, seja no pagamento do tributo (obrigação principal), seja no cumprimento de obrigações acessórias.

Não se pode confundir o **sujeito ativo da obrigação tributária**, que sempre será uma **pessoa jurídica de direito público interno** com o **sujeito ativo da relação jurídico-processual tributária**. Esta é um **vínculo jurídico** estabelecido entre os **sujeitos de um processo**, fundamentado pelo **direito processual**, com o objetivo de resolver um **conflito de interesses** ou **assegurar um direito**, levando o conflito ou controvérsia ao conhecimento do Poder Judiciário, para que ele produza uma decisão final, assegurando a pacificação social.

A **relação jurídico-processual** é distinta das relações jurídicas **materiais** (como contratos ou obrigações tributárias) que lhe dão origem. Ou seja, o **objeto do processo** (o direito material em disputa) **não se confunde com a relação processual que busca resolvê-lo**.

A composição do **polo ativo de uma demanda judicial tributária** pode ser estatal ou não. O Fisco poderá atuar como **sujeito ativo na relação jurídico-processual tributária** no ajuizamento de uma execução fiscal para a cobrança de seus créditos, sejam estes tributários ou não.

De igual modo, o particular poderá figurar como **sujeito ativo da relação jurídico-processual** quando do ajuizamento de uma **ação de repetição de indébito fiscal**, buscando uma sentença condenatória contra o Fisco ante a ocorrência de um pagamento a maior ou indevido.

A **representação judicial da Fazenda** ocorrerá através de órgãos específicos, como a Procuradoria Geral da Fazenda Nacional (PFGN) ou as procuradorias estaduais e municipais e a **representação judicial do particular** será realizada através de advogado(a) devidamente constituído para a busca de seus interesses.

O Estado sempre atuará como **sujeito ativo de obrigação tributária**, mas poderá figurar como **sujeito ativo** ou **passivo na relação jurídico-processual tributária**. Por outro lado, o particular sempre será o **sujeito passivo da obrigação tributária**, mas poderá figurar tanto como **sujeito ativo** ou como **sujeito passivo na relação jurídico--processual tributária**.

A **obrigação tributária** é eminentemente **administrativa e material**, estabelecendo o vínculo jurídico entre o Estado (como sujeito ativo) e o particular (como sujeito passivo). A **relação jurídico-processual tributária** surge quando há um **conflito** relacionado à **obrigação tributária**, transferindo a controvérsia para a esfera judicial. Nesse contexto, as posições das partes podem variar dependendo **de quem propõe a ação** e o **objeto do litígio**.

No julgamento do **RE 631.111**, sob o regime da **repercussão geral**, o STF firmou entendimento no sentido de que certos **interesses individuais**, quando aferidos em seu conjunto, de modo **coletivo** e **impessoal**, têm o condão de **transcender a esfera de interesses estritamente particulares**, convolando-se em verdadeiros interesses da comunidade, emergindo daí a **legitimidade** do **Ministério Público** para ajuizar **ação civil pública**, com amparo no art. 127 da CF/1988[3], o que não obsta o Poder Judiciário de sindicar e decidir acerca da adequada legitimação para a causa, inclusive de ofício.

No **RE 576.155**, também submetido ao rito da **repercussão geral**, a Corte Constitucional cuidou da questão envolvendo a vedação constante do parágrafo único do art. 1º da Lei 7.347/1985, incluído pela MP 2.180-35/2001, oportunidade em que se reconheceu a **legitimidade** do **Ministério Público** para dispor da **ação civil pública** com o fito de **anular acordo de natureza tributária** firmado entre **empresa** e o **Distrito Federal**, pois evidente a defesa ministerial em prol do patrimônio **público**.

13.3.2 Sujeito passivo

O **Sujeito passivo da obrigação tributária** é aquele que tem o **dever legal de cumprir com a obrigação tributária**, ou seja, a pessoa obrigada ao pagamento de tributo ou da penalidade pecuniária. É a pessoa determinada pela lei como devedora de uma prestação tributária.

---

3. **Art. 127.** O Ministério Público é instituição permanente, essencial à função jurisdicional do Estado, incumbindo-lhe a defesa da ordem jurídica, do regime democrático e dos interesses sociais e individuais indisponíveis.

O **sujeito passivo** não é escolhido ou definido **subjetivamente**; sua identificação decorre **exclusivamente** da norma tributária.

A **formação da sujeição passiva tributária** ocorre no preciso instante em que se verifica o **fato gerador**, isto é, a **ocorrência prevista em lei que origina a obrigação tributária**. É nesse exato momento, no qual se evidencia o contexto legal e normativo, que nasce a obrigação tributária e, por consequência, emerge a sujeição passiva.

A partir do fato gerador, estabelece-se o início do período de apuração do tributo, que culmina no procedimento de lançamento. Dessa forma, torna-se evidente que a **formação da sujeição passiva** delicadamente se atrela ao fato gerador, ato esse que **desencadeia a obrigação tributária** e, como consequência lógica, **resulta na sujeição passiva**. Assim sendo, é fundamental compreender que a sujeição passiva tributária é um dos **pilares do sistema tributário**, sendo uma figura de extrema importância tanto para o Estado quanto para os contribuintes.

É possível estabelecer a relação jurídico-fiscal entre o sujeito passivo (contribuinte) e o sujeito ativo (fisco), sendo responsável pela arrecadação dos tributos. Ademais, é válido ressaltar que a **sujeição passiva** pode ocorrer tanto de **forma direta** quanto **indireta**.

Estabelece o art. 121 do CTN:

> **"Art. 121.** Sujeito passivo da obrigação principal é a pessoa obrigada ao pagamento de tributo ou penalidade pecuniária."

Subdivide-se em **contribuinte** e **responsável**.

13.3.2.1 Contribuinte

Contribuinte é toda pessoa física ou jurídica que realiza o fato gerador fazendo nascer uma obrigação tributária. É aquele que **realiza o aspecto material da hipótese de incidência tributária**. Podemos afirmar que tal pessoa possui uma **relação direta** com a ocorrência do fato gerador.

Suas principais características incluem a **obrigação de arcar com o ônus tributário**, a **capacidade contributiva** e a responsabilidade pelo recolhimento correto dos impostos devidos. Além disso, o contribuinte pode ser classificado como aquele que **realiza o pagamento do tributo por meio de uma relação direta com o fato gerador** – denominado de **contribuinte de direito** – ou como aquele que **realiza o pagamento de forma legalmente estabelecida**, mas **sem relação direta com o fato gerador** – denominado de **contribuinte de fato**.

No **contexto econômico e jurídico**, a figura do **contribuinte** desempenha um papel fundamental para a manutenção do Estado e do funcionamento dos serviços públicos.

O STJ, em diversas decisões, reconhece que o contribuinte é aquele **vinculado ao fato gerador**. Por exemplo, no julgamento do **REsp 1.120.295/SP**, o Tribunal reafirmou que a **definição de contribuinte** deve observar a relação **direta e pessoal com o fato gerador**, conforme a legislação aplicável.

De igual modo, a distinção entre **contribuinte de direito** e **contribuinte de fato** também é amplamente reconhecida. No julgamento do **RE 582.461/SP**, o Supremo Tribunal Federal discutiu a possibilidade de devolução de ICMS em caso de inconstitucionalidade da exigência, enfatizando que o **contribuinte de fato** é quem **suporta o ônus tributário**, mas **não tem relação direta com a obrigação**.

Já no **REsp 1.236.160/PR**, o STJ reafirmou que **empresas** são responsáveis pelo recolhimento de tributos gerados em suas atividades, **mesmo em regimes de substituição tributária**.

A CF/1988, em seu art. 146, III, *a*, estabelece que:

> **"Art. 146.** Cabe à lei complementar:
>
> III – estabelecer normas gerais em matéria de legislação tributária, especialmente sobre:
>
> a) definição de tributos e de suas espécies, bem como, em relação aos impostos discriminados nesta Constituição, a dos respectivos fatos geradores, bases de cálculo e **contribuintes**."

A determinação dos contribuintes pela lei complementar nacional, conforme o **art. 146, III, "a"**, envolve **quem será o sujeito passivo da obrigação tributária**, cabendo a norma definir, de maneira clara e uniforme, quem será considerado **contribuinte** para cada espécie de tributo, com maior enfoque a figura dos impostos. Tal previsibilidade ocorre para a garantia da harmonização do sistema tributário e proteção dos contribuintes, oferecendo maior segurança jurídica.

Para tanto, o STF tem reiterado que a determinação dos contribuintes deve observar as normas gerais estabelecidas por lei complementar. No julgamento do **RE 128.519/SP**, a Corte Constitucional entendeu que somente a **lei complementar** pode estabelecer normas gerais sobre **substituição tributária**, incluindo a determinação dos **responsáveis** pelo recolhimento do tributo.

Ademais, quando do julgamento do **RE 851.108/SP**, o STF reafirmou que Estados e Municípios não podem, por meio de **legislação ordinária**, alterar a **definição de contribuinte** prevista nas normas gerais de lei complementar, reafirmando que somente a **lei complementar** pode estabelecer normas gerais sobre o sujeito passivo da obrigação tributária, garantindo **uniformidade** e **previsibilidade** no sistema tributário[4].

Resumidamente: o contribuinte realiza o fato gerador, possuindo uma relação direta com a sua ocorrência e gerando a obrigação tributária.

---

4. STF, RE 128.519/SP.

Assim, quando a norma tributária descreve que a **pessoa que auferir renda** deverá se sujeitar ao **pagamento do Imposto de Renda**, aquele que assim praticar a conduta, tendo a relação direta com o respectivo fato imponível, terá a denominação de **contribuinte**.

No entanto, poderá ocorrer da pessoa que realizar a conduta estar completamente **impedida de cumprir com a referida obrigação**. Exemplificando, se uma pessoa **realiza o fato gerador descrito em lei** – tal como adquirir a propriedade de um veículo automotor – e, em sequência, vier a óbito, é fato que estará impedido do cumprimento da exação. O mesmo poderá ocorrer no caso de uma **pessoa jurídica** que realizou a circulação de mercadorias e veio a se dissolver, **extinguindo sua personalidade jurídica**. Ademais, podemos até encontrar situações em que o contribuinte poderia cumprir com a obrigação tributária, mas a lei indica que uma **terceira pessoa deverá assumir o encargo**, mesmo que a finalidade seja **de facilitar o exercício da administração tributária** (arrecadação e fiscalização dos tributos). Isso acarretará o surgimento de uma outra pessoa: a figura do **responsável**.

13.3.2.2 Responsável

Considera-se **responsável** uma **terceira pessoa física ou jurídica** indicada pela lei, para **assumir o encargo tributário**. Tal pessoa **não realiza o fato gerador**, mas possui um **nexo de causalidade** – um liame, um vínculo – com a ocorrência do respectivo fato gerador da obrigação tributária. Tal pessoa possui uma **relação indireta** com a ocorrência do fato gerador.

Tal conceito nos traz algumas considerações bem importantes:

- **nenhuma responsabilidade tributária se presume**, uma vez que toda responsabilidade deriva de **lei**;
- a **lei não poderá indicar qualquer terceiro** como responsável; tal pessoa deverá ter algum vínculo, liame, **nexo de causalidade** com a ocorrência da respectiva conduta.

Exemplificando:

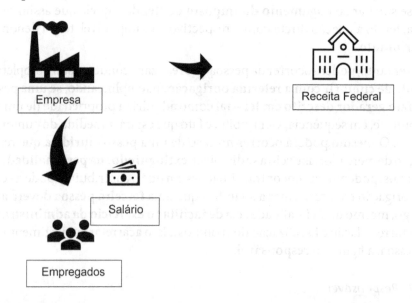

No gráfico acima, a **empresa paga aos empregados os seus respectivos salários**. Portanto, os **empregados estão auferindo renda**, praticando a conduta típica tributável descrita em lei, **sujeitando-se ao pagamento do Imposto de Renda**. Os **empregados**, *in casu*, são os **contribuintes do IR**.

Porém, a lei tributária determina que os **encargos tributários** relativos à **retenção na fonte (IRRF) serão da empresa**, não pelo fato de os empregados não poderem cumprir, mas porque **concentrar o encargo na empresa facilitará a arrecadação e fiscalização tributária**. Assim, a empresa figura na condição de **responsável**.

Quando da determinação do **sujeito passivo de obrigação tributária acessória**, identificamos se tratar da pessoa obrigada ao **cumprimento das prestações que constituam o seu objeto**. Poderá ser **qualquer pessoa**, seja **contribuinte ou não, responsável ou não**, bastando que haja previsão na legislação tributária de que esteja obrigado a fazer, não fazer ou tolerar em benefício da atividade tributária. Afinal, **todos têm o dever de colaborar com a fiscalização tributária**.

Temos uma nomenclatura utilizada para os **tributos diretos** e **indiretos: contribuinte de direito** e **contribuinte de fato**. O **contribuinte de direito** é aquele que **realiza o fato gerador** e o **contribuinte de fato** é aquele que **assume o encargo tributário**.

13.3.2.3 *Distinção entre contribuinte de fato e responsável*

Ressaltamos, contudo, que o **contribuinte de fato** poderá assumir o encargo em decorrência da **lei** ou de um **contrato** – uma convenção particular. Quando assume os encargos em decorrência de **lei**, temos o **responsável**; quando os encargos são determinados através de **contrato**, temos um **contribuinte de fato propriamente dito**.

 ⇒ contribuinte de fato que assume encargo por lei = **responsável**

 ⇒ contribuinte de fato indicado por um contrato = **contribuinte de fato propriamente dito**

Podemos chegar a uma conclusão importante: **todo responsável é um contribuinte de fato**, mas **nem todo contribuinte de fato será responsável**.

Resumidamente, se um proprietário de um imóvel, ao firmar um **contrato de locação**, observando o regramento contido na Lei 8.245/91 (Lei de Locações), determina através de **cláusula contratual** que as **parcelas relativas aos tributos sobre o imóvel**, tais como IPTU, taxas de lixo e contribuição de melhoria **serão de responsabilidade do locatário**, pode-se afirmar que o **locatário é tão somente um contribuinte de fato propriamente dito**.

Isto pelo motivo que os **tributos incidentes sobre a propriedade imobiliária** são considerados **diretos**, ou seja, **aquele que realiza o fato gerador** (o proprietário) **terá o dever legal de assumir o referido encargo**. Neste caso, o **contribuinte de direito** e de **fato** será a **mesma pessoa**: o proprietário do imóvel.

Se ocorrer do **locatário deixar de pagar as parcelas de IPTU e demais tributos**, a regular inscrição em dívida ativa e o ajuizamento da execução fiscal recairá sobre o **proprietário**. E não poderá o proprietário resolver apresentar sua defesa em eventual ação executiva, alegando que as parcelas dos tributos deveriam ser assumidas pelo locatário, visto que este é **estranho à relação jurídico-tributária**. Se quiser discutir as condições contratualmente impostas, deverá se fazer valer na **esfera cível**, através de **ação regressiva**.

O art. 123 do CTN traz importante informação:

> "Art. 123. Salvo disposições de lei em contrário, as convenções particulares, relativas à responsabilidade pelo pagamento de tributos, **não podem ser opostas à Fazenda Pública**, para **modificar a definição legal do sujeito passivo das obrigações tributárias correspondentes.**"

Assim, **não importa**, em regra, os **contratos** e demais **convenções particulares perante o Fisco**. Aquilo que foi convencionado entre particulares fazem efeito tão somente entre as partes, **não podendo modificar a determinação legal conferida**.

Convenções particulares, como **cláusulas contratuais** que transfiram o **ônus tributário de um contratante para outro** (p.ex., cláusula em contrato de locação atribuindo ao locatário a responsabilidade pelo pagamento do IPTU), produzem efeitos **exclusivamente entre as partes**. Elas **não podem ser opostas à Fazenda Pública** para alterar quem será cobrado como sujeito passivo.

Em contrapartida, se o locatário **cumprir as determinações contratuais**, realizando o **pagamento do preço determinado na convenção particular** – incluindo-se os **tributos** – e toma ciência que o imóvel goza de **benefício fiscal** (como uma isenção, por exemplo), **não terá qualquer legitimidade ativa para a propositura de uma ação de repetição do indébito**.

O **STJ**, quando do julgamento do **REsp 1.297.423/RJ**, reforçou a **inaplicabilidade das convenções privadas** para **alterar a relação jurídico-tributária**, confirmando que o locatário não possui legitimidade ativa para propor ações relativas ao IPTU. De igual modo, o STF, no **RE 586.482/MG** reafirma a **supremacia da norma tributária** sobre **convenções privadas**, especialmente na definição do sujeito passivo.

Tal tema fora sumulado pelo STJ, através da **súmula 614:**

"**Súmula 614 STJ**. O locatário não possui legitimidade ativa para discutir a relação jurídico-tributária de IPTU e taxas referentes ao imóvel alugado nem para repetir o indébito desses tributos."

O descumprimento de cláusulas contratuais que transfiram o ônus tributário ao locatário pode gerar **efeitos exclusivamente no âmbito do contrato**, como **cobranças judiciais entre as partes**. No entanto, o locatário não pode invocar tais cláusulas para alterar a relação jurídico-tributária com o Fisco.

 JURISPRUDÊNCIA

"AGRAVO REGIMENTAL EM RECURSO EXTRAORDINÁRIO. DIREITO TRIBUTÁRIO. ICMS. CONTRIBUINTE DE FATO. IGREJAS E TEMPLOS DE QUALQUER CULTO. IMUNIDADE TRIBUTÁRIA. INAPLICABILIDADE. 1. Nos termos da jurisprudência do STF, a imunidade tributária subjetiva não afasta a incidência de tributos sobre operações em que as entidades imunes figurem como contribuintes de fato, sendo irrelevante para a verificação da existência do beneplácito constitucional a repercussão econômica do tributo envolvido. Tema 342 da repercussão geral. ADI 5816. 2. Agravo regimental a que se nega provimento". **STF, RE 1240154 AgR.**
"EMENTA: AGRAVO INTERNO NO RECURSO EXTRAORDINÁRIO COM AGRAVO. DIREITO TRIBUTÁRIO. AÇÃO ORDINÁRIA. ICMS. CONTRIBUINTE DE FATO. ENTIDADE RELIGIOSA. INEXIGIBILIDADE DO TRIBUTO EM VIRTUDE DA IMUNIDADE TRIBUTÁRIA. ARTIGO 150, VI, 'B', DA CONSTITUIÇÃO. IMPOSSIBILIDADE. TEMA 342 DA REPERCUSSÃO GERAL. RE 608.872. OFENSA REFLEXA. LEGISLAÇÃO INFRACONSTITUCIONAL. REEXAME. IMPOSSIBILIDADE. PRECEDENTES. 1. O reconhecimento da imunidade do ICMS à entidade religiosa deve observar o entendimento do Supremo Tribunal Federal nos autos do RE 608.872/MG (Tema 342), no qual se firmou a tese de que a imunidade tributária subjetiva aplica-se a seus beneficiários na posição de contribuinte de direito, mas não na de simples contribuinte de fato. 2. Não se presta o recurso extraordinário para a análise de matéria infraconstitucional (Súmula 280/STF), tampouco para o reexame dos fatos e das provas constantes dos autos (Súmula 279/STF). 3. Agravo regimental não provido, com imposição de multa de 5% (cinco por cento) do valor atualizado da causa (artigo 1.021, § 4º, do CPC), caso seja unânime a votação. 4. Honorários advocatícios majorados ao máximo legal em desfavor da parte recorrente, caso as instâncias de origem os tenham fixado, nos termos do artigo 85, § 11, do Código de Processo Civil, observados os limites dos §§ 2º e 3º e a eventual concessão de justiça gratuita". **STF, ARE 1283767 AgR**.

"AGRAVO REGIMENTAL EM RECURSO EXTRAORDINÁRIO. DIREITO TRIBUTÁRIO. IMPOSTO SOBRE SERVIÇOS DE QUALQUER NATUREZA. REPETIÇÃO DE INDÉBITO FISCAL. REPASSE DO ÔNUS ECONÔMICO AO CONTRIBUINTE DE FATO. 1. A análise sobre restituição de indébito tributário cinge-se ao âmbito infraconstitucional, quando pressuponha aferir o repasse do ônus econômico da carga tributária ao contribuinte de fato. Súmula 279 do STF. 2. Agravo regimental a que se nega provimento". **STF, ARE 948426 AgR.**
"Ementa: DIREITO TRIBUTÁRIO. AGRAVO INTERNO EM RECURSO EXTRAORDINÁRIO. IPI. IMUNIDADE. ENTIDADE BENEFICENTE DE ASSISTÊNCIA SOCIAL. AQUISIÇÃO DE PRODUTOS NO MERCADO INTERNO NA QUALIDADE DE CONTRIBUINTE DE FATO. NÃO APLICABILIDADE. BENEPLÁCITO RECONHECIDO SOMENTE AO CONTRIBUINTE DE DIREITO. REPERCUSSÃO ECONÔMICA. IRRELEVÂNCIA. 1. O Plenário do Supremo Tribunal Federal, no julgamento do RE 608.872-RG, admitido sob a sistemática da repercussão geral, decidiu que a imunidade tributária não se aplica às entidades beneficentes quando estas assumem a posição de contribuintes de fato. 2. No julgamento do mencionado paradigma, foi fixada a seguinte tese de repercussão geral: "A imunidade tributária subjetiva aplica-se a seus beneficiários na posição de contribuinte de direito, mas não na de simples contribuinte de fato, sendo irrelevante para a verificação da existência do beneplácito constitucional a repercussão econômica do tributo envolvido". 3. Nos termos do art. 85, § 11, do CPC/2015, fica majorado em 25% o valor da verba honorária fixada anteriormente, observados os limites legais do art. 85, §§ 2º e 3º, do CPC/2015. 4. Agravo interno a que se nega provimento, com aplicação da multa prevista no art. 1.021, § 4º, do CPC/2015". **STF, RE 599181 AgR.**
"Ementa: TRIBUTÁRIO. ICMS. SERVIÇOS DE ENERGIA ELÉTRICA. MUNICÍPIO. CONTRIBUINTE DE FATO. IMUNIDADE RECÍPROCA. ART. 150, VI, A, DA CONSTITUIÇÃO. INAPLICABILIDADE. AGRAVO IMPROVIDO. I - A imunidade do art. 150, VI, a, da Constituição somente se aplica ao imposto incidente sobre serviço, patrimônio ou renda do próprio ente beneficiado, na qualidade de contribuinte de direito. II - Como o Município não é contribuinte de direito do ICMS relativo a serviços de energia elétrica, não tem o benefício da imunidade em questão, uma vez que esta não alcança o contribuinte de fato. Precedentes. III – Agravo regimental improvido". **STF, ARE 663552 AgR.**
"DECISÃO 1. Malwee Malhas Ltda. formalizou recurso extraordinário em face de acórdão proferido pelo Tribunal Regional Federal da 4ª Região, assim ementado: TRIBUTÁRIO. PAGAMENTO DE ROYALTIES. RETENÇÃO DO IMPOSTO DE RENDA NA FONTE. RESPONSABILIDADE. 1. Nos termos do art. 123 do CTN, "salvo disposições de lei em contrário, as convenções particulares, relativas à responsabilidade pelo pagamento de tributos, não podem ser opostas à Fazenda Pública, para modificar a definição legal do sujeito passivo das obrigações tributárias correspondentes". 2. Os contratos celebrados entre a licenciada e as agências das licenciadoras não produzem efeito perante o Fisco, razão pela qual, ainda que o pagamento dos royalties seja feito por meio de agentes, a fonte pagadora será sempre a licenciada. 3. Honorários advocatícios fixados nas alíquotas mínimas previstas no art. 85, § 3º, do CPC, observando-se o escalonamento do § 5º, mantido o valor da causa como a base de cálculo, atualizada pelo IPCA". **STF, RE 1.466.125.**

13.4 SOLIDARIEDADE TRIBUTÁRIA

Antes de adentrarmos ao instituto da solidariedade em matéria tributária, a observância do contexto histórico se mostra fundamental, visto que o instituto jurídico remonta ao **Direito Romano**, bem como as questões relativas ao **Direito Público**, sofrendo, por óbvio, grande influência dos sistemas jurídicos europeus, em especial, do **sistema jurídico francês**.

13.4.1 A solidariedade enquanto instituto de direito privado

Inicialmente, o **Código Civil de 1916** tratava o **instituto da solidariedade** nos moldes tradicionais, caracterizando-a pela **existência** de uma **multiplicidade de credores** e de **devedores** vinculados a uma mesma relação obrigacional. O advento da Lei 10.406/02 – a codificação civil em vigor – o instituto sofreu atualizações visando abarcar as **complexidades das relações jurídicas modernas** e todas as **nuances da evolução social.**

A regulação da **solidariedade**, no direito privado, é tratada entre os artigos **264 a 285 do Código Civil**[5] (CC), ensejando características de **voluntariedade** (quando

---

5. **Art. 264**. Há solidariedade, quando na mesma obrigação concorre mais de um credor, ou mais de um devedor, cada um com direito, ou obrigado, à dívida toda.

   Art. 265. A solidariedade não se presume; resulta da lei ou da vontade das partes.

   Art. 266. A obrigação solidária pode ser pura e simples para um dos cocredores ou codevedores, e condicional, ou a prazo, ou pagável em lugar diferente, para o outro.

   Art. 267. Cada um dos credores solidários tem direito a exigir do devedor o cumprimento da prestação por inteiro.

   Art. 268. Enquanto alguns dos credores solidários não demandarem o devedor comum, a qualquer daqueles poderá este pagar.

   Art. 269. O pagamento feito a um dos credores solidários extingue a dívida até o montante do que foi pago.

   Art. 270. Se um dos credores solidários falecer deixando herdeiros, cada um destes só terá direito a exigir e receber a quota do crédito que corresponder ao seu quinhão hereditário, salvo se a obrigação for indivisível.

   Art. 271. Convertendo-se a prestação em perdas e danos, subsiste, para todos os efeitos, a solidariedade.

   Art. 272. O credor que tiver remitido a dívida ou recebido o pagamento responderá aos outros pela parte que lhes caiba.

   Art. 273. A um dos credores solidários não pode o devedor opor as exceções pessoais oponíveis aos outros.

   Art. 274. O julgamento contrário a um dos credores solidários não atinge os demais, mas o julgamento favorável aproveita-lhes, sem prejuízo de exceção pessoal que o devedor tenha direito de invocar em relação a qualquer deles.

   Art. 275. O credor tem direito a exigir e receber de um ou de alguns dos devedores, parcial ou totalmente, a dívida comum; se o pagamento tiver sido parcial, todos os demais devedores continuam obrigados solidariamente pelo resto.

   Parágrafo único. Não importará renúncia da solidariedade a propositura de ação pelo credor contra um ou alguns dos devedores.

   Art. 276. Se um dos devedores solidários falecer deixando herdeiros, nenhum destes será obrigado a pagar senão a quota que corresponder ao seu quinhão hereditário, salvo se a obrigação for indivisível; mas todos reunidos serão considerados como um devedor solidário em relação aos demais devedores.

   Art. 277. O pagamento parcial feito por um dos devedores e a remissão por ele obtida não aproveitam aos outros devedores, senão até à concorrência da quantia paga ou relevada.

decorrente da autonomia de vontade das partes) ou **decorrente do poder legal** (quando a solidariedade é imposta por lei).

Assim, ocorrerá **solidariedade**, quando na **mesma obrigação**, há **mais de um credor** (solidariedade ativa), **mais de um devedor** (solidariedade passiva) ou da **coexistência de credores e devedores** (solidariedade mista ou híbrida). Podemos caracterizar a existência de solidariedade quando da existência de uma **pluralidade de sujeitos** vinculados a **uma mesma obrigação**, com **responsabilidades inconfundíveis dos sujeitos**.

A jurisprudência reconhece que a **solidariedade ativa** se fundamenta no direito de **qualquer credor exigir o total do débito**, com ressalvas ao **dever de prestar contas** aos demais credores. No julgamento do **REsp 1.158.223/RS**, o STJ estabeleceu que o **credor solidário** que receber integralmente o débito deve **repartir o valor proporcionalmente com os demais credores solidários**, salvo **disposição contratual** em sentido contrário.

A **solidariedade passiva** tem sido amplamente discutida, sobretudo em casos de **contratos de fiança** e **responsabilidades múltiplas em contratos de prestação de serviços**. Por exemplo, a Corte reconheceu que o pagamento integral da dívida por um **devedor solidário** confere a ele o direito de **regresso contra os demais**, proporcionalmente às suas parcelas na obrigação[6] e, na **súmula 268**, o STJ estabelece que

O fiador que assinou contrato de locação como responsável solidário continua obrigado mesmo após a prorrogação do contrato por prazo indeterminado.

A **solidariedade** é frequentemente utilizada como instrumento de **proteção ao credor**, mas deve ser aplicada com cautela para evitar abusos, especialmente em **contratos de adesão**, como a fiança.

Art. 278. Qualquer cláusula, condição ou obrigação adicional, estipulada entre um dos devedores solidários e o credor, não poderá agravar a posição dos outros sem consentimento destes.

Art. 279. Impossibilitando-se a prestação por culpa de um dos devedores solidários, subsiste para todos o encargo de pagar o equivalente; mas pelas perdas e danos só responde o culpado.

Art. 280. Todos os devedores respondem pelos juros da mora, ainda que a ação tenha sido proposta somente contra um; mas o culpado responde aos outros pela obrigação acrescida.

Art. 281. O devedor demandado pode opor ao credor as exceções que lhe forem pessoais e as comuns a todos; não lhe aproveitando as exceções pessoais a outro codevedor.

Art. 282. O credor pode renunciar à solidariedade em favor de um, de alguns ou de todos os devedores.

Parágrafo único. Se o credor exonerar da solidariedade um ou mais devedores, subsistirá a dos demais.

Art. 283. O devedor que satisfez a dívida por inteiro tem direito a exigir de cada um dos codevedores a sua quota, dividindo-se igualmente por todos a do insolvente, se o houver, presumindo-se iguais, no débito, as partes de todos os codevedores.

Art. 284. No caso de rateio entre os codevedores, contribuirão também os exonerados da solidariedade pelo credor, pela parte que na obrigação incumbia ao insolvente.

Art. 285. Se a dívida solidária interessar exclusivamente a um dos devedores, responderá este por toda ela para com aquele que pagar.

6. STJ, REsp 1.141.990/PR.

13.4.1.1 Solidariedade ativa e solidariedade passiva

Não se pode confundir os institutos da **solidariedade** tratada no **direito privado** com a **solidariedade tributária**. Primeiro, porque a **solidariedade em matéria tributária** tem natureza **impositiva** e **objetiva**, ou seja, decorre do **poder extroverso**, não dependendo do acordo entre as partes.

O **direito civil** se refere a **solidariedade ativa**, quando da existência de múltiplos credores, cada qual com um direito de exigir o cumprimento total da obrigação e, na **solidariedade passiva**, discorre sobre a multiplicidade de devedores, podendo o credor exigir a integralidade do débito de qualquer um deles.

Em **matéria tributária**, se apontamos a existência de uma **solidariedade tributária ativa**, referimo-nos à **possibilidade de múltiplos entes públicos** terem direito vinculados à **exigência de uma mesma obrigação tributária principal**, ensejando o **crédito tributário**. Ora, se temos **mais de um ente público** vinculado à exigência de **uma obrigação tributária**, que decorre do fato gerador, podemos afirmar que estamos diante do fenômeno da **bitributação** (dois ou mais entes federativos exigindo tributos sobre uma mesma obrigação tributária decorrente do fato gerador).

É cediço que a **bitributação** é uma das **limitações implícitas ao poder de tributar**, não podendo ser tratada como **regra**, em nenhuma hipótese. **Excepcionalmente**, podemos adotar a possibilidade de **existência de solidariedade tributária ativa**, quando da instituição do **Imposto Extraordinário de Guerra** (IEG), nos termos do **art. 154, II, da CF/1988**[7], visto que a União pode adotar fatos geradores de outras competências tributárias impositivas.

Creio que, por mais que alguns adotarão o entendimento da existência de solidariedade tributária ativa no caso da **contribuição social de bens e serviços** (CBS), estampada no **art. 195, V, da CF/1988**[8], não me parece o caso. Isto porque, por mais que o **imposto sobre bens e serviços** (IBS), previsto no **art. 156-A da CF/1988**[9] tenha o **fato gerador idêntico da CBS**, ambos têm sua definição através de uma **lei complementar nacional**,[10] sendo o **IBS** arrecadado por uma **entidade pública federal**[11], qual seja, o **Comitê Gestor do IBS**, regulamentado pela **PLP 108/2024**.

---

7. **Art. 154.** A União poderá instituir:
    II - na iminência ou no caso de guerra externa, impostos extraordinários, compreendidos ou não em sua competência tributária, os quais serão suprimidos, gradativamente, cessadas as causas de sua criação.
8. **Art. 195.** A seguridade social será financiada por toda a sociedade, de forma direta e indireta, nos termos da lei, mediante recursos provenientes dos orçamentos da União, dos Estados, do Distrito Federal e dos Municípios, e das seguintes contribuições sociais:
    V – sobre bens e serviços, nos termos de lei complementar.
9. **Art. 156-A.** Lei complementar instituirá imposto sobre bens e serviços de competência compartilhada entre Estados, Distrito Federal e Municípios.
10. Atualmente, em discussão a PLP 68/2024.
11. **Art. 156-B.** Os Estados, o Distrito Federal e os Municípios exercerão de forma integrada, exclusivamente por meio do Comitê Gestor do Imposto sobre Bens e Serviços, nos termos e limites estabelecidos nesta Constitui-

13 • DIREITO OBRIGACIONAL TRIBUTÁRIO

Podemos afirmar que, ante a **existência de arrecadações distintas** – visto que a **CBS** será administrada pela **Secretaria da Receita Federal do Brasil** (SRFB) e o **IBS** pelo **Comitê Gestor** – apenas a **repartição de receita será distinta**, mas, o **fato gerador de ambos os tributos que geram a obrigação tributária está disposto em única lei complementar nacional**.

Assim, em regra, **solidariedade tributária ativa** seria um sinônimo de **bitributação**. Em **matéria tributária**, podemos afirmar a existência – como regra – de **solidariedade tributária passiva**.

13.4.2 Solidariedade tributária passiva

Decorre quando **dois ou mais contribuintes** possuem responsabilidade pelo **cumprimento de uma mesma obrigação**. Tem sua previsão inaugural no **art. 124 do CTN**, que diz:

> Art. 124. São solidariamente obrigadas:
>
> I – as pessoas que tenham interesse comum na situação que constitua o fato gerador da obrigação principal;
>
> II – as pessoas expressamente designadas por lei.
>
> Parágrafo único. A solidariedade referida neste artigo não comporta benefício de ordem.

Nos termos do dispositivo legal, temos **duas espécies** de solidariedade tributária, a saber:

I – Solidariedade Tributária de Fato: quando dois ou mais contribuintes possuem interesse comum na relação jurídica que constitua o fato gerador da obrigação tributária principal, em conformidade com o **art. 124, I, do CTN**. Temos, como exemplo, os coproprietários de um imóvel, visto que serão solidariamente responsáveis pelo pagamento do IPTU, pois possuem interesse comum na propriedade;

II – Solidariedade Tributária de Direito: quando decorre de expressa previsão legal. Temos um exemplo, nos termos do **art. 32, parágrafo único, do DL 37/66**[12], que determina quem é a pessoa que figurará como responsável solidário no pagamento do Imposto sobre a Importação (II).

ção e em lei complementar, as seguintes competências administrativas relativas ao imposto de que trata o art. 156-A:

12. **Art. 32** (...)

Parágrafo único. É responsável solidário:

I – o adquirente ou cessionário de mercadoria beneficiada com isenção ou redução do imposto;

II – o representante, no País, do transportador estrangeiro;

III – o adquirente de mercadoria de procedência estrangeira, no caso de importação realizada por sua conta e ordem, por intermédio de pessoa jurídica importadora.

IV – o adquirente de mercadoria de procedência estrangeira, no caso de importação realizada por sua conta e ordem, por intermédio de pessoa jurídica importadora;

Quando há solidariedade, os contribuintes estão elevados à condição de **devedores principais**, inexistindo benefício de ordem entre si, conforme dispõe o **parágrafo único do art. 124 do CTN:**

> **Art. 124 (...)**
> Parágrafo único. A solidariedade referida neste artigo não comporta benefício de ordem.

No **Direito Romano**, o **benefício de ordem** surgiu como um meio de proteger **devedores subsidiários**, como os fiadores. A figura do *"beneficium ordinis"* permitia que o fiador exigisse que o credor primeiro cobrasse a dívida do devedor principal antes de acioná-lo. Essa proteção refletia o **princípio da equidade**, que buscava evitar a responsabilização imediata do fiador, salvo em casos em que o **devedor principal** fosse **manifestamente incapaz de pagar**.

Nos sistemas jurídicos modernos, especialmente nos códigos civis influenciados pelo **Código Napoleônico de 1804**, o benefício de ordem passou a ser formalmente disciplinado. O instituto foi incorporado no **Código Civil de 1916** e aprimorado no **Código Civil de 2002**, determinando o cumprimento de requisitos para sua invocação: deve haver um devedor principal ou outros responsáveis que possam ser cobrados antes do devedor que pleiteia o benefício, cabendo ao **devedor subsidiário** demonstrar que o **devedor principal** possui **bens suficientes para satisfazer a obrigação** e, *in casu*, **se houver renúncia expressa ao benefício de ordem**, este **não pode ser invocado**.

Em **matéria tributária**, a finalidade é a satisfação da obrigação tributária principal em decorrência do pagamento do tributo ou penalidade pecuniária imposta, visto que, a **obrigação tributária** e o **crédito tributário** possuem natureza jurídica de **bem público**, pois estão diretamente vinculados à **receita pública**, destinada ao financiamento do Estado e à realização do interesse público. Essa natureza se manifesta tanto no **tributo** quanto na **penalidade pecuniária**, cada qual desempenhando funções distintas, mas convergindo para o objetivo de viabilizar o cumprimento das finalidades estatais.

Sendo considerados **bens públicos**, possuem determinados atributos que garantem o seu cumprimento. O STF, quando do julgamento do **RE 101.660/SP** destacou que o crédito tributário é **indisponível pelo ente público**, reafirmando sua **natureza de bem público** e sua **vinculação ao interesse coletivo**. Já no **Tema 69**, tratado no **RE 576.967/PR**, a Corte Constitucional reconheceu a **essencialidade da arrecadação tributária** para a **manutenção do Estado**, reforçando que os tributos têm natureza de bem público e são **insubstituíveis** na composição das receitas públicas.

Tais razões são mais do que suficientes para o **afastamento impositivo do benefício de ordem** na solidariedade tributária.

V – o encomendante predeterminado que adquire mercadoria de procedência estrangeira de pessoa jurídica importadora.

13.4.3 Efeitos da solidariedade tributária passiva

Reza o **art. 125 do CTN**:

> **Art. 125.** Salvo disposição de lei em contrário, são os seguintes os efeitos da solidariedade:
>
> I – o pagamento efetuado por um dos obrigados aproveita aos demais;
>
> II – a isenção ou remissão de crédito exonera todos os obrigados, salvo se outorgada pessoalmente a um deles, subsistindo, nesse caso, a solidariedade quanto aos demais pelo saldo;
>
> III – a interrupção da prescrição, em favor ou contra um dos obrigados, favorece ou prejudica aos demais.

O **pagamento** é a forma mais natural e comum de extinção da obrigação tributária, conforme previsto no **art. 156, I, CTN**[13]. Ele ocorre quando o **sujeito passivo** (contribuinte ou responsável tributário) **cumpre o dever de prestar ao sujeito ativo** (Fisco) o **valor devido** a título de **tributo** ou **penalidade pecuniária**. Essa extinção abrange tanto a **obrigação tributária principal** quanto as **obrigações acessórias** que se convertem em principal por descumprimento.

Por mais que possam existir **distinções contratuais diversas** sobre a **responsabilidade** atribuída a **cada um dos devedores**, inexistindo o benefício de ordem, o Fisco poderá exigir o montante total de **qualquer devedor solidário, não importando sua participação direta na existência do fato gerador**. Se, p.ex., existem proprietários de um imóvel com **percentuais distintos** (um proprietário possui maior de direito de propriedade que o outro), isso **não implica distinção na cobrança de débitos** relativos aos tributos que incidem sobre o imóvel, autorizando a Fazenda a exigir o **valor integral de qualquer um dos proprietários**.

Caso **não haja o cumprimento da obrigação tributária**, não poderá qualquer proprietário alegar **ilegitimidade passiva** porque o outro proprietário possui uma quantidade maior de propriedade e, portanto, dotado de maior capacidade tributária ou responsabilidade. Não comportando benefício de ordem, a exigência poderá se dar sobre **qualquer dos devedores**, cabendo, tão somente, a possibilidade de buscar sua satisfação com os demais através de **ação regressiva**.

Na **ADI 4395/DF**, o STF reconheceu a **legitimidade da solidariedade tributária imposta por lei**, reforçando que ela deve estar **fundamentada em norma expressa**, respeitando os princípios constitucionais. De igual modo, o STF, no **REsp 1.583.436/ SP**, estabeleceu que o **direito de regresso entre os devedores solidários** não afeta o direito do Fisco de cobrar o débito integralmente de qualquer deles.

A **isenção** e a **remissão** são institutos do direito tributário distintos. A **isenção** é a dispensa legal do cumprimento da obrigação tributária relativamente ao tributo, excluindo o crédito tributário decorrente, em consonância com o **art. 176 e seguintes**

---

13. **Art. 156.** Extinguem o crédito tributário:

I – o pagamento;

do CTN[14], enquanto a CTN determina que a **remissão** é o perdão total ou parcial do crédito tributário, extinguindo-o[15].

Ambos os institutos podem ser concedidos em **caráter geral** ou **mediante outorga específica**. Quando os institutos são **concedidos em geral**, serão **estendidos a todos os contribuintes que preencham os requisitos estabelecidos na legislação**. No caso de **isenção**, um exemplo de caráter geral seria aquele concedido sobre o IPTU para imóveis de pequeno valor previstos em lei municipal. Um exemplo de **remissão** em caráter geral pode se dar com relação aos créditos tributários de pequeno valor.

No entanto, quando ambos os institutos são **outorgados de maneira específica**, somente podem se aproveitar **àqueles que receberam a outorga**, permanecendo os **demais devedores solidários quando ao saldo remanescente**.

Exemplificando, se a lei tributária conceder uma isenção de IPTU aos proprietários de imóvel maiores de 75 anos, caso um imóvel possua dois proprietários e apenas um deles preencha os requisitos da lei, a **isenção** se **aproveitará apenas a ele**, podendo o Fisco **cobrar o valor remanescente** – descontando, por óbvio, o montante dos valores da isenção – **do proprietário** não abrangido pelo benefício legal.

A **prescrição tributária** é a perda do direito de o Fisco cobrar judicialmente o crédito tributário através do ajuizamento da execução fiscal, prevista no **art. 174 do CTN**[16]. O prazo para a cobrança será de cinco anos contados da constituição definitiva do crédito tributário.

O **prazo prescricional** pode ser **suspenso** ou **interrompido**. São **causas interruptivas da prescrição** o despacho que ordena a citação da execução, o protesto judicial e

---

14. **Art. 176.** A isenção, ainda quando prevista em contrato, é sempre decorrente de lei que especifique as condições e requisitos exigidos para a sua concessão, os tributos a que se aplica e, sendo caso, o prazo de sua duração.
Parágrafo único. A isenção pode ser restrita a determinada região do território da entidade tributante, em função de condições a ela peculiares.

15. **Art. 172.** A lei pode autorizar a autoridade administrativa a conceder, por despacho fundamentado, remissão total ou parcial do crédito tributário, atendendo:
I – à situação econômica do sujeito passivo;
II – ao erro ou ignorância escusáveis do sujeito passivo, quanto a matéria de fato;
III – à diminuta importância do crédito tributário;
IV – a considerações de equidade, em relação com as características pessoais ou materiais do caso;
V – a condições peculiares a determinada região do território da entidade tributante.
Parágrafo único. O despacho referido neste artigo não gera direito adquirido, aplicando-se, quando cabível, o disposto no artigo 155.

16. **Art. 174.** A ação para a cobrança do crédito tributário prescreve em cinco anos, contados da data da sua constituição definitiva.
Parágrafo único. A prescrição se interrompe:
I – pelo despacho do juiz que ordenar a citação em execução fiscal;
II – pelo protesto judicial ou extrajudicial;
III – por qualquer ato judicial que constitua em mora o devedor;
IV – por qualquer ato inequívoco ainda que extrajudicial, que importe em reconhecimento do débito pelo devedor.

extrajudicial, o ato judicial que constitua em mora o devedor e o ato inequívoco – mesmo que extrajudicial – que importe em reconhecimento do débito pelo devedor.

O **crédito tributário** é **único** e **indivisível**, razão pela qual qualquer ato praticado em relação a um dos devedores solidários, como, p.ex., a citação em execução fiscal, interrompe a prescrição para todos. Assim, nenhum dos devedores solidários pode alegar prescrição enquanto houver ato interruptivo válido praticado em relação a outro.

Mesmo que um devedor não tenha sido diretamente citado ou tenha contribuído minimamente para o fato gerador, a interrupção da prescrição em relação a outro alcança todos os coobrigados.

O STJ, no julgamento do **REsp 1.120.295/SP (Recurso Repetitivo)** consolidou entendimento que a **interrupção da prescrição em relação a um dos devedores solidários** aplica-se a **todos os demais**, reafirmando o **caráter indivisível da solidariedade tributária**.

A Corte ainda decidiu que, nos casos de **sócios solidariamente responsáveis** por **dívidas tributárias de uma empresa**, a **citação válida** de um sócio **interrompe a prescrição para os demais**, mesmo que não tenham sido pessoalmente citados[17].

A extensão da interrupção da prescrição a todos os devedores solidários **facilita a recuperação do crédito tributário**, evitando que o Fisco precise iniciar **múltiplas ações judiciais**.

JURISPRUDÊNCIA

EMENTA: recurso extraordinário– responsabilidade tributária solidária dos sócios, diretores, gerentes ou representantes – possibilidade restrita apenas aos casos de atos praticados com excesso de poderes ou infração à lei – orientação que prevalece no Supremo Tribunal em razão de julgamento final, com repercussão geral, do RE 562.276/PR – sucumbência recursal – (CPC, art. 85, § 11) – não decretação, no caso, ante a ausência de condenação em verba honorária na origem – agravo interno improvido. **STF, RE 1188931 AgR**
EMENTA DIREITO TRIBUTÁRIO. RESPONSABILIDADE TRIBUTÁRIA SOLIDÁRIA. RECURSO EXTRAORDINÁRIO INTERPOSTO SOB A ÉGIDE DO CPC/2015. ALEGAÇÃO DE OFENSA AO ART. 150, I, DA CONSTITUIÇÃO DA REPÚBLICA. LEGALIDADE. EVENTUAL VIOLAÇÃO REFLEXA DA CONSTITUIÇÃO DA REPÚBLICA NÃO VIABILIZA O RECURSO EXTRAORDINÁRIO. AGRAVO MANEJADO SOB A VIGÊNCIA DO CPC/2015. 1. Obstada a análise da suposta afronta aos preceitos constitucionais invocados, porquanto dependeria de prévia análise da legislação infraconstitucional aplicada à espécie, procedimento que refoge à competência jurisdicional extraordinária desta Corte Suprema, a teor do art. 102 da Magna Carta. 2. As razões do agravo não se mostram aptas a infirmar os fundamentos que lastrearam a decisão agravada, mormente no que se refere à ausência de ofensa a preceito da Constituição da República. 3. Majoração em 10% (dez por cento) dos honorários anteriormente fixados, obedecidos os limites previstos no artigo 85, §§ 2º, 3º e 11, do CPC/2015, ressalvada eventual concessão do benefício da gratuidade da Justiça. 4. Agravo interno conhecido e não provido, com aplicação da penalidade prevista no art. 1.021, § 4º, do CPC/2015, calculada à razão de 1% (um por cento) sobre o valor atualizado da causa, se unânime a votação. **STF, RE 1163529 Ag**

---

17. STJ, REsp 1.365.095/SC.

AGRAVO REGIMENTAL EM RECURSO EXTRAORDINÁRIO COM AGRAVO. DIREITO TRIBUTÁRIO. IPVA. ALIE-NAÇÃO FIDUCIÁRIA. RESPONSABILIDADE TRIBUTÁRIA. LEI 14.937 DO ESTADO DE MINAS GERAIS. 1. A questão referente à responsabilidade fiscal solidária passiva para quitação do IPVA, entre o proprietário e o possuidor de fato do veículo automotor alienado é matéria de índole infraconstitucional. Súmulas 279 e 280 do STF. 2. Agravo regimental a que se nega provimento. **STF, ARE 934007 AgR**
Ementa: Direito tributário. Ação direta de inconstitucionalidade. Responsabilidade solidária do re-presentante, no país, do transportador estrangeiro pelo recolhimento do Imposto de Importação. Improcedência. I. Caso em exame 1. Ação direta de inconstitucionalidade, com pedido de medida cautelar, proposta pela Confederação Nacional do Transporte (CNT), em que se busca a declaração de inconstitucionalidade do parágrafo único do art. 32 do Decreto-Lei 37/1966, com a redação conferida pelo art. 77 da Medida Provisória 2.158-35/2001. II. Questão em discussão 2. A questão em discussão consiste em saber se a norma que estabelece a responsabilidade solidária de representante, no país, de transportador estrangeiro, pelo recolhimento do Imposto de Importação viola (i) a regra do art. 146, inciso III, da Constituição Federal, que exige lei complementar para dispor sobre normas gerais em matéria de legislação **tributária**, e (ii) os arts. 5º, XIII, 145, § 1º, 150, IV, e 170 da Lei Maior, que tratam dos princípios constitucionais da vedação ao confisco, da capacidade contributiva e da livre iniciativa. III. Razões de decidir 3. O dispositivo impugnado não afastou afrontou a regra insculpida no art. 146, inciso III, do texto constitucional, eis que não dispôs sobre normas gerais em matéria de legislação tributária, mas apenas instituiu nova hipótese de responsabilidade solidária em harmonia com as disposições gerais previstas pelo Código Tributário Nacional (CTN). 4. A norma impugnada não afronta os princí-pios constitucionais da vedação ao confisco, da capacidade contributiva e da livre iniciativa, porque o representante do transportador estrangeiro, na condição de terceira pessoa vinculada ao fato gerador da obrigação tributária relacionada à atividade de importação, possui responsabilidade pelo crédito tributário. Desse modo, conforme o art. 128 do CTN, não há falar em efeito confiscatório dessa eventual cobrança ou de violação à capacidade contributiva ou à livre iniciativa, eis que há, efetivamente, uma vinculação do representante ao cumprimento da obrigação tributária. **STF, ADI 5431**
EMBARGOS DECLARATÓRIOS EM ARGUIÇÃO DE DESCUMPRIMENTO DE PRECEITO FUNDAMENTAL. DIREITO TRIBUTÁRIO. IMPOSTO DE IMPORTAÇÃO. RESPONSABILIDADE TRIBUTÁRIA SOLIDÁRIA. AGENTE MARÍTIMO. DECRETO-LEI 37/66. DECRETO-LEI 2.472/98. DIREITO CONSTITUCIONAL. ALTERAÇÃO DA NORMA PRÉ-CONSTITUCIONAL POR MEDIDA PROVISÓRIA. COMPATIBILIDADE DE NORMA PRÉ-CONS-TITUCIONAL COM A CONSTITUIÇÃO EM VIGOR NA ÉPOCA DE SUA PROMULGAÇÃO. PRINCÍPIO DA SUBSIDIARIEDADE. 1. O Tribunal Pleno desta Corte assentou a impossibilidade, em sede de arguição de descumprimento de preceito fundamental, de se verificar a compatibilidade de norma pré-consti-tucional com a Constituição em vigor na época de sua promulgação. Precedente: ADPF 33, de relatoria do Ministro Gilmar Mendes, Tribunal Pleno, DJ 27.10.2006. 2. O objeto desta ação é o art. 32, parágrafo único, b, do Decreto-lei 37, de 18 de novembro de 1966, com redação conferida pelo Decreto-lei 2.472, de 1º de setembro de 1988. O dispositivo, entretanto, passou por nova alteração e sua redação atual é fruto do art. 77 da Medida Provisória 2.158, de 24 de agosto de 2001. 3. Possibilidade de indeferimento liminar pelo Relatório, nos termos do art. 4º, §1º, da Lei 9.882/99, ante a ausência de pressupostos para o processamento da ADPF. 4. Embargos declaratórios a que se nega provimento. **STF, ADPF 371 ED**
Tributário. Contrato de cessão de mão de obra. Folha de salário. Contribuições previdenciárias. Respon-sabilidade solidária. Benefício de ordem. Inaplicável. 1. Quanto à alegativa de não ser possível a aferição indireta do tributo devido, o apelo não deve ser conhecido em razão da ausência de prequestionamento. Incidência do óbice contido na Súmula 211/STJ. 2. Nos contratos de cessão de mão de obra, a responsa-bilidade do tomador do serviço pelas contribuições previdenciárias é solidária, conforme consignado na redação original do art. 31 da Lei 8.212/1991. Precedentes. 3. De acordo com o disposto no art. 124 do Código Tributário Nacional, a solidariedade tributária não comporta benefício de ordem. 4. Recurso especial conhecido em parte e não provido" **(STJ, REsp 1.162.066/SP**, 2009/0095214-3, j. 22.06.2010, rel. Min. Castro Meira, *DJe* 03.08.2010).

"Recurso especial. Tributário. Execução fiscal. Contribuições previdenciárias. Solidariedade tributária. Benefício de ordem. Impossibilidade. Recurso desprovido. 1. A primeira turma, no julgamento do REsp 410.104/PR, de relatoria do Ministro Teori Albino Zavascki, à unanimidade, entendeu que, embora a norma vigente à época da ocorrência do fato gerador seja a redação original do art. 31 da Lei 8.212/1991, o qual nada mencionava a respeito do benefício de ordem, esse dispositivo diz respeito ao recolhimento de contribuições previdenciárias, configurando, pois, espécie de solidariedade tributária. Desse modo, incide o teor do art. 124, II, do CTN, que, por sua vez, prevê a impossibilidade de aplicação do benefício de ordem nos casos de solidariedade tributária. 2. Naquela oportunidade, firmou-se o entendimento de que o instituto da solidariedade tributária caracteriza-se por não comportar o benefício de ordem, de maneira que pode o credor cobrar os valores devidos a título de contribuição previdenciária de qualquer um dos obrigados à satisfação do crédito, seja o contratante de serviços executados mediante cessão de mão de obra, seja o executor. O contratante do serviço de cessão de mão de obra somente consegue se eximir da responsabilidade solidária caso comprove a regularidade dos recolhimentos à Previdência, referentes aos serviços contratados, no momento do pagamento da nota fiscal ou da fatura. Todavia, essa hipótese não foi suscitada nos autos. 4. Recurso especial desprovido" (**STJ, REsp 623.975/RS**, 1.ª T., j. 23.05.2006, *DJ* 19.06.2006, p. 102).

"Recurso especial. Tributário. Execução fiscal. Contribuições previdenciárias. Solidariedade tributária. Benefício de ordem. Impossibilidade. Recurso desprovido. 1. A Primeira Turma, no julgamento do REsp 410.104/PR, de relatoria do Ministro Teori Albino Zavascki, à unanimidade, entendeu que, embora a norma vigente à época da ocorrência do fato gerador seja a redação original do art. 31 da Lei 8.212/91, o qual nada menciona a respeito do benefício de ordem, esse dispositivo diz respeito ao recolhimento de contribuições previdenciárias, configurando, pois, espécie de solidariedade tributária. Desse modo, incide o teor do art. 124, II, do CTN, que, por sua vez, prevê a impossibilidade de aplicação do benefício de ordem nos casos de solidariedade tributária. 2. Naquela oportunidade, firmou-se o entendimento de que o instituto da solidariedade tributária caracteriza-se por não comportar o benefício de ordem, de maneira que pode o credor cobrar os valores devidos a título de contribuição previdenciária de qualquer um dos obrigados à satisfação do crédito, seja o contratante de serviços executados mediante cessão de mão de obra, seja o executor. O contratante do serviço de cessão de mão de obra somente consegue se eximir da responsabilidade solidária caso comprove a regularidade dos recolhimentos à Previdência, referentes aos serviços contratados, no momento do pagamento da nota fiscal ou da fatura. Todavia, essa hipótese não foi suscitada nos autos" (**STJ, REsp 623.975/RS,** 2003/0222948-3, 1.ª T., j. 23.05.2006, *DJ* 19.06.2006).

13.5 CAPACIDADE TRIBUTÁRIA PASSIVA

Analisamos o instituto jurídico da **capacidade tributária ativa**, sendo a aptidão ou o poder conferido legalmente a uma entidade para exigir o pagamento de tributos, fiscalizar o cumprimento das obrigações tributárias e, quando necessário, executar medidas coercitivas para garantir o recolhimento do crédito tributário. Não se confunde com a **capacidade tributária passiva**, sendo a aptidão que determinada pessoa, seja física ou jurídica possui, para figurar como **sujeito passivo** de uma **relação tributária**. Isso significa estar apto a ser o **destinatário da incidência de um tributo**, seja como **contribuinte** (quando realiza o fato gerador diretamente) ou como **responsável tributário** (quando a lei o obriga a recolher o tributo devido por terceiros).

Nos termos do **art. 126 do CTN**:

> Art. 126. A capacidade tributária passiva independe:
>
> I – da capacidade civil das pessoas naturais;
>
> II – de achar-se a pessoa natural sujeita a medidas que importem privação ou limitação do exercício de atividades civis, comerciais ou profissionais, ou da administração direta de seus bens ou negócios;
>
> III – de estar a pessoa jurídica regularmente constituída, bastando que configure uma unidade econômica ou profissional.

13.5.1 Capacidade civil

Sabemos que toda e qualquer pessoa pode figurar como sujeito ativo ou passivo em uma relação jurídica. Em sumas palavras, a **capacidade** é entendida como a **medida da personalidade**.

Temos, no entanto, a denominada **capacidade de fato** e **capacidade de direito** das pessoas naturais.

A **capacidade de direito** é aquela em que a pessoa passa a ser titular de direitos e deveres. Todo o ser humano possui a capacidade de direito, uma vez que é inerente à pessoa e não pode lhe ser negada. Já a **capacidade de fato** está contida na própria capacidade de direito, sendo aquela que a pessoa possui de **agir por si mesma nos atos da vida civil**. Tal capacidade **pode ser limitada** e essas limitações levam à incapacidade.

Assim, em que pese todo e qualquer indivíduo ser detentor de capacidade de direito, poderão existir limitações ao exercício da capacidade de fato.

O **art. 3º do CC/2002** determinava que eram considerados absolutamente incapazes para o exercício pessoal dos atos da vida civil os **menores de dezesseis anos**, os que **por enfermidade ou deficiência mental não tiverem o necessário discernimento para a prática desses atos** e os que, mesmo por **causa transitória**, não puderem **exprimir a sua vontade**.

Tal dispositivo sofre alteração, de acordo com a Lei 13.146/2015, denominado de **Estatuto da Pessoa com Deficiência**, sendo adotada a seguinte redação:

> Art. 3º São absolutamente incapazes de exercer pessoalmente os atos da vida civil os menores de 16 (dezesseis) anos.

Já o **art. 4º do CC/2002** traz a situação de **incapacidade relativa**, incluindo nesse rol os **maiores de dezesseis anos e menores de dezoito anos**, os **ébrios habituais**, os **viciados em tóxicos** e os que, por **deficiência mental**, tenham o **discernimento reduzido**, os **excepcionais sem desenvolvimento mental completo** e os **pródigos**.

Tal artigo também sofre alteração com o **Estatuto da Deficiência**, determinando-se no **art. 4º** a seguinte redação:

> Art. 4º São incapazes, relativamente a certos atos ou à maneira de os exercer:
>
> II – os ébrios habituais e os viciados em tóxico;
>
> III – aqueles que, por causa transitória ou permanente, não puderem exprimir sua vontade.

Dentre os **efeitos da capacidade civil**, para fins de **validade dos atos e negócios jurídicos,** somente quem tem **capacidade de fato plena** pode, **sem restrições**, celebrar **negócios jurídico**s (contratos de compra e venda, doações, testamentos, casamento, entre outros), **assumir obrigações** e **exercer direitos** diretamente. A **ausência de capacidade**, seja **absoluta** ou **parcial**, pode acarretar a **nulidade** ou **anulabilidade** dos atos praticados.

Ademais, a **capacidade civil** repercute na **responsabilidade pelas obrigações assumidas** e pelos **danos causados**. Uma pessoa plenamente capaz responde integralmente por seus atos. Já o **incapaz** é submetido a um **regime diferenciado**, no qual o **representante legal** poderá **responder pelos prejuízos**, salvo se provar que **não agiu com culpa na guarda** e **vigilância do incapaz**.

O Superior Tribunal de Justiça tem consolidado o entendimento de que as **limitações físicas** ou **mentais** não resultam automaticamente na **supressão da capacidade civil**. Após a vigência da Lei nº 13.146/2015, tornou-se dominante a posição de que a **incapacidade** deve ser considerada de **forma excepcional**, analisando-se caso a caso o **grau de discernimento da pessoa**. O Tribunal, em diversos julgados, enfatiza que a **interdição absoluta** (incapacidade plena) é **medida extrema** e que, preferencialmente, devem-se aplicar **mecanismos de apoio à pessoa com deficiência**, respeitando sua **autonomia e liberdade**, em consonância com a **Convenção da ONU sobre os Direitos das Pessoas com Deficiência**, da qual o Brasil é signatário.

Para o direito tributário, **não importa qualquer condição de incapacidade civil**, uma vez que basta a **ocorrência do fato gerador** para que a pessoa física ou jurídica possa exercer a capacidade tributária passiva.

Assim, **pouco importa a capacidade ou incapacidade civil das pessoas naturais**, uma vez que a capacidade tributária passiva **nasce com a personalidade civil das pessoas naturais**, ou seja, no **nascimento com vida**.

Exemplificando, um recém-nascido poderá receber **um imóvel por doação**. Uma vez que a lei tributária determina que a doação gera a incidência de um determinado tributo (ITCMD), e este recém-nascido figura como **donatário**, caberá a ele figurar na condição de **contribuinte de direito** do referido imposto.

É óbvio que, neste caso, não será o recém-nascido que cumprirá com a obrigação, uma vez que se encontra impossibilitado. Mas uma **terceira pessoa** que possui um vínculo, mesmo que de maneira indireta com a ocorrência do fato gerador, será indicada na condição de **responsável** para efetuar o cumprimento da obrigação tributária originada.

13.5.2 Exercício de atividade econômica ou profissional

Dispõe o **art. 126, II, do CTN**:

> Art. 126. A capacidade tributária passiva independe:
>
> II – de achar-se a pessoa natural sujeita a medidas que importem privação ou limitação do exercício de atividades civis, comerciais ou profissionais, ou da administração direta de seus bens ou negócios;

No que tange à **regularidade dos atos e negócios praticados no exercício da atividade econômica ou profissional**, é necessário considerar que o CTN, especialmente ao tratar da **capacidade tributária**, adota critério de **natureza econômica e objetiva**, e **não meramente formal**. Desta feita, mesmo que a pessoa, física ou jurídica, **não esteja em situação regular do ponto de vista civil ou comercial**, se ela pratica **atividades de natureza econômica** ou **profissional**, gerando riqueza, renda ou circulação de bens e serviços, estará sujeita à tributação.

Na prática, o **exercício de atividade econômica ou profissional** gera fatos tributáveis, **independentemente da formalização do negócio**. Atos praticados no curso da atividade econômica, ainda que realizados por indivíduos ou entidades **não formalmente registrados**, são considerados **válidos e eficazes** para fins tributários.

Isso se aplica também às **pessoas jurídicas**. Ainda que uma empresa não esteja devidamente constituída ou registrada perante os órgãos competentes, se ela realiza atividades econômicas – por exemplo, vende produtos, presta serviços ou movimenta recursos – tais operações podem ser tributadas. Essa perspectiva está alinhada ao **princípio da realidade**, segundo o qual o Fisco considera os fatos como eles realmente ocorrem, independentemente de formalidades legais. O STJ tem reiterado que o **princípio da realidade** prevalece sobre aspectos formais para fins tributários. Em diversas decisões, o Tribunal reconheceu que **empresas informais**, **cooperativas não registradas** ou **pessoas físicas que exercem atividade econômica** devem cumprir suas obrigações fiscais.

A jurisprudência também reconhece a figura da **"empresa de fato"**, ou seja, aquela que **exerce atividade econômica de maneira informal**. Nesses casos, todos os atos praticados por essa entidade são válidos para fins tributários, e a ausência de formalização não impede a incidência de tributos. Um exemplo claro de atividades econômicas informais são os **vendedores ambulantes** ou **profissionais liberais não inscritos nos órgãos de classe**. Mesmo sem o registro formal, o **fato gerador do tributo** (como a prestação de serviços ou a venda de mercadorias) ocorreu, e o Estado tem o direito de exigir o cumprimento da obrigação tributária.

O **art. 118 do CTN**[18] estabelece um princípio fundamental do Direito Tributário: **a independência das qualificações jurídicas do fato gerador da obrigação tributária em relação às definições dadas por outras áreas do Direito**. O dispositivo é uma expressão do **princípio da autonomia do Direito Tributário** e busca assegurar que o sistema tributário tenha sua própria lógica, não sendo influenciado diretamente por normas ou interpretações de outros ramos jurídicos. O que importa é a ocorrência do **fato gerador**, tal como descrito pela legislação tributária. Assim:

I – Um ato nulo ou anulável no campo do Direito Civil ou Comercial **não impede a incidência do tributo se o fato gerador descrito na lei tributária ocorreu.**

II – A **natureza jurídica** atribuída a um contrato ou ato em outro ramo do Direito **não condiciona sua tributação.**

A interpretação do fato gerador para fins tributários **não deve levar em conta os efeitos jurídicos ou econômicos do fato ocorrido**. A análise tributária se limita à **realização do fato descrito pela lei como gerador do tributo**, não aos desdobramentos ou implicações desse fato. Um exemplo é a transferência de um veículo por doação, que gera a incidência do ITCMD, mesmo que os efeitos econômicos da transferência (como o aumento de patrimônio) sejam discutíveis ou inexistentes.

13.5.3 Constituição de uma sociedade e sua regularização

Estabelece o **art. 126, III, do CTN**:

> **Art. 126.** A capacidade tributária passiva independe:
>
> III – de estar a pessoa jurídica regularmente constituída, bastando que configure uma unidade econômica ou profissional.

A **constituição de sociedades**, entendidas como agrupamentos de pessoas organizadas para o exercício de atividades econômicas ou outras finalidades, possui raízes históricas profundas, remontando às **corporações de ofício da Idade Média**, aos **contratos associativos no Direito Romano** e às **guildas mercantis da Europa pré-moderna**. Com a evolução do comércio, da indústria e das relações econômicas ao longo dos séculos XVIII e XIX, consolidou-se o instituto da **sociedade** como **pessoa jurídica distinta de seus membros**, o que culminou no surgimento do conceito moderno de personalidade jurídica.

Pela atual disposição do Código Civil, que versa sobre as normas gerais do direito de empresa, incluindo o direito societário, a **sociedade pode ser** ou **não dotada de personalidade jurídica**. Contudo, o fato de **não possuir personalidade jurídica** não

---

18. **Art. 118.** A definição legal do fato gerador é interpretada abstraindo-se:

    I – da validade jurídica dos atos efetivamente praticados pelos contribuintes, responsáveis, ou terceiros, bem como da natureza do seu objeto ou dos seus efeitos;

    II – dos efeitos dos fatos efetivamente ocorridos.

significa que a sociedade **seja considerada irregular**. Um dos principais exemplos resta na **sociedade em conta de participação**, insculpida entre os **arts. 991 a 996 do CC/2002**[19]. Tal sociedade é **desprovida de personalidade jurídica**; entretanto, **não se pode afirmar que se trata de uma sociedade irregular**.

Na perspectiva histórica, a sociedade considerada "**irregular**" ou "**de fato**" é aquela que, embora exista faticamente como organização econômica, **não cumpre integralmente os requisitos legais de constituição e registro**. A não observância das formalidades legais ou a falta de publicidade dos atos constitutivos colocam a sociedade em situação de **irregularidade frente ao ordenamento jurídico**.

Tradicionalmente, no direito comercial brasileiro, as sociedades irregulares **não gozavam da personalidade jurídica plena**, não possuindo a **proteção patrimonial** característica da **separação entre patrimônio societário e pessoal dos sócios**. Contudo, do ponto de vista tributário, a jurisprudência e a doutrina evoluíram no sentido de que a **atividade econômica**, ainda que exercida por **ente não regularmente constituído**, **não pode se esquivar da tributação**.

Independentemente do que fora tratado, temos uma consideração importante sobre **sociedade em conta de participação**. Estabelece o Código Civil que a atividade constitutiva do objeto social é exercida unicamente pelo **sócio ostensivo**, em seu **nome**

---

19. **Art. 991.** Na sociedade em conta de participação, a atividade constitutiva do objeto social é exercida unicamente pelo sócio ostensivo, em seu nome individual e sob sua própria e exclusiva responsabilidade, participando os demais dos resultados correspondentes.

Parágrafo único. Obriga-se perante terceiro tão somente o sócio ostensivo; e, exclusivamente perante este, o sócio participante, nos termos do contrato social.

Art. 992. A constituição da sociedade em conta de participação independe de qualquer formalidade e pode provar-se por todos os meios de direito.

Art. 993. O contrato social produz efeito somente entre os sócios, e a eventual inscrição de seu instrumento em qualquer registro não confere personalidade jurídica à sociedade.

Parágrafo único. Sem prejuízo do direito de fiscalizar a gestão dos negócios sociais, o sócio participante não pode tomar parte nas relações do sócio ostensivo com terceiros, sob pena de responder solidariamente com este pelas obrigações em que intervier.

Art. 994. A contribuição do sócio participante constitui, com a do sócio ostensivo, patrimônio especial, objeto da conta de participação relativa aos negócios sociais.

§ 1º A especialização patrimonial somente produz efeitos em relação aos sócios.

§ 2º A falência do sócio ostensivo acarreta a dissolução da sociedade e a liquidação da respectiva conta, cujo saldo constituirá crédito quirografário.

§ 3º Falindo o sócio participante, o contrato social fica sujeito às normas que regulam os efeitos da falência nos contratos bilaterais do falido.

Art. 995. Salvo estipulação em contrário, o sócio ostensivo não pode admitir novo sócio sem o consentimento expresso dos demais.

Art. 996. Aplica-se à sociedade em conta de participação, subsidiariamente e no que com ela for compatível, o disposto para a sociedade simples, e a sua liquidação rege-se pelas normas relativas à prestação de contas, na forma da lei processual.

Parágrafo único. Havendo mais de um sócio ostensivo, as respectivas contas serão prestadas e julgadas no mesmo processo.

individual e sob sua **própria** e **exclusiva responsabilidade**, participando os demais dos resultados correspondentes.

Podemos afirmar que o **sócio participante** não participa de nenhum dos **atos de gestão** e **administração do negócio**, cabendo tais funções, unicamente, ao **sócio ostensivo.**

Assim estabelece o **art. 993, parágrafo único do CC/2002:**

> Sem prejuízo do direito de fiscalizar a gestão dos negócios sociais, o sócio participante não pode tomar parte nas relações do sócio ostensivo com terceiros, sob pena de responder solidariamente com este pelas obrigações em que intervier.

Propomos, para tanto, uma reflexão: se o Fisco determinar que a **capacidade tributária passiva** pertence à **sociedade em conta de participação**, não se estaria atribuindo **uma responsabilidade indevida ao sócio participante?** Se a sociedade em conta de participação (SCP) é **desprovida de personalidade jurídica**, não possuindo **existência formal perante terceiros**, o exercício da capacidade tributária passiva não pertenceria, tão somente, ao **sócio ostensivo?**

Tais digressões não passaram despercebidas pela jurisprudência, que tem consolidado a **responsabilidade exclusiva do sócio ostensivo** pelo **cumprimento das obrigações tributárias**, afastando a imputação de débitos fiscais à **Sociedade em Conta de Participação** (SCP) ou ao **sócio participante**. O entendimento é claro no sentido de que a **inexistência de personalidade jurídica** impede a SCP de ser **sujeito passivo de obrigações tributárias**. Merece atenção o disposto no **STJ – REsp 1.330.737/SP**, destacando que a SCP **não se constitui em sujeito de direito autônomo**, sendo o **sócio ostensivo** quem responde integralmente pelas obrigações fiscais e negociais.

O entendimento do STF caminha no mesmo sentido. No **ARE 1.202.601/SP**, a Corte reiterou que a SCP decorre de **relação contratual interna**, e a **responsabilidade tributária** recai **exclusivamente sobre o sócio ostensivo**, o único que mantém **vínculo jurídico** com o Fisco.

Exemplificando, se uma SCP atua na construção civil, gerando receita e lucro e, eventualmente, o Fisco municipal exige ISS diretamente, fica claro que a sociedade, por não possuir personalidade jurídica nem capacidade tributária, não pode ser sujeito passivo do tributo que o ISS deve ser exigido exclusivamente do **sócio ostensivo**, que realiza e formaliza as operações em seu nome.

JURISPRUDÊNCIA

PROCESSUAL CIVIL, FINANCEIRO E TRIBUTÁRIO. EMBARGOS DE DIVERGÊNCIA. CONTRIBUIÇÕES DESTINADAS A TERCEIROS. SERVIÇOS SOCIAIS AUTÔNOMOS. DESTINAÇÃO DO PRODUTO. SUBVENÇÃO ECONÔMICA. LEGITIMIDADE PASSIVA AD CAUSAM. LITISCONSÓRCIO. INEXISTÊNCIA. 1. O ente federado detentor da competência tributária e aquele a quem é atribuído o produto da arrecadação de tributo, bem como as autarquias e entidades às quais foram delegadas a capacidade tributária ativa, têm, em princípio, legitimidade passiva ad causam para as ações declaratórias e/ou condenatórias referentes à relação jurídico-tributária. 2. Na capacidade tributária ativa, há arrecadação do próprio tributo, o qual ingressa, nessa qualidade, no caixa da pessoa jurídica. 3. Arrecadado o tributo e, posteriormente, destinado seu produto a um terceiro, há espécie de subvenção. 4. A constatação efetiva da legitimidade passiva deve ser aferida caso a caso, conforme a causa de pedir e o contexto normativo em que se apoia a relação de direito material invocada na ação pela parte autora. 5. Hipótese em que não se verifica a legitimidade dos serviços sociais autônomos para constarem no polo passivo de ações judiciais em que são partes o contribuinte e o/a INSS/União Federal e nas quais se discutem a relação jurídico-tributária e a repetição de indébito, porquanto aqueles (os serviços sociais) são meros destinatários de subvenção econômica. 6. Embargos de divergência providos para declarar a ilegitimidade passiva ad causam do SEBRAE e da APEX e, por decorrência do efeito expansivo, da ABDI.
(STJ – EREsp: 1619954 SC 2016/0213596-6, Relator: Ministro GURGEL DE FARIA, Data de Julgamento: 10/04/2019, S1 – PRIMEIRA SEÇÃO, Data de Publicação: DJe 16/04/2019)
TRIBUTÁRIO. AGRAVO INTERNO NO RECURSO ESPECIAL. AÇÃO DECLARATÓRIA DE INEXIGIBILIDADE DA CONTRIBUIÇÃO REFERENTE AO SALÁRIO-EDUCAÇÃO C/C REPETIÇÃO DE INDÉBITO. ILEGITIMIDADE PASSIVA DO FNDE. ACÓRDÃO RECORRIDO EM DESCONFORMIDADE COM A JURISPRUDÊNCIA DO STJ, FIRMADA PELA PRIMEIRA SEÇÃO DO STJ, NO JULGAMENTO DOS ERESP 1.619.954/SC. CONFIRMAÇÃO DA DECISÃO QUE DEU PROVIMENTO AO RECURSO ESPECIAL. AGRAVO INTERNO IMPROVIDO. I. Agravo interno aviado contra decisão que julgara Recurso Especial interposto contra acórdão publicado na vigência do CPC/2015. II. A Primeira Seção do Superior Tribunal de Justiça, a partir do julgamento dos EREsp 1.619.954/SC (Rel. Ministro GURGEL DE FARIA, DJe de 16/04/2019), alterou o seu entendimento, firmando posição no sentido de que a legitimidade passiva, em demandas que visam a restituição de contribuições de terceiros, está vinculada à capacidade tributária ativa. Assim, nas hipóteses em que as entidades terceiras são meras destinatárias das contribuições, não possuem elas legitimidade ad causam para figurar no polo passivo, juntamente com a União. Idêntica conclusão aplica-se às ações de repetição de indébito da contribuição do salário-educação, porquanto o FNDE é mero destinatário do produto de sua arrecadação, cujos valores são recolhidos pela União, por meio da Secretaria da Receita Federal, por ter ela base de cálculo sobre a remuneração paga, devida ou creditada a segurados do Regime Geral de Previdência Social, na forma do art. 15 da Lei 9.424/96 c/c arts. 2º, caput, e 3º, caput, e §§ 2º e 6º, da Lei 11.457/2007. III. Esta Corte, após o julgamento dos EREsp 1.619.954/SC, tem decidido, em casos análogos ao presente, pela ilegitimidade passiva do FNDE. Nesse sentido: STJ, REsp 1.743.901/SP, Rel. Ministro FRANCISCO FALCÃO, SEGUNDA TURMA, DJe de 03/06/2019; REsp 1.846.487/BA, Rel. Ministro HERMAN BENJAMIN, SEGUNDA TURMA, DJe de 12/05/2020; REsp 1.925.735/RS, Rel. Ministro MAURO CAMPBELL MARQUES, SEGUNDA TURMA, DJe de 08/04/2021; AgInt no REsp 1.595.696/PR, Rel. Ministro BENEDITO GONÇALVES, PRIMEIRA TURMA, DJe de 06/05/2020; AgInt no REsp 1.703.410/RS, Rel. Ministro NAPOLEÃO NUNES MAIA FILHO, PRIMEIRA TURMA, DJe de 04/05/2020. IV. No caso, a Lei 11.457/2007 – que criou a "Super Receita" e transferiu, para a Secretaria da Receita Federal do Brasil, as atividades de tributação, fiscalização, arrecadação, cobrança e recolhimento das contribuições de terceiros – mostra-se relevante para a definição do sujeito passivo desta ação declaratória de inexistência de relação jurídico-tributária c/c repetição de indébito, pois o FNDE não possui capacidade tributária ativa, o que afasta a sua legitimidade passiva ad causam, mormente porque, no transcurso do processo, nenhuma das partes cogitou, oportunamente, acerca da eventual ocorrência de arrecadação direta da contribuição ao salário-educação. V. Agravo interno improvido.
(STJ – AgInt no REsp: 1938071 GO 2021/0144865-1, Data de Julgamento: 09/11/2022, T2 – SEGUNDA TURMA, Data de Publicação: DJe 11/11/2022)

TRIBUTÁRIO. CONTRIBUIÇÕES DESTINADAS A TERCEIROS. SERVIÇO SOCIAL AUTÔNOMO. AÇÃO DE COBRANÇA. ILEGITIMIDADE ATIVA. 1. "O ente federado detentor da competência tributária e aquele a quem é atribuído o produto da arrecadação de tributo, bem como as autarquias e entidades às quais foram delegadas a capacidade tributária ativa, têm, em princípio, legitimidade passiva ad causam para as ações declaratórias e/ou condenatórias referentes à relação jurídico-tributária" (EREsp 1.619.954/SC, Rel. Ministro GURGEL DE FARIA, PRIMEIRA SEÇÃO, julgado em 10/04/2019, DJe 1º/07/2019). 2. Com a entrada em vigor da Lei n. 11.457/2007, por força das disposições contidas especialmente em seus arts. 2º e 3º, e por ostentarem os serviços sociais autônomos integrantes do denominado Sistema S natureza de pessoa jurídica de direito privado e não integrarem a Administração Pública, cabe tão somente à Secretaria de Receita Federal do Brasil proceder às atividades de tributação, fiscalização, arrecadação e cobrança das contribuições de terceiros. 3. Ilegitimidade ativa ad causam do SESI para ajuizar ação de cobrança de contribuição que lhe é destinada por subvenção. 4. Agravo interno desprovido.
(**STJ – AgInt no AREsp: 2016952** RS 2021/0345397-5, Relator: GURGEL DE FARIA, Data de Julgamento: 08/05/2023, T1 – PRIMEIRA TURMA, Data de Publicação: DJe 19/05/2023)
PROCESSUAL CIVIL. SALÁRIO-EDUCAÇÃO. RESTITUIÇÃO DE INDÉBITO. CONDENAÇÃO EXCLUSIVA DA UNIÃO APÓS A EXCLUSÃO DO FNDE DO POLO PASSIVO DO FEITO. RETORNO DOS AUTOS À ORIGEM. DESPROVIMENTO DO AGRAVO INTERNO. MANUTENÇÃO DA DECISÃO RECORRIDA. I – Na origem, trata-se de ação objetivando o reconhecimento da inexigibilidade da contribuição para o salário-educação, na condição de produtor rural pessoa física, com inscrição no CNPJ por exigência do Estado de São Paulo. Na sentença, julgaram-se improcedentes seus pedidos. A Corte de origem deu parcial provimento à apelação, declarando a ilegitimidade passiva da União. II – A jurisprudência desta Corte está orientada pelo entendimento de que a União deve figurar no polo passivo das ações que visem à restituição da contribuição ao "salário educação", após a entrada em vigor da Lei n. 11.457/2007, por ser o ente que detém a capacidade tributária ativa. Nesse sentido: EDcl no REsp n. 1.810.186/PR, relator Ministro Mauro Campbell Marques, Segunda Turma, julgado em 14/6/2021, DJe 17/6/2021; REsp n. 1.846.487/BA, relator Ministro Herman Benjamin, Segunda Turma, julgado em 11/2/2020, DJe 12/5/2020 e REsp n. 1.743.901/SP, relator Ministro Francisco Falcão, Segunda Turma, julgado em 9/5/2019, DJe 3/6/2019. III – Ademais, o FNDE não foi excluído do polo passivo da ação, porquanto não há recurso da entidade contra o acórdão que a condenou a restituir os valores indevidamente recolhidos a título de salário-educação em razão da acolhida do pedido autoral. IV – Assim, correta a decisão que determinou o retorno dos autos à origem para o rejulgamento da apelação, à vista do provimento do recurso especial. V – Por fim, o acolhimento da pretensão deduzida no recurso especial não repercutiu sobre o ônus sucumbencial, atribuído integralmente ao réu remanescente, pelo acórdão recorrido. VI – Agravo interno improvido.
(**STJ – AgInt nos EDcl no REsp: 1938129 DF** 2021/0145367-1, Relator: Ministro FRANCISCO FALCÃO, Data de Julgamento: 20/03/2023, T2 – SEGUNDA TURMA, Data de Publicação: DJe 24/03/2023)
RECURSO ESPECIAL Nº 2043112 – DF (2022/0388208-1) DECISÃO Trata-se de recurso especial interposto por OSVALDO PEREIRA com fundamento no art. 105, inciso III, alíneas a e c, da CF/1988 contra acórdão do TRF da 1ª Região assim ementado (e-STJ fls. 462/463): TRIBUTÁRIO. AÇÃO ORDINÁRIA. CONTRIBUIÇÃO PREVIDENCIÁRIA. LEGITIMIDADE DO FNDE. ILEGITIMIDADE DA UNIÃO. SALÁRIO-EDUCAÇÃO. PRODUTOR RURAL PESSOA FÍSICA SEM INSCRIÇÃO NO CNPJ. INSCRIÇÃO COMO FIRMA INDIVIDUAL. POR DETERMINAÇÃO DO ESTADO DE SP. NÃO INCIDÊNCIA. PRESCRIÇÃO QUINQUENAL. (09). 1. O Pleno do STF (RE 566621/RS, Rel. Min. ELLEN GRACIE, trânsito em julgado em 27.02.2012), sob o signo do art. 543-B do CPC, que concede ao precedente extraordinária eficácia vinculativa que impõe sua adoção em casos análogos, reconheceu a inconstitucionalidade do art. 4º, segunda parte, da LC 118/2005 e considerou aplicável a prescrição quinquenal às ações repetitórias ajuizadas a partir de 09 JUN 2005. 2. Nesse contexto, reconheço apenas a legitimidade passiva do FNDE, o que acarreta na ilegitimidade da União para figurar no polo passivo das demandas que versem sobre contribuição ao salário-educação. (AGRAC 0004149-65.2010.4.01.3802 / MG, Rel. DESEMBARGADOR FEDERAL NOVÉLY VILANOVA, OITAVA TURMA, e-DJF1 p. 1713 de 13/02/2015) (AgRg no REsp 1546558/RS, Rel. Ministro HUMBERTO MARTINS, SEGUNDA TURMA, julgado em 01/10/2015, DJe 09/10/2015)

3. A matéria não demanda maiores digressões, uma vez que já julgada sob o regime dos recursos repetitivos (REsp nº 1.162.307/RJ, 1ª Seção, Rel. Min. Luiz Fux, DJe de 3.12.2010), ficando consolidado o entendimento de que a contribuição ao salário-educação somente é devida pelas empresas, excluindo-se o produtor rural, pessoa física, sem inscrição no CNPJ. 4. Com efeito, "a contribuição para o salário-educação tem como sujeito passivo as empresas, assim entendidas as firmas individuais ou sociedades que assumam o risco de atividade econômica, urbana ou rural, com fins lucrativos ou não" (REsp 1.162.307/RJ, 1ª Seção, Rel. Min. Luiz Fux, DJe de 3.12.2010 – recurso submetido à sistemática prevista no art. 543-C do CPC), razão pela qual o produtor rural pessoa física, desprovido de registro no Cadastro Nacional de Pessoa Jurídica (CNPJ), não se enquadra no conceito de empresa (firma individual ou sociedade), para fins de incidência da contribuição para o salário educação". 5. Quanto à compensação, o Superior Tribunal de Justiça, sob o rito dos recursos repetitivos, firmou o entendimento de que a lei que rege a compensação tributária é a vigente na data de propositura da ação, ressalvando-se, no entanto, o direito de o contribuinte proceder à compensação dos créditos pela via administrativa, em conformidade com as normas posteriores. Precedente (REsp nº 1.137738/SP – Rel. Min. Luiz Fux – STJ – Primeira Seção – Unânime – DJe 1º/02/2010). Aplicável, ainda, o disposto no art. 170-A do CTN. 6. A correção monetária e os juros devem incidir na forma do Manual de Cálculos da Justiça Federal. 7. FNDE reincluído de ofício. Apelação da autora provida. Apelação da União provida para excluir a União da lide. Remessa oficial parcialmente provida para adequar os termos da compensação. Os embargos de declaração opostos foram acolhidos, em parte (e-STJ fls. 527/528). No especial, a parte alega, além de dissídio jurisprudencial, violação dos arts. 2º, caput, 3º, caput e § 6º, 16, § 1º, da Lei n. 11.457/2007 e do art. 119 do CTN. Para tanto, defende a legitimidade da União Federal para figurar no polo passivo da demanda, de acordo com a atual jurisprudência desta eg. Corte Superior. Aduz que "nos autos do Recurso Especial nº 1.743.901/SP 3, da Relatoria do Ministro Francisco Falcão e também de patrocínio do subscritor deste, a Egrégia 2ª Turma confirmou que somente a União Federal tem legitimidade passiva em demandas em que se discute a contribuição ao Salário-Educação e a restituição do indébito tributário, exatamente o caso dos autos" (e-STJ fl. 548). Sem contrarrazões, o recurso fora admitido na origem (e-STJ fls. 601/602). Passo a decidir. Considerado isso, importa mencionar que o recurso especial se origina de ação ordinária ajuizada por OSVALDO PEREIRA contra a União e o FNDE, em que se objetiva a declaração de inexigibilidade da contribuição salário-educação para o produtor rural pessoa física, e a restituição dos valores indevidamente recolhidos. A sentença excluiu o FNDE do polo passivo da demanda e julgou procedente os pedidos (e-STJ fls. 349/356). O acórdão regional reincluiu o FNDE, de ofício; proveu o apelo da parte autora e da União Federal, excluindo-a do feito. Pois bem. Tenho que assiste razão à parte recorrente quanto à legitimidade da União para compor o polo passivo da demanda. Com efeito, a Primeira Seção do STJ já decidiu pela inexistência de legitimidade passiva das entidades que recebem subvenção econômica:
PROCESSUAL CIVIL, FINANCEIRO E TRIBUTÁRIO. EMBARGOS DE DIVERGÊNCIA. CONTRIBUIÇÕES DESTINADAS A TERCEIROS. SERVIÇOS SOCIAIS AUTÔNOMOS. DESTINAÇÃO DO PRODUTO. SUBVENÇÃO ECONÔMICA. LEGITIMIDADE PASSIVA AD CAUSAM. LITISCONSÓRCIO. INEXISTÊNCIA. 1. O ente federado detentor da competência tributária e aquele a quem é atribuído o produto da arrecadação de tributo, bem como as autarquias e entidades às quais foram delegadas a capacidade tributária ativa, têm, em princípio, legitimidade passiva ad causam para as ações declaratórias e/ou condenatórias referentes à relação jurídico-tributária. 2. Na capacidade tributária ativa, há arrecadação do próprio tributo, o qual ingressa, nessa qualidade, no caixa da pessoa jurídica. 3. Arrecadado o tributo e, posteriormente, destinado seu produto a um terceiro, há espécie de subvenção. 4. A constatação efetiva da legitimidade passiva deve ser aferida caso a caso, conforme a causa de pedir e o contexto normativo em que se apoia a relação de direito material invocada na ação pela parte autora. 5. Hipótese em que não se verifica a legitimidade dos serviços sociais autônomos para constarem no polo passivo de ações judiciais em que são partes o contribuinte e o/a INSS/União Federal e nas quais se discutem a relação jurídico-tributária e a repetição de indébito, porquanto aqueles (os serviços sociais) são meros destinatários de subvenção econômica. 6. Embargos de divergência providos para declarar a ilegitimidade passiva ad causam do SEBRAE e da APEX e, por decorrência do efeito expansivo, da ABDI.

(EREsp 1.619.954/SC, Rel. Ministro GURGEL DE FARIA, PRIMEIRA SEÇÃO, julgado em 10/04/2019, DJe 16/04/2019). Esse entendimento também se aplica ao FNDE no caso da contribuição ao salário educação. Nesse sentido: TRIBUTÁRIO. CONTRIBUIÇÃO PARA O SALÁRIO-EDUCAÇÃO. LEGITIMIDADE DO FNDE. PRODUTOR RURAL. PESSOA FÍSICA COM REGISTRO NO CNPJ. EQUIPARAÇÃO À EMPRESA. I – O feito decorre de ação ajuizada para obter a restituição da contribuição do salário-educação cobrado de produtor rural, pessoa física, com inscrição no Cadastro Nacional de Pessoa Jurídica – CNPJ, como contribuinte individual.

II – A contribuição do salário-educação é devida pelo produtor rural, pessoa física, que possui registro no Cadastro Nacional de Pessoa Jurídica – CNPJ, ainda que contribuinte individual, pois somente o produtor rural que não está cadastrado no CNPJ está desobrigado da incidência da referida exação. Precedentes: AgInt no AREsp n. 821.906/SP, Rel. Ministro Gurgel de Faria, DJe 4/2/2019; AgInt no REsp n. 1.719.395/SP, Rel. Ministro Herman Benjamin, DJe 27/11/2018. III – O Superior Tribunal de Justiça vinha entendendo que o Fundo Nacional para o Desenvolvimento da Educação (FNDE) deve integrar a lide que tem como objeto a contribuição ao salário-educação, conforme decidido nos REsp n. 1.658.038/RS, Rel. Min. Herman Benjamin, DJe 30/6/2017 e AgInt no REsp n. 1.629.301/SC, Rel. Min. Mauro Campbell Marques, DJe 13/3/2017. Entretanto, em recente julgamento, no EREsp n. 1.619.954/SC, a Primeira Seção do Superior Tribunal de Justiça declarou a ilegitimidade passiva do SEBRAE, da APEX e da ABDI, nas ações nas quais se questionam as contribuições sociais a eles destinadas. Tal entendimento foi fundamentado na constatação de que a legitimidade passiva em tais demandas está vinculada à capacidade tributária ativa. Assim, sendo as entidades referidas meras destinatárias da referida contribuição, são ilegítimas para figurar no polo passivo ao lado da União. O mesmo raciocínio se aplica na hipótese dos autos, apontando a ilegitimidade passiva do FNDE, porquanto a arrecadação da denominada contribuição salário-educação tem sua destinação para a autarquia, com os valores, entretanto, sendo recolhidos pela União, por meio da Secretaria da Receita Federal. IV – Recurso especial da Fazenda Nacional provido. Recurso Especial do FNDE provido para declarar sua ilegitimidade passiva. (REsp 1.743.901/SP, Rel. Ministro FRANCISCO FALCÃO, SEGUNDA TURMA, julgado em 09/05/2019, DJe 03/06/2019). Nesse contexto, o recurso deve ser provido para determinar a inclusão da União Federal no polo passivo da ação. Ausente recurso do Fundo Nacional de Desenvolvimento Econômico – FNDE, deixo de excluí-lo do feito. Ante o exposto, com base no art. 255, § 4º, III, do RISTJ, DOU PROVIMENTO ao recurso especial para reconhecer a legitimidade passiva da União Federal, incluindo-a no feito. Publique-se. Intimem-se. Brasília, 17 de fevereiro de 2023. Ministro GURGEL DE FARIA Relator.

(**STJ – REsp: 2043112 DF** 2022/0388208-1, Relator: Ministro GURGEL DE FARIA, Data de Publicação: DJ 23/02/2023).

13.6 DOMICÍLIO TRIBUTÁRIO

Antes de adentrarmos na questão do domicílio tributário, faz-se importante estabelecer as relações entre **domicílio** e **residência parta** para, posteriormente, observarmos os critérios aplicáveis ao **domicílio tributário ou fiscal**.

A definição de cada um desses conceitos influi diretamente em questões como a competência territorial, a comunicação de atos processuais e a fixação da obrigação tributária. Além disso, o advento da tecnologia e dos sistemas de comunicação digital trouxe à tona o conceito de **domicílio eletrônico do contribuinte**, que vem sendo amparado e consolidado pela jurisprudência.

Entende-se por **residência** o local onde a pessoa efetivamente mora ou habita de **modo habitual**. No Direito Civil brasileiro, a **residência** é entendida como o **lugar físico** onde se estabelecem relações de **convivência pessoal**, **familiar** e **social**.

Já o **domicílio** é o local onde a pessoa estabelece **ânimo definitivo** de permanecer e de onde **irradia seus efeitos jurídicos**, sendo o ponto de referência para o exercício e cumprimento de obrigações. A fixação dos parâmetros acerca do domicílio se encontra a partir do **art. 70 e seguintes do CC/2002**[20]. No caso das **pessoas jurídicas**, reza o **art. 75 do CC/2002**:

> Art. 75. Quanto às pessoas jurídicas, o domicílio é:
>
> I – da União, o Distrito Federal;
>
> II – dos Estados e Territórios, as respectivas capitais;
>
> III – do Município, o lugar onde funcione a administração municipal;
>
> IV – das demais pessoas jurídicas, o lugar onde funcionarem as respectivas diretorias e administrações, ou onde elegerem domicílio especial no seu estatuto ou atos constitutivos.
>
> § 1º Tendo a pessoa jurídica diversos estabelecimentos em lugares diferentes, cada um deles será considerado domicílio para os atos nele praticados.
>
> § 2º Se a administração, ou diretoria, tiver a sede no estrangeiro, haver-se-á por domicílio da pessoa jurídica, no tocante às obrigações contraídas por cada uma das suas agências, o lugar do estabelecimento, sito no Brasil, a que ela corresponder.

Observa-se que, no caso das **pessoas jurídicas**, o domicílio deverá observar critérios que variam conforme a **natureza** e a **localização das entidades**. Esse dispositivo é essencial para determinar **onde a pessoa jurídica pode ser demandada judicialmente**, onde **cumpre obrigações** e onde **pode ser notificada formalmente**.

O denominado **domicílio tributário** é o local indicado pelo sujeito passivo da obrigação tributária – contribuinte ou responsável – para responder aos fins fiscais. A **regra geral** adotada para definição do domicílio tributário é a **eleição do foro pelo sujeito passivo**, ou seja, o contribuinte ou responsável indica a autoridade administrativa fazendária competente o local onde possa ser encontrado para fins fiscais. Tais informações ficarão no **banco de dados do órgão público competente**, sendo que todas as intimações, comunicações fiscais de qualquer espécie serão remetidas a esse endereço.

O conceito de **domicílio eletrônico** interage com o **art. 75 do CC/2002**, especialmente no caso de **empresas que operam em vários locais** ou possuem **sede administrativa no exterior**, o que passa a ser algo mais comum diante da globalização econômica. O uso de sistemas como o **Domicílio Tributário Eletrônico (DTE)** complementa o domicílio físico, garantindo eficiência na comunicação com o Fisco.

O STJ, quando do julgamento do **REsp 1.201.091/SP** determinou que, em litígios envolvendo **filiais de uma pessoa jurídica**, o foro competente será o local onde a **filial está situada**, de acordo com o **§ 1º do art. 75 do CC/2002**.[21] De igual modo, no **REsp 1.220.667/RS** foi reconhecido que o **domicílio tributário da filial** será o local

---

20. **Art. 70.** O domicílio da pessoa natural é o lugar onde ela estabelece a sua residência com ânimo definitivo.
21. **Art. 75.** (...)
    § 1º Tendo a pessoa jurídica diversos estabelecimentos em lugares diferentes, cada um deles será considerado domicílio para os atos nele praticados.

onde **desempenha sua atividade econômica**, sendo este o ponto de referência para obrigações fiscais.

No **aspecto empresarial**, a denominada **filial** representa uma **extensão da empresa**, com maior autonomia em relação a matriz, realizando **atividades semelhantes às da sede**, podendo celebrar contratos e realizar negócios diretamente.

Geralmente, **possui um CNPJ próprio** (embora vinculado à matriz), o que implica **responsabilidade contábil e fiscal local**.

Semelhante à filial, a **sucursal** é mais usada em **contextos internacionais**. Refere-se à **representação de uma empresa estrangeira no Brasil**, operando sob o **registro e normas do país de origem**. Goza de **menor autonomia que a filial**, dependendo mais diretamente da matriz e sua constituição exige **autorização governamental específica no Brasil**.

Por fim, a **agência** é mais limitada em suas atividades. Atua como **ponto de atendimento** ou **representação comercial**, sem grande autonomia para tomadas de decisões ou realização de negócios diretamente, dependendo fortemente da **matriz** ou **filial** para operações e decisões estratégicas.

Mesmo ocorrendo tais distinções, no campo empresarial, o **princípio da autonomia dos estabelecimentos** estabelece que **cada unidade de uma empresa** (matriz, filial, sucursal ou agência) é considerada, para fins tributários, como um **estabelecimento autônomo**. Cada unidade deve **cumprir obrigações fiscais e contábeis separadamente**, como a apuração de tributos (ISS, ICMS etc.), emissão de notas fiscais e escrituração de livros fiscais.

A autonomia é fundamental para fins de **recolhimento de tributos locais e, principalmente, o atendimento e cumprimento de obrigações acessórias**, visto que cada estabelecimento deve registrar e informar sua movimentação fiscal, evitando possíveis desvios de finalidade na atuação.

Devido a existência e aplicação do **princípio da autonomia dos estabelecimentos**, a tributação passa a ser relevante em se tratando do **critério territorial**, visto que cada unidade está sujeita às alíquotas e legislações locais. É o caso de incidência do **Imposto sobre Serviços de qualquer natureza** (ISS), que pode variar de **2% a 5%** dependendo do **município** onde a filial ou agência está instalada.

Uma importância significativa decorre com algumas espécies tributárias. Em tributos como **ICMS** e **PIS/COFINS**, pode haver discussões sobre o **aproveitamento de créditos fiscais entre matriz e filiais** e a autonomia implica **maior complexidade no cumprimento das obrigações acessórias**, já que cada estabelecimento precisa manter registros contábeis, fiscais e trabalhistas independentes.

Portanto, a adoção de um **planejamento tributário eficaz** se mostra fundamental, visto que as empresas podem escolher o **local de instalação de filiais/agências** com base em **benefícios fiscais** ou **alíquotas mais vantajosas**, considerando diferenças entre Estados e Municípios.

Com o **avanço tecnológico** e a **utilização de inteligência artificial generativa**, o **domicílio eletrônico** passou a ser uma ferramenta implementada pela administração pública para facilitar a comunicação oficial entre órgãos governamentais e contribuintes, substituindo ou complementando notificações físicas. Ele permite que os atos administrativos, como intimações, notificações e comunicados, sejam enviados de forma digital, conferindo maior eficiência e celeridade ao processo administrativo.

A **Instrução Normativa RFB nº 1787/2018** regulamenta o **Domicílio Tributário Eletrônico na Receita Federal (DTE)**, sendo o meio oficial de comunicação entre a Receita Federal e os contribuintes.

Após a **disponibilização da comunicação no domicílio eletrônico**, o contribuinte é considerado **automaticamente ciente** após um **prazo determinado**. Geralmente, o prazo estabelecido pelas regulamentações é de **10** (dez) **dias**.

Por mais que seja um mecanismo extremamente eficaz, há uma **grande dependência de regulamentação clara** em determinadas circunstâncias e do suporte técnico necessário para atender às demandas de acessibilidade e segurança digital.

13.6.1 Ausência de eleição do foro pelo sujeito passivo

A regra geral, conforme vimos, é a **eleição do foro pelo sujeito passivo**. Assim, o **domicílio tributário** será indicado pelo sujeito passivo para poder responder aos fins fiscais, mediante o atendimento da legislação específica de cada ente federativo.

Pode ocorrer, no entanto, a **ausência de indicação do domicílio tributário pelo contribuinte**. Com isso, o Fisco deverá o observar o disposto no **art. 127 do CTN**[22], dividindo como deverá ocorrer a definição do domicílio tributário da **pessoa natural** e das **pessoas jurídicas de direito público** e **privado**.

13.6.1.1 *Pessoa natural*

O **art. 127, I, do CTN** determina:

---

22. **Art. 127.** Na falta de eleição, pelo contribuinte ou responsável, de domicílio tributário, na forma da legislação aplicável, considera-se como tal:

    I – quanto às pessoas naturais, a sua residência habitual, ou, sendo esta incerta ou desconhecida, o centro habitual de sua atividade;

    II – quanto às pessoas jurídicas de direito privado ou às firmas individuais, o lugar da sua sede, ou, em relação aos atos ou fatos que derem origem à obrigação, o de cada estabelecimento;

    III – quanto às pessoas jurídicas de direito público, qualquer de suas repartições no território da entidade tributante.

    § 1º Quando não couber a aplicação das regras fixadas em qualquer dos incisos deste artigo, considerar-se-á como domicílio tributário do contribuinte ou responsável o lugar da situação dos bens ou da ocorrência dos atos ou fatos que deram origem à obrigação.

    § 2º A autoridade administrativa pode recusar o domicílio eleito, quando impossibilite ou dificulte a arrecadação ou a fiscalização do tributo, aplicando-se então a regra do parágrafo anterior.

13 • DIREITO OBRIGACIONAL TRIBUTÁRIO — 473

Art. 127. Na falta de eleição, pelo contribuinte ou responsável, de domicílio tributário, na forma da legislação aplicável, considera-se como tal:

I – quanto às pessoas naturais, a sua residência habitual, ou, sendo esta incerta ou desconhecida, o centro habitual de sua atividade;

Para **pessoas físicas**, o domicílio tributário, na ausência de eleição, será a **residência habitual**. Caso esta não seja identificável, considera-se o **centro habitual de suas atividades**, que pode ser, por exemplo, o local de trabalho ou o lugar onde realiza transações relevantes.

Os Tribunais têm confirmado que a definição do domicílio tributário das pessoas físicas segue **critérios objetivos**, sendo a **residência habitual** o ponto de partida. Em casos de **trabalhadores autônomos** ou **profissionais liberais**, a jurisprudência tem aceitado o **centro de atividades** como critério válido.

13.6.1.2 Pessoa jurídica de direito privado

Estabelece o **art. 127. II, do CTN**:

Art. 127. Na falta de eleição, pelo contribuinte ou responsável, de domicílio tributário, na forma da legislação aplicável, considera-se como tal:

II – quanto às pessoas jurídicas de direito privado ou às firmas individuais, o lugar da sua sede, ou, em relação aos atos ou fatos que derem origem à obrigação, o de cada estabelecimento;

Acerca das **pessoas jurídicas de direito privado**, a norma tributária não faz qualquer distinção entre as **pessoas jurídicas estatais** ou **não estatais**. Como **estatais**, podemos trazer as **empresas públicas** e **sociedades de economia mista**, nos termos do **art. 5º, II e III, o DL 200/67**[23]; já as **não estatais** são as definidas pelo **art. 44 do CC/2002**[24].

---

23. **Art. 5º** Para os fins desta lei, considera-se:

    II – Empresa Pública – a entidade dotada de personalidade jurídica de direito privado, com patrimônio próprio e capital exclusivo da União, criado por lei para a exploração de atividade econômica que o Governo seja levado a exercer por força de contingência ou de conveniência administrativa podendo revestir-se de qualquer das formas admitidas em direito.

    III – Sociedade de Economia Mista – a entidade dotada de personalidade jurídica de direito privado, criada por lei para a exploração de atividade econômica, sob a forma de sociedade anônima, cujas ações com direito a voto pertençam em sua maioria à União ou a entidade da Administração Indireta.

24. **Art. 44**. São pessoas jurídicas de direito privado:

    I – as associações;

    II – as sociedades;

    III – as fundações.

    IV – as organizações religiosas;

    V – os partidos políticos;

    VI – revogado;

    VII – os empreendimentos de economia solidária.

    § 1º São livres a criação, a organização, a estruturação interna e o funcionamento das organizações religiosas, sendo vedado ao poder público negar-lhes reconhecimento ou registro dos atos constitutivos e necessários ao seu funcionamento.

Para estas **pessoas jurídicas**, o domicílio tributário será, em regra, o **local da sede estatutária ou contratual**. Contudo, para atos ou fatos tributários específicos, cada estabelecimento pode ser considerado um **domicílio tributário autônomo**, em consonância com o **princípio da autonomia dos estabelecimentos**.

A jurisprudência reconhece a possibilidade de considerar o **estabelecimento como domicílio tributário em situações específicas**, especialmente no caso de **tributos estaduais ou municipais** (como ICMS ou ISS). Tribunais superiores, como o STJ, têm decidido que o **local do estabelecimento** pode prevalecer quando os **atos ou fatos geradores ocorrerem fora da sede**. Exemplificando: para o ISS, o **local da prestação do serviço** pode ser considerado o domicílio tributário, mesmo que a **sede da empresa** esteja em outro Município.

Fato que deve se levar em consideração são as **pessoas jurídicas de direito privado sediadas no exterior** e que, eventualmente, deixam de indicar o respectivo domicílio tributário. *In casu*, o **domicílio tributário** será determinado pelo **local onde estão situados os bens** relacionados à **atividade econômica no Brasil** ou onde ocorreram os **atos ou fatos geradores** da obrigação tributária, aplicando-se o dispositivo constante § 1º do art. 127 do CTN[25].

Neste caso, se a **pessoa jurídica estrangeira** possui **bens imóveis** no Brasil (exemplo: locação, venda ou transferência de imóveis), o **domicílio tributário** será o **local do bem**. Para atividades como **importação/exportação, prestação de serviços** ou **comércio eletrônico**, o **domicílio tributário** será o **local onde o fato gerador ocorrer**, como o **porto de entrada, local da prestação do serviço** ou o **endereço do cliente brasileiro**.

Quando a legislação exigir um **representante legal** (como no caso de algumas operações financeiras ou tributárias), o **domicílio tributário** pode ser o **local do domicílio desse representante**. É o que ocorre nos casos de empresas estrangeiras que contratam serviços no Brasil e devem ter um responsável para retenção de tributos como, p.ex., o **Imposto de Renda Retido na Fonte** (IRRF).

Situação comum decorre de empresas estrangeiras que decidem estabelecer uma **sucursal ou filial no Brasil**. Nesse caso, as filiais ou sucursais precisam registrar a unidade junto à **Junta Comercial**, obtendo um Cadastro Nacional de Pessoa Jurídica (CNPJ) específico.

---

§ 2º As disposições concernentes às associações e aos empreendimentos de economia solidária aplicam-se subsidiariamente às sociedades que são objeto do Livro II da Parte Especial deste Código.

§ 3º Os partidos políticos serão organizados e funcionarão conforme o disposto em lei específica.

25. Art. 127 (...)

§ 1º Quando não couber a aplicação das regras fixadas em qualquer dos incisos deste artigo, considerar-se-á como domicílio tributário do contribuinte ou responsável o lugar da situação dos bens ou da ocorrência dos atos ou fatos que deram origem à obrigação.

Os **tratados internacionais sobre bitributação** ou **acordos bilaterais** podem influenciar a **definição do domicílio tributário**, dependendo das regras específicas acordadas entre o Brasil e o país de origem da empresa estrangeira.

13.6.1.3 *Pessoa jurídica de direito público*

Para as **pessoas jurídicas de direito público**, dispõe o **art. 127, III, do CTN**:

> **Art. 127.** Na falta de eleição, pelo contribuinte ou responsável, de domicílio tributário, na forma da legislação aplicável, considera-se como tal:
>
> III – quanto às pessoas jurídicas de direito público, qualquer de suas repartições no território da entidade tributante.

As **pessoas jurídicas de direito público** são entidades criadas para desempenhar funções administrativas, políticas ou de interesse coletivo, possuindo personalidade jurídica própria e sendo submetidas a regimes jurídicos específicos, tendo sua tratativa inaugural nos **arts. 41 e 42 do CC/2002**:

> Art. 41. São pessoas jurídicas de direito público interno:
>
> I – a União;
>
> II – os Estados, o Distrito Federal e os Territórios;
>
> III – os Municípios;
>
> IV – as autarquias, inclusive as associações públicas;
>
> V – as demais entidades de caráter público criadas por lei.
>
> Parágrafo único. Salvo disposição em contrário, as pessoas jurídicas de direito público, a que se tenha dado estrutura de direito privado, regem-se, no que couber, quanto ao seu funcionamento, pelas normas deste Código.
>
> Art. 42. São pessoas jurídicas de direito público externo os Estados estrangeiros e todas as pessoas que forem regidas pelo direito internacional público.

A classificação comum identifica duas espécies de pessoas jurídicas de direito público: **interno** e **externo**.

As **pessoas jurídicas de direito público interno** têm sua composição pelos entes federativos e pelas entidades autárquicas e fundacionais públicas. Já as **pessoas jurídicas de direito público externo** englobam entidades que atuam internacionalmente e não pertencem diretamente ao ordenamento interno, mas com as quais o Brasil mantém relações (p.ex., organizações internacionais, Estados estrangeiros – quando representados por suas embaixadas ou consultados etc.

Segundo o disposto no **art. 127, III, do CTN**, o **domicílio tributário** pode ser **qualquer repartição pública** situada no território do ente que realiza a tributação. Isso confere **flexibilidade na escolha do local para notificações**, **arrecadações** e **fiscalizações tributárias**, facilitando o cumprimento das obrigações fiscais.

Assim, nos casos da **União**, o domicílio tributário poderá ser fixado em **qualquer unidade administrativa federal** (p.ex., tributos federais podem ter como referência as unidades da Receita Federal). Os **Estados** e o **DF** terão o seu domicílio em **quaisquer repartições estaduais relevantes**, como a sede da Secretaria da Fazenda e, em se tratando de **Municípios, quaisquer unidades administrativas da prefeitura** poderá figurar como domicílio tributário.

A escolha de qualquer repartição pública no território da entidade tributante é **válida**, desde que respeite a **razoabilidade** e a **eficiência administrativa**, e o STJ tem reafirmado que as pessoas jurídicas de direito público estão sujeitas às **mesmas obrigações fiscais das demais entidades**, especialmente no que se refere ao **cumprimento de prazos** e à **prestação de contas**, salvo determinados benefícios que podem ser indicados por lei.

13.6.2 Aplicabilidade do § 1º do art. 127 do Código Tributário Nacional (CTN)

O disposto no **§1º do art. 127 do CTN** tem aplicação **subsidiária**. Assim, a autoridade fazendária apenas poderá se utilizar do dispositivo após o **esgotamento do disposto no art. 127 *caput* da codificação tributária**. A norma funciona como um critério de última instância para assegurar que um domicílio tributário seja identificado, permitindo a adequada arrecadação e fiscalização tributária.

Para tanto, prevê **critérios objetivos** e **específicos** para definir o domicílio tributário em **casos omissos**, assegurando que, mesmo na ausência de um domicílio definido nos termos dos incisos do *caput* do art. 127 do CTN, será possível vincular o contribuinte ou responsável a um local de referência fiscal.

I – Lugar da situação dos bens

O lugar da situação dos bens será utilizado quando a obrigação tributária decorre de **bens localizados em um determinado lugar**, como **imóveis, veículos** ou **bens móveis** de valor significativo. Para ilustrar a situação, podemos mencionar a incidência do IPTU, em que o domicílio tributário, quando esgotados os regramentos do **art. 127 do CTN**, será do **Município** onde o imóvel estiver situado.

II – Lugar da ocorrência dos atos ou fatos que deram origem à obrigação tributária

Basicamente, observa-se o **aspecto espacial de incidência do tributo**, qual seja, o **local da ocorrência do fato gerador**. Assim, em se tratando de **prestação de serviços**, a incidência do ISS poderá se dar no **local do estabelecimento do prestador** ou no **local da prestação de serviços**, situações que serão **definidas pela lei de regência**.

O **aspecto teleológico** conferido ao **§ 1º do art. 127 do CTN** é a garantia de a autoridade fazendária dispor de **critérios objetivos para a identificação do domicílio tributário em situações excepcionais** e suprir lacunas que, eventualmente, possam dificultar a arrecadação e a fiscalização dos tributos.

Ademais, o § 1º reforça o **princípio da autonomia dos estabelecimentos**, pois permite que cada unidade ou operação tenha seu **próprio domicílio tributário**, mesmo que o contribuinte **não tenha um domicílio definido no território nacional**.

Por mais que o legislador procurou preencher as lacunas existentes, alguns desafios podem ocorrer, como em casos de **operações interestaduais ou entre municípios**, que poderá gerar disputas sobre qual **ente tributante tem o direito de arrecadar**, especialmente em atividades **sem um local físico definido**, bem como alguns contribuintes podem buscar **manipular a aplicação dos critérios** para direcionar o domicílio tributário a localidades com **menor carga tributária** ou **fiscalização menos rigorosa**.

Sem dúvida, esse foi um dos principais objetivos da **Reforma Tributária** disposta pela EC 132/2023 e regulamentada pelos PLPs 68 e 108, de 2024: a promoção de **maior justiça fiscal, eficiência econômica e redução de desigualdades regionais**. A ideia é a utilização de um modelo que busca corrigir distorções presentes no sistema tributário atual, especialmente no que diz respeito à tributação no **local de origem**, que favorece regiões mais industrializadas e economicamente desenvolvidas. Estados menos industrializados e com maior demanda de bens e serviços, como os do **Norte** e **Nordeste**, serão beneficiados, pois receberão uma **parcela maior da arrecadação**.

A **tributação no destino** evita que o sistema favoreça indiretamente determinados Estados ou empresas, garantindo que o consumo seja tributado de forma **uniforme em todo o país**.

É cediço que os **desafios** a serem enfrentados na implementação não serão simples. Dentre eles, destacamos o **local de destino** em **operações digitais e transnacionais** (como *e-commerce*), que pode ser **complexo** e demandar **mecanismos sofisticados de fiscalização**, bem como Estados como São Paulo e Minas Gerais podem sofrer **perda inicial de arrecadação**. Assim, a Reforma Tributária precisa prever **mecanismos de compensação** ou **redistribuição** para mitigar esses impactos.

13.6.3 Recusa de domicílio eleito pelo sujeito passivo

A **possibilidade de recusa do domicílio tributário eleito** pelo contribuinte, prevista no **art. 127, § 2º, do CTN**, remonta à preocupação do legislador em garantir **efetividade** e **segurança na arrecadação fiscal**, impedindo que **escolhas artificiais de endereço** obstaculizem ou inviabilizem a atividade fiscalizatória.

Dispõe o **§ 2º do art. 127 do CTN**:

> Art. 127. (...)
>
> § 2º A autoridade administrativa pode recusar o domicílio eleito, quando impossibilite ou dificulte a arrecadação ou a fiscalização do tributo, aplicando-se então a regra do parágrafo anterior.

Ao analisarmos o dispositivo, podemos identificar um **critério objetivo** para fins de **recusa do domicílio tributário** indicado e um **critério subjetivo**. O **critério objetivo** leva em consideração o significado da expressão **local inacessível** para fins de recusa justificada do domicílio tributário indicado.

A jurisprudência tem caminhado no sentido de que passa a ser considerado local inacessível onde **não alcança o serviço postal**.

Em um país de dimensões continentais como o Brasil, há **regiões rurais, comunidades ribeirinhas, áreas de difícil acesso na Amazônia Legal** e demais **pontos isolados** em que o **serviço postal tradicional** não chega regularmente ou sequer se faz presente. Ainda que a malha de distribuição do serviço postal seja extensa, não cobre **100% do território de forma contínua**, o que gera desafios para a entrega de correspondências oficiais, **inclusive notificações fiscais**.

Para que haja a **recusa do domicílio**, o Fisco deve demonstrar objetivamente a **inviabilidade de acesso** ou a **inexistência de meios eficazes para notificar o contribuinte**. Isso **não** significa que qualquer local remoto seja automaticamente recusado. É preciso fundamentar, por exemplo, que a **localidade em questão não conta com entrega postal** ou **meios alternativos de comunicação** (como correspondência digital, domicílio eletrônico etc.).

Já o **critério subjetivo** leva em conta o denominado **local de difícil arrecadação**. Não se trata de um **ato discricionário pleno**. A autoridade fiscal está vinculada a **fundamentação** e **justificação da recusa**, devendo respeitar princípios constitucionais como a **legalidade, proporcionalidade**, e a **segurança jurídica**.

Em regra, **presume-se que o contribuinte age de boa-fé** ao indicar um domicílio. A recusa **só é válida** quando houver **elementos claros** que demonstrem **má-fé ou inviabilidade prática**, assim como o contribuinte tem o **direito de contestar a recusa**, apresentando justificativas para a escolha do domicílio.

Assim, a recusa não pode ser baseada em **critérios puramente subjetivos** ou **desproporcionais**. Por exemplo, o simples fato de o domicílio estar em local de **baixa arrecadação tributária** (como em estados com incentivos fiscais) **não justifica a recusa**. O **equilíbrio** entre o **direito de escolha do contribuinte** e o **dever do Fisco de garantir a arrecadação** é alcançado por meio de **critérios técnicos, fundamentação clara** e **respeito aos limites legais** impostos à administração pública.

Por conseguinte, levamos em consideração a dicção da **súmula 435 do STJ**, que dispõe:

Presume-se dissolvida irregularmente a empresa que deixar de funcionar no seu domicílio fiscal, sem comunicação aos órgãos competentes, legitimando o redirecionamento da execução fiscal para o sócio-gerente.

A **Súmula 435 do STJ**, interpretada sistematicamente com o CTN, fortalece a **efetividade** e a **segurança jurídica** da arrecadação tributária. Ao presumir dissolvida irregularmente a empresa não encontrada em seu domicílio fiscal (sem comunicação formal), o enunciado viabiliza a responsabilização dos sócios-gerentes e afasta estratégias de evasão.

A **dissolução regular de uma empresa** consiste em encerrar formalmente suas atividades, obedecendo às disposições legais e contratuais aplicáveis. No ordenamento jurídico brasileiro, esse processo **varia conforme o tipo societário**, sendo que o contrato social ou estatuto pode prever hipóteses e procedimentos para dissolução, como término do prazo de duração, consenso dos sócios, falta de quórum etc.

Deverá ocorrer uma **convocação de assembleia geral** ou **reunião de sócios**, em se tratando de uma **sociedade**, necessitando da **aprovação por quórum qualificado** e, a **depender da modalidade societária**, até a **nomeação de um liquidante se faz necessário**.

Mas, um fato não incomum é a **modificação do domicílio fiscal sem a devida comunicação aos órgãos fazendários**. A **Instrução Normativa RFB nº 1.863/2018** dispõe sobre a **obrigatoriedade de atualização cadastral no CNPJ**, incluindo **alterações de endereço**, assim como as legislações estaduais e municipais exigem a comunicação prévia para evitar a inconsistência dos cadastros tributários.

Sem dúvida, a principal **sanção tributária** é a **presunção de dissolução irregular da atividade**, permitindo o **redirecionamento da execução fiscal** aos sócios-gerentes, **responsabilizando-os pelos débitos tributários da empresa**. Empresas enquadradas no **Simples Nacional**, por exemplo, podem ser **excluídas do regime** em caso de **irregularidades cadastrais** (LC nº 123/2006).

Por mais que parcela da doutrina adota a forma de **presunção absoluta** nos casos de **redirecionamento da execução fiscal na pessoa dos sócios-administradores**, não nos parece ser o caso, visto que tal **presunção de dissolução irregular pode ser contestada**. O contribuinte pode apresentar **evidências** de que a empresa **foi dissolvida de maneira regular**, comunicando **adequadamente os órgãos competentes**, o que **desfaria a presunção estabelecida pela súmula**.

Destacamos que o contribuinte possui o direito de **apresentar defesa e provas** que demonstrem a **regularidade da dissolução da empresa** ou a **comunicação prévia do encerramento das atividades** ou eventual alteração de seu domicílio fiscal. A presunção, portanto, **não impede o exercício do contraditório** e da **ampla defesa**.

Por mais que consideremos uma forma de **presunção relativa**, é óbvio que a súmula em comento estabelece um **mecanismo robusto** para combater **fraudes fiscais**, desde que **respeitados os limites legais** e **constitucionais**, promovendo um **equilíbrio** entre os **interesses do Fisco** e os **direitos dos contribuintes**.

IMPORTANTE
Ocorrendo a recusa do domicílio mediante a observância dos critérios legais, aplicar-se-á o disposto no § 1º do art. 127 do CTN, levando cem consideração o local da situação de bem – no caso de bem imóveis, em regra – e o local da ocorrência do fato gerador.

JURISPRUDÊNCIA

TRIBUTÁRIO. PROCESSUAL CIVIL. RECURSO ORDINÁRIO EM MANDADO DE SEGURANÇA. TEMA NÃO EXAMINADO NA ORIGEM. SUPRESSÃO DE INSTÂNCIA. VEDAÇÃO. CERCEAMENTO DE DEFESA. NÃO CONFIGURAÇÃO. DIREITO LÍQUIDO E CERTO. INEXISTÊNCIA. 1. No recurso ordinário em mandado de segurança, não cabe ao STJ se pronunciar sobre as questões de mérito não tratadas na Corte de origem, sob pena de indevida supressão de instância. 2. A concessão da ordem, presente prova documental trazida já com a exordial (prova pré-constituída), vai condicionada à incontestável demonstração de violação ao alegado direito líquido e certo, por ato abusivo ou ilegal da indicada autoridade coatora. Inteligência do disposto no art. 1º da Lei n. 12.016/2009. 3. Na espécie, não logrou a recorrente comprovar a irregularidade da intimação, considerando-se que, conforme documentos acostados aos autos, a opção pelo Domicílio Tributário Eletrônico (DT-e) foi feita pelo então diretor gerente administrativo da empresa Impetrante, e não em nome do antigo contador, como sustentado na inicial do mandamus. 4. A jurisprudência desta Corte Superior é pacífica no sentido de ser dever do contribuinte manter seus dados atualizados no cadastro fiscal. 5. Agravo interno não provido.
(STJ – AgInt no RMS: 59479 ES 2018/0314370-7, Data de Julgamento: 05/09/2022, T1 – PRIMEIRA TURMA, Data de Publicação: DJe 08/09/2022)
ADMINISTRATIVO. EMBARGOS À EXECUÇÃO FISCAL. REGULARIDADE DA INTIMAÇÃO NO PROCESSO ADMINISTRATIVO FISCAL. REGULARIDADE DA CDA. RECURSO ESPECIAL. DEFICIÊNCIA DE FUNDAMENTAÇÃO RECURSAL. SÚMULA N. 284. REGULARIDADE DA INTIMAÇÃO FISCAL FEITA POR VIA POSTAL NO DOMICÍLIO FISCAL DO CONTRIBUINTE. ALEGAÇÃO DE IRREGULARIDADE DA CDA, POR AUSÊNCIA DE CERTEZA E LIQUIDEZ, QUE DEMANDA REEXAME DO CONTEXTO FÁTICO-PROBATÓRIO. SÚMULA N. 7 DO STJ. I – Na origem, trata-se de embargos à execução fiscal com valor de causa indicado de R$ 22.571.912,55 (vinte e dois milhões, quinhentos e setenta e um mil, novecentos e doze reais e cinquenta e três centavos), em março de 2016. Na sentença os embargos foram julgados improcedentes. No Tribunal a quo a sentença foi mantida. II – Quanto à alegação de violação da Lei n. 8.212/91, não é possível o conhecimento do recurso quando há indicação genérica de violação de lei federal sem particularizar quais dispositivos teriam sido violados, incidindo o óbice da Súmula n. 284/STF: "É inadmissível o recurso extraordinário, quando a deficiência na sua fundamentação não permitir a exata compreensão da controvérsia". II – A jurisprudência do Superior Tribunal de Justiça é no sentido de que a notificação regular do sujeito passivo, nos termos do Decreto n. 70.235/1972, pode se dar tanto pessoalmente quanto pela via postal, sendo que, para os fins de aperfeiçoamento desta última, basta a prova de que a correspondência foi entregue no endereço do domicílio fiscal eleito pelo próprio contribuinte, não sendo imprescindível que o aviso de recebimento seja assinado por ele. Nesse sentido: AgInt no REsp n. 1.828.207/RN, relator Ministro Francisco Falcão, Segunda Turma, julgado em 17/12/2019, DJe de 19/12/2019. III – O Tribunal de origem assentou que a intimação feita pelo correio foi entregue no domicílio fiscal do contribuinte, sendo, portanto, válida (fl. 1.695) e, partindo dessa premissa – cuja superação esbarraria no óbice da Súmula n. 7 do STJ – não há nulidade na intimação efetivada, nos termos da jurisprudência do STJ. IV – Alterar as conclusões da origem quanto à regularidade da CDA demandaria, necessariamente, revisão do contexto fático-probatório dos autos, o que é vedado pela Súmula n. 7 do STJ. Nesse sentido: AgInt no AREsp n. 1.795.216/SC, relator Ministro Sérgio Kukina, Primeira Turma, julgado em 13/6/2022, DJe de 20/6/2022; REsp n. 1.692.315/SP, relator Ministro Herman Benjamin, Segunda Turma, julgado em 3/10/2017, DJe de 16/10/2017.

V – Consoante estabelecido pelo acórdão de origem, a parte não se desincumbiu do ônus de provar o excesso na execução decorrente da inclusão do ICMS na base de cálculo do PIS e da COFINS, de modo que foi reputado regular o valor executado e alterar tal compreensão, evidentemente, violaria os termos da Súmula n. 7 do STJ.VI – Ainda que fosse o caso de recálculo do valor em razão da exclusão do ICMS da base de cálculo do PIS e da COFINS, tem-se que, nos termos da jurisprudência desta Corte, a necessidade de correção do valor da CDA por reconhecimento de excesso na execução, quando a alteração dependa de simples cálculo aritmético, não retira a certeza e a liquidez do título. Nesse sentido: AgInt no REsp n. 2.004.834/SP, relatora Ministra Regina Helena Costa, Primeira Turma, julgado em 26/9/2022, DJe de 28/9/2022. Dessa forma, por nenhum aspecto prospera a tese do contribuinte quanto à irregularidade da CDA que embasa a execução fiscal. VII – Agravo conhecido para conhecer parcialmente do recurso especial e, nessa parte, negar-lhe provimento. Sem honorários recursais.
(**STJ – AREsp: 1879187 PR** 2021/0116046-1, Relator: Ministro FRANCISCO FALCÃO, Data de Julgamento: 21/03/2023, T2 – SEGUNDA TURMA, Data de Publicação: DJe 23/03/2023)
TRIBUTÁRIO E PROCESSUAL CIVIL. AGRAVO INTERNO NO AGRAVO EM RECURSO ESPECIAL. SÚMULA 282/STF. RAZÕES DO AGRAVO QUE NÃO IMPUGNAM, ESPECIFICAMENTE, A DECISÃO AGRAVADA. SÚMULA 182/STJ. RECURSO ESPECIAL EM PARTE INADMITIDO, NA ORIGEM, COM BASE NO ART. 1.030, I, B, DO CPC/2015. PREVISÃO DE AGRAVO INTERNO, NO PRÓPRIO TRIBUNAL DE ORIGEM (ART. 1.030, § 2º, CPC/2015). NÃO CABIMENTO DE AGRAVO PARA O STJ, NO PONTO. ALEGADA VIOLAÇÃO AOS ARTS. 489 E 1.022 DO CPC/2015. INEXISTÊNCIA DE VÍCIOS, NO ACÓRDÃO RECORRIDO. INCONFORMISMO. IPVA. DOMICÍLIO FISCAL. ÔNUS DA PROVA. ART. 373, II, DO CPC/73. CONTROVÉRSIA RESOLVIDA, PELO TRIBUNAL DE ORIGEM, À LUZ DAS PROVAS DOS AUTOS. IMPOSSIBILIDADE DE REVISÃO, NA VIA ESPECIAL. AGRAVO INTERNO PARCIALMENTE CONHECIDO, E, NESSA EXTENSÃO, IMPROVIDO. I. Agravo interno aviado contra decisão que julgara Agravo em Recurso Especial interposto contra decisum publicado na vigência do CPC/2015.II. Interposto Agravo interno com razões que não impugnam, especificamente, os fundamentos da decisão agravada – mormente quanto à incidência da Súmula 282/STF –, não prospera o inconformismo, quanto ao ponto, em face da Súmula 182 desta Corte.III. Nos termos do art. 1.030, § 2º, do CPC/2015, não cabe Agravo em Recurso Especial, dirigido ao STJ, contra a parte da decisão que, na origem, nega seguimento a Recurso Especial, com fundamento no art. 1.030, I, b, do mesmo diploma legal, cabendo ao próprio Tribunal recorrido, se provocado por Agravo interno, decidir sobre a alegação de equívoco na aplicação do entendimento firmado em Recurso Especial representativo da controvérsia. Nesse sentido: STJ, AgInt no AREsp 967.166/RN, Rel. Ministro BENEDITO GONÇALVES, PRIMEIRA TURMA, DJe de 11/10/2017; AgInt no AREsp 1.050.294/DF, Rel. Ministra REGINA HELENA COSTA, PRIMEIRA TURMA, DJe de 19/06/2017; AgInt no AREsp 1.035.517/SP, Rel. Ministro HERMAN BENJAMIN, SEGUNDA TURMA, DJe de 16/06/2017; AgInt no AREsp 1.010.292/RN, Rel. Ministro MAURO CAMPBELL MARQUES, SEGUNDA TURMA, DJe de 03/04/2017; AgInt no AREsp 951.728/MG, Rel. Ministro RAUL ARAÚJO, QUARTA TURMA, DJe de 07/02/2017; AgInt no ARE no RE nos EDcl no AgRg no AREsp 662.963/PE, Rel. Ministro HUMBERTO MARTINS, CORTE ESPECIAL, DJe de 14/10/2016.IV. Não há falar, na hipótese, em violação aos arts. 489, II e § 1º, IV e V, e 1.022, II e parágrafo único, do CPC/2015, porquanto a prestação jurisdicional foi dada na medida da pretensão deduzida, de vez que os votos condutores do acórdão recorrido e do acórdão proferido em sede de Embargos de Declaração apreciaram fundamentadamente, de modo coerente e completo, as questões necessárias à solução da controvérsia, dando-lhes, contudo, solução jurídica diversa da pretendida.V. O Tribunal de origem, com base no exame dos elementos fáticos dos autos, decidiu que, "no caso em comento, o lançamento do IPVA por parte do Estado de São Paulo baseou-se nos dados do Autor, quanto ao domicílio tributário eleito em sua Declaração de Imposto de Renda de Pessoa Física. (...) Dessa feita, não há evidência cabal da alegação que justifique a declaração de inexigibilidade do débito tributário.Carreava à parte autora a prova do direito alegado, nos termos do art. 373, I, do CPC, ônus do qual não se desincumbiu. Isso porque, não obstante o contrato de locação de fls. 26/32, indique a ideia de habitação em Mato Grosso, o Estado de São Paulo compreende a residência, acrescida de o ânimo de aqui fazer o centro de sua atividade fiscal". Tal entendimento, firmado pelo Tribunal a quo, não pode ser revisto, pelo Superior Tribunal de Justiça, por exigir o reexame da matéria fático-probatória dos autos. Precedentes do STJ.

VI. Considerando a fundamentação do acórdão objeto do Recurso Especial, os argumentos utilizados pela parte recorrente somente poderiam ter sua procedência verificada mediante o necessário reexame de matéria fática, não cabendo a esta Corte, a fim de alcançar conclusão diversa, reavaliar o conjunto probatório dos autos, em conformidade com a Súmula 7/STJ. Com efeito, "analisar a pretensão do agravante segundo a qual seria outro o seu domicílio principal demanda a interpretação do conjunto probatório dos autos, o que não é cabível na via eleita. Incidência da Súmula 7/STJ" (STJ, AgRg no AREsp 342.135/SP, Rel. Ministro OG FERNANDES, SEGUNDA TURMA, DJe de 13/03/2014). VII. De igual modo, incide o óbice da Súmula 7/STJ no tocante à alegação de violação ao art. 373, II, do CPC/2015. Isso porque, conforme destacou a decisão ora agravada, "não há como aferir eventual ofensa ao art. 333 do CPC/1973 (art. 373 do CPC/2015) sem que se verifique o conjunto probatório dos presentes autos. A pretensão de simples reexame de provas, além de escapar da função constitucional deste Tribunal, encontra óbice na Súmula 7 do STJ, cuja incidência é induvidosa no caso sob exame" (STJ, REsp 1.602.794/TO, Rel. Ministro HERMAN BENJAMIN, SEGUNDA TURMA, DJe de 30/06/2017). No mesmo sentido: "A análise de eventual ofensa ao artigo 373 do CPC/15, tal como posta a questão nas razões do apelo extremo, exigiria rediscussão de matéria fático-probatória, providência vedada nesta sede a teor do óbice previsto na Súmula 7 desta Corte" (STJ, AgInt no AREsp 1.917.519/RJ, Rel. Ministro MARCO BUZZI, QUARTA TURMA, DJe de 16/09/2022). VIII. Agravo interno parcialmente conhecido, e, nessa extensão, improvido.
(STJ – AgInt no AREsp: 2132613 SP 2022/0150593-7, Relator: Ministra ASSUSETE MAGALHÃES, Data de Julgamento: 12/06/2023, T2 – SEGUNDA TURMA, Data de Publicação: DJe 19/06/2023)
TRIBUTÁRIO E PROCESSUAL CIVIL. AGRAVO INTERNO NO AGRAVO EM RECURSO ESPECIAL. SÚMULA 282/STF. RAZÕES DO AGRAVO QUE NÃO IMPUGNAM, ESPECIFICAMENTE, A DECISÃO AGRAVADA. SÚMULA 182/STJ. RECURSO ESPECIAL EM PARTE INADMITIDO, NA ORIGEM, COM BASE NO ART. 1.030, I, B, DO CPC/2015. PREVISÃO DE AGRAVO INTERNO, NO PRÓPRIO TRIBUNAL DE ORIGEM (ART. 1.030, § 2º, CPC/2015). NÃO CABIMENTO DE AGRAVO PARA O STJ, NO PONTO. ALEGADA VIOLAÇÃO AOS ARTS. 489 E 1.022 DO CPC/2015. INEXISTÊNCIA DE VÍCIOS, NO ACÓRDÃO RECORRIDO. INCONFORMISMO. IPVA. DOMICÍLIO FISCAL. ÔNUS DA PROVA. ART. 373, II, DO CPC/73. CONTROVÉRSIA RESOLVIDA, PELO TRIBUNAL DE ORIGEM, À LUZ DAS PROVAS DOS AUTOS. IMPOSSIBILIDADE DE REVISÃO, NA VIA ESPECIAL. AGRAVO INTERNO PARCIALMENTE CONHECIDO, E, NESSA EXTENSÃO, IMPROVIDO. I. Agravo interno aviado contra decisão que julgara Agravo em Recurso Especial interposto contra decisum publicado na vigência do CPC/2015. II. Interposto Agravo interno com razões que não impugnam, especificamente, os fundamentos da decisão agravada – mormente quanto à incidência da Súmula 282/STF –, não prospera o inconformismo, quanto ao ponto, em face da Súmula 182 desta Corte. III. Nos termos do art. 1.030, § 2º, do CPC/2015, não cabe Agravo em Recurso Especial, dirigido ao STJ, contra a parte da decisão que, na origem, nega seguimento a Recurso Especial, com fundamento no art. 1.030, I, b, do mesmo diploma legal, cabendo ao próprio Tribunal recorrido, se provocado por Agravo interno, decidir sobre a alegação de equívoco na aplicação do entendimento firmado em Recurso Especial representativo da controvérsia. Nesse sentido: STJ, AgInt no AREsp 967.166/RN, Rel. Ministro BENEDITO GONÇALVES, PRIMEIRA TURMA, DJe de 11/10/2017; AgInt no AREsp 1.050.294/DF, Rel. Ministra REGINA HELENA COSTA, PRIMEIRA TURMA, DJe de 19/06/2017; AgInt no AREsp 1.035.517/SP, Rel. Ministro HERMAN BENJAMIN, SEGUNDA TURMA, DJe de 16/06/2017; AgInt no AREsp 1.010.292/RN, Rel. Ministro MAURO CAMPBELL MARQUES, SEGUNDA TURMA, DJe de 03/04/2017; AgInt no AREsp 951.728/MG, Rel. Ministro RAUL ARAÚJO, QUARTA TURMA, DJe de 07/02/2017; AgInt no ARE no RE nos EDcl no AgRg no AREsp 662.963/PE, Rel. Ministro HUMBERTO MARTINS, CORTE ESPECIAL, DJe de 14/10/2016. IV. Não há falar, na hipótese, em violação aos arts. 489, II e § 1º, IV e V, e 1.022, II e parágrafo único, do CPC/2015, porquanto a prestação jurisdicional foi dada na medida da pretensão deduzida, de vez que os votos condutores do acórdão recorrido e do acórdão proferido em sede de Embargos de Declaração apreciaram fundamentadamente, de modo coerente e completo, as questões necessárias à solução da controvérsia, dando-lhes, contudo, solução jurídica diversa da pretendida. V. O Tribunal de origem, com base no exame dos elementos fáticos dos autos, decidiu que, "no caso em comento, o lançamento do IPVA por parte do Estado de São Paulo baseou-se nos dados do Autor, quanto ao domicílio tributário eleito em sua Declaração de Imposto de Renda de Pessoa Física. (...)

Dessa feita, não há evidência cabal da alegação que justifique a declaração de inexigibilidade do débito tributário. Carreava à parte autora a prova do direito alegado, nos termos do art. 373, I, do CPC, ônus do qual não se desincumbiu. Isso porque, não obstante o contrato de locação de fls. 26/32, indique a ideia de habitação em Mato Grosso, o Estado de São Paulo compreende a residência, acrescida de o ânimo de aqui fazer o centro de sua atividade fiscal". Tal entendimento, firmado pelo Tribunal a quo, não pode ser revisto, pelo Superior Tribunal de Justiça, por exigir o reexame da matéria fático-probatória dos autos. Precedentes do STJ.VI. Considerando a fundamentação do acórdão objeto do Recurso Especial, os argumentos utilizados pela parte recorrente somente poderiam ter sua procedência verificada mediante o necessário reexame de matéria fática, não cabendo a esta Corte, a fim de alcançar conclusão diversa, reavaliar o conjunto probatório dos autos, em conformidade com a Súmula 7/STJ. Com efeito, "analisar a pretensão do agravante segundo a qual seria outro o seu domicílio principal demanda a interpretação do conjunto probatório dos autos, o que não é cabível na via eleita. Incidência da Súmula 7/STJ" (STJ, AgRg no AREsp 342.135/SP, Rel. Ministro OG FERNANDES, SEGUNDA TURMA, DJe de 13/03/2014). VII. De igual modo, incide o óbice da Súmula 7/STJ no tocante à alegação de violação ao art. 373, II, do CPC/2015. Isso porque, conforme destacou a decisão ora agravada, "não há como aferir eventual ofensa ao art. 333 do CPC/1973 (art. 373 do CPC/2015) sem que se verifique o conjunto probatório dos presentes autos. A pretensão de simples reexame de provas, além de escapar da função constitucional deste Tribunal, encontra óbice na Súmula 7 do STJ, cuja incidência é induvidosa no caso sob exame" (STJ, REsp 1.602.794/TO, Rel. Ministro HERMAN BENJAMIN, SEGUNDA TURMA, DJe de 30/06/2017). No mesmo sentido: "A análise de eventual ofensa ao artigo 373 do CPC/15, tal como posta a questão nas razões do apelo extremo, exigiria rediscussão de matéria fático-probatória, providência vedada nesta sede a teor do óbice previsto na Súmula 7 desta Corte" (STJ, AgInt no AREsp 1.917.519/RJ, Rel. Ministro MARCO BUZZI, QUARTA TURMA, DJe de 16/09/2022).VIII. Agravo interno parcialmente conhecido, e, nessa extensão, improvido.

(STJ – AgInt no AREsp: 2132613 SP 2022/0150593-7, Relator: Ministra ASSUSETE MAGALHÃES, Data de Julgamento: 12/06/2023, T2 – SEGUNDA TURMA, Data de Publicação: DJe 19/06/2023)
TRIBUTÁRIO E PROCESSUAL CIVIL. RECURSO ESPECIAL REPRESENTATIVO DE CONTROVÉRSIA DE NATUREZA REPETITIVA. EXECUÇÃO FISCAL. DISSOLUÇÃO IRREGULAR DA PESSOA JURÍDICA EXECUTADA OU PRESUNÇÃO DE SUA OCORRÊNCIA. SÚMULA 435/STJ. REDIRECIONAMENTO A SÓCIO-GERENTE OU A ADMINISTRADOR. CONDIÇÃO: EXERCÍCIO DA ADMINISTRAÇÃO DA PESSOA JURÍDICA EXECUTADA, NO MOMENTO DE SUA DISSOLUÇÃO IRREGULAR. INEXISTÊNCIA DE EXERCÍCIO DA ADMINISTRAÇÃO, QUANDO DA OCORRÊNCIA DO FATO GERADOR DO TRIBUTO INADIMPLIDO OU DO SEU VENCIMENTO. IRRELEVÂNCIA. RECURSO ESPECIAL PROVIDO. I. Recurso Especial, interposto pela Fazenda Nacional, contra acórdão publicado na vigência do CPC/73, aplicando-se, no caso, o Enunciado Administrativo 2/2016, do STJ, aprovado na sessão plenária de 09/03/2016 ("Aos recursos interpostos com fundamento no CPC/1973 (relativos a decisões publicadas até 17 de março de 2016) devem ser exigidos os requisitos de admissibilidade na forma nele prevista, com as interpretações dadas, até então, pela jurisprudência do Superior Tribunal de Justiça"). II. Trata-se de Recurso Especial, interposto pela Fazenda Nacional, contra acórdão do Tribunal de origem que, ao negar provimento ao Agravo de Instrumento, indeferiu o requerimento de inclusão, no polo passivo do feito executivo, de sócio que, embora haja ingressado no quadro social em 06/11/2009, após a ocorrência do fato gerador do tributo inadimplido, de fevereiro de 2003 a setembro de 2004, detinha poderes de administração da pessoa jurídica executada, à época em que presumida a sua dissolução irregular, em 29/08/2014, por não localizada no seu domicílio fiscal, conforme certidão do Oficial de Justiça. III. O tema ora em apreciação, submetido ao rito dos recursos especiais representativos de controvérsia, nos termos dos arts. 1.036 a 1.041 do CPC/2015, restou assim delimitado: "À luz do art. 135, III, do CTN, o redirecionamento da Execução Fiscal, quando fundado na hipótese de dissolução irregular da sociedade empresária executada ou de presunção de sua ocorrência (Súmula 435/STJ), pode ser autorizado contra: (i) o sócio com poderes de administração da sociedade, na data em que configurada a sua dissolução irregular ou a presunção de sua ocorrência (Súmula 435/STJ), e que, concomitantemente, tenha exercido poderes de gerência, na

data em que ocorrido o fato gerador da obrigação tributária não adimplida; ou (ii) o sócio com poderes de administração da sociedade, na data em que configurada a sua dissolução irregular ou a presunção de sua ocorrência (Súmula 435/STJ), ainda que não tenha exercido poderes de gerência, na data em que ocorrido o fato gerador do tributo não adimplido". IV. No exercício da atividade econômica, ocorre amiúde, em razão de injunções várias, o inadimplemento de obrigações assumidas por pessoas jurídicas. Não é diferente na esfera tributária. Embora se trate inegavelmente de uma ofensa a bem jurídico da Administração tributária, o desvalor jurídico do inadimplemento não autoriza, por si só, a responsabilização do sócio-gerente. Nesse sentido, aliás, o enunciado 430 da Súmula do STJ – em cuja redação se lê que "o inadimplemento da obrigação tributária pela sociedade não gera, por si só, a responsabilidade solidária do sócio-gerente"–, bem como a tese firmada no REsp repetitivo 1.101.728/SP (Rel. Ministro TEORI ZAVASCKI, PRIMEIRA SEÇÃO, DJe de 23/03/2009), que explicita que "a simples falta de pagamento do tributo não configura, por si só, nem em tese, circunstância que acarreta a responsabilidade subsidiária do sócio, prevista no art. 135 do CTN. É indispensável, para tanto, que tenha agido com excesso de poderes ou infração à lei, ao contrato social ou ao estatuto da empresa" (Tema 97 do STJ). V. Tal conclusão é corolário da autonomia patrimonial da pessoa jurídica. Se, nos termos do art. 49-A, caput, do Código Civil, incluído pela Lei 13.874/2019, "a pessoa jurídica não se confunde com os seus sócios, associados, instituidores ou administradores", decorre que o simples inadimplemento de tributos não pode gerar, por si só, consequências negativas no patrimônio dos sócios. Como esclarece o parágrafo único do aludido artigo, a razão de ser da autonomia patrimonial, "instrumento lícito de alocação e segregação de riscos", é "estimular empreendimentos, para a geração de empregos, tributo, renda e inovação em benefício de todos". Naturalmente, a autonomia patrimonial não é um fim em si, um direito absoluto e inexpugnável. Por isso mesmo, a legislação, inclusive a civil, comercial, ambiental e tributária estabelece hipóteses de responsabilização dos sócios e administradores por obrigações da pessoa jurídica. No Código Tributário Nacional, entre outras hipóteses, destaca-se a do inciso III do seu art. 135, segundo o qual "são pessoalmente responsáveis pelos créditos correspondentes a obrigações tributárias resultantes de atos praticados com excesso de poderes ou infração de lei, contrato social ou estatutos (...) os diretores, gerentes ou representantes de pessoas jurídicas de direito privado". VI. A jurisprudência do Superior Tribunal de Justiça há muito consolidou o entendimento no sentido de que "a não localização da empresa no endereço fornecido como domicílio fiscal gera presunção iuris tantum de dissolução irregular", o que torna possível a "responsabilização do sócio-gerente a quem caberá o ônus de provar não ter agido com dolo, culpa, fraude ou excesso de poder" (EREsp 852.437/RS, Rel. Ministro CASTRO MEIRA, PRIMEIRA SEÇÃO, DJe de 03/11/2008). A matéria, inclusive, é objeto do enunciado 435 da Súmula do STJ: "Presume-se dissolvida irregularmente a empresa que deixar de funcionar no seu domicílio fiscal, sem comunicação aos órgãos competentes, legitimando o redirecionamento da execução fiscal para o sócio-gerente". VII. O Plenário do STF, ao julgar, sob o regime de repercussão geral, o Recurso Extraordinário 562.276/PR (Rel. Ministra ELLEN GRACIE, TRIBUNAL PLENO, DJe de 10/02/2011), correspondente ao tema 13 daquela Corte, deixou assentado que "essencial à compreensão do instituto da responsabilidade tributária é a noção de que a obrigação do terceiro, de responder por dívida originariamente do contribuinte, jamais decorre direta e automaticamente da pura e simples ocorrência do fato gerador do tributo (...) O pressuposto de fato ou hipótese de incidência da norma de responsabilidade, no art. 135, III, do CTN, é a prática de atos, por quem esteja na gestão ou representação da sociedade com excesso de poder ou infração à lei, contrato social ou estatutos e que tenham implicado, se não o surgimento, ao menos o inadimplemento de obrigações tributárias". VIII. No Recurso Especial repetitivo 1.371.128/RS (Rel. Ministro MAURO CAMPBELL MARQUES, DJe de 17/09/2014), sob a rubrica do tema 630, a Primeira Seção do STJ assentou a possibilidade de redirecionamento da execução fiscal ao sócio-gerente, nos casos de dissolução irregular da pessoa jurídica executada, não apenas nas execuções fiscais de dívida ativa tributária, mas também nas de dívida ativa não tributária.

O voto condutor do respectivo acórdão registrou que a Súmula 435/STJ "parte do pressuposto de que a dissolução irregular da empresa é causa suficiente para o redirecionamento da execução fiscal para o sócio-gerente" e que "é obrigação dos gestores das empresas manter atualizados os respectivos cadastros, incluindo os atos relativos à mudança de endereço dos estabelecimentos e, especialmente, referentes à dissolução da sociedade. A regularidade desses registros é exigida para que se demonstre que a sociedade dissolveu-se de forma regular, em obediência aos ritos e formalidades previstas nos arts. 1.033 a 1.038 e arts. 1.102 a 1.112, todos do Código Civil de 2002 – onde é prevista a liquidação da sociedade com o pagamento dos credores em sua ordem de preferência – ou na forma da Lei 11.101/2005, no caso de falência. A desobediência a tais ritos caracteriza infração à lei". IX. No âmbito da Primeira Turma do STJ está consolidado entendimento no sentido de que, "embora seja necessário demonstrar quem ocupava o posto de gerente no momento da dissolução, é necessário, antes, que aquele responsável pela dissolução tenha sido também, simultaneamente, o detentor da gerência na oportunidade do vencimento do tributo". Isso porque "só se dirá responsável o sócio que, tendo poderes para tanto, não pagou o tributo (daí exigir-se seja demonstrada a detenção de gerência no momento do vencimento do débito) e que, ademais, conscientemente optou pela irregular dissolução da sociedade (por isso, também exigível a prova da permanência no momento da dissolução irregular)" (STJ, AgRg no REsp 1.034.238/SP, Rel. Ministra DENISE ARRUDA, PRIMEIRA TURMA, DJe de 04/05/2009). No mesmo sentido, os seguintes precedentes: STJ, AgRg no AREsp 647.563/PE, Rel. Ministro NAPOLEÃO NUNES MAIA FILHO, PRIMEIRA TURMA, DJe de 17/11/2020; AgInt no REsp 1.569.844/SP, Rel. Ministro BENEDITO GONÇALVES, PRIMEIRA TURMA, DJe de 04/10/2016; AREsp 838.948/SC, Rel. Ministro GURGEL DE FARIA, PRIMEIRA TURMA, DJe de 19/10/2016; AgInt no REsp 1.602.080/SP, Rel. Ministra REGINA HELENA COSTA, PRIMEIRA TURMA, DJe de 21/09/2016; AgInt no AgInt no AREsp 856.173/SC, Rel. Ministro SÉRGIO KUKINA, PRIMEIRA TURMA, DJe de 22/09/2016. X. A Segunda Turma do STJ, embora, num primeiro momento, adotasse entendimento idêntico, no sentido de que "não é possível o redirecionamento da execução fiscal em relação a sócio que não integrava a sociedade à época dos fatos geradores e no momento da dissolução irregular da empresa executada" (STJ, AgRg no AREsp 556.735/MG, Rel. Ministro HUMBERTO MARTINS, SEGUNDA TURMA, DJe de 06/10/2014), veio, posteriormente, a adotar ótica diversa. Com efeito, no julgamento, em 16/06/2015, do REsp 1.520.257/SP, de relatoria do Ministro OG FERNANDES (DJe de 23/06/2015), a Segunda Turma, ao enfrentar hipótese análoga à ora em julgamento, passou a condicionar a responsabilização pessoal do sócio-gerente a um único requisito, qual seja, encontrar-se o referido sócio no exercício da administração da pessoa jurídica executada no momento de sua dissolução irregular ou da prática de ato que faça presumir a dissolução irregular. O fundamento para tanto consiste na conjugação do art. 135, III, do CTN com o enunciado 435 da Súmula do Superior Tribunal de Justiça. De fato, na medida em que a hipótese que desencadeia a responsabilidade tributária é a infração à lei, evidenciada pela dissolução irregular da pessoa jurídica executada, revela-se indiferente o fato de o sócio-gerente responsável pela dissolução irregular não estar na administração da pessoa jurídica à época do fato gerador do tributo inadimplido. Concluiu a Segunda Turma, no aludido REsp 1.520.257/SP, alterando sua jurisprudência sobre o assunto, que "o pedido de redirecionamento da execução fiscal, quando fundado na dissolução irregular ou em ato que presuma sua ocorrência – encerramento das atividades empresariais no domicílio fiscal, sem comunicação aos órgãos competentes (Súmula 435/STJ) –, pressupõe a permanência do sócio na administração da sociedade no momento dessa dissolução ou do ato presumidor de sua ocorrência, uma vez que, nos termos do art. 135, caput, III, CTN, combinado com a orientação constante da Súmula 435/STJ, o que desencadeia a responsabilidade tributária é a infração de lei evidenciada na existência ou presunção de ocorrência de referido fato. Consideram-se irrelevantes para a definição da responsabilidade por dissolução irregular (ou sua presunção) a data da ocorrência do fato gerador da obrigação tributária, bem como o momento em que vencido o prazo para pagamento do respectivo débito". Após a mudança jurisprudencial, o novo entendimento foi reafirmado noutras oportunidades:

STJ, REsp 1.726.964/RJ, Rel. Ministro HERMAN BENJAMIN, SEGUNDA TURMA, DJe de 21/11/2018; AgInt no AREsp 948.795/AM, Rel. Ministro FRANCISCO FALCÃO, SEGUNDA TURMA, DJe de 21/08/2017; AgRg no REsp 1.541.209/PE, Rel. Ministra ASSUSETE MAGALHÃES, SEGUNDA TURMA, DJe de 11/05/2016; AgRg no REsp 1.545.342/GO, Rel. Ministro MAURO CAMPBELL MARQUES, SEGUNDA TURMA, DJe de 28/09/2015. XI. Além das pertinentes considerações feitas pelo Ministro OG FERNANDES, no sentido de que o fato ensejador da responsabilidade tributária é a dissolução irregular da pessoa jurídica executada ou a presunção de sua ocorrência – o que configura infração à lei, para fins do art. 135, III, do CTN –, é preciso observar que a posição da Primeira Turma pode gerar uma estrutura de incentivos não alinhada com os valores subjacentes à ordem tributária, sobretudo o dever de pagar tributos. Com efeito, o entendimento pode criar situação em que, mesmo diante da ocorrência de um ilícito, previsto no art. 135, III, do CTN, inexistirá sanção, em hipótese em que, sendo diversos os sócios-gerentes ou administradores, ao tempo do fato gerador do tributo inadimplido e ao tempo da dissolução irregular da pessoa jurídica executada, a responsabilidade tributária não poderia ser imputada a qualquer deles. XII. Ademais, o entendimento da Segunda Turma encontra respaldo nas razões de decidir do Recurso Especial repetitivo 1.201.993/SP (Rel. Ministro HERMAN BENJAMIN, PRIMEIRA SEÇÃO, DJe de 12/12/2019), no qual se discutiu a prescrição para o redirecionamento da execução fiscal e no qual o Relator consignou que "o fundamento que justificou a orientação adotada é que a responsabilidade tributária de terceiros, para os fins do art. 135 do CTN, pode resultar tanto do ato de infração à lei do qual resulte diretamente a obrigação tributária, como do ato infracional praticado em momento posterior ao surgimento do crédito tributário que inviabilize, porém, a cobrança do devedor original. (...) ou seja, a responsabilidade dos sócios com poderes de gerente, pelos débitos empresariais, pode decorrer tanto da prática de atos ilícitos que resultem no nascimento da obrigação tributária como da prática de atos ilícitos ulteriores à ocorrência do fato gerador que impossibilitem a recuperação do crédito tributário contra o seu devedor original". XIII. Tese jurídica firmada: "O redirecionamento da execução fiscal, quando fundado na dissolução irregular da pessoa jurídica executada ou na presunção de sua ocorrência, pode ser autorizado contra o sócio ou o terceiro não sócio, com poderes de administração na data em que configurada ou presumida a dissolução irregular, ainda que não tenha exercido poderes de gerência quando ocorrido o fato gerador do tributo não adimplido, conforme art. 135, III, do CTN."XIV. Caso concreto: Recurso Especial provido. XV. Recurso julgado sob a sistemática dos recursos especiais representativos de controvérsia (art. 1.036 e seguintes do CPC/2015 e art. 256-N e seguintes do RISTJ). **(STJ – REsp: 1645281 SP** 2016/0321000-3, Data de Julgamento: 25/05/2022, S1 – PRIMEIRA SEÇÃO, Data de Publicação: DJe 28/06/2022)
TRIBUTÁRIO E PROCESSUAL CIVIL. RECURSO ESPECIAL REPRESENTATIVO DE CONTROVÉRSIA DE NATU-REZA REPETITIVA. EXECUÇÃO FISCAL. DISSOLUÇÃO IRREGULAR DA PESSOA JURÍDICA EXECUTADA OU PRESUNÇÃO DE SUA OCORRÊNCIA. SÚMULA 435/STJ. REDIRECIONAMENTO A SÓCIO-GERENTE OU A ADMINISTRADOR. CONDIÇÃO: EXERCÍCIO DA ADMINISTRAÇÃO DA PESSOA JURÍDICA EXECUTADA, NO MOMENTO DE SUA DISSOLUÇÃO IRREGULAR. INEXISTÊNCIA DE EXERCÍCIO DA ADMINISTRAÇÃO, QUANDO DA OCORRÊNCIA DO FATO GERADOR DO TRIBUTO INADIMPLIDO OU DO SEU VENCIMENTO. IRRELEVÂNCIA. RECURSO ESPECIAL PROVIDO. I. Recurso Especial, interposto pela Fazenda Nacional, contra acórdão publicado na vigência do CPC/73, aplicando-se, no caso, o Enunciado Administrativo 2/2016, do STJ, aprovado na sessão plenária de 09/03/2016 ("Aos recursos interpostos com fundamento no CPC/1973 (relativos a decisões publicadas até 17 de março de 2016) devem ser exigidos os requisitos de admissibilidade na forma nele prevista, com as interpretações dadas, até então, pela jurisprudência do Superior Tribunal de Justiça"). II. Trata-se de Recurso Especial, interposto pela Fazenda Nacional, contra acórdão do Tribunal de origem que, ao negar provimento ao Agravo de Instrumento, manteve a decisão que, em Execução Fiscal, havia indeferido o requerimento de inclusão, no polo passivo do feito executivo, de sócios-gerentes que, embora hajam ingressado no quadro social em 04/12/2007, após a ocorrência do fato gerador do tributo inadimplido, de fevereiro de 2003 a janeiro de 2004, detinham poderes de administração da pessoa jurídica executada, à época em que presumida a sua dissolução irregular, em 01/07/2013, quando não localizada no seu domicílio fiscal, conforme certidão do Oficial de Justiça.

III. O tema ora em apreciação, submetido ao rito dos recursos especiais representativos de controvérsia, nos termos dos arts. 1.036 a 1.041 do CPC/2015, restou assim delimitado: "À luz do art. 135, III, do CTN, o redirecionamento da Execução Fiscal, quando fundado na hipótese de dissolução irregular da sociedade empresária executada ou de presunção de sua ocorrência (Súmula 435/STJ), pode ser autorizado contra: (i) o sócio com poderes de administração da sociedade, na data em que configurada a sua dissolução irregular ou a presunção de sua ocorrência (Súmula 435/STJ), e que, concomitantemente, tenha exercido poderes de gerência, na data em que ocorrido o fato gerador da obrigação tributária não adimplida; ou (ii) o sócio com poderes de administração da sociedade, na data em que configurada a sua dissolução irregular ou a presunção de sua ocorrência (Súmula 435/STJ), ainda que não tenha exercido poderes de gerência, na data em que ocorrido o fato gerador do tributo não adimplido". IV. No exercício da atividade econômica, ocorre amiúde, em razão de injunções várias, o inadimplemento de obrigações assumidas por pessoas jurídicas. Não é diferente na esfera tributária. Embora se trate inegavelmente de uma ofensa a bem jurídico da Administração tributária, o desvalor jurídico do inadimplemento não autoriza, por si só, a responsabilização do sócio-gerente. Nesse sentido, aliás, o enunciado 430 da Súmula do STJ – em cuja redação se lê que "o inadimplemento da obrigação tributária pela sociedade não gera, por si só, a responsabilidade solidária do sócio-gerente"–, bem como a tese firmada no REsp repetitivo 1.101.728/SP (Rel. Ministro TEORI ZAVASCKI, PRIMEIRA SEÇÃO, DJe de 23/03/2009), que explicita que "a simples falta de pagamento do tributo não configura, por si só, nem em tese, circunstância que acarreta a responsabilidade subsidiária do sócio, prevista no art. 135 do CTN. É indispensável, para tanto, que tenha agido com excesso de poderes ou infração à lei, ao contrato social ou ao estatuto da empresa" (Tema 97 do STJ). V. Tal conclusão é corolário da autonomia patrimonial da pessoa jurídica. Se, nos termos do art. 49-A, caput, do Código Civil, incluído pela Lei 13.874/2019, "a pessoa jurídica não se confunde com os seus sócios, associados, instituidores ou administradores", decorre que o simples inadimplemento de tributos não pode gerar, por si só, consequências negativas no patrimônio dos sócios. Como esclarece o parágrafo único do aludido artigo, a razão de ser da autonomia patrimonial, "instrumento lícito de alocação e segregação de riscos", é "estimular empreendimentos, para a geração de empregos, tributo, renda e inovação em benefício de todos". Naturalmente, a autonomia patrimonial não é um fim em si, um direito absoluto e inexpugnável. Por isso mesmo, a legislação, inclusive a civil, comercial, ambiental e tributária estabelece hipóteses de responsabilização dos sócios e administradores por obrigações da pessoa jurídica. No Código Tributário Nacional, entre outras hipóteses, destaca-se a do inciso III do seu art. 135, segundo o qual "são pessoalmente responsáveis pelos créditos correspondentes a obrigações tributárias resultantes de atos praticados com excesso de poderes ou infração de lei, contrato social ou estatutos (...) os diretores, gerentes ou representantes de pessoas jurídicas de direito privado". VI. A jurisprudência do Superior Tribunal de Justiça há muito consolidou o entendimento no sentido de que "a não-localização da empresa no endereço fornecido como domicílio fiscal gera presunção iuris tantum de dissolução irregular", o que torna possível a "responsabilização do sócio-gerente a quem caberá o ônus de provar não ter agido com dolo, culpa, fraude ou excesso de poder" (EREsp 852.437/RS, Rel. Ministro CASTRO MEIRA, PRIMEIRA SEÇÃO, DJe de 03/11/2008). A matéria, inclusive, é objeto do enunciado 435 da Súmula do STJ: "Presume-se dissolvida irregularmente a empresa que deixar de funcionar no seu domicílio fiscal, sem comunicação aos órgãos competentes, legitimando o redirecionamento da execução fiscal para o sócio-gerente". VII. O Plenário do STF, ao julgar, sob o regime de repercussão geral, o Recurso Extraordinário 562.276/PR (Rel. Ministra ELLEN GRACIE, TRIBUNAL PLENO, DJe de 10/02/2011), correspondente ao tema 13 daquela Corte, deixou assentado que "essencial à compreensão do instituto da responsabilidade tributária é a noção de que a obrigação do terceiro, de responder por dívida originariamente do contribuinte, jamais decorre direta e automaticamente da pura e simples ocorrência do fato gerador do tributo (...) O pressuposto de fato ou hipótese de incidência da norma de responsabilidade, no art. 135, III, do CTN, é a prática de atos, por quem esteja na gestão ou representação da sociedade com excesso de poder ou infração à lei, contrato social ou estatutos e que tenham implicado, se não o surgimento, ao menos o inadimplemento de obrigações tributárias".

VIII. No Recurso Especial repetitivo 1.371.128/RS (Rel. Ministro MAURO CAMPBELL MARQUES, DJe de 17/09/2014), sob a rubrica do tema 630, a Primeira Seção do STJ assentou a possibilidade de redirecionamento da execução fiscal ao sócio-gerente, nos casos de dissolução irregular da pessoa jurídica executada, não apenas nas execuções fiscais de dívida ativa tributária, mas também nas de dívida ativa não tributária. O voto condutor do respectivo acórdão registrou que a Súmula 435/STJ "parte do pressuposto de que a dissolução irregular da empresa é causa suficiente para o redirecionamento da execução fiscal para o sócio-gerente" e que "é obrigação dos gestores das empresas manter atualizados os respectivos cadastros, incluindo os atos relativos à mudança de endereço dos estabelecimentos e, especialmente, referentes à dissolução da sociedade. A regularidade desses registros é exigida para que se demonstre que a sociedade dissolveu-se de forma regular, em obediência aos ritos e formalidades previstas nos arts. 1.033 a 1.038 e arts. 1.102 a 1.112, todos do Código Civil de 2002 – onde é prevista a liquidação da sociedade com o pagamento dos credores em sua ordem de preferência – ou na forma da Lei 11.101/2005, no caso de falência. A desobediência a tais ritos caracteriza infração à lei". IX. No âmbito da Primeira Turma do STJ está consolidado entendimento no sentido de que, "embora seja necessário demonstrar quem ocupava o posto de gerente no momento da dissolução, é necessário, antes, que aquele responsável pela dissolução tenha sido também, simultaneamente, o detentor da gerência na oportunidade do vencimento do tributo". Isso porque "só se dirá responsável o sócio que, tendo poderes para tanto, não pagou o tributo (daí exigir-se seja demonstrada a detenção de gerência no momento do vencimento do débito) e que, ademais, conscientemente optou pela irregular dissolução da sociedade (por isso, também exigível a prova da permanência no momento da dissolução irregular)" (STJ, AgRg no REsp 1.034.238/SP, Rel. Ministra DENISE ARRUDA, PRIMEIRA TURMA, DJe de 04/05/2009). No mesmo sentido, os seguintes precedentes: STJ, AgRg no AREsp 647.563/PE, Rel. Ministro NAPOLEÃO NUNES MAIA FILHO, PRIMEIRA TURMA, DJe de 17/11/2020; AgInt no REsp 1.569.844/SP, Rel. Ministro BENEDITO GONÇALVES, PRIMEIRA TURMA, DJe de 04/10/2016; AREsp 838.948/SC, Rel. Ministro GURGEL DE FARIA, PRIMEIRA TURMA, DJe de 19/10/2016; AgInt no REsp 1.602.080/SP, Rel. Ministra REGINA HELENA COSTA, PRIMEIRA TURMA, DJe de 21/09/2016; AgInt no AgInt no AREsp 856.173/SC, Rel. Ministro SÉRGIO KUKINA, PRIMEIRA TURMA, DJe de 22/09/2016. X. A Segunda Turma do STJ, embora, num primeiro momento, adotasse entendimento idêntico, no sentido de que "não é possível o redirecionamento da execução fiscal em relação a sócio que não integrava a sociedade à época dos fatos geradores e no momento da dissolução irregular da empresa executada"(STJ, AgRg no AREsp 556.735/MG, Rel. Ministro HUMBERTO MARTINS, SEGUNDA TURMA, DJe de 06/10/2014), veio, posteriormente, a adotar ótica diversa. Com efeito, no julgamento, em 16/06/2015, do REsp 1.520.257/SP, de relatoria do Ministro OG FERNANDES (DJe de 23/06/2015), a Segunda Turma, ao enfrentar hipótese análoga à ora em julgamento, passou a condicionar a responsabilização pessoal do sócio-gerente a um único requisito, qual seja, encontrar-se o referido sócio no exercício da administração da pessoa jurídica executada no momento de sua dissolução irregular ou da prática de ato que faça presumir a dissolução irregular. O fundamento para tanto consiste na conjugação do art. 135, III, do CTN com o enunciado 435 da Súmula do Superior Tribunal de Justiça. De fato, na medida em que a hipótese que desencadeia a responsabilidade tributária é a infração à lei, evidenciada pela dissolução irregular da pessoa jurídica executada, revela-se indiferente o fato de o sócio-gerente responsável pela dissolução irregular não estar na administração da pessoa jurídica à época do fato gerador do tributo inadimplido. Concluiu a Segunda Turma, no aludido REsp 1.520.257/SP, alterando sua jurisprudência sobre o assunto, que "o pedido de redirecionamento da execução fiscal, quando fundado na dissolução irregular ou em ato que presuma sua ocorrência – encerramento das atividades empresariais no domicílio fiscal, sem comunicação aos órgãos competentes (Súmula 435/STJ) –, pressupõe a permanência do sócio na administração da sociedade no momento dessa dissolução ou do ato presumidor de sua ocorrência, uma vez que, nos termos do art. 135, caput, III, CTN, combinado com a orientação constante da Súmula 435/STJ, o que desencadeia a responsabilidade tributária é a infração de lei evidenciada na existência ou presunção de ocorrência de referido fato. Consideram-se irrelevantes para a definição da responsabilidade por dissolução irregular (ou sua presunção) a data da ocorrência do fato gerador da obrigação tributária, bem como o momento em que vencido o prazo para pagamento do respectivo débito".

Após a mudança jurisprudencial, o novo entendimento foi reafirmado noutras oportunidades: STJ, REsp 1.726.964/RJ, Rel. Ministro HERMAN BENJAMIN, SEGUNDA TURMA, DJe de 21/11/2018; AgInt no AREsp 948.795/AM, Rel. Ministro FRANCISCO FALCÃO, SEGUNDA TURMA, DJe de 21/08/2017; AgRg no REsp 1.541.209/PE, Rel. Ministra ASSUSETE MAGALHÃES, SEGUNDA TURMA, DJe de 11/05/2016; AgRg no REsp 1.545.342/GO, Rel. Ministro MAURO CAMPBELL MARQUES, SEGUNDA TURMA, DJe de 28/09/2015. XI. Além das pertinentes considerações feitas pelo Ministro OG FERNANDES, no sentido de que o fato ensejador da responsabilidade tributária é a dissolução irregular da pessoa jurídica executada ou a presunção de sua ocorrência – o que configura infração à lei, para fins do art. 135, III, do CTN –, é preciso observar que a posição da Primeira Turma pode gerar uma estrutura de incentivos não alinhada com os valores subjacentes à ordem tributária, sobretudo o dever de pagar tributos. Com efeito, o entendimento pode criar situação em que, mesmo diante da ocorrência de um ilícito, previsto no art. 135, III, do CTN, inexistirá sanção, em hipótese em que, sendo diversos os sócios-gerentes ou administradores, ao tempo do fato gerador do tributo inadimplido e ao tempo da dissolução irregular da pessoa jurídica executada, a responsabilidade tributária não poderia ser imputada a qualquer deles. XII. Ademais, o entendimento da Segunda Turma encontra respaldo nas razões de decidir do Recurso Especial repetitivo 1.201.993/SP (Rel. Ministro HERMAN BENJAMIN, PRIMEIRA SEÇÃO, DJe de 12/12/2019), no qual se discutiu a prescrição para o redirecionamento da execução fiscal e no qual o Relator consignou que "o fundamento que justificou a orientação adotada é que a responsabilidade tributária de terceiros, para os fins do art. 135 do CTN, pode resultar tanto do ato de infração à lei do qual resulte diretamente a obrigação tributária, como do ato infracional praticado em momento posterior ao surgimento do crédito tributário que inviabilize, porém, a cobrança do devedor original. (...) ou seja, a responsabilidade dos sócios com poderes de gerente, pelos débitos empresariais, pode decorrer tanto da prática de atos ilícitos que resultem no nascimento da obrigação tributária como da prática de atos ilícitos ulteriores à ocorrência do fato gerador que impossibilitem a recuperação do crédito tributário contra o seu devedor original". XIII. Tese jurídica firmada: "O redirecionamento da execução fiscal, quando fundado na dissolução irregular da pessoa jurídica executada ou na presunção de sua ocorrência, pode ser autorizado contra o sócio ou o terceiro não sócio, com poderes de administração na data em que configurada ou presumida a dissolução irregular, ainda que não tenha exercido poderes de gerência quando ocorrido o fato gerador do tributo não adimplido, conforme art. 135, III, do CTN." XIV. Caso concreto: Recurso Especial provido. XV. Recurso julgado sob a sistemática dos recursos especiais representativos de controvérsia (art. 1.036 e seguintes do CPC/2015 e art. 256-N e seguintes do RISTJ). **(STJ – REsp: 1643944 SP** 2016/0320992-1, Data de Julgamento: 25/05/2022, S1 – PRIMEIRA SEÇÃO, Data de Publicação: DJe 28/06/2022)
TRIBUTÁRIO E PROCESSUAL CIVIL. RECURSO ESPECIAL REPRESENTATIVO DE CONTROVÉRSIA DE NATUREZA REPETITIVA. EXECUÇÃO FISCAL. DISSOLUÇÃO IRREGULAR DA PESSOA JURÍDICA EXECUTADA OU PRESUNÇÃO DE SUA OCORRÊNCIA. SÚMULA 435/STJ. REDIRECIONAMENTO A SÓCIO-GERENTE OU A ADMINISTRADOR. CONDIÇÃO: EXERCÍCIO DA ADMINISTRAÇÃO DA PESSOA JURÍDICA EXECUTADA, NO MOMENTO DE SUA DISSOLUÇÃO IRREGULAR. INEXISTÊNCIA DE EXERCÍCIO DA ADMINISTRAÇÃO, QUANDO DA OCORRÊNCIA DO FATO GERADOR DO TRIBUTO INADIMPLIDO OU DO SEU VENCIMENTO. IRRELEVÂNCIA. RECURSO ESPECIAL PROVIDO. I. Recurso Especial, interposto pela Fazenda Nacional, contra acórdão publicado na vigência do CPC/73, aplicando-se, no caso, o Enunciado Administrativo 2/2016, do STJ, aprovado na sessão plenária de 09/03/2016 ("Aos recursos interpostos com fundamento no CPC/1973 (relativos a decisões publicadas até 17 de março de 2016) devem ser exigidos os requisitos de admissibilidade na forma nele prevista, com as interpretações dadas, até então, pela jurisprudência do Superior Tribunal de Justiça"). II. Trata-se de Recurso Especial, interposto pela Fazenda Nacional, contra acórdão do Tribunal de origem que, ao negar provimento ao Agravo de Instrumento, manteve a decisão que, em Execução Fiscal, havia indeferido o requerimento de inclusão, no polo passivo do feito executivo, de sócio que, embora haja ingressado no quadro social em 31/07/2012, após a ocorrência do fato gerador do tributo inadimplido, de dezembro de 2007 a setembro de 2010, detinha poderes de administração da pessoa jurídica executada, à época em que presumida a sua dissolução irregular, em 14/03/2014, quando não localizada no seu domicílio fiscal, conforme certidão do Oficial de Justiça. III.

O tema ora em apreciação, submetido ao rito dos recursos especiais representativos de controvérsia, nos termos dos arts. 1.036 a 1.041 do CPC/2015, restou assim delimitado: "À luz do art. 135, III, do CTN, o redirecionamento da Execução Fiscal, quando fundado na hipótese de dissolução irregular da sociedade empresária executada ou de presunção de sua ocorrência (Súmula 435/STJ), pode ser autorizado contra: (i) o sócio com poderes de administração da sociedade, na data em que configurada a sua dissolução irregular ou a presunção de sua ocorrência (Súmula 435/STJ), e que, concomitantemente, tenha exercido poderes de gerência, na data em que ocorrido o fato gerador da obrigação tributária não adimplida; ou (ii) o sócio com poderes de administração da sociedade, na data em que configurada a sua dissolução irregular ou a presunção de sua ocorrência (Súmula 435/STJ), ainda que não tenha exercido poderes de gerência, na data em que ocorrido o fato gerador do tributo não adimplido". IV. No exercício da atividade econômica, ocorre amiúde, em razão de injunções várias, o inadimplemento de obrigações assumidas por pessoas jurídicas. Não é diferente na esfera tributária. Embora se trate inegavelmente de uma ofensa a bem jurídico da Administração tributária, o desvalor jurídico do inadimplemento não autoriza, por si só, a responsabilização do sócio-gerente. Nesse sentido, aliás, o enunciado 430 da Súmula do STJ – em cuja redação se lê que "o inadimplemento da obrigação tributária pela sociedade não gera, por si só, a responsabilidade solidária do sócio-gerente"–, bem como a tese firmada no REsp repetitivo 1.101.728/SP (Rel. Ministro TEORI ZAVASCKI, PRIMEIRA SEÇÃO, DJe de 23/03/2009), que explicita que "a simples falta de pagamento do tributo não configura, por si só, nem em tese, circunstância que acarreta a responsabilidade subsidiária do sócio, prevista no art. 135 do CTN. É indispensável, para tanto, que tenha agido com excesso de poderes ou infração à lei, ao contrato social ou ao estatuto da empresa" (Tema 97 do STJ). V. Tal conclusão é corolário da autonomia patrimonial da pessoa jurídica. Se, nos termos do art. 49-A, caput, do Código Civil, incluído pela Lei 13.874/2019, "a pessoa jurídica não se confunde com os seus sócios, associados, instituidores ou administradores", decorre que o simples inadimplemento de tributos não pode gerar, por si só, consequências negativas no patrimônio dos sócios. Como esclarece o parágrafo único do aludido artigo, a razão de ser da autonomia patrimonial, "instrumento lícito de alocação e segregação de riscos", é "estimular empreendimentos, para a geração de empregos, tributo, renda e inovação em benefício de todos". Naturalmente, a autonomia patrimonial não é um fim em si, um direito absoluto e inexpugnável. Por isso mesmo, a legislação, inclusive a civil, comercial, ambiental e tributária estabelece hipóteses de responsabilização dos sócios e administradores por obrigações da pessoa jurídica. No Código Tributário Nacional, entre outras hipóteses, destaca-se a do inciso III do seu art. 135, segundo o qual "são pessoalmente responsáveis pelos créditos correspondentes a obrigações tributárias resultantes de atos praticados com excesso de poderes ou infração de lei, contrato social ou estatutos (...) os diretores, gerentes ou representantes de pessoas jurídicas de direito privado". VI. A jurisprudência do Superior Tribunal de Justiça há muito consolidou o entendimento no sentido de que "a não localização da empresa no endereço fornecido como domicílio fiscal gera presunção iuris tantum de dissolução irregular", o que torna possível a "responsabilização do sócio-gerente a quem caberá o ônus de provar não ter agido com dolo, culpa, fraude ou excesso de poder" (EREsp 852.437/RS, Rel. Ministro CASTRO MEIRA, PRIMEIRA SEÇÃO, DJe de 03/11/2008). A matéria, inclusive, é objeto do enunciado 435 da Súmula do STJ: "Presume-se dissolvida irregularmente a empresa que deixar de funcionar no seu domicílio fiscal, sem comunicação aos órgãos competentes, legitimando o redirecionamento da execução fiscal para o sócio-gerente". VII. O Plenário do STF, ao julgar, sob o regime de repercussão geral, o Recurso Extraordinário 562.276/PR (Rel. Ministra ELLEN GRACIE, TRIBUNAL PLENO, DJe de 10/02/2011), correspondente ao tema 13 daquela Corte, deixou assentado que "essencial à compreensão do instituto da responsabilidade tributária é a noção de que a obrigação do terceiro, de responder por dívida originariamente do contribuinte, jamais decorre direta e automaticamente da pura e simples ocorrência do fato gerador do tributo (...) O pressuposto de fato ou hipótese de incidência da norma de responsabilidade, no art. 135, III, do CTN, é a prática de atos, por quem esteja na gestão ou representação da sociedade com excesso de poder ou infração à lei, contrato social ou estatutos e que tenham implicado, se não o surgimento, ao menos o inadimplemento de obrigações tributárias".

VIII. No Recurso Especial repetitivo 1.371.128/RS (Rel. Ministro MAURO CAMPBELL MARQUES, DJe de 17/09/2014), sob a rubrica do tema 630, a Primeira Seção do STJ assentou a possibilidade de redirecionamento da execução fiscal ao sócio-gerente, nos casos de dissolução irregular da pessoa jurídica executada, não apenas nas execuções fiscais de dívida ativa tributária, mas também nas de dívida ativa não tributária. O voto condutor do respectivo acórdão registrou que a Súmula 435/STJ "parte do pressuposto de que a dissolução irregular da empresa é causa suficiente para o redirecionamento da execução fiscal para o sócio-gerente" e que "é obrigação dos gestores das empresas manter atualizados os respectivos cadastros, incluindo os atos relativos à mudança de endereço dos estabelecimentos e, especialmente, referentes à dissolução da sociedade. A regularidade desses registros é exigida para que se demonstre que a sociedade dissolveu-se de forma regular, em obediência aos ritos e formalidades previstas nos arts. 1.033 a 1.038 e arts. 1.102 a 1.112, todos do Código Civil de 2002 – onde é prevista a liquidação da sociedade com o pagamento dos credores em sua ordem de preferência – ou na forma da Lei 11.101/2005, no caso de falência. A desobediência a tais ritos caracteriza infração à lei". IX. No âmbito da Primeira Turma do STJ está consolidado entendimento no sentido de que, "embora seja necessário demonstrar quem ocupava o posto de gerente no momento da dissolução, é necessário, antes, que aquele responsável pela dissolução tenha sido também, simultaneamente, o detentor da gerência na oportunidade do vencimento do tributo". Isso porque "só se dirá responsável o sócio que, tendo poderes para tanto, não pagou o tributo (daí exigir-se seja demonstrada a detenção de gerência no momento do vencimento do débito) e que, ademais, conscientemente optou pela irregular dissolução da sociedade (por isso, também exigível a prova da permanência no momento da dissolução irregular)" (STJ, AgRg no REsp 1.034.238/SP, Rel. Ministra DENISE ARRUDA, PRIMEIRA TURMA, DJe de 04/05/2009). No mesmo sentido, os seguintes precedentes: STJ, AgRg no AREsp 647.563/PE, Rel. Ministro NAPOLEÃO NUNES MAIA FILHO, PRIMEIRA TURMA, DJe de 17/11/2020; AgInt no REsp 1.569.844/SP, Rel. Ministro BENEDITO GONÇALVES, PRIMEIRA TURMA, DJe de 04/10/2016; AREsp 838.948/SC, Rel. Ministro GURGEL DE FARIA, PRIMEIRA TURMA, DJe de 19/10/2016; AgInt no REsp 1.602.080/SP, Rel. Ministra REGINA HELENA COSTA, PRIMEIRA TURMA, DJe de 21/09/2016; AgInt no AgInt no AREsp 856.173/SC, Rel. Ministro SÉRGIO KUKINA, PRIMEIRA TURMA, DJe de 22/09/2016. X. A Segunda Turma do STJ, embora, num primeiro momento, adotasse entendimento idêntico, no sentido de que "não é possível o redirecionamento da execução fiscal em relação a sócio que não integrava a sociedade à época dos fatos geradores e no momento da dissolução irregular da empresa executada" (STJ, AgRg no AREsp 556.735/MG, Rel. Ministro HUMBERTO MARTINS, SEGUNDA TURMA, DJe de 06/10/2014), veio, posteriormente, a adotar ótica diversa. Com efeito, no julgamento, em 16/06/2015, do REsp 1.520.257/SP, de relatoria do Ministro OG FERNANDES (DJe de 23/06/2015), a Segunda Turma, ao enfrentar hipótese análoga à ora em julgamento, passou a condicionar a responsabilização pessoal do sócio-gerente a um único requisito, qual seja, encontrar-se o referido sócio no exercício da administração da pessoa jurídica executada no momento de sua dissolução irregular ou da prática de ato que faça presumir a dissolução irregular. O fundamento para tanto consiste na conjugação do art. 135, III, do CTN com o enunciado 435 da Súmula do Superior Tribunal de Justiça. De fato, na medida em que a hipótese que desencadeia a responsabilidade tributária é a infração à lei, evidenciada pela dissolução irregular da pessoa jurídica executada, revela-se indiferente o fato de o sócio-gerente responsável pela dissolução irregular não estar na administração da pessoa jurídica à época do fato gerador do tributo inadimplido. Concluiu a Segunda Turma, no aludido REsp 1.520.257/SP, alterando sua jurisprudência sobre o assunto, que "o pedido de redirecionamento da execução fiscal, quando fundado na dissolução irregular ou em ato que presuma sua ocorrência – encerramento das atividades empresariais no domicílio fiscal, sem comunicação aos órgãos competentes (Súmula 435/STJ) –, pressupõe a permanência do sócio na administração da sociedade no momento dessa dissolução ou do ato presumidor de sua ocorrência, uma vez que, nos termos do art. 135, caput, III, CTN, combinado com a orientação constante da Súmula 435/STJ, o que desencadeia a responsabilidade tributária é a infração de lei evidenciada na existência ou presunção de ocorrência de referido fato. Consideram-se irrelevantes para a definição da responsabilidade por dissolução irregular (ou sua presunção) a data da ocorrência do fato gerador da obrigação tributária, bem como o momento em que vencido o prazo para pagamento do respectivo débito".

Após a mudança jurisprudencial, o novo entendimento foi reafirmado noutras oportunidades: STJ, REsp 1.726.964/RJ, Rel. Ministro HERMAN BENJAMIN, SEGUNDA TURMA, DJe de 21/11/2018; AgInt no AREsp 948.795/AM, Rel. Ministro FRANCISCO FALCÃO, SEGUNDA TURMA, DJe de 21/08/2017; AgRg no REsp 1.541.209/PE, Rel. Ministra ASSUSETE MAGALHÃES, SEGUNDA TURMA, DJe de 11/05/2016; AgRg no REsp 1.545.342/GO, Rel. Ministro MAURO CAMPBELL MARQUES, SEGUNDA TURMA, DJe de 28/09/2015. XI. Além das pertinentes considerações feitas pelo Ministro OG FERNANDES, no sentido de que o fato ensejador da responsabilidade tributária é a dissolução irregular da pessoa jurídica executada ou a presunção de sua ocorrência – o que configura infração à lei, para fins do art. 135, III, do CTN –, é preciso observar que a posição da Primeira Turma pode gerar uma estrutura de incentivos não alinhada com os valores subjacentes à ordem tributária, sobretudo o dever de pagar tributos. Com efeito, o entendimento pode criar situação em que, mesmo diante da ocorrência de um ilícito, previsto no art. 135, III, do CTN, inexistirá sanção, em hipótese em que, sendo diversos os sócios-gerentes ou administradores, ao tempo do fato gerador do tributo inadimplido e ao tempo da dissolução irregular da pessoa jurídica executada, a responsabilidade tributária não poderia ser imputada a qualquer deles. XII. Ademais, o entendimento da Segunda Turma encontra respaldo nas razões de decidir do Recurso Especial repetitivo 1.201.993/SP (Rel. Ministro HERMAN BENJAMIN, PRIMEIRA SEÇÃO, DJe de 12/12/2019), no qual se discutiu a prescrição para o redirecionamento da execução fiscal e no qual o Relator consignou que "o fundamento que justificou a orientação adotada é que a responsabilidade tributária de terceiros, para os fins do art. 135 do CTN, pode resultar tanto do ato de infração à lei do qual resulte diretamente a obrigação tributária, como do ato infracional praticado em momento posterior ao surgimento do crédito tributário que inviabilize, porém, a cobrança do devedor original. (...) ou seja, a responsabilidade dos sócios com poderes de gerente, pelos débitos empresariais, pode decorrer tanto da prática de atos ilícitos que resultem no nascimento da obrigação tributária como da prática de atos ilícitos ulteriores à ocorrência do fato gerador que impossibilitem a recuperação do crédito tributário contra o seu devedor original". XIII. Tese jurídica firmada: "O redirecionamento da execução fiscal, quando fundado na dissolução irregular da pessoa jurídica executada ou na presunção de sua ocorrência, pode ser autorizado contra o sócio ou o terceiro não sócio, com poderes de administração na data em que configurada ou presumida a dissolução irregular, ainda que não tenha exercido poderes de gerência quando ocorrido o fato gerador do tributo não adimplido, conforme art. 135, III, do CTN." XIV. Caso concreto: Recurso Especial provido. XV. Recurso julgado sob a sistemática dos recursos especiais representativos de controvérsia (art. 1.036 e seguintes do CPC/2015 e art. 256-N e seguintes do RISTJ).
(STJ – REsp: 1645333 SP 2016/0320985-6, Data de Julgamento: 25/05/2022, S1 – PRIMEIRA SEÇÃO, Data de Publicação: DJe 28/06/2022)
ASSUNTO: OUTROS TRIBUTOS OU CONTRIBUIÇÕES Período de apuração: 01/07/2001 a 31/05/2005 DOMICÍLIO TRIBUTÁRIO. PROCEDIMENTO FISCAL REALIZADO FORA DA SEDE DA EMPRESA SEM ANÁLISE DOS DOCUMENTOS INDISPENSÁVEIS PARA O LANÇAMENTO. COMPROMETIMENTO DA MATERIALIDADE DO LANÇAMENTO. Impõe-se a declaração de nulidade do ato administrativo quando houver prejuízo efetivo ao sujeito passivo, o que, no presente caso, aconteceu por duas razões: (i) inobservância do domicílio fiscal indicado pelo sujeito passivo onde estava a documentação necessária e suficiente à fiscalização integral e (ii) o lançamento de débitos sem a confirmação das infrações e sem a certeza da liquidez das bases fiscalizadas. No caso dos autos, é nulo, por vício material, o lançamento fiscal sem a confirmação das infrações, pela falta de análise da documentação necessária, cuja mácula atinge a própria motivação do ato administrativo.
(CARF 10680721517201319 2401-011.333, Relator: ANA CAROLINA DA SILVA BARBOSA, Data de Julgamento: 09/08/2023, Data de Publicação: 22/09/2023)

ASSUNTO: OUTROS TRIBUTOS OU CONTRIBUIÇÕES Período de apuração: 01/07/2001 a 31/05/2005 DOMICÍLIO TRIBUTÁRIO. PROCEDIMENTO FISCAL REALIZADO FORA DA SEDE DA EMPRESA SEM ANÁLISE DOS DOCUMENTOS INDISPENSÁVEIS PARA O LANÇAMENTO. COMPROMETIMENTO DA MATERIALIDADE DO LANÇAMENTO. Impõe-se a declaração de nulidade do ato administrativo quando houver prejuízo efetivo ao sujeito passivo, o que, no presente caso, aconteceu por duas razões: (i) inobservância do domicílio fiscal indicado pelo sujeito passivo onde estava a documentação necessária e suficiente à fiscalização integral e (ii) o lançamento de débitos sem a confirmação das infrações e sem a certeza da liquidez das bases fiscalizadas. No caso dos autos, é nulo, por vício material, o lançamento fiscal sem a confirmação das infrações, pela falta de análise da documentação necessária, cuja mácula atinge a própria motivação do ato administrativo.
(**CARF 10680720591201318** 2401-011.252, Relator: ANA CAROLINA DA SILVA BARBOSA, Data de Julgamento: 12/07/2023, Data de Publicação: 26/07/2023)

13.7 RESPONSABILIDADE TRIBUTÁRIA

13.7.1 Análise conceitual

Entende-se por **responsabilidade tributária** a atribuição através de lei a uma pessoa física ou jurídica para assunção de encargos fiscais, sem que a referida pessoa tenha concorrido para a prática do fato gerador, possuindo um nexo de causalidade com a sua ocorrência.

O **art. 146, III, "*b*", da CF/1988** determina que **lei complementar em âmbito nacional** (*in casu*, o próprio CTN) disponha sobre obrigação, lançamento e crédito tributário. Logo, as disposições da codificação tributária que estabelecem responsabilidade seguem a regra constitucional de competência.

De fato, a **responsabilidade tributária** conecta-se às normas sobre fato gerador, sujeito passivo e crédito tributário. Assim, a pessoa a quem se imputa o pagamento do tributo deve ser identificada dentro de um **sistema** que **define o fato gerador** e o **momento de constituição do crédito**.

Antes de adentrarmos na **dogmática**, imperioso ressaltar os **critérios teleológicos** da existência da **responsabilidade tributária**. A garantia do **adimplemento** do crédito tributário, mesmo quando o contribuinte principal não esteja em condições de efetuar o pagamento, a **responsabilização de terceiros** (ex.: sócios e administradores) para a inibição de práticas de evasão ou dissolução irregular de empresas – considerando que a obrigação não se extingue com o desaparecimento formal do sujeito passivo originário –, assim, como a **satisfação do crédito tributário**, indispensável ao financiamento de suas atividades e políticas públicas, são algumas dessas conclusões.

Assim, é possível afirmar que as regras de **responsabilidade tributária não visam punir** indiscriminadamente terceiros, mas **assegurar** que o tributo devido ingresse nos cofres públicos, dentro de um contexto de **justiça fiscal** e **segurança arrecadatória**.

A **interpretação axiológica** da **responsabilidade tributária** focaliza os **valores** subjacentes ao instituto, examinando se a responsabilidade tributária atende a **princípios de justiça, equidade** e **isonomia**. Embora deslocada do contribuinte para um terceiro, a responsabilidade **não deve violar a lógica** de que **a pessoa paga o tributo em razão de alguma relação** (direta ou indireta) **com o fato gerado**r ou com a **gestão do negócio**.

Assim, a lei busca atribuir a obrigação a quem tenha **nexo fático-jurídico – nexo de causalidade** – com a ocorrência tributada ou, pelo menos, meios de **controle sobre o cumprimento da obrigação** (p.ex., o substituto tributário que recolhe o imposto no lugar de futuros contribuintes).

Ainda que a lei preveja responsabilidade a terceiros, tal atribuição **não pode ser arbitrária**. Deve respeitar a **tipicidade** e a **estrita legalidade tributária**, conferindo **segurança jurídica** na atribuição do instituto.

Por conseguinte, o **valor fundamental** é a **proteção do patrimônio público** e **mantença da função fiscal do tributo** como **instrumento de custeio do Estado**. A responsabilidade está imbuída de um teor de **solidariedade social:** quem se beneficia ou participa do processo econômico também deve auxiliar no cumprimento fiscal.

13.7.2 Espécies de responsabilidade tributária

A norma tributária prevê algumas espécies de responsabilidade tributária a ser observada, entre os **arts. 128 a 137 do CTN**. Dividiremos a análise do instituto da **responsabilidade tributária** em duas frentes: a **responsabilidade tributária por substituição, responsabilidade tributária por transferência e responsabilidade tributária por infrações**.

13.7.2.1 Responsabilidade tributária por substituição

Entende-se por **responsabilidade por substituição tributária** quando **terceira pessoa** (substituto) **substitui o contribuinte** (substituído) no **cumprimento das obrigações**, sendo diretamente exigido pela autoridade administrativa a realização do cumprimento das obrigações, podendo atribuir ao contribuinte, apenas de forma **supletiva**, a responsabilidade tributária.

A ideia de **reter o tributo na fonte** ou **atribuir responsabilidade antecipada a terceiros** tem raízes em ordenamentos antigos, mas ganhou força no **século XX**, especialmente em países com **sistemas de tributação por retenção**, para controle mais efetivo da evasão fiscal.

O mecanismo **de substituição tributária** recebeu impulso decisivo com a **reforma tributária dos anos 1990 e 2000**, quando os Estados passaram a adotar o **Imposto sobre a Circulação de Mercadorias e Serviços em Substituição Tributária (ICMS-ST)** em larga escala, sobretudo em setores como **combustíveis**, **cigarros**, **bebidas**, **eletroeletrônicos** e **veículos**, sendo que a **Emenda Constitucional de Revisão nº 3/93** contribuiu para institucionalizar a substituição no ordenamento, através do disposto no **art. 150, § 7º** do texto constitucional[26].

A **substituição tributária** é justificada pela **simplificação** do **processo de arrecadação**. Ao centralizar o recolhimento em um **agente de mercado** (geralmente o fabricante ou importador), o Fisco **reduz custos administrativos** e **dificulta a sonegação**.

Há debates, contudo, sobre a eventual violação ou não do **princípio da capacidade contributiva**, pois o **substituto** recolhe **antes mesmo de ocorrer a venda ao consumidor final**. Contudo, a jurisprudência dominante entende que a operação se legitima, dado que o valor recolhido será definitivamente devido caso se concretize o **fato gerador presumido**.

De fato, o ICMS-ST busca **uniformizar a carga tributária** em determinadas cadeias. Porém, a aplicação prática enfrenta entraves, como a necessidade de **ressarcimento** ou **complementação de valores** quando o **preço efetivo de venda diverge do valor presumido**.

Em observância ao **direito alienígena**, temos regimes de *withholding tax* (retenção na fonte) ou "**substitution**" em outros países, mas com formatos diversos:

---

26. **Art. 150 (...)**

    § 7º A lei poderá atribuir a sujeito passivo de obrigação tributária a condição de responsável pelo pagamento de imposto ou contribuição, cujo fato gerador deva ocorrer posteriormente, assegurada a imediata e preferencial restituição da quantia paga, caso não se realize o fato gerador presumido.

I – Nos **EUA**, é comum existir a **retenção na fonte do imposto de renda** (*pay-as--you-earn system*), mas a aplicação de **substituição tributária** em impostos sobre **vendas** (*sales tax*) é **menos comum**. Alguns Estados adotam mecanismos **análogos** em setores específicos (tabaco, combustíveis).

II – A **União Europeia** adota o *reverse charge* no **IVA** (Imposto sobre Valor Agregado), onde em algumas operações o adquirente é **responsável pelo recolhimento do imposto** (denominada de *substituição tributária "invertida"*).

III – Nos países da América Latina existem regimes de **retenção na fonte** ou **substituição tributária parcial** em **produtos sensíveis** (combustíveis, telecomunicações). A inspiração e intercâmbio de modelos entre os países é notável.

Dentre as espécies de **responsabilidade tributária por substituição**, temos a responsabilidade por substituição tributária **progressiva** (ou para frente) e a responsabilidade por substituição tributária **regressiva** (ou para trás).

13.7.2.1.1 Substituição progressiva (para frente)

Na **substituição tributária progressiva** o responsável (substituto) assume o local do contribuinte (substituído) realizando a **antecipação do pagamento do tributo** que deveria ser deste no futuro. Ocorre o chamado **fato gerador presumido**, em que o responsável recolhe **antecipadamente antes da ocorrência do fato gerador** e, caso não ocorra a sua totalidade, o responsável terá assegurada a **restituição do tributo**. Assim, temos que na **substituição progressiva** há uma **antecipação do pagamento do tributo** que surgiria para o **contribuinte à frente** e, neste caso, cabe ao legislador **presumir a base de cálculo provável** sendo que, caso não se realize o **fato gerador presumido**, assegurar a **imediata restituição** aos contribuintes da quantia que foi retida pelo substituto.

A jurisprudência entendeu que, a circunstância de ser **presumido o fato gerador** não constitui óbice à **exigência antecipada do tributo**, dado tratar-se de sistema instituído pela própria Constituição, encontrando-se regulamentado por lei complementar que, para definir-lhe a base de cálculo, se valendo de critério de estimativa que a aproxima o mais possível da realidade.

A lei complementar, por igual, definiu o **aspecto temporal do fato gerador presumido**, em se tratando do **ICMS**, como sendo a **saída da mercadoria do estabelecimento do contribuinte substituto**, não deixando margem para cogitar-se de momento diverso, no futuro, na conformidade, aliás, do previsto no **art. 114 do CTN**[27], que tem o fato gerador da obrigação principal como a situação definida em lei como necessária e suficiente à sua ocorrência.

---

27. **Art. 114.** Fato gerador da obrigação principal é a situação definida em lei como necessária e suficiente à sua ocorrência.

O **fato gerador presumido**, por isso mesmo, **não é provisório**, mas **definitivo**, não dando ensejo a **restituição** ou **complementação do imposto pago**, senão, no primeiro caso, na hipótese de sua não realização final.

A **base de cálculo** na **substituição tributária progressiva** é atribuída com base na **margem de valor agregado (MVA)**, que reflete uma **estimativa do valor final** de **venda do produto** ou **serviço** ao consumidor. Esse **valor presumido** é utilizado para calcular o **tributo devido antes da ocorrência efetiva do fato gerador** nas operações subsequentes. Esse mecanismo é amplamente utilizado no **ICMS-ST**, especialmente para produtos sujeitos à tributação em cadeia.

A **MVA** é um índice, definido por lei ou regulamentação, que estima o acréscimo de valor em uma mercadoria ao longo das etapas da cadeia econômica, até a venda ao consumidor final. Essa margem incorpora **custos operacionais e logísticos**, as **margens de lucro presumidas** e os **demais encargos** que influenciam o preço final.

O **objetivo** da **MVA** é projetar a **base de cálculo presumida** para a substituição tributária, atribuindo ao substituto tributário (geralmente o fabricante ou importador) a obrigação de recolher o tributo devido nas operações subsequentes. A definição envolve diferentes metodologias, baseadas em parâmetros **técnicos**, **econômicos** e **legais**. Dentre os critérios utilizados para a fixação da margem de valor agregado a ser utilizada na substituição tributária progressiva, destacamos:

I – Levantamentos de Mercado: os governos estaduais realizam **pesquisas de mercado** para identificar preços médios praticados no varejo. Essas pesquisas servem como referência para estabelecer a margem de agregação de valor entre o preço de fábrica/importação e o preço final ao consumidor. No caso, por exemplo, de bebidas ou cigarros, a margem considera os preços médios observados em supermercados, lojas de conveniência e outros pontos de venda.

II – Negociações com Setores Econômicos: em determinados casos, a margem de valor agregado é definida em **acordos setoriais** entre o **governo** e **representantes de indústrias**, **comerciantes** ou **associações de classe**. Esses acordos visam ajustar a margem presumida à realidade de mercado.

III – Existência de Regulamentação Específica: a MVA é fixada por leis, decretos ou regulamentos estaduais. Cada Estado possui autonomia para definir margens diferentes para os produtos sujeitos à substituição tributária, respeitando as diretrizes gerais do ICMS e eventuais convênios firmados no âmbito do **CONFAZ** (Conselho Nacional de Política Fazendária).

Para melhor visualização do instituto da substituição tributária progressiva, vamos apresentar um exemplo da **incidência de ICMS em operações com combustíveis**:

SUBSTITUIÇÃO TRIBUTÁRIA PROGRESSIVA

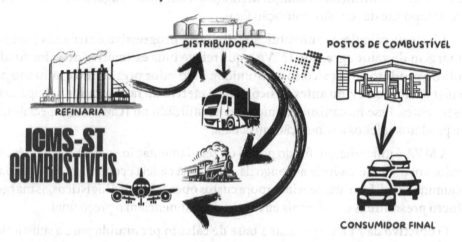

No caso acima, em vez de se cobrar o ICMS em cada etapa (produção, transporte, venda no posto), o governo cobra todo o imposto antecipadamente de uma **única empresa**, geralmente a **refinaria** (indústria). Isso evita fraudes e simplifica o processo.

Quando a **refinaria** vende o combustível para uma **distribuidora**, ela **já paga o ICMS de todas as etapas seguintes** (distribuição e venda ao consumidor final). As **transportadoras** ou **distribuidoras** compram o combustível com o **imposto já pago**. Elas não precisam calcular ou recolher o ICMS novamente. O **posto de gasolina** compra o combustível com o **imposto incluído no preço**. Ele apenas **revende** ao consumidor, **sem recolher ICMS adicional**.

Assim, o **preço final** que pagamos na bomba **já inclui o ICMS**. Isso significa que o **imposto foi embutido no valor** (denominado de **cálculo por dentro**) que o **posto pagou ao distribuidor**, que, por sua vez, foi **embutido** no valor que a **distribuidora pagou à refinaria**.

Imagine que a **refinaria** é como quem paga a conta do restaurante para um grupo de amigos. Ela paga tudo de uma vez (ICMS de produção, transporte e venda), e depois, o custo já aparece na "**conta final**" que o consumidor paga na bomba de gasolina.

A **maior problemática** é o **pagamento a maior na substituição tributária progressiva**. Isso acontece porque o ICMS é calculado com base em um preço estimado para o produto no futuro, chamado de **preço de referência** ou **base de cálculo presumida**. Pragmaticamente, o preço real de venda ao consumidor pode ser **menor** do que o estimado. Quando isso acontece, a empresa ou o consumidor, indiretamente, acaba pagando **mais imposto** do que deveria.

Isso acontece porque o governo **presume** que o combustível será **vendido ao consumidor final** por um preço X e cobra o **ICMS com base nesse valor**. Se o **preço**

real de venda no posto for **menor do que o estimado**, significa que o imposto cobrado foi **exagerado**, gerando o pagamento a mais.

Se for comprovado que o **preço real foi menor** e, portanto, houve **pagamento de imposto em excesso**, a empresa que recolheu o ICMS (geralmente a refinaria) ou o contribuinte pode pedir a **restituição**. A **restituição** funcionará da seguinte forma:

- A empresa deve apresentar documentos que mostram que o preço de venda ao consumidor foi menor do que o valor usado na base de cálculo presumida;
- A empresa entra com um pedido de restituição junto à Secretaria da Fazenda do estado, demonstrando o pagamento a mais;
- O governo devolve a diferença do imposto pago a mais ou permite que a empresa use o valor como crédito para pagar futuros impostos.

Exemplificando: o governo presume que o combustível será vendido por **R$ 6,00/litro** e cobra ICMS com base nisso. No entanto, o posto vende o combustível por **R$ 5,50/litro**. Isso significa que o imposto pago foi maior do que o necessário. A empresa pode pedir a **devolução da diferença** referente aos R$ 0,50 de base de cálculo que não se concretizou.

IMPORTANTE

Parte da doutrina traz a figura jurídica do **agente de retenção**. Este passa a ser o **sujeito que fica no lugar do contribuinte**, pagando o tributo em nome deste, porque assim dispôs a lei, mesmo **sem guardar qualquer relação pessoal** ou **material com o fato jurídico tributário**. Trata-se de um **intermediário** legalmente interposto para os fins de **arrecadação tributária**, suportando uma **obrigação tributária acessória**, de natureza meramente **formal**, relativamente à entrega de dinheiro ao Estado, como fazer algo no interesse da arrecadação e da fiscalização.

Exemplificando: o empregador que retém o **Imposto de Renda na Fonte** (IRRF) dos salários pagos aos seus **empregados** e as empresas que retêm contribuições como PIS, COFINS ou INSS nos pagamentos a fornecedores são considerados agentes de retenção.

13.7.2.1.2 Substituição regressiva (para trás)

O **art. 128 do CTN** prevê:

Art. 128. Sem prejuízo do disposto neste capítulo, a lei pode atribuir de modo expresso a responsabilidade pelo crédito tributário a terceira pessoa, vinculada ao fato gerador da respectiva obrigação, excluindo a responsabilidade do contribuinte ou atribuindo-a a este em caráter supletivo do cumprimento total ou parcial da referida obrigação.

Enquanto a **substituição tributária progressiva** estabelece a antecipação do recolhimento do tributo sobre toda a cadeia, a **substituição tributária regressiva** gera uma **postergação do pagamento do tributo**, transferindo-se a obrigação de reter e recolher o montante devido, que seria do vendedor, ao **adquirente dos produtos ou serviços**. Existe, aí, uma postergação (diferimento) do pagamento do tributo, transferindo-se uma obrigação de reter e recolher o montante devido, que seria do vendedor, ao adquirente dos produtos ou dos serviços. A legislação atribui a um **agente que atua** em fase posterior (por exemplo, uma indústria ou um distribuidor) a responsabilidade de recolher o tributo devido em etapas anteriores.

O **contribuinte substituto** (que está em fase posterior, como a indústria) recolhe o imposto devido por contribuintes de **fases anteriores** (por exemplo, produtores rurais ou fornecedores). Normalmente, calcula-se o imposto tomando por base o **valor presumido das operações anteriores** ou o **valor de mercado dos insumos**.

Exemplo: o **produtor rural** vende soja bruta para **indústria** de alimentos. Em vez de o produtor recolher o ICMS, a **indústria** já recolhe pelo produtor (etapa anterior). Dessa forma, o Estado antecipa a arrecadação e concentra em menos pontos de fiscalização.

O **diferimento** é um regime em que **o momento de pagamento do tributo é postergado (adiado)** para uma fase futura da cadeia de circulação. Não significa dispensa de pagamento, mas sim um **adiamento**.

O **fato gerador do imposto** pode ocorrer em uma **determinada etapa** (por exemplo, na saída do produto do estabelecimento rural), mas a legislação determina que o recolhimento efetivo só aconteça numa **fase posterior** (por exemplo, quando o produto chega ao estabelecimento industrial). Geralmente, atribui-se a um **contribuinte posterior** – como a indústria, distribuidor ou varejo – a obrigação de recolher o imposto que foi "diferido" nas etapas anteriores.

O diferimento **simplifica** a fiscalização, ao concentrar o pagamento numa fase seguinte, e pode incentivar a cadeia produtiva em suas fases iniciais (retardando a saída de caixa para o produtor).

JURISPRUDÊNCIA

EMENTA Ação direta de inconstitucionalidade. Perda de objeto. Direito tributário. ICMS. Energia elétrica. Necessidade de instituição da substituição tributária por meio de lei estadual em sentido estrito, com densidade normativa. Operações interestaduais. Imprescindibilidade de submissão do Convênio ICMS nº 50/19 à Assembleia Legislativa. Aplicação das anterioridades geral e nonagesimal quanto à majoração indireta de ICMS provocada pela substituição tributária. 1. A antecipação do ICMS com substituição tributária deve se harmonizar com a lei complementar federal que dispõe sobre a matéria (Tema nº 456, RE nº 598.677/RS, de minha relatoria, DJe de 5/5/21). É imprescindível, ademais, que a instituição dessa substituição tributária seja feita por meio de lei estadual em sentido estrito, com densidade normativa (ADI nº 4.281/SP, redatora do acórdão a Ministra Cármen Lúcia, DJe de 18/12/20). 2. Versando o convênio ICMS interestadual autorizativo sobre matéria em relação à qual se exige, ainda, disciplina em lei estadual em sentido estrito, deve ele ser submetido às respectivas Casas Legislativas. Nessa direção, vide: ADI nº 5.929/DF, Tribunal Pleno, Rel. Min. Edson Fachin, DJe de 6/3/20. 3. Por meio do Convênio ICMS nº 50/19, os estados signatários acordaram em adotar, quanto ao ICMS, o regime de substituição tributária nas operações interestaduais com energia elétrica neles iniciadas com destino a distribuidora localizada no Estado do Amazonas. 4. O Decreto nº 40.628/19 do Estado do Amazonas, ao instituir substituição tributária relativamente ao ICMS e incorporar à legislação amazonense o referido convênio, sem a prévia submissão desse à Assembleia Legislativa, incidiu em inconstitucionalidade formal. 5. Está sujeita às anterioridades geral e nonagesimal a majoração indireta do ICMS provocada pela instituição da substituição tributária em questão. Precedentes. 6. Ação direta julgada prejudicada quanto ao inciso II do art. 1º do Decreto nº 40.628/19, na parte em que fixou a Margem de Valor Agregado (MVA) de 150% em relação à energia elétrica, e procedente quanto à parte subsistente, declarando-se a inconstitucionalidade formal – por ofensa ao princípio da legalidade tributária – e material – por violação das anterioridades geral e nonagesimal - dos arts. 1º, I e II – na parte remanescente –, e 2º do mesmo decreto. 7. Ficam modulados os efeitos da declaração de inconstitucionalidade, para que a decisão produza efeitos a partir do início do próximo exercício financeiro (2022), ressalvando-se as ações ajuizadas até a véspera da publicação da ata de julgamento do mérito.
(**STF – ADI: 6144** AM 0023032-81.2019.1.00.0000, Relator: DIAS TOFFOLI, Data de Julgamento: 03/08/2021, Tribunal Pleno, Data de Publicação: 03/09/2021)
PIS E COFINS – SUBSTITUIÇÃO TRIBUTÁRIA – ARTIGO 150, § 7º, DA CONSTITUIÇÃO FEDERAL – RECOLHIMENTO A MAIOR – DEVOLUÇÃO. É devida a restituição da diferença das contribuições para o Programa de Integração Social – PIS e para o Financiamento da Seguridade Social – Cofins pagas a mais, no regime de substituição tributária, se a base de cálculo efetiva das operações for inferior à presumida.
(**STF – RE: 596832 RJ**, Relator: MARCO AURÉLIO, Data de Julgamento: 29/06/2020, Tribunal Pleno, Data de Publicação: 21/10/2020)
Ementa: EMBARGOS DE DECLARAÇÃO NA AÇÃO DIRETA DE INCONSTITUCIONALIDADE. TRIBUTÁRIO. COMPATIBILIDADE DO INC. II DO ART. 19 DA LEI 11.408/1996 DO ESTADO DE PERNAMBUCO COM O § 7º DO ART. 150 DA CONSTITUIÇÃO FEDERAL, QUE AUTORIZA A RESTITUIÇÃO DE QUANTIA COBRADA A MAIOR NAS HIPÓTESES DE SUBSTITUIÇÃO TRIBUTÁRIA PARA FRENTE EM QUE A OPERAÇÃO FINAL RESULTOU EM VALORES INFERIORES ÀQUELES UTILIZADOS PARA EFEITO DE INCIDÊNCIA DO ICMS. AUSÊNCIA DE OMISSÃO, OBSCURIDADE, CONTRADIÇÃO OU ERRO MATERIAL. REDISCUSSÃO DA MATÉRIA. EFEITOS INFRINGENTES. IMPOSSIBILIDADE. MODULAÇÃO DOS EFEITOS. TEMA DECIDIDO NO RE 593.849, TEMA 201 DA RG. EMBARGOS DE DECLARAÇÃO REJEITADOS. I – Embargos de declaração opostos contra acórdão que julgou constitucional, com base no § 7º do art. 150 da Constituição Federal, a restituição de quantia cobrada a maior, nas hipóteses de substituição tributária para frente, em que a operação final resultou em valores inferiores àqueles utilizados para efeito de incidência do ICMS. II – Aclaratórios manejados com a finalidade clara e deliberada de alterar o que foi decidido, não sendo possível atribuir-lhes efeitos infringentes, salvo em situações excepcionais, o que não ocorre no caso em questão.

III – Por ocasião do julgamento do tema 201 da Repercussão Geral, o Recurso Extraordinário 593.849, de relatoria do Ministro Edson Fachin, O STF manifestou-se pela atribuição de efeitos prospectivos à decisão, estabelecendo que "É devida a restituição da diferença do Imposto sobre Circulação de Mercadorias e Serviços – ICMS pago a mais no regime de substituição tributária para a frente se a base de cálculo efetiva da operação for inferior à presumida, e modulou os efeitos da tese ali fixada, de modo que a questão já foi decidida naquele julgado. IV – Embargos de declaração rejeitados.
(STF – ADI: 2675 PE, Relator: Min. RICARDO LEWANDOWSKI, Data de Julgamento: 27/03/2023, Tribunal Pleno, Data de Publicação: PROCESSO ELETRÔNICO DJe-s/n DIVULG 28-04-2023 PUBLIC 02-05-2023)
CONSTITUCIONAL E TRIBUTÁRIO. CONTRIBUIÇÃO PARA O PIS E DA COFINS DAS EMPRESAS VAREJISTAS DE VEÍCULOS RECOLHIDAS EM REGIME DE SUBSTITUIÇÃO TRIBUTÁRIA PELOS INDUSTRIAIS E IMPORTADORES. BASE DE CÁLCULO PRESUMIDA. PREÇO TOTAL COBRADO DO VAREJISTA COMPOSTO DO VALOR DO PRODUTO E IPI. RAZOABILIDADE. VAREJISTA QUE NÃO É CONTRIBUINTE DO IPI. AUSÊNCIA NA SUA RECEITA BRUTA DE VALOR DESTINADO À UNIÃO A TÍTULO DE IPI. POSSIBILIDADE DE REPETIÇÃO DE INDÉBITO NA HIPÓTESE DA BASE DE CÁLCULO REAL SER INFERIOR À PRESUMIDA. RECURSO EXTRAORDINÁRIO DESPROVIDO. 1. O art. 43 da MP 2.158-35/2001 determina que os industriais e importadores de veículos automotores recolham, em regime de substituição tributária, além das contribuições por eles próprios devidas, as contribuições para o PIS e da Cofins que futuramente seriam devidas pelos varejistas de veículos ao efetuarem a revenda dos produtos adquiridos. 2. A substituição tributária tem amparo no § 7º do art. 150 da Magna Carta, que estabelece que "a lei poderá atribuir a sujeito passivo de obrigação tributária a condição de responsável pelo pagamento de imposto ou contribuição, cujo fato gerador deva ocorrer posteriormente". 3. É ínsito ao regime de substituição tributária, em que o tributo será recolhido em relação à fato gerador ainda não acontecido, a presunção de uma base de cálculo, que naturalmente deverá atender a um critério de razoabilidade. 4. Em situações ordinárias, uma empresa varejista não revenderá um produto por um valor menor do que o custo que teve com sua aquisição, pois a sua receita deve ser grande o bastante não apenas para cobrir as despesas com a aquisição das mercadorias destinadas a revenda como uma série de outras (empregados, imóveis, energia elétrica etc.). Dessa maneira, considerando-se que, na aquisição de veículo para revenda, o varejista teve que arcar com custo correspondente à soma do valor destinado ao industrial/importador e do IPI endereçado à União, ele, em situações ordinárias, não revenderá o bem adquirido por montante inferior a esse total. 5. O custo total dos veículos, compreendendo a soma do valor do produto e do IPI, é, portanto, uma estimativa não só razoável como provavelmente menor da futura receita bruta a ser obtida pelo varejista na revenda. 6. Não se trata de dizer que o IPI componha a receita bruta do varejista, uma vez que este sequer é contribuinte desse imposto. O IPI nas aquisições é apenas um dos componentes da receita bruta/faturamento a ser obtida pelo varejista. 7. Naquelas situações excepcionais em que a base de cálculo presumida venha a se mostrar inferior àquela realmente obtida pelo varejista de veículos, poderá este pleitear a imediata e preferencial restituição da quantia paga, na forma prevista na parte final do § 7º do art. 150 da Magna Carta, na linha do decidido por esta Suprema Corte ao julgamento do RE nº 596.832, paradigma do tema nº 228 da repercussão geral. 8. Recurso extraordinário desprovido. 9. Tese adotada: "É constitucional a inclusão do valor do IPI incidente nas operações de venda feitas por fabricantes ou importadores de veículos na base de cálculo presumida fixada para propiciar, em regime de substituição tributária, a cobrança e o recolhimento antecipados, na forma do art. 43 da Medida Provisória nº 2.158-35/2001, de contribuições para o PIS e da Cofins devidas pelos comerciantes varejistas".
(STF – RE: 605506 RS, Relator: ROSA WEBER, Data de Julgamento: 11/11/2021, Tribunal Pleno, Data de Publicação: 18/11/2021)

EMENTA: AÇÃO DIRETA DE INCONSTITUCIONALIDADE. DIREITO TRIBUTÁRIO. LEIS Nº 14.056, DE 2012, E Nº 14.178, DE 2012, DO ESTADO DO RIO GRANDE DO SUL. DECRETO Nº 50.052, DE 2013. IMPOSTO SOBRE OPERAÇÕES RELATIVAS À CIRCULAÇÃO DE MERCADORIAS E SOBRE PRESTAÇÕES DE SERVIÇOS DE TRANSPORTE INTERESTADUAL, INTERMUNICIPAL E DE COMUNICAÇÃO (ICMS). SUBSTITUIÇÃO TRIBUTÁRIA. RESERVA DE LEI QUALIFICADA. ISONOMIA TRIBUTÁRIA. ESTABELECIMENTO ATACADISTA. 1. A questão constitucional suscitada em abstrato nesta ação consiste em saber se a instituição de hipótese de substituição tributária do ICMS, imputando-se a estabelecimento atacadista o dever de recolhimento do tributo em relação às operações subsequentes, exige a forma de lei complementar, secundada por Convênio do Conselho Nacional de Política Fazendária (CONFAZ), ou se simples lei ordinária estadual, regulamentada por decreto, revela-se suficiente para tanto. 2. Preliminares. Perda parcial do objeto. Acolhida. Revogação do decreto impugnado. Em casos excepcionais, o Supremo Tribunal Federal tem por assente que é possível conhecer de ação direta de inconstitucionalidade movida em face de ato revogado, quando esteja em jogo a máxima efetividade da jurisdição constitucional. Na hipótese dos autos, não se entende comprovada essa excepcionalidade. Com efeito, perde utilidade a impugnação referente ao princípio da igualdade tributária. 3. Preliminares. Pertinência temática. Rejeitada. Diante da teoria processual da asserção, a aferição do requisito da pertinência temática deve ser feita no momento do ajuizamento do processo objetivo. Nesse sentido, em regra, não é dado alegar ausência superveniente da pertinência temática, em função de revogação parcial do objeto. 4. Mérito. Vício Formal. Não caracterizado. À luz da vigência da Lei Complementar nº 87, de 1996 (Lei Kandir), a imputação de responsabilidade tributária, na modalidade de substituição tributária progressiva, pelo Estado competente para a instituição do ICMS não demanda lei complementar, ex vi art. 150, § 7º, da Constituição da República. 5. Ação direta de inconstitucionalidade conhecida, em parte, e, no mérito, julgada improcedente.
(**STF – ADI: 5702 RS**, Relator: ANDRÉ MENDONÇA, Data de Julgamento: 24/10/2022, Tribunal Pleno, Data de Publicação: PROCESSO ELETRÔNICO DJe-222 DIVULG 04-11-2022 PUBLIC 07-11-2022)
TRIBUTÁRIO. RECURSO ESPECIAL REPETITIVO. ICMS-ST. SUBSTITUIÇÃO TRIBUTÁRIA PROGRESSIVA. SUBSTITUÍDO. CONTRIBUIÇÃO AO PIS. COFINS. BASE DE CÁLCULO. EXCLUSÃO. 1. O Supremo Tribunal Federal decidiu, em caráter definitivo, por meio de precedente vinculante, que os conceitos de faturamento e receita, contidos no art. 195, I, b, da Constituição Federal, para fins de incidência da Contribuição ao PIS e da COFINS, não albergam o ICMS (RE 574.706/PR, Rel. Ministra CÁRMEN LÚCIA, Tribunal Pleno, julgado em 15/03/2017, DJe 02/10/2017), firmando a seguinte tese da repercussão geral: "O ICMS não compõe a base de cálculo para a incidência do PIS e da COFINS" (Tema 69). 2. No tocante ao ICMS-ST, contudo, a Suprema Corte, nos autos do RE 1.258.842/RS, reconheceu a ausência de repercussão geral: "É infraconstitucional, a ela se aplicando os efeitos da ausência de repercussão geral, a controvérsia relativa à inclusão do montante correspondente ao ICMS destacado nas notas fiscais ou recolhido antecipadamente pelo substituto em regime de substituição tributária progressiva na base de cálculo da contribuição ao PIS e da COFINS" (Tema 1.098).3. O regime de substituição tributária – que concentra, em regra, em um único contribuinte o dever de pagar pela integralidade do tributo devido pelos demais integrantes da cadeia produtiva – constitui mecanismo especial de arrecadação destinado a conferir, sobretudo, maior eficiência ao procedimento de fiscalização, não configurando incentivo ou benefício fiscal, tampouco implicando aumento ou diminuição da carga tributária. 4. O substituído é quem pratica o fato gerador do ICMS-ST, ao transmitir a titularidade da mercadoria, de forma onerosa, sendo que, por uma questão de praticidade contida na norma jurídica, a obrigação tributária recai sobre o substituto que, na qualidade de responsável, antecipa o pagamento do tributo, adotando técnicas previamente estabelecidas na lei para presumir a base de cálculo. 5. Os contribuintes (substituídos ou não) ocupam posições jurídicas idênticas quanto à submissão à tributação pelo ICMS, sendo certo que a distinção entre eles encontra-se tão somente no mecanismo especial de recolhimento, de modo que é incabível qualquer entendimento que contemple majoração de carga tributária ao substituído tributário tão somente em razão dessa peculiaridade na forma de operacionalizar a cobrança do tributo. 6. A interpretação do disposto nos arts.

1º das Leis n. 10.637/2002 e 10.833/2003 e 12 do Decreto-Lei n. 1.598/1977, realizada especialmente à luz dos princípios da igualdade tributária, da capacidade contributiva e da livre concorrência e da tese fixada em repercussão geral (Tema 69 do STF), conduz ao entendimento de que devem ser excluídos os valores correspondentes ao ICMS-ST destacado da base de cálculo da Contribuição ao PIS e da COFINS devidas pelo substituído no regime de substituição progressiva. 7. Diante da circunstância de que a submissão ao regime de substituição depende de lei estadual, a indevida distinção entre ICMS regular e ICMS-ST na composição da base de cálculo das contribuições em tela concederia aos Estados e ao Distrito Federal a possibilidade de invadir a competência tributária da União, comprometendo o pacto federativo, ao tempo que representaria espécie de isenção heterônoma. 8. Para os fins previstos no art. 1.036 do CPC/2015, fixa-se a seguinte tese: "O ICMS-ST não compõe a base de cálculo da Contribuição ao PIS e da COFINS, devidas pelo contribuinte substituído no regime de substituição tributária progressiva." 9. Recurso especial desprovido.
(STJ – REsp: 1958265 SP 2021/0282195-3, Relator: Ministro GURGEL DE FARIA, Data de Julgamento: 13/12/2023, S1 – PRIMEIRA SEÇÃO, Data de Publicação: DJe 28/02/2024)
EMENTA Recurso extraordinário. Repercussão geral. Convênios ICMS nºs 80/97 e 110/07. Diferimento do ICMS. Saída do álcool etílico anidro combustível (AEAC) de usina ou destilaria. Saída da gasolina resultante da mistura com AEAC. Distribuidoras de combustíveis. Impossibilidade de crédito do imposto para as distribuidoras. Ausência de violação da não cumulatividade. 1. Os Convênios ICMS nºs 80/97 e 110/07 possibilitaram o diferimento do ICMS nas operações internas e interestaduais com AEAC destinado a distribuidora de combustíveis para o momento em que ocorrer a saída da gasolina resultante da mistura com AEAC promovida pela distribuidora de combustíveis. Os mesmos diplomas previram que o imposto em questão deve "ser pago de uma só vez, englobadamente, com o imposto retido por substituição tributária" incidente sobre as operações subsequentes com gasolina até o consumidor final, observadas as demais disposições previstas naqueles diplomas. 2. Por inexistir violação da cumulatividade, o diferimento em referência não gera para a citada distribuidora de combustíveis o direito a crédito quanto ao imposto relativo à saída do AEAC das usinas ou destilarias. Cobrança unificada do ICMS não se confunde com cobrança cumulativa do imposto. Precedentes. 3. Foi fixada a seguinte tese para o Tema nº 694 da Repercussão Geral: "O diferimento do ICMS relativo à saída do álcool etílico anidro combustível (AEAC) das usinas ou destilarias para o momento da saída da gasolina C das distribuidoras (Convênios ICMS nº 80/97 e 110/07) não gera o direito de crédito do imposto para as distribuidoras". 4. Recurso extraordinário ao qual se nega provimento.
(STF – RE: 781926 GO, Relator: DIAS TOFFOLI, Data de Julgamento: 27/03/2023, Tribunal Pleno, Data de Publicação: PROCESSO ELETRÔNICO DJe-080 DIVULG 17-04-2023 PUBLIC 18-04-2023).

13.7.2.2 Responsabilidade tributária por transferência

Na **responsabilidade por substituição**, a obrigação principal de cumprir determinada obrigação é **retirada do devedor originário e transferida integralmente para um terceiro**, que passa a responder diretamente perante o credor ou ao Fisco. Nesse caso, o **devedor original é dispensado do cumprimento da obrigação**, totalmente **distinta** da denominada **responsabilidade tributária por transferência**.

A **responsabilidade por transferência**, por outro lado, ocorre quando a obrigação **não deixa de ser do devedor originário**, mas é repassada a um terceiro, que **assume a responsabilidade sem eliminar a obrigação do primeiro**. O terceiro atua como uma **garantia** ou **subsidiário** no cumprimento da obrigação.

Dentre as formas de responsabilidade tributária por transferência, temos a responsabilidade tributária por sucessão e a responsabilidade tributária de terceiros. Não é correto admitir que a **responsabilidade tributária por infrações** seja uma espécie de **responsabilidade tributária por transferência**. Embora ambas estejam relacionadas à atribuição de responsabilidade a um sujeito passivo no âmbito tributário, elas possuem fundamentos e características distintas, que veremos posteriormente.

13.7.2.2.1 Responsabilidade tributária por sucessão

A **responsabilidade tributária por sucessão** é o fenômeno pelo qual um **sujeito** – o sucessor – passa a responder pelos **débitos tributários de outro sujeito** (o antecessor) em virtude de **evento previsto em lei**. Tem sua previsão entre os **arts. 129 a 133 do CTN**.

O CTN, promulgado em 1966, inspirou-se em códigos tributários estrangeiros e em parte na legislação comercial e civil anteriores à Constituição de 1967 (e posteriormente à de 1988). À época, a preocupação primordial era a **garantia da arrecadação** diante de eventuais **fraudes** ou **manobras societárias** que pudessem esvaziar o patrimônio do contribuinte.

Pelo **vetor axiológico**, aquele que assume o patrimônio ou a atividade deve também assumir seus passivos tributários, sob pena de enriquecimento sem causa. Trata-se de justiça fiscal, atualmente, um dos princípios basilares do sistema tributário nacional[28]. Isso não apenas assegura a **continuidade da arrecadação**, essencial para o financiamento das funções do Estado, como também **protege o sucessor de boa-fé**, garantindo que ele não seja surpreendido por **débitos ocultos** ou **desconhecidos**, desde que demonstre **diligência na aquisição**.

Não se trata, portanto, do direito da **sucessão** previsto no direito privado, nos termos do **art. 1.784 do CC/2002**[29], mas do sujeito que se encontra, em decorrência de lei, **apto a suceder os débitos tributários de terceiros**, desde que possua um **liame com a ocorrência do fato jurígeno tributário**.

Determina o **art. 129 do CTN** que:

> **Art. 129**. O disposto nesta Seção aplica-se por igual aos créditos tributários definitivamente constituídos ou em curso de constituição à data dos atos nela referidos, e aos constituídos posteriormente aos mesmos atos, desde que relativos a obrigações tributárias surgidas até a referida data.

A **sucessão tributária** deve se aplicar, de maneira uniforme, a **totalidade dos créditos tributários relacionados a uma mesma obrigação**. O **marco temporal objetivo** é a data do **surgimento da obrigação tributária**. Portanto, a norma tributária que se vincule a sucessão deve proteger o contribuinte de alterações retroativas que possam acarretar prejuízo ou instabilidade jurídica.

---

28. Com a alteração da CF/1988 pela EC 132/2023, foram inseridos princípios de regência do sistema tributário nacional, previstos no art. 145, § 3º e, dentre eles, temos o princípio da justiça tributária ou justiça fiscal.
29. **Art. 1.784**. Aberta a **sucessão**, a herança transmite-se, desde logo, aos herdeiros legítimos e testamentários.

Observe que o marco temporal definido pela "**data dos atos nela referidos**" delimita a **aplicação das normas tributárias**, vinculando-as ao **momento em que a obrigação tributária surgiu**. Isso reforça a necessidade de respeito ao **princípio da irretroatividade**, previsto no **art. 150, III, "a", da CF/1988** e amplamente debatido.

O legislador insere **três estágios dos créditos tributários** que são passíveis de sucessão: os **definitivamente constituídos**, os que se encontram em **curso de constituição** e aqueles que serão **constituídos posteriormente**, desde que vinculados a mesma obrigação tributária.

I – créditos tributários definitivamente constituídos

São os créditos que já passaram por todas as **etapas do processo de constituição** e que **não podem mais ser alterados** ou discutidos **administrativamente**. Assim, o lançamento tributário fora concluído, bem como o prazo assinalado para a discussão administrativa, estando totalmente exigível.

II – créditos tributários em curso de constituição

São os créditos que se encontram no **processo de formação**, ainda **não concluído**. Estão em um **estágio preliminar** e dependem da **conclusão de procedimentos administrativos** para se tornarem exigíveis. Assim, o Fisco está apurando a ocorrência do respectivo fato gerador, o montante devido e as circunstâncias da obrigação tributária que lhe deu origem.

Tal fase poderá envolver **procedimentos administrativos**, como auditorias fiscais, conferência de declarações e toda a sorte de análise documental necessária para a exigibilidade do crédito tributário.

III – créditos tributários constituídos posteriormente

Tais créditos são **formalmente inexistentes**, mas sua **constituição futura** é prevista, pois dizem respeito a **obrigações tributárias que já surgiram**, mas que ainda não foram apuradas ou formalizadas. Assim, houve a **ocorrência do fato gerador** da respectiva obrigação tributária principal, mas **não ocorreu a apuração do crédito**.

Dentre as **espécies de responsabilidade tributária por sucessão**, destacamos:

13.7.2.2.1.1 Espécies de responsabilidade tributária por sucessão

13.7.2.2.1.1.1 Sucessão imobiliária

O **art. 130 do CTN** estabelece:

> **Art. 130.** Os créditos tributários relativos a impostos cujo fato gerador seja a propriedade, o domínio útil ou a posse de bens imóveis, e bem assim os relativos a taxas pela prestação de serviços referentes a tais bens, ou a contribuições de melhoria, sub-rogam-se na pessoa dos respectivos adquirentes, salvo quando conste do título a prova de sua quitação.

A década de 1960 no Brasil foi marcada por maior preocupação em assegurar **receitas fiscais de forma estável** e de **responsabilizar o proprietário do imóvel pelos tributos que oneram o próprio bem**. Esse movimento atendeu a uma **tradição civilista**, em que os encargos referentes à coisa seguem a própria coisa, de modo a assegurar ao Fisco uma garantia real de cobrança.

Após o advento do CTN, diversas leis ordinárias e complementares vieram a regulamentar **aspectos específicos da tributação imobiliária**, a exemplo da Lei 8.212/91 e de legislações municipais ou estaduais sobre IPTU, ITBI etc.

Dessa forma, todos os tributos relativos à **propriedade imobiliária**, sejam impostos, taxas e contribuições de melhoria, sub-rogam-se na pessoa do respectivo **adquirente da propriedade imobiliária**. Trata-se de uma obrigação *propter rem*, ou seja, a **dívida segue o imóvel e não o seu proprietário**. Assim, quem está na condição de proprietário se sub-roga em todas as dívidas relativamente ao imóvel.

Existe, entretanto, uma possibilidade de **elisão da responsabilidade direta do adquirente**: quando constar no **título da propriedade** a **prova de quitação dos tributos**.

O **título de propriedade** é o documento jurídico que comprova o direito de uma pessoa (física ou jurídica) sobre um bem imóvel, atribuindo-lhe a **titularidade legítima e reconhecida perante terceiros**. Ele pode ter diferentes formas, dependendo da natureza da transação imobiliária, mas deve atender aos requisitos legais específicos para ser válido e eficaz.

Dentre os exemplos mais comuns dos títulos de propriedade, destacamos a **escritura pública de compra e venda de imóvel**, o **contrato particular com força de escritura pública** – como no caso da alienação de imóveis financiados por instituições financeiras, em que o contrato particular registrado no cartório de imóveis pode valer como título de propriedade – o **formal de partilha**, **título da usucapião** etc.

Ressalta-se, contudo, que o título, por si só, não garante a propriedade até que seja registrado no Cartório de Registro de Imóveis competente. Isso decorre do **princípio da fé pública registral** e da necessidade de **publicidade** para segurança jurídica.

No que tange a **prova de quitação dos tributos**, toda a documentação oficial que comprova o pagamento ou inexistência de débitos tributários incidentes sobre um imóvel, geralmente exigida em transações que envolvem a transferência de propriedade, como compra e venda, doação, partilha, arrematação em leilão, deve ser utilizada para tal fim. Dentre as provas de quitação mais comuns na relação temos as **guias pagas de tributos relativos ao imóvel dos últimos cinco anos** ou a apresentação da **certidão negativa de débitos fiscais** (CND).

A **CND** indica a **inexistência** de débitos tributários **lançados** ou **inscritos em dívida ativa**. Vez que o Fisco tem o **prazo de cinco anos** (prazo quinquenal) para dar ao crédito tributário **exigibilidade**, pode ocorrer da extração da certidão nesse lapso temporal, sendo que o **fato gerador já ocorreu** e o crédito tributário será **constituído a posteriori**. Neste caso, a **CND não pode servir como prova de quitação dos tributos**.

Embora a CND não seja, tecnicamente, a **prova definitiva de quitação**, o STJ já decidiu que sua **obtenção pelo adquirente** comprova **boa-fé**, protegendo-o de cobranças futuras pelo Fisco, que deverá direcionar sua cobrança ao antigo proprietário. No julgamento do **REsp 707.605/SP**, o STJ reconhece que os débitos tributários relativos a impostos vinculados à propriedade imobiliária seguem o imóvel, salvo se o adquirente demonstrar a **boa-fé objetiva** e **obtiver a quitação documentalmente**.

Acerca das contribuições devidas por ocasião da **construção de prédios de qualquer tipo**, vinculadas à respectiva **matrícula** são considerados **tributos relativos ao imóvel**. O registro depende da comprovação da inexistência dos respectivos débitos, sendo que o dono da obra figura como **responsável solidário**, nos termos do **art. 30, VI, da Lei n. 8.212/91**, que determina:

Art. 30. A arrecadação e o recolhimento das contribuições ou de outras importâncias devidas à Seguridade Social obedecem às seguintes normas:

VI –o proprietário, o incorporador definido na Lei nº 4.591, de 16 de dezembro de 1964, o dono da obra ou condômino da unidade imobiliária, qualquer que seja a forma de contratação da construção, reforma ou acréscimo, são solidários com o construtor, e estes com a subemprei-teira, pelo cumprimento das obrigações para com a Seguridade Social, ressalvado o seu direito regressivo contra o executor ou contratante da obra e admitida a retenção de importância a este devida para garantia do cumprimento dessas obrigações, não se aplicando, em qualquer hipótese, o benefício de ordem.

Observe que o dispositivo admite a **retenção de valores** devidos ao **executor** ou **contratante da obra** como **garantia do cumprimento das obrigações previdenciárias**. No caso, o **dono da obra** poderá **reter pagamentos ao construtor** até que este comprove o **recolhimento das contribuições** e tal retenção visa assegurar que o cumprimento das obrigações ocorra ao longo do projeto, reduzindo os riscos de inadimplemento.

O STJ já firmou entendimento de que no sentido de que a responsabilidade solidária do proprietário/dono da obra **não depende de comprovação de dolo ou culpa**, bastando a sua **participação no fato gerador** (execução da obra).

I – A aquisição imobiliária em hasta pública

A **hasta pública** (ou leilão público) é o ato por meio do qual se vende um bem, geralmente para **satisfazer crédito de algum credor em processo judicial** (execução civil, trabalhista, fiscal etc.) ou **extrajudicial** (hipoteca, alienação fiduciária, entre outros). A **arrematação** é a modalidade de **aquisição derivada**: o bem é transferido ao adquirente (arrematante) mediante pagamento do preço ao **juízo** ou ao **leiloeiro público**, com a consequente quitação, parcial ou total, dos débitos executados.

No ordenamento brasileiro, a disciplina da **alienação em hasta pública em sede de execução judicial** encontra-se principalmente no Código de Processo Civil, notadamente nos artigos referentes à **expropriação de bens (arts. 879 e seguintes do CPC**[30]**)**. Além disso, há legislações específicas para as execuções fiscais, trabalhistas, dentre outras.

O **art. 130, parágrafo único do CTN**[31] prevê a chamada "**sub-rogação de tributos sobre o preço da arrematação**". De acordo com esse dispositivo, no caso de **venda judicial de bens imóveis**, os créditos tributários que incidam sobre o próprio imóvel – em geral, IPTU e taxas associadas à propriedade imobiliária (taxa de coleta de lixo, contribuição de melhoria, se for o caso) –**sub-rogam-se** no **respectivo preço**. Isso significa que tais tributos **deixam de recair sobre o arrematante** e passam a ser **abatidos**

---

30. **Art. 879.** A alienação far-se-á:
    I – por iniciativa particular;
    II – em leilão judicial eletrônico ou presencial.
31. **Art. 130** (...)
    Parágrafo único. No caso de arrematação em hasta pública, a sub-rogação ocorre sobre o respectivo preço.

do valor a ser levantado no processo, antes de qualquer pagamento ao exequente ou ao devedor original.

Com isso, a sub-rogação impede que o **adquirente** – na condição de **arrematante** – seja responsabilizado por **débitos antigos do imóvel**. Com isso, promove-se a **segurança jurídica e a atratividade do leilão**, pois o comprador adquire o bem **livre de ônus fiscais pretéritos**. O ente tributante (Município ou Estado, conforme o caso) recebe seus créditos diretamente do **valor da arrematação**, reduzindo riscos de inadimplência.

O **STJ** tem jurisprudência pacífica a respeito da **sub-rogação**, confirmando que o **adquirente não responde por débitos de IPTU anteriores à arrematação**. No **REsp 1.077.200/SC**, a Corte firmou o entendimento de que, havendo arrematação de imóvel em hasta pública, o **arrematante não pode ser responsabilizado pelos débitos tributários anteriores**, pois estes se **sub-rogam no preço pago**, atribuindo a legitimidade do dispositivo legal.

Por fim, é pertinente considerar que, **ainda que haja sub-rogação**, é prudente o arrematante **analisar certidões municipais, estaduais e federais** para saber se existem débitos pendentes ou outras peculiaridades, minimizando os riscos da aquisição.

 JURISPRUDÊNCIA

PROCESSUAL CIVIL E TRIBUTÁRIO. EXECUÇÃO FISCAL. IPTU. OBRIGAÇÃO TRIBUTÁRIA PROPTER REM. RESPONSABILIDADE POR SUCESSÃO. ARTIGO 130 DO CTN. DESPACHO DE CITAÇÃO DO ANTIGO PROPRIETÁRIO. INTERRUPÇÃO. PRESCRIÇÃO NÃO CONFIGURADA. ALÍNEA C PREJUDICADA. 1. Trata-se de Agravo Interno interposto contra decisão monocrática que conheceu parcialmente do Recurso Especial e, nessa parte, negou-lhe provimento. 2. O acórdão recorrido consignou em relação à suposta ilegitimidade ativa: "Foi proposta execução fiscal em 01/04/2015, contra LUMEN SHOPPING ADMINISTRADORA E INCORPORADORA LTDA (fls. 33), fundada em CDA relativa a IPTU de 2011 e 2012 (fls. 34/5), lembrando que referido título goza de presunção legal de certeza e liquidez (arts. 3° da LEF e 204 do CTN). Em agosto de 2017, o exequente requereu a inclusão do Banco Modal S/A, ora agravante, no polo passivo da execução (fls. 125), o que foi deferido pelo d. juiza quo (fls. 125), e deve ser mantida. Isso porque cópia da Matrícula do imóvel tributado comprova que o recorrente passou a titularizar a propriedade do bem a partir de 29/07/2015 (fls. 126/145, especificamente às fls. 145), ou seja, após a propositura da execução, o que autoriza o redirecionamento do feito contra o novo proprietário, conforme art. 130 do CTN, segundo o qual: (...) Com efeito, tendo em vista essa disposição legal e o fato de a transmissão do imóvel tributado ter ocorrido após o ajuizamento da execução, também improcede a alegação de carência da ação executiva, pois, apesar do crédito ter sido constituído em nome de terceiro proprietário da época, não há configuração de ilegitimidade passiva executiva do Banco ora recorrente. A aquisição do imóvel no curso da execução, combinada com o art. 130 do CTN, lhe dá legitimidade passiva." (fls. 329-330, e-STJ, grifos acrescidos). 3. O acórdão recorrido está em consonância com a jurisprudência do Superior Tribunal de Justiça no sentido de que "alienado bem onerado com tributos, o novo titular, não comprovando o recolhimento dos tributos imobiliários, torna-se responsável solidário pelos débitos, nos termos do art. 130 do CTN" (STJ, REsp 1.319.319/RS, Rel. Ministra ELIANA CALMON, SEGUNDA TURMA, DJe de 24/10/2013).

4. A jurisprudência do STJ sedimentada no julgamento do REsp 1.045.472/BA sob o rito dos repetitivos é no sentido de que a emenda ou substituição da CDA, até a prolação da sentença de Embargos à Execução, é admitida diante da existência de erro material ou formal, não sendo cabível, entretanto, quando os vícios decorrem do próprio lançamento ou da inscrição (Súmula 392/STJ). Tal orientação, porém, não se enquadra no caso dos autos, pois nesse paradigma não se discutiu a responsabilidade tributária do art. 130 do CTN, matéria tratada no caso dos autos. Depreende-se do acórdão recorrido que não foi caracterizado vício no lançamento ou na inscrição do débito em dívida ativa, porque foi após a constituição do crédito tributário que houve transmissão do imóvel objeto da incidência tributária, redirecionando-se a cobrança do feito para o novo proprietário. 5. Em relação à alegação de prescrição, o Tribunal Estadual rechaçou, nestes termos: "5.3. Sustentou o agravante prescrição da pretensão executiva, ao argumento de que entre a constituição definitiva do crédito e o despacho de citação, teria transcorrido mais de cinco anos. Improcede tal alegação. O crédito mais antigo foi definitivamente constituído em 01/12/2011 (fls. 35). A execução foi proposta em 01/04/15 contra a executada Lumen (fls. 33), que foi citada em 14/04/15 (fls. 38), ou seja, tudo dentro do prazo de cinco anos mencionado no art. 174 do CTN. O ora recorrente passou a titularizar o imóvel tributado em 29/07/15 (fls. 145), de modo que somente a partir desta data poderia o exequente pretender em face do novo proprietário do imóvel tributado. O exequente requereu sua inclusão no polo passivo da execução em agosto de 2017 (fls. 125), o que foi deferido por decisão de 30/11/2017 (fls. 149), sendo sua citação em 05/09/2018, com o ingresso nos autos por meio de exceção de pré-executividade (fls. 162/83). Dessa forma, inexistente a alegada prescrição, pois a pretensão executiva em face do Banco foi exercida tempestivamente." (fls. 331-332, e-STJ, grifos acrescidos). 6. O Tribunal de origem está de acordo com a jurisprudência do STJ que entende que o despacho de citação do contribuinte (alienante do imóvel) interrompe a prescrição com relação ao responsável solidário (adquirente). Precedentes: AgInt no AREsp 179.103/PE, Relator Ministro Napoleão Nunes Maia Filho, Primeira Turma, DJe 30/3/2017 e REsp. 1.319.319/RS, Rel. Min. Eliana Calmon, Segunda Turma, DJe 24.10.2013. 7. Ainda que comprovada a divergência jurisprudencial, a sua análise fica prejudicada quando a tese sustentada já foi afastada no exame do Recurso Especial pela alínea a do permissivo constitucional. 8. Agravo Interno não provido.
(**STJ – AgInt no REsp: 1867320 SP** 2020/0065374-0, Relator: Ministro HERMAN BENJAMIN, Data de Julgamento: 18/08/2020, T2 – SEGUNDA TURMA, Data de Publicação: DJe 02/10/2020)
DIREITO PROCESSUAL CIVIL TRIBUTÁRIO. AGRAVO INTERNO. TUTELA PROVISÓRIA DE URGÊNCIA. CONCESSÃO DE EFEITO SUSPENSIVO A RECURSO ESPECIAL. PROBABILIDADE DO DIREITO ALEGADO. NÃO COMPROVAÇÃO. PROVIMENTO NEGADO. 1. Agravo interno interposto contra decisão que indeferiu pedido de tutela de urgência para atribuir efeito suspensivo a recurso especial. A parte recorrente alega ilegitimidade para integrar o polo passivo da execução fiscal de Imposto sobre a Propriedade Predial e Territorial Urbana (IPTU), sustentando não ser proprietária do imóvel à época do fato gerador. 2. A questão em discussão consiste em verificar a presença dos requisitos para concessão de tutela provisória de urgência, notadamente a plausibilidade do direito alegado e o perigo de dano grave ou risco ao resultado útil do processo. 3. A decisão combatida deve ser mantida, pois não se verifica a plausibilidade do direito alegado pela recorrente, considerando a orientação jurisprudencial do Superior Tribunal de Justiça (STJ) sobre a responsabilidade solidária do adquirente e do alienante pelo pagamento do IPTU. 4. A ausência de fumus boni iuris torna desnecessário o exame do periculum in mora. 5. Agravo interno a que se nega provimento.
(**STJ – AgInt na TutPrv no REsp: 2119421** MT 2024/0016085-9, Relator: Ministro PAULO SÉRGIO DOMINGUES, Data de Julgamento: 21/10/2024, T1 – PRIMEIRA TURMA, Data de Publicação: DJe 28/10/2024)
ADMINISTRATIVO E CIVIL. CONCESSÃO DE DIREITO REAL DE USO. TAXA DE OCUPAÇÃO. NATUREZA JURÍDICA. RECEITA PATRIMONIAL. PRESCRIÇÃO. CÓDIGO CIVIL. PRAZO DECENAL. 1. A Primeira Turma desta Corte de Justiça, ao julgar o REsp. 1.601.386/DF, Relator Min. SÉRGIO KUKINA, DJe 17/03/2017, pacificou entendimento de que a prestação pecuniária pactuada em contrato de concessão de direito real uso não possui natureza tributária, pois não está atrelada a uma atividade administrativa específica decorrente do poder de polícia, tampouco se refere à prestação de serviços públicos pela iniciativa privada, por meio concessão e permissão, razão pela qual não se enquadra como taxa nem preço público.

2. Apesar de a ementa do referido julgado não ter retratado o que realmente ficou decidido naquela ocasião, é pacífico no âmbito desta Turma o entendimento de que a remuneração (taxa de ocupação) cobrada do particular no contrato administrativo de concessão de direito real de uso, para a utilização privativa de bem público, possui natureza jurídica de receita patrimonial. 3. A concessão de uso prevista no art. 7º do Dl. 271/1967 institui um direito real (art. 1.225 do CC/2022), razão pela qual não se aplica o prazo prescricional quinquenal previsto no art. 1º do Decreto n. 20.910/32 nem no art. 206, § 5º, I, do Código Civil, para o exercício do direito de cobrança dessa receita patrimonial, mas sim o prazo decenal do art. 205 do CC/2002. 4. O princípio da especialidade não é absoluto e o art. 1º do Decreto n. 20.910/32 deve ser interpretado com ponderação, visto que editado antes da Constituição Federal e do Código Civil de 2002, que trouxeram grandes inovações sobre o direito de propriedade, deixando clara a pretensão de se privilegiar a exploração dos imóveis com sentido social e coletivo. 5. No contrato de concessão de direito real de uso, o concessionário assume a responsabilidade de destinar o terreno a um interesse social estabelecido em lei e contratualmente determinado, em caráter resolúvel, assumindo, inclusive os pagamento das taxas e impostos incidentes sobre o imóvel, de modo que o fato da pretensão cingir-se, no caso, à cobrança dos valores inadimplidos (taxas de concessão), por si só, não atraem a regra prescricional quinquenal do art. 206, § 5º, inciso I, do Código Civil. 6. Se a responsabilidade pelo pagamento das "taxas" mensais emerge da relação jurídica material com o imóvel, em face até mesmo da segurança jurídica, não há como aplicar o art. 206, § 5º, inciso I, do Código Civil, nas hipóteses em que a administração pública se limitar à cobrança das remunerações inadimplentes e, a depender da pretensão deduzida na exordial, o disposto no art. 205 do CC/2002. 7. Recurso especial provido para considerar a prestação pecuniária decorrente do contrato de concessão de direito real uso como receita patrimonial e, por se tratar de cobrança de dívida de natureza real, reconhecer a aplicação do prazo prescricional de 10 anos, nos termos do art. 205 do Código Civil/2002, determinando se a devolução dos autos ao Tribunal de origem para o exame das questões suscitadas em apelação pelos ora recorridos. **(STJ – REsp: 1675985 DF** 2017/0131282-0, Data de Julgamento: 15/12/2022, T1 – PRIMEIRA TURMA, Data de Publicação: DJe 31/01/2023)

DIREITO CIVIL E PROCESSUAL CIVIL. AGRAVO INTERNO NO AGRAVO EM RECURSO ESPECIAL. APRECIAÇÃO DE TODAS AS QUESTÕES RELEVANTES DA LIDE PELO TRIBUNAL DE ORIGEM. AUSÊNCIA DE AFRONTA AO ART. 535 DO CPC/1973. PERÍCIA CONTÁBIL. NULIDADE. AUSÊNCIA DE ALCANCE NORMATIVO DO ARTIGO INDICADO. FALTA DE IMPUGNAÇÃO A FUNDAMENTO DO ACÓRDÃO RECORRIDO. SÚMULA N. 283/STF. REEXAME DO CONJUNTO FÁTICO-PROBATÓRIO DOS AUTOS. SÚMULA N. 7/STJ. ADIMPLEMENTO SUBSTANCIAL DO CONTRATO. AUSÊNCIA DE COMPROVAÇÃO. COMPORTAMENTO CONTRATUAL CONTRADITÓRIO DA AGRAVADA E SUCESSÃO EMPRESARIAL. VERIFICAÇÃO. REEXAME DO CONTRATO E DO CONJUNTO FÁTICO-PROBATÓRIO DOS AUTOS. INADMISSIBILIDADE. INCIDÊNCIA DAS SÚMULAS N. 5 E 7 DO STJ. DECISÃO MANTIDA. 1. Inexiste afronta ao art. 535 do CPC/19733 quando o acórdão recorrido pronuncia-se, de forma clara e suficiente, acerca das questões suscitadas nos autos, manifestando-se sobre todos os argumentos que, em tese, poderiam infirmar a conclusão adotada pelo Juízo. 2. Considera-se deficiente, a teor da Súmula n. 284 do STF, a fundamentação recursal que alega violação de dispositivos legais cujo conteúdo jurídico não tem alcance normativo para amparar a tese defendida no recurso especial. 3. O recurso especial que não impugna fundamento do acórdão recorrido suficiente para mantê-lo não deve ser admitido, a teor da Súmula n. 283/STF. 4. O recurso especial não comporta o exame de questões que impliquem interpretação de cláusula contratual ou revolvimento do contexto fático-probatório dos autos, a teor do que dispõem as Súmulas n. 5 e 7 do STJ. 5. No caso concreto, para alterar a conclusão do Tribunal de origem, acolhendo a pretensão recursal de declarar a nulidade da prova pericial e, por consequência, anular o processo por esse fundamento, seria imprescindível nova análise da matéria fática, inviável em recurso especial. 6. Sem incorrer na vedação das Súmulas n. 5 e 7 do STJ, não há como: (i) considerar inexistente o adimplemento substancial do contrato pela parte recorrida, a fim de autorizar a rescisão da avença, (ii) averiguar se a empresa agravada teria descumprido deveres contratuais anexos e (iii) declarar a existência de sucessão empresarial entre as partes, a fim de impedir o reembolso da recorrida sobre os encargos tributários anteriores à alienação do estabelecimento.

7. Agravo interno a que se nega provimento.
(STJ – AgInt no AREsp: 595287 RJ 2014/0258294-2, Relator: Ministro ANTONIO CARLOS FERREIRA, Data de Julgamento: 10/08/2020, T4 – QUARTA TURMA, Data de Publicação: DJe 14/08/2020)
TRIBUTÁRIO E PROCESSUAL CIVIL. RECURSO ESPECIAL REPRESENTATIVO DE CONTROVÉRSIA DE NATUREZA REPETITIVA. ALIENAÇÃO JUDICIAL. RESPONSABILIDADE DO ADQUIRENTE PELOS TRIBUTOS INCIDENTES SOBRE O IMÓVEL NA DATA DA ARREMATAÇÃO. INEXISTÊNCIA. SUB-ROGAÇÃO NO PREÇO. ART. 130, PARÁGRAFO ÚNICO, DO CTN. PREVISÃO DOS DÉBITOS FISCAIS E DA RESPONSABILIDADE DO ARREMATANTE NO EDITAL DO LEILÃO. IRRELEVÂNCIA. NORMA GERAL DE DIREITO TRIBUTÁRIO. MATÉRIA SOB RESERVA DE LEI COMPLEMENTAR. MODULAÇÃO DOS EFEITOS DA DECISÃO. APLICAÇÃO DA TESE AOS LEILÕES CUJOS EDITAIS SEJAM PUBLICIZADOS APÓS A PUBLICAÇÃO DA ATA DE JULGAMENTO DO TEMA REPETITIVO, RESSALVADAS AS AÇÕES JUDICIAIS OU OS PEDIDOS ADMINISTRATIVOS PENDENTES DE JULGAMENTO. RECURSO ESPECIAL PARCIALMENTE CONHECIDO E, NESSA EXTENSÃO, DESPROVIDO. I. Trata-se, na origem, de mandado de segurança objetivando a declaração de inexigibilidade, em relação ao adquirente, dos débitos tributários incidentes sobre imóvel alienado em hasta pública, cujos fatos geradores ocorreram anteriormente à data da arrematação. Denegada a ordem, o Tribunal de Justiça deu provimento ao recurso para declarar a ausência de responsabilidade do arrematante, ressaltando que, ainda que tenha constado do edital de leilão que os encargos fiscais seriam por ele suportados, tal advertência não se sobrepõe ao previsto no artigo 130, parágrafo único, do Código Tributário Nacional, que prevê a sub-rogação dos créditos tributários no preço ofertado. II. O tema em apreciação foi submetido ao rito dos recursos especiais repetitivos, nos termos dos arts. 1.036 a 1.041 do CPC/2015, e assim delimitado: "Responsabilidade do arrematante pelos débitos tributários anteriores à arrematação, incidentes sobre o imóvel, em consequência de previsão em edital de leilão (Tema 1.134)". III. Conforme o art. 146, inciso III, da CF/88, as normas gerais que versem sobre matéria tributária, dentre as quais se incluem a responsabilidade tributária, estão sujeitas à reserva de lei complementar. O Código Tributário Nacional, recepcionado com status de lei complementar, dedicou capítulo específico para tratar do tema, discorrendo sobre suas modalidades e esclarecendo que a lei poderá atribuir a terceira pessoa, vinculada ao fato gerador da respectiva obrigação, a responsabilidade pelo pagamento do crédito tributário (art. 128, caput, do CTN). IV. Especificamente em relação à responsabilidade dos sucessores, o caput do art. 130 do Código Tributário Nacional previu que, ressalvada a prova de quitação, o terceiro que adquire imóvel passa a ter responsabilidade pelos impostos, taxas ou contribuições de melhorias devidas anteriormente à transmissão da propriedade. Caso a aquisição ocorra em hasta pública, o parágrafo único excepciona a regra para estabelecer que o crédito tributário sub-rogar-se-á no preço ofertado. Em que pesem as elucidativas disposições normativas constantes do Código Tributário Nacional, tornou-se praxe nos leilões realizados pelo Poder Judiciário previsão editalícia atribuindo ao adquirente do bem o ônus pela quitação das dívidas fiscais pendentes. V. A partir de uma interpretação sistemática do Ordenamento Jurídico, extrai-se que a distinção de tratamento entre a hipótese prevista pelo caput e a tratada no parágrafo único do art. 130 do CTN levou em conta o modo de aquisição da propriedade, da doutrina civilista. Na alienação comum, a aquisição do domínio ocorre de forma derivada, transmitindo-se, além do bem, os vícios, ônus ou gravames incidentes sobre ele (obrigação propter rem). Tem-se em vista a relação de causalidade existente entre a propriedade do transmitente e a sua aquisição pelo adquirente. Já na alienação judicial inexiste tal relação jurídica, visto que a aquisição do domínio é feita sem intermediação entre o proprietário anterior e o terceiro arrematante, concretizando-se de forma direta, originária. Isenta-se, por consequência, o arrematante de quaisquer ônus que eventualmente incidam sobre o bem. Nesses termos, adquirido um imóvel mediante alienação comum, a sub-rogação da dívida fiscal será pessoal, recaindo sobre a figura do adquirente, ao passo que na alienação judicial a sub-rogação do crédito terá natureza real, operando-se sobre o próprio preço da arrematação. VI. Além das hipóteses já previstas pelo Código Tributário Nacional, a atribuição de responsabilidade a terceiro depende de previsão em lei complementar e da existência de vínculo entre o terceiro e o fato gerador da obrigação (art. 146, inciso III, da CF/88 c.c. o art. 128, caput, do CTN). A falta de liame entre o arrematante do bem e o fato gerador da obrigação tributária não permite a inclusão desse terceiro no polo passivo da relação jurídico-tributária, quanto o mais por simples previsão no edital do leilão judicial.

VII. Frente à previsão do Código de Processo Civil de que o edital da hasta pública deve mencionar os ônus incidente sobre o bem a ser leiloado (art. 686, inciso V, do CPC/73 e art. 886, inciso VI, do CPC/15), o Superior Tribunal de Justiça firmou entendimento de que o conteúdo do art. 130, parágrafo único, do CTN, deveria ser afastado quando houvesse expressa previsão no edital imputando responsabilidade tributária ao arrematante, caso em que haveria sub-rogação pessoal, e não real, do crédito tributário. VIII. Necessário considerar, todavia, que, ao especificar o conteúdo mínimo do edital da hasta pública, o Código de Processo Civil (art. 686 do CPC/73 e art. 886 do CPC/2015) não atribuiu, sequer implicitamente, responsabilidade tributária ao arrematante, como também não poderia fazê-lo. A teor do art. 146, inciso III, alínea b, da CF/88, lei ordinária, notadamente a de natureza processual, não se presta para disciplinar norma geral de direito tributário, que se sujeita à reserva de lei complementar. IX. Por se tratar de um ramo do Direito Público, o arcabouço normativo que disciplina o Direito Tributário possui natureza cogente, impondo claros e expressos limites à autonomia da vontade (art. 123, do CTN). Portanto, a prévia ciência e a eventual concordância, expressa ou tácita, do arrematante, em assumir o ônus das exações que incidam sobre o imóvel, não têm aptidão para configurar renúncia à aplicação do parágrafo único do art. 130 do CTN. Em observância ao regime jurídico de direito público, as normas gerais de direito tributário, entre as quais se inclui a responsabilidade tributária, devem ser tratadas como tal, não podendo sofrer flexibilização por meros atos administrativos, estes sim, sujeitos ao controle de legalidade. X. Do mesmo modo, como a responsabilidade tributária decorre de lei, não pode o edital da praça alterar o sujeito passivo da obrigação tributária, quer para criar nova hipótese de responsabilidade, quer para afastar previsão de irresponsabilidade, sob pena de afronta aos arts. 146, inciso III, alínea b, da CF/88 e arts. 97, inciso III, 121, 128 e 130, parágrafo único, do CTN. Portanto, à luz dos conceitos basilares sobre hierarquia das normas jurídicas, não é possível admitir que norma geral sobre responsabilidade tributária prevista pelo próprio CTN, cujo status normativo é de lei complementar, seja afastada por simples previsão editalícia em sentido diverso. XI. A partir da interpretação sistemática da legislação tributária, conclui-se que: i) a aquisição da propriedade em hasta pública ocorre de forma originária, inexistindo responsabilidade do terceiro adquirente pelos débitos tributários incidentes sobre o imóvel anteriormente à arrematação, por força do disposto no parágrafo único do art. 130 do CTN; ii) a aplicação dessa norma geral, de natureza cogente, não pode ser excepcionada por previsão no edital do leilão, notadamente porque o referido ato não tem aptidão para modificar a definição legal do sujeito passivo da obrigação tributária; iii) é irrelevante a ciência e a eventual concordância, expressa ou tácita, do participante do leilão, em assumir o ônus pelo pagamento das exações que incidam sobre o imóvel arrematado, não configurando renúncia tácita ao disposto no art. 130, parágrafo único, do CTN; e iv) em atenção à norma geral sobre responsabilidade tributária trazida pelo art. 128 do CTN e à falta de lei complementar que restrinja ou excepcione o disposto no art. 130, parágrafo único, do CTN, é vedado exigir do arrematante, com base em previsão editalícia, o recolhimento dos créditos tributários incidentes sobre o bem arrematado cujos fatos geradores sejam anteriores à arrematação. XII. Tese jurídica firmada: Diante do disposto no art. 130, parágrafo único, do Código Tributário Nacional, é inválida a previsão em edital de leilão atribuindo responsabilidade ao arrematante pelos débitos tributários que já incidiam sobre o imóvel na data de sua alienação. XIII. Com amparo nos princípios da segurança jurídica, da proteção da confiança e da isonomia, o Código de Processo Civil de 2015 inovou ao prever a possibilidade de modulação dos efeitos das decisões que alteram jurisprudência dominante dos Tribunais Superiores. Essa é justamente a hipótese dos autos, em que se propõe a alteração da orientação firmada pelo Superior Tribunal de Justiça há longa data. Tendo em vista que se trata de matéria que envolve a identificação de quais sujeitos a Fazenda Pública poderá se insurgir para a cobrança de dívida fiscal incidente sobre o imóvel leiloado, com reflexos na arrecadação de recursos públicos, assim como os incontáveis leilões judiciais cujo edital atribuiu responsabilidade, direta ou subsidiária, ao arrematante, impõe-se a modulação dos efeitos desta decisão. Por aplicação analógica do art. 1.035, § 11º, do CPC/2015, a tese repetitiva ora fixada deverá ser aplicada aos leilões cujos editais sejam publicizados após a publicação da ata de julgamento do tema repetitivo, ressalvadas as ações judiciais ou pedidos administrativos pendentes de julgamento, em relação aos quais a aplicabilidade é imediata.

XIV. Caso concreto: recurso especial parcialmente conhecido e, nessa extensão, desprovido. XV. Recurso julgado sob a sistemática dos recursos especiais representativos de controvérsia (art. 1.036 e seguintes do CPC/2015 e art. 256-N e seguintes do RISTJ).
(**STJ – REsp: 1944757 SP** 2021/0188321-4, Relator: Ministro TEODORO SILVA SANTOS, Data de Julgamento: 09/10/2024, S1 – PRIMEIRA SEÇÃO, Data de Publicação: DJe 24/10/2024)
TRIBUTÁRIO E PROCESSUAL CIVIL. RECURSO ESPECIAL REPRESENTATIVO DE CONTROVÉRSIA DE NATUREZA REPETITIVA. ALIENAÇÃO JUDICIAL. RESPONSABILIDADE DO ADQUIRENTE PELOS TRIBUTOS INCIDENTES SOBRE O IMÓVEL NA DATA DA ARREMATAÇÃO. INEXISTÊNCIA. SUB-ROGAÇÃO NO PREÇO. ART. 130, PARÁGRAFO ÚNICO, DO CTN. PREVISÃO DOS DÉBITOS FISCAIS E DA RESPONSABILIDADE DO ARREMATANTE NO EDITAL DO LEILÃO. IRRELEVÂNCIA. NORMA GERAL DE DIREITO TRIBUTÁRIO. MATÉRIA SOB RESERVA DE LEI COMPLEMENTAR. MODULAÇÃO DOS EFEITOS DA DECISÃO. APLICAÇÃO DA TESE AOS LEILÕES CUJOS EDITAIS SEJAM PUBLICIZADOS APÓS A PUBLICAÇÃO DA ATA DE JULGAMENTO DO TEMA REPETITIVO, RESSALVADAS AS AÇÕES JUDICIAIS OU OS PEDIDOS ADMINISTRATIVOS PENDENTES DE JULGAMENTO. RECURSO ESPECIAL PARCIALMENTE CONHECIDO E, NESSA EXTENSÃO, DESPROVIDO. I. Trata-se, na origem, de ação ordinária objetivando a declaração de inexigibilidade, em relação ao adquirente, dos débitos de IPTU incidentes sobre imóvel alienado em hasta pública, cujos fatos geradores ocorreram anteriormente à data da arrematação. A sentença reconheceu a ausência de responsabilidade tributária do arrematante e julgou procedente o pedido. Em sede de apelação, o Tribunal de Justiça ratificou que o arrematante recebeu o imóvel livre de ônus tributário pretérito, enfatizando que o edital, cuja natureza é de oferta pública, deve observância às disposições do . II. O tema em apreciação foi submetido ao rito dos recursos especiais repetitivos, nos termos dos arts. 1.036 a 1.041 do CPC/2015, e assim delimitado: "Responsabilidade do arrematante pelos débitos tributários anteriores à arrematação, incidentes sobre o imóvel, em consequência de previsão em edital de leilão (Tema 1.134)". III. Conforme o art. 146, inciso III, da CF/88, as normas gerais que versem sobre matéria tributária, dentre as quais se incluem a responsabilidade tributária, estão sujeitas à reserva de lei complementar. O Código Tributário Nacional, recepcionado com status de lei complementar, dedicou capítulo específico para tratar do tema, discorrendo sobre suas modalidades e esclarecendo que a lei poderá atribuir a terceira pessoa, vinculada ao fato gerador da respectiva obrigação, a responsabilidade pelo pagamento do crédito tributário (art. 128, caput, do CTN). IV. Especificamente em relação à responsabilidade dos sucessores, o caput do art. 130 do Código Tributário Nacional previu que, ressalvada a prova de quitação, o terceiro que adquire imóvel passa a ter responsabilidade pelos impostos, taxas ou contribuições de melhorias devidas anteriormente à transmissão da propriedade. Caso a aquisição ocorra em hasta pública, o parágrafo único excepciona a regra para estabelecer que o crédito tributário sub-rogar-se-á no preço ofertado. Em que pesem as elucidativas disposições normativas constantes do Código Tributário Nacional, tornou-se praxe nos leilões realizados pelo Poder Judiciário previsão editalícia atribuindo ao adquirente do bem o ônus pela quitação das dívidas fiscais pendentes. V. A partir de uma interpretação sistemática do Ordenamento Jurídico, extrai-se que a distinção de tratamento entre a hipótese prevista pelo caput e a tratada no parágrafo único do art. 130 do CTN levou em conta o modo de aquisição da propriedade, da doutrina civilista. Na alienação comum, a aquisição do domínio ocorre de forma derivada, transmitindo-se, além do bem, os vícios, ônus ou gravames incidentes sobre ele (obrigação propter rem). Tem-se em vista a relação de causalidade existente entre a propriedade do transmitente e a sua aquisição pelo adquirente. Já na alienação judicial inexiste tal relação jurídica, visto que a aquisição do domínio é feita sem intermediação entre o proprietário anterior e o terceiro arrematante, concretizando-se de forma direta, originária. Isenta-se, por consequência, o arrematante de quaisquer ônus que eventualmente incidam sobre o bem. Nesses termos, adquirido um imóvel mediante alienação comum, a sub-rogação da dívida fiscal será pessoal, recaindo sobre a figura do adquirente, ao passo que na alienação judicial a sub-rogação do crédito terá natureza real, operando-se sobre o próprio preço da arrematação. VI. Além das hipóteses já previstas pelo Código Tributário Nacional, a atribuição de responsabilidade a terceiro depende de previsão em lei complementar e da existência de vínculo entre o terceiro e o fato gerador da obrigação (art. 146, inciso III, da CF/88 c.c. o art. 128, caput, do CTN).

A falta de liame entre o arrematante do bem e o fato gerador da obrigação tributária não permite a inclusão desse terceiro no polo passivo da relação jurídico-tributária, quanto o mais por simples previsão no edital do leilão judicial. VII. Frente à previsão do Código de Processo Civil de que o edital da hasta pública deve mencionar os ônus incidente sobre o bem a ser leiloado (art. 686, inciso V, do CPC/73 e art. 886, inciso VI, do CPC/15), o Superior Tribunal de Justiça firmou entendimento de que o conteúdo do art. 130, parágrafo único, do CTN deveria ser afastado quando houvesse expressa previsão no edital imputando responsabilidade tributária ao arrematante, caso em que haveria sub-rogação pessoal, e não real, do crédito tributário. VIII. Necessário considerar, todavia, que, ao especificar o conteúdo mínimo do edital da hasta pública, o Código de Processo Civil (art. 686 do CPC/73 e art. 886 do CPC/2015) não atribuiu, sequer implicitamente, responsabilidade tributária ao arrematante, como também não poderia fazê-lo. A teor do art. 146, inciso III, alínea b, da CF/88, lei ordinária, notadamente a de natureza processual, não se presta para disciplinar norma geral de direito tributário, que se sujeita à reserva de lei complementar. IX. Por se tratar de um ramo do Direito Público, o arcabouço normativo que disciplina o Direito Tributário possui natureza cogente, impondo claros e expressos limites à autonomia da vontade (art. 123, do CTN). Portanto, a prévia ciência e a eventual concordância, expressa ou tácita, do arrematante em assumir o ônus das exações que incidam sobre o imóvel não têm aptidão para configurar renúncia à aplicação do parágrafo único do art. 130 do CTN. Em observância ao regime jurídico de direito público, as normas gerais de direito tributário, entre as quais se inclui a responsabilidade tributária, devem ser tratadas como tal, não podendo sofrer flexibilização por meros atos administrativos, estes sim, sujeitos ao controle de legalidade. X. Do mesmo modo, como a responsabilidade tributária decorre de lei, não pode o edital da praça alterar o sujeito passivo da obrigação tributária, quer para criar nova hipótese de responsabilidade, quer para afastar previsão de irresponsabilidade, sob pena de afronta aos arts. 146, inciso III, alínea b, da CF/88 e arts. 97, inciso III, 121, 128 e 130, parágrafo único, do CTN. Portanto, à luz dos conceitos basilares sobre hierarquia das normas jurídicas, não é possível admitir que norma geral sobre responsabilidade tributária prevista pelo próprio CTN, cujo status normativo é de lei complementar, seja afastada por simples previsão editalícia em sentido diverso. XI. A partir da interpretação sistemática da legislação tributária, conclui-se que: i) a aquisição da propriedade em hasta pública ocorre de forma originária, inexistindo responsabilidade do terceiro adquirente pelos débitos tributários incidentes sobre o imóvel anteriormente à arrematação, por força do disposto no parágrafo único do art. 130 do CTN; ii) a aplicação dessa norma geral, de natureza cogente, não pode ser excepcionada por previsão no edital do leilão, notadamente porque o referido ato não tem aptidão para modificar a definição legal do sujeito passivo da obrigação tributária; iii) é irrelevante a ciência e a eventual concordância, expressa ou tácita, do participante do leilão, em assumir o ônus pelo pagamento das exações que incidam sobre o imóvel arrematado, não configurando renúncia tácita ao disposto no art. 130, parágrafo único, do CTN; e iv) em atenção à norma geral sobre responsabilidade tributária trazida pelo art. 128 do CTN e à falta de lei complementar que restrinja ou excepcione o disposto no art. 130, parágrafo único, do CTN, é vedado exigir do arrematante, com base em previsão editalícia, o recolhimento dos créditos tributários incidentes sobre o bem arrematado cujos fatos geradores sejam anteriores à arrematação. XII. Tese jurídica firmada: Diante do disposto no art. 130, parágrafo único, do Código Tributário Nacional, é inválida a previsão em edital de leilão atribuindo responsabilidade ao arrematante pelos débitos tributários que já incidiam sobre o imóvel na data de sua alienação. XIII. Com amparo nos princípios da segurança jurídica, da proteção da confiança e da isonomia, o Código de Processo Civil de 2015 inovou ao prever a possibilidade de modulação dos efeitos das decisões que alteram jurisprudência dominante dos Tribunais Superiores. Essa é justamente a hipótese dos autos, em que se propõe a alteração da orientação firmada pelo Superior Tribunal de Justiça há longa data. Tendo em vista que se trata de matéria que envolve a identificação de quais sujeitos a Fazenda Pública poderá se insurgir para a cobrança de dívida fiscal incidente sobre o imóvel leiloado, com reflexos na arrecadação de recursos públicos, assim como os incontáveis leilões judiciais cujo edital atribuiu responsabilidade, direta ou subsidiária, ao arrematante, impõe-se a modulação dos efeitos desta decisão.

Por aplicação analógica do art. 1.035, § 11º, do CPC/2015, a tese repetitiva ora fixada deverá ser aplicada aos leilões cujos editais sejam publicizados após a publicação da ata de julgamento do tema repetitivo, ressalvadas as ações judiciais ou pedidos administrativos pendentes de julgamento, em relação aos quais a aplicabilidade é imediata. XIV. Caso concreto: recurso especial parcialmente conhecido e, nessa extensão, desprovido. XV. Recurso julgado sob a sistemática dos recursos especiais representativos de controvérsia (art. 1.036 e seguintes do CPC/2015 e art. 256-N e seguintes do RISTJ).
(**STJ – REsp: 1961835 SP** 2021/0305286-9, Relator: Ministro TEODORO SILVA SANTOS, Data de Julgamento: 09/10/2024, S1 – PRIMEIRA SEÇÃO, Data de Publicação: DJe 24/10/2024)

13.7.2.2.1.1.2 Sucessão intuitu personae (pessoal)

Quando se fala em responsabilidade *intuitu personae*, está-se diante de uma situação em que a lei tributária expressamente determina que **certas pessoas**, em virtude de sua **condição pessoal** (p.ex., adquirente de um bem, cônjuge meeiro, sucessor etc.), passam a ser **responsáveis diretos pela obrigação tributária**. Essa responsabilidade pessoal **não é transferível a terceiros** e **não está meramente vinculada ao bem**; ela decorre de uma **qualificação legal** do sujeito, que assume a posição de responsável no lugar do contribuinte originário ou ao lado dele, conforme o caso.

Nos termos do **art. 131 do CTN:**

> Art. 131. São pessoalmente responsáveis:
>
> I – o adquirente ou remitente, pelos tributos relativos aos bens adquiridos ou remidos;
>
> II – o sucessor a qualquer título e o cônjuge meeiro, pelos tributos devidos pelo de cujus até a data da partilha ou adjudicação, limitada esta responsabilidade ao montante do quinhão do legado ou da meação;
>
> III – o espólio, pelos tributos devidos pelo de cujus até a data da abertura da sucessão.

I – Responsabilidade pessoal do adquirente e remitente

O adquirente, ao comprar um bem (móvel ou imóvel), pode vir a assumir **responsabilidade pessoal pelos tributos relativos a esse bem**. Em regra, a **aquisição de bens não transfere automaticamente ao comprador as dívidas tributárias pretéritas do alienante**, pois há, no caso de imóveis, a previsão de sub-rogação no preço (**art. 130 do CTN**). Entretanto, em algumas hipóteses, a lei pode designar expressamente o **adquirente como responsável pessoal**.

Em se tratando de **bens imóveis**, as dívidas tributárias incidentes diretamente sobre o imóvel (ex.: IPTU, taxas de limpeza, iluminação pública etc.) **sub-rogam-se** na pessoa do respectivo adquirente, responsabilizando-se diretamente pelos fatos geradores posteriores à aquisição. No caso dos **bens móveis**, não há regra de sub-rogação automática no preço. Porém, se a lei atribuir ao **adquirente** a responsabilidade pelos **tributos incidentes sobre a operação** ou pendências correlatas, será uma **responsabilidade pessoal do agente**.

Remição é o ato do devedor que, em **sede de execução**, efetua o **pagamento integral da dívida** para evitar a **alienação do bem em leilão** ou **recuperar** (resgatar) o

bem que já estava penhorado ou em **vias de ser executado**. Nesse caso, se a lei indicar, o remitente assume (ou retoma) o **bem livre de ônus**, mas **responde pelos tributos exigíveis** em razão da propriedade desse bem **até a data do ato de remição**. No ato de **remição**, o remitente pode ser **pessoalmente responsabilizado** pelos **tributos e encargos que compunham a dívida**, pois ele paga para resgatar o bem, sendo diretamente responsável.

II – Responsabilidade pessoal do sucessor a qualquer título e do cônjuge meeiro

A **sucessão tributária** ocorre quando o **patrimônio** de uma **pessoa falecida** (denominado *de cujus*) é transmitido aos **herdeiros** (ou legatários) e ao **cônjuge meeiro**, por meio do **inventário e partilha**. Nesse caso, a lei prevê que os **sucessores respondem pelas dívidas tributárias deixadas pelo falecido**, limitando essa responsabilidade ao **valor do quinhão** (herdeiros), do **legado** (legatários) ou da **meação** (cônjuge meeiro).

Ressalta-se que o **cônjuge meeiro**, por força do **regime de bens do casamento** (comunhão parcial, universal etc.), tem direito a uma **fração do patrimônio** formado ao longo da **convivência matrimonial**. Em caso de **falecimento** de um dos cônjuges, **a meação não se confunde** com a **herança dos herdeiros**; é uma **parcela da comunhão de bens**. Por isso, a responsabilidade tributária do cônjuge meeiro é limitada ao valor equivalente à sua meação.

Se a **execução fiscal** for proposta **após a realização da partilha**, a dívida deverá ser cobrada de **cada sucessor na proporção** do **quinhão** ou **meação** que cada um efetivamente recebeu. Ou seja, **não se cobra integralmente de um único sucessor**, mas cada qual responde por sua fração. No caso do **cônjuge meeiro**, a cobrança é feita **não como herdeiro**, mas como **titular do direito de meação**, ou seja, como **responsável legal** pelos tributos até onde couber a parcela dos bens.

III – Responsabilidade pessoal do espólio

A norma estabelece que o **espólio** responde pelos tributos devidos pelo *de cujus* **até a data da abertura da sucessão**. Visto que a **sucessão** é aberta com o **óbito**, a responsabilidade se dá **até a data da morte**. Enquanto não houver **partilha** ou **adjudicação definitiva dos bens**, o **espólio** é **sujeito passivo** das obrigações tributárias deixadas pelo falecido.

Ademais, feita a partilha, cada herdeiro/meeiro **recebe seu quinhão** ou **meação** e passa a **responder diretamente pela proporção** que lhe couber, deixando de existir o **espólio** como **unidade patrimonial autônoma**.

Importante frisar que, após **a abertura do inventário e antes da partilha**, eventuais débitos fiscais devem ser **registrados contra o espólio**. Somente depois de **finalizado o inventário e realizada a partilha** é que cada **herdeiro** (ou **meeiro**) **assume a cota-parte correspondente aos passivos**.

A **responsabilidade pessoal** (*intuitu personae*) não significa que o responsável tenha que pagar a **totalidade da dívida** se a lei expressamente limita sua responsabilidade ao patrimônio que adquiriu (quinhão, meação, legado). Essa limitação decorre do **princípio da responsabilidade patrimonial**: ninguém responde além do valor de seus próprios bens ou daquilo que efetivamente recebeu. A **sucessão tributária** *causa mortis* não **cria uma dívida**, mas apenas **altera o polo passivo da obrigação já existente**. O **sucessor/meeiro** passa a compor a relação jurídico-tributária em **lugar do falecido** ou do **espólio**. Contudo, essa entrada se dá com as limitações legais típicas do direito sucessório.

13.7.2.2.1.1.3 Sucessão empresarial

A **responsabilidade empresarial em matéria tributária** está no centro das preocupações tanto do Poder Público, que objetiva a arrecadação de tributos, quanto dos empresários, que buscam segurança jurídica ao exercer suas atividades econômicas. Para compreender a forma como a legislação e a jurisprudência estruturam essa responsabilidade, é necessário abordar sua **evolução histórica**, especialmente à luz da **Teoria de Empresa**, introduzida formalmente no Brasil pelo **Código Civil de 2002** e inspirada em modelos já existentes no direito italiano.

Na ótica do direito tributário, o surgimento da **Teoria de Empresa** não alterou a base do CTN, que continua em vigor. Contudo, a compreensão do **sujeito passivo** (contribuinte ou responsável) passou a se articular melhor com a ideia de **empresa** enquanto **atividade econômica organizada**. A **sociedade empresária**, quando constituída, adquire **personalidade jurídica** e é, em regra, a **devedora natural** dos tributos incidentes sobre suas operações (IRPJ, CSLL, ICMS, ISS etc.).

O advento da **Teoria de Empresa** resultou no enfoque de um "negócio organizado" e estimulou a adoção de práticas de **governança corporativa** e **compliance tributário**. Em termos históricos, esse movimento ganhou força no final do século XX e início do século XXI, com a **globalização econômica**, a **intensificação do controle estatal** e a adoção de **programas de integridade** nas organizações.

Dessa forma, a **responsabilidade empresarial tributária** passou a ser debatida de modo **multidisciplinar**, envolvendo não apenas o direito tributário, mas também o **direito societário, direito penal** (crimes contra a ordem tributária) e **direito administrativo sancionador** (sanções por descumprimento de obrigações acessórias), dentre outros ramos e ciências.

A responsabilidade pela **sucessão empresarial** pode ser analisada sob a seguinte classificação dicotômica: a **sucessão tributária decorrente das operações societárias** e a **sucessão tributária decorrente de trespasse**.

13.7.2.2.1.1.3.1 Responsabilidade tributária nas operações societárias

As **operações societárias** são atos ou negócios jurídicos que promovem alterações na estrutura ou na organização de sociedades empresárias, envolvendo alterações substanciais no patrimônio, estrutura ou forma jurídica das empresas. Não se pode confundir com as **ligações societárias** que são relações estabelecidas entre sociedades que mantêm sua **independência jurídica**, mas atuam de **forma conectada por meio de participações societárias** (p.ex., participação em ações ou cotas, consórcios, contratos de *joint venture*, entre outros).

Dentre as **espécies de operações societárias** previstas no ordenamento jurídico, temos:

I – Fusão

Prevista no **art. 228 da Lei 6.404/76**[32] (Lei da S/A), bem como no **art. 1.119 do CC/2002**[33], considera-se **fusão** a união de duas ou mais sociedades para formação de uma **nova entidade, extinguindo-se as sociedades anteriores**. Histórica e economicamente, as fusões ganharam notoriedade no século XX como mecanismo para o surgimento de **grandes conglomerados industriais**.

II – Transformação

Considera-se **transformação** quando determinada sociedade passa de um tipo societário para o outro, sem qualquer necessidade de dissolução. Tem sua previsão no **art. 1.113 do CC/2002**[34] e **art. 220 da Lei 6.404/76**[35]. Esse instituto reflete a **flexibilidade crescente** na legislação, permitindo às empresas ajustarem sua **forma de constituição** às **necessidades do mercado** e de **captação de recursos**.

---

32. **Art. 228.** A fusão é a operação pela qual se unem duas ou mais sociedades para formar sociedade nova, que lhes sucederá em todos os direitos e obrigações.

    § 1º A assembleia geral de cada companhia, se aprovar o protocolo de fusão, deverá nomear os peritos que avaliarão os patrimônios líquidos das demais sociedades.

    § 2º Apresentados os laudos, os administradores convocarão os sócios ou acionistas das sociedades para uma assembleia geral, que deles tomará conhecimento e resolverá sobre a constituição definitiva da nova sociedade, vedado aos sócios ou acionistas votar o laudo de avaliação do patrimônio líquido da sociedade de que fazem parte.

    § 3º Constituída a nova companhia, incumbirá aos primeiros administradores promover o arquivamento e a publicação dos atos da fusão.

33. **Art. 1.119.** A fusão determina a extinção das sociedades que se unem, para formar sociedade nova, que a elas sucederá nos direitos e obrigações.

34. **Art. 1.113.** O ato de transformação independe de dissolução ou liquidação da sociedade, e obedecerá aos preceitos reguladores da constituição e inscrição próprios do tipo em que vai converter-se.

35. **Art. 220.** A transformação é a operação pela qual a sociedade passa, independentemente de dissolução e liquidação, de um tipo para outro.

    Parágrafo único. A transformação obedecerá aos preceitos que regulam a constituição e o registro do tipo a ser adotado pela sociedade.

III – Incorporação

Consiste na absorção de uma sociedade por outra, de modo que a incorporada é extinta e seu patrimônio é sucedido pela incorporadora, nos termos do **art. 227 da Lei 6.404/76**[36]. Ganhou força como instrumento de **reorganização empresarial**, principalmente a partir de meados do século XX, quando grandes empresas começaram a adquirir concorrentes ou parceiras para expandir mercados.

IV – Cisão

A **cisão** ocorre quando o patrimônio de uma sociedade é dividido, **total** ou **parcialmente**, transferindo-se parcelas desse patrimônio a outras sociedades existentes ou constituídas para esse fim, com previsão no **art. 229 da Lei 6.404/76**[37]. A **cisão total** resulta na extinção da sociedade cindida, enquanto a **parcial** preserva a sociedade original. Esse mecanismo é historicamente menos frequente que a fusão e incorporação, mas se tornou relevante para **reestruturações estratégicas** em grandes corporações e holdings.

Reza o **art. 132 do CTN** que

---

36. **Art. 227.** A incorporação é a operação pela qual uma ou mais sociedades são absorvidas por outra, que lhes sucede em todos os direitos e obrigações.

    § 1º A assembleia geral da companhia incorporadora, se aprovar o protocolo da operação, deverá autorizar o aumento de capital a ser subscrito e realizado pela incorporada mediante versão do seu patrimônio líquido, e nomear os peritos que o avaliarão.

    § 2º A sociedade que houver de ser incorporada, se aprovar o protocolo da operação, autorizará seus administradores a praticarem os atos necessários à incorporação, inclusive a subscrição do aumento de capital da incorporadora.

    § 3º Aprovados pela assembleia geral da incorporadora o laudo de avaliação e a incorporação, extingue-se a incorporada, competindo à primeira promover o arquivamento e a publicação dos atos da incorporação.

37. **Art. 229.** A cisão é a operação pela qual a companhia transfere parcelas do seu patrimônio para uma ou mais sociedades, constituídas para esse fim ou já existentes, extinguindo-se a companhia cindida, se houver versão de todo o seu patrimônio, ou dividindo-se o seu capital, se parcial a versão.

    § 1º Sem prejuízo do disposto no artigo 233, a sociedade que absorver parcela do patrimônio da companhia cindida sucede a esta nos direitos e obrigações relacionados no ato da cisão; no caso de cisão com extinção, as sociedades que absorverem parcelas do patrimônio da companhia cindida sucederão a esta, na proporção dos patrimônios líquidos transferidos, nos direitos e obrigações não relacionados.

    § 2º Na cisão com versão de parcela do patrimônio em sociedade nova, a operação será deliberada pela assembleia geral da companhia à vista de justificação que incluirá as informações de que tratam os números do artigo 224; a assembleia, se a aprovar, nomeará os peritos que avaliarão a parcela do patrimônio a ser transferida, e funcionará como assembleia de constituição da nova companhia.

    § 3º A cisão com versão de parcela de patrimônio em sociedade já existente obedecerá às disposições sobre incorporação (artigo 227).

    § 4º Efetivada a cisão com extinção da companhia cindida, caberá aos administradores das sociedades que tiverem absorvido parcelas do seu patrimônio promover o arquivamento e publicação dos atos da operação; na cisão com versão parcial do patrimônio, esse dever caberá aos administradores da companhia cindida e da que absorver parcela do seu patrimônio.

    § 5º As ações integralizadas com parcelas de patrimônio da companhia cindida serão atribuídas a seus titulares, em substituição às extintas, na proporção das que possuíam; a atribuição em proporção diferente requer aprovação de todos os titulares, inclusive das ações sem direito a voto. (Redação dada pela Lei nº 9.457, de 1997)

> Art. 132. A pessoa jurídica de direito privado que resultar de fusão, transformação ou incorporação de outra ou em outra é responsável pelos tributos devidos até à data do ato pelas pessoas jurídicas de direito privado fusionadas, transformadas ou incorporadas.
>
> Parágrafo único. O disposto neste artigo aplica-se aos casos de extinção de pessoas jurídicas de direito privado, quando a exploração da respectiva atividade seja continuada por qualquer sócio remanescente, ou seu espólio, sob a mesma ou outra razão social, ou sob firma individual.

Pelo dispositivo legal, devemos compreender que a **sucessora assume as obrigações tributárias da sucedida**, sejam elas de natureza **principal** (tributos devidos) ou **acessória** (obrigações de registro e prestação de informações). Com isso, as **dívidas tributárias existentes antes da operação** passam a ser responsabilidade da **nova sociedade** ou da **sociedade incorporadora**.

Por mais que o dispositivo legal não trate a esse respeito, pelo fato do advento posterior a edição normativa, a **cisão deve ser interpretada no mesmo sentido**. Apenas se faz ressalta em se tratando de **cisão parcial**, visto que, a responsabilidade pelos tributos devidos pode ser dividida **proporcionalmente** entre as sociedades envolvidas.

a) Análise dos prejuízos fiscais e as operações societárias

Os **prejuízos fiscais** apurados no regime do **Lucro Real** podem ser compensados com lucros tributáveis de períodos subsequentes, observando o limite de **30% do lucro líquido ajustado** para fins de apuração do Imposto de Renda (IR) e da CSLL. Em **operações societárias**, a compensação de prejuízos fiscais está **condicionada** a certas restrições para evitar **planejamento tributário abusivo**.

Os **prejuízos** que podem ser apurados pela pessoa jurídica são de duas modalidades:

- o **apurado na Demonstração do Resultado do período de apuração**, conforme determinado pelo **art. 187 da Lei nº 6.404/76**[38]. O prejuízo apurado nessa modalidade é conhecido como **prejuízo contábil** ou **comercial**, pois é obtido por meio da **escrituração comercial do contribuinte**; e

---

38. **Art. 187**. A demonstração do resultado do exercício discriminará:

I – a receita bruta das vendas e serviços, as deduções das vendas, os abatimentos e os impostos;

II – a receita líquida das vendas e serviços, o custo das mercadorias e serviços vendidos e o lucro bruto;

III – as despesas com as vendas, as despesas financeiras, deduzidas das receitas, as despesas gerais e administrativas, e outras despesas operacionais;

IV – o lucro ou prejuízo operacional, as outras receitas e as outras despesas

V – o resultado do exercício antes do Imposto sobre a Renda e a provisão para o imposto;

VI – as participações de debêntures, empregados, administradores e partes beneficiárias, mesmo na forma de instrumentos financeiros, e de instituições ou fundos de assistência ou previdência de empregados, que não se caracterizem como despesa; (Redação dada pela Lei nº 11.941, de 2009)

VII – o lucro ou prejuízo líquido do exercício e o seu montante por ação do capital social.

§ 1º Na determinação do resultado do exercício serão computados:

a) as receitas e os rendimentos ganhos no período, independentemente da sua realização em moeda; e

b) os custos, despesas, encargos e perdas, pagos ou incorridos, correspondentes a essas receitas e rendimentos.

- o apurado na **Demonstração do Lucro Real** e registrado no **Lalur**[39] (que parte **do lucro líquido contábil do período** mais **adições** menos **exclusões** e **compensações**). O prejuízo apurado nessa modalidade é conhecido como **prejuízo fiscal**, o qual é **compensável** para fins da legislação do imposto de renda.

Em se tratando de **operações societárias**, a pessoa jurídica **sucessora por incorporação, fusão** ou **cisão não poderá compensar prejuízos fiscais da sucedida**. No caso de **cisão parcial**, a **pessoa jurídica cindida** poderá **compensar os seus próprios prejuízos**, proporcionalmente à **parcela remanescente do patrimônio líquido**. Os valores dos **prejuízos fiscais da sucedida** constantes na **parte B do Lalur**, na **data do evento**, deverão ser baixados sem qualquer ajuste na parte A do Lalur.

Ainda, não serão compensados com lucros auferidos no Brasil os **prejuízos** e **perdas** decorrentes das **operações ocorridas no exterior**, a saber: **prejuízos de filiais, sucursais, controladas** ou **coligadas no exterior**, e os prejuízos e as perdas de capital decorrentes de **aplicações e operações efetuadas no exterior pela própria empresa brasileira**, inclusive em relação à **alienação de filiais** e **sucursais** e de **participações societárias em pessoas jurídicas domiciliadas no exterior**, em conformidade com o **art. 25, § 5º da Lei 9.249/95**[40].

Assim, caso uma empresa com **prejuízo fiscal** seja **incorporada** por outra empresa, os **prejuízos da incorporada geralmente não podem ser utilizados pela incorporadora**, salvo se **houver continuidade do ramo de atividade**.

A **utilização inadequada de prejuízos fiscais** pode levar à **glosa** (desconsideração) dos **prejuízos compensados** e à **aplicação de multas**, sendo que a legislação prevê multa de **até 150%** (cento e cinquenta por cento) sobre o **imposto considerado devido**, além de **juros** e **correção monetária**.

b) A análise das empresas optantes do Simples Nacional e as operações societárias

O **Simples Nacional** impõe limites de **receita bruta anual**, que atualmente é de **R$ 4,8 milhões** para **empresas de pequeno porte** e **R$ 81 mil** para **microempresas**. **Operações societárias** podem **aumentar o faturamento total da empresa resultante**, levando-a a ultrapassar esses limites e, consequentemente, **perder o direito de permane-**

---

39. O **LALUR** (Livro de Apuração do Lucro Real) é regulamentado pelo Regulamento do Imposto de Renda (RIR/2018), especificamente nos artigos 261 a 264, que definem sua função, forma e obrigatoriedade. Serve para ajustar o lucro líquido contábil apurado na Demonstração do Resultado do Exercício (DRE) às normas fiscais, permitindo a apuração do **Lucro Real** – Base de cálculo do Imposto de Renda da Pessoa Jurídica (IRPJ) e **Base de Cálculo da CSLL** – Contribuição Social sobre o Lucro Líquido.

40. **Art. 25.** Os lucros, rendimentos e ganhos de capital auferidos no exterior serão computados na determinação do lucro real das pessoas jurídicas correspondente ao balanço levantado em 31 de dezembro de cada ano.

§ 5º Os prejuízos e perdas decorrentes das operações referidas neste artigo não serão compensados com lucros auferidos no Brasil.

cer no regime simplificado. Isso é especialmente relevante em casos de incorporações ou fusões, em que o faturamento das empresas envolvidas se soma.

Outro aspecto importante é o conceito de **grupo econômico**. O Simples Nacional **veda o enquadramento de empresas** que façam parte de um **conglomerado** cujo **faturamento global ultrapasse o limite permitido.** Além disso, regras sobre **vínculos societários** (p.ex., quando sócios detêm **participações em mais de uma empresa**) podem levar ao **desenquadramento** se a soma dos faturamentos das empresas do grupo superar os limites. O **planejamento societário inadequado** pode criar situações em que a Receita Federal interprete essas operações como tentativa de **fracionamento artificial de atividades econômicas,** o que também é proibido.

Em sendo desenquadrada do Simples Nacional, a empresa será obrigada a adotar **regimes de tributação mais complexos,** como o **Lucro Presumido** ou o **Lucro Real,** que geralmente **aumentam a carga tributária** e os **custos administrativos.** Isso pode impactar significativamente a **competitividade** e a **saúde financeira do negócio.**

c) Aspectos tributários nas ligações societárias

As **ligações societárias** referem-se aos vínculos econômicos, jurídicos ou financeiros estabelecidos entre **duas ou mais sociedades** que **preservam sua autonomia jurídica.** Essas ligações **são distintas das operações societárias** porque **não alteram a estrutura** ou a **existência das empresas envolvidas,** mas criam relações de **interdependência** ou **colaboração.**

Dentre as principais **ligações societárias** e os seus **impactos tributários,** destacamos:

I – Participação Acionária

Ocorre quando uma sociedade (controladora) detém **participação no capital de outra sociedade** (controlada), conferindo-lhe **influência** ou **controle.** Esse tipo de ligação cria um **grupo econômico** ou **empresarial.** Podemos inserir, como exemplo, uma participação majoritária em ações ou cotas de outras sociedades.

Os **lucros distribuídos** entre empresas do mesmo grupo **podem estar sujeitos à tributação,** dependendo do **regime tributário adotado** e a apuração de receitas consolidadas pode implicar em **reorganização tributária,** como em casos *de transfer pricing* (preços de transferência) em operações internacionais.

Lembrando que *transfer pricing* é um conjunto de regras e métodos aplicados para determinar os **preços de bens, serviços** e **direitos** transferidos entre **empresas de um mesmo grupo econômico** situadas em **diferentes jurisdições fiscais.** Esse mecanismo visa evitar a **manipulação de preços em transações internacionais** com o objetivo de deslocar lucros para países com menor carga tributária. O **principal objetivo** das normas de *transfer pricing* é assegurar que as transações realizadas entre partes relacionadas (empresas que fazem parte do mesmo grupo econômico) sejam feitas com base no princípio do arm's length (princípio da plena concorrência). Esse princípio estabelece que os **preços praticados entre empresas relacionadas** devem ser **equivalentes** aos que seriam praticados entre **partes independentes** em **condições de mercado**.

II – Consórcios

Previsto no **art. 278 da Lei 6.404/76**[41], o consórcio são sociedades que se unem para **executar conjuntamente um projeto** ou **atividade específica**, sem formação de nova pessoa jurídica. As **empresas consorciadas** somente se obrigam nas condições previstas no respectivo contrato, respondendo cada uma por suas obrigações, **sem presunção de solidariedade**.

Nesse caso, os tributos são apurados individualmente por cada participante do consórcio, não havendo a **transferência de passivos fiscais**, podendo o Fisco pode investigar a **responsabilidade solidária** entre os participantes, em sendo o caso.

III – *Joint Venture*

Temos uma *joint venture* quando duas ou mais sociedades **criam uma empresa** (joint venture) para **explorar atividades em comum**, combinando **recursos e competências**. Citamos, como exemplo, a criação de uma sociedade específica para explorar um mercado em conjunto.

Para fins tributários, a nova empresa responde pelos **tributos** relacionados às suas **operações**, mas os **lucros distribuídos às sociedades controladoras** podem impactar a **apuração** de IRPJ e CSLL.

IV – Grupos Econômicos

As sociedades ligadas por **controle comum** ou **coordenação conjunta** atuando de forma integrada, configuram o denominado **grupo econômico**.

Nesse caso, há o entendimento prevalecente que existe **responsabilidade solidária entre as empresas do grupo** pelos tributos devidos e que as **fiscalizações** podem **desconsiderar a autonomia jurídica** entre as empresas para **combater planejamento tributário abusivo**.

---

41. **Art. 278.** As companhias e quaisquer outras sociedades, sob o mesmo controle ou não, podem constituir consórcio para executar determinado empreendimento, observado o disposto neste Capítulo.

JURISPRUDÊNCIA

ASSUNTO: IMPOSTO SOBRE A RENDA DE PESSOA JURÍDICA (IRPJ) Exercício: 2011, 2012 RESPONSABILI-DADE TRIBUTÁRIA POR SUCESSÃO. CISÃO PARCIAL Por força do art. 132 da Lei nº 5.172, de 1966 (CTN), a cisão parcial de sociedade configura hipótese de responsabilidade tributária por sucessão. Assim, a pessoa jurídica de direito privado que resultar de fusão, transformação ou incorporação de outra ou em outra, é responsável pelos tributos devidos até a data do ato pelas pessoas jurídicas de direito privado fusionadas, transformadas ou incorporadas.

(CARF 16095720152201545 9303-013.363, Relator: LUIZ EDUARDO DE OLIVEIRA SANTOS, Data de Julgamento: 18/10/2022, Data de Publicação: 14/02/2023)

TRIBUTÁRIO. EXECUÇÃO FISCAL. IPTU. CONTRATO DE PROMESSA DE COMPRA E VENDA DE IMÓVEL. LEGITIMIDADE PASSIVA DO POSSUIDOR (PROMITENTE COMPRADOR) E DO PROPRIETÁRIO (PROMITENTE VENDEDOR). 1. Segundo o art. 34 do CTN, consideram-se contribuintes do IPTU o proprietário do imóvel, o titular do seu domínio útil ou o seu possuidor a qualquer título. 2. A jurisprudência desta Corte Superior é no sentido de que tanto o promitente comprador (possuidor a qualquer título) do imóvel quanto seu proprietário/promitente vendedor (aquele que tem a propriedade registrada no Registro de Imóveis) são contribuintes responsáveis pelo pagamento do IPTU. Precedentes: RESP n.º 979.970/SP, Rel. Min. Luiz Fux, Primeira Turma, DJ de 18.6.2008; AgRg no REsp 1022614 / SP, Rel. Min. Humberto Martins, Segunda Turma, DJ de 17.4.2008; REsp 712.998/RJ, Rel. Min. Herman Benjamin, Segunda Turma, DJ 8.2.2008; REsp 759.279/RJ, Rel. Min. João Otávio de Noronha, Segunda Turma, DJ de 11.9.2007; REsp 868.826/RJ, Rel. Min. Castro Meira, Segunda Turma, DJ 1º.8.2007; REsp 793073/RS, Rel. Min. Castro Meira, Segunda Turma, DJ 20.2.2006. 3. "Ao legislador municipal cabe eleger o sujeito passivo do tributo, contemplando qualquer das situações previstas no CTN. Definindo a lei como contribuinte o proprietário, o titular do domínio útil, ou o possuidor a qualquer título, pode a autoridade administrativa optar por um ou por outro visando a facilitar o procedimento de arrecadação" (REsp 475.078/SP, Rel. Min. Teori Albino Zavascki, DJ 27.9.2004). 4. Recurso especial provido. Acórdão sujeito ao regime do art. 543-C do CPC e da Resolução STJ 08/08.

(STJ - REsp: 1111202 SP 2009/0009142-6, Relator: Ministro MAURO CAMPBELL MARQUES, Data de Julgamento: 10/06/2009, S1 – PRIMEIRA SEÇÃO, Data de Publicação: DJe 18/06/2009 RSSTJ vol. 37 p. 270)

ASSUNTO: NORMAS GERAIS DE DIREITO TRIBUTÁRIO Ano-calendário: 2013, 2014, 2015 RESPONSABILIDADE SOLIDÁRIA. INCORPORAÇÃO. SUCESSÃO. No caso, a responsável solidária foi incorporada pela contribuinte, que lhe sucede em todas as obrigações, inclusive na obrigação tributária decorrente dos autos de infração objeto deste processo.

(CARF 16561720055201851 1401-006.293, Relator: Carlos André Soares Nogueira, Data de Julgamento: 17/11/2022, Data de Publicação: 02/01/2023)

ASSUNTO: CONTRIBUIÇÕES SOCIAIS PREVIDENCIÁRIAS Período de apuração: 01/02/2006 a 31/12/2006 LANÇAMENTO. NULIDADE. CERCEAMENTO DO DIREITO DE DEFESA. CONTRADITÓRIO. AMPLA DEFESA. INOCORRÊNCIA. Tendo o fiscal autuante demonstrado de forma clara e precisa os fatos que suportaram o lançamento, oportunizando ao contribuinte o direito de defesa e do contraditório, bem como em observância aos pressupostos formais e materiais do ato administrativo, nos termos da legislação de regência, especialmente artigo 142 do CTN, não há que se falar em nulidade do lançamento. COMPETÊNCIA DA AUTORIDADE FISCAL. SÚMULA CARF Nº 27. O Auditor-Fiscal da Receita Federal do Brasil possui a atribuição legal de fiscalizar e de constituir o crédito tributário pelo lançamento, independentemente do domicílio fiscal ou da localização dos estabelecimentos do contribuinte. SUCESSÃO POR INCORPORAÇÃO. IDENTIFICAÇÃO DO SUJEITO PASSIVO. NULIDADE AUSENTE. Tanto a empresa incorporada, na condição de contribuinte, quanto a empresa incorporadora, na condição de responsável tributário, figuram no polo passivo da obrigação tributária relativa a fatos anteriores a incorporação. LANÇAMENTO DE OFÍCIO. INFORMAÇÕES PRESTADAS EM GFIP. GLOSA DE COMPENSAÇÃO.

POSSIBILIDADE. As informações prestadas em GFIP, não obstante ser instrumento de confissão, não retira da Administração Tributária o seu dever de efetuar o lançamento de ofício, quando constatar irregularidade na declaração apresentada pelo contribuinte. GLOSA DE COMPENSAÇÃO. CESSÃO DE CRÉDITOS. AÇÃO JUDICIAL. A aquisição de direito de crédito de terceiros em ação judicial, transferido mediante cessão, não autoriza o adquirente utilizá-lo para fins de compensação com os tributos da Seguridade Social, enquanto pendente o processo de liquidação judicial e sua regular homologação no feito. A compensação, ainda que decorrente de ação judicial, não afasta da Administração Tributária o direito de fiscalizar a regularidade do procedimento adotado pelo sujeito passivo. RESPONSABILIDADE DOS SUCESSORES. SUCESSÃO DE EMPRESAS. MULTA DE OFÍCIO EXIGIDA DA EMPRESA SUCESSORA. SÚMULA CARF Nº 113. A responsabilidade tributária do sucessor abrange, além dos tributos devidos pelo sucedido, as multas moratórias ou punitivas, desde que seu fato gerador tenha ocorrido até a data da sucessão, independentemente de esse crédito ser formalizado, por meio de lançamento de ofício, antes ou depois do evento sucessório.

(**CARF 11516008286200843** 2401-010.735, Relator: Não informado, Data de Julgamento: 08/12/2022, Data de Publicação: 05/01/2023)

TRIBUTÁRIO. AGRAVO INTERNO NO RECURSO ESPECIAL. EXECUÇÃO FISCAL. ALEGAÇÃO DA EXISTÊNCIA DE GRUPO ECONÔMICO, PARA COMPELIR TERCEIROS A RESPONDER POR DÍVIDA FISCAL DA EXECU-TADA. IMPOSSIBILIDADE DE REDIRECIONAMENTO DA EXECUÇÃO FISCAL CONTRA PESSOA JURÍDICA DIVERSA DO DEVEDOR, FORA DAS HIPÓTESES LEGAIS. O ACÓRDÃO RECORRIDO ESTÁ RESPALDADO NA JURISPRUDÊNCIA DO STJ DE QUE A EXISTÊNCIA DE GRUPO ECONÔMICO, POR SI SÓ, NÃO ENSEJA A SOLIDARIEDADE PASSIVA NA EXECUÇÃO FISCAL. AGRAVO INTERNO DA FAZENDA NACIONAL A QUE SE NEGA PROVIMENTO. 1. A respeito da definição da responsabilidade entre as empresas que formam o mesmo grupo econômico, de modo a uma delas responder pela dívida de outra, a doutrina tributária orienta que esse fato (o grupo econômico) por si só, não basta para caracterizar a responsabilidade solidária prevista no art. 124 do CTN, exigindo-se, como elemento essencial e indispensável, que haja a induvidosa participação de mais de uma empresa na conformação do fato gerador, sem o que se estaria implantando a solidariedade automática, imediata e geral; contudo, segundo as lições dos doutrinadores, sempre se requer que estejam atendidos ou satisfeitos os requisitos dos arts. 124 e 128 do CTN. 2. Em outras palavras, pode-se dizer que uma coisa é um grupo econômico, composto de várias empresas, e outra é a responsabilidade de umas pelos débitos de outras, e assim é porque, mesmo havendo grupo econômico, cada empresa conserva a sua individualidade patrimonial, operacional e orçamentária; por isso se diz que a participação na formação do fato gerador é o elemento axial da definição da respon-sabilidade; não se desconhece que seria mais cômodo para o Fisco se lhe fosse possível, em caso de grupo econômico, cobrar o seu crédito da empresa dele integrante que mais lhe aprouvesse; contudo, o sistema tributário e os institutos garantísticos de Direito Tributário não dariam respaldo a esse tipo de pretensão, mesmo que se reconheça que ela (a pretensão) ostenta em seu favor a inegável vantagem da facilitação da cobrança. 3. Fundando-se nessas mesmas premissas, o STJ repele a responsabilização de sociedades do mesmo grupo econômico com base apenas no suposto interesse comum previsto no art. 124, I do CTN, exigindo que a atuação empresarial se efetive na produção do fato gerador que serve de suporte à obrigação. Nesse sentido, cita-se o REsp. 859.616/RS, Rel. Min. LUIZ FUX, DJ 15.10.2007. 4. Assim, para fins de responsabilidade solidária, não basta o interesse econômico entre as empresas, mas, sim, que todas realizem conjuntamente a situação configuradora do fato gerador. Precedentes: AgRg no AREsp. 603.177/RS, Rel. Min. BENEDITO GONÇALVES, DJe 27.3.2015; AgRg no REsp. 1.433.631/PE, Rel. Min. HUMBERTO MARTINS, DJe 13.3.2015. 5. A circunstância de várias empresas possuírem, ao mesmo tempo, sócio, acionista, dirigente ou gestor comum pode até indiciar a presença de grupo econômico, de fato, mas não é suficiente, pelo menos do ponto de vista jurídico tributário, para tornar segura, certa ou desenturvada de dúvidas a legitimação passiva das várias empresas, para responderem pelas dívidas umas das outras, reciprocamente. 6. Agravo Interno da Fazenda Nacional a que se nega provimento.

(**STJ – AgInt no AREsp: 1035029 SP** 2016/0332160-0, Relator: Ministro NAPOLEÃO NUNES MAIA FILHO, Data de Julgamento: 27/05/2019, T1 – PRIMEIRA TURMA, Data de Publicação: DJe 30/05/2019)

PROCESSUAL CIVIL E TRIBUTÁRIO. AGRAVO REGIMENTAL EM AGRAVO EM RECURSO ESPECIAL. RESPON-SABILIDADE SOLIDÁRIA. ART. 30 DA LEI N. 8.212/1991 E ART. 124 DO CTN. GRUPO ECONÔMICO. CONFU-SÃO PATRIMONIAL. SÚMULA 7 DO STJ. 1. Esta Corte Superior entende que a responsabilidade solidária do art. 124 do CTN, c/c o art. 30 da Lei n. 8.212/1990 não decorre exclusivamente da demonstração da formação de grupo econômico, mas demanda a comprovação de práticas comuns, prática conjunta do fato gerador ou, ainda, quando há confusão patrimonial. Precedentes. 2. O Tribunal ordinário entendeu pela responsabilidade solidária da empresa não pela simples circunstância de a sociedade pertencer ao mesmo grupo econômico do sujeito passivo originário. Antes, reconheceu a existência de confusão patrimonial, considerando haver entre as sociedades evidente identidade de endereços de sede e filiais, objeto social, denominação social, quadro societário, contador e contabilidade, além de as empresas veicularem seus produtos no mesmo sítio na internet . 3. A questão foi decidida com base no suporte fático-probatório dos autos, de modo que a conclusão em forma diversa é inviável no âmbito do recurso especial, ante o óbice da Súmula 7 do STJ. 4. Agravo regimental desprovido.
(STJ – AgRg no AREsp: 89618 PE 2011/0287293-1, Relator: Ministro GURGEL DE FARIA, Data de Julgamento: 23/06/2016, T1 – PRIMEIRA TURMA, Data de Publicação: DJe 18/08/2016)
TRIBUTÁRIO. AGRAVO REGIMENTAL NO RECURSO ESPECIAL. EXECUÇÃO FISCAL. RESPONSABILIDADE TRIBUTÁRIA. GRUPO ECONÔMICO. IMPOSSIBILIDADE DE REDIRECIONAMENTO DA EXECUÇÃO. EM-PRESA CONSTITUÍDA APÓS O FATO GERADOR. AGRAVO REGIMENTAL A QUE SE NEGA PROVIMENTO. 1. A jurisprudência desta Corte entende que não basta o interesse econômico entre as empresas de um mesmo grupo econômico, mas sim que ambas realizem conjuntamente a situação configuradora do fato gerador. Precedentes: AgRg no AREsp 603.177/RS, Rel. Min. BENEDITO GONÇALVES, DJe 27.3.2015; AgRg no REsp. 1.433.631/PE, Rel. Min. HUMBERTO MARTINS, DJe 13.3.2015. 2. No caso, se o fato gerador ocorreu em 2003, não há como admitir que outra empresa constituída no ano de 2004 seja responsabilizada por este ato de terceiro. 3. Agravo Regimental da FAZENDA NACIONAL a que se nega provimento.
(STJ – AgRg no REsp: 1340385 SC 2012/0178002-4, Relator: Ministro NAPOLEÃO NUNES MAIA FILHO, Data de Julgamento: 16/02/2016, T1 – PRIMEIRA TURMA, Data de Publicação: DJe 26/02/2016)
PROCESSUAL CIVIL E TRIBUTÁRIO. EXECUÇÃO FISCAL. CISÃO PARCIAL. RESPONSABILIDADE POR SU-CESSÃO. OCORRÊNCIA. ACÓRDÃO COMBATIDO. FUNDAMENTO. IMPUGNAÇÃO. AUSÊNCIA. 1. "Aos recursos interpostos com fundamento no CPC/2015 (relativos a decisões publicadas a partir de 18 de março de 2016) serão exigidos os requisitos de admissibilidade recursal na forma do novo CPC", Enunciado Administrativo n. 3 do Plenário do STJ. 2. Segundo a jurisprudência deste Superior Tribunal, entende-se que, "embora não conste expressamente do rol do art. 132 do CTN, a cisão da sociedade é modalidade de mutação empresarial sujeita, para efeito de responsabilidade tributária, ao mesmo tratamento jurídico conferido às demais espécies de sucessão". 3. Incide a Súmula 283 do STF, em aplicação analógica, quando não impugnado fundamento autônomo e suficiente à manutenção do aresto recorrido. 4. Agravo desprovido.
(STJ – AgInt no REsp: 1834255 PE 2019/0254607-1, Relator: Ministro GURGEL DE FARIA, Data de Julgamento: 19/04/2021, T1 – PRIMEIRA TURMA, Data de Publicação: DJe 05/05/2021)
ASSUNTO: PROCESSO ADMINISTRATIVO FISCAL Exercício: 2010 CISÃO PARCIAL. RESPONSABILIDADE TRIBUTÁRIA POR SUCESSÃO. CABIMENTO. A cisão parcial de sociedade configura hipótese de responsabilidade tributária por sucessão, inexistindo razão para deixar de se aplicar a regra prevista no artigo 132 do Código Tributário Nacional.
(CARF 10410722375201460 9202-010.688, Relator: JOAO VICTOR RIBEIRO ALDINUCCI, Data de Julgamento: 26/04/2023, Data de Publicação: 02/06/2023)

13.7.2.2.1.1.3.2 Responsabilidade tributária no trespasse

Em um contexto histórico, as **corporações de ofício** e as **guildas** possuíam regulamentações rudimentares sobre a **cessão de pontos comerciais**, mas não havia ainda um conceito unificado de **estabelecimento**. Com a **positivação do direito comercial** na Europa (séculos XVIII e XIX), surgiram regras específicas sobre a **cessão de fundos de comércio**, embora não formalizadas como trespasse em todas as legislações.

O **Código Comercial de 1850** não definiu formalmente o **trespasse**, mas já apresentava noções sobre o "**fundo de comércio**" e a **responsabilidade do comerciante**. Posteriormente, a prática jurídica e mercantil foi lapidando a figura do trespasse como a **transferência da "clientela"** e do "**aviamento**" (*goodwill*).

Com o advento da Lei 10.406/2002, o denominado **Código Civil**, especialmente nos **arts. 1.142 e seguintes**[42], positivou a ideia de **estabelecimento** e disciplinou claramente o **trespasse**. Com isso, a figura do estabelecimento passou a ser vista como uma **universalidade de fato**, englobando **marca**, **nome empresarial**, **ponto comercial**, **bens móveis**, **estoque**, **contratos** e outros **elementos essenciais à atividade**.

Dogmaticamente, o **trespasse** é entendido como um **negócio jurídico oneroso** de **alienação de um bem complexo** (universalidade de fato). Ainda que existam diversos bens individuais (móveis, estoque, equipamentos, direitos de propriedade intelectual etc.), o que se vende não é cada bem isoladamente, mas o **conjunto que compõe o estabelecimento empresarial**.

Só é possível a existência do trespasse se o adquirente **continuar a exploração da mesma atividade econômica desenvolvida anteriormente pelo alienante**. Caso isso não ocorra, haverá **descaracterização do instituto do trespasse**, configurando-se como **simples aquisição de um ponto comercial** ou **espaço físico**.

Para a **validade do negócio jurídico**, além das disposições constantes do Código Civil, exige-se **instrumento escrito**, visto que o trespasse só produzirá efeitos contra terceiros depois de **averbado** e **publicado** na Junta Comercial competente.

Outrossim, a regularidade depende do respeito ao **direito dos credores**. Se o alienante possui **passivos**, os credores podem realizar **oposição ao trespasse dentro do prazo legal**, a fim de não restarem prejudicados. Em algumas hipóteses, requer-se **anuência** ou **quitação prévia das dívidas**.

Para fins tributários, estabelece o **art. 133 do CTN**:

> Art. 133. A pessoa natural ou jurídica de direito privado que adquirir de outra, por qualquer título, fundo de comércio ou estabelecimento comercial, industrial ou profissional, e continuar a respectiva exploração, sob a mesma ou outra razão social ou sob firma ou nome individual, responde pelos tributos, relativos ao fundo ou estabelecimento adquirido, devidos até a data do ato:
>
> I – integralmente, se o alienante cessar a exploração do comércio, indústria ou atividade;
>
> II – subsidiariamente com o alienante, se este prosseguir na exploração ou iniciar dentro de seis meses a contar da data da alienação, nova atividade no mesmo ou em outro ramo de comércio, indústria ou profissão.

---

42. **Art. 1.142.** Considera-se estabelecimento todo complexo de bens organizado, para exercício da empresa, por empresário, ou por sociedade empresária.

> § 1º O disposto no caput deste artigo não se aplica na hipótese de alienação judicial:
>
> I – em processo de falência;
>
> II – de filial ou unidade produtiva isolada, em processo de recuperação judicial
>
> § 2º Não se aplica o disposto no § 1º deste artigo quando o adquirente for:
>
> I – sócio da sociedade falida ou em recuperação judicial, ou sociedade controlada pelo devedor falido ou em recuperação judicial;
>
> II – parente, em linha reta ou colateral até o 4º (quarto) grau, consanguíneo ou afim, do devedor falido ou em recuperação judicial ou de qualquer de seus sócios; ou
>
> III – identificado como agente do falido ou do devedor em recuperação judicial com o objetivo de fraudar a sucessão tributária.
>
> § 3º Em processo da falência, o produto da alienação judicial de empresa, filial ou unidade produtiva isolada permanecerá em conta de depósito à disposição do juízo de falência pelo prazo de 1 (um) ano, contado da data de alienação, somente podendo ser utilizado para o pagamento de créditos extraconcursais ou de créditos que preferem ao tributário.

A norma tributária prevê que, em se tratando de trespasse, a **responsabilidade tributária** pelos débitos existentes no estabelecimento empresarial atinentes ao negócio propriamente dito são de **responsabilidade do adquirente** – o comprador da empresa. No entanto, tal responsabilidade poderá ser de forma **integral** ou **subsidiária**.

Ocorre a **responsabilidade integral** quando o alienante vender o seu único estabelecimento empresarial e não constituir outra atividade empresária, independentemente do ramo de atuação, dentro do prazo de 6 (seis) meses contados da data da alienação.

Assim, caso haja a alienação de um **único negócio** que o alienante possuía e não constituir **qualquer outra atividade empresarial**, não importa o **ramo de atuação**, dentro de **6 (seis) meses**, o adquirente responderá pela **totalidade dos débitos fiscais** relativos ao negócio adquirido.

O **prazo previsto de 6 (seis) meses** deriva da **cláusula de non-compete** (cláusula de não concorrência). No contexto do **trespasse**, a **cláusula do non-compete** se refere a uma **disposição contratual** que visa impedir o **alienante** (vendedor) de **exercer atividades concorrenciais com o adquirente** (comprador) **após a transferência do fundo de comércio** ou do **estabelecimento empresarial**. Essa cláusula é fundamental para proteção dos interesses do adquirente, garantindo que possa explorar o negócio adquirido **sem a interferência ou competição direta do alienante**, que possui **conhecimento** e **relacionamento no mercado** do estabelecimento transferido.

A cláusula deve estabelecer um **prazo razoável para a restrição**, geralmente **inferior** ou **igual** ao limite de **cinco anos** previsto no Código Civil, devendo **delimitar geograficamente a área** onde o alienante estará proibido de atuar, considerando a **área de atuação do estabelecimento alienado**.

Ademais, a restrição deve ser **vinculada especificamente às atividades relacionadas ao estabelecimento transferido**, não podendo impedir o alienante de atuar em **áreas distintas** ou **não concorrenciais**.

Teremos a **responsabilidade subsidiária com o adquirente** quando o alienante tiver mais de um estabelecimento empresarial ou ainda constituir outra atividade empresária dentro do prazo de 6 (seis) meses contados da data da alienação. Nesse caso, o Fisco realizará a cobrança dos débitos existentes sobre o **alienante** e, em caso de insatisfação dos créditos, acionará o adquirente.

a) **Responsabilidade por sucessão tributária no trespasse e penalidades pecuniárias**

Prevê a **súmula 554 do STJ**:

Na hipótese de sucessão empresarial, a responsabilidade da sucessora abrange não apenas os tributos devidos pela sucedida, mas também as multas moratórias ou punitivas referentes a fatos geradores ocorridos até a data da sucessão.

A exegese sumular se insere nesse contexto para esclarecer a extensão da responsabilidade tributária no caso de sucessão empresarial, inclui especificamente as **multas tributárias**, que poderiam ser questionadas sob o argumento de que possuem **caráter sancionatório** e, portanto, não deveriam ser transmitidas à sucessora.

A **multa moratória** é uma sanção pecuniária aplicada ao contribuinte em razão do **atraso no pagamento de tributos** ou do **descumprimento de obrigações tributárias principais**. Sua natureza é predominantemente **compensatória**, buscando reparar o prejuízo causado à Administração Tributária pelo atraso no recolhimento do crédito tributário. Geralmente, é calculada como um **percentual** sobre o **valor do tributo devido**, podendo ser **cumulada com juros de mora**.

A **multa punitiva** é aplicada como uma **sanção ao contribuinte** pelo **descumprimento de obrigações tributárias**, sejam elas **principais** (não pagamento do tributo devido) ou **acessórias** (como a não apresentação de declarações fiscais). Sua natureza é **sancionatória**, visando reprimir **comportamentos ilícitos** e inibir condutas contrárias à legislação tributária.

Ambas as multas estão vinculadas ao tributo ou à obrigação tributária. A **multa moratória** depende do não pagamento, enquanto a **punitiva** decorre de infrações relacionadas ao tributo ou à legislação fiscal. A validade dependerá de **expressa previsão legal**, mediante estrita observância ao **princípio da legalidade**.

Em alguns casos, as **multas podem ser cumuladas**. Por exemplo, um contribuinte pode pagar **multa moratória** pelo atraso no pagamento e a **multa punitiva** se o atraso for acompanhado de fraude ou omissão de informações.

O STJ, no julgamento do **REsp 1.120.295/SP** decidiu que a sucessora empresarial responde por **todas as obrigações tributárias**, inclusive **multas**, sejam **moratórias** ou

punitivas, desde que vinculadas a fatos geradores anteriores à sucessão. Reforçou a Corte que a **multa punitiva** é de **natureza tributária** e acompanha o **débito principal na sucessão empresarial**, em respeito à continuidade da atividade econômica[43].

Mormente o entendimento consolidado, alguns impactos econômicos merecem a atenção. A inclusão de multas, especialmente as punitivas, pode **desestimular** a **aquisição de empresas** ou **unidades produtivas isoladas**, devido ao risco de assumir **passivos tributários elevados**. Isso pode dificultar processos de **reorganização societária**, **fusões** e **aquisições**, em que a sucessora assume ativos e passivos.

Por fim, a **imposição objetiva de multas**, sem levar em conta **a boa-fé da sucessora**, pode ser vista como um excesso, notadamente nos casos relativos às **multas punitivas**.

b) Responsabilidade Tributária no trespasse decorrente de falência ou recuperação judicial

A existência do **trespasse** em **processos de falência** e **recuperação judicial** é uma ferramenta jurídica que visa **viabilizar a alienação de ativos empresariais** para preservação da função social da empresa, **geração de recursos** para o pagamento de credores e **garantia da continuidade** das atividades econômicas. A legislação brasileira disciplina o tema com o objetivo de **proteger o adquirente contra responsabilidades excessivas**, como débitos tributários e outros passivos da empresa alienada, assegurando **transparência** e **segurança jurídica**.

A Lei 11.101/05, que disciplina a falência e a recuperação de empresas, dispõe da possibilidade de **existência do trespasse como um dos mecanismos para a recuperação da atividade econômica**, nos termos do **art. 50, VII**, que dispõe:

> Art. 50. Constituem meios de recuperação judicial, observada a legislação pertinente a cada caso, dentre outros:
>
> VII – trespasse ou arrendamento de estabelecimento, inclusive à sociedade constituída pelos próprios empregados.

Além disso, o **art. 60 da Lei 11.101/05**[44] prevê que, caso o plano de recuperação judicial aprovado envolver a **alienação judicial de filiais** ou de **unidades produtivas isoladas do devedor**, o juiz ordenará a sua realização através de **leilão eletrônico**, presencial ou híbrido, **processo competitivo organizado** promovido por agente especializado e de reputação ilibada, cujo procedimento deverá ser detalhado em relatório anexo ao plano de realização do ativo ou ao plano de recuperação judicial, bem como **qualquer outra modalidade**, desde que prevista em lei.

---

43. STJ, REsp 1.173.284/MG.
44. **Art. 60.** Se o plano de recuperação judicial aprovado envolver alienação judicial de filiais ou de unidades produtivas isoladas do devedor, o juiz ordenará a sua realização, observado o disposto no art. 142 desta Lei.
    Parágrafo único. O objeto da alienação estará livre de qualquer ônus e não haverá sucessão do arrematante nas obrigações do devedor, inclusive as de natureza tributária, observado o disposto no § 1º do art. 141 desta Lei.

No caso de **trespasse** ocorrido em sede de **falência**, o adquirente **também não sucede o falido em obrigações de qualquer natureza**, desde que a alienação seja realizada de **forma judicial** e em conformidade com o **art. 141 e seguintes da Lei 11.101/05**[45].

Os **débitos tributários**, no caso de aprovação da alienação da empresa em sede de recuperação judicial ou falência, **não se sub-rogam na pessoa do adquirente**, permanecendo sob a responsabilidade do devedor. O adquirente somente responderá pelas dívidas tributárias da empresa falida ou em recuperação judicial quando:

- for **sócio da sociedade falida** ou em **recuperação judicial**, ou **sociedade controlada pelo devedor falido** ou em **recuperação judicial**

Quando o **adquirente** tem ou teve **participação societária na empresa falida** ou em **recuperação judicial**, presume-se que ele esteja ligado diretamente à **administração** ou **controle da empresa**. Isso cria um vínculo que rompe com o pressuposto de **neutralidade do adquirente** e sugere que ele possa ter **contribuído para o estado de insolvência** ou para a **acumulação de débitos**. Portanto, o dispositivo visa evitar que o sócio use a alienação judicial como uma **forma de esvaziamento do passivo**, **recomprando os ativos** e **evitando as obrigações tributárias**.

De igual modo, quando o adquirente é uma **empresa controlada pelo devedor falido** ou em **recuperação judicial**, há uma **presunção de continuidade entre os negócios**. Nesse caso, a alienação pode ser interpretada como uma forma de **simular a transferência de ativos**, com a finalidade de **burlar a sucessão tributária** e **proteger o grupo econômico**.

Exemplificando: se o **sócio adquirente** for **sócio minoritário de uma empresa em recuperação judicial** e adquire uma **unidade produtiva isolada** (UPI) da **mesma empresa** poderá ser responsabilizado pelos débitos tributários da empresa anterior, porque há vínculo direto entre o alienante e o adquirente. Da mesma forma, uma *holding* **controlada** pelo **sócio majoritário** de uma **empresa falida,** que adquire os **ativos**

---

45. **Art. 141**. Na alienação conjunta ou separada de ativos, inclusive da empresa ou de suas filiais, promovida sob qualquer das modalidades de que trata o art. 142:

I – todos os credores, observada a ordem de preferência definida no art. 83 desta Lei, sub-rogam-se no produto da realização do ativo;

II – o objeto da alienação estará livre de qualquer ônus e não haverá sucessão do arrematante nas obrigações do devedor, inclusive as de natureza tributária, as derivadas da legislação do trabalho e as decorrentes de acidentes de trabalho.

§ 1º O disposto no inciso II do caput deste artigo não se aplica quando o arrematante for:

I – sócio da sociedade falida, ou sociedade controlada pelo falido;

II – parente, em linha reta ou colateral até o 4º (quarto) grau, consanguíneo ou afim, do falido ou de sócio da sociedade falida; ou

III – identificado como agente do falido com o objetivo de fraudar a sucessão.

§ 2º Empregados do devedor contratados pelo arrematante serão admitidos mediante novos contratos de trabalho e o arrematante não responde por obrigações decorrentes do contrato anterior.

§ 3º A alienação nas modalidades de que trata o art. 142 desta Lei poderá ser realizada com compartilhamento de custos operacionais por 2 (duas) ou mais empresas em situação falimentar.

dessa empresa em leilão judicial, será **responsabilizada pelas dívidas tributárias da empresa falida**, pelo fato de ser **controlada pelo mesmo grupo econômico.**

- for **parente, em linha reta ou colateral até o 4º (quarto) grau, consanguíneo ou afim**, do **devedor falido** ou **em recuperação judicial** ou de **qualquer de seus sócios**

A responsabilização do adquirente nesses casos está baseada no **vínculo de parentesco**, que pode sugerir a existência de **fraude, conluio** ou **simulação** no processo de alienação. O dispositivo busca evitar que o devedor use **parentes** como **intermediários** para recomprar os ativos, mantendo o controle dos bens e fugindo das obrigações tributárias.

O **parentesco até o 4º (quarto) grau** em linha reta, colateral ou por afinidade, abrange:

I – Linha reta: inclui ascendentes (pais, avós, bisavós) e descendentes (filhos, netos, bisnetos).

II – Linha colateral: inclui irmãos, tios, sobrinhos e primos.

III – Por afinidade: inclui parentes do cônjuge ou companheiro do falido ou de seus sócios (como sogros, genros e cunhados).

O limite de 4º grau visa delimitar o **alcance da responsabilidade** apenas aos **parentes mais próximos**, cujo vínculo com o devedor ou sócios pode **influenciar** a **alienação dos bens**. Parte-se do pressuposto de que o **vínculo de parentesco** pode indicar **fraude** ou **favorecimento na alienação**, especialmente em **processos judiciais** em que bens são vendidos com **valores reduzidos** para **viabilizar a reestruturação econômica.**

O STJ, no julgamento do **REsp 1.758.746/SP** confirmou que o adquirente não responde por débitos tributários de alienação judicial, **salvo quando identificado vínculo ou fraude**, reforçando a aplicação do **artigo 133, §2º, do CTN**[46]. Já o STF, analisando o **Tema 908** em **repercussão geral**, reafirmou a regra geral de não sucessão tributária em alienações judiciais no âmbito de recuperação judicial. No entanto, reconheceu a **presunção de fraude** em casos de **vínculos familiares**, conforme descrito no **artigo 133 do CTN.**

---

46. **Art. 133. (...)**
   § 2º Não se aplica o disposto no § 1º deste artigo quando o adquirente for:
   I – sócio da sociedade falida ou em recuperação judicial, ou sociedade controlada pelo devedor falido ou em recuperação judicial
   II – parente, em linha reta ou colateral até o 4º (quarto) grau, consanguíneo ou afim, do devedor falido ou em recuperação judicial ou de qualquer de seus sócios; ou
   III – identificado como agente do falido ou do devedor em recuperação judicial com o objetivo de fraudar a sucessão tributária.

- for identificado como **agente do falido** ou do **devedor em recuperação judicial** com o objetivo de **fraudar a sucessão tributária**.

O termo **"agente do devedor"** pode ser interpretado como sendo uma pessoa física ou jurídica que atua como **representante, preposto** ou **colaborador do devedor** (falido ou em recuperação judicial), **direta** ou **indiretamente**, no **intuito de ocultar bens, desviar patrimônio** ou **frustrar os credores**, em especial o Fisco. Assim, para que a responsabilidade tributária seja aplicada ao adquirente, deve ficar comprovado que sua atuação teve a **intenção de fraudar a sucessão tributária**.

A **fraude** caracteriza-se pelo uso de **práticas ilícitas** para evitar que os débitos tributários **sejam pagos pelo alienante ou adquirente**, possuindo objetivo de **esvaziar o patrimônio da empresa falida** ou em **recuperação judicial**, transferindo ativos para terceiros sem quitar dívidas tributárias.

Para responsabilizar o adquirente, é necessário que o Fisco ou outro interessado (como credores) comprove a **ligação do adquirente com o devedor**, a existência de **dolo ou intenção de fraudar** o pagamento dos tributos e a ocorrência de **atos concretos de fraude**, como desvios patrimoniais ou simulação de negócios.

O **Superior Tribunal de Justiça** destacou que a sucessão tributária em alienações judiciais é **exceção** e só pode ser aplicada quando há **comprovação inequívoca de conluio** ou **fraude** envolvendo o adquirente[47]. A Corte reafirmou que a **presunção de boa-fé do adquirente** deve prevalecer, salvo se o **Fisco** demonstrar, de forma clara, o **vínculo do adquirente com o devedor** e a **intenção de fraudar a arrecadação tributária**[48].

---

47. STJ, REsp 1.758.746/SP.
48. STJ, AgInt no REsp 1.746.072/GO.

JURISPRUDÊNCIA

PROCESSUAL CIVIL. AGRAVO INTERNO NO RECURSO ESPECIAL. EXECUÇÃO FISCAL. ART. 535 DO CPC/1973. INEXISTÊNCIA DE VÍCIOS. GRUPO ECONÔMICO. ABUSO DE PODER. CONFUSÃO PATRIMONIAL. TRESPASSE. SUCESSÃO EMPRESARIAL. RESPONSABILIDADE TRIBUTÁRIA. RESPONSABILIDADE SUBSIDIÁRIA. JUÍZO FIRMADO COM LASTRO NOS FATOS E PROVAS E À LUZ DAS CLÁUSULAS CONTRATUAIS. SÚMULAS 7 E 5 DO STJ. RAZÕES RECURSAIS DEFICIENTES. SÚMULA 284/STF. AUSÊNCIA DE IMPUGNAÇÃO A FUNDAMENTOS DO ACÓRDÃO RECORRIDO. SÚMULA 283/STF. DISSÍDIO JURISPRUDENCIAL PREJUDICADO. 1. Quanto ao art. 535 do CPC/1973, o acórdão recorrido manifestou-se de maneira clara e fundamentada a respeito das questões relevantes para a solução da controvérsia, não se verificando incongruências ou defeitos de lógica entre os fundamentos adotados e a conclusão alcançada. Na espécie, tutela jurisdicional foi prestada de forma eficaz, apenas com resultado não favorável à pretensão da parte, não havendo com isso razão para a anulação do acórdão proferido em sede de embargos de declaração. 2. A Corte de origem, analisando o acervo fático-probatório e as cláusulas dos contratos sociais, em minuciosa fundamentação, concluiu: (i) caracterizada a formação de grupo econômico e demonstrada a confusão patrimonial, com o esvaziamento patrimonial das controladas, cujo vínculo com a controladora alcançaria as sucessoras; e (ii) configurada a responsabilidade tributária da recorrente, de forma subsidiária, diante da comprovação da sucessão empresarial e da presença de ajustes no contrato de trespasse que revelam sua ciência a respeito do passivo da empresa adquirida. 3. Inviável de revisão, no âmbito do recurso especial, das conclusões firmadas com lastro no acervo fático-probatório e na interpretação dos ajustes contratuais, diante do óbice das Súmulas 5 e 7 do STJ. 4. A apresentação de razões recursais deficientes bem como a falta de enfrentamento dos fundamentos adotados no acórdão para resolver a lide, por si sós suficientes para manter o resultado do julgado, não permitem o conhecimento do recurso. Incidência das Súmulas 284 e 283 do STF. 5. Prejudicada a análise de dissídio jurisprudencial de questão a respeito da qual não se conheceu do recurso pela alínea a do permissivo constitucional, por força de óbice sumular aplicado. 6. Agravo interno não provido.
(STJ – AgInt no REsp: 1706265 RJ 2017/0276815-5, Relator: Ministro BENEDITO GONÇALVES, Data de Julgamento: 02/03/2021, T1 – PRIMEIRA TURMA, Data de Publicação: DJe 05/03/2021)
AGRAVO NO CONFLITO POSITIVO DE COMPETÊNCIA. SOCIEDADE EM RECUPERAÇÃO JUDICIAL. TRESPASSE DO ESTABELECIMENTO. RECONHECIMENTO DE SUCESSÃO TRIBUTÁRIA PELO JUÍZO FEDERAL. EXECUÇÃO FISCAL PROMOVIDA CONTRA A SOCIEDADE ADQUIRENTE. DECLARADA COMPETÊNCIA DO JUÍZO UNIVERSAL. AUSÊNCIA DE VIOLAÇÃO DA CLÁUSULA DE RESERVA DE PLENÁRIO. 1. Configura-se o conflito de competência quando, de um lado, está o Juízo da Recuperação Judicial, que declarou a inexistência de sucessão dos ônus e obrigações decorrentes do trespasse do estabelecimento da sociedade recuperanda; de outro, o Juízo Federal, que, reconhecendo a sucessão tributária, promove execução fiscal contra a sociedade adquirente. 2. Não há que se falar em ofensa à cláusula de reserva de plenário (art. 97 da Constituição Federal) se, na decisão agravada, não houve declaração de inconstitucionalidade dos dispositivos legais suscitados, tampouco se negou sua vigência, mas apenas se extraiu da regra seu verdadeiro alcance, a partir de uma interpretação sistêmica. 3. A 2ª Seção deste Tribunal pacificou o entendimento de que, não obstante a execução fiscal, em si, não se suspenda com o deferimento da recuperação judicial, cabe ao Juízo Universal o prosseguimento dos atos de execução, sob pena de inviabilizar a recuperação da sociedade. 4. É do Juízo da Recuperação Judicial a competência para definir a existência de sucessão dos ônus e obrigações, nos casos de alienação de unidade produtiva da sociedade recuperanda, inclusive quanto à responsabilidade tributária da sociedade adquirente. 5. Agravo não provido.
(STJ – AgRg no CC: 116036 SP 2011/0038013-2, Relator: Ministra NANCY ANDRIGHI, Data de Julgamento: 12/06/2013, S2 – SEGUNDA SEÇÃO, Data de Publicação: DJe 17/06/2013)

AGRAVO INTERNO NO RECURSO ESPECIAL. CIVIL E PROCESSUAL CIVIL. OMISSÃO. NÃO OCORRÊNCIA. TRESPASSE DO ESTABELECIMENTO EMPRESARIAL. DÍVIDAS ANTERIORES. RESPONSABILIDADE. SÚMULA 5 E 7 DO STJ. 1. Não se viabiliza o recurso especial pela violação do dever de prestação jurisdicional, porque, embora rejeitados os embargos de declaração, a matéria em exame foi devidamente enfrentada pelo Tribunal de origem, que emitiu pronunciamento de forma fundamentada, ainda que em sentido contrário à pretensão da parte recorrente. 2. A Corte de origem, soberana na análise dos fatos e das provas, consignou que a simples alienação do estabelecimento não desobriga o alienante da quitação do seu passivo, sendo certo que, no caso dos autos, não houve comprovação da existência de assunção de dívida ou de sucessão empresarial. Derruir a conclusão a que chegou o Tribunal a quo demandaria, necessariamente, interpretação de cláusulas contratuais, bem como novo exame do conjunto fático-probatório acostado aos autos, o que é vedado pelas Súmulas 5 e 7 do STJ. 3. O suporte fático normativo previsto no art. 1.146 do Código Civil, impõe outros requisitos além da mera transferência do estabelecimento comercial para a cristalização da solidariedade entre alienante e adquirente, notadamente a exigência de regular contabilização dos débitos anteriores à alienação, circunstância que não foi sequer alvo de argumentação da parte em sede recursal. 4. Agravo interno não provido.
(STJ – AgInt no REsp: 1457672 DF 2013/0009999-0, Relator: Ministro LUIS FELIPE SALOMÃO, Data de Julgamento: 20/09/2018, T4 – QUARTA TURMA, Data de Publicação: DJe 25/09/2018)
AGRAVO INTERNO NOS EMBARGOS DE DECLARAÇÃO NO CONFLITO DE COMPETÊNCIA – RECUPERAÇÃO JUDICIAL – EXECUÇÃO TRABALHISTA – PROSSEGUIMENTO, COM DETERMINAÇÃO DE ATOS EXECUTÓRIOS – IMPOSSIBILIDADE – COMPETÊNCIA DO JUÍZO RECUPERACIONAL – ESCÓLIO JURISPRUDENCIAL DA SEGUNDA SEÇÃO – INSURGÊNCIA DO AGRAVANTE. 1. O Juízo onde se processa a recuperação judicial é o competente para julgar as causas em que estejam envolvidos interesses e bens da empresa recuperanda, inclusive para o prosseguimento dos atos de execução, ainda que o crédito seja anterior ao deferimento da recuperação judicial, devendo, portanto, se submeter ao plano, sob pena de inviabilizar a recuperação. Precedentes. 2. Agravo interno desprovido.
(STJ – AgInt nos EDcl no CC: 176040 GO 2020/0300435-9, Relator: Ministro MARCO BUZZI, Data de Julgamento: 06/12/2021, S2 – SEGUNDA SEÇÃO, Data de Publicação: DJe 09/12/2021)
AGRAVO REGIMENTAL NO CONFLITO POSITIVO DE COMPETÊNCIA – FALÊNCIA – COMPETÊNCIA DO JUÍZO FALIMENTAR – PRECEDENTES DO STJ – AGRAVO REGIMENTAL DESPROVIDO. INSURGÊNCIA DO MINISTÉRIO PÚBLICO FEDERAL. 1. O Juízo universal é o competente para a execução dos créditos apurados nas ações propostas em face da Varig S/A e da VRG Linhas Aéreas S/A (arrematante da UPV), sobretudo porque, no que se refere à arrematação judicial da UPV, ficou consignado em edital, nos termos da Lei n.º 11.101/05, que sua transmissão não acarretaria a assunção de seu passivo. 1.1. Deverão se concentrar no Juízo universal todas as demandas referente à causa, incluindo, nessa esteira, as relativas à empresa sucessora e sucedida. Precedente: AgRg no CC 116.036/SP, Rel. Ministra NANCY ANDRIGHI, SEGUNDA SEÇÃO, julgado em 12/06/2013, DJe 17/06/2013. 2. Agravo regimental desprovido.
(STJ – AgRg no CC: 142447 RJ 2015/0191176-9, Relator: Ministro MARCO BUZZI, Data de Julgamento: 02/06/2020, S2 – SEGUNDA SEÇÃO, Data de Publicação: DJe 10/06/2020)
CONFLITO DE COMPETÊNCIA. RECUPERAÇÃO JUDICIAL. ALIENAÇÃO DE UNIDADE PRODUTIVA ISOLADA, COM FULCRO NO ART. 60, PARÁGRAFO ÚNICO, DA LEI N. 11.101/2005. RECONHECIMENTO DE SUCESSÃO TRIBUTÁRIA PELO JUÍZO TRABALHISTA. INVASÃO DA COMPETÊNCIA DO JUÍZO DA RECUPERAÇÃO. 1. O ponto fulcral da controvérsia reside na definição do juízo competente para averiguar a existência ou não de sucessão, pelas adquirentes de unidade produtiva isolada (UPI) pertencente à sociedade em recuperação judicial, das obrigações e dos ônus da recuperanda, o que perpassa, necessariamente, pela aferição da validade do plano de recuperação no que tange às previsões e regras dessa alienação.

> 2. A jurisprudência desta Casa tem reiteradamente reconhecido a configuração de conflito nas hipóteses em que juízos distintos divergem acerca da existência de sucessão nas dívidas e obrigações da recuperanda pela arrematante, nos casos de alienação judicial de unidade produtiva (art. 60, parágrafo único, c/c art. 141, § 1º, da Lei n. 11.101/2005), inclusive declarando a competência do Juízo da recuperação judicial, haja vista ser este o mais habilitado para verificar a extensão e a higidez da alienação, além do evidente prejuízo decorrente do desenvolvimento simultâneo da atividade jurisdicional, sobre o mesmo tema, pelos juízos suscitados. 3. Conflito de competência conhecido para declarar a competência do Juízo da recuperação.
>
> **(STJ – CC: 151621 SP** 2017/0070337-5, Relator: Ministro MOURA RIBEIRO, Data de Julgamento: 08/11/2018, S2 – SEGUNDA SEÇÃO, Data de Publicação: DJe 04/12/2018)

13.7.2.2.1.2 Responsabilidade tributária de terceiros

Existem situações em que o contribuinte está **impossibilitado de cumprir com as obrigações de natureza tributária**, fazendo com que a lei desloque a competência para **terceira pessoa** assumir esse encargo. Veja que se trata de uma situação de **responsabilidade subsidiária**: na hipótese do **contribuinte** não assumir a dívida tributária por alguma **eventualidade** ou **situação jurídica**, a lei deslocará a responsabilidade para terceira pessoa, desde que não seja estranha à relação.

Não se pode atribuir a qualquer pessoa a responsabilidade pelo pagamento de débitos de outrem, a menos que tal pessoa possua algum **nexo de causalidade** e tenha **determinação expressa da lei** para assumir tal encargo. Devemos sempre ter em mente que responsabilidade tributária jamais se presume, decorrendo única e exclusivamente da lei.

Apesar da responsabilidade de terceiros possuir um **rótulo legal** de que os terceiros responsáveis são **responsáveis solidários**, o STF determinou que a **responsabilidade do terceiro é subsidiária**. Isto porque o terceiro responsável somente poderá ser chamado quando o contribuinte estiver **impossibilitado** de cumprir com a obrigação tributária.

Nesse caso, a **responsabilidade subsidiária** pressupõe que o terceiro somente será demandado pelo Fisco **após** exauridas as **possibilidades de cobrança contra o contribuinte principal**, ou quando este se encontrar **legalmente impossibilitado de cumprir a obrigação**. Em outras palavras, o terceiro responde em **segundo plano**, devendo o Fisco direcionar, primeiramente, sua cobrança ao **devedor originário** – o contribuinte –, sob pena de ferir o **devido processo legal** e o **princípio da menor onerosidade**.

IMPORTANTE

Um ponto crucial é que a **responsabilidade tributária de terceiros**, assim como ocorre com qualquer forma de responsabilidade em matéria tributária, **jamais se presume**. Trata-se de **consequência lógica do princípio da estrita legalidade**, segundo o qual toda obrigação tributária deve ter fundamento em lei. Sem a previsão expressa e específica, não há como estender os efeitos do inadimplemento do contribuinte a terceiros, sob pena de violação aos princípios constitucionais de **segurança jurídica** e da **legalidade**.

13.7.2.2.1.2.1 Terceiros responsáveis

Dispõe o **art. 134 do CTN**:

> Art. 134. Nos casos de impossibilidade de exigência do cumprimento da obrigação principal pelo contribuinte, respondem solidariamente com este nos atos em que intervierem ou pelas omissões de que forem responsáveis:
>
> I – os pais, pelos tributos devidos por seus filhos menores;
>
> II – os tutores e curadores, pelos tributos devidos por seus tutelados ou curatelados;
>
> III – os administradores de bens de terceiros, pelos tributos devidos por estes;
>
> IV – o inventariante, pelos tributos devidos pelo espólio;
>
> V – o síndico e o comissário, pelos tributos devidos pela massa falida ou pelo concordatário;
>
> VI – os tabeliães, escrivães e demais serventuários de ofício, pelos tributos devidos sobre os atos praticados por eles, ou perante eles, em razão do seu ofício;
>
> VII – os sócios, no caso de liquidação de sociedade de pessoas.
>
> Parágrafo único. O disposto neste artigo só se aplica, em matéria de penalidades, às de caráter moratório.

Trataremos de cada um dos dispositivos visando maior entendimento temática e sua aplicação:

a) A responsabilidade tributária dos pais pelos tributos devidos pelos filhos menores

A **maioridade civil** é alcançada aos **18 anos**, conforme o **art. 5º do CC/2002**[49]. A partir dessa idade, a pessoa adquire **plena capacidade civil**, tornando-se apta a praticar **todos os atos da vida civil**, como assinar contratos, casar-se, assumir dívidas e administrar seu patrimônio, bem como **responder integralmente pelos seus atos**, inclusive criminalmente, já que a **maioridade penal** também ocorre aos 18 anos.

De fato, a responsabilidade tributária dos pais decorre do **dever legal de sustento e representação dos filhos menores**.

Na perspectiva jurídica, os **filhos menores** podem ser considerados **relativamente** ou **absolutamente incapazes**[50], a depender da idade, sendo os pais os responsáveis por gerir seus atos patrimoniais e responder por obrigações relacionadas. Assim, caso o menor seja titular de um patrimônio ou realize atividades que gerem tributos, em

---

49. A menoridade cessa aos dezoito anos completos, quando a pessoa fica habilitada à prática de todos os atos da vida civil.

50. **Art. 3º** São absolutamente incapazes de exercer pessoalmente os atos da vida civil os menores de 16 (dezesseis) anos.

    Art. 4º São incapazes, relativamente a certos atos ou à maneira de os exercer

    I – os maiores de dezesseis e menores de dezoito anos;

    II – os ébrios habituais e os viciados em tóxico;

    III – aqueles que, por causa transitória ou permanente, não puderem exprimir sua vontade;

    IV – os pródigos.

    Parágrafo único. A capacidade dos indígenas será regulada por legislação especial.

regra, os pais respondem subsidiariamente por essas obrigações, como uma extensão do papel de proteção e supervisão.

Embora a codificação tributária utilize o termo **"pais"**, em seu sentido amplo, a responsabilidade **não se limita ao pai masculino biológico**. No contexto contemporâneo, essa figura pode incluir **ambos os genitores**, independentemente do gênero (pai e mãe), os pais adotivos ou qualquer pessoa legalmente reconhecida como responsável pela guarda e administração dos bens do menor, assim como as **configurações familiares diversas**, como casais homoafetivos.

A lei também admite a antecipação da capacidade plena por meio do instituto da **emancipação**, possibilitando que menores de 18 anos pratiquem **atos da vida civil como se fossem maiores**. Tradicionalmente, a emancipação pode ser classificada da seguinte forma:

I – Emancipação Voluntária

A **emancipação voluntária** ocorre por **ato de vontade dos pais** (ou do único genitor vivo, ou que exerça o poder familiar) em favor do menor que já tenha completado **16 anos**. É formalizada por meio de **instrumento público** (lavrado perante o Tabelionato de Notas) ou por **instrumento particular homologado judicialmente**, dependendo da prática forense local.

Nos termos do **art. 5º, parágrafo único, I, do CC/2002**:

> Art. 5º A menoridade cessa aos dezoito anos completos, quando a pessoa fica habilitada à prática de todos os atos da vida civil.
>
> Parágrafo único. Cessará, para os menores, a incapacidade:
>
> I – pela concessão dos pais, ou de um deles na falta do outro, mediante instrumento público, independentemente de homologação judicial, ou por sentença do juiz, ouvido o tutor, se o menor tiver dezesseis anos completos;

A **natureza jurídica** dessa modalidade de emancipação é **negocial**, pois decorre de **manifestação volitiva dos pais** ou do **representante legal**, autorizada pela lei. Apesar de **não depender de homologação judicial** (quando realizada por escritura pública), a vontade dos pais deve estar em consonância com o **melhor interesse do menor**, sob pena de eventual revisão judicial.

II – Emancipação Judicial

A **emancipação judicial** é concedida por **sentença**. Em geral, ocorre em circunstâncias em que **não há consenso** ou quando se faz necessária a **intervenção judicial** para assegurar **direitos do menor**, tais como em **situações de conflito familiar** que inviabilize a emancipação voluntária. Caberá ao Poder Judiciário avaliar se a emancipação efetivamente beneficiará o menor em termos **pessoais**, **patrimoniais** ou até mesmo **educacionais**.

A formalização dar-se-á através processo judicial específico, no qual o juízo, após ouvir o **Ministério Público**, decide pela **concessão** ou **não** da emancipação. A **sentença judicial** tem o mesmo efeito que a escritura pública no caso da emancipação voluntária.

III – Emancipação Legal

A **emancipação legal**, também chamada de **emancipação automática** ou **legalmente presumida**, independe de ato de vontade dos pais ou do menor. Ela ocorre de **pleno direito**, quando se verifica a ocorrência de certos fatos jurídicos previstos em lei, tais como o casamento, o exercício efetivo de emprego público, colação em grau superior ou a mantença de estabelecimento civil ou comercial, ou existência de relação de emprego, desde que o menor tenha economia própria.

A interpretação a ser conferida no **inciso I do art. 134 do CTN** deve levar em consideração a **evolução social** e **critérios específicos da sociedade hodierna**. Não se pode atribuir uma responsabilidade tributária, ainda que de forma subsidiária, **aos pais** pelos **filhos menores emancipados**, notadamente em se tratando de **emancipação legal**.

Se o **menor emancipado pelo matrimônio** contrai débitos, em especial de natureza tributária, os **pais não podem exercer qualquer forma de responsabilidade tributária**, visto que a figura do menor deixa de existir no contexto legal, e a **responsabilidade tributária** passa a ser **pessoal e direta, vinculada ao emancipado**.

Na mesma linha, o crescimento das redes sociais e plataformas digitais permitiu que muitos jovens alcançassem **sucesso financeiro antes da maioridade tradicional**, gerando uma **nova dinâmica** no campo da **responsabilidade patrimonial** e **tributária**. Muitos desses jovens emancipados contratam **equipes jurídicas** e **contábeis** para **administrar tributos** e **negociações complexas**, como contratos publicitários e direitos de imagem.

Não nos parece razoável, ante a existência do dispositivo legal e a literalidade do dispositivo, **responsabilizar os pais por eventuais débitos fiscais contraídos em decorrência de suas atividades**. Tal emancipação **retira** dos pais a **responsabilidade jurídica**, não impedindo com que atuem como mentores ou gestores voluntários, sem qualquer ônus tributário.

b) A responsabilidade tributária dos tutores e curadores pelos tributos devidos pelos tutelados ou curatelados

A **tutela** e a **curatela** são institutos de Direito Civil que visam proteger e gerir os interesses de pessoas que, por razões diversas, são consideradas **incapazes** para o **exercício pleno de seus direitos**. Assim sendo, a **tutela** é o instituto destinado à **proteção de menores de 18 anos** que **não estejam sob o poder familiar** (por exemplo, órfãos ou menores cujos pais perderam o poder familiar).

O tutor deverá assumir a **representação legal** do menor, sendo responsável pela administração patrimonial, zelo pelo cumprimento das obrigações do tutelado e a proteção de seus interesses diretos e indiretos.

Deverá, ainda, **prestar contas ao juízo regularmente** sobre os **bens** e **rendas** do tutelado, conforme a disposição do **art. 1.755 do CC/2002**[51].

Já **curatela** destina-se à proteção de maiores que, por **incapacidade mental, física ou intelectual, não podem exercer plenamente seus direitos.** Isso inclui, por exemplo, pessoas com deficiência, transtornos mentais ou idosos em estado de vulnerabilidade. Assim, o curador atuará como **administrador e assistente legal** da pessoa curatelada, gerindo seus bens e rendas e protegendo seus interesses, conforme o **art. 1.774 do CC/2002**[52].

Como responsável tributário, os tutores e curadores não responderão diretamente com o seu patrimônio, respondendo pelos débitos tributários com o patrimônio dos tutelados e curatelados. Assim, caso o tutelado ou curatelado receber bens por herança, caberá ao tutor ou curador assegurar o recolhimento do **Imposto de Transmissão Causa Mortis (ITCMD)** e o atendimento das demais exigências fiscais.

Ainda, se um tutelado ou curatelado for titular de uma empresa ou atividade econômica, o tutor ou curador deve garantir a **correta apuração** e **recolhimento de tributos**, exercendo sua responsabilidade na gestão dos recursos, com toda a diligência exigida legalmente.

c) A responsabilidade dos administradores de bens de terceiros pelos tributos devidos por estes

Os **administradores de bens de terceiros** desempenham um papel essencial na **gestão patrimonial**, atuando em nome de pessoas físicas ou jurídicas para administração de ativos, bens e negócios. Podem ser designados mediante contratos específicos, mandados judiciais ou outras formas legais. A atuação é regida por normas de direito privado e, excepcionalmente, por determinadas normas de direito público.

Em regra, os administradores são contratados mediante **contrato de prestação de serviços**, no qual se estabelecem as obrigações, os limites da atuação e a remuneração. Este contrato pode ser formalizado por **escritura pública** ou **instrumento particular**, dependendo da natureza do bem e do interesse das partes. Em casos de **incapacidade do proprietário** ou de **litígios**, a administração pode ser atribuída a um **administrador judicial** nomeado por decisão do juízo competente, como ocorre em **processos de inventário**, **falência** ou **recuperação judicial**.

---

51. **Art. 1.755.** Os tutores, embora o contrário tivesse disposto os pais dos tutelados, são obrigados a prestar contas da sua administração.
52. **Art. 1.774.** Aplicam-se à curatela as disposições concernentes à tutela, com as modificações dos artigos seguintes.

Nos casos envolvendo **sociedades**, o **administrador de bens de terceiros** pode ser nomeado conforme o **contrato social** ou **estatuto social**, a depender do **tipo societário adotado** e a (in)existência de legislação específica (p.ex., a lei das sociedades anônimas – Lei 6.404/76).

Conforme estabelece o **art. 113 do CC/2002**:

> Art. 113. Os negócios jurídicos devem ser interpretados conforme a boa-fé e os usos do lugar de sua celebração.

Quando do estabelecimento da **contratação entre as partes**, observamos a exigência de comportamentos **éticos** e **colaborativos**, independentemente das **intenções das partes**, impondo deveres anexos (ou laterais) às **obrigações principais do contrato**, como os deveres de informação, lealdade, cooperação e cuidado. É o que se denomina de **boa-fé objetiva**. Já a **boa-fé subjetiva** se relaciona a ausência de dolo, fraude ou má-fé ao celebrar ou executar um contrato.

O **Superior Tribunal de Justiça** reconheceu que a **boa-fé objetiva** gera deveres anexos, como o **dever de proteção** e **cooperação**, mesmo em contratos regidos por princípios estritamente formais[53].

Por óbvio, na **relação contratual**, nenhuma das partes poderá se **aproveitar de eventuais lacunas** ou **termos ambíguos do contrato** para fins de prejuízo[54].

Em **matéria tributária**, a responsabilidade dos **administradores de bens de terceiros** exige a **demonstração de dolo, culpa** ou **omissão**, sendo, portanto, uma **responsabilidade subjetiva**. Isso significa que o **mero inadimplemento tributário** não é suficiente para a **responsabilização do administrador**. Tal entendimento corrobora com o posicionamento adotado pelo STJ, reconhecendo que a responsabilidade dos administradores de bens **não é automática**, devendo se demonstrar a **relação direta** entre os **atos do administrador** e a **omissão do cumprimento da obrigação tributária**.[55]

Ademais, cumpre ratificar que a Fazenda Pública deve demonstrar que **não é possível cobrar diretamente o tributo do contribuinte principal**, sendo necessário que o administrador tenha participado dos atos que deram origem à obrigação tributária ou tenha omitido medidas necessárias para evitar a inadimplência.

Por fim, a **inclusão do administrador no polo passivo da relação tributária** exige prévia **instauração de procedimento administrativo** ou **judicial**, garantindo a **ampla defesa** e o **contraditório**.

---

53. STJ, REsp 1.446.439/PR.
54. **Art. 187**. Também comete ato ilícito o titular de um direito que, ao exercê-lo, excede manifestamente os limites impostos pelo seu fim econômico ou social, pela boa-fé ou pelos bons costumes.
55. STJ, AgInt no REsp 1.763.020/SP.

d) **A responsabilidade tributária do inventariante pelos tributos devidos pelo espólio**

O **inventariante** é nomeado pelo juiz do **processo de inventário** e tem como funções principais a **administração do espólio**, preservando a integridade dos bens e representando o patrimônio em todas as relações jurídicas. De igual modo, após o advento da Lei 11.441/07, o inventário poderá se processar de forma **extrajudicial**, desde que todos forem capazes, mediante a lavratura de escritura pública perante o **Tabelionato de Notas**[56].

A **responsabilidade do inventariante** somente será acionada se a obrigação tributária principal **não puder ser exigida diretamente do espólio** (p.ex., se os bens forem insuficientes para quitar a dívida). Assim como ocorre com os **administradores de bens de terceiro**, é necessário demonstrar **dolo** ou **culpa** do inventariante para que ele seja responsabilizado. O simples fato de o **espólio possuir tributos não pagos não implica**, automaticamente, **responsabilidade pessoal do inventariante**.

Lembrando que a responsabilidade persistirá enquanto o inventariante se encontrar no exercício de suas funções. Após a **partilha**, os **herdeiros** passam a ser **responsáveis pelas obrigações tributárias** relacionadas às suas respectivas **partes do espólio**.

No julgamento do **REsp 1.055.730/RS**, o STJ entendeu que o inventariante só pode ser responsabilizado se ficar **comprovado** que agiu com **dolo**, **fraude** ou **negligência** no cumprimento das **obrigações fiscais do espólio**.

A inteligência da **súmula 553 do STJ**, se amolda, de igual modo, ao inventariante, quando diz:

Nos tributos sujeitos ao lançamento por homologação, a falta de recolhimento antecipado pelo contribuinte não configura, por si só, hipótese de dolo, fraude ou simulação para fins de responsabilização pessoal.

e) **A responsabilidade tributária do síndico e do comissário pelos tributos devidos pela massa falida ou pelo concordatário**

A expressa utilizada no **inciso V do art. 134 do CTN** se aplicava sob a égide do **DL 7.661/45**, que tratava sobre **falência** e **concordata**. A **administração da massa falida**

---

56. **Art. 610 do CPC**. Havendo testamento ou interessado incapaz, proceder-se-á ao inventário judicial.

§ 1º Se todos forem capazes e concordes, o inventário e a partilha poderão ser feitos por escritura pública, a qual constituirá documento hábil para qualquer ato de registro, bem como para levantamento de importância depositada em instituições financeiras.

§ 2º O tabelião somente lavrará a escritura pública se todas as partes interessadas estiverem assistidas por advogado ou por defensor público, cuja qualificação e assinatura constarão do ato notarial.

era menos técnica e mais centralizada na figura do **síndico**, que representava tanto o **interesse dos credores** quanto o da **própria massa**. O síndico tinha amplos poderes, mas a falta de especialização e controle gerava falhas administrativas e ineficiência. Já o **comissário** era aquele que fiscalizava o **cumprimento da concordata**.

Com o advento da Lei 11.101/05, temos a figura do **administrador judicial**, podendo ser tanto uma **pessoa física** quanto **jurídica**, em atendimento ao disposto no **art. 21 e seguintes da norma falimentar**[57]. *In casu*, o foco principal dessa administração especializada para a ser a **viabilidade econômica da atividade empresarial** e a **proteção do crédito.**

As **responsabilidades do administrador judicial** na falência e na recuperação judicial são completamente distintas. Enquanto a **falência** visa **liquidar o patrimônio do devedor insolvente** para satisfazer, na medida do possível, os credores, a **recuperação judicial** busca a **manutenção da empresa viável** por meio de medidas que permitam sua **reestruturação financeira** e **operacional.**

Na **falência**, o **administrador judicial** atua de maneira mais ativa e mais abrangente, assumindo a **administração direta da massa falida**, substituindo o devedor na gestão patrimonial com a busca da maximização dos valores arrecadados para o pagamento dos credores. Na **recuperação judicial**, o **administrador judicial** possui um papel **fiscalizatório** e de **supervisão**, na medida em que não há substituição do devedor na administração da empresa, cabendo a **fiscalização do cumprimento do plano de recuperação judicial** e a apresentação de relatórios periodicamente.

Portanto, caso o **administrador judicial** atue na **falência**, terá sua **responsabilidade subsidiária** no **cumprimento das obrigações tributárias**, podendo responder com o seu **próprio patrimônio** no caso de **atuação dolosa** (responsabilidade subjetiva do agente). No entanto, **não terá responsabilidade direta em casos de recuperação judicial**, ante a natureza jurídica dos atos praticados, sendo esse, inclusive, o entendimento adotado pelo STJ[58].

f) A responsabilidade tributária das serventias extrajudiciais

A CF/1988, nos termos do **art. 236**[59], a **atividade notarial e registral** deverá ser exercida em **caráter privado**, por **delegação do Poder Público**, sendo a atividade regulamentada pela Lei 8.935/94 (Lei dos Notários).

---

57. **Art. 21.** O administrador judicial será profissional idôneo, preferencialmente advogado, economista, administrador de empresas ou contador, ou pessoa jurídica especializada.
   Parágrafo único. Se o administrador judicial nomeado for pessoa jurídica, declarar-se-á, no termo de que trata o art. 33 desta Lei, o nome de profissional responsável pela condução do processo de falência ou de recuperação judicial, que não poderá ser substituído sem autorização do juiz.
58. STJ, REsp 1.344.552/SP.
59. **Art. 236.** Os serviços notariais e de registro são exercidos em caráter privado, por delegação do Poder Público.
   § 1º Lei regulará as atividades, disciplinará a responsabilidade civil e criminal dos notários, dos oficiais de registro e de seus prepostos, e definirá a fiscalização de seus atos pelo Poder Judiciário.

A norma reforça que a titularidade da serventia extrajudicial é **pessoal e intransferível** (salvo em casos previstos em lei), e o delegatário atua sob **regime privado**, apesar de exercer função pública.

No **âmbito civil** e **administrativo**, os notários e registradores respondem pelos danos que seus **atos** ou **omissões** causarem a terceiros, conforme estabelece o **art. 22 da Lei 8.935/94**[60]. Administrativamente, são fiscalizados pelo **Poder Judiciário**, que pode aplicar **sanções disciplinares** previstas no **art. 32 da mesma lei**[61].

A **responsabilidade tributária** ocorre pela **retenção** e **recolhimento de tributos devidos por terceiros** (p.ex., contribuições previdenciárias dos empregados e imposto de renda retido na fonte), configurando-se como **responsável tributário**, assim como tributos incidentes sobre determinadas operações, como ocorre em relação ao ITBI na lavratura de escrituras públicas de compra e venda de imóveis, bem como do ITCMD, na lavratura do escritura pública de inventário extrajudicial ou doação, salvo as hipóteses de imunidade, não incidência ou isenção atribuídas legalmente.

De acordo com as legislações municipais e normativas do CNJ, o cartório **deve exigir a apresentação do comprovante de pagamento do ITBI antes de formalizar a escritura ou o registro**. Assim, o titular pode ser **responsabilizado se lavrar escritura ou registrar transferência de imóvel sem a comprovação do pagamento do ITBI**, por exemplo. Essa omissão caracteriza **descumprimento de uma obrigação acessória**, podendo gerar multa e outras penalidades administrativas.

O STJ, no julgamento do **REsp 1.113.175/SC**, reafirmou que o titular da serventia extrajudicial **pode ser responsabilizado solidariamente se lavrar ou registrar atos sujeitos ao ITBI sem a comprovação do pagamento**. De forma similar, decidiu que a **omissão no recolhimento de ITCMD em inventários extrajudiciais** configura **descumprimento de obrigação acessória**, ensejando sua responsabilidade[62].

---

§ 2º Lei federal estabelecerá normas gerais para fixação de emolumentos relativos aos atos praticados pelos serviços notariais e de registro.

§ 3º O ingresso na atividade notarial e de registro depende de concurso público de provas e títulos, não se permitindo que qualquer serventia fique vaga, sem abertura de concurso de provimento ou de remoção, por mais de seis meses.

60. **Art. 22**. Os notários e oficiais de registro são civilmente responsáveis por todos os prejuízos que causarem a terceiros, por culpa ou dolo, pessoalmente, pelos substitutos que designarem ou escreventes que autorizarem, assegurado o direito de regresso. (Redação dada pela Lei nº 13.286, de 2016)

Parágrafo único. Prescreve em três anos a pretensão de reparação civil, contado o prazo da data de lavratura do ato registral ou notarial.

61. **Art. 32**. Os notários e os oficiais de registro estão sujeitos, pelas infrações que praticarem, assegurado amplo direito de defesa, às seguintes penas:

I – repreensão;

II – multa;

III – suspensão por noventa dias, prorrogável por mais trinta;

IV – perda da delegação.

62. STJ, REsp 1.646.244/DF.

Por fim, no julgamento da **ADI 1.945/DF**, o STF entendeu que as normas estaduais e municipais que atribuem aos cartórios a responsabilidade de verificar e comunicar fatos geradores de ITBI e ITCMD são constitucionais.

g) **A responsabilidade tributária dos sócios na liquidação da sociedade de pessoas**

A norma tributária traduz a possibilidade de responsabilização dos sócios por débitos tributários de uma sociedade de pessoas em fase de liquidação. Há uma distinção entre a denominada **sociedade de pessoas** e a **sociedade de capitais**.

A **sociedade de pessoas** é aquela formada, prioritariamente, com base na **confiança mútua entre os sócios**, que são vistos como **peças-chave para o funcionamento do negócio**. O sucesso ou insucesso da atividade depende de cada um deles. Temos, como típico exemplo, a **sociedade simples**.

Já a **sociedade de capitais** é fundamentada na reunião de capital pelos sócios ou acionistas, e não na relação pessoal entre eles. Neste caso, a identidade dos sócios ou acionistas **tem menor relevância**, visto que o foco está na **contribuição financeira** e no **retorno do investimento**. É o que ocorre com a **sociedade empresária**, principalmente quando adota o tipo societário S/A.

Não há o que se confundir o patrimônio dos sócios com o patrimônio pertencente a sociedade. Tal distinção é amparada pela **teoria da personalidade jurídica**. A **personalidade jurídica** atribui à sociedade **autonomia patrimonial**, ou seja, **seus bens e obrigações são separados dos bens e obrigações dos seus sócios**. Assim, em regra, os sócios **não respondem pelas dívidas da sociedade** além do limite de sua participação no capital social.

A **pessoa jurídica** goza personalidade jurídica própria, distinta da de seus sócios. As obrigações contraídas pela empresa **não se transferem automaticamente para os sócios ou administradores**, preservando, em regra, a **separação entre os patrimônios**. Ressalta-se que o simples fato de a empresa **não cumprir suas obrigações tributárias** não é suficiente para que os **sócios sejam responsabilizados**, sendo necessária demonstração de **nexo de causalidade** entre a conduta do sócio e o inadimplemento.

Reza a **súmula 430 do STJ**:

JURISPRUDÊNCIA

O inadimplemento da obrigação tributária pela sociedade não gera, por si só, a responsabilidade solidária do sócio-gerente.

A súmula estabelece o entendimento de que os **sócios que realizam a administração da sociedade** não podem ser **penalizados** no seu **patrimônio pessoal** por **débitos existentes na sociedade** que fazem parte. Isso demonstra, de maneira flagrante, a aplicabilidade da **teoria da personalidade jurídica**, distinguindo o patrimônio dos sócios e da sociedade.

Em observância ao **parágrafo único do art. 134 do CTN**,[63] apenas as **multas de caráter punitivo** podem ser **objeto de transferência aos terceiros responsáveis**, não sendo possível a transmissão das **multas de caráter moratório**. Isso se dá pelo fato de as **multas moratórias** serem dotadas de **natureza indenizatória** e buscam **compensar o atraso do cumprimento da obrigação tributária**. Já as **multas punitivas** estão ligadas a **atos ilícitos praticados pelo terceiro**, que agiu com **excesso de poderes ou infração à lei, contrato social ou estatuto**. Essas multas **podem ser repassadas** aos **terceiros responsáveis**, pois sua aplicação depende do comportamento do responsável tributário.

O STJ, no julgamento do **AgInt no AREsp 1.492.180/SP** reafirma que a responsabilidade tributária de terceiros **não abrange** penalidades de **caráter moratório**.

A responsabilidade indicada no **art. 134 do CTN** não significa que os terceiros responsáveis **não possam vir a ser responsabilizados de forma pessoal e direta com o seu patrimônio**, desde que se comprove a existência de **abuso de poder**, conforme observaremos no tópico a seguir.

13.7.2.2.2 Responsabilidade tributária por excesso de poderes

A **noção de poder** é um elemento fundamental das relações sociais e políticas, influenciando desde a organização do Estado até a condução de empresas e instituições privadas. O **poder**, em essência, representa a **capacidade de influenciar** ou **determinar comportamentos** e **decisões**, seja em **âmbito individual** ou **coletivo**.

O **poder** pode ser entendido como a **habilidade de exercer influência** ou **autoridade** sobre outras **pessoas** ou sobre um **sistema**. Sob uma perspectiva **sociológica** – conforme **Max Weber**[64] – poder é a probabilidade de uma pessoa ou grupo impor sua vontade em um relacionamento social, mesmo contra a resistência de outros. No contexto jurídico e administrativo, poder relaciona-se estreitamente com a **legitimidade** e a **legalidade**, isto é, o poder deve ser exercido dentro dos **limites da lei** e respaldado pelos **princípios éticos** e **morais** aceitos pela coletividade.

O **art. 135 do CTN** determina que:

---

63. **Art. 134.** (...)
    Parágrafo único. O disposto neste artigo só se aplica, em matéria de penalidades, às de caráter moratório.
64. **Max Weber (1864-1920)** foi um dos mais influentes sociólogos, economistas e filósofos alemães. Considerado um dos fundadores da sociologia moderna, ao lado de **Émile Durkheim** e **Karl Marx**, Weber deixou um impacto profundo nas ciências sociais com sua abordagem interdisciplinar e suas análises sobre a sociedade, a economia, a política e a religião.

13 • DIREITO OBRIGACIONAL TRIBUTÁRIO **549**

> Art. 135. São pessoalmente responsáveis pelos créditos correspondentes a obrigações tribu-
> tárias resultantes de atos praticados com excesso de poderes ou infração de lei, contrato social
> ou estatutos:
> I – as pessoas referidas no artigo anterior;
> II – os mandatários, prepostos e empregados;
> III – os diretores, gerentes ou representantes de pessoas jurídicas de direito privado.

Todo o poder conferido através de uma **lei** ou de um **instrumento particular** (contrato ou estatuto social) deve ser utilizado de **forma regular**, qual sejam, **dentro dos limites que foram estabelecidos em lei** ou nos **atos privados**. Quando temos o uso irregular o poder, temos o que se denomina de **abuso de poder**.

O **abuso de poder** é um gênero que se subdivide no **excesso de poder** e no **desvio de poder**. Ocorre **excesso de poder** quando determinada pessoa age **além dos limites** que foram estabelecidos em lei, contrato ou estatuto social. Já o **desvio de poder** é a utilização de um poder conferido com finalidade diversa do seu escopo originário, ou seja, tem total correlação com o **desvio de finalidade** em **sentido estrito**.

A disposição estampada no **art. 135 do CTN** expõe a possibilidade de os agentes responderem de **forma pessoal e direta** pelos **débitos tributários** que geraram em **decorrência do abuso**. Não se trata de uma **responsabilidade pessoal por qualquer ato praticado**, mas aquele ato considerado **abusivo** – seja em decorrência de excesso ou desvio – que gerou débito tributário.

Assim, imprescindível a **existência do nexo causal** entre a **conduta do agente** e o **surgimento e/ou agravamento da obrigação tributária não adimplida**. A responsabilidade **não será pessoal** se o tributo deixou de ser pago meramente por **dificuldades financeiras** ou **má gestão comum**, sem conotação de infração legal ou abuso de poder.

O simples **insucesso empresarial** ou a **mera dificuldade financeira** não bastam para enquadrar o gestor no **art. 135 do CTN**, pois estes são riscos empresariais legítimos. O **abuso** deve ser o **elemento fundamental** para a atribuição da **responsabilização pessoal**.

Assim, os **terceiros responsáveis** – estabelecidos no **art. 134 do CTN** – que atuarem de **maneira abusiva** no exercício de suas funções e, em **decorrência direta de sua atuação**, gerar débitos fiscais, responderão com o seu **próprio patrimônio pessoal**.

O **inciso II do art. 135 do CTN** diz respeito aos **mandatários, prepostos e empregados**. O **mandatário** é aquele que, por força de **contrato de mandato**, recebe **poderes de outra pessoa** (o mandante) para, em seu nome, praticar atos ou administrar interesses. Previsto principalmente nos **arts. 653 e seguintes do CC/2002**[65], o **mandato** é, em essência, um contrato de representação. Observamos que o **mandatário age em**

---

65. **Art. 653**. Opera-se o mandato quando alguém recebe de outrem poderes para, em seu nome, praticar atos ou administrar interesses. A procuração é o instrumento do mandato.

nome e por conta do mandante. Seus poderes decorrem estritamente do **instrumento de mandato** ou da **lei.**

Por conseguinte, se o **mandatário** agir fora dos limites outorgados ou em desconformidade com as instruções, poderá responder por eventuais prejuízos causados ao mandante ou a terceiros, incluindo-se os débitos fiscais.

O **preposto** é a pessoa que exerce, em nome e sob direção de outrem (o **preponente**), atividades relacionadas ao **exercício da empresa** ou de um estabelecimento empresarial, sem necessariamente haver um contrato de trabalho típico. Assim, consideramos **preposto toda pessoa que dirige um serviço** ou um **negócio,** por delegação da pessoa competente, denominada **preponente,** através de **outorga de poderes.** O Código Civil adota a expressão **gerente** para designar o preposto (**art. 1.172 do CC/2002**)[66]. Em consonância com o **REsp 304.673/SP,** do STJ demonstra que para o reconhecimento do **vínculo de preposição** não é preciso que **exista contrato típico de trabalho:** é suficiente a **relação de dependência** ou que **alguém preste serviço sob o interesse** e o **comando de outrem.**

Por fim, o **art. 3º da Consolidação das Leis do Trabalho**[67] (CLT) determina o conceito de **empregado,** sendo considerada toda pessoa física que prestar serviços de **natureza não eventual a empregador,** sob a **dependência** deste e **mediante salário.** Assim, caso o empregado desrespeitar os limites estabelecidos no **contrato social** ou **estatutos** da empresa, e tal ato resultar em uma **obrigação tributária,** pode ser pessoalmente responsabilizado.

Ressaltamos que, para que o **empregado** seja pessoalmente responsabilizado por obrigações tributárias da empresa, é imprescindível a **comprovação de dolo, fraude** ou **abuso de poder.** A simples **inadimplência tributária** ou **erros operacionais,** sem a presença desses elementos, **não são suficientes para imputar responsabilidade pessoal** ao **empregado.**

Observando o disposto no **inciso III do art. 135 do CTN,** levamos em conta que a **pessoa jurídica** é, em regra, a **responsável pelas obrigações tributárias.** Os **administradores** ou **representantes** só podem ser responsabilizados **quando agirem de forma ilícita, com dolo ou culpa grave.** Assim, somente é possível falar sobre o **redirecionamento de uma execução fiscal contra sócios ou administradores** a depender da **comprovação de atos ilícitos,** como a **dissolução irregular da empresa,** a **apropriação indevida de tributos,** a **ocorrência de simulação** ou **fraude** para esvaziar o patrimônio da empresa, dentre outros.

---

66. **Art. 1.172.** Considera-se gerente o **preposto** permanente no exercício da empresa, na sede desta, ou em sucursal, filial ou agência.

67. **Art. 3º** Considera-se empregado toda pessoa física que prestar serviços de natureza não eventual a empregador, sob a dependência deste e mediante salário.

Parágrafo único. Não haverá distinções relativas à espécie de emprego e à condição de trabalhador, nem entre o trabalho intelectual, técnico e manual.

O **ônus de provar a prática de atos ilícitos** ou **infração à lei** recai sobre o **Fisco**, que deve apresentar elementos concretos que vinculem a conduta do administrador ao inadimplemento tributário. A **mera inscrição de um sócio** como **responsável em dívida ativa** não é suficiente para configurar a sua responsabilidade.

O STJ reconhece que o **artigo 135 do CTN**, para sua aplicação sobre os sócios administradores, não exige o **incidente de desconsideração de personalidade jurídica**, estampado a partir do **art. 133 do CPC**[68]. Ou seja, **quando há dissolução irregular** ou outras hipóteses de responsabilidade tributária previstas no CTN, a responsabilidade pode ser **imputada diretamente**, desde que comprovados os **atos ilícitos**.

No julgamento do **REsp 1.371.128/RS (Tema 630)**, o STJ fixou entendimento que, para fins de responsabilização dos sócios com base no **art. 135 do CTN**, é suficiente a demonstração de atos praticados com excesso de poderes, infração à lei, contrato social ou estatutos, ou dissolução irregular da sociedade. Não há necessidade de instaurar o IDPJ, pois o **regime tributário possui regramento próprio**. De igual modo, no **AgInt no REsp 1.774.725/PR,** a Corte reiterou que o IDPJ não é aplicável ao **processo de execução fiscal**, uma vez que o **art. 135 do CTN** estabelece os **requisitos objetivos para a responsabilização de sócios** e **administradores**.

JURISPRUDÊNCIA

TRIBUTÁRIO. PROCESSUAL CIVIL. AGRAVO INTERNO NO RECURSO ESPECIAL. CÓDIGO DE PROCESSO CIVIL DE 2015. APLICABILIDADE. INCIDENTE DE DESCONSIDERAÇÃO DA PERSONALIDADE JURÍDICA – IDPJ. ARTS. 133 A 137 DO CPC/2015. EXECUÇÃO FISCAL. CABIMENTO. NECESSIDADE DE OBSERVÂNCIA DAS NORMAS DO CÓDIGO TRIBUTÁRIO NACIONAL. RETORNO DOS AUTOS. MULTA. ART. 1.021, § 4º, DO CÓDIGO DE PROCESSO CIVIL DE 2015. DESCABIMENTO. I – Consoante o decidido pelo Plenário desta Corte na sessão realizada em 09.03.2016, o regime recursal será determinado pela data da publicação do provimento jurisdicional impugnado. Aplica-se, no caso, o Código de Processo Civil de 2015. II – A instauração do incidente de desconsideração da personalidade jurídica – IDPJ, em sede de execução fiscal, para a cobrança de crédito tributário, revela-se excepcionalmente cabível diante da: (i) relação de complementariedade entre a LEF e o CPC/2015, e não de especialidade excludente; e (ii) previsão expressa do art. 134 do CPC quanto ao cabimento do incidente nas execuções fundadas em títulos executivos extrajudiciais. III – O IDPJ mostra-se viável quando uma das partes na ação executiva pretende que o crédito seja cobrado de quem não figure na CDA e não exista demonstração efetiva da responsabilidade tributária em sentido estrito, assim entendida aquela fundada nos arts. 134 e 135 do CTN. Precedentes. IV – Equivocado o entendimento fixado no acórdão recorrido, que reconheceu a incompatibilidade total do IDPJ com a execução fiscal. V – Os elementos fático-probatórios deixaram de ser cotejados na instância ordinária, impossibilitando o adequado exame da controvérsia sob o aspecto da responsabilidade tributária. Dessa feita, mostra-se prematuro, neste caso, o juízo de valor sobre o cabimento do IDPJ em sede de recurso especial.

---

68. **Art. 133.** O incidente de desconsideração da personalidade jurídica será instaurado a pedido da parte ou do Ministério Público, quando lhe couber intervir no processo.

    § 1º O pedido de desconsideração da personalidade jurídica observará os pressupostos previstos em lei.

    § 2º Aplica-se o disposto neste Capítulo à hipótese de desconsideração inversa da personalidade jurídica.

Impõe-se, portanto, o retorno dos autos ao tribunal a quo para que reaprecie a questão debatida, sob pena de supressão de instância. VI – Em regra, descabe a imposição da multa prevista no art. 1.021, § 4º, do Código de Processo Civil de 2015 em razão do mero desprovimento do Agravo Interno em votação unânime, sendo necessária a configuração da manifesta inadmissibilidade ou improcedência do recurso a autorizar sua aplicação, o que não ocorreu no caso. Agravo Interno desprovido.

(STJ – AgInt no REsp: 1963566 SP 2021/0175802-7, Relator: Ministra REGINA HELENA COSTA, Data de Julgamento: 14/02/2022, T1 – PRIMEIRA TURMA, Data de Publicação: DJe 17/02/2022)

ASSUNTO: NORMAS GERAIS DE DIREITO TRIBUTÁRIO Ano-calendário: 2011, 2012 RESPONSABILIDADE TRIBUTÁRIA. SÓCIO GERENTE. ARTIGO 135, III, DO CTN. NECESSIDADE DE PROVA DE QUE O SÓCIO OU EX-SÓCIO AGIU COM EXCESSO DE PODERES OU INFRAÇÃO À LEI. Para que a Fiscalização possa promover a responsabilização solidária dos administradores da pessoa jurídica, nos termos do art. 135, inciso III, do CTN, necessária se faz a prova cabal de que os mesmos agiram com excesso de poderes ou infração à lei, contrato social ou estatutos. Inexistindo prova de que se tenha agido com excesso de poderes, ou infração de contrato social ou estatutos, não há que se falar em responsabilidade tributária do sócio ou ex-sócio.

(CARF 15956720089201769 1201-005.633, Relator: Não informado, Data de Julgamento: 17/11/2022, Data de Publicação: 01/12/2022)

ASSUNTO: NORMAS GERAIS DE DIREITO TRIBUTÁRIO Ano-calendário: 2010, 2011 RESPONSABILIDADE TRIBUTÁRIA. ART. 124, INCISO I, DO CTN. INTERPOSIÇÃO DE PESSOAS NO QUADRO SOCIAL. INTERESSE COMUM. CABIMENTO. Correta a imposição de responsabilidade tributária em razão do interesse comum na situação que constitui fato gerador da obrigação tributária quando demonstrado que os solidários arrolados eram os reais interessados e artífices da autuada, constituída em nome das interpostas pessoas, com vistas a prática de amplo esquema de sonegação em conjunto com empresas de sua titularidade. Com efeito, no caso concreto, há um liame comum entre os responsáveis arrolados, concernentes à sua participação em empresas envolvidas direta ou indiretamente no esquema de sonegação, evidenciando que sua participação ultrapassava a mera condição de sócio das empresas partícipes do esquema, mormente tendo-se em conta o fato, devidamente comprovado, de que os recursos foram movimentados por diversas empresas sem existência real e cujos quadros societários eram compostos por interpostas pessoas, conformando uma atuação conjunta dos envolvidos na prática dos atos que deram ensejo aos fatos tributáveis apurados. ARTIGO 135, III. FALTA DE MOTIVAÇÃO. RESPONSABILIDADE TRIBUTÁRIA AFASTADA PARA DETERMINADAS PESSOAS FÍSICAS. Para a configuração da responsabilidade solidária prevista no art. 135, III do CTN, é imprescindível que o Termo de Sujeição Passiva descreva especificamente a conduta praticada com excesso de poder ou infração de lei ou contrato social, identificando diretamente a pessoalidade do agente, sob pena de improcedência. RESPONSABILIDADE TRIBUTÁRIA. ART. 124, INCISO I, DO CTN. INTERESSE COMUM NÃO CARACTERIZADO PARA DETERMINADAS PESSOAS FÍSICAS. Não se sustenta a imputação de responsabilidade solidária em relação às pessoas físicas cujo interesse comum na situação que constituiu o fato gerador da obrigação principal não restou caracterizado.

(CARF 10932720041201543 9101-006.359, Relator: Não informado, Data de Julgamento: 08/11/2022, Data de Publicação: 23/01/2023)

ASSUNTO: NORMAS GERAIS DE DIREITO TRIBUTÁRIO Ano-calendário: 2009, 2010, 2011 RESPONSABILIDADE TRIBUTÁRIA. PESSOAL. ART. 135, III, DO CTN. INTERPOSIÇÃO FRAUDULENTA DE PESSOAS. CABIMENTO. Cabe a imposição de responsabilidade tributária em razão da prática de atos com excesso de poderes ou infração de lei, contrato social ou estatutos, nos termos do art. 135, III, do CTN, quando demonstrado, a partir do conjunto de elementos fáticos convergentes, que os responsabilizados ostentavam a condição de administradores de fato da autuada, bem como que houve interposição fraudulenta de pessoa em seu quadro societário.

(CARF 10640723217201502 1302-006.340, Relator: Não informado, Data de Julgamento: 18/11/2022, Data de Publicação: 13/01/2023)

PROCESSUAL CIVIL – EXECUÇÃO FISCAL – RESPONSABILIDADE TRIBUTÁRIA – EX-SÓCIO – TRANSFERÊN-CIA A TERCEIROS DA PARTICIPAÇÃO NO CAPITAL SOCIAL, COTAS OU AÇÕES. 1. É pacífica a jurisprudência do STJ no sentido de que o simples inadimplemento da obrigação tributária não caracteriza infração à lei. Somente as hipóteses de infração à lei (contrato social ou estatuto) ou de dissolução irregular da sociedade é que podem ensejar a responsabilização pessoal do dirigente, sendo indispensável, ainda, que se comprove que agiu ele dolosamente, com fraude ou excesso de poderes. 2. Esta Corte já se pro-nunciou pela não responsabilização do sócio que se retirou da sociedade, transferindo a terceiros a sua participação no capital social, ações ou cotas, a não ser que fique demonstrada qualquer das hipóteses *ab initio* elencadas, relativamente ao período de permanência na empresa. 3. Recurso especial improvido. (STJ – REsp: 666069 RJ 2004/0082940-0, Relator: Ministra ELIANA CALMON, Data de Julgamento: 13/09/2005, T2 – SEGUNDA TURMA, Data de Publicação: – DJ 03/10/2005 p. 193 RDDT vol. 123 p. 218) Direito Constitucional e Tributário. Ação direta de inconstitucionalidade. Responsabilidade tributária de terceiros por infrações. Lei estadual em conflito com regramento da norma geral federal. Inconstitucio-nalidade formal. 1. Trata-se de ação direta de inconstitucionalidade que tem por objeto o parágrafo único do art. 18-C da Lei nº 7.098/1998, acrescentado pelo art. 13 da Lei nº 9.226/2009, do Estado de Mato Grosso, que atribui responsabilidade tributária solidária por infrações a toda pessoa que concorra ou intervenha, ativa ou passivamente, no cumprimento da obrigação tributária, especialmente a advogado, economista e correspondente fiscal. 2. Ainda que a norma impugnada trate exclusivamente de Direito Tributário (CF, art. 24, I) e não de regulamentação de profissão (CF, art. 22, XVI), há o vício de inconstitucionalidade formal. Ao ampliar as hipóteses de responsabilidade de terceiros por infrações, previstas pelos arts. 134 e 135 do Código Tributário Nacional – CTN, a lei estadual invade competência do legislador complementar federal para estabelecer as normas gerais na matéria (art. 146, III, b, da CF). 3. A norma estadual avançou em dois pontos de forma indevida, transbordando de sua competência: (i) ampliou o rol das pessoas que podem ser pessoalmente responsáveis pelo crédito tributário; (ii) dispôs diversamente do CTN sobre as circunstâncias autorizadoras da responsabilidade pessoal do terceiro. 4. Ação direta de inconstitucionalidade julgada procedente. Fixação da seguinte tese: "É inconstitucional lei estadual que disciplina a responsabilidade de terceiros por infrações de forma diversa da matriz geral estabelecida pelo Código Tributário Nacional". (**STF – ADI: 4845 MT,** Relator: ROBERTO BARROSO, Data de Julgamento: 13/02/2020, Tribunal Pleno, Data de Publicação: 04/03/2020) PROCESSUAL CIVIL E TRIBUTÁRIO. AÇÃO DECLARATÓRIA DE INEXISTÊNCIA DE RELAÇÃO JURÍDICA. TESE DE VIOLAÇÃO DO ART. 535 DO CPC/1973. OMISSÃO NÃO CONFIGURADA. ÔNUS DA PROVA. PRESUNÇÃO DE LEGALIDADE DA CDA. AUSÊNCIA DE PREQUESTIONAMENTO. SÚMULA 211/STJ. RESPONSABILIDADE TRIBUTÁRIA DO SÓCIO-GERENTE, POR SOLIDARIEDADE. MERO INADIMPLEMENTO DA PESSOA JURÍDICA. ART. 135 DO CTN. INAPLICABILIDADE. 1. Trata-se de Recurso Especial interposto contra acórdão que, pautado exclusivamente na interpretação do art. 135 do CTN, julgou procedente pedido deduzido em Ação Declaratória de Inexistência de Relação Jurídica Tributária. 2. O apelo foi interposto contra acórdão publicado em 2011, razão pela qual a análise de sua admissibilidade será feita nos termos do Enunciado Administrativo 2/STJ: "Aos recursos interpostos com fundamento no CPC/1973 (relativos a decisões publicadas até 17 de março de 2016) devem ser exigidos os requisitos de admissibilidade na forma nele prevista, com as interpretações dadas, até então, pela jurisprudência do Superior Tribunal de Justiça". 3. O Tribunal de origem negou provimento à Remessa Oficial e à Apelação do ente público e, assim, julgou procedente o pedido, encampando os fundamentos da sentença do juízo de primeiro grau: a) o simples inadimplemento dos tributos devidos entre agosto/2002 e novembro/2003 não au-toriza a responsabilização dos sócios, a qual pressupõe "comprovação de infração à lei (contrato social ou estatuto) ou de dissolução irregular da sociedade, sendo indispensável, ainda, que se comprove que o sócio tenha agido dolosamente, com fraude ou excesso de poderes" (fl. 356, e-STJ); b) para sustentar a responsabilidade do recorrido, o GDF "pauta-se apenas no fato deste ter sido sócio gerente à época dos fatos geradores dos tributos não recolhidos. Definido, já neste momento, que o simples inadimple-mento não constitui infração à lei, não há nos autos qualquer apontamento de infração legal" (fl. 356, e-STJ); c) a sociedade não foi dissolvida irregularmente nem se demonstrou qualquer atitude dolosa, fraudulenta ou praticada com excesso de poderes pelo autor (recorrido).

4. A solução integral da controvérsia, suficientemente embasada, não configura ofensa ao art. 535 do CPC/1973. 5. Embora o tema suscitado nos aclaratórios da Fazenda Pública (inversão do ônus da prova quando houver inscrição em dívida ativa, diante da presunção de legalidade) em princípio seja relevante, nas circunstâncias do caso concreto a matéria reputada omissa não exerce influência na solução do feito, uma vez que o acórdão hostilizado avançou no exame da questão de fundo (a caracterização ou não da responsabilidade tributária por solidariedade) – esta sim, determinante para a composição da lide. 6. O esforço do recorrente, no que se refere à alegada tese de violação do art. 535 do CPC/1973, é absolutamente desapropositado, visto que a devolução dos autos para que a Corte local se manifeste a respeito da presunção de legalidade da CDA e da inversão do ônus da prova, por si só, não influenciará no capítulo decisório autônomo, que concluiu que a resistência do GDF à pretensão deduzida nos autos, amparada na assertiva de que a responsabilidade tributária por solidariedade se justifica "apenas no fato deste ter sido sócio gerente à época dos fatos geradores dos tributos não recolhidos", não merece acolhida. Observe-se que essa afirmação se vincula a tema de natureza estritamente jurídica, extraindo-se daí a desnecessidade de discutir ônus probatório ou sua inversão. 7. É inadmissível Recurso Especial quanto à matéria (art. 333, I, do CPC/1973, arts. 2º, § 5º, e 3º da Lei 6.830/1980 e arts. 202 a 204 do CTN) que, a despeito da oposição de Embargos Declaratórios, não foi apreciada pelo Tribunal de origem. Incidência da Súmula 211/STJ. 8. No mérito, é manifestamente improcedente a pretensão recursal. Há muito tempo a jurisprudência do STJ está consolidada no sentido de que só o mero exercício de função gerencial na empresa inadimplente não enseja a responsabilidade solidária com a pessoa jurídica, tendo em vista que a hipótese do art. 135, III, do CTN pressupõe a prática de ato de infração à lei, aos atos constitutivos da pessoa jurídica ou presume a dissolução irregular do estabelecimento empresarial (note-se que a inadimplência qualifica o sujeito passivo da obrigação tributária, que no caso é a pessoa jurídica, não seus sócios). 9. Recurso Especial parcialmente conhecido e, nessa extensão, não provido.
(STJ – REsp: 1326221 DF 2012/0113344-1, Relator: Ministro NAPOLEÃO NUNES MAIA FILHO, Data de Julgamento: 28/11/2018, S1 – PRIMEIRA SEÇÃO, Data de Publicação: DJe 11/03/2019)
ASSUNTO: IMPOSTO SOBRE A RENDA DE PESSOA JURÍDICA (IRPJ) Data do fato gerador: 31/03/2009, 30/06/2009, 30/09/2009 RESPONSABILIDADE SOLIDÁRIA PASSIVA. ART. 124, INCISO I, DO CTN. Para caracterizar a responsabilidade tributária prevista no inc. I do art. 124 do CTN deve-se demonstrar de forma inequívoca o interesse comum na situação que caracteriza o fato gerador. RESPONSABILIDADE SOLIDÁRIA PASSIVA. ART. 135, INCISO III, DO CTN. A responsabilidade do art. 135 do CTN deve ser atribuída aos sócios-administradores, sócios de fato e mandatários da sociedade, se restar comprovado que tais pessoas exorbitaram as suas atribuições estatutárias ou limites legais, e que dos atos assim praticados tenham resultado obrigações tributárias. Inexistindo referida comprovação, não há que se atribuir a responsabilidade solidária.
(CARF 13819723481201466 9303-013.314, Relator: Não informado, Data de Julgamento: 18/08/2022, Data de Publicação: 20/10/2022)
ASSUNTO: NORMAS GERAIS DE DIREITO TRIBUTÁRIO Ano-calendário: 2007 RESPONSABILIDADE TRIBUTÁRIA. SOLIDARIEDADE. A responsabilidade do sócio-administrador pode ser declarada a qualquer tempo, na esfera administrativa ou judicial, desde que subsista a obrigação do contribuinte. Deve ser fixado um termo inicial para a contagem decadencial para o redirecionamento, prazo iniciado da constatação dos fatos que levaram a concluir que os administradores simularam a dissolução da sociedade.
(CARF 10803720320201311 1301-006.254, Relator: Não informado, Data de Julgamento: 13/12/2022, Data de Publicação: 17/01/2023)

13.7.2.2.3 Responsabilidade tributária por infrações

A **responsabilidade tributária por infrações** configura-se como um dos aspectos centrais do ordenamento jurídico-tributário. Trata-se da determinação de quem responderá pelas consequências jurídicas decorrentes do descumprimento de obrigações tributárias ou da prática de condutas ilícitas no âmbito fiscal.

13 • DIREITO OBRIGACIONAL TRIBUTÁRIO

Contudo, esse **regime sancionatório** de **natureza administrativa** não deve ser confundido com a **persecução criminal promovida pelo Estado** em casos de **sonegação ou outros delitos fiscais mais graves**. É aqui que emerge a necessidade de distinção entre o **Direito Tributário Penal** (ou penalidades administrativas aplicadas no âmbito do Direito Tributário) e **Direito Penal Tributário** (que trata dos crimes contra a ordem tributária).

13.7.2.2.3.1 Direito Tributário Penal

O denominado **Direito Tributário Penal** não se refere propriamente ao Direito Penal em seu sentido estrito, versando sobre o **sistema de sanções administrativas** que o Fisco impõe àquele que descumpre normas tributárias. São condutas consideradas como **infrações administrativas**, tais como o atraso na entrega de declarações, a ausência do pagamento de tributos no prazo estabelecido etc.

Conforme estabelece o **art. 136 do CTN**:

> **Art. 136**. Salvo disposição de lei em contrário, a responsabilidade por infrações da legislação tributária independe da intenção do agente ou do responsável e da efetividade, natureza e extensão dos efeitos do ato.

In casu, no Direito Administrativo em geral – e no Direito Tributário em particular – vigora a possibilidade de **responsabilidade objetiva**. Isso significa que a infração em si, devidamente comprovada, basta para caracterizar o **ilícito tributário** e permitir a aplicação da **penalidade correspondente, sem que seja necessária a demonstração de dolo ou culpa por parte do contribuinte ou responsável**.

De outra banda, a **responsabilidade subjetiva** implica a **obrigatoriedade de aferir a intenção** (dolo) ou a **imperícia**, **negligência** ou **imprudência** (culpa) do infrator. A observância do **art. 136 do CTN** relativiza essa necessidade, tornando mais célere e efetiva a atuação fiscal para fins de apuração das infrações tributárias e aplicação de multas, desde que tenham natureza administrativa.

A grande gama de infrações aplicáveis ao sujeito passivo decorre de **inobservância de obrigações acessórias**, como atrasos na entrega de declarações, omissão de dados em guias fiscais, falta de emissão de nota fiscal etc. Em tais casos, o Fisco lavra **autos de infração** e **impõe multas** independentemente de o contribuinte ter agido com dolo ou culpa. A mera não entrega de uma declaração dentro do prazo legal, por exemplo, já é suficiente para que seja aplicada a sanção.

A regra também ressalta que a infração se configura **independentemente dos efeitos concretos**, ou seja, se houve ou não prejuízo efetivo aos cofres públicos. É irrelevante o tamanho ou extensão do dano potencial ou real, bastando o descumprimento de uma obrigação legal.

O dispositivo estampado no CTN traz à baila vários princípios aplicáveis, dentre eles, o **princípio da legalidade**. Qualquer situação que exija uma verificação de dolo ou culpa diferente do padrão geral deve estar **expressamente prevista em lei**. A própria ressalva contida no dispositivo ("salvo disposição de lei em contrário") salvaguarda a existência de regras específicas, igualmente baseadas em lei.

Diferentemente do Direito Penal, que se volta a punir a conduta humana dolosa ou culposa, as sanções tributárias têm como principal finalidade **reprimir e desestimular** o **descumprimento de obrigações fiscais**, preservando o **interesse público** e a **arrecadação de tributos**, decorrente do **princípio da objetividade das sanções administrativas**.

13.7.2.2.3.2 Direito Penal Tributário

O **Direito Penal Tributário** é aquele que trata das **infrações penais** relacionadas à **sonegação fiscal, fraudes tributárias** e outras condutas que lesam a **ordem tributária** e, por consequência, o erário público. Seu **principal objetivo** é a **proteção do sistema tributário** e a **garantia do equilíbrio econômico e social**, ao prevenir e reprimir condutas ilícitas que prejudiquem o recolhimento de tributos.

Prevê o **art. 137 do CTN**:

> Art. 137. A responsabilidade é pessoal ao agente:
>
> I – quanto às infrações conceituadas por lei como crimes ou contravenções, salvo quando praticadas no exercício regular de administração, mandato, função, cargo ou emprego, ou no cumprimento de ordem expressa emitida por quem de direito;
>
> II – quanto às infrações em cuja definição o dolo específico do agente seja elementar;
>
> III – quanto às infrações que decorram direta e exclusivamente de dolo específico:
>
> a) das pessoas referidas no artigo 134, contra aquelas por quem respondem;
>
> b) dos mandatários, prepostos ou empregados, contra seus mandantes, preponentes ou empregadores;
>
> c) dos diretores, gerentes ou representantes de pessoas jurídicas de direito privado, contra estas.

A **Lei nº 8.137/1990**, que define os **crimes contra a ordem tributária, econômica** e contra as **relações de consumo**, estabelece as condutas criminosas que violam a ordem tributária. Entre as práticas descritas na lei, destacam-se a **omissão de informações**, a **fraude na apuração do tributo** e o **uso de documentos falsos para obter vantagens fiscais indevidas**.

Os **crimes contra a ordem tributária** podem ser classificados em:

I – **Materiais (ou formais com resultado)**: requerem a **constituição definitiva do crédito tributário**, pois o dano ao erário precisa ser comprovado. Como exemplo, citamos a supressão ou redução de tributo por meio de omissão ou fraude (**art. 1º da Lei nº 8.137/1990**[69]).

---

69. **Art. 1º** Constitui crime contra a ordem tributária suprimir ou reduzir tributo, ou contribuição social e qualquer acessório, mediante as seguintes condutas:

I – omitir informação, ou prestar declaração falsa às autoridades fazendárias;

II – Formais: não dependem de constituição do crédito tributário, pois basta a **realização da conduta descrita no tipo penal**, como, p.ex., negar acesso à fiscalização tributária (**art. 2º da Lei nº 8.137/1990**[70]).

Estabelece a **súmula vinculante nº 24**:

Não se tipifica crime material contra a ordem tributária, previsto no art. 1º, incisos I a IV, da Lei nº 8.137/1990, antes do lançamento definitivo do tributo.

O enunciado sumular condiciona a persecução penal pela prática de **crimes materiais contra a ordem tributária** à **constituição definitiva do crédito tributário** na esfera administrativa. Desse modo, o processo administrativo tem **prioridade na apuração de eventual débito tributário**. Até que haja **decisão definitiva nesse processo** (sem possibilidade de recurso na esfera administrativa), **não se pode instaurar ação penal**.

A **exigência do lançamento definitivo do crédito tributário** permite que o contribuinte tenha oportunidade de se defender administrativamente antes de responder criminalmente. A **consumação do crime contra a ordem tributária** está condicionada ao **dano efetivo ao erário**. Enquanto não houver constituição definitiva do crédito tributário, **não há prova do prejuízo** e, portanto, **não há crime**.

Várias medidas de combate aos crimes tributários vêm sendo adotadas pelo Fisco, dentre as quais:

II – fraudar a fiscalização tributária, inserindo elementos inexatos, ou omitindo operação de qualquer natureza, em documento ou livro exigido pela lei fiscal;
III – falsificar ou alterar nota fiscal, fatura, duplicata, nota de venda, ou qualquer outro documento relativo à operação tributável;
IV – elaborar, distribuir, fornecer, emitir ou utilizar documento que saiba ou deva saber falso ou inexato;
V – negar ou deixar de fornecer, quando obrigatório, nota fiscal ou documento equivalente, relativa a venda de mercadoria ou prestação de serviço, efetivamente realizada, ou fornecê-la em desacordo com a legislação.
Pena: reclusão de 2 (dois) a 5 (cinco) anos, e multa.
Parágrafo único. A falta de atendimento da exigência da autoridade, no prazo de 10 (dez) dias, que poderá ser convertido em horas em razão da maior ou menor complexidade da matéria ou da dificuldade quanto ao atendimento da exigência, caracteriza a infração prevista no inciso V.

70. **Art. 2º** Constitui crime da mesma natureza:
I – fazer declaração falsa ou omitir declaração sobre rendas, bens ou fatos, ou empregar outra fraude, para eximir-se, total ou parcialmente, de pagamento de tributo;
II – deixar de recolher, no prazo legal, valor de tributo ou de contribuição social, descontado ou cobrado, na qualidade de sujeito passivo de obrigação e que deveria recolher aos cofres públicos;
III – exigir, pagar ou receber, para si ou para o contribuinte beneficiário, qualquer percentagem sobre a parcela dedutível ou deduzida de imposto ou de contribuição como incentivo fiscal;
IV – deixar de aplicar, ou aplicar em desacordo com o estatuído, incentivo fiscal ou parcelas de imposto liberadas por órgão ou entidade de desenvolvimento;
V – utilizar ou divulgar programa de processamento de dados que permita ao sujeito passivo da obrigação tributária possuir informação contábil diversa daquela que é, por lei, fornecida à Fazenda Pública.
Pena: detenção, de 6 (seis) meses a 2 (dois) anos, e multa.

I – Aumento do uso da tecnologia no exercício da administração tributária

A **Secretaria da Receita Federal do Brasil** (SRFB) e outros órgãos fiscalizadores têm investido em **sistemas de inteligência artificial** e **cruzamento de dados** para **identificar fraudes** e **inconsistências**. A **inteligência artificial generativa** pode ser usada para identificar padrões suspeitos em grandes volumes de dados fiscais, permitindo a **comparação de padrões declarados com padrões esperados** gerados pela IA, a **simulação de cenários**, bem como a **previsão de comportamentos tributários**.

II – Promoção da Educação Fiscal

Incentivar a conscientização sobre a **importância dos tributos** para o **funcionamento do Estado** e para a **sociedade**.

III – Acordos de Cooperação Internacional

Ante a existência da globalização e formação de blocos econômicos, a cooperação entre países é essencial para combater **fraudes fiscais que envolvam transferência de recursos para paraísos fiscais** ou práticas de "**planejamento tributário agressivo**".

13.8 DENÚNCIA ESPONTÂNEA

Nos termos do **art. 138 do CTN**:

> Art. 138. A responsabilidade é excluída pela denúncia espontânea da infração, acompanhada, se for o caso, do pagamento do tributo devido e dos juros de mora, ou do depósito da importância arbitrada pela autoridade administrativa, quando o montante do tributo dependa de apuração.
>
> Parágrafo único. Não se considera espontânea a denúncia apresentada após o início de qualquer procedimento administrativo ou medida de fiscalização, relacionados com a infração.

A denominada **denúncia espontânea** pode ser enquadrada como forma de **sanção premial**, na medida em que o sujeito passivo que realiza o **pagamento extemporâneo do tributo**, conjuntamente com a **correção monetária** e **juros de mora**, **antes do início do procedimento fiscalizatório**, vinculará a autoridade fazendária a receber tal pagamento como forma de denúncia espontânea, que levará a **exclusão da multa**.

A denúncia espontânea reflete a **valorização da boa-fé** e da **colaboração** do **contribuinte** com o **Fisco**. Sua ética reside na oportunidade oferecida para regularizar uma **situação fiscal de forma voluntária**, sem esperar que o Estado precise agir coercitivamente. O instituto parte do pressuposto de que é mais vantajoso para a sociedade incentivar a **autorregularização** do que punir rigorosamente cada infração.

O instituto parte do princípio de que o contribuinte, ao confessar o débito e efetuar o pagamento, está agindo de forma **ética** e em **conformidade com o ordenamento jurídico**, reduzindo a **litigiosidade** e beneficiando tanto a administração tributária quanto os contribuintes.

No entanto, para que se configure a aplicação do benefício, se faz necessário a observância de determinados requisitos:

- **realização do pagamento extemporâneo do tributo e correções**: a denúncia espontânea não dispensa o pagamento do tributo, de correção monetária ou juros de mora; possibilita a dispensa do pagamento de multas tributárias;
- **antes do início do procedimento fiscalizatório**: para que se impute a existência de denúncia espontânea, o pagamento deve ocorrer antes do início do procedimento de fiscalização, ou seja, antes do contribuinte sofrer a notificação.

Se o pagamento ocorrer **posteriormente a notificação**, não estamos diante de denúncia espontânea, mas sim, de **mera confissão de dívida**, cabendo a incidência de todas as sanções tributárias aplicáveis.

Ademais, estabelece a **súmula 360 do STJ** que:

O benefício da denúncia espontânea não se aplica aos tributos sujeitos a lançamento por homologação regularmente declarados, mas pagos a destempo.

De fato, a **denúncia espontânea** é um **direito do contribuinte** e pode ser aplicado a todo e qualquer tributo. Mas, em se tratando dos tributos sujeitos ao **lançamento por homologação** – aquele em que cabe ao sujeito passivo a realização de toda a apuração, cabendo ao Fisco concordar ou não com o procedimento adotado – se houver a **efetiva declaração sem que ocorra o pagamento**, não poderá ser alegado o benefício da **denúncia espontânea**, possibilitando o contribuinte realizar o pagamento com a dispensa da multa. Isso porque, a **simples entrega da declaração pelo contribuinte**, reconhecendo o débito, constitui uma **confissão de dívida, dispensando qualquer forma de notificação do Fisco**.

Exemplificando: se a empresa realiza a **circulação de mercadorias**, terá uma série de informações através de obrigações acessórias (p.ex., GIA – Guia de Informação e Apuração do ICMS, SPED Fiscal, dentre outras). Se a empresa **entrega a declaração sem efetuar o pagamento** – seja por ausência de caixa ou outro motivo – mesmo que venha a recolher o ICMS na sequência **não conseguirá afastar a multa**, visto que **a declaração entregue serve como confissão de dívida**, dispensando qualquer procedimento fiscal.

Tal procedimento se encontra em consonância com a **súmula 436 do STJ**, *in verbis*:

A entrega de declaração pelo contribuinte reconhecendo débito fiscal constitui o crédito tributário, dispensada qualquer outra providência por parte do fisco.

Assim, nos tributos sujeito ao lançamento por homologação, a existência da denúncia espontânea ocorre quando o contribuinte realiza o **pagamento a menor do tributo**. Nesse caso, para a cobrança da diferença que entende devida, **caberá ao Fisco realizar o procedimento administrativo fiscalizatório**. Se o contribuinte realizar a **autorregularização**, realizando o **pagamento da diferença antes do Fisco realizar a notificação**, caberá a **denúncia espontânea**, excluindo o contribuinte da **incidência de multa**.

As **multas** têm o objetivo principal de **penalizar o contribuinte por descumprir obrigações tributárias**, sejam elas **principais** (relativas ao pagamento do tributo) ou **acessórias** (como o cumprimento de obrigações instrumentais). Para tanto, existem uma série de multas que podem ser aplicadas pela autoridade fazendária em decorrência do descumprimento das obrigações tributárias:

- **Multa Moratória**: trata-se da penalidade aplicada pelo **atraso no pagamento de tributos**. Possui como base legal **art. 43 da Lei 9.430/96**[71], tendo natureza eminentemente **compensatória**, ou seja, visa **reparar o prejuízo sofrido pelo ente público** devido à **mora do contribuinte**. Tal penalidade, em regra, é calculada de acordo com um **percentual sobre o valor do tributo**, podendo ser **cumulada com os juros de mora** e a **atualização monetária**;

- **Multa Punitiva** (Multa de Ofício): prevista no **art. 44, II, §1º, VII, da Lei 9.430/96**[72], trata-se de penalidade aplicada como sanção ao contribuinte ante ao **descumprimento de uma obrigação tributária**, seja pela falta de pagamento, omissão de informações, dentre outras. Tal sanção não possui natureza compensatória, tendo caráter **punitivo e coercitivo**;

- **Multa por descumprimento de obrigações acessórias**: aplicada ao contribuinte que deixa de cumprir obrigações acessórias, como a entrega de declarações ou manutenção de livros fiscais, tendo por base legal as legislações estaduais e municipais;

- **Multa Qualificada**: trata-se de uma multa que passa a ser agravada em razão de dolo, fraude ou simulação, visando lesar o erário público. Em tese, a aplicação da sanção passa a ser de 150% do valor do tributo devido, tendo caráter eminentemente punitivo ante a gravidade comportamental do contribuinte.

---

71. **Art. 43.** Poderá ser formalizada exigência de crédito tributário correspondente exclusivamente a multa ou a juros de mora, isolada ou conjuntamente.

    Parágrafo único. Sobre o crédito constituído na forma deste artigo, não pago no respectivo vencimento, incidirão juros de mora, calculados à taxa a que se refere o § 3º do art. 5º, a partir do primeiro dia do mês subsequente ao vencimento do prazo até o mês anterior ao do pagamento e de um por cento no mês de pagamento.

72. **Art. 44.** Nos casos de lançamento de ofício, serão aplicadas as seguintes multas:

    I – de 75% (setenta e cinco por cento) sobre a totalidade ou diferença de imposto ou contribuição nos casos de falta de pagamento ou recolhimento, de falta de declaração e nos de declaração inexata;

    § 1º O percentual de multa de que trata o inciso I do **caput** deste artigo será majorado nos casos previstos nos arts. 71, 72 e 73 da Lei nº 4.502, de 30 de novembro de 1964, independentemente de outras penalidades administrativas ou criminais cabíveis, e passará a ser de:

Uma vez que a norma tributária não faz qualquer distinção no tipo de penalidade que poderá ser afastada em detrimento da denúncia espontânea, a jurisprudência caminha no sentido do **afastamento das multas**, sejam **moratórias** ou **punitivas**.

 **JURISPRUDÊNCIA**

TRIBUTÁRIO. AGRAVO INTERNO NO AGRAVO EM RECURSO ESPECIAL. DENÚNCIA ESPONTÂNEA. DECLARAÇÃO RETIFICADORA ACOMPANHADA DO VALOR DO TRIBUTO, ACRESCIDO DE JUROS E CORREÇÃO MONETÁRIA. INCIDÊNCIA DO BENEFÍCIO DO ART. 138 DO CTN. ORIENTAÇÃO CONSOLIDADA NO STJ. AGRAVO INTERNO DA FAZENDA NACIONAL A QUE SE NEGA PROVIMENTO. 1. A Primeira Seção desta Corte, ao julgar o REsp 886.462/RS, de relatoria do Ministro TEORI ALBINO ZAVASCKI, mediante o rito dos recursos repetitivos, entendeu que, nos termos da Súmula 360/STJ, para fins de reconhecimento da denúncia espontânea nos casos de tributos sujeitos a lançamento por homologação regularmente declarados, é necessário o pagamento integral do débito. 2. Também se encontra consolidado o entendimento de que, para a caracterização da denúncia espontânea, a fim de afastar a multa punitiva na forma prevista no art. 138 do CTN, a confissão pelo contribuinte precisa estar acompanhada do pagamento do tributo, acrescido de juros e correção monetária, não sendo impositivo o recolhimento da multa moratória para fins de obtenção do benefício. Precedentes: EDcl no AgRg no REsp 1.571.332/SP, Rel. Ministro SÉRGIO KUKINA, PRIMEIRA TURMA, julgado em 02/06/2016, DJe 08/06/2016; EDcl no AgRg no REsp 1.375.380/SP, Rel. Ministro HERMAN BENJAMIN, SEGUNDA TURMA, julgado em 20/08/2015, DJe 11/09/2015. 3. Registra-se, ainda, que a Primeira Seção do STJ, no julgamento do REsp 1.149.022/SP, da relatoria do Ministro LUIZ FUX, sob o rito dos repetitivos, consolidou o entendimento de que a sanção premial contida no instituto da denúncia espontânea exclui as penalidades pecuniárias, ou seja, as multas de caráter eminentemente punitivo, nas quais se incluem as multas moratórias, decorrentes da impontualidade do contribuinte. 4. Na hipótese dos autos, por ocasião da apresentação da declaração retificadora pelo contribuinte, houve o pagamento do tributo, acrescido de atualização monetária e juros. Logo, constatado pelo contribuinte que houve erro de apuração e providenciado o recolhimento das diferenças, acrescido de juros de mora e atualização monetária, antes da apresentação da declaração retificadora ou de iniciado qualquer procedimento fiscal, é cabível o afastamento da multa, uma vez que o valor omitido era desconhecido pelo Fisco, o que caracteriza a denúncia espontânea. 5. Agravo interno da Fazenda Nacional a que se nega provimento.
(**STJ – AgInt no AREsp: 1140990 PE** 2017/0180902-4, Data de Julgamento: 02/05/2022, T1 – PRIMEIRA TURMA, Data de Publicação: DJe 04/05/2022)
ASSUNTO: NORMAS GERAIS DE DIREITO TRIBUTÁRIO Período de apuração: 01/04/1998 a 31/05/1998 DENÚNCIA ESPONTÂNEA. MULTA DE MORA Antecipando-se o contribuinte a qualquer procedimento da fiscalização, ocorre a denúncia espontânea da infração, mediante o recolhimento dos tributos devidos. e A denúncia espontânea exonera o contribuinte do pagamento das multas, seja de ofício, seja moratória, conforme parágrafo único, do artigo 138, do Código Tributário Nacional.
(CARF 13888000948200753 1002-001.225, Relator: MARCELO JOSE LUZ DE MACEDO, Data de Julgamento: 05/05/2020, Data de Publicação: 28/05/2020)

VII – 150% (cento e cinquenta por cento) sobre a totalidade ou a diferença de imposto ou de contribuição objeto do lançamento de ofício, nos casos em que verificada a reincidência do sujeito passivo

ASSUNTO: PROCESSO ADMINISTRATIVO FISCAL Período de apuração: 01/02/2007 a 28/02/2007 NORMAS PROCESSUAIS. ARGUMENTOS DE DEFESA. INOVAÇÃO EM SEDE DE RECURSO. PRECLUSÃO. Os argumentos de defesa trazidos apenas em sede de Recurso Voluntário, em relação aos quais não houve manifestação por parte da autoridade julgadora de primeira instância, não podem ser apreciados em face da preclusão processual. ASSUNTO: CONTRIBUIÇÃO PARA O FINANCIAMENTO DA SEGURIDADE SOCIAL (COFINS) Período de apuração: 01/02/2007 a 28/02/2007 MULTA DE MORA. DENÚNCIA ESPONTÂNEA. O instituto da denúncia espontânea restará caracterizado quando não houver declaração do débito (ou em que houver declaração a menor) e o contribuinte realiza o pagamento integral (ou da diferença não declarada) antes de qualquer procedimento fiscal. A confissão da dívida acompanhada do seu pagamento integral, anteriormente a qualquer ação fiscalizatória ou processo administrativo, configura denúncia espontânea, capaz de afastar a multa moratória nos termos da Súmula 360 do STJ e do entendimento constante do REsp 1.149.022/SP. DILIGÊNCIA. PRESCINDÍVEL. A diligência é prescindível pois os elementos contidos nos autos são suficientes para que este colegiado forme convicção sobre os temas em questão.
(**CARF 13884904139201210** 3001-002.248, Relator: Francisco Martins Leite Cavalcante, Data de Julgamento: 1º/12/2022, Data de Publicação: 02/01/2023)
ASSUNTO: NORMAS GERAIS DE DIREITO TRIBUTÁRIO Ano-calendário: 2005 COMPENSAÇÃO. DÉBITOS VENCIDOS. DENÚNCIA ESPONTÂNEA. NÃO CARACTERIZAÇÃO. A confissão de débitos depois de vencidos em Declaração de Compensação, ainda que antes do início de qualquer procedimento fiscal, não caracteriza denúncia espontânea e, portanto, não exclui a aplicação da multa punitiva. O instituto da denúncia espontânea só se aperfeiçoa mediante o efetivo pagamento do débito confessado.
(**CARF 16327910475200918** 9101-006.442, Relator: LUIZ TADEU MATOSINHO MACHADO, Data de Julgamento: 08/12/2022, Data de Publicação: 09/02/2023)
TRIBUTÁRIO. AGRAVO INTERNO NO AGRAVO EM RECURSO ESPECIAL. DENÚNCIA ESPONTÂNEA. NÃO CONFIGURAÇÃO. PAGAMENTO EM ATRASO E PARCELAMENTO DO DÉBITO TRIBUTÁRIO. ENTENDIMENTO FIRMADO EM SEDE DE RECURSO REPETITIVO: RESP 886.462/RS, REL. MIN. TEORI ALBINO ZAVASCKI, DJE 28.10.2008 E RESP 1.102.577/DF, REL. MIN. HERMAN BENJAMIN, DJE 18.05.2009. AGRAVO INTERNO DOS CONTRIBUINTES A QUE SE NEGA PROVIMENTO. 1. O acórdão hostilizado consignou que a satisfação do débito em atraso não afasta a multa moratória que decorre de quitação realizada a destempo, o que encontra amparo na orientação firmada pela Primeira Seção desta Corte Superior, por ocasião do julgamento do REsp 886.462/RS, de relatoria do eminente Ministro TEORI ALBINO ZAVASCKI, e consolidada na Súmula 360/STJ (O benefício da denúncia espontânea não se aplica aos tributos sujeitos a lançamento por homologação regularmente declarados, mas pagos a destempo). 2. Ademais, o instituto da denúncia espontânea (art. 138 do CTN) não se aplica nos casos de parcelamento de débito tributário (REsp. 1.102.577/DF, Rel. Min. HERMAN BENJAMIN, Primeira Seção, DJe 18.5.2009, acórdão sujeito ao regime do art. 543-C do CPC e da Resolução 8/2008 do STJ). 3. Agravo interno dos contribuintes a que se nega provimento.
(**STJ – AgInt no AREsp: 1626581 GO** 2019/0352348-3, Relator: Ministro MANOEL ERHARDT (DESEMBARGADOR CONVOCADO DO TRF5), Data de Julgamento: 21/02/2022, T1 – PRIMEIRA TURMA, Data de Publicação: DJe 24/02/2022)
TRIBUTÁRIO. COMPENSAÇÃO. CONDIÇÃO RESOLUTÓRIA. DENÚNCIA ESPONTÂNEA. REQUISITOS. INOCORRÊNCIA. 1. Hipótese em que o Tribunal de origem consignou: "Ainda que tenha havido, anteriormente à DCTF retificadora, envio de pedido de formalização de denúncia espontânea envolvendo apenas parte dos tributos, o C. STJ, em casos análogos, entendeu pela aplicabilidade do instituto previsto no art. 138 do CTN quando inexiste prévia providência do Fisco em apurar eventual saldo complementar, visto que ele só tomou ciência da existência de créditos pendentes quando da realização do pagamento em envio da DCTF retificadora (...). Ademais, a compensação como meio de extinção do tributo, como no caso dos autos, não constitui impedimento à denúncia espontânea" (fls. 1.187-1.188, e-STJ).

2. Tal entendimento diverge da orientação do STJ segundo a qual não se aplica o benefício da denúncia espontânea, prevista no art. 138 do CTN, aos casos de compensação tributária. Nesse sentido: AgInt no AREsp 1687605/RJ, Rel. Ministro Mauro Campbell Marques, Segunda Turma, DJe 3.12.2020; AgInt no AREsp 1.270.551/RS, Rel. Ministro Gurgel de Faria, Primeira Turma, DJe 30.11.2020; REsp 1.569.050/PE, Rel. Ministro Og Fernandes, Segunda Turma, DJe 13.12.2017; AgInt no REsp 1.720.601/CE, Rel. Ministro Francisco Falcão, Segunda Turma, DJe 7.6.2019. 3. Agravo Interno não provido.

(STJ – AgInt no REsp: 1941201 SP 2021/0165039-0, Data de Julgamento: 03/10/2022, T2 – SEGUNDA TURMA, Data de Publicação: DJe 04/11/2022)

TRIBUTÁRIO. PROCESSUAL CIVIL. AGRAVO INTERNO NOS EMBARGOS DE DECLARAÇÃO NO RECURSO ESPECIAL. CÓDIGO DE PROCESSO CIVIL DE 2015. APLICABILIDADE. ART. 138 DO CTN. DENÚNCIA ESPONTÂNEA. COMPENSAÇÃO TRIBUTÁRIA. IMPOSSIBILIDADE. REVISÃO DE MATÉRIA FÁTICA. SÚMULA 7/STJ. ART. 156, II, DO CTN. AUSÊNCIA DE PREQUESTIONAMENTO. INCIDÊNCIA, POR ANALOGIA, DA SÚMULA N. 282/STF. APLICAÇÃO DE MULTA. ART. 1.021, § 4º, DO CÓDIGO DE PROCESSO CIVIL DE 2015. DESCABIMENTO. I – Consoante o decidido pelo Plenário desta Corte na sessão realizada em 09.03.2016, o regime recursal será determinado pela data da publicação do provimento jurisdicional impugnado. Aplica-se, no caso, o Código de Processo Civil de 2015. II – Esta Corte tem firme compreensão segundo a qual incabível a aplicação do benefício da denúncia espontânea, previsto no art. 138 do CTN, aos casos de compensação tributária, justamente porque, nessa hipótese, a extinção do débito estará submetida à ulterior condição resolutória de sua homologação pelo fisco, a qual, caso não ocorra, implicará o não pagamento do crédito tributário, havendo, por consequência, a incidência dos encargos moratórios. Precedentes. III – Rever o entendimento do tribunal de origem, com o objetivo de acolher a pretensão recursal para reconhecer que estão presentes os requisitos da denúncia espontânea, demandaria necessário revolvimento de matéria fática, o que é inviável em sede de recurso especial, à luz do óbice contido na Súmula n. 07/STJ. IV – E entendimento pacífico desta Corte que a ausência de enfrentamento da questão objeto da controvérsia pelo tribunal a quo impede o acesso à instância especial, porquanto não preenchido o requisito constitucional do prequestionamento, nos termos da Súmula n. 282 do Supremo Tribunal Federal. V – Em regra, descabe a imposição da multa prevista no art. 1.021, § 4º, do Código de Processo Civil de 2015 em razão do mero desprovimento do Agravo Interno em votação unânime, sendo necessária a configuração da manifesta inadmissibilidade ou improcedência do recurso a autorizar sua aplicação, o que não ocorreu no caso. VI – Agravo Interno improvido.

(STJ – AgInt nos EDcl no REsp: 2040611 SP 2022/0245905-0, Relator: REGINA HELENA COSTA, Data de Julgamento: 05/06/2023, T1 – PRIMEIRA TURMA, Data de Publicação: DJe 07/06/2023)

ASSUNTO: PROCESSO ADMINISTRATIVO FISCAL Ano-calendário: 2002 EMBARGOS INOMINADOS. ACOLHIMENTO. Havendo erro manifesto, devem ser acolhidos os embargos inominados, a fim de que seja devidamente corrigida. ASSUNTO: NORMAS GERAIS DE DIREITO TRIBUTÁRIO Ano-calendário: 2002 DENÚNCIA ESPONTÂNEA. MULTA DE MORA. A denúncia espontânea exclui a multa de mora. COMPENSAÇÃO. DENÚNCIA ESPONTÂNEA. O instituto da denúncia espontânea também se efetiva através do pedido de compensação (PER/DCOMP), ainda que sujeito a posterior homologação.

(CARF 11516002457200669 1201-005.620, Relator: Não informado, Data de Julgamento: 19/10/2022, Data de Publicação: 04/11/2022)

ASSUNTO: IMPOSTO SOBRE A RENDA DE PESSOA JURÍDICA (IRPJ) Exercício: 2002 PAGAMENTO ANTERIOR À DCTF. DENÚNCIA ESPONTÂNEA. MULTA DE MORA. NÃO INCIDÊNCIA. INTELIGÊNCIA DO ART. 138, CAPUT DO CTN. APLICABILIDADE No julgamento do REsp nº 1.149.022/SP, sob o regime do art. 543-C do CPC, o Superior Tribunal de Justiça (STJ) decidiu que o pagamento de débito tributário sem prévia declaração, configura denúncia espontânea, nos termos da legislação tributária e, consequentemente, afasta a incidência da multa moratória, sendo devida a restituição da multa recolhida indevidamente.

(CARF 11610001149200303 1401-006.370, Relator: Daniel Ribeiro Silva, Data de Julgamento: 14/12/2022, Data de Publicação: 11/01/2023)

14
CRÉDITO TRIBUTÁRIO

Historicamente, a possibilidade de o Estado – ou outras entidades soberanas em períodos pretéritos – exigir contribuições dos particulares remonta aos primórdios da organização social. Nas cidades-estados da Antiguidade (p. ex., Grécia e Roma), já se identificava a **arrecadação de recursos para a manutenção de obras públicas, mantença do aparato militar** e **serviços coletivos**. Esse traço evoluiu para o entendimento de que o poder de tributar é inerente à própria soberania.

No **período medieval** e, posteriormente, com o **surgimento dos Estados nacionais**, a tributação se institucionalizou como **elemento central da relação entre governantes e súditos**. Documentos importantes, como a **Magna Carta** (1215), já apontavam limites ao poder de tributar, esboçando o embrião de princípios como a **legalidade tributária**. No Brasil, após a Independência, e particularmente com a **Constituição de 1891**, foram consolidados **princípios** e **competências tributárias**. A **Lei 5.172/1966** (CTN) enfim **sistematizou a matéria tributária**, incluindo a **definição** e **constituição do crédito tributário**.

De fato, o **objetivo primordial do crédito tributário** é **arrecadar recursos** para **viabilizar a execução de políticas públicas** e a **realização dos fins estatais** (segurança, saúde, educação, infraestrutura etc.). Em outras palavras, o **crédito tributário** é instrumento fundamental para o **financiamento do Estado** e do **bem comum**.

Do ponto de **vista teleológico**, a **existência do crédito tributário** fundamenta-se na **necessidade de custear demandas coletivas** e garantir o **pleno exercício das funções administrativas**. Sem arrecadação tributária, os entes públicos não conseguem prover os bens e serviços essenciais à sociedade. Além disso, a cobrança de tributos, ao lado de outros mecanismos, serve como **instrumento redistributivo**, atrelando-se a princípios constitucionais como a **capacidade contributiva** e a **isonomia**.

Dogmaticamente, a CF/1988, em seu **art. 146, III, *b***, determina que o crédito tributário deve ser tratado através de **lei complementar nacional**. O CTN, por sua vez, a partir do **art. 139**[1], traz as normas gerais de aplicabilidade ao crédito tributário.

---

1. **Art. 139**. O crédito tributário decorre da obrigação principal e tem a mesma natureza desta.

14.1 ANÁLISE CONCEITUAL

Conceitualmente, o **crédito tributário** é a expressão pecuniária de uma obrigação exigível pelo Estado, decorrente de uma relação jurídico-tributária. Trata-se de um **valor devido ao Estado** em decorrência de uma **obrigação tributária principal válida**. Por ser titularizado pela Fazenda Pública, enquadra-se na categoria de **bem público** em sentido lato, pois atende ao interesse geral. Embora seja **intangível** (não é um bem físico), sua **titularidade pertence ao Poder Público**, o que lhe confere proteção especial, como a aplicação do **princípio da indisponibilidade**, bem como a **imprescritibilidade** e determinadas **garantias e privilégios** que não são conferidos aos demais créditos.

Em momento inaugural, o **crédito tributário** passa a figurar como **direito subjetivo estatal**. Mesmo possuindo a **mesma natureza da obrigação tributária principal** que lhe deu origem, sua exigibilidade acarreta o fenômeno da **abstração**.

14.2 EXIGIBILIDADE DO CRÉDITO TRIBUTÁRIO: LANÇAMENTO

O termo **"abstração"** faz referência à ideia de que, uma vez que o crédito tributário foi **constituído formalmente**, por meio de um procedimento administrativo vinculado, passa a gozar de **autonomia** em relação às discussões sobre a obrigação tributária em si. Em outras palavras, mesmo ante a existência de discussão sobre os **pressupostos materiais** (p.ex., se o fato gerador realmente ocorreu ou se o sujeito passivo foi corretamente identificado), o crédito tributário validamente constituído **ostenta presunção de legalidade e legitimidade**.

Em suma, a desvinculação do crédito tributário (abstração) da obrigação tributária que lhe deu origem confere a possibilidade de que, qualquer discussão sobre a **legitimidade** ou **legalidade do crédito tributário** não acarrete a **invalidade da obrigação tributária** que lhe deu origem. Esta á a principal importância da **autonomia do crédito tributário** quando se torna exigível.

Para que o **crédito tributário seja exigido**, o Fisco deverá **documentar o crédito**, **externalizando-o para o contribuinte** e cumprindo com as formalidades determinadas por lei. A **exigibilidade do crédito tributário** passa a ser conferida através do **lançamento**.

O disposto no **art. 142 do CTN** determina que:

> **Art. 142.** Compete privativamente à autoridade administrativa constituir o crédito tributário pelo lançamento, assim entendido o procedimento administrativo tendente a verificar a ocorrência do fato gerador da obrigação correspondente, determinar a matéria tributável, calcular o montante do tributo devido, identificar o sujeito passivo e, sendo caso, propor a aplicação da penalidade cabível.
>
> Parágrafo único. A atividade administrativa de lançamento é vinculada e obrigatória, sob pena de responsabilidade funcional.

Para um melhor detalhamento conceitual, analisaremos todos os aspectos pertinentes ao lançamento.

I – Competência privativa de uma autoridade administrativa

O **lançamento** deverá ser efetuado por um **agente público** dotado de **legitimidade**. A **base de atuação do agente público** é a **lei**, visto que somente poderá atuar dentro dos **estritos limites normativos**.

A **legitimidade do agente público** depende da **investidura regular do cargo público**. Pela **teoria da imputação volitiva**, a vontade do agente é imputada ao órgão público, vez que a manifestação do Estado ocorre por intermédio de seus agentes.

O exercício da atividade administrativa de lançamento **não pode ser delegada ao particular**, pelo menos, **em tese**. E isto se dá pelo teor da **súmula 436 do STJ**, que estabelece:

A entrega de declaração pelo contribuinte, reconhecendo débito fiscal, constitui o crédito tributário, dispensada qualquer outra providência por parte do fisco.

Ora, se o sujeito passivo **entrega a declaração do tributo devido**, reconhecendo o **débito fiscal e deixe de efetuar o pagamento**, tal declaração exerce **efeitos constitutivos** para o crédito tributário. Assim, vez que o **crédito tributário permanece formalmente constituído**, tal declaração acaba por **substituir a atuação do agente público**, gerando, em tese, o **mesmo efeito jurídico do lançamento**.

Em relação à jurisprudência e decisões relevantes sobre a possibilidade de o particular realizar o lançamento tributário à luz da codificação tributária e da **súmula 436 do STJ**, cumpre destacar o julgamento do **REsp 1.169.877/RS**, considerado um marco, onde o STJ reafirmou **a competência do particular para efetivar o lançamento tributário**, desde que exista **autorização conferida por lei específica disciplinando tal prerrogativa**.

Ademais, decisões como a do **AgR no AgREsp 1.320.587/SC**, sublinham a imprescindível necessidade de cumprimento dos **requisitos legais** para a **efetivação do lançamento pelo particular**, evidenciando a primazia da legislação na validação desses atos. Tais decisões, junto a outros precedentes, contribuem significativamente para a **consolidação da interpretação jurisprudencial** sobre o tema, assegurando maior **segurança jurídica** na atuação do particular no âmbito tributário.

II – Constituição do crédito tributário

A doutrina diverge sobre a **natureza jurídica do lançamento tributário**, se declaratória, constitutiva ou declaratória-constitutiva. Para tanto, é fundamental a

dialética existente entre obrigação tributária e **crédito tributário** para adotarmos alguma conclusão.

A análise da **obrigação tributária** fora realizada nessa obra, configurando-se como uma **relação jurídica que surge entre o Estado** – na condição de sujeito ativo – e o **particular** – na condição de sujeito passivo – a partir da **ocorrência de um fato típico tributário descritivo**.

Nos termos da legislação tributária, o **fato gerador** – para alguns, **fato imponível** enquanto acontecimento concreto – cria a **obrigação tributária principal**, consistente no **pagamento de um tributo** ou **penalidade pecuniária**. Tem-se, portanto, a obrigação tributária como **relação abstrata**, identificando a **potencialidade do crédito tributário** a ser exigido pelo Estado.

Se entendemos que o **crédito tributário** é a **concretização da obrigação tributária principal** – a materialização da relação tributária – **somente após a existência do lançamento** o crédito poderá ser **exigido**. O processo, portanto, é **dialético**, na medida em que o **crédito tributário não poderá existir sem a obrigação** e a **obrigação**, por si só, **não gera determinados efeitos concretos sem o lançamento**.

A **relação dialética** é marcada pela **necessidade mútua**: a **obrigação** é **pressuposto do crédito**, e o **crédito** é a **manifestação concreta da obrigação**. O **lançamento**, por sua vez, é o **ponto de síntese** dessa dialética, pois é o instrumento jurídico que conecta e transforma a abstração em concretude.

> **IMPORTANTE**
>
> Podemos afirmar que a existência do crédito tributário se dá no momento da ocorrência do fato gerador da obrigação tributária principal, mesmo que de forma potencial. No entanto, a exigibilidade do crédito tributário ocorre através do lançamento.

Pelas bases aqui tratadas, o lançamento passa a ter **natureza jurídica declaratória**, a partir do momento que **declara a existência de uma obrigação tributária**, devendo a expressão "**constitutiva**" ser interpretada como **exigibilidade do crédito tributário**.

- **O suposto e o pressuposto no lançamento tributário**

O **suposto** se refere a algo que **pode ser questionado ou verificado durante o lançamento tributário**. Está associado à **alegação** ou **presunção** de que o contribuinte **praticou o fato gerador** ou de que determinada informação é **verdadeira**. Já o **pressuposto** é aquilo que **fundamenta a obrigação tributária**, ou seja, a **base jurídica ou material** para a cobrança do tributo. É aceito como verdade antes de iniciar o processo do lançamento.

A análise do **suposto** e do **pressuposto** são as bases fundamentais para a defesa dos interesses do sujeito passivo, notadamente no contencioso tributário. Assim, se o lançamento se baseia em um **suposto não confirmado**, pode ser considerado **ilegal** ou **indevido**, tornando o ato passível de **impugnação ou revisão administrativa/judicial**.

Se os **pressupostos** são as **bases legais e fáticas** que justificam a exigência tributária, poderá ser objeto de eventual questionamento a **legalidade** do lançamento efetuado, a **(in)correta identificação do fato gerador** – principalmente na interpretação analógica de conceitos e formas de incidência – dentre outros.

III – Procedimento administrativo vinculado

Observando os estudos do Direito Administrativo, temos importantes distinções entre **ato administrativo, fato administrativo, procedimento administrativo** e **processo administrativo**.

O **ato administrativo** é a manifestação da vontade da Administração Pública (ou de quem a represente) que visa produzir efeitos jurídicos concretos. O ato deve reunir **perfeição formal, validade** (conformidade com a lei), **eficácia** (produção de efeitos) e os **motivos** apresentados pela Administração vinculam o ato, devendo ser **verdadeiros e congruentes** – conforme estabelece a **teoria dos motivos determinantes**.

O **fato administrativo** é um **acontecimento material** realizado pela Administração Pública, diretamente ou por meio de seus agentes, que produz **consequências jurídicas**. Não expressa vontade, como o ato administrativo, mas sim uma **execução prática**, como ocorre com a varrição de uma rua ou uma obra pública.

Diz-se **procedimento administrativo** o conjunto de atos **encadeados** e **formalmente organizados** para atingir um objetivo final, dentro da esfera administrativa. Trata-se de um **meio** pelo qual a Administração estrutura suas atividades, viabilizando as decisões. Para os publicistas, serve como **garantia à transparência** e **controle da legalidade**, minimizando as arbitrariedades que podem ser perpetradas pelo Estado.

Para a conclusão, o **processo administrativo** é um procedimento formalizado, com início, meio e fim, em que se discutem **direitos** ou **deveres**, com a participação do administrado. É mais amplo do que o procedimento e se destina a resolver questões administrativas ou aplicar sanções, culminando em uma decisão administrativa que pode ser revisada judicialmente. Encontra seu fundamento no **devido processo legal**.

Entendemos ser o **lançamento** um **ato administrativo vinculado, mesmo que seja parte de um procedimento administrativo** – como ocorre com o exercício da fiscalização tributária. Mas, essencialmente, o **lançamento** é um **ato jurídico** e não um conjunto de atos encadeados. Trata-se de um **evento pontual** dentro do contexto de um **procedimento administrativo**.

Sendo um **ato administrativo vinculado**, todos os **elementos** de sua **validade** encontram-se **descritos em lei**, não gerando qualquer margem de escolha – discricionariedade – ao agente que efetua o lançamento.

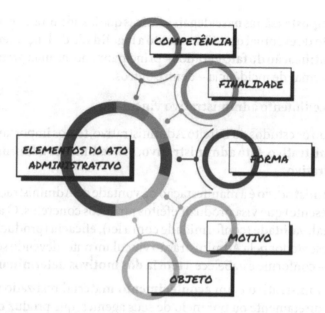

A **validade do ato administrativo** está condicionada ao cumprimento dos seguintes elementos: **competência, finalidade, forma, motivo** e **objeto**, sendo a mesma validade do negócio jurídico, em consonância com o **art. 104 do CC/2002**, que estabelece:

> Art. 104. A validade do negócio jurídico requer:
> I – agente capaz;
> II – objeto lícito, possível, determinado ou determinável;
> III – forma prescrita ou não defesa em lei.

- **COMPETÊNCIA**

Por esse requisito, torna-se claro que o **agente capaz** (a que faz alusão o Código Civil) encontra o seu correspondente na **competência**. Assim o ato administrativo, **para ser considerado válido**, deve ser editado por **quem detenha competência para tanto**.

Podemos ter **competência em razão da matéria** e **competência em razão da pessoa**. A **competência em razão da matéria** analisará a **especificação de cada função** para que haja uma melhor atuação e execução da Administração Pública.

A **competência em razão da pessoa** analisará o agente que praticou a conduta, se possuía ou não legitimidade para tanto. A ideia é de que não basta o ato ser praticado por um agente público; o ato tem que ser praticado por um agente público, **cuja lei tenha dado competência para a prática do ato**. Aliás, a **competência** é sempre **vinculada**, porque o elemento **competência** está sempre definido em lei com **critérios objetivos**, não havendo margem de escolhas.

Caso haja **vício de competência**, em regra, deverá o ato ser **anulado**. No entanto, admite-se **convalidação** quando ocorrer vício em **razão da pessoa**, desde que haja fundada **razão no interesse público** e a **autoridade competente** ratifique o ato praticado pelo agente público incompetente.

Porém, o **vício em razão da matéria não admite convalidação**.

Interessante ainda notar que a competência é **irrenunciável**, **imprescritível** e **improrrogável**. Ao falarmos que a **competência** é **irrenunciável**, nos referimos ao fato de que o agente público não pode **renunciar à competência definida por lei**. Também é **imprescritível** porque não se perde pelo desuso. Não há prescrição pelo fato de não ter usado. Em sendo **improrrogável** não se adquire pelo uso.

E, excepcionalmente, se admitem a **delegação** e a **avocação** de competência. Tanto na **avocação** como na **delegação**, o sujeito que tinha **competência originária** não pratica o ato, quem pratica o ato é alguém em que não o tinha, ou seja, alguém que não era originariamente competente.

Importante destacar, contudo, que tanto a **delegação** como a **avocação** são **temporárias** e **restritas**. A **delegação** pode ser feita para agentes de mesma hierarquia ou para agentes de hierarquia inferior. Ou seja, a **delegação de competência** faz com que o sujeito que não era competente originariamente, se torne competente para a prática do ato, essa é a ideia.

Conforme destacamos na **súmula 510 do STF**:

Praticado o ato por autoridade, no exercício de competência delegada, contra ela cabe o mandado de segurança ou a medida judicial.

Observando o entendimento da Suprema Corte, é necessário ter em mente que em **um eventual mandado de segurança** contra mandato praticado por delegação, a autoridade coautora é a **autoridade delegada**.

Já a **avocação** é buscar para si a **competência de outro agente público**. Na ideia da **avocação** o que se tem é uma **tomada de competência**, ou seja, se busca a competência para si. **Só se pode avocar competência de agentes de hierarquia inferior.**

Contudo, se faz necessário lembrar que tanto na delegação como na avocação são vedadas em algumas situações. A lei expressamente estabelece que é vedada a delegação e a avocação de competência para a **edição de atos normativos**, a **decisão de recurso hierárquico** e a **competência** definida em lei como **competência exclusiva**.

Sendo o lançamento considerado um ato de **competência privativa de autoridade administrativa**, poderá eventualmente ser **delegado** ou **avocado**, dentro dos estritos limites da lei.

• FINALIDADE

A **finalidade** aparece como **requisito de validade** somente para os **atos administrativos**, pois representa a **essência** das atividades desenvolvidas pelo Poder Público, que só pode atuar para **preservar o interesse público**.

Dessa forma, se este representa o **único objetivo** a ser perseguido pelo administrador, resta clara a conclusão de que toda vez que dessa finalidade se afastar, o **ato administrativo não poderá ser considerado válido**, caracterizando **desvio de finalidade** que se apresenta **como variante do abuso de poder**, que, por seu turno, surge como **forma de ilegalidade**.

Quanto aos **atos regidos pelo direito privado**, a finalidade não surge como requisito de validade, vez que, na defesa do seu patrimônio e dos seus interesses, poderão os particulares fazer tudo aquilo que a lei não proíbe.

Assim, se agirem de modo a dilapidar seu patrimônio, desde que o façam dentro dos limites da lei, o ato não poderá ser questionado quanto ao aspecto de sua validade. Tal situação **jamais ocorrerá com o lançamento**, visto que somente existe com a finalidade de **dar exigibilidade ao crédito tributário** para utilização visando um **fim público**.

• FORMA

O requisito **forma**, que aparece relacionado no Código Civil de 2002, também adquire sua importância no campo do Direito Administrativo e Tributário, apresentando, entretanto, um **aspecto peculiar**.

Assim, enquanto os particulares podem fazer a **edição de seus atos com maior grau de liberdade**, ou seja, **desde que a lei não o proíba**, a Administração Pública **só pode exteriorizá-los de acordo com a forma previamente estabelecida por lei**, que, em geral, é a **escrita**.

No entanto, pode-se cogitar da **existência de atos administrativos** que **não sigam essa forma escrita**, mas que acabem sendo exteriorizados por intermédio de gestos ou mesmo de maneira verbal, a exemplo dos gestos e apitos emitidos por um guarda de trânsito.

Essa diferença quanto ao requisito **forma** deve-se também aos **interesses representados pelos particulares** e pela **Administração Pública**, que, como se viu inúmeras vezes, tem sua atividade subordinada à lei, só podendo fazer aquilo que ela expressamente autoriza.

Em se tratando do **lançamento**, a forma é **determinada por lei**, não existindo qualquer **margem de atuação da autoridade administrativa** em utilização de qualquer mecanismo discricionário, visto que o **ato é vinculado**.

• MOTIVO

Se traduz na obrigação que tem a Administração Pública de oferecer, àqueles a quem representa, **explicações quanto aos atos que edita**, requisito não verificado relativamente aos particulares, por representarem os seus próprios interesses.

Ainda, é exatamente por meio da **apresentação desses motivos** que o Poder Judiciário terá condições, desde que provocado para tanto, de estabelecer o **controle de legalidade** em relação aos atos administrativos, o único que lhe é permitido.

Também da necessidade de **motivação** desses atos é que surge a chamada **Teoria dos Motivos Determinantes**, segundo a qual a **existência de fato dos motivos mencionados pelo administrador**, que justificaram a **edição do ato**, **condiciona sua validade**, ficando ele, de resto, inteiramente preso aos motivos durante a sua execução.

Se deles se afastar durante a execução, caracterizada estará a figura do **desvio de finalidade**, modalidade de ilegalidade e, portanto, passível de **reapreciação pelo Poder Judiciário**.

Não se pode confundir **motivo** com **motivação**. **Motivo** são os **pressupostos de fato e de direito** que ensejam a edição do ato administrativo. A **motivação** é a justificativa que leva o agente a se manifestar daquela forma. Assim, o **motivo** refere-se aos **pressupostos de fato e de direito** que fundamentam a prática do lançamento. Esses pressupostos são **objetivos**, ou seja, estão relacionados aos **eventos** ou **situações** previstos na **legislação tributária** que obrigam a **constituição do crédito tributário**.

Exemplificando, se uma pessoa jurídica auferir lucro em determinado exercício fiscal, esse **fato** (lucro auferido) combinado com a **legislação** do Imposto de Renda (norma legal) constitui o **motivo** para o **lançamento do IRPJ**.

A **motivação** é a **justificativa formal e expressa** apresentada pela **autoridade administrativa** ao praticar o **ato de lançamento**. Visa demonstrar que os **pressupostos de fato e de direito** foram observados e que o **lançamento** está em conformidade com a lei.

Como exemplo, a autoridade administrativa, ao emitir um **auto de infração** referente ao **ICMS**, detalha que o contribuinte deixou de recolher o tributo sobre determinadas operações de venda, indicando as notas fiscais analisadas, os valores que compõem a base de cálculo, a alíquota aplicada, bem como a legislação estadual que fundamenta o tributo devido.

IMPORTANTE

O **motivo** é **pré-existente ao ato de lançamento** e se refere às circunstâncias objetivas que geram a obrigação tributária. Ele é intrínseco e independe da vontade do agente público. A **motivação** é **posterior e acessória ao motivo**, consistindo na explicação formal que a autoridade fornece ao praticar o ato. É o relato documentado que demonstra que o motivo realmente ocorreu e justifica o ato administrativo.

• OBJETO

Com relação ao **objeto**, nenhuma diferença importante se verifica, uma vez que, se o Código Civil de 2002 exige **objeto lícito** como **requisito de validade dos atos emitidos pelos particulares**, com muito maior razão essa conclusão atinge os **atos administrativos**.

Assim, enquanto a **licitude** dos atos praticados pelos particulares é verificada pela sua não contrariedade à lei, a dos **atos administrativos** é aferida pela sua **compatibilidade** em relação a ela.

O **objeto** do lançamento tributário é a **constituição formal do crédito tributário**, ou seja, a **oficialização da obrigação tributária**, determinando os valores devidos pelo sujeito passivo (contribuinte) com base no fato gerador, na base de cálculo e na alíquota definida em lei.

In casu, se a autoridade administrativa tenta lançar um tributo sobre uma situação que não é prevista como **hipótese de incidência** na lei (p.ex., cobrar imposto de renda sobre doações que são isentas), o objeto será considerado **ilícito**, e o ato será **nulo**. A **licitude do objeto** é aferida pela sua **compatibilidade com a legislação tributária específica**. Ou seja, o lançamento só será válido se o objeto atender aos parâmetros objetivos previamente definidos pela norma tributária.

Sendo o lançamento um **ato vinculado**, todos os elementos de validade estão determinados em lei. Portanto, não há o que se falar em **revogação de lançamento**, quando da existência de qualquer espécie de vício. Deverá o ato de lançamento viciado ser **anulado**, produzindo efeito *ex tunc*, isto porque o vício compromete o ato de lançamento desde a sua origem.

Não é possível revogar um lançamento por questões de **mérito** ou **oportunidade**. Quando se verifica um **vício**, a solução não é revogação, mas **anulação**, essencial para a preservação da segurança jurídica.

IV – Verificação da ocorrência do fato gerador da obrigação tributária correspondente

O **lançamento** deve traduzir o **aspecto espacial** e **temporal** do fato gerador da obrigação tributária.

A importância da definição do **aspecto espacial** se correlaciona com o **local da ocorrência do fato** que gera a obrigação tributária. O **lançamento** deve condizer com a **competência tributária** e o exercício da **capacidade tributária ativa**, evitando a ocorrência do **conflito de competência**.

O **critério temporal** é fundamental para a definição do **momento de ocorrência do fato gerador**, fundamental para o estabelecimento da **lei tributária vigente** e a **fixação do prazo decadencial**, notadamente em se tratando de tributos sujeitos ao **lançamento por homologação**.

V - Determinação da matéria tributável

A **materialidade do fato gerador** é fundamental para observância da correta **subsunção** do **fato imponível** a **hipótese de incidência tributária**. No caso, o lançamento determinará o **aspecto material** do fato gerador, indicando qual espécie tributária e qual operação está sendo tributada. Por exemplo, no caso de **incidência do ICMS**, deve ocorrer uma **operação de circulação de mercadorias** ou a **prestação de serviços de transporte interestadual, intermunicipal** e de **comunicação**.

A **materialidade** definirá se estamos diante de um **tributo vinculado** ou **não vinculado** para definição da **espécie tributária** devida ao caso concreto e, notadamente, se a lei estabelece a **incidência** ou **não** da exação tributária. Não se pode, por exemplo, realizar a **cobrança de uma taxa** pela **prestação do serviço de segurança pública**, visto que a taxa somente poderá ser utilizada quando do **exercício regular do poder de polícia** – que não se trata de segurança pública – e da **prestação de serviços públicos específicos e divisíveis** – que também não condiz com o serviço indicado, por se tratar de serviço público geral (*ut universi*) e indivisível.

O lançamento deve estrita observância aos **princípios da legalidade** e **tipicidade cerrada**, não se admitindo a **exigibilidade** de um tributo por **analogia**, em consonância com o disposto no **art. 108, § 1º do CTN**[2].

Dessa maneira, caberá ao legislador indicar **as hipóteses de incidência**, como também, de **não incidência**. A impossibilidade de exigência de tributo por **analogia** não significa que não se possa utilizar uma **interpretação extensiva**. Temos a **interpretação extensiva** ocorre quando a própria norma prevê uma **cláusula aberta**, ou seja, inclui situações semelhantes às explicitamente mencionadas, deixando espaço para que casos não expressamente citados, mas da mesma natureza, sejam incluídos.

Um exemplo típico é o **rol de serviços** previsto no anexo à LC 116/03, que trata acerca do ISS. No **Tema 296, RE 784.439/DF**, o STF reforçou que a **lista de serviços** é **taxativa**, mas admite **interpretação extensiva** para alcançar situações que, embora **não explicitamente descritas**, sejam da **mesma natureza dos serviços previstos**.

VI - Cálculo do montante do tributo devido

O lançamento deverá determinar o valor devido pelo sujeito passivo, indicando o **aspecto quantitativo** do tributo, através da **base de cálculo** e da **alíquota** adotada no caso concreto.

A **base de cálculo** é a grandeza econômica ou jurídica sobre a qual o tributo incide; a **alíquota** representa um percentual ou valor fixo que será aplicado sobre a base de cálculo, para determinação do montante devido. Temos a denominada **alíquota específica**, quando existe uma fixação expressa sobre valores monetários absolutos –

---

2. Art. 108 (...)

§ 1º O emprego da analogia não poderá resultar na exigência de tributo não previsto em lei.

incidência sobre uma unidade de medida. A **alíquota *ad valorem*** é aquela que expressa um percentual, ou seja, um valor econômico proporcional ao preço.

De acordo com a legislação tributária, toda **definição**, **aumento** ou **redução da base de cálculo** dependerá de lei, não podendo ser adotada através de atos infralegais, conforme **art. 97, IV, do CTN**[3] e **art. 150, § 6º da CF/1988**[4]. No que diz respeito às **alíquotas**, não temos a mesma determinação. Existem **situações excepcionais** em que a alíquota poderá ser **majorada** ou **reduzida**, mediante **atos infrale**gais (p.ex., decretos regulamentares e convênios).

VII – Identificação do sujeito passivo

A definição do **aspecto pessoal** do fato gerador é fundamental para a correta incidência do tributo, evitando erros ou abusos estatais. Assim, a **administração tributária** precisa identificar corretamente o **sujeito passivo** para emitir notificações, cobranças ou autuações. A ausência de clareza pode dificultar a fiscalização e a arrecadação.

Nos termos da codificação tributária nacional, o **sujeito passivo** é a pessoa física ou jurídica indicada por lei para cumprimento da obrigação tributária, podendo ser o **contribuinte** (aquele que realiza o fato gerador, gerando a obrigação tributária) e o **responsável** (terceira pessoa que não realiza o fato gerador, mas assume um encargo tributário por determinação legal ante a existência de um nexo de causalidade).

VIII – Em sendo o caso, propor a penalidade cabível

O lançamento tem o condão de dar exigibilidade ao crédito tributário, decorrente de uma **obrigação tributária principal** válida. A obrigação tributária, por sua vez, engloba o **dever de pagamento** tanto do **tributo** quanto de eventuais **sanções pecuniárias**.

As **sanções tributárias** são penalidades impostas aos contribuintes ou responsáveis que descumprem obrigações tributárias principais ou acessórias. Essas sanções visam coibir práticas irregulares e garantir o cumprimento das normas tributárias. Para tanto, temos as **multas tributárias** – tanto moratória quanto punitiva – os **juros moratórios**, a **suspensão de incentivos e subsídios**, bem como a **declaração de perdimento de bens**.

Em se tratando das **multas tributárias**, a cominação de penalidades depende de lei, visto que, em se tratando de obrigação tributária principal, a lei é uma obrigatoriedade. Dispõe o **art. 97, V, do CTN** que:

---

3. **Art. 97.** Somente a lei pode estabelecer:
   IV - a fixação de alíquota do tributo e da sua base de cálculo, ressalvado o disposto nos artigos 21, 26, 39, 57 e 65;
4. **Art. 150** (...)
   § 6º Qualquer subsídio ou isenção, redução de base de cálculo, concessão de crédito presumido, anistia ou remissão, relativos a impostos, taxas ou contribuições, só poderá ser concedido mediante lei específica, federal, estadual ou municipal, que regule exclusivamente as matérias acima enumeradas ou o correspondente tributo ou contribuição, sem prejuízo do disposto no art. 155, § 2º, XII, g.

Art. 97. Somente a lei pode estabelecer:

V – a cominação de penalidades para as ações ou omissões contrárias a seus dispositivos, ou para outras infrações nela definidas.

14.3 MODALIDADES DE LANÇAMENTO

De acordo com a determinação legislativa, temos três modalidades de lançamento: **ofício** (direto), **declaração** (misto) e **homologação** (autolançamento).

14.3.1 Lançamento de ofício (direto)

Previsto no **art. 149 do CTN**[5], é a modalidade de lançamento pelo qual o Fisco confere a exigibilidade do crédito tributário **sem a necessidade de qualquer informação a ser prestada pelo sujeito passivo**, uma vez que todas as informações necessárias para a constituição do crédito tributário **já se encontram** na **base de dados da administração tributária**.

São características próprias do lançamento de ofício a **unilateralidade** e a **existência de informações pré-existentes**. Temos como típicos exemplos de tributos sujeitos a tal modalidade o lançamento do **IPTU** e do **IPVA**, além das situações de **falta de cumprimento da obrigação acessória** por parte do sujeito passivo, como ocorre na **apuração de tributos retidos na fonte** ou em **autuações fiscais decorrentes de descumprimento de obrigações tributárias**.

O **prazo** para que a autoridade fazendária efetue o lançamento é de **5 anos** (prazo quinquenal) contado do **primeiro dia do ano seguinte àquele em que o lançamento poderia ter sido efetuado**, nos termos do **art. 173, I, do CTN**[6], salvo nos casos de

---

5. **Art. 149.** O lançamento é efetuado e revisto de ofício pela autoridade administrativa nos seguintes casos:

    I – quando a lei assim o determine;

    II – quando a declaração não seja prestada, por quem de direito, no prazo e na forma da legislação tributária;

    III – quando a pessoa legalmente obrigada, embora tenha prestado declaração nos termos do inciso anterior, deixe de atender, no prazo e na forma da legislação tributária, a pedido de esclarecimento formulado pela autoridade administrativa, recuse-se a prestá-lo ou não o preste satisfatoriamente, a juízo daquela autoridade;

    IV – quando se comprove falsidade, erro ou omissão quanto a qualquer elemento definido na legislação tributária como sendo de declaração obrigatória;

    V – quando se comprove omissão ou inexatidão, por parte da pessoa legalmente obrigada, no exercício da atividade a que se refere o artigo seguinte;

    VI – quando se comprove ação ou omissão do sujeito passivo, ou de terceiro legalmente obrigado, que dê lugar à aplicação de penalidade pecuniária;

    VII – quando se comprove que o sujeito passivo, ou terceiro em benefício daquele, agiu com dolo, fraude ou simulação;

    VIII – quando deva ser apreciado fato não conhecido ou não provado por ocasião do lançamento anterior;

    IX – quando se comprove que, no lançamento anterior, ocorreu fraude ou falta funcional da autoridade que o efetuou, ou omissão, pela mesma autoridade, de ato ou formalidade essencial.

    Parágrafo único. A revisão do lançamento só pode ser iniciada enquanto não extinto o direito da Fazenda Pública.

6. **Art. 173.** O direito de a Fazenda Pública constituir o crédito tributário extingue-se após 5 (cinco) anos, contados:

    I – do primeiro dia do exercício seguinte àquele em que o lançamento poderia ter sido efetuado;

dolo, fraude ou **simulação**, em que o prazo se iniciará quando o Fisco toma a **ciência da irregularidade**.

Exemplificando, se o fato gerador ocorreu em **15 de março de 2020**, o prazo para o lançamento de ofício começará a ser contado a partir de **1º de janeiro de 2021** e se encerrará em **31 de dezembro de 2025**.

14.3.2 Lançamento por declaração (misto)

Estabelece o **art. 147 do CTN** que:

> Art. 147. O lançamento é efetuado com base na declaração do sujeito passivo ou de terceiro, quando um ou outro, na forma da legislação tributária, presta à autoridade administrativa informações sobre matéria de fato, indispensáveis à sua efetivação.
>
> § 1º A retificação da declaração por iniciativa do próprio declarante, quando vise a reduzir ou a excluir tributo, só é admissível mediante comprovação do erro em que se funde, e antes de notificado o lançamento.
>
> § 2º Os erros contidos na declaração e apuráveis pelo seu exame serão retificados de ofício pela autoridade administrativa a que competir a revisão daquela.

O **lançamento por declaração** é a modalidade em que o contribuinte tem a obrigação de prestar ao Fisco todas as informações necessárias para o cálculo do tributo devido. A **formalização do lançamento** se dá pela **verificação dos dados** e **posterior confirmação pela autoridade fiscal**. Parte das informações o Fisco possui em sua base de dados e a outra parte depende da efetiva participação do sujeito passivo.

O **Fisco efetuará o lançamento,** dentro do **prazo de 5 anos** (prazo quinquenal) após as informações prestadas pelo sujeito passivo.

Caso os elementos oferecidos para a determinação da fixação do valor do tributo forem inconsistentes ou insuficientes ou, eventualmente, a declaração do sujeito passivo for omissa, o Fisco poderá se utilizar do **arbitramento**, nos termos do **art. 148 do CTN**:

> Art. 148. Quando o cálculo do tributo tenha por base, ou tome em consideração, o valor ou o preço de bens, direitos, serviços ou atos jurídicos, a autoridade lançadora, mediante processo regular, arbitrará aquele valor ou preço, sempre que sejam omissos ou não mereçam fé as declarações ou os esclarecimentos prestados, ou os documentos expedidos pelo sujeito passivo ou pelo terceiro legalmente obrigado, ressalvada, em caso de contestação, avaliação contraditória, administrativa ou judicial.

Ante a impossibilidade de apuração devida do valor do tributo a ser pago pelo sujeito passivo, a autoridade fazendária **arbitrará a base de cálculo**, valendo-se dos **parâmetros juridicamente aceitáveis** e **legalmente previstos**. Trata-se de **medida excepcional,** visto que o sujeito passivo terá a oportunidade de corrigir as falhas apontadas e realizar a apresentação probatória para afastamento da presunção de inexatidão indicada pela autoridade fazendária.

A realização do **arbitramento** prescinde a existência do devido processo legal durante o procedimento administrativo, sob pela de nulidade dos atos praticados pelo Fisco.

Alguns juristas indicam o **arbitramento** como **modalidade de lançamento**, o que não nos parece o caso. Se fosse o caso de indicá-lo como uma modalidade, não deixaria de ser uma forma de **lançamento de ofício**, ante ao **descumprimento dos procedimentos** que deveriam ser realizados pelo sujeito passivo.

O STJ, em diversas ocasiões, reconheceu a **legitimidade do arbitramento** como forma de **recompor a base de cálculo** quando a declaração do contribuinte for **inconsistente** ou **inexistente**. O Tribunal entende que, **uma vez constatada a omissão ou insuficiência de elementos**, a autoridade fazendária pode se valer do **art. 148 do CTN**, desde que assegure o devido processo administrativo.

O **arbitramento** deve ser **devidamente motivado**, com demonstração clara das razões pelas quais a autoridade considerou **inadequadas** as **declarações do contribuinte** ou os **elementos de apuração**, devendo ser visto como última opção, depois de **esgotados os meios ordinários de fiscalização** e de **aferição direta da base de cálculo**, demonstrando seu **caráter subsidiário**.

Atualmente, o **lançamento por declaração** se encontra em desuso, sendo utilizado em poucas ocasiões indicadas por lei. É o que acontece, por exemplo, com as declarações de entrada e saída de bens por ocasião da incidência do Imposto sobre a Importação (II) e Exportação (IE).

IMPORTANTE

Nessa modalidade de lançamento, não há antecipação de recolhimento de tributo pelo sujeito passivo, dependendo das informações finais pela autoridade fazendária.

14.3.3 Lançamento por homologação (autolançamento)

Trata-se da modalidade de lançamento mais usual, sendo considerada a tendência no Brasil e em outros países. Se encontra prevista no **art. 150 do CTN**, que estabelece:

> Art. 150. O lançamento por homologação, que ocorre quanto aos tributos cuja legislação atribua ao sujeito passivo o dever de antecipar o pagamento sem prévio exame da autoridade administrativa, opera-se pelo ato em que a referida autoridade, tomando conhecimento da atividade assim exercida pelo obrigado, expressamente a homologa.
>
> § 1º O pagamento antecipado pelo obrigado nos termos deste artigo extingue o crédito, sob condição resolutória da ulterior homologação ao lançamento.
>
> § 2º Não influem sobre a obrigação tributária quaisquer atos anteriores à homologação, praticados pelo sujeito passivo ou por terceiro, visando à extinção total ou parcial do crédito.
>
> § 3º Os atos a que se refere o parágrafo anterior serão, porém, considerados na apuração do saldo porventura devido e, sendo o caso, na imposição de penalidade, ou sua graduação.
>
> § 4º Se a lei não fixar prazo a homologação, será ele de cinco anos, a contar da ocorrência do fato gerador; expirado esse prazo sem que a Fazenda Pública se tenha pronunciado, considera-se homologado o lançamento e definitivamente extinto o crédito, salvo se comprovada a ocorrência de dolo, fraude ou simulação.

O **papel do contribuinte** consiste em:

- analisar o fato gerador da obrigação tributária;
- calcular o montante do tributo devido;
- realizar a antecipação do recolhimento do tributo; e
- declarar o procedimento e o pagamento efetuado.

O **Fisco** terá o papel de **concordar** ou **discordar do procedimento** e **pagamento efetuado pelo sujeito passivo**. No caso de **discordância**, o Fisco efetuará o **lançamento de ofício** do valor que julga ser devido, dentro do **prazo de 5 anos** (prazo quinquenal).

O **ato de concordância** por parte do Fisco denomina-se **homologação**, que poderá se dar de forma **expressa** ou **tácita**. A **homologação expressa** é aquela em que a concordância fazendária será manifestada **por escrito, dentro do prazo de 5 anos**. Já a **homologação tácita** é aquela cuja concordância fazendária se manifesta pelo **silêncio administrativo**, dentro do **prazo de 5 anos**.

Ocorrendo a homologação – seja expressa ou tácita – ocorrerá a **extinção do crédito tributário**.

São **exemplos típicos de tributos sujeitos a tal modalidade**: Imposto sobre a Importação (II), Imposto sobre a Exportação (IE), Imposto sobre a Renda e Proventos de qualquer natureza (IR), Imposto sobre Produtos Industrializados (IPI), Imposto sobre Operações Financeiras (IOF), Imposto Territorial Rural (ITR), Imposto sobre Circulação de Mercadorias e Prestação de Serviços de Transporte Interestadual, Intermunicipal e de Comunicações (ICMS) etc.

JURISPRUDÊNCIA

ASSUNTO: PROCESSO ADMINISTRATIVO FISCAL Ano-calendário: 2000 PROCESSOS DE RESTITUIÇÃO/COMPENSAÇÃO. LANÇAMENTO POR HOMOLOGAÇÃO. REVISÃO PELO FISCO DA APURAÇÃO E DO QUANTUM DEVIDO, CONFESSADO PELO CONTRIBUINTE MEDIANTE DECLARAÇÃO. NATUREZA DA ATIVIDADE. FORMA DE CONSTITUIÇÃO DAS DIFERENÇAS APURADAS NO QUANTUM DEVIDO. Na modalidade de lançamento por homologação a atividade do contribuinte de confessar o débito em declaração e efetuar o pagamento constitui o crédito tributário, dispensando o Fisco de qualquer providência para a sua constituição. Para modificar os valores originalmente declarados o contribuinte necessita apresentar nova declaração retificadora dos débitos. Na revisão pelo Fisco dos valores apurados e confessados pelo contribuinte eventuais diferenças devidas e não confessadas devem ser objeto da constituição do respectivo crédito tributário pelo lançamento. Esta é a forma legal de revisão do pagamento e declaração do tributo realizados pelo contribuinte, sujeitos à homologação da autoridade Fiscal, sem o que as apurações do sujeito passivo permanecem válidas e o Fisco não pode exigir as diferenças apuradas, pois sequer pode inscrevê-la em dívida ativa. A obrigatoriedade de realização do lançamento para constituição do crédito tributário apurado, quando este não foi regularmente apurado e confessado pelo sujeito passivo, está prevista na lei que rege o processo administrativo fiscal, que determina a lavratura de auto de infração ou notificação

de lançamento, inclusive para os casos "em que, constatada infração à legislação tributária, dela não resulte exigência de crédito tributário". ASSUNTO: NORMAS GERAIS DE DIREITO TRIBUTÁRIO Ano-calendário: 2000 DECADÊNCIA MATÉRIA DE ORDEM PÚBLICA. CONHECIMENTO DE OFÍCIO. Por se tratar de matéria de ordem pública, conhecível a qualquer tempo, deve ser reconhecida de ofício pelo julgador, ainda que não tenha sido expressamente suscitada. PROCESSOS DE RESTITUIÇÃO/COMPENSAÇÃO. LANÇAMENTO POR HOMOLOGAÇÃO. REVISÃO PELO FISCO DA APURAÇÃO E DO QUANTUM DEVIDO, CONFESSADO PELO CONTRIBUINTE MEDIANTE DECLARAÇÃO. PRAZO DECADENCIAL. APLICAÇÃO. Considerando que a revisão pelo Fisco da apuração e do quantum devido, enseja a necessidade de realização de lançamento de ofício das diferenças apuradas, na forma prevista na lei que rege o processo administrativo fiscal, não há fundamento para afastar a aplicação dos prazos decadenciais previstos no art. 150 ou 173, inc. I do CTN às revisões desta natureza feita pela autoridade administrativa no bojo da análise dos pedidos de restituição e/ou compensação. Ultrapassado o prazo decadencial, o lançamento resta homologado e torna-se imutável a apuração do quantum de tributo devido confessado pelo contribuinte. Esses prazos decadenciais não se aplicam ao exame das parcelas que compõem a quitação do crédito tributário apurado, objeto de pedido de restituição/compensação total ou parcial pelo sujeito passivo, pois estas correspondem à essência do direito creditório pleiteado, sem as quais inexiste o próprio crédito.
(**CARF 13808003406200190** 1302-004.715, Relator: Luiz Tadeu Matosinho Machado, Data de Julgamento: 11/08/2020, Data de Publicação: 27/08/2020)
TRIBUTÁRIO. LANÇAMENTO POR HOMOLOGAÇÃO. MEDIDA LIMINAR. NO LANÇAMENTO POR HOMOLOGAÇÃO, O CONTRIBUINTE VERIFICA A OCORRÊNCIA DO FATO GERADOR, APURA O TRIBUTO DEVIDO E RECOLHE O MONTANTE CORRESPONDENTE, SEM QUALQUER INTERFERÊNCIA DA FAZENDA PÚBLICA, CUJO PRAZO PARA CONFERIR A EXATIDÃO DESSE PROCEDIMENTO INICIA NA DATA DA ANTECIPAÇÃO DO PAGAMENTO (CTN, ART. 150, PARÁGRAFO 4.). A MEDIDA LIMINAR QUE IMPEDE O FISCO, AINDA NO PRAZO ASSINADO PARA A CONSTITUIÇÃO DO CRÉDITO TRIBUTÁRIO, DE REVISAR ESSA MODALIDADE DE LANÇAMENTO, DESVIRTUA O SISTEMA LEGAL, O QUAL LEGITIMA O PROCEDIMENTO FISCAL ENSEJANDO AO CONTRIBUINTE A MAIS AMPLA DEFESA. NESSA LINHA, O ACÓRDÃO RECORRIDO DEVE SER MANTIDO PELA CONCLUSÃO, MAS EXCLUSIVAMENTE POR ESSA MOTIVAÇÃO, E NÃO POR AQUELA QUE DESBORDOU DOS LIMITES DA LIDE, DECIDINDO DESDE LOGO MATÉRIA AINDA NÃO EXAMINADA PELO MM. JUIZ FEDERAL. RECURSO ORDINÁRIO IMPROVIDO.
(**STJ – RMS: 6511 DF** 1995/0065406-7, Relator: Ministro ARI PARGENDLER, Data de Julgamento: 14/03/1996, T2 – SEGUNDA TURMA, Data de Publicação: DJ 15.04.1996 p. 11506)
ASSUNTO: NORMAS DE ADMINISTRAÇÃO TRIBUTÁRIA Período de apuração: 01/07/2010 a 30/09/2010 SÚMULA CARF 01. CONCOMITÂNCIA. IDENTIDADE DE MATÉRIA TRATADA EM AÇÃO JUDICIAL. NÃO CONHECIMENTO. RENÚNCIA. Importa renúncia às instâncias administrativas a propositura pelo sujeito passivo de ação judicial por qualquer modalidade processual, antes ou depois do lançamento de ofício, com o mesmo objeto do processo administrativo, sendo cabível apenas a apreciação, pelo órgão de julgamento administrativo, de matéria distinta da constante do processo judicial.
(**CARF 10920904540201288** 3401-010.400, Relator: Não informado, Data de Julgamento: 16/12/2021, Data de Publicação: 28/02/2022)
TRIBUTÁRIO. RECURSO ESPECIAL REPRESENTATIVO DE CONTROVÉRSIA. IMPOSTO SOBRE TRANSMISSÃO DE BENS IMÓVEIS (ITBI). BASE DE CÁLCULO. VINCULAÇÃO COM IMPOSTO PREDIAL E TERRITORIAL URBANO (IPTU). INEXISTÊNCIA. VALOR VENAL DECLARADO PELO CONTRIBUINTE. PRESUNÇÃO DE VERACIDADE. REVISÃO PELO FISCO. INSTAURAÇÃO DE PROCESSO ADMINISTRATIVO. POSSIBILIDADE. PRÉVIO VALOR DE REFERÊNCIA. ADOÇÃO. INVIABILIDADE. 1. A jurisprudência pacífica desta Corte Superior é no sentido de que, embora o Código Tributário Nacional estabeleça como base de cálculo do Imposto Predial e Territorial Urbano (IPTU) e do Imposto sobre Transmissão de Bens Imóveis (ITBI) o "valor venal", a apuração desse elemento quantitativo faz-se de formas diversas, notadamente em razão da distinção existente entre os fatos geradores e a modalidade

de lançamento desses impostos. 2. Os arts. 35 e 38 do CTN dispõem, respectivamente, que o fato gerador do ITBI é a transmissão da propriedade ou de direitos reais imobiliários ou a cessão de direitos relativos a tais transmissões e que a base de cálculo do tributo é o "valor venal dos bens ou direitos transmitidos", que corresponde ao valor considerado para as negociações de imóveis em condições normais de mercado. 3. A possibilidade de dimensionar o valor dos imóveis no mercado, segundo critérios, por exemplo, de localização e tamanho (metragem), não impede que a avaliação de mercado específica de cada imóvel transacionado oscile dentro do parâmetro médio, a depender, por exemplo, da existência de outras circunstâncias igualmente relevantes e legítimas para a determinação do real valor da coisa, como a existência de benfeitorias, o estado de conservação e os interesses pessoais do vendedor e do comprador no ajuste do preço. 4. O ITBI comporta apenas duas modalidades de lançamento originário: por declaração, se a norma local exigir prévio exame das informações do contribuinte pela Administração para a constituição do crédito tributário, ou por homologação, se a legislação municipal disciplinar que caberá ao contribuinte apurar o valor do imposto e efetuar o seu pagamento antecipado sem prévio exame do ente tributante. 5. Os lançamentos por declaração ou por homologação se justificam pelas várias circunstâncias que podem interferir no específico valor de mercado de cada imóvel transacionado, circunstâncias cujo conhecimento integral somente os negociantes têm ou deveriam ter para melhor avaliar o real valor do bem quando da realização do negócio, sendo essa a principal razão da impossibilidade prática da realização do lançamento originário de ofício, ainda que autorizado pelo legislador local, pois o fisco não tem como possuir, previamente, o conhecimento de todas as variáveis determinantes para a composição do valor do imóvel transmitido. 6. Em face do princípio da boa-fé objetiva, o valor da transação declarado pelo contribuinte presume-se condizente com o valor médio de mercado do bem imóvel transacionado, presunção que somente pode ser afastada pelo fisco se esse valor se mostrar, de pronto, incompatível com a realidade, estando, nessa hipótese, justificada a instauração do procedimento próprio para o arbitramento da base de cálculo, em que deve ser assegurado ao contribuinte o contraditório necessário para apresentação das peculiaridades que amparariam o quantum informado (art. 148 do CTN). 7. A prévia adoção de um valor de referência pela Administração configura indevido lançamento de ofício do ITBI por mera estimativa e subverte o procedimento instituído no art. 148 do CTN, pois representa arbitramento da base de cálculo sem prévio juízo quanto à fidedignidade da declaração do sujeito passivo. 8. Para o fim preconizado no art. 1.039 do CPC/2015, firmam-se as seguintes teses: a) a base de cálculo do ITBI é o valor do imóvel transmitido em condições normais de mercado, não estando vinculada à base de cálculo do IPTU, que nem sequer pode ser utilizada como piso de tributação; b) o valor da transação declarado pelo contribuinte goza da presunção de que é condizente com o valor de mercado, que somente pode ser afastada pelo fisco mediante a regular instauração de processo administrativo próprio (art. 148 do CTN); c) o Município não pode arbitrar previamente a base de cálculo do ITBI com respaldo em valor de referência por ele estabelecido unilateralmente. 9. Recurso especial parcialmente provido. **(STJ – REsp: 1937821 SP** 2020/0012079-1, Relator: Ministro GURGEL DE FARIA, Data de Julgamento: 24/02/2022, S1 – PRIMEIRA SEÇÃO, Data de Publicação: DJe 03/03/2022)

PROCESSUAL CIVIL. TRIBUTÁRIO. AGRAVO INTERNO. RECURSO ESPECIAL. IMPOSTO DE RENDA. DECLA-RAÇÃO RETIFICADORA. POSSIBILIDADE DE ENTREGA APÓS O INÍCIO DE PROCEDIMENTO DE FISCALIZA-ÇÃO. ART. 147, § 1º, CTN. PROVIMENTO NEGADO. 1. A declaração de imposto de renda é o mecanismo ou o instrumento por meio do qual a parte contribuinte promove o lançamento por homologação do crédito tributário. 2. Nos termos da Súmula 436 do Superior Tribunal de Justiça (STJ): "A entrega de declaração pelo contribuinte reconhecendo débito fiscal constitui o crédito tributário, dispensada qualquer outra providência por parte do fisco". 3. Esse procedimento não oficioso de autoconstituição ou autolançamento (art. 150 do Código Tributário Nacional) é suficiente para a formatação definitiva do crédito tributário, cabendo ao fisco o exercício da sua prerrogativa de homologar, ou não, a modalidade de lançamento levada a efeito pela parte contribuinte. 4. Considerando que tanto a declaração original quanto a retificadora têm a mesma natureza jurídica, tendo a declaração original sido retificada, vale a informação mais recente constante da "declaração retificadora", que tem a mesma natureza e o mesmo efeito jurídico daquela, mas é posterior, sendo, conforme o art. 18 da Medida Provisória 2.189-49, de 23 de agosto de 2001, desnecessária a autorização da autoridade administrativa. 5. No caso em tela, o Tribunal de origem violou o disposto no art. 147, § 1º, do Código Tributário Nacional (CTN) ao não permitir a apresentação da declaração retificadora durante o processo de fiscalização, pois ainda não tinha sido lançado o tributo devido. 6. Agravo interno a que se nega provimento.

(STJ – AgInt no REsp: 1798667 PB 2019/0050733-5, Relator: Ministro PAULO SÉRGIO DOMINGUES, Data de Julgamento: 17/06/2024, T1 – PRIMEIRA TURMA, Data de Publicação: DJe 26/06/2024)

TRIBUTÁRIO E PROCESSUAL CIVIL. AGRAVO INTERNO NO AGRAVO EM RECURSO ESPECIAL. AÇÃO ANULA-TÓRIA DE DÉBITOS FISCAIS. RECONHECIMENTO DA DECADÊNCIA PARCIAL. CONTROVÉRSIA RESOLVIDA, PELO TRIBUNAL DE ORIGEM, À LUZ DAS PROVAS DOS AUTOS. IMPOSSIBILIDADE DE REVISÃO, NA VIA ESPECIAL. AGRAVO INTERNO IMPROVIDO. I. Trata-se, na origem, de Ação Anulatória de Débitos Fiscais, visando a desconstituição de créditos tributários de ISS correspondentes ao período compreendido entre janeiro de 2013 e dezembro de 2018, de cuja petição inicial colhe-se, entre outras causas de pedir, a arguição de decadência parcial dos lançamentos, mais especificamente em relação ao período de 01/2013 a 10/2013, sob a alegação de que "a autora foi cientificada dos autos de infração tão somente em 11/10/2018, isto é, após transcurso de tempo superior a cinco anos entre a data da ocorrência dos fatos geradores". O Juízo de 1º Grau julgou parcialmente procedente a demanda, "para reconhecer a decadência dos débitos retroativos concernentes ao período de janeiro de 2013 a outubro de 2013". Interpostas Apelações, por ambas as partes, o Tribunal de origem negou provimento aos recursos, deixando consignado, na ementa do acórdão recorrido, no tocante ao reconhecimento da decadência parcial, que a Administração "deve limitar a cobrança das diferenças ao prazo decadencial de 05 anos, contados a partir dos fatos geradores, pois na hipótese o lançamento se deu por homologação e houve pagamento antecipado e a menor". Opostos Embargos Declaratórios, em 2º Grau, restaram eles rejeitados. No Recurso Especial o ente público apontou violação aos arts. 150, § 4º, e 173, I, do CTN, sustentando, uma vez mais, a não ocorrência de decadência parcial, ao argumento de que "os pagamentos realizados pela autora disseram respeito a um código de tributação especial para as SUP's, quando, na verdade, a empresa deveria ter recolhido o ISS com base nos códigos gerais, calculando o tributo devido com base no movimento econômico. Por isso, entende a Municipalidade que, para o ISS devido com base no movimento econômico da Autora, não houve qualquer recolhimento, de sorte que não existe valor a ser homologado pelo Fisco. Em razão disso, portanto, se mostra inaplicável à espécie o art. 150, § 4º, do CTN. (...) Ainda que a ausência de recolhimento conforme as regras do regime geral não fosse motivo suficiente para se afastar a incidência do art. 150, § 4º, do CTN, não se pode olvidar que os recolhimentos realizados com base no regime especial das SUP's foram baseados em dolo, posto que constatou-se na operação fiscal a apresentação de dados falsos pela Recorrida". II. A Primeira Seção do STJ, ao julgar o REsp 766.050/PR (Rel. Ministro LUIZ FUX, DJU de 25/02/2008), deixou assentado que a decadência, no âmbito do Direito Tributário, importa no perecimento do direito potestativo de o Fisco constituir o crédito tributário pelo lançamento. No referido julgamento restou decidido que "a decadência do direito de lançar do Fisco, em se tratando de tributo sujeito a lançamento por homologação, quando ocorre pagamento antecipado inferior ao efetivamente devido, sem que o contribuinte tenha incorrido em fraude, dolo ou simulação, nem tenha sido notificado pelo Fisco de quaisquer medidas preparatórias, obedece à regra prevista na primeira parte do § 4º do artigo 150 do CTN, segundo o qual, se a lei não fixar prazo à homologação, será ele de cinco anos, a contar da ocorrência do fato gerador". O aludido precedente foi posteriormente citado pela Primeira Seção do STJ, por ocasião do julgamento, sob o rito dos recursos repetitivos, do RE 973.733/SC (Rel. Ministro LUIZ FUX, DJe de 18/09/2009). III. O Tribunal de origem, com base no exame dos elementos fáticos dos autos, manteve o reconhecimento da decadência parcial, consignando que "o lançamento se deu por homologação, pois a própria autora, sem prévio controle da Administração Pública, calculou e declarou o que devia, além de haver antecipado o pagamento tributário (ISS). (...) Como a empresa autora declarou o débito tributário e o pagou, ainda que o pagamento tenha sido feito a menor, o termo inicial do prazo decadencial deveria, de fato, ser a data do fato gerador. (...) Não

há, portanto, ensejo à reforma da sentença, pois as autuações são válidas e é nítida a decadência parcial do lançamento relativo ao período de janeiro de 2013 a outubro do mesmo ano, uma vez transcorrido o lustro entre a materialização do fato gerador e o lançamento tributário". Tal entendimento, firmado pelo Tribunal a quo, no sentido de que, "como a empresa autora declarou o débito tributário e o pagou, ainda que o pagamento tenha sido feito a menor, o termo inicial do prazo decadencial deveria, de fato, ser a data do fato gerador", não pode ser revisto, pelo Superior Tribunal de Justiça, por exigir o reexame da matéria fático-probatória dos autos. Precedentes do STJ. IV. Agravo interno improvido.
(STJ – AgInt no AREsp: 2129608 SP 2022/0145663-2, Relator: ASSUSETE MAGALHÃES, Data de Julgamento: 28/11/2022, T2 – SEGUNDA TURMA, Data de Publicação: DJe 01/12/2022)
TRIBUTÁRIO. PROCESSUAL CIVIL. AGRAVO INTERNO NO RECURSO ESPECIAL. CÓDIGO DE PROCESSO CIVIL DE 2015. APLICABILIDADE. TRIBUTO COM A EXIGIBILIDADE SUSPENSA POR FORÇA DE DECISÃO LIMINAR. INEXISTÊNCIA DE IMPEDIMENTO PARA CONSTITUIÇÃO DO CRÉDITO TRIBUTÁRIO COM O OBJETIVO DE EVITAR A DECADÊNCIA. APLICAÇÃO DE MULTA. ART. 1.021, § 4º, DO CÓDIGO DE PROCESSO CIVIL DE 2015. INADEQUADA AO CASO CONCRETO. I – Consoante o decidido pelo Plenário desta Corte na sessão realizada em 09.03.2016, o regime recursal será determinado pela data da publicação do provimento jurisdicional impugnado. In casu, aplica-se o Código de Processo Civil de 2015. II – Este Superior Tribunal de Justiça tem firme posicionamento segundo o qual o deferimento de medida liminar para suspender a exigibilidade do tributo não impede o Fisco de constituir regularmente o crédito tributário, a fim de que se evite a decadência. III – Em regra, descabe a imposição da multa, prevista no art. 1.021, § 4º, do Código de Processo Civil de 2015, em razão do mero improvimento do Agravo Interno em votação unânime, sendo necessária a configuração da manifesta inadmissibilidade ou improcedência do recurso a autorizar sua aplicação, o que não ocorreu no caso. IV – Agravo Interno improvido.
(STJ – AgInt no REsp: 1957449 SP 2021/0276356-0, Data de Julgamento: 02/05/2022, T1 – PRIMEIRA TURMA, Data de Publicação: DJe 05/05/2022)
PROCESSUAL CIVIL E TRIBUTÁRIO. RECURSO ESPECIAL REPRESENTATIVO DE CONTROVÉRSIA. TEMA 1.012. ENUNCIADO ADMINISTRATIVO Nº 2 DO STJ (RECURSO INTERPOSTO NA VIGÊNCIA DO CPC DE 1973). EXECUÇÃO FISCAL. BLOQUEIO DE VALORES DO DEVEDOR VIA SISTEMA BACENJUD ANTERIOR À CONCESSÃO DE PARCELAMENTO FISCAL. MANUTENÇÃO DA CONSTRIÇÃO. PRECEDENTES. REAFIRMAÇÃO DA JURISPRUDÊNCIA CONSOLIDADA DESTA CORTE. SUPERVENIENTE PREJUDICIALIDADE DO RECURSO ESPECIAL QUE NÃO IMPEDE A FIXAÇÃO DA TESE RELATIVA À QUESTÃO JURÍDICA AFETADA AO RITO DOS REPETITIVOS. INTELIGÊNCIA DO PARÁGRAFO ÚNICO DO ART. 998 DO CPC/2015. 1. As questões relativas aos requisitos de admissibilidade e abrangência de argumentação e discussão da questão a ser decidida foram analisadas pela Primeira Seção desta Corte no acórdão de fls. 368-376 e-STJ, na forma dos arts. 256-I e 257-A, § 1º, do RISTJ, tendo sido afetados e considerados aptos a representar a controvérsia o REsp 1.756.506/PA, o REsp 1.696.270/MG e o REsp 1.703.535/PA, para fins de fixação da tese jurídica para os efeitos dos arts. 927, III, 1.039 e seguintes do CPC/2015, cujo objeto é a definição da seguinte questão: "possibilidade de manutenção de penhora da valores via sistema BACENJUD no caso de parcelamento do crédito fiscal executado (art. 151, VI, do CTN)". Por ocasião do acórdão de afetação foi determinada a suspensão dos processos sobre o tema em todo o território nacional, inclusive os que tramitam nos juizados especiais. 2. A jurisprudência consolidada desta Corte, a qual se pretende reafirmar, mantendo-a estável, íntegra e coerente, na forma do art. 926 do CPC/2015, admite a manutenção do bloqueio de valores via sistema BACENJUD realizado em momento anterior à concessão de parcelamento fiscal, seja em razão de expressa previsão, na legislação do parcelamento, de manutenção das garantias já prestadas, seja porque, ainda que não haja tal previsão na legislação do benefício, o parcelamento, a teor do art. 151, VI, do CTN, não extingue a obrigação, apenas suspende a exigibilidade do crédito tributário, mantendo a relação jurídica processual no estado em que ela se encontra, cuja execução fiscal poderá ser retomada, com a execução da garantia, em caso de eventual exclusão do contribuinte do programa de parcelamento fiscal. Nesse sentido: AgInt no REsp 1.864.068/SC, Rel. Ministro Benedito Gonçalves, Primeira Turma, DJe 18/12/2020; REsp 1.701.820/SP, Min. Ministro Herman Benjamin, Segunda Turma, DJe 19/12/2017; AgInt no REsp 1.379.633/PB, Rel. Ministro Gurgel De Faria, Primeira Turma, DJe 15/12/2017; AgInt no REsp 1.488.977/RS, Rel. Ministro Napoleão Nunes Maia Filho, Primeira Turma, DJe 03/08/2017;

AgInt no REsp 1.614.946/DF, Rel. Ministra Regina Helena Costa, Primeira Turma, DJe 29/03/2017; AgRg nos EDcl no REsp 1.342.361/PE, Rel. Ministro Sérgio Kukina, Primeira Turma, DJe 04/10/2016; AgInt no REsp 1.596.222/PI, Rel. Min. Og Fernandes, Segunda Turma, DJe 30/09/2016; REsp 1.229.028/PR, Rel. Ministro Mauro Campbell Marques, Segunda Turma, DJe 18/10/2011; AgRg no REsp 1.249.210/MG, Rel. Ministro Humberto Martins, Segunda Turma, DJe 24/06/2011. 3. Não prospera o argumento levado a efeito pelo Tribunal de origem, bem como pela Defensoria Pública da União em sua manifestação como amicus curiae, no sentido de diferenciar o dinheiro em depósito ou aplicação financeira, bloqueado via sistema BACENJUD, dos demais bens passíveis de penhora ou constrição, visto que não há diferenciação em relação ao bem dado em garantia na legislação que trata da manutenção das garantias do débito objeto do parcelamento fiscal, não cabendo ao intérprete fazê-lo, sob pena de atuar como legislador positivo em violação ao princípio da separação dos poderes. 4. Se o bloqueio de valores do executado via sistema BACENJUD ocorre em momento posterior à concessão de parcelamento fiscal, não se justifica a manutenção da constrição, devendo ser levantado o bloqueio, visto que: (i) se o parcelamento for daqueles cuja adesão exige, como um dos requisitos, a apresentação de garantias do débito, tais requisitos serão analisados pelo Fisco no âmbito administrativo e na forma da legislação pertinente para fins de inclusão do contribuinte no programa; e (ii) a suspensão da exigibilidade do crédito fiscal pelo parcelamento (já concedido) obsta sejam levadas a efeito medidas constritivas enquanto durar a suspensão da exigibilidade do crédito, no caso, na vigência do parcelamento fiscal. Tal orientação já foi consolidada pela Primeira Seção desta Corte, em sede de recurso especial repetitivo, nos autos do REsp nº 1.140.956/SP, de relatoria do eminente Ministro Luiz Fux, DJe 3/12/2010. 5. Tese jurídica fixada para os fins dos arts. 927, III, 1.039 e seguintes do CPC/2015: O bloqueio de ativos financeiros do executado via sistema BACENJUD, em caso de concessão de parcelamento fiscal, seguirá a seguinte orientação: (i) será levantado o bloqueio se a concessão é anterior à constrição; e (ii) fica mantido o bloqueio se a concessão ocorre em momento posterior à constrição, ressalvada, nessa hipótese, a possibilidade excepcional de substituição da penhora online por fiança bancária ou seguro garantia, diante das peculiaridades do caso concreto, mediante comprovação irrefutável, a cargo do executado, da necessidade de aplicação do princípio da menor onerosidade. 6. Dispositivo: Julgo prejudicado o recurso especial da FAZENDA NACIONAL em razão da superveniente perda de objeto decorrente da extinção da execução fiscal em face do pagamento do débito pelo então devedor.
(STJ – REsp: 1756406 PA 2018/0195009-0, Data de Julgamento: 08/06/2022, S1 – PRIMEIRA SEÇÃO, Data de Publicação: DJe 14/06/2022)
RECURSOS ESPECIAIS. PREVIDÊNCIA PRIVADA COMPLEMENTAR. VGBL. ENTIDADE ABERTA. NATUREZA JURÍDICA MULTIFACETADA. SEGURO PREVIDENCIÁRIO. REGRA. INVESTIMENTO OU APLICAÇÃO FINANCEIRA. SITUAÇÃO EXCEPCIONAL. COLAÇÃO DE VALOR AO INVENTÁRIO. HERANÇA. 1. Os planos de previdência privada complementar aberta, operados por seguradoras autorizadas pela Susep, dos quais o VGBL é um exemplo, têm natureza jurídica multifacetada porque, tratando-se de regime de capitalização no qual cabe ao investidor, com ampla liberdade e flexibilidade, deliberar sobre os valores de contribuição, depósitos adicionais, resgates antecipados ou parceladamente até o fim da vida, ora se assemelham a seguro previdenciário adicional, ora se assemelham a investimento ou aplicação financeira (Terceira Turma, REsp n. 1.726.577/SP). 2. A natureza securitária e previdenciária complementar desses contratos é a regra e se evidencia no momento em que o investidor passa a receber, a partir de determinada data futura e em prestações periódicas, os valores que acumulou ao longo da vida, como forma de complementação do valor recebido da previdência pública e com o propósito de manter determinado padrão de vida (Terceira Turma, REsp n. 1.726.577/SP). 3. No período que antecede a percepção dos valores, ou seja, durante as contribuições e formação do patrimônio, com múltiplas possibilidades de depósitos, de aportes diferenciados e de retiradas, inclusive antecipadas, em casos excepcionais, pode ficar caracterizada situação de investimento, equiparando-se o VGBL a aplicações financeiras (Terceira Turma, REsp n. 1.726.577/SP). 4. Na hipótese excepcional em que ficar evidenciada a condição de investimento, os bens integram o patrimônio do de cujus e devem ser trazidos à colação no inventário, como herança, devendo ainda ser objeto da partilha, desde que antes da conversão

em renda e pensionamento do titular. 5. Circunstâncias como idade e condição de saúde do titular de VGBL e uso de valores decorrentes de venda do único imóvel do casal evidenciam a excepcionalidade da situação e indicam a condição de investimento. 6. Recursos especiais conhecidos e desprovidos.
(STJ – REsp: 2004210 SP 2018/0337070-7, Relator: JOÃO OTÁVIO DE NORONHA, Data de Julgamento: 07/03/2023, T4 – QUARTA TURMA, Data de Publicação: DJe 02/05/2023)
EMBARGOS À EXECUÇÃO. NULIDADE DA CDA. TÉCNICA DO ARBITRAMENTO. INVIABILIDADE NA HIPÓTESE. ANÁLISE DO CONJUNTO PROBATÓRIO DOS AUTOS. INCIDÊNCIA DA SÚMULA N. 7/STJ. OFENSA AO ART. 535 DO CPC. EMBARGOS DE DECLARAÇÃO. INEXISTÊNCIA. HONORÁRIOS ADVOCATÍCIOS. EXORBITÂNCIA. REDUÇÃO. I – O feito decorre de ação para anular débito fiscal relativo à cobrança de ISSQN pelo Município de Salvador, calculado pela técnica de arbitramento. O Tribunal a quo consignou, em suma, que, de acordo com a prova dos autos, não se fazia necessário o arbitramento fiscal, tendo em vista que o contribuinte não se teria omitido em prestar informações "e ainda que fosse de proceder ao arbitramento fiscal, previsto no mencionado art. 148, do CTN, cabia ao apelante, e somente a ele, na forma do art. 142, daquele diploma legal, determinar a matéria tributável, indicando, pormenorizadamente, os critérios técnicos adotados para a obtenção da base de cálculo do tributo [...]". II – Sobre a alegada ofensa ao art. 148 do CTN, verifica-se que o Tribunal a quo, ao examinar a questão do arbitramento do tributo, entendeu, com a utilização do conjunto probatório dos autos, que não era o caso de arbitramento contido no referido dispositivo legal e que a CDA era nula. Para afastar a referida convicção e analisar a tese do recorrente pela higidez do lançamento fiscal, seria impositivo o reexame do mesmo conteúdo probatório utilizado pelo julgador o que é vedado no âmbito do recurso especial. Incidência da Súmula n. 7/STJ. III – No tocante à alegada ofensa ao art. 535 do CPC/1973, verifica-se que a alegação deve ser afastada tendo em vista que não foram opostos embargos de declaração, precluindo para o recorrente o momento para apontar a ocorrência das pechas constantes do referido dispositivo legal. IV – Por outro lado, acerca da alegada violação do art. 20 §§ 3º e 4º do CPC/1973, observa-se que o Tribunal a quo ao decidir manter o percentual de 10% para a fixação de honorários advocatícios, o fez por entender que era vedado sair dos limites máximo e mínimo indicados no § 3º do art. 20 do CPC/1973. Verifica-se, então que o julgador interpretou conjuntamente os parágrafos 3º e 4º do art. 20 do CPC/1973, de forma diversa da interpretação consolidada por este Superior Tribunal de Justiça sobre os regramentos legais entelados. V – Este Superior Tribunal de Justiça tem entendimento cristalizado no sentido de que vencida a Fazenda Pública, deve o julgador fixar os honorários advocatícios consoante apreciação equitativa, em observância aos parâmetros do § 3º do art. 20 do CPC/1973, sem no entanto estar adstrito aos limites mínimo e máximo previstos no referido regramento legal. AgInt nos EDcl no REsp n. 1.927.425/RJ, Relator Ministro Mauro Campbell Marques, Segunda Turma, DJe de 18/10/2021 e REsp n. 1.659.638/SP, relator Ministro Herman Benjamin, Segunda Turma, DJe de 5/5/2017. VI – Recurso especial parcialmente provido para cassar o acórdão recorrido, exclusivamente na parte relativa aos honorários advocatícios, com devolução dos autos para novo arbitramento da verba, consoante apreciação equitativa, observando-se os parâmetros do § 3º do art. 20 do CPC/1973, sem no entanto se ater ao limite mínimo de 10% (dez por cento) constante do referido regramento.
(STJ – REsp: 1790898 BA 2019/0003994-9, Data de Julgamento: 25/10/2022, T2 – SEGUNDA TURMA, Data de Publicação: DJe 21/12/2022)
TRIBUTÁRIO E PROCESSUAL CIVIL. AGRAVO INTERNO NO AGRAVO EM RECURSO ESPECIAL. NEGATIVA DE PRESTAÇÃO JURISDICIONAL. NÃO CONFIGURAÇÃO. JULGAMENTO EXTRA PETITA. SÚMULA N. 211/STJ. MULTA ISOLADA. ACÓRDÃO LOCAL QUE AFIRMAR TER SIDO CORRETAMENTE INCLUÍDA NA CDA A MULTA ISOLADA POR DESCUMPRIMENTO DE OBRIGAÇÃO ACESSÓRIA. REVISÃO. IMPOSSIBILIDADE. INCIDÊNCIA DA SÚMULA Nº 7 DO STJ. MATÉRIA DECIDIDA À LUZ DO RICMS. SÚMULA N. 280/STF. AGRAVO INTERNO NÃO PROVIDO. 1. A despeito da argumentação do agravo, a jurisprudência desta Corte está no sentido de que não se pode falar em negativa de prestação jurisdicional quando o aresto combatido enfrenta a questão de forma fundamentada mas sob fundamento jurídico diverso do invocado pela parte. 2. Com relação à violação do art. 141 do Código de Processo Civil, atrelado à tese de que o acórdão recorrido extrapolou os limites da lide, não há que se falar em prequestionamento. Isso porque, a despeito da oposição de declaratórios, não houve manifestação do Tribunal de origem acerca da questão. A rigor, o

cumprimento do requisito do prequestionamento se observa com o debate sobre a tese jurídica específica, isto é, com a emissão de juízo de valor sobre determinada norma e a sua aplicabilidade ao caso concreto, não bastando a simples provocação para que a Corte a quo se manifeste, consoante ocorreu nesses autos quando da oposição de embargos de declaração. 3. O acórdão do Tribunal local afirmou expressamente às fls. 600-601 e-STJ que "(...) no que tange à sanção aplicada, nota-se da CDA a multa foi aplicada com fundamento adotado na alínea j do inciso II do art. 527 c. c §§ 1° e 10 do mesmo RICMS (Decreto 45.490/00), justamente em razão de o formato dos arquivos magnéticos apresentados ao Fisco estarem em desacordo com a Portaria CAT 17/99. Nesse contexto, incontroverso que a empresa embargante não cumpriu integralmente as obrigações acessórias, conforme detalhadamente explicado no laudo técnico. Logo, a sentença merece ser mantida quanto à subsistência da execução da penalidade, sendo possível a aplicação de multa ainda que não haja diferença de tributo a recolher (principal), de modo que o simples descumprimento de obrigação acessória autoriza o arbitramento de penalidade conforme expressa previsão do art. 527, caput, do RICMS". 4. Revisar o acórdão recorrido quanto ao efetivo lançamento da multa isolada tida por incluída na CDA ou de ocorrência de modificação dos critérios jurídicos do lançamento, se ocorrido, demandaria incursão no substrato fático-probatório dos autos, providência inviável em sede de recurso especial em razão do óbice da Súmula nº 7 desta Corte, além da necessidade de exame da legislação local que autoriza a incidência da referida multa por descumprimento de obrigação acessória a atrair o óbice da Súmula nº 280 do STF. 5. Agravo interno não provido. **(STJ – AgInt no AREsp: 1790718 SP** 2020/0304252-8, Data de Julgamento: 06/12/2022, T2 – SEGUNDA TURMA, Data de Publicação: DJe 13/12/2022)

TRIBUTÁRIO. AGRAVO INTERNO NO RECURSO ESPECIAL. IPTU. REDUÇÃO DA ÁREA TRIBUTÁVEL. NULIDADE DO LANÇAMENTO. NÃO CONFIGURAÇÃO. SIMPLES CÁLCULOS ARITMÉTICOS. PRECEDENTES. AGRAVO INTERNO NÃO PROVIDO. 1. O Superior Tribunal de Justiça possui firme entendimento no sentido de que, "(...) em se tratando de revisão do lançamento, pelo Poder Judiciário, que acarrete a exclusão de parcela indevida da base de cálculo do tributo, o excesso de execução não implica a decretação da nulidade do título executivo extrajudicial, mas tão somente a redução do montante ao valor tido como devido, quando o valor remanescente puder ser apurado por simples cálculos aritméticos" (REsp 1.247.811/RS, Rel. Min. Mauro Campbell Marques, Segunda Turma, DJe 21/6/2011). 2. Agravo interno não provido. **(STJ – AgInt no REsp: 1986189 RJ** 2022/0045192-7, Data de Julgamento: 19/09/2022, T2 – SEGUNDA TURMA, Data de Publicação: DJe 22/09/2022)

ASSUNTO: IMPOSTO SOBRE A RENDA DE PESSOA JURÍDICA (IRPJ) Ano-calendário: 2008 NULIDADE DO LANÇAMENTO. PRETERIÇÃO DO DIREITO DE DEFESA. A falta da ciência ao contribuinte da relação individualizada dos valores considerados como receitas omitidas torna nulo o lançamento efetuado com base em presunção de omissão de receitas por ser considerada essa informação requisito essencial para defesa do contribuinte. ARBITRAMENTO DO LUCRO. NULIDADE DO LANÇAMENTO. FALTA DE INTIMAÇÃO PARA CORREÇÃO DE IRREGULARIDADES. Torna-se nulo o lançamento por arbitramento de lucro na hipótese de vícios, erros ou deficiências que tornem imprestável a escrituração para identificação da efetiva movimentação financeira, inclusive bancária, quando não precedida de intimação a contribuinte para correção das irregularidades identificadas. TRIBUTAÇÃO REFLEXA Aplicam-se aos lançamentos decorrentes, de CSLL, PIS e COFINS, as mesmas razões de decidir referentes às exigências a título de IRPJ, com as correções necessárias para o PIS e para COFINS no que tange à determinação do período de apuração da base de cálculo. **(CARF 11080733018201215** 1302-006.436, Relator: SERGIO MAGALHAES LIMA, Data de Julgamento: 12/04/2023, Data de Publicação: 10/05/2023)

ASSUNTO: IMPOSTO SOBRE A RENDA DE PESSOA FÍSICA (IRPF) Ano-calendário: 2002, 2003, 2004 PROVAS APRESENTADAS EM RECURSO VOLUNTÁRIO. PRINCÍPIO DA VERDADE MATERIAL. Como regra, a prova deve ser apresentada na impugnação, contudo, tendo o contribuinte apresentado os documentos comprobatórios no voluntário, razoável se admitir a juntada e a realização do seu exame em atenção ao princípio da verdade material. SIGILO FISCAL. TRANSFERÊNCIA DE INFORMAÇÕES. POSSIBILIDADE. SÚMULA 35 DO CARF. De acordo com a Súmula nº 35 do CARF, o art. 11, § 3°, da Lei nº 9.311/96, com a redação dada pela Lei nº 10.174/2001, que autoriza o uso de informações da CPMF para a constituição do crédito tributário de outros tributos, aplica-se retroativamente. VARIAÇÃO PATRIMONIAL A DESCOBERTO.

LANÇAMENTO POR ARBITRAMENTO. ART. 9º DA LEI Nº 8.846/94. O lançamento por arbitramento, por variação patrimonial a descoberto, é autorizando quando os documentos apresentados pelo contribuinte sejam considerados inidôneos para o fim pretendido.
(**CARF 10803000002200791** 2402-010.983, Relator: Ana Claudia Borges de Oliveira, Data de Julgamento: 08/12/2022, Data de Publicação: 11/01/2023)

14.4 ALTERAÇÃO E REVISÃO DO LANÇAMENTO

O **lançamento tributário**, enquanto **ato administrativo** que torna o **crédito tributário exigível**, poderá ser **alterado** ou **revisto** de acordo com as hipóteses previstas no **art. 145 do CTN**, que prevê:

> **Art. 145.** O lançamento regularmente notificado ao sujeito passivo só pode ser alterado em virtude de:
>
> I – impugnação do sujeito passivo;
>
> II – recurso de ofício;
>
> III – iniciativa de ofício da autoridade administrativa, nos casos previstos no artigo 149.

a) Impugnação do sujeito passivo

O **processo administrativo fiscal** é regulado pelo **Decreto 70.235/1972**, estabelecendo os atos pelos quais a pretensão administrativa será materializada. O **início efetivo do processo administrativo fiscal** se dá com a **apresentação tempestiva da impugnação administrativa** pelo particular[7].

Nada mais é a **impugnação administrativa** como uma **forma de defesa administrativa** apresentada perante a primeira instância administrativa, pela **não concordância com a notificação de lançamento** ou pela **imposição do auto de infração**.

Se a autoridade fazendária de primeira instância administrativa entender que **não resta razão ao sujeito passivo**, este poderá ingressar com o **recurso voluntário**, em sendo um recurso administrativo apresentado perante um **colegiado**, em sede de **tribunal administrativo**, visando **rever a decisão administrativa** que **indeferiu a impugnação administrativa**.

Para que o sujeito passivo possa **iniciar o processo administrativo fiscal** pela **apresentação tempestiva da impugnação administrativa, não há qualquer necessidade de depósito ou garantia**. Isso se aplica, de igual modo, na admissibilidade de eventual recurso administrativo.

No passado, era comum que legislações exigissem depósitos prévios de valores ou arrolamentos de bens como **condição** para a **interposição de recursos administrativos**, especialmente em discussões tributárias. Tal requisito era frequentemente questionado

---

7. Nos termos do art. 14 do Decreto 70.235/72, a impugnação da exigência instaura a fase litigiosa do procedimento.

por **limitar o acesso a instâncias recursais administrativas**, criando um obstáculo financeiro para o exercício do direito de defesa.

Sedimentando o entendimento jurisprudencial, fora editada a **súmula vinculante 21**, que reza:

É inconstitucional a exigência de depósito ou arrolamento prévios de dinheiro ou bens para admissibilidade de recurso administrativo.

Nos termos do **art. 33 do Decreto 70.235/72**,

> **Art. 33.** Da decisão caberá recurso voluntário, total ou parcial, com efeito suspensivo, dentro dos trinta dias seguintes à ciência da decisão.

Portanto, o **lançamento poderá ser alterado** pela autoridade fazendária competente, através de **decisão emanada por órgão simples** (p.ex., um delegado da Receita Federal) ou **através de decisão colegiada** (p.ex., decisão emanada do Conselho Administrativo de Recursos Fiscais – CARF), sem que haja qualquer necessidade de depósito para o acesso às instâncias administrativas.

b) **Recurso de Ofício**

Trata-se de **recurso administrativo** interposto pela **autoridade fazendária**, nos termos do **art. 34 do Decreto 70.235/72**, *in verbis*:

> Art. 34. A autoridade de primeira instância recorrerá de ofício sempre que a decisão:
> I – exonerar o sujeito passivo do pagamento de tributo e encargos de multa de valor total (lançamento principal e decorrentes) a ser fixado em ato do Ministro de Estado da Fazenda. (Redação dada pela Lei nº 9.532, de 1997)
> II – deixar de aplicar pena de perda de mercadorias ou outros bens cominada à infração denunciada na formalização da exigência.
> § 1º O recurso será interposto mediante declaração na própria decisão.
> § 2º Não sendo interposto o recurso, o servidor que verificar o fato representará à autoridade julgadora, por intermédio de seu chefe imediato, no sentido de que seja observada aquela formalidade.

Quando a autoridade administrativa competente julgar a impugnação administrativa visando reduzir ou extinguir o crédito tributário, caberá o **Recurso de Ofício**, sendo que a **remessa do recurso** é, em regra, **necessária**, ou seja, **mediante a decisão desfavorável da pretensão fiscal**, o recurso de ofício se traduz como uma **remessa necessária para apreciação perante o Tribunal Administrativo competente**.

Algumas legislações podem prever **limites** ou **valores mínimos** para a **interposição do recurso de ofício**, evitando sua aplicação em casos de **pequeno impacto financeiro** para a Fazenda Pública.

Não cabe recurso de ofício das decisões prolatadas, pela autoridade fiscal da jurisdição do sujeito passivo, em processos relativos à **restituição de impostos e contribuições administrados pela Secretaria da Receita Federal do Brasil**, bem como nos casos de **ressarcimento de créditos do Imposto sobre Produtos Industrializados** (IPI), das **contribuições sociais do PIS e da COFINS** e outras circunstâncias elencadas no **art. 27 da Lei 10.522/2002**[8].

IMPORTANTE

É possível a existência da *reformatio in pejus* na decisão administrativa do recurso de ofício.

c) Revisão do lançamento de ofício pela autoridade administrativa

Além da possibilidade de alteração do lançamento, o **art. 145, III, do CTN** estabelece a possibilidade de **revisão de ofício do lançamento** efetuado pela **autoridade fazendária**. No entanto, a autoridade fazendária apenas poderá rever o lançamento efetuado **dentro do prazo quinquenal** e nas **hipóteses taxativas do art. 149 do CTN**:

> Art. 149. O lançamento é efetuado e revisto de ofício pela autoridade administrativa nos seguintes casos:
>
> I – quando a lei assim o determine;
>
> II – quando a declaração não seja prestada, por quem de direito, no prazo e na forma da legislação tributária;
>
> III – quando a pessoa legalmente obrigada, embora tenha prestado declaração nos termos do inciso anterior, deixe de atender, no prazo e na forma da legislação tributária, a pedido de esclarecimento formulado pela autoridade administrativa, recuse-se a prestá-lo ou não o preste satisfatoriamente, a juízo daquela autoridade;
>
> IV – quando se comprove falsidade, erro ou omissão quanto a qualquer elemento definido na legislação tributária como sendo de declaração obrigatória;
>
> V – quando se comprove omissão ou inexatidão, por parte da pessoa legalmente obrigada, no exercício da atividade a que se refere o artigo seguinte;
>
> VI – quando se comprove ação ou omissão do sujeito passivo, ou de terceiro legalmente obrigado, que dê lugar à aplicação de penalidade pecuniária;

---

8. **Art. 27.** Não cabe recurso de ofício das decisões prolatadas pela Secretaria da Receita Federal do Brasil, em processos relativos a tributos administrados por esse órgão: (Redação dada pela Lei nº 12.788, de 2013)

    I – quando se tratar de pedido de restituição de tributos; (Incluído pela Lei nº 12.788, de 2013)

    II – quando se tratar de ressarcimento de créditos do Imposto sobre Produtos Industrializados - IPI, da Contribuição para o PIS/Pasep e da Contribuição para o Financiamento da Seguridade Social - COFINS; (Incluído pela Lei nº 12.788, de 2013)

    III – quando se tratar de reembolso do salário-família e do salário-maternidade; (Incluído pela Lei nº 12.788, de 2013)

    IV – quando se tratar de homologação de compensação; (Incluído pela Lei nº 12.788, de 2013)

    V – nos casos de redução de penalidade por retroatividade benigna; e (Incluído pela Lei nº 12.788, de 2013)

    VI – nas hipóteses em que a decisão estiver fundamentada em decisão proferida em ação direta de inconstitucionalidade, em súmula vinculante proferida pelo Supremo Tribunal Federal e no disposto no § 6º do art. 19. (Incluído pela Lei nº 12.788, de 2013)

VII – quando se comprove que o sujeito passivo, ou terceiro em benefício daquele, agiu com dolo, fraude ou simulação;

VIII – quando deva ser apreciado fato não conhecido ou não provado por ocasião do lançamento anterior;

IX – quando se comprove que, no lançamento anterior, ocorreu fraude ou falta funcional da autoridade que o efetuou, ou omissão, pela mesma autoridade, de ato ou formalidade essencial.

Parágrafo único. A revisão do lançamento só pode ser iniciada enquanto não extinto o direito da Fazenda Pública.

A possibilidade de **revisão de ofício** decorre do **princípio da autotutela**, estampada na **súmula 473 do STF**:

A Administração pode anular seus próprios atos, quando eivados de vícios que os tornam ilegais, porque deles não se originam direitos; ou revogá-los, por motivo de conveniência ou oportunidade, respeitados os direitos adquiridos e ressalvada, em todos os casos, a apreciação judicial.

O **princípio da autotutela** é um dos pilares da atuação administrativa no Estado Democrático de Direito. Ele assegura que a Administração Pública tem o **poder-dever de rever seus próprios atos**, seja para **corrigir ilegalidades**, seja para **garantir maior eficiência e justiça**. Este princípio encontra fundamento nos princípios constitucionais da **legalidade** e da **eficiência** e é essencial para a **boa governança administrativa**.

Apesar do entendimento sedimentado que o disposto no **art. 149 do CTN** oferece um **rol taxativo**, os tribunais também reconhecem que **cada inciso possui uma amplitude interpretativa**. Ou seja, alguns dispositivos podem abarcar uma **gama de situações concretas**, desde que se enquadrem na essência da previsão legal.

Vejamos alguns casos discutidos na **jurisprudência administrativa** e de **tribunais superiores**:

- **Erro na apreciação dos fatos ou na aplicação da lei**

A jurisprudência entende que a **mera divergência de interpretação** sobre a legislação pode **não ensejar revisão de ofício**; há necessidade de **erro manifesto** na aplicação da norma ou na identificação do fato gerador.

- **Falsidade, omissão ou inexatidão de declarações**

In casu, os tribunais costumam ser mais rigorosos. Constatada a apresentação de **documentos falsos** ou **omissão de fatos relevantes**, a Fazenda Pública está autorizada a **revisar o lançamento**. O **STJ** tem decidido que a revisão é legítima **mesmo que a descoberta ocorra após a constituição definitiva do crédito**, desde que respeitado o prazo quinquenal.

- **Descoberta de novos elementos ou fatos não conhecidos por ocasião do lançamento**

A jurisprudência, em linha com o **princípio da verdade material**, admite que fatos relevantes não disponíveis à época do lançamento sejam usados para retificar o crédito tributário. Deve-se provar que esses elementos **não estavam ao alcance da autoridade fiscal** quando do **lançamento original** e que, se conhecidos, **teriam alterado o valor** ou a **incidência**.

- **Fraude, conluio ou sonegação**

Por constituírem **comportamentos dolosos**, a identificação de tais situações **legitima a revisão do lançamento**. O entendimento jurisprudencial é de que a **prova da fraude** ou **conluio** deve ser **robusta**, pois essas condutas ensejam não só a revisão, mas também **eventuais sanções agravadas**.

É pertinente considerar que a autoridade fazendária, ao proceder à revisão, deve observar o **devido processo administrativo**, garantindo o **direito de defesa do contribuinte**. A **ausência de contraditório** ou a **inobservância dos trâmites legais** devem acarretar a nulidade do ato revisório.

JURISPRUDÊNCIA

ASSUNTO: IMPOSTO SOBRE A RENDA DE PESSOA JURÍDICA (IRPJ) Ano-calendário: 2006 LANÇAMENTO FISCAL. ALTERAÇÃO DE CRITÉRIO JURÍDICO. REVISÃO DE OFÍCIO. O lançamento regularmente notificado ao sujeito passivo somente é passível de alteração nos casos de impugnação, recurso de ofício ou revisão de lançamento nas hipóteses em que esta é possível. Sendo defeso ao Fisco efetuar novo lançamento exclusivamente para alteração de critério jurídico. Por falta de previsão legal, é incabível revisão de lançamento por iniciativa do Fisco nos casos em que se identifica erro de direito no lançamento anterior.
(**CARF 16643000090200950** 1402-006.079, Relator: Não informado, Data de Julgamento: 21/09/2022, Data de Publicação: 09/11/2022)
ASSUNTO: IMPOSTO SOBRE A RENDA DE PESSOA JURÍDICA (IRPJ) Ano-calendário: 1999, 2000, 2001 ARBITRAMENTO. AJUSTAMENTO DO LANÇAMENTO PELAS AUTORIDADES JULGADORAS. INCOMPETÊNCIA. ALTERAÇÃO DO CRITÉRIO DO LANÇAMENTO DE IRPJ. CTN, ART. 146. ERRO DE DIREITO. CTN, ART. 149, IV. DECRETO 70.235/1972. IMPOSSIBILIDADE. É defeso às autoridades julgadoras alterar o regime de apuração do IRPJ, de lucro real para lucro arbitrado por caracterizar ofensa ao artigo 146, do CTN e por lhe falta competência para tanto. O erro de direito não é passível de correção por julgadores administrativos, em observância ao artigo 149, IV, do Código Tributário Nacional.
(**CARF 16327000549200493** 9101-006.189, Relator: Amelia Yamamoto, Data de Julgamento: 09/05/2022, Data de Publicação: 01/09/2022)
TRIBUTÁRIO. AGRAVO INTERNO NO AGRAVO EM RECURSO ESPECIAL. RETROATIVIDADE DE LANÇAMENTO TRIBUTÁRIO. ALTERAÇÃO DO ENTENDIMENTO DA ADMINISTRAÇÃO. IMPOSSIBILIDADE. ART. 146 DO CTN. AFERIÇÃO DA HIGIDEZ DO LANÇAMENTO RETROATIVO REALIZADO. IMPOSSIBILIDADE. INCIDÊNCIA DA SÚMULA N. 7/STJ. AGRAVO INTERNO NÃO PROVIDO. 1. Nas razões do especial, a parte apontou ofensa aos arts. 146 e 149 do Código Tributário Nacional, argumentando que o desenquadramento da agravada decorreu da inobservância de critério legal existente desde a promulgação da norma, não havendo que se falar em retroatividade.

2. O aresto combatido entendeu que houve alteração do entendimento da administração do Município, e não o descumprimento da legislação federal, concluindo pela ilegalidade dos lançamentos retroativos. 3. Admitir a possibilidade de lançamento retroativo na hipótese equivale a chancelar alteração de lançamento por erro de direito, o que não é autorizado pelo art. 146 do CTN. No ponto, a Corte a quo se manifestou no mesmo sentido da jurisprudência desta Corte, a qual entende pela impossibilidade de alteração de lançamento por erro de direito, sob pena de ofensa ao princípio da confiança e ao art. 146 do CTN. Nesse sentido: REsp 1.130.545/RJ, Rel. Min. Luiz Fux, Primeira Seção, DJe 22/2/2011, julgado na sistemática dos recursos especiais repetitivos. 4. Aferir a higidez da autuação retroativa realizada pelo Fisco Municipal na origem para fins de reconhecer a não ocorrência de alteração do lançamento por erro de direito, demandaria revolvimento de matéria fático-probatória a atrair o óbice da Súmula nº 7 desta Corte, eis que o acórdão recorrido reconheceu que "não houve fato novo ou alteração societária determinante da mudança de regime tributário, mas modificação do entendimento da Administração Municipal, que deixou de aceitar o enquadramento da autora no regime especial de tributação que vigia desde 2005 (considerando que a data de constituição da empresa, é 31/12/2004 -pág. 21), ao emitir o Termo de Desenquadramento em 26/02/2018 (págs. 41/43)". 5. Agravo interno não provido.
(**STJ – AgInt no AREsp: 1894687 SP** 2021/0139878-8, Relator: Ministro MAURO CAMPBELL MARQUES, Data de Julgamento: 22/03/2022, T2 – SEGUNDA TURMA, Data de Publicação: DJe 28/03/2022)
ASSUNTO: PROCESSO ADMINISTRATIVO FISCAL Ano-calendário: 1999 RECURSO ESPECIAL. CONHECIMENTO. ACÓRDÃO PARADIGMA, QUE CONFRONTA A TESE DO ACÓRDÃO RECORRIDO, PROFERIDO POR VOTO DE QUALIDADE. ALTERAÇÃO LEGISLATIVA INTRODUZIDA PELO ART. 28 DA LEI Nº 13.988/2020. IRRETROATIVIDADE. INAPLICABILIDADE AOS PROCESSOS JULGADOS E AOS PROCESSOS DE COMPENSAÇÃO. PARADIGMA HÁBIL PARA CARACTERIZAR A DIVERGÊNCIA. O dispositivo legal que introduziu alteração no critério de desempate "no julgamento do processo administrativo de determinação e exigência do crédito tributário" somente produziu efeitos a partir da publicação da lei que o veicula. Ademais, o próprio Código de Processo Civil, cuja aplicação ao processo administrativo fiscal é subsidiária, dispõe que a norma processual não retroage, sendo aplicável apenas aos processos em curso. Ou seja, o resultado dos processos definitivamente julgados não se alteram com a introdução da nova regra de desempate. Para além disso, observa-se, que o Acórdão paradigma sequer tratou de processo administrativo de determinação e exigência do crédito tributário, que é o objeto da alteração legislativa introduzida pelo art. 28 da Lei nº 13.988/2020, mas sim de processo de compensação de crédito tributário, sobre o qual discutiu-se a aplicação das normas de decadência. Inaplicável tal norma, portanto, aos julgamentos de processos de compensação tributária, ainda que prospectivamente. PROCESSOS DE RESTITUIÇÃO/COMPENSAÇÃO. LANÇAMENTO POR HOMOLOGAÇÃO. REVISÃO PELO FISCO DA APURAÇÃO E DO QUANTUM DEVIDO, CONFESSADO PELO CONTRIBUINTE MEDIANTE DECLARAÇÃO. NATUREZA DA ATIVIDADE. FORMA DE CONSTITUIÇÃO DAS DIFERENÇAS APURADAS NO QUANTUM DEVIDO. Na modalidade de lançamento por homologação a atividade do contribuinte de confessar o débito em declaração e efetuar o pagamento constitui o crédito tributário, dispensando o Fisco de qualquer providência para a sua constituição. Para modificar os valores originalmente declarados o contribuinte necessita apresentar nova declaração retificadora dos débitos. Na revisão pelo Fisco dos valores apurados e confessados pelo contribuinte eventuais diferenças devidas e não confessadas devem ser objeto da constituição do respectivo crédito tributário pelo lançamento. Esta é a forma legal de revisão do pagamento e declaração do tributo realizados pelo contribuinte, sujeitos à homologação da autoridade administrativa, sem o que as apurações do sujeito passivo permanecem válidas e o Fisco não pode exigir as diferenças apuradas, pois sequer pode inscrevê-la em dívida ativa. A obrigatoriedade de realização do lançamento para constituição do crédito tributário apurado, quando este não foi regularmente apurado e confessado pelo sujeito passivo, está prevista na lei que rege o processo administrativo fiscal, que determina a lavratura de auto de infração ou notificação de lançamento, inclusive para os casos "em que, constatada infração à legislação tributária, dela não resulte exigência de crédito tributário".

ASSUNTO: NORMAS GERAIS DE DIREITO TRIBUTÁRIO Ano-calendário: 2000 PROCESSOS DE RESTITUI-ÇÃO/COMPENSAÇÃO. LANÇAMENTO POR HOMOLOGAÇÃO. REVISÃO PELO FISCO DA APURAÇÃO E DO QUANTUM DEVIDO, CONFESSADO PELO CONTRIBUINTE MEDIANTE DECLARAÇÃO. PRAZO DECADEN-CIAL. APLICAÇÃO. Considerando que a revisão pelo Fisco da apuração e do quantum devido, enseja a necessidade de realização de lançamento de ofício das diferenças apuradas, na forma prevista na lei que rege o processo administrativo fiscal, não há fundamento para afastar a aplicação dos prazos decadenciais previstos no art. 150 ou 173, inc. I do CTN às revisões desta natureza feita pela autoridade administrativa no bojo da análise dos pedidos de restituição e/ou compensação. Ultrapassado o prazo decadencial, o lançamento resta homologado e torna-se imutável a apuração do quantum de tributo devido confessado pelo contribuinte.

(**CARF 13312720012200686** 9101-006.488, Relator: LUIZ TADEU MATOSINHO MACHADO, Data de Julgamento: 07/03/2023, Data de Publicação: 18/04/2023)

TRIBUTÁRIO. PROCESSO ADMINISTRATIVO FISCAL. ISSQN. REVISÃO DO LANÇAMENTO TRIBUTÁRIO. ERRO DE FATO. ART. 149, VIII, CTN. PODER/DEVER DA ADMINISTRAÇÃO TRIBUTÁRIA. REQUANTIFICAÇÃO MONE-TÁRIA DA BASE DE CÁLCULO. PROSSEGUIMENTO DA EXECUÇÃO FISCAL. RECURSO ESPECIAL PROVIDO. I – A jurisprudência do Superior Tribunal de Justiça é pacífica no sentido de que incide o ISSQN na venda de planos de saúde, tendo como base de cálculo tão somente a receita advinda da cobrança da taxa de administração. Nesse sentido: REsp n. 875.388/SP, relator Ministro Luiz Fux, Primeira Turma, julgado em 2/10/2007, DJ de 25/10/2007, p. 130; EDcl nos EDcl no REsp n. 875.388/SP, relator Ministro Luiz Fux, Primeira Turma, julgado em 16/10/2008, DJe de 29/10/2008. II – A revisão do lançamento tributário, observado o poder-dever de autotutela da Administração Tributária, apenas pode ser exercida nas hipóteses do art. 149 do CTN, observado o prazo decadencial para a constituição do crédito tributário. III – No caso de erro de fato, a Administração Tributária tem o poder/dever de revisar de ofício o lançamento quanto a qualquer elemento definido na legislação tributária como sendo de declaração obrigatória (art. 145, III, c/c art. 149, IV, do CTN). Nesse sentido: REsp n. 1.133.027/SP, relator Ministro Luiz Fux, relator para acórdão Ministro Mauro Campbell Marques, Primeira Seção, julgado em 13/10/2010, DJe de 16/3/2011. IV – E dever do contribuinte recolher os valores devidos de ISSQN no montante correto, o fato de declarar determinado valor ao fisco municipal e outro valor distinto à agência reguladora federal se enquadra na hipótese do art. 149, IV, do CTN. V – No procedimento de revisão do lançamento tributário, configura-se erro de fato (art. 149, VIII, CTN) a hipótese de requantificação monetária da base de cálculo do imposto, adequando-se ao valor efetivamente devido pelo contribuinte, afastando-se o erro de direito (equívoco na valoração jurídica dos fatos), hipótese que o lançamento tributário seria imodificável (art. 146, CTN). VI - Recurso especial provido para autorizar o prosseguimento da execução fiscal.

(**STJ – AREsp: 2362445 SP** 2023/0155743-9, Relator: Ministro FRANCISCO FALCÃO, Data de Julgamento: 04/06/2024, T2 – SEGUNDA TURMA, Data de Publicação: DJe 06/06/2024)

PROCESSO CIVIL E TRIBUTÁRIO. AGRAVO INTERNO NOS EMBARGOS DE DECLARAÇÃO NOS EMBARGOS DE DECLARAÇÃO NO AGRAVO EM RECURSO ESPECIAL. RETIFICAÇÃO DE LANÇAMENTO FISCAL DE-TERMINADA POR DECISÃO JUDICIAL. POSSIBILIDADE. VIOLAÇÃO AO ART. 149, DO CTN, INEXISTÊNCIA. CONTROVÉRSIA RESOLVIDA, PELO TRIBUNAL DE ORIGEM, À LUZ DAS PROVAS DOS AUTOS. IMPOS-SIBILIDADE DE REVISÃO, NA VIA ESPECIAL. AGRAVO INTERNO IMPROVIDO. 1. Na origem, trata-se de Agravo mediante o qual se impugna decisão que inadmitiu o Recurso Especial, este proposto em face de acórdão que entendeu possível, no bojo de ação anulatória, a retificação do lançamento tributário, após restar constatado, em perícia judicial, que o enquadramento da obra, para fins de cálculo por aferição indireta, realizada por fiscal da Receita Federal do Brasil, estava equivocado, resultando na minoração do montante efetivamente devido. 2. O entendimento firmado pelo Tribunal a quo, no sentido de que "identificado na perícia o equívoco e sendo passível de correção, bastando simples ade-quação da NFLD aos termos do julgado, com o recálculo da dívida, não se mostra necessário ou mesmo razoável a anulação do lançamento", não pode ser revisto, pelo Superior Tribunal de Justiça, em sede de Recurso Especial, por exigir o reexame da matéria fático-probatória dos autos. Precedentes do STJ.

(**STJ – AgInt nos EDcl nos EDcl no AREsp: 890158 PR** 2016/0077219-6, Relator: Ministra ASSUSETE MA-GALHÃES, Data de Julgamento: 17/04/2023, T2 – SEGUNDA TURMA, Data de Publicação: DJe 24/04/2023)

PROCESSUAL CIVIL E TRIBUTÁRIO. NEGATIVA DE PRESTAÇÃO JURISDICIONAL. INOCORRÊNCIA. LANÇAMENTO. ERRO DE DIREITO. REVISÃO. IMPOSSIBILIDADE. JURISPRUDÊNCIA DO STJ. OBSERVÂNCIA. REEXAME DE PROVA. INVIABILIDADE. DÉBITO CONFESSADO PARA FINS DE PARCELAMENTO. REDISCUSSÃO JUDICIAL. ASPECTOS JURÍDICOS. POSSIBILIDADE. REPETIÇÃO DE INDÉBITO. FUNDAMENTO INATACADO. 1. Inexiste ofensa aos arts. 489, § 1º, e 1.022 do CPC/2015 quando o Tribunal de origem se manifesta de modo fundamentado acerca das questões que lhe foram submetidas, apreciando integralmente a controvérsia posta nos autos, não se podendo confundir julgamento desfavorável ao interesse da parte com negativa ou ausência de prestação jurisdicional. 2. A Primeira Seção, ao julgar do Recurso Especial repetitivo 1.130.545/RJ, firmou o entendimento de que a retificação de dados cadastrais prestados pelo contribuinte, quando lastreada em fatos desconhecidos ou de impossível comprovação pelo fisco por ocasião da ocorrência do fato gerador, permite a revisão do lançamento e a cobrança complementar do tributo, sendo que, nesse mesmo julgado, também ficou assentado que, "na hipótese de erro de direito (equívoco na valoração jurídica dos fatos), o ato administrativo de lançamento revela-se imodificável, máxime em virtude do princípio da proteção à confiança, encartado no art. 146 do CTN". 3. Hipótese em que, de acordo com o contexto fático no julgado a quo, a revisão de lançamento levada a efeito pela edilidade decorreu de modificação de entendimento acerca de critério jurídico para o enquadramento da contribuinte no regime privilegiado de tributação do ISS, pois a circunstância identificada pela Administração para assim proceder, qual seja, a natureza da atividade desempenhada já era (ou deveria ser) do conhecimento da Administração desde a realização do fato gerador, visto que à sociedade foi deferido o regime especial por muitos anos. 4. A conformidade o entendimento externado no acórdão recorrido com a jurisprudência do STJ e a impossibilidade de reexame do acervo fático-probatório dos autos atrai a aplicação dos óbices de conhecimento estampados nas Súmulas 83 e 7 do STJ, respectivamente. 5. A Primeira Seção, por ocasião do julgamento do Recurso Especial repetitivo n. 1.133.027/SP (Tema 375 do STJ), firmou a tese de que "a confissão da dívida não inibe o questionamento judicial da obrigação tributária, no que se refere aos aspectos jurídicos", o que é o caso dos autos, visto que a causa de pedir acolhida no julgado estadual é de que os créditos inseridos no parcelamento decorrem de ilegal procedimento de revisão de lançamento. 6. Conforme entendimento sedimentado na Súmula 283 do STF, não se conhece de recurso especial quando inexistente impugnação específica a fundamento autônomo adotado pelo órgão judicial a quo, no caso, para afastar a aplicação da condição prevista no art. 166 do CTN. 7. Agravo interno desprovido.
(**STJ – AgInt no AREsp: 1914966 SP** 2021/0180047-4, Data de Julgamento: 29/08/2022, T1 – PRIMEIRA TURMA, Data de Publicação: DJe 09/09/2022)
PROCESSUAL CIVIL E TRIBUTÁRIO. AGRAVO INTERNO EM EMBARGOS DE DECLARAÇÃO EM AGRAVO EM RECURSO ESPECIAL. DESNECESSIDADE DE SOBRESTAMENTO DO FEITO. VIOLAÇÃO AOS ARTS. 489 E 1.022 DO CPC. NÃO OCORRÊNCIA. FIXAÇÃO DE HONORÁRIOS SEGUNDO APRECIAÇÃO EQUITATIVA. AUSÊNCIA DE PREQUESTIONAMENTO. SÚMULA Nº 282 DO STF. INOVAÇÃO RECURSAL. IMPOSSIBILIDADE. PRECLUSÃO CONSUMATIVA. ISSQN. LOCAÇÃO DE BENS. AUTUAÇÃO FISCAL. ALTERAÇÃO DO FUNDAMENTO DO LANÇAMENTO. ERRO DE DIREITO. IMPOSSIBILIDADE. ART. 146 DO CTN. PRECEDENTE. AFERIÇÃO DA HIGIDEZ DA AUTUAÇÃO. IMPOSSIBILIDADE. INCIDÊNCIA DA SÚMULA Nº 7 DO STJ. 1. Não é possível acolher a alegação de ofensa aos arts. 489 e 1.022 do CPC quando a questão sequer foi levada à apreciação do Tribunal a quo através dos recursos interpostos pela municipalidade, não havendo, portanto, que se falar em omissão a respeito de algo que não se alegou oportunamente, sendo certo que o acórdão recorrido julgou o feito na medida do tantum devolutum quantum apellatum. 2. O Município recorrente não veiculou nem na apelação nem nos embargos de declaração ofertados na origem a tese relativa à possibilidade de fixação de honorários advocatícios por apreciação equitativa na forma do § 8º do art. 85 do CPC/2015, mas tão somente no recurso especial, o que, além de confirmar a ausência de prequestionamento da questão a atrair a incidência da Súmula nº 282 do STF no ponto, também configura inovação recursal a respeito da qual se consumou a preclusão.

Ressalte-se que tese relativa à apreciação equitativa é específica e não pode ser considerada prequestionada, nem mesmo de forma implícita, quando da fixação dos honorários na sentença, confirmada pelo Tribunal a quo, nos percentuais e faixas previstos nos §§ 2º e 3º do art. 85 do CPC, de modo que cabia ao Município recorrente instar a Corte a quo a se manifestar sobre a tese da apreciação equitativa, sob pena de impossibilitar a arguição em sede de recurso especial, seja em razão da ausência de prequestionamento, seja em razão da preclusão consumativa. Em reforço, registro que a Corte Especial deste Tribunal já firmou o entendimento de que até mesmo as matérias de ordem pública se sujeitam ao requisito do prequestionamento. Nesse sentido: AgRg no AREsp 472.899/TO, Rel. Ministro Napoleão Nunes Maia Filho, DJe 01/12/2014 AgRg nos EREsp 1253389/SP, Rel. Min. Humberto Martins, DJe 02/05/2013; AgRg nos EAg 1330346/RJ, Rel. Min. Eliana Calmon, DJe 20/02/2013; AgRg nos EREsp 947.231/SC, Rel. Min. João Otávio de Noronha, DJe 10/05/2012. 3. O acórdão recorrido se manifestou no mesmo sentido da jurisprudência desta Corte, a qual entende pela impossibilidade de alteração de lançamento por erro de direito, sob pena de ofensa ao princípio da proteção à confiança e ao art. 146 do CTN. Nesse sentido: REsp 1.130.545/RJ, Rel. Min. Luiz Fux, Primeira Seção, DJe 22/2/2011, julgado na sistemática dos recursos especiais repetitivos. 4. Aferir a higidez da autuação realizada pelo Fisco Municipal na origem para fins de reconhecer a não ocorrência de alteração do lançamento por erro de direito, bem como a incidência do ISS na hipótese por se tratar de serviços realizados mediante "cessão de uso", demandaria revolvimento de matéria fático-probatória, eis que o acórdão recorrido reconheceu, com base em laudo pericial, se tratar de hipótese de locação de bens, sobre a qual sabidamente não incide ISS, nos termos da Súmula Vinculante nº 31 do STF. 5. Agravo interno não provido.
(STJ – AgInt nos EDcl nos EDcl no AREsp: 1846438 RJ 2021/0055816-7, Relator: Ministro MAURO CAMPBELL MARQUES, Data de Julgamento: 15/03/2022, T2 – SEGUNDA TURMA, Data de Publicação: DJe 28/03/2022)
TRIBUTÁRIO. SUCESSÃO EMPRESARIAL POR INCORPORAÇÃO. EXECUÇÃO FISCAL. PROSSEGUIMENTO PARA COM A SOCIEDADE INCORPORADORA. POSSIBILIDADE. 1. O Tribunal de origem, ao entender pela possibilidade de prosseguimento da execução fiscal para com a sociedade empresária incorporadora, mostra-se afinado ao posicionamento do STJ no sentido de que a incorporadora assume todo o passivo da empresa incorporada, respondendo em nome próprio pela dívida da sucedida. Logo, "o incorporador assume as demandas judiciais que versem sobre direitos e obrigações da incorporada na condição de seu sucessor processual e não como parte nova na causa. Disso decorre que, enquanto não prescrita a dívida em relação ao devedor original, ela poderá ser exigida de seu sucessor, não havendo falar em novo prazo prescricional para inclui-lo no polo passivo da execução" (AREsp n. 1.253.935/SP, relator Ministro Gurgel de Faria, Primeira Turma, julgado em 9/4/2019, DJe de 23/4/2019). 2. Agravo interno não provido.
(STJ – AgInt no AREsp: 1744452 PR 2020/0207533-9, Relator: SÉRGIO KUKINA, Data de Julgamento: 05/06/2023, T1 – PRIMEIRA TURMA, Data de Publicação: DJe 09/06/2023)

14.5 SUSPENSÃO DA EXIGIBILIDADE DO CRÉDITO TRIBUTÁRIO

Dentre os atributos do crédito tributário destaca-se o da **exigibilidade**, ou seja, o **direito do credor** de, formalizada a obrigação, **exigir o objeto da prestação**.

A **suspensão da exigibilidade do crédito tributário** tem como principal objetivo evitar o prosseguimento de cobrança do crédito tributário, afastando a situação de inadimplência do contribuinte, dentro das hipóteses asseguradas em lei.

Assim, quando da expressão **"suspender a exigibilidade"**, deve-se interpretar como:

14 • CRÉDITO TRIBUTÁRIO

- evitar a inscrição em dívida ativa; ou
- evitar o ajuizamento da execução fiscal; ou
- suspender o curso do processo executivo.

Ressaltamos que as **hipóteses de suspensão não impedem a constituição do crédito tributário**, tampouco suspende o prazo decadencial. Porém, a suspensão da exigibilidade do crédito tributário **impede que o prazo prescricional tenha curso**. Impedindo a execução fiscal ou suspendendo o seu curso, a suspensão da exigibilidade do crédito pode ensejar ao contribuinte o direito de obter a **certidão de regularidade fiscal**, mesmo que seja positiva com efeitos de negativa, nos termos do **art. 206 do CTN**[9].

A jurisprudência do STF diferencia a **suspensão da exigibilidade** da **garantia do crédito tributário** no âmbito de execução fiscal. Ainda que bens sejam penhorados ou oferecidos em garantia, a **exigibilidade não é suspensa**, a menos que preenchida alguma das hipóteses do **art. 151 do CTN**[10].

As hipóteses que acarretam a **suspensão da exigibilidade do crédito tributário** estão dispostas no **art. 151 do CTN**[11]. A jurisprudência dominante estabelece tratar-se de um **rol taxativo**, que denota que somente as situações expressamente previstas nesse dispositivo legal podem suspender a exigibilidade, em observância ao **princípio da legalidade tributária**.

O STF reiteradamente afirma que, em **matéria tributária**, só é possível **instituir** ou **modificar obrigações**, inclusive no que diz respeito à **suspensão da exigibilidade do crédito tributário**, mediante **previsão expressa em lei**. A extensão do rol do **art. 151** a situações não previstas violaria o **princípio da legalidade**, pedra angular do Direito Tributário[12].

Ainda, vez que as hipóteses suspensivas têm **caráter excepcional**, porque **suspendem** o direito do Fisco de **continuidade de cobrança do crédito tributário**, interferindo

---

9. **Art. 206**. Tem os mesmos efeitos previstos no artigo anterior a certidão de que conste a existência de créditos não vencidos, em curso de cobrança executiva em que tenha sido efetivada a penhora, ou cuja exigibilidade esteja suspensa.
10. STF, RE 592.616/SP
11. **Art. 151**. Suspendem a exigibilidade do crédito tributário:

    I – moratória;

    II – o depósito do seu montante integral;

    III – as reclamações e os recursos, nos termos das leis reguladoras do processo tributário administrativo;

    IV – a concessão de medida liminar em mandado de segurança.

    V – a concessão de medida liminar ou de tutela antecipada, em outras espécies de ação judicial; (Incluído pela LCP nº 104, de 10.1.2001)

    VI – o parcelamento. (Incluído pela LCP nº 104, de 10.1.2001)

    Parágrafo único. O disposto neste artigo não dispensa o cumprimento das obrigações acessórias dependentes da obrigação principal cujo crédito seja suspenso, ou dela consequentes.
12. STF, RE 882.461/PR.

no **fluxo regular da arrecadação**, **não cabe interpretação extensiva** ou **analógica** para incluir outras situações[13].

14.5.1 Moratória

Entende-se por **moratória a dilação do prazo de pagamento do crédito tributário decorrente de um tributo**, mediante **autorização legislativa**. Assim, se permite que o pagamento do tributo seja efetuado em prazo maior do que o inicialmente previsto na legislação.

A lei poderá dispor, além do alongamento de prazo, o **pagamento** em **uma** ou **mais parcelas**, servindo como um alívio momentâneo ao sujeito passivo. Conforme estabelece o **art. 152 do CTN**:

> Art. 152. A moratória somente pode ser concedida:
>
> I – em caráter geral:
>
> a) pela pessoa jurídica de direito público competente para instituir o tributo a que se refira;
>
> b) pela União, quanto a tributos de competência dos Estados, do Distrito Federal ou dos Municípios, quando simultaneamente concedida quanto aos tributos de competência federal e às obrigações de direito privado;
>
> II – em caráter individual, por despacho da autoridade administrativa, desde que autorizada por lei nas condições do inciso anterior.
>
> Parágrafo único. A lei concessiva de moratória pode circunscrever expressamente a sua aplicabilidade à determinada região do território da pessoa jurídica de direito público que a expedir, ou a determinada classe ou categoria de sujeitos passivos.

Pela análise dogmática, a **lei** é condição *sine qua non* para que a moratória possa ser instituída. Isso implica que a **mera vontade do Executivo** ou de qualquer **órgão administrativo** não basta para sua concessão: ela deve estar **prevista em lei específica**, respeitando o **princípio da legalidade tributária**.

Em se tratando de **competência para a concessão**, caberá **à pessoa política competente para instituir o tributo** (União, Estados, Distrito Federal ou Municípios) o papel de conferir a moratória. A **União** só pode **conceder moratória** de **tributos de Estados, DF e Municípios** se o fizer **simultaneamente aos seus próprios tributos**. Isso reforça o **federalismo fiscal brasileiro** e a **autonomia relativa** dos entes na gestão de seus créditos tributários.

Na sequência, dispõe o **art. 153 do CTN**:

> Art. 153. A lei que conceda moratória em caráter geral ou autorize sua concessão em caráter individual especificará, sem prejuízo de outros requisitos:
>
> I – o prazo de duração do favor;
>
> II – as condições da concessão do favor em caráter individual;

---

13. STJ, REsp 1.965.228/SP.

III – sendo caso:

a) os tributos a que se aplica;

b) o número de prestações e seus vencimentos, dentro do prazo a que se refere o inciso I, podendo atribuir a fixação de uns e de outros à autoridade administrativa, para cada caso de concessão em caráter individual;

A **moratória** pode ser concedida de **forma geral**, alcançando **todos os sujeitos passivos**, ou de **forma individual**, beneficiando um **grupo específico de contribuintes** (por região, por categoria, dentre outros critérios). Essa distinção exige a regulamentação prévia de todas as condições na lei que concede a moratória, garantindo transparência e segurança jurídica.

A **moratória** não é regra, mas sim um **benefício** que a lei pode instituir em **situações particulares**, como **calamidades**, **crises econômicas**, **condições de mercado excepcionais** ou para **fomento** de determinados **setores estratégicos**. Por isso, a lei deve definir claramente quem se enquadra e quais os prazos ou modalidades de concessão.

IMPORTANTE

A prorrogação de prazo de vencimento de um tributo, por si só, não significa a existência de moratória.

A **prorrogação de prazo de pagamento** é uma espécie de **alteração do prazo de vencimento do tributo**, que ocorre **antes de extinto o prazo original**. A prorrogação **abrange um prazo não vencido**.

Observa-se que a **moratória** implica em **perdoar a mora**, suspendendo a exigibilidade do crédito tributário. A moratória concede um **novo prazo para pagamento do tributo**, o que difere da prorrogação de prazo.

O **art. 154 do CTN** dispõe:

Art. 154. Salvo disposição de lei em contrário, a moratória somente abrange os créditos definitivamente constituídos à data da lei ou do despacho que a conceder, ou cujo lançamento já tenha sido iniciado àquela data por ato regularmente notificado ao sujeito passivo.

Parágrafo único. A moratória não aproveita aos casos de dolo, fraude ou simulação do sujeito passivo ou do terceiro em benefício daquele.

Por conseguinte, a **moratória** abrangerá apenas os créditos "**definitivamente constituídos**" até a data da lei ou do despacho que a conceder. Para que o crédito seja "**definitivamente constituído**", faz-se necessário que tenha havido o **devido lançamento** pela autoridade administrativa competente, **esgotando eventuais fases de impugnação administrativa** ou demais controvérsias que impeçam a exigibilidade plena do crédito.

Quando a norma estabelece situações em que **o lançamento já tenha sido iniciado**, resulta a possibilidade de a moratória alcançar excepcionalmente créditos tributários **sujeitos ao lançamento por homologação** e que ainda **não foram descobertos pelo Fisco**, ou seja, estão **inadimplidos** – portanto, em mora) – porém, ainda são desconhecidos da autoridade fazendária. De fato, **não se pode interpretar** que o dispositivo possa alcançar **obrigação tributária com prazo de pagamento ainda em aberto**.

Prevê o **art. 155 do CTN**:

> Art. 155. A concessão da moratória em caráter individual não gera direito adquirido e será revogado de ofício, sempre que se apure que o beneficiado não satisfazia ou deixou de satisfazer as condições ou não cumprira ou deixou de cumprir os requisitos para a concessão do favor, cobrando-se o crédito acrescido de juros de mora:
> I – com imposição da penalidade cabível, nos casos de dolo ou simulação do beneficiado, ou de terceiro em benefício daquele;
> II – sem imposição de penalidade, nos demais casos.
> Parágrafo único. No caso do inciso I deste artigo, o tempo decorrido entre a concessão da moratória e sua revogação não se computa para efeito da prescrição do direito à cobrança do crédito; no caso do inciso II deste artigo, a revogação só pode ocorrer antes de prescrito o referido direito.

A **alteração do prazo de pagamento de um tributo**, através de seu **adiantamento** ou **postergação, independe de lei**, podendo ser conferido através de **ato infralegal**. A **Resolução do Comitê Gestor do Simples Nacional** (Resolução CGSN) nº **154**, de 03 de abril de 2020, por exemplo, dispôs sobre a **prorrogação de prazos para pagamentos de tributos** no âmbito do Simples Nacional, em razão da pandemia.

Não há como tratar o dispositivo como sendo moratória, uma vez que a concessão de moratória **decorre de lei** e significa **dispensar os juros de mora**.

JURISPRUDÊNCIA

PROCESSO CIVIL E TRIBUTÁRIO – LIMINAR E SENTENÇA CONCESSIVA DA SEGURANÇA – APELAÇÃO DENEGANDO O PEDIDO FORMULADO EM MANDADO DE SEGURANÇA – EFEITOS – AÇÃO ORDINÁRIA INTERPOSTA PARA AFASTAR A INCIDÊNCIA DE JUROS DE MORA – ALEGADO DEFERIMENTO DE MORATÓRIA – RECURSO ESPECIAL NÃO CONHECIDO. – É devida a cobrança dos juros de mora, uma vez que "eles remuneram o capital que, pertencendo ao fisco, estava em mãos do contribuinte"(cf. Hugo de Brito Machado, in Mandado de Segurança em Matéria Tributária, Ed. Dialética, 3ª ed., p. 135). – A sentença que nega a segurança é de caráter declaratório negativo, cujo efeito, como é cediço, retroage à data da impetração. Assim, se da liminar que suspendeu a exigibilidade do crédito tributário decorreu algum efeito, com o advento da sentença denegatória não mais subsiste, isto é, "cassada a liminar ou cessada sua eficácia, voltam as coisas ao status quo ante. Assim sendo, o direito do Poder Público fica restabelecido in totum para a execução do ato e de seus consectários, desde a data da liminar" (cf. Hely Lopes Meirelles, Mandado de Segurança, Ação Popular, Ação Civil Pública, Mandado de Injunção, 'Habeas Data', 16ª edição atualizada por Arnoldo Wald, Malheiros Editores, p. 62). – Não há prova nos autos da concessão de moratória. Se se admitir que a concedida para o recorrido é de caráter individual, pode a Administração, de ofício, revogá-la, incidindo juros de mora. – Recurso especial não conhecido. Decisão unânime. **(STJ – REsp: 132616 RS** 1997/0034870-9, Relator: Ministro FRANCIULLI NETTO, Data de Julgamento: 07/12/2000, T2 – SEGUNDA TURMA, Data de Publicação: DJ 26.03.2001 p. 411 JBCC vol. 189 p. 473 RTFP vol. 42 p. 303)

DIREITO TRIBUTÁRIO. AGRAVO INTERNO EM RECURSO EXTRAORDINÁRIO COM AGRAVO. SUSPENSÃO DA EXIGIBILIDADE DO CRÉDITO TRIBUTÁRIO. MORATÓRIA. PRETENSÃO DE AMPLIAÇÃO DO PRAZO DE VENCIMENTO DE TRIBUTO EM RAZÃO DA PANDEMIA DO NOVO CORONAVÍRUS. MEDIDA SUJEITA À DISCRICIONARIEDADE DOS PODERES EXECUTIVO OU LEGISLATIVO. IMPOSSIBILIDADE DE CONCESSÃO PELA VIA JUDICIAL. NECESSIDADE DE OBSERVÂNCIA DO PRINCÍPIO DA SEPARAÇÃO DOS PODERES. 1. A moratória é hipótese de suspensão da exigibilidade do crédito tributário, e sua concessão está sujeita à discricionariedade dos Poderes Executivo ou Legislativo, poderes com representatividade popular e com legitimidade para realizar as escolhas adequadas diante da conjuntura excepcional causada pela pandemia do novo coronavírus. 2. Não obstante as dificuldades econômicas por que passam diversos segmentos empresariais, a concessão de eventual moratória que amplie o prazo de pagamento do tributo é uma opção política, a qual deve ajustar-se às balizas fixadas pelos poderes eleitos, não cabendo tal iniciativa ao órgão judicante. 3. A intervenção do Poder Judiciário na esfera de discricionariedade de uma escolha política deve cingir-se ao exame de legalidade e constitucionalidade, sob pena de ofensa ao princípio da separação dos Poderes, tendo em vista que não cabe ao juiz agir como legislador positivo. Precedente. 4. O Supremo Tribunal Federal já afastou a possibilidade de concessão de moratória pela via judicial. Precedentes. 5. Inaplicável o art. 85, § 11, do CPC/2015, uma vez que não é cabível, na hipótese, condenação em honorários advocatícios (art. 25 da Lei nº 12.016/2009 e Súmula 512/STF). 6. Agravo interno a que se nega provimento, com aplicação da multa prevista no art. 1.021, § 4º, do CPC/2015. (**STF – ARE: 1307729 SP** 1002704-94.2020.8.26.0348, Relator: ROBERTO BARROSO, Data de Julgamento: 03/05/2021, Primeira Turma, Data de Publicação: 07/05/2021)

TRIBUTÁRIO. RECURSO ORDINÁRIO EM MANDADO DE SEGURANÇA. PRETENSÃO DE SUSPENSÃO TEM-PORÁRIA DE VENCIMENTO E DE POSTERGAÇÃO DO PRAZO DE PAGAMENTO DAS PRESTAÇÕES DOS PARCELAMENTOS DE TRIBUTOS ESTADUAIS, EM RAZÃO DA PANDEMIA (COVID-19). MEDIDA PRETENDIDA SUJEITA À DISCRICIONARIEDADE DOS PODERES EXECUTIVO OU LEGISLATIVO. IMPOSSIBILIDADE DE SUA CONCESSÃO, PELA VIA JUDICIAL, À MÍNGUA DE PREVISÃO NA LEGISLAÇÃO ESTADUAL. PRECEDENTES DO STF. RECURSO ORDINÁRIO IMPROVIDO. I. Recurso em Mandado de Segurança interposto contra acórdão publicado na vigência do CPC/2015. II. Na origem, trata-se de Mandado de Segurança, impetrado em 03/04/2020, visando a suspensão temporária de vencimento e a postergação do prazo de pagamento das prestações dos parcelamentos de tributos estaduais aos quais aderiu a impetrante, até o fim do estado de calamidade pública decorrente da pandemia causada pelo coronavírus (COVID-19), determinando-se o vencimento das parcelas suspensas para após a parcela final do parcelamento. Na inicial a impetrante invoca a Portaria 12, de 20/01/2012, do Ministério da Fazenda, que prorrogou o prazo para pagamento de tributos federais e dos parcelamentos, para contribuintes domiciliados em municípios abrangidos por decreto estadual que tenha reconhecido estado de calamidade pública, bem como a Portaria da Receita Federal do Brasil 218, de 05/02/2020, que tomou igual medida quanto a contribuintes domiciliados em Municípios do Espírito Santo, em relação aos quais fora declarado estado de calamidade pública por decreto estadual. Sustenta ofensa ao princípio da isonomia, porquanto a Resolução do Conselho Gestor do Simples Nacional 152/2020 desonerou dos pagamentos de parcelamentos as empresas integrantes do Simples Nacional, e que a Resolução PGE/RJ 4.532/2020 tomou igual providência quanto aos tributos estaduais. Alega, ainda, ofensa aos princípios da razoabilidade, da proporcionalidade e da capacidade contributiva. O Tribunal de Justiça do Estado do Espírito Santo denegou o Mandado de Segurança, ao entendimento de que, à míngua de legislação estadual específica que conceda o direito à postergação do vencimento de tributos ou à suspensão da exigibilidade das prestações dos parcelamentos, não há como se interpretar os princípios que regem o direito tributário de modo a se estender os efeitos de uma Portaria aplicável no âmbito federal, ou mesmo benefícios concedidos por outro Estado da Federação, aos impostos devidos pelo impetrante ao Estado do Espírito Santo, sem ferir a autonomia dos entes federados e o princípio da tripartição dos Poderes. Entendeu-se, ainda, que não ofende o princípio da isonomia a aplicação de medida mais benéfica, como aquela que autorizou a suspensão do pagamento do ICMS das empresas optantes pelo Simples Nacional, uma vez tais empreendimentos encontram-se em situação de maior vulnerabilidade.

Registrou-se, por último, que se afigura possível, de acordo com interesses econômicos e sociais, estimular e beneficiar determinados setores da economia, não havendo que se falar em ofensa aos princípios constitucionais da razoabilidade, da proporcionalidade e da capacidade contributiva. No Recurso Ordinário a impetrante reiterou os argumentos deduzidos na petição inicial, sustentando que faz jus à suspensão temporária e à postergação do prazo para pagamento das prestações dos parcelamentos de tributos estaduais, em face do estado de calamidade pública decorrente da pandemia (COVID-19). III. Conquanto se reconheça os efeitos negativos da pandemia na atividade econômica, o STF já decidiu, enfrentando pretensão análoga à presente, que, "em tempos de pandemia, os inevitáveis conflitos entre particulares e o Estado, decorrentes da adoção de providências tendentes a combatê-la, devem ser equacionados pela tomada de medidas coordenadas e voltadas ao bem comum, sempre tendo por norte que não cabe ao Poder Judiciário decidir quem deve ou não pagar impostos, ou mesmo quais políticas públicas devem ser adotadas, substituindo-se aos gestores responsáveis pela condução dos destinos do Estado. A suspensão da exigibilidade de tributos, ainda que parcial, e a dilação dos prazos para seu pagamento impostos por decisões judiciais implicam a desarticulação da gestão da política tributária estatal e acarretam sério risco de lesão à ordem e à economia públicas" (STF, SS 5.363 AgR/SP, Rel. Ministro DIAS TOFFOLI, TRIBUNAL PLENO, DJe de 29/10/2020). Adotando igual posição: "Não obstante as dificuldades econômicas por que passam diversos segmentos empresariais, a concessão de eventual moratória que amplie o prazo de pagamento do tributo é uma opção política, a qual deve ajustar-se às balizas fixadas pelos poderes eleitos, não cabendo tal iniciativa ao órgão judicante. A intervenção do Poder Judiciário na esfera de discricionariedade de uma escolha política deve cingir-se ao exame de legalidade e constitucionalidade, sob pena de ofensa ao princípio da separação dos Poderes, tendo em vista que não cabe ao juiz agir como legislador positivo. (...) O Supremo Tribunal Federal já afastou a possibilidade de concessão de moratória pela via judicial" (STF, ARE 1.307.729 AgR/SP, Rel. Ministro ROBERTO BARROSO, PRIMEIRA TURMA, DJe de 07/05/2021). No mesmo sentido: STF, ARE 1.351.072 AgR/SP, Rel. Ministra CÁRMEN LÚCIA, PRIMEIRA TURMA, DJe de 10/02/2022. IV. O acórdão recorrido – ao concluir que, à falta de legislação estadual específica que conceda o direito à postergação do vencimento de tributos ou à suspensão da exigibilidade das prestações dos parcelamentos, não há como se estender os efeitos de normas aplicáveis no âmbito dos tributos federais ou do Simples Nacional, ou mesmo benefícios concedidos por outro Estado da Federação, aos impostos devidos pelo impetrante ao Estado do Espírito Santo – merece ser mantido. V. Recurso ordinário desprovido. **(STJ – RMS: 67443 ES** 2021/0302746-4, Relator: Ministra ASSUSETE MAGALHÃES, Data de Julgamento: 15/03/2022, T2 – SEGUNDA TURMA, Data de Publicação: DJe 18/03/2022)

14.5.2 Depósito do montante integral

O art. 151, II, do CTN determina:

> Art. 151. Suspendem a exigibilidade do crédito tributário:
> II – o depósito do seu montante integral;

O **depósito do montante integral do tributo** constitui uma faculdade legal de suspensão da exigibilidade do crédito tributário colocada à disposição do contribuinte que pretenda discutir exigência fiscal. Assim, o contribuinte que entender cabível **questionar o lançamento** ou a **cobrança** tem a faculdade de depositar a quantia em dinheiro, na integralidade, para **evitar a propositura da execução fiscal** e demais **atos constritivos** por parte do ente público.

Não se trata de pagamento, mas de uma **garantia conferida ao credor da obrigação tributária**, conferindo **efetividade de uma decisão**, em regra judicial, que venha a ser proferida em favor da Fazenda Pública. Constitui-se de **pagamento provisório** que apenas **poderá se tornar definitivo** se houver **adimplemento da condição resolutória** – qual seja – a **improcedência da medida judicial**.

Em regra, o **depósito** passa a ser efetivado pela **via judicial**, uma vez que a **exigência do depósito para fins de admissibilidade recursal administrativa**, visando suspender a exigibilidade do crédito tributário é considerado **inconstitucional**[14].

Conforme o entendimento do STJ, no **AgRg no Ag 799.539/SP**, o **depósito integral** suspende não só a exigibilidade, mas também **interrompe a fluência de juros** e **eventuais penalidades**, como a **multa**. Isso se dá porque o Fisco tem à sua disposição a **quantia questionada**, garantindo-se, assim, **maior celeridade no recebimento**, caso saia vencedor na demanda.

Em caso de **decisão desfavorável ao contribuinte**, estabelece o **art. 43, § 1º, do Decreto n. 70.235/72**[15] que, **após o prazo de 30 dias** para pagamento do débito (que corre a partir da decisão final definitiva na esfera administrativa), o **valor depositado converter-se-á em renda do ente público**. Caso, dentro desse prazo, o contribuinte ingresse com **ação judicial** (se ainda houver discussão possível), mantém-se a suspensão. Por outro lado, se a **decisão for favorável ao contribuinte**, o depósito **deve ser levantado a seu favor**, não podendo o Fisco impedir ou se opor ao seu levantamento, pois restaria configurado que não havia crédito devido.

Em consonância com o disposto na **Súmula 112 do STJ**:

O depósito somente suspende a exigibilidade do crédito tributário se for integral ou em dinheiro.

Efetivado o depósito nessas condições, a suspensão se dá **por força de lei**, independentemente de qualquer manifestação da autoridade administrativa ou judicial, **impedindo a propositura de ação de execução fiscal**. Por ser **voluntário**, não se confunde com a inconstitucional exigência expressa no **art. 38 da Lei 6.830/80**, que estabelece:

> **Art. 38.** A discussão judicial da Dívida Ativa da Fazenda Pública só é admissível em execução, na forma desta Lei, salvo as hipóteses de mandado de segurança, ação de repetição do indébito ou ação anulatória do ato declarativo da dívida, esta precedida do depósito preparatório do valor do débito, monetariamente corrigido e acrescido dos juros e multa de mora e demais encargos.

A **exigência de depósito** como **condição de admissibilidade de ação judicial** que visa discutir a exigibilidade do crédito tributário é **ofensiva às garantias de ampla de-**

---

14. **Súmula Vinculante 21.** É inconstitucional a exigência de depósito ou arrolamento prévios de dinheiro ou bens para admissibilidade de recurso administrativo.
15. Art. 43. (...)
    § 1º A quantia depositada para evitar a correção monetária do crédito tributário ou para liberar mercadorias será convertida em renda se o sujeito passivo não comprovar, no prazo legal, a propositura de ação judicial.

fesa e de **acesso ao Judiciário**. Não se trata, também, de **garantia do Juízo**, que pudesse condicionar a concessão ou não de medida liminar, hipótese diversa de suspensão da exigibilidade do crédito tributário.

O extinto TFR (Tribunal Federal de Recursos) já havia se manifestado no sentido do **descabimento da exigência do depósito** como condição da ação anulatória:

Súmula 247. Não constitui pressuposto da ação anulatória do débito fiscal o depósito de que cuida o art. 38 da Lei 6.830/1980.

Após reiteradas decisões sobre a matéria, o STF editou a **Súmula Vinculante 28**, que reza:

É inconstitucional a exigência de depósito prévio como requisito de admissibilidade de ação judicial na qual se pretenda discutir a exigibilidade do crédito tributário.

Observa-se que a garantia prevista no **art. 151, II, do CTN** tem **natureza dúplice**, porquanto ao tempo em que **impede a propositura da execução fiscal**, a **fluência de juros** e a **imposição de multa**, também acautela os interesses do Fisco em receber crédito tributário com maior brevidade.

O direito do depósito **independe da modalidade de lançamento**, também se prestando nos casos dos tributos sujeitos ao lançamento por homologação, ainda que antes da homologação inexista crédito tributário constituído a ter sua exigibilidade suspensa.

Caso ocorra o **depósito do montante integral** e o processo restou **extinto sem resolução de mérito**, o entendimento do STJ é no sentido de que **deve ser convertido em renda em favor do ente público competente**. A razão para tal entendimento deriva do fato de que as **causas de extinção do processo sem julgamento do mérito** são invariavelmente **imputáveis ao autor da ação**, nunca ao réu. Admitir que, em tais casos, o autor é que deve levantar o depósito judicial, significaria dar-lhe o comando sobre o **destino da garantia que ofereceu**, o que importaria **retirar do depósito a substância fiduciária** que lhe é própria[16].

Assim, o **cumprimento da obrigação tributária** só pode ser excluída por **força de lei** ou **suspensa** de acordo com o que determina o **art. 151 do CTN**. Fora desse contexto, o sujeito passivo está obrigado a recolher o tributo. No caso de o devedor pretender discutir a obrigação tributária em juízo, permite a lei que faça o **depósito integral da quantia devida** para que seja **suspensa a exigibilidade**. Se a ação intentada,

---

16. STJ, EREsp 227.835/SP.

por qualquer motivo, **resultar sem êxito**, deve o **depósito ser convertido em renda da Fazenda Pública**.

O **depósito** é **simples garantia impeditiva do Fisco** para agilizar a cobrança judicial da dívida, em face da instauração em juízo de litígio sobre a legalidade da sua exigência. Extinto o processo sem exame do mérito contra o contribuinte, têm-se uma **decisão desfavorável**. O passo seguinte, **após o trânsito em julgado**, é o **recolhimento do tributo**.

IMPORTANTE
Segundo entendimento do STJ, estando sob **parcelamento**, o montante global do débito fiscal já se encontra com a **exigibilidade suspensa** e, enquanto prestadas as parcelas, **não há inadimplemento**. Portanto, o depósito mensal das parcelas continuará com o fito de suspender a exigibilidade do crédito tributário.

JURISPRUDÊNCIA

TRIBUTÁRIO. AGRAVO INTERNO NO RECURSO ESPECIAL. EXECUÇÃO FISCAL. DEPÓSITO PRÉVIO DO MONTANTE INTEGRAL DO DÉBITO EM MANDADO DE SEGURANÇA. SUSPENSÃO DA EXIGIBILIDADE APTA A IMPEDIR O AJUIZAMENTO DO FEITO EXECUTIVO FISCAL. RECURSO ESPECIAL 1.140.956/SP, JULGADO PELA SISTEMÁTICA DO ART. 543-C DO CPC/73. AGRAVO INTERNO IMPROVIDO. I. Agravo interno aviado contra decisão que julgara Recurso Especial interposto contra acórdão publicado na vigência do CPC/2015. II. Na origem, trata-se de Execução Fiscal, ajuizada em face da sociedade empresária visando a cobrança de créditos tributários, a título de ICMS, os quais estavam com a exigibilidade suspensa, nos termos do art. 151, II, do CTN, em razão de depósitos judiciais no âmbito de Mandado de Segurança. Apresentada Exceção de Pré-Executividade, o Juízo de 1º Grau a acolheu parcialmente, deixando, contudo, de extinguir o processo de Execução Fiscal e determinando, ainda, a transferência dos depósitos judiciais dos autos do Mandado de Segurança para os autos da Execução Fiscal instaurada. Interposto Agravo de Instrumento, o Tribunal de origem negou provimento ao recurso, mantendo a decisão que deixou de extinguir o processo de Execução Fiscal e determinou, ainda, a transferência dos depósitos judiciais. III. A Primeira Seção do STJ, ao julgar, sob o rito dos recursos repetitivos, o REsp 1.140.956/SP (Rel. Ministro LUIZ FUX, DJe de 03/12/2010), firmou o entendimento de que "o depósito do montante integral do débito, nos termos do artigo 151, inciso II, do CTN, suspende a exigibilidade do crédito tributário, impedindo o ajuizamento da execução fiscal por parte da Fazenda Pública". No julgamento do aludido Recurso Especial repetitivo foi fixada a tese de que "os efeitos da suspensão da exigibilidade pela realização do depósito integral do crédito exequendo, quer no bojo de ação anulatória, quer no de ação declaratória de inexistência de relação jurídico-tributária, ou mesmo no de mandado de segurança, desde que ajuizados anteriormente à execução fiscal, têm o condão de impedir a lavratura do auto de infração, assim como de coibir o ato de inscrição em dívida ativa e o ajuizamento da execução fiscal, a qual, acaso proposta, deverá ser extinta". IV. Agravo interno improvido.
(**STJ – AgInt no REsp: 1776500 SP** 2018/0284478-9, Data de Julgamento: 09/11/2022, T2 – SEGUNDA TURMA, Data de Publicação: DJe 11/11/2022)

DIREITO CIVIL E PROCESSUAL CIVIL. AÇÃO DE INDENIZAÇÃO. CUMPRIMENTO DE SENTENÇA. RECURSO ESPECIAL. PROCEDIMENTO DE REVISÃO DO ENTENDIMENTO FIRMADO NO TEMA 677/STJ. CUMPRIMENTO DE SENTENÇA. PENHORA DE ATIVOS FINANCEIROS. DEPÓSITO JUDICIAL. ENCARGOS MORATÓRIOS PREVISTOS NO TÍTULO EXECUTIVO. INCIDÊNCIA ATÉ A EFETIVA DISPONIBILIZAÇÃO DA QUANTIA EM FAVOR DO CREDOR. BIS IN IDEM. INOCORRÊNCIA. NATUREZA E FINALIDADE DISTINTAS DOS JUROS REMUNERATÓRIOS E DOS JUROS MORATÓRIOS. NOVA REDAÇÃO DO ENUNCIADO DO TEMA 677/STJ. 1. Cuida-se, na origem, de ação de indenização, em fase de cumprimento de sentença, no bojo do qual houve a penhora online de ativos financeiros pertencentes ao devedor, posteriormente transferidos a conta bancária vinculada ao juízo da execução. 2. O propósito do recurso especial é dizer se o depósito judicial em garantia do Juízo libera o devedor do pagamento dos encargos moratórios previstos no título executivo, ante o dever da instituição financeira depositária de arcar com correção monetária e juros remuneratórios sobre a quantia depositada. 3. Em questão de ordem, a Corte Especial do STJ acolheu proposta de instauração, nos presentes autos, de procedimento de revisão do entendimento firmado no Tema 677/STJ, haja vista a existência de divergência interna no âmbito do Tribunal quanto à interpretação e alcance da tese, assim redigida: "na fase de execução, o depósito judicial do montante (integral ou parcial) da condenação extingue a obrigação do devedor, nos limites da quantia depositada". 4. Nos termos dos arts. 394 e 395 do Código Civil, considera-se em mora o devedor que não efetuar o pagamento na forma e tempos devidos, hipótese em que deverá responder pelos prejuízos a que sua mora der causa, mais juros e atualização dos valores monetários, além de honorários de advogado. A mora persiste até que seja purgada pelo devedor, mediante o efetivo oferecimento ao credor da prestação devida, acrescida dos respectivos consectários (art. 401, I, do CC/02). 5. A purga da mora, na obrigação de pagar quantia certa, assim como ocorre no adimplemento voluntário desse tipo de prestação, não se consuma com a simples perda da posse do valor pelo devedor; é necessário, deveras, que ocorra a entrega da soma de valor ao credor, ou, ao menos, a entrada da quantia na sua esfera de disponibilidade. 6. No plano processual, o Código de Processo Civil de 2015, ao dispor sobre o cumprimento forçado da obrigação, é expresso no sentido de que a satisfação do crédito se dá pela entrega do dinheiro ao credor, ressalvada a possibilidade de adjudicação dos bens penhorados, nos termos do art. 904, I, do CPC. 7. Ainda, o CPC expressamente vincula a declaração de quitação da quantia paga ao momento do recebimento do mandado de levantamento pela parte exequente, ou, alternativamente, pela transferência eletrônica dos valores (art. 906). 8. Dessa maneira, considerando que o depósito judicial em garantia do Juízo – seja efetuado por iniciativa do devedor, seja decorrente de penhora de ativos financeiros – não implica imediata entrega do dinheiro ao credor, tampouco enseja quitação, não se opera a cessação da mora do devedor. Consequentemente, contra ele continuarão a correr os encargos previstos no título executivo, até que haja efetiva liberação em favor do credor. 9. No momento imediatamente anterior à expedição do mandado ou à transferência eletrônica, o saldo da conta bancária judicial em que depositados os valores, já acrescidos da correção monetária e dos juros remuneratórios a cargo da instituição financeira depositária, deve ser deduzido do montante devido pelo devedor, como forma de evitar o enriquecimento sem causa do credor. 10. Não caracteriza bis in idem o pagamento cumulativo dos juros remuneratórios, por parte do Banco depositário, e dos juros moratórios, a cargo do devedor, haja vista que são diversas a natureza e finalidade dessas duas espécies de juros. 11. O Tema 677/STJ passa a ter a seguinte redação: "na execução, o depósito efetuado a título de garantia do juízo ou decorrente da penhora de ativos financeiros não isenta o devedor do pagamento dos consectários de sua mora, conforme previstos no título executivo, devendo-se, quando da efetiva entrega do dinheiro ao credor, deduzir do montante final devido o saldo da conta judicial". 12. Hipótese concreta dos autos em que o montante devido deve ser calculado com a incidência dos juros de mora previstos na sentença transitada em julgado, até o efetivo pagamento da credora, deduzido o saldo do depósito judicial e seus acréscimos pagos pelo Banco depositário. 13. Recurso especial conhecido e provido.
(**STJ – REsp: 1820963 SP** 2019/0171495-5, Data de Julgamento: 19/10/2022, CE – CORTE ESPECIAL, Data de Publicação: DJe 16/12/2022)

AGRAVO REGIMENTAL EM AGRAVO DE INSTRUMENTO. EXECUÇÃO FISCAL. EXPEDIÇÃO DE CERTIDÃO POSITIVA COM EFEITOS DE NEGATIVA. DEPÓSITO INTEGRAL DO CRÉDITO TRIBUTÁRIO. INOCORRÊNCIA. INTERPRETAÇÃO LITERAL. ARTIGO 111 DO CÓDIGO TRIBUTÁRIO NACIONAL. AGRAVO IMPROVIDO. 1. "Na esteira da jurisprudência desta Corte, somente o depósito do montante integral do débito enseja a suspensão de sua exigibilidade, o que inviabiliza, com isso, a expedição da certidão negativa de débito. Incidência, na hipótese, da Súmula nº 112/STJ. Precedentes: REsp nº 700.917/RS, Rel. Min. TEORI ALBINO ZAVASCKI, DJ de 19/10/06; AgRg no REsp nº 720.669/RS, Rel. Min. LUIZ FUX, DJ de 18/05/06; EDREsp nº 750.305/RS, Rel. Min. CASTRO MEIRA, DJ de 05/04/06 e REsp nº 413.388/RS, Rel. Min. FRANCIULLI NETTO, DJ de 18/10/04." (AgRgREsp nº 919.220/RS, Relator Ministro Francisco Falcão, in DJ 11/6/2007). 2. O depósito do crédito tributário com o desconto previsto para pagamento à vista, por não ser integral, não tem o condão de suspender a exigibilidade do crédito tributário e, pois, de autorizar a expedição de certidão positiva com efeitos de negativa. 3. Em matéria de suspensão do crédito tributário, como é o caso do depósito do seu montante integral (inciso II do artigo 151 do Código Tributário Nacional), a legislação tributária deve ser interpretada literalmente. Inteligência do artigo 111, inciso I, do Código Tributário Nacional. 4. Agravo regimental improvido.
(**STJ – AgRg no Ag: 1307925 SP** 2010/0082635-1, Relator: Ministro HAMILTON CARVALHIDO, Data de Julgamento: 24/08/2010, T1 – PRIMEIRA TURMA, Data de Publicação: DJe 04/10/2010)
ASSUNTO: CONTRIBUIÇÕES SOCIAIS PREVIDENCIÁRIAS Período de apuração: 1º/01/2004 a 31/12/2004 JUROS DE MORA. DEPÓSITO DO MONTANTE INTEGRAL. INEXIGIBILIDADE. SUMULA CARF Nº 5. Súmula CARF nº 5: São devidos juros de mora sobre o crédito tributário não integralmente pago no vencimento, ainda que suspensa sua exigibilidade, salvo quando existir depósito no montante integral. No caso dos autos, restou comprovado o depósito integral do crédito tributário, não havendo que se falar em juros de mora. EXIGIBILIDADE SUSPENSA POR DECISÃO JUDICIAL. MULTA DE MORA. NÃO CABIMENTO. Comprovada nos autos a suspensão da exigibilidade do crédito tributário na forma do disposto no Art. 151, V, do CTN, bem como a realização de depósito do montante integral do crédito tributário, não cabe exigência de multa de mora em lançamento para prevenção da decadência.
(**CARF 13857001136200873** 2301-008.337, Relator: Não informado, Data de Julgamento: 05/11/2020, Data de Publicação: 26/11/2020)
ASSUNTO: PROCESSO ADMINISTRATIVO FISCAL Ano-calendário: 2011 LANÇAMENTO PARA PREVENIR DECADÊNCIA. DEPÓSITO DO MONTANTE INTEGRAL. POSSIBILIDADE. DISTINGUISHING QUANTO AO RESP 1.140.956/SP. SÚMULA CARF 165. Em respeito ao art. 63, § 8º, do RICARF/2015, haja vista que a maioria dos conselheiros expressaram seus votos pelas conclusões, é de se refletir o direcionamento de seus entendimentos. Cabe, assim, expor que a maioria dos conselheiros manifestou que consideram, conforme enunciado da Súmula CARF 165, a jurisprudência deste CARF se consolidou no sentido de que a existência do depósito judicial, ainda que integral, não impede o lançamento do crédito tributário, sendo que o julgamento do REsp 1.140.956/SP pelo STJ não alterou esse panorama. Súmula CARF 165: Não é nulo o lançamento de ofício referente a crédito tributário depositado judicialmente, realizado para fins de prevenção da decadência, com reconhecimento da suspensão de sua exigibilidade e sem a aplicação de penalidade ao sujeito passivo. (Vinculante, conforme Portaria ME nº 12.975, de 10/11/2021, DOU de 11/11/2021).
(**CARF 16327720934201422** 9303-013.624, Relator: Não informado, Data de Julgamento: 13/12/2022, Data de Publicação: 23/01/2023)

PROCESSUAL CIVIL E TRIBUTÁRIO. AGRAVO INTERNO NO AGRAVO EM RECURSO ESPECIAL. AÇÃO ANULATÓRIA. SUSPENSÃO DA EXIGIBILIDADE DO CRÉDITO TRIBUTÁRIO. SEGURO GARANTIA. IMPOSSIBILIDADE. SÚMULA 112/STJ. 1. Esta Corte possui entendimento pacífico no sentido de que somente o depósito em dinheiro do montante integral devido possui o condão de suspender a exigibilidade do crédito tributário, não se incluindo nesse conceito a fiança bancária. Incidência da Súmula 112/STJ. 2. Agravo regimental não provido.
(STJ – AgInt no AREsp: 2205308 RJ 2022/0284593-0, Relator: Ministro MAURO CAMPBELL MARQUES, Data de Julgamento: 17/04/2023, T2 – SEGUNDA TURMA, Data de Publicação: DJe 20/04/2023)
TRIBUTÁRIO. AGRAVO INTERNO NOS EMBARGOS DE DECLARAÇÃO NO AGRAVO EM RECURSO ESPECIAL. SUSPENSÃO DA EXIGIBILIDADE DO CRÉDITO TRIBUTÁRIO. DEPÓSITO DO MONTANTE INTEGRAL. SÚMULA N. 112 DO STJ. CDA. INCONSTITUCIONALIDADE DOS JUROS MORATÓRIOS. SIMPLES CÁLCULO ARITMÉTICO. TÍTULO VÁLIDO. 1. Nos termos da jurisprudência pacífica desta Corte, apenas o depósito judicial realizado em dinheiro e do montante integral é causa de suspensão da exigibilidade do crédito tributário, nos termos do art. 151 do CTN e conforme sedimentado no enunciado da Súmula 112/STJ: "O depósito somente suspende a exigibilidade do crédito tributário se for integral e em dinheiro". 2. O reconhecimento de parcela inconstitucional de tributo incluída na CDA não invalida todo o título executivo (REsp 1.115.501/SP, na sistemática do art. 543-C do CPC/1973), permanecendo parcialmente exigível a parcela não eivada de vicio, nem sequer havendo necessidade de emenda ou substituição da CDA (REsp n. 1.811.226/SP, relator Ministro Herman Benjamin, Segunda Turma, julgado em 17/12/2019, DJe de 28/8/2020). Agravo interno improvido.
(STJ – AgInt nos EDcl no AREsp: 1798600 SP 2020/0316968-8, Relator: Ministro HUMBERTO MARTINS, Data de Julgamento: 03/04/2023, T2 – SEGUNDA TURMA, Data de Publicação: DJe 13/04/2023)

14.5.3 Reclamações e recursos administrativos

Estabelece o **art. 151, III, do CTN** que:

> **Art. 151.** Suspendem a exigibilidade do crédito tributário:
>
> III – as reclamações e os recursos, nos termos das leis reguladoras do processo tributário administrativo;

O **processo administrativo tributário** tem início quando o contribuinte, notificado pelo lançamento ou por qualquer ato de fiscalização, não concorda com a exigência fiscal. A contestação pode ocorrer em diversas fases, seja mediante **impugnação** (defesa) em primeira instância administrativa, seja via **recurso administrativo** nas instâncias superiores (Tribunais Administrativos em âmbito municipal, estadual e federal).

O **processo administrativo tributário** abrange todo o **procedimento administrativo de fiscalização** e de **autuação**, bem como o **processamento das defesas** e dos **recursos administrativos**.

A legislação utilizada para tratar do **processo administrativo fiscal** é o **Decreto 70.235/72**. O **prazo** para que o Fisco se manifeste em processos administrativos relativos a **pedidos de ressarcimento** ou **recursos interpostos** pelo contribuinte é de **360** (trezentos e sessenta) **dias**. Essa determinação se dá pela **Lei 11.457/2007** que unifica a arrecadação e fiscalização da Secretaria da Receita Federal com a Secretaria da Receita Previdenciária, surgindo a Secretaria da Receita Federal do Brasil, nos termos do **art.**

24 da Lei n. 11.457/2007[17]. Ta determinação se coaduna com o **princípio da duração razoável do processo**, nos termos do **art. 5º, LXXVIII, da CF/1988**[18].

Seja a **defesa** realizada pelo sujeito passivo perante a **primeira instância administrativa** até **recursos administrativos** interpostos perante a **segunda instância administrativa**, a partir do momento em que ocorreu a **admissibilidade tempestiva** acarreta a **suspensão da exigibilidade do crédito**, sem a necessidade de qualquer caução do contribuinte.

Importante ressaltar o argumento esposado pela **Súmula 373 do STJ**, *in verbis*:

É ilegítima a exigência de depósito prévio para admissibilidade de recurso administrativo.

Corroborando com o entendimento do STJ, a Suprema Corte editou a **Súmula Vinculante 21**:

É inconstitucional a exigência de depósito ou arrolamento prévio de dinheiro ou bens para admissibilidade de recurso administrativo.

IMPORTANTE
A ação judicial implica em renúncia do processo administrativo, nos termos do **art. 38, parágrafo único da Lei 6.830/80**. Tal situação se manifesta, de igual modo, quando da adesão ao parcelamento, nos termos do entendimento jurisprudencial.

---

17. **Art. 24.** É obrigatório que seja proferida decisão administrativa no prazo máximo de 360 (trezentos e sessenta) dias a contar do protocolo de petições, defesas ou recursos administrativos do contribuinte.
18. **Art. 5º.** (...)
    LXXVIII a todos, no âmbito judicial e administrativo, são assegurados a razoável duração do processo e os meios que garantam a celeridade de sua tramitação.

JURISPRUDÊNCIA

ASSUNTO: CONTRIBUIÇÕES SOCIAIS PREVIDENCIÁRIAS Período de apuração: 01/01/2004 a 31/05/2008 AUTO DE INFRAÇÃO. DESCUMPRIMENTO DE OBRIGAÇÃO ACESSÓRIA. CFL38. Constitui infração deixar o contribuinte de exibir documentos ou livros relacionados com as contribuições previstas na Lei nº 8.212 de 1991 ou elaborá-los sem atender às formalidades legais exigidas. SUSPENSÃO DA EXIGIBILIDADE DO CRÉDITO TRIBUTÁRIO DURANTE O PROCESSO ADMINISTRATIVO. SÚMULA CARF Nº 5. A interpretação do artigo 151, III do CTN implica a suspensão da exigibilidade do crédito tributário durante o processo administrativo, nos termos e extensão da impugnação apresentada. A não incidência de juros de mora sobre o valor dos tributos não pagos nos respectivos vencimentos, independente de se encontrar o crédito tributário pendente de julgamento, somente será possível se houver depósito no montante integral. NÃO APRESENTAÇÃO DE NOVAS RAZÕES DE DEFESA PERANTE A SEGUNDA INSTÂNCIA ADMINISTRATIVA. CONFIRMAÇÃO DA DECISÃO RECORRIDA. Não tendo sido apresentadas novas razões de defesa perante a segunda instância administrativa, adota-se a decisão recorrida, mediante transcrição de seu inteiro teor nos termos do § 3º do artigo 57 do Anexo II do Regimento Interno do Conselho Administrativo de Recursos Fiscais, aprovado pela Portaria MF nº 343/2015.
(**CARF 10920002227200916** 2201-010.462, Relator: DEBORA FOFANO DOS SANTOS, Data de Julgamento: 04/04/2023, Data de Publicação: 20/04/2023)
PROCESSUAL CIVIL. AGRAVO INTERNO NO RECURSO ESPECIAL. EXECUÇÃO FISCAL. PRESCRIÇÃO. NÃO OCORRÊNCIA. SUSPENSÃO DA EXIGIBILIDADE DO CRÉDITO TRIBUTÁRIO ATÉ DECISÃO FINAL DO PROCESSO ADMINISTRATIVO. PRECEDENTES. 1. O recurso administrativo suspende a exigibilidade do crédito tributário enquanto perdurar o contencioso administrativo, nos termos do art. 151, inciso III, do CTN, sendo certo que somente a partir da notificação do resultado do recurso ou da sua revisão tem início a contagem do prazo prescricional, afastando-se a incidência prescrição intercorrente em sede de processo administrativo fiscal (REsp n. 1.113.959/RJ, relator Ministro Luiz Fux, Primeira Turma, julgado em 15/12/2009, DJe de 11/3/2010.). No mesmo sentido: AgInt no AREsp n. 851.126/RJ, relator Ministro Manoel Erhardt (Desembargador Convocado do TRF5), Primeira Turma, julgado em 14/3/2022, DJe de 18/3/2022; AgInt no REsp n. 1.856.683/ES, relator Ministro Francisco Falcão, Segunda Turma, julgado em 24/5/2021, DJe de 28/5/2021; AgInt no REsp n. 1.796.684/PE, relator Ministro Benedito Gonçalves, Primeira Turma, julgado em 30/9/2019, DJe de 3/10/2019.2. Agravo interno não provido.
(**STJ – AgInt no REsp: 2102840 RJ** 2023/0369475-7, Relator: Ministro MAURO CAMPBELL MARQUES, Data de Julgamento: 15/04/2024, T2 – SEGUNDA TURMA, Data de Publicação: DJe 18/04/2024)
PROCESSUAL CIVIL. EMBARGOS À EXECUÇÃO. MULTA ADMINISTRATIVA. INFRAÇÃO COMETIDA NA PRESTAÇÃO DE SERVIÇO DE SAÚDE SUPLEMENTAR. PRESCRIÇÃO INTERCORRENTE AFASTADA. VÍCIO NO PROCEDIMENTO NÃO CONSTATADO. AUSÊNCIA DE OMISSÃO NO ACÓRDÃO RECORRIDO. NECESSIDADE DE REVOLVIMENTO DE MATERIAL FÁTICO-PROBATÓRIO. SÚMULA N. 7/STJ. ACÓRDÃO EM CONSONÂNCIA COM O ENTENDIMENTO DO STJ. MANUTENÇÃO DA DECISÃO RECORRIDA. AGRAVO INTERNO DESPROVIDO. I – Na origem, trata-se ação de embargos à execução objetivando tutela jurisdicional da pretensão de nulidade da cobrança dos débitos inscritos nas CDAs n. 4.002.000550/17-08, n. 4.002.00551/17-62, n. 4.002.00551/17-62 e n. 4.002.00551/17-62, lavrados nos Processos Administrativos n. 25780.005631/2010-96, n. 25773.009887/2012-23, n. 25780.008043/2014-38 e n. 25783.018595/2011-81, respectivamente, para apurar pretensas infrações cometidas pela operadora embargante na saúde suplementar, consistentes em negativa de procedimentos médicos. A sentença julgou o pedido improcedente. No Tribunal a quo, a apelação foi provida parcialmente para julgar parcialmente procedentes os embargos do devedor, acolhendo o excesso de execução apontado referente ao cálculo da multa de mora. II – Em relação à alegada violação do art. 1.022, II, do CPC de 2015, não se vê pertinência na alegação, tendo o julgador dirimido a controvérsia tal qual lhe fora apresentada, em decisão devidamente fundamentada, sendo a irresignação da operadora de saúde

recorrente evidentemente limitada ao fato de estar diante de decisão contrária a seus interesses, o que não viabiliza o referido recurso declaratório. Nesse sentido: AgInt no REsp n. 1.643.573/RS, relator Ministro Sérgio Kukina, Primeira Turma, julgado em 8/11/2018, DJe 16/11/2018 e AgInt no REsp n. 1.719.870/RS, relatora Ministra Nancy Andrighi, Terceira Turma, julgado em 24/9/2018, DJe 26/9/2018. III – Quanto à alegada violação dos arts. 1º, § 1º e II, 2º, da Lei n. 9.873/1999, relacionada à alegação de prescrição da pretensão punitiva relativa ao Processo Administrativo n. 25780.005631-2010-96, o recurso é inviável, assim porque chegar a entendimento diverso, in casu, demandaria revolvimento fático-probatório inviável em recurso especial ante o óbice da Súmula n. 7/STJ. Nesse sentido: AgInt no AREsp n. 1.716.010/RJ, relator Ministro Sérgio Kukina, Primeira Turma, julgado em 25/9/2023, DJe de 28/9/2023 e AgInt no AREsp n. 1.351.060/RJ, relatora Ministra Assusete Magalhães, Segunda Turma, julgado em 25/6/2019, DJe de 28/6/2019.IV – No que concerne à alegada violação do art. 37-A da Lei n. 10.522/2002, do art. 61 da Lei n. 9.430/1996, e dos arts. 1º, 2º e 3º do Decreto-Lei n. 1.736/1979, sem razão a operadora recorrente, encontrando-se o aresto recorrido em consonância com o entendimento firmado nesta Corte Superior, no sentido de que "a interposição do recurso administrativo apenas pode ensejar a suspensão da exigibilidade da multa administrativa, mas não interfere no termo inicial dos encargos da mora, os quais incidem a partir do primeiro dia subsequente ao vencimento do prazo previsto para pagamento do crédito". Nesse sentido: AgInt no AREsp n. 1.716.010/RJ, relator Ministro Sérgio Kukina, Primeira Turma, julgado em 25/9/2023, DJe de 28/9/2023, AgInt no REsp n. 1.638.268/MG, relator Ministro Mauro Campbell Marques, Segunda Turma, julgado em 21/2/2017, DJe de 1/3/2017 e REsp n. 1.411.979/RS, relator Ministro Herman Benjamin, Segunda Turma, julgado em 2/6/2015, DJe de 5/8/2015.V – Agravo interno improvido.

(**STJ – AgInt no REsp: 2129797 CE** 2024/0081676-7, Relator: Ministro FRANCISCO FALCÃO, Data de Julgamento: 17/06/2024, T2 - SEGUNDA TURMA, Data de Publicação: DJe 19/06/2024)

ASSUNTO: PROCESSO ADMINISTRATIVO FISCAL Data do fato gerador: 05/09/2016 CRÉDITO TRIBUTÁRIO. MEDIDA LIMINAR EM MANDADO DE SEGURANÇA. DEPÓSITO JUDICIAL INTEGRAL. EXIGIBILIDADE SUSPENSA. LANÇAMENTO DE OFÍCIO PARA PREVENIR DECADÊNCIA. POSSIBILIDADE. A concessão de medida liminar em mandado de segurança e depósito judicial no montante integral suspende a exigibilidade do crédito tributário (art. 151, II e IV do CTN), porém não impede a sua constituição por meio de lançamento de ofício. Incidência do artigo 63 da Lei nº 9.430/96 e Súmula CARF nº 48. AUTO DE INFRAÇÃO. ALEGAÇÃO DE DESNECESSIDADE E/OU VEDAÇÃO. NULIDADE DA AUTUAÇÃO. Conforme o REsp nº 1.140.956/SP, julgado sob o rito dos Recursos Repetitivos, os efeitos da suspensão da exigibilidade pela realização do depósito integral do crédito tributário, desde que realizado anteriormente ao início do procedimento fiscal, têm o condão de impedir a lavratura do auto de infração com multa de ofício, destinado a promover a cobrança administrativa. O REsp nº 1.140.956/SP não estabelece nenhuma vedação à lavratura de Auto de Infração sem multa de ofício, destinado a prevenir a decadência, nos termos do art. 63 da Lei nº 9.430/96.

(**CARF 15771724443201610** 3402-009.983, Relator: CYNTHIA ELENA DE CAMPOS, Data de Julgamento: 22/11/2022, Data de Publicação: 10/02/2023)

PROCESSUAL CIVIL. AÇÃO ANULATÓRIA DE MULTA FUNDADA EM VIOLAÇÃO DE CLÁUSULA DE CONTRATO ADMINISTRATIVO. SUSPENSÃO DA EXIGIBILIDADE DE CRÉDITO POR MEIO DE SEGURO GARANTIA. POSSIBILIDADE. 1. Decorre o presente recurso de ação anulatória de autuação por infração de contrato administrativo, em que indeferida a tutela antecipada que visava à suspensão da exigibilidade das penalidades. 2. O entendimento do Tribunal de origem de que apenas o depósito em dinheiro teria o condão de suspender a exigibilidade da multa administrativa não se coaduna com a jurisprudência desta Corte, segundo a qual a oferta de seguro garantia ou fiança bancária tem o efeito de suspender a exigibilidade de crédito não tributário. Precedentes. 3. Agravo interno não provido.

(**STJ – AgInt no AREsp: 1901637 SP** 2021/0149754-7, Relator: Ministro MAURO CAMPBELL MARQUES, Data de Julgamento: 20/03/2023, T2 – SEGUNDA TURMA, Data de Publicação: DJe 23/03/2023)

PROCESSUAL CIVIL E ADMINISTRATIVO. MULTA ADMINISTRATIVA. CRÉDITO NÃO TRIBUTÁRIO. SUSPENSÃO DA EXIGIBILIDADE EM DECORRÊNCIA DE SEGURO GARANTIA OU FIANÇA. POSSIBILIDADE. I – Na origem o presente feito decorre de agravo de instrumento interposto contra decisão que indeferiu a antecipação de tutela cautelar antecedente, a qual se destinava a viabilizar a garantia de crédito. No Tribunal a quo, após o julgamento dos embargos de declaração foi dado provimento ao agravo de instrumento, para determinar a suspensão da exigibilidade de crédito não tributário. II – Apesar do entendimento firmado na Súmula n. 112/STJ, no sentido de que o depósito somente suspende a exigibilidade do crédito tributário se for integral e em dinheiro, a jurisprudência desta Corte Superior também firmou o posicionamento de que, quanto aos créditos não tributários, a oferta de seguro garantia ou fiança bancária tem o efeito de suspender a exigibilidade destes créditos, não se aplicando, portanto, a citada súmula. III – Precedentes: AgInt no AREsp 1.683.152/SP, relator Ministro Og Fernandes, Segunda Turma, julgado em 9/3/2021, DJe 22/3/2021; AgInt no REsp 1.612.784/RS, relator Ministro Sérgio Kukina, Primeira Turma, julgado em 11/2/2020, DJe 18/2/2020; AgInt no REsp 1.915.046/RJ, relator Ministro Gurgel de Faria, Primeira Turma, julgado em 28/6/2021, REPDJe 27/8/2021, DJe 1º/7/2021. IV – Recurso especial improvido.
(**STJ – AREsp: 1932380 SP** 2021/0224214-9, Data de Julgamento: 03/05/2022, T2 – SEGUNDA TURMA, Data de Publicação: DJe 05/05/2022)
ASSUNTO: PROCESSO ADMINISTRATIVO FISCAL Ano-calendário: 2008 PROCESSO ADMINISTRATIVO FISCAL E PROCESSO JUDICIAL COM O MESMO OBJETO. PREVALÊNCIA DO PROCESSO JUDICIAL. RENÚNCIA ÀS INSTÂNCIAS ADMINISTRATIVAS. CONSTITUIÇÃO DO CRÉDITO TRIBUTÁRIO. POSSIBILIDADE. Importa renúncia às instâncias administrativas a propositura pelo sujeito passivo de ação judicial por qualquer modalidade processual, antes ou depois do lançamento de ofício, com o mesmo objeto do processo administrativo, sendo cabível apenas a apreciação, pelo órgão de julgamento administrativo, de matéria distinta da constante do processo judicial (Súmula CARF nº 1). A referida concomitância, por outro lado, não implica, por si só, o impedimento da constituição do crédito tributário, caso inexistente ordem judicial ou causa de suspensão do referido crédito. AUTO DE INFRAÇÃO. SUSPENSÃO DA EXIGIBILIDADE DO CRÉDITO TRIBUTÁRIO. DEPÓSITO JUDICIAL. COMPATIBILIDADE. NULIDADE. INOCORRÊNCIA. A suspensão da exigibilidade do crédito tributário por força de medida judicial não impede a lavratura de auto de infração, tampouco é nulo o lançamento que tem por objeto crédito tributário depositado judicialmente. DECISÃO JUDICIAL. EFEITO REPETITIVO. INOCORRÊNCIA. No julgamento proferido no âmbito do Recurso Especial nº 1.140.956 SP, não foi apreciada a possibilidade de lançamento, sem aplicação de penalidade e com suspensão da exigibilidade, em face de crédito tributário objeto de depósito judicial integral. ASSUNTO: NORMAS DE ADMINISTRAÇÃO TRIBUTÁRIA Ano-calendário: 2008 EXIGIBILIDADE SUSPENSA. DEPÓSITO DO MONTANTE INTEGRAL JUROS DE MORA. NÃO INCIDÊNCIA. São devidos juros de mora sobre o crédito tributário não integralmente pago no vencimento, ainda que suspensa sua exigibilidade, salvo quando existir depósito no montante integral.
(**CARF 16327721144201201** 1302-006.396, Relator: Não informado, Data de Julgamento: 15/12/2022, Data de Publicação: 02/01/2023)
ASSUNTO: CONTRIBUIÇÕES SOCIAIS PREVIDENCIÁRIAS Período de apuração: 01/01/2009 a 31/12/2010 PROCESSO ADMINISTRATIVO FISCAL. RECURSO ESPECIAL. DEMONSTRAÇÃO DE DIVERGÊNCIA. CONHECIMENTO. Diante de situações fáticas semelhantes, uma vez demonstrada a divergência na interpretação da lei tributária e atendidos os demais pressupostos regimentais, deve o Recurso Especial ser conhecido. DEPÓSITO JUDICIAL. SUSPENSÃO DE EXIGIBILIDADE DO CRÉDITO TRIBUTÁRIO. LANÇAMENTO DE OFÍCIO. PREVENÇÃO DE DECADÊNCIA. POSSIBILIDADE. Ainda que se refira a crédito tributário objeto de depósito judicial, é possível o lançamento de ofício, realizado para fins de prevenção da decadência, com o expresso reconhecimento da suspensão da sua exigibilidade e sem a aplicação de penalidade ao sujeito passivo. DECISÃO JUDICIAL. EFEITO REPETITIVO. INOCORRÊNCIA. No julgamento proferido no âmbito do Recurso Especial nº 1.140.956-SP, não foi apreciada a possibilidade de lançamento, sem aplicação de penalidade e com suspensão da exigibilidade, em face de crédito tributário objeto de depósito judicial integral.
(**CARF 16327721262201391** 9202-010.572, Relator: Não informado, Data de Julgamento: 19/12/2022, Data de Publicação: 23/01/2023)

ASSUNTO: IMPOSTO SOBRE A RENDA DE PESSOA JURÍDICA (IRPJ) Ano-calendário: 2007 SUSPENSÃO DA EXIGIBILIDADE DO CRÉDITO TRIBUTÁRIO. ART. 151 DO CTN. SUSPENSÃO AUTOMÁTICA COM DEFESA ADMINISTRATIVA. APENAS NO ÂMBITO ADMINISTRATIVO. A suspensão da exigibilidade do crédito tributário é automática quando houver defesa administrativa não transitada em julgado. Havendo o término do processo administrativo, nova suspensão se dará apenas nos casos previstos pela, não cabendo ainda a órgão administrativo decidir sobre elas. MULTA ISOLADA. ESTIMATIVAS NÃO RECOLHIDAS. MULTA DE 50% MESMO APÓS O TÉRMINO DO ANO-CALENDÁRIO. Não havendo o recolhimento de estimativas no prazo, justifica-se a aplicação de multa isolada de 50% nos termos do art. 44, II, b da Lei 9.430/96, mesmo que a sanção seja aplicada após o término do ano-calendário em que foi cometida a infração. (**CARF 18470723108201164** 1402-006.428, Relator: LUCIANO BERNART, Data de Julgamento: 13/04/2023, Data de Publicação: 05/06/2023)

14.5.4 Concessão de liminar em mandado de segurança

Tem cabimento o **mandado de segurança** quando da ocorrência de **ameaça** ou **lesão** a **direito líquido e certo** perpetrado por **autoridade administrativa**, de maneira **ilegal** ou **abusiva**, desde que não seja amparado por *habeas corpus* ou *habeas data*. Como uma das principais garantias constitucionais, tem o seu fundamento no **art. 5º, LXIX, do Texto Maior**[19]. A **regulamentação** do mandado de segurança se dá pela **Lei 12.016/2009**, sendo uma das medidas judiciais mais utilizadas em matéria tributária.

Os **requisitos para a impetração da ação mandamental** não se confundem com os **requisitos para a concessão da liminar**. Observamos que, o que suspende a exigibilidade do crédito tributário **não é a impetração do mandado de segurança**, mas a **concessão de liminar**.

É pacífico o entendimento jurisprudencial ao afirmar que **apenas a concessão da liminar** no mandado de segurança **suspende a exigibilidade do crédito tributário**, nos termos do **art. 151, IV, do CTN**. Não basta a mera impetração da medida judicial; é necessária a **demonstração do direito** e do **perigo na demora** para obter a tutela provisória.

São **requisitos para concessão da liminar** aqueles estabelecidos no **art. 7º, III, da Lei n. 12.016/2009**, *in verbis*:

Art. 7º Ao despachar a inicial, o juiz ordenará:

III – que se suspenda o ato que deu motivo ao pedido, quando houver fundamento relevante e do ato impugnado puder resultar a ineficácia da medida, caso seja finalmente deferida, sendo facultado exigir do impetrante caução, fiança ou depósito, com o objetivo de assegurar o ressarcimento à pessoa jurídica.

Analisando o dispositivo legal, dividimos os requisitos da forma abaixo delineada:

---

19. **Art. 5º** (...)

LXIX – conceder-se-á mandado de segurança para proteger direito líquido e certo, não amparado por "habeas-corpus" ou "habeas data", quando o responsável pela ilegalidade ou abuso de poder for autoridade pública ou agente de pessoa jurídica no exercício de atribuições do Poder Público;

- **Fumus Boni Juris (probabilidade do direito)**

Trata-se da **plausibilidade jurídica do direito invocado** pelo impetrante. Advém da demonstração de que o ato administrativo impugnado apresenta **aparente ilegalidade** ou **abuso de poder**, comprometendo o **direito líquido e certo protegido**.

- **Periculum in Mora (perigo de dano)**

Versa sobre o **risco de dano irreparável** ou de **difícil reparação** caso a medida não seja concedida de forma imediata. No contexto tributário, este requisito pode ser configurado quando a **manutenção da exigibilidade do crédito compromete a viabilidade econômica do contribuinte** ou **resulta em prejuízo grave**, como a inscrição em dívida ativa ou a restrição a bens e direitos.

Conforme determina o § 3º do art. 7º da Lei 12.016/2009, os **efeitos da medida liminar**, salvo se **revogada** ou **cassada**, persistirão até a **prolação da sentença**.

A **concessão da liminar** exerce, como **principal efeito**, a **suspensão da exigibilidade do crédito tributário até a decisão final de mérito**, não podendo ser concedida, contudo, em qualquer circunstância. É o que determina o **§2º do art. 7º da Lei 12.016/09**:

> Art. 7º (...)
>
> § 2º Não será concedida medida liminar que tenha por objeto a compensação de créditos tributários, a entrega de mercadorias e bens provenientes do exterior, a reclassificação ou equiparação de servidores públicos e a concessão de aumento ou a extensão de vantagens ou pagamento de qualquer natureza.

O STF considerou **inconstitucional** impedir ou condicionar a **concessão de medida liminar**, o que caracteriza verdadeiro obstáculo à **efetiva prestação jurisdicional** e à **defesa do direito líquido e certo** do impetrante, quando do julgamento da **ADI 4.296/DF**. Nesse sentido, ante a determinação da **inconstitucionalidade** do dispositivo, questiona-se sobre a **(im)possibilidade de compensação de créditos tributários** através de **liminar**, que seria contrário ao entendimento esposado pela **Súmula 212 do STJ e art. 170-A do CTN**[20].

Independentemente da causa que ensejou o **encerramento dos efeitos da medida liminar concedida** (cassação, revogação, perempção etc.), o cancelamento de seu efeito suspensivo ou impediente da exigibilidade do crédito gera **consequências** ao contribuinte antes beneficiado. A **súmula 405 do STF** reza:

---

20. **Súmula 212 do STJ.** A compensação de créditos tributários não pode ser deferida em ação cautelar ou por medida liminar cautelar ou antecipatória.

Art. 170-A. É vedada a compensação mediante o aproveitamento de tributo, objeto de contestação judicial pelo sujeito passivo, antes do trânsito em julgado da respectiva decisão judicial.

Denegado o mandado de segurança pela sentença, ou no julgamento do agravo dela interposto, fica sem efeito a liminar concedida, retroagindo os efeitos da decisão contrária.

Assim, havendo o **encerramento dos efeitos suspensivos da medida liminar**, o tributo abarcado pela tutela provisória passa a ser **exigível** e **devido**, sujeito a **correção monetária** e **juros de mora**.

A **Súmula 405 do STF** estabelece um **efeito retroativo da decisão** que nega o mandado de segurança (efeito *ex tunc*) alcançando todas as consequências jurídicas do ato administrativo antes suspenso pela liminar.

A retroatividade dos efeitos reafirma que os tributos, enquanto devidos por lei, **não perdem sua exigibilidade material**, apenas têm sua **cobrança suspensa temporariamente** por força da **decisão liminar**.

Já a **suspensão da liminar** pode ser requerida pela parte interessada – em regra, o Poder Público – quando se verifica que sua **manutenção** pode causar:

⇒ Grave lesão à ordem pública;

⇒ Dano à economia pública;

⇒ Risco à segurança jurídica.

A **suspensão** é, portanto, um **mecanismo de controle** contra possíveis **abusos** ou **impactos desproporcionais** decorrentes da manutenção de liminares em situações delicadas.

Estabelece a **Súmula 626 do STF**:

A suspensão da liminar em mandado de segurança, salvo determinação em contrário da decisão que a deferir, vigorará até o trânsito em julgado da decisão definitiva da concessão da segurança ou, havendo recurso, até a sua manutenção pelo Supremo Tribunal Federal, desde que o objeto da liminar deferida coincida, total ou parcialmente, com o da impetração.

A **suspensão da liminar** deve permanecer válida **até o trânsito em julgado** da **decisão definitiva na ação principal**. Caso haja recurso ao STF, a suspensão pode ser mantida até que o Supremo Tribunal confirme ou revogue a decisão. Tal previsão garante a **estabilidade processual** e evita alterações constantes nos efeitos da liminar, que poderiam causar **insegurança jurídica**.

Condiciona-se, ainda, a manutenção da suspensão à **coincidência do objeto da liminar com o mérito da impetração**. Isso significa que, para ser aplicável, a liminar deve ter sido concedida para **antecipar os efeitos do pedido principal da ação**, não podendo abranger **questões distintas** ou **desconexas**.

A **desistência no mandado de segurança** é uma faculdade processual conferida ao impetrante, prevista nos princípios gerais do direito processual. Entretanto, a desistência **após a prolação da sentença de mérito** e seus impactos suscitam debate, especialmente no que tange à anuência da autoridade coatora. No julgamento do **RE 550.258**, o STF analisou a **possibilidade** de o contribuinte **desistir do mandado de segurança mesmo após a sentença de mérito**, ainda que esta tenha sido **favorável ao impetrante**. O Tribunal concluiu que a desistência deve ser admitida, sem a necessidade de anuência da autoridade coatora (impetrado).

Por conseguinte, no julgamento do **RE 669.367**, o STF reconheceu a **repercussão geral** do tema, consolidando o entendimento de que a desistência do mandado de segurança é uma **manifestação unilateral do impetrante**, não havendo necessidade de **anuência da autoridade impetrada** para sua **homologação**, mesmo que a **sentença de mérito** seja **favorável**.

O impetrante pode optar pela desistência por diversas razões, como o interesse em buscar uma **solução alternativa**, determinada **mudança no entendimento jurídico** que torne a **demanda menos vantajosa** ou ainda, a conclusão de que a **execução da decisão favorável** é **desnecessária** ou **inconveniente**.

Entretanto, a **desistência** não pode ser utilizada de **forma abusiva**, como forma de **fraude à lei** ou ao **processo**, tampouco condicionada a atos que desrespeitem os **princípios da boa-fé processual**.

JURISPRUDÊNCIA

TRIBUTÁRIO E PROCESSUAL CIVIL. AGRAVO INTERNO EM RECURSO ORDINÁRIO EM MANDADO DE SEGURANÇA. COMPENSAÇÃO TRIBUTÁRIA. SÚMULA 213 DO STJ. PRECEDENTES. 1. Em relação à matéria, a Corte de origem assim consignou (fls. 410-411, e-STJ): "Não obstante, com relação ao pedido de restituição dos valores pagos indevidamente, este não merece acolhimento, visto que o Mandado de Segurança não é via adequada para cobrança e/ou restituição de valores pagos a maior, devendo a impetrante manejar demanda com referido fim." 2. A pretensão do Recurso Ordinário, contudo, não consiste em promover a cobrança, restituição ou extinção de crédito tributário via compensação, o que dependeria de lei específica autorizativa (art. 170 do CTN), mas sim em apenas declarar o direito a compensação via Mandado de Segurança. 3. Nos termos da Súmula 213 do STJ: "O mandado de segurança constitui ação adequada para a declaração do direito à compensação tributária." Ressalte-se que a compensação deve ser requerida na via administrativa. Nesse sentido: AgInt no REsp 1.603.841/SC, Rel. Min. Gurgel de Faria, Primeira Turma, DJe de 25.5.2022; EDcl no AgInt no AREsp 1.891.386/MA, Rel. Min. Herman Benjamin, Segunda Turma, DJe de 12.4.2022; e EDcl no AgRg no REsp 1.176.713/GO, Rel. Min. Manoel Erhardt (Desembargador Convocado do TRF5), Primeira Turma, DJe de 20.5.2022.4. Agravo Interno não provido.
(STJ – AgInt no RMS: 68534 GO 2022/0077998-7, Relator: HERMAN BENJAMIN, Data de Julgamento: 07/12/2022, T2 – SEGUNDA TURMA, Data de Publicação: DJe 13/12/2022)

ASSUNTO: PROCESSO ADMINISTRATIVO FISCAL Ano-calendário: 1997 CRÉDITO TRIBUTÁRIO. MEDIDA LIMINAR EM MANDADO DE SEGURANÇA. DEPÓSITO JUDICIAL INTEGRAL. EXIGIBILIDADE SUSPENSA. LANÇAMENTO DE OFÍCIO PARA PREVENIR DECADÊNCIA. POSSIBILIDADE. A concessão de medida liminar em mandado de segurança e depósito judicial no montante integral suspende a exigibilidade do crédito tributário (art. 151, II e IV do CTN), porém não impede a sua constituição por meio de lançamento de ofício. Incidência do artigo 63 da Lei nº 9.430/96 e Súmula CARF nº 48.

(**CARF 10380017167200125** 3002-002.534, Relator: Anna Dolores Barros de Oliveira Sá Malta, Data de Julgamento: 14/12/2022, Data de Publicação: 09/01/2023)

ASSUNTO: IMPOSTO SOBRE A IMPORTAÇÃO (II) Período de apuração: 18/05/2015 a 28/12/2017 CONSTITUIÇÃO DO CRÉDITO TRIBUTÁRIO. SUSPENSÃO DA EXIGIBILIDADE. IMPEDIMENTO. NÃO OCORRÊNCIA. As hipóteses de suspensão da exigibilidade acarretam restrições ao direito de a Fazenda promover a execução judicial do crédito tributário, mas não são um impedimento à sua constituição. LANÇAMENTO. ATIVIDADE VINCULADA. DEVER. RESPONSABILIDADE FUNCIONAL. A atividade administrativa do lançamento é vinculada e obrigatória, sob pena de responsabilidade funcional (art. 142, parágrafo único, CTN). Diante da ocorrência de um fato jurídico tributário, a autoridade administrativa tem o dever de constituir o crédito correspondente para evitar a decadência do direito, ainda que haja controvérsia judicial a respeito da sua exigibilidade. PROCESSO ADMINISTRATIVO FISCAL E PROCESSO JUDICIAL COM O MESMO OBJETO. RENÚNCIA ÀS INSTÂNCIAS ADMINISTRATIVAS. A propositura pelo sujeito passivo de ação judicial por qualquer modalidade processual, antes ou depois do lançamento de ofício, importa renúncia às instâncias administrativas com relação à matéria discutida em juízo, sendo cabível na esfera administrativa apenas a discussão de matéria distinta. Inteligência do Parecer Normativo Cosit nº 7, de 22 de agosto de 2014, e da Súmula CARF nº 1. RENÚNCIA À ESFERA ADMINISTRATIVA. MANDADO DE SEGURANÇA PREVENTIVO. LANÇAMENTO. CERCEAMENTO DE DEFESA. NÃO OCORRÊNCIA. O lançamento tributário não impede que o sujeito passivo exerça plenamente seu direito de defesa nas esferas judicial ou administrativa. Em verdade, é a partir dele que, em geral, se abre espaço ao contraditório. A interposição de mandado de segurança preventivo, por outro lado, implica renúncia prévia do sujeito passivo às instâncias administrativas quanto às matérias nele veiculadas.

(**CARF 10813720155201892** 3001-002.216, Relator: Não informado, Data de Julgamento: 16/11/2022, Data de Publicação: 05/12/2022)

TRIBUTÁRIO. AGRAVO INTERNO NO RECURSO ESPECIAL. EXECUÇÃO FISCAL. DEPÓSITO PRÉVIO DO MONTANTE INTEGRAL DO DÉBITO EM MANDADO DE SEGURANÇA. SUSPENSÃO DA EXIGIBILIDADE APTA A IMPEDIR O AJUIZAMENTO DO FEITO EXECUTIVO FISCAL. RECURSO ESPECIAL 1.140.956/SP, JULGADO PELA SISTEMÁTICA DO ART. 543-C DO CPC/73. AGRAVO INTERNO IMPROVIDO. I. Agravo interno aviado contra decisão que julgara Recurso Especial interposto contra acórdão publicado na vigência do CPC/2015. II. Na origem, trata-se de Execução Fiscal, ajuizada em face da sociedade empresária visando a cobrança de créditos tributários, a título de ICMS, os quais estavam com a exigibilidade suspensa, nos termos do art. 151, II, do CTN, em razão de depósitos judiciais no âmbito de Mandado de Segurança. Apresentada Exceção de Pré-Executividade, o Juízo de 1º Grau a acolheu parcialmente, deixando, contudo, de extinguir o processo de Execução Fiscal e determinando, ainda, a transferência dos depósitos judiciais dos autos do Mandado de Segurança para os autos da Execução Fiscal instaurada. Interposto Agravo de Instrumento, o Tribunal de origem negou provimento ao recurso, mantendo a decisão que deixou de extinguir o processo de Execução Fiscal e determinou, ainda, a transferência dos depósitos judiciais. III. A Primeira Seção do STJ, ao julgar, sob o rito dos recursos repetitivos, o REsp 1.140.956/SP (Rel. Ministro LUIZ FUX, DJe de 03/12/2010), firmou o entendimento de que "o depósito do montante integral do débito, nos termos do artigo 151, inciso II, do CTN, suspende a exigibilidade do crédito tributário, impedindo o ajuizamento da execução fiscal por parte da Fazenda Pública".

No julgamento do aludido Recurso Especial repetitivo foi fixada a tese de que "os efeitos da suspensão da exigibilidade pela realização do depósito integral do crédito exequendo, quer no bojo de ação anulatória, quer no de ação declaratória de inexistência de relação jurídico-tributária, ou mesmo no de mandado de segurança, desde que ajuizados anteriormente à execução fiscal, têm o condão de impedir a lavratura do auto de infração, assim como de coibir o ato de inscrição em dívida ativa e o ajuizamento da execução fiscal, a qual, acaso proposta, deverá ser extinta". IV. Agravo interno improvido.
(**STJ – AgInt no REsp: 1776500 SP** 2018/0284478-9, Data de Julgamento: 09/11/2022, T2 – SEGUNDA TURMA, Data de Publicação: DJe 11/11/2022)
ASSUNTO: PROCESSO ADMINISTRATIVO FISCAL Ano-calendário: 2009 CONCOMITÂNCIA ENTRE PROCESSO ADMINISTRATIVO E JUDICIAL. A propositura de ação judicial pelo sujeito passivo implica renúncia à discussão, nas instâncias administrativas, do mérito relativo à pretensão caracterizada pelo mesmo objeto. DENÚNCIA ESPONTÂNEA. INAPLICABILIDADE À INFRAÇÃO ADUANEIRA. SÚMULA CARF N. 126 A denúncia espontânea não se aplica às penalidades decorrentes do descumprimento dos prazos fixados pela Secretaria da Receita Federal para prestação de informações à Administração Tributária/Aduaneira. Súmula CARF nº 126. CRÉDITO TRIBUTÁRIO. MEDIDA LIMINAR EM MANDADO DE SEGURANÇA. DEPÓSITO JUDICIAL INTEGRAL. EXIGIBILIDADE SUSPENSA. LANÇAMENTO DE OFÍCIO PARA PREVENIR DECADÊNCIA. POSSIBILIDADE. A concessão de medida liminar em mandado de segurança e depósito judicial no montante integral suspende a exigibilidade do crédito tributário (art. 151, II e IV do CTN), porém não impede a sua constituição por meio de lançamento de ofício. Incidência do artigo 63 da Lei nº 9.430/96 e Súmula CARF nº 48. ATRASO NA PRESTAÇÃO DE INFORMAÇÕES ADUANEIRA. INFORMAÇÃO DE DESCONSOLIDAÇÃO INTEMPESTIVA. CARACTERIZAÇÃO. ART. 107, IV "E" DO DL 37/1966. É devida a multa prevista no art. 107, inciso IV, alínea e, do Decreto-Lei 37/1966 na hipótese de informações sobre desconsolidação prestadas a destempo.
(**CARF 10711732003201376** 3002-002.209, Relator: Não informado, Data de Julgamento: 13/06/2022, Data de Publicação: 25/07/2022)
AGRAVO INTERNO. MANDADO DE SEGURANÇA. ART. 63, § 2º, DA LEI 9.430/96. EXCLUSÃO DA MULTA DE MORA. RENÚNCIA AO DIREITO SOBRE O QUAL SE FUNDA A AÇÃO. INCIDÊNCIA DO § 2º DO ART. 63 DA LEI 9.430/96. AGRAVO INTERNO IMPROVIDO. I. Na origem, trata-se de mandado de segurança impetrado por Financeira Alfa S/A Crédito Financiamento e Investimentos Alfa Corretora de Câmbio e Valores Mobiliários S/A contra ato coator praticado pelo Delegado Chefe da Delegacia Especial de Instituições Financeiras da Receita Federal do Brasil em São Paulo e pelo Procurador Chefe da Procuradoria Regional da Fazenda Nacional em São Paulo, consistente no lançamento e inscrição em dívida ativa do débito fiscal consubstanciado nas CDAs 80.6.12.032651-52 e 80.6.12.032650-71. II. As inscrições em dívida ativa são relativas à cobrança de multa de mora, exigida no período entre a concessão de liminar, confirmada em sentença, no anterior Mandado de Segurança 2000.61.00.003438-2, e a homologação da renúncia ao direito sobre o qual se fundava a anterior ação mandamental, apresentada pelos contribuintes para fins de adesão ao REFIS (Lei 11.941/2009). A inicial do presente Mandado de Segurança postulou a aplicação do § 2º do art. 63 da Lei 9.430/96, afastando-se a multa de mora, no período em que protegidas as impetrantes pela medida liminar, confirmada por sentença concessiva da segurança, em anterior writ, cancelando-se a exigência contida nas mencionadas CDAs. A sentença, que denegou o mandamus, foi reformada, pelo acórdão recorrido, que concedeu a segurança. III. Dispõe o § 2º do art. 63 da Lei 9.430/96 que "a interposição da ação judicial favorecida com a medida liminar interrompe a incidência da multa de mora, desde a concessão da medida judicial, até 30 dias após a data da publicação da decisão judicial que considerar devido o tributo ou contribuição". IV. Consta do acórdão recorrido que "tanto a liminar proferida nos autos do Mandado de Segurança nº 200.61.00.003438-2 quanto a sentença concessiva da segurança autorizaram que as impetrantes recolhessem a COFINS com base na Lei Complementar nº 70/1991, sem as exigências da Lei nº 9.718/1998. Apenas por ocasião da apelação foi que a UNIÃO suscitou a discussão a respeito do alcance do termo faturamento, base sobre a qual incide o tributo, tendo a Terceira Turma desta Corte acolhido a argumentação da UNIÃO para esclarecer que, sendo a impetrante instituição financeira, 'compõem o seu

faturamento todas as receitas decorrentes do exercício das atividades às quais se dedica, não se limitando às operações de venda de mercadoria e de prestação de serviços'. Portanto, antes desse julgamento, ocorrido em 16.12.2010, em que inclusive foi homologada a renúncia das impetrantes, a liminar e a sentença concessiva da segurança asseguravam a elas a suspensão da exigibilidade da COFINS em discussão, ao contrário do que sustenta a autoridade coatora". V. No caso, conforme contexto fático delineado no acórdão recorrido, as impetrantes foram beneficiadas com liminar, em anterior Mandado de Segurança, confirmada em sentença, o que suspendeu a exigibilidade do crédito tributário, como esclareceu o acórdão impugnado. Na vigência da suspensão da exigibilidade de crédito tributário as impetrantes requereram, em 01/03/2010, a renúncia ao direito sobre o qual se funda a ação, em face de adesão ao parcelamento de que trata a Lei 11.941/2009, e, como o parcelamento só poderia incluir débitos vencidos até 30/11/2018, efetuaram elas o recolhimento, em 30/03/2010, de uma vez, dos valores devidos de 30/11/2008 a 31/01/2010, sem a multa de mora, em face da aplicação do aludido § 2º do art. 63 da Lei 9.430/96, recolhimento que se efetivou antes mesmo da homologação judicial da renúncia, em 16/12/2010. VI. Na espécie, é inequívoco que o que enseja a suspensão da exigibilidade do tributo - e da multa de mora, de que trata o § 2º do referido art. 63 da Lei 9.430/96 - é a medida liminar. A decisão que a revoga, ou o ato unilateral do contribuinte que redunda no mesmo efeito prático (renúncia ao direito sobre o qual se funda a ação) situam-se no campo da cessação dos seus efeitos, pelo que não se mostra adequado trazer à baila o art. 111, I, do CTN, para restringir a atividade hermenêutica. Vale dizer, não está em jogo saber se existem outras hipóteses de suspensão da exigibilidade do crédito tributário, além daquela prevista na norma, qual seja a decisão liminar. VII. A expressão "decisão judicial que considerar devido o tributo ou contribuição" foi empregada, no art. 63, § 2º, da Lei 9.430/96, por ser o natural desfecho esperado do revés que sucede a "interposição da ação judicial favorecida com a medida liminar", e não porque se visou prestigiar apenas o contribuinte que é derrotado no processo, afastando aquele que renuncia ao direito sobre o qual se funda a ação. VIII. O objetivo do legislador foi proteger a confiança depositada pelo contribuinte no provimento judicial precário, que afastou a exigência do tributo, sendo de somenos importância apreender o que motivou sua finitude. Como já decidiu o STJ, a renúncia ao direito sobre o qual se funda a ação "é instituto de direito material, cujos efeitos equivalem aos da improcedência da ação e, às avessas, ao reconhecimento do pedido pelo réu" (STJ, REsp 555.139/CE, Rel. Ministra ELIANA CALMON, SEGUNDA TURMA, DJe de 13/06/2005). IX. Não impressiona o argumento da recorrente no sentido de que a renúncia opera efeitos retroativos, fazendo cessar, desde o início, os efeitos da liminar, uma vez que, da mesma forma, a decisão definitiva, que altera um provimento precário, possui similar efeito. X. No caso, cessados os efeitos da liminar, confirmada por sentença, no anterior Mandado de Segurança, com a homologação judicial da renúncia ao direito sobre o qual se fundava a primeira ação mandamental, o contribuinte tem restabelecida a condição de devedor e deve recolher o tributo, sem incidência, porém, da multa de mora. Conclusão em contrário atentaria contra a segurança jurídica, especialmente no presente caso, em que, na vigência da liminar e da sentença que a confirmou, suspendendo a exigibilidade do crédito tributário, no anterior writ, as impetrantes requereram, em 01/03/2010, a renúncia ao direito sobre o qual se fundava a ação, e recolheram, de uma só vez, os valores não incluídos no parcelamento, em 30/03/2010, antes mesmo da homologação judicial da renúncia, em 16/12/2010. XI. Embora afastada, no presente julgamento, a incidência das Súmulas 282/STF e 7/STJ, o Agravo interno – no qual postula a Fazenda Nacional seu provimento, para conhecer e prover o seu Recurso Especial, denegando-se a segurança – não merece ser provido. XII. Agravo interno improvido.
(STJ – AgInt no AREsp: 955896 SP 2016/0193383-9, Relator: Ministra ASSUSETE MAGALHÃES, Data de Julgamento: 19/04/2022, T2 – SEGUNDA TURMA, Data de Publicação: DJe 25/04/2022)

ASSUNTO: PROCESSO ADMINISTRATIVO FISCAL Período de apuração: 07/08/2013 a 22/08/2013 CONCOMITÂNCIA ENTRE PROCESSO ADMINISTRATIVO E JUDICIAL. A propositura de ação judicial pelo sujeito passivo implica renúncia à discussão, nas instâncias administrativas, do mérito relativo à pretensão caracterizada pelo mesmo objeto. DENÚNCIA ESPONTÂNEA. INAPLICABILIDADE À INFRAÇÃO ADUANEIRA. SÚMULA CARF N. 126 A denúncia espontânea não se aplica às penalidades decorrentes do descumprimento dos prazos fixados pela Secretaria da Receita Federal para prestação de informações à Administração Tributária/Aduaneira. Súmula CARF nº 126. CRÉDITO TRIBUTÁRIO. MEDIDA LIMINAR EM MANDADO DE SEGURANÇA. DEPÓSITO JUDICIAL INTEGRAL. EXIGIBILIDADE SUSPENSA. LANÇAMENTO DE OFÍCIO PARA PREVENIR DECADÊNCIA. POSSIBILIDADE. A concessão de medida liminar em mandado de segurança e depósito judicial no montante integral suspende a exigibilidade do crédito tributário (art. 151, II e IV do CTN), porém não impede a sua constituição por meio de lançamento de ofício. Incidência do artigo 63 da Lei nº 9.430/96 e Súmula CARF nº 48. ATRASO NA PRESTAÇÃO DE INFORMAÇÕES ADUANEIRA. INFORMAÇÃO DE DESCONSOLIDAÇÃO INTEMPESTIVA. CARACTERIZAÇÃO. ART. 107, IV "E" DO DL 37/1966. É devida a multa prevista no art. 107, inciso IV, alínea e, do Decreto-Lei 37/1966 na hipótese de informações sobre desconsolidação prestadas a destempo.
(**CARF 11128723144201693** 3002-002.208, Relator: Não informado, Data de Julgamento: 13/06/2022, Data de Publicação: 25/07/2022)
PROCESSUAL CIVIL E TRIBUTÁRIO. AGRAVO INTERNO NO RECURSO ESPECIAL. MANDADO DE SEGURANÇA. EXIGIBILIDADE DO CRÉDITO TRIBUTÁRIO SUSPENSA. LIMINAR. DESISTÊNCIA DA AÇÃO. ADESÃO A PARCELAMENTO ESPECIAL. MULTA MORATÓRIA. INCIDÊNCIA. AGRAVO INTERNO DESPROVIDO. 1. O STJ possui a orientação de que, ainda que o pedido de parcelamento tenha sido formulado antes do vencimento do débito, ele será considerado como vencido e não pago, pois o pagamento será realizado a destempo de forma parcelada, não havendo, portanto, que se falar em exclusão da multa moratória e dos juros. Entendimento contrário acabaria por prestigiar o contribuinte que parcela o débito em detrimento daquele que recolhe o tributo em dia (AgRg no Ag 1.052.409/SP, Rel. Min. MAURO CAMPBELL MARQUES, DJe 8.3.2010; e REsp 1.689.816/SP, Rel. Min. HERMAN BENJAMIN, DJe 11.10.2017). 2. Agravo interno da empresa a que se nega provimento.
(**STJ – AgInt no REsp: 1802245 MG** 2019/0065666-8, Data de Julgamento: 15/08/2022, T1 – PRIMEIRA TURMA, Data de Publicação: DJe 17/08/2022)

14.5.5 Concessão de medida liminar ou de tutela antecipada em outras espécies de ação judicial

Outras ações judiciais admitem a **possibilidade de concessão de liminares** ou de **tutela provisória**, o que poderá acarretar a **suspensão da exigibilidade do crédito tributário**.

Conforme prevê o **art. 294 do CPC**[21], a **tutela provisória** é um gênero que pode ser concedido com base na **urgência** ou na **evidência do direito**. Sua principal característica é o **caráter provisório**, isto é, **não tem força de coisa julgada** e pode ser **revogada** ou **modificada** a qualquer momento, desde que se alterem as circunstâncias que justificaram sua concessão.

As **tutelas provisórias** são classificadas em:

---

21. **Art. 294.** A tutela provisória pode fundamentar-se em urgência ou evidência.
    Parágrafo único. A tutela provisória de urgência, cautelar ou antecipada, pode ser concedida em caráter antecedente ou incidental.

I – Tutela de Urgência: subdividida em **cautelar** ou **antecipada**, podem ser concedidas em **caráter antecedente** ou **incidental**.

Conforme o **art. 300 do CPC**, é concedida quando a parte comprova:

- **Probabilidade do direito**: exige que a alegação tenha fundamento jurídico e suporte probatório suficiente para convencimento do juízo.
- **Perigo de dano ou risco ao resultado útil do processo**: caracterizado pela possibilidade de dano irreparável ou de difícil reparação caso a tutela não seja concedida de imediato.

II – Tutela de Evidência: fundamentada na clareza da situação jurídica da parte, prescinde da demonstração de perigo de dano, sendo concedida independentemente da demonstração de perigo de dano ou risco ao resultado útil do processo, quando o direito da parte é evidente, em consonância com o **art. 311 do CPC**.[22] Os casos de cabimento são:

- Abuso do direito de defesa ou manifesto propósito protelatório da parte contrária.
- Prova documental suficiente e ausência de controvérsia sobre os fatos relevantes.
- Tese firmada em julgamento de casos repetitivos ou em súmula vinculante.
- Pedido reipersecutório fundado em prova documental adequada do contrato de depósito.

Em **matéria processual tributária**, é comum o cabimento das tutelas provisórias – notadamente, da tutela de urgência – quando do ajuizamento das **ações declaratória**[23] e **anulatória**[24].

---

22. **Art. 311.** A tutela da evidência será concedida, independentemente da demonstração de perigo de dano ou de risco ao resultado útil do processo, quando:

    I – ficar caracterizado o abuso do direito de defesa ou o manifesto propósito protelatório da parte;

    II – as alegações de fato puderem ser comprovadas apenas documentalmente e houver tese firmada em julgamento de casos repetitivos ou em súmula vinculante;

    III – se tratar de pedido reipersecutório fundado em prova documental adequada do contrato de depósito, caso em que será decretada a ordem de entrega do objeto custodiado, sob cominação de multa;

    IV – a petição inicial for instruída com prova documental suficiente dos fatos constitutivos do direito do autor, a que o réu não oponha prova capaz de gerar dúvida razoável.

    Parágrafo único. Nas hipóteses dos incisos II e III, o juiz poderá decidir liminarmente.

23. **Art. 19.** O interesse do autor pode limitar-se à declaração:

    I – da existência, da inexistência ou do modo de ser de uma relação jurídica.

24. **Art. 38.** A discussão judicial da Dívida Ativa da Fazenda Pública só é admissível em execução, na forma desta Lei, salvo as hipóteses de mandado de segurança, ação de repetição do indébito ou ação anulatória do ato declarativo da dívida, esta precedida do depósito preparatório do valor do débito, monetariamente corrigido e acrescido dos juros e multa de mora e demais encargos.

    Parágrafo único. A propositura, pelo contribuinte, da ação prevista neste artigo importa em renúncia ao poder de recorrer na esfera administrativa e desistência do recurso acaso interposto.

O **Decreto 2.346/97**, consolidando as **normas e procedimentos** a serem observados pela Administração Pública Federal em razão de **decisões judiciais** reza:

> Art. 1-A. Concedida a cautelar em ação direta de inconstitucionalidade contra lei ou ato normativo federal, ficará também suspensa a aplicação dos atos normativos regulamentadores da disposição questionada.
>
> Parágrafo Único. Na hipótese do *caput*, relativamente a matéria tributária, aplica-se o disposto no art. 151, IV, da Lei 5.172, de 25 de outubro de 1.966, às normas regulamentares e complementares."

O dispositivo destacado enfatiza as **consequências jurídicas da concessão de medidas cautelares** em **ADI** sobre normas regulamentares e complementares, sobretudo no âmbito tributário.

No caso, quando uma **medida cautelar suspende a eficácia de uma norma tributária** em sede de **Ação Direta de Inconstitucionalidade (ADI)**, o **crédito tributário** decorrente dessa norma **também não pode ser exigido**. A suspensão alcança **não apenas a norma questionada diretamente**, mas também **normas regulamentares** e **complementares** que derivem dela.

Ao **suspender a aplicação de normas tributárias** questionadas em ADI, o dispositivo assegura que o contribuinte **não será compelido a cumprir obrigações fiscais derivadas de normas cuja validade ou constitucionalidade está sendo questionada**, assim como a Administração Pública não poderá praticar **atos constritivos** (como inscrição em dívida ativa ou execução fiscal) enquanto persistir a suspensão.

Se a norma tributária suspensa em ADI **já tiver gerado créditos tributários**, esses créditos **não podem ser cobrados enquanto durar a suspensão** e, caso a decisão final no mérito declare a **inconstitucionalidade da norma**, os créditos baseados nela serão **inexigíveis**, acarretando o direito à **restituição de tributos pagos indevidamente**, observando o disposto no **art. 165 do CTN**[25].

Em diversas decisões, a jurisprudência determinou que a **suspensão imposta pela cautelar** em ADI abrange **não apenas a norma principal**, mas também seus **regulamentos** e **atos normativos subordinados**. Ademais, a **exigibilidade de tributos** depende da **validade plena das normas** que os instituem, o que é incompatível com sua **suspensão judicial**.

---

25. **Art. 165**. O sujeito passivo tem direito, independentemente de prévio protesto, à restituição total ou parcial do tributo, seja qual for a modalidade do seu pagamento, ressalvado o disposto no § 4º do artigo 162, nos seguintes casos:

I – cobrança ou pagamento espontâneo de tributo indevido ou maior que o devido em face da legislação tributária aplicável, ou da natureza ou circunstâncias materiais do fato gerador efetivamente ocorrido;

II – erro na edificação do sujeito passivo, na determinação da alíquota aplicável, no cálculo do montante do débito ou na elaboração ou conferência de qualquer documento relativo ao pagamento;

III – reforma, anulação, revogação ou rescisão de decisão condenatória.

JURISPRUDÊNCIA

EMENTA AGRAVO INTERNO. PEDIDO DE EXTENSÃO. SUSPENSÃO DE TUTELA PROVISÓRIA. IMPORTAÇÃO DE ALHO DA REPÚBLICA POPULAR DA CHINA. DIREITO ANTIDUMPING. DESEMBARAÇO ADUANEIRO. NECESSIDADE DE RECOLHIMENTO DA EXAÇÃO. ESTATURA CONSTITUCIONAL DO DEBATE. RISCO DE LESÃO À ORDEM E À ECONOMIA PÚBLICAS. QUESTÕES DECIDIDAS NO PEDIDO ORIGINÁRIO DE SUSPENSÃO. EXTENSÃO. IDENTIDADE NECESSÁRIA E SUFICIENTE. EFEITO MULTIPLICADOR. PRECEDENTES. AGRAVO A QUE SE NEGA PROVIMENTO. 1. A contracautela destina-se a obstar os efeitos da decisão passível de acarretar grave lesão à ordem, à saúde, à segurança e à economia públicas, razão pela qual a extensão dos seus efeitos, mediante simples aditamento do pedido original, consubstancia forma de preservar a autoridade do comando de suspensão, especialmente em cenário de multiplicidade de ações judiciais, cujos provimentos cautelares, caso mantidos, tornam inócua a decisão do Presidente do Tribunal. 2. Tanto o decisum originário desta suspensão de tutela provisória quanto os provimentos jurisdicionais objeto do pedido de extensão deferido na decisão agravada tratam da necessidade de recolhimento da exação devida a título de direito antidumping, cuja ausência de pagamento impede seja perfectibilizado o desembaraço aduaneiro do alho chinês. De mais a mais, os pronunciamentos judiciais liminares que ensejaram o novo pedido extensivo cuidam dos mesmos normativos já examinados no bojo desta suspensão de tutela provisória, a exemplo da Resolução CAMEX 80/2013 e da Portaria SECINT 4.593/2019. Resulta caracterizada, portanto, a identidade necessária e suficiente entre o primeiro pronunciamento liminar suspenso nesta STP nº 689 e as decisões objeto da extensão dos efeitos, ao feitio do § 8º do art. 4º da Lei nº 8.437/1992. Precedentes. 3. Agravo interno conhecido e não provido.
(STF – STP: 689 DF, Relator: ROSA WEBER, Data de Julgamento: 13/12/2022, Tribunal Pleno, Data de Publicação: PROCESSO ELETRÔNICO DJe-259 DIVULG 16-12-2022 PUBLIC 19-12-2022)
EMENTA Tutela provisória de urgência em ação rescisória. Suspensão dos efeitos da decisão rescindenda, proferida no ARE nº 1.288.639/AP-AgR, até o julgamento definitivo desta ação rescisória. ICMS. Repartição da receita. Produto da arrecadação do imposto. Verossimilhança quanto à aplicação do Tema nº 653. Perigo da demora. 1. É verossímil a alegação de que se aplica no caso a orientação firmada no julgamento do Tema nº 653 da Repercussão Geral. Na espécie, consoante definido pelo Tribunal local, os benefícios fiscais discutidos nos autos atingem a regra-matriz de incidência do ICMS, ensejando efetiva renúncia fiscal e diminuição do produto da arrecadação do imposto. Presença, ademais, do periculum in mora. 2. Tutela provisória de urgência concedida para suspender os efeitos do acordão referente ao ARE nº 1.288.639/AP-AgR, Ação Ordinária nº 0055073-71.2015.8.03.0001, até o julgamento definitivo da ação rescisória.
(STF – AR: 2904 AP 0067149-89.2021.1.00.0000, Relator: DIAS TOFFOLI, Data de Julgamento: 16/05/2022, Tribunal Pleno, Data de Publicação: 14/06/2022)
AGRAVO INTERNO NA SUSPENSÃO TUTELA PROVISÓRIA. IMUNIDADE TRIBUTÁRIA. ART. 150, VI, C, DA CF. ENTIDADE DE EDUCAÇÃO SEM FINS LUCRATIVOS. DECISÃO QUE RECONHECE SUA INCIDÊNCIA. ALEGADO RISCO À ORDEM PÚBLICA E ECONÔMICA. DESCABIMENTO. ANÁLISE ACERCA DO PREENCHIMENTO DE REQUISITOS LEGAIS. ÔNUS DA COMPROVAÇÃO. NECESSIDADE DE DILAÇÃO FÁTICO-PROBATÓRIA, INCABÍVEL NA VIA ESTREITA DAS SUSPENSÕES. PRECEDENTES. SUSPENSÃO A QUE SE NEGA SEGUIMENTO. AGRAVO A QUE SE NEGA PROVIMENTO. 1. A legislação prevê o incidente de contracautela como meio processual autônomo de impugnação de decisões judiciais, franqueado ao Ministério Público ou à pessoa jurídica de direito público interessada exclusivamente quando se verifique risco de grave lesão à ordem, à saúde, segurança e à economia públicas no cumprimento da decisão impugnada (art. 4º, caput, da Lei 8.437/1992; art. 15, caput, da Lei 12.016/2009 e art. 297 do RISTF) 2. In casu, não se revela cabível o incidente de contracautela perante o Supremo Tribunal Federal, porquanto a questão controvertida na origem demanda a análise de aspectos fáticos relacionados ao preenchimento dos requisitos legais para a configuração da imunidade tributária prevista no art. 150, VI, c, elencados no art. 14 do Código Tributário Nacional (Lei 5.172/66).

3. A necessidade de análise de aspectos fáticos para o deslinde da controvérsia na origem afasta a possibilidade de concessão da contracautela pleiteada, dado que, nos termos da pacífica jurisprudência deste Supremo Tribunal Federal, não se revela possível, na via estreita e excepcional do incidente de suspensão, a análise do conjunto probatório produzido nos autos originários. Precedentes. 4. Agravo a que se nega provimento.

(STF – STP: 844 MA 0023307-59.2021.1.00.0000, Relator: LUIZ FUX (Presidente), Data de Julgamento: 16/05/2022, Tribunal Pleno, Data de Publicação: 26/05/2022)

ASSUNTO: NORMAS GERAIS DE DIREITO TRIBUTÁRIO Período de apuração: 01/01/2011 a 31/12/2012 NORMAS REGIMENTAIS. CONCOMITÂNCIA DISCUSSÃO JUDICIAL E ADMINISTRATIVA. MESMO OBJETO. NÃO CONHECIMENTO DAS ALEGAÇÕES RECURSAIS. SÚMULA CARF Nº 01. De conformidade o artigo 78, § 2º, do Regimento Interno do Conselho Administrativo de Recursos Fiscais CARF, aprovado pela Portaria MF nº 343/2015, a propositura de ação judicial com o mesmo objeto do recurso voluntário representa desistência da discussão de aludida matéria na esfera administrativa, ensejando o não conhecimento da peça recursal. DECISÃO JUDICIAL FAVORÁVEL AO SUJEITO PASSIVO NÃO TRANSITADA EM JULGADO. INEXISTÊNCIA DE LIMINAR OU ANTECIPAÇÃO DE TUTELA. NÃO CUMPRIMENTO DAS OBRIGAÇÕES TRIBUTÁRIAS. IMPOSSIBILIDADE. CONSTITUIÇÃO DO CRÉDITO TRIBUTÁRIO. LANÇAMENTO DE OFÍCIO. MULTA DE OFÍCIO. SÚMULA CARF Nº 17. INAPLICABILIDADE. Decisão judicial não transitada em julgado, ainda que favorável ao sujeito passivo, desacompanhada da concessão de liminar ou antecipação de tutela, inexistindo uma das causa de suspensão de exigibilidade do crédito nos termos do artigo 151 do CTN, não o exime do cumprimento das obrigações tributárias relacionadas à causa discutida em juízo. Verificado o descumprimento das obrigações tributárias nessas circunstâncias, a autoridade fiscal efetuará a constituição do crédito tributário mediante lançamento de ofício, aplicando os acréscimos legais previstos na legislação, inclusive a multa de ofício.

(CARF 11065724225201421 2401-010.936, Relator: RAYD SANTANA FERREIRA, Data de Julgamento: 08/03/2023, Data de Publicação: 21/03/2023)

PROCESSUAL CIVIL. RECURSO ESPECIAL. EFEITO SUSPENSIVO. ATRIBUIÇÃO. ICMS. APROVEITAMENTO. NOTA FISCAL INIDÔNEA. ADQUIRENTE DE BOA-FÉ. PROVA DOCUMENTAL DA OPERAÇÃO COMERCIAL. SUFICIÊNCIA. CONTRAPROVA. ÔNUS DO FISCO. 1. A tutela provisória pode ser concedida por esta Corte Superior mediante atribuição de efeito suspensivo ou, eventualmente, por antecipação dos efeitos da tutela recursal, devendo haver a satisfação simultânea de dois requisitos, quais sejam, a plausibilidade do direito alegado, consubstanciada na elevada probabilidade de êxito do apelo nobre, e o perigo de lesão grave e de difícil reparação ao direito da parte. 2. A Primeira Seção, por ocasião do julgamento do REsp 1.148/444/MG, Tema Repetitivo n. 272 do STJ, pacificou o entendimento acerca da higidez do aproveitamento de crédito de ICMS realizado pelo comprador de boa-fé quanto a operações de circulação de mercadorias cujas notas fiscais emitidas pela vendedora tenham sido declaradas inidôneas posteriormente, explicitando, ainda, que ?a responsabilidade do adquirente de boa-fé reside na exigência, no momento da celebração do negócio jurídico, da documentação pertinente à assunção da regularidade do alienante, cuja verificação de idoneidade incumbe ao Fisco? (REsp 1.148.444/MG, Rel. Ministro Luiz Fux, Primeira Seção, julgado em 14/04/2010, DJe 27/04/2010). 3. "A demonstração da boa-fé do adquirente, na linha do repetitivo, se dá mediante a apresentação da documentação fiscal inerente à aquisição da mercadoria e que estampe a regularidade da situação do alienante no momento da transação, de modo que, apresentados tais documentos, caberá ao fisco o ônus de provar que a operação registrada nas aludidas notas fiscais não aconteceu, afastando, assim, a presunção de boa-fé da contribuinte" (Rcl 37.081/SP, Rel. Ministro Gurgel de Faria, Primeira Seção, julgado em 10/04/2019, DJe 23/04/2019). 4. Hipótese em que a Corte de origem, mesmo assentando expressamente que a empresa adquirente apresentou a documentação pertinente à configuração da operação de compra e venda, à realização de pagamentos, à entrada das mercadorias em seu estabelecimento e à consulta ao cadastro do SINTEGRA, concluiu que ela não teria feito a prova da efetiva realização dos negócios, considerando, para tanto, os fatos apurados pela fiscalização, os quais dariam conta da inconsistência quanto à prova da forma do transporte da mercadoria e da ausência de prova por escrito da negociação.

14 • CRÉDITO TRIBUTÁRIO

5. In casu, não há, no acórdão recorrido, afirmação de que houve má-fé da empresa agravada em participar de eventual conluio para burlar a fiscalização tributária, mas, apenas, de que ela não teria sido diligente o suficiente na realização da operação comercial ao não investigar a real situação da empresa alienante, tarefa que não lhe competia. 6. Agravo interno desprovido.
(**STJ – AgInt no TP: 3471 SP** 2021/0182284-3, Data de Julgamento: 08/08/2022, T1 – PRIMEIRA TURMA, Data de Publicação: DJe 17/08/2022)
PROCESSUAL CIVIL E TRIBUTÁRIO. AGRAVO INTERNO NO PEDIDO DE TUTELA DE EVIDÊNCIA. IPI. IMPORTAÇÃO E REVENDA DE PRODUTOS DERIVADOS DE PETRÓLEO. TRÂNSITO EM JULGADO DO PROVIMENTO JURISDICIONAL QUE DECLAROU A INEXISTÊNCIA DE RELAÇÃO JURÍDICO-TRIBUTÁRIA EM RELAÇÃO À MATRIZ. AUTORIZAÇÃO PARA O APROVEITAMENTO IMEDIATO DO CRÉDITO, MEDIANTE COMPENSAÇÃO TRIBUTÁRIA. CUMPRIMENTO DA PARCELA INCONTROVERSA DA SENTENÇA. COMPETÊNCIA DO JUÍZO DA EXECUÇÃO. ART. 516, II, C/C O ART. 522, AMBOS DO CPC/2015. IMPOSSIBILIDADE DE APRECIAÇÃO DO PEDIDO PELO STJ, SOB PENA DE SUPRESSÃO DE INSTÂNCIA E VIOLAÇÃO AO POSTULADO DO DUPLO GRAU DE JURISDIÇÃO. AGRAVO INTERNO DA FAZENDA NACIONAL PROVIDO PARA NÃO CONHECER DO PEDIDO DE TUTELA DE EVIDÊNCIA. 1. Trata-se de pedido de tutela de evidência formulado pela contribuinte, para o fim de obter autorização para aproveitamento imediato para fins de compensação dos créditos do IPI na importação e revenda dos produtos listados na inicial pela matriz. 2. Tal pleito amolda-se ao pedido de cumprimento de parcela incontroversa da sentença, tendo em vista que está pendente de julgamento recurso especial interposto pela Fazenda Nacional, motivo pelo qual é impositiva a submissão de tal pleito ao Juízo de execução, à luz do art. 516, II, c/c p art. 522, ambos do CPC/2015. 3. Logo, qualquer medida que objetive à execução da parcela incontroversa da sentença deverá ser resolvida no Juízo da execução, não sendo admissível elastecer a abrangência do pedido de tutela de evidência previsto no art. 311 do NCPC para se obter o pronunciamento, nesta instância superior, sobre questões nem sequer apreciadas na origem, o que resultaria em indevida supressão de instância e violação do postulado do duplo grau de jurisdição. 4. Agravo interno da Fazenda Nacional provido para não conhecer do pedido de tutela de evidência formulado por Nynas do Brasil, Comércio, Serviços e Participações.
(**STJ – AgInt na TutPrv no REsp: 1945226 SP** 2021/0192147-3, Data de Julgamento: 23/08/2022, T1 – PRIMEIRA TURMA, Data de Publicação: DJe 07/10/2022)
Vistos, relatados e discutidos os presentes autos. Resolvem os membros do colegiado, por unanimidade de votos, converter o julgamento do recurso em diligência, para que se providencie o seguinte: (i) a Unidade Preparadora deverá intimar o Recorrente para apresentar laudo conclusivo, em prazo razoável, não inferior a 60 dias, contendo o detalhamento do seu processo produtivo e indicando, de forma minuciosa, qual a relevância e a essencialidade dos dispêndios gerais que serviram de base à tomada de créditos, tendo-se em conta a decisão do STJ no julgamento do RESP 1.221.170, o Parecer Normativo Cosit nº 5/2018 e a Nota SEI/PGFN nº 63/2018, (ii) com base no laudo e nos demais documentos constantes dos autos, e tendo-se em conta o atual entendimento da Administração tributária acerca do conceito de insumos, a autoridade administrativa deverá reanalisar os créditos pleiteados pelo Recorrente, elaborando, ao final, relatório circunstanciado conclusivo e (iii) após cumpridas essas etapas, o contribuinte deverá ser cientificado dos resultados da diligência para se manifestar no prazo de 30 dias, após o quê deverão os presentes autos retornar a este Conselho para prosseguimento. Hélcio Lafeta Reis – Presidente. (assinado digitalmente) Pedro Rinaldi de Oliveira Lima - Relator. (assinado digitalmente) Participaram da sessão de julgamento os conselheiros: Arnaldo Diefenthaeler Dornelles, Laercio Cruz Uliana Junior, Leonardo Vinicius Toledo de Andrade, Mara Cristina Sifuentes, Marcio Robson Costa, Pedro Rinaldi de Oliveira Lima, Lara Moura Franco Eduardo (suplente convocado (a), Hélcio Lafeta Reis (Presidente).
(**CARF 10925000352200933** 3201-003.299, Relator: Não se aplica, Data de Julgamento: 22/08/2022, Data de Publicação: 09/09/2022)

14.5.6 Parcelamento

O **parcelamento** se constitui como uma **dilação do prazo para pagamento de débitos vencidos**, viabilizando ao contribuinte a quitação de tributos em **prestações mensais**, ao mesmo tempo em que **suspende a possibilidade de cobrança forçada** pela Fazenda Pública enquanto houver adimplência das parcelas.

Tem sua previsão no **art. 151, VI, 155-A do CTN**[26], fundamentando-se em propiciar um fôlego financeiro ao contribuinte inadimplente, sem que, nesse interregno, a Fazenda deixe de ter seu crédito devidamente garantido.

Como regra, o **parcelamento** é instituído por **lei específica** que estabelece as **condições, prazos** e **eventuais benefícios concedidos** (reduções de multa e/ou juros, por exemplo). A **imposição de juros de mora** e a **cobrança de multa** sobre os valores vencidos decorrem de **expressa previsão legal**, pois a mora do contribuinte persiste até a quitação total do débito.

A lei que institui o parcelamento costuma disciplinar não apenas as **condições de adesão**, mas também as **hipóteses de exclusão**, geralmente vinculadas à **ausência de pagamento de um determinado número de parcelas**. Uma cláusula comum, reconhecida pela jurisprudência do STJ como válida, é aquela que estabelece que a **inadimplência de três parcelas** (consecutivas ou não) gera a **rescisão automática do parcelamento**, após **notificação do contribuinte**.

O **parcelamento**, enquanto forma de **confissão de dívida**, cria uma forma de **novação imprópria**, na medida em que **não extingue o crédito tributário, postergando sua existência**. Entretanto, um fato relevante desse ser observado: o **parcelamento não pode validar créditos tributários** já atingidos pela **decadência** ou **prescrição**. Assim, é possível discutir a **ilegalidade de valores incluídos no parcelamento** se esses prazos já estavam consumados **antes da adesão**.

Ademais, o **parcelamento** pode ser revisado **administrativa** ou **judicialmente** para **excluir débitos atingidos pela decadência ou prescrição**, o que não implica a **invalidação** de todo o benefício, mas apenas a **exclusão de parcelas vinculadas a créditos que não poderiam mais ser exigidos**. Caberá ao contribuinte comprovar que o prazo decadencial ou prescricional já havia se consumado **antes da adesão ao parcelamento**, visto que, a inclusão de créditos prescritos ou decaídos no parcelamento não é, por si só, motivo para impedir sua revisão.

---

26. **Art. 151**. Suspendem a exigibilidade do crédito tributário:
    VI - o parcelamento.
    Art. 155-A. O parcelamento será concedido na forma e condição estabelecidas em lei específica.
    § 1º Salvo disposição de lei em contrário, o parcelamento do crédito tributário não exclui a incidência de juros e multas.
    § 2º Aplicam-se, subsidiariamente, ao parcelamento as disposições desta Lei, relativas à moratória.
    § 3º Lei específica disporá sobre as condições de parcelamento dos créditos tributários do devedor em recuperação judicial.
    § 4º A inexistência da lei específica a que se refere o § 3º deste artigo importa na aplicação das leis gerais de parcelamento do ente da Federação ao devedor em recuperação judicial, não podendo, neste caso, ser o prazo de parcelamento inferior ao concedido pela lei federal específica.

A **exclusão do parcelamento** restaura a **exigibilidade imediata do crédito**, com o **recálculo do montante original do débito** e a incidência de todos os **acréscimos legais** (multa e juros), perdendo-se eventuais reduções concedidas. Os tribunais superiores têm manifestado que tal retomada do crédito **não ofende princípios constitucionais**, desde que haja a devida **notificação do contribuinte** para sanar o inadimplemento, respeitando o devido processo legal.

Nos casos de **empresas em recuperação judicial**, a Lei 13.043/2014 trouxe, no âmbito federal, um **parcelamento especial**, permitindo o pagamento de débitos tributários em até **84 meses**. Mesmo na **ausência de lei específica**, o prazo do parcelamento para devedores em recuperação judicial **não pode ser inferior ao prazo estabelecido pela lei federal específica**. Isso significa que, se a lei federal prevê **84 meses** como **prazo máximo**, a legislação local **não pode impor prazos menores**.

Por fim, algumas legislações específicas de parcelamento preveem que a **confissão de dívida** é **irrevogável**. Contudo, tal cláusula não pode prevalecer sobre o direito de questionar **matérias de ordem pública**, visto que tais matérias transcendem os interesses particulares das partes envolvidas, por se tratar de questões que afetam diretamente o **interesse público**, a **estabilidade das relações jurídicas** ou **a justiça social**.

JURISPRUDÊNCIA

TRIBUTÁRIO. EXECUÇÃO FISCAL. ADESÃO A PROGRAMA DE PARCELAMENTO. PRESCRIÇÃO INTERCORRENTE. INTERRUPÇÃO. I. A adesão à programa de parcelamento tributário é causa de suspensão da exigibilidade do crédito e interrompe o prazo prescricional, por constituir reconhecimento inequívoco do débito, nos termos do art. 174, IV, do CTN, voltando a correr o prazo, por inteiro, a partir do inadimplemento da última parcela pelo contribuinte (REsp n. 1.742.611/RJ, relator Ministro Herman Benjamin). II. Recurso especial conhecido e provido.
(STJ – REsp: 1922063 PR 2021/0040162-4, Data de Julgamento: 18/10/2022, T2 – SEGUNDA TURMA, Data de Publicação: DJe 21/10/2022)
EMENTA AGRAVO INTERNO EM RECURSO EXTRAORDINÁRIO COM AGRAVO. DIREITO TRIBUTÁRIO. PROGRAMA ESPECIAL DE PARCELAMENTO. EXIGÊNCIA DE GARANTIA DO JUÍZO COMO REQUISITO PARA SUSPENSÃO DA EXECUÇÃO TRIBUTÁRIA. OFENSA REFLEXA. LEI ESTADUAL N. 6.374/1989. ENUNCIADO N. 280 DA SÚMULA DO SUPREMO. INADMISSIBILIDADE. RECURSO INTERPOSTO COM FUNDAMENTO NAS ALÍNEAS C E D DO INCISO III DO ART. 102 DA CONSTITUIÇÃO FEDERAL. INVIABILIDADE. 1. Divergir da conclusão alcançada pelo Tribunal de origem – quanto à necessidade de garantia do juízo para a suspensão da execução fiscal – demandaria a reinterpretação do Código Tributário Nacional e da legislação local (notadamente a Lei n. 6.374/1989). Incidência do enunciado n. 280 da Súmula do Supremo. 2. Não se admite a interposição de recurso extraordinário com fundamento na alínea c do inciso III art. 102 da Constituição Federal, quando o Tribunal a quo não houver assentado a validade de lei ou ato de governo local contestado em face da Carta Federal. 3. Ante a ausência, no pronunciamento de origem, de qualquer afirmação acerca da validade de norma local confrontada com lei federal ou de conflito de competência legislativa entre entes federados, descabe adotar, como autorizador da interposição do recurso extraordinário, o permissivo contido na alínea d do inciso III do art. 102 da Carta Magna. 4. Agravo interno desprovido.
(STF – ARE: 1360326 SP, Relator: NUNES MARQUES, Data de Julgamento: 03/04/2023, Segunda Turma, Data de Publicação: PROCESSO ELETRÔNICO DJe-078 DIVULG 14-04-2023 PUBLIC 17-04-2023)

EMENTA: AGRAVO INTERNO NO RECURSO EXTRAORDINÁRIO COM AGRAVO. DIREITO TRIBUTÁRIO. PARCELAMENTO. EMPRESA. INCORPORAÇÃO. REGISTRO NO CNPJ. BAIXA. COMPROVAÇÃO. INEXISTÊNCIA. LEGISLAÇÃO INFRACONSTITUCIONAL. OFENSA REFLEXA. FATOS E PROVAS. REEXAME. IMPOSSIBILIDADE. PRECEDENTES. AGRAVO INTERNO DESPROVIDO. 1. Não se presta o recurso extraordinário para a análise de matéria infraconstitucional, tampouco para o reexame dos fatos e das provas constantes dos autos (Súmula 279/STF). 2. Agravo interno desprovido, com imposição de multa de 5% (cinco por cento) do valor atualizado da causa (artigo 1.021, § 4º, do CPC), caso seja unânime a votação. 3. Honorários advocatícios majorados ao máximo legal em desfavor da parte recorrente, caso as instâncias de origem os tenham fixado, nos termos do artigo 85, § 11, do Código de Processo Civil, observados os limites dos §§ 2º e 3º e a eventual concessão de justiça gratuita.
(**STF - ARE: 1386018 SP**, Relator: LUIZ FUX, Data de Julgamento: 22/08/2022, Tribunal Pleno, Data de Publicação: PROCESSO ELETRÔNICO DJe-177 DIVULG 02-09-2022 PUBLIC 05-09-2022)

AGRAVO REGIMENTAL EM RECURSO EXTRAORDINÁRIO COM AGRAVO. DIREITO TRIBUTÁRIO. PARCELAMENTO. LEI Nº 11.941/2009. INCIDÊNCIA DE JUROS. MATÉRIA INFRACONSTITUCIONAL. DESPROVIMENTO DO AGRAVO. 1. A controvérsia envolvendo a interpretação da Lei 11.941/2009 e da Portaria Conjunta PGFN/RFB 6/2009 revela-se adstrita ao âmbito infraconstitucional, tornando oblíqua ou reflexa eventual ofensa à Constituição Federal, o que inviabiliza o processamento do recurso extraordinário. 2. Agravo regimental a que se nega provimento, com previsão de aplicação da multa prevista no art. 1.021, § 4º, do CPC.
(**STF – ARE: 1350140 DF** 0093249-34.2014.4.01.3400, Relator: EDSON FACHIN, Data de Julgamento: 11/04/2022, Segunda Turma, Data de Publicação: 03/05/2022)

AGRAVO REGIMENTAL EM AÇÃO CÍVEL ORIGINÁRIA. DIREITO TRIBUTÁRIO. PARCELAMENTO. CONTRIBUIÇÃO PARA O PASEP. INSCRIÇÃO NO CADIN/CAUC. INCOMPETÊNCIA. AUSÊNCIA DE CONFLITO FEDERATIVO. DESPROVIMENTO DO AGRAVO. 1. Nos termos da jurisprudência desta Corte, a mera disputa tributária entre os entes políticos não é capaz de desestabilizar o pacto federativo, não atraindo, assim, a competência do art. 102, I, f, da Constituição Federal. 2. In casu, a inscrição do Estado nos cadastros federais (CADIN/CAUC) é mero reflexo da controvérsia acerca da exigibilidade de créditos tributários e seu respectivo parcelamento, revelando a natureza estritamente patrimonial do litígio. 3. Agravo regimental a que se nega provimento.
(**STF – ACO: 3324 DF** 0034826-02.2019.1.00.0000, Relator: EDSON FACHIN, Data de Julgamento: 08/02/2022, Tribunal Pleno, Data de Publicação: 23/02/2022)

AGRAVO REGIMENTAL NO HABEAS CORPUS. CRIME CONTRA ORDEM TRIBUTÁRIA (ART. 1º, I, DA LEI N. 8.137/1990). SUSPENSÃO DA PRETENSÃO PUNITIVA. PARCELAMENTO DO CRÉDITO TRIBUTÁRIO. CRÉDITO INSCRITO EM DÍVIDA ATIVA EM 2015. APLICAÇÃO DO ART. 83, § 2º, DA LEI N. 9.430/1996, INCLUÍDO PELA LEI N. 12.382/2011. PARCELAMENTO QUE OCORREU APÓS O RECEBIMENTO DA DENÚNCIA. RECURSO IMPROVIDO. 1. A decisão monocrática deve ser mantida pelos seus próprios fundamentos. 2. "Independentemente da data em que notificado o contribuinte, se o lançamento definitivo do tributo ocorrera após a vigência da Lei 12.392/11, o parcelamento tributário deverá anteceder ao recebimento da denúncia, para produzir o efeito suspensivo do processo criminal referente aos delitos do art. 1º, incisos I a IV, da Lei n. 8.137/1990" (AgRg no RHC n. 148.821/RS, relator Ministro Ribeiro Dantas, Quinta Turma, julgado em 21/9/2021, DJe de 27/9/2021). 3. Recurso conhecido em parte e nessa extensão desprovido.
(**STJ – AgRg no RHC: 96442 RS** 2018/0069620-9, Relator: Ministro ANTONIO SALDANHA PALHEIRO, Data de Julgamento: 24/04/2023, T6 – SEXTA TURMA, Data de Publicação: DJe 26/04/2023)

PROCESSUAL CIVIL E TRIBUTÁRIO. NEGATIVA DE PRESTAÇÃO JURISDICIONAL. NÃO DEMONSTRAÇÃO. EXECUÇÃO FISCAL. PARCELAMENTO. ADESÃO. PROCEDIMENTO NÃO FINALIZADO. SUSPENSÃO DA EXIGIBILIDADE DO CRÉDITO TRIBUTÁRIO. INVIABILIDADE. 1. Inexiste negativa de prestação jurisdicional quando o Tribunal de origem aprecia fundamentadamente a controvérsia, apontando as razões de seu convencimento, ainda que de forma contrária aos interesses da parte, como constatado na hipótese.

2. De acordo com a jurisprudência desta Corte superior, o parcelamento de débito tributário é negócio jurídico bilateral, cujos efeitos estão condicionados ao preenchimento dos requisitos da lei, não se encontrando perfeito e acabado, apto a produzir efeitos, com a simples manifestação da vontade de uma das partes em solicitar adesão ao programa. 3. A extinção do executivo fiscal é medida que se impõe quando ajuizado no período de suspensão da exigibilidade do crédito tributário, conforme entendimento firmado pela Primeira Seção por ocasião do julgamento do REsp repetitivo 1.140.956/SP. 4. Hipótese em que a Corte de origem registrou que o pedido de desistência do anterior parcelamento tem o condão de tornar o crédito exigível pois não houve a conclusão do procedimento de adesão ao novo parcelamento, entendimento alinhado com a orientação jurisprudencial deste Tribunal uniformizador a atrair a aplicação do óbice da Súmula 83 do STJ ao conhecimento do recurso especial. 5. Agravo interno desprovido.

(STJ – AgInt no REsp: 1929413 RS 2021/0088628-6, Relator: Ministro GURGEL DE FARIA, Data de Julgamento: 05/12/2022, T1 – PRIMEIRA TURMA, Data de Publicação: DJe 27/01/2023)

TRIBUTÁRIO. PROGRAMA DE PARCELAMENTO ESPECIAL - PAES. INCLUSÃO DE TODOS OS DÉBITOS. FACULDADE. EXCLUSÃO DO PROGRAMA. PRINCÍPIOS DA RAZOABILIDADE E PROPORCIONALIDADE. APLICAÇÃO. 1. "Aos recursos interpostos com fundamento no CPC/1973 (relativos a decisões publicadas até 17 de março de 2016) devem ser exigidos os requisitos de admissibilidade na forma nele prevista, com as interpretações dadas até então pela jurisprudência do Superior Tribunal de Justiça" (Enunciado Administrativo n. 2). 2. A Lei n. 10.684/2003, que instituiu o PAES - Programa de Parcelamento Especial, não prevê a inclusão de todos os débitos da respectiva pessoa jurídica como condição para sua adesão, permitindo ao contribuinte a opção de inclusão ou não daqueles que haja pertinência no parcelamento. 3. O entendimento consolidado desta Corte Superior é o de que os princípios da razoabilidade e da proporcionalidade são aplicáveis na hipótese de se perquirir pela exclusão ou não do contribuinte do parcelamento, ?quando essa procedência visa evitar práticas contrárias à própria teleologia da norma instituidora do benefício fiscal, mormente se verificada a boa-fé do contribuinte e a ausência de prejuízo do Erário" (AgInt no REsp 1.660.934/RS, rel. Ministro BENEDITO GONÇALVES, Primeira Turma, julgado em 05/04/2018, DJe 17/04/2018). 4. Agravo interno desprovido.

(STJ – AgInt no REsp: 1703979 RJ 2017/0268027-2, Data de Julgamento: 19/09/2022, T1 – PRIMEIRA TURMA, Data de Publicação: DJe 03/10/2022)

AGRAVO INTERNO NO RECURSO EXTRAORDINÁRIO COM AGRAVO. DIREITO TRIBUTÁRIO. TRIBUTOS ESTADUAIS. PROGRAMA ESPECIAL DE PARCELAMENTO. REDUÇÃO DAS MULTAS E JUROS. ENCARGOS FINANCEIROS. NATUREZA JURÍDICA. LIMITAÇÃO À TAXA SELIC. LEGISLAÇÃO INFRACONSTITUCIONAL LOCAL. OFENSA REFLEXA. FATOS E PROVAS. REEXAME. IMPOSSIBILIDADE. PRECEDENTES. AGRAVO INTERNO DESPROVIDO. 1. O recurso extraordinário é instrumento de impugnação de decisão judicial inadequado para a análise de matéria infraconstitucional local, bem como para a valoração e exame minucioso do acervo fático-probatório engendrado nos autos (Súmulas 279 e 280 do STF). 2. Agravo interno desprovido, com imposição de multa de 5% (cinco por cento) do valor atualizado da causa (artigo 1.021, § 4º, do CPC), caso seja unânime a votação. 3. Honorários advocatícios majorados ao máximo legal em desfavor da parte recorrente, caso as instâncias de origem os tenham fixado, nos termos do artigo 85, § 11, do Código de Processo Civil, observados os limites dos §§ 2º e 3º e a eventual concessão de justiça gratuita.

(STF – ARE: 1349396 SP 1001884-59.2019.8.26.0300, Relator: LUIZ FUX (Presidente), Data de Julgamento: 14/02/2022, Tribunal Pleno, Data de Publicação: 03/03/2022)

> PROCESSUAL CIVIL E TRIBUTÁRIO. RECURSO ESPECIAL. ART. 1.022 DO CPC/2015. VIOLAÇÃO. ALEGAÇÃO GENÉRICA. PARCELAMENTO. BENEFÍCIO FISCAL. LEGALIDADE ESTRITA. INTERPRETAÇÃO AMPLIATIVA. IMPOSSIBILIDADE. 1. A alegação de afronta ao art. 1.022 do CPC/2015 deve estar acompanhada de causa de pedir suficiente à compreensão da controvérsia, com indicação precisa dos vícios de que padeceria o acórdão impugnado, bem assim sua relevância para o deslinde da controvérsia, sob pena de incidência da Súmula 284 do STF. 2. À mingua de previsão legal específica na lei, não é possível a utilização da base de cálculo negativa e dos prejuízos fiscais para quitar parte da antecipação prevista no parcelamento. 3. No direito tributário, ramo do direito público, a relação jurídica só pode decorrer de norma positiva, sendo certo que o silêncio da lei não cria direitos nem para o contribuinte nem para o Fisco e, sendo o parcelamento um benefício fiscal, a interpretação deve ser restritiva, não se podendo ampliar o sentido da lei nem o seu significado, nos termos do art. 111 do Código Tributário Nacional. 4. Agravo interno desprovido.
> **(STJ – AgInt no REsp: 1679232** RS 2017/0143004-0, Relator: Ministro GURGEL DE FARIA, Data de Julgamento: 28/03/2022, T1 – PRIMEIRA TURMA, Data de Publicação: DJe 06/04/2022)

14.6 EXTINÇÃO DO CRÉDITO TRIBUTÁRIO

Na análise constitucional, cabe a lei complementar em âmbito nacional estabelecer a **normatização geral em matéria tributária**[27] e, por questões de **segurança jurídica**, normas gerais tem sua competência constitucional fixadas à **União**.[28]

A **lei complementar em âmbito nacional** que, por excelência, dispõe sobre normas gerais em matéria tributária é o **Código Tributário Nacional** (Lei 5.172/66) possuindo, portanto, **prevalência** sobre **legislações ordinárias** ou mesmo **leis complementares estaduais** ou **municipais** nos respectivos temas de normatização geral.

Sempre que um ente federado (Estado, DF ou Município) pretende **inovar em matéria de lançamento, extinção do crédito, prescrição** ou **decadência**, surge o questionamento se tais mudanças se encaixam no que a Constituição denomina "**normas específicas**" (ou questões particulares, de interesse local), ou se efetivamente invadem o campo das "**normas gerais**", reservadas à lei complementar nacional.

Dentre as maiores discussões sobre o tema, temos a **extinção do crédito tributário**, que possui o seu rol estabelecido no **art. 156 do CTN**.[29] Tal circunstância ocorreu no objeto de duas **Ações Diretas de Inconstitucionalidade: ADI 1.917** e na **ADI 2.045 – MC**.

---

27. **Art. 146.** Cabe à lei complementar:
   II –- estabelecer normas gerais em matéria de legislação tributária, especialmente sobre (...)
28. **Art. 24** (...)
   § 1º No âmbito da legislação concorrente, a competência da União limitar-se-á a estabelecer normas gerais.
29. **Art. 156.** Extinguem o crédito tributário:
   I – o pagamento;
   II – a compensação;
   III – a transação;
   IV – remissão;
   V – a prescrição e a decadência;
   VI – a conversão de depósito em renda;

• ADI 1.917

A medida questionou a **constitucionalidade de lei estadual** que dispunha sobre **formas de extinção do crédito tributário** e que, ao menos em tese, **inovava** ou **ampliava** as hipóteses do **art. 156 do CTN**. Em síntese, a **lei estadual** criou outros **meios de quitação** ou **remissão** (**novas modalidades de extinção do crédito tributário**) sem respaldo direto em **lei complementar federal**.

No julgamento, o STF reconheceu que a **competência** para editar **normas gerais** sobre **extinção do crédito tributário** pertence **privativamente a União** e deve ser exercida por meio de **lei complementar**, nos termos do **art. 146 da CF/1988**. Assim, o **CTN**, enquanto **lei complementar nacional**, exaure as **hipóteses** e o **regime de extinção do crédito tributário**, de modo que a criação de formas diferentes (ou adicionais) demanda **autorização prévia na legislação complementar federal**.

Os Estados e Municípios podem regular **aspectos específicos de procedimentos administrativos**, **formalidades de arrecadação** ou **controle de seus tributos**, mas não podem **inovar no campo material** criando hipóteses de extinção não previstas.

Como consequência, a **norma estadual questionada foi declarada inconstitucional**. O STF solidificou o entendimento de que **eventuais novidades em matéria de extinção do crédito tributário** devem, **necessariamente**, ser veiculadas em **lei complementar federal** (ou autorizadas expressamente por esta).

• ADI 2.025 – MC

A **ADI 2.045**, cuja análise de **medida cautelar** ganhou destaque, também foi ajuizada para questionar **leis estaduais que instituíam mecanismos de compensação, remissão** ou outras **formas de extinção do crédito tributário**. O cerne do debate também era se o Estado poderia, por **lei própria** (estadual), criar dispositivos que **ampliassem** as hipóteses de **extinção do crédito tributário** além do disposto no **art. 156 do CTN**.

Na **análise cautelar**, o STF reiterou o entendimento de que o **art. 146, III, da CF/1988**, outorga à **União** competência para estabelecer **normas gerais** sobre **crédito tributário**, suas **garantias** e **formas de extinção**, ressaltando o perigo da demora e considerando que a **aplicação imediata de uma lei potencialmente inconstitucional**

VII – o pagamento antecipado e a homologação do lançamento nos termos do disposto no artigo 150 e seus §§ 1º e 4º;

VIII – a consignação em pagamento, nos termos do disposto no § 2º do artigo 164

IX – a decisão administrativa irreformável, assim entendida a definitiva na órbita administrativa, que não mais possa ser objeto de ação anulatória;

X – a decisão judicial passada em julgado.

XI – a dação em pagamento em bens imóveis, na forma e condições estabelecidas em lei. (Incluído pela LCP nº 104, de 10.1.2001)

Parágrafo único. A lei disporá quanto aos efeitos da extinção total ou parcial do crédito sobre a ulterior verificação da irregularidade da sua constituição, observado o disposto nos artigos 144 e 149.

poderia ensejar a **renúncia de receitas tributárias** e **prejudicar a arrecadação** sem respaldo na lei complementar. De igual modo, enfatizou que, em se tratando de **renúncia fiscal** ou de **benefícios** que implicam **extinção do crédito tributário**, a lei local **não pode extravasar o rol do art. 156 do CTN** sem autorização expressa do legislador complementar nacional.

Por esses motivos, concedeu a medida cautelar para **suspender a eficácia da norma estadual**, garantindo que, ao final, fosse analisada a constitucionalidade do diploma de forma mais aprofundada, mas já inibindo seus efeitos nocivos imediatos.

As duas ações compartilham, em essência, a mesma **questão-chave**: até que ponto as **unidades federativas** (Estados e Municípios) podem dispor sobre **hipóteses de extinção do crédito tributário em âmbito local** sem invadir **competência legislativa reservada à União** (exercida através de lei complementar nacional).

Em ambas medidas judiciais, o STF reforça que a **competência** para legislar sobre **normas gerais de direito tributário** é **privativa da União**, que o faz por lei complementar (CTN). Esse ponto é o fulcro das decisões, pois **Estados e Municípios não podem**, de maneira **autônoma** e via **lei ordinária local**, criar **hipóteses de extinção** ou tratamento diverso daquele previsto em lei complementar federal.

A Suprema Corte fixou balizas claras de que os **Estados não podem utilizar leis ordinárias** (nem sequer **leis complementares estaduais**) para **criar, modificar** ou **extinguir créditos tributários** em contrariedade ao CTN. Eventual inovação demanda lei complementar federal ou autorização nele contida.

Por outro lado, a Corte Constitucional **não descartou a possibilidade de legislar localmente** sobre **aspectos marginais** ou **operacionais** (desde que não se confronte com o núcleo de normas gerais).

Conforme estabelece o **art. 156 do CTN**, vamos destacar cada uma das hipóteses previstas na legislação.

14.6.1 Pagamento

Trata-se da maneira mais comum de realizar a extinção de uma obrigação. Em **matéria tributária**, tal possibilidade não se faz diferente, tendo seu início previsto a partir do **art. 157 e seguintes do CTN**.[30]

Uma vez que o sujeito passivo realiza o **pagamento integral do crédito tributário**, tal fato acarretará a sua **extinção**. Considera-se como **mecanismo básico** e **essencial** para o regular **funcionamento da arrecadação estatal**, pois possibilita a **satisfação do crédito** conferindo **segurança jurídica ao contribuinte**, que vê encerrada sua obrigação.

---

30. **Art. 157.** A imposição de penalidade não ilide o pagamento integral do crédito tributário.

14 • CRÉDITO TRIBUTÁRIO

- **Local do Pagamento**

Nos termos do **art. 159 do CTN**[31], o pagamento deverá ser efetuado na **repartição competente do domicílio do sujeito passivo** da respectiva obrigação tributária. Significa que o **contribuinte** ou **responsável** deverá quitar o tributo perante o órgão fiscal ou entidade fazendária responsável pela arrecadação no local onde ele tem seu **domicílio tributário**.

Cada **repartição fiscal** (municipal, estadual ou federal) é responsável pela **fiscalização** e **arrecadação** dentro de **determinado território** ou **jurisdição**. Assim, o pagamento se faz no órgão encarregado de receber e administrar aqueles valores no domicílio do contribuinte.

- **Prazo de Pagamento**

Caso não haja por parte da legislação tributária **fixação para o pagamento do tributo**, o **vencimento** ocorrerá **30 (trinta) dias** após a **notificação de lançamento**, nos termos do **art. 160 do CTN**.[32]

Quando da ocorrência do pagamento, a **imposição de penalidade** não ilide o **pagamento integral do crédito tributário**, denotando que a **penalidade não substitui o tributo devido**. É o que reza o **art. 157 do CTN**, *in verbis*:

> A imposição de penalidade não ilide o pagamento integral do crédito tributário.

A Fazenda Pública **não pode negar o recebimento do pagamento** de um tributo sob o argumento de que **existe uma dívida tributária não paga** relativamente a outro tributo. A **obrigação** e a **exigência tributária** devem manter-se **individualizadas** conforme o respectivo lançamento, garantindo ao contribuinte a possibilidade de, a qualquer momento, **quitar dívidas específicas**, extinguindo-se assim a **obrigação correlata**.

A **determinação do prazo para o pagamento** não depende apenas da lei, podendo ser fixada **outra data para pagamento por ato normativo**. No entanto, a determinação de **pagamento antecipado com vencimento anterior à própria ocorrência do fato gerador** acaba estabelecendo uma **obrigação tributária adicional**, portanto, **dependente de lei específica**.

Se o débito tributário **não for pago na data do vencimento** terá o acréscimo de **juros de mora** sem prejuízo da **multa moratória** e demais **penalidades**. É plenamente

---

31. **Art. 159**. Quando a legislação tributária não dispuser a respeito, o pagamento é efetuado na repartição competente do domicílio do sujeito passivo.
32. **Art. 160**. Quando a legislação tributária não fixar o tempo do pagamento, o vencimento do crédito ocorre trinta dias depois da data em que se considera o sujeito passivo notificado do lançamento.
    Parágrafo único. A legislação tributária pode conceder desconto pela antecipação do pagamento, nas condições que estabeleça.

possível a **cumulação dos juros com a multa moratória**, uma vez que estes não se confundem. A **multa moratória** pune o descumprimento da lei que determina o pagamento do tributo numa determinada data de vencimento. Os **juros moratórios** compensam a falta da disponibilidade que o ente público possui pelo não pagamento.[33]

Tal possibilidade de cumulação já era pacífica, conforme reza a **Súmula 209 do extinto TFR** (Tribunal Federal de Recursos):

Nas execuções fiscais da Fazenda Nacional, é legítima a cobrança cumulativa de juros de mora e multa moratória.

14.6.1.1 Imputação de pagamento

A **imputação de pagamento** é um instituto jurídico que ganha relevância especialmente na hipótese em que o **devedor** (sujeito passivo) **possui diversos débitos simultaneamente vencidos** perante um **mesmo ente público** (sujeito ativo). No contexto das obrigações em geral, a **imputação de pagamento** é o ato pelo qual se determina **a qual dívida será destinado determinado valor pago.**

Em âmbito privado, há previsões que definem a forma de imputar o pagamento quando existirem várias dívidas em aberto. Já na esfera tributária, o CTN contempla regras próprias, refletindo a **natureza pública do crédito tributário** e a **hierarquização de interesses do Fisco.**

Estabelece **o art. 163 do CTN** que:

> Art. 163. Existindo simultaneamente dois ou mais débitos vencidos do mesmo sujeito passivo para com a mesma pessoa jurídica de direito público, relativos ao mesmo ou a diferentes tributos ou provenientes de penalidade pecuniária ou juros de mora, a autoridade administrativa competente para receber o pagamento determinará a respectiva imputação, obedecidas as seguintes regras, na ordem em que enumeradas:
>
> I – em primeiro lugar, aos débitos por obrigação própria, e em segundo lugar aos decorrentes de responsabilidade tributária;
>
> II – primeiramente, às contribuições de melhoria, depois às taxas e por fim aos impostos;
>
> III – na ordem crescente dos prazos de prescrição;
>
> IV – na ordem decrescente dos montantes.

Analisando cada uma das formas de imputação, temos a seguinte classificação:

---

33. **Art. 161.** O crédito não integralmente pago no vencimento é acrescido de juros de mora, seja qual for o motivo determinante da falta, sem prejuízo da imposição das penalidades cabíveis e da aplicação de quaisquer medidas de garantia previstas nesta Lei ou em lei tributária.
§ 1º Se a lei não dispuser de modo diverso, os juros de mora são calculados à taxa de um por cento ao mês.
§ 2º O disposto neste artigo não se aplica na pendência de consulta formulada pelo devedor dentro do prazo legal para pagamento do crédito.

a) Débitos por obrigação própria x débitos decorrentes de responsabilidade tributária

A lei confere prioridade aos débitos em que o **sujeito passivo** é o **contribuinte direto**, ou seja, aquele que efetivamente **praticou o fato gerador**. Somente após a quitação de tais dívidas é que se **direciona eventual saldo** para as obrigações em que o **sujeito passivo atua na posição de responsável tributário**. A lógica está em privilegiar a **quitação da obrigação** de quem efetivamente **deu causa ao tributo**, evitando que se pague dívidas de responsabilidade antes de quitar aquelas que são próprias.

b) Prioridade entre as espécies tributárias

O **inciso II do art. 163 do CTN** estabelece que, em primeiro lugar devem ser pagos os débitos tributários relativos à **contribuição de melhoria**, às **taxas** e, por fim, os **impostos**. O fundamento para essa ordem está ligado à ideia de que as **contribuições de melhoria** e as **taxas** decorrem, em regra, de uma **prestação estatal específica**, visto que são **tributos vinculados**.

No caso dos **impostos**, em sendo **tributos não vinculados** e, portanto, **sem depender de uma atividade estatal específica e imediata**, não detém a mesma prioridade de arrecadação que as demais espécies.

Não há absolutamente nenhuma determinação legislativa sobre a **imputação de pagamento** no caso das **contribuições especiais**. Pensamos, contudo, se tratar do mesmo **regramento aplicável na equiparação dos impostos**, pois, diferentemente das taxas ou das contribuições de melhoria, as **contribuições especiais** – em regra –não têm uma relação direta e imediata com uma atuação ou obra específica do Poder Público, como ocorre com taxas e contribuições de melhoria, aproximando-se, nesse aspecto, da generalidade própria dos impostos.

c) Ordem crescente dos prazos prescricionais

Caso ainda remanesçam dúvidas sobre a imputação após a aplicação das duas primeiras regras, deve-se priorizar o pagamento dos débitos cujos **prazos de prescrição sejam menores** (ou seja, os mais próximos de prescrever), nos termos do **art. 163, III, do CTN**. Busca-se, assim, evitar que valores que estejam **prestes a perecer ante a força prescricional** fiquem **sem pagamento**. Dessa forma, protege-se o crédito tributário, evitando a **extinção do direito de cobrança** em razão do **decurso do tempo**.

d) Ordem decrescente dos montantes

Por fim, esgotadas as priorizações anteriores, a imputação segue a **ordem decrescente dos valores de cada débito**. Assim, o **crédito de valor mais elevado** deve ser **quitado antes** do de **menor valor**. Esse critério complementa a sistemática, garantindo que **débitos mais significativos** tenham **prioridade**, preservando o **interesse estatal** em salvaguardar a **maior arrecadação possível**.

14.6.1.2 Pagamento indevido e direito de restituição

Nada obsta de o sujeito passivo realizar o **pagamento do tributo de maneira indevida**. Caso isso venha a acontecer, o **sujeito passivo** deverá ter o **valor devolvido**, pois o **pagamento indevido importa em enriquecimento sem causa do ente público estatal**.

O **cerne da repetição de indébito** é evitar que o ente público se enriqueça sem causa, **recebendo tributo não devido**. Do ponto de vista **teleológico**, o sistema tributário não pode permitir que o Fisco retenha **valores pagos a maior ou indevidamente**, pois isso atenta contra a própria **justiça fiscal**.

Para tanto, o sujeito passivo pode, seja pela **via administrativa** ou **judicial**, pleitear a repetição do indébito fiscal, conforme determina o **art. 165 e seguintes do CTN**[34], **sem a necessidade de prévio protesto**. A **dispensa de protesto prévio** destaca a **proteção do contribuinte**, pois, mesmo que **não tenha se insurgido de imediato**, conserva-se o **direito de pleitear a restituição** quando **constatar o pagamento indevido**, desde que haja observância do prazo legal.

Aquele que **suportou o encargo financeiro**, ou seja, aquele que **realizou o pagamento de maneira indevida** possui **legitimidade ativa** para pleitear a sua **devolução**, seja contribuinte ou não. Isso porque uma **terceira pessoa que não realizou o fato gerador** da respectiva obrigação tributária (responsável) pode ter **assumido o encargo financeiro**.

A **prova do pagamento do tributo indevido** é indispensável para que o sujeito passivo, seja pela via administrativa ou judicialmente, possa requerer à devolução dos valores ou a sua compensação. Tanto no **âmbito administrativo** quanto **judicial**, a **comprovação do pagamento indevido** desempenha um papel central.

Na **esfera administrativa**, o contribuinte deve apresentar **documentos fiscais**, **comprovantes de pagamento** ou **guias de recolhimento** (DARFs, GNREs etc.) que demonstrem o **vínculo** entre o **valor recolhido** e a **suposta cobrança indevida**. Já na via judicial, essa comprovação é um **elemento indispensável da petição inicial**, sendo requisito para a procedência do pedido.

O **ônus da prova** recai sobre o contribuinte que alega o pagamento indevido, conforme a principiologia tributária e processual. Essa responsabilidade tem como objetivo **preservar a atuação legítima do Fisco** e evitar **questionamentos genéricos** que poderiam comprometer a **eficiência da administração pública**.

---

34. **Art. 165.** O sujeito passivo tem direito, independentemente de prévio protesto, à restituição total ou parcial do tributo, seja qual for a modalidade do seu pagamento, ressalvado o disposto no § 4º do artigo 162, nos seguintes casos:

    I – cobrança ou pagamento espontâneo de tributo indevido ou maior que o devido em face da legislação tributária aplicável, ou da natureza ou circunstâncias materiais do fato gerador efetivamente ocorrido;

    II – erro na edificação do sujeito passivo, na determinação da alíquota aplicável, no cálculo do montante do débito ou na elaboração ou conferência de qualquer documento relativo ao pagamento;

    III – reforma, anulação, revogação ou rescisão de decisão condenatória.

O **prazo para o requerimento de restituição** observará o disposto no **art. 168 do CTN**[35], devendo ser exercido dentro de **5 (cinco) anos** contados da **data do pagamento**.

Em se tratando do **requerimento de restituição pela via administrativa**, cada ente federativo estabelecerá, dentro de sua própria normatização, os **procedimentos** que devem ser adotados pelo sujeito passivo para o **exercício do direito de devolução** dos valores pagos indevidamente. Uma vez **realizado o procedimento**, a autoridade fazendária procederá a **análise do requerimento**.

A análise pode resultar em **deferimento**, no caso de reconhecimento do pagamento indevido, o que poderá gerar a **restituição do valor pago em espécie** – a depender do valor da devolução – ou a **autorização para a compensação com tributos futuros**, se assim for solicitado e permitido pela legislação.

Já nos casos de **indeferimento**, o contribuinte poderá **recorrer administrativamente** ou ingressar judicialmente, devendo observar que o pedido administrativo não interromperá o prazo prescricional da ação de repetição de indébito fiscal, em conformidade com a **súmula 625 do STJ**:

O pedido administrativo de compensação ou de restituição não interrompe o prazo prescricional para a ação de repetição de indébito tributário de que trata o art. 168 do CTN nem o da execução de título judicial contra a Fazenda Pública.

Caso o sujeito passivo queira **anular a decisão administrativa denegatória da restituição**, poderá ingressar judicialmente com uma **ação anulatória da decisão administrativa** cumulada com a **repetição dos valores** ou com a **compensação**. Essa ação específica prescreve em **2 (dois) anos** contados da **decisão administrativa irreformável**, em consonância com o **art. 169 do CTN**:

> Art. 169. Prescreve em dois anos a ação anulatória da decisão administrativa que denegar a restituição.
> Parágrafo único. O prazo de prescrição é interrompido pelo início da ação judicial, recomeçando o seu curso, por metade, a partir da data da intimação validamente feita ao representante judicial da Fazenda Pública interessada.

A **jurisprudência do STJ** considera o **prazo de dois anos** como **plenamente aplicável**. Esse prazo é tratado como um **prazo especial, diferindo do prazo geral de cinco anos** previsto para outros casos de **repetição de indébito**.

---

35. Art. 168. O direito de pleitear a restituição extingue-se com o decurso do prazo de 5 (cinco) anos, contados:
   I – nas hipótese dos incisos I e II do artigo 165, da data da extinção do crédito tributário; (Vide art. 3º da LCP nº 118, de 2005)
   II – na hipótese do inciso III do artigo 165, da data em que se tornar definitiva a decisão administrativa ou passar em julgado a decisão judicial que tenha reformado, anulado, revogado ou rescindido a decisão condenatória.

O STJ **reconhece a interrupção do prazo prescricional** pelo **início da ação judicial**, conforme o parágrafo único do **art. 169 do CTN**. No entanto, a **contagem do prazo reduzido por metade** (após a interrupção) é objeto de críticas doutrinárias, mas, em regra, plenamente aceitável pelos tribunais.

Assim, podemos fixar o entendimento da seguinte forma:

PEDIDO DE RESTITUIÇÃO – JUDICIAL	
AÇÃO DE REPETIÇÃO DE INDÉBITO	AÇÃO ANULATÓRIA DE DECISÃO ADMINISTRATIVA
Prazo de cinco anos contados do pagamento indevido	Prazo de dois anos contados da publicação da decisão administrativa irreformável

14.6.1.3 Direito de restituição de tributos indiretos

Os **tributos indiretos** são aqueles que admitem a denominada repercussão econômica, ou seja, a transferência de um encargo tributário a uma terceira pessoa, estabelecendo a figura do **contribuinte de direito** (aquele que realiza o fato gerador) e o **contribuinte de fato** (aquele que assume o encargo tributário).

No caso de tais tributos, tem direito à **restituição** apenas aquele que configurar na condição de **contribuinte de direito**, **não sendo possível a restituição** do denominado **contribuinte de fato**. Tal aplicabilidade tem respaldo nos termos do **art. 166 do CTN**, que reza:

> **Art. 166.** A restituição de tributos que comportem, por sua natureza, transferência do respectivo encargo financeiro somente será feita a quem prove haver assumido o referido encargo, ou, no caso de tê-lo transferido a terceiro, estar por este expressamente autorizado a recebê-la.

O STF, com o passar dos anos, restou entendimento no sentido que o **contribuinte de direito** só pode pleitear a restituição se demonstrar que **não houve transferência do encargo** ou, caso tenha ocorrido, que esteja **autorizado pelo consumidor final a buscar a repetição**. A **súmula 546 do STF** prevê que:

> Cabe a restituição de tributo pago indevidamente, quando reconhecido por decisão, que o contribuinte de jure não recuperou do contribuinte de facto o quantum respectivo.

O STJ também aplica a regra do **art. 166 do CTN**, mas com determinadas ressalvas. A Corte entende que a exigência do dispositivo **não se aplica em casos de tributos cuja transferência do encargo** seja meramente **econômica**, e não jurídica. Vejamos.

No julgamento do **REsp 755.490/PR**, o Tribunal afirmou que, acerca do **Imposto sobre a Importação (II)**, considerando sua natureza, observa-se que, **ainda que se admita a transferência do encargo ao consumidor final**, tal **repercussão é meramente econômica**, decorrente das **circunstâncias de mercado**, e não **jurídica**, razão pela qual sua restituição **não se condiciona às regras previstas do art. 166 do CTN**.

Ademais, o STJ admite casos excepcionais em que o **contribuinte de fato** pode pleitear diretamente a **restituição**, como ocorre no **ICMS incidente sobre energia elétrica**. Nessa hipótese, o **consumidor final**, que **suportou o ônus do tributo**, pode buscar a repetição de indébito, mesmo **sem a intermediação do contribuinte de direito**. O motivo para a atribuição dessa legitimidade ativa na relação jurídico-processual advém de determinados fatores.

O **ICMS incidente sobre energia elétrica** é um tributo indireto que, **embora seja recolhido pela concessionária** (contribuinte de direito), tem seu **custo repassado diretamente ao consumidor final** (contribuinte de fato). O **consumidor** arca efetivamente com o **ônus financeiro do tributo**, o que justifica sua legitimidade para buscar a restituição em casos de cobrança indevida, visto que não tem a possibilidade de **repassar o ônus do tributo para terceiros**, como ocorre em outras cadeias de produção ou comercialização.

Assim, o **contribuinte de fato** se torna o único prejudicado em situações de cobrança indevida, legitimando-o a buscar a repetição do indébito.

Permitir que apenas a **concessionária** (contribuinte de direito) possa pleitear a restituição do ICMS incidente sobre energia elétrica criaria uma situação de **enriquecimento sem causa**. Como o ônus tributário foi **efetivamente suportado pelo consumidor final**, seria injusto que a concessionária, que apenas recolheu o imposto, se beneficiasse da devolução.

A jurisprudência reconhece que, em muitos casos, o ICMS sobre energia elétrica é cobrado de **forma irregular**, seja em relação à **base de cálculo** ou à incidência em demandas não consumidas (como a **demanda contratada e não utilizada**). Nesses casos, o **consumidor final** tem **direito à restituição**, pois a cobrança extrapola os limites legais e contratuais. Determina a **súmula 391 do STJ**:

O ICMS incide sobre o valor da tarifa de energia elétrica correspondente à demanda de potência efetivamente utilizada.

A **jurisprudência consolidada do STJ**, quando do julgamento do **REsp 1.299.303/SC (Tema 695)** definiu que a **base de cálculo do ICMS** sobre **energia elétrica** deve ser limitada à energia efetivamente consumida, não abrangendo a demanda contratada e não utilizada. O consumidor final tem legitimidade para buscar a restituição de valores indevidamente pagos.

De igual modo, no **REsp 1.111.156/SP**, o Tribunal reconheceu que o **consumidor final** pode pleitear a restituição do ICMS em casos de **cobrança indevida diretamente**, sem necessidade **de intermediação do contribuinte de direito**.

- **A correção monetária e os juros na repetição de indébito**

Nos termos do **art. 167 do CTN**:

> Art. 167. A restituição total ou parcial do tributo dá lugar à restituição, na mesma proporção, dos juros de mora e das penalidades pecuniárias, salvo as referentes a infrações de caráter formal não prejudicadas pela causa da restituição.
>
> Parágrafo único. A restituição vence juros não capitalizáveis, a partir do trânsito em julgado da decisão definitiva que a determinar.

A **correção monetária** é aplicada para preservar o valor real do crédito a ser restituído, considerando a desvalorização da moeda. No entanto, o **índice de correção** varia conforme a **esfera do tributo** (federal, estadual ou municipal), assim como o período de aplicação.

Em se tratando dos **tributos federais**, aplicar-se-á a **TAXA SELIC**, que já contempla a correção monetária. No caso, não será admitida a aplicação de **outro índice cumulativamente**.

Nos **tributos estaduais** e **municipais**, quando não há previsão de aplicação da Taxa Selic, podem ser utilizados **índices gerais de correção monetária**, como o **IPCA-E** (Índice de Preços ao Consumidor Amplo - Especial) ou o **INPC** (Índice Nacional de Preços ao Consumidor). A jurisprudência considera que esses índices refletem adequadamente a inflação.

O STF, quando do julgamento da **ADI 4.357** e **ADI 4.425** estabeleceu que o **índice de correção monetária** deve refletir a **inflação real**, sendo **inaplicável a TR** (Taxa Referencial) por não cumprir esse requisito.

A incidência da correção monetária dar-se-á a partir do **pagamento indevido**, de acordo com a **súmula 162 do STJ**, que diz:

Na repetição de indébito tributário, a correção monetária incide a partir do pagamento indevido.

No que diz respeito à **taxa de juros**, para os tributos federais, por força do **art. 39, §4º, da Lei nº 9.250/1995**[36], aplica-se a **Taxa Selic**, recordando que a taxa já engloba tanto a **correção monetária** quanto os **juros de mora**.

---

36. Art. 39 (...)

§ 4º A partir de 1º de janeiro de 1996, a compensação ou restituição será acrescida de juros equivalentes à taxa referencial do Sistema Especial de Liquidação e de Custódia - SELIC para títulos federais, acumulada mensalmente, calculados a partir da data do pagamento indevido ou a maior até o mês anterior ao da compensação ou restituição e de 1% relativamente ao mês em que estiver sendo efetuada.

Para **tributos estaduais** e **municipais**, a aplicação da **Taxa Selic depende de previsão na legislação local**. Caso não esteja prevista, o índice aplicável será definido com base em normas gerais do Código Tributário Nacional (CTN) ou na legislação supletiva.

Nos termos da **Súmula 523 do STJ**:

A taxa de juros de mora incidente na repetição de indébito de tributos estaduais deve corresponder à utilizada para cobrança do tributo pago em atraso, sendo legítima a incidência da taxa Selic, em ambas as hipóteses, quando prevista na legislação local, vedada sua cumulação com quaisquer outros índices.

Diferentemente do que ocorre na incidência de correção monetária, a **taxa de juros** somente será imposta quando de uma **sentença condenatória transitada em julgado**. Prevê a **súmula 188 do STJ**:

Os juros moratórios, na repetição do indébito tributário, são devidos a partir do trânsito em julgado da sentença.

- **Os precatórios e o direito de restituição**

O **precatório** é uma requisição de pagamento determinada por decisão judicial definitiva em desfavor da Fazenda Pública. Em outras palavras, uma vez que o Judiciário reconhece que determinado contribuinte – pessoa física ou jurídica – tem direito a receber certo valor do ente público (seja por indenizações, débitos trabalhistas, diferenças salariais ou, como no caso em tela, tributos pagos indevidamente), é expedido um precatório, que funciona como um **título para habilitar o crédito do particular junto aos cofres públicos**. Esse instrumento visa garantir **segurança jurídica ao credor**, estabelecendo de forma clara o montante devido e a obrigação de pagamento pelo Estado.

O **contribuinte** tem direito, como vimos, nos termos do art. 165 do CTN, de **pleitear a restituição de valores de tributos pagos indevidamente ou a maior**. Após obter **decisão judicial favorável**, o particular torna-se **credor da Fazenda Pública**. Como regra, se o valor não for pago em **execução imediata** (hipótese mais comum quando se trata de Públicas de maior porte ou em montantes consideráveis), o pagamento será processado sob a **forma de precatório**.

A Constituição Federal estabelece que os **precatórios** deverão ser pagos em **estrita ordem cronológica de apresentação**, nos termos do **art. 100**.[37] Ou seja, os **precatórios**

---

37. **Art. 100.** Os pagamentos devidos pelas Fazendas Públicas Federal, Estaduais, Distrital e Municipais, em virtude de sentença judiciária, far-se-ão exclusivamente na ordem cronológica de apresentação dos precatórios e à conta dos créditos respectivos, proibida a designação de casos ou de pessoas nas dotações orçamentárias e nos créditos adicionais abertos para este fim.

mais antigos devem ser quitados primeiro, evitando-se **favorecimentos indevidos** a determinados credores em detrimento de outros. A exceção a essa regra são as chamadas **obrigações de pequeno valor** (OPVs), que podem ser pagas mais rapidamente, pois dispensam a expedição de precatório.

Os **juros de mora** são devidos a partir do momento em que **o Estado se torna inadimplente**. Quanto à **incidência de juros de mora** sobre os precatórios de natureza tributária, é essencial observar o entendimento consolidado pelo Supremo Tribunal Federal, especialmente na **Súmula Vinculante 17**, que dispõe:

Durante o período previsto no § 1º do art. 100 da CF (entre a expedição e o pagamento do precatório), não incidem juros de mora.

Após a **expedição do precatório** – e enquanto estiver em curso o prazo constitucional para seu pagamento –, **não incidirão juros de mora**, pois, o Estado **ainda não se encontra propriamente em mora**, isto é, **ainda não venceu o prazo estabelecido** constitucionalmente para o pagamento. Somente se o prazo estabelecido for descumprido, é possível a incidência dos respectivos juros.

JURISPRUDÊNCIA

TRIBUTÁRIO. PROCESSUAL CIVIL. INEXISTÊNCIA DE OMISSÃO. INCONSTITUCIONALIDADE DE CONTRIBUIÇÃO PARA O FUNBEN. REPETIÇÃO DE INDÉBITO. TAXA SELIC. INCIDÊNCIA. TERMO INICIAL. APÓS A VIGÊNCIA DA LEI 9.250/95. DESDE O RECOLHIMENTO INDEVIDO. SÚMULA 83/STJ 1. Não há violação do art. 535 do CPC quando a prestação jurisdicional é dada na medida da pretensão deduzida, com enfrentamento e resolução das questões abordadas no recurso. 2. Nas ações de restituição de tributos federais, antes do advento da Lei 9.250/95, incidia a correção monetária desde o pagamento indevido (no caso, no momento da indevida retenção do IR) até a restituição ou a compensação (Súmula 162/STJ), acrescida de juros moratórios a partir do trânsito em julgado (Súmula 188/STJ), na forma do art. 167, parágrafo único, do CTN. 3. Ocorre que, com o advento do referido diploma, passou-se a incidir a Taxa SELIC desde o recolhimento indevido, ou a partir de 1º de janeiro de 1996 (caso o recolhimento tenha ocorrido antes dessa data). Agravo regimental improvido.
(STJ – AgRg no AgRg no AREsp: 536348 MA 2014/0151828-6, Relator: Ministro HUMBERTO MARTINS, Data de Julgamento: 20/11/2014, T2 – SEGUNDA TURMA, Data de Publicação: DJe 04/12/2014)
TRIBUTÁRIO. INSCRIÇÃO EM DÍVIDA ATIVA. ANULAÇÃO. AUSÊNCIA DE PROCEDIMENTO ADMINISTRATIVO E IMPUGNAÇÃO. RESTITUIÇÃO DE PARCELAMENTO. PAGAMENTO INDEVIDO. 1. O Tribunal de origem anulou a inscrição em dívida ativa de valores confessados em DCTF que informava a quitação do crédito tributário por meio de compensação, visto que necessário o empreendido de procedimento administrativo indispensável à constituição dos créditos, assegurando ao contribuinte a observância dos princípios do contraditório e da ampla defesa. Contudo, não lhe assegurou a devolução dos valores pagos em parcelamento. 2. Nos termos do art. 165 do CTN, o recolhimento indevido de tributo implica a obrigação do Fisco de devolver o indébito imediatamente ao contribuinte detentor do direito de exigi-lo, seja pela via da compensação, seja pela via da restituição do indébito tributário. Todo ato estatal que tenha por objeto exigir tributo sabidamente indevido ou inviabilizar a sua devolução será inconstitucional.

3. "Com o recolhimento indevido do tributo, surge o interesse do sujeito passivo quanto ao pedido de restituição da quantia indevida, conforme disposto no art. 165 do CTN." (AgRg no REsp 550.226/SP, Rel. Min. Herman Benjamin, Segunda Turma, julgado em 21.5.2009, DJe 21.8.2009). 4. Anuladas as inscrições de dívida ativa, fica afastada a condição de devedor do Fisco, conduzindo o contribuinte à situação regular, ensejando a devolução das parcelas adimplidas. Inviabilizá-las, nos termos fixados pela Corte de origem, converte os valores indevidamente recolhidos a título de tributo em caução prévia de "possível" título executivo fiscal, que não goza dos pressupostos de liquidez, certeza e exigibilidade. Recurso especial provido.
(**STJ – REsp: 1215797 PR** 2010/0189032-3, Relator: Ministro HUMBERTO MARTINS, Data de Julgamento: 02/12/2010, T2 – SEGUNDA TURMA, Data de Publicação: DJe 14/12/2010)
TRIBUTÁRIO. PROCESSUAL CIVIL. AGRAVO INTERNO NO RECURSO ESPECIAL. CÓDIGO DE PROCESSO CIVIL DE 2015 APLICABILIDADE. FILIAL E MATRIZ. RELAÇÃO JURÍDICO-TRIBUTÁRIA. EXIGIBILIDADE DE TRIBUTOS. LEGITIMIDADE DA MATRIZ. MULTA. ART. 1.021, § 4º, DO CÓDIGO DE PROCESSO CIVIL DE 2015. INADEQUADA AO CASO CONCRETO. I - Consoante o decidido pelo Plenário desta Corte na sessão realizada em 09.03.2016, o regime recursal será determinado pela data da publicação do provimento jurisdicional impugnado. In casu, aplica-se o Código de Processo Civil de 2015 para o agravo interno. II - Esta Corte adota o posicionamento segundo o qual as filiais são estabelecimentos secundários da mesma pessoa jurídica, desprovidas de personalidade jurídica e patrimônio próprio, apesar de poderem possuir domicílios em lugares diferentes e inscrições distintas no CNPJ, que lhes confere autonomia administrativa e operacional para fins fiscalizatórios, não abarcando a autonomia jurídica. Os valores a receber provenientes de pagamentos indevidos a título de tributos pertencem à sociedade como um todo, de modo que a matriz pode discutir relação jurídico-tributária, pleitear restituição ou compensação relativamente a indébitos de suas filiais. III - Em regra, descabe a imposição da multa, prevista no art. 1.021, § 4º, do Código de Processo Civil de 2015, em razão do mero improvimento do Agravo Interno em votação unânime, sendo necessária a configuração da manifesta inadmissibilidade ou improcedência do recurso a autorizar sua aplicação, o que não ocorreu no caso. IV - Agravo Interno improvido.
(**STJ – AgInt no REsp: 2049069 RJ** 2022/0345756-6, Relator: Ministra REGINA HELENA COSTA, Data de Julgamento: 02/05/2023, T1 – PRIMEIRA TURMA, Data de Publicação: DJe 04/05/2023)
PROCESSUAL CIVIL E TRIBUTÁRIO. AGRAVO INTERNO NOS EMBARGOS DE DECLARAÇÃO NO AGRAVO EM RECURSO ESPECIAL. INDÉBITO. TRIBUTO SUJEITO A LANÇAMENTO POR HOMOLOGAÇÃO. AÇÃO PROPOSTA APÓS A VIGÊNCIA DA LC 118/2005. PRESCRIÇÃO QUINQUENAL. TERMO INICIAL: PAGAMENTO INDEVIDO. AGRAVO INTERNO DO PARTICULAR NÃO PROVIDO. 1. O Supremo Tribunal Federal, no julgamento do RE 566.621/RS, Rel. Min. ELLEN GRACIE, submetido ao regime da repercussão geral, reconheceu a inconstitucionalidade do art. 4o., segunda parte, da LC 118/2005, considerando válida a aplicação do novo prazo de 5 (cinco) anos tão somente às ações ajuizadas após o decurso da vacatio legis de 120 dias, ou seja, a partir de 9 de junho de 2005. 2. No caso, considerando que a ação foi ajuizada após a entrada em vigor da LC 118/2005, deve ser aplicado o novo prazo prescricional de 5 anos, contados a partir da data do pagamento indevido. Assim, consoante dados consignados no acórdão recorrido, havendo a retenção dos valores em 27.5.2003 e sendo a ação proposta em 19.5.2009, estão prescritos os valores em discussão na presente demanda. 3. Agravo Interno do Particular não provido.
(**STJ – AgInt nos EDcl no AREsp: 890467 RS** 2016/0077732-6, Relator: Ministro NAPOLEÃO NUNES MAIA FILHO, Data de Julgamento: 05/10/2020, T1 – PRIMEIRA TURMA, Data de Publicação: DJe 26/10/2020)
PROCESSUAL CIVIL E TRIBUTÁRIO. TERMO INICIAL DOS JUROS MORATÓRIOS E CORREÇÃO MONETÁRIA. PAGAMENTO INDEVIDO. INCIDÊNCIA EXCLUSIVA DA TAXA SELIC APÓS A VIGÊNCIA DA LEI 9.250/1995. AFASTAMENTO DA SÚMULA 188 DO STJ. INOVAÇÃO RECURSAL. PRECLUSÃO. 1. Em se tratando de dívida de natureza tributária, não é possível a incidência do art. 1º-F da Lei 9.494/1997 (com redação dada pela Lei 11.960/2009); nem para atualização monetária nem para compensação da mora. 2. Conforme ficou definido pelo Tema 905 do Superior Tribunal de Justiça, a correção monetária e a taxa de juros de mora incidentes na repetição de indébitos tributários devem corresponder às utilizadas na cobrança de tributo pago em atraso. Não havendo disposição legal específica, os juros de mora são calculados à taxa de 1% ao mês (art. 161, § 1º, do Código Tributário Nacional).

Observada a regra isonômica e havendo previsão na legislação da entidade tributante, é legítima a utilização da taxa Selic, sendo vedada sua cumulação com qualquer outro índice. 3. Concernente ao termo inicial dos juros de mora, orienta-se a jurisprudência do STJ no sentido de que, "(a) antes do advento da Lei 9.250/95, incidia a correção monetária desde o pagamento indevido até a restituição ou compensação (Súmula 162/STJ), acrescida de juros de mora a partir do trânsito em julgado (Súmula 188/STJ), nos termos do art. 167, parágrafo único, do CTN; (b) após a edição da Lei 9.250/95, aplica-se a taxa SELIC desde o recolhimento indevido, ou, se for o caso, a partir de 1º.01.1996, não podendo ser cumulada, porém, com qualquer outro índice, seja de atualização monetária, seja de juros, porque a SELIC inclui, a um só tempo, o índice de inflação do período e a taxa de juros real" (REsp 1.111.175/SP, Rel. Min. Denise Arruda, Primeira Seção, DJe 1º.7.2009). Precedentes. 4. Não se pode analisar o argumento de que, "em relação ao termo inicial dos juros de mora, a legislação estadual não antecipou sua incidência para que seja aplicado a partir do pagamento indevido". Isso porque tal fundamento foi trazido pela primeira vez em Agravo Interno, constituindo, portanto, inovação recursal, vedada pelo ordenamento jurídico. Ainda que assim não fosse, a questão não foi prequestionada na origem (Súmula 282/STF). 5. Agravo Interno não provido.

(STJ – AgInt no REsp: 1969113 PR 2021/0349800-4, Relator: Ministro HERMAN BENJAMIN, Data de Julgamento: 11/04/2022, T2 – SEGUNDA TURMA, Data de Publicação: DJe 25/04/2022)

PROCESSUAL CIVIL E TRIBUTÁRIO. AGRAVO INTERNO NO RECURSO ESPECIAL. REPETIÇÃO DE INDÉBITO. CONTRIBUIÇÃO PREVIDENCIÁRIA. NOTÁRIOS E REGISTRADORES. PARANÁ PREVIDÊNCIA. PRESCRIÇÃO QUINQUENAL. OBSERVÂNCIA DA REGRA IMPOSTA PELO CÓDIGO TRIBUTÁRIO NACIONAL. 1. Aos recursos interpostos com fundamento no CPC/2015 (relativos a decisões publicadas a partir de 18 de março de 2016) serão exigidos os requisitos de admissibilidade recursal na forma do novo CPC (Enunciado n. 3 do Plenário do STJ). 2. À luz dos arts. 165 e 168 do Código Tributário Nacional, o sujeito passivo tem direito à restituição total ou parcial do tributo, seja qual for a modalidade do seu pagamento, no caso de pagamento de tributo indevido ou maior que o devido, respeitado o prazo de prescrição quinquenal. E o fato de o Supremo Tribunal Federal ter declarado a inconstitucionalidade da lei instituidora do tributo não afasta a eventual prescrição da pretensão à restituição do que fora pago indevidamente, pois não há comando legal nesse sentido. 3. É pacífico o entendimento jurisprudencial deste Tribunal segundo o qual o termo inicial da prescrição da pretensão à repetição do indébito dos tributos declarados inconstitucionais é a data do recolhimento indevido, sendo irrelevante o momento em que o Supremo Tribunal Federal declarou a inconstitucionalidade da lei instituidora. Precedentes. 4. No caso dos autos, o recurso do Estado do Paraná é provido porque não se pode afastar a prescrição ao fundamento de que sua ocorrência implicaria em enriquecimento ilícito do Estado. 5. Agravo interno não provido.

(STJ – AgInt no REsp: 1972914 PR 2021/0356296-9, Relator: Ministro BENEDITO GONÇALVES, Data de Julgamento: 02/05/2022, T1 – PRIMEIRA TURMA, Data de Publicação: DJe 04/05/2022)

EMENTA Agravo regimental em recurso extraordinário com agravo. Constitucional e tributário. Reconhecimento de indébito tributário em sede de mandado de segurança. Restituição. Necessidade de expedição de precatório ou de requisição de pequeno valor. 1. O Tribunal de Origem, em sede de mandado de segurança, assentou ter a impetrante direito à restituição administrativa do indébito tributário reconhecido judicialmente na demanda, sem a observância do regime de precatórios. 2. Ao assim decidir, a Corte a Quo divergiu da orientação da Suprema Corte de que os pagamentos devidos pelas Fazendas Públicas em razão de decisão judicial devem se dar mediante a expedição de precatório ou de requisição de pequeno valor, conforme o valor da condenação, nos termos do art. 100 da Constituição Federal. Precedentes. 3. Agravo regimental e recurso extraordinário providos, assentando-se que a restituição do pagamento indevido, decorrente de decisão em sede de mandado de segurança, se dê mediante a expedição de precatório ou de requisição de pequeno valor, conforme o caso.

(STF – ARE: 1387512 RS, Relator: ALEXANDRE DE MORAES, Data de Julgamento: 10/10/2022, Primeira Turma, Data de Publicação: PROCESSO ELETRÔNICO DJe-224 DIVULG 07-11-2022 PUBLIC 08-11-2022)

ASSUNTO: NORMAS DE ADMINISTRAÇÃO TRIBUTÁRIA Ano-calendário: 2002 IMPUTAÇÃO PROPORCIO-NAL. CABIMENTO. LEGALIDADE. A quitação de débitos já vencidos quando da transmissão da PER/DCOMP, deve ser efetuada obedecendo-se à proporcionalidade entre o principal e os respectivos acréscimos e encargos legais que deixaram de ser quitados pela via da compensação. A imputação proporcional dos pagamentos encontra fundamento no CTN, em seus arts. 163 e 167, c/c o art. 61 da Lei nº 9.430/1996. A interpretação conjunta de tais dispositivos leva à conclusão de que somente se pode falar em obrigatória proporcionalidade entre as parcelas que compõem o indébito tributário se houver também obrigatória proporcionalidade na imputação do pagamento sobre as parcelas que compõem o débito tributário. (**CARF 10980909749200847** 1401-006.312, Relator: Não informado, Data de Julgamento: 17/11/2022, Data de Publicação: 20/12/2022)

ASSUNTO: IMPOSTO SOBRE A RENDA DE PESSOA JURÍDICA (IRPJ) Ano-calendário: 2004 RECURSO ESPE-CIAL. IMPUTAÇÃO PROPORCIONAL. CARACTERIZAÇÃO DA DIVERGÊNCIA JURISPRUDENCIAL. CONHECI-MENTO. A imputação de pagamento ocorre em diferentes cenários, quer para determinação de débito não alcançado por pagamento realizado em atraso, quer para determinação de tributo não recolhido em razão da inclusão tardia, na base de cálculo, de valores tributáveis, e até mesmo para liquidação de compensação formalizada depois do vencimento de débito compensado. Em todos os casos, exsurge a discussão se o art. 43 da Lei nº 9.430, de 1996, impõe a imputação linear, ou se o procedimento correto seria a imputação mediante distribuição do pagamento/crédito para liquidação proporcional do débito com seus acréscimos moratórios, em analogia com o art. 163 do Código Tributário Nacional. Assim, a caracterização do dissídio jurisprudencial não é prejudicada pelo fato de os acórdãos comparados partirem de diferentes cenários nos quais se discutiu o procedimento de imputação correto. CRÉDITO EXTEMPORÂNEO DO PIS /PASEP E DA COFINS. É possível o registro do crédito extemporâneo de PIS e COFINS quando este ocorrer em virtude de alteração de estimativa contábil, o que se enquadra nos casos em que se passou a reconhecer a possibilidade de creditamento sobre despesas de manutenção. (**CARF 10972000114200962** 9101-006.134, Relator: Não informado, Data de Julgamento: 06/06/2022, Data de Publicação: 20/10/2022)

ASSUNTO: PROCESSO ADMINISTRATIVO FISCAL Ano-calendário: 2005 COMPENSAÇÃO. DENÚNCIA ESPONTÂNEA. NÃO CABIMENTO. Às declarações de compensação não se aplica a benesse da denúncia espontânea de que trata o art. 138 do CTN. No art. 156 do CTN são descritas formas distintas de extinção do crédito tributário, sendo, prerrogativa somente do legislador, em situações expressamente especifi-cadas, eventualmente conferir o mesmo tratamento jurídico a tais institutos. Contudo, esse não é o caso do art. 138 do CTN, no qual a referência tão somente ao termo "pagamento" quer dizer que a denúncia espontânea não se aplica às demais modalidades de extinção do crédito tributário. IMPUTAÇÃO DE PAGAMENTOS. LEGALIDADE. A imputação proporcional dos pagamentos referentes a tributos, pena-lidades pecuniárias ou juros de mora, na mesma proporção em que o pagamento o alcança, encontra amparo no Código Tributário Nacional. (**CARF 13405000224200795** 3002-002.490, Relator: Mateus Soares de Oliveira, Data de Julgamento: 18/11/2022, Data de Publicação: 10/01/2023)

Assunto: Normas Gerais de Direito Tributário. Ano-calendário: 2004 IMPUTAÇÃO DE PAGAMENTOS. LE-GALIDADE. A imputação proporcional dos pagamentos referentes a tributos, penalidades pecuniárias ou juros de mora, na mesma proporção em que o pagamento o alcança, encontra amparo no artigo 163 do Código Tributário Nacional. DENUNCIA ESPONTÂNEA. ART 138 DO CTN. DECLARAÇÃO DE COM-PENSAÇÃO. INAPLICABILIDADE. Para fins de denúncia espontânea, nos termos do art. 138, do CTN, a compensação tributária, sujeita a posterior homologação, não equivale a pagamento, não se aplicando, por conseguinte, o afastamento da multa moratória decorrente pelo adimplemento a destempo. Neste sentido, a Primeira Seção do Superior Tribunal de Justiça pacificou entendimento segundo o qual é incabível a aplicação do benefício da denúncia espontânea previsto no art. 138 do CTN aos casos de compensação tributária, justamente porque, nessa hipótese, a extinção do débito estará submetida à ulterior condição resolutória da sua homologação pelo fisco, a qual, caso não ocorra, implicará o não pagamento do crédito tributário, havendo, por consequência, a incidência dos encargos moratórios. Precedente: AgInt nos EDcl nos EREsp. 1.657.437/RS, Rel. Min. GURGEL DE FARIA, DJe 17.10.2018 (**CARF – RECURSO VOLUNTÁRIO: 00010880724293201171** 1301-007.472, Relator: RAFAEL TARANTO MALHEIROS, Data de Julgamento: 16/08/2024, Data de Publicação: 29/10/2024)

14.6.2 Compensação

O instituto da compensação foi criado pelo Direito Privado, existindo quando **duas pessoas forem**, ao **mesmo tempo, credor** e **devedor** uma da outra, sendo que as **duas obrigações se extinguem até onde se compensarem.**

Assim, as **duas partes se encontram reciprocamente em débito** e em **crédito**. Trata-se de instituto destinado a facilitar as relações privadas, evitando dupla circulação de valores e conferindo segurança às partes.

A transposição para a disciplina tributária se dá quando o **sujeito passivo de uma obrigação tributária** é, ao mesmo tempo, **credor** e **devedor da Fazenda Pública**, podendo compensar os **débitos** e **créditos tributários** que sejam **líquidos** e **certos, vencidos** e **vincendos**, mediante autorização legal específica. O **art. 170 do CTN** traz considerações gerais sobre o instituto da **compensação tributária**, conforme estabelece a seguir:

> Art. 170. A lei pode, nas condições e sob as garantias que estipular, ou cuja estipulação em cada caso atribuir à autoridade administrativa, autorizar a compensação de créditos tributários com créditos líquidos e certos, vencidos ou vincendos, do sujeito passivo contra a Fazenda pública.
>
> Parágrafo único. Sendo vincendo o crédito do sujeito passivo, a lei determinará, para os efeitos deste artigo, a apuração do seu montante, não podendo, porém, cominar redução maior que a correspondente ao juro de 1% (um por cento) ao mês pelo tempo a decorrer entre a data da compensação e a do vencimento.

Pela regra geral, a **compensação** somente poderá ser realizada entre **tributos da mesma espécie tributária**, ou seja, impostos com impostos, taxas com taxas, contribuições com contribuições, e assim sucessivamente. No entanto, poderá a lei tributária autorizar a compensação de tributos de espécies diferentes.

O **art. 74 da Lei 9.430/96**[38], tendo sido alterado pelas Leis 10.637/2002 e 12.838/2013, que determina a não aplicação desse dispositivo ao **crédito tributário presumido**, autorizou que o sujeito passivo pudesse realizar a **compensação de tributos administrados pela Secretaria da Receita Federal do Brasil**. Como, atualmente, a Secretaria da Receita Federal do Brasil é a **unificação da fiscalização e arrecadação dos tributos que já eram administrados pela Secretaria da Receita Federal** com tributos arrecadados pela **Secretaria Previdenciária**, é plenamente possível a **compensação de impostos federais**

---

38. **Art. 74.** O sujeito passivo que apurar crédito, inclusive os judiciais com trânsito em julgado, relativo a tributo ou contribuição administrado pela Secretaria da Receita Federal, passível de restituição ou de ressarcimento, poderá utilizá-lo na compensação de débitos próprios relativos a quaisquer tributos e contribuições administrados por aquele Órgão.

com **contribuições sociais**, uma vez que ambos são arrecadados e administrados pela Secretaria da Receita Federal do Brasil.

A Lei 8.383/91, em seu **art. 66**, prevê a possibilidade de o contribuinte **compensar tributos pagos indevidamente ou a maior** com valores de **tributos vincendos**. Essa disposição reforça o entendimento de que, se de fato há um crédito certo, líquido e exigível em favor do contribuinte, ele **pode optar por receber a restituição ou compensar com tributos futuros**.

Estabelece o **art. 66 da Lei 8.383/91**:

> Art. 66. Nos casos de pagamento indevido ou a maior de tributos, contribuições federais, inclusive previdenciárias, e receitas patrimoniais, mesmo quando resultante de reforma, anulação, revogação ou rescisão de decisão condenatória, o contribuinte poderá efetuar a compensação desse valor no recolhimento de importância correspondente a período subsequente.
>
> § 1º A compensação só poderá ser efetuada entre tributos, contribuições e receitas da mesma espécie.
>
> § 2º É facultado ao contribuinte optar pelo pedido de restituição.
>
> § 3º A compensação ou restituição será efetuada pelo valor do tributo ou contribuição ou receita corrigido monetariamente com base na variação da UFIR.
>
> § 4º As Secretarias da Receita Federal e do Patrimônio da União e o Instituto Nacional do Seguro Social – INSS expedirão as instruções necessárias ao cumprimento do disposto neste artigo.

O *caput* permite que o contribuinte, ao identificar um **pagamento indevido** ou **excessivo de tributos**, possa realizar a compensação desse valor em períodos subsequentes. Essa previsão é essencial para **evitar a necessidade de restituição judicial**, oferecendo uma **via administrativa para o reembolso**. Essa **compensação** está vinculada à existência de valores devidamente corrigidos, permitindo uma solução menos onerosa e mais célere para o contribuinte e para a administração tributária.

A decisão sobre o recebimento de valores através de **compensação** ou mediante **precatório** é de foro íntimo, mediante **autonomia de vontade do sujeito passivo**. Nestes termos, reza a **súmula 461 do STJ**:

O contribuinte pode optar por receber, por meio de precatório ou por compensação, o indébito tributário certificado por sentença declaratória transitada em julgado.

Do ponto de vista constitucional, o direito de escolha do contribuinte encontra fundamento no **princípio da autonomia da vontade** e no respeito à **propriedade**, previsto no **art. 5º, XXII, da CF/1988**[39], além do **princípio da eficiência administrativa**, que demanda que o Estado facilite a devolução de valores indevidos.

---

39. Art. 5º (...)
XXII – é garantido o direito de propriedade.

Embora o contribuinte tenha autonomia para escolher entre as modalidades de recebimento, essa escolha deve observar os requisitos legais e regulamentares.

De acordo com a **súmula 464 do STJ**:

> A regra de imputação de pagamentos estabelecida no art. 354 do Código Civil não se aplica às hipóteses de compensação tributária.

O **art. 354 do CC/2002** dispõe:

> Havendo capital e juros, o pagamento imputar-se-á primeiro nos juros vencidos, e, depois, no capital, salvo estipulação em contrário ou se o credor passar a quitação por conta do capital.

Essa norma, típica das relações privadas, estabelece uma ordem prioritária para a **imputação de pagamentos** quando o devedor possui **dívidas compostas por capital e juros**, buscando garantir que os **juros** sejam quitados **antes da amortização do principal**. É uma regra dispositiva, podendo ser modificada por acordo entre as partes.

No direito tributário, a **compensação tributária** é regulada por normas específicas, sobretudo pelo CTN e legislações esparsas. Assim, não há um "**pagamento**" no **sentido tradicional**. Trata-se de um **encontro de contas entre créditos** e **débitos**. A lógica de **imputação de pagamentos**, como estabelecida no Código Civil, **não é compatível com essa dinâmica**.

Em se tratando da compensação tributária e os precatórios, o ADCT estabelece **duas hipóteses de compensação**: uma no **art. 78, § 2º**[40], relativamente às **parcelas atrasadas dos precatórios parcelados**, e outra no **art. 97, § 10, II**[41], também relativamente a **precatórios vencidos**.

O dispositivo do **art. 78, §2 do ADCT** funciona como **uma medida para minimizar os efeitos da inadimplência** por parte da Fazenda Pública, permitindo ao **credor** usar **créditos reconhecidos judicialmente** para **quitar dívidas** que ele possua com o ente público, tais como os tributos devidos.

---

40. Art. 78 (...)
    § 2º As prestações anuais a que se refere o caput deste artigo terão, se não liquidadas até o final do exercício a que se referem, poder liberatório do pagamento de tributos da entidade devedora.
41. Art. 97 (...)
    § 10. No caso de não liberação tempestiva dos recursos de que tratam o inciso II do § 1º e os §§ 2º e 6º deste artigo:
    II – constituir-se-á, alternativamente, por ordem do Presidente do Tribunal requerido, em favor dos credores de precatórios, contra Estados, Distrito Federal e Municípios devedores, direito líquido e certo, autoaplicável e independentemente de regulamentação, à compensação automática com débitos líquidos lançados por esta contra aqueles, e, havendo saldo em favor do credor, o valor terá automaticamente poder liberatório do pagamento de tributos de Estados, Distrito Federal e Municípios devedores, até onde se compensarem.

Já o **artigo 97 do ADCT** foi introduzido pela EC 62/2009, conhecida como **Emenda dos Precatórios**. O § 10, **inciso II**, trata da possibilidade de **compensação de precatórios vencidos** com **débitos do credor perante o ente devedor**.

O objetivo dessa norma é, de forma semelhante ao **art. 78, § 2º, equilibrar a relação entre o credor e a Fazenda Pública**, permitindo que **dívidas fiscais** ou **outras obrigações do credor** sejam abatidas do valor que o ente público lhe deve. Essa medida visa dar maior **eficácia ao sistema de precatórios**, ainda que não elimine a morosidade característica do pagamento dessas dívidas judiciais.

Por conseguinte, o STJ, quando do julgamento do **REsp 1.111.164**, em sede de repetitivos, decidiu-se que o mandado de segurança pode ser o **meio para a garantia à compensação**, de acordo com os critérios jurídicos – lastro prescricional utilizado, índice de atualização ou de juros (antes da SELIC), além de eventuais limitações que os contribuintes reputassem ilegais.

De acordo com as teses firmadas pelo STJ:

> "Tratando-se de mandado de segurança impetrado com vistas a declarar o direito a compensação tributária, em virtude do reconhecimento da ilegalidade ou inconstitucionalidade da exigência da exação, independentemente da apuração dos respectivos valores, é suficiente para esse efeito a comprovação cabal de que o impetrante ocupa a posição de credor tributário, visto que os comprovantes de recolhimento indevido serão exigidos posteriormente na esfera administrativa quando o procedimento a compensação for submetido a verificação pelo Fisco".

Assim, basta a comprovação de que o contribuinte tem **atividade determinada** e sujeição ao **recolhimento do tributo do qual decorre o crédito** a ser **objeto da compensação**. Isso porque, os valores a serem compensados **não são definidos pelo juízo** e estarão sujeitos à **fiscalização tributária** quando a compensação for efetivada, conforme os parâmetros da decisão judicial.

A outra tese firmada pelo STJ reza que:

> "Tratando-se de mandado de segurança com vistas a obter juízo específico sobre as parcelas a serem compensadas, com a alegação da liquidez e certeza dos créditos, ou ainda, na hipótese em que os efeitos da sentença suponham a efetiva homologação da compensação a ser realizada, o crédito do contribuinte depende de quantificação, de modo que a inexistência de comprovação cabal dos valores indevidamente recolhidos representa a ausência de prova pré-constituída, indispensável à propositura do pedido de segurança".

Neste caso, temos o afastamento da **Súmula 460 do STJ**, que prevê o **impedimento de mandado de segurança** para chancelar **compensação** já realizada, exigindo-se do contribuinte a juntada de todos os documentos necessários ao reconhecimento do valor que ele busca compensar futuramente.

JURISPRUDÊNCIA

TRIBUTÁRIO. PROCESSUAL CIVIL. COMPENSAÇÃO. LEI ESTADUAL AUTORIZADORA. NECESSIDADE. PEDIDO NÃO DEDUZIDO NA INICIAL DO MANDAMUS. INOVAÇÃO RECURSAL. DESCABIMENTO. 1. As Turmas que compõem a Primeira Seção deste STJ possuem o firme entendimento de que a compensação tributária só é possível com a existência de lei estadual autorizadora. Precedentes: AgInt nos EDcl no REsp n. 1.849.583/SP, relator Ministro Manoel Erhardt (Desembargador Convocado do TRF5), Primeira Turma, DJe de 24/3/2022; e REsp 1.662.594/RS, Rel. Ministro Herman Benjamin, Segunda Turma, DJe 30/6/2017. 2. Questão não oportunamente deduzida nas razões do mandamus, nem mesmo no recurso ordinário, sendo trazida à baila apenas nos aclaratórios opostos contra decisão proferida já neste STJ, não comporta conhecimento, por caracterizar indevida inovação recursal. 3. Agravo interno não provido.
(STJ - AgInt nos EDcl no RMS: 67343 RJ 2021/0287455-0, Data de Julgamento: 10/10/2022, T1 - PRIMEIRA TURMA, Data de Publicação: DJe 14/10/2022)
PROCESSUAL CIVIL E TRIBUTÁRIO. AGRAVO INTERNO. MANDADO DE SEGURANÇA. DECLARAÇÃO DO DIREITO À COMPENSAÇÃO DO INDÉBITO. PRESCRIÇÃO QUINQUENAL RETROATIVA A CONTAR DA IMPETRAÇÃO. PRECEDENTES DO STJ. 1. Consoante o entendimento do STJ, o Mandado de Segurança é via adequada para declarar o direito à compensação ou à restituição de indébito tributário pretérito não atingido pela prescrição. Em ambos os casos, concedida a ordem, os pedidos devem ser requeridos na esfera administrativa, sendo impossível a via do precatório, sob pena de conferir indevidos efeitos retroativos ao mandamus. 2. A efetiva compensação será realizada no âmbito administrativo, momento em que a autoridade fazendária realizará o controle do procedimento compensatório e analisará se estão preenchidos os requisitos para tanto. 3. Agravo Interno não provido.
(STJ – AgInt no AgInt no AREsp: 2165455 SP 2022/0208699-8, Relator: Ministro HERMAN BENJAMIN, Data de Julgamento: 19/06/2023, T2 – SEGUNDA TURMA, Data de Publicação: DJe 27/06/2023)
TRIBUTÁRIO E PROCESSUAL CIVIL. RECURSO ESPECIAL. CRÉDITOS PRESUMIDOS DE ICMS. EXCLUSÃO DA BASE DE CÁLCULO DO IRPJ/CSLL. MANDADO DE SEGURANÇA OBJETIVANDO A DECLARAÇÃO DO DIREITO À RESTITUIÇÃO DO INDÉBITO NA VIA ADMINISTRATIVA. CABIMENTO. ENTENDIMENTO CONSOLIDADO NO STJ. RECURSO ESPECIAL DAS CONTRIBUINTES CONHECIDO E PROVIDO. 1. A controvérsia apresentada no recurso especial em análise é restrita à possibilidade de se assegurar, na via administrativa, o direito à restituição do indébito tributário reconhecido por decisão judicial em mandado de segurança. 2. O direito de o contribuinte reaver os valores pagos indevidamente ou a maior, a título de tributos, encontra-se expressamente assegurado nos arts. 165 do CTN, 73 e 74 da Lei 9.430/1996 e 66, § 2º, da Lei 8.383/1991, podendo ocorrer de duas formas: pela restituição do valor recolhido, isto é, quando o contribuinte se dirige à autoridade administrativa e apresenta requerimento de ressarcimento do que foi pago indevidamente ou a maior, ou mediante compensação tributária, na qual o crédito reconhecido é utilizado para quitação de débitos vincendos de quaisquer tributos ou contribuições administrados pela Receita Federal do Brasil, após o trânsito em julgado da decisão judicial. Em ambas as hipóteses, não há qualquer restrição vinculada à forma de reconhecimento do crédito – administrativa ou decorrente de decisão judicial proferida na via mandamental, para a operacionalização da devolução do indébito. 3. Ressalta-se que a Súmula 269/STF ("O mandado de segurança não é substitutivo de ação de cobrança") não tem aplicação ao caso concreto, no qual o contribuinte visa tão somente obter pronunciamento judicial para se declarar o direito de buscar a restituição na esfera administrativa, mediante requerimento à Administração Tributária. Ou seja, o provimento judicial buscado pela via mandamental não é condenatório, mas apenas declaratório do direito de se garantir o ressarcimento do indébito tributário, cuja natureza jurídica é semelhante ao provimento declaratório da compensabilidade dos valores indevidamente pagos, que representa uma modalidade de restituição do indébito tributário. 4. Aliás, há muito esta Corte Superior já consolidou orientação de que "o mandado de segurança constitui ação adequada para a declaração do direito à compensação tributária"- Súmula 213/STJ. 5. Registra-se, ainda, que a Primeira Seção do STJ, por ocasião do julgamento do REsp 1.114.404/MG, sob a sistemática do recurso repetitivo, consolidou o entendimento de que a sentença declaratória do

crédito tributário se consubstancia em título hábil ao ajuizamento de ação visando à restituição do valor devido. Referido entendimento foi reproduzido ainda no enunciado da Súmula 461 do próprio STJ ("O contribuinte pode optar por receber, por meio de precatório ou por compensação, o indébito tributário certificado por sentença declaratória transitada em julgado"). 6. Ademais, não há obrigatoriedade de submissão do crédito reconhecido pela via mandamental à ordem cronológica de precatórios, na forma imposta pelo art. 100 da Constituição Federal, já que esse dispositivo se refere ao provimento judicial de caráter condenatório, que reconhece um direito creditório, o que não se verifica na hipótese dos autos, em que a sentença apenas declara o direito de repetição de indébito pela via administrativa, ainda que em espécie. 7. Registra-se, por fim, que, ao consignar que a restituição de indébito tributário reconhecido na via mandamental sujeita-se ao regime de precatório previsto no art. 100 da Carta Magna, a Corte Regional dissentiu da compreensão firmada por ambas as turmas integrantes da Primeira Seção do STJ, segundo a qual "o mandado de segurança é via adequada para declarar o direito à compensação ou restituição de tributos, sendo que, em ambos os casos, concedida a ordem, os pedidos devem ser requeridos na esfera administrativa, restando, assim, inviável a via do precatório, sob pena de conferir indevidos efeitos retroativos ao mandamus" (AgInt no REsp 1.895.331/SP, Rel. Ministro GURGEL DE FARIA, PRIMEIRA TURMA, julgado em 24/05/2021, DJe 11/06/2021). No mesmo sentido, citam-se os recentes julgados: REsp 1.864.092/PR, Rel. Ministro MAURO CAMPBELL MARQUES, SEGUNDA TURMA. DJe 09/04/2021; AgInt no AREsp 1.945.394/PR, Rel. Ministro HERMAN BENJAMIN, SEGUNDA TURMA, DJe 14/03/2022; AgInt no REsp 1.944.999/RS, Rel. Ministro FRANCISCO FALCÃO, SEGUNDA TURMA, DJe 14/02/2022). 8. Logo, incabível a restituição dos valores indevidamente recolhidos pela via do precatório, sob pena de conferir efeitos retroativos ao mandamus e de admitir o uso da via do mandado de segurança como ação de cobrança, o que é vedado, respectivamente, pela Súmula 271/STF ("Concessão de mandado de segurança não produz efeitos patrimoniais em relação a período pretérito, os quais devem ser reclamados administrativamente ou pela via judicial própria") e pela Súmula 269/STF ("O mandado de segurança não é substitutivo de ação de cobrança"). 9. Todavia, é impositivo o reconhecimento do direito do contribuinte de pleitear administrativamente a compensação ou a restituição do indébito tributário decorrente do direito líquido e certo declarado por meio deste mandado de segurança. 10. Recurso especial das contribuintes a que se dá provimento. PROCESSUAL CIVIL E TRIBUTÁRIO. AGRAVO EM RECURSO ESPECIAL. VIOLAÇÃO DO ART. 1.022 DO CPC/2015. NÃO OCORRÊNCIA CRÉDITO PRESUMIDO DE ICMS. EXCLUSÃO DAS BASES DE CÁLCULO DO IRPJ E DA CSLL. APLICAÇÃO DE ENTENDIMENTO FIRMADO PELA SEÇÃO DE DIREITO PÚBLICO DO STJ (ERESP 1.517.492/PR). QUESTÃO ANÁLOGA ANALISADA PELO STF SOB O RITO DA REPERCUSSÃO GERAL. PRINCÍPIO FEDERATIVO. AGRAVO CONHECIDO PARA NEGAR PROVIMENTO AO RECURSO ESPECIAL DA FAZENDA NACIONAL. 1. Inexiste a alegada violação do art. 1.022 do CPC/2015, pois a prestação jurisdicional foi dada na medida da pretensão deduzida, conforme se depreende da análise do acórdão recorrido. O Tribunal de origem apreciou fundamentadamente a controvérsia, não padecendo o julgado de nenhum erro, omissão, contradição ou obscuridade. Observe-se, ademais, que julgamento diverso do pretendido, como na espécie, não implica ofensa ao dispositivo de lei invocado. 2. A Primeira Seção do STJ, no julgamento dos EREsp 1.517.492/PR, de relatoria da Ministra REGINA HELENA COSTA (DJe de 01/02/2018), firmou o entendimento de não ser possível a inclusão de créditos presumidos de ICMS na base de cálculo do Imposto sobre a Renda da Pessoa Jurídica - IRPJ e da Contribuição Social sobre o Lucro Líquido - CSLL, por representar interferência da União na política fiscal adotada por Estados, configurando ofensa ao princípio federativo e à segurança jurídica. 3. Relativamente à entrada em vigor da LC 160/2017, a Primeira Seção, no julgamento do AgInt nos EREsp 1.462.237/SC, decidiu que "a superveniência de lei que determina a qualificação do incentivo fiscal estadual como subvenção de investimentos não tem aptidão para alterar a conclusão de que a tributação federal do crédito presumido de ICMS representa violação ao princípio federativo". Ademais, no julgamento dos EREsp 1.517.492/PR, apoiou-se a Primeira Seção em pronunciamento do Pleno do Supremo Tribunal Federal, no regime da repercussão geral, de modo que não há obrigatoriedade de observância do art. 97 da CF/1988. Nesse sentido: AgInt nos EREsp 1.462.237/SC, Rel. Ministro GURGEL DE FARIA, DJe 21/03/2019. 4. Agravo conhecido para negar provimento ao recurso especial da FAZENDA NACIONAL.
(STJ – REsp: 1951855 SC 2021/0239369-3, Data de Julgamento: 08/11/2022, T1 – PRIMEIRA TURMA, Data de Publicação: DJe 24/11/2022)

PROCESSUAL CIVIL. TRIBUTÁRIO. AGRAVO INTERNO NO RECURSO ESPECIAL. MANDADO DE SEGU-RANÇA. INDÉBITO TRIBUTÁRIO. COMPENSAÇÃO OU RESTITUIÇÃO PELA VIA ADMINISTRATIVA. OPÇÃO. POSSIBILIDADE. JURISPRUDÊNCIA DO STJ. CONFORMIDADE DO ACÓRDÃO RECORRIDO. SÚMULA 83/STJ. 1. O presente recurso foi interposto na vigência do CPC/2015, razão pela qual incide o Enunciado Administrativo n. 3/STJ: "Aos recursos interpostos com fundamento no CPC/2015 (relativos a decisões publicadas a partir de 18 de março de 2016) serão exigidos os requisitos de admissibilidade recursal na forma do novo CPC". 2. O mandado de segurança constitui ação adequada para a declaração do direito à compensação ou restituição tributária, a teor da Súmula 213/STJ. 3. A jurisprudência assente do STJ é no sentido de que, concedida a ordem, o contribuinte pode requerer na via administrativa a compen-sação ou a restituição do indébito, sendo inviável a utilização do mandamus para buscar a expedição de precatório/RPV, porquanto vedado o uso da via mandamental como ação de cobrança, a teor da Súmula 269/STF. Confiram-se: AgInt no REsp n. 1.895.331/SP, relator Ministro Gurgel de Faria, Primeira Turma, DJe de 11/6/2021; AgInt no REsp n. 1.947.645/RS, relatora Ministra Regina Helena Costa, Primeira Turma, DJe de 29/11/2021; AgInt no REsp n. 1.938.511/RS, relator Ministro Francisco Falcão, Segunda Turma, DJe de 14/10/2021; AgInt no REsp n. 1.928.782/SP, relator Ministro Og Fernandes, Segunda Turma, DJe 2/9/2021. 4. Esse entendimento não destoa do teor da Súmula 461/STJ e do precedente firmado no REsp 1.114.404/MG, segundo os quais a possibilidade de optar pela compensação ou pela restituição do indébito, ambas pela via administrativa, ou pelo recebimento do crédito por precatório ou requisição de pequeno valor, este pela via judicial própria, constituem formas de execução do julgado colocadas à disposição da parte, quando procedente a ação que teve a eficácia de declarar o indébito. Nesse sentido: AgInt nos EREsp n. 1.895.331/SP, relator Ministro Herman Benjamin, Primeira Seção, DJe de 15/3/2022; AgInt no REsp n. 1.563.406/SP, relator Ministro Sérgio Kukina, Primeira Turma, DJe de 7/10/2021; REsp n. 1.864.092/PR, relator Ministro Mauro Campbell Marques, Segunda Turma, DJe de 9/4/2021; AgInt no AgInt nos EDcl no REsp n. 1.616.074/SC, Rel. Ministro Benedito Gonçalves, Primeira Turma, julgado em 12/4/2021, DJe 15/4/2021; AgInt no AREsp n. 1.945.394/PR, Rel. Ministro Herman Benjamin, Segunda Turma, DJe de 15/3/2022. 5. O Tribunal a quo, expressamente afastando o uso do mandado de segurança como substituto da ação de cobrança, posicionou-se em conformidade com a pacífica jurisprudência do STJ, quanto à possibilidade de o contribuinte optar pela compensação ou pela restituição dos valores recolhidos indevidamente nos cinco anos anteriores à impetração do mandamus, a ser requerida na esfera administrativa, após o trânsito em julgado da sentença mandamental, seguindo os procedimentos da Administração Tributária. Incidência da Súmula 83/STJ. 6. Agravo interno não provido.
(STJ – AgInt no REsp: 1981962 RS 2022/0011727-0, Data de Julgamento: 08/08/2022, T1 – PRIMEIRA TURMA, Data de Publicação: DJe 10/08/2022)
TRIBUTÁRIO. EMBARGOS À EXECUÇÃO FISCAL. PROCESSUAL CIVIL. AGRAVO INTERNO NO RECURSO ESPECIAL. CÓDIGO DE PROCESSO CIVIL DE 2015. APLICABILIDADE. VIOLAÇÃO AOS ARTS. 489 E 1.022 DO CPC. INOCORRÊNCIA. COMPENSAÇÃO TRIBUTÁRIA. IMPOSSIBILIDADE. INEXISTÊNCIA DE CRÉDITO COMPENSÁVEL. ACÓRDÃO EMBASADO EM PREMISSAS FÁTICAS. REVISÃO. IMPOSSIBILIDADE. INCI-DÊNCIA DA SÚMULA N. 7/STJ. AUSÊNCIA DE COMBATE A FUNDAMENTOS AUTÔNOMOS DO ACÓRDÃO. APLICAÇÃO DO ÓBICE DA SÚMULA N. 283/STF. DISSÍDIO JURISPRUDENCIAL. AUSÊNCIA DE SIMILITUDE FÁTICA. ANÁLISE PREJUDICADA. PEDIDO DE AFETAÇÃO E MODULAÇÃO DE EFEITOS. IMPOSSIBILIDADE DE ANÁLISE. TESES NÃO VENTILADAS NO RESP. ARGUMENTOS INSUFICIENTES PARA DESCONSTITUIR A DECISÃO ATACADA. APLICAÇÃO DE MULTA. ART. 1.021, § 4º, DO CÓDIGO DE PROCESSO CIVIL DE 2015. DESCABIMENTO. I – Consoante o decidido pelo Plenário desta Corte na sessão realizada em 09.03.2016, o regime recursal será determinado pela data da publicação do provimento jurisdicional impugnado. In casu, aplica-se o Código de Processo Civil de 2015. II – A Corte de origem apreciou todas as questões relevantes apresentadas com fundamentos suficientes, mediante apreciação da disciplina normativa e cotejo ao posicionamento jurisprudencial aplicável à hipótese. Inexistência de omissão, contradição ou obscuridade. III – É firme o entendimento no Superior Tribunal de Justiça segundo o qual a compensação efetuada pelo contribuinte, antes do ajuizamento do feito executivo, pode figurar como fundamento de defesa dos embargos à execução fiscal, a fim de ilidir a presunção de liquidez e certeza da CDA, máxime

quando, à época da compensação, restaram atendidos os requisitos da existência de crédito tributário compensável, da configuração do indébito tributário, e da existência de lei específica autorizativa da citada modalidade extintiva do crédito tributário. IV – In casu, rever o entendimento do Tribunal de origem, para verificar a existência de crédito compensável, demandaria necessário revolvimento de matéria fática, o que é inviável em sede de recurso especial, à luz do óbice contido na Súmula n. 7/STJ. V – A falta de combate a fundamento suficiente para manter o acórdão recorrido justifica a aplicação, por analogia, da Súmula n. 283 do Supremo Tribunal Federal. VI – O recurso especial não pode ser conhecido com fundamento na alínea c do permissivo constitucional, porquanto o óbice da Súmula n. 7/STJ impede o exame do dissídio jurisprudencial quando, para a comprovação da similitude fática entre os julgados confrontados, é necessário o reexame de fatos e provas. VII – As teses relativas ao pedido de afetação e modulação de efeitos foram apresentadas apenas quando da interposição do agravo interno o que configura inadmissível inovação recursal e impede o conhecimento das insurgências, em decorrência da preclusão consumativa. VIII – A Agravante não apresenta, no agravo, argumentos suficientes para desconstituir a decisão recorrida. IX – Em regra, descabe a imposição da multa prevista no art. 1.021, § 4º, do Código de Processo Civil de 2015 em razão do mero desprovimento do Agravo Interno em votação unânime, sendo necessária a configuração da manifesta inadmissibilidade ou improcedência do recurso a autorizar sua aplicação, o que não ocorreu no caso. X – Agravo Interno improvido.
(**STJ – AgInt no REsp: 1983254 RJ** 2021/0111962-3, Data de Julgamento: 06/06/2022, T1 – PRIMEIRA TURMA, Data de Publicação: DJe 08/06/2022)
PROCESSUAL CIVIL. TRIBUTÁRIO. AGRAVO INTERNO NOS EMBARGOS DE DECLARAÇÃO NO RECURSO ESPECIAL. MANDADO DE SEGURANÇA. IRPJ E CSLL. COMPENSAÇÃO TRIBUTÁRIA. INCIDÊNCIA DA LEI DE REGÊNCIA VIGENTE À DATA DO ENCONTRO DE CONTAS. PRECEDENTES. ART. 6º DA LINDB. MATÉRIA DE CUNHO CONSTITUCIONAL. COMPETÊNCIA DO STF. DISSÍDIO JURISPRUDENCIAL PREJUDICADO. 1. Tendo o recurso sido interposto contra decisão publicada na vigência do Código de Processo Civil de 2015, devem ser exigidos os requisitos de admissibilidade na forma nele previsto, conforme Enunciado Administrativo n. 3/2016/STJ. 2. A jurisprudência do STJ é no sentido de que a norma que trata de compensação tributária é a da lei em vigor ao tempo do encontro de contas, e não a então vigente à época do pagamento. Orientação firmada em precedente formado em julgamento de recurso repetitivo REsp n. 1.164.452/MG. Precedentes. 3. Quanto ao art. 6º das LINDB, inviável a abertura da via especial, a fim de alegar violação de norma que reproduz conteúdo eminentemente constitucional, sob pena de supressão de competência do próprio STF, ainda que seja a título de prequestionamento objetivando a interposição de recurso extraordinário. 4.Prejudicada a análise de divergência jurisprudencial quanto à matéria a respeito da qual a tese sustentada foi afastada no exame do recurso especial pela alínea a do permissivo constitucional ou sobre a qual houve a aplicação de óbice sumular. 5.Agravo interno não provido.
(**STJ – AgInt nos EDcl no REsp: 1986324 SP** 2021/0307756-1, Data de Julgamento: 29/08/2022, T1 – PRIMEIRA TURMA, Data de Publicação: DJe 01/09/2022)
EMENTA: AGRAVO REGIMENTAL NO RECURSO EXTRAORDINÁRIO COM AGRAVO. TRIBUTÁRIO. CONTRIBUIÇÃO PREVIDENCIÁRIA PATRONAL. INCIDÊNCIA SOBRE O TERÇO DE FÉRIAS: APLICAÇÃO DA SISTEMÁTICA DA REPERCUSSÃO GERAL NA ORIGEM. TEMA 985. JUÍZO DE RETRATAÇÃO. PREJUDICIALIDADE DO RECURSO EXTRAORDINÁRIO. IMPOSSIBILIDADE DE SOBRESTAMENTO DO FEITO. VERBAS TRABALHISTAS E ENCARGOS SOCIAIS. NATUREZA JURÍDICA. COMPENSAÇÃO TRIBUTÁRIA. SÚMULAS NS. 279 E 636 DO SUPREMO TRIBUNAL FEDERAL. AUSÊNCIA DE OFENSA CONSTITUCIONAL DIRETA. AGRAVO REGIMENTAL DESPROVIDO, COM APLICAÇÃO DE MULTA DE 1% SOBRE O VALOR ATUALIZADO DA CAUSA, SE UNÂNIME A VOTAÇÃO.
(**STF – ARE: 1497038 DF**, Relator: Min. CÁRMEN LÚCIA, Data de Julgamento: 19/08/2024, Primeira Turma, Data de Publicação: PROCESSO ELETRÔNICO DJe-s/n DIVULG 20-08-2024 PUBLIC 21-08-2024)

PROCESSUAL CIVIL E TRIBUTÁRIO. AGRAVO INTERNO NO AGRAVO EM RECURSO ESPECIAL. MANDADO DE SEGURANÇA. PEDIDO EXORDIAL DE DECLARAÇÃO DE INEXIGIBILIDADE DE TRIBUTO E RECONHECIMENTO DO DIREITO À COMPENSAÇÃO TRIBUTÁRIA. RESTITUIÇÃO ADMINISTRATIVA. INVIABILIDADE NO CASO CONCRETO. JULGAMENTO EXTRA PETITA. APLICAÇÃO DAS SÚMULAS 269 E 271/STF E 461/STJ. AGRAVO INTERNO DA FAZENDA NACIONAL PROVIDO. 1. Conforme consta às fls. 20-21, e-STJ, a parte impetrante, em sua inicial de Mandado de Segurança, requereu: "Ante todo o exposto, respeitosamente REQUER-SE a procedência integral dos pedidos constantes na presente ação para: (...) V. 4. Assegurar o direito da Impetrante e suas filiais à restituição do indébito e/ou à realização da compensação tributária com parcelas de quaisquer tributos (Art. 74 da Lei 9.430/96), com valores acrescidos de Taxa SELIC, bem como à restituição das custas judiciais que forem adiantadas (Art. 82, § 2º do NCPC), sendo que os valores referentes a estes tributos sujeitos a lançamento por homologação deverão ser contados em 05 (cinco) anos da data dos pagamentos antecipados (art. 150, § 1º do Código Tributário Nacional) (STJ – Súmula 213 e REsp 1.269.570)". 2. A sentença de mérito, por sua vez, declarou, "o direito de a impetrante compensar, após o trânsito em julgado desta sentença, os créditos decorrentes dos pagamentos indevidos efetuados" (fl. 149, e-STJ). 3. Opostos Embargos de Declaração, a parte interessada suscitou, "omissão em relação à forma de compensação do crédito tributário, posto que o julgador foi omisso em relação à aplicação do art. 26-A, I, da Lei 11.457/2007 ao caso em tela." (fl. 159, e-STJ). Já a decisão do referido Recurso entendeu estarem ausentes "omissão, obscuridade, contradição ou erro material na sentença embargada" (fl. 171, e-STJ). 4. Todavia, em reexame necessário à sentença que concedeu a segurança, o Tribunal de origem consignou: "(...) certificado o indébito na decisão judicial, o contribuinte pode postular sua restituição na esfera administrativa." (fl. 203, e-STJ), bem como que "o contribuinte pode optar pelo pedido de restituição no âmbito administrativo, após o trânsito em julgado." (fl. 205, e-STJ). 5. Evidente que jamais foi pedido pela parte impetrante que os créditos reconhecidos pudessem ser objeto de pedido de ressarcimento administrativo em dinheiro, tampouco poderia ter sido assegurado pelo Tribunal de origem o direito à "restituição no âmbito administrativo, após o trânsito em julgado" (fl. 205, e-STJ). Houve julgamento extra petita. 6. Ademais, respectivamente, nos termos das Súmulas 269 e 271/STF, "o mandado de segurança não é substitutivo de ação de cobrança", assim como a "concessão de mandado de segurança não produz efeitos patrimoniais, em relação a período pretérito, os quais devem ser reclamados administrativamente ou pela via judicial própria". Nessa linha, também a Súmula 461/STJ: "O contribuinte pode optar por receber, por meio de precatório ou por compensação, o indébito tributário certificado por sentença declaratória transitada em julgado". 7. De observar que, nos termos da jurisprudência do STJ, a Súmula 461/STJ "tem campo restrito ao 'indébito tributário' e ao instrumento da 'ação declaratória', não se aplicando ao 'reconhecimento de créditos presumidos ou fictícios' e nem ao 'mandado de segurança'. Quanto aos 'créditos presumidos ou fictícios', estes podem ser utilizados de forma mais célere a vantajosa ao contribuinte em pedido de ressarcimento administrativo, que pode ser pago também em dinheiro, além de ali compensado." (EDcl no REsp 1.918.433/DF, Rel. Min. Mauro Campbell Marques, Segunda Turma, DJe de 6/5/2022; EDcl no REsp 1.864.092/PR, Rel. Min. Mauro Campbell Marques, Segunda Turma, DJe de 27/5/2022.) 8. Agravo Interno provido para, em juízo de retratação, conhecer do Agravo para conhecer do Recurso Especial, e, no mérito, dar-lhe provimento, para afastar a restituição administrativa de valores, nos termos da fundamentação.
(STJ – AgInt no AREsp: 2144415 RS 2022/0170135-5, Relator: Ministro HERMAN BENJAMIN, Data de Julgamento: 11/12/2023, T2 – SEGUNDA TURMA, Data de Publicação: DJe 19/12/2023)
PROCESSUAL CIVIL E TRIBUTÁRIO. AGRAVO INTERNO NO RECURSO ESPECIAL. MANDADO DE SEGURANÇA OBJETIVANDO A DECLARAÇÃO DO DIREITO À RESTITUIÇÃO DO INDÉBITO NA VIA ADMINISTRATIVA. CABIMENTO. ENTENDIMENTO CONSOLIDADO NO STJ. AGRAVO INTERNO DESPROVIDO. 1. A controvérsia apresentada no presente agravo interno é restrita à possibilidade de se assegurar, na via administrativa, o direito à restituição do indébito tributário reconhecido por decisão judicial em mandado de segurança.

2. O direito de o contribuinte reaver os valores pagos indevidamente ou a maior, a título de tributos, encontra-se expressamente assegurado nos arts. 165 do CTN, 73 e 74 da Lei 9.430/1996 e 66, § 2º, da Lei 8.383/1991, podendo ocorrer de duas formas: pela restituição do valor recolhido, isto é, quando o contribuinte se dirige à autoridade administrativa e apresenta requerimento de ressarcimento do que foi pago indevidamente ou a maior, ou mediante compensação tributária, na qual o crédito reconhecido é utilizado para quitação de débitos vincendos de quaisquer tributos ou contribuições administrados pela Receita Federal do Brasil, após o trânsito em julgado da decisão judicial. Em ambas as hipóteses não há qualquer restrição vinculada à forma de reconhecimento do crédito - administrativa ou decorrente de decisão judicial proferida na via mandamental, para a operacionalização da devolução do indébito. 3. A Primeira Seção do STJ, por ocasião do julgamento do REsp 1.114.404/MG, sob a sistemática do recurso repetitivo, consolidou o entendimento de que a sentença declaratória do crédito tributário se consubstancia em título hábil ao ajuizamento de ação visando à restituição do valor devido. Referido entendimento foi reproduzido ainda no enunciado da Súmula 461 do próprio STJ (o contribuinte pode optar por receber, por meio de precatório ou por compensação, o indébito tributário certificado por sentença declaratória transitada em julgado). 4. Ademais, não há obrigatoriedade de submissão do crédito reconhecido pela via mandamental à ordem cronológica de precatórios, na forma imposta pelo art. 100 da Constituição Federal, já que esse dispositivo se refere ao provimento judicial de caráter condenatório, que reconhece um direito creditório, o que não se verifica na hipótese dos autos, em que o acórdão recorrido apenas declarou o direito de repetição de indébito pela via administrativa, ainda que em espécie. 5. Ao consignar a possibilidade de restituição de indébito tributário reconhecido na via mandamental, a Corte Regional seguiu a compreensão firmada por ambas as turmas integrantes da Primeira Seção do STJ, segundo a qual "o mandado de segurança é via adequada para declarar o direito à compensação ou restituição de tributos, sendo que, em ambos os casos, concedida a ordem, os pedidos devem ser requeridos na esfera administrativa, restando, assim, inviável a via do precatório, sob pena de conferir indevidos efeitos retroativos ao mandamus" (AgInt no REsp 1.895.331/SP, relator Ministro Gurgel de Faria, Primeira Turma, julgado em 24/5/2021, DJe 11/6/2021). 6. Agravo interno desprovido.
(STJ – AgInt no REsp: 1944971 RS 2021/0190540-9, Relator: Ministro PAULO SÉRGIO DOMINGUES, Data de Julgamento: 05/06/2023, T1 – PRIMEIRA TURMA, Data de Publicação: DJe 22/06/2023)
TRIBUTÁRIO. PROCESSUAL CIVIL. AGRAVO INTERNO NOS EMBARGOS DE DECLARAÇÃO NO RECURSO ESPECIAL. CÓDIGO DE PROCESSO CIVIL DE 2015. COMPENSAÇÃO TRIBUTÁRIA. DESNECESSIDADE DE EQUIVALÊNCIA ENTRE OS TRIBUTOS. LEIS NS. 10.637/2002, 10.833/2003 E 11.051/2004. APLICAÇÃO DA LEI VIGENTE NO MOMENTO DO ENCONTRO DE CONTAS. APLICAÇÃO DE MULTA. ART. 1.021, § 4º, DO CÓDIGO DE PROCESSO CIVIL DE 2015. INADEQUADA AO CASO CONCRETO. I – Consoante o decidido pelo Plenário desta Corte na sessão realizada em 09.03.2016, o regime recursal será determinado pela data da publicação do provimento jurisdicional impugnado. In casu, aplica-se o Código de Processo Civil de 2015. II – As Leis 10.637/02, 10.833/03 e 11.051/04, sedimentaram a desnecessidade de equivalência entre as espécies dos tributos compensáveis, tornando possível a compensação tributária, independentemente do destino de suas respectivas arrecadações, em se tratando de tributos arrecadados e administrados pela Secretaria da Receita Federal. Precedentes. III – A compensação tributária deve observar a lei vigente no momento do encontro de contas e, havendo demanda judicial, o julgamento aplicar a lei vigente no momento da propositura da ação, ressalvando-se o direito de o contribuinte proceder à compensação dos créditos pela via administrativa, em conformidade com as normas posteriores, desde que atendidos os requisitos próprios. Isso porque inviável apreciar o pedido à luz do direito superveniente, porque os novos preceitos normativos, ao mesmo tempo em que ampliaram o rol das espécies tributárias compensáveis, condicionaram a realização da compensação a outros requisitos não objeto de exame nas instâncias ordinárias. Precedentes. IV – Em regra, descabe a imposição da multa, prevista no art. 1.021, § 4º, do Código de Processo Civil de 2015, em razão do mero improvimento do Agravo Interno em votação unânime, sendo necessária a configuração da manifesta inadmissibilidade ou improcedência do recurso a autorizar sua aplicação, o que não ocorreu no caso. V – Agravo Interno improvido.
(STJ – AgInt nos EDcl no REsp: 2029620 SP 2022/0065039-9, Relator: Ministra REGINA HELENA COSTA, Data de Julgamento: 13/03/2023, T1 – PRIMEIRA TURMA, Data de Publicação: DJe 16/03/2023)

14.6.3 Transação

A **transação tributária** pode ser definida como um acordo celebrado entre a Fazenda Pública e o contribuinte, visando pôr fim a litígios ou controvérsias acerca da existência ou do montante do crédito tributário. Assim, o instituto oferece uma **alternativa consensual** às tradicionais **disputas administrativas** e **judiciais**, conferindo maior celeridade, segurança jurídica e previsibilidade na arrecadação.

O **art. 171 do CTN** determina:

> Art. 171. A lei pode facultar, nas condições que estabeleça, aos sujeitos ativo e passivo da obrigação tributária celebrar transação que, mediante concessões mútuas, importe em determinação de litígio e consequente extinção de crédito tributário.
>
> Parágrafo único. A lei indicará a autoridade competente para autorizar a transação em cada caso.

Por mais que a previsão do instituto da **transação** esteja desde a origem da codificação tributária nacional, a **regulamentação** – na **esfera federal** – se deu com o advento da **Medida Provisória 899/2019**, posteriormente convertida na **Lei 13.988/2020**. A norma passou por alterações através da Lei 14.375/2022, Lei 14.689/2023 e Lei 14.973/2024.

A União se utilizará de **discricionariedade** para a **efetivação da transação**, desde que entenda a **existência de interesse público**. No acordo firmado mediante autorização legislativa, deve se observar princípios como isonomia, transparência, moralidade, eficiência, dentre outros.

O **acordo transacional** poderá ser aplicado aos **créditos tributários** e **não tributários**, através de três modalidades em âmbito federal:

- **proposta individual ou por adesão**: na cobrança de créditos tributários já inscritos em dívida ativa;
- **por adesão**: para créditos não inscritos em dívida ativa, que estejam em discussão no contencioso administrativo ou judicial; e
- **por adesão**: no contencioso de pequeno valor.

A **transação** pode se dar de forma **individual** (ajustada caso a caso, sob determinados critérios) ou por meio de **editais públicos**, abertos a **todos os contribuintes** que se enquadrem nas condições estabelecidas (modalidade de adesão).

A norma tributária estabelece os **benefícios possíveis**, como **concessões de descontos em multas** e **juros**, **moratória**, **parcelamentos especiais**, possibilidade de **substituição de garantias**, **utilização de prejuízos fiscais**, dentre outros. Entretanto, existem **vedações legais** ao uso da transação tributária, tais como:

- **redução do montante principal do tributo**, salvo em situações muito específicas e somente em certos créditos não tributários;
- **descontos superiores a determinados percentuais** (50%, 65% ou até 70%, dependendo da classificação e do porte econômico do contribuinte); e
- **prazo de pagamento superior a limites de meses fixados em lei** (84, 120 ou até 145 meses, conforme o caso).

Tais vedações reforçam que a transação deve sempre guardar respeito aos **limites orçamentários** e ao **interesse público**, não configurando **mera liberalidade indiscriminada** do Fisco.

O STJ, quando do julgamento do **REsp 1.221.170**, ao analisar a **admissibilidade de transação em matéria de crédito tributário**, tem entendido que a transação está autorizada pelo CTN e pela legislação de regência desde que sejam respeitados os princípios da legalidade, indisponibilidade do interesse público e isonomia. Na mesma esteira, o **REsp 1.118.893** reforça que, embora a Administração não possa renunciar a créditos tributários sem lei que a autorize, a **transação** não configura simplesmente "**renúncia**" ao crédito, mas **concessões recíprocas** visando à **resolução eficiente dos litígios**.

Os Tribunais Superiores[42] ainda adotam posicionamento no sentido de que a celebração do acordo de transação deve respeitar a **competência interna** do órgão fazendário responsável, seja a **Procuradoria-Geral da Fazenda Nacional**, seja a **Secretaria da Receita Federal**, ou ainda a **Procuradoria-Geral Federal** ou do **Banco Central** nos casos de **dívidas não tributárias**, sob pena de **nulidade**.[43]

Consequentemente, a transação se consolida como um importante instrumento de **conciliação fiscal**, adequando-se aos princípios do processo contemporâneo e contribuindo para a **racionalização da litigiosidade**.

 JURISPRUDÊNCIA

PROCESSUAL CIVIL. AGRAVO INTERNO NO RECURSO ESPECIAL. TRANSAÇÃO TRIBUTÁRIA. EXTINÇÃO DO CRÉDITO TRIBUTÁRIO. EFEITO CONDICIONADO AO CUMPRIMENTO DOS REQUISITOS EXIGIDOS PELA LEGISLAÇÃO DE REGÊNCIA. AUSÊNCIA DE PREQUESTIONAMENTO. TESE RECURSAL DEFICIENTE. INADMISSIBILIDADE. 1. Aos recursos interpostos com fundamento no CPC/2015 (relativos a decisões publicadas a partir de 18 de março de 2016) serão exigidos os requisitos de admissibilidade recursal na forma do novo CPC (Enunciado n. 3 do Plenário do STJ). 2. O conhecimento do recurso encontra óbice nas Súmulas 282 e 284 do STF, pois, além de não prequestionado o art. 3º do CPC/2015, as razões recursais não conseguem explicar a razão pela qual o acórdão recorrido violaria o inciso III do art. 156 do Código Tributário Nacional – CTN.

---

42. STJ, REsp 1.450.955.
43. STF, RE 1.027.638.

3. Isso porque, à luz do art. 156 e 171 do CTN, não basta a celebração da transação para a extinção do crédito tributário, o que ocorre com o cumprimento das obrigações impostas pela legislação de regência. E, nesse contexto, se a legislação, ao tratar da "transação excepcional", estabelece os critérios, como a quitação da dívida tributária, de forma parcelada (art. 11 da Lei n. 13.988/2020, combinado com o art. 9º, inc. I, da Portaria PGFN n. 14.402/2020), não há como se compreender como a parte pretende extinguir o crédito tributário sem cumprir, até o fim, o que foi acordado. 4. Este Tribunal Superior tem pacífica orientação pela impossibilidade de extinção da execução fiscal e da necessidade de manutenção dos atos constritivos, na hipótese em que a parte executada adere a benefício fiscal, após a instauração do processo executivo. Precedentes. 5. Agravo interno não provido.
(STJ – AgInt no REsp: 1997435 AL 2022/0105039-6, Relator: BENEDITO GONÇALVES, Data de Julgamento: 24/10/2022, T1 – PRIMEIRA TURMA, Data de Publicação: DJe 26/10/2022)
PROCESSUAL CIVIL. TRANSAÇÃO ENVOLVENDO A FAZENDA PÚBLICA. SENTENÇA HOMOLOGATÓRIA. REEXAME NECESSÁRIO. DESNECESSIDADE. 1. A remessa necessária é instrumento de exceção no sistema processual e visa servir como mecanismo de controle da atividade jurisdicional em casos que envolvam a Fazenda Pública, de modo que não deve comportar interpretações ampliativas, à luz da hermenêutica geral. 2. O que justifica a aplicação do instituto da remessa obrigatória, tanto no CPC/1973 quanto no atual código processual, é o fato de a sentença ser proferida contra a Administração Pública. 3. Não se pode dizer que a sentença homologatória do acordo firmado, ainda que uma das partes seja a Fazenda Pública, é contrária aos interesses daqueles que transigiram, pois implicaria em revisitar o acerto ou desacerto da escolha administrativa, fugindo ao fundamento do instituto. 4. Agravo interno provido para afastar a necessidade de reexame necessário da sentença que homologou acordo celebrado entre as partes, que já se encontra em fase final de execução, negando provimento ao recurso especial.
(STJ – AgInt nos EDcl no REsp: 1870577 SP 2018/0006266-0, Relator: Ministro GURGEL DE FARIA, Data de Julgamento: 05/12/2023, T1 – PRIMEIRA TURMA, Data de Publicação: DJe 08/03/2024)
RECURSO ESPECIAL. DIREITO EMPRESARIAL. RECUPERAÇÃO JUDICIAL. REGULARIDADE FISCAL. COMPROVAÇÃO. APRESENTAÇÃO DE CERTIDÕES DE REGULARIDADE FISCAL. CERTIDÃO NEGATIVA E POSITIVA COM EFEITOS DE NEGATIVA. ARTS. 57 E 68 DA LEI N. 11.101/2005, 155-A, §§ 3º e 4º, E 191-A DO CÓDIGO TRIBUTÁRIO NACIONAL. PARCELAMENTO ESPECIAL. DIREITO DA SOCIEDADE EMPRESÁRIA OU EMPRESÁRIO SUBMETIDO À RECUPERAÇÃO JUDICIAL. PRINCÍPIO DA PRESERVAÇÃO DA EMPRESA. COMPATIBILIDADE COM A EXIGÊNCIA DE REGULARIDADE FISCAL. LEI N. 13.043/2014. INSUFICIÊNCIA DA DISCIPLINA PARA VIABILIZAR O SOERGUIMENTO DA RECUPERANDA. LEI N. 14.112/2020. MEDIDAS FAVORÁVEIS À RECUPERAÇÃO. PARCELAMENTO E TRANSAÇÃO TRIBUTÁRIA. ADEQUAÇÃO. AUSÊNCIA DE COMPROVAÇÃO. CONVOLAÇÃO EM FALÊNCIA. IMPOSSIBILIDADE. SUSPENSÃO DO PROCESSO E DO STAY PERIOD. DISCIPLINA ESTADUAL E MUNICIPAL. NECESSIDADE. APLICAÇÃO SUPLETIVA DA NORMA GERAL DE PARCELAMENTO. INAPLICABILIDADE DA NOVA INTERPRETAÇÃO AOS PROCESSOS DE RECUPERAÇÃO JUDICIAL CUJAS DECISÕES HOMOLOGATÓRIAS DO PLANO SÃO ANTERIORES À VIGÊNCIA DA LEI N. 14.112/2020. DISPENSA DE CERTIDÕES PARA CONTRATAR COM O PODER PÚBLICO E OBTER INCENTIVOS OU BENEFÍCIOS FISCAIS. ART. 52, II, DA LEI N. 11.101/2005. JURISPRUDÊNCIA CONSOLIDADA COM BASE NA REDAÇÃO ORIGINAL DO DISPOSITIVO. RECURSO DESPROVIDO. 1. A recuperação judicial é um procedimento que possibilita a reestruturação da sociedade empresária em crise, suplantando dificuldades econômico-financeiras que a afetam, tendente a evitar sua falência e, por conseguinte, para tornar-se efetiva e viável, deve abranger a totalidade do passivo da recuperanda. 2. As dívidas tributárias não se submetem ao processo de recuperação judicial, não serão alcançadas pelo futuro plano aprovado pelos credores – ou mediante *cram down* –, tampouco pela novação que se operará ope legis em relação às demais obrigações, e o deferimento da recuperação judicial não suspenderá o curso das execuções fiscais (arts. 6º, § 7º-B, da Lei n. 11.101/2005 e 187 do Código Tributário Nacional).

3. A exigência da apresentação de certidões de regularidade fiscal para a homologação do plano de recuperação judicial, nos termos do 57 da Lei n. 11.101/2005, não apresenta contradição insuperável com a proposição consubstanciada no princípio da preservação da empresa. No microssistema em que se estrutura o direito recuperacional, o legislador supõe que a preservação da empresa deve coexistir com o interesse social na arrecadação dos ativos fiscais, por não constituírem enunciados antitéticos. Tal conclusão entremostra-se inelutável na medida em que o princípio da preservação da empresa não deve ser considerado como um objetivo a ser perseguido em atenção à empresa em sua existência isolada, mas também considerando os múltiplos interesses que circunvalam a sociedade. 4. O parcelamento do crédito tributário constitui direito subjetivo da sociedade empresária ou empresário contribuinte em recuperação judicial e a mora em editar a norma redunda no afastamento da exigência de apresentação das certidões de regularidade fiscal como condição para a homologação do plano de recuperação judicial. Precedentes. 5. O parcelamento instituído pela Lei n. 13.043/2014 revela-se insuficiente para possibilitar o equacionamento da totalidade das dívidas do empresário ou da sociedade empresária, incluindo as obrigações tributárias, de forma a propiciar seu soerguimento. 6. A Lei n. 14.112/2020, que, a pretexto de introduzir nova disciplina acerca do parcelamento para empresários ou sociedades empresárias em recuperação judicial, trouxe diversas medidas que objetivam facilitar a reorganização da recuperanda no que toca aos débitos tributários: i-) parcelamento do débito consolidado em 120 (cento e vinte) meses; ii-) utilização dos créditos decorrentes de prejuízo fiscal e de base de cálculo negativa da CSLL para a liquidação de parte do débito, autorizando-se o parcelamento do saldo remanescente em 84 (oitenta e quatro) meses; iii-) opção de liquidação dos débitos tributários por intermédio de outra modalidade de parcelamento instituído por lei federal, caso se revele mais vantajosa; iv-) possibilidade de utilização de transação que envolva os créditos inscritos em dívida ativa da União após o deferimento do processamento da recuperação judicial; v-) faculdade de excluir do parcelamento débitos sujeitos a outros parcelamentos ou que, comprovadamente, sejam objeto de discussão judicial; e vi-) previsão legal no sentido de que os atos de constrição de bens sejam supervisionados pelo juízo da recuperação, mediante cooperação judicial, malgrado as execuções fiscais não se suspendam. 7. Considerando-se a nova disciplina adequada a oportunizar, no contexto da recuperação judicial, o equacionamento também das dívidas fiscais do empresário e da sociedade empresária, infere-se que a partir da entrada em vigor da Lei n. 14.112/2020 torna-se exigível a apresentação das certidões de regularidade fiscal como condição para a homologação do plano de recuperação judicial, nos termos dos arts. 57 da Lei n. 11.101/2005 e 191-A do Código Tributário Nacional. 8. No caso de não atendimento à decisão que determinar a comprovação da regularidade fiscal, a solução compatível com a disciplina legal não é a convolação do procedimento recuperacional em falência, por ausência de previsão nesse sentido, senão a suspensão do processo, com a consequente descontinuidade dos efeitos favoráveis à recuperada, como a suspensão das execuções em seu desfavor e dos pedidos de falência. 9. Em relação às dívidas fiscais estaduais e municipais, a exigência da apresentação das certidões de regularidade fiscal como condição para a homologação do plano de recuperação judicial depende da edição de lei específica acerca do parcelamento dos tributos de sua respectiva competência, observando-se que o art. 155-A do CTN – norma geral em matéria tributária –, prevê que a inexistência de lei específica resultará na aplicação das normas gerais de parcelamento de cada ente da Federação, com a limitação de que o prazo não poderá ser inferior ao concedido pela lei federal específica. 10. Na hipótese de decisões homologatórias do plano de recuperação proferidas anteriormente à vigência da Lei n. 14.112/2020, aplica-se o entendimento jurisprudencial pretérito no sentido da inexigibilidade da comprovação da regularidade fiscal, forte no princípio tempus regit actum (art. 5º, XXXVI, da Constituição Federal e art. 6º da Lei de Introdução às Normas do Direito Brasileiro), de forma a não prejudicar o cumprimento do plano. 11. A jurisprudência do STJ, ao interpretar o art. 52, II, da Lei n. 11.101/2005, em sua redação original, orientou-se no sentido de mitigar o rigor da restrição imposta pela norma, dispensando, inclusive, a apresentação de certidões para a contratação com o Poder Público ou para o recebimento de benefícios ou incentivos fiscais ou creditícios, a fim de possibilitar a preservação da unidade econômica.

12. Tendo em vista a ausência de prejudicialidade, com a preclusão da possibilidade de interposição de recursos contra a decisão proferida no recurso especial, devem os autos ser remetidos ao E. Supremo Tribunal Federal, nos termos do art. 1.031, § 1º, do CPC/2015.13. Recurso especial desprovido.

(STJ - REsp: 1955325 PE 2021/0254007-6, Relator: Ministro ANTONIO CARLOS FERREIRA, Data de Julgamento: 12/03/2024, T4 – QUARTA TURMA, Data de Publicação: DJe 22/04/2024)

Assunto: Imposto sobre a Renda de Pessoa Física – IRPF Período de apuração: 01/01/2002 a 31/12/2002. PEDIDO DE ADESÃO À TRANSAÇÃO TRIBUTÁRIA. DESISTÊNCIA DO RECURSO. CONFISSÃO DE DÍVIDA. NÃO CONHECIMENTO DO RECURSO. A posterior declaração de desistência dos recursos administrativos e confissão irrevogável e irretratável da dívida decorrente do lançamento, contidas em pedido de adesão à transação na Receita Federal, implicam no não conhecimento do Recurso Voluntário interposto junto ao CARF.

(CARF – RECURSO VOLUNTARIO: 0001967900181220460 2001-007.168, Relator: HONORIO ALBUQUERQUE DE BRITO, Data de Julgamento: 21/08/2024, Data de Publicação: 01/10/2024)

Vistos, relatados e discutidos os presentes autos. Resolvem os membros do colegiado, por unanimidade de votos, converter o julgamento do recurso em diligência, para sobrestar o trâmite do processo na unidade de origem até que ocorra a análise do requerimento de adesão à transação, devendo os autos retornarem a esta Turma em caso de não formalização do acordo, nos termos do artigo 7º da Portaria Conjunta RFB/PGFN 1/2023.(documento assinado digitalmente) Pedro Sousa Bispo - Presidente (documento assinado digitalmente) Carlos Frederico Schwochow de Miranda – Relator: Participaram do presente julgamento os Conselheiros: Jorge Luis Cabral, Carlos Frederico Schwochow de Miranda, Marina Righi Rodrigues Lara, Cynthia Elena de Campos, Alexandre Freitas Costa, Pedro Sousa Bispo (Presidente), a fim de ser realizada a presente Sessão Ordinária. Ausentes o conselheiro Lazaro Antonio Souza Soares e a conselheira Renata da Silveira Bilhim.

(CARF 10480720301201031 3402-003.606, Relator: CARLOS FREDERICO SCHWOCHOW DE MIRANDA, Data de Julgamento: 27/06/2023, Data de Publicação: 08/08/2023)

Vistos, relatados e discutidos os presentes autos. Resolvem os membros do colegiado, por unanimidade de votos, converter o julgamento do recurso em diligência, para sobrestar o trâmite do processo na unidade de origem até que ocorra a análise do requerimento de adesão à transação, devendo os autos retornarem a esta Turma em caso de não formalização do acordo, nos termos do artigo 7º da Portaria Conjunta RFB/PGFN 1/2023.(documento assinado digitalmente) Pedro Sousa Bispo - Presidente (documento assinado digitalmente) Carlos Frederico Schwochow de Miranda – Relator: Participaram do presente julgamento os Conselheiros: Jorge Luis Cabral, Carlos Frederico Schwochow de Miranda, Marina Righi Rodrigues Lara, Cynthia Elena de Campos, Alexandre Freitas Costa, Pedro Sousa Bispo (Presidente), a fim de ser realizada a presente Sessão Ordinária. Ausentes o conselheiro Lazaro Antonio Souza Soares e a conselheira Renata da Silveira Bilhim.

(CARF 10480720300201097 3402-003.609, Relator: CARLOS FREDERICO SCHWOCHOW DE MIRANDA, Data de Julgamento: 27/06/2023, Data de Publicação: 26/07/2023)

Vistos, relatados e discutidos os presentes autos. Resolvem os membros do colegiado, por unanimidade de votos, converter o julgamento do Recurso Voluntário em diligência, tendo em vista o início de prova produzido nos autos e com observância do disposto no art. 18 do Decreto nº 70.235, de 1972, para que a DRF de Origem intime a Recorrente a apresentar certidão de objeto e pé da Execução Fiscal nº 0001123-84.2009.403.6115, demonstrando seu desfecho e se, de fato, débitos inscritos em Dívida Ativa da União sob o nºs 80208041172, 80608149329 e 80608149330 (R$ 18.186,44) identificados no ADE DRF/AQA nº 3676443 e coincidentes com os discutidos naquele processo judicial, encontravam-se, à época (em 31 de agosto de 2018), com a exigibilidade suspensa.(documento assinado digitalmente) Carmen Ferreira Saraiva – Presidente (documento assinado digitalmente) Mauritânia Elvira de Sousa Mendonça – Relator: Participaram do presente julgamento os Conselheiros: Mauritânia Elvira de Sousa Mendonça, Márcio Avito Ribeiro Faria, Gustavo de Oliveira Machado, Carmen Ferreira Saraiva (Presidente).

(CARF 13857720311201805 1003-000.395, Relator: Não se aplica, Data de Julgamento: 10/11/2022, Data de Publicação: 25/11/2022)

14.6.4 Remissão

No **Direito Privado**, a **remissão** de dívida é forma de extinção da obrigação. Isso significa que o **credor, voluntariamente, abdica de exigir, total** ou **parcialmente**, o pagamento do que lhe é devido, liberando o devedor daquela obrigação.

O Código Civil disciplina, de modo geral, a remissão de dívida nos **arts. 385 e seguintes.**[44] Assim, o credor pode, por **ato unilateral** ou por meio de **contrato**, desobrigar o devedor. Tal ato unilateral também é chamado de **liberação** ou **perdão**.

Historicamente, a figura do perdão de dívidas (*remissio* ou *condonatio*) era previsto no **Direito Romano**, especialmente por meio de institutos como a *Pactum de non petendo*[45] e a *acceptilatio*.[46]

Em **matéria tributária**, temos o disposto no **art. 172 do CTN**, que versa diretamente sobre a **remissão**:

> Art. 172. A lei pode autorizar a autoridade administrativa a conceder, por despacho fundamentado, remissão total ou parcial do crédito tributário, atendendo:
>
> I – à situação econômica do sujeito passivo;
>
> II – ao erro ou ignorância excusáveis do sujeito passivo, quanto a matéria de fato;
>
> III – à diminuta importância do crédito tributário;
>
> IV – a considerações de equidade, em relação com as características pessoais ou materiais do caso;
>
> V – a condições peculiares a determinada região do território da entidade tributante.
>
> Parágrafo único. O despacho referido neste artigo não gera direito adquirido, aplicando-se, quando cabível, o disposto no artigo 155.

Neste caso, entende-se por **remissão** o perdão total ou parcial do crédito tributário, em decorrência de lei, extinguindo-se total ou parcialmente o montante.

A **remissão** tem natureza de **ato administrativo vinculado** a uma **hipótese legal autorizadora**, pois depende de **prévia edição de lei** que a torne possível. A autoridade fazendária **não tem a faculdade de conceder remissão** com base apenas em sua **discricionariedade**; é imprescindível que haja **lei específica** ou norma autorizadora que estabeleça os critérios e limites para o perdão do crédito tributário.

Ademais, trata-se de **ato de política fiscal**, pois reflete escolhas do Poder Público sobre **renúncia de receita**s e **incentivos econômicos** ou **sociais**. Assim, está vinculada às finalidades de **interesse público** e demanda o cumprimento de requisitos legais e constitucionais, em especial, o controle pela LC 101/00 – Lei de Responsabilidade Fiscal –, que estabelece regras e cuidados quanto à **concessão de benefícios fiscais**, de forma a **evitar desequilíbrios orçamentários**.

---

44. **Art. 385.** A remissão da dívida, aceita pelo devedor, extingue a obrigação, mas sem prejuízo de terceiro.
45. Trata-se de acordo pelo qual o credor se comprometia a não exigir o cumprimento da obrigação, podendo equivaler ao perdão completo ou parcial.
46. É a forma solene de liberação de dívida no Direito Romano, em que o credor e o devedor, por declaração formal, consideravam a dívida extinta.

Prevê o disposto no **art. 150, §6º da CF/1988**:

> Art. 150. (...)
>
> § 6º Qualquer subsídio ou isenção, redução de base de cálculo, concessão de crédito presumido, anistia ou remissão, relativos a impostos, taxas ou contribuições, só poderá ser concedido mediante lei específica, federal, estadual ou municipal, que regule exclusivamente as matérias acima enumeradas ou o correspondente tributo ou contribuição, sem prejuízo do disposto no art. 155, § 2º, XII, g.

A observância do **princípio da legalidade** é condição *sine qua non* para que a remissão tenha validade. A autoridade administrativa **não pode se valer de atos infralegais** para a concessão desse benefício fiscal.

De acordo com a norma tributária, podemos classificar a **remissão** com base em **critérios meramente econômicos**, por **razões de equidade** e devido as **peculiaridades regionais**.

A **remissão** concedida com base em **critérios meramente econômicos** leva em consideração a situação de **hipossuficiência do contribuinte**, ainda que temporária. Tal **hipossuficiência econômica** é a incapacidade do contribuinte de arcar com o pagamento de suas obrigações tributárias **sem comprometer seu sustento** ou sua **viabilidade financeira**.

A **situação econômica desfavorável** pode ser **transitória**, como em casos de desemprego, crises empresariais ou calamidades públicas que afetem a renda do contribuinte. Ao prever a remissão para tais situações, o legislador demonstra **preocupação com a realidade dinâmica das condições socioeconômicas**, promovendo **flexibilidade** no tratamento tributário.

A **análise da hipossuficiência** deve considerar não apenas o patrimônio ou a renda do contribuinte, mas também a **natureza do tributo**, o **impacto da dívida em sua subsistência** e a **proporcionalidade da cobrança** em relação ao valor devido.

A **remissão** com base em **razões de equidade** leva em consideração as **questões de erro ou ignorância escusáveis, diminuta importância do crédito tributário** e por considerações de **equidade em sentido estrito**. Na primeira circunstância – erro ou ignorância escusáveis – caso o contribuinte preencha, por exemplo uma **declaração tributária** de **forma incorreta** devido à **interpretação equivocada** de um documento fiscal complexo, em sendo o **erro considerado razoável** – dado **o nível de conhecimento** esperado do contribuinte –, a **remissão** pode ser aplicada.

No caso de **remissão** levando em consideração a **diminuta importância do crédito tributário**, o que se busca é o **equilíbrio** entre a **eficiência arrecadatória** e a **razoabilidade** da exigência tributária. O sistema tributário, ao priorizar a **arrecadação eficiente**, reconhece que **créditos irrisórios não devem ser objeto de cobrança**, uma vez que se consuma **recursos públicos desproporcionais ao valor arrecadado**.

Um típico exemplo dessa remissão foi o advento da **Medida Provisória 449**, autorizando a Procuradoria Geral da Fazenda Nacional – PGFN, a **perdoar dívidas**

dos contribuintes vencidas há mais de cinco anos, desde que o **valor consolidado** – à época igual ou inferior a R$ 10 mil – estivesse **inscrito na dívida ativa da União** (DAU).

Em continuidade, temos a **remissão** que leva em consideração a **equidade propriamente dita**. Trata-se de um perdão com base na **aplicação da justiça ao caso concreto**, de forma **equilibrada**, considerando **não apenas a literalidade normativa**, mas a análise das **circunstâncias peculiares de cada situação**. Assim, a equidade busca evitar decisões que, embora corretas do ponto de vista estritamente legal, possam acarretar **resultados injustos** ou **desproporcionais**. Nesse sentido, **age como complemento à lei**, amparando-se no **ideal de justiça**, na **prudência do julgador** e no **bom senso**.

Como típico exemplo dessa circunstância, anotado pela jurisprudência[47], se deu no caso dos **proventos de aposentadoria recebidos acumuladamente** que, após decisão transitada em julgado, não deveriam ser tributados sobre a renda. Reconheceu o Tribunal que **não seria equitativo tributar acumuladamente** aquilo que **mensalmente seria isento**.

Por fim, a **remissão** com base em **peculiaridades regionais** é um mecanismo que permite ao Estado **ajustar sua política fiscal** para atender às características **econômicas**, **sociais** e **geográficas** específicas de áreas do território sob sua jurisdição. Um dos principais objetivos dessa remissão é combater as **desigualdades regionais**, promovendo o **desenvolvimento de áreas menos favorecidas**, atendendo a um dos principais objetivos da República.

In casu, as regiões com **baixa atividade econômica** ou **carência de infraestrutura** podem se beneficiar dessa política fiscal, que **alivia a carga tributária** e permite que os **recursos** sejam **direcionados para investimentos produtivos**.

Além de situações de **calamidade**, a remissão pode ser aplicada em **regiões estrategicamente importantes** para o **desenvolvimento econômico**, como **zonas de livre comércio** (p.ex., Zona Franca de Manaus), promovendo **incentivos** para a **instalação de empresas** e **indústrias**.

Embora a **remissão seja concedida por lei** e com base em **critérios objetivos** e **específicos**, trata-se de **renúncia fiscal** de caráter **condicionado** e **transitório**, pois depende da manutenção do contexto que justifique sua existência. Esse **caráter transitório** reflete o fato de que a remissão é uma **escolha de política fiscal**, e **não uma obrigação estatal**.

O STF, no **RE 564225/SC**, reafirmou que **benefícios fiscais**, incluindo **remissões**, podem ser **revogados** ou **alterados** por **nova legislação**, sem que isso configure **ofensa ao direito adquirido** ou à **segurança jurídi**ca, em total conformidade com o parágrafo único do art. 172 do CTN. O tribunal destacou que os **benefícios fiscais** estão subordinados à **conveniência** e **oportunidade** da administração pública. Assim, embora a remissão seja uma importante ferramenta para a **justiça fiscal** e o **equilíbrio social**, sua

---

47. STJ, REsp 492.247/RS.

aplicação deve ser vista como **temporária** e **precária**, condicionada às **circunstâncias** e à **legislação vigente** no momento de sua concessão.

 **JURISPRUDÊNCIA**

PROCESSUAL CIVIL E TRIBUTÁRIO. AGRAVO INTERNO. EMBARGOS À EXECUÇÃO FISCAL. REMISSÃO. RENÚNCIA A AÇÃO AJUIZADA. NORMA MUNICIPAL. SÚMULA 280/STF. REEXAME PROBATÓRIO VEDADO. SÚMULA 7/STJ. PRINCÍPIO DA CAUSALIDADE. INADIMPLÊNCIA POR DÉBITO DE IPTU. AJUIZAMENTO DE EXECUÇÃO FISCAL. DEVER-PODER DA FAZENDA. PRECEDENTES DO STJ. 1. O Agravo Interno não procede. A tese recursal é de que que "as partes celebraram verdadeiro acordo para que o então embargante aderisse ao programa de benefício de remissão, sendo certo que o Município impôs como condição a renúncia do contribuinte sobre qualquer ação judicial existente que versasse sobre o débito em tela" (fl. 319, e-STJ). 2. Assim, pugna a parte por "afastar a condenação do recorrente ao pagamento de honorários advocatícios, em razão da remissão do crédito tributário, concedida através da Lei Municipal nº 5.965 de 22 de setembro de 2015, de acordo com o art. 90, § 2 2 do Diploma Processual Civil (...)" (fl. 322, e-STJ). 3. Corretamente decidiu a Presidência do STJ, haja vista que a tese demanda avaliação da norma local, sendo aplicável, por analogia, o óbice da Súmula 280/STF. 4. Ademais, seria também necessário verificar os termos concretos entabulados. De igual forma, far-se-ia preciso revolver os autos para contrariar a constatação do acórdão de que "o Embargante deu causa ao ajuizamento da demanda", pois a demanda original buscava cobrar IPTU inadimplido que somente foi pago após o ajuizamento da ação (fl. 292, e-STJ), o que violaria a Súmula 7/STJ. 5. Ainda que tais óbices inexistissem, a ratio aplicável ao presente caso seria a mesma constante no entendimento firme do STJ de que "o ônus da sucumbência deve ser suportado por quem deu causa ao ajuizamento da ação; (...) o reconhecimento da ocorrência de prescrição intercorrente não enseja, em regra, a condenação da Fazenda Pública nos ônus de sucumbência, tendo em vista que, nessa hipótese, não foi a Fazenda exequente a responsável pelo ajuizamento da ação nem pela não localização do devedor ou de seus bens" (AgInt no REsp 1.845.936/RS, Rel. Min. Benedito Gonçalves, Primeira Turma, DJe de 2.6.2021, grifou-se). Estando, portanto, inadimplente o contribuinte, é dever-poder da Fazenda ajuizar Execução Fiscal para alcançar o tributo devido, sendo evidente, portanto, que a causalidade pesa sobre o particular em mora. 6. Nesse sentido, é certo afirmar que "a Corte regional, com base no princípio da causalidade, decidiu que o ente fazendário não deve ser condenado ao pagamento de honorários advocatícios, porque o exequente não deu causa ao processo e não se pode beneficiar o devedor pelo não cumprimento de sua obrigação. A análise da pretensão recursal implicaria o reexame das provas dos autos a fim de aferir se a Fazenda Pública eventualmente deu causa à demanda, o que é vedado a esta Corte Superior devido ao óbice da Súmula 7/STJ". (AgInt no AREsp 1.532.496/SP, Rel. Ministro Og Fernandes, Segunda Turma, DJe de 27.2.2020). 7. "Na esteira do entendimento firmado nesta Corte, em regra, a desistência da Ação Anulatória ou dos Embargos à Execução, decorrente da adesão do contribuinte ao Programa de Parcelamento, não implica o afastamento da condenação aos honorários advocatícios. Nesse sentido: STJ, AgRg no REsp 1.156.874/MG, Rel. Ministro HERMAN BENJAMIN, SEGUNDA TURMA, DJe de 02/02/2010; AgRg no REsp 1.055.910/MG, Rel. Ministro HUMBERTO MARTINS, SEGUNDA TURMA, DJe de 21/11/2008." (AgRg no AREsp 776.171/RJ, Rel. Ministra Assusete Magalhães, Segunda Turma, DJe de 15.12.2015). 8. "A desistência de ação ordinária ou a renúncia do direito nela vindicado para fins de adesão a programa de ajuste fiscal (remissão) não dispensa a parte desistente do pagamento da verba honorária, salvo se houver lei específica dispondo de forma diversa, o que não é o caso dos autos. Precedentes: REsp 1.353.826/SP, Rel. Ministro Herman Benjamin, Primeira Seção, DJe 17/10/2013, julgado pelo rito do art. 543-C do CPC; AgRg no AREsp 385.795/SP, Rel. Ministro Mauro Campbell Marques, Segunda Turma, DJe 24/10/2013; (...)." (AgRg no AREsp 103.275/MG, Rel. Ministro Benedito Gonçalves, Primeira Turma, DJe 18.8.2014). 9. Agravo Interno não provido.
(STJ – AgInt no AREsp: 1981214 RJ 2021/0284401-7, Data de Julgamento: 23/05/2022, T2 – SEGUNDA TURMA, Data de Publicação: DJe 23/06/2022)

ASSUNTO: CONTRIBUIÇÃO PARA O FINANCIAMENTO DA SEGURIDADE SOCIAL (COFINS) Período de apuração: 01/10/2009 a 31/12/2010 PIS/COFINS. REGIME NÃO CUMULATIVO. BASE DE CÁLCULO. TOTALIDADE DAS RECEITAS Para fins de apuração do valor tributável, computa-se o total das receitas, que compreende a receita bruta da venda de bens e serviços e todas as demais receitas auferidas pela pessoa jurídica, excetuadas as exclusões previstas em lei. PEDIDO DE RESSARCIMENTO. ÔNUS DA PROVA. REQUERENTE. O ônus da prova em pedidos de ressarcimento, restituição ou compensação é do requerente (art. 373 do CPC). Não sendo produzido nos autos provas capazes de comprovar seu pretenso direito, o despacho decisório que não deferiu o pedido deve ser mantido. PERDÃO DE DÍVIDA. CLASSIFICAÇÃO COMO RECEITA FINANCEIRA. IMPOSSIBILIDADE. A receita decorrente da remissão de dívida, por ato de liberalidade do credor, não se confunde com uma receita financeira, devendo ser classificada como outras receitas operacionais e levada em conta na apuração da Contribuição para o PIS/Pasep. CRÉDITOS. GLOSAS. FORNECEDORES INIDÔNEOS. OPERAÇÕES SIMULADAS. ADQUIRENTE DE BOA FÉ. A declaração de inaptidão tem como efeito impedir que as notas fiscais das empresas inaptas produzam efeitos tributários, dentre eles, a geração de direito de crédito das contribuições para o PIS/COFINS. Todavia, esse efeito é ressalvado quando o adquirente comprova dois requisitos: (i) o pagamento do preço; e (ii) recebimento dos bens, direitos e mercadorias e/ou a fruição dos serviços, ou seja, que a operação de compra e venda ou de prestação de serviços, de fato, ocorreu.
(**CARF 10835720420201116** 3302-011.712, Relator: Não informado, Data de Julgamento: 21/09/2021, Data de Publicação: 31/12/2021)
Vistos, relatados e discutidos os presentes autos. Resolvem os membros do colegiado, por unanimidade de votos, em converter o julgamento em diligência para que a autoridade preparadora: 1) informe se a opção do contribuinte ao Rerct foi homologada, ainda que tacitamente, e se o contribuinte está definitivamente no Rerct; 2) caso o contribuinte esteja em definitivo no Rerct, informe a parte do crédito tributário destes autos atingida pela remissão; 3) caso a opção do contribuinte não tenha sido homologada ou ele tenha sido excluído do regime, aguarde a conclusão do contencioso pertinente até que a decisão se torne definitiva para submeter o recurso voluntário à apreciação deste colegiado; 4) verifique, junto à AGU, 4.a) qual o estado atual da homologação do acordo de colaboração; 4.b) se a RFB e a PGFN aderiram ao acordo de colaboração em atendimento ao solicitado pelo Min. Edson Fachin na decisão de 14/12/2021; 4.c) se a decisão proferida em face da Petição nº 6280 e que faz referência à Execução Fiscal 0221123-08.2017.4.02.5101 tem efeito cogente também nestes autos, e 4.d) se a decisão havida em face da Petição nº 6280 reforma ou invalida a homologação da delação promovida pelo Min. Teori Zavascki em 06/10/2016. Ao final, submeter todo o resultado da diligência à PGFN e ao recorrente, para manifestação, no prazo de trinta dias, e, após, anexar o resultado também nos processos nºs 16561.720017/2017-18 16561.720200.2016-32 e 16561.720201.2016-87. Não votaram os conselheiros Maurício Dalri Timm do Valle e Thiago Buschinelli Sorrentino, que declararam-se suspeitos quando do apregoamento do processo. (documento assinado digitalmente) Sheila Aires Cartaxo Gomes – Presidente (documento assinado digitalmente) João Maurício Vital - Relator Participaram do presente julgamento os Conselheiros: Flavia Lilian Selmer Dias, Fernanda Melo Leal, João Maurício Vital, Mônica Renata Mello Ferreira Stoll, Wesley Rocha, Sheila Aires Cartaxo Gomes (Presidente).
(**CARF 16561720018201762** 2301-000.975, Relator: Não se aplica, Data de Julgamento: 14/09/2022, Data de Publicação: 20/12/2022)
ASSUNTO: CONTRIBUIÇÃO SOCIAL SOBRE O LUCRO LÍQUIDO (CSLL) Ano-calendário: 2009,2010,2011 INSUFICIÊNCIA DE DECLARAÇÃO/RECOLHIMENTO. Configura a infração de insuficiência de declaração/recolhimento o montante de débito de CSLL declarado em DIPJ, incontroverso nos autos, que não foi declarado em DCTF ou DCOMP ou recolhido espontaneamente. MULTA DE OFÍCIO QUALIFICADA. FRAUDE. OCORRÊNCIA. A multa de ofício no percentual de 150% será aplicada quando o procedimento fiscal revelar a prática de fraude definida na forma da lei, evidenciada pela conduta reiterada do interessado ao apresentar DCTF retificadoras com redução parcial ou total de valores anteriormente declarados, mas que permaneciam informados em DIPJ PENALIDADE. INTERPRETAÇÃO MAIS FAVORÁVEL.

REMISSÃO DO CRÉDITO TRIBUTÁRIO. INAPLICABILIDADE. Não havendo divergência acerca da interpretação da lei tributária que defina infrações ou comine penalidade, nem lei concedendo remissão total ou parcial do crédito tributário lançado, devem ser mantida a exigência. ASSUNTO: NORMAS GERAIS DE DIREITO TRIBUTÁRIO Ano-calendário: 2009, 2010, 2011 REPRESENTAÇÃO FISCAL PARA FINS PENAIS. O julgamento administrativo não é foro próprio para apreciar discussão sobre representação fiscal para fins penais. Súmula CARF nº 28. INCONSTITUCIONALIDADE. O CARF não é competente para se pronunciar sobre a inconstitucionalidade de lei tributária. Súmula CARF nº 2.
(**CARF 19311720032201372** 1302-005.659, Relator: Andréia Lúcia Machado Mourão, Data de Julgamento: 18/08/2021, Data de Publicação: 31/08/2021)
ASSUNTO: IMPOSTO SOBRE A PROPRIEDADE TERRITORIAL RURAL (ITR) Exercício: 2010 DA NULIDADE DO LANÇAMENTO. CERCEAMENTO DO DIREITO DE DEFESA. Improcedente a arguição de nulidade quando a Notificação de Lançamento contém os requisitos legais e inexiste qualquer preterição do direito de defesa. O contribuinte demonstra claro conhecimento das imposições tributárias realizadas na exação. DO ÔNUS DA PROVA. Cabe ao contribuinte, quando solicitado pela Autoridade Fiscal, comprovar com documentos hábeis, os dados informados na sua DITR, posto que é seu o ônus da prova. DA MULTA LANÇADA DE 75%. A multa de ofício lançada não se confunde com a multa de mora, cabendo sua aplicação sempre que apurado imposto suplementar em procedimento de fiscalização, no caso de informação incorreta ou inexata na declaração do ITR. Somente a Lei pode permitir a autoridade administrativa conceder remissão total ou parcial do crédito tributário ou anistia de penalidades. Recurso Voluntário improcedente Crédito Tributário mantido
(**CARF 10530722311201401** 2402-011.312, Relator: RODRIGO DUARTE FIRMINO, Data de Julgamento: 06/04/2023, Data de Publicação: 04/05/2023)

14.6.5 Decadência tributária

A **decadência tributária** corresponde à **extinção do direito** de a Fazenda Pública **constituir o crédito tributário através do lançamento**. Em outras palavras, é a **perda da pretensão de lançar o tributo**, decorrida a **inércia do Fisco** dentro do prazo quinquenal.

No âmbito do direito privado, a **decadência** (ou caducidade) é a **extinção de um direito potestativo** em razão da **inércia do titular no exercício desse direito**, dentro de um prazo fixado em lei ou em contrato. A lógica tributária guarda semelhança conceitual: o Fisco possui o "direito de lançar" que deve ser exercido em determinado prazo; se ele não o faz, o direito é perdido (decai).

Entretanto, no **direito privado**, a decadência tem ênfase nos **prazos fixados em lei para atos específicos** (p.ex., caducidade de direitos sucessórios, prazos para anular negócios jurídicos etc.), enquanto, no direito tributário, a **decadência** cuida especificamente do **poder-dever de o Estado formalizar e exigir o tributo**.

Os **fundamentos da decadência tributária** estão intimamente relacionados aos critérios dogmáticos que estão previstos nos **artigos 173 e 150, § 4º do CTN**, que dispõem:

> Art. 173. O direito de a Fazenda Pública constituir o crédito tributário extingue-se após 5 (cinco) anos, contados:
>
> I – do primeiro dia do exercício seguinte àquele em que o lançamento poderia ter sido efetuado;

II – da data em que se tornar definitiva a decisão que houver anulado, por vício formal, o lançamento anteriormente efetuado.

Parágrafo único. O direito a que se refere este artigo extingue-se definitivamente com o decurso do prazo nele previsto, contado da data em que tenha sido iniciada a constituição do crédito tributário pela notificação, ao sujeito passivo, de qualquer medida preparatória indispensável ao lançamento.

Enquanto não ocorrer o lançamento tributário, o Fisco estará impedido de exigir o tributo. Porém, o Fisco tem um **prazo** para que possa **exigir o crédito tributário**, sendo este de **5** (cinco) **anos**, tendo seu termo inicial a depender do tipo de lançamento pelo qual o tributo esteja sujeito.

Uma vez **consumada a decadência, não há mais possibilidade de exigir judicial** ou **extrajudicialmente** o tributo, visto que a constituição do crédito deixou de ser válida ante o lapso temporal decorrido.

Assim, em se tratando de **tributos sujeitos a lançamento de ofício** ou **por declaração**, o prazo de cinco anos é contado a partir do **primeiro dia do exercício financeiro seguinte em que o lançamento poderia ter sido efetuado**, conforme dispõe o **art. 173, I, do CTN**:

Art. 173. O direito de a Fazenda Pública constituir o crédito tributário extingue-se após 5 (cinco) anos, contados:

I – do primeiro dia do exercício seguinte àquele em que o lançamento poderia ter sido efetuado;

O prazo aqui estabelecido é considerado como **geral**, conferindo a **unificação do período de apuração, maior segurança jurídica** e, consequentemente, a **previsibilidade**, vez que o contribuinte consegue **planejar suas obrigações acessórias** e, após o **transcurso de cinco anos** fica **extinta a possibilidade de lançamento**.

Exemplificando, imagine que o sujeito passivo deveria receber o carnê de IPTU até fevereiro de 2024. Entende-se que o carnê de IPTU é o lançamento do tributo em questão; se este não foi realizado até a data esperada e nem durante o exercício de 2024, o prazo decadencial terá o seu início a partir de janeiro de 2025. Lembrando, ainda, que o IPTU é um tributo sujeito a lançamento de ofício.

Em se tratando de **tributos sujeitos ao lançamento por homologação**, cujo **pagamento ocorreu antecipadamente**, o **prazo decadencial** para a constituição do crédito tributário é de **cinco anos** contados da **ocorrência do fato gerador**, de acordo com o que estabelece o **art. 150, § 4º do CTN**, *in verbis*:

Art. 150. (...)

§ 4º Se a lei não fixar prazo a homologação, será ele de cinco anos, a contar da ocorrência do fato gerador; expirado esse prazo sem que a Fazenda Pública se tenha pronunciado, considera-se homologado o lançamento e definitivamente extinto o crédito, salvo se comprovada a ocorrência de dolo, fraude ou simulação.

Assim, se o contribuinte **recolheu o tributo** e, decorrido o prazo de **cinco anos** desde a **ocorrência do fato gerador, não houver manifestação formal do Fisco**, o crédito torna-se **definitivamente extinto** (homologação tácita). Em contrapartida, **se dentro dos cinco anos** a Fazenda identifica alguma **irregularidade ou insuficiência no valor pago**, instaura-se o **processo de constituição do crédito** (eventual lançamento suplementar) antes de findo esse prazo.

A lei ressalva que, **havendo dolo, fraude ou simulação** por parte do contribuinte, a homologação tácita **não** opera em seu benefício. Ou seja, se a Fazenda comprovar que o contribuinte agiu de **má-fé para omitir** ou **falsificar informações**, a decadência **não se perfectibiliza no período normal**, permitindo que o Fisco **afaste a homologação** e faça o lançamento observando o regramento estabelecido no **art. 173, I, do CTN**.

Nos casos em que a autoridade fiscal constata a **ocorrência de infração** ou a **existência de diferença de imposto a pagar**, lavra-se o **auto de infração**, documento que, se validamente notificado ao contribuinte, **materializa o ato de lançamento**. Esse ato, em regra, faz **cessar a contagem do prazo decadencial**, pois, a partir de então, o crédito está constituído em sua fase inaugural. Prevê a **súmula 622 do STJ**:

A notificação do auto de infração faz cessar a contagem da decadência para a constituição do crédito tributário; exaurida a instância administrativa com o decurso do prazo para a impugnação ou com a notificação de seu julgamento definitivo e esgotado o prazo concedido pela Administração para o pagamento voluntário, inicia-se o prazo prescricional para a cobrança judicial.

O **exaurimento da discussão administrativa**, com o **trânsito em julgado**, abre o prazo para o contribuinte **cumprir a obrigação espontaneamente**. Se esse prazo transcorrer *in albis* (ou seja, sem pagamento), **tem início a contagem do prazo quinquenal prescricional** para que a Fazenda Pública possa cobrar judicialmente o crédito tributário.

Outra circunstância que merece o devido apontamento, notadamente nos **tributos sujeitos ao lançamento por homologação**, se dá quando o **contribuinte deixa de apresentar a obrigação acessória** decorrente da **declaração**.

Estabelece a **súmula 555 do STJ** o seguinte verbete:

Quando não houver declaração do débito, o prazo decadencial quinquenal para o Fisco constituir o crédito tributário conta-se exclusivamente na forma do art. 173, I, do CTN, nos casos em que a legislação atribui ao sujeito passivo o dever de antecipar o pagamento sem prévio exame da autoridade administrativa.

O enunciado apresentado aborda justamente a **ocorrência do prazo decadencial** para a **constituição do crédito tributário** nos casos em que o sujeito passivo tem o dever de antecipar o pagamento do tributo sem prévio exame da autoridade administrativa, mas **não realiza a declaração do débito**.

Nos tributos sujeitos a **lançamento por homologação** (regime no qual o contribuinte antecipa o pagamento e a autoridade administrativa homologa a atividade do sujeito passivo), surgem, portanto, duas possibilidades de contagem do prazo decadencial:

- **Art. 150, § 4º, do CTN**: aplica-se quando o contribuinte **declara e/ou paga** o tributo. O prazo conta-se a partir da **ocorrência do fato gerador**.
- **Art. 173, I, do CTN**: aplica-se quando o contribuinte **não declara** nem paga o tributo. Nesse caso, o prazo começa a fluir a partir do **primeiro dia do exercício seguinte ao que o lançamento poderia ter sido realizado**.

Assim, quando o contribuinte **não apresenta a declaração** ou **não realiza o pagamento**, a Fazenda Pública não tem elementos suficientes para considerar o tributo como "declarado" ou "antecipado".

Outra circunstância que merece a atenção é a situação contrária: pode ocorrer, nos casos de **tributos sujeitos a lançamento por homologação**, do sujeito passivo **prestar as declarações sem realizar o pagamento do tributo**.

Neste caso, **inexiste decadência tributária**, uma vez que a declaração realizada pelo sujeito passivo se considera como **confissão de dívida**, constituindo o crédito tributário. Em havendo **declaração sem o pagamento do tributo**, esta serve como **forma de lançamento, não correndo prazo decadencial** nessa situação. É o que determina a **súmula 436 do STJ**:

A entrega de declaração pelo contribuinte reconhecendo débito fiscal constitui o crédito tributário, dispensada qualquer outra providência por parte do fisco.

- **As contribuições previdenciárias e o prazo decadencial**

Com o advento da **Emenda Constitucional nº 20/1998**, as **contribuições previdenciárias** foram expressamente incluídas no contexto do **sistema tributário nacional**. Anteriormente, pairavam questionamentos sobre sua natureza jurídica, se estritamente tributárias ou dotadas de um regime próprio.

A Lei nº 8.212/1991 – que regulamenta o Plano de Custeio da Previdência Social – estabelece em seus **arts. 45 e 46** um prazo de **dez anos** para **decadência** e **prescrição das contribuições previdenciárias**. Em paralelo, o **parágrafo único do art. 5º do DL 1.569/1977** chegou a prever a **imprescritibilidade** de **débitos tributários inscritos em dívida ativa da União**, gerando conflitos em relação ao prazo quinquenal previsto na codificação tributária nacional.

Diante da **antinomia entre a legislação ordinária** que previa prazos maiores ou a imprescritibilidade e o Código Tributário Nacional – compreendido como lei complementar em sentido material – coube ao STF apreciar a matéria em diversos processos, incluindo **Ações Diretas de Inconstitucionalidade (ADIs) e Recursos Extraordinários.**

A pacificação das decisões convergiu para a edição da **súmula vinculante 8**, que estabelece:

São inconstitucionais o parágrafo único do artigo 5º do Decreto-Lei 1.569/1977 e os artigos 45 e 46 da Lei 8.212/1991, que tratam de prazo de decadência e prescrição de crédito tributário.

Com a declaração de inconstitucionalidade dos dispositivos, restou consolidado que as **contribuições previdenciárias** estão submetidas ao prazo quinquenal estabelecido no CTN. *In casu*, o **prazo decadencial** para a **constituição** do crédito de contribuições previdenciárias é de **cinco anos**, contados conforme as regras do **art. 150, §4º do CTN** (no caso de tributos sujeitos a lançamento por homologação com pagamento antecipado) ou do **art. 173, I, do CTN** nas demais situações.

Em geral, **decisões de controle difuso ou concentrado de constitucionalidade**, sobretudo aquelas que deram **origem à súmula vinculante nº 8**, atingiram créditos tributários em discussão, **dispensando-se o pagamento de períodos que superavam cinco anos** e ainda **não estavam definitivamente constituídos**.

- **Interrupção do prazo decadencial**

O **prazo decadencial** não sofre, em regra, qualquer espécie de **suspensão** ou **interrupção de seu prazo**; por afetarem diretamente o **direito de constituir e exigir o crédito tributário**, são consideradas **matéria de ordem pública**. Isso significa que o juiz ou o tribunal podem – e devem – **reconhecê-la de ofício, ainda que não suscitada pelas partes**, sempre que verifique que o **prazo transcorreu** sem que a Fazenda tenha constituído o crédito.

Dizemos que o **prazo decadencial não se interrompe**, pela regra geral, porque, de **forma excepcional**, devemos analisar o que reza o **art. 173, II, do CTN**:

Art. 173. O direito de a Fazenda Pública constituir o crédito tributário extingue-se após 5 (cinco) anos, contados:
II – da data em que se tornar definitiva a decisão que houver anulado, por vício formal, o lançamento anteriormente efetuado.

O denominado **vício formal** é aquele que se refere ao **procedimento** e ao documento que tenha sido utilizado para a **formalização do crédito tributário**; não se refere ao **montante do tributo devido** ou à **existência ou não do fato gerador** em si, mas sim a **irregularidades no procedimento adotado pelo Fisco**. Quando tal vício é reconhecido, **anula-se o lançamento anterior** em sua totalidade, mas **sem o afastamento da obrigação tributária** em si, pois o defeito não recai sobre a subsistência do tributo, e sim sobre a forma como foi constituído.

Uma vez **anulado o lançamento por vício formal**, o Fisco não perde o direito de relançar o tributo, desde que o faça **dentro de cinco anos** contados a partir do momento em que a **decisão anulatória se torna definitiva**. Assim, evita-se que o contribuinte se beneficie de um erro meramente formal, reforçando a obrigação de a autoridade fiscal proceder novamente ao lançamento, de maneira correta.

Não podemos afirmar, de maneira técnica, tratar-se de **interrupção de prazo decadencial**, mas podemos afirmar que se produz os **mesmos efeitos de uma interrupção de prazo**. Assim, embora os efeitos práticos sejam **semelhantes** à interrupção, qual seja, concede-se ao Fisco mais tempo para proceder ao lançamento, o **fenômeno jurídico é diverso**, pois **há a abertura de um prazo autônomo**, distinto do prazo anterior.

Cabe ressaltar que, embora o contribuinte esteja sujeito ao novo prazo quinquenal, continua protegido contra indefinições temporais. Além disso, a **anulação do lançamento por vício formal** reforça o dever de a Administração seguir os **princípios do devido processo legal** e da **legalidade tributária**.

- **A decadência tributária e a interação com o princípio da anterioridade tributária**

Embora **decadência** e o **princípio da anterioridade** sejam institutos que tratam de **temporalidade no Direito Tributário**, possuem **finalidades diversas**: enquanto a decadência **limitar o poder estatal de constituição do crédito tributário**, protegendo o contribuinte contra cobranças intempestivas ou perpetuadas no tempo, o princípio da anterioridade **protege o contribuinte contra a aplicação imediata de novas obrigações tributárias**, permitindo previsibilidade na relação jurídico-tributária.

Entretanto, ambos os institutos possuem **interações fundamentais**, merecendo respectivo detalhamento:

I – Novas legislações tributárias

Quando uma **nova lei cria** ou **majora tributos**, a observância da **anterioridade** pode impactar a **contagem do prazo decadencial**. Por exemplo: se uma **lei publicada em 2.024** cria um tributo cuja cobrança só poderá **iniciar em 2.025**, o **prazo decadencial (art. 173, I, do CTN)** para a constituição desse tributo começará a contar apenas em **1º de janeiro de 2.025**, pois a Fazenda **só poderá lançar o tributo após a vigência da lei** e o **início de sua aplicabilidade**.

Dessa forma, o **princípio da anterioridade** pode **condicionar o termo inicial do prazo decadencial** em casos de tributos novos.

II – Antinomia de aplicação múltipla dos institutos

Muito embora **não haja contradição** entre o instituto da **decadência** e o **princípio da anterioridade**, conflitos podem surgir em casos de **má aplicação de um** ou **ambos os institutos**. Exemplificando: o Fisco poderá tentar **cobrar tributos criados por lei nova** referentes a **períodos anteriores ao início de sua vigência**, violando o **princípio da anterioridade**. De outra forma, se a Fazenda Pública **deixa de efetuar o lançamento dentro do prazo decadencial**, mesmo que a cobrança se refira a tributos criados sob lei nova e respeitando a anterioridade, o direito de constituição do crédito tributário **extingue-se**. A **decadência** opera **automaticamente**, impedindo a constituição ou cobrança do crédito.

Para tanto, imaginemos o seguinte contexto:

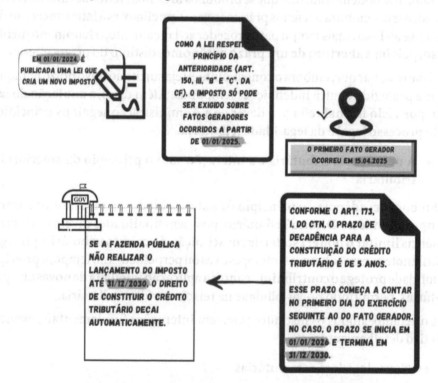

No caso acima, se a **Fazenda Pública for inerte** e deixar de **realizar a formalização do crédito** significa que **não há exigibilidade**, visto que **não há lançamento válido** para formalizar o débito e o tributo correspondente ao fato gerador de 2.025 **não poderá mais ser cobrado**, seja administrativa ou judicialmente.

Esse exemplo evidencia como a **inércia da Fazenda Pública** em observar o **prazo decadencial** extingue o direito de constituir o crédito tributário, **mesmo que a lei tenha respeitado integralmente o princípio da anterioridade**. Assim, o **prazo decadencial** opera como um **limite temporal para a atuação estatal**, protegendo o contribuinte contra **cobranças intempestivas** e promovendo a **segurança jurídica**.

Prazo decadencial do Imposto sobre a Renda de Pessoa Física (IRPF)

O **Imposto sobre a Renda e proventos de qualquer natureza** (IR), previsto no **art. 153, III, da CF/1988** tem como fato gerador o recebimento efetivo de valores (salário, honorários, aluguéis, lucros, etc.) que se enquadram como **acréscimos patrimoniais tributáveis**, nos termos do **art. 43 do CTN**[48].

Para fins de **apuração e consolidação da base de cálculo do IR**, considera-se que o **fato gerador do IR** se completa no **último dia do ano-calendário** (31 de dezembro). Nesse momento, ocorre a **materialização do fato gerador**, consolidando os **rendimentos auferidos no período**.

O **ano-base** é o período em que os rendimentos foram **efetivamente auferidos**, enquanto o **ano-calendário** é o **período de apuração** para fins de incidência tributária. Assim, se o contribuinte obteve **rendimentos em 2.024** (ano-base) a **declaração ocorrerá em 2.025** (ano-calendário).

Sabe-se que o IR é um tributo sujeito ao **lançamento por homologação**. Assim, em tese, observar-se-ia o disposto no art. 150, § 4º do CTN. Contudo, **não é o entendimento prevalecente nos tribunais**.

O entendimento mais recente do STJ[49] considera que **a entrega da declaração de ajuste anual** pelo contribuinte pode **influenciar o termo inicial do prazo decadencial**. Nesse caso, a contagem do prazo de cinco anos só se iniciaria no **primeiro dia do exercício seguinte à entrega da declaração**, observando, *in casu*, o disposto no **art. 173, I, do CTN**.

Com efeito, se o contribuinte **aufere rendimentos em 2.024** e tem o prazo para a **entrega da declaração no exercício de 2.025**, o prazo decadencial operar-se-á a partir de **1º de janeiro de 2.026**, qual seja, no primeiro dia do exercício financeiro seguinte da data de entrega da declaração.

Por mais que prevaleça tal entendimento, *data venia*, não nos parece o melhor caminho, pois, **vincular o início da contagem à entrega da declaração** viola o **princípio da segurança jurídica** e **condiciona o prazo decadencial a um ato subjetivo**.

---

48. **Art. 43**. O imposto, de competência da União, sobre a renda e proventos de qualquer natureza tem como fato gerador a aquisição da disponibilidade econômica ou jurídica:
    I – de renda, assim entendido o produto do capital, do trabalho ou da combinação de ambos;
    II – de proventos de qualquer natureza, assim entendidos os acréscimos patrimoniais não compreendidos no inciso anterior.
    § 1º A incidência do imposto independe da denominação da receita ou do rendimento, da localização, condição jurídica ou nacionalidade da fonte, da origem e da forma de percepção.
    § 2º Na hipótese de receita ou de rendimento oriundos do exterior, a lei estabelecerá as condições e o momento em que se dará sua disponibilidade, para fins de incidência do imposto referido neste artigo.
49. AgInt nos EDcl no REsp 1.660.121/MG, DJe 21/8/18, AgInt no REsp 1.551.707/PR, DJe 14/10/16. AgInt no REsp 1778663/RJ, DJe 18/10/19.

JURISPRUDÊNCIA

PROCESSUAL CIVIL. TRIBUTÁRIO. AGRAVO INTERNO NO RECURSO ESPECIAL. AÇÃO ANULATÓRIA. ENUNCIADO ADMINISTRATIVO 3/STJ. CREDITAMENTO INDEVIDO. DÉBITO TRIBUTÁRIO. PAGAMENTO PARCIAL DO TRIBUTO. PRAZO DECADENCIAL. REGRA DO ART. 150, § 4º, DO CTN. PRECEDENTES. LANÇAMENTO. DECADÊNCIA. CRÉDITO TRIBUTÁRIO. EXTINÇÃO. ART. 154, V, DO CTN. DEFICIÊNCIA DA ARGUMENTAÇÃO RECURSAL. SÚMULA 284/STF. 1. O presente recurso foi interposto na vigência do CPC/2015, razão pela qual incide o Enunciado Administrativo n. 3/STJ: "Aos recursos interpostos com fundamento no CPC/2015 (relativos a decisões publicadas a partir de 18 de março de 2016) serão exigidos os requisitos de admissibilidade recursal na forma do novo CPC". 2. Cuida-se, na origem, de ação anulatória de débito fiscal ajuizada por CLARO S/A em face da Fazenda Pública estadual, de ICMS referente ao período de janeiro a dezembro de 2007, janeiro a março de 2008 e maio a outubro de 2009, lançados por suposto aproveitamento indevido de créditos de ICMS, em que se alega consumada a decadência do direito de o fisco constituir eventuais diferenças, pois transcorrido prazo maior de cinco anos para a lavratura dos autos de infração, a contar do fato gerador – pagamento parcial do tributo –, nos termos do art. 150, § 4º, do CTN. 3. A Corte local, consignando a aplicação ao caso da regra do art. 173, I, do CTN, concluiu não consumada a decadência, em razão de que, embora tenha sido comprovado o pagamento de parte do tributo, houve o creditamento indevido. 4. A Primeira Seção do STJ, em julgamento de representativo da controvérsia – REsp n. 973.733/SP -, relator Ministro Luiz Fux, firmou precedente no sentido de que o prazo decadencial dos tributos sujeitos a lançamento por homologação rege-se pelo disposto no art. 173, I, do CTN, na hipótese de não ocorrer o pagamento antecipado da exação. 5. Por conseguinte, incidirá a regra do art. 150, § 4º, do CTN, quando houver o pagamento antecipado, ainda que a menor. Confiram-se: REsp 766.050/PR, Rel. Ministro Luiz Fux, Primeira Seção, DJ 25/2/2008; REsp 1.798.274/MG, Rel. Ministro Gurgel de Faria, Primeira Turma, DJe 14/10/2020. 6. Nessa linha de entendimento, a Primeira Seção do STJ, no julgamento do AgInt nos EREsp n. 1.199.262/MG, DJe 7/11/2011, sob a relatoria do Ministro Benedito Gonçalves, firmou jurisprudência no sentido de que a regra do prazo decadencial do art. 150, § 4º, do CTN deve ser observada na hipótese em que fique confirmado que houve pagamento a menor/parcial em decorrência de creditamento indevido. Nesse mesmo sentido, citem-se: AgInt no REsp 1.897.656/SP, Rel. Ministro Herman Benjamin, Segunda Turma, DJe 1º/7/2021; AgInt no REsp 1.842.061/SP, Rel. Ministra Regina Helena Costa, Primeira Turma, DJe 18/12/2019; AgInt no AREsp 794.369/RS, Rel. Ministro Gurgel de Faria, Primeira Turma, DJe 24/5/2019; AREsp 1.471.958/RS, Rel. Ministra Assusete Magalhães, Segunda Turma, DJe 24/5/2021; AgInt no REsp 1.577.327/MG, Rel. Ministra Regina Helena Costa, Primeira Turma, DJe 16/8/2016; REsp 1.650.765/PE, Rel. Ministro Herman Benjamin, Segunda Turma, DJe 18/4/2017. 7. Assim, considerando a base fática informada pelo acórdão recorrido à fl. 731 e-STJ [(i) o auto de infração AIIM n. 4.015.977-2, relativo aos creditamentos indevidos dos períodos de apuração de janeiro a dezembro de 2007, foi lavrado em 20/12/2012; (ii) o auto de infração AIIM n. 4.026.503-1, relativo aos creditamentos indevidos dos períodos de apuração de janeiro a março de 2008 e de maio a outubro de 2008, foi lavrado em 18/11/2013 (fls. 720/731)] e o cômputo do prazo decadencial do art. 150, § 4º, do CTN, verifica-se que: (i) não operada a decadência para o lançamento do crédito tributário relativo ao mês de dezembro de 2007; (ii) consumada a decadência para o lançamento dos créditos tributários relativamente aos períodos de janeiro a novembro de 2007 e de janeiro a março e de maio a outubro de 2008. 8. Nesse passo, salvo o lançamento do crédito tributário relativo ao período de apuração de dezembro de 2007, todos os demais créditos estão extintos pela decadência, conforme disposto no art. 154, V, do CTN. 9. A defesa genérica de incidência de óbices sumulares, sem demonstração da pertinência da alegação, considerando os fundamentos do acórdão e o contexto fático-jurídico dos autos, configura fundamentação recursal deficiente. Aplicável o teor da Súmula 284/STF. 10. Agravo interno não provido.
(**STJ – AgInt no REsp: 1889181 SP** 2020/0204306-3, Relator: Ministro BENEDITO GONÇALVES, Data de Julgamento: 21/03/2022, T1 – PRIMEIRA TURMA, Data de Publicação: DJe 24/03/2022)

14 • CRÉDITO TRIBUTÁRIO **675**

PROCESSUAL CIVIL. TRIBUTÁRIO. AGRAVO INTERNO NO RECURSO ESPECIAL. EXECUÇÃO FISCAL. CREDI-
TAMENTO INDEVIDO. PAGAMENTO PARCIAL DE TRIBUTO SUJEITO A LANÇAMENTO POR HOMOLOGA-
ÇÃO. CRÉDITO TRIBUTÁRIO. LANÇAMENTO. PRAZO DECADENCIAL. REGRA DO ART. 150, § 4º, DO CTN.
PRECEDENTES. 1. O presente recurso foi interposto na vigência do CPC/2015, razão pela qual incide o
Enunciado Administrativo n. 3/STJ: "Aos recursos interpostos com fundamento no CPC/2015 (relativos
a decisões publicadas a partir de 18 de março de 2016) serão exigidos os requisitos de admissibilidade
recursal na forma do novo CPC". 2. A controvérsia cinge-se quanto à regra aplicável para o cômputo do
prazo decadencial na hipótese de lançamento fiscal decorrente de creditamento indevido de tributo
sujeito à homologação. 3. A Primeira Seção do STJ, em julgamento de representativo da controvérsia
- REsp n. 973.733/SP -, relator Ministro Luiz Fux, firmou precedente no sentido de que o prazo decadencial dos tributos sujeitos a lançamento por homologação rege-se pelo disposto no art. 173, I, do CTN,
na hipótese de não ocorrer o pagamento antecipado da exação. 4. Por conseguinte, incidirá a regra
do art. 150, § 4º, do CTN, quando houver o pagamento antecipado, ainda que a menor. Confiram-se:
REsp 766.050/PR, Rel. Ministro Luiz Fux, Primeira Seção, DJ 25/2/2008; REsp 1.798.274/MG, Rel. Ministro
Gurgel de Faria, Primeira Turma, DJe 14/10/2020. 5. Nessa linha de entendimento, a Primeira Seção do
STJ, no julgamento do AgInt nos EREsp n. 1.199.262/MG, DJe 7/11/2011, sob a relatoria do Ministro
Benedito Gonçalves, firmou jurisprudência no sentido de que a regra do prazo decadencial do art. 150,
§ 4º, do CTN deve ser observada na hipótese em que fique confirmado que houve pagamento a me-
nor/parcial em decorrência de creditamento indevido. Nesse mesmo sentido, citem-se: AgInt no REsp
1.897.656/SP, Rel. Ministro Herman Benjamin, Segunda Turma, DJe 1º/7/2021; AgInt no REsp 1.842.061/
SP, Rel. Ministra Regina Helena Costa, Primeira Turma, DJe 18/12/2019; AgInt no AREsp 794.369/RS, Rel.
Ministro Gurgel de Faria, Primeira Turma, DJe 24/5/2019; AREsp 1.471.958/RS, Rel. Ministra Assusete
Magalhães, Segunda Turma, DJe 24/5/2021; AgInt no REsp 1.577.327/MG, Rel. Ministra Regina Helena
Costa, Primeira Turma, DJe 16/8/2016. 6. Na espécie, o Tribunal a quo firmou no acórdão que "o crédito
tributário em questão decorre de lançamento fiscal constituído pelo AIIM 4.129.757-0, em decorrência
do creditamento indevido de imposto" (fl. 489). O próprio agravante, nas presentes razões, afirma que
a parte ora agravada "declarou o imposto e o recolheu, ainda que parcialmente" (fl. 629). 7. Isso tudo
considerado, o cômputo do prazo decadencial de lançamento decorrente de creditamento indevido de
tributo sujeito a lançamento por homologação deve se dar pela regra do art. 150, § 4º, do CTN, conforme
pacífica jurisprudência do STJ. Nesse mesmo sentido: AgInt no REsp 1.889.181/SP, Rel. Ministro Benedito
Gonçalves, Primeira Turma, DJe de 24/3/2022. 8. Agravo interno não provido.
(STJ – AgInt no REsp: 1999094 SP 2022/0121185-5, Data de Julgamento: 13/02/2023, T1 – PRIMEIRA
TURMA, Data de Publicação: DJe 16/02/2023)
PROCESSUAL CIVIL E TRIBUTÁRIO. AGRAVO EM RECURSO ESPECIAL. ART. 1.030, I, B DO CPC. INADE-
QUAÇÃO. ACÓRDÃO COMBATIDO. EMBARGOS DE DECLARAÇÃO. DECADÊNCIA. MATÉRIA DE ORDEM
PÚBLICA. EFEITOS INFRINGENTES. POSSIBILIDADE. 1. Nos termos do art. 1.030, § 2º, do CPC/2015, é
cabível o agravo interno contra a parte da decisão que nega seguimento ao apelo nobre interposto
contra acórdão que esteja em conformidade com entendimento do STJ ou do STF exarado sob o regime de julgamento de recursos repetitivos, não sendo possível a análise desse aspecto por essa Corte
Superior em agravo em recurso especial. 2. De acordo com o 1.022 do CPC/2015, os embargos de
declaração têm por escopo sanar vício de obscuridade, contradição, omissão ou, ainda, erro material
na decisão que os antecede. 3. Hipótese em que a Corte local, após acolher os segundos embargos de
declaração da empresa executada, deu provimento ao recurso integrativo apresentado em seguida
pelo município, com concessão de efeitos infringentes, para, sanando vício de contradição, afastar a
decadência decretada no acórdão imediatamente anterior. 4. A decadência tributária, por ser matéria
de ordem pública, pode ser arguida a qualquer tempo na instância ordinária e examinada de ofício,
razão pela qual se revela passível de análise em sede de embargos de declaração independentemente,
inclusive, de alegação ou configuração dos vícios do art. 1.022 do CPC/2015, que remanesce intacto.
5. Agravo interno desprovido.
(STJ – AgInt no AREsp: 1562449 RJ 2019/0237168-7, Relator: Ministro GURGEL DE FARIA, Data de
Julgamento: 27/09/2021, T1 – PRIMEIRA TURMA, Data de Publicação: DJe 07/10/2021)

ASSUNTO: CONTRIBUIÇÕES SOCIAIS PREVIDENCIÁRIAS Período de apuração: 01/06/2000 a 31/12/2005 DECADÊNCIA. PRAZO QUINQUENAL. SÚMULA VINCULANTE 8 DO SUPREMO TRIBUNAL FEDERAL. São inconstitucionais o parágrafo único do artigo 5º do DecretoLei 1.569/1977 e os artigos 45 e 46 da Lei 8.212/1991, que tratam da prescrição e decadência do crédito tributário. Em decorrência da inconstitucionalidade dos dispositivos expressos na Súmula Vinculante do STF, restou sedimentado o entendimento sobre a aplicação do prazo quinquenal à decadência tributária das contribuições previdenciárias. Para os lançamentos sujeitos à homologação da autoridade administrativa, quando houver antecipação de pagamento, aplica-se a regra de contagem de prazo do art. 150, § 4º, do Código Tributário Nacional.

(**CARF 35239002463200609** 2402-009.268, Relator: Márcio Augusto Sekeff Sallem, Data de Julgamento: 01/12/2020, Data de Publicação: 25/01/2021)

ASSUNTO: OBRIGAÇÕES ACESSÓRIAS Exercício: 2012 AUTO DE INFRAÇÃO. GFIP. MULTA POR ATRASO. Constitui infração à legislação previdenciária deixar a empresa de apresentar GFIP dentro do prazo fixado para a sua entrega. DENÚNCIA ESPONTÂNEA. ATRASO NA ENTREGA DE DECLARAÇÃO. SÚMULA CARF Nº 49. A denúncia espontânea não alcança a penalidade decorrente do atraso na entrega de declaração. INCONSTITUCIONALIDADE. SÚMULA CARF Nº 02. O CARF não é competente para se pronunciar sobre a inconstitucionalidade de lei tributária. DECADÊNCIA. OBRIGAÇÃO ACESSÓRIA. SÚMULA CARF Nº 148. No caso de multa por descumprimento de obrigação acessória previdenciária, a aferição da decadência tem sempre como base o art. 173, I, do CTN, ainda que se verifique pagamento antecipado da obrigação principal correlata ou esta tenha sido fulminada pela decadência com base no art. 150, § 4º, do CTN.

(**CARF 10850722275201705** 2002-003.421, Relator: CLAUDIA CRISTINA NOIRA PASSOS DA COSTA DEVELLY MONTEZ, Data de Julgamento: 17/02/2020, Data de Publicação: 28/04/2020)

PROCESSUAL CIVIL E TRIBUTÁRIO. AGRAVO INTERNO NOS EMBARGOS DE DECLARAÇÃO NO RECURSO ESPECIAL. EXECUÇÃO FISCAL. CRÉDITO TRIBUTÁRIO CONSTITUÍDO POR DECLARAÇÕES DO CONTRIBUINTE. DECADÊNCIA TRIBUTÁRIA. CONCLUSÃO DO ACÓRDÃO RECORRIDO PELA NÃO OCORRÊNCIA. MANUTENÇÃO. ORIENTAÇÃO JURISPRUDENCIAL PACÍFICA. REVISÃO. IMPOSSIBILIDADE. REEXAME DE PROVAS. 1. Aos recursos interpostos com fundamento no CPC/2015 (relativos a decisões publicadas a partir de 18 de março de 2016) serão exigidos os requisitos de admissibilidade recursal na forma do novo CPC (Enunciado n. 3 do Plenário do STJ). 2. Conforme tese firmada pela Primeira Seção, no REsp 973.733/SC, repetitivo, o prazo decadencial quinquenal para o Fisco constituir o crédito tributário (lançamento de ofício) conta-se do primeiro dia do exercício seguinte àquele em que o lançamento poderia ter sido efetuado, nos casos em que a lei não prevê o pagamento antecipado da exação ou quando, a despeito da previsão legal, o mesmo inocorre, sem a constatação de dolo, fraude ou simulação do contribuinte, inexistindo declaração prévia do débito. Precedentes. 3. A apresentação de documentos pelo contribuinte, contendo declaração de débitos tributários, na forma da lei (GFIP; GIA; DCTF etc), serve, por si só, à constituição do crédito tributário, razão pela qual não há falar em prazo decadencial (v.g.: REsp 962.379/RS, repetitivo, Rel. Ministro Teori Albino Zavascki, Primeira Seção, DJe 28/10/2008; REsp 1.120.295/SP, repetitivo, Rel. Ministro Luiz Fux, Primeira Seção, DJe 21/05/2010). 4. No caso dos autos, considerada a situação fática descrita pelo órgão julgador a quo (fatos geradores ocorridos entre janeiro de 2003 e maio de 2004; declaração entregue em março de 2006; e execução ajuizada em 13 de junho 2010), o recurso especial não pode ser conhecido, pois, além de o acórdão recorrido não contrariar o entendimento jurisprudencial deste Tribunal Superior, eventual conclusão em sentido contrário só poderia ser alcançada, em tese, por meio do reexame de provas. Observância das Súmulas 7 e 83 do STJ. 5. Agravo interno não provido.

(**STJ – AgInt nos EDcl no REsp: 1942377 PE** 2021/0172249-2, Relator: Ministro BENEDITO GONÇALVES, Data de Julgamento: 14/02/2022, T1 – PRIMEIRA TURMA, Data de Publicação: DJe 16/02/2022)

TRIBUTÁRIO. PROPOSTA DE AFETAÇÃO. RECURSO ESPECIAL. RITO DOS RECURSOS ESPECIAIS REPETITIVOS. DECADÊNCIA TRIBUTÁRIA DO IMPOSTO DE TRANSMISSÃO CAUSA MORTIS E DOAÇÃO. ITCMD. CONTROVÉRSIA SOBRE O MARCO INICIAL A SER CONSIDERADO 1. Delimitação da controvérsia:

Definir o início da contagem do prazo decadencial previsto no art. 173, I, do CTN para a constituição do Imposto de Transmissão Causa Mortis e Doação (ITCMD) referente a doação não oportunamente declarada pelo contribuinte ao fisco estadual. 2. Recurso especial afetado ao rito do art. 1.036 e seguintes CPC/2015 e art. 256-I do RISTJ, incluído pela Emenda Regimental 24, de 28/09/2016.
(STJ – ProAfR no REsp: 1841771 MG 2019/0298352-7, Relator: Ministro BENEDITO GONÇALVES, Data de Julgamento: 31/03/2020, S1 – PRIMEIRA SEÇÃO, Data de Publicação: DJe 03/04/2020)
PROCESSUAL CIVIL. EMBARGOS DE DECLARAÇÃO NO RECURSO ESPECIAL REPETITIVO. TEMA 1048. DECADÊNCIA TRIBUTÁRIA DO IMPOSTO DE TRANSMISSÃO CAUSA MORTIS E DOAÇÃO. CONTROVÉRSIA SOBRE O MARCO INICIAL A SER CONSIDERADO. FATO GERADOR OCORRIDO. TRANSMISSÃO DE BENS OU DIREITOS MEDIANTE DOAÇÃO. CONTAGEM DA DECADÊNCIA NA FORMA DO ART. 173, I, DO CTN. IRRELEVÂNCIA DA DATA DO CONHECIMENTO DO FISCO DO FATO GERADOR. ART. 1.022 DO CPC/2015. VÍCIOS NÃO CONFIGURADOS. 1. Nos termos do que dispõe o artigo 1.022 do CPC/2015, cabem embargos de declaração contra qualquer decisão judicial para esclarecer obscuridade, eliminar contradição, suprir omissão de ponto ou questão sobre a qual devia se pronunciar o juiz de ofício ou a requerimento, bem como para corrigir erro material. 2. Discutiu-se no recurso repetitivo se é juridicamente relevante, para fins da averiguação do transcurso do prazo decadencial tributário, a data em que o Fisco teve conhecimento da ocorrência do fato gerador do Imposto de Transmissão Causa Mortis e Doação (ITCMD) referente a doação não oportunamente declarada pelo contribuinte ao fisco estadual. 3. Sobre a questão, ficou destacado no voto que: "Nos termos do art. 149, II, do CTN, quando a declaração não seja prestada, por quem de direito, no prazo e na forma da legislação tributária, surge para o Fisco a necessidade de proceder ao lançamento de ofício, no prazo de cinco anos contados do primeiro dia do exercício seguinte à data em que ocorrido o fato gerador do tributo (art. 173, I, do CTN)". 4. Não há vício a ensejar esclarecimento, complemento ou eventual integração do que decidido no julgado, pois a tutela jurisdicional foi prestada de forma clara e fundamentada. 5. Embargos de declaração rejeitados.
(STJ – EDcl no REsp: 1841798 MG 2019/0298267-9, Relator: Ministro BENEDITO GONÇALVES, Data de Julgamento: 09/11/2021, S1 – PRIMEIRA SEÇÃO, Data de Publicação: DJe 11/11/2021)
PROCESSUAL CIVIL. TRIBUTÁRIO. AGRAVO INTERNO NO AGRAVO EM RECURSO ESPECIAL. DECADÊNCIA. CINCO ANOS CONTADOS DO FATO GERADOR. PAGAMENTO ANTECIPADO. REEXAME DE PROVA. IMPOSSIBILIDADE. SÚMULA N. 7/STJ. 1. Nos tributos sujeitos a lançamento por homologação, a obrigação tributária não declarada pelo sujeito passivo no tempo e modo determinados pela legislação de regência está sujeita ao procedimento de constituição do crédito pelo fisco, por meio do lançamento substitutivo, o qual deve se dar no prazo decadencial previsto no art. 173, I, do CTN, quando não houver pagamento antecipado. 2. Aplica-se o prazo previsto no art. 150, § 4º, do CTN quando ocorrer o recolhimento de boa-fé, ainda que em valor menor do que aquele que a Administração entende devido, pois, nesse caso, a atividade exercida pelo contribuinte ou responsável está sujeita à verificação pelo ente público pelo prazo de cinco anos, sem a qual a atividade é tacitamente homologada (AgInt nos EDcl no AREsp n. 1.288.853/SP, relator Ministro Gurgel de Faria, Primeira Turma, julgado em 4/10/2021, DJe de 19/10/2021). 3. A revisão da premissa fática assentada no julgado regional de que houve pagamento parcial do tributo a ensejar a aplicação da regra prevista no art. 150, § 4º, do CTN pressupõe reexame de prova, o que é inviável no âmbito do recurso especial, nos termos da Súmula n. 7 do STJ. Agravo interno improvido.
(STJ – AgInt no AREsp: 1829340 SP 2021/0024191-1, Relator: Ministro HUMBERTO MARTINS, Data de Julgamento: 28/11/2022, T2 – SEGUNDA TURMA, Data de Publicação: DJe 30/11/2022)
ASSUNTO: IMPOSTO SOBRE A RENDA DE PESSOA FÍSICA (IRPF) Exercício: 1999 IRPF. DECADÊNCIA. TRIBUTOS LANÇADOS POR HOMOLOGAÇÃO. MATÉRIA DECIDIDA NO STJ NA SISTEMÁTICA DO ART. 543-C DO CPC. EXISTÊNCIA DE PAGAMENTO ANTECIPADO. REGRA DO ART. 150, § 4º, DO CTN. O art. 62-A do RICARF obriga a utilização da regra do REsp nº 973.733 – SC, decidido na sistemática do art. 543-C do Código de Processo Civil, o que faz com a ordem do art. 150, § 4º, do CTN, só deva ser adotada nos casos

em que o sujeito passivo antecipar o pagamento e não for comprovada a existência de dolo, fraude ou simulação, prevalecendo os ditames do art. 173, nas demais situações. No presente caso, restou comprovado que houve recolhimento de saldo do imposto apurado, sendo obrigatória a utilização da regra de decadência do art. 150, § 4º do CTN. MULTA QUALIFICADA. DOLO, FRAUDE OU SIMULAÇÃO. NÃO COMPROVADOS. IMPOSSIBILIDADE QUALIFICAÇÃO. De conformidade com a legislação tributária, especialmente artigo 44, inciso I, § 1º, da Lei nº 9.430/96, c/c Sumula nº 14 do CARF, a qualificação da multa de ofício, ao percentual de 150% (cento e cinquenta por cento), condiciona-se à comprovação, por parte da fiscalização, do evidente intuito de fraude da contribuinte. Assim não o tendo feito, não prospera a qualificação da penalidade, sobretudo quando a autoridade lançadora baseou-se em meras suposições. (**CARF** 10920000660200402 2401-010.331, Relator: Não informado, Data de Julgamento: 05/10/2022, Data de Publicação: 27/10/2022)

PROCESSUAL CIVIL. TRIBUTÁRIO. AGRAVO INTERNO NO RECURSO ESPECIAL. AÇÃO ANULATÓRIA. ENUNCIADO ADMINISTRATIVO 3/STJ. CREDITAMENTO INDEVIDO. DÉBITO TRIBUTÁRIO. PAGAMENTO PARCIAL DO TRIBUTO. PRAZO DECADENCIAL. REGRA DO ART. 150, § 4º, DO CTN. PRECEDENTES. LANÇAMENTO. DECADÊNCIA. CRÉDITO TRIBUTÁRIO. EXTINÇÃO. ART. 154, V, DO CTN. DEFICIÊNCIA DA ARGUMENTAÇÃO RECURSAL. SÚMULA 284/STF. 1. O presente recurso foi interposto na vigência do CPC/2015, razão pela qual incide o Enunciado Administrativo n. 3/STJ: "Aos recursos interpostos com fundamento no CPC/2015 (relativos a decisões publicadas a partir de 18 de março de 2016) serão exigidos os requisitos de admissibilidade recursal na forma do novo CPC". 2. Cuida-se, na origem, de ação anulatória de débito fiscal ajuizada por CLARO S/A em face da Fazenda Pública estadual, de ICMS referente ao período de janeiro a dezembro de 2007, janeiro a março de 2008 e maio a outubro de 2009, lançados por suposto aproveitamento indevido de créditos de ICMS, em que se alega consumada a decadência do direito de o fisco constituir eventuais diferenças, pois transcorrido prazo maior de cinco anos para a lavratura dos autos de infração, a contar do fato gerador – pagamento parcial do tributo –, nos termos do art. 150, § 4º, do CTN. 3. A Corte local, consignando a aplicação ao caso da regra do art. 173, I, do CTN, concluiu não consumada a decadência, em razão de que, embora tenha sido comprovado o pagamento de parte do tributo, houve o creditamento indevido. 4. A Primeira Seção do STJ, em julgamento de representativo da controvérsia – REsp n. 973.733/SP –, relator Ministro Luiz Fux, firmou precedente no sentido de que o prazo decadencial dos tributos sujeitos a lançamento por homologação rege-se pelo disposto no art. 173, I, do CTN, na hipótese de não ocorrer o pagamento antecipado da exação. 5. Por conseguinte, incidirá a regra do art. 150, § 4º, do CTN, quando houver o pagamento antecipado, ainda que a menor. Confiram-se: REsp 766.050/PR, Rel. Ministro Luiz Fux, Primeira Seção, DJ 25/2/2008; REsp 1.798.274/MG, Rel. Ministro Gurgel de Faria, Primeira Turma, DJe 14/10/2020. 6. Nessa linha de entendimento, a Primeira Seção do STJ, no julgamento do AgInt nos EREsp n. 1.199.262/MG, DJe 7/11/2011, sob a relatoria do Ministro Benedito Gonçalves, firmou jurisprudência no sentido de que a regra do prazo decadencial do art. 150, § 4º, do CTN deve ser observada na hipótese em que fique confirmado que houve pagamento a menor/parcial em decorrência de creditamento indevido. Nesse mesmo sentido, citem-se: AgInt no REsp 1.897.656/SP, Rel. Ministro Herman Benjamin, Segunda Turma, DJe 1º/7/2021; AgInt no REsp 1.842.061/SP, Rel. Ministra Regina Helena Costa, Primeira Turma, DJe 18/12/2019; AgInt no AREsp 794.369/RS, Rel. Ministro Gurgel de Faria, Primeira Turma, DJe 24/5/2019; AREsp 1.471.958/RS, Rel. Ministra Assusete Magalhães, Segunda Turma, DJe 24/5/2021; AgInt no REsp 1.577.327/MG, Rel. Ministra Regina Helena Costa, Primeira Turma, DJe 16/8/2016; REsp 1.650.765/PE, Rel. Ministro Herman Benjamin, Segunda Turma, DJe 18/4/2017. 7. Assim, considerando a base fática informada pelo acórdão recorrido à fl. 731 e-STJ [(i) o auto de infração AIIM n. 4.015.977-2, relativo aos creditamentos indevidos dos períodos de apuração de janeiro a dezembro de 2007, foi lavrado em 20/12/2012; (ii) o auto de infração AIIM n. 4.026.503-1, relativo aos creditamentos indevidos dos períodos de apuração de janeiro a março de 2008 e de maio a outubro de 2008, foi lavrado em 18/11/2013 (fls. 720/731)] e o cômputo do prazo decadencial do art. 150, § 4º, do CTN, verifica-se que: (i) não operada a decadência para o lançamento do crédito tributário relativo ao mês de dezembro de 2007; (ii) consumada a decadência para o lançamento dos créditos tributários relativamente aos períodos de janeiro a novembro de 2007 e de janeiro a março e de maio a outubro de 2008.

8. Nesse passo, salvo o lançamento do crédito tributário relativo ao período de apuração de dezembro de 2007, todos os demais créditos estão extintos pela decadência, conforme disposto no art. 154, V, do CTN. 9. A defesa genérica de incidência de óbices sumulares, sem demonstração da pertinência da alegação, considerando os fundamentos do acórdão e o contexto fático-jurídico dos autos, configura fundamentação recursal deficiente. Aplicável o teor da Súmula 284/STF. 10. Agravo interno não provido. **(STJ – AgInt no REsp: 1889181 SP** 2020/0204306-3, Relator: Ministro BENEDITO GONÇALVES, Data de Julgamento: 21/03/2022, T1 – PRIMEIRA TURMA, Data de Publicação: DJe 24/03/2022)

TRIBUTÁRIO. ITCMD. ALÍQUOTA PROGRESSIVA. CONSTITUCIONALIDADE. COBRANÇA DE DIFERENÇA DE ALÍQUOTA. DECADÊNCIA. INEXISTÊNCIA. 1. Esta Corte superior consolidou o entendimento segundo o qual o prazo decadencial para o lançamento do ITCMD apenas se inicia com o trânsito em julgado da sentença homologatória da partilha. Precedentes. 2. Hipótese em que apenas após a conformação do acórdão do Tribunal a quo em agravo de instrumento ao entendimento firmado pelo Supremo Tribunal Federal no julgamento do RE 562.045/RS, submetido ao rito da repercussão geral, encerrou-se o debate acerca da constitucionalidade da progressividade de alíquota, momento em que surge para o Fisco Estadual o direito de efetuar o lançamento complementar referente à diferença de alíquota devida, conforme a jurisprudência desta e. Primeira Turma. 3. Na espécie, o Tribunal de origem posicionou-se de forma contrária à orientação jurisprudencial deste Colegiado, motivo pelo qual o recurso especial da edilidade merecia mesmo ser provido para afastar a decretação da decadência tributária. 4. Agravo interno desprovido.
(STJ – AgInt no AREsp: 1488490 RS 2019/0109554-1, Relator: Ministro GURGEL DE FARIA, Data de Julgamento: 25/10/2021, T1 – PRIMEIRA TURMA, Data de Publicação: DJe 24/11/2021)

PROCESSUAL CIVIL E TRIBUTÁRIO. CRÉDITO TRIBUTÁRIO. EXTINÇÃO. DECADÊNCIA. LANÇAMENTO POR HOMOLOGAÇÃO. RECOLHIMENTO A MENOR. MÁ-FÉ DEMONSTRAÇÃO. AUSÊNCIA. 1. Tratando-se de tributo sujeito a lançamento por homologação, a obrigação tributária não declarada pelo sujeito passivo no tempo e modo determinados pela legislação de regência está sujeita ao procedimento de constituição do crédito pelo Fisco, por meio do lançamento substitutivo, o qual deve se dar no prazo decadencial previsto no art. 173, I, do CTN, quando não houver pagamento antecipado, ou no (prazo) referido no art. 150, § 4º, do CTN, quando ocorrer o recolhimento de boa-fé, ainda que em valor menor do que aquele que a Administração entende devido, pois, nesse caso, a atividade exercida pelo contribuinte ou responsável de apurar e pagar o crédito tributário está sujeita à verificação pelo ente público pelo prazo de cinco anos, sem a qual ela (a atividade) é tacitamente homologada, salvo se comprovada a ocorrência de dolo, fraude ou simulação. Precedentes. 2. A Corte Especial, quando do exame do Tema do 243 do STJ, reafirmou que "a presunção de boa-fé é princípio geral de direito universalmente aceito, sendo milenar a parêmia: a boa-fé se presume; a má-fé se prova" (REsp 956.943/PR, rel. p/ Acórdão Ministro João Otávio de Noronha, Corte Especial, DJe 01/12/2014). 3. A falta de comprovação da substituição da nota fiscal, fundamento do creditamento escritural, é causa unicamente para o reconhecimento do creditamento indevido, não sendo suficiente para a comprovação do elemento subjetivo – a caracterização de má-fé na conduta do contribuinte –, cujo reconhecimento pressupõe juízo de valor fundado em prova específica, sendo inadmissível a sua presunção. 4. Não se verificando nos autos a comprovação concreta da alegada má-fé do contribuinte na sua atuação, ao menos não pelos fundamentos descritos pela Corte a quo, não havendo como afastar a aplicação do art. 150, § 4º do CTN da contagem do prazo decadencial do crédito tributário no caso concreto. 5. Agravo interno desprovido.
(STJ – AgInt no AREsp: 2170144 SP 2022/0210567-1, Relator: Ministro GURGEL DE FARIA, Data de Julgamento: 13/03/2023, T1 – PRIMEIRA TURMA, Data de Publicação: DJe 15/03/2023)

14.6.6 Prescrição tributária

A prescrição tributária consiste na **perda do direito de a Fazenda Pública executar judicialmente o crédito tributário**, em consonância com o **art. 174 do CTN**, que dispõe:

Art. 174. A ação para a cobrança do crédito tributário prescreve em cinco anos, contados da data da sua constituição definitiva

Parágrafo único. A prescrição se interrompe:

I – pelo despacho do juiz que ordenar a citação em execução fiscal;

II – pelo protesto judicial ou extrajudicial;

III – por qualquer ato judicial que constitua em mora o devedor;

IV – por qualquer ato inequívoco ainda que extrajudicial, que importe em reconhecimento do débito pelo devedor.

O crédito tributário será cobrado pelo Fisco através da **ação de execução fiscal**, regulada pela Lei 6.830/1980 (Lei de Execução Fiscal). Assim, se o **direito de promover a execução fiscal perece**, a Administração Tributária **não poderá mais exigir judicialmente o valor devido**.

Embora o crédito tributário esteja **regularmente constituído** – inexistindo dúvidas quanto a sua exigibilidade – o **não exercício da ação de cobrança** dentro do prazo legal **extingue o direito de o Fisco propor a ação executiva**.

O **prazo prescricional** em matéria tributária é de **cinco anos**, nos termos do **art. 174 do CTN** (prazo quinquenal). O termo inicial de contagem do prazo se dá através da **constituição definitiva do crédito tributário**.

Entende-se por **constituição definitiva**, no caso de o contribuinte **não efetuar o pagamento espontâneo do tributo** dentro do **prazo de 30 (trinta) dias** contados do **recebimento da notificação**, nem tampouco apresentar a **defesa administrativa**, no prazo descrito por lei.

Tal circunstância é pacificamente adotada, quando da edição da **súmula 622 do STJ**:

A notificação do auto de infração faz cessar a contagem da decadência para a constituição do crédito tributário; exaurida a instância administrativa com o decurso do prazo para a impugnação ou com a notificação de seu julgamento definitivo e esgotado o prazo concedido pela Administração para o pagamento voluntário, inicia-se o prazo prescricional para a cobrança judicial.

Nos casos de **tributos sujeitos ao lançamento por homologação**, quando da **ocorrência da entrega da declaração** pelo contribuinte, **mesmo que não ocorra o pagamento**, dar-se-á **início do prazo prescricional**, visto que a Fazenda Pública **não terá que adotar outro procedimento para a constituição definitiva do crédito tributário**. Prevê a **súmula 436 do STJ**:

A entrega de declaração pelo contribuinte reconhecendo débito fiscal constitui o crédito tributário, dispensada qualquer outra providência por parte do fisco.

Em havendo a **defesa administrativa** no prazo legal, **suspende-se a exigibilidade do crédito** e, somente após a **decisão administrativa irreformável**, o crédito se **torna definitivo**. Nesse caso, o prazo de cinco anos **se inicia** quando se verifica, em **caráter definitivo**, que não há mais **recurso no processo administrativo**, nos termos do **art. 42 do Decreto n. 70.235/1972**, que estabelece:

> Art. 42. São definitivas as decisões:
>
> I – de primeira instância esgotado o prazo para recurso voluntário sem que este tenha sido interposto;
>
> II – de segunda instância de que não caiba recurso ou, se cabível, quando decorrido o prazo sem sua interposição;
>
> III – de instância especial.
>
> Parágrafo único. Serão também definitivas as decisões de primeira instância na parte que não for objeto de recurso voluntário ou não estiver sujeita a recurso de ofício.

Diferentemente do **prazo decadencial**, que não sofre suspensão ou interrupção, o **prazo prescricional** pode sofrer **suspensão e interrupção**. As situações que **suspendem a exigibilidade do crédito tributário** impedem a Fazenda de cobrar judicialmente o débito, suspendendo, por consequência, o **curso do prazo prescricional**. Assim, as hipóteses descritas no **art. 151 do CTN suspendem o prazo prescricional**, retornando o prazo após o término ou revogação da causa suspensiva.

As causas de **interrupção do prazo prescricional** geram **efeito *ex tunc* na contagem de prazo**, desconsiderando todo o lapso temporal decorrido. Por tal circunstância, **somente será operada uma única vez**, visando manter a **segurança jurídica da relação tributária**.

Interrompem o prazo prescricional as hipóteses descritas no **art. 174, parágrafo único do CTN**:

> Art. 174 (...)
>
> Parágrafo único. A prescrição se interrompe:
>
> I – pelo despacho do juiz que ordenar a citação em execução fiscal;
>
> II – pelo protesto judicial ou extrajudicial;
>
> III – por qualquer ato judicial que constitua em mora o devedor;
>
> IV – por qualquer ato inequívoco ainda que extrajudicial, que importe em reconhecimento do débito pelo devedor.

- **Despacho do juízo ordenando a citação em execução fiscal**

Em consonância com o **art. 240, § 1º do CPC**[50], a citação válida **retroage à data da propositura da ação** para fins de **interrupção da prescrição**. No entanto, se a parte

---

50. **Art. 240 (...)**

§ 1º A interrupção da prescrição, operada pelo despacho que ordena a citação, ainda que proferido por juízo incompetente, retroagirá à data de propositura da ação.

não diligenciar para efetivar a citação ou ocorrer inércia injustificada, a interrupção pode não se perfectibilizar.

O STJ consolidou o entendimento de que, para fins de execução fiscal, **o mero despacho que ordena a citação interrompe a prescrição,** desde que a **citação seja efetivada** em **tempo razoável** e **não haja desídia por parte do exequente**. Caso a citação se frustre ou demore em razão de **inércia injustificada do credor**, pode não haver a interrupção.

Estabelece a **súmula 106 do STJ**:

Proposta a ação no prazo fixado para o seu exercício, a demora na citação, por motivos inerentes ao mecanismo da Justiça, não justifica o acolhimento da prescrição ou da decadência.

In casu, se a Fazenda Pública ajuíza a execução fiscal dentro do prazo, mas a **citação demora por fatores alheios à sua vontade**, a **prescrição continua interrompida** desde a **data do despacho**. Porém, se a demora decorrer de inércia da parte, pode-se reconhecer a prescrição.

- **Protesto Judicial e Extrajudicial**

O **protesto judicial** ocorre quando o credor se utiliza de uma decisão transitada em julgado, quando transcorrido o prazo de pagamento voluntário pelo devedor. Por meio desse procedimento, **lavra-se uma manifestação nos autos**, notificando o devedor de que há um credor exigindo o cumprimento de uma obrigação.

Nos termos do **art. 517 do CPC**:

Art. 517. A decisão judicial transitada em julgado poderá ser levada a protesto, nos termos da lei, depois de transcorrido o prazo para pagamento voluntário previsto no art. 523.

§ 1º Para efetivar o protesto, incumbe ao exequente apresentar certidão de teor da decisão.

§ 2º A certidão de teor da decisão deverá ser fornecida no prazo de 3 (três) dias e indicará o nome e a qualificação do exequente e do executado, o número do processo, o valor da dívida e a data de decurso do prazo para pagamento voluntário.

§ 3º O executado que tiver proposto ação rescisória para impugnar a decisão exequenda pode requerer, a suas expensas e sob sua responsabilidade, a anotação da propositura da ação à margem do título protestado.

§ 4º A requerimento do executado, o protesto será cancelado por determinação do juiz, mediante ofício a ser expedido ao cartório, no prazo de 3 (três) dias, contado da data de protocolo do requerimento, desde que comprovada a satisfação integral da obrigação.

O devedor passa a estar em mora a partir do momento em que é validamente intimado.

14 • CRÉDITO TRIBUTÁRIO — 683

Já o **protesto extrajudicial** decorre da possibilidade da apresentação de um título executivo extrajudicial perante o Tabelionato de Protesto, visando demonstrar oficialmente a falta de pagamento ou a recusa no adimplemento. Neste caso, caberá ao tabelionato notificar o devedor para que realize o pagamento ou eventualmente, apresente sua defesa. Se não houver pagamento ou comprovação de quitação, procede-se ao registro do protesto.

A inserção do **protesto extrajudicial da certidão de dívida ativa** (CDA) se deu com o advento da Lei 12.767/12, que modificou a Lei 9.492/97, pela adição do parágrafo único no **art. 1º**, *in verbis*:

> **Art. 1º** Protesto é o ato formal e solene pelo qual se prova a inadimplência e o descumprimento de obrigação originada em títulos e outros documentos de dívida.
>
> Parágrafo único. Incluem-se entre os títulos sujeitos a protesto as certidões de dívida ativa da União, dos Estados, do Distrito Federal, dos Municípios e das respectivas autarquias e fundações públicas

Com tal determinação legislativa, a Confederação Nacional da Indústria (CNI) promoveu a **Ação Direta de Inconstitucionalidade (ADI) 5.135**, discutindo a constitucionalidade da medida, visto que se entende como **forma de sanção política ao contribuinte** ante as inúmeras possibilidades de cobrança do crédito tributário pela autoridade fazendária.

Entretanto, prevaleceu o entendimento de que o **protesto de certidão de dívida ativa** (CDA) **não configura sanção política**, porque **não restringe de forma desproporcional direitos fundamentais assegurados aos contribuintes**. Salientou-se que tal modalidade de cobrança é **menos invasiva que a ação judicial de execução fiscal**, que permite a **penhora de bens** e o **bloqueio de recursos nas contas de contribuintes inadimplentes**.

Mesmo ante a decisão sobre a constitucionalidade do procedimento, **não acarretava a interrupção da prescrição**, uma vez que o CTN somente previa a possibilidade de **interrupção do prazo prescricional** através do **protesto judicial**.

Por isto, a **LC 208/24** alterou a redação do inciso II do parágrafo único do **artigo 174 do CTN**, incluindo, ao lado do protesto judicial, o **protesto extrajudicial** como **causa interruptiva da prescrição**.

- **Ato judicial que constitua o devedor em mora**

No caso previsto ao **art. 174, parágrafo único, inciso III, do CTN**, inclui-se a **citação em ação de cobrança** ou outro **ato processual** que deixe expresso ao devedor que ele está sendo **instado a cumprir a obrigação**. Qualquer **manifestação judicial idônea** que cumpra o **objetivo de colocar o devedor em mora** interrompe a prescrição.

É fundamental, para tanto, que o ato seja **formal, expresso e relacionado à cobrança do débito**. Apenas **meras manifestações processuais** que não tenham por objetivo constituir o devedor em mora **não interrompem a prescrição**.

- **Ato extrajudicial que importe em confissão de dívida**

Qualquer ato pelo qual o devedor **reconheça inequivocamente a existência do débito interrompe a prescrição**, tais como o pagamento parcial de dívida, a emissão de uma confissão de dívida pelo contribuinte, dentre outros.

Com tal **modalidade de interrupção do prazo prescricional**, ganhou força a discussão sobre a **adesão ao parcelamento de débitos tributários**. Isto porque, o **parcelamento** acarreta **confissão da dívida**, quando do **requerimento de adesão**. Seguindo a lógica jurídica, ao optar pelo **parcelamento**, o devedor **reconhece o valor devido** e a **obrigação de quitá-lo**. Tal reconhecimento do débito é **ato inequívoco que interrompe** a contagem do **prazo prescricional**.

No entanto, o **parcelamento** está encartado entre as **hipóteses suspensivas da exigibilidade do crédito tributário** que, por óbvio, acarretam a **suspensão do prazo prescricional**.

O STJ promoveu a **súmula 653**, que estabelece:

O pedido de parcelamento fiscal, ainda que indeferido, interrompe o prazo prescricional, pois caracteriza confissão extrajudicial do débito.

Pode-se afirmar a **natureza dúplice dos efeitos do parcelamento**:

I – quando da concordância com o **Termo de Adesão** – que acarreta a confissão dos débitos tributários devidos pelo contribuinte – acarretará a **interrupção do prazo prescricional**. É irrelevante, portanto, se o devedor ofereceu ou não garantia para formalizar o parcelamento. O que importa é a **anuência ao parcelamento**, pois ela equivale a um **reconhecimento expresso da obrigação**.

II – enquanto o contribuinte estiver cumprindo regularmente o parcelamento (efetuando os pagamentos nas datas ajustadas), a Fazenda Pública **não poderá promover a continuidade de cobrança judicial do débito**, acarretando a **suspensão do prazo prescricional**.

Por conseguinte, em **momento inaugural** – quando do estabelecimento do termo de adesão ao parcelamento – ocorrerá a **interrupção do prazo prescricional**, mesmo que o contribuinte tenha o requerimento de adesão indeferido pela autoridade fazendária pelo não atendimento dos critérios objetivos.

Deferido o parcelamento, assim que houver o **pagamento da primeira parcela indicada** na guia correspondente, ocorrerá a **suspensão do prazo prescricional**, retomando sua contagem quando da **ocorrência de inadimplência futura do contribuinte devedor**.

JURISPRUDÊNCIA

PROCESSUAL CIVIL E TRIBUTÁRIO. AGRAVO INTERNO NO AGRAVO EM RECURSO ESPECIAL. EXECUÇÃO FISCAL. PRESCRIÇÃO RECONHECIDA. DECURSO DE MAIS DE 5 ANOS ENTRE A CONSTITUIÇÃO DO CRÉDITO E O AJUIZAMENTO DA EXECUÇÃO. PARCELAMENTO POSTERIOR. RESTAURAÇÃO DA EXIGIBILIDADE DO TRIBUTO. IMPOSSIBILIDADE. VIOLAÇÃO DO ART. 267, V DO CPC/1973. AUSÊNCIA DE PREQUESTIONAMENTO. INCIDÊNCIA DA SÚMULA 211/STJ. AGRAVO INTERNO DO ESTADO A QUE SE NEGA PROVIMENTO. 1. O art. 267 do CPC/1973 carece do necessário prequestionamento, requisito indispensável ao acesso às instâncias excepcionais. Incide, no caso, a Súmula 211/STJ, segundo a qual inadmissível Recurso Especial quanto à questão que, a despeito da oposição de Embargos Declaratórios, não foi apreciada pelo tribunal a quo. 2. O acórdão recorrido está em conformidade com a jurisprudência do STJ, que já orientou que o parcelamento postulado depois de transcorrido o prazo prescricional não restabelece a exigibilidade do crédito tributário. Isso por que (a) não é possível interromper a prescrição de crédito tributário já prescrito; e (b) a prescrição tributária não está sujeita à renúncia, uma vez que ela não é causa de extinção apenas do direito de ação, mas, sim, do próprio direito ao crédito tributário (art. 156, V do CTN). 3. Agravo Interno do Estado a que se nega provimento.
(STJ – AgInt no AREsp: 1156016 SE 2017/0208225-7, Relator: Ministro NAPOLEÃO NUNES MAIA FILHO, Data de Julgamento: 01/06/2020, T1 – PRIMEIRA TURMA, Data de Publicação: DJe 04/06/2020)
TRIBUTÁRIO. AGRAVO INTERNO NO RECURSO ESPECIAL. EXECUÇÃO FISCAL. PRESCRIÇÃO. TERMO A QUO. DIA SEGUINTE AO DO VENCIMENTO DA OBRIGAÇÃO OU DA ENTREGA DA DECLARAÇÃO, O QUE FOR POSTERIOR. RESP 1.120.295/SP, REL. MIN. LUIZ FUX, DJE 21.5.2010, REPRESENTATIVO DA CONTROVÉRSIA. PRESCRIÇÃO RECONHECIDA NA ESPÉCIE. AGRAVO INTERNO DA FAZENDA DO ESTADO DE SÃO PAULO A QUE SE NEGA PROVIMENTO. 1. Segundo orientação da Primeira Seção desta Corte ao julgar o REsp. 1.120.295/SP, mediante o rito dos recursos repetitivos, em se tratando de tributo sujeito a lançamento por homologação, o termo inicial da prescrição ocorre no dia seguinte ao vencimento da obrigação tributária ou no dia posterior à data em que declarado e não pago o tributo, o que for posterior. Nesse sentido: AgInt no REsp. 1.787.925/MT, Rel. Min. FRANCISCO FALCÃO, DJe 23.5.2019; AgInt no REsp. 1.596.436/PE, Rel. Min. OG FERNANDES, DJe 15.4.2019. 2. Na espécie, o crédito tributário foi constituído mediante a entrega da declaração pelo contribuinte (GIA), em 26.5.1994, e a ação executiva foi proposta em 31.5.1999, isto é, após o prazo de cinco anos. Assim, há de ser reconhecida a prescrição. 3. Agravo Interno da FAZENDA DO ESTADO DE SÃO PAULO a que se nega provimento.
(STJ – AgInt no REsp: 1597015 SP 2016/0111189-8, Relator: Ministro NAPOLEÃO NUNES MAIA FILHO, Data de Julgamento: 17/02/2020, T1 – PRIMEIRA TURMA, Data de Publicação: DJe 03/03/2020)
TRIBUTÁRIO. AGRAVO INTERNO. AGRAVO EM RECURSO ESPECIAL. TRIBUTO SUJEITO A LANÇAMENTO POR HOMOLOGAÇÃO. PRESCRIÇÃO. TERMO INICIAL. DATA DO VENCIMENTO OU ENTREGA DA DECLARAÇÃO, O QUE OCORRER POR ÚLTIMO. ACÓRDÃO EM CONSONÂNCIA COM A JURISPRUDÊNCIA DO STJ. ALTERAÇÃO DO MARCO INICIAL. SÚMULA N. 7/STJ. 1. O tema em debate é a prescrição do crédito tributário, e o acórdão regional, amparado em julgados do STJ, firmou entendimento de que "o termo inicial para a contagem do prazo prescricional de cinco anos, para ajuizamento da execução fiscal, corresponde à data estabelecida como a do vencimento da obrigação tributária, constante da declaração, ou a data da sua entrega [...]", o que se coaduna com a reiterada jurisprudência do STJ que a prescrição somente se inicia pelo último fato relevante relativo aos tributos sujeitos ao lançamento por homologação: data do vencimento ou entrega da declaração. Precedentes. 2. No caso dos autos, o Tribunal foi categórico no sentido de que, embora os tributos se refiram a créditos entre fevereiro/2000 e outubro/2004, "as declarações foram entregues entre novembro e dezembro/2004", o que marca o início do prazo prescricional, a teor do entendimento acima delineado, de modo que, ajuizada a ação em 29/8/2006, não há prescrição passível de ser decretada. 3. Eventual alteração do aresto de origem para reconhecimento de marco diverso da prescrição demandaria o reexame do acervo fático-probatório, o que efetivamente esbarra no óbice da Súmula n. 7/STJ. Agravo interno improvido.
(STJ – AgInt no AREsp: 2066692 RS 2022/0031555-6, Relator: HUMBERTO MARTINS, Data de Julgamento: 07/12/2022, T2 – SEGUNDA TURMA, Data de Publicação: DJe 12/12/2022)

ASSUNTO: OBRIGAÇÕES ACESSÓRIAS Período de apuração: 01/04/2000 a 31/05/2004 PREVIDÊNCIA SOCIAL. INFRAÇÃO. CONTABILIDADE. LANÇAMENTO. TÍTULOS PRÓPRIOS. Constitui infração, punível com multa, deixar a empresa de lançar mensalmente em títulos próprios de sua contabilidade, de forma discriminada, os fatos geradores de todas as contribuições, o montante das quantias descontadas, as contribuições da empresa e os totais recolhidos. OBRIGAÇÃO ACESSÓRIA PREVIDENCIÁRIA. DECADÊNCIA. AFERIÇÃO. CÓDIGO TRIBUTÁRIO NACIONAL. SÚMULA CARF Nº 148. No caso de multa por descumprimento de obrigação acessória previdenciária, a aferição da decadência deve ser feita como base o art. 173, inciso I, do Código Tributário Nacional, sendo nessa linha a Súmula CARF nº 148. PRESCRIÇÃO TRIBUTÁRIA. CRÉDITO. CONSTITUIÇÃO DEFINITIVA. ESFERA ADMINISTRATIVA. A prescrição tributária diz respeito a créditos constituídos em definitivo na esfera administrativa, não se aplicando a créditos cuja discussão administrativa ainda se encontra em curso.

(**CARF 14751000037200815** 2402-010.052, Relator: DENNY MEDEIROS DA SILVEIRA, Data de Julgamento: 08/06/2021, Data de Publicação: 30/06/2021)

ASSUNTO: OBRIGAÇÕES ACESSÓRIAS Ano-calendário: 2013 ALEGAÇÃO PRELIMINAR DE PRESCRIÇÃO TRIBUTÁRIA. CONSTITUIÇÃO DEFINITIVA DO CRÉDITO TRIBUTÁRIO. INOCORRÊNCIA. De acordo com a Lei tributária vigente, o prazo prescricional deve ser contado apenas a partir da constituição definitiva do crédito tributário, sendo que enquanto perdurar o processo administrativo e, portanto, até que não seja proferida decisão definitiva nos termos da legislação de regência não há se cogitar pela aplicação do instituto da prescrição. MULTA POR ATRASO NA ENTREGA DE DECLARAÇÃO. GFIP. INTIMAÇÃO PRÉVIA AO LANÇAMENTO. DESNECESSIDADE. SÚMULA CARF N. 46 O lançamento de ofício pode ser realizado sem prévia intimação ao sujeito passivo, nos casos em que o Fisco dispuser de elementos suficientes à constituição do crédito tributário. MULTA POR ATRASO NA ENTREGA DE DECLARAÇÃO. GFIP. INSTITUTO DA DENÚNCIA ESPONTÂNEA. INAPLICABILIDADE. SÚMULA CARF N. 49. A denúncia espontânea (art. 138 do Código Tributário Nacional) não alcança a penalidade decorrente do atraso na entrega de declaração. MULTA POR ATRASO NA ENTREGA DE DECLARAÇÃO. GFIP. PREVISÃO LEGAL. CARÁTER CONFISCATÓRIO. ALEGAÇÕES DE INCONSTITUCIONALIDADE E/OU ILEGALIDADE SÚMULA CARF N. 2. No âmbito do processo administrativo fiscal, fica vedado aos órgãos de julgamento afastar a aplicação ou deixar de observar tratado, acordo internacional, lei ou decreto, sob fundamento de inconstitucionalidade. O CARF não é competente para se pronunciar sobre a inconstitucionalidade de lei tributária.

(**CARF 10930721758201875** 2201-006.694, Relator: SAVIO SALOMÃO DE ALMEIDA NOBREGA, Data de Julgamento: 07/07/2020, Data de Publicação: 27/08/2020)

TRIBUTÁRIO. PARCELAMENTO. INADIMPLEMENTO. REINÍCIO DO PRAZO PRESCRICIONAL. PRECEDENTES. 1. A jurisprudência deste STJ orienta-se no sentido de que a prescrição tributária, na hipótese de adesão a programa de parcelamento, volta a fluir a partir do inadimplemento da parcela. 2. Precedentes: AgInt no AREsp 862.131/SP, Rel. Ministro Benedito Gonçalves, Primeira Turma, DJe 30/8/2018; AgInt no REsp 1.586.753/SP, Rel. Ministro Napoleão Nunes Maia Filho, Primeira Turma, DJe 5/6/2018; AgInt no AREsp 1.007.930/RJ, Rel. Ministro Gurgel de Faria, Primeira Turma, DJe 23/10/2017; AgInt no REsp 1.573.429/RS, Rel. Ministra Regina Helena Costa, Primeira Turma, DJe 21/9/2016; AgRg no REsp 1.432.821/RS, Rel. Ministro Sérgio Kukina, Primeira Turma, DJe 12/6/2015; AgRg no AREsp 618.723/PE, Rel. Ministra Regina Helena Costa, Primeira Turma, DJe 9/12/2015; AgRg no REsp 1.468.778/PE, Rel. Ministra Assusete Magalhães, Segunda Turma, DJe 5/3/2015; AgRg no REsp 1.350.990/RS, Rel. Ministro Arnaldo Esteves Lima, Primeira Turma, DJe 1º/4/2013; e AgRg no Ag 1.361.961/SC, Rel. Ministro Herman Benjamin, Segunda Turma, DJe 23/8/2012. 3. Agravo interno não provido.

(**STJ – AgInt no REsp: 1513171 RS** 2015/0014638-5, Relator: Ministro SÉRGIO KUKINA, Data de Julgamento: 21/09/2020, T1 – PRIMEIRA TURMA, Data de Publicação: DJe 24/09/2020)

PROCESSUAL CIVIL. RECURSO ESPECIAL. PRESCRIÇÃO. ART. 174 DO CTN. PREQUESTIONAMENTO. AUSÊNCIA. 1. A jurisprudência do STJ entende que, na seara extraordinária, o prequestionamento é necessário para exame, inclusive, das matérias de ordem pública, na qual se inclui a prescrição tributária, prevista no art. 174 do CTN. 2. Agravo interno desprovido.

(**STJ – AgInt nos EDcl no AREsp: 2384973 MG** 2023/0198622-4, Relator: Ministro GURGEL DE FARIA, Data de Julgamento: 17/06/2024, T1 – PRIMEIRA TURMA, Data de Publicação: DJe 26/06/2024)

14.6.7 Conversão do depósito em renda

A **conversão do depósito em renda** significa que um valor depositado judicialmente é transferido em definitivo para os cofres públicos quando, ao final do processo, se decide que o tributo é devido. Em outras palavras, o **depósito** que estava sendo utilizado como **garantia no processo** passa a ser considerado **pagamento efetivo do tributo**, incorporando-se ao erário.

Assim, caso o contribuinte tenha a **improcedência de seu pedido na medida judicial adotada**, decidindo o juízo **em favor da Fazenda Pública**, o **depósito**, até então sob controle do juízo, é **convertido em renda** do **ente tributante** (União, Estado, DF ou Município), encerrando-se a discussão sobre o valor depositado.

Em regra, o sujeito passivo realiza o **depósito do montante integral** nas medidas judiciais com o fito de **suspender a exigibilidade do crédito tributário**. Neste caso, o **depósito judicial** serve como **caução** para, enquanto o mérito da ação judicial não for discutido, **impossibilitar a Fazenda Pública** de **prosseguir com a cobrança do crédito tributário**. O sujeito passivo que não obtiver êxito na discussão judicial terá o **depósito realizado convertido em renda a favor do ente público**, acarretando a **extinção do crédito tributário**.

JURISPRUDÊNCIA

PROCESSUAL CIVIL E TRIBUTÁRIO. AGRAVO INTERNO NOS EMBARGOS DE DECLARAÇÃO NO RECURSO ESPECIAL. DEPÓSITO JUDICIAL. SUSPENSÃO DA EXIGIBILIDADE DE TRIBUTO. DESISTÊNCIA DA AÇÃO. CONVERSÃO EM RENDA DA FAZENDA PÚBLICA. 1. O entendimento firmado na jurisprudência do STJ é no sentido de que o destino dos depósitos realizados para a suspensão da exigibilidade de tributos está estritamente vinculado com o resultado do processo em que realizados, devendo ser convertidos em renda se a Fazenda for vencedora, ou restituídos ao contribuinte em caso contrário, após o trânsito em julgado da demanda. 2. No caso de extinção do processo sem resolução de mérito por desistência da ação, o depósito judicial realizado por sujeito passivo tributário deverá ser convertido em renda da Fazenda. 3. Agravo interno a que se nega provimento.
(STJ – AgInt nos EDcl no REsp: 1741164 CE 2018/0111771-9, Data de Julgamento: 16/08/2022, T2 – SEGUNDA TURMA, Data de Publicação: DJe 23/08/2022)
PROCESSUAL CIVIL E TRIBUTÁRIO. AGRAVO INTERNO NO AGRAVO INTERNO NO AGRAVO EM RECURSO ESPECIAL. MANDADO DE SEGURANÇA. EXTINÇÃO SEM JULGAMENTO DO MÉRITO. DEPÓSITOS JUDICIAIS. LEVANTAMENTO. IMPOSSIBILIDADE. CONVERSÃO EM RENDA. ENTENDIMENTO JURISPRUDENCIAL PACÍFICO. VIOLAÇÃO DO ART. 1.022 DO CPC/2015. INEXISTÊNCIA. 1. Na via do recurso especial, este Tribunal Superior não procede à análise de matérias que não foram prequestionadas, ainda que sejam de ordem pública, razão pela qual não é adequada a apreciação de fato novo em favor da parte recorrente. Precedentes. 2. Não há violação do art. 1.022 do CPC/2015 quando o órgão julgador, de forma clara e coerente, externa fundamentação adequada e suficiente à conclusão do acórdão embargado. 3. A regra da conversão dos depósitos judiciais em renda da Fazenda Pública deve ser seguida quando não mais houver controvérsia judicial sobre a exigibilidade dos créditos tributários correlatos, daí porque se exige o trânsito em julgado para essa providência. Na hipótese em que há extinção do processo, sem resolução do mérito, o depósito deve ser convertido em renda do ente federado, após o trânsito em julgado. Precedentes. 4. Agravo interno não provido.
(STJ – AgInt no AgInt no AREsp: 1658162 SP 2020/0025376-9, Relator: Ministro BENEDITO GONÇALVES, Data de Julgamento: 19/10/2021, T1 – PRIMEIRA TURMA, Data de Publicação: DJe 21/10/2021)

PROCESSUAL CIVIL. AGRAVO INTERNO NOS SEGUNDOS EMBARGOS DE DECLARAÇÃO NO RECURSO ESPECIAL. MANDADO DE SEGURANÇA. DESEMBARAÇO ADUANEIRO. CRÉDITOS TRIBUTÁRIOS EXIGÍVEIS. DEPÓSITO JUDICIAL. LEVANTAMENTO. IMPOSSIBILIDADE. 1. Tendo sido realizado com o fim de suspensão da exigibilidade de créditos tributários, os depósitos só podem ser levantados pelo contribuinte/responsável após o trânsito em julgado de sentença que os reconheça inexigíveis, servindo, até lá, como antecipação de garantia dos créditos. E, no caso de improcedência do pedido ou extinção do processo, sem resolução do mérito, o depósito deve ser convertido em renda do ente federado, após o trânsito em julgado. Precedentes. 2. Na hipótese em que a retenção das mercadorias caracterizar ilegalidade e houver concessão do mandado de segurança para a liberação, mas os tributos ainda se encontrarem exigíveis do contribuinte, ou há consequente conversão do depósito em renda da União ou a parte deve pedir a transferência do depósito judicial para conta vinculada à ação em que esteja discutindo a inconstitucionalidade ou a ilegalidade da cobrança (no caso específico dos autos, direito à imunidade constitucional), o que deve ser postulado junto ao juízo de primeiro grau. Precedentes. 3. No caso dos autos, porque não há a sentença afastando a exigibilidade dos créditos tributários englobados pelos depósitos judiciais, inviável o levantamento pela parte impetrante. 4. Agravo interno não provido. (**STJ – AgInt nos EDcl nos EDcl no REsp: 1450427 CE** 2014/0094217-6, Relator: Ministro BENEDITO GONÇALVES, Data de Julgamento: 03/05/2021, T1 – PRIMEIRA TURMA, Data de Publicação: DJe 05/05/2021)

ASSUNTO: IMPOSTO SOBRE PRODUTOS INDUSTRIALIZADOS (IPI) Data do fato gerador: 28/01/2012 LANÇAMENTO PARA PREVENIR A DECADÊNCIA. DEPÓSITOS JUDICIAIS. CONVERSÃO EM RENDA DA UNIÃO. EXTINÇÃO INTEGRAL DO CRÉDITO TRIBUTÁRIO LANÇADO. ART. 156, VI DO CÓDIGO TRIBUTÁRIO NACIONAL. PERDA DO OBJETO. Opera-se a extinção do crédito tributário por meio da conversão de depósito judicial em renda da União, nos termos do art. 156, inciso VI do Código Tributário Nacional, resultando na perda de objeto do recurso voluntário por ausência de litígio. (**CARF 10715722903201456** 3402-009.336, Relator: Não informado, Data de Julgamento: 25/10/2021, Data de Publicação: 31/12/2021)

ASSUNTO: CONTRIBUIÇÃO PARA O FINANCIAMENTO DA SEGURIDADE SOCIAL (COFINS) Exercício: 2007 EXTINÇÃO DO CRÉDITO TRIBUTÁRIO. CONVERSÃO DO DEPÓSITO INTEGRAL EM RENDA À UNIÃO. A conversão em renda dos depósitos integrais realizados pelo contribuinte na esfera judicial, desde que coincidentes os períodos, valores e natureza do lançamento, cofnigura-se como pagamento, apto a extinguir o crédito tributário discutido, nos termos do artigo 156, inciso VI, do Código Tributário Nacional. (**CARF 12448725624201124** 3302-013.436, Relator: MARIEL ORSI GAMEIRO, Data de Julgamento: 25/07/2023, Data de Publicação: 11/09/2023)

ASSUNTO: CONTRIBUIÇÕES SOCIAIS PREVIDENCIÁRIAS Período de apuração: 01/01/1999 a 31/05/2001 INCONSTITUCIONALIDADE. IMPOSSIBILIDADE DE APRECIAÇÃO. No âmbito do processo administrativo fiscal, é vedado aos órgãos de julgamento afastar a aplicação ou deixar de observar tratado, acordo internacional, lei ou decreto, sob fundamento de inconstitucionalidade. CONVERSÃO EM RENDA. EXTINÇÃO DO CRÉDITO TRIBUTÁRIO. A Conversão do depósito judicial em renda extingue o crédito tributário. (**CARF 13405000476200986** 2301-010.890, Relator: ALFREDO JORGE MADEIRA ROSA, Data de Julgamento: 13/09/2023, Data de Publicação: 23/10/2023)

14.6.8 Pagamento antecipado e a homologação do lançamento

Conforme vimos, o **lançamento** é um procedimento administrativo vinculado – considerado como ato administrativo vinculado – pelo qual a autoridade administrativa competente **torna o crédito tributário exigível**.

Dentre as modalidades de lançamento temos o **lançamento por homologação**, na qual o sujeito passivo realiza a **antecipação do pagamento do tributo devido e realiza a declaração**, aguardando que a Fazenda Pública realize a homologação.

14 • CRÉDITO TRIBUTÁRIO | 689

O **ato de homologação** nada mais é do que a **anuência da autoridade administrativa competente** com o **procedimento** e o **pagamento** realizado pelo sujeito passivo, podendo ocorrer de forma **expressa** (quando a manifestação ocorrer por escrito, dentro do prazo quinquenal) ou **tácita** (quando pelo silêncio administrativo após o prazo quinquenal).

Ocorrendo **a homologação do lançamento** pela autoridade fazendária acarretará a **extinção do crédito** tributário, nos termos do art. 156, VII e 150, §4º do CTN.[51]

14.6.9 Consignação em pagamento

Trata-se de uma **medida judicial** em que o sujeito passivo pretende **adimplir com a obrigação tributária** para que **não incorra em mora**. Para tanto, o sujeito passivo oferece o **crédito tributário em juízo** para que a **procedência da medida judicial** acarrete a consequente **extinção do crédito tributário**.

No Direito Privado, a **consignação em pagamento** surge como **garantia ao devedor** que, **desejando adimplir sua obrigação**, não consegue fazê-lo por razões que lhe são alheias (p.ex., **recusa injustificada do credor** em receber, **dificuldade de identificação do credor** ou **exigências de atos indevidos**). Assim, depositando em juízo o valor devido, o **devedor evita a mora** e, se ao final for reconhecida a procedência do depósito, **extingue-se a obrigação**.

Reza o **art. 334 do CC/2002**:

> Considera-se pagamento, e extingue a obrigação, o depósito judicial ou em estabelecimento bancário da coisa devida, nos casos e forma legais.

A **ação de consignação em pagamento** vem regulada no **art. 164 do CTN**, que diz:

> Art. 164. A importância do crédito tributário pode ser consignada judicialmente pelo sujeito passivo, nos casos:
>
> I – de recusa no recebimento, ou subordinação deste ao pagamento de outro tributo ou de penalidade, ou ao cumprimento de obrigação acessória;
>
> II – de subordinação do recebimento ao cumprimento de exigências administrativas sem fundamento legal;
>
> III – de exigência, por mais de uma pessoa jurídica de direito público de tributo idêntico sobre um mesmo fato gerador.

---

51. **Art. 156**. Extinguem o crédito tributário:

(...) VII – o pagamento antecipado e a homologação do lançamento nos termos do disposto no artigo 150 e seus §§ 1º e 4º

Art. 150 (...)

§ 4º Se a lei não fixar prazo a homologação, será ele de cinco anos, a contar da ocorrência do fato gerador; expirado esse prazo sem que a Fazenda Pública se tenha pronunciado, considera-se homologado o lançamento e definitivamente extinto o crédito, salvo se comprovada a ocorrência de dolo, fraude ou simulação.

> § 1º A consignação só pode versar sobre o crédito que o consignante se propõe a pagar.
>
> § 2º Julgada procedente a consignação, o pagamento se reputa efetuado e a importância consignada é convertida em renda; julgada improcedente a consignação no todo ou em parte, cobra-se o crédito [tributário] acrescido de juros de mora, sem prejuízo das penalidades cabíveis.

No âmbito privado, a **consignação em pagamento** constitui uma **ação de natureza declaratória**, na qual se busca a **declaração judicial de quitação**. Já em **matéria tributária**, apesar de **preservar esse aspecto declaratório** (no que tange ao reconhecimento de que o pagamento extingue o crédito), a ação consignatória ostenta também **caráter exoneratório** – pois **exime o contribuinte dos consectários legais da mora**.

A **finalidade principal do sujeito passivo** não é a de realizar a **discussão jurídica sobre o cumprimento da obrigação tributária**. Se o sujeito passivo se propõe a realizar a ação de consignação em pagamento ele tem a **certeza jurídica** que tem **o dever legal de efetuar o cumprimento da obrigação**.

Nesse sentido, a **ação consignatória** consagra o dever de pagar o tributo por parte do contribuinte, mas, ao mesmo tempo, **protege-o contra exigências indevidas ou ilegítimas** que possam ser impostas pelo Fisco, garantindo que haja **efetivo cumprimento da obrigação sem a imposição de encargos** ou **penalidades** que não se coadunem com a lei.

Porém, o que pode gerar dúvida é a **quantia a ser depositada**, quem deve ser a **pessoa jurídica de direito público legitimada** para receber a quantia ou o **condicionamento de deveres administrativos infundados**. Mas, o **dever de pagar é incontestável**.

Caso o contribuinte deseje **discutir a exigibilidade do crédito tributário**, possuirá **outras medidas judiciais mais adequadas**, tais como a **ação anulatória de débito fiscal** e o **mandado de segurança**.

A **ação consignatória** pode ser efetivada por intermédio dos **depósitos judiciais**, realizados **em dinheiro**, da importância que seja considerada **devida pelo consignante**.

O **sujeito passivo** que opta pela consignação **reconhece seu dever de pagar** e, diante de dificuldades ou incertezas sobre a forma e condições estabelecidas em conformidade com o **art. 164 do CTN**, busca a chancela judicial para **efetivação do pagamento** e **extinção do crédito tributário**. Trata-se, portanto, de **mecanismo de equilíbrio** e **proteção** tanto do **interesse público** – ao assegurar o recebimento do crédito tributário devido – quanto do **interesse privado**, ao salvaguardar o contribuinte de **exigências indevidas** e das **consequências da mora**.

Caberá ao sujeito passivo promover a **ação consignatória** no **lugar do pagamento**, **cessando para o devedor os juros e demais encargos, salvo quando a ação for julgada improcedente**. Dispõe o **art. 335 do CC/2002**:

Art. 335. A consignação tem lugar:

I – se o credor não puder, ou, sem justa causa, recusar receber o pagamento, ou dar quitação na devida forma;

II – se o credor não for, nem mandar receber a coisa no lugar, tempo e condição devidos;

III – se o credor for incapaz de receber, for desconhecido, declarado ausente, ou residir em lugar incerto ou de acesso perigoso ou difícil;

IV – se ocorrer dúvida sobre quem deva legitimamente receber o objeto do pagamento;

V – se pender litígio sobre o objeto do pagamento.

Pelo **princípio da subsidiariedade**, as leis tributárias – notadamente, o CTN – são normas **especiais**, prevalecendo sobre as **regras gerais do Direito Privado** quando disciplinam determinada situação. Porém, na ausência de norma específica no CTN ou em legislação tributária correlata, aplica-se supletivamente o **Código Civil** e/ou o **Código de Processo Civil**.

In casu, se o CTN não contemplar determinada particularidade a respeito da **consignação em pagamento**, tais como a incerteza quanto ao local e tempo do pagamento – poder-se-á buscar abrigo nos dispositivos do Código Civil ou no Código de Processo Civil, nos termos do **art. 540**, que estabelece:

Requerer-se-á a consignação no lugar do pagamento, cessando para o devedor, à data do depósito, os juros e os riscos, salvo se a demanda for julgada improcedente.

Importante observar que, se **julgado procedente o pedido**, conforme determina o §2º do art. 164 do CTN, o pagamento **considera-se efetivado** e a **quantia depositada converte-se em renda da Fazenda Pública competente**. Em contrapartida, se **julgado improcedente o pedido**, no **todo** ou **em parte**, o contribuinte torna-se **sujeito ao pagamento do crédito tributário**, acrescido de **juros de mora**, sem prejuízo das penalidades cabíveis.

 JURISPRUDÊNCIA

PROCESSUAL CIVIL E TRIBUTÁRIO. EMBARGOS DE DECLARAÇÃO. ACOLHIMENTO. OMISSÃO ACERCA DE MATÉRIA INDEPENDENTE. DEPÓSITO JUDICIAL. SUSPENSÃO DA EXIGIBILIDADE DO CRÉDITO TRIBUTÁRIO. INTUITO DE QUITAÇÃO. AFASTAMENTO. INAPLICABILIDADE DA AÇÃO CONSIGNATÓRIA. I – Incorrendo o acórdão embargado em omissão acerca da análise de matéria independente, apta a solucionar a controvérsia, tem-se de rigor o acolhimento para, saneando a mácula, examinar a questão omitida. II – O feito decorre de ação ajuizada para obter a suspensão da exigibilidade do tributo e afastamento dos encargos moratórios, enquanto se discute administrativamente o valor do IPTU cobrado pelo município. No Juízo de primeiro grau, a ação foi extinta, por entender que o autor não fez a emenda a inicial. O Tribunal a quo, verificando que a emenda foi realizada, com a ratificação do valor da causa e a complementação das custas, afastou a extinção e determinou o retorno dos autos ao Juízo primevo, entretanto, determinou que houvesse adequação para ação em consignação em pagamento, com alteração do valor da causa e das custas.

III – A questão fática entelada se encontra bem delineada nos acórdãos que julgaram a apelação e os embargos declaratórios, estando definido que o autor pretendia o depósito de valores relativos a parcelas de IPTU, enquanto se desenvolvia a impugnação administrativa e ao final da discussão, pudesse levantar a parte que venha a ter êxito, sem a fluência dos encargos moratórios, na parte incontroversa, estando no período suspensa a exigibilidade do crédito, na forma do art. 151, III, do CTN. IV – Na hipótese dos autos, não se vislumbra ação em consignação em pagamento, modo de extinção da obrigação, liberando-se o depositante da obrigação. Não existe esse pedido na ação, procurando o contribuinte afastar a exigibilidade do crédito e se eximir do encargo moratório, enquanto se discute o valor do IPTU cobrado pelo município no processo administrativo. Em hipóteses como tais, o valor depositado judicialmente, para suspender a exigibilidade do crédito fica a ele vinculado até a decisão definitiva no processo administrativo, quando será definida a situação do devedor. Precedentes: AgRg no Ag n. 811.147/RS, relator Ministro Teori Albino Zavascki, Primeira Turma, julgado em 15/3/2007, DJ de 29/3/2007, p. 224 e AgRg nos EDcl na PET no REsp n. 1.377.298/RJ, relator Ministro Humberto Martins, Segunda Turma, julgado em 17/11/2015, DJe de 24/11/2015. V – Verificada a inaplicabilidade, no caso em exame, da ação de consignação em pagamento, apresenta-se intacta a parcela da decisão do Tribunal a quo que afastou a extinção da ação, porque realizada a emenda à inicial, conforme pleiteado na exordial, devendo aquele juízo prosseguir com o exame do pedido. VI – Embargos de declaração acolhidos para dar provimento ao recurso especial.

(STJ – EDcl no AgInt no REsp: 2124350 SP 2024/0048024-5, Relator: Ministro FRANCISCO FALCÃO, Data de Julgamento: 12/08/2024, T2 – SEGUNDA TURMA, Data de Publicação: DJe 15/08/2024)

TRIBUTÁRIO. CONSIGNAÇÃO EM PAGAMENTO DE TRIBUTO. PRECEDENTES. 1. É correta a proposição da ação consignatória em pagamento para fins de o contribuinte se liberar de dívida fiscal cujo pagamento seja recusado ou dificultado pelos órgãos arrecadadores - arts. 156, VIII, e 164, do CTN. 2. Tem-se por legítima a consignação em pagamento de tributo que o Fisco se recusa a receber sem que esteja acompanhado de obrigação acessória. 3. Precedentes desta Corte Superior. 4. Recurso provido. Baixa dos autos ao douto juízo de origem, para que prossiga com o exame das demais questões.

(STJ – REsp: 496747 SC 2003/0019236-5, Relator: Ministro JOSÉ DELGADO, Data de Julgamento: 22/04/2003, T1 – PRIMEIRA TURMA, Data de Publicação: DJ 09/06/2003 p. 191 RDDT vol. 95 p. 148 RNDJ vol. 44 p. 137.

PROCESSUAL CIVIL. TRIBUTÁRIO. CONSIGNAÇÃO EM PAGAMENTO DE TRIBUTO. ART. 164 DO CTN. POSSIBILIDADE. É correta a proposição da ação consignatória em pagamento para fins de o contribuinte se liberar de dívida fiscal cujo pagamento seja recusado ou dificultado pelos órgãos arrecadadores - arts. 156, VIII, e 164 do CTN. Precedentes. Agravo regimental improvido.

(STJ – AgRg no REsp: 1057357 SP 2008/0104511-0, Relator: Ministro HUMBERTO MARTINS, Data de Julgamento: 09/09/2008, T2 – SEGUNDA TURMA, Data de Publicação: DJe 09/10/2008)

PROCESSUAL CIVIL E TRIBUTÁRIO. NEGATIVA DE PRESTAÇÃO JURISDICIONAL. INEXISTÊNCIA. AÇÃO DE CONSIGNAÇÃO EM PAGAMENTO. HIPÓTESE DE BITRIBUTAÇÃO. EXIGÊNCIA DO TRIBUTO PELOS ENTES TRIBUTANTES. NECESSIDADE. 1. Inexiste ofensa ao art. 1.022 do CPC/2015 quando o Tribunal de origem se manifesta de modo fundamentado acerca das questões que lhe foram submetidas, apreciando integralmente a controvérsia posta nos autos, porquanto julgamento desfavorável ao interesse da parte não se confunde com negativa ou ausência de prestação jurisdicional. 2. A "exigência, por mais de uma pessoa jurídica de direito público, de tributo idêntico sobre um mesmo fato gerador" encontra-se no domínio das condições da ação consignatória prevista no art. 164, III, do CTN, de maneira que a efetiva cobrança, administrativa ou judicial, deve ser verificada da argumentação deduzida na petição inicial. 3. A mera existência de previsão legal abstrata do tributo e/ou o oferecimento de contestações pelas entidades fazendárias no curso de consignação em pagamento não são suficientes para atender ao requisito de que trata o mencionado dispositivo do CTN. 4. Agravo conhecido para negar provimento ao recurso especial.

(STJ – AREsp: 2397496 SP 2023/0219046-6, Relator: Ministro GURGEL DE FARIA, Data de Julgamento: 12/11/2024, T1 – PRIMEIRA TURMA, Data de Publicação: DJe 11/12/2024)

14.6.10 Decisão administrativa irreformável

A **decisão administrativa irreformável**, prevista no art. 156, IX, do CTN, desponta como uma hipótese em que, no âmbito do **processo administrativo fiscal, forma-se uma decisão final que não comporta mais qualquer tipo de recurso ou revisão**, seja porque se **esgotaram os recursos cabíveis**, seja porque decorreu o prazo para interposição sem manifestação do Fisco ou do contribuinte.

O **contencioso administrativo tributário**, em **âmbito federal**, é regulado por normas como o **Decreto 70.235/1972**, que dispõe sobre o processo administrativo fiscal, subsidiariamente adotando-se a **Lei 9.784/99**, complementado por portarias e regimentos internos dos órgãos responsáveis pelo julgamento de recursos (p.ex., o Conselho Administrativo de Recursos Fiscais – CARF). Em **âmbito estadual** e **municipal**, cada ente federado dispõe de sua **própria legislação** para disciplinar o processo administrativo tributário.

A **irreformabilidade da decisão administrativa** está atrelada ao **esgotamento de todas as vias recursais no âmbito administrativo**, ou ao **transcurso do prazo legal para a interposição de recurso** sem que tenha sido interposto. Em outras palavras, ocorre quando a decisão **deixa de ser passível de modificação dentro do processo administrativo**.

Quando a decisão administrativa irreformável reconhece a **inexistência do crédito tributário** ou **declara a sua nulidade**, encerra-se a **controvérsia na esfera administrativa**, implicando a **extinção do crédito**. Nesse cenário, o Fisco não poderá mais cobrar aquele tributo por força daquela decisão. Isso porque, no âmbito do contencioso administrativo fiscal, a decisão administrativa irreformável, proferida pelos órgãos competentes **vincula a própria Administração Pública**. Uma vez decidido que o **crédito tributário é indevido** ou **inexistente**, o Fisco, enquanto órgão administrativo, **não pode contradizer sua própria decisão**, pois estaria ferindo o **princípio da segurança jurídica** e da **boa-fé**, além de comprometer a confiança legítima do contribuinte.

Assim, permitir que o Fisco, **após ter decidido contra si no processo administrativo**, leve a questão ao Poder Judiciário, seria conferir-lhe uma **vantagem processual que não está disponível ao contribuinte**. O contribuinte, diferentemente, pode buscar o Poder Judiciário para **revisar uma decisão administrativa desfavorável**, pois a Constituição garante o **direito fundamental de acesso ao Judiciário**, através do **princípio da inafastabilidade de jurisdição**.[52]

Tal direito **não se estende à Administração**, que não dispõe de **direito subjetivo de revisão judicial contra suas próprias decisões**. Assim, há um **esgotamento de todas as possibilidades de modificação** dentro da **esfera administrativa**. Esse esgotamento

---

52. **Art. 5º** (...)

XXXV – a lei não excluirá da apreciação do Poder Judiciário lesão ou ameaça a direito.

gera a **preclusão administrativa**, que vincula tanto o Fisco quanto o contribuinte à decisão final proferida no processo.

No processo administrativo fiscal, o Fisco é o próprio Estado em atuação, em observância a **Teoria do Órgão** – ou **Teoria da Imputação Volitiva**. De acordo com a essa teoria, a pessoa jurídica de direito público exerce suas funções através de órgãos, que **atuam por intermédio de agentes públicos**. Esses agentes são vistos como **prolongamentos da vontade da pessoa jurídica**, e os atos que praticam, no exercício de suas atribuições, são **imputados diretamente à entidade estatal**, e não aos agentes em sua capacidade pessoal.

Assim, o **órgão** é a **estrutura institucional**, e o **agente público**, ao atuar em nome desse órgão, **não age por conta própria**, mas como *longa manus* da entidade pública.

Quando um **órgão administrativo competente** decide de forma irreformável que o crédito tributário não existe, essa decisão é **imputada ao próprio Estado**, e não **ao Fisco enquanto "parte"**. Por isso, permitir que o Fisco questione judicialmente sua própria decisão administrativa seria admitir um **comportamento contraditório**.

O Fisco, como parte da Administração Pública, **não pode agir contra sua própria decisão administrativa definitiva** sem ferir os **princípios da confiança legítima**, da **estabilidade das relações jurídicas** e da **boa-fé objetiva**.

JURISPRUDÊNCIA

TRIBUTÁRIO E PROCESSUAL CIVIL. EMBARGOS DE DECLARAÇÃO. ALEGAÇÕES GENÉRICAS. SÚMULA 284/STF. MANDADO DE SEGURANÇA. CRÉDITO TRIBUTÁRIO. RECONHECIMENTO DE EXTINÇÃO. DECISÃO ADMINISTRATIVA IRRECORRÍVEL. SÚMULA 7/STJ. 1. O Tribunal a quo confirmou sentença concessiva de Segurança para reconhecer a extinção de crédito tributário inscrito em Dívida Ativa, referente à Cofins dos meses de fevereiro a junho de 1995. 2. A parte sustenta que o art. 535, II, do CPC/1973 foi violado, mas deixa de apontar, de forma clara, o vício em que teria incorrido o acórdão impugnado. Assevera apenas ter oposto Embargos de Declaração no Tribunal a quo, sem indicar as matérias sobre as quais deveria pronunciar-se a instância ordinária, nem demonstrar a relevância delas para o julgamento do feito e o motivo pelo qual estaria o julgador obrigado a enfrentá-las. Aplicação da Súmula 284/STF. 3. A ratio decidendi do acórdão recorrido consiste no reconhecimento de que o crédito tributário cobrado se encontra extinto por decisão administrativa irreformável, nos termos do art. 156, IX, do CTN. 4. À míngua de mais informações, no acórdão atacado, acerca das circunstâncias do ato administrativo em questão, a reforma do entendimento do Tribunal a quo depende de revolvimento fático-probatório, o que encontra óbice na Súmula 7/STJ. 5. Recurso Especial não conhecido.
(STJ – REsp: 1657385 SP 2017/0040174-8, Relator: Ministro HERMAN BENJAMIN, Data de Julgamento: 18/04/2017, T2 – SEGUNDA TURMA, Data de Publicação: DJe 02/05/2017)
TRIBUTÁRIO. PROCESSUAL CIVIL. EMBARGOS DE DECLARAÇÃO. MANDADO DE SEGURANÇA. OMISSÃO RECONHECIDA PELO STJ. REJULGAMENTO. DISCUSSÃO JUDICIAL E ADMINISTRATIVA. PRINCÍPIO DA JURISDIÇÃO UNA. EXPEDIÇÃO DA CPD-EN QUE NÃO SE CONFUNDE COM A DISCUSSÃO ACERCA DO DÉBITO. DISTINÇÃO ENTRE CAUSA E CONSEQUÊNCIA. RECURSO ADMINISTRATIVO. INEXIGIBILIDADE DO CRÉDITO. ART. 151, III DO CTN. EMBARGOS DE DECLARAÇÃO ACOLHIDOS SEM EFEITOS INFRINGENTES. 1. Rejulgamento dos embargos de declaração opostos pela União nos idos de 2006 (fls. 1139/1144), conforme determinado pelo e. STJ no REsp 989.672 (fls. 1200/1201).

2. Na via especial, a União/PFN aduziu, em síntese, que o acórdão recorrido (fls. 1128/1134) deixou de manifestar-se acerca dos seguintes pontos: a) alegação de que a discussão judicial da pretensão compensatória implica renúncia ao direito de recorrer na esfera administrativa; b) impossibilidade de compensar créditos reconhecidos judicialmente antes do trânsito em julgado da sentença; e c) existência de débito tributário do recorrido. 3. Considera-se omissa a decisão que não se manifestar sobre um dos seguintes pontos: (i) pedido; (ii) argumentos relevantes lançados pelas partes; (iii) questões de ordem pública, que são apreciáveis de ofício pelo magistrado, tenham ou não tenham sido suscitadas pela parte. Doutrina. 4. O STF já afirmou a constitucionalidade do parágrafo único do artigo 38 da Lei 6.830/80, segundo o qual a discussão judicial da dívida em ação anulatória importa a renúncia ao poder de recorrer na esfera administrativa e a desistência do recurso eventualmente interposto. Precedente. 5. Quando a demanda administrativa versar sobre objeto menor ou idêntico ao da ação judicial, ocorre a renúncia ao poder de recorrer na esfera administrativa e a desistência do recurso interposto, nos termos do art. 38, parágrafo único, da Lei n. 6830/1980. Jurisprudência do STJ. 6. Especificidade do caso concreto: a rigor, não se questiona a existência de débitos, tampouco a compensação. Até porque não se confunde o provimento declaratório do direito de compensação com a compensação em si, na medida em que esta se dá em momento posterior, após o trânsito em julgado, administrativamente. 7. In casu, pretende-se, tão somente, a expedição da CPD-EN. Os débitos (assim como sua exigibilidade) foram deslocados do pedido para a causa de pedir. Este o motivo de não se poder falar que a discussão judicial aqui travada implica em renúncia ao direito de recorrer na esfera administrativa. Vale dizer, qualquer menção sobre os débitos aqui lançada não passaria de obter dicta. 8. Quanto aos pedidos de compensação de PIS e COFINS, indeferidos pela autoridade coatora, a impetrante apresentou manifestação de inconformidade, razão por que não se afigura legítima sua cobrança até que seja proferida decisão administrativa irrecorrível, segundo se extrai da inteligência do inciso III do art. 151 do CTN. 9. Não havendo pronunciamento do Fisco acerca de pedido de compensação de créditos, a compensação declarada pela impetrante, em consonância com o disposto no § 2º do art. 74 da Lei n. 9.430/96, "extingue o crédito tributário, sob condição resolutória de sua ulterior homologação" e não havendo prova nos autos da realização de lançamento, apresenta-se ilegítima a recusa do Fisco em fornecer a certidão pretendida. 10. De fato, a compensação observará a lei vigente na época de sua efetivação (limites percentuais, os tributos compensáveis etc.), após o trânsito em julgado (CTN, art. 170-A), nos termos do decidido no REsp 1.164.452/MG, representativo da controvérsia. Mas isto não obsta que seja declarada a compensação por conta e risco da impetrante; impede, sim, a ulterior homologação, com o consequente lançamento. 11. No caso de compensação de tributos feita por conta e risco do contribuinte, o débito resultante de eventual divergência nos valores compensados só se torna exigível após sua constituição definitiva, ou seja, após o lançamento de ofício pelo Fisco, não havendo, antes disso, razões ou motivos aptos a impedir a expedição de Certidão Positiva com Efeitos de Negativa. 12. No período compreendido entre a declaração de compensação e a constituição definitiva do crédito resultante de eventual divergência nos valores compensados o Fisco não pode se negar a expedir a CDN-EN. 13. Não havendo prova nos autos da realização de lançamento, apresenta-se ilegítima a recusa do Fisco em fornecer a certidão pretendida. 14. O órgão julgador não é obrigado a rebater, um a um, todos os argumentos trazidos pelas partes em defesa da tese que apresentaram. Deve apenas enfrentar a demanda, observando as questões relevantes e imprescindíveis à sua resolução. Jurisprudência do c. STJ e deste Regional. 15. Acolhidos parcialmente os embargos de declaração para sanar as omissões apontadas, sem, contudo, atribuir-lhes efeitos infringentes.
(TRF-1 – EDAC: 00200918320044013500, Relator: DESEMBARGADOR FEDERAL MARCOS AUGUSTO DE SOUSA, Data de Julgamento: 19/04/2021, 8ª Turma, Data de Publicação: PJe 10/05/2021 PAG PJe 10/05/2021 PAG)

ADMINISTRATIVO. AÇÃO ORDINÁRIA. AGRAVO DE INSTRUMENTO. APURAÇÃO DO CRÉDITO NÃO ADMI-
NISTRATIVO. PROCEDIMENTO ADMINISTRATIVO. INÉRCIA DA ADMINISTRAÇÃO. AUSÊNCIA DE PROVA.
PRESCRIÇÃO. NÃO OCORRÊNCIA. 1. Nos termos do art. 1º da Lei nº 9873/99 com redação dada pela Lei
nº 11.941/99, há o prazo decadencial quinquenal para que a Administração, no exercício do Poder de
Polícia, apure o cometimento de infração e constitua o crédito. 2. Quando a decisão administrativa se
torna irrecorrível, constitui-se definitivamente o débito, ocorrendo a respectiva inscrição em dívida
ativa e lavratura da CDA. Esse é o termo inicial para a cobrança judicial. 3. O histórico processual é insuficiente à análise de eventual decadência ou prescrição intercorrente (Evento1), sendo imprescindível
o conhecimento do teor dos diversos documentos, manifestações e despachos proferidos no período
apontado. 4. Deve ficar comprovado que a demora decorreu da inércia na condução do expediente
(retardo abusivo e injustificado) e não do regular processamento, em virtude de diligências necessárias
à solução da controvérsia.
(**TRF-4 – AG: 5036099420214040000** 5036099-94.2021.4.04.0000, Relator: VÂNIA HACK DE ALMEIDA,
Data de Julgamento: 19/10/2021, TERCEIRA TURMA.

14.6.11 Decisão judicial transitada em julgado

A **decisão judicial transitada em julgado** é uma das hipóteses de **extinção do crédito tributário**, conforme disposto no artigo 156, X, do CTN. Essa previsão reflete a importância da **estabilidade** e da **segurança jurídica** no âmbito das relações entre o Fisco e o contribuinte. A decisão judicial que transita em julgado põe fim à **discussão sobre a exigibilidade do crédito tributário na esfera judicial**, conferindo-lhe caráter **definitivo**.

O **princípio da segurança jurídica**, amplamente consagrado no ordenamento jurídico brasileiro, exige que as **decisões judiciais**, após **transitarem em julgado**, sejam respeitadas pelas partes e pela Administração Pública. Esse princípio garante **previsibilidade** e **estabilidade** às relações entre Fisco e contribuinte.

No entanto, a **segurança jurídica não é um valor absoluto** e pode ser **relativizada em situações excepcionais**, nas quais o ordenamento jurídico prevê instrumentos para **revisar decisões** que, embora **transitadas em julgado**, apresentem **vícios graves ou injustiças evidentes**.

A **ação rescisória** é um mecanismo processual que permite a **revisão de decisões judiciais transitadas em julgado** quando presentes **hipóteses taxativamente previstas no art. 966 do CPC**, abaixo transcrito:

Art. 966. A decisão de mérito, transitada em julgado, pode ser rescindida quando:

I – se verificar que foi proferida por força de prevaricação, concussão ou corrupção do juiz;

II – for proferida por juiz impedido ou por juízo absolutamente incompetente;

III – resultar de dolo ou coação da parte vencedora em detrimento da parte vencida ou, ainda, de simulação ou colusão entre as partes, a fim de fraudar a lei;

IV – ofender a coisa julgada;

V – violar manifestamente norma jurídica;

VI – for fundada em prova cuja falsidade tenha sido apurada em processo criminal ou venha a ser demonstrada na própria ação rescisória;

VII – obtiver o autor, posteriormente ao trânsito em julgado, prova nova cuja existência ignorava ou de que não pôde fazer uso, capaz, por si só, de lhe assegurar pronunciamento favorável;

VIII – for fundada em erro de fato verificável do exame dos autos.

§ 1º Há erro de fato quando a decisão rescindenda admitir fato inexistente ou quando considerar inexistente fato efetivamente ocorrido, sendo indispensável, em ambos os casos, que o fato não represente ponto controvertido sobre o qual o juiz deveria ter se pronunciado.

§ 2º Nas hipóteses previstas nos incisos do caput, será rescindível a decisão transitada em julgado que, embora não seja de mérito, impeça:

I – nova propositura da demanda; ou

II – admissibilidade do recurso correspondente.

§ 3º A ação rescisória pode ter por objeto apenas 1 (um) capítulo da decisão.

§ 4º Os atos de disposição de direitos, praticados pelas partes ou por outros participantes do processo e homologados pelo juízo, bem como os atos homologatórios praticados no curso da execução, estão sujeitos à anulação, nos termos da lei.

§ 5º Cabe ação rescisória, com fundamento no inciso V do caput deste artigo, contra decisão baseada em enunciado de súmula ou acórdão proferido em julgamento de casos repetitivos que não tenha considerado a existência de distinção entre a questão discutida no processo e o padrão decisório que lhe deu fundamento.

§ 6º Quando a ação rescisória fundar-se na hipótese do § 5º deste artigo, caberá ao autor, sob pena de inépcia, demonstrar, fundamentadamente, tratar-se de situação particularizada por hipótese fática distinta ou de questão jurídica não examinada, a impor outra solução jurídica.

Trata-se de uma forma de **relativizar a coisa julgada**, em nome da **justiça material** e da **correção de erros graves**. Em âmbito tributário, a **ação rescisória** pode ser manejada tanto pelo contribuinte quanto pelo Fisco, desde que **preenchidos os requisitos legais**. Algumas hipóteses relevantes incluem a **violação manifesta da norma jurídica**, utilização de **prova falsa**, por **erro de fato** ou ainda, através de **inconstitucionalidade declarada** *a posteriori*.

Em 8 de fevereiro de 2023, o STF ao julgar os **Temas de Repercussão Geral 881** e **885**, definiu a seguinte **tese**:

> As decisões do STF em controle incidental de constitucionalidade, anteriores à instituição do regime de repercussão geral, **não impactam automaticamente a coisa julgada que se tenha formado**, mesmo nas **relações jurídicas tributárias de trato sucessivo**. Já as decisões proferidas em **ação direta** ou em sede de **repercussão geral interrompem automaticamente os efeitos temporais das decisões transitadas em julgado nas referidas relações**, respeitadas a **irretroatividade**, a **anterioridade anual** e a **noventena** ou a **anterioridade nonagesimal**, conforme a **natureza do tributo**.

No **controle incidental**, denominado de **controle difuso**, a questão constitucional é examinada **dentro de um caso concreto**, em que se discute a **aplicabilidade de determinado ato normativo à situação controvertida**. Antes da instituição do regime de repercussão geral, as decisões do STF em **controle difuso** possuíam **eficácia limitada** àquele caso concreto – embora, em tese, pudessem servir como precedente persuasivo para outros casos.

Diante disso, **uma decisão do STF em sede de controle incidental, anterior ao regime de repercussão geral, não possui efeito automático para romper coisa julgada** já formada. O entendimento então aplicado era de que, se um **contribuinte havia obtido decisão judicial** (p.ex., para não recolher determinado tributo ou para calculá-lo de forma diversa), essa coisa julgada **não seria automaticamente afastada pela posterior decisão do STF em outro processo,** que declarasse a **inconstitucionalidade** ou a **constitucionalidade** da norma tributária. Em suma, a **coisa julgada não seria afetada de maneira imediata,** salvo manejo de instrumentos específicos – como ocorre nos casos da ação rescisória, dentro do prazo legal.

No **controle concentrado,** por meio de **Ação Direta de Inconstitucionalidade** (ADI), **Ação Declaratória de Constitucionalidade** (ADC), **Arguição de Descumprimento de Preceito Fundamental** (ADPF) etc., a decisão do STF possui **eficácia *erga omnes* e efeito vinculante** (em regra, especialmente a ADI e a ADC, conforme o **art. 102, §2º, CF/1988**[53]**, e a Lei 9.868/99**). Nesse caso, a **declaração de inconstitucionalidade** (ou **constitucionalidade**) de uma norma transcende o caso concreto e **vincula todos os órgãos do Judiciário** e a **Administração Pública.**

No que tange às **relações de trato sucessivo** e aos efeitos sobre a coisa julgada, o STF tem se posicionado no sentido de que, **nas hipóteses de controle concentrado, a decisão do Supremo pode interromper automaticamente os efeitos futuros de decisões anteriores transitadas em julgado,** especialmente quando se tratar de **obrigação tributária continuada.** Isso porque tais decisões têm **força vinculante plena** e operam como rompimento do efeito prospectivo de decisões pretéritas que contrariem o pronunciamento do STF.

São consideradas de **trato sucessivo** as obrigações que se **renovam periodicamente,** como ocorre com os tributos cujos fatos geradores acontecem em **intervalos determinados** (p.ex., o IPTU, cuja cobrança ocorre anualmente, o ICMS, cuja cobrança ocorre mensalmente, e assim sucessivamente). Nessas situações, a **coisa julgada referente a um exercício** ou a **determinados fatos geradores** não se projeta, **indefinidamente,** sobre **fatos geradores futuros,** especialmente diante de **novos julgamentos de constitucionalidade pelo STF.**

A solução de compromisso entre **segurança jurídica** e **autoridade das decisões do STF** encontra-se na **modulação dos efeitos dos julgados**[54], permitindo o ajuste dos contribuintes e do Fisco diante das mudanças na jurisprudência constitucional.

---

53. Art. 102 (...)

    § 2º As decisões definitivas de mérito, proferidas pelo Supremo Tribunal Federal, nas ações diretas de inconstitucionalidade e nas ações declaratórias de constitucionalidade produzirão eficácia contra todos e efeito vinculante, relativamente aos demais órgãos do Poder Judiciário e à administração pública direta e indireta, nas esferas federal, estadual e municipal.
54. Nos termos do art. 27 da Lei 9.868/99, ao declarar a inconstitucionalidade de lei ou ato normativo, e tendo em vista razões de segurança jurídica ou de excepcional interesse social, poderá o Supremo Tribunal Federal, por maioria de dois terços de seus membros, restringir os efeitos daquela declaração ou decidir que ela só tenha eficácia a partir de seu trânsito em julgado ou de outro momento que venha a ser fixado.

Desde modo, se um contribuinte **obteve decisão em caráter definitivo** para **não recolher determinado tributo**, mas o STF, em julgamento de **repercussão geral**, decide pela **constitucionalidade da exação**, o Fisco poderá exigir o tributo em **períodos posteriores ao julgamento, rompendo o efeito da coisa julgada em relação aos fatos geradores futuros**. Contudo, respeita-se o **período anterior ao julgamento**, bem como se aplicam as **regras de anterioridade** (anual, nonagesimal ou noventena, a **depender do tributo**) para fins de **adequação à nova interpretação constitucional**.

JURISPRUDÊNCIA

ASSUNTO: PROCESSO ADMINISTRATIVO FISCAL Data do fato gerador: 31/12/2009 CRÉDITO TRIBUTÁRIO. LANÇAMENTO DE OFÍCIO. EXTINÇÃO PELA COMPENSAÇÃO. Sendo comprovado nos autos que o crédito tributário lançado por meio de auto de infração foi integralmente extinto por meio de compensação, o Recurso Voluntário deve ser provido. CONCOMITÂNCIA ENTRE PROCESSO ADMINISTRATIVO FISCAL E PROCESSO JUDICIAL. RENUNCIA à INSTÂNCIA ADMINISTRATIVA. A propositura pelo contribuinte de ação judicial contra a Fazenda, com o mesmo objeto da autuação fiscal, importa a renúncia às instâncias julgadoras administrativas ou desistência de eventual recurso interposto, nos termos da Súmula CARF N.º 01. DECISÃO JUDICIAL TRANSITADA EM JULGADO. PREVALÊNCIA SOBRE DECISÃO ADMINISTRATIVA. A decisão judicial transitada em julgado prevalece sobre a decisão administrativa.
(**CARF 11516722629201424** 3201-009.869, Relator: Não informado, Data de Julgamento: 25/10/2022, Data de Publicação: 17/11/2022)
ASSUNTO: PROCESSO ADMINISTRATIVO FISCAL Período de apuração: 01/08/2002 a 31/08/2002 EMBARGOS DE DECLARAÇÃO. PRESSUPOSTOS DE ADMISSIBILIDADE. Cabem embargos de declaração quando o acórdão contiver obscuridade, omissão ou contradição entre a decisão e os seus fundamentos, ou for omitido ponto sobre o qual deveria pronunciar-se a turma, não consistindo em pedido de reconsideração, nem possibilitando aduzir novas razões de direito, muito menos a apresentação de documentos probatórios. CONTRIBUIÇÃO PARA O PIS/PASEP COMPENSAÇÃO. CRÉDITO RECONHECIDO JUDICIALMENTE. HABILITAÇÃO. REQUISITO INDISPENSÁVEL. Para se efetivar a compensação declarada com base em direito a crédito reconhecido em decisão judicial transitada em julgado, a legislação tributária exige a sua prévia habilitação em procedimento administrativo próprio. O deferimento do pedido de habilitação não implica homologação da compensação ou o deferimento do pedido de restituição ou ressarcimento. PRAZO PARA APRESENTAÇÃO DE DCOMP. CINCO ANOS DO TRÂNSITO EM JULGADO DA AÇÃO JUDICIAL. O prazo para a compensação mediante apresentação de Declaração de Compensação de crédito tributário decorrente de ação judicial é de cinco anos, contados do trânsito em julgado da sentença que reconheceu o crédito ou da homologação da desistência de sua execução. DECLARAÇÃO DE COMPENSAÇÃO. DIREITO CREDITÓRIO. COMPROVAÇÃO. Compete ao sujeito passivo trazer aos autos do Processo Administrativo Fiscal a demonstração, acompanhada das provas hábeis, da composição e a existência do crédito que alega possuir junto à Fazenda Nacional, para que sejam aferidas sua liquidez e certeza pela autoridade administrativa.
(**CARF 10980916797201197** 3301-012.250, Relator: MARCO ANTONIO MARINHO NUNES, Data de Julgamento: 19/12/2022, Data de Publicação: 10/02/2023)
ASSUNTO: NORMAS DE ADMINISTRAÇÃO TRIBUTÁRIA Exercício: 2005 COMPENSAÇÃO. DECISÃO JUDICIAL. OBSERVÂNCIA DA COISA JULGADA. A decisão judicial transitada em julgado faz lei entre as partes e deve ser cumprida nos exatos termos do decidido, que guarda relação direta com o pedido. Frente a decisão judicial transitada em julgado que não contempla o valor do direito creditório do contribuinte, cabe ao Fisco mensurar o crédito alegado com o fito de verificar o acerto da compensação efetuada.
(**CARF 11020000791200650** 1201-004.493, Relator: Jeferson Teodorovicz, Data de Julgamento: 08/12/2020, Data de Publicação: 20/01/2021)

TRIBUTÁRIO. AÇÃO RESCISÓRIA. ERRO DE FATO. REVISÃO. IMPOSSIBILIDADE. REEXAME DE MATÉRIA FÁTICO-PROBATÓRIA. INVIABILIDADE. 1. Segundo a jurisprudência do Superior Tribunal de Justiça, "incorre-se em erro de fato quando o julgado admite um fato existente ou considera inexistente um fato que efetivamente ocorreu, podendo o erro ser apurável pelo mero exame dos autos e documentos do processo. Exige-se, ainda, que sobre o fato não tenha havido controvérsia nem provimento judicial. [...] O erro de fato que autoriza a rescisão do julgado é aquele decorrente de má percepção dos fatos pelo magistrado, e não aquele decorrente da valoração jurídica dada pelo magistrado, como no caso" (AR 4.158/RN, rel. Ministro Antônio Saldanha Palheiro, Terceira Seção, julgado em 24/03/2021, DJe 05/04/2021). 2. Na hipótese dos autos, rever o entendimento do Tribunal de origem com o objetivo de acolher a pretensão recursal, no sentido da não ocorrência de erro de fato de modo a autorizar o ajuizamento da ação rescisória, demandaria necessário revolvimento de matéria fática, o que é inviável em sede de recurso especial, à luz do óbice contido na Súmula 7 desta Corte, assim enunciada: "A pretensão de simples reexame de prova não enseja recurso especial". 3. Agravo interno desprovido.
(STJ – AgInt no AgInt no REsp: 1469371 SP 2014/0174810-5, Relator: Ministro GURGEL DE FARIA, Data de Julgamento: 13/12/2021, T1 – PRIMEIRA TURMA, Data de Publicação: DJe 1º/02/2022)
AÇÃO RESCISÓRIA. DIREITO TRIBUTÁRIO. IMPOSTO SOBRE PRODUTOS INDUSTRIALIZADOS – IPI. CREDITAMENTO. COMPREENSÃO JURISPRUDENCIAL À ÉPOCA DO JULGAMENTO DA DECISÃO RESCINDENDA. SÚMULA 343 DO STF. 1. Não cabe ação rescisória quando o julgado estiver em harmonia com o entendimento firmado pelo Plenário do Supremo à época da formalização do acórdão rescindendo, ainda que ocorra posterior superação do precedente. Precedente: RE 590.809, de relatoria do Ministro Marco Aurélio, Tribunal Pleno, DJe 24.11.2014. Súmula 343 do STF. 2. A modificação posterior da diretriz jurisprudencial do STF não autoriza, sob esse fundamento, o ajuizamento de ação rescisória para desfazer acórdão que aplicara a firme jurisprudência até então vigente no próprio Tribunal. No particular, antes reconhecia e depois veio a negar o direito a creditamento de IPI em operações com mercadorias isentas ou com alíquota zero. Precedentes: AR 2.341, de relatoria do Ministro Ricardo Lewandowski; AR 2.385, de relatoria do Ministro Marco Aurélio, DJe 17.12.2015; e AR 2.370, de relatoria do Ministro Teori Zavascki, Tribunal Pleno, DJe 12.11.2015. 3. Ação rescisória não conhecida.
(STF – AR: 2297 PR 9953970-56.2011.1.00.0000, Relator: EDSON FACHIN, Data de Julgamento: 03/03/2021, Tribunal Pleno, Data de Publicação: 21/05/2021)

14.6.12 Dação em pagamento de bens imóveis

A **dação em pagamento de bens imóveis**, embora seja instituto de origem no Direito Privado, foi incorporada pelo Direito Tributário como forma de extinção do crédito tributário, nos termos do **art. 156, XI, do CTN**, que admite o **pagamento de tributos em dinheiro** ou mediante a **entrega de bens imóveis ao Fisco**. Trata-se, portanto, de **mecanismo excepcional**, cuja concretização se deu pelo advento da Lei 13.259/16, com alterações realizadas pela Lei 13.313/16.

Em sendo tradicional instituto do direito privado, está disciplinada no **art. 356 do CC/2002**[55]. O dispositivo prevê que, **havendo concordância do credor**, a prestação originalmente convencionada **pode ser substituída pela entrega de outro bem ou serviço**, liberando o devedor de sua obrigação. A essência desse acordo liberatório reside na **anuência do credor**, que precisa concordar em receber objeto diverso do inicialmente previsto.

---

55. **Art. 356**. O credor pode consentir em receber prestação diversa da que lhe é devida.

A norma tributária fora regulamentada através da **Portaria PGFN 32/18**, estabelecendo que a **dação em pagamento de bens imóveis** deve abranger a **totalidade do débito que se pretende liquidar**, com **atualização, juros, multa e encargos legais, sem desconto de qualquer natureza**, assegurando-se ao devedor a possibilidade de complementação em dinheiro de eventual diferença entre o valor da totalidade da dívida e o valor do bem ofertado.

Dentre os **requisitos autorizativos** para que a **dação em pagamento de bens imóveis** se perfectibilize, temos:

I – o imóvel deve ter **domínio pleno ou útil** regularmente **inscrito em nome do devedor**, junto ao **Cartório de Registro Imobiliário competente**;

II – o bem deverá estar **livre e desembaraçado de quaisquer ônus**.

O Fisco poderá **recusar o oferecimento do bem imóvel** como forma de pagamento quando for **imóveis de difícil alienação, inservíveis**, ou que não atendam aos **critérios de necessidade, utilidade e conveniência**, a serem aferidos pela Administração Pública.

O **valor atribuído ao bem imóvel** será o **valor do laudo de avaliação do bem imóvel** e, caso o bem ofertado for **avaliado em montante superior ao valor consolidado do débito inscrito em dívida ativa da União** que se objetiva extinguir, sua aceitação ficará condicionada à **renúncia expressa**, em **escritura pública**, por parte do devedor proprietário do imóvel, ao **ressarcimento de qualquer diferença**.

A **validade do laudo de avaliação do imóvel** está condicionada a expedição por determinadas entidades. Assim, em se tratando de **imóvel situado em área urbana**, deve ser emanado o laudo por **instituição financeira oficial**. No caso de **imóvel situado em zona rural**, o laudo será emanado pelo **Instituto Nacional de Colonização e Reforma Agrária** (INCRA), observando o **atendimento do interesse social**.

O laudo **deverá ser custeado diretamente pelo contribuinte**, não podendo ser repassado ao Fisco.

Caso o **débito**, objeto da dação em pagamento, esteja em **discussão judicial**, deverá o contribuinte **desistir das ações judiciais**, bem como **renunciar** a **quaisquer alegações de direito** sobre as quais se fundem as ações judiciais.

O **requerimento de dação em pagamento** será apresentado perante a unidade da **Procuradoria-Geral da Fazenda Nacional** (PGFN) do **domicílio tributário do devedor**, a qual determinará a **abertura de processo administrativo** para acompanhamento, e deverá ser:

I – **formalizado em modelo próprio**, do qual constem os débitos a serem objeto da dação em pagamento;

II – **assinado pelo devedor ou representante legal com poderes para a prática do ato**; e

III – **instruído** com:

a) **documento de constituição da pessoa jurídica** ou equiparada, com as respectivas alterações que permitam identificar os responsáveis por sua gestão, ou **documento de identificação da pessoa física**, ou documento do procurador legalmente habilitado, conforme o caso;

b) **certidão**, extraída há **menos de 30 (trinta) dias**, do **Cartório do Registro de Imóveis competente**, que demonstre ser o devedor o legítimo proprietário e que ateste que o imóvel está livre e desembaraçado de quaisquer ônus;

c) **certidão de quitação do Imposto Predial Territorial Urbano** (IPTU) ou do **Imposto Territorial Rural** (ITR), da **Taxa de Limpeza Pública** (TLP), de **energia elétrica**, de **água e esgoto**, **despesas condominiais e demais encargos** sobre o imóvel;

d) **certidões cíveis**, **criminais** e **trabalhistas**, federais e estaduais, do **domicílio do devedor**, bem como do **lugar da situação do imóvel**;

e) **laudo de avaliação** elaborado por instituição financeira oficial ou pelo IN-CRA, em se tratando de imóvel rural, expedidos **há menos de 360 (trezentos e sessenta) dias**;

f) manifestação de **interesse no bem imóvel**, expedida pelo dirigente máximo de órgão público integrante da Administração Federal direta, de quaisquer dos poderes da União, acompanhada de **declaração de disponibilidade orçamentária e financeira** do valor relativo ao bem imóvel oferecido em dação em pagamento, em atendimento ao disposto no **art. 4º, § 3º, da Lei nº 13.259, de 2016**[56];

g) no caso de **interesse no bem imóvel por entidade integrante da Administração Federal indireta**, manifestação de interesse no bem imóvel, expedida pelo seu dirigente máximo, acompanhada de **declaração de disponibilidade orçamentária e financeira** do valor relativo ao bem imóvel oferecido em dação em pagamento, em atendimento ao disposto no **art. 4º, § 3º, da Lei nº 13.259, de 2016**, bem como **manifestação prévia da Secretaria do Patrimônio da União** (SPU) sobre possibilidade de **incorporação do imóvel ao patrimônio da União** e posterior transferência à entidade integrante da Administração Federal indireta.

Cumpre ressaltar que **não se trata de obrigatoriedade fazendária** a **aceitação do bem imóvel** como forma de quitação dos débitos fiscais; trata-se de **ato discricionário**, mediante **juízo de conveniência** e **oportunidade** da administração fazendária sua aceitação, por mais que os requisitos exigidos sejam completamente preenchidos.

---

56. **Art. 4º** (...)

§ 3º A União observará a destinação específica dos créditos extintos por dação em pagamento, nos termos de ato do Ministério da Fazenda.

JURISPRUDÊNCIA

PROCESSUAL CIVIL. TRIBUTÁRIO. RECURSO ESPECIAL. EXTINÇÃO DO CRÉDITO TRIBUTÁRIO. DAÇÃO EM PAGAMENTO DE BEM IMÓVEL (CTN, ART. 156, XI). PRECEITO NORMATIVO DE EFICÁCIA LIMITADA. 1. O inciso XI, do art. 156 do CTN (incluído pela LC 104/2001), que prevê, como modalidade de extinção do crédito tributário, "a dação em pagamento em bens imóveis, na forma e condições estabelecidas em lei", é preceito normativo de eficácia limitada, subordinada à intermediação de norma regulamentadora. O CTN, na sua condição de lei complementar destinada a "estabelecer normas gerais em matéria de legislação tributária" (CF, art. 146, III), autorizou aquela modalidade de extinção do crédito tributário, mas não a impôs obrigatoriamente, cabendo assim a cada ente federativo, no domínio de sua competência e segundo as conveniências de sua política fiscal, editar norma própria para implementar a medida. 2. Recurso especial improvido.
(STJ – REsp: 884272 RJ 2006/0195694-8, Relator: Ministro TEORI ALBINO ZAVASCKI, Data de Julgamento: 06/03/2007, T1 – PRIMEIRA TURMA, Data de Publicação: DJ 29/03/2007 p. 238)

TRIBUTÁRIO. AGRAVO REGIMENTAL. EXECUÇÃO FISCAL. IMPOSTO TERRITORIAL RURAL – ITR. DAÇÃO EM PAGAMENTO. IMÓVEL RURAL. ART. 535, II, DO CPC. FIXAÇÃO DOS HONORÁRIOS ADVOCATÍCIOS. ÓBICE DA SÚMULA 7/STJ. 1. Não se configurou a ofensa ao art. 535, I e II, do Código de Processo Civil, uma vez que o Tribunal de origem julgou integralmente a lide e solucionou a controvérsia, tal como lhe foi apresentada. 2. O artigo 156, inciso XI, do Código Tributário Nacional, incluído pela Lei Complementar n.º 104/2001, possibilita a extinção do crédito tributário por meio da dação em pagamento em bens imóveis; contudo, há necessidade de norma que regulamente a questão. É manifesta a impossibilidade do Poder Judiciário atuar como legislador infraconstitucional, sob pena de ferir o princípio da separação de poderes. 3. Com relação aos honorários advocatícios, o STJ posiciona-se no sentido de que o seu quantum, em razão da sucumbência processual, está sujeito a critérios de valoração previstos na lei processual, e sua fixação é ato próprio dos juízos das instâncias ordinárias, às quais competem a cognição e a consideração das situações de natureza fática. 4. Dessa forma, aplicar posicionamento distinto do proferido pelo aresto confrontado implica reexame da matéria fático-probatória, o que é obstado ao STJ, conforme determina sua Súmula 7: "A pretensão de simples reexame de prova não enseja Recurso Especial." 5. Agravo Regimental não provido.
(STJ – AgRg no REsp: 1431546 PE 2014/0014809-7, Relator: Ministro HERMAN BENJAMIN, Data de Julgamento: 15/05/2014, T2 – SEGUNDA TURMA, Data de Publicação: DJe 20/06/2014)

PROCESSUAL CIVIL. TRIBUTÁRIO. RECURSO ESPECIAL. EXTINÇÃO DO CRÉDITO TRIBUTÁRIO. DAÇÃO EM PAGAMENTO DE BEM IMÓVEL (CTN, ART. 156, XI). PRECEITO NORMATIVO DE EFICÁCIA LIMITADA. 1. O inciso XI, do art. 156 do CTN (incluído pela LC 104/2001), que prevê, como modalidade de extinção do crédito tributário, "a dação em pagamento em bens imóveis, na forma e condições estabelecidas em lei", é preceito normativo de eficácia limitada, subordinada à intermediação de norma regulamentadora. O CTN, na sua condição de lei complementar destinada a "estabelecer normas gerais em matéria de legislação tributária" (CF, art. 146, III), autorizou aquela modalidade de extinção do crédito tributário, mas não a impôs obrigatoriamente, cabendo assim a cada ente federativo, no domínio de sua competência e segundo as conveniências de sua política fiscal, editar norma própria para implementar a medida. 2. Recurso especial improvido.
(STJ – REsp: 884272 RJ 2006/0195694-8, Relator: Ministro TEORI ALBINO ZAVASCKI, Data de Julgamento: 06/03/2007, T1 – PRIMEIRA TURMA, Data de Publicação: DJ 29.03.2007 p. 238)

TRIBUTÁRIO. CRÉDITO DECORRENTE DE ICMS. DAÇÃO EM PAGAMENTO EM BENS IMÓVEIS. INDEFERI-MENTO PELA AUTORIDADE COMPETENTE. ART. 170 DO CTN. LEI ESTADUAL Nº 7.249/02. ESFERA DE PODER RESERVADA À ADMINISTRAÇÃO PÚBLICA. ALEGAÇÃO DE ILEGALIDADE AFASTADA. I – Mandado de Segurança impetrado contra ato administrativo que indeferiu pedido de dação em pagamento de bens imóveis para extinguir crédito tributário decorrente de ICMS. II – O artigo 156, inciso XI, do Código Tributário Nacional, incluído pela Lei Complementar n.º 104/2001, possibilita a extinção do crédito tributário por meio da dação em pagamento em bens imóveis. III – O Decreto Estadual nº 7.629/99 (Regulamento do Procedimento Administrativo Fiscal do Estado da Bahia) reza que a aceitação do bem a ser dado em pagamento, inclusive no que tange ao valor atribuído, dependerá de pronuncia-mento da Procuradoria da Fazenda Estadual (PROFAZ), na capital, ou da sua representação, no interior, atividade, portanto, discricionária. IV – Nesse quadro, verifica-se a absoluta impossibilidade de o Poder Judiciário invadir a esfera reservada à Administração Pública e determinar o pagamento nos termos em que pretendido pela recorrente, o qual, destaque-se, restou indeferido pela autoridade competente para tal desiderato. V – Ao Poder Judiciário compete, tão somente, observar os casos em que plasmada a ilegalidade do ato administrativo frente à ordem jurídica vigente, e não o contrário, como deseja a Recorrente, ao pleitear o deferimento de uma operação que a própria lei condicionou ao alvedrio da Administração Pública. VI – Precedente: RMS nº 12.568/RO, Rel. Min. ELIANA CALMON, DJ de 09/12/02. VII – Recurso Ordinário improvido.
(**STJ – RMS: 18597 BA** 2004/0095406-4, Relator: Ministro FRANCISCO FALCÃO, Data de Julgamento: 02/05/2006, T1 – PRIMEIRA TURMA, Data de Publicação: DJ 25.05.2006 p. 149)

14.7 EXCLUSÃO DO CRÉDITO TRIBUTÁRIO

A **exclusão do crédito tributário**, prevista no **art. 175 do CTN**[57], possui pontos fundamentais a serem analisados, para um melhor entendimento da sistemática adotada pela codificação tributária nacional.

Conforme vimos, a **obrigação tributária principal** surge com a **ocorrência do fato gerador** e o **crédito tributário** decorre da obrigação principal, gozando da mesma natureza.

Segundo o CTN, o **crédito tributário** passa a ser constituído pelo **lançamento**. Assim, ocorre o **fenômeno da abstração**, no qual o crédito tributário **se desvincula da obrigação tributária principal** que lhe deu origem quando de sua exigibilidade.

Observando mais atentamente, a codificação tributária acaba qualificando como forma de exclusão do crédito situações em que não houve a ocorrência de sua consti-tuição. Não significa, portanto, que o crédito tributário não exista, mas sua **exigibili-dade está condicionada a existência de um ato administrativo vinculado** – *in casu*, o lançamento.

Dentre as **modalidades de exclusão do crédito tributário**, temos a **isenção** e a **anistia**.

---

57. **Art. 175**. Excluem o crédito tributário:

    I – a isenção;

    II – a anistia.

    Parágrafo único. A exclusão do crédito tributário não dispensa o cumprimento das obrigações acessórias dependentes da obrigação principal cujo crédito seja excluído, ou dela consequente.

14.7.1 Isenção

A **isenção** é a dispensa legal do cumprimento da obrigação tributária principal, relativamente ao tributo, excluindo o crédito tributário dele decorrente. Em suma, trata-se da **dispensa do pagamento de um tributo** mediante existência de uma **autorização legislativa**.

Possui sua previsão entre os **arts. 176 a 179 do CTN**[58] e, pela análise dos dispositivos legais através de uma **interpretação meramente dogmática**, a isenção não elimina a hipótese de incidência, tampouco a competência tributária do ente público federativo; tem o condão **de impedir que o tributo seja exigido**, no caso concreto, por força de lei.

Pelo regramento geral, **toda e qualquer isenção deve ser concedida por lei**, em estrita observância ao **princípio da legalidade**. Nos termos do **art. 150, §6º da CF/1988**:

> Art. 150 (...)
>
> § 6º Qualquer subsídio ou isenção, redução de base de cálculo, concessão de crédito presumido, anistia ou remissão, relativos a impostos, taxas ou contribuições, só poderá ser concedido mediante lei específica, federal, estadual ou municipal, que regule exclusivamente as matérias acima enumeradas ou o correspondente tributo ou contribuição, sem prejuízo do disposto no art. 155, § 2º, XII, g.

Se um tributo for **instituído por lei ordinária** – uma vez que esta é a regra geral – cabe à **lei ordinária ser utilizada para isentar o tributo**. Se, no entanto, o **tributo for criado mediante lei complementar**, somente poderá ocorrer a **isenção mediante lei complementar**. Por mais que **inexista hierarquia entre os diplomas**, existe as **distinções formais** e **materiais** que devem ser observadas no caso concreto.

Todo o tributo possui uma **base de cálculo** e uma **alíquota** que, quando multiplicados, indicarão qual o **montante do tributo** a ser pago pelo sujeito passivo da obrigação tributária.

---

58. **Art. 176.** A isenção, ainda quando prevista em contrato, é sempre decorrente de lei que especifique as condições e requisitos exigidos para a sua concessão, os tributos a que se aplica e, sendo caso, o prazo de sua duração.
Parágrafo único. A isenção pode ser restrita a determinada região do território da entidade tributante, em função de condições a ela peculiares.
Art. 177. Salvo disposição de lei em contrário, a isenção não é extensiva:
I – às taxas e às contribuições de melhoria;
II – aos tributos instituídos posteriormente à sua concessão.
Art. 178. A isenção, salvo se concedida por prazo certo e em função de determinadas condições, pode ser revogada ou modificada por lei, a qualquer tempo, observado o disposto no inciso III do art. 104.
Art. 179. A isenção, quando não concedida em caráter geral, é efetivada, em cada caso, por despacho da autoridade administrativa, em requerimento com o qual o interessado faça prova do preenchimento das condições e do cumprimento dos requisitos previstos em lei ou contrato para concessão.
§ 1º Tratando-se de tributo lançado por período certo de tempo, o despacho referido neste artigo será renovado antes da expiração de cada período, cessando automaticamente os seus efeitos a partir do primeiro dia do período para o qual o interessado deixar de promover a continuidade do reconhecimento da isenção.
§ 2º O despacho referido neste artigo não gera direito adquirido, aplicando-se, quando cabível, o disposto no artigo 155.

Um dos meios que podem ser utilizados para **desoneração de tributação** de **certos produtos ou serviços sem que ocorra a isenção**, se dá por meio da **alíquota zero**. Nesta, a autoridade competente poderá **reduzir a alíquota a zero**, desonerando temporariamente aquele sujeito passivo do pagamento do tributo.

Apesar de, **indiretamente**, acarretar a **desoneração tributária**, não podemos confundir **alíquota zero com isenção**, uma vez **que toda isenção decorre de lei em sentido estrito**. No caso de **redução de alíquotas**, a Constituição Federal pode autorizar que certos tributos tenham suas **alíquotas aumentadas** ou **reduzidas** por meio de **atos normativos**, como acontece com os impostos sobre importação (II), exportação (IE), produtos industrializados (IPI) e operações financeiras (IOF). Não existe, no caso de **redução de alíquotas**, a formalidade da requisição legislativa, podendo **sofrer uma alteração de alíquotas por meio de atos normativos expedidos pelo Poder Executivo**, desde que autorizados pela Constituição Federal.

Ademais, se observarmos o **instituto da isenção** e o **regramento de incidência tributária**, teremos a **extração de alguns dos seguintes aspectos**: material, espacial, temporal e pessoal, não atingindo, contudo, o aspecto quantitativo. Assim, **se a hipótese de incidência** – que descreve a conduta a ser tributada – **é extraída**, não há o que se falar em quantificação do tributo.

A **isenção atinge o antecedente norm**ativo, composto pelos aspectos **material, espacial e temporal**. Não se atinge o **consequente normativo**, em regra. Já na **alíquota zero, todos os aspectos de incidência tributária existem**, sendo que a **desoneração** apenas ocorre pelo fato do **valor da alíquota aplicável ser zero**, o que não significa que o aspecto quantitativo deixou de existir.

O estabelecimento de uma **alíquota nula** resulta em um **tributo sem qualquer expressão econômica**. Não há dispensa do seu pagamento, mas o resultado negativo e, consequentemente, nada será devido.

O **benefício da isenção** poderá ser concedido em **caráter geral** ou mediante **outorga específica**. Em **caráter geral**, abarcará determinada classe de sujeitos ou fatos, indistintamente.

Nesse caso, **a norma define**, de **forma genérica**, os **requisitos** ou **fatos geradores que serão beneficiados pela isenção**, sem necessidade de um ato administrativo específico para sua aplicação. É o que ocorre, p.ex., em se tratando **da faixa de isenção do Imposto sobre a Renda da Pessoa Física** (IRPF); todas as pessoas físicas que alcançarem **até o limite definido pela norma** não pagarão o IR sobre o montante auferido.

No caso de **isenção conferida mediante outorga específica**, a aplicação do benefício **depende de um ato administrativo individualizado** para sua concessão. Ainda que a previsão geral esteja em lei, a **aplicação do benefício exige um procedimento específico** no qual o contribuinte interessado deve demonstrar que **atende aos requisitos legais para usufruir da isenção**. Como exemplo, cita-se a **isenção de IPTU** para

idosos com renda limitada a um único imóvel. Por mais que possa estar previsto em lei, a concessão dependerá da solicitação formal ao Município.

14.7.1.1 Isenção autonômica e isenção heterônoma

O ente federativo que exerce a competência tributária e possui a faculdade – o poder – de exercer a tributação, também pode **escolher renunciar parte da receita dos tributos** que lhe competem.

Assim, temos a **isenção autonômica** quando um ente federativo concede isenção de tributo **pertencente ao seu campo de incidência**. Respeitados os limites previstos na Constituição Federal e na lei, a faculdade cabe ao ente federativo competente para a instituição do tributo. Essa, aliás, é a regra geral que deve ser adotada.

Como exemplo, citamos a **concessão de isenção de Imposto de Renda** (IR) sobre rendimentos auferidos por portadores de determinadas doenças, nos termos do **art. 6º, XIV, da Lei 7.713/88.**[59]

A **isenção heterônoma** passa a ser a concessão de isenção de um tributo que não pertence à competência tributária própria do ente federativo. Seria a possibilidade de uma **renúncia de receita de um tributo** que não é de competência daquele ente federativo. Exemplificando, seria o caso de a União conceder uma **isenção de ICMS** – imposto de competência estadual – sobre determinada **circulação de mercadorias**.

Em nosso ordenamento jurídico, a **isenção heterônoma** possui **expressa vedação constitucional**. Nos termos do **art. 151, III, da CF/1988:**

> **Art. 151.** É vedado à União:
>
> III – instituir isenções de tributos da competência dos Estados, do Distrito Federal ou dos Municípios.

Essa vedação reflete o **princípio do federalismo fiscal**, assegurando que cada ente federativo tenha **autonomia na gestão de seus tributos, sem interferências externas**. A proibição é fundamentada na **preservação da independência financeira** e **administrativa** dos Estados, DF e Municípios, que são diretamente impactados pela arrecadação tributária.

Embora o texto constitucional trate especificamente da **União**, o **princípio da simetria constitucional** estende essa vedação a totalidade de entes federativos. Segundo o **princípio da simetria**, as disposições que resguardam os fundamentos do

---

59. **Art. 6º** Ficam isentos do imposto de renda os seguintes rendimentos percebidos por pessoas físicas: (...)

XIV – os proventos de aposentadoria ou reforma motivada por acidente em serviço e os percebidos pelos portadores de moléstia profissional, tuberculose ativa, alienação mental, esclerose múltipla, neoplasia maligna, cegueira, hanseníase, paralisia irreversível e incapacitante, cardiopatia grave, doença de Parkinson, espondiloartrose anquilosante, nefropatia grave, hepatopatia grave, estados avançados da doença de Paget (osteíte deformante), contaminação por radiação, síndrome da imunodeficiência adquirida, com base em conclusão da medicina especializada, mesmo que a doença tenha sido contraída depois da aposentadoria ou reforma.

pacto federativo devem ser observadas por todos os entes, independentemente de menção expressa. Assim, **Estados, DF e Municípios** não podem conceder **isenções heterônomas**, evitando que interesses políticos ou econômicos de um ente impactem negativamente a arrecadação de outro, protegendo a sustentabilidade financeira do sistema como um todo.

Contudo, não se pode confundir a **vedação de concessão de isenções heterônomas** com o estabelecimento de tratados internacionais em matéria tributária. Como vimos, os tratados internacionais em matéria tributária têm a finalidade de **evitar a bitributação sobre a renda de possíveis contribuintes dos países signatários** e **concessão de incentivos relativamente à importação e exportação de determinados produtos e serviços**, como ocorre nos casos do Mercosul e outros acordos internacionais do qual o Brasil é signatário (OMC, dentre outros).

O **Acordo Tarifário da Organização Mundial do Comércio** (GATT) tem como regra principal que os **produtos estrangeiros** somente podem ser tributados pelo imposto de importação nas **mesmas condições para todos os membros do acordo** (chamada de **cláusula da nação mais favorecida**). Assim, após a deliberação pela alfândega, os produtos estrangeiros nacionalizados serão tributados **nas mesmas condições dos produtos nacionais**, não sendo permitida qualquer **discriminação** entre os **nacionais** e os **nacionalizados**.

Se determinado Estado da federação **importa um produto que seja similar de um produto nacional**, de país **signatário do GATT, os mesmos incentivos que o produto similar nacional possuir devem ser aplicados ao produto importado**. Assim, se um determinado produto nacional tiver a isenção de ICMS, o **produto importado deverá gozar do mesmo benefício fiscal**, o que **difere de uma isenção heterônoma**.

Quando o Brasil firma um tratado internacional, age como **sujeito de direito internacional** – pessoa jurídica de direito público externo – representando os interesses do país. **Não se confunde com a vedação de isenção heterônoma**, prevista no **art. 151, III, do texto constitucional**, aplicável às **pessoas jurídicas de direito público interno**.

Em conformidade com tal circunstância, vejamos o entendimento do STF, na edição da **súmula 575:**

À mercadoria importada de país signatário do GATT, ou membro da ALALC, estende-se a isenção do imposto de circulação de mercadorias concedida a similar nacional.

A **aplicação do verbete não configura uma isenção heterônoma**. Isso ocorre porque o benefício tributário **não é concedido unilateralmente por outro ente federativo**, mas decorre de **obrigações assumidas pelo Brasil** em **tratados internacionais** e a extensão da isenção à mercadoria importada é uma **consequência da equiparação** tributária exigida por normas internacionais, respeitando os **compromissos multilaterais do país**.

A vedação às isenções heterônomas, por sua vez, é voltada a casos em que um **ente interno**, como a União, **concede isenção de tributos estaduais ou municipais, violando a autonomia tributária**.

14.7.1.2 PRAZO DE DURAÇÃO DA LEI CONCESSIVA DE ISENÇÃO

A **isenção** poderá ser dotada de **prazo determinado** ou **indeterminado de duração**. Se uma isenção for concedida por **prazo indeterminado**, este **benefício será precário**, podendo ser **revogado em qualquer tempo e não gerando qualquer direito adquirido** para o sujeito passivo que goza desse benefício. Deve ter o contribuinte em mente que, a qualquer momento, uma lei poderá revogar tal benefício.

No entanto, quando a **isenção** é concedida por **prazo determinado, não poderá ser livremente suprimida**, uma vez que o sujeito passivo possui **direito adquirido de permanecer com o benefício até o final do prazo estabelecido na lei que o concedeu**. É o que determina o **art. 178 do CTN**, *in verbis*:

> A isenção, salvo se concedida por prazo certo e em função de determinadas condições, pode ser revogada ou modificada por lei, a qualquer tempo, observado o disposto no inciso III do art. 104.

Reza a **súmula 544 do STF**:

Isenções tributárias concedidas, sob condição onerosa, não podem ser livremente suprimidas.

Quando uma **isenção for concedida por prazo determinado**, a lei que a concedeu **pode até ser revogada**, mas os **efeitos** para aqueles que já preencheram as condições da isenção **não se aplicam**. Estes farão jus ao **benefício isentivo até o final do prazo anteriormente estabelecido**.

Contudo, a isenção concedida por **prazo indeterminado**, uma vez que **não gera qualquer espécie de direito adquirido**, poderá ser **revogada a qualquer tempo**, discutindo-se, contudo, o momento em que os efeitos serão aplicados.

O **art. 104, III, do CTN**[60] estabelece que **entrarão em vigor no primeiro dia do exercício financeiro** seguinte ao da publicação, os dispositivos legais que extinguem ou reduzem isenções.

---

60. Art. 104. Entram em vigor no primeiro dia do exercício seguinte àquele em que ocorra a sua publicação os dispositivos de lei, referentes a impostos sobre o patrimônio ou a renda: (...)
III – que extinguem ou reduzem isenções, salvo se a lei dispuser de maneira mais favorável ao contribuinte, e observado o disposto no artigo 178.

De certo modo, podemos dizer que a **revogação da isenção por prazo determinado** deve observar parcialmente o princípio da anterioridade tributária, e isto porque o tributo que estava isento só poderá ser cobrado no ano seguinte ao da publicação da lei que revogou aquela isenção.

Porém, a **jurisprudência do Supremo Tribunal Federal** tem se mostrado contrária ao dispositivo do Código Tributário Nacional. Entende o STF que, uma vez que a **isenção por prazo indeterminado foi revogada**, o **tributo torna-se imediatamente exigível**. E tal fato se dá porque, **quando o tributo tem uma isenção**, o mesmo **era exigível**. Vindo um **benefício fiscal**, o mesmo se torna **inexigível por um período indeterminado**, mas o sujeito passivo sabe que **poderá ser cobrado a qualquer tempo se ocorrer uma revogação**.

Revogado o favor legal, conclui-se que um **novo tributo não está sendo criado**, senão que houve a **restauração do direito de cobrar o tributo**, o que **não implicando na obrigatoriedade de ser observado o princípio da anterioridade**. Vemos isso no julgamento do **RE 204.062-2/ES**, de relatoria do então Ministro Carlos Velozzo.

A jurisprudência da Corte Constitucional, contudo, tem mudado o seu enfoque a partir do **final do ano de 2014**, quando do julgamento **do RE 564.225/RS**, cuja relatoria pertenceu ao Min. Marco Aurélio. A tendência da Corte é de manter o entendimento segundo o qual **qualquer redução de benefício fiscal submete-se ao princípio da anterioridade, naquilo em que for compatível**.

Exemplificando: se a União concede uma **isenção por prazo indeterminado de IR**, a lei poderá **revogar esse benefício**. No entanto, como o IR **se sujeita a anterioridade anual**, não se sujeitando a anterioridade nonagesimal, **a cobrança do IR observará a mesma aplicação**.

14.7.1.3 Concessão de isenção e lei de responsabilidade fiscal

A concessão de **isenções tributárias** é um instrumento de política fiscal que visa atender **objetivos sociais, econômicos** ou **políticos**, como o **fomento a setores estratégicos, proteção de grupos vulneráveis** ou **estímulo ao desenvolvimento regional**. Contudo, no contexto brasileiro, a concessão de benefícios fiscais, incluindo isenções, deve observar os princípios e normas estabelecidos na **Lei Complementar 101/00 – Lei de Responsabilidade Fiscal** (LRF). A LRF impõe limites rigorosos à atuação do poder público em matéria fiscal, garantindo a sustentabilidade das finanças públicas.

A LRF estabelece diretrizes para que a administração pública **gerencie as finanças de forma responsável**, evitando **desequilíbrios fiscais** e promovendo **transparência**. No que tange às isenções tributárias, a lei exige que o ente público avalie o impacto dessas medidas sobre as receitas públicas e a sustentabilidade financeira.

Reza o **art. 14 da LRF**:

Art. 14. A concessão ou ampliação de incentivo ou benefício de natureza tributária da qual decorra renúncia de receita deverá estar acompanhada de estimativa do impacto orçamentário-financeiro no exercício em que deva iniciar sua vigência e nos dois seguintes, atender ao disposto na lei de diretrizes orçamentárias e a pelo menos uma das seguintes condições:

I – demonstração pelo proponente de que a renúncia foi considerada na estimativa de receita da lei orçamentária, na forma do art. 12, e de que não afetará as metas de resultados fiscais previstas no anexo próprio da lei de diretrizes orçamentárias;

II – estar acompanhada de medidas de compensação, no período mencionado no caput, por meio do aumento de receita, proveniente da elevação de alíquotas, ampliação da base de cálculo, majoração ou criação de tributo ou contribuição.

§ 1º A renúncia compreende anistia, remissão, subsídio, crédito presumido, concessão de isenção em caráter não geral, alteração de alíquota ou modificação de base de cálculo que implique redução discriminada de tributos ou contribuições, e outros benefícios que correspondam a tratamento diferenciado.

§ 2º Se o ato de concessão ou ampliação do incentivo ou benefício de que trata o caput deste artigo decorrer da condição contida no inciso II, o benefício só entrará em vigor quando implementadas as medidas referidas no mencionado inciso.

§ 3º O disposto neste artigo não se aplica:

I – às alterações das alíquotas dos impostos previstos nos incisos I, II, IV e V do art. 153 da Constituição, na forma do seu § 1º;

II – ao cancelamento de débito cujo montante seja inferior ao dos respectivos custos de cobrança.

A lei exige que seja elaborado um **estudo prévio** para avaliar como a concessão da isenção **afetará a arrecadação do ente federativo**, tanto no **exercício corrente** quanto nos **dois exercícios financeiros seguintes**. Esse estudo deve ser objetivo e transparente, considerando a **redução das receitas tributárias** e os **impactos no cumprimento das metas fiscais fixadas na Lei de Diretrizes Orçamentárias** (LDO).

Caso a isenção implique **redução de receita**, o ente público deve demonstrar os **mecanismos de compensação**, de acordo com o **art. 14, §2º**. As opções incluem:

- **Aumento de outras receitas**: através de elevação de alíquotas ou ampliação da base de cálculo de outros tributos.

- **Redução de despesas públicas**: existência de cortes de gastos para equilibrar a redução na arrecadação.

Lembrando que as isenções **só podem ser concedidas se forem compatíveis com as metas de resultado fiscal definidas na LDO**. Se a medida comprometer o **equilíbrio das contas públicas**, a sua concessão será vedada.

O descumprimento da LRF na concessão de isenções pode gerar consequências graves, como o **endividamento excessivo**, aplicabilidade de **sanções legais** e a existência de **concorrência fiscal predatória**.

14.7.1.4 A isenção de icms e sua eficácia

A concessão de **isenções de ICMS** pelos Estados segue uma estrutura normativa que reflete o equilíbrio entre a **autonomia tributária estadual** e a **necessidade de coordenação nacional**. Por mais que seja. Um imposto estadual, a concessão de benefícios fiscais – como as isenções, reduções de base de cálculo e créditos presumidos – está sujeita a condições específicas estabelecidas por leis complementares e convênios celebrados no âmbito do **Conselho Nacional de Política Fazendária (CONFAZ)**.

Em sendo um tributo estadual, caberá cada um dos Estados estabelecer as políticas de incentivo através de lei. No entanto, em se tratando de **ICMS**, as normas gerais acerca da implementação da isenção **deverão respeitar os ditames de uma lei complementar nacional**. O art. 155, § 2º, XII, g, da CF/1988 estabelece:

> Art. 155. Compete aos Estados e ao Distrito Federal instituir impostos sobre:
> § 2º O imposto previsto no inciso II atenderá ao seguinte:
> XII – cabe à lei complementar:
> g) regular a forma como, mediante deliberação dos Estados e do Distrito Federal, isenções, incentivos e benefícios fiscais serão concedidos e revogados.

As **normas gerais atinentes às isenções** e **demais benefícios fiscais** estão previstos na **LC 24/75**, com alterações posteriores, dentre elas, a LC 160/17. Até a edição da LC 160/2017, exigia-se **aprovação unânime dos Estados e do Distrito Federal** para a **celebração de convênios** que permitissem a concessão de benefícios fiscais.

As isenções de ICMS **só têm eficácia se aprovadas previamente por meio de convênios celebrados no âmbito do CONFAZ**. Qualquer isenção concedida **unilateralmente por um Estado**, sem a devida **aprovação no CONFAZ**, é considerada **inconstitucional**, conforme entendimento já pacificado.

Assim, a LC 160/2017 **regularizou os benefícios fiscais concedidos unilateralmente pelos Estados antes de sua edição**, reconhecendo sua **validade**, desde que os Estados **publicassem e registrassem esses atos no prazo estipulado**, alterando **o mecanismo de aprovação de convênios no âmbito do CONFAZ** e substituindo a **unanimidade** por **quórum qualificado**. Isso facilitou a aprovação de novas regras e reduziu a rigidez do sistema.

De igual modo, a norma legal estabeleceu **limites temporais** para os benefícios fiscais concedidos no âmbito do ICMS **distintos para os setores industriais, comércio atacadista** e outros casos especificados, com alterações apresentadas pela LC 186/21.

JURISPRUDÊNCIA

TRIBUTÁRIO. AGRAVO INTERNO NO AGRAVO EM RECURSO ESPECIAL. MANDADO DE SEGURANÇA. CONTRIBUIÇÃO PREVIDENCIÁRIA SOBRE A RECEITA BRUTA (CPRB). IRRETRATABILIDADE DA OPÇÃO IMPOSTA AO CONTRIBUINTE PARA TODO O ANO CALENDÁRIO. ALTERAÇÃO DO REGIME JURÍDICO TRIBUTÁRIO

PELA LEI 13.670/2018. RETOMADA DO ANTERIOR REGIME NO MESMO EXERCÍCIO FINANCEIRO. POSSIBI-LIDADE. AGRAVO INTERNO A QUE SE NEGA PROVIMENTO. 1. Inicialmente, é importante ressaltar que o presente recurso atrai a incidência do Enunciado Administrativo 3 do STJ, segundo o qual aos recursos interpostos com fundamento no CPC/2015 (relativos a decisões publicadas a partir de 18 de março de 2016) serão exigidos os requisitos de admissibilidade recursal na forma do novo CPC. 2. Discute-se nos autos se a irretratabilidade da opção pela tributação sobre a receita bruta (CPRB), introduzida pelo § 13 do art. 9º da Lei 12.546/2011, impede que a alteração legislativa promovida pela Lei 13.670/2018, no sentido de excluir algumas atividades econômicas do regime de desoneração da folha de salários, entre em vigor no mesmo exercício financeiro. 3. Os benefícios fiscais representam uma redução da carga tributária suportada pelo contribuinte, concretizada sob a forma de isenção, redução de alíquota, alteração de base de cálculo, entre outras medidas fiscais dessa natureza. A legislação tributária, ao tratar especificamente sobre a isenção (art. 178 do CTN), previu a possibilidade de sua revogação, desde que concedida incondicionalmente e por prazo indeterminado, e que seja observado o princípio da anterioridade. 4. A orientação do STJ é a de que a isenção não onerosa, "justamente porque não condicionada a qualquer contraprestação por parte do contribuinte, consubstancia favor fiscal que pode ser reduzido ou suprimido por lei a qualquer tempo, sem que se possa cogitar de direito adquirido à sua manutenção. É o que se depreende da leitura a contrario sensu da Súmula 544/STF ('isenções tributárias concedidas, sob condição onerosa, não podem ser livremente suprimidas'), bem assim da norma posta no art. 178 do CTN, segundo a qual 'a isenção, salvo se concedida por prazo certo e em função de determinadas condições, pode ser revogada ou modificada por lei, a qualquer tempo, observado o disposto no inciso III do art. 104'" (REsp n. 605.719/PE, relator Ministro Teori Albino Zavascki, Primeira Turma, julgado em 21/9/2006, DJ de 5/10/2006). O mesmo raciocínio deve ser aplicado aos demais incentivos tributários (AgInt no REsp n. 1.731.073/SP, relator Ministro Sérgio Kukina, Primeira Turma, julgado em 28/3/2022, DJe de 31/3/2022; e REsp n. 1.928.635/SP, relatora Ministra Regina Helena Costa, Primeira Turma, julgado em 10/8/2021, DJe de 16/8/2021). 5. Feitas essas considerações, constata-se que, no caso concreto, a parte impetrante não possui o direito líquido e certo ao recolhimento da contribuição previdenciária sobre a receita bruta até o final de 2018 a pretexto da alteração legislativa promovida pela Lei 13.161/2015, que previu a irretratabilidade da opção para todo o ano calendário. 6. Isso, porque a desoneração da folha de pagamento, instituída pela Lei 12.546/2011, representa medida de política fiscal criada para fomentar as atividades de determinados setores da economia e, assim como todo e qualquer benefício fiscal concedido por liberalidade do poder público, sem contraprestação do particular, não gera direito adquirido, de modo que sua revogação poderia ter sido feita a qualquer tempo, desde que respeitado o princípio da anterioridade, que no caso, por se tratar de contribuição previdenciária, sujeitou-se apenas ao prazo nonagesimal, nos termos do art. 195, § 6º, da CF/1988. 7. Outrossim, constata-se que a irretratabilidade prevista no § 13 do art. 9º da Lei 12.546/2011 restringe-se à empresa optante, não podendo servir de fundamento para interferir na discricionariedade do Poder Legislativo. Isso seria aceitar que o legislador ordinário pudesse estabelecer limites à competência legislativa futura do próprio legislador ordinário, o que não encontra respaldo no ordenamento jurídico, seja na Constituição Federal, seja nas leis ordinárias (REsp n. 575.806/PE, relator Ministro Herman Benjamin, Segunda Turma, DJe de 19/11/2007). 8. Precedentes: AREsp n. 1.932.059/RS, de minha relatoria, Primeira Turma, julgado em 23/6/2022, DJe de 30/6/2022; e AgInt no REsp n. 1.964.796/SP, relator Ministro Mauro Campbell Marques, Segunda Turma, julgado em 5/4/2022, DJe de 28/4/2022. 9. Agravo interno da contribuinte a que se nega provimento. **(STJ – AgInt no AREsp: 1718678 SP** 2020/0150722-8, Data de Julgamento: 14/11/2022, T1 – PRIMEIRA TURMA, Data de Publicação: DJe 17/11/2022)

PROCESSUAL CIVIL E TRIBUTÁRIO. IMPOSTO DE RENDA. TRANSMISSÃO CAUSA MORTIS DE PARTICIPAÇÃO SOCIETÁRIA. ISENÇÃO. DECRETO-LEI 1.510/1976. POSTERIOR ALIENAÇÃO DAS COTAS SOCIAIS, PELO SUCESSOR, QUANDO JÁ REVOGADA A NORMA ISENTIVA. MANUTENÇÃO DO BENEFÍCIO, EM RAZÃO DO PRINCÍPIO DA SAISINE. INEXISTÊNCIA DE PREVISÃO LEGAL. IMPOSSIBILIDADE DE APLICAR NORMAS DE DIREITO CIVIL PARA ATRIBUIR EFEITOS TRIBUTÁRIOS NÃO PREVISTOS EXPRESSAMENTE NA NORMA DE ISENÇÃO. ART. 111 DO CTN. DESNECESSIDADE DE REVISÃO JURISPRUDENCIAL.

DELIMITAÇÃO DA CONTROVÉRSIA 1. Discute-se a isenção de Imposto de Renda na operação de transferência, pelo sucessor causa mortis, de participação acionária. A jurisprudência do STJ é pacífica no sentido de que a isenção tributária compreende apenas a transmissão por sucessão, de modo que a posterior alienação da participação acionária, pelo herdeiro, realizada em momento no qual a isenção havia sido previamente revogada (pela Lei 7.713/1988), encontra-se sujeita à incidência de Imposto de Renda. Precedentes: AgInt nos EDcl no REsp 1.573.652/PR, Rel. Min. Benedito Gonçalves, DJe de 22.10.2018; AgInt no REsp 1.647.630/SP, Rel. Min. Regina Helena Costa, DJe de 10.5.2017; REsp 1.632.483/SP, Rel. Min. Mauro Campbell Marques, DJe de 14.11.2016. DESINFLUÊNCIA DA ALTERAÇÃO NA REDAÇÃO DO ART. 4º, B, DO DL 1.510/1976 PELO DL 1.579/1977 2. A alteração no art. 4º, b, do Decreto-Lei 1.510/1976 se deu pelo Decreto-Lei 1.579/1977, mediante substituição da palavra "alienação" pelo termo "transmissão". A disciplina jurídica do tema controvertido já estava em vigor no momento de consolidação da jurisprudência do STJ, o que sugere inexistência de fundamento plausível para cogitar revisão da jurisprudência desta Corte, até mesmo pelo indesejável comprometimento da segurança jurídica e da estabilidade dos precedentes. 3. Ademais, registra-se que, desde 1977, a legislação tributária expressamente indicou que o benefício da isenção abrange tanto (i) as alienações "promovidas após decorrido o período de cinco anos da data da subscrição ou aquisição da participação" (art. 4º, d) como (ii) as transmissões "mortis causa" (art. 4º, b). 4. A discussão a respeito da existência de contraprestação, ou de onerosidade, como se vê, não afeta a disciplina concedida à específica situação das transmissões "mortis causa" - isto é, este fato autônomo (transmissão mortis causa, em contraposição à alienação inter vivos) atrai a aplicação de norma específica do regime isentivo. TRANSFERÊNCIA MORTIS CAUSA E POSTERIOR ALIENAÇÃO DA PARTICIPAÇÃO SOCIETÁRIA. REGIME LEGAL DE ISENÇÃO. DOIS MOMENTOS ABSOLUTAMENTE DISTINTOS 5. Ainda nesse ponto (transmissão "mortis causa"), convém esclarecer que há dois momentos distintos a serem considerados: a) o da transmissão em razão do falecimento do titular das cotas sociais, em que pode haver ganho de capital (em benefício do sucessor); e b) a data da alienação com ganho de capital, promovida pelo sucessor. 6. A esse respeito, o art. 4º, b, do Decreto-Lei 1.510/1976, seja em sua redação original (alienação "mortis causa"), seja na redação que entrou em vigor um ano após (redação conferida pelo Decreto-Lei 1.579/1977 – transmissão "mortis causa"), expressamente concedeu isenção em favor do herdeiro naquele primeiro momento (naturalmente, ante a hipótese de que, nesse evento, houvesse ganho de capital). 7. Diferentemente, a citada legislação, em momento algum, prescreveu que na segunda operação de transferência de titularidade da participação acionária (relembre-se: a primeira, consistente na transmissão do de cujus para seu sucessor, e a segunda por ocasião da venda, por este, da referida participação para terceiros) seria mantido o benefício da isenção. 8. Paralelamente a tal constatação, tem-se, como é sabido, que a Lei 7.713/1988 expressamente revogou o benefício da isenção. IMPOSSIBILIDADE DE APLICAÇÃO LITERAL DE NORMAS DE DIREITO CIVIL PARA DEFINIR, POR SI, EFEITOS TRIBUTÁRIOS. INTERPRETAÇÃO DO ART. 109 DO CTN 9. O entendimento favorável à aplicação da legislação cível (Código Civil), segundo o qual, na transmissão de bens e direitos, preserva-se a situação original destes (princípio da saisine), tem potencial para seduzir, mas não resiste, data venia, à análise sistemática do ordenamento jurídico. Trata-se de um sofisma: vale-se de premissa verdadeira para justificar conclusão, s.m.j., equivocada. 10. Isso porque não se deve olvidar que a legislação tributária pode valer-se dos institutos ou conceitos de Direito Civil, mas possui liberdade para modificar os respectivos efeitos tributários (art. 109 do CTN): "Art. 109. Os princípios gerais de direito privado utilizam-se para pesquisa da definição, do conteúdo e do alcance de seus institutos, conceitos e formas, mas não para definição dos respectivos efeitos tributários". 11. Melhor exemplo a respeito dessa distinção é o tema da capacidade jurídica, relativamente aos atos e/ou negócios jurídicos que envolvem a presença de menor (de 16 anos, ou com idade entre 16 e 18 anos): embora a legislação civil defina a incapacidade absoluta (art. 3º do CC) ou relativa do menor (art. 4º, I, do CC), prevendo a possibilidade de anulação de atos jurídicos celebrados com menores sem assistência de seus representantes legais, a legislação tributária, autônoma, atribui ao menor plena capacidade tributária, independentemente da idade. Assim, o menor incapaz pode figurar como contribuinte em relação jurídica de natureza tributária (art. 121, I, do CTN), ainda que a lei fixe a responsabilidade pelo pagamento do tributo aos seus representantes legais – quando verificada a impossibilidade da exigência do cumprimento, pelo menor, da obrigação principal (art. 134, I, do CTN).

14 • CRÉDITO TRIBUTÁRIO **715**

12. É imperioso ter em consideração que os efeitos tributários podem diferir do tratamento dado pela lei civil (art. 109 do CTN), excetuada a hipótese em que se pretender, para alterar a competência tributária, modificar institutos, conceitos e formas de direito privado utilizados diretamente na Constituição Federal, na Constituição Estadual ou nas Leis Orgânicas do Distrito Federal ou dos Municípios. 13. Dito isso, é irrelevante discutir, segundo a interpretação isolada e literal dos dispositivos do Código Civil, se os direitos transmitidos por sucessão *causa mortis* preservam o caráter original ou não. Conforme dito, a questão em debate diz respeito não à disciplina civil do fato jurídico, mas aos efeitos tributários, os quais, em respeito ao princípio da legalidade, devem ser disciplinados por lei específica (lei tributária). 14. E, nesse ponto, é inquestionável, conforme acima dito, que a legislação tributária, enquanto vigente, concedeu o benefício da isenção, em relação à sucessão causa mortis, somente para o ganho de capital apurado na primeira alteração da titularidade (isto é, na transmissão do de cujus para o seu sucessor). Mesmo na vigência da citada norma, não havia previsão concedendo isenção para a segunda operação de transferência (a alienação onerosa, do herdeiro para terceiros, da participação acionária). 15. Tratando-se de isenção tributária, o art. 111, II, do CTN impõe a técnica de interpretação literal, sendo impossível, portanto, aplicar por analogia a disciplina atribuída pela legislação cível para dispor, contra legem, a respeito dos efeitos tributários. CONCLUSÃO 16. Dessa forma, a conclusão a que se chega é que o art. 4º, b, do Decreto-Lei 1.510/1976 concedeu isenção apenas para transmissão da participação acionária "mortis causa", não ampliando abrangência para momento posterior - ressalvada, exclusivamente, a hipótese em que a própria aquisição por herança se desse durante a vigência do Decreto-Lei 1.510/1976 e o sucessor permanecesse na respectiva posse pelo período de cinco anos, necessariamente anteriores à revogação do benefício pela Lei 7.713/1988, e depois promovesse a sua alienação onerosa (note-se: única hipótese em que o benefício seria mantido em favor do sucessor, segundo a jurisprudência do STJ, mas agora em virtude da incidência do art. 4º, d, da citada norma). 17. Recurso Especial não provido. **(STJ – REsp: 1650844 SP** 2017/0014712-8, Data de Julgamento: 07/06/2022, T2 – SEGUNDA TURMA, Data de Publicação: DJe 15/08/2022)

PROCESSUAL CIVIL E TRIBUTÁRIO. AGRAVO INTERNO NO AGRAVO EM RECURSO ESPECIAL. VIOLAÇÃO DO ART. 1.022 DO CÓDIGO FUX NÃO CONFIGURADA. IMPOSTO DE RENDA PESSOA FÍSICA. ALIENAÇÃO DE PARTICIPAÇÕES SOCIETÁRIAS. ISENÇÃO TRIBUTÁRIA. DIREITO ADQUIRIDO DO CONTRIBUINTE QUE, NA VIGÊNCIA DO DECRETO-LEI 1.510/1976, PREENCHEU OS REQUISITOS LEGAIS EXIGIDOS PARA A CONCESSÃO DA ISENÇÃO. ENTENDIMENTO DO TRIBUNAL DE ORIGEM EM CONSONÂNCIA COM A JURISPRUDÊNCIA DO STJ. AGRAVO INTERNO DA FAZENDA NACIONAL A QUE SE NEGA PROVIMENTO. 1. O Tribunal de origem julgou integralmente a lide, não se observando nenhuma mácula relativa à prestação jurisdicional, se sorte que não se vislumbra a alegada afronta ao art. 1.022 do Código Fux.. 2. No mérito, ao se manifestar a respeito da isenção instituída pelo Decreto-Lei 1.510/1976, sobre o lucro auferido na alienação de quotas societárias, a Corte Regional decidiu em consonância com o entendimento desta Corte Superior, que reconhece a aplicação da isenção do Imposto de Renda sobre o lucro obtido, na forma prevista pelo art. 4º do Decreto-Lei 1.510/1976, às operações de alienação de ações ocorridas após a sua revogação pela Lei 7.713/1988, desde que já implementado o período de cinco anos, contados da subscrição ou aquisição da participação à condição da isenção (nesse sentido, dentre outros julgados, os seguintes arestos: AgInt nos EDcl no REsp. 1.573.652/PR, Rel. Min. BENEDITO GONÇALVES, DJe 22.10.2018; AgRg no AgRg no REsp. 1.137.701/RS, Rel. Min. HERMAN BENJAMIN, DJe 8.9.2011; AgRg no REsp. 1.126.504/RS, Rel. Min. TEORI ALBINO ZAVASCKI, DJe 1º.07.2011). 3. Agravo Interno da FAZENDA NACIONAL a que se nega provimento. **(STJ – AgInt no AREsp: 1311475 SP** 2018/0146573-1, Relator: Ministro NAPOLEÃO NUNES MAIA FILHO, Data de Julgamento: 29/06/2020, T1 – PRIMEIRA TURMA, Data de Publicação: DJe 01/07/2020)

EMENTA DIREITO TRIBUTÁRIO E PROCESSUAL CIVIL. ISENÇÃO TRIBUTÁRIA. EXTENSÃO DE BENEFÍCIO FISCAL PELO PODER JUDICIÁRIO. IMPOSSIBILIDADE. CONSONÂNCIA DA DECISÃO RECORRIDA COM A JURISPRUDÊNCIA DO SUPREMO TRIBUNAL FEDERAL. RECURSO EXTRAORDINÁRIO QUE NÃO MERECE TRÂNSITO. AGRAVO NÃO PROVIDO. 1. O entendimento da Corte de origem, nos moldes do assinalado na decisão agravada, não diverge da jurisprudência firmada no Supremo Tribunal Federal, no sentido de ser vedado ao Poder Judiciário, que não possui função legislativa, atuar como legislador positivo estabelecendo benefícios tributários não previstos em lei. 2. As razões do agravo interno não se mostram aptas a infirmar os fundamentos que lastrearam a decisão agravada. 3. A teor do art. 85, § 11, do CPC, o "tribunal, ao julgar recurso, majorará os honorários fixados anteriormente levando em conta o trabalho adicional realizado em grau recursal, observando, conforme o caso, o disposto nos §§ 2º a 6º, sendo vedado ao tribunal, no cômputo geral da fixação de honorários devidos ao advogado do vencedor, ultrapassar os respectivos limites estabelecidos nos §§ 2º e 3º para a fase de conhecimento". 4. Agravo interno conhecido e não provido.

(STF – ARE: 1362886 MG 6115576-05.2015.8.13.0024, Relator: ROSA WEBER, Data de Julgamento: 13/06/2022, Primeira Turma, Data de Publicação: 15/06/2022)

PROCESSUAL CIVIL E TRIBUTÁRIO. AGRAVO INTERNO NO RECURSO ESPECIAL. EXECUÇÃO FISCAL. ENTIDADE DESPORTIVA SEM FINS LUCRATIVOS. ISENÇÃO TRIBUTÁRIA. ACOLHIMENTO PARCIAL DE EXCEÇÃO DE PRÉ-EXECUTIVIDADE. AGRAVO DE INSTRUMENTO PROVIDO, PELA REJEIÇÃO DO INCIDENTE, EM RAZÃO DA NECESSIDADE DE DILAÇÃO PROBATÓRIA. ORIENTAÇÃO JURISPRUDENCIAL PACÍFICA. VIOLAÇÃO DOS ARTS. 489 E 1.022 DO CPC/2015. NÃO OCORRÊNCIA. NULIDADE DO JULGAMENTO EM RAZÃO DO INDEFERIMENTO DA SUSTENTAÇÃO ORAL. TESE RECURSAL INSERVÍVEL À IMPUGNAÇÃO E ALTERAÇÃO DO ACÓRDÃO RECORRIDO. INADMISSIBILIDADE. 1. Aos recursos interpostos com fundamento no CPC/2015 (relativos a decisões publicadas a partir de 18 de março de 2016) serão exigidos os requisitos de admissibilidade recursal na forma do novo CPC (Enunciado n. 3 do Plenário do STJ). 2. Não há violação dos arts. 489 e 1.022 do CPC/2015 quando o órgão julgador, de forma clara e coerente, externa fundamentação adequada e suficiente à conclusão do acórdão embargado. 3. Com relação à tese de violação do art. 937 do CPC/2015, o conhecimento do recurso encontra óbice nas Súmulas 283 e 284 do STF, pois as razões recursais não conseguem explicitar como o acórdão recorrido estaria violando esse dispositivo, na medida em que o caso dos autos se refere à decisão de acolhimento parcial de exceção de pré-executividade, em processo executivo fiscal não extinto e o já referido artigo não assegura a sustentação oral nessa hipótese. 4. No caso dos autos, o acórdão recorrido reflete pacífica orientação jurisprudencial deste Tribunal Superior, sedimentada na Súmula 393 do STJ, no sentido de que a exceção de pré-executividade é admissível na execução fiscal relativamente às matérias conhecíveis de ofício que não demandem dilação probatória; e o delineamento fático descrito pelo órgão julgador a quo não revela ofensa à coisa julgada, na medida em que firma a premissa de o imóvel não estar elencado na decisão transitada em julgado. Ademais, na via do especial, além de não ser adequada a interpretação de lei local, não há como se rever a conclusão pela necessidade de dilação probatória para a análise das alegações da excipiente, no caso concreto. Observância das Súmulas 7 e 83 do STJ e 280 do STF. Precedentes. 5. Agravo interno não provido.

(STJ – AgInt no REsp: 2019904 RS 2022/0134463-2, Relator: Ministro BENEDITO GONÇALVES, Data de Julgamento: 12/12/2022, T1 – PRIMEIRA TURMA, Data de Publicação: DJe 14/12/2022)

TRIBUTÁRIO. PROCESSUAL CIVIL. AGRAVO INTERNO NOS EMBARGOS DE DECLARAÇÃO NO RECURSO ESPECIAL. CÓDIGO DE PROCESSO CIVIL DE 2015. APLICABILIDADE. IRPF. ISENÇÃO FISCAL. VEDAÇÃO À INTERPRETAÇÃO EXTENSIVA. ART. 111 DO CTN. MOLÉSTIA GRAVE DA ESPOSA QUE NÃO AUFERIA RENDIMENTOS. ISENÇÃO DOS PROVENTOS DE APOSENTADORIA DO ESPOSO. AUSÊNCIA DE COMANDO NORMATIVO NOS DISPOSITIVOS LEGAIS TIDOS POR VIOLADOS SUFICIENTE PARA SUSTENTAR A TESE RECURSAL. SÚMULA N. 284/STF. MULTA. ART. 1.021, § 4º, DO CÓDIGO DE PROCESSO CIVIL DE 2015. DESCABIMENTO. I – Consoante o decidido pelo Plenário desta Corte na sessão realizada em 09.03.2016, o regime recursal será determinado pela data da publicação do provimento jurisdicional impugnado. In casu, aplica-se o Código de Processo Civil de 2015 para o agravo interno. II – Nos termos do art. 6º, XIV, da Lei n. 7.713/1988: Ficam isentos do imposto de renda os seguinte rendimentos percebidos por pessoas físicas: - os proventos de aposentadoria ou reforma motivada por acidente em serviço e os percebidos pelos portadores de moléstia profissional, tuberculose ativa, alienação mental, esclerose múltipla, neoplasia maligna, cegueira, hanseníase, paralisia irreversível e incapacitante, cardiopatia grave, doença de Parkinson, espondiloartrose anquilosante, nefropatia grave, hepatopatia grave, estados avançados da doença de Paget (osteíte deformante), contaminação por radiação, síndrome da imunodeficiência adquirida, com base em conclusão da medicina especializada, mesmo que a doença tenha sido contraída depois da aposentadoria ou reforma. (Redação dada pela Lei n. 11.052/2004). III – E firme o posicionamento deste Superior Tribunal segundo o qual a norma disposta no art. 111, II, do CTN desautoriza a possibilidade de se alargar a interpretação da norma isentiva, não se admitindo a concessão de isenção tributária a quem não preenche os requisitos legais. IV – A tese defendida pelo ora Agravante - direito à isenção do imposto de renda sobre os seus proventos de aposentadoria, porquanto foi casado com esposa portadora de moléstia grave que não possuía rendimentos – não pode ser extraída dos dispositivos de lei federal tidos por violados. V – Esta Corte tem posicionamento consolidado quanto a considerar deficiente de fundamentação o recurso especial embasado em alegação de violação a norma a qual não tem comando normativo suficiente para impugnar os fundamentos do acórdão recorrido. Inteligência da Súmula n. 284/STF. VI – Em regra, descabe a imposição da multa, prevista no art. 1.021, § 4º, do Código de Processo Civil de 2015, em razão do mero improvimento do Agravo Interno em votação unânime, sendo necessária a configuração da manifesta inadmissibilidade ou improcedência do recurso a autorizar sua aplicação, o que não ocorreu no caso. VII - Agravo Interno improvido. **(STJ – AgInt nos EDcl no REsp: 2101487 MG** 2023/0231869-3, Relator: Ministra REGINA HELENA COSTA, Data de Julgamento: 22/04/2024, T1 – PRIMEIRA TURMA, Data de Publicação: DJe 25/04/2024)

ASSUNTO: IMPOSTO SOBRE A RENDA DE PESSOA FÍSICA (IRPF) Ano-calendário: 2006 PARCELAS DE SOLDO. ISENÇÃO. JURISPRUDÊNCIA CONSOLIDADA. As exclusões do conceito de remuneração, estabelecidas na Lei 8.852/1994, não são hipóteses de isenção tributária, que requerem, em obediência ao princípio da legalidade tributária, disposição legal específica. Aplicação, à espécie, da Súmula 68-CARF. **(CARF 13736003226200875** 2003-001.212, Relator: GABRIEL TINOCO PALATNIC, Data de Julgamento: 19/03/2020, Data de Publicação: 20/05/2020)

14.7.2   Anistia

Prevista entre os **arts. 180 a 182 do CTN**[61], entende-se por **anistia** a dispensa legal do cumprimento da obrigação tributária principal, relativamente a **penalidade pecu-**

---

61. **Art. 180.** A anistia abrange exclusivamente as infrações cometidas anteriormente à vigência da lei que a concede, não se aplicando:

I – aos atos qualificados em lei como crimes ou contravenções e aos que, mesmo sem essa qualificação, sejam praticados com dolo, fraude ou simulação pelo sujeito passivo ou por terceiro em benefício daquele;

II – salvo disposição em contrário, às infrações resultantes de conluio entre duas ou mais pessoas naturais ou jurídicas.

Art. 181. A anistia pode ser concedida:

I – em caráter geral;

II – limitadamente:

a) às infrações da legislação relativa a determinado tributo;

b) às infrações punidas com penalidades pecuniárias até determinado montante, conjugadas ou não com penalidades de outra natureza;

c) a determinada região do território da entidade tributante, em função de condições a ela peculiares;

d) sob condição do pagamento de tributo no prazo fixado pela lei que a conceder, ou cuja fixação seja atribuída pela mesma lei à autoridade administrativa.

Art. 182. A anistia, quando não concedida em caráter geral, é efetivada, em cada caso, por despacho da autoridade administrativa, em requerimento com a qual o interessado faça prova do preenchimento das condições e do cumprimento dos requisitos previstos em lei para sua concessão.

Parágrafo único. O despacho referido neste artigo não gera direito adquirido, aplicando-se, quando cabível, o disposto no artigo 155.

niária, excluindo o crédito tributário dela decorrente. Trata-se, em suma, da dispensa do pagamento de multa mediante expressa autorização legislativa.

A **dívida principal** deve ser paga para que haja a **concessão da anistia**, pois existe uma permuta entre a Administração Tributária e o particular: o Fisco **recebe o tributo em atraso** e, em troca, o sujeito passivo **não paga as multas legais**.

A **anistia** é concedida por ato do ente competente, geralmente em situações específicas, como crises econômicas, a fim de regularizar passivos tributários, estimular o cumprimento de obrigações futuras ou promover justiça fiscal. Atinge, de forma exclusiva, as **infrações tributárias**, extinguindo ou reduzindo penalidades pecuniárias aplicáveis.

Como se trata de **dispensa de obrigação tributária principal** decorrente do descumprimento de normas tributárias, a **anistia** somente tem validade se **concedida através de lei**, em total consonância com o **princípio da legalidade**. Haverá a edição de atos administrativos normativos com o intuito de operacionalização do benefício, não sendo válido sua utilização para fins de instituição da anistia.

Podemos classificar a anistia quanto à **extensão**, ao **alcance** e à **origem** do benefício.

a) **Quanto à extensão**

- **Anistia Geral**: abrange todos os contribuintes sem qualquer discriminação, aplicando-se de forma irrestrita. Como exemplo, temos a dispensa da multa para todos os contribuintes com débitos vencidos até determinada data específica;
- **Anistia Específica**: beneficia apenas contribuintes determinados contribuintes ou em decorrência de situações específicas. Ex.: dispensa do pagamento de multas para microempresas e empresas de pequeno porte inscritas no Simples Nacional.

b) Quanto ao alcance

- **Anistia Total**: abarca a totalidade de penalidades aplicadas, sem discriminar o tipo de sanção pecuniária;
- **Anistia Parcial**: acarreta a redução das penalidades, não concedendo sua extinção de forma total.

c) Quanto à origem

- **Anistia Espontânea**: concedida pelo legislador como forma de política fiscal, sem qualquer necessidade de adesão prévia.
- **Anistia Condicionada**: depende da adesão do sujeito passivo, inserindo condições para a concessão do benefício, tais como pagamento da dívida principal até determinada data, dentre outros.

14.7.2.1 Penalidades pecuniárias não abrangidas pela anistia

Dispõe o **art. 180 do CTN**:

> Art. 180. A anistia abrange exclusivamente as infrações cometidas anteriormente à vigência da lei que a concede, não se aplicando:
>
> I – aos atos qualificados em lei como crimes ou contravenções e aos que, mesmo sem essa qualificação, sejam praticados com dolo, fraude ou simulação pelo sujeito passivo ou por terceiro em benefício daquele;
>
> II – salvo disposição em contrário, às infrações resultantes de conluio entre duas ou mais pessoas naturais ou jurídicas.

O *caput* do art. 180 estabelece que a anistia só pode **alcançar infrações anteriores à vigência da lei que a concede**. O benefício **não tem efeito retroativo para fatos geradores futuros** ou **infrações cometidas após a entrada em vigor da lei**. Ademais, garante-se o respeito à segurança jurídica, evitando que a concessão de anistia seja usada como instrumento para encorajar o descumprimento de obrigações tributárias no futuro.

Essa **delimitação temporal** reforça o **caráter excepcional** e **circunstancial** da anistia.

O inciso I dispõe que **inaplicabilidade da anistia aos atos qualificados como crimes ou contravenções**. As infrações tributárias que, além de gerarem penalidades pecuniárias, configuram **ilícitos penais** – como ocorre nos chamados crimes contra a ordem tributária estampados na **Lei 8.137/90** – não podem sofrer dispensa. Se o contribuinte, p.ex., **omitir deliberadamente as receitas** ou **documentos fiscais** para **reduzir o pagamento de tributos** pode configurar **crime de sonegação fiscal**, não havendo o que se falar em aplicação da norma que trata da anistia.

O mesmo ocorre com **atos praticados com dolo, fraude** ou **simulação**. Isso ocorre em casos de **declaração falsa de um valor inferior à base de cálculo do imposto** (dolo), **emissão de documentos fiscais falsos para mascarar operações tributáveis** (fraude), bem como a **realização de negócios fictícios para evitar o pagamento de tributos** (simulação).

Essas práticas são consideradas graves porque **violam diretamente a boa-fé** e a **justiça tributária**, comprometendo a arrecadação e a isonomia entre contribuintes.

Já o **inciso II** exclui, salvo disposição expressa em contrário, as **infrações resultantes de conluio entre duas** ou **mais pessoas naturais ou jurídicas. Conluio** é a **combinação** ou **aliança ilícita** entre partes para fraudar o Fisco. Situações como **empresas que criam contratos simulados para reduzir a incidência de tributos**, bem como **contribuintes** que, em conjunto com **contadores** ou **consultores jurídicos**, elaboram **planejamentos tributários abusivos** se incluem nessa circunstância.

A **exclusão das infrações decorrentes de conluio** visa coibir a prática de **atos fraudulentos estruturados**, que geralmente envolvem **maior grau de complexidade** e causam prejuízos mais significativos ao erário.

As restrições impostas pelo **art. 180 do CTN** têm como **objetivo proteger os valores éticos** e a **equidade do sistema tributário**. Permitir que infrações graves, dolosas ou fraudulentas sejam anistiadas incentivaria a má-fé e o descumprimento da legislação tributária, proporcionando uma desigualdade entre os contribuintes.

IMPORTANTE
As formas de exclusão do crédito tributário – isenção e anistia – atingem apenas a obrigação principal, não se estendendo ao atendimento das obrigações acessórias, em conformidade com o **art. 175, parágrafo único do CTN**[62].

 JURISPRUDÊNCIA

ASSUNTO: NORMAS GERAIS DE DIREITO TRIBUTÁRIO Ano-calendário: 1990 ANISTIA. INTERPRETAÇÃO LITERAL. EQUIPARAÇÃO DE DEPÓSITO JUDICIAL AO PAGAMENTO. EXTENSÃO AO DEPÓSITO ADMINISTRATIVO. IMPOSSIBILIDADE. A legislação tributária deve ser interpretada literalmente quando dispuser sobre anistia, de forma que o § 2º do art. 11 da Medida Provisória nº 1.858/99, que equipara o depósito judicial ao pagamento para fins de exoneração de multa e juros, não pode ser interpretado extensivamente, de forma a abarcar o depósito administrativo.
(CARF 10805002836200215 1301-006.010, Relator: Não informado, Data de Julgamento: 20/09/2022, Data de Publicação: 22/11/2022)

---

62. Art. 175 (...)
    Parágrafo único. A exclusão do crédito tributário não dispensa o cumprimento das obrigações acessórias dependentes da obrigação principal cujo crédito seja excluído, ou dela consequente.

ASSUNTO: OBRIGAÇÕES ACESSÓRIAS Ano-calendário: 2011 RECURSO DESTITUÍDO DE PROVAS. O recurso deverá ser instruído com os documentos que fundamentem as alegações do interessado. É, portanto, ônus do contribuinte a perfeita instrução probatória. PRESCRIÇÃO INTERCORRENTE. INAPLICABILIDADE AO PROCESSO ADMINISTRATIVO FISCAL. MATÉRIA SUMULADA. De acordo com o disposto na Súmula CARF nº 11, não se aplica a prescrição intercorrente ao processo administrativo fiscal. INTIMAÇÃO PRÉVIA AO LANÇAMENTO. INEXISTÊNCIA DE EXIGÊNCIA LEGAL. SÚMULA CARF Nº 46. O lançamento de ofício pode ser realizado sem prévia intimação ao sujeito passivo, nos casos em que o Fisco dispuser de elementos suficientes à constituição do crédito tributário, pois a ação fiscal envolve procedimento de natureza inquisitória. GFIP. MULTA POR ATRASO. ANISTIA. LEI Nº 13.097/2015. REQUISITOS. Inaplicável a anistia prevista nos arts. 48 e 49 da Lei nº 13.097/2015 quando o caso concreto não se enquadrar nas hipóteses previstas nos mencionados dispositivos legais. DENÚNCIA ESPONTÂNEA. ATRASO NA ENTREGA DE DECLARAÇÃO. SÚMULA CARF Nº 49. A denúncia espontânea não alcança a penalidade decorrente do atraso na entrega de declaração. ARGUIÇÃO DE INCONSTITUCIONALIDADE. MATÉRIA SUMULADA. De acordo com o disposto na Súmula nº 02, o CARF não é competente para se pronunciar sobre a inconstitucionalidade de lei tributária. AUTO DE INFRAÇÃO. GFIP. MULTA POR ATRASO. ALTERAÇÃO DO CRITÉRIO JURÍDICO DE INTERPRETAÇÃO. INEXISTÊNCIA. Constitui infração à legislação previdenciária deixar a contribuinte de apresentar GFIP dentro do prazo fixado para a sua entrega. A multa prevista no art. 32-A da Lei nº 8.212/91 pode ser cobrada a partir da publicação da MP 449/2008, posteriormente convertida na Lei nº 11.941/2009. O dispositivo não sofreu alteração, de forma que o critério para sua aplicação é único desde a edição da lei.
(CARF 16511721432201601 2201-009.969, Relator: CARLOS ALBERTO DO AMARAL AZEREDO, Data de Julgamento: 06/12/2022, Data de Publicação: 22/02/2023)
EMENTA TRIBUTÁRIO. EMBARGOS À EXECUÇÃO FISCAL. LANÇAMENTO MEDIANTE LAVRATURA DE AUTO DE INFRAÇÃO. CRÉDITOS MANTIDOS À MARGEM DE ESCRITURAÇÃO CONTÁBIL. DECADÊNCIA. INOCORRÊNCIA. ANISTIA CONCEDIDA PELO DECRETO-LEI N. 2.471/88. INAPLICABILIDADE. APELAÇÃO IMPROVIDA. 1. Observa-se que o fato gerador do IRPJ data de 1991, de forma que o lançamento somente poderia ter ocorrido após a entrega da declaração em 30/04/1992 (vencimento). Assim, o termo inicial para a contagem da decadência é 1º/01/1993. 2. A notificação do contribuinte do auto de infração ocorreu em 21/11/1997, dentro do prazo quinquenal. 3. O contribuinte apresentou impugnação na via administrativa, de forma que a constituição definitiva do crédito ocorreu ao fim do processo administrativo, com a notificação acerca da subsistência do auto de infração (29/05/2007). Não se há falar, portanto, em decadência. 4. A análise dos termos de verificação fiscal e do processo administrativo – no qual se concluiu pela omissão de receitas – permite constatar que o lançamento não está fundamentado única e exclusivamente em comprovantes de depósitos bancários, mas também na análise da escrituração contábil da pessoa jurídica. Nesses casos, esta Corte Federal possui entendimento de que a cobrança não está abrangida pela anistia prevista pelo Decreto-Lei nº 2.471/88 5. Apelação improvida.
(TRF-3 – ApCiv: 0017082252008403618 2 SP, Relator: Desembargador Federal MAIRAN GONCALVES MAIA JUNIOR, Data de Julgamento: 27/09/2022, 6ª Turma, Data de Publicação: Intimação via sistema DATA: 29/09/2022)
TRIBUTÁRIO. MULTA POR ATRASO NA ENTREGA DE GUIAS DE RECOLHIMENTO DE FGTS E GFIP. DESCUMPRIMENTO DA OBRIGAÇÃO ACESSÓRIA. ANISTIA. APLICAÇÃO. IMPOSSIBILIDADE. 1. Tratando-se de descumprimento de obrigação acessória, a multa incide em decorrência do ato omissivo. O art. 32-A da Lei 8.212/91 não dá direito ao contribuinte de ser intimado para cumprir o dever legal antes da imposição da penalidade pecuniária. 2. Não cabe interpretar extensivamente o benefício da anistia de modo a incluir penalidades que não se enquadrem nas hipóteses do ato legal que concedeu tal benesse.
(TRF-4 – AC: 50009055520164047001 PR 5000905-55.2016.4.04.7001, Relator: FRANCISCO DONIZETE GOMES, Data de Julgamento: 19/02/2020, PRIMEIRA TURMA)

EMENTA DIREITO PROCESSUAL CIVIL. EMBARGOS DE DECLARAÇÃO. OMISSÃO. PRESCRIÇÃO. QUES-TÃO PREJUDICIAL. DECURSO DO QUINQUÊNIO LEGAL. RECURSOS ADMINISTRATIVOS. LEI 9.784/1999. NÃO ATRIBUIÇÃO DE EFEITO SUSPENSIVO A RECURSOS ADMINISTRATIVOS. ADESÃO À ANISTIA DA LEI 9.779/1999. EXIGIBILIDADE FISCAL. CONSUMAÇÃO DO PRAZO. SUCUMBÊNCIA. ACOLHIMENTO DOS EMBARGOS DE DECLARAÇÃO DO CONTRIBUINTE, PREJUDICADOS OS FAZENDÁRIOS. 1. A alegação de prescrição configura questão prejudicial de mérito, não podendo prevalecer, pois, o acórdão embargado, no que acolheu o fundamento do pagamento integral como causa extintiva do crédito sem apreciar, primeiramente, a temática da prescrição. 2. Apreciando o ponto omissivo, reconhece-se no exame dos fatos da causa que os débitos de PIS (período de agosto/1994 a dezembro/1995), após desistência de mandado de segurança em que concedida liminar para suspensão da exigibilidade, foram confessados para efeito de anistia (artigo 17, § 3º, da Lei 9.779/1999), tornando-se exigíveis desde fevereiro de 1999, já que despidos de efeito suspensivo recursos administrativos sob a égide da Lei 9.784/1999, conforme decisões proferidas nas próprias instâncias fiscais, acarretando, assim, consumação da prescrição antes do ajuizamento da presente ação anulatória, que ocorreu somente em 13/04/2016. 3. Confirmada a procedência do pedido de prescrição, a verba honorária deve ser suportada pela ré, arbitrada nos termos do artigo 85, §§ 2º a 5º, CPC, incidindo sobre o valor do proveito econômico a ser apurado na fase de liquidação, mas limitado ao valor atualizado da causa, com aplicação dos percentuais mínimos previstos segundo as faixas aplicáveis. 4. Embargos de declaração do contribuinte acolhidos com efeito modifi-cativo, nos termos da fundamentação, restando prejudicados os embargos de declaração fazendários. **(TRF-3 – ApelRemNec: 00082264620164036100 SP**, Relator: Desembargador Federal LUIS CARLOS HIROKI MUTA, Data de Julgamento: 11/07/2022, 3ª Turma, Data de Publicação: DJEN DATA: 13/07/2022) E M E N T A APELAÇÃO EM MANDADO DE SEGURANÇA. TRIBUTÁRIO. MULTA. ATRASO NA ENTREGA DAS DECLARAÇÕES EM GFIP. LEI Nº 13.097/2015. ANISTIA. RECURSO IMPROVIDO. I. O artigo 32-A da Lei n.º 8.212/91 prevê que, na hipótese de não apresentação da declaração em GFIP, o contribuinte deverá ser intimado para apresentá-la, sujeitando-se, outrossim, ao pagamento de multa pecuniária. II. Não obstante, foi editada a Medida Provisória nº 656/2014, convertida na Lei nº 13.097/2015, que anistiou as multas referentes ao artigo 32-A na hipótese de entrega de declaração sem ocorrência de fatos ge-radores de contribuição previdenciária. III. No caso concreto, a parte impetrante foi autuada e multada por atraso na entrega da Guia de Recolhimento do FGTS e informações à Previdência Social – GFIP no período compreendido entre fevereiro de 2010 a janeiro de 2011. IV. Nessa esteira, em razão da ausên-cia de ocorrência de fatos geradores de contribuição previdenciária, deve ser afastada a incidência da multa aplicado nos termos do artigo 32-A da Lei nº 8.212/91, haja vista a anistia concedida na Lei nº 13.097/2015. V. Remessa oficial e apelação improvidas. **(TRF-3 – ApelRemNec: 50279411820184036100 SP**, Relator: Desembargador Federal VALDECI DOS SANTOS, Data de Julgamento: 01/02/2021, 1ª Turma, Data de Publicação: Intimação via sistema DATA: 10/02/2021)

14.8 GARANTIAS E PRIVILÉGIOS DO CRÉDITO TRIBUTÁRIO

O crédito tributário se fundamenta no **princípio da supremacia do interesse pú-blico** e, portanto, ocupa posição diferenciada em relação aos créditos de natureza diversa.

As **garantias** são mecanismos jurídicos e patrimoniais que **asseguram a satisfação do crédito tributário,** protegendo-o contra eventuais inadimplementos. Os **privilégios** são disposições legais que conferem ao crédito tributário **uma posição superior na ordem de satisfação**, com base no **interesse público** que representa.

As regras atinentes às garantias e privilégios do crédito tributário são consideradas de **ordem pública** e, portanto, **indisponíveis pelas partes**. Isso porque a **finalidade do**

crédito tributário é de **financiar serviços públicos** e **atividades essenciais do Estado**, justificando a imposição diferenciada em relação aos demais créditos.

O tema vem tratado em codificação tributária a partir do **art. 183**[63], **não se constituindo como *numerus clausus*** (rol taxativo), podendo ser adotadas **outras garantias** que não se encontram enumeradas nos dispositivos, desde que observem o **princípio da legalidade** e os **direitos fundamentais** do contribuinte.

Ademais, as **garantias não interferem na natureza do crédito tributário nem na obrigação tributária subjacente**. A atribuição de garantias **não modifica o caráter público da relação jurídica tributária**, tampouco afeta os **elementos essenciais da obrigação**, como fato gerador, base de cálculo, dentre outros.

A **neutralidade** reforça que as garantias são **instrumentos acessórios** e não **alteram o conteúdo principal da relação tributária**. Tal disposição é essencial para proteção do crédito tributário em um cenário dinâmico, onde tributos podem variar em complexidade e características, além da **mantença da integridade do sistema jurídico tributário** evitando que garantias criem dúvidas sobre a **essência da obrigação tributária**.

14.8.1 Bens atingíveis pelo crédito tributário e o bem de família

Como decorrência da própria **natureza do crédito tributário**, na condição de **bem público**, o **art. 184 do CTN** estabelece o **princípio da universalidade da responsabilidade patrimonial do sujeito passivo** pelo **adimplemento do crédito tributário**, permitindo com que todos os bens e rendas do devedor sejam alcançados para a **satisfação do crédito tributário**, salvo as exceções expressamente previstas em lei. Determina o **art. 184 do CTN**:

> **Art. 184.** Sem prejuízo dos privilégios especiais sobre determinados bens, que sejam previstos em lei, responde pelo pagamento do crédito tributário a totalidade dos bens e das rendas, de qualquer origem ou natureza, do sujeito passivo, seu espólio ou sua massa falida, inclusive os gravados por ônus real ou cláusula de inalienabilidade ou impenhorabilidade, seja qual for a data da constituição do ônus ou da cláusula, excetuados unicamente os bens e rendas que a lei declare absolutamente impenhoráveis.

O **crédito tributário pode ser satisfeito com qualquer bem ou renda do devedor**, independentemente de sua **origem**, **natureza**, ou do momento em que eventuais **cláusulas de impenhorabilidade** ou **inalienabilidade** tenham sido constituídas. Tal regramento reflete a **supremacia do interesse público** que caracteriza o crédito tributário, essencial para a manutenção das atividades do Estado.

---

63. **Art. 183.** A enumeração das garantias atribuídas neste Capítulo ao crédito tributário não exclui outras que sejam expressamente previstas em lei, em função da natureza ou das características do tributo a que se refiram. Parágrafo único. A natureza das garantias atribuídas ao crédito tributário não altera a natureza deste nem a da obrigação tributária a que corresponda.

Em suma, a **existência de cláusulas de inalienabilidade ou impenhorabilidade** não impede a penhora de bens para satisfação do crédito tributário, ainda que essas cláusulas tenham sido instituídas anteriormente. Assim, a **proteção patrimonial** conferida por essas cláusulas no direito **privado não pode prevalecer sobre o crédito tributário**, dada sua natureza.

A **exceção a possibilidade de constrição patrimonial** reside nos **bens considerados absolutamente impenhoráveis**. Nos termos do **art. 833 do CPC**:

> **Art. 833.** São impenhoráveis:
>
> I – os bens inalienáveis e os declarados, por ato voluntário, não sujeitos à execução;
>
> II – os móveis, os pertences e as utilidades domésticas que guarnecem a residência do executado, salvo os de elevado valor ou os que ultrapassem as necessidades comuns correspondentes a um médio padrão de vida;
>
> III – os vestuários, bem como os pertences de uso pessoal do executado, salvo se de elevado valor;
>
> IV – os vencimentos, os subsídios, os soldos, os salários, as remunerações, os proventos de aposentadoria, as pensões, os pecúlios e os montepios, bem como as quantias recebidas por liberalidade de terceiro e destinadas ao sustento do devedor e de sua família, os ganhos de trabalhador autônomo e os honorários de profissional liberal, ressalvado o § 2º;
>
> V – os livros, as máquinas, as ferramentas, os utensílios, os instrumentos ou outros bens móveis necessários ou úteis ao exercício da profissão do executado;
>
> VI – o seguro de vida;
>
> VII – os materiais necessários para obras em andamento, salvo se essas forem penhoradas;
>
> VIII – a pequena propriedade rural, assim definida em lei, desde que trabalhada pela família;
>
> IX – os recursos públicos recebidos por instituições privadas para aplicação compulsória em educação, saúde ou assistência social;
>
> X – a quantia depositada em caderneta de poupança, até o limite de 40 (quarenta) salários-mínimos;
>
> XI – os recursos públicos do fundo partidário recebidos por partido político, nos termos da lei;
>
> XII – os créditos oriundos de alienação de unidades imobiliárias, sob regime de incorporação imobiliária, vinculados à execução da obra.
>
> § 1º A impenhorabilidade não é oponível à execução de dívida relativa ao próprio bem, inclusive àquela contraída para sua aquisição.
>
> § 2º O disposto nos incisos IV e X do caput não se aplica à hipótese de penhora para pagamento de prestação alimentícia, independentemente de sua origem, bem como às importâncias excedentes a 50 (cinquenta) salários-mínimos mensais, devendo a constrição observar o disposto no art. 528, § 8º, e no art. 529, § 3º.
>
> § 3º Incluem-se na impenhorabilidade prevista no inciso V do caput os equipamentos, os implementos e as máquinas agrícolas pertencentes a pessoa física ou a empresa individual produtora rural, exceto quando tais bens tenham sido objeto de financiamento e estejam vinculados em garantia a negócio jurídico ou quando respondam por dívida de natureza alimentar, trabalhista ou previdenciária.

Assim, os **bens considerados absolutamente** impenhoráveis não podem ser atingidos pelo crédito tributário, uma vez que **garantem o mínimo existencial,** a **dignidade da pessoa humana** e a **continuidade de funções sociais relevantes**.

No entanto, existem **bens considerados relativamente impenhoráveis**, que podem ter a **impenhorabilidade afastada** em determinadas circunstâncias estabelecidas em lei. *In casu*, a **proteção do devedor** deve ser **ponderada** em relação à **satisfação do crédito**.

Tao situações buscam **harmonizar a proteção do devedor com o direito do credor à satisfação do crédito**, permitindo adaptações conforme o contexto e garantindo a **eficácia da execução** sem comprometimento dos direitos fundamentais do devedor.

Dentre as situações apresentadas, temos o denominado **bem de família**, estabelecido pela Lei 8.009/90. Trata-se de uma **proteção jurídica essencial** que assegura a **impenhorabilidade do imóvel residencial utilizado pelo casal ou entidade familiar**, resguardando o mínimo existencial e a dignidade da pessoa humana.

Nos termos do **art. 1º da Lei 8.009/90**:

> O imóvel residencial próprio do casal, ou da entidade familiar, é impenhorável e não responderá por qualquer tipo de dívida civil, comercial, fiscal, previdenciária ou de outra natureza, contraída pelos cônjuges ou pelos pais ou filhos que sejam seus proprietários e nele residam, salvo nas hipóteses previstas nesta lei.
> Parágrafo único. A impenhorabilidade compreende o imóvel sobre o qual se assentam a construção, as plantações, as benfeitorias de qualquer natureza e todos os equipamentos, inclusive os de uso profissional, ou móveis que guarnecem a casa, desde que quitados.

O entendimento esposado pelo **Superior Tribunal de Justiça estende a impenhorabilidade**, inclusive, sobre o **único imóvel residencial do devedor que esteja locado com terceiros**, desde que a renda obtida com a locação seja **revertida para a subsistência** ou **moradia de sua família**. A **súmula 486** estabelece:

> É impenhorável o único imóvel residencial do devedor que esteja locado a terceiros, desde que a renda obtida com a locação seja revertida para a subsistência ou a moradia da sua família.

Por mais que o imóvel residencial próprio do casal ou da entidade familiar seja impenhorável, inclusive quando locado a terceiros, a **exceção do art. 3º, IV, da Lei 8.009/90** traduz:

> **Art. 3º** A impenhorabilidade é oponível em qualquer processo de execução civil, fiscal, previdenciária, trabalhista ou de outra natureza, salvo se movido:
> (...)
> IV – para cobrança de impostos, predial ou territorial, taxas e contribuições devidas em função do imóvel familiar;

A **possibilidade de penhora do bem de família** decorre, tão somente, de **débitos tributários relativos ao próprio imóvel**, não podendo se estender a **outros** tributos que não tenham correlação direta com o bem. Assim, a **impenhorabilidade do bem de família** é inegável para tributos que **não guardem relação direta com o imóvel**.

Não se pode penhorar, p.ex., o único imóvel residencial de uma família para **satisfazer dívidas de IR** ou **de ICMS**, pois esses tributos **incidem sobre renda** e **circulação de mercadorias**, não sobre o bem protegido. Ademais, mesmo que sejam **tributos imobiliários**, mas que **não guardem relação com o próprio imóvel**, não podem ser utilizados para a penhora do imóvel considerado bem de família.

A penhora do bem de família para tributos sem relação com o imóvel é **desproporcional**, pois **onera indevidamente o devedor** sem considerar sua **situação pessoal** e **patrimonial**.

 JURISPRUDÊNCIA

PROCESSUAL CIVIL E TRIBUTÁRIO. EXECUÇÃO FISCAL. BEM DE FAMÍLIA. ALIENAÇÃO APÓS CONSTITUIÇÃO DO CRÉDITO TRIBUTÁRIO. IMPENHORABILIDADE. MANUTENÇÃO. FRAUDE. INEXISTÊNCIA. 1. O Superior Tribunal de Justiça firmou a orientação segundo a qual a alienação de imóvel que sirva de residência do executado e de sua família após a constituição do crédito tributário não afasta a cláusula de impenhorabilidade do bem, razão pela qual resta descaracterizada a fraude à execução fiscal. Precedentes. 2. Hipótese em que o Tribunal a quo, ao consignar que estaria configurada a fraude à execução com a alienação do bem imóvel após a constituição do crédito tributário, ante a desconstituição da proteção legal dada ao bem de família, posiciona-se de forma contrária a esse entendimento. 3. Agravo interno desprovido.
(STJ – AgInt no AREsp: 1563408 RS 2019/0238535-9, Relator: Ministro GURGEL DE FARIA, Data de Julgamento: 16/08/2021, T1 – PRIMEIRA TURMA, Data de Publicação: DJe 20/08/2021)
RECURSO ESPECIAL. CUMPRIMENTO DE SENTENÇA. PENHORA. BEM DE FAMÍLIA. IMÓVEL CEDIDO AOS SOGROS DA PROPRIETÁRIA. IMPENHORABILIDADE. RECONHECIMENTO. RECURSO ESPECIAL PROVIDO. 1. Para efeitos da proteção da Lei n. 8.009/1990, de forma geral, é suficiente que o imóvel sirva de residência para a família do devedor, apenas podendo ser afastada quando verificada alguma das hipóteses do art. 3º da referida lei. 2. A linha hermenêutica traçada pelo Superior Tribunal de Justiça acerca da extensão do bem de família legal segue o movimento da despatrimonialização do Direito Civil, em observância aos princípios constitucionais da dignidade da pessoa humana e da solidariedade social, buscando sempre verificar a finalidade verdadeiramente dada ao imóvel. 3. O imóvel cedido aos sogros da proprietária, que, por sua vez, reside de aluguel em outro imóvel, não pode ser penhorado por se tratar de bem de família. 4. Recurso especial provido.
(STJ – REsp: 1851893 MG 2019/0356812-0, Relator: Ministro MARCO AURÉLIO BELLIZZE, Data de Julgamento: 23/11/2021, T3 – TERCEIRA TURMA, Data de Publicação: DJe 29/11/2021)
DIREITO CIVIL E PROCESSUAL CIVIL. AGRAVO INTERNO NO AGRAVO EM RECURSO ESPECIAL. BEM DE FAMÍLIA. VALOR ELEVADO. LEVANTAMENTO DA PENHORA. POSSIBILIDADE. PRECEDENTES DO STJ. DECISÃO MANTIDA. 1. O valor elevado do imóvel não afasta, por si, a proteção legal de impenhorabilidade do bem de família. Precedentes do STJ. 2. Agravo interno a que se nega provimento.
(STJ – AgInt no AREsp: 2469950 SP 2023/0316528-2, Relator: Ministro ANTONIO CARLOS FERREIRA, Data de Julgamento: 27/05/2024, T4 – QUARTA TURMA, Data de Publicação: DJe 29/05/2024)

CIVIL E PROCESSUAL CIVIL. AGRAVO INTERNO EM AGRAVO EM RECURSO ESPECIAL. AÇÃO ANULATÓRIA C/C INDENIZAÇÃO POR DANOS MORAIS. CUMPRIMENTO DE SENTENÇA. AGRAVO DE INSTRUMENTO. BEM DE FAMÍLIA. FRAUDE À EXECUÇÃO QUE NÃO TEM O CONDÃO DE AFASTAR A IMPENHORABILIDA-DE DO IMÓVEL UTILIZADO COMO MORADIA DA FAMÍLIA. 1. Discute-se nos autos se o bem de família perde a sua impenhorabilidade no caso de ter a sua venda anulada por fraude à execução. 2. Na fase de cumprimento de sentença, decisão determinou o levantamento da penhora realizada sobre o imóvel dos ora agravantes, reconhecendo a sua condição de bem de família, pois a coexecutada e seu filho "residem no imóvel de forma contínua e definitiva". 3. No julgamento do agravo de instrumento, o Tribunal de Justiça de São Paulo deu-lhe provimento ao argumento de que a impenhorabilidade do bem de família deve ser afastada quando há o reconhecimento de fraude à execução. 4. No julgamento do AgInt nos EDcl no REsp n. 1.420.488/SC, DJe de 28/3/2019, de relatoria do Ministro Og Fernandes, Segunda Turma, firmou-se orientação no sentido de que, "mesmo quando o devedor aliena o imóvel que lhe sirva de residência, deve ser mantida a cláusula de impenhorabilidade, visto que imune aos efeitos da execução e, caso reconhecida a invalidade do negócio, o imóvel voltaria à esfera patrimonial do devedor ainda como bem de família". 5. No julgamento AgInt no AgInt no AREsp n. 2.141.032/GO, de relatoria da Ministra Maria Isabel Gallotti, DJe de 28/9/2023, a Quarta Turma, posicionou-se no sen-tido de que "é possível o reconhecimento da manutenção da proteção do bem de família que, apesar de ter sido doado em fraude à execução aos seus filhos, ainda é utilizado pela família como moradia". No mesmo sentido: AgInt no AREsp n. 629.647/RJ, relator Ministro Raul Araújo, Quarta Turma, DJe de 29/6/2022. 6. No caso dos autos, considerando a constatação de que o imóvel é utilizado como residência pela coexecutada e seu filho de forma contínua e definitiva, há que se manter a impenhorabilidade do bem de família .Agravo interno provido.

(**STJ – AgInt no AREsp: 2245731 SP** 2022/0356124-4, Relator: Ministro HUMBERTO MARTINS, Data de Julgamento: 18/12/2023, T3 – TERCEIRA TURMA, Data de Publicação: DJe 20/12/2023)

PROCESSUAL CIVIL E TRIBUTÁRIO. TUTELA ANTECIPADA EM RECURSO ESPECIAL. EXECUÇÃO FISCAL. DECISÃO QUE AFASTA A CARACTERIZAÇÃO DO IMÓVEL COMO BEM DE FAMÍLIA. FUMUS BONIS JURIS E PERICULUM IN MORA NÃO CONFIGURAÇÃO. SÚMULA 7 DO STJ. INCIDÊNCIA. RECURSO NÃO PROVIDO. 1. No caso em questão, a Corte regional ao decidir a controvérsia assim consignou (fls. 172-173, e-STJ, grifei): "(...) Analisando os autos da execução fiscal n° 0000203-87.2006.4.05.8305, constata-se que fora proferida decisão às fls. 462/464 na qual foi reconhecida, quanto ao bem imóvel penhorado, matrícula 12.213, referente ao lote de terreno n. 10, quadra n. 3-D, situado no Loteamento Ibituruna, na Avenida Ibiturana, Bairro Jardim Brasil, Montes Claros/MG, a fraude à execução quando da transferência onerosa da meação, relativa a esse bem, do Sr. Juan Carlos Cavalcanti à Sra. Maria Valéria de Andrade Freire. Nessa decisão, foi devidamente analisada a possibilidade de caracterização do bem penhorado como bem de família, sendo afastada e, por conseguinte, reconhecida a fraude à execução, uma vez que houve a alienação do bem após a inscrição em dívida ativa. Vejamos parte do teor da decisão que analisa tais questões: (...) Sendo assim, afasto a alegação de impenhorabilidade por se tratar bem de família do imóvel em tela e determino desde logo, a penhora da meação deste alienada irregularmente pelo coexecutado. (...) É ínsita a qualquer decisão a cláusula rebus sic stantibus, de forma que, não havendo alteração do contexto fático e probatório deve ser mantida. No caso dos autos em análise, os documentos (fls. 27/48) acostados pela embargante não elidem o decidido às fls. 462/464 dos autos principais, pois permanece intacta a conclusão nela constante, ou seja, que, na data do registro da compra e venda do bem penhorado, este não se caracteriza como bem de família. (...)." 2. Em juízo de cognição sumária, aparentemente o art. 506 do CPC/2015 não foi violado, pois houve nova análise das questões postas em juízo e as provas da recorrente foram levadas em consideração na instância ordinária ao se julgarem improcedentes seus Embargos de Terceiros. Isso se constata na seguinte passagem acima transcrita: ?No caso dos autos em análise, os documentos (fls. 27/48) acostados pela embargante não elidem o decidido às fls. 462/464 dos autos principais, pois permanece intacta a conclusão nela constante, ou seja, que, na data do registro da compra e venda do bem penhorado, este não se caracteriza como bem de família.?

3. Ademais, o STJ entende que para modificar o entendimento firmado no acórdão recorrido, verificando se foi ou não provado que o imóvel penhorado é gravado como bem de família, é preciso exceder as razões colacionadas no acórdão vergastado, o que demanda incursão no contexto fático-probatório dos autos, vedada em Recurso Especial, conforme a Súmula 7/STJ. Nesse sentido: AgInt no AREsp 1.885.600/SP, Rel. Min. Herman Bejamin, Segunda Turma, DJe 1.2.2022. 4. Agravo Interno não provido.
(STJ – AgInt no REsp: 1993667 PE 2022/0085329-5, Data de Julgamento: 15/08/2022, T2 – SEGUNDA TURMA, Data de Publicação: DJe 22/08/2022)
RECURSO ESPECIAL. BEM DE FAMÍLIA. IMPENHORABILIDADE. ALEGAÇÃO APÓS LAVRATURA E ASSINATURA DE ARREMATAÇÃO. IMPOSSIBILIDADE. ARTS. 535 CPC/1973. VIOLAÇÃO NÃO CONFIGURADA. 1. Não ofende o art. 535 do CPC/1973 o acórdão que examina, de forma fundamentada, todas as questões submetidas à apreciação judicial, circunstância que afasta a negativa de prestação jurisdicional. 2. A impenhorabilidade do bem de família é matéria de ordem pública e, portanto, pode ser arguida e examinada enquanto integrar o bem integrar patrimônio do devedor, não mais cabendo ser suscitada após a alienação judicial do imóvel e exaurimento da execução, mediante a lavratura e assinatura do auto respectivo. Precedentes. 3. Com a assinatura do auto de arrematação, operam-se plenamente os efeitos do ato de expropriação em relação ao executado e ao arrematante, independentemente de registro imobiliário, o qual se destina a consumar a transferência da propriedade com efeitos em face de terceiros. 4. Recurso especial a que se nega provimento.
(STJ – REsp: 1536888 GO 2015/0135369-0, Relator: Ministra MARIA ISABEL GALLOTTI, Data de Julgamento: 26/04/2022, T4 – QUARTA TURMA, Data de Publicação: DJe 24/05/2022)

14.8.2   Presunção de fraude fiscal

A **fraude fiscal** é um **ato ilícito** praticado pelo contribuinte com o objetivo de **evitar, reduzir ou adiar o pagamento de tributos devidos** à Fazenda Pública, utilizando meios artificiosos, dissimulados ou ilegais. Diferentemente da mera inadimplência, que ocorre quando o contribuinte não paga o tributo por incapacidade financeira ou outros motivos, a fraude fiscal envolve a intenção deliberada de **lesar o erário público**.

Na **inadimplência**, o devedor **reconhece o débito**, mas **não consegue pagá-lo por razões econômicas ou financeiras,** inexistindo dolo ou má-fé por parte do sujeito passivo. Já a fraude envolve a intenção de burlar a fiscalização tributária e evitar o pagamento de tributos por meio de atos ilícitos.

O instituto vem regulamentado no **art. 185 do CTN**, a seguir:

> Art. 185. Presume-se fraudulenta a alienação ou oneração de bens ou rendas, ou seu começo, por sujeito passivo em débito para com a Fazenda Pública, por crédito tributário regularmente inscrito como dívida ativa.
>
> Parágrafo único. O disposto neste artigo não se aplica na hipótese de terem sido reservados, pelo devedor, bens ou rendas suficientes ao total pagamento da dívida inscrita.

O marco temporal para o estabelecimento da fraude fiscal é a **inscrição regular em dívida ativa. Antes da vigência** da LC 118/2005 – que alterou o dispositivo em comento – a fraude à execução era reconhecida se a **alienação ocorresse após a citação válida do devedor**. Após a alteração legislativa, considera-se fraudulenta a alienação realizada **após a inscrição do crédito em dívida ativa, independentemente de citação**.

Segundo entendimento jurisprudencial, a alienação ou oneração de bens **após a inscrição do débito em dívida ativa** é **considerada fraude à execução, independentemente da intenção do devedor ou da boa-fé do terceiro adquirente**. Trata-se de **presunção absoluta**, não se admitindo qualquer forma de prova em contrário. Essa mudança demonstra uma tentativa de adequar o sistema tributário às práticas contemporâneas de evasão patrimonial.

O **afastamento da fraude fiscal** somente decorrerá na seguinte situação: se o devedor que realiza a alienação ou oneração de bens **tiver patrimônio** (bens, rendas ou direitos) **suficiente para a integral satisfação do crédito tributário**. Não há por que se averiguar a eventual boa-fé do sujeito passivo, se ocorrida a hipótese legal caracterizadora da fraude. É o entendimento encartado no julgamento do **REsp 1.141.990** pelo STJ.

A questão levantada é o **estabelecimento de uma presunção absoluta de fraude** por decorrência de um **procedimento interno adotado pelo Fisco**. A **inscrição na dívida ativa** é ato de **controle administrativo da legalidade** da exigência fiscal feito pelo órgão competente para apurar a certeza e liquidez do crédito fazendário, isto é, **medida interna à administração pública, sem a publicidade para terceiros**.

No caso, se a inscrição na dívida ativa **não é dotada de publicidade para terceiros** – senão ao próprio devedor – **este ato jurídico não pode ser oposto a estes terceiros que realizam negócios jurídicos com o contribuinte em débito para com a Fazenda**. Vejamos.

Os **direitos reais sobre imóveis constituídos**, ou **transmitidos por atos entre vivos**, só se adquirem com o **registro perante o Cartório de Registro de Imóveis do título negocial**, enquanto os **direitos reais** sobre **coisas móveis**, quando constituídos ou transmitidos por ato entre vivos, só se adquirirem com a **tradição**. Dispõe o **art. 1.226 do CC/2002**:

> Os direitos reais sobre coisas móveis, quando constituídos, ou transmitidos por atos entre vivos, só se adquirem com a tradição.

Em complemento, o **art. 172 da Lei 6.015/73** – Lei de Registros Públicos – determina:

> No Registro de Imóveis serão feitos, nos termos desta Lei, o registro e a averbação dos títulos ou atos constitutivos, declaratórios, translativos e extintivos de direitos reais sobre imóveis reconhecidos em lei, "inter vivos" ou "mortis causa" quer para sua constituição, transferência e extinção, quer para sua validade em relação a terceiros, quer para a sua disponibilidade.

Assim, todo imóvel, objeto de título a ser registrado, deve estar **matriculado**, consagrando a regra da **unitariedade matricial**, segundo a qual **não há imóvel em mais de uma matrícula, nem matrícula com mais de um imóvel**. O **princípio da concentração da matrícula**, inserido pelo art. 54 da Lei 13.097/15[64] objetiva conferir

---

64. **Art. 54.** Os negócios jurídicos que tenham por fim constituir, transferir ou modificar direitos reais sobre imóveis são eficazes em relação a atos jurídicos precedentes, nas hipóteses em que não tenham sido registradas ou averbadas na matrícula do imóvel as seguintes informações:

segurança jurídica ao tráfego negocial e **proteção a boa-fé**, assegurando, através da **publicidade do sistema de registros públicos**, a validade e eficácia dos direitos reais que necessariamente devem estar **registrados** ou **averbados na matrícula imobiliária** como pressuposto para a sua proteção jurídica.

Portanto, em se tratando de **relações negociais imobiliárias**, para que a **inscrição na dívida ativa** tenha o efeito jurídico estampado na codificação tributária, deve a Fazenda Pública promover a **averbação no Registro Público da restrição administrativa ao gozo dos direitos registrados do credor**, tal como exigido pelo **art. 54, III, da Lei 13.097/15**.

Sem a averbação, **terceiros de boa-fé**, ao consultarem a **matrícula do imóvel** e não encontrarem **nenhuma restrição registrada, não podem ser prejudicados em suas aquisições ou negócios jurídicos envolvendo o bem**, sendo essencial a averbação para **garantia do equilíbrio entre os interesses da Fazenda** e a **proteção dos terceiros de boa-fé**, alinhando-se aos princípios constitucionais de **segurança jurídica** e **confiança no sistema de registros públicos**.

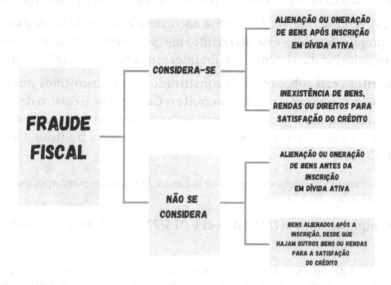

I – registro de citação de ações reais ou pessoais reipersecutórias;

II – averbação, por solicitação do interessado, de constrição judicial, de que a execução foi admitida pelo juiz ou de fase de cumprimento de sentença, procedendo-se nos termos previstos no art. 828 do Código de Processo Civil;

III – averbação de restrição administrativa ou convencional ao gozo de direitos registrados, de indisponibilidade ou de outros ônus quando previstos em lei; e

IV – averbação, mediante decisão judicial, da existência de outro tipo de ação cujos resultados ou responsabilidade patrimonial possam reduzir seu proprietário à insolvência, nos termos do inciso IV do caput do art. 792 do Código de Processo Civil.

V – averbação, mediante decisão judicial, de qualquer tipo de constrição judicial incidente sobre o imóvel ou sobre o patrimônio do titular do imóvel, inclusive a proveniente de ação de improbidade administrativa ou a oriunda de hipoteca judiciária

 **JURISPRUDÊNCIA**

PROCESSO CIVIL. RECURSO ESPECIAL. EMBARGOS DE TERCEIRO. FRAUDE À EXECUÇÃO. ALIENAÇÕES SUCESSIVAS. EXTENSÃO AUTOMÁTICA DA INEFICÁCIA DA PRIMEIRA ALIENAÇÃO ÀS TRANSAÇÕES SUBSEQUENTES. IMPOSSIBILIDADE. JULGAMENTO: CPC/2015. 1. Embargos de terceiros opostos em 07/05/2018, dos quais foi extraído o presente recurso especial interposto em 19/08/2019 e concluso ao gabinete em 28/08/2020. 2. O propósito recursal consiste em dizer sobre a configuração da fraude à execução em caso de alienações sucessivas. 3. A fraude à execução atua no plano da eficácia, de modo que conduz à ineficácia da alienação ou oneração do bem em relação ao exequente (art. 592, V, do CPC/73; art. 792, § 2º, do CPC/2015). Em outros termos, é como se o ato fraudulento não tivesse existido para o credor. 4. As hipóteses em que a alienação ou oneração do bem são consideradas fraude à execução podem ser assim sintetizadas: (i) quando sobre o bem pender ação fundada em direito real ou com pretensão reipersecutória; (ii) quando tiver sido averbada, no registro do bem, a pendência do processo de execução; (iii) quando o bem tiver sido objeto de constrição judicial nos autos do processo no qual foi suscitada a fraude; (iv) quando, no momento da alienação ou oneração, tramitava contra o devedor ação capaz de reduzi-lo à insolvência (art. 593 do CPC/73 e art. 792 do CPC/2015). 5. Esta Corte tem entendimento sedimentado no sentido de que a inscrição da penhora no registro do bem não constitui elemento integrativo do ato, mas sim requisito de eficácia perante terceiros. Precedentes. Por essa razão, o prévio registro da penhora do bem constrito gera presunção absoluta (juris et de jure) de conhecimento para terceiros e, portanto, de fraude à execução caso o bem seja alienado ou onerado após a averbação (art. 659, § 4º, do CPC/73; art. 844 do CPC/2015). Presunção essa que também é aplicável à hipótese na qual o credor providenciou a averbação, à margem do registro, da pendência de ação de execução (art. 615-A, § 3º, do CPC/73; art. 828, § 4º, do CPC/2015). 6. Por outro lado, se o bem se sujeitar a registro e a penhora ou a ação de execução não tiver sido averbada no respectivo registro, tal circunstância não obsta, prima facie, o reconhecimento da fraude à execução. Nesse caso, entretanto, caberá ao credor comprovar a má-fé do terceiro; vale dizer, de que o adquirente tinha conhecimento acerca da pendência do processo. Essa orientação é consolidada na jurisprudência deste Tribunal Superior e está cristalizada na Súmula 375 do STJ e no julgamento do Tema 243. 7. Desse modo, são pressupostos genéricos da fraude à execução: (i) processo judicial em curso em face do devedor/executado; (ii) registro, na matrícula do bem, da penhora ou outro ato de constrição judicial ou averbação premonitória ou, então, prova da má-fé do terceiro adquirente. 8. Em caso de alienações sucessivas, inicialmente, é notório que não se exige a pendência de processo em face do alienante do qual o atual proprietário adquiriu o imóvel. Tal exigência, em atenção aos ditames legais (art. 593 do CPC/73 e art. 792 do CPC/2015), deve ser observada exclusivamente em relação ao devedor que figura no polo passivo da ação de conhecimento ou de execução. É dizer, a litispendência é pressuposto a ser analisado exclusivamente com relação àquele que tem relação jurídica com o credor. 9. No que concerne ao requisito do registro da penhora ou da pendência de ação ou, então, da má-fé do adquirente, o reconhecimento da ineficácia da alienação originária, porque realizada em fraude à execução, não contamina, automaticamente, as alienações posteriores. Nessas situações, existindo registro da ação ou da penhora à margem da matrícula do bem imóvel alienado a terceiro, haverá presunção absoluta do conhecimento do adquirente sucessivo e, portanto, da ocorrência de fraude. Diversamente, se inexistente o registro do ato constritivo ou da ação, incumbe ao exequente/embargado a prova da má-fé do adquirente sucessivo. 10. No particular, o imóvel não foi adquirido pelos recorridos (embargantes) diretamente dos executados, mas sim de terceiro que o comprou destes. Embora tenha sido reconhecida a fraude na primeira alienação, isto é, dos executados ao adquirente primitivo, o quadro fático delineado na origem revela que a credora não havia procedido à averbação, na matrícula do imóvel, da pendência de execução, tampouco se desincumbiu de comprovar a má-fé dos adquirentes posteriores; isto é, de que eles tinham conhecimento da existência de ação capaz de reduzir o devedor à insolvência. Não há que se falar, assim, em ineficácia da alienação subsequente. 11. Recurso especial conhecido e desprovido.
(STJ – REsp: 1863999 SP 2020/0048011-4, Relator: Ministra NANCY ANDRIGHI, Data de Julgamento: 03/08/2021, T3 – TERCEIRA TURMA, Data de Publicação: DJe 09/08/2021)

TRIBUTÁRIO. AGRAVO REGIMENTAL NO AGRAVO EM RECURSO ESPECIAL. EXECUÇÃO FISCAL. EMBAR-GOS DE TERCEIRO. ALIENAÇÃO DO BEM POSTERIOR À CITAÇÃO DO DEVEDOR. FRAUDE À EXECUÇÃO CARACTERIZADA. ART. 185 DO CTN. DESNECESSIDADE DE COMPROVAÇÃO DO CONSILIUM FRAUDIS (RESP 1.141.990/PR, JULGADO SOB O RITO DOS RECURSOS REPETITIVOS). RESSALVA DO PONTO DE VISTA DO RELATOR. AGRAVO REGIMENTAL DA COOPERATIVA A QUE SE NEGA PROVIMENTO. 1. Ao julgar o REsp. 1.141.990/PR, da relatoria do eminente Ministro LUIZ FUX, sob a sistemática do representativo da controvérsia, esta Corte Superior assentou o entendimento de que não se aplica à Execução Fiscal o Enunciado 375 da Súmula de sua jurisprudência, segundo o qual o reconhecimento da fraude à execução depende do registro da penhora do bem alienado ou da prova de má-fé do terceiro adquirente. Sendo assim, há presunção absoluta da fraude à execução quando a alienação é efetivada após a inscrição do débito tributário em Dívida Ativa, ou, em sendo a alienação feita em data anterior à entrada em vigor da LC 118/2005, presume-se fraudulenta quando feita após a citação do devedor, sendo desnecessária, portanto, a discussão acerca da má-fé ou não do adquirente. 2. Faço a ressalva do meu entendimento pessoal, para afirmar a impossibilidade de presunção absoluta em favor da Fazenda Pública. Isso porque nem mesmo o direito à vida tem caráter absoluto, que dirá questões envolvendo pecúnia. No entanto, acompanho a jurisprudência, porquanto já está consolidada em sentido contrário. 3. Agravo Regimental da Cooperativa a que se nega provimento.

(STJ – AgRg no AREsp: 696938 RS 2015/0088890-6, Relator: Ministro NAPOLEÃO NUNES MAIA FILHO, Data de Julgamento: 09/03/2020, T1 – PRIMEIRA TURMA, Data de Publicação: DJe 11/03/2020)

TRIBUTÁRIO. AGRAVO INTERNO NO RECURSO ESPECIAL. EMBARGOS DE TERCEIRO. FRAUDE À EXECU-ÇÃO. NEGÓCIO REALIZADO APÓS A INSCRIÇÃO EM DÍVIDA ATIVA. PRESUNÇÃO ABSOLUTA. BOA-FÉ DE TERCEIRO ADQUIRENTE. IRRELEVÂNCIA. MATÉRIA DECIDIDA EM RECURSO REPETITIVO. EXCEÇÃO DO PARÁGRAFO ÚNICO DO ART. 185 DO CTN. VERIFICAÇÃO. NECESSIDADE. ACÓRDÃO RECORRIDO EM DESCONFORMIDADE COM O ENTENDIMENTO DESTA CORTE. 1. Tendo sido o recurso interposto contra acórdão publicado na vigência do Código de Processo Civil de 2015, devem ser exigidos os requisitos de admissibilidade na forma nele previsto, conforme Enunciado n. 3/2016/STJ. 2. A Primeira Seção, no julgamento do REsp 1.141.990/PR, realizado na sistemática dos recursos repetitivos, decidiu que "a alienação efetivada antes da entrada em vigor da LC n.º 118/2005 (09.06.2005) presumia-se em fraude à execução se o negócio jurídico sucedesse a citação válida do devedor; posteriormente a 09.06.2005, consideram-se fraudulentas as alienações efetuadas pelo devedor fiscal após a inscrição do crédito tri-butário na dívida ativa". 3. Nesse contexto, não há porque se averiguar a eventual boa-fé do adquirente, se ocorrida a hipótese legal caracterizadora da fraude, a qual só pode ser excepcionada no caso de terem sido reservados, pelo devedor, bens ou rendas suficientes ao total pagamento da dívida inscrita. 4. Esse entendimento se aplica também às hipóteses de alienações sucessivas, daí porque "considera-se fraudu-lenta a alienação, mesmo quando há transferências sucessivas do bem, feita após a inscrição do débito em dívida ativa, sendo desnecessário comprovar a má-fé do terceiro adquirente" (REsp 1.833.644/PB, Rel. Ministro Herman Benjamin, Segunda Turma, DJe 18/10/2019) 5. No caso concreto, o órgão julgador a quo decidiu a controvérsia em desconformidade com a orientação jurisprudencial firmada por este Tribunal Superior, porquanto afastou a hipótese legal caracterizadora de fraude em atenção à boa-fé do terceiro adquirente. 6. Não obstante, remanesce a possibilidade de o negócio realizado não implicar fraude, acaso ocorrida a hipótese do parágrafo único do art. 185 do CTN. Assim, os autos devem retornar ao Tribunal Regional Federal para novo julgamento, afastada a tese de boa-fé do terceiro adquirente. 7. Agravo interno não provido.

(STJ – AgInt no REsp: 1820873 RS 2019/0172341-2, Relator: BENEDITO GONÇALVES, Data de Julga-mento: 25/04/2023, T1 – PRIMEIRA TURMA, Data de Publicação: DJe 23/05/2023)

PROCESSUAL CIVIL E TRIBUTÁRIO. EXECUÇÃO FISCAL. ALIENAÇÕES SUCESSIVAS DE IMÓVEL. NEGÓCIO JURÍDICO POSTERIOR AO ADVENTO DA LC N. 118/2005. INSCRIÇÃO EM DÍVIDA ATIVA. FRAUDE. PRE-SUNÇÃO ABSOLUTA. 1. Aos recursos interpostos com fundamento no CPC/2015 (relativos a decisões publicadas a partir de 18 de março de 2016) serão exigidos os requisitos de admissibilidade recursal na forma do novo CPC (Enunciado 3 do Plenário do STJ).

14 • CRÉDITO TRIBUTÁRIO **733**

2. A Primeira Seção do STJ, no julgamento do REsp 1.141.990/PR, submetido ao rito dos recursos repetitivos (art. 543-C do CPC/1973), fixou o entendimento pela inaplicabilidade da Súmula 375 do STJ no que se refere às execuções fiscais, firmando, ainda a orientação de que, quando o negócio for posterior à modificação do art. 185 do CTN pela LC N. 118/2005, fica configurada fraude à execução fiscal se alienado o bem quando já inscrito o débito tributário em dívida ativa. 3. Hipótese em que o Tribunal de origem, em desconformidade com a orientação desta Corte Superior, afastou a presunção de fraude à execução, apesar da alienação do imóvel, de maneira sucessiva, ter ocorrido posteriormente ao início da vigência da LC n. 118/2005 e quando já inscrito o débito em dívida ativa. 4. Agravo interno desprovido.
(STJ – AgInt no REsp: 1853950 PR 2019/0375028-1, Relator: Ministro GURGEL DE FARIA, Data de Julgamento: 24/08/2020, T1 – PRIMEIRA TURMA, Data de Publicação: DJe 31/08/2020)
TRIBUTÁRIO E PROCESSUAL CIVIL. AGRAVO INTERNO NO AGRAVO EM RECURSO ESPECIAL. EXECUÇÃO FISCAL. ALEGADA VIOLAÇÃO AO ART. 1.022 DO CPC/2015. INEXISTÊNCIA DE VÍCIOS, NO ACÓRDÃO RECORRIDO. INCONFORMISMO. FRAUDE À EXECUÇÃO. ALIENAÇÃO DO BEM ANTES DO REDIRECIONAMENTO DA EXECUÇÃO. ART. 185 DO CÓDIGO TRIBUTÁRIO NACIONAL. JURISPRUDÊNCIA PACÍFICA DO STJ. AGRAVO INTERNO IMPROVIDO. I. Agravo interno aviado contra decisão que julgara recurso interposto contra decisum publicado na vigência do CPC/2015. II. Não há falar, na hipótese, em violação ao art. 1.022 do CPC/2015, porquanto a prestação jurisdicional foi dada na medida da pretensão deduzida, de vez que os votos condutores do acórdão recorrido e do acórdão proferido em sede de Embargos de Declaração apreciaram fundamentadamente, de modo coerente e completo, as questões necessárias à solução da controvérsia, dando-lhes, contudo, solução jurídica diversa da pretendida. III. Na forma da jurisprudência do STJ, não se pode confundir decisão contrária ao interesse da parte com ausência de fundamentação ou negativa de prestação jurisdicional. Nesse sentido: STJ, EDcl no REsp 1.816.457/SP, Rel. Ministro HERMAN BENJAMIN, SEGUNDA TURMA, DJe de 18/05/2020; AREsp 1.362.670/MG, Rel. Ministro MAURO CAMPBELL MARQUES, SEGUNDA TURMA, DJe de 31/10/2018; REsp 801.101/MG, Rel. Ministra DENISE ARRUDA, PRIMEIRA TURMA, DJe de 23/04/2008. IV. É firme o entendimento desta Corte no sentido de que "não se considera fraude à execução, à luz do art. 185 do CTN, a alienação feita por sócio-gerente antes do redirecionamento da execução, pois inconcebível considerá-lo devedor até aquele momento" (STJ, REsp 1.692.251/RS, Rel. Ministro HERMAN BENJAMIN, SEGUNDA TURMA, DJe de 07/02/2018). No mesmo sentido: STJ, AgInt no REsp 1.550.622/PR, Rel. Ministro NAPOLEÃO NUNES MAIA FILHO, PRIMEIRA TURMA, DJe de 26/3/2018 e AgInt no REsp 1.662.271/PE, Rel. Ministro FRANCISCO FALCÃO, SEGUNDA TURMA, DJe de 26/9/2017. V. Agravo interno improvido.
(STJ – AgInt no AREsp: 1606739 MG 2019/0316766-8, Relator: ASSUSETE MAGALHÃES, Data de Julgamento: 08/05/2023, T2 – SEGUNDA TURMA, Data de Publicação: DJe 17/05/2023)
PROCESSUAL CIVIL E TRIBUTÁRIO. OFENSA AOS ARTS. 489 E 1.022 NÃO CONFIGURADA. EMBARGOS DE TERCEIRO. EXECUÇÃO FISCAL. PENHORA DE VEÍCULO AUTOMOTOR. ALIENAÇÃO POSTERIOR À INSCRIÇÃO EM DÍVIDA ATIVA. FRAUDE À EXECUÇÃO COMPROVADA. BOA-FÉ. IRRELEVÂNCIA. CONTEXTO FÁTICO-PROBATÓRIO. REVISÃO. IMPOSSIBILIDADE. SÚMULA 7/STJ. DIVERGÊNCIA JURISPRUDENCIAL. SÚMULA 7/STJ. ANÁLISE PREJUDICADA PELA FALTA DE IDENTIDADE ENTRE PARADIGMAS E FUNDAMENTAÇÃO DO ACÓRDÃO. 1. No julgamento dos Aclaratórios, a Corte de origem asseverou: "Os embargos, embora mereçam conhecimento, não devem ser providos. Da leitura do acórdão, é possível verificar que todas as questões e argumentos trazidos pela parte, foram devidamente analisados, sendo as negativas devidamente fundamentadas. No mais, tendo o julgador encontrado motivação processual suficiente para o convencimento, não está obrigado a manifestar-se sobre todas as alegações da parte. (...) Desse modo, tem-se que todos os temas devolvidos pelo recorrente foram expressamente analisados e julgados na decisão, o que basta para tornar a matéria prequestionada, sendo desnecessária menção expressa a artigo de lei: (...) Por fim, caso o embargante discorde da solução dada, deve manejar o recurso adequado, haja vista que os aclaratórios não se prestam ao rejulgamento da matéria. Portanto, rejeito os embargos de declaração" (fls. 582-583, e-STJ). 2. Conforme constou na decisão agravada, não se configurou a alegada ofensa aos arts. 489 e 1.022 do CPC/2015, uma vez que o Tribunal de origem julgou integralmente a lide e solucionou, de maneira amplamente fundamentada, a controvérsia, em conformidade com o que lhe foi apresentado.

3. O órgão julgador não é obrigado a rebater, um a um, todos os argumentos trazidos pelas partes em defesa da tese que apresentaram. Deve apenas enfrentar a demanda, observando as questões relevantes e imprescindíveis à sua resolução. Precedentes: AgInt nos EDcl no AREsp 1.290.119/RS, Rel. Min. Francisco Falcão, Segunda Turma, DJe 30.8.2019; AgInt no REsp 1.675.749/RJ, Rel. Min. Assusete Magalhães, Segunda Turma, DJe 23.8.2019; REsp 1.817.010/PR, Rel. Min. Mauro Campbell Marques, Segunda Turma, DJe 20.8.2019; AgInt no AREsp 1.227.864/RJ, Rel. Min. Gurgel de Faria, Primeira Turma, DJe 20.11.2018. 4. No julgamento do REsp 1.141.990/PR, submetido ao rito dos recursos repetitivos (art. 543-C do CPC/1973), o STJ firmou: a) "a natureza jurídica tributária do crédito conduz a que a simples alienação ou oneração de bens ou rendas, ou seu começo, pelo sujeito passivo por quantia inscrita em dívida ativa, sem a reserva de meios para quitação do débito, gera presunção absoluta (jure et de jure) de fraude à execução (lei especial que se sobrepõe ao regime do direito processual civil)"; b) "a alienação engendrada até 08.06.2005 exige que tenha havido prévia citação no processo judicial para caracterizar a fraude de execução; se o ato translativo foi praticado a partir de 09.06.2005, data de início da vigência da Lei Complementar n.º 118/2005, basta a efetivação da inscrição em dívida ativa para a configuração da figura da fraude"; c) "a inaplicação do artigo 185 do CTN, dispositivo que não condiciona a ocorrência de fraude a qualquer registro público, importa violação da Cláusula Reserva de Plenário e afronta à Súmula Vinculante 10, do STF". 5. O Código Tributário Nacional se sobrepõe ao regime do direito processual civil, não se empregando às Execuções Fiscais o tratamento dispensado à fraude civil, diante da supremacia do interesse público, já que o recolhimento dos tributos serve à satisfação das necessidades coletivas. 6. A jurisprudência do STJ consolidou o entendimento segundo o qual não se aplica à Execução Fiscal a Súmula 375/STJ: "O reconhecimento da fraude à execução depende do registro da penhora do bem alienado ou da prova de má-fé do terceiro adquirente." 7. Assim, no que se refere à Fraude à Execução Fiscal, deve ser observado o disposto no art. 185 do Código Tributário Nacional. Antes da alteração da Lei Complementar 118/2005, pressupõe fraude à Execução a alienação de bens do devedor já citado em Execução Fiscal. Com a vigência do normativo complementar, em 8.5.2005, a presunção de fraude ocorre apenas com a inscrição do débito em dívida ativa. 8. O acórdão recorrido consignou: "Conforme consta nos autos de execução fiscal, as Certidões de Dívida Ativa exequendas (nº 30969553, 30948637, 31015278 e 30992245) foram inscritas entre 01/10/2014 e 05/01/2015 (mov. 1.1/1/5 do apenso). A empresa Mexbras Indústria Plástica Ltda foi citada em 01/06/2015 (mov. 8.1 do apenso), portanto, após a vigência da Lei Complementar nº 118/05, que alterou a redação do art. 185 do CTN, logo, aplica-se ao caso a redação atual do art. 185, do CTN, que assim dispõe: (...) Portanto, qualquer alienação realizada pelo devedor sem outros bens após inscrição do crédito em dívida ativa deve ser considerada fraude à execução fiscal. Esse tema foi pacificado em sede de recurso repetitivo pelo STJ: (...) E, como se sabe, na fraude à execução fiscal é irrelevante a boa-fé do terceiro: (...) Aliás, esse tema acerca da irrelevância da boa-fé para fraude em execução fiscal também foi tratado no citado repetitivo REsp 1141990/PR: (...) Assim, como a alienação do veículo se deu em 18/05/2016 (mov. 1.4) e como as inscrições das CDA's se deram entre 01/10/2014 e 05/01/2015, está efetivamente caracterizada a fraude à execução fiscal, motivo pelo qual a alienação do veículo é ineficaz perante o exequente (art. 792, § 1º do CPC).Em razão do não provimento do recurso, aplico o art. 85. § 11º do CPC e majoro os honorários advocatícios devidos para 11% do valor atualizado da causa, observada a gratuidade deferida. Portanto, ao recurso. nego provimento."(fls. 523-524, e-STJ). 9. O acórdão recorrido asseverou que a alienação do bem móvel ocorreu após a inscrição em dívida ativa. 10. A discussão a respeito da boa-fé, convém esclarecer, foi decidida pela Corte de origem, em consonância com o entendimento do STJ adotado no REsp 1.141.990/PR, que expressamente afirma que se trata de presunção absoluta (e não juris tantum), isto é, não sujeita à produção de prova em contrário. 11. O acórdão impugnado observou a exegese da legislação federal e aplicou corretamente a orientação do STJ a respeito do tema, consolidada em julgamento de recurso repetitivo, não merecendo reforma. 12. Com efeito, tratando-se de alienação de bem móvel efetuada após a entrada em vigor da LC 118/2005, a presunção jure et de jure da Fraude à Execução fica configurada porque o negócio jurídico ocorreu após a inscrição em dívida ativa. 13. Ademais, a verificação das alegações da recorrente sobre circunstâncias peculiares do caso concreto não abordadas no acórdão recorrido implica revolvimento de conteúdo fático-probatório, cuja pretensão encontra óbice na orientação da Súmula 7/STJ.

14. A incidência da Súmula 7/STJ impede o exame do dissídio jurisprudencial, na medida em que falta identidade entre os paradigmas apresentados e os fundamentos do acórdão. 15. Ausente a comprovação da necessidade de retificação a ser promovida na decisão agravada, proferida com fundamentos suficientes e em consonância com entendimento pacífico deste Tribunal, não há prover o Agravo Interno que contra ela se insurge. 16. Agravo Interno não provido.

(STJ – AgInt no REsp: 1909266 PR 2020/0320489-3, Relator: Ministro HERMAN BENJAMIN, Data de Julgamento: 08/03/2021, T2 – SEGUNDA TURMA, Data de Publicação: DJe 16/03/2021)

14.8.3 Indisponibilidade patrimonial eletrônica: penhora on-line em matéria tributária

O **princípio da efetividade** se refere à necessidade de que os mecanismos utilizados pelo Estado para a cobrança de créditos tributários sejam **eficazes**, **céleres** e **garantam resultados** concretos, estando intrinsecamente vinculado à **preservação do interesse público**.

Para o atendimento a tal princípio, buscou o legislador encartar a possibilidade da **indisponibilidade patrimonial** prevista **no art. 185-A do CTN**, que reza:

> **Art. 185-A.** Na hipótese de o devedor tributário, devidamente citado, não pagar nem apresentar bens à penhora no prazo legal e não forem encontrados bens penhoráveis, o juiz determinará a indisponibilidade de seus bens e direitos, comunicando a decisão, preferencialmente por meio eletrônico, aos órgãos e entidades que promovem registros de transferência de bens, especialmente ao registro público de imóveis e às autoridades supervisoras do mercado bancário e do mercado de capitais, a fim de que, no âmbito de suas atribuições, façam cumprir a ordem judicial.
>
> § 1º A indisponibilidade de que trata o caput deste artigo limitar-se-á ao valor total exigível, devendo o juiz determinar o imediato levantamento da indisponibilidade dos bens ou valores que excederem esse limite.
>
> § 2º Os órgãos e entidades aos quais se fizer a comunicação de que trata o caput deste artigo enviarão imediatamente ao juízo a relação discriminada dos bens e direitos cuja indisponibilidade houverem promovido.

Trata-se de **medida constritiva** sobre **ativos financeiros**, sendo regulada no âmbito do **processo de execução fiscal**, observando determinados requisitos para sua implementação:

- **Citação regular do devedor em processo executivo**

Diferentemente do marco temporal utilizado na fraude fiscal – **inscrição em dívida ativa** – a indisponibilidade patrimonial em matéria tributária **dependerá da ocorrência da citação regular em sede de ação de execução fiscal**. A citação tem como finalidade dar ciência ao devedor sobre a **existência da ação de execução fiscal**, intimá-lo para que, no prazo legal, **pague a dívida** ou **nomeie bens à penhora**, permitindo o **exercício da ampla defesa e contraditório**.

O mandado de citação deve conter as **informações essenciais**, como a identificação da dívida, o prazo para cumprimento e as consequências do não atendimento.

- **Inexistência de pagamento espontâneo, indicação de bens à penhora e bens penhoráveis**

Para que se incorra na **indisponibilidade patrimonial** na forma aventada do **art. 185-A do CTN** há dependência do **exaurimento das diligências** para **localização de bens penhoráveis**, quando da **inocorrência de pagamento espontâneo após a citação**. Somente após a constatação de que **não há bens passíveis de penhora** é que o juízo poderá determinar a indisponibilidade.

Tal exigência ocorre porque a **indisponibilidade de bens** é uma **medida grave e restritiva**, que afeta diretamente o **patrimônio do devedor**. Por isso, só pode ser decretada quando demonstrada a **necessidade da medida**, após a **falha das diligências para encontrar bens específicos**, observando o **limite do valor total exigível**.

A indisponibilidade de bens **não pode ser utilizada como medida automática**. A Fazenda Pública e o juízo devem **comprovar o esgotamento das buscas**, promovendo uma **abordagem escalonada na execução fiscal**, priorizando a **penhora de bens específicos** antes de recorrer à medida mais ampla da indisponibilidade geral.

O STJ demonstra tal entendimento, quando da edição da **súmula 560**:

A decretação da indisponibilidade de bens e direitos, na forma do art. 185-A do CTN, pressupõe o exaurimento das diligências na busca por bens penhoráveis, o qual fica caracterizado quando infrutíferos o pedido de constrição sobre ativos financeiros e a expedição de ofícios aos registros públicos do domicílio do executado, ao Denatran ou Detran.

Embora a indisponibilidade seja uma medida cautelar de natureza coercitiva, o devedor mantém o direito de contestá-la, preservando os princípios do contraditório e da ampla defesa, devendo ser limitada ao **valor total exigível** (incluindo o principal, juros, multa e encargos), garantindo que o **bloqueio patrimonial não exceda o necessário para satisfação integral do débito**.

Caso ocorra indisponibilidade de quantia **acima do limite do débito**, o juízo tem o dever de determinar o **imediato levantamento da indisponibilidade** de bens e valores que **ultrapassem esse limite**.

O dispositivo determina a comunicação eletrônica do juízo com órgãos que indiquem a existência patrimonial, razão que parcela de juristas descrevem como **penhora on-line em matéria tributária**. Sabe-se, contudo, **não se tratar de penhora propriamente dita**, mas de **indisponibilidade de bens**, **rendas** ou **direitos** mediante o atendimento de requisitos determinados em lei.

O **uso de comunicação eletrônica** com os órgãos registrais e supervisores confere **agilidade ao processo**, reduzindo a possibilidade de **alienação fraudulenta de bens**

pelo devedor, resguardando os **interesses da Fazenda Pública** e garantindo a **futura satisfação do crédito tributário**.

O devedor executado deve ser **intimado da decretação da indisponibilidade**, assegurando o **direito de impugnar a medida**, notadamente se surgirem novas informações sobre bens e valores.

Por conseguinte, a **constrição de ativos financeiros** pelo sistema indicado no **art. 185-A do CTN não se configura sanção política** ou **forma indevida atentatória de direitos fundamentais**. O **STF**, quando do julgamento do **RE 565.048/RS** afirmou sua constitucionalidade e legitimidade, assim como o **STJ**, quando do julgamento do **REsp 1.184.765/MG**.

Enquanto as sanções políticas **violam o equilíbrio entre o poder de arrecadação do Estado** e os **direitos dos contribuintes**, a **constrição de ativos financeiros** é um **instrumento legítimo de cobrança tributária**, integrado ao ordenamento jurídico brasileiro de maneira constitucionalmente válida.

JURISPRUDÊNCIA

PROCESSUAL CIVIL. TRIBUTÁRIO. EXECUÇÃO FISCAL DE CRÉDITO TRIBUTÁRIO. AGRAVO INTERNO NO RECURSO ESPECIAL. CÓDIGO DE PROCESSO CIVIL DE 2015. APLICABILIDADE. PENHORA ON-LINE. POSSIBILIDADE. DESNECESSIDADE DE EXAURIMENTO DE VIAS EXTRAJUDICIAIS NA BUSCA DE BENS. SUBSTITUIÇÃO DA PENHORA EM DINHEIRO POR SEGURO-GARANTIA. PRINCÍPIO DA MENOR ONEROSIDADE. SITUAÇÃO EXCEPCIONAL NÃO DEMONSTRADA. APLICAÇÃO DE MULTA. ART. 1.021, § 4º, DO CÓDIGO DE PROCESSO CIVIL DE 2015. DESCABIMENTO. I – Consoante o decidido pelo Plenário desta Corte na sessão realizada em 09.03.2016, o regime recursal será determinado pela data da publicação do provimento jurisdicional impugnado. In casu, aplica-se o Código de Processo Civil de 2015. II – Esta Corte Superior, ao examinar o Recurso Especial 1.112.943/MA, julgado sob o rito dos recursos repetitivos, firmou orientação no sentido de que, após o advento da Lei 11.382/2006, o Juiz, ao decidir acerca da realização da penhora on-line, não mais pode exigir a prova, por parte do credor, de exaurimento de vias extrajudiciais na busca de bens a serem penhorados. III – É pacífico o entendimento no Superior Tribunal de Justiça segundo o qual a Fazenda Pública, em execução fiscal de crédito tributário, não está obrigada a aceitar substituição de penhora em dinheiro por seguro garantia sem a comprovação concreta da ofensa ao princípio da menor onerosidade. IV – Em regra, descabe a imposição da multa prevista no art. 1.021, § 4º, do Código de Processo Civil de 2015 em razão do mero desprovimento do Agravo Interno em votação unânime, sendo necessária a configuração da manifesta inadmissibilidade ou improcedência do recurso a autorizar sua aplicação, o que não ocorreu no caso. V – Agravo Interno improvido.
(STJ – AgInt no REsp: 1978151 RJ 2021/0275832-5, Data de Julgamento: 30/05/2022, T1 – PRIMEIRA TURMA, Data de Publicação: DJe 02/06/2022)

PROCESSUAL CIVIL E TRIBUTÁRIO. EXECUÇÃO FISCAL. PENHORA. BEM OFERTADO. ORDEM LEGAL. INOBSERVÂNCIA. RECUSA. POSSIBILIDADE. CONSTRIÇÃO ON-LINE. BACENJUD. ESGOTAMENTO DE DILIGÊNCIA. DESNECESSIDADE. PREQUESTIONAMENTO. AUSÊNCIA. PRINCÍPIO DA MENOR ONERO-SIDADE. REEXAME DE PROVAS. IMPOSSIBILIDADE. 1. Conforme estabelecido pelo Plenário do STJ, aos recursos interpostos com fundamento no CPC/2015 (relativos a decisões publicadas a partir de 18 de março de 2016) serão exigidos os requisitos de admissibilidade recursal na forma nele prevista (Enunciado Administrativo n. 3). 2. Em execução fiscal, o ente exequente pode recusar a nomeação de bem oferecido à penhora, quando fundada na inobservância da ordem legal, prevista no art. 11 da Lei n. 6.830/1980, não havendo que se falar em ofensa ao princípio da menor onerosidade. 3. Segundo orientação do Superior Tribunal de Justiça, apresenta-se "desnecessário o esgotamento das diligências na busca de bens a serem penhorados, a fim de autorizar-se a penhora on-line (sistemas Bacen-jud, Renajud ou Infojud), em execução civil ou fiscal, após o advento da Lei n. 11.382/2006, com vigência a partir de 21/01/2007" (AREsp 1.528.536/RJ, Rel. Ministro HERMAN BENJAMIN, Segunda Turma, julgado em 19/11/2019, DJe 19/12/2019). 4. A tese vinculada ao disposto nos arts. 8º, 9º, 10 e 805 do CPC/2015 não foi prequestionada, não obstante a oposição de embargos de declaração, o que atrai a incidência do óbice da Súmula 211 do STJ na espécie, não havendo que falar em prequestionamento implícito. 5. O exame da alegada violação do princípio da menor onerosidade, da idoneidade e da viabilidade do bem oferecido à penhora demandaria, na hipótese, reexame de provas, providência vedada em recurso especial, nos termos da Súmula 7 do STJ. 6. Agravo interno desprovido.
(STJ – AgInt no AREsp: 1571886 ES 2019/0253830-0, Relator: Ministro GURGEL DE FARIA, Data de Julgamento: 30/11/2020, T1 – PRIMEIRA TURMA, Data de Publicação: DJe 03/12/2020)
PROCESSUAL CIVIL E TRIBUTÁRIO. AGRAVO INTERNO NO AGRAVO EM RECURSO ESPECIAL. EXECUÇÃO FISCAL. PENHORA ON-LINE. AUSÊNCIA DE NULIDADE. NULIDADE DE CITAÇÃO DO EXECUTADO SUPRIDA PELO COMPARECIMENTO ESPONTÂNEO. APRESENTAÇÃO DE EXCEÇÃO DE PRÉ-EXECUTIVIDADE. OBSER-VADOS A AMPLA DEFESA E O CONTRADITÓRIO, BEM COMO A AUSÊNCIA DE PREJUÍZO AO EXECUTADO. ACÓRDÃO RECORRIDO QUE ENCONTRA AMPARO NA JURISPRUDÊNCIA DESTA CORTE. SÚMULA 83/STJ. AGRAVO DA EMPRESA A QUE SE NEGA PROVIMENTO. 1. Na origem, trata-se de Agravo de Instrumento contra decisão que determinou a penhora pelo sistema Bacenjud até o limite da dívida executada, argumentando a executada que é nula a constrição dos ativos financeiros em decorrência da ausência de citação válida, não obstante o seu comparecimento espontâneo. 2. O Tribunal de origem constatou que houve o comparecimento espontâneo do executado, que, por meio de procurador regularmente constituído, apresentou exceção de pré-executividade, momento no qual teve oportunidade de apresentar defesa, bem como impugnar a penhora efetivada. 3. Dessa forma, tal como expressamente consignado pela Corte Estadual, o devedor teve respeitado o seu direito ao contraditório e à ampla defesa quanto à penhora efetivada, não se verificando prejuízo a justificar a declaração de nulidade da penhora. 4. Nesta senda, o STJ tem propagado que a apresentação de exceção de pré-executividade formaliza o comparecimento espontâneo do executado, suprindo, assim, a citação, sendo irrelevante o fato de o procurador não possuir poderes para receber a citação. Precedentes: AgInt no REsp 1.497.514/RN, Primeira Turma, Rel. Min. BENEDITO GONÇALVES, DJe 27.3.2018; AgInt no REsp 1.486.590/MG, Quarta Turma, Rel. Min. ANTONIO CARLOS FERREIRA, DJe 21.11.2017; AgRg no AREsp 581.252/ES, Segunda Turma, Rel. Min. HUMBERTO MARTINS, DJe 26.4.2016; AgRg no REsp 1.347.907/PR, Segunda Turma, Rel. Min. HERMAN BENJAMIN, DJe 18.12.2012. 5. Logo, merece ser mantida a decisão agravada, que aplicou o óbice da Súmula 83/STJ, considerando que o acórdão recorrido encontra-se em conformidade com a jurisprudência desta Corte Superior. 6. Agravo interno da empresa a que se nega provimento.
(STJ – AgInt no AREsp: 1594223 SP 2019/0293924-0, Relator: Ministro MANOEL ERHARDT (DESEM-BARGADOR CONVOCADO DO TRF-5ª REGIÃO), Data de Julgamento: 14/06/2021, T1 – PRIMEIRA TURMA, Data de Publicação: DJe 17/06/2021)

PROCESSUAL E TRIBUTÁRIO. AGRAVO INTERNO. AGRAVO EM RECURSO ESPECIAL. PENHORA. PRINCÍPIO DA EFETIVIDADE DA EXECUÇÃO. PRINCÍPIO DA MENOR ONEROSIDADE E DA MANUTENÇÃO DA EMPRESA. ALTERAÇÃO DO JULGADO QUE DEMANDA REEXAME DE MATÉRIA FÁTICO-PROBATÓRIA. SÚMULA 7/STJ. PROVIMENTO NEGADO. 1. No juízo prévio de admissibilidade recursal, negou-se seguimento ao recurso especial com fundamento na tese firmada nesta Corte Superior, pela sistemática dos recursos repetitivos, ao julgar o Tema 425 no tocante à autorização de bloqueio eletrônico de depósitos ou aplicações financeiras. 2. O Tribunal de origem, ao exercer o juízo de conformidade com a aplicação de tese repetitiva ao caso concreto, o faz em caráter exclusivo e definitivo, de modo que se torna inviável a reapreciação dessas matérias nesta Corte Superior, sob pena de ineficácia do instituto implantado pela Lei 11.672/2008, considerando, inclusive, que houve ratificação da decisão de admissibilidade com a apreciação do agravo interno interposto na origem. 3. Consta do acórdão de origem que a indisponibilidade de bens prevista no art. 185-A do CTN não foi determinada na hipótese dos autos e que esta medida não se confunde com a penhora dos ativos financeiros. A peça recursal, todavia, não se insurge contra esse fundamento, limitando-se a afirmar que não houve comprovação do requisito de esgotamento de diligências para fins de deferimento da medida de indisponibilidade de bens. Incidência, por analogia, da Súmula 283/STF, que estabelece: "é inadmissível o recurso extraordinário, quando a decisão recorrida assenta em mais de um fundamento suficiente e o recurso não abrange todos eles". 4. O Tribunal de origem manteve o bloqueio dos ativos financeiros por falta de comprovação de que a constrição acarretaria o encerramento das atividades da empresa executada, adotando a orientação consolidada nesta Corte Superior de que o princípio da menor onerosidade da execução não é absoluto, devendo ser observado em consonância com o princípio da efetividade da execução, preservando-se o interesse do credor. 5. Entendimento diverso, conforme pretendido, implicaria o reexame do contexto fático-probatório dos autos, circunstância que redundaria na formação de novo juízo acerca dos fatos e provas, e não na valoração dos critérios jurídicos concernentes à utilização da prova e à formação da convicção, o que impede o conhecimento do recurso especial quanto ao ponto. Sendo assim, incide no presente caso a Súmula 7 do STJ, segundo a qual "a pretensão de simples reexame de prova não enseja recurso especial". 6. A argumentação acerca da impenhorabilidade de valores inferiores a 40 salários-mínimos não deve prosperar, uma vez que se trata de inovação recursal. Ela não foi alegada no momento oportuno nas razões do recurso especial, ocorrendo a preclusão consumativa. 7. Agravo interno a que se nega provimento.
(STJ – AgInt no AREsp: 1711881 SP 2020/0136097-7, Relator: PAULO SÉRGIO DOMINGUES, Data de Julgamento: 26/06/2023, T1 – PRIMEIRA TURMA, Data de Publicação: DJe 29/06/2023)
TRIBUTÁRIO. RECURSO ESPECIAL. EXECUÇÃO FISCAL. INEXISTÊNCIA DE OMISSÃO. BLOQUEIO DE ATIVOS FINANCEIROS. NECESSIDADE DE CITAÇÃO DO EXECUTADO. PRINCÍPIOS DO CONTRADITÓRIO E DA AMPLA DEFESA. I – Não se configura ofensa ao art. 1.022, II do CPC/2015 quando o Tribunal a quo julga integralmente a lide e soluciona a controvérsia. Inexistindo omissão, contradição, obscuridade ou mesmo erro material, a oposição de embargos de declaração trata-se de mera tentativa de reiterar fundamento jurídico já exposto pela recorrente e devidamente afastado pelo julgador. II – O bloqueio de contas bancárias de executados, via BACENJUD, previamente à citação e sem que estejam presentes os requisitos que ensejam a efetivação de medida cautelar, ofende os princípios do contraditório e da ampla defesa. Precedentes: REsp 1832857/SP, Rel. Ministro Og Fernandes, Segunda Turma, julgado em 17/09/2019, DJe 20/09/2019; REsp 1720172/PE, Rel. Ministro Herman Benjamin, DJe 02/08/2018; AgRg no AREsp 512.767/RS, Rel. Ministra Assusete Magalhães, julgado em 26/5/2015, DJe 3/6/2015. III – Recurso Especial improvido.
(STJ – REsp: 1752868 PE 2018/0169954-9, Relator: Ministro FRANCISCO FALCÃO, Data de Julgamento: 27/10/2020, T2 – SEGUNDA TURMA, Data de Publicação: DJe 17/11/2020)

> PROCESSUAL CIVIL E TRIBUTÁRIO. RECURSO ESPECIAL. EXECUÇÃO FISCAL. IMPENHORABILIDADE. 40 SALÁRIOS MÍNIMOS. ALCANCE. 1. Aos recursos interpostos com fundamento no CPC/2015 (relativos a decisões publicadas a partir de 18 de março de 2016) serão exigidos os requisitos de admissibilidade recursal na forma nele prevista (Enunciado n. 3 do Plenário do STJ). 2. "É pacífico o entendimento no Superior Tribunal de Justiça no sentido de que a impenhorabilidade da quantia de até quarenta salários mínimos poupada alcança não somente a aplicação em caderneta de poupança, mas, também, a mantida em fundo de investimento, em conta-corrente ou guardada em papel-moeda, ressalvado eventual abuso, má-fé ou fraude" (AgInt no REsp 1858456/RO, rel. Ministra REGINA HELENA COSTA, PRIMEIRA TURMA, julgado em 15/06/2020, DJe 18/06/2020). 3. Agravo interno desprovido.
> **(STJ – AgInt no REsp: 1880586 SP** 2020/0151294-4, Relator: Ministro GURGEL DE FARIA, Data de Julgamento: 22/03/2021, T1 – PRIMEIRA TURMA, Data de Publicação: DJe 06/04/2021)

14.8.4 Preferências do crédito tributário

Como vimos, o crédito tributário, ante sua natureza, possui preferências distintas dos demais créditos existentes, conferindo-lhe determinada superioridade para que alcance os fundamentos de sua existência, na busca constante do atendimento ao bem comum.

O **art. 186,** *caput* **do CTN** dispõe:

> O crédito tributário prefere a qualquer outro, seja qual for sua natureza ou o tempo de sua constituição, ressalvados os créditos decorrentes da legislação do trabalho ou do acidente de trabalho.

A **preferência do crédito tributário** remonta a totalidade de outros créditos, independentemente de sua natureza – civil, administrativa, dentre outros – **ressalvando-se apenas os créditos trabalhistas e acidentários**.

Os **créditos decorrentes da legislação do trabalho** e de **acidentes do trabalho** são valores reconhecidos como **direitos patrimoniais do trabalhador** em razão da **relação de emprego**, incluindo aqueles que visam a **reparação de danos** ou a **compensação por eventos relacionados à atividade laboral**.

Esses créditos possuem **natureza prioritária**, pois derivam diretamente da **proteção conferida ao trabalhador**, que é considerado **parte hipossuficiente na relação de emprego**.

Podem ser incluídos os **direitos remuneratórios** – tais como salários, 13º, férias vencidas e proporcionais, adicionais, horas extras, dentre outros – assim como os **direitos rescisórios** – tais como o aviso prévio, as multas rescisórias do FGTS.

Já os créditos decorrentes de **acidentes do trabalho** estão relacionados a eventos que causam **danos físicos, psicológicos** ou **materiais ao trabalhador** em **decorrência de sua atividade laboral**. Podem ter origem nos valores decorrentes de **benefícios previdenciários** – auxílio-doença, aposentadoria por invalidez, pensão por morte – **derivado de indenizações decorrentes de responsabilidade civil**, dentre outros.

Tais créditos possuem uma **natureza alimentar e reparatória**, o que justifica sua **prioridade em situações de conflito com outros credores**. Essa proteção reflete a

função social do trabalho e o compromisso do ordenamento jurídico brasileiro com a **preservação da dignidade do trabalhador**. A prioridade assegurada pela codificação tributária reforça a **supremacia dos direitos trabalhistas no âmbito das execuções**, garantindo que os valores devidos ao trabalhador sejam pagos prioritariamente.

- **Preferências do crédito tributário no direito falimentar**

A **existência de preferência do crédito tributário no processo falimentar** encontra suporte no **art. 186, parágrafo único do CTN**:

> Art. 186. (...)
>
> Parágrafo único. Na falência:
>
> I – o crédito tributário não prefere aos créditos extraconcursais ou às importâncias passíveis de restituição, nos termos da lei falimentar, nem aos créditos com garantia real, no limite do valor do bem gravado;
>
> II – a lei poderá estabelecer limites e condições para a preferência dos créditos decorrentes da legislação do trabalho; e
>
> III – a multa tributária prefere apenas aos créditos subordinados.

A Lei 11.101/05 regula a **falência e recuperação de empresas** visando a **proteção da atividade econômica** e os **interesses dos credores**, garantindo a **igualdade** entre eles e as **preferências** estabelecidas em lei.

Os **créditos concursais** são aqueles que já existiam **antes da decretação da falência**. São habilitados no processo falimentar para serem pagos conforme uma **ordem de prioridades estabelecida pela legislação**. Estão sujeitos ao **concurso de credores**, ou seja, à **concorrência entre os credores** para receberem seus valores de acordo com uma ordem de classificação, previstos no **art. 83 da Lei 11.101/05**[65].

---

65. **Art. 83**. A classificação dos créditos na falência obedece à seguinte ordem:

I – os créditos derivados da legislação trabalhista, limitados a 150 (cento e cinquenta) salários-mínimos por credor, e aqueles decorrentes de acidentes de trabalho;

II – os créditos gravados com direito real de garantia até o limite do valor do bem gravado;

III – os créditos tributários, independentemente da sua natureza e do tempo de constituição, exceto os créditos extraconcursais e as multas tributárias.

IV – (Revogado pela Lei nº 14.112, de 2020)

V – (Revogado pela Lei nº 14.112, de 2020)

VI – os créditos quirografários, a saber:

a) aqueles não previstos nos demais incisos deste artigo;

b) os saldos dos créditos não cobertos pelo produto da alienação dos bens vinculados ao seu pagamento; e

c) os saldos dos créditos derivados da legislação trabalhista que excederem o limite estabelecido no inciso I do caput deste artigo;

VII – as multas contratuais e as penas pecuniárias por infração das leis penais ou administrativas, incluídas as multas tributárias;

VIII – os créditos subordinados, a saber:

a) os previstos em lei ou em contrato; e

b) os créditos dos sócios e dos administradores sem vínculo empregatício cuja contratação não tenha observado as condições estritamente comutativas e as práticas de mercado; e

IX – os juros vencidos após a decretação da falência, conforme previsto no art. 124 desta Lei.

Já os denominados **extraconcursais** são aqueles que surgem **após a decretação da falência** e estão relacionados à **administração da massa falida**, nos termos do **art. 84 da Lei 11.101/05**[66]. Possuem **prioridade no pagamento** em relação aos créditos concursais, já que são **essenciais para a continuidade e encerramento do processo**.

Os **créditos extraconcursais têm preferência sobre os concursais**, porque garantem a **administração** e a **liquidação dos bens da massa falida**. Após sua quitação, os **créditos concursais** são pagos de acordo com sua **ordem de classificação**, até o **limite patrimonial da massa falida**.

Entre **os créditos concursais**, o crédito tributário **não terá preferência sobre os créditos trabalhistas** e aqueles que derivam de **garantia real**, até o **limite do bem gravado**. Entretanto, independentemente de sua natureza e do momento de constituição, os créditos tributários **têm preferência sobre os créditos quirografários, multas** e **subordinados**.

---

§ 1º Para os fins do inciso II do caput deste artigo, será considerado como valor do bem objeto de garantia real a importância efetivamente arrecadada com sua venda, ou, no caso de alienação em bloco, o valor de avaliação do bem individualmente considerado.

§ 2º Não são oponíveis à massa os valores decorrentes de direito de sócio ao recebimento de sua parcela do capital social na liquidação da sociedade.

§ 3º As cláusulas penais dos contratos unilaterais não serão atendidas se as obrigações neles estipuladas se vencerem em virtude da falência.

§ 4º (Revogado pela Lei nº 14.112, de 2020)

§ 5º Para os fins do disposto nesta Lei, os créditos cedidos a qualquer título manterão sua natureza e classificação.

§ 6º Para os fins do disposto nesta Lei, os créditos que disponham de privilégio especial ou geral em outras normas integrarão a classe dos créditos quirografários.

66. **Art. 84.** Serão considerados créditos extraconcursais e serão pagos com precedência sobre os mencionados no art. 83 desta Lei, na ordem a seguir, aqueles relativos

I – (Revogado pela Lei nº 14.112, de 2020)

I-A – às quantias referidas nos arts. 150 e 151 desta Lei;

I-B – ao valor efetivamente entregue ao devedor em recuperação judicial pelo financiador, em conformidade com o disposto na Seção IV-A do Capítulo III desta Lei;

I-C – aos créditos em dinheiro objeto de restituição, conforme previsto no art. 86 desta Lei;

I-D – às remunerações devidas ao administrador judicial e aos seus auxiliares, aos reembolsos devidos a membros do Comitê de Credores, e aos créditos derivados da legislação trabalhista ou decorrentes de acidentes de trabalho relativos a serviços prestados após a decretação da falência;

I-E – às obrigações resultantes de atos jurídicos válidos praticados durante a recuperação judicial, nos termos do art. 67 desta Lei, ou após a decretação da falência;

II – às quantias fornecidas à massa falida pelos credores;

III – às despesas com arrecadação, administração, realização do ativo, distribuição do seu produto e custas do processo de falência;

IV – às custas judiciais relativas às ações e às execuções em que a massa falida tenha sido vencida;

V – aos tributos relativos a fatos geradores ocorridos após a decretação da falência, respeitada a ordem estabelecida no art. 83 desta Lei.

§ 1º As despesas referidas no inciso I-A do caput deste artigo serão pagas pelo administrador judicial com os recursos disponíveis em caixa. (Incluído pela Lei nº 14.112, de 2020)

§ 2º O disposto neste artigo não afasta a hipótese prevista no art. 122 desta Lei.

Vale ressaltar que a **inclusão de multas tributárias** em uma classe inferior reflete um movimento legislativo de proteção aos credores que possuem vínculos econômicos ou sociais diretamente vinculados com a massa falida.

Os **créditos tributários** são considerados **extraconcursais**, nos termos do **art. 188 do CTN**, *in verbis*:

> Art. 188. São extraconcursais os créditos tributários decorrentes de fatos geradores ocorridos no curso do processo de falência
>
> § 1º Contestado o crédito tributário, o juiz remeterá as partes ao processo competente, mandando reservar bens suficientes à extinção total do crédito e seus acrescidos, se a massa não puder efetuar a garantia da instância por outra forma, ouvido, quanto à natureza e valor dos bens reservados, o representante da Fazenda Pública interessada.
>
> § 2º O disposto neste artigo aplica-se aos processos de concordata.

Assim, quando os créditos tributários decorrerem de **fatos geradores** cuja incidência se deu **durante o curso do processo falimentar**, serão considerados extraconcursais.

A **prioridade dos créditos tributários extraconcursais** decorre de sua **função específica** de **garantia da continuidade da administração da massa falida**, **manutenção do funcionamento da empresa em liquidação** até a realização de seus ativos e o **financiamento dos custos e encargos** gerados durante o processo falimentar.

O **juízo falimentar não possui competência** para decidir sobre a validade ou o valor do crédito tributário, remetendo ao juízo competente. Tal juízo deve determinar a **reserva de bens suficientes** para **garantia do crédito tributário contestado**, caso a massa falida **não tenha efetuado outra forma de garantia**. A reserva se faz necessária para **evitar a dissipação do patrimônio antes da resolução do litígio tributário**.

Antes de decidir sobre a **natureza** e o **valor dos bens a serem reservados**, o juízo deverá ouvir o **representante da Fazenda Pública**, assegurando que os bens reservados sejam **adequados** à **extinção do crédito**.

Importa ressaltar que a separação entre o **juízo da falência** e o **juízo comum** reflete a **competência exclusiva da justiça comum para a análise da legalidade do crédito tributário**. Nesse caso, a **atuação do juízo falimentar** é limitada à **organização do concurso de credores** e à **preservação do patrimônio da massa**.

- **Concurso de credores: habilitação dos créditos e preferências entre entes federativos**

O **art. 187 do CTN** estabelece a seguinte determinação:

> A cobrança judicial do crédito tributário não é sujeita a concurso de credores ou habilitação em falência, recuperação judicial, concordata, inventário ou arrolamento.
>
> Parágrafo único. O concurso de preferência somente se verifica entre pessoas jurídicas de direito público, na seguinte ordem:
>
> I – União;
>
> II – Estados, Distrito Federal e Territórios, conjuntamente e pró rata;
>
> III – Municípios, conjuntamente e pró rata.

O dispositivo tributário tem como objetivo assegurar a **independência** e a **prioridade na cobrança judicial do crédito tributário**, afastando-o de **processos de concurso de credores e habilitação em procedimentos de falência, recuperação judicial, inventário** ou **arrolamento**. A norma reflete o **privilégio do crédito tributário** no sistema jurídico brasileiro e a importância da preservação de recursos destinados ao financiamento das atividades públicas.

Na **falência**, embora o crédito tributário **não se sujeite ao concurso de credores**, será cobrado no **processo falimentar**, com **preferência sobre os créditos comuns**, conforme já analisado. De igual modo, **não se submetem ao plano de recuperação judicial**, podendo ser cobrados separadamente.

Nos casos de **falecimento do devedor**, os créditos tributários **independem de habilitação nos processos de inventário ou arrolamento**, vez que são satisfeitos prioritariamente, **antes da partilha dos bens entre os herdeiros**, conforme estabelece o **art. 1.997 do CC/2002**:

> Art. 1.997. A herança responde pelo pagamento das dívidas do falecido; mas, feita a partilha, só respondem os herdeiros, cada qual em proporção da parte que na herança lhe coube.
>
> § 1º Quando, antes da partilha, for requerido no inventário o pagamento de dívidas constantes de documentos, revestidos de formalidades legais, constituindo prova bastante da obrigação, e houver impugnação, que não se funde na alegação de pagamento, acompanhada de prova valiosa, o juiz mandará reservar, em poder do inventariante, bens suficientes para solução do débito, sobre os quais venha a recair oportunamente a execução.
>
> § 2º No caso previsto no parágrafo antecedente, o credor será obrigado a iniciar a ação de cobrança no prazo de trinta dias, sob pena de se tornar de nenhum efeito a providência indicada.

Em se tratando do **concurso de créditos tributários entre entes públicos**, quando **mais de uma pessoa jurídica de direito público** detém créditos tributários **contra o mesmo devedor**, ocorrendo **disputas sobre os valores**, haverá a **possibilidade de concurso**. Nos termos da codificação tributária, a **União sempre terá prioridade sobre os demais entes**.

No que tange aos **Estados, DF** e **Municípios**, a divisão será **proporcional**, aplicando-se a **regra de rateio e proporção** (*pro-rata*). Tal regra assegura que o **montante arrecadado seja distribuído com base na hierarquia federativa**, refletindo as **responsabilidades** e **competências** de cada ente.

Por mais que haja o estabelecimento do dispositivo, críticas surgem em decorrência da preferência entre os entes federativos. A **preferência absoluta da União** pode **prejudicar** os **Estados** e **Municípios**, que estão **mais próximos das demandas da população** e enfrentam **maior dificuldade em equilibrar receitas e despesas**. Isso pode intensificar as desigualdades regionais.

Os **Municípios**, que geralmente possuem **menor capacidade arrecadatória**, tendem a ser os mais **prejudicados no concurso de credores**. Esse cenário é agravado em situações em que há **escassez de bens do devedor**.

Embora o critério *pró rata* seja **equitativo em tese**, na prática, **poderá gerar insatisfações** quando um ente público detém um **crédito consideravelmente maior que outro**, mas recebe a mesma proporção em relação ao montante disponível.

Nesse ponto, a **preferência rígida** pode dificultar a **execução de políticas públicas locais essenciais**, especialmente em municipalidades com elevada dependência de transferências da União e Estados.

O sistema atual **favorece a competição entre os entes por recursos limitados** em vez de **promover a colaboração**. Instrumentos de **negociação** e **repartição consensual** poderiam mitigar os conflitos e assegurar soluções mais equilibradas.

- **A preferência do crédito tributário em situações específicas**

Estabelecem os artigos **189** e **190 do CTN**:

> Art. 189. São pagos preferencialmente a quaisquer créditos habilitados em inventário ou arrolamento, ou a outros encargos do monte, os créditos tributários vencidos ou vincendos, a cargo do de cujus ou de seu espólio, exigíveis no decurso do processo de inventário ou arrolamento.
>
> Parágrafo único. Contestado o crédito tributário, proceder-se-á na forma do disposto no § 1º do artigo anterior.
>
> Art. 190. São pagos preferencialmente a quaisquer outros os créditos tributários vencidos ou vincendos, a cargo de pessoas jurídicas de direito privado em liquidação judicial ou voluntária, exigíveis no decurso da liquidação.

Os **créditos tributários** têm preferência sobre quaisquer outros débitos do *de cujus* ou do seu **espólio** durante o **inventário** ou **arrolamento**. Isso significa que, **antes da realização da partilha dos bens entre os herdeiros**, é necessário a **quitação dos débitos tributários existentes**, sejam eles **vencidos** ou **vincendos**. Ao exigir a quitação dos tributos, **evita-se que os bens sejam transmitidos aos herdeiros com pendências fiscais**, gerando complicações jurídicas futuras.

Caso haja contestação sobre o montante, aplica-se o procedimento do § 1º do art. 188, que estabelece a **necessidade de garantia** – como a penhora ou outra medida judicial – enquanto o mérito é resolvido no juízo competente, permitindo a **continuidade do inventário sem prejuízo à Fazenda Pública**.

Ocorre **liquidação judicial** quando a **dissolução da empresa** é determinada por **decisão judicial**, normalmente em razão de litígios societários e outros elencados pela lei. Ressalta-se que os créditos tributários têm prioridade sobre os créditos privados, com as respectivas exceções.

No que tange a **liquidação voluntária**, a própria empresa decide encerrar suas atividades, e o pagamento dos tributos devidos é **condição indispensável para que a liquidação seja concluída**.

Tais circunstâncias são **complexas de atendimento**. Isto porque, **empresas em liquidação**, frequentemente, enfrentam **graves crises financeiras** e a preferência dos tributos pode **dificultar a satisfação de outros credores**, como **fornecedores** ou **investidores**. Tal situação poderá **desestimular o crédito privado e comprometer o funcionamento de relações comerciais,** vez que os credores privados ficam subordinados à Fazenda Pública.

O disposto nos **arts. 191 a 193 do CTN** preveem:

> Art. 191. A extinção das obrigações do falido requer prova de quitação de todos os tributos.
>
> Art. 191-A. A concessão de recuperação judicial depende da apresentação da prova de quitação de todos os tributos, observado o disposto nos arts. 151, 205 e 206 desta Lei.
>
> Art. 192. Nenhuma sentença de julgamento de partilha ou adjudicação será proferida sem prova da quitação de todos os tributos relativos aos bens do espólio, ou às suas rendas.
>
> Art. 193. Salvo quando expressamente autorizado por lei, nenhum departamento da administração pública da União, dos Estados, do Distrito Federal, ou dos Municípios, ou sua autarquia, celebrará contrato ou aceitará proposta em concorrência pública sem que o contratante ou proponente faça prova da quitação de todos os tributos devidos à Fazenda Pública interessada, relativos à atividade em cujo exercício contrata ou concorre.

No contexto **falimentar** e **recuperacional de empresas**, a exigência de **quitação de tributos para efeitos de extinção de obrigações** ou **concessão de benefícios no âmbito de processos de insolvência empresarial** reside nos dispositivos citados, em que a **extinção das obrigações** implica que o **falido somente gozará de reabilitação** e o **devedor terá o deferimento da concessão da recuperação judicial** após demonstração inequívoca de **quitação dos débitos fiscais**.

No entanto, a exigência da **certidão de regularidade fiscal** – seja negativa ou positiva com efeitos de negativa – para a **concessão da recuperação judicial** causa celeumas. A jurisprudência tem adotado uma abordagem pragmática, reconhecendo que a **exigência de quitação total** pode **inviabilizar o propósito dos institutos de falência e recuperação judicial**. Por isso, a adesão a parcelamentos tem sido amplamente aceita, conferindo a **suspensão da exigibilidade do crédito tributário** e a obtenção da **certidão positiva com efeitos de negativa**.

No julgamento do **REsp 1.187.404/MT**, o STJ reconheceu que a **exigência de quitação de tributos não deve inviabilizar a recuperação judicial**, admitindo que a **adesão ao parcelamento tributário** é suficiente para o cumprimento do **art. 191-A do CTN**.

No que tange ao **direito sucessório** e **processual**, relacionado aos procedimentos de **partilha de bens do espólio em um inventário** ou **arrolamento**, a condição imprescindível para a **homologação da partilha** ou **adjudicação** é **comprovação de quitação de todos os tributos incidentes sobre os bens deixados pelo** *de cujus* **ou sobre os rendimentos auferidos durante o processo de inventário**.

Por fim, **qualquer pessoa física** ou **jurídica** que pretenda **contratar com a administração pública** através da participação de procedimentos licitatórios deve **demonstrar a regularidade fiscal**. A finalidade dessa exigência é garantir que os participantes estejam em **conformidade com suas obrigações fiscais e tributárias**, promovendo a **igualdade** e a **ética** no processo licitatório.

As exigências da regularidade fiscal no certame licitatório podem ocorrer na **habilitação** ou **antes da contratação propriamente dita**. Assim, as certidões devem ser apresentadas como **parte da documentação de habilitação**, na **fase inicial da licitação**, momento este em que a Administração Pública avalia se o participante **cumpre os requisitos legais do certame** ou ainda, mesmo que o licitante tenha sido **classificado como vencedor do processo licitatório**, pode-se exigir a **reapresentação das certidões atualizadas** antes da **assinatura definitiva do contrato**.

Com o advento da **Lei 14.133/21 – Nova Lei de Licitações e Contratos Administrativos** – há possibilidade de **comprovação da regularidade fiscal** através de **meio eletrônico**, priorizando a utilização de **sistemas integrados**, como o **Portal Nacional de Contratações Públicas (PNCP)**.

A **não comprovação da regularidade fiscal** pode resultar na **inabilitação do licitante** ou, se descoberta **após a contratação**, na **rescisão do contrato** e a **cominação de sanções administrativas**.

JURISPRUDÊNCIA

AGRAVO INTERNO NO AGRAVO EM RECURSO ESPECIAL. PROCESSUAL CIVIL. EXECUÇÃO DE TÍTULO EXTRAJUDICIAL. IMÓVEL ARREMATADO. CRÉDITO TRIBUTÁRIO. DIREITO DE PREFERÊNCIA. INDEPENDENTEMENTE DA PENHORA. PRECEDENTES. 1. Recurso especial interposto contra acórdão publicado na vigência do Código de Processo Civil de 2015 (Enunciados Administrativos nºs 2 e 3/STJ). 2. A jurisprudência do Superior Tribunal de Justiça firmou-se no sentido de que o crédito tributário, com exceção do crédito trabalhista, tem preferência legal em relação aos demais créditos, independentemente de penhora. 2. Agravo interno não provido.
(STJ – AgInt no AREsp: 2085483 PR 2022/0062002-1, Data de Julgamento: 13/02/2023, T3 – TERCEIRA TURMA, Data de Publicação: DJe 17/02/2023)

AGRAVO INTERNO NO RECURSO ESPECIAL. CUMPRIMENTO DE SENTENÇA. CONCURSO DE CREDORES. HONORÁRIOS ADVOCATÍCIOS. NATUREZA ALIMENTAR DA VERBA. PREFERÊNCIA AO CRÉDITO TRIBUTÁRIO. ACÓRDÃO RECORRIDO EM HARMONIA COM A JURISPRUDÊNCIA DESTE SUPERIOR TRIBUNAL. SÚMULA 83/STJ. AGRAVO INTERNO DESPROVIDO. 1. Segundo a jurisprudência do Superior Tribunal de Justiça, o crédito referente a honorários advocatícios, contratuais ou sucumbenciais, dada sua natureza alimentar, é equiparado ao crédito de natureza trabalhista, com preferência em relação ao crédito tributário em concurso de credores. Precedentes. 2. Tendo o acórdão recorrido decidido em consonância com a jurisprudência desta Corte Superior, incide, na hipótese, a Súmula n. 83/STJ, que abrange os recursos especiais interpostos com amparo nas alíneas a e/ou c do permissivo constitucional. 3. Agravo interno desprovido.

(STJ – AgInt no REsp: 1960435 SP 2021/0295758-2, Data de Julgamento: 20/06/2022, T3 – TERCEIRA TURMA, Data de Publicação: DJe 23/06/2022)

PROCESSUAL CIVIL. HONORÁRIOS ADVOCATÍCIOS. NATUREZA JURÍDICA ALIMENTAR. EQUIPARAÇÃO A CRÉDITO TRABALHISTA. PREFERÊNCIA SOBRE O CRÉDITO TRIBUTÁRIO. ACÓRDÃO ALINHADO COM A JURISPRUDÊNCIA DO STJ. I – Na origem, trata-se de agravo de instrumento interposto pela Prefeitura Municipal de Guarujá contra a decisão que, nos autos de cumprimento de sentença de débitos condominiais, reconheceu a preferência do crédito dos honorários de sucumbência e das despesas de condomínio ao crédito tributário. No Tribunal a quo, negou-se provimento ao recurso. Nesta Corte, conheceu-se do recurso especial para negar-lhe provimento. II – O acórdão recorrido encontra-se em consonância com a jurisprudência recente do STJ, no sentido de que os créditos referentes a honorários advocatícios são equiparados aos trabalhistas para fins de reconhecimento da preferência no concurso de credores, nos termos da ressalva contida no art. 186 do CTN. Nesse sentido, confiram-se: (REsp n. 1.812.770/RS, Rel. Ministro Herman Benjamin, Segunda Turma, julgado em 17/9/2019, DJe de 14/10/2019 e REsp n. 1.133.530/SC, Rel. Ministro Sérgio Kukina, Primeira Turma, julgado em 16/6/2015, DJe 25/6/2015). III – Agravo interno improvido.

(STJ – AgInt no REsp: 1869435 SP 2020/0075684-2, Relator: Ministro FRANCISCO FALCÃO, Data de Julgamento: 19/10/2020, T2 – SEGUNDA TURMA, Data de Publicação: DJe 22/10/2020)

AGRAVO INTERNO NO RECURSO ESPECIAL. PROCESSUAL CIVIL. CUMPRIMENTO DE SENTENÇA. HONORÁRIOS ADVOCATÍCIOS. PREFERÊNCIA. CRÉDITO TRIBUTÁRIO. SÚMULA Nº 568/STJ. 1. O entendimento jurisprudencial do Superior Tribunal de Justiça é no sentido de que o crédito decorrente de honorários advocatícios tem natureza alimentar e trabalhista, preferindo ao crédito tributário em concurso de credores. 2. Agravo interno não provido.

(STJ – AgInt no REsp: 2117067 SP 2023/0462735-2, Relator: Ministro RICARDO VILLAS BÔAS CUEVA, Data de Julgamento: 12/08/2024, T3 – TERCEIRA TURMA, Data de Publicação: DJe 14/08/2024)

EMBARGOS DE DIVERGÊNCIA EM RECURSO ESPECIAL. EXECUÇÃO POR TÍTULO EXTRAJUDICIAL. HABILITAÇÃO DO CRÉDITO DA FAZENDA PÚBLICA ESTADUAL. CONCURSO SINGULAR DE CREDORES. EXISTÊNCIA DE ORDEM DE PENHORA INCIDENTE SOBRE O MESMO BEM NOS AUTOS DA EXECUÇÃO FISCAL. DESNECESSIDADE. 1. A distribuição do produto da expropriação do bem do devedor solvente deve respeitar a seguinte ordem de preferência: em primeiro lugar, a satisfação dos créditos cuja preferência funda-se no direito material. Na sequência – ou quando inexistente crédito privilegiado –, a satisfação dos créditos comuns (isto é, que não apresentam privilégio legal) deverá observar a anterioridade de cada penhora, ato constritivo considerado título de preferência fundado em direito processual. 2. Isso porque não se revela possível sobrepor uma preferência processual a uma preferência de direito material, porquanto incontroverso que o processo existe para que o direito material se concretize. Precedentes. 3. O privilégio do crédito tributário - assim como dos créditos oriundos da legislação trabalhista – encontra-se prevista no artigo 186 do CTN. À luz dessa norma, revela-se evidente que, também no concurso individual contra devedor solvente, é imperiosa a satisfação do crédito tributário líquido, certo e exigível - observada a preferência dos créditos decorrentes da legislação do trabalho e de acidente de trabalho e dos créditos com direito real de garantia no limite do bem gravado – independentemente de prévia execução e de penhora sobre o bem cujo produto da alienação se pretende arrecadar.

4. Nada obstante, para garantir o levantamento de valores derivados da expropriação do bem objeto de penhora nos autos de execução ajuizada por terceiro, o titular do crédito tributário terá que demonstrar o atendimento aos requisitos da certeza, da liquidez e da exigibilidade da obrigação, o que reclamará a instauração de processo executivo próprio a fim de propiciar a quitação efetiva da dívida. 5. Por outro lado, a exigência de pluralidade de penhoras para o exercício do direito de preferência reduz, significativamente, a finalidade do instituto - que é garantir a solvência de créditos cuja relevância social sobeja aos demais -, equiparando-se o credor com privilégio legal aos outros desprovidos de tal atributo. 6. Assim, prevalece a exegese de que, independentemente da existência de ordem de penhora na execução fiscal, a Fazenda Pública poderá habilitar seu crédito privilegiado em autos de execução por título extrajudicial. Caso ainda não tenha sido ajuizado o executivo fiscal, garantir-se-á o exercício do direito da credora privilegiada mediante a reserva da totalidade (ou de parte) do produto da penhora levada a efeito em execução de terceiros. 7. Na hipótese, deve ser restabelecida a decisão estadual que autorizou a habilitação do crédito tributário (objeto de execução fiscal já aparelhada) nos autos da execução de título extrajudicial em que perfectibilizada a arrematação do bem do devedor. 8. Embargos de divergência do Estado de Santa Catarina providos a fim de negar provimento ao recurso especial da cooperativa de crédito.
(**STJ – EREsp: 1603324 SC** 2016/0140690-5, Data de Julgamento: 21/09/2022, CE – CORTE ESPECIAL, Data de Publicação: DJe 13/10/2022)
PROCESSUAL CIVIL. ARREMATAÇÃO DE IMÓVEL. CONCURSO DE CREDORES. HABILITAÇÃO DO CRÉDITO. PREFERÊNCIA DO CRÉDITO DE HONORÁRIOS EM RELAÇÃO AO TRIBUTÁRIO. DO TRIBUTÁRIO EM RELAÇÃO AO CRÉDITO DECORRENTE DE CONTRIBUIÇÕES CONDOMINIAIS. EMBARGOS DE DECLARAÇÃO ACOLHIDOS. I – Os embargos de declaração devem ser acolhidos, porquanto evidenciada a omissão alegada, uma vez que o pleito de habilitação preferencial dos créditos tributários em relação ao condominial também consta do arrazoado recursal. II – O crédito tributário prefere ao crédito condominial. Precedentes: AgInt no AREsp n. 1.717.573/SP, relator Ministro Marco Buzzi, Quarta Turma, julgado em 30/11/2020, DJe de 4/12/2020 e REsp 1.219.219/SP, relatora Ministra Nancy Andrighi, Terceira Turma, julgado em 17/11/2011, DJe 25/11/2011. III – De rigor complementar a decisão para explicitar que a habilitação dos créditos se dá na seguinte ordem de preferência, primeiro os referentes a honorários, após o crédito tributário e depois os de natureza condominial. IV – Embargos acolhidos para reformar o acórdão embargado para prover parcialmente o recurso especial do Município de Guarujá, reconhecendo a preferência do crédito tributário sobre o crédito de natureza condominial.
(**STJ – EDcl no AgInt no REsp: 1869435 SP** 2020/0075684-2, Relator: Ministro FRANCISCO FALCÃO, Data de Julgamento: 08/08/2023, T2 – SEGUNDA TURMA, Data de Publicação: DJe 15/08/2023)
PROCESSUAL CIVIL. AGRAVO INTERNO. RECURSO ESPECIAL. EXECUÇÃO FISCAL. HONORÁRIOS ADVOCATÍCIOS DE SUCUMBÊNCIA. PREFERÊNCIA. CRÉDITO TRIBUTÁRIO. POSSIBILIDADE. PRECEDENTES DO STJ. AGRAVO INTERNO NÃO PROVIDO. 1. O posicionamento da Corte a quo não destoa da orientação jurisprudencial deste Superior Tribunal de Justiça no sentido de que "[...] Os créditos referentes à verba honorária, contratual ou sucumbencial são equiparados aos de natureza trabalhista, tendo preferência, inclusive, em relação aos créditos tributários." (AgInt no REsp n. 1.906.881/SP, relator Ministro Sérgio Kukina, Primeira Turma, julgado em 29/8/2022, DJe de 1/9/2022.). 2. Agravo interno não provido.
(**STJ – AgInt no REsp: 2078349 SP** 2023/0188331-2, Relator: Ministro MAURO CAMPBELL MARQUES, Data de Julgamento: 13/11/2023, T2 – SEGUNDA TURMA, Data de Publicação: DJe 17/11/2023)
TRIBUTÁRIO. PROCESSUAL CIVIL. AGRAVO INTERNO NO RECURSO ESPECIAL. CÓDIGO DE PROCESSO CIVIL DE 2015. APLICABILIDADE. CRÉDITO TRIBUTÁRIO. PREFERÊNCIA SOBRE O CRÉDITO HIPOTECÁRIO. ART. 186 DO CTN. AUSÊNCIA DE COMBATE A FUNDAMENTOS AUTÔNOMOS DO ACÓRDÃO. RAZÕES RECURSAIS DISSOCIADAS. DEFICIÊNCIA NA FUNDAMENTAÇÃO. INCIDÊNCIA, POR ANALOGIA, DAS SÚMULAS N. 283 E 284/STF. DISSÍDIO JURISPRUDENCIAL. ANÁLISE PREJUDICADA. ARGUMENTOS INSUFICIENTES PARA DESCONSTITUIR A DECISÃO ATACADA. APLICAÇÃO DE MULTA. ART. 1.021, § 4º, DO CÓDIGO DE PROCESSO CIVIL DE 2015. DESCABIMENTO. I – Consoante o decidido pelo Plenário desta Corte na sessão realizada em 09.03.2016, o regime recursal será determinado pela data da publicação do provimento jurisdicional impugnado. In casu, aplica-se o Código de Processo Civil de 2015.

II – Este Superior Tribunal tem posicionamento consolidado segundo o qual o crédito tributário prefere a qualquer outro, à exceção dos de natureza trabalhista, a teor do disposto no art. 186 do CTN. III – A jurisprudência desta Corte considera deficiente a fundamentação quando a parte deixa de impugnar fundamento suficiente para manter o acórdão recorrido, apresentando razões recursais dissociadas dos fundamentos utilizados pela Corte de origem. Incidência, por analogia, das Súmulas n. 283 e 284/STF. IV – Os óbices que impedem o exame do especial pela alínea a prejudicam a análise do recurso interposto pela alínea c do permissivo constitucional para discutir a mesma matéria. V – Em regra, descabe a imposição da multa prevista no art. 1.021, § 4º, do Código de Processo Civil de 2015 em razão do mero desprovimento do Agravo Interno em votação unânime, sendo necessária a configuração da manifesta inadmissibilidade ou improcedência do recurso a autorizar sua aplicação, o que não ocorreu no caso. VI – Agravo Interno improvido.
(STJ – AgInt no REsp: 1875086 RS 2020/0116815-9, Data de Julgamento: 09/11/2022, T1 – PRIMEIRA TURMA, Data de Publicação: DJe 11/11/2022)
AGRAVO INTERNO NOS EMBARGOS DE DECLARAÇÃO NO AGRAVO EM RECURSO ESPECIAL. CONCURSO DE CREDORES. CRÉDITO TRIBUTÁRIO E CRÉDITO QUIROGRAFÁRIO DE PARTICULAR. PREFERÊNCIA DO CRÉDITO TRIBUTÁRIO, INDEPENDENTEMENTE DE PENHORA. NÃO PROVIMENTO. 1. A preferência de direito material se sobrepõe à ordem de penhora em relação ao bem, de modo que "o credor que o arremata deve depositar em favor do credor preferencial o crédito deste, no limite da arrematação" (EDcl no REsp 619.546/PR, Rel. Ministra MARIA ISABEL GALLOTTI, QUARTA TURMA, julgado em 20/11/2012, DJe 4/12/2012). 2. Agravo interno a que se nega provimento.
(STJ – AgInt nos EDcl no AREsp: 1611019 RS 2019/0324828-8, Relator: Ministra MARIA ISABEL GALLOTTI, Data de Julgamento: 31/08/2020, T4 – QUARTA TURMA, Data de Publicação: DJe 04/09/2020)
PROCESSUAL CIVIL E TRIBUTÁRIO. RECURSO ESPECIAL. ENCARGO LEGAL DO DECRETO-LEI 1.025/1969. CRÉDITO TRIBUTÁRIO. ORDEM DO ART. 83, III, DA LEI 11.101/2005. 1. A Primeira Seção/STJ pacificou entendimento no sentido de que "o encargo do DL n. 1.025/1969 tem as mesmas preferências do crédito tributário devendo, por isso, ser classificado, na falência, na ordem estabelecida pelo art. 83, III, da Lei n. 11.101/2005" (REsp 1.521.999/SP, Rel. Ministro Sérgio Kukina KUKINA, Rel. p/ Acórdão Ministro Gurgel de Faria, Primeira Seção, julgado em 28/11/2018, DJe 22/3/2019). 2. Agravo conhecido para dar provimento ao Recurso Especial.
(STJ – AREsp: 1541192 SP 2019/0202769-2, Relator: Ministro HERMAN BENJAMIN, Data de Julgamento: 02/06/2020, T2 – SEGUNDA TURMA, Data de Publicação: DJe 21/08/2020)
AGRAVO INTERNO NO AGRAVO EM RECURSO ESPECIAL – AUTOS DE AGRAVO DE INSTRUMENTO NA ORIGEM - DECISÃO MONOCRÁTICA QUE NEGOU PROVIMENTO AO APELO NOBRE. INSURGÊNCIA DO AGRAVANTE. 1. É clara e suficiente a fundamentação adotada pelo Tribunal de origem para o deslinde da controvérsia na qual enfrentou de maneira direta e objetiva o questionamento acerca da preferência dos créditos trabalhistas/fazendários sobre o crédito quirografário. Portanto, não há falar em negativa de prestação jurisdicional, tampouco em nulidade do aresto estadual. 2. O conteúdo normativo do art. 24, da Lei n.º 8906/94 não foi objeto de exame pela instância ordinária, razão pela qual incide, na espécie, a Súmula 211 desta Corte. 3. É assente o entendimento segundo o qual "a regra segundo a qual a satisfação dos créditos, em caso de concorrência de credores, deve observar a anterioridade das respectivas penhoras (prior in tempore, prior in jure) somente pode ser observada quando nenhum desses créditos ostente preferência fundada em direito material." (REsp 1454257 / PR, Rel. Min. Moura Ribeiro, DJe de 11/05/2017 e AgRg no AgRg no AgRg no REsp 1.190.055/MG, Rel. Ministra Maria Isabel Gallotti, Dje de 21/10/2016) 4. Agravo interno desprovido.
(STJ – AgInt no AREsp: 595264 RJ 2014/0258287-7, Data de Julgamento: 02/05/2022, T4 – QUARTA TURMA, Data de Publicação: DJe 06/05/2022)

PROCESSUAL CIVIL E TRIBUTÁRIO. AGRAVO INTERNO NO AGRAVO EM RECURSO ESPECIAL. OFENSA AOS ARTS. 489 E 1.022 DO CPC. INEXISTÊNCIA. EXECUÇÃO FISCAL. INADEQUABILIDADE DO CONCURSO DE CREDORES. PRECLUSÃO. FUNDAMENTO AUTÔNOMO NÃO IMPUGNADO. SÚMULA 283/STF. DEFICIÊNCIA NA MOTIVAÇÃO. SÚMULA 284/STF. 1. A solução integral da controvérsia, com fundamento suficiente, não caracteriza ofensa aos arts. 489 e 1.022 do CPC. 2. Discute-se, na demanda, acerca da possibilidade de o juízo da Execução Fiscal decidir a respeito da instauração de concurso de credores, a fim de determinar a preferência dos agravantes. 3. O Tribunal de origem, ao dirimir a controvérsia, concluiu pela inadequabilidade do concurso de credores, ressalvando que os insurgentes deveriam ter pleiteado a habilitação de crédito e concurso de credores nos autos de inventário, o qual seria o juízo competente para verificar eventual preferência, o que não ocorreu. Merece transcrição o seguinte excerto do acórdão recorrido: "Não obstante os agravantes sejam credores, em ação executiva de título extrajudicial, de honorários advocatícios em desfavor do executado Demétrius Barbosa Zanin, não poderiam buscar a habilitação de crédito em sede de concurso de credores e a penhora nos autos de execução fiscal. Embora os honorários advocatícios constituam direito dos advogados e tenham natureza alimentar com os mesmos privilégios dos créditos oriundos da legislação trabalhista, na forma do art. 85, § 14 do CPC, compreende-se que, in casu, a decisão singular deve prevalecer. A instauração do concurso de credores pressupõe pluralidade de penhoras sobre o mesmo bem, por isso, apenas se discute a preferência quando há execução fiscal e recaia a penhora sobre o bem excutido em outra demanda executiva (REsp 957.836/SP, Rel. Ministro LUIZ FUX, PRIMEIRA SEÇÃO, julgado em 13/10/2010, DJe 26/10/2010). Este raciocínio é utilizado nas hipóteses em que a fazenda pública nacional pretenda intervir em execução fiscal movida pela fazenda pública estadual" (fls. 63-64, e-STJ). 4. Consoante a jurisprudência do STJ, "a instauração do concurso de credores pressupõe pluralidade de penhoras sobre o mesmo bem. Assim, discute-se a preferência quando há execução fiscal e recaia a penhora sobre o mesmo bem, excutido em outra demanda executiva" (AgInt no REsp 1.436.772/PR, Rel. Ministro Og Fernandes, Segunda Turma, DJe 18/9/2018). 5. Por outro lado, os insurgentes, nas razões do Recurso Especial, não impugnaram o fundamento da decisão combatida referente à ocorrência de preclusão, haja vista que a Corte local, no enfrentamento da questão, asseverou que "os advogados Fábio Rotter Meda e Sérgio Antônio Zanin deveriam ter pleiteado a habilitação de crédito e concurso de credores nos autos de inventário, o qual seria o juízo competente para a verificação de eventual preferência dos créditos" (fl. 64, e-STJ). 6. Ao proceder dessa forma, não observaram os recorrentes as diretrizes fixadas pelo princípio da dialeticidade, entre as quais indispensável a pertinência temática entre as razões de decidir e os fundamentos fornecidos pelo recurso para justificar o pedido de reforma ou de nulidade do julgado. 7. Assim, não sendo o argumento atacado pelas partes recorrentes e, como é apto, por si só, para manter o decisum combatido, permite aplicar na espécie, por analogia, os óbices das Súmulas 284 e 283 do STF, ante a deficiência na motivação e a ausência de impugnação de fundamento autônomo. 8. Agravo Interno não provido.

(STJ – AgInt no AREsp: 1944100 PR 2021/0227643-4, Relator: Ministro HERMAN BENJAMIN, Data de Julgamento: 11/04/2022, T2 – SEGUNDA TURMA, Data de Publicação: DJe 25/04/2022)

PROCESSUAL CIVIL. TRIBUTÁRIO. EXECUÇÃO FISCAL. CONCESSIONÁRIA DE TELEFONIA EM RECUPERAÇÃO JUDICIAL. EXCEÇÃO DE PRÉ-EXECUTIVIDADE. PROCEDÊNCIA PARCIAL DO PEDIDO. MULTA ADMINISTRATIVA. CRÉDITO NÃO TRIBUTÁRIO INSCRITO EM DÍVIDA ATIVA. NATUREZA DO VALOR DEVIDO. IRRELEVÂNCIA. PREFERÊNCIA CONFERIDA AOS CRÉDITOS TRIBUTÁRIOS. EXTENSÃO. I – Na origem, trata-se de agravo de instrumento interposto por Oi Móvel S.A. (em recuperação judicial) contra a decisão que, nos autos da exceção de pré-executividade na execução fiscal ajuizada pelo Estado do Tocantins visando o recebimento de multas administrativas aplicadas pelo Procon, acolheu parcialmente os pedidos para determinar a suspensão da execução visto que a questão de direito tem por objeto a possibilidade da prática de atos constritivos, tão somente em face da empresa em recuperação judicial, em sede de execução fiscal, até o julgamento do recurso repetitivo pelo STJ. II – No Tribunal a quo, a decisão foi mantida.

Esta Corte negou provimento ao recurso especial. III – A jurisprudência do Superior Tribunal de Justiça firme no sentido de que, nos termos do § 4º do art. 4º da Lei n. 6.830/1980, a preferência dada ao crédito tributário foi estendida expressamente ao crédito não tributário inscrito em dívida ativa, de modo que a natureza tributária ou não tributária do valor devido é irrelevante para fins de não sujeição aos efeitos do plano de recuperação judicial. Nesse sentido: (AgInt no REsp 1.944.453/GO, relatora Ministra Regina Helena Costa, Primeira Turma, julgado em 14/2/2022, DJe 17/2/2022 e REsp 1.525.388/SP, relator Ministro Sérgio Kukina, relator p/ acórdão Ministro Gurgel de Faria, Primeira Seção, julgado em 12/12/2018, DJe 3/4/2019.) IV – Agravo interno improvido.

(STJ – AgInt no REsp: 1993641 TO 2022/0085715-0, Data de Julgamento: 09/11/2022, T2 – SEGUNDA TURMA, Data de Publicação: DJe 11/11/2022)

15
ADMINISTRAÇÃO TRIBUTÁRIA

O cumprimento das obrigações tributárias é um dever do cidadão. O Estado necessita de recursos para o atendimento de suas finalidades e a **maior gama de recursos advém da arrecadação tributária**. Atualmente, a **autonomia financeira** dos entes federativos depende, em sua totalidade, do **pagamento de tributos**. É o que se denomina de **federalismo fiscal**.

Portanto, a **administração tributária** é um dos pilares fundamentais do funcionamento do Estado moderno, vez que, por seu intermédio, os governos **arrecadam recursos necessários para a prestação de serviços públicos, investimentos em infraestrutura, manutenção da ordem pública e atendimento das necessidades básicas do cidadão**.

15.1 ANÁLISE CONCEITUAL

Cuida a **Administração Tributária** de um conjunto de ações e atividades que, de maneira integrada, visa a **garantir o cumprimento da legislação tributária mediante a fiscalização** e **arrecadação dos tributos**.

Toda **fiscalização tributária** é uma atividade considerada **indispensável à efetividade da tributação**, pois o Fisco tem **o dever de exercê-la** para fazer com que todos, indistintamente, cumpram com as obrigações determinadas por lei. O **exercício dessa fiscalização** é um **mecanismo de controle**, pelo qual o Poder Público realizará a **averiguação do cumprimento das exigências fiscais**, sendo vista como espécie de **atividade administrativa**.

A Administração Pública goza de **prerrogativas** para a **restrição** e o **condicionamento de direitos individuais** em prol do **interesse público primário**. Cumpre ressaltar que todo o poder conferido a Administração Pública deve corresponder a um dever para com os administrados.

Assim, a administração tributária constitui-se como **atividade de polícia administrativa** a ser desempenhada, única e exclusivamente, pelo **Poder Público**. Tal atividade é **vinculada** e **indelegável**, não podendo ser objeto de **cessão** ou **delegação** aos particulares.

Reza o **art. 37, XXII, da CF/1988**:

> Art. 37. (...)
>
> XXII – as administrações tributárias da União, dos Estados, do Distrito Federal e dos Municí-
> pios, atividades essenciais ao funcionamento do Estado, exercidas por servidores de carreiras
> específicas, terão recursos prioritários para a realização de suas atividades e atuarão de forma
> integrada, inclusive com o compartilhamento de cadastros e de informações fiscais, na forma
> da lei ou convênio.

O dispositivo constitucional reforça a **formação das administrações tributárias** por **servidores públicos de carreiras específicas,** devendo ser dotados de **capacitação técnica** para lidar com a complexidade da legislação tributária, visando a promoção das atividades com maior eficiência.

A temática da administração tributária é veiculada na codificação tributária entre os **arts. 194 a 200**[1], pelo qual analisaremos os principais aspectos aplicáveis ao exercício da fiscalização tributária.

---

1. **Art. 194.** A legislação tributária, observado o disposto nesta Lei, regulará, em caráter geral, ou especificamente em função da natureza do tributo de que se tratar, a competência e os poderes das autoridades administrativas em matéria de fiscalização da sua aplicação.

    Parágrafo único. A legislação a que se refere este artigo aplica-se às pessoas naturais ou jurídicas, contribuintes ou não, inclusive às que gozem de imunidade tributária ou de isenção de caráter pessoal.

    Art. 195. Para os efeitos da legislação tributária, não têm aplicação quaisquer disposições legais excludentes ou limitativas do direito de examinar mercadorias, livros, arquivos, documentos, papéis e efeitos comerciais ou fiscais, dos comerciantes industriais ou produtores, ou da obrigação destes de exibi-los.

    Parágrafo único. Os livros obrigatórios de escrituração comercial e fiscal e os comprovantes dos lançamentos neles efetuados serão conservados até que ocorra a prescrição dos créditos tributários decorrentes das operações a que se refiram.

    Art. 196. A autoridade administrativa que proceder ou presidir a quaisquer diligências de fiscalização lavrará os termos necessários para que se documente o início do procedimento, na forma da legislação aplicável, que fixará prazo máximo para a conclusão daquelas.

    Parágrafo único. Os termos a que se refere este artigo serão lavrados, sempre que possível, em um dos livros fiscais exibidos; quando lavrados em separado deles se entregará, à pessoa sujeita à fiscalização, cópia autenticada pela autoridade a que se refere este artigo.

    Art. 197. Mediante intimação escrita, são obrigados a prestar à autoridade administrativa todas as informações de que disponham com relação aos bens, negócios ou atividades de terceiros:

    I – os tabeliães, escrivães e demais serventuários de ofício;

    II – os bancos, casas bancárias, Caixas Econômicas e demais instituições financeiras;

    III – as empresas de administração de bens;

    IV – os corretores, leiloeiros e despachantes oficiais;

    V – os inventariantes;

    VI – os síndicos, comissários e liquidatários;

    VII – quaisquer outras entidades ou pessoas que a lei designe, em razão de seu cargo, ofício, função, ministério, atividade ou profissão.

    Parágrafo único. A obrigação prevista neste artigo não abrange a prestação de informações quanto a fatos sobre os quais o informante esteja legalmente obrigado a observar segredo em razão de cargo, ofício, função, ministério, atividade ou profissão.

    Art. 198. Sem prejuízo do disposto na legislação criminal, é vedada a divulgação, por parte da Fazenda Pública ou de seus servidores, de informação obtida em razão do ofício sobre a situação econômica ou financeira do sujeito passivo ou de terceiros e sobre a natureza e o estado de seus negócios ou atividades. (Redação dada pela Lei Complementar nº 104, de 2001)

15 • ADMINISTRAÇÃO TRIBUTÁRIA **755**

- **Autonomia financeiro-orçamentária das administrações tributárias**

De fato, a **autonomia financeira das administrações tributárias** dos entes federativos é aspecto essencial para que desempenhem suas funções de forma **eficiente** e **independente**, assegurando a arrecadação necessária para o financiamento das políticas públicas.

Tal autonomia, contudo, **não significa independência total**, mas a **garantia de recursos suficientes e prioritários**, como pressuposto que sejam capazes de **gerir os recursos destinados com eficiência**, de forma a garantir o cumprimento de suas funções com o **menor custo possível** e o **maior impacto no exercício da arrecadação** e **fiscalização tributária.**

---

§ 1º Excetuam-se do disposto neste artigo, além dos casos previstos no art. 199, os seguintes: (Redação dada pela Lei Complementar nº 104, de 2001)

I – requisição de autoridade judiciária no interesse da justiça; (Incluído pela Lei Complementar nº 104, de 2001)

II - solicitações de autoridade administrativa no interesse da Administração Pública, desde que seja comprovada a instauração regular de processo administrativo, no órgão ou na entidade respectiva, com o objetivo de investigar o sujeito passivo a que se refere a informação, por prática de infração administrativa. (Incluído pela Lei Complementar nº 104, de 2001)

§ 2º O intercâmbio de informação sigilosa, no âmbito da Administração Pública, será realizado mediante processo regularmente instaurado, e a entrega será feita pessoalmente à autoridade solicitante, mediante recibo, que formalize a transferência e assegure a preservação do sigilo. (Incluído pela Lei Complementar nº 104, de 2001)

§ 3º Não é vedada a divulgação de informações relativas a: (Incluído pela Lei Complementar nº 104, de 2001)

I – representações fiscais para fins penais; (Incluído pela Lei Complementar nº 104, de 2001)

II – inscrições na Dívida Ativa da Fazenda Pública; (Incluído pela Lei Complementar nº 104, de 2001)

III – parcelamento ou moratória; e (Redação dada pela Lei Complementar nº 187, de 2021)

IV – incentivo, renúncia, benefício ou imunidade de natureza tributária cujo beneficiário seja pessoa jurídica. (Incluído pela Lei Complementar nº 187, de 2021)

§ 4º Sem prejuízo do disposto no art. 197, a administração tributária poderá requisitar informações cadastrais e patrimoniais de sujeito passivo de crédito tributário a órgãos ou entidades, públicos ou privados, que, inclusive por obrigação legal, operem cadastros e registros ou controlem operações de bens e direitos. (Incluído pela Lei Complementar nº 208, de 2024)

§ 5º Independentemente da requisição prevista no § 4º deste artigo, os órgãos e as entidades da administração pública direta e indireta de qualquer dos Poderes colaborarão com a administração tributária visando ao compartilhamento de bases de dados de natureza cadastral e patrimonial de seus administrados e supervisionados. (Incluído pela Lei Complementar nº 208, de 2024)

Art. 199. A Fazenda Pública da União e as dos Estados, do Distrito Federal e dos Municípios prestar-se-ão mutuamente assistência para a fiscalização dos tributos respectivos e permuta de informações, na forma estabelecida, em caráter geral ou específico, por lei ou convênio.

Parágrafo único. A Fazenda Pública da União, na forma estabelecida em tratados, acordos ou convênios, poderá permutar informações com Estados estrangeiros no interesse da arrecadação e da fiscalização de tributos. (Incluído pela LCP nº 104, de 10.1.2001)

Art. 200. As autoridades administrativas federais poderão requisitar o auxílio da força pública federal, estadual ou municipal, e reciprocamente, quando vítimas de embaraço ou desacato no exercício de suas funções, ou quando necessário à efetivação dê medida prevista na legislação tributária, ainda que não se configure fato definido em lei como crime ou contravenção.

O **princípio da não afetação,** disposto no **art. 167, IV, da CF/1988** – que veda a **utilização da receita de impostos** a qualquer espécie de fundo, órgão ou despesa – tem como um de suas exceções a **aplicabilidade de recursos de impostos para o custeio da administração tributária.** Segundo o dispositivo constitucional:

> **Art. 167.** São vedados:
>
> (...)
>
> IV – a vinculação de receita de impostos a órgão, fundo ou despesa, **ressalvadas** a repartição do produto da arrecadação dos impostos a que se referem os arts. 158 e 159, a destinação de recursos para as ações e serviços públicos de saúde, para manutenção e desenvolvimento do ensino e para **realização de atividades da administração tributária**, como determinado, respectivamente, pelos arts. 198, § 2º, 212 e 37, XXII, e a prestação de garantias às operações de crédito por antecipação de receita, previstas no art. 165, § 8º, bem como o disposto no § 4º deste artigo;

Além do custeio das atividades mediante o **repasse dos impostos**, em algumas esferas da administração pública, parte das receitas oriundas de **multas** ou **taxas administrativas** pode ser **reinvestida diretamente na própria administração tributária,** com o fito de fortalecimento de sua autonomia.

Apesar da **garantia de recursos prioritários**, a autonomia financeira das administrações tributárias **está subordinada ao regime orçamentário público geral**. A **alocação de recursos** depende da **aprovação das leis orçamentárias** pelo Poder Legislativo, o que pode ocasionar atrasos ou cortes.

De igual modo, as **administrações tributárias** estão sujeitas a limites impostos por normas como a **Lei de Responsabilidade Fiscal** (LRF), que estabelece **tetos de gastos** e exige **equilíbrio orçamentário**, além da fiscalização exercida pelos **Tribunais de Contas**, garantindo que a autonomia financeira não seja usada de forma inadequada ou ineficiente.

Com recursos adequados, as administrações podem **investir em tecnologias** e **ações** que aprimoram o exercício da fiscalização, **combatendo a sonegação** e aumentando a receita pública, vez que **sistemas modernos** e **servidores capacitados tecnicamente** tornam os processos mais ágeis, **reduzindo custos** e **melhorando o atendimento ao contribuinte.**

Ademais, a **busca da eficiência** leva com que as administrações tributárias sejam **periodicamente analisadas pelo Senado Federal**, à luz do **art. 52, XV, da CF/1988:**

> **Art. 52.** Compete privativamente ao Senado Federal: (...)
>
> XV – avaliar periodicamente a funcionalidade do Sistema Tributário Nacional, em sua estrutura e seus componentes, e o desempenho das administrações tributárias da União, dos Estados e do Distrito Federal e dos Municípios.

* **O poder-dever da fiscalização tributária**

O **exercício da fiscalização tributária** exercido pelas administrações tributárias da União, Estados, DF e Municípios **não é facultativo**: trata-se de um **dever dos agentes**

públicos que são imbuídos de um **poder de polícia** para o **atendimento do interesse público.**

Em sendo a **fiscalização tributária determinada atividade administrativa** exercida com **poder de polícia**, alguns atributos devem ser observados:

I – Discricionariedade

A **discricionariedade estatal no exercício da fiscalização tributária** não consiste na **existência da fiscalização.** Como dito, a fiscalização tributária **é um dever da Administração Pública.** A discricionariedade reside **no *modus operandi* pelo qual o agente público exercerá a administração tributária**, através de um **juízo de conveniência** e **oportunidade** que melhor atenda o **interesse da coletividade.**

Portanto, a **discricionariedade estatal** está relacionada ao **modo de agir** e não à **decisão de agir** ou **não agir.** Trata-se da liberdade que a Administração Pública possui para decidir **como** e **quando exercer a fiscalização tributária**, considerando o **interesse público.**

Exemplificando: a administração tributária **poderá optar por concentrar esforços na fiscalização de grandes empresas** ou **setores econômicos específicos com elevado risco de sonegação**, em vez de pulverizar recursos fiscalizando contribuintes de baixo impacto fiscal.

Embora os agentes públicos possuam **margem de liberdade no exercício da fiscalização**, essa **discricionariedade não é absoluta.** Todas as ações da administração tributária devem estar **fundamentadas na legislação vigente**, não sendo permitido ao agente público agir **contra a lei** ou **fora das competências previstas**, em total consonância ao **princípio da legalidade.**

Ainda, o **exercício do poder discricionário** deve ser **compatível** com a **finalidade pública.** Uma fiscalização que imponha um **ônus excessivo** ou **desnecessário ao contribuinte** será considerada **abusiva**, ante a inobservância dos **princípios da razoabilidade** e **proporcionalidade.**

A seleção de contribuintes para fiscalização deve ser feita com base em **critérios objetivos**, evitando **perseguições** ou **privilégios**, denotando a **observância irrestrita ao princípio da impessoalidade.**

A cautela que deve ser adotada, contudo, é que a **discricionariedade inexiste na forma do procedimento administrativo**; este sempre será **vinculado**, não conferindo qualquer margem de escolha à autoridade fazendária. No entanto, o **momento em que deverá ocorrer** e o *modus operandi* confere ao agente público a **análise meritória.**

II – Autoexecutoriedade

A **autoexecutoriedade** é a prerrogativa conferida à Administração Pública para **executar diretamente suas decisões, sem a necessidade de prévia autorização ju-**

dicial. É um atributo que caracteriza determinados atos administrativos de polícia, especialmente aqueles relacionados à **preservação da ordem pública, segurança, salubridade e tranquilidade social.**

Do ponto de vista **dogmático**, a **autoexecutoriedade** encontra respaldo no **princípio da supremacia do interesse público** sobre o privado, o qual norteia as ações da Administração Pública. Essa prerrogativa **não é absoluta**, mas **condicionada por limites constitucionais e legais.** A atuação da Administração **deve observância aos direitos fundamentais**, notadamente, pela aplicação **dos princípios da legalidade, razoabilidade e proporcionalidade.**

Enquanto atividade administrativa, a **fiscalização tributária** independe de qualquer manifestação judicial para o cumprimento de seu mister. Basta o atendimento da **legalidade** e da **legitimidade** para o exercício válido da fiscalização tributária, sem qualquer autorização judicial.

E, justamente em observância ao **princípio da legalidade**, insculpido como cerne da Administração Pública, a **atuação fazendária** no exercício da administração tributária agirá quando **expressamente autorizada por lei** ou em **situações excepcionais que demandem urgência** para evitar **prejuízo irreparável ao interesse público.**

Uma das prerrogativas decorrentes da **autoexecutoriedade** é a **possibilidade de exigência de documentos**, o **acesso imediato aos estabelecimentos**, dentre outros.

III – Imperatividade

Esse atributo reflete a prerrogativa de o Estado **impor normas e decisões administrativas independentemente da autonomia de vontade do particular.** A imperatividade **deriva do interesse público** que confere legitimidade à Administração Pública para atuar de maneira **unilateral** visando à ordem pública, à segurança, à saúde e outros valores fundamentais da coletividade. É uma manifestação do **princípio da supremacia do interesse público** sobre o privado, caracterizando o poder de polícia como uma atividade vinculada e coercitiva.

No contexto da **fiscalização tributária**, o atributo da imperatividade assume um papel crucial, especialmente na **exigência de cumprimento de obrigações tributárias principais** – pagamento de tributos e penalidades pecuniárias – e **acessórias** – deveres instrumentais vinculados a arrecadação e fiscalização, tais como a **emissão de notas fiscais** ou **entrega de declarações.**

Por óbvio, a **fiscalização tributária**, ao exercer a imperatividade, deve respeitar os **princípios da legalidade, razoabilidade** e **proporcionalidade.** Assim, a atuação do Estado deve sempre estar pautada em **normas previamente estabelecidas** e ser **proporcional ao fim público que se busca**, visto que os **seus atos não estão isentos de controle.** O contribuinte poderá questionar, **judicial** ou **administrativamente**, eventuais **excessos**, garantindo que o equilíbrio entre o poder estatal e os seus direitos seja mantido.

IV – Coercibilidade

A **coercibilidade** se refere à capacidade do Estado **impor suas decisões e ordens administrativas de forma compulsória**, valendo-se de **meios coercitivos para assegurar o cumprimento das normas**, independentemente da **concordância** ou **vontade** do **particular**. Esse atributo é uma manifestação da **supremacia do interesse público** sobre o privado, garantindo que a ordem jurídica seja respeitada.

A **fiscalização tributária**, como **expressão do poder de polícia**, detém mecanismos legais que tornam **suas ordens e decisões obrigatórias**, podendo **impor sanções em caso de descumprimento**.

O descumprimento das normas tributárias pode gerar **sanções**, como **multas, acréscimos moratórios, juros** e **outras penalidades**. Tais sanções são impostas de forma **unilateral** e possuem **caráter coercitivo**, sendo exigíveis mediante **atos administrativos**, como a aplicação do **auto de infração e imposição de multa** (AIIM).

No julgamento do **RE 640.452**, o **STF** decidiu que **multas tributárias excessivas** podem configurar **confisco**, violando o **art. 150, IV, da CF/1988**. Isso significa que, embora legítimas, as **sanções tributárias não podem ser desproporcionais ao valor do tributo devido** ou à **infração cometida**.

No mesmo esteio, o **STJ**, no julgamento do **AgInt no REsp 1.659.074,** destacou que a **imposição de multas tributárias**, desde que **prevista em lei** e aplicada dentro dos **limites razoáveis**, é **válida como expressão do poder coercitivo do Estado**.

O **embaraço ao exercício da fiscalização tributária** legitima, inclusive, a **possibilidade do uso da força** – mediante a utilização da polícia judiciária – para o cumprimento de suas funções.

Para assegurar o exercício da fiscalização tributária, o **uso da força estatal pode ser legítimo**, mas exige respeito às **garantias constitucionais do devido processo legal** e da **inviolabilidade domiciliar (art. 5º, XI, da CF/1988)**[2]. Assim, a **entrada coercitiva em um domicílio**, por exemplo, depende de **autorização judicial**, salvo **flagrante delito**, conforme já decidido no **RE 601.720**.

15.2 EXERCÍCIO DA FISCALIZAÇÃO TRIBUTÁRIA: IMUNIDADE E ISENÇÃO

Vimos que a **imunidade tributária** é uma vedação constitucional que impede a impede a incidência de tributos, não permitindo o aperfeiçoamento do fato gerador. A **isenção** é a dispensa legal do pagamento de tributos.

---

2. **Art. 5º** (...)

XI – a casa é asilo inviolável do indivíduo, ninguém nela podendo penetrar sem consentimento do morador, salvo em caso de flagrante delito ou desastre, ou para prestar socorro, ou, durante o dia, por determinação judicial.

Mesmo que o sujeito passivo possua quaisquer desses benefícios, **não há o afastamento do atendimento das normas administrativas**. Assim, as **obrigações acessórias continuarão a ser realizadas**, independentemente da dispensa de incidência ou pagamento dos tributos.

Vale ressaltar que **normas de imunidade** e de **isenção** podem exigir, inclusive, o **atendimento das exigências administrativas** para a concessão ou mantença dos benefícios.

No caso, p. ex., **da imunidade tributária subjetiva assistencial**, prevista no **art. 150, VI, c, da CF/1988**[3], a norma constitucional atribui **eficácia contida**, na medida em que o **gozo do benefício imunizatório** está **condicionado ao atendimento de requisitos estabelecidos em lei complementar nacional**. Vimos que tais exigências encontram suporte no **art. 14 do CTN**[4] e o não atendimento de qualquer um dos itens descritos acarreta a **suspensão do benefício até o seu cumprimento integral**.

A Corte Constitucional tem consolidado o entendimento de que a **inobservância dos requisitos legais não revoga a imunidade**, mas a **suspende temporariamente** até que os requisitos sejam atendidos. É o que se depreende da análise do **Tema 32 da Repercussão Geral**, no julgamento do **RE 636.941/RS**.

As **normas isentivas** podem condicionar o atendimento de exigências administrativas para a **concessão do benefício**, demonstrando, de maneira cristalina, a autonomia da obrigação tributária principal e acessória. Tal condição, inclusive, é determinada no **art. 175, parágrafo único, do CTN**[5].

---

3. **Art. 150.** (...)

   VI – instituir impostos sobre: (...)

   c) patrimônio, renda ou serviços dos partidos políticos, inclusive suas fundações, das entidades sindicais dos trabalhadores, das instituições de educação e de assistência social, sem fins lucrativos, atendidos os requisitos da lei;

4. **Art. 14.** O disposto na alínea c do inciso IV do artigo 9° é subordinado à observância dos seguintes requisitos pelas entidades nele referidas:

   I – não distribuírem qualquer parcela de seu patrimônio ou de suas rendas, a qualquer título;

   II – aplicarem integralmente, no País, os seus recursos na manutenção dos seus objetivos institucionais;

   III – manterem escrituração de suas receitas e despesas em livros revestidos de formalidades capazes de assegurar sua exatidão.

   § 1° Na falta de cumprimento do disposto neste artigo, ou no § 1° do artigo 9°, a autoridade competente pode suspender a aplicação do benefício.

   § 2° Os serviços a que se refere a alínea c do inciso IV do artigo 9° são exclusivamente, os diretamente relacionados com os objetivos institucionais das entidades de que trata este artigo, previstos nos respectivos estatutos ou atos constitutivos.

5. **Art. 175.** Excluem o crédito tributário:

   I – a isenção;

   II – a anistia.

   Parágrafo único. A exclusão do crédito tributário não dispensa o cumprimento das obrigações acessórias dependentes da obrigação principal cujo crédito seja excluído, ou dela consequente.

A **fiscalização tributária** deverá existir nos casos de contribuintes que gozam dos benefícios indicados, podendo aplicar sanções em caso de descumprimento. A **dispensa da incidência tributária**, da **obrigação principal** e do **crédito tributário não influencia a dispensa das exigências administrativas** consubstanciadas na obrigação acessória.

O **STJ**, no julgamento do **AgRg no REsp 1.623.965/SC**, reforça que afirmar que a **imunidade** e a **isenção tributária não afastam o cumprimento das obrigações acessórias**, por conta de sua autonomia em relação à obrigação principal.

Ademais, a **dispensa do cumprimento de obrigações acessórias** deve ser **interpretada literalmente**, tendo os seus **efeitos restritivos**, à luz do **art. 111, III, do CTN**[6].

15.3 FISCALIZAÇÃO DE LIVROS E DOCUMENTOS: PRAZOS E LIMITES

De acordo com o **art. 195 do CTN**:

> Para os efeitos da legislação tributária, não têm aplicação quaisquer disposições legais excludentes ou limitativas do direito de examinar mercadorias, livros, arquivos, documentos, papéis e efeitos comerciais ou fiscais, dos comerciantes industriais ou produtores, ou da obrigação destes de exibi-los.
>
> Parágrafo único. Os livros obrigatórios de escrituração comercial e fiscal e os comprovantes dos lançamentos neles efetuados serão conservados até que ocorra a prescrição dos créditos tributários decorrentes das operações a que se refiram.

A essência da norma reside na **harmonização** entre o **direito do contribuinte à privacidade de seus negócios** e o **poder-dever do Fisco** de verificar o cumprimento das obrigações tributárias. A disposição normativa reafirma o **caráter preponderante do interesse público na fiscalização tributária** em relação a possíveis **direitos ou prerrogativas individuais** que tentem limitar indevidamente a atuação fiscalizadora.

Ademais, os contribuintes têm a **obrigação de conservar os livros obrigatórios de escrituração comercial e fiscal**, bem como os **comprovantes de lançamentos**, pelo prazo necessário para assegurar a fiscalização **enquanto o crédito tributário ainda não estiver prescrito**.

A exigência de conservação de livros e comprovantes **reforça a segurança jurídica tanto para o Fisco quanto para os contribuintes**. Isso porque, em caso de fiscalização, ambas as partes têm **elementos** para **comprovar a regularidade ou a irregularidade das operações**.

No entanto, a fiscalização realizada pela autoridade competente não pode ser sobre qualquer livro fiscal ou documento, **devendo se limitar ao objeto proposto naquela fiscalização**.

Nos termos da **súmula 439 do STF**:

---

6. **Art. 111.** Interpreta-se literalmente a legislação tributária que disponha sobre: (...)

    III – dispensa do cumprimento de obrigações tributárias acessórias.

Estão sujeitos à fiscalização tributária ou previdenciária quaisquer livros comerciais, limitado o exame aos pontos objeto da investigação.

Tal circunstância reside no **princípio da vinculação ao objeto**, em que a autoridade fazendária não pode realizar uma análise ampla ou indiscriminada dos documentos do contribuinte, mas apenas dos aspectos que **motivaram** ou **justificaram a fiscalização**.

Essa limitação também decorre do **princípio da proporcionalidade**, que exige que as ações fiscais sejam **adequadas** e **necessárias** para atingir o objetivo pretendido, **sem causar restrições excessivas aos direitos do contribuinte**. Além disso, está relacionado ao **princípio da legalidade**, uma vez que a autoridade fazendária só pode atuar nos limites estabelecidos pela legislação e pelo ato que fundamenta a fiscalização.

Em regra, a autoridade fiscal deve **delimitar**, no **início da fiscalização**, o **escopo do exame documental**. Isso é frequentemente realizado através de um **mandado de procedimento fiscal** (MPF) ou outro documento formal que especifique os tributos, períodos e fatos a serem analisados.

A **limitação ao objeto da fiscalização** é compatível com o **art. 5º, X e XII, da CF/1988**[7], que protege a **intimidade** e o **sigilo de dados**. Embora a fiscalização tributária seja uma prerrogativa estatal, não pode ser exercida de maneira arbitrária ou indiscriminada. A vinculação ao objeto inicial da investigação é uma **forma de proteção dos direitos fundamentais do contribuinte**.

Caso o contribuinte negue a apresentação da documentação à autoridade fiscal, sofrerá a imposição de penalidades. Não apresentando os documentos ou livros, o sujeito passivo poderá receber um **Termo de Intimação para Apresentação de Documentos** (TIAD). Esse termo tem por finalidade intimar o sujeito passivo a apresentar, em **dia e local determinado na intimação**, os documentos necessários à verificação do regular cumprimento das obrigações tributárias, os quais deverão ser deixados à disposição da fiscalização **até o término do procedimento fiscal**.

Os contribuintes devem manter um **sistema organizado e acessível de escrituração fiscal e comercial**, cientes de que a obrigação de exibição desses documentos é **indispensável em caso de fiscalização**. Assim, qualquer disposição normativa que tente **restringir o acesso do Fisco aos documentos** mencionados será **ineficaz pe-**

---

7. Art. 5º (...)

    X – são invioláveis a intimidade, a vida privada, a honra e a imagem das pessoas, assegurado o direito a indenização pelo dano material ou moral decorrente de sua violação;

    XII – é inviolável o sigilo da correspondência e das comunicações telegráficas, de dados e das comunicações telefônicas, salvo, no último caso, por ordem judicial, nas hipóteses e na forma que a lei estabelecer para fins de investigação criminal ou instrução processual penal.

15 • ADMINISTRAÇÃO TRIBUTÁRIA   **763**

rante a legislação tributária, consolidando o **poder fiscalizador** como um **direito irrenunciável do Estado**.

Os **livros obrigatórios**, ao serem adotados pelo **empresário** ou pela **sociedade**, devem ser conservados **até que ocorra a prescrição dos créditos tributários**, ou seja, os documentos e livros fiscais deverão ser guardados pelo **prazo quinquenal**, vez que é o **prazo prescricional adotado pela codificação tributária nacional**.

A inobservância da obrigação de conservar os documentos no **prazo de prescrição** pode trazer consequências negativas ao contribuinte, como a **presunção de irregularidades** e a **aplicação de penalidades tributárias**.

A observância dos **dados bancários do contribuinte** é outro tema amplamente discutido. A **LC 105/2001** traz a possibilidade da solicitação de informações bancárias dos contribuintes sem a necessidade de autorização judicial. Dispõe o **art. 6º** da referida norma complementar:

> Art. 6º As autoridades e os agentes fiscais tributários da União, dos Estados, do Distrito Federal e dos Municípios somente poderão examinar documentos, livros e registros de instituições financeiras, inclusive os referentes a contas de depósitos e aplicações financeiras, quando houver processo administrativo instaurado ou procedimento fiscal em curso e tais exames sejam considerados indispensáveis pela autoridade administrativa competente.
>
> Parágrafo único. O resultado dos exames, as informações e os documentos a que se refere este artigo serão conservados em sigilo, observada a legislação tributária.

Parte da jurisprudência decidiu pela constitucionalidade do acesso à utilização de dados para fins fiscais. Conforme voto prolatado no STF, o **sigilo bancário não tem conteúdo absoluto**, devendo ceder ao **princípio da moralidade pública** e **privada**, este, sim, dotado de natureza absoluta. A regra do sigilo bancário deve ceder todas as vezes que as transações bancárias são **denotadoras de ilicitude**, porquanto não pode o cidadão, sob o alegado manto de garantias fundamentais, cometer ilícitos.

No entanto, constituiria **quebra de sigilo bancário ilícito** o fato de a Fazenda Pública **divulgar, por intermédio de seus servidores**, toda a informação obtida para além da estrutura de fiscalização e administração fazendária. Caso as informações obtidas sejam fornecidas a terceiros, **estranhos aos quadros da administração fazendária** para os fins de fiscalização, deverá o servidor ser responsabilizado pelos prejuízos que poderá acarretar ao contribuinte ante a violação perpetrada.

15.4 AGENTES OBRIGADOS À PRESTAÇÃO DE INFORMAÇÕES DE TERCEIROS

A **prestação de informações** não é dever, tão somente, do contribuinte. Determinadas pessoas que guardam **responsabilidade tributária** ou **nexo de causalidade com os fatos**, **objeto da fiscalização**, têm o **dever de prestar informar**. No entanto, o **dever de colaboração não é automático**, dependendo de um **pedido formal motivado** por parte da autoridade fazendária competente.

Em grande medida, os agentes que têm o dever legal de prestar informações possuem funções ou atividades que lhes conferem **acesso privilegiado às informações econômicas, financeiras** ou **patrimoniais de terceiro**, conforme dispõe o **art. 197 do CTN**:

> Art. 197. Mediante intimação escrita, são obrigados a prestar à autoridade administrativa todas as informações de que disponham com relação aos bens, negócios ou atividades de terceiros:
>
> I – os tabeliães, escrivães e demais serventuários de ofício;
>
> II – os bancos, casas bancárias, Caixas Econômicas e demais instituições financeiras;
>
> III – as empresas de administração de bens;
>
> IV – os corretores, leiloeiros e despachantes oficiais;
>
> V – os inventariantes;
>
> VI – os síndicos, comissários e liquidatários;
>
> VII – quaisquer outras entidades ou pessoas que a lei designe, em razão de seu cargo, ofício, função, ministério, atividade ou profissão.
>
> Parágrafo único. A obrigação prevista neste artigo não abrange a prestação de informações quanto a fatos sobre os quais o informante esteja legalmente obrigado a observar segredo em razão de cargo, ofício, função, ministério, atividade ou profissão.

A norma reflete o **princípio da transparência fiscal**, em que as entidades privadas colaboram com a administração pública para assegurar a efetividade do sistema tributário.

O **descumprimento do dever de colaboração** pode acarretar a aplicação de diversas penalidades previstas na legislação tributária, que variam em função da **gravidade da infração**. Para tanto, é possível a aplicação de **multas administrativas, suspensão de benefícios diferenciados** e, em casos de **dolo**, como **fraude, falsificação de documentos** ou **sonegação fiscal**, os agentes poderão responder por crimes contra a ordem tributária.

É óbvio que as informações obtidas pela autoridade fazendária competente devem guardar o sigilo fiscal inerente, sendo vedada qualquer informação obtida em razão do ofício. Essa proteção visa resguardar a **privacidade do sujeito passivo** e a **confidencialidade de suas atividades econômicas e financeiras**, garantindo **segurança jurídica** e evitando exposições indevidas.

No entanto, o **art. 198 do CTN** traz informações relevantes sobre a **relativização do sigilo de informações**:

> Art. 198. Sem prejuízo do disposto na legislação criminal, é vedada a divulgação, por parte da Fazenda Pública ou de seus servidores, de informação obtida em razão do ofício sobre a situação econômica ou financeira do sujeito passivo ou de terceiros e sobre a natureza e o estado de seus negócios ou atividades. (Redação dada pela Lei Complementar nº 104, de 2001)
>
> § 1º Excetuam-se do disposto neste artigo, além dos casos previstos no art. 199, os seguintes: (Redação dada pela Lei Complementar nº 104, de 2001)
>
> I – requisição de autoridade judiciária no interesse da justiça; (Incluído pela Lei Complementar nº 104, de 2001)

II – solicitações de autoridade administrativa no interesse da Administração Pública, desde que seja comprovada a instauração regular de processo administrativo, no órgão ou na entidade respectiva, com o objetivo de investigar o sujeito passivo a que se refere a informação, por prática de infração administrativa. (Incluído pela Lei Complementar nº 104, de 2001)

§ 2º O intercâmbio de informação sigilosa, no âmbito da Administração Pública, será realizado mediante processo regularmente instaurado, e a entrega será feita pessoalmente à autoridade solicitante, mediante recibo, que formalize a transferência e assegure a preservação do sigilo. (Incluído pela Lei Complementar nº 104, de 2001)

§ 3º Não é vedada a divulgação de informações relativas a: (Incluído pela Lei Complementar nº 104, de 2001)

I – representações fiscais para fins penais; (Incluído pela Lei Complementar nº 104, de 2001)

II – inscrições na Dívida Ativa da Fazenda Pública; (Incluído pela Lei Complementar nº 104, de 2001)

III – parcelamento ou moratória; e (Redação dada pela Lei Complementar nº 187, de 2021)

IV – incentivo, renúncia, benefício ou imunidade de natureza tributária cujo beneficiário seja pessoa jurídica. (Incluído pela Lei Complementar nº 187, de 2021)

§ 4º Sem prejuízo do disposto no art. 197, a administração tributária poderá requisitar informações cadastrais e patrimoniais de sujeito passivo de crédito tributário a órgãos ou entidades, públicos ou privados, que, inclusive por obrigação legal, operem cadastros e registros ou controlem operações de bens e direitos. (Incluído pela Lei Complementar nº 208, de 2024)

§ 5º Independentemente da requisição prevista no § 4º deste artigo, os órgãos e as entidades da administração pública direta e indireta de qualquer dos Poderes colaborarão com a administração tributária visando ao compartilhamento de bases de dados de natureza cadastral e patrimonial de seus administrados e supervisionados. (Incluído pela Lei Complementar nº 208, de 2024)

In casu, através de **requisição de autoridade judiciária no interesse da justiça**, demonstra-se o reconhecimento da **supremacia da jurisdição judicial** e a necessidade de informações fiscais em processos judiciais, especialmente nos de **natureza penal** ou **cível**.

Não apenas a autoridade judiciária poderá requisitar determinadas informações para os agentes indicados: a **Administração Pública**, mediante **procedimento administrativo regularmente instaurado** e **fundamentado**, poderá solicitar informações fiscais com o objetivo de investigar possíveis infrações administrativas.

Em **processos penais**, o STF entende que a requisição de informações fiscais diretamente ao Fisco é **legítima**, desde que **autorizada por decisão judicial fundamentada**, respeitando o **devido processo legal**.

No **âmbito administrativo**, o STJ exige que o **processo administrativo instaurado** seja regular e tenha como objeto **investigar infrações específicas**. Solicitações **genéricas** ou **desvinculadas** de uma investigação formal são consideradas ilegais. Assim, a requisição de informações fiscais **sem a devida instauração de um processo administrativo regular viola o sigilo fiscal**, considerando-se **ilegal** e **abusiva**.

Certas informações podem ser divulgadas, **relativizando o sigilo fiscal**, como ocorre no caso de **representação fiscal para fins penais**. Essas representações são instrumentos utilizados pela Administração Pública para comunicar ao **Ministério**

Público indícios de **crimes tributários** ou outros delitos identificados durante **procedimentos fiscais.** A transparência, nesse caso, **atende ao interesse público de combate à criminalidade.**

Mesmo ante a observância da **Lei 13.709/18,** conhecida como **Lei Geral de Proteção de Dados** (LGPD), o tratamento de dados pessoais pelo Poder Público **permite o compartilhamento de dados pessoais para o cumprimento de obrigações legais** e para a **persecução de ilícitos penais.** Assim, a divulgação dessas representações encontra respaldo na legislação, nos termos do **art. 23**[8]. Por se tratar de **comunicação formal ao órgão responsável pela persecução penal**, a proteção do sigilo fiscal é **relativizada** em prol do interesse público na apuração de crimes.

A **divulgação das inscrições em dívida ativa** não goza de vedação, ante a **natureza pública do crédito tributário.** A inscrição em dívida ativa é procedimento administrativo formal e vinculado que externaliza a inadimplência do contribuinte perante o erário, conferindo a **certeza** e **liquidez** ao **crédito tributário** ou **não tributário.** Assim, não há sigilo fiscal sobre informações que dizem respeito à dívida pública. Tal publicidade garante que a sociedade tenha acesso às informações sobre a inadimplência fiscal, fundamental para o controle social da administração pública.

Já nos casos de **divulgação de parcelamentos e moratórias,** uma vez que são benefícios fiscais que afetam diretamente o **equilíbrio financeiro da Administração Pública,** a publicidade assegura a **transparência** e a *accountability* (prestação de contas) na gestão pública. A adesão a um parcelamento ou moratória confere **reconhecimento**

---

8. **Art. 23.** O tratamento de dados pessoais pelas pessoas jurídicas de direito público referidas no parágrafo único do art. 1º da Lei nº 12.527, de 18 de novembro de 2011 (Lei de Acesso à Informação), deverá ser realizado para o atendimento de sua finalidade pública, na persecução do interesse público, com o objetivo de executar as competências legais ou cumprir as atribuições legais do serviço público, desde que:

I – sejam informadas as hipóteses em que, no exercício de suas competências, realizam o tratamento de dados pessoais, fornecendo informações claras e atualizadas sobre a previsão legal, a finalidade, os procedimentos e as práticas utilizadas para a execução dessas atividades, em veículos de fácil acesso, preferencialmente em seus sítios eletrônicos;

II – (VETADO)

III – seja indicado um encarregado quando realizarem operações de tratamento de dados pessoais, nos termos do art. 39 desta Lei; e (Redação dada pela Lei nº 13.853, de 2019)

IV – (VETADO) (Incluído pela Lei nº 13.853, de 2019)

§ 1º A autoridade nacional poderá dispor sobre as formas de publicidade das operações de tratamento.

§ 2º O disposto nesta Lei não dispensa as pessoas jurídicas mencionadas no caput deste artigo de instituir as autoridades de que trata a Lei nº 12.527, de 18 de novembro de 2011 (Lei de Acesso à Informação).

§ 3º Os prazos e procedimentos para exercício dos direitos do titular perante o Poder Público observarão o disposto em legislação específica, em especial as disposições constantes da Lei nº 9.507, de 12 de novembro de 1997 (Lei do Habeas Data), da Lei nº 9.784, de 29 de janeiro de 1999 (Lei Geral do Processo Administrativo), e da Lei nº 12.527, de 18 de novembro de 2011 (Lei de Acesso à Informação).

§ 4º Os serviços notariais e de registro exercidos em caráter privado, por delegação do Poder Público, terão o mesmo tratamento dispensado às pessoas jurídicas referidas no caput deste artigo, nos termos desta Lei.

§ 5º Os órgãos notariais e de registro devem fornecer acesso aos dados por meio eletrônico para a administração pública, tendo em vista as finalidades de que trata o caput deste artigo.

formal dos débitos tributários junto ao Fisco, caracterizando uma relação jurídica de interesse público.

Benefícios tributários, incentivos, renúncias e imunidades concedidos a pessoas jurídicas representam **renúncia de receita pelo Estado**, afetando o **orçamento público** e o **interesse coletivo**. A publicidade desses dados é essencial para que a sociedade avalie o impacto e a eficácia dessas políticas.

A recente inclusão dos **parágrafos 4º e 5º ao art. 198 do CTN**, através da LC 208/24 **ampliou as possibilidades de acesso** e **compartilhamento de informações pela administração tributária**. Esses dispositivos visam fortalecer os mecanismos de fiscalização tributária, proporcionando maior integração entre órgãos públicos e entidades privadas.

Mesmo antes da modificação na codificação tributária nacional, a jurisprudência já considerava **legítima a cooperação de entidades privadas com a administração tributária**, desde que respeitados os limites legais e regulamentares. Por exemplo, instituições financeiras, cartórios e registros de bens são obrigados a fornecer informações mediante requisição formal. No julgamento do **RE 601.314**, a Corte Constitucional reafirmou o entendimento de que o compartilhamento de dados entre órgãos públicos **não viola o sigilo fiscal nem o direito à privacidade**, desde que realizado para fins legais e regulado por normas específicas.

O **intercâmbio de informações entre entidades fazendárias** passa a ser amplamente utilizado no **exercício da administração tributária**. Para que o intercâmbio de informações seja legítimo, os dados compartilhados devem ser estritamente necessários para o cumprimento da finalidade tributária ou administrativa.

Inclusive, o **intercâmbio de informações fiscais entre países** é uma prática legítima que visa **combater a evasão fiscal**, a **elisão tributária abusiva** e os **fluxos financeiros ilícitos**. Essa troca de informações, fundamentada em **normas nacionais** e **internacionais**, é essencial para promover a **transparência** e a **justiça tributária** no contexto da **globalização econômica**.

A **Convenção Multilateral sobre Assistência Mútua em Matéria Tributária** é um dos instrumentos mais amplamente adotados no mundo para promover a cooperação entre administrações tributárias de diferentes países. Desenvolvida pelo **Conselho da Europa** e pela **Organização para a Cooperação e Desenvolvimento Econômico (OCDE)** em 1.988, foi revisada em 2.010 para alinhar-se aos **padrões internacionais de transparência** e **troca de informações fiscais**.

O Brasil aderiu à Convenção em **2016**, através do **Decreto Legislativo 105/2016** e ratificou o instrumento por meio do **Decreto 8.842/2016**. Desde então, o país tem utilizado a convenção para **reforçar a transparência fiscal**, participar da **troca automática de informações financeiras** – como previsto no *Common Reporting Standard* (CRS) – e integrar-se aos **esforços globais de combate à evasão fiscal** e outros **crimes econômicos**.

A convenção se tornou um elemento central na luta contra a **evasão fiscal** e o **planejamento tributário abusivo**. Ela é particularmente relevante no contexto dos projetos da **OCDE/G20**, como o *Base Erosion and Profit Shifting* (BEPS), que visa limitar práticas que **erosam a base tributária de países**.

O STF, em diversas ocasiões, **validou a troca de informações sigilosas entre órgãos públicos como legítima**, desde que ocorra dentro dos **limites legais** e com **finalidades específicas**, como nos julgamentos do **RE 601.314** e da **ADI 2.390**.

15.5 FISCALIZAÇÃO TRIBUTÁRIA E OS DIREITOS FUNDAMENTAIS DO CONTRIBUINTE

A observância dos **direitos fundamentais do contribuinte** no exercício da fiscalização tributária é um aspecto essencial para garantir a **conformidade do Estado** com os **princípios constitucionais** e o **equilíbrio entre o poder de arrecadação** e os **direitos individuais**.

A **atuação do Fisco** deve ser **estritamente vinculada à lei**. Nenhum tributo pode ser instituído ou majorado sem previsão legal, e a **fiscalização** também deve se dar dentro dos limites estabelecidos pela legislação.

Durante a fiscalização, o contribuinte tem direito a um **processo justo, imparcial** e baseado na **ampla defesa** e no **contraditório**. A administração tributária **não pode impor sanções** ou **cobrar tributos** sem garantir que o contribuinte tenha **oportunidade de se manifestar** e **contestar as decisões**.

A fiscalização deve respeitar os **limites da proporcionalidade**, evitando **medidas excessivas** ou **desproporcionais**. A atuação do Fisco deve ser eficaz, mas **não pode causar prejuízos injustificados ao contribuinte**.

Embora o Fisco tenha poder de acesso a informações do contribuinte, esse poder **não é absoluto**. A Constituição Federal protege a intimidade e a privacidade, e qualquer violação desses direitos deve ser devidamente justificada e limitada à necessidade de fiscalização.

O **sigilo de informações fiscais** é um princípio fundamental que visa **proteger a privacidade** e os **dados sensíveis do contribuinte** em relação às informações prestadas ao Estado no âmbito tributário. Esse sigilo é essencial para garantir a **segurança jurídica**, a **proteção da intimidade** e o respeito aos **direitos fundamentais**.

E, justamente, um dos **principais desafios na proteção do sigilo fiscal** é o **equilíbrio entre o direito à privacidade do contribuinte** e o **dever do Estado de combater crimes e assegurar a justiça fiscal**. A falta de critérios claros para a quebra de sigilo pode gerar abusos e insegurança jurídica, especialmente no uso **indiscriminado de informações fiscais para fins políticos ou econômicos**.

É fundamental que a fiscalização considere o **contexto do contribuinte**, evitando ações que causem **prejuízos desnecessários** ou que sejam **excessivamente gravosas** em relação à conduta fiscal verificada. A fiscalização deve utilizar os meios **menos gravosos possíveis**, evitando **intervenções excessivas** na esfera jurídica do contribuinte.

A imposição de medidas como **bloqueios de bens e interdição de estabelecimentos ou cobrança de multas** deve observar a **proporcionalidade**. Por exemplo, aplicar **sanções gravosas a pequenas infrações** ou **adotar medidas extremas sem esgotar alternativas menos onerosas** pode configurar **abuso de poder**. Exigir documentos desnecessários, promover fiscalizações repetitivas ou divulgar informações sigilosas sem autorização violam a razoabilidade e a proporcionalidade.

O **uso de tecnologias avançadas** pela fiscalização, como **cruzamento de dados eletrônicos** e **inteligência artificial** (IA), deve ser feito de maneira proporcional, evitando que o contribuinte seja exposto a investigações invasivas sem justa causa.

A **inteligência artificial** tem transformado a administração tributária ao permitir a automação de processos, a **análise de grandes volumes de dados** (big data) e a **identificação de padrões e irregularidades fiscais** com maior rapidez. Algoritmos de aprendizado de máquina são capazes de identificar práticas fraudulentas, como simulação de operações comerciais ou uso de empresas de fachada, com base em padrões comportamentais.

A administração tributária também tem utilizado as redes sociais como **ferramenta de investigação** e **monitoramento**. Isso se deve à **vasta quantidade de informações disponíveis publicamente nesses ambientes**, que podem revelar **indícios de inconsistências fiscais**. Dados compartilhados em redes sociais, como **estilo de vida**, **aquisições de bens de luxo** ou **movimentações financeiras**, podem ser cruzados com as **declarações fiscais do contribuinte** para identificar possíveis **omissões** ou **inconsistências**.

O maior desafio, contudo, é implementar essas tecnologias de forma **transparente, segura** e com **controles adequados para evitar abusos**, promovendo um sistema tributário mais justo e eficiente, sem comprometimento da privacidade e da confiança dos contribuintes.

A privacidade do contribuinte pode ser violada quando a IA **acessa, armazena** ou **processa dados pessoais de forma inadequada** ou **sem a devida autorização**. Um exemplo claro de violação é a **coleta e análise de informações pessoais sem consentimento explícito**, incluindo o uso de **dados de redes sociais** ou outras **fontes públicas para fins fiscais**, sem transparência.

A **Lei Geral de Proteção de Dados** (LGPD) protege o contribuinte contra o **uso indiscriminado de seus dados**. O processamento de informações fiscais e financeiras por IA deve respeitar princípios como **necessidade, finalidade e transparência**. Algoritmos de IA podem apresentar **vieses discriminatórios** baseados em critérios como **região, setor econômico** ou **perfil social do contribuinte**.

De igual modo, temos as decisões fiscais tomadas exclusivamente por IA que **comprometem o direito do contribuinte** de se defender adequadamente, especialmente se não houver clareza sobre os critérios utilizados pela máquina. A utilização de **algoritmos opacos** – denominados pelo jargão de **caixa preta** – faz com que decisões sejam tomadas sem que o contribuinte consiga entender ou questionar a lógica aplicada.

Assim, a utilização inadequada da IA pode **restringir** ou **inviabilizar a atividade econômica do contribuinte**, especialmente em **fiscalizações automatizadas** que resultem em sanções indevidas.

JURISPRUDÊNCIA

AÇÃO DIRETA DE INCONSTITUCIONALIDADE. DIREITO TRIBUTÁRIO. COMPENSAÇÃO. HOMOLOGAÇÃO. SANÇÕES TRIBUTÁRIAS. MULTA ISOLADA. LEI 9.430/96. LEI 12.249/2010. LEI 13.097/2015. IN RFB 1.717/2017. PROPORCIONALIDADE. DIREITO DE PETIÇÃO. 1. Perda superveniente do objeto da ação quanto ao § 15 do artigo 74 da Lei 9.430/96, alterado pela Lei 12.249/2010, tendo em vista a sua revogação pela Lei 13.137/2015. 2. Atendidos os requisitos previstos em lei, a compensação tributária se traduz em direito subjetivo do sujeito passivo, não estando subordinada à apreciação de conveniência e oportunidade da administração tributária. 3. A declaração de compensação é um pedido lato sensu, no exercício do direito subjetivo à compensação, submetido à Administração Tributária, que decide de forma definitiva sobre a matéria, homologando, de forma expressa ou tácita, a declaração. 4. É inconstitucional a aplicação de multa isolada em razão da mera não homologação de declaração de compensação, sem que esteja caracterizada a má-fé, falsidade, dolo ou fraude, por violar o direito fundamental de petição e o princípio da proporcionalidade. 5. Ação direta de inconstitucionalidade parcialmente conhecida e, nessa parte, julgada procedente para declarar a inconstitucionalidade do § 17 do art. 74 da Lei 9.430/1996 – incluído pela Lei 12.249/2010, alterado pela Lei 13.097/2015 –, bem como do inciso I do § 1º do art. 74 da Instrução Normativa RFB 1.717/2017, por arrastamento.
(STF – ADI: 4905 DF, Relator: Min. GILMAR MENDES, Data de Julgamento: 18/03/2023, Tribunal Pleno, Data de Publicação: PROCESSO ELETRÔNICO DJe-s/n DIVULG 17-05-2023 PUBLIC 18-05-2023)
ARGUIÇÃO DE DESCUMPRIMENTO DE PRECEITO FUNDAMENTAL. ALEGAÇÃO DE INCONSTITUCIONALIDADE DE ENTENDIMENTO DO CONSELHO ADMINISTRATIVO DE RECURSOS FISCAIS – CARF: ATRIBUIÇÃO DO AUDITOR PARA RECONHECER VÍNCULO EMPREGATÍCIO E EFETUAR O LANÇAMENTO TRIBUTÁRIO. PRINCÍPIO DA SUBSIDIARIEDADE. POSSIBILIDADE DE EXAME DAS DECISÕES DA ADMINISTRAÇÃO TRIBUTÁRIA PELO PODER JUDICIÁRIO POR INSTRUMENTOS PROCESSUAIS INDIVIDUAIS ADEQUADOS. NÃO CONHECIMENTO DA AÇÃO. MÉRITO: INEXISTÊNCIA DE CONTROVÉRSIA CONSTITUCIONAL RELEVANTE. OFENSA INDIRETA À CONSTITUIÇÃO DA REPÚBLICA. ARGUIÇÃO DE DESCUMPRIMENTO DE PRECEITO FUNDAMENTAL IMPROCEDENTE.
(STF – ADPF: 647 DF 0085485-78.2020.1.00.0000, Relator: CÁRMEN LÚCIA, Data de Julgamento: 21/02/2022, Tribunal Pleno, Data de Publicação: 07/03/2022)
TRIBUTÁRIO. PROCESSO ADMINISTRATIVO FISCAL. ISSQN. REVISÃO DO LANÇAMENTO TRIBUTÁRIO. ERRO DE FATO. ART. 149, VIII, CTN. PODER/DEVER DA ADMINISTRAÇÃO TRIBUTÁRIA. REQUANTIFICAÇÃO MONETÁRIA DA BASE DE CÁLCULO. PROSSEGUIMENTO DA EXECUÇÃO FISCAL. RECURSO ESPECIAL PROVIDO. I – A jurisprudência do Superior Tribunal de Justiça é pacífica no sentido de que incide o ISSQN na venda de planos de saúde, tendo como base de cálculo tão somente a receita advinda da cobrança da taxa de administração. Nesse sentido: REsp n. 875.388/SP, relator Ministro Luiz Fux, Primeira Turma, julgado em 2/10/2007, DJ de 25/10/2007, p. 130; EDcl nos EDcl no REsp n. 875.388/SP, relator Ministro Luiz Fux, Primeira Turma, julgado em 16/10/2008, DJe de 29/10/2008. II – A revisão do lançamento tributário, observado o poder-dever de autotutela da Administração Tributária, apenas pode ser exercida nas hipóteses do art. 149 do CTN, observado o prazo decadencial para a constituição do crédito tributário. III – No caso de erro de fato, a Administração Tributária tem o poder/dever de revisar de ofício o lançamento quanto a qualquer elemento definido na legislação tributária como sendo de declaração obrigatória (art. 145, III, c/c art. 149, IV, do CTN). Nesse sentido:

REsp n. 1.133.027/SP, relator Ministro Luiz Fux, relator para acórdão Ministro Mauro Campbell Marques, Primeira Seção, julgado em 13/10/2010, DJe de 16/3/2011. IV – E dever do contribuinte recolher os valores devidos de ISSQN no montante correto, o fato de declarar determinado valor ao fisco municipal e outro valor distinto à agência reguladora federal se enquadra na hipótese do art. 149, IV, do CTN. V – No procedimento de revisão do lançamento tributário, configura-se erro de fato (art. 149, VIII, CTN) a hipótese de requantificação monetária da base de cálculo do imposto, adequando-se ao valor efetivamente devido pelo contribuinte, afastando-se o erro de direito (equívoco na valoração jurídica dos fatos), hipótese que o lançamento tributário seria imodificável (art. 146, CTN). VI - Recurso especial provido para autorizar o prosseguimento da execução fiscal.
(**STJ – AREsp: 2362445 SP** 2023/0155743-9, Relator: Ministro FRANCISCO FALCÃO, Data de Julgamento: 04/06/2024, T2 – SEGUNDA TURMA, Data de Publicação: DJe 06/06/2024)
TRIBUTÁRIO. SIGILO FISCAL. PROTEÇÃO. IPM-ICMS. ACESSO. ADVOGADO CONTRATADO POR MUNICÍPIO. IMPOSSIBILIDADE. 1. O art. 5º, X, da Constituição Federal ("são invioláveis a intimidade, a vida privada, a honra e a imagem das pessoas, assegurado o direito a indenização pelo dano material ou moral decorrente de sua violação") protege, em uma de suas facetas, a intimidade fiscal, figurando, assim, como uma garantia fundamental assegurada ao contribuinte. 2. No âmbito da administração tributária de todos os entes federados, o art. 198 do CTN, ao mesmo tempo que veda a divulgação de informação obtida em razão do ofício (sobre a situação econômica ou financeira do sujeito passivo ou de terceiros e sobre a natureza e o estado de seus negócios ou atividade), põe em evidência que o acesso a dados sigilosos integra o feixe de atribuição funcional inerente ao cargo exercido pelo servidor vinculado à própria administração tributária. 3. Em face da proteção do sigilo fiscal, o alcance interpretativo a ser dado ao art. 3º, § 5º, da LC n. 63/1990 não permite franquear ao Advogado contratado pelo Município ou pela associação de Municípios o acesso direto aos dados relativos ao IPM-ICMS em posse da administração tributária. 4. O art. 7º, XIII e XV, da Lei n. 8.906/1994 (Estatuto da OAB), ao fazer referência a processos judiciais ou administrativos em trâmite ou concluídos, não contém comando normativo apto a afastar, ou mesmo mitigar, o sigilo imposto aos dados fiscais contidos no sistema COÍNDICE. 5. Recurso ordinário não provido.
(**STJ – RMS: 68647 GO** 2022/0098561-9, Data de Julgamento: 08/11/2022, T1 – PRIMEIRA TURMA, Data de Publicação: DJe 24/11/2022)
NORMAS COMPLEMENTARES. ART. 100. CTN. PRÁTICAS REITERADAMENTE OBSERVADAS PELAS AUTORIDADES ADMINISTRATIVAS. DECISÕES. CARF. NÃO CONFIGURAÇÃO. MULTA E JUROS DEVIDOS. I – Na origem, trata-se de mandado de segurança impetrado com a finalidade de afastar a exigência de pagamento dos valores devidos a título de juros e multa decorrentes do auto de infração parcialmente mantido pela C. SRF, relacionado à compensação indevida de prejuízos fiscais acima do limite de 30% (trinta por cento). II – Em relação à alegada violação dos arts. 489 e 1.022 do CPC, verifica-se que a recorrente se limitou a afirmar, em linhas gerais, que o acórdão recorrido incorreu em omissão ao deixar de se pronunciar acerca da tese fazendária. Nesse panorama, a oposição dos embargos declaratórios caracterizou, tão somente, a irresignação do embargante diante de decisão contrária a seus interesses, o que não viabiliza o referido recurso, visto que o Tribunal a quo efetivamente enfrentou a problemática, objeto dos autos, não sendo obrigado a se manifestar sobre todos os fundamentos oferecidos pelas partes quando apresenta fundamentação suficiente e adequada na decisão proferida. III – As normas complementares "são preceitos de menor hierarquia que versam, no todo ou em parte, sobre tributos e relações jurídicas a eles pertinentes, tais como atos normativos expedidos pelas autoridades administrativas e outros elencados no art. 100 do CTN".(HARADA, Kiyoshi. Direito Financeiro e Tributário, 32 ed. São Paulo: Dialética, 2023). O art. 100, III, do CTN, especificamente, trata de "práticas reiteradamente observadas pelas autoridades administrativas, significando, de um lado, práticas dos contribuintes aceitas – comprovada e estavelmente - pela Administração Tributária e, de outro lado, práticas da própria Administração, em geral, contra legem". (COSTA, Antônio Cláudio da; QUEIROZ, Mary Elbe. Código Tributário Nacional Interpretado, Enlaw – São Paulo: Portal de Revistas Jurídicas, 2021).

IV – As decisões proferidas pelo CARF não podem ser enquadradas como práticas reiteradamente observadas e aceitas pelas autoridades administrativas, previstas no art. 100, III, do CTN. Isso porque a existência de inúmeras decisões administrativas sobre um determinado tema evidencia, na verdade, instabilidade do entendimento da Administração Tributária, visto que a Fiscalização adota posiciona-mento contrário ao contribuinte e divergente daquele observado pelo CARF. V – Nesse contexto, não se pode afirmar que o contribuinte agiu de acordo com as práticas reiteradamente observadas pela Administração Tributária, estáveis e confiáveis, porque elas não se confirmam. Destarte, não à toa que o art. 100, II, do CTN possui previsão específica para enquadrar as decisões dos órgãos singulares ou coletivos de jurisdição administrativa como normas complementares, exigindo, para tanto, que a lei lhes atribua eficácia normativa, atingindo tanto os agentes da Fiscalização quanto os contribuintes. VI – Agravo conhecido para conhecer parcialmente do recurso especial e, nessa parte, dar-lhe provimento. (STJ – AREsp: 2554882 SP 2024/0021613-8, Relator: Ministro FRANCISCO FALCÃO, Data de Julgamento: 21/05/2024, T2 – SEGUNDA TURMA, Data de Publicação: DJe 23/05/2024)

Direito tributário e penal. Ação direta de inconstitucionalidade. Regime Especial de Regularização Cambial e Tributária. Sigilo de informações. 1. Ação direta contra os §§ 1º e 2º do art. 7º da Lei nº 13.254/2016, que tratam do sigilo das informações prestadas pelos contribuintes que aderirem ao Regime Especial de Regularização Cambial e Tributária (RERCT). 2. O RERCT foi criado com finalidade essencialmente arrecadatória, permitindo a regularização de bens ou recursos enviados ao exterior, lá mantidos ou repatriados, sem o cumprimento das formalidades legais. 3. A Lei nº 13.254/2016 estabelece benefícios e garantias a quem adere ao programa em contrapartida ao cumprimento dos seus deveres. Dentre as garantias, foi prevista a preservação do sigilo das informações prestadas (art. 7º, §§ 1º e 2º, objeto desta ADI). 4. Não há inconstitucionalidade nos dispositivos impugnados. Isso porque: (i) a Constituição, no art. 37, XXII, não determina o compartilhamento irrestrito de cadastro e de informações fiscais entre as administrações tributárias da União, dos Estados, do Distrito Federal e dos Municípios, sendo viável limitação imposta pela lei; (ii) os contribuintes aderentes do programa, que é peculiar e excepcional, recebem tratamento isonômico, sendo indevido compará-los com os demais contribuintes; e (iii) compreendido o programa como espécie de transação, as regras especiais de sigilo são exemplos de garantia dada a quem opta por aderir a ele. Enquanto "regras do jogo", devem ser, tanto quanto possível, mantidas e observadas, a fim de assegurar a expectativa legítima do aderente e proporcionar segurança jurídica à transação. 5. O programa de repatriação de ativos editado pela Lei nº 13.254/2016 atende, quanto à confidencialidade das informações, a parâmetros de recomendação da OCDE sobre o assunto, de modo que sua criação e implementação, em relação aos pontos impugnados nesta ação direta, não comprometem a imagem do país em termos de transparência internacional e de moralidade. 6. Improcedência dos pedidos, declarando-se a constitucionalidade dos §§ 1º e 2º do art. 7º da Lei nº 13.254/2016, com a fixação da seguinte tese: "É constitucional a vedação legal ao compartilhamento de informações prestadas pelos aderentes ao RERCT com os Estados, o Distrito Federal e os Municípios, bem como a equiparação da divulgação dessas informações à quebra de sigilo fiscal". (STF – ADI: 5729 DF, Relator: ROBERTO BARROSO, Data de Julgamento: 08/03/2021, Tribunal Pleno, Data de Publicação: 17/03/2021)

PROCESSUAL CIVIL E TRIBUTÁRIO. RECURSO ESPECIAL REPRESENTATIVO DE CONTROVÉRSIA. EXECUÇÃO FISCAL. SUCESSÃO EMPRESARIAL, POR INCORPORAÇÃO. OCORRÊNCIA ANTES DO LANÇAMENTO, SEM PRÉVIA COMUNICAÇÃO AO FISCO. REDIRECIONAMENTO. POSSIBILIDADE. SUBSTITUIÇÃO DA CDA. DESNECESSIDADE. 1. A interpretação conjunta dos arts. 1.118 do Código Civil e 123 do CTN revela que o negócio jurídico que culmina na extinção na pessoa jurídica por incorporação empresarial somente surte seus efeitos na esfera tributária depois dessa operação ser pessoalmente comunicada ao fisco, pois somente a partir de então é que a administração tributária saberá da modificação do sujeito passivo e poderá realizar os novos lançamentos em nome da empresa incorporadora (art. 121 do CTN) e cobrar dela, sucessora, os créditos já constituídos (art. 132 do CTN). 2. Se a incorporação não foi oportunamente infor-mada, é de se considerar válido o lançamento realizado contra a contribuinte original que veio a ser incor-porada, não havendo a necessidade de modificação desse ato administrativo para fazer constar o nome da empresa incorporadora, sob pena de permitir que esta última se beneficie de sua própria omissão.

3. Por outro lado, se ocorrer a comunicação da sucessão empresarial ao fisco antes do surgimento do fato gerador, é de se reconhecer a nulidade do lançamento equivocadamente realizado em nome da empresa extinta (incorporada) e, por conseguinte, a impossibilidade de modificação do sujeito passivo diretamente no âmbito da execução fiscal, sendo vedada a substituição da CDA para esse propósito, consoante posição já sedimentada na Súmula 392 do STJ. 4. Na incorporação empresarial, a sucessora assume todo o passivo tributário da empresa sucedida, respondendo em nome próprio pela quitação dos créditos validamente constituídos contra a então contribuinte (arts. 1.116 do Código Civil e 132 do CTN). 5. Tratando-se de imposição legal de automática responsabilidade, que não está relacionada com o surgimento da obrigação, mas com o seu inadimplemento, a empresa sucessora poderá ser acionada independentemente de qualquer outra diligência por parte da Fazenda credora, não havendo necessidade de substituição ou emenda da CDA para que ocorra o imediato redirecionamento da execução fiscal. Precedentes. 6. Para os fins do art. 1.036 do CPC, firma-se a seguinte tese: "A execução fiscal pode ser redirecionada em desfavor da empresa sucessora para cobrança de crédito tributário relativo a fato gerador ocorrido posteriormente à incorporação empresarial e ainda lançado em nome da sucedida, sem a necessidade de modificação da Certidão de Dívida Ativa, quando verificado que esse negócio jurídico não foi informado oportunamente ao fisco." 7. Recurso especial parcialmente provido.
(**STJ – REsp: 1856403 SP** 2020/0003359-5, Relator: Ministro GURGEL DE FARIA, Data de Julgamento: 26/08/2020, S1 – PRIMEIRA SEÇÃO, Data de Publicação: DJe 09/09/2020)
PROCESSUAL CIVIL E TRIBUTÁRIO. RECURSO REPRESENTATIVO DE CONTROVÉRSIA. VIOLAÇÃO DO ART. 1.022 DO CPC. DEFICIÊNCIA NA FUNDAMENTAÇÃO. SÚMULA 284/STF. PARCELAMENTO SIMPLIFICADO. LEI 10.522/2002. ESTABELECIMENTO DE VALOR MÁXIMO ("TETO") POR ATOS INFRALEGAIS. SINGELA MEDIDA DE EFICIÊNCIA NA GESTÃO E ARRECADAÇÃO DO CRÉDITO PÚBLICO. INEXISTÊNCIA DE VIOLAÇÃO AO PRINCÍPIO DA RESERVA LEGAL. HISTÓRICO DA DEMANDA 1. Discute-se no Recurso Especial se o estabelecimento de valor máximo ("teto") para formalização e adesão ao parcelamento simplificado, por atos normativos da Receita Federal e/ou Procuradoria-Geral da Fazenda Nacional, ofende o princípio da legalidade. 2. O Tribunal de origem concluiu que a Lei 10.522/2002 não define teto para fins de adesão ao parcelamento simplificado, de modo que a disciplina contida no ato administrativo editado pelos órgãos da Administração Tributária extrapolou a competência meramente regulamentadora. 3. A Fazenda Nacional apresentou Memorial, informando que a Portaria PGFN/RFB 15/2009 foi revogada pela Portaria PGFN/RFB 895/2019, bem como que, na PGFN, atualmente não mais subsiste o parcelamento simplificado (tendo este sido substituído pelo parcelamento com ou sem garantia), enquanto que, na Receita Federal do Brasil, o parcelamento simplificado encontrava-se com limite definido em R$5.000.000,00 (cinco milhões de reais), nos termos da IN RFB 1.891/2019, até ser afastado qualquer limite, pela IN RFB 2.063/2022. Aduz que, não obstante a revogação do ato infralegal que deu origem à presente controvérsia, persiste o interesse no julgamento do feito, por dois motivos: a) os parcelamentos celebrados com base na norma revogada continuam por ela regidos, além de haver processos judiciais suspensos em razão da definição da tese repetitiva aqui discutida; e b) a questão principal – definição dos limites do poder regulamentar da Administração Tributária – permanece carente de elucidação. 4. De fato, subsiste o interesse e a conveniência na definição da tese repetitiva, pois a controvérsia não diz respeito ao valor do teto (definido pela Portaria PGFN/RFB 15/2009), mas sim se é possível a especificação do teto por ato infralegal. TESE DE VIOLAÇÃO DO ART. 1.022 DO CPC: NÃO CONHECIMENTO 5. Não se conhece do Recurso Especial em relação à ofensa ao art. 1.022 do CPC quando a parte não aponta, de forma clara, o vício em que teria incorrido o acórdão impugnado. Aplicação, por analogia, da Súmula 284/STF. JURISPRUDÊNCIA DO STJ 6. Os primeiros posicionamentos que surgiram no STJ a respeito da matéria foram pelo não conhecimento do Recurso Especial, atrelados a peculiaridades específicas dos casos concretos (deficiência na fundamentação recursal, ausência de impugnação ao capítulo decisório que abordava o tema sob enfoque constitucional etc.). Nesse sentido: AgInt no REsp 1.690.254/RS, Rel. Ministro Benedito Gonçalves, DJe 18.6.2018; REsp 1.667.956/RS, Rel. Ministro Herman Benjamin, DJe 12.09.2017.

7. Nas hipóteses em que foi possível ultrapassar o juízo de admissibilidade, ou que indiretamente tangenciaram o mérito, surgiram precedentes pontuais concluindo que a matéria está sujeita ao princípio da legalidade estrita, isto é, que é necessário que a definição do teto para ingresso no parcelamento simplificado seja feita por lei do Congresso Nacional: AgInt no REsp 1.801.790/AL, Rel. Ministro Mauro Campbell Marques, DJe 21.5.2019; REsp 1.739.641/RS, Rel. Ministro Gurgel de Faria, DJe 29.6.2018. NATUREZA JURÍDICA DO PARCELAMENTO SIMPLIFICADO 8. Segundo o art. 155-A do CTN, o parcelamento será concedido na forma e condição estabelecidas em lei específica. 9. Por se tratar (o parcelamento) de liberalidade submetida à conveniência do Fisco, cabe à lei em sentido estrito definir, essencialmente, o respectivo prazo de duração, os tributos aos quais ela se aplica e o número de prestações e periodicidade de seu vencimento. 10. A Lei 10.522/2002 versa sobre o denominado "parcelamento ordinário" (ou comum) de débitos com o Fisco, abrangendo generalizadamente os contribuintes que possuam pendências com a Administração Tributária Federal. No mesmo diploma normativo, consta a criação, em caráter igualmente geral, do "parcelamento simplificado" de débitos. 11. A origem remota do parcelamento simplificado, na forma estabelecida na Lei 10.522/2002, consiste na Medida Provisória 1621-30, de 12.12.1997 – renovação de ato normativo de idêntica natureza, e que foi posteriormente reeditada, até ser convertida na lei federal acima referida -, que dispunha em seu art. 11, § 6º (redação idêntica à original do art. 11, § 6º, da Lei 10.522/2002): "Atendendo ao princípio da economicidade, observados os termos, os limites e as condições estabelecidos em ato do Ministro de Estado da Fazenda, poderá ser concedido, de ofício, parcelamento simplificado, importando o pagamento da primeira parcela confissão irretratável da dívida e adesão ao sistema de parcelamentos de que trata esta Medida Provisória". 12. Tal dispositivo, como se infere, limitou-se a instituir o parcelamento simplificado, delegando ao Ministro de Estado da Fazenda ampla atribuição normativa, ao prever que a ele competia estabelecer os respectivos termos, limites e as condições. 13. A premissa que se depreende da norma acima é de que o "parcelamento simplificado" não representa, na essência, modalidade substancialmente distinta do parcelamento ordinário. Não se trata do estabelecimento de um programa específico, com natureza ou características diversas, em relação ao parcelamento comum, mas exatamente o mesmo parcelamento, cuja instrumentalização/operacionalização é feita de modo menos trabalhoso, ou, para usar a terminologia empregada na sua denominação literal, de modo mais "simples" (diretamente pelo contribuinte, on-line, sem a apresentação de garantias).14. Em momento algum, a Lei 10.522/2002 (com as modificações introduzidas pela legislação federal superveniente) alterou as características essenciais do parcelamento comum ou simplificado, relativas aos débitos, prazo de duração etc. A nota distintiva entre o parcelamento ordinário e o simplificado reside exclusivamente na circunstância de que este último, para ser formalizado, dispensa a prévia apresentação de garantia. Representa, portanto, mera técnica que, em observância ao princípio da eficiência, introduz mecanismo destinado a garantir maior qualidade na gestão e arrecadação do crédito público. 15. Nos termos acima, merece destaque a constatação de que o estabelecimento dos limites e condições para o parcelamento simplificado jamais constituiu matéria reservada à disciplina por lei em sentido estrito. Pelo contrário, a Lei 10.522/2002 expressamente fixava competência para o Ministro da Fazenda, por ato infralegal, definir critérios para diferenciar se o débito poderia ser parcelado no regime simplificado ou no comum. 16. A judicialização do tema ocorreu porque a referida norma (art. 11, § 6º, da Lei 10.522/2002) foi revogada pelo art. 35 da Lei 11.941/2009, que deu nova redação e/ou acrescentou vários dispositivos à Lei 10.522/2002. No que interessa, o parcelamento simplificado passou a ser disciplinado no art. 14-C da Lei 10.522/2002: "Art. 14-C. Poderá ser concedido, de ofício ou a pedido, parcelamento simplificado, importando o pagamento da primeira prestação em confissão de dívida e instrumento hábil e suficiente para a exigência do crédito tributário". 17. De acordo com o novo dispositivo legal acima, foi preservada a existência do parcelamento simplificado, consistindo a única novidade na supressão, na redação da norma, da referência expressa de que ato infralegal do Ministro de Estado da Fazenda estabeleceria os termos, limites e condições para a concessão do parcelamento simplificado.

18. A utilização adequada dos métodos de hermenêutica conduz, salvo melhor juízo, ao entendimento de que a supressão da norma que previa incumbir ao Ministro de Estado da Fazenda estabelecer, por ato infralegal, os limites de valor para adesão ao parcelamento simplificado, não é suficiente para justificar a conclusão de que o legislador ordinário tomou para si tal atribuição. Isso porque se revela indispensável aplicar corretamente o princípio da legalidade no âmbito do Direito Tributário. 19. De acordo com o art. 96 do CTN, a "expressão 'legislação tributária' compreende as leis, os tratados e as convenções internacionais, os decretos e as normas complementares que versem, no todo ou em parte, sobre tributos e relações jurídicas a eles pertinentes". Dito de outro modo, os tributos e relações jurídicas a eles pertinentes são disciplinados por uma vasta gama de diplomas normativos, tais como: a) as leis; b) os tratos e as convenções internacionais; c) os decretos e d) as normas complementares. 20. Tem-se, assim, a "legislação tributária" como gênero, composta pelas respectivas espécies normativas. 21. Nem tudo que verse sobre tributos - e, notadamente, sobre relações jurídicas atinentes aos tributos – deve ser disciplinado exclusivamente por lei em sentido estrito. 22. Com efeito, o art. 97 do CTN estipula as hipóteses que devem ser obrigatoriamente regidas pela lei em seu sentido estrito, formal (lei emitida pelo Poder Legislativo, segundo procedimento solene a ser observado). 23. Consoante já demonstrado, já no regime anterior (o da redação original da Lei 10.252/2002), a matéria em tela nunca foi disciplinada por lei em sentido estrito, sendo incabível, portanto, concluir que o tema está sujeito ao princípio da reserva legal. 24. É de se notar, ademais, que a conclusão pela impossibilidade de estabelecimento de limite máximo para a concessão do parcelamento simplificado, por ato infralegal, enseja conclusão aberrante. Realmente, se a lei prevê a existência do parcelamento comum e do simplificado, não se justifica a exegese cujo resultado, ao retirar do administrador a competência para especificar os débitos cujo parcelamento pode ser formalizado de modo singelo, implica a inexistência de parcelamentos diferenciados – pois haveria apenas o parcelamento simplificado, excluindo-se a hipótese para a concessão do parcelamento ordinário. Constata-se, assim, que tal exegese impediria a Administração Tributária de exigir a apresentação de garantia real ou fidejussória – expressamente autorizada por lei (art. 11, § 1º, da Lei 10.522/2002) para os débitos inscritos na dívida ativa da União –, comprometendo grave e injustificadamente a aplicação do princípio da eficiência na instituição de medidas assecuratórias da melhor qualidade na recuperação do crédito público. 25. In casu, inexiste violação ao princípio da legalidade pois, como se conclui, o estabelecimento do valor máximo (teto) para identificação do regime de parcelamento (simplificado ou ordinário) não foi feito com a intenção de restringir direitos (conforme demonstrado à exaustão, os parcelamentos ordinário ou simplificado são idênticos entre si, de modo que a impossibilidade de adesão ao parcelamento simplificado em nada interfere com o acesso ao mesmo parcelamento na modalidade ordinária). A única diferenciação entre ambos consiste na simplificação do meio de adesão, matéria que diz respeito à administração e gestão do crédito tributário, plenamente passível de disciplina por normas complementares de Direito Tributário. 26. É possível afirmar, aliás, que a compreensão de que o estabelecimento de teto para fins de parcelamento simplificado sujeita-se ao princípio da reserva legal é que seria desarrazoada, pois representaria intromissão do legislador em atividade própria da Administração Tributária. Como se intui, a autoridade que administra o crédito possui, naturalmente, contato direto com a realidade cotidiana que envolve o estabelecimento dos critérios e meios de obter, com maior eficácia, a recuperação do crédito público. 27. Por último, atente-se para o fato de que não se está a construir o entendimento de que o tema não poderia ser regido por lei em sentido estrito. O fato de se esclarecer que determinado tema é passível de ser regulamentado por atos infralegais não leva à conclusão de que a lei em sentido estrito não o poderia fazê-lo. Assim, embora a disciplina do teto, no específico contexto acima descrito, possa ser feita diretamente por atos infralegais, nada impediria (embora isso não fosse recomendável, pelas razões acima descritas) o legislador de se antecipar à autoridade fiscal e definir algum teto – somente nesse contexto, evidentemente, é que haveria ilegalidade se os órgãos integrantes da Administração Tributária, por exemplo, fixassem um teto menor. TESE REPETITIVA 28. De acordo com o acima exposto, estabelece-se a seguinte tese: o estabelecimento de teto para adesão ao parcelamento simplificado, por constituir medida de gestão e eficiência na arrecadação e recuperação do crédito público, pode ser feito por ato infralegal, nos termos do art. 96 do CTN.

Excetua-se a hipótese em que a lei em sentido estrito definir diretamente o valor máximo e a autoridade administrativa, na regulamentação da norma, fixar quantia inferior à estabelecida na lei, em prejuízo do contribuinte. HIPÓTESE DOS AUTOS 29. Consoante explicitado, no caso concreto o legislador não tomou para si a incumbência de definir o teto para fins de adesão ao parcelamento simplificado, justamente por entender que a questão atinente à eficiência na gestão da arrecadação tributária é melhor equacionada por meio da atuação da autoridade administrativa. 30. Recurso Especial parcialmente conhecido e, nessa extensão, provido.

(STJ – REsp: 1728239 SC 2018/0042446-1, Relator: Ministro HERMAN BENJAMIN, Data de Julgamento: 20/06/2024, S1 – PRIMEIRA SEÇÃO, Data de Publicação: DJe 01/07/2024)

PROCESSUAL CIVIL. AGRAVO INTERNO NO RECURSO ESPECIAL. APLICABILIDADE DO CPC/2015. VIOLAÇÃO DO ART. 1.022 DO CPC. NÃO OCORRÊNCIA. REAVALIAÇÃO DO CONJUNTO FÁTICO-PROBATÓRIO. IMPOSSIBILIDADE. SÚMULA 7/STJ. ADMINISTRAÇÃO TRIBUTÁRIA. FISCALIZAÇÃO. AUSÊNCIA DE DOCUMENTAÇÃO QUE REFLITA A REALIDADE DOS FATOS. AFERIÇÃO INDIRETA. POSSIBILIDADE. DISSÍDIO JURISPRUDENCIAL. EXAME PREJUDICADO. 1. Tendo sido o recurso interposto contra acórdão publicado na vigência do Código de Processo Civil de 2015, devendo ser exigidos os requisitos de admissibilidade na forma nele previsto, conforme Enunciado n. 3/2016/STJ. 2. Não há falar em suposta afronta ao artigo 1.022 do CPC/2015, pois a Corte de origem manifestou-se de maneira clara e fundamentada a respeito das questões relevantes para a solução da controvérsia. A tutela jurisdicional foi prestada de forma eficaz, não havendo razão para a anulação do acórdão proferido em sede de embargos de declaração. 3. Não há como alterar a conclusão da corte de origem, sem que, para isso, se percorra pela reavaliação do conjunto fático-probatório. Incidência do óbice da Súmula 7/STJ. 4. O STJ tem decidido, pacificamente e há muito, pela possibilidade de a Administração Tributária poder proceder à aferição indireta ou arbitramento da base imponível do tributo, nas hipóteses enumeradas no art. 148 do CTN [...] o art. 33, § 6º, da Lei 8.212/91, determina que: "se, no exame da escrituração contábil e de qualquer outro documento da empresa, a fiscalização constatar que a contabilidade não registra o movimento real de remuneração dos segurados a seu serviço, do faturamento e do lucro, serão apuradas, por aferição indireta, as contribuições efetivamente devidas, cabendo à empresa o ônus da prova em contrário [...] a ausência de documentação que reflita, de maneira idônea, a realidade dos fatos, autoriza a autoridade fiscal a proceder à aferição indireta das contribuições sociais devidas, desde que observados os princípios da finalidade da lei, da razoabilidade, da proporcionalidade e da capacidade contribuinte, sendo certo, ainda, que a expedição de Ordens de Serviço a fim de regular o procedimento de arbitramento da base de cálculo, autorizada pela lei ordinária, não caracteriza ofensa ao princípio da legalidade tributária estrita (REsp 719.350/SC, Rel. Ministro Luiz Fux, Primeira Turma, DJe 21/02/2011). 5. Segundo entendimento desta Corte a inadmissão do recurso especial interposto com fundamento no artigo 105, III, a, da Constituição Federal, em razão da incidência de enunciado sumular, prejudica o exame do recurso no ponto em que suscita divergência jurisprudencial se o dissídio alegado diz respeito ao mesmo dispositivo legal ou tese jurídica, o que ocorreu na hipótese. Nesse sentido: AgInt no REsp 1.590.388/MG, Rel. Ministro Benedito Gonçalves, Primeira Turma, DJe 24/3/2017; AgInt no REsp 1.343.351/SP, Rel. Ministro Gurgel de Faria, Primeira Turma, DJe 23/3/2017. 6. Agravo interno não provido.

(STJ – AgInt no REsp: 1847502 SP 2019/0332902-5, Data de Julgamento: 20/06/2022, T1 – PRIMEIRA TURMA, Data de Publicação: DJe 22/06/2022)

16
DÍVIDA ATIVA

O lançamento constitui o crédito tributário, tornando-o exigível, conforme já analisado. Após a notificação, o sujeito passivo poderá realizar o pagamento espontâneo da quantia ou contestar administrativamente o Fisco.

Quando o contribuinte **deixa de realizar o pagamento no prazo assinalado por lei** – em regra, 30 dias – ou **deixa de apresentar, tempestivamente, a defesa administrativa**, tem-se a **constituição definitiva do crédito tributário**.

A partir desse momento, o crédito tributário encontra-se **apto a tornar-se exequível**, mediante **procedimento interno** adotado pela Fazenda Pública, através da **inscrição em dívida ativa**.

16.1 ANÁLISE CONCEITUAL: DÍVIDA ATIVA TRIBUTÁRIA E NÃO TRIBUTÁRIA

Entende-se por **dívida ativa** o crédito **tributário** ou **não tributário** devidamente **constituído** e **não pago ou contestado**, no **prazo legal**, pelo particular. Trata-se da quantia devida à Administração Pública em decorrência de uma obrigação legal ou contratual válida e não quitada no devedor.

A denominada **dívida ativa tributária** se refere aos créditos oriundos de **obrigações tributárias principais**, consistindo em **tributos** e **penalidades pecuniárias** com os devidos acréscimos legais. Possui regulamentação no **art. 201 do CTN e art. 2º da Lei 6.830/80** – Lei de Execução Fiscal – conforme determinado a seguir:

> **Art. 201.** Constitui dívida ativa tributária a proveniente de crédito dessa natureza, regularmente inscrita na repartição administrativa competente, depois de esgotado o prazo fixado, para pagamento, pela lei ou por decisão final proferida em processo regular.
>
> Parágrafo único. A fluência de juros de mora não exclui, para os efeitos deste artigo, a liquidez do crédito.
>
> **Art. 2º** Constitui Dívida Ativa da Fazenda Pública aquela definida como tributária ou não tributária na Lei nº 4.320, de 17 de março de 1964, com as alterações posteriores, que estatui normas gerais de direito financeiro para elaboração e controle dos orçamentos e balanços da União, dos Estados, dos Municípios e do Distrito Federal.

A **dívida ativa não tributária** é aquela que decorre de créditos decorrentes de **obrigações de outras naturezas**, podendo ser oriundas de **lei** ou **contrato** firmado com a Administração Pública. Temos, como exemplos, as **multas administrativas** – quando aplicáveis por infrações cometidas no trânsito, meio ambiente, dentre outras – os **preços públicos** e **ressarcimentos** devidos à Fazenda, dentre outros.

Para que essa dívida possa sofrer a **cobrança judicial** – que ocorrerá por meio de **ação executiva** – deverá passar por um **procedimento administrativo interno vinculado** visando conferir a **certeza** e **liquidez** da quantia, mediante a **extração de um título executivo extrajudicial**. Tal procedimento é denominado de **termo de inscrição em dívida ativa tributária ou não tributária**.

Destarte, a **inscrição da dívida ativa** é **condição essencial para a sua cobrança judicial**, pois confere ao crédito os atributos de **certeza**, **liquidez** e **exequibilidade**, transformando-o em título executivo extrajudicial.

16.2 REQUISITOS DO TERMO DE INSCRIÇÃO EM DÍVIDA ATIVA

O **termo de inscrição em dívida ativa** é um **procedimento administrativo interno** e **vinculado**, pelo qual o Fisco confere a **exequibilidade ao crédito devido**. Em sendo **procedimento administrativo vinculado**, caracteriza-se pela **ausência de discricionariedade** por parte da Administração Pública na tomada de decisões. Nesse tipo de procedimento, os atos administrativos estão estritamente condicionados às disposições legais, ou seja, a Administração **não possui margem de escolha ou juízo de conveniência**. O seu objetivo é garantir que a aplicação das normas seja **uniforme**, **previsível** e **livre de subjetividades**, promovendo **segurança jurídica**.

Dispõe o **art. 202 do CTN**:

> Art. 202. O termo de inscrição da dívida ativa, autenticado pela autoridade competente, indicará obrigatoriamente:
>
> I – o nome do devedor e, sendo caso, o dos corresponsáveis, bem como, sempre que possível, o domicílio ou a residência de um e de outros;
>
> II – a quantia devida e a maneira de calcular os juros de mora acrescidos;
>
> III – a origem e natureza do crédito, mencionada especificamente a disposição da lei em que seja fundado;
>
> IV – a data em que foi inscrita;
>
> V – sendo caso, o número do processo administrativo de que se originar o crédito.
>
> Parágrafo único. A certidão conterá, além dos requisitos deste artigo, a indicação do livro e da folha da inscrição.

No mesmo sentido, o **art. 2º, § 5º da Lei 6.830/80** traz:

> Art. 2º (...)
>
> § 5º O Termo de Inscrição de Dívida Ativa deverá conter:
>
> I – o nome do devedor, dos corresponsáveis e, sempre que conhecido, o domicílio ou residência de um e de outros;

II – o valor originário da dívida, bem como o termo inicial e a forma de calcular os juros de mora e demais encargos previstos em lei ou contrato;

III – a origem, a natureza e o fundamento legal ou contratual da dívida;

IV – a indicação, se for o caso, de estar a dívida sujeita à atualização monetária, bem como o respectivo fundamento legal e o termo inicial para o cálculo;

V – a data e o número da inscrição, no Registro de Dívida Ativa; e

VI – o número do processo administrativo ou do auto de infração, se neles estiver apurado o valor da dívida.

Em se tratando de **procedimento vinculado, qualquer vício** encontrado no termo de inscrição poderá acarretar sua **nulidade**. Cada um dos incisos indicados no dispositivo normativo já foi analisado pela jurisprudência, manifestando o posicionamento dos tribunais sobre os **requisitos do termo de inscrição**.

Quando da **qualificação do sujeito passivo**, seja na condição de contribuinte ou responsável, a **omissão** ou **erro grave** acarreta a **invalidação da inscrição** e, consequentemente, da **execução fiscal**. A jurisprudência do STJ é clara no sentido de que a identificação deve ser precisa para garantir o exercício do contraditório e da ampla defesa.

Como exemplo, se o **endereço do sujeito passivo for desconhecido**, isso **não invalida automaticamente a inscrição**, mas o **não esgotamento das diligências para localizar o devedor** pode comprometer o prosseguimento da execução.

Outro tema relevante diz respeito ao **aspecto quantitativo do débito**. A jurisprudência exige a especificação clara e detalhada do **valor principal da dívida**, dos **juros** e de **outros encargos**. A ausência de informações sobre o **cálculo dos acréscimos legais** pode levar à **anulação da inscrição**, por comprometer a transparência e impedir a análise sobre a legalidade dos valores cobrados.

Quando do julgamento do **REsp 1.111.003/PR**, o STJ conferiu entendimento de que o **detalhamento é indispensável**, pois permite ao devedor verificar **eventuais erros** e **impugnar os valores cobrados**.

Se a **dívida** for **atualizável monetariamente**, a jurisprudência exige que o termo de inscrição informe o **índice e o termo inicial**, para garantir a **transparência** e **previsibilidade dos valores**. A ausência de informações sobre a correção monetária ou a aplicação de índices indevidos pode ensejar **nulidade parcial** ou **integral da inscrição**. No julgamento do **REsp 1.495.146/MG**, vemos que a **aplicação retroativa de índices** ou a **utilização de índice não autorizado em lei** tem sido rejeitada.

A **falta de indicação da origem** e do **fundamento da dívida** pode ensejar nulidade, pois compromete o direito do devedor de saber a **exata razão da cobrança**. É essencial que o termo de inscrição demonstre claramente a **natureza do débito** (tributário, não tributário, contratual) e o **amparo legal** ou **contratual** que a justifica.

Do mesmo modo, a **data e o número da inscrição** são essenciais para demonstrar a **formalização da dívida**. O STJ considera que a ausência ou inconsistência desses dados pode gerar nulidade, pois inviabiliza a verificação de requisitos como a **prescrição** e o **momento exato da constituição da dívida**, assim como o **número do processo administrativo** ou do **auto de infração** é fundamental para garantir que a dívida foi **regularmente apurada**, especialmente no caso de tributos ou multas.

A **omissão de quaisquer desses requisitos** pode inviabilizar a execução fiscal, pois compromete a **comprovação da legalidade** do procedimento de apuração. No **REsp 1.120.295/SP**, o STJ decidiu que a **ausência de menção ao processo administrativo** ou ao **auto de infração** pode **impedir a fiscalização do procedimento** que deu origem à dívida, configurando **vício insanável**.

A realização do termo de inscrição gera a **extração de um título executivo extrajudicial**, denominado de **certidão de dívida ativa** (CDA). Em sendo um ato administrativo meramente **declaratório**, a certidão **não cria** ou **extingue direitos**, apenas **declarando uma determinada situação jurídica**.

A CDA conterá os **mesmos elementos constantes no termo de inscrição**,[1] figurando como uma **forma resumida** dos requisitos constantes no **art. 2º, §5º da Lei 6.830/80** e do **art. 202 do CTN**.

Observe que a dívida ativa, quando **regularmente inscrita**, goza de **presunção de certeza e liquidez**, nos termos do **art. 3º da Lei 6.830/80**.[2] Isso significa que, uma vez formalizada e registrada, trata-se de um **crédito público dotado de exequibilidade imediata**, ou seja, pode ser cobrado por meio de execução fiscal, **sem necessidade de comprovação adicional** por parte da Fazenda Pública.

Ademais, a **presunção de certeza** e **liquidez não é absoluta**, mas **relativa**. Isso significa que pode ser **ilidida** por meio de **provas inequívocas** apresentadas pelo **executado** ou por **terceiro interessado**. No mais, o dispositivo normativo atribui ao executado ou terceiro a responsabilidade de **demonstrar a inexistência do débito ou a impropriedade da inscrição** por meio de **provas concretas**.

Por óbvio, a CDA pode conter **vícios que não necessariamente comprometerão todo o processo executivo**, visto que a medida judicial gera **custos ao próprio erário**. Nos termos do **art. 2º, §8º da Lei 6.830/80**,[3] a CDA poderá ser **emendada** ou **substituída até a decisão de primeiro grau**, assegurando ao devedor a **devolução de prazo para o oferecimento de sua defesa**.

---

1. **Art. 2º** (...)

   § 6º A Certidão de Dívida Ativa conterá os mesmos elementos do Termo de Inscrição e será autenticada pela autoridade competente.

2. **Art. 3º** A Dívida Ativa regularmente inscrita goza da presunção de certeza e liquidez.

   Parágrafo único. A presunção a que se refere este artigo é relativa e pode ser ilidida por prova inequívoca, a cargo do executado ou de terceiro, a quem aproveite.

3. **Art. 2º** (...)

   § 8º Até a decisão de primeira instância, a Certidão de Dívida Ativa poderá ser emendada ou substituída, assegurada ao executado a devolução do prazo para embargos.

O objetivo principal do dispositivo é garantir que **irregularidades** ou **omissões formais na CDA** possam ser **corrigidas antes da sentença de mérito**, sem que isso comprometa a **validade do processo executivo fiscal**. Essa regra busca conciliar a **eficiência na cobrança da dívida pública** com o respeito ao **contraditório** e à **ampla defesa**.

O STJ manifestou entendimento de que, sendo a CDA a base da execução fiscal, a possibilidade de sua correção ou substituição é um **mecanismo legítimo para preservar o processo executivo**, desde que respeitados os **direitos do executado**.[4]

Ressaltamos, contudo, que **eventual substituição da CDA**, por mais que esteja legalmente autorizada e confirmada pela jurisprudência dominante, **não pode resultar em aumento do valor do débito sem que ocorra um novo procedimento administrativo**.

A **devolução do prazo para embargos** é uma **garantia processual fundamental**, assegurada ao executado para evitar **prejuízo ao seu direito de defesa** em decorrência da alteração do título executivo. A **ausência de devolução do prazo** após a emenda ou substituição da CDA pode configurar **nulidade processual**, conforme entendimento exarado pelo STJ.[5]

Nos termos da **súmula 392 do STJ**:

> A Fazenda Pública pode substituir a certidão de dívida ativa (CDA) até a prolação da sentença de embargos, quando se tratar de correção de erro material ou formal, vedada a modificação do sujeito passivo da execução.

- **A suspensão do prazo prescricional pela inscrição em dívida ativa: considerações**

Muito se discute se a inscrição em dívida ativa é suficiente para acarretar a **suspensão do prazo prescricional**. Isto se dá pelo posicionamento decorrente do **art. 2º, § 3º da Lei 6.830/80**, *in verbis*:

> Art. 2º (...)
> § 3º A inscrição, que se constitui no ato de controle administrativo da legalidade, será feita pelo órgão competente para apurar a liquidez e certeza do crédito e suspenderá a prescrição, para todos os efeitos de direito, por 180 dias, ou até a distribuição da execução fiscal, se esta ocorrer antes de findo aquele prazo.

De fato, a inscrição em dívida ativa **pode acarretar a suspensão do prazo prescricional por até 180 dias** ou até a **distribuição da execução fiscal** para **créditos não tributários**. Isto porque, em se tratando de **créditos tributários**, o prazo prescricional deve observar o regramento previsto em **lei complementar nacional**, nos termos do **art. 146, III, *b*, da CF/1988**[6].

---

4. STJ, REsp 1.045.472/SP.
5. STJ, AgRg no AREsp 883.500/SP.
6. **Art. 146.** Cabe a lei complementar:
   III – estabelecer normas gerais em matéria de legislação tributária, especialmente sobre:
   b) obrigação, lançamento, crédito, prescrição e decadência tributários;

Em sendo a lei de execução fiscal uma **lei ordinária**, não exerce competência para estabelecer hipóteses de suspensão ou interrupção de prazos prescricionais de créditos tributários. Assim, o que suspenderá o prazo prescricional são as hipóteses discriminadas no art. 151 do CTN.[7]

- ## Possibilidade do protesto extrajudicial de certidão de dívida ativa (CDA)

O **art. 784, IX, do CPC**[8] estabelece que a **certidão de dívida ativa** é um **título executivo extrajudicial**. Será a CDA que comporá a **ação de execução fiscal**, permitindo a cobrança judicial do crédito tributário.

Houve enorme discussão sobre a possibilidade ou não da Fazenda Pública se utilizar do **protesto extrajudicial** como forma de compelir a cobrança do crédito tributário antes do ajuizamento da execução fiscal.

O **protesto extrajudicial** tem como finalidade principal dar **publicidade, segurança jurídica e eficácia à prova de inadimplemento de uma obrigação** ou de algum **fato relevante para resguardar direitos**, tendo sua previsão na **Lei 9.492/97** (Lei de Protestos).

Ao ser protestado, o devedor pode sofrer **restrições**, como dificuldades na **obtenção de crédito**, já que o protesto é registrado e pode ser **consultado por instituições financeiras** e outras **entidades**. Ademais, gera um documento com **força probatória**, que pode ser utilizado em processos judiciais, conferindo **segurança jurídica**, já que o oficial do cartório é responsável por verificar a **autenticidade dos documentos apresentados**.

Trata-se de uma **forma de resolver conflitos** ou **registrar inadimplementos sem a necessidade de judicializar a questão**. Se alinha à busca por **eficiência no sistema jurídico**, reduzindo a sobrecarga do Judiciário e promovendo **meios extrajudiciais de resolução de conflitos**.

Tivemos uma mudança na legislação do protesto com o advento da **Lei 12.767/12**, que inseriu o **parágrafo único no art. 1º da Lei 9.492/97**, a seguir:

---

7. **Art. 151.** Suspendem a exigibilidade do crédito tributário:

   I – moratória;

   II – o depósito do seu montante integral;

   III – as reclamações e os recursos, nos termos das leis reguladoras do processo tributário administrativo;

   IV – a concessão de medida liminar em mandado de segurança.

   V – a concessão de medida liminar ou de tutela antecipada, em outras espécies de ação judicial;

   VI – o parcelamento.

   Parágrafo único. O disposto neste artigo não dispensa o cumprimento das obrigações acessórias dependentes da obrigação principal cujo crédito seja suspenso, ou dela consequentes.

8. **Art. 784.** São títulos executivos extrajudiciais:

   IX – a certidão de dívida ativa da Fazenda Pública da União, dos Estados, do Distrito Federal e dos Municípios, correspondente aos créditos inscritos na forma da lei;

> Protesto é o ato formal e solene pelo qual se prova a inadimplência e o descumprimento de obrigação originada em títulos e outros documentos de dívida.
>
> Parágrafo único. Incluem-se entre os títulos sujeitos a protesto as certidões de dívida ativa da União, dos Estados, do Distrito Federal, dos Municípios e das respectivas autarquias e fundações públicas.

A polêmica gerada sobre a inserção do dispositivo versa sobre o fato de possibilitar a **existência de sanção indireta para pagamento do crédito tributário**, especialmente considerando seus **efeitos negativos na reputação e crédito do devedor**. Críticos argumentam que isso pode configurar uma **medida administrativa que restringe direitos fundamentais de forma abusiva** ou **desproporcional**, visando compelir o devedor ao adimplemento da obrigação tributária.

A discussão foi levada à Suprema Corte, quando da **ADI 5.135**. A ação questionava a **legalidade da Lei 12.767/2012**, argumentando que o protesto configuraria uma **sanção política incompatível** com os **princípios da livre iniciativa** e do **devido processo legal**.

No julgamento, o STF decidiu pela **constitucionalidade do protesto**, afirmando que **não há impedimento direto sobre o exercício de atividades econômicas do devedor**, diferentemente de práticas anteriormente consideradas inconstitucionais, como o fechamento de estabelecimentos comerciais ou a recusa de fornecimento de certidões negativas. A Corte considerou que o protesto está alinhado com os **princípios da eficiência** e da **economicidade da administração pública**, por se tratar de uma **forma menos onerosa** e **mais célere** de promover a cobrança de créditos tributários.

Ainda que o STF tenha afastado a configuração de **sanção política**, a **inclusão do devedor nos cadastros de inadimplentes** pode dificultar o **acesso ao crédito e impactar negativamente sua atividade econômica**. Em certos casos, o protesto **pode ser desproporcional**, especialmente quando utilizado de **forma indiscriminada** ou para **valores ínfimos**. O desafio reside em equilibrar a **eficiência na arrecadação de tributos** com a garantia de que o devedor não seja submetido a **medidas coercitivas abusivas**.

JURISPRUDÊNCIA

RECURSO INTERPOSTO NA VIGÊNCIA DO CPC/2015. ENUNCIADO ADMINISTRATIVO N° 3. RECURSO REPETITIVO. TEMA CORRELATO AO TEMA N. 598 CONSTANTE DO REPETITIVO RESP. N. 1.350.804-PR. PROCESSUAL CIVIL. DIREITO FINANCEIRO E PREVIDENCIÁRIO. DISCUSSÃO ACERCA DA POSSIBILIDADE DE INSCRIÇÃO EM DÍVIDA ATIVA DE BENEFÍCIO PREVIDENCIÁRIO INDEVIDAMENTE RECEBIDO, QUALIFICADO COMO ENRIQUECIMENTO ILÍCITO. APLICABILIDADE DOS §§ 3° E 4°, DO ART. 115, DA LEI N. 8.213/91, COM A REDAÇÃO DADA PELA MEDIDA PROVISÓRIA N. 780/2017 (LEI N. 13.494/2017) E MEDIDA PROVISÓRIA N. 871/2019 (LEI N. 13.846/2019) AOS PROCESSOS EM CURSO DONDE CONSTAM CRÉDITOS CONSTITUÍDOS ANTERIORMENTE À VIGÊNCIA DAS REFERIDAS LEIS. IMPOSSIBILIDADE. 1. O presente repetitivo Tema/Repetitivo n. 1064 é um desdobramento do Tema/Repetitivo n. 598, onde foi submetida a julgamento no âmbito do REsp. n. 1.350.804-PR (Primeira Seção, Rel. Min. Mauro Campbell Marques, julgado em 12.06.2013) a "Questão referente à possibilidade de inscrição em dívida ativa de benefício previdenciário indevidamente recebido, qualificado como enriquecimento ilícito".

Naquela ocasião foi definido que a inscrição em dívida ativa de valor decorrente de ilícito extracontratual deve ser fundamentada em dispositivo legal específico que a autorize expressamente, o que impossibilitava a inscrição em dívida ativa de valor indevidamente recebido, a título de benefício previdenciário do INSS, pois não havia lei específica que assim o dispusesse. Essa lacuna de lei tornava ilegal o art. 154, § 4º, II, do Decreto n. 3.048/99 que determinava a inscrição em dívida ativa de benefício previdenciário pago indevidamente, já que não dispunha de amparo legal. 2. Pode-se colher da ratio decidendi do repetitivo REsp. n. 1.350.804-PR três requisitos prévios à inscrição em dívida ativa: 1º) a presença de lei autorizativa para a apuração administrativa (constituição); 2º) a oportunização de contraditório prévio nessa apuração; e 3º) a presença de lei autorizativa para a inscrição do débito em dívida ativa. 3. Após o advento da Medida Provisória n. 780/2017 (convertida na Lei n. 13.494/2017) a que se sucedeu à Medida Provisória n. 871/2019 (convertida na Lei n. 13.846/2019), que alteraram e adicionaram os §§ 3º, 4º e 5º ao art. 115, da Lei n. 8.213/91, foi determinada a inscrição em dívida ativa pela Procuradoria-Geral Federal - PGF dos créditos constituídos pelo Instituto Nacional do Seguro Social – INSS em decorrência de benefício previdenciário ou assistencial pago indevidamente ou além do devido, inclusive para terceiro beneficiado que sabia ou deveria saber da origem do benefício pago indevidamente em razão de fraude, dolo ou coação. 4. Considerando-se as razões de decidir do repetitivo REsp. n. 1.350.804-PR, as alterações legais não podem retroagir para alcançar créditos constituídos (lançados) antes de sua vigência, indiferente, portanto, que a inscrição em dívida ativa tenha sido feita depois da vigência das respectivas alterações legislativas. O processo administrativo que enseja a constituição do crédito (lançamento) há que ter início (notificação para defesa) e término (lançamento) dentro da vigência das leis novas para que a inscrição em dívida ativa seja válida. Precedentes: REsp. n. 1.793.584/SP, Segunda Turma, Rel. Min. Francisco Falcão, julgado em 02.04.2019; AREsp. n. 1.669.577/SP, Segunda Turma, Rel. Min. Herman Benjamin, julgado em 04.08.2020; AREsp. n. 1.570.630 / SP, Segunda Turma, Rel. Min. Herman Benjamin, julgado em 12.11.2019; REsp. n. 1.826.472 / PE, Segunda Turma, Rel. Min. Francisco Falcão, julgado em 15.10.2019; AREsp. n. 1.521.461 / RJ, Segunda Turma, Rel. Min. Herman Benjamin, julgado em 03.10.2019; REsp. n. 1.776.760 / SP, Segunda Turma, Rel. Min. Herman Benjamin, julgado em 23.04.2019; AREsp n. 1.432.591/RJ, decisão monocrática, Rel. Ministro Mauro Campbell Marques, DJe 21.2.2019; REsp. n. 1.772.921/SC, Decisão monocrática, Rel. Min. Assusete Magalhães, DJe 18.2.2019. 5. Desta forma, propõe-se as seguintes teses: 5.1. "As inscrições em dívida ativa dos créditos referentes a benefícios previdenciários ou assistenciais pagos indevidamente ou além do devido constituídos por processos administrativos que tenham sido iniciados antes da vigência da Medida Provisória nº 780, de 2017, convertida na Lei n. 13.494/2017 (antes de 22.05.2017) são nulas, devendo a constituição desses créditos ser reiniciada através de notificações/intimações administrativas a fim de permitir-se o contraditório administrativo e a ampla defesa aos devedores e, ao final, a inscrição em dívida ativa, obedecendo-se os prazos prescricionais aplicáveis"; e 5.2. "As inscrições em dívida ativa dos créditos referentes a benefícios previdenciários ou assistenciais pagos indevidamente ou além do devido contra os terceiros beneficiados que sabiam ou deveriam saber da origem dos benefícios pagos indevidamente em razão de fraude, dolo ou coação, constituídos por processos administrativos que tenham sido iniciados antes da vigência da Medida Provisória nº 871, de 2019, convertida na Lei nº 13.846/2019 (antes de 18.01.2019) são nulas, devendo a constituição desses créditos ser reiniciada através de notificações/intimações administrativas a fim de permitir-se o contraditório administrativo e a ampla defesa aos devedores e, ao final, a inscrição em dívida ativa, obedecendo-se os prazos prescricionais aplicáveis". 6. Recurso especial não provido.
(STJ – REsp: 1852691 PB 2019/0368153-9, Relator: Ministro MAURO CAMPBELL MARQUES, Data de Julgamento: 23/06/2021, S1 – PRIMEIRA SEÇÃO, Data de Publicação: DJe 28/06/2021)
AGRAVO INTERNO NO AGRAVO EM RECURSO ESPECIAL. EXECUÇÃO FISCAL. DÍVIDA ATIVA NÃO TRIBUTÁRIA. RESTITUIÇÃO DE VALORES PAGOS INDEVIDAMENTE A TÍTULO DE PENSÃO POR MORTE. AUSÊNCIA DE LIQUIDEZ E CERTEZA. IMPOSSIBILIDADE DE INSCRIÇÃO NA DÍVIDA ATIVA. ACÓRDÃO RECORRIDO EM CONSONÂNCIA COM A JURISPRUDÊNCIA DO STJ. SÚMULA N. 83/STJ. AGRAVO INTERNO DESPROVIDO.

1. A Primeira Seção desta Corte consolidou o entendimento segundo o qual a inscrição em dívida ativa não é a forma de cobrança adequada para os valores recebidos indevidamente, a título de benefício previdenciário, que devem submeter-se à ação de cobrança por enriquecimento ilícito para apuração da responsabilidade civil (Recurso Especial n. 1.350.804/PR, de relatoria do Ministro Mauro Campbell Marques, submetido à sistemática do art. 543-C do CPC/73). 2. Hipótese em que o acórdão recorrido encontra-se em consonância com a jurisprudência desta Corte. Incidência da Súmula n. 83 do STJ. 3. Agravo interno desprovido.

(STJ – AgInt no AREsp: 1215614 RJ 2017/0311259-8, Relator: Ministro TEODORO SILVA SANTOS, Data de Julgamento: 07/10/2024, T2 – SEGUNDA TURMA, Data de Publicação: DJe 14/10/2024)

AGRAVO INTERNO NO AGRAVO EM RECURSO ESPECIAL. EXECUÇÃO FISCAL. DÍVIDA ATIVA NÃO TRIBUTÁRIA. RESTITUIÇÃO DE VALORES PAGOS INDEVIDAMENTE A TÍTULO DE PENSÃO POR MORTE. AUSÊNCIA DE LIQUIDEZ E CERTEZA. IMPOSSIBILIDADE DE INSCRIÇÃO NA DÍVIDA ATIVA. ACÓRDÃO RECORRIDO EM CONSONÂNCIA COM A JURISPRUDÊNCIA DO STJ. SÚMULA N. 83/STJ. AGRAVO INTERNO DESPROVIDO. 1. A Primeira Seção desta Corte consolidou o entendimento segundo o qual a inscrição em dívida ativa não é a forma de cobrança adequada para os valores recebidos indevidamente, a título de benefício previdenciário, que devem submeter-se à ação de cobrança por enriquecimento ilícito para apuração da responsabilidade civil (Recurso Especial n. 1.350.804/PR, de relatoria do Ministro Mauro Campbell Marques, submetido à sistemática do art. 543-C do CPC/73). 2. Hipótese em que o acórdão recorrido encontra-se em consonância com a jurisprudência desta Corte. Incidência da Súmula n. 83 do STJ. 3. Agravo interno desprovido.

(STJ – AgInt no AREsp: 1215614 RJ 2017/0311259-8, Relator: Ministro TEODORO SILVA SANTOS, Data de Julgamento: 07/10/2024, T2 – SEGUNDA TURMA, Data de Publicação: DJe 14/10/2024)

PROCESSUAL CIVIL. EXECUÇÃO FISCAL. DÍVIDA ATIVA NÃO TRIBUTÁRIA. REPOSIÇÃO AO ERÁRIO DECORRENTE DE DESCUMPRIMENTO DE CONTRATO DE CONCESSÃO DE BOLSA DE ESTUDOS NO EXTERIOR. TERMO DE CONFISSÃO DE DÍVIDA. PARCELAMENTO. INADIMPLEMENTO POSTERIOR. POSSIBILIDADE DE INSCRIÇÃO EM DÍVIDA ATIVA PARA AJUIZAMENTO DA EXECUÇÃO FISCAL. RECURSO ESPECIAL PROVIDO. I – A alegada afronta aos arts. 489 e 1.022 do CPC não merece provimento, porque o acórdão recorrido examinou devidamente a controvérsia dos autos, fundamentando suficientemente sua convicção, não havendo se falar em negativa de prestação jurisdicional, porque não ocorrentes quaisquer dos vícios previstos no referido dispositivo legal, não se prestando os declaratórios para o reexame da prestação jurisdicional ofertada satisfatoriamente pelo Tribunal a quo. II – A jurisprudência do Superior Tribunal de Justiça caminha, em sentido mais restritivo, por afirmar que a inscrição em dívida ativa não é forma de cobrança adequada para os créditos provenientes exclusivamente de ilícitos civis extracontratuais (AgRg no REsp n. 800.405/SC, relator Ministro Mauro Campbell Marques, Segunda Turma, julgado em 1º/12/2009, DJe de 26/4/2011), o que não é caso dos autos, nos quais se busca a reposição de valores pagos a título de bolsa de estudos no exterior em razão do descumprimento pelo beneficiário de cláusulas contratuais que lhe impunham encargos decorrentes do benefício. III – O art. 39, § 2º, da Lei n. 4.320/1964 prevê expressamente que a dívida ativa não tributária abrange as "indenizações" e "reposições" ao erário, mormente as decorrente de "contratos em geral". (REsp n. 1.683.068/CE, relator Ministro Herman Benjamin, Segunda Turma, julgado em 19/9/2017, DJe de 9/10/2017.) IV – Os débitos remanescentes de parcelamento inadimplido, objeto de termo de confissão de dívida decorrente de descumprimento pelo beneficiário de cláusulas de contrato administrativo de doação com encargo consubstanciam a dívida ativa não tributária, sendo possível a constituição do crédito por meio da expedição de certidão de dívida ativa para posterior ajuizamento da execução fiscal. A premissa adotada pelo Tribunal de origem, quanto à irregularidade da cobrança e a necessária apreciação judicial prévia para constituição do crédito, deixa de observar a exegese da legislação federal conforme acima definida. V – Recurso especial provido para afastar a premissa de impossibilidade de inscrição do débito controvertido em dívida ativa, com a devolução dos autos à origem, para que nova decisão seja proferida, respeitadas as premissas acima estabelecidas à luz dos elementos probatórios dos autos.

(STJ – REsp: 1723544 RS 2018/0024584-1, Relator: Ministro FRANCISCO FALCÃO, Data de Julgamento: 14/03/2023, T2 – SEGUNDA TURMA, Data de Publicação: DJe 21/03/2023)

ADMINISTRATIVO. PROCESSUAL CIVIL. AGRAVO INTERNO. EXECUÇÃO FISCAL. REDIRECIONAMENTO. SÓCIO-GERENTE. DÍVIDA ATIVA NÃO TRIBUTÁRIA. DISSOLUÇÃO IRREGULAR. POSSIBILIDADE. TEMA 630/STJ. 1. A Primeira Seção do STJ, no âmbito do REsp 1.371.128/RS (Rel. Ministro Mauro Campbell Marques, DJe de 17/9/2014), assentou a possibilidade de redirecionamento da execução fiscal ao sócio-gerente, nos casos de dissolução irregular da pessoa jurídica executada, não apenas nas execuções fiscais de dívida ativa tributária, mas também nas de dívida ativa não tributária. 2. Agravo interno não provido. **(STJ – AgInt no AREsp: 2274670 RJ** 2023/0003334-5, Relator: Ministro SÉRGIO KUKINA, Data de Julgamento: 26/06/2023, T1 – PRIMEIRA TURMA, Data de Publicação: DJe 29/06/2023)

PROCESSUAL CIVIL E ADMINISTRATIVO. EXECUÇÃO FISCAL. CRÉDITO DO FINOR – FUNDO DE INVESTIMENTO DO NORDESTE. INSCRIÇÃO EM DÍVIDA ATIVA. CABIMENTO. 1. "Em se tratando de dívida não tributária, no caso incentivo fiscal proveniente do FINOR – Fundo de Investimento do Nordeste, a Fazenda Pública pode valer-se do disposto no art. 39, § 2º, da Lei 4.320/1964 para, efetuada a inscrição em dívida ativa, buscar sua satisfação por meio da Execução Fiscal" (Primeira Turma, REsp n. 1.380.666/PB, Rel. Min. Benedito Gonçalves, DJe de 18.8.2016). 2. Agravo interno desprovido. **(STJ – AgInt nos EDcl no REsp: 2059541 PB** 2023/0091785-7, Relator: Ministro GURGEL DE FARIA, Data de Julgamento: 18/12/2023, T1 – PRIMEIRA TURMA, Data de Publicação: DJe 21/12/2023)

ADMINISTRATIVO. CADASTRO DE RESTRIÇÃO DE CRÉDITO. INSCRIÇÃO PRÉVIA EM DÍVIDA ATIVA. DESNECESSIDADE. PRINCÍPIO DA MENOR ONEROSIDADE PARA A ADMINISTRAÇÃO. INADIMPLÊNCIA COMPROVADA POR OUTRO MEIO IDÔNEO. RECURSO ESPECIAL PROVIDO. I. A Agência Nacional de Transportes Terrestres – ANTT interpôs agravo contra decisão do Tribunal Regional Federal da 2ª Região que inadmitiu o seu recurso especial ao entender que incide o óbice sumular nº 7 desta Corte. II. Na origem, o recorrido ajuizou ação anulatória, pretendendo a nulidade de autos de infração instaurados pela agência reguladora e a declaração de ilegalidade da inscrição de seu nome em cadastro de restrição ao crédito. III. A sentença julgou parcialmente procedente o pedido apenas para declarar a ilegalidade da inscrição do nome do autor nos órgãos de proteção ao crédito, o que foi devidamente mantido pelo Tribunal de origem. IV. A ANTT recorre, sustentando ser desnecessária a inscrição prévia do débito em dívida ativa antes de ser encaminhado ao cadastro de inadimplentes privado, não devendo ser aplicado, à espécie, os art. 46 da Lei nº 11.457/2007, 37-C da Lei nº 10.522/2002 e 198, II e III do Código Tributário Nacional. V. Embora a Corte a quo não tenha conhecido do recurso, o recorrente impugnou a fundamentação apresentada na decisão agravada, razão pela qual é possível o exame do recurso especial. VI. O art. 46 da Lei nº 11.457/08, que dispõe sobre a Administração Tributária Federal, é claro ao determinar que, para a divulgação de informações acerca de inscrição em dívida ativa, necessário que a Fazenda Nacional celebre convênios com entidades públicas e privadas. VII. O dispositivo, entretanto, não se aplica à presente hipótese que se refere à possibilidade de a Administração Pública inscrever em cadastros os seus inadimplentes, ainda que não haja inscrição prévia em dívida ativa. VIII. Ressalte-se, ainda, que a expedição de uma CDA para se autorizar a inscrição do devedor em cadastros de inadimplentes torna mais onerosa para a Administração a busca pelo pagamento de seus créditos, já que a negativação do nome do devedor é uma medida menos gravosa quando comparada com a necessária inscrição de dívida ativa. IX. Dessa forma, cabe ao credor interessado (no caso, a Administração Pública) comprovar a dívida com um documento idôneo que contenha os elementos necessários para se reconhecer o débito, não sendo, necessariamente, a CDA. X. Recurso especial provido. **(STJ – AREsp: 2265805 ES** 2022/0390834-4, Relator: Ministro FRANCISCO FALCÃO, Data de Julgamento: 22/08/2023, T2 – SEGUNDA TURMA, Data de Publicação: DJe 25/08/2023)

ADMINISTRATIVO E PROCESSUAL CIVIL. EXECUÇÃO FISCAL. DÍVIDA ATIVA NÃO TRIBUTÁRIA. CDA. EXCESSO DE EXECUÇÃO. ADEQUAÇÃO. MEROS CÁLCULOS ARITMÉTICOS. LIQUIDEZ E EXIGIBILIDADE. MANUTENÇÃO. 1. Segundo a jurisprudência desta Corte Superior, "a alteração do valor constante na Certidão da Dívida Ativa - CDA, em decorrência da configuração do excesso de execução, não macula a liquidez nem a exigibilidade do referido título executivo extrajudicial, desde que a quantia devida possa ser aferida por meros cálculos aritméticos" (AgInt no REsp n. 2.073.863/RJ, relator Ministro Francisco Falcão, Segunda Turma, julgado em 21/8/2023, DJe de 23/8/2023). Precedentes. 2. Agravo interno não provido. **(STJ – AgInt no REsp: 2020257 MG** 2022/0254660-1, Relator: Ministro SÉRGIO KUKINA, Data de Julgamento: 19/08/2024, T1 – PRIMEIRA TURMA, Data de Publicação: DJe 22/08/2024)

PROCESSUAL CIVIL E TRIBUTÁRIO. RESPONSABILIDADE DE SÓCIO. CERTIDÃO DE DÍVIDA ATIVA. PRESUNÇÃO DE LEGITIMIDADE. EXCEÇÃO DE PRÉ-EXECUTIVIDADE. EXAME. INVIABILIDADE. 1. A autoridade administrativa tem o dever de motivar devidamente o ato de inclusão de eventuais pessoas passíveis de responsabilização no ato administrativo de inscrição da dívida ativa, sendo certo, porém, não necessita constar expressamente na certidão de dívida ativa, uma vez que presumem-se legítimas e verídicas suas informações, o que permite seja ela utilizada como petição inicial da execução (§ 2º do art. 6º da Lei n. 6.830/1980). 2. De acordo com o entendimento firmado pela Egrégia Primeira Seção do STJ no julgamento dos REsp 1.104.900/ES e 1.110.925/SP, ambos pela sistemática dos recursos repetitivos, se a execução foi ajuizada apenas contra a pessoa jurídica, mas o nome do sócio consta da CDA, a ele incumbe o ônus da prova de que não ficou caracterizada nenhuma das circunstâncias previstas no art. 135 do CTN, não sendo possível a discussão deste tema em sede de exceção de pré-executividade. 3. Agravo interno desprovido.

(STJ – AgInt no AREsp: 1994903 TO 2021/0325581-7, Data de Julgamento: 26/09/2022, T1 – PRIMEIRA TURMA, Data de Publicação: DJe 03/10/2022)

PROCESSUAL CIVIL. RECURSO ESPECIAL. SERVIDOR PÚBLICO. INSCRIÇÃO EM DÍVIDA ATIVA. REVOLVIMENTO FÁTICO-PROBATÓRIO. IMPOSSIBILIDADE. 1. É possível a inscrição em dívida ativa do débito do servidor público nas hipóteses de demissão, exoneração ou cassação da aposentadoria ou disponibilidade, quando não quitado no prazo de sessenta dias; para o servidor ativo, aposentado ou pensionista, inviável a providência. Precedentes. 2. No caso dos autos, do contexto fático delineado pelas instâncias ordinárias, não é possível se dessumir a situação funcional da parte adversa, razão pela qual a apreciação do inconformismo, da forma como posta nas razões do apelo nobre, demandaria incursão no substrato fático-probatório dos autos, providência inviável ante o óbice da Súmula 7 do STJ. 3. Agravo interno desprovido.

(STJ – AgInt no REsp: 2084378 TO 2023/0237333-2, Relator: Ministro GURGEL DE FARIA, Data de Julgamento: 22/04/2024, T1 – PRIMEIRA TURMA, Data de Publicação: DJe 25/04/2024)

ADMINISTRATIVO E PROCESSUAL CIVIL. AGRAVO INTERNO. DÍVIDA ATIVA. NECESSIDADE DE AFERIR FATOS E PROVAS. INCIDÊNCIA DA SÚMULA 7/STJ. 1. Cuida-se de Agravo Interno contra decisum que conheceu do Agravo para não conhecer do Recurso Especial não admitido sob o fundamento de incidência da Súmula 7/STJ. 2. O órgão julgador decidiu a matéria após percuciente análise dos fatos e das provas relacionados à causa, sendo certo asseverar que o reexame é vedado na via escolhida, pois encontra óbice na Súmula 7/STJ: "A pretensão de simples reexame de prova não enseja Recurso Especial". 3. Não há falar em ausência de contraditório quando a sentença afirma ser cabível a modalidade de protesto de certidão de dívida ativa, já que se trata de decorrência legal. No que tange ao protesto, o cartório se incumbe de intimar o devedor, e este terá de procurar o cartório para regularizar a sua situação. O protesto de CDAs é feito de forma eletrônica por meio de integração entre os sistemas de dívida ativa das autarquias e da PGF com o sistema dos cartórios pela CRA (Central de Remessa de Arquivos). Esse sistema, adotado pela CRA Nacional em todo o Brasil, foi implementado pelo IEPTB (Instituto de Estudos de Protestos de Títulos do Brasil), em parceria com a Febraban (Federação Brasileira de Bancos), e os cartórios têm acesso às certidões de dívida ativa, preenchendo o requisito de necessidade de indicação do título quando do envio do protesto. 4. Agravo Interno não provido.

(STJ – AgInt no AREsp: 2155222 RJ 2022/0190371-0, Relator: Ministro HERMAN BENJAMIN, Data de Julgamento: 03/04/2023, T2 – SEGUNDA TURMA, Data de Publicação: DJe 14/04/2023)

17
EXECUÇÃO FISCAL

Entende-se por **execução fiscal** o processo judicial para cobrança dos créditos tributários e não tributários da Administração Pública. Consiste num conjunto de **atos sucessivos** e **coordenados** destinados à realização de um direito, consubstanciado no título executivo. A Lei 6.830/1980 trata acerca da execução fiscal.

Encontra-se no Congresso Nacional, a discussão acerca da **Nova Lei de Execuções Fiscais**, através da **PL 2.488/22**, de autoria do Senador Rodrigo Pacheco.

O **processo executivo** possui uma inspiração nos moldes do **processo inquisitorial**, em que o juiz passa a ter **protagonismo processual**. Com o advento da Lei 13.105/15 – atual Código de Processo Civil –, temos um **modelo cooperativo**. Com isso, adotamos **cinco deveres fundamentais: inquisitoriedade**, **prevenção ou advertência**, **esclarecimento**, **diálogo** e **auxílio entres as partes**.

Pelo **dever de inquisitoriedade**, o juízo deve valer-se de seus poderes inquisitórios na busca da verdade dos fatos. Esse dever há de incidir mais fortemente nos **embargos à execução fiscal**, como também nas **ações anulatórias**, exigindo do juízo um **comportamento ativo na revelação da verdade**, podendo, nos termos do **art. 370 do CPC**[1], de **ofício** ou a **requerimento da parte**, determinar as **provas necessárias ao julgamento do mérito**.

O **dever de prevenção ou advertência** determina que o juízo deve prevenir as partes sobre a **falta de pressupostos processuais sanáveis** e sobre **irregularidades** ou **insuficiências** das suas peças ou alegações. Em razão disso, incide no **processo de execução fiscal** o **art. 139, IX, do CPC**[2], segundo o qual incumbe ao juiz determinar o **suprimento de pressupostos processuais** e o **saneamento de outros vícios processuais**, como também o **art. 317**[3], que estabelece o amplo dever do juízo de conceder à parte oportunidade para, se possível, **corrigir o vício, antes de proferir decisão sem resolução de mérito**.

---

1. **Art. 370.** Caberá ao juiz, de ofício ou a requerimento da parte, determinar as provas necessárias ao julgamento do mérito.
   Parágrafo único. O juiz indeferirá, em decisão fundamentada, as diligências inúteis ou meramente protelatórias.
2. **Art. 139.** O juiz dirigirá o processo conforme as disposições deste Código, incumbindo-lhe:
   (...)
   IX – determinar o suprimento de pressupostos processuais e o saneamento de outros vícios processuais;
3. **Art. 317.** Antes de proferir decisão sem resolução de mérito, o juiz deverá conceder à parte oportunidade para, se possível, corrigir o vício.

Reza a **súmula 558 do STJ**:

Em ações de execução fiscal, a petição inicial não pode ser indeferida sob o argumento da falta de indicação do CPF e/ou RG ou CNPJ da parte executada.

O **dever de esclarecimento** impõe ao juízo o dever de esclarecer-se junto das partes quanto às dúvidas que tenha sobre as suas **alegações, pedidos** ou **posições**. Assim, nos termos **do art. 139, VIII, do CPC**[4], incumbirá ao juízo determinar, a qualquer tempo, o **comparecimento pessoal das partes**, para inquiri-las sobre os fatos da causa, não havendo qualquer razão para que esse dever não seja aplicado no âmbito da execução fiscal.

No que tange ao **dever de diálogo**, exige-se que o juízo ouça as partes sempre que pretenda conhecer de **matéria de fato** ou **de direito**, ainda que **cognoscíveis de ofício**, sobre a qual aquelas não tenham tido a possibilidade de se pronunciar, abstendo-se de proferir as chamadas **decisões-surpresa**. Essa fundamental exigência consta do **art. 10 do CPC**[5], sendo também um preceito plenamente aplicável no âmbito da execução fiscal.

E, por fim, o **dever de auxílio das partes** estabelece que o juiz busque auxiliar as partes na **remoção das dificuldades ao exercício dos seus direitos** ou **faculdades** ou no **cumprimento dos seus ônus** e **deveres processuais**. Esse dever está consagrado no **art. 139, VI, do CPC**[6], consoante o qual incumbe ao juízo a **dilatação dos prazos processuais** e **alteração da ordem de produção dos meios de prova**, adequando-os às necessidades do conflito de modo a conferir maior efetividade à tutela do direito e também no **inciso IV do art. 139 do CPC**,[7] por meio do qual caberá ao juízo a determinação de todas as **medidas indutivas, coercitivas, mandamentais** ou **sub-rogatórias** necessárias para assegurar o **cumprimento de ordem judicial**, inclusive nas ações que tenham por objeto prestação pecuniária.

---

4. Art. 139. (...)
   VIII – determinar, a qualquer tempo, o comparecimento pessoal das partes, para inquiri-las sobre os fatos da causa, hipótese em que não incidirá a pena de confesso;
5. Art. 10. O juiz não pode decidir, em grau algum de jurisdição, com base em fundamento a respeito do qual não se tenha dado às partes oportunidade de se manifestar, ainda que se trate de matéria sobre a qual deva decidir de ofício.
6. Art. 139. (...)
   VI – dilatar os prazos processuais e alterar a ordem de produção dos meios de prova, adequando-os às necessidades do conflito de modo a conferir maior efetividade à tutela do direito;
7. Art. 139. (...)
   IV – determinar todas as medidas indutivas, coercitivas, mandamentais ou sub-rogatórias necessárias para assegurar o cumprimento de ordem judicial, inclusive nas ações que tenham por objeto prestação pecuniária.

Ressalta-se que, observando o juízo competente a **existência de prescrição antes do ajuizamento da execução fiscal**, poderá ser reconhecida de ofício, nos termos da **súmula 409 do STJ**:

Em execução fiscal, a prescrição ocorrida antes da propositura da ação pode ser decretada de ofício (art. 219, § 5º, do CPC).

O reconhecimento da **prescrição *ex officio*** pelo juiz **dispensa a manifestação do devedor**. Essa prerrogativa busca evitar a perpetuação de demandas em que o direito de cobrança da Fazenda Pública já esteja extinto.

Durante a análise da petição inicial da execução fiscal, o juízo poderá identificar o transcurso do prazo prescricional a partir das **datas constantes nos documentos apresentados** e **decretar a prescrição**.

Observamos que a petição inicial de execução fiscal passa a ter o **mesmo procedimento do processo de execução comum**. Deve-se atender ao disposto no **art. 6º da Lei 6.830/1980**, sabendo-se que a prova do título executivo na execução fiscal é pré-constituída. A Fazenda Pública deverá extrair o título executivo extrajudicial, que é a certidão de dívida ativa (CDA), para compor a execução fiscal. Dispõe o referido artigo:

> Art. 6º A petição inicial indicará apenas:
>
> I – o Juiz a quem é dirigida;
>
> II – o pedido; e
>
> III – o requerimento para a citação.
>
> § 1º A petição inicial será instruída com a Certidão da Dívida Ativa, que dela fará parte integrante, como se estivesse transcrita.
>
> § 2º A petição inicial e a Certidão de Dívida Ativa poderão constituir um único documento, preparado inclusive por processo eletrônico.
>
> § 3º A produção de provas pela Fazenda Pública independe de requerimento na petição inicial.
>
> § 4º O valor da causa será o da dívida constante da certidão, com os encargos legais.

Estabelece a **súmula 559 do STJ**:

Em ações de execução fiscal, é desnecessária a instrução da petição inicial com o demonstrativo de cálculo do débito, por tratar-se de requisito não previsto no art. 6º da Lei nº 6.830/1980.

A dispensa do demonstrativo de cálculo na petição inicial da execução fiscal reflete o **objetivo da legislação executiva fiscal**, visando garantir **celeridade** e **eficiência na cobrança de créditos públicos** e evitando formalidades excessivas.

A ausência do demonstrativo de cálculo **não prejudica o devedor**, pois poderá, em sua defesa, questionar a **liquidez** e a **exatidão** dos valores indicados na CDA. O devedor tem o direito de solicitar informações detalhadas ou apresentar embargos à execução.

Podem figurar como **sujeitos ativos da execução fiscal** todas as **pessoas jurídicas de direito público interno** (U – E – DF – M), bem como suas respectivas **autarquias** e **fundações públicas**, ou seja, todas as pessoas dotadas de **capacidade tributária ativa**.

Anteriormente, se traduzia a possibilidade de figurar no polo ativo os **entes paraestatais**, expressão essa que se encontra em desuso, uma vez que traduz a possibilidade de **pessoas jurídicas de direito privado**, excepcionalmente, exercerem a capacidade tributária ativa, como ocorria no caso dos **serviços sociais autônomos**. Com o advento da Lei 11.457/2007, as **contribuições do sistema "S"** são arrecadadas e administradas pela **Secretaria da Receita Federal do Brasil**, órgão público federal.

Já no **polo passivo** figuram diretamente o **contribuinte** ou o **responsável**, podendo a execução fiscal ser requerida também em face do **fiador, espólio, massa falida** e as demais pessoas elencadas no **art. 4.º da Lei 6.830/1980**, *in verbis*:

> Art. 4º A execução fiscal poderá ser promovida contra:
> I – o devedor;
> II – o fiador;
> III – o espólio;
> IV – a massa;
> V – o responsável, nos termos da lei, por dívidas, tributárias ou não, de pessoas físicas ou pessoas jurídicas de direito privado; e
> VI – os sucessores a qualquer título.

Caso haja **mudança no domicílio do executado após a propositura da execução fiscal**, não há o que se falar em **deslocamento de competência do juízo**. Segundo a **súmula 58 do STJ**:

> Proposta a execução fiscal, a posterior mudança de domicílio do executado não desloca a competência já fixada.

A **execução fiscal** é o procedimento pelo qual a Fazenda Pública busca a satisfação de créditos tributários ou não tributários, normalmente relacionados ao **interesse patrimonial do Estado**. Embora envolva recursos públicos, a execução fiscal **não configura**, em regra, um **litígio que exija a defesa de direitos indisponíveis da sociedade**, como ocorre em casos relacionados à **infância, incapazes** ou à **ordem pública**. Por tal motivo, o entendimento consolidado na **súmula 189 do STJ**:

É desnecessária a intervenção do Ministério Público nas execuções fiscais.

A **Fazenda Pública**, enquanto ente dotado de personalidade jurídica, possui autonomia e capacidade de se representar e agir nos processos judiciais, **sem necessidade de intervenção do Ministério Público**. A atuação do órgão fazendário é **suficiente para garantir a defesa do interesse estatal no caso concreto**.

Exigir a **intervenção do Ministério Público** em todas as execuções fiscais seria **incompatível com o princípio da eficiência administrativa e processual**, além de sobrecarregar o órgão com demandas que não estão diretamente ligadas às suas funções constitucionais.

Caso o executado não **garanta**, de **maneira espontânea**, o crédito tributário, o **juízo será garantido de maneira coercitiva**, podendo atingir quaisquer bens, rendas ou direitos do executado, ficando fora somente os **bens absolutamente impenhoráveis**, conforme denota o **art. 184 do CTN**[8].

Em havendo **mais de uma execução fiscal contra o mesmo devedor**, o juízo poderá realizar a **reunião das execuções fiscais**. Dispõe a **súmula 515 do STJ**:

A reunião de execuções fiscais contra o mesmo devedor constitui faculdade do Juiz.

Tal possibilidade está em conformidade com o **art. 28 da Lei 6.830/80**[9], que prevê a reunião de execuções para maior **celeridade e economia processual**, mas sem impor obrigatoriedade.

A **reunião de execuções** pode **otimizar a tramitação processual**, evitando a **duplicidade de atos** e a **sobrecarga do Poder Judiciário**. A **decisão** de reunir ou não as execuções fiscais deve observar as **competências jurisdicionais estabelecidas**, respeitando os limites de atribuição do juízo.

Contudo, se a **reunião causar prejuízo à tramitação de uma das execuções** ou **comprometer o resultado prático do processo**, o juiz pode **optar por manter as**

---

8. Art. 184. Sem prejuízo dos privilégios especiais sobre determinados bens, que sejam previstos em lei, responde pelo pagamento do crédito tributário a totalidade dos bens e das rendas, de qualquer origem ou natureza, do sujeito passivo, seu espólio ou sua massa falida, inclusive os gravados por ônus real ou cláusula de inalienabilidade ou impenhorabilidade, seja qual for a data da constituição do ônus ou da cláusula, excetuados unicamente os bens e rendas que a lei declare absolutamente impenhoráveis.
9. Art. 28. O Juiz, a requerimento das partes, poderá, por conveniência da unidade da garantia da execução, ordenar a reunião de processos contra o mesmo devedor.
   Parágrafo único. Na hipótese deste artigo, os processos serão redistribuídos ao Juízo da primeira distribuição.

execuções separadas. De fato, existem circunstâncias em que a reunião dos processos executivos se torna inviável, tais como:

- **Competências jurisdicionais diferentes**, como execuções que tramitam em juízos de esferas distintas;
- **Processos em estágios muito distintos**, em que a reunião possa atrasar a conclusão de algum deles;
- **Natureza ou peculiaridades dos créditos** que exijam tratamento individualizado.

Se as execuções tramitam em **juízos distintos**, a reunião só será possível se houver **conexão** ou **outros fundamentos** que permitam a **redistribuição dos autos**, observando a **competência territorial** e **material**.

Em eventual **ocorrência de leilão**, deverá o executado sofrer **intimação pessoal**, nos termos da **súmula 121 do STJ**:

Na execução fiscal o devedor deverá ser intimado, pessoalmente, do dia e hora da realização do leilão.

Caso, em decorrência do leilão apresentado, **não houver lances com valor superior ao valor da avaliação**, teremos um **segundo leilão**. É o que dispõe a **súmula 128 do STJ**, *in verbis*:

Na execução fiscal haverá segundo leilão, se no primeiro não houver lanço superior à avaliação.

O art. 961, § 4º, do CPC[10] dispõe sobre a **homologação de decisão estrangeira para fins de execução fiscal** quando prevista em **tratado** ou em **promessa de reciprocidade** apresentada à autoridade brasileira. Trata-se de matéria que afeta **duplamente a ordem pública** e a **soberania nacional**, considerando que:

---

10. Art. 961. A decisão estrangeira somente terá eficácia no Brasil após a homologação de sentença estrangeira ou a concessão do exequatur às cartas rogatórias, salvo disposição em sentido contrário de lei ou tratado.
    § 4º Haverá homologação de decisão estrangeira para fins de execução fiscal quando prevista em tratado ou em promessa de reciprocidade apresentada à autoridade brasileira.

17 • EXECUÇÃO FISCAL **795**

(i) são **pronunciamentos judiciais** praticados em execuções fiscais derivadas da **cobrança de tributos de outro país** contra brasileiro ou estrangeiro residente no Brasil; e

(ii) há possibilidade de **expropriação de dinheiro, ativos financeiros e bens móveis** localizados no território nacional para a satisfação de crédito de Estado estrangeiro.

A prática de determinados atos executivos em processo estrangeiro, ainda quando submetidos ao **procedimento de homologação de sentença**, depende de **autorização prévia em tratados internacionais** ou que, pelo menos, exista a **promessa de reciprocidade**.

Como o Brasil é signatário de uma série de tratados internacionais, tanto em **matéria tributária** quanto **cível**, principalmente na **recuperação de ativos**, isso enseja a **possibilidade de execução fiscal**. Após a **concessão do *exequatur***, sendo a **decisão interlocutória** ou **sentença estrangeira homologada**, passa a ser **título executivo judicial** e é cumprida na **Justiça Federal de 1ª Instância**.

- **Prescrição Intercorrente no processo executivo fiscal**

Quando o exequente – em regra, a Fazenda Pública – **não encontra bens do devedor que possam ser penhorados**, o juízo deve determinar a **suspensão do processo por até um ano**, conforme o **art. 40 da Lei 6.830/80**:

> Art. 40. O Juiz suspenderá o curso da execução, enquanto não for localizado o devedor ou encontrados bens sobre os quais possa recair a penhora, e, nesses casos, não correrá o prazo de prescrição.
>
> § 1º Suspenso o curso da execução, será aberta vista dos autos ao representante judicial da Fazenda Pública.
>
> § 2º Decorrido o prazo máximo de 1 (um) ano, sem que seja localizado o devedor ou encontrados bens penhoráveis, o Juiz ordenará o arquivamento dos autos.
>
> § 3º Encontrados que sejam, a qualquer tempo, o devedor ou os bens, serão desarquivados os autos para prosseguimento da execução.
>
> § 4º Se da decisão que ordenar o arquivamento tiver decorrido o prazo prescricional, o juiz, depois de ouvida a Fazenda Pública, poderá, de ofício, reconhecer a prescrição intercorrente e decretá-la de imediato. (Incluído pela Lei nº 11.051, de 2004)
>
> § 5º A manifestação prévia da Fazenda Pública prevista no § 4º deste artigo será dispensada no caso de cobranças judiciais cujo valor seja inferior ao mínimo fixado por ato do Ministro de Estado da Fazenda. (Incluído pela Lei nº 11.960, de 2009).

Durante o período de um ano, a suspensão visa permitir que o exequente possa buscar meios para **localizar bens do devedor** ou **outros elementos** que permitam o **prosseguimento da execução**. Esse prazo é conhecido como **período de suspensão obrigatória**. Findo o período de um ano **sem qualquer manifestação ou localização de bens**, inicia-se automaticamente o **prazo quinquenal de prescrição intercorrente**.

Assim, a **prescrição intercorrente** não se trata de prescrição do crédito tributário, mas a **prescrição do processo executivo**, ante a **inércia do exequente** no **prazo de cinco anos** a contar do **final do sobrestamento da execução fiscal** (suspensão provisória do processo executivo).

A consolidação da jurisprudência do STJ foi sedimentada no verbete da **súmula 314**:

Em execução fiscal, não localizados bens penhoráveis, suspende-se o processo por um ano, findo o qual se inicia o prazo da prescrição quinquenal intercorrente.

Caso o **exequente permaneça inerte** durante o prazo prescricional quinquenal, **sem demonstrar a realização de atos concretos e efetivos** que impulsionem o processo, o juízo pode **reconhecer a prescrição intercorrente e extinguir a execução fiscal**, nos termos do **art. 487, II, do CPC**[11].

Assim, a prescrição intercorrente **depende da ausência de diligências pelo exequente**. Se houver **atuação concreta** durante o período, **mesmo que insuficiente para a solução do caso, o prazo prescricional pode ser suspenso**.

O juízo poderá reconhecer e decretar, por **iniciativa própria**, a **prescrição intercorrente**, nos casos em que já tenha **transcorrido o prazo prescricional quinquenal** após a **suspensão do processo** e o **arquivamento dos autos**, mediante a **oitiva do representante judicial da Fazenda Pública**.

A oitiva da Fazenda Pública poderá ser dispensada. O critério para a **dispensa da manifestação prévia** é o **valor da execução fiscal**, que deve ser inferior ao **mínimo estipulado em normas administrativas**. Esse limite visa estabelecer **economicidade no ajuizamento** e **manutenção de execuções fiscais**, de forma que não sejam movimentados recursos públicos para cobranças cujo **custo administrativo ultrapasse o montante devido**.

 JURISPRUDÊNCIA

Ementa: Direito Tributário. Recurso extraordinário. Repercussão geral. Execução fiscal. Prescrição intercorrente. Art. 40 da Lei nº 6.830/1980 e art. 146, III, b, da CF/1988. 1. Recurso extraordinário interposto pela União, em que pleiteia seja reconhecida a constitucionalidade do art. 40, caput e § 4º, da Lei nº 6.830/1980, que versa sobre prescrição intercorrente em execução fiscal. Discute-se a validade da norma, no âmbito tributário, diante da exigência constitucional de lei complementar para dispor acerca da prescrição tributária (art. 146, III, b, da CF/1988). 2. Diferença entre prescrição ordinária tributária e prescrição intercorrente tributária.

---

11. **Art. 487.** Haverá resolução de mérito quando o juiz:
    II – decidir, de ofício ou a requerimento, sobre a ocorrência de decadência ou prescrição.

3. A prescrição consiste na perda da pretensão em virtude da inércia do titular (ou do seu exercício de modo ineficaz), em período previsto em lei. Em matéria tributária, trata-se de hipótese de extinção do crédito tributário (art. 156, V, do CTN). 4. A prescrição ordinária tributária (ou apenas prescrição tributária) se inicia com a constituição definitiva do crédito tributário e baliza o exercício da pretensão de cobrança pelo credor, de modo a inviabilizar a propositura da demanda após o exaurimento do prazo de 5 (cinco) anos. A prescrição intercorrente tributária, por sua vez, requer a propositura prévia da execução fiscal, verificando-se no curso desta. Nesse caso, há a perda da pretensão de prosseguir com a cobrança. 5. A prescrição intercorrente obedece à natureza jurídica do crédito subjacente à demanda. Se o prazo prescricional ordinário é de 5 (cinco) anos, o prazo de prescrição intercorrente será também de 5 (cinco) anos. 6. Desnecessidade de lei complementar para dispor sobre prescrição intercorrente tributária. A prescrição intercorrente tributária foi introduzida pela Lei nº 6.830/1980, que tem natureza de lei ordinária. O art. 40 desse diploma não afronta o art. 146, III, b, da CF/1988, pois o legislador ordinário se limitou a transpor o modelo estabelecido pelo art. 174 do CTN, adaptando-o às particularidades da prescrição intercorrente. Observa ainda o art. 22, I, da CF/1988, porquanto compete à União legislar sobre direito processual. 7. O prazo de suspensão de 1 (um) ano (art. 40, § 1º, da Lei nº 6.830/1980) busca estabilizar a ruptura processual no tempo, de modo a ser possível constatar a probabilidade remota ou improvável de satisfação do crédito. Não seria consistente com o fim do feito executivo que, na primeira dificuldade de localizar o devedor ou encontrar bens penhoráveis, se iniciasse a contagem do prazo prescricional. Trata-se de mera condição processual da prescrição intercorrente, que pode, portanto, ser disciplinada por lei ordinária. 8. Termo inicial de contagem da prescrição intercorrente tributária. Não é o arquivamento dos autos que caracteriza o termo a quo da prescrição intercorrente, mas o término da suspensão anual do processo executivo. 9. Recurso extraordinário a que se nega provimento, com a fixação da seguinte tese de julgamento: "É constitucional o art. 40 da Lei nº 6.830/1980 (Lei de Execuções Fiscais – LEF), tendo natureza processual o prazo de 1 (um) ano de suspensão da execução fiscal. Após o decurso desse prazo, inicia-se automaticamente a contagem do prazo prescricional tributário de 5 (cinco) anos".
(**STF – RE: 636562 SC**, Relator: ROBERTO BARROSO, Data de Julgamento: 22/02/2023, Tribunal Pleno, Data de Publicação: PROCESSO ELETRÔNICO DJe-041 DIVULG 03-03-2023 PUBLIC 06-03-2023)
PROCESSUAL CIVIL. EXECUÇÃO FISCAL. DILIGÊNCIAS INFRUTÍFERAS. PRESCRIÇÃO INTERCORRENTE. OCORRÊNCIA. 1. O Superior Tribunal de Justiça firmou o entendimento de que "os requerimentos para realização de diligências que se mostraram infrutíferas em localizar o devedor ou seus bens não têm o condão de suspender ou interromper a prescrição intercorrente" (AgRg no Ag 1.372.530/RS, Rel. Min. NAPOLEÃO NUNES MAIA FILHO, DJe 19/05/2014). 2. "A efetiva constrição patrimonial e a efetiva citação (ainda que por edital) são aptas a interromper o curso da prescrição intercorrente, não bastando para tal o mero peticionamento em juízo, requerendo, v.g., a feitura da penhora sobre ativos financeiros ou sobre outros bens" (Tese 568 do STJ). 3. Hipótese em que o Tribunal a quo, ao analisar os eventos no processo de execução, posicionou-se de forma incompatível com a jurisprudência acima consolidada, motivo pelo que merece o acórdão ser cassado para que seja oportunizado novo julgamento segundo a jurisprudência desta Corte Superior. 4. Agravo interno desprovido.
(**STJ – AgInt no AREsp: 1165108 SC** 2017/0218255-6, Relator: Ministro GURGEL DE FARIA, Data de Julgamento: 18/02/2020, T1 – PRIMEIRA TURMA, Data de Publicação: DJe 28/02/2020)
PROCESSUAL CIVIL E TRIBUTÁRIO. EXECUÇÃO FISCAL. PRESCRIÇÃO INTERCORRENTE. OCORRÊNCIA. 1. De acordo com o entendimento firmado no julgamento do Recurso Especial Repetitivo 1.340.553/RS, interrompida a prescrição, in casu, pelo despacho ordinatório da citação (art. 174, parágrafo único, I, do CTN, com a redação dada pela LC n. 118/2005), a sua contagem somente volta a correr, agora na modalidade intercorrente, depois de esgotado o prazo de um ano da intimação do exequente acerca da não localização do devedor ou da inexistência de bens penhoráveis no endereço informado, referente à automática suspensão do processo.

2. Hipótese em que, consoante o suporte fático delineado pelo Tribunal estadual, o município exequente foi intimado sobre a certidão do oficial de justiça informando a não localização do imóvel indicado à penhora, porquanto teria sido demolido para a construção de um estádio de futebol, tendo deixado transcorrer o lapso prescricional sem promover diligências úteis à satisfação do crédito tributário, visto que somente veio a renovar o pedido de realização da penhora no endereço já certificado como inexistente. 3. A conformidade do acórdão recorrido com a jurisprudência do STJ enseja a aplicação do óbice de conhecimento do recurso especial estampado na Súmula 83 do STJ. 4. Agravo interno desprovido, com aplicação de multa.

(STJ – AgInt no REsp: 1955814 RJ 2021/0261149-6, Relator: Ministro GURGEL DE FARIA, Data de Julgamento: 14/03/2022, T1 – PRIMEIRA TURMA, Data de Publicação: DJe 22/03/2022)

AGRAVO INTERNO NOS EMBARGOS DE DECLARAÇÃO NO AGRAVO EM RECURSO ESPECIAL. AGRAVO DE INSTRUMENTO. AÇÃO DE EXECUÇÃO DE TÍTULO EXTRAJUDICIAL. PRESCRIÇÃO INTERCORRENTE. NÃO OCORRÊNCIA DE DESÍDIA POR PARTE DO EXEQUENTE. SÚMULA 7 DO STJ. AGRAVO DESPROVIDO. 1. "Somente a inércia injustificada do credor caracteriza a prescrição intercorrente" (REsp 1.698.249/RJ, Rel. Ministra NANCY ANDRIGHI, TERCEIRA TURMA, julgado em 14/08/2018, DJe de 17/08/2018). 2. No caso dos autos, a Corte de origem expressamente consignou que "um dos requisitos para que ocorra a prescrição intercorrente é a inércia do Credor/Exequente; mas não há falar em inércia do Exequente quando ocorrer a suspensão da execução por falta de bens penhoráveis dos Executados, como é o caso, visto que apesar de a Executada/Recorrente alegar existir a época da suspensão bens passíveis de penhora, pude verificar que o Exequente já havia diligenciado para efetivar a penhora dos imóveis por ela indicados, conforme se abstrai dos documentos colacionados (arquivo 39 do evento de nº. 03 – f. 66). Entretanto, naquela oportunidade, a alienação judicial restou frustrada (arquivo 59 do evento de nº. 03 – f. 105). Assim, o reconhecimento da prescrição intercorrente não se configura pelo simples decurso do lapso temporal descrito na norma, sendo também necessária a caracterização da desídia da parte interessada em impulsionar a demanda. (...) Deste modo, conclui-se pela ausência de prescrição intercorrente no caso 'sub examine'–, porquanto não houve inércia por desídia do Exequente, haja vista que desde o ajuizamento da ação, o mesmo se mostrou diligente em cumprir os atos processuais determinados pelo juiz". 3. Avaliar se houve desídia do exequente capaz de permitir a ocorrência de prescrição intercorrente demanda o revolvimento de matéria fático-probatória. 4. Agravo interno desprovido.

(STJ – AgInt nos EDcl no AREsp: 1894534 GO 2021/0139427-9, Data de Julgamento: 25/04/2022, T4 – QUARTA TURMA, Data de Publicação: DJe 23/05/2022)

PROCESSUAL CIVIL. TRIBUTÁRIO. EXECUÇÃO FISCAL. PRESCRIÇÃO INTERCORRENTE. RESISTÊNCIA. HONORÁRIOS ADVOCATÍCIOS. CONDENAÇÃO DA FAZENDA PÚBLICA. DESPROVIMENTO DO AGRAVO INTERNO. MANUTENÇÃO DA DECISÃO RECORRIDA. I – Trata-se de agravo interno interposto contra decisão que negou provimento ao recurso especial interposto pela União, fundado no art. 105, III, a, da Constituição Federal. II – O agravo interno não merece provimento, não sendo as razões nele aduzidas suficientes para infirmar a decisão recorrida, que deve ser mantida por seus próprios fundamentos. III – O Tribunal de origem, ao analisar o conteúdo fático dos autos, consignou expressamente que "intimada para se manifestar sobre o pedido de extinção da execução em função da prescrição intercorrente, a Exequente informou não ter identificado causas de suspensão e interrupção da prescrição." IV – Nesse contexto, o Superior Tribunal de Justiça possui jurisprudência pacífica de que é correta a condenação da Fazenda Pública em honorários sucumbenciais nas hipóteses em que houver resistência no reconhecimento da ocorrência da prescrição intercorrente nos autos da execução fiscal. Nesse sentido: EDcl no AgInt no REsp n. 1.937.012/CE, relator Ministro Francisco Falcão, Segunda Turma, julgado em 24/10/2022, DJe de 27/10/2022; AgInt nos EDcl no AREsp n. 1.959.018/PR, relatora Ministra Assusete Magalhães, Segunda Turma, julgado em 15/12/2022, DJe de 19/12/2022 e AgInt no AgInt no AREsp n. 1.958.399/PR, relator Ministro Herman Benjamin, Segunda Turma, julgado em 2/5/2022, DJe de 24/6/2022. V – Agravo interno improvido.

(STJ – AgInt no REsp: 2050593 RJ 2023/0032785-6, Relator: Ministro FRANCISCO FALCÃO, Data de Julgamento: 26/06/2023, T2 – SEGUNDA TURMA, Data de Publicação: DJe 29/06/2023)

PROCESSUAL CIVIL E TRIBUTÁRIO. RECURSO ESPECIAL REPRESENTATIVO DA CONTROVÉRSIA. EXCEÇÃO DE PRÉ-EXECUTIVIDADE. ACOLHIMENTO. PRESCRIÇÃO INTERCORRENTE. EXECUÇÃO FISCAL. EXTINÇÃO. HONORÁRIOS ADVOCATÍCIOS. CABIMENTO. AFETAÇÃO. 1. A questão jurídica a ser equacionada pelo Superior Tribunal de Justiça refere-se à possibilidade de fixação de honorários advocatícios quando a exceção de pré-executividade é acolhida para extinguir a execução fiscal, em razão do reconhecimento da prescrição intercorrente, nos termos do art. 40 da Lei n. 6.830/1980. 2. Tese controvertida: definir se é cabível a condenação ao pagamento de honorários advocatícios na exceção de pré-executividade acolhida para extinguir a execução fiscal, ante o reconhecimento da prescrição intercorrente, prevista no art. 40 da Lei n. 6.830/1980. 3. Afetação do recurso especial como representativo da controvérsia repetitiva para julgamento pela Primeira Seção do Superior Tribunal de Justiça.
(STJ – ProAfR no REsp: 2076321 SP 2023/0142433-5, Relator: Ministro GURGEL DE FARIA, Data de Julgamento: 05/12/2023, S1 – PRIMEIRA SEÇÃO, Data de Publicação: DJe 19/12/2023)
PROCESSUAL CIVIL E TRIBUTÁRIO. AGRAVO INTERNO. AGRAVO EM RECURSO ESPECIAL. EXECUÇÃO FISCAL. PRESCRIÇÃO ORDINÁRIA. NÃO CONFIGURAÇÃO. DEMORA NA CITAÇÃO INERENTE AO MECANIS-MO JUDICIÁRIO. SÚMULA 106/STJ. CONFORMIDADE COM PRECEDENTE REPETITIVO – RESP 1.102.431/RJ - TEMA 179/STJ. AUSÊNCIA DE INTIMAÇÃO DA FAZENDA EXEQUENTE QUANTO À PARALISAÇÃO DO FEITO. PRESCRIÇÃO INTERCORRENTE. NÃO OCORRÊNCIA. ORIENTAÇÃO FIRMADA EM RECURSO ESPE-CIAL REPETITIVO 1.340.553/RS – TEMAS 566 E 570. PROVIMENTO NEGADO. 1. Consoante orientação firmada no REsp 1.102.431/RJ, sob a sistemática dos recursos repetitivos - Tema 179/STJ, não há que se falar em perda da pretensão executiva quando a demora da citação decorre unicamente da inércia do Poder Judiciário. 2. A Primeira Seção do Superior Tribunal de Justiça, no julgamento do Recurso Especial 1.340.553/RS, submetido à sistemática dos repetitivos - Temas 566 e 570, consolidou o entendimento de que o início do prazo prescricional previsto no art. 40 da Lei 6.830/1980 dá-se com a ciência da Fazenda Pública acerca da não localização do devedor ou de bens penhoráveis, de modo que a ausência de intimação da exequente acerca do resultado negativo dessas diligências afasta a alegação de prescri-ção intercorrente porque nesses casos o prejuízo é presumido. 3. Ausente a intimação do ente público quanto à paralisação do feito decorrente da demora do cartório em cumprir determinação judicial de envio dos autos à Curadoria Especial, é inviável a decretação da prescrição intercorrente. 4. Agravo interno a que se nega provimento.
(STJ – AgInt no AREsp: 1623707 RJ 2019/0346821-2, Relator: Ministro PAULO SÉRGIO DOMINGUES, Data de Julgamento: 02/10/2023, T1 – PRIMEIRA TURMA, Data de Publicação: DJe 05/10/2023)
PROCESSUAL CIVIL. RECURSO ESPECIAL. EXECUÇÃO DE TÍTULO EXTRAJUDICIAL. VIOLAÇÃO DO ART. 1.022 DO CPC/2015. EMBARGOS DE DECLARAÇÃO. OMISSÃO. CONFIGURADA. NULIDADE PREJUDICADA. CE-LERIDADE. ECONOMIA PROCESSUAL. EFETIVIDADE. PRIMAZIA DO JULGAMENTO DE MÉRITO. TEORIA DA CAUSA MADURA. DEVEDOR. BENS NÃO ENCONTRADOS. PRESCRIÇÃO INTERCORRENTE. CONFIRMADA. HONORÁRIOS ADVOCATÍCIOS. SUPERVENIÊNCIA DA LEI Nº 14.195/2021. ALTERAÇÃO LEGAL. IMPOS-SIBILIDADE DE FIXAÇÃO DE HONORÁRIOS. "EXTINÇÃO SEM ÔNUS". MARCO TEMPORAL. SENTENÇA. DISSÍDIO JURISPRUDENCIAL. PREJUDICADO. 1. Execução de título extrajudicial, ajuizada em 6/11/2018, da qual foi extraído o presente recurso especial, interposto em 6/7/2022 e concluso ao gabinete em 22/9/2022. 2. O propósito recursal consiste em definir se, após a alteração do art. 921, § 5º, do CPC/15, promovida pela Lei nº 14.195/2021, o reconhecimento da prescrição intercorrente e a consequente extinção do processo obstam a condenação da parte que deu causa à ação ao pagamento de honorá-rios sucumbenciais. 3. A jurisprudência desta Corte pacificou-se em relação à aplicação do princípio da causalidade para o arbitramento de honorários advocatícios quando da extinção do processo em razão do reconhecimento da prescrição intercorrente (art. 85, § 10º, do CPC/15). 4. Todavia, após a alteração promovida pela Lei nº 14.195/2021, publicada em 26/8/2021, faz-se necessário reverter tal posicionamento, uma vez que o § 5º do art. 921 do CPC/15 dispõe expressamente que não serão imputados quaisquer ônus às partes quando reconhecida referida prescrição. 5. Nas hipóteses em que extinto o processo com resolução do mérito, em razão do reconhecimento da prescrição intercorrente, é de ser reconhecida a ausência de ônus às partes, a importar condenação nenhuma em custas e honorários sucumbenciais.

6. A legislação que versa sobre honorários advocatícios possui natureza híbrida (material-processual), de modo que o marco temporal para a aplicação das novas regras sucumbenciais deve ser a data de prolação da sentença (ou ato jurisdicional equivalente, quando diante de processo de competência originária de Tribunal). 7. Hipótese em que a sentença extinguiu o processo em 4/10/2021, ante o reconhecimento da prescrição intercorrente, e o executado/recorrente foi condenado ao pagamento de honorários sucumbenciais, quando do julgamento da apelação do exequente/recorrido. 8. Recurso especial conhecido e provido para afastar a condenação em honorários advocatícios.
(**STJ – REsp: 2025303 DF** 2022/0283433-0, Data de Julgamento: 08/11/2022, T3 – TERCEIRA TURMA, Data de Publicação: DJe 11/11/2022)

18
DIREITO DE CERTIDÃO
DE REGULARIDADE FISCAL

O **direito à certidão** é um instrumento jurídico de fundamental importância no ordenamento brasileiro, com forte embasamento constitucional. Previsto no **art. 5º, XXXIV, b, da CF/1988**[1], consagra o direito de obtenção de certidões em repartições públicas para a defesa de direitos, bem como para fins de esclarecimento de situações de interesse pessoal ou coletivo.

Esse direito está intimamente relacionado com os **princípios da publicidade** e da **transparência administrativa**, garantindo **acesso à informação** e possibilitando o **controle social** sobre os atos da Administração Pública, traduzindo-se como **prerrogativa jurídica**, de extração constitucional, destinada a viabilizar, em **favor do indivíduo** ou de uma **determinada coletividade** (como a dos segurados do sistema de previdência social), a **defesa individual** ou **coletiva** de direitos ou o **esclarecimento de situações**.

A **injusta recusa estatal em fornecer certidões**, não obstante presentes os pressupostos legitimadores dessa pretensão, autorizará a **utilização de instrumentos processuais adequados**, como o mandado de segurança ou a própria ação civil pública.

Em se tratando da **obtenção de certidões de regularidade fiscal**, dispõe o **art. 205 do CTN**:

> Art. 205. A lei poderá exigir que a prova da quitação de determinado tributo, quando exigível, seja feita por certidão negativa, expedida à vista de requerimento do interessado, que contenha todas as informações necessárias à identificação de sua pessoa, domicílio fiscal e ramo de negócio ou atividade e indique o período a que se refere o pedido.
>
> Parágrafo único. A certidão negativa será sempre expedida nos termos em que tenha sido requerida e será fornecida dentro de 10 (dez) dias da data da entrada do requerimento na repartição.

Assim, a certidão negativa é um documento que atesta a **inexistência de pendências tributárias em relação a determinado tributo** ou **obrigação acessória**, em **determinadas condições**. Trata-se de um instrumento que não apenas protege os interesses da administração tributária, mas também assegura ao contribuinte a possibilidade de

---

1. **Art. 5º** (...)

    XXXIV – são a todos assegurados, independentemente do pagamento de taxas:

    b) a obtenção de certidões em repartições públicas, para defesa de direitos e esclarecimento de situações de interesse pessoal.

provar sua conformidade fiscal. Assim, o documento serve como um **mecanismo de segurança jurídica e confiabilidade** nos relacionamentos comerciais e institucionais.

A **certidão** deve ser emitida conforme os **termos do requerimento** apresentado pelo interessado. Isso inclui a **identificação completa do solicitante** (nome, domicílio fiscal, ramo de atividade etc.) e a **especificação do período de abrangência da certidão**. Tal exigência busca garantir a clareza e a precisão no atendimento ao contribuinte.

Em regra, a **validade da certidão negativa de débitos fiscais** tem um prazo de **180** (cento e oitenta) **dias**. Com os avanços tecnológicos no compartilhamento de dados e a eficiência da atuação da administração fazendária, a **obtenção de certidão negativa passa a ser imediata,** não se fazendo valer o prazo assinalado de 10 (dez) dias do requerimento junto à repartição competente.

Vale ressaltar que a **certidão negativa de débitos**, em regra, **não serve como prova de quitação dos tributos**, vez que indica, tão somente, a **inexistência de débitos tributários lançados** ou **inscritos em dívida ativa**. Isso significa que situações de **débitos ainda não lançados** ou em **discussão administrativa ou judicial não impactam a emissão da certidão**, mas podem surgir como **exigíveis** futuramente. Essa limitação ressalta a importância de uma análise mais ampla da situação fiscal do contribuinte quando se busca uma prova robusta de quitação tributária.

Temos, ainda, a emissão de certidões que, **embora não sejam negativas, gozam dos mesmos efeitos práticos quando de sua apresentação.** Trata-se da **certidão positiva com efeitos de negativa** (CPEN), nos termos do **art. 206 do CTN**:

> Art. 206. Tem os mesmos efeitos previstos no artigo anterior a certidão de que conste a existência de créditos não vencidos, em curso de cobrança executiva em que tenha sido efetivada a penhora, ou cuja exigibilidade esteja suspensa.

A emissão dessa certidão está condicionada a **três situações principais:**

- **créditos não vencidos**: ocorre quando os débitos tributários ainda se encontram no prazo de pagamento;

- **créditos com penhora efetivada**: em se tratando de débitos em fase executiva, a certidão será emitida, desde que exista garantia suficiente para cobrir o montante devido;

- **créditos com a exigibilidade suspensa**: quando o débito estiver acobertado por uma das hipóteses de suspensão da exigibilidade previstas no **art. 151 do CTN.**

Tais situações permitem ao contribuinte, **mesmo com pendências fiscais**, continuar exercendo direitos e atividades que **dependam da regularidade fiscal**, garantindo **equilíbrio entre o interesse público** e a **preservação de direitos do contribuinte**.

O direito à certidão representa um dos **pilares do exercício da cidadania** e do **controle social**, permitindo que indivíduos e coletividades busquem esclarecimentos e defendam seus direitos. É dever da Administração Pública atender a essa prerrogativa, sob pena de violação a direitos fundamentais do contribuinte.

 JURISPRUDÊNCIA

PROCESSUAL CIVIL E FALIMENTAR. AGRAVO INTERNO NO RECURSO ESPECIAL. RECUPERAÇÃO JUDICIAL. HOMOLOGAÇÃO DE PLANO. EXIGÊNCIA DE APRESENTAÇÃO DE CERTIDÕES NEGATIVAS DE DÉBITOS FISCAIS. DESNECESSIDADE. PRECEDENTES DA TERCEIRA E QUARTA TURMAS. AGRAVO INTERNO NÃO PROVIDO. 1. A jurisprudência do STJ adotou o entendimento de que a apresentação de certidões negativas de débitos tributários não constitui requisito obrigatório para a concessão da recuperação judicial da empresa devedora, em virtude da incompatibilidade da exigência com a relevância da função social da empresa e o princípio que objetiva sua preservação. 2. Agravo interno não provido.
(**STJ – AgInt no REsp: 2070315 MT** 2023/0141277-2, Relator: Ministro MOURA RIBEIRO, Data de Julgamento: 11/09/2023, T3 – TERCEIRA TURMA, Data de Publicação: DJe 13/09/2023)
PROCESSUAL CIVIL E FALIMENTAR. AGRAVO INTERNO NO RECURSO ESPECIAL. RECUPERAÇÃO JUDICIAL. HOMOLOGAÇÃO DE PLANO. EXIGÊNCIA DE APRESENTAÇÃO DE CERTIDÕES NEGATIVAS DE DÉBITOS FISCAIS. DESNECESSIDADE. PRECEDENTES DA TERCEIRA E QUARTA TURMAS. AGRAVO INTERNO NÃO PROVIDO. 1. A jurisprudência do STJ adotou o entendimento de que a apresentação de certidões negativas de débitos tributários não constitui requisito obrigatório para a concessão da recuperação judicial da empresa devedora, em virtude da incompatibilidade da exigência com a relevância da função social da empresa e o princípio que objetiva sua preservação. 2. Agravo interno não provido.
(**STJ – AgInt no REsp: 2070315 MT** 2023/0141277-2, Relator: Ministro MOURA RIBEIRO, Data de Julgamento: 11/09/2023, T3 – TERCEIRA TURMA, Data de Publicação: DJe 13/09/2023)
RECURSO ESPECIAL. EMPRESARIAL. RECUPERAÇÃO JUDICIAL. CERTIDÕES NEGATIVAS DE DÉBITO FISCAL. APRESENTAÇÃO. NECESSIDADE. PRECLUSÃO. COISA JULGADA. AFASTAMENTO. INTIMAÇÃO. FAZENDAS PÚBLICAS. AUSÊNCIA. JULGAMENTO EXTRA PETITA. DECISÃO SURPRESA. NÃO OCORRÊNCIA. 1. A questão controvertida resume-se a definir (i) se houve violação à coisa julgada, decisão extra petita e desrespeito ao contraditório e à ampla defesa com a prolação de decisão surpresa e (ii) se pode ser concedida a recuperação judicial sem a apresentação de certidão negativa de débitos tributários. 2. Após a entrada em vigor da Lei nº 14.112/2020 e a implementação de um programa legal de parcelamento factível, é indispensável que as sociedades em recuperação judicial apresentem as certidões negativas de débito tributário (ou positivas com efeitos de negativas) sob pena de ser indeferida a recuperação judicial, diante da violação do artigo 57 da LREF. Precedente. 3. A não apresentação das certidões não enseja o decreto de falência, pois não há previsão legal específica nesse sentido, implicando somente a suspensão da recuperação judicial. 4. Na hipótese, as Fazendas Públicas não foram intimadas da decisão que concedeu a recuperação judicial, de forma que não haveria como dela recorrerem. 5. Nos termos da jurisprudência desta Corte a nulidade decorrente de decisão que viola norma cogente pode ser declarada de ofício, sem que isso implique julgamento extra petita. 6. A exigência de regularidade fiscal está inserta no âmbito de desdobramento causal, possível e natural da controvérsia, obtido a partir de um juízo de ponderação do magistrado à luz do ordenamento jurídico vigente, o que não caracteriza decisão surpresa. 7. Recurso especial não provido.
(**STJ – REsp: 2093519 SP** 2023/0190621-4, Relator: Ministro RICARDO VILLAS BÔAS CUEVA, Data de Julgamento: 28/11/2023, T3 – TERCEIRA TURMA, Data de Publicação: DJe 06/12/2023)

PROCESSUAL CIVIL E TRIBUTÁRIO. EMBARGOS DE DIVERGÊNCIA EM AGRAVO EM RECURSO ESPECIAL. CERTIDÃO NEGATIVA DE DÉBITOS – CND OU CERTIDÃO POSITIVA COM EFEITO DE NEGATIVA DE DÉBITOS – CPEND. PENDÊNCIA EM NOME DA MATRIZ OU DA FILIAL. EMISSÃO. IMPOSSIBILIDADE. AUTONOMIA ADMINISTRATIVA E OPERACIONAL DA FILIAL. EXISTÊNCIA. AUTONOMIA PARA FINS DE REGULARIDADE FISCAL. AUSÊNCIA. I – Consoante o decidido pelo Plenário desta Corte, na sessão realizada em 09.03.2016, o regime recursal será determinado pela data da publicação do provimento jurisdicional impugnado. Aplica-se, in casu, o Código de Processo Civil de 2015. II – E preciso ter presente, consoante disposto em normas de direito privado, que filial (i) não se constitui mediante registro de ato constitutivo, (ii) encerra conformação secundária em relação à pessoa jurídica de direito privado; e (iii) a inscrição no CNPJ é decorrente da considerável amplitude da "identificação nacional cadastral única". III – A regularidade fiscal no tocante aos créditos tributários diz com a pessoa, física ou jurídica, que detém aptidão para figurar no polo passivo de relação jurídica tributária. Nesse prisma, cuida-se de situação pertinente àquele que figura como sujeito passivo da obrigação tributária, ente revestido de personalidade jurídica. IV – Conquanto haja autonomia operacional e administrativa da filial, tais características não alcançam o contexto da emissão de certidões negativas de pendências fiscais, as quais se inserem na seara da empresa e não do estabelecimento. V – A Administração Tributária não deve emitir CND e/ou CPEND à filial na hipótese em que há pendência fiscal oriunda da matriz ou de outra filial. VI – Embargos de Divergência providos.
(**STJ – EAREsp: 2025237 GO** 2021/0363194-1, Data de Julgamento: 02/03/2023, S1 – PRIMEIRA SEÇÃO, Data de Publicação: DJe 07/03/2023)

PROCESSUAL CIVIL E TRIBUTÁRIO. EMBARGOS DE DIVERGÊNCIA EM AGRAVO EM RECURSO ESPECIAL. CERTIDÃO NEGATIVA DE DÉBITOS – CND OU CERTIDÃO POSITIVA COM EFEITO DE NEGATIVA DE DÉBITOS – CPEND. PENDÊNCIA EM NOME DA MATRIZ OU DA FILIAL. EMISSÃO. IMPOSSIBILIDADE. AUTONOMIA ADMINISTRATIVA E OPERACIONAL DA FILIAL. EXISTÊNCIA. AUTONOMIA PARA FINS DE REGULARIDADE FISCAL. AUSÊNCIA. I – Consoante o decidido pelo Plenário desta Corte, na sessão realizada em 09.03.2016, o regime recursal será determinado pela data da publicação do provimento jurisdicional impugnado. Aplica-se, in casu, o Código de Processo Civil de 2015. II – E preciso ter presente, consoante disposto em normas de direito privado, que filial (i) não se constitui mediante registro de ato constitutivo, (ii) encerra conformação secundária em relação à pessoa jurídica de direito privado; e (iii) a inscrição no CNPJ é decorrente da considerável amplitude da "identificação nacional cadastral única". III – A regularidade fiscal no tocante aos créditos tributários diz com a pessoa, física ou jurídica, que detém aptidão para figurar no polo passivo de relação jurídica tributária. Nesse prisma, cuida-se de situação pertinente àquele que figura como sujeito passivo da obrigação tributária, ente revestido de personalidade jurídica. IV – Conquanto haja autonomia operacional e administrativa da filial, tais características não alcançam o contexto da emissão de certidões negativas de pendências fiscais, as quais se inserem na seara da empresa e não do estabelecimento. V – A Administração Tributária não deve emitir CND e/ou CPEND à filial na hipótese em que há pendência fiscal oriunda da matriz ou de outra filial. VI – Embargos de Divergência providos.
(**STJ – EAREsp: 2025237 GO** 2021/0363194-1, Data de Julgamento: 02/03/2023, S1 – PRIMEIRA SEÇÃO, Data de Publicação: DJe 07/03/2023)

PROCESSUAL CIVIL. DISPENSA DA APRESENTAÇÃO DE CERTIDÕES NEGATIVAS PARA LIBERAÇÃO DE VERBAS DECORRENTES DE CONVÊNIO FIRMADO ENTRE AS PARTES. REPASSE DE VERBAS PARA ÁREA DA SAÚDE. ACÓRDÃO RECORRIDO FUNDADO EM MATÉRIA CONSTITUCIONAL E INFRACONS-TITUCIONAL. NÃO INTERPOSIÇÃO DE RECURSO EXTRAORDINÁRIO. INCIDÊNCIA DA SÚMULA 126/STJ. 1. O Tribunal de origem, ao solucionar a controvérsia, se amparou não só em fundamentos infraconstitucionais, mas também em motivação eminentemente constitucional. Confira-se (fl. 203, e-STJ): "A controvérsia dos autos cinge-se na análise da legalidade do ato administrativo que condicionou a celebração de convênios com a Secretaria Estadual de Saúde para o recebimento de repasses provenientes do Sistema Único de Saúde (S.U.S.) à apresentação de certidões negativas de débito por parte da Irmandade da Santa Casa de Misericórdia Nossa Senhora do Rosário de Colombo.

18 • DIREITO DE CERTIDÃO DE REGULARIDADE FISCAL

Em que pese a Apelada seja pessoa jurídica de direito privado é uma entidade sem fins lucrativos, de caráter beneficente, cuja finalidade principal é a prestação de serviços médicos e hospitalares às pessoas carentes. Dessa forma, tendo em vista a essencialidade dos serviços prestados pela referida entidade filantrópica, conclui-se que a exigência de apresentação de certidões negativas de débito não pode se sobrepor ao direito fundamental à saúde constitucionalmente tutelado (art. 196 – CF)". 2. Portanto, a Corte a quo, ao firmar o entendimento de que a celebração do convênio não está condicionada à apresentação de certidões negativas de débito pela agravada, o fez sob a ótica constitucional e infraconstitucional, situação que desafia o manejo não só do Recurso Especial, mas também do Recurso Extraordinário. Entretanto, o recorrente não interpôs o cabível Apelo extraordinário, atraindo a aplicação da Súmula 126 do STJ. 3. Cumpre ressaltar que a entrada em vigor do CPC/2015 não afetou a higidez da Súmula 126 do STJ, segundo a qual "é inadmissível o recurso especial, quando o acórdão recorrido assenta em fundamentos constitucional e infraconstitucional, qualquer deles suficiente, por si só, para mantê-lo, e a parte vencida não manifesta recurso extraordinário", razão por que não há falar em aplicação do art. 1.032 do CPC/2015 à espécie. 4. Agravo conhecido para não conhecer do Recurso Especial.
(**STJ – AREsp: 1586001 PR** 2019/0279967-0, Relator: Ministro HERMAN BENJAMIN, Data de Julgamento: 10/03/2020, T2 – SEGUNDA TURMA, Data de Publicação: DJe 19/05/2020)
PROCESSUAL CIVIL E ADMINISTRATIVO. EMPRESA EM RECUPERAÇÃO JUDICIAL. LICITAÇÃO. PARTICIPA-ÇÃO. POSSIBILIDADE. CERTIDÃO NEGATIVA DE DÉBITOS FISCAIS. APRESENTAÇÃO. DESNECESSIDADE. 1. O Plenário do STJ decidiu que "aos recursos interpostos com fundamento no CPC/1973 (relativos a decisões publicadas até 17 de março de 2016) devem ser exigidos os requisitos de admissibilidade na forma nele prevista, com as interpretações dadas até então pela jurisprudência do Superior Tribunal de Justiça" (Enunciado Administrativo n. 2). 2. De acordo com o art. 52, II, da Lei n. 11.101/2005, o juiz deferirá o processamento da recuperação judicial e, no mesmo ato, determinará a dispensa da apresentação de certidões negativas para que o devedor exerça suas atividades, exceto para contratação com o Poder Público ou para recebimento de benefícios ou incentivos fiscais ou creditícios, observando o disposto no art. 69 da mesma Lei. 3. O Tribunal de origem, mediante o prestígio ao princípio da preservação da empresa em recuperação judicial (art. 47 da Lei n. 11.101/2005), autorizou a agravada a participar de procedimento licitatório, independentemente da apresentação de certidão negativa de regularidade fiscal, em razão do fato de estar submetida ao regime da recuperação judicial, observados os demais requisitos estabelecidos no edital, entendendo que "parece ser inexigível qualquer demonstração de regularidade fiscal para as empresas em recuperação judicial, seja para continuar no exercício de sua atividade, seja para contratar ou continuar executando contrato com o Poder Público". 4. A Corte Especial do STJ firmou a compreensão de que o art. 47 da referida lei serve como um norte a guiar a operacionali-dade da recuperação judicial, sempre com vistas ao desígnio do instituto, que é "viabilizar a superação da situação de crise econômico-financeira do devedor, a fim de permitir a manutenção da fonte produtora, do emprego dos trabalhadores e dos interesses dos credores, promovendo, assim, a preservação da empresa, sua função social e o estímulo à atividade econômica" (REsp 1.187.404/MT, Rel. Ministro LUIS FELIPE SALOMÃO, CORTE ESPECIAL, julgado em 19/06/2013, DJe 21/08/2013). 5. A Segunda Seção desta Corte Superior, em uma exegese teleológica da nova Lei de Falências, tem reconhecido a desnecessidade de "apresentação de certidão negativa de débito tributário como pressuposto para o deferimento da recuperação judicial" (AgInt no AREsp 1185380/SC, Rel. Ministro RICARDO VILLAS BÔAS CUEVA, TERCEIRA TURMA, julgado em 26/06/2018, DJe 29/06/2018, e AgInt no AREsp 958.025/RS, Rel. Ministro LUIS FELIPE SALOMÃO, QUARTA TURMA, julgado em 1º/12/2016, DJe 09/12/2016). 6. Este Tribunal "vem entendendo ser inexigível, pelo menos por enquanto, qualquer demonstração de regularidade fiscal para as empresas em recuperação judicial, seja para continuar no exercício de sua atividade (já dispensado pela norma), seja para contratar ou continuar executando contrato com o Poder Público" (AgRg no AREsp 709.719/RJ, Rel. Ministro HERMAN BENJAMIN, SEGUNDA TURMA, julgado em 13/10/2015, DJe 12/02/2016). 7. A inexigibilidade de apresentação de certidões negativas de débitos tributários pelas sociedades empresárias em recuperação judicial, para fins de contratar ou continuar executando contrato com a administração pública, abrange, por óbvio, participar de procedimentos licitatórios, caso dos autos.

8. Ao examinar o tema sob outro prisma, a Primeira Turma do STJ, mediante a ponderação equilibrada dos princípios encartados nas Leis n. 8.666/1993 e 11.101/2005, entendeu possível relativizar a exigência de apresentação de certidão negativa de recuperação judicial, a fim de possibilitar à empresa em recuperação judicial participar de certame licitatório, desde que demonstrada, na fase de habilitação, a sua viabilidade econômica (AREsp 309.867/ES, Rel. Ministro GURGEL DE FARIA, PRIMEIRA TURMA, julgado em 26/06/2018, DJe 08/08/2018). 9. Agravo conhecido para negar provimento ao recurso especial.
(STJ – AREsp: 978453 RJ 2016/0234653-5, Relator: Ministro GURGEL DE FARIA, Data de Julgamento: 06/10/2020, T1 – PRIMEIRA TURMA, Data de Publicação: DJe 23/10/2020)
TRIBUTÁRIO E PROCESSUAL CIVIL. AGRAVO INTERNO NO AGRAVO EM RECURSO ESPECIAL. CERTIDÃO NEGATIVA DE DÉBITO TRIBUTÁRIO – CND. POSSIBILIDADE DE EXPEDIÇÃO PARA FILIAL DE UM MESMO GRUPO ECONÔMICO, DE MANEIRA INDIVIDUALIZADA. PRECEDENTES. AGRAVO INTERNO IMPROVIDO. I. Agravo interno aviado contra decisão que julgara recurso interposto contra decisum publicado na vigência do CPC/2015. II. A jurisprudência consolidada nesta Segunda Turma é no sentido de que, por contar com CNPJ individual, cada estabelecimento da sociedade empresária tem direito à expedição de certidão negativa de débito, ou positiva com efeito de negativa, mesmo no caso de haver pendências tributárias em nome de outros estabelecimentos do mesmo grupo econômico. Precedentes desta Corte. III. Agravo interno improvido.
(STJ – AgInt no AREsp: 1968247 SP 2021/0296913-3, Relator: Ministra ASSUSETE MAGALHÃES, Data de Julgamento: 07/12/2022, T2 – SEGUNDA TURMA, Data de Publicação: DJe 14/12/2022)
TRIBUTÁRIO. AGRAVO INTERNO NO RECURSO ESPECIAL. DÍVIDA ATRIBUÍDA AO CNPJ DA CÂMARA DOS VEREADORES QUE COMPROMETE A REGULARIDADE FISCAL DO RESPECTIVO MUNICÍPIO. AUSÊNCIA DE DIREITO À EXPEDIÇÃO DE CERTIDÃO NEGATIVA DE DÉBITOS OU DE CERTIDÃO POSITIVA COM EFEITO DE NEGATIVA. AGRAVO INTERNO DO ESTADO DO RIO GRANDE DO NORTE E DA ASSEMBLEIA LEGISLATIVA DO ESTADO DO RIO GRANDE DO NORTE A QUE SE NEGA PROVIMENTO. 1. A jurisprudência desta Corte orienta que a existência de dívidas tributárias da Câmara dos Vereadores compromete a regularidade fiscal do respectivo Município. Com efeito, a exigibilidade de tais débitos resulta na ausência de direito à expedição de certidão negativa de débitos ou de certidão positiva com efeito de negativa (arts. 205 e 206 do CTN). Precedentes: AgRg no REsp. 1.550.941/BA, Rel. Min. HUMBERTO MARTINS, DJe 16.11.2015; AgRg no REsp. 1.410.903/PE, Rel. Min. SÉRGIO KUKINA, DJe 27.8.2015; AgRg no AREsp. 686.443/PE, Rel. Min. HERMAN BENJAMIN, DJe 5.8.2015. 2. A personalidade jurídica de direito público interno é do Município, e não de um ou outro órgão de sua repartição interna, ainda que sejam eles dotados de CNPJ e de relativa autonomia, do que decorre a inviabilidade de se imputar a existência de débitos tributários para com a União a um ou outro órgão municipal, senão à própria Municipalidade. 3. Agravo Interno do ESTADO DO RIO GRANDE DO NORTE e da ASSEMBLEIA LEGISLATIVA DO ESTADO DO RIO GRANDE DO NORTE a que se nega provimento.
(STJ – AgInt no REsp: 1801936 RN 2019/0064068-5, Relator: Ministro NAPOLEÃO NUNES MAIA FILHO, Data de Julgamento: 08/09/2020, T1 – PRIMEIRA TURMA, Data de Publicação: DJe 14/09/2020)
AGRAVO INTERNO. RECURSO ESPECIAL. PESSOA JURÍDICA. EXIGÊNCIA DE CERTIDÃO NEGATIVA DE DÉBITOS. ANTINOMIA ENTRE A LEI N. 8.934/1994 E AS LEIS TRIBUTÁRIAS ANTERIORES, IDENTIFICANDO-SE UMA ANTINOMIA DE SEGUNDO GRAU. CONFLITO ENTRE O CRITÉRIO CRONOLÓGICO E O DA ESPECIALIDADE. HIPÓTESE DE PREVALÊNCIA DO CRITÉRIO CRONOLÓGICO. 1. A jurisprudência do STJ firmou o entendimento no sentido de que para argumento de alteração de contrato perante a junta comercial não mais subsistem as exigências de certidões negativas de débitos com FGTS e com a União, porque previstas em leis anteriores (Decreto-Lei n. 1.715/1979 e Lei n. 8.036/1990). Para tanto, prevalece, apenas, a exigência de certidão negativa do INSS, pois inserida na Lei n. 8.212/1991 por força da Lei n. 9.032/1995, lei posterior à Lei n. 8.934/1994. 2. Agravo interno a que se nega provimento.
(STJ – AgInt no REsp: 1466920 RS 2014/0167704-9, Relator: Ministra MARIA ISABEL GALLOTTI, Data de Julgamento: 06/02/2020, T4 – QUARTA TURMA, Data de Publicação: DJe 11/02/2020)

AGRAVO INTERNO NO RECURSO ESPECIAL. AGRAVO DE INSTRUMENTO. VIOLAÇÃO AO PRINCÍPIO DA CO-LEGIALIDADE. DECISÃO MONOCRÁTICA. POSTERIOR RATIFICAÇÃO PELO COLEGIADO, EM JULGAMENTO DE AGRAVO INTERNO. AUSÊNCIA DE NULIDADE. PRECEDENTES. RECUPERAÇÃO JUDICIAL. EXIGÊNCIA DE APRESENTAÇÃO DE CERTIDÃO NEGATIVA DE DÉBITO. DESNECESSIDADE. PRECEDENTES. AGRAVO INTERNO DESPROVIDO. 1. Conforme a jurisprudência desta Corte Superior, a legislação vigente (art. 932 do CPC/2015 e Súmula 568/STJ) permite ao relator julgar monocraticamente recurso inadmissível ou, ainda, aplicar a jurisprudência consolidada deste Tribunal. 2. Ainda que assim não fosse, eventual vício ficaria superado, mediante a apreciação da matéria pelo órgão colegiado no âmbito do agravo interno. 3. A apresentação das certidões negativas de débitos tributários não constitui requisito obrigatório para a concessão da recuperação judicial da empresa devedora, em virtude da incompatibilidade da exigência com a relevância da função social da empresa e o princípio que objetiva sua preservação. Precedentes. 4. O mero não conhecimento ou a improcedência do agravo interno não enseja a necessária imposição da multa prevista no art. 1.021, § 4º, do CPC/2015, tornando-se imperioso para tal que seja nítido o descabimento do recurso, o que não se verifica no caso concreto. 5. Agravo interno desprovido.
(STJ – AgInt no REsp: 1998612 SP 2022/0118511-9, Data de Julgamento: 19/09/2022, T3 – TERCEIRA TURMA, Data de Publicação: DJe 21/09/2022)

TRIBUTÁRIO. CERTIDÃO NEGATIVA DE DÉBITO (CND) OU CERTIDÃO POSITIVA COM EFEITO DE NEGATIVA (CPD-EN). DÉBITO EM NOME DA MATRIZ OU DA FILIAL. EXPEDIÇÃO. IMPOSSIBILIDADE. 1. A Primeira Turma do STJ, ao julgar tema relacionado à possibilidade de expedição de CPD-EN (Certidão Positiva de Débitos com Efeito de Negativa) para uma das filiais de estabelecimento comercial quando exista pendência tributária da matriz ou de outras filiais, revendo seu entendimento, passou a considerar que filiais são estabelecimentos secundários da mesma pessoa jurídica, desprovidas de personalidade jurídica e patrimônio próprios, de modo a existir uma relação de dependência a impedir a expedição dessa certidão quando há dívida de algum estabelecimento integrante do grupo. (AgInt no AREsp 1.286.122/DF, Rel. Ministro SÉRGIO KUKINA, Rel. p/ Acórdão Ministro GURGEL DE FARIA, Primeira Turma, julgado em 27/08/2019, DJe 12/09/2019). 2. Agravo interno desprovido.
(STJ – AgInt no REsp: 1968452 SP 2021/0337629-5, Data de Julgamento: 09/05/2022, T1 – PRIMEIRA TURMA, Data de Publicação: DJe 12/05/2022)

TRIBUTÁRIO. PROCESSO CIVIL. AGRAVO INTERNO NO RECURSO ESPECIAL. CPC/2015. APLICABILIDADE. ART. 1.022, II, DO CÓDIGO DE PROCESSO CIVIL DE 2015. ALEGAÇÕES GENÉRICAS. SÚMULA N. 284/STF. PRESTAÇÃO DE CAUÇÃO POR MEIO DE SEGURO GARANTIA. EXPEDIÇÃO DE CERTIDÃO POSITIVA COM EFEITO DE NEGATIVA. LEGITIMIDADE. APLICAÇÃO DE MULTA. ART. 1.021, § 4º, DO CÓDIGO DE PROCESSO CIVIL DE 2015. DESCABIMENTO. I – Consoante o decidido pelo Plenário desta Corte na sessão realizada em 09.03.2016, o regime recursal será determinado pela data da publicação do provimento jurisdicional impugnado. Aplica-se, no caso, o Código de Processo Civil de 2015. II – Não se pode conhecer a apontada violação ao art. 1.022, II, do Código de Processo Civil de 2015, porquanto o recurso cinge-se a alegações genéricas e, por isso, não demonstra, com transparência e precisão, qual seria o ponto omisso, contraditório ou obscuro do acórdão recorrido, a sua importância para o deslinde da controvérsia, bem como o porquê não estaria devidamente fundamentado, o que atrai o óbice da Súmula 284 do Supremo Tribunal Federal, aplicável, por analogia, no âmbito desta Corte. III – O posicionamento do tribunal de origem está em sintonia com a orientação deste Superior Tribunal segundo a qual se revela legítima a prestação de caução, mediante o oferecimento de fiança bancária ou seguro garantia, para garantir o débito exequendo, em equiparação ou antecipação à penhora, com o escopo precípuo de viabilizar a expedição de Certidão Positiva com Efeitos de Negativa e a oposição de Embargos à Execução. IV – Em regra, descabe a imposição da multa prevista no art. 1.021, § 4º, do Código de Processo Civil de 2015 em razão do mero desprovimento do Agravo Interno em votação unânime, sendo necessária a configuração da manifesta inadmissibilidade ou improcedência do recurso a autorizar sua aplicação, o que não ocorreu no caso. V – Agravo Interno desprovido.
(STJ – AgInt no REsp: 1991540 PB 2022/0076528-0, Data de Julgamento: 15/08/2022, T1 – PRIMEIRA TURMA, Data de Publicação: DJe 18/08/2022)

TRIBUTÁRIO. AGRAVO INTERNO NO RECURSO ESPECIAL. EMBARGOS À EXECUÇÃO FISCAL. OFERECIMENTO DE SEGURO-GARANTIA. IMPOSSIBILIDADE DE SUSPENDER A EXIGIBILIDADE DA COBRANÇA DE CRÉDITOS DE NATUREZA TRIBUTÁRIA. AGRAVO INTERNO IMPROVIDO. I. Agravo interno aviado contra decisão que julgara Recurso Especial interposto contra acórdão publicado na vigência do CPC/2015. II. É pacífico nesta Corte Superior o entendimento de que, muito embora a prestação de seguro-garantia seja suficiente para a emissão de certidão positiva com efeito de negativa e para o oferecimento de Embargos à Execução, não se apresenta como meio apto a suspender a exigibilidade de crédito tributário, por ausência de previsão no art. 151 do CTN. Precedentes. III. Agravo interno improvido.
(STJ – AgInt no REsp: 1965194 DF 2021/0312303-9, Relator: Ministra ASSUSETE MAGALHÃES, Data de Julgamento: 07/12/2022, T2 – SEGUNDA TURMA, Data de Publicação: DJe 14/12/2022)
PROCESSUAL CIVIL E TRIBUTÁRIO. AGRAVO INTERNO NO AGRAVO EM RECURSO ESPECIAL. OFENSA AO ART. 1.022 DO CÓDIGO DE PROCESSO CIVIL DE 2015. INOCORRÊNCIA. AÇÃO CAUTELAR. CAUÇÃO OFERECIDA PARA GARANTIA DO DÉBITO E OBTENÇÃO DE CERTIDÃO POSITIVA DE DÉBITOS COM EFEITO DE NEGATIVA. ENTENDIMENTO FIRMADO NO JULGAMENTO DO RESP 1.123.669/RS, SUBMETIDO À SISTEMÁTICA DOS RECURSOS REPETITIVOS. INCIDÊNCIA DA SÚMULA 83/STJ. AGRAVO INTERNO NÃO PROVIDO. 1. Não se configura a alegada ofensa ao art. 1.022 do Código de Processo Civil de 2015, uma vez que o Tribunal de origem julgou integralmente a lide e solucionou, de maneira amplamente fundamentada, a controvérsia, em conformidade com o que lhe foi apresentado. Observa-se que não se trata de omissão, contradição ou obscuridade, tampouco de correção de erro material, mas sim de inconformismo direto com o resultado do acórdão, que foi contrário aos interesses da parte recorrente. 2. Ressalte-se que a mera insatisfação com o conteúdo da decisão não enseja Embargos de Declaração. Esse não é o objetivo dos Aclaratórios, recurso que se presta tão somente a sanar contradições ou omissões decorrentes da ausência de análise dos temas trazidos à tutela jurisdicional, no momento processual oportuno, conforme o art. 1.022 do CPC/2015. 3. Quando do julgamento do REsp 1.123.669/RS (Rel. Min. Luiz Fux, DJ de 1.2.2010), submetido à sistemática dos Recursos Repetitivos (art. 543-C do CPC/1973), a Primeira Seção do STJ reconheceu a possibilidade de o contribuinte oferecer caução, mediante Ação Cautelar, antes da propositura da Execução Fiscal, sendo tal garantia equiparável à penhora antecipada e viabilizadora da certidão pretendida, desde que prestada em valor suficiente à garantia do juízo (AgInt no AREsp 1.365.883/MS, Min. Mauro Campbell Marques, Segunda Turma, DJe 19.2.2019). 4. Dessume-se que o acórdão recorrido está em sintonia com o atual entendimento do STJ, razão pela qual não merece prosperar a irresignação. Incide, in casu, o princípio estabelecido na Súmula 83/STJ: "Não se conhece do Recurso Especial pela divergência, quando a orientação do Tribunal se firmou no mesmo sentido da decisão recorrida." 5. Cumpre ressaltar que a referida orientação é aplicável também aos recursos interpostos pela alínea a do inciso III do art. 105 da Constituição Federal de 1988. Nesse sentido: REsp 1.186.889/DF, Segunda Turma, Rel. Ministro Castro Meira, DJe de 2.6.2010. 6. Agravo Interno não provido.
(STJ – AgInt no AREsp: 2235269 BA 2022/0337839-6, Relator: Ministro HERMAN BENJAMIN, Data de Julgamento: 13/03/2023, T2 – SEGUNDA TURMA, Data de Publicação: DJe 04/04/2023)

19
IMPOSTOS EM ESPÉCIE

Conforme já analisado, os **impostos** têm a sua definição estabelecida no CTN, nos termos do **art. 16**[1]. Não há necessidade de **lei complementar** para a sua **instituição dos impostos**, salvo nos casos do **Imposto sobre Grandes Fortunas** (IGF), conforme reza o **art. 153, VII, da CF/1988**[2], dos **impostos residuais**, estabelecidos no **art. 154, I, da CF/1988**[3] e, com o advento da **Reforma Tributária**, o **Imposto Seletivo**, de acordo com o **art. 153, VIII, da CF/1988**[4] e o **Imposto sobre Bens e Serviços** (IBS), com fundamento no **art. 156-A da CF/1988**[5].

No entanto, o **art. 146, III, *a*, da CF/1988**[6], determina que a **estrutura jurídica dos impostos**, qual seja, os seus fatos geradores, bases de cálculo e contribuintes devem estar dispostos numa lei complementar em âmbito nacional. Entende-se como **estrutura jurídica** o **regramento de incidência tributária**.

A grande gama dos impostos estabelecidos na Constituição Federal possui sua estrutura jurídica disposta na **Lei 5.172/66**, o **Código Tributário Nacional** (CTN), a partir do **art. 19**[7]. Porém, no que diz respeito ao **Imposto sobre Circulação de Mercadorias e Serviços de Transporte Interestadual e Intermunicipal e de Comunicações** (ICMS), ao **Imposto sobre Serviços de Qualquer Natureza** (ISS), ao **Imposto Seletivo** (IS) e ao **Imposto sobre Bens e Serviços** (IBS), a disposição da estrutura jurídica encontra-se em **lei complementar nacional apartada da codificação tributária**.

---

1. **Art. 16**. Imposto é o tributo cuja obrigação tem por fato gerador uma situação independente de qualquer atividade estatal específica, relativa ao contribuinte.
2. **Art. 153**. Compete à União instituir impostos sobre:
   VII – grandes fortunas, nos termos de lei complementar.
3. **Art. 154**. A União poderá instituir:
   I – mediante lei complementar, impostos não previstos no artigo anterior, desde que sejam não cumulativos e não tenham fato gerador ou base de cálculo próprios dos discriminados nesta Constituição.
4. **Art. 153** (…)
   VIII – produção, extração, comercialização ou importação de bens e serviços prejudiciais à saúde ou ao meio ambiente, nos termos de lei complementar.
5. **Art. 156-A**. Lei complementar instituirá imposto sobre bens e serviços de competência compartilhada entre Estados, Distrito Federal e Municípios.
6. **Art. 146**. Cabe à lei complementar:
   III – estabelecer normas gerais em matéria de legislação tributária, especialmente sobre:
   a) definição de tributos e de suas espécies, bem como, em relação aos impostos discriminados nesta Constituição, a dos respectivos fatos geradores, bases de cálculo e contribuintes.
7. **Art. 19**. O imposto, de competência da União, sobre a importação de produtos estrangeiros tem como fato gerador a entrada destes no território nacional.

Para o **ICMS**, temos a **Lei Complementar 87/96**, com alterações posteriores; o **ISS** tem seu regramento de incidência previsto na **Lei Complementar 116/03**. Já o **Imposto Seletivo** (IS) e o **Imposto sobre Bens e Serviços** (IBS) têm o regramento de incidência estabelecido pela **PLP 68/2024**, que será brevemente sancionada como lei complementar nacional.

No que diz respeito ao **Imposto sobre Transmissão *Causa Mortis* e Doações de quaisquer bens ou direitos** (ITCMD), o regramento de incidência encontra-se descrito na **PLP 108/2024**, a partir do **art. 163**[8].

Por fim, o **Imposto sobre a Propriedade de Veículos Automotores** (IPVA) não possui nenhuma determinação das normas gerais mediante edição de uma **lei complementar nacional**. Por esta razão, o STF, aplicando o disposto no **art. 24, § 3º, da CF/1988**[9], determinou a **competência legislativa plena dos Estados** para legislarem sobre o IPVA, enquanto não sobrevier lei complementar nacional. Dentre outros julgados, destacamos o **AgRg no RE 414.259**, de relatoria do então Min. Eros Grau, reafirmando a competência dos Estados para edição de normas gerais referentes ao IPVA, no exercício da competência concorrente prevista no **art. 24, § 3º, da CF/1988**.

19.1 REGRAMENTO DE INCIDÊNCIA TRIBUTÁRIA

No **plano abstrato**, a **hipótese de incidência** é o descritor normativo que prevê o conjunto de condições ou situações que, caso ocorram no mundo concreto, desencadeiam a obrigação tributária. Ela é uma formulação teórica e prévia que indica um "se... então...". Exemplificando, se alguém aufere renda, então deve pagar imposto de renda etc.

O **fato imponível**, por sua vez, é a **materialização**, no **plano fático**, da **hipótese de incidência**. Ocorre quando os **elementos descritos pela norma tributária** são **realizados no mundo concreto**. Utilizando o exemplo anterior, o **fato imponível** seria efetivamente a **obtenção de renda em determinado período**. A partir dessa dualidade, a **relação entre hipótese de incidência e fato imponível** evidencia um movimento que vai do **plano normativo ao fático**, constituindo a **relação jurídico-tributária**.

Sob a ótica do **constructivismo lógico-semântico**, desenvolvido principalmente por **Paulo de Barros Carvalho**, a análise da incidência tributária é estruturada em três níveis:

---

8. **Art. 163.** Este livro dispõe sobre o Imposto sobre Transmissão *Causa Mortis* e Doação de quaisquer bens ou direitos (ITCMD), de competência dos Estados e do DF, de que trata o inciso I do *caput* do art. 155 da Constituição Federal.

9. **Art. 24** (...)

   § 3º Inexistindo lei federal sobre normas gerais, os Estados exercerão a competência legislativa plena, para atender a suas peculiaridades.

I – Plano Sintático

Examina a **estrutura lógica da norma jurídica**, isto é, como os elementos da hipótese de incidência são organizados. É nesse plano que se examinam as **regras tributárias de maneira formal**, sem aprofundar-se nos **significados** dos termos utilizados – a **análise semântica** – ou nas **implicações práticas** da norma – **análise pragmática**.

No **plano sintático**, a norma tributária pode ser desdobrada em dois momentos principais: **hipótese de incidência e consequência jurídica**. Essa divisão reflete a **estrutura básica das normas jurídicas:**

- **Hipótese de Incidência:** refere-se ao conjunto de **condições abstratas descritas pela norma**. É um enunciado que indica as **circunstâncias** ou **eventos** que, **caso ocorram no mundo concreto, ensejam a aplicação da norma**, p.ex., a aferição de renda.

- **Consequência Jurídica:** trata-se do **efeito** que a **norma prescreve quando a hipótese de incidência se realiza**. Geralmente envolve o **surgimento de uma obrigação tributária**, ou seja, a relação jurídica que obriga o contribuinte a pagar o tributo, p.ex., deve-se pagar o imposto de renda.

A **análise sintática** preocupa-se com a **lógica interna da norma tributária**, verificando se os seus elementos estão adequadamente inter-relacionados, observando critérios como **consistência lógica**, **completude** e **hierarquia normativa**.

Uma norma sintaticamente bem estruturada permite que o contribuinte **entenda claramente quando será obrigado a pagar tributos**, reduzindo a insegurança jurídica, sendo que a **clareza estrutural** é essencial para que os operadores do direito – a advocacia, magistratura e administração tributária –possam aplicar a norma com objetividade.

II – Plano Semântico

Trata-se do nível de análise que se concentra nos significados atribuídos aos elementos que compõem a norma jurídica. Tal análise busca compreender como os **conceitos** e **termos** empregados na hipótese de incidência e na consequência jurídica são **interpretados** e **aplicados ao mundo concreto**. Sob a ótica do **constructivismo lógico-semântico**, a **semântica jurídica** é essencial para a **construção do sentido das normas** e sua **aplicação prática**.

O foco central é a **relação entre os signos jurídicos** (palavras, expressões e conceitos) e os seus **referentes** no mundo real. Isso envolve a **interpretação dos termos usados nas normas tributárias**, que frequentemente possuem **significados técnicos** ou **específicos** que podem **divergir do senso comum**.

Logo, a **semântica** é crucial para definir os **termos que descrevem os eventos** ou **fatos** que **desencadeiam a obrigação tributária**. Através dela, se determina **se um fato**

do mundo concreto corresponde à hipótese prevista pela norma. A interpretação pode variar de acordo com o **contexto normativo, econômico** ou **social**.

Muitos termos usados no Direito Tributário são **ambíguos** ou têm **múltiplos significados**. Podemos adotar, como exemplo, o conceito de **"renda"**, que pode ser entendido de **forma diversa** pelas **ciências contábeis**, pelas **ciências econômicas** e pelas **ciências sociais e jurídicas**. Alguns **conceitos jurídicos são vagos**, permitindo **margens de interpretação**. Questões como **insumos para fins de aproveitamento de créditos**, dentre outros, são exemplos típicos que se discutem pela doutrina e pela jurisprudência.

Observamos que a **semântica jurídica não é estática**. O **significado** dos termos jurídicos é construído pela **interação entre os operadores do direito**, sendo **influenciado por fatores** como o **contexto social, econômico e político**. O significado dos termos **depende do contexto normativo** e da relação com outras normas do sistema jurídico.

Por conseguinte, o **plano semântico do regramento de incidência tributária** é essencial para garantir a **coerência** e a **aplicação correta das normas tributárias**, preocupando-se com a **interpretação** e a **atribuição de significado aos termos jurídicos**, de modo a conectar o **plano normativo** – denominado de **hipótese de incidência** – ao **mundo fático** – denominado de **fato imponível ou jurídico**. Sob a perspectiva do **constructivismo lógico-semântico** se evidencia o **caráter construtivo e dinâmico do Direito**, destacando que **os significados não são fixos**, mas dependem do **contexto** e das **interações interpretativas**.

III – Plano Pragmático

O **plano pragmático** analisa a **aplicação da norma no contexto real**, considerando a **interação entre os sujeitos da relação jurídica** (Estado e contribuintes) e a **finalidade prática da norma tributária**. Trata-se do nível de análise que foca na **aplicação prática da norma jurídica** e na interação entre os seus operadores (Estado, contribuintes e demais envolvidos).

A **análise pragmática** considera o **impacto** e os **efeitos reais da norma tributária no mundo concreto**, indo **além da sua estrutura lógica** – plano sintático – e dos seus **significados** – plano semântico. É fundamental para avaliar a **eficácia** e a **operacionalidade das normas**, bem como os conflitos e ajustes que emergem na sua aplicação. Considera-se como as normas são aplicadas por diferentes órgãos, como a administração tributária, o Poder Judiciário e os próprios contribuintes. Isso envolve práticas de fiscalização, emissão de autos de infração e decisões judiciais.

É essencial para entender como as normas tributárias operam no mundo concreto, revelando não apenas os desafios da aplicação das normas, mas também os impactos econômicos, sociais e administrativos que geram. Sob a ótica do **constructivismo lógico-semântico**, o **plano pragmático** reforça que o Direito Tributário é um **fenômeno** dinâmico, no qual a **prática** e a **interação** entre os sujeitos desempenham **papel central na concretização da norma jurídica**.

De fato, no campo tributário, a **linguagem** exerce papel fundamental, pois os **conceitos jurídicos que compõem a hipótese de incidência** precisam ser **interpretados para serem aplicados ao caso concreto**. Em cada um dos impostos pertencentes a União, Estados e Municípios, analisaremos o **regramento de incidência tributária**. Para que a exigência tributária seja perfeitamente válida, deve ter todas as **condutas previamente descritas em lei**, em consonância com o **princípio da tipicidade cerrada**. Tais condutas podem ser denominadas de **aspectos** ou **critérios de incidência tributária**. Podemos dividi-los em **cinco aspectos: material, espacial, temporal, pessoal** e **quantitativo**.

19.1.1 Aspecto material

O **aspecto material da hipótese de incidência** refere-se especificamente à **conduta** ou **situação descrita na norma** que serve como critério para a tributação, ou seja, o **fato típico tributável**. É representado por uma combinação de um **verbo** e seu **complemento**, o que reflete a ação ou situação jurídica capaz de gerar o dever de pagar o tributo. Essa perspectiva destaca a **importância de uma descrição precisa do comportamento ou fato jurídico**, pois é a partir dele que se identifica o tributo incidente.

Essa abordagem simplificada – **verbo + complemento** – facilita a **identificação** e **delimitação do fato gerador na norma jurídica**. Ao mesmo tempo, é uma **ferramenta interpretativa que assegura a legalidade** e a **tipicidade da tributação**, elementos indispensáveis para proteger o contribuinte contra arbitrariedades.

O **aspecto material** desempenha papel central por ser o elemento que **conecta a norma jurídica ao mundo dos fatos**. Ele é suficiente para fazer **nascer a obrigação tributária**, desde que os demais aspectos da hipótese de incidência também estejam presentes.

Além disso, o **aspecto material** é crucial para **identificar o tributo aplicável, diferenciar tributos** e **garantir segurança jurídica**, visto que uma descrição clara e objetiva do aspecto material evita **interpretações excessivamente amplas** que possam prejudicar o contribuinte.

19.1.2 Aspecto espacial

O **aspecto espacial da hipótese de incidência tributária** refere-se ao **local onde ocorre o fato gerador da obrigação tributária**. Em outras palavras, define o **espaço geográfico relevante para a aplicação da norma tributária**, sendo essencial para determinar qual **ente federativo tem competência para exigir o tributo** e, em certos casos, para identificar o **sujeito passivo da obrigação tributária**.

A **delimitação espacial** é fundamental porque o sistema tributário brasileiro se organiza com base no **princípio da competência tributária**, previsto na Constituição

DIREITO TRIBUTÁRIO INTERDISCIPLINAR • Caio Bartine

Federal. Cada ente federativo possui atribuições específicas para instituir e cobrar tributos em relação a fatos geradores ocorridos em sua esfera territorial. Assim, o **aspecto espacial**:

- **Identifica a competência tributária**: determina qual ente tem o poder de legislar e cobrar o tributo com base no local do fato gerador;
- **Define a capacidade tributária passiva**: em muitos casos, o aspecto espacial ajuda a identificar o contribuinte ou responsável tributário com base em sua conexão com o local do fato gerador;
- **Delimita o domicílio tributário**: o local do fato gerador pode influenciar a escolha do domicílio tributário, que é o endereço relevante para fins de cumprimento de obrigações tributárias, como declarações e pagamentos.

O aspecto espacial da hipótese de incidência tributária é indispensável para assegurar que o tributo seja exigido de forma legítima e precisa. Ao determinar o local relevante para a ocorrência do fato gerador, organiza a distribuição de competências entre os entes federativos, define responsabilidades tributárias e contribui para a **harmonia** do sistema tributário brasileiro.

19.1.3 Aspecto temporal

O **aspecto temporal do fato gerador** refere-se ao **momento exato em que ocorre a situação prevista na hipótese de incidência tributária**. Esse aspecto é essencial para determinar **quando nasce a obrigação tributária** e qual a **norma aplicável ao fato ocorrido**, além de estar diretamente relacionado a **princípios constitucionais** e **institutos jurídicos fundamentais** na incidência tributária.

O **aspecto temporal** é crucial para garantir a aplicação correta da legislação tributária e a observância de princípios constitucionais. Sua relevância pode ser analisada a partir de diferentes perspectivas:

- **Identificação da norma aplicável**: o momento da ocorrência do fato gerador define **qual norma tributária será aplicada ao evento**. Em casos de alterações legislativas, o **aspecto temporal** assegura que a norma vigente no momento do fato gerador seja a utilizada, **evitando a aplicação de leis futuras a fatos passados**, em respeito ao **princípio da irretroatividade**;
- **Respeito ao princípio da anterioridade**: o **princípio da anterioridade** impede que tributos sejam exigidos no mesmo exercício financeiro ou antes de decorridos 90 dias da publicação da lei que os instituiu ou majorou. O **aspecto temporal** permite identificar **se o fato gerador ocorreu após o período de vacância necessário**;

- **Segurança jurídica e irretroatividade**: o **princípio da irretroatividade** assegura que a norma tributária não pode retroagir para alcançar fatos geradores ocorridos antes de sua vigência. O **aspecto temporal** delimita o alcance temporal da legislação tributária;

- **Relação com a decadência tributária**: o **aspecto temporal** é essencial para o **cálculo do prazo decadencial**, que é o limite temporal para que a Fazenda Pública constitua o crédito tributário. A contagem desse prazo inicia-se quando o fato gerador ocorre, conforme previsto no **art. 173 do CTN**, aplicável, notadamente, aos tributos sujeitos ao lançamento por homologação.

O **aspecto temporal do fato gerador** é um dos pilares do sistema tributário, assegurando que a norma vigente no **momento da ocorrência do fato gerador seja aplicada de forma correta** e em consonância com os princípios constitucionais, proporcionando **previsibilidade** e **segurança jurídica**, bem como contribuindo para a **legitimidade** e **eficiência** do processo de tributação.

19.1.4 Aspecto pessoal

O **aspecto pessoal do regramento de incidência tributária** refere-se aos sujeitos envolvidos na relação jurídico-tributária, os quais são essenciais para que a obrigação tributária se concretize. Essa relação é estabelecida entre o **sujeito ativo**, que tem o dever de exigir o cumprimento da obrigação tributária, e o **sujeito passivo**, que tem o dever de cumpri-la. A **análise do aspecto pessoal** é fundamental para identificar corretamente quem participa dessa relação e quais são suas atribuições.

O **sujeito ativo**, nos termos do **art. 119 do CTN**, é aquele que possui **competência tributária**, ou seja, a capacidade de instituir e cobrar tributos. Os **entes federados** são, tradicionalmente, os **sujeitos ativos na obrigação tributária**, pois possuem competência legislativa para instituir tributos em suas respectivas esferas de atuação. O STF expandiu a interpretação do conceito de sujeito ativo para incluir entidades dotadas de **capacidade tributária ativa**, como **autarquias e fundações públicas**. Essas entidades, **embora não sejam titulares de competência tributária**, podem ser designadas pela legislação para **administrar**, **arrecadar** e **fiscalizar tributos específicos**, desde que sejam criadas para fins públicos.

O **sujeito passivo** é aquele que está obrigado ao cumprimento da obrigação tributária, podendo ser classificado em dois tipos:

- **Contribuinte**: é a pessoa, física ou jurídica, que realiza o fato gerador previsto na norma tributária, estabelecendo diretamente a obrigação tributária.

- **Responsável**: é a pessoa, física ou jurídica, indicada pela legislação para responder pela obrigação tributária, mesmo sem realizar diretamente o fato gerador.

A **responsabilidade** pode ser **direta** (substituindo o contribuinte) ou **subsidiária** (respondendo caso o contribuinte não cumpra a obrigação).

O **aspecto pessoal do regramento de incidência tributária** trata dos atores envolvidos na relação jurídico-tributária, dividindo-os entre **sujeito ativo** e **sujeito passivo**. A correta identificação desses sujeitos é essencial para a eficácia do sistema tributário e para o respeito aos **princípios da legalidade, segurança jurídica e capacidade contributiva**.

19.1.5 Aspecto quantitativo

O **aspecto quantitativo do regramento de incidência tributária** refere-se aos critérios que determinam o **valor do tributo devido pelo sujeito passivo**. Esses critérios são **indispensáveis** para a definição exata da obrigação tributária, pois especificam o "**quanto**" deve ser pago, proporcionando **objetividade e segurança jurídica** na relação entre Fisco e contribuinte.

O critério é composto por dois elementos principais: **base de cálculo** e **alíquota**. A interação entre esses elementos resulta no **valor final do tributo**, ou seja, o *quantum debeatur*.

A **base de cálculo** é o valor ou grandeza definida pela lei como parâmetro para a mensuração do tributo, refletindo, em termos monetários ou quantitativos, o **fato gerador tributável**, sendo diretamente vinculada ao aspecto material da hipótese de incidência.

A **alíquota** é o **índice** ou **percentual** que, aplicado sobre a base de cálculo, **determina o valor do tributo**, podendo ser fixada como um **percentual variável** ou como um **valor fixo por unidade de medida**, dependendo do tipo de tributo e da previsão legal. Podemos adotar as seguintes espécies de alíquotas:

- **Fixa**: aplica-se um valor fixo independente da base de cálculo. Ex.: taxas por ato de polícia administrativa, como a emissão de alvarás;

- **Proporcional**: mantém um percentual fixo aplicado sobre a base de cálculo. Ex.: 18% sobre o valor da mercadoria para ICMS;

- **Progressiva**: aumenta de acordo com o crescimento da base de cálculo, refletindo maior capacidade contributiva. Ex.: alíquotas progressivas no Imposto de Renda;

- **Regressiva**: reduz-se à medida que a base de cálculo aumenta. Ex.: uma contribuição que diminui com o aumento do faturamento.

O **aspecto quantitativo do regramento de incidência tributária** é fundamental para a **operacionalização** do sistema tributário, pois transforma a **previsão abstrata da norma em valores concretos a serem pagos**, garantindo a **clareza**, **previsibilidade** e **legalidade** no cálculo dos tributos, além de fortalecer a segurança jurídica e o equilíbrio na relação entre o Estado e os contribuintes.

20
IMPOSTOS ORDINÁRIOS FEDERAIS

Os **impostos ordinários federais** são aqueles previstos no **art. 153** *caput* **da CF/1988**, *in verbis*:

> Art. 153. Compete à União instituir impostos sobre:
>
> I – importação de produtos estrangeiros;
>
> II – exportação, para o exterior, de produtos nacionais ou nacionalizados;
>
> III – renda e proventos de qualquer natureza;
>
> IV – produtos industrializados;
>
> V – operações de crédito, câmbio e seguro, ou relativas a títulos ou valores mobiliários;
>
> VI – propriedade territorial rural;
>
> VII – grandes fortunas, nos termos de lei complementar;
>
> VIII – produção, extração, comercialização ou importação de bens e serviços prejudiciais à saúde ou ao meio ambiente, nos termos de lei complementar.

Tais impostos pertencem a **competência privativa da União**, conforme análise a seguir:

20.1 IMPOSTO SOBRE A IMPORTAÇÃO (II)

20.1.1 Fundamentação constitucional e legal

O **imposto sobre a importação** (II) é um imposto federal previsto no **art. 153, I, da CF/1988**, tendo as normas gerais atinentes à sua estrutura jurídica vêm trazidas entre os **arts. 19 a 22 do CTN**.

A legislação aplicada que efetivamente institui o imposto é o **DL 37/1966** e a regulamentação da administração de todas as **atividades aduaneiras, fiscalização, controle, tributação das atividades no comércio exterior** vem tratada no **Decreto 6.759/2009**.

Esses são os principais diplomas normativos utilizados para o imposto sobre a importação (II), **sem prejuízo de outras normas jurídicas**, tais como **instruções normativas da Secretaria da Receita Federal do Brasil** e **Tratados e Convenções Internacionais** que concedem incentivos fiscais.

20.1.2 Regramento de incidência tributária

- **Aspecto Material**

Conforme se depreende da **análise constitucional (art. 153, I, da CF/1988)** e **legal (art. 19 do CTN)**, o imposto é devido na **entrada de produtos estrangeiros no território nacional**. Dispõe o **art. 19, I, da codificação tributária nacional** que:

> **Art. 19.** O imposto, de competência da União, sobre a importação de produtos estrangeiros tem como fato gerador a entrada destes no território nacional.

Entende-se por **território nacional** a área que compreende o **espaço terrestre, fluvial, marítimo** e **aéreo** em que o Brasil **exerce sua soberania**.

O denominado **território aduaneiro** compreende o **território nacional**, inclusive o **mar territorial** e o **espaço aéreo** correspondente. Segundo a legislação aduaneira aplicada, podemos dividir o **território aduaneiro** em **zona primária** e **zona secundária**. É o que determina os **arts. 2º e 3º do Dec. 6.759/2009**, que diz:

> Art. 2º. O território aduaneiro compreende todo o território nacional. Art. 3º. A jurisdição dos serviços aduaneiros estende-se por todo o território aduaneiro e abrange:
>
> I – a zona primária, constituída pelas seguintes áreas demarcadas pela autoridade aduaneira local:
>
> *a*) a área terrestre ou aquática, contínua ou descontínua, nos portos alfandegados;
>
> *b*) a área terrestre, nos aeroportos alfandegados; e
>
> *c*) a área terrestre, que compreende os pontos de fronteira alfandegados; e
>
> II – a zona secundária, que compreende a parte restante do território aduaneiro, nela incluídas as águas territoriais e o espaço aéreo.
>
> § 1º Para efeito de controle aduaneiro, as zonas de processamento de exportação, referidas no art. 534, constituem zona primária.
>
> § 2º Para a demarcação da zona primária, deverá ser ouvido o órgão ou empresa a que esteja afeta a administração do local a ser alfandegado.
>
> § 3º A autoridade aduaneira poderá exigir que a zona primária, ou parte dela, seja protegida por obstáculos que impeçam o acesso indiscriminado de veículos, pessoas ou animais.
>
> § 4º A autoridade aduaneira poderá estabelecer, em locais e recintos alfandegados, restrições à entrada de pessoas que ali não exerçam atividades profissionais, e a veículos não utilizados em serviço.
>
> § 5º A jurisdição dos serviços aduaneiros estende-se ainda às Áreas de Controle Integrado criadas em regiões limítrofes dos países integrantes do Mercosul com o Brasil."

Pela simples **análise normativa**, poderíamos determinar que o **mero ingresso de um navio** ou de uma **aeronave**, seja no **espaço marítimo** ou **aéreo** seria **suficiente para a incidência do referido imposto**, o que seria uma **exigência legal absurda**.

Lembramos que o **território nacional** é o **território geográfico**, sendo **excluídas as representações diplomáticas no exterior**, bem como as **aeronaves** e **embarcações brasileiras**.

Assim, o **aspecto material** resta demonstrado quando do **ingresso definitivo do produto em território nacional**. Não basta o **mero ingresso temporário**, mas o ingresso do produto com o fito de ser **incorporado à economia nacional**. Assim, somente deve se considerar o ingresso de um produto no território nacional o produto importado do estrangeiro que ingressa à economia nacional para o **uso comercial, industrial** ou **consumo, não se considerando o simples trânsito do produto**.

O ingresso do produto deve ser **definitivo**, não se admitindo a incidência do referido imposto quando a **entrada for meramente temporária**. O ingresso de um **quadro para exposição**, o **atracamento de um navio** com produtos num determinado porto do país ou o simples **ingresso de uma aeronave no espaço aéreo brasileiro**, mesmo que contenha produtos, **não será suficiente para a incidência do referido imposto**.

Percebemos que a incidência do referido imposto se dá sobre **produtos**. Assim, o campo de incidência **abrange tanto as mercadorias quando bens destinados para o consumo próprio**. Assim, produto é **toda coisa móvel corpórea**, atingindo, inclusive, **produtos para incorporação no ativo fixo das empresas** e para o **consumo próprio**.

A incidência poderá ocorrer tanto sobre **bens tangíveis** ou **intangíveis**. Assim, poderá incidir tanto sobre um **maquinário** (bem material, tangível) quanto sobre **energia elétrica** (bem imaterial, intangível).

De igual modo, a legislação admite a incidência sobre a **entrada presumida de mercadoria estrangeira**. Conforme dispõe o **art. 1º, § 2º do DL 37/1966**[1], a simples **falta** ou **ausência do produto importado** não é significativa para que **não haja a incidência do referido imposto**. A legislação coloca situações em que o referido imposto pode estabelecer **tolerância quando da perda de peso** ou de **quantidades,** quando da **descarga do produto** ou em **condições normais de manuseio**, como pode ocorrer com a **importação de grãos**.

Mesmo que a **mercadoria importada esteja avariada** ou venha a ser **roubada** ou **furtada não escapará da incidência do referido imposto**, sendo irrelevante se o fato ocorreu **após o desembaraço aduaneiro**.

Estabelece o **art. 71 do Decreto 6.759/2009**, com as alterações do **Decreto 8.010/2013**:

> Art. 71. O imposto não incide sobre:
>
> I – mercadoria estrangeira que, corretamente descrita nos documentos de transporte, chegar ao País por erro inequívoco ou comprovado de expedição, e que for redestinada ou devolvida para o exterior;

---

1. **Art. 1º** (...)

   § 2º Para efeito de ocorrência do fato gerador, considerar-se-á entrada no Território Nacional a mercadoria que constar como tendo sido importada e cuja falta venha a ser apurada pela autoridade aduaneira.

II – mercadoria estrangeira idêntica, em igual quantidade e valor, e que se destine a reposição de outra anteriormente importada que se tenha revelado, após o desembaraço aduaneiro, defeituosa ou imprestável para o fim a que se destinava, desde que observada a regulamentação editada pelo Ministério da Fazenda;

III – mercadoria estrangeira que tenha sido objeto da pena de perdimento, exceto na hipótese em que não seja localizada, tenha sido consumida ou revendida;

IV – mercadoria estrangeira devolvida para o exterior antes do registro da declaração de importação, observada a regulamentação editada pelo Ministério da Fazenda;

V – embarcações construídas no Brasil e transferidas por matriz de empresa brasileira de navegação para subsidiária integral no exterior, que retornem ao registro brasileiro, como propriedade da mesma empresa nacional de origem;

VI – mercadoria estrangeira destruída, sob controle aduaneiro, sem ônus para a Fazenda Nacional, antes de desembaraçada; e

VII – mercadoria estrangeira em trânsito aduaneiro de passagem, acidentalmente destruída.

§ 1º Na hipótese do inciso I do caput:

I – será dispensada a verificação da correta descrição, quando se tratar de remessa postal internacional destinada indevidamente por erro do correio de procedência; e

II – considera-se erro inequívoco de expedição, aquele que, por sua evidência, demonstre destinação incorreta da mercadoria.

§ 2º A mercadoria a que se refere o inciso I do caput poderá ser redestinada ou devolvida ao exterior, inclusive após o respectivo desembaraço aduaneiro, observada a regulamentação editada pelo Ministério da Fazenda.

§ 2º-A. A autoridade aduaneira poderá indeferir a solicitação da destruição a que se refere o inciso VI do caput, com base em legislação específica.

§ 3º Será cancelado o eventual lançamento de crédito tributário relativo a remessa postal internacional:

I – destruída por decisão da autoridade aduaneira;

II – liberada para devolução ao correio de procedência; ou

III – liberada para redestinação para o exterior.

Em observância ao texto supracitado, **mercadorias** que chegam ao país por **erro inequívoco** ou **comprovado de expedição**, desde que **descritas corretamente nos documentos de transporte**, podem ser **redestinadas** ou **devolvidas ao exterior sem incidência do imposto**, evitando **penalizar o contribuinte por erros alheios à sua responsabilidade**. O § 1º detalha a **dispensa de verificação** em casos de **remessa postal internacional** e define o que caracteriza **erro inequívoco**.

Em se tratando de **mercadorias estrangeiras** que **substituem outras anteriormente importadas**, mas que se mostraram **defeituosas** ou **imprestáveis**, não sofrerão a incidência do imposto, desde que atendam a requisitos regulamentares, visando **proteger o importador de prejuízos relacionados à qualidade do produto importado**, garantindo **reposição sem custos adicionais tributários**.

O mesmo ocorre com **mercadorias que sofreram pena de perdimento**, não gerando incidência do imposto, exceto **se não forem localizadas**, já **consumidas** ou

revendidas. Isto porque se reconhece que, em **casos de perdimento**, a **propriedade** e o **controle** sobre a mercadoria **são transferidos à União**, afastando o fato gerador do referido imposto.

As **embarcações construídas no Brasil**, transferidas a **subsidiárias no exterior** e que **retornam ao registro brasileiro**, como propriedade da mesma empresa nacional, não possuem incidência do Imposto sobre a Importação. A finalidade é **fomentar a competitividade da indústria naval brasileira** e proteger **operações logísticas internacionais** de empresas nacionais.

Por conseguinte, as **mercadorias destruídas antes do desembaraço**, sob supervisão aduaneira e sem ônus à Fazenda Nacional, não sofrem incidência, evitando o lançamento de imposto sobre bens que não ingressam no mercado interno. A autoridade aduaneira, porém, pode **indeferir pedidos de destruição**, conforme o disposto na legislação aduaneira.

Caso as **remessas postais internacionais** sejam **destruídas, devolvidas** ou **redestinadas**, qualquer lançamento tributário relacionado será **cancelado**.

- **Aspecto Espacial**

O **imposto sobre a importação** (II) incide na **entrada de produto estrangeiro no território nacional**. Sendo assim, em **qualquer local do território geográfico brasileiro** onde determinado produto **ingressar de maneira definitiva**, sendo **incorporado à economia nacional**, haverá a incidência.

Caberá a ocorrência da **fiscalização** e **controle** em todo o território aduaneiro pela **Secretaria da Receita Federal do Brasil**, sendo a **fiscalização** supervisionada e executada pelo **Auditor-Fiscal da Receita Federal do Brasil**.

O **exercício da fiscalização** em todo o território nacional **poderá ser ininterrupto** ou em **horários determinados nos portos e aeroportos** do país. Em locais com **menor fluxo de importações**, a fiscalização pode ser realizada em **horários específicos** ou **conforme a demanda**, sem comprometimento do **controle efetivo**.

Mercadorias em **trânsito aduaneiro** ou destinadas a **zonas de processamento de exportação (ZPE)**, onde **não há ingresso definitivo**, não são **consideradas dentro do aspecto espacial** de incidência do II. Da mesma forma, a **entrada de bens em zonas francas** ou **depósitos alfandegados** segue regras específicas até que ocorra o desembaraço para o consumo interno.

A **fiscalização aduaneira** cobre toda a **extensão do território nacional**, mas está particularmente concentrada nas **áreas de fronteira alfandegada**. Essas áreas são cruciais para garantir o cumprimento do aspecto espacial, pois é nelas que o **ingresso de bens estrangeiros** deve ser **regularizado**.

• Aspecto Temporal

O **aspecto temporal do Imposto sobre a Importação (II)** refere-se ao momento em que o fato gerador se concretiza, estabelecendo a data base para o cálculo do imposto.

Estabelece o **art. 73 do Dec. 6.759/2009:**

> Art. 73. Para efeito de cálculo do imposto, considera-se ocorrido o fato gerador:
>
> I – na data do registro da declaração de importação de mercadoria submetida a despacho para consumo;
>
> II – no dia do lançamento do correspondente crédito tributário, quando se tratar de:
>
> a) bens contidos em remessa postal internacional não sujeitos ao regime de importação comum;
>
> b) bens compreendidos no conceito de bagagem, acompanhada ou desacompanhada;
>
> c) mercadoria constante de manifesto ou de outras declarações de efeito equivalente, cujo extravio tenha sido verificado pela autoridade aduaneira; ou
>
> d) mercadoria estrangeira que não haja sido objeto de declaração de importação, na hipótese em que tenha sido consumida ou revendida, ou não seja localizada.
>
> III – na data do vencimento do prazo de permanência da mercadoria em recinto alfandegado, se iniciado o respectivo despacho aduaneiro antes de aplicada a pena de perdimento da mercadoria, na hipótese a que se refere o inciso XXI do art. 689.
>
> IV – na data do registro da declaração de admissão temporária para utilização econômica.
>
> Parágrafo único. O disposto no inciso I aplica-se, inclusive, no caso de despacho para consumo de mercadoria sob regime suspensivo de tributação, e de mercadoria contida em remessa postal internacional ou conduzida por viajante, sujeita ao regime de importação comum.

Para todos os efeitos, considera-se como o **aspecto temporal** a **data do registro da declaração de importação** (DI), sendo este o entendimento adotado pela atual jurisprudência.

O STF consolidou o entendimento de que, no caso de **mercadorias despachadas para consumo**, o fato gerador do II ocorre na **data do registro da declaração de importação** na repartição competente. Esse posicionamento foi firmado no julgamento do **RE 91.337-8/SP**, onde se decidiu que não há incompatibilidade entre o **art. 19 do CTN** e o **art. 23 do DL 37/66**. Isso implica dizer que, **quaisquer alterações nas alíquotas do II,** só terão efeito sobre as **importações cujas declarações sejam registradas após a mudança.**

De acordo com as disposições contidas na Secretaria da Receita Federal do Brasil, a **declaração de importação** será formulada pelo **importador no Siscomex** (Sistema Integrado do Comércio Exterior).

Toda **mercadoria procedente do exterior,** seja **importada a título definitivo ou não**, deverá ser submetida a **despacho de importação**, sendo realizado com base em declaração apresentada à unidade aduaneira sob cujo controle estiver a mercadoria.

Antes de iniciar a **operação de importação,** caberá ao interessado verificar **se está habilitado para usar o Siscomex,** sendo o despacho aduaneiro dividido em **despacho para consumo** e **despacho para admissão em regime aduaneiro especial.**

O denominado **despacho para consumo** ocorre quando as mercadorias ingressadas no país forem destinadas ao **uso, pelo aparelho produtivo nacional**, tais como **insumos, matéria-prima, bens de produção** ou **produtos intermediários**, ou até mesmo para **consumo próprio** ou **revenda**. O principal objetivo é a **nacionalização da mercadoria importada**, aplicando-se o **regime comum de importação**.

O denominado **despacho para admissão em regimes aduaneiros especiais** ou **aplicados em áreas especiais** tem por objetivo o ingresso no país de **mercadorias, produtos** ou **bens provenientes do exterior**, que deverão permanecer no regime por **prazo certo** e conforme a **finalidade destinada, sem a incidência imediata dos tributos**, os quais **permanecem suspensos até a extinção do regime**. Trata-se dos casos de **regimes especiais de tributação**, tais como **admissão temporária, drawback, regimes de entrepostos industriais**, bem como nas áreas onde se aplicam regimes aduaneiros, tais como **Zona Franca de Manaus, Áreas de Livre Comércio** e **Zonas de Processamento de Exportação**.

Em síntese, a **declaração de importação** (DI) passa a ser o documento suficiente para a determinação do **momento da incidência do imposto de importação**, devendo conter, dentre outras informações:

- a identificação do importador, adquirente ou encomendante;
- a identificação, a classificação, o valor aduaneiro e a origem do produto importado.

Dentre os principais **regimes aduaneiros especiais**, podemos indicar os seguintes:

- **Admissão Temporária**: previsto nos **arts. 353 a 379 do Regulamento Aduaneiro** (Decreto 6.759/2009)[2], passa a ser um regime especial que permite o ingresso de mercadorias e produtos do exterior para **permanência temporária no país**, com a **suspensão do pagamento de tributos**, seja de forma **total** ou **parcial**;

- **Admissão Temporária para aperfeiçoamento ativo**: previsto nos **arts. 380 a 382 do Regulamento Aduaneiro**[3] é o que permite o ingresso, para **permanência temporária no país**, com a **suspensão do pagamento dos tributos**, de **mercadorias estrangeiras** ou **desnacionalizadas**, destinadas a **operações de aperfeiçoamento ativo** e posterior **reexportação**;

---

2. **Art. 353.** O regime aduaneiro especial de admissão temporária é o que permite a importação de bens que devam permanecer no País durante prazo fixado, com suspensão total do pagamento de tributos, ou com suspensão parcial, no caso de utilização econômica, na forma e nas condições deste Capítulo.

3. **Art. 380.** O regime aduaneiro especial de admissão temporária para aperfeiçoamento ativo é o que permite o ingresso, para permanência temporária no País, com suspensão do pagamento de tributos, de mercadorias estrangeiras ou desnacionalizadas, destinadas a operações de aperfeiçoamento ativo e posterior reexportação.

- **Drawback**: estabelecido entre os **arts. 383 a 403 do Regulamento Aduaneiro**[4], trata-se de um regime especial que visa a **incentivar a exportação**, podendo ser aplicado em três modalidades (suspensão, isenção ou restituição);

- **Free Shop**: previsto nos **arts. 476 a 479 do Regulamento Aduaneiro**[5], trata-se de **regime especial** que permite que um **determinado estabelecimento situado em zona primária de portos** ou **aeroportos alfandegados** alienar mercadorias nacionais ou importadas a **passageiros que estejam em deslocamento internacional**, mediante **pagamento em moeda nacional** ou **estrangeira**.

- **Aspecto Pessoal**

O **sujeito ativo** do imposto de importação é a **União**, sendo o ente federativo competente para a sua **instituição** e **fiscalização**, que ocorrerá através da **Secretaria da Receita Federal do Brasil** (SRFB).

O **sujeito passivo** será o **importador** ou quem a lei a ele equiparar, bem como o **arrematante** de produtos apreendidos ou abandonados, nos termos do **art. 22 do CTN**, *in verbis*:

> Art. 22. Contribuinte do imposto é:
>
> I – o importador ou quem a lei a ele equiparar;
>
> II – o arrematante de produtos apreendidos ou abandonados.

O **Decreto 6.759/2009** determina, entre os **arts. 104 a 106**, quem poderá figurar na condição de **contribuinte** ou **responsável**:

> Art. 104. É contribuinte do imposto:
>
> I – o importador, assim considerada qualquer pessoa que promova a entrada de mercadoria estrangeira no território aduaneiro;
>
> II – o destinatário de remessa postal internacional indicado pelo respectivo remetente; e
>
> III – o adquirente de mercadoria entrepostada.

---

4. **Art. 383**. O regime de drawback é considerado incentivo à exportação, e pode ser aplicado nas seguintes modalidades:

   I – suspensão – permite a suspensão do pagamento do Imposto de Importação, do Imposto sobre Produtos Industrializados, da Contribuição para o PIS/PASEP, da COFINS, da Contribuição para o PIS/PASEP-Importação e da COFINS-Importação, na importação, de forma combinada ou não com a aquisição no mercado interno, de mercadoria para emprego ou consumo na industrialização de produto a ser exportado;

   II – isenção – permite a isenção do Imposto de Importação e a redução a zero do Imposto sobre Produtos Industrializados, da Contribuição para o PIS/PASEP, da COFINS, da Contribuição para o PIS/PASEP-Importação e da COFINS-Importação, na importação, de forma combinada ou não com a aquisição no mercado interno, de mercadoria equivalente à empregada ou consumida na industrialização de produto exportado;

   III – restituição – permite a restituição, total ou parcial, dos tributos pagos na importação de mercadoria exportada após beneficiamento, ou utilizada na fabricação, complementação ou acondicionamento de outra exportada.

5. **Art. 476**. O regime aduaneiro especial de loja franca é o que permite a estabelecimento instalado em zona primária de porto ou de aeroporto alfandegado vender mercadoria nacional ou estrangeira a passageiro em viagem internacional, contra pagamento em moeda nacional ou estrangeira.

Art. 105. É responsável pelo imposto:

I – o transportador, quando transportar mercadoria procedente do exterior ou sob controle aduaneiro, inclusive em percurso interno;

II – o depositário, assim considerada qualquer pessoa incumbida da custódia de mercadoria sob controle aduaneiro; ou

III – qualquer outra pessoa que a lei assim designar.

Art. 106. É responsável solidário:

I – o adquirente ou o cessionário de mercadoria beneficiada com isenção ou redução do imposto;

II – o representante, no País, do transportador estrangeiro;

III – o adquirente de mercadoria de procedência estrangeira, no caso de importação realizada por sua conta e ordem, por intermédio de pessoa jurídica importadora;

IV – o encomendante predeterminado que adquire mercadoria de procedência estrangeira de pessoa jurídica importadora;

V – o expedidor, o operador de transporte multimodal ou qualquer subcontratado para a realização do transporte multimodal;

VI – o beneficiário de regime aduaneiro suspensivo destinado à industrialização para exportação, no caso de admissão de mercadoria no regime por outro beneficiário, mediante sua anuência, com vistas à execução de etapa da cadeia industrial do produto a ser exportado; e

VII – qualquer outra pessoa que a lei assim designar.

Na **sujeição passiva do imposto de importação**, muito se discutiu na jurisprudência pátria sobre a **responsabilidade incidente no transportador**.

O STJ firmou posicionamento no sentido de que o transportador possui **responsabilidade objetiva pelos tributos devidos**, mesmo que a mercadoria tenha sido **extraviada quando do transporte**. Isto ocorre como um **mecanismo para se coibir a fraude na importação**.

No entanto, caso a mercadoria que estiver sendo transportada seja **isenta do referido imposto, não pode ser o transportador responsável pelo pagamento dos tributos**. Se na hipótese de isenção o transportador não responde, **também não responderá pelo que exceder ao valor que seria devido caso se concretizasse a importação**.

Situação diversa passa a ser do **agente marítimo que figura como representante de transportadora**. Mesmo que haja a **assinatura de um termo de responsabilidade**, o **agente marítim**o não pode figurar como responsável pelo pagamento do imposto de importação, vez que **inexiste previsão legal a esse respeito** e a responsabilidade tributária não se presume, devendo decorrer de lei.

A **Súmula 192 do extinto TFR** traduz:

O agente marítimo, quando no exercício exclusivo das atribuições próprias, não é considerado responsável tributário, nem se equipara ao transportador para os efeitos do Dec.-lei 37, de 1966.

- **Aspecto Quantitativo**

Forma o aspecto quantitativo da regra-matriz de incidência a **base de cálculo** e a **alíquota**.

Determina o **art. 20 do CTN:**

> Art. 20. A base de cálculo do imposto é:
>
> I – quando a alíquota seja específica, a unidade de medida adotada pela lei tributária;
>
> II – quando a alíquota seja ad valorem, o preço normal que o produto, ou seu similar, alcançaria, ao tempo da importação, em uma venda em condições de livre concorrência, para entrega no porto ou lugar de entrada do produto no País;
>
> III – quando se trate de produto apreendido ou abandonado, levado a leilão, o preço da arrematação.

A **base de cálculo** do imposto de importação **dependerá do tipo de alíquota a ser aplicada sobre determinado produto**. Assim, caso a **alíquota** seja **específica**, leva-se em consideração para a base de cálculo **determinada unidade de medida**. Assim, a base de cálculo **não será aferida por fixação em moeda corrente**, mas por **unidade de medida**, como, p.ex.: tantos reais por tonelada, tantos reais por metro etc.

No caso de **alíquotas** *ad valorem*, mais comum, temos a incidência de um **percentual sobre o valor definido em lei**.

O **valor aduaneiro** é determinado com base no **preço normal de mercado** em uma transação em **condições de livre concorrência**, e inclui **custos de transporte** e **seguro até o porto ou ponto de entrada no país**. A determinação do **preço normal** exige **precisão na apuração do valor aduaneiro**, sendo comum o uso de normas internacionais, como o **Acordo de Valoração Aduaneira da Organização Mundial do Comércio** (VAOMC).

As **alíquotas** do imposto sobre a importação sempre foram estabelecidas de maneira **seletiva**, visando os **interesses econômicos do país**. Adota-se a denominada **Tarifa Externa Comum** (TEC), para determinação de um **valor aduaneiro para fins de incidência do imposto de importação**.

De fato, **as alíquotas do II** são historicamente ajustadas para atender aos **interesses econômicos e comerciais do Brasil**, refletindo as **prioridades do governo em diferentes períodos**. **Setores da economia nacional** são protegidos contra **concorrência externa desleal** ou **excessiva** através de **alíquotas mais altas**, especialmente em **indústrias estratégicas** ou **emergentes**, assim como **reduções de alíquotas** em insumos, **matérias-primas e bens de capital** estimulam a **competitividade das indústrias brasileiras**, **reduzindo** custos de produção.

Nos casos de **microempresas e empresas de pequeno porte**, sabemos que a Constituição Federal estabelece um **tratamento diferenciado em matéria tributária**, **administrativa**, **creditícia** e **previdenciária**, visando determinar a existência de **livre** concorrência dentro dos padrões da ordem econômica, nos termos dos **arts. 170, IX e 179**, todos da **CF/1988**.[6]

Para tanto, fora criado pela **LC 123/2006** o denominado Simples **Nacional**, sendo um **sistema simplificado** de **arrecadação** e fiscalização de **tributos incidentes sobre a atividade empresarial** conceituada como **microempresa** ou **empresa de pequeno porte**, de modo a **simplificar o cumprimento das obrigações administrativas** e, em regra, diminuir a **carga tributária**. Tal regime passa a ser adotado de **modo opcional** por tais atividades.

Caso as **microempresas ou empresas de pequeno porte** sejam **optantes do Simples**, o pagamento do imposto de importação, nos casos de **importação de mercadorias procedentes do Paraguai pela via terrestre**, ocorrerá por meio de um **Regime de Tributação Unificada** (RTU).

Neste caso, o pagamento será realizado na **data do registro da Declaração de Importação**, aplicando-se uma **alíquota única de 42,25%** sobre o **preço da aquisição das mercadorias importadas**, correspondendo a **18% de imposto sobre a importação** (II), **15% de imposto sobre produtos industrializados** (IPI), **7,6% de Cofins-Importação** e **1,65% de PIS-Importação**, conforme determina a **Lei 11.898/2009**.

O regime impõe **limites quantitativos e valorativos** para as importações, buscando equilibrar o **incentivo às pequenas empresas** e a **proteção à indústria nacional**. Leva-se em consideração que o RTU é **limitado a mercadorias importadas do Paraguai pela via terrestre**, não abrangendo outros países ou modalidades de transporte.

Apesar da simplificação, as empresas devem atender **rigorosamente às normas aduaneiras**, sob risco de **perda do benefício** e **aplicação de sanções**.

- **Demais considerações e características aplicáveis**

O **imposto de importação** passa a ser utilizado, pelo Governo Federal, como um **mecanismo de regulação econômica**. Portanto, passa a ser considerado um **tributo extrafiscal**.

Tendo a característica marcante de **tributo extrafiscal**, o **princípio da legalidade** resta mitigado, uma vez que suas **alíquotas** podem ser **alteradas** através de **atos do Poder Executivo**. Assim, o Poder Executivo, **normalmente mediante decreto**, poderá **aumentar** ou **reduzir** as **alíquotas** do imposto de importação, desde que haja

---

6. **Art. 170**. A ordem econômica, fundada na valorização do trabalho humano e na livre iniciativa, tem por fim assegurar a todos existência digna, conforme os ditames da justiça social, observados os seguintes princípios: IX – tratamento favorecido para as empresas de pequeno porte constituídas sob as leis brasileiras e que tenham sua sede e administração no País.
Art. 179. A União, os Estados, o Distrito Federal e os Municípios dispensarão às microempresas e às empresas de pequeno porte, assim definidas em lei, tratamento jurídico diferenciado, visando a incentivá-las pela simplificação de suas obrigações administrativas, tributárias, previdenciárias e creditícias, ou pela eliminação ou redução destas por meio de lei.

estrita observância da lei. Não poderá o Poder Executivo **aumentar acima do limite máximo** ou **reduzir abaixo do limite mínimo estabelecido em lei**, configurando-se **exorbitância do poder regulamentar ou normativo**.

Caso o Poder Executivo **exorbite os limites estabelecidos em decorrência do Poder Regulamentar**, caberá ao **Congresso Nacional** a **sustação dos atos normativos**, nos termos do **art. 49, V, da CF/1988**, *in verbis*:

> Art. 49. É da competência exclusiva do Congresso Nacional: (...)
>
> V – sustar os atos normativos do Poder Executivo que exorbitem do poder regulamentar ou dos limites de delegação legislativa;

De igual modo, teremos uma **mitigação do princípio da anterioridade tributária**, uma vez que o referido imposto **poderá ser exigido imediatamente**, após a **publicação da lei**, quando esta **aumentar** os **reduzir** as suas alíquotas, conforme estabelece o **art. 150, § 1º, da CF/1988**, a seguir:

> Art. 150. (...)
>
> § 1º A vedação do inciso III, b, não se aplica aos tributos previstos nos arts. 148, I, 153, I, II, IV e V; e 154, II; e a vedação do inciso III, c, não se aplica aos tributos previstos nos arts. 148, I, 153, I, II, III e V; e 154, II, nem à fixação da base de cálculo dos impostos previstos nos arts. 155, III, e 156, I.

A legislação aduaneira estabelece isenções a serem aplicadas ao imposto de importação, conforme se traduz a partir do **art. 114 do Decreto 6.759/2009** (Regulamento Aduaneiro)[7], tratando sobre o **reconhecimento da isenção** ou **redução do II**, a partir do **art. 121 do Regulamento Aduaneiro**[8], da concessão de **isenção vinculada a qualidade do importador**, nos termos do **art. 124 do Regulamento Aduaneiro**[9], bem como da **isenção vinculada à destinação de bens**, em conformidade com o **art. 132 do Regulamento Aduaneiro**[10].

Por fim, vale a pena registrar que a doutrina e a jurisprudência caminham no sentido de determinar que o **imposto de importação** é sujeito a **lançamento por homologação**, uma vez que permanece a competência do **importador** para estabelecer o **cálculo do montante devido**, realizando o seu **recolhimento antecipado**, cabendo ao próprio **Siscomex** a **retirada do numerário da conta do importador**, quando da **elaboração do registro da declaração de importação perante o sistema**. Cabe a um Auditor-Fiscal da Receita Federal do Brasil a **conferência dos valores pagos** e da

---

7. **Art. 114.** Interpreta-se literalmente a legislação tributária que dispuser sobre a outorga de isenção ou de redução do imposto de importação.
8. **Art. 121.** O reconhecimento da isenção ou da redução do imposto será efetivado, em cada caso, pela autoridade aduaneira, com base em requerimento no qual o interessado faça prova do preenchimento das condições e do cumprimento dos requisitos previstos em lei ou em contrato para sua concessão.
9. **Art. 124.** Quando a isenção ou a redução for vinculada à qualidade do importador, a transferência de propriedade ou a cessão de uso dos bens, a qualquer título, obriga ao prévio pagamento do imposto.
10. **Art. 132.** A isenção ou a redução do imposto, quando vinculada à destinação dos bens, ficará condicionada à comprovação posterior do seu efetivo emprego nas finalidades que motivaram a concessão.

declaração realizada e anuir com o **procedimento adotado**, configurando-se o ato administrativo de homologação.

20.1.3 ENTENDIMENTO JURISPRUDENCIAL

 JURISPRUDÊNCIA

PROCESSUAL CIVIL E TRIBUTÁRIO. NEGATIVA DE PRESTAÇÃO JURISDICIONAL. INEXISTÊNCIA. IMPOSTO DE IMPORTAÇÃO. MAJORAÇÃO DE ALÍQUOTA. FATO GERADOR. DESEMBARAÇO ADUANEIRO. MOTIVAÇÃO. TRANSPARÊNCIA. OBSERVÂNCIA. 1. O Plenário do STJ decidiu que "aos recursos interpostos com fundamento no CPC/1973 (relativos a decisões publicadas até 17 de março de 2016) devem ser exigidos os requisitos de admissibilidade na forma nele prevista, com as interpretações dadas até então pela jurisprudência do Superior Tribunal de Justiça" (Enunciado Administrativo 2). 2. Inexiste violação do art. 535, I e II, do CPC/1973 quando o Tribunal de origem aprecia fundamentadamente a controvérsia, apontando as razões de seu convencimento, ainda que de forma contrária aos interesses da parte, como constatado na hipótese. 3. O acórdão recorrido atuou em perfeita harmonia com a orientação jurisprudencial do Superior Tribunal de Justiça, segundo a qual, observados os limites preconizados pelo art. 3º da Lei n. 3.244/1957, deve ser observada a alíquota do Imposto de Importação vigente à época do desembaraço aduaneiro da mercadoria importada, data em que se consuma o fato gerador do tributo. 4. A Lei n. 3.244/1957 não exige que a motivação conste expressamente do ato que majora a alíquota do Imposto de Importação, bastando que a justificativa do Poder Executivo figure no procedimento administrativo de sua formação. 5. In casu, relativamente à Resolução CAMEX N. 65/2011, o Ministério do Desenvolvimento, Indústria e Comércio Exterior ainda informou em seu sítio eletrônico os motivos da majoração, assegurando a necessária transparência. 6. Agravo interno desprovido.
(STJ – AgInt no REsp: 1502556 AL 2014/0323895-3, Relator: Ministro GURGEL DE FARIA, Data de Julgamento: 30/08/2021, T1 – PRIMEIRA TURMA, Data de Publicação: DJe 08/09/2021)
TRIBUTÁRIO. IMPOSTO DE IMPORTAÇÃO. DANO OU EXTRAVIO DA MERCADORIA IMPORTADA. ART. 60, PARÁGRAFO ÚNICO, DECRETO-LEI N. 37/66. INDENIZAÇÃO. TAXA DE CONVERSÃO DA MOEDA ESTRANGEIRA. DATA DO FATO GERADOR DO TRIBUTO. I – Nos termos do art. 19 do CTN, "o imposto, de competência da União, sobre a importação de produtos estrangeiros tem como fato gerador a entrada destes no território nacional". II – A jurisprudência do Superior Tribunal de Justiça há muito se orienta no sentido de que, no caso de importação de mercadoria despachada para consumo, o fato gerador do imposto de importação ocorre na data do registro da declaração de importação. Desse modo, deve ser aplicada, para o cálculo do imposto, a alíquota vigente nessa data. Precedentes. III – Nos casos da indenização prevista no então vigente parágrafo único, do art. 60, do Decreto-Lei n. 37/66, decorrente de dano, avaria ou extravio da mercadoria importada, a taxa de conversão da moeda estrangeira deve ser a mesma que foi utilizada para o cálculo do imposto de importação, ou seja, aquela vigente na data de entrada da mercadoria em território nacional. IV – Recurso especial improvido.
(STJ – REsp: 1648168 SP 2017/0008657-5, Relator: Ministro FRANCISCO FALCÃO, Data de Julgamento: 14/03/2023, T2 – SEGUNDA TURMA, Data de Publicação: DJe 16/03/2023)

AGRAVO INTERNO. REGIME ADUANEIRO. REDUÇÃO DE ALÍQUOTA. IMPOSTO DE IMPORTAÇÃO. PEDI-DO DE RESTITUIÇÃO. SÚMULA 7/STJ. I – Trata-se, na origem, de ação declaratória de inexistência de relação jurídica - tributária c/c ação anulatória de débito fiscal e repetição de débito, cujo mérito é o reconhecimento do direito à fruição do benefício de redução do imposto de importação, nos moldes do art. 5º, § 1º, da Lei n. 10.182/2001, sem a necessidade de comprovação de regularidade fiscal a cada operação de desembaraço aduaneiro. II – O Tribunal de origem, ao analisar o caso, demonstrou respeito à jurisprudência desta Corte firmada no julgamento do Tema 165 do STJ, porém fez um impor-tante distinguishing na justificativa de não aplicação do respetivo entendimento, esclarecendo que o imbróglio não se confundia com a hipótese de exigência de certidão de regularidade fiscal em cada operação de desembaraço aduaneiro. III – E adequada a afirmação contida na decisão agravada no sentido de observância da Súmula 83/STJ pelo Tribunal de origem. IV – Considerando que a situação tributária apresentada encontra peculiaridade que não se confunde com a exigência de regularidade fiscal a cada desembaraço aduaneiro e outras especificidades já indicadas, correta a decisão agravada ao afirmar que a Corte de origem analisou a controvérsia dos autos levando em consideração os fatos e provas relacionados à matéria, sendo necessário o reexame fático – probatório para que fosse possível chegar à conclusão diversa, o que é vedado pela Súmula 7/STJ. Tais argumentos, por si só, obstam o conhecimento do recurso especial interposto pela agravante. V – Agravo interno improvido.
(STJ – AgInt no AREsp: 2456611 SP 2023/0322613-8, Relator: Ministro FRANCISCO FALCÃO, Data de Julgamento: 12/08/2024, T2 – SEGUNDA TURMA, Data de Publicação: DJe 15/08/2024)

Direito tributário. Recurso extraordinário com repercussão geral. Impostos sobre a importação. Imu-nidade tributária. Entidades religiosas que prestam assistência social. 1. Recurso extraordinário com repercussão geral reconhecida a fim de definir (i) se a filantropia exercida à luz de preceitos religiosos desnatura a natureza assistencial da entidade, para fins de fruição da imunidade prevista no art. 150, VI, c, da Constituição; e (ii) se a imunidade abrange o II e o IPI incidentes sobre as importações de bens destinados às finalidades essenciais das entidades de assistência social. 2. A assistência social na Constituição de 1988. O art. 203 estabelece que a assistência social será prestada "a quem dela necessitar". Trata-se, portanto, de atividade estatal de cunho universal. Nesse âmbito, entidades privadas se aliam ao Poder Público para atingir a maior quantidade possível de beneficiários. Po-rém, a universalidade esperada das instituições privadas de assistência social não é a mesma que se exige do Estado. Basta que dirijam as suas ações indistintamente à coletividade por elas alcançada, em especial às pessoas em situação de vulnerabilidade ou risco social, sem viés discriminatório. 3. Entidades religiosas e assistência social. Diversas organizações religiosas oferecem assistência a um público verdadeiramente carente, que, muitas vezes, instala-se em localidades remotas, esquecidas pelo Poder Público e não alcançadas por outras entidades privadas. Assim sendo, desde que não haja discriminação entre os assistidos ou coação para que passem a aderir aos preceitos religiosos em troca de terem suas necessidades atendidas, essas instituições se enquadram no art. 203 da Constituição. 4. O alcance da imunidade das entidades assistenciais sem fins lucrativos. A imunidade das entidades lis-tadas no art. 150, VI, c, da CF/1988, abrange não só os impostos diretamente incidentes sobre patrimônio, renda e serviços, mas também aqueles incidentes sobre a importação de bens a serem utilizados para a consecução dos seus objetivos estatutários. Além disso, protege a renda e o patrimônio não necessaria-mente afetos às ações assistenciais, desde que os valores oriundos da sua exploração sejam revertidos para as suas atividades essenciais. Precedentes desta Corte. 5. Recurso extraordinário conhecido e provido, a fim de reformar o acórdão recorrido e reconhecer a imunidade tributária da recorrente quanto ao II e ao IPI sobre as operações de importação tratadas nos presentes autos. 6. Proponho a fixação da seguinte tese de repercussão geral:"As entidades religiosas podem se caracterizar como instituições de assistência social a fim de se beneficiarem da imunidade tributária prevista no art. 150, VI, c, da Constituição, que abrangerá não só os impostos sobre o seu patrimônio, renda e serviços, mas também os impostos sobre a importação de bens a serem utilizados na consecução de seus objetivos estatutários.".
(STF – RE: 630790 SP 0013730-41.2004.4.03.6104, Relator: ROBERTO BARROSO, Data de Julgamento: 21/03/2022, Tribunal Pleno, Data de Publicação: 29/03/2022)

EMENTA Agravo regimental em recurso extraordinário. Tributário. Imposto de importação. Majoração de alíquota. Resolução CAMEX nº 65. Motivação. Ocorrência. Fatos e provas. Súmula nº 279/STF. 1. A Corte de origem, em consonância com a jurisprudência do Supremo Tribunal Federal, assentou ter havido motivação adequada – conectada com o objetivo de se estimular a competitividade e de se proteger a indústria nacional – para a alteração do imposto de importação por meio da Resolução CAMEX nº 65/11. 2. Dissentir do que foi decidido importaria no reexame do contexto fático e probatório, o qual é vedado, de acordo com a Súmula nº 279/STF. 3. Agravo regimental não provido.

(STF – RE: 1349988 PE 0006019-19.2011.4.05.8000, Relator: DIAS TOFFOLI, Data de Julgamento: 11/04/2022, Primeira Turma, Data de Publicação: 29/04/2022)

AGRAVO INTERNO. RECURSO EXTRAORDINÁRIO. NEGATIVA DE SEGUIMENTO. INCLUSÃO DOS SERVIÇOS DE CAPATAZIA NO VALOR ADUANEIRO. BASE DE CÁLCULO. QUESTÃO INFRACONSTITUCIONAL. AUSÊNCIA DE REPERCUSSÃO GERAL. TEMA 1.151/STF. DESPROVIMENTO DO RECLAMO; 1. O Supremo Tribunal Federal, no julgamento do ARE n. 1.321.554/RG/SC, firmou o entendimento de que "é infraconstitucional, a ela se aplicando os efeitos da ausência de repercussão geral, a controvérsia relativa à inclusão dos serviços de capatazia no valor aduaneiro e, consequentemente, na base de cálculo do Imposto de Importação, do Imposto sobre Produtos Industrializados (IPI), do PIS-Importação e da Cofins-Importação" (Tema 1.151/STF). 2. Agravo interno não provido.

(STJ – AgInt no RE nos EDcl no AgInt no AgInt no REsp: 1657638 RS 2017/0008964-5, Relator: Ministro JORGE MUSSI, Data de Julgamento: 22/02/2022, CE – CORTE ESPECIAL, Data de Publicação: DJe 25/02/2022)

RECURSO EXTRAORDINÁRIO COM AGRAVO. TRIBUTÁRIO. INCLUSÃO DOS SERVIÇOS DE CAPATAZIA NO VALOR ADUANEIRO. BASE DE CÁLCULO. IMPOSTO DE IMPORTAÇÃO. IMPOSTO SOBRE PRODUTOS INDUSTRIALIZADOS (IPI). PIS-IMPORTAÇÃO. COFINS-IMPORTAÇÃO. INSTRUÇÃO NORMATIVA SRF 327/2003. ACORDO DE VALORAÇÃO ADUANEIRA (AVA), LEI 12.815/2013. DECRETOS 2.498/1998 e 6.759/2009. CONTROVÉRSIA DE ÍNDOLE INFRACONSTITUCIONAL. OFENSA À CONSTITUIÇÃO QUE, SE EXISTENTE, SERIA MERAMENTE REFLEXA. AUSÊNCIA DE REPERCUSSÃO GERAL.

(STF – ARE: 1321554 SC, Relator: MINISTRO PRESIDENTE, Data de Julgamento: 17/06/2021, Tribunal Pleno, Data de Publicação: 25/08/2021)

PROCESSUAL CIVIL, ADMINISTRATIVO E ADUANEIRO. AGRAVO INTERNO NOS EMBARGOS DE DECLARAÇÃO NO RECURSO ESPECIAL. MANDADO DE SEGURANÇA. APREENSÃO DE COMPUTADOR POR AUSÊNCIA DE PAGAMENTO DO IMPOSTO DE IMPORTAÇÃO. INSTRUÇÃO NORMATIVA DA RECEITA. LEGALIDADE. VIOLAÇÃO DO ART. 1.022 DO CPC/2015. INEXISTÊNCIA. PRETENSÃO RECURSAL DEPENDENTE DO REEXAME DE PROVAS. INADMISSIBILIDADE. 1. Aos recursos interpostos com fundamento no CPC/2015 (relativos a decisões publicadas a partir de 18 de março de 2016) serão exigidos os requisitos de admissibilidade recursal na forma do novo CPC (Enunciado n. 3 do Plenário do STJ). 2. Não há violação do art. 1.022 do CPC/2015 quando o órgão julgador, de forma clara e coerente, externa fundamentação adequada e suficiente à conclusão do acórdão embargado. 3. À luz do enunciado da Súmula 7 do STJ, não se conhece de recurso especial, seja pela alínea "a" do permissivo constitucional, seja pela "c", na hipótese em que a pretensão recursal está vinculada ao exame de provas. Precedentes. 4. No caso dos autos, o recorrente impetrou mandado de segurança pretendendo "a nulidade do Termo de Retenção" de computador, espécie notebook, apreendido por ocasião de retorno de viagem internacional, apoiado na tese de que é bem usado, de uso exclusivo e utilizado no trabalho, e, por isso, não estava sujeito ao recolhimento do Imposto de Importação. O magistrado de primeiro grau denegou a segurança. E o TRF da 4ª Região manteve a denegação da ordem, externando: "tem-se por legítima a apreensão do computador, tendo em conta que (a) referido bem não está isento de tributação, seja porque não pode ser considerado bem de caráter manifestamente pessoal, seja porque ultrapassou a cota de isenção; (b) o impetrante não comprovou nem que o bem foi adquirido no Brasil nem que, caso adquirido no exterior, foi regularmente introduzido no país".

5. No contexto, a tese de que a instrução normativa extrapolaria do poder regulamentar não se revela suficiente para oportunizar eventual acolhimento da pretensão, que passa, obrigatoriamente, pela comprovação, por prova pré-constituída, do direito líquido e certo que o impetrante considera ter sido violado por ato ilegal ou abusivo, daí porque a pretensão recursal é dependente do exame de provas.
6. Agravo interno não provido.
(STJ – AgInt nos EDcl no REsp: 1946333 RS 2021/0199922-9, Relator: Ministro BENEDITO GONÇALVES, Data de Julgamento: 28/03/2022, T1 – PRIMEIRA TURMA, Data de Publicação: DJe 30/03/2022)
PROCESSUAL CIVIL. AGRAVO INTERNO NO RECURSO ESPECIAL. AÇÃO ANULATÓRIA. REGIME DE DRAWBA-CK. COMPETÊNCIA PARA VERIFICAÇÃO DO CUMPRIMENTO DOS REQUISITOS E CONDIÇÕES. ARTIGOS DE LEI NÃO PREQUESTIONADOS E QUE NÃO TRATAM DA POSSIBILIDADE DE A RECEITA FEDERAL REVISAR A DECISÃO DA SECRETARIA DE COMÉRCIO EXTERIOR – SECEX. REQUISITOS DE ADMISSIBILIDADE. NÃO PREENCHIMENTO. VIOLAÇÃO DO ART. 535 DO CPC/1973. INEXISTÊNCIA. 1. Aos recursos interpostos com fundamento no CPC/1973 (relativos a decisões publicadas até 17 de março de 2016) devem ser exigidos os requisitos de admissibilidade na forma nele prevista, com as interpretações dadas até então pela jurisprudência do Superior Tribunal de Justiça (Enunciado Administrativo n. 2 do Plenário do STJ). 2. No caso dos autos, a controvérsia a ser a solucionada é a competência da Receita Federal para, revendo o ato concessivo de drawback, lançar os tributos não recolhidos, sob a motivação de que não teriam sido cumpridos os requisitos e as condições necessárias à concessão desse regime, embora a Secretaria de Comércio Exterior – SECEX tenha entendido pelo regular cumprimento e procedido ao despacho concessivo de isenção de Imposto de Importação – II e do Imposto sobre Produtos Industrializados – IPI. E, a respeito, o TRF da 1ª Região decidiu: "os autos de infração padecem de nulidade, pois a Secretaria da Receita Federal do Brasil não possui atribuição para revisar as decisões da Secretaria de Comércio Exterior – SECEX. Acrescente-se ainda que a exigência de vinculação física das mercadorias não se aplica ao drawback genérico". 3. Não há violação do art. 535 do CPC/1973, quando o órgão julgador, de forma clara e coerente, externa fundamentação adequada e suficiente à conclusão do acórdão embargado. 4. À luz da Súmula 282 do STF, por ausência de prequestionamento, o recurso não pode ser conhecido quanto à tese de violação dos arts. 111, 155 e 175 do CTN, do art. 6º da Lei n. 10.593/2002, os arts. 75 e 78 do DL n. 37/1966 e os arts. 314 e 325 do Decreto n. 91.030/1985; dispositivos esses que, ademais, não conferem competência à Receita Federal para verificar os requisitos necessários à concessão do regime de drawback; providência essa a cargo da Secretaria de Comércio Exterior – SECEX. 5. De outro lado, o acórdão recorrido está em conformidade com o entendimento deste Tribunal Superior, no sentido de ser desnecessária a identidade física das mercadorias objeto do regime de drawback. Precedentes. 6. Agravo interno não provido.
(STJ – AgInt no REsp: 1842145 DF 2019/0300986-6, Relator: Ministro BENEDITO GONÇALVES, Data de Julgamento: 16/11/2021, T1 – PRIMEIRA TURMA, Data de Publicação: DJe 18/11/2021)
PROCESSUAL CIVIL. AGRAVO INTERNO NO RECURSO ESPECIAL. IMPOSTO DE IMPORTAÇÃO. ALÍQUOTA AD VALOREM. ALTERAÇÃO. VALOR DA MERCADORIA. LIMITES LEGAIS. OBSERVÂNCIA. DEFICIÊNCIA DA ARGUMENTAÇÃO RECURSAL. SÚMULA 284/STF. AUDIÊNCIA PRÉVIA. DESNECESSIDADE. MOTIVOS DE ORDEM GLOBAL CONFIGURADOS. REVISÃO DO JUÍZO. SÚMULA 7/STJ. DISSÍDIO JURISPRUDENCIAL PREJUDICADO. 1. O presente recurso foi interposto na vigência do CPC/2015, razão pela qual incide o Enunciado Administrativo n. 3/STJ: "Aos recursos interpostos com fundamento no CPC/2015 (relativos a decisões publicadas a partir de 18 de março de 2016) serão exigidos os requisitos de admissibilidade recursal na forma do novo CPC". 2. O acórdão recorrido expressamente dispôs que, em se tratando de alíquota ad valorem, a alíquota fixada deu-se com base no valor da mercadoria, o qual, com a majoração promovida pela Resolução CAMEX n. 69, de 20/9/2011, não ultrapassou o limite fixado pelo art. 1º do Decreto-Lei n. 2.162/1984, que alterou o § 1º do art. 3º da Lei n. 3.244/1957. Todavia, o recorrente alega que a alteração da alíquota do II de 14% para 25% representou uma majoração entre as alíquotas equivalente a 78,57%, ultrapassando o limite máximo de 60% do percentual da alíquota então vigente de incidência sobre a base de cálculo. 3. Configuram argumentação recursal deficiente as razões recursais que, dissociadas da fundamentação adotada no acórdão, não demonstram a violação da lei federal alegada. Aplicação da Súmula 284/STF.

4. A Corte Regional consignou que os elementos coligidos aos autos demonstraram a existência de motivos econômicos de ordem global presos às relações do mercado internacional a excepcionar a necessidade de audiência prévia. 5. A modificação da conclusão firmada no acórdão no sentido das alegações recursais impõe o reexame dos elementos fático-probatórios considerados pelo órgão julgador na formação do seu convencimento, atividade que, no âmbito do recurso especial, é vedada por força da Súmula 7/STJ. 6. Prejudicada a análise de divergência jurisprudencial quanto à matéria a respeito da qual a tese sustentada foi afastada ou sobre a qual houve a aplicação de óbice sumular, quando do seu exame do recurso especial pela alínea a do permissivo constitucional. 7. Agravo interno não provido. **(STJ – AgInt no REsp: 1934664 SC** 2021/0121892-4, Relator: Ministro BENEDITO GONÇALVES, Data de Julgamento: 14/03/2022, T1 – PRIMEIRA TURMA, Data de Publicação: DJe 18/03/2022)

TRIBUTÁRIO. AGRAVO INTERNO NO RECURSO ESPECIAL. IMPOSTO DE IMPORTAÇÃO. REGIME DE TRIBUTAÇÃO SIMPLIFICADA. ISENÇÃO. REMESSA POSTAL INTERNACIONAL. ART. 1º, § 2º, DA PORTARIA MF 156/99 E ART. 2º, § 2º, DA IN/SRF 96/99. LEGALIDADE PERANTE OS ARTS. 1º, § 4º, E 2º, II, DO DECRETO-LEI 1.804/80. AGRAVO INTERNO IMPROVIDO. I. Agravo interno aviado contra decisão que julgara Recurso Especial interposto contra acórdão publicado na vigência do CPC/2015. II. Na origem, trata-se de Mandado de Segurança, objetivando o reconhecimento da isenção do Imposto de Importação incidente sobre "remessa postal internacional da mercadoria cartas do jogo Magic: The Gathering, no valor de US$ 49,70, mesmo sendo o remetente pessoa jurídica". Invoca o impetrante, em seu favor, o disposto no art. 2º do Decreto-lei 1.804/80, que prevê a isenção do imposto de importação dos bens contidos em remessas postais internacionais de até cem dólares americanos, quando destinadas a pessoas físicas, não se exigindo que também o remetente seja pessoa física. O Tribunal de origem manteve a sentença concessiva da segurança. Nesta Corte, mediante decisão monocrática, o Recurso Especial da Fazenda Nacional foi provido, para denegar a segurança. III. Nos termos da jurisprudência da Segunda Turma, "a isenção disposta no art. 2º, II, do Decreto-lei n. 1.804/80, se trata de uma faculdade concedida ao Ministério da Fazenda que pode ou não ser exercida, desde que limitada ao valor máximo da remessa de US$ 100 (cem dólares americanos – uso da preposição 'até') e que a destinação do bem seja para pessoa física (pessoa jurídica não pode gozar da isenção). Essas regras, associadas ao comando geral que permite ao Ministério da Fazenda estabelecer os requisitos e condições para a aplicação das alíquotas (art. 1º, § 4º, do Decreto-lei n. 1.804/80), permitem concluir que o valor máximo da remessa para o gozo da isenção pode ser fixado em patamar inferior ao teto de US$ 100 (cem dólares americanos), 'v.g'. US$ 50 (cinquenta dólares norte-americanos), e que podem ser criadas outras condições não vedadas (desde que razoáveis) para o gozo da isenção como, por exemplo, a condição de que sejam remetidas por pessoas físicas. Nessa linha é que foi publicada a Portaria MF n. 156, de 24 de junho de 1999, onde o Ministério da Fazenda, no uso da competência que lhe foi atribuída, estabeleceu a isenção do Imposto de Importação para os bens que integrem remessa postal internacional no valor de até US$ 50 (cinquenta dólares dos Estados Unidos da América), desde que o remetente e o destinatário sejam pessoas físicas. O art. 2º, § 2º, da Instrução Normativa SRF n. 96, de 4 de agosto de 1999, ao estabelecer que 'os bens que integrem remessa postal internacional de valor não superior a US$ 50.00 (cinquenta dólares dos Estados Unidos da América) serão desembaraçados com isenção do Imposto de Importação, desde que o remetente e o destinatário sejam pessoas físicas' apenas repetiu o comando descrito no art. 1º, § 2º, da Portaria MF n. 156/99, que já estava autorizado pelo art. 1º, § 4º e pelo art. 2º, II, ambos do Decreto-lei n. 1.804/80" (STJ, REsp 1.732.276/PR, Rel. MINISTRO MAURO CAMPBELL MARQUES, SEGUNDA TURMA, DJe de 26/02/2019). IV. Desse modo, são legais, ante a autorização contida nos arts. 1º § 4º e 2º, II, do Decreto-lei 1.804/80, os requisitos estabelecidos no art. 1º, § 2º, da Portaria 156/99, do Ministro de Estado da Fazenda, e no art. 2º, § 2º, da Instrução Normativa 96/99, da Secretaria da Receita Federal, para a isenção do imposto de importação dos bens contidos em remessas postais internacionais de até US$ 50,00 (cinquenta dólares americanos), quando remetente e destinatário são pessoas físicas. Precedentes do STJ, (REsp 1.724.510/PR, Rel. Ministro FRANCISCO FALCÃO, SEGUNDA TURMA, DJe de 14/06/2019). V. Agravo interno improvido. **(STJ – AgInt no REsp: 1680882 PR** 2017/0149862-1, Relator: Ministra ASSUSETE MAGALHÃES, Data de Julgamento: 15/12/2020, T2 – SEGUNDA TURMA, Data de Publicação: DJe 18/12/2020)

PROCESSUAL CIVIL E TRIBUTÁRIO. AGRAVO INTERNO. RECURSO ESPECIAL. ENUNCIADO ADMINISTRATIVO Nº 3 DO STJ. IMPOSSIBILIDADE DE ANÁLISE DE OFENSA A DISPOSITIVO DA CONSTITUIÇÃO FEDERAL EM SEDE DE RECURSO ESPECIAL. DESNECESSIDADE DE TRÂNSITO EM JULGADO DO RECURSO REPETITIVO PARA APLICAÇÃO DA TESE FIRMADA. VALOR ADUANEIRO. DESPESAS DE CAPATAZIA. INCLUSÃO. LEGALIDADE DO ART. 4º, § 3º, DA IN SRF 327/2003. ENTENDIMENTO ADOTADO PELA PRIMEIRA SEÇÃO DESTA CORTE, EM SEDE DE RECURSO ESPECIAL REPETITIVO, RESP 1.799.306/RS, NA ASSENTADA DE 11.3.2020. TEMA 1.014. 1. Impossibilidade de análise de ofensa a dispositivos da Constituição Federal em sede de recurso especial, nem mesmo para fins de prequestionamento, sob pena de usurpação da competência do Supremo Tribunal Federal no âmbito do recurso extraordinário. 2. Desnecessidade de trânsito em julgado do recurso repetitivo para fins de aplicação da tese firmada, sobretudo quando já publicado o acórdão paradigma. Nesse sentido já se manifestou o Supremo Tribunal Federal na Reclamação nº 30.996/SP, Rel. Ministro Celso DE Mello, julg. em 09/08/2018, pub. no DJe de 14/08/2018. 3. A Primeira Seção desta Corte, na assentada de 11.3.2020, concluiu, por maioria, o julgamento dos REsps nºs 1.799.306/RS, 1.799.308/SC e 1.799.309/PR, na sistemática dos recursos especiais repetitivos, tema 1.014, DJe de 18.5.2020, dando provimento ao recurso especial da FAZENDA NACIONAL no sentido de entender pela inclusão das despesas relativas à capatazia no valor aduaneiro, base de cálculo do Imposto de Importação, reconhecendo a legalidade da IN SRF n. 327/2003, que não teria extrapolado o Decreto 6.759/2009 e demais legislação de regência. 4. Agravo interno não provido.

(STJ – AgInt no AgInt no REsp: 1753132 RJ 2018/0172987-2, Relator: Ministro MAURO CAMPBELL MARQUES, Data de Julgamento: 24/08/2020, T2 – SEGUNDA TURMA, Data de Publicação: DJe 02/09/2020) EMENTA DIREITO CIVIL. TRIBUTÁRIO. IMPOSTO DE IMPORTAÇÃO. REDUÇÃO DE ALÍQUOTA. FACULDADE DO ART. 153, § 1º, DA CONSTITUIÇÃO FEDERAL. POLÍTICA CAMBIAL E COMÉRCIO EXTERIOR. RESPONSABILIDADE CIVIL. AUSÊNCIA DE DIREITO ADQUIRIDO A REGIME JURÍDICO TRIBUTÁRIO. RECURSO EXTRAORDINÁRIO INTERPOSTO SOB A ÉGIDE DO CPC/1973. ALEGAÇÃO DE OFENSA AO ART. 5º, LIV, DA CONSTITUIÇÃO DA REPÚBLICA. DEVIDO PROCESSO LEGAL. AUSÊNCIA DE REPERCUSSÃO GERAL. EVENTUAL VIOLAÇÃO REFLEXA DA CONSTITUIÇÃO DA REPÚBLICA NÃO VIABILIZA O RECURSO EXTRAORDINÁRIO. AGRAVO MANEJADO SOB A VIGÊNCIA DO CPC/2015. 1. O exame da alegada ofensa ao art. 5º, LIV, da Lei Maior, observada a estreita moldura com que devolvida a matéria à apreciação desta Suprema Corte, dependeria de prévia análise da legislação infraconstitucional aplicada à espécie, o que foge à competência jurisdicional extraordinária prevista no art. 102 da Magna Carta.

2. O entendimento da Corte de origem, nos moldes do assinalado na decisão agravada, não diverge da jurisprudência firmada no Supremo Tribunal Federal. Compreensão diversa demandaria a reelaboração da moldura fática delineada no acórdão de origem, a tornar oblíqua e reflexa eventual ofensa à Constituição, insuscetível, como tal, de viabilizar o conhecimento do recurso extraordinário. 3. As razões do agravo interno não se mostram aptas a infirmar os fundamentos que lastrearam a decisão agravada, principalmente no que se refere à ausência de ofensa a preceito da Constituição da República. 4. Majoração, em 10% (dez por cento), dos honorários anteriormente fixados, obedecidos os limites previstos no art. 85, §§ 2º, 3º e 11, do CPC/2015, ressalvada eventual concessão do benefício da gratuidade da Justiça. 5. Agravo interno conhecido e não provido. (ARE 1175599 AgR, Relator (a): Min. ROSA WEBER, Primeira Turma, julgado em 10/12/2019, PROCESSO ELETRÔNICO DJe-019 DIVULG 31-01-2020 PUBLIC 03-02-2020)

(STF – AgR ARE: 1175599 DF - DISTRITO FEDERAL 0027203-88.1999.4.01.3400, Relator: Min. ROSA WEBER, Data de Julgamento: 10/12/2019, Primeira Turma, Data de Publicação: DJe-019 03-02-2020)

20.2 IMPOSTO SOBRE A EXPORTAÇÃO (IE)

20.2.1 Fundamentação constitucional e legal

O **imposto sobre a exportação** (IE) é um imposto federal previsto no **art. 153, II, da CF/1988**, tendo as normas gerais atinentes a sua estrutura jurídica entre os **arts. 23 a 28 do CTN**[11].

A legislação aplicada que efetivamente institui o imposto é **o DL 1.578/1977**, com as modificações constantes nas legislações posteriores e a regulamentação da administração de todas as atividades aduaneiras, fiscalização, controle, tributação das atividades no comércio exterior vêm tratada no **Decreto 6.759/2009**, denominado de **Regulamento Aduaneiro**.

Esses são os principais diplomas normativos utilizados para **o imposto sobre a exportação** (IE), sem prejuízo de **outras normas jurídicas**, tais como **instruções normativas da Secretaria da Receita Federal do Brasil** e **Tratados e Convenções Internacionais** que concedem incentivos fiscais.

20.2.1.1 Regramento de incidência tributária

- **Aspecto Material**

O **imposto sobre a exportação** incide na **saída do produto nacional** ou **nacionalizado** do **território nacional**.

Entende-se por **território nacional** a área que compreende o **espaço terrestre**, **fluvial**, **marítimo** ou **aéreo**, em que o Brasil exerce sua soberania.

O denominado **território aduaneiro** compreende o **território nacional**, inclusive o **mar territorial** e o **espaço aéreo** correspondente. Segundo a legislação aduaneira aplicada, podemos dividir o território aduaneiro em **zona primária** e **zona secundária**. É o que determinam os **arts. 2º e 3º do Decreto 6.759/2009**, que é utilizado como **mesmo critério material para o imposto de importação**:

"Art. 2º O território aduaneiro compreende todo o território nacional.

Art. 3º A jurisdição dos serviços aduaneiros estende-se por todo o território aduaneiro e abrange:

I – a zona primária, constituída pelas seguintes áreas demarcadas pela autoridade aduaneira local:

a) a área terrestre ou aquática, contínua ou descontínua, nos portos alfandegados;

b) a área terrestre, nos aeroportos alfandegados; e

c) a área terrestre, que compreende os pontos de fronteira alfandegados; e

---

11. **Art. 23**. O imposto, de competência da União, sobre a exportação, para o estrangeiro, de produtos nacionais ou nacionalizados tem como fato gerador a saída destes do território nacional.

836 DIREITO TRIBUTÁRIO INTERDISCIPLINAR • Caio Bartine

> II – a zona secundária, que compreende a parte restante do território aduaneiro, nela incluídas as águas territoriais e o espaço aéreo.
>
> § 1º Para efeito de controle aduaneiro, as zonas de processamento de exportação, referidas no art. 534, constituem zona primária.
>
> § 2º Para a demarcação da zona primária, deverá ser ouvido o órgão ou empresa a que esteja afeta a administração do local a ser alfandegado.
>
> § 3º A autoridade aduaneira poderá exigir que a zona primária, ou parte dela, seja protegida por obstáculos que impeçam o acesso indiscriminado de veículos, pessoas ou animais.
>
> § 4º A autoridade aduaneira poderá estabelecer, em locais e recintos alfandegados, restrições à entrada de pessoas que ali não exerçam atividades profissionais, e a veículos não utilizados em serviço.
>
> § 5º A jurisdição dos serviços aduaneiros estende-se ainda às Áreas de Controle Integrado criadas em regiões limítrofes dos países integrantes do Mercosul com o Brasil."

Entende-se por **nacionais** todos os **produtos que são produzidos em território nacional**. Os denominados **nacionalizados** são os produtos que **foram incorporados à economia nacional**.

Reza o **art. 212, § 1º, do Decreto 6.759/2009:**

> Art. 212. O imposto de exportação incide sobre mercadoria nacional ou nacionalizada destinada ao exterior. § 1º Considera-se nacionalizada a mercadoria estrangeira importada a título definitivo.

Incide o referido imposto na **exportação considerada definitiva**, ou seja, na **saída do produto do território nacional para ingresso** (incorporação) **definitiva** no **território de outra nação**.

A mera **saída temporária** não se sujeita à incidência do imposto sobre a exportação, observando que o **território nacional** é o **território geográfico**, sendo **excluídas as representações diplomáticas no exterior**, bem como as **aeronaves e embarcações brasileiras**. Assim, **exportações temporárias**, como aquelas realizadas com o **compromisso de retorno ao Brasil**, p.ex., para eventos ou exposições internacionais, estão fora do campo de incidência do imposto. Além disso, o imposto não se aplica a situações em que a **mercadoria permanece sob jurisdição brasileira**, como em aeronaves, embarcações brasileiras ou em representações diplomáticas no exterior.

Exportações realizadas a título de **reexportação** (devolução de mercadorias estrangeiras) não configuram fato gerador do imposto, assim como as mercadorias destinadas a **áreas de controle integrado** no âmbito do Mercosul, como zonas de livre comércio e zonas francas, cujo tratamento será diferenciado.

- **Aspecto Espacial**

O **aspecto espacial do imposto sobre a exportação (IE)** refere-se à **delimitação territorial** em que ocorre a incidência do tributo, ou seja, o **espaço geográfico onde o fato gerador do imposto** pode ser identificado. Esse aspecto é essencial para determinar o **local em que a obrigação tributária se consolida**, com base nas disposições legais e regulamentares que definem o conceito de território nacional e aduaneiro.

Cediço que o imposto incide na **saída definitiva de mercadorias** do **território nacional**, o que implica sua **transferência para a economia de outro país**. Nesse caso, é **irrelevante o ponto exato dentro do território aduaneiro em que ocorre essa saída**, desde que se dê em conformidade com os critérios legais.

O **aspecto espacial do IE** está diretamente vinculado à **soberania do Brasil sobre seu território**, incluindo o **mar territorial** e o **espaço aéreo**. A delimitação espacial do imposto reflete o poder do Estado de legislar e fiscalizar operações comerciais que envolvam a **saída de bens do país**, protegendo os **interesses econômicos** e **sociais** da nação.

A **fiscalização aduaneira** será exercida na denominada **zona primária,** englobando portos, aeroportos e pontos de fronteira alfandegados, onde o fluxo de mercadorias é mais intenso e a atuação da fiscalização é prioritária, bem como na **zona secundária**, compreendendo as demais áreas do território aduaneiro, onde as operações podem ser fiscalizadas de forma complementar ou estratégica.

O **exercício da fiscalização aduaneira** em todo o território aduaneiro assegura que as mercadorias que entram ou saem do Brasil estejam em **conformidade com as legislações vigentes**, tanto no **aspecto tributário** quanto no **cumprimento de normas internacionais** e **acordos comerciais**.

A supervisão direta pelos **Auditores-Fiscais** garante a **aplicação rigorosa das normas**, enquanto a **flexibilidade nos horários de atuação** permite que a fiscalização seja adaptada às **necessidades operacionais de diferentes localidades**. Essa atuação contribui para a **integridade do comércio exterior brasileiro**, assegurando **competitividade econômica** e **conformidade legal** em um cenário globalizado.

- **Aspecto Temporal**

O **aspecto temporal do imposto sobre a exportação (IE)** diz respeito ao **momento em que se considera ocorrido o fato gerador do tributo**. Esse elemento é crucial para determinar **quando a obrigação tributária é constituída**, qual **legislação será aplicada** e quais **alíquotas** estarão em vigor.

Estabelece o **art. 1º, § 1º, do DL 1.578/1977**:

> Art. 1º O Imposto sobre a Exportação, para o estrangeiro, de produto nacional ou nacionalizado tem como fato gerador a saída deste do território nacional.
>
> § 1º Considera-se ocorrido o fato gerador no momento da expedição da Guia de Exportação ou documento equivalente.

De acordo com a **nova sistemática de integração do Comércio Exterior**, adotado pelo Siscomex, a denominada **guia de exportação** passa a ter como equivalente o **registro de exportação**. Entretanto, existe **mais de um registro realizado perante**

o Siscomex. Temos o **Registro de Venda** (RV) e o **Registro de Crédito**, sendo estes **irrelevantes** para fins de incidência do referido imposto.

A jurisprudência dominante já se pronunciou a respeito, determinando que a **incidência** do referido imposto ocorre com o **Registro de Exportação** (RE). O RE é o **documento eletrônico** que **formaliza as informações sobre a operação de exportação**, sendo o **momento de seu registro** considerado o **marco temporal** para a incidência do IE.

A consolidação do RE como referência para o fato gerador do IE é coerente com a **modernização dos sistemas de comércio exterior no Brasil**. O **Siscomex**, ao centralizar e integrar informações em uma **plataforma digital**, torna os processos mais ágeis, **reduzindo burocracias** e promovendo **maior eficiência administrativa**.

• Aspecto Pessoal

O **aspecto pessoal do Imposto sobre a Exportação (IE)** refere-se à identificação dos sujeitos envolvidos na relação tributária: o **sujeito ativo**, que tem o dever de exigir o tributo, e o **sujeito passivo**, que tem o dever de pagá-lo.

O **sujeito ativo** do IE é a **União Federal**, que, de acordo com a Constituição Federal, detém a competência exclusiva para instituir e cobrar esse tributo. A União, por meio da **Secretaria da Receita Federal do Brasil (RFB)**, exerce a fiscalização e a administração do imposto, garantindo o cumprimento das normas tributárias aplicáveis às exportações.

Essa exclusividade reforça o **caráter regulatório do IE**, permitindo à União ajustar a tributação de acordo com os **interesses econômicos** e **comerciais do país**, como o **incentivo** ou **desincentivo à exportação** de determinados produtos.

O **sujeito passivo** é aquele que realiza a exportação ou quem a lei a ele equiparar. Segundo o **art. 5º do DL 1.578/1977** e o **art. 27 do CTN**:

> Art. 5º O contribuinte do imposto é o exportador, assim considerado qualquer pessoa que promova a saída do produto do território nacional.
>
> Art. 27. Contribuinte do imposto é o exportador ou quem a lei a ele equiparar.

O **exportador** é definido como a **pessoa que promove a saída de produtos nacionais ou nacionalizados do território nacional**, sendo que a normatização **não faz distinção entre pessoas físicas e jurídicas**, podendo ambas serem contribuintes, desde que realizem exportações. Isso reflete a abrangência do tributo, que alcança tanto **grandes empresas exportadoras** quanto **indivíduos que realizam exportações ocasionais**.

Não é necessário que a exportação seja uma **atividade habitual** para caracterização do contribuinte. Mesmo uma **exportação isolada** pode configurar o fato gerador e, consequentemente, a obrigação tributária. A **condição de exportador** está vinculada ao ato de **promover a saída do produto nacional ou nacionalizado do território nacional**. Isso significa que o contribuinte é aquele que **efetivamente conduz a operação**

de exportação, assumindo a responsabilidade pela transação perante as autoridades aduaneiras e tributárias.

A codificação tributária nacional **amplia o conceito de contribuinte** ao prever que o **exportador por equiparação** também pode ser sujeito passivo do IE. Esse dispositivo abre espaço para que legislações específicas atribuam a responsabilidade tributária a outros agentes envolvidos na cadeia de exportação, caso necessário.

Já na condição de **responsáveis tributários**, podem figurar os **despachantes aduaneiros**, os **transportadores internacionais**, os **intermediários comerciais**, bem como os **proprietários de mercadorias**, desde que **diferentes do exportador formal** e vinculados diretamente à operação de exportação.

Se houver acordo entre as partes ou vínculo jurídico claro, o exportador e outros agentes podem ser **solidariamente responsáveis pelo pagamento do IE**. Terceiros que **participam do fato gerador** (como empresas de logística ou transporte) podem ser **responsabilizados solidariamente**, dependendo do **vínculo estabelecido com a operação**.

Quando o produtor vende para uma *trading company* que realiza a exportação, a **responsabilidade tributária** geralmente recai sobre a *trading*, salvo disposição normativa que determine o contrário. Leva-se em consideração que os contratos particulares não poderão ser opostos à Fazenda com a finalidade de modificação da responsabilidade tributária, em consonância com o **art. 123 do CTN**[12].

Em se tratando de **fraude, descaminho** ou **outras infrações**, a responsabilidade **pode ser estendida a qualquer parte que tenha contribuído para a irregularidade**, como despachantes, intermediários ou transportadores.

- **Aspecto Quantitativo**

O **aspecto quantitativo** passa a ser estabelecido pela **base de cálculo** e **alíquota**. Tem-se a previsão nos **arts. 24 e 25 do CTN**:

> Art. 24. A base de cálculo do imposto é:
>
> I – quando a alíquota seja específica, a unidade de medida adotada pela lei tributária;
>
> II – quando a alíquota seja ad valorem, o preço normal que o produto, ou seu similar, alcançaria, ao tempo da exportação, em uma venda em condições de livre concorrência.

---

12. **Art. 123**. Salvo disposições de lei em contrário, as convenções particulares, relativas à responsabilidade pelo pagamento de tributos, não podem ser opostas à Fazenda Pública, para modificar a definição legal do sujeito passivo das obrigações tributárias correspondentes.

> Parágrafo único. Para os efeitos do inciso II, considera-se a entrega como efetuada no porto ou lugar da saída do produto, deduzidos os tributos diretamente incidentes sobre a operação de exportação e, nas vendas efetuadas a prazo superior aos concorrentes no mercado internacional o custo do financiamento.
>
> Art. 25. A lei pode adotar como base de cálculo a parcela do valor ou do preço, referidos no artigo anterior, excedente de valor básico, fixado de acordo com os critérios e dentro dos limites por ela estabelecidos.

A **base de cálculo do imposto de exportação**, assim como ocorre com o imposto de importação, **dependerá do tipo de alíquota a ser aplicada sobre determinado produto**. Assim, caso a **alíquota seja específica**, leva-se em consideração para a base de cálculo determinada **unidade de medida**. Logo, a base de cálculo **não será aferida por fixação em moeda corrente**, mas por **unidade de medida**, como, p.ex.: tantos reais por tonelada, tantos reais por metro, e assim por diante.

No caso de **alíquotas *ad valorem***, mais comuns, temos a incidência de um **percentual sobre o valor definido em lei**.

A utilização comum na questão referente ao imposto de exportação diz respeito ao uso dos *Incoterms*. Os denominados *Incoterms* são termos que designam as **formas mais usuais no comércio internacional**.

A criação advém da **Câmara de Comércio Internacional** (CCI), visando **administrar conflitos oriundos da interpretação dos contratos internacionais** firmados entre **exportadores** e **importadores** concernentes à **transferência de mercadorias, despesas que são decorrentes das transações internacionais** e, notadamente, tratar da **responsabilização nos casos de perdas e danos**.

Inicialmente, tais termos foram aplicados em **transportes marítimos e terrestres**, a partir de 1936. A partir da década de 70, foram também aplicados aos **transportes aéreos**. Com o aparecimento do **sistema intermodal de transporte**, utilizando processos de **inutilização de carga**, mais dois termos foram criados na década de 80.

Os *Incoterms* são amplamente utilizados e atualizados periodicamente para se alinhar às **práticas globais**. A versão mais recente, publicada em 2020, inclui 11 (onze) **termos classificados em duas categorias**: aqueles que se aplicam a **qualquer modo de transporte** e aqueles específicos para **transporte marítimo**. Estabelecem o **ponto de entrega das mercadorias**, o que pode determinar o **momento em que ocorre o registro de exportação no Siscomex** – o marco temporal para a incidência do IE.

Alguns termos, como o **EXW** (*Ex Works*), transferem ao **comprador** a responsabilidade por **todas as despesas e formalidades aduaneiras**, enquanto outros, como o **DAP** (*Delivered at Place*), podem exigir que o **vendedor** assuma esses encargos. O cumprimento das obrigações fiscais, incluindo o recolhimento do IE, **pode ser afetado pelo *Incoterm* escolhido**, especialmente quando ele exige que o vendedor administre os trâmites aduaneiros.

20 • IMPOSTOS ORDINÁRIOS FEDERAIS **841**

Dentre os **termos internacionais mais usuais**, destacamos:

- **FOB** (*free on board*): o **vendedor**, sob sua **própria conta e risco**, deve colocar a mercadoria a **bordo do navio indicado pelo comprador**, no **porto de embarque designado**. Competirá ao vendedor atender a todas as formalidades da exportação;

- **CIF** (*Cost, Insurance and Freight*): por tal cláusula, **todas as despesas**, incluindo seguro marítimo e frete até a chegada no porto de destino designado, **correm por conta do vendedor**. Desde o momento em que **há a transposição da amurada do navio**, no **porto de embarque**, **todos os riscos são por conta do comprador**, que receberá a mercadoria no **porto de destino** e arcará com todas as despesas, tais como desembarque, tributação aduaneira, dentre outros. É utilizada somente nos casos de **transporte marítimo**;

- **EXW** (*Ex Works*): caberá ao comprador a assunção de todas as obrigações desde o local de origem do vendedor, incluindo a exportação. Aqui, o vendedor tem menos envolvimento com os trâmites do IE.

Conforme estabelece o Código Tributário Nacional, a **base de cálculo** é o **preço FOB da mercadoria**. Já a **alíquota** é fixada conforme determinação do **art. 3º do DL 1.578/1977**, *in verbis*:

> Art. 3º A alíquota do imposto é de trinta por cento, facultado ao Poder Executivo reduzi-la ou aumentá-la, para atender aos objetivos da política cambial e do comércio exterior.
>
> Parágrafo único. Em caso de elevação, a alíquota do imposto não poderá ser superior a cinco vezes o percentual fixado neste artigo.

O **preço FOB** representa o **valor da mercadoria quando colocada a bordo do navio ou do veículo transportador, excluindo despesas posteriores**, como **frete** e **seguro internacional**. Reflete o **valor da mercadoria dentro do território nacional, antes de incluir custos adicionais relacionados ao transporte e ao seguro internacional**.

A utilização do preço FOB como base de cálculo **facilita a harmonização com práticas internacionais de comércio exterior**, garantindo maior **previsibilidade para exportadores**.

A **alíquota do IE** é regulada pelo **art. 3º do DL 1.578/1977**[13], que a estabelece em **30%**, mas concede ao **Poder Executivo** a prerrogativa de ajustá-la para atender às demandas da **política cambial** e do **comércio exterior**. Já o **parágrafo único do art. 3º**[14] estabelece que, em caso de **elevação**, a alíquota do IE **não pode exceder cinco vezes o**

---

13. **Art. 3º** A alíquota do imposto é de trinta por cento, facultado ao Poder Executivo reduzi-la ou aumentá-la, para atender aos objetivos da política cambial e do comércio exterior.
14. **Art. 3º** (...)
    Parágrafo único. Em caso de elevação, a alíquota do imposto não poderá ser superior a cinco vezes o percentual fixado neste artigo.

percentual fixado no *caput*. Assim, o **limite máximo** seria de **150%**. Essa limitação evita **aumentos desproporcionais** e confere **segurança jurídica** aos **exportadores**, ao mesmo tempo em que assegura ao governo a possibilidade de atuar em situações excepcionais, como crises econômicas ou emergências comerciais.

• Demais considerações e características aplicáveis

O **imposto sobre a exportação** (IE) é classificado como um **tributo extrafiscal**, ou seja, sua principal função não é arrecadatória, mas de **regulação econômica**. Assim, pode ser utilizado pelo Governo Federal para controle do mercado, fomentando ou não as exportações de determinados produtos, especialmente em contextos de equilíbrio econômico interno ou externo.

A Constituição Federal de 1988 autoriza o Poder Executivo a **ajustar as alíquotas do imposto de exportação** dentro dos **limites previamente definidos em lei**, relativizando o **princípio da legalidade**. Essa delegação, no entanto, **não implica ausência de controle**, já que qualquer excesso no **uso do poder regulamentar** pode ser corrigido, conforme estabelecido pelo **art. 49, V, da CF/1988**[15]. Esse mecanismo permite ao Congresso Nacional sustar atos normativos que ultrapassem os limites da delegação legal.

Outro ponto importante é a mitigação do **princípio da anterioridade tributária** no caso do imposto de exportação. Conforme o **art. 150, § 1º, da CF/1988**[16], determinados tributos com **função regulatória**, como o **imposto de exportação**, não **estão sujeitos à regra geral de anterioridade**. Isso permite sua **aplicação imediata após a publicação da norma**, assegurando maior agilidade na resposta do governo a dinâmicas econômicas.

---

15. **Art. 49.** É da competência exclusiva do Congresso Nacional:

    V – sustar os atos normativos do Poder Executivo que exorbitem do poder regulamentar ou dos limites de delegação legislativa.

16. **Art. 150.** (...)

    § 1º A vedação do inciso III, b, não se aplica aos tributos previstos nos arts. 148, I, 153, I, II, IV e V; e 154, II; e a vedação do inciso III, c, não se aplica aos tributos previstos nos arts. 148, I, 153, I, II, III e V; e 154, II, nem à fixação da base de cálculo dos impostos previstos nos arts. 155, III, e 156, I.

20.2.1.2 Entendimento jurisprudencial

 **JURISPRUDÊNCIA**

PROCESSUAL CIVIL. ADMINISTRATIVO. AGRAVO INTERNO NO RECURSO ESPECIAL. CÓDIGO DE PROCESSO CIVIL DE 2015. APLICABILIDADE. DEVER DE PRESTAR INFORMAÇÕES SOBRE MERCADORIAS PROVENIENTES DO EXTERIOR. OBRIGAÇÃO QUE NÃO DETÉM ÍNDOLE TRIBUTÁRIA. PROCESSO ADMINISTRATIVO DE NATUREZA PUNITIVA. AUSÊNCIA DE ATO IMPULSIONADOR DO PROCESSO POR PRAZO SUPERIOR A TRÊS ANOS. PRESCRIÇÃO INTERCORRENTE. CONFIGURADA. APLICAÇÃO DO REGRAMENTO PREVISTO NA LEI N. 9.873/1999. MULTA. ART. 1.021, § 4º, DO CÓDIGO DE PROCESSO CIVIL DE 2015. DESCABIMENTO. I – Consoante o decidido pelo Plenário desta Corte na sessão realizada em 09.03.2016, o regime recursal será determinado pela data da publicação do provimento jurisdicional impugnado. In casu, aplica-se o Código de Processo Civil de 2015. II – O dever de registrar informações a respeito das mercadorias embarcadas no SISCOMEX, atribuído às empresas de transporte internacional pelos arts. 37 do Decreto-Lei n. 37/1966 e 37 da Instrução Normativa SRF n. 28/1994 não possui perfil tributário, porquanto, a par de posterior ao desembaraço aduaneiro, a confirmação do recolhimento do Imposto de Exportação antecede a autorização de embarque, razão pela qual a penalidade prevista no art. 107, IV, e, do Decreto-Lei n. 37/1966, decorrente de seu descumprimento, não guarda relação imediata com a fiscalização ou a arrecadação de tributos incidentes na operação de exportação, mas, sim, com o controle da saída de bens econômicos do território nacional. Precedentes. III – Ambas as Turmas integrantes da 1ª Seção desta Corte adotam a orientação segundo a qual incide a prescrição intercorrente prevista no art. 1º, § 1º, da Lei n. 9.873/1999 quando paralisado o processo administrativo de apuração de infrações de índole não tributária por mais de 03 (três) anos e ausente a prática de atos de impulsionamento do procedimento punitivo. IV – Em regra, descabe a imposição da multa prevista no art. 1.021, § 4º, do Código de Processo Civil de 2015 em razão do mero desprovimento do Agravo Interno em votação unânime, sendo necessária a configuração da manifesta inadmissibilidade ou improcedência do recurso a autorizar sua aplicação, o que não ocorreu no caso. V – Agravo Interno improvido.
(STJ – AgInt no REsp: 2119096 SP 2024/0015625-5, Relator: Ministra REGINA HELENA COSTA, Data de Julgamento: 08/04/2024, T1 – PRIMEIRA TURMA, Data de Publicação: DJe 11/04/2024)

EMENTA Ação direta de inconstitucionalidade. Perda parcial de objeto. Direito tributário. Leis nºs 8.387/91 e 10.176/01. Política nacional sobre bens de informática. Alegada violação do art. 40 do ADCT. Zona Franca de Manaus. Inexistência de ofensa a esse dispositivo. Bens que não estavam sujeitos ao DL nº 288/67 quando do advento da Constituição Cidadã. 1. A jurisprudência da Corte é pacífica quanto à prejudicialidade da ação direta de inconstitucionalidade por perda superveniente de objeto quando sobrevém a revogação ou a substancial alteração da norma questionada. Precedentes. 2. O Tribunal Pleno, na ADI nº 4.254, Rel. Min. Cármen Lúcia, fixou orientação de que a eficácia do art. 40 do ADCT "depende da manutenção dos favores fiscais previstos no Decreto-Lei nº 288/1967, sob pena de descaracterizar-se a Zona Franca de Manaus". 3. As Leis nºs 8.387/91 e 10.176/01, que versaram sobre bens de informática, considerando-se o contexto nacional, não violaram o citado dispositivo, na medida em que, quando do advento da Constituição Cidadã, tais bens não estavam sujeitos ao Decreto-lei nº 288/67, mas sim à Lei de informática (Lei nº 7.232/84), a qual havia disposto sobre a Política Nacional de Informática. 4. Ação direta de inconstitucionalidade julgada prejudicada quanto ao art. 11 da Lei nº 10.176/01 e ao art. 2º, § 3º, da Lei nº 8.387/91 e improcedente quanto aos demais dispositivos questionados.
(STF – ADI: 2399 AM 0000320-30.2001.1.00.0000, Relator: MARCO AURÉLIO, Data de Julgamento: 14/02/2022, Tribunal Pleno, Data de Publicação: 15/03/2022)

> AGRAVO REGIMENTAL EM RECURSO EXTRAORDINÁRIO. DIREITO TRIBUTÁRIO. TAXA DE UTILIZAÇÃO DO SISTEMA INTEGRADO DE COMÉRCIO EXTERIOR SISCOMEX. MAJORAÇÃO. PORTARIA MF 257/2011. APLICAÇÃO DO ART. 1.033 DO CPC. DESCABIMENTO. 1. É inconstitucional a majoração da taxa SISCOMEX promovida pela Portaria MF 257/2011. Precedentes. 2. A aferição de suposta violação ao princípio da legalidade demanda necessariamente a análise de atos normativos infraconstitucionais. Súmula 636 do STF. 3. In casu, em virtude da interposição simultânea dos recursos extraordinário e especial, incabível o envio dos autos ao STJ para fins do art. 1.033 do CPC. 4. Agravo regimental a que se nega provimento. (RE 1242449 AgR, Relator (a): Min. EDSON FACHIN, Segunda Turma, julgado em 15/04/2020, PROCESSO ELETRÔNICO DJe-123 DIVULG 18-05-2020 PUBLIC 19-05-2020)
> **(STF – AgR RE: 1242449 RS** – RIO GRANDE DO SUL 5014411-34.2017.4.04.7108, Relator: Min. EDSON FACHIN, Data de Julgamento: 15/04/2020, Segunda Turma, Data de Publicação: DJe-123 19-05-2020).

20.3 IMPOSTO SOBRE A RENDA E PROVENTOS DE QUALQUER NATUREZA (IR)

20.3.1 Fundamentação constitucional e legal

O **Imposto sobre a Renda e Proventos de qualquer natureza** (IR) é um tributo de competência federal, previsto no **art. 153, III, da CF/1988**[17]. Possui critérios constitucionais estampados no **art. 153, §2º, I,** do texto constitucional[18], tendo o seu regramento de incidência tratado entre os **arts. 43 a 45 do CTN**[19].

Possui uma **vasta legislação de regência**, dividindo-se entre o **imposto sobre a renda de pessoas físicas** (IRPF) e **imposto sobre a renda de pessoas jurídicas** (IRPJ). Para tanto, temos a **Lei 7.713/88**, que reformulou a legislação do Imposto de Renda de Pessoas Físicas, a Lei **8.981/95**, que dispõe sobre o imposto de renda da pessoa jurídica, a Lei **9.249/1995**, que dispõe sobre a tributação de lucros e dividendos e outros regra-

---

17. **Art. 153.** Compete à União instituir impostos sobre:

    III – renda e proventos de qualquer natureza.

18. **Art. 153.** (...)

    § 2º O imposto previsto no inciso III:

    I – será informado pelos critérios da generalidade, da universalidade e da progressividade, na forma da lei.

19. **Art. 43.** O imposto, de competência da União, sobre a renda e proventos de qualquer natureza tem como fato gerador a aquisição da disponibilidade econômica ou jurídica:

    I – de renda, assim entendido o produto do capital, do trabalho ou da combinação de ambos;

    II – de proventos de qualquer natureza, assim entendidos os acréscimos patrimoniais não compreendidos no inciso anterior.

    § 1º A incidência do imposto independe da denominação da receita ou do rendimento, da localização, condição jurídica ou nacionalidade da fonte, da origem e da forma de percepção.

    § 2º Na hipótese de receita ou de rendimento oriundos do exterior, a lei estabelecerá as condições e o momento em que se dará sua disponibilidade, para fins de incidência do imposto referido neste artigo.

    Art. 44. A base de cálculo do imposto é o montante, real, arbitrado ou presumido, da renda ou dos proventos tributáveis.

    Art. 45. Contribuinte do imposto é o titular da disponibilidade a que se refere o artigo 43, sem prejuízo de atribuir a lei essa condição ao possuidor, a qualquer título, dos bens produtores de renda ou dos proventos tributáveis.

    Parágrafo único. A lei pode atribuir à fonte pagadora da renda ou dos proventos tributáveis a condição de responsável pelo imposto cuja retenção e recolhimento lhe caibam.

mentos da pessoa jurídica, a **Lei 9.430/96**, que estabelece normas sobre a administração tributária e o exercício de fiscalização, dentre outras legislações.

Destaca-se no cenário normativo a **regulamentação do IR**, através do **Decreto 9.580/18** (RIR), além de várias instruções normativas da Secretaria da Receita Federal do Brasil, tais como a **IN SRF 2.139/2023**, que regula a declaração do imposto de renda da pessoa física.

Ademais, temos os **tratados internacionais** para evitar a bitributação sobre a renda entre os países signatários e outras normatizações aplicáveis, tratando-se de um dos impostos mais normatizados do país.

20.3.2 Regramento de incidência tributária

- **Aspecto Material**

O **imposto sobre a renda** incidirá sobre a obtenção de **renda** e **proventos** de qualquer natureza, na forma da legislação de regência.

Pela determinação estabelecida no CTN, a partir do **art. 43**, temos:

> Art. 43. O imposto, de competência da União, sobre a renda e proventos de qualquer natureza tem como fato gerador a aquisição da disponibilidade econômica ou jurídica:
>
> I – de renda, assim entendido o produto do capital, do trabalho ou da combinação de ambos;
>
> II – de proventos de qualquer natureza, assim entendidos os acréscimos patrimoniais não compreendidos no inciso anterior.
>
> § 1º A incidência do imposto independe da denominação da receita ou do rendimento, da localização, condição jurídica ou nacionalidade da fonte, da origem e da forma de percepção.
>
> § 2º Na hipótese de receita ou de rendimento oriundos do exterior, a lei estabelecerá as condições e o momento em que se dará sua disponibilidade, para fins de incidência do imposto referido neste artigo.

Antes de adentrarmos nas informações estabelecidas no Código Tributário Nacional, cumpre ressaltar o que se considera **renda** e a sua diferença com relação aos **proventos**.

Entende-se por **renda** todo o **acréscimo patrimonial decorrente do produto do trabalho**, do **capital** ou da **combinação de ambos**. Já os **proventos** são os **acréscimos patrimoniais** que decorrem de **ganhos obtidos de atividades** que já se **cessaram com o tempo**.

De acordo com o entendimento doutrinário e jurisprudencial, a renda passa a ser entendida como **disponibilidade de uma riqueza nova**, sendo os **proventos** uma forma de obtenção de valores **que não são o resultado imediato de um trabalho que está sendo desenvolvido**, mas de um **trabalho** ou **atividade que já cessou**. Assim, o **recebimento de valores a título de aposentadoria** entraria no conceito de **proventos** e o **salário** recebido em **decorrência do exercício de uma atividade** ingressaria no conceito jurídico de **renda**.

Resumidamente, a **renda** é caracterizada por ser um **acréscimo patrimonial** oriundo da **produtividade atual**, seja do trabalho, do capital ou da combinação de ambos. Ou seja, trata-se de valores que representam **uma riqueza nova gerada pela atividade econômica desempenhada no presente**.

Os **proventos**, por sua vez, são acréscimos patrimoniais obtidos por atividades que **já cessaram com o tempo**. Diferentemente da renda, os **proventos não têm origem em uma atividade produtiva atual**, mas resultam de **situações passadas**, como aposentadorias, pensões ou ganhos de patrimônio acumulado.

A principal diferença está na **origem**. A **renda** deriva de atividades produtivas presentes; os **proventos**, de direitos adquiridos em virtude de atividades passadas.

Nos termos da **súmula 586 do STF**:

Incide imposto de renda sobre os juros remetidos para o exterior, com base em contrato de mútuo.

O **contrato de mútuo** ocorre quando uma das partes entrega à outra um **valor ou bem fungível**, com a obrigação de **devolução de outro de igual natureza, qualidade e quantidade**. No caso de **mútuo financeiro**, frequentemente ocorrem **operações entre residentes no Brasil e residentes no exterior**. Os **juros** representam a **remuneração pelo empréstimo** ou financiamento concedido por uma das partes, no caso, o **credor estrangeiro**. Eles configuram um **rendimento tributável**.

A **incidência do imposto de renda** sobre os **juros remetidos ao exterior** está respaldada pelo **princípio da universalidade da renda tributável**, sendo **irrelevante que o beneficiário resida fora do Brasil**, visto que a **tributação sobre remessas ao exterior** pode influenciar as **condições de financiamento internacional**, já que o **custo efetivo dos juros para o mutuário brasileiro** é elevado pela carga tributária incidente.

Uma vez que o imposto de renda tem como fator de incidência o **acréscimo patrimonial**, valores que apenas compensam perdas ou danos sofridos pelo contribuinte não configuram tal acréscimo, mas uma **reposição de patrimônio**, o que **afasta a hipótese de incidência do imposto**.

Os valores recebidos a título de **indenização** têm como objetivo principal **restituir o patrimônio do contribuinte ao estado anterior à ocorrência de um prejuízo ou dano**. Eles não **representam lucro**, rendimento ou ganho, mas sim, uma **compensação**.

Tais entendimentos já estão bastante sedimentados na jurisprudência dominante. No entanto, deve-se levar em consideração que o fato de se ter apenas o nome "**indeni-**

zação" não é suficiente para determinação da não incidência, devendo se atentar para a **verba recebida**; caso em que, sob o rótulo de "**indenização**", o contribuinte recebe algo que, na verdade, representa **lucro** ou **rendimento**.

Em consonância com o entendimento esposado, reza a **súmula 498 do STJ**:

Não incide imposto de renda sobre a indenização por danos morais.

A **indenização por danos morais** tem **caráter reparatório**, destinando-se a **compensar o prejuízo imaterial** sofrido por uma pessoa em decorrência de um ato ilícito ou prejudicial, buscando restabelecer o **equilíbrio emocional** ou **psicológico** da vítima, não sendo equivalente a um rendimento ou ganho econômico.

Para **pessoas físicas**, a indenização por danos morais é reconhecida como uma **compensação pelo sofrimento** ou **prejuízo à honra, dignidade** ou **integridade emocional**, que são características **eminentemente pessoais**. Pessoas jurídicas podem buscar **reparação por danos morais**, mas tais danos geralmente estão relacionados à sua **imagem, marca** ou **reputação** no mercado, o que pode ter **impacto econômico**.

In casu, a **indenização por danos morais** tende a ser analisada como uma **compensação com reflexos patrimoniais** ou **econômicos**, diferentemente da **compensação subjetiva** e **emocional** que ocorre com **pessoas físicas**. Assim, o **recebimento de reparação por pessoas jurídicas** pode ser caracterizado como uma **receita** ou **ingresso tributável** – em se tratando de geração ou aumento de patrimônio – ou ainda **substitua receitas** que a empresa deixou de auferir.

Pode haver casos específicos em que a **indenização à pessoa jurídica** seja **destinada exclusivamente à recomposição** de um **prejuízo reputacional** ou de **imagem, sem impacto financeiro direto**. Nesses casos, pode-se argumentar pela **não incidência do IR**.

Para elucidar as determinações aferidas pela jurisprudência, citamos algumas **súmulas** que versam sobre a temática:

Súmula 125 do STJ: O pagamento de férias não gozadas por necessidade do serviço não está sujeito à incidência do Imposto de Renda.

As **férias não gozadas por necessidade do serviço** são convertidas em **dinheiro**, configurando um pagamento em espécie ao trabalhador. Esse tipo de **remuneração**, no entanto, tem características específicas:

I – Caráter indenizatório: o pagamento ocorre porque o trabalhador foi privado de um direito constitucionalmente assegurado, que é o descanso anual remunerado.

Portanto, esse valor não representa uma vantagem financeira ou acréscimo patrimonial, mas sim uma **reparação pela não fruição do direito**.

II – Ausência de enriquecimento: o montante recebido não se traduz em uma riqueza nova, mas em uma compensação pela perda de um benefício.

Dessa forma, o **caráter indenizatório do pagamento afasta a hipótese de incidência do Imposto de Renda**, que exige um **acréscimo patrimonial efetivo**.

Diferencia-se, contudo, das **férias gozadas**, decorrentes quando o trabalhador **usufrui do período de férias e recebe o pagamento correspondente**. Nesse caso, o **valor** é considerado **remuneração** e, por isso, **está sujeito ao Imposto de Renda**.

Nos termos da **súmula 386 do STJ**:

São isentas de imposto de renda as indenizações de férias proporcionais e o respectivo adicional.

Por mais que o **verbete** disponha a expressão "**isenção**", trata-se, na verdade, de uma "**não incidência**", visto que a **isenção somente pode ser conferida mediante lei específica**, não podendo ser concedida mediante **interpretação meramente jurisprudencial**. As **decisões judiciais** que consolidam o entendimento de que as **férias proporcionais** são "**isentas**", na verdade, reconhecem a **inexistência do fato gerador**, não concedendo um benefício fiscal, apenas **delimitando corretamente o alcance da tributação**.

O **Poder Judiciário não pode criar isenções tributárias**, pois isso violaria a **reserva legal** e o **princípio da separação dos poderes**. Contudo, pode **interpretar a legislação** para esclarecer se uma hipótese **está** ou **não dentro do campo de incidência tributária**. Assim, a jurisprudência **não concede benefícios**, mas apenas **confirma a natureza jurídica das férias proporcionais e seu adicional, excluindo-os do campo de incidência tributária**.

As **férias proporcionais** e o **respectivo adicional** configuram uma **verba de natureza indenizatória** quando pagas em razão de **extinção do contrato de trabalho**, seja por **iniciativa do empregador** ou do **empregado**. Esses valores **não correspondem a uma contraprestação pelo trabalho realizado**, mas sim, uma **compensação** por um **direito não usufruído**.

As **férias vencidas** – consideradas não usufruídas e indenizadas na rescisão – **podem estar sujeitas à tributação**, pois possuem **natureza remuneratória**; já as férias **proporcionais** e seu **adicional**, pagos na **rescisão**, possuem **natureza indenizatória** e, por isso, não possuem a incidência de IR.

O **adicional de 1/3 de férias proporcional** segue a mesma **regra de não incidência**, desde que **atrelado à natureza indenizatória da verba principal**.

Embora a jurisprudência tenha consolidado a **não incidência das férias proporcionais indenizadas**, debates ainda podem surgir em situações específicas envolvendo caracterização da verba como **remuneratória** ou **indenizatória**.

No mais, dispõe a **súmula 136 do STJ**:

Súmula 136 do STJ: O pagamento de licença-prêmio não gozada por necessidade do serviço não está sujeito ao imposto de renda.

A **licença-prêmio** é um direito concedido a determinados servidores públicos que completam um **período específico de trabalho**, geralmente **sem faltas injustificadas**, e consiste na possibilidade de **gozar um período de descanso remunerado**. Quando, por **necessidade do serviço**, o servidor não pode usufruir dessa licença, ela **pode ser convertida em pagamento em espécie**.

O fundamento principal para a não incidência do imposto de renda está na **natureza jurídica indenizatória** do pagamento, visto que, o **pagamento** é uma **compensação ao servidor** por não ter usufruído do benefício que lhe era assegurado. **Não há enriquecimento ou acréscimo patrimonial**.

Assim como ocorre nos casos de férias, a **licença-prêmio gozada** é aquela em que o servidor **usufrui o período de licença** e continua recebendo seu salário normalmente. Nesse caso, os valores pagos durante o gozo da licença são considerados **remuneratórios** e sujeitos à tributação.

Seguindo o mesmo entendimento, reza o verbete abaixo:

Súmula 215 do STJ: A indenização recebida pela adesão a programa e incentivo à demissão voluntária não está sujeita a incidência do imposto de renda.

Os valores recebidos por meio de **programas de demissão voluntária (PDV)** possuem caráter **indenizatório**, e não **remuneratório**, visto que se trata de mecanismo de **reparação por rescisão do contrato de trabalho**. A indenização **compensa a perda do emprego** e os possíveis **danos patrimoniais** e **pessoais** causados pela **cessação do vínculo empregatício**. O pagamento **não representa** uma "renda" ou "proventos" no sentido de **aumento de riqueza**; versa sobre um valor destinado à **recomposição do patrimônio perdido**.

A **adesão ao PDV** geralmente ocorre mediante **acordos** que visam oferecer **vantagens financeiras ao trabalhador** para **incentivar o desligamento**.

No entanto, se o programa incluir **pagamentos com caráter remuneratório** – tais como **bônus** ou **premiações** – esses podem ser **tributáveis**, assim como os juros ou multas incidentes sobre as indenizações.

Mesmo de maneira **não sumulada**, a jurisprudência já firmou entendimento que **não incide o imposto de renda** sobre valores recebidos a título de **auxílio-alimentação, vale-transporte** e **auxílio-creche**.

O **auxílio-alimentação**, fornecido para custear a alimentação do trabalhador durante sua jornada de trabalho, possui **um caráter predominantemente assistencial**, **não se configurando acréscimo patrimonial**, mas um **suporte** para atender necessidades básicas do trabalhador.

Quando concedido em forma de **tíquete**, **vale** ou **cesta básica**, e não em dinheiro, **reforça ainda mais sua natureza indenizatória**. Por outro lado, se o **auxílio for pago em dinheiro diretamente ao trabalhador**, pode haver **questionamento sobre sua natureza**, sendo tratado, em algumas situações, como **remuneração** e sujeito à tributação.

Já o **vale-transporte** destina-se exclusivamente ao custeio das **despesas de deslocamento do trabalhador** entre sua **residência** e o **local de trabalho**. O que ocorre é um **reembolso do trabalhador** pelos gastos com transporte, **não configurando ganho financeiro**.

A legislação trabalhista regula o benefício como um **direito assistencial**, vedando seu pagamento em dinheiro, salvo exceções. Nos termos **do art. 1º da Lei 7.418/85**:

> Art. 1º Fica instituído o vale-transporte, que o empregador, pessoa física ou jurídica, antecipará ao empregado para utilização efetiva em despesas de deslocamento residência-trabalho e vice-versa, através do sistema de transporte coletivo público, urbano ou intermunicipal e/ou interestadual com características semelhantes aos urbanos, geridos diretamente ou mediante concessão ou permissão de linhas regulares e com tarifas fixadas pela autoridade competente, excluídos os serviços seletivos e os especiais.

O **auxílio-creche**, concedido para ajudar trabalhadores com despesas relacionadas à **guarda e cuidado de filhos menores**, também tem **natureza assistencial**. Os tribunais consideram que o benefício visa permitir que o trabalhador possa exercer suas funções sem se preocupar com os cuidados de seus filhos durante a jornada de trabalho.

Nos casos de **ajuda de custo pela utilização de veículo próprio** para **exercício da atividade laboral**, também temos manifestação sobre a **não incidência de imposto de renda**. A **ajuda de custo** destinada à utilização de **veículo próprio no trabalho** é fornecida como forma de **compensação pelas despesas** que o trabalhador incorre ao utilizar um bem particular, *in casu*, o próprio veículo, para **atender às necessidades da atividade laboral**.

No que diz respeito aos valores recebidos a título de **indenização por horas extras trabalhadas**, mesmo que sejam decorrentes de **acordo coletivo**, a jurisprudência pacificou entendimento de que **incide o imposto de renda**. É o que se depreende da análise da **Súmula 463 do STJ**, *in verbis*:

Incide imposto de renda sobre os valores percebidos a título de indenização por horas extraordinárias trabalhadas, ainda que decorrentes de acordo coletivo.

Temos uma questão complexa sobre a incidência do **Imposto de Renda (IR)** em valores relacionados à **complementação de aposentadoria** e ao **resgate de contribuições recolhidas a entidades de previdência privada**, durante o período de **1º/1/1989 a 31/12/1995**. A discussão gira em torno da interpretação e aplicação da **isenção tributária prevista no art. 6º, VII, "b", da Lei 7.713/1988**, vigente **antes da alteração** promovida pela **Lei 9.250/1995**.

Nos termos da **súmula 556 do STJ**:

É indevida a incidência de imposto de renda sobre o valor da complementação de aposentadoria pago por entidade de previdência privada e em relação ao resgate de contribuições recolhidas para referidas entidades patrocinadoras no período de 1º/1/1989 a 31/12/1995, em razão da isenção concedida pelo art. 6º, VII, b, da Lei nº 7.713/1988, na redação anterior à que lhe foi dada pela Lei nº 9.250/1995.

A Lei 7.713/88 estabelecia a **isenção de Imposto de Renda** sobre os **valores recebidos a título de complementação de aposentadoria** pagos por **entidades de previdência privada**, desde que as contribuições para essas entidades **não tivessem sido deduzidas da base de cálculo do IR**. Com o advento da **Lei 9.250/95**, ocorreu a **revogação dessa isenção** ao alterar o **art. 6º, VII, da Lei nº 7.713/1988**, passando a prever a **tributação da complementação de aposentadoria e do resgate de contribuições**, independentemente de as contribuições terem sido deduzidas ou não da base de cálculo do IR.

A isenção buscava **evitar a dupla tributação**, pois as contribuições feitas pelos participantes **não eram dedutíveis da base de cálculo do IR**, e, por isso, a **complementação de aposentadoria** ou o **resgate de contribuições não deveriam ser tributados novamente**.

Com a alteração promovida pela **Lei 9.250/1995**, a **isenção foi suprimida**, mas tal alteração **não pode ser aplicada retroativamente**, respeitando-se **o princípio da irretroatividade tributária**, nos termos do **art. 150, III, *a*, da CF/1988**[20].

Assim, no que diz respeito ao **entendimento do STJ**, durante o **período de vigência da isenção** – entre os anos de 1989 a 1995 – **não há incidência de IR** sobre valores recebidos a título de complementação de aposentadoria ou resgate de contribuições,

---

20. Art. 150. (...)
   III – cobrar tributos:
   a) em relação a fatos geradores ocorridos antes do início da vigência da lei que os houver instituído ou aumentado.

desde que as contribuições feitas ao plano de previdência privada não tenham sido deduzidas da base de cálculo do IR na época, **sendo válida para valores recebidos após a revogação da isenção**, qual seja, a **partir de 1º/1/1996**.

Em um **regime de previdência complementar**, os participantes realizam **contribuições para um fundo**, que é administrado por uma **entidade de previdência privada**. Em caso de **liquidação da entidade**, os participantes têm direito a receber um **rateio do patrimônio acumulado**. Para tanto, prevê a **súmula 590 do STJ**:

Constitui acréscimo patrimonial a atrair a incidência do imposto de renda, em caso de liquidação de entidade de previdência privada, a quantia que couber a cada participante, por rateio do patrimônio, superior ao valor das respectivas contribuições à entidade em liquidação, devidamente atualizadas e corrigidas.

Se o valor recebido pelo participante no momento de a liquidação **exceder as contribuições realizadas,** devidamente atualizadas e corrigidas, essa diferença caracteriza um **acréscimo patrimonial**, tornando-se **fato gerador do IR**. O **valor excedente** corresponde a **ganhos decorrentes da aplicação** e **gestão do patrimônio da entidade de previdência privada** ao longo do tempo. Trata-se, portanto, de um **rendimento eventual**, sujeitando-se à tributação.

Logo, as contribuições realizadas pelo participante representam o **capital investido não deve ser tributado**, enquanto o **valor excedente** corresponde ao rendimento será tributável.

Enquanto os **benefícios regulares de previdência complementar** como, p.ex., aposentadoria ou pensão, são **frequentemente sujeitos ao IR em sua integralidade** – exceto em casos de isenção ou regra específica – no caso de **liquidação**, a tributação recai apenas sobre o **acréscimo patrimonial**, respeitando o **caráter contributivo das quantias inicialmente investidas**.

Independentemente dos **critérios de incidência** e **não incidência do IR**, temos situações que estabelecem **isenções**, através da legislação específica. É o que ocorre com o disposto no **art. 6º da Lei 7.713/88**[21], que dispõe sobre **isenções às pessoas físicas**.

---

21. **Art. 6º** Ficam isentos do imposto de renda os seguintes rendimentos percebidos por pessoas físicas:
I – a alimentação, o transporte e os uniformes ou vestimentas especiais de trabalho, fornecidos gratuitamente pelo empregador a seus empregados, ou a diferença entre o preço cobrado e o valor de mercado;
II – as diárias destinadas, exclusivamente, ao pagamento de despesas de alimentação e pousada, por serviço eventual realizado em município diferente do da sede de trabalho;
III – o valor locativo do prédio construído, quando ocupado por seu proprietário ou cedido gratuitamente para uso do cônjuge ou de parentes de primeiro grau;
IV – as indenizações por acidentes de trabalho;
V – a indenização e o aviso prévio pagos por despedida ou rescisão de contrato de trabalho, até o limite garantido por lei, bem como o montante recebido pelos empregados e diretores, ou respectivos beneficiários, referente

aos depósitos, juros e correção monetária creditados em contas vinculadas, nos termos da legislação do Fundo de Garantia do Tempo de Serviço;

VI – o montante dos depósitos, juros, correção monetária e quotas-partes creditados em contas individuais pelo Programa de Integração Social e pelo Programa de Formação do Patrimônio do Servidor Público;

VII – os seguros recebidos de entidades de previdência privada decorrentes de morte ou invalidez permanente do participante. (Redação dada pela Lei nº 9.250, de 1995)

VIII – as contribuições pagas pelos empregadores relativas a programas de previdência privada em favor de seus empregados e dirigentes;

IX - os valores resgatados dos Planos de Poupança e Investimento - PAIT, de que trata o Decreto-Lei nº 2.292, de 21 de novembro de 1986, relativamente à parcela correspondente às contribuições efetuadas pelo participante;

X - as contribuições empresariais a Plano de Poupança e Investimento – PAIT, a que se refere o art. 5º, § 2º, do Decreto-Lei nº 2.292, de 21 de novembro de 1986;

XI – o pecúlio recebido pelos aposentados que voltam a trabalhar em atividade sujeita ao regime previdenciário, quando dela se afastarem, e pelos trabalhadores que ingressarem nesse regime após completarem sessenta anos de idade, pago pelo Instituto Nacional de Previdência Social ao segurado ou a seus dependentes, após sua morte, nos termos do art. 1º da Lei nº 6.243, de 24 de setembro de 1975;

XII – as pensões e os proventos concedidos de acordo com os Decretos-Leis, nºs 8.794 e 8.795, de 23 de janeiro de 1946, e Lei nº 2.579, de 23 de agosto de 1955, e art. 30 da Lei nº 4.242, de 17 de julho de 1963, em decorrência de reforma ou falecimento de ex-combatente da Força Expedicionária Brasileira;

XIII – capital das apólices de seguro ou pecúlio pago por morte do segurado, bem como os prêmios de seguro restituídos em qualquer caso, inclusive no de renúncia do contrato;

XIV – os proventos de aposentadoria ou reforma motivada por acidente em serviço e os percebidos pelos portadores de moléstia profissional, tuberculose ativa, alienação mental, esclerose múltipla, neoplasia maligna, cegueira, hanseníase, paralisia irreversível e incapacitante, cardiopatia grave, doença de Parkinson, espondiloartrose anquilosante, nefropatia grave, hepatopatia grave, estados avançados da doença de Paget (osteíte deformante), contaminação por radiação, síndrome da imunodeficiência adquirida, com base em conclusão da medicina especializada, mesmo que a doença tenha sido contraída depois da aposentadoria ou reforma; (Redação dada pela Lei nº 11.052, de 2004)

XV – os rendimentos provenientes de aposentadoria e pensão, de transferência para a reserva remunerada ou de reforma pagos pela Previdência Social da União, dos Estados, do Distrito Federal e dos Municípios, por qualquer pessoa jurídica de direito público interno ou por entidade de previdência privada, a partir do mês em que o contribuinte completar 65 (sessenta e cinco) anos de idade, sem prejuízo da parcela isenta prevista na tabela de incidência mensal do imposto, até o valor de: (Redação dada pela Lei nº 11.482, de 2007)

a) R$ 1.313,69 (mil, trezentos e treze reais e sessenta e nove centavos), por mês, para o ano-calendário de 2007; (Incluída pela Lei nº 11.482, de 2007)

b) R$ 1.372,81 (mil, trezentos e setenta e dois reais e oitenta e um centavos), por mês, para o ano-calendário de 2008; (Incluída pela Lei nº 11.482, de 2007)

c) R$ 1.434,59 (mil, quatrocentos e trinta e quatro reais e cinquenta e nove centavos), por mês, para o ano-calendário de 2009; (Incluída pela Lei nº 11.482, de 2007)

d) R$ 1.499,15 (mil, quatrocentos e noventa e nove reais e quinze centavos), por mês, para o ano-calendário de 2010; (Redação dada pela Lei nº 12.469, de 2011)

e) R$ 1.566,61 (mil, quinhentos e sessenta e seis reais e sessenta e um centavos), por mês, para o ano-calendário de 2011; (Incluída pela Lei nº 12.469, de 2011)

f) R$ 1.637,11 (mil, seiscentos e trinta e sete reais e onze centavos), por mês, para o ano-calendário de 2012; (Incluída pela Lei nº 12.469, de 2011)

g) R$ 1.710,78 (mil, setecentos e dez reais e setenta e oito centavos), por mês, para o ano-calendário de 2013; (Incluída pela Lei nº 12.469, de 2011)

h) R$ 1.787,77 (mil, setecentos e oitenta e sete reais e setenta e sete centavos), por mês, para o ano-calendário de 2014 e nos meses de janeiro a março do ano-calendário de 2015; e (Redação dada pela Lei nº 13.149, de 2015)

i) R$ 1.903,98 (mil, novecentos e três reais e noventa e oito centavos), por mês, a partir do mês de abril do ano-calendário de 2015. (Incluída pela Lei nº 13.149, de 2015)

XVI – o valor dos bens adquiridos por doação ou herança;

Tais isenções buscam minimizar o **impacto financeiro das despesas médicas** e da **redução da capacidade contributiva** das pessoas acometidas por doenças graves. Nesse caso, justifica-se a exclusão dos rendimentos tributáveis.

O STJ adotou o verbete previsto na **súmula 627**:

O contribuinte faz jus à concessão ou à manutenção da isenção do imposto de renda, não se lhe exigindo a demonstração da contemporaneidade dos sintomas da doença nem da recidiva da enfermidade.

Uma vez **diagnosticada a doença** e **concedido o benefício**, não é necessário demonstrar a **contemporaneidade dos sintomas**. O contribuinte **não precisa provar que os sintomas da doença permanecem ativos** ou que a **doença está em fase de agravamento**. Caso a doença entre em **remissão** – como nos casos de câncer em controle ou cura clínica – o contribuinte **ainda faz jus à isenção**, desde que o **laudo médico original** tenha reconhecido a doença no período em que ela esteve ativa. Isso sedimenta o entendimento de que a **isenção do IR** é baseada no **diagnóstico da doença grave**, e não na **evolução** ou nos **sintomas atuais**.

Observe que a **existência de laudo médico oficial** não significa, necessariamente, **laudo emanado de órgãos governamentais**. Conforme previsto na **súmula 598 do STJ**:

XVII – os valores decorrentes de aumento de capital:
a) mediante a incorporação de reservas ou lucros que tenham sido tributados na forma do art. 36 desta Lei;
b) efetuado com observância do disposto no art. 63 do Decreto-Lei nº 1.598, de 26 de dezembro de 1977, relativamente aos lucros apurados em períodos-base encerrados anteriormente à vigência desta Lei;
XVIII - a correção monetária de investimentos, calculada aos mesmos índices aprovados para os Bônus do Tesouro Nacional – BTN, e desde que seu pagamento ou crédito ocorra em intervalos não inferiores a trinta dias; (Redação dada pela Lei nº 7.799, de 1989)
XIX – a diferença entre o valor de aplicação e o de resgate de quotas de fundos de aplicações de curto prazo;
XX – ajuda de custo destinada a atender às despesas com transporte, frete e locomoção do beneficiado e seus familiares, em caso de remoção de um município para outro, sujeita à comprovação posterior pelo contribuinte.
XXI – os valores recebidos a título de pensão quando o beneficiário desse rendimento for portador das doenças relacionadas no inciso XIV deste artigo, exceto as decorrentes de moléstia profissional, com base em conclusão da medicina especializada, mesmo que a doença tenha sido contraída após a concessão da pensão. (Incluído pela Lei nº 8.541, de 1992)
XXII – os valores pagos em espécie pelos Estados, Distrito Federal e Municípios, relativos ao Imposto sobre Operações relativas à Circulação de Mercadorias e sobre Prestações de Serviços de Transporte Interestadual e Intermunicipal e de Comunicação – ICMS e ao Imposto sobre Serviços de Qualquer Natureza – ISS, no âmbito de programas de concessão de crédito voltados ao estímulo à solicitação de documento fiscal na aquisição de mercadorias e serviços. (Incluído pela Lei nº 11.945, de 2009).
XXIII – o valor recebido a título de vale-cultura. (Incluído pela Lei nº 12.761, de 2012)
Parágrafo único. O disposto no inciso XXII do caput deste artigo não se aplica aos prêmios recebidos por meio de sorteios, em espécie, bens ou serviços, no âmbito dos referidos programas. (Incluído pela Lei nº 11.945, de 2009).

É desnecessária a apresentação de laudo médico oficial para o reconhecimento judicial da isenção do imposto de renda, desde que o magistrado entenda suficientemente demonstrada a doença grave por outros meios de prova.

O verbete sumular **flexibiliza a exigência de laudo médico oficial** ao permitir que a isenção seja reconhecida judicialmente com base em **outros meios de prova**. O fundamento dessa flexibilização analisa alguns critérios, tais como:

⇒ **Princípio do Livre Convencimento Motivado**: o juízo tem autonomia para avaliar as provas apresentadas pelas partes e decidir com base em seu convencimento, desde que devidamente fundamentado.

⇒ **Ampla produção de provas**: no processo judicial, o contribuinte pode apresentar relatórios médicos particulares, exames laboratoriais, atestados de saúde e outros documentos que comprovem a existência da doença grave.

⇒ **Acesso à justiça**: garante que a burocracia na obtenção de laudo oficial não impeça o contribuinte de exercer seu direito à isenção.

Tais critérios evitam que **contribuintes em situação de vulnerabilidade** sejam prejudicados pela **ausência de um documento formal**, especialmente quando há **provas claras da condição médica**, considerando o **caráter humanitário da isenção** para portadores de doenças graves.

A decisão busca **proteger a dignidade de pessoas em condições de saúde debilitada**, respeitando a realidade pragmática, vez que o acesso a laudos oficiais é dificultado, especialmente em **locais remotos** ou para pessoas com **dificuldades de locomoção**.

Sem embargo, dispõe ainda o **art. 153, § 2º, I, da CF/1988**:

> Art. 153. (...)
> § 2º O imposto previsto no inciso III:
> I – será informado pelos critérios da generalidade, da universalidade e da progressividade, na forma da lei.

Entendemos por **generalidade** como a determinação constitucional de que o imposto de renda **deverá incidir sobre toda e qualquer pessoa**, seja esta **física** ou **jurídica**, indistintamente. Não importa quem recebeu o acréscimo patrimonial, devendo a União determinar o pagamento dentro dos limites estabelecidos em lei. Tal critério constitucional realiza uma homenagem direta ao **princípio da isonomia**, estabelecido nos termos do **art. 150, II, da CF/1988**:

> Art. 150. Sem prejuízo de outras garantias asseguradas ao contribuinte, é vedado à União, aos Estados, ao Distrito Federal e aos Municípios: (...)
>
> II – instituir tratamento desigual entre contribuintes que se encontrem em situação equivalente, proibida qualquer distinção em razão de ocupação profissional ou função por eles exercida, independentemente da denominação jurídica dos rendimentos, títulos ou direitos.

A **universalidade** compreende a incidência do imposto de renda sobre **todos e quaisquer rendimentos auferidos pelo contribuinte**, não importando a **licitude** ou **ilicitude** da obtenção. Vige, no direito brasileiro, a aplicação **do princípio ou cláusula** *non olet*, em que o tributo deverá incidir sejam sobre atividades **lícitas** ou **ilícitas**, uma vez que o que verdadeiramente importa é a **ocorrência do fato típico tributário**. Apenas, não se admite que a **ilicitude** recaia sobre o **elemento essencial da norma de tributação**, ou seja, sobre o fato gerador em si.

O **princípio** *non olet* – em latim, significa que "**o dinheiro não tem cheiro**" – tem origem histórica no **Direito Romano** e, no contexto tributário, estabelece que **não importa a origem dos rendimentos, sejam de atividades lícitas ou ilícitas**, para fins de tributação. A essência desse princípio reflete a desimportância dos rendimentos advirem de práticas legais ou ilegais. A tributação **não legitima a prática ilícita**, mas também **não exime o contribuinte da obrigação de pagar impostos** sobre os valores obtidos por meios ilegais.

Por fim, o instituto da **progressividade** é um instrumento de **implementação da capacidade contributiva** do contribuinte, visando a tributar mais quem possui uma maior condição econômica. Trata-se de uma regra constitucional em que, **aumentando-se a base de cálculo, aumenta-se a alíquota**, estabelecendo-se uma gradação.

- **Aspecto Espacial**

Um dos aspectos mais importantes a serem traduzidos na regra-matriz de incidência tributária pertinente ao IR é o **aspecto espacial**, ou seja, a **determinação do local da ocorrência efetiva do fato gerador**.

Isto porque, para o IR aplica-se a **extraterritorialidade**, determinando o **alcance do fato gerador** não apenas no âmbito do território nacional, mas fora dele. Assim, a **extraterritorialidade** amplia o alcance do IR assegurando que o **Estado brasileiro tribute rendimentos auferidos por seus residentes fiscais fora do território nacional**. *In casu*, o Brasil tributa a **totalidade da renda global auferida por pessoas físicas e jurídicas domiciliadas no país**, sejam esses rendimentos oriundos de **fontes nacionais** ou **estrangeiras**.

A **aplicação do aspecto espacial no IR** está diretamente relacionada à **residência fiscal**. Contribuintes que são considerados **residentes fiscais no Brasil** são obrigados a **declarar** e **pagar IR sobre rendimentos globais**, ou seja, aqueles obtidos em qualquer parte do mundo.

20 • IMPOSTOS ORDINÁRIOS FEDERAIS

Uma parte da doutrina utiliza-se da expressão **tributação em bases universais**, significando a possibilidade de se determinar a tributação do IR **independentemente de onde os valores foram auferidos**, se dentro ou fora do país.

Estrangeiros não residentes ou **empresas não domiciliadas no Brasil** são tributados apenas sobre os **rendimentos obtidos de fontes situadas no território nacional.**

Estabelece o **§ 4º do art. 3º da Lei 7.713/1988:**

> Art. 3º (...)
>
> § 4º A tributação independe da denominação dos rendimentos, títulos ou direitos, da localização, condição jurídica ou nacionalidade da fonte, da origem dos bens produtores da renda, e da forma de percepção das rendas ou proventos, bastando, para a incidência do imposto, o benefício do contribuinte por qualquer forma e a qualquer título.

O IR **não discrimina a origem geográfica da renda** ou a **nacionalidade do pagador** ou do **beneficiário**. Um cidadão residente no Brasil deverá ser tributado tanto pelos **rendimentos recebidos de fontes no país** quanto pelos **auferidos no exterior**, conforme **o princípio da universalidade tributária.**

A **forma jurídica da relação** que gera o rendimento também é **irrelevante**. Um **contrato formal** ou uma **situação de fato** não alteram a obrigação tributária.

A determinação contida no dispositivo legal supracitado refere-se a possibilidade da **extraterritorialidade** aplicável às **pessoas físicas**. Já o **art. 25 da Lei 9.249/1995** estabelece a **extraterritorialidade para a pessoa jurídica:**

> Art. 25. Os lucros, rendimentos e ganhos de capital auferidos no exterior serão computados na determinação do lucro real das pessoas jurídicas correspondente ao balanço levantado em 31 de dezembro de cada ano.
>
> § 1º Os rendimentos e ganhos de capital auferidos no exterior serão computados na apuração do lucro líquido das pessoas jurídicas com observância do seguinte:
>
> I – os rendimentos e ganhos de capital serão convertidos em Reais de acordo com a taxa de câmbio, para venda, na data em que forem contabilizados no Brasil;
>
> II – caso a moeda em que for auferido o rendimento ou ganho de capital não tiver cotação no Brasil, será ela convertida em dólares norte-americanos e, em seguida, em Reais;
>
> § 2º Os lucros auferidos por filiais, sucursais ou controladas, no exterior, de pessoas jurídicas domiciliadas no Brasil serão computados na apuração do lucro real com observância do seguinte:
>
> I – as filiais, sucursais e controladas deverão demonstrar a apuração dos lucros que auferirem em cada um de seus exercícios fiscais, segundo as normas da legislação brasileira;
>
> II – os lucros a que se refere o inciso I serão adicionados ao lucro líquido da matriz ou controladora, na proporção de sua participação acionária, para apuração do lucro real;
>
> III – se a pessoa jurídica se extinguir no curso do exercício, deverá adicionar ao seu lucro líquido os lucros auferidos por filiais, sucursais ou controladas, até a data do balanço de encerramento;
>
> IV – as demonstrações financeiras das filiais, sucursais e controladas que embasarem as demonstrações em Reais deverão ser mantidas no Brasil pelo prazo previsto no art. 173 da Lei 5.172, de 25 de outubro de 1966.

> § 3º Os lucros auferidos no exterior por coligadas de pessoas jurídicas domiciliadas no Brasil serão computados na apuração do lucro real com observância do seguinte:
>
> I – os lucros realizados pela coligada serão adicionados ao lucro líquido, na proporção da participação da pessoa jurídica no capital da coligada;
>
> II – os lucros a serem computados na apuração do lucro real são os apurados no balanço ou balanços levantados pela coligada no curso do período-base da pessoa jurídica;
>
> III – se a pessoa jurídica se extinguir no curso do exercício, deverá adicionar ao seu lucro líquido, para apuração do lucro real, sua participação nos lucros da coligada apurados por esta em balanços levantados até a data do balanço de encerramento da pessoa jurídica;
>
> IV – a pessoa jurídica deverá conservar em seu poder cópia das demonstrações financeiras da coligada.

Os **rendimentos e ganhos de capital obtidos fora do Brasil** são tratados como **parte integrante da base tributável da pessoa jurídica**, seguindo o **regime do lucro real**. Essa regra busca **evitar a evasão fiscal**, garantindo que rendimentos auferidos fora do país sejam tributados, bem como **promove a equidade tributária**, assegurando que empresas com operações internacionais contribuam proporcionalmente à sua capacidade econômica.

Ademais, o dispositivo busca combater práticas de **planejamento tributário abusivo**, como o **deslocamento de lucros para coligadas no exterior** em jurisdições de baixa tributação. Além disso, assegura que os **lucros gerados por atividades internacionais de colig**adas sejam adequadamente tributados no Brasil, alinhando-se aos **princípios da universalidade tributária** e da **capacidade contributiva**.

A **inclusão dos lucros proporcionalmente à participação no capital da coligada** impede que empresas sejam tributadas sobre **rendimentos que não lhes pertencem integralmente**. Sincronizar o **período-base da matriz** com os **balanços da coligada** reduz discrepâncias na apuração e evita lacunas no reconhecimento de lucros.

O STF, no julgamento do **RE 611.586**, fixou a tese de que a **tributação de lucros auferidos no exterior por controladas** e **coligadas** deve observar os **princípios da capacidade contributiva** e do **não confisco**. A Corte Constitucional reafirmou a **legitimidade da tributação desses lucros**, mesmo que **não tenham sido distribuídos**, mas condicionou sua incidência ao cumprimento de **tratados internacionais** e ao respeito às normas constitucionais.

Por fim, a **exigência de demonstrações financeiras das coligadas** facilita o controle por parte do Fisco e promove maior **confiabilidade** no cálculo dos valores tributáveis.

Para evitar a **tributação duplicada** dos mesmos rendimentos, o Brasil firmou **tratados bilaterais** que regulam a repartição do poder de tributar entre os países signatários, bem como **mecanismos de compensação de tributos**. O STF decidiu, no **RE 460.320**, que os tratados internacionais para evitar a bitributação **prevalecem sobre a legislação interna**, reforçando a **segurança jurídica** para contribuintes que operam em âmbito internacional.

Estabelece a **súmula 587 do STF**:

Incide imposto de renda sobre o pagamento de serviços técnicos contratados no exterior e prestados no Brasil.

A **remuneração paga ao prestador estrangeiro** é considerada um **rendimento**, configurando um **acréscimo patrimonial**. A tributação no Brasil decorre do fato de que o rendimento tem como fonte pagadora uma **entidade localizada no território brasileiro**.

Serviços técnicos são aqueles que envolvem conhecimentos especializados, podendo abranger áreas como **consultoria**, **engenharia**, **tecnologia**, entre outras. Quando esses serviços **são contratados de uma empresa ou profissional no exterior e prestados em território brasileiro**, o **local onde o serviço é prestado** e onde os **resultados são aproveitados** define a base para **a incidência tributária**.

A **responsabilidade de retenção do imposto de renda** recai sobre o **contratante no Brasil**, que age como **responsável tributário**. Geralmente, a alíquota de imposto retido na fonte sobre serviços técnicos é de **15%**, mas **pode variar em função de tratados internacionais para evitar a bitributação** ou de **situações específicas**, como serviços prestados por **países localizados em paraísos fiscais**, cuja alíquota passa a ser de **25%**.

Outro critério relevante é a incidência do IR aplicados em *tranfer pricing*, pois regula operações entre **empresas vinculadas** ou **interdependentes situadas em diferentes países**. O **objetivo principal** dessas regras é evitar a **erosão da base tributária** em uma **jurisdição** e garantir que as **transações** *intercompany* sejam tributadas com base em **preços de mercado**.

Trata-se de **ferramenta essencial** para garantir que as **operações entre partes relacionadas** sejam realizadas de **forma justa** e **alinhada ao mercado**. Apesar dos avanços, o modelo brasileiro ainda enfrenta críticas e desafios para acompanhar as melhores práticas globais, o que reforça a importância de ajustes legislativos e adoção de abordagens mais sofisticadas.

- **Aspecto Temporal**

O **aspecto temporal do Imposto de Renda** (IR) é uma questão essencial para compreender o **momento da ocorrência do fato gerador** e a **definição do período de apuração**, que impacta diretamente o **regime de tributação** e a **obrigação tributária**. Assume relevância, especialmente ao analisar o conceito de **fato gerador complexivo**, caracterizado por um **conjunto de eventos interligados ao longo de um intervalo de tempo**.

DIREITO TRIBUTÁRIO INTERDISCIPLINAR • Caio Bartine

Pragmaticamente, o **momento exato do fato gerador** é definido de maneira distinta para **pessoas físicas** (IRPF) e **jurídicas** (IRPJ), considerando a **periodicidade de apuração** e a **modalidade de tributação escolhida:**

I – Aspecto temporal no IRPF

No caso das **pessoas físicas**, considera-se ocorrido o fato gerador em **31 de dezembro do ano-calendário**. Esse marco delimita o **período de apuração** e define o **momento** em que o contribuinte deve consolidar suas receitas e despesas para calcular o imposto devido. Após o **encerramento do ano-calendário**, o contribuinte tem, em regra, até o dia **30 de abril do ano subsequente** para apresentar sua **declaração** e efetuar os **ajustes necessários**.

Esses ajustes podem gerar **três situações distintas:**

⇒ **Saldo a pagar:** caso o imposto retido na fonte seja insuficiente para cobrir o total devido, o contribuinte deve quitar o saldo até o último dia útil de abril.

⇒ **Saldo a restituir:** quando há retenção a maior, o contribuinte faz jus à restituição, que será paga pela Receita Federal.

⇒ **Ausência de saldo:** o imposto devido coincide com o valor já recolhido ou retido.

II – Aspecto temporal do IRPJ

Para **pessoas jurídicas**, o **aspecto temporal** do fato gerador depende do **regime de tributação escolhido**. As opções incluem:

⇒ **Apuração trimestral:** baseia-se nos resultados obtidos ao final de cada trimestre (março, junho, setembro e dezembro).

⇒ **Apuração anual:** permitida para empresas optantes pelo regime de **lucro real**, que realizam pagamentos mensais por estimativa e consolidam a apuração ao final do ano-calendário.

A apresentação da declaração do IRPF é obrigatória para as pessoas físicas que atendam aos critérios estabelecidos pela Receita Federal, como renda tributável anual acima de um determinado limite ou posse de bens de valor relevante.

O método mais comum e prático é a utilização do **Programa Gerador da Declaração (PGD)** ou do aplicativo **Meu Imposto de Renda**, ambos disponibilizados pela Receita Federal. O **PGD** pode ser baixado no **site oficial da Receita Federal** para preenchimento e envio da declaração e o aplicativo **Meu Imposto de Renda** é compatível com **dispositivos móveis** e permite tanto o **preenchimento** quanto o **envio diretamente pelo celular** ou **tablet**.

O atraso na entrega sujeita o contribuinte a uma multa, com valor mínimo fixado anualmente, limitada a até **20% do imposto devido**.

Todas as **declarações de pessoa jurídica** devem ser enviadas exclusivamente pelo **meio digital**. O preenchimento e envio ocorrem através de **sistemas da Receita Federal**, como:

⇒ **ECD (Escrituração Contábil Digital):** obrigatório para empresas sujeitas ao regime de lucro real e algumas outras categorias.

⇒ **ECF (Escrituração Contábil Fiscal):** complementa a ECD e consolida informações contábeis e fiscais.

⇒ **Programa Gerador do IRPJ:** para empresas que optam pelo lucro presumido ou arbitrado.

O atraso na entrega da declaração de IRPJ também está sujeito a multas, que podem ser um **valor mínimo fixado pela Secretaria da Receita Federal** ou **percentuais aplicados sobre o valor do imposto devido**, com limites estipulados pela legislação vigente.

- **Aspecto Pessoal**

O **sujeito ativo** do imposto sobre a renda é a **União**, sendo o ente federado competente para a sua instituição. O imposto de renda, portanto, é administrado pela **Secretaria Especial da Receita Federal do Brasil (RFB)**, órgão subordinado ao Ministério da Fazenda, que desempenha as funções de **arrecadação, fiscalização e restituição**.

Embora a **União** seja o **sujeito ativo** do imposto de renda, parte da receita arrecadada é redistribuída entre **Estados**, **Distrito Federal** e **Municípios**, conforme prevê o **arts. 157, I, e 158, I, da CF/1988**:

> Art. 157. Pertencem aos Estados e ao Distrito Federal:
> I – o produto da arrecadação do imposto da União sobre renda e proventos de qualquer natureza, incidente na fonte, sobre rendimentos pagos, a qualquer título, por eles, suas autarquias e pelas fundações que instituírem e mantiverem.
> Art. 158. Pertencem aos Municípios:
> I – o produto da arrecadação do imposto da União sobre renda e proventos de qualquer natureza, incidente na fonte, sobre rendimentos pagos, a qualquer título, por eles, suas autarquias e pelas fundações que instituírem e mantiverem.

Essa **repartição de receitas** visa promover o **equilíbrio federativo** e garantir que todos os entes da federação possam se beneficiar dos tributos arrecadados.

Dispõe a **súmula 447 do STJ**:

> Os Estados e o Distrito Federal são partes legítimas na ação de restituição de imposto de renda retido na fonte proposta por seus servidores.

O **Imposto de Renda Retido na Fonte** (IRRF) é uma obrigação tributária que recai sobre o **pagador dos rendimentos tributáveis**, como **empregadores públicos** ou **privados**. No caso dos **servidores públicos estaduais** e **distritais**, a **retenção do IR** na fonte é feita pelos **Estados** ou pelo **Distrito Federal**, que atuam como **responsáveis tributários**.

Assim como ocorre com os Estados e o Distrito Federal, os **Municípios** são **responsáveis por reter e recolher o IRRF** sobre os **rendimentos pagos a seus servidores**, conforme determina o **art. 158, I, da CF/1988**, *in verbis*:

> Art. 158. Pertencem aos Municípios:
>
> I – o produto da arrecadação do imposto da União sobre renda e proventos de qualquer natureza, incidente na fonte, sobre rendimentos pagos, a qualquer título, por eles, suas autarquias e pelas fundações que instituírem e mantiverem.

O **IRRF** incidente sobre **rendimentos pagos por órgãos municipais** é destinado **integralmente ao próprio Município**. A **retenção do IRRF** ocorre no âmbito de uma **relação jurídica direta entre o Município** e seus **servidores**, estabelecendo o vínculo necessário para **legitimar o ente municipal** como **parte em ações de restituição**. Eventuais **retenções indevidas do IRRF sobre rendimentos pagos a servidores municipais** devem ser **solucionadas pelo Município**, já que ele é o **destinatário dos recursos**.

A **arrecadação do IRRF sobre os rendimentos pagos por Estados, DF e Municípios** é destinada aos **próprios entes federativos**, diferentemente do **IRRF recolhido por empresas privadas**, que é **direcionado à União**.

A retenção ocorre no âmbito de uma **relação de trabalho entre o servidor e o ente público**, criando um **vínculo jurídico** que justifica a **legitimidade do ente para responder à ação**. Como **destinatários da arrecadação**, Estados, DF e Municípios têm interesse e competência para resolver questões envolvendo devoluções de valores retidos indevidamente.

O **sujeito passivo** passa a ser determinado no Código Tributário Nacional e nas demais legislações extravagantes. Dispõe o **art. 45 do CTN**:

> Art. 45. Contribuinte do imposto é o titular da disponibilidade a que se refere o artigo 43, sem prejuízo de atribuir a lei essa condição ao possuidor, a qualquer título, dos bens produtores de renda ou dos proventos tributáveis.
>
> Parágrafo único. A lei pode atribuir à fonte pagadora da renda ou dos proventos tributáveis a condição de responsável pelo imposto cuja retenção e recolhimento lhe caibam.

Assim, cabe-nos a diferenciação entre o contribuinte do IRPF e do IRPJ.

I – Contribuinte do IRPF

Nos termos do **art. 1º do Decreto 9.580/18**:

> Art. 1º As pessoas físicas que perceberem renda ou proventos de qualquer natureza, inclusive rendimentos e ganhos de capital, são contribuintes do imposto sobre a renda, sem distinção de nacionalidade, sexo, idade, estado civil ou profissão (Lei nº 4.506, de 30 de novembro de 1964, art. 1º; Lei nº 5.172, de 25 de outubro de 1966 - Código Tributário Nacional, art. 43 e art. 45; Lei nº 7.713, de 22 de dezembro de 1988, art. 2º; Lei nº 8.383, de 30 de dezembro de 1991, art. 4º; e Lei nº 9.250, de 26 de dezembro de 1995, art. 3º, parágrafo único).

§ 1º São também contribuintes as pessoas físicas que perceberem rendimentos de bens de que tenham a posse como se lhes pertencessem, de acordo com a legislação em vigor (Lei nº 5.172, de 1966 – Código Tributário Nacional, art. 43 e art. 45).

§ 2º As pessoas físicas residentes no exterior terão suas rendas e seus proventos de qualquer natureza, inclusive os ganhos de capital, percebidos no País tributados de acordo com as disposições contidas nos Capítulos V e VI do Título I do Livro III.

No caso das **pessoas físicas**, a norma determina que todas aquelas que perceberem renda ou proventos de qualquer natureza são **contribuintes do IR**, independentemente de características pessoais como nacionalidade, sexo, idade, estado civil ou profissão. Assim, a legislação aplica-se a **qualquer pessoa física** que aufira renda ou proventos, sem distinções. Essa **universalidade** reflete **o princípio da isonomia**, garantindo que todos que estejam em situação de gerar capacidade contributiva sejam igualmente sujeitos ao imposto.

A norma amplia a **sujeição ao IR** incluindo **pessoas físicas** que, **embora não sejam proprietárias formais de bens**, aufiram **rendimentos desses bens como se fossem os legítimos proprietários**. Essa disposição visa **evitar fraudes** e **situações de evasão fiscal**, como **simulação de titularidade**.

As **pessoas físicas que residem fora do Brasil** estão sujeitas à tributação sobre rendas e proventos de qualquer natureza **obtidos no território nacional, independentemente de sua nacionalidade**. Esse modelo tributário segue o **princípio da fonte**, segundo o qual **a renda auferida no Brasil é tributada por estar vinculada à jurisdição tributária brasileira**.

Caso um **residente no exterior presta serviços no Brasil** e recebe **rendimentos relacionados a esse trabalho,** tais valores estão sujeitos ao **Imposto de Renda Retido na Fonte** (IRRF), assim como **qualquer ganho obtido com a alienação de bens ou direitos localizados no Brasil** – tais como imóveis, veículos ou investimentos financeiros – independentemente do **local de residência do beneficiário**.

Os **rendimentos sujeitos ao IRRF dispensam** o contribuinte residente no exterior de **apresentar declarações anuais no Brasil**, salvo **situações específicas**, como **alienação de bens** ou **outras transações que demandem a apuração do imposto**. Contudo, a **fonte pagadora** ou representante no Brasil é **responsável por declarar as retenções** à Receita Federal.

II – Contribuintes do IRPJ

Nos termos do **art. 158 do Decreto 9.580/18:**

Art. 158. São contribuintes do imposto sobre a renda e terão seus lucros apurados de acordo com este Regulamento (Decreto-Lei nº 5.844, de 1943, art. 27):

I – as pessoas jurídicas, a que se refere o Capítulo I deste Título; e

II – as empresas individuais, a que se refere o Capítulo II deste Título.

§ 1º O disposto neste artigo aplica-se independentemente de a pessoa jurídica estar regularmente constituída, bastando que configure uma unidade econômica ou profissional (Decreto-Lei nº 5.844, de 1943, art. 27, § 2º; e Lei nº 5.172, de 1966 - Código Tributário Nacional, art. 126, caput, inciso III).

§ 2º As entidades submetidas aos regimes de liquidação extrajudicial e de falência ficam sujeitas às normas de incidência do imposto aplicáveis às pessoas jurídicas, em relação às operações praticadas durante o período em que perdurarem os procedimentos para a realização de seu ativo e o pagamento do passivo (Lei nº 9.430, de 1996, art. 60).

§ 3º As empresas públicas e as sociedades de economia mista, e as suas subsidiárias, são contribuintes nas mesmas condições das demais pessoas jurídicas (Constituição, art. 173, § 2º; e Lei nº 6.264, de 18 de novembro de 1975, art. 1º e art. 2º).

§ 4º As sociedades cooperativas de consumo que tenham por objeto a compra e o fornecimento de bens aos consumidores ficam sujeitas às mesmas normas de incidência do imposto sobre a renda aplicáveis às demais pessoas jurídicas (Lei nº 9.532, de 1997, art. 69).

§ 5º Fica sujeito à tributação aplicável às pessoas jurídicas o fundo de investimento imobiliário nas condições previstas no art. 831 (Lei nº 9.779, de 1999, art. 2º).

§ 6º Exceto se houver disposição em contrário, a expressão pessoa jurídica, quando empregada neste Regulamento, compreende todos os contribuintes a que se refere este artigo.

Explicitando quais as **pessoas jurídicas** que estariam acobertadas pela legislação do IR, estabelece o **art. 159 do Decreto 9.580/80:**

Art. 159. Consideram-se pessoas jurídicas, para fins do disposto no inciso I do caput do art. 158:

I – as pessoas jurídicas de direito privado domiciliadas no País, sejam quais forem os seus fins, a sua nacionalidade ou os participantes em seu capital (Decreto-Lei nº 5.844, de 1943, art. 27; Lei nº 4.131, de 3 de setembro de 1962, art. 42; e Lei nº 6.264, de 1975, art. 1º);

II – as filiais, as sucursais, as agências ou as representações no País das pessoas jurídicas com sede no exterior (Lei nº 3.470, de 1958, art. 76; Lei nº 4.131, de 1962, art. 42; e Lei nº 6.264, de 1975, art. 1º); e

III – os comitentes domiciliados no exterior, quanto aos resultados das operações realizadas por seus mandatários ou seus comissários no País (Lei nº 3.470, de 1958, art. 76).

Assim, toda e qualquer **pessoa jurídica de direito privado domiciliada no país** é **contribuinte do IRPJ**, incluindo **entidades lucrativas** – como as sociedades – e **não lucrativas** – como associações e fundações. Isso pode abranger tanto as **pessoas jurídicas brasileiras** quanto **subsidiárias** ou **filiais** que operem no Brasil.

De igual modo, o **regime tributário aplicado** independe da **composição societária** ou da **origem dos sócios**, sejam **nacionais** ou **estrangeiros**.

Embora muitas dessas entidades sejam **isentas** ou **imunes de tributação** – como ocorre, p.ex., com organizações religiosas ou instituições de ensino sem fins lucrativos – ainda precisam se identificar como **pessoas jurídicas** e cumprir **obrigações acessórias**.

O **comitente** é a pessoa ou entidade que, **sem estar fisicamente presente ou domiciliada no Brasil**, **delega a terceiros** (mandatários ou comissários) a **execução de negócios ou operações no país**. Tal categoria inclui **empresas** ou **indivíduos estrangeiros** que, por meio de **representantes locais**, participam de atividades econômicas no Brasil, como comércio, prestação de serviços ou investimentos.

Embora os comitentes **não estejam domiciliados no Brasil**, as operações realizadas em seu nome podem **gerar lucro em território nacional**. Assim, busca assegurar que esses **resultados** sejam **tributados localmente**, alinhando-se ao **princípio da territorialidade da tributação**, amplamente adotado na legislação brasileira.

A norma goza de relevância especialmente no contexto da **economia globalizada**. Com o aumento de **operações transnacionais**, temos a base legal para evitar **práticas de erosão de base tributária** (BEPS) e assegurar que o Brasil receba a tributação correspondente às riquezas geradas em seu território.

No que diz respeito às cooperativas, temos a determinação constante na **súmula 262 do STJ**:

Incide o imposto de renda sobre o resultado das aplicações financeiras realizadas pelas cooperativas.

As **cooperativas** são entidades que operam com base no **princípio da mutualidade** e na **prestação de serviços aos seus associados**, sem a finalidade de lucro. Essa característica distintiva está prevista no **art. 79 da Lei 5.764/1971**[22], norma que trata sobre a Política Nacional do Cooperativismo. No entanto, o conceito de "**ato cooperativo**" limita-se às **operações diretamente ligadas à relação entre cooperativa** e seus **associados**. Já os **atos não cooperativos** não são abrangidos pelo mesmo regime de isenção tributária aplicável aos atos cooperativos.

Quando **cooperativas** realizam **aplicações financeiras**, esses rendimentos **não decorrem de atos cooperativos**. Em vez disso, são considerados **atos mercantis ou não cooperativos**, pois envolvem uma **relação de mercado** (cooperação com terceiros, e não com os associados). Ademais, os rendimentos obtidos com essas aplicações representam **acréscimos patrimoniais** e, como tais, estão sujeitos à **incidência do Imposto de Renda**, conforme disposto no art. 43 do CTN[23].

Embora essa distinção seja juridicamente correta, o debate persiste sobre o **impacto econômico** e **social** da tributação em entidades que, por natureza, **não visam ao lucro**, mas à **promoção de benefícios para seus associados**. O desafio é **equilibrar a necessidade de arrecadação** com a **preservação da função social das cooperativas**.

---

22. **Art. 79**. Denominam-se atos cooperativos os praticados entre as cooperativas e seus associados, entre estes e aquelas e pelas cooperativas entre si quando associados, para a consecução dos objetivos sociais.
    Parágrafo único. O ato cooperativo não implica operação de mercado, nem contrato de compra e venda de produto ou mercadoria.
23. **Art. 43**. O imposto, de competência da União, sobre a renda e proventos de qualquer natureza tem como fato gerador a aquisição da disponibilidade econômica ou jurídica:
    I – de renda, assim entendido o produto do capital, do trabalho ou da combinação de ambos;
    II – de proventos de qualquer natureza, assim entendidos os acréscimos patrimoniais não compreendidos no inciso anterior.

DIREITO TRIBUTÁRIO INTERDISCIPLINAR • Caio Bartine

No que diz respeito às **empresas individuais**, temos o disposto no **art. 162 do Decreto 9.580/18**, *in verbis*:

> Art. 162. As empresas individuais são equiparadas às pessoas jurídicas.
>
> § 1º São empresas individuais:
>
> I – os empresários constituídos na forma estabelecida no art. 966 ao art. 969 da Lei nº 10.406, de 2002 – Código Civil;
>
> II – as pessoas físicas que, em nome individual, explorem, habitual e profissionalmente, qualquer atividade econômica de natureza civil ou comercial, com o fim especulativo de lucro, por meio da venda a terceiros de bens ou serviços (Lei nº 4.506, de 1964, art. 41, § 1º, alínea "b"; e Decreto-Lei nº 5.844, de 1943, art. 27, § 1º); e
>
> III – as pessoas físicas que promovam a incorporação de prédios em condomínio ou loteamento de terrenos, nos termos estabelecidos na Seção II deste Capítulo (Decreto-Lei nº 1.381, de 23 de dezembro de 1974, art. 1º e art. 3º, caput, inciso III).
>
> § 2º O disposto no inciso II do § 1º não se aplica às pessoas físicas que, individualmente, exerçam as profissões ou explorem as atividades de:
>
> I – médico, engenheiro, advogado, dentista, veterinário, professor, economista, contador, jornalista, pintor, escritor, escultor e de outras que lhes possam ser assemelhadas (Decreto-Lei nº 5.844, de 1943, art. 6º, caput, alínea "a"; Lei nº 4.480, de 14 de novembro de 1964, art. 3º; e Lei nº 10.406, de 2002 - Código Civil, art. 966, parágrafo único);
>
> II – profissões, ocupações e prestação de serviços não comerciais (Decreto-Lei nº 5.844, de 1943, art. 6º, caput, alínea "b");
>
> III – agentes, representantes e outras pessoas sem vínculo empregatício que, ao tomar parte em atos de comércio, não os pratiquem, todavia, por conta própria (Decreto-Lei nº 5.844, de 1943, art. 6º, caput, alínea "c");
>
> IV – serventuários da Justiça, como tabeliães, notários, oficiais públicos, entre outros (Decreto-Lei nº 5.844, de 1943, art. 6º, caput, alínea "d");
>
> V – corretores, leiloeiros e despachantes, seus prepostos e seus adjuntos (Decreto-Lei nº 5.844, de 1943, art. 6º, caput, alínea "e");
>
> VI – exploração individual de contratos de empreitada unicamente de lavor, de qualquer natureza, quer se trate de trabalhos arquitetônicos, topográficos, terraplenagem, construções de alvenaria e outras congêneres, quer de serviços de utilidade pública, tanto de estudos como de construções (Decreto-Lei nº 5.844, de 1943, art. 6º, caput, alínea "f");
>
> VII - exploração de obras artísticas, didáticas, científicas, urbanísticas, projetos técnicos de construção, instalações ou equipamentos, exceto quando não explorados diretamente pelo autor ou pelo criador do bem ou da obra (Decreto-Lei nº 5.844, de 1943, art. 6º, caput, alínea "g"; e Lei nº 10.406, de 2002 - Código Civil, art. 966, parágrafo único).

Além da figura do empresário, previsto no **art. 966 do CC/2002**[24], o dispositivo abrange os **empresários que atuam em nome próprio** e são responsáveis pela **organização** e **riscos do negócio**, sem separação jurídica entre o patrimônio pessoal e o

---

24. **Art. 966.** Considera-se empresário quem exerce profissionalmente atividade econômica organizada para a produção ou a circulação de bens ou de serviços.

    Parágrafo único. Não se considera empresário quem exerce profissão intelectual, de natureza científica, literária ou artística, ainda com o concurso de auxiliares ou colaboradores, salvo se o exercício da profissão constituir elemento de empresa.

empresarial. Esse modelo é amplamente utilizado por indivíduos que realizam atividades econômicas organizadas de pequeno ou médio porte.

Cremos que até mesmo a recente alteração no Código Civil pela **Lei 15.068/2024**, que inclui na condição **de pessoa jurídica de direito privado** os **empreendimentos de economia solidária** merecem atenção, vez que possuem **aplicação subsidiária acerca das associações e sociedades**, nos termos do **art. 44, VII, §2º do CC/2002**:

> **Art. 44.** São pessoas jurídicas de direito privado:
>
> VII – os empreendimentos de economia solidária.
>
> § 2º As disposições concernentes às associações aplicam-se subsidiariamente aos empreendimentos de economia solidária e às sociedades que são objeto do Livro II da Parte Especial deste Código.

A **Lei nº 15.068, de 23 de dezembro de 2024**, conhecida como **Lei Paul Singer de Economia Solidária**, estabelece um marco regulatório significativo para os empreendimentos de economia solidária no Brasil. Essa legislação institui a **Política Nacional de Economia Solidária (PNES)** e cria o **Sistema Nacional de Economia Solidária (Sinaes)**, visando fomentar práticas econômicas baseadas na autogestão, cooperação e solidariedade.

É importante notar que o **enquadramento como beneficiário da PNES independe da forma societária adotada**, e os empreendimentos formalizados juridicamente serão classificados como **pessoas jurídicas de fins econômicos sem finalidade lucrativa**. Além disso, **empreendimentos que atuem na intermediação de mão de obra subordinada não são considerados beneficiários da PNES**.

Podemos concluir que os **empreendimentos de economia solidária enquadrados como pessoas jurídicas de fins econômicos desprovidos de finalidade lucrativa** estão **isentos de imposto de renda**, desde que os **resultados sejam integralmente reinvestidos no empreendimento**, em **projetos comunitários**, ou em **qualificação de seus membros**.

Os **rendimentos pagos aos membros** ou **colaboradores** seguem regras específicas:

⇒ **Distribuição de resultados aos membros**: é isenta de IR, desde que respeite os critérios estatutários e seja proporcional à contribuição de cada membro.

⇒ **Rendimentos pagos a terceiros (salários ou serviços)**: estão sujeitos à tributação normal de IR e contribuições previdenciárias, como em qualquer outra relação de trabalho ou prestação de serviços.

A **tributação de IR dos empreendimentos de economia solidária** é diferenciada e voltada para **fomentar práticas de autogestão** e **desenvolvimento comunitário**. As **isenções** e **benefícios fiscais** visam garantir que esses empreendimentos possam operar com **viabilidade econômica** sem comprometer seus objetivos sociais. Contudo, é fundamental que os EES mantenham **boa gestão contábil** e estejam em **conformidade com as obrigações legais** para evitar a **perda dos benefícios tributários**.

• Aspecto Quantitativo

O **imposto sobre a renda** será calculado de acordo com a tributação incidente, se decorrente de **pessoa física** ou de **pessoa jurídica**.

A **base de cálculo do Imposto sobre a Renda de Pessoas Físicas (IRPF)** é o **rendimento bruto**, sendo considerado todo o produto do trabalho, do capital ou da combinação de ambos, os alimentos e as pensões que são percebidas em dinheiro e ainda os proventos de qualquer natureza, assim entendidos os acréscimos patrimoniais não correspondentes aos rendimentos declarados, nos termos do **art. 3º da Lei 7.713/1988**:

> Art. 3º O imposto incidirá sobre o rendimento bruto, sem qualquer dedução, ressalvado o disposto nos arts. 9º a 14 desta Lei.
>
> § 1º Constituem rendimento bruto todo o produto do capital, do trabalho ou da combinação de ambos, os alimentos e pensões percebidos em dinheiro, e ainda os proventos de qualquer natureza, assim também entendidos os acréscimos patrimoniais não correspondentes aos rendimentos declarados.
>
> § 2º Integrará o rendimento bruto, como ganho de capital, o resultado da soma dos ganhos auferidos no mês, decorrentes de alienação de bens ou direitos de qualquer natureza, considerando-se como ganho a diferença positiva entre o valor de transmissão do bem ou direito e o respectivo custo de aquisição corrigido monetariamente, observado o disposto nos arts. 15 a 22 desta Lei.
>
> § 3º Na apuração do ganho de capital serão consideradas as operações que importem alienação, a qualquer título, de bens ou direitos ou cessão ou promessa de cessão de direitos à sua aquisição, tais como as realizadas por compra e venda, permuta, adjudicação, desapropriação, dação em pagamento, doação, procuração em causa própria, promessa de compra e venda, cessão de direitos ou promessa de cessão de direitos e contratos afins.
>
> § 4º A tributação independe da denominação dos rendimentos, títulos ou direitos, da localização, condição jurídica ou nacionalidade da fonte, da origem dos bens produtores da renda, e da forma de percepção das rendas ou proventos, bastando, para a incidência do imposto, o benefício do contribuinte por qualquer forma e a qualquer título.

Mesmo havendo a determinação da incidência sobre os rendimentos brutos auferidos, a lei autoriza as **deduções sobre a base de cálculo**, tais como a **saúde** e a **educação** e outras indicadas por lei. No caso, as **despesas com saúde não apresentam limites para fins de dedução**.

Todos os limites e os gastos que podem sofrer dedução da base de cálculo do IRPF estão determinados na legislação atualizada.

Uma vez que o **imposto sobre a renda** é um **imposto pessoal** e se rege, dentre outros critérios, pela **progressividade**, temos a determinação de uma **tabela progressiva** que deve ser observada para fins do cálculo, possuindo as seguintes faixas de alíquotas: **7,5%, 15%, 22,5% e 27,5%**.

O **ganho de capital** decorrente da **compra e venda de imóvel** é tributado com a **alíquota de 15%**. Entretanto, estão **isentas de tributação** as **alienações de imóveis de até R$ 35.000,00** (trinta e cinco mil reais), a alienação de um **único imóvel de até R$ 440.000,00** (quatrocentos e quarenta mil reais) **desde que não tenha alienado qual-**

quer outro imóvel nos últimos cinco anos, conforme estabelece o **arts. 22, II e 23 da Lei 9.250/1995**[25]. Caso haja a alienação de imóvel residente para a aquisição de outro, desde que ocorra no **prazo de 180 dias, não haverá incidência do IR**.

A **base de cálculo do IRPJ** é o **montante real, presumido** ou **arbitrado** do lucro. A regra geral é a **apuração pelo lucro real**, sendo que o contribuinte **poderá optar pela apuração pelo lucro presumido**.

A apuração pelo chamado **lucro arbitrado** corre em **caráter excepcional**, quando o contribuinte pessoa jurídica **deixa de cumprir**, de maneira correta, as **obrigações acessórias** e praticar alguma **conduta fraudulenta com o intuito de burlar a Fazenda Pública**.

Existem, entretanto, situações que **obrigam a pessoa jurídica a ser tributada pelo lucro real**. Vemos isso na determinação legal esposada no **art. 14 da Lei 9.718/1998**:

> Art. 14. Estão obrigadas à apuração do lucro real as pessoas jurídicas:
>
> I – cuja receita total, no ano-calendário anterior seja superior ao limite de R$ 78.000.000,00 (setenta e oito milhões de reais), ou proporcional ao número de meses do período, quando inferior a 12 (doze) meses;
>
> II – cujas atividades sejam de bancos comerciais, bancos de investimentos, bancos de desenvolvimento, caixas econômicas, sociedades de crédito, financiamento e investimento, sociedades de crédito imobiliário, sociedades corretoras de títulos, valores mobiliários e câmbio, distribuidoras de títulos e valores mobiliários, empresas de arrendamento mercantil, cooperativas de crédito, empresas de seguros privados e de capitalização e entidades de previdência privada aberta;
>
> III – que tiverem lucros, rendimentos ou ganhos de capital oriundos do exterior;
>
> IV – que, autorizadas pela legislação tributária, usufruam de benefícios fiscais relativos à isenção ou redução do imposto;
>
> V – que, no decorrer do ano-calendário, tenham efetuado pagamento mensal pelo regime de estimativa, na forma do art. 2º da Lei 9.430, de 1996;
>
> VI – que explorem as atividades de prestação cumulativa e contínua de serviços de assessoria creditícia, mercadológica, gestão de crédito, seleção e riscos, administração de contas a pagar e a receber, compras de direitos creditórios resultantes de vendas mercantis a prazo ou de prestação de serviços (factoring).
>
> VII – que explorem as atividades de securitização de créditos imobiliários, financeiros e do agronegócio.

Tal apuração depende que a pessoa jurídica se utilize de maiores rigores e formalidades, mediante observância da **totalidade da receita auferida**, possibilitando as deduções e realizando, ao final, o **cálculo devido**.

---

25. **Art. 22.** Fica isento do imposto de renda o ganho de capital auferido na alienação de bens e direitos de pequeno valor, cujo preço unitário de alienação, no mês em que esta se realizar, seja igual ou inferior a:
II – R$ 35.000,00 (trinta e cinco mil reais), nos demais casos.
Art. 23. Fica isento do imposto de renda o ganho de capital auferido na alienação do único imóvel que o titular possua, cujo valor de alienação seja de até R$ 440.000,00 (quatrocentos e quarenta mil reais), desde que não tenha sido realizada qualquer outra alienação nos últimos cinco anos.

DIREITO TRIBUTÁRIO INTERDISCIPLINAR • Caio Bartine

Para **pessoas jurídicas que tenham grandes gastos operacionais**, trata-se da **melhor forma de apuração**, salvo, é claro, nos casos em que essa apuração é determinada pela lei.

A **alíquota** é de **15%**, podendo possuir um **adicional de 10%** sobre o **montante do lucro real que supere**, no **mês, R$ 20.000,00** (vinte mil reais), totalizando um percentual de **25%**.

Já nos casos de **lucro presumido**, determina a **Lei 9.718/98**, no **art. 13 e parágrafos**:

> Art. 13. A pessoa jurídica cuja receita bruta total, no ano-calendário anterior, tenha sido igual ou inferior a R$ 78.000.000,00 (setenta e oito milhões de reais), ou a R$ 6.500.000,00 (seis milhões e quinhentos mil reais) multiplicado pelo número de meses de atividade do ano-calendário anterior, quando inferior a 12 (doze) meses, poderá optar pelo regime de tributação com base no lucro presumido.
>
> § 1º A opção pela tributação com base no lucro presumido será definitiva em relação a todo o ano-calendário.
>
> § 2º Relativamente aos limites estabelecidos neste artigo, a receita bruta auferida no ano anterior será considerada segundo o regime de competência ou de caixa, observado o critério adotado pela pessoa jurídica, caso tenha, naquele ano, optado pela tributação com base no lucro presumido.

Denomina-se **base de cálculo presumida** porque a obtenção do lucro da pessoa jurídica **poderá ser maior ou menor** que o **percentual da receita** apontado pela lei.

O **art. 15 da Lei 9.249/1995** estabelece como deve ser realizado o cálculo para pagamento do IRPJ incidente sobre o **lucro presumido**:

> Art. 15. A base de cálculo do imposto, em cada mês, será determinada mediante a aplicação do percentual de 8% (oito por cento) sobre a receita bruta auferida mensalmente, observado o disposto no art. 12 do Decreto-Lei no 1.598, de 26 de dezembro de 1977, deduzida das devoluções, vendas canceladas e dos descontos incondicionais concedidos, sem prejuízo do disposto nos arts. 30, 32, 34 e 35 da Lei nº 8.981, de 20 de janeiro de 1995:
>
> § 1º Nas seguintes atividades, o percentual de que trata este artigo será de:
>
> I – um inteiro e seis décimos por cento, para a atividade de revenda, para consumo, de combustível derivado de petróleo, álcool etílico carburante e gás natural;
>
> II – dezesseis por cento:
>
> a) para a atividade de prestação de serviços de transporte, exceto o de carga, para o qual se aplicará o percentual previsto no caput deste artigo;
>
> b) para as pessoas jurídicas a que se refere o inciso III do art. 36 da Lei 8.981, de 20 de janeiro de 1995, observado o disposto nos §§ 1º e 2º do art. 29 da referida Lei;
>
> III – trinta e dois por cento, para as atividades de:
>
> a) prestação de serviços em geral, exceto a de serviços hospitalares e de auxílio diagnóstico e terapia, patologia clínica, imagenologia, anatomia patológica e citopatologia, medicina nuclear e análises e patologias clínicas, desde que a prestadora destes serviços seja organizada sob a forma de sociedade empresária e atenda às normas da Agência Nacional de Vigilância Sanitária – Anvisa;
>
> b) intermediação de negócios;
>
> c) administração, locação ou cessão de bens imóveis, móveis e direitos de qualquer natureza;

d) prestação cumulativa e contínua de serviços de assessoria creditícia, mercadológica, gestão de crédito, seleção de riscos, administração de contas a pagar e a receber, compra de direitos creditórios resultantes de vendas mercantis a prazo ou de prestação de serviços (factoring).

e) prestação de serviços de construção, recuperação, reforma, ampliação ou melhoramentos de infraestrutura vinculados a contrato de concessão de serviço público.

§ 2º No caso de atividades diversificadas será aplicado o percentual correspondente a cada atividade.

§ 3º As receitas provenientes de atividade incentivada não comporão a base de cálculo do imposto, na proporção do benefício a que a pessoa jurídica, submetida ao regime de tributação com base no lucro real, fizer jus.

§ 4º O percentual de que trata este artigo também será aplicado sobre a receita financeira da pessoa jurídica que explore atividades imobiliárias relativas a loteamento de terrenos, incorporação imobiliária, construção de prédios destinados à venda, bem como a venda de imóveis construídos ou adquiridos para a revenda, quando decorrente da comercialização de imóveis e for apurada por meio de índices ou coeficientes previstos em contrato.

Já o **lucro arbitrado** ocorrerá, conforme dito, em situações em que decorre o **descumprimento,** por parte da **pessoa jurídica**, das **determinações legais constantes**, fazendo com que a pessoa jurídica pague determinado **valor arbitrado diretamente pela autoridade fazendária**, nas hipóteses autorizadas por lei. É o que determina o **art. 51 da Lei 8.981/1995:**

Art. 51. O lucro arbitrado das pessoas jurídicas, quando não conhecida a receita bruta, será determinado através de procedimento de ofício, mediante a utilização de uma das seguintes alternativas de cálculo:

I – 1,5 (um inteiro e cinco décimos) do lucro real referente ao último período em que pessoa jurídica manteve escrituração de acordo com as leis comerciais e fiscais, atualizado monetariamente;

II – 0,04 (quatro centésimos) da soma dos valores do ativo circulante, realizável a longo prazo e permanente, existentes no último balanço patrimonial conhecido, atualizado monetariamente;

III – 0,07 (sete centésimos) do valor do capital, inclusive a sua correção monetária contabilizada como reserva de capital, constante do último balanço patrimonial conhecido ou registrado nos atos de constituição ou alteração da sociedade, atualizado monetariamente;

IV – 0,05 (cinco centésimos) do valor do patrimônio líquido constante do último balanço patrimonial conhecido, atualizado monetariamente;

V – 0,4 (quatro décimos) do valor das compras de mercadorias efetuadas no mês;

VI – 0,4 (quatro décimos) da soma, em cada mês, dos valores da folha de pagamento dos empregados e das compras de matérias-primas, produtos intermediários e materiais de embalagem;

VII – 0,8 (oito décimos) da soma dos valores devidos no mês a empregados;

VIII – 0,9 (nove décimos) do valor mensal do aluguel devido.

§ 1º As alternativas previstas nos incisos V, VI e VII, a critério da autoridade lançadora, poderão ter sua aplicação limitada, respectivamente, às atividades comerciais, industriais e de prestação de serviços e, no caso de empresas com atividade mista, ser adotados isoladamente em cada atividade.

§ 2º Para os efeitos da aplicação do disposto no inciso I, quando o lucro real for decorrente de período-base anual, o valor que servirá de base ao arbitramento será proporcional ao número de meses do período-base considerado.

§ 3º Para cálculo da atualização monetária a que se referem os incisos deste artigo, serão adotados os índices utilizados para fins de correção monetária das demonstrações financeiras, tomando-se como termo inicial a data do encerramento do período-base utilizado, e, como termo final, o mês a que se referir o arbitramento.

§ 4º Nas alternativas previstas nos incisos V e VI do caput, as compras são consideradas pelos valores totais das operações, devendo ser incluídos os valores decorrentes do ajuste a valor presente de que trata o inciso III do art. 184 da Lei 6.404, de 1976.

Destaca-se, ainda, o fato do **IR não se sujeitar completamente ao princípio da anterioridade**, uma vez que, caso haja o aumento da sua alíquota, determina o legislador que deverá ocorrer apenas a **observância da anterioridade comum ou de exercício**, não se aplicando a **anterioridade nonagesimal**. Assim, caso o imposto tenha sua alíquota majorada em dezembro de determinado exercício, poderá ser exigido o valor majorado a partir de janeiro do próximo exercício financeiro.

Como o IR é um dos **principais instrumentos de arrecadação** para o orçamento público, a aplicação exclusiva da anterioridade comum garante **maior flexibilidade para ajustes fiscais**, especialmente em **momentos de necessidade econômica**.

20.3.3 ENTENDIMENTO JURISPRUDENCIAL

 JURISPRUDÊNCIA

Ementa: DIREITO TRIBUTÁRIO. AGRAVO INTERNO EM AÇÃO DIRETA DE INCONSTITUCIONALIDADE. IRPJ. ATUALIZAÇÃO MONETÁRIA. BASE DE CÁLCULO. ATUAÇÃO POSITIVA DO PODER JUDICIÁRIO. IMPOSSIBILIDADE. 1. Ação direta de inconstitucionalidade cujo objeto é o art. 2º, § 2º, da Lei nº 9.430/1996, com redação dada pela Lei nº 12.973/2014, que disciplina o Imposto de Renda da pessoa jurídica. O requerente afirma que o adicional de 10% do imposto sobre a renda deve incidir sobre parcela da base de cálculo apurada mensalmente pela pessoa jurídica, sujeita à tributação segundo o lucro real, que exceder o valor de R$ 20.000,00 (vinte mil reais) corrigido com a inflação; isto é, com a aplicação do índice do IPCAE. 2. A temática relativa à correção monetária, no tocante ao imposto sobre a renda, vem sendo decidida de forma uníssona pelo Supremo Tribunal Federal no sentido de que não cabe ao Poder Judiciário realizar a correção monetária, sem que exista previsão legal para tanto. Precedentes. 3. Agravo interno a que se nega provimento.
(**STF – ADI: 7221 DF**, Relator: ROBERTO BARROSO, Data de Julgamento: 28/11/2022, Tribunal Pleno, Data de Publicação: PROCESSO ELETRÔNICO DJe-244 DIVULG 01-12-2022 PUBLIC 02-12-2022)
Direito constitucional e tributário. Ação direta de inconstitucionalidade. Dedução da base de cálculo do IRPF. Dependente com deficiência. 1. Ação direta proposta pelo Conselho Federal da Ordem dos Advogados do Brasil contra o art. 35, III e V, da Lei nº 9.250/1995, que não qualifica como dependentes, para fins de apuração do imposto sobre a renda, as pessoas que superem o limite etário e que sejam capacitadas física e mentalmente para o trabalho. Pedido de interpretação conforme a Constituição, para que as pessoas com deficiência sejam consideradas como dependentes mesmo quando superem o limite etário e tenham capacidade laboral. 2. O pleito formulado nesta ação põe em discussão os limites da atuação do Poder Judiciário para estender determinado tratamento legal a um grupo que não fora inicialmente contemplado pelo legislador. Esse debate se torna ainda mais sensível em matéria tributária, dados os efeitos sistêmicos que uma decisão judicial pode produzir nesse campo.

3. Todavia, o tema envolve a tutela de direitos fundamentais de um grupo de pessoas vulneráveis que recebem especial proteção constitucional, especialmente após a aprovação da Convenção Internacional sobre os Direitos das Pessoas com Deficiência – CDPD com status de emenda à Constituição (art. 5º, § 3º, da CF/1988). Por essa razão, esta Corte está autorizada a adotar uma conduta mais proativa, sem que incorra em ofensa ao princípio da separação de poderes (art. 2º da CF/1988). 4. Ofensa à igualdade material (art. 5º, caput, da CF/1988; arts. 2, 4, 5, 8 e 19 da CDPD). O art. 35, III e V, da Lei nº 9.250/1995 introduz uma discriminação indireta contra as pessoas com deficiência. A aparente neutralidade do critério da capacidade física ou mental para o trabalho oculta o efeito anti-isonômico produzido pela norma. Para a generalidade dos indivíduos, a aptidão laborativa pode ser o critério definidor da extinção da condição de dependente, tendo em vista que, sob essa circunstância, possuem chances de se alocarem no mercado de trabalho. Tal probabilidade se reduz de forma drástica quando se trata de pessoa com deficiência, cujas condições físicas ou mentais restringem intensamente as oportunidades profissionais. Portanto, não é legítimo que a lei adote o mesmo critério, ainda que objetivo, para disciplinar situações absolutamente distintas. 5. Afronta ao direito ao trabalho (art. 6º da CF/1988; art. 27 da CDPD). O dispositivo impugnado traz um desestímulo a que as pessoas com deficiência busquem alternativas para se inserir no mercado de trabalho, principalmente quando incorrem em elevadas despesas médicas – que não raro estão atreladas a deficiências mais graves. Nessa hipótese, seu genitor ou responsável deixaria de deduzir tais gastos da base de cálculo do imposto devido. E, dados os baixos salários comumente pagos a elas, tal dedução dificilmente seria possível na sua própria declaração de imposto sobre a renda. 6. Violação do conceito constitucional de renda e da capacidade contributiva (arts. 153, III, e 145, § 1º, da CF/1988). Ao adotar como critério para a perda da dependência a capacidade para o trabalho, a norma questionada presume o que normalmente acontece: o então dependente passa a arcar com as suas próprias despesas, sem mais representar um ônus financeiro para os seus genitores ou responsáveis. Todavia, não é o que ocorre, como regra, com aqueles que possuem alguém com deficiência, sobretudo grave, na família. Nesse caso, justifica-se a diminuição da base de cálculo do imposto, para que não incida sobre valores que não representam verdadeiro acréscimo patrimonial. 7. Procedência parcial do pedido, fixando-se interpretação conforme a Constituição do art. 35, III e V, da Lei nº 9.250/1995, para estabelecer que, na apuração do imposto sobre a renda de pessoa física, a pessoa com deficiência que supere o limite etário e seja capacitada para o trabalho pode ser considerada como dependente quando a sua remuneração não exceder as deduções autorizadas por lei. 8. Fixação da seguinte tese de julgamento: "Na apuração do imposto sobre a renda de pessoa física, a pessoa com deficiência que supere o limite etário e seja capacitada para o trabalho pode ser considerada como dependente quando a sua remuneração não exceder as deduções autorizadas por lei".

(STF – ADI: 5583 DF, Relator: MARCO AURÉLIO, Data de Julgamento: 17/05/2021, Tribunal Pleno, Data de Publicação: 28/06/2021)

IMPOSTO SOBRE A RENDA – RETENÇÃO NA FONTE – VALORES – TITULARIDADE. É dos Estados e Distrito Federal a titularidade do que arrecadado, considerado Imposto de Renda, incidente na fonte, sobre rendimentos pagos, a qualquer título, por si, autarquias e fundações que instituírem e mantiverem – artigo 157, inciso I, da Constituição Federal.

(STF – RE: 607886 RJ, Relator: MARCO AURÉLIO, Data de Julgamento: 17/05/2021, Tribunal Pleno, Data de Publicação: 27/05/2021)

PROCESSUAL CIVIL. ADMINISTRATIVO. AÇÕES DECLARATÓRIAS. AÇÕES DE REPETIÇÃO DE INDÉBITO. ANTECIPAÇÃO DE TUTELA. ISENÇÃO DO IMPOSTO SOBRE A RENDA DA PESSOA FÍSICA. DESPROVIMENTO DO AGRAVO INTERNO. MANUTENÇÃO DA DECISÃO RECORRIDA. I - Na origem, trata-se de ações declaratórias c/c ações de repetição de indébito, com pedido de antecipação de tutela. Na sentença, os pedidos foram julgados improcedentes. No Tribunal a quo, a sentença foi mantida. II - Correta a decisão que deu provimento ao recurso especial para suspender a exigibilidade do imposto. III - A jurisprudência do Superior Tribunal de Justiça assentou o entendimento de que a isenção do Imposto sobre a Renda da Pessoa Física -IRPF, incidente sobre os proventos de aposentadoria percebidos por portadores de moléstias graves, nos termos art. 6º, XIV, da Lei n. 7.713/1988, independe da contemporaneidade dos sintomas, bem como da comprovação de recidiva da enfermidade.

O objetivo da isenção é diminuir as dificuldades para a manutenção do tratamento. Neste diapasão confiram-se: AgInt no REsp n. 1.598.765/DF, relator Ministro Herman Benjamin, Segunda Turma, julgado em 8/11/2016, DJe de 29/11/2016; REsp n. 1.808.546/DF, relator Ministro Francisco Falcão, Segunda Turma, julgado em 17/5/2022, DJe de 20/5/2022. IV – Agravo interno improvido.

(STJ – AgInt no REsp: 1919757 DF 2021/0031336-6, Relator: Ministro FRANCISCO FALCÃO, Data de Julgamento: 27/05/2024, T2 - SEGUNDA TURMA, Data de Publicação: DJe 29/05/2024)
EMENTA: SEGUNDO AGRAVO REGIMENTAL NO RECURSO EXTRAORDINÁRIO. TRIBUTÁRIO. INCIDÊNCIA DA TAXA SELIC. BASE DE CÁLCULO DO IMPOSTO SOBRE A RENDA DAS PESSOAS JURÍDICAS – IRPJ E DA CONTRIBUIÇÃO SOCIAL SOBRE O LUCRO LÍQUIDO – CSLL. APLICAÇÃO DO TEMA 962 PELO TRIBUNAL DE ORIGEM. JUROS DE MORA E CORREÇÃO MONETÁRIA INCIDENTES EM CONTRATO ENTRE PARTICULARES: NECESSIDADE DE ANÁLISE DA LEGISLAÇÃO INFRACONSTITUCIONAL. IMPOSSIBILIDADE. AUSÊNCIA DE ARGUMENTOS CAPAZES DE INFIRMAR A DECISÃO AGRAVADA. AGRAVO REGIMENTAL DESPROVIDO.

(STF – RE: 1513289 PE, Relator: Min. CÁRMEN LÚCIA, Data de Julgamento: 16/12/2024, Primeira Turma, Data de Publicação: PROCESSO ELETRÔNICO DJe-s/n DIVULG 18-12-2024 PUBLIC 19-12-2024)
TRIBUTÁRIO E PROCESSUAL CIVIL. AGRAVO EM RECURSO ESPECIAL. IMPOSTO SOBRE A RENDA DAS PESSOAS FÍSICAS (IRPF). RENDIMENTOS RECEBIDOS ACUMULADAMENTE (RRA). APLICAÇÃO RETROATIVA DO ART. 12-A DA LEI N. 7.713/1988, NA REDAÇÃO DADA PELA LEI N. 12.350/2010. IMPOSSIBILIDADE. AGRAVO CONHECIDO PARA DAR PROVIMENTO AO RECURSO ESPECIAL. I – Julgamento do agravo juntamente com o recurso especial. Possibilidade. Inteligência do art. 1.042, § 5º, do Código de Processo Civil de 2015. II – O regime de cálculo em separado do Imposto sobre a Renda das Pessoas Físicas (IRPF) incidente sobre rendimentos recebidos acumuladamente (RRA), prevista no art. 12-A da Lei n. 7.713/1988, na redação dada pela Lei n. 12.350/2010, não se aplica a fatos geradores ocorridos antes de sua entrada em vigor. Precedentes. III – Agravo conhecido para dar provimento ao Recurso Especial.

(STJ - AREsp: 1286096 RS 2018/0100177-7, Relator: Ministro PAULO SÉRGIO DOMINGUES, Data de Julgamento: 12/11/2024, T1 – PRIMEIRA TURMA, Data de Publicação: DJe 02/12/2024)
TRIBUTÁRIO E PROCESSUAL CIVIL. AGRAVO EM RECURSO ESPECIAL. IMPOSTO SOBRE A RENDA DAS PESSOAS FÍSICAS (IRPF). RENDIMENTOS RECEBIDOS ACUMULADAMENTE (RRA). APLICAÇÃO RETROATIVA DO ART. 12-A DA LEI N. 7.713/1988, NA REDAÇÃO DADA PELA LEI N. 12.350/2010. IMPOSSIBILIDADE. AGRAVO CONHECIDO PARA DAR PROVIMENTO AO RECURSO ESPECIAL. I – Julgamento do agravo juntamente com o recurso especial. Possibilidade. Inteligência do art. 1.042, § 5º, do Código de Processo Civil de 2015. II – O regime de cálculo em separado do Imposto sobre a Renda das Pessoas Físicas (IRPF) incidente sobre rendimentos recebidos acumuladamente (RRA), prevista no art. 12-A da Lei n. 7.713/1988, na redação dada pela Lei n. 12.350/2010, não se aplica a fatos geradores ocorridos antes de sua entrada em vigor. Precedentes. III – Agravo conhecido para dar provimento ao Recurso Especial.

(STJ – AREsp: 1286096 RS 2018/0100177-7, Relator: Ministro PAULO SÉRGIO DOMINGUES, Data de Julgamento: 12/11/2024, T1 – PRIMEIRA TURMA, Data de Publicação: DJe 02/12/2024)
PROCESSUAL CIVIL. TRIBUTÁRIO. RECURSO ESPECIAL. CÓDIGO DE PROCESSO CIVIL DE 2015. APLICABILIDADE. IMPOSTO SOBRE A RENDA. REMESSA DE MONTANTE AO EXTERIOR. SERVIÇOS DE ASSISTÊNCIA TÉCNICA E SERVIÇOS TÉCNICOS, SEM TRANSFERÊNCIA DE TECNOLOGIA. TRATADOS INTERNACIONAIS PARA EVITAR A DUPLA TRIBUTAÇÃO E PROTOCOLOS ADICIONAIS. TRATAMENTO DE ROYALTIES. CRITÉRIO DA ESPECIALIDADE PARA A SOLUÇÃO DE CONFLITOS NORMATIVOS. I – Consoante o decidido pelo Plenário desta Corte, na sessão realizada em 9.3.2016, o regime recursal será determinado pela data da publicação do provimento jurisdicional impugnado. Aplica-se, in casu, o Código de Processo Civil de 2015. II – A legislação interna que dispõe acerca da cobrança e fiscalização do Imposto sobre a Renda prescreve que a retenção e o recolhimento do tributo cabem à fonte quando pagar, creditar, empregar, remeter ou entregar o rendimento, consoante estabelecem os arts. 100 e 101 do Decreto-Lei n. 5.844/1943. III – As convenções firmadas pelo Brasil com Argentina, Chile, África do Sul e Peru estabelecem, com disposições de similar conteúdo, no protocolo adicional, que aos rendimentos provenientes da prestação de assistência técnica e serviços técnicos são aplicáveis as disciplinas dos arts. 12 dos apontados tratados, que cuidam da tributação dos royalties .IV – Possibilidade de tributação dos royalties no Brasil. Prevalência do critério da especialidade para a solução de conflitos normativos. Precedentes. V – Recurso Especial provido.

(STJ – REsp: 2102886 RS 2023/0370834-5, Relator: Ministra REGINA HELENA COSTA, Data de Julgamento: 28/11/2023, T1 – PRIMEIRA TURMA, Data de Publicação: DJe 1º/12/2023)
Ementa: Direito tributário. Agravo interno em recurso extraordinário com agravo. Imposto sobre a renda. Ganho de capital. Antecipação de legítima. Ausência de acréscimo patrimonial. Vedação à bitributação. 1. Agravo interno contra decisão monocrática que negou seguimento a recurso extraordinário com agravo interposto em face de acórdão que afastara a incidência do imposto de renda sobre o ganho de capital apurado por ocasião da antecipação de legítima (Lei nº 7.713/1988, art. 3º, § 3º; e Lei nº 9.532/1997, art. 23, § 1º e § 2º, II). 2. Esta Corte possui entendimento de que o imposto sobre a renda incide sobre o acréscimo patrimonial disponível econômica ou juridicamente (RE 172.058, Rel. Min. Marco Aurélio). Na antecipação de legítima, não há, pelo doador, acréscimo patrimonial disponível. Acórdão alinhado à jurisprudência desta Corte. 3. O constituinte repartiu o poder de tributar entre os entes federados, introduzindo regras constitucionais, que, sobretudo no que toca aos impostos, predeterminam as materialidades tributárias. Esse modelo visa a impedir que uma mesma materialidade venha a concentrar mais de uma incidência de impostos de um mesmo ente (vedação ao bis in idem) ou de entes diversos (vedação à bitributação). Princípio da capacidade contributiva. 4. Admitir a incidência do imposto sobre a renda acabaria por acarretar indevida bitributação em relação ao imposto sobre transmissão causa mortis e doação (ITCMD). 5. Agravo interno a que se nega provimento.
(STF – ARE: 1387761 ES, Relator: ROBERTO BARROSO, Data de Julgamento: 22/02/2023, Primeira Turma, Data de Publicação: PROCESSO ELETRÔNICO DJe-037 DIVULG 28-02-2023 PUBLIC 01-03-2023)
EMENTA: AGRAVO INTERNO NO RECURSO EXTRAORDINÁRIO. COM AGRAVO. DIREITO TRIBUTÁRIO. IMPOSTO SOBRE A RENDA DE PESSOA JURÍDICA (IRPJ) E CONTRIBUIÇÃO SOCIAL SOBRE O LUCRO LÍQUIDO (CSLL). LUCRO PRESUMIDO. BASE DE CÁLCULO. EXCLUSÃO DOS VALORES RELATIVOS AO ICMS. LEGISLAÇÃO INFRACONSTITUCIONAL. OFENSA INDIRETA À CONSTITUIÇÃO. MANIFESTO INTUITO PROTELATÓRIO. MANDADO DE SEGURANÇA. INAPLICABILIDADE DO ARTIGO 85, § 11, DO CÓDIGO DE PROCESSO CIVIL. AGRAVO INTERNO DESPROVIDO, COM IMPOSIÇÃO DE MULTA DE 5% (CINCO POR CENTO) DO VALOR ATUALIZADO DA CAUSA, NOS TERMOS DO ARTIGO 1.021, § 4º, DO CÓDIGO DE PROCESSO CIVIL, CASO SEJA UNÂNIME A VOTAÇÃO.
(STF – ARE: 1469056 SP, Relator: Min. LUIZ FUX, Data de Julgamento: 22/04/2024, Primeira Turma, Data de Publicação: PROCESSO ELETRÔNICO DJe-s/n DIVULG 26-04-2024 PUBLIC 29-04-2024)
PROCESSUAL CIVIL E TRIBUTÁRIO. APELAÇÃO CÍVEL. IMPOSTO DE RENDA. MOLÉSTIA GRAVE. SÍNDROME DA IMUNODEFICIÊNCIA ADQUIRIDA. VIRUS HIV. ISENÇÃO. SUMULA 627/STJ. I – A presente controvérsia cinge-se em determinar se os proventos de aposentadoria ou reforma percebidos por pessoa diagnosticada como soropositiva para HIV, mesmo quando não tiver sintomas da Síndrome de Imunodeficiência Adquirida – SIDA/AIDS, estão abrangidos pela isenção do imposto sobre a renda da pessoa física - IRPF, nos termos do art. 6º da Lei n. 7.713/1988. II – A análise da presente questão impõe que seja assentada no sentido de que a isenção do imposto sobre a renda da pessoa física - IRPF em relação aos rendimentos percebidos abrange pessoas diagnosticadas com HIV, mesmo que ausentes sintomas da Síndrome de Imunodeficiência Adquirida - SIDA/AIDS, prevista no art. 6º, XIV, da Lei n. 7.713/1988. Com efeito, o debate dos autos refere-se ao valor justiça tributária e envolve a aplicação do princípio da isonomia, que, em matéria de imposto de renda, implica a verificação de discrimen razoável para estabelecimento de distinção comparativa entre os contribuintes. Segundo a doutrina, para a compreensão dessa distinção comparativa, são aferidos os seguintes elementos estruturais na aplicação concreta do princípio da isonomia tributária: os sujeitos; a medida de comparação; o elemento indicativo da medida de comparação; e a finalidade da comparação. No caso, os sujeitos são os contribuintes do imposto sobre a renda da pessoa física – IRPF decorrente de aposentadoria, reforma ou pensão. A medida de comparação seria a moléstia grave prevista em lei. O elemento indicativo de comparação seria a manifestação ou não dos sintomas da doença SIDA/AIDS. A finalidade da comparação seria verificar se há discrimen razoável, no caso, entre a pessoas que possuem a SIDA/AIDS e aquelas soropositivas para HIV que não manifestam os sintomas da SIDA/AIDS.

III – a jurisprudência do Superior Tribunal de Justiça assentou o entendimento de que a isenção do imposto sobre a renda da pessoa física - IRPF incidente sobre os proventos de aposentadoria percebidos por portadores de moléstias graves, nos termos art. 6º, XIV, da Lei n. 7.713/88, independe da contemporaneidade dos sintomas. Podem ser relacionados inúmeros precedentes, dentre os quais: AgInt no REsp 1713224/PE, Rel. Ministro Benedito Gonçalves, Primeira Turma, DJe 18/09/2019; AgInt no REsp 1732933/DF, Rel. Ministro Francisco Falcão, Segunda Turma, DJe 15/02/2019; REsp 1826255/SC, Rel. Ministro Herman Benjamin, Segunda Turma, DJe 11/10/2019; RMS 57.058/GO, Rel. Ministro Mauro Campbell Marques, Segunda Turma, DJe 13/09/2018 REsp 1706816/RJ, Rel. Ministro Og Fernandes, Segunda Turma, DJe 18/12/2017; MS 21.706/DF, Rel. Ministro Mauro Campbell Marques, Primeira Seção, DJe 30/09/2015 REsp 1235131/RS, Rel. Ministro Benedito Gonçalves, Primeira Turma, DJE 25/03/2011. Desses precedentes resultou a edição, pela Primeira Seção deste Superior Tribunal de Justiça, do Enunciado Sumular n. 627/STJ, que dispõe que: "O contribuinte faz jus à concessão ou à manutenção da isenção do Imposto de Renda, não se lhe exigindo a demonstração da contemporaneidade dos sintomas da doença nem da recidiva da enfermidade". IV – Cumpre observar que a isenção de imposto de renda sobre proventos de aposentadoria/reforma em razão de moléstia grave tem por objetivo desonerar quem se encontra em desvantagem face ao aumento de despesas com o tratamento da doença. No que diz respeito à contaminação pelo HIV, a literatura médica evidencia que o tempo de tratamento é vitalício (até surgimento de cura futura e incerta), com uso contínuo de antirretrovirais e/ou medicações profiláticas de acordo com a situação virológica (carga viral do HIV) e imunológica do paciente. V – Aplicando o entendimento acima ao caso concreto, e buscando conferir integridade ao Direito, verifica-se que não deve haver diferença de tratamento jurídico entre a pessoas que possuem a SIDA/AIDS e aquelas soropositivas para HIV que não manifestam os sintomas da SIDA/AIDS. Portanto, da jurisprudência deste Superior Tribunal de Justiça se extrai que, independentemente de a pessoa diagnosticada como soropositiva para HIV ostentar sintomas da Síndrome de Imunodeficiência Adquirida – SIDA/AIDS, deve o contribuinte ser abrangido pela isenção do imposto sobre a renda da pessoa física - IRPF. VI - Recurso especial provido.
(**STJ – REsp: 1808546 DF** 2019/0101167-7, Relator: Ministro FRANCISCO FALCÃO, Data de Julgamento: 17/05/2022, T2 – SEGUNDA TURMA, Data de Publicação: DJe 20/05/2022 RBDTFP vol. 92 p. 150 RSTJ vol. 266 p. 618)
Ementa: EMBARGOS DE DECLARAÇÃO NA REPERCUSSÃO GERAL NO RECURSO EXTRAORDINÁRIO. TRIBUTÁRIO. RENDIMENTOS DE APLICAÇÕES FINANCEIRAS. CORREÇÃO MONETÁRIA. INCIDÊNCIA DO IMPOSTO SOBRE A RENDA DAS PESSOAS JURÍDICAS – IRPJ E DA CONTRIBUIÇÃO SOCIAL SOBRE O LUCRO LÍQUIDO – CSLL. CONTROVÉRSIA DE ÍNDOLE INFRACONSTITUCIONAL. OFENSA CONSTITUCIONAL INDIRETA. OMISSÃO, CONTRADIÇÃO OU OBSCURIDADE. INEXISTÊNCIA. ERRO MATERIAL. INOCORRÊNCIA. EFEITOS INFRINGENTES. IMPOSSIBILIDADE. EMBARGOS DE DECLARAÇÃO DESPROVIDOS.
(**STF – RE: 1331654 PR**, Relator: LUIZ FUX, Data de Julgamento: 22/08/2022, Tribunal Pleno, Data de Publicação: PROCESSO ELETRÔNICO DJe-179 DIVULG 08-09-2022 PUBLIC 09-09-2022)
RECURSO EXTRAORDINÁRIO. TRIBUTÁRIO. IMPOSTO SOBRE A RENDA DAS PESSOAS JURÍDICAS - IRPJ E CONTRIBUIÇÃO SOCIAL SOBRE O LUCRO LÍQUIDO - CSLL. RENDIMENTOS DE APLICAÇÕES FINANCEIRAS. CORREÇÃO MONETÁRIA. REPOSIÇÃO INFLACIONÁRIA. INCIDÊNCIA. CONTROVÉRSIA DE ÍNDOLE INFRACONSTITUCIONAL. OFENSA À CONSTITUIÇÃO FEDERAL QUE, SE EXISTENTE, SERIA APENAS INDIRETA. AUSÊNCIA DE REPERCUSSÃO GERAL.
(**STF – RE: 1331654 PR**, Relator: MINISTRO PRESIDENTE, Data de Julgamento: 09/09/2021, Tribunal Pleno, Data de Publicação: 17/09/2021)

20.4 IMPOSTO SOBRE PRODUTOS INDUSTRIALIZADOS (IPI)

20.4.1 Fundamentação constitucional e legal

O **imposto sobre produtos industrializados** (IPI) tem sua previsão no **art. 153, IV, e § 3º, da CF/1988**[26].

Os **arts. 46 a 51 do CTN**[27] versam sobre as normas gerais aplicáveis, sendo regulado, inicialmente, pela **Lei 4.502/1964**, com suas alterações posteriores.

O **Decreto 7.212/2010** versa sobre o **Regulamento do IPI** (RIPI), passando a determinar a forma de **cobrança**, **arrecadação** e **administração** do referido imposto.

A **Tabela de incidência do IPI** (TIPI) determina o montante de **alíquotas** aplicáveis a qualquer espécie de produto, aprovada pelo **Decreto 11.158/2022**, visando o baseamento no **Sistema Harmonizado de Designação e de Codificação de Mercadorias**.

20.4.2 Regramento de incidência tributária

- **Aspecto Material**

A **incidência do IPI** recai sobre a **industrialização do produto**. Neste caso, não basta que se esteja cuidando, pura e simples, do produto *in natura*, sendo necessário que o **produto tenha sido industrializado** por alguma das partes na operação.

Por essa razão, a jurisprudência, notadamente do STJ e STF, tem se posicionado no sentido da **não incidência do IPI na venda do produto pelo comerciante ao consumidor**, uma vez que nenhum deles realiza o **processo de industrialização**.

A determinação das **operações de industrialização** vem disciplinada no **art. 3º, parágrafo único, da Lei 4.502/1964**:

---

26. **Art. 153.** Compete à União instituir impostos sobre: (...)

    IV – produtos industrializados;

    § 3º O imposto previsto no inciso IV:

    I – será seletivo, em função da essencialidade do produto;

    II – será não cumulativo, compensando-se o que for devido em cada operação com o montante cobrado nas anteriores;

    III – não incidirá sobre produtos industrializados destinados ao exterior.

    IV – terá reduzido seu impacto sobre a aquisição de bens de capital pelo contribuinte do imposto, na forma da lei.

27. **Art. 46.** O imposto, de competência da União, sobre produtos industrializados tem como fato gerador:

    I – o seu desembaraço aduaneiro, quando de procedência estrangeira;

    II – a sua saída dos estabelecimentos a que se refere o parágrafo único do artigo 51;

    III – a sua arrematação, quando apreendido ou abandonado e levado a leilão.

"Art. 3º (...)

Parágrafo único. Para os efeitos deste artigo, considera-se industrialização qualquer operação de que resulte alteração da natureza, funcionamento, utilização, acabamento ou apresentação do produto, salvo:

I – o conserto de máquinas, aparelhos e objetos pertencentes a terceiros;

II – o acondicionamento destinado apenas ao transporte do produto;

III – O preparo de medicamentos oficinais ou magistrais, manipulados em farmácias, para venda no varejo, diretamente e consumidor, assim como a montagem de óculos, mediante receita médica.

IV – a mistura de tintas entre si, ou com concentrados de pigmentos, sob encomenda do consumidor ou usuário, realizada em estabelecimento varejista, efetuada por máquina automática ou manual, desde que fabricante e varejista não sejam empresas interdependentes, controladora, controlada ou coligadas." (sic)

De uma forma mais especificada, determina o **Regulamento do IPI** (Decreto 7.212/2010) a definição de produto industrializado, bem como de operação de industrialização. Nos termos do **arts. 3º e 4º do RIPI:**

Art. 3º Produto industrializado é o resultante de qualquer operação definida neste Regulamento como industrialização, mesmo incompleta, parcial ou intermediária.

Art. 4º Caracteriza industrialização qualquer operação que modifique a natureza, o funcionamento, o acabamento, a apresentação ou a finalidade do produto, ou o aperfeiçoe para consumo, tal como:

I – a que, exercida sobre matérias-primas ou produtos intermediários, importe na obtenção de espécie nova (transformação);

II – a que importe em modificar, aperfeiçoar ou, de qualquer forma, alterar o funcionamento, a utilização, o acabamento ou a aparência do produto (beneficiamento);

III – a que consista na reunião de produtos, peças ou partes e de que resulte um novo produto ou unidade autônoma, ainda que sob a mesma classificação fiscal (montagem);

IV – a que importe em alterar a apresentação do produto, pela colocação da embalagem, ainda que em substituição da original, salvo quando a embalagem colocada se destine apenas ao transporte da mercadoria (acondicionamento ou reacondicionamento); ou

V – a que, exercida sobre produto usado ou parte remanescente de produto deteriorado ou inutilizado, renove ou restaure o produto para utilização (renovação ou recondicionamento).

Parágrafo único. São irrelevantes, para caracterizar a operação como industrialização, o processo utilizado para obtenção do produto e a localização e condições das instalações ou equipamentos empregados.

A definição abrange **produtos em qualquer estágio de industrialização**, mesmo aqueles que **não estão finalizados para o consumo ou uso final**. Isso inclui os **produtos semiacabados**, **produtos intermediários** utilizados em outras etapas produtivas, bem como os **produtos inacabados** que necessitam de novas operações.

Tal definição ampla assegura que o IPI seja aplicado em **diferentes momentos da cadeia produtiva**, dependendo do **processo** e da **movimentação** dos produtos.

Dentre os **processos de industrialização** previstos na normatização, destacamos:

I – Transformação

O **inciso I do art. 4º do Regulamento do IPI** define como **transformação** a operação que, realizada sobre matérias-primas ou produtos intermediários, resulta na obtenção de uma espécie nova. Essa definição está diretamente relacionada ao conceito de industrialização, sendo um dos fundamentos para a caracterização da incidência do **Imposto sobre Produtos Industrializados (IPI)**.

A **transformação** consiste na **alteração das características físicas, químicas** ou **funcionais** de um **insumo** ou **matéria-prima**, de forma que o **produto resultante** seja **substancialmente distinto do inicial**. Essa operação está vinculada à criação de uma **nova mercadoria** com **identidade própria** e **finalidades diferentes do produto original**. Como exemplo, cite-se a **fabricação de um móvel** a partir de **madeira bruta**. Nesse caso, a **madeira** é transformada em um **produto final** com um **propósito totalmente diferente**.

O entendimento consolidado é que a **essência da transformação está na criação de um produto distinto do insumo utilizado**. Isso é analisado considerando a **funcionalidade**, o **mercado consumidor** e a **identidade do produto**. Assim, o IPI incide sobre operações que resultam em um **novo bem**, com características que o diferenciam substancialmente dos insumos.

A jurisprudência reconhece que mesmo **transformações parciais** podem configurar **incidência do IPI**, desde que a operação **modifique substancialmente o produto inicial** e gere uma **nova espécie intermediária**, apta a ser utilizada em outras etapas produtivas.

No julgamento do **REsp 1.104.900/RS**, o STJ analisou a **incidência do IPI** sobre a **industrialização de matérias-primas** e confirmou que a **obtenção de um produto novo** caracteriza **transformação**, ainda que o **processo seja parcial**. Ademais, destaca-se que a **alteração essencial na identidade do produto** é determinante para a incidência do imposto[28].

II – Beneficiamento

O **inciso II do art. 4º do Regulamento do IPI** trata do conceito de **beneficiamento**, que é uma das **modalidades de industrialização** previstas na legislação tributária brasileira. Segundo o dispositivo, **beneficiamento** é a operação que **modifica, aperfeiçoa** ou **altera** o funcionamento, a **utilização**, o **acabamento** ou a **aparência de um produto**. Esse conceito **amplia o escopo de incidência do Imposto sobre Produtos Industrializados** (IPI), alcançando operações que, embora **não resultem em uma nova espécie de produto**, promovem **melhorias** ou **alterações** em produtos já existentes.

---

28. STJ, REsp 1.070.739/SC.

O **beneficiamento** está diretamente relacionado à **melhoria** ou à **personalização de produtos**, de forma que eles se tornem **mais adequados** ou **atraentes** para **consumo ou uso**. Diferentemente da transformação, o beneficiamento **não cria um produto**, mas **modifica** ou **melhora** o já existente.

São **elementos caracterizadores do beneficiamento**:

- **Modificação:** inclui alterações que alterem a funcionalidade ou estrutura de um produto, sem mudar sua essência;

- **Aperfeiçoamento:** operações que melhoram a qualidade, desempenho ou adaptabilidade do item;

- **Alteração de características estéticas ou utilitárias:**

- **Funcionamento:** ajustes que tornam o produto mais eficiente ou funcional;

- **Utilização:** modificações que adaptam o produto a novas formas de uso;

- **Acabamento:** melhorias no acabamento, como polimento, pintura, revestimento ou aplicação de tratamentos especiais; e

- **Aparência:** alterações que visem melhorar a estética ou a apresentação, como a embalagem ou personalização visual.

A jurisprudência reconhece o **beneficiamento** como uma **operação de industrialização sujeita ao IPI**, desde que seja realizada em um **contexto industrial** e tenha o propósito de **agregar valor ao produto**. As decisões judiciais, no entanto, costumam discutir aspectos técnicos e práticos para definir se uma operação realmente configura **beneficiamento** ou apenas um **serviço** não sujeito ao IPI.

No julgamento do **REsp 1.125.187/RS**, o STJ considerou que operações que **alteram o acabamento** ou a **apresentação do produto** configuram **beneficiamento** e, portanto, **estão sujeitas ao IPI**.

Por óbvio, empresas frequentemente questionam a **incidência do IPI em operações simples**, como **etiquetagem** ou **reembalagem**, argumentando que essas **não configuram beneficiamento substancial**, além da discussão sobre o **beneficiamento em etapas intermediárias** e os **créditos de IPI** em conjunto com a **cumulatividade**.

III – Montagem

O inciso III do art. 4º do Regulamento do IPI trata da **montagem** como uma das **modalidades de industrialização**. Esse dispositivo caracteriza a **montagem** como a reunião de produtos, peças ou partes que resulte em um **novo produto** ou **unidade autônoma**, ainda que o produto final mantenha a **mesma classificação fiscal** dos componentes utilizados.

A **montagem** é uma operação industrial que, ao **unir elementos distintos** (produtos, peças ou partes), resulta em **um bem com uma nova funcionalidade ou identidade**, mesmo que a classificação fiscal do item montado não se altere em relação aos componentes. A principal característica da montagem é a **agregação de itens preexistentes** para a criação de uma unidade com **autonomia funcional**.

São considerados como **elementos caracterizadores da montagem**:

- **reunião de componentes:** a operação consiste em unir peças ou partes, geralmente pré-fabricadas, em um processo estruturado;

- **criação de unidade autônoma:** o resultado da montagem é um produto capaz de desempenhar uma função ou propósito próprio;

- **classificação fiscal inalterada:** mesmo que o produto final tenha a mesma classificação fiscal dos componentes, a operação é caracterizada como montagem quando há agregação funcional; e

- **caráter industrial:** a montagem deve ocorrer em um ambiente que caracterize atividade industrial, como uma linha de produção organizada.

Os **processos mais comuns** de utilização da **montagem** são **automóveis, fabricação de computadores, produção de eletrodomésticos**, dentre outros. Essas operações são comuns em indústrias que utilizam **processos organizados** para criar **produtos finais** a partir de **partes pré-fabricadas**.

A jurisprudência destaca que, para a **caracterização da montagem**, o produto resultante deve ser **funcionalmente autônomo**, capaz de desempenhar uma **finalidade distinta das partes isoladas**. No julgamento do **REsp 1.111.238/PR**, o STJ considerou que **operações de montagem** realizadas em **ambiente industrial**, mesmo envolvendo itens que **mantêm a classificação fiscal idêntica**, configuram **industrialização** e estão sujeitas ao IPI.

Mesmo ante a consolidação jurisprudencial, alguns pontos merecem destaque. Algumas empresas questionam a **incidência do IPI em operações que envolvem montagens simples**, argumentando que essas atividades **não geram autonomia funcional relevante**.

Outrossim, o fato de o produto final manter a **mesma classificação fiscal** pode levar a **debates sobre a real modificação do bem** em termos **econômicos e funcionais**.

IV – Acondicionamento ou Reacondicionamento

O **inciso IV do art. 4º do Regulamento do IPI** trata do **acondicionamento ou reacondicionamento**, que constitui uma das modalidades de industrialização para fins de incidência do **Imposto sobre Produtos Industrializados (IPI)**. O dispositivo define que a **operação que altera a apresentação do produto** por meio da **colocação de embalagem**, ainda que **substituindo a original**, caracteriza-se como **industrialização**, com **exceção** das embalagens destinadas **exclusivamente ao transporte da mercadoria**.

O **acondicionamento** e o **reacondicionamento** são operações voltadas à modificação da **forma de apresentação do produto**, por meio da **embalagem**. Essas operações **não alteram a essência** ou **funcionalidade do produto** em si, mas são importantes para sua **comercialização, proteção** ou **adequação ao mercado consumidor**.

A operação deve **modificar a aparência** ou **forma de apresentação do produto**, tornando-o **mais atraente, funcional** ou **adequado para o consumo** ou **venda**, incluindo tanto o **uso de embalagens novas** quanto a **substituição da embalagem original** por outra que se adeque ao **propósito comercial** ou **estético**.

A legislação exclui da caracterização de **industrialização** as **embalagens** que se destinam **unicamente ao transporte da mercadoria**, como **caixas de papelão** ou **paletes** utilizados para movimentação logística.

Exemplificando, temos a **embalagem individual de produtos** – tais como envase de grãos – a **substituição de embalagens originais** – tais como reembalar cosméticos em caixas de presentes – bem como a **personalização de embalagens** – tais como a inclusão de informações promocionais ou localizadas.

Decisões judiciais reforçam que, quando a **embalagem melhora a apresentação para fins de venda**, a operação caracteriza **industrialização**, mesmo que o **produto interno permaneça inalterado**. A jurisprudência distingue claramente as embalagens destinadas exclusivamente à **proteção** ou **movimentação logística**, que **não caracterizam industrialização**. Por exemplo, o **empacotamento de itens em caixas de papelão para transporte** não é considerado industrialização.

Por conseguinte, no julgamento do **REsp 1.178.680/PR**, o STJ decidiu que a **colocação de embalagens finais em produtos destinados ao consumidor** caracteriza **industrialização**, mesmo que o produto em si não seja modificado.

A consolidação jurisprudencial, mais uma vez, **não afastará a possibilidade de determinadas controvérsias**. Por exemplo, situações em que a **embalagem** serve tanto para **transporte** quanto para **apresentação comercial** podem gerar dúvidas sobre a incidência do IPI. Ademais, o **fracionamento de produtos** para reembalagem em **unidades menores** frequentemente levanta questionamentos sobre se a operação deve ser tratada como **acondicionamento tributável** ou apenas **logística**.

V- Renovação ou Recondicionamento

Por fim, o **inciso V do art. 4º do Regulamento do IPI** caracteriza como **industrialização** a operação de **renovação** ou **recondicionamento**, realizada sobre **produtos usados** ou **partes remanescentes de produtos deteriorados** ou **inutilizados**, com o objetivo de **restaurá**-los ou renová-los para uso. Essa definição **amplia o conceito de industrialização**, incluindo processos que visam a **reutilização de bens** que, de outra forma, estariam fora de uso.

A **renovação** e o **recondicionamento** envolvem intervenções industriais em **produtos usados** ou **inutilizados** para torná-los novamente **aptos para o uso**. Essas operações desempenham um papel importante na **economia circular** e na **sustentabilidade**, ao promoverem o **reaproveitamento de materiais** e **equipamentos** que poderiam ser descartados.

Como exemplo, podemos citar a **reparação** ou **substituição de componentes de motores, freios** ou **sistemas elétricos de veículos usados**, tornando-os aptos para nova utilização, a **renovação de computadores, celulares** ou **eletrodomésticos**, incluindo reparos técnicos e troca de componentes danificados, dentre outros. Tais operações estão presentes em setores variados, como **automotivo, tecnologia, mobiliário** e **indústrias de reciclagem**.

O entendimento predominante nos tribunais é que **o IPI incide porque a renovação** ou **recondicionamento agrega valor ao produto**, devolvendo-lhe **utilidade**. **Reparos simples** ou **manutenção preventiva** não configuram recondicionamento, devendo envolver intervenções substanciais que transformem o estado do produto.

Assim, no julgamento do **REsp 1.148.443/RS** se reconheceu que a **renovação de peças automotivas usadas** para **revenda** configura **industrialização e está sujeita ao IPI**.

Por conseguinte, empresas discutem se determinadas operações caracterizam **simples manutenção** (não tributável) ou **recondicionamento** (tributável). A aplicação do IPI em **produtos renovados** ou **recondicionados** pode gerar questões sobre o **aproveitamento de créditos fiscais**, especialmente em cadeias que incluem peças de segunda mão.

O próprio **Regulamento do IPI** determina situações em que **não haverá incidência do respectivo imposto**. É o que se depreende pela análise do **art. 5º do Decreto 7.212/2010**:

> Art. 5º Não se considera industrialização:
>
> I – o preparo de produtos alimentares, não acondicionados em embalagem de apresentação:
>
> a) na residência do preparador ou em restaurantes, bares, sorveterias, confeitarias, padarias, quitandas e semelhantes, desde que os produtos se destinem a venda direta a consumidor; ou
>
> b) em cozinhas industriais, quando destinados a venda direta a pessoas jurídicas e a outras entidades, para consumo de seus funcionários, empregados ou dirigentes;
>
> II – o preparo de refrigerantes, à base de extrato concentrado, por meio de máquinas, automáticas ou não, em restaurantes, bares e estabelecimentos similares, para venda direta a consumidor;
>
> III – a confecção ou preparo de produto de artesanato, definido no art. 7º;
>
> IV – a confecção de vestuário, por encomenda direta do consumidor ou usuário, em oficina ou na residência do confeccionador;
>
> V – o preparo de produto, por encomenda direta do consumidor ou usuário, na residência do preparador ou em oficina, desde que, em qualquer caso, seja preponderante o trabalho profissional;

VI – a manipulação em farmácia, para venda direta a consumidor, de medicamentos oficinais e magistrais, mediante receita médica;

VII – a moagem de café torrado, realizada por estabelecimento comercial varejista como atividade acessória;

VIII – a operação efetuada fora do estabelecimento industrial, consistente na reunião de produtos, peças ou partes e de que resulte:

a) edificação (casas, edifícios, pontes, hangares, galpões e semelhantes, e suas coberturas);

b) instalação de oleodutos, usinas hidrelétricas, torres de refrigeração, estações e centrais telefônicas ou outros sistemas de telecomunicação e telefonia, estações, usinas e redes de distribuição de energia elétrica e semelhantes; ou

c) fixação de unidades ou complexos industriais ao solo;

IX – a montagem de óculos, mediante receita médica;

X – o acondicionamento de produtos classificados nos Capítulos 16 a 22 da TIPI, adquiridos de terceiros, em embalagens confeccionadas sob a forma de cestas de natal e semelhantes;

XI – o conserto, a restauração e o recondicionamento de produtos usados, nos casos em que se destinem ao uso da própria empresa executora ou quando essas operações sejam executadas por encomenda de terceiros não estabelecidos com o comércio de tais produtos, bem como o preparo, pelo consertador, restaurador ou recondicionador, de partes ou peças empregadas exclusiva e especificamente naquelas operações;

XII – o reparo de produtos com defeito de fabricação, inclusive mediante substituição de partes e peças, quando a operação for executada gratuitamente, ainda que por concessionários ou representantes, em virtude de garantia dada pelo fabricante;

XIII – a restauração de sacos usados, executada por processo rudimentar, ainda que com emprego de máquinas de costura;

XIV – a mistura de tintas entre si, ou com concentrados de pigmentos, sob encomenda do consumidor ou usuário, realizada em estabelecimento comercial varejista, efetuada por máquina automática ou manual, desde que fabricante e varejista não sejam empresas interdependentes, controladora, controlada ou coligadas; e

XV – a operação de que resultem os produtos relacionados na Subposição 2401.20 da TIPI, quando exercida por produtor rural pessoa física.

Parágrafo único. O disposto no inciso VIII não exclui a incidência do imposto sobre os produtos, partes ou peças utilizadas nas operações nele referidas.

A CF/1988 determina que o IPI é um **imposto seletivo**, ou seja, admite-se uma **tributação diferenciada** conforme a **qualidade do objeto** a ser tributado. Trata-se de uma **imposição constitucional**, estabelecida no **art. 153, § 3º, I**, do texto maior.

A **seletividade** é vinculada diretamente à **essencialidade do produto ao consumo**. Assim, quanto **mais essencial** o produto for considerado para o consumo, **menor sua alíquota**; do contrário, uma vez que o produto é considerado **supérfluo**, poderá ter suas **alíquotas maiores**, sem que isso se configure confisco.

Quem determinará **qual produto é considerado mais essencial** que o outro é o **próprio legislador**, uma vez que a **determinação da essencialidade** por cada contribuinte possui um **caráter estritamente subjetivo**. Assim, o que **pode ser considerado essencial para uns**, pode ser **considerado supérfluo para outros**.

Em determinados casos, a **essencialidade** não é revelada pela **natureza do produto**, mas sim, pela sua **finalidade**. Pode ainda ocorrer situações em que **não se revela a análise da essencialidade do produto diretamente**, mas seu **caráter de extrafiscalidade**, visando **inibir** a **produção de determinados bens de consumo**. É o que ocorre com o **cigarro**, cuja **alíquota** chega ao patamar de **300%** aplicada sobre **15% do preço de venda a varejo**, resultando em uma **alíquota efetiva de 45%** sobre o **preço de venda**.

Da mesma forma que o IPI se rege pela **seletividade**, deverá ser **não cumulativo**, conforme estabelece o **art. 153, § 3º, II, da CF/1988**:

> Art. 153. (...)
>
> § 3º (...)
>
> III – será não cumulativo, compensando-se o que for devido em cada operação com o montante cobrado nas anteriores.

A **principal finalidade** da **não cumulatividade** é de se **evitar o efeito em cascata do tributo**, onerando demasiadamente o consumidor final e, consequentemente, **afetando o produtor** com a **diminuição do consumo do produto**.

Apesar de se considerar uma garantia constitucional, **não se considera uma cláusula pétrea** pela própria determinação do STF, conforme esposado na **ADI 939**.

A **não cumulatividade** admite a possibilidade de gerar ao industrial o **creditamento**, por exemplo, quando da **aquisição de matéria-prima** ou de **qualquer produto intermediário**. Assim, uma vez que tais bens serão **incorporados ao produto final acabado**, o industrial **poderá se creditar na saída do produto do estabelecimento**, abatendo o **crédito escritural devido**.

Estabelece o **art. 225, § 1º, do Decreto 7.212/2010**:

> Art. 225. A não cumulatividade é efetivada pelo sistema de crédito do imposto relativo a produtos entrados no estabelecimento do contribuinte, para ser abatido do que for devido pelos produtos dele saídos, num mesmo período, conforme estabelecido neste Capítulo (Lei 5.172, de 1966, art. 49).
>
> § 1º O direito ao crédito é também atribuído para anular o débito do imposto referente a produtos saídos do estabelecimento e a este devolvidos ou retornados.

A **forma** como se dará o creditamento decorrente da não cumulatividade também observa os dispositivos constantes no Regulamento do IPI, a partir do **art. 226**:

> Art. 226. Os estabelecimentos industriais e os que lhes são equiparados poderão creditar-se:
>
> I – do imposto relativo a matéria-prima, produto intermediário e material de embalagem, adquiridos para emprego na industrialização de produtos tributados, incluindo-se, entre as matérias-primas e os produtos intermediários, aqueles que, embora não se integrando ao novo produto, forem consumidos no processo de industrialização, salvo se compreendidos entre os bens do ativo permanente;

II – do imposto relativo a matéria-prima, produto intermediário e material de embalagem, quando remetidos a terceiros para industrialização sob encomenda, sem transitar pelo estabelecimento adquirente;

III – do imposto relativo a matéria-prima, produto intermediário e material de embalagem, recebidos de terceiros para industrialização de produtos por encomenda, quando estiver destacado ou indicado na nota fiscal;

IV – do imposto destacado em nota fiscal relativa a produtos industrializados por encomenda, recebidos do estabelecimento que os industrializou, em operação que dê direito ao crédito;

V – do imposto pago no desembaraço aduaneiro;

VI – do imposto mencionado na nota fiscal que acompanhar produtos de procedência estrangeira, diretamente da repartição que os liberou, para estabelecimento, mesmo exclusivamente varejista, do próprio importador;

VII – do imposto relativo a bens de produção recebidos por comerciantes equiparados a industrial;

VIII – do imposto relativo aos produtos recebidos pelos estabelecimentos equiparados a industrial que, na saída destes, estejam sujeitos ao imposto, nos demais casos não compreendidos nos incisos V a VII;

IX – do imposto pago sobre produtos adquiridos com imunidade, isenção ou suspensão quando descumprida a condição, em operação que dê direito ao crédito; e

X – do imposto destacado nas notas fiscais relativas a entregas ou transferências simbólicas do produto, permitidas neste Regulamento.

Mesmo pela observância do disposto no Regulamento do IPI, **nem toda a entrada** que diz respeito ao **funcionamento da atividade industrial gera a possibilidade de creditamento**. A **aquisição de bens que integram o ativo fixo permanente da empresa** que não se incorporam ao produto final ou cujo **desgaste não ocorra de forma imediata** e **integral** durante o processo de industrialização **não gera direito ao creditamento do IPI**.

Nos casos em que **não há incidência do referido imposto**, não se pode cogitar a possibilidade de qualquer espécie de **creditamento**, uma vez **inexiste transferência do ônus fiscal** pois **a primeira operação não foi tributada**.

A **ausência de direito à apropriação de créditos de IPI** na entrada de **insumos não tributados**, ou que sejam sujeitos à **alíquota zero** ou **isentos**, já foi amplamente discutida e rebatida no STF.

Em se tratando da **incidência de IPI na importação**, tem prevalecido o entendimento jurisprudencial de que a **não cumulatividade** impediria a **própria incidência do IPI na importação**, quando o **importador não ostentasse a condição de contribuinte do imposto**, não podendo dele creditar-se, nem tampouco repassá-lo em operação futura. É o que acontece quando da **importação de produtos industrializad**os pelo **particular**.

Após longas discussões, prevaleceu o entendimento pela **possibilidade de incidência de IPI** mesmo que o **importador não seja industrial**, *in casu*, o próprio particular. Isto porque, o imposto possui um **papel regulatório**, além de arrecadatório. No caso da **importação**, busca assegurar **igualdade de condições competitivas entre produtos nacionais** e **importados**, evitando **desequilíbrios no mercado**.

No julgamento da **ADI 4.395**, o STF reafirmou que o IPI **incide na importação de produtos industrializados por particulares**, mesmo que estes **não sejam contribuintes habituais**. Essa incidência decorre da **equiparação do particular ao importador industrial** no momento da **entrada do bem no país**.

Ademais, no julgamento do **REsp 1.403.532/SC,** entendeu o STJ que a **incidência do IPI na importação por particulares não viola o princípio da não cumulatividade**, já que a legislação prevê a possibilidade de **tributar o fato gerador autônomo da entrada de produtos no território nacional**.

Importante ressaltar a situação jurídica do **microempresário** (ME) e o **empresário de pequeno porte** (EPP), quando **optantes do Simples Nacional**. Nesta circunstância, **não há possibilidade de utilização dos créditos para fins de compensação**, ante a disposição constante no **art. 23 da LC 123/2006:**

> As microempresas e as empresas de pequeno porte optantes pelo Simples Nacional não farão jus à apropriação nem transferirão créditos relativos a impostos ou contribuições abrangidos pelo Simples Nacional.

Na mesma esteira, determina os **arts. 177 e 178 do Regulamento do IPI (Decreto 7.212/2010):**

> Art. 177. A microempresa e empresa de pequeno porte contribuinte do imposto, optante pelo Regime Especial Unificado de Arrecadação de Tributos e Contribuições devidos pelas Microempresas e Empresas de Pequeno Porte – Simples Nacional e que atenda ao disposto na Lei Complementar 123, de 2006, deverá recolher o imposto mensalmente em conjunto com os demais impostos e contribuições, nos termos especificados na referida Lei Complementar.
>
> Parágrafo único. O recolhimento do imposto na forma do caput não exclui a incidência do imposto devido no desembaraço aduaneiro dos produtos de procedência estrangeira.
>
> Art. 178. Às microempresas e empresas de pequeno porte, optantes pelo Simples Nacional, é vedada:
>
> I – a apropriação e a transferência de créditos relativos ao imposto; e
>
> II – a utilização ou destinação de qualquer valor a título de incentivo fiscal.

Não se discute a **validade dos dispositivos normativos**, visto que o Simples Nacional já é considerado uma **forma de benefício fiscal ao pequeno e médio empresário**. A utilização de **mais de um benefício fiscal** equivalente corresponde a uma **violação ao princípio da isonomia**, além de **afetação aos preceitos constitucionais da livre concorrência** e **livre iniciativa**.

Quando do julgamento da **ADI 5.277/DF,** o STF considerou que o regime do Simples Nacional é **compatível com a Constituição**, inclusive em suas **limitações**, desde que preserve a **simplificação** e os **benefícios fiscais**.

O argumento de que o **acúmulo de benefícios fiscais seria incompatível com o Simples Nacional** fundamenta-se na necessidade de evitar **vantagens desproporcionais** para essas empresas, o que poderia gerar **distorções concorrenciais**. Empresas no Simples **não podem acumular benefícios fiscais adicionais de natureza equivalente,** como **apropriação** ou **transferência de créditos tributários**. Garantir **condições equitativas** entre empresas de diferentes portes é **essencial** para **preservar a livre concorrência**. A acumulação de benefícios fiscais poderia levar a **práticas de mercado desleais**, prejudicando **empresas maiores** que recolhem tributos pelo regime normal.

Por determinação expressa na CF/1988, o IPI possui uma **imunidade específica**, conforme reza o **art. 153, § 3º, III**:

> Art. 153. (...)
>
> 3º (...)
>
> III – não incidirá sobre produtos industrializados destinados ao exterior.

Uma vez que o **produto industrializado** foi **destinado ao exterior, não há incidência de IPI** como forma de **incentivo às exportações**. A **exclusão do IPI** reduz o **custo dos produtos industrializados brasileiros** no **mercado externo**, tornando-os **mais competitivos** em relação a bens de outros países.

Ao desonerar as exportações, **a imunidade favorece o setor industrial**, incentivando a **produção** e o **aumento** da participação do Brasil no comércio internacional.

Embora não haja incidência de IPI na exportação, o **exportador** pode **manter o direito a créditos acumulados** em **operações anteriores da cadeia produtiva**, conforme o **princípio da não cumulatividade**.

No caso de **exportações indiretas** realizadas por intermediários, tais como nos casos de "*trading companies*", a jurisprudência garante a imunidade, desde que o **produto tenha como destino final o mercado externo**. Assim, no julgamento do **REsp 1.003.758/RS**, o STJ reconheceu o **direito ao aproveitamento de créditos de IPI** mesmo em operações destinadas à exportação, assegurando o respeito ao **princípio da não cumulatividade**.

Na mesma esteira, o Regulamento do IPI determina a **inocorrência do fato gerador**. Assim, dispõe do **art. 38 do Decreto 7.212/2010**:

> Art. 38. Não constituem fato gerador:
>
> I – o desembaraço aduaneiro de produto nacional que retorne ao Brasil, nos seguintes casos:
>
> a) quando enviado em consignação para o exterior e não vendido nos prazos autorizados;
>
> b) por defeito técnico que exija sua devolução, para reparo ou substituição;
>
> c) em virtude de modificações na sistemática de importação do país importador;
>
> d) por motivo de guerra ou calamidade pública; e
>
> e) por quaisquer outros fatores alheios à vontade do exportador;
>
> II – as saídas de produtos subsequentes à primeira:
>
> a) nos casos de locação ou arrendamento, salvo se o produto tiver sido submetido a nova industrialização; ou
>
> b) quando se tratar de bens do ativo permanente, industrializados ou importados pelo próprio estabelecimento industrial ou equiparado a industrial, destinados à execução de serviços pela própria firma remetente;

III – a saída de produtos incorporados ao ativo permanente, após cinco anos de sua incorporação, pelo estabelecimento industrial, ou equiparado a industrial, que os tenha industrializado ou importado; ou

IV – a saída de produtos por motivo de mudança de endereço do estabelecimento.

O **artigo 38 do Regulamento do IPI (RIPI)** define situações em que **não ocorre o fato gerador** do **Imposto sobre Produtos Industrializados (IPI)**. Essas disposições visam evitar a tributação de operações que, embora envolvam a movimentação de produtos industrializados, não configuram **fatos econômicos** ou **jurídicos** típicos para a incidência do imposto. O IPI não incide no **desembaraço aduaneiro de produtos nacionais** que retornam ao país em situações específicas, como:

I – Consignação Internacional não concretizada

Quando produtos **são enviados ao exterior** em **regime de consignação** e **não vendidos dentro do prazo autorizado**, eles retornam ao Brasil **sem que se caracterize um novo fato gerador**. A tributação seria injusta, já que **não houve uma transação comercial definitiva**.

II – Devolução por defeito técnico

Produtos devolvidos ao país de origem devido a problemas técnicos que exigem **reparo** ou **substituição** não geram o fato gerador do IPI, uma vez que a **operação não representa um evento econômico tributável**.

III – Alterações na sistemática de importação dos países destinatários

Se o produto retorna por **mudanças nas regras de importação** do **país comprador**, a situação está **fora do controle do exportador**, justificando a não tributação.

IV – Situações de guerra ou calamidade pública

Retornos de produtos por **circunstâncias excepcionais**, como **conflitos** ou desastres naturais, são considerados **alheios à vontade das partes**, não configurando fato gerador.

V – Fatores alheios à vontade do exportador

Qualquer outra causa **não imputável ao exportador** que motive o **retorno do produto ao Brasil** está excluída do fato gerador, respeitando o **princípio da justiça tributária**.

Essas exceções **evitam penalizar o exportador** por situações que **fogem ao seu controle**, mantendo o **incentivo à exportação** e o alinhamento com o **princípio da não cumulatividade** do IPI.

• Aspecto Espacial

O **aspecto espacial do IPI** refere-se à delimitação do território em que o imposto é aplicável. Embora não haja dispositivo legal específico que determine claramente a localização para fins de incidência do IPI, a legislação, a doutrina e a prática administrativa convergem para adotar o **princípio da territorialidade**, característica dos tributos federais.

O **princípio da territorialidade** estabelece que o IPI é devido em **qualquer lugar dentro do território nacional** onde ocorra o fato gerador do imposto. O critério espacial do IPI **não depende de divisões regionais** ou **estaduais**, pois se trata de um imposto de competência federal, conforme previsto no **art. 153, IV, da CF/1988**.

Na **importação**, o critério espacial do IPI assume maior relevância devido à **operação transnacional**. Alguns pontos específicos incluem o **local do desembaraço aduaneiro** como sendo o aspecto espacial do imposto. É nesse ponto que o produto ingressa no território nacional e se sujeita à tributação.

Caso o produto seja **desembaraçado em um Estado e remetido para outro**, o IPI é recolhido no **local do desembaraço**, não no destino final da mercadoria. No julgamento do **RE 592.891/RS**, reafirmou o STF que o IPI na importação é devido no **desembaraço aduaneiro, independentemente do destino final do produto dentro do Brasil**.

• Aspecto Temporal

Para determinação do **momento em que ocorre o fato gerador**, levamos em consideração o disposto no Regulamento do IPI (Decreto 7.212/2010), a partir do **art. 36**:

> Art. 36. Considera-se ocorrido o fato gerador:
>
> I – na entrega ao comprador, quanto aos produtos vendidos por intermédio de ambulantes;
>
> II – na saída de armazém-geral ou outro depositário do estabelecimento industrial ou equiparado a industrial depositante, quanto aos produtos entregues diretamente a outro estabelecimento;
>
> III – na saída da repartição que promoveu o desembaraço aduaneiro, quanto aos produtos que, por ordem do importador, forem remetidos diretamente a terceiros;
>
> IV – na saída do estabelecimento industrial diretamente para estabelecimento da mesma firma ou de terceiro, por ordem do encomendante, quanto aos produtos mandados industrializar por encomenda;
>
> V – na saída de bens de produção dos associados para as suas cooperativas, equiparadas, por opção, a estabelecimento industrial;
>
> VI – no quarto dia da data da emissão da respectiva nota fiscal, quanto aos produtos que até o dia anterior não tiverem deixado o estabelecimento do contribuinte;
>
> VII – no momento em que ficar concluída a operação industrial, quando a industrialização se der no próprio local de consumo ou de utilização do produto, fora do estabelecimento industrial;
>
> VIII – no início do consumo ou da utilização do papel destinado à impressão de livros, jornais e periódicos, em finalidade diferente da que lhe é prevista na imunidade de que trata o inciso I do art. 18, ou na saída do fabricante, do importador ou de seus estabelecimentos distribuidores, para pessoas que não sejam empresas jornalísticas ou editoras;
>
> IX – na aquisição ou, se a venda tiver sido feita antes de concluída a operação industrial, na conclusão desta, quanto aos produtos que, antes de sair do estabelecimento que os tenha industrializado por encomenda, sejam por este adquiridos;

X – na data da emissão da nota fiscal pelo estabelecimento industrial, quando da ocorrência de qualquer das hipóteses enumeradas no inciso VII do art. 25;

XI – no momento da sua venda, quanto aos produtos objeto de operação de venda que forem consumidos ou utilizados dentro do estabelecimento industrial;

XII – na saída simbólica de álcool das usinas produtoras para as suas cooperativas, equiparadas, por opção, a estabelecimento industrial; e

XIII – na data do vencimento do prazo de permanência da mercadoria no recinto alfandegado, antes de aplicada a pena de perdimento, quando as mercadorias importadas forem consideradas abandonadas pelo decurso do referido prazo.

Parágrafo único. Na hipótese do inciso VII, considera-se concluída a operação industrial e ocorrido o fato gerador na data da entrega do produto ao adquirente ou na data em que se iniciar o seu consumo ou a sua utilização, se anterior à formalização da entrega.

O **aspecto temporal do IPI**, conforme delineado no **art. 36 do RIPI**, reflete a **complexidade** das operações tributáveis e busca assegurar que o imposto seja recolhido no **momento mais adequado**, respeitando as **peculiaridades de cada tipo de operação**. Essas regras fortalecem a **eficiência da arrecadação**, garantem **segurança jurídica** e estão alinhadas aos **princípios da justiça fiscal** e da **neutralidade econômica**. Contudo, a **multiplicidade de hipóteses** exige atenção dos contribuintes para evitar **erros** e cumprir corretamente as **obrigações tributárias**.

- **Aspecto Pessoal**

O **sujeito ativo** do imposto sobre produtos industrializados é a **União**, vez que o imposto é de **competência federal**. A **fiscalização** do imposto competirá a **Secretaria da Receita Federal do Brasil**.

Para determinação do **sujeito passivo**, temos as indicações legais de quem pode figurar como **contribuinte** e quem pode figurar como **responsável**.

Reza o **art. 51 do CTN**:

Art. 51. Contribuinte do imposto é:

I – o importador ou quem a lei a ele equiparar;

II – o industrial ou quem a lei a ele equiparar;

III – o comerciante de produtos sujeitos ao imposto, que os forneça aos contribuintes definidos no inciso anterior;

IV – o arrematante de produtos apreendidos ou abandonados, levados a leilão.

Parágrafo único. Para os efeitos deste imposto, considera-se contribuinte autônomo qualquer estabelecimento de importador, industrial, comerciante ou arrematante.

O **importador** é considerado contribuinte do IPI porque, no momento do **desembaraço aduaneiro**, ocorre o fato gerador para **produtos industrializados que ingressam no território nacional**. Isso inclui as **pessoas físicas** e **jurídicas** que importam **bens para consumo próprio** ou **revenda**, bem como àquelas que são **equiparadas ao importador** – tais como representantes legais ou empresas que intermedeiam o processo de importação.

O **industrial** é o principal contribuinte do IPI, já que o imposto incide, em regra, sobre a **saída de produtos industrializados do estabelecimento**. A legislação também **equipara** certos contribuintes a industriais, como **estabelecimentos que realizam operações industriais previstas no art. 4º do RIPI**, como transformação, beneficiamento, montagem, acondicionamento ou recondicionamento e as **empresas que adquirem produtos para revenda** após submetê-los a alguma forma de industrialização.

Os **empresários** que **fornecem produtos sujeitos ao IPI** a outros **contribuintes industriais** ou **equiparados** também são obrigados a recolher o imposto, mas em **situações específicas**, como os **produtos comercializados** que não tenham sido tributados anteriormente na cadeia produtiva.

Por conseguinte, o **arrematante** de produtos industrializados apreendidos ou abandonados também é sujeito passivo do IPI, com o fato gerador ocorrendo no momento da **arrematação em leilão**. Isso inclui os **produtos importados abandonados em alfândegas** e as **mercadorias apreendidas por infrações legais**.

Importante salientar que **um mesmo contribuinte**, seja pessoa física ou jurídica, **pode ser sujeito passivo do IPI em relação a diferentes estabelecimentos industriais, comerciais** ou de **importação**. Cada unidade da empresa deve apurar e recolher o imposto de **forma independente**, com base nas **operações realizadas por aquele estabelecimento**.

O Regulamento do IPI (Decreto 7.212/2010) também determina, em seu bojo, quem figura na condição de **contribuinte**, a partir do **art. 24**:

> Art. 24. São obrigados ao pagamento do imposto como contribuinte:
>
> I – o importador, em relação ao fato gerador decorrente do desembaraço aduaneiro de produto de procedência estrangeira;
>
> II – o industrial, em relação ao fato gerador decorrente da saída de produto que industrializar em seu estabelecimento, bem como quanto aos demais fatos geradores decorrentes de atos que praticar;
>
> III – o estabelecimento equiparado a industrial, quanto ao fato gerador relativo aos produtos que dele saírem, bem como quanto aos demais fatos geradores decorrentes de atos que praticar; e
>
> IV – os que consumirem ou utilizarem em outra finalidade, ou remeterem a pessoas que não sejam empresas jornalísticas ou editoras, o papel destinado à impressão de livros, jornais e periódicos, quando alcançado pela imunidade prevista no inciso I do art. 18.
>
> Parágrafo único. Considera-se contribuinte autônomo qualquer estabelecimento de importador, industrial ou comerciante, em relação a cada fato gerador que decorra de ato que praticar.

O **responsável tributário** sempre será uma terceira pessoa indicada pela lei para assunção de um encargo tributário, bastando que haja **nexo de causalidade** com a ocorrência do fato gerador.

Tal responsabilidade poderá ser **subsidiária** ou **solidária**, por **substituição** ou **transferência**. Ainda, temos as determinações legais atribuindo **responsabilidade** no caso do cometimento de infrações.

A partir do **art. 25 do Decreto 7.212/2010** temos a indicação de diversas **formas de responsabilidade**, abarcando desde a responsabilidade **subsidiária** até a responsabilidade por **infrações**, senão vejamos:

20 • IMPOSTOS ORDINÁRIOS FEDERAIS **893**

Art. 25. São obrigados ao pagamento do imposto como responsáveis:

I – o transportador, em relação aos produtos tributados que transportar, desacompanhados da documentação comprobatória de sua procedência;

II – o possuidor ou detentor, em relação aos produtos tributados que possuir ou mantiver para fins de venda ou industrialização, nas mesmas condições do inciso I;

III – o estabelecimento adquirente de produtos usados cuja origem não possa ser comprovada pela falta de marcação, se exigível, de documento fiscal próprio ou do documento a que se refere o art. 372;

IV – o proprietário, o possuidor, o transportador ou qualquer outro detentor de produtos nacionais, do Capítulo 22 e do Código 2402.20.00 da TIPI, saídos do estabelecimento industrial com imunidade ou suspensão do imposto, para exportação, encontrados no País em situação diversa, salvo se em trânsito, quando:

a) destinados a uso ou consumo de bordo, em embarcações ou aeronaves de tráfego internacional, com pagamento em moeda conversível;

b) destinados a lojas francas, em operação de venda direta, nos termos e condições estabelecidos pelo art. 15 do Decreto-lei 1.455, de 7 de abril de 1976;

c) adquiridos por empresa comercial exportadora, com o fim específico de exportação, e remetidos diretamente do estabelecimento industrial para embarque de exportação ou para recintos alfandegados, por conta e ordem da adquirente; ou

d) remetidos a recintos alfandegados ou a outros locais onde se processe o despacho aduaneiro de exportação;

V – os estabelecimentos que possuírem produtos tributados ou isentos, sujeitos a serem rotulados ou marcados, ou, ainda, ao selo de controle, quando não estiverem rotulados, marcados ou selados;

VI – os que desatenderem as normas e requisitos a que estiver condicionada a imunidade, a isenção ou a suspensão do imposto;

VII – a empresa comercial exportadora, em relação ao imposto que deixou de ser pago, na saída do estabelecimento industrial, referente aos produtos por ela adquiridos com o fim específico de exportação, nas hipóteses em que:

a) tenha transcorrido cento e oitenta dias da data da emissão da nota fiscal de venda pelo estabelecimento industrial, não houver sido efetivada a exportação;

b) os produtos forem revendidos no mercado interno; ou

c) ocorrer a destruição, o furto ou roubo dos produtos;

VIII – a pessoa física ou jurídica que não seja empresa jornalística ou editora, em cuja posse for encontrado o papel, destinado à impressão de livros, jornais e periódicos, a que se refere o inciso I do art. 18;

IX – o estabelecimento comercial atacadista de produtos sujeitos ao regime de que trata a Lei 7.798, de 1989, que possuir ou mantiver produtos desacompanhados da documentação comprobatória de sua procedência, ou que deles der saída;

X – o estabelecimento industrial, relativamente à parcela do imposto devida pelos estabelecimentos equiparados de que tratam os incisos XI e XII do art. 9º, quanto aos produtos a estes fornecidos, na hipótese de aplicação do regime de que trata o art. 222;

XI – o estabelecimento comercial referido no inciso XIII do art. 9º, pelo imposto devido pelos estabelecimentos equiparados na forma dos incisos XI e XII daquele artigo, quanto aos produtos a estes fornecidos, na hipótese de aplicação do regime de que trata o art. 222; e

XII – o estabelecimento importador, relativamente à parcela do imposto devida pelos estabelecimentos equiparados de que tratam os incisos XIV e XV do art. 9º, quanto aos produtos a estes fornecidos, na hipótese de aplicação do regime de que trata o art. 222.

§ 1º Nos casos dos incisos I e II não se exclui a responsabilidade por infração do contribuinte quando este for identificado.

§ 2º Na hipótese dos incisos X, XI e XII, o imposto será devido pelo estabelecimento industrial ou encomendante ou importador no momento em que derem saída aos produtos sujeitos ao imposto conforme o regime de que trata o art. 222.

Art. 26. É ainda responsável, por substituição, o industrial ou equiparado a industrial, mediante requerimento, em relação às operações anteriores, concomitantes ou posteriores às saídas que promover, nas hipóteses e condições estabelecidas pela Secretaria da Receita Federal do Brasil.

Art. 27. São solidariamente responsáveis:

I – o contribuinte substituído, na hipótese do art. 26, pelo pagamento do imposto em relação ao qual estiver sendo substituído, no caso de inadimplência do contribuinte substituto;

II – o adquirente ou cessionário de mercadoria importada beneficiada com isenção ou redução do imposto pelo seu pagamento e dos acréscimos legais;

III – o adquirente de mercadoria de procedência estrangeira, no caso de importação realizada por sua conta e ordem, por intermédio de pessoa jurídica importadora, pelo pagamento do imposto e acréscimos legais;

IV – o encomendante predeterminado que adquire mercadoria de procedência estrangeira de pessoa jurídica importadora, na operação a que se refere o § 3º do art. 9º, pelo pagamento do imposto e acréscimos legais;

V – o estabelecimento industrial de produtos classificados no Código 2402.20.00 da TIPI, com a empresa comercial exportadora, na hipótese de operação de venda com o fim específico de exportação, pelo pagamento do imposto e dos respectivos acréscimos legais, devidos em decorrência da não efetivação da exportação;

VI – o encomendante de produtos sujeitos ao regime de que trata a Lei 7.798, de 1989, com o estabelecimento industrial executor da encomenda, pelo cumprimento da obrigação principal e acréscimos legais;

VII – o beneficiário de regime aduaneiro suspensivo do imposto, destinado à industrialização para exportação, pelas obrigações tributárias decorrentes da admissão de mercadoria no regime por outro beneficiário, mediante sua anuência, com vistas na execução de etapa da cadeia industrial do produto a ser exportado; e

VIII – o encomendante dos produtos sujeitos ao imposto conforme os regimes de tributação de que tratam os arts. 222 e 223 com o estabelecimento industrial executor da encomenda, pelo imposto devido nas formas estabelecidas nos mesmos artigos.

§ 1º Aplica-se à operação de que trata o inciso III o disposto no § 2º do art. 9º.

§ 2º O disposto no inciso V aplica-se também aos produtos destinados a uso ou consumo de bordo, em embarcações ou aeronaves em tráfego internacional, inclusive por meio de ship's chandler.

Art. 28. São solidariamente responsáveis com o sujeito passivo, no período de sua administração, gestão ou representação, os acionistas controladores, e os diretores, gerentes ou representantes de pessoas jurídicas de direito privado, pelos créditos tributários decorrentes do não recolhimento do imposto no prazo legal (Decreto-lei 1.736, de 20 de dezembro de 1979, art. 8º).

Art. 29. São solidariamente responsáveis os curadores quanto ao imposto que deixar de ser pago, em razão da isenção de que trata o inciso IV do art. 55.

Art. 30. Na hipótese dos incisos III e IV do art. 27, o adquirente de mercadoria de procedência estrangeira responde conjunta ou isoladamente pela infração.

O **artigo 25** estabelece que, em determinadas situações, **terceiros que tenham alguma relação com produtos industrializados** podem ser obrigados ao pagamento do IPI. Essas situações incluem:

I – Transportadores: são responsáveis pelo imposto quando transportam produtos tributados desacompanhados de documentação fiscal que comprove sua procedência;

II – Possuidores ou detentores: quem possui ou mantém produtos tributados para venda ou industrialização, sem documentação fiscal, também é responsável;

III – Adquirentes de produtos usados: quando a origem dos produtos não pode ser comprovada, o adquirente assume a responsabilidade tributária;

IV – Produtos destinados à exportação: o proprietário, possuidor ou transportador de produtos que deveriam ser exportados, mas estão em situação irregular no mercado interno, é responsável pelo imposto;

V – Produtos sem marcação, rótulo ou selo de controle: produtos sujeitos a rotulagem ou marcação, quando encontrados sem essas características, acarretam responsabilidade para o estabelecimento detentor;

VI – Descumprimento dos benefícios de imunidade ou isenção: quem desrespeita as condições previstas para isenção, imunidade ou suspensão do imposto torna-se responsável;

VII – Empresa Exportadora: exportadoras tornam-se responsáveis pelo imposto se os produtos adquiridos com finalidade de exportação forem revendidos no mercado interno ou não forem exportados dentro do prazo legal;

VIII – Uso indevido de papel com imunidade tributária: quem utiliza papel destinado à impressão de livros, jornais e periódicos para outra finalidade assume a responsabilidade.

O **industrial** ou **equiparado a industrial** pode ser responsabilizado como **substituto tributário**, mediante **requerimento** e em condições estabelecidas pela Secretaria da Receita Federal. Essa responsabilidade pode **abarcar as operações anteriores**, **concomitantes** ou **posteriores às saídas promovidas pelo industrial**. Isto porque, a **substituição tributária** simplifica a arrecadação ao concentrar a responsabilidade no **contribuinte que realiza a etapa mais relevante da cadeia produtiva**.

Em suma, a **responsabilidade tributária** no âmbito do IPI, conforme definida nos **arts. 25 a 30 do RIPI**, é abrangente e detalhada, contemplando **diferentes situações** que asseguram a arrecadação mesmo em cenários de **inadimplência** ou **irregularidades**. A sistemática prevê tanto a **responsabilidade direta** quanto a **solidária**, atribuindo obrigações a **todos os envolvidos na cadeia produtiva e comercial**. Essa abordagem reflete a preocupação do legislador em proteger a **arrecadação tributária** e **evitar evasões fiscais**.

A lei, doutrina e jurisprudência claramente distinguem a figura do **contribuinte de fato** do **contribuinte de direito**.

O denominado **contribuinte de direito** é o sujeito passivo que tem relação pessoal e direta com fato gerador, nos termos do **art. 121, parágrafo único, I, do CTN**[29]. Na cadeia tributária, é quem **recolhe o tributo ao Fisco**.

O **contribuinte de fato**, por sua vez, é quem **suporta o ônus econômico do tributo**, ou seja, a quem a carga do tributo indireto é repassada, **normalmente o consumidor final**. **Tributos indiretos** são aqueles que comportam transferência do encargo financeiro.

A caracterização do chamado **contribuinte de fato** tem função didática e apenas explica a **sistemática da tributação indireta**, não se prestando a conceder **legitimidade para que o contribuinte de fato** ingresse em juízo com vistas a discutir determinada relação jurídica da qual não faça parte.

Em se tratando de **tributos indiretos** – aqueles que comportam transferência do encargo financeiro – a norma impõe que a **restituição somente se faça ao contribuinte que houver arcado com o referido encargo** ou que tenha **sido autorizado expressamente pelo terceiro a quem o ônus foi transferido**.

Assim, o **contribuinte de fato não detém legitimidade ativa para pleitear a restituição de valores pagos a título de tributo indireto recolhido pelo contribuinte de direito**, por não integrar a relação jurídica tributária pertinente.

Nos termos da **súmula 546 do STF**:

Cabe a restituição do tributo pago indevidamente, quando reconhecido por decisão, que o contribuinte "de jure" não recuperou do contribuinte "de facto" o "quantum" respectivo.

Um exemplo recorrente na jurisprudência envolve o **IPI sobre produtos exportados**. De acordo com a imunidade prevista no **art. 153, § 3º, III, da CF/1988**, o IPI não **incide sobre exportações**. Contudo, em alguns casos, **empresas industriais** recolhem o **imposto indevidamente**. Assim, o **exportador** (contribuinte de direito) tem legitimidade para pleitear a **restituição**. Contudo, deverá comprovar que **não repassou o ônus financeiro a terceiros**, como em **operações com intermediários**. Se o ônus foi repassado, a **restituição depende de autorização expressa do contribuinte de fato**, em consonância com o disposto no **art. 166 do CTN**[30].

---

29. **Art. 121.** Sujeito passivo da obrigação principal é a pessoa obrigada ao pagamento de tributo ou penalidade pecuniária.
Parágrafo único. O sujeito passivo da obrigação principal diz-se:
I – contribuinte, quando tenha relação pessoal e direta com a situação que constitua o respectivo fato gerador.
30. **Art. 166.** A restituição de tributos que comportem, por sua natureza, transferência do respectivo encargo financeiro somente será feita a quem prove haver assumido o referido encargo, ou, no caso de tê-lo transferido a terceiro, estar por este expressamente autorizado a recebê-la.

- **Aspecto quantitativo**

Para determinação da **base de cálculo**, levamos em consideração o disposto no **art. 47 do CTN:**

> Art. 47. A base de cálculo do imposto é:
>
> I – no caso do inciso I do artigo anterior, o preço normal, como definido no inciso II do artigo 20, acrescido do montante:
>
> a) do imposto sobre a importação;
>
> b) das taxas exigidas para entrada do produto no País;
>
> c) dos encargos cambiais efetivamente pagos pelo importador ou dele exigíveis;
>
> II – no caso do inciso II do artigo anterior:
>
> a) o valor da operação de que decorrer a saída da mercadoria;
>
> b) na falta do valor a que se refere a alínea anterior, o preço corrente da mercadoria, ou sua similar, no mercado atacadista da praça do remetente;
>
> III – no caso do inciso III do artigo anterior, o preço da arrematação.

Em se tratando de **importação de produtos industrializados**, a **base de cálculo** a ser considerada é o **preço CIF da mercadoria**, ou seja, o **preço do produto em condições de livre concorrência** para a **entrega no porto** ou **lugar de entrada do produto no país**, com a **inclusão dos custos de frete e seguro**, inclusive com o **montante do imposto de importação** (II) e determinados **encargos cambiais**.

Nas **operações internas**, o **preço da operação** será a **base de cálculo. Não é possível excluir da base de cálculo o valor pago a título de ICMS**, uma vez que este é **calculado por dentro do preço do produto**. Assim, **não há como excluir da base de cálculo do IPI o valor do ICMS**.

No caso de **produtos arrematados em leilões**, como **mercadorias apreendidas** ou **abandonadas**, a **base de cálculo** é o **preço da arrematação**. Tal situação reflete a **característica de mercado secundário** dessas operações, que pode apresentar **preços abaixo do valor original de mercado**.

Nos casos de **juros** e **correção monetária decorrentes da venda financiada dos produtos, não podem ser incluídos na base de cálculo** do IPI, uma vez que **não fazem parte do processo de industrialização** e **produção**. O IPI é um imposto que incide sobre o **produto industrializado**, calculado com base no **valor da operação de saída** ou no **preço corrente da mercadoria**. A lógica tributária exige que apenas elementos **intrínsecos ao produto** ou à **operação de industrialização** integrem sua base de cálculo.

Para determinar se um **elemento deve** ou **não integrar a base de cálculo do IPI**, avalia-se se ele está **relacionado ao valor da operação de venda do produto em si** ou se é um **encargo posterior**. No caso dos **juros** e da **correção monetária** são valores adicionais resultantes de um **contrato de financiamento**.

Temos outra questão relevante sobre os **descontos condicionais e incondicionais**. O denominado **desconto incondicional** é aquele concedido **no momento da operação de venda**, sem que o comprador tenha que cumprir **qualquer condição futura**. Está **previamente ajustado entre as partes e reduz diretamente o preço da operação** como, p.ex., os **descontos promocionais, abatimentos por pagamento à vista** etc.

Já o **desconto condicional** é concedido apenas se o comprador **cumprir certas condições previamente estipuladas pelo vendedor**. Tal desconto **não está garantido no momento da operação de venda** e depende de **eventos futuros**. Como exemplo, temos os **descontos por pagamento pontual** ou por **volume de compras ao longo de um período**.

Os **descontos incondicionais** reduzem diretamente o valor da operação, razão pela qual podem ser **excluídos da base de cálculo do IPI**. Como o **desconto incondicional** reflete o **valor efetivamente pago pelo comprador**, ele não pode ser considerado na apuração do imposto.

No julgamento do **REsp 1.111.156/SP**, o STJ decidiu que os **descontos incondicionais podem ser excluídos da base de cálculo do IPI**, pois representam **abatimentos efetivos** e **irreversíveis** no **preço da operação**.

As **alíquotas**, conforme já estudadas, são **seletivas**, tendo por base a **essencialidade do produto** para o **consumo**. Estão previstas na **Tabela de Incidência do IPI (TIPI)**, que é baseada na **Nomenclatura Comum do Mercosul (NCM)**. A TIPI classifica os produtos de acordo com suas **características** e **essencialidade**, associando-lhes **alíquotas específicas**.

A **União** tem competência para **alterar as alíquotas do IPI** por meio de **ato do Poder Executivo**, conforme previsto no **art. 153, § 1º, da CF/1988**[31]. Isso confere ao governo federal a capacidade de ajustar as alíquotas rapidamente, de forma a **incentivar** ou **desestimular** o consumo de determinados produtos, **promover o crescimento econômico**, reduzindo alíquotas em setores estratégicos e **compensar crises econômicas** ou estimular exportações. Trata-se de uma **mitigação do princípio da legalidade**.

As **alíquotas do IPI** desempenham um papel estratégico na política fiscal e econômica brasileira, refletindo o **princípio da seletividade** e a **flexibilidade** constitucionalmente autorizada. Enquanto a diferenciação das alíquotas busca promover a **equidade tributária e fomentar o consumo de produtos essenciais**, a **complexidade** e os possíveis **impactos cumulativos** exigem atenção para **evitar distorções econômicas**.

Além de uma **mitigação ao princípio da legalidade**, teremos uma **relativização na aplicação do princípio da anterioridade tributária**, uma vez que o referido imposto poderá ser exigido no mesmo exercício financeiro, **desde que seja observado o prazo**

---

31. **Art. 153. (...)**
§ 1º É facultado ao Poder Executivo, atendidas as condições e os limites estabelecidos em lei, alterar as alíquotas dos impostos enumerados nos incisos I, II, IV e V.

mínimo de 90 dias após a publicação da lei, quando esta **aumentar as suas alíquotas**, conforme estabelece o **art. 150, § 1º, da CF/1988**[32].

20.4.3 ENTENDIMENTO JURISPRUDENCIAL

 JURISPRUDÊNCIA

TRIBUTÁRIO. PROCESSUAL CIVIL. AGRAVO INTERNO. SERVIÇO DE COMPOSIÇÃO GRÁFICA PERSONALIZADA E SOB ENCOMENDA. IPI. NÃO INCIDÊNCIA. 1. A jurisprudência desta Corte já se manifestou no sentido da não incidência de IPI nos serviços de composição gráfica personalizada e por encomenda. Precedentes. 2. Agravo interno a que se nega provimento.
(STJ – AgInt no AREsp: 1833245 RS 2021/0032137-9, Data de Julgamento: 03/10/2022, T1 – PRIMEIRA TURMA, Data de Publicação: DJe 06/10/2022)
DIREITO TRIBUTÁRIO E PROCESSUAL CIVIL. IMPOSTO SOBRE PRODUTOS INDUSTRIALIZADOS. PRODUÇÃO DE PLACAS SINALIZADORAS SOB ENCOMENDA. NÃO INCIDÊNCIA DE IPI. INCIDÊNCIA APENAS DE ISS. PRECEDENTES. 1. Não há violação dos arts. 128, 459, 460 e 535, II, do CPC quando o Tribunal de origem se manifesta de forma clara e fundamentada acerca dos pontos indispensáveis para o desate da controvérsia, apontando as razões de seu convencimento, ainda que de forma contrária aos interesses da parte, como verificado na hipótese dos autos, cuja demanda foi dirimida a partir do fundamento de que a parte recorrente não é mera prestadora de serviços de artes gráficas de impressos personalizados para determinar a incidência do ISS. 2. A partir de dados fáticos incontroversos, todos eles assentados no acórdão recorrido, é possível lhes dar a devida valoração jurídica, conforme o acervo fático-probatório delineado pelo próprio Tribunal a quo. 3. As instâncias ordinárias assentaram como parte do objeto social da empresa as atividades de construção civil e obras de engenharia em geral e programação visual e publicidade, desde a elaboração de projetos, confecção de placas, inclusive serviços gráficos e reprográficos, letreiros, painéis e congêneres luminosos ou não, instalação, utilizando peças pré-fabricadas e ou adquiridas de terceiros, bem como consideraram que esses últimos são serviços "personificados ou por encomenda". 4. A jurisprudência do STJ está pacificada no sentido de que a atividade de composição gráfica, personalizada e sob encomenda não está sujeita à incidência do IPI, mas apenas de ISS. Precedentes. Recurso especial provido.
(STJ – REsp: 1942701 MG 2021/0174405-2, Relator: Ministro HUMBERTO MARTINS, Data de Julgamento: 14/03/2023, T2 – SEGUNDA TURMA, Data de Publicação: DJe 23/03/2023)
EMBARGOS DECLARATÓRIOS EM AGRAVO REGIMENTAL EM RECURSO EXTRAORDINÁRIO. IPI. INCIDÊNCIA CONTROVERTIDA. COMPOSIÇÃO GRÁFICA PERSONALIZADA E SOB ENCOMENDA. DEBATE DE NATUREZA INFRACONSTITUCIONAL E NECESSIDADE DE REEXAME DO CONJUNTO FÁTICO-PROBATÓRIO. INCIDÊNCIA DA SÚMULA 279 DO STF. AUSÊNCIA DE SIMILITUDE COM O TEMA 816 DA REPERCUSSÃO GERAL. INEXISTÊNCIA DE ERRO MATERIAL, OMISSÃO, CONTRADIÇÃO OU OBSCURIDADE. 1. Para divergir da conclusão adotada pelo Tribunal de origem quanto à não incidência de IPI sobre serviços de composição gráfica personalizada e sob encomenda, seria necessário revolver a legislação infraconstitucional correlata, bem como reexaminar o conjunto fático-probatório dos autos, o que é vedado na via extraordinária, nos termos da Súmula 279 do STF. Precedentes. Questão diversa do Tema 816 da RG. 2. Os embargos de declaração não constituem meio hábil para reforma do julgado, sendo cabíveis somente quando houver no acórdão omissão, contradição, obscuridade ou erro material. 3. Embargos de declaração rejeitados. Fixação de multa em 2% do valor atualizado da causa, constatado o manifesto intuito protelatório, conforme art. 1.026, § 2º, do CPC.

---

32. Art. 150. (...)
    § 1º A vedação do inciso III, b, não se aplica aos tributos previstos nos arts. 148, I, 153, I, II, IV e V; e 154, II; e a vedação do inciso III, c, não se aplica aos tributos previstos nos arts. 148, I, 153, I, II, III e V; e 154, II, nem à fixação da base de cálculo dos impostos previstos nos arts. 155, III, e 156, I.

(STF – RE: 1226508 RS 5001993-02.2015.4.04.7119, Relator: EDSON FACHIN, Data de Julgamento: 23/11/2020, Segunda Turma, Data de Publicação: 15/01/2021)
TRIBUTÁRIO E PROCESSUAL CIVIL. RECURSO ESPECIAL. INCIDÊNCIA DE IPI NA IMPORTAÇÃO DE VEÍCULO AUTOMOTOR, POR PESSOA FÍSICA, PARA USO PRÓPRIO. TESE FIXADA EM REPERCUSSÃO GERAL (TEMA 643/STF). RETORNO DOS AUTOS À TURMA, PARA FINS DO ART. 1.040, II, DO CPC/2015. RECURSO ESPECIAL DESPROVIDO, EM JUÍZO DE RETRATAÇÃO. I. Recurso Especial do contribuinte, interposto em face de acórdão do Tribunal de origem que, mantendo sentença denegatória de segurança, reconheceu a incidência de IPI na importação de veículo automotor, por pessoa física, para uso próprio. II. A Segunda Turma do STJ, à luz da orientação firmada sob a sistemática dos recursos repetitivos (REsp 1.396.488/SC), deu provimento ao Recurso Especial, para reconhecer a não incidência do IPI na operação em questão. III. Tendo em vista que, posteriormente, o Supremo Tribunal Federal, nos autos de Recurso Extraordinário submetido à sistemática da repercussão geral, firmou tese no sentido de que "incide o imposto de produtos industrializados na importação de veículo automotor por pessoa natural, ainda que não desempenhe atividade empresarial e o faça para uso próprio" (RE 723.651/PR, Rel. Ministro MARCO AURÉLIO, TRIBUNAL PLENO, DJe de 05/08/2016, Tema 643), o STJ realinhou seu posicionamento, para reconhecer, na hipótese, a incidência do imposto (STJ, AgInt no REsp 1.387.178/PR, Rel. Ministra REGINA HELENA COSTA, PRIMEIRA TURMA, DJe de 04/04/2017; AgInt no REsp 1.576.498/SC, Rel. Ministro FRANCISCO FALCÃO, SEGUNDA TURMA, DJe de 08/03/2017; AgInt no REsp 1.443.830/PR, Rel. Ministro HERMAN BENJAMIN, SEGUNDA TURMA, DJe de 03/03/2017). IV. Nesse contexto, retornaram os autos, por determinação da Vice-Presidência do STJ, para fins do disposto no art. 1.040, II, do CPC/2015. V. Recurso Especial do contribuinte desprovido, em juízo de retratação, em consonância com a tese firmada pelo STF, no bojo do RE 723.651/PR, sob o rito da repercussão geral.
(STJ – REsp: 1393357 PR 2013/0217668-3, Data de Julgamento: 08/11/2022, T2 – SEGUNDA TURMA, Data de Publicação: DJe 14/11/2022)
PROCESSUAL CIVIL. TRIBUTÁRIO. EMBARGOS DE DECLARAÇÃO NO AGRAVO INTERNO NO RECURSO ESPECIAL. CONTRADIÇÃO EXISTENTE . ESCLARECIMENTO. CRÉDITO PRESUMIDO DE IPI. NÃO INCIDÊNCIA DE IRPJ E CSLL A EMPRESA SUBMETIDA AO REGIME DE APURAÇÃO PELO LUCRO PRESUMIDO. CABIMENTO DA INCIDÊNCIA QUANDO OBSERVADA A APURAÇÃO PELO LUCRO REAL. PRECEDENTES. PARCIAL PROVIMENTO DO ESPECIAL QUE SE IMPÕE. 1. Conforme se infere da própria jurisprudência citada no voto embargado, a orientação firmada nos Embargos de Divergência no Recurso Especial n. 1.210.941/RS foi no sentido de que o crédito presumido de IPI previsto no art. 1º da Lei n. 9.363/1996 integra a base de cálculo do IRPJ e da CSLL, hipótese que se aplica às empresas que se submetem à apuração pelo lucro real, de modo que àquelas que apuram pela sistemática do lucro presumido é legítima a exclusão do referido crédito presumido. 2. No caso dos autos, é pertinente destacar que, na origem, a embargada manejou ação mandamental de cunho eminentemente declaratório para fins de "reconhecimento da inexigibilidade de IR e de CSLL sobre os ressarcimentos de crédito presumido de IPI, bem como a compensação ou restituição dos valores indevidamente pagos nos últimos dez anos, corrigidos pela SELIC", sendo que a autora faz presumir que a referida tese lhe beneficia pois, "o tipo de empresa que se trata na presente ação, são as que possuem seus lucros tributados com base no lucro presumido". 3. Ocorre que a fazenda pública consigna que "a impetrante vem fazendo a apuração do Imposto de Renda com base no Lucro Real desde o ano-calendário de 1998 - ou seja, desde a sua abertura - conforme os relatórios Consulta Declarações IRPJ e Consulta pelo CNPJ, em anexo". 4. Assim, à embargada só assiste o direito de não incidência do IRPJ e da CSLL sobre o crédito presumido de IPI referente aos exercícios fiscais apurados pelo lucro presumido, sendo devida a incidência quando observada a apuração pelo lucro real. Embargos de declaração acolhidos, com efeitos infringentes, para reformar em parte o acordão do Tribunal de origem de modo a restringir a inviabilidade de incidência do IRPJ e da CSLL sobre o crédito presumido de IPI com relação aos exercícios fiscais apurados pelo lucro presumido.
(STJ – EDcl no AgInt no REsp: 1740735 RS 2018/0111614-0, Data de Julgamento: 06/03/2023, T2 – SEGUNDA TURMA, Data de Publicação: DJe 13/03/2023)

20 • IMPOSTOS ORDINÁRIOS FEDERAIS 901

TRIBUTÁRIO E PROCESSUAL CIVIL. AGRAVO INTERNO NA AÇÃO RESCISÓRIA. QUESTÃO RELATIVA À INCIDÊNCIA DE IPI NO MOMENTO DO DESEMBARAÇO ADUANEIRO DE PRODUTO INDUSTRIALIZA-DO, ASSIM COMO NA SUA SAÍDA DO ESTABELECIMENTO IMPORTADOR, PARA COMERCIALIZAÇÃO NO MERCADO INTERNO. ACÓRDÃO RESCINDENDO QUE APRECIOU A MATÉRIA APENAS EM FACE DA INTERPRETAÇÃO DE DISPOSITIVOS INFRACONSTITUCIONAIS. ALEGADA VIOLAÇÃO A NOR-MAS CONSTITUCIONAIS. INOVAÇÃO ARGUMENTATIVA. DESCABIMENTO, EM AÇÃO RESCISÓRIA. DIVERGÊNCIA JURISPRUDENCIAL, À ÉPOCA DA PROLAÇÃO DO ACÓRDÃO RESCINDENDO. TESE CONTRÁRIA FIRMADA PELO STJ, POSTERIORMENTE AO ACÓRDÃO RESCINDENDO, POR OCASIÃO DO JULGAMENTO, SOB O RITO DOS RECURSOS REPETITIVOS, DOS ERESP 1.403.532/SC. DESCABI-MENTO DA AÇÃO RESCISÓRIA. INCIDÊNCIA DA SÚMULA 343/STF. AGRAVO INTERNO IMPROVIDO. I. Agravo interno aviado contra decisão publicada em 02/09/2019, que julgara extinto o processo desta Ação Rescisória, nos termos do art. 485, IV, do CPC/2015, por incidência da Súmula 343/STF. II. Trata-se de Ação Rescisória, ajuizada pela Fazenda Nacional, em 20/10/2017, com fundamento no art. 485, V, do CPC/73 (correspondente ao art. 966, V, do CPC/2015), visando rescindir acórdão proferido pela Primeira Turma do STJ, em 19/03/2015, que manteve decisão monocrática do Mi-nistro NAPOLEÃO NUNES MAIA FILHO, que negara seguimento ao REsp 1.486.060/PE, interposto pela União, com base na orientação jurisprudencial adotada, à época, nos EREsps 1.398.721/SC (Rel Ministro ARI PARGENDLER, PRIMEIRA SEÇÃO, DJe de 18/12/2014) e 1.411.749/PR (Rel. Ministro SÉRGIO KUKINA, Rel. p/ acórdão Ministro ARI PARGENDLER, PRIMEIRA SEÇÃO, DJe de 18/12/2014), no sentido da não incidência de IPI sobre a comercialização de produto importado, que não sofre qualquer processo de industrialização, sob pena de bitributação. O trânsito em julgado da última decisão proferida pelo STF, na causa primitiva, ocorreu em 23/10/2015. III. Da leitura do inteiro teor do acórdão rescindendo constata-se que, em nenhum momento, foi examinado qualquer dispo-sitivo constitucional, sendo a questão controvertida solucionada apenas em face da legislação infraconstitucional, notadamente das disposições do CTN, sem se cogitar, em passagem alguma, acerca da validade das normas infraconstitucionais, e, muito menos, da constitucionalidade dos dispositivos legais aplicados. Sustenta a Fazenda Nacional, porém, na inicial da presente Ação Rescisória, violação a vários dispositivos constitucionais, e a outros, da legislação infraconsti-tucional, não apreciados, no acórdão rescindendo. A Primeira Seção do STJ já proclamou que "não cabe ação rescisória para desconstituir julgados se a matéria objeto da decisão rescindenda é di-versa da que foi suscitada no pedido da rescisória" (STJ, AR 4.314/SP, Rel. Ministro OG FERNANDES, PRIMEIRA SEÇÃO, DJe de 24/10/2017), concluindo no mesmo sentido, no "caso em que as teses acerca dos dispositivos tidos por violados não foram analisadas pelo acórdão rescindendo, o que afasta o cabimento da ação rescisória, fundamentada no art. 485, V, do Código de Processo Civil de 1973" (STJ, AgInt na AR 4.652/RS, Rel. Ministra REGINA HELENA COSTA, PRIMEIRA SEÇÃO, DJe de 28/02/2018). Em igual sentido: STJ, AR 715/SP, Rel. Ministro NEFI CORDEIRO, TERCEIRA SEÇÃO, DJe de 22/08/2014; AgRg na AR 5.526/MS, Rel. Ministro MARCO AURÉLIO BELLIZZE, SEGUNDA SEÇÃO, DJe de 15/06/2015. IV. Ademais, enfrentando a matéria de fundo, objeto da presente Rescisória, inicialmente, a Primeira Turma do STJ, no julgamento do REsp 841.269/BA (Rel. Ministro FRANCISCO FALCÃO, DJU de 14/12/2006), decidiu pela não incidência de IPI sobre a comercialização de pro-duto importado, que não sofre qualquer processo de industrialização, sob pena de bitributação. Posteriormente, em sentido contrário, na sessão de 03/09/2013 da Segunda Turma do STJ, no julgamento dos REsps 1.385.952/SC, 1.393.362/SC e 1.393.102/SC, de relatoria do Ministro MAURO CAMPBELL MARQUES, decidiu-se pela incidência do IPI, no desembaraço aduaneiro e na saída do produto do estabelecimento importador (operação de revenda), sem que isso configurasse bis in idem, sob o entendimento de que a lei elencou fatos geradores distintos. Em 11/06/2014 foram julgados cinco Embargos de Divergência (STJ, EREsp 1.400.759/RS, Rel. Ministro ARI PARGENDLER, DJe de 18/12/2014; EREsp 1.398.721/SC, Rel. Ministro ARI PARGENDLER, DJe de 18/12/2014; EREsp 1.384.179/SC, Rel. Ministro ARI PARGENDLER, DJe de 18/12/2014; EREsp 1.393.102/SC, Rel. Ministro SÉRGIO KUKINA, Rel. p/ acórdão Ministro ARI PARGENDLER, DJe de 18/12/2014;

EREsp 1.411.749/PR, Rel. Ministro SÉRGIO KUKINA, Rel. p/ acórdão Ministro ARI PARGENDLER, DJe de 18/12/2014), oportunidade em que, por maioria, a Primeira Seção do STJ deu provimento aos referidos Embargos, para fazer prevalecer o entendimento adotado pela Primeira Turma desta Corte, no REsp 841.269/BA, no sentido de que, em se tratando de empresa importadora, o fato gerador ocorre no desembaraço aduaneiro, não sendo viável nova cobrança de IPI na saída do produto quando de sua comercialização, ante a vedação do fenômeno da bitributação. O acórdão rescindendo foi proferido em 19/03/2015, adotando o entendimento da Primeira Seção do STJ, tomado, por maioria, em 11/06/2014, no julgamento dos aludidos Embargos de Divergência. Posteriormente à prolação do acórdão rescindendo, em 19/03/2015, a Primeira Seção do STJ, na assentada de 14/10/2015, quando do julgamento dos EREsp 1.403.532/SC, sob o rito dos recursos repetitivos, mudou sua jurisprudência anterior e fixou a tese, para efeito do art. 543-C do CPC/73, no sentido de que "os produtos importados estão sujeitos a uma nova incidência do IPI quando de sua saída do estabelecimento importador na operação de revenda, mesmo que não tenham sofrido industrialização no Brasil", o que demonstra que a interpretação da matéria era controvertida, à época do acórdão rescindendo, no âmbito do próprio STJ. V. Na forma da jurisprudência desta Corte, "não cabe ação rescisória para a alteração de julgados com fundamento em posterior consolidação jurisprudencial da matéria em sentido diverso, mesmo que resultante de julgamento realizado sob o rito de resolução de recursos repetitivos" (STJ, AgInt nos EREsp 1.717.140/RS, Rel. Ministro RAUL ARAÚJO, SEGUNDA SEÇÃO, DJe de 27/08/2019). No mesmo sentido: STJ, AR 5.028/SC, Rel. Ministro HERMAN BENJAMIN, PRIMEIRA SEÇÃO, DJe de 10/11/2017. VI. Conquanto o acórdão rescindendo tenha examinado a matéria interpretando apenas dispositivos da legislação infraconstitucional, insiste a Fazenda Nacional, na Rescisória, que a matéria controvertida é de natureza constitucional. Entretanto, ainda que assim fosse, o Plenário do STF, no julgamento do RE 590.809/RS, em 22/10/2014, sob a relatoria do Ministro MARCO AURÉLIO MELLO e sob o regime de repercussão geral, pacificou o entendimento no sentido de que deve ser refutada "a assertiva de que o Enunciado 343 da Súmula do STF ('Não cabe ação rescisória por ofensa a literal disposição de lei, quando a decisão rescindenda se tiver baseado em texto legal de interpretação controvertida nos tribunais') deveria ser afastado, aprioristicamente, em caso de matéria constitucional". VII. De fato, não cabe ação rescisória, sob a alegação de ofensa a literal disposição de lei, quando a decisão rescindenda se tiver baseado em texto legal de interpretação controvertida nos Tribunais, consoante enuncia a Súmula 343 do STF, cuja aplicabilidade foi ratificada, pelo Pretório Excelso, inclusive quando a controvérsia de entendimentos basear-se na aplicação de norma constitucional. A título de obiter dictum, o Ministro MARCO AURÉLIO ressalvou, no aludido RE 590.809/RS, que, com muitas reservas, poder-se-ia cogitar do afastamento da Súmula 343/STF, em favor do manejo da rescisória, para evitar decisão judicial transitada em julgado fundada em norma posteriormente proclamada inconstitucional, por aquele Tribunal, se a declaração tivesse efeito erga omnes, hipótese que, entretanto, não corresponderia àquela tratada no RE 590.809/RS (Rel. Ministro MARCO AURÉLIO, TRIBUNAL PLENO, DJe de 24/11/2014). VIII. Na AR 4.443/RS (STJ, Rel. Ministro HERMAN BENJAMIN, Rel. p/ acórdão Ministro GURGEL DE FARIA, PRIMEIRA SEÇÃO, DJe de 14/06/2019) - na qual a União sustentava que a Súmula 343/STF não se aplicaria em matéria constitucional, mesmo após o julgamento do RE 590.809/RS, com os mesmos argumentos que alega, na presente Ação Rescisória -, a Primeira Seção do STJ fez incidir a Súmula 343/STF. IX. No presente caso - em que se pleiteou, no processo primitivo, a não incidência de IPI, na operação de revenda (saída do estabelecimento importador) de produto importado que fora submetido à incidência do IPI, no desembaraço aduaneiro –, a questão era controvertida, nos Tribunais, à época da prolação do acórdão rescindendo, em 19/03/2015, o que torna incabível a Ação Rescisória, nos termos da Súmula 343 do STF. Precedentes no mesmo sentido, em casos idênticos: STJ, REsp 1.452.116/SC, Rel. Ministro MAURO CAMPBELL MARQUES, SEGUNDA TURMA, DJe de 10/08/2015; AR 6.110/RS, Rel. Ministro SÉRGIO KUKINA, DJe de 17/05/2019. X. Agravo interno improvido.
(**STJ – AgInt na AR: 6140 PE** 2017/0275227-3, Relator: Ministra ASSUSETE MAGALHÃES, Data de Julgamento: 18/02/2020, S1 – PRIMEIRA SEÇÃO, Data de Publicação: DJe 13/03/2020)

TRIBUTÁRIO. AGRAVO INTERNO NO AGRAVO REGIMENTAL NO RECURSO ESPECIAL. IPI. DESEMBARAÇO ADUANEIRO. SAÍDA DO ESTABELECIMENTO. FATOS GERADORES DISTINTOS. INCIDÊNCIA. POSSIBILIDADE. OPERAÇÃO DE REVENDA DE PRODUTO IMPORTADO. SUJEIÇÃO PASSIVA POR EQUIPARAÇÃO A INDUSTRIAL. IMPORTADOR COMERCIANTE. PRINCÍPIO DA NÃO CUMULATIVIDADE. ERESP 1.403.532/SC. TEMA REPETITIVO 912/STJ. RE 946.648/SC. REPERCUSSÃO GERAL TEMA 906/STF. PRECEDENTES DOTADOS DE ESPECIAL EFICÁCIA VINCULATIVA. CONFORMIDADE DO ACÓRDÃO RECORRIDO. 1. O presente recurso foi interposto na vigência do CPC/2015, razão pela qual incide o Enunciado Administrativo n. 3/STJ: "Aos recursos interpostos com fundamento no CPC/2015 (relativos a decisões publicadas a partir de 18 de março de 2016) serão exigidos os requisitos de admissibilidade recursal na forma do novo CPC". 2. No julgamento dos EREsp n. 1.403.532/SC, pela sistemática dos recursos repetitivos, esta Corte Superior fixou a seguinte Tese Repetitiva: "Os produtos importados estão sujeitos a uma nova incidência do IPI quando de sua saída do estabelecimento importador na operação de revenda, mesmo que não tenham sofrido industrialização no Brasil" (EREsp n. 1.403.532/SC, rel. para acórdão Min. Mauro Campbell Marques, Primeira Seção, DJe de 18/12/2015). 3. "No julgamento do RE n. 946.648 RG/SC, o Supremo Tribunal Federal decidiu que a sistemática legal de tributação dos bens importados pelo imposto sobre produtos industrializados IPI é compatível com a Constituição Federal, não havendo falar em bitributação ou ofensa ao princípio da isonomia em virtude da incidência do IPI no desembaraço aduaneiro de bem industrializado e na saída do estabelecimento importador para comercialização no mercado interno (Tema n. 906/STF)" (AgInt no RE nos EDcl no AgRg no AgRg no REsp n. 1.404.651/PE, rel. Min. Jorge Mussi, Corte Especial, DJe de 24/6/2021). 4. A respeito da sujeição passiva, o STJ, no julgamento do Tema Repetitivo 912/STJ, firmou: "Não há qualquer ilegalidade na incidência do IPI na saída dos produtos de procedência estrangeira do estabelecimento do importador, já que equiparado a industrial pelo art. 4º, I, da Lei n. 4.502/64, com a permissão dada pelo art. 51, II, do CTN". 5. O precedente repetitivo afastou a ocorrência de bitributação/bis in idem no caso do importador comerciante: "[...] a empresa importadora nacional brasileira acumula o crédito do imposto pago no desembaraço aduaneiro para ser utilizado como abatimento do imposto a ser pago na saída do produto como contribuinte de direito (não cumulatividade), mantendo-se a tributação apenas sobre o valor agregado". 6. Nesse mesmo sentido, a respeito da sujeição passiva e da tributação devida nas duas operações quando realizadas pelo mesmo contribuinte, o STF, no Tema de Repercussão Geral 906/STF, dispôs: "[...] as hipóteses ali previstas não são excludentes [...] o mesmo contribuinte, realizando fatos geradores distintos, pode ser sujeito passivo do tributo, desde que observada a não cumulatividade prescrita no art. 153, 3º, II, da Constituição Federal. Ou seja, quando importa o produto, no desembaraço aduaneiro, recolhe o IPI, na condição de importador (arts. 46, I, c/c 51, I); e, ao revendê-lo, figurará, por equiparação, ao industrial (arts. 46, II, c/c 51, II e § único)". 7. O acórdão recorrido expendeu entendimento em conformidade com as teses fixadas pelo STJ, em julgamento de recurso repetitivo, e pelo STF, em julgamento de matéria com repercussão geral reconhecida, cujos precedentes formados são dotados de especial eficácia vinculativa. 8. Agravo interno não provido.
(STJ – AgInt no AgRg no REsp: 1467477 SC 2014/0169898-7, Data de Julgamento: 22/11/2022, T1 – PRIMEIRA TURMA, Data de Publicação: DJe 24/11/2022)
TRIBUTÁRIO. PROCESSUAL CIVIL. VIOLAÇÃO AO ART. 535 DO CPC/73. NÃO OCORRÊNCIA. IPI. ARRENDAMENTO DE AERONAVE. ADMISSÃO TEMPORÁRIA. INCIDÊNCIA PROPORCIONAL DO IMPOSTO. 1. Não houve ofensa ao art. 535 do CPC/73, na medida em que o Tribunal de origem dirimiu, fundamentadamente, as questões que lhe foram submetidas e apreciou integralmente a controvérsia posta nos autos. 2. O aresto recorrido encontra-se alinhado ao posicionamento do STJ no sentido de que o fato gerador do IPI incidente sobre mercadoria importada é o desembaraço aduaneiro, conforme determina o art. 46, I, do CTN, sendo irrelevante se adquirida a título de compra e venda ou arrendamento, ainda que ocorra apenas a utilização temporária do bem, incidindo o tributo sobre base de cálculo proporcional nos casos de ingresso do bem em caráter temporário no território nacional, nos termos do art. 79 da Lei 9.430/1996. Precedentes. 3. Agravo interno não provido.
(STJ – AgInt nos EDcl no REsp: 1691713 SP 2017/0198622-6, Relator: Ministro SÉRGIO KUKINA, Data de Julgamento: 13/03/2023, T1 – PRIMEIRA TURMA, Data de Publicação: DJe 16/03/2023)

PROCESSO CIVIL E TRIBUTÁRIO. AGRAVO INTERNO EM AGRAVO EM RECURSO ESPECIAL. IPI. COMPENSA-ÇÃO DE CRÉDITOS FISCAIS ANTERIORES A EDIÇÃO DA LEI 9.779/1999. IMPOSSIBILIDADE. PRECEDENTES DO SUPERIOR TRIBUNAL DE JUSTIÇA E DO SUPREMO TRIBUNAL FEDERAL. PRESCRIÇÃO DO MANDADO DE SEGURANÇA. AGRAVO INTERNO NÃO PROVIDO. 1. Destarte, antes do advento da Lei nº 9.779/99, não havia direito ao creditamento de IPI de produto desonerado na saída. Em outras palavras, o credi-tamento previsto naquele diploma legal somente é aplicável ao período posterior à sua vigência, ou seja, só abrange os créditos decorrentes de entradas de insumos tributados ocorridas após o início da sua vigência, já que o crédito resultante de entradas anteriores era estornado conforme a legislação pretérita. 2. Nesse sentido, a Primeira Seção do STJ, no julgamento do REsp 860.369/PE, submetido ao rito do art. 543-C do CPC, pacificou entendimento de que o direito ao creditamento do IPI, fundado no princípio da não cumulatividade e decorrente da aquisição de matéria-prima, produto intermediário e material de embalagem utilizado na fabricação de produtos isentos ou sujeitos ao regime de alíquota zero, exsurgiu apenas com a vigência da Lei 9.779/99. 3. Portanto, no caso em tela é possível reafirmar a prescrição da pretensão compensatória com fulcro na legislação anterior ao disposto no artigo 11 da Lei 9.779/1999, pois ao se considerar que os créditos fiscais – pelos quais recaem o pedido de compen-sação – remontam até o ano de 1998, não se vislumbra qualquer amparo a impetração de mandado de segurança aviado no ano de 2006, no qual se perscrutou eventual compensação tributária. A rigor, conforme orientação predominante desse Superior Tribunal de Justiça, o prazo prescricional da ação que objetiva o reconhecimento do direito da parte em se creditar do IPI, é de cinco anos, atingindo-se todas as parcelas anteriores ao ajuizamento do feito, por incidência do Decreto 20.910/32, afastadas as regras do Código Tributário Nacional que tratam da matéria. Logo, amoldando-se os elementos fáticos dos autos, com a jurisprudência sobredita, depreende-se ser inviável a compensação fiscal de tributos acumulados até dezembro de 1998, através de mandado de segurança impetrado no ano de 2006.4. Agravo Interno não provido.

(STJ – AgInt no AREsp: 2065633 DF 2022/0029434-6, Relator: Ministro MAURO CAMPBELL MARQUES, Data de Julgamento: 13/03/2023, T2 – SEGUNDA TURMA, Data de Publicação: DJe 16/03/2023)

TRIBUTÁRIO. IMPOSTO SOBRE PRODUTOS INDUSTRIALIZADOS (IPI). BASE DE CÁLCULO. ICMS. INCLU-SÃO. 1. Acórdão regional recorrido foi proferido em conformidade com a orientação jurisprudencial do Superior Tribunal de Justiça no sentido de que não é possível a exclusão do ICMS da base de cálculo do IPI. Incidência da Súmula 83 do STJ. 2. Agravo interno desprovido.

(STJ – AgInt no REsp: 1744139 SP 2018/0128335-7, Data de Julgamento: 17/10/2022, T1 – PRIMEIRA TURMA, Data de Publicação: DJe 21/11/2022)

AGRAVO INTERNO NA AÇÃO RESCISÓRIA. PROCESSUAL CIVIL. IPI-IMPORTAÇÃO. FATO GERADOR. MUTAÇÃO JURISPRUDENCIAL. SÚMULA N. 343/STF. INCIDÊNCIA. 1. Prevalece nesta Corte Superior o entendimento de que não se admite a ação rescisória, sob o fundamento de manifesta violação da norma jurídica, quando há modificação da jurisprudência do STJ, ou ainda, quando a matéria é paci-ficada em sentido diverso após o trânsito em julgado do acórdão rescindendo, ainda que a tese para-digmática tenha sido firmada em julgamento submetido ao ritos os recursos repetitivos. 2. "Não cabe ação rescisória por ofensa a literal disposição de Lei, quando a decisão rescindenda se tiver baseado em texto legal de interpretação controvertida nos tribunais" (Súmula n. 343/STF). 3. Agravo interno a que se nega provimento.

(STJ – AgInt na AR: 6172 SC 2017/0319272-5, Data de Julgamento: 10/08/2022, S1 – PRIMEIRA SEÇÃO, Data de Publicação: DJe 18/08/2022)

AGRAVO INTERNO. TRIBUTÁRIO. IPI. PRODUTOS IMPORTADOS. MATÉRIA-PRIMA, PRODUTOS INTER-MEDIÁRIOS E MATERIAIS DE EMBALAGEM ADQUIRIDOS NO MERCADO INTERNO PELO IMPORTADOR. TRANSFERÊNCIA ENTRE ESTABELECIMENTOS DE UMA MESMA PESSOA JURÍDICA. INCIDÊNCIA DO IPI. COMPOSIÇÃO DA BASE DE CÁLCULO PELO VALOR TOTAL DA OPERAÇÃO. I – Extrai-se dos inci-sos do ar t. 46 do CTN e do art. 2º da Lei n. 4.502/1964 a existência de dois fatos geradores distintos:

(1) o desembaraço aduaneiro proveniente da operação de importação do produto industrializado, devendo ser considerado como base de cálculo o preço normal da aquisição, acrescido do tributos incidentes e dos encargos pertinentes à operação; e (2) a saída do produto industrializado do estabelecimento importador equiparado a estabelecimento produtor na forma do art. 4º, I, da Lei n. 4.502/1964, devendo ser considerado como base de cálculo o valor total. II – Conforme firmado no Tema repetitivo n. 912, é legítima a nova incidência do IPI por ocasião da saída do produto do estabelecimento do importador em operação de revenda no mercado interno, independentemente do processo de industrialização no país. III – No que se refere ao sujeito passivo, dispõe o art. 51 do CTN serem contribuintes do IPI os importadores e os industriais ou quem a lei a eles equiparar, devendo-se, por força do art. 51, parágrafo único, do CTN, considerar contribuinte autônomo qualquer estabelecimento importador, industrial, comercial ou arrematante, ainda que pertencentes a uma mesma pessoa jurídica. IV – Conforme disposto no inciso II do art. 4º da Lei n. 4.502/1964 e nos incisos I, II e III do art. 9º do RIPI, são equiparadas a industrial (1) as filiais, varejistas ou atacadistas, que receberem, para comercialização, diretamente da repartição aduaneira, produtos importados por outro estabelecimento da mesma pessoa jurídica; e (2) as filiais e os demais estabelecimentos que exerçam o comércio de produtos que outro estabelecimento da mesma pessoa jurídica tenha importado, industrializado ou mandado industrializar. V – Quanto ao aspecto material do IPI, a saída do produto industrializado não necessariamente está condicionada à realização de uma operação de compra e venda, incidindo, nos termos do § 2º do art. 2º da Lei n. 4.502/1964, independentemente da finalidade ou do título jurídico a que se deu a referida saída. VI – Conforme se extrai da alínea a do inciso II do art. 5º da Lei n. 4.502/1964, deve incidir o IPI na transferência de insumos entre estabelecimentos da mesma pessoa jurídica, independentemente de terem sido adquiridos no mercado interno ou terem sido importados, salvo nos casos em que o produto retornar ao estabelecimento de origem, o que não se verificou no caso. VII – A base de cálculo do IPI é definida a partir do valor total da operação de que decorrer a saída do estabelecimento do industrial ou do estabelecimento equiparado, não devendo ser considerado o valor de entrada da mercadoria no estabelecimento para a composição da base de cálculo do IPI, por força do art. 47, III, a, do CTN e do art. 14, II, da Lei n. 4.502/1964. VIII – As operações de transferência de produtos entre estabelecimentos diversos da mesma pessoa jurídica, quando sujeitas à incidência de IPI, devem ser feitas com observância do valor tributável mínimo, nos termos do art. 15, I, da Lei n. 4.502/1964. IX – Agravo interno improvido.
(**STJ – AgInt no REsp: 1660349 SC** 2017/0056009-2, Relator: Ministro FRANCISCO FALCÃO, Data de Julgamento: 02/10/2023, T2 – SEGUNDA TURMA, Data de Publicação: DJe 04/10/2023)
PROCESSUAL CIVIL E TRIBUTÁRIO. RECURSO REPETITIVO. TESE FIRMADA. APLICAÇÃO. TRÂNSITO EM JULGADO. DESNECESSIDADE. IMPOSTO SOBRE PRODUTO INDUSTRIALIZADO (IPI). PRODUTO IMPORTADO. SAÍDA DO ESTABELECIMENTO IMPORTADOR. INCIDÊNCIA. 1. O Superior Tribunal de Justiça, seguindo orientação do Supremo Tribunal Federal, possui o entendimento de que é desnecessário aguardar o trânsito em julgado para a aplicação do paradigma firmado em sede de recurso repetitivo ou de repercussão geral. Precedentes. 2. A Primeira Seção desta Corte, no julgamento dos EREsp 1.403.532/SC, submetido ao rito do art. 543-C do CPC/1973, firmou a compreensão de que "os produtos importados estão sujeitos a uma nova incidência do IPI quando de sua saída do estabelecimento importador na operação de revenda, mesmo que não tenham sofrido industrialização no Brasil" (Tema 912). 3. No julgamento do RE 946.648/SC, em repercussão geral vinculada ao Tema 906, o Supremo Tribunal Federal pacificou a matéria, firmando a tese de que "é constitucional a incidência do Imposto sobre Produtos Industrializados (IPI) no desembaraço aduaneiro de bem industrializado e na saída do estabelecimento para comercialização no mercado interno". 4. Agravo interno desprovido, com aplicação de multa de 1% sobre o valor atualizado da causa.
(**STJ – AgInt no REsp: 1645165 PB** 2016/0331261-3, Relator: Ministro GURGEL DE FARIA, Data de Julgamento: 25/10/2021, T1 – PRIMEIRA TURMA, Data de Publicação: DJe 24/11/2021)

20.5 IMPOSTO SOBRE AS OPERAÇÕES DE CRÉDITO, CÂMBIO, SEGUROS, TÍTULOS E VALORES MOBILIÁRIOS (IOF)

20.5.1 Fundamentação constitucional e legal

O **imposto sobre Operações decorrentes de crédito, câmbio, seguros, títulos e valores mobiliários** (IOF) tem previsão expressa a partir do **art. 153, V, da CF/1988**[33].

No **parágrafo 5º do mesmo artigo**[34], temos a determinação de uma **incidência única** e do **estabelecimento de alíquota mínima** relativamente ao **ouro**, quando este for considerado **ativo financeiro** ou **instrumento de política cambial**.

As **normas gerais** relativas ao imposto estão previstas entre os **arts. 63 a 67 do CTN**[35].

O diploma instituidor do referido imposto é a **Lei 5.143/1966**, com as alterações posteriores, sendo o **Decreto 6.306/2007** o instrumento normativo que **regulamenta o IOF**.

20.5.2 Regramento de incidência tributária

- **Aspecto Material**

O IOF é um imposto federal que possui **quatro fatos que desencadeiam sua incidência**: operações de **crédito, câmbio, seguros, títulos** ou **valores mobiliários**.

Salientamos que a incidência recai sobre as operações decorrentes dessas atividades. Entende-se por **operação** todo **ato** ou **negócio jurídico** em que ocorre a **transmissão de direitos**.

Nos termos do **art. 2º, I, do Decreto 6.306/2007**[36], a **operação de crédito** é caracterizada por qualquer negócio jurídico que resulte na **entrega de recursos de**

---

33. **Art. 153. (...)**
    V – operações de crédito, câmbio e seguro, ou relativas a títulos ou valores mobiliários.
34. **§ 5º** O ouro, quando definido em lei como ativo financeiro ou instrumento cambial, sujeita-se exclusivamente à incidência do imposto de que trata o inciso V do "caput" deste artigo, devido na operação de origem; a alíquota mínima será de um por cento, assegurada a transferência do montante da arrecadação nos seguintes termos:
    I – trinta por cento para o Estado, o Distrito Federal ou o Território, conforme a origem;
    II – setenta por cento para o Município de origem.
35. **Art. 63.** O imposto, de competência da União, sobre operações de crédito, câmbio e seguro, e sobre operações relativas a títulos e valores mobiliários tem como fato gerador:
    I – quanto às operações de crédito, a sua efetivação pela entrega total ou parcial do montante ou do valor que constitua o objeto da obrigação, ou sua colocação à disposição do interessado;
    II – quanto às operações de câmbio, a sua efetivação pela entrega de moeda nacional ou estrangeira, ou de documento que a represente, ou sua colocação à disposição do interessado em montante equivalente à moeda estrangeira ou nacional entregue ou posta à disposição por este;
    III – quanto às operações de seguro, a sua efetivação pela emissão da apólice ou do documento equivalente, ou recebimento do prêmio, na forma da lei aplicável;
    IV – quanto às operações relativas a títulos e valores mobiliários, a emissão, transmissão, pagamento ou resgate destes, na forma da lei aplicável.
    Parágrafo único. A incidência definida no inciso I exclui a definida no inciso IV, e reciprocamente, quanto à emissão, ao pagamento ou resgate do título representativo de uma mesma operação de crédito.
36. **Art. 2º** O IOF incide sobre:
    I – operações de crédito realizadas:

uma **instituição financeira** ou **entidade equiparada** ao **tomador**, com **obrigação de devolução futura**. As principais modalidades incluem **empréstimos, financiamentos, descontos de títulos, adiantamentos sobre contratos de câmbio** e **aquisições financiadas de bens e serviços**.

As **operações de crédito** realizadas por instituições financeiras são as mais tradicionais e amplamente conhecidas como objeto de incidência do IOF. A **instituição financeira** funciona como **intermediária formal** e **regulamentada** no **mercado de crédito**, sujeita ao controle do **Banco Central** e da **Secretaria da Receita Federal do Brasil**.

Pode-se concluir que a **operação de crédito** decorre quando o **operador** se obriga a **prestação futura**, concernente ao **objeto do negócio** que se funda apenas na **confiança** que a **solvabilidade** do devedor inspira.

Não se pode determinar que o **mero saque ocorrido em conta poupança** seja considerado **operação de crédito**. Assim, cumpriu ao STF sumular a matéria, conforme vemos na **Súmula 664**:

É inconstitucional o inc. V do art. 1º da Lei 8.033/1990, que instituiu a incidência do imposto nas operações de crédito, câmbio e seguros – IOF sobre saques efetuados em caderneta de poupança.

O **saque em conta poupança** não possui qualquer espécie de **promessa de prestação futura** para que possa se caracterizar como **operação de crédito**, uma vez que **não se reveste de propriedade circulatória**.

De igual modo, a **concessão de fiança onerosa** não gera a incidência do IOF, uma vez que **fiança** não se caracteriza como qualquer operação de crédito, câmbio ou seguros, mas se trata de uma **obrigação acessória**, uma vez que o **fiador não disponibiliza o crédito** para quaisquer das operações.

Nos termos do **art. 818 do CC/2002**:

> Pelo contrato de fiança, uma pessoa garante satisfazer ao credor uma obrigação assumida pelo devedor, caso este não a cumpra.

Assim, a fiança é uma **obrigação acessória** pelo qual o fiador assume o **compromisso** de **garantir a obrigação principal** de um terceiro, caso este não a cumpra. O fiador **não entrega recursos financeiros ao devedor principal** nem ao credor da obrigação principal; sua função é **garantir o cumprimento da dívida**.

---

a) por instituições financeiras;
b) por empresas que exercem as atividades de prestação cumulativa e contínua de serviços de assessoria creditícia, mercadológica, gestão de crédito, seleção de riscos, administração de contas a pagar e a receber, compra de direitos creditórios resultantes de vendas mercantis a prazo ou de prestação de serviços (factoring);
c) entre pessoas jurídicas ou entre pessoa jurídica e pessoa física.

A incidência do IOF não recai, tão somente, sobre as instituições financeiras. Temos empresas que, **embora não sejam instituições financeiras**, desempenham **atividades relacionadas ao crédito** de forma **contínua** e **cumulativa**. Isso inclui as empresas de *factoring*, que adquirem **direitos creditórios** resultantes de **vendas mercantis a prazo** ou **prestação de serviços**, bem como empresas que realizam **assessoria creditícia**, **seleção de riscos, administração de contas**, entre outras.

Entende-se por *factoring* a prestação contínua e cumulativa de assessoria mercadológica e creditícia, seleção de riscos, gestão de crédito, acompanhamento de contas a receber, assessoria para compra de matéria-prima, organização da contabilidade, controle do fluxo de caixa, orçamento de custos entre outros serviços conjugados com a aquisição de créditos resultantes de vendas mercantis ou de prestação de serviços das empresas clientes, **realizadas a prazo**. Na prática destaca-se a **atividade de negociação de direitos creditórios com deságio**.

Reza o **art. 58 da Lei 9.532/1997**:

> Art. 58. A pessoa física ou jurídica que alienar, à empresa que exercer as atividades relacionadas na alínea 'd' do inciso III do § 1º do artigo 15 da Lei n. 9.249, de 1995 (factoring), direitos creditórios resultantes de vendas a prazo, sujeita-se à incidência do Imposto sobre Operações de Crédito, Câmbio e Seguro ou Relativas à Títulos e Valores Mobiliários – IOF às mesmas alíquotas aplicáveis às operações de financiamento e empréstimo praticadas pelas instituições financeiras.
>
> § 1º O responsável pela cobrança e recolhimento do IOF de que trata este artigo é a empresa de factoring adquirente do direito creditório.
>
> § 2º O imposto cobrado na hipótese deste artigo deverá ser recolhido até o terceiro dia útil da semana subsequente à da ocorrência do fato gerador.

O **Min. Sepúlveda Pertence**, apesar a incidência declarada do IOF sobre as **operações de** *factoring*, trouxe importante excerto sobre o tema:

> Com efeito, na operação de factoring o negócio mercantil consiste na compra do faturamento. Os títulos são adquiridos sem que remaneçam, em favor do adquirente, direito de regresso contra o sacador ou garantias inerentes ao endosso ou aval. Já na operação financeira, quer os títulos permaneçam em caução em mãos da instituição bancária para garantia do empréstimo concedido, quer sejam objeto de desconto, permanece a instituição com direito de regresso ou com as garantias decorrentes do aval e do endosso contra o sacador do título, que continua responsável pela liquidação do empréstimo tomado. Equiparar as instituições de factoring a instituições financeiras, é o mesmo que equiparar a estas o comerciante que vende a prazo seus produtos, de vez que é na condição deste que a operadora de factoring se investe, ao adquirir o faturamento assumindo os riscos daí inerentes.
> Sendo, portanto, nítido que a atividade de factoring não ostenta a mesma natureza das atividades financeiras que compõem a materialidade do Imposto sobre Operações Financeiras (IOF), nos termos definidos no art. 153, V, da CF, a instituição desse imposto sobre as operações praticadas no exercício dessa atividade agride direta e ostensivamente o referido preceito constitucional.

O **STJ**, no julgamento do **REsp 1.340.553/SP** analisou a incidência do IOF em **contratos de *factoring***, reconhecendo que, em **determinadas circunstâncias**, tais operações configuram **operações de crédito** e são tributáveis.

No que se diz respeito ao **IOF incidente sobre câmbio**, temos a determinação estabelecida no **art. 63, II, do CTN**:

> Art. 63. O imposto, de competência da União, sobre operações de crédito, câmbio e seguro, e sobre operações relativas a títulos e valores mobiliários tem como fato gerador:
>
> (...)
>
> II – quanto às operações de câmbio, a sua efetivação pela entrega de moeda nacional ou estrangeira, ou de documento que a represente, ou sua colocação à disposição do interessado em montante equivalente à moeda estrangeira ou nacional entregue ou posta à disposição por este.

Câmbio é a operação de **troca de moeda de um país pela moeda de outro país**. Por exemplo, quando um turista brasileiro vai viajar para o exterior e precisa de moeda estrangeira, o **agente autorizado pelo Banco Central** a operar no **mercado de câmbio** recebe do turista brasileiro a **moeda nacional** e lhe **aliena a moeda estrangeira**. Já quando um turista estrangeiro quer **converter moeda estrangeira em reais**, o agente autorizado a operar no mercado de câmbio **compra a moeda estrangeira do turista estrangeiro**, entregando-lhe os reais correspondentes.

A operação de câmbio é essencialmente formal e regulada pela legislação específica, como a **Lei 4.131/1962**, que trata da movimentação de capital estrangeiro, e pelo **Decreto nº 6.306/2007**, que regulamenta a incidência do IOF.

No caso de **remessas internacionais**, o **registro da intenção de realizar a operação**, como ocorre em **contratos de câmbio**, não basta para caracterizar o fato gerador. Trata-se de um **ato preparatório** que não gera, por si só, a **disponibilização de valores**, e, portanto, não configura a situação que atrai a incidência do IOF.

O **registro de intenção de operação cambial** pode ocorrer em **contratos** ou no âmbito de **compromissos firmados entre as partes**. No entanto, o **registro** é uma **etapa inicial**, vinculada à negociação ou preparação para a realização da operação de câmbio. Sendo assim, a efetivação ocorre apenas quando os recursos são **efetivamente transferidos** ou **colocados à disposição**.

Exemplificando, se uma empresa firma um **contrato de câmbio** com uma **instituição financeira** para **remeter recursos ao exterior** e o **contrato for cancelado antes da execução da transferência**, o IOF não será devido, já que não houve entrega ou disponibilização dos valores.

No julgamento do **REsp 1.168.625/PR**, o STJ reconheceu que a incidência do IOF **pressupõe a transferência efetiva de valores entre as partes**, afastando a possibilidade de tributação em **atos meramente preparatórios**.

O **aspecto material do IOF** nas **operações de seguro** vem estabelecido no **art. 63, III, do CTN**:

> Art. 63. O imposto, de competência da União, sobre operações de crédito, câmbio e seguro, e sobre operações relativas a títulos e valores mobiliários tem como fato gerador:
>
> (...)
>
> III – quanto às operações de seguro, a sua efetivação pela emissão da apólice ou do documento equivalente, ou recebimento do prêmio, na forma da lei aplicável.

As **operações de seguro** envolvem a transferência de riscos de uma pessoa física ou jurídica – o segurado – para uma seguradora, mediante o pagamento de um valor – o prêmio. Essas operações estão regulamentadas pelo **Código Civil**, a partir do **art. 757 e seguintes**[37], assim como por legislações específicas, como o **Decreto-Lei 73/1966**, que organiza o **sistema nacional de seguros privados**.

Entende-se por **seguro** como todo o **contrato** por meio do qual **uma das partes** – denominado **segurador** – se obriga a **indenizar a outra** – denominado **segurado** – em caso de **ocorrência de um determinado evento** – **sinistro** – em troca de um **recebimento de um prêmio de seguro**.

Conforme estabelece o **Decreto 6.306/2007**, as operações de seguro compreendem os **seguros de vida e congêneres**, **seguros de acidentes pessoais e do trabalho**, **seguros de bens**, **valores**, **coisas**, bem como de outros itens não especificados na norma.

A jurisprudência reforça que o IOF só incide quando o **contrato é efetivamente formalizado** pela **emissão da apólice** ou pelo **pagamento do prêmio**. A simples **intenção de contratação** ou a **negociação prévia** não geram a obrigação tributária.

Importante ressaltar que os **seguros de saúde** são tributados apenas quando enquadrados como **seguros gerais** e não como **planos de assistência à saúde**, que possuem regulamentação própria.

E, por fim, o aspecto material do **IOF incidente sobre títulos e valores mobiliários** vem determinado no **art. 63, IV, do CTN**:

> Art. 63. O imposto, de competência da União, sobre operações de crédito, câmbio e seguro, e sobre operações relativas a títulos e valores mobiliários tem como fato gerador:
>
> IV – quanto às operações relativas a títulos e valores mobiliários, a emissão, transmissão, pagamento ou resgate destes, na forma da lei aplicável.

Temos por **valores mobiliários** os documentos emitidos por empresas ou outras entidades, sejam públicas ou privadas, **representativos de um conjunto de direitos** e **deveres** aos seus titulares e que podem ser **comprados** e **vendidos** nos **mercados de valores mobiliários**.

---

37. **Art. 757.** Pelo contrato de seguro, o segurador se obriga, mediante o pagamento do prêmio, a garantir interesse legítimo do segurado, relativo a pessoa ou a coisa, contra riscos predeterminados.

    Parágrafo único. Somente pode ser parte, no contrato de seguro, como segurador, entidade para tal fim legalmente autorizada.

Para as **entidades** que os emitem, os **valores mobiliários** representam uma **forma de alternativa de investimento**, enquanto para os **investidores** são uma **forma de aplicação de poupanças** que se caracterizam por uma **grande variedade de níveis de risco** e de **potencialidade de rentabilidade**.

As **instituições financeiras** desempenham um papel central no **mercado de capitais**. São autorizadas pelo **Banco Central do Brasil – BACEN** e pela **Comissão de Valores Mobiliários – CVM,** para exercer **atividades específicas**, como **bancos de investimento**, **bancos múltiplos**, **corretoras** e **distribuidoras** de títulos e valores mobiliários.

As **companhias abertas** são empresas registradas na CVM que podem **emitir valores mobiliários,** como ações, debêntures e outros títulos, visando a **captação de recursos no mercado**.

Os **fundos de investimento** são administrados por instituições gestoras ou administradoras, **autorizadas pela CVM**, e reúnem recursos de investidores para aplicação em ativos do mercado de capitais.

Ademais, temos as **entidades autorreguladoras**, que são responsáveis por **criar** e **aplicar as normas complementares para o mercado**, dentro dos limites legais. Destaca-se a **B3** (Brasil – Bolsa – Balcão), a **ANBIMA** (Associação Brasileira das Entidades dos Mercados Financeiros e de Capitais), além das entidades de custódia e liquidação, tais como a **Câmara de Liquidação e Custódia – CETIP** e a **Câmara BM&FBOVESPA**.

Os referidos **documentos** que representam os **valores mobiliários** podem ser **títulos em papel (valores mobiliários titulados)** ou **registros informáticos (valores mobiliários escriturais)**. Atualmente, a grande maioria dos valores mobiliários está representada por **valores mobiliários escriturais** devido à sua maior **facilidade de circulação** e **transação** e devido à maior segurança que proporcionam.

No Brasil, a **Lei 6.404/1976 (Lei das Sociedades por Ações)** regula a **emissão** e **negociação de valores mobiliários escriturais**, permitindo que eles sejam mantidos **em sistemas informatizados** sob responsabilidade de instituições autorizadas, como **corretoras** e a própria **B3 – Brasil, Bolsa, Balcão**. A regulamentação específica para a **escrituração eletrônica** é frequentemente complementada pelas normas da **CVM**.

Apesar das vantagens, a **predominância dos valores mobiliários escriturais também traz desafios**. Sistemas digitais estão sujeitos a **ataques hackers**, **vazamentos de dados** e outros problemas relacionados à **segurança cibernética**.

Nem todos os investidores têm fácil acesso a **tecnologias avançadas**, o que pode gerar **barreiras de entrada para determinados públicos**. Embora o uso de *blockchain* possa reduzir esse problema, grande parte dos registros ainda depende de **sistemas administrados por poucas instituições**.

• Aspecto Espacial

Vamos analisar o **aspecto espacial do IOF** incidente sobre o **crédito, câmbio, seguros, títulos** e **valores mobiliários**:

I – **Crédito:** nas operações de crédito, o aspecto espacial é delimitado pela legislação tributária, que diferencia entre operações realizadas **dentro do território nacional** e **operações externas**.

Em se tratando de **operações de crédito externa**, em razão de sua **natureza internacional** e de **objetivos políticos** e **econômicos** que buscam incentivar o **ingresso de capital estrangeiro no país**, não haverá a incidência de IOF. Evitar a tributação dessas operações favorece a **atração de recursos externos**, promovendo **maior liquidez** no mercado nacional.

II – **Câmbio:** nas operações decorrentes de **câmbio**, a incidência pode se dar tanto em **território nacional** como nos casos de **liquidação de contrato de câmbio que fora contratado no exterior**, conforme já pacificado pela jurisprudência. Assim, o IOF incide sobre as **operações de câmbio** realizadas no Brasil, como aquelas **intermediadas por bancos** e **instituições** autorizadas a operar no mercado de câmbio pelo Banco Central do Brasil.

Apesar de o **contrato de câmbio** ser firmado fora do Brasil, o IOF pode incidir quando houver **relação direta com o sistema financeiro brasileiro** ou quando a **liquidação do contrato** envolver **residentes** ou **domiciliados** no Brasil.

III – **Seguros:** o aspecto espacial do **Imposto sobre Operações Financeiras (IOF)** em **operações de seguro** está diretamente relacionado ao **local onde o contrato de seguro é firmado** e onde ocorre a **relação jurídica** que dá origem ao fato gerador do tributo. A legislação brasileira delimita que a incidência do IOF sobre seguros é **restrita** aos contratos firmados no **território nacional**, excluindo, portanto, os **contratos de seguro firmados no exterior**.

IV – **Títulos e Valores Mobiliários:** uma vez que inexiste qualquer cláusula que admita a extraterritorialidade, a incidência compreenderá as **operações ocorridas dentro do território nacional**. Isso inclui operações realizadas em bolsas de valores, mercados de balcão organizados, e até negociações privadas, desde que dentro das normas regulatórias nacionais.

No caso de **investidores estrangeiros**, o aspecto espacial também é relevante. Embora a operação seja realizada no Brasil, alguns **incentivos** ou **isenções** podem ser aplicados para **atrair investimentos estrangeiros**. Investimentos estrangeiros em determinados tipos de títulos, como **debêntures incentivadas** e **fundos de investimento em infraestrutura,** podem estar isentos do IOF.

Se uma operação envolvendo títulos e valores mobiliários tiver **elementos internacionais**, o **aspecto espacial do IOF ainda prevalece sobre a parte da transação**

que ocorre no Brasil. Por exemplo, a emissão ou resgate de títulos por uma **empresa brasileira** pode ser tributada **mesmo se envolver um investidor estrangeiro**, dependendo das condições e da regulamentação aplicável.

- **Aspecto Temporal**

Uma vez que o IOF possui várias **bases econômicas distintas**, vamos analisar o aspecto temporal de cada uma delas:

a) **Crédito**: reza o **art. 3º, § 1º, do Decreto 6.306/2007**:

> Art. 3º (...)
>
> § 1º Entende-se ocorrido o fato gerador e devido o IOF sobre operação de crédito:
>
> I – na data da efetiva entrega, total ou parcial, do valor que constitua o objeto da obrigação ou sua colocação à disposição do interessado;
>
> II – no momento da liberação de cada uma das parcelas, nas hipóteses de crédito sujeito, contratualmente, a liberação parcelada;
>
> III – na data do adiantamento a depositante, assim considerado o saldo a descoberto em conta de depósito;
>
> IV – na data do registro efetuado em conta devedora por crédito liquidado no exterior;
>
> V – na data em que se verificar excesso de limite, assim entendido o saldo a descoberto ocorrido em operação de empréstimo ou financiamento, inclusive sob a forma de abertura de crédito;
>
> VI – na data da novação, composição, consolidação, confissão de dívida e dos negócios assemelhados, observado o disposto nos §§ 7º e 10 do art. 7º;
>
> VII – na data do lançamento contábil, em relação às operações e às transferências internas que não tenham classificação específica, mas que, pela sua natureza, se enquadrem como operações de crédito.
>
> § 2º O débito de encargos, exceto na hipótese do § 12 do art. 7º, não configura entrega ou colocação de recursos à disposição do interessado.
>
> § 3º A expressão 'operações de crédito' compreende as operações de:
>
> I – empréstimo sob qualquer modalidade, inclusive abertura de crédito e desconto de títulos;
>
> II – alienação, à empresa que exercer as atividades de factoring, de direitos creditórios resultantes de vendas a prazo;
>
> III – mútuo de recursos financeiros entre pessoas jurídicas ou entre pessoa jurídica e pessoa física.

O **fato gerador** ocorre quando os recursos são **efetivamente entregues** ou **colocados à disposição do interessado**. Este ponto assegura que o imposto só será devido quando o **valor referente à operação de crédito** estiver **disponível para o contribuinte**, evitando **incidências antecipadas**.

Se o crédito é **disponibilizado de forma parcelada**, o fato gerador ocorre a **cada liberação de parcela**. Isso garante que o imposto seja calculado e **recolhido proporcionalmente**, evitando tributação sobre valores ainda não acessíveis ao contribuinte.

Em se tratando de **saldo a descoberto em conta de depósito** – adiantamento a depositante –, o fato gerador ocorre na **data do débito em conta**. Aqui, o imposto se aplica ao **valor disponibilizado além do saldo existente**, configurando uma operação de crédito.

Nas operações que envolvem **créditos liquidados no exterior**, o fato gerador ocorre no **momento do registro contábil em conta devedora**, reforçando a tributação mesmo em operações com **elementos transnacionais**, desde que haja vinculação com o sistema financeiro brasileiro.

Quando o contribuinte **excede o limite de crédito pré-estabelecido**, seja em **empréstimos** ou **financiamentos**, o fato gerador ocorre na data em que o **saldo a descoberto for registrado**. Este dispositivo visa tributar situações de **descumprimento dos limites contratados**.

No caso de **renegociações de dívidas**, como **novação**, **composição**, **consolidação** ou **confissão**, o fato gerador ocorre na **data de formalização do novo acordo**, refletindo a criação de uma nova obrigação que se enquadra como operação de crédito.

Se uma operação **não tem classificação específica**, mas se caracteriza como **operação de crédito**, o fato gerador ocorre na **data do registro contábil**. Essa regra abrange situações não previstas explicitamente nos outros incisos, garantindo a abrangência tributária.

Admite-se pela jurisprudência, entretanto, a incidência de IOF no **momento da celebração do contrato de financiamento**, uma vez que este **vincula a vontade das partes**.

O **débito de encargos financeiros**, exceto em situações específicas, **não configura fato gerador do IOF**. Ou seja, o imposto não é devido apenas pela **cobrança de juros** ou **outros encargos**, mas sim, pela **efetiva disponibilização de recursos**.

a) **Câmbio**: estabelece o **art. 11 do Decreto 6.306/2007**:

> Art. 11. O fato gerador do IOF é a entrega de moeda nacional ou estrangeira, ou de documento que a represente, ou sua colocação à disposição do interessado, em montante equivalente à moeda estrangeira ou nacional entregue ou posta à disposição por este.
>
> Parágrafo único. Ocorre o fato gerador e torna-se devido o IOF no ato da liquidação da operação de câmbio.

A **incidência** se dará no instante em que a **moeda nacional** ou **estrangeira** trocar de **titularidade** ou é **disponibilizada** como contrapartida na operação de câmbio. Assegura-se que o imposto **só será devido** quando houver **movimentação efetiva de recursos**, não sendo **antecipado em fases preliminares**, como a mera contratação da operação.

A **liquidação** ocorre quando os valores acordados entre as partes são **efetivamente compensados**, concluindo a operação. Nesse momento, o **IOF se torna devido e deve ser recolhido**. Trata-se de um **marco essencial**, pois formaliza o cumprimento da obrigação entre as partes e a transferência real dos valores. **Antes da liquidação**, a operação pode estar sujeita a **alterações** ou **cancelamentos**, o que justificaria a não incidência do imposto.

A incidência do IOF no **ato da liquidação** reduz ambiguidades quanto ao momento em que o imposto deve ser recolhido. Isso facilita o **cumprimento das obrigações tributárias** pelas instituições financeiras responsáveis pelo recolhimento.

b) Seguros: estabelece o **art. 18 do Decreto 6.306/2007:**

> Art. 18. O fato gerador do IOF é o recebimento do prêmio.
>
> § 1º A expressão 'operações de seguro' compreende seguros de vida e congêneres, seguro de acidentes pessoais e do trabalho, seguros de bens, valores, coisas e outros não especificados.
>
> § 2º Ocorre o fato gerador e torna-se devido o IOF no ato do recebimento total ou parcial do prêmio.

O **aspecto temporal do IOF** nas **operações de seguro** dar-se-á no **momento do recebimento do prêmio pela seguradora**. Esse prêmio corresponde ao **valor pago pelo segurado à seguradora** em contrapartida pela **cobertura contratada**. Assim, o imposto incide diretamente sobre o **pagamento realizado pelo segurado**, seja ele **total** – quando da **quitação integral do prêmio** em uma única parcela – ou **parcial** – quando do pagamento de parcelas do prêmio, nos casos de contratação parcelada.

Em **contratos parcelados**, o imposto é recolhido **proporcionalmente às parcelas pagas**, evitando uma cobrança integral **antes de o segurado quitar o valor total**, cabendo às **seguradoras** calcular e recolher o IOF no momento apropriado, assegurando o cumprimento da legislação tributária.

Em regra, o IOF é normalmente **repassado ao segurado** como parte do **custo total do prêmio**, aumentando o valor final pago pelo serviço de seguro.

c) Títulos e valores mobiliários: conforme reza o **art. 25 do Decreto 6.306/2007**, temos várias **operações no mercado de capitais** que identificam a ocorrência do fato gerador:

> Art. 25. O fato gerador do IOF é a aquisição, cessão, resgate, repactuação ou pagamento para liquidação de títulos e valores mobiliários.
>
> § 1º Ocorre o fato gerador e torna-se devido o IOF no ato da realização das operações de que trata este artigo.
>
> § 2º Aplica-se o disposto neste artigo a qualquer operação, independentemente da qualidade ou da forma jurídica de constituição do beneficiário da operação ou do seu titular, estando abrangidos, entre outros, fundos de investimentos e carteiras de títulos e valores mobiliários, fundos ou programas, ainda que sem personalidade jurídica, e entidades de previdência privada.

Nos termos da norma, o **fato gerador do IOF sobre títulos e valores mobiliários** ocorrerá quando da **aquisição, cessão, resgate, repactuação** ou **pagamento para liquidação**. Essas operações incluem:

I – **Aquisição**: compra de títulos e valores mobiliários, como ações, debêntures ou cotas de fundos de investimento.

II – **Cessão**: transferência de titularidade de um título ou valor mobiliário.

III – **Resgate**: liquidação de um título, como a devolução de recursos ao investidor por parte do emissor ou do fundo de investimento.

IV – **Repactuação**: alteração dos termos contratuais de um título, como a renegociação de taxas ou prazos.

V – **Pagamento para liquidação**: quitação de obrigações financeiras associadas aos títulos ou valores mobiliários.

Assim, o fato gerador ocorre e o IOF se torna devido no **ato da realização da operação**. Isso garante clareza temporal, determinando que o imposto seja recolhido quando a **operação é concluída**, seja pela **compensação financeira** ou pela **transferência de titularidade**.

- **Aspecto Pessoal**

O **sujeito ativo do IOF** incidente nas operações de crédito, câmbio, seguros, títulos ou valores mobiliários será a **União**. A **administração**, **arrecadação** e **fiscalização** permanecem a cargo da **Secretaria da Receita Federal do Brasil**.

Já a **sujeição passiva** estabelece **contribuintes** e **responsáveis** em cada uma das operações descritas na hipótese de incidência. Assim, analisaremos o disposto para cada uma das operações:

a) **Crédito**: nas operações decorrentes de crédito, estabelece os **arts. 4º e 5º do Decreto 6.306/2007** a figura dos **contribuintes** e **responsáveis**:

> Art. 4º Contribuintes do IOF são as pessoas físicas ou jurídicas tomadoras de crédito.
>
> Parágrafo único. No caso de alienação de direitos creditórios resultantes de vendas a prazo a empresas de factoring, contribuinte é o alienante pessoa física ou jurídica."
>
> Art. 5º São responsáveis pela cobrança do IOF e pelo seu recolhimento ao Tesouro Nacional:
>
> I – as instituições financeiras que efetuarem operações de crédito;
>
> II – as empresas de factoring adquirentes do direito creditório, nas hipóteses da alínea 'b' do inciso I do art. 2º;
>
> III – a pessoa jurídica que conceder o crédito, nas operações de crédito correspondentes a mútuo de recursos financeiros.

Nas **operações de crédito**, o **contribuinte** é o **tomador do crédito**, seja uma **pessoa física** ou **jurídica**. Isso significa que quem utiliza os recursos financeiros cedidos por uma instituição financeira ou outra entidade é **responsável por suportar o custo do IOF**.

No caso de **alienação de direitos creditórios a empresas de factoring**, o contribuinte é o **alienante**, ou seja, quem vende os direitos creditórios, seja ele **pessoa física** ou **jurídica**. Essa definição desloca a obrigação tributária do adquirente, qual seja, a **empresa de** *factoring*, para o **vendedor dos direitos creditórios**.

Em se tratando de **operações de crédito realizadas por bancos ou outras instituições financeiras**, as entidades serão **responsáveis** pelo recolhimento do IOF. Isso facilita o **controle** e a **fiscalização** do imposto, já que as instituições financeiras possuem **estrutura** e **registros** adequados para cumprir essa obrigação.

No que tange às **operações de alienação de direitos creditórios** descritas no **parágrafo único do art. 4º**, as empresas de *factoring* são as **responsáveis** pelo recolhimento do IOF. Embora o contribuinte seja o **alienante**, a empresa de *factoring* atua como **intermediária** para garantir o pagamento ao fisco. Já no **mútuo de recursos financeiros** entre **empresas** ou **entre empresas e pessoas físicas**, a **pessoa jurídica** que concede o crédito é **responsável** por recolher o IOF. Essa regra assegura que, mesmo operações realizadas fora do sistema financeiro tradicional, ocorra a efetiva tributação.

b) Câmbio: nas operações decorrentes de câmbio, estabelece os **arts. 12 e 13 do Decreto 6.306/2007**:

> Art. 12. São contribuintes do IOF os compradores ou vendedores de moeda estrangeira nas operações referentes às transferências financeiras para o ou do exterior, respectivamente.
> Parágrafo único. As transferências financeiras compreendem os pagamentos e recebimentos em moeda estrangeira, independentemente da forma de entrega e da natureza das operações.
> Art. 13. São responsáveis pela cobrança do IOF e pelo seu recolhimento ao Tesouro Nacional as instituições autorizadas a operar em câmbio.

O **contribuinte** é definido como o **comprador ou vendedor de moeda estrangeira** nas **operações de câmbio** relacionadas às **transferências financeiras para ou do exterior**. Em operações como **remessas internacionais**, o **contribuinte** é quem compra moeda estrangeira para efetuar o pagamento ao exterior. Já em **transações** como **recebimentos de valores do exterior**, o **contribuinte** é quem vende a moeda estrangeira ao sistema financeiro para convertê-la em moeda nacional.

O **contribuinte** é, portanto, a parte que realiza a **operação financeira tributada**, sendo o **responsável por suportar o custo do IOF**, geralmente embutido no **valor final da transação**.

As **instituições autorizadas a operar em câmbio** são apontadas como **responsáveis** pela cobrança e recolhimento do IOF. Isso inclui **bancos** e **casas de câmbio** que **possuem autorização do Banco Central** para intermediar operações cambiais.

c) Seguros: os **arts. 19 e 20 do Decreto 6.306/2007** identificam a figura do contribuinte e responsável nas operações decorrentes de seguros.

> Art. 19. Contribuintes do IOF são as pessoas físicas ou jurídicas seguradas.
> Art. 20. São responsáveis pela cobrança do IOF e pelo seu recolhimento ao Tesouro Nacional as seguradoras ou as instituições financeiras a quem estas encarregarem da cobrança do prêmio.
> Parágrafo único. A seguradora é responsável pelos dados constantes da documentação remetida para cobrança.

O **art. 19** estabelece que os contribuintes do IOF são as **pessoas físicas** ou **jurídicas** seguradas. Isso significa que o **ônus financeiro do imposto** recai sobre o **segurado**, que é quem **contrata a apólice e usufrui da cobertura securitária**. Em outras palavras, o **segurado** é o **responsável direto pelo pagamento do IOF**, ainda que **não realize diretamente o recolhimento do tributo** aos cofres públicos.

O **segurado** é o contribuinte porque é quem **realiza a operação econômica tributável**, qual seja, a **contratação do seguro**. M<esmo que o imposto seja **recolhido** pela **seguradora** ou **instituição financeira**, o custo é **repassado ao segurado** como **parte do valor total da apólice**.

O disposto no **art. 20** atribui às **seguradoras** e às **instituições financeiras** a **responsabilidade pela cobrança** e pelo **recolhimento do IOF** ao Tesouro Nacional. Nesse contexto, a **seguradora** atua como **responsável tributária**, exercendo um papel de intermediária entre o contribuinte e a União.

A **seguradora** é obrigada a apurar o IOF incidente sobre os **prêmios pagos pelo segurado**, incluir esse imposto no valor cobrado e efetuar o recolhimento devido ao Tesouro Nacional. Essa **responsabilidade** é essencial para garantir a **eficiência na arrecadação**, uma vez que centraliza o recolhimento em um número **reduzido de agentes econômicos**. Ademais, a **seguradora** é responsável pela **exatidão das informações constantes na documentação remetida para a cobrança**.

d) **Títulos e Valores Mobiliários**: os **arts. 26 e 27 do Decreto 6.306/2007** estabelecem as figuras do **contribuinte e responsáveis** nas operações decorrentes do **mercado de títulos e valores mobiliários**:

> Art. 26. Contribuintes do IOF são:
>
> I – os adquirentes, no caso de aquisição de títulos ou valores mobiliários, e os titulares de aplicações financeiras, nos casos de resgate, cessão ou repactuação;
>
> II – as instituições financeiras e demais instituições autorizadas a funcionar pelo Banco Central do Brasil, na hipótese prevista no inciso IV do art. 28.
>
> Art. 27. São responsáveis pela cobrança do IOF e pelo seu recolhimento ao Tesouro Nacional:
>
> I – as instituições autorizadas a operar na compra e venda de títulos e valores mobiliários;
>
> II – as bolsas de valores, de mercadorias, de futuros e assemelhadas, em relação às aplicações financeiras realizadas em seu nome, por conta de terceiros e tendo por objeto recursos destes;
>
> III – a instituição que liquidar a operação perante o beneficiário final, no caso de operação realizada por meio do SELIC ou da Central de Custódia e de Liquidação Financeira de Títulos – CETIP;
>
> IV – o administrador do fundo de investimento;
>
> V – a instituição que intermediar recursos, junto a clientes, para aplicações em fundos de investimentos administrados por outra instituição, na forma prevista em normas baixadas pelo Conselho Monetário Nacional;
>
> VI – a instituição que receber as importâncias referentes à subscrição das cotas do Fundo de Investimento Imobiliário e do Fundo Mútuo de Investimento em Empresas Emergentes.

§ 1º Na hipótese do inciso II do caput, ficam as entidades ali relacionadas obrigadas a apresentar à instituição financeira declaração de que estão operando por conta de terceiros e com recursos destes.

§ 2º Para efeito do disposto no inciso VI do caput, a instituição intermediadora dos recursos deverá:

I – manter sistema de registro e controle, em meio magnético, que permita a identificação, a qualquer tempo, de cada cliente e dos elementos necessários à apuração do imposto por ele devido;

II – fornecer à instituição administradora do fundo de investimento, individualizados por código de cliente, os valores das aplicações, resgates e imposto cobrado;

III – prestar à Secretaria da Receita Federal do Brasil todas as informações decorrentes da responsabilidade pela cobrança do imposto.

§ 3º No caso das operações a que se refere o § 1º do art. 32-A, a responsabilidade tributária será do custodiante das ações cedidas.

§ 4º No caso de ofertas públicas a que se refere o § 2º do art. 32-A, a responsabilidade tributária será do coordenador líder da oferta.

Em se tratando do **art. 26**, o **contribuinte** poderá ser as **pessoas físicas** ou **jurídicas** que **adquirem títulos ou valores mobiliários**, como ações, debêntures ou outros instrumentos financeiros. Nessa situação, o **contribuinte** é quem **realiza a aquisição** e, consequentemente, promove a **operação tributável**. O IOF pode ser calculado com base no **valor da transação** ou na **remuneração obtida**.

Já em se tratando dos **titulares de aplicações financeiras**, são **contribuintes** os **investidores que possuem recursos aplicados em instrumentos financeiros**, como **Certificados de Depósito Bancário** (CDB), **fundos de investimento**, entre outros.

As **instituições financeiras** são **contribuintes** exclusivamente na hipótese prevista no **inciso IV do art. 28**, que trata de **situações específicas** em que há **necessidade de equalização** ou **ajuste de operações financeiras** promovidas pelas instituições. Em geral, essa situação ocorre em operações nas quais a instituição assume o papel de **titular da operação financeira tributável**, não meramente como intermediária ou responsável pelo recolhimento.

Além de estabelecer os contribuintes em operações envolvendo títulos, valores mobiliários e fundos de investimento, a norma também define os **responsáveis tributários**. Elencados no **art. 27**, desempenham um papel crucial para garantir a eficiência da arrecadação e a conformidade tributária.

As **instituições autorizadas**, geralmente representadas por **bancos, corretoras e distribuidoras de valores mobiliários**, são **responsáveis** pelo recolhimento do IOF em operações de compra e venda de títulos, como ações, debêntures e outros instrumentos financeiros.

Em se tratando de **bolsa de valores**, como a **B3 (Brasil, Bolsa, Balcão)** e **outras instituições similares**, figuram como **responsáveis** pelo recolhimento do IOF em **operações realizadas em seu nome**, mas por **conta de terceiros**. Essas operações incluem as **aplicações financeiras**, cujo objeto são **recursos de terceiros**.

O **SELIC (Sistema Especial de Liquidação e Custódia)** e a **CETIP (Central de Custódia e Liquidação Financeira de Títulos)** são **plataformas de liquidação** e **custódia de operações financeiras**. Nesse contexto, a **instituição** que realiza a **liquidação da operação** perante o beneficiário final **assume a responsabilidade de recolher o IOF**.

O **administrador de um fundo de investimento** é responsável pelo **recolhimento do IOF** nas operações realizadas pelos **cotistas do fundo**. Isso inclui **resgates, aplicações** e **movimentações** que gerem incidência do tributo.

Quando uma **instituição financeira** intermedeia **recursos de clientes para aplicação em fundos de investimento administrados por outra instituição**, também figurará como **responsável pelo recolhimento do IOF**, de acordo com as normas estabelecidas pelo **Conselho Monetário Nacional (CMN)**.

Temos, de igual modo, a previsão sobre a **cessão de ações**, quando o titular **transfere**, temporária ou definitivamente, as **ações a outro investidor**, podendo envolver **empréstimos de ações, alienações** ou outras **formas de transferência de propriedade**. O **custodiante** é a instituição que mantém as **ações sob custódia para o investidor**, como **bancos** ou **corretoras autorizadas**. Nessas operações, o **custodiante** é **responsável por calcular, reter** e **recolher** o IOF devido ao Tesouro Nacional, garantindo que o imposto seja arrecadado no **momento da cessão**.

Por fim, temos os casos que envolvem a **oferta pública de ações**, incluindo operações em que empresas **oferecem suas ações ao público**, como **ofertas iniciais** (IPO) ou **subsequentes** (*follow-on*). Essas operações são geralmente **organizadas por consórcios de instituições financeiras**, sendo lideradas por um **coordenador principal**.

O **coordenador líder** é a **instituição financeira** que assume a **liderança na organização, estruturação** e **distribuição da oferta pública**, sendo **responsável** pelo recolhimento do IOF incidente sobre as operações relacionadas à **oferta**, como a **subscrição de ações pelos investidores**.

• Aspecto Quantitativo

O **aspecto quantitativo** passa a ser identificado pela **base de cálculo** e **alíquotas**.

No que diz respeito ao IOF, temos a identificação de **bases econômicas distintas** para cada situação jurídica definida em lei. Assim, definiremos, pelos aspectos legais, as respectivas **bases de cálculo e alíquotas** nas operações decorrentes de **crédito, câmbio, seguros, títulos e valores mobiliários**.

I - Operações de Crédito

Os **arts. 6º** e **7º** definem as **alíquotas** e **base de cálculo** aplicáveis ao **IOF incidente sobre crédito**:

Art. 6º O IOF será cobrado à alíquota máxima de um vírgula cinco por cento ao dia sobre o valor das operações de crédito.

Art. 7º A base de cálculo e respectiva alíquota reduzida do IOF são:

I – na operação de empréstimo, sob qualquer modalidade, inclusive abertura de crédito:

a) quando não ficar definido o valor do principal a ser utilizado pelo mutuário, inclusive por estar contratualmente prevista a reutilização do crédito, até o termo final da operação, a base de cálculo é o somatório dos saldos devedores diários apurado no último dia de cada mês, inclusive na prorrogação ou renovação:

1. mutuário pessoa jurídica: 0,0041%;

2. mutuário pessoa física: 0,0082%;

b) quando ficar definido o valor do principal a ser utilizado pelo mutuário, a base de cálculo é o principal entregue ou colocado à sua disposição, ou quando previsto mais de um pagamento, o valor do principal de cada uma das parcelas:

1. mutuário pessoa jurídica: 0,0041% ao dia;

2. mutuário pessoa física: 0,0082% ao dia;

II – na operação de desconto, inclusive na de alienação a empresas de factoring de direitos creditórios resultantes de vendas a prazo, a base de cálculo é o valor líquido obtido:

a) mutuário pessoa jurídica: 0,0041% ao dia;

b) mutuário pessoa física: 0,0082% ao dia;

III – no adiantamento a depositante, a base de cálculo é o somatório dos saldos devedores diários, apurado no último dia de cada mês:

a) mutuário pessoa jurídica: 0,0041%;

b) mutuário pessoa física: 0,0082%;

IV – nos empréstimos, inclusive sob a forma de financiamento, sujeitos à liberação de recursos em parcelas, ainda que o pagamento seja parcelado, a base de cálculo é o valor do principal de cada liberação:

a) mutuário pessoa jurídica: 0,0041% ao dia;

b) mutuário pessoa física: 0,0082% ao dia;

V – nos excessos de limite, ainda que o contrato esteja vencido:

a) quando não ficar expressamente definido o valor do principal a ser utilizado, inclusive por estar contratualmente prevista a reutilização do crédito, até o termo final da operação, a base de cálculo é o valor dos excessos computados no somatório dos saldos devedores diários apurados no último dia de cada mês:

1. mutuário pessoa jurídica: 0,0041%;

2. mutuário pessoa física: 0,0082%;

b) quando ficar expressamente definido o valor do principal a ser utilizado, a base de cálculo é o valor de cada excesso, apurado diariamente, resultante de novos valores entregues ao interessado, não se considerando como tais os débitos de encargos:

1. mutuário pessoa jurídica: 0,0041% ao dia;

2. mutuário pessoa física: 0,0082% ao dia;

VI – nas operações referidas nos incisos I a V, quando se tratar de mutuário pessoa jurídica optante pelo Regime Especial Unificado de Arrecadação de Tributos e Contribuições devidos pelas Microempresas e Empresas de Pequeno Porte – Simples Nacional, de que trata a Lei Complementar n. 123, de 14 de dezembro de 2006, em que o valor seja igual ou inferior a R$ 30.000,00 (trinta mil reais), observado o disposto no art. 45, inciso II: 0,00137% ou 0,00137% ao dia, conforme o caso;

VII - nas operações de financiamento para aquisição de imóveis não residenciais, em que o mutuário seja pessoa física: 0,0082% ao dia.

§ 1º O IOF, cuja base de cálculo não seja apurada por somatório de saldos devedores diários, não excederá o valor resultante da aplicação da alíquota diária a cada valor de principal, prevista para a operação, multiplicada por trezentos e sessenta e cinco dias, acrescida da alíquota adicional de que trata o § 15, ainda que a operação seja de pagamento parcelado.

§ 2º No caso de operação de crédito não liquidada no vencimento, cuja tributação não tenha atingido a limitação prevista no § 1º, a exigência do IOF fica suspensa entre a data do vencimento original da obrigação e a da sua liquidação ou a data em que ocorrer qualquer das hipóteses previstas no § 7º.

§ 3º Na hipótese do § 2º, será cobrado o IOF complementar, relativamente ao período em que ficou suspensa a exigência, mediante a aplicação da mesma alíquota sobre o valor não liquidado da obrigação vencida, até atingir a limitação prevista no § 1º.

§ 4º O valor líquido a que se refere o inciso II deste artigo corresponde ao valor nominal do título ou do direito creditório, deduzidos os juros cobrados antecipadamente.

§ 5º No caso de adiantamento concedido sobre cheque em depósito, a tributação será feita na forma estabelecida para desconto de títulos, observado o disposto no inciso XXII do art. 8º.

§ 6º No caso de cheque admitido em depósito e devolvido por insuficiência de fundos, a base de cálculo do IOF será igual ao valor a descoberto, verificado na respectiva conta, pelo seu débito, na forma estabelecida para o adiantamento a depositante.

§ 7º Na prorrogação, renovação, novação, composição, consolidação, confissão de dívida e negócios assemelhados, de operação de crédito em que não haja substituição de devedor, a base de cálculo do IOF será o valor não liquidado da operação anteriormente tributada, sendo essa tributação considerada complementar à anteriormente feita, aplicando-se a alíquota em vigor à época da operação inicial.

§ 8º No caso do § 7º, se a base de cálculo original for o somatório mensal dos saldos devedores diários, a base de cálculo será o valor renegociado na operação, com exclusão da parte amortizada na data do negócio.

§ 9º Sem exclusão da cobrança do IOF prevista no § 7º, havendo entrega ou colocação de novos valores à disposição do interessado, esses constituirão nova base de cálculo.

§ 10. No caso de novação, composição, consolidação, confissão de dívida e negócios assemelhados de operação de crédito em que haja substituição de devedor, a base de cálculo do IOF será o valor renegociado na operação.

§ 11. Nos casos dos §§ 8º, 9º e 10, a alíquota aplicável é a que estiver em vigor na data da novação, composição, consolidação, confissão de dívida ou negócio assemelhado.

§ 12. Os encargos integram a base de cálculo quando o IOF for apurado pelo somatório dos saldos devedores diários.

§ 13. Nas operações de crédito decorrentes de registros ou lançamentos contábeis ou sem classificação específica, mas que, pela sua natureza, importem colocação ou entrega de recursos à disposição de terceiros, seja o mutuário pessoa física ou jurídica, as alíquotas serão aplicadas na forma dos incisos I a VI, conforme o caso.

§ 14. Nas operações de crédito contratadas por prazo indeterminado e definido o valor do principal a ser utilizado pelo mutuário, aplicar-se-á a alíquota diária prevista para a operação e a base de cálculo será o valor do principal multiplicado por trezentos e sessenta e cinco.

§ 15. Sem prejuízo do disposto no caput, o IOF incide sobre as operações de crédito à alíquota adicional de trinta e oito centésimos por cento, independentemente do prazo da operação, seja o mutuário pessoa física ou pessoa jurídica.

§ 16. Nas hipóteses de que tratam a alínea 'a' do inciso I, o inciso III, e a alínea 'a' do inciso V, o IOF incidirá sobre o somatório mensal dos acréscimos diários dos saldos devedores, à alíquota adicional de que trata o § 15.

§ 17. Nas negociações de que trata o § 7º não se aplica a alíquota adicional de que trata o § 15, exceto se houver entrega ou colocação de novos valores à disposição do interessado.

§ 18. No caso de operação de crédito cuja base de cálculo seja apurada por somatório dos saldos devedores diários, constatada a inadimplência do tomador, a cobrança do IOF apurado a partir do último dia do mês subsequente ao da constatação de inadimplência dar-se-á na data da liquidação total ou parcial da operação ou da ocorrência de qualquer das hipóteses previstas no § 7º.

§ 19. Na hipótese do § 18, por ocasião da liquidação total ou parcial da operação ou da ocorrência de qualquer das hipóteses previstas no § 7º, o IOF será cobrado mediante a aplicação das alíquotas previstas nos itens 1 ou 2 da alínea 'a' do inciso I do caput, vigentes na data de ocorrência de cada saldo devedor diário, até atingir a limitação de trezentos e sessenta e cinco dias.

O diploma regulamentador do IOF (Decreto 6.306/2007) traz ainda importantes informações sobre a **aplicabilidade da alíquota zero**, demonstrando, assim, a **sua diferença ante as isenções**. Assim, não se pode confundir **alíquota zero** e **isenção**, por serem institutos diversos, apesar do idêntico efeito prático.

Na **alíquota zero**, a operação permanece **formalmente tributável**, enquanto na **isenção**, a operação **deixa de integrar o campo de incidência do tributo**. Mesmo com **alíquota zero**, as operações podem ser submetidas às **obrigações acessórias**, como registro e declaração ao Fisco.

A **alíquota zero** é amplamente utilizada no IOF como um **mecanismo de política econômica**, permitindo ao governo ajustar rapidamente a tributação sobre operações financeiras. Isso confere ao IOF um **caráter regulatório**, possibilitando sua aplicação como **instrumento para reduzir custos de crédito em momentos de retração econômica, fomentar investimentos em setores estratégicos** e **evitar a oneração excessiva de operações financeiras de baixa rentabilidade**.

II – Operações de Câmbio

Os **arts. 14 e 15 do Decreto 6.306/2007**, com alterações de decretos normativos de 2.010 e 2.011, traz as informações sobre a **base de cálculo** e **alíquotas** nas **operações de câmbio**:

Art. 14. A base de cálculo do IOF é o montante em moeda nacional, recebido, entregue ou posto à disposição, correspondente ao valor, em moeda estrangeira, da operação de câmbio.

Art. 15. A alíquota máxima do IOF é de vinte e cinco por cento.

Art. 15-A. (revogado).

Art. 15-B. A alíquota do IOF fica reduzida para trinta e oito centésimos por cento, observadas as seguintes exceções:

I – nas operações de câmbio relativas ao ingresso no País de receitas de exportação de bens e serviços: zero;

II – nas operações de câmbio de natureza interbancária entre instituições integrantes do Sistema Financeiro Nacional autorizadas a operar no mercado de câmbio e entre estas e instituições financeiras no exterior: zero;

II – nas operações de câmbio, de transferências do e para o exterior, relativas a aplicações de fundos de investimento no mercado internacional, nos limites e condições fixados pela Comissão de Valores Mobiliários: zero;

IV – nas operações de câmbio realizadas por empresas de transporte aéreo internacional domiciliadas no exterior, para remessa de recursos originados de suas receitas locais: zero;

V – nas operações de câmbio relativas a ingresso de moeda estrangeira para cobertura de gastos efetuados no País com utilização de cartão de crédito emitido no exterior: zero;

VI – nas operações de câmbio realizadas para ingresso no País de doações em espécie recebidas por instituições financeiras públicas controladas pela União e destinadas a ações de prevenção, monitoramento e combate ao desmatamento e de promoção da conservação e do uso sustentável das florestas brasileiras, de que trata a Lei 11.828, de 20 de novembro de 2008: zero;

VII – nas operações de câmbio destinadas ao cumprimento de obrigações de administradoras de cartão de crédito ou de débito ou de bancos comerciais ou múltiplos na qualidade de emissores de cartão de crédito decorrentes de aquisição de bens e serviços do exterior efetuada por seus usuários, observado o disposto no inc. VIII: seis inteiros e trinta e oito centésimos por cento;

VIII – nas operações de câmbio destinadas ao cumprimento de obrigações de administradoras de cartão de crédito ou de débito ou de bancos comerciais ou múltiplos na qualidade de emissores de cartão de crédito decorrentes de aquisição de bens e serviços do exterior quando forem usuários do cartão a União, Estados, Municípios, Distrito Federal, suas fundações e autarquias: zero;

IX – nas operações de câmbio destinadas ao cumprimento de obrigações de administradoras de cartão de uso internacional ou de bancos comerciais ou múltiplos na qualidade de emissores de cartão de crédito ou de débito decorrentes de saques no exterior efetuado por seus usuários: seis inteiros e trinta e oito centésimos por cento;

X – nas liquidações de operações de câmbio para aquisição de moeda estrangeira em cheques de viagens e para carregamento de cartão internacional pré-pago, destinadas a atender gastos pessoais em viagens internacionais: seis inteiros e trinta e oito centésimos por cento;

XI – nas liquidações de operações de câmbio de ingresso e saída de recursos no e do País, referentes a recursos captados a título de empréstimos e financiamentos externos, excetuadas as operações de que trata o inciso XII: zero;

XII – nas liquidações de operações de câmbio para ingresso de recursos no País, inclusive por meio de operações simultâneas, referente a empréstimo externo, sujeito a registro no Banco Central do Brasil, contratado de forma direta ou mediante emissão de títulos no mercado internacional com prazo médio mínimo de até cento e oitenta dias: seis por cento;

XIII – nas liquidações de operações de câmbio para remessa de juros sobre o capital próprio e dividendos recebidos por investidor estrangeiro: zero;

XIV – nas liquidações de operações de câmbio contratadas por investidor estrangeiro para ingresso de recursos no País, inclusive por meio de operações simultâneas, para constituição de margem de garantia, inicial ou adicional, exigida por bolsas de valores, de mercadorias e futuros: zero;

XV – nas liquidações de operações simultâneas de câmbio para ingresso no País de recursos através de cancelamento de Depositary Receipts – DR, para investimento em ações negociáveis em bolsa de valores: zero;

XVI – nas liquidações de operações de câmbio contratadas por investidor estrangeiro para ingresso de recursos no País, inclusive por meio de operações simultâneas, para aplicação nos mercados financeiro e de capitais: zero;

XVII – nas liquidações de operações de câmbio para fins de retorno de recursos aplicados por investidor estrangeiro nos mercados financeiro e de capitais: zero;

XVIII – na operação de compra de moeda estrangeira por instituição autorizada a operar no mercado de câmbio, contratada simultaneamente com operação de venda, exclusivamente quando requerida em disposição regulamentar: zero.

§ 1º No caso de operações de empréstimo em moeda via lançamento de títulos, com cláusula de antecipação de vencimento, parcial ou total, pelo credor ou pelo devedor (put/call), a primeira data prevista de exercício definirá a incidência do imposto prevista no inciso XII do caput.

§ 2º Quando a operação de empréstimo for contratada pelo prazo médio mínimo superior ao exigido no inc. XII do caput e for liquidada antecipadamente, total ou parcialmente, descumprindo-se esse prazo mínimo, o contribuinte ficará sujeito ao pagamento do imposto calculado à alíquota estabelecida no inciso citado, acrescido de juros moratórios e multa, sem prejuízo das penalidades previstas no art. 23 da Lei 4.131, de 03.09.1962, e no art. 72 da Lei 9.069, de 29.06.1995.

A **base de cálculo** é expressa em reais (BRL), correspondendo ao **valor equivalente da operação** realizada em **moeda estrangeira**. O dispositivo contempla **todas as operações de câmbio**, incluindo a **compra e venda de moeda estrangeira**, as **transferências internacionais de recursos**, bem como os **pagamentos realizados em moeda estrangeira**.

Assim, a **base de cálculo** será determinada quando **o valor é recebido, entregue** ou **posto à disposição**, refletindo o **câmbio vigente na data da operação**. Já a **fixação da alíquota máxima** em **25%** (vinte e cinco por cento) evita **excessos fiscais**, garantindo que a tributação não se torne desproporcional.

III – Operações de Seguros

Os **arts. 21 e 22 do Decreto 6.306/2007**, com alterações em 2.012, traz a **base de cálculo** e as **alíquotas** nas operações decorrentes de **seguros**:

Art. 21. A base de cálculo do IOF é o valor dos prêmios pagos.

Art. 22. A alíquota do IOF é de vinte e cinco por cento.

§ 1º A alíquota do IOF fica reduzida:

I – a zero, nas seguintes operações:

a) de resseguro;

b) de seguro obrigatório, vinculado a financiamento de imóvel habitacional, realizado por agente do Sistema Financeiro de Habitação;

c) de seguro de crédito à exportação e de transporte internacional de mercadorias;

d) de seguro contratado no Brasil, referente à cobertura de riscos relativos ao lançamento e à operação dos satélites Brasilsat I e II;

e) em que o valor dos prêmios seja destinado ao custeio dos planos de seguro de vida com cobertura por sobrevivência;

f) de seguro aeronáutico e de seguro de responsabilidade civil pagos por transportador aéreo;

g) de seguro garantia.

II – nas operações de seguro de vida e congêneres, de acidentes pessoais e do trabalho, incluídos os seguros obrigatórios de danos pessoais causados por veículos automotores de vias terrestres e por embarcações, ou por sua carga, a pessoas transportadas ou não e excluídas aquelas de que trata a alínea 'f' do inciso I: trinta e oito centésimos por cento;

III – nas operações de seguros privados de assistência à saúde: dois inteiros e trinta e oito centésimos por cento;

IV – nas demais operações de seguro: sete inteiros e trinta e oito centésimos por cento.

§ 2º O disposto na alínea 'f' do inciso I do § 1º aplica-se somente a seguro contratado por companhia aérea que tenha por objeto principal o transporte remunerado de passageiros ou de cargas.

A **base de cálculo do IOF** em **operações de seguro** é definida como o **valor do prêmio de seguro**, ou seja, o **montante que o segurado paga à seguradora para obter a cobertura dos riscos contratados**. O cálculo do imposto aplica-se ao **prêmio efetivamente pago**, independentemente do **tipo de seguro contratado** (vida, saúde, automóveis, entre outros).

O **art. 22** fixa a **alíquota máxima do IOF em operações de seguro** em **25%** (vinte e cinco por cento), aplicável a todas as operações que **não tenham alíquotas reduzidas pela norma**. Essa alíquota, entretanto, é raramente aplicada, uma vez que o decreto estabelece **reduções específicas para diferentes tipos de seguro**.

A **alíquota** é reduzida a **0%** em operações de seguro que apresentam **caráter estratégico**, **regulatório** ou de **incentivo econômico**. São elas:

a) **Resseguro**: operação em que uma seguradora transfere parte do risco para outra seguradora (resseguradora);

b) **Seguro obrigatório** vinculado a financiamento de imóvel habitacional;

c) **Seguro de crédito** à **exportação** e **transporte internacional**: promove o comércio exterior ao desonerar operações relacionadas à exportação e transporte internacional;

d) **Seguros** relacionados ao **lançamento** e **operações dos satélites BrasilSat I e II**;

e) **Prêmios** destinados ao **custeio de planos de seguros de vida** com **cobertura por sobrevivência**;

f) **Seguro aeronáutico** e de **responsabilidade civil** pagos por **transportador aéreo**;

g) **Seguro garantia**: utilizado em contratos de infraestrutura e grandes projetos, promovendo segurança nas transações comerciais e públicas.

IV – Operações com Títulos e Valores Mobiliários

Entre os **arts. 28 a 33 do Decreto 6.306/2007**, temos as definições das **bases de cálculo** e **alíquotas** nas operações decorrentes junto ao **mercado de títulos** e **valores mobiliários**, com alterações em 2012:

V – com Certificado de Direitos Creditórios do Agronegócio – CDCA, com Letra de Crédito do Agronegócio – LCA, e com Certificado de Recebíveis do Agronegócio – CRA, criados pelo art. 23 da Lei 11.076, de 30 de dezembro de 2004; e

VI – com debêntures de que trata o art. 52 da Lei 6.404, de 15 de dezembro de 1976, com Certificados de Recebíveis Imobiliários de que trata o art. 6º da Lei n. 9.514, de 20 de novembro de 1997, e com Letras Financeiras de que trata o art. 37 da Lei 12.249, de 11 de junho de 2010.

VII – de negociação de cotas de Fundos de Índice de Renda Fixa em bolsas de valores ou mercado de balcão organizado.

§ 3º O disposto no inciso III do § 2º não se aplica às operações conjugadas de que trata o art. 65, § 4º, alínea 'a', da Lei 8.981, de 1995.

§ 4º O disposto neste artigo não modifica a incidência do IOF:

I – nas operações de que trata o art. 30;

II – no resgate de quotas de fundos de investimento, na forma prevista no art. 31;

§ 5º A incidência de que trata o inciso II do § 4º exclui a cobrança do IOF prevista neste artigo.

Art. 32-A. A partir de 24.12 2013, fica reduzida a zero a alíquota incidente na cessão de ações que sejam admitidas à negociação em bolsa de valores localizada no Brasil, com o fim específico de lastrear a emissão de depositary receipts – DR negociados no exterior.

§ 1º Para os efeitos do disposto no caput, exceto no caso de ofertas públicas, o valor da operação a ser considerado para fins de apuração da base de cálculo deverá ser obtido multiplicando-se o número de ações cedidas pela sua cotação de fechamento na data anterior à operação ou, no caso de não ter havido negociação nessa data, pela última cotação de fechamento disponível.

§ 2º No caso de ofertas públicas, a cotação a ser considerada para fins de apuração da base de cálculo do IOF de que trata este artigo será o preço fixado com base no resultado do processo de coleta de intenções de investimento ('Procedimento de Bookbuilding') ou, se for o caso, o preço determinado pelo ofertante e definido nos documentos da oferta pública.

Art. 32-B. (revogado).

Art. 32-C. O IOF será cobrado à alíquota de um por cento, sobre o valor nocional ajustado, na aquisição, venda ou vencimento de contrato de derivativo financeiro celebrado no País que, individualmente, resulte em aumento da exposição cambial vendida ou redução da exposição cambial comprada.

§ 1º Poderão ser deduzidos da base de cálculo apurada diariamente:

I – o somatório do valor nocional ajustado na aquisição, venda ou vencimento de contratos de derivativos financeiros celebrados no País, no dia, e que, individualmente, resultem em aumento da exposição cambial comprada ou redução da exposição cambial vendida;

II – a exposição cambial líquida comprada ajustada apurada no dia útil anterior;

III – a redução da exposição cambial líquida vendida e o aumento da exposição cambial líquida comprada em relação ao dia útil anterior, não resultantes de aquisições, vendas ou vencimentos de contratos de derivativos financeiros.

§ 2º A base de cálculo será apurada em dólares dos Estados Unidos da América e convertida em moeda nacional para fins de incidência do imposto, conforme taxa de câmbio de fechamento do dia de apuração da base de cálculo divulgada pelo Banco Central do Brasil – PTAX.

§ 3º No caso de contratos de derivativos financeiros que tenham por objeto a taxa de câmbio de outra moeda estrangeira que não o dólar dos Estados Unidos da América em relação à moeda nacional ou taxa de juros associada a outra moeda estrangeira que não o dólar dos Estados Unidos da América em relação à moeda nacional, o valor nocional ajustado e as exposições cambiais serão apurados na própria moeda estrangeira e convertidos em dólares dos Estados Unidos da América para apuração da base de cálculo.

§ 4º Para os fins do disposto neste artigo, entende-se por:

I – valor nocional ajustado – o valor de referência do contrato – valor nocional – multiplicado pela variação do preço do derivativo em relação à variação do preço da moeda estrangeira, sendo que, no caso de aquisição, venda ou vencimento parcial, o valor nocional ajustado será apurado proporcionalmente;

II – exposição cambial vendida – o somatório do valor nocional ajustado dos contratos de derivativos financeiros do titular que resultem em ganhos quando houver apreciação da moeda nacional relativamente à moeda estrangeira, ou perdas quando houver depreciação da moeda nacional relativamente à moeda estrangeira;

III – exposição cambial comprada – o somatório do valor nocional ajustado dos contratos de derivativos financeiros do titular que resultem em perdas quando houver apreciação da moeda nacional relativamente à moeda estrangeira, ou ganhos quando houver depreciação da moeda nacional relativamente à moeda estrangeira;

IV – exposição cambial líquida vendida – o valor máximo entre zero e o resultado da diferença entre a exposição cambial vendida e a exposição cambial comprada;

V – exposição cambial líquida comprada – o valor máximo entre zero e o resultado da diferença entre a exposição cambial comprada e a exposição cambial vendida;

VI – exposição cambial líquida comprada ajustada – o valor máximo entre zero e o resultado da diferença entre a exposição cambial comprada, acrescida de US$ 10.000.000,00 (dez milhões de dólares dos Estados Unidos da América), e a exposição cambial vendida;

VII – contrato de derivativo financeiro – contrato que tem como objeto taxa de câmbio de moeda estrangeira em relação à moeda nacional ou taxa de juros associada a moeda estrangeira em relação à moeda nacional; e

VIII – data de aquisição, venda ou vencimento – data em que a exposição cambial do contrato de derivativo financeiro é iniciada ou encerrada, total ou parcialmente, pela determinação de parâmetros utilizados no cálculo do valor de liquidação do respectivo contrato.

§ 5º A alíquota fica reduzida a zero:

I – nas operações com contratos de derivativos para cobertura de riscos, inerentes à oscilação de preço da moeda estrangeira, decorrentes de contratos de exportação firmados por pessoa física ou jurídica residente ou domiciliada no País; e

II – nas demais operações com contratos de derivativos financeiros não incluídos no caput.

§ 6º O contribuinte do tributo é o titular do contrato de derivativos financeiros.

§ 7º São responsáveis pela apuração e recolhimento do tributo as entidades ou instituições autorizadas a registrar os contratos de derivativos financeiros.

§ 8º Na impossibilidade de apuração do IOF pelos responsáveis tributários, tais entidades ou instituições deverão, até o décimo dia útil do mês subsequente ao de ocorrência do fato gerador, por meio dos intermediários e participantes habilitados, as informações necessárias para a apuração da base de cálculo das operações com contratos de derivativos financeiros registrados em seus sistemas, e para o recolhimento do tributo:

I – ao contribuinte residente ou domiciliado no País;

II – ao representante legal do contribuinte residente ou domiciliado no exterior; e

III – ao administrador de fundos e clubes de investimentos, para o qual as informações de que trata o § 8º poderão ser disponibilizadas diariamente.

§ 9º Caracteriza-se impossibilidade de apuração ou de cobrança, respectivamente, quando as entidades ou instituições de que trata o § 7º não possuírem todas as informações necessárias para apuração da base de cálculo, inclusive informações de outras entidades autorizadas a registrar contratos de derivativos financeiros, ou não possuírem acesso aos recursos financeiros do contribuinte necessários ao recolhimento do imposto.

§ 10. As informações a que se refere o § 8º poderão ser disponibilizadas em formato eletrônico.

§ 11. Para fazer jus à alíquota reduzida de que trata o inciso I do § 5º, o valor total da exposição cambial vendida diária referente às operações com contratos de derivativos não poderá ser superior a 1,2 (um inteiro e dois décimos) vezes o valor total das operações com exportação realizadas no ano anterior pela pessoa física ou jurídica titular dos contratos de derivativos.

§ 12. Observado o limite de que trata o § 11, o disposto no inciso I do § 5º estará sujeito à comprovação de operações de exportação cujos valores justifiquem a respectiva exposição cambial vendida, realizadas no período de até doze meses subsequentes à data de ocorrência do fato gerador do IOF.

§ 13. Quando houver falta de comprovação ou descumprimento de condição de que tratam os §§ 11 e 12, o IOF será devido a partir da data de ocorrência do fato gerador e calculado à alíquota correspondente à operação, conforme previsto no caput, acrescido de juros e multa de mora.

§ 14. Quando, em razão de determinação prévia do Banco Central do Brasil, a taxa de câmbio válida para um determinado dia for definida como a mesma taxa de câmbio do dia útil imediatamente anterior, será considerada como data de aquisição, venda ou vencimento, definida no inciso VIII do § 4º, para as exposições com aquisição, venda ou vencimento nessa data, o dia útil imediatamente anterior, ficando o próprio contribuinte responsável pela consolidação das exposições destes dias.

§ 15. A partir de 13 de junho de 2013, a alíquota prevista no caput fica reduzida a zero.

Art. 33. A alíquota fica reduzida a zero nas demais operações com títulos ou valores mobiliários, inclusive no resgate de cotas do Fundo de Aposentadoria Programada Individual – FAPI, instituído pela Lei 9.477, de 24 de julho de 1997.

A **base de cálculo** é definida como o **valor financeiro** envolvido nas operações de **aquisição**, **resgate**, **cessão** ou **repactuação de títulos** e **valores mobiliários**, operações realizadas em **bolsas de valores**, **clubes de investimento** e **fundos**, bem como de **derivativos financeiros**, utilizando critérios específicos, como o **valor nocional ajustado**.

O denominado **valor nocional ajustado** é um conceito usado em **contratos de derivativos financeiros** para representar o **valor de referência do contrato**, ajustado conforme as **condições específicas da operação**, como **variações no preço do derivativo** ou no **ativo subjacente**. Por exemplo, em um **contrato futuro de câmbio**, o **valor nocional** pode ser o **montante da moeda estrangeira envolvida no contrato**.

Assim, o **valor nocional ajustado** reflete com maior precisão a **exposição do titular do contrato ao mercado**, considerando **variações** que afetam o **valor teórico inicial**.

Pragmaticamente, tomemos como exemplo determinado **exportador** que **contrata um derivativo financeiro** para proteger US$ **1.000.000** contra **flutuações cambiais**.

930 DIREITO TRIBUTÁRIO INTERDISCIPLINAR • Caio Bartine

Durante o **contrato**, a **taxa de câmbio varia**, aumentando o valor em reais **associado ao contrato**. O **valor nocional ajustado** reflete essa **mudança no câmbio** e ajusta o **montante original** para determinar a **base de cálculo do IOF** e a **exposição efetiva ao risco cambial**.

Destarte, se trata de **medida adaptativa** que ajusta o **valor teórico inicial de um contrato derivativo** para refletir as **condições de mercado** e **operações realizadas**.

A **base de cálculo** também pode incluir **rendimentos periódicos associados às operações**, ampliando o alcance do tributo.

A **alíquota máxima geral** é fixada em **1,5% ao dia**, mas raramente aplicada devido à regulamentação que prevê reduções específicas, tais como **1% ao dia** em **operações de resgate, cessão** ou **repactuação, 0,5% ao dia** sobre **resgates antecipados antes do prazo de carência em fundos de investimento**, além de outras fixações legais.

As **operações com contratos de derivativos financeiros** recebem regulamentação detalhada. A apuração da **base de cálculo** considera o **valor nocional ajustado**.

Existe **dedução** de **exposições cambiais em determinadas condições**, bem como a **redução da alíquota a zero** para **operações de cobertura cambial** relacionadas à **exportação**, desde que respeitadas **limitações e comprovações**.

• Outras características aplicáveis ao IOF

O **imposto sobre as operações decorrentes de crédito, câmbio, seguros, títulos e valores mobiliários** (IOF) passa a ser utilizado, pelo Governo Federal, como um **mecanismo de regulação econômica**. Portanto, passa a ser considerado um **tributo extrafiscal**.

Tendo a característica marcante de tributo extrafiscal, o **princípio da legalidade** resta **mitigado**, uma vez que suas **alíquotas podem ser alteradas através de atos do Poder Executivo**. Assim, o Poder Executivo, normalmente por meio de **decreto**, poderá **aumentar ou reduzir as alíquotas do imposto sobre operações financeiras**, desde que haja **estrita observância da lei**. Não poderá o Poder Executivo **aumentar acima do limite máximo** ou **reduzir abaixo do limite mínimo estabelecido em lei**, configurando-se **exorbitância do Poder Regulamentar** conferido pela CF/1988.

Caso o Poder Executivo **exorbite** os limites estabelecidos em decorrência do Poder Regulamentar, caberá ao **Congresso Nacional** a **sustação dos atos normativos**, nos termos do **art. 49, V, da CF/1988**[38].

De igual modo, teremos uma **mitigação do princípio da anterioridade tributária**, uma vez que o referido imposto **poderá ser exigido imediatamente**, após a **publicação**

---

38. **Art. 49.** É da competência exclusiva do Congresso Nacional:

V – sustar os atos normativos do Poder Executivo que exorbitem do poder regulamentar ou dos limites de delegação legislativa.

da lei, quando esta **aumentar** as suas alíquotas, conforme estabelece o **art. 150, § 1º, da CF/1988**[39].

O **art. 153, § 5º, da CF/1988** estabelece a possibilidade da **incidência de IOF sobre o ouro**, desde que seja aplicado como **ativo financeiro** ou **instrumento de política cambial**:

> Art. 153 (...)
>
> § 5º O ouro, quando definido em lei como ativo financeiro ou instrumento cambial, sujeita-se exclusivamente à incidência do imposto de que trata o inciso V do *caput* deste artigo, devido na operação de origem; a alíquota mínima será de um por cento, assegurada a transferência do montante da arrecadação nos seguintes termos:
>
> I – trinta por cento para o Estado, o Distrito Federal ou o Território, conforme a origem;
>
> II – setenta por cento para o Município de origem.

Neste caso, a incidência do IOF será sobre a **primeira aquisição do ouro** destinado ao **mercado financeiro** ou como **instrumento de política cambial** instituídos e cobrados das instituições autorizadas pelo **Banco Central do Brasil** (Bacen), cuja alíquota será de **1%** sobre o **preço da aquisição do ouro**.

O **Decreto 6.306/2007** regulamenta a **incidência de IOF sobre o ouro**, conforme vemos abaixo:

> Art. 36. O ouro, ativo financeiro, ou instrumento cambial sujeita-se, exclusivamente, à incidência do IOF.
>
> § 1º Entende-se por ouro, ativo financeiro, ou instrumento cambial, desde sua extração, inclusive, o ouro que, em qualquer estado de pureza, em bruto ou refinado, for destinado ao mercado financeiro ou à execução da política cambial do País, em operação realizada com a intervenência de instituição integrante do Sistema Financeiro Nacional, na forma e condições autorizadas pelo Banco Central do Brasil.
>
> § 2º Enquadra-se na definição do § 1º deste artigo o ouro:
>
> I – envolvido em operações de tratamento, refino, transporte, depósito ou custódia, desde que formalizado compromisso de destiná-lo ao Banco Central do Brasil ou à instituição por ele autorizada;
>
> II – adquirido na região de garimpo, onde o ouro é extraído, desde que, na saída do Município, tenha o mesmo destino a que se refere o inciso I;
>
> III – importado, com interveniência das instituições mencionadas no inciso I.
>
> § 3º O fato gerador do IOF é a primeira aquisição do ouro, ativo financeiro, ou instrumento cambial, efetuada por instituição autorizada integrante do Sistema Financeiro Nacional.
>
> § 4º Ocorre o fato gerador e torna-se devido o IOF:
>
> I – na data da aquisição;
>
> II – no desembaraço aduaneiro, quando se tratar de ouro físico oriundo do exterior.

---

39. **Art. 150.** (...)

    § 1º A vedação do inciso III, b, não se aplica aos tributos previstos nos arts. 148, I, 153, I, II, IV e V; e 154, II; e a vedação do inciso III, c, não se aplica aos tributos previstos nos arts. 148, I, 153, I, II, III e V; e 154, II, nem à fixação da base de cálculo dos impostos previstos nos arts. 155, III, e 156, I.

> Art. 37. Contribuintes do IOF são as instituições autorizadas pelo Banco Central do Brasil que efetuarem a primeira aquisição do ouro, ativo financeiro, ou instrumento cambial.
>
> Art. 38. A base de cálculo do IOF é o preço de aquisição do ouro, desde que dentro dos limites de variação da cotação vigente no mercado doméstico, no dia da operação.
>
> Parágrafo único. Tratando-se de ouro físico, oriundo do exterior, o preço de aquisição, em moeda nacional, será determinado com base no valor de mercado doméstico na data do desembaraço aduaneiro.
>
> Art. 39. A alíquota do IOF é de um por cento sobre o preço de aquisição.
>
> Art. 40. O IOF será cobrado na data da primeira aquisição do ouro, ativo financeiro, efetuada por instituição financeira, integrante do Sistema Financeiro Nacional.
>
> § 1º O IOF deve ser recolhido ao Tesouro Nacional até o terceiro dia útil subsequente ao decêndio de ocorrência dos fatos geradores.
>
> § 2º O recolhimento do IOF deve ser efetuado no Município produtor ou no Município em que estiver localizado o estabelecimento-matriz do contribuinte, devendo ser indicado, no documento de arrecadação, o Estado ou o Distrito Federal e o Município, conforme a origem do ouro.
>
> § 3º Tratando-se de ouro oriundo do exterior, considera-se Município e Estado de origem o de ingresso do ouro no País.
>
> § 4º A pessoa jurídica adquirente fará constar da nota de aquisição o Estado ou o Distrito Federal e o Município de origem do ouro.

O **ouro** pode ser considerado um **ativo financeiro** ou **instrumento cambial** desde o **momento de sua extração**, independentemente de seu **estado de pureza** (bruto ou refinado). Para que esse enquadramento seja válido, é necessário que o ouro seja **destinado ao mercado financeiro** ou utilizado na **execução da política cambial do país**. Tal destinação deve ocorrer através de operações realizadas com a **participação de instituições integrantes do Sistema Financeiro Nacional**, conforme as normas do **Banco Central do Brasil** (BACEN).

O **ouro** envolvido em operações de **tratamento, refino, transporte, depósito** ou **custódia** será considerado **ativo financeiro** ou **instrumento cambial** desde que haja um **compromisso formal de destiná-lo ao Banco Central** ou a uma **instituição autorizada por ele**. Mesmo durante **etapas intermediárias**, como o **refino** ou **transporte**, o **ouro** pode ser tratado como **ativo financeiro**, desde que sua **destinação final esteja alinhada com a política do BACEN**. Isso assegura o controle sobre o fluxo de ouro no sistema financeiro.

O **ouro** extraído em **áreas de garimpo** se enquadra na definição se, **ao sair do município onde foi extraído**, for **destinado** às **instituições financeiras autorizadas**, buscando regular o ouro proveniente de regiões de garimpo e combatendo o comércio informal, garantindo que o metal extraído seja **integrado ao sistema financeiro de forma legal** e **rastreável**. De igual modo, promove a **formalização das atividades de mineração**.

O **ouro importado** também é considerado **ativo financeiro** ou **instrumento cambial**, desde que a operação conte com a interveniência de instituições financeiras autorizadas.

O **recolhimento do IOF** deve ser realizado em **um dos dois locais**:

- no **Município produtor**: local onde ocorre a extração do ouro; ou
- no **Município onde está localizado o estabelecimento-matriz do contribuinte**: geralmente, a **sede da empresa responsável**.

Além disso, é obrigatório indicar, no **documento de arrecadação**, o **Estado**, **Distrito Federal** e o **Município** de **origem do ouro**.

Em se tratando de **ouro importado**, o **Município** e o **Estado** de **origem** serão aqueles correspondentes ao **local de ingresso do ouro no território nacional**, sendo que a **pessoa jurídica**, **adquirente do ouro**, deve **incluir na nota de aquisição** a indicação do **Estado**, do Distrito Federal e do **Município** de **origem do ouro**.

20.5.3 ENTENDIMENTO JURISPRUDENCIAL

Ementa: RECURSO EXTRAORDINÁRIO. TEMA 104 DA REPERCUSSÃO GERAL. ART. 13 DA LEI 9.779/99. IMPOSTO SOBRE OPERAÇÕES FINANCEIRAS – IOF. MÚTUO. INCIDÊNCIA QUE NÃO SE RESTRINGE ÀS OPERAÇÕES DE CRÉDITO REALIZADAS POR INSTITUIÇÕES FINANCEIRAS. RECURSO AO QUAL SE NEGA PROVIMENTO. I – O Supremo Tribunal Federal já decidiu que "nada há na Constituição Federal, ou no próprio Código Tributário Nacional, que restrinja a incidência do IOF sobre as operações de crédito realizadas por instituições financeiras" (ADI 1763, Rel. Min. Dias Toffoli, Tribunal Pleno, DJe 30/07/2020). II – O mútuo de recursos financeiros de que trata o art. 13 da Lei 9.779/99 se insere no tipo "operações de crédito", sobre o qual a Constituição autoriza a instituição do IOF (art. 153, V), já que se trata de negócio jurídico realizado com a finalidade de se obter, junto a terceiro e sob liame de confiança, a disponibilidade de recursos que deverão ser restituídos após determinado lapso temporal, sujeitando-se aos riscos inerentes. III – Fixação de tese: "É constitucional a incidência do IOF sobre operações de crédito correspondentes a mútuo de recursos financeiros entre pessoas jurídicas ou entre pessoa jurídica e pessoa física, não se restringindo às operações realizadas por instituições financeiras". IV – Recurso Extraordinário a que se nega provimento.
(**STF – RE: 590186 RS**, Relator: Min. CRISTIANO ZANIN, Data de Julgamento: 09/10/2023, Tribunal Pleno, Data de Publicação: PROCESSO ELETRÔNICO DJe-s/n DIVULG 16-10-2023 PUBLIC 17-10-2023)
TRIBUTÁRIO. IMPOSTO SOBRE OPERAÇÕES FINANCEIRAS – IOF. CÂMBIO. VINCULAÇÃO À EXPORTAÇÃO. ADIANTAMENTO SOBRE CONTRATO DE CÂMBIO (ACC). OPERAÇÃO DE CRÉDITO. FATO GERADOR. INEXISTÊNCIA. 1. O Plenário do STJ decidiu que "aos recursos interpostos com fundamento no CPC/1973 (relativos a decisões publicadas até 17 de março de 2016) devem ser exigidos os requisitos de admissibilidade na forma nele prevista, com as interpretações dadas até então pela jurisprudência do Superior Tribunal de Justiça" (Enunciado Administrativo 2). 2. Nos termos do art. 63, II, do CTN constitui fato gerador do IOF a liquidação do contrato de câmbio, de modo que somente quando há a efetiva troca de moeda é cabível a incidência do tributo. 3. No Adiantamento sobre Contrato de Câmbio (ACC), a instituição financeira se obriga a pagar, em reais e no momento estabelecido na avença, pela moeda estrangeira comprada a termo, ou seja, paga-se antecipadamente, de forma total ou parcial, pelo valor correspondente ao câmbio, que se efetivará no futuro. 4. No âmbito das exportações, a venda de mercadorias e serviços é formalizada, em regra, mediante um contrato firmado entre a empresa nacional e o adquirente estrangeiro, sendo o pagamento realizado pela moeda do país importador.

5. Considerando que o exportador brasileiro deve receber o valor em moeda corrente brasileira, há de ser feita a operação de câmbio, a ser intermediada por instituição financeira, podendo-se formular um ACC, para antecipar esse valor, sujeitando-se aos seus consectários pertinentes. 6. O ACC não representa uma operação de crédito, embora não se negue a antecipação de numerário que ele representa, cuidando, na verdade, de uma operação de câmbio de forma antecipada, e assim deve ser tributada, pois vinculada a compra a termo de moeda estrangeira, de modo que se apresenta incabível a pretensão de que incida IOF sobre crédito no momento da formalização desse contrato. 7. Em se tratando de operação de câmbio vinculada às exportações, sempre foi observada a alíquota (zero) de IOF, seguindo a orientação constitucional de que não se exporta tributos (arts. 149, § 2º, I; 153, § 3º, III; e 155, § 2º, X, a, da Constituição Federal). 8. Hipótese em que não se mostra cabível a pretensão de que incida a regra que estabelecia percentual de 0,38% sobre o ACC, durante a vigência do Decreto n. 6.338/2008. 9. Recurso especial conhecido e desprovido.
(**STJ – REsp: 1452963 SC** 2014/0106753-6, Relator: Ministro GURGEL DE FARIA, Data de Julgamento: 18/05/2021, T1 – PRIMEIRA TURMA, Data de Publicação: DJe 01/06/2021)
EMENTA Embargos de declaração na ação direta de inconstitucionalidade. Direito Tributário. IOF. Alienações de direitos creditórios resultantes de vendas a prazo às empresas de factoring. Artigo 58 da Lei nº 9.532/97. Inexistência de contradições no julgado. 1. O Plenário da Corte enfrentou adequadamente todos os pontos colocados em debate, nos limites necessários ao deslinde do feito. Inexiste, portanto, qualquer dos vícios previstos no art. 1.022 do Código de Processo Civil. 2. Embargos de declaração rejeitados.
(**STF – ADI: 1763 DF**, Relator: DIAS TOFFOLI, Data de Julgamento: 01/03/2021, Tribunal Pleno, Data de Publicação: 20/04/2021)
PROCESSUAL CIVIL. TRIBUTÁRIO. MANDADO DE SEGURANÇA. SUSPENSÃO DA EXIGIBILIDADE DE IOF. RECURSO ESPECIAL FUNDAMENTADO EM MATÉRIA CONSTITUCIONAL. IMPOSSIBILIDADE DE ANÁLISE PELO SUPERIOR TRIBUNAL DE JUSTIÇA. INCOMPETÊNCIA. I – Na origem, trata-se de mandado de segurança impetrado contra Delegado da Receita Federal do Brasil, visando à suspensão da exigibilidade do IOF quanto à alíquota de 0,38% sobre recursos de crédito rural. Na sentença, a segurança foi denegada. No Tribunal de origem, a sentença foi mantida. Nesta Corte, não se conheceu do recurso especial. II – Não obstante ter sido apontada, no presente recurso especial a violação de dispositivos infraconstitucionais, verifica-se que o recurso especial veicula matéria constitucional, mediante fundamentos, lastreados em suma no princípio constitucional da legalidade, cuja análise, no caso, mostra-se insuscetível de ser realizada em recurso especial, na medida em que se trata de competência reservada ao próprio Supremo Tribunal Federal, nos termos dos arts. 102, III, e 105, III, da Constituição Federal. III – A questão, inclusive, é objeto, perante o Supremo Tribunal Federal, de Ação Direta de Inconstitucionalidade (ADI 4002) ainda em trâmite, tendo como objeto o Decreto n. 6.339/2008, ora em discussão, que alterou as alíquotas do IOF. Sustenta o autor da ADI que esse decreto instituiu uma alíquota adicional de 0,38% do imposto sobre operações de crédito e que constituiria, em verdade, uma nova exigência fiscal, criada por meio de decreto presidencial, além de impor dupla tributação em diversas situações. IV - Assim, constata-se que a análise dos argumentos suscitados pela parte recorrente esbarra na necessária aferição da constitucionalidade dos apontados decretos, tema que já se encontra sob a apreciação do Supremo Tribunal Federal. Nesse contexto, não cabe a ao Superior Tribunal de Justiça adentrar no mérito desses fundamentos, sob pena de se incorrer em indevida usurpação de competência. No mesmo sentido, destaco os seguintes precedentes: AgInt no AREsp n. 862.012/SP, Rel. Ministro Herman Benjamin, Segunda Turma, julgado em 9/8/2016, DJe 8/9/2016 e AgInt no AREsp n. 852.002/SP, Rel. Ministro Mauro Campbell Marques, Segunda Turma, julgado em 21/6/2016, DJe 28/6/2016. V - Agravo interno improvido.
(**STJ – AgInt no REsp: 1825082 PR** 2019/0197386-4, Relator: Ministro FRANCISCO FALCÃO, Data de Julgamento: 22/04/2020, T2 – SEGUNDA TURMA, Data de Publicação: DJe 24/04/2020)

TRIBUTÁRIO E PROCESSUAL CIVIL. AGRAVO INTERNO NO RECURSO ESPECIAL. CONTRATOS DE MÚTUO. ALEGADA FINALIDADE HABITACIONAL APTA A ENSEJAR A ISENÇÃO DO IOF. ACÓRDÃO DO TRIBUNAL DE ORIGEM QUE, DIANTE DAS CLÁUSULAS CONTRATUAIS E DO ACERVO PROBATÓRIO DOS AUTOS, CONCLUIU PELA FINALIDADE MERCANTIL DOS CONTRATOS CELEBRADOS PELA EMPRESA. REVISÃO. IMPOSSIBILIDADE, EM RECURSO ESPECIAL. AGRAVO INTERNO IMPROVIDO. I. Agravo interno aviado contra decisão que julgara Recurso Especial interposto contra acórdão publicado na vigência do CPC/2015. II. Na origem, trata-se de demanda objetivando a restituição de indébito referente a valores pagos a título de IOF sobre contratos de mútuo financeiro. III. No caso, o Tribunal de origem, com base no exame dos elementos fáticos dos autos e nas cláusulas do edital de licitação, consignou que os elementos colacionados não demonstram a finalidade habitacional apta a autorizar a isenção fiscal pretendida. IV. A fundamentação adotada na origem está embasada no exame das provas dos autos e das cláusulas dos contratos celebrados pela parte recorrente com os respectivos mutuários, e, portanto, o acórdão recorrido somente poderia ser modificado mediante o reexame dos aspectos concretos da causa e dos aludidos instrumentos contratuais, o que é vedado, no âmbito do Recurso Especial, pelas Súmulas 5 e 7 desta Corte. Precedentes do STJ. V. Agravo interno improvido.
(STJ – AgInt no REsp: 1939449 PB 2021/0154246-9, Data de Julgamento: 22/08/2022, T2 – SEGUNDA TURMA, Data de Publicação: DJe 29/08/2022)
SEGUNDO AGRAVO REGIMENTAL EM RECURSO EXTRAORDINÁRIO. INTERPOSIÇÃO EM 19.12.2016. DIREITO TRIBUTÁRIO. FACTORING. IOF, PIS E COFINS. INCIDÊNCIA. 1. A existência de ação de controle objetivo pendente de julgamento não infirma a formação de jurisprudência dominante para os fins do art. 21, § 1º, do RISTF, com esteio tão somente na expectativa de mudança jurisprudencial. Embora seja possível em posterior julgamento a alteração da compreensão jurisprudencial, vige no direito brasileiro o postulado de que lei formal goza de presunção de constitucionalidade até declaração em sentido contrário. Art. 525, §§ 12, 14 e 15 do CPC/15. 2. A jurisprudência do STF é no sentido de que o conceito de faturamento, para fins de incidência de PIS e COFINS, abrange todas as receitas oriundas de atividades empresariais. 4. Agravo regimental a que se nega provimento, com aplicação de multa, nos termos do art. 1.021, § 4º, do CPC.
(STF – RE: 610505 RS, Relator: EDSON FACHIN, Data de Julgamento: 31/08/2020, Segunda Turma, Data de Publicação: 02/10/2020)
VIOLAÇÃO DOS ARTS. 489 E 1.022 DO CPC/2015. NÃO OCORRÊNCIA. LITISPENDÊNCIA PARCIAL. MATÉRIA FÁTICO-PROBATÓRIA. INCIDÊNCIA DA SÚMULA 7/STJ. ADICIONAL DE 0,38% AO IOF. FUNDAMENTO CONSTITUCIONAL. RECURSO ESPECIAL. VIA DE IMPUGNAÇÃO INADEQUADA. 1. Trata-se de Agravo Interno contra decisão monocrática que conheceu do Agravo para não conhecer do Recurso Especial. 2. A agravante sustenta: a) houve violação aos arts. 489 e 1.022 do CPC/2015; b) não se aplica a Súmula 7/STJ ao caso dos autos e; c) a ilegalidade da cobrança do adicional de 0,38% de IOF sobre os contratos de conta corrente celebrados por ela. 3. No julgamento dos Aclaratórios, a Corte local consignou: "Solução diversa não caberia, eis que jamais se poderá considerar conexão entre ação anulatória e ação de embargos à execução fiscal com base no artigo 55, § 2º, II, CPC. O referido dispositivo versa sobre a conexão entre a ação de execução de título extrajudicial e a ação de conhecimento relativa ao mesmo ato jurídico, e não entre duas ações de conhecimento relativas ao título extrajudicial. Veja-se: (...) Ora, se a relação estabelecida entre um ação de cobrança de título extrajudicial e aquela relacionada à defesa de tal título é de conexão, certamente que não será de conexão a relação entre duas ações de defesa do mesmo título. Assim, para saber se se trata de continência ou de litispendência, há de se realizar o exame da tríplice identidade no caso concreto, conforme o voto condutor do v. acórdão detidamente efetuou. Ademais, por mais que possível a conexão entre ação anulatória e execução fiscal (e não embargos à execução fiscal), tampouco há de se falar em reunião de processos, haja vista a prevenção da Ação Anulatória nº 0138658-10.2015.4.02.5101 e a competência absoluta em razão da matéria para julgamento da Execução Fiscal nº 0154472-28.2016.4.02.5101 e dos presentes embargos à execução fiscal, distribuídos em sua dependência. Posto isso, correto o voto condutor do v. acórdão ao reconhecer a litispendência parcial e extinguir, na parte coincidente, sem resolução de mérito, os embargos à execução fiscal, nos termos

do artigo 485, V, CPC. (...) Percebe-se que, a despeito do esforço e empenho na prestação jurisdicional, não se satisfiz a Embargante com o deslinde da controvérsia, de modo que, não resignada com o julgamento da apelação, utiliza-se dos presentes embargos de declaração como veículo de revolvimento da controvérsia já devidamente analisada e julgada." (fls. 535-537, e-STJ). 4. A agravante alega que o acórdão dos aclaratórios foi omisso por que "não faz qualquer menção à aplicação do inciso I, § 2º do artigo 55 do Código de Processo Civil ao caso em tela" (fl. 689, e-STJ). 5. Consoante o trecho transcrito, verifica-se que questão supostamente tida por omissa foi abordada. 6. Conforme já mencionado no decisum monocrático, não se configura ofensa aos arts. 489 e 1.022 do CPC/2015, porquanto o Tribunal a quo julgou integralmente a lide e solucionou, de maneira amplamente fundamentada, a controvérsia, em conformidade com o que lhe foi apresentado. 7. O simples descontentamento da parte com o julgado não tem o condão de tornar cabíveis os Embargos de Declaração, que servem ao aprimoramento da decisão, mas não à sua modificação, que só muito excepcionalmente é admitida. 8. In casu, fica claro que não há vícios a serem sanados e que os Aclaratórios veicularam mero inconformismo com o conteúdo da decisão embargada, que foi desfavorável à recorrente. 9. O órgão julgador não é obrigado a rebater, um a um, todos os argumentos trazidos pelas partes em defesa da tese que apresentaram. Deve apenas enfrentar a demanda, observando as questões relevantes e imprescindíveis à sua resolução. Precedentes: AgInt nos EDcl no AREsp 1.290.119/RS, Rel. Min. Francisco Falcão, Segunda Turma, DJe 30.8.2019; AgInt no REsp 1.675.749/RJ, Rel. Min. Assusete Magalhães, Segunda Turma, DJe 23.8.2019; REsp 1.817.010/PR, Rel. Min. Mauro Campbell Marques, Segunda Turma, DJe 20.8.2019; AgInt no AREsp 1.227.864/RJ, Rel. Min. Gurgel de Faria, Primeira Turma, DJe 20.11.2018. 10. Modificar a conclusão a que chegou a Corte a quo - de que no caso dos autos ocorreu litispendência parcial, de modo a acolher a tese da empresa, ora agravante, demanda reexame do acervo fático-probatório dos autos, inviável em Recurso Especial, sob pena de violação da Súmula 7/STJ. 11. Em relação ao IOF, o Tribunal Regional asseverou: "Posto isso, reputa-se por constitucional o adicional referente ao I0-Crédito de 0,38% previsto no artigo 7º, § 15, do Decreto nº 6.306/07, com redação pelo Decreto nº 6.339/08." (fl. 511, e-STJ). 12. O acórdão hostilizado examinou a questão do IOF sob enfoque eminentemente constitucional, conforme se infere do trecho acima transcrito. 13. É inviável, portanto, proceder à reforma do acórdão hostilizado, nesse ponto, pois o Recurso Especial não é via adequada para impugnar a fundamentação constitucional adotada na instância de origem. 14. Agravo Interno não provido.

(**STJ – AgInt no AREsp: 1662784 RJ** 2020/0032872-7, Relator: Ministro HERMAN BENJAMIN, Data de Julgamento: 26/10/2020, T2 – SEGUNDA TURMA, Data de Publicação: DJe 17/11/2020)

AGRAVO INTERNO NO RECURSO EXTRAORDINÁRIO COM AGRAVO. DIREITO TRIBUTÁRIO. IMPORTAÇÃO DE TECNOLOGIA INDUSTRIAL. REMESSA DE VALORES AO EXTERIOR PARA PAGAMENTO. INCIDÊNCIA DE IOF. OFENSA REFLEXA. LEGISLAÇÃO INFRACONSTITUCIONAL. FATOS E PROVAS. REEXAME. IMPOSSIBILIDADE. PRECEDENTES. AGRAVO INTERNO DESPROVIDO. 1. O recurso extraordinário é instrumento de impugnação de decisão judicial inadequado para a valoração e exame minucioso do acervo fático-probatório engendrado nos autos, bem como para a análise de matéria infraconstitucional. Precedentes: ARE 844.039-AgR, Segunda Turma, Rel. Min. Dias Toffoli, DJe de 24/08/2015; ARE 1.271.280-AgR, Tribunal Pleno, DJe de 25/09/2020; e ARE 1.238.534-AgR, Tribunal Pleno, Rel. Min. Dias Toffoli, DJe de 15/09/2020. 2. Agravo interno desprovido, com imposição de multa de 5% (cinco por cento) do valor atualizado da causa (artigo 1.021, § 4º, do CPC), caso seja unânime a votação. 3. Honorários advocatícios majorados ao máximo legal em desfavor da parte recorrente, caso as instâncias de origem os tenham fixado, nos termos do artigo 85, § 11, do Código de Processo Civil, observados os limites dos §§ 2º e 3º e a eventual concessão de justiça gratuita.

(**STF – ARE: 1329099 SP** 0006981-06.1993.4.03.6100, Relator: LUIZ FUX (Presidente), Data de Julgamento: 30/08/2021, Tribunal Pleno, Data de Publicação: 17/09/2021)

EMENTA Ação direta de inconstitucionalidade. Direito Tributário. Imposto sobre operações de crédito, câmbio e seguro, ou relativas a títulos ou valores mobiliários (IOF). Alienações de direitos creditórios resultantes de vendas a prazo às empresas de factoring. Artigo 58 da Lei nº 9.532/97. Constitucionalidade. 1. As empresas de factoring são distintas das instituições financeiras, não integrando o Sistema Financeiro Nacional. Não há atividade bancária no factoring nem vinculação entre o contrato de factoring e as atividades desenvolvidas pelas instituições financeiras. 2. O fato de as empresas de factoring não necessitarem ser instituições financeiras não é razão suficiente para inquinar de inconstitucional a norma questionada. E isso porque nada há na Constituição Federal, ou no próprio Código Tributário Nacional, que restrinja a incidência do IOF sobre as operações de crédito realizadas por instituições financeiras. 3. A noção de operação de crédito descreve um tipo. Portanto, quando se fala que as operações de crédito devem envolver vários elementos (tempo, confiança, interesse e risco), a exclusão de um deles pode não descaracterizar por inteiro a qualidade creditícia de tais operações quando a presença dos demais elementos for suficiente para que se reconheça a elas essa qualidade. 4. No caso do conventional factoring, há, inegavelmente, uma antecipação de recursos financeiros, pois, ordinariamente, o empresário aguarda o vencimento dos créditos decorrentes da venda de mercadorias a seus clientes. Cedendo tais créditos ao factor, o empresário recebe no presente aquilo que ele somente perceberia no futuro, descontado, evidentemente, o fator de compra, que é a própria remuneração do factor. 5. Também é constitucional a incidência do IOF sobre o maturity factoring. Nessa modalidade de faturização (como na modalidade conventional factoring), as alienações de direito creditório podem ser enquadradas no art. 153, inciso V, da Constituição Federal, na parte referente a "operações relativas a títulos ou valores mobiliários". 6. A alienação de direitos creditórios a empresa de factoring envolve, sempre, uma operação de crédito ou uma operação relativa a títulos ou valores mobiliários. É, aliás, própria do IOF a possibilidade de ocorrência de superposição da tributação das operações de crédito e daquelas relativas a títulos e valores mobiliários, motivo pelo qual o Código Tributário Nacional, no parágrafo único do seu art. 63, traz uma regra de tributação alternativa, de sorte a evitar o bis in idem. 7. Ação direta de inconstitucionalidade julgada improcedente, declarando-se a constitucionalidade do art. 58 da Lei nº 9.532, de 10 de dezembro de 1997.
(**STF – ADI: 1763 DF**, Relator: DIAS TOFFOLI, Data de Julgamento: 16/06/2020, Tribunal Pleno, Data de Publicação: 30/07/2020)

20.6 IMPOSTO TERRITORIAL RURAL

20.6.1 Fundamentação constitucional e legal

O **Imposto Territorial Rural** (ITR) é um imposto federal estabelecido no **art. 153, VI, da CF/1988**, bem como no **§ 4º do mesmo artigo**[40].

---

40. **Art. 153.** Compete à União instituir impostos sobre:

    VI – propriedade territorial rural.

    § 4º O imposto previsto no inciso VI do caput:

    I – será progressivo e terá suas alíquotas fixadas de forma a desestimular a manutenção de propriedades improdutivas;

    II – não incidirá sobre pequenas glebas rurais, definidas em lei, quando as explore o proprietário que não possua outro imóvel;

    III – será fiscalizado e cobrado pelos Municípios que assim optarem, na forma da lei, desde que não implique redução do imposto ou qualquer outra forma de renúncia fiscal.

No CTN, os **arts. 29 a 31**[41] estabelecem as **normas gerais**, definindo a **regra-matriz de incidência tributária**.

O diploma utilizado para **instituição do ITR** é a **Lei 9.393/1996**, com a regulamentação pelo **Decreto 4.382/2002**.

Uma vez que a CF/1988 estabelece a possibilidade de os Municípios exercerem a capacidade tributária ativa, a **Lei 11.250/2005** estabelece as condições para que os Municípios possam arrecadar o ITR, estabelecendo convênio com a União.

20.6.2 REGRAMENTO DE INCIDÊNCIA TRIBUTÁRIA

• Aspecto Material

A **materialidade do fato gerador** no ITR resta demonstrado pelo exercício da **propriedade de imóvel situada em zona rural**.

O **art. 1.228 do CC/2002** estabelece sobre o **direito de propriedade**:

> Art. 1.228. O proprietário tem a faculdade de usar, gozar e dispor da coisa, e o direito de reavê-la do poder de quem quer que injustamente a possua ou detenha.
>
> § 1º O direito de propriedade deve ser exercido em consonância com as suas finalidades econômicas e sociais e de modo que sejam preservados, de conformidade com o estabelecido em lei especial, a flora, a fauna, as belezas naturais, o equilíbrio ecológico e o patrimônio histórico e artístico, bem como evitada a poluição do ar e das águas.
>
> § 2º São defesos os atos que não trazem ao proprietário qualquer comodidade, ou utilidade, e sejam animados pela intenção de prejudicar outrem.
>
> § 3º O proprietário pode ser privado da coisa, nos casos de desapropriação, por necessidade ou utilidade pública ou interesse social, bem como no de requisição, em caso de perigo público iminente.
>
> § 4º O proprietário também pode ser privado da coisa se o imóvel reivindicado consistir em extensa área, na posse ininterrupta e de boa-fé, por mais de cinco anos, de considerável número de pessoas, e estas nela houverem realizado, em conjunto ou separadamente, obras e serviços considerados pelo juiz de interesse social e econômico relevante."
>
> § 5º No caso do parágrafo antecedente, o juiz fixará a justa indenização devida ao proprietário; pago o preço, valerá a sentença como título para o registro do imóvel em nome dos possuidores.

Somente aquele considerado como **proprietário de imóvel situado em zona rural** cumpre o **aspecto de incidência** do referido imposto.

---

41. **Art. 29**. O imposto, de competência da União, sobre a propriedade territorial rural tem como fato gerador a propriedade, o domínio útil ou a posse de imóvel por natureza, como definido na lei civil, localização fora da zona urbana do Município.

    Art. 30. A base do cálculo do imposto é o valor fundiário.

    Art. 31. Contribuinte do imposto é o proprietário do imóvel, o titular de seu domínio útil, ou o seu possuidor a qualquer título.

O CTN, entretanto, estabelece também como forma de incidência, além do direito de propriedade, a **posse** e o **domínio útil**. De igual modo, a **Lei 9.393/1996**, que regulamenta o ITR, estabelecendo a incidência sobre o domínio útil e a posse de bem imóvel.

Algumas considerações importantes sobre o **domínio útil** e **posse** merecem atenção. O **domínio** significa a **própria relação de propriedade que se exerce sobre o bem imóvel**, garantindo o exercício desse direito de propriedade de **modo efetivo**, podendo ser **oposto contra qualquer reivindicação de terceiros** ou dúvida quanto à **legitimidade do ato de aquisição**.

Apenas **aquele que é dono** detém, na sua amplitude, o **domínio sobre o imóvel**, ou seja, **somente o proprietário é o senhor**, que exerce de modo inconteste o *dominus* sobre a coisa. O **domínio**, contudo, pode ser desdobrado em **domínio direto e domínio indireto**. Esse desdobramento do domínio acontece nos casos em que o proprietário do imóvel **separa o uso** e **fruição do bem**, do poder de ser **titular do domínio integral**, tal como acontece com os institutos da **enfiteuse** ou **aforamento** e na **concessão do direito de superfície**.

Em suma, o **domínio** é a **expressão jurídica do direito de propriedade**, caracterizado pela plenitude das faculdades que o proprietário pode exercer sobre o bem, conforme disposto no **art. 1.228 do CC/2002**. Esse direito confere ao titular o poder de utilizar o bem de acordo com suas **necessidades** ou **interesses** (usar), de **perceber os frutos** ou **rendimentos** que o imóvel possa gerar (gozar), **alienar** ou **modificar** juridicamente o bem (dispor) e **retomar a posse do bem contra terceiros** que o detenham injustamente (reaver).

A **propriedade**, enquanto **direito absoluto**, é oponível *erga omnes*, ou seja, contra **qualquer terceiro**, garantindo a **legitimidade do titular sobre o imóvel**.

O **domínio indireto** é **absoluto** e **perene**, e resulta da **própria condição de proprietário e senhor**. O titular do domínio indireto **detém o poder de disposição sobre o imóvel**, isto é, **somente ele pode alienar o bem** e assim **transferir o próprio domínio**, a propriedade.

O **domínio direto**, também denominado de **domínio útil**, é o **exercício dos direitos de uso, gozo** e **fruição** sobre o bem imóvel, mas, **sem o poder de disposição**, que é **exclusivo do titular do domínio indireto**.

No caso da **enfiteuse dos terrenos de marinha**, o **titular do domínio indireto**, o **enfiteuta** ou **senhorio**, é o **Poder Público**, proprietário dos terrenos declarados, pela Constituição, como pertencentes à União, nos termos do **art. 20, VII**[42].

Com relação a **posse**, esta consiste numa **relação de pessoa e coisa**, fundada na **vontade do possuidor**, criando **mera relação de fato**, sendo a **exteriorização do direito**

---

42. **Art. 20.** São bens da União: (...)
VII – os terrenos de marinha e seus acrescidos

de propriedade. A **propriedade** é a **relação entre a pessoa e a coisa**, que assenta na **vontade objetiva da lei**, implicando um **poder jurídico** e criando uma **relação de direito**.

Entre os modernos há **duas teorias importantes**:

I – Teoria de Savigny[43] **(subjetiva)**: a posse é o **poder de dispor fisicamente da coisa**, com ânimo de **considerá-la sua** e **defendê-la** contra a intervenção de outrem. Encontram-se, assim, na posse dois elementos: um **elemento material**, o *corpus*, que é representado pelo **poder físico sobre a coisa**; e, um **elemento intelectual**, o *animus*, ou seja, o **propósito de ter a coisa como sua**, isto é, o *animus rem sibi habendi*.

Os **dois elementos** são **indispensáveis** para que se **caracterize a posse**, pois se faltar o *corpus*, **inexiste relação de fato entre a pessoa e a coisa**; e, se faltar o *animus*, **não existe posse**, mas mera **detenção**.

A teoria de **Savigny** confere um papel central ao **aspecto psicológico**, o que reforça a ideia de que a **posse não é apenas uma relação material**, mas também um **vínculo intencional entre o possuidor e a coisa**. Justifica a **proteção possessória** com base no ânimo de **tratar a coisa como sua**, reconhecendo que o **possuidor** deve ter **legitimidade para defender a posse contra terceiros**, independentemente de ser o proprietário.

II – Teoria de Ihering[44] **(objetiva)**: considera que a **posse** é a **condição do exercício da propriedade**. Critica veementemente **Savigny**; para ele a distinção entre *corpus* e *animus* é **irrelevante**, pois a noção de *animus* já se encontra na de *corpus*, sendo a maneira como o proprietário age em face da coisa de que é possuidor.

Para **Ihering**, a **posse** deve ser entendida essencialmente como o **estado de fato** que demonstra o **exercício de poderes inerentes à propriedade**, independentemente de uma **análise psicológica da intenção do possuidor**. O *corpus*, ou seja, o **comportamento exterior de domínio sobre o bem**, já **engloba** o que seria o *animus*, pois o **modo como o possuidor age em relação ao bem revela seu intento**.

A lei protege todo aquele que **age sobre a coisa como se fosse o proprietário**, explorando-a, dando-lhe o destino para que economicamente foi feita. Em geral, **quem assim atua é o proprietário**, de modo que, **protegendo o possuidor**, quase sempre o legislador está **protegendo o proprietário**.

Existem situações extremas em que, mesmo sendo **proprietário** ou **gozando das prerrogativas de proprietário**, dotado de *animus dominus*, o titular **não consegue exercer o direito de propriedade**.

---

43. **Friedrich Carl von Savigny** (1779–1861) foi um jurista, filósofo e historiador alemão, amplamente reconhecido como um dos fundadores da Escola Histórica do Direito, um movimento jurídico que exerceu grande influência no pensamento jurídico ocidental no século XIX.

44. **Rudolf von Ihering** (1818–1892) foi um renomado jurista alemão, filósofo do direito e um dos mais influentes pensadores jurídicos do século XIX. Ele é amplamente reconhecido por sua contribuição ao desenvolvimento da teoria do direito, especialmente por sua abordagem prática e utilitarista, que valorizava a função social e os objetivos do sistema jurídico. Suas ideias moldaram profundamente a ciência do direito, influenciando tanto o direito civil quanto a sociologia jurídica.

Nessas situações, a jurisprudência caminha do sentido de determinar a **não incidência do imposto** enquanto a **situação de normalidade não se estabelecer**. É o caso de **imóveis rurais invadidos por sociais** (p.ex., o MST), quando o **proprietário**, mesmo com o **direito concedido pelo Poder Judiciário**, não consegue **exercer a reintegração**.

O **entendimento central** que fundamenta a **não incidência do ITR** nesses casos é a **ausência do pleno exercício da posse** ou **propriedade sobre o imóvel invadido**. O STJ considera que a cobrança do imposto, nesses casos, pode ser **injusta**, dado que o **proprietário**, na prática, **não consegue usufruir do imóvel** e, muitas vezes, **sequer tem condições de garantir a regularidade de sua documentação** ou de **impedir a invasão**.

Tais situações já foram decididas pela jurisprudência do STJ e, noutros casos, o Conselho Administrativo de Recursos Fiscais (CARF) enfrentando o tema, determina pela **não incidência do ITR** sobre as **áreas alagadas para fins de constituição de reservatório de usinas hidroelétricas**. Nos termos da **súmula 45 do CARF**:

O Imposto sobre a Propriedade Territorial Rural não incide sobre áreas alagadas para fins de constituição de reservatório de usinas hidroelétricas.

As **áreas alagadas para formação de reservatórios de usinas hidrelétricas** não podem ser **exploradas economicamente** pelo proprietário rural. Nesses casos, o imóvel é utilizado exclusivamente para **atendimento de interesse público**, regulado por **concessão estatal**, e **perde sua vocação rural**, afastando a hipótese de incidência do tributo.

A **ausência de uso econômico direto pelo proprietário** implica que essas terras **não podem ser enquadradas nos critérios de tributação do ITR**, uma vez que o tributo pressupõe o **exercício de direitos de posse, propriedade** ou **domínio útil com finalidade rural**.

Para fins de definição do que se considera **zona rural**, o critério definidor é a **exclusão da área em que não for considerada urbana**. Tal exclusão acaba ocorrendo mutuamente, uma vez que a **incidência de ITR sobre o imóvel afastará a incidência de IPTU** ou vice-versa. Caso venha a ocorrer a **incidência de ambos os tributos**, teremos uma **ilegítima bitributação**.

O **art. 32, § 1º, do CTN** traz importante informação para **definição da zona urbana**:

Art. 32. O imposto, de competência dos Municípios, sobre a propriedade predial e territorial urbana tem como fato gerador a propriedade, o domínio útil ou a posse de bem imóvel por natureza ou por acessão física, como definido na lei civil, localizado na zona urbana do Município.

§ 1º Para os efeitos deste imposto, entende-se como zona urbana a definida em lei municipal; observado o requisito mínimo da existência de melhoramentos indicados em pelo menos 2 (dois) dos incisos seguintes, construídos ou mantidos pelo Poder Público:

> I – meio-fio ou calçamento, com canalização de águas pluviais;
>
> II – abastecimento de água;
>
> III – sistema de esgotos sanitários;
>
> IV – rede de iluminação pública, com ou sem posteamento para distribuição domiciliar;
>
> V – escola primária ou posto de saúde a uma distância máxima de 3 (três) quilômetros do imóvel considerado.

Assim, se o **Município** determinar, através de **lei municipal**, a **existência de melhoramentos** constantes no artigo anterior, a **zona será considerada urbana**.

A **definição da zona urbana**, portanto, é atribuída à legislação municipal, que tem **autonomia para determinar os limites territoriais** e aplicar os **critérios do art. 32 do CTN**. No entanto, a lei municipal deve observar os **requisitos mínimos estabelecidos pelo CTN** para que a definição seja válida. Isso garante uniformidade e evita arbitrariedades.

Dentre os **melhoramentos** citados na norma tributária, alguns pontos merecem a devida atenção, visando evitar a utilização arbitrária pelo Poder Público:

I – Meio-fio ou calçamento, com canalização de águas pluviais

Meio-fio é a **estrutura de concreto** ou **pedra** colocada na **borda das vias públicas** para **delimitação do espaço** entre a **calçada** e a **pista de rolamento**. Sua **função principal** é a **organização do fluxo viário** e **direcionamento de águas pluviais** para os **sistemas de escoamento**.

O **calçamento** refere-se ao **revestimento do solo de vias públicas** com **materiais duráveis**, como pedras, paralelepípedos, blocos de concreto ou asfalto. O **objetivo** é a **melhoria das condições de tráfego** e **garantia de acessibilidade de pedestres e veículos**.

A **canalização de águas pluviais** é a **infraestrutura** destinada ao **escoamento da água das chuvas** para evitar **alagamentos** e **erosão do solo**, incluindo elementos como sarjetas, bueiros e galerias pluviais, projetados para coletar e conduzir a água de maneira controlada.

Para que o **meio-fio ou calçamento com canalização de águas pluviais** seja considerado um **melhoramento público**, a **infraestrutura** deve ter **sido realizada ou estar sob responsabilidade de manutenção do município**, caracterizando a **atuação estatal na urbanização da área**. Tais melhoramentos devem **beneficiar diretamente a população local**, proporcionando organização, segurança e melhor qualidade de vida.

O **meio-fio e o calçamento** devem estar associados a um **sistema funcional de canalização de águas pluviais**. A **simples existência** de um meio-fio **sem uma rede eficiente de drenagem não é suficiente para cumprir os requisitos legais**.

II – Abastecimento de água e sistema de esgotos sanitários

O **abastecimento de água** refere-se à disponibilização de **água potável** à população, de **forma contínua e regular**, através de um **sistema público de distribuição**. A **água** deve ser **captada de fontes naturais** (rios, represas, lençóis freáticos etc.), **tratada em estações para torná-la potável e adequada ao consumo humano**, seguindo os padrões de qualidade estabelecidos por normas sanitárias.

A **rede de distribuição** consiste na **infraestrutura de tubulações e conexões** que levam a água tratada até as residências, estabelecimentos comerciais, industriais e outros imóveis da área. Deve abranger, pelo menos, **parte significativa do território considerado**.

A **implantação** e **manutenção do sistema de abastecimento** deve ser **realizada ou supervisionada** por **órgãos públicos** ou **concessionárias contratadas pelo município**. Para que o **abastecimento de água** seja considerado um **indicativo de zona urbana**, deve **beneficiar a comunidade local**, fornecendo **água potável** em **quantidade** e **qualidade adequadas**.

O **sistema de esgotos sanitários** refere-se à infraestrutura destinada à **coleta, transporte, tratamento e disposição final adequada** de **águas residuais** (esgoto doméstico, comercial ou industrial). A **rede de coletas** é formada por **tubulações subterrâneas** ou **canais** que **captam o esgoto gerado pelos imóveis** e o **transportam para unidades de tratamento** ou **disposição final**.

A **Estação de Tratamento de Esgoto** (ETE) é a infraestrutura que realiza o **tratamento adequado do esgoto antes de seu lançamento no meio ambiente, minimizando impactos ambientais** e **riscos à saúde pública**. Após o tratamento, o efluente tratado pode ser liberado em rios, represas ou reutilizado, desde que respeite as normas ambientais.

Tanto o **abastecimento de água** quanto o **sistema de esgotos sanitários** só serão considerados **melhoramentos públicos que indicam a existência de uma zona urbana** se atenderem aos seguintes critérios: os sistemas devem ser **instalados, operados** ou **supervisionados** por **órgãos públicos** ou **entidades delegadas**, a **infraestrutura** deve **beneficiar a comunidade que reside na área** e atender um número significativo de imóveis e os sistemas devem ser **operacionais, contínuos** e **aptos** a cumprir suas funções essenciais.

III – Rede de iluminação pública, escola pública ou posto de saúde

A **rede de iluminação pública** é a infraestrutura destinada a fornecer luz para vias, praças e espaços públicos, assegurando **visibilidade e segurança noturna**. A exigência de **posteamento não é obrigatória** para ser considerado um **melhoramento público**; é suficiente que a **iluminação** esteja **disponível** e **funcional** para atendimento das vias públicas, **ainda que o fornecimento de energia domiciliar não esteja ligado ao**

944 | DIREITO TRIBUTÁRIO INTERDISCIPLINAR • Caio Bartine

sistema. É o que ocorre com os postes dedicados exclusivamente à iluminação pública ou integrados com redes de distribuição de energia domiciliar.

A **infraestrutura de iluminação pública** deve ser **implementada** ou **mantida** pelo **município** ou por **concessionárias autorizadas**, garantindo seu **funcionamento regular** e beneficiando a população, ao promover **maior segurança e acessibilidade em áreas urbanas** durante o período noturno.

A **presença de escola primária** ou **posto de saúde** dentro de um raio de **até 3 (três) quilômetros do imóvel considerado** é outro indicador de que a área é **urbana**. Essas instituições refletem a **disponibilização de serviços públicos básicos essenciais à comunidade**.

Deve se entender como **escola primária** a **instituição pública** ou **privada** que **ofereça ensino básico fundamental**, abrangendo pelo menos os **anos iniciais da educação formal**. A **escola** deve estar localizada a uma **distância máxima de 3** (três) **quilômetros do imóvel**, garantindo **acesso razoável aos moradores da área**.

Ainda que a escola seja privada, sua existência na área deve ser **reconhecida ou licenciada pelas autoridades municipais**, e o **município** deve **garantir a oferta de educação básica pública**, caso **não exista instituição privada suficiente**.

Já o denominado **posto de saúde** se trata de **unidade pública de saúde** que oferece **serviços básicos de atendimento médico, vacinação, consultas e prevenção de doenças**, como as **Unidades Básicas de Saúde** (UBS) ou **similares**.

Assim como ocorre no caso da escola primária, seja pública ou privada, o **posto de saúde** também deve estar localizado a uma **distância máxima de 3** (três) **quilômetros do imóvel**, assegurando o **acesso dos moradores a serviços de saúde essenciais**, devendo ser **implementado** e **operado** pela Administração Pública.

É possível que, mesmo os **imóveis situados em zona urbana**, mediante a **observância dos critérios apresentados, ocorra a incidência de ITR**. Estabelece o **art. 15 do DL 57/1966**:

> Art. 15. O disposto no art. 32 da Lei 5.172, de 25 de outubro de 1966, não abrange o imóvel de que, comprovadamente, seja utilizado em exploração extrativa vegetal, agrícola, pecuária ou agroindústria, incidindo assim, sobre o mesmo, o ITR e demais tributos com o mesmo cobrados.

O dispositivo normativo estabelece que o **critério de localização do imóvel não é o único fator determinante** para a **incidência do IPTU** ou do **ITR**. Mesmo que o **imóvel** esteja situado em **zona urbana**, será **tributado pelo ITR** caso seja comprovadamente utilizado para **exploração extrativa vegetal, agrícola, pecuária ou agroindustrial**.

É o que se determinada como **critério de destinação**, suprimindo, *in casu*, o **critério geográfico**.

A **exploração extrativa vegetal** consiste na **coleta ou extração direta de recursos vegetais do meio natural, sem processos de cultivo** ou **manejo intensivo**. É o caso de extração de madeira, borracha, resinas, frutos silvestres ou ervas medicinais de florestas ou matas.

A **exploração agrícola** abrange o **cultivo de plantas para fins econômicos, alimentares** ou **industriais**, envolvendo o **preparo do solo, plantio, manejo** e **colheita**. Pode ser realizada em **pequena, média** ou **grande escala**, desde que o imóvel **seja utilizado predominantemente para esse fim**.

Já a **exploração pecuária** refere-se à criação de **animais para fins econômicos**, seja para **produção de alimentos, couro, lã** ou outros produtos. Pode incluir **sistemas extensivos** (pastoreio em grandes áreas) ou **intensivos** (confinamento ou semiconfinamento).

Por conseguinte, a **exploração agroindustrial** combina atividades **agrícolas** ou **pecuárias** com a **industrialização parcial** ou **total** dos **produtos obtidos na propriedade rural**, integrando **atividades produtivas primárias** (agricultura ou pecuária) com **processos industriais realizados dentro do imóvel rural**.

A **área utilizada para a exploração rural** deve ser **significativa** em relação ao **tamanho total do imóvel. Áreas inativas** ou **sem destinação rural** podem comprometer a classificação. Ademais, o imóvel deve **cumprir a função social**, produzindo de forma **sustentável** e **economicamente relevante**, conforme os princípios do **art. 186 da CF/1988**[45].

Mesmo que o imóvel esteja **situado em zona urbana**, sua utilização para atividades descritas acima **permite a incidência do ITR**, desde que sejam atendidos os critérios legais. Isso reflete a prioridade dada à **destinação prática do imóvel** sobre sua **localização formal**. A jurisprudência também sustenta essa possibilidade para evitar a bitributação, reconhecendo a **exploração rural como determinante** para a **tributação pelo ITR**.

Esse posicionamento foi firmado no julgamento do **REsp 1.112.646/SP**, sob a relatoria do Ministro Herman Benjamin, e submetido ao **rito dos recursos repetitivos**. A decisão estabeleceu que, conforme o art. 15 do DL 57/1966, a **destinação do imóvel** prevalece sobre sua **localização** para fins de determinação do tributo incidente.

- **Aspecto Espacial**

O **aspecto espacial** é o **território nacional**. Assim, todo o imóvel situado em **zona rural** – ou, conforme rigor técnico, **fora da área urbana do Município** – em **qualquer localidade do território nacional** terá a **incidência do ITR**, salvo nos casos em que a Constituição e a lei determinar a **exclusão de sua incidência**.

---

45. **Art. 186.** A função social é cumprida quando a propriedade rural atende, simultaneamente, segundo critérios e graus de exigência estabelecidos em lei, aos seguintes requisitos:

I – aproveitamento racional e adequado;

II – utilização adequada dos recursos naturais disponíveis e preservação do meio ambiente;

III – observância das disposições que regulam as relações de trabalho;

IV – exploração que favoreça o bem-estar dos proprietários e dos trabalhadores.

A CF/1988 autoriza que o **Município** possa exercer a **capacidade tributária ativa** sobre o ITR, **fiscalizando** e **cobrando** o referido tributo, permanecendo com a totalidade do produto arrecadado, sem que haja qualquer devolução ou restituição ao ente federal, nos termos do **arts. 153, § 4º, III e 158, II**[46].

A dúvida ocorre, no entanto, quando um imóvel alcança **mais de um Município** e estes **optam pela arrecadação e fiscalização do ITR**.

Determina o **art. 1º, § 3º, da Lei 9.393/1996**:

> Art. 1º (...)
>
> § 3º O imóvel que pertencer a mais de um município deverá ser enquadrado no município onde fique a sede do imóvel e, se esta não existir, será enquadrado no município onde se localize a maior parte do imóvel.

Se o imóvel possui uma **sede** claramente **localizada em um município**, este será o **responsável pelo enquadramento, arrecadação e fiscalização do tributo, independentemente de partes do imóvel estarem situadas em outros municípios**.

Para tanto, considerar-se-á **sede do imóvel** o local onde está **instalada a estrutura principal da propriedade rural**, como a **residência do proprietário**, as **instalações administrativas** ou o **centro das operações produtivas**.

Caso o imóvel **não possua uma sede definida**, o critério utilizado será o da **maior extensão territorial**. O imóvel será enquadrado no Município em que se localizar a **maior parte de sua área total**. Essa análise considera exclusivamente a **área física do imóvel**, sendo um **critério objetivo** que **independe de outros fatores**, como **produtividade** ou **uso**.

O **proprietário do imóvel** deve **declarar o ITR** com base na **localização da sede** ou, na **ausência desta, no Município onde se encontra a maior parte do imóvel**. A declaração deve observar o **critério legal**, independentemente da fragmentação territorial.

Quando o **Município firma convênio com a União** para **fiscalizar e arrecadar o ITR**, assume a prerrogativa de **aplicar a legislação tributária** sobre os **imóveis enquadrados em seu território**, mesmo que estes **ultrapassem limites municipais**. O critério legal, portanto, **evita conflitos de competência entre municípios conveniados**.

---

46. **Art. 153.** (...)

    § 4º O imposto previsto no inciso VI do caput:

    III – será fiscalizado e cobrado pelos Municípios que assim optarem, na forma da lei, desde que não implique redução do imposto ou qualquer outra forma de renúncia fiscal.

    Art. 158. Pertencem aos Municípios:

    II – cinquenta por cento do produto da arrecadação do imposto da União sobre a propriedade territorial rural, relativamente aos imóveis neles situados, cabendo a totalidade na hipótese da opção a que se refere o art. 153, § 4º, III.

• Aspecto Temporal

O ITR possui o denominado **fato gerador continuado**, perdurando no tempo e incidindo **enquanto ocorrer o exercício do direito de propriedade**.

É considerado um tributo de **fato gerador continuado**, pois a obrigação tributária está **diretamente relacionada ao exercício do direito de propriedade, posse** ou **domínio útil** sobre o imóvel rural. Essa relação é **contínua no tempo**, já que a propriedade ou posse do imóvel não é **algo instantâneo**, mas sim, uma **situação que se prolonga ao longo do período de apuração**. Assim, **enquanto o contribuinte mantiver a posse**, **domínio útil** ou **propriedade do imóvel rural**, haverá a **obrigação tributária**, pois o imóvel **permanece no patrimônio do titular**, cumprindo os critérios materiais do fato gerador.

O **art. 1º da Lei 9.393/1996** estabelece:

> Art. 1º O Imposto sobre a Propriedade Territorial Rural – ITR, de apuração anual, tem como fato gerador a propriedade, o domínio útil ou a posse de imóvel por natureza, localizado fora da zona urbana do município, em 1º de janeiro de cada ano.

Assim, a **incidência do ITR** ocorre a cada dia **1º de janeiro de cada exercício financeiro**, sendo um imposto sujeito a **lançamento por homologação**.

Por conseguinte, os proprietários que pretendem **alienar imóveis rurais** precisam considerar que a **responsabilidade pelo ITR do ano corrente** recairá sobre **quem detinha a propriedade em 1º de janeiro**, sendo essencial ajustar as **cláusulas de transferência** para evitar disputas quanto à responsabilidade pelo tributo.

Essa interpretação foi reafirmada em diversos julgados, incluindo o **REsp 1.320.825/RJ**, no qual o STJ destacou que a obrigação tributária referente ao ITR **se constitui nessa data**, independentemente de **alterações posteriores na titularidade** ou na **utilização do imóvel ao longo do ano**.

Portanto, para fins de **incidência do ITR**, considera-se a **situação fática existente em 1º de janeiro**, estabelecendo com clareza o **momento da ocorrência do fato gerador** e a definição do contribuinte responsável pelo pagamento do imposto naquele **exercício fiscal**.

Aspecto Pessoal

O **sujeito ativo** poderá ser a **União**, uma vez que o imposto é de **competência federal**, bem como os **Municípios**, quando estes exercerem a **capacidade tributária ativa**.

A **administração** e **arrecadação** compete a **Secretaria da Receita Federal do Brasil**.

A lei que regulamenta a **arrecadação** e **fiscalização** do ITR pelos Municípios é a **Lei 11.250/2005**, que atribui em seu **art. 1º**:

> Art. 1º A União, por intermédio da Secretaria da Receita Federal, para fins do disposto no inciso III do § 4º do art. 153 da Constituição Federal, poderá celebrar convênios com o Distrito Federal e os Municípios que assim optarem, visando a delegar as atribuições de fiscalização, inclusive a de lançamento dos créditos tributários, e de cobrança do Imposto sobre a Propriedade Territorial Rural, de que trata o inciso VI do art. 153 da Constituição Federal, sem prejuízo da competência supletiva da Secretaria da Receita Federal.
>
> § 1º Para fins do disposto no caput deste artigo, deverá ser observada a legislação federal de regência do Imposto sobre a Propriedade Territorial Rural.
>
> § 2º A opção de que trata o caput deste artigo não poderá implicar redução do imposto ou qualquer outra forma de renúncia fiscal.

Os **Municípios** que firmarem o **convênio** devem observar rigorosamente a legislação federal que regula o ITR, conforme disposto no **§ 1º do art. 1º da Lei nº 11.250/2005**. Isso significa que os entes municipais **não podem alterar as regras de cálculo**, **base de cálculo** ou **alíquotas**, que são de **competência exclusiva da União**, titular do poder de tributar.

Já o **§ 2º do art. 1º veda que os Municípios**, ao exercerem a capacidade tributária ativa do ITR, **reduzam o valor do imposto** ou **concedam benefícios fiscais** que resultem em **renúncia de receita**. Isso assegura a uniformidade do imposto em todo o território nacional e evita a criação de distorções na arrecadação.

Mesmo com a delegação, a **União**, através da Secretaria da Receita Federal do Brasil, **mantém competência supletiva para fiscalizar**, **lançar** e **cobrar o ITR**. Isso garante que os critérios gerais do imposto sejam observados.

No julgamento do **REsp 1.112.646/SP**, a Corte reconheceu que, mediante **convênio com a União**, os Municípios podem exercer as atribuições de fiscalização, lançamento e cobrança do ITR, conforme previsto no **art. 153, § 4º, III, da CF/1988** e regulamentado pela **Lei nº 11.250/2005**, denotando que a **capacidade tributária ativa dos Municípios não acontecerá de forma automática**, sendo imprescindível a formalização através de um **convênio específico** para tal finalidade.

O **sujeito passivo** resta definido nos **arts. 4º e 5º da Lei 9.393/1996**:

> Art. 4º Contribuinte do ITR é o proprietário de imóvel rural, o titular de seu domínio útil ou o seu possuidor a qualquer título.
>
> Parágrafo único. O domicílio tributário do contribuinte é o município de localização do imóvel, vedada a eleição de qualquer outro.
>
> Art. 5º É responsável pelo crédito tributário o sucessor, a qualquer título, nos termos dos arts. 128 a 133 da Lei 5.172, de 25 de outubro de 1966 (Sistema Tributário Nacional).

O **contribuinte do ITR** é a **pessoa física** ou **jurídica** que detém a **propriedade**, o **domínio útil** ou a **posse** de **imóvel rural**. Assim, o legislador vincula a obrigação tributária diretamente à situação jurídica ou fática do imóvel rural.

O **domicílio tributário do contribuinte** é o **Município** onde o **imóvel rural está localizado, não sendo permitida a eleição de outro domicílio**, o que assegura que a arrecadação do tributo esteja **diretamente vinculada ao local onde o imóvel gera seus efeitos econômicos.**

Embora o CTN permita a **eleição de domicílio tributário**, também prevê situações em que a **lei pode estabelecer um domicílio obrigatório**, como ocorre no caso em tela. Nesse sentido, o **parágrafo único do art. 4º da Lei 9.393/1996** não contraria o CTN, mas sim, estabelece uma **regra especial para o ITR**, amparada na possibilidade de **restrição do domicílio tributário** em prol da **eficiência administrativa.**

- **Aspecto Quantitativo**

A **base de cálculo** do imposto é o **valor fundiário**, conforme resta demonstrado no **art. 30 do CTN**[47].

Entende-se por **valor fundiário** o chamado **valor da terra nua tributável**, ou seja, o **valor da terra sem edificação.**

O **valor da terra nua** exclui edificações, plantações, pastagens cultivadas e qualquer outra melhoria introduzida pelo homem. Apenas o **terreno em si** é considerado, levando em conta seu **potencial econômico natural.**

O **art. 10, § 1º, II, da Lei 9.393/1996** permite a **exclusão de áreas que não sejam aproveitáveis economicamente**, conforme descrito abaixo:

> **Art. 10.** A apuração e o pagamento do ITR serão efetuados pelo contribuinte, independentemente de prévio procedimento da administração tributária, nos prazos e condições estabelecidos pela Secretaria da Receita Federal, sujeitando-se a homologação posterior.
>
> § 1º Para os efeitos de apuração do ITR, considerar-se-á:
>
> II – área tributável, a área total do imóvel, menos as áreas:
>
> a) de preservação permanente e de reserva legal, previstas na Lei nº 12.651, de 25 de maio de 2012; (Redação dada pela Lei nº 12.844, de 2013)
>
> b) de interesse ecológico para a proteção dos ecossistemas, assim declaradas mediante ato do órgão competente, federal ou estadual, e que ampliem as restrições de uso previstas na alínea anterior;
>
> c) comprovadamente imprestáveis para qualquer exploração agrícola, pecuária, granjeira, aquícola ou florestal, declaradas de interesse ecológico mediante ato do órgão competente, federal ou estadual;
>
> d) sob regime de servidão ambiental; (Redação dada pela Lei nº 12.651, de 2012)
>
> e) cobertas por florestas nativas, primárias ou secundárias em estágio médio ou avançado de regeneração; (Incluído pela Lei nº 11.428, de 2006)
>
> f) alagadas para fins de constituição de reservatório de usinas hidrelétricas autorizada pelo poder público. (Incluído pela Lei nº 11.727, de 2008)

As **Áreas de Preservação Permanente** (APP) são aquelas definidas pela **Lei 12.651/2012 (Código Florestal)** como **essenciais para a manutenção do equilíbrio ecológico**. Podemos citar:

---

47. **Art. 30.** A base do cálculo do imposto é o valor fundiário.

- Margens de rios, lagos e cursos d'água;
- Encostas com declividade superior a 45 graus;
- Áreas em topos de morro e montanhas;
- Zonas de proteção de nascentes e olhos d'água.

A **Área de Reserva Legal** (ARL) é uma porção do imóvel rural que deve ser **destinada à conservação ambiental** e ao **uso sustentável dos recursos naturais**. De acordo com o Código Florestal, os **percentuais mínimos de reserva legal** variam conforme a **localização do imóvel:**

- 80% em áreas de floresta na Amazônia Legal;
- 35% em áreas de cerrado na Amazônia Legal; e
- 20% em outras regiões do país.

Para que as áreas de APP e ARL sejam excluídas da área tributável, o proprietário ou possuidor do imóvel rural deve informar na **Declaração do Imposto sobre a Propriedade Territorial Rural (DITR)**, apresentada anualmente, bem como realizar a comprovação da regularidade, através do **Cadastro Ambiental Rural (CAR), mapas georreferenciados** e **laudos técnicos.**

Conforme previsto pelo Código Florestal, a **servidão ambiental** consiste na **restrição voluntária, permanente** ou **temporária**, feita pelo **proprietário**, do uso de parte de seu imóvel para **preservação, conservação** ou **recuperação ambiental**. A área deve ser **formalmente registrada em cartório** e informada no **Cadastro Ambiental Rural (CAR).**

As áreas cobertas por **florestas nativas, primárias** ou **secundárias** em **estágio médio** ou **avançado de regeneração** são incluídas como passíveis de exclusão da área tributável, conforme a **Lei 11.428/2006 (Lei da Mata Atlântica)**. O **estágio de regeneração** (médio ou avançado) deve ser atestado por **laudo técnico**, elaborado por **profissionais habilitados** e submetido aos **órgãos ambientais competentes.**

Dispõe o **art. 11 da Lei 9.393/1996:**

> Art. 11. O valor do imposto será apurado aplicando-se sobre o Valor da Terra Nua Tributável – VTNt a alíquota correspondente, prevista no Anexo desta Lei, considerados a área total do imóvel e o Grau de Utilização – GU.
>
> § 1º Na hipótese de inexistir área aproveitável após efetuadas as exclusões previstas no art. 10, § 1º, inciso IV, serão aplicadas as alíquotas, correspondentes aos imóveis com grau de utilização superior a 80% (oitenta por cento), observada a área total do imóvel.
>
> § 2º Em nenhuma hipótese o valor do imposto devido será inferior a R$ 10,00 (dez reais).

As **alíquotas** podem ser **progressivas**, visando **desestimular a manutenção de terras improdutivas**. Assim, temos um **caráter extrafiscal** na progressividade admitida para o ITR.

O **Grau de Utilização (GU)** é a relação entre a **área efetivamente utilizada** para atividades produtivas e a **área total aproveitável do imóvel**. Assim, imóveis com **menor grau de utilização** são tributados com **alíquotas mais altas**, como forma de **desestimular a manutenção de terras improdutivas**.

Temos a seguinte **tabela de alíquotas** admitida:

TABELA DE ALÍQUOTAS

Área total do imóvel (em hectares)	GRAU DE UTILIZAÇÃO – GU (EM %)				
	Maior que 80	Maior que 65 até 80	Maior que 50 até 65	Maior que 30 até 50	Até 30
Até 50	0,03	0,20	0,40	0,70	1,00
Maior que 50 até 200	0,07	0,40	0,80	1,40	2,00
Maior que 200 até 500	0,10	0,60	1,30	2,30	3,30
Maior que 500 até 1.000	0,15	0,85	1,90	3,30	4,70
Maior que 1.000 até 5.000	0,30	1,60	3,40	6,00	8,60
Acima de 5.000	0,45	3,00	6,40	12,00	20,00

O **sujeito passivo do ITR** possui uma série de **obrigações de caráter acessório**, estabelecidas e reguladas a partir do **art. 6º da Lei 9.393/1996**:

> Art. 6º O contribuinte ou o seu sucessor comunicará ao órgão local da Secretaria da Receita Federal (SRF), por meio do Documento de Informação e Atualização Cadastral do ITR – DIAC, as informações cadastrais correspondentes a cada imóvel, bem como qualquer alteração ocorrida, na forma estabelecida pela Secretaria da Receita Federal.
>
> § 1º É obrigatória, no prazo de sessenta dias, contado de sua ocorrência, a comunicação das seguintes alterações:
>
> I – desmembramento;
>
> II – anexação;
>
> III – transmissão, por alienação da propriedade ou dos direitos a ela inerentes, a qualquer título;
>
> IV – sucessão *causa mortis*;
>
> V – cessão de direitos;
>
> VI – constituição de reservas ou usufruto.
>
> § 2º As informações cadastrais integrarão o Cadastro de Imóveis Rurais – CAFIR, administrado pela Secretaria da Receita Federal, que poderá, a qualquer tempo, solicitar informações visando à sua atualização.
>
> § 3º Sem prejuízo do disposto no parágrafo único do art. 4º, o contribuinte poderá indicar no DIAC, somente para fins de intimação, endereço diferente daquele constante do domicílio tributário, que valerá para esse efeito até ulterior alteração.

As obrigações devem ser **cumpridas no prazo assinalado em lei**, uma vez que, a falta de **apresentação no prazo determinado gera multa de 1% ao mês ou fração sobre o imposto devido**, não podendo ser **inferior a R$ 50,00** (cinquenta reais), sem **prejuízo da multa** e dos **juros de mora**.

A lei estabelece a possibilidade de **isenção** em determinados casos:

> Art. 3º São isentos do imposto:
>
> I – o imóvel rural compreendido em programa oficial de reforma agrária, caracterizado pelas autoridades competentes como assentamento, que, cumulativamente, atenda aos seguintes requisitos:
>
> a) seja explorado por associação ou cooperativa de produção;
>
> b) a fração ideal por família assentada não ultrapasse os limites estabelecidos no artigo anterior;
>
> c) o assentado não possua outro imóvel.
>
> II – o conjunto de imóveis rurais de um mesmo proprietário, cuja área total observe os limites fixados no parágrafo único do artigo anterior, desde que, cumulativamente, o proprietário:
>
> a) o explore só ou com sua família, admitida ajuda eventual de terceiros;
>
> b) não possua imóvel urbano.

Ademais, temos a possibilidade de **imunidade tributária específica**, prevista no **art. 153, § 4º, II, da CF/1988**, que reza:

> Art. 153 (...)
>
> § 4º (...)
>
> II – não incidirá sobre pequenas glebas rurais, definidas em lei, quando as explore o proprietário que não possua outro imóvel.

Para configuração das **pequenas glebas rurais**, a legislação adota o que podemos denominar de **critério métrico-topográfico**, indicando como pequena gleba rural a **metragem** e a **localização do imóvel** em zona rural.

Reza o **art. 2º da Lei 9.393/1996**:

> Art. 2º Nos termos do art. 153, § 4º, in fine, da Constituição, o imposto não incide sobre pequenas glebas rurais, quando as explore, só ou com sua família, o proprietário que não possua outro imóvel.
>
> Parágrafo único. Para os efeitos deste artigo, pequenas glebas rurais são os imóveis com área igual ou inferior a:
>
> I – 100 ha, se localizado em município compreendido na Amazônia Ocidental ou no Pantanal mato-grossense e sul-mato-grossense;
>
> II – 50 ha, se localizado em município compreendido no Polígono das Secas ou na Amazônia Oriental;
>
> III – 30 ha, se localizado em qualquer outro município.

A **Amazônia Ocidental** é uma sub-região da **Amazônia Legal**, composta por estados localizados na porção ocidental da floresta amazônica. São partícipes da **Amazônia Ocidental** os estados do **Acre, Rondônia, Roraima** e **parcela do estado do Amazonas**. Embora faça parte da **Amazônia Legal**, que inclui outras áreas como a Amazônia Oriental, o conceito de **Amazônia Ocidental** está associado à região situada mais próxima dos **limites fronteiriços ocidentais do Brasil** com países como Peru, Bolívia, Colômbia e Venezuela.

A **Amazônia Oriental** é a **porção leste da Amazônia Legal**, que abrange estados situados na parte oriental da região amazônica. Embora faça parte da maior floresta tropical do mundo, apresenta características socioeconômicas e ambientais distintas da **Amazônia Ocidental**, em virtude de sua localização e histórico de ocupação. Abrange os estados do **Pará, Amapá, Tocantins** e **parcela do Maranhão**.

Já o **Polígono das Secas** é uma área delimitada no Brasil que abrange **regiões do Nordest**e e **parte do Sudeste** afetadas historicamente por **condições climáticas áridas** ou **semiáridas**, caracterizadas por **períodos recorrentes de estiagem**. A delimitação do polígono é uma ferramenta importante para o desenvolvimento de políticas públicas voltadas ao combate aos impactos da seca.

O **Polígono das Secas** inclui municípios dos seguintes estados:

- **Nordeste**: Maranhão, Piauí, Ceará, Rio Grande do Norte, Paraíba, Pernambuco, Alagoas, Sergipe e Bahia.
- **Sudeste**: Parte do norte de Minas Gerais.

20.6.3 Entendimento jurisprudencial

PROCESSUAL CIVIL E TRIBUTÁRIO. RECURSO ESPECIAL. ITR. RESPONSABILIDADE TRIBUTÁRIA POR SUCESSÃO. OBSERVÂNCIA. 1. A jurisprudência desta Corte de Justiça, firmada em sede de recurso repetitivo, é no sentido de que os "impostos incidentes sobre o patrimônio (Imposto sobre a Propriedade Territorial Rural – ITR e Imposto sobre a Propriedade Predial e Territorial Urbana – IPTU) decorrem de relação jurídica tributária instaurada com a ocorrência de fato imponível encartado, exclusivamente, na titularidade de direito real, razão pela qual consubstanciam obrigações propter rem, impondo-se sua assunção a todos aqueles que sucederem ao titular do imóvel" (REsp 1.073.846/SP, Rel. Ministro LUIZ FUX, PRIMEIRA SEÇÃO, julgado em 25/11/2009, DJe 18/12/2009). 2. A cobrança do tributo pode ser feita tanto do proprietário/possuidor do imóvel à época do fato gerador do imposto quanto daquele que vier a lhe suceder, em face da responsabilidade tributária por sucessão. 3. In casu, constatada a contemporaneidade dos fatos geradores do imposto com a posse/propriedade do imóvel pela parte ora recorrente, é legítima a cobrança do ITR. 4. Agravo interno desprovido.
(STJ – AgInt no AREsp: 1723817 PR 2020/0162494-4, Relator: Ministro GURGEL DE FARIA, Data de Julgamento: 08/09/2021, T1 – PRIMEIRA TURMA, Data de Publicação: DJe 14/09/2021)
TRIBUTÁRIO. PROCESSUAL CIVIL. AGRAVO INTERNO NO RECURSO ESPECIAL. CÓDIGO DE PROCESSO CIVIL DE 2015. APLICABILIDADE. VIOLAÇÃO AO ART. 1.022 DO CÓDIGO DE PROCESSO CIVIL DE 2015. INOCORRÊNCIA. ISENÇÃO DO ITR. ÁREA DE RESERVA LEGAL. AVERBAÇÃO NA MATRÍCULA DO IMÓVEL. IMPRESCINDIBILIDADE. APLICAÇÃO DE MULTA. ART. 1.021, § 4º, DO CÓDIGO DE PROCESSO CIVIL DE 2015. DESCABIMENTO. I. Consoante o decidido pelo Plenário desta Corte na sessão realizada em 09.03.2016, o regime recursal será determinado pela data da publicação do provimento jurisdicional impugnado. Aplica-se, no caso, o Código de Processo Civil de 2015. II. A Corte de origem apreciou todas as questões relevantes apresentadas com fundamentos suficientes, mediante apreciação da disciplina normativa e cotejo ao posicionamento jurisprudencial aplicável à hipótese. Inexistência de omissão, contradição ou obscuridade. III. Esta Corte possui o entendimento de que, se tratando de "área de reserva legal", é imprescindível sua averbação na matrícula do imóvel para o gozo de isenção do ITR. IV. Em regra, descabe a imposição da multa prevista no art. 1.021, § 4º, do Código de Processo Civil de 2015 em razão do mero desprovimento do Agravo Interno em votação unânime, sendo necessária a configuração da manifesta inadmissibilidade ou improcedência do recurso a autorizar sua aplicação, o que não ocorreu no caso. V. Agravo Interno desprovido.
(STJ – AgInt no REsp: 1960178 SC 2021/0214115-6, Relator: Ministra REGINA HELENA COSTA, Data de Julgamento: 13/12/2021, T1 – PRIMEIRA TURMA, Data de Publicação: DJe 16/12/2021)

AGRAVO INTERNO NOS EMBARGOS DE DECLARAÇÃO NO RECURSO ESPECIAL. PROCESSUAL CIVIL E TRIBUTÁRIO. NULIDADE PROCESSUAL. NÃO CONHECIMENTO DA ARGUIÇÃO. AÇÃO ORDINÁRIA. IPTU. IMÓVEL SITUADO EM ÁREA DE EXPANSÃO URBANA. AUSÊNCIA DE COMPROVAÇÃO DE EXERCÍCIO DE ATIVIDADE AGROPECUÁRIA. REVISÃO DAS PREMISSAS FÁTICAS. IMPOSSIBILIDADE. 1. Hipótese em que a Corte regional deu provimento à apelação do ente público, concluindo que não foi comprovada a destinação rural do imóvel. 2. A assertiva da recorrente de nulidade do processo não procede, seja porque a tese da necessidade de reabertura da fase de instrução, sob pena de violação do contraditório e da ampla defesa, não foi objeto de prequestionamento, seja pela ausência de indicação na petição recursal de dispositivo de lei federal violado, a atrair o óbice das Súmulas 282 e 284 do STF. 3. O Superior Tribunal de Justiça, no REsp 1.112.646/SP, submetido à sistemática dos recursos repetitivos, consolidou o entendimento de que não incide IPTU, mas ITR, sobre imóvel localizado na área urbana do município, desde que comprovadamente utilizado em exploração extrativa, vegetal, agrícola, pecuária ou agroin-dustrial (art. 15 do DL 57/1966). 4. Com base na prova dos autos, o Colegiado de origem entendeu não comprovada a destinação rural do imóvel pertencente à apelada, de forma a incidir a cobrança de IPTU, e não de ITR. Para modificar a conclusão do aresto, seria necessário o reexame do acervo fático-probatório, inviável ante o óbice da Súmula 7/STJ. 5. Agravo interno a que se nega provimento.

(STJ – AgInt nos EDcl no REsp: 1886777 RN 2020/0191064-0, Relator: Ministro OG FERNANDES, Data de Julgamento: 15/03/2021, T2 – SEGUNDA TURMA, Data de Publicação: DJe 28/05/2021)

TRIBUTÁRIO E PROCESSUAL CIVIL. AGRAVO INTERNO NO AGRAVO EM RECURSO ESPECIAL. EXCEÇÃO DE PRÉ-EXECUTIVIDADE. ARTS. 29 E 32 DO CTN. IMPOSSIBILIDADE DE APRECIAÇÃO, NA VIA ELEITA. DILAÇÃO PROBATÓRIA. NÃO CABIMENTO. SÚMULA 393/STJ. ALEGADA VIOLAÇÃO AO ART. 1.022 DO CPC/2015. INEXISTÊNCIA DE VÍCIOS, NO ACÓRDÃO RECORRIDO. INCONFORMISMO. PREMISSA DE FATO FIXADA PELO TRIBUNAL DE ORIGEM. REVISÃO. IMPOSSIBILIDADE. SÚMULA 7/STJ. AGRAVO INTERNO IMPROVI-DO. I. Agravo interno aviado contra decisão que julgara Agravo em Recurso Especial interposto contra decisum publicado na vigência do CPC/2015. II. Na origem, trata-se de exceção de pré-executividade, em que se alega prescrição parcial e que indevido o lançamento do IPTU por estar o imóvel sujeito ao ITR. O Juízo de 1º Grau acolheu, em parte, a exceção de pré-executividade, para declarar a prescrição parcial do crédito e, quanto a discussão sobre qual tributo deve incidir sobre o imóvel, entendeu pela impossibilidade da análise via exceção de pré-executividade, devido a necessidade de dilação proba-tória. Por sua vez, o Tribunal de origem manteve a decisão. III. Não há falar, na hipótese, em violação ao art. 1.022 do CPC/2015, porquanto a prestação jurisdicional foi dada na medida da pretensão deduzida, de vez que os votos condutores do acórdão recorrido e do acórdão proferido em sede de Embargos de Declaração apreciaram fundamentadamente, de modo coerente e completo, as questões necessárias à solução da controvérsia, dando-lhes, contudo, solução jurídica diversa da pretendida. IV. Na forma da jurisprudência do STJ, não se pode confundir decisão contrária ao interesse da parte com ausência de fundamentação ou negativa de prestação jurisdicional. Nesse sentido: STJ, EDcl no REsp 1.816.457/SP, Rel. Ministro HERMAN BENJAMIN, SEGUNDA TURMA, DJe de 18/05/2020; AREsp 1.362.670/MG, Rel. Ministro MAURO CAMPBELL MARQUES, SEGUNDA TURMA, DJe de 31/10/2018; REsp 801.101/MG, Rel. Ministra DENISE ARRUDA, PRIMEIRA TURMA, DJe de 23/04/2008. V. Nos termos da Súmula 393/STJ, "a exceção de pré-executividade é admissível na execução fiscal relativamente às matérias conhecíveis de ofício que não demandem dilação probatória". Por sua vez, a Súmula 7/STJ enuncia que "a pretensão de simples reexame de prova não enseja recurso especial". VI. O Tribunal de origem, com base no exame dos elementos fáticos dos autos, consignou que "a medida que se impõe, portanto, é a manutenção da decisão agravada, por meio da qual a MM. Magistrada apontou, acertadamente, a necessidade da dilação probatória, o que, como cediço não se admite em sede de apreciação de exceção de pré-exe-cutividade". Tal entendimento, firmado pelo Tribunal a quo, não pode ser revisto, pelo Superior Tribunal de Justiça, por exigir o reexame da matéria fático-probatória dos autos. Precedentes do STJ. VII. Agravo interno improvido.

(STJ – AgInt no AREsp: 1725859 SP 2020/0167417-9, Relator: Ministra ASSUSETE MAGALHÃES, Data de Julgamento: 15/03/2021, T2 – SEGUNDA TURMA, Data de Publicação: DJe 19/03/2021)

TRIBUTÁRIO, AMBIENTAL E URBANÍSTICO. IPTU. EMBARGOS À EXECUÇÃO FISCAL. ART. 32 DO CÓDIGO TRIBUTÁRIO NACIONAL. LIMITAÇÃO AMBIENTAL AO DIREITO DE PROPRIEDADE. ÁREA DE PRESERVAÇÃO PERMANENTE. IMPOSSIBILIDADE ABSOLUTA DE USO DA TOTALIDADE DO BEM PELO PROPRIETÁRIO. IMPACTOS TRIBUTÁRIOS DA NATUREZA NON AEDIFICANDI DE IMÓVEL URBANO. DIREITO TRIBUTÁRIO NO ESTADO DE DIREITO AMBIENTAL. PRINCÍPIO POLUIDOR-PAGADOR. EXTERNALIDADES AMBIENTAIS NEGATIVAS. NECESSIDADE DE REVOLVIMENTO DO CONJUNTO FÁTICO-PROBATÓRIO. IMPOSSIBILIDADE. SÚMULA 7/STJ. 1. Segundo o Tribunal de Justiça de São Paulo, "o bem de propriedade do apelante se localiza em Área de Preservação Permanente (APP), de declividade e nascentes, bem como de vegetação de Mata Atlântica em estágio médio de regeneração, servindo de refúgio para espécies em extinção, impedindo-se, assim, seu uso e gozo e, por consequência, tais restrições ambientais descaracterizariam a incidência do IPTU, que vem sendo cobrado pela Municipalidade de Serra Negra". Acrescenta que, consoante o laudo pericial, as limitações ambientais "resultam na inexequibilidade absoluta de uso pelo autor, não possuindo, portanto, qualquer edificação". 2. Quanto à questão jurídica de fundo propriamente debatida, afirma o Tribunal: "No que tange aos lançamentos de IPTU, cumpre elucidar que, em regra, o fato de estar, o imóvel, localizado em área de preservação permanente (APP), por si só, não afasta a incidência do tributo, vez que, ainda que existam algumas restrições ao direito de propriedade decorrentes do aspecto ambiental da função social da propriedade (limitação administrativa), é certo que, em geral, não há impossibilidade absoluta de uso e gozo da propriedade/posse, a não ser que haja comprovação nos autos do contrário. Foi o que ocorreu no caso." 3. O acórdão recorrido está lastreado em prova pericial, o que impõe a aplicação da Súmula 7/STJ. 4. Ainda que se considerasse superado o óbice dessa súmula, a irresignação não mereceria prosperar. Nos termos do art. 32, caput, do CTN, o IPTU "tem como fato gerador a propriedade, o domínio útil ou a posse de bem imóvel" na zona urbana. Leitura apressada do dispositivo poderia transmitir a equivocada impressão de serem redondamente estranhas considerações acerca de fundamentos ético-jurídicos subjacentes à conformação legal do IPTU, como a concreta impossibilidade de explorabilidade econômica lato sensu da inteireza e não de parcela do imóvel, em razão de restrições estatais (urbanísticas, ambientais, sanitárias, de segurança). 5. Como regra, limitação urbanística, ambiental, sanitária ou de segurança - de caráter geral e que recaia sobre o direito de explorar e construir, v. g., gabarito das edificações, recuo de prédios, espaços verdes, Áreas de Preservação Permanente – não enseja desapropriação indireta e não acarreta dever do Estado de indenizar, mesmo quando a condição non aedificandi venha a abranger, de ponta a ponta, o bem em questão, p. ex., aquele derivado de subdivisões sucessivas ou adquirido após o advento da restrição. Contudo, tal negativa de ressarcimento, apurada à luz do Direito das Obrigações e da principiologia de regência do Direito Público, não equivale a pintar de irrelevância jurídica - para fins tributários e de conformação do fato gerador do imposto - a realidade de total, rematada e incontroversa afetação do imóvel a utilidade pública. Ou seja, o titular de domínio (ou de fração dele) de área non aedificandi, apesar de não fazer jus à indenização pela intervenção estatal, merece ser exonerado do IPTU exatamente por conta desse ônus social, se, repita-se, cabal e plenamente inviabilizado o direito de construir no imóvel ou de usá-lo econômica e diretamente na sua integralidade. 6. Sobre a relação entre IPTU e Área de Preservação Permanente, o STJ já se pronunciou em outras oportunidades: "A restrição à utilização da propriedade referente a Área de Preservação Permanente em parte de imóvel urbano (loteamento) não afasta a incidência do Imposto Predial e Territorial Urbano, uma vez que o fato gerador da exação permanece íntegro, qual seja, a propriedade localizada na zona urbana do município. Cuida-se de um ônus a ser suportado, o que não gera o cerceamento total da disposição, utilização ou alienação da propriedade, como ocorre, por exemplo, nas desapropriações. Aliás, no caso dos autos, a limitação não tem caráter absoluto, pois poderá haver exploração da área mediante prévia autorização da Secretaria do Meio Ambiente do município" (REsp 1.128.981/SP, Rel. Min. Benedito Gonçalves, Primeira Turma, DJe 25/3/2010, grifo acrescentado). Em sentido assemelhado: "não se pode confundir propriedade com restrição administrativa, pois esta não afasta o fato gerador do imposto e a titularidade para efeitos de tributação" (REsp 1.801.830/PR, Rel. Min. Herman Benjamin, Segunda Turma, DJe 21/05/2019).

Comparando a situação do ITR e do IPTU, confira-se: "o não pagamento da exação deve ser debatida à luz da isenção e da base de cálculo, a exemplo do que se tem feito no tema envolvendo o ITR sobre áreas de preservação permanente, pois, para esta situação, há lei federal regulando a questão. (artigo 10, § 1º, II, 'a' e 'b', da Lei 9.393/96)." (AgRg no REsp 1.469.057/AC, Rel. Min. Mauro Campbell Marques, Segunda Turma, DJe 20/10/2014). A jurisprudência do STJ, todavia, não há de ser lida como recusa de ponderar, na análise do fato gerador do IPTU e de outros tributos, eventual constrição absoluta de cunho ambiental, urbanístico, sanitário ou de segurança sobreposta sobre 100% do bem. Cobrança de tributo sobre imóvel intocável ope legis e, por isso, economicamente inaproveitável, flerta com confisco dissimulado. 7. O Direito Tributário deve ser amigo, e não adversário, da proteção do meio ambiente. A "justiça tributária" necessariamente abarca preocupações de sustentabilidade ecológica, abrigando tratamento diferenciado na exação de tributos, de modo a dissuadir ou premiar comportamento dos contribuintes que, adversa ou positivamente, impactem o uso sustentável dos bens ambientais tangíveis e intangíveis. 8. No Estado de Direito Ambiental, sob o pálio sobretudo, mas não exclusivamente, do princípio poluidor-pagador, tributos despontam, ao lado de outros instrumentos econômicos, como um dos expedientes mais poderosos, eficazes e eficientes para enfrentar a grave crise de gestão dos recursos naturais que nos atormenta. Sob tal perspectiva, cabe ao Direito Tributário – cujo campo de atuação vai, modernamente, muito além da simples arrecadação de recursos financeiros estáveis e previsíveis para o Estado – identificar e enfrentar velhas ou recentes práticas nocivas às bases da comunidade da vida planetária. A partir daí, dele se espera, quer autopurificação de medidas de incentivo a atividades antiecológicas e de perpetuação de externalidades ambientais negativas, quer desenho de mecanismos tributários inéditos, sensíveis a inquietações e demandas de sustentabilidade, capazes de estimular inovação na produção, circulação e consumo da nossa riqueza natural, assim como prevenir e reparar danos a biomas e ecossistemas. Um esforço concertado, portanto, que envolve, pelos juízes, revisita-ção e releitura de institutos tradicionais da disciplina e, simultaneamente, pelo legislador, alteração da legislação tributária vigente. 9. Agravo Interno não provido.
(STJ – AgInt no AREsp: 1723597 SP 2020/0162489-2, Relator: Ministro HERMAN BENJAMIN, Data de Julgamento: 29/03/2021, T2 – SEGUNDA TURMA, Data de Publicação: DJe 06/04/2021)
TRIBUTÁRIO. IMPOSTO TERRITORIAL RURAL – ITR. CANCELAMENTO DAS MATRÍCULAS POR DECISÃO JUDICIAL TRANSITADA EM JULGADO. INEXISTÊNCIA E INVALIDADE DOS REGISTROS IMOBILIÁRIOS DAS PROPRIEDADES. FATO SIGNO PRESUNTIVO DE RIQUEZA INEXISTENTE. IMPOSSIBILIDADE DE TRI-BUTAÇÃO SOBRE FATO NÃO OCORRIDO. DIFERENÇA ENTRE OS PLANOS DA EXISTÊNCIA, VALIDADE E EFICÁCIA PARA A INCIDÊNCIA DO ARTIGO 118 DO CTN. 1. Consigne-se inicialmente que o recurso foi interposto contra decisão publicada na vigência do Código de Processo Civil de 2015, devendo ser exigidos os requisitos de admissibilidade na forma nele previsto, conforme Enunciado Administrativo n. 3/2016/STJ. 2. Discute-se nos autos a legalidade da exigência do ITR – Imposto Territorial Rural so-bre propriedade imobiliária cujo registro foi cancelado por decisão judicial transitada em julgado. 3. Por meio de sentença judicial, transitada em julgado em 9/9/2014, foi declarada a nulidade dos atos notarias de escritura pública de compra e venda de propriedade rural, determinando-se a averbação do cancelamento dos atos. Na referida sentença (fls. 1036/1041) o juiz afirma que os autores adquiri-ram propriedades cujas matrículas (1053, 1087 e 1018) eram consubstanciadas em documentação inexiste ou falsa, concluindo que: "a compra e venda realizada com suporte em escrituras públicas comprovadamente falsas constitui ato Jurídico nulo e, desta forma, não gera efeitos" (fl. 1039).4. Nesse contexto, o acórdão recorrido, proferido pelo TRF3, considerou ser devido o ITR – Imposto Territorial Rural, "incidente desde a aquisição dos imóveis (meados de 1993) até a averbação do cancelamento das matrículas, fato ocorrido em setembro de 2014" (fl. 1679).5. Nos termos do artigo 118 do Código Tributário Nacional (CTN) a definição legal do fato gerador é interpretada abstraindo-se: I – da vali-dade jurídica dos atos efetivamente praticados pelos contribuintes, responsáveis, ou terceiros, bem como da natureza do seu objeto ou dos seus efeitos; II – dos efeitos dos fatos efetivamente ocorridos.

6. Quanto à interpretação objetiva do fato gerador, não se desconhece o entendimento do STF, firmando para a hipótese de validade dos atos efetivamente praticados (artigo 118, I, do CTN) no sentido de que é "possível a incidência de tributação sobre valores arrecadados em virtude de atividade ilícita, consoante o art. 118 do CTN (...)" (HC 94240, Min. Dias Toffoli, Primeira Turma, julgado em 23/08/2011, DJe-196 11/10/2011. No mesmo sentido: HC 158976 AgR, Min. Gilmar Mendes, Segunda Turma, julgado em 22/02/2019, DJe-041 27/2/2019). Do mesmo modo, quanto aos efeitos dos atos efetivamente praticados (artigo 118, II, do CTN), também é conhecido o entendimento do Supremo Tribunal Federal no caso julgamento das tributação das vendas inadimplidas (Tema 87 da Repercussão Geral), de cuja ementa se extrai o seguinte trecho: "As vendas canceladas não podem ser equiparadas às vendas inadimplidas porque, diferentemente dos casos de cancelamento de vendas, em que o negócio jurídico é desfeito, extinguindo-se, assim, as obrigações do credor e do devedor, as vendas inadimplidas – a despeito de poderem resultar no cancelamento das vendas e na consequente devolução da mercadoria –, enquanto não sejam efetivamente canceladas, importam em crédito para o vendedor oponível ao comprador" (RE 586482, Min. Dias Toffoli, Pleno, julgado em 23/11/2011, Repercussão Geral – Mérito DJe-119 18/6/2012). 7. Contudo, no caso concreto, estamos analisando hipótese diversa, na qual é fato incontroverso que a propriedade rural sobre a qual se pretende afastar a incidência do ITR teve a sua matrícula cancelada, por serem falsos ou inexistentes os documentos que comprovavam sua existência. Diante da exigência de trânsito em julgado para o cancelamento do registro (Lei de Registros Públicos – Lei 6.015/1973, artigo 259) a questão controvertida se concentra em saber se o ITR poderá ser cobrado no período entre a aquisição da propriedade e o encerramento do processo judicial. 8. A solução do presente caso concreto passa pela separação dos planos de existência, validade e eficácia dos fatos jurídicos submetidos à tributação. Os fatos existentes, mas inválidos ou ilícitos, estarão sujeito à tributação, via de regra, como é o caso do HC 94240/SP do Supremo Tribunal Federal, acima colacionado. Os fatos existentes e válidos, mas ineficazes, também se submeterão, como regra, à tributação, como é o exemplo da tributação das vendas inadimplidas (Tema 87 da Repercussão Geral do Supremo Tribunal Federal). 9. Entretanto, se inexistente o fato jurídico, não se pode cogitar sequer da sua validade, ou tampouco da sua eficácia. Na hipótese dos autos é precisamente isso que ocorre: as propriedades estavam consubstanciadas em registros inexistentes, que foram cancelados por meio de sentença transitada em julgado. Vale dizer, portanto, que o fato signo presuntivo de riqueza (propriedade territorial rural) simplesmente não existiu, uma vez que o arcabouço normativo de direito privado considera existente a transmissão da propriedade apenas com o registro do título translativo no Registro de Imóveis. 10. Concluo, portanto, pela impossibilidade de incidência de ITR, no contexto em que sentença transitada em julgado reconhece a inexistência das respectivas matrículas imobiliárias, determinando o seu cancelamento após o trânsito em julgado. 12. Ante o exposto, conheço o agravo e dou provimento ao recurso especial, reconhecendo a inexistência da relação jurídica tributária que obrigue a parte ao recolhimento do ITR - Imposto Territorial Rural.

(STJ – AREsp: 1750232 SP 2020/0220067-0, Relator: Ministro BENEDITO GONÇALVES, Data de Julgamento: 20/06/2023, T1 – PRIMEIRA TURMA, Data de Publicação: DJe 26/06/2023)

ADMINISTRATIVO. PROCESSUAL CIVIL. AGRAVO EM RECURSO ESPECIAL. ENUNCIADO ADMINISTRATIVO 3/STJ. CONSTITUIÇÃO DE SERVIDÃO ADMINISTRATIVA. IMISSÃO NA POSSE. VALOR APURADO UNILATERALMENTE. VIOLAÇÃO AO ART. 15 DO DECRETO-LEI 3.365/1941. PRECEDENTE QUALIFICADO. REsp 1.185.583/SP. 1. É cabível a avaliação pericial provisória como condição à imissão na posse, nas ações regidas pelo Decreto-Lei 3.365/1941, quando não observados os requisitos previstos no art. 15, § 1º, do referido diploma. 2. Agravo conhecido para dar provimento ao recurso especial.

(STJ – AREsp: 1674697 RJ 2020/0053237-3, Data de Julgamento: 08/11/2022, T2 – SEGUNDA TURMA, Data de Publicação: DJe 09/12/2022)

> TRIBUTÁRIO. IMPOSTO SOBRE A PROPRIEDADE TERRITORIAL RURAL ITR. ISENÇÃO. ÁREA DE RESERVA LEGAL. REGISTRO DE IMÓVEIS. AVERBAÇÃO. NECESSIDADE. 1. "Aos recursos interpostos com fundamento no CPC/1973 (relativos a decisões publicadas até 17 de março de 2016) devem ser exigidos os requisitos de admissibilidade na forma nele prevista, com as interpretações dadas, até então, pela jurisprudência do Superior Tribunal de Justiça"(Enunciado Administrativo n. 2 STJ). 2. "A isenção de ITR, garantida às áreas de reserva legal, depende, para sua eficácia, do ato de averbação na matrícula do imóvel, no Registro Imobiliário competente, porquanto tal formalidade revela natureza constitutiva, e não apenas declaratória."(AgRg no REsp 1.450.992/SC, rel. Ministra ASSUSETE MAGALHÃES, SEGUNDA TURMA, julgado em 15/03/2016, DJe 17/03/2016). 3. Agravo interno desprovido.
> **(STJ – AgInt no REsp: 1469929 PR** 2014/0178549-9, Relator: Ministro GURGEL DE FARIA, Data de Julgamento: 08/09/2021, T1 – PRIMEIRA TURMA, Data de Publicação: DJe 14/09/2021)

20.7 IMPOSTO SOBRE A PRODUÇÃO, EXTRAÇÃO, COMERCIALIZAÇÃO OU IMPORTAÇÃO DE BENS E SERVIÇOS PREJUDICIAIS À SAÚDE E AO MEIO AMBIENTE (IMPOSTO SELETIVO)

O **imposto seletivo** é um instrumento tributário amplamente utilizado em diversas jurisdições ao redor do mundo, com características que variam conforme as **prioridades políticas, econômicas** e **sociais** de cada país.

Sua essência reside na **função extrafiscal**, utilizando a tributação para **influenciar comportamentos, desestimular o consumo** de bens nocivos à saúde ou ao meio ambiente e **financiar políticas públicas específicas**.

No Brasil, a introdução do imposto seletivo pela **EC 132/2023**, no **art. 153, VIII, da CF/1988**[48], aproxima o sistema tributário brasileiro de práticas internacionais bem estabelecidas.

Em um contexto global, o **imposto seletivo** é conhecido *como excise tax* (tributos especiais de consumo), sendo aplicado a **produtos** e **serviços específicos** com o objetivo de **controlar comportamentos indesejáveis, arrecadar fundos para a compensação de externalidades negativas** e **promover políticas públicas**.

Nos **Estados Unidos**, o **imposto seletivo** (*excise tax*) é amplamente utilizado em níveis **federal, estadual** e **local**, sendo aplicado a produtos como **tabaco** e **álcool, combustíveis fósseis** e produtos com **alto teor de açúcar**.

Os países da **União Europeia** utilizam impostos seletivos regulados por **diretrizes comunitárias** que harmonizam sua aplicação. Dentre as diretrizes existentes, destacamos:

---

48. **Art. 153.** (...)

    VIII – produção, extração, comercialização ou importação de bens e serviços prejudiciais à saúde ou ao meio ambiente, nos termos de lei complementar.

- **Diretiva de Impostos Especiais**

Estabelece regras para a tributação de tabaco, álcool e combustíveis, com foco na saúde pública e no combate às mudanças climáticas.

- **Taxa de Carbono**

Muitos países europeus aplicam tributos seletivos sobre emissões de carbono para reduzir os impactos ambientais.

No **Reino Unido**, o **imposto seletivo** é parte essencial do sistema tributário, com aplicação em áreas como o *Soft Drinks Industry Levy* (Imposto sobre Bebidas Açucaradas) e o *Fuel Duty* (Imposto sobre combustíveis).

O direito comparado demonstra a eficácia desse instrumento na **promoção de comportamentos mais responsáveis** e na **arrecadação de recursos para mitigar externalidades negativas**. Contudo, sua implementação requer planejamento cuidadoso para enfrentar os desafios do sistema tributário brasileiro, garantindo simplicidade, transparência e equidade.

20.7.1 Fundamentação constitucional e legal

A EC 132/2023 inseriu a possibilidade do **imposto seletivo**, como sendo de **competência federal**, nos termos do **art. 153, VIII, da CF/1988**, instituído através de uma **lei complementar nacional**, em consonância com o **art. 146, III, a, do texto constitucional**. A regulamentação se encontra estabelecida na **Lei Complementar 214/2025**, no **Livro II**, a partir do **art. 409**.

20.7.2 Regramento estabelecido na Lei Complementar 214/2025

Estabelece o **art. 409 da LC 214/2025**:

Art. 409. Fica instituído o Imposto Seletivo - IS, de que trata o inciso VIII do art. 153 da Constituição Federal, incidente sobre a produção, extração, comercialização ou importação de bens e serviços prejudiciais à saúde ou ao meio ambiente.

§ 1º Para fins de incidência do Imposto Seletivo, consideram-se prejudiciais à saúde ou ao meio ambiente os bens classificados nos códigos da NCM/SH e o carvão mineral, e os serviços listados no Anexo XVII, referentes a:

I – veículos;

II – embarcações e aeronaves;

III – produtos fumígenos;

IV – bebidas alcoólicas;

V – bebidas açucaradas;

VI – bens minerais; e

> VII – concursos de prognósticos e *fantasy sport*.
>
> § 2º Os bens a que se referem os incisos III, IV e
>
> V do § 1º estão sujeitos ao Imposto Seletivo quando acondicionados em embalagem primária, assim entendida aquela em contato direto com o produto e destinada ao consumidor final.

A **prejudicialidade a saúde e ao meio ambiente** são os **bens classificados nos códigos da NCM/SH**. Trata-se de um sistema de codificação internacionalmente utilizado para identificar **mercadorias de forma padronizada no comércio exterior** e na **tributação**. Esse sistema serve para **classificar e descrever bens de maneira uniforme**, além de **garantir a consistência nas operações comerciais e fiscais**.

A **NCM (Nomenclatura Comum do Mercosul)** é um sistema de classificação de mercadorias adotado pelos **países membros do Mercosul** (Brasil, Argentina, Paraguai e Uruguai). É baseada no **Sistema Harmonizado (SH)** e utilizada para identificar **bens no comércio exterior**, estabelecer **alíquotas de impostos** e **padronizar informações em documentos fiscais**.

O **SH (Sistema Harmonizado de Designação e Codificação de Mercadorias)** é uma nomenclatura internacional criada pela **Organização Mundial das Alfândegas** (OMA), organizando as mercadorias em uma **estrutura hierárquica** baseada em **capítulos, posições** e **subposições**.

A **NCM** possui **8 dígitos**, organizados da seguinte forma:

- **Capítulo (2 dígitos):** identifica a categoria geral da mercadoria.
- **Posição (4 dígitos):** refina a classificação dentro do capítulo.
- **Subposição (6 dígitos):** corresponde ao SH e define características específicas.
- **Item e Subitem (7º e 8º dígitos):** adicionados pela NCM para maior detalhamento.

Exemplificando: imaginemos o bem classificado na **NCM 2203.00.00**, em que:

- **Capítulo 22:** Bebidas, líquidos alcoólicos e vinagres.
- **Posição 2203:** Cerveja feita de malte.
- **Subposição 2203.00:** Especificação no Sistema Harmonizado (SH).
- **Item e Subitem:** Nível de detalhamento para a NCM.

Quando o texto menciona que os **bens classificados nos códigos da NCM/SH** estão sujeitos ao **Imposto Seletivo**, isso significa que apenas os **bens especificados nesses códigos**, listados na legislação ou em anexos regulatórios, sofrerão a incidência do imposto.

A inclusão de um bem nos códigos da **NCM/SH** funciona como um **critério técnico e objetivo** para **delimitar a aplicação do imposto**, evitando **interpretações subjetivas**.

De acordo com o **Anexo XVII** indicado na norma, temos:

ANEXO XVII
BENS E SERVIÇOS SUJEITOS AO IMPOSTO SELETIVO

Veículos
87.03; 8704.21 (exceto os caminhões); 8704.31 (exceto os caminhões); 8704.41.00 (exceto os caminhões); 8704.51.00 (exceto os caminhões); 8704.60.00 (exceto os caminhões); 8704.90.00 (exceto os caminhões)
Aeronaves e Embarcações
8802, exceto o código 8802.60.00; embarcações com motor classificadas na posição 8903
Produtos fumígenos
2401; 2402; 2403; 2404
Bebidas alcóolicas
2203; 2204; 2205; 2206; 2208
Bebidas açucaradas
2202.10.00
Bens minerais
2601; 2709.00.10; 2711.11.00; 2711.21.00
Concursos de prognósticos
Fantasy sport

Os **bens classificados** na tabela acima são divididos em **sete categorias**, a saber:

VEÍCULOS

- **87.03:** Automóveis e outros veículos concebidos principalmente para transporte de pessoas, exceto os da posição 87.02, incluindo os veículos de uso misto (*station* wagons) e os automóveis de corrida.

- **8704.21:** Veículos para transporte de mercadorias, com peso total em carga máxima não superior a 5 toneladas (exceto caminhões).

- **8704.31:** Veículos para transporte de mercadorias com motor a pistão de ignição por compressão (diesel ou semidiesel), com peso total em carga máxima não superior a 5 toneladas (exceto caminhões).

- **8704.41.00:** Veículos para transporte de mercadorias com motor a pistão de ignição por compressão (diesel ou semidiesel), com peso total em carga máxima superior a 5 toneladas, mas não superior a 20 toneladas (exceto caminhões).

- **8704.51.00:** Veículos para transporte de mercadorias com motor a pistão de ignição por compressão (diesel ou semidiesel), com peso total em carga máxima superior a 20 toneladas (exceto caminhões).

- **8704.60.00:** Veículos para transporte de mercadorias com motor elétrico (exceto caminhões).

- **8704.90.00:** Outros veículos para transporte de mercadorias não especificados anteriormente (exceto caminhões).

AERONAVES E EMBARCAÇÕES

- **8802**: Aeronaves, exceto helicópteros e aviões do código 8802.60.00 (geralmente inclui aeronaves leves, aviões executivos, jatos privados, entre outros).
- **8903**: Embarcações com motor utilizadas para recreio ou esporte, como iates e lanchas.

 PRODUTOS FUMÍGENOS

- **2401**: Tabaco em estado bruto ou não manufaturado.
- **2402**: Cigarros, charutos e outros produtos de tabaco manufaturado.
- **2403**: Outros produtos manufaturados de tabaco, como tabaco de mascar ou rapé.
- **2404**: Substitutos do tabaco, fabricados.

 BEBIDAS ALCOÓLICAS

- **2203**: Cervejas feitas de malte.
- **2204**: Vinhos de uvas frescas, incluindo vinhos fortificados; mostos de uva.
- **2205**: Vermutes e outros vinhos de uvas frescas aromatizados com plantas ou substâncias aromáticas.
- **2206**: Outras bebidas fermentadas, como sidras, hidromel e similares.
- **2208**: Álcool etílico não desnaturado, com teor alcoólico superior a 80%, destilados e bebidas espirituosas, licores e outras bebidas alcoólicas.

 BEBIDAS AÇUCARADAS

- **2202.10.00**: Água, incluindo água mineral e gaseificada, contendo açúcares ou outros edulcorantes ou aromatizantes (refrigerantes e bebidas adoçadas).

 BENS MINERAIS

- **2601**: Minérios de ferro e seus concentrados.
- **2709.00.10**: Óleos brutos de petróleo.
- **2711.11.00**: Gás natural liquefeito (GNL).
- **2711.21.00**: Gás de petróleo e outros hidrocarbonetos gasosos no estado liquefeito.

CONCURSO DE PROGNÓSTICOS

Fantasy Sport: jogos de aposta baseados em esportes de fantasia (competição virtual com base em desempenho de atletas reais).

A exigência de que o **Imposto Seletivo** incida apenas sobre **produtos fumígenos, bebidas alcoólicas e açucaradas** acondicionados em **embalagem primária** reflete uma preocupação em delimitar a base de incidência tributária para atingir os objetivos extrafiscais da medida.

Considera-se **embalagem primária** aquela que está em **contato direto com o produto** e que é destinada ao **consumidor final**. Tal definição é **essencial** para delimitar **quais bens estão sujeitos à tributação** e assegurar que o imposto incida sobre **produtos prontos para consumo**, focando na **etapa final da cadeia de comercialização**.

- **Aspecto Material**

Nos termos do **art. 153, VIII, da CF/1988**, o imposto seletivo (IS) incidirá sobre a **produção, extração, comercialização e importação** de bens e serviços considerados prejudiciais à saúde e ao meio ambiente, definidos na **LC 214/2025**.

Assim, temos **quatro operações distintas** para fins de incidência do referido imposto:

a) Produção

A **produção** engloba o **processo de fabricação** ou **elaboração de bens** que, ao **final de sua cadeia produtiva**, são considerados prejudiciais à saúde ou ao meio ambiente. Como exemplo, podemos citar a fabricação de cigarros, bebidas alcoólicas ou bebidas açucaradas.

A **produção de bens e serviços** refere-se ao **processo de criação, transformação** ou **elaboração de produtos** e à realização de atividades que geram **utilidade** ou **valor**, atendendo às necessidades e desejos dos consumidores. No contexto tributário, como no caso do **Imposto Seletivo** (IS), a produção envolve **tanto atividades industriais** quanto a **prestação de serviços**, desde que estejam enquadrados como geradores do tributo.

In casu, a **produção de bens** abrange todas as atividades que resultam na **criação** ou **transformação de produtos tangíveis**, tais como o processo de fabricação e a montagem de determinados produtos. Já a **produção de serviços** envolve a realização de **atividades intangíveis** que **geram utilidade para o consumidor**. Ao contrário de bens, os **serviços não resultam em um produto físico**, mas atendem a uma **necessidade** ou **desejo por meio de uma ação** ou **experiência**.

O **serviço não é um bem físico**; consiste em uma **atividade** ou em um **resultado intangível**, sendo **consumido no momento de sua produção**. Assim, serviços considerados **prejudiciais**, como **jogos de azar** (*fantasy sports* ou concursos de prognósticos) passam a ser sujeitos ao IS por seus **possíveis impactos sociais negativos**.

A **caracterização da produção de bens e serviços** como fato gerador do IS implica que a **obrigação tributária** surge quando o **produto é fabricado** ou o **serviço é prestado**, mesmo **antes de sua comercialização** ou **consumo**.

Exemplificando: uma indústria de bebidas alcoólicas que fabrica cervejas estará sujeita ao IS pela **produção** do bem, mesmo **antes de sua comercialização**, assim como um **operador de concursos de prognósticos** (como loterias) pode ser tributado pelo IS quando o **serviço é oferecido**, independentemente de sua **efetiva utilização**.

b) Extração

A **extração**, para fins de incidência do **Imposto Seletivo** (IS), refere-se à atividade de **retirada de recursos naturais do meio ambiente**, seja para **uso direto, comercialização** ou **transformação em produtos industrializados**. Essa atividade é considerada um dos fatos geradores do IS, desde que envolva **bens classificados como prejudiciais à saúde** ou ao **meio ambiente**, conforme já descritos no **Anexo XVII**.

A **extração** engloba ações relacionadas à **exploração** e **retirada de bens minerais** ou **outros recursos naturais do ambiente natural**. Assim, está diretamente vinculada à **exploração de recursos** que causam **danos ao meio ambiente** quando de sua **retirada**, como nos casos de **degradação de ecossistemas**, **poluição do solo**, da **água** e do **ar** ou **desmatamento**, bem como enquanto **geradores de impacto social** e **ambiental** em seu **uso posterior**, como nos casos de **emissão de gases de efeito estufa**.

c) Comercialização

A **comercialização**, para fins de incidência do **Imposto Seletivo** (IS), refere-se à **venda** ou **transferência onerosa de bens** e **serviços** considerados prejudiciais à saúde ou ao meio ambiente, definidos pela lei complementar. Esse conceito abrange as **transações que colocam os bens ou serviços no mercado**, tornando-os **acessíveis ao consumidor final** ou a **outras etapas da cadeia econômica**. Trata-se de uma etapa crucial para a aplicação do imposto, dado que muitos dos produtos ou serviços **tributáveis ganham relevância econômica** e **impacto social ao serem disponibilizados para consumo**.

A comercialização de bens ou serviços no **território nacional** é tributada, **independentemente de quem seja o comprador**. Em muitos casos, o IS incide sobre a **primeira venda** ou **transferência do bem pelo produtor ou fabricante**, garantindo que a tributação ocorra na **entrada do produto no mercado**.

Observa-se que a tributação geralmente **não recai sobre insumos** ou **componentes que ainda não foram transformados no produto final**, focando apenas nos **bens prontos para consumo ou uso**.

20 • IMPOSTOS ORDINÁRIOS FEDERAIS

A tributação na etapa de venda ou transferência **onera diretamente os agentes econômicos** que colocam os **bens no mercado**, permitindo maior **transparência** e **previsibilidade na arrecadação**.

d) Importação

A **importação**, para fins de incidência do Imposto Seletivo (IS), refere-se ao **ato de introduzir bens ou serviços do exterior no território nacional**, desde que sejam classificados como prejudiciais à saúde ou ao meio ambiente, de acordo com a legislação vigente. A **importação** é um dos fatos geradores do IS, aplicável **independentemente de quem realiza a operação** (pessoa física ou jurídica) e da **finalidade do bem ou serviço importado** (consumo próprio, revenda ou uso industrial).

Os **aspectos de incidência na importação** têm sua determinação a partir do **art. 434 da LC 214/2025**, *in verbis*:

> Art. 434. Aplica-se ao Imposto Seletivo, na importação de bens materiais, o disposto:
>
> I – no art. 65 desta Lei Complementar, em relação ao fato gerador;
>
> II – no art. 66 e no inciso III do art. 413 desta Lei Complementar, em relação à não incidência;
>
> III – no art. 67 desta Lei Complementar, em relação ao momento da ocorrência do fato gerador; e
>
> IV – nos arts. 72, 73 e 74 desta Lei Complementar, em relação à sujeição passiva.
>
> § 1º As alíquotas do Imposto Seletivo incidentes na importação serão fixadas em lei ordinária.
>
> § 2º Caso a alíquota do Imposto Seletivo seja ad valorem, a sua base de cálculo, na importação, será o valor aduaneiro acrescido do montante do Imposto sobre a Importação.
>
> § 3º O Imposto Seletivo, na importação, deverá ser pago no registro da declaração de importação.
>
> § 4º Fica suspenso o pagamento do Imposto Seletivo incidente na importação de bens materiais quando admitidos nos regimes a que se referem os Capítulos I e II do Título II do Livro I, observada a disciplina estabelecida na legislação aduaneira.
>
> § 5º No caso de lojas francas, a suspensão de que trata o § 4º deste artigo alcança os bens importados e os bens adquiridos no mercado interno.
>
> § 6º No caso de bens admitidos temporariamente no País para utilização econômica, a suspensão do pagamento do Imposto Seletivo será parcial, devendo ser pago proporcionalmente ao tempo de permanência dos bens no País, nos termos do art. 89 desta Lei Complementar.

O **fato gerador do Imposto Seletivo na importação de bens materiais** será regido pelo art. **65 da LC 214/2025**, que reza:

> Art. 65. Para fins do disposto no art. 63 desta Lei Complementar, o fato gerador da importação de bens materiais é a entrada de bens de procedência estrangeira no território nacional.
>
> Parágrafo único. Para efeitos do disposto no caput deste artigo, presumem-se entrados no território nacional os bens que constem como tendo sido importados e cujo extravio venha a ser apurado pela autoridade aduaneira, exceto quanto às malas e às remessas postais internacionais.

A entrada de bens refere-se ao momento em que os produtos cruzam as fronteiras nacionais, seja física ou juridicamente, como no registro da declaração de importação. Isso significa que a mera aquisição no exterior ou a remessa não configuram o fato gerador; a efetiva introdução no território nacional é indispensável.

O parágrafo único estabelece uma presunção legal de entrada no território nacional, considerando-se os bens que constem como importados e cujo **extravio seja apurado pela autoridade aduaneira**. Tal presunção é relevante para se evitar fraudes ou evasão fiscal em operações de importação. Assim, caso um bem desapareça durante o transporte ou desembaraço, presume-se a entrada no país e o imposto poderá ser exigido.

Ressalta-se que **malas e remessas postais internacionais** estão expressamente excluídas da presunção, visto que tais bens gozam de peculiaridades, como a frequência de problemas logísticos. Ademais busca-se evitar cobranças indevidas em casos de extravio em situações de menor relevância econômica ou tributária.

O art. 65 da LC 214/2025, ao definir o fato gerador, é fundamental à aplicação do art. 434 no contexto da importação de bens materiais. A remissão do art. 434, inciso I, ao art. 65 reforça a obrigatoriedade de vincular o imposto à entrada efetiva de bens no território nacional, assim como a aplicabilidade de mecanismos presuntivos em casos específicos – como ocorre em situações de extravio – garantindo a arrecadação.

- **Não incidência do IS na importação**

A **LC 214/2025** estabelece os **critérios de não incidência**, com base no **art. 66**, *in verbis*:

Art. 66. Não constituem fatos geradores do IBS e da CBS sobre a importação os bens materiais:

I – que retornem ao País nas seguintes hipóteses:

a) enviados em consignação e não vendidos no prazo autorizado;

b) devolvidos por motivo de defeito técnico, para reparo ou para substituição;

c) por motivo de modificações na sistemática de importação por parte do país importador;

d) por motivo de guerra ou de calamidade pública; ou

e) por outros fatores alheios à vontade do exportador;

II – que, corretamente descritos nos documentos de transporte, cheguem ao País por erro inequívoco ou comprovado de expedição e que sejam redestinados ou devolvidos para o exterior;

III – que sejam idênticos, em igual quantidade e valor, e que se destinem à reposição de outros anteriormente importados que se tenham revelado, após sua liberação pela autoridade aduaneira, defeituosos ou imprestáveis para o fim a que se destinavam, nos termos do regulamento;

IV – que tenham sido objeto de pena de perdimento antes de sua liberação pela autoridade aduaneira;

V – que tenham sido devolvidos para o exterior antes do registro da declaração de importação;

VI – que sejam considerados como pescado capturado fora das águas territoriais do País por empresa localizada no seu território, desde que satisfeitas as exigências que regulam a atividade pesqueira;

VII – aos quais tenha sido aplicado o regime de exportação temporária;

VIII – que estejam em trânsito aduaneiro de passagem, acidentalmente destruídos; e

IX – que tenham sido destruídos sob controle aduaneiro, sem ônus para o poder público, antes de sua liberação pela autoridade aduaneira.

Ante a análise dos critérios de **não incidência do IS**, temos:

I – Retorno ao país

O inciso I estabelece que **bens materiais que retornam ao território nacional em determinadas condições não configuram fato gerador do IS. Bens enviados ao exterior em consignação** permanecem sob a propriedade do exportador **até que sejam vendidos**. No caso de **não serem comercializados dentro do prazo autorizado e retornem ao país**, não há justificativa para a incidência do IS, pois **não houve consumo** ou **destinação final no mercado interno**.

Os **bens que retornam devido a defeitos técnicos**, para **reparos** ou **substituição**, **não configuram importação efetiva**, mas sim, um retorno técnico, gerando **incompatibilidade com a incidência do IS**, mediante a lógica de que **o bem já havia sido exportado** e seu retorno visa corrigir problemas, **sem impacto econômico no consumo**.

Se um país importador **altera sua sistemática de importação**, resultando no **retorno dos bens ao exportador**, trata-se de uma **circunstância alheia à vontade do contribuinte**. A incidência do IS, *in casu*, penalizaria o exportador por situações sobre as quais **não possui controle**, violando os **princípios da razoabilidade e proporcionalidade**.

De igual modo, **situações excepcionais**, como **guerras** ou **calamidades**, podem **inviabilizar a permanência dos bens no exterior**. A não incidência tão somente revela a **sensibilidade às condições adversas**, buscando **evitar a oneração tributária** em contextos de **força maior**.

Por conseguinte, **outros fatores alheios à vontade do exportador** são cláusulas **de abrangência geral**, cobrindo **eventos imprevistos** que **justifiquem o retorno dos bens sem que configurem uma nova operação de importação**. Tais circunstâncias podem incluir **problemas logísticos, cancelamento de pedidos** ou **restrições comerciais** impostas por terceiros.

II – Erro inequívoco de expedição

Podem decorrer situações de determinados bens que **chegam ao território nacional sem a intenção de importação efetiva por parte do destinatário ou remetente**, devido a **erro inequívoco ou comprovado de expedição**. Esses erros podem ocorrer em **operações logísticas complexas**, por **enganos nos sistemas de embarque** ou **documentação de remessa**; em regra, comumente por **falhas humanas** ou **técnicas** durante a **cadeia de transporte**.

Se os **bens se encontram corretamente descritos nos documentos de transporte**, como **conhecimento de embarque, notas fiscais** ou manifestos, demonstrando-se claramente que o **envio ao território nacional decorreu de erro**, sem qualquer **intenção de importação**, não há uma **operação de importação genuína**, uma vez que **os bens não se destinam ao mercado interno**, mas sim, a uma **redestinação** ou **devolução ao exterior**.

A previsão legal de não incidência **beneficia empresas envolvidas em importação e exportação**, ao evitar **custos adicionais e onerosos** em situações de **erro de transporte**.

Visando melhor ilustração, imaginemos uma **situação hipotética**: determinada **empresa situada na Alemanha** envia **mercadorias para um cliente no Chile**. Devido a um **erro de rotulagem no transporte**, os bens são **desembarcados no Brasil**.

A autoridade aduaneira **identifica o erro ao comparar a descrição nos documentos de transporte com a operação**. Posteriormente, os bens são **devolvidos à Alemanha ou redestinados ao Chile**. Nesse caso, a **tributação pelo IS seria inadequada**, pois os bens **não foram intencionados para consumo** ou **comercialização no Brasil** e retornaram ou foram **redestinados, sem impacto na economia nacional**.

III – Reposição de bens ou sua imprestabilidade

A norma tributária aborda casos de **reposição de bens anteriormente importados** que apresentaram **defeitos** ou se mostraram **imprestáveis após sua liberação pela autoridade aduaneira**, estabelecendo a não incidência do IS. Para tanto, os bens importados para reposição devem ser **idênticos aos originais**, o que inclui **especificações técnicas**, **quantidade e valor econômico**, mediante demonstração de que os bens originalmente importados apresentaram **defeitos técnicos** ou se revelaram **imprestáveis para o fim a que se destinavam**, desde que haja liberação pela autoridade aduaneira.

Observamos que a **importação** deve ter como **finalidade exclusiva** a **reposição dos bens defeituosos** ou **imprestáveis**, e não qualquer outra destinação econômica ou comercial. Notadamente as empresas que **dependem de importações para sua cadeia produtiva** ou **comercialização** são beneficiadas por essa regra, pois evitam **custos tributários indevidos** em casos de **problemas técnicos** ou **operacionais** com os bens importados.

IV – Pena de perdimento e devolução de mercadorias antes do registro da declaração de importação

A **pena de perdimento** é uma **sanção administrativa** aplicada pela autoridade aduaneira, geralmente em razão de **irregularidades como contrabando, subfaturamento** ou **descumprimento de obrigações legais**. Portanto, **extingue** a operação econômica relacionada à mercadoria, pois esta é **confiscada e não chega a ser disponibilizada ao contribuinte**, seja para **consumo** ou **comercialização**.

Como o **imposto seletivo** incide sobre o **consumo de determinados produtos**, a **ausência** de liberação pela autoridade aduaneira **impede a consumação do fato gerador do tributo**, justificando a não incidência.

No caso de **devolução de mercadorias para o exterior antes do registro da declaração de importação**, a exclusão da incidência do imposto seletivo também se faz presente. Isso ocorre porque o **registro da declaração de importação** é o **ato formal** que caracteriza a **entrada da mercadoria no território aduaneiro para consumo** ou **comercialização no mercado interno**.

Se a mercadoria é devolvida **antes do registro**, não chega a integrar o **mercado interno** e nem gera **efeitos econômicos** ou **tributários no país**. Nesse contexto, **não há base jurídica para a incidência do imposto seletivo**, uma vez que o fato gerador – vinculado ao consumo ou à disposição econômica da mercadoria – não se concretiza.

- **Não incidência sobre a empresa comercial exportadora**

Nos termos do **art. 426 da LC 214/2025**:

> Art. 426. O Imposto Seletivo não incide no fornecimento de bens com o fim específico de exportação a empresa comercial exportadora que atenda ao disposto no caput e nos §§ 1º e 2º do art. 82 desta Lei Complementar.

A **empresa comercial exportadora** é uma pessoa jurídica que atua como **intermediária no comércio internacional**, adquirindo bens de empresas nacionais com o **objetivo específico de exportá-los para mercados externos**. Seu papel central é **facilitar o acesso de produtos brasileiros ao mercado internacional**, promovendo a exportação de bens sem que o produtor original precise se envolver diretamente nos processos complexos relacionados ao comércio exterior.

A determinação do dispositivo normativo possui **aparente antinomia**: o disposto no **art. 426 da LC 214/2025** dispõe sobre a **não incidência**, fazendo correlação com o disposto no **art. 82** da mesma norma. No entanto, estabelece o **art. 82 da LC 214/2025**:

> Art. 82. Poderá ser suspenso o pagamento do IBS e da CBS no fornecimento de bens materiais com o fim específico de exportação a empresa comercial exportadora que atenda cumulativamente aos seguintes requisitos:
>
> I – seja certificada no Programa OEA;
>
> II – possua patrimônio líquido igual ou superior ao maior entre os seguintes valores:
>
> a) R$ 1.000.000,00 (um milhão de reais); e
>
> b) uma vez o valor total dos tributos suspensos;
>
> III – faça a opção pelo DTE, na forma da legislação específica;
>
> IV – mantenha escrituração contábil e a apresente em meio digital; e
>
> V – esteja em situação de regularidade fiscal perante as administrações tributárias federal, estadual ou municipal de seu domicílio.
>
> § 1º Para fins do disposto no caput deste artigo, a empresa comercial exportadora deverá ser habilitada em ato conjunto do Comitê Gestor do IBS e da RFB.
>
> § 2º Para fins da suspensão do pagamento do IBS, a certificação a que se refere o inciso I do caput deste artigo será condicionada à anuência das administrações tributárias estadual e municipal de domicílio da empresa.

Não se pode confundir, contudo, a **distinção entre as espécies tributárias**. Por mais que o dispositivo **remeta ao art. 82**, apenas os **requisitos** ali inseridos **devem ser preenchidos pela empresa comercial exportadora** para a **não incidência do imposto seletivo**. No entanto, em se tratando do **Imposto sobre Bens e Serviços** (IBS) e da

Contribuição de Bens e Serviços (CBS), haverá a **suspensão do pagamento** quando do atendimento das exigências.

Assim, temos a situação da **não incidência do Imposto Seletivo** sobre a empresa comercial exportadora que preencher as exigências do **art. 82 da LC 214/2025** e uma **suspensão do pagamento do IBS e da CBS**, quando do cumprimento dos mesmos requisitos.

Para que uma **empresa comercial exportadora** possa gozar dos benefícios da não incidência do IS, deverá atender os seguintes **requisitos**:

- **Certificação no Programa Brasileiro de Operador Econômico Autorizado (OEA)**

A **certificação** é uma iniciativa da **Secretaria da Receita Federal do Brasil** em parceria com a **Organização Mundial das Aduanas** (OMA), que reconhece empresas envolvidas no comércio exterior como **seguras e confiáveis** em suas **operações**, tanto no **cumprimento de requisitos legais** quanto em sua **cadeia logística**. Tal programa é parte da implementação dos **princípios do SAFE Framework** (*Standards to Secure and Facilitate Global Trade*), que busca **fortalecer a segurança** e a **facilitação do comércio internacional** por meio de padrões globais.

In casu, o programa no Brasil foi **dividido em modalidades**, visando o atendimento de diferentes **perfis de operadores**:

- **OEA-Segurança (OEA-S)**: tem o seu foco na **segurança da cadeia logística**, certificando que as empresas implementam medidas eficazes para proteger a **movimentação internacional de mercadorias**.
- **OEA-Conformidade (OEA-C)**: realiza a avaliação do **cumprimento das obrigações tributárias** e **aduaneiras**, reconhecendo empresas que apresentam **alta regularidade** e **confiabilidade fiscal**.
- **OEA-Pleno**: faz a combinação dos requisitos de **segurança** e **conformidade**, representando o **mais alto nível de reconhecimento** dentro do programa.
- **Patrimônio Líquido Mínimo**

A **empresa** deve possuir um **patrimônio líquido igual ou superior ao valor de R$ 1.000.000,00** (um milhão de reais) ou ao **valor total dos tributos suspensos**.

O **patrimônio líquido** representa a **diferença** entre o **ativo total** (bens e direitos) e o **passivo total** (obrigações) de uma empresa, conforme demonstrado em suas **demonstrações contábeis**. Trata-se de um **indicador da saúde financeira empresarial** e da **capacidade de assunção de obrigações financeiras** e **tributárias**.

A regra determina que o **patrimônio líquido** da empresa deve ser comparado com o **maior valor entre R$ 1.000.000,00** (um milhão de reais) ou o **montante total dos tributos suspensos**.

Pragmaticamente, se os **tributos suspensos** totalizam R$ 800.000,00 (oitocentos mil reais), o **limite aplicável** será de **R$ 1.000.000,00** (um milhão de reais); se os **tributos suspensos** totalizam R$ 1.200.000,00 (um milhão e duzentos mil reais), o **limite aplicável** será de **R$ 1.200.000,00** (um milhão e duzentos mil reais).

Essa regra busca **reduzir o risco de inadimplência fiscal**, garantindo que a empresa tenha **capacidade financeira** para arcar com os **tributos suspensos**, caso as **condições do benefício fiscal sejam descumpridas**.

- **Opção pelo Domicílio Tributário Eletrônico (DTE)**

Tal opção é uma **exigência crescente no âmbito fiscal** com o fito de **modernizar** e **agilizar a comunicação entre contribuintes** e as **administrações tributárias** em **todos os níveis de governo** (federal, estadual e municipal). Por meio do DTE, as administrações tributárias podem **notificar o contribuinte com segurança jurídica**, garantindo o **cumprimento das obrigações tributárias** de forma célere e eficiente.

- **Escrituração Contábil Digital (ECD) e regularidade fiscal**

A **manutenção** e **apresentação** da **escrituração contábil** em **meio digital** é a garantia de que a empresa é dotada de **contabilidade organizada, acessível** e em **conformidade com as normas legais**. Esse requisito **facilita a fiscalização** e o **controle** por parte das autoridades tributárias.

A **Escrituração Contábil Digital** (ECD) é um componente do **Sistema Público de Escrituração Digital** (SPED), instituído no Brasil para substituir **livros contábeis físicos por registros eletrônicos**. A ECD inclui **documentos** e **livros contábeis obrigatórios**, como o **Livro Diário**, o **Livro Razão**, os **balancetes** e demais **demonstrações contábeis** (Balanço Patrimonial, DRE etc.).

Esses registros são realizados em **formato eletrônico** e enviados **periodicamente** às autoridades tributárias, garantindo a **integração entre os sistemas contábeis das empresas** e os **órgãos de fiscalização**.

De igual modo, a empresa deve ter **regularidade fiscal** perante as **administrações tributárias federal, estadual** ou **municipal** de seu **domicílio tributário**. Isso assegura que os benefícios fiscais sejam concedidos apenas a contribuintes que estejam em conformidade com suas obrigações tributárias.

Além dos requisitos acima, existem os **procedimentos complementares** que devem ser atendidos, tais como a **habilitação** por **ato conjunto do Comite Gestor do IBS** e da **Secretaria da Receita Federal do Brasil**, bem como a existência de **anuência das administrações tributárias estadual e municipal** do domicílio da empresa comercial exportadora acerca da **certificação no Programa OEA**. O **ato administrativo da anuência** pelas administrações tributarias fortalece o **papel dos entes subnacionais** no controle da **não incidência** – em se tratando do **imposto seletivo** – e da **suspensão dos pagamentos** – nos casos do **IBS e CBS**.

• Aspecto Espacial

O **aspecto espacial do Imposto Seletivo** (IS) se refere à **delimitação do território em que o tributo é aplicável**, considerando o **alcance da competência tributária** do ente responsável pela sua instituição e cobrança. Assim, qualquer das **operações de produção, extração, comercialização** ou **importação** dos **bens ou serviços prejudiciais à saúde e ao meio ambiente** estabelecidos no **anexo XVII da LC 214/2025** ocorridas em **território nacional**, legitima a incidência do imposto.

O **fundamento do aspecto espacial do IS** está no **princípio da territorialidade tributária**, que estabelece que a **competência tributária de um Estado** é **limitada ao seu território**. Esse princípio é **essencial** para a **manutenção da soberania nacional** e para **evitar conflitos fiscais** com outros países.

Embora o IS seja aplicável **exclusivamente dentro do território nacional**, há situações específicas em que a **tributação não ocorre**, mesmo que a **operação envolva o território brasileiro**. É o caso da **não incidência sobre bens destinados à exportação**, em observância ao **princípio da desoneração das exportações**, garantindo a **competitividade dos produtos nacionais no mercado internacional**.

• Aspecto Temporal

Nos termos do **art. 412 da LC 214/2025**:

> Art. 412. Considera-se ocorrido o fato gerador do Imposto Seletivo no momento:
>
> I – do primeiro fornecimento a qualquer título do bem, inclusive decorrente dos negócios jurídicos mencionados nos incisos I a VIII do § 2º do art. 4º desta Lei Complementar;
>
> II – da arrematação em leilão público;
>
> III – da transferência não onerosa de bem produzido;
>
> IV – da incorporação do bem ao ativo imobilizado pelo fabricante;
>
> V – da extração de bem mineral;
>
> VI – do consumo do bem pelo fabricante;
>
> VII – do fornecimento ou do pagamento do serviço, o que ocorrer primeiro; ou
>
> VIII – da importação de bens e serviços.

O **aspecto temporal do imposto seletivo**, conforme estabelecido no **art. 412 da LC 214/2025**, define o **momento em que ocorre o fato gerador do tributo**, sendo devido no **instante do primeiro fornecimento do bem a qualquer título**, abrangendo **tanto negócios jurídicos onerosos** quanto **outros fornecimentos** previstos na legislação específica.

De acordo com o **art. 4º**[49], **operações onerosas** incluem fornecimentos realizados mediante **contraprestação**, como compra e venda, locação, cessão, arrendamento e

---

49. **Art. 4º** O IBS e a CBS incidem sobre operações onerosas com bens ou com serviços.

    § 1º As operações não onerosas com bens ou com serviços serão tributadas nas hipóteses expressamente previstas nesta Lei Complementar.

prestação de serviços, entre outros. Essas operações têm em comum o **elemento da onerosidade**, ou seja, a **transferência** ou **disponibilização do bem** ou **serviço** mediante uma **obrigação econômica**.

No entanto, o **art. 4º, § 1º**, também abre espaço para que **operações não onerosas** sejam tributadas, desde que expressamente previstas. Essa previsão permite que o **imposto seletivo** seja aplicado a certas **operações específicas** que, embora **não configurem contraprestação direta**, sejam assim tratadas pela legislação.

O fato gerador não está atrelado necessariamente à **concretização da operação onerosa em sua totalidade** (como o pagamento do preço), mas ao **ato de entrega**, **licenciamento** ou **disponibilização inicial do bem** ou **serviço**.

Nos casos de **leilão**, o **fato gerador** ocorre no **momento da arrematação**, ou seja, quando há a **aceitação da proposta mais alta no certame**. Na **arrematação** ocorre a **transferência da propriedade do bem ao arrematante** gerando a **obrigação tributária**, incidindo tanto sobre os **bens móveis** quanto **imóveis leiloados**.

A **transferência não onerosa de bens ou serviços**, como nos casos de **doações** ou **demais formas de fornecimento de bens prejudiciais à saúde ao meio ambiente sem contraprestação financeira**, terá o aspecto temporal definido no **momento da efetiva transmissão**.

Quando houver **incorporação dos bens ao ativo imobilizado do fabricante**, o fato gerador ocorrerá quando o **fabricante utilizar o bem que produziu em sua própria atividade, incorporando-o**. Nessa situação, o tributo é devido porque o bem, **embora não seja comercializado, sai do ciclo de produção para ser usado internamente**. No entanto, se o próprio fabricante **consome o bem produzido**, tal ato **constitui o fato gerador**. A situação ocorre quando o bem **não é vendido ou transferido**, mas é **utilizado internamente**, por exemplo, como **matéria-prima** ou **insumo**.

---

§ 2º Para fins do disposto neste artigo, considera-se operação onerosa com bens ou com serviços qualquer fornecimento com contraprestação, incluindo o decorrente de:

I – compra e venda, troca ou permuta, dação em pagamento e demais espécies de alienação;

II – locação;

III – licenciamento, concessão, cessão;

IV – mútuo oneroso;

V – doação com contraprestação em benefício do doador;

VI – instituição onerosa de direitos reais;

VII – arrendamento, inclusive mercantil; e

VIII – prestação de serviços.

§ 3º São irrelevantes para a caracterização das operações de que trata este artigo:

I – o título jurídico pelo qual o bem encontra-se na posse do fornecedor;

II – a espécie, tipo ou forma jurídica, a validade jurídica e os efeitos dos atos ou negócios jurídicos;

III – a obtenção de lucro com a operação; e

IV – o cumprimento de exigências legais, regulamentares ou administrativas.

Nos casos dos **bens minerais**, o fato gerador ocorre no **momento da extração**, ou seja, quando o **recurso natural** é **retirado de seu estado natural** e passa a estar **disponível para uso econômico**.

Em se tratando da **prestação de serviços**, o fato gerador pode ser **antecipado** em duas hipóteses: no **fornecimento do serviço** ou no seu **pagamento**, prevalecendo **o que ocorrer primeiro**. Essa previsão busca assegurar que o imposto seja recolhido rapidamente, evitando postergação do fato gerador.

Por conseguinte, a **importação de bens ou serviços** desencadeia o fato gerador no momento em que ocorre a **entrada do bem no território nacional** ou quando o **serviço importado é prestado**. Essa regra acompanha o princípio de que o **imposto deve ser devido quando o bem ou serviço entra no mercado doméstico**, promovendo a **neutralidade concorrencial** em relação aos bens e serviços nacionais.

- **Aspecto Pessoal**

O **sujeito ativo do imposto seletivo** (IS) é a **União**, entidade dotada de competência tributária para legislar sobre o referido tributo. A **arrecadação** e a **fiscalização do IS** ficam a cargo da **Secretaria da Receita Federal do Brasil**, nos termos do **art. 411 da LC 214/2025**, a seguir:

> Art. 411. Compete à RFB a administração e a fiscalização do Imposto Seletivo.
>
> Parágrafo único. O contencioso administrativo no âmbito do Imposto Seletivo atenderá ao disposto no Decreto nº 70.235, de 6 de março de 1972.

O **sujeito passivo do IS** está previsto no **art. 424 da LC 214/2025**:

> Art. 424. O contribuinte do Imposto Seletivo é:
>
> I – o fabricante, na primeira comercialização, na incorporação do bem ao ativo imobilizado, na tradição do bem em transação não onerosa ou no consumo do bem;
>
> II – o importador na entrada do bem de procedência estrangeira no território nacional;
>
> III – o arrematante na arrematação;
>
> IV – o produtor-extrativista que realiza a extração; ou
>
> V – o fornecedor do serviço, ainda que residente ou domiciliado no exterior, na hipótese de que trata o inciso VII do § 1º do art. 409 desta Lei Complementar.
>
> Art. 425. São obrigados ao pagamento do Imposto Seletivo como responsáveis, sem prejuízo das demais hipóteses previstas em lei e da aplicação da pena de perdimento:
>
> I – o transportador, em relação aos produtos tributados que transportar desacompanhados da documentação fiscal comprobatória de sua procedência;
>
> II – o possuidor ou detentor, em relação aos produtos tributados que possuir ou mantiver para fins de venda ou industrialização, desacompanhados da documentação fiscal comprobatória de sua procedência;
>
> III – o proprietário, o possuidor, o transportador ou qualquer outro detentor de produtos nacionais saídos do fabricante com imunidade para exportação, encontrados no País em situação diversa, exceto quando os produtos estiverem em trânsito:

20 • IMPOSTOS ORDINÁRIOS FEDERAIS **975**

a) destinados ao uso ou ao consumo de bordo, em embarcações ou aeronaves de tráfego internacional, com pagamento em moeda conversível;

b) destinados a lojas francas, em operação de venda direta, nos termos e condições estabelecidos pelo art. 15 do Decreto-Lei nº 1.455, de 7 de abril de 1976;

c) adquiridos pela empresa comercial exportadora de que trata o art. 82 desta Lei Complementar, com o fim específico de exportação, e remetidos diretamente do estabelecimento industrial para embarque de exportação ou para recintos alfandegados, por conta e ordem da adquirente; ou

d) remetidos a recintos alfandegados ou a outros locais onde se processe o despacho aduaneiro de exportação.

Parágrafo único. Caso o fabricante tenha de qualquer forma concorrido para a hipótese prevista no inciso III do caput, ficará solidariamente responsável pelo pagamento do imposto.

O **fabricante** figura como **contribuinte** em várias operações, nos termos do **art. 424, I, da LC 214/2025**: na **primeira comercialização**, na **incorporação do bem ao ativo imobilizado**, na **tradição do bem em transação não onerosa** ou **no consumo do bem**.

A "**primeira comercialização**" refere-se à **saída inicial do bem da esfera do fabricante para o mercado**. Este momento é crucial para a **incidência do IS**, pois marca a **integração do produto no ciclo econômico**. Ao tributar essa operação, o legislador assegura que o imposto seja recolhido no **ponto inicial de circulação econômica**, **independentemente do destino do produto**.

Quando o fabricante **incorpora um bem ao seu próprio ativo imobilizado**, a legislação considera que houve uma **destinação econômica relevante**, **equiparável à comercialização para efeitos tributários**. Essa regra evita que a empresa **utilize bens de sua própria fabricação sem recolher o imposto devido**, prevenindo **distorções fiscais** e garantindo a **neutralidade do tributo em operações internas**.

O **ativo imobilizado** geralmente é composto por **bens que serão utilizados na operação da empresa por períodos prolongados** (máquinas, equipamentos etc.) e sua tributação reflete o **impacto econômico dessa destinação**.

A **tradição do bem** em uma "**transação não onerosa**" ocorre quando o fabricante **transfere a posse** ou **propriedade do bem sem uma contraprestação financeira direta**, como em doações ou entregas gratuitas. Apesar de não envolver pagamento, essa operação **pode gerar efeitos econômicos** e deve ser tributada para evitar que situações de "**não onerosidade**" sejam utilizadas como artifícios para burlar a incidência do IS.

A hipótese de **consumo do bem pelo próprio fabricante** reconhece que, **mesmo quando o produto não é comercializado**, sua utilização interna representa uma **destinação econômica relevante**. Essa regra assegura que o fabricante **recolha o imposto ao consumir o bem**, alinhando-se aos **princípios da isonomia tributária e não diferenciação**, para que bens destinados ao uso interno **não sejam privilegiados em relação aos vendidos no mercado**.

O **importador** é o **contribuinte do IS** quando da **operação de internalização de bens de procedência estrangeira** no território nacional. No **momento da importa-**

ção, os bens são submetidos à **fiscalização aduaneira**, facilitando a aplicação do IS. A centralização no importador simplifica o controle e evita evasão fiscal.

O **importador** está sujeito a várias **responsabilidades no momento da entrada do bem no país**, incluindo a **declaração aduaneira** e o **recolhimento do IS no momento do desembaraço aduaneiro**, sob pena de **retenção** ou **aplicação de penalidades fiscais**.

O **arrematante**, ou seja, aquele que **adquire bens em leilões judiciais** ou administrativos, é considerado **contribuinte do IS** quando o **bem arrematado se enquadra no fato gerador do tributo**. Essa previsão abrange situações como a **alienação de bens penhorados em processos judiciais** e **de bens apreendidos pela Receita Federal** ou por outros órgãos públicos. O IS incide nesse caso porque a **arrematação** representa a **primeira inserção do bem no mercado** após a **transferência de posse** ou **propriedade**, equiparável à comercialização tradicional.

O **produtor-extrativista**, definido como aquele que realiza a **extração de bens diretamente da natureza** (minerais, vegetais etc.) é **contribuinte do IS** no **momento da primeira comercialização** ou **destinação econômica do bem extraído**.

O **fornecedor de serviços** é **contribuinte do IS**, mesmo que esteja localizado fora do Brasil, desde que a **operação esteja vinculada à hipótese descrita no inciso VII do § 1º do art. 409 da LC 214/2025**, que trata de **concurso de prognósticos** e *fantasy sport*. Os **concursos de prognósticos** são serviços relacionados à **realização de jogos** em que os participantes fazem **previsões de resultados**, geralmente de **eventos esportivos** ou de **outras competições**, com o objetivo de obter **prêmios em dinheiro** ou **bens**.

O *fantasy sport* é **um jogo de habilidade** em que os participantes **criam equipes virtuais de jogadores reais de esportes** (como futebol, basquete ou beisebol) e competem com base no **desempenho real desses atletas em eventos esportivos**. Embora muitas vezes sejam classificados como jogos de habilidade, **podem envolver apostas** ou **prêmios**, o que os aproxima de jogos de prognósticos em determinados aspectos.

Neste caso, é crucial diferenciar **jogos predominantemente de habilidade** (geralmente menos regulados) daqueles que envolvem **sorte** ou **apostas significativas**.

A **responsabilidade tributária** pelo pagamento do IS é prevista no **art. 425 da LC 214/2025**. O **transportador** torna-se responsável tributário em relação a **produtos tributados que transportar sem a documentação fiscal comprobatória de sua procedência**.

Por óbvio, o **transportador** não é o contribuinte originário do tributo, mas sua atuação no transporte de mercadorias lhe impõe a **responsabilidade tributária** quando **não há comprovação documental da origem fiscal do produto**. Isso decorre pelo fato de o **transportador** figurar como **parte essencial na cadeia de circulação de bens**, sendo o elo fiscalizável no momento da movimentação da mercadoria. A obrigatoriedade de portar a documentação fiscal assegura **maior controle** sobre o **cumprimento das obrigações tributárias do contribuinte originário**.

O **possuidor** ou **detentor de produtos tributados** será responsável pelo tributo se mantiver mercadorias para fins de **venda** ou **industrialização sem a documentação fiscal comprobatória de sua procedência**. A **posse** ou **detenção de mercadorias** sem a devida documentação fiscal é vista como uma **infração**, pois presume-se que o **possuidor** ou **detentor** está participando de uma **cadeia econômica irregular**.

O **possuidor** ou **detentor** pode ser responsabilizado pelo pagamento do tributo devido **desde a origem da operação irregular**, além de incorrer em **multas** e **outras sanções**.

A responsabilidade recai sobre o **proprietário, possuidor, transportador** ou **qualquer outro detentor** quando **produtos nacionais**, fabricados sob **imunidade para exportação**, são encontrados no mercado interno em situações que **não atendem às condições previstas para manter a imunidade**.

Quando os **produtos imunizados para exportação permanecem no mercado interno** ou são **desviados para fins não previstos**, configuram um **abuso da imunidade tributária**, implicando sua **perda** e a consequente **incidência dos tributos que seriam devidos na operação**.

Os **produtos destinados ao consumo de tripulantes** ou **passageiros em viagens internacionais**, desde que **pagos em moeda conversível**, são **considerados parte da operação de exportação**. Esses produtos, **embora consumidos no território nacional** ou em **trânsito internacional**, integram o conceito de **exportação indireta**, pois atendem ao mercado internacional. Assim, os produtos, embora ainda no território nacional, permanecem **vinculados a operações relacionadas à exportação**, mantendo a **imunidade tributária**.

O mesmo ocorre com os **produtos remetidos a lojas francas** (*duty-free*), autorizadas a vender mercadorias **sem a incidência de tributos internos**, para **viajantes internacionais**. As **lojas francas** operam sob **regime especial**, destinado a **fomentar o consumo de mercadorias** por **turistas** e **viajantes**, mantendo o caráter de **exportação indireta**.

Produtos vendidos para **empresas comerciais exportadoras**, remetidos diretamente do fabricante ao **local de embarque para exportação** ou **recinto alfandegado**, permanecem **imunes**. O mesmo se dá com os **produtos enviados a recintos alfandegados** ou **outros locais para despacho aduaneiro de exportação**, mesmo que **temporariamente armazenados**. O envio a esses locais constitui uma **etapa do processo de exportação**, mantendo a **destinação final ao mercado externo**.

- **Aspecto Quantitativo**

O **aspecto de incidência tributária** mais longo do imposto seletivo é o **quantitativo**, tendo em vista a **essência do próprio imposto**. Como dotado de **característica eminentemente extrafiscal** - ou pelo menos, deveria ser assim – as definições das **bases de cálculo** e das **alíquotas** são fundamentais.

A **seletividade** permite tributar de forma diferenciada **bens** ou **serviços** considerados **nocivos**, de **luxo** ou **estratégicos**, promovendo **desestímulo ao consumo de certos produtos** (como cigarros ou bebidas alcoólicas) ou **incentivando práticas sustentáveis**.

A **base de cálculo** vem definida no **art. 414 da LC 214/2025**, a seguir:

> Art. 414. A base de cálculo do Imposto Seletivo é:
>
> I – o valor de venda na comercialização;
>
> II – o valor de arremate na arrematação;
>
> III – o valor de referência na:
>
> a) transação não onerosa ou no consumo do bem;
>
> b) extração de bem mineral; ou
>
> c) comercialização de produtos fumígenos;
>
> IV – o valor contábil de incorporação do bem produzido ao ativo imobilizado;
>
> V – a receita própria da entidade que promove a atividade, na hipótese de que trata o inciso VII do § 1º do art. 409 desta Lei Complementar, calculada nos termos do art. 245.

A **base de cálculo do Imposto Seletivo** (IS), conforme estabelecido no dispositivo, é determinada por **diferentes critérios que refletem a natureza da operação** e o **objetivo regulatório do tributo**. A norma apresenta um **modelo amplo** e **diversificado**, adequado para abarcar as **especificidades das atividades** ou **bens sujeitos ao imposto**.

Em se tratando de **comercialização de bens**, a **base de cálculo** admitida é o **valor de venda da comercialização**. Esse critério baseia-se no **preço de venda final do bem**, o que o torna adequado para bens ou serviços que **transitam no mercado de consumo**, sendo compatível com a **seletividade**, pois tributa proporcionalmente **bens de maior valor**, muitas vezes **associados a produtos de luxo** ou de **impacto ambiental significativo**.

Na **arrematação de bens**, a **base de cálculo** é o **valor da arrematação**. Este modelo é relevante para **operações pontuais** e de **caráter excepcional**, evitando **distorções tributárias** ao assegurar que o tributo incida sobre o preço real obtido na transação.

O **valor de referência**, adotado como **base de cálculo**, passa a ser utilizado em situações em que **inexiste um preço de venda claramente definido**. É o que ocorre na **transação onerosa ou consumo de bens**, em que o **valor de referência evita a evasão fiscal** ao estabelecer uma **base de cálculo** mesmo quando **não há receita direta gerada**.

Na **extração de bem mineral**, a incidência sobre o **valor de referência** considera o **impacto ambiental e econômico**, reforçando a **finalidade extrafiscal do imposto seletivo**.

De igual modo, tributar **produtos fumígenos** com base no **valor de referência** permite **maior controle fiscal** e **tributação uniforme**, mesmo em mercados onde há **variação significativa no preço de venda**.

No que tange a **utilização do valor contábil de incorporação ao ativo imobilizado como base de cálculo**, tal critério é utilizado quando o bem produzido é **incorporado ao ativo imobilizado do próprio contribuinte, sem transação comercial**. *In casu*, a

base de cálculo reflete o **valor contábil atribuído ao bem**, garantindo que o imposto incida **mesmo na ausência de circulação econômica**.

Essa definição passa a ser especialmente relevante em setores como **indústria** e **mineração**, onde **parte da produção** é destinada ao **uso interno**.

A **base de cálculo** é definida como a **receita própria da entidade decorrente da atividade de concursos de prognósticos**. Nesse caso, a **receita** corresponde ao **montante arrecadado com as apostas**, mas é ajustada por **deduções específicas previstas na legislação**. No entanto, o **art. 245** estabelece **duas deduções fundamentais** que reduzem a base de cálculo: as **premiações pagas** e as **destinações obrigatórias por lei**.

Os valores pagos como **prêmios aos participantes não são considerados como receita tributável**. Essa exclusão está alinhada ao princípio de que a **premiação é uma obrigação contratual** e **não configura acréscimo patrimonial** para a entidade que promove o concurso.

No que diz respeito aos **valores** que, por **exigência legal**, devem ser repassados a **órgãos públicos, fundos** ou **beneficiários específicos**, também são **excluídos da base de cálculo**. Tais montantes **não representam receita efetiva da entidade**, mas sim, **transferências compulsórias** determinadas pela legislação.

Estabelece o **art. 414, §§ 1º, 2º e 3º da LC 214/2025**:

> Art. 414. (...)
>
> § 1º Nas hipóteses em que se prevê a aplicação de alíquotas específicas, nos termos desta Lei Complementar, a base de cálculo é aquela expressa em unidade de medida.
>
> § 2º Ato do chefe do Poder Executivo da União definirá a metodologia para o cálculo do valor de referência mencionado no inciso III do caput deste artigo com base, entre outros, em cotações, índices ou preços vigentes na data do fato gerador, em bolsas de mercadorias e futuros, em agências de pesquisa ou em agências governamentais.
>
> § 3º Na comercialização de produtos fumígenos, o valor de referência levará em consideração o preço de venda no varejo.

O disposto no § 1º se aplica às hipóteses em que o IS utiliza **alíquotas específicas**, isto é, **valores fixos aplicados por unidade de medida**, como **peso, volume, quantidade** ou **outra métrica**. Para produtos como **combustíveis** (litro), **bebidas** (litro ou unidade) ou **cigarros** (unidade), a **base de cálculo não é o valor monetário da transação**, mas a **quantidade do produto comercializado**.

O § 2º delega ao **chefe do Poder Executivo da União** a responsabilidade de definir a **metodologia para calcular o valor de referência**, considerando fatores como **cotações** ou **índices de mercado** – tais como **preços internacionais de *commodities*** ou **índices econômicos** –, os **preços vigentes na data do fato gerador** e os **dados de bolsas de mercadorias e futuros, agências de pesquisa** ou **governamentais**.

Na **comercialização de produtos fumígenos**, o **preço de venda no varejo** deve ser considerado para o **cálculo do valor de referência**. O preço no varejo **reflete o custo**

final ao consumidor, tornando o tributo mais alinhado com a **capacidade contributiva** e a **finalidade extrafiscal**.

Com base nas **informações atribuídas pela lei**, alguns pontos merecem ponderações. As **metodologias definidas pelo Executivo** devem ser **publicadas e submetidas a controle** para evitar **questionamentos judiciais**. Da mesma forma, as **alíquotas específicas** e os **valores de referência** precisam ser atualizados periodicamente para manter sua eficácia econômica e regulatória.

21
IMPOSTOS ORDINÁRIOS ESTADUAIS

Os impostos ordinários estaduais estão previstos no art. 155 da CF/1988, dividindo-se no **Imposto sobre a Transmissão *Causa Mortis* e doações de quaisquer bens ou direitos** (ITCMD), o **Imposto sobre as operações de circulação de mercadorias e prestação de serviços de transporte interestadual, intermunicipal e de comunicações** (ICMS) e o **Imposto sobre a propriedade de veículos automotores** (IPVA). Analisaremos o regramento de incidência à luz da jurisprudência dominante e da reforma tributária.

21.1 IMPOSTO SOBRE A TRANSMISSÃO *CAUSA MORTIS* E DOAÇÕES DE QUAISQUER BENS OU DIREITOS (ITCMD)

21.1.1 Fundamentação constitucional e legal

O **imposto sobre a transmissão *causa mortis* e doações de qualquer natureza** (ITCMD) é um imposto estadual previsto no **art. 155, I, e § 1º, I a VII, da CF/1988**[1].

A determinação das **alíquotas máximas** a serem aplicadas aos Estados está prevista na **Resolução do Senado Federal 9/1992**, sendo o art. 1º estabelecendo a alíquota máxima em 8%.

---

1. **Art. 155.** Compete aos Estados e ao Distrito Federal instituir impostos sobre:

   I – transmissão causa mortis e doação, de quaisquer bens ou direitos.

   § 1º O imposto previsto no inciso I:

   I – relativamente a bens imóveis e respectivos direitos, compete ao Estado da situação do bem, ou ao Distrito Federal;

   II – relativamente a bens móveis, títulos e créditos, compete ao Estado onde era domiciliado ode cujus, ou tiver domicílio o doador, ou ao Distrito Federal;

   III – terá competência para sua instituição regulada por lei complementar:

   a) se o doador tiver domicilio ou residência no exterior;

   b) se o de cujus possuía bens, era residente ou domiciliado ou teve o seu inventário processado no exterior;

   IV – terá suas alíquotas máximas fixadas pelo Senado Federal;

   V – não incidirá sobre as doações destinadas, no âmbito do Poder Executivo da União, a projetos socioambientais ou destinados a mitigar os efeitos das mudanças climáticas e às instituições federais de ensino;

   VI – será progressivo em razão do valor do quinhão, do legado ou da doação;

   VII – não incidirá sobre as transmissões e as doações para as instituições sem fins lucrativos com finalidade de relevância pública e social, inclusive as organizações assistenciais e beneficentes de entidades religiosas e institutos científicos e tecnológicos, e por elas realizadas na consecução dos seus objetivos sociais, observadas as condições estabelecidas em lei complementar.

Inexiste uma previsão expressa no Código Tributário Nacional que identifique as normas gerais atinentes ao referido imposto, cabendo a **cada um dos Estados exercer sua competência legislativa plena**, conforme estabelece o **art. 24, § 3º, da CF/1988**, até o advento da lei complementar nacional.

Encontra-se em discussão perante o Congresso Nacional a **PLP 108/2024** que, além de regulamentar o Comitê Gestor do IBS, estabelece os **critérios de incidência do ITCMD**, de modo a unificar o regramento em todo o território nacional.

21.1.2 Regramento de incidência tributária

- **Aspecto Material**

Para melhor compreensão e análise detalhada, dividiremos o **aspecto material** em **duas formas de incidência:**

a) Transmissão *Causa Mortis*

A **incidência** recai sobre a **transmissão de qualquer bem** ou **direito havido por sucessão**, seja esta **legítima** ou **testamentária**, podendo incidir, inclusive, na **sucessão provisória**.

A **transmissão de bens ou direitos por sucessão** decorre do **falecimento do titular do patrimônio**, momento em que se **abre a sucessão**, nos termos do **art. 1.784 do CC/2002**[2]. Este dispositivo estabelece que, com a **morte**, a **herança** é transmitida aos **herdeiros legítimos e testamentários**. Assim, o **evento morte** é o **marco temporal** para **identificar a ocorrência do fato gerador do ITCMD**.

A **sucessão legítima** ocorre na **ausência de testamento**, sendo definida pela **ordem de vocação hereditária** estabelecida no Código Civil[3]. Já a **sucessão testamentária** resulta de **disposições de última vontade** deixadas pelo *de cujus* em **testamento**, respeitando os limites legais, como a **reserva da legítima**[4].

---

2. **Art. 1.829.** A sucessão legítima defere-se na ordem seguinte:
   I – aos descendentes, em concorrência com o cônjuge sobrevivente, salvo se casado este com o falecido no regime da comunhão universal, ou no da separação obrigatória de bens (art. 1.640, parágrafo único); ou se, no regime da comunhão parcial, o autor da herança não houver deixado bens particulares;
   II – aos ascendentes, em concorrência com o cônjuge;
   III – ao cônjuge sobrevivente;
   IV – aos colaterais.
3. **Art. 1.798.** Legitimam-se a suceder as pessoas nascidas ou já concebidas no momento da abertura da sucessão.
4. **Art. 1.857.** Toda pessoa capaz pode dispor, por testamento, da totalidade dos seus bens, ou de parte deles, para depois de sua morte.
   § 1º A legítima dos herdeiros necessários não poderá ser incluída no testamento.
   § 2º São válidas as disposições testamentárias de caráter não patrimonial, ainda que o testador somente a elas se tenha limitado.

A **sucessão provisória**, prevista a partir do **art. 26 do CC/2002**,[5] é uma hipótese excepcional, aplicada em casos de **ausência do titular do patrimônio**, onde este é declarado **ausente por decisão judicial**. A transmissão dos bens e direitos aos sucessores provisórios também é **passível de incidência do ITCMD**, uma vez que **há transferência patrimonial**, ainda que **condicionada a um estado de incerteza sobre o desaparecimento definitivo do titular**.

Sabemos que a **sucessão se abre com a morte** e, para tanto, leva-se em consideração, para determinação da sua incidência, o **momento do óbito**.

A aplicação do **princípio da irretroatividade** ao ITCMD é particularmente relevante, pois este tributo incide sobre fatos geradores que podem envolver situações de grande impacto patrimonial. Assim, uma alteração legislativa que **majore a alíquota** ou **amplie a base de cálculo não pode alcançar fatos geradores ocorridos antes de sua vigência**. Por exemplo, se a transmissão de bens ocorre em decorrência de falecimento ocorrido em **data anterior à publicação da norma**, o **ITCMD** deve ser calculado com base nas **regras vigentes à época do óbito**.

Exemplificando: se o óbito ocorreu em **2018**, quando a **lei vigente** estabelecia uma **alíquota de 5%**, mas os sucessores decidiram **abrir o inventário apenas em 2020**, quando a **alíquota foi reduzida para 2%**, a **alíquota aplicável será de 5%**. Isso ocorre porque, no caso do ITCMD, o **fato gerador é o óbito**, e a legislação aplicável é **aquela vigente na data em que ele ocorreu**.

O **princípio da retroatividade benéfica**, previsto no **art. 106 do CTN**, não se aplica à presente situação. Isso ocorre porque o referido dispositivo **limita a retroatividade às hipóteses específicas descritas em seus incisos**, como a **exclusão de infrações**, a **redução ou extinção de penalidades** e a **supressão de obrigações tributárias**. Tais hipóteses não abrangem mudanças legislativas que alterem a carga tributária aplicável ao fato gerador já ocorrido.

Estabelece a **súmula 112 do STF**:

O imposto de transmissão "causa mortis" é devido pela alíquota vigente ao tempo da abertura da sucessão.

O STF consolidou esse entendimento em diversos precedentes, como o **RE 93.386/SP**, que originou a súmula, ao julgar que o ITCMD deve observar a **alíquota vigente no momento da abertura da sucessão**, reforçando a aplicação do **princípio da legalidade tributária**.

---

5. **Art. 26.** Decorrido um ano da arrecadação dos bens do ausente, ou, se ele deixou representante ou procurador, em se passando três anos, poderão os interessados requerer que se declare a ausência e se abra provisoriamente a sucessão.

984 · DIREITO TRIBUTÁRIO INTERDISCIPLINAR · Caio Bartine

Ademais, conforme o ordenamento jurídico tributário brasileiro, a **regra geral** é que a legislação aplicável a um tributo seja aquela **vigente** no **momento da ocorrência do fato gerador**, salvo disposição expressa em lei que preveja exceção a esse princípio. No caso em questão, **não há qualquer previsão legal que autorize a aplicação retroativa de uma norma mais benéfica**, reforçando a aplicação da norma em vigor no momento do evento tributário.

A **incidência tributária** ocorrerá sobre a **transmissão de quaisquer títulos ou direitos representativos de patrimônio**, incluindo **capital social de sociedades**, sejam estas **anônimas ou não**, como **ações, cotas** e **participações**. Da mesma forma, **outros direitos societários**, como debêntures, dividendos e outros valores mobiliários, **estarão sujeitos à tributação**, desde que a **transmissão decorra de *causa mortis***.

Ademais, **valores depositados em contas bancárias, cadernetas de poupança** e **fundos de investimento** estão sujeitos à incidência do ITCMD no **momento de sua transmissão *causa mortis***. Da mesma forma, a tributação se aplica à **transmissão de bens incorpóreos**, conforme previsto na legislação aplicável.

Por outro lado, a **renúncia pura e simples de herança** ou **legado não configura fato gerador do ITCMD**, uma vez que **não ocorre a transmissão patrimonial ao renunciante**, mas diretamente **aos herdeiros ou legatários subsequentes**. Do mesmo modo, o **imposto não incide sobre a importância deixada ao testamenteiro a título de prêmio ou remuneração**, desde que observado o limite legal estabelecido.

Não obstante, os **frutos e demais rendimentos de bens pertencentes ao espólio**, produzidos **após o falecimento do autor da herança**, também **não estão sujeitos à incidência do ITCMD**, considerando que tais rendimentos **não integram o patrimônio transmitido no momento do fato gerador**.

b) Doação de quaisquer bens e direitos

A lei civil estabelece que **doação** é o contrato em que uma pessoa, por **liberalidade**, transfere do **seu patrimônio bens** ou **vantagens** para o de outra (**art. 538 do CC/2002**)[6].

A **incidência** ocorrerá quando da **transferência da titularidade**, ou seja, quando **sair do domínio do doador para o donatário**.

Apesar de, na **doação de bens imóveis**, a efetiva transmissão ocorrer mediante a **transcrição do título mediante o Registro de Imóveis competente** (Lei 6.015/1973), nada obsta de determinada **legislação estadual** exigir o **recolhimento do ITCMD** quando da **lavratura da escritura de doação**. Isto porque, em determinados casos, existe a **doação, lavra-se a escritura**, mas não se leva a registro, acarretando **perda de arrecadação do Estado competente**.

---

6. **Art. 538**. Considera-se doação o contrato em que uma pessoa, por liberalidade, transfere do seu patrimônio bens ou vantagens para o de outra.

Contudo, o entendimento majoritário é que o registro é essencial para a transmissão de bens imóveis, motivo pelo qual o fato gerador do ITCMD somente se aperfeiçoa com o registro.

Levamos em consideração que a **exigência do ITCMD na lavratura da escritura** configura um **pagamento antecipado em relação ao momento do registro**, que é o fato gerador. Tal exigência é geralmente aceita, desde que seja **possível a restituição do imposto pago**, caso a **doação não se efetive**, ou seja, se a **escritura** não for levada a registro.

O Superior Tribunal de Justiça já enfrentou a questão em diversas ocasiões. A **jurisprudência predominante** estabelece que o **ITCMD**, no caso de **bens imóveis**, somente é devido no **momento do registro no Cartório de Registro de Imóveis** competente, sendo o **registro** o **marco jurídico** que define a **ocorrência do fato gerador**.

Observa-se que, no julgamento do **REsp 1.126.489/SP**, o STJ reafirmou que, para **imóveis**, o **fato gerador do ITCMD** ocorre no **momento do registro no Cartório de Imóveis**, sendo este o ato que **consuma a transferência da propriedade**. O mesmo entendimento foi reforçado no **REsp 1.111.949/SP** (Recurso Repetitivo).

A **transmissão de bens móveis** ou **direitos** passa a ser mais simples, uma vez que a **transmissão da titularidade** ocorre com a **efetiva tradição**. Dependendo o **tipo de bem móvel**, admite-se ainda o **registro**, como ocorre nos casos de **veículos**, **embarcações**, **títulos representativos do direito de ações** etc.

A **divisão de bens na dissolução de um casamento** ou **união estável**, em regra, **respeita o regime de bens previamente estabelecido**. A **meação** refere-se à **parte do patrimônio comum** que é atribuída a cada cônjuge ou companheiro, de acordo com o **regime patrimonial adotado**, como no **regime de comunhão parcial** ou **universal de bens**.

A **partilha que decorre da meação**, por ser **ato derivado do casamento** ou **união estável**, não é considerada um fato gerador de tributação, já que **não ocorre uma transferência gratuita** ou **onerosa de bens**, mas apenas a **divisão do patrimônio já pertencente a ambos**.

Diferencia-se, contudo, o denominado **excesso de meação**. Este ocorre quando, na **partilha**, **um dos cônjuges** ou **companheiros** recebe bens em **valor superior à sua fração de direito, sem que haja uma compensação pecuniária correspondente**. Esse **excesso** é interpretado como uma **doação feita pelo cônjuge que cedeu bens a mais**. Caso o cônjuge que recebe bens superiores à meação **compensa o outro financeiramente** ou de **outra forma equivalente**, **não há doação**, e, portanto, **não há o que se falar em incidência do ITCMD**.

Um ponto importante a se destacar é a **natureza da obrigação alimentar ou assistencial**. Se o excesso for destinado a **garantir subsistência** ou a **atender necessidades específicas de um dos cônjuges**, algumas legislações estaduais podem prever a **isenção do ITCMD**, considerando o **contexto social do divórcio**.

No julgamento do **REsp 1.546.165/SP**, o Tribunal analisou a tributação do **excesso de meação** e reafirmou a **possibilidade de incidência do ITCMD** em situações em que os bens recebidos por um cônjuge **excedem** o que lhe seria devido a título de meação, **sem a devida contrapartida.**

- **Da imunidade específica do ITCMD**

Nos termos do **art. 155, § 1º, V, da CF/1988**:

> Art. 155. (...)
>
> § 1º (...)
>
> V – não incidirá sobre as doações destinadas, no âmbito do Poder Executivo da União, a projetos socioambientais ou destinados a mitigar os efeitos das mudanças climáticas e às instituições federais de ensino.

Essa imunidade reflete a importância constitucional atribuída à **proteção do meio ambiente**, em consonância com o disposto no **art. 225**[7]. Os **projetos socioambientais** promovem **práticas sustentáveis**, a **recuperação de áreas degradadas**, o uso **consciente de recursos naturais** e o **desenvolvimento de tecnologias limpas**. Ao imunizar doações destinadas a esses projetos, a Administração Pública **fomenta a participação de pessoas físicas e jurídicas no financiamento de iniciativas** que geram **benefícios para toda a sociedade.**

O **combate às mudanças climáticas** é uma prioridade global, destacada no **Acordo de Paris**[8], do qual o Brasil é signatário. Nesse contexto, a **imunidade para doações** que financiam iniciativas voltadas à **mitigação das mudanças climáticas** reforça o compromisso do país com a **redução das emissões de gases de efeito estufa** e a **promoção da sustentabilidade.**

No que diz respeito as **doações destinadas às instituições federais de ensino**, o **benefício fiscal constitucional** está diretamente relacionado à **valorização da educação** como **instrumento de desenvolvimento social e econômico**. Essa imunidade busca **fomentar o financiamento de atividades acadêmicas, científicas e culturais**, em consonância com o disposto no **art. 205 da CF/1988**[9], que estabelece a **educação** como um **direito de todos** e **dever do Estado** e da **família.**

Por conseguinte, prevê o **art. 155, § 1º, VII, da CF/1988**:

---

7. **Art. 225.** Todos têm direito ao meio ambiente ecologicamente equilibrado, bem de uso comum do povo e essencial à sadia qualidade de vida, impondo-se ao Poder Público e à coletividade o dever de defendê-lo e preservá-lo para as presentes e futuras gerações.

8. O **Acordo de Paris** é um tratado internacional celebrado no âmbito da **Conferência das Nações Unidas sobre Mudança do Clima** (COP21), realizada em Paris, França, em dezembro de 2015. Assinado por 195 países e a União Europeia, ele estabelece compromissos globais para enfrentar as mudanças climáticas, com o objetivo principal de limitar o aquecimento global. A sua adoção representa um marco histórico por consolidar um esforço coletivo entre nações para mitigar os impactos climáticos e construir um futuro mais sustentável.

9. **Art. 205.** A educação, direito de todos e dever do Estado e da família, será promovida e incentivada com a colaboração da sociedade, visando ao pleno desenvolvimento da pessoa, seu preparo para o exercício da cidadania e sua qualificação para o trabalho.

> Art. 155. (...)
>
> § 1º (...)
>
> VII – não incidirá sobre as transmissões e as doações para as instituições sem fins lucrativos com finalidade de relevância pública e social, inclusive as organizações assistenciais e beneficentes de entidades religiosas e institutos científicos e tecnológicos, e por elas realizadas na consecução dos seus objetivos sociais, observadas as condições estabelecidas em lei complementar.

A **imunidade tributária** descrita no dispositivo encontra amparo no **art. 150, VI, *c*, da CF/1988**, que **veda a instituição de impostos** sobre o patrimônio, renda ou serviços de **entidades de assistência social sem fins lucrativos** que atendam aos **requisitos legais**. Essa imunidade é ampliada no dispositivo ao **abranger as transmissões e doações recebidas por instituições sem fins lucrativos**, bem como as **transmissões e doações** realizadas por essas entidades, desde que **vinculadas à execução de seus objetivos sociais**.

Para que a imunidade possa ser executada, as entidades devem atender as **exigências previstas em lei complementar em âmbito nacional**, em total consonância com o **art. 146, II, da CF/1988**. A **PLP 108/2024** que, a partir do **art. 163** trata sobre o ITCMD, prevê que as entidades devem atender as **exigências previstas no art. 14 do CTN**[10].

O STF, quando do julgamento do **RE 566.622/RS (Tema 32)** reafirmou que as **entidades assistenciais** devem cumprir as **condições estabelecidas em lei** para usufruir da **imunidade tributária**, especialmente no que se refere à **aplicação dos recursos**. Ademais, destacou que a **imunidade de entidades beneficentes** é um instrumento de **proteção dos direitos fundamentais**, como **saúde** e **educação**[11].

No mesmo sentido, o STJ, no julgamento do **AgRg no REsp 1.498.231/SP**, reconheceu que a **imunidade tributária** deve ser interpretada de forma **teleológica**, visando garantir a **realização de objetivos sociais de relevância pública**.

- **Aspecto Espacial**

A análise do **local da ocorrência do fato gerador do ITCMD** dependerá dos critérios estabelecidos no **art. 155, § 1º, I e II, da CF/1988**, a seguir:

> Art. 155. (...)
>
> § 1º (...)
>
> I – relativamente a bens imóveis e respectivos direitos, compete ao Estado da situação do bem, ou ao Distrito Federal
>
> II – relativamente a bens móveis, títulos e créditos, compete ao Estado onde era domiciliado o de cujus, ou tiver domicílio o doador, ou ao Distrito Federal.

Em se tratando de **transmissão *causa mortis*** e **doações relativamente a bens imóveis**, a competência será do **Estado onde o bem imóvel estiver localizado**, não

---

10. **Art. 165 da PLP 108/2024** (...)
11. STF, RE 210.251/SP.

se levando em consideração o domicílio do falecido, dos sucessores ou do doador ou donatário. Tal regramento se aplica, de igual modo, para os **direitos reais incidentes sobre os imóveis**, tais como o **usufruto** e a **concessão de direito real de uso**.

Assim, nos casos de **bens imóveis**, temos um **regramento objetivo**, observando a **territorialidade do bem imóvel**.

Se o **bem imóvel estiver no exterior**, caberá a **lei complementar** determinar o Estado competente para o exercício da tributação[12].

Quando se tratar da **transmissão de bens móveis, títulos** e **créditos**, nos casos de **sucessão em decorrência de morte**, o **domicílio do falecido** (*de cujus*) servirá como **parâmetro de recolhimento do tributo**; de igual modo, o **domicílio do doador** será utilizado como critério em se tratando de **doações**.

Esse critério se justifica porque **bens móveis, títulos** e **créditos não possuem uma localização física fixa** como os bens imóveis. Assim, o **critério territorial baseado no domicílio** busca atribuir a competência ao ente federativo que tem **maior conexão com o fato gerador da tributação**.

Exemplificando: se um indivíduo domiciliado em **Minas Gerais** falece deixando **ações em bolsa e contas bancárias**, o **Estado de Minas Gerais** será competente para **cobrar o ITCMD sobre esses bens**; se um **doador** residente em **São Paulo** transfere **dinheiro ou veículos** para um **donatário no Paraná**, o ITCMD será devido ao **Estado de São Paulo**.

Temos algumas situações, no entanto, que podem demandar **conflito de competência tributária**, como ocorre em circunstâncias onde o **domicílio das partes na operação tributada é incerto**, bem como nos casos de **criptoativos e demais ativos digitais**. Como esses **bens não possuem localização física** e muitas vezes são **armazenados em *exchanges* estrangeiras**, a tributação do ITCMD pode depender da **definição do domicílio fiscal do falecido ou do doador**.

Enquanto não ocorrer a aprovação da **PLP 108/2024**, pensamos que aplicar-se-á o disposto no **art. 127 do CTN**, para fins de **definição do domicílio tributário** e, consequentemente, da **possibilidade de cobrança do referido tributo**.

- **Aspecto Temporal**

O **aspecto temporal** do ITCMD define o momento exato em que ocorre o **fato gerador**, determinando a **exigibilidade do tributo**. Cada Estado da Federação tem autonomia para estabelecer sua **regra-matriz de incidência tributária**, respeitando os

---

12. **Art. 155. (...)**
   § 1º. (...)
   III – terá competência para sua instituição regulada por lei complementar:
   a) se o doador tiver domicilio ou residência no exterior;
   b) se o de cujus possuía bens, era residente ou domiciliado ou teve o seu inventário processado no exterior.

limites constitucionais e os princípios gerais do Direito Tributário. No entanto, certos **critérios mínimos comuns** são seguidos em todo o país, conferindo uniformidade à incidência do imposto.

Nos casos de **transmissão** *causa mortis*, o **aspecto temporal** ocorre com o **evento morte**, mesmo que seja a **morte presumida**. A simples ocorrência da morte **gera o dever tributário**, mesmo que a transmissão da propriedade aos herdeiros **ainda não tenha sido formalizada**. Por exemplo, se uma pessoa domiciliada em **São Paulo** falece possuindo imóveis em **Minas Gerais**, o **ITCMD** sobre os **imóveis** será devido a **Minas Gerais**, mas o **ITCMD referente a bens móveis** e **valores em conta bancária** será devido a **São Paulo**.

Já na **doação**, o **momento da ocorrência do fato gerador** ocorre com **registro do título aquisitivo perante o cartório de Registro de Imóveis** (adotado como regra geral), podendo ocorrer a **antecipação de pagamento** nos casos da **lavratura da escritura pública de doação**, em casos especificados em lei, quando se tratar de bens imóveis. Já nos casos de **bens móveis**, a materialização da transmissão para fins de incidência ocorre com a **tradição**.

Exemplificando: imagine-se que **João** doa um imóvel localizado no **Rio de Janeiro** a seu filho. O **ITCMD** será devido ao **Estado do Rio de Janeiro** e, em regra, será exigível **somente quando o filho registrar a doação no cartório de imóveis**. No entanto, se a legislação estadual determinar que a mera **escritura pública de doação** já configura o fato gerador – mesmo que de forma presumida – para fins de exigência do imposto, **João** poderá ser obrigado a recolher o imposto mesmo antes do registro.

Esta circunstância, de acordo com a jurisprudência dominante, **não se configura como incidência do fato gerador propriamente dito**, mas como **forma de antecipação do recolhimento do tributo**.

Se **Maria**, residente em **Bahia, doa um carro a Pedro**, que mora no **Espírito Santo**, o ITCMD será devido na **Bahia** e o fato gerador ocorrerá quando o **veículo for transferido no Departamento de Trânsito – DETRAN** para o **nome do donatário**.

Ademais, em casos de **inventários judiciais e extrajudiciais**, alguns Estados exigem o pagamento do ITCMD **antes da homologação da partilha**, enquanto outros permitem o recolhimento no **momento da entrega dos bens aos herdeiros**.

Por fim, no caso de **doações de criptoativos**, uma vez que a posse e a transferência desses ativos **não são reguladas de forma unificada no Brasil**, a identificação do **momento da transmissão pode ser complexa**, dependendo da aprovação da **PLP 108/2024** para unificação do entendimento.

- **Aspecto Pessoal**

O **aspecto pessoal** do ITCMD envolve a definição de quem é o **sujeito ativo** (ente tributante) e o **sujeito passivo** (contribuinte ou responsável). A **Constituição**

Federal estabelece regras específicas de **competência tributária para os Estados e o Distrito Federal**, enquanto a **definição do sujeito passivo** fica a cargo da legislação estadual.

a) Sujeito Ativo

O **sujeito ativo do ITCMD** é o **Estado ou o Distrito Federal**, que possui **competência para instituí-lo e arrecadá-lo**, conforme a **localização do bem** ou o **domicílio do doador**, nos seguintes termos:

- **Bens Imóveis e seus Direitos**: o sujeito ativo será o **Estado onde o bem está localizado** (ou o Distrito Federal). Exemplo: se um **imóvel situado em Minas Gerais** for transmitido por **herança** ou **doação**, o ITCMD será devido a **Minas Gerais, independentemente do domicílio do falecido ou do doador**.

- **Bens Móveis, Títulos e Créditos**: o sujeito ativo será o **Estado onde se processa o inventário/arrolamento** ou onde o **doador tem domicílio**. Exemplo: se um indivíduo domiciliado em **São Paulo** falece deixando **ações na bolsa de valores**, o **ITCMD** será devido ao **Estado de São Paulo**. Se um **doador domiciliado no Rio de Janeiro** transfere **dinheiro a alguém em outro Estado**, o ITCMD será devido ao **Rio de Janeiro**.

- **Casos Internacionais**: necessidade de **lei complementar.** A Constituição exige **lei complementar** para definir a competência tributária nos seguintes casos:

  - Se o **doador tiver domicílio ou residência no exterior**; e

  - Se o **falecido possuía bens**, era **residente ou domiciliado no exterior**, ou se o **inventário foi processado no exterior**.

Como ainda **não há lei complementar federal regulamentando essas hipóteses** – vez que dependemos da **aprovação da PLP 108/2024** – diversos Estados instituíram normas próprias para tributar doações e heranças internacionais, o que gerou disputas judiciais. O STF, no **RE 851.108**, declarou **inconstitucional a cobrança do ITCMD pelos Estados** em tais casos **até que uma lei complementar seja aprovada**.

b) Sujeito Passivo

O **sujeito passivo do ITCMD** é a **pessoa física ou jurídica que possui o dever legal de pagamento**. Dentre a possibilidade de exigência, destacamos:

- **Na transmissão *causa mortis***: o sujeito passivo será o **herdeiro** ou **legatário**, sendo que o imposto deverá ser pago **antes da homologação da partilha** ou **adjudicação dos bens**.

- **No fideicomisso:** em se tratando de **fideicomisso**, o sujeito passivo será o **fiduciário**. Quando ocorrer a **substituição pelo fideicomissário** – na condição de **beneficiário final** – poderá ocorrer **nova incidência do ITCMD**. Assim, se um **testamento** estabelece que uma **propriedade será usufruída pelo viúvo** e, **após sua morte, passará para o filho**, o viúvo pagará o ITCMD na primeira transferência e o filho pagará novamente na **segunda transmissão**.

O **fideicomisso** é um instituto do direito sucessório, previsto no **art. 1.951 do CC/2002**[13], que estabelece uma **dupla transmissão de bens após a morte do testador**. Isso significa que a propriedade de determinado bem será transferida a um **beneficiário inicial (fiduciário)** e, posteriormente, a um **segundo beneficiário (fideicomissário)**, conforme a **vontade do testador**.

Esse mecanismo garante que o bem seja transmitido de forma controlada, evitando que o **fiduciário** disponha dele livremente, até que o **fideicomissário** tenha direito à posse definitiva. *In casu*, o **ITCMD** incide **duas vezes** no **fideicomisso**: quando da **primeira transmissão para o fiduciário** e na **segunda transmissão para o fideicomissário**.

Esse **duplo pagamento** ocorre porque a legislação considera **duas transmissões patrimoniais distintas**.

- **Na doação:** o sujeito passivo será o **donatário**, qual seja, aquele que **recebe a doação**. Assim, se **João**, residente no **Paraná**, recebe um **carro de presente de seu tio em Santa Catarina**, **João** deverá pagar o ITCMD ao **Estado de Santa Catarina**.

- **Na cessão de herança ou direitos a título não oneroso:** se um herdeiro **cede gratuitamente** sua parte da herança à outra pessoa, o **sujeito passivo do ITCMD** será o **cessionário**. Nesta circunstância, se **Maria e João** herdam um imóvel e **Maria cede gratuitamente** sua parte para **João**, este pagará o **ITCMD** sobre a **parcela recebida**.

- **Aspecto Quantitativo**

O **aspecto quantitativo do ITCMD** envolve a **base de cálculo** e as **alíquotas** aplicáveis ao imposto. Trata-se de um elemento essencial para a **determinação do valor devido pelo contribuinte**, sendo regulamentado pela Constituição Federal e pela legislação estadual de cada ente federativo.

A **base de cálculo do ITCMD** corresponde ao **valor venal do bem ou direito transmitido**, expresso em **moeda nacional**. Esse valor deve refletir o **valor de mercado do bem no momento da transmissão patrimonial**, sendo determinado conforme as seguintes regras:

---

13. **Art. 1.951.** Pode o testador instituir herdeiros ou legatários, estabelecendo que, por ocasião de sua morte, a herança ou o legado se transmita ao fiduciário, resolvendo-se o direito deste, por sua morte, a certo tempo ou sob certa condição, em favor de outrem, que se qualifica de fideicomissário.

a) Transmissão *causa mortis*

O **valor do bem ou direito** será o estabelecido na **avaliação judicial, homologada pelo juiz no inventário**. A incidência ocorre **sobre todo o patrimônio deixado pelo falecido** (patrimônio hereditário), incluindo os **bens adquiridos no decorrer do inventário** (p.ex., os rendimentos gerados por aluguéis de imóveis do espólio).

Nos termos da **súmula 113 do STF**:

O imposto de transmissão "causa mortis" é calculado sobre o valor dos bens na data da avaliação.

A súmula foi editada para consolidar o entendimento de que **o ITCMD incide sobre o valor de mercado atualizado do bem no momento da avaliação oficial**, geralmente feita no **curso do inventário** ou **arrolamento**. No caso de **transmissão** *causa mortis*, o ITCMD deve ser calculado com base no **valor venal dos bens na data da avaliação judicial** e não na **data do falecimento**. Como exemplo, se um imóvel herdado estava avaliado em **R$ 500.000,00** (quinhentos mil reais) **na data do óbito**, mas na data da avaliação pelo Estado subiu para **R$ 700.000,00** (setecentos mil reais), o **ITCMD** será calculado com base no **valor atualizado de R$ 700.000,00** (setecentos mil reais), independentemente do valor que constava na data do falecimento.

Na sequência, prevê a **súmula 114 do STF**:

O imposto de transmissão "causa mortis" não é exigível antes da homologação do cálculo.

O verbete estabelece que o **ITCMD** somente pode ser exigido **após a homologação do cálculo do imposto no processo de inventário**. Ou seja, a **cobrança antecipada do tributo antes da definição oficial dos valores devidos viola o devido processo legal**. A Administração Tributária **não pode criar obrigações antecipadas** sem que haja um **critério objetivo** e **oficial** para a **determinação do montante devido**; caso contrário, haveria um **risco de pagamento a maior ou a menor**, obrigando **futuras retificações** e aumentando a **insegurança jurídica**.

b) Doação

A **base de cálculo na doação** será aquele estabelecido no **ato ou contrato de doação**. Caso a **doação** envolva um **bem imóvel**, o valor pode ser determinado com base no **valor de mercado** ou no **valor de referência estabelecido pelo Estado**.

Temos, ainda, a previsão da **súmula 590 do STF**, *in verbis*:

Calcula-se o imposto de transmissão "causa mortis" sobre o saldo credor da promessa de compra e venda de imóvel, no momento da abertura da sucessão do promitente vendedor.

A súmula trata da **incidência do ITCMD** quando o **falecido** (*de cujus*) era o **promitente vendedor de um contrato de compra e venda de imóvel ainda não quitado**. Segundo o verbete, o ITCMD incide sobre o **saldo credor do contrato**, ou seja, sobre a **quantia ainda devida pelo comprador ao espólio do falecido**. Como o **imóvel não pertence mais integralmente ao falecido** (já que ele celebrou uma promessa de venda), o que será transmitido aos herdeiros **não é o imóvel em si**, mas o **valor que ainda resta a ser pago pelo comprador**. Dessa forma, a **base de cálculo do ITCMD não será o valor total do imóvel**, mas apenas a **quantia ainda devida pelo comprador ao falecido**.

Exemplificando: **João** (promitente vendedor) **vende um imóvel por R$ 500.000,00** (quinhentos mil reais), mas **falece** quando o comprador já havia pagado **R$ 300.000,00** (trezentos mil reais). O **saldo credor do contrato** no **momento do óbito** é de **R$ 200.000,00** (duzentos mil reais). Assim, o **ITCMD** será calculado **sobre esse saldo**, pois esse é o **valor que será transferido aos herdeiros**.

Entretanto, caso o promissário comprador **não cumpra com o pagamento do saldo devedor**, os herdeiros do vendedor podem buscar a **rescisão do contrato**, gerando discussões sobre a **possibilidade de repetição dos valores pagos**.

Se o **saldo credor for pago em parcelas ao longo do tempo**, o ITCMD ainda será cobrado sobre o **total do saldo devedor na data do óbito**, independentemente do prazo para quitação.

Em se tratando das **alíquotas do ITCMD**, o **montante máximo** deverá ser **fixado por Resolução do Senado Federal**[14], que, atualmente, é de 8% (Resolução do Senado nº 9/1992). Ademais, estabelece o **art. 155, §1º, VI, da CF/1988**:

> Art. 155. (...)
> § 1º (...)
> VI – será progressivo em razão do valor do quinhão, do legado ou da doação.

A **progressividade do ITCMD** foi objeto de debates no STF por anos. Inicialmente, prevalecia o entendimento de que o **ITCMD, sendo um imposto real, não poderia ter alíquotas progressivas** se não houvesse determinação constitucional. Esse entendimento estava refletido na inteligência da **súmula 668 do STF**[15], que limitava a progressividade aos impostos de caráter pessoal.

---

14. **Art. 155**, § 1º, IV, da CF/1988.
15. **Súmula 668**. É inconstitucional a lei municipal que tenha estabelecido, antes da emenda constitucional 29/2000, alíquotas progressivas para o IPTU, salvo se destinada a assegurar o cumprimento da função social da propriedade urbana.

No entanto, o STF mudou sua posição no julgamento do **RE 562.045/RS**, firmando o entendimento de que a **progressividade** é um **instrumento da capacidade contributiva, aplicável a qualquer imposto, independentemente de ser classificado como real ou pessoal**. O **ITCMD**, por ser um **imposto direto**, pode **adotar alíquotas progressivas** ou **regressivas**, desde que respeite o teto estampado pela **Resolução do Senado Federal**, não incorrendo o risco de **confisco**, ante a fixação do limite de alíquotas.

Com o advento da **EC 132/2023**, que estabeleceu a **Reforma Tributária**, a progressividade passou a ser utilizada como **mecanismo constitucionalmente previsto**, consolidando o entendimento já pacificado na Suprema Corte.

21.1.3 Regramento previsto pela PLC 108/2024

A **exposição de motivos do ITCMD na PLP 108/2023** reflete uma importante reformulação no tratamento do imposto estadual sobre **transmissão causa mortis e doação de bens ou direitos**, incorporando as diretrizes trazidas pela **Emenda Constitucional nº 132/2023** e buscando estabelecer uma regulamentação nacional para a matéria. Essa uniformização atende a um pleito antigo dos Estados e do Distrito Federal, que buscavam **maior segurança jurídica** e um **modelo mais coerente de arrecadação**.

- **Análise dos aspectos de incidência à luz do PLP 108/2024**

O **Livro II da PLP 108** sistematiza a tributação do ITCMD a partir do **art. 163**, estabelecendo um conjunto normativo unificado. Esse movimento **reduz as discrepâncias entre os Estados e o DF**, que atualmente possuem **autonomia plena para legislar sobre o tributo**, gerando uma **enorme variação de alíquotas, bases de cálculo** e **regras de incidência**.

Com a nova abordagem, a intenção é proporcionar um **sistema mais harmônico**, evitando **lacunas** e **conflitos de competência** que frequentemente ocorrem, especialmente em **transmissões internacionais de bens e direitos**, tema que já foi objeto de discussão no **Supremo Tribunal Federal (RE 851.108/SP)**, culminando no entendimento de que **Estados não podem instituir ITCMD sobre bens no exterior sem previsão em lei complementar**.

O projeto define como **fato gerador do ITCMD:**

⇒ A transmissão causa mortis, que ocorre com o falecimento do titular do patrimônio.

⇒ A doação de bens e direitos, compreendendo qualquer transferência gratuita de titularidade.

O dispositivo adota uma **interpretação ampliativa**, deixando claro que a tributação abrange **quaisquer bens e direitos com valor econômico**. Essa definição é crucial para evitar contestações e burla fiscal, especialmente no que se refere a **bens intangíveis**, como:

⇒ Criptoativos e moedas digitais.

⇒ Participações societárias e quotas de empresas.

⇒ Direitos sobre obras intelectuais e royalties.

⇒ Fundos de investimento e ativos financeiros complexos.

Essa ampliação busca evitar práticas de **planejamento tributário agressivo**, onde os contribuintes tentam **transferir riqueza sem incidência do ITCMD** por meio de **estruturas jurídicas sofisticadas**.

A inclusão das regras do ITCMD na PLP 108/2023 traz diversos **impactos para o sistema tributário estadual** e para os contribuintes:

⇒ Uniformização das regras entre os Estados, reduzindo disputas e garantindo maior previsibilidade.

⇒ Possível aumento da arrecadação para os Estados, especialmente com a ampliação do fato gerador para ativos financeiros e digitais.

⇒ Segurança jurídica na tributação de bens no exterior, evitando a lacuna deixada pelo julgamento do STF.

⇒ Redução de manobras de elisão fiscal, fechando brechas na legislação estadual atual.

O dispositivo busca consolidar **conceitos essenciais para a aplicação do ITCMD**. A norma estabelece **quem pode ser considerado sucessor para fins de incidência do imposto**, englobando **herdeiros legítimos e testamentários**, bem como **legatários**. Essa definição é importante para **uniformizar a interpretação da incidência do ITCMD sobre transmissões** *causa mortis*.

Ademais, formaliza que a **doação** consiste na transferência gratuita de bens e direitos sem contrapartida do beneficiário, **alinhando-se à definição do Código Civil** (art. 538).

O dispositivo, porém, **amplia o escopo de incidência do ITCMD**, determinando que **certas transmissões gratuitas**, ainda que **não denominadas expressamente como doações**, também serão tributadas. Exemplos disso incluem:

⇒ Transferência gratuita de participações societárias.

⇒ Cessão gratuita de direitos patrimoniais.

⇒ Transferências indiretas de patrimônio (ex.: uso gratuito de imóveis sem contrato formal).

Essa abordagem busca evitar lacunas que poderiam ser exploradas para **reduzir a tributação**, reforçando a **capacidade arrecadatória dos Estados e do DF**, o que pode acarretar algumas discussões.

A **ampliação do escopo de incidência do ITCMD** prevista na PLP 108 **deve ser analisada sob a ótica do art. 110 do CTN**, que dispõe que a **legislação tributária não pode alterar a definição**, o **conteúdo** e o **alcance de institutos de direito privado** utilizados para **definir ou limitar a incidência de tributos**. O **art. 110 do CTN protege conceitos de direito privado** ao impedir que o legislador tributário **altere seu significado**. Isso significa que o conceito de **doação** e de **transmissão gratuita** devem ser extraídos do Código Civil, **sem ampliações artificiais criadas pela legislação tributária**.

A PLP 108 propõe que **certas transmissões gratuitas, mesmo sem a denominação expressa de doação**, sejam tributadas pelo ITCMD. Exemplos disso incluem:

- **Transferência gratuita de participações societárias**: pode envolver hipóteses como cessão sem ônus de quotas sociais, usualmente tratada como um negócio jurídico atípico em direito privado.

- **Cessão gratuita de direitos patrimoniais**: abrange casos como cessão de crédito sem contraprestação, o que não necessariamente se configura como doação nos termos do Código Civil.

- **Transferências indiretas de patrimônio** (ex.: uso gratuito de imóveis sem contrato formal): esse caso envolve a cessão gratuita do uso de um imóvel, que no direito privado pode ser interpretada como um **comodato**, e não como uma transmissão de propriedade.

A ampliação da tributação para essas situações **pode ser questionada sob o argumento de que o legislador não pode**, por meio da **legislação tributária**, redefinir **institutos do direito privado** para alcançar **novas hipóteses de incidência do ITCMD**.

A regulamentação das hipóteses em que **não ocorre o fato gerador do ITCMD** contribui para a **segurança jurídica dos contribuintes** e evita **distorções na tributação patrimonial**. A exclusão de certas operações, como a **consolidação da propriedade pelo nu-proprietário após a extinção do usufruto**, reflete a lógica de que **não há transmissão efetiva de riqueza nesses casos**, mas apenas a **retomada integral de um direito previamente estabelecido**. Da mesma forma, **contratos de risco**, como **seguros de vida**, não representam uma **doação** ou **herança** no sentido tributário, pois o benefício pago decorre de um **evento contratual previamente acordado**, e não de **uma liberalidade do instituidor**.

A definição clara do **momento da ocorrência do fato gerador no ITCMD** é fundamental para **evitar conflitos hermenêuticos** e garantir **previsibilidade** tanto para os contribuintes quanto para as **administrações tributárias estaduais**. A fixação do **marco temporal da incidência** nas **transmissões *causa mortis*** e nas **doações** permite uma **correta apuração do tributo**, alinhando-se a princípios como a **segurança jurídica** e a

capacidade contributiva. Além disso, a **regulamentação do prazo decadencial para constituição do crédito tributário** evita **autuações retroativas indevidas** e reforça a **estabilidade nas relações fiscais.**

A tributação das transmissões patrimoniais envolvendo *trusts* e **instrumentos similares no exterior** é uma questão sensível no contexto do **planejamento sucessório global.** A regulamentação específica sobre o tema visa coibir **estratégias de elisão fiscal que possam resultar na não tributação de grandes fortunas transferidas internacionalmente**, garantindo a **efetividade do ITCMD**. A nova abordagem está alinhada com **reformas recentes no imposto de renda** e com debates legislativos sobre a introdução de figuras como a **fidúcia no ordenamento jurídico brasileiro**. Essa harmonização normativa **fortalece a coesão do sistema tributário**, reduzindo a insegurança jurídica e prevenindo lacunas que possam ser exploradas para evasão fiscal.

No mesmo sentido, a PLP trata da incidência do ITCMD em situações como **cessão gratuita de direitos patrimoniais** sem distinguir se há ou não *animus donandi* (intenção de doar). No direito privado, existem **cessões patrimoniais que não configuram doação**, como casos de **comodato** ou **concessões temporárias**. A generalização dessas situações para fins tributários pode gerar incidências indevidas.

Outro ponto que merece uma maior reflexão é a **consolidação do prazo de decadência para constituição do crédito tributário em casos mais complexos**, como **transmissão de bens no exterior** ou em **sucessões litigiosas**. Isso pode gerar incertezas sobre a interpretação dos prazos e aumentar o risco de disputas judiciais.

A proposta estabelece **critérios para a determinação da base de cálculo do ITCMD**, priorizando métodos de avaliação idôneos para diferentes tipos de bens e direitos. O grande destaque é a **avaliação de participações em empresas fechadas**, que **não possuem cotação em bolsa de valores**, exigindo **métodos específicos para determinação do valor econômico justo.**

A definição da **base de cálculo do ITCMD** em bens **sem cotação pública** envolve desafios técnicos, pois a **determinação do valor econômico de uma empresa fechada** ou de **ativos patrimoniais específicos** exige a adoção de **critérios confiáveis** e uniformes. Métodos comuns incluem:

- **Valor Patrimonial Contábil** → baseado no balanço da empresa, mas pode não refletir o valor real dos ativos e passivos.
- **Valor Econômico** → calculado a partir de fluxo de caixa descontado (DCF) ou múltiplos de mercado, podendo refletir melhor a realidade do negócio.
- **Valor de Mercado** → considera transações recentes de participação societária ou avaliação independente

O ITCMD tradicionalmente utiliza o **valor venal de referência do imóvel**, muitas vezes **baseado no IPTU**. No entanto, essa referência **pode ser defasada** ou **subavaliada**, levando a **distorções no cálculo do imposto**. A exigência de **métodos mais precisos** e **atualizados** pode evitar essa distorção, mas também **aumenta a complexidade** e o **custo da avaliação**.

A **tributação de ativos intangíveis**, como **propriedade intelectual**, **criptomoedas, participações em fundos de investimento** e **contratos de direitos patrimoniais**, apresenta desafios adicionais. A **falta de regulamentação detalhada** sobre a **forma de valoração desses ativos** pode gerar incertezas para os contribuintes e para a fiscalização.

A Emenda Constitucional nº 132 determinou que o **ITCMD deve ter alíquotas progressivas**, de acordo com o **valor do quinhão**, do **legado** ou da **doação**. Essa mudança busca alinhar o tributo ao **princípio da capacidade contributiva**, garantindo que heranças e doações de maior valor sejam tributadas com alíquotas mais elevadas.

A **falta de uma regra uniforme** pode levar a **grandes disparidades entre Estados**, incentivando **planejamentos sucessórios estratégicos**, com **transferência de domicílio para unidades federativas com tributação mais favorável**.

Com a **progressividade da alíquota**, espera-se um **aumento no planejamento sucessório e patrimonial**, pois indivíduos com **grandes fortunas** buscarão alternativas para mitigar a tributação, como:

- ✓ **Doações fracionadas** → pequenas doações ao longo do tempo para evitar enquadramento em faixas mais altas da tabela progressiva.

- ✓ **Uso de holdings familiares** → transferência de patrimônio via estrutura societária para diferir ou minimizar a incidência do ITCMD.

- ✓ **Mudança de residência fiscal** → transferência de domicílio para Estados com alíquotas mais baixas ou para o exterior.

A exigência de que os Estados observem a **alíquota máxima definida pelo Senado Federal** pode ser contestada sob a ótica do pacto federativo, pois **limita a autonomia tributária estadual**. Embora o STF já tenha validado essa prerrogativa do Senado para outros tributos estaduais, como o ICMS, essa restrição pode ser objeto de questionamento futuro.

A **unificação da regra nacional** sobre quem é o **contribuinte do ITCMD** é um avanço importante para **evitar interpretações divergentes entre os Estados**. A definição de contribuinte segue a **lógica tradicional**. Nas **transmissões** *causa mortis*, o **contribuinte** é o **herdeiro** ou **legatário** e nas **doações**, o **contribuinte** pode ser o **donatário**, e em **alguns casos**, o **doador**, dependendo da legislação estadual.

A **responsabilização tributária solidária** busca assegurar o pagamento do ITCMD quando o contribuinte primário não arca com a obrigação tributária. As novas regras **ampliam a rede de responsabilidade para incluir o doador**, em caso de **doação** – se o donatário não pagar o imposto – o **inventariante**, no caso de **heranças** – caso haja omissão na apuração e pagamento do ITCMD – e **serventias extrajudiciais** e **instituições financeiras** quando realizarem atos que envolvem **transmissões gratuitas sem verificar o pagamento do tributo**.

21 • IMPOSTOS ORDINÁRIOS ESTADUAIS

A inclusão de **cartórios** e **instituições financeiras** como responsáveis **pode gerar conflitos jurídicos**, pois essas entidades **não participam diretamente da transmissão patrimonial**, apenas **documentam** e **registram os atos**. Isso pode levar a **excessiva judicialização por parte do titular da serventia** e da **própria instituição financeira**.

A definição da **competência ativa do ITCMD** segue os critérios da Constituição Federal:

✓ **Bens imóveis** → o ITCMD é devido ao **Estado onde o imóvel está localizado**.

✓ **Bens móveis, direitos** e **participações societárias** → o ITCMD é devido ao **Estado de residência** ou **domicílio do doador** ou **falecido** (*de cujus*).

Essa regra visa **evitar a bitributação** e **conflitos entre Estados**. Entretanto, **há pontos de atenção**. A regra de tributação de bens móveis e participações societárias **com base no domicílio do doador** ou **falecido** pode incentivar **planejamento tributário agressivo**, com **transferência de domicílio para Estados com alíquotas menores**. Isso pode gerar **perda de arrecadação para Estados mais tributantes**.

A EC 132/2023 determinou que a **competência ativa do ITCMD**, quando há envolvimento de **bens ou doadores falecidos no exterior**, devendo ser **regulamentada por lei complementar**, para garantir que os Estados tenham **critérios uniformes para a cobrança do imposto**. A **PLP 108** se propõe a estabelecer essas diretrizes.

A tributação do ITCMD será devida nos seguintes casos:

✓ Quando o **inventário for processado no exterior**.

✓ Quando os **bens da herança estiverem no exterior**.

✓ Quando o **falecido era residente ou domiciliado no exterior**.

Muitos países já tributam **transmissões** *causa mortis* (*inheritance tax*). A falta de previsão expressa sobre **compensação de tributos pagos no exterior** pode levar a **bitributação**, desincentivando o investimento brasileiro no exterior.

O Brasil, historicamente, **não tributa bens situados no exterior por tributos estaduais**. A tentativa de **estender a competência do ITCMD para transmissões patrimoniais fora do território nacional** pode gerar **questionamentos de inconstitucionalidade**.

O **conceito de domicílio no ITCMD** seguirá parâmetros modernos, considerando:

✓ O **local onde a pessoa tem residência habitual**.

✓ O **local onde desenvolve suas atividades econômicas principais**.

✓ **Critérios objetivos** para definir domicílio fiscal em caso de **múltiplas residências**.

O conceito de **domicílio no IBS e na CBS** está voltado para **tributos sobre consumo e renda**, enquanto o **ITCMD** incide sobre **transmissões patrimoniais**. A simples adoção da mesma regra pode não ser adequada, pois a natureza dos fatos geradores é distinta.

A possibilidade de os Estados e o Distrito Federal firmarem **convênios para uniformização das obrigações acessórias e metodologias de avaliação do ITCMD** representa um avanço significativo na busca por maior **harmonização tributária** entre as unidades da federação. A **falta de padronização na cobrança do imposto** gera **insegurança jurídica**, além de aumentar os **custos de conformidade para os contribuintes** que precisam lidar com regras distintas em cada Estado. Ao estabelecer **mecanismos de cooperação**, o projeto permite **maior previsibilidade** e **eficiência** na tributação, evitando **distorções** e **disparidades** na forma de apuração do imposto.

No entanto, a **uniformização das obrigações acessórias** pode encontrar **resistência política e jurídica**, especialmente porque os Estados possuem autonomia para legislar sobre suas próprias normas tributárias. Ainda que os **convênios** possam **padronizar certos procedimentos**, a adesão dependerá do interesse de cada ente federativo, o que pode **limitar a efetividade dessa medida**. Um dos desafios será **equilibrar essa harmonização sem ferir o pacto federativo**, respeitando a **autonomia dos Estados** na administração do tributo.

A delegação da regulamentação das **regras de pagamento e do contencioso administrativo** ao nível estadual ou distrital reforça essa autonomia, permitindo que cada ente adapte suas normas de acordo com suas necessidades. Isso garante **flexibilidade na gestão do ITCMD**, mas também pode **dificultar a uniformidade** na aplicação do imposto. Estados com regulamentos mais complexos ou burocráticos podem criar obstáculos adicionais para os contribuintes, especialmente na resolução de disputas administrativas.

Por outro lado, a previsão de que o Brasil possa **firmar tratados internacionais para evitar a dupla tributação de heranças e doações** alinha o sistema tributário nacional às práticas internacionais. Em muitos países, **heranças e doações transnacionais** podem ser tributadas **tanto pelo país de origem quanto pelo de destino**, o que gera **ônus excessivo para os envolvidos**. A possibilidade de o Brasil negociar **tratados específicos** para evitar esse tipo de bitributação pode **incentivar a formalização de patrimônio no exterior** e **reduzir conflitos jurídicos**. No entanto, a viabilização desses tratados dependerá da **disposição do governo federal** e das **negociações diplomáticas**, o que pode tornar sua implementação um processo lento e politicamente complexo.

Em suma, a proposta busca maior **uniformização e racionalização do ITCMD**, conciliando a autonomia estadual com a necessidade de harmonização nacional e internacional. No entanto, sua eficácia dependerá da **adesão voluntária dos Estados aos convênios**, da **capacidade de regulamentação eficiente das obrigações acessórias** e do **sucesso das negociações para tratados internacionais**, de modo a garantir um sistema tributário mais justo e previsível para os contribuintes.

21.1.4 ENTENDIMENTO JURISPRUDENCIAL

 **JURISPRUDÊNCIA**

PROCESSUAL CIVIL E TRIBUTÁRIO. RECURSO ESPECIAL. NEGATIVA DE PRESTAÇÃO JURISDICIONAL. INOCORRÊNCIA. ITCMD. BASE DE CÁLCULO. DECLARAÇÃO INCOMPATÍVEL. ARBITRAMENTO. POSSIBILIDADE. ACÓRDÃO RECORRIDO. CONFORMIDADE COM A JURISPRUDÊNCIA DO STJ E RESPALDADO NA LEI LOCAL. REVISÃO. IMPOSSIBILIDADE. 1. Inexiste ofensa aos arts. 489, § 1º, e 1.022 do CPC/2015 quando o Tribunal de origem se manifesta de modo fundamentado acerca das questões que lhe foram submetidas, apreciando integralmente a controvérsia posta nos autos, porquanto julgamento desfavorável ao interesse da parte não se confunde com negativa ou ausência de prestação jurisdicional. 2. A jurisprudência desta Corte Superior firmou o entendimento de que o valor venal a que se refere o art. 38 do CTN, base de cálculo do imposto de transmissão, é o real valor de venda do bem, o qual pode coincidir com o valor de mercado, não se confundindo com o valor venal adotado para fins de IPTU ou ITR, cuja incidência se dá sobre o valor estanque da propriedade. 3. O fisco está autorizado à realização de lançamento suplementar, nos termos dos arts. 148 e 149 do CTN, caso comprove a incompatibilidade do valor indicado pelo contribuinte ou sua declaração, por qualquer motivo, não se apresente idônea. 4. Hipótese em que o acórdão recorrido, adotando entendimento coincidente com as referidas diretrizes jurisprudenciais, assentou que a lei local contempla esse mesmo conteúdo normativo, no sentido de que a base de cálculo do ITCMD é o valor venal dos bens e direitos transmitidos, assim compreendido como aquele que corresponde ao valor de mercado, permitindo ao fisco que proceda ao arbitramento da base de cálculo quando o valor declarado pelo contribuinte seja incompatível com os preços usualmente praticados no mercado (art. 148 do CTN), de modo que a revisão desse entendimento esbarra, in casu, nos óbices estampados nas Súmulas 83 do STJ e 280 do STF. 5. Agravo interno não provido.
(STJ – AgInt no AREsp: 1176337 SP 2017/0239842-9, Relator: Ministro GURGEL DE FARIA, Data de Julgamento: 01/06/2020, T1 – PRIMEIRA TURMA, Data de Publicação: DJe 09/06/2020)
TRIBUTÁRIO. AGRAVO INTERNO. ITCMD. INCIDÊNCIA NO PLANO DE PREVIDÊNCIA VGBL. ALEGAÇÃO DE VIOLAÇÃO AO ART. 794 DO CÓDIGO CIVIL. NATUREZA DE SEGURO DO VGBL. NÃO CARACTERIZAÇÃO DE HERANÇA. ENTENDIMENTO RECENTEMENTE PACIFICADO PELA SEGUNDA TURMA DO STJ. 1. O artigo supostamente violado tem comando normativo suficiente para infirmar as conclusões do acórdão recorrido e a tese recursal está devidamente prequestionada, não havendo falar em aplicação das Súmulas 284/STF e 182/STJ. 2. A parte agravante, nas razões do Recurso Especial, alega que ocorreu violação do art. 794 do CC, aduzindo a possibilidade de incidência do ITCMD sobre os valores percebidos pelos beneficiários de plano VGBL. 3. A matéria foi pacificada pela Segunda Turma do STJ, no julgamento do REsp 1.961.488/RS, Rel. Min. Assusete Magalhães, DJe de 17.11.21. Decidiu-se que, não integrando a herança, isto é, não se tratando de transmissão causa mortis, está o VGBL excluído da base de cálculo do ITCMD, porquanto possui natureza de seguro. 4. Assim, os valores a serem recebidos pelo beneficiário, em decorrência da morte do segurado contratante de plano VGBL, não se consideram herança, para todos os efeitos de direito, como prevê o art. 794 do CC/2002. 5. Agravo Interno provido para afastar a aplicação das Súmulas 284/STF e 182/STJ e, na sequência, conhecer do Agravo para negar provimento ao Recurso Especial.
(STJ – AgInt no AgInt no AREsp: 1797886 RS 2020/0315796-3, Relator: Ministro HERMAN BENJAMIN, Data de Julgamento: 28/03/2022, T2 – SEGUNDA TURMA, Data de Publicação: DJe 12/04/2022)

PROCESSUAL CIVIL E TRIBUTÁRIO. AGRAVO INTERNO. ITCMD. DECADÊNCIA. TERMO O INICIAL. TRÂNSITO EM JULGADO DA SENTENÇA DE HOMOLOGAÇÃO DA PARTILHA. PRECEDENTES. AGRAVO INTERNO NÃO PROVIDO. 1. O acórdão recorrido se manifestou no mesmo sentido da jurisprudência desta Corte no que tange ao termo inicial do prazo decadencial para lançamento de crédito tributário de ITCMD, que é a prolação da sentença de homologação da partilha, quando é possível identificar os aspectos material, pessoal e quantitativo da hipótese, permitindo a realização do lançamento do tributo. Nesse sentido: REsp 1.668.100/SP, Rel. Ministro Herman Benjamin, Segunda Turma, julgado em 13/06/2017, DJe 20/06/2017; AgInt no AREsp 150.089/SP, Rel. Ministro Sérgio Kukina, Primeira Turma, DJe 06/03/2018; AgInt no AREsp 1376603/PR, Rel. Ministro Mauro Campbell Marques, Segunda Turma, julgado em 19/02/2019, DJe 26/02/2019; AgInt no AREsp 1.488.490/RS, Rel. Ministro Gurgel de Faria, Primeira Turma, DJe 24/11/2021. 2. A questão foi pacificada no julgamento do EAREsp 1.621.841/RS, Rel. Min. Gurgel de Faria, Primeira Seção, julgado em 14/9/2022, ocasião em que se consolidou o entendimento no sentido de que o termo inicial do prazo decadencial para o lançamento complementar da diferença do ITCMD dá-se com o trânsito em julgado da decisão judicial onde se discutiu os aspectos da hipótese de incidência, pois, antes desse marco, não se constata a inércia da Fazenda estadual a justificar a inauguração do lustro decadencial, sendo esse - o trânsito em julgado - o momento em que o lançamento desse crédito tributário poderia ter sido efetuado, nos termos do art. 173, I, do CTN. 3. Agravo interno não provido.
(STJ – AgInt no AgInt no AREsp: 2052781 SP 2022/0008880-6, Data de Julgamento: 24/10/2022, T2 – SEGUNDA TURMA, Data de Publicação: DJe 03/11/2022)
TRIBUTÁRIO. RECURSO ESPECIAL REPETITIVO. TEMA 1048. DECADÊNCIA TRIBUTÁRIA DO IMPOSTO DE TRANSMISSÃO CAUSA MORTIS E DOAÇÃO. CONTROVÉRSIA SOBRE O MARCO INICIAL A SER CONSIDERADO. FATO GERADOR OCORRIDO. TRANSMISSÃO DE BENS OU DIREITOS MEDIANTE DOAÇÃO. CONTAGEM DA DECADÊNCIA NA FORMA DO ART. 173, I, DO CTN. IRRELEVÂNCIA DA DATA DO CONHECIMENTO DO FISCO DO FATO GERADOR. 1. Nos termos em que decidido pelo Plenário do STJ na sessão de 9/3/2016, aos recursos interpostos com fundamento no CPC/2015 (relativos a decisões publicadas a partir de 18 de março de 2016) serão exigidos os requisitos de admissibilidade recursal na forma nele prevista (Enunciado Administrativo n. 3). 2. Discussão dos autos: No recurso especial discute-se se é juridicamente relevante, para fins da averiguação do transcurso do prazo decadencial tributário, a data em que o Fisco teve conhecimento da ocorrência do fato gerador do Imposto de Transmissão Causa Mortis e Doação (ITCMD) referente a doação não oportunamente declarada pelo contribuinte ao fisco estadual. 3. Delimitação da controvérsia - Tema 1048: Definir o início da contagem do prazo decadencial previsto no art. 173, I, do CTN para a constituição do Imposto de Transmissão Causa Mortis e Doação (ITCMD) referente a doação não oportunamente declarada pelo contribuinte ao fisco estadual. 4. Nos termos do art. 149, II, do CTN, quando a declaração não seja prestada, por quem de direito, no prazo e na forma da legislação tributária, surge para o Fisco a necessidade de proceder ao lançamento de ofício, no prazo de cinco anos contados do primeiro dia do exercício seguinte à data em que ocorrido o fato gerador do tributo (art. 173, I, do CTN). 5. Em se tratando do imposto sobre a transmissão de bens ou direitos, mediante doação, o fato gerador ocorrerá: (i) no tocante aos bens imóveis, pela efetiva transcrição realizada no registro de imóveis (art. 1.245 do CC/2020); (i) em relação aos bens móveis, ou direitos, a transmissão da titularidade, que caracteriza a doação, se dará por tradição (art. 1.267 do CC/2020), eventualmente objeto de registro administrativo. 6. Para o caso de omissão na declaração do contribuinte, a respeito da ocorrência do fato gerador do imposto incidente sobre a transmissão de bens ou direitos por doação, caberá ao Fisco diligenciar quanto aos fatos tributáveis e exercer a constituição do crédito tributário mediante lançamento de ofício, dentro do prazo decadencial. 7. O Superior Tribunal de Justiça tem entendimento pacificado no sentido de que, no caso do Imposto de Transmissão Causa Mortis e Doação – ITCDM, a contagem do prazo decadencial tem início no primeiro dia do exercício seguinte àquele em que o lançamento poderia ter sido efetuado, observado o fato gerador, em conformidade com os arts. 144 e 173, I, ambos do CTN, sendo irrelevante a data em que o fisco teve conhecimento da ocorrência do fato gerador (AgInt no REsp 1.690.263/MG, Rel. Ministro Francisco Falcão, SEGUNDA TURMA, julgado em 10/9/2019, DJe 16/9/2019). No mesmo sentido: AgInt no REsp 1.795.066/MG, Rel. Ministro Benedito Gonçalves, PRIMEIRA TURMA, julgado em 16/9/2019, DJe 18/ 9/2019.

8. Tese fixada - Tema 1048: O Imposto de Transmissão Causa Mortis e Doação - ITCDM, referente a doação não oportunamente declarada pelo contribuinte ao fisco estadual, a contagem do prazo decadencial tem início no primeiro dia do exercício seguinte àquele em que o lançamento poderia ter sido efetuado, observado o fato gerador, em conformidade com os arts. 144 e 173, I, ambos do CTN. 9. Recurso especial parcialmente conhecido e, nessa extensão, provido. Acórdão sujeito ao regime previsto no artigo 1.036 e seguintes do CPC/2015.
(STJ – REsp: 1841771 MG 2019/0298352-7, Relator: Ministro BENEDITO GONÇALVES, Data de Julgamento: 28/04/2021, S1 – PRIMEIRA SEÇÃO, Data de Publicação: DJe 10/05/2021)
TRIBUTÁRIO. AGRAVO INTERNO NO RECURSO EM MANDADO DE SEGURANÇA. DOAÇÃO DE QUOTAS SOCIAIS. ITCMD. BASE DE CÁLCULO. DECLARAÇÃO INCOMPATÍVEL. ARBITRAMENTO. POSSIBILIDADE. ACÓRDÃO RECORRIDO EM SINTONIA COM O ENTENDIMENTO PREVALENTE NO STJ. AUSÊNCIA DE DIREITO LÍQUIDO E CERTO EM FAVOR DOS RECORRENTES. 1. Trata-se, na origem, de Mandado de Segurança impetrado por Jamilson Lopes Name e outro, contra ato praticado pelo Secretário de Estado de Fazenda de Mato Grosso do Sul, no qual reputam ilegal a decisão proferida pela autoridade coatora que indeferiu a base de cálculo do ITCMD na doação de cotas sociais. 2. As partes recorrentes alegam que deve ser utilizado, na base de cálculo do imposto, o valor nominal das cotas sociais transferidas, nos termos do montante que consta do balanço contábil. 3. O aresto vergastado está alinhado à jurisprudência do Superior Tribunal de Justiça de que "a base de cálculo do ITCMD é o valor venal dos bens e direitos transmitidos, assim compreendido como aquele que corresponde ao valor de mercado, permitindo ao fisco que proceda ao arbitramento da base de cálculo quando o valor declarado pelo contribuinte seja incompatível com os preços usualmente praticados no mercado (art. 148 do CTN)" (AgInt no AREsp 1.176.337/SP, Rel. Ministro Gurgel de Faria, Primeira Turma, DJe 9.6.2020). Na mesma linha: AgInt nos EDcl no AREsp 2.018.070/GO, Rel. Ministro Mauro Campbell Marques, Segunda Turma, DJe 17.6.2022; AgInt no REsp 1.919.181/GO, Rel. Ministro Benedito Gonçalves, Primeira Turma, DJe 18.8.2021; AgInt no AREsp 1.176.337/SP, Rel. Ministro Gurgel de Faria, Primeira Turma, DJe 9.6.2020. 4. Agravo Interno não provido.
(STJ – AgInt no RMS: 70528 MS 2023/0010429-6, Relator: Ministro HERMAN BENJAMIN, Data de Julgamento: 29/05/2023, T2 – SEGUNDA TURMA, Data de Publicação: DJe 27/06/2023)
RECURSO ESPECIAL REPETITIVO. CÓDIGO DE PROCESSO CIVIL DE 2015. APLICABILIDADE. PROCESSUAL CIVIL E TRIBUTÁRIO. IMPOSTO SOBRE TRANSMISSÃO CAUSA MORTIS E DOAÇÃO DE QUAISQUER BENS E DIREITOS – ITCMD. ARROLAMENTO SUMÁRIO. ART. 659, CAPUT, E § 2º DO CPC/2015. HOMOLOGAÇÃO DA PARTILHA OU DA ADJUDICAÇÃO. EXPEDIÇÃO DOS TÍTULOS TRANSLATIVOS DE DOMÍNIO. RECOLHIMENTO PRÉVIO DA EXAÇÃO. DESNECESSIDADE. PAGAMENTO ANTECIPADO DOS TRIBUTOS RELATIVOS AOS BENS E ÀS RENDAS DO ESPÓLIO. OBRIGATORIEDADE. ART. 192 DO CTN. I – Consoante o decidido pelo Plenário desta Corte na sessão realizada em 09.03.2016, o regime recursal será determinado pela data da publicação do provimento jurisdicional impugnado. Aplica-se, no caso, o Estatuto Processual Civil de 2015. II – O CPC/2015, ao disciplinar o arrolamento sumário, transferiu para a esfera administrativa as questões atinentes ao imposto de transmissão causa mortis, evidenciando que a opção legislativa atual prioriza a agilidade da partilha amigável, ao focar, teleologicamente, na simplificação e na flexibilização dos procedimentos envolvendo o tributo, alinhada com a celeridade e a efetividade, e em harmonia com o princípio constitucional da razoável duração do processo. III – O art. 659, § 2º, do CPC/2015, com o escopo de resgatar a essência simplificada do arrolamento sumário, remeteu para fora da partilha amigável as questões relativas ao ITCMD, cometendo à esfera administrativa fiscal o lançamento e a cobrança do tributo IV – Tal proceder nada diz com a incidência do imposto, porquanto não se trata de isenção, mas apenas de postergar a apuração e o seu lançamento para depois do encerramento do processo judicial, acautelando-se, todavia, os interesses fazendários – e, por conseguinte, do crédito tributário –, considerando que o Fisco deverá ser devidamente intimado pelo juízo para tais providências, além de lhe assistir o direito de discordar dos valores atribuídos aos bens do espólio pelos herdeiros.

V – Permanece válida, contudo, a obrigatoriedade de se comprovar o pagamento dos tributos que recaem especificamente sobre os bens e rendas do espólio como condição para homologar a partilha ou a adjudicação, conforme determina o art. 192 do CTN. VI – Acórdão submetido ao rito do art. 1.036 e seguintes do CPC/2015, fixando-se, nos termos no art. 256-Q, do RISTJ, a seguinte tese repetitiva: No arrolamento sumário, a homologação da partilha ou da adjudicação, bem como a expedição do formal de partilha e da carta de adjudicação, não se condicionam ao prévio recolhimento do imposto de transmissão causa mortis, devendo ser comprovado, todavia, o pagamento dos tributos relativos aos bens do espólio e às suas rendas, a teor dos arts. 659, § 2º, do CPC/2015 e 192 do CTN. VII - Recurso especial do Distrito Federal parcialmente provido.
(STJ – REsp: 1896526 DF 2020/0118931-6, Data de Julgamento: 26/10/2022, S1 – PRIMEIRA SEÇÃO, Data de Publicação: DJe 28/10/2022)
AGRAVO INTERNO NO AGRAVO EM RECURSO ESPECIAL. OMISSÃO NO ACÓRDÃO RECORRIDO. VÍCIO NÃO CONFIGURADO. ITCMD. DECADÊNCIA. TERMO INICIAL. PRIMEIRO DIA DO EXERCÍCIO SEGUINTE AO TRÂNSITO EM JULGADO DA SENTENÇA HOMOLOGATÓRIA DA PARTILHA. 1. Não há falar em omissão existente no acórdão quando o Tribunal local julga integralmente a lide, apenas não adotando a tese defendida pelo recorrente, tampouco se pode confundir julgamento desfavorável ao interesse da parte com negativa ou ausência de prestação jurisdicional. Precedentes. 2. O prazo decadencial, nos casos de ITCMD, tem início a partir do primeiro dia do exercício seguinte àquele em que ocorreu o trânsito em julgado da sentença homologatória da partilha, que seria a data em que o lançamento poderia ter ocorrido. 3. Agravo interno a que se nega provimento.
(STJ – AgInt no AREsp: 1473610 PR 2019/0092881-4, Relator: Ministro OG FERNANDES, Data de Julgamento: 08/06/2020, T2 – SEGUNDA TURMA, Data de Publicação: DJe 15/06/2020)
TRIBUTÁRIO. PROCESSUAL CIVIL. ITCMD. ARROLAMENTO SUMÁRIO E COMUM. DESNECESSIDADE DE PRÉVIA COMPROVAÇÃO DE QUITAÇÃO DO PAGAMENTO DO TRIBUTO ANTES DO RECONHECIMENTO DOS DIREITOS DOS SUCESSORES. ACÓRDÃO RECORRIDO EM SINTONIA COM O ENTENDIMENTO DO STJ. 1. No caso concreto, o acórdão do Tribunal de origem está em conformidade com os termos da consolidada orientação no STJ, no sentido de que não há como exigir o ITCMD antes do reconhecimento judicial dos direitos dos sucessores, seja no arrolamento sumário, seja no comum, tendo em vista as características peculiares da transmissão causa mortis. 2. Agravo interno não provido.
(STJ – AgInt nos EDcl no REsp: 2110527 DF 2023/0414089-0, Relator: Ministro SÉRGIO KUKINA, Data de Julgamento: 12/08/2024, T1 – PRIMEIRA TURMA, Data de Publicação: DJe 15/08/2024)
TRIBUTÁRIO. IMPOSTO SOBRE TRANSMISSÃO CAUSA MORTIS E DOAÇÃO – ITCMD. INVENTÁRIO. ALÍQUOTA PROGRESSIVA. CONSTITUCIONALIDADE. DECISÃO JUDICIAL. COBRANÇA DE DIFERENÇA. LANÇAMENTO COMPLEMENTAR. DECADÊNCIA. TERMO INICIAL. TRÂNSITO EM JULGADO. 1. Esta Corte superior consolidou o entendimento de que o prazo decadencial para o lançamento do tributo inicia-se com a identificação dos aspectos material, pessoal e quantitativo da hipótese de incidência tributária, o que se dá, no caso do ITCMD, via de regra, com o trânsito em julgado da sentença homologatória da partilha. 2. Hipótese em que apenas após o trânsito em julgado da decisão proferida em agravo de instrumento que, em juízo de conformação, aplicou o entendimento firmado pelo Supremo Tribunal Federal no julgamento do RE 562.045/RS, submetido ao rito da repercussão geral, encerrou-se o debate acerca da constitucionalidade da progressividade de alíquota, momento em que surgiu para o ente estadual o direito de efetuar o lançamento complementar de ITCMD referente à diferença devida e, por conseguinte, foi inaugurado o prazo decadencial quinquenal, na forma do art. 173, I, do CTN. 3. A decisão do juízo do inventário sobre a alíquota aplicável ao ITCMD é plenamente eficaz, fazendo surtir seus efeitos de imediato, visto que o agravo de instrumento contra ela interposto não é dotado de automático efeito suspensivo, de modo que, desde a sua prolação, encontrava-se a Administração impedida juridicamente de lançar o imposto com alíquota diferente, sob pena de clara desobediência a essa ordem judicial. 4. In casu, a decisão judicial referida não se enquadra nas hipóteses de suspensão de exigibilidade do crédito tributário previstas no art. 151 do CTN, sendo inaplicável a jurisprudência desta Seção acerca da possibilidade de a Fazenda Pública efetuar o lançamento para evitar a decadência enquanto perdurar a medida suspensiva. 5. Embargos de divergência providos.

(STJ – EAREsp: 1621841 RS 2019/0343683-3, Data de Julgamento: 14/09/2022, S1 – PRIMEIRA SEÇÃO, Data de Publicação: DJe 08/11/2022)
TRIBUTÁRIO E PROCESSUAL CIVIL. AGRAVO INTERNO NOS EMBARGOS DECLARATÓRIOS NOS EMBARGOS DE DIVERGÊNCIA EM RECURSO ESPECIAL. IMPOSTO SOBRE TRANSMISSÃO CAUSA MORTIS E DOAÇÃO - ITCMD. PRAZO DECADENCIAL. DISCUSSÃO JUDICIAL ACERCA DA ALÍQUOTA DO TRIBUTO. TERMO INICIAL. TRÂNSITO EM JULGADO DO DECISUM. AGRAVO INTERNO IMPROVIDO. I. Agravo interno aviado contra decisão que julgara recurso interposto contra decisum publicado na vigência do CPC/2015. II. A Primeira Seção do STJ, ao julgar os EAREsp 1.621.841/RS, de relatoria do Ministro GURGEL DE FARIA, enfrentou situação semelhante à dos presentes autos, ocasião em que decidiu que "o prazo decadencial para o lançamento do tributo inicia-se com a identificação dos aspectos material, pessoal e quantitativo da hipótese de incidência tributária, o que, no caso do ITCMD, se dá, via de regra, com o trânsito em julgado da sentença homologatória da partilha. Hipótese em que apenas após o trânsito em julgado da decisão proferida em agravo de instrumento que, em juízo de conformação, aplicou o entendimento firmado pelo Supremo Tribunal Federal no julgamento do RE 562.045/RS, submetido ao rito da repercussão geral, encerrou-se o debate acerca da constitucionalidade da progressividade de alíquota, momento em que surgiu para o ente estadual o direito de efetuar o lançamento complementar de ITCMD referente à diferença devida e, por conseguinte, foi inaugurado o prazo decadencial quinquenal, na forma do art. 173, I, do CTN. A decisão do juízo do inventário sobre a alíquota aplicável ao ITCMD é plenamente eficaz, fazendo surtir seus efeitos de imediato, visto que o agravo de instrumento contra ela interposto não é dotado de automático efeito suspensivo, de modo que desde a sua prolação encontrava-se a Administração impedida juridicamente de lançar o imposto com alíquota diferente, sob pena de clara desobediência a essa ordem judicial. In casu, a decisão judicial referida não se enquadra nas hipóteses de suspensão de exigibilidade do crédito tributário previstas no art. 151 do CTN, sendo inaplicável a jurisprudência desta Primeira Seção acerca da possibilidade de a Fazenda Pública efetuar o lançamento para evitar a decadência enquanto perdurar a medida suspensiva". III. Agravo interno improvido.
(STJ – AgInt nos EDcl nos EAREsp: 1828355 RS 2021/0022572-0, Relator: Ministra ASSUSETE MAGA-LHÃES, Data de Julgamento: 08/03/2023, S1 – PRIMEIRA SEÇÃO, Data de Publicação: DJe 15/03/2023)
EMENTA Repercussão geral em recurso extraordinário. Direito Tributário. Discussão a respeito da incidência do ITCMD sobre o plano Vida Gerador de Benefício Livre (VGBL) e o Plano Gerador de Benefício Livre (PGBL) na hipótese de morte do titular do plano. Matéria constitucional. Repercussão geral reconhecida.
(STF – RE: 1363013 RJ 0008135-40.2016.8.19.0000, Relator: DIAS TOFFOLI, Data de Julgamento: 12/05/2022, Tribunal Pleno, Data de Publicação: 23/05/2022)
PROCESSUAL CIVIL. AGRAVO INTERNO NO AGRAVO EM RECURSO ESPECIAL. ITCMD. DECADÊNCIA. TRIBUNAL DE ORIGEM AFIRMOU A AUSÊNCIA DE REGISTRO DE TRANSFERÊNCIA. REEXAME. ANÁLISE DE FATOS E PROVAS. AGRAVO INTERNO NÃO PROVIDO. 1. Conforme salientado na decisão agravada, esta Corte de Justiça, por ocasião da apreciação do REsp n. 1.841.798/MG, processado e julgado sob o rito dos repetitivos, definiu, dentre outros aspectos, que, em se tratando do imposto sobre a transmissão de bens ou direitos, mediante doação, o fato gerador ocorrerá, no tocante aos bens imóveis, pela efetiva transcrição realizada no registro de imóveis (art. 1.245 do CC/2020). 2. O Tribunal estadual, com base nos elementos fático-probatórios dos autos, entendeu pela não ocorrência da decadência, tendo em vista que não houve o registro de transferência do imóvel diante da ausência de expedição do formal de partilha. 3. Para afastar as conclusões a que chegou o acórdão recorrido seria necessária a incursão na seara fático-probatória dos autos, tarefa essa soberana às instâncias ordinárias, o que impede o reexame na via especial ante o óbice da Súmula 7 deste Tribunal. 4. Agravo interno a que se nega provimento.
(STJ – AgInt no AREsp: 1944748 SP 2021/0231344-4, Relator: Ministro OG FERNANDES, Data de Julgamento: 22/03/2022, T2 – SEGUNDA TURMA, Data de Publicação: DJe 05/04/2022)

PROCESSUAL CIVIL E TRIBUTÁRIO. AGRAVO INTERNO. ITCMD. DOAÇÃO NÃO CARACTERIZADA. SÚMU-LAS 5 E 7/STJ. INCIDÊNCIA. 1. Trata-se de Agravo Interno contra decisão que não conheceu do pedido, confirmando a inadmissibilidade do Recurso Especial por incidência das Súmulas 5 e 7/STJ. 2. O Superior Tribunal de Justiça tem entendimento de que apurar a existência de renúncia abdicativa ou translativa, para concluir em sentido diverso do aresto, demanda incursão probatória inviável no Recurso especial, nos termos da Súmula 7/STJ. 3. É inviável, portanto, analisar a tese defendida no Recurso Especial de que "houve doação disfarçada de distribuição desigual de lucros", pois inarredável a revisão do conjunto probatório dos autos para afastar as premissas fáticas estabelecidas pelo acórdão recorrido de que "não há nenhuma proibição quanto à possibilidade de que qualquer sócio eventualmente abdique do recebimento de lucros a que faria jus, de modo que tal renúncia se insere no âmbito da autonomia da vontade privada e da liberdade contratual". Aplicam-se, portanto, os óbices das Súmulas 5 e 7/STJ. 4. Agravo Interno não provido.
(STJ – AgInt no AREsp: 1980073 PR 2021/0281157-6, Relator: Ministro HERMAN BENJAMIN, Data de Julgamento: 28/03/2022, T2 – SEGUNDA TURMA, Data de Publicação: DJe 12/04/2022)
EMENTA: AGRAVO REGIMENTAL NO RECURSO EXTRAORDINÁRIO. DIREITO TRIBUTÁRIO. IMPOSTO SOBRE TRANSMISSÃO CAUSA MORTIS E DOAÇÃO – ITCMD. BENS NO EXTERIOR. INCIDÊNCIA: TEMA 825 DA REPERCUSSÃO GERAL. FORMA DE COBRANÇA E PAGAMENTO DO TRIBUTO: SÚMULAS NS. 279 E 280 DO SUPREMO TRIBUNAL FEDERAL. VERBA HONORÁRIA MAJORADA EM 10% (§§ 2º, 3º E 11 DO ART. 85 DO CÓDIGO DE PROCESSO CIVIL/2015). AGRAVO REGIMENTAL DESPROVIDO, COM APLICAÇÃO DE MULTA DE 1% SOBRE O VALOR ATUALIZADO DA CAUSA, SE UNÂNIME A VOTAÇÃO.
(STF – RE: 1407429 SP, Relator: CÁRMEN LÚCIA, Data de Julgamento: 22/02/2023, Primeira Turma, Data de Publicação: PROCESSO ELETRÔNICO DJe-033 DIVULG 23-02-2023 PUBLIC 24-02-2023)
TRIBUTÁRIO. AGRAVO INTERNO NO AGRAVO EM RECURSO ESPECIAL. MANDADO DE SEGURANÇA. VGBL. INCIDÊNCIA DE ITCMD. IMPOSSIBILIDADE. NATUREZA JURÍDICA DE SEGURO. REVISÃO. SÚMULA 7/STJ. ENTENDIMENTO EM CONFORMIDADE COM A JURISPRUDÊNCIA DESTA CORTE SUPERIOR. SÚMULA 83/STJ. AGRAVO INTERNO DO ENTE ESTADUAL NÃO PROVIDO. 1. A alteração das conclusões da Corte de origem quanto à natureza jurídica do plano VGBL, demandaria, necessariamente, a incursão no acervo fático-probatório dos autos. Contudo, tal medida encontra óbice na Súmula 7 do STJ, segundo a qual a pretensão de simples reexame de prova não enseja Recurso Especial. 2. Consoante entendimento deste Superior Tribunal de Justiça, o plano de previdência privada denominado VGBL não pode ser caracterizado como herança, nos termos do art. 794 do Código Civil, razão pela qual incide, na hipótese, a Súmula 83/STJ. 3. Agravo interno do Estado do Rio Grande do Sul não provido
(STJ – AgInt no AREsp: 1847351 RS 2021/0057588-7, Relator: Ministro MANOEL ERHARDT (DESEM-BARGADOR CONVOCADO DO TRF5), Data de Julgamento: 11/10/2021, T1 – PRIMEIRA TURMA, Data de Publicação: DJe 14/10/2021)

21.2 IMPOSTO SOBRE AS OPERAÇÕES DE CIRCULAÇÃO DE MERCADORIAS E PRESTAÇÕES DE SERVIÇOS DE TRANSPORTE INTERESTADUAL, INTERMUNICIPAL E DE COMUNICAÇÕES (ICMS)

21.2.1 Fundamentação constitucional e legal

O **imposto sobre a circulação de mercadorias e serviços de transporte interestaduais, intermunicipais e serviços de comunicação** (ICMS) é um imposto estadual previsto **no art. 155, II, §§ 2º a 5º da CF/1988**[16].

---

16. **Art. 155.** Compete aos Estados e ao Distrito Federal instituir impostos sobre:
    II – operações relativas à circulação de mercadorias e sobre prestações de serviços de transporte interestadual e intermunicipal e de comunicação, ainda que as operações e as prestações se iniciem no exterior;

2º O imposto previsto no inciso II atenderá ao seguinte:

I – será não cumulativo, compensando-se o que for devido em cada operação relativa à circulação de mercadorias ou prestação de serviços com o montante cobrado nas anteriores pelo mesmo ou outro Estado ou pelo Distrito Federal;

II – a isenção ou não incidência, salvo determinação em contrário da legislação:

a) não implicará crédito para compensação com o montante devido nas operações ou prestações seguintes;

b) acarretará a anulação do crédito relativo às operações anteriores;

III – poderá ser seletivo, em função da essencialidade das mercadorias e dos serviços;

IV – resolução do Senado Federal, de iniciativa do Presidente da República ou de um terço dos Senadores, aprovada pela maioria absoluta de seus membros, estabelecerá as alíquotas aplicáveis às operações e prestações, interestaduais e de exportação;

V – é facultado ao Senado Federal:

a) estabelecer alíquotas mínimas nas operações internas, mediante resolução de iniciativa de um terço e aprovada pela maioria absoluta de seus membros;

b) fixar alíquotas máximas nas mesmas operações para resolver conflito específico que envolva interesse de Estados, mediante resolução de iniciativa da maioria absoluta e aprovada por dois terços de seus membros;

VI – salvo deliberação em contrário dos Estados e do Distrito Federal, nos termos do disposto no inciso XII, g, as alíquotas internas, nas operações relativas à circulação de mercadorias e nas prestações de serviços, não poderão ser inferiores às previstas para as operações interestaduais;

VII – nas operações e prestações que destinem bens e serviços a consumidor final, contribuinte ou não do imposto, localizado em outro Estado, adotar-se-á a alíquota interestadual e caberá ao Estado de localização do destinatário o imposto correspondente à diferença entre a alíquota interna do Estado destinatário e a alíquota interestadual; (Redação dada pela EC 87/2015)

a) (revogada); (Redação dada pela EC 87/2015)

b) (revogada); (Redação dada pela EC 87/2015)

VIII – a responsabilidade pelo recolhimento do imposto correspondente à diferença entre a alíquota interna e a interestadual de que trata o inciso VII será atribuída: (Redação dada pela EC 87/2015)

a) ao destinatário, quando este for contribuinte do imposto; (Incluída pela EC 87/2015)

b) ao remetente, quando o destinatário não for contribuinte do imposto; (Incluída pela EC 87/2015)

IX – incidirá também:

a) sobre a entrada de bem ou mercadoria importados do exterior por pessoa física ou jurídica, ainda que não seja contribuinte habitual do imposto, qualquer que seja a sua finalidade, assim como sobre o serviço prestado no exterior, cabendo o imposto ao Estado onde estiver situado o domicílio ou o estabelecimento do destinatário da mercadoria, bem ou serviço; (Redação dada pela EC 33/2001)

b) sobre o valor total da operação, quando mercadorias forem fornecidas com serviços não compreendidos na competência tributária dos Municípios;

X – não incidirá:

a) sobre operações que destinem mercadorias para o exterior, nem sobre serviços prestados a destinatários no exterior, assegurada a manutenção e o aproveitamento do montante do imposto cobrado nas operações e prestações anteriores;

b) sobre operações que destinem a outros Estados petróleo, inclusive lubrificantes, combustíveis líquidos e gasosos dele derivados, e energia elétrica;

c) sobre o ouro, nas hipóteses definidas no art. 153, § 5º;

d) nas prestações de serviço de comunicação nas modalidades de radiodifusão sonora e de sons e imagens de recepção livre e gratuita; (Incluída pela EC 42/2003)

XI – não compreenderá, em sua base de cálculo, o montante do imposto sobre produtos industrializados, quando a operação, realizada entre contribuintes e relativa a produto destinado à industrialização ou à comercialização, configure fato gerador dos dois impostos;

XII – cabe à lei complementar:

a) definir seus contribuintes;

b) dispor sobre substituição tributária;

A normatização geral do ICMS é estabelecida pela **Lei Complementar 87/1996 (Lei Kandir)**, que disciplina aspectos como hipóteses de incidência, base de cálculo, contribuintes, não cumulatividade e regras de creditamento.

A **concessão de incentivos fiscais e isenções** relacionadas ao ICMS está condicionada à aprovação pelo **Conselho Nacional de Política Fazendária (CONFAZ)**, conforme o art. 155, § 2º, XII, *g*, da CF/1988, regulamentado pela **Lei Complementar 24/1975** e atualizado pela **Lei Complementar 160/2017**. Esta última permitiu a **convalidação de benefícios fiscais concedidos unilateralmente pelos Estados sem aprovação prévia**, buscando regularizar a **guerra fiscal**, fenômeno caracterizado pela

---

c) disciplinar o regime de compensação do imposto;

d) fixar, para efeito de sua cobrança e definição do estabelecimento responsável, o local das operações relativas à circulação de mercadorias e das prestações de serviços;

e) excluir da incidência do imposto, nas exportações para o exterior, serviços e outros produtos além dos mencionados no inciso X, a ;

f) prever casos de manutenção de crédito, relativamente à remessa para outro Estado e exportação para o exterior, de serviços e de mercadorias;

g) regular a forma como, mediante deliberação dos Estados e do Distrito Federal, isenções, incentivos e benefícios fiscais serão concedidos e revogados.

h) definir os combustíveis e lubrificantes sobre os quais o imposto incidirá uma única vez, qualquer que seja a sua finalidade, hipótese em que não se aplicará o disposto no inciso X, b ;

i) fixar a base de cálculo, de modo que o montante do imposto a integre, também na importação do exterior de bem, mercadoria ou serviço.

§ 3º À exceção dos impostos de que tratam o inciso II do caput deste artigo e o art. 153, I e II, nenhum outro imposto poderá incidir sobre operações relativas a energia elétrica, serviços de telecomunicações, derivados de petróleo, combustíveis e minerais do País.

§ 4º Na hipótese do inciso XII, h, observar-se-á o seguinte: (Incluído pela EC 33/2001)

I – nas operações com os lubrificantes e combustíveis derivados de petróleo, o imposto caberá ao Estado onde ocorrer o consumo; (Incluído pela EC 33/2001)

II – nas operações interestaduais, entre contribuintes, com gás natural e seus derivados, e lubrificantes e combustíveis não incluídos no inciso I deste parágrafo, o imposto será repartido entre os Estados de origem e de destino, mantendo-se a mesma proporcionalidade que ocorre nas operações com as demais mercadorias; (Incluído pela EC 33/2001)

III – nas operações interestaduais com gás natural e seus derivados, e lubrificantes e combustíveis não incluídos no inciso I deste parágrafo, destinadas a não contribuinte, o imposto caberá ao Estado de origem; (Incluído pela EC 33/2001)

IV – as alíquotas do imposto serão definidas mediante deliberação dos Estados e Distrito Federal, nos termos do § 2º, XII, g, observando-se o seguinte: (Incluído pela EC 33/2001)

a) serão uniformes em todo o território nacional, podendo ser diferenciadas por produto; (Incluída pela EC 33/2001)

b) poderão ser específicas, por unidade de medida adotada, ou ad valorem, incidindo sobre o valor da operação ou sobre o preço que o produto ou seu similar alcançaria em uma venda em condições de livre concorrência; (Incluída pela EC 33/2001)

c) poderão ser reduzidas e restabelecidas, não se lhes aplicando o disposto no art. 150, III, b. (Incluída pela EC 33/2001)

§ 5º As regras necessárias à aplicação do disposto no § 4º, inclusive as relativas à apuração e à destinação do imposto, serão estabelecidas mediante deliberação dos Estados e do Distrito Federal, nos termos do § 2º, XII, g. (Incluído pela EC 33/2001)

disputa entre Estados para **atrair investimentos por meio de incentivos tributários irregulares**.

Embora os convênios no âmbito do CONFAZ tenham como objetivo **harmonizar a política fiscal** e **minimizar distorções concorrenciais entre os entes federativos**, a guerra fiscal ainda representa um desafio estrutural no sistema tributário brasileiro, exigindo constante aprimoramento das normas de controle e fiscalização.

21.2.2 REGRAMENTO DE INCIDÊNCIA TRIBUTÁRIA

I – Aspecto Material

Para melhor compreensão, o estudo do ICMS pode ser estruturado em **quatro bases econômicas distintas**: (i) **operações de circulação de mercadorias**, abrangendo desde a produção até a comercialização de bens; (ii) **prestação de serviços de transporte interestadual e intermunicipal**, tributando a movimentação de passageiros e cargas entre diferentes localidades; (iii) **prestação de serviços de comunicação**, incidindo sobre a transmissão de dados, voz e imagens por qualquer meio; e (iv) **importação de bens e mercadorias**, alcançando produtos adquiridos no exterior, independentemente da natureza do importador. Essa divisão facilita a compreensão da tributação, permitindo a análise específica de cada setor econômico e suas peculiaridades no contexto dos incentivos fiscais e da guerra fiscal entre os Estados.

a) Operação de Circulação de Mercadorias

Inicialmente, devemos destacar qual o conceito que deve ser adotado para mercadoria. **Mercadoria** é um produto com destinação comercial, mercantil. Toda mercadoria é considerada um produto, mas nem todo produto é considerado mercadoria.

A definição de **mercadoria** para fins de ICMS deve levar em consideração sua **destinação econômica**. Trata-se de **bens móveis destinados à comercialização**, seja pela **revenda**, seja por sua **incorporação ao processo produtivo com intuito mercantil**. Assim, **todo produto pode ser mercadoria, mas nem todo produto será tributado pelo ICMS**, pois é essencial que haja uma finalidade comercial. Além disso, bens imóveis, dinheiro e direitos não se enquadram no conceito de mercadoria e, portanto, não são alcançados pela incidência do imposto, conforme já decidido pela jurisprudência[17].

A **circulação de mercadorias**, que configura o **fato gerador do ICMS**, deve ser compreendida como a **transferência da titularidade jurídica do bem**, e não apenas sua movimentação física. Ou seja, para que o imposto seja exigível, é necessário que ocorra a efetiva **transmissão da propriedade** da mercadoria para outro sujeito. Esse entendimento já foi consolidado pelo Supremo Tribunal Federal no **RE 1.125.739/SP**, que afastou a incidência do imposto em situações onde não há mudança de titularidade.

---

17. STF, RE 101.660/SP.

No entanto, há **discussão ainda pendente no STF (Tema 1.099 da Repercussão Geral)** sobre a incidência do ICMS na **transferência de mercadorias entre estabelecimentos do mesmo contribuinte**, uma vez que alguns Estados ainda exigem o tributo nessas operações.

O ICMS é um **imposto plurifásico**, incidindo sobre **todas as etapas da cadeia econômica**, desde a produção até o consumo final da mercadoria. Esse modelo de tributação é viabilizado pela **não cumulatividade**, princípio que permite ao contribuinte **creditar-se do imposto pago na etapa anterior**, evitando a tributação em cascata. No entanto, em determinados setores, o **regime de substituição tributária progressiva (ICMS-ST) antecipa a arrecadação do imposto**, concentrando o pagamento em um único ponto da cadeia produtiva, geralmente o **fabricante** ou o **importador**, que recolhe o tributo por **toda a cadeia subsequente**.

Mesmo nos casos de fornecimentos de alimentação em bares, restaurantes e estabelecimentos similares em que haja simultânea prestação de serviços há incidência de ICMS.

A controvérsia sobre a tributação do fornecimento de alimentos reside no fato de que bares e restaurantes prestam um serviço de alimentação, mas também fornecem bens tangíveis, o que, a princípio, poderia atrair a incidência de ambos os tributos.

A diferenciação entre ICMS e ISS em operações que envolvem **fornecimento de mercadorias com prestação de serviços** segue critérios definidos pela jurisprudência e pela legislação complementar. De acordo com a **LC 116/2003, incide ISS nas atividades de preparo e fornecimento de alimentação em determinados contextos**, como serviços de catering (*item 17.11 da Lista de Serviços*), mas há situações em que o ICMS prevalece.

A incidência do **ICMS sobre o fornecimento de alimentação** em bares, restaurantes e estabelecimentos similares é um tema consolidado na jurisprudência brasileira, sendo objeto da **Súmula 163 do STJ**, a qual estabelece que:

O fornecimento de mercadorias com a simultânea prestação de serviços em bares, restaurantes e estabelecimentos similares constitui fato gerador do ICMS a incidir sobre o valor total da operação.

Esse entendimento decorre da **natureza híbrida da operação**, que combina **prestação de serviço e circulação de mercadoria**, exigindo a correta delimitação da competência tributária entre Estados e Municípios. Para compreender essa incidência, é necessário analisar: **(i) a base constitucional do tributo, (ii) a distinção entre ICMS e ISS e (iii) o posicionamento jurisprudencial consolidado sobre o tema.**

O STJ, ao editar a **Súmula 163,** consolidou o entendimento de que a operação realizada por bares, restaurantes e estabelecimentos similares configura **fornecimento**

de mercadoria com serviço acessório, justificando a incidência do **ICMS sobre o valor total da operação**. A justificativa é que, nesse caso, a **principal finalidade da operação** é a **entrega do alimento ao consumidor**, sendo o **serviço de preparo** um **elemento secundário e acessório**.

No caso específico de **bares e restaurantes**, o **fornecimento do alimento ao consumidor final configura fato gerador do ICMS**, pois há a **entrega de um bem tangível** (mercadoria), mesmo que acompanhada de serviço.

No entanto, há exceções:

- Quando o serviço é realizado **fora do estabelecimento** (ex.: serviços de buffet e catering) → a atividade configura **prestação de serviço**, sujeita ao ISS.

- Hospitais, escolas e empresas que **fornecem refeições aos seus clientes sem fins comerciais** → podem ser enquadrados na tributação pelo ISS, desde que o serviço seja a atividade-fim.

Bens pertencentes ao ativo imobilizado (também chamado de ativo fixo) **não são adquiridos para revenda ou circulação**, mas para **uso na atividade operacional da empresa**. Dessa forma, quando a empresa vende um bem do seu ativo fixo, **não há habitualidade na comercialização** e a **operação não pode ser considerada mercantil**. Esse entendimento está consolidado na jurisprudência, como no **REsp 1.801.340/MG**, que reafirmou que a **venda isolada de bens do ativo imobilizado não configura fato gerador do ICMS**, pois não há destinação comercial.

Da mesma forma, a **integralização de capital mediante cessão de bens móveis** também não se submete ao ICMS, pois **não há circulação mercantil**. Trata-se de uma **reorganização patrimonial**, na qual os bens são transferidos para **compor o capital social da empresa**, sem que haja uma operação de compra e venda. Esse entendimento já foi consolidado pela jurisprudência do STJ[18], que reconhece que a **integralização de bens ao capital social não configura fato gerador do ICMS**.

Portanto, operações que envolvem **mera movimentação patrimonial, sem intuito mercantil** e **sem habitualidade na comercialização de bens**, não são passíveis de tributação pelo ICMS. A incidência do imposto pressupõe **circulação econômica e jurídica da mercadoria com transferência onerosa e finalidade comercial**, critérios ausentes na venda esporádica de bens do ativo imobilizado e na integralização de capital.

Quando bens que, em **condições normais**, seriam classificados como **mercadorias** – isto é, bens móveis destinados à circulação com finalidade comercial – **passam a integrar a massa falida de um devedor**, ocorre uma **modificação essencial na natureza da operação**. Nessa hipótese, embora os bens possuam, em tese, destinação mercantil, **sua alienação, realizada no âmbito do processo falimentar**, deixa de atender ao **pressuposto subjetivo do ICMS**, qual seja, o **efetivo intuito mercantil**, voltado à **obtenção**

---

18. STJ, REsp 1.148.444/MT.

de lucro através da habitualidade na circulação de mercadorias. O objetivo primordial da venda na falência é a **satisfação dos créditos** e a **reorganização patrimonial**, o que **descaracteriza a operação como mercantil e afasta o fato gerador do tributo**, conforme entendimento consolidado na jurisprudência do STJ e do STF.

De igual importância é a análise das **operações de venda de salvados realizadas por seguradoras**. Embora uma interpretação estritamente literal dos dispositivos legais pudesse levar à conclusão de que tais vendas configuram operações de circulação de mercadorias sujeitas ao ICMS, uma análise teleológica e criteriosa revela que a **origem dos salvados – bens provenientes de sinistros – e a finalidade econômica subjacente** à operação não se enquadram plenamente no conceito de operação mercantil típico.

Para a incidência do ICMS, é imprescindível que haja o elemento do **"intuito mercantil"** preponderante, o que, nas **vendas de salvados**, pode não ocorrer de forma robusta, dada a peculiaridade do contexto operacional e a ausência de habitualidade comercial na revenda desses bens. Dessa forma, **a interpretação deve ir além da literalidade**, buscando uma compreensão que harmonize a norma tributária com os princípios constitucionais e a orientação jurisprudencial que visam evitar a bitributação e assegurar a segurança jurídica nas relações tributárias.

Estabelece a **súmula vinculante nº 32**:

O ICMS não incide sobre alienação de salvados de sinistro pelas seguradoras.

O **bem salvado de sinistro** já **não mais integra a cadeia produtiva**, cujo último elo foi a **venda do bem ao consumidor final**, encerrando-se definitivamente com o **sinistro**. Sua destinação posterior **não é capaz de lhe conferir o predicado de mercadoria**, porque não é produzida ou adquirida com o intuito de venda ou revenda, mas apenas em decorrência do **dever de sub-rogação assumido pela seguradora**.

A doutrina do Direito Tributário estabelece que o termo **"operação"** deve ser interpretado no **contexto jurídico e econômico da incidência do ICMS**. Não se trata de qualquer **ato jurídico isolado**, mas sim de um **negócio jurídico que produza efeitos mercantis e econômicos relevantes**, conforme regulado pelo art. 155, II, da CF/1988 e pela Lei Complementar 87/1996.

O jurista **Geraldo Ataliba** ressalta que **nem toda operação pode ser tributada pelo ICMS**, pois somente aquelas que **envolvem mercadorias e que representem circulação econômica e jurídica podem configurar o fato gerador do imposto**. Esse entendimento foi ratificado pelo Supremo Tribunal Federal no **RE 1.125.739/SP**, que determinou que a circulação mercantil pressupõe a **transferência de titularidade da mercadoria**. Dessa forma, a **simples movimentação física de bens**, sem alienação econômica, não pode ser considerada fato gerador do tributo.

Para que ocorra a **incidência do ICMS**, é imprescindível que a circulação ocorra com mercadorias que sejam objeto de uma transferência onerosa de titularidade. A **mera movimentação patrimonial**, como **remessas internas entre estabelecimentos do mesmo contribuinte**, não caracteriza operação mercantil e, portanto, não pode ser tributada. Esse entendimento é fundamental para **evitar distorções na aplicação do ICMS** e para garantir **segurança jurídica nas relações comerciais e tributárias**.

Já dispõe a **súmula 166 do STJ**:

Não constitui fato gerador do ICMS o simples deslocamento de mercadoria de um para outro estabelecimento do mesmo contribuinte.

A **comercialização de *softwares*** apresenta uma distinção fundamental para fins de tributação pelo ICMS. Conforme o entendimento consolidado pelo Supremo Tribunal Federal no julgamento da **ADI 1.945** e da **ADI 5.659**, a tributação do *software* deve ser analisada com base na sua **natureza e forma de disponibilização**.

Quando se trata de *software* **padronizado** ("de prateleira"), comercializado em **larga escala e disponibilizado de forma não personalizada**, a operação configura **circulação de mercadoria, ensejando a incidência do ICMS**. Esse entendimento decorre do fato de que a comercialização do *software*, nesses casos, possui natureza mercantil, equiparando-se à **venda de um bem digital padronizado**.

No entanto, quando o *software* é desenvolvido sob **encomenda para um cliente específico**, trata-se de **prestação de serviço**, sendo a operação sujeita à **incidência do ISS** (Imposto sobre Serviços de Qualquer Natureza), conforme item 1.05 da Lista de Serviços da LC 116/2003.

Esse posicionamento reflete a **distinção entre bens padronizados**, que possuem **circulação mercantil**, e **serviços personalizados**, que envolvem **atividade intelectual sob demanda**.

O **fornecimento de água** também apresenta distinções relevantes para fins de incidência do **ICMS**:

• **Água mineral engarrafada**: quando a água é envasada e comercializada em recipientes (garrafas, galões etc.), ela **configura mercadoria**, sujeita à incidência do ICMS. Nessa hipótese, **há circulação econômica e transferência de titularidade do bem**, caracterizando o fato gerador do imposto.

• **Água canalizada**: diferentemente da água engarrafada, o fornecimento de **água tratada e distribuída por redes de abastecimento** não se configura como circulação de mercadoria, mas sim como **prestação de serviço público essencial**. Dessa forma, a tributação pode ocorrer por **taxa ou tarifa**, conforme a natureza da prestação, e não por meio do **ICMS**.

Esse entendimento foi consolidado pelo STF no julgamento do **RE 607.056/RO**, em que a Corte afirmou que a **água canalizada não se enquadra no conceito de mercadoria** e, portanto, não pode ser tributada pelo ICMS.

A **Súmula 573 do STF** estabelece que:

Não constitui fato gerador do Imposto de Circulação de Mercadorias a saída física de máquinas, utensílios e implementos a título de comodato.

Essa súmula reflete um **princípio essencial do ICMS**: a **mera saída física de um bem do estabelecimento** não caracteriza **fato gerador do imposto** se não houver **transferência de titularidade da mercadoria**.

O **comodato** é um **contrato gratuito e unilateral** pelo qual uma **pessoa** (comodante) **entrega a outra** (comodatário) um **bem infungível** (não consumível) para que dele **se utilize por determinado tempo**, devendo restituí-lo ao final do contrato. Tem o seu fundamento legal a partir do **art. 579 do CC/2002**[19].

O STF e o STJ reiteradamente decidiram que o ICMS **só incide quando houver circulação econômica de mercadorias**, ou seja, quando a operação envolver **transferência onerosa de titularidade**. Dessa forma, a **movimentação meramente física de bens não enseja a incidência do imposto**, consolidando a tese de que a tributação do ICMS exige a conjugação dos elementos: circulação jurídica, transferência de titularidade e intuito mercantil.

b) Prestações de Serviços de Transporte Interestadual e Intermunicipal

A **incidência do ICMS sobre serviços de transporte** abrange as **operações realizadas por pessoas jurídicas de direito privado**, desde que configurada a **onerosidade da prestação** e a sua execução entre diferentes localidades, conforme disposto no **art. 155, II, da CF/1988**, regulamentado pela **Lei Complementar 87/1996** (Lei Kandir).

Para que o ICMS seja exigível sobre o **serviço de transporte**, é necessário que a operação envolva pelo menos **dois sujeitos distintos**, ou seja, **um prestador** e um **tomador do serviço**. Dessa forma, o **autotransporte**, que consiste no **deslocamento de bens pertencentes ao próprio titular**, não configura fato gerador do imposto, uma vez que **não há prestação de serviço a terceiros**, tampouco **operação mercantil**. Esse entendimento é **pacificado na jurisprudência do Superior Tribunal de Justiça** no **REsp 1.131.409/MG**, que afastou a tributação sobre operações de transporte de bens próprios.

---

19. **Art. 579**. O comodato é o empréstimo gratuito de coisas não fungíveis. Perfaz-se com a tradição do objeto.

21 • IMPOSTOS ORDINÁRIOS ESTADUAIS **1015**

No que se refere ao **transporte aéreo interestadual e intermunicipal de passageiros e cargas,** a exigência de ICMS foi **declarada inconstitucional pelo Supremo Tribunal Federal** no **RE 439.796/PR,** tendo em vista a **impossibilidade de repartição do imposto entre os Estados,** conforme previsto na Lei Complementar 87/1996. A **ausência de um critério específico de repartição da receita tributária** inviabiliza a aplicação do tributo a esse setor, tornando **inconstitucional qualquer tentativa de cobrança pelos Estados.**

Por fim, não incide ICMS sobre **serviços de transporte destinados ao exterior,** em razão da **imunidade tributária** prevista no **art. 155, § 2º, X, *a*, da CF/1988.** A referida imunidade, de **caráter objetivo,** afasta a incidência do imposto sobre operações que envolvam **exportação de serviços,** incluindo o **transporte internacional de mercadorias e passageiros,** conforme já reconhecido pelo STF no julgamento do **RE 474.267/SC.**

c) **Prestação de Serviços de Comunicação**

O **ICMS incide sobre os serviços de comunicação** prestados de **forma onerosa,** abrangendo operações de **geração, emissão, recepção, transmissão** e **retransmissão de informações.** Para a caracterização do fato gerador do imposto, a comunicação deve envolver pelo menos **dois sujeitos distintos,** sendo imprescindível **a prestação do serviço entre terceiros.** A **comunicação unilateral,** em que não **há interatividade entre diferentes sujeitos,** não configura fato gerador do ICMS, conforme consolidado pelo **STF no RE 572.020/SC.**

O termo **telecomunicação** refere-se à **transmissão, emissão** ou **recepção de símbolos, caracteres, sinais,** escritos, **imagens, sons** ou **informações de qualquer natureza,** por **qualquer meio,** incluindo **fio, radioeletricidade, meios ópticos** ou **processos eletromagnéticos,** nos termos do **art. 60 da Lei Geral de Telecomunicações** (Lei 9.472/1997).

Por outro lado, **não incide ICMS sobre serviços de valor adicionado** (SVA), como o **fornecimento de aplicativos** e **plataformas digitais que não envolvam a efetiva transmissão de informações entre terceiros,** conforme entendimento do STF no **RE 651.703/MG.**

A **Lei Geral de Telecomunicações** (Lei 9.472/1997) dispõe sobre a **organização dos serviços de telecomunicações,** estabelecendo os **regimes jurídicos aplicáveis,** que podem ser de **direito público** ou **privado.** Essa legislação disciplina a **estrutura do setor** e define os diferentes **modelos de prestação de serviços,** incluindo aqueles que se submetem à **regulação estatal** e os **explorados em regime de livre iniciativa.**

Para que o ICMS incida sobre os **serviços de telecomunicação,** é essencial que a **prestação do serviço ocorra de forma onerosa,** ou seja, mediante **remuneração paga pelo usuário ou por terceiros.** A **prestação gratuita do serviço,** ainda que realizada com tecnologia de telecomunicações, não configura fato gerador do ICMS, sendo considerada **imune à tributação,** conforme o **art. 155, § 2º, X, *d*, da CF/1988.**

Essa imunidade também se aplica quando o **serviço tem início no exterior**, afastando qualquer possibilidade de exigência do imposto, **independentemente da sua fruição em território nacional**.

Ademais, **atividades meramente preparatórias à prestação do serviço de comunicação não geram incidência do ICMS**, pois não configuram o fato gerador do tributo. Operações como a **habilitação de serviços de telefonia móvel, instalação de TV por assinatura, cadastro de assinantes** ou a **ativação de linhas não constituem serviços de comunicação em si**, mas sim **etapas acessórias**, que não envolvem a transmissão, emissão ou recepção de informações entre terceiros. Esse entendimento está consolidado na jurisprudência do Supremo Tribunal Federal (STF), no **RE 572.020/SC**, que estabelece que **atividades preparatórias ou acessórias não podem ser confundidas com o serviço de telecomunicação propriamente dito**, afastando a incidência do ICMS sobre essas operações, bem como na **súmula 350 do STJ**, *in verbis*:

O ICMS não incide sobre o serviço de habilitação de telefone celular.

O **serviço prestado pelos provedores de acesso à internet não se configura como serviço de comunicação propriamente dito** e, portanto, não está sujeito à incidência do ICMS. Trata-se de um **serviço de valor adicionado** (SVA), cuja natureza jurídica **não se enquadra no conceito de telecomunicação**, mas sim como um **aprimoramento de serviços de rede**, conforme definido pelo **art. 61 da Lei Geral de Telecomunicações** (Lei 9.472/1997)[20]. Esse entendimento foi consolidado na **Súmula 334 do Superior Tribunal de Justiça**, que estabelece:

O ICMS não incide no serviço dos provedores de acesso à Internet.

A fundamentação para essa exclusão decorre do fato de que o **provedor de acesso não realiza transmissão de dados entre usuários**, mas apenas **disponibiliza infraestrutura para que o cliente utilize os serviços de comunicação oferecidos pelas operadoras de telecomunicação**. Dessa forma, **não há fato gerador do ICMS**, pois

---

20. **Art. 61.** Serviço de valor adicionado é a atividade que acrescenta, a um serviço de telecomunicações que lhe dá suporte e com o qual não se confunde, novas utilidades relacionadas ao acesso, armazenamento, apresentação, movimentação ou recuperação de informações.

§ 1º Serviço de valor adicionado não constitui serviço de telecomunicações, classificando-se seu provedor como usuário do serviço de telecomunicações que lhe dá suporte, com os direitos e deveres inerentes a essa condição.

§ 2º É assegurado aos interessados o uso das redes de serviços de telecomunicações para prestação de serviços de valor adicionado, cabendo à Agência, para assegurar esse direito, regular os condicionamentos, assim como o relacionamento entre aqueles e as prestadoras de serviço de telecomunicações.

não ocorre a efetiva prestação de serviço de comunicação entre terceiros, que é o elemento essencial para a tributação desse setor.

No que tange à **telefonia**, o fato gerador do ICMS ocorre no **momento da efetiva disponibilização da linha telefônica ao usuário**, que contrata, de **forma onerosa**, os **serviços de telecomunicação fornecidos por uma operadora**. Essa disponibilização caracteriza a **prestação do serviço de comunicação**, ensejando a incidência do imposto, conforme estabelecido na Lei Complementar 87/1996.

A **inadimplência do usuário** e o **furto de sinal por clonagem** são considerados **riscos inerentes à atividade econômica das operadoras de telefonia**, não podendo ser **transferidos ao Estado sob qualquer pretexto tributário**. Assim, ainda que o usuário **não efetue o pagamento da fatura, o fato gerador do ICMS já ocorreu no momento da disponibilização do serviço**, sendo **irrelevante a efetiva quitação da contraprestação pelo contratante**.

Além disso, não há previsão legal que **autorize a compensação tributária do ICMS nos casos de inadimplência ou de furto de sinal por clonagem**. O tributo é devido pela **prestação do serviço e não pelo seu efetivo pagamento**, conforme entendimento consolidado pelo Superior Tribunal de Justiça no **REsp 1.176.682/MG**, no qual foi reafirmado que a operadora **não pode buscar compensação do ICMS devido sob o argumento de que o serviço foi prestado, mas não pago**.

d) Importação de bens e serviços

A incidência do ICMS na **importação de bens e serviços do exterior** está prevista no **art. 155, § 2º, IX, *a*, da CF/1988**, conforme introduzido pela Emenda Constitucional 33/2001. O dispositivo constitucional estabelece que:

> Art. 155 (...)
>
> § 2º (...)
>
> IX – incidirá também:
>
> a) sobre a entrada de bem ou mercadoria importados do exterior por pessoa física ou jurídica, ainda que não seja contribuinte habitual do imposto, qualquer que seja a sua finalidade, assim como sobre o serviço prestado no exterior, cabendo o imposto ao Estado onde estiver situado o domicílio ou o estabelecimento do destinatário da mercadoria, bem ou serviço (...).

Essa modificação constitucional alterou substancialmente o entendimento anterior adotado pelo Supremo Tribunal Federal, o qual se baseava na **Súmula 660**, que dispunha:

> Não incide ICMS na importação de bens por pessoa física ou jurídica que não seja contribuinte do imposto.

Com o advento da EC 33/2001, a incidência do ICMS passou a abranger **todas as importações de bens e mercadorias, independentemente de quem as realiza**, seja **pessoa física** ou **jurídica, contribuinte habitual ou não do imposto**, e **qualquer que seja a finalidade da operação**. Em razão dessa alteração constitucional, o STF revisou seu entendimento e editou a **Súmula 661**, consolidando a nova orientação jurisprudencial, culminando com a redação da Súmula Vinculante nº 48:

Na entrada de mercadoria importada do exterior, é legítima a cobrança do ICMS por ocasião do desembaraço aduaneiro.

Essa mudança reforça que o **fato gerador do ICMS ocorre no momento do desembaraço aduaneiro da mercadoria importada**, cabendo a **arrecadação do tributo ao Estado onde estiver situado o domicílio ou o estabelecimento do destinatário do bem ou serviço**. Esse entendimento foi reafirmado pelo STF em diversos precedentes, consolidando a interpretação de que a **origem da importação e o status do importador não interferem na incidência do tributo**.

A questão foi pacificada pelo STF no julgamento do **RE 1.258.842 (Tema 1.091 da Repercussão Geral)**, reafirmando que o **ICMS-Importação deve ser recolhido ao Estado onde está domiciliado ou estabelecido o importador**, e não ao Estado onde ocorre o desembaraço aduaneiro.

As *Trading Companies*, que realizam **importações para terceiros**, enfrentam um problema recorrente: **qual Estado tem direito ao ICMS?**

Quando a *trading* **importa bens para revenda em seu próprio nome**, o ICMS pertence ao **Estado onde ela está estabelecida**; quando a *trading* apenas realiza a **intermediação para um cliente específico**, o ICMS deve ser pago ao **Estado do cliente final**, conforme entendimento do STF no **RE 665.134/PR**.

Isso impede que Estados onde ocorre o **desembaraço aduaneiro** tentem tributar operações em que **o destinatário final esteja em outro ente federativo**.

A incidência do ICMS não se limita a bens e mercadorias importadas, mas também pode atingir **serviços prestados no exterior e consumidos no Brasil**. Para que haja incidência, o serviço deve ser:

- Prestado por empresa estrangeira (sem estabelecimento no Brasil).
- Utilizado por destinatário localizado no Brasil.
- Equivalente a um serviço de comunicação ou transporte intermunicipal/interestadual tributável pelo ICMS.

Se o serviço prestado no exterior **não se enquadrar entre os serviços sujeitos ao ICMS** (como comunicação e transporte), ele será tributado pelo **ISS** (Imposto sobre Serviços), conforme **art. 1º da LC 116/2003**[21].

---

21. Art. 1º O Imposto Sobre Serviços de Qualquer Natureza, de competência dos Municípios e do Distrito Federal, tem como fato gerador a prestação de serviços constantes da lista anexa, ainda que esses não se constituam como atividade preponderante do prestador.

Essa distinção entre **ICMS e ISS na importação de serviços** é fundamental para **evitar bitributação.**

Muitos Estados concedem **incentivos fiscais sobre o ICMS-Importação**, como a **redução da base de cálculo** ou **diferimento do pagamento do imposto**. Essas medidas frequentemente geram **disputas entre os Estados e questionamentos sobre a legalidade desses benefícios**, especialmente quando concedidos **sem a aprovação do CONFAZ** (Conselho Nacional de Política Fazendária), conforme exige a LC 24/1975.

O STF tem **invalidado incentivos concedidos unilateralmente**, com base no entendimento de que **Estados não podem reduzir o ICMS-Importação sem autorização do CONFAZ**, pois isso **fere o pacto federativo** e **prejudica a arrecadação de outros entes**.

Outro ponto controverso é a **importação de bens digitais**, como *softwares*, aplicativos e **arquivos eletrônicos.**

Com a decisão do STF na **ADI 5.576**, foi definido que a **comercialização de *software* por *download* não caracteriza circulação de mercadoria**, mas sim, a **prestação de serviço sujeita ao ISS.**

Porém, a **importação de softwares adquiridos de empresas estrangeiras pode gerar a cobrança de ICMS**, se houver **transferência definitiva da titularidade** e se for enquadrado como um **produto digital tributável pelo Estado destinatário.**

II – Aspecto Espacial

O **aspecto espacial do ICMS** refere-se ao **local onde ocorre o fato gerador do imposto** e, consequentemente, qual **Estado terá competência para a cobrança do tributo.** Essa definição é essencial para evitar **conflitos de competência entre os entes federativos** e garantir uma distribuição equitativa da arrecadação do imposto.

O **art. 11 da Lei Complementar 87/1996** estabelece as **regras de localização do fato gerador do ICMS**, determinando qual Estado terá o **direito de tributar a operação ou prestação de serviço.** Essa disposição legal busca garantir segurança jurídica e evitar bitributação ou guerra fiscal entre os Estados.

Estabelece o **art. 11 da LC 87/96**:

---

§ 1º O imposto incide também sobre o serviço proveniente do exterior do País ou cuja prestação se tenha iniciado no exterior do País.

§ 2º Ressalvadas as exceções expressas na lista anexa, os serviços nela mencionados não ficam sujeitos ao Imposto Sobre Operações Relativas à Circulação de Mercadorias e Prestações de Serviços de Transporte Interestadual e Intermunicipal e de Comunicação – ICMS, ainda que sua prestação envolva fornecimento de mercadorias.

§ 3º O imposto de que trata esta Lei Complementar incide ainda sobre os serviços prestados mediante a utilização de bens e serviços públicos explorados economicamente mediante autorização, permissão ou concessão, com o pagamento de tarifa, preço ou pedágio pelo usuário final do serviço.

§ 4º A incidência do imposto não depende da denominação dada ao serviço prestado.

Art. 11. O local da operação ou da prestação, para os efeitos da cobrança do imposto e definição do estabelecimento responsável, é:

I – tratando-se de mercadoria ou bem:

a) o do estabelecimento onde se encontre, no momento da ocorrência do fato gerador;

b) onde se encontre, quando em situação irregular pela falta de documentação fiscal ou quando acompanhado de documentação inidônea, como dispuser a legislação tributária;

c) o do estabelecimento que transfira a propriedade, ou o título que a represente, de mercadoria por ele adquirida no País e que por ele não tenha transitado;

d) importado do exterior, o do estabelecimento onde ocorrer a entrada física;

e) importado do exterior, o do domicílio do adquirente, quando não estabelecido;

f) aquele onde seja realizada a licitação, no caso de arrematação de mercadoria ou bem importados do exterior e apreendidos ou abandonados;

g) o do Estado onde estiver localizado o adquirente, inclusive consumidor final, nas operações interestaduais com energia elétrica e petróleo, lubrificantes e combustíveis dele derivados, quando não destinados à industrialização ou à comercialização;

h) o do Estado de onde o ouro tenha sido extraído, quando não considerado como ativo financeiro ou instrumento cambial;

i) o de desembarque do produto, na hipótese de captura de peixes, crustáceos e moluscos;

II – tratando-se de prestação de serviço de transporte:

a) onde tenha início a prestação;

b) onde se encontre o transportador, quando em situação irregular pela falta de documentação fiscal ou quando acompanhada de documentação inidônea, como dispuser a legislação tributária;

c) o do estabelecimento destinatário do serviço, na hipótese do inciso XIII do art. 12 e para os efeitos do § 3º do art. 13;

III – tratando-se de prestação onerosa de serviço de comunicação:

a) o da prestação do serviço de radiodifusão sonora e de som e imagem, assim entendido o da geração, emissão, transmissão e retransmissão, repetição, ampliação e recepção;

b) o do estabelecimento da concessionária ou da permissionária que forneça ficha, cartão, ou assemelhados com que o serviço é pago;

c) o do estabelecimento destinatário do serviço, na hipótese e para os efeitos do inciso XIII do art. 12;

c-1) o do estabelecimento ou domicílio do tomador do serviço, quando prestado por meio de satélite;

d) onde seja cobrado o serviço, nos demais casos;

IV – tratando-se de serviços prestados ou iniciados no exterior, o do estabelecimento ou do domicílio do destinatário.

§ 1º O disposto na alínea c do inciso I não se aplica às mercadorias recebidas em regime de depósito de contribuinte de Estado que não o do depositário.

§ 2º Para os efeitos da alínea h do inciso I, o ouro, quando definido como ativo financeiro ou instrumento cambial, deve ter sua origem identificada.

§ 3º Para efeito desta Lei Complementar, estabelecimento é o local, privado ou público, edificado ou não, próprio ou de terceiro, onde pessoas físicas ou jurídicas exerçam suas atividades em caráter temporário ou permanente, bem como onde se encontrem armazenadas mercadorias, observado, ainda, o seguinte:

21 • IMPOSTOS ORDINÁRIOS ESTADUAIS **1021**

I – na impossibilidade de determinação do estabelecimento, considera-se como tal o local em que tenha sido efetuada a operação ou prestação, encontrada a mercadoria ou constatada a prestação;

II – é autônomo cada estabelecimento do mesmo titular;

III – considera-se também estabelecimento autônomo o veículo usado no comércio ambulante e na captura de pescado;

IV – respondem pelo crédito tributário todos os estabelecimentos do mesmo titular.

§ 5º Quando a mercadoria for remetida para armazém geral ou para depósito fechado do próprio contribuinte, no mesmo Estado, a posterior saída considerar-se-á ocorrida no estabelecimento do depositante, salvo se para retornar ao estabelecimento remetente.

§ 6º Na hipótese do inciso III do caput deste artigo, tratando-se de serviços não medidos, que envolvam localidades situadas em diferentes unidades da Federação e cujo preço seja cobrado por períodos definidos, o imposto devido será recolhido em partes iguais para as unidades da Federação onde estiverem localizados o prestador e o tomador.

Para melhor entendimento, vamos dividir o **aspecto espacial nas operações de mercadorias** e na **prestação de serviços**:

a) Operações de circulação de mercadorias

A **regra principal** estabelece que o **ICMS é devido ao Estado onde a mercadoria se encontra no momento da ocorrência do fato gerador**. Essa previsão evita discussões sobre **operações em trânsito**, garantindo que a arrecadação fique no **Estado onde o bem está fisicamente localizado antes da venda ou transferência**. No entanto, em casos de **operações interestaduais com transferência simbólica de mercadorias**, há **discussões sobre qual Estado tem direito ao imposto**.

Se a **mercadoria for encontrada sem documentação fiscal** ou **acompanhada de documento inidôneo**, o ICMS será devido ao **Estado onde for identificada essa irregularidade**. Tal regra impõe uma **sanção indireta ao contribuinte**, pois transfere a obrigação tributária para o **Estado que flagra a irregularidade**. Isso pode gerar **arbitrariedades na fiscalização**, especialmente em **operações interestaduais**, quando fiscais estaduais **interceptam mercadorias em trânsito** e exigem tributo que **originalmente não seria devido naquele ente**.

Quando uma empresa **compra uma mercadoria** e a **revende sem que o bem passe por seu estabelecimento**, o ICMS será devido ao **Estado onde está localizada a mercadoria no momento da venda**. Essa situação ocorre, por exemplo, em **operações de venda FOB** (*Free On Board*), onde o **vendedor transfere a titularidade do bem diretamente para o comprador**, sem **movimentação física da mercadoria**. A norma evita **distorções fiscais**, garantindo que o imposto **fique no Estado onde a mercadoria está armazenada**.

Nas **importações**, o ICMS é devido ao **Estado onde a mercadoria ingressa fisicamente no território nacional**, ou seja, **onde ocorre o desembaraço aduaneiro**. É essencial para garantir que o **imposto seja recolhido no Estado que arca com os custos da infraestrutura portuária e aduaneira**. No entanto, essa previsão gerou **disputas**

interestaduais, pois alguns Estados tentaram **tributar as importações com base no domicílio do adquirente**, tese rejeitada pelo STF no **Tema 1.091** da Repercussão Geral (**RE 1.258.842**).

Se o importador for **pessoa física sem estabelecimento**, o ICMS será devido ao **Estado onde ele tem domicílio**. Essa previsão evita que **pessoas físicas usem Estados com alíquotas menores para fugir da tributação**, garantindo que o imposto seja arrecadado no **local de consumo efetivo**.

No caso de **mercadorias importadas apreendidas** ou **abandonadas e posteriormente leiloadas**, o ICMS será devido ao **Estado onde ocorrer a licitação pública**, visando **evitar distorções tributárias** e garantindo que a arrecadação fique no **local onde o bem é efetivamente transferido ao novo proprietário**.

Nas **operações interestaduais com energia elétrica, petróleo, lubrificantes e combustíveis derivados do petróleo**, o ICMS será devido ao **Estado onde estiver localizado o adquirente**, inclusive **consumidor final**, desde que os produtos **não sejam destinados à industrialização ou comercialização**. Essa regra **contraria a sistemática geral do ICMS**, pois transfere a **arrecadação para o Estado destinatário**, ao invés do **Estado de origem**. O objetivo é **evitar guerra fiscal entre os Estados produtores e consumidores de energia e combustíveis**.

Entretanto, essa diferenciação **gera conflitos federativos**, pois **Estados produtores alegam que perdem arrecadação**, enquanto **Estados consumidores argumentam que devem tributar o consumo final da mercadoria**.

O **ICMS sobre o ouro** será devido ao **Estado onde ocorrer sua extração**, desde que o **metal não seja considerado ativo financeiro ou instrumento cambial**. O **ouro** tem um **tratamento diferenciado, pois pode ser tributado como mercadoria (ICMS)** ou **como ativo financeiro (IOF - Imposto sobre Operações Financeiras)**. Essa distinção é essencial para evitar que **operações financeiras sejam tributadas indevidamente pelo ICMS**.

Na **captura de peixes, crustáceos e moluscos**, o ICMS será devido ao **Estado onde ocorrer o desembarque do produto**. Essa norma **favorece Estados costeiros**, pois permite que eles **arrecadem ICMS sobre a produção pesqueira**. No entanto, pode gerar **distorções quando a mercadoria é processada e comercializada em Estados diferentes**.

b) Prestação de Serviços

A **regra principal** estabelece que o **ICMS será devido ao Estado onde o transporte se inicia**. Esse critério **evita disputas fiscais** e segue a **lógica tradicional do ICMS**, que é devido no **local onde ocorre o fato gerador**.

No entanto, podem ocorrer **distorções quando o serviço é contratado em um Estado**, mas **executado em outro**, levando algumas unidades federativas a adotarem **políticas para atrair empresas de transporte**.

Caso o **transportador esteja em situação irregular**, sem **documentação fiscal** ou com **documentação inidônea**, o imposto será devido ao **Estado onde ele for localizado**. Essa previsão funciona como **mecanismo de fiscalização**, permitindo que Estados onde ocorre a irregularidade exijam o ICMS. Porém, pode haver **autuações arbitrárias e conflitos interestaduais**, pois um **Estado pode tributar uma operação que deveria ser tributada por outro**.

Quando a **prestação de serviço de transporte ocorre no contexto do inciso XIII do art. 12 e do § 3º do art. 13 da LC 87/1996**, o ICMS será devido ao **Estado do destinatário do serviço**.

Este dispositivo estabelece que o fato gerador do ICMS ocorre no **momento da utilização do serviço de transporte interestadual**, e não no **momento de sua contratação ou no início da prestação**. Além disso, essa regra se aplica a **situações em que o serviço de transporte não está vinculado a uma operação posterior**, como **revenda** ou **nova prestação**. Portanto, se aplica a **situações específicas e excepcionais**, como transporte vinculado a operações incentivadas.

Nas **operações interestaduais de transporte não vinculadas a operações subsequentes**, a **base de cálculo do ICMS** será o **valor total da prestação do serviço**. Assim, o imposto **não será calculado sobre o valor da mercadoria transportada**, mas sim, sobre o **valor do serviço de transporte**.

O ICMS **incide sobre serviços de comunicação prestados de forma onerosa**, abrangendo **emissão, transmissão, recepção e retransmissão de informações**. O art. 11, III, estabelece **diferentes critérios para a definição do Estado competente para tributar essas operações**.

In casu, o ICMS será devido ao **Estado onde ocorrer a geração, emissão, transmissão, retransmissão, repetição, ampliação** ou **recepção do sinal**. Esse critério é coerente com a **natureza do serviço de radiodifusão**, pois o fato gerador ocorre onde a **transmissão é efetivamente realizada**. No entanto, **não incide ICMS sobre serviços de radiodifusão gratuita**, conforme entendimento do STF (**RE 714.139/SC**), o que pode gerar interpretações equivocadas.

Quando o **serviço de comunicação era pago por meio de fichas, cartões** ou similares, o ICMS **era devido ao Estado onde estivesse localizado o estabelecimento da concessionária ou permissionária responsável pela emissão desses meios de pagamento**. Esse critério garantia que a arrecadação ocorresse no **Estado onde a operadora do serviço estava estabelecida**. Naquele dado momento histórico, Estados onde o **serviço era efetivamente consumido sofriam prejuízo**, vez que a **tributação ocorria no local da empresa fornecedora do meio de pagamento**, e não onde o **serviço era usufruído**.

Nos **serviços de comunicação prestados por meio de satélite**, o ICMS será devido ao **Estado onde estiver localizado o tomador do serviço** (estabelecimento ou domicílio do usuário). Tal circunstância **corrige uma distorção histórica**, pois, antes,

1024 DIREITO TRIBUTÁRIO INTERDISCIPLINAR • Caio Bartine

a tributação ocorria no **Estado da operadora do satélite**, o que levava à **concentração de arrecadação em poucos Estados**. Agora, a arrecadação do ICMS ocorre no **local do consumidor final**, o que se alinha à **lógica do ICMS destino**, favorecendo **Estados consumidores**.

Nos **demais casos**, o ICMS será devido no **Estado onde ocorrer a cobrança do serviço de comunicação**, o que pode gerar disputas quando a **cobrança é feita por empresa situada em Estado diferente daquele onde o serviço foi efetivamente prestado**.

Para evitar conflitos, o STF já decidiu que **Estados não podem tributar serviços de comunicação com base apenas na cobrança**, sem **comprovação da prestação do serviço**[22].

Quando um **serviço de comunicação** ou **transporte** é **iniciado no exterior e usufruído no Brasil**, o ICMS será devido ao **Estado onde estiver localizado o estabelecimento** ou o **domicílio do destinatário do serviço**. Há um alinhamento ao **princípio da territorialidade**, pois tributa **serviços consumidos no Brasil**, independentemente de onde tenham sido prestados.

III – Aspecto Temporal

O **fato gerador do ICMS ocorre quando a operação ou prestação de serviço se enquadra nos eventos descritos no art. 12 da Lei Complementar 87/1996**. Esse artigo define quando a obrigação tributária surge, ou seja, o **momento exato em que o imposto se torna devido**.

Nos termos do **art. 12 da LC 87/96**:

> Art. 12. Considera-se ocorrido o fato gerador do imposto no momento:
>
> I – da saída de mercadoria de estabelecimento de contribuinte, ainda que para outro estabelecimento do mesmo titular;
>
> II – do fornecimento de alimentação, bebidas e outras mercadorias por qualquer estabelecimento;
>
> III – da transmissão a terceiro de mercadoria depositada em armazém geral ou em depósito fechado, no Estado do transmitente;
>
> IV – da transmissão de propriedade de mercadoria, ou de título que a represente, quando a mercadoria não tiver transitado pelo estabelecimento transmitente;
>
> V – do início da prestação de serviços de transporte interestadual e intermunicipal, de qualquer natureza;
>
> VI – do ato final do transporte iniciado no exterior;
>
> VII – das prestações onerosas de serviços de comunicação, feita por qualquer meio, inclusive a geração, a emissão, a recepção, a transmissão, a retransmissão, a repetição e a ampliação de comunicação de qualquer natureza;
>
> VIII – do fornecimento de mercadoria com prestação de serviços:
>
> a) não compreendidos na competência tributária dos Municípios;

---

22. STF, RE 572.020/SC.

b) compreendidos na competência tributária dos Municípios e com indicação expressa de incidência do imposto de competência estadual, como definido na lei complementar aplicável;

IX – do desembaraço aduaneiro de mercadorias ou bens importados do exterior;

X – do recebimento, pelo destinatário, de serviço prestado no exterior;

XI – da aquisição em licitação pública de mercadorias ou bens importados do exterior e apreendidos ou abandonados;

XII – da entrada no território do Estado de lubrificantes e combustíveis líquidos e gasosos derivados de petróleo e energia elétrica oriundos de outro Estado, quando não destinados à comercialização ou à industrialização;

XIII – da utilização, por contribuinte, de serviço cuja prestação se tenha iniciado em outro Estado e não esteja vinculada a operação ou prestação subsequente.

§ 1º Na hipótese do inciso VII, quando o serviço for prestado mediante pagamento em ficha, cartão ou assemelhados, considera-se ocorrido o fato gerador do imposto quando do fornecimento desses instrumentos ao usuário.

§ 2º Na hipótese do inciso IX, após o desembaraço aduaneiro, a entrega, pelo depositário, de mercadoria ou bem importados do exterior deverá ser autorizada pelo órgão responsável pelo seu desembaraço, que somente se fará mediante a exibição do comprovante de pagamento do imposto incidente no ato do despacho aduaneiro, salvo disposição em contrário.

§ 3º Na hipótese de entrega de mercadoria ou bem importados do exterior antes do desembaraço aduaneiro, considera-se ocorrido o fato gerador neste momento, devendo a autoridade responsável, salvo disposição em contrário, exigir a comprovação do pagamento do imposto.

O **ICMS incide no momento em que a mercadoria sai fisicamente do estabelecimento do contribuinte, independentemente do destinatário.** Isso inclui **transferências internas entre filiais da mesma empresa**, mesmo que **não haja circulação jurídica** (transferência de titularidade).

Essa regra segue a **teoria da circulação jurídica e econômica do ICMS**, garantindo que o imposto seja devido **mesmo quando não há venda**. O STF (**Tema 1.099 da Repercussão Geral, RE 1.258.842**) determinou que **não há fato gerador do ICMS na mera transferência de mercadorias entre estabelecimentos do mesmo contribuinte**, pois **não há circulação econômica**, o que **conflita com a regra do art. 12, I, da LC 87/1996**, que ainda prevê a incidência.

O **ICMS incide sobre o fornecimento de mercadorias em bares**, restaurantes e **estabelecimentos similares**, visto que o fornecimento de bens nesses casos **caracteriza circulação mercantil, ainda que envolva também a prestação de serviços.**

Quando a **propriedade da mercadoria depositada é transferida a um terceiro**, o ICMS é **devido mesmo que o bem permaneça no armazém.** Isso ocorre, por exemplo, quando uma **empresa vende produtos que ainda estão armazenados em um centro de distribuição.**

Se uma empresa **vende uma mercadoria que está em posse de um terceiro** (exemplo: fornecedor, distribuidor ou importador), o **ICMS incide no momento da venda**, assegurando a **tributação da operação independentemente do trânsito físico da mercadoria.**

O **ICMS sobre transporte** é devido no **momento em que o serviço começa,** ou seja, **quando a carga ou passageiro inicia o deslocamento.** Se um **transporte se inicia no exterior e termina no Brasil,** o ICMS é devido no **momento da chegada ao destino final.**

Por fim, em se tratando do **serviço de comunicação,** o ICMS incide **quando há prestação de serviço de comunicação, independentemente do meio utilizado.**

IV – Aspecto Pessoal

a) Sujeito Ativo

O ICMS possui um **sujeito ativo determinado pelo critério espacial,** conforme definido no **art. 11 da LC 87/1996.** Dessa forma, a **competência para a exigência do tributo** é atribuída **ao Estado ou ao Distrito Federal onde efetivamente ocorre a operação de circulação da mercadoria** ou a **prestação do serviço de transporte interestadual, intermunicipal** ou de **comunicação.**

Nos casos de **importação de bens ou serviços,** a jurisprudência dominante consolidou o entendimento de que o ICMS será devido ao **Estado onde estiver localizado o domicílio ou estabelecimento do destinatário jurídico da mercadoria,** independentemente de onde tenha ocorrido o desembaraço aduaneiro.

Assim, se uma mercadoria for **importada pelo Porto de Santos** (São Paulo), mas tiver como **destino** uma empresa localizada em **Minas Gerais,** o **ICMS será devido ao Estado de Minas Gerais.**

Esse entendimento foi consolidado pelo Supremo Tribunal Federal no **Tema 1.091 da Repercussão Geral (RE 1.258.842),** garantindo que o **Estado onde está o destinatário final da mercadoria** é o **ente competente para a cobrança do ICMS-Importação.**

Alguns Estados tentam **tributar importações com base no local do desembaraço aduaneiro,** gerando **conflitos federativos.** No entanto, o STF pacificou a questão, determinando que a **arrecadação pertence ao Estado do destinatário final.**

b) Sujeito Passivo

A definição do **contribuinte do ICMS** está estabelecida no **art. 4º da LC 87/1996**[23], que determina que **qualquer pessoa, física** ou **jurídica,** que realize, com **habitualidade ou intuito comercial,** operações de **circulação de mercadorias** ou **prestações**

---

23. **Art. 4º** Contribuinte é qualquer pessoa, física ou jurídica, que realize, com habitualidade ou em volume que caracterize intuito comercial, operações de circulação de mercadoria ou prestações de serviços de transporte interestadual e intermunicipal e de comunicação, ainda que as operações e as prestações se iniciem no exterior.

§ 1º É também contribuinte a pessoa física ou jurídica que, mesmo sem habitualidade ou intuito comercial: (Renumerado pela Lei Complementar nº 190, de 2022)

I – importe mercadorias ou bens do exterior, qualquer que seja a sua finalidade; (Redação dada pela Lei Complementar 114, de 2002)

II – seja destinatária de serviço prestado no exterior ou cuja prestação se tenha iniciado no exterior;

de serviços de transporte interestadual e intermunicipal e de comunicação, será considerada contribuinte do imposto.

No entanto, a legislação também enquadra como contribuintes algumas pessoas que, mesmo sem habitualidade ou intuito comercial, realizam determinadas operações, tais como:

- Importação de bens e serviços do exterior → qualquer pessoa (física ou jurídica) que importe mercadorias será contribuinte do ICMS, independentemente da finalidade da operação.

- Destinatários de serviços prestados no exterior → quem recebe um serviço do exterior será responsável pelo pagamento do ICMS incidente sobre essa operação.

- Aquisição de mercadorias apreendidas ou abandonadas em licitação pública → quem adquire bens em leilões oficiais promovidos pelo poder público será considerado contribuinte do ICMS.

- Compra de combustíveis, lubrificantes e energia elétrica de outros Estados para uso próprio → se a aquisição não for destinada à revenda ou industrialização, o adquirente será contribuinte do imposto.

Essa regra impede que pessoas físicas e empresas que realizam operações esporádicas tentem se eximir da tributação, garantindo que todas as importações e aquisições interestaduais estejam sujeitas ao ICMS.

A Lei Complementar nº 190/2022 promoveu importantes alterações na sistemática do ICMS incidente sobre operações e prestações interestaduais destinadas a consumidor final, estabelecendo regras claras para o recolhimento do Diferencial de Alíquota (DIFAL) entre os Estados de origem e destino da mercadoria ou serviço.

O § 2º do art. 11 da LC 87/1996, com a redação dada pela LC 190/2022, determina que será contribuinte do ICMS o responsável pelo pagamento da diferença entre a alíquota interna do Estado de destino e a alíquota interestadual aplicada à operação. Essa regra busca garantir uma repartição equilibrada da arrecadação entre

---

III – adquira em licitação mercadorias ou bens apreendidos ou abandonados; (Redação dada pela Lei Complementar 114, de 2002)

IV – adquira lubrificantes e combustíveis líquidos e gasosos derivados de petróleo e energia elétrica oriundos de outro Estado, quando não destinados à comercialização ou à industrialização. (Redação dada pela Lei Complementar nº 102, de 2000)

§ 2º É ainda contribuinte do imposto nas operações ou prestações que destinem mercadorias, bens e serviços a consumidor final domiciliado ou estabelecido em outro Estado, em relação à diferença entre a alíquota interna do Estado de destino e a alíquota interestadual: (Incluído pela Lei Complementar nº 190, de 2022)

I – o destinatário da mercadoria, bem ou serviço, na hipótese de contribuinte do imposto; (Incluído pela Lei Complementar nº 190, de 2022)

II – o remetente da mercadoria ou bem ou o prestador de serviço, na hipótese de o destinatário não ser contribuinte do imposto. (Incluído pela Lei Complementar nº 190, de 2022)

os entes federativos, evitando **distorções fiscais** e a **concentração da tributação no Estado de origem**.

O DIFAL incide quando ocorre a **circulação de mercadorias ou prestação de serviços entre Estados da Federação**, nas seguintes hipóteses:

(i) Operações interestaduais para consumidores finais contribuintes do ICMS.

(ii) Operações interestaduais para consumidores finais não contribuintes do ICMS.

A LC 190/2022 determinou que a **responsabilidade pelo recolhimento do DI-FAL** varia conforme a **condição do destinatário da mercadoria ou serviço**, conforme discriminado abaixo:

- **Consumidor Final contribuinte do ICMS**: se o consumidor final for contribuinte do ICMS, **ele próprio será responsável pelo pagamento** do DIFAL **ao Estado onde está domiciliado ou estabelecido**.

O recolhimento do ICMS-DIFAL será realizado por meio da **apuração própria do destinatário contribuinte**, garantindo que o **Estado de destino receba a diferença entre a alíquota interna e a alíquota interestadual**.

Exemplificando: uma indústria localizada em **São Paulo** vende uma máquina para uma empresa situada no **Paraná**, que a utilizará na sua atividade industrial. Como a compradora é **contribuinte do ICMS**, deverá calcular e recolher o DIFAL diretamente ao **Estado do Paraná**.

Para que o **destinatário seja considerado contribuinte do ICMS**, ele deve realizar operações que envolvam circulação de mercadorias ou prestação de serviços sujeitos ao imposto, conforme definido no **art. 4º da LC 87/1996**.

- **Consumidor Final não contribuinte do ICMS**: se o consumidor final não for contribuinte do ICMS, a responsabilidade pelo recolhimento do DIFAL será do **remetente da mercadoria ou prestador do serviço**.

O fornecedor localizado no **Estado de origem** deverá **recolher o DIFAL ao Estado de destino**, garantindo que este receba a arrecadação correspondente à operação.

Exemplificando: uma **loja virtual** situada em **São Paulo** vende um eletrodoméstico para um **consumidor final residente no Rio Grande do Sul**. Como o comprador **não é contribuinte do ICMS**, cabe à **própria loja virtual calcular e recolher o DIFAL para o Estado do Rio Grande do Sul**.

Essa regra tem **grande impacto para empresas *de e-commerce***, pois exige que vendedores realizem o recolhimento do **ICMS-DIFAL em múltiplos Estados**, ampliando suas obrigações fiscais. O STF, no julgamento do **RE 1.287.019/DF (Tema 1.093 da Repercussão Geral)**, declarou **inconstitucional a exigência do DIFAL sem a edição de uma lei complementar**, o que levou à criação da LC 190/2022 para suprir essa lacuna.

A exigência do DIFAL, conforme prevista na Emenda Constitucional 87/2015 e regulamentada pela LC 190/2022, busca **corrigir uma distorção histórica na arrecadação do ICMS.**

Antes dessas mudanças, o ICMS era **integralmente arrecadado pelo Estado de origem nas operações interestaduais destinadas a consumidores finais não contribuintes**, o que **beneficiava Estados com grande volume de vendas**, como **São Paulo, Rio de Janeiro e Santa Catarina**, em detrimento dos Estados de destino.

Agora, a arrecadação do ICMS é **compartilhada entre os Estados de origem e de destino:**

- O **Estado de origem** fica com a **alíquota interestadual** (4%, 7% ou 12%, conforme a operação).
- O **Estado de destino** recebe a **diferença entre a alíquota interna e a alíquota interestadual.**

Como exemplo, analisaremos a seguinte hipótese:

Uma **empresa paulista** vende uma mercadoria para um **consumidor final em Pernambuco. A alíquota interna de Pernambuco** para a mercadoria é **18%** e a **alíquota interna de Pernambuco para a mercadoria é 18%.**

O **DIFAL** a ser recolhido para **Pernambuco** será de **11%** (18% - 7%).

Lembramos que o STF determinou que o DIFAL **só pode ser exigido após a regulamentação por lei complementar**, razão pela qual a LC 190/2022 foi editada. Há discussões sobre a **cobrança retroativa do imposto em 2022**, pois alguns Estados **exigiram o recolhimento antes da efetiva entrada em vigor da nova norma.**

Além da **definição do contribuinte**, a LC 87/1996 prevê a possibilidade de atribuir **responsabilidade tributária a terceiros**, de modo que **outra pessoa assuma a obrigação de recolher o ICMS devido.**

A legislação permite que **terceiros sejam responsáveis pelo pagamento do ICMS** quando suas ações ou omissões **contribuírem para o não recolhimento do tributo**. Isso significa que **fornecedores, intermediários e até mesmo depositários** podem ser chamados a **responder pelo pagamento do imposto**, caso tenham **contribuído para a inadimplência do contribuinte original.**

O **regime de substituição tributária** (ST) é um mecanismo que permite aos Estados atribuir a responsabilidade pelo pagamento do ICMS a um contribuinte específico da cadeia produtiva, evitando a sonegação e simplificando a fiscalização. Assim, um contribuinte é designado como **responsável pelo recolhimento do ICMS devido em toda a cadeia de circulação da mercadoria** e esse contribuinte **paga o imposto antecipadamente**, já considerando **operações futuras com o bem ou serviço.**

Dentre os **tipos de substituição tributária** existente, temos:

1030 DIREITO TRIBUTÁRIO INTERDISCIPLINAR • Caio Bartine

- **Substituição Tributária Progressiva ou para frente** → o ICMS é recolhido antecipadamente, considerando as etapas futuras da comercialização da mercadoria.

- **Substituição Tributária Regressiva ou para trás** → o ICMS é pago por um contribuinte que adquiriu mercadorias sem recolhimento anterior do imposto.

- **Substituição Tributária Concomitante** → o imposto é recolhido por um terceiro no momento da prestação do serviço ou venda da mercadoria.

Como exemplo, uma **indústria de bebidas alcoólicas** recolhe **antecipadamente o ICMS devido por toda a cadeia de distribuição**, evitando a **sonegação no varejo**.

Alguns contribuintes argumentam que a **substituição tributária** (ST) **fere o princípio da capacidade contributiva**, pois **obriga o pagamento do ICMS antes da venda efetiva da mercadoria**.

O STF já decidiu que a **restituição do ICMS-ST** deve ocorrer **caso a operação final aconteça por um valor menor do que o presumido na cobrança antecipada (RE 593.849/MG - Tema 201 da Repercussão Geral)**.

O **art. 7º da LC 87/1996**[24] estabelece que, nas operações sujeitas à **substituição tributária**, considera-se fato gerador do imposto a **entrada da mercadoria no estabelecimento do adquirente ou em outro local por ele indicado**. Essa regra **antecipa a cobrança do ICMS**, fazendo com que o imposto seja exigido **antes mesmo da revenda da mercadoria pelo adquirente**, o que pode causar **problemas financeiros para empresas que adquirem produtos sujeitos à ST** e não conseguem **repassá-los ao consumidor no prazo esperado**.

V – Aspecto Quantitativo

O ICMS tem sua **base de cálculo** estruturada no **valor da operação mercantil** ou no **preço do serviço prestado**, conforme previsto na LC 87/1996 e na CF/1988. No caso dos **serviços sujeitos ao imposto**, a tributação incide sobre o de transporte **preço do serviço interestadual, intermunicipal e de comunicação**, desde que essas operações ocorram de **forma onerosa**.

A **onerosidade** é um **critério essencial para a incidência do ICMS**. Se o **serviço for prestado de forma gratuita**, não há fato gerador do imposto, pois **não há base econômica** sobre a qual a tributação possa incidir. Essa compreensão decorre da interpretação do art. 155, II, da CF/1988, que exige que a prestação do serviço envolva uma **contraprestação financeira** para que o imposto seja devido.

No entanto, a **composição da base de cálculo do ICMS** gera debates jurídicos relevantes, especialmente sobre **quais valores devem ser incluídos na tributação** e **quais devem ser excluídos**. Entre os pontos mais controversos, destaca-se a **incidência**

---

24. **Art. 7º** Para efeito de exigência do imposto por substituição tributária, inclui-se, também, como fato gerador do imposto, a entrada de mercadoria ou bem no estabelecimento do adquirente ou em outro por ele indicado.

do **ICMS sobre a tarifa de energia elétrica**, tema que já foi objeto de jurisprudência consolidada pelo Superior Tribunal de Justiça, na **Súmula 391**[25].

A **base de cálculo do ICMS** deve refletir o **valor total da operação** ou da **prestação do serviço**, o que inclui:

- **Para mercadorias:** o valor total da venda, abrangendo o preço do produto, os custos acessórios e demais encargos relacionados à operação.
- **Para serviços de transporte:** o valor da tarifa cobrada do usuário pelo deslocamento de bens ou passageiros.
- **Para serviços de comunicação:** o preço efetivamente pago pelo consumidor pela prestação do serviço de telecomunicação.

Estados frequentemente tentam **ampliar a base de cálculo do ICMS**, incluindo **valores que não fazem parte do preço da mercadoria** ou do **serviço**, como **tarifas adicionais, encargos setoriais** e **custos administrativos**. Esse comportamento gera **aumento indireto da carga tributária**, prejudicando contribuintes e consumidores.

Ademais, a **composição da base de cálculo** determinada pelo **valor da operação** pode ser afetada pela **concessão de descontos comerciais**, que nem sempre resultam na **redução da base de cálculo do imposto**.

A **diferenciação entre descontos condicionais** e **incondicionais** é fundamental para definir se o **valor concedido pelo vendedor deve** ou **não integrar a base de cálculo do ICMS**. Esse tema já foi objeto de ampla discussão na doutrina e na jurisprudência, sendo consolidado pela **Súmula 457 do STJ**:

Os descontos incondicionais nas operações mercantis não se incluem na base de cálculo do ICMS.

Os **descontos condicionais** são aqueles concedidos mediante o **cumprimento de uma condição específica imposta pelo vendedor**. Como esses descontos **não são garantidos de forma irrestrita**, mas dependem de um **evento futuro ou de uma ação do comprador**, a jurisprudência entende que eles **devem integrar a base de cálculo do ICMS**.

Exemplo: um comerciante de eletrônicos vende um smartphone por **R$ 3.000,00 parcelado no cartão de crédito**. Se o cliente optar pelo **pagamento à vista**, o **preço reduz para R$ 2.800,00**. Nesse caso, o **ICMS incidirá sobre o valor original de R$ 3.000,00**, pois a **base de cálculo do tributo não pode ser reduzida com base em um benefício condicionado**.

---

25. **Súmula 391 do STJ** - O ICMS incide sobre o valor da tarifa de energia elétrica correspondente à demanda de potência efetivamente utilizada.

Alguns especialistas defendem que **a base de cálculo do ICMS** deveria refletir o **valor efetivamente pago pelo consumidor**. No entanto, a jurisprudência e a legislação tributária mantêm a **tributação sobre o valor total da mercadoria antes do desconto**, pois interpretam que o **preço normal da mercadoria continua sendo o valor cheio** e a concessão de desconto ocorre por **liberalidade do vendedor**.

Por outro lado, os **descontos incondicionais** são aqueles **concedidos diretamente no ato da compra, sem exigência de qualquer contrapartida ou condição por parte do adquirente**, observando o disposto na **súmula 457 do STJ**, conforme já acima demonstrada, que **admite a exclusão na base de cálculo do ICMS**.

A **correta emissão da nota fiscal** é essencial para garantir que o **desconto incondicional** seja devidamente **excluído da base de cálculo do ICMS**. O **desconto incondicional** deve estar claramente **identificado na nota fiscal**, com a indicação expressa da **redução do valor sem qualquer condição**. O valor tributável deve corresponder ao **montante final da venda**, já **descontado o valor concedido**.

Caso a **nota fiscal não discrimine corretamente o desconto**, o Fisco pode considerar que se trata de um **desconto condicional e exigir o ICMS sobre o valor cheio**. Assim, empresas devem **padronizar seus sistemas de faturamento** para garantir que os **descontos sejam classificados corretamente na emissão da nota fiscal**, evitando possíveis autuações fiscais.

A jurisprudência consolidou o entendimento de que os **encargos relativos ao financiamento do preço nas vendas a prazo não devem ser incluídos na base de cálculo do ICMS**, pois **não representam um acréscimo ao valor da mercadoria**, mas sim, um **custo financeiro agregado ao pagamento**, de **natureza distinta da operação mercantil**.

No entanto, há uma diferença relevante entre **vendas parceladas convencionais** e **vendas realizadas por meio de cartão de crédito**, o que justifica o **tratamento distinto desses encargos pela jurisprudência**.

Os **encargos financeiros aplicados sobre vendas a prazo** decorrem da **onerosidade imposta ao consumidor pela opção de pagamento parcelado**. Nesses casos, o **valor original da mercadoria** sofre um **acréscimo referente à taxa de juros** ou **encargos financeiros do parcelamento**, tornando o **preço final mais elevado**.

A jurisprudência do **Superior Tribunal de Justiça** já consolidou o entendimento de que esses **encargos não integram a base de cálculo do ICMS**, pois representam um **acréscimo decorrente de um ajuste financeiro entre as partes** e não um **elemento essencial do preço da mercadoria**.

Estabelece a **súmula 237 do STF**:

A cobrança do ICMS pressupõe a transferência da propriedade da mercadoria, e não a prestação de serviços financeiros.

De igual modo, o STJ, no julgamento do **REsp 1.043.313/RS** reconhece que os **encargos financeiros cobrados em razão do parcelamento não devem ser incluídos na base de cálculo do ICMS**, pois configuram uma **prestação de natureza distinta da operação mercantil**.

Alguns Estados insistem em **incluir os encargos financeiros na base de cálculo**, alegando que o **preço total da operação inclui a forma de pagamento** e que o consumidor **aceita pagar um valor maior ao optar pelo parcelamento**. Contudo, a interpretação majoritária no STF e no STJ reforça que os **encargos financeiros não têm relação direta com a circulação da mercadoria**, mas sim, com o **custo financeiro da operação**, sendo, portanto, **tributados pelo IOF e não pelo ICMS**.

A **principal controvérsia** sobre a inclusão ou não dos encargos financeiros na base de cálculo do ICMS surge nas **operações realizadas por meio de cartão de crédito**. Isso ocorre porque o **tratamento jurídico dessas operações difere da venda parcelada convencional**.

O STJ, em diversos precedentes, tem entendido que **a venda por cartão de crédito representa uma operação única e indivisível**, cujo **valor total deve compor a base de cálculo do ICMS**. Esse entendimento foi reforçado no **REsp 1.147.595/SP**, onde o Tribunal decidiu que o **valor da venda por cartão de crédito deve ser integralmente tributado pelo ICMS**, pois a operação **não configura um financiamento direto realizado pelo vendedor**.

A **exclusão do ICMS da base de cálculo do PIS e da COFINS** é um dos temas mais relevantes do contencioso tributário brasileiro das últimas décadas, com impacto significativo para empresas e para a arrecadação federal.

A discussão gira em torno da **definição da base de cálculo das contribuições sociais** e do **conceito de receita bruta**, levando a um intenso debate jurídico que culminou em um julgamento paradigmático pelo Supremo Tribunal Federal no **RE 574.706/PR**, que fixou a tese segundo a qual "**o ICMS não compõe a base de cálculo para a incidência do PIS e da COFINS**".

A **controvérsia** tem origem na forma como a **Receita Federal interpretava o conceito de receita bruta**, incluindo o **ICMS destacado nas notas fiscais no montante sobre o qual incidem o PIS e a COFINS**. O argumento da União era que o **ICMS deveria ser considerado um ingresso que transitava pela empresa antes de ser repassado ao Estado** e, portanto, deveria compor a base das contribuições. Os contribuintes, por sua vez, defendiam que o **imposto estadual não representava receita própria da**

empresa, mas sim, um **valor destinado ao ente federativo**, não devendo, portanto, ser considerado na **base de cálculo do PIS e da COFINS**.

O STF, no julgamento do **RE 574.706/PR**, decidiu em **favor dos contribuintes**, sob o fundamento de que o **ICMS não constitui receita da empresa**, mas sim, um **ônus fiscal repassado ao Estado**, razão pela qual **não pode ser incluído na base de cálculo das contribuições sociais**.

A decisão se baseou no **conceito constitucional de receita**, que deve representar **efetivo acréscimo patrimonial ao contribuinte**. Assim, como o ICMS **apenas transita pela contabilidade da empresa antes de ser repassado ao Estado**, ele não poderia ser considerado **receita bruta para fins de incidência do PIS e da COFINS**.

A decisão gerou **repercussões financeiras expressivas**, pois implicou a possibilidade de as empresas **recuperarem valores pagos indevidamente nos últimos cinco anos**, por meio de **ações judiciais** ou **pedidos administrativos de restituição** e **compensação tributária**.

O impacto fiscal estimado da decisão para a União foi de centenas de bilhões de reais, o que levou o governo a buscar estratégias para minimizar os efeitos financeiros do julgamento, incluindo a edição da **Lei 14.183/2021**, que **estabeleceu novas regras para a compensação dos créditos tributários oriundos dessa exclusão**.

Após a definição da tese, **outra controvérsia** surgiu sobre **qual ICMS deveria ser excluído da base de cálculo do PIS e da COFINS**: se o **ICMS destacado na nota fiscal** ou o **ICMS efetivamente recolhido pelo contribuinte**. A Fazenda Nacional argumentava que **apenas o imposto efetivamente pago deveria ser excluído**, o que reduziria significativamente o impacto econômico da decisão. Contudo, em **novo julgamento**, o STF **consolidou o entendimento de que o ICMS a ser excluído da base de cálculo é o destacado na nota fiscal**, rejeitando a interpretação mais restritiva pretendida pela União.

A **exclusão do ICMS da base de cálculo do PIS e da COFINS** se tornou um *leading case* no direito tributário brasileiro, pois reafirmou a importância da correta **delimitação da base de cálculo dos tributos** e do **conceito constitucional de receita**. Além disso, o julgamento evidenciou o **impacto das decisões judiciais na arrecadação tributária** e na **previsibilidade orçamentária do governo federal**, bem como reforçou a necessidade de uma **legislação tributária mais clara e coerente**, evitando longas disputas judiciais sobre a interpretação das normas fiscais.

A tese firmada pelo STF também serviu de precedente para discussões envolvendo a **exclusão de outros tributos da base de cálculo do PIS e da COFINS**, como o ISS, levando à **ampliação do debate sobre o conceito de receita bruta para fins tributários**. O caso consolidou um **posicionamento mais favorável aos contribuintes** e impôs um limite à pretensão arrecadatória da União, ao determinar que **apenas os valores que representam efetivo acréscimo patrimonial devem compor a base das contribuições sociais**. Essa decisão, portanto, marcou um divisor de águas na jurisprudência tributária brasileira, influenciando **debates futuros sobre a incidência de tributos sobre tributos** e reafirmando a importância da observância dos **princípios constitucionais na definição das bases de cálculo dos impostos e contribuições.**

Dispõe o **art. 155, §2º, IV a VIII, da CF/1988:**

> Art. 155 (...)
>
> § 2º (...)
>
> IV – resolução do Senado Federal, de iniciativa do Presidente da República ou de um terço dos Senadores, aprovada pela maioria absoluta de seus membros, estabelecerá as alíquotas aplicáveis às operações e prestações, interestaduais e de exportação;
>
> V – é facultado ao Senado Federal:
>
> a) estabelecer alíquotas mínimas nas operações internas, mediante resolução de iniciativa de um terço e aprovada pela maioria absoluta de seus membros;
>
> b) fixar alíquotas máximas nas mesmas operações para resolver conflito específico que envolva interesse de Estados, mediante resolução de iniciativa da maioria absoluta e aprovada por dois terços de seus membros;
>
> VI – salvo deliberação em contrário dos Estados e do Distrito Federal, nos termos do disposto no inciso XII, g, as alíquotas internas, nas operações relativas à circulação de mercadorias e nas prestações de serviços, não poderão ser inferiores às previstas para as operações interestaduais;
>
> VII – em relação às operações e prestações que destinem bens e serviços a consumidor final localizado em outro Estado, adotar-se-á:
>
> a) a alíquota interestadual, quando o destinatário for contribuinte do imposto;
>
> b) a alíquota interna, quando o destinatário não for contribuinte dele;
>
> VIII – na hipótese da alínea a do inciso anterior, caberá ao Estado da localização do destinatário o imposto correspondente à diferença entre a alíquota interna e a interestadual (...)."

O modelo adotado para a **fixação de alíquotas** busca garantir um **equilíbrio federativo na arrecadação do imposto**, disciplinando a **tributação das operações internas, interestaduais** e de **exportação.**

A **fixação das alíquotas interestaduais** e de **exportação** compete ao **Senado Federal**, que pode estabelecer os percentuais aplicáveis por meio de **resolução de iniciativa do Presidente da República** ou de **um terço dos Senadores**, sendo necessária a **aprovação pela maioria absoluta da Casa**. Além disso, o **Senado pode estabelecer alíquotas mínimas nas operações internas**, desde que **aprovado por maioria absoluta**, bem como fixar **alíquotas máximas para resolver conflitos fiscais entre os Estados**, mediante **aprovação de dois terços de seus membros.**

Essa estrutura visa **impedir a guerra fiscal entre os entes federativos**, evitando que Estados **reduzam excessivamente suas alíquotas para atrair investimentos**, comprometendo a arrecadação de outras unidades da Federação.

A regulamentação constitucional também determina que, salvo deliberação em contrário dos Estados e do Distrito Federal, as **alíquotas internas não poderão ser inferiores às previstas para as operações interestaduais.** Isso significa que um Estado **não pode reduzir sua tributação interna a um nível inferior àquele aplicado às ope-**

rações interestaduais, evitando **distorções na competitividade entre contribuintes de diferentes localidades.**

As **alíquotas interestaduais,** estabelecidas pelo **Senado Federal,** seguem um **critério regionalizado:** nas operações interestaduais envolvendo **mercadorias com conteúdo importado superior a 40%,** aplica-se a **alíquota de 4%,** conforme a **Resolução do Senado Federal nº 13/2012.** Para operações realizadas entre Estados das **regiões Norte, Nordeste, Centro-Oeste e Espírito Santo,** a **alíquota é de 7%,** enquanto para operações entre os **Estados das regiões Sul e Sudeste,** exceto o Espírito Santo, a **alíquota é de 12%.**

Esse modelo tem o objetivo de **favorecer as regiões economicamente menos desenvolvidas,** garantindo-lhes uma **participação mais expressiva na arrecadação do ICMS em operações interestaduais.**

No que se refere às **operações interestaduais destinadas a consumidores finais,** a Constituição Federal estabelece um **regramento específico.** Quando o **destinatário for contribuinte do imposto,** aplica-se a **alíquota interestadual,** cabendo ao **Estado de destino o imposto correspondente à diferença entre a alíquota interna e a interestadual.**

Por outro lado, quando o **destinatário não for contribuinte,** a operação será tributada pela **alíquota interna do Estado de destino.** Essa sistemática foi introduzida para garantir **um melhor equilíbrio na arrecadação entre os Estados,** evitando que a **totalidade do imposto ficasse concentrada no Estado de origem da mercadoria.**

Isso porque, até a **Emenda Constitucional 87/2015,** as **operações interestaduais destinadas a consumidores finais não contribuintes eram integralmente tributadas pelo Estado de origem,** o que gerava **desequilíbrios,** especialmente em **Estados com menor produção industrial e maior consumo.** Com a nova sistemática, a arrecadação passou a ser **repartida entre os Estados,** permitindo que o **Estado consumidor** participe da receita do ICMS, de **forma proporcional à diferença de alíquotas.**

A aplicação prática dessas regras tem gerado debates na doutrina e na jurisprudência, especialmente no que diz respeito à **definição do local de incidência do ICMS quando uma empresa possui filiais em diferentes Estados.**

O ICMS deve ser recolhido pela **alíquota interna no Estado onde ocorreu a saída física da mercadoria para o consumidor final,** independentemente de a **negociação da venda ter sido realizada em outro Estado por intermédio de uma filial.**

O critério relevante para definir a **incidência do imposto** é a **efetiva circulação da mercadoria,** e não o **local onde ocorreu a formalização do contrato de venda.** Esse entendimento é reforçado pela jurisprudência consolidada no Superior Tribunal de Justiça, que tem decidido que o **fato gerador do ICMS** ocorre com a **saída da mercadoria do estabelecimento do contribuinte,** não se podendo vincular a incidência do imposto ao simples **ato de celebração do contrato de venda.**

Além disso, a **Súmula 166 do STJ** dispõe que **não constitui fato gerador do ICMS** o simples deslocamento de mercadoria de um **estabelecimento para outro do mesmo contribuinte**, dentro do **mesmo Estado ou entre Estados**, desde que **não ocorra a transferência da titularidade do bem**.

A **correta aplicação das alíquotas do ICMS** e a observância dos critérios de **distribuição da arrecadação** são fundamentais para garantir a **segurança jurídica** e evitar **questionamentos administrativos e judiciais** por parte dos contribuintes e das administrações tributárias estaduais.

O modelo atual busca assegurar que a **tributação ocorra de forma equilibrada entre os entes federativos**, prevenindo **distorções** que possam comprometer a arrecadação ou criar **desigualdades competitivas** entre empresas situadas em diferentes Estados.

As constantes modificações legislativas e os frequentes debates judiciais sobre o tema exigem que os operadores do direito tributário acompanhem de perto a evolução da jurisprudência e as mudanças normativas que afetam a aplicação do ICMS, especialmente no que diz respeito às **operações interestaduais** e ao **regime de alíquotas aplicável a consumidores finais**.

As **construtoras** que adquirem **materiais em Estados que instituem alíquotas de ICMS mais favoráveis não estão obrigadas a recolher o diferencial de alíquota quando utilizam essas mercadorias como insumos em suas obras**. Isso ocorre porque, em regra, **tais empresas são contribuintes do ISS**, e não do ICMS.

A natureza da atividade da construção civil, predominantemente tributada pelo ISS, **afasta a incidência do diferencial de alíquota do ICMS nas aquisições interestaduais de bens destinados ao uso próprio na execução das obras**. Essa interpretação é amplamente aceita na jurisprudência, reforçando que a sistemática do **ICMS não pode impor um ônus fiscal indevido às construtoras que utilizam materiais adquiridos em outros Estados sem realizar operações de circulação mercantil**.

Nas **operações internas**, nas **importações** e nos **serviços prestados no exterior**, os Estados, em regra, **fixam as alíquotas do ICMS entre 17% e 18%**. No entanto, em **setores específicos**, como **prestações de serviços de comunicação** e **fornecimento de energia elétrica**, a tributação é **majorada**, atingindo um patamar médio de **25%**.

Essa diferenciação tem como fundamento a **essencialidade do bem ou serviço**, uma vez que os Estados aplicam **alíquotas mais elevadas sobre atividades que possuem maior capacidade contributiva** ou **menor elasticidade da demanda**.

A tributação diferenciada da **energia elétrica** e dos **serviços de telecomunicações** é frequentemente objeto de debates jurídicos, especialmente no que diz respeito ao **princípio da seletividade do ICMS**, que determina que produtos e serviços essenciais devem ser **tributados com alíquotas reduzidas**.

O ICMS deve ser recolhido pela **alíquota interna do Estado** onde ocorreu a **saída da mercadoria com destino ao consumidor final**. Ainda que a venda tenha sido

1038 DIREITO TRIBUTÁRIO INTERDISCIPLINAR • Caio Bartine

negociada por uma filial localizada em outro Estado, o fato gerador do imposto se **configura no momento da circulação física da mercadoria**, e não na **celebração do contrato de venda**.

Esse entendimento é respaldado pela jurisprudência do Superior Tribunal de Justiça, que tem reiteradamente decidido que o **local da negociação comercial não altera a competência tributária para a exigência do ICMS**.

O critério determinante para a incidência do imposto é o **deslocamento da mercadoria**, sendo **irrelevante a existência de um estabelecimento intermediário que apenas formalizou a transação sem participação na logística da operação**. Essa regra reforça a necessidade de observância da **territorialidade do ICMS**, evitando **conflitos de competência entre os Estados** e garantindo a correta arrecadação do tributo no local onde efetivamente ocorre a circulação da mercadoria.

• Demais caraterísticas aplicáveis

A Constituição Federal de 1988, em seu art. 155, § 2º, estabelece **diretrizes fundamentais para a estruturação do ICMS**, incluindo a regra da **não cumulatividade**, os **efeitos da isenção e não incidência sobre o crédito tributário** e a possibilidade de **seletividade em função da essencialidade das mercadorias e serviços**.

O **princípio da não cumulatividade** é um dos pilares do ICMS, garantindo que o tributo **não incida em efeito cascata ao longo da cadeia produtiva**. Nos termos da Constituição, o imposto devido em cada operação relativa à circulação de mercadorias ou prestação de serviços **deve ser compensado com o montante cobrado nas operações anteriores**, independentemente de o tributo ter sido exigido pelo mesmo Estado, por outra unidade da federação ou pelo Distrito Federal. Esse mecanismo assegura que a tributação ocorra apenas sobre o **valor agregado em cada etapa da circulação econômica, reduzindo o impacto financeiro sobre o consumidor final** e tornando o imposto mais justo e equilibrado.

No que se refere à **isenção** e à **não incidência do ICMS**, a Constituição determina que essas hipóteses, salvo disposição expressa em sentido contrário, **não gerarão direito ao crédito para compensação nas operações subsequentes**. Além disso, a **isenção ou não incidência do imposto** acarreta a **anulação do crédito tributário relativo às operações anteriores**, impedindo que o contribuinte mantenha **créditos acumulados referentes a operações que não foram tributadas**. Essa regra **evita distorções na arrecadação** e garante que a **desoneração tributária ocorra de forma proporcional ao longo da cadeia produtiva**.

Outro ponto relevante é a possibilidade de aplicação do **princípio da seletividade ao ICMS**, conforme previsto na Constituição. Esse princípio permite que as **alíquotas do imposto sejam estabelecidas de acordo com a essencialidade das mercadorias e serviços**, de forma que bens essenciais sejam tributados com alíquotas menores, enquanto produtos supérfluos ou de luxo possam ser onerados com tributação mais elevada.

Embora a **seletividade** seja uma **característica obrigatória para o IPI** (Imposto sobre Produtos Industrializados), no caso do **ICMS**, sua **aplicação é facultativa**, ficando a critério dos Estados definir se utilizarão esse critério na fixação de suas alíquotas internas.

Na prática, **muitos Estados adotam alíquotas mais elevadas para itens como combustíveis, energia elétrica** e **serviços de telecomunicações**, o que gera debates sobre a efetiva observância da **essencialidade** e a **justiça fiscal na distribuição da carga tributária.**

A regulamentação desses aspectos pelo legislador infraconstitucional e a interpretação consolidada pela jurisprudência são fundamentais para garantir a coerência do sistema tributário, evitando que exceções à não cumulatividade ou a aplicação distorcida da seletividade comprometam a equidade e a eficiência do ICMS no cenário econômico.

A **concessão de benefícios fiscais**, como a **isenção do ICMS**, é de **competência dos Estados e do Distrito Federal**, sendo regulamentada por meio de suas respectivas legislações estaduais.

No entanto, essa prerrogativa deve ser exercida em **conformidade com as diretrizes estabelecidas pelo Conselho Nacional de Política Fazendária** (CONFAZ), que desempenha um papel fundamental na **coordenação** e **uniformização da política tributária interestadual.**

A concessão e a revogação de isenções do ICMS dependem da **celebração de convênios no âmbito do CONFAZ**, evitando que benefícios fiscais sejam concedidos **unilateralmente por um Estado em prejuízo dos demais**, o que poderia gerar **distorções competitivas** e **conflitos federativos.**

O **CONFAZ** é composto por **representantes de todos os Estados e do Distrito Federal**, além de **um representante do Governo Federal**. Sua função é **deliberar sobre questões relacionadas ao ICMS**, garantindo um alinhamento entre as **políticas tributárias estaduais** e evitando práticas que comprometam a **arrecadação e o equilíbrio econômico entre os entes federativos.**

Em matérias de caráter estritamente técnico, o **CONFAZ** pode delegar, de forma expressa, a competência para a **Comissão Técnica Permanente do ICMS (COTEPE/ICMS)**, que tem a atribuição de **analisar** e **decidir sobre questões operacionais** e **normativas** referentes à aplicação do imposto.

O controle exercido pelo **CONFAZ** e a **possibilidade de aplicação da seletividade** demonstram a **complexidade da estrutura do ICMS**, evidenciando a necessidade de **harmonização entre os Estados** para evitar **distorções no sistema tributário nacional.**

21.2.3 Entendimento jurisprudencial

JURISPRUDÊNCIA

PROCESSUAL CIVIL E TRIBUTÁRIO. AGRAVO INTERNO. AGRAVO EM RECURSO ESPECIAL. VIOLAÇÃO DOS ARTS. 489 E 1.022 DO CPC/2015. NÃO OCORRÊNCIA. DEDUÇÃO DOS VALORES DO PIS E DA COFINS NA BASE DE CÁLCULO DO ICMS. IMPOSSIBILIDADE. REPASSE ECONÔMICO. VALOR DA OPERAÇÃO. ART. 13, § 1º, DA LC N. 87/1996. PRECEDENTES. INAPLICABILIDADE DO TEMA 69 DA REPERCUSSÃO GERAL. 1. Afastada a alegada ofensa aos arts. 489 e 1.022 do CPC, eis que o acórdão recorrido se manifestou de forma clara e fundamentada sobre a matéria posta em debate na medida necessária para o deslinde da controvérsia. A motivação contrária ao interesse da parte não se traduz em maltrato ao artigo 1.022 do CPC/2015. 2. Esta Corte já se manifestou no sentido de que, em relação à base de cálculo do ICMS, os valores relativos ao PIS e à COFINS - que incidem juridicamente em outro momento e somente sobre receita da empresa -, são repassados ao consumidor final de forma econômica (não jurídica), fazendo parte do preço da mercadoria/serviço contratados, e, nessa qualidade, integram o valor da operação, base de cálculo do ICMS .3. Nos termos do art. 13, § 1º, da LC n. 87/1996, a base de cálculo do ICMS engloba: (inciso I) o montante do próprio imposto "calculado por dentro"; (inciso II, alínea a) os valores relativos a seguros, juros e demais importâncias pagas, recebidas ou debitadas, bem como descontos concedidos sob condição; e (inciso II, alínea b) o valor do frete efetuado pelo remetente ou por sua conta e ordem e cobrado em separado. Precedentes: EDcl no AgRg no REsp 1.368.174/MG, Rel. Min. Herman Benjamin, Segunda Turma, DJe 1º/6/2016; EDcl no REsp 1.336.985/MS, Rel. Min. Mauro Campbell Marques, Segunda Turma, DJe 13/5/2013; AgInt no REsp 1.805.599/SP, Rel. Ministro Og Fernandes, Segunda Turma, DJe 21/06/2021 .4. A pretensão de deduzir os valores do PIS e da COFINS da base de cálculo do ICMS demandaria autorização legal expressa, à semelhança daquela prevista no § 2º do art. 13 da LC n. 87/1996 (reprodução do inciso XI do § 2º do art. 155 da Constituição Federal) que exclui o IPI da base de cálculo do ICMS quando a operação – realizada entre contribuintes e destinada à industrialização ou comercialização – configurar fato gerador de ambos os impostos. Portanto, inexistindo comando legal específico, impossível acolher a pretensão da recorrente, sob pena de ofensa ao § 6º do art. 150 da Constituição Federal. 5. No Tema 69 da repercussão geral (RE 574.706), o Supremo Tribunal Federal tratou do conceito de receita/faturamento previsto no art. 195, I, b, da Constituição Federal, base de cálculo do PIS e da COFINS, concluindo pela exclusão do ICMS desse conceito, entendimento que não se aplica ao presente feito que trata da base de cálculo do ICMS que, nos termos do art. 13 e respectivos incisos e parágrafos, corresponde ao valor da operação relativa à circulação da mercadoria/serviço tributável .6. Agravo interno não provido.
(STJ - AgInt no AREsp: 2206641 SP 2022/0284733-1, Relator.: MAURO CAMPBELL MARQUES, Data de Julgamento: 29/05/2023, T2 – SEGUNDA TURMA, Data de Publicação: DJe 01/06/2023)
TRIBUTÁRIO. CRÉDITO PRESUMIDO DE ICMS. BASES DE CÁLCULO DO IRPJ E DA CSLL. INCLUSÃO. IMPOSSIBILIDADE. SUPERVENIÊNCIA DA LEI COMPLEMENTAR N. 160/2017. INAPLICABILIDADE. 1. A Primeira Seção, no julgamento do AgInt nos EREsp 1.528.697/SC, decidiu pela não inclusão do crédito presumido de ICMS nas bases de cálculo do IRPJ e da CSLL, salientando que a superveniência da Lei Complementar n. 160/2017, que promoveu alteração no art. 30 da Lei n. 12.973/2014, não alterou o entendimento de que a tributação do crédito presumido de ICMS representaria violação do princípio federativo. 2. Na mesma oportunidade, a Primeira Seção firmou a compreensão de que "[a] superveniência da Lei complementar n. 160/2017, que promoveu alteração no art. 30 da Lei n. 12.973/2014, e passou a enquadrar o incentivo fiscal estadual como subvenção para investimento, não tem o condão de alterar o entendimento desta Corte de que a tributação federal do crédito presumido de ICMS representa violação do princípio federativo" (AgInt nos EREsp 1.528.697/SC, Rel. Ministro Og Fernandes, Primeira Seção, julgado em 29/06/2021, DJe 12/08/2021). 3. Agravo interno não provido.
(STJ - AgInt no AREsp: 2105327 RS 2022/0104374-8, Data de Julgamento: 13/02/2023, T1 – PRIMEIRA TURMA, Data de Publicação: DJe 17/02/2023)

21 • IMPOSTOS ORDINÁRIOS ESTADUAIS **1041**

TRIBUTÁRIO. EMBARGOS DE DECLARAÇÃO. ERRO MATERIAL. PREMISSA EQUIVOCADA RECONHECI-DA . NOVO EXAME DO RECURSO ESPECIAL. PIS E COFINS NA BASE DE CÁLCULO DO ICMS. REPASSE ECONÔMICO. LEGALIDADE . I – Tendo o acórdão embargado apreciado questão diversa daquela sob a qual gravita a demanda, de rigor a corrigenda, passando-se à análise do tema entelado, qual seja, a exigibilidade da inclusão do PIS e da Cofins na base de cálculo do ICMS. II – A jurisprudência do STJ está pacificada no sentido da legitimidade da inclusão do PIS e da Cofins na base de cálculo do ICMS, por se tratar de mero repasse econômico que integra o valor da operação. Precedentes: AgInt no REsp n. 1 .805.599/SP, relator Ministro Og Fernandes, Segunda Turma, julgado em 15/6/2021, DJe de 21/6/2021 e EDcl no AgRg no REsp n. 1.368 .174/MG, relator Ministro Herman Benjamin, Segunda Turma, julgado em 19/5/2016, DJe de 1º/6/2016. III – Embargos de declaração acolhidos e, em novo exame recursal, recurso especial improvido.

(STJ – EDcl no AgInt no AREsp: 2085293 SP 2022/0066527-2, Relator.: FRANCISCO FALCÃO, Data de Julgamento: 15/05/2023, T2 – SEGUNDA TURMA, Data de Publicação: DJe 17/05/2023)

PROCESSUAL CIVIL E TRIBUTÁRIO. ICMS. EMPRESA CONCESSIONÁRIA DE ENERGIA ELÉTRICA. ILEGITIMI-DADE. PRECEDENTES. TRANSMISSÃO E DISTRIBUIÇÃO DE ENERGIA ELÉTRICA (TUST E TUSD). INCIDÊNCIA DA SÚMULA 166/STJ. PRECEDENTES. 1. Discute-se nos autos a possibilidade de o contribuinte pagar ICMS sobre os valores cobrados pela transmissão e distribuição de energia elétrica, denominados no Estado de Minas Gerais de TUST (Taxa de Uso do Sistema de Transmissão de Energia Elétrica) e TUSD (Taxa de Uso do Sistema de Distribuição de Energia Elétrica). 2. A jurisprudência pacífica do Superior Tribunal de Justiça firmou entendimento de que, nos casos de discussão sobre a cobrança de ICMS, a legitimidade passiva é do Estado, e não da concessionária de energia elétrica. Precedentes. 3. A Súmula 166/STJ reconhece que "não constitui fato gerador do ICMS o simples deslocamento de mercadoria de um para outro estabelecimento do mesmo contribuinte". Assim, por evidente, não fazem parte da base de cálculo do ICMS a TUST (Taxa de Uso do Sistema de Transmissão de Energia Elétrica) e a TUSD (Taxa de Uso do Sistema de Distribuição de Energia Elétrica) . Precedentes. Agravo regimental improvido.

(STJ – AgRg no REsp: 1359399 MG 2012/0269472-0, Relator.: Ministro HUMBERTO MARTINS, Data de Julgamento: 11/06/2013, T2 – SEGUNDA TURMA, Data de Publicação: DJe 19/06/2013)

TRIBUTÁRIO. ICMS. CREDITAMENTO INDEVIDO. LANÇAMENTO. DECADÊNCIA. CONTAGEM. TERMO INICIAL. PAGAMENTO PARCIAL DE BOA-FÉ: FATO GERADOR. MÁ-FÉ. RECONHECIMENTO. AUSÊNCIA. 1. A decadência para a realização de lançamento de ICMS pago a menor, inclusive quando fundado em creditamento indevido, deve ser contada de acordo com a regra contida no art. 150, § 4º, do CTN, exceto nos casos de dolo ou má-fé, em que deverá ser observado o disposto no art. 173, I, do CTN. 2 . Hipótese em que, diversamente do assentado pelo ente público agravante, as instâncias ordinárias não afirmaram que a contribuinte agiu de má-fé ao realizar o creditamento glosado, mas, apenas, que não logrou comprovar a realização da operação estampada na nota fiscal posteriormente declarada inidônea. 3. A comprovação da operação comercial é condição para o adquirente de boa-fé proceder ao creditamento do ICMS destacado na correspondente nota fiscal posteriormente declarada inidô-nea (Súmula 509 do STJ). 4 . A falta da referida comprovação não é suficiente para a caracterização de má-fé na conduta do contribuinte, cujo reconhecimento pressupõe juízo de valor fundado em prova específica, sendo inadmissível a presunção desse elemento subjetivo. 5. Agravo interno desprovido.

(STJ – AgInt no REsp: 1978830 SP 2021/0401495-0, Data de Julgamento: 25/04/2022, T1 – PRIMEIRA TURMA, Data de Publicação: DJe 27/04/2022)

TRIBUTÁRIO. ICMS. CREDITAMENTO. POSSIBILIDADE. PRODUTOS INTERMEDIÁRIOS ESSENCIAIS PARA A FABRICAÇÃO DO PRODUTO FINAL. ACÓRDÃO RECORRIDO. HARMONIA COM O POSICIONAMENTO DO STJ. 1. O aresto recorrido, ao entender pela possibilidade de a contribuinte, no caso, creditar-se do ICMS pago na aquisição de produtos intermediários, essenciais para a fabricação de seu produto final, encontra-se alinhado à jurisprudência do STJ sobre o tema. Precedentes: AgInt no REsp n. 2.056 .381/ RS, relatora Ministra Regina Helena Costa, Primeira Turma, julgado em 15/5/2023, DJe de 19/5/2023;

REsp n. 2.054.083/RJ, relator Ministro Francisco Falcão, Segunda Turma, julgado em 18/4/2023, DJe de 20/4/2023; AgInt no AREsp n . 1.891.332/MG, relator Ministro Benedito Gonçalves, Primeira Turma, julgado em 28/11/2022, DJe de 30/11/2022; AgInt nos EDcl no AREsp n. 1 .394.400/SP, relator Ministro Gurgel de Faria, Primeira Turma, julgado em 25/10/2021, DJe de 8/11/2021. 2. Agravo interno não provido. **(STJ - AgInt no REsp: 1971647 PR** 2021/0351991-0, Relator.: Ministro SÉRGIO KUKINA, Data de Julgamento: 14/08/2023, T1 – PRIMEIRA TURMA, Data de Publicação: DJe 16/08/2023)

TRIBUTÁRIO. ICMS. CREDITAMENTO. AQUISIÇÃO DE COMBUSTÍVEIS E LUBRIFICANTES. SOCIEDADE EMPRESÁRIA PRESTADORA DE SERVIÇOS DE TRANSPORTE. PRODUTOS INDISPENSÁVEIS À PRESTAÇÃO DO SERVIÇO. INSUMOS. 1. O entendimento da Primeira Turma do STJ é no sentido de reconhecer o direito ao creditamento de ICMS no que concerne à aquisição de combustível e lubrificantes por sociedade empresária prestadora de serviço de transporte, uma vez que tais produtos são essenciais para o exercício de sua atividade produtiva, devendo ser considerados como insumos. Julgados: AgInt no REsp 1.208.413/SC, Rel. Ministro Napoleão Nunes Maia Filho, Primeira Turma, DJe 17/05/2017; RMS 32.110/PA, Rel. Ministro Benedito Gonçalves, Primeira Turma, DJe 20/10/2010. 2. Agravo interno não provido. **(STJ – AgInt no AREsp: 424110 PA** 2013/0208232-8, Relator.: Ministro SÉRGIO KUKINA, Data de Julgamento: 19/02/2019, T1 – PRIMEIRA TURMA, Data de Publicação: REPDJe 26/02/2019 DJe 25/02/2019)

PROCESSUAL CIVIL E TRIBUTÁRIO. TRANSFERÊNCIA DE MERCADORIAS ENTRE ESTABELECIMENTO DO MESMO CONTRIBUINTE. INEXIGIBILIDADE DO RECOLHIMENTO DE ICMS. VIOLAÇÃO DOS ARTS. 165, 458 e 535 DO CPC/1973. AUSÊNCIA DE OMISSÃO. ALEGADA NECESSIDADE DE RESERVA DE PLENÁRIO. AFASTAMENTO. I – O intuito de rediscutir as questões decididas caracteriza a utilização dos embargos de declaração como mero instrumento de revisão do provimento judicial, o que é vedado no âmbito dos aclaratórios. De outro giro, a deficiência na indicação de omissão, sem a demonstração específica de como teria ocorrido a mácula, implica a inviabilidade da parcela recursal, atraindo o óbice da Súmula n. 284/STF. II – No tocante à alegada afronta aos arts. 97 da Constituição Federal e arts. 480, 481 e 482, todos do CPC/1973, observa-se a incidência da Súmula n. 284/STF, verificado que o recorrente não vincula a exigência da aplicação dos referidos dispositivos legais à hipótese tratada nos autos, não sendo apontada qual norma legal teria sido declarada inconstitucional ou tido a incidência afastada pelo órgão fracionário. Mesmo que afastado o empeço, verifica-se, no caso dos autos, que o Tribunal a quo procedeu à mera interpretação da legislação com apoio na jurisprudência do STJ e do STF para definir a não incidência do tributo. III – A jurisprudência do Superior Tribunal de Justiça se encontra pacificada pela inexigibilidade do recolhimento do ICMS nas transferências de bens entre estabelecimentos do mesmo proprietário, conforme a Súmula n. 166/STJ. Precedentes: AgRg no REsp 1.295 .362/SC, Rel. Ministra Regina Helena Costa, Primeira Turma, julgado em 12/4/2016, DJe 19/4/2016 e AgRg no REsp 847.125/AM, Rel. Ministro Francisco Falcão, Primeira Turma, julgado em 10/10/2006, DJ 26/10/2006, p . 251. IV – A Súmula n. 166/STJ tem aplicação ainda quando se tratar de saída de bens para estabelecimento do mesmo titular situados em outros Estados da Federação, tendo em vista inexistir transferência de propriedade e, ainda, verificado que a saída da mercadoria não decorre de negócio jurídico ou operação econômica, caracterizando-se como simples deslocamento físico, o que não dá ensejo à incidência do ICMS. Precedentes: AgRg no RE 1.039.439/RS, Rel. Min. Ricardo Lewandowski, DJe 7/2/2018; AgR no ARE 764.196/MG, Rel. Min. Roberto Barroso, DJe 7/6/2016 e AgR-ED no RE 267.599/MG, Rel. Min. Ellen Gracie, DJe 30/4/2010). V – Recurso Especial parcialmente conhecido e, nessa parte, improvido. **(STJ – REsp: 1623584 MG** 2014/0342264-5, Relator.: Ministro FRANCISCO FALCÃO, Data de Julgamento: 11/04/2023, T2 – SEGUNDA TURMA, Data de Publicação: DJe 13/04/2023)

EMENTA AGRAVO REGIMENTAL NO RECURSO EXTRAORDINÁRIO. ICMS-DIFAL. DIFERENCIAL DE ALÍQUOTA. OPERAÇÕES INTERESTADUAIS ENVOLVENDO CONSUMIDOR FINAL CONTRIBUINTE DO IMPOSTO QUE ADQUIRE BENS DESTINADOS AO ATIVO FIXO OU AO USO PRÓPRIO. CONTROVÉRSIA DE NATUREZA CONSTITUCIONAL. ENUNCIADO Nº 279 DA SÚMULA DO STF: NÃO INCIDENTE NO CASO. EXIGÊNCIA DE LEI COMPLEMENTAR. PRECEDENTES. 1. É constitucional a controvérsia relativa à necessidade, ou não, de edição de lei complementar visando a cobrança do ICMS–DIFAL nas operações interestaduais envolvendo consumidores finais contribuintes do imposto que adquirem bens destinados ao ativo fixo ou permanente e ao seu próprio uso ou consumo. Inaplicável, na espécie, o óbice do enunciado nº 279 da Súmula do STF.

2 . À luz da Emenda Constitucional nº 87, de 2015, é imprescindível a edição de lei complementar para exigir o ICMS-DIFAL de consumidor final, contribuinte do ICMS, em operações interestaduais de aquisição de bens destinados ao ativo fixo ou permanente e ao seu próprio uso ou consumo. 3. Entendimento em harmonia (i) com o Tema RG nº 517, quando somente se demonstrou possível a cobrança do ICMS-DIFAL das empresas aderentes ao Simples Nacional em virtude da existência de autorização na Lei Complementar nº 123, de 2006, e (ii) com o Tema RG nº 1.093 e a ADI nº 5 .469/DF, quando se decidiu pela imprescindibilidade de lei complementar para cobrança do ICMS-DIFAL em operações interestaduais envolvendo consumidores finais não contribuintes do imposto. 4. Agravo regimental provido, para reformar a decisão agravada e dar provimento ao recurso extraordinário, concedendo a segurança pleiteada.
(**STF – RE: 1385852 SP**, Relator.: NUNES MARQUES, Data de Julgamento: 03/04/2023, Segunda Turma, Data de Publicação: PROCESSO ELETRÔNICO DJe-s/n DIVULG 02-06-2023 PUBLIC 05-06-2023)

21.3 IMPOSTO SOBRE A PROPRIEDADE DE VEÍCULOS AUTOMOTORES (IPVA)

21.3.1 Fundamentação constitucional e legal

O **Imposto sobre a Propriedade de Veículos Automotores** (IPVA) é um imposto de competência estadual e do DF, conforme reza o **art. 155, III, e § 6º, da CF/1988**[26].

Diferentemente de outros tributos, o **IPVA não possui normas gerais estabelecidas no Código Tributário Nacional** ou em qualquer **lei complementar federal específica**. Em razão dessa lacuna legislativa, aplica-se a regra do **art. 24, § 3º, da CF/1988**, segundo a qual, na ausência de legislação federal sobre normas gerais, os **Estados exercem competência legislativa plena** para regulamentar a matéria em seus respectivos territórios. Dessa forma, a **disciplina normativa do IPVA** está inteiramente a cargo das **unidades federativas**, observados os **princípios constitucionais tributários aplicáveis**.

---

26. **Art. 155**. Compete aos Estados e ao Distrito Federal instituir impostos sobre: (Redação dada pela Emenda Constitucional nº 3, de 1993)

    III – propriedade de veículos automotores. (Redação dada pela Emenda Constitucional nº 3, de 1993)

    § 6º O imposto previsto no inciso III: (Incluído pela Emenda Constitucional nº 42, de 2003)

    I – terá alíquotas mínimas fixadas pelo Senado Federal; (Incluído pela Emenda Constitucional nº 42, de 2003)

    II – poderá ter alíquotas diferenciadas em função do tipo, do valor, da utilização e do impacto ambiental; (Redação dada pela Emenda Constitucional nº 132, de 2023)

    III – incidirá sobre a propriedade de veículos automotores terrestres, aquáticos e aéreos, excetuados: (Incluído pela Emenda Constitucional nº 132, de 2023)

    a) aeronaves agrícolas e de operador certificado para prestar serviços aéreos a terceiros; (Incluída pela Emenda Constitucional nº 132, de 2023)

    b) embarcações de pessoa jurídica que detenha outorga para prestar serviços de transporte aquaviário ou de pessoa física ou jurídica que pratique pesca industrial, artesanal, científica ou de subsistência; (Incluída pela Emenda Constitucional nº 132, de 2023)

    c) plataformas suscetíveis de se locomoverem na água por meios próprios, inclusive aquelas cuja finalidade principal seja a exploração de atividades econômicas em águas territoriais e na zona econômica exclusiva e embarcações que tenham essa mesma finalidade principal; (Incluída pela Emenda Constitucional nº 132, de 2023)

    d) tratores e máquinas agrícolas. (Incluída pela Emenda Constitucional nº 132, de 2023)

21.3.2 Regramento de incidência tributária

I – Aspecto Material

O **Imposto sobre a Propriedade de Veículos Automotores** (IPVA) tem como **hipótese de incidência** a **propriedade de veículos automotores**, não abrangendo meramente a **posse** ou a **detenção do domínio útil**.

A **definição de veículos automotores** pode ser extraída do **art. 96 do Código de Trânsito Brasileiro**[27] (Lei 9.503/1997), que classifica esses veículos como aqueles

---

27. **Art. 96**. Os veículos classificam-se em:

I – quanto à tração:

a) automotor;

b) (Revogada pela Lei nº 14.599, de 2023)

c) de propulsão humana;

d) de tração animal;

e) reboque ou semirreboque;

II – quanto à espécie:

a) de passageiros:

1 – bicicleta;

2 – ciclomotor;

3 – motoneta;

4 – motocicleta;

5 – triciclo;

6 – quadriciclo;

7 - automóvel;

8 – micro-ônibus;

9 – ônibus;

10 – bonde;

11 – reboque ou semirreboque;

12 – charrete;

b) de carga:

1 – motoneta;

2 – motocicleta;

3 – triciclo;

4 – quadriciclo;

5 – caminhonete;

6 – caminhão;

7 – reboque ou semirreboque;

8 – carroça;

9 – carro-de-mão;

c) misto:

1 – camioneta;

2 – utilitário;

3 – outros;

d) de competição;

e) de tração:

1 – caminhão-trator;

dotados de motor próprio e capazes de se locomover mediante propulsão gerada internamente.

Com a promulgação da **Emenda Constitucional 132/2023**, houve uma **ampliação da competência tributária dos Estados e do Distrito Federal**, permitindo a **incidência do IPVA sobre aeronaves e embarcações**. Essa modificação **reverte o entendimento anteriormente consolidado pela jurisprudência**, que vedava a exigência do tributo sobre esses bens. No entanto, para que a nova regra produza efeitos, faz-se necessária a **regulamentação por meio de lei complementar federal**, conforme previsto no próprio texto constitucional.

O **conceito de aeronave** encontra-se disciplinado no **art. 106 do Código Brasileiro de Aeronáutica**[28] (Lei 7.565/1986), segundo o qual se considera aeronave **todo aparelho manobrável em voo**, que possa **sustentar-se e circular no espaço aéreo** mediante **reações aerodinâmicas**, apto a **transportar pessoas ou coisas**.

---

2 – trator de rodas;

3 – trator de esteiras;

4 – trator misto;

f) especial: (Redação dada pela Lei nº 14.599, de 2023)

1. motocicleta; (Incluído pela Lei nº 14.599, de 2023)

2. triciclo; (Incluído pela Lei nº 14.599, de 2023)

3. automóvel; (Incluído pela Lei nº 14.599, de 2023)

4. micro-ônibus; (Incluído pela Lei nº 14.599, de 2023)

5. ônibus; (Incluído pela Lei nº 14.599, de 2023)

6. reboque ou semirreboque; (Incluído pela Lei nº 14.599, de 2023)

7. camioneta; (Incluído pela Lei nº 14.599, de 2023)

8. caminhão; (Incluído pela Lei nº 14.599, de 2023)

9. caminhão-trator; (Incluído pela Lei nº 14.599, de 2023)

10. caminhonete; (Incluído pela Lei nº 14.599, de 2023)

11. utilitário; (Incluído pela Lei nº 14.599, de 2023)

12. motor-casa; (Incluído pela Lei nº 14.599, de 2023)

g) de coleção;

III – quanto à categoria:

a) oficial;

b) de representação diplomática, de repartições consulares de carreira ou organismos internacionais acreditados junto ao Governo brasileiro;

c) particular;

d) de aluguel;

e) de aprendizagem.

28. **Art. 106.** Considera-se aeronave todo aparelho manobrável em voo, que possa sustentar-se e circular no espaço aéreo, mediante reações aerodinâmicas, apto a transportar pessoas ou coisas.

§ 1º A aeronave é bem móvel registrável para o efeito de nacionalidade, de matrícula, de aeronavegabilidade, de transferência por ato entre vivos, de constituição de hipoteca, de publicidade e de cadastramento geral. (Incluído pela Lei nº 14.368, de 2022)

§ 2º A autoridade de aviação civil poderá estabelecer exceções ao registro de que trata o § 1º deste artigo. (Incluído pela Lei nº 14.368, de 2022)

Já a **definição de embarcação** está prevista no **art. 11 da Lei 2.180/1954**[29], que regula o **Tribunal Marítimo**. Nos termos desse dispositivo, considera-se **embarcação mercante** toda **construção utilizada como meio de transporte por água** e destinada à **indústria da navegação**, quaisquer que sejam suas características e lugar de tráfego. O parágrafo único do referido artigo estabelece ainda **hipóteses de equiparação**, incluindo **artefatos flutuantes de locomoção habitual, embarcações empregadas no serviço público e aeronaves durante a flutuação ou em voo**, caso **colidam** ou **atentem** contra **embarcações mercantes**.

O IPVA foi instituído em **1.985**, através da EC 27, como substituto da **Taxa Rodoviária Única** (TRU), tributo extinto que incidia **exclusivamente sobre veículos automotores que transitavam em vias rodoviárias**.

Com a promulgação da EC 132/2023, houve uma **alteração substancial no critério material do IPVA**, passando a incidir **não apenas sobre veículos terrestres**, mas também sobre **aeronaves** e **embarcações**, desde que regulamentado por legislação específica. Essa ampliação da competência tributária dos Estados e do Distrito Federal afasta o entendimento anteriormente consolidado pela jurisprudência, que vedava a exigência do tributo sobre esses bens.

Embora a Constituição Federal originalmente não tenha especificado expressamente a **inclusão de aeronaves** e **embarcações na incidência do IPVA**, a EC 132/2023 supriu essa lacuna, permitindo sua tributação conforme regulamentação posterior.

Ademais, a **inexistência de registro de aeronaves** e **embarcações nos órgãos estaduais** ou **municipais** não impede, por si só, a **incidência do IPVA**, pois a obrigação tributária decorre do **domínio sobre o bem** e não do **local de registro**. Entretanto, caberá aos **Estados** a criação de **mecanismos adequados para a fiscalização, lançamento** e **arrecadação do tributo**.

No que tange à **extinção do IPVA em razão da perda da propriedade, furtos, roubos** ou **destruição do veículo** não afastam automaticamente a **exigibilidade do imposto**, salvo disposição expressa em legislação estadual concedendo **remissão** ou

---

29. **Art. 11.** Considera-se embarcação mercante toda construção utilizada como meio de transporte por água, e destinada à indústria da navegação, quaisquer que sejam as suas características e lugar de tráfego.

Parágrafo único. Ficam-lhe equiparados:

a) os artefatos flutuantes de habitual locomoção em seu emprego;

b) as embarcações utilizadas na praticagem, no transporte não remunerado e nas atividades religiosas, cientificas, beneficentes, recreativas e desportivas;

c) as empregadas no serviço público, exceto as da Marinha de Guerra;

d) as da Marinha de Guerra, quando utilizadas total ou parcialmente no transporte remunerado de passageiros ou cargas;

e) as aeronaves durante a flutuação ou em voo, desde que colidam ou atentem de qualquer maneira contra embarcações mercantes.

f) os navios de Estados estrangeiros utilizados para fins comerciais. (Incluído pela Lei nº 9.578, de 1997)

isenção nesses casos. Assim, compete às unidades federativas disciplinar as **hipóteses de exoneração tributária mediante leis específicas.**

a) Imunidade Específica

Conforme estabelece o **art. 155, III, da CF/1988**:

> Art. 155 (...)
>
> III – incidirá sobre a propriedade de veículos automotores terrestres, aquáticos e aéreos, excetuados: (Incluído pela Emenda Constitucional nº 132, de 2023)
>
> a) aeronaves agrícolas e de operador certificado para prestar serviços aéreos a terceiros; (Incluída pela Emenda Constitucional nº 132, de 2023)
>
> b) embarcações de pessoa jurídica que detenha outorga para prestar serviços de transporte aquaviário ou de pessoa física ou jurídica que pratique pesca industrial, artesanal, científica ou de subsistência; (Incluída pela Emenda Constitucional nº 132, de 2023)
>
> c) plataformas suscetíveis de se locomoverem na água por meios próprios, inclusive aquelas cuja finalidade principal seja a exploração de atividades econômicas em águas territoriais e na zona econômica exclusiva e embarcações que tenham essa mesma finalidade principal; (Incluída pela Emenda Constitucional nº 132, de 2023)
>
> d) tratores e máquinas agrícolas. (Incluída pela Emenda Constitucional nº 132, de 2023).

A **imunidade específica do IPVA**, prevista na CF/1988, alcança, inicialmente:

- **Aeronaves agrícolas e aeronaves de operador certificado para prestação de serviços aéreos a terceiros**

A imunidade conferida às **aeronaves agrícolas** decorre de sua **destinação à produção rural e ao desenvolvimento do agronegócio**, setor estratégico para a economia nacional. Da mesma forma, aeronaves de **operadores certificados para prestação de serviços aéreos a terceiros**, tais como empresas de transporte aéreo de passageiros e cargas, também foram excepcionadas da tributação.

Essa exclusão visa **não onerar atividades de relevante interesse econômico e social**, bem como garantir a competitividade do setor.

- **Embarcações utilizadas na prestação de serviços de transporte aquaviário e pesca**

A imunidade abrange **embarcações pertencentes a pessoas jurídicas detentoras de outorga para prestação de serviços de transporte aquaviário**, além de **pessoas físicas ou jurídicas que pratiquem pesca industrial, artesanal, científica** ou de **subsistência**.

Essa previsão tem caráter de **incentivo ao transporte hidroviário**, que desempenha papel fundamental na **logística nacional**, especialmente em **regiões com rios navegáveis**.

No que tange à **pesca**, a imunidade visa **preservar a atividade econômica** e garantir a **subsistência de populações que dependem dessa prática**.

- **Plataformas móveis de exploração econômica e embarcações com a mesma finalidade**

As **plataformas suscetíveis de locomoção por meios próprios** e as **embarcações destinadas à exploração econômica em águas territoriais** e na **zona econômica exclusiva** também foram excluídas da incidência do IPVA. Essa imunidade se justifica pelo fato de tais estruturas serem **fundamentais para a exploração de recursos naturais**, como o **petróleo** e **gás**, além de **outras atividades** *offshore*.

A tributação desses bens pelo IPVA poderia gerar **impactos negativos na exploração econômica** e na **competitividade das empresas do setor**.

- **Tratores e Máquinas Agrícolas**

A **imunidade** concedida a **tratores e máquinas agrícolas** se fundamenta na **necessidade de incentivo à produção agropecuária** e ao setor **agrícola em geral**.

Essas máquinas, **essenciais para atividades de plantio**, **colheita** e **manejo agrícola**, têm sua função diretamente ligada ao **desenvolvimento do agronegócio**, setor que desempenha **papel estratégico na economia brasileira**. A tributação desses bens pelo IPVA poderia **onerar desproporcionalmente os produtores rurais**, impactando **negativamente a produção de alimentos** e a **competitividade do setor**.

As imunidades introduzidas pela EC 132/2023 refletem uma preocupação do legislador com **setores essenciais à economia nacional**, garantindo que a **ampliação da incidência do IPVA não comprometa atividades estratégicas**, como o **agronegócio**, a **pesca**, o **transporte aquaviário** e a **exploração de recursos naturais** *offshore*.

Dessa forma, os **Estados** e o **Distrito Federal não poderão exigir o IPVA sobre os bens expressamente protegidos por essa imunidade**, devendo respeitar os limites constitucionais impostos pelo novo regime tributário.

II – Aspecto Espacial

O **aspecto espacial de um tributo** define o **território em que se considera ocorrido o fato gerador**, estabelecendo qual ente federativo possui competência para sua exigência. No caso do **Imposto sobre a Propriedade de Veículos Automotores** (IPVA), a determinação do local da tributação vincula-se ao **licenciamento do veículo**, conforme prevê o **art. 120 do Código de Trânsito Brasileiro** (Lei 9.503/1997):

> Todo veículo automotor, elétrico, articulado, reboque ou semirreboque, deve ser registrado perante o órgão executivo de trânsito do Estado ou do Distrito Federal, no Município de domicílio ou residência de seu proprietário, na forma da lei.

Assim, o IPVA **incide no Estado onde o veículo estiver licenciado e registrado**, **independentemente do local onde efetivamente circula ou seja utilizado**. Esse critério decorre da própria competência tributária atribuída pela Constituição Federal aos Estados e ao Distrito Federal, restringindo a exigência do imposto à **unidade federativa onde o bem está formalmente registrado**.

A **vinculação do aspecto espacial do IPVA ao local do licenciamento** evita **conflitos de competência entre Estados**, impedindo que um **mesmo veículo seja tributado por entes distintos**.

No entanto, na prática, surgem controvérsias relacionadas a **estratégias de planejamento tributário abusivo**, em que contribuintes **registram seus veículos em Estados com alíquotas reduzidas ou benefícios fiscais**, ainda que **residam** e **utilizem o bem em outra localidade**.

Esse fenômeno tem levado diversos Estados a adotar medidas para coibir a prática de "**guerra fiscal do IPVA**", aplicando penalidades e exigindo a **transferência do licenciamento quando constatado que o veículo circula predominantemente em outro Estado**.

Temos algumas **circunstâncias específicas** sobre o **aspecto espacial do IPVA**. Empresas com **frota de veículos** frequentemente distribuem seus registros em **diferentes unidades da federação**. Nessas situações, o IPVA será devido ao **Estado onde cada veículo estiver registrado**, ainda que sua **operação ocorra em outra localidade**.

Outrossim, a **mudança do domicílio do proprietário** acarreta a necessidade de **atualização do licenciamento do veículo**, o que pode **alterar a competência tributária do IPVA**.

No caso de **veículos adquiridos novos diretamente da concessionária**, o IPVA inicial **pode ser exigido pelo Estado onde ocorreu a aquisição, antes da transferência definitiva para o Estado de domicílio do comprador**.

Com a EC 132/2023, a **inclusão de aeronaves e embarcações na incidência do IPVA** levanta **novos desafios** para a **determinação do aspecto espacial do imposto**, considerando que tais bens **não são registrados nos Departamentos Estaduais de Trânsito** (DETRAN), mas sim, em **órgãos e entidades federais**, como a **Agência Nacional de Aviação Civil** (ANAC) e a **Autoridade Marítima Brasileira** (Marinha do Brasil). A regulamentação estadual será fundamental para definir a competência tributária nesses casos.

III – Aspecto Temporal

O **aspecto temporal de um tributo** define o momento exato em que ocorre o fato gerador, determinando quando nasce a obrigação tributária e, consequentemente, o dever do contribuinte de efetuar o pagamento do imposto.

No caso do **Imposto sobre a Propriedade de Veículos Automotores** (IPVA), a legislação estadual estabelece que o fato gerador ocorre no dia **1º de janeiro de cada exercício financeiro**, configurando-se a obrigação tributária desde o primeiro dia do ano.

Diferentemente de tributos cuja hipótese de incidência ocorre de maneira instantânea, o IPVA possui um **fato gerador continuado**, ou seja, sua **incidência perdura no tempo enquanto o contribuinte mantiver a propriedade do veículo**. No entanto, para fins práticos e administrativos, a legislação adota um **critério fixo**, determinando que o **imposto se torne devido anualmente**, sempre em **1º de janeiro**.

Dessa forma, independentemente de eventual **transferência de propriedade ao longo do exercício**, o IPVA do ano em curso **permanece devido pelo proprietário do veículo na data do fato gerador** (1º de janeiro), salvo disposição em contrário na legislação estadual.

Caso um veículo seja **vendido após 1º de janeiro**, o IPVA do exercício **continua sendo de responsabilidade do antigo proprietário**, pois o tributo **já havia se tornado exigível**.

Alguns Estados, entretanto, disciplinam a **responsabilidade tributária de forma diversa**, permitindo a **prorrogação do pagamento** ou a **divisão proporcional entre o comprador** e o **vendedor**.

Se um veículo for **baixado no DETRAN antes de 1º de janeiro** (por sucateamento, destruição ou outro motivo), o fato gerador **não ocorre no exercício seguinte** e o **IPVA não será devido**. Caso a baixa ocorra **após essa data**, o IPVA **permanece devido integralmente**, salvo **previsão estadual de exoneração proporcional**.

A **ocorrência de furto, roubo** ou **perda total do veículo** após a data do fato gerador **não exime automaticamente o pagamento do IPVA do exercício**. Alguns Estados, porém, preveem **isenção** ou **restituição proporcional** caso o bem não seja recuperado dentro do mesmo ano.

No caso de **veículos adquiridos ao longo do ano**, o fato gerador **não ocorre em 1º de janeiro**, mas sim, no **momento do registro do veículo no órgão estadual competente**, sendo o IPVA calculado **proporcionalmente aos meses restantes do exercício**.

IV – Aspecto Pessoal

O **sujeito ativo** do **Imposto sobre a Propriedade de Veículos Automotores** é o **Estado ou o Distrito Federal**, unidade federativa em que o **veículo estiver licenciado e registrado**, conforme determina o **art. 120 do Código de Trânsito Brasileiro** (Lei 9.503/1997). Esse dispositivo estabelece que **todo veículo automotor deve ser registrado no órgão executivo de trânsito do Estado ou do Distrito Federal onde estiver domiciliado o proprietário**, o que define o **ente competente para exigir o tributo**.

Essa vinculação ao local de licenciamento do veículo visa **evitar conflitos de competência entre os Estados** e garantir a **segurança jurídica na arrecadação do imposto**.

A definição do sujeito ativo decorre da própria **competência tributária dos Estados e do Distrito Federal**, conforme prevista na Constituição Federal.

O **sujeito passivo do IPVA** é, como regra geral, o **proprietário do veículo automotor**, ou seja, o **titular do domínio sobre o bem**. No entanto, nos termos da legislação tributária e das normas estaduais aplicáveis, **outras pessoas podem ser responsáveis pelo pagamento do imposto**, dependendo da **situação jurídica do bem**.

Além do **proprietário**, podem figurar como **responsáveis pelo pagamento do IPVA**:

- **O adquirente do veículo**: caso o bem seja transferido sem o pagamento do imposto correspondente ao exercício em curso ou a exercícios anteriores, o adquirente assume a responsabilidade tributária pelos débitos pendentes.

- **O titular do domínio útil ou o possuidor do veículo**: enquanto estiver na posse do bem, o titular do domínio útil ou o possuidor pode ser responsabilizado pelo pagamento do IPVA, especialmente em casos de **alienação fiduciária** ou **usufruto**.

Reza a **súmula 585 do STJ**:

> A responsabilidade solidária do ex-proprietário, prevista no art. 134 do Código de Trânsito Brasileiro – CTB, não abrange o IPVA incidente sobre o veículo automotor, no que se refere ao período posterior à sua alienação.

A **responsabilidade solidária do ex-proprietário de um veículo automotor** está disciplinada no **art. 134 do Código de Trânsito Brasileiro**, que dispõe:

> No caso de transferência de propriedade, o antigo proprietário deverá encaminhar ao órgão executivo de trânsito do Estado, dentro de trinta dias, cópia autenticada do comprovante de transferência de propriedade, devidamente assinada e datada, sob pena de ter que se responsabilizar solidariamente pelas penalidades impostas e suas reincidências até a data da comunicação.

Esse dispositivo estabelece que, caso o **ex-proprietário não comunique a alienação ao órgão de trânsito** poderá ser **responsabilizado solidariamente por multas** e **penalidades administrativas aplicadas ao veículo após a venda**.

A jurisprudência consolidada e materializada na súmula em questão determina que a **responsabilidade solidária do ex-proprietário** prevista no art. 134 do CTB **não abrange o IPVA incidente sobre o período posterior à alienação do veículo**.

Isso se deve ao fato de que a **responsabilidade solidária prevista no CTB** se refere **exclusivamente às infrações de trânsito** e **penalidades administrativas**, não abrangendo **obrigações de natureza tributária**.

Nos casos em que o **veículo for arrematado em hasta pública**, o imposto **não se transmite ao arrematante**, pois a arrematação judicial caracteriza uma **aquisição originária da propriedade**. Isso significa que o bem é adquirido **livre de ônus** e gravames anteriores, incluindo **tributos incidentes sobre o período anterior à alienação judicial**.

Essa regra decorre do **art. 130, parágrafo único, do CTN**, que estabelece que os tributos incidentes sobre o **bem arrematado sub-rogam-se no preço pago pelo lance vencedor**, ou seja, os **valores devidos são abatidos do montante arrecadado com a venda judicial** e não transferidos ao arrematante.

Dessa forma, os **débitos de IPVA anteriores à arrematação** devem ser **quitados com os valores do arremate**, não podendo o Estado ou o Distrito Federal exigir o imposto do **novo proprietário do bem**.

V – Aspecto Quantitativo

O **aspecto quantitativo de um tributo** define os elementos que determinam o **montante devido pelo contribuinte**, abrangendo sua **base de cálculo** e **alíquota**. No **Imposto sobre a Propriedade de Veículos Automotores** (IPVA), esses critérios são estabelecidos pela **legislação estadual**, respeitando os **princípios constitucionais** e as **diretrizes gerais aplicáveis** à tributação.

A **base de cálculo do IPVA** é o **valor venal do veículo**, ou seja, o montante que representa o **preço médio de mercado do bem**. Esse critério se fundamenta no **princípio da capacidade contributiva**, pois vincula o imposto ao **valor econômico do veículo**, garantindo proporcionalidade na tributação.

Para **veículos adquiridos novos**, a **base de cálculo do IPVA** é o **valor constante na nota fiscal de compra**, refletindo o **preço efetivamente praticado na comercialização do bem**. Além disso, o pagamento do imposto será **proporcional ao número de meses restantes do exercício fiscal**, contando-se a **partir da data da aquisição**. Esse critério visa evitar distorções e onerar apenas o período em que o contribuinte efetivamente detém a propriedade do veículo dentro do exercício.

No caso de **veículos usados**, a legislação estadual estabelece **tabelas de valores venais**, que devem ser **publicadas anualmente**. A determinação desses valores considera diversos fatores, tais como:

- Marca e modelo do veículo;
- Ano de fabricação;
- Espécie e procedência (nacional ou importado);
- Tipo de combustível (gasolina, diesel, elétrico, híbrido etc.);
- Desvalorização do bem no mercado secundário.

Essas tabelas são elaboradas com base em **levantamentos de preços praticados no mercado** e podem ser extraídas de **fontes especializadas**, como a **Fundação Instituto de Pesquisas Econômicas** (FIPE).

Com a EC 132/2023, foram mantidas as **diretrizes gerais de fixação das alíquotas do IPVA**, mas houve **ampliação dos critérios para diferenciação**. Os principais dispositivos constitucionais aplicáveis à matéria são:

a) Fixação de Alíquotas Mínimas pelo Senado Federal

Nos termos do **inciso I do artigo 155, § 6º, da CF/1988**, as **alíquotas mínimas do IPVA são fixadas pelo Senado Federal**. Esse mecanismo visa evitar **distorções na arrecadação entre Estados**, prevenindo a chamada **guerra fiscal do IPVA**, em que unidades federativas poderiam **reduzir excessivamente as alíquotas** para atrair o **registro de veículos**.

b) Diferenciação de Alíquotas conforme critérios específicos

A EC 132/2023 trouxe um avanço importante ao permitir que os Estados e o Distrito Federal adotem **alíquotas diferenciadas em função de quatro critérios principais:**

1. Tipo do Veículo

A legislação estadual pode estabelecer **alíquotas diferenciadas para automóveis de passeio, veículos comerciais, motocicletas, caminhões, ônibus, aeronaves** e **embarcações**.

A tributação pode ser ajustada para refletir a **finalidade do bem**, garantindo maior equidade na arrecadação.

2. Valor do Veículo

A **alíquota** pode variar de **acordo com o valor de mercado do veículo**, aplicando-se uma **tributação progressiva**.

Esse critério busca tornar a **tributação mais justa**, garantindo que **veículos de maior valor agregado contribuam com alíquotas superiores**.

3. Utilização do Veículo

O IPVA **pode ser reduzido** ou **isento** para **veículos empregados em atividades essenciais**, como **transporte público, serviços de emergência** e **agricultura**.

Os Estados podem **definir alíquotas específicas** para **veículos particulares, empresariais** e de **serviço**.

4. Impacto Ambiental

Pela nova redação da Constituição, o IPVA pode ter **alíquotas diferenciadas de acordo com a eficiência energética** e o **nível de emissões de poluentes do veículo**.

Isso permite que **veículos elétricos** e **híbridos** sejam tributados com **alíquotas reduzidas**, enquanto veículos movidos a **combustíveis fósseis** possam ser **onerados de forma progressiva**.

Essa diferenciação visa **estimular a sustentabilidade** e a **transição para uma frota menos poluente**.

DIREITO TRIBUTÁRIO INTERDISCIPLINAR • CAIO BARTINE

Nos termos do **art. 152 da CF/1988**[30], é vedado aos Estados e ao Distrito Federal estabelecer **diferença tributária entre bens nacionais e importados**. Dessa forma, a **alíquota do IPVA** deve ser a mesma para **veículos fabricados no Brasil** e no **exterior**, impedindo **barreiras fiscais** que violem o **princípio da livre concorrência**.

21.3.3 Entendimento jurisprudencial

PROCESSUAL CIVIL E TRIBUTÁRIO. ENUNCIADO ADMINISTRATIVO N. 2/STJ. RECURSO EM MANDADO DE SEGURANÇA IPVA. ISENÇÃO EM RELAÇÃO AO VEÍCULO CUJO PROPRIETÁRIO, NÃO CONDUTOR, É PESSOA COM TRANSTORNO DO ESPECTRO AUTISTA. PRINCÍPIOS CONSTITUCIONAIS DA ISONOMIA TRIBUTÁRIA E DA DIGNIDADE DA PESSOA HUMANA. INTERPRETAÇÃO CONFORME A CONSTITUIÇÃO. RECURSO PROVIDO. 1. A controvérsia jurídica é referente à possibilidade de isenção de IPVA para pessoa com transtorno do espectro autista que não é condutora do veículo mencionado no mandamus. 2. É discriminatória e fere o princípio da isonomia tributária a exigência de que o veículo seja conduzido pelo próprio solicitante, um vez que exclui aqueles que dependem de outra pessoa para se locomover, como no presente caso. 3. O fato de o veículo ser conduzido por terceira pessoa não constitui impedimento para ser deferida a isenção do IPVA, pois a intenção do legislador é justamente viabilizar a locomoção das pessoas com transtorno do espectro autista. 4. Ademais, faz-se premente uma interpretação extensiva do artigo 5º, inciso V, da Lei estadual nº 2.877/2007 para contemplar em suas hipóteses normativas, a possibilidade da concessão do benefício fiscal de IPVA à pessoa com transtorno do espectro autista independentemente da avaliação a respeito da capacidade de condução de seu próprio veículo automotor, uma vez que em situações fáticas idênticas a estas, o Estado do Rio de Janeiro defere isenção de ICMS (Convênio Confaz nº 38/2012), sem condicioná-lo a tal requisito. Assim, em razão desta discriminação normativa provocar distinção entre contribuintes inseridos em idêntica situação fática, deve-se prevalecer a exegese normativa que ora se propõe ao inciso V, do artigo 5º, da Lei estadual 2.877/2007, sob pena de se violar o princípio da isonomia tributária (art. 150, II, da CF/1988) 5. Afora a sobredita exegese do artigo 5º, inciso V, da Lei estadual nº 2.877/2007, remanesce hígida as demais disposições normativas da lei estadual quanto aos requisitos para a concessão da isenção do IPVA, sobretudo, quando limitam o gozo do regime fiscal a um único veículo por beneficiário, em cada espécie e categoria, nos termos da regulamentação infralegal, e, bem como nos termos das alterações introduzidas pela Lei estadual nº 7.582/2017; 6. Recurso em mandado de segurança provido.
(**STJ – RMS: 51424 RJ** 2016/0171281-0, Relator.: Ministro MAURO CAMPBELL MARQUES, Data de Julgamento: 07/05/2019, T2 – SEGUNDA TURMA, Data de Publicação: DJe 14/05/2019)
ADMINISTRATIVO E PROCESSUAL CIVIL. AGRAVO EM RECURSO ESPECIAL. IPVA. LICENCIAMENTO ANUAL DE VEÍCULO. SEGURO OBRIGATÓRIO. SE O VEÍCULO FOR FURTADO, ROUBADO OU SINISTRADO, O PROPRIETÁRIO, MEDIANTE REQUERIMENTO ADMINISTRATIVO, FICA ISENTO DO PAGAMENTO DOS DÉBITOS DECORRENTES DA PROPRIEDADE DO VEÍCULO, EM RAZÃO DE NÃO MAIS EXERCER QUALQUER DOS ATRIBUTOS INERENTES À PROPRIEDADE: USAR, GOZAR E DISPOR. LEGALIDADE DA EXCLUSÃO DA INSCRIÇÃO NA DÍVIDA ATIVA. HAVENDO SUCUMBÊNCIA RECÍPROCA, MAS NÃO PROPORCIONAL, CORRETA A CONDENAÇÃO DO ORA RECORRENTE AO PAGAMENTO DA VERBA SUCUMBENCIAL. AGRAVO INTERNO NO AGRAVO EM RECURSO ESPECIAL DO DISTRITO FEDERAL A QUE SE NEGA PROVIMENTO. 1. Conforme dispõe o art. 1º, § 1º. da Lei 7.431/1985, se o veículo for furtado, roubado ou sinistrado, o proprietário, mediante requerimento administrativo, fica isento do pagamento dos débitos decorrentes da propriedade do veículo, em razão de não mais exercer qualquer dos atributos inerentes à propriedade: usar, gozar e dispor.

---

30. **Art. 152.** É vedado aos Estados, ao Distrito Federal e aos Municípios estabelecer diferença tributária entre bens e serviços, de qualquer natureza, em razão de sua procedência ou destino.

21 • IMPOSTOS ORDINÁRIOS ESTADUAIS **1055**

2. Em que pese à inexistência de previsão legal sobre a isenção e/ou remissão do seguro obrigatório e do licenciamento anual, é certo que ambos possuem o mesmo fato gerador do IPVA, ou seja, a propriedade do veículo. Afastada esta, resta sem suporte fático a exigência daqueles. 3. Como bem salientado pelo Tribunal de origem, é imprescindível que o contribuinte requeira administrativamente a isenção, não se tratando, pois, de procedimento automático, principalmente no caso dos autos, que o furto ocorreu em outro Estado – Goiás. 4. Verifica-se que, na hipótese, o autor, em 17.4.2007, protocolizou requerimento administrativo, pugnando pelo reconhecimento da isenção e remissão do IPVA, tendo sido o pedido deferido. 5. É certo que a cobrança, tanto da taxa de licenciamento, quanto do seguro obrigatório, juntamente com a cobrança do IPVA, são realizadas anualmente pelo DETRAN/DF, ao qual compete, nos termos do inciso XIII, do art. 22 da Lei 9.503/1997, integrar-se a outros órgãos e entidades do Sistema Nacional de Trânsito para fins de arrecadação e compensação de multas impostas na área de sua competência, com vistas à unificação do licenciamento, à simplificação e à celeridade das transferências de veículos e de prontuários de condutores de uma para outra unidade da Federação. 6. Tendo sido cancelados no sistema do DETRAN/DF os registros relativos ao IPVA do veículo, mediante requerimento do próprio contribuinte, caberia ao DISTRITO FEDERAL proceder ao cancelamento da cobrança das demais taxas e débitos gerados pela propriedade do veículo, o que não ocorreu no caso dos autos e ensejou a inscrição no Cadastro da Dívida Ativa. 7. Em relação às verbas sucumbenciais, busca o recorrente que o autor seja debitado integralmente ou, alternativamente, que cada parte arque com os honorários dos respectivos patronos, em face da sucumbência recíproca. 8. Consoante determina o art. 21 parágrafo único do CPC/1973, se um litigante decair de parte mínima do pedido, o outro responderá, por inteiro, pelas despesas e honorários. 9. Contudo, no caso em exame, parte considerável dos pedidos formulados na inicial foram atendidos, quer tenham sido administrativamente ou judicialmente. O único pedido que não restou acolhido foi o referente à indenização por danos morais, razão pela qual houve sucumbência recíproca, mas não proporcional. Desse modo, correta a condenação do ora recorrente ao pagamento da verba sucumbencial. 10. Agravo Interno do DISTRITO FEDERAL a que se nega provimento.
(STJ – AgInt no AREsp: 50121 DF 2011/0222044-8, Relator.: Ministro NAPOLEÃO NUNES MAIA FILHO, Data de Julgamento: 03/11/2020, T1 – PRIMEIRA TURMA, Data de Publicação: DJe 24/11/2020)
PROCESSUAL CIVIL. TRIBUTÁRIO. IPVA. COMUNICAÇÃO DA TRANSFERÊNCIA. RESPONSABILIDADE TRIBUTÁRIA. NÃO É DO ALIENANTE. ENTENDIMENTO DO STJ. I – A jurisprudência do Superior Tribunal de Justiça é uníssona no sentido de que a responsabilidade tributária pelo pagamento de IPVA de exercícios futuros à alienação não atinge o alienante, mesmo diante da ausência de comunicação da transferência ao órgão de trânsito, sendo vedada a interpretação ampliativa do art. 134 do Código de Trânsito Brasileiro. II – Correta a decisão que deu provimento ao recurso especial para declarar a ilegitimidade passiva do recorrente com relação aos débitos de IPVA relativos a exercícios posteriores à data de tradição do veículo automotor. III – Agravo interno improvido.
(STJ – AgInt no REsp: 1665370 SP 2017/0076341-9, Relator.: Ministro FRANCISCO FALCÃO, Data de Julgamento: 16/11/2017, T2 – SEGUNDA TURMA, Data de Publicação: DJe 22/11/2017)
TRIBUTÁRIO. IPVA. VEÍCULO. LEILÃO JUDICIAL. SUB-ROGAÇÃO NO PREÇO. ARREMATANTE. RESPONSABILIZAÇÃO. PREVISÃO NO EDITAL. NECESSIDADE. 1. Em caso de arrematação de veículo em leilão judicial, a jurisprudência firmada neste Sodalício vem admitindo a aplicação analógica do art. 130, parágrafo único, do CTN, de modo que os débitos anteriores referentes à propriedade do bem (art. 1.116 do CPC/1973 e art. 908, § 1º, do CPC/2015), inclusive os de natureza tributária, como o IPVA, sub-rogam-se sobre o preço alcançado, não sendo possível, em princípio, atribuir ao arrematante a responsabilidade para o pagamento de tais dívidas. 2. O afastamento da regra disposta no art. 130, parágrafo único, do CTN, pressupõe expressa cláusula no edital prevendo a responsabilidade do arrematante ao pagamento dos débitos anteriores que recaiam sobre o bem. 3. Hipótese em que, diversamente do assentado no acórdão recorrido, a informação no edital de que há débitos pendentes sobre o veículo a ser leiloado não é suficiente para atribuir a responsabilidade pelo pagamento dos mesmos ao arrematante, devendo conter previsão expressa nesse sentido. 4. Agravo interno não provido.
(STJ – AgInt no REsp: 1789930 SP 2019/0000576-6, Relator.: Ministro GURGEL DE FARIA, Data de Julgamento: 16/11/2020, T1 – PRIMEIRA TURMA, Data de Publicação: DJe 27/11/2020)

RECURSO ESPECIAL REPETITIVO. CÓDIGO DE PROCESSO CIVIL DE 2015. APLICABILIDADE. TRIBUTÁRIO. IMPOSTO SOBRE A PROPRIEDADE DE VEÍCULOS AUTOMOTORES – IPVA. VENDA DO VEÍCULO. AUSÊNCIA DE COMUNICAÇÃO AO ÓRGÃO DE TRÂNSITO PELO ALIENANTE. RESPONSABILIDADE TRIBUTÁRIA SOLIDÁRIA COM BASE NO ART. 134 DO CÓDIGO DE TRÂNSITO BRASILEIRO - CTB. INVIABILIDADE. NECESSIDADE DE PREVISÃO EM LEI ESTADUAL ESPECÍFICA. I – Consoante o decidido pelo Plenário desta Corte na sessão realizada em 09 .03.2016, o regime recursal será determinado pela data da publicação do provimento jurisdicional impugnado. Aplica-se, no caso, o Estatuto Processual Civil de 2015. II – O art. 134 do Código de Trânsito Brasileiro - CTB não permite aos Estados e ao Distrito Federal imputarem sujeição passiva tributária ao vendedor do veículo automotor, pelo pagamento do IPVA devido após a alienação do bem, quando não comunicada, no prazo legal, a transação ao órgão de trânsito. III – O art. 124, II do CTN, aliado a entendimento vinculante do Supremo Tribunal Federal, autoriza os Estados e o Distrito Federal a editarem lei específica para disciplinar, no âmbito de suas competências, a sujeição passiva do IPVA, podendo, por meio de legislação local, cominar à terceira pessoa a solidariedade pelo pagamento do imposto. IV – Tal interpretação é reverente ao princípio federativo, que, em sua formulação fiscal, revela-se autêntico sobreprincípio regulador da repartição de competências tributárias e, por isso mesmo, elemento informador primário na solução de conflitos nas relações entre a União e os demais entes federados. V – Acórdão submetido ao rito do art. 1.036 e seguintes do CPC/2015, fixando-se, nos termos no art. 256-Q, do RISTJ, a seguinte tese repetitiva: Somente mediante lei estadual/distrital específica poderá ser atribuída ao alienante responsabilidade solidária pelo pagamento do Imposto sobre a Propriedade de Veículos Automotores – IPVA do veículo alienado, na hipótese de ausência de comunicação da venda do bem ao órgão de trânsito competente. VI – Recurso especial do particular parcialmente provido.
(STJ – REsp: 1881788 SP 2020/0158716-2, Data de Julgamento: 23/11/2022, S1 – PRIMEIRA SEÇÃO, Data de Publicação: DJe 1º/12/2022)
PROCESSUAL CIVIL. TRIBUTÁRIO. AÇÃO ANULATÓRIA DE DÉBITO FISCAL. IPVA. TRANSFERÊNCIA DO VEÍCULO. AUSÊNCIA DE COMUNICAÇÃO AO ÓRGÃO DE TRÂNSITO. RESPONSABILIDADE SOLIDÁRIA PELO RECOLHIMENTO DO IMPOSTO. DESPROVIMENTO DO AGRAVO INTERNO. MANUTENÇÃO DA DECISÃO RECORRIDA. I – Na origem, trata-se de ação objetivando anulação de débito fiscal. A sentença julgou procedente o pedido. No Tribunal a quo, a sentença foi reformada. II – E pacífico o entendimento deste Superior Tribunal de Justiça no sentido de que "na falta de comunicação ao órgão de trânsito da transferência de veículo automotor pelo alienante, será solidária a sua responsabilidade tributária pelo pagamento do IPVA, desde que haja previsão em lei estadual." III – Agravo interno improvido.
(STJ – AgInt no REsp: 2031181 PA 2022/0316903-0, Relator.: Ministro FRANCISCO FALCÃO, Data de Julgamento: 20/03/2023, T2 – SEGUNDA TURMA, Data de Publicação: DJe 24/03/2023)
RECURSO EXTRAORDINÁRIO. REPERCUSSÃO GERAL. TEMA 708. CONSTITUCIONAL. TRIBUTÁRIO. IMPOSTO SOBRE A PROPRIEDADE DE VEÍCULOS AUTOMOTORES (IPVA). RECOLHIMENTO EM ESTADO DIVERSO DAQUELE QUE O CONTRIBUINTE MANTÉM SUA SEDE OU DOMICÍLIO TRIBUTÁRIO. IMPOSSIBILIDADE. 1. Cuida-se, na origem, de ação por meio da qual empresa proprietária de veículos automotores busca declaração judicial de que não está sujeita à cobrança do Imposto sobre a Propriedade de Veículos Automotores (IPVA) por parte do Estado em que se encontra domiciliada, mas sim pelo Estado em que licenciados os veículos. 2. O Estado de Minas Gerais, no qual a empresa tem sua sede, defende a tributação com base na Lei Estadual 14 .937/2003, cujo art. 1º, parágrafo único, dispõe que "o IPVA incide também sobre a propriedade de veículo automotor dispensado de registro, matrícula ou licenciamento no órgão próprio, desde que seu proprietário seja domiciliado no Estado". 3. Embora o IPVA esteja previsto em nosso ordenamento jurídico desde a Emenda 27/1985 à Constituição de 1967, ainda não foi editada a lei complementar estabelecendo suas normas gerais, conforme determina o art. 146, III, da CF/88. Assim, os Estados poderão editar as leis necessárias à aplicação do tributo, conforme estabelecido pelo art. 24, § 3º, da Carta, bem como pelo art. 34, § 3º, do Ato das Disposições Constitucionais Transitórias – ADCT.

21 • IMPOSTOS ORDINÁRIOS ESTADUAIS **1057**

4. A presente lide retrata uma das hipóteses de "guerra fiscal" entre entes federativos, configurando-se a conhecida situação em que um Estado busca aumentar sua receita por meio da oferta de uma vantagem econômica para o contribuinte domiciliado ou sediado em outro. 5. A imposição do IPVA supõe que o veículo automotor circule no Estado em que licenciado. Não por acaso, o inc. III do art. 158 da Constituição de 1988 atribui cinquenta por cento do produto da arrecadação do imposto do Estado sobre a propriedade de veículos automotores aos Municípios em que licenciados os automóveis. 6. Portanto, o art. 1º, parágrafo único da Lei Mineira 14.937/2003 encontra-se em sintonia com a Constituição, sendo válida a cobrança do IPVA pelo Estado de Minas Gerais relativamente aos veículos cujos proprietários se encontram nele sediados. 7. Tese para fins de repercussão geral: "A Constituição autoriza a cobrança do Imposto sobre a Propriedade de Veículos Automotores (IPVA) somente pelo Estado em que o contribuinte mantém sua sede ou domicílio tributário." 8. Recurso extraordinário a que se nega provimento. (**STF – RE: 1016605 MG**, Relator.: MARCO AURÉLIO, Data de Julgamento: 16/09/2020, Tribunal Pleno, Data de Publicação: 16/12/2020)

PROCESSUAL CIVIL E TRIBUTÁRIO. ISENÇÃO DO PAGAMENTO DE IPVA. VEÍCULO UTILIZADO NO TRANSPORTE PÚBLICO DE PASSAGEIROS. REQUISITOS PARA ISENÇÃO DO IPVA. REVISÃO DE CLÁUSULAS CONTRATUAIS E DE PROVAS E FATOS. IMPOSSIBILIDADE. SÚMULA 5 e 7/STJ. ANÁLISE DA LEI ESTADUAL 13.296/2008 E DO DECRETO ESTADUAL 59.953/2013 INVIÁVEL. SÚMULA 280/STF APLICADA POR ANALOGIA. 1. No enfrentamento da matéria, o Tribunal de origem lançou os seguintes fundamentos: "No caso, restou comprovado o direito à isenção do IPVA, haja vista que a interessada formulou devidamente os requerimentos para essa finalidade (fls. 98/212) e demonstrou que os veículos relacionados a fls. 74/97 são utilizados para o transporte coletivo regular de passageiros, nos moldes das disposições do contrato 042/2018, firmado entre a impetrante e a Prefeitura do Município de São Paulo (fls. 46/73). A Administração pautou sua recusa à isenção no art. 6º, II, b, do Decreto 59.953/13, em virtude de débitos fiscais inscritos no CADIN Estadual, no momento do requerimento administrativo, in verbis: (...) Com efeito, o Decreto 59.953/13 extrapolou os limites impostos pela Lei 13.296/08, visto que a legislação estadual não impõe tal condicionante para a concessão da isenção". 2. A análise da pretensão veiculada no Recurso Especial demanda exame de cláusulas contratuais e do contexto fático-probatório dos autos, inalcançáveis pelo STJ, ante o óbice erigido pelas Súmulas 5 e 7 do STJ. 3. O fundamento central da controvérsia é de cunho eminentemente amparado em legislação local, a saber, Lei Estadual 13.296/2008 e Decreto Estadual 59.953/2013. Aplicação, por analogia, da Súmula 280/STF, in verbis: "Por ofensa a direito local não cabe Recurso Extraordinário". 4. Agravo conhecido para negar provimento ao Recurso Especial. (**STJ – AREsp: 1692919 SP** 2020/0092717-0, Relator.: Ministro HERMAN BENJAMIN, Data de Julgamento: 18/08/2020, T2 – SEGUNDA TURMA, Data de Publicação: DJe 05/10/2020)

22
IMPOSTOS ORDINÁRIOS MUNICIPAIS

A **autonomia financeira dos municípios brasileiros** é um princípio constitucional assegurado pela **repartição de competências tributárias** e pela **descentralização de receitas**. No entanto, a **realidade fiscal dos entes municipais** revela uma constante dificuldade na **obtenção de receitas próprias**, tornando-os **altamente dependentes de repasses da União** e dos **Estados**. Essa dependência decorre de **diversos fatores**, incluindo a **limitação da base tributária municipal**, a **baixa capacidade de arrecadação direta** e as **disparidades econômicas entre os entes federativos**.

Os **repasses financeiros**, provenientes da **arrecadação de tributos estaduais e federais**, desempenham um **papel fundamental no financiamento das políticas públicas municipais**.

Destacam-se, nesse contexto, o **Fundo de Participação dos Municípios** (FPM), constituído por **parcelas do Imposto sobre a Renda** (IR) e do **Imposto sobre Produtos Industrializados** (IPI), e os **repasses de tributos estaduais**, como a **cota-parte do ICMS** e do **IPVA**. Esses mecanismos compensam, em parte, as **desigualdades regionais** e garantem a **manutenção dos serviços essenciais**, sobretudo em **municípios de menor capacidade arrecadatória**.

Apesar desse suporte financeiro, a **limitação estrutural das receitas municipais** impõe desafios administrativos e operacionais para a gestão fiscal eficiente.

Os **impostos ordinários municipais**, previstos no **art. 156 da CF/1988**, representam a **principal fonte de arrecadação direta dos municípios** e, embora sua competência tributária esteja constitucionalmente garantida, sua efetividade depende de fatores como a **eficiência da administração tributária local**, a **conformidade dos contribuintes** e a **segurança jurídica na aplicação das normas**.

Diante desse cenário, torna-se imprescindível analisar os impostos municipais sob a ótica de sua **estrutura normativa, desafios arrecadatórios** e **impacto na autonomia financeira dos entes locais**, considerando, ainda, a **relevância dos repasses intergovernamentais** como elemento essencial para o equilíbrio federativo.

22.1 IMPOSTO SOBRE A PROPRIEDADE PREDIAL E TERRITORIAL URBANA (IPTU)

22.1.1 Fundamentação constitucional e legal

O **Imposto sobre a Propriedade Predial e Territorial Urbana** (IPTU) configura-se como um tributo de competência municipal e do Distrito Federal, expressamente previsto no **art. 156, I, e no § 1º da CF/1988**[1]. Trata-se de um imposto que incide sobre a **propriedade de bens imóveis situados em zonas urbanas,** possuindo **relevante função fiscal** e **extrafiscal** no ordenamento jurídico brasileiro.

A Constituição também disciplina a **progressividade extrafiscal do IPTU** no **art. 182, § 4º, II**[2], estabelecendo um **instrumento de política urbana** vinculado à **função social da propriedade.** Nesse contexto, a **extrafiscalidade do imposto** visa **incentivar o uso adequado do solo urbano,** desestimulando a **retenção especulativa de imóveis.**

No âmbito infraconstitucional, o Código Tributário Nacional, em seus **artigos 32 a 34,** estabelece as **normas gerais aplicáveis ao IPTU,** delimitando aspectos essenciais como o **fato gerador,** a **base de cálculo** e os **sujeitos passivos.** Além disso, o **Estatuto da Cidade** (Lei 10.257/2001) complementa o arcabouço normativo ao disciplinar **mecanismos específicos para a gestão da política urbanística municipal,** reforçando a instrumentalidade do imposto na promoção do desenvolvimento urbano sustentável.

Dessa forma, o IPTU **não se limita a uma função meramente arrecadatória,** mas representa um mecanismo relevante na **conformação das diretrizes urbanísticas,** exigindo uma análise aprofundada de seus **aspectos normativos,** suas **potencialidades** e os **desafios de sua implementação** pelos entes municipais.

---

1. **Art. 156.** Compete aos Municípios instituir impostos sobre:

   I – propriedade predial e territorial urbana;

   § 1º Sem prejuízo da progressividade no tempo a que se refere o art. 182, § 4º, inciso II, o imposto previsto no inciso I poderá: (Redação dada pela Emenda Constitucional nº 29, de 2000)

   I – ser progressivo em razão do valor do imóvel; (Incluído pela Emenda Constitucional nº 29, de 2000)

   II – ter alíquotas diferentes de acordo com a localização e o uso do imóvel; (Incluído pela Emenda Constitucional nº 29, de 2000)

   III – ter sua base de cálculo atualizada pelo Poder Executivo, conforme critérios estabelecidos em lei municipal. (Incluído pela Emenda Constitucional nº 132, de 2023)

   § 1º-A O imposto previsto no inciso I do caput deste artigo não incide sobre templos de qualquer culto, ainda que as entidades abrangidas pela imunidade de que trata a alínea "b" do inciso VI do caput do art. 150 desta Constituição sejam apenas locatárias do bem imóvel. (Incluído pela Emenda Constitucional nº 116, de 2022)

2. **Art. 182.** A política de desenvolvimento urbano, executada pelo Poder Público municipal, conforme diretrizes gerais fixadas em lei, tem por objetivo ordenar o pleno desenvolvimento das funções sociais da cidade e garantir o bem-estar de seus habitantes.

   § 4º É facultado ao Poder Público municipal, mediante lei específica para área incluída no plano diretor, exigir, nos termos da lei federal, do proprietário do solo urbano não edificado, subutilizado ou não utilizado, que promova seu adequado aproveitamento, sob pena, sucessivamente, de:

   II – imposto sobre a propriedade predial e territorial urbana progressivo no tempo;

22.1.2 Regramento de incidência tributária

I – Aspecto Material

A **incidência do Imposto sobre a Propriedade Predial e Territorial Urbana** (IPTU) ocorre sobre a **propriedade**, o **domínio útil** ou a **posse de bem imóvel**, seja por **natureza** ou **acessão física**, desde que situado em **zona urbana do município**.

Essa **delimitação territorial** é essencial para a **caracterização do fato gerador do imposto**, distinguindo-o do **Imposto sobre a Propriedade Territorial Rural** (ITR), cuja competência é da União.

A **definição de zona urbana não é discricionária**, devendo observar **critérios normativos estabelecidos pelo Código Tributário Nacional**. Nos termos do **art. 32, § 1º, do CTN**, cabe à legislação municipal delimitar essa área, desde que haja pelo menos **dois melhoramentos urbanos construídos** ou **mantidos pelo Poder Público**, entre os seguintes:

> Art. 32. O imposto, de competência dos Municípios, sobre a propriedade predial e territorial urbana tem como fato gerador a propriedade, o domínio útil ou a posse de bem imóvel por natureza ou por acessão física, como definido na lei civil, localizado na zona urbana do Município.
>
> § 1º Para os efeitos deste imposto, entende-se como zona urbana a definida em lei municipal; observado o requisito mínimo da existência de melhoramentos indicados em pelo menos 2 (dois) dos incisos seguintes, construídos ou mantidos pelo Poder Público:
>
> I – meio-fio ou calçamento, com canalização de águas pluviais;
>
> II – abastecimento de água;
>
> III – sistema de esgotos sanitários;
>
> IV – rede de iluminação pública, com ou sem posteamento para distribuição domiciliar;
>
> V – escola primária ou posto de saúde a uma distância máxima de 3 (três) quilômetros do imóvel considerado.
>
> § 2º A lei municipal pode considerar urbanas as áreas urbanizáveis, ou de expansão urbana, constantes de loteamentos aprovados pelos órgãos competentes, destinados à habitação, à indústria ou ao comércio, mesmo que localizados fora das zonas definidas nos termos do parágrafo anterior.

Dentre os **melhoramentos** citados na norma tributária, alguns pontos merecem a devida atenção, visando evitar a utilização arbitrária pelo Poder Público:

a) Meio-fio ou calçamento, com canalização de águas pluviais

Meio-fio é a **estrutura de concreto** ou **pedra** colocada na **borda das vias públicas** para **delimitação do espaço** entre a **calçada** e a **pista de rolamento**. Sua **função principal** é a **organização do fluxo viário** e **direcionamento de águas pluviais** para os **sistemas de escoamento**.

O **calçamento** refere-se ao **revestimento do solo de vias públicas** com **materiais duráveis**, como pedras, paralelepípedos, blocos de concreto ou asfalto. O **objetivo** é a **melhoria das condições de tráfego e garantia de acessibilidade de pedestres e veículos**.

A **canalização de águas pluviais** é a **infraestrutura** destinada ao **escoamento da água das chuvas** para evitar **alagamentos e erosão do solo**, incluindo elementos como sarjetas, bueiros e galerias pluviais, projetados para coletar e conduzir a água de maneira controlada.

Para que o **meio-fio ou calçamento com canalização de águas pluviais** seja considerado um **melhoramento público**, a **infraestrutura** deve ter **sido realizada ou estar sob responsabilidade de manutenção do município**, caracterizando a **atuação estatal na urbanização da área**. Tais melhoramentos devem **beneficiar diretamente a população local**, proporcionando organização, segurança e melhor qualidade de vida.

O **meio-fio e o calçamento** devem estar associados a um **sistema funcional de canalização de águas pluviais**. A **simples existência** de um meio-fio **sem uma rede eficiente de drenagem não é suficiente para cumprir os requisitos legais**.

b) Abastecimento de água e sistema de esgotos sanitários

O **abastecimento de água** refere-se à disponibilização de **água potável** à população, de **forma contínua e regular**, através de um **sistema público de distribuição**. A **água** deve ser **captada de fontes naturais** (rios, represas, lençóis freáticos etc.), **tratada em estações para torná-la potável e adequada ao consumo humano**, seguindo os padrões de qualidade estabelecidos por normas sanitárias.

A **rede de distribuição** consiste na **infraestrutura de tubulações e conexões** que levam a água tratada até as residências, estabelecimentos comerciais, industriais e outros imóveis da área. Deve abranger, pelo menos, **parte significativa do território considerado**.

A **implantação** e manutenção do sistema de abastecimento deve ser **realizada ou supervisionada** por **órgãos públicos** ou **concessionárias contratadas pelo município**. Para que o **abastecimento de água** seja considerado um **indicativo de zona urbana**, deve **beneficiar a comunidade local**, fornecendo **água potável** em **quantidade e qualidade adequadas**.

O **sistema de esgotos sanitários** refere-se à infraestrutura destinada à **coleta, transporte, tratamento e disposição final adequada** de **águas residuais** (esgoto doméstico, comercial ou industrial). A **rede de coletas** é formada por **tubulações subterrâneas** ou canais que **captam o esgoto gerado pelos imóveis** e o **transportam para unidades de tratamento** ou **disposição final**.

A **Estação de Tratamento de Esgoto** (ETE) é a infraestrutura que realiza o **tratamento adequado do esgoto antes de seu lançamento no meio ambiente, minimizando impactos ambientais e riscos à saúde pública**. Após o tratamento, o efluente tratado pode ser liberado em rios, represas ou reutilizado, desde que respeite as normas ambientais.

22 • IMPOSTOS ORDINÁRIOS MUNICIPAIS 1063

Tanto o **abastecimento de água** quanto o **sistema de esgotos sanitários** só serão considerados **melhoramentos públicos que indicam a existência de uma zona urbana** se atenderem aos seguintes critérios: os sistemas devem ser **instalados, operados** ou **supervisionados** por **órgãos públicos** ou **entidades delegadas**, a **infraestrutura** deve **beneficiar a comunidade que reside na área** e atender um número significativo de imóveis e os sistemas devem ser **operacionais, contínuos e aptos** a cumprir suas funções essenciais.

c) Rede de iluminação pública, escola pública ou posto de saúde

A **rede de iluminação pública** é a infraestrutura destinada a fornecer luz para vias, praças e espaços públicos, assegurando **visibilidade e segurança noturna**. A exigência de **posteamento não é obrigatória** para ser considerado um **melhoramento público**; é suficiente que a **iluminação** esteja **disponível** e **funcional** para atendimento das vias públicas, **ainda que o fornecimento de energia domiciliar não esteja ligado ao sistema**. É o que ocorre com os postes dedicados exclusivamente à iluminação pública ou integrados com redes de distribuição de energia domiciliar.

A **infraestrutura de iluminação pública** deve ser **implementada** ou **mantida** pelo **município** ou por **concessionárias autorizadas**, garantindo seu **funcionamento regular** e beneficiando a população, ao promover **maior segurança** e **acessibilidade em áreas urbanas** durante o período noturno.

A **presença de escola primária** ou **posto de saúde** dentro de um raio de **até 3** (três) **quilômetros do imóvel considerado** é outro indicador de que a área é **urbana**. Essas instituições refletem a **disponibilização de serviços públicos básicos essenciais à comunidade**.

Deve-se entender como **escola primária** a **instituição pública** ou **privada** que **ofereça ensino básico fundamental**, abrangendo pelo menos os **anos iniciais da educação formal**. A **escola** deve estar localizada a uma **distância máxima de 3** (três) **quilômetros do imóvel**, garantindo **acesso razoável aos moradores da área**.

Ainda que a escola seja privada, sua existência na área deve ser **reconhecida** ou **licenciada pelas autoridades municipais**, e o **município** deve **garantir a oferta de educação básica pública**, caso **não exista instituição privada suficiente**.

Já o denominado **posto de saúde** se trata de **unidade pública de saúde** que oferece **serviços básicos de atendimento médico, vacinação, consultas** e prevenção de doenças, como as **Unidades Básicas de Saúde** (UBS) ou **similares**.

Assim como ocorre no caso da escola primária, seja pública ou privada, o **posto de saúde** também deve estar localizado a uma **distância máxima de 3** (três) **quilômetros do imóvel**, assegurando o **acesso dos moradores a serviços de saúde essenciais**, devendo ser **implementado** e **operado** pela Administração Pública.

A exigência desses **requisitos mínimos** visa garantir a **coerência da tributação**, vinculando a **incidência do IPTU à existência de infraestrutura urbana básica** que justifique a **imposição fiscal sobre a propriedade**. Essa delimitação também resguarda o **princípio da legalidade tributária** e impede a **tributação arbitrária de imóveis situados em áreas sem urbanização suficiente** para caracterizar a incidência do imposto.

Assim, a correta identificação da **zona urbana** é um **elemento essencial para a legitimidade da cobrança do IPTU**, sendo um critério que **influencia diretamente o planejamento tributário dos municípios** e a **segurança jurídica dos contribuintes**.

A **delimitação da zona urbana para fins de incidência do Imposto sobre a Propriedade Predial e Territorial Urbana** (IPTU) não se restringe exclusivamente aos critérios estabelecidos no **art. 32, § 1º, do CTN**. O próprio diploma normativo, em seu **§ 2º**, permite que a **legislação municipal amplie a definição de zona urbana**, incluindo **áreas urbanizáveis** ou de **expansão urbana**, desde que devidamente constantes de **loteamentos aprovados pelos órgãos competentes** e destinados a atividades **residenciais, comerciais** ou **industriais**.

Essa previsão normativa possibilita que municípios estabeleçam **políticas fiscais e urbanísticas mais dinâmicas**, assegurando que **novos empreendimentos imobiliários**, mesmo situados **fora do perímetro originalmente considerado urbano**, sejam desde logo submetidos ao **IPTU**, em vez de permanecerem sob a competência do Imposto sobre a Propriedade Territorial Rural (ITR).

A justificativa para essa **ampliação da zona urbana** decorre da **necessidade de planejamento e ordenamento territorial**, evitando que **novas áreas com vocação urbana** fiquem à margem da tributação municipal, o que poderia **incentivar a especulação imobiliária** e **dificultar a gestão pública do crescimento das cidades**. Além disso, essa prerrogativa permite aos municípios **antecipar a arrecadação tributária** sobre essas regiões, **viabilizando investimentos em infraestrutura e serviços públicos necessários para a consolidação do espaço urbano**.

No entanto, a aplicação dessa norma **não pode ser arbitrária**. A caracterização de uma área como **urbanizável** ou de **expansão urbana** deve ser respaldada em **instrumentos normativos e urbanísticos**, como **planos diretores**, **leis de zoneamento** e **aprovações formais dos órgãos competentes**, garantindo a segurança jurídica da tributação e a conformidade com os princípios constitucionais da legalidade e da capacidade contributiva.

A **materialidade do fato gerador** recai sobre a **propriedade, posse** ou **domínio útil**, conceitos que devem ser extraídos do direito privado.

O **direito de propriedade** vem estabelecido no **art. 1.228 do CC/2002**:

> O proprietário tem a faculdade de usar, gozar e dispor da coisa, e o direito de reavê-la do poder de quem quer que injustamente a possua ou detenha.

Temos o **conceito de posse** estabelecido nos **arts. 1.196 e 1.197 do CC/2002**:

22 • IMPOSTOS ORDINÁRIOS MUNICIPAIS

> Art. 1.196. Considera-se possuidor todo aquele que tem de fato o exercício, pleno ou não, de algum dos poderes inerentes à propriedade.
>
> Art. 1.197. A posse direta, de pessoa que tem a coisa em seu poder, temporariamente, em virtude de direito pessoal, ou real, não anula a indireta, de quem aquela foi havida, podendo o possuidor direto defender a sua posse contra o indireto.

O denominado **domínio útil** compreende os **direitos de utilização** e de **disposição**, assim como a **alienação**. Apesar do Código Civil ter **proibido a constituição de enfiteuses e subenfiteuses**, permanece como sendo **direito adquirido as enfiteuses que já se encontram em vigor**.

Atualmente, as **enfiteuses** foram substituídas pelo **direito de superfície**, nos termos do **art. 1.369 do CC/2002**:

> O proprietário pode conceder a outrem o direito de construir ou de plantar em seu terreno, por tempo determinado, mediante escritura pública devidamente registrada no Cartório de Registro de Imóveis.

Em relação à determinação do que se considera **bem imóvel para fins de incidência de IPTU**, os **arts. 79 a 81 do CC/2002** estabelecem:

> Art. 79. São bens imóveis o solo e tudo quanto se lhe incorporar natural ou artificialmente.
>
> Art. 80. Consideram-se imóveis para os efeitos legais:
>
> I – os direitos reais sobre imóveis e as ações que os asseguram;
>
> II – o direito à sucessão aberta.
>
> Art. 81. Não perdem o caráter de imóveis:
>
> I – as edificações que, separadas do solo, mas conservando a sua unidade, forem removidas para outro local;
>
> II – os materiais provisoriamente separados de um prédio, para nele se reempregarem.

A **acessão física** compreende a **formação de ilhas, aluvião, avulsão, abandono de álveo**, bem como as **plantações** e **construções**, conforme determina o **art. 1.248 do CC/2002**:

> Art. 1.248. A acessão pode dar-se:
>
> I – por formação de ilhas;
>
> II – por aluvião;
>
> III – por avulsão;
>
> IV – por abandono de álveo;
>
> V – por plantações ou construções.

A **aluvião** consiste no **acréscimo paulatino e natural de terra à margem de um rio navegável ou não**, em decorrência da **sedimentação causada pelo curso d'água**. Nos termos do **art. 1.250 do CC/2002**[3], esse acréscimo **integra automati-

---

3. **Art. 1.250.** Os acréscimos formados, sucessiva e imperceptivelmente, por depósitos e aterros naturais ao longo das margens das correntes, ou pelo desvio das águas destas, pertencem aos donos dos terrenos marginais, sem indenização.

camente o patrimônio do proprietário do terreno contíguo, sem necessidade de ato translativo.

Do ponto de vista tributário, esse **acréscimo territorial representa um aumento da base de cálculo do IPTU**, uma vez que o imóvel urbano passa a contar com uma área maior. Assim, uma vez **incorporado ao patrimônio do proprietário do imóvel**, o novo terreno resultante da **aluvião será tributável pelo IPTU no exercício seguinte àquele em que a municipalidade atualizar sua base cadastral**.

A **avulsão**, por sua vez, ocorre quando uma **porção considerável de terra se desloca violentamente de um imóvel para outro**, em razão de **força natural**, como a **ação de um rio ou desmoronamentos**. Diferentemente da aluvião, na qual a terra se agrega paulatinamente ao imóvel preexistente, a **avulsão caracteriza-se por um deslocamento súbito e perceptível**.

Nos termos do **art. 1.251 do CC/2002**[4], o **proprietário original da terra deslocada mantém sua titularidade**, podendo **reavê-la dentro do prazo de um ano**, desde que **indenize eventuais benfeitorias feitas pelo possuidor atual**. Caso não o faça, o **imóvel passará ao domínio de quem detém a nova posse**.

Tributariamente, o impacto da avulsão na incidência do IPTU **dependerá da consolidação da titularidade do bem imóvel**. Se o **proprietário original reaver a terra no prazo legal**, a incidência do IPTU **não se altera**, pois o imóvel **continua sob sua titularidade**. No entanto, caso o **possuidor passe a deter a propriedade definitiva do bem**, o Município poderá **reavaliar o cadastro imobiliário** e atribuir-lhe a **obrigação tributária correspondente ao IPTU**.

No caso dos **sítios de recreio**, a incidência do IPTU ocorre **independentemente da existência dos melhoramentos urbanos exigidos pelo artigo 32, § 1º, do CTN**, desde que a legislação municipal tenha definido a área como urbanizável ou de expansão urbana, nos termos do **art. 32, § 2º da Codificação Tributária Nacional**.

Nos termos da **súmula 626 do STJ**:

A incidência do IPTU sobre imóvel situado em área considerada pela lei local como urbanizável ou de expansão urbana não está condicionada à existência dos melhoramentos elencados no art. 32, § 1º, do CTN.

Parágrafo único. O terreno aluvial, que se formar em frente de prédios de proprietários diferentes, dividir-se-á entre eles, na proporção da testada de cada um sobre a antiga margem.

4. Art. 1.251. Quando, por força natural violenta, uma porção de terra se destacar de um prédio e se juntar a outro, o dono deste adquirirá a propriedade do acréscimo, se indenizar o dono do primeiro ou, sem indenização, se, em um ano, ninguém houver reclamado.

Parágrafo único. Recusando-se ao pagamento de indenização, o dono do prédio a que se juntou a porção de terra deverá aquiescer a que se remova a parte acrescida.

O entendimento sumular possui **fundamento extrafiscal**, pois o IPTU **não apenas desempenha função arrecadatória**, mas também se insere no contexto da **política urbana**, estimulando o **adequado aproveitamento do solo** e prevenindo a **retenção especulativa de imóveis**.

Assim, a exigência do tributo nessas áreas decorre da **competência municipal para ordenar o crescimento territorial**, utilizando o IPTU como um **instrumento indutor do desenvolvimento urbano**.

O Superior Tribunal de Justiça e o Supremo Tribunal Federal têm reiteradamente decidido que a **definição da incidência do IPTU nas zonas urbanizáveis** ou de **expansão urbana** deve observar o **critério normativo adotado pela legislação municipal, independentemente da existência de melhoramentos públicos no local**. Dessa forma, consolidou-se o entendimento de que a tributação do IPTU nessas áreas **não caracteriza violação ao princípio da legalidade tributária**, desde que **devidamente prevista na legislação local**.

Essa interpretação tem sido pacificada pelo **Superior Tribunal de Justiça**, que reiteradamente decide que a **ausência dos melhoramentos urbanos listados no art. 32, § 1º, não impede a incidência do IPTU caso o imóvel esteja situado em área urbana ou de expansão definida por lei municipal**. Assim, **sítios de recreio – propriedades rurais destinadas ao lazer e não à exploração agrária** – são **tributáveis pelo IPTU**, uma vez que sua função **não se enquadra no conceito de imóvel rural para fins de incidência do Imposto sobre a Propriedade Territorial Rural** (ITR).

Ademais, o entendimento consolidado pela jurisprudência pátria reconhece a **validade do Decreto-Lei nº 57/1966** apenas para fins de **determinação da incidência do ITR sobre imóveis rurais que efetivamente desenvolvam atividade econômica agrária**, não sendo aplicável para **afastar a cobrança do IPTU sobre imóveis localizados em áreas urbanas que não exerçam exploração vegetal, agrícola, pecuária** ou **agroindustrial**.

O STF e o STJ têm decidido, de forma uniforme, que **o critério determinante para a incidência do ITR é a efetiva destinação do imóvel à exploração rural**, e não apenas sua **localização geográfica**. Assim, **mesmo que um imóvel esteja situado em zona urbana** poderá ser **tributado pelo ITR**, e não pelo IPTU, desde que esteja **comprovadamente afetado ao exercício de atividade econômica rural**.

Nesse sentido, o STJ firmou entendimento no **REsp 1.112.646/SP** e no **AgRg no REsp 1.051.270/SP**, decidindo que a tributação deve observar a **destinação do imóvel** e **não apenas sua localização**.

Dessa forma, a **incidência do IPTU sobre sítios de recreio e imóveis similares** deve observar os **critérios fixados pelo CTN** e pela **jurisprudência dominante**, garantindo a **correta aplicação do tributo pelos municípios** e resguardando a **distinção entre a tributação da propriedade urbana e da atividade rural**.

II – Aspecto Espacial

A incidência do IPTU está diretamente vinculada ao **princípio da territorialidade tributária**, que delimita a **competência do Município para instituir e cobrar o tributo sobre bens imóveis situados em seu território**. Essa delimitação encontra respaldo no art. 156, I, da CF/1988, que atribui aos **municípios** e ao **Distrito Federal** a **competência para instituir o IPTU**.

O **aspecto espacial do IPTU** exige que a propriedade predial ou territorial urbana esteja **efetivamente situada dentro dos limites geográficos do município competente para a tributação**, considerando a **divisão político-administrativa nacional**.

Essa exigência decorre da **necessidade de vincular a incidência do imposto à jurisdição territorial do ente tributante**, evitando **conflitos de competência** e garantindo a **correta repartição da arrecadação entre os entes federativos**.

Nesse sentido, a **base geográfica do imóvel** constitui **elemento essencial para a determinação do ente competente para instituir e cobrar o IPTU**. Como consequência, somente o **município em cujo território se encontra o imóvel** pode exercer essa **competência tributária**, sendo vedada qualquer **forma de extraterritorialidade na incidência do imposto**.

Além disso, a **delimitação da competência municipal** para a tributação imobiliária está intrinsecamente relacionada à **definição das áreas urbanas e urbanizáveis**, conforme previsto no art. 32 do CTN. A União, por meio de **normas gerais**, estabelece os **critérios para a incidência do tributo**, mas a **concretização da competência tributária** é atribuída ao município, que, dentro de sua **autonomia**, define os **parâmetros para a caracterização do território urbano e a aplicação do IPTU**.

Portanto, o sistema constitucional tributário **preserva a autonomia municipal na delimitação da incidência do IPTU**, ao mesmo tempo em que **assegura um marco normativo nacional** para **harmonizar a competência tributária dos entes locais**, evitando **distorções** e **conflitos intergovernamentais na tributação da propriedade imobiliária**.

No entanto, surgem questionamentos quando **um mesmo imóvel se encontra parcialmente localizado em dois ou mais municípios**, exigindo uma **definição clara da competência tributária para evitar conflitos entre os entes municipais**.

Nos casos em que **um imóvel se estende por territórios de dois municípios**, a solução para a incidência do IPTU deve considerar a **delimitação geográfica** e a **estrutura administrativa municipal**. As possíveis soluções incluem:

- **Princípio da Preponderância Territorial** → se a maior parte do imóvel estiver situada dentro dos limites de um dos municípios, este será o ente competente para a tributação.

22 • IMPOSTOS ORDINÁRIOS MUNICIPAIS **1069**

- **Critério Proporcional** → o imóvel pode ser tributado proporcionalmente por cada município, com base na metragem territorial que se encontra em cada ente federativo. Esse critério, embora mais técnico, pode gerar dificuldades operacionais e administrativas.

- **Critério da Função Econômica e Administrativa** → se o imóvel for utilizado para determinada atividade cuja gestão esteja centralizada em um dos municípios (como sede administrativa, cadastro fiscal e fornecimento de serviços públicos essenciais), este poderá ser considerado o ente tributante principal.

A questão dos **imóveis situados entre dois municípios** tem sido objeto de **litígios administrativos** e **judiciais**, especialmente quando há **disputa pela arrecadação do IPTU**. O **Superior Tribunal de Justiça** e os **Tribunais de Justiça**, em diversas decisões, têm adotado o **critério da preponderância territorial e administrativa** como base para a **definição da competência tributária**.

Nessas circunstâncias, em soluções de litígio, a solução poderá envolver **acordos entre os Municípios** – através de celebração de convênios municipais – **intervenção judicial** – quando não há consenso entre os municípios, a disputa pode ser levada ao **Poder Judiciário**, que poderá determinar qual município detém a competência tributária, muitas vezes com base em **perícias técnicas** que avaliem a predominância da área e o fornecimento de serviços públicos – bem como a **revisão de limites municipais** – em casos excepcionais, pode haver necessidade de **revisão da divisão territorial entre municípios**, processo que deve ser realizado nos termos do **art. 18, § 4º, da CF/1988**[5], mediante lei estadual e consulta às populações envolvidas.

III – Aspecto Temporal

A **delimitação do aspecto temporal do IPTU** é um **elemento essencial para a sua correta incidência**, devendo ser analisada à luz do CTN, da legislação municipal e da jurisprudência consolidada dos tribunais superiores.

O **fato gerador do IPTU** é caracterizado pela **propriedade, domínio útil** ou **posse de bem imóvel** localizado em **zona urbana**, conforme disposto no **art. 32 do CTN**. Trata-se de um **imposto de periodicidade anual** e de **fato gerador continuado**, pois sua materialidade – a propriedade imobiliária – **persiste ao longo do tempo**.

No entanto, por razões de **segurança jurídica** e **praticidade arrecadatória**, o legislador optou por **fixar um momento específico para a ocorrência do fato gerador**, estabelecendo que este se aperfeiçoa no **dia 1º de janeiro de cada exercício financeiro**.

---

5. **Art. 18**. A organização político-administrativa da República Federativa do Brasil compreende a União, os Estados, o Distrito Federal e os Municípios, todos autônomos, nos termos desta Constituição.

§ 4º A criação, a incorporação, a fusão e o desmembramento de Municípios, far-se-ão por lei estadual, dentro do período determinado por Lei Complementar Federal, e dependerão de consulta prévia, mediante plebiscito, às populações dos Municípios envolvidos, após divulgação dos Estudos de Viabilidade Municipal, apresentados e publicados na forma da lei. (Redação dada pela Emenda Constitucional nº 15, de 1996)

Essa **fixação temporal** decorre de uma **ficção jurídica**, segundo o qual o IPTU será devido pelo **titular do imóvel no primeiro dia do ano**, independentemente de **eventuais transferências de propriedade ocorridas ao longo do exercício**. Esse critério garante **previsibilidade à administração tributária e evita conflitos na arrecadação do tributo**.

Assim, o contribuinte responsável pelo pagamento do IPTU será aquele que detinha a **propriedade, domínio útil** ou **posse do imóvel no dia 1º de janeiro**, ainda que o bem seja transferido para outro titular ao longo do exercício.

A obrigação de pagar o imposto **não se fraciona entre diferentes titulares dentro do mesmo exercício**. Assim, caso ocorra a **alienação do imóvel após o fato gerador**, o **vendedor permanece responsável pelo pagamento do IPTU integral**, salvo disposição contratual diversa.

Por conseguinte, o IPTU **não pode ser exigido de contribuintes que adquiriram o imóvel após 1º de janeiro**, pois o fato gerador **já se consumou em relação ao titular anterior**.

A jurisprudência consolidada do **Superior Tribunal de Justiça** reafirma o entendimento de que o **fato gerador do IPTU ocorre no primeiro dia do ano** e que a **responsabilidade tributária recai sobre o proprietário nesse momento**, independentemente de **mudanças na titularidade do imóvel ao longo do exercício**.

O STJ, no **REsp 1.111.202/SP**, decidiu que:

> O fato gerador do IPTU ocorre em 1º de janeiro de cada exercício, sendo o tributo devido pelo proprietário, titular do domínio útil ou possuidor a qualquer título do imóvel nessa data, independentemente de posterior alienação do bem.

Da mesma forma, no **REsp 1.320.825/SP**, a Corte reafirmou a **indivisibilidade do IPTU no exercício fiscal**, afastando qualquer **possibilidade de fracionamento da obrigação entre antigos e novos proprietários dentro do mesmo ano**.

Além disso, o **Supremo Tribunal Federal**, no julgamento do **RE 134.509/SP**, reconheceu a **validade da ficção jurídica que estabelece o fato gerador do IPTU no dia 1º de janeiro**, ressaltando que essa sistemática visa a **garantir a segurança jurídica na arrecadação tributária** e evitar **questionamentos sobre eventuais frações temporais de propriedade**.

IV – Aspecto Pessoal

O **sujeito ativo de uma obrigação tributária** é o **ente federativo** titular da competência para **instituir, arrecadar** e **fiscalizar o tributo**, nos termos da legislação constitucional e infraconstitucional.

No caso do IPTU, o **sujeito ativo é o Município** ou o **Distrito Federal**, conforme disposto no **art. 156, I, da CF/1988**. Esse dispositivo atribui a **competência privativa aos municípios** e ao **Distrito Federal** para **instituir e cobrar o imposto sobre imóveis situados em zona urbana ou urbanizável**, nos termos do **art. 32 do CTN**.

A **titularidade do IPTU** está vinculada ao **princípio federativo** e à **autonomia financeira dos municípios**, sendo vedada sua instituição por qualquer outro ente federativo. Assim, **apenas o município em cujo território o imóvel estiver localizado pode exercer a competência tributária e a capacidade tributária ativa**, não havendo possibilidade de **sobreposição de competência entre diferentes entes federativos**.

A jurisprudência do STF e do STJ tem reafirmado a **exclusividade municipal na cobrança do IPTU**. No **RE 134.509/SP**, o **STF** decidiu que o **IPTU é tributo de competência exclusiva dos municípios**, reforçando que a **União** e os **Estados** não possuem qualquer prerrogativa sobre sua instituição ou arrecadação.

Dessa forma, a cobrança do IPTU por **município diverso daquele onde o imóvel está localizado** configuraria **exação indevida**, passível de anulação por medida judicial a ser proposta pelo contribuinte.

Diferentemente dos **municípios**, que possuem **competência privativa sobre o IPTU dentro de seus limites territoriais**, o **Distrito Federal** acumula **competências tributárias municipais e estaduais** devido à sua **organização político-administrativa peculiar**.

Isso significa que, **dentro dos limites do Distrito Federal**, não **há divisão de competência tributária entre entes municipais e estaduais**, sendo a unidade federativa responsável pela arrecadação tanto do **IPTU** quanto de **tributos estaduais**, como o ICMS e o IPVA.

A identificação do **sujeito passivo do IPTU** é um elemento essencial para a correta aplicação do tributo, devendo ser analisada à luz da legislação tributária e da jurisprudência consolidada dos tribunais superiores.

Reza a **súmula 399 do STJ**:

Cabe à legislação municipal estabelecer o sujeito passivo do IPTU.

A **legislação municipal** pode disciplinar **aspectos da sujeição passiva do IPTU**, desde que **respeite os limites do CTN** e os **princípios constitucionais tributários**.

O município pode estabelecer **normas sobre a solidariedade** ou **substituição tributária**, nos termos do **art. 128 do CTN**, desde que isso **não amplie indevidamente a sujeição passiva**.

A **legislação municipal**, de igual modo, pode **disciplinar como será comprovada a posse qualificada para fins de incidência do IPTU**, mas **não pode excluir a responsabilidade do possuidor que detenha o imóvel com ânimo de dono**.

Entretanto, um **município não pode estabelecer que o locatário**, o **comodatário** ou **qualquer outro possuidor precário seja o contribuinte do IPTU**, pois isso **contrariaria a definição do art. 34 do CTN**.

Caso o imóvel esteja **ocupado por mero detentor** ou **usuário sem ânimo de domínio**, o município **não pode atribuir-lhe a responsabilidade tributária**, pois a posse deve ser exercida com os atributos de dono.

Por fim, a **municipalidade não pode afastar a imunidade do IPTU concedida a templos religiosos, entidades assistenciais** ou **imóveis pertencentes a entes federativos**, pois essas imunidades decorrem diretamente da Constituição Federal.

No julgamento do **RE 601.720/SP**, o STF reafirmou que o **município deve observar os limites estabelecidos pelo CTN**, não podendo **ampliar a sujeição passiva do IPTU** para além do que a legislação federal prevê.

Conforme estabelecido pelo Código Tributário Nacional, em seu **art. 34**, o **sujeito passivo do IPTU** é aquele que detém a **propriedade**, o **domínio útil** ou a **posse do imóvel a qualquer título**. Assim, a norma abrange **três figuras jurídicas principais**:

- **Proprietário do imóvel** → o titular da propriedade formalmente registrada perante o **Registro de Imóveis** é o contribuinte natural do IPTU. A incidência do imposto sobre o **proprietário** é pacífica na doutrina e na jurisprudência, uma vez que se trata do **detentor pleno dos direitos sobre o bem**.

- **Titular do domínio útil** → a **enfiteuse**, também denominada **aforamento**, foi um instituto jurídico **historicamente relevante no direito civil** e no **direito imobiliário brasileiro**. Tratava-se de um **direito real sobre coisa alheia**, no qual o **titular do domínio útil** (enfiteuta) **detinha a posse e o uso econômico do imóvel**, mediante o **pagamento de um foro anual ao titular do domínio direto** (senhorio). Essa estrutura jurídica conferia ao enfiteuta amplos poderes sobre o bem, semelhantes aos de um proprietário, incluindo o direito de disposição e transmissão da posse, desde que respeitadas as restrições impostas pelo senhorio. No contexto tributário, o CTN, em seu art. 34, expressamente reconheceu o titular do domínio útil como contribuinte do IPTU, equiparando-o ao proprietário e ao possuidor a qualquer título. O **Superior Tribunal de Justiça** tem consolidado o entendimento de que o **enfiteuta permanece como contribuinte do IPTU nas enfiteuses ainda vigentes**, uma vez que **detém o domínio útil do imóvel** e exerce sobre ele os **poderes típicos de proprietário**, incluindo a posse, o uso e a exploração econômica.

- **Possuidor a qualquer título** → a posse, desde que seja exercida **com ânimo de dono** (*animus domini*), pode ensejar a incidência do IPTU, conforme consolidado pela jurisprudência do **Superior Tribunal de Justiça (STJ)**. Nesse contexto, o **promitente comprador** – aquele que adquiriu o imóvel por contrato particular de compromisso de compra e venda, sem registro formal – **também pode ser considerado contribuinte do imposto**, mesmo antes da transferência definitiva da propriedade.

Esse entendimento é amplamente reconhecido pelo STJ, que no julgamento do **REsp 1.111.202/SP** firmou a tese de que o **possuidor com** *animus domini*, especialmente o **promitente comprador**, **responde pelo IPTU**, podendo ser **cobrado em conjunto com o proprietário**.

Apesar da amplitude conferida ao **conceito de contribuinte** pelo **art. 34 do CTN**, há determinadas **figuras jurídicas que não se enquadram nessa definição**, pois **não exercem posse qualificada nem possuem propriedade ou domínio útil sobre o imóvel**. Entre essas exceções, destacam-se:

- **Usuário ou titular do direito de habitação** → o titular do direito real de habitação, previsto nos **art. 1.414 do CC/2002[6]**, **não se qualifica como contribuinte do IPTU**, pois não possui **propriedade nem posse plena sobre o bem**, apenas o **direito de uso restrito para moradia própria**. Além disso, os **frutos gerados pelo imóvel** (como eventuais aluguéis) são **destinados exclusivamente à sua subsistência** e à de sua **família**, o que **reforça a impossibilidade de enquadrá-lo como contribuinte**.

- **Locatário, arrendatário e comodatário** → essas figuras jurídicas detêm apenas **a posse direta do imóvel**, exercendo um **direito precário** e **temporário sobre o bem**. A doutrina e a jurisprudência são uníssonas ao afirmar que a **obrigação tributária do IPTU não pode ser transferida ao locatário, arrendatário** ou **comodatário, ainda que haja previsão contratual em sentido contrário**.

A jurisprudência do STJ, em decisões como o **REsp 1.111.202/SP**, reforça que **eventuais cláusulas contratuais que obriguem o locatário a pagar o IPTU** possuem **efeitos meramente obrigacionais entre as partes**, sem alterar a **relação jurídico-tributária existente entre o contribuinte e o Fisco**. Isso significa que, para a administração tributária, a cobrança sempre recairá sobre o **proprietário, possuidor** ou **titular do domínio útil**.

Nos termos da **súmula 614 do STJ**:

---

6. **Art. 1.414.** Quando o uso consistir no direito de habitar gratuitamente casa alheia, o titular deste direito não a pode alugar, nem emprestar, mas simplesmente ocupá-la com sua família.

O locatário não possui legitimidade ativa para discutir a relação jurídico-tributária de IPTU e de taxas referentes ao imóvel alugado nem para repetir indébito desses tributos.

Esse enunciado reflete um entendimento consolidado do STJ sobre a **inexistência de vínculo jurídico-tributário entre o locatário e o Fisco municipal**, reforçando que a **obrigação pelo pagamento do IPTU e das taxas incidentes sobre o imóvel é exclusiva do proprietário**, do **titular do domínio útil** ou do **possuidor com ânimo de dono**.

O art. 22, VIII, da Lei nº 8.245/1991 (Lei de Locações)[7] prevê que as **despesas relacionadas ao IPTU e taxas podem ser transferidas ao locatário por pacto contratual**, mas essa obrigação é **meramente civil** e **não afeta a relação jurídico-tributária com o município**.

Assim, mesmo que o **locatário** tenha arcado com o **pagamento do IPTU por força do contrato de locação, não possui legitimidade para pedir a devolução do tributo ao município**. Essa prerrogativa cabe exclusivamente ao **proprietário** ou ao **sujeito passivo legal do imposto**.

Estabelece a **súmula 583 do STF**:

Promitente comprador de imóvel residencial transcrito em nome de autarquia é contribuinte do imposto predial territorial urbano.

As **autarquias** são entes administrativos dotados de **personalidade jurídica de direito público**, aos quais, por força do **art. 150, VI, *a*, da CF/1988** é concedida **imunidade tributária recíproca**, impedindo a União, os Estados, o Distrito Federal e os Municípios de instituírem impostos sobre seu patrimônio, renda ou serviços.

No entanto, essa imunidade **não se estende ao promitente comprador que já detém a posse do imóvel**. Isso significa que a **autarquia não pode ser tributada pelo IPTU**, mas o **particular que exerce a posse com ânimo de proprietário pode ser responsabilizado pelo pagamento do tributo**.

Esse entendimento foi reiterado pelo STF ao estabelecer que a **imunidade tributária é objetiva** e **vinculada à titularidade do patrimônio da entidade pública**, não se aplicando ao **particular que exerce direitos sobre o bem**.

---

7. **Art. 22.** O locador é obrigado a: (...)

   VIII – pagar os impostos e taxas, e ainda o prêmio de seguro complementar contra fogo, que incidam ou venham a incidir sobre o imóvel, salvo disposição expressa em contrário no contrato.

O **adjudicante**, na qualidade de **adquirente do imóvel**, torna-se **responsável pelo pagamento dos tributos incidentes sobre o bem adjudicado**, haja vista que a **obrigação tributária decorrente do IPTU possui natureza** *propter rem*.

Esse caráter jurídico implica que o **tributo acompanha o bem imóvel**, independentemente das **mutações subjetivas da titularidade**, recaindo sobre aquele que detém o **domínio útil** ou a **posse qualificada do bem**.

Dessa forma, o **fato gerador do IPTU** se aperfeiçoa **anualmente**, tendo como **sujeito passivo o proprietário, possuidor** ou **titular do domínio útil** no **momento da ocorrência do fato imponível**.

No entanto, a **incidência do IPTU sobre imóveis sujeitos à desapropriação indireta** configura uma **situação peculiar** e de **relevante impacto jurídico**.

A **desapropriação indireta** caracteriza-se pela **intervenção estatal na propriedade que inviabiliza** ou **restringe o uso e gozo do bem, retirando-lhe seu conteúdo econômico**, ainda que **sem a formalização prévia de um procedimento expropriatório**. Tal restrição pode se manifestar sob diferentes formas, incluindo **limitações administrativas, servidões e outras restrições urbanísticas que esvaziam a utilidade econômica do imóvel**.

Embora a ordem constitucional assegure a **supremacia do interesse público sobre o particular**, esse princípio **não pode ser utilizado para transferir ao contribuinte o ônus financeiro da manutenção de um bem cuja destinação foi arbitrariamente modificada pelo Estado**, ferindo o **princípio da vedação ao confisco** e da **justa indenização** prevista no **art. 5º, XXIV, da CF/1988**[8].

Diante dessa problemática, enquanto **não houver decisão judicial definitiva reconhecendo a desapropriação indireta** e a **devida transcrição da carta de sentença no Registro de Imóveis**, permanece a **obrigação do proprietário pelo pagamento do IPTU**, uma vez que a **capacidade contributiva exigida para a incidência do imposto** é estabelecida *ex lege*, e **não vinculada à efetiva fruição econômica do bem**.

Ocorre que, em casos de **desapropriação indireta**, o imóvel muitas vezes **não gera qualquer proveito econômico ao seu titular**, sendo **paradoxal exigir-lhe o cumprimento de uma obrigação tributária sem correspondência com o princípio da capacidade contributiva**.

Esse cenário tem sido objeto de reiteradas discussões no âmbito do **Superior Tribunal de Justiça**, que, em diversas oportunidades, reconheceu a **possibilidade de afastamento da exigência do IPTU quando demonstrado o esvaziamento do conteúdo econômico do imóvel expropriado de fato pelo Estado**.

---

8. **Art. 5º** (...)

XXIV – a lei estabelecerá o procedimento para desapropriação por necessidade ou utilidade pública, ou por interesse social, mediante justa e prévia indenização em dinheiro, ressalvados os casos previstos nesta Constituição.

Portanto, a exigência do IPTU em **hipóteses de desapropriação indireta** deve ser analisada sob a **ótica dos princípios constitucionais tributários** e da **justa indenização**, garantindo-se ao contribuinte o **direito à revisão da obrigação tributária** quando demonstrado que a **intervenção estatal impossibilitou o exercício dos atributos essenciais da propriedade.**

Enquanto **não formalizada a transferência dominial**, a responsabilidade tributária **permanece com o titular do bem**, mas essa imposição **não pode configurar ônus desproporcional** ou **violação dos direitos fundamentais do contribuinte.**

A **incidência do IPTU** sobre **imóveis situados em zonas de preservação ambiental** inseridas em **unidades de uso sustentável de propriedades particulares** apresenta uma **peculiaridade** que exige **compatibilização entre a tributação municipal**, o **direito de propriedade** e a **proteção ambiental.**

A **imposição de restrições ambientais significativas ao uso da propriedade** pode resultar em uma **perda substancial de seu valor econômico**, reduzindo sua **destinação produtiva** e **restringindo sua fruição pelo proprietário.**

Nesses casos, tem-se discutido a **necessidade de revisão da base de cálculo do IPTU**, à luz dos **princípios da capacidade contributiva** e da **função socioambiental da propriedade**, de forma a **evitar a onerosidade excessiva sobre o contribuinte.**

O entendimento que fundamenta essa revisão **não visa à concessão de imunidade tributária**, mas à **adequação da tributação à realidade fática do bem imóvel**, garantindo a **proporcionalidade da exação tributária** com a real **possibilidade de exploração econômica do bem.**

Situação distinta ocorre nos casos de **invasão do imóvel por movimentos sociais**, onde se discute a **possibilidade de exoneração do proprietário da obrigação tributária**, uma vez que a **invasão pode esvaziar totalmente o conteúdo econômico da propriedade**, impossibilitando o **exercício de seus atributos essenciais.**

A jurisprudência tem reconhecido que, **quando o proprietário é impedido de exercer sua posse de forma legítima e eficaz**, a incidência do IPTU pode ser afastada, pois **inexiste a materialização do princípio da capacidade contributiva.**

No entanto, **se a invasão não for decorrente de ação** ou **omissão do próprio Município**, a **administração tributária não pode ser penalizada pelo fato**, razão pela qual a **obrigação tributária poderá ser mantida**, salvo se **reconhecida judicialmente a total impossibilidade de exercício da propriedade pelo contribuinte.**

Assim, a análise da **exigibilidade do IPTU** nessas situações deve considerar se o **esvaziamento da propriedade decorreu de ato do Poder Público** ou de **circunstância alheia à sua atuação**, garantindo a **isonomia tributária** e a **justa distribuição do ônus fiscal.**

V – Aspecto Quantitativo

A análise do **aspecto quantitativo do IPTU** é fundamental para estabelecimento do *quantum debeatur*, à luz da definição da **base de cálculo** e das respectivas **alíquotas**.

A **composição da base de cálculo do IPTU** encontra respaldo no **art. 33 do CTN**[9], que estabelece como **critério de apuração o valor venal do imóvel**.

Nos termos do **parágrafo único** desse dispositivo, a **base de cálculo do tributo** deve refletir o **valor pelo qual o bem seria transacionado em condições normais de mercado**, sem considerar **fatores estranhos à sua precificação objetiva**, como **encargos financeiros incidentes sobre eventual financiamento**.

Essa metodologia busca garantir que a tributação do IPTU seja **proporcional ao real valor patrimonial do imóvel**, observando o **princípio da capacidade contributiva**, conforme delineado pelo **art. 145, § 1º, da CF/1988**.

O **valor venal** deve ser compreendido como a **estimativa do preço corrente do imóvel no mercado imobiliário**, levando em consideração suas **características físicas**, **localização, infraestrutura urbana disponível** e **outros fatores que influenciam sua precificação comercial**.

No entanto, a apuração desse valor **não deve se confundir com avaliações especulativas ou subjetivas**, devendo respeitar **critérios técnicos estabelecidos pela legislação municipal** e alinhados a **métodos de avaliação imobiliária amplamente reconhecidos**.

Dessa forma, a **base de cálculo do IPTU** deve refletir o **real potencial econômico do imóvel no mercado**, sem **onerar excessivamente o contribuinte** ou comprometer a **razoabilidade da tributação municipal**.

A **fixação do valor venal do imóvel**, que serve como **base de cálculo do IPTU**, é uma **competência exclusiva do Poder Público municipal**, conforme estabelecido na legislação tributária.

Diferentemente da **majoração da base de cálculo**, que demanda observância dos **princípios da legalidade e anterioridade tributária**, a mera **atualização monetária do valor venal do imóvel** não está sujeita a tais princípios. Isso ocorre porque a **atualização monetária da base de cálculo do IPTU** não configura **majoração do tributo em si**, mas sim uma **reavaliação patrimonial do imóvel**, cuja **periodicidade** e **metodologia** são definidas pela **legislação municipal**.

Nos termos do art. 156, § 1º, III, da CF/1988:

---

9. **Art. 33**. A base do cálculo do imposto é o valor venal do imóvel.

    Parágrafo único. Na determinação da base de cálculo, não se considera o valor dos bens móveis mantidos, em caráter permanente ou temporário, no imóvel, para efeito de sua utilização, exploração, aformoseamento ou comodidade.

> Art. 156 (...)
>
> § 1º (...)
>
> III – ter sua base de cálculo atualizada pelo Poder Executivo, conforme critérios estabelecidos em lei municipal. (Incluído pela Emenda Constitucional nº 132, de 2023).

A EC 132/2023 introduziu significativa alteração no **regime jurídico do IPTU** ao permitir que sua **base de cálculo seja atualizada diretamente pelo Poder Executivo municipal**, desde que observados os **critérios estabelecidos em lei municipal**.

Tal modificação constitucional representa uma **ampliação da autonomia tributária dos municípios**, permitindo **maior flexibilidade na adequação do valor venal dos imóveis sem a necessidade de aprovação legislativa específica para cada atualização**.

O dispositivo busca conferir **maior eficiência à gestão tributária municipal**, alinhando a **tributação à valorização imobiliária** e evitando **distorções decorrentes da defasagem da base de cálculo do imposto**.

Essa alteração, contudo, **não autoriza a majoração arbitrária do tributo pelo Poder Executivo**. A **atualização da base de cálculo** deve observar **critérios objetivos fixados em lei municipal**, garantindo **previsibilidade e segurança jurídica aos contribuintes**.

Ademais, a **atualização não pode configurar aumento indireto do IPTU**, pois, conforme reiterado pela jurisprudência do STF, a **alteração da base de cálculo não pode ultrapassar os limites da recomposição inflacionária sob pena de caracterizar aumento de tributo**, o que demandaria observância da **legalidade** e **anterioridade**.

Dessa forma, a alteração promovida pela EC 132/2023 **fortalece a capacidade arrecadatória dos municípios**, mas não os exime do dever de respeitar os **princípios da legalidade, razoabilidade e capacidade contributiva**, evitando a **tributação excessiva** e garantindo o **equilíbrio entre a arrecadação municipal** e os **direitos dos contribuintes**.

A **apuração do valor venal** é realizada pelo município por meio da **Planta Genérica de Valores** (PGV), instrumento normativo que estabelece **critérios objetivos para a valoração dos imóveis urbanos**.

A PGV considera **variáveis do mercado imobiliário**, como **localização, metragem, infraestrutura urbana, destinação econômica** e **características construtivas do imóvel**, permitindo a adequação da base de cálculo ao preço real de mercado.

Embora a metodologia adotada pelo ente municipal deva respeitar **parâmetros técnicos**, a jurisprudência do STJ reconhece a **possibilidade de impugnação judicial da base de cálculo** sempre que for demonstrado que o **valor venal fixado pelo município diverge significativamente do valor de mercado**, resultando em uma **tributação desproporcional e confiscatória**.

Dessa forma, a **aplicação da PGV** deve garantir **isonomia** e **segurança jurídica na cobrança do IPTU**, evitando **distorções** que comprometam a **equidade tributária**.

A CF/1988 autoriza que os Municípios possam adotar a **seletividade** e a **progressividade** na definição das alíquotas do IPTU.

Dispõe o **art. 156, § 1º, II, da CF/1988**:

> Art. 156 (...)
>
> § 1º (...)
>
> II – ter alíquotas diferentes de acordo com a localização e o uso do imóvel; (Incluído pela Emenda Constitucional nº 29, de 2000).

A **seletividade do IPTU** prevê a possibilidade de instituição de **alíquotas diferenciadas** em razão **da localização** e do **uso do imóvel**. Essa previsão constitucional permite aos municípios graduarem a **tributação imobiliária de forma a refletir a função socioeconômica dos imóveis urbanos**.

A **diferenciação de alíquotas com base na localização** tem fundamento na **valorização imobiliária decorrente da infraestrutura urbana** e dos **serviços públicos disponibilizados pelo município**, refletindo a **capacidade contributiva dos proprietários de imóveis situados em áreas mais valorizadas**.

Da mesma forma, a **diferenciação conforme o uso do imóvel** permite que o IPTU incida com **alíquotas distintas sobre propriedades residenciais, comerciais, industriais** ou **não edificadas**, desestimulando a **ociosidade do solo urbano** e promovendo o **cumprimento da função social da propriedade**, nos termos dos **arts. 182 e 183 da CF/1988**[10].

---

10. **Art. 182.** A política de desenvolvimento urbano, executada pelo Poder Público municipal, conforme diretrizes gerais fixadas em lei, tem por objetivo ordenar o pleno desenvolvimento das funções sociais da cidade e garantir o bem-estar de seus habitantes.

    § 1º O plano diretor, aprovado pela Câmara Municipal, obrigatório para cidades com mais de vinte mil habitantes, é o instrumento básico da política de desenvolvimento e de expansão urbana.

    § 2º A propriedade urbana cumpre sua função social quando atende às exigências fundamentais de ordenação da cidade expressas no plano diretor.

    § 3º As desapropriações de imóveis urbanos serão feitas com prévia e justa indenização em dinheiro.

    § 4º É facultado ao Poder Público municipal, mediante lei específica para área incluída no plano diretor, exigir, nos termos da lei federal, do proprietário do solo urbano não edificado, subutilizado ou não utilizado, que promova seu adequado aproveitamento, sob pena, sucessivamente, de:

    I – parcelamento ou edificação compulsórios;

    II – imposto sobre a propriedade predial e territorial urbana progressivo no tempo;

    III – desapropriação com pagamento mediante títulos da dívida pública de emissão previamente aprovada pelo Senado Federal, com prazo de resgate de até dez anos, em parcelas anuais, iguais e sucessivas, assegurados o valor real da indenização e os juros legais.

    Art. 183. Aquele que possuir como sua área urbana de até duzentos e cinquenta metros quadrados, por cinco anos, ininterruptamente e sem oposição, utilizando-a para sua moradia ou de sua família, adquirir-lhe-á o domínio, desde que não seja proprietário de outro imóvel urbano ou rural.

    § 1º O título de domínio e a concessão de uso serão conferidos ao homem ou à mulher, ou a ambos, independentemente do estado civil.

    § 2º Esse direito não será reconhecido ao mesmo possuidor mais de uma vez.

    § 3º Os imóveis públicos não serão adquiridos por usucapião.

1080 | DIREITO TRIBUTÁRIO INTERDISCIPLINAR • Caio Bartine

Além da **seletividade**, as **alíquotas do IPTU** podem ser dotadas de **progressividade**, a qual se desdobra em duas modalidades distintas: a **progressividade extrafiscal** e a **progressividade fiscal**.

A **progressividade extrafiscal** é um instrumento voltado à **intervenção do Estado na ordem urbanística e ambiental**, estando prevista no **art. 182, § 4º, II, da CF/1988**, tendo como finalidade **assegurar a função social da propriedade urbana**, em consonância com os **princípios gerais da ordem econômica** e do **desenvolvimento sustentável**, insculpidos no **art. 170 da CF/1988**[11]. Essa modalidade permite que o IPTU seja majorado progressivamente ao longo do tempo para **imóveis não edificados ou subutilizados**, incentivando sua **utilização adequada e desestimulando a especulação imobiliária**.

Para regulamentar essa diretriz constitucional, o **Estatuto da Cidade** (Lei 10.257/2001) disciplinou uma série de **mecanismos voltados à concretização da função social da propriedade**, tais como o **plano diretor**, o **parcelamento e edificação compulsória**, a **progressividade temporal do IPTU**, a **desapropriação urbanística** e o **direito de preempção**.

Por outro lado, a **progressividade fiscal do IPTU** foi expressamente admitida pela **Emenda Constitucional 29/2000**, que incluiu o **art. 156, § 1º, da CF/1988**, permitindo a **progressividade em razão do valor do imóvel**.

Diferentemente da **progressividade extrafiscal**, que tem **finalidade regulatória** e busca **desestimular a subutilização de imóveis urbanos por meio da majoração periódica do tributo**, a **progressividade fiscal do IPTU tem um caráter eminentemente arrecadatório**, visando garantir que **contribuintes com maior patrimônio imobiliário suportem uma carga tributária proporcionalmente superior àqueles que possuem imóveis de menor valor**.

---

11. **Art. 170.** A ordem econômica, fundada na valorização do trabalho humano e na livre iniciativa, tem por fim assegurar a todos existência digna, conforme os ditames da justiça social, observados os seguintes princípios:

I – soberania nacional;

II – propriedade privada;

' III – função social da propriedade;

IV – livre concorrência;

V – defesa do consumidor;

VI – defesa do meio ambiente, inclusive mediante tratamento diferenciado conforme o impacto ambiental dos produtos e serviços e de seus processos de elaboração e prestação; (Redação dada pela Emenda Constitucional nº 42, de 19.12.2003)

VII – redução das desigualdades regionais e sociais;

VIII – busca do pleno emprego;

IX – tratamento favorecido para as empresas de pequeno porte constituídas sob as leis brasileiras e que tenham sua sede e administração no País. (Redação dada pela Emenda Constitucional nº 6, de 1995)

Parágrafo único. É assegurado a todos o livre exercício de qualquer atividade econômica, independentemente de autorização de órgãos públicos, salvo nos casos previstos em lei.

Essa progressividade foi consolidada pelo Supremo Tribunal Federal, que, ao julgar a **Súmula 668**[12], reafirmou que a **exigência de progressividade do IPTU somente é válida quando expressamente prevista em lei municipal específica**, vedando a aplicação desse critério de **forma arbitrária** ou **sem fundamento normativo**.

Observe que, **até o advento da EC 29/00**, só se admitia, constitucionalmente, a **progressividade extrafiscal**, sendo considerada **inconstitucional qualquer lei municipal que atribuísse uma progressividade fiscal ao IPTU**. Após o advento da EC 29/00, admite-se tanto a **progressividade extrafiscal** quanto a **progressividade fiscal ao IPTU**, ante a existência de autorização constitucional.

A **progressividade fiscal do IPTU**, portanto, está diretamente vinculada ao **princípio da capacidade contributiva** permitindo que o **tributo incida de maneira escalonada sobre imóveis de maior valor venal**, sem que isso configure ofensa ao **princípio da isonomia tributária**.

Com isso, a **tributação imobiliária nos municípios** pode ser estruturada de forma a **promover uma distribuição mais justa da carga fiscal**, onerando de maneira **diferenciada os proprietários de imóveis de maior valor econômico** e reduzindo a **regressividade do sistema tributário municipal**.

 ENTENDIMENTO JURISPRUDENCIAL

TRIBUTÁRIO E PROCESSUAL CIVIL. AGRAVO INTERNO NO RECURSO ESPECIAL. EXCEÇÃO DE PRÉ-EXECUTIVIDADE. SUJEITO PASSIVO DA OBRIGAÇÃO TRIBUTÁRIA. IPTU. PROMITENTE COMPRADOR E PROMITENTE VENDEDOR. LEGITIMIDADE PASSIVA. POSSIBILIDADE DE OPÇÃO, PELO LEGISLADOR MUNICIPAL. ART. 34 DO CTN. EFICÁCIA VINCULATIVA DO ACÓRDÃO PROFERIDO NO RESP 1.110.551/SP. ART. 543-C DO CPC/73. AGRAVO INTERNO IMPROVIDO. I. Agravo interno aviado contra decisão que julgara Recurso Especial interposto contra acórdão publicado na vigência do CPC/73. II. Na origem, trata-se de Agravo de Instrumento, interposto por V. L. V. Empreendimentos Imobiliários Ltda., em face de decisão que não acolhera Exceção de Pré-Executividade, em Execução Fiscal para a cobrança de IPTU. A Corte de origem deu provimento ao Agravo de Instrumento, para excluir a excipiente, promitente vendedora, do polo passivo da execução. Interposto Recurso Especial, nele o Município de São José do Rio Preto apontou violação aos arts. 32 e 34 do CTN e 1.245, § 1º, do Código Civil, bem como divergência jurisprudencial, sustentando que cabe à legislação municipal estabelecer o sujeito passivo do IPTU e que o simples compromisso de venda e compra, ainda que registrado, não é suficiente para transmitir a propriedade do imóvel tributado. Nesta Corte o Recurso Especial foi provido, com base na jurisprudência do STJ, a fim de reconhecer a legitimidade passiva da executada excipiente, ensejando a interposição do Agravo interno.

---

12. **Súmula 668 do STF** – É inconstitucional a lei municipal que tenha estabelecido, antes da emenda constitucional 29/2000, alíquotas progressivas para o IPTU, salvo se destinada a assegurar o cumprimento da função social da propriedade urbana.

III. A Primeira Seção do STJ, no julgamento do REsp 1.111.202/SP, submetido ao rito do art. 543-C do CPC/73 (Rel. Ministro MAURO CAMPBELL MARQUES, DJe de 18/06/2009), firmou orientação, à luz do art. 34 do CTN, no sentido de que tanto o promitente comprador (possuidor a qualquer título) do imóvel, quanto o proprietário/promitente vendedor (aquele que tem a propriedade registrada no Registro de Imóveis), são contribuintes responsáveis pelo IPTU, cabendo ao legislador municipal eleger qualquer deles para o pagamento, orientação que se aplica, inclusive, às hipóteses em que o compromisso de compra e venda foi devidamente registrado em Cartório. Precedentes do STJ. IV. Com efeito, na forma da jurisprudência do STJ, "o legislador tributário municipal pode eleger o sujeito passivo do IPTU, contemplando quaisquer das situações previstas no CTN. Ressalte-se que a inclusão do promitente-comprador como contribuinte, por si só, não implica a exclusão do proprietário (promitente-vendedor)" (STJ, AgRg no REsp 1.564.760/SP, Rel. Ministro MAURO CAMPBELL MARQUES, SEGUNDA TURMA, DJe de 29/02/2016). V. O STJ entende que "a Lei 6.766/1979 não modifica a disciplina tributária na cobrança do IPTU regulada pelo art. 34 do CTN. Precedente: REsp 1.694.866/SP, Relator Ministro Herman Benjamin, Segunda Turma, DJe 19/12/2017" (STJ, AgInt no REsp 1.784.596/SP, Rel. Ministro HERMAN BENJAMIN, SEGUNDA TURMA, DJe de 19/06/2019). VI. O presente caso não se enquadra na hipótese da exceção, observada no julgamento do REsp 1.204.294/RJ (Rel. Ministro MAURO CAMPBELL MARQUES, PRIMEIRA SEÇÃO, DJe de 21/06/2011), sob o rito do art. 543-C do CPC/73, notadamente a aquisição do imóvel, pelo promitente comprador, pela usucapião. Nesse sentido: STJ, AgInt nos EDcl no REsp 1.627.100/SP, Rel. Ministro MAURO CAMPBELL MARQUES, SEGUNDA TURMA, DJe de 22/03/2017; AgInt no REsp 1.695.049/SP, Rel. Ministro OG FERNANDES, SEGUNDA TURMA, DJe de 21/02/2019. VII. Agravo interno improvido. **(STJ – AgInt no REsp: 1888631 SP** 2020/0199752-1, Relator.: Ministra ASSUSETE MAGALHÃES, Data de Julgamento: 17/04/2023, T2 – SEGUNDA TURMA, Data de Publicação: DJe 24/04/2023)

TRIBUTÁRIO. IPTU. IMÓVEL SUBMETIDO AO USUFRUTO. PROPRIETÁRIO. SUJEIÇÃO PASSIVA. RECONHECIMENTO. 1. Com o julgamento pela Primeira Seção desta Corte Superior dos Recursos Especiais 1.111.202/SP e 1.110.551/SP pela sistemática dos repetitivos, assentou-se a orientação jurisprudencial segundo a qual o art. 34 do CTN elenca como contribuintes do IPTU tanto o proprietário quanto o detentor de domínio útil e o possuidor da coisa, este desde que tenha animus domini, cabendo à lei local de regência eleger sobre quem irá recair a sujeição passiva do imposto no âmbito daquela municipalidade. 2. Aplicando esse entendimento à espécie, no caso de imóvel gravado com usufruto, tanto o proprietário, que remanesce com o domínio indireto, quanto o usufrutuário, que exerce a posse direta e detém o domínio útil, são contribuintes do IPTU, podendo a lei municipal disciplinar a sujeição passiva de qualquer um deles ou, ainda, de ambos. 3. Hipótese em que o proprietário também pode ser contribuinte do IPTU incidente sobre o imóvel objeto de usufruto. 4. Agravo conhecido para dar provimento ao recurso especial.
(STJ – AREsp: 1566893 SP 2019/0243465-3, Data de Julgamento: 14/06/2022, T1 – PRIMEIRA TURMA, Data de Publicação: DJe 15/08/2022)

TRIBUTÁRIO. EXECUÇÃO FISCAL. IPTU. RESPONSABILIDADE SOLIDÁRIA. PROMITENTE VENDEDOR. RESP 1.111.202/SP - TEMA 122/STJ DOS RECURSOS REPETITIVOS. PARCELAMENTO DO CRÉDITO TRIBUTÁRIO, PELO PROMITENTE COMPRADOR. PRESUNÇÃO DE RENÚNCIA À SOLIDARIEDADE. ART. 282 DO CÓDIGO CIVIL. INEXISTÊNCIA. RECURSO ESPECIAL PROVIDO. I. Na origem, trata-se de Agravo de Instrumento interposto pela ora recorrida, incorporadora imobiliária, em face de decisão que rejeitara Exceção de Pré-executividade por ela manejada, na qual defendia sua ilegitimidade para figurar no polo passivo de Execução Fiscal proposta pelo Município de São Carlos, visando a recuperação de crédito tributário de IPTU de 2016 a 2018, referente a imóvel objeto de promessa de compra e venda com pacto adjeto de alienação fiduciária, formalizada por instrumento particular, não levado a registro, pela promitente compradora. A decisão de 1º Grau registrou que, "no caso de São Carlos, o art. 144 do Código Tributário Municipal prevê que o imposto tem como fato gerador o domínio útil a posse ou a 'propriedade' imobiliária". II. A Corte de origem - mesmo reconhecendo que o promitente vendedor continuava como proprietário do imóvel, por inexistir registro de título translativo da propriedade no Registro Imobiliário, nos termos dos arts. 1.227 e 1.245 do Código Civil - deu provimento ao Agravo de Instrumento, afastando a incidência

de tese firmada no REsp 1.111.202/SP, Tema 122 dos recursos repetitivos (Rel. Ministro MAURO CAMPBELL MARQUES, PRIMEIRA SEÇÃO, DJe de 18/06/2009), no sentido de que "tanto o promitente comprador (possuidor a qualquer título) do imóvel quanto seu proprietário/promitente vendedor (aquele que tem a propriedade registrada no Registro de Imóveis) são contribuintes responsáveis pelo pagamento do IPTU (...) ao legislador municipal cabe eleger o sujeito passivo do tributo, contemplando qualquer das situações previstas no CTN. Definindo a lei como contribuinte o proprietário, o titular do domínio útil, ou o possuidor a qualquer título, pode a autoridade administrativa optar por um ou por outro visando a facilitar o procedimento de arrecadação". III. Fundamentou-se o acórdão recorrido no sentido de que o promitente vendedor, em 10/05/2013, firmou contrato particular de promessa de compra e venda do imóvel, com alienação fiduciária em garantia, não levado a registro imobiliário. Afirmou que, "no caso concreto, em 18.03.2020, a coexecutada, compromissária Andreia Boldrini de Moraes [promitente compradora] assinou Termo de confissão de dívida e parcelamento de débito do IPTU dos exercícios de 2013 a 2019 (acordo nº 731526 – fls. 176/177) junto ao Município credor. Com isso, a compromissária [promitente compradora] assumiu as dívidas em relação ao imóvel, com aceite do Município, de forma que deixa de existir a legitimidade concorrente, com a renúncia da solidariedade passiva, nos termos do art. 282 do Código Civil". IV. Embora o art. 282 do Código Civil permita ao credor renunciar à solidariedade em favor dos devedores, daí não se extrai que o parcelamento tributário, requerido por um dos devedores solidários – no caso, a promitente compradora –, importe, ipso facto, em renúncia à solidariedade, em relação aos demais coobrigados, na hipótese, o promitente vendedor. V. O art. 265 do Código Civil prevê que "a solidariedade não se presume; resulta da lei ou da vontade das partes", sendo lídimo concluir que, por simetria, a renúncia à solidariedade também não se presume, decorrendo da lei ou da vontade das partes. VI. O mero parcelamento da dívida tributária por um dos devedores solidários, desprovida da renúncia expressa, pelo sujeito ativo da exação, em relação à solidariedade passiva do promitente vendedor, não configura razão bastante para afastar a lógica da tese firmada no REsp 1.111.202/SP, julgado sob o rito do art. 543-C do CPC/73. VII. Não se desconhece que a obrigação de levar a registro o instrumento de compra e venda, após o integral adimplemento da avença, em geral incumbe ao comprador, que, não raro, resiste à imediata averbação, visando postergar o pagamento de taxas, emolumentos e de imposto incidente na operação. Sucede que tal oposição ou procrastinação, em gerando prejuízo à parte contratante, resolve-se em perdas e danos, não interferindo na relação jurídico-tributária entre os sujeitos passivos solidários do IPTU e o sujeito ativo. Na forma da jurisprudência do STJ, só o registro da escritura definitiva de compra e venda autoriza o reconhecimento da ausência de responsabilidade tributária do proprietário vendedor do imóvel "razão pela qual não serve a essa finalidade o contrato de promessa, ainda que registrado e apoiado nas cláusulas de irretratabilidade e irrevogabilidade" (STJ, AgInt no REsp 1.948.435/RJ, Rel. Ministro BENEDITO GONÇALVES, PRIMEIRA TURMA, DJe de 18/11/2021). No mesmo sentido: "(...) as Turmas que compõem a Seção de Direito Público do STJ vêm ratificando o entendimento de que a existência de contrato de compromisso de compra e venda de imóvel, com transferência imediata da posse, ainda que acompanhada de registro no cartório imobiliário, não afasta a responsabilidade tributária do alienante. Citam-se, a título exemplificativo: AgInt no REsp 1.653.513/SP, Rel. Ministro Benedito Gonçalves, Primeira Turma, DJe 18/12/2019; e AgInt no REsp 1.819.068/SP, Rel. Ministro Herman Benjamin, DJe 19/12/2019" (STJ, REsp 1.849.545/SP, Rel. Ministro HERMAN BENJAMIN, SEGUNDA TURMA, DJe de 06/10/2020). No caso, sequer há registro do instrumento particular de promessa de compra e venda do imóvel, com pacto adjeto de alienação fiduciária, como reconhece o acórdão recorrido. VIII. Recurso Especial provido.
(STJ – REsp: 1978780 SP 2021/0400953-7, Relator.: Ministra ASSUSETE MAGALHÃES, Data de Julgamento: 05/04/2022, T2 – SEGUNDA TURMA, Data de Publicação: DJe 07/04/2022)
AGRAVO INTERNO NO RECURSO ESPECIAL. LOCAÇÃO. PRESCRIÇÃO DA PRETENSÃO DE RESSARCIMENTO DE DÉBITO ACESSÓRIO (IPTU). PRAZO TRIENAL. AGRAVO INTERNO DESPROVIDO. 1. É trienal o prazo prescricional para o ressarcimento de valores relativos a débito acessório ao contrato de locação de imóvel, como o IPTU, conforme art. 206, § 3º, I, do CC. Precedentes. 2. Agravo interno desprovido.
(STJ – AgInt no REsp: 1987709 DF 2022/0054035-8, Data de Julgamento: 27/06/2022, T4 – QUARTA TURMA, Data de Publicação: DJe 29/06/2022)

CIVIL. AGRAVO INTERNO NO RECURSO ESPECIAL. AÇÃO DECLARATÓRIA CUMULADA COM REPETIÇÃO DE INDÉBITO E REPARAÇÃO POR DANOS MATERIAIS. ATRASO NA ENTREGA DA OBRA. PREQUESTIONAMENTO PARCIAL. LUCROS CESSANTES. PRESUNÇÃO. RESPONSABILIDADE DO PROMITENTE COMPRADOR PELAS DESPESAS DO IMÓVEL. AUSÊNCIA. TERMO INICIAL. IMISSÃO NA POSSE. 1. A ausência de decisão acerca de dispositivo legal indicado como violado impede o conhecimento do recurso especial. 2. O atraso na entrega do imóvel enseja o pagamento de indenização por lucros cessantes durante o período de mora, sendo presumido o prejuízo do promitente comprador. Precedentes. 3. A responsabilidade do promitente comprador pelas despesas do imóvel, como condomínio e IPTU, somente se dá a partir da imissão na posse, a qual ocorre com o recebimento das chaves. Precedentes. 4. Agravo interno não provido. **(STJ – AgInt nos EDcl no REsp: 1961537 SP** 2021/0263086-0, Relator.: Ministra NANCY ANDRIGHI, Data de Julgamento: 14/03/2022, T3 – TERCEIRA TURMA, Data de Publicação: DJe 18/03/2022) PROCESSUAL CIVIL. TRIBUTÁRIO. IPTU. EXECUÇÃO FISCAL. LEGITIMIDADE PASSIVA. PROPRIETÁRIO CONSTANTE NO REGISTRO DE IMÓVEIS. JULGADO SOB O RITO DOS RECURSOS REPETITIVOS. RESP N. 1.111.202/SP. ACÓRDÃO EM CONFRONTO COM A JURISPRUDÊNCIA DO STJ. I – Na origem, trata-se de embargos opostos por Minerbras S.A. Indústria e Comércio à execução fiscal ajuizada pelo Município de Porto Alegre relativa a débitos de IPTU, alegando ilegitimidade passiva da executada. II – Na sentença julgaram-se procedentes os pedidos. No Tribunal a quo, a sentença foi parcialmente reformada, apenas para fixar os honorários advocatícios em 20% sobre o valor da causa. Esta Corte conheceu do agravo para dar provimento ao recurso especial no sentido de reconhecer como responsável tributário o proprietário do imóvel perante o registro de imóveis. III – A jurisprudência do Superior Tribunal de Justiça é firme no sentido de que a responsabilidade pelo pagamento do IPTU pode ser eleita pelo município, tanto ao possuidor a qualquer título, quanto ao titular da propriedade no registro de imóveis, conforme decidido no Recurso Especial n. 1.111.202/SP, julgado sob o rito dos recursos especiais repetitivos. Nesse panorama, confiram-se, os seguintes precedentes: (REsp 1.829.829/SP, relator Ministro Herman Benjamin, Segunda Turma, julgado em 5/9/2019, DJe 11/10/2019, AgInt no REsp 1.774.182/SP, relator Ministro Francisco Falcão, Segunda Turma, julgado em 7/11/2019, DJe 18/11/2019 e AgRg no AREsp 337.190/SC, relatora Ministra Assusete Magalhães, Segunda Turma, julgado em 17/3/2016, DJe 30/3/2016.) IV – Agravo interno improvido. **(STJ – AgInt no AgInt no AREsp: 1571670 RS** 2019/0253475-0, Relator.: Ministro FRANCISCO FALCÃO, Data de Julgamento: 13/03/2023, T2 – SEGUNDA TURMA, Data de Publicação: DJe 16/03/2023) PROCESSUAL CIVIL. TRIBUTÁRIO. IPTU. EXECUÇÃO FISCAL. IMÓVEL. OCUPAÇÃO CLANDESTINA. PROPRIETÁRIO. PERDA DOS DIREITOS INERENTES À PROPRIEDADE. ILEGITIMIDADE PASSIVA. DÉBITO TRIBUTÁRIO. LANÇAMENTO. OCUPANTES DA ÁREA INVADIDA. I – Na origem, trata-se de embargos opostos por Minerbrás S.A. Indústria e Comércio à execução fiscal, ajuizada pelo Município de Porto Alegre, para cobrança de débitos de IPTU, sustentando sua ilegitimidade passiva. Na sentença, indeferiu-se a petição inicial por ausência de interesse processual. No Tribunal a quo, a sentença foi reformada para reconhecer a ilegitimidade passiva e extinguir a execução fiscal. Nesta Corte, conheceu-se do agravo para negar provimento ao recurso especial. II – A jurisprudência do Superior Tribunal de Justiça é firme no sentido de que é inexigível a cobrança de tributos de proprietário que não detém a posse do imóvel, em decorrência da ocupação clandestina do bem por terceiros, porquanto ele se encontra despojado do domínio e, consequentemente, dos atributos inerentes à propriedade (reivindicar usar, gozar e dispor) do bem imóvel, o que desnatura a base material do fato gerador do IPTU/TCL. III – O Tribunal de origem consignou expressamente que, in casu, é necessário considerar que se trata de invasão consolidada, verificando-se a perda do exercício dos poderes inerentes à propriedade há muito tempo pela parte embargante. IV – O acórdão recorrido encontra-se alinhado com a jurisprudência desta Corte Superior. Nesse sentido, destacam-se: (AgInt no AREsp n. 1.616.037/RS, relator Ministro Francisco Falcão, Segunda Turma, julgado em 21/9/2020, DJe 24/9/2020 e REsp n. 1.766.106/PR, relator Ministro Herman Benjamin, Segunda Turma, julgado em 4/10/2018, DJe 28/11/2018). V – Agravo interno improvido. **(STJ – AgInt no AREsp: 1885206 RS** 2021/0125953-0, Relator.: Ministro FRANCISCO FALCÃO, Data de Julgamento: 14/03/2022, T2 – SEGUNDA TURMA, Data de Publicação: DJe 17/03/2022)

22 • IMPOSTOS ORDINÁRIOS MUNICIPAIS

AGRAVO INTERNO NO AGRAVO EM RECURSO ESPECIAL. TRIBUTÁRIO. IPTU. COBRANÇA. IMÓVEL OCU-PADO POR TERCEIROS. OCUPAÇÃO CLANDESTINA. PERDA DO DOMÍNIO E DOS DIREITOS INERENTES À PROPRIEDADE. IMPOSSIBILIDADE DA SUBSISTÊNCIA DA EXAÇÃO TRIBUTÁRIA. ACÓRDÃO RECORRIDO EM CONSONÂNCIA COM A ORIENTAÇÃO DO STJ. SÚMULA 83/STJ. AGRAVO INTERNO A QUE NEGA PROVIMEN-TO. 1. A jurisprudência do Superior Tribunal de Justiça é firme no sentido de que "é inexigível a cobrança de tributos de proprietário que não detém a posse do imóvel, em decorrência da ocupação clandestina do bem por terceiros, porquanto ele se encontra despojado do domínio e, consequentemente, dos atributos inerentes à propriedade (reivindicar usar, gozar e dispor) do bem imóvel, o que desnatura a base material do fato gerador do IPTU/TCL" (AgInt no AREsp n. 1.885.206/RS, relator Ministro Francisco Falcão, Segunda Turma, DJe de 17/3/2022). Incidência da Súmula 83/STJ. 2. Agravo interno desprovido.
(**STJ – AgInt no AREsp: 1545307 RS** 2019/0209542-2, Relator.: Ministro PAULO SÉRGIO DOMINGUES, Data de Julgamento: 17/04/2023, T1 – PRIMEIRA TURMA, Data de Publicação: DJe 20/04/2023)
PROCESSUAL CIVIL E TRIBUTÁRIO. IPTU. LEGITIMIDADE ATIVA DO USUFRUTUÁRIO. 1. A Primeira Seção, no julgamento dos REsps 1.111.202/SP e 1.110.551/SP, submetidos à sistemática dos Recursos repetitivos, ao decidir sobre a responsabilidade dos promitentes vendedor e comprador de imóvel, assentou que o art. 34 do CTN elenca como contribuintes do IPTU tanto o proprietário quanto o possuidor da coisa, desde que tenha animus domini, cabendo à lei local de regência eleger sobre quem irá recair a sujeição passiva do imposto no âmbito daquela municipalidade. 2. Aplicando esse entendimento à espécie, no caso de imóvel gravado com usufruto, "tanto o proprietário, que remanesce com o domínio indireto, quanto o usufrutuário, que exerce a posse direta e detém o domínio útil, são contribuintes do IPTU, podendo a lei municipal disciplinar a sujeição passiva de qualquer um deles ou, ainda, de ambos" (AREsp 1.566.893-SP, Min. Rel. Gurgel de Faria, Primeira Turma, DJe 15.8.2022). 3. Nesse contexto, o Tribunal a quo, ao decidir "Fato é que o embargante, desde 2005, é usufrutuário vitalício dessa área (fls. 85/87), tendo, inclusive, afirmado isso na petição inicial (fls. 03 e 06), embora após tenha negado tal assertiva em sede de réplica (fls. 167)", está em consonância com a jurisprudência do STJ. Incidência da Súmula 83/STJ. 4. Ademais, alterar as conclusões da Corte de origem para acolher a tese recursal, de que o recorrente não é usufrutuário, implica reexame do conjunto fático-probatório dos autos, o que encontra óbice na Súmula 7/STJ. 5. Agravo Interno não provido.
(**STJ – AgInt no AREsp: 2260127 SP** 2022/0379848-5, Relator.: Ministro HERMAN BENJAMIN, Data de Julgamento: 21/08/2023, T2 – SEGUNDA TURMA, Data de Publicação: DJe 21/09/2023)
PROCESSUAL CIVIL. AGRAVO INTERNO NO RECURSO ESPECIAL. TRIBUTÁRIO. IPTU. RESPONSABILIDADE DO ARREMATANTE POR DÉBITOS POSTERIORES À ARREMATAÇÃO. 1. Constou expressamente do acórdão recorrido que: "Assim, se depois de formalizada a arrematação ela é considerada perfeita, ainda que haja morosidade dos mecanismos judiciais na expedição da carta de arrematação, para a devida averbação no RGI, o entendimento é no sentido de que os débitos fiscais deverão ser suportados pelo arrematante". Esse entendimento não merece reparo. Isso porque a regra contida no art. 130, parágrafo único, do CTN não afasta a responsabilidade do arrematante no que concerne aos débitos de IPTU posteriores à arrematação, ainda que postergada a respectiva imissão na posse. 2. Ressalte-se que a pendência de julgamento do Tema Repetitivo 1.134 (Primeira Seção, Rel. Min. Assusete Magalhães) não impede o julgamento do presente recurso, porquanto a questão submetida a julgamento pelo regime dos recursos repetitivos abrange a responsabilidade do arrematante pelos débitos tributários anteriores à arrematação, incidentes sobre o imóvel, em virtude de previsão em edital de leilão. 3. Agravo interno não provido.
(**STJ – AgInt no REsp: 1921489 RJ** 2021/0038430-4, Data de Julgamento: 28/02/2023, T2 – SEGUNDA TURMA, Data de Publicação: DJe 07/03/2023)
PROCESSUAL CIVIL E TRIBUTÁRIO. AGRAVO INTERNO. OFENSA AO ART. 1.022 DO CPC. INEXIS-TÊNCIA. LEGITIMIDADE DO MUNICÍPIO PARA A COBRANÇA DO IPTU. QUESTÃO DIRIMIDA À LUZ DOS FATOS E PROVAS DOS AUTOS E DA LEGISLAÇÃO LOCAL. REVISÃO. IMPOSSIBILIDA-DE. SÚMULAS 7/STJ E 280/STF. DIVERGÊNCIA JURISPRUDENCIAL PREJUDICADA. 1. A solução integral da controvérsia, com fundamento suficiente, não caracteriza ofensa ao art. 1.022 do CPC.

2. A jurisprudência do STJ consolidou-se no sentido de que é legal a cobrança do IPTU de imóveis localizados em zona de expansão urbana definida por legislação municipal, hipótese dos autos, mesmo que não contenha os melhoramentos previstos no art. 32, § 1º, da legislação tributária. Nesse sentido, aliás, a Súmula 626/STJ ("A incidência do IPTU sobre imóvel situado em área considerada pela lei local como urbanizável ou de expansão urbana não está condicionada à existência dos melhoramentos elencados no art. 32, § 1º, do CTN"). 3. Na hipótese, a Corte de origem entendeu devida a exigência do IPTU, consignando que "o bem está inserido no perímetro urbano, razão pela qual é desnecessária a comprovação do preenchimento dos requisitos do § 1º do art. 32 do CTN para a incidência do IPTU, existindo inclusive, matrícula individualizada para cada lote no Registro Imobiliário de Americana" e que "a zona de produção industrial integra a expansão urbana e houve a aprovação do loteamento denominado Fazenda Palmeiras, nos termos da Lei Municipal" (fls. 1.160-1.161). 4. O aresto recorrido está lastreado nos elementos de convicção dos autos e na legislação local, não podendo ser alterado sem o revolvimento do acervo fático-probatório e a apreciação de normas legais municipais, inviáveis em Recurso Especial, conforme dispõem as Súmulas 7/STJ e 280/STF. 5. Consoante a jurisprudência pacífica do STJ, "a análise da divergência jurisprudencial fica prejudicada quando a tese sustentada já foi afastada no exame do Recurso Especial pela alínea 'a' do permissivo constitucional" (AgInt no AREsp 912.838/BA, Rel. Min. Herman Benjamin, Segunda Turma, DJe de 3.3.2017). 6. Agravo Interno não provido.
(STJ – AgInt no AREsp: 2400163 SP 2023/0222107-8, Relator.: Ministro HERMAN BENJAMIN, Data de Julgamento: 04/12/2023, T2 – SEGUNDA TURMA, Data de Publicação: DJe 18/12/2023)
Ementa: DIREITO CONSTITUCIONAL E TRIBUTÁRIO. AGRAVO INTERNO NA RECLAMAÇÃO. IPTU. AERO-PORTO. DECISÕES RECLAMADAS QUE RECONHECERAM A EXTENSÃO DA IMUNIDADE TRIBUTÁRIA A TODOS OS SEGMENTOS DO COMPLEXO AEROPORTUÁRIO. IMPOSSIBILIDADE. EXISTÊNCIA DE ATIVI-DADES ACESSÓRIAS DISSOCIADAS DO SERVIÇO PÚBLICO DE INFRAESTRUTURA AEROPORTUÁRIA. IMÓVEIS CEDIDOS A PARTICULARES PARA EXPLORAÇÃO DE ATIVIDADES ECONÔMICAS COM INTUI-TO DE LUCRO. INAPLICÁVEL A IMUNIDADE. INCIDÊNCIA DO IMPOSTO. TEMAS 385 E 437. 1. Agravo interno contra decisão monocrática que cassou acórdãos proferidos na origem, cujo objetivo é ver aplicada a imunidade tributária quanto ao IPTU sobre a totalidade da área do aeroporto. 2. No caso em julgamento, as circunstâncias fáticas não permitem seja reconhecida a imunidade tributária em relação a todos os segmentos do complexo aeroportuário. Conquanto seja inconteste a existência de atividades obrigatórias, vinculadas diretamente ao serviço público de infraestrutura aeroportuária, também existem atividades acessórias, que consistem na exploração de atividades econômicas por empresas privadas, com nítida finalidade lucrativa, realizadas no complexo aeroportuário e que estão dissociadas da prestação do serviço público essencial. 3. A partir do julgamento dos paradigmas dos Temas 385 e 437, esta Corte fixou entendimento no sentido da incidência de IPTU em relação a imóveis públicos cedidos ou arrendados a particulares para exploração de atividade econômica com intuito de lucro. Precedentes. 4. Nesse contexto, devem ser excluídos da imunidade tributária recíproca quanto ao IPTU os imóveis pertencentes ao complexo aeroportuário cedidos a particulares para a exploração de atividade econômica com intuito de lucro, e que sejam alheios ao serviço público stricto sensu de infraestrutura aeroportuária. 5. Merecem parcial reforma os acórdãos proferidos pelo tribunal reclamado nestes autos, diante da não aplicação dos paradigmas dos Temas 385 e 437 ao caso em exame, que permitiu o afastamento da incidência do IPTU em relação à totalidade da área que engloba o complexo aeroportuário, em contrariedade aos precedentes vinculantes desta Corte. 6. Agravo interno a que se dá parcial provimento.
(STF – Rcl: 60726 RN, Relator.: Min. LUÍS ROBERTO BARROSO, Data de Julgamento: 02/10/2023, Primeira Turma, Data de Publicação: PROCESSO ELETRÔNICO DJe-s/n DIVULG 19-10-2023 PUBLIC 20-10-2023)

22.2 IMPOSTO SOBRE A TRANSMISSÃO ONEROSA DE BENS IMÓVEIS *INTER VIVOS* (ITBI)

22.2.1 Fundamentação constitucional e legal

O **Imposto sobre a Transmissão de Bens Imóveis inter vivos, por ato oneroso, bem como sobre a cessão de direitos reais relativos a imóveis, excetuados os direitos de garantia** (ITBI), é um tributo de **competência privativa dos Municípios** e do **Distrito Federal**, nos termos do **art. 156, II, e § 2º da CF/1988**[13].

A **normatização geral do ITBI** encontra-se, em parte, disciplinada no **Código Tributário Nacional**, especificamente entre os **artigos 35 e 42**[14], que, conjuntamente, também regulam aspectos do **Imposto sobre Transmissão *Causa Mortis* e Doação** (ITCMD), exigindo **interpretação sistemática para delimitação do campo de incidência de cada exação**.

A **instituição do ITBI e a regulamentação específica de sua hipótese de incidência, base de cálculo, alíquotas e eventuais isenções** são de **competência legislativa dos Municípios**, devendo observar os **princípios constitucionais tributários**, bem como as diretrizes gerais estabelecidas pelo ordenamento jurídico pátrio.

22.2.2 Regramento de incidência tributária

I – Aspecto Material

A **hipótese de incidência do ITBI** pressupõe, obrigatoriamente, a existência de **onerosidade na transmissão do bem imóvel** ou na **cessão de direitos reais** sobre ele. A ausência desse requisito **descaracteriza o fato gerador do tributo**. Isso ocorre porque a

---

13. **Art. 156**. Compete aos Municípios instituir impostos sobre:

    II - transmissão "inter vivos", a qualquer título, por ato oneroso, de bens imóveis, por natureza ou acessão física, e de direitos reais sobre imóveis, exceto os de garantia, bem como cessão de direitos a sua aquisição;

    § 2º O imposto previsto no inciso II:

    I – não incide sobre a transmissão de bens ou direitos incorporados ao patrimônio de pessoa jurídica em realização de capital, nem sobre a transmissão de bens ou direitos decorrente de fusão, incorporação, cisão ou extinção de pessoa jurídica, salvo se, nesses casos, a atividade preponderante do adquirente for a compra e venda desses bens ou direitos, locação de bens imóveis ou arrendamento mercantil;

14. **Art. 35**. O imposto, de competência dos Estados, sobre a transmissão de bens imóveis e de direitos a eles relativos tem como fato gerador:

    I – a transmissão, a qualquer título, da propriedade ou do domínio útil de bens imóveis por natureza ou por acessão física, como definidos na lei civil;

    II – a transmissão, a qualquer título, de direitos reais sobre imóveis, exceto os direitos reais de garantia;

    III – a cessão de direitos relativos às transmissões referidas nos incisos I e II.

    Parágrafo único. Nas transmissões causa mortis, ocorrem tantos fatos geradores distintos quantos sejam os herdeiros ou legatários.

onerosidade implica a presença de uma contraprestação econômica, na qual ambas as partes envolvidas na relação jurídica **assumem obrigações patrimoniais recíprocas**.

Dessa forma, caso a **transmissão ocorra de maneira gratuita**, como ocorre nos casos de **doação** ou **sucessão hereditária**, a tributação será regulada pelo **Imposto sobre Transmissão *Causa Mortis* e Doação** (ITCMD), tributo de **competência estadual**, e não pelo ITBI.

Igualmente, não há incidência do ITBI quando **apenas uma das partes se sujeita ao cumprimento de uma prestação patrimonial** e a outra apenas à **satisfação de um encargo**, pois, nessa hipótese, **não há a existência de uma contraprestação bilateral**.

A **incidência do ITBI** está diretamente relacionada ao **conceito de bens imóveis**, os quais podem ser classificados juridicamente em diferentes categorias, conforme o disposto nos **artigos 79 a 81 do Código Civil**[15].

Os denominados **bens imóveis por natureza** são aqueles que, por sua **própria condição física e estrutural**, são **inseparáveis do solo**. Compreendem:

- o solo e sua superfície;
- acessórios e adjacências naturais, como vegetação e formações geológicas;
- árvores e frutos pendentes, enquanto não forem destacados da terra;
- o espaço aéreo e o subsolo, dentro dos limites do direito de propriedade.

Já os **bens imóveis por acessão física artificial** dizem respeito a tudo que for **incorporado ao solo de forma permanente por ação humana**. Enquadram-se nessa categoria:

- edificações, construções e benfeitorias;
- sementes que germinam e se desenvolvem no solo;
- obras realizadas que se tornem inseparáveis do terreno, de modo que sua remoção implique destruição ou dano.

A diferenciação entre essas categorias tem implicações diretas na definição do alcance da tributação do ITBI. A **transmissão do domínio sobre bens imóveis por natureza** ou por **acessão física artificial** configura **fato gerador do imposto**, desde que **ocorra de maneira onerosa**.

---

15. **Art. 79**. São bens imóveis o solo e tudo quanto se lhe incorporar natural ou artificialmente.

    Art. 80. Consideram-se imóveis para os efeitos legais:

    I – os direitos reais sobre imóveis e as ações que os asseguram;

    II – o direito à sucessão aberta.

    Art. 81. Não perdem o caráter de imóveis:

    I – as edificações que, separadas do solo, mas conservando a sua unidade, forem removidas para outro local;

    II – os materiais provisoriamente separados de um prédio, para nele se reempregarem.

22 • IMPOSTOS ORDINÁRIOS MUNICIPAIS · 1089

No entanto, situações específicas, como a **alienação de benfeitorias separadamente do imóvel principal**, podem demandar **análise tributária pormenorizada** para aferição da **obrigação tributária correspondente**.

Vez que o fato gerador ocorre sempre que houver **transmissão de bens imóveis por ato *inter vivos* e a título oneroso**, tal circunstância abrange diversas **modalidades negociais além da compra e venda**. Dentre elas, destacamos:

- **Dação em pagamento** – situação em que o devedor quita sua obrigação mediante a **entrega de um imóvel ao credor**. Como há **transmissão onerosa da propriedade**, o ITBI é devido.

- **Permuta de imóveis** – a troca de imóveis entre partes caracteriza a **transmissão recíproca de bens**, configurando a incidência do ITBI, exceto na hipótese em que **não houver torna** (diferença em dinheiro), conforme jurisprudência consolidada do Supremo Tribunal Federal.

- **Mandato em causa própria ou com poderes equivalentes** – quando um mandatário recebe **poderes irrevogáveis para alienação de imóvel em benefício próprio**, há a incidência do ITBI, pois esse tipo de mandato configura **transmissão da propriedade com efeitos equivalentes à compra e venda**.

- **Arrematação, adjudicação e remição** – nos casos de **alienação forçada de bens imóveis em processos judiciais** (execução fiscal, falência, entre outros), a aquisição do bem pelo arrematante, pelo credor adjudicante ou pelo devedor remidor representa fato gerador do ITBI.

- **Cessão de direitos sobre imóveis financiados** – a transferência de **direitos de aquisição de imóvel financiado para terceiro**, seja em contratos de **promessa de compra e venda** ou **cessões de direitos possessórios**, também pode ser alcançada pelo ITBI, desde que haja a **transmissão de direitos patrimoniais com reflexo econômico**.

A legislação e a jurisprudência delimitam situações em que a **exigência do ITBI é afastada**, seja por **ausência do elemento onerosidade**, seja por **inexistência de transferência da propriedade imobiliária no sentido estrito**.

Assim, o ITBI **não incide sobre a constituição de direitos reais de garantia sobre bens imóveis**, como a **hipoteca** e a **anticrese**, pois não há transmissão da propriedade, mas apenas um **vínculo de segurança sobre o bem**.

Nos termos do **art. 1.473 do CC/2002**[16], a **hipoteca** é um **direito real de garantia** que recai sobre **bens imóveis e seus acessórios**, sendo constituída para

---

16. **Art. 1.473**. Podem ser objeto de hipoteca:
I – os imóveis e os acessórios dos imóveis conjuntamente com eles;
II – o domínio direto;
III – o domínio útil;

assegurar o **adimplemento de uma obrigação**. Trata-se de uma forma de **crédito garantido** em que o **devedor oferece um bem imóvel como garantia do pagamento de uma dívida**, sem que haja a **perda imediata da posse ou do domínio do bem pelo proprietário.**

A **anticrese** caracteriza-se como um **direito real de garantia**, de **natureza acessória**, cuja função primordial é assegurar o adimplemento de uma obrigação, nos termos do **art. 1.506 do CC/2002**[17]. A peculiaridade desse instituto reside no fato de que, **ao contrário da hipoteca, a posse do imóvel é transferida ao credor**, que pode **usufruir dos frutos e rendimentos do bem para quitar a dívida**, sem que isso **implique a alienação da propriedade.**

No contexto do **Direito Imobiliário** e **Financeiro**, a **anticrese** tem sido **amplamente substituída pela hipoteca** e por **mecanismos modernos de financiamento**, como o *leasing* e a **alienação fiduciária de imóveis**, que oferecem maior segurança e flexibilidade aos agentes do mercado.

A **aquisição da propriedade por meio da posse prolongada e qualificada**, considerada como **usucapião**, não está sujeita ao ITBI, pois decorre de **decisão judicial** ou **extrajudicial declaratória de um direito já consolidado no tempo**, e não de um **ato negocial oneroso.**

A **usucapião** encontra respaldo na **Constituição Federal de 1988** e no **Código Civil**, sendo um instituto diretamente vinculado ao **princípio da função social da**

IV – as estradas de ferro;

V – os recursos naturais a que se refere o art. 1.230, independentemente do solo onde se acham;

VI – os navios;

VII – as aeronaves.

VIII – o direito de uso especial para fins de moradia; (Incluído pela Lei nº 11.481, de 2007)

IX – o direito real de uso; (Incluído pela Lei nº 11.481, de 2007)

X – a propriedade superficiária; (Redação dada pela Lei nº 14.620, de 2023)

XI - os direitos oriundos da imissão provisória na posse, quando concedida à União, aos Estados, ao Distrito Federal, aos Municípios ou às suas entidades delegadas e a respectiva cessão e promessa de cessão. (Incluído pela Lei nº 14.620, de 2023)

§ 1º A hipoteca dos navios e das aeronaves reger-se-á pelo disposto em lei especial. (Renumerado do parágrafo único pela Lei nº 11.481, de 2007)

§ 2º Os direitos de garantia instituídos nas hipóteses dos incisos IX e X do caput deste artigo ficam limitados à duração da concessão ou direito de superfície, caso tenham sido transferidos por período determinado. (Incluído pela Lei nº 11.481, de 2007)

17. **Art. 1.506.** Pode o devedor ou outrem por ele, com a entrega do imóvel ao credor, ceder-lhe o direito de perceber, em compensação da dívida, os frutos e rendimentos.

§ 1º É permitido estipular que os frutos e rendimentos do imóvel sejam percebidos pelo credor à conta de juros, mas se o seu valor ultrapassar a taxa máxima permitida em lei para as operações financeiras, o remanescente será imputado ao capital.

§ 2º Quando a anticrese recair sobre bem imóvel, este poderá ser hipotecado pelo devedor ao credor anticrético, ou a terceiros, assim como o imóvel hipotecado poderá ser dado em anticrese.

propriedade, nos termos do **art. 5º, XXIII**[18], e do **art. 170, III**[19], que impõem a necessidade de que os **bens cumpram uma destinação econômica** e **socialmente relevante**.

Além disso, a Constituição Federal, em seu **artigo 183**[20], disciplina a **usucapião especial urbana**, enquanto o **artigo 191**[21] trata da **usucapião especial rural**. O Código Civil, por sua vez, regula a **usucapião** entre os artigos **1.238 e 1.244**,[22] estabelecendo suas modalidades e requisitos.

No âmbito infraconstitucional, além do Código Civil, destacam-se a **Lei 6.969/1981** (usucapião especial rural), a **Lei 13.465/2017** (que simplificou a usucapião extrajudicial) e o **Código de Processo Civil de 2015**, que trouxe **procedimentos específicos para a regularização da posse pela via administrativa**.

A **transferência da propriedade por desapropriação**, promovida pelo **Poder Público mediante indenização**, não configura fato gerador do ITBI, pois decorre de **ato estatal compulsório** e não de um **negócio jurídico voluntário entre particulares**.

A **desapropriação** é um instituto jurídico que consiste na **transferência compulsória da propriedade de um bem privado para o Poder Público** ou **para terceiros**, mediante **indenização prévia e justa**, sempre que houver **necessidade pública, utilidade pública** ou **interesse social**. Trata-se de um mecanismo essencial para a **implementação de políticas públicas** e a **realização da função social da propriedade**, sendo amplamente regulamentado pela Constituição Federal, nos termos do **art. 5º, XXIV**[23], pelo **Decreto-Lei 3.365/1941** e pela **Lei 4.132/1962**.

---

18. **Art. 5º** (...)
    XXIII – a propriedade atenderá a sua função social.
19. **Art. 170**. A ordem econômica, fundada na valorização do trabalho humano e na livre iniciativa, tem por fim assegurar a todos existência digna, conforme os ditames da justiça social, observados os seguintes princípios: III – função social da propriedade.
20. **Art. 183**. Aquele que possuir como sua área urbana de até duzentos e cinquenta metros quadrados, por cinco anos, ininterruptamente e sem oposição, utilizando-a para sua moradia ou de sua família, adquirir-lhe-á o domínio, desde que não seja proprietário de outro imóvel urbano ou rural.
    § 1º O título de domínio e a concessão de uso serão conferidos ao homem ou à mulher, ou a ambos, independentemente do estado civil.
    § 2º Esse direito não será reconhecido ao mesmo possuidor mais de uma vez.
    § 3º Os imóveis públicos não serão adquiridos por usucapião.
21. **Art. 191**. Aquele que, não sendo proprietário de imóvel rural ou urbano, possua como seu, por cinco anos ininterruptos, sem oposição, área de terra, em zona rural, não superior a cinquenta hectares, tornando-a produtiva por seu trabalho ou de sua família, tendo nela sua moradia, adquirir-lhe-á a propriedade.
    Parágrafo único. Os imóveis públicos não serão adquiridos por usucapião.
22. **Art. 1.238**. Aquele que, por quinze anos, sem interrupção, nem oposição, possuir como seu um imóvel, adquire-lhe a propriedade, independentemente de título e boa-fé; podendo requerer ao juiz que assim o declare por sentença, a qual servirá de título para o registro no Cartório de Registro de Imóveis.
    Parágrafo único. O prazo estabelecido neste artigo reduzir-se-á a dez anos se o possuidor houver estabelecido no imóvel a sua moradia habitual, ou nele realizado obras ou serviços de caráter produtivo.
23. **Art. 5º** (...)
    XXIV – a lei estabelecerá o procedimento para desapropriação por necessidade ou utilidade pública, ou por interesse social, mediante justa e prévia indenização em dinheiro, ressalvados os casos previstos nesta Constituição;

A instituição de **servidão sobre um imóvel**, que concede a terceiros o **direito de uso parcial da propriedade alheia** (como passagem ou escoamento de águas), **não transfere domínio pleno sobre o bem**, afastando a incidência do ITBI.

A **servidão predial** ou **servidão sobre imóveis** é um direito real que impõe ao **proprietário de um imóvel** (*predial serviente*) uma **restrição parcial no uso ou gozo de sua propriedade em benefício de outro imóvel** (*predial dominante*).

Esse instituto jurídico tem como finalidade **viabilizar o melhor aproveitamento econômico e funcional dos bens imóveis,** permitindo, por exemplo, o **trânsito de pessoas** e a **passagem de infraestrutura necessária para o desenvolvimento da propriedade dominante.**

Regulamentada nos **artigos 1.378 a 1.389 do Código Civil**[24], a **servidão** constitui uma **limitação ao direito de propriedade**, mas **sem retirar do proprietário do imóvel serviente a titularidade e posse plena do bem**.

O **pacto de retrovenda**, que permite ao vendedor **readquirir o imóvel dentro de um prazo determinado**, não implica nova incidência do ITBI quando o bem retorna ao vendedor, pois há apenas a **retomada da titularidade inicial**.

Este pacto encontra-se disciplinado nos **artigos 505 a 508 do Código Civil**[25], sendo considerado um **negócio jurídico acessório** e uma **limitação voluntária ao direito de propriedade do comprador,** que fica temporariamente sujeito à **possibilidade de restituição do bem ao vendedor original.**

- **Imunidade Tributária específica do ITBI**

A regra imunizatória do ITBI está expressamente prevista no **art. 156, §2º, I, da CF/1988**, que dispõe:

> O imposto não incide sobre a transmissão de bens ou direitos incorporados ao patrimônio de pessoa jurídica em realização de capital, nem sobre a transmissão decorrente de fusão, incorporação, cisão ou extinção de pessoa jurídica, salvo se, nesses casos, a atividade preponderante do adquirente for a compra e venda desses bens ou direitos, locação de bens imóveis ou arrendamento mercantil.

Essa disposição impõe um **limite ao poder tributário municipal,** determinando que o ITBI **não pode ser exigido nas hipóteses previstas**, exceto quando a **empresa adquirente tem como atividade preponderante a negociação imobiliária.**

O **art. 37 do CTN** regulamenta a imunidade constitucional do ITBI, detalhando os critérios para sua aplicação:

---

24. **Art. 1.378.** A servidão proporciona utilidade para o prédio dominante, e grava o prédio serviente, que pertence a diverso dono, e constitui-se mediante declaração expressa dos proprietários, ou por testamento, e subsequente registro no Cartório de Registro de Imóveis.
25. **Art. 505.** O vendedor de coisa imóvel pode reservar-se o direito de recobrá-la no prazo máximo de decadência de três anos, restituindo o preço recebido e reembolsando as despesas do comprador, inclusive as que, durante o período de resgate, se efetuaram com a sua autorização escrita, ou para a realização de benfeitorias necessárias.

> O imposto não incide sobre a transmissão de bens ou direitos incorporados ao patrimônio de pessoa jurídica em realização de capital, nem sobre a transmissão decorrente de fusão, incorporação, cisão ou extinção de pessoa jurídica, salvo se a pessoa jurídica adquirente tiver por atividade preponderante a compra e venda desses bens ou direitos, locação de bens imóveis ou arrendamento mercantil.
>
> Parágrafo único – Considera-se preponderante a atividade quando mais de 50% da receita operacional da pessoa jurídica nos dois anos anteriores e nos dois anos subsequentes à aquisição decorrer de transações imobiliárias.

Dessa forma, o CTN estabelece um **critério objetivo para determinar se a empresa beneficiária da imunidade pode ser tributada pelo ITBI**, analisando sua **receita operacional no período de quatro anos** (dois anos anteriores e dois subsequentes) para definir se sua **atividade principal é o setor imobiliário**.

Assim, se uma empresa **recebe imóveis como integralização de capital social** e, dentro do período de **quatro anos, mais de 50% de sua receita advém de transações imobiliárias**, o **ITBI será devido**, com efeitos retroativos à data da aquisição do imóvel.

Caso a empresa **não atinja o percentual de 50%, a imunidade permanece válida**. Essa regra visa evitar o uso abusivo da imunidade por empresas que poderiam ser criadas apenas para burlar a tributação do ITBI.

Se a **empresa foi constituída após a aquisição do imóvel** ou tem **menos de dois anos de atividade**, não é possível avaliar sua **preponderância com base nos dois anos anteriores**. Nesses casos, a análise da preponderância será feita exclusivamente com base nos **três anos subsequentes à aquisição**, nos termos do **art. 37, § 2º do CTN**[26].

O ITBI não é cobrado imediatamente no **momento da aquisição** quando há **dúvida sobre a preponderância da atividade da empresa**. No entanto, se a empresa **ultrapassar o limite de 50% da receita operacional proveniente de atividades imobiliárias**, o imposto será **cobrado retroativamente ao momento da aquisição do bem**.

Por conseguinte, se uma **empresa A transfere todo o seu patrimônio**, incluindo seus **bens imóveis**, para uma **empresa B**, essa operação **não será analisada pelo critério da preponderância**. Isso significa que, **mesmo que a empresa B tenha como atividade principal a compra e venda de imóveis**, o **ITBI não será cobrado**, à luz do **§ 4º do art. 37 do CTN**[27].

II – Aspecto Espacial

---

26. **Art. 37** (...)

    § 2º Se a pessoa jurídica adquirente iniciar suas atividades após a aquisição, ou menos de 2 (dois) anos antes dela, apurar-se-á a preponderância referida no parágrafo anterior levando em conta os 3 (três) primeiros anos seguintes à data da aquisição.

27. (...)

    § 4º O disposto neste artigo não se aplica à transmissão de bens ou direitos, quando realizada em conjunto com a da totalidade do patrimônio da pessoa jurídica alienante.

O **aspecto espacial** na tributação refere-se ao **critério territorial** que define o local onde o fato gerador do tributo ocorre, delimitando a **competência do ente arrecadador**. No caso do **ITBI**, a regra-matriz de incidência estabelece que o imposto deve ser recolhido ao **Município onde se localiza o imóvel objeto da transmissão**. Assim, o ITBI deve ser pago ao **Município onde o imóvel está situado, independentemente do domicílio das partes envolvidas na transação**.

Essa delimitação espacial decorre do **princípio da territorialidade**, pelo qual a arrecadação de impostos sobre bens imóveis deve ser **vinculada à localidade onde se encontra o objeto tributado**, garantindo que os recursos gerados pela tributação retornem ao Município que, em tese, presta serviços públicos e infraestrutura para a valorização do imóvel.

Se a **escritura pública de compra e venda** for lavrada em um **cartório localizado em Município diverso daquele onde se situa o imóvel**, o ITBI continua sendo devido ao **Município onde o imóvel está registrado**, e não ao da **lavratura do contrato**.

Quando há **cessão de direitos reais sobre um imóvel**, a regra de competência **continua vinculada à localização do bem**. Assim, **se um comprador cede seus direitos sobre um imóvel situado em outro Município**, o ITBI será recolhido ao **Município da localização do imóvel**, e não ao da cessão.

Em casos excepcionais de **imóveis que abrangem mais de um Município**, como **fazendas** ou **glebas de terra, cada Município tem competência para tributar proporcionalmente à fração do imóvel dentro de seus limites**. A apuração da base de cálculo deve ser feita considerando a **parcela do bem situada em cada ente municipal**.

III – Aspecto Temporal

O **aspecto temporal do ITBI** refere-se ao momento exato em que ocorre o **fato gerador do imposto**, ou seja, quando se **consolida a obrigação tributária de recolhimento do tributo sobre a transmissão de bens imóveis**. A correta definição desse marco é **essencial para a segurança jurídica dos contribuintes** e para a observância dos princípios constitucionais e normativos que regem a tributação.

Nos termos do **art. 35 do CTN**[28], o fato gerador do ITBI ocorre na **transmissão da propriedade imobiliária** ou na **cessão de direitos reais sobre imóveis**, excetuados os direitos de garantia.

---

28. **Art. 35.** O imposto, de competência dos Estados, sobre a transmissão de bens imóveis e de direitos a eles relativos tem como fato gerador:

I – a transmissão, a qualquer título, da propriedade ou do domínio útil de bens imóveis por natureza ou por acessão física, como definidos na lei civil;

II – a transmissão, a qualquer título, de direitos reais sobre imóveis, exceto os direitos reais de garantia;

III – a cessão de direitos relativos às transmissões referidas nos incisos I e II.

Parágrafo único. Nas transmissões causa mortis, ocorrem tantos fatos geradores distintos quantos sejam os herdeiros ou legatários.

A **transferência da propriedade de um bem imóvel** somente se opera com o **registro do título translativo no Cartório de Registro de Imóveis**, conforme determina o **art. 1.245 do CC/2002**[29]. Assim, o fato gerador do ITBI somente se perfectibiliza no **momento do efetivo registro do título translativo**, pois é nesse instante que **ocorre a transmissão da propriedade**.

A **lavratura da escritura pública de compra e venda** não é suficiente para configurar a incidência do ITBI, pois, até o **registro no Cartório de Imóveis**, a **propriedade do bem ainda pertence ao transmitente**. O simples **ato de formalização do contrato de alienação não transfere a propriedade do imóvel**, mas apenas gera um **direito obrigacional entre as partes**.

Embora a regra geral estabeleça que o ITBI somente seja devido **após o registro do imóvel**, muitos **Municípios** passaram a exigir o **pagamento do tributo no momento da lavratura da escritura pública de compra e venda**, antes mesmo da efetiva transmissão da propriedade.

A **exigência do ITBI no momento da escritura pública** foi adotada por diversos Municípios como forma de **evitar evasão fiscal**, pois muitos contribuintes formalizavam a compra e venda do imóvel, mas **não realizavam o registro da propriedade**, **alienando o bem repetidas vezes apenas com base na lavratura de novas escrituras**. Essa prática levava à **perda de arrecadação tributária pelos Municípios**, pois, sem o registro imobiliário, o fato gerador do ITBI não se consolidava.

Diante desse cenário, o **recolhimento antecipado do ITBI** passou a ser exigido como uma espécie de **fato gerador presumido**, isto é, uma tributação baseada na **expectativa de que a transação resultaria, futuramente, na transferência da propriedade**.

No entanto, essa **antecipação da exigência do ITBI não encontra respaldo legal**, pois o tributo deve incidir somente sobre a **efetiva transmissão da propriedade**, conforme previsto no CTN e no Código Civil. A **mera lavratura da escritura pública não tem o condão de transferir o domínio do bem**, sendo uma **etapa prévia ao registro**.

IV – Aspecto Pessoal

O **aspecto pessoal do ITBI** refere-se à identificação dos sujeitos da relação jurídico-tributária, ou seja, quem são os **responsáveis pelo pagamento do tributo** (sujeito passivo) e quem detém a **competência para a sua cobrança** (sujeito ativo). Essa definição é essencial para garantir a correta aplicação do imposto e evitar questionamentos quanto à legalidade da exigência tributária.

---

29. **Art. 1.245.** Transfere-se entre vivos a propriedade mediante o registro do título translativo no Registro de Imóveis.

    § 1º Enquanto não se registrar o título translativo, o alienante continua a ser havido como dono do imóvel.

    § 2º Enquanto não se promover, por meio de ação própria, a decretação de invalidade do registro, e o respectivo cancelamento, o adquirente continua a ser havido como dono do imóvel.

DIREITO TRIBUTÁRIO INTERDISCIPLINAR • Caio Bartine

O **sujeito ativo do ITBI** é o ente público titular da competência para instituir e arrecadar o tributo. De acordo com o **art. 156, II, da CF/1988**, o ITBI é de competência dos **Municípios e do Distrito Federal**, devendo ser pago ao **Município onde o imóvel está situado**, independentemente do **local de residência das partes envolvidas na transação**.

Já o **sujeito passivo** é o adquirente do imóvel (comprador), conforme previsto na jurisprudência consolidada do Superior Tribunal de Justiça e nas legislações municipais.

Leva-se em consideração que o ITBI é um imposto que incide sobre a **aquisição onerosa da propriedade**. Como a **obrigação principal recai sobre quem adquire o bem**, é razoável que o **comprador seja o responsável pelo pagamento do tributo**.

Embora o comprador seja o **contribuinte direto**, muitos contratos estabelecem cláusulas que podem atribuir ao **vendedor o ônus de pagar o ITBI**. No entanto, essa cláusula tem efeito **apenas entre as partes, sem vincular a Fazenda Pública**, que **pode continuar exigindo o imposto do adquirente**.

Sendo cediço que a regra geral estabeleça que o adquirente realize o pagamento do ITBI, alguns Municípios impõem a **responsabilidade solidária ao alienante**, permitindo que o Fisco cobre o imposto de qualquer das partes envolvidas.

Essa **responsabilidade solidária** deve estar **prevista na legislação municipal específica**, pois **não há norma federal que a imponha**.

De igual modo, quando há **cessão onerosa de direitos sobre bens imóveis**, o **cessionário** (quem adquire os direitos) será o **sujeito passivo do ITBI**.

Em **contratos de permuta imobiliária**, especialmente envolvendo **construtoras** e **incorporadoras**, o ITBI pode ser exigido de **ambas as partes envolvidas na troca de bens**. A jurisprudência do STF tem admitido a **incidência do ITBI em permutas sem torna**, contrariando o **entendimento anterior que afastava a tributação nessas operações**.

No caso de **falência** ou **dissolução de empresas**, a **responsabilidade pelo ITBI** pode ser transferida a **massa falida**, nos termos do **art. 131 do CTN**.

Embora as serventias extrajudiciais não sejam sujeitos passivos do ITBI, eles têm um papel relevante na **fiscalização do tributo**, pois **não podem registrar a transmissão da propriedade sem a comprovação do pagamento do imposto**.

Caso um cartório **registre a transmissão sem a comprovação do ITBI**, pode haver **responsabilização administrativa e até judicial** do **respectivo titular**.

V – Aspecto Quantitativo

O **aspecto quantitativo do ITBI** refere-se à **base de cálculo** e à **alíquota aplicável**, que determinam o **montante do tributo a ser recolhido pelo contribuinte**. A correta definição desses elementos é essencial para a segurança jurídica e para evitar arbitrariedades na exigência do imposto por parte dos Municípios.

A **base de cálculo do ITBI** é o **valor venal do imóvel transmitido**, ou seja, o **valor real de mercado do bem no momento da operação**. Essa definição está prevista no art. **38 do CTN**, que dispõe:

> A base de cálculo do imposto é o valor venal dos bens ou direitos transmitidos.

Assim, a **base de cálculo** não deve se confundir com o **valor arbitrado pela administração tributária**, mas sim refletir o **preço que o imóvel alcançaria em uma negociação no mercado imobiliário**.

A legislação municipal pode prever **diferentes métodos de aferição do valor venal do imóvel para fins de ITBI**, incluindo:

- **Valor da Transação Declarado pelo Contribuinte**: se a operação imobiliária foi realizada a preço de mercado, esse valor deve ser considerado como base de cálculo do ITBI.

- **Valor de Referência Utilizado pelo Município**: alguns Municípios adotam valores de referência predeterminados, normalmente superiores ao valor da transação, o que pode gerar discussões judiciais.

- **Valor Venal do IPTU**: em alguns casos, o Fisco municipal utiliza como base de cálculo o valor venal do imóvel adotado para o IPTU, o que pode ser questionável, pois esse valor não reflete necessariamente o valor de mercado.

- **Avaliação Administrativa pelo Município**: alguns Municípios realizam avaliações próprias para definir a base de cálculo do ITBI, o que pode gerar arbitrariedades e excessos na tributação.

O **Superior Tribunal de Justiça**, ao apreciar o **Recurso Especial 1.937.821** no regime de **recursos repetitivos (Tema 1.113)** fixou tese que pretendia resolver polêmica envolvendo a base de cálculo do ITBI, estabelecendo que:

a) a **base de cálculo do ITBI** é o **valor do imóvel transmitido em condições normais de mercado**, não estando vinculada à **base de cálculo do IPTU**, que **nem sequer pode ser utilizada como piso de tributação**;

b) o **valor da transação declarado pelo contribuinte** goza da presunção de que é condizente com o **valor de mercado**, que somente **pode ser afastada pelo fisco mediante a regular instauração de processo administrativo próprio** (art. 148 do CTN);

c) o Município **não pode arbitrar previamente a base de cálculo do ITBI** com respaldo em **valor de referência por ele estabelecido unilateralmente**.

As **alíquotas** variam conforme a **legislação municipal** e podem ser fixadas de acordo com critérios como:

- **Alíquota única para todas as operações:** a maioria dos Municípios adota alíquota fixa, geralmente variando entre 2% e 3% sobre o valor da transação.

- **Alíquotas progressivas conforme o valor do imóvel:** alguns Municípios estabelecem alíquotas graduadas, aumentando o percentual à medida que o valor do imóvel se eleva.

- **Diferenciação por tipo de imóvel ou operação:** pode haver alíquotas diferenciadas para imóveis residenciais, comerciais ou terrenos.

- **Redução de alíquota para programas habitacionais:** alguns Municípios concedem alíquotas reduzidas para moradias populares, especialmente quando financiadas por programas como o Minha Casa Minha Vida.

A **súmula 656 do STF**[30] tem se tornado **inaplicável**, na medida em que a **progressividade tem sido admitida pela jurisprudência atualizada**, levando em conta que o que se denomina como **valor venal do imóvel** tem sido interpretado como sendo o **valor de transmissão nas condições estabelecidas no mercado**.

Dessa forma, o **aspecto quantitativo do ITBI** deve respeitar **princípios constitucionais** como **legalidade, segurança jurídica e não confisco**, assegurando que a tributação seja **justa** e **proporcional** à **realidade econômica das operações imobiliárias**.

22.2.3 Entendimento jurisprudencial

JURISPRUDÊNCIA

TRIBUTÁRIO. RECURSO ESPECIAL REPRESENTATIVO DE CONTROVÉRSIA. IMPOSTO SOBRE TRANSMISSÃO DE BENS IMÓVEIS (ITBI). BASE DE CÁLCULO. VINCULAÇÃO COM IMPOSTO PREDIAL E TERRITORIAL URBANO (IPTU). INEXISTÊNCIA. VALOR VENAL DECLARADO PELO CONTRIBUINTE. PRESUNÇÃO DE VERACIDADE. REVISÃO PELO FISCO. INSTAURAÇÃO DE PROCESSO ADMINISTRATIVO. POSSIBILIDADE. PRÉVIO VALOR DE REFERÊNCIA. ADOÇÃO. INVIABILIDADE. 1. A jurisprudência pacífica desta Corte Superior é no sentido de que, embora o Código Tributário Nacional estabeleça como base de cálculo do Imposto Predial e Territorial Urbano (IPTU) e do Imposto sobre Transmissão de Bens Imóveis (ITBI) o "valor venal", a apuração desse elemento quantitativo faz-se de formas diversas, notadamente em razão da distinção existente entre os fatos geradores e a modalidade de lançamento desses impostos. 2. Os arts. 35 e 38 do CTN dispõem, respectivamente, que o fato gerador do ITBI é a transmissão da propriedade ou de direitos reais imobiliários ou a cessão de direitos relativos a tais transmissões e que a base de cálculo do tributo é o "valor venal dos bens ou direitos transmitidos", que corresponde ao valor considerado para as negociações de imóveis em condições normais de mercado. 3. A possibilidade de dimensionar o valor dos imóveis no mercado, segundo critérios, por exemplo, de localização e tamanho (metragem), não impede que a avaliação de mercado específica de cada imóvel transacionado oscile dentro do parâmetro médio, a depender, por exemplo, da existência de outras circunstâncias igualmente relevantes e legítimas para a determinação do real valor da coisa, como a

---

30. **Súmula 656 STF** – É inconstitucional a lei que estabelece alíquotas progressivas para o imposto de transmissão "inter vivos" de bens imóveis – ITBI com base no valor venal do imóvel.

existência de benfeitorias, o estado de conservação e os interesses pessoais do vendedor e do comprador no ajuste do preço. 4. O ITBI comporta apenas duas modalidades de lançamento originário: por declaração, se a norma local exigir prévio exame das informações do contribuinte pela Administração para a constituição do crédito tributário, ou por homologação, se a legislação municipal disciplinar que caberá ao contribuinte apurar o valor do imposto e efetuar o seu pagamento antecipado sem prévio exame do ente tributante. 5. Os lançamentos por declaração ou por homologação se justificam pelas várias circunstâncias que podem interferir no específico valor de mercado de cada imóvel transacionado, circunstâncias cujo conhecimento integral somente os negociantes têm ou deveriam ter para melhor avaliar o real valor do bem quando da realização do negócio, sendo essa a principal razão da impossibilidade prática da realização do lançamento originário de ofício, ainda que autorizado pelo legislador local, pois o fisco não tem como possuir, previamente, o conhecimento de todas as variáveis determinantes para a composição do valor do imóvel transmitido. 6. Em face do princípio da boa-fé objetiva, o valor da transação declarado pelo contribuinte presume-se condizente com o valor médio de mercado do bem imóvel transacionado, presunção que somente pode ser afastada pelo fisco se esse valor se mostrar, de pronto, incompatível com a realidade, estando, nessa hipótese, justificada a instauração do procedimento próprio para o arbitramento da base de cálculo, em que deve ser assegurado ao contribuinte o contraditório necessário para apresentação das peculiaridades que amparariam o quantum informado (art. 148 do CTN). 7. A prévia adoção de um valor de referência pela Administração configura indevido lançamento de ofício do ITBI por mera estimativa e subverte o procedimento instituído no art. 148 do CTN, pois representa arbitramento da base de cálculo sem prévio juízo quanto à fidedignidade da declaração do sujeito passivo. 8. Para o fim preconizado no art. 1.039 do CPC/2015, firmam-se as seguintes teses: a) a base de cálculo do ITBI é o valor do imóvel transmitido em condições normais de mercado, não estando vinculada à base de cálculo do IPTU, que nem sequer pode ser utilizada como piso de tributação; b) o valor da transação declarado pelo contribuinte goza da presunção de que é condizente com o valor de mercado, que somente pode ser afastada pelo fisco mediante a regular instauração de processo administrativo próprio (art. 148 do CTN); c) o Município não pode arbitrar previamente a base de cálculo do ITBI com respaldo em valor de referência por ele estabelecido unilateralmente. 9. Recurso especial parcialmente provido.
(**STJ – REsp: 1937821 SP** 2020/0012079-1, Relator.: Ministro GURGEL DE FARIA, Data de Julgamento: 24/02/2022, S1 – PRIMEIRA SEÇÃO, Data de Publicação: DJe 03/03/2022)
PROCESSUAL CIVIL. MANDADO DE SEGURANÇA. IMPOSTO SOBRE TRANSMISSÃO DE BENS IMÓVEIS. VALOR DE ARREMATAÇÃO. VALOR VENAL DO IMÓVEL. DESPROVIMENTO DO AGRAVO INTERNO. MANUTENÇÃO DA DECISÃO RECORRIDA. BASE DE CÁLCULO PARA A INCIDÊNCIA DO ITBI É O VALOR OBTIDO NA ARREMATAÇÃO. I – Na origem, trata-se de mandado de segurança, objetivando a declaração do valor da arrematação como base de cálculo do ITBI. Na sentença a segurança foi concedida. No Tribunal a quo, a sentença foi mantida. II – A base de cálculo para a incidência do ITBI na arrematação do imóvel em hasta pública é o valor obtido na arrematação, sendo considerado este preço o valor venal para tal fim. Neste sentido: AREsp n. 1.425.219/SP, relator Ministro Francisco Falcão, Segunda Turma, julgado em 21/2/2019, DJe de 1º/3/2019; AREsp n. 1.542.296/SP, relator Ministro Herman Benjamin, Segunda Turma, julgado em 22/10/2019, DJe de 29/10/2019. III – Agravo interno improvido.
(**STJ – AgInt nos EDcl no REsp: 1941345 SP** 2021/0063559-3, Relator.: FRANCISCO FALCÃO, Data de Julgamento: 15/05/2023, T2 – SEGUNDA TURMA, Data de Publicação: DJe 17/05/2023)
Ementa: DIREITO TRIBUTÁRIO. AGRAVO INTERNO EM RECURSO EXTRAORDINÁRIO COM AGRAVO. ITBI. FATO GERADOR. REGISTRO. TEMA 1124. DISTINÇÃO. 1. O acórdão recorrido está alinhado com a orientação do Supremo Tribunal Federal no sentido de que o fato gerador do Imposto sobre a Transmissão de Bens Imóveis (ITBI) se verifica com a transferência efetiva da propriedade no cartório de registro de imóveis. 2. O presente caso não se confunde com o Tema 1.124 da sistemática da repercussão geral. Isso porque, no paradigma, esta Corte irá discutir, à luz do art. 156, II, da CF/1988, a possibilidade de incidência do ITBI sobre a cessão de direitos decorrente de compromissos de compra e venda, hipótese diversa da presente. 3. Inaplicável o art. 85, § 11, do CPC/2015, uma vez que não é cabível, na hipótese, condenação em honorários advocatícios (art. 25 da Lei nº 12.016/2009 e Súmula 512/STF).

4. Agravo interno a que se nega provimento, com a aplicação da multa de 1% (um por cento) sobre o valor atualizado da causa, nos termos do art. 1.021, § 4º, do CPC/2015.
(**STF – ARE: 1410373 SP**, Relator.: ROBERTO BARROSO, Data de Julgamento: 19/12/2022, Primeira Turma, Data de Publicação: PROCESSO ELETRÔNICO DJe-020 DIVULG 03-02-2023 PUBLIC 06-02-2023) TRIBUTÁRIO. AGRAVO INTERNO NO AGRAVO EM RECURSO ESPECIAL. MANDADO DE SEGURANÇA. ITBI. IMUNIDADE (ART. 156, § 2º, I, CF/1988). INTEGRALIZAÇÃO DE CAPITAL SOCIAL. INCORPORAÇÃO DE BENS IMÓVEIS. IMUNIDADE ATÉ O LIMITE DO CAPITAL SOCIAL. REVISÃO DE PREMISSAS FÁTICAS ESTA-BELECIDAS NA ORIGEM. NÃO CABIMENTO. SÚMULA 7/STJ. FUNDAMENTO EMINENTEMENTE CONSTI-TUCIONAL. REVISÃO. IMPOSSIBILIDADE. COMPETÊNCIA DO STF. 1. Trata-se, na origem, de Mandado de Segurança, por meio do qual a impetrante busca a anulação de lançamento tributário de ITBI realizado pelo Município de Guarda-Mor/MG. 2. O Tribunal de origem, amparado em precedente do STF, julgado sob o rito da Repercussão Geral, concluiu que o valor dos bens imóveis dos sócios ultrapassa o importe do capital a ser integralizado, motivo pelo qual se mostra legítima a atuação do Fisco municipal. 3. Merece transcrição o seguinte excerto do decisum impugnado: "Deste modo, estando devidamente comprovado que o valor dos imóveis incorporados é bem maior do que o valor declarado na alteração contratual, fácil constatar que a não incidência deverá estar restrita ao valor do capital subscrito, não sendo razoável, tampouco legítimo, a concessão de imunidade quanto ao valor total do imóvel incor-porado, e aqui muito excedente. (...) Neste contexto, concluo legal a conduta da Administração Pública Municipal materializada no ato administrativo aqui hostilizado (docs. ns. 31/33), o qual nega a imunidade em relação ao excedente do valor dos imóveis, equivalente ao montante que não foi incorporado ao capital social da empresa impetrante. Aplicável, pois, a tese firmada pelo Supremo Tribunal Federal ao julgar o RE nº 796.76 (Tema nº 796), com repercussão geral reconhecida, no sentido de que 'a imunidade em relação ao ITBI, prevista no inciso I do § 2º do art. 156 da Constituição Federal, não alcança o valor dos bens que exceder o limite do capital social a ser integralizado'" (fls. 670-692, e-STJ). 4. A instância de origem decidiu a vexata quaestio com base no suporte fático-probatório dos autos para concluir que o valor dos bens imóveis dos sócios ultrapassa o importe do capital a ser integralizado, não estando, assim, o montante abrangido pela imunidade de ITBI, consoante o entendimento do STF no RE 796.376. Com efeito, a revisão das conclusões locais demanda o reexame de fatos e provas, o que é inadmissível na via especial, ante o óbice da Súmula 7/STJ. 5. Ademais, depreende-se que o fundamento central da controvérsia é de cunho eminentemente constitucional, porquanto o acórdão recorrido está baseado no entendimento de que "não há distinção entre o caso concreto e o paradigma julgado no RE nº 796.376 (Tema 796)" (fl. 685, e-STJ). 6. Agravo Interno não provido.
(**STJ – AgInt no AREsp: 2218998 MG** 2022/0307468-5, Relator.: HERMAN BENJAMIN, Data de Julga-mento: 22/05/2023, T2 – SEGUNDA TURMA, Data de Publicação: DJe 05/06/2023)
EMENTA AGRAVO REGIMENTAL NO RECURSO EXTRAORDINÁRIO COM AGRAVO. DIREITO TRIBUTÁRIO. IMUNIDADE DO ITBI NA INTEGRALIZAÇÃO DE BENS IMÓVEIS. LIMITAÇÃO AO VALOR DO CAPITAL SOCIAL SUBSCRITO. ART. 156, § 2º, INC. I, DA CONSTITUIÇÃO DA REPUBLICA. TEMA RG Nº 796. ALEGAÇÃO DE SUBSCRIÇÃO NO EXATO VALOR DAS QUOTAS SOCIAIS. EXAME DA PROVA DOCUMENTAL DOS AUTOS. INCIDÊNCIA DO ENUNCIADO Nº 279 DA SÚMULA DO STF. 1. Para compreender pela especificação dos valores dos imóveis no exato valor das quotas sociais integralizadas, faz-se necessário o exame das provas documentais a que alude a parte agravante e que teriam sido sonegadas na formação da convicção da Turma Julgadora. Esse expediente, entretanto, é vedado nesta sede recursal, porque encontra o óbice do enunciado nº 279 da Súmula do STF. 2. Isso considerado, é de rigor a aplicação do entendimento vinculante do STF contido no Tema nº 796 do ementário da Repercussão Geral, de modo que a imunidade do ITBI na integralização do capital social somente alcança o valor na parcela subscrita, não englobando o valor integral do bem. 3. Incidência da multa do art. 1.021, § 4º, do Código de Processo Civil, em caso de julgamento unânime, no importe correspondente a 1% sobre o valor da causa. 4. Agravo regimental a que se nega provimento.
(**STF – ARE: 1453942 SP**, Relator.: Min. ANDRÉ MENDONÇA, Data de Julgamento: 07/08/2024, Segunda Turma, Data de Publicação: PROCESSO ELETRÔNICO DJe-s/n DIVULG 12-08-2024 PUBLIC 13-08-2024)

TRIBUTÁRIO. ITBI. INCORPORAÇÃO DIRETA. "VENDA DE IMÓVEIS NA PLANTA". FATO GERADOR. ALIENA-ÇÃO DA FRAÇÃO IDEAL DE IMÓVEL VINCULADA À OBRIGAÇÃO DE FAZER. BASE DE CÁLCULO. VALOR TOTAL DO NEGÓCIO JURÍDICO. 1. Os arts. 35 e 38 do CTN dispõem, respectivamente, que o fato gerador do ITBI é a transmissão da propriedade ou de direitos reais imobiliários ou a cessão de direitos relativos a tais transmissões e que a base de cálculo do tributo é o "valor venal dos bens ou direitos transmitidos", que corresponde ao valor considerado para as negociações de imóveis em condições normais de mercado. 2. A possibilidade de dimensionar o valor dos imóveis no mercado, segundo critérios, por exemplo, de localização e tamanho (metragem), não impede que a avaliação de mercado específica de cada imóvel transacionado oscile dentro do parâmetro médio, a depender, por exemplo, da existência de outras circunstâncias igualmente relevantes e legítimas para a determinação do real valor da coisa, como a existência de benfeitorias, o estado de conservação e os interesses pessoais do vendedor e do comprador no ajuste do preço. Precedentes. 3. Para a hipótese de incorporação imobiliária, o signo presuntivo de riqueza tributado pelo ITBI é a avença efetivamente celebrada pelas partes, ou seja, o negócio jurídico da venda de fração ideal de imóvel vinculada à obrigação de fazer (construção/edificação/benfeitoria) assumida pelo alienante e estabelecida como elemento essencial da transação, que se responsabiliza pela entrega do bem com as obras concluídas. 4. A base de cálculo a ser observada para a fixação do ITBI nessas operações de "venda de imóveis na planta" é o valor total da transação promovida entre as partes, que engloba remuneração pela fração ideal do bem imóvel transmitido e pela obrigação de fazer erigida como elemento essencial da transação e considerada na fixação do preço da operação. 5. Agravo conhecido para negar provimento ao recurso especial.

(STJ – AREsp: 2508461 RS 2023/0424995-3, Relator.: Ministro GURGEL DE FARIA, Data de Julgamento: 04/06/2024, T1 – PRIMEIRA TURMA, Data de Publicação: DJe 18/06/2024)
TRIBUTÁRIO E PROCESSUAL CIVIL. AGRAVO INTERNO NOS EMBARGOS DE DECLARAÇÃO NO AGRAVO EM RECURSO ESPECIAL. ITBI. TRANSFERÊNCIA A TÍTULO DE INTEGRALIZAÇÃO DO CAPITAL SOCIAL. VALOR VENAL EXCEDENTE. IMUNIDADE DO ART. 156, § 2º, I, DA CONSTITUIÇÃO FEDERAL. CAUSA DECIDIDA COM BASE EM FUNDAMENTO EMINENTEMENTE CONSTITUCIONAL. PRECEDENTES DO STJ. MAJORAÇÃO DE HONORÁRIOS. AGRAVO INTERNO IMPROVIDO. I. Agravo interno aviado contra decisão que julgara recurso interposto contra decisum publicado na vigência do CPC/2015. II. Na origem, trata-se de ação ajuizada pela parte ora agravante objetivando a não incidência do ITBI em relação à transferência de propriedade de imóveis de sócios para integralização de capital social da empresa. O Juízo de 1º Grau julgou procedente a demanda. O Tribunal de origem, por sua vez, deu provimento à Apelação interposta pelo Município de Barra Mansa. III. O Tribunal de origem decidiu a causa com base em fundamento eminentemente constitucional, a partir da interpretação da regra de imunidade esculpida no art. 156, § 2º, I, da Constituição Federal, bem como a partir de aplicação de precedente proferido em regime de repercussão geral (RE 796.376/SC), de modo que é inviável a apreciação da matéria, em sede de Recurso Especial, sob pena de usurpação de competência do STF. Precedentes do STJ (STJ, AgInt no AREsp 2.108.232/RS, Rel. Ministro BENEDITO GONÇALVES, PRIMEIRA TURMA, DJe de 16/03/2023; AgInt no AREsp 1.703.513/DF, Rel. Ministro HERMAN BENJAMIN, SEGUNDA TURMA, DJe de 15/12/2020; AgRg no Ag 1.375.264/MG, Rel. Ministro HUMBERTO MARTINS, SEGUNDA TURMA, DJe de 29/03/2011). IV. "Eventual violação de lei federal seria reflexa, e não direta, porque no deslinde da controvérsia seria imprescindível a interpretação de matéria constitucional, descabendo, portanto, o exame da questão em sede de recurso especial" (STJ, AgRg no AREsp 55.873/RS, Rel. Ministro HUMBERTO MARTINS, SEGUNDA TURMA, DJe de 23/02/2012). V. Não se mostra excessiva a majoração dos honorários recursais em 10% do valor já arbitrado, na medida em que, fundamentada no § 11 do art. 85 do CPC/2015, observou os limites estabelecidos nos §§ 2º e 3º do referido dispositivo legal. Precedentes do STJ (AgInt no AREsp 2.011.171/RJ, Rel. Ministro SÉRGIO KUKINA, PRIMEIRA TURMA, DJe de 31/3/2022; AgInt no AREsp 1.292.968/RJ, Rel. Ministro ANTONIO CARLOS FERREIRA, QUARTA TURMA, DJe de 10/10/2018; AgInt no AREsp 196.789/MS, Rel. Ministro JOÃO OTÁVIO DE NORONHA, TERCEIRA TURMA, DJe de 18/08/2016). VI. "A interposição de recurso sob a égide da nova lei processual possibilita a majoração dos honorários advocatícios, mesmo quando não apresentadas contrarrazões, nos termos do art. 85, § 11, do CPC/2015" (STJ, AgInt no REsp 1.676.964/RO, Rel. Ministra NANCY ANDRIGHI, TERCEIRA TURMA, DJe de 01/02/2018). VII. Agravo interno improvido.

(STJ – AgInt nos EDcl no AREsp: 1913065 RJ 2021/0176201-3, Relator.: ASSUSETE MAGALHÃES, Data de Julgamento: 29/05/2023, T2 – SEGUNDA TURMA, Data de Publicação: DJe 01/06/2023) PROCESSUAL CIVIL E TRIBUTÁRIO. AGRAVO INTERNO. AÇÃO DE REPETIÇÃO DE INDÉBITO. CISÃO DE EMPRESA EM 2012. COMPETÊNCIA PARA RECOLHIMENTO DO TRIBUTO. GEORREFERENCIAMENTO EM 2014 QUE CONCLUI QUE O IMÓVEL PERTENCE A OUTRO MUNICÍPIO. FATO GERADOR QUE OCORRE SOMENTE COM O REGISTRO IMOBILIÁRIO. PRECEDENTES DO STJ. TEMA 1124 DO STF. RECURSO PROVIDO. HISTÓRICO DA DEMANDA 1. Cuida-se, na origem, de Ação de Repetição de Indébito ajuizada por Nova Agrícola Ponta Alta S/A contra o Município de São Manuel, alegando que houve parcial cisão da empresa Agrícola Ponte Alta S/A, o que resultou em quatro novas empresas: i) Nova Agrícola Ponte Alta S/A, si) Terras da Ponte Alta, iii) Águas da Ponte Alta S/A e iv) Vale da Ponte Alta S/A. Foram transmitidas duas fazendas para a autora. 2. Salientou que à época dos fatos, no exercício de 2012, foram recolhidos valores a título de ITBI, por força da Lei Complementar Municipal n. 159/2002, em virtude da transmissão dos imóveis das matrículas 353 (Fazenda São Joaquim) e 1.243 (Fazenda Santa Maria), ambos do CRI local, para o ente municipal recorrido de São Manuel. 3. Não obstante, após a realização de georreferenciamento no ano de 2014, descobriu-se que a totalidade das glebas da matrícula 353 e parte do imóvel de matrícula 1243 (13 glebas) pertenciam ao Município de Igaraçu do Tietê, e não ao Município de São Manuel. Afirma a agravante que em 2015 efetuou o registro de transferência da propriedade, momento esse que deve ser considerado o fato gerador. 4. Assim, a recorrente requereu administrativamente a repetição do indébito do ITBI daquilo que foi pago ao Município de São Manuel em relação ao imóvel que pertence ao Município de Igaraçu do Tietê. O requerimento foi negado. O FATO GERADOR DO ITBI OCORRE COM O REGISTO DA TRANSFERÊNCIA DO IMÓVEL 5. O acórdão de origem, ao decidir a controvérsia, assim consignou (fls. 333-336, e-STJ): "De acordo com o artigo 1245 do Código Civil, a transferência da propriedade apenas se concretiza, juridicamente, a partir do registro do respectivo título no Cartório de Registro de Imóveis competente. Dessa forma, antes do registro do título, a rigor, ainda não ocorreu o fato gerador do ITBI, tampouco sua obrigação. Vê se dos autos, que à época da ocorrência do fato gerador, a autora recolheu o tributo em favor do apelado, o qual constava da respectiva matrícula como o local da sede, não havendo em que se falar em repetição de indébito". 6. Como se observa, o acórdão concluiu: i) à época da ocorrência do fato gerador, o imóvel se localizava, conforme seu registro, no município de São Manuel, sendo ele, portanto, o credor do tributo; e ii) se a empresa tinha dúvidas quanto ao Município de localização do imóvel, deveria se valer de ação consignatória. 7. Constata-se que o acórdão recorrido afirma "que à época da ocorrência do fato gerador, a autora recolheu o tributo em favor do apelado, o qual constava da respectiva matrícula como o local da sede". Ou seja, a Corte local considerou, equivocadamente, ocorrido o fato gerador em 2012, com o ato que instrumentalizou o negócio da cisão parcial, quando o fato gerador ocorreu em 2015, com o registro da transferência imobiliária. 8. O STJ entende que, mesmo em caso de cisão, o fato gerador do ITBI é o registro no ofício competente da transmissão da propriedade do bem imóvel, em conformidade com a lei civil. Logo, não há como se considerar como fato gerador da referida exação a data de constituição das empresas pelo registro de Contrato Social na Junta Comercial. (AgInt no AREsp 794.303/RS, Rel. Ministro Napoleão Nunes Maia Filho, Primeira Turma, DJe 13.6.2019.) 9. Dessa forma, o fato gerador do ITBI ocorre, no seu aspecto material e temporal, com a efetiva transmissão, a qualquer título, da propriedade imobiliária, o que se perfectibiliza com a consumação do negócio jurídico hábil a transmitir a titularidade do bem, mediante o registro do título translativo no Cartório de Registro de Imóveis. Precedentes: EREsp 1.493.162/DF, Rel. Ministro Napoleão Nunes Maia Filho, Primeira Seção, DJe 21.10.2020; AREsp 1.425.219/SP, Rel. Ministro Francisco Falcão, Segunda Turma, DJe 1.3.2019; AREsp 1.542.296/SP, Rel. Ministro Herman Benjamin, Segunda Turma, DJe 29.10.2019; e AgInt no AREsp 1.223.231/SP, Rel. Ministro Mauro Campbell Marques, Segunda Turma, DJe 27.6.2018. TEMA 1.124 DO STF 10. Acrescente-se que o STF julgou o ARE 1.294.969, Tema 1.124, em 11.2.2021, e fixou a seguinte tese: "O fato gerador do imposto sobre transmissão inter vivos de bens imóveis (ITBI) somente ocorre com a efetiva transferência da propriedade imobiliária, que se dá mediante o registro."

11. Aplicando a tese do STF ao caso concreto, tem-se: i) o ITBI teve o pagamento antecipado ao município de São Manuel - por força da Lei Complementar Municipal n. 159/2002 - quando do ato que instrumentalizou o negócio da cisão parcial em 2012; e ii) o fato gerador ocorreu, de fato, com o registro da transferência imobiliária (cisão parcial), que ocorreu em 2015, quando já havia finalizado o georreferenciamento em 2014, em que constava que o imóvel pertencia ao município de Igaraçu do Tietê, e não ao Município de São Manuel. CONCLUSÃO 12. Agravo Interno provido para prover o Recurso Especial, a fim de que o Município de São Manuel proceda à repetição do indébito tributário referente ao ITBI, exercício de 2012, pago em relação à totalidade das glebas da matrícula 353 (Fazenda São Joaquim) e parte das 13 glebas do imóvel de matrícula 1243 (Fazenda Santa Maria).
(**STJ – AgInt no AREsp: 1760009 SP** 2020/0239702-4, Data de Julgamento: 19/04/2022, T2 – SEGUNDA TURMA, Data de Publicação: DJe 27/06/2022)
EMBARGOS DE DECLARAÇÃO NO RECURSO EXTRAORDINÁRIO COM AGRAVO. TRIBUTÁRIO. MANDADO DE SEGURANÇA. IMPOSTO SOBRE TRANSMISSÃO DE BENS IMÓVEIS - ITBI. FATO GERADOR. COBRANÇA DO TRIBUTO SOBRE CESSÃO DE DIREITOS. IMPOSSIBILIDADE. EXIGÊNCIA DA TRANSFERÊNCIA EFETIVA DA PROPRIEDADE IMOBILIÁRIA MEDIANTE REGISTRO EM CARTÓRIO. PRECEDENTES. ENTENDIMENTO CONSOLIDADO NA JURISPRUDÊNCIA DO SUPREMO TRIBUNAL FEDERAL. OMISSÃO, CONTRADIÇÃO OU OBSCURIDADE. INEXISTÊNCIA. ERRO MATERIAL. INOCORRÊNCIA. EFEITOS INFRINGENTES. IMPOSSIBILIDADE. EMBARGOS DE DECLARAÇÃO DESPROVIDOS.
(**STF – ARE: 1294969 SP** 1008285-73.2018.8.26.0053, Relator.: LUIZ FUX (Presidente), Data de Julgamento: 21/02/2022, Tribunal Pleno, Data de Publicação: 15/03/2022)
PROCESSUAL CIVIL E TRIBUTÁRIO. ITBI. AQUISIÇÃO DE IMÓVEL. COMPOSIÇÃO DE FUNDO DE INVESTIMENTO IMOBILIÁRIO. IMUNIDADE. MATÉRIA CONSTITUCIONAL. EXAME. INADEQUAÇÃO. TRANSFERÊNCIA DE PROPRIEDADE. EXISTÊNCIA. FATO GERADOR. CONFIGURAÇÃO. 1. A fundamentação empregada no acórdão recorrido para não reconhecer a imunidade tem natureza constitucional, sendo, pois, insuscetível de exame em sede de recurso especial. 2. A aquisição de imóvel para a composição do patrimônio de fundo de investimento imobiliário efetivada mediante emissão de novas quotas em favor dos alienantes configura transferência a título oneroso de propriedade de imóvel para fins de incidência do ITBI, na forma dos arts. 35 do CTN e 156, II, da CF/1988, ocorrendo o fato gerador no momento da averbação da propriedade fiduciária em nome da administradora (do fundo) no cartório de registro imobiliário. 3. Agravo conhecido para conhecer em parte do recurso especial e, nessa extensão, negar-lhe provimento.
(**STJ – AREsp: 1492971 SP** 2019/0118121-0, Relator.: Ministro GURGEL DE FARIA, Data de Julgamento: 28/02/2023, T1 – PRIMEIRA TURMA, Data de Publicação: DJe 31/03/2023)

22.3 IMPOSTO SOBRE SERVIÇOS DE QUALQUER NATUREZA (ISS)

O **Imposto sobre Serviços de Qualquer Natureza** (ISS) é um tributo de competência dos **Municípios** e do **Distrito Federal**, previsto no **art. 156, III, da CF/1988** e disciplinado pela **Lei Complementar 116/2003**. Seu campo de incidência abrange os **serviços expressamente listados na Lista de Serviços Anexa à referida lei complementar**, representando um dos **pilares da tributação indireta no âmbito local**.

Sob uma **ótica interdisciplinar**, como propõe a obra, o estudo do ISS exige a **articulação entre as esferas jurídica**, **econômica**, **contábil**, **tecnológica** e **filosófica**, de modo a compreender não apenas sua **estrutura normativa**, mas também suas **implicações práticas**, **distributivas**, **setoriais** e **sistêmicas** na economia contemporânea.

1104 DIREITO TRIBUTÁRIO INTERDISCIPLINAR • Caio Bartine

22.3.1 Fundamentação constitucional e legal

A previsão constitucional do ISS reside no art. 156, III, §3º da CF/1988[31], tendo o seu regramento de incidência tributária estampado pela LC 116/03. Ademais, vige no ordenamento o art. 9º, §1º do DL 406/68[32].

O ISS é um tributo do gênero **imposto**, caracterizado por **não exigir contraprestação estatal específica**, sendo instituído para **financiar as despesas públicas gerais**.

Sendo competência municipal, tem sua **materialidade constitucional delimitada pela expressão "serviços de qualquer natureza"**, ressalvados os **serviços de comunicação e transporte interestadual e intermunicipal**, que são de **competência estadual** (CF, art. 155, II).

22.3.2 Regramento de incidência tributária

A interpretação do conceito de **"serviço"** à luz do Direito Tributário Interdisciplinar **deve considerar**:

- A abordagem jurídica estrita do serviço como obrigação de fazer;
- A perspectiva econômica, em que o serviço representa a transferência de utilidades intangíveis em operações onerosas;
- A visão contábil, que exige segregação entre receitas de serviço e receitas de outras naturezas;
- O contexto tecnológico, que desafia os limites tradicionais do conceito de serviço frente a modelos digitais e plataformas.

Essa complexidade justifica a necessidade de uma **abordagem integrada**, que supera a **compartimentalização dogmática** e reconhece a **fluidez dos institutos tributários** em um **ambiente econômico digitalizado** e **globalizado**.

---

31. **Art. 156**. Compete aos Municípios instituir impostos sobre:

    III - serviços de qualquer natureza, não compreendidos no art. 155, II, definidos em lei complementar. (Redação dada pela Emenda Constitucional nº 3, de 1993)

    § 3º Em relação ao imposto previsto no inciso III do caput deste artigo, cabe à lei complementar: (Redação dada pela Emenda Constitucional nº 37, de 2002)

    I – fixar as suas alíquotas máximas e mínimas; (Redação dada pela Emenda Constitucional nº 37, de 2002)

    II – excluir da sua incidência exportações de serviços para o exterior. (Incluído pela Emenda Constitucional nº 3, de 1993)

    III – regular a forma e as condições como isenções, incentivos e benefícios fiscais serão concedidos e revogados. (Incluído pela Emenda Constitucional nº 37, de 2002)

32. **Art. 9º** A base de cálculo do imposto é o preço do serviço.

    § 1º Quando se tratar de prestação de serviços sob a forma de trabalho pessoal do próprio contribuinte, o imposto será calculado, por meio de alíquotas fixas ou variáveis, em função da natureza do serviço ou de outros fatores pertinentes, nestes não compreendida a importância paga a título de remuneração do próprio trabalho.

I – Aspecto Material

A materialidade do **Imposto sobre Serviços de Qualquer Natureza** (ISS) encontra previsão no art. 156, III, da CF/1988, segundo o qual compete aos Municípios instituírem impostos sobre "**serviços de qualquer natureza, não compreendidos no art. 155, II**", ou seja, **excetuando-se os serviços de transporte interestadual e intermunicipal e os de comunicação.**

A delimitação dessa materialidade, ainda que aparentemente simples, revela-se **densa** e **multifacetada**, especialmente quando analisada sob a ótica interdisciplinar, que exige o **cruzamento de categorias jurídicas, econômicas, tecnológicas** e **filosóficas** para a correta compreensão dos contornos normativos da incidência.

No plano jurídico-estrutural, a **materialidade do ISS** se perfaz com a **prestação de serviços**, tradicionalmente compreendidos como **obrigações de fazer**, nos termos do Direito Civil. O **conceito civilista** é basilar para **restringir a competência tributária dos Municípios**, evitando que o ISS recaia sobre **obrigações de dar** (como a venda de mercadorias) ou sobre **fatos atípicos, não subsumíveis à prestação de atividade humana produtiva.**

Nesse sentido, a doutrina majoritária sustenta que a **incidência do ISS** exige a conjugação dos **seguintes elementos materiais:**

- A existência de um **fazer humano voluntário;**
- A **onerosidade da operação;**
- A **inexistência de previsão constitucional de competência para outro ente federativo sobre a mesma atividade** (como o ICMS para circulação de mercadorias ou serviços de comunicação e transporte intermunicipal).

A expressão "**serviços de qualquer natureza**" foi adotada pelo constituinte com o intuito de **ampliar o espectro de incidência do ISS**, desde que respeitados os **limites da lista de serviços aprovada por lei complementar nacional** (atualmente, a Lei Complementar 116/2003). No entanto, essa expressão **não autoriza o Município a tributar indiscriminadamente qualquer atividade.**

Trata-se de um conceito que **não pode ser lido em isolamento**, devendo ser **interpretado sistemicamente**, de modo a preservar a **repartição constitucional de competências tributárias**, resguardar a **segurança jurídica** e a **legalidade estrita em matéria tributária** e evitar a **sobreposição indevida** entre ISS, ICMS e IOF, entre outros tributos.

Sob o enfoque econômico, "**serviço**" representa a transferência de utilidades economicamente mensuráveis, **normalmente não tangíveis**, cuja relação **sinalagmática entre prestador e tomador envolve remuneração como elemento essencial.**

Assim, **prestar serviço é vender um bem imaterial**. Ainda que a terminologia "venda" possa ser criticada por remeter à **lógica da obrigação de dar**, a formulação revela que a **prestação de serviço** gera **valor econômico** e resulta na **circulação de uma utilidade**, mesmo que **não tenha substrato físico**.

A **Lista de Serviços anexa à Lei Complementar 116/2003** configura o **principal instrumento normativo de delimitação da hipótese de incidência do Imposto sobre Serviços de Qualquer Natureza** (ISS). A correta interpretação dessa lista é fundamental para resguardar os **princípios da legalidade estrita**, da **segurança jurídica** e da **repartição de competências tributárias entre os entes federativos**, bem como para **evitar conflitos normativos com o ICMS**, de competência estadual, dentre outros tributos.

A **interpretação da lista de serviços** deve respeitar a regra da **legalidade tributária**, segundo a qual **nenhum tributo será exigido ou aumentado sem prévia lei que o estabeleça**. No caso do ISS, essa legalidade é **qualificada**, pois exige **lei complementar nacional** para disciplinar as **hipóteses de incidência**.

O Supremo Tribunal Federal já se manifestou sobre a **natureza da lista de serviços**. No julgamento da **ADI 3.128/DF**, o Tribunal fixou o entendimento de que a **lista é taxativa**, mas permite **interpretação extensiva** (ampla), **jamais analógica** ou **exemplificativa**.

Desse modo, a lista deve ser compreendida como **fechada em relação à criação de novas hipóteses de incidência**, mas **flexível em relação à leitura daquilo que já se encontra incluído**, respeitando a **função interpretativa dos conceitos jurídicos indeterminados**.

Diversos Municípios tentam **ampliar o alcance do ISS** com base em legislações locais que interpretam de forma **extensiva** ou **analógica serviços não previstos na lista da LC 116/2003**. Tais práticas **violam frontalmente o princípio da legalidade tributária** e a **competência privativa da União para editar normas gerais por meio de lei complementar**, conforme previsto no art. 146 da CF/1988.

Assim, a **delimitação jurídica da materialidade do ISS** impõe como condição de incidência a **existência de um negócio jurídico autônomo, sinalagmático, oneroso** e **dotado de conteúdo econômico**, não se confundindo com **prestações de natureza pessoal, laboral** ou de **vínculo jurídico próprio** – como ocorre nas **relações de emprego** regidas pela Consolidação das Leis do Trabalho (CLT).

A **incidência do ISS** pressupõe a **existência de um negócio jurídico de natureza onerosa**, com **conteúdo patrimonial** e **finalidade econômica**, celebrado entre **partes autônomas**. Trata-se, em termos técnicos, de uma **obrigação de fazer**, praticada por um **prestador** (empresário individual ou sociedade) **em favor de um tomador, mediante remuneração**, nos termos da Lei Complementar 116/2003.

Nesse contexto, a jurisprudência e a doutrina são firmes ao reconhecer que a **essência econômica da prestação de serviços** constitui **elemento indispensável da**

materialidade do tributo. Ressaltamos que o ISS **não incide sobre qualquer tipo de fazer**, mas apenas sobre aquele que se **reveste de conotação econômica** e se realiza sob **forma de prestação autônoma e onerosa.**

A **relação de emprego** – disciplinada pelo Direito do Trabalho – apresenta elementos que a **afastam estruturalmente do campo de incidência do ISS**. O serviço prestado pelo **empregado ao empregador**, ainda que **represente um fazer**, não está inserido no **campo de incidência do ISS** por três razões fundamentais:

a) Inexistência de autonomia contratual

O **empregado** atua sob **subordinação jurídica direta**, integrando a **estrutura organizacional do empregador**. A **subordinação** é elemento essencial da relação empregatícia, conforme os **arts. 2º e 3º da CLT**[33], e afasta a ideia de que a prestação se realiza entre **sujeitos autônomos** — condição essencial à incidência do ISS.

b) Ausência de negócio jurídico oneroso entre as partes paritárias

O **vínculo empregatício** é regido por **normas cogentes**, marcadas por **proteção à parte hipossuficiente**. Diferentemente do **contrato de prestação de serviço típico da esfera civil-empresarial** (ex.: contrato de prestação de consultoria), **não há no contrato de trabalho um negócio jurídico simétrico** e **sinalagmático no sentido tributário.**

c) Regime jurídico próprio e contribuições vinculadas

As **relações de emprego** estão submetidas à **tributação previdenciária e trabalhista própria**, com **recolhimento de contribuições sociais** e **encargos** (INSS, FGTS, IRRF etc.). Permitir que o mesmo fato – a **prestação laboral subordinada** – ensejasse a incidência do ISS, configuraria **dupla tributação indevida** e **violação à competência tributária específica da União (art. 195 da CF/1988)**[34].

---

33. **Art. 2º** Considera-se empregador a empresa, individual ou coletiva, que, assumindo os riscos da atividade econômica, admite, assalaria e dirige a prestação pessoal de serviço.

    § 1º Equiparam-se ao empregador, para os efeitos exclusivos da relação de emprego, os profissionais liberais, as instituições de beneficência, as associações recreativas ou outras instituições sem fins lucrativos, que admitirem trabalhadores como empregados.

    § 2º Sempre que uma ou mais empresas, tendo, embora, cada uma delas, personalidade jurídica própria, estiverem sob a direção, controle ou administração de outra, ou ainda quando, mesmo guardando cada uma sua autonomia, integrem grupo econômico, serão responsáveis solidariamente pelas obrigações decorrentes da relação de emprego. (Redação dada pela Lei nº 13.467, de 2017)

    § 3º Não caracteriza grupo econômico a mera identidade de sócios, sendo necessárias, para a configuração do grupo, a demonstração do interesse integrado, a efetiva comunhão de interesses e a atuação conjunta das empresas dele integrantes. (Incluído pela Lei nº 13.467, de 2017)

    Art. 3º Considera-se empregado toda pessoa física que prestar serviços de natureza não eventual a empregador, sob a dependência deste e mediante salário.

    Parágrafo único - Não haverá distinções relativas à espécie de emprego e à condição de trabalhador, nem entre o trabalho intelectual, técnico e manual.

34. **Art. 195.** A seguridade social será financiada por toda a sociedade, de forma direta e indireta, nos termos da lei, mediante recursos provenientes dos orçamentos da União, dos Estados, do Distrito Federal e dos Municípios,

O **elemento diferenciador** entre a **prestação de serviço tributável pelo ISS** e aquela desenvolvida em **regime celetista** é a **autonomia da prestação**, ou seja, a **ausência de subordinação direta e hierárquica.**

Importa ressaltar que a delimitação da hipótese de incidência impõe **limites normativos e estruturais ao alcance do tributo**, sendo inadmissível a **exigência do ISS em situações que não configurem juridicamente prestação de serviço entre partes distintas**, tampouco nos casos em que a Constituição Federal e a legislação complementar prevejam **regimes específicos de imunidade** ou de **não incidência**, como ocorre na **exportação de serviços.**

Nesse contexto, destacam-se **duas hipóteses relevantes de exclusão da materialidade do ISS:**

- o **autosserviço**, ou seja, a realização de atividade para si mesmo;
- a **prestação internacional de serviços**, envolvendo operações de **exportação** e **importação.**

O **autosserviço** consiste na realização de determinada atividade, muitas vezes **típica de prestação de serviços**, mas sem que exista um **terceiro contratante ou tomador da atividade.** Em outras palavras, trata-se da **execução de um fazer para benefício próprio**, seja pela empresa, seja pelo profissional autônomo, **sem o deslocamento de utilidade a terceiros.**

Para que se configure o fato gerador do ISS, é indispensável a **existência de relação jurídica bilateral entre prestador e tomador**, com **onerosidade** e **circulação econômica de utilidade entre partes distintas.** No **autosserviço**, inexiste qualquer tipo de circulação intersubjetiva de riqueza, o que **inviabiliza a subsunção da atividade à materialidade tributável.**

---

e das seguintes contribuições sociais:

I – do empregador, da empresa e da entidade a ela equiparada na forma da lei, incidentes sobre: (Redação dada pela Emenda Constitucional nº 20, de 1998)

a) a folha de salários e demais rendimentos do trabalho pagos ou creditados, a qualquer título, à pessoa física que lhe preste serviço, mesmo sem vínculo empregatício; (Incluída pela Emenda Constitucional nº 20, de 1998)

b) a receita ou o faturamento; (Incluída pela Emenda Constitucional nº 20, de 1998)

c) o lucro; (Incluída pela Emenda Constitucional nº 20, de 1998)

II – do trabalhador e dos demais segurados da previdência social, podendo ser adotadas alíquotas progressivas de acordo com o valor do salário de contribuição, não incidindo contribuição sobre aposentadoria e pensão concedidas pelo Regime Geral de Previdência Social; (Redação dada pela Emenda Constitucional nº 103, de 2019)

III – sobre a receita de concursos de prognósticos;

IV – do importador de bens ou serviços do exterior, ou de quem a lei a ele equiparar; (Incluído pela Emenda Constitucional nº 42, de 2003)

V – sobre bens e serviços, nos termos de lei complementar. (Incluído pela Emenda Constitucional nº 132, de 2023)

Exemplo: se uma construtora realiza a **terraplanagem de seu próprio terreno**, para **futura edificação de imóvel destinado à venda**, essa atividade é uma **etapa do processo produtivo interno da empresa** – um insumo funcional – e **não uma prestação de serviço a terceiro**.

O **autosserviço** costuma estar associado às chamadas **atividades-meio**, ou seja, **atividades instrumentais, internas, não voltadas ao mercado, realizadas dentro da cadeia operacional da própria empresa**. Já as **atividades-fim**, quando **prestadas a terceiros mediante remuneração**, configuram **fato gerador do ISS**. O critério essencial é a **destinação econômica da atividade realizada**, não sua **natureza técnica**.

No tocante à **exportação de serviços**, o **art. 2º, I, da LC 116/2003**[35], preceitua que **não incide ISS sobre as exportações de serviços para o exterior do país**, sendo esta regra uma manifestação do **princípio da não exportação de tributos**, consagrado constitucionalmente como **vetor de estímulo à competitividade internacional**.

Entretanto, o **parágrafo único** do mesmo artigo[36] estabelece **limites objetivos à aplicação da imunidade**, condicionando sua fruição à verificação de que o **resultado do serviço também ocorra no exterior**. Nos termos do **art. 2º, parágrafo único da LC 116/03:**

> Não se enquadra na hipótese do inciso I do caput deste artigo o serviço desenvolvido no Brasil, cujo resultado aqui também se verifique, ainda que o pagamento seja feito por residente no exterior.

A lei estabelece como **critério de conexão territorial** o **local da materialização do resultado do serviço**. Mesmo que o **contratante esteja no exterior** e o **pagamento seja feito em moeda estrangeira**, se o efeito útil da atividade contratada **se der no Brasil**, o **serviço será considerado nacional** e, portanto, **tributável pelo ISS**.

Exemplificando: se uma **empresa brasileira** presta serviços de consultoria para uma **empresa estrangeira**, mas toda a **análise estratégica é voltada ao mercado brasileiro, ainda que o pagamento seja feito por um tomador estrangeiro**, o **resultado econômico se verifica no Brasil**, logo, **incide o ISS**.

O STJ tem entendido que o **critério determinante** é o **local onde se consuma o resultado do serviço**, não apenas o **domicílio do contratante**.

O **art. 1º, § 1º da LC 116/2003**[37] estabelece a **possibilidade de incidência do ISS na importação de serviços**, quando o **prestador está no exterior** e o **tomador no**

---

35. **Art. 2º** O imposto não incide sobre:
    I – as exportações de serviços para o exterior do País.
36. **Parágrafo único**. Não se enquadram no disposto no inciso I os serviços desenvolvidos no Brasil, cujo resultado aqui se verifique, ainda que o pagamento seja feito por residente no exterior.
37. **Art. 1º** O Imposto Sobre Serviços de Qualquer Natureza, de competência dos Municípios e do Distrito Federal, tem como fato gerador a prestação de serviços constantes da lista anexa, ainda que esses não se constituam como atividade preponderante do prestador.
    § 1º O imposto incide também sobre o serviço proveniente do exterior do País ou cuja prestação se tenha iniciado no exterior do País.

Brasil. Nessa hipótese, há uma **inversão da sujeição passiva**, com **responsabilidade atribuída ao tomador nacional**.

Essa sistemática reforça a **necessidade de tratamento simétrico entre exportação imune e importação tributável**, respeitando o **princípio da equidade na tributação internacional de serviços**.

Nos termos da **súmula 167 do STJ**,

> O fornecimento de concreto, por empreitada, para construção civil, preparado no trajeto até a obra em betoneiras acopladas a caminhões é prestação de serviços, sujeitando-se apenas à incidência de ISS.

Essa súmula sintetiza entendimento consolidado da jurisprudência sobre uma **controvérsia histórica na delimitação entre os campos de incidência do ISS** e do **ICMS**, nos casos em que **há fornecimento de bens conjugado à prestação de serviços** – situação que gera o chamado conflito de competências tributárias.

O **fornecimento de concreto usinado** – ou seja, **preparado fora do canteiro de obras e transportado até o local da construção** – apresenta, à primeira vista, a **feição de venda de mercadoria**, o que poderia **atrair a incidência do ICMS**.

Entretanto, o STJ reconheceu que, nesse tipo específico de operação, **há preponderância da obrigação de fazer**, configurando-se uma **prestação de serviço complexa**, **técnica** e **personalizada**, e não uma **mera comercialização de bem corpóreo**.

A **preparação do concreto**, o seu **transporte em betoneiras especializadas** e o **atendimento aos requisitos específicos da obra** evidenciam um **conjunto de atividades** que exige **conhecimento técnico, acompanhamento especializado** e **personalização da entrega**, o que desloca a natureza da operação para o âmbito da prestação de serviço.

Assim, por mais que (o concreto), a **atividade-fim** permanece subordinada a uma **obrigação de fazer**, que é o **critério distintivo do ISS** conforme jurisprudência pacífica do STF e do STJ.

O **subitem 7.02 da lista de serviços anexa à LC nº 116/2003** prevê expressamente como hipótese de incidência do ISS os **serviços de execução, por administração, empreitada** ou **subempreitada, de obras de construção civil, hidráulica** ou **elétrica**.

A jurisprudência tem compreendido que o **fornecimento de concreto**, quando **integrado à execução da obra por empreitada, enquadra-se nesse subitem**, atraindo exclusivamente a incidência do imposto municipal.

Além disso, a **Súmula 167** não trata de **simples fornecimento de concreto**, mas de **fornecimento por empreitada**, o que é **essencial para a sua aplicabilidade**. Se houvesse apenas **venda de concreto**, sem vínculo contratual de empreitada, e o **produto**

fosse entregue ao cliente sem personalização do serviço, a situação poderia ensejar, em tese, a **incidência do ICMS**.

II – Aspecto Espacial

O **aspecto espacial** de um tributo diz respeito à **localização do fato gerador**, ou seja, ao **lugar onde se considera ocorrido o evento que dá origem à obrigação tributária**. No caso do ISS, essa dimensão espacial tem **implicações diretas na definição do ente federativo competente** para a sua cobrança, além de representar um dos pontos mais sensíveis da tributação municipal, especialmente diante da **diversidade de atividades econômicas** e da **expansão dos serviços digitais**.

Assim, a **competência tributária** é territorialmente vinculada à **municipalidade**, ou seja, **somente o Município onde se considera ocorrido o fato gerador pode exigir o tributo**. A definição precisa de qual **Município** é competente depende do **local da prestação do serviço**, nos termos do **art. 3º da LC 116/03**:

> O serviço considera-se prestado e o imposto devido no local do estabelecimento do prestador ou, na ausência do estabelecimento, no local do domicílio do prestador.

O **local da prestação**, como regra, **não é o local onde o serviço é executado**, mas onde se **encontra estabelecido o prestador** (empresa ou profissional autônomo). O **estabelecimento prestador** é definido amplamente pelo **art. 4º da LC 116/2003**[38] como "o local onde o contribuinte desenvolve a atividade de prestar serviços, de modo permanente ou temporário".

A **finalidade da regra geral** é assegurar **segurança jurídica** e evitar **conflitos de competência entre Municípios**, principalmente em situações em que a **prestação ocorre em múltiplos locais ou de forma remota**.

Entretanto, o legislador reconheceu que, para **diversos tipos de serviços** – sobretudo aqueles de **execução local, territorialmente identificável ou materialmente verificável** – essa regra seria **ineficaz** ou **geradora de distorções federativas**, especialmente no que se refere à **concentração de receitas em Municípios sede de grandes empresas**.

Assim, adotou-se um **modelo misto**, que combina:

⇒ a **regra geral** (caput): imposto devido no **local do estabelecimento do prestador;**

⇒ com **regras excepcionais** (incisos I a XXII e §§ 1º a 3º): imposto devido no **local da prestação do serviço**, do **domicílio do tomador** ou da **localização do bem ou atividade**, conforme a **natureza do serviço**.

---

38. **Art. 4º** Considera-se estabelecimento prestador o local onde o contribuinte desenvolva a atividade de prestar serviços, de modo permanente ou temporário, e que configure unidade econômica ou profissional, sendo irrelevantes para caracterizá-lo as denominações de sede, filial, agência, posto de atendimento, sucursal, escritório de representação ou contato ou quaisquer outras que venham a ser utilizadas.

Essa sistemática híbrida visa **preservar a eficiência arrecadatória, evitar guerra fiscal entre Municípios** e respeitar a **proporcionalidade da tributação com o impacto local da atividade.**

Determinados serviços – como construção civil, limpeza urbana, vigilância, logística, dragagem, armazenamento e eventos – **produzem efeitos diretos no território do tomador ou no local da execução**, mas poderiam ser tributados exclusivamente por **grandes Municípios sede das empresas**, caso prevalecesse a regra geral. Isso geraria **concentração arrecadatória injusta**, incompatível com o **princípio do pacto federativo** e da **justiça distributiva.**

Ao atribuir o ISS ao **Município onde o serviço é efetivamente prestado** ou **usufruído**, o legislador garante que os entes que sofrem os impactos da atividade tenham acesso à **receita tributária correspondente**, viabilizando o **financiamento de políticas públicas locais**.

Alguns destaques pontuais merecem a respectiva atenção. Em se tratando do inciso I reflete-se as alterações trazidas pelas **Leis Complementares 157/2016 e 175/2020**, que alteraram a **sistemática de cobrança do ISS em setores de grande relevância econômica**, com foco no **local do tomador**. Tal situação visa **desconcentrar a arrecadação** e **repartir a receita com Municípios consumidores**, alinhando-se ao **princípio da destinação tributária.**

No que tange aos serviços previstos entre os **incisos II a XXII**[39], tais dispositivos tratam de **serviços com execução física, concreta** e **mensurável**, como **obras, demo-**

---

39. **Art. 3º** O serviço considera-se prestado, e o imposto, devido, no local do estabelecimento prestador ou, na falta do estabelecimento, no local do domicílio do prestador, exceto nas hipóteses previstas nos incisos I a XXV, quando o imposto será devido no local: (Redação dada pela Lei Complementar nº 157, de 2016)

I – do estabelecimento do tomador ou intermediário do serviço ou, na falta de estabelecimento, onde ele estiver domiciliado, na hipótese do § 1º do art. 1º desta Lei Complementar;

II – da instalação dos andaimes, palcos, coberturas e outras estruturas, no caso dos serviços descritos no subitem 3.05 da lista anexa;

III – da execução da obra, no caso dos serviços descritos no subitem 7.02 e 7.19 da lista anexa;

IV – da demolição, no caso dos serviços descritos no subitem 7.04 da lista anexa;

V – das edificações em geral, estradas, pontes, portos e congêneres, no caso dos serviços descritos no subitem 7.05 da lista anexa;

VI – da execução da varrição, coleta, remoção, incineração, tratamento, reciclagem, separação e destinação final de lixo, rejeitos e outros resíduos quaisquer, no caso dos serviços descritos no subitem 7.09 da lista anexa;

VII – da execução da limpeza, manutenção e conservação de vias e logradouros públicos, imóveis, chaminés, piscinas, parques, jardins e congêneres, no caso dos serviços descritos no subitem 7.10 da lista anexa;

VIII – da execução da decoração e jardinagem, do corte e poda de árvores, no caso dos serviços descritos no subitem 7.11 da lista anexa;

IX – do controle e tratamento do efluente de qualquer natureza e de agentes físicos, químicos e biológicos, no caso dos serviços descritos no subitem 7.12 da lista anexa;

X – (VETADO)

XI – (VETADO)

XII – do florestamento, reflorestamento, semeadura, adubação, reparação de solo, plantio, silagem, colheita, corte, descascamento de árvores, silvicultura, exploração florestal e serviços congêneres indissociáveis da

lições, **dragagens, vigilância, estacionamentos, armazenamentos, eventos** etc. O ISS deve ser recolhido no **local de execução**, pois o **impacto urbano, ambiental** e **econômico** é ali gerado, justificando a titularidade da receita.

Já em **serviços como locação de postes, cabos, dutos, ferrovias** e **concessões rodoviárias,** o imposto será devido em **cada Município que receba o benefício da estrutura** ou **suporte sua presença física.** Essa sistemática permite uma **divisão equitativa da receita entre diversos entes federativos atingidos pela exploração da atividade.**

Apesar da **lógica do sistema,** sua aplicação prática enfrenta **problemas técnicos** e **operacionais,** tais como:

⇒ dificuldade de identificação do tomador real do serviço em cadeias longas e integradas;

⇒ problemas de bitributação ou conflitos de competência entre Municípios em serviços descentralizados;

⇒ necessidade de ajustes contábeis e tecnológicos por parte dos contribuintes, especialmente após a LC nº 175/2020, que criou o Registro de Competência para partilha do ISS entre Municípios em serviços financeiros e similares.

---

formação, manutenção e colheita de florestas para quaisquer fins e por quaisquer meios; (Redação dada pela Lei Complementar nº 157, de 2016)

XIII – da execução dos serviços de escoramento, contenção de encostas e congêneres, no caso dos serviços descritos no subitem 7.17 da lista anexa;

XIV – da limpeza e dragagem, no caso dos serviços descritos no subitem 7.18 da lista anexa;

XV – onde o bem estiver guardado ou estacionado, no caso dos serviços descritos no subitem 11.01 da lista anexa;

XVI – dos bens, dos semoventes ou do domicílio das pessoas vigiados, segurados ou monitorados, no caso dos serviços descritos no subitem 11.02 da lista anexa; (Redação dada pela Lei Complementar nº 157, de 2016)

XVII – do armazenamento, depósito, carga, descarga, arrumação e guarda do bem, no caso dos serviços descritos no subitem 11.04 da lista anexa;

XVIII – da execução dos serviços de diversão, lazer, entretenimento e congêneres, no caso dos serviços descritos nos subitens do item 12, exceto o 12.13, da lista anexa;

XIX – do Município onde está sendo executado o transporte, no caso dos serviços descritos pelo item 16 da lista anexa; (Redação dada pela Lei Complementar nº 157, de 2016)

XX – do estabelecimento do tomador da mão-de-obra ou, na falta de estabelecimento, onde ele estiver domiciliado, no caso dos serviços descritos pelo subitem 17.05 da lista anexa;

XXI – da feira, exposição, congresso ou congênere a que se referir o planejamento, organização e administração, no caso dos serviços descritos pelo subitem 17.10 da lista anexa;

XXII – do porto, aeroporto, ferroporto, terminal rodoviário, ferroviário ou metroviário, no caso dos serviços descritos pelo item 20 da lista anexa.

XXIII – do domicílio do tomador dos serviços dos subitens 4.22, 4.23 e 5.09; (Incluído pela Lei Complementar nº 157, de 2016)

XXIV - do domicílio do tomador do serviço no caso dos serviços prestados pelas administradoras de cartão de crédito ou débito e demais descritos no subitem 15.01; (Incluído pela Lei Complementar nº 157, de 2016)

XXV – do domicílio do tomador do serviço do subitem 15.09. (Redação dada pela Lei Complementar nº 175, de 2020)

III – Aspecto Temporal

No âmbito da regra-matriz de incidência tributária, o **aspecto temporal** corresponde ao **momento em que se considera ocorrido o fato gerador do tributo**, isto é, quando **nasce a obrigação tributária principal**. Ele é essencial porque:

> i. determina qual legislação será aplicada ao caso (princípio do *"tempus regit actum"*);
>
> ii. define quando o crédito tributário pode ser constituído;
>
> iii. estabelece o marco inicial para contagem de prazos de prescrição e decadência;
>
> iv. garante segurança jurídica ao contribuinte e à Fazenda Pública.

Portanto, o **aspecto temporal** é mais do que uma formalidade: ele é **instrumento de estabilidade, previsibilidade** e **legalidade tributária**.

A Lei Complementar 116/2003, que regula nacionalmente o ISS, **não define expressamente o aspecto temporal do tributo**. No entanto, a doutrina e a jurisprudência convergem em afirmar que o **ISS tem como fato gerador a prestação de serviço**, considerando-se **ocorrido o fato gerador no momento da efetiva prestação, independentemente do recebimento do preço**.

Essa interpretação está de acordo com o **art. 116, I, do CTN**[40], segundo o qual considera-se **ocorrido o fato gerador na situação material descrita na norma**, e com o **princípio da autonomia da obrigação tributária** em relação à **obrigação contratual**.

In casu, o ISS **não depende do pagamento** ou do **faturamento** para sua exigibilidade. A obrigação tributária **nasce no instante em que o serviço é prestado, ainda que o valor correspondente só seja recebido futuramente**. Ademais, o **simples contrato ou promessa de prestação de serviço** (sem execução) **não enseja a incidência do tributo**.

O **regime de apuração** escolhido pelo contribuinte exerce influência direta na forma como se compreende e operacionaliza o aspecto temporal do ISS, isto é, quando se considera devido o imposto. Embora o fato gerador do ISS ocorra com a **efetiva prestação do serviço**, a forma como essa obrigação é registrada e transformada em exigibilidade fiscal varia conforme o regime adotado: **competência** ou **caixa**.

No **regime de competência**, o tributo é considerado devido no **mês em que o serviço é prestado, independentemente de quando ocorrerá o pagamento**. Trata-se do **regime contábil clássico**, mais comum entre empresas organizadas sob escrituração regular, em que se observa a **correspondência entre receitas e despesas no momento da sua ocorrência**, e não do seu **efetivo ingresso ou saída no caixa**.

Nesse contexto, **mesmo que o tomador demore a quitar a obrigação contratual**, o ISS **já deve ser apurado** e declarado com base no período de prestação.

---

40. **Art. 116.** Salvo disposição de lei em contrário, considera-se ocorrido o fato gerador e existentes os seus efeitos: I - tratando-se de situação de fato, desde o momento em que o se verifiquem as circunstâncias materiais necessárias a que produza os efeitos que normalmente lhe são próprios.

Já o **regime de caixa** representa uma flexibilização dessa lógica, voltada sobretudo a **profissionais autônomos e microempreendedores**, que não dispõem de **estrutura contábil robusta**. Nesse modelo, a **exigibilidade do ISS** está vinculada à **data em que o valor do serviço é efetivamente recebido**, e não apenas prestado. Essa sistemática, **geralmente prevista em leis municipais**, permite que o contribuinte **só recolha o imposto após o ingresso financeiro da contraprestação**, mitigando os **efeitos da inadimplência** e da **postergação dos pagamentos**.

Ambos os regimes se **articulam com o aspecto temporal do ISS**, pois definem **quando nasce a obrigação tributária para fins de apuração e recolhimento**. Todavia, é fundamental compreender que essa **modulação da exigibilidade não altera o fato gerador em si** – que, juridicamente, permanece vinculado ao **momento da prestação do serviço**. Trata-se, portanto, de uma distinção entre o **marco de ocorrência da obrigação** e a sua **efetiva exigibilidade administrativa e fiscal**, o que exige atenção técnica tanto do contribuinte quanto do Fisco municipal.

Algumas situações especiais reforçam a importância do aspecto temporal do ISS, sobretudo quando a **prestação do serviço não ocorre de forma instantânea ou quando há alterações contratuais após a execução da atividade**. Nesses casos, o **momento da incidência do imposto** pode demandar **interpretações mais refinadas**, sempre com base na **efetiva prestação** e na **existência de causa onerosa**.

Nos **serviços contínuos** ou **executados por etapas sucessivas**, o imposto incide à medida que **cada fração do serviço é efetivamente concluída**. Essa dinâmica é comum em **contratos de manutenção, vigilância, limpeza** ou **consultoria periódica**, em que a **prestação se prolonga no tempo**, mas gera **obrigações fiscais proporcionais mês a mês**. A exigência do ISS, nesses casos, acompanha o **ritmo da execução**, o que exige do contribuinte **controle temporal rigoroso de suas operações**.

Nos **contratos de empreitada, construção civil** ou **engenharia**, o aspecto temporal do ISS costuma seguir o **cronograma físico-financeiro estabelecido entre as partes**.

A **prestação do serviço**, nesses casos, é **fragmentada em fases vinculadas à medição do avanço da obra**. A **assinatura do contrato**, por si só, **não configura fato gerador**. O imposto é exigido à medida que **cada etapa contratualmente prevista é concluída**, pois é nesse instante que se dá a **entrega parcial do serviço** e, portanto, o surgimento da obrigação tributária.

Outra situação relevante ocorre quando o **contrato é cancelado após a efetiva prestação do serviço**. Mesmo que haja **posterior desfazimento da avença**, o **fato gerador do ISS já ocorreu com a realização da atividade contratada**. O cancelamento **posterior**, ainda que resulte em **devolução de valores**, não tem o condão de **anular retroativamente o surgimento da obrigação tributária**.

A **restituição do ISS**, nesse caso, apenas será cabível se houver **comprovação de que o serviço não foi efetivamente prestado**, ou se o **contrato for desconstituído com efeitos *ex tunc***, acompanhada da **devolução integral dos valores recebidos**.

Esses cenários demonstram como a **análise do aspecto temporal do ISS** vai além da **simples identificação de uma data de vencimento**. Envolve a **compreensão do vínculo entre o momento da prestação do serviço e a exigibilidade do tributo**, resguardando a coerência entre a **prática contratual** e a **normatividade fiscal**.

O Superior Tribunal de Justiça firmou entendimento consolidado no sentido de que a **incidência do ISS** pressupõe a **efetiva prestação do serviço**, sendo irrelevante, para fins de **configuração do fato gerador**, o **momento da percepção da receita ou do faturamento**. Essa diretriz jurisprudencial tem respaldo no **REsp 1.060.210/SP**, em que se assentou, de forma expressa, que a incidência do ISS **depende da efetiva prestação de serviço**, sendo irrelevante o **momento da percepção da receita**. Com isso, reafirma-se o **princípio da autonomia da obrigação tributária** em relação ao **ciclo econômico-financeiro da operação**.

A correta compreensão do **aspecto temporal da incidência do ISS** possui **repercussões jurídicas relevantes**. Em primeiro lugar, **evita autuações indevidas por parte dos Municípios**, que por vezes **presumem o nascimento da obrigação com base em lançamentos contábeis ou recebimentos antecipados**.

Em segundo lugar, assegura que **seja aplicada a legislação vigente no momento da prestação do serviço**, preservando o **princípio da legalidade tributária** e impedindo a **retroatividade de normas supervenientes**. Além disso, o **marco temporal correto** é fundamental para a **definição dos prazos de decadência para o lançamento tributário** e de **prescrição da ação de cobrança**, conferindo **maior segurança jurídica ao contribuinte** e ao **próprio Fisco**.

Nesse contexto, as considerações finais apontam para uma conclusão técnica essencial: o **aspecto temporal do ISS está incondicionalmente vinculado ao momento em que o serviço é materialmente prestado**. A simples assinatura de contrato ou a **emissão de nota fiscal**, assim como o **pagamento antecipado ou posterior**, não têm o condão de **antecipar** ou **postergar** o **nascimento da obrigação tributária**.

Trata-se de um critério que expressa, de modo claro, os **princípios da tipicidade fechada**, da **legalidade estrita** e da **segurança jurídica**, servindo como **base para a incidência do imposto**, a **fixação da norma aplicável**, a **delimitação do período fiscal** e o correto **enquadramento do tributo na escrituração contábil do contribuinte**.

Com o advento de **modelos econômicos mais fluidos**, como os **serviços digitais, sob demanda** e **prestados por meio de plataformas**, novos desafios emergem para a **fixação do momento exato em que o serviço se considera prestado**. Isso reforça a necessidade de uma **abordagem interdisciplinar**, envolvendo o **Direito Tributário**, a **Contabilidade**, a **Tecnologia** e a **Economia**, de modo a assegurar que a **tributação do ISS se mantenha coerente, previsível** e **adaptada à complexidade da economia contemporânea**.

IV – Aspecto Pessoal

O **aspecto pessoal do Imposto sobre Serviços de Qualquer Natureza** (ISS) diz respeito à **identificação dos sujeitos que integram a relação jurídico-tributária:**

⇒ **Sujeito Ativo**, que é o ente federativo detentor da competência para exigir o tributo; e

⇒ **Sujeito Passivo**, que é o **contribuinte legalmente responsável pelo seu pagamento.**

Essa delimitação é fundamental para garantir a **legalidade da exigência fiscal** e preservar a **lógica federativa na arrecadação do tributo.**

Conforme estabelecido no **art. 156, III, da CF/1988**, a competência para instituir e cobrar o ISS é atribuída exclusivamente aos **Municípios** e ao **Distrito Federal**.

Trata-se de **competência tributária privativa**, o que significa que somente esses entes podem **disciplinar**, por meio de **leis próprias**, as **normas de incidência, apuração** e **arrecadação do imposto**, observadas as diretrizes gerais estabelecidas pela Lei Complementar 116/2003.

O exercício dessa competência, entretanto, deve respeitar os **limites materiais** e **territoriais** definidos constitucionalmente, sob pena de **invasão da esfera de outros entes federativos.**

O **sujeito passivo do ISS** é, em regra, a **pessoa física** ou **jurídica** que **presta o serviço**, ainda que o faça sob a **forma de empresa individual** ou **sociedade unipessoal**, desde que **não esteja vinculada por relação de emprego ao tomador.**

A Lei Complementar 116/2003, no **art. 5º**[41], expressamente estabelece que o **contribuinte do ISS** é o **prestador do serviço**. Isso significa que apenas **aquele que exerce atividade econômica com habitualidade e autonomia**, mediante **remuneração**, estará **sujeito ao pagamento do tributo.**

A incidência sobre o **prestador autônomo** ou **empresarial** reafirma o **caráter objetivo do ISS**, desvinculado da **capacidade contributiva subjetiva**, e voltado à **onerosidade da prestação.**

Entretanto, o ordenamento jurídico também prevê hipóteses em que o **tomador dos serviços assume a responsabilidade pelo recolhimento do imposto**. Trata-se de figuras de **substituição** ou **responsabilidade tributária previstas na legislação municipal**, com fundamento no **art. 128 do CTN**[42].

---

41. **Art. 5º** Contribuinte é o prestador do serviço.

42. **Art. 128.** Sem prejuízo do disposto neste capítulo, a lei pode atribuir de modo expresso a responsabilidade pelo crédito tributário a terceira pessoa, vinculada ao fato gerador da respectiva obrigação, excluindo a responsabilidade do contribuinte ou atribuindo-a a este em caráter supletivo do cumprimento total ou parcial da referida obrigação.

Esse mecanismo busca **facilitar a fiscalização** e **aumentar a eficiência arrecadatória**, especialmente quando o **prestador é não estabelecido no Município** ou quando **há alto risco de inadimplemento**. Nesses casos, o **tomador** deve **reter e recolher o ISS em nome do prestador**, sem que isso **altere a natureza do vínculo jurídico-tributário**.

Importante distinguir, ainda, a **prestação de serviço autônoma e onerosa** daquelas atividades desenvolvidas em **regime de vínculo empregatício**. O ISS **não incide sobre serviços prestados por empregados**, pois esses estão **submetidos a um regime jurídico próprio** – o trabalhista – e **não exercem atividade com autonomia econômica**, conforme já amplamente debatido.

Também **não há incidência do imposto sobre atividades de servidores públicos** ou **estatutários** em razão de sua **função institucional**, já que, igualmente, **não há prestação onerosa entre sujeitos distintos**, mas sim **vínculo funcional**.

Outro ponto relevante é a relação entre o **aspecto pessoal** e a **territorialidade da prestação**. Quando um **prestador atua em mais de um Município**, a **incidência do ISS se fragmenta conforme o local da prestação**, respeitando as regras do **art. 3º da LC 116/2003**.

O **sujeito ativo será o Município onde o fato gerador se concretizar**, o que exige do prestador **apuração segmentada**, sob pena de **recolhimento indevido a ente incompetente**.

Em síntese, o **aspecto pessoal do ISS** estrutura-se sobre uma **relação entre um ente público municipal** (ou o Distrito Federal) e um **prestador de serviços que exerça atividade econômica com autonomia, habitualidade e finalidade lucrativa ou remuneratória**.

O modelo jurídico adotado pelo sistema brasileiro reforça a **centralidade do prestador como contribuinte**, ao passo que **permite a atribuição de responsabilidade ao tomador em situações específicas**, sem afastar a **lógica da autonomia municipal** e da **segurança jurídica tributária**. Essa compreensão é essencial para garantir o **correto enquadramento fiscal das atividades de prestação de serviços**, especialmente diante da **crescente complexidade das estruturas contratuais** e **empresariais** na economia contemporânea.

V – Aspecto Quantitativo

O **aspecto quantitativo do Imposto sobre Serviços de Qualquer Natureza** (ISS) diz respeito à definição dos elementos que compõem o **montante exigido pelo fisco municipal**: a **base de cálculo** e a **alíquota**. Esses dois elementos, tomados em conjunto, determinam o **valor a ser recolhido a título de imposto** e são **essenciais para a configuração da obrigação tributária principal**.

A correta compreensão do **aspecto quantitativo** exige não apenas a identificação dos parâmetros legais que disciplinam a incidência do ISS, mas também uma **análise de** natureza econômico-jurídica que leve em consideração a **função arrecadatória do tributo**, o respeito à **legalidade** e a observância do **princípio da capacidade contributiva**.

A **base de cálculo do ISS** está prevista no **art. 7º da LC 116/2003**[43] e corresponde, como regra geral, ao **preço do serviço**. Esse valor deve refletir o **montante efetivamente cobrado do tomador pela prestação realizada**, excluídas apenas as **deduções legalmente admitidas**, como o valor dos **materiais fornecidos em obras de construção civil**, nos casos previstos, e os **tributos repassados ao consumidor**.

Importa destacar que a **base de cálculo do ISS não deve ser confundida com o valor de mercado do serviço** ou com **parâmetros estimados pela administração tributária**.

Trata-se, portanto, da **receita bruta da operação**, englobando **todos os valores direta ou indiretamente vinculados à prestação do serviço**, sem qualquer **dedução a título de custos, despesas operacionais, tributos incidentes** ou **insumos utilizados**, salvo as **hipóteses expressamente excepcionadas em lei complementar**.

Do ponto de vista **jurídico-tributário**, o **preço do serviço** não se confunde com **lucro, faturamento líquido** ou **receita líquida**. O ISS recai sobre o **montante integral recebido** ou **devido** pela **prestação de serviços**, ainda que o **prestador tenha arcado com despesas relevantes para sua realização**.

Esse entendimento decorre do **princípio da tipicidade fechada da base de cálculo**, que impede a **ampliação** ou a **redução arbitrária da base tributável** por via interpretativa, assegurando estabilidade normativa e coerência no regime de incidência.

Apesar da regra geral de que o imposto **incide sobre a receita bruta auferida com a prestação**, o legislador complementar, atento a situações específicas em que há **incongruência entre o valor efetivamente recebido pelo prestador** e o **montante economicamente destinado a terceiros**, previu **exclusões legítimas da base de cálculo**, com o objetivo de **preservar a neutralidade** e a **justiça fiscal**.

Entre os exemplos mais relevantes está a **exclusão dos valores de financiamento em operações de intermediação financeira**, como no caso de **administradoras de consórcios** e **agentes de crédito**. Nessas hipóteses, os **valores repassados a instituições financeiras** ou **utilizados para amortizar o capital principal do tomador do**

---

43. **Art. 7º** A base de cálculo do imposto é o preço do serviço.

§ 1º Quando os serviços descritos pelo subitem 3.04 da lista anexa forem prestados no território de mais de um Município, a base de cálculo será proporcional, conforme o caso, à extensão da ferrovia, rodovia, dutos e condutos de qualquer natureza, cabos de qualquer natureza, ou ao número de postes, existentes em cada Município.

§ 2º Não se incluem na base de cálculo do Imposto Sobre Serviços de Qualquer Natureza:

I – o valor dos materiais fornecidos pelo prestador dos serviços previstos nos itens 7.02 e 7.05 da lista de serviços anexa a esta Lei Complementar;

II – (VETADO)

§ 3º (VETADO)

financiamento não constituem **receita própria do prestador do serviço**, razão pela qual **não integram a base de cálculo do ISS**.

Outro caso clássico é o dos **despachantes aduaneiros e documentais**, cuja atividade frequentemente envolve **pagamentos feitos em nome do cliente junto a órgãos públicos ou terceiros**. Esses valores, desde que **devidamente comprovados** e **segregados da remuneração pela prestação**, também **não devem ser considerados na base de cálculo do imposto**, sob pena de se **tributar valor alheio à prestação de serviço propriamente dita**.

Situação semelhante ocorre com os **hotéis e estabelecimentos de hospedagem**, quando estes realizam **adiantamentos ou pagamentos de despesas por conta dos hóspedes**, como **passagens, ingressos, passeios** ou **alimentação de terceiros**.

Desde que esses valores sejam **efetivamente reembolsáveis e não componham o preço do serviço de hospedagem em sentido estrito**, a jurisprudência tem reconhecido a **exclusão de tais parcelas da base tributável do ISS**, sob o fundamento de que **não constituem receita própria**, mas **mera antecipação de despesas de terceiros**.

Outro exemplo importante são os **valores recebidos por empresas de recrutamento, seleção e agenciamento de mão de obra**, especialmente quando atuam como **intermediárias e repassam parte significativa da quantia aos profissionais contratados**. Nesses casos, o **ISS deve incidir apenas sobre a comissão ou taxa de agenciamento**, não sobre o **valor bruto pago pelo contratante final**, quando restar demonstrado que o **prestador não é o beneficiário econômico do valor total**.

É importante observar que a **exclusão dessas parcelas da base de cálculo não decorre de interpretação extensiva nem de analogia**, mas de **previsão expressa na própria LC 116/2003** e na **jurisprudência pacífica dos tribunais superiores**, especialmente do **Superior Tribunal de Justiça**, que tem reiteradamente reconhecido a **não incidência do ISS sobre valores que não integram o conceito jurídico-tributário de preço do serviço**.

Assim, o que se extrai é que o **aspecto quantitativo do ISS** – notadamente sua **base de cálculo** – está fortemente vinculado à **realização econômica da prestação de serviço**, e não à **movimentação contábil isolada**.

O imposto deve **incidir sobre a riqueza nova auferida pelo prestador em razão do serviço executado**, respeitando-se, no entanto, os **limites normativos da tributação**, para que **não se configure uma incidência sobre valores que não representam efetiva capacidade contributiva**.

A análise desse tema, sobretudo em **ambientes econômicos cada vez mais complexos e digitais**, exige atenção às **realidades contratuais**, às **práticas contábeis** e à **natureza jurídica das operações**, reforçando a necessidade de uma **abordagem interdisciplinar**, que integre elementos do **Direito Tributário, Contabilidade, Economia** e

Direito Empresarial, a fim de garantir a **aplicação justa, proporcional** e **tecnicamente correta do ISS no plano normativo e prático**.

A **tributação das sociedades uniprofissionais** e dos **profissionais autônomos pelo Imposto sobre Serviços de Qualquer Natureza** (ISS) possui **regime jurídico próprio**, em razão do **caráter pessoal da prestação** e da **função exercida**, cuja natureza está disciplinada, ainda em vigor, pelo **art. 9º, § 1º, do Decreto-lei nº 406/1968**, norma **recepcionada pela Constituição de 1988 com** *status* **de lei complementar**.

Essa disposição constitui **exceção ao regime geral do ISS**, cuja **base de cálculo**, como regra, é o **preço do serviço** (**receita bruta**), conforme previsto no *caput* do mesmo artigo e reafirmado pelo **art. 7º da LC 116/2003**.

O **§ 1º do art. 9º do Decreto-lei nº 406/1968** dispõe expressamente que, quando se tratar de **prestação de serviços sob a forma de trabalho pessoal do próprio contribuinte**, o ISS deverá ser calculado com base em **alíquotas fixas ou variáveis**, mas **não vinculadas à receita bruta**, tampouco à **remuneração do profissional**.

Essa lógica repousa sobre o reconhecimento de que, nesse modelo de prestação, a **riqueza gerada não se estrutura com base na escala empresarial** ou na **capacidade de produção impessoal**, mas no **trabalho técnico-científico individualizado**, prestado **diretamente pelo titular da atividade**, em **caráter personalíssimo e indelegável**.

O **regime fixo** aplica-se, portanto, a **duas situações distintas**, mas com **elementos comuns**:

⇒ **profissionais autônomos**, que exercem atividades isoladamente; e

⇒ **sociedades uniprofissionais ou sociedades de profissionais**, que, **embora organizadas sob forma societária**, não se valem de **estrutura empresarial típica**, mas apenas **compartilham meios para o exercício pessoal e direto da profissão por seus sócios**.

Nesses casos, a **tributação incide por cabeça** (*per capita*) e por **fator de qualificação técnica** (atividade exercida), e não com **base em volume de faturamento ou em critérios empresariais**.

A jurisprudência do Superior Tribunal de Justiça (STJ) tem reiteradamente reconhecido a **validade desse regime** e a sua **obrigatoriedade para os Municípios**, desde que **preenchidos os requisitos formais e materiais que caracterizam a prestação pessoal de serviços**.

No entanto, o **aspecto quantitativo do ISS**, inclusive nas hipóteses de **base de cálculo fixa**, deve ser **compatibilizado com os limites constitucionais das alíquotas**, tema que foi constitucionalizado a partir da **EC 37/2002**, que alterou o **art. 156, § 3º, da CF/1988**. Este dispositivo conferiu à **lei complementar** competência para estabelecer **alíquotas mínimas** e **máximas do ISS**, a fim de evitar **práticas de guerra fiscal entre os Municípios** e **garantir um mínimo de uniformidade no sistema**.

Dispõe a **súmula 274 do STJ**,

O ISS incide sobre o valor dos serviços de assistência médica, incluindo-se nele as refeições, os medicamentos e as diárias hospitalares.

Essa súmula trata da **delimitação da base de cálculo do Imposto sobre Serviços de Qualquer Natureza** (ISS) no âmbito da **prestação de serviços hospitalares e médico-hospitalares**, abordando especificamente a controvérsia sobre a **inclusão de valores acessórios à atividade principal**, como **medicamentos, alimentação e hospedagem**, no cálculo do imposto devido.

O **fundamento jurídico da súmula** reside na **unidade econômica e funcional da prestação de serviço médico-hospitalar**, que, embora envolva a **utilização de insumos e estruturas complementares**, configura um **serviço indivisível sob o ponto de vista tributário**.

Nesse contexto, o STJ reconhece que as **refeições, medicamentos e diárias hospitalares não constituem prestações autônomas**, mas **elementos necessários** e **integrantes da própria prestação de assistência médica**, razão pela qual **integram a base de cálculo do ISS**.

Trata-se da **aplicação do princípio da acessoriedade**, segundo o qual o **acessório segue o principal**. Se a **atividade principal** é a **prestação de um serviço de assistência médica** (subitem 4.03 da lista da LC 116/2003), **todos os elementos que concorrem para sua realização** – desde que fornecidos no bojo da prestação – **devem ser tributados de forma unitária como prestação de serviço** e não como **circulação de mercadoria** (que atrairia o ICMS).

Apesar do entendimento expresso na súmula, a jurisprudência reconhece que **há limites para a inclusão de insumos na base do ISS**. Se os **medicamentos** ou outros itens forem **fornecidos por terceiros**, de **forma destacada**, ou **fora da estrutura do prestador do serviço**, não se deve incluí-los na base do ISS, pois a **relação jurídica tributável** nesse caso **não se confunde com a prestação de serviço hospitalar**.

A súmula aplica-se, portanto, às situações em que a **entidade prestadora do serviço de saúde fornece diretamente tais itens**, como **parte inseparável da atividade assistencial** e não como **revendedora** ou **mera intermediadora**.

A alteração constitucional determinada pela EC 37/02, estabeleceu que a **lei complementar** deverá estabelecer os **limites mínimos e máximos** das **alíquotas de ISS**. Em decorrência dessa alteração constitucional, foi acrescido ao Ato das Disposições Constitucionais Transitórias (ADCT) o **art. 88, I**, que estabeleceu uma **alíquota mínima provisória de 2%**, enquanto **não editada a lei complementar regulamentadora do tema**.

Essa **lacuna normativa** foi finalmente suprida pela **LC 157/2016**, que, ao introduzir a **letra "a" ao artigo 8º da LC nº 116/2003**, fixou expressamente a **alíquota mínima de 2% para todos os serviços tributáveis pelo ISS**, inclusive os **prestados por sociedades profissionais**, prevendo um **prazo de um ano para que os entes municipais adaptassem suas legislações locais**.

A inovação mais relevante trazida por essa alteração foi a previsão, também inserida pela **LC 157/2016**, do **art. 10-A à Lei 8.429/1992** (Lei de Improbidade Administrativa), segundo o qual a **concessão de isenção**, **benefício fiscal** ou **aplicação de alíquota inferior a 2%** caracteriza **ato de improbidade administrativa que causa prejuízo ao erário**. Esse dispositivo **visou inibir a guerra fiscal entre Municípios**, que utilizavam **alíquotas simbólicas** (às vezes inferiores a 1%) para **atrair estabelecimentos de prestadores de serviço**, em prejuízo à lógica federativa e à arrecadação nacional.

Entretanto, a **nova Lei de Improbidade Administrativa** (LIA) promoveu **mudanças estruturais**, e o ponto central para essa análise foi a **revogação do dispositivo pela Lei 14.230/2021, não permitindo a modalidade culposa na questão da concessão indevida do benefício fiscal**. A revogação consta de forma explícita no **art. 6º da Lei 14.230/2021**, que traz um rol de dispositivos formalmente revogados.

Com isso, não subsiste mais no ordenamento jurídico a **tipificação autônoma de improbidade administrativa baseada exclusivamente na concessão de benefício fiscal de ISS abaixo do limite legal**, ainda que a **norma material que fixa a alíquota mínima de 2%** (art. 8º-A da LC 116/2003) permaneça plenamente vigente e válida.

A **concessão indevida de benefício fiscal de ISS** pode configurar **ilegalidade** ou **infração administrativa** ou **tributária**, mas não mais **improbidade administrativa** *per se*. A eventual **responsabilização do agente público por improbidade** dependerá da subsunção aos tipos do novo art. 10 da LIA, o que exige **prova de dolo específico e dano efetivo ao erário**.

A **criminalização indireta via improbidade administrativa**, que antes vinculava os **gestores municipais à observância da alíquota mínima** sob pena de **improbidade objetiva**, foi **eliminada pela reforma**.

Em decisão unânime, a **2ª Turma do Supremo Tribunal Federal** (STF) rejeitou um recurso que contestava a **inclusão de três tributos na base de cálculo do Imposto sobre Serviços** (ISS): o **próprio ISS**, o **Programa de Integração Social** (PIS) e a **Contribuição para o Financiamento da Seguridade Social** (Cofins). Esta deliberação insere-se no contexto das discussões derivadas da chamada **"tese do século"**, representando um **desfecho desfavorável para os contribuintes**.

Durante o julgamento, o **ministro Gilmar Mendes**, relator do processo, ressaltou que o tema **já havia sido abordado na Arguição de Descumprimento de Preceito Fundamental** (ADPF) **190**, julgada em 2016.

Naquela ocasião, o STF declarou a **inconstitucionalidade de leis municipais que excluíam valores da base de cálculo do ISS** fora das hipóteses previstas em **lei complementar**. Este precedente foi reafirmado posteriormente na **ADPF 189**, em 2020.

O STF enfatizou ainda que não pode avaliar se o dispositivo da lei municipal contraria a lei complementar nacional no que tange à exclusão de valores da base de cálculo do ISS, em observância à **Súmula 280**. Esta súmula **impede a análise**, por meio de **recurso extraordinário**, de **questões relativas a direito local**.

As municipalidades defendem que a inclusão do PIS e da Cofins na base de cálculo do ISS está em conformidade com a legislação vigente e com os precedentes do STF.

Paralelamente a essa discussão na 2ª Turma, o STF está analisando, em julgamento com **repercussão geral**, a questão inversa **envolvendo os mesmos tributos**. No **Tema 118**, os contribuintes solicitam a **exclusão do ISS da base de cálculo do PIS e da Cofins** (**RE 592.616**). A União estima que o impacto deste julgamento seja de **R$ 35 bilhões**, porém, até a data desta edição, não há previsão para a retomada do julgamento.

22.3.3 Entendimento jurisprudencial

PROCESSUAL CIVIL E TRIBUTÁRIO. ACÓRDÃO COMBATIDO. DECISÃO SURPRESA. INEXISTÊNCIA. ISS. BASE DE CÁLCULO. SERVIÇO DE CONCRETAGEM. DEDUÇÃO DOS MATERIAIS EMPREGADOS. IMPOSSIBILIDADE. 1. A valoração jurídica diversa, calcada nos fatos da causa, dada pelo magistrado à atividade empresarial da contribuinte não caracteriza decisão surpresa que justifique a anulação do julgado. 2. Esta Corte Superior há muito consolidou o entendimento de que a base de cálculo do ISS é o preço do serviço de construção civil contratado, não sendo possível deduzir os materiais empregados, salvo se produzidos pelo prestador fora do local da obra e por ele destacadamente comercializados com a incidência do ICMS. Precedentes. 3. O Supremo Tribunal Federal, ao proferir o primeiro julgamento do RE 603.497/MG (Tema 247 do STF), em 31/08/2010 (DJ 16/09/2010), decidiu reformar acórdão do STJ com fundamento no entendimento do Pretório Excelso sobre a "possibilidade de dedução da base de cálculo do ISS dos materiais empregados na construção civil". 4. A partir desse momento, esta Corte Superior, buscando alinhar a sua jurisprudência à referida decisão da Suprema Corte, começou a decidir naquele mesmo sentido, como se observa, a título de exemplo, no AgRg nos EAREsp n. 113.482/SC, relatora Ministra Diva Malerbi (Desembargadora Convocada TRF 3ª Região), Primeira Seção, julgado em 27/2/2013, DJe de 12/3/2013. 5. Entretanto, mais recentemente, em 03/07/2020 (publicação da ata de julgamento em 13/07/2020), nos mesmos autos do RE 603.497/MG, o STF deu parcial provimento a agravo interno para, reafirmando a tese de recepção do art. 9º, § 2º, do DL n. 406/1968 pela Constituição de 1988, assentar que a aplicação dessa tese naquele caso concreto não ensejou reforma do acórdão do STJ, ficando evidenciada, no referido julgamento, a intenção do Pretório Excelso de preservar a orientação jurisprudencial que o Superior Tribunal de Justiça sedimentou no âmbito infraconstitucional acerca da impossibilidade de dedução dos materiais empregados da base de cálculo do ISS incidente sobre serviço de construção civil.

6. Diante desse último pronunciamento da Suprema Corte no julgamento do seu Tema 247, há de voltar a ser prestigiada a vetusta jurisprudência do STJ sobre o tema. 7. Hipótese em que a parte autora nem sequer alegou, muito menos comprovou, que comercializou de forma apartada os materiais empregados nos serviços de concretagem e submeteu o valor deles à tributação pelo ICMS, de modo que não faz jus à pretendida dedução da base de cálculo de ISS. 8. Recurso especial desprovido. (STJ – REsp: 1916376 RS 2021/0011137-9, Relator.: GURGEL DE FARIA, Data de Julgamento: 14/03/2023, T1 – PRIMEIRA TURMA, Data de Publicação: DJe 18/04/2023)

TRIBUTÁRIO. ISSQN. TRIBUTAÇÃO PRIVILEGIADA. SOCIEDADE DE MÉDICOS. ALÍQUOTA FIXA PELO NÚMERO DE PROFISSIONAIS HABILITADOS. MÉDICO EMPREGADO. POSSIBILIDADE. 1. A jurisprudência desta Corte Superior orienta que o fato de sociedade profissional adotar a forma de responsabilidade limitada não lhe retira o direito à tributação privilegiada do ISSQN. Precedente: EAREsp 31.084/MS, Rel. p/ acórdão Ministro Mauro Campbell Marques, Primeira Seção, julgado em 24/03/2021, DJe 08/04/2021. 2. Segundo a literalidade do § 3º do art. 9º do Decreto-Lei n. 406/1968, a sociedade profissional deve recolher o ISS com base no número de profissionais habilitados que prestem os serviços em seu nome, sejam eles sócios, empregados ou não. 3. A circunstância de a sociedade contratar profissionais habilitados ao exercício de seu objeto social não exclui, por si só, a tributação privilegiada do ISSQN. 4. Recurso especial desprovido. (STJ – REsp: 2002966 RS 2022/0141759-1, Data de Julgamento: 28/02/2023, T1 – PRIMEIRA TURMA, Data de Publicação: DJe 07/03/2023)

TRIBUTÁRIO. PROCESSUAL CIVIL. ISS. COMPETÊNCIA ATIVA. ACÓRDÃO RECORRIDO. FALTA DE ANÁLISE DE QUESTÕES FÁTICAS RELEVANTES. DETERMINAÇÃO DE RETORNO PARA NOVO JULGAMENTO À LUZ DA JURISPRUDÊNCIA DO STJ. POSSIBILIDADE. 1. A hodierna jurisprudência desta Corte Superior é no sentido de que "a municipalidade competente para realizar a cobrança do ISS, após a entrada em vigor da Lei Complementar n. 116/2003, é a do local do estabelecimento prestador dos serviços onde são aperfeiçoados, assim considerada a localidade em que há uma unidade econômica ou profissional capaz de realizar o serviço, de modo permanente ou temporário" (AgInt no REsp n. 1.978.238/SP, relatora Ministra Regina Helena Costa, Primeira Turma, julgado em 16/5/2022, DJe de 19/5/2022 - g.n.). 2. No caso, o Tribunal a quo reconheceu, como competente para a cobrança do ISS por consultoria de planejamento estratégico do FGTS, o local em que prestados os serviços, sem averiguar se ali havia unidade econômica ou profissional para tanto, ou mesmo se a atividade se inseria nas exceções previstas no art. 3º da LC 116/2003, que afastam a competência ativa do local do estabelecimento do prestador de serviços. 3. Nesse panorama, considerando-se a falta de elementos fáticos necessários ao correto deslinde da contenda, a melhor solução repousa na devolução do feito à Corte de origem, a fim de que proceda ao rejulgamento da demanda, desta feita tomando em conta os parâmetros estabelecidos pelo STJ no tema. 4. Agravo interno não provido. (STJ – AgInt no REsp: 1929858 DF 2021/0091263-3, Data de Julgamento: 22/11/2022, T1 – PRIMEIRA TURMA, Data de Publicação: DJe 25/11/2022)

Ementa: AGRAVO INTERNO. RECURSO EXTRAORDINÁRIO COM AGRAVO. ISS SOBRE LOCAÇÃO DE BENS MÓVEIS. TEMA 212 E SÚMULA VINCULANTE 31. INAPLICABILIDADE AO CASO CONCRETO. FATOS E PROVAS. SÚMULA 279/STF. 1. Quanto à possibilidade de instituição de ISS sobre locação de bens móveis, o Plenário desta SUPREMA CORTE, no julgamento do RE 626.706-RT (Tema 212, Rel. Min. GILMAR MENDES, DJe de 24/9/2010), fixou a seguinte tese: É inconstitucional a incidência do Imposto sobre Serviços de Qualquer Natureza ISS sobre operações de locação de bens móveis, dissociada da prestação de serviço. 2. Esse entendimento, inclusive, ficou consolidado no enunciado de Súmula Vinculante nº 31. 3. No caso concreto, o Tribunal de origem, com base nos fatos e provas constantes dos autos, concluiu que a locação não está dissociada da prestação de serviços – muito pelo contrário, entendeu que estão interligadas, por isso há incidência do ISSQN. 4. Incide, assim, o óbice do Enunciado 279/STF. 5. Agravo interno a que se nega provimento. Na forma do art. 1.021, §§ 4º e 5º, do Código de Processo Civil de 2015, em caso de votação unânime, fica condenado o agravante a pagar ao agravado multa de um por cento do valor atualizado da causa, cujo depósito prévio passa a ser condição para a interposição de qualquer outro recurso (à exceção da Fazenda Pública e do beneficiário de gratuidade da justiça, que farão o pagamento ao final). (STF – ARE: 1380035 RJ, Relator.: ALEXANDRE DE MORAES, Data de Julgamento: 18/10/2022, Primeira Turma, Data de Publicação: PROCESSO ELETRÔNICO DJe-212 DIVULG 20-10-2022 PUBLIC 21-10-2022)

TRIBUTÁRIO E PROCESSUAL CIVIL. AGRAVO INTERNO EM AGRAVO EM RECURSO ESPECIAL. ISS. INCIDÊNCIA SOBRE OBRAS E SERVIÇOS DE SANEAMENTO BÁSICO. IMPOSSIBILIDADE. ITENS VETADOS PELA PRESIDÊNCIA DA REPÚBLICA. FUNDAMENTO NÃO IMPUGNADO NO AGRAVO INTERNO. INCIDÊNCIA DA SÚMULA 284 DO STF. RECURSO NÃO PROVIDO. 1. Trata-se de ação na qual se busca a declaração de inexistência de relação jurídico-tributária referente a não incidência do ISS sobre a execução de serviços destinados à implantação de sistema de esgotamento sanitário, decorrente de contrato firmado entre a empresa apelada e a CAERN. 2. Na hipótese dos autos, constata-se que o caso em questão se enquadra na hipótese dos itens 7.14 e 7.15 da lista anexa à LC 116/2003, os quais possuem a seguinte redação (grifamos): "7.14 – Saneamento ambiental, inclusive purificação, tratamento, esgotamento sanitário e congêneres. 7.15 – Tratamento e purificação de água". 3. Os itens 7.14 e 7.15, contudo, foram vetados pelo Presidente da República. Dessa forma, não incide o ISS sobre serviço de saneamento ambiental, inclusive purificação, tratamento, esgotamento sanitário e congêneres, nem sobre tratamento e purificação de água (REsp 1.761.018/MT, Rel. Min. Herman Benjamin, Segunda Turma, DJe 17/12/2018 e AgInt no AgRg no AREsp 471.531/DF, Rel. Min. Herman Benjamin, Segunda Turma, DJe 2.9.16). 4. Note-se que o fundamento do decisum recorrido – de que os itens 7.14 e 7.15 da lista anexa à LC 116/2003 foi revogado pelo Presidente da República – foi utilizado de forma suficiente para manter a decisão recorrida e não foi rebatido no Agravo Interno, o que atrai os óbices das Súmulas 283 e 284, ambas do STF, em razão da violação ao princípio da dialeticidade (AgRg no RMS 43.815/MG, Rel. Min. Benedito Gonçalves, Primeira Turma, DJe 27/5/2016). 5. Agravo Interno não provido.
(STJ –AgInt no AREsp: 1953446 RN 2021/0249034-3, Relator.: Ministro HERMAN BENJAMIN, Data de Julgamento: 28/03/2022, T2 – SEGUNDA TURMA, Data de Publicação: DJe 12/04/2022)
TRIBUTÁRIO. AGRAVO INTERNO NO AGRAVO EM RECURSO ESPECIAL. ISS. CONSTRUÇÃO CIVIL. DEDUÇÃO DA BASE DE CÁLCULO DO ISS DE MATERIAIS PRODUZIDOS NO LOCAL DA PRESTAÇÃO DE SERVIÇOS OU ADQUIRIDOS DE TERCEIROS. IMPOSSIBILIDADE. ORIENTAÇÃO FIRMADA PELO SUPREMO TRIBUNAL FEDERAL NO RE 603.497/MG (TEMA 247). INCIDÊNCIA DA SÚMULA 83/STJ. AGRAVO NÃO PROVIDO. 1. No enfrentamento da controvérsia, o Colegiado estadual consignou (grifos acrescidos): "(...) Cumpre observar, ainda, que o STF em recente julgado, reafirmou a sua jurisprudência, no sentido da recepção do artigo 9º, § 2º, a, do DL 406/68, admitindo, porém, a possibilidade de uma interpretação restritiva dos dispositivos infraconstitucionais relativos à matéria (artigo 7º, § 2º, I, da LC 116/03 e artigo 9º, § 2º, 'a', do DL 406/68), isto é, limitando-se a dedução às mercadorias produzidas fora do local da prestação do serviço e comercializadas por contribuinte do ICMS. (...) No caso concreto a autora-apelada não fez qualquer prova de que os materiais cujo valor pretende deduzir da base de cálculo do ISS foram produzidos por ela própria, fora do local da prestação dos serviços e submetidos ao recolhimento do ICMS." 2. Nesse contexto, a jurisprudência que prevalece é a de que a base de cálculo do ISS é o preço do serviço de construção civil contratado, e não é possível deduzir o valor referente aos materiais empregados, salvo se produzidos pelo prestador fora do local da obra e por ele destacadamente comercializados com a incidência do ICMS. 3. Dessume-se que o acórdão recorrido está em sintonia com o atual posicionamento do Superior Tribunal de Justiça, motivo pelo qual não merece prosperar a irresignação. Incide na espécie o princípio estabelecido na Súmula 83/STJ: "Não se conhece do Recurso Especial pela divergência, quando a orientação do Tribunal se firmou no mesmo sentido da decisão recorrida". 4. Fica prejudicada a apreciação da divergência jurisprudencial quando a tese sustentada já foi afastada no exame do Recurso Especial pela alínea a do permissivo constitucional. 5. Agravo Interno não provido.
(STJ – AgInt no AREsp: 2486358 SP 2023/0333070-2, Relator.: Ministro HERMAN BENJAMIN, Data de Julgamento: 13/05/2024, T2 – SEGUNDA TURMA, Data de Publicação: DJe 29/05/2024)
TRIBUTÁRIO. PROCESSUAL CIVIL. ISSQN. CONSTRUÇÃO EM TERRENO PRÓPRIO. RECURSO ESPECIAL. FALTA DE PREQUESTIONAMENTO. SÚMULA 211/STJ. OFENSA À NORMA LOCAL. SÚMULA 280/STF. ACÓRDÃO RECORRIDO. CONSONÂNCIA COM O POSICIONAMENTO DO STJ. 1. O Tribunal de origem não examinou a controvérsia sob o enfoque do art. 373 do CPC, apontado como ofendido no especial apelo, apesar de instado a fazê-lo por meio dos competentes embargos de declaração, nem houve indicação no apelo raro de afronta ao art. 1.022 do CPC. Incidência da Súmula 211/STJ. 2. Inviável o exame em sede especial de ofensa ao art. 68 do Código Tributário Municipal, nos termos da Súmula 280/STF.

3. O aresto recorrido encontra-se afinado com o posicionamento do STJ pela impossibilidade de exigência de ISS na hipótese em tela, de construção civil realizada em terreno próprio particular, de forma direta pelos respectivos proprietários, sendo ilegal e arbitrária a exigência de prévio recolhimento do tributo, como condição para obtenção do 'termo habite-se' ou convolação da cobrança de ITU para IPTU. 4. Agravo interno não provido.

(**STJ – AgInt no AREsp: 1784588 GO** 2020/0288900-1, Relator.: SÉRGIO KUKINA, Data de Julgamento: 29/05/2023, T1 – PRIMEIRA TURMA, Data de Publicação: DJe 01/06/2023)

Agravo regimental em recurso extraordinário com agravo. 2. Direito Tributário. 3. Imposto sobre Serviços de Qualquer Natureza (ISS). 4. Exclusão do PIS e da COFINS da base de cálculo do ISS. Impossibilidade. 5. ADPF 190. É inconstitucional lei municipal que veicule exclusão de valores da base de cálculo do ISSQN fora das hipóteses previstas em lei complementar nacional. 6. Negativa de provimento ao agravo regimental. Verba honorária majorada em 10%.

(**STF – ARE: 1494685 SP**, Relator.: Min. GILMAR MENDES, Data de Julgamento: 19/08/2024, Segunda Turma, Data de Publicação: PROCESSO ELETRÔNICO DJe-s/n DIVULG 22-08-2024 PUBLIC 23-08-2024) PROCESSUAL CIVIL E TRIBUTÁRIO. AGRAVO INTERNO NO AGRAVO EM RECURSO ESPECIAL. AUSÊNCIA DE VIOLAÇÃO DOS ARTS. 489 E 1.022 DO CPC. ISS. GESTÃO DE FUNDO DE INVESTIMENTO ESTRANGEIRO. RESULTADO PRODUZIDO NO ÂMBITO DO TERRITÓRIO NACIONAL. EXPORTAÇÃO DE SERVIÇO. NÃO INCIDÊNCIA. 1. O acórdão recorrido abordou, de forma fundamentada, todos os pontos essenciais para o deslinde da controvérsia, razão pela qual não há falar na suscitada ocorrência de violação dos arts. 489 e 1.022 do CPC. 2. De acordo com o art. 2º da Lei Complementar n. 116/2003, não incide ISS sobre serviços exportados, assim considerados aqueles cujos resultados não ocorrem no âmbito do território nacional (AREsp n. 1.150.353/SP, relator Ministro Gurgel de Faria, Primeira Turma, julgado em 4/5/2021, DJe de 13/5/2021). 3. No caso de empresas de gestão de carteira de fundo de investimento, ainda que constituída no exterior, o resultado do serviço prestado realiza-se no lugar onde está situado seu estabelecimento prestador, pois é nele que são apurados os rendimentos (ou prejuízos) decorrentes das ordens de compra e venda de ativos tomadas pelo gestor e que, desde logo, refletem materialmente na variação patrimonial do fundo. 4. Hipótese em que o Tribunal de origem manifestou-se em conformidade com a jurisprudência dominante desta Corte quanto à incidência de ISS no caso dos autos, não merecendo reparos. Agravo interno improvido.

(**STJ – AgInt no AREsp: 1427985 SP** 2019/0007093-2, Relator.: Ministro HUMBERTO MARTINS, Data de Julgamento: 27/03/2023, T2 – SEGUNDA TURMA, Data de Publicação: DJe 30/03/2023)

Ementa: AGRAVO REGIMENTAL NO RECURSO EXTRAORDINÁRIO. ISS. BASE DE CÁLCULO. DEDUÇÃO DOS GASTOS COM MATERIAIS EMPREGADOS NA CONSTRUÇÃO CIVIL. CONSTITUCIONALIDADE. TEMA 247 DA RG. RE 603.497. SERVIÇO DE CONCRETAGEM. ALCANCE E APLICABILIDADE DOS DISPOSITIVOS INFRACONSTITUCIONAIS QUE ESTABELECEM ESSA DEDUÇÃO. DEBATE DE NATUREZA INFRACONSTITUCIONAL E NECESSIDADE DE REEXAME DO CONJUNTO FÁTICO-PROBATÓRIO. OFENSA INDIRETA. INCIDÊNCIA DA SÚMULA 279 DO STF. 1. No julgamento do Tema 247 da repercussão geral, reafirmou-se o entendimento já sedimentado na Corte no sentido de que é constitucional a possibilidade de deduzir da base de cálculo do ISS o valor dos materiais utilizados na prestação de serviço de construção civil, nos termos previstos no art. 9º, § 2º, a, do DL 406/1968. 2. Na análise do agravo interposto da decisão de mérito do paradigma asseverou-se tratar de matéria infraconstitucional o estabelecimento do alcance ou da subsistência do art. 9º, § 2º, a, do DL 406/1968 em relação à legislação que a sucedeu. 3. A decisão agravada evidenciou, inclusive com transcrição de trecho do acórdão recorrido, que o Tribunal de origem, balizado conjunto fático-jurídico constante dos autos e da interpretação dada à legislação aplicável à espécie, definiu o alcance dos dispositivos infraconstitucionais ao caso concreto, entendendo pela ilegitimidade da dedução do valor dos materiais empregados nos serviços de concretagem. 4. No ponto, a discussão pressupõe a reinterpretação de normas de natureza infraconstitucional e das provas constituídas no feito, providências inviáveis em sede de apelo extremo, em virtude da incidência da Súmula 279 do STF e da ausência de ofensa direta à Constituição Federal. 5. Agravo regimental a que se nega provimento.

(**STF – RE: 1473739 GO**, Relator.: Min. EDSON FACHIN, Data de Julgamento: 05/06/2024, Segunda Turma, Data de Publicação: PROCESSO ELETRÔNICO DJe-s/n DIVULG 11-06-2024 PUBLIC 12-06-2024)

TRIBUTÁRIO. PROCESSUAL CIVIL. AGRAVO INTERNO NO RECURSO ESPECIAL. CÓDIGO DE PROCESSO CIVIL DE 2015. APLICABILIDADE. ISS. ALÍQUOTA FIXA. CARÁTER EMPRESARIAL CONSTATADO. ACÓRDÃO EMBASADO EM PREMISSAS FÁTICAS E NA INTERPRETAÇÃO DE CLÁUSULAS CONTRATUAIS, REVISÃO. SÚMULAS NS. 5 E 7/STJ. APLICAÇÃO DE MULTA. ART. 1.021, § 4º, DO CÓDIGO DE PROCESSO CIVIL DE 2015. DESCABIMENTO. I – Consoante o decidido pelo Plenário desta Corte na sessão realizada em 09.03.2016, o regime recursal será determinado pela data da publicação do provimento jurisdicional impugnado. In casu, aplica-se o Código de Processo Civil de 2015. II – Esta Corte consolidou entendimento segundo o qual o benefício da alíquota fixa do ISS é devido às sociedades uni ou pluriprofissionais que prestam serviço em caráter personalíssimo sem intuito empresarial. III – O Tribunal de origem, após minucioso exame dos elementos fáticos e probatórios contidos nos autos, bem como a partir da interpretação de cláusulas contratuais, concluiu ausente a comprovação da Impetrante quanto as condições previstas pelo art. 9º, §§ 1º e 3º, do Decreto-Lei n. 406/1968 (fls. 482/483e). IV – In casu, rever o entendimento do Tribunal de origem para reconhecer o direito de a Agravante ser tributada pelo ISS com base na alíquota fixa, demandaria necessária interpretação de cláusula editalícia, além do imprescindível revolvimento de matéria fática, o que é inviável em sede de recurso especial, à luz dos óbices contidos nas Súmulas ns. 5 e 7 desta Corte, assim enunciadas, respectivamente: "A simples interpretação de cláusula contratual não enseja recurso especial" e "A pretensão de simples reexame de prova não enseja recurso especial". V – Em regra, descabe a imposição da multa prevista no art. 1.021, § 4º, do Código de Processo Civil de 2015 em razão do mero desprovimento do Agravo Interno em votação unânime, sendo necessária a configuração da manifesta inadmissibilidade ou improcedência do recurso a autorizar sua aplicação, o que não ocorreu no caso. VI – Agravo Interno improvido.
(STJ – AgInt no REsp: 2016713 SC 2022/0087611-9, Relator.: REGINA HELENA COSTA, Data de Julgamento: 22/11/2022, T1 – PRIMEIRA TURMA, Data de Publicação: DJe 24/11/2022)
EMENTA: DIREITO TRIBUTÁRIO. ISS. DEDUÇÃO DOS VALORES RELATIVOS AOS TRIBUTOS FEDERAIS (PIS E COFINS) DA BASE DE CÁLCULO DO ISS. AUSÊNCIA DE PREVISÃO LEGAL. DECISÃO RECORRIDA ALINHADA COM A JURISPRUDÊNCIA DO SUPREMO TRIBUNAL FEDERAL. AGRAVO NÃO PROVIDO. 1. O entendimento acolhido no acórdão impugnado está alinhado à jurisprudência desta Suprema Corte, no sentido de que a Lei Complementar nº 116/03 definiu a base de cálculo do ISS como o preço do serviço, inexistindo fundamento para a exclusão dos valores referentes aos tributos federais. Não há falar, portanto, em afronta aos preceitos constitucionais indicados nas razões recursais. 2. Havendo prévia fixação de honorários advocatícios pelas instâncias de origem, seu valor monetário será majorado em 10% (dez por cento) em desfavor da parte recorrente, nos termos do art. 85, § 11, do Código de Processo Civil, observados os limites dos §§ 2º e 3º do referido artigo e a eventual concessão de justiça gratuita. 3. Agravo interno conhecido e não provido.
(STF – ARE: 1497379 SP, Relator.: Min. FLÁVIO DINO, Data de Julgamento: 19/08/2024, Primeira Turma, Data de Publicação: PROCESSO ELETRÔNICO DJe-s/n DIVULG 26-08-2024 PUBLIC 27-08-2024)
PROCESSUAL CIVIL. TRIBUTÁRIO. ISS. AUTOS DE INFRAÇÃO. ANULAÇÃO. PRETENSÃO DE REEXAME FÁTICO-PROBATÓRIO. INCIDÊNCIA DO ENUNCIADO N. 7 DA SÚMULA DO STJ. DEFICIÊNCIA RECURSAL. INCIDÊNCIA, POR ANALOGIA DOS ENUNCIADOS N. 283 E 284 DA SÚMULA DO STF. DESPROVIMENTO DO AGRAVO INTERNO. MANUTENÇÃO DA DECISÃO RECORRIDA. I – Na origem, trata-se de ação de anulação de autos de infração que deram ensejo à incidência de ISS. Na sentença o pedido foi julgado improcedente. No Tribunal a quo, a sentença foi mantida. II – A pretensão relacionada com a interpretação do art. 142 do CTN não foi examinada pelo Tribunal de origem. Falta-lhe, portanto, prequestionamento (Súmulas n. 282 e 356 do STF). Foi com base na análise dos autos de infração, e com suporte em laudo periciais, que a Corte de origem convenceu-se da compatibilidade das autuações com a legislação de regência. Indagações sobre a natureza e características dos serviços, com vistas a apreender a alegada plausibilidade da pretensão recursal, encontram óbice na Súmula n. 7/STJ. III – De outro lado, em que pese o STF tenha afirmado a tese de que é taxativa a lista de serviços sujeitos ao ISS a que se refere o art. 156, III, da Constituição Federal, admitiu, contudo, a incidência do tributo sobre as atividades inerentes aos serviços elencados em lei em razão da interpretação extensiva (RE n. 784.439/DF, Tema n. 296).

Nesta Corte Superior, em julgamento de recurso repetitivo, assinalou-se que é legítima a incidência de ISS sobre os serviços bancários congêneres da lista anexa ao DL n. 406/1968 e à LC n. 56/1987 (REsp n. 1.111.234/PR, Tema 132, Súmula n. 424/STJ). IV – No tocante à alegada decadência, a Corte estadual, no julgamento dos embargos de declaração, fez esclarecimentos aos fundamentos do acórdão da apelação: "Por sua vez, o Acórdão embargado ao analisar a temática em deslinde, manteve o entendimento do Juízo a quo, no ponto em que reconheceu a decadência do direito de cobrança dos valores devidos e escriturados sob a conta "Renda de Prestação de Serviços" uma vez que o fato gerador das obrigações tributárias se deu em janeiro a novembro de 1994, decaindo o direito de lançar o tributo em janeiro a novembro de 1999. Considerando que a data de autuação foi de 22 de dezembro de 1999, reconheceu-se a inexigibilidade de sua cobrança. Tal entendimento baseou-se na comprovação de que da análise das informações complementares contidas no Auto de Infração nº. 43316/99, a motivação da sua lavratura residiu na diferença de receita apurada no grupamento de contas denominados "Renda de Prestação de Serviços" e também pela não inclusão, pelo contribuinte, na base de cálculo do ISS a recolher, da conta genérica "Outras rendas operacionais". Portanto, embora prospere o argumento de que a embargante promoveu o pagamento parcial do ISS para o período em alusão no que se refere ao grupamento de contas denominadas "Renda de Prestação de Serviços", fato inclusive reconhecido pelo Juízo monocrático, o mesmo não restou comprovado no que se refere à conta genérica "Outras rendas operacionais", visto que sequer foram declaradas pelo contribuinte, de modo que o entendimento firmado no STF no julgamento do AgRg no Aresp nº. 164.508/SC não se aplica na hipótese vertente, porquanto a questão discutida pelo Pretório Excelso foi o pagamento a menor feito sem observância dos parâmetros legais para fins de contagem do prazo decadencial, o que repito não ocorreu no que se refere à conta genérica "Outras rendas operacionais" (fl. 752). V – A razões recursais apresentadas não cuidam de tais fundamentos, deixando-os, portanto, sem a esperada contraposição dialética. Incidem, portanto, as Súmulas n. 283 e 284 do STF. VI – Agravo interno improvido.
(**STJ – AgInt no AREsp: 1789254 CE** 2020/0301959-6, Data de Julgamento: 29/08/2022, T2 – SEGUNDA TURMA, Data de Publicação: DJe 31/08/2022)

23
PROCESSO TRIBUTÁRIO

O **processo tributário** constitui o conjunto de normas e procedimentos que disciplinam a relação entre o **Fisco e o contribuinte na esfera contenciosa**, regulando a **exigibilidade de tributos**, a **impugnação de lançamentos** e a **revisão de decisões administrativas ou judiciais**.

Essa estrutura divide-se em dois grandes eixos: o **processo administrativo tributário** e o **processo judicial tributário**, cada qual com características próprias e regramento específico.

O **processo administrativo tributário** ocorre no âmbito da Administração Pública e visa a solução de controvérsias **sem a intervenção do Poder Judiciário**. Ele é regido por **princípios fundamentais**, como **legalidade**, **oficialidade**, contraditório, ampla defesa e **duplo grau de jurisdição administrativa**.

Caso o contribuinte **esgote as vias administrativas** ou opte diretamente pela **via judicial**, ingressa-se no **processo judicial tributário**, que segue as regras do **Código de Processo Civil** e da **legislação tributária pertinente**.

A **estrutura do processo tributário** varia significativamente entre os países, influenciada pelo **sistema jurídico adotado** (*civil law* ou *common law*), **grau de autonomia da Administração Tributária** e a **relação entre contribuintes e Fisco**.

I – Sistema Norte-Americano (*Common Law*)

Nos **Estados Unidos**, os litígios tributários podem ser resolvidos tanto na esfera administrativa quanto na judicial, com algumas peculiaridades:

- **Internal Revenue Service** (IRS): atua como órgão fiscalizador e julgador de primeira instância.
- **Tax Court**: trata-se de um Tribunal especializado em litígios tributários, permitindo que o contribuinte discuta tributos antes do pagamento.
- **Federal Court System**: o contribuinte pode recorrer a tribunais federais, com possibilidade de revisão pela Suprema Corte.

II – Sistema Alemão (*Civil Law*)

A **Alemanha** adota um modelo **altamente formalista**:

- **Procedimentos administrativos rígidos**, com obrigatoriedade de esgotamento da via administrativa antes do acesso ao Judiciário.
- **Tribunais Tributários Especializados** (Finanzgerichte), com ampla competência para decidir questões fiscais.
- **Bundesfinanzhof** (BFH): atua como última instância para processos tributários, garantindo segurança jurídica e previsibilidade.

O **processo tributário** no Brasil é caracterizado por um **sistema bifásico**, permitindo que as controvérsias sejam resolvidas na **esfera administrativa antes do ingresso no Judiciário**. Cada modalidade apresenta **vantagens** e **desvantagens**: o **processo administrativo** é mais célere e menos oneroso, enquanto o **processo judicial** oferece maior imparcialidade e força vinculante.

No **direito comparado**, verifica-se que países de *common law*, como os EUA, garantem **maior flexibilidade ao contribuinte na escolha da via processual**, enquanto países de *civil law*, como Alemanha e França, possuem **estruturas administrativas mais consolidadas**.

O **Brasil**, por sua vez, combina **elementos de ambos os sistemas**, resultando em um **modelo único**, mas que ainda enfrenta desafios em termos de segurança jurídica e eficiência procedimental.

23.1 PROCESSO ADMINISTRATIVO FISCAL

O **processo administrativo fiscal** é regulado pelo **Decreto 70.235/1972**, estabelecendo os atos pelos quais a pretensão administrativa será materializada.

Tal decreto fora recepcionado como **lei ordinária** e somente poderá ser **alterado mediante lei**, trazendo em seu bojo todos os **elementos suficientes para a discussão da pretensão do particular** ou da **própria Fazenda Pública na esfera administrativa**.

Observamos que a **recepção do referido decreto como lei ordinária**, em seu contexto histórico, foi tratada no **REsp 877.352/SP**, de relatoria do **Ministro Luiz Fux**:

Impende salientar que o **Decreto 70.235/1972**, por ser fruto de delegação legislativa, ostenta natureza de lei ordinária, o que de reconsideração nele previsto tem origem e caráter legal, traduzindo manifestação de índole legislativa, razão pela qual não poderia ser suprimido por legislação de hierarquia inferior, que ostenta natureza meramente regulamentar.

Os **processos administrativos dos Estados e Municípios** são regulamentados em suas **próprias legislações**, sendo que o STJ já manifestou entendimento no sentido de que o Decreto **70.235/1972**, se não houver qualquer disposição legal em contrário, é **inaplicável** (precedentes do **REsp 937.689/PR**, de relatoria da Min. Eliana Calmon, DJ 06-08-2009).

No que diz respeito, contudo, aos princípios estabelecidos pela **Lei 9.784/1999**, a aplicabilidade aos **processos administrativos é total e irrestrita.**

23.1.1 Procedimento administrativo e processo administrativo fiscal

Entende-se por **procedimento administrativo fiscal** o conjunto de **atos administrativos encadeados entre si** para formação de um **ato válido praticado pela Administração Pública** ou pelo **particular.** Não existe garantia de **ampla defesa ou contraditório**, destinando-se apenas à **coleta de dados** e **informações necessárias à apuração do cumprimento das obrigações tributárias.**

Por **processo administrativo tributário** ou **processo administrativo fiscal** entende-se ser aquele pelo qual tanto a Administração Pública quanto o particular **discutem uma pretensão fora do âmbito judicial**, mediante **sequência ordenada de atos administrativos autorizados por lei.**

A Constituição Federal assegura aos litigantes, em **processo judicial ou administrativo**, e aos acusados em geral o **contraditório e a ampla defesa**, com os meios e recursos a ela inerentes (**art. 5º, LV, da CF/1988**)[1]. Trata-se do **princípio do devido processo legal.**

Apesar de ser uma pretensão tanto da Fazenda Pública quanto do particular, a majoritária doutrina resume que o **processo administrativo fiscal** demonstra a **situação de inconformismo do contribuinte** ou **responsável em relação ao lançamento tributário.**

É fato que o contribuinte **não tem a necessidade de discutir sua pretensão na esfera administrativa**, mas o faz por sua **liberalidade.** Não se adota, no país, uma obrigatoriedade por parte do particular em, inicialmente, **esgotar as vias administrativas** para, posteriormente, **ingressar na esfera judicial**, salvo exceções constitucionalmente previstas. É o que ocorre nos casos da **Justiça Desportiva**, em que o Poder Judiciário **somente admitirá ações após o esgotamento das vias administrativas perante a justiça desportiva.**

Nos casos de *habeas data* existe uma situação semelhante, uma vez que a **Lei 9.507/1997** determina o **esgotamento das vias administrativas.** Por fim, em se tratando de **descumprimento de súmulas vinculantes**, o uso da **reclamação** só é admitido após o **esgotamento das vias administrativas.**

---

1. **Art. 5º** (...)

   LV – aos litigantes, em processo judicial ou administrativo, e aos acusados em geral são assegurados o contraditório e ampla defesa, com os meios e recursos a ela inerentes.

Para a **definição da coisa julgada em face do particular**, nosso país adota o chamado **sistema inglês** ou **de jurisdição única**. Nesse sistema, cabe ao **Poder Judiciário a decisão definitiva sobre a pretensão do particular**, e não a um tribunal administrativo.

A **Administração Pública**, no exercício de suas atividades, pratica atos que se enquadram como **atos jurídicos** ou **fatos jurídicos**. Os denominados **atos administrativos** são espécies de **atos jurídicos**, configurando-se aqueles que visam à **produção de efeitos jurídicos determinados**, desde que em **conformidade com o interesse público**.

Dentre as classificações empregadas, os **atos administrativos** podem ser **vinculados** ou **discricionários**. Os primeiros possuem todo o comportamento da Administração Pública **tipificado em lei, sem deixar qualquer margem de atuação**. Os segundos admitem **certa margem de escolha dentro dos limites legais para que a Administração Pública**, pela análise do **juízo de conveniência e oportunidade**, possa agir para atendimento do interesse coletivo.

Tanto os **atos vinculados** quanto os **discricionários** devem **observar os limites estabelecidos em lei**. Quando ocorrer um **vício de legalidade** ou **legitimidade dos atos administrativos**, haverá o **controle de legalidade**, exercido pela **própria Administração Pública** ou pelo **Poder Judiciário**, quando provocado.

Nos termos da **súmula 473 do STF**:

A administração pode anular seus próprios atos, quando eivados de vícios que os tornam ilegais, porque deles não se originam direitos; ou revogá-los, por motivo de conveniência ou oportunidade, respeitados os direitos adquiridos, e ressalvada, em todos os casos, a apreciação judicial.

No caso dos **atos discricionários**, o Poder Judiciário manifestar-se-á, de igual modo, nos casos de ilegalidade e ilegitimidade. Caberá à Administração Pública a **análise do mérito administrativo**, pela análise da **conveniência e oportunidade**.

Somente em **casos excepcionais**, o Poder Judiciário **não poderá rever os atos administrativos** (por exemplo, quando temos os **atos discricionários**), quando da existência dos **critérios de conveniência e oportunidade**. Assim, o Poder Judiciário **não poderá discutir o mérito do ato administrativo**, uma vez que se o fizer, caracterizará **violação ao princípio da separação dos Poderes**.

O **processo administrativo fiscal** terá início com determinados **atos de ofício**, de **apreensão de mercadorias, documentos ou livros** e do **começo do despacho aduaneiro de mercadoria importada** (art. 7º do Decreto 70.235/1972)².

---

2. **Art. 7º** O procedimento fiscal tem início com: (Vide Decreto nº 3.724, de 2001)
   I – o primeiro ato de ofício, escrito, praticado por servidor competente, cientificado o sujeito passivo da obrigação tributária ou seu preposto;
   II – a apreensão de mercadorias, documentos ou livros;

23 • PROCESSO TRIBUTÁRIO **1135**

O **primeiro ato praticado pelo agente público competente** será por **escrito**, iniciando a ação fiscal. Não se trata de **qualquer ato por escrito**, mas do denominado **mandado de procedimento fiscal**. Esse passa a ser o instrumento pelo qual o agente público fiscal está **autorizado a iniciar o procedimento de fiscalização**.

Caso o agente fiscal entenda que o particular praticou alguma **ilegalidade**, deverá ser lavrado o **auto de infração**.

Dois são os instrumentos que podem ser utilizados pela Administração Pública para formalização de sua pretensão junto ao particular: a **notificação de lançamento** e o **auto de infração**.

Tais instrumentos **deverão ser instruídos com todos os termos, depoimentos, laudos** e **demais elementos** que possam comprovar o alegado pela autoridade administrativa competente.

Na **esfera federal**, a **lavratura do auto de infração** será realizada pelos **Auditores Fiscais da Receita Federal do Brasil**. Mesmo que o agente público autuador não faça parte da circunscrição competente, ou seja, esteja lotado em repartição diversa do domicílio tributário do sujeito passivo, a **atuação será válida**.

Uma vez que tanto a **notificação de lançamento** quanto o **auto de infração** são **atos administrativos vinculados**, qualquer **vício levará à anulação dos respectivos atos**, pela própria **Administração Pública**, em decorrência do **princípio da autotutela**, ou pelo **Poder Judiciário**, mediante **provocação**.

O **objeto da notificação de lançamento** será a **pretensão fiscal relativa à exigência do débito tributário decorrente do descumprimento de uma obrigação tributária principal ou acessória**.

No que tange ao **auto de infração**, o objeto será a **ocorrência de alguma violação a um preceito legal que exija do órgão competente a imposição de uma multa de ofício**. No caso do **auto de infração**, esse terá por objeto tanto o **descumprimento de uma obrigação tributária principal (art. 113, § 1º, do CTN)**[3] quanto de uma **obrigação tributária acessória (art. 113, § 2º, do CTN)**[4].

III – o começo de despacho aduaneiro de mercadoria importada.

§ 1º O início do procedimento exclui a espontaneidade do sujeito passivo em relação aos atos anteriores e, independentemente de intimação a dos demais envolvidos nas infrações verificadas.

§ 2º Para os efeitos do disposto no § 1º, os atos referidos nos incisos I e II valerão pelo prazo de sessenta dias, prorrogável, sucessivamente, por igual período, com qualquer outro ato escrito que indique o prosseguimento dos trabalhos.

3. **Art. 113** (...)

§ 1º A obrigação principal surge com a ocorrência do fato gerador, tem por objeto o pagamento de tributo ou penalidade pecuniária e extingue-se juntamente com o crédito dela decorrente.

4. **Art. 113** (...)

§ 2º A obrigação acessória decorre da legislação tributária e tem por objeto as prestações, positivas ou negativas, nela previstas no interesse da arrecadação ou da fiscalização dos tributos.

23.1.2 A consulta fiscal

A **consulta tributária** é um **procedimento administrativo** que busca uma **declaração formal da Administração Pública acerca da interpretação da legislação tributária.**

O que efetivamente o particular deseja é a **obtenção da segurança jurídica** para determinar como se deverá agir em circunstâncias de **dúvida na aplicação da legislação tributária.**

Podemos concluir que se trata de um direito amparado pela Constituição Federal (**direito de petição e direito de informação, art. 5º, XXXIII e XXXIV, CF/1988**)[5]. No entanto, apesar de o consulente ter o **direito à solução da interpretação da legislação tributária ao fato concreto**, a resposta do órgão administrativo competente poderá ser **positiva** ou **negativa**, no sentido de determinar que a **legislação se aplica ao fato concreto** (positiva) ou **não** (negativa).

Enquanto estiver **pendente a decisão do órgão administrativo competente sobre a consulta formulada, não poderá ocorrer a incidência de juros moratórios e penalidades.** Se isso ocorre, o **direito à consulta perderá o objeto.**

Para os **tributos federais**, o procedimento de consulta está previsto nos **arts. 46 e seguintes do Decreto 70.235/1972**[6]. A Lei 9.430/1996 complementa as regras previstas no decreto em questão, nos termos dos **arts. 48 a 50**[7] da referida legislação.

---

5. **Art. 5º** (...)

    XXXIII – todos têm direito a receber dos órgãos públicos informações de seu interesse particular, ou de interesse coletivo ou geral, que serão prestadas no prazo da lei, sob pena de responsabilidade, ressalvadas aquelas cujo sigilo seja imprescindível à segurança da sociedade e do Estado;

    XXXIV – são a todos assegurados, independentemente do pagamento de taxas:

    a) o direito de petição aos Poderes Públicos em defesa de direitos ou contra ilegalidade ou abuso de poder;

    b) a obtenção de certidões em repartições públicas, para defesa de direitos e esclarecimento de situações de interesse pessoal.

6. **Art. 46.** O sujeito passivo poderá formular consulta sobre dispositivos da legislação tributária aplicáveis a fato determinado.

    Parágrafo único. Os órgãos da administração pública e as entidades representativas de categorias econômicas ou profissionais também poderão formular consulta.

7. **Art. 48.** No âmbito da Secretaria da Receita Federal, os processos administrativos de consulta serão solucionados em instância única.

    § 1º A competência para solucionar a consulta ou declarar sua ineficácia, na forma disciplinada pela Secretaria da Receita Federal do Brasil, poderá ser atribuída: (Redação dada pela Lei nº 12.788, de 2013)

    I – a unidade central; ou (Redação dada pela Lei nº 12.788, de 2013)

    II – a unidade descentralizada. (Redação dada pela Lei nº 12.788, de 2013)

    § 2º Os atos normativos expedidos pelas autoridades competentes serão observados quando da solução da consulta.

    § 3º Não cabe recurso nem pedido de reconsideração da solução da consulta ou do despacho que declarar sua ineficácia.

    § 4º As soluções das consultas serão publicadas pela imprensa oficial, na forma disposta em ato normativo emitido pela Secretaria da Receita Federal.

    § 5º Havendo diferença de conclusões entre soluções de consultas relativas a uma mesma matéria, fundada em idêntica norma jurídica, cabe recurso especial, sem efeito suspensivo, para o órgão de que trata o inciso I do § 1º.

Tratando-se dos **Estados e Municípios**, cada qual poderá estabelecer por meio de legislação o **procedimento de consulta específico**.

A **consulta** deverá ser **sempre proposta por escrito**, sendo competente o **órgão público local da entidade incumbida da administração do tributo**. O procedimento deverá ser proposto no **domicílio tributário do consulente (art. 127 do CTN)**[8].

Uma informação importante está prevista no **parágrafo único do art. 46 do Decreto 70.235/1972**[9]: os órgãos da Administração Pública e as entidades representativas de categorias econômicas ou profissionais podem formular o procedimento.

---

§ 6º O recurso de que trata o parágrafo anterior pode ser interposto pelo destinatário da solução divergente, no prazo de trinta dias, contados da ciência da solução.

§ 7º Cabe a quem interpuser o recurso comprovar a existência das soluções divergentes sobre idênticas situações.

§ 8º O juízo de admissibilidade do recurso será realizado na forma disciplinada pela Secretaria da Receita Federal do Brasil. (Redação dada pela Lei nº 12.788, de 2013)

§ 9º Qualquer servidor da administração tributária deverá, a qualquer tempo, formular representação ao órgão que houver proferido a decisão, encaminhando as soluções divergentes sobre a mesma matéria, de que tenha conhecimento.

§ 10. O sujeito passivo que tiver conhecimento de solução divergente daquela que esteja observando em decorrência de resposta a consulta anteriormente formulada, sobre idêntica matéria, poderá adotar o procedimento previsto no § 5º, no prazo de trinta dias contados da respectiva publicação.

§ 11. A solução da divergência acarretará, em qualquer hipótese, a edição de ato específico, uniformizando o entendimento, com imediata ciência ao destinatário da solução reformada, aplicando-se seus efeitos a partir da data da ciência.

§ 12. Se, após a resposta à consulta, a administração alterar o entendimento nela expresso, a nova orientação atingirá, apenas, os fatos geradores que ocorram após dado ciência ao consulente ou após a sua publicação pela imprensa oficial.

§ 13. A partir de 1º de janeiro de 1997, cessarão todos os efeitos decorrentes de consultas não solucionadas definitivamente, ficando assegurado aos consulentes, até 31 de janeiro de 1997:

I – a não instauração de procedimento de fiscalização em relação à matéria consultada;

II – a renovação da consulta anteriormente formulada, à qual serão aplicadas as normas previstas nesta Lei.

§ 14. A consulta poderá ser formulada por meio eletrônico, na forma disciplinada pela Secretaria da Receita Federal do Brasil. (Incluído pela Lei nº 12.788, de 2013)

§ 15. O Poder Executivo regulamentará prazo para solução das consultas de que trata este artigo. (Incluído pela Lei nº 12.788, de 2013)

8. **Art. 127.** Na falta de eleição, pelo contribuinte ou responsável, de domicílio tributário, na forma da legislação aplicável, considera-se como tal:

I – quanto às pessoas naturais, a sua residência habitual, ou, sendo esta incerta ou desconhecida, o centro habitual de sua atividade;

II – quanto às pessoas jurídicas de direito privado ou às firmas individuais, o lugar da sua sede, ou, em relação aos atos ou fatos que derem origem à obrigação, o de cada estabelecimento;

III – quanto às pessoas jurídicas de direito público, qualquer de suas repartições no território da entidade tributante.

§ 1º Quando não couber a aplicação das regras fixadas em qualquer dos incisos deste artigo, considerar-se-á como domicílio tributário do contribuinte ou responsável o lugar da situação dos bens ou da ocorrência dos atos ou fatos que deram origem à obrigação.

§ 2º A autoridade administrativa pode recusar o domicílio eleito, quando impossibilite ou dificulte a arrecadação ou a fiscalização do tributo, aplicando-se então a regra do parágrafo anterior.

9. **Art. 46 (...)**

Parágrafo único. Os órgãos da administração pública e as entidades representativas de categorias econômicas ou profissionais também poderão formular consulta.

1138 DIREITO TRIBUTÁRIO INTERDISCIPLINAR • Caio Bartine

Assim, poderá um **Ministério consultar a Secretaria da Receita Federal do Brasil** sobre **determinado item da legislação tributária.**

Entretanto, não se trata de um **procedimento comum a ser adotado**, uma vez que os órgãos da Administração Pública **acabam resolvendo tais interpretações legislativas no âmbito interno.**

Conforme salientado, o **preparo do processo** e o **julgamento** competirão ao **órgão local da entidade encarregada da administração do tributo.**

A determinação do **art. 54 do Decreto 70.235/1972**[10], mediante análise das alterações posteriores, traz a competência para o julgamento do procedimento de consulta perante o **Delegado da Receita Federal do Brasil.**

Segundo determina o **art. 46 de Decreto 70.235/1972**[11], a consulta deverá recair sobre **fato determinado**. Não se admite uma formulação de consulta para **situações abrangentes**, inadmitindo-se **formulação de consulta em tese.**

Uma vez que a **consulta poderá produzir efeitos que permitem a dilação no prazo para cumprimento das obrigações tributárias**, exige-se um **mínimo ético do consulente**, evitando utilizar do procedimento como **mera postergação de obrigação fiscal devida.**

Segundo entendimento doutrinário acerca desse tema, temos **duas espécies de momentos distintos para classificação dos efeitos**: os chamados **efeitos preliminares** e os denominados **efeitos finais.**

Os **efeitos preliminares** ocorrem logo quando a consulta é realizada, ou seja, quando o consulente formula a consulta perante o órgão administrativo competente (atualmente, perante o Delegado da Receita Federal do Brasil).

---

10. **Art. 54.** O julgamento compete:

   I – Em primeira instância:

   a) aos Superintendentes Regionais da Receita Federal, quanto aos tributos administrados pela Secretaria da Receita Federal, atendida, no julgamento, a orientação emanada dos atos normativos da Coordenação do Sistema de Tributação;

   b) às autoridades referidas na alínea b do inciso I do artigo 25.

   II – Em segunda instância:

   a) ao Coordenador do Sistema de Tributação, da Secretaria da Receita Federal, salvo quanto aos tributos incluídos na competência julgadora de outro órgão da administração federal;

   b) à autoridade mencionada na legislação dos tributos, ressalvados na alínea precedente ou, na falta dessa indicação, à que for designada pela entidade que administra o tributo.

   III – Em instância única, ao Coordenador do Sistema de Tributação, quanto às consultas relativas aos tributos administrados pela Secretaria da Receita Federal e formuladas:

   a) sobre classificação fiscal de mercadorias;

   b) pelos órgãos centrais da administração pública;

   c) por entidades representativas de categorias econômicas ou profissionais, de âmbito nacional.

11. **Art. 46.** O sujeito passivo poderá formular consulta sobre dispositivos da legislação tributária aplicáveis a fato determinado.

Enquanto aquela matéria está sob apreciação do órgão administrativo, **não poderá o Fisco realizar autuações**, informando, para tanto, que o consulente está descumprindo a obrigação tributária.

Já os **efeitos finais consolidam a decisão tomada pelo órgão administrativo competente**. Uma vez que foi decidida sobre a consulta formulada, a situação que fora questionada **adquire segurança jurídica**.

Determina o **art. 49 do Decreto 70.235/1972**[12] que a consulta **não suspende o prazo para o recolhimento do tributo**, seja esse retido na fonte ou autolançado antes ou depois de sua apresentação, **nem o prazo para a apresentação de declaração de rendimentos**.

Assim, desde que a consulta ocorra **antes da data de vencimento do crédito tributário**, qualquer que seja a modalidade de lançamento – uma vez que a doutrina informa não se tratar apenas dos casos de lançamento por homologação –, **não haverá cobrança do crédito tributário**, acréscimo ou **aplicação de penalidades**.

A competência para a determinação da **solução da consulta** é da **Coordenação- -Geral da Tributação** (COSIT), **Coordenação-Geral de Administração Aduaneira** (COANA) e da **Superintendência Regional da Receita Federal do Brasil** (SRRF).

Cada órgão administrativo competente, dentro da divisão interna, **decidirá sobre cada matéria especificada na consulta formulada**.

A doutrina diverge sobre a **possibilidade de interposição de recurso sobre a decisão final da consulta**. Isso se dá pelo simples motivo que a **consulta é um procedimento administrativo**, e **não um processo administrativo**, portanto, não sendo exigível a ampla defesa e o contraditório.

A **Lei 9.430/1996**, em seu **art. 48**[13], declarou que a consulta se resolveria em **instância única**. Ainda, no **§ 3º do referido artigo**[14], a legislação determina que **não cabe recurso** nem **pedido de reconsideração da solução da consulta** ou do despacho que **declarar sua ineficácia**.

No entanto, o mesmo artigo prevê a **possibilidade de recurso especial de divergência**. Nesse caso, a **legitimação** de ingressar com o recurso em comento será do **consulente que tiver conhecimento de solução diferente para a mesma matéria consultada** ou ainda **qualquer agente da Administração**.

---

12. **Art. 49.** A consulta não suspende o prazo para recolhimento de tributo, retido na fonte ou autolançado antes ou depois de sua apresentação, nem o prazo para apresentação de declaração de rendimentos.
13. **Art. 48.** No âmbito da Secretaria da Receita Federal, os processos administrativos de consulta serão solucionados em instância única.
14. (…)
    § 3º Não cabe recurso nem pedido de reconsideração da solução da consulta ou do despacho que declarar sua ineficácia.

DIREITO TRIBUTÁRIO INTERDISCIPLINAR • Caio Bartine

A **solução da divergência administrativa** é um simples instrumento de se alcançar a **segurança jurídica da interpretação da legislação tributária**. Trata-se de uma **espécie de procedimento** que se instaura com a mesma forma e conteúdo de uma reconsideração.

Uma vez que existem **diferenças entre soluções de consultas sobre a mesma matéria**, tendo por fundamento uma **idêntica norma jurídica**, caberá tal procedimento.

A **competência para o julgamento da divergência** caberá à **Coordenação-Geral de Tributação** (COSIT) ou à **Coordenação-Geral de Administração Aduaneira** (COANA), dependendo da matéria objeto de divergência.

A **solução** adotada pelo órgão fazendário competente pode ser de **eficácia** ou **ineficácia**. Quando eficaz, **impedirá a aplicação da multa de mora e juros de mora**, relativamente à matéria consultada.

O **art. 52 do Decreto 70.235/1972** traz as hipóteses em que a consulta fiscal se tornará ineficaz.

Assim, podemos determinar as seguintes situações de ineficácia:

I – não produzirá efeito se estiver em desacordo com os requisitos dos arts. 46 e 47 do Decreto 70.235/1972;

II – quando a consulta for formulada por quem tiver sido intimado a cumprir obrigação relativa ao objeto;

III – quando formulada por quem estiver sob o procedimento fiscal iniciado para apurar fatos que se relacionem com a matéria consultada;

IV – quando o fato já houver sido objeto de decisão anterior, ainda não modificada, proferida em consulta ou litígio em que tenha sido parte o consulente;

V – quando o fato estiver disciplinado em ato normativo, publicado antes da sua apresentação;

VI – quando o fato estiver definido ou declarado em dispositivo literal de lei;

VII – quando o fato for definido como crime ou contravenção penal;

VIII – quando não descrever, completa ou exatamente, a hipótese a que se referir, ou não contiver os elementos necessários à sua solução, salvo se a inexatidão ou omissão for escusável, a critério da autoridade julgadora.

23.1.3 A impugnação administrativa

O **início efetivo do processo administrativo fiscal** se dá com a **apresentação da impugnação administrativa pelo particular**.

Nada mais é a **impugnação administrativa** do que uma **forma de defesa administrativa** apresentada perante a **primeira instância administrativa**, pela **não concordância com a notificação de lançamento** ou pela **imposição do auto de infração**.

A **apresentação da impugnação administrativa**, de forma **tempestiva** pelo sujeito passivo da obrigação tributária, acarreta a **suspensão da exigibilidade do crédito tributário**, nos termos do **art. 151, III, do CTN**[15].

---

15. **Art. 151.** Suspendem a exigibilidade do crédito tributário:

III – as reclamações e os recursos, nos termos das leis reguladoras do processo tributário administrativo.

Para ocorrência da **suspensão da exigibilidade do crédito tributário**, basta a **mera apresentação das impugnações e recursos administrativos**, não sendo necessária qualquer espécie de **depósito** ou **arrolamento de bens**, conforme bem salientou o STF, na edição da **Súmula Vinculante 21**:

É inconstitucional a exigência de depósito ou arrolamento prévios de dinheiro ou bens para admissibilidade de recurso administrativo.

Para que a **impugnação administrativa seja admitida** perante o órgão administrativo competente, deverão ser observados **requisitos temporais, processuais e formais**.

Uma vez que tais requisitos forem completamente preenchidos, a **impugnação administrativa será recebida pela autoridade competente**, dando-se **início ao processo administrativo fiscal**.

O **prazo para a apresentação da impugnação administrativa**, salvo disposição legal em contrário, será de **30 (trinta) dias contados da notificação de lançamento** ou da **imposição do auto de infração** (intimação), nos termos do **art. 15 do Decreto 70.235/1972**[16].

Tal prazo **não poderá ser prorrogado pela autoridade administrativa competente** (prazo peremptório).

A **intimação** para que o sujeito passivo apresente sua **defesa administrativa** (impugnação) pode ser:

- I – pessoal;
- II – via postal;
- III – meio eletrônico (e-mail).

A **intimação pessoal** é realizada pelo **agente público competente**, podendo se dar na **repartição fiscal** ou em outro local. Não apenas o próprio sujeito passivo pode ser intimado, mas os **mandatários ou prepostos do sujeito passivo** também podem recebê-la.

Na hipótese de o sujeito passivo **recusar-se a assinar a intimação**, a declaração do agente público informando o ocorrido **suprirá a ausência da assinatura**, conforme assinalou o Superior Tribunal de Justiça, ao julgar o **REsp nº 833.625/MG**.

A **intimação via postal** será postada no **endereço do sujeito passivo**, mediante **aviso de recebimento** (AR), devidamente instruída com os **documentos necessários para o exercício do direito de defesa**.

---

16. **Art. 15.** A impugnação, formalizada por escrito e instruída com os documentos em que se fundamentar, será apresentada ao órgão preparador no prazo de trinta dias, contados da data em que for feita a intimação da exigência.

Obviamente, para os fins de **evitar prejuízos processuais em se remeter documentos em endereço desatualizado**, caberá ao sujeito passivo manter periodicamente atualizado seu domicílio fiscal. Porém, a **falta de domicílio tributário eleito pelo sujeito passivo** não será algo impeditivo para o prosseguimento das intimações administrativas, aplicando-se o disposto no **art. 127 do CTN**.

A **intimação por meio eletrônico** dependerá de **autorização do sujeito passivo**. Para que se tenha **validade a intimação realizada**, deverão os atos conter a **assinatura mediante a utilização de certificado digital emitido no âmbito da Infraestrutura de Chaves Públicas Brasileira** (ICP-Brasil) e será enviada à **Receita Federal do Brasil** (tratando-se de impugnação administrativa federal) por meio do **Centro Virtual de Atendimento do Contribuinte** (e-CAC), disponível na internet, de acordo com a **Lei 11.196/2005 e Portaria SRF 259/2006 e 574/2009**.

Quem tem **legitimidade para apresentação da impugnação administrativa** é o **sujeito passivo da obrigação tributária** (contribuinte ou responsável). Ele **poderá ser representado por procurador**, devendo-se comprovar sua condição de representação.

Tratando-se de **impugnação a ser apresentada por pessoa física** (pessoa natural), pouca controvérsia reside na matéria. No entanto, cuidando-se de **pessoa jurídica**, não se pode confundir a responsabilidade dessa com a de seus dirigentes ou sócios. **Os sócios ou dirigentes são meros representantes da pessoa jurídica**, esta sim sujeito passivo da referida obrigação tributária.

Sendo assim, **não devem os sócios ou dirigentes possuir ônus de defesa**, uma vez que **não são partes no procedimento fiscal**.

A **impugnação administrativa** deverá ser apresentada de **forma escrita**, devendo ser **protocolizada na repartição pública competente** da localidade em que ocorreu a lavratura do ato.

Excepcionalmente, contudo, **tem-se admitido apresentação da impugnação administrativa pela via postal**, mediante **aviso de recebimento** (AR), pois será esse que servirá como **protocolo da apresentação tempestiva da impugnação**.

Na **impugnação administrativa** não é necessária a **representação processual por meio de advogado**. No entanto, fazendo a opção por tal profissional, é **indispensável a apresentação de procuração com poderes especiais** para esse tipo de representação.

Tratando-se de **pessoa jurídica**, deverá ser juntada **cópia autenticada do contrato social da empresa** ou dos estatutos, demonstrando os **poderes de representação** daquele que está realizando a impugnação administrativa.

Outras formalidades exigidas para a apresentação da impugnação administrativa encontram-se estabelecidas no **art. 16 do Decreto 70.235/1972**, determinando que a impugnação deverá conter:

I – a autoridade julgadora a quem é dirigida;

II – a qualificação do impugnante;

III – os motivos de fato e de direito em que se fundamenta, os pontos de discordância e as razões e provas que possuir;

IV – as diligências, ou perícias que o impugnante pretenda sejam efetuadas, expostos os motivos que as justifiquem, com a formulação dos quesitos referentes aos exames desejados, assim como, no caso de perícia, o nome, o endereço e a qualificação profissional do seu perito;

V – se a matéria impugnada foi submetida à apreciação judicial, devendo ser juntada cópia da petição.

23.2 RECURSOS ADMINISTRATIVOS

Após a **decisão prolatada pela autoridade competente da primeira instância administrativa**, caberá **recurso voluntário** a ser interposto pelo **sujeito passivo** para a autoridade julgadora da primeira instância que, observados os requisitos formais e materiais, remeterá a medida para o Tribunal Administrativo competente.

I – Recurso Voluntário

O **recurso voluntário** é aquele interposto pelo **sujeito passivo quando a decisão for desfavorável em primeira instância**. Caso a decisão, entretanto, seja **desfavorável ao Fisco**, esse poderá interpor **recurso de ofício**.

A **interposição tempestiva do recurso voluntário** prorroga a suspensão da exigibilidade do crédito tributário, sem a **necessidade de existência de qualquer exigibilidade**.

Conforme já decidido pelo STF na edição da **Súmula Vinculante 21**:

É inconstitucional a exigência de depósito ou arrolamento prévios de dinheiro ou bens para admissibilidade de recurso administrativo

A previsão para interposição do recurso voluntário encontra-se no **art. 33 do Decreto 70.235/1972**[17]. O prazo para interposição do recurso voluntário, perante a autoridade competente, será de **30 (trinta) dias contados da ciência da decisão de primeira instância**.

O **recurso voluntário suspende os efeitos da decisão de primeira instância na parte controvertida**, conforme o caso.

O recurso deverá ser interposto perante a **autoridade competente**, que remeterá ao Tribunal Administrativo correspondente para que o colegiado decida sobre a matéria.

---

17. **Art. 33.** Da decisão caberá recurso voluntário, total ou parcial, com efeito suspensivo, dentro dos trinta dias seguintes à ciência da decisão.

Na **esfera federal**, o **recurso voluntário** deverá ser **encaminhado ao Delegado da Receita Federal de Julgamento** da localidade em que o processo se desenvolveu.

Ele analisará os **requisitos de admissibilidade do recurso** para posterior encaminhamento ao **Conselho Administrativo de Recursos Fiscais** (CARF), que sucedeu o **Conselho de Contribuintes**, com o advento da **Lei 11.941/2009**.

Na **fase recursal, não será permitido juntar novos documentos** ou ainda requerer **novas diligências** ou **novas provas**, sendo excepcionalmente admitida a **prova documental** nos seguintes casos:

- I – se restar demonstrada a impossibilidade de sua apresentação oportuna, por motivos de força maior;
- II – quando se referir a fato ou a direito superveniente;
- III – quando se destine a contrapor fatos ou razões posteriormente trazidas aos autos.

Após **análise dos requisitos formais necessários**, outras formalidades acabam sofrendo **dispensa** no caso de apresentação do recurso voluntário. É o que ocorre com relação à **qualificação do recorrente**.

Não se faz necessária a qualificação completa do recorrente, uma vez que tais dados já se encontram presentes na impugnação administrativa.

Poderá ser adotada, contudo, **técnica de interposição de recursos**, composto por uma **petição de interposição a ser dirigida pela autoridade administrativa competente** que julgou a impugnação administrativa e das **razões anexas**, para que essas sejam encaminhadas ao **Tribunal Administrativo** (órgão colegiado) **competente**.

II – Recurso de Ofício

Trata-se de medida utilizada pela **própria Administração Pública** quando o Fisco tem **improcedência da pretensão em primeira instância administrativa**.

A **remessa do recurso** é, em regra, **necessária**, ou seja, mediante a **decisão desfavorável da pretensão fiscal**, o recurso de ofício se traduz como uma **remessa necessária para apreciação perante o Tribunal Administrativo competente**.

O **recurso de ofício** deverá ser interposto obrigatoriamente (remessa necessária) nos seguintes casos (**art. 34 do Decreto 70.235/1972**):

> I – quando a decisão "exonerar o sujeito passivo do pagamento de tributo e encargos de multa de valor total (lançamento principal e decorrentes) a ser fixado em ato do Ministro de Estado da Fazenda";
>
> II – quando "deixar de aplicar pena de perda de mercadorias ou outros bens cominada à infração denunciada na formalização da exigência".

No que tange ao **primeiro inciso**, o valor definido pelo **Ministério da Fazenda** é de **R$ 1.000.000,00** (um milhão de reais), incluindo o **principal**, os **juros**, as **correções** e as **multas**. Ressalta-se que o valor anteriormente citado está determinado de acordo com a **Portaria do Ministério da Fazenda 3**, de 3 de janeiro de 2008.

Não cabe recurso de ofício das decisões prolatadas, pela autoridade fiscal da jurisdição do sujeito passivo, em processos relativos à **restituição de impostos e contribuições administrados pela Secretaria da Receita Federal do Brasil**, bem como nos casos de **ressarcimento de créditos do Imposto sobre Produtos Industrializados** (**art. 27 da Lei 10.522/2002**)[18].

O **recurso de ofício**, conforme assinalado, deverá ser interposto pela autoridade administrativa competente. Em muitos casos, tal recurso se dá de **maneira obrigatória** (remessa de ofício). A discussão que paira a respeito da remessa necessária é se a **autoridade administrativa de segunda instância poderá** ou **não agravar o sujeito passivo com o julgamento do recurso**.

Com a **apresentação do recurso de ofício**, toda a matéria que está sendo debatida é **devolvida ao Tribunal Administrativo de segunda instância**, podendo esse agravar com a decisão. No entanto, deverá ser aberta a oportunidade para apresentação de um **recurso voluntário contra a decisão do Tribunal Administrativo**.

Assim, mesmo que haja a **possibilidade de apresentação de recurso voluntário pelo sujeito passivo**, é possível a existência da *reformatio in pejus* na **decisão administrativa de recurso de ofício**.

23.3 PROCESSO JUDICIAL

O **processo judicial tributário** ocorrerá quando os **litígios tributários não são solucionados entre as partes**, de maneira extrajudicial. Pode ser **iniciado tanto pela própria Administração Pública**, quando deseja cobrar judicialmente do contribuinte o crédito tributário, como pelo **próprio contribuinte**, quando deseja exercer seu direito de defesa ou pleitear a devolução do que foi pago de maneira indevida.

---

18. **Art. 27**. Não cabe recurso de ofício das decisões prolatadas pela Secretaria da Receita Federal do Brasil, em processos relativos a tributos administrados por esse órgão: (Redação dada pela Lei nº 12.788, de 2013)

 I – quando se tratar de pedido de restituição de tributos; (Incluído pela Lei nº 12.788, de 2013)

 II – quando se tratar de ressarcimento de créditos do Imposto sobre Produtos Industrializados – IPI, da Contribuição para o PIS/Pasep e da Contribuição para o Financiamento da Seguridade Social – COFINS; (Incluído pela Lei nº 12.788, de 2013)

 III – quando se tratar de reembolso do salário-família e do salário-maternidade; (Incluído pela Lei nº 12.788, de 2013)

 IV – quando se tratar de homologação de compensação; (Incluído pela Lei nº 12.788, de 2013)

 V – nos casos de redução de penalidade por retroatividade benigna; e (Incluído pela Lei nº 12.788, de 2013)

 VI – nas hipóteses em que a decisão estiver fundamentada em decisão proferida em ação direta de inconstitucionalidade, em súmula vinculante proferida pelo Supremo Tribunal Federal e no disposto no § 6º do art. 19. (Incluído pela Lei nº 12.788, de 2013)

Importante ressaltar que o **processo judicial tributário** é o mesmo processo civil no qual são solucionadas as lides. Como não temos um **"Código de Processo Tributário"**, em toda sua extensão, basicamente, nos utilizamos das normas previstas no processo civil, conforme visto na introdução.

Para que o Poder Público possa iniciar as medidas judiciais cabíveis, deverá inicialmente **notificar o particular**. Assim, o **processo judicial tributário fazendário** será **precedido de procedimentos administrativos** e de **processos administrativos** para que haja legitimidade.

A procura da **solução do litígio**, por intermédio do **Poder Judiciário**, deverá garantir a totalidade do **contraditório** e da **ampla defesa**. É a **máxima do devido processo constitucional** para que a solução adotada seja revestida de **legalidade e legitimidade**.

Devemos nos recordar que o direito processual é construído, conforme bem salienta Alexandre Freitas Câmara, por três institutos fundamentais: **processo**, **jurisdição** e **ação**.

O **processo** é o instrumento pelo qual a Democracia é exercida e por meio dele são **construídos os atos jurisdicionais**. Após o **exame do processo**, impende examinar a **jurisdição**, uma das **funções estatais**. E, dada a **inércia** – como característica da jurisdição –, temos que examinar a **ação**, fenômeno que permite **provocar sua atuação**.

Existem **princípios básicos do processo** que devem ser observados por todas as partes, tais como:

- **devido processo legal**: é a garantia da ação e da defesa em juízo, princípio com raízes no *due process of law*;

- **inafastabilidade de jurisdição**: segundo o texto constitucional, a lei não excluirá da apreciação do Poder Judiciário lesão ou ameaça a direito, em conformidade com o **art. 5º, XXXV, da CF/1988**[19]. Em matéria tributária, **não se pode exigir qualquer esgotamento de vias administrativas para o socorro ao Poder Judiciário**, como ocorre no caso do *Habeas Data*, nos termos do **art. 8º, parágrafo único, I, II e III, da Lei nº 9.507/1997**[20], bem como da **Justiça Desportiva**, em conformidade com o **art. 217, § 1º, da CF/1988**[21];

---

19. **Art. 5º** (...)
    XXXV – a lei não excluirá da apreciação do Poder Judiciário lesão ou ameaça a direito.
20. **Art. 8º** (...)
    Parágrafo único. A petição inicial deverá ser instruída com prova:
    I – da recusa ao acesso às informações ou do decurso de mais de dez dias sem decisão;
    II – da recusa em fazer-se a retificação ou do decurso de mais de quinze dias, sem decisão; ou
    III – da recusa em fazer-se a anotação a que se refere o § 2º do art. 4º ou do decurso de mais de quinze dias sem decisão.
21. **Art. 217** (...)
    § 1º O Poder Judiciário só admitirá ações relativas à disciplina e às competições desportivas após esgotarem-se as instâncias da justiça desportiva, regulada em lei.

- **inércia da jurisdição:** a jurisdição se movimenta em decorrência da demanda sendo que, antes da existência de qualquer espécie de demanda, deverá permanecer inerte. De acordo com o **art. 2º do CPC**,[22] o processo começa por iniciativa da parte e se desenvolve por impulso oficial, salvo nos casos previstos em lei;
- **duração razoável do processo:** as partes têm o direito de obter em prazo razoável a solução integral do mérito, incluída a atividade satisfativa, nos termos do **art. 4º do CPC**[23];
- **boa-fé e cooperação:** todos os que participam do processo devem se comportar de acordo com a boa-fé, bem como cooperar entre si para que obtenham, em tempo razoável, decisão de mérito que seja justa e efetiva (**arts. 5º e 6º do CPC**)[24];
- **contraditório:** trata-se da decorrência do princípio da isonomia, uma vez que o juízo não pode decidir com base apenas no que uma das partes argumenta, compreendendo a possibilidade de as partes influírem, de forma decisiva, nos destinos do processo. Assim, não se proferirá decisão contra uma das partes sem que seja previamente ouvida. Existem, contudo, situações autorizadas em lei em que uma das partes não será previamente ouvida, como nos casos de tutelas provisórias de urgência e de evidência;
- **segurança jurídica e proteção da confiança:** deve se levar em conta os limites da retroatividade dos atos do Estado, em observância ao direito adquirido, ao ato jurídico perfeito e à coisa julgada;
- **economia processual:** o acesso à Justiça não pode ser condicionado ao pagamento de taxas e custas processuais demasiadas, devendo existir referibilidade e razoabilidade em sua aplicação.

O Estado tem o **poder-dever de prestar a tutela jurisdicional**, dirimindo o **conflito de interesses entre as partes**.

Nas palavras de Humberto Theodoro Júnior,

ação é o direito a um procedimento estatal que solucione o litígio, fazendo desaparecer a incerteza ou a insegurança gerada pelo conflito de interesses, pouco importando qual seja a solução a ser dada pelo juiz.

---

22. Art. 2º O processo começa por iniciativa da parte e se desenvolve por impulso oficial, salvo as exceções previstas em lei.
23. Art. 4º As partes têm o direito de obter em prazo razoável a solução integral do mérito, incluída a atividade satisfativa.
24. Art. 5º Aquele que de qualquer forma participa do processo deve comportar-se de acordo com a boa-fé.
    Art. 6º Todos os sujeitos do processo devem cooperar entre si para que se obtenha, em tempo razoável, decisão de mérito justa e efetiva.

O Código de Processo Civil, para a determinação do **conceito de ação**, adota a denominada **teoria eclética**, tendo como seu precursor **Liebman**[25]. Por tal teoria, o **direito de ação** não está **vinculado a uma sentença favorável**, mas também **não é completamente independente do direito material**. A **ação** é o **direito a uma sentença de mérito**, seja **qual for seu conteúdo, positivo** ou **negativo**.

Para que tal direito possa ser invocado, devem estar presentes requisitos denominados de **condições da ação**. Caso falte alguma das condições, ocorrerá o que se denomina de **carência da ação**.

Vários dispositivos estabelecidos no Código de Processo Civil traduzem a utilização da **teoria eclética**, esposada por **Liebman**. Dentre eles, temos o **art. 485, VI,** que estabelece a extinção do processo sem a resolução de mérito:

> **Art. 485.** O juiz não resolverá o mérito quando: (...)
> VI – verificar ausência de legitimidade ou de interesse processual;

A doutrina moderna tem buscado **mitigar a aplicação da teoria eclética**, determinando que as **condições da ação não seriam encaradas como requisitos para a existência da ação**, mas sim, como **requisitos ao legítimo exercício do direito de ação**.

23.3.1 Medidas judiciais de iniciativa da fazenda pública

Para que possamos tratar sobre as **ações de iniciativa da Fazenda Pública**, faz-se necessário o estudo conciso a respeito do **crédito tributário**.

A doutrina define o **crédito tributário** como o **vínculo jurídico que surge com a ocorrência de uma obrigação tributária principal válida**, pelo qual o Estado pode exigir do particular o **pagamento de um tributo** ou de uma **penalidade pecuniária**.

Com o **surgimento da relação jurídico-tributária**, temos a **existência de um débito** e um **crédito**. Apenas quando esse crédito tributário for **formalizado**, a Fazenda Pública terá o **direito de exigir o seu cumprimento**.

Assim, o que dá a **exigibilidade ao crédito tributário** é a figura jurídica do **lançamento**, que possui sua definição no **art. 142 do CTN:**

> Compete privativamente à autoridade administrativa constituir o crédito tributário pelo lançamento, assim entendido o procedimento administrativo tendente a verificar a ocorrência do fato gerador da obrigação correspondente, determinar a matéria tributável, calcular o montante do tributo devido, identificar o sujeito passivo e, sendo caso, propor a aplicação da penalidade cabível.

---

25. **Enrico Túlio Liebman (1903-1986)** foi um renomado jurista italiano, considerado um dos principais nomes da Teoria Geral do Processo no século XX. Ele é amplamente conhecido por ter desenvolvido a Teoria Eclética do Processo, que buscou superar o embate entre o processualismo puro e a teoria do direito material do processo.

Uma vez ocorrendo **a representação documental do crédito tributário para o particular**, a Fazenda Pública terá **condições de exigi-lo**, nos limites estabelecidos pela própria lei.

A partir do momento em que há a **formalização**, ele poderá ser **exigido**, cabendo ao Fisco as **medidas competentes para a realização de sua cobrança**.

Entre as **medidas judiciais existentes** a serem demandadas pela Fazenda Pública, temos a **ação de execução fiscal** e a **medida cautelar fiscal**.

23.3.1.1 Ação de execução fiscal

Entende-se por **execução fiscal** o processo judicial para **cobrança dos créditos tributários e não tributários da Administração Pública**. Consiste num **conjunto de atos sucessivos e coordenados** destinados à realização de um direito, consubstanciado no **título executivo**. A **Lei 6.830/1980** trata acerca da **execução fiscal**, tendo a PL 2.488/2022, de autoria do Senador Rodrigo Pacheco, como sendo a **Nova Lei de Execução Fiscal**.

I – Considerações inaugurais sobre o PL 2.488/2022

De fato, a **execução fiscal no Brasil** tem sido historicamente marcada por um **modelo excessivamente judicializado**, sobrecarregando o **Poder Judiciário** e comprometendo a **eficiência na recuperação do crédito público**.

A **Lei 6.830/80** (Lei de Execuções Fiscais) estabeleceu a **sistemática vigente**, disciplinando a **cobrança da dívida ativa da União, Estados, Municípios** e suas **entidades autárquicas** e **fundacionais**. Contudo, o **crescimento exponencial do contencioso fiscal**, aliado à **baixa efetividade dos procedimentos executivos**, evidenciou a **necessidade de reformulação desse regime**.

Nesse contexto, surge o **Projeto de Lei nº 2.488/2022**, que busca **modernizar a cobrança da dívida ativa da Fazenda Pública**, incorporando **instrumentos extrajudiciais**, promovendo **maior eficiência** e assegurando **meios de desjudicialização da execução fiscal**.

A **sistemática da Lei 6.830/80** foi concebida sob a égide de um **modelo eminentemente contencioso**, no qual a cobrança da dívida ativa se dá, preponderantemente, por meio do **ajuizamento de execuções fiscais**. Esse modelo, **embora funcional no contexto em que foi criado**, revelou-se **ineficiente diante do volume de litígios que assola o Poder Judiciário**.

O Supremo Tribunal Federal, no julgamento do **Tema 881 da Repercussão Geral**, reconheceu a **necessidade de racionalização da execução fiscal**, observando que a **litigiosidade excessiva** compromete a **arrecadação estatal** e a **segurança jurídica**.

Nesse sentido, o **PL 2.488/2022** emerge como resposta a essa problemática, incorporando **mecanismos de cobrança administrativa, execução extrajudicial** e autocomposição, em sintonia com a **modernização do processo executivo** promovida pelo Código de Processo Civil de 2015.

Uma das principais inovações do **PL 2.488/2022** é a **exigência de um controle administrativo de legalidade antes da inscrição do débito em dívida ativa**. Esse controle reforça os **princípios da segurança jurídica** e da **legalidade tributária**, impedindo a cobrança de créditos cuja exigibilidade já tenha sido afastada pelos tribunais superiores ou por súmulas administrativas.

Nos termos do **artigo 11 do projeto**[26], a Fazenda Pública fica **proibida de inscrever em dívida ativa** créditos que tenham sido considerados **inexigíveis pelo STF** (em sede de repercussão geral ou controle concentrado), **pelo STJ** (sob o rito dos recursos repetitivos) ou que **contrariem súmulas vinculantes e orientações administrativas consolidadas**. Esse mecanismo **reduz o contencioso judicial** e **impede execuções fiscais manifestamente ilegítimas**.

O **PL 2.488/2022** introduz um **novo paradigma na cobrança da dívida ativa**, priorizando **mecanismos extrajudiciais antes do ajuizamento da execução fiscal**. Dentre as medidas previstas, destacam-se:

- **Protesto da Certidão de Dívida Ativa** (art. 17, I)[27] – a Fazenda Pública pode protestar o crédito como meio coercitivo de cobrança.
- **Inscrição do devedor em cadastros de inadimplentes** (art. 17, II)[28] – possibilita a negativação administrativa antes do ajuizamento.

---

26. **Art. 11.** Não serão inscritos em dívida ativa os créditos cuja constituição esteja fundada em matéria decidida de modo favorável ao contribuinte:

    I – pelo Supremo Tribunal Federal, em sede de controle concentrado de constitucionalidade;

    II – pelo Supremo Tribunal Federal em sede de controle difuso de constitucionalidade: a) submetido ao regime da repercussão geral;

    b) não submetida ao regime da repercussão geral, mas a respeito da qual tenha sido editada resolução do Senado Federal suspendendo a execução da lei ou do ato declarado inconstitucional;

    III – pelo Superior Tribunal de Justiça sob o rito dos recursos repetitivos;

    IV – em matéria sobre a qual exista enunciado de súmula vinculante, de súmula do Supremo Tribunal Federal em matéria constitucional ou de súmula do Superior Tribunal de Justiça em matéria infraconstitucional; ou

    V – cuja constituição esteja fundada em orientação vinculante firmada no âmbito administrativo do próprio ente público, consolidada em súmula administrativa.

27. **Art. 17.** Esgotado o prazo do art. 12, e não adotada nenhuma das providências descritas, a Fazenda Pública credora, sem prejuízo do disposto em leis especiais, poderá:

    I – encaminhar a Certidão de Dívida Ativa para protesto extrajudicial por falta de pagamento, nos termos do art. 1º, parágrafo único, da Lei nº 9.492, de 10 de setembro de 1997;

28. (...)

    II – comunicar a inscrição em dívida ativa aos órgãos que operam bancos de dados e cadastros relativos a consumidores e aos serviços de proteção ao crédito e congêneres, mediante convênio firmado com as respectivas entidades;

- **Averbação pré-executória** (art. 17, III)[29] – permite o registro da dívida em bens e direitos do devedor, antecipando sua constrição patrimonial.
- **Execução extrajudicial para débitos de pequeno valor** (arts. 19 a 30)[30] – para débitos **inferiores a 60 salários-mínimos** (União) e **40 salários-mínimos** (Estados e Municípios), a cobrança pode ser feita **sem necessidade de ação judicial**, inclusive com bloqueio administrativo de bens.

Esses dispositivos **desoneram o Judiciário** e criam **incentivos para a regularização espontânea do débito pelo contribuinte**.

O projeto prevê a **possibilidade de oferta antecipada de garantia pelo contribuinte (art. 14)**[31], o que suspende a prática de **atos executórios** e possibilita a **emissão de certidão de regularidade fiscal**. Essa medida confere **maior previsibilidade ao administrado**, evitando **constrições patrimoniais excessivas**.

Além disso, **permite-se o pagamento parcial da dívida (art. 13)**[32], possibilitando a **liquidação do montante incontro**verso sem comprometer a **discussão do saldo remanescente**.

Ainda que o PL **2.488/2022** reforce a **cobrança administrativa e extrajudicial**, mantém a **execução fiscal judicial**, mas sob um **regime mais célere e eficiente**. Dentre as principais mudanças, destacam-se:

- **Ampliação da competência judicial (art. 33)**[33] – a Fazenda pode optar por executar a dívida no domicílio do devedor, no local do fato gerador ou onde houver bens passíveis de penhora.

---

29. (...)

    III – averbar, inclusive por meio eletrônico, o termo de inscrição ou a certidão de dívida ativa nos registros de bens e direitos sujeitos a penhora, arresto ou indisponibilidade, sem prejuízo do disposto no art. 185 da Lei nº 5.172, de 25 de outubro de 1966 (Código Tributário Nacional);

30. **Art. 19.** Considera-se de pequeno valor e terá sua execução efetivada nos termos desta Seção, a dívida de valor consolidado inferior a 60 (sessenta) salários-mínimos, no caso da União, autarquias, fundações e demais entidades federais ou de âmbito nacional, ou de até 40 salários-mínimos, no caso dos Estados, do Distrito Federal, dos Municípios e das respectivas autarquias e fundações de direito público.

31. **Art. 14.** A oferta antecipada de garantia em execução fiscal, apresentada no prazo do art. 12, inciso II, alínea a, aceita pelo exequente, suspende a prática dos atos de cobrança extrajudicial até o montante dos bens e direitos ofertados.

32. **Art. 13.** O executado poderá pagar parcela da dívida que julgar incontroversa, prosseguindo-se a cobrança do saldo devedor conforme a legislação específica da Fazenda Pública credora.

33. **Art. 33.** A execução fiscal será proposta, a critério do exequente, no foro:

    I – do domicílio do executado, no de sua residência ou no do lugar onde for encontrado;

    II – do domicílio de qualquer um dos executados, quando houver mais de um;

    III – do lugar em que se praticou o ato ou ocorreu o fato que deu origem à dívida, embora nele não mais esteja domiciliado o executado; ou

    IV - do local onde se encontrem bens sujeitos à expropriação.

- **Bloqueio de bens antes da citação (art. 36)**[34] – autoriza a constrição eletrônica imediata de ativos financeiros, aumentando a efetividade da execução.
- **Substituição da penhora (art. 45)**[35] – amplia as possibilidades de substituição de garantias, permitindo transações extrajudiciais.
- **Execução contra responsáveis tributários (art. 39)**[36] – facilita o redirecionamento da execução contra terceiros responsáveis.

Essas medidas **aprimoram a execução judicial da dívida ativa**, reduzindo a **morosidade dos processos**.

Por conseguinte, o **PL 2.488/2022** representa um **avanço significativo na modernização da execução fiscal**, pois **privilegia a cobrança extrajudicial, racionaliza o ajuizamento das execuções** e **impede a cobrança de créditos manifestamente indevidos**.

Entretanto, alguns **desafios** devem ser enfrentados:

a) **Garantia do devido processo legal** – o bloqueio extrajudicial de bens pode gerar questi+onamentos constitucionais sobre a necessidade de controle jurisdicional prévio.

b) **Adaptação da Administração Tributária** – a implementação das novas regras exige infraestrutura tecnológica e capacitação dos órgãos fazendários.

---

34. **Art. 36.** O despacho do Juiz que deferir a inicial importa em ordem para:

    I – o bloqueio de ativos mantidos em instituição financeira, cooperativas de créditos, fundos de investimento ou equiparada, e de veículos, por meio dos sistemas eletrônicos disponíveis ao Juízo, previamente à citação do executado, desde que oportunizadas ou não aceitas as providências previstas no inciso II, do art. 12;

    II - a efetivação da penhora, inclusive mediante a conversão de eventuais bens e direitos arrestados ou ofertados antecipadamente, bem como o registro e a avaliação, observada a ordem de preferência da Lei nº 13.105, de 16 de março de 2015 (Código de Processo Civil);

    III – a citação do executado para, querendo, opor embargos;

    IV – a intimação da penhora ao executado; e

    V – a fixação, se for o caso, dos honorários advocatícios, observado o disposto no art. 827, da Lei nº 13.105, de 16 de março de 2015 (Código de Processo Civil).

35. **Art. 45.** Em qualquer fase do processo, será deferida pelo Juiz:

    I – ao executado, ouvida a Fazenda Pública, a substituição da garantia prestada sob qualquer forma por:

    a) depósito em dinheiro, ou

    b) fiança bancária, seguro garantia ou outra forma de garantia estabelecida em negócio jurídico processual com a Fazenda Pública credora;

    II – à Fazenda Pública, a substituição dos bens penhorados por outros que venha a indicar, demonstrada a insuficiência daqueles ou sua depreciação ou dilapidação.

36. **Art. 39.** A Fazenda Pública exequente poderá requerer o redirecionamento da execução aos responsáveis não incluídos na certidão de dívida ativa, para o reconhecimento da responsabilidade de terceiros, inclusive em decorrência do abuso de personalidade jurídica.

23 • PROCESSO TRIBUTÁRIO

c) **Efetividade da cobrança extrajudicial** – o sucesso do novo modelo dependerá da cooperação entre os entes públicos e privados para garantir a exequibilidade dos mecanismos de cobrança.

II – Aplicabilidade do modelo vigente: considerações da Lei 6.830/80

A **Fazenda Pública** somente poderá **proceder à execução fiscal** caso haja um **débito tributário vencido e não pago**. Como vimos, o **crédito tributário** se torna **exigível mediante o lançamento**. No entanto, **se torna exequível** mediante a **inscrição do crédito tributário em dívida ativa**.

A **petição inicial de execução fiscal** passa a ter o **mesmo procedimento do processo de execução comum**. Deve-se atender ao disposto no **art. 6º da Lei 6.830/1980**[37], sabendo-se que a **prova do título executivo na execução fiscal** é **pré-constituída**.

A Fazenda Pública deverá **extrair o título executivo extrajudicial**, que é a **certidão de dívida ativa** (CDA), para compor a execução fiscal.

A **inscrição do crédito tributário em dívida ativa** é um **procedimento administrativo interno e vinculado**, sob pena de, não observado o disposto nos **arts. 202 e seguintes do CTN**[38] e no **art. 2º, § 5º da Lei 6.830/1980**[39], sofrer **nulidade**.

---

37. **Art. 6º** A petição inicial indicará apenas:

    I – o Juiz a quem é dirigida;

    II – o pedido; e

    III – o requerimento para a citação.

    § 1º A petição inicial será instruída com a Certidão da Dívida Ativa, que dela fará parte integrante, como se estivesse transcrita.

    § 2º A petição inicial e a Certidão de Dívida Ativa poderão constituir um único documento, preparado inclusive por processo eletrônico.

    § 3º A produção de provas pela Fazenda Pública independe de requerimento na petição inicial.

    § 4º O valor da causa será o da dívida constante da certidão, com os encargos legais.

38. **Art. 202.** O termo de inscrição da dívida ativa, autenticado pela autoridade competente, indicará obrigatoriamente:

    I – o nome do devedor e, sendo caso, o dos corresponsáveis, bem como, sempre que possível, o domicílio ou a residência de um e de outros;

    II – a quantia devida e a maneira de calcular os juros de mora acrescidos;

    III – a origem e natureza do crédito, mencionada especificamente a disposição da lei em que seja fundado;

    IV – a data em que foi inscrita;

    V – sendo caso, o número do processo administrativo de que se originar o crédito.

    Parágrafo único. A certidão conterá, além dos requisitos deste artigo, a indicação do livro e da folha da inscrição.

39. **Art. 2º** (...)

    § 5º O Termo de Inscrição de Dívida Ativa deverá conter:

    I – o nome do devedor, dos corresponsáveis e, sempre que conhecido, o domicílio ou residência de um e de outros;

    II – o valor originário da dívida, bem como o termo inicial e a forma de calcular os juros de mora e demais encargos previstos em lei ou contrato;

    III – a origem, a natureza e o fundamento legal ou contratual da dívida;

A **inscrição em dívida ativa** é dotada de **presunção de certeza e liquidez**, podendo ser **elidida por meio de embargos à execução**. Uma vez ajuizada a execução fiscal, o devedor será **citado para realizar o pagamento no prazo de 5** (cinco) **dias** ou **nomear bens para garantia do juízo**.

A **Certidão de Dívida Ativa** (CDA) conterá os **mesmos elementos do termo de inscrição** e será autenticada pela autoridade competente, sendo considerada um **resumo do termo de inscrição (art. 6º da Lei 6.830/1980)**.

Caso o **executado não garanta**, de **maneira espontânea**, o crédito tributário, o **juízo será garantido de maneira coercitiva**, podendo atingir **quaisquer bens**, **rendas** ou **direitos do executado**, ficando fora somente os **bens absolutamente impenhoráveis**, conforme denota o **art. 184 do CTN**[40].

De acordo com **o art. 833 do CPC**, são impenhoráveis:

> Art. 833. São impenhoráveis:
>
> I – os bens inalienáveis e os declarados, por ato voluntário, não sujeitos à execução;
>
> II – os móveis, os pertences e as utilidades domésticas que guarnecem a residência do executado, salvo os de elevado valor ou os que ultrapassem as necessidades comuns correspondentes a um médio padrão de vida;
>
> III – os vestuários, bem como os pertences de uso pessoal do executado, salvo se de elevado valor;
>
> IV – os vencimentos, os subsídios, os soldos, os salários, as remunerações, os proventos de aposentadoria, as pensões, os pecúlios e os montepios, bem como as quantias recebidas por liberalidade de terceiro e destinadas ao sustento do devedor e de sua família, os ganhos de trabalhador autônomo e os honorários de profissional liberal, ressalvado o § 2º;
>
> V – os livros, as máquinas, as ferramentas, os utensílios, os instrumentos ou outros bens móveis necessários ou úteis ao exercício da profissão do executado;
>
> VI – o seguro de vida;
>
> VII – os materiais necessários para obras em andamento, salvo se essas forem penhoradas;
>
> VIII – a pequena propriedade rural, assim definida em lei, desde que trabalhada pela família;
>
> IX – os recursos públicos recebidos por instituições privadas para aplicação compulsória em educação, saúde ou assistência social;
>
> X – a quantia depositada em caderneta de poupança, até o limite de 40 (quarenta) salários-mínimos;

IV – a indicação, se for o caso, de estar a dívida sujeita à atualização monetária, bem como o respectivo fundamento legal e o termo inicial para o cálculo;

V – a data e o número da inscrição, no Registro de Dívida Ativa; e

VI – o número do processo administrativo ou do auto de infração, se neles estiver apurado o valor da dívida.

40. **Art. 184.** Sem prejuízo dos privilégios especiais sobre determinados bens, que sejam previstos em lei, responde pelo pagamento do crédito tributário a totalidade dos bens e das rendas, de qualquer origem ou natureza, do sujeito passivo, seu espólio ou sua massa falida, inclusive os gravados por ônus real ou cláusula de inalienabilidade ou impenhorabilidade, seja qual for a data da constituição do ônus ou da cláusula, excetuados unicamente os bens e rendas que a lei declare absolutamente impenhoráveis.

XI – os recursos públicos do fundo partidário recebidos por partido político, nos termos da lei;

XII – os créditos oriundos de alienação de unidades imobiliárias, sob regime de incorporação imobiliária, vinculados à execução da obra.

Não deverão ser requeridas provas na execução fiscal, uma vez que o título extrajudicial serve justamente para comprovação do direito do crédito. No que tange ao **valor da causa**, o **valor da execução fiscal será o valor do débito atualizado**.

A **competência para o ajuizamento da execução fiscal** será o **foro do domicílio do devedor**. Sendo os **tributos estaduais** e **municipais**, a competência será da **Justiça Estadual**. Já se o devedor estiver em **débitos com tributos federais,** a competência será da **Justiça Federal**.

Nos casos de **execuções fiscais de débitos de contribuições sociais de segurados obrigatórios**, não havendo **foro do domicílio do devedor na subseção da Justiça Federal**, a ação será movida perante a **Justiça Estadual (art. 109, § 3º, CF/1988)**[41].

Podem figurar como **sujeitos ativos da execução fiscal** todas as **pessoas jurídicas de direito público interno** (U – E – DF – M), bem como suas **autarquias**. Já no **polo passivo**, figuram diretamente o **contribuinte** ou o **responsável**, podendo a execução fiscal ser requerida também em face do **fiador**, do **espólio**, da **massa falida** e das **demais pessoas elencadas no art. 4º da Lei 6.830/1980**[42].

23.3.1.2 Medida cautelar fiscal

A **medida cautelar fiscal** é um instrumento judicial acautelatório que visa **tornar indisponíveis os bens do sujeito passivo**, a fim de se **garantir o crédito fiscal**, sendo cabível em situações nas quais o Poder Público **receia não receber o crédito tributário em razão do seu montante**, seja porque o **patrimônio do devedor é reduzido**, seja porque o **comportamento do devedor enseja a fraude**.

---

41. **Art. 109.** (...)

    § 3º Lei poderá autorizar que as causas de competência da Justiça Federal em que forem parte instituição de previdência social e segurado possam ser processadas e julgadas na justiça estadual quando a comarca do domicílio do segurado não for sede de vara federal. (Redação dada pela Emenda Constitucional nº 103, de 2019).

42. **Art. 4º** A execução fiscal poderá ser promovida contra:

    I – o devedor;

    II – o fiador;

    III – o espólio;

    IV – a massa;

    V – o responsável, nos termos da lei, por dívidas, tributárias ou não, de pessoas físicas ou pessoas jurídicas de direito privado; e

    VI – os sucessores a qualquer título.

Sua previsão legal está na **Lei 8.397/1992**, permitindo que as procuradorias, em quaisquer esferas, requeiram ao Poder Judiciário o **bloqueio de bens do sujeito passivo**, quando da **existência de frustração da execução fiscal.**

Sendo uma **medida cautelar**, poderá ser **preparatória de uma ação principal** ou mesmo **incidental**. Se for **preparatória**, será considerada como **ação principal a própria execução fiscal; se incidental**, será **ajuizada no curso do processo executivo**.

Incidentalmente, a **medida cautelar ajuizada no curso do processo de execução fiscal**, quando houver **mais débitos tributários inscritos em dívida ativa que culminarão em outras execuções fiscais**, abrangerá esses créditos tributários.

A **medida cautelar fiscal** será requerida ao **juízo competente para a execução judicial da dívida ativa da Fazenda Pública.**

Para que o juízo competente possa **conceder a medida cautelar fiscal**, torna-se essencial:

I – a **prova literal da constituição do crédito tributário;**

II – a **prova documental de alguns casos estabelecidos para a sua concessão.**

A **cessação da medida cautelar fiscal** poderá ocorrer nos seguintes casos:

I – quando a execução fiscal **não for proposta dentro do prazo de 60 (sessenta) dias;**

II – se não for **executada em 30 (trinta) dias;**

III – se a **execução fiscal for extinta;**

IV – se o **débito fiscal for quitado.**

A Fazenda Pública **não poderá requerer novamente a medida cautelar** se perder a eficácia por qualquer desses fundamentos acima citados.

O **requerimento da medida cautelar fiscal** poderá ser feito **contra o sujeito passivo de crédito tributário** ou não tributário, quando o devedor:

I – **sem domicílio certo**, intenta **ausentar-se** ou **alienar bens que possui** ou **deixa de pagar a obrigação no prazo fixado;**

II – **tendo domicílio certo, ausenta-se** ou **tenta se ausentar**, visando a **elidir o adimplemento da obrigação;**

III – caindo em **insolvência, aliena** ou **tenta alienar bens;**

IV – **contrai** ou **tenta contrair dívidas** que comprometam a **liquidez de seu patrimônio;**

V – **notificado pela Fazenda Pública** para que proceda ao recolhimento do crédito fiscal:

a) **deixa de pagá-lo no prazo legal**, salvo se suspensa sua exigibilidade;

b) **põe** ou **tenta pôr seus bens em nome de terceiros;**

VI – possui débitos, inscritos ou não em dívida ativa, que somados **ultrapassem trinta por cento do seu patrimônio conhecido;**

VII – **aliena bens** ou direitos **sem proceder à devida comunicação ao órgão da Fazenda Pública competente**, quando exigível em virtude de lei;

VIII – tem sua inscrição no cadastro de contribuintes declarada **inapta pelo órgão fazendário;**

IX – pratica outros atos que **dificultem** ou **impeçam a satisfação do crédito.**

Sendo **decretada pelo juízo competente**, a medida cautelar fiscal **produzirá imediatamente a indisponibilidade dos bens do requerido**, até o **limite da satisfação total dos créditos tributários.**

Tratando-se de **pessoa jurídica**, a indisponibilidade recairá somente sobre os **bens do ativo permanente**. Poderá, no entanto, **estender-se aos bens do acionista controlador** e aos bens dos que, em razão do contrato social ou estatuto social, tenham poderes para fazer com que a empresa cumpra com as obrigações fiscais.

O denominado **ativo permanente** compõe um **grupo de contas do balanço patrimonial de uma empresa**. A redação conferida pela **Lei 11.941/2009**, que alterou o **art. 178 da Lei 6.404/1976**[43] (Lei da Sociedade por Ações), divide o **ativo permanente** em: **investimentos, imobilizado, intangível** e **diferido.**

23.3.2 Medidas judiciais de iniciativa do sujeito passivo

O **processo judicial tributário** configura um importante mecanismo de **controle da legalidade da atividade estatal** na **imposição** e **cobrança de tributos**. Diante da complexidade do sistema tributário brasileiro e da frequente ocorrência de conflitos entre contribuintes e Fazenda Pública, o ordenamento jurídico prevê diversas **medidas judiciais** que podem ser **manejadas pelo sujeito passivo da obrigação tributária** para resguardar seus direitos.

---

43. **Art. 178.** No balanço, as contas serão classificadas segundo os elementos do patrimônio que registrem, e agrupadas de modo a facilitar o conhecimento e a análise da situação financeira da companhia.

§ 1º No ativo, as contas serão dispostas em ordem decrescente de grau de liquidez dos elementos nelas registrados, nos seguintes grupos:

I – ativo circulante; e (Incluído pela Lei nº 11.941, de 2009)

II – ativo não circulante, composto por ativo realizável a longo prazo, investimentos, imobilizado e intangível. (Incluído pela Lei nº 11.941, de 2009)

§ 2º No passivo, as contas serão classificadas nos seguintes grupos:

I – passivo circulante; (Incluído pela Lei nº 11.941, de 2009)

II – passivo não circulante; e (Incluído pela Lei nº 11.941, de 2009)

III – patrimônio líquido, dividido em capital social, reservas de capital, ajustes de avaliação patrimonial, reservas de lucros, ações em tesouraria e prejuízos acumulados. (Incluído pela Lei nº 11.941, de 2009)

§ 3º Os saldos devedores e credores que a companhia não tiver direito de compensar serão classificados separadamente.

1158 DIREITO TRIBUTÁRIO INTERDISCIPLINAR • Caio Bartine

Este capítulo examina os **principais instrumentos processuais à disposição do contribuinte**, sua **fundamentação jurídica** e sua **eficácia no contencioso tributário**.

23.3.2.1 *Ação declaratória de inexistência de relação jurídico-tributária*

Nessa ação, o **interesse direto do autor** é limitado à **declaração de existência** ou de **inexistência de relação jurídico-tributária**, determinada no **art. 19, I, do CPC**, *in verbis*:

> Art. 19. O interesse do autor pode limitar-se à declaração:
> I – da existência, da inexistência ou do modo de ser de uma relação jurídica.

Assim, a **principal característica da ação** é **dirimir uma incerteza jurídica que paira sob determinada relação jurídica**.

A declaração que se pretende pode ser tanto **positiva** (quando se deseja determinar o direito a um incentivo fiscal, por exemplo, uma isenção) como **negativa** (quando se quer que o juízo competente determine que a relação não existe por alguma razão).

A **ação declaratória** tem caráter eminentemente **cognitivo**, possuindo **função declaratória pura** ou **negativa**, conforme sua estrutura. **Não se busca**, por meio desse instrumento, a **repetição do indébito** ou a **restituição de valores já pagos**, mas sim, a mera **definição** acerca da **inexistência da relação jurídico-tributária** entre o fisco e o contribuinte.

Essa ação pode ser manejada em diversas hipóteses, tais como:

- Declaração de inconstitucionalidade ou ilegalidade de tributo ou exação;
- Reconhecimento de imunidade, isenção ou outra hipótese de não incidência;
- Impugnação de exigência baseada em interpretação equivocada da legislação tributária;
- Demonstração da inexistência de sujeição passiva.

Mesmo na possibilidade de se **declarar o direito a uma isenção**, o contribuinte, por si só, estabelece que a **relação jurídico-tributária em razão daquele benefício deixe de existir**. Sendo assim, mesmo quando se quer o **direito a uma isenção**, a uma **imunidade**, é possível a determinação por meio de uma **declaração de inexistência da relação jurídico-tributária**, isso, porque a **relação tributária deixa de existir**, tendo em vista o **direito a um benefício** ou **desoneração tributária**.

Geralmente, o **lançamento** vem consubstanciado em forma de **notificação de débito, aviso de lançamento, imposição de um auto de infração, imposição de multa (AIIM)** ou ainda por meio da **inscrição em dívida ativa**. Assim, pela regra geral, o momento oportuno se dá **antes do efetivo lançamento**.

Os **requisitos para a propositura dessa ação** seguem a lógica geral do direito processual civil, especialmente no que concerne à **legitimidade, interesse processual e possibilidade jurídica do pedido**.

A **legitimidade ativa** pertence ao **contribuinte** ou **responsável tributário**, sendo possível, em certos casos, a postulação por **substitutos tributários** ou **terceiros juridicamente interessados**. Já no **polo passivo**, figura a **Fazenda Pública**, seja federal, estadual, distrital ou municipal, conforme a competência para a exação questionada.

O **interesse de agir** decorre da **necessidade de afastamento de uma ameaça concreta de exigência tributária**, sendo **desnecessário** que o fisco tenha **já promovido a cobrança do tributo**. O mero **risco de autuação** pode **justificar a propositura da ação**.

A **viabilidade da demanda** decorre de o reconhecimento pelo ordenamento jurídico da **possibilidade de uma relação tributária ser inexistente ou inválida**. A ação declaratória é cabível, portanto, para **obter certeza jurídica sobre a interpretação correta do regime tributário aplicável ao caso concreto**.

A **competência para o julgamento da ação declaratória tributária** segue as **regras da Justiça Comum**, sendo distribuída conforme a **entidade federativa responsável pelo tributo**. O **procedimento** tramita pelo **rito comum**, podendo o contribuinte requerer **tutela provisória para evitar restrições indevidas**, como a **negativa de certidão de regularidade fiscal**.

Caso haja **controvérsia constitucional**, a demanda pode resultar no **controle difuso de constitucionalidade**, ensejando eventual reconhecimento de **repercussão geral e fixação de tese pelo STF**.

A **sentença** na **ação declaratória de inexistência de relação jurídico-tributária** tem **efeito *ex tunc***, ou seja, **retroage para afirmar que a obrigação nunca existiu**, afastando sua exigibilidade desde a origem. No entanto, **caso o tributo já tenha sido pago**, será necessária **ação autônoma para pleitear sua repetição** (ação de repetição de indébito).

Além disso, a **decisão** pode produzir **efeitos *erga omnes***, caso a matéria discutida tenha sido fixada em sede de **repercussão geral** ou **recurso repetitivo**, impedindo **futuras autuações** sobre o mesmo tema.

23.3.2.2 *Ação anulatória de débito fiscal*

A **ação anulatória de débito fiscal** é, segundo a melhor doutrina, uma espécie de **ação declaratória negativa**, na qual efetivamente se requer o **reconhecimento da inexistência de uma dívida tributária** que está **consubstanciada em determinado lançamento tributário**.

Tem o seu **principal fundamento** no **art. 38 da Lei 6.830/80**,[44] tendo um **caráter essencialmente desconstitutivo**, pois busca a **invalidação de um ato administrativo que materializa a exigência fiscal**, como:

- Auto de infração e imposição de multa;
- Lançamento tributário arbitrado ou de ofício;
- Inscrição indevida em dívida ativa;
- Qualquer outro ato administrativo que imponha ao contribuinte uma obrigação tributária considerada ilegal ou inconstitucional.

Assim, a **ação anulatória** tem a sua base quando o **crédito tributário já se encontra regularmente constituído**. Para que se **constitua o crédito tributário** na modalidade de **lançamento de ofício**, a Fazenda Pública expede a **notificação de lançamento pela via postal** ou realiza a **entrega pessoal ao sujeito passivo**, admitindo-se, inclusive, a **notificação pelo endereço eletrônico do contribuinte**.

Para que o **lançamento seja considerado válido**, deverá trazer todos os elementos contidos no **art. 142 do CTN**[45]. Sendo **procedimento administrativo vinculado**, a falta de qualquer elemento elencado na lei **torna o ato viciado**, devendo ser **anulado**.

É cabível também uma espécie de **ação anulatória de ato administrativo** que indefira o **pedido de restituição de tributo pela via administrativa**. Essa ação anulatória tem fundamento no **art. 169 do CTN**[46]. Tal ação apresenta uma melhor utilidade processual quando é cumulada com o pedido de restituição do tributo ou com a compensação de tributos, mas não se trata de medida judicial usual.

Diferentemente da ação declaratória de inexistência de relação jurídico-tributária, que apenas objetiva o reconhecimento da inexistência da obrigação fiscal, a ação anulatória pressupõe a existência de um ato administrativo que precisa ser desconstituído.

---

44. **Art. 38.** A discussão judicial da Dívida Ativa da Fazenda Pública só é admissível em execução, na forma desta Lei, salvo as hipóteses de mandado de segurança, ação de repetição do indébito ou ação anulatória do ato declaratório da dívida, esta precedida do depósito preparatório do valor do débito, monetariamente corrigido e acrescido dos juros e multa de mora e demais encargos.

    Parágrafo único. A propositura, pelo contribuinte, da ação prevista neste artigo importa em renúncia ao poder de recorrer na esfera administrativa e desistência do recurso acaso interposto.

45. **Art. 142.** Compete privativamente à autoridade administrativa constituir o crédito tributário pelo lançamento, assim entendido o procedimento administrativo tendente a verificar a ocorrência do fato gerador da obrigação correspondente, determinar a matéria tributável, calcular o montante do tributo devido, identificar o sujeito passivo e, sendo caso, propor a aplicação da penalidade cabível.

    Parágrafo único. A atividade administrativa de lançamento é vinculada e obrigatória, sob pena de responsabilidade funcional.

46. **Art. 169.** Prescreve em dois anos a ação anulatória da decisão administrativa que denegar a restituição.

    Parágrafo único. O prazo de prescrição é interrompido pelo início da ação judicial, recomeçando o seu curso, por metade, a partir da data da intimação validamente feita ao representante judicial da Fazenda Pública interessada.

Excepcionalmente, é possível o cabimento de uma ação anulatória quando da existência de uma execução fiscal, desde que se comprove que não ocorreu a citação válida no processo executivo.

Nos termos do art. 238 do CPC, a citação é o ato pelo qual são convocados o réu, o executado ou o interessado para integrar a relação processual, sendo indispensável para a validade do processo.

É possível o **cabimento da ação anulatória** logo que o sujeito passivo seja **notificado do débito tributário** e dele não concorde. No entanto, o **fato de ingressar com a medida judicial não impedirá a Fazenda Pública de prosseguir com a inscrição do débito tributário existente em dívida ativa** e **propor a consequente execução fiscal**.

Para que ocorra a **suspensão da exigibilidade do crédito tributário**, faz-se necessário o contribuinte pleitear e obter algumas das situações estabelecidas no **art. 151 do CTN**[47].

Nos termos do **art. 38 da Lei nº 6.830/1980**, o depósito integra a **condição de ação**, sendo **imprescindível para o ajuizamento da medida judicial**, o que acarreta **flagrante cerceamento de defesa do sujeito passivo**.

Para tanto, o STF editou a **Súmula Vinculante 28**[48], tornando **inconstitucional a exigência de depósito prévio** como **requisito de admissibilidade de ação judicial** na qual se pretenda discutir a exigibilidade de crédito tributário.

Assim, passa a ser plenamente cabível a **ação anulatória de débito fiscal desacompanhada do depósito do montante integral** para fins de discussão sobre a **exigibilidade do crédito tributário**.

Por fim, a **ação anulatória de débito fiscal** é um instrumento essencial para a defesa do contribuinte contra exigências tributárias indevidas, permitindo a **desconstituição de lançamentos e inscrições indevidas**. Seu cabimento está diretamente relacionado à **existência de um ato administrativo que impõe uma obrigação tributária contrária à legalidade ou constitucionalidade**.

---

47. **Art. 151.** Suspendem a exigibilidade do crédito tributário:

   I – moratória;

   II – o depósito do seu montante integral;

   III – as reclamações e os recursos, nos termos das leis reguladoras do processo tributário administrativo;

   IV – a concessão de medida liminar em mandado de segurança.

   V – a concessão de medida liminar ou de tutela antecipada, em outras espécies de ação judicial; (Incluído pela LCP nº 104, de 10.1.2001)

   VI – o parcelamento. (Incluído pela LCP nº 104, de 10.1.2001)

   Parágrafo único. O disposto neste artigo não dispensa o cumprimento das obrigações acessórias dependentes da obrigação principal cujo crédito seja suspenso, ou dela consequentes.

48. **Súmula Vinculante 28.** É inconstitucional a exigência de depósito prévio como requisito de admissibilidade de ação judicial na qual se pretenda discutir a exigibilidade de crédito tributário.

1162 DIREITO TRIBUTÁRIO INTERDISCIPLINAR • Caio Bartine

Dada sua **complexidade** e os **impactos financeiros envolvidos**, a propositura dessa ação exige **análise criteriosa dos fundamentos jurídicos e estratégicos**, sendo fundamental para garantir a segurança jurídica nas relações entre fisco e contribuinte.

23.3.2.3 Ação de repetição de indébito fiscal

A **ação de repetição de indébito fiscal** tem sua origem no instituto do *solve et repete*. Tal instituto determinava que **todo sujeito passivo que pretendesse discutir se determinado tributo era válido ou não deveria**, primeiramente, **recolher o tributo para pleitear sua devolução**.

Verificou-se com o passar do tempo que tal **exigência era completamente descabida, pois privilegiava o Poder Público em detrimento do cidadão contribuinte**, mesmo que ele tivesse um direito assegurado legalmente.

Essa medida judicial tem cabimento quando ocorrer o **pagamento do tributo** ou da **penalidade pecuniária de maneira indevida**. Nos termos do **art. 165, *caput*, do CTN**[49], o sujeito passivo poderá pleitear a restituição **independentemente de prévio protesto**, o que já denota que **não se faz necessária qualquer providência administrativa para se requerer a devolução**.

Mesmo que o **pagamento indevido ocorra espontaneamente pelo sujeito passivo** – como nos casos de **tributos sujeitos a lançamento por homologação** – é **devida a restituição dos valores pagos enquanto não estiver extinto o direito do sujeito passivo**.

O **prazo** para pleitear a devolução por meio da ação de repetição de indébito fiscal é de **cinco anos**. Nos tributos sujeitos a **lançamento de ofício** ou por **declaração**, o prazo inicia-se quando da **ocorrência do pagamento indevido**. A discussão pairava nos **tributos sujeitos a lançamento por homologação**, uma vez que a doutrina e a jurisprudência sedimentavam entendimento no sentido de que o **prazo teria início da homologação do lançamento**.

Sendo assim, por tal entendimento, interpretando-se o disposto no **art. 168 do CTN**[50], tributos sujeitos a lançamento por homologação **teriam o prazo de contagem**

---

49. **Art. 165.** O sujeito passivo tem direito, independentemente de prévio protesto, à restituição total ou parcial do tributo, seja qual for a modalidade do seu pagamento, ressalvado o disposto no § 4º do artigo 162, nos seguintes casos:

    I – cobrança ou pagamento espontâneo de tributo indevido ou maior que o devido em face da legislação tributária aplicável, ou da natureza ou circunstâncias materiais do fato gerador efetivamente ocorrido;

    II – erro na edificação do sujeito passivo, na determinação da alíquota aplicável, no cálculo do montante do débito ou na elaboração ou conferência de qualquer documento relativo ao pagamento;

    III – reforma, anulação, revogação ou rescisão de decisão condenatória.

50. **Art. 168.** O direito de pleitear a restituição extingue-se com o decurso do prazo de 5 (cinco) anos, contados:

    I – nas hipóteses dos incisos I e II do artigo 165, da data da extinção do crédito tributário; (Vide art. 3º da LCP nº 118, de 2005)

    II - na hipótese do inciso III do artigo 165, da data em que se tornar definitiva a decisão administrativa ou passar em julgado a decisão judicial que tenha reformado, anulado, revogado ou rescindido a decisão condenatória.

iniciado após a homologação. Nesse caso, o **sujeito passivo antecipava o pagamento do tributo e o Fisco**, tinha o **prazo de cinco anos para realização da homologação**, sendo que, quando da homologação, teria mais **cinco anos para pleitear a devolução**.

Com o advento da **LC 118/2005**, a modificação inserida no **art. 168 do CTN** acabou por determinar que tributos sujeitos a **lançamento por homologação** terão o prazo de contagem para efeitos da ação de repetição do indébito a partir da **ocorrência do pagamento, não tendo a necessidade de manifestação da Fazenda Pública para esse fim**.

Ao obter êxito em uma ação de repetição de indébito, **a restituição total** ou **parcial do tributo** também concederá ao contribuinte o direito de receber, na **mesma proporção**, os **juros de mora** e as **penalidades pecuniárias**, salvo os referentes às **infrações de caráter formal não prejudicadas por causa da restituição**.

A restituição em favor do contribuinte **vence juros não capitalizáveis somente a partir do trânsito em julgado da decisão definitiva que a determinar**.

De acordo com a **Súmula 188 do STJ**:

Os juros moratórios, na repetição do indébito tributário, são devidos a partir do trânsito em julgado da sentença.

E, na mesma esteira, a **Súmula 162 do STJ**:

Na repetição de indébito tributário, a correção monetária incide a partir do pagamento indevido.

O **termo inicial de fluência de juros moratórios** não é o mesmo da **correção monetária** para os tributos em geral. Os **juros moratórios**, na repetição do indébito tributário, são devidos **a partir do trânsito em julgado da sentença**, ao passo que a **correção monetária incide desde o pagamento indevido do tributo**.

Nas palavras do STJ, em julgados recentes, houve uma **distinção nos casos de tributos federais**. Nas **ações de restituição de tributos federais**, antes do advento da Lei 9.250/1995, **incidia a correção monetária desde o pagamento indevido até a restituição ou compensação**, acrescida de **juros moratórios a partir do trânsito em julgado**, na forma do **art. 167, parágrafo único, do CTN**[51].

---

51. **Art. 167.** A restituição total ou parcial do tributo dá lugar à restituição, na mesma proporção, dos juros de mora e das penalidades pecuniárias, salvo as referentes a infrações de caráter formal não prejudicadas pela causa da restituição.
Parágrafo único. A restituição vence juros não capitalizáveis, a partir do trânsito em julgado da decisão definitiva que a determinar.

Após a edição da **Lei 9.250/1995**, com especial previsão em seu **art. 39, § 4º**[52], passou a incidir a **Taxa Selic** desde o **recolhimento indevido**. Insta ressaltar, contudo, que a **Taxa Selic não pode ser cumulada com qualquer outro índice**, seja de **atualização monetária**, seja de **juros**, porque ela inclui, a um só tempo, o **índice de inflação do período e a taxa real de juros** (STJ, EDcl no REsp 1.306.105/SP – 2ª T – rel. Min. Mauro Campbell Marques, 2012).

Em **situações excepcionais**, o **particular** poderá figurar como **corréu na ação de repetição de indébito fiscal**, uma vez que, nas **hipóteses de substituição tributária**, o substituído é tratado como **responsável em caráter supletivo**, nos termos do **art. 128 do CTN**[53].

Assim, o **contribuinte e o responsável terão que formar um litisconsórcio ativo necessário** para que se promova a **ação repetitória** quando o **recolhimento do tributo se deu por parte do responsável em face do contribuinte substituído**.

No entanto, se o **contribuinte substituto se negar a promover a ação em litisconsórcio com o contribuinte substituído**, o **contribuinte substituto** deverá ser **citado para integrar a lide que está sendo movida pelo substituído**, podendo, inclusive, **contestar a ação**.

Tratando-se de **imposto pago por quem não é proprietário**, mas goza da condição de **promitente comprador**, a jurisprudência do STJ (**REsp 769.969/RJ**) tem aceitado o **adquirente como possuidor** e **responsável pelo pagamento do tributo**, sendo o **promitente comprador parte legítima para pleitear a repetição de indébito fiscal**.

23.3.2.4 *Ação de consignação em pagamento*

Trata-se de uma medida judicial em que o **sujeito passivo pretende adimplir a obrigação tributária para que não incorra em mora**. Para tanto, o sujeito passivo **oferece o crédito tributário em juízo** para que a **procedência da medida judicial acarrete a consequente extinção do crédito tributário**.

A **ação de consignação em pagamento** vem regulada no **art. 164 do CTN**, que diz:

---

52. Art. 95. (...)

    § 4º A partir de 1º de janeiro de 1996, a compensação ou restituição será acrescida de juros equivalentes à taxa referencial do Sistema Especial de Liquidação e de Custódia – SELIC para títulos federais, acumulada mensalmente, calculados a partir da data do pagamento indevido ou a maior até o mês anterior ao da compensação ou restituição e de 1% relativamente ao mês em que estiver sendo efetuada.

53. Art. 128. Sem prejuízo do disposto neste capítulo, a lei pode atribuir de modo expresso a responsabilidade pelo crédito tributário a terceira pessoa, vinculada ao fato gerador da respectiva obrigação, excluindo a responsabilidade do contribuinte ou atribuindo-a a este em caráter supletivo do cumprimento total ou parcial da referida obrigação.

> Art. 164. A importância de crédito tributário pode ser consignada judicialmente pelo sujeito passivo, nos casos:
>
> I – de recusa de recebimento, ou subordinação deste ao pagamento de outro tributo ou de penalidade, ou ao cumprimento de obrigação acessória;
>
> II – de subordinação do recebimento ao cumprimento de exigências administrativas sem fundamento legal;
>
> III – de exigência, por mais de uma pessoa jurídica de direito público, de tributo idêntico sobre um mesmo fato gerador.
>
> § 1º A consignação só pode versar sobre o crédito que o consignante se propõe pagar.
>
> § 2º Julgada procedente a consignação, o pagamento se reputa efetuado e a importância consignada é convertida em renda; julgada improcedente a consignação no todo ou em parte, cobra-se o crédito acrescido de juros de mora, sem prejuízo das penalidades cabíveis.

A finalidade principal do sujeito passivo da relação jurídico-tributária não é a de realizar a discussão jurídica sobre o cumprimento da obrigação tributária.

Se o sujeito passivo se propõe a realizar a **ação de consignação em pagamento**, ele tem a **certeza jurídica de que tem o dever legal de efetuar o cumprimento da obrigação.**

No entanto, o que pode gerar dúvida é a **quantia a ser depositada, quem deve ser a pessoa jurídica de direito público legitimada para receber a quantia**, dentre outras. Mas o **dever de pagar é incontestável** nessa ação. Caso seja necessário, o **sujeito passivo terá ao seu alcance outros meios jurídicos para discussão da legalidade.**

A **ação consignatória** pode ser efetivada por meio de **depósitos judiciais realizados em dinheiro da importância que seja considerada devida pelo consignante.**

Deverá ser utilizado também como fundamento da ação, porém, de maneira **subsidiária**, o disposto nos **arts. 539 e ss. do CPC**[54].

Caberá ao sujeito passivo realizar a **propositura da ação consignatória no lugar do pagamento, cessando para o devedor os juros e demais encargos**, salvo quando a ação for julgada improcedente.

É cediço que a **ação de consignação em pagamento objetiva liberar o devedor de sua obrigação tributária**, com a **quitação de seu débito**, por meio do **depósito judicial.**

---

54. **Art. 539.** Nos casos previstos em lei, poderá o devedor ou terceiro requerer, com efeito de pagamento, a consignação da quantia ou da coisa devida.

§ 1º Tratando-se de obrigação em dinheiro, poderá o valor ser depositado em estabelecimento bancário, oficial onde houver, situado no lugar do pagamento, cientificando-se o credor por carta com aviso de recebimento, assinado o prazo de 10 (dez) dias para a manifestação de recusa.

§ 2º Decorrido o prazo do § 1º, contado do retorno do aviso de recebimento, sem a manifestação de recusa, considerar-se-á o devedor liberado da obrigação, ficando à disposição do credor a quantia depositada.

§ 3º Ocorrendo a recusa, manifestada por escrito ao estabelecimento bancário, poderá ser proposta, dentro de 1 (um) mês, a ação de consignação, instruindo-se a inicial com a prova do depósito e da recusa.

§ 4º Não proposta a ação no prazo do § 3º, ficará sem efeito o depósito, podendo levantá-lo o depositante.

Tal ação é o **instrumento processual adequado**, inclusive, para o **pagamento de tributo em montante inferior ao exigido**, quando o Fisco **recusa o seu recebimento por valor menor**.

Não há qualquer vedação legal a que o contribuinte lance mão da ação consignatória para ver **satisfeito o seu direito de pagar corretamente o tributo quando entende que o Fisco está exigindo prestação maior que a devida**. É possibilidade prevista no **art. 164 do CTN**.

Ao mencionar que a consignação pode versar sobre o **crédito que o consignante se propõe a pagar**, o § 1º do art. **164** deixa evidenciada a possibilidade de ação consignatória nos casos em que o **contribuinte se propõe a pagar valor inferior ao exigido pelo Fisco**. Com efeito, **exigir valor maior equivale a recusar o recebimento do tributo por valor menor** (STJ, **REsp 659.779/RS** – 1ª T. – rel. Min. Teori Albino Zavascki, 2004).

O **depósito em consignação** é modo de **extinção da obrigação**, com **força de pagamento**, e a correspondente ação consignatória tem a finalidade de ver atendido o direito – material – do devedor de liberar-se da obrigação e obter a quitação.

Com a atual configuração do rito, a **ação de consignação pode ter natureza dúplice**, já que se presta, em certos casos, a **outorgar a tutela jurisdicional em favor do Réu**, a quem se assegura **não apenas a faculdade de levantar**, em caso de insuficiência do depósito, a quantia oferecida, **prosseguindo o processo pelas diferenças controvertidas (art. 545, § 1º, do CPC)**[55], como também a de obter, em seu favor, **título executivo pelo valor das referidas diferenças que vierem a ser reconhecidas na sentença (art. 545, § 2º, do CPC)**[56].

Como em qualquer outro procedimento, também na ação consignatória o **juiz está habilitado a exercer o seu poder-dever jurisdicional de investigar os fatos** e aplicar o direito na medida necessária a fazer juízo sobre a existência ou o modo de ser da relação jurídica que lhe é submetida à decisão.

23.3.2.5 Mandado de segurança

Também conhecido como um dos **remédios constitucionais**, o **mandado de segurança** é uma das ações mais utilizadas no campo tributário. Isso, porque se destina a

---

55. **Art. 545.** Alegada a insuficiência do depósito, é lícito ao autor completá-lo, em 10 (dez) dias, salvo se corresponder a prestação cujo inadimplemento acarrete a rescisão do contrato.

    § 1º No caso do caput, poderá o réu levantar, desde logo, a quantia ou a coisa depositada, com a consequente liberação parcial do autor, prosseguindo o processo quanto à parcela controvertida.

56. **Art. 545.** (...)

    § 2º A sentença que concluir pela insuficiência do depósito determinará, sempre que possível, o montante devido e valerá como título executivo, facultado ao credor promover-lhe o cumprimento nos mesmos autos, após liquidação, se necessária.

impedir ou desconstituir atos ilegais praticados por autoridades administrativas, tendo o seu fundamento constitucional previsto no **art. 5º, LXIX, da CF/1988**[57].

O que se busca com a **ação mandamental** é fazer com que um **agente da Administração Pública deixe de praticar um ato ilegal contra um direito considerado líquido e certo**, que não seja amparado nem por *habeas corpus* nem por *habeas data*.

É plenamente possível o **objeto do mandado de segurança coincidir com o objeto de uma ação declaratória positiva ou negativa** (ação anulatória de débito fiscal), sendo comum a admissão de **fungibilidade nos casos práticos, salvo quando a prova nas ações não for pré-constituída**.

Muitas vezes, o mandado de segurança é impetrado contra a **ameaça de cobrança de determinado tributo que tem como pano de fundo uma lei que o instituiu**. Veja que o que se quer atacar, de maneira direta, **não é a cobrança ilegal do tributo**, mas **a lei em si**. Nessa situação, uma **ação judicial de procedimento comum** seria **mais adequada do que a via do mandado de segurança**, uma vez que a **ação ordinária atacaria no ponto exato a lei em tese** e não a **cobrança do tributo em si**.

Por ser um instrumento que busca atender uma **vastidão de informações pertinentes ao sujeito passivo no mundo tributário, os pedidos no mandado de segurança** podem ser os **mais variados possíveis**. Desse modo, por meio da **ação mandamental**, pode-se ordenar que a **autoridade administrativa pratique** (prestação positiva) ou **deixe de praticar** (prestação negativa) **determinadas condutas**.

Podemos exemplificar **ordenações positivas** quando se destinam a **obrigar ao desembaraço de determinada mercadoria**, quando se **determina a expedição de certidões**, quando se **deve inscrever uma sociedade perante o órgão de registro competente**, dentre outras.

Já as **ordenações negativas** podem determinar que uma autoridade administrativa **deixe de inscrever o crédito tributário em dívida ativa, deixe de exigir as prestações vincendas de determinado tributo**, e, assim, sucessivamente.

Nada obsta, contudo, de o juízo competente determinar, na **sentença mandamental**, que a autoridade **pratique condutas ou deixe de praticá-las**, ou seja, **mais de uma ordem na mesma sentença**.

Atualmente, o **mandado de segurança** é regulado pela **Lei 12.016/2009**, trazendo em seu bojo **duas espécies de mandado de segurança: individual e coletivo**, podendo ocorrer tanto na **forma preventiva** quanto na **repressiva**.

A diferença que resta entre o **mandado de segurança individual** e o **coletivo** não está no número de pessoas, mas em outras **razões de caráter técnico. Qualquer**

---

57. **Art. 5º** (...)

LXIX – conceder-se-á mandado de segurança para proteger direito líquido e certo, não amparado por "habeas corpus" ou "habeas data", quando o responsável pela ilegalidade ou abuso de poder for autoridade pública ou agente de pessoa jurídica no exercício de atribuições do Poder Público.

pessoa pode impetrar o **mandado de segurança individual**, bastando que comprove o sofrimento de uma **ameaça ou uma efetiva lesão de um direito líquido e certo**; no caso de **mandado de segurança coletivo**, a CF/1988 determina, **taxativamente**, nos termos do **art. 5º, LXX**[58], quais são os **legitimados para a impetração**. Ademais, no **mandado de segurança coletivo**, postula-se **direito alheio em nome próprio**, sendo um caso de **substituição processual** (podendo ser chamada também de **legitimação extraordinária**).

No que tange à forma **preventiva** ou **repressiva**, em matéria tributária, podemos identificar pela **existência** ou **inexistência de lançamento** (art. 142 do CTN).

Tratando-se de **mandado de segurança preventivo** (antes do lançamento), o instrumento poderá ser manejado por aquele que está na **iminência de sofrer a lesão sem prazo definido**. Porém, nos casos de **mandado de segurança repressivo**, deverá ser observado o **prazo máximo de 120** (cento e vinte) **dias**, contados da **lesão cometida** (lançamento propriamente dito).

A doutrina, encampada por Luciano Amaro, Hugo de Brito Machado e José Eduardo Soares de Melo, determina que o **prazo mandamental de 120** (cento e vinte) **dias** é **decadencial**, e não **prescricional**, uma vez que o **sujeito passivo perde o direito da garantia constitucional assegurada**, e não apenas o direito de ação propriamente dito.

Tal situação também é corroborada pela jurisprudência do STF, que admite na **Súmula 632**:

É constitucional lei que fixa o prazo de decadência para a impetração de mandado de segurança.

Tanto o **mandado de segurança individual** quanto o **coletivo** têm cabimento quando a **autoridade administrativa pratica um ato ilegal e abusivo que viola um direito líquido e certo**. Na **forma preventiva**, o sujeito passivo deseja **impedir a violação a esse direito**; na **forma repressiva**, pretende-se que a autoridade administrativa se **abstenha de continuar a praticar tal violação**.

Assim, sempre que ocorrer a **lesão** ou a **iminência de lesão a um direito líquido e certo** quando praticado por uma **autoridade administrativa**, de **forma abusiva ou ilegal**, tem cabimento a **ação mandamental**, desde que a pretensão jurídica **não tenha o objetivo de tutelar repressão à pessoa ou acesso e retificação de informações**. Para tais casos, há a possibilidade do cabimento de *habeas corpus* e *habeas data*.

---

58. Art. 5º (...)
    LXX – o mandado de segurança coletivo pode ser impetrado por:
    a) partido político com representação no Congresso Nacional;
    b) organização sindical, entidade de classe ou associação legalmente constituída e em funcionamento há pelo menos um ano, em defesa dos interesses de seus membros ou associados.

Como **direito líquido e certo** pode-se concluir que é aquele que **independe de instrução probatória futura**, podendo ser **comprovado de plano** para o juízo competente quando da impetração da ação mandamental. Assim, a **prova no mandado de segurança passa a ser pré-constituída**.

Também tem cabimento contra **ato disciplinar praticado por autoridade administrativa incompetente** ou que **deixou de observar formalidade considerada essencial**.

De acordo com a **Súmula 266 do STF**[59], torna-se **incabível o mandado de segurança contra lei em tese**. Deve-se entender que a **finalidade do mandado de segurança não é o ataque direto à lei**, mas, sim, ao **ato praticado pela autoridade administrativa**. Mera **disposição legal abstrata** que não atingiu os direitos do sujeito passivo **não é considerada ofensa a direito líquido e certo**.

De igual modo, **não se admite mandado de segurança contra decisão judicial sujeita a recurso com efeito suspensivo**, de acordo com o **art. 5º, II, da Lei 12.016/2009**[60]. Também **não tem cabimento se a decisão judicial transitou em julgado**, de acordo com o inciso seguinte do mesmo dispositivo. Assim, já entendia o STF, quando da edição da **Súmula 267**:

Não cabe mandado de segurança contra ato judicial passível de recurso ou correição.

No entanto, a **Lei 12.016/2009** possibilitou o **manejo do mandado de segurança quando da decisão judicial caiba recurso sem efeito suspensivo**.

Tem **legitimidade ativa** para impetração do mandado de segurança o **sujeito passivo que sofreu lesão ou ameaça de lesão a um direito líquido e certo**, não importa se **pessoa física** ou **jurídica**. Mesmo **entes despersonalizados**, mas que constituem **universalidades de direitos** (é o caso da **massa falida**, do **condomínio** ou do **espólio**, pois, mesmo sendo despersonalizados, **representam uma universalidade de direitos**) têm **legitimidade para impetração do *mandamus***.

A **legitimidade passiva** é a autoridade administrativa que **praticou o ato ilegal e abusivo**. Tal autoridade é denominada de **autoridade coatora**. Essa autoridade pode ser **agente público da Administração Pública Direta ou Indireta**, bem como os **representantes de órgãos de partidos políticos e os dirigentes de pessoas jurídicas no exercício das atribuições do Poder Público** (agentes públicos delegados).

---

59. **Súmula 266**. Não cabe mandado de segurança contra lei em tese.
60. **Art. 5º** Não se concederá mandado de segurança quando se tratar:
    I – de ato do qual caiba recurso administrativo com efeito suspensivo, independentemente de caução;
    II – de decisão judicial da qual caiba recurso com efeito suspensivo;
    III – de decisão judicial transitada em julgado.

1170 DIREITO TRIBUTÁRIO INTERDISCIPLINAR • Caio Bartine

Nesse caso, o **mandado de segurança** não é impetrado em face de uma **pessoa jurídica de direito público ou de entidades delegadas**, mas **contra o ato ilegal e abusivo da autoridade coatora**, sendo essa a autoridade que pode sanar a irregularidade.

Uma vez que se trata de uma ação que visa **corrigir atos de autoridade administrativa no exercício de suas atribuições, não pode ser impetrado contra atos negociais ou de gestão comercial que sejam praticados por administradores de empresas públicas, sociedades de economia mista** ou por **concessionárias de serviços públicos** (art. 1º, § 2º, da Lei nº 12.016/2009)[61].

O **mandado de segurança** é considerado uma **medida célere a ser usada pelo sujeito passivo que sofreu uma ameaça ou lesão a um direito líquido e certo**. Por ser uma medida considerada de **urgência**, a **liminar** é inata do próprio *mandamus*.

Para que o juízo competente possa conceder a liminar, faz-se necessária a análise dos pressupostos ensejadores, previstos no art. 7º, III, da Lei nº 12.016/2009:

> I – ocorrência de fundamento relevante para sua concessão;
>
> II – do ato impugnado puder resultar a ineficácia da medida.

A **liminar** é considerada uma **necessidade que é imposta ao sujeito passivo** diante dos **fatos considerados ilegais e abusivos perpetrados por uma autoridade administrativa no exercício de suas funções.**

No entanto, **caberá ao juízo, antes do deferimento da liminar**, se for o caso, **exigir do impetrante caução, fiança** ou **depósito** com o **objetivo de assegurar o ressarcimento à pessoa jurídica.** Tal fato é considerado pela majoritária doutrina **incomum** e **controverso**, uma vez que a **exigência de depósito não se coaduna com a própria finalidade e objeto da medida liminar.**

Poderia ser exigido o **depósito como condição subsidiária nos casos de não concessão da medida liminar.**

O art. 7º, § 2º, da Lei nº 12.016/2009[62] traz situações pelas quais a **concessão de liminar é vedada.** Dentre os casos, destacamos a **compensação de créditos tributários** e a **liberação de mercadorias apreendidas advindas do exterior.**

Entretanto, conforme entendimento do STF, no julgamento da **ADI 4.296**, o § 2º do art. 7º da Lei 12.016/2009 foi declarado **inconstitucional.** O mesmo ocorre em relação à **exigência prévia do representante da pessoa jurídica de direito público como condição para a concessão de liminar:** tal item descrito no **art. 22, § 2º, da Lei**

---

61. **Art. 1º** (...)

    § 2º Não cabe mandado de segurança contra os atos de gestão comercial praticados pelos administradores de empresas públicas, de sociedade de economia mista e de concessionárias de serviço público.

62. **Art. 7º** (...)

    § 2º Não será concedida medida liminar que tenha por objeto a compensação de créditos tributários, a entrega de mercadorias e bens provenientes do exterior, a reclassificação ou equiparação de servidores públicos e a concessão de aumento ou a extensão de vantagens ou pagamento de qualquer natureza.

12.016/2009[63] fora declarado **inconstitucional**, sob o argumento de **restrição do poder geral de cautela do magistrado**.

A **autoridade coatora** será **notificada para prestar informações no prazo de 10** (dez) **dias**, nos termos do **art. 7º, I, da Lei 12.016/2009**[64].

A **notificação** ocorrerá para que a autoridade informe as **razões da possível ilegalidade que suscitou a impetração da ação mandamental**. Apesar de a nomenclatura utilizada ser notificação, ela será equivalente a uma citação para todos os efeitos processuais.

Ademais, o processo deverá seguir o seu curso mediante **vistas do Ministério Público**, que atuará como *custos legis* (fiscal da lei) no caso concreto.

A atual legislação atribuiu **prazo de 10** (dez) **dias** para que o **Ministério Público se manifeste** favoravelmente, ou não, à impetração realizada. Pode ainda **pugnar pela extinção do processo sem resolução de mérito**.

Sendo processado o mandado de segurança, o **juízo deverá proferir a sentença em 30** (trinta) **dias. A sentença concessiva da ordem pode ser executada provisoriamente**, salvo nos casos em que **não for possível a concessão de liminar**.

No caso da **sentença denegatória da segurança**, mesmo que a liminar tenha sido concedida, com a **prolação da sentença a liminar será revogada, retroagindo os seus efeitos ao tempo de seu deferimento**, podendo implicar, inclusive, o **recolhimento dos valores não pagos no período de vigência da liminar**. Nesse sentido, a **Súmula 405 do STF** prevê:

> Denegado o mandado de segurança pela sentença, ou no julgamento do agravo, dela interposto, fica sem efeito a liminar concedida, retroagindo os efeitos da decisão contrária.

Caso o sujeito passivo queira obter **novamente os efeitos da liminar**, mantendo a **suspensão da exigibilidade do crédito tributário**, poderá tomar as seguintes providências:

---

63. **Art. 22** (...)

§ 2º No mandado de segurança coletivo, a liminar só poderá ser concedida após a audiência do representante judicial da pessoa jurídica de direito público, que deverá se pronunciar no prazo de 72 (setenta e duas) horas.

64. **Art. 7º** Ao despachar a inicial, o juiz ordenará:

I – que se notifique o coator do conteúdo da petição inicial, enviando-lhe a segunda via apresentada com as cópias dos documentos, a fim de que, no prazo de 10 (dez) dias, preste as informações.

I – interpor recurso de apelação com pedido de restabelecimento dos efeitos da liminar revogada;

II – propor requerimento cautelar ao Tribunal que julgará a apelação, postulando liminarmente os efeitos da liminar revogada;

III – impetrar mandado de segurança para restauração dos efeitos da liminar revogada.

23.3.2.6 Defesas do executado

A **execução fiscal**, regulada pela **Lei 6.830/1980** (Lei de Execuções Fiscais – LEF) e pelo Código de Processo Civil (CPC/2015), constitui o **principal instrumento processual utilizado pela Fazenda Pública para a cobrança de créditos tributários e não tributários inscritos em dívida ativa.**

Dotada de **caráter executivo** e impulsionada pelo **princípio da indisponibilidade do interesse público**, a **execução fiscal** permite ao ente exequente requerer **medidas coercitivas**, como a **penhora de bens** e a **indisponibilidade de ativos financeiros**, visando à **satisfação do crédito em favor do erário.**

Diante da rigidez desse rito processual, o **executado dispõe de mecanismos específicos de defesa**, os quais devem ser manejados com observância dos **princípios da legalidade**, do **contraditório** e da **ampla defesa (art. 5º, LV, da CF/1988)**[65].

A principiologia que permeia a execução fiscal impõe a necessidade de um **equilíbrio entre a prerrogativa da Fazenda Pública na recuperação do crédito** e a **proteção do patrimônio do contribuinte contra exigências indevidas ou ilegais.**

A **defesa do executado** pode ser exercida tanto de forma **prévia** e **incidental**, mediante a **exceção de pré-executividade**, quanto de **maneira principal** e **autônoma**, por meio dos **embargos à execução fiscal**. Ademais, o ordenamento jurídico prevê a **possibilidade de revisão administrativa do débito, transação tributária** e outras **estratégias defensivas**, todas com potencial de **suspender** ou **extinguir a execução fiscal.**

23.3.2.6.1 Embargos à execução fiscal

Os **embargos à execução fiscal** constituem uma **ação autônoma incidente a um processo principal**, que é o processo de **execução fiscal**. Como ação, deverá obedecer aos requisitos do **art. 319 do CPC**[66].

---

65. **Art. 5º** (...)

LV – aos litigantes, em processo judicial ou administrativo, e aos acusados em geral são assegurados o contraditório e ampla defesa, com os meios e recursos a ela inerentes.

66. **Art. 319.** A petição inicial indicará:

I – o juízo a que é dirigida;

Mesmo tendo **natureza jurídica de ação**, os embargos são **dependentes de uma execução fiscal**, devendo ser **distribuídos por dependência**, uma vez que o próprio juízo que determina a execução fiscal tem a competência para julgar a ação de embargos.

Trata-se de uma espécie de ação em que o **sujeito passivo** (executado) visa **defender-se com a possibilidade de suspender a exequibilidade do crédito tributário**, mediante o **requerimento de efeito suspensivo**.

Para que haja a execução fiscal, faz-se necessário que a Fazenda Pública possua um **título executivo**. Este **título executivo extrajudicial** é a **certidão de dívida ativa** (CDA). Assim, os embargos são, inicialmente, uma forma de tornar **inválida** e **insubsistente a certidão de dívida ativa**.

Para que os embargos possam ser **recebidos** e **processados** com o fito de **suspender a exigibilidade do crédito tributário**, deverá ser oferecida uma **garantia de execução**. Essa garantia poderá ser realizada por meio de **depósito**, **fiança bancária** ou **penhora de bens**.

Levando em consideração a mantença do dispositivo anterior, de acordo com o CPC, os **embargos à execução não terão efeito suspensivo**, salvo se comprovada a **existência de grave dano de difícil** ou **incerta reparação**, nos termos do **art. 919, § 1º, do CPC**:

> Art. 919. Os embargos à execução não terão efeito suspensivo.
>
> § 1º O juiz poderá, a requerimento do embargante, atribuir efeito suspensivo aos embargos quando verificados os requisitos para a concessão da tutela provisória e desde que a execução já esteja garantida por penhora, depósito ou caução suficientes.

Conforme prevê o **art. 16 da Lei 6.830/1980**[67], o **prazo** para que o executado possa opor os embargos é de **30** (trinta) **dias**, tendo esse prazo **natureza peremptória**.

II – os nomes, os prenomes, o estado civil, a existência de união estável, a profissão, o número de inscrição no Cadastro de Pessoas Físicas ou no Cadastro Nacional da Pessoa Jurídica, o endereço eletrônico, o domicílio e a residência do autor e do réu;

III – o fato e os fundamentos jurídicos do pedido;

IV – o pedido com as suas especificações;

V – o valor da causa;

VI – as provas com que o autor pretende demonstrar a verdade dos fatos alegados;

VII – a opção do autor pela realização ou não de audiência de conciliação ou de mediação.

§ 1º Caso não disponha das informações previstas no inciso II, poderá o autor, na petição inicial, requerer ao juiz diligências necessárias a sua obtenção.

§ 2º A petição inicial não será indeferida se, a despeito da falta de informações a que se refere o inciso II, for possível a citação do réu.

§ 3º A petição inicial não será indeferida pelo não atendimento ao disposto no inciso II deste artigo se a obtenção de tais informações tornar impossível ou excessivamente oneroso o acesso à justiça.

67. **Art. 16.** O executado oferecerá embargos, no prazo de 30 (trinta) dias, contados:

I – do depósito;

II – da juntada da prova da fiança bancária ou do seguro garantia; (Redação dada pela Lei nº 13.043, de 2014)

III – da intimação da penhora.

O prazo para oposição dos embargos passa a ser contado:

I – da data do depósito realizado nos autos;

II – da juntada da prova de fiança bancária ou do seguro garantia;

III – da intimação da penhora.

Pelo regramento geral, o prazo passa a ser contado a partir da **intimação pessoal feita ao executado**, não levando em consideração a **data de juntada aos autos do processo executivo**.

A **ação de embargos à execução fiscal** tem cabimento quando da **existência de uma execução fiscal em que o sujeito passivo tenha recebido a citação**.

Enquanto o sujeito passivo **não receber a citação da execução fiscal, não haverá a formação do processo executivo**. Assim, caso o devedor queira **discutir a exigibilidade do crédito tributário**, terá cabimento a **ação anulatória de débito fiscal**.

Leva-se em consideração que o **cabimento dos embargos à execução fiscal como medida de defesa após a citação da execução fiscal** é a **regra geral**. Contudo, poderá existir a possibilidade de **arguição de exceção de pré-executividade**, nas hipóteses de que trataremos adiante.

É cediço o entendimento de que, nas omissões da lei de Execução Fiscal, aplicar-se-á, sempre de maneira **subsidiária**, o Código de Processo Civil. Assim, mantém-se o uso do **art. 919, § 1º, do CPC** para a **concessão do efeito suspensivo**.

Conforme estabelece o **art. 320 do CPC**[68], a petição inicial será instruída com os **documentos indispensáveis à propositura da ação**. No caso, grande parte das medidas judiciais em matéria tributária dependem de **provas documentais que são apresentadas**, tais como **balanços, notas fiscais, escrituração de livros**, dentre outras.

Dispõe o **art. 369 do CPC**:

> As partes têm o direito de empregar todos os meios legais, bem como os moralmente legítimos, ainda que não especificados neste Código, para provar a verdade dos fatos em que se funda o pedido ou defesa e influir eficazmente na convicção do juiz.

Leva-se em consideração que o juízo deverá indeferir, em **decisão fundamentada**, as diligências consideradas **inúteis** e que sejam **meramente protelatórias**, à luz do disposto no **art. 370, parágrafo único, do CPC**[69].

---

§ 1º Não são admissíveis embargos do executado antes de garantida a execução.

§ 2º No prazo dos embargos, o executado deverá alegar toda matéria útil à defesa, requerer provas e juntar aos autos os documentos e rol de testemunhas, até três, ou, a critério do juiz, até o dobro desse limite.

§ 3º Não será admitida reconvenção, nem compensação, e as exceções, salvo as de suspeição, incompetência e impedimentos, serão arguidas como matéria preliminar e serão processadas e julgadas com os embargos.

68. **Art. 320**. A petição inicial será instruída com os documentos indispensáveis à propositura da ação.

69. **Art. 370**. Caberá ao juiz, de ofício ou a requerimento da parte, determinar as provas necessárias ao julgamento do mérito.

23 • PROCESSO TRIBUTÁRIO **1175**

No caso da existência de **alguma prova que tenha sido utilizada em outro processo**, não há qualquer vedação na admissão de sua utilização, cabendo ao juízo competente a **atribuição do valor que considerar adequado ao caso concreto**, desde que seja **assegurado o contraditório**.

Fatos que sejam considerados **notórios, afirmados por uma parte e confessados pela parte contrária**, admitidos no processo como **incontroversos** ou em cujo favor milita **presunção legal de existência ou de veracidade independem de prova**, conforme assevera o disposto no **art. 374 do CPC**[70].

Estabelece o **art. 291 do CPC**[71] que a toda causa será atribuído um **valor certo**, ainda que **não tenha conteúdo econômico imediatamente aferível**. Tratando-se da **ação de embargos à execução fiscal**, o **valor da causa é o valor da execução fiscal**.

23.3.2.6.2 Exceção de pré-executividade

A **exceção** ou **objeção de pré-executividade** é o **exercício do direito de petição** constitucionalmente previsto, sendo admitido **após o ajuizamento da execução fiscal para evitar as restrições patrimoniais do sujeito passivo decorrente da penhora**, cujo fundamento encontra guarida no **art. 5º, XXXI, a, da CF/1988**[72] e na **Súmula 393 do STJ**[73].

Uma vez que se trata de medida decorrente do **direito de petição** admitido em matéria tributária para o sujeito passivo justamente com o fito de **evitar a garantia do juízo das execuções, não há cabimento de exceção nos casos de penhora**, salvo se o **prazo para o oferecimento dos embargos se escoou**.

Não cabe a **exceção de pré-executividade** sob toda e qualquer circunstância, devendo o executado examinar a existência simultânea de **dois requisitos**:

Parágrafo único. O juiz indeferirá, em decisão fundamentada, as diligências inúteis ou meramente protelatórias.

70. **Art. 374**. Não dependem de prova os fatos:

I – notórios;

II – afirmados por uma parte e confessados pela parte contrária;

III – admitidos no processo como incontroversos;

IV – em cujo favor milita presunção legal de existência ou de veracidade.

71. **Art. 291**. A toda causa será atribuído valor certo, ainda que não tenha conteúdo econômico imediatamente aferível.

72. **Art. 5º** (...)

XXXIV – são a todos assegurados, independentemente do pagamento de taxas:

a) o direito de petição aos Poderes Públicos em defesa de direitos ou contra ilegalidade ou abuso de poder;

73. **Súmula 393 do STJ**. A exceção de pré-executividade é admissível na execução fiscal relativamente às matérias conhecíveis de ofício que não demandem dilação probatória.

I – **requisito material**: é indispensável que a matéria invocada seja **suscetível de conhecimento de ofício pelo juiz** (ordem pública) ou que acarrete alguma **nulidade absoluta no processo executivo**;

II – **requisito formal**: é indispensável que a decisão a ser tomada pelo **juízo competente das execuções não necessite de dilação probatória**.

A **exceção de pré-executividade** caberá apenas nessas duas circunstâncias cumulativas. A falta de qualquer circunstância levará à discussão em sede de **embargos à execução fiscal**, desde que se observe o **prazo estabelecido no art. 16 da Lei 6.830/1980**.

Os casos mais comuns de utilização de **exceção de pré executividade** são:

I – ilegitimidade de parte;

II – obrigação tributária ilíquida;

III – erros formais no título;

IV – decadência e prescrição.

Tratando-se de **ilegitimidade de parte**, deverá ser analisada **qual situação em específico**, uma vez que, se os **responsáveis constavam na Certidão de Dívida Ativa** (CDA), não cabe a discussão da **ilegitimidade por meio de exceção**, mas, sim, por meio de **embargos à execução fiscal**. No entanto, nos casos de **redirecionamento da execução fiscal contra a pessoa dos responsáveis que não constavam na CDA**, a defesa poderá ser realizada mediante exceção de pré-executividade.

De acordo com a **Súmula 393 do STJ**, a **exceção de pré-executividade** só será admitida na **execução fiscal relativamente às matérias conhecíveis de ofício** e que **não demandem exame de provas**.

Por ser um **meio excepcional de defesa**, a exceção de pré-executividade **não permite dilação probatória**, devendo a matéria ser **comprovada de plano**. Sua efetividade reside na **possibilidade de extinguir a execução sem necessidade de penhora**, evitando **constrições patrimoniais indevidas**.

24
DIREITO SUMULAR TRIBUTÁRIO

O **direito sumular** representa um dos mais relevantes **instrumentos de racionalização** e **uniformização da jurisprudência no ordenamento jurídico brasileiro**. Originado da necessidade de conferir **previsibilidade, celeridade** e **coerência ao sistema judicial**, o instituto das súmulas tem evoluído ao longo das últimas décadas, tornando-se **essencial para a estabilidade das relações jurídicas** e para **a segurança jurídica**.

O conceito de **súmula jurisprudencial** foi introduzido pelo Supremo Tribunal Federal em 1.963, por iniciativa do então presidente da Corte, **Ministro Victor Nunes Leal**. O objetivo era **consolidar entendimentos reiterados da jurisprudência do STF** em **enunciados de fácil acesso e interpretação**.

Com a **reforma do Judiciário** promovida pela **Emenda Constitucional nº 45/2004**, o direito sumular ganhou status normativo ainda mais relevante, com a introdução das **súmulas vinculantes**, previstas no **artigo 103-A da Constituição Federal**[1].

O **direito sumular** pode ser classificado em duas categorias principais:

a) **Súmulas Persuasivas:** são aquelas que, apesar de consolidarem a jurisprudência dominante, **não possuem caráter obrigatório**. Juízes e tribunais podem **adotá-las como referência**, mas não estão vinculados a seu teor. Exemplo: **súmulas do Superior Tribunal de Justiça** (STJ) e dos **Tribunais Regionais Federais** (TRFs).

---

1. **Art. 103-A.** O Supremo Tribunal Federal poderá, de ofício ou por provocação, mediante decisão de dois terços dos seus membros, após reiteradas decisões sobre matéria constitucional, aprovar súmula que, a partir de sua publicação na imprensa oficial, terá efeito vinculante em relação aos demais órgãos do Poder Judiciário e à administração pública direta e indireta, nas esferas federal, estadual e municipal, bem como proceder à sua revisão ou cancelamento, na forma estabelecida em lei. (Incluído pela Emenda Constitucional nº 45, de 2004)

   § 1º A súmula terá por objetivo a validade, a interpretação e a eficácia de normas determinadas, acerca das quais haja controvérsia atual entre órgãos judiciários ou entre esses e a administração pública que acarrete grave insegurança jurídica e relevante multiplicação de processos sobre questão idêntica.

   § 2º Sem prejuízo do que vier a ser estabelecido em lei, a aprovação, revisão ou cancelamento de súmula poderá ser provocada por aqueles que podem propor a ação direta de inconstitucionalidade.

   § 3º Do ato administrativo ou decisão judicial que contrariar a súmula aplicável ou que indevidamente a aplicar, caberá reclamação ao Supremo Tribunal Federal que, julgando-a procedente, anulará o ato administrativo ou cassará a decisão judicial reclamada, e determinará que outra seja proferida com ou sem a aplicação da súmula, conforme o caso."

b) **Súmulas Vinculantes:** introduzidas pela EC 45/2004, essas súmulas possuem **força obrigatória para toda a administração pública direta** e **indireta** e para o **Poder Judiciário.** O STF é a **única corte competente para editá-las,** e sua edição exige **reiteradas decisões sobre a matéria,** além de **relevância jurídica e social.**

A **sistematização da jurisprudência** por meio de súmulas desempenha funções fundamentais:

a) **Segurança Jurídica:** a previsibilidade é um dos pilares do Estado Democrático de Direito. As súmulas **reduzem a incerteza interpretativa** ao consolidarem entendimentos reiterados sobre matérias controvertidas.

b) **Redução da Litigiosidade:** ao orientar a atuação de magistrados e órgãos administrativos, as súmulas **evitam a proliferação de demandas idênticas,** contribuindo para a **eficiência do Judiciário.**

c) **Efetividade e Celeridade Processual:** a adoção de súmulas como critério de julgamento **dispensa a repetição de fundamentações em casos idênticos,** promovendo maior rapidez nas decisões.

d) **Controle da Discricionariedade Judicial:** o direito sumular **inibe interpretações divergentes** que poderiam comprometer a **isonomia** e a **coerência do sistema jurídico.**

Apesar de sua inegável relevância, o **direito sumular** não está isento de críticas e desafios. Entre as principais discussões destacam-se:

a) **Engessamento da Jurisprudência:** críticos apontam que a **vinculação obrigatória a enunciados sumulares** pode **comprometer a evolução do direito,** reduzindo a margem de interpretação dos magistrados em casos concretos.

b) **Necessidade de Atualização Permanente:** a dinamicidade das relações jurídicas exige que as súmulas sejam **periodicamente revisadas** para evitar descompassos com novas realidades sociais e econômicas.

c) **Limites da Vinculação:** embora a súmula vinculante possua caráter obrigatório, é possível sua superação (*overruling*) mediante **decisão do próprio STF,** o que reforça a **necessidade de mecanismos de revisão adequados.**

O **direito sumular** no Brasil é um instrumento essencial para a **estabilidade, previsibilidade e uniformidade das decisões judiciais.** Ao consolidar entendimentos reiterados, promove **segurança jurídica, celeridade processual** e **controle da litigiosidade.**

No entanto, é fundamental que sua utilização esteja **alinhada com mecanismos** que permitam **revisão** e **aperfeiçoamento,** garantindo um **equilíbrio entre estabilidade jurisprudencial** e **evolução do direito.** Dessa forma, o direito sumular continua a desempenhar um papel central na estruturação do sistema jurídico brasileiro.

24.1 SÚMULAS DO CONSELHO ADMINISTRATIVO DE RECURSOS FISCAIS DO MINISTÉRIO DA FAZENDA (CARF)

As **súmulas do CARF** (Conselho Administrativo de Recursos Fiscais) são enunciados que consolidam o **entendimento reiterado** e **uniforme** desse órgão administrativo sobre **matérias de natureza tributária**. Servem como um **guia interpretativo**, assegurando **maior uniformidade**, **previsibilidade** e **segurança jurídica** nos julgamentos realizados pelo CARF.

As **súmulas** são **vinculantes para os julgadores do CARF** e, portanto, devem ser observadas por **todas as turmas julgadoras no âmbito do Conselho**. Apesar de serem vinculantes no âmbito do CARF, não possuem caráter legal e, portanto, **não vinculam os contribuintes nem outros órgãos**, como o Judiciário.

Neste ementário foram inseridas **todas as súmulas em vigor**, até a **data da edição da obra**. No entanto, **três súmulas** foram revogadas pelo Tribunal: **98, 119** e **125**. Por esse motivo, não se encontram descritas.

De acordo com as publicações realizadas, destacamos as súmulas a seguir:

SÚMULA CARF Nº 1
Importa renúncia às instâncias administrativas a propositura pelo sujeito passivo de ação judicial por qualquer modalidade processual, antes ou depois do lançamento de ofício, com o mesmo objeto do processo administrativo, sendo cabível apenas a apreciação, pelo órgão de julgamento administrativo, de matéria distinta da constante do processo judicial. (Vinculante, conforme Portaria ME nº 12.975, de 10/11/2021, DOU de 11/11/2021).

SÚMULA CARF Nº 2
O CARF não é competente para se pronunciar sobre a inconstitucionalidade de lei tributária.

SÚMULA CARF Nº 3
Para a determinação da base de cálculo do Imposto de Renda das Pessoas Jurídicas e da Contribuição Social sobre o Lucro, a partir do ano-calendário de 1995, o lucro líquido ajustado poderá ser reduzido em, no máximo, trinta por cento, tanto em razão da compensação de prejuízo, como em razão da compensação da base de cálculo negativa. (Vinculante, conforme Portaria MF nº 277, de 07/06/2018, DOU de 08/06/2018).

SÚMULA CARF Nº 4
A partir de 1º de abril de 1995, os juros moratórios incidentes sobre débitos tributários administrados pela Secretaria da Receita Federal são devidos, no período de inadimplência, à taxa referencial do Sistema Especial de Liquidação e Custódia - SELIC para títulos federais. (Vinculante, conforme Portaria MF nº 277, de 07/06/2018, DOU de 08/06/2018).

SÚMULA CARF Nº 5
São devidos juros de mora sobre o crédito tributário não integralmente pago no vencimento, ainda que suspensa sua exigibilidade, salvo quando existir depósito no montante integral. (Vinculante, conforme Portaria MF nº 277, de 07/06/2018, DOU de 08/06/2018).

SÚMULA CARF Nº 6

É legítima a lavratura de auto de infração no local em que foi constatada a infração, ainda que fora do estabelecimento do contribuinte. (Vinculante, conforme Portaria MF nº 277, de 07/06/2018, DOU de 08/06/2018).

SÚMULA CARF Nº 7

A ausência da indicação da data e da hora de lavratura do auto de infração não invalida o lançamento de ofício quando suprida pela data da ciência. (Vinculante, conforme Portaria MF nº 277, de 07/06/2018, DOU de 08/06/2018).

SÚMULA CARF Nº 8

O Auditor Fiscal da Receita Federal é competente para proceder ao exame da escrita fiscal da pessoa jurídica, não lhe sendo exigida a habilitação profissional de contador. (Vinculante, conforme Portaria MF nº 277, de 07/06/2018, DOU de 08/06/2018).

SÚMULA CARF Nº 9

É válida a ciência da notificação por via postal realizada no domicílio fiscal eleito pelo contribuinte, confirmada com a assinatura do recebedor da correspondência, ainda que este não seja o representante legal do destinatário. (Vinculante, conforme Portaria MF nº 277, de 07/06/2018, DOU de 08/06/2018).

SÚMULA CARF Nº 10

Para fins de contagem do prazo decadencial para a constituição de crédito tributário relativo a lucro inflacionário diferido, deve-se levar em conta o período de apuração de sua efetiva realização ou o período em que, em face da legislação, deveria ter sido realizado, ainda que em percentuais mínimos. (Súmula revisada conforme Ata da Sessão Extraordinária de 03/09/2018, DOU de 11/09/2018). (Vinculante, conforme Portaria ME nº 129, de 01/04/2019, DOU de 02/04/2019).

SÚMULA CARF Nº 11

Não se aplica a prescrição intercorrente no processo administrativo fiscal. (Vinculante, conforme Portaria MF nº 277, de 07/06/2018, DOU de 08/06/2018).

SÚMULA CARF Nº 12

Constatada a omissão de rendimentos sujeitos à incidência do imposto de renda na declaração de ajuste anual, é legítima a constituição do crédito tributário na pessoa física do beneficiário, ainda que a fonte pagadora não tenha procedido à respectiva retenção. (Vinculante, conforme Portaria MF nº 277, de 07/06/2018, DOU de 08/06/2018).

SÚMULA CARF Nº 13

Menor pobre que o sujeito passivo crie e eduque pode ser considerado dependente na Declaração do Imposto de Renda da Pessoa Física, desde que o declarante detenha a guarda judicial. (Vinculante, conforme Portaria MF nº 277, de 07/06/2018, DOU de 08/06/2018).

SÚMULA CARF Nº 14

A simples apuração de omissão de receita ou de rendimentos, por si só, não autoriza a qualificação da multa de ofício, sendo necessária a comprovação do evidente intuito de fraude do sujeito passivo.

SÚMULA CARF Nº 15

A base de cálculo do PIS, prevista no artigo 6º da Lei Complementar nº 7, de 1970, é o faturamento do sexto mês anterior, sem correção monetária. (Vinculante, conforme Portaria MF nº 383, de 12/07/2010, DOU de 14/07/2010).

SÚMULA CARF Nº 16

O direito ao aproveitamento dos créditos de IPI decorrentes da aquisição de matérias-primas, produtos intermediários e material de embalagem utilizados na fabricação de produtos cuja saída seja com isenção ou alíquota zero, nos termos do art. 11 da Lei nº 9.779, de 1999, alcança, exclusivamente, os insumos recebidos pelo estabelecimento do contribuinte a partir de 1º de janeiro de 1999. (Vinculante, conforme Portaria MF nº 277, de 07/06/2018, DOU de 08/06/2018).

SÚMULA CARF Nº 17

Não cabe a exigência de multa de ofício nos lançamentos efetuados para prevenir a decadência, quando a exigibilidade estiver suspensa na forma dos incisos IV ou V do art. 151 do CTN e a suspensão do débito tenha ocorrido antes do início de qualquer procedimento de ofício a ele relativo. (Vinculante, conforme Portaria MF nº 383, de 12/07/2010, DOU de 14/07/2010).

SÚMULA CARF Nº 18

A aquisição de matérias-primas, produtos intermediários e material de embalagem tributados à alíquota zero não gera crédito de IPI. (Vinculante, conforme Portaria MF nº 277, de 07/06/2018, DOU de 08/06/2018).

SÚMULA CARF Nº 19

Não integram a base de cálculo do crédito presumido da Lei nº 9.363, de 1996, as aquisições de combustíveis e energia elétrica uma vez que não são consumidos em contato direto com o produto, não se enquadrando nos conceitos de matéria-prima ou produto intermediário. (Vinculante, conforme Portaria MF nº 277, de 07/06/2018, DOU de 08/06/2018).

SÚMULA CARF Nº 20

Não há direito aos créditos de IPI em relação às aquisições de insumos aplicados na fabricação de produtos classificados na TIPI como NT. (Vinculante, conforme Portaria MF nº 277, de 07/06/2018, DOU de 08/06/2018).

SÚMULA CARF Nº 21

É nula, por vício formal, a notificação de lançamento que não contenha a identificação da autoridade que a expediu. (Vinculante, conforme Portaria MF nº 383, de 12/07/2010, DOU de 14/07/2010).

SÚMULA CARF Nº 22

É nulo o ato declaratório de exclusão do Simples Federal, instituído pela Lei nº 9.317, de 1996, que se limite a consignar a existência de pendências perante a Dívida Ativa da União ou do INSS, sem a indicação dos débitos inscritos cuja exigibilidade não esteja suspensa. (Súmula revisada conforme Ata da Sessão Extraordinária de 03/09/2018, DOU de 11/09/2018). (Vinculante, conforme Portaria ME nº 129, de 01/04/2019, DOU de 02/04/2019).

SÚMULA CARF Nº 23

A autoridade administrativa pode rever o Valor da Terra Nua mínimo (VTNm) que vier a ser questionado pelo contribuinte do imposto sobre a propriedade territorial rural (ITR) relativo aos exercícios de 1994 a 1996, mediante a apresentação de laudo técnico de avaliação do imóvel, emitido por entidade de reconhecida capacidade técnica ou por profissional devidamente habilitado, que se reporte à época do fato gerador e demonstre, de forma inequívoca, a legitimidade da alteração pretendida, inclusive com a indicação das fontes pesquisadas. (Vinculante, conforme Portaria MF nº 277, de 07/06/2018, DOU de 08/06/2018).

SÚMULA CARF Nº 24

Não compete à Secretaria da Receita Federal do Brasil promover a restituição de obrigações da Eletrobrás nem sua compensação com débitos tributários. (Vinculante, conforme Portaria MF nº 277, de 07/06/2018, DOU de 08/06/2018).

SÚMULA CARF Nº 25

A presunção legal de omissão de receita ou de rendimentos, por si só, não autoriza a qualificação da multa de ofício, sendo necessária a comprovação de uma das hipóteses dos arts. 71, 72 e 73 da Lei nº 4.502/64. (Vinculante, conforme Portaria MF nº 383, de 12/07/2010, DOU de 14/07/2010).

SÚMULA CARF Nº 26

A presunção estabelecida no art. 42 da Lei nº 9.430/96 dispensa o Fisco de comprovar o consumo da renda representada pelos depósitos bancários sem origem comprovada. (Vinculante, conforme Portaria MF nº 277, de 07/06/2018, DOU de 08/06/2018).

SÚMULA CARF Nº 27

É valido o lançamento formalizado por Auditor-Fiscal da Receita Federal do Brasil de jurisdição diversa da do domicílio tributário do sujeito passivo. (Vinculante, conforme Portaria MF nº 277, de 07/06/2018, DOU de 08/06/2018).

SÚMULA CARF Nº 28

O CARF não é competente para se pronunciar sobre controvérsias referentes a Processo Administrativo de Representação Fiscal para Fins Penais. (Vinculante, conforme Portaria MF nº 383, de 12/07/2010, DOU de 14/07/2010).

SÚMULA CARF Nº 29

Os cotitulares da conta bancária que apresentem declaração de rendimentos em separado devem ser intimados para comprovar a origem dos depósitos nela efetuados, na fase que precede à lavratura do auto de infração com base na presunção legal de omissão de receitas ou rendimentos, sob pena de exclusão, da base de cálculo do lançamento, dos valores referentes às contas conjuntas em relação às quais não se intimou todos os cotitulares. (Súmula revisada conforme Ata da Sessão Extraordinária de 03/09/2018, DOU de 11/09/2018). (Vinculante, conforme Portaria ME nº 129, de 01/04/2019, DOU de 02/04/2019).

SÚMULA CARF Nº 30

Na tributação da omissão de rendimentos ou receitas caracterizada por depósitos bancários com origem não comprovada, os depósitos de um mês não servem para comprovar a origem de depósitos havidos em meses subsequentes. (Vinculante, conforme Portaria MF nº 277, de 07/06/2018, DOU de 08/06/2018).

SÚMULA CARF Nº 31

Descabe a cobrança de multa de ofício isolada exigida sobre os valores de tributos recolhidos extemporaneamente, sem o acréscimo da multa de mora, antes do início do procedimento fiscal. (Súmula revisada conforme Ata da Sessão Extraordinária de 03/09/2018, DOU de 11/09/2018). (Vinculante, conforme Portaria ME nº 129, de 01/04/2019, DOU de 02/04/2019).

SÚMULA CARF Nº 32

A titularidade dos depósitos bancários pertence às pessoas indicadas nos dados cadastrais, salvo quando comprovado com documentação hábil e idônea o uso da conta por terceiros. (Vinculante, conforme Portaria MF nº 277, de 07/06/2018, DOU de 08/06/2018).

SÚMULA CARF Nº 33

A declaração entregue após o início do procedimento fiscal não produz quaisquer efeitos sobre o lançamento de ofício. (Vinculante, conforme Portaria MF nº 277, de 07/06/2018, DOU de 08/06/2018).

SÚMULA CARF Nº 34

Nos lançamentos em que se apura omissão de receita ou rendimentos, decorrente de depósitos bancários de origem não comprovada, é cabível a qualificação da multa de ofício, quando constatada a movimentação de recursos em contas bancárias de interpostas pessoas. (Vinculante, conforme Portaria MF nº 383, de 12/07/2010, DOU de 14/07/2010).

SÚMULA CARF Nº 35

O art. 11, § 3º, da Lei nº 9.311/96, com a redação dada pela Lei nº 10.174/2001, que autoriza o uso de informações da CPMF para a constituição do crédito tributário de outros tributos, aplica-se retroativamente. (Vinculante, conforme Portaria MF nº 383, de 12/07/2010, DOU de 14/07/2010).

SÚMULA CARF Nº 36

A inobservância do limite legal de trinta por cento para compensação de prejuízos fiscais ou bases negativas da CSLL, quando comprovado pelo sujeito passivo que o tributo que deixou de ser pago em razão dessas compensações o foi em período posterior, caracteriza postergação do pagamento do IRPJ ou da CSLL, o que implica em excluir da exigência a parcela paga posteriormente. (Vinculante, conforme Portaria MF nº 383, de 12/07/2010, DOU de 14/07/2010).

SÚMULA CARF Nº 37

Para fins de deferimento do Pedido de Revisão de Ordem de Incentivos Fiscais (PERC), a exigência de comprovação de regularidade fiscal deve se ater aos débitos existentes até a data de entrega da declaração de Rendimentos da Pessoa Jurídica na qual se deu a opção pelo incentivo, admitindo-se a prova da regularidade em qualquer momento do processo administrativo, independentemente da época em que tenha ocorrido a regularização, e inclusive mediante apresentação de certidão de regularidade posterior à data da opção. (Súmula revisada conforme Ata da Sessão Extraordinária de 03/09/2018, DOU de 11/09/2018). (Vinculante, conforme Portaria ME nº 129, de 01/04/2019, DOU de 02/04/2019).

SÚMULA CARF Nº 38

O fato gerador do Imposto sobre a Renda da Pessoa Física, relativo à omissão de rendimentos apurada a partir de depósitos bancários de origem não comprovada, ocorre no dia 31 de dezembro do ano-calendário. (Vinculante, conforme Portaria MF nº 383, de 12/07/2010, DOU de 14/07/2010).

SÚMULA CARF Nº 39

Os valores recebidos pelos técnicos residentes no Brasil a serviço da ONU e suas Agências Especializadas, com vínculo contratual, não são isentos do Imposto sobre a Renda da Pessoa Física. (Vinculante, conforme Portaria MF nº 383, de 12/07/2010, DOU de 14/07/2010) (Caráter vinculante revogado pela Portaria MF nº 578, de 27/12/2017, DOU de 29/12/2017) (Súmula revogada pela Portaria CARF nº 3, de 09/01/2018).

SÚMULA CARF Nº 40

A apresentação de recibo emitido por profissional para o qual haja Súmula Administrativa de Documentação Tributariamente Ineficaz, desacompanhado de elementos de prova da efetividade dos serviços e do correspondente pagamento, impede a dedução a título de despesas médicas e enseja a qualificação da multa de ofício. (Vinculante, conforme Portaria MF nº 277, de 07/06/2018, DOU de 08/06/2018).

SÚMULA CARF Nº 41

A não apresentação do Ato Declaratório Ambiental (ADA) emitido pelo IBAMA, ou órgão conveniado, não pode motivar o lançamento de ofício relativo a fatos geradores ocorridos até o exercício de 2000. (Vinculante, conforme Portaria MF nº 277, de 07/06/2018, DOU de 08/06/2018).

SÚMULA CARF Nº 42

Não incide o imposto sobre a renda das pessoas físicas sobre os valores recebidos a título de indenização por desapropriação. (Vinculante, conforme Portaria MF nº 277, de 07/06/2018, DOU de 08/06/2018).

SÚMULA CARF Nº 43

Os proventos de aposentadoria, reforma ou reserva remunerada, motivadas por acidente em serviço e os percebidos por portador de moléstia profissional ou grave, ainda que contraída após a aposentadoria, reforma ou reserva remunerada, são isentos do imposto de renda.

SÚMULA CARF Nº 44

Descabe a aplicação da multa por falta ou atraso na entrega da Declaração de Ajuste Anual do Imposto de Renda das Pessoas Físicas, quando o sócio ou titular de pessoa jurídica inapta não se enquadre nas demais hipóteses de obrigatoriedade de apresentação dessa declaração. (Vinculante, conforme Portaria MF nº 383, de 12/07/2010, DOU de 14/07/2010).

SÚMULA CARF Nº 45

O Imposto sobre a Propriedade Territorial Rural não incide sobre áreas alagadas para fins de constituição de reservatório de usinas hidroelétricas.

SÚMULA CARF Nº 46

O lançamento de ofício pode ser realizado sem prévia intimação ao sujeito passivo, nos casos em que o Fisco dispuser de elementos suficientes à constituição do crédito tributário. (Vinculante, conforme Portaria MF nº 277, de 07/06/2018, DOU de 08/06/2018).

SÚMULA CARF Nº 47

Cabível a imputação da multa de ofício à sucessora, por infração cometida pela sucedida, quando provado que as sociedades estavam sob controle comum ou pertenciam ao mesmo grupo econômico. (Súmula revogada pela Portaria CARF nº 72, de 17/10/2017).

SÚMULA CARF Nº 48

A suspensão da exigibilidade do crédito tributário por força de medida judicial não impede a lavratura de auto de infração. (Vinculante, conforme Portaria MF nº 277, de 07/06/2018, DOU de 08/06/2018).

SÚMULA CARF Nº 49

A denúncia espontânea (art. 138 do Código Tributário Nacional) não alcança a penalidade decorrente do atraso na entrega de declaração. (Vinculante, conforme Portaria MF nº 277, de 07/06/2018, DOU de 08/06/2018).

SÚMULA CARF Nº 50

É cabível a exigência de multa de ofício se a decisão judicial que suspendia a exigibilidade do crédito tributário perdeu os efeitos antes da lavratura do auto de infração. (Vinculante, conforme Portaria MF nº 277, de 07/06/2018, DOU de 08/06/2018).

SÚMULA CARF Nº 51

As multas previstas no Código de Defesa do Consumidor não se aplicam às relações de natureza tributária. (Vinculante, conforme Portaria MF nº 277, de 07/06/2018, DOU de 08/06/2018).

SÚMULA CARF Nº 52

Os tributos objeto de compensação indevida formalizada em Pedido de Compensação ou Declaração de Compensação apresentada até 31/10/2003, quando não exigíveis a partir de DCTF, ensejam o lançamento de ofício.

SÚMULA CARF Nº 53

Não se aplica ao resultado decorrente da exploração de atividade rural o limite de 30% do lucro líquido ajustado, relativamente à compensação da base de cálculo negativa de CSLL, mesmo para os fatos ocorridos antes da vigência do art. 42 da Medida Provisória nº 1991-15, de 10 de março de 2000.

SÚMULA CARF Nº 54

A constatação de existência de "passivo não comprovado" autoriza o lançamento com base em presunção legal de omissão de receitas somente a partir do ano-calendário de 1997.

SÚMULA CARF Nº 55

O saldo devedor da correção monetária complementar, correspondente à diferença verificada em 1990 entre o IPC e o BTNF, não pode ser deduzido na apuração da base de Cálculo da Contribuição Social sobre o Lucro Líquido (CSLL). (Vinculante, conforme Portaria MF nº 277, de 07/06/2018, DOU de 08/06/2018).

SÚMULA CARF Nº 56

No caso de contribuintes que fizeram a opção pelo SIMPLES Federal até 27 de julho de 2001, constatada uma das hipóteses de que tratam os incisos III a XIV, XVII e XVIII do art. 9º da Lei nº 9.317, de 1996, os efeitos da exclusão dar-se-ão a partir de 1º de janeiro de 2002, quando a situação excludente tiver ocorrido até 31 de dezembro de 2001 e a exclusão for efetuada a partir de 2002. (Vinculante, conforme Portaria MF nº 277, de 07/06/2018, DOU de 08/06/2018).

SÚMULA CARF Nº 57

A prestação de serviços de manutenção, assistência técnica, instalação ou reparos em máquinas e equipamentos, bem como os serviços de usinagem, solda, tratamento e revestimento de metais, não se equiparam a serviços profissionais prestados por engenheiros e não impedem o ingresso ou a permanência da pessoa jurídica no SIMPLES Federal. (Vinculante, conforme Portaria MF nº 277, de 07/06/2018, DOU de 08/06/2018).

SÚMULA CARF Nº 58

No regime do Lucro Real, as variações monetárias ativas decorrentes de depósitos judiciais com a finalidade de suspender a exigibilidade do crédito tributário devem compor o resultado do exercício, segundo o regime de competência, salvo se demonstrado que as variações monetárias passivas incidentes sobre o tributo objeto dos depósitos não foram computadas na apuração desse resultado. (Súmula revisada conforme Ata da Sessão Extraordinária de 03/09/2018, DOU de 11/09/2018). (Vinculante, conforme Portaria ME nº 129, de 01/04/2019, DOU de 02/04/2019).

SÚMULA CARF Nº 59

A tributação do lucro na sistemática do lucro arbitrado não é invalidada pela apresentação, posterior ao lançamento, de livros e documentos imprescindíveis para a apuração do crédito tributário que, após regular intimação, deixaram de ser exibidos durante o procedimento fiscal. (Vinculante, conforme Portaria MF nº 277, de 07/06/2018, DOU de 08/06/2018).

SÚMULA CARF Nº 60

Os juros aplicados na restituição de valores indevidamente retidos na fonte, quando do recebimento de verbas indenizatórias decorrentes da adesão a programas de demissão voluntária, devem ser calculados a partir da data do recebimento dos rendimentos, se ocorrido entre 1º de janeiro de 1996 e 31 de dezembro de 1997, ou a partir do mês subsequente, se posterior. (Vinculante, conforme Portaria MF nº 277, de 07/06/2018, DOU de 08/06/2018).

SÚMULA CARF Nº 61

Os depósitos bancários iguais ou inferiores a R$ 12.000,00 (doze mil reais), cujo somatório não ultrapasse R$ 80.000,00 (oitenta mil reais) no ano-calendário, não podem ser considerados na presunção da omissão de rendimentos caracterizada por depósitos bancários de origem não comprovada, no caso de pessoa física. (Vinculante, conforme Portaria MF nº 277, de 07/06/2018, DOU de 08/06/2018).

SÚMULA CARF Nº 62

A base de cálculo das contribuições previdenciárias será o valor total fixado na sentença ou acordo trabalhista homologado, quando as parcelas legais de incidência não estiverem discriminadas. (Vinculante, conforme Portaria MF nº 277, de 07/06/2018, DOU de 08/06/2018).

SÚMULA CARF Nº 63

Para gozo da isenção do imposto de renda da pessoa física pelos portadores de moléstia grave, os rendimentos devem ser provenientes de aposentadoria, reforma, reserva remunerada ou pensão e a moléstia deve ser devidamente comprovada por laudo pericial emitido por serviço médico oficial da União, dos Estados, do Distrito Federal ou dos Municípios.

SÚMULA CARF Nº 64

Não incidem contribuições previdenciárias sobre as verbas concedidas aos segurados empregados a título de auxílio-creche, na forma do artigo 7º, inciso XXV, da Constituição Federal, em face de sua natureza indenizatória.

SÚMULA CARF Nº 65

Inaplicável a responsabilidade pessoal do dirigente de órgão público pelo descumprimento de obrigações acessórias, no âmbito previdenciário, constatadas na pessoa jurídica de direito público que dirige.

SÚMULA CARF Nº 66

Os Órgãos da Administração Pública não respondem solidariamente por créditos previdenciários das empresas contratadas para prestação de serviços de construção civil, reforma e acréscimo, desde que a empresa construtora tenha assumido a responsabilidade direta e total pela obra ou repasse o contrato integralmente. (Vinculante, conforme Portaria MF nº 277, de 07/06/2018, DOU de 08/06/2018).

SÚMULA CARF Nº 67

Em apuração de acréscimo patrimonial a descoberto a partir de fluxo de caixa que confronta origens e aplicações de recursos, os saques ou transferências bancárias, registrados em extratos bancários, quando não comprovada a destinação, efetividade da despesa, aplicação ou consumo, não podem lastrear lançamento fiscal. (Súmula revisada conforme Ata da Sessão Extraordinária de 03/09/2018, DOU de 11/09/2018). (Vinculante, conforme Portaria ME nº 129, de 01/04/2019, DOU de 02/04/2019).

SÚMULA CARF Nº 68

A Lei nº 8.852, de 1994, não outorga isenção nem enumera hipóteses de não incidência de Imposto sobre a Renda da Pessoa Física. (Vinculante, conforme Portaria MF nº 277, de 07/06/2018, DOU de 08/06/2018).

SÚMULA CARF Nº 69

A falta de apresentação da declaração de rendimentos ou a sua apresentação fora do prazo fixado sujeitará a pessoa física à multa de um por cento ao mês ou fração, limitada a vinte por cento, sobre o Imposto de Renda devido, ainda que integralmente pago, respeitado o valor mínimo. (Vinculante, conforme Portaria MF nº 277, de 07/06/2018, DOU de 08/06/2018).

SÚMULA CARF Nº 70

É imune ao ITR o imóvel pertencente às entidades indicadas no artigo 150, VI, c, da Constituição, que se encontra arrendado, desde que a receita assim obtida seja aplicada nas atividades essenciais da entidade. (Vinculante, conforme Portaria MF nº 277, de 07/06/2018, DOU de 08/06/2018).

SÚMULA CARF Nº 71

Todos os arrolados como responsáveis tributários na autuação são parte legítima para impugnar e recorrer acerca da exigência do crédito tributário e do respectivo vínculo de responsabilidade. (Vinculante, conforme Portaria MF nº 277, de 07/06/2018, DOU de 08/06/2018).

SÚMULA CARF Nº 72

Caracterizada a ocorrência de dolo, fraude ou simulação, a contagem do prazo decadencial rege-se pelo art. 173, inciso I, do CTN. (Vinculante, conforme Portaria MF nº 277, de 07/06/2018, DOU de 08/06/2018).

SÚMULA CARF Nº 73

Erro no preenchimento da declaração de ajuste do imposto de renda, causado por informações erradas, prestadas pela fonte pagadora, não autoriza o lançamento de multa de ofício.

SÚMULA CARF Nº 74

Aplica-se retroativamente o art. 14 da Lei nº 11.488, de 2007, que revogou a multa de ofício isolada por falta de acréscimo da multa de mora ao pagamento de tributo em atraso, antes prevista no art. 44, § 1º, II, da Lei nº 9.430/96. (Vinculante, conforme Portaria MF nº 277, de 07/06/2018, DOU de 08/06/2018).

SÚMULA CARF Nº 75

A recuperação da espontaneidade do sujeito passivo em razão da inoperância da autoridade fiscal por prazo superior a sessenta dias aplica-se retroativamente, alcançando os atos por ele praticados no decurso desse prazo. (Vinculante, conforme Portaria MF nº 277, de 07/06/2018, DOU de 08/06/2018).

SÚMULA CARF Nº 76

Na determinação dos valores a serem lançados de ofício para cada tributo, após a exclusão do Simples, devem ser deduzidos eventuais recolhimentos da mesma natureza efetuados nessa sistemática, observando-se os percentuais previstos em lei sobre o montante pago de forma unificada. (Vinculante, conforme Portaria MF nº 277, de 07/06/2018, DOU de 08/06/2018).

SÚMULA CARF Nº 77

A possibilidade de discussão administrativa do Ato Declaratório Executivo (ADE) de exclusão do Simples não impede o lançamento de ofício dos créditos tributários devidos em face da exclusão. (Vinculante, conforme Portaria MF nº 277, de 07/06/2018, DOU de 08/06/2018).

SÚMULA CARF Nº 78

A fixação do termo inicial da contagem do prazo decadencial, na hipótese de lançamento sobre lucros disponibilizados no exterior, deve levar em consideração a data em que se considera ocorrida a disponibilização, e não a data do auferimento dos lucros pela empresa sediada no exterior. (Súmula revisada conforme Ata da Sessão Extraordinária de 03/09/2018, DOU de 11/09/2018). (Vinculante, conforme Portaria ME nº 129 de 01/04/2019, DOU de 02/04/2019).

SÚMULA CARF Nº 79

A partir da vigência da Lei nº 9.249, de 1995, a dedução de contraprestações de arrendamento mercantil exige a comprovação da necessidade de utilização dos bens arrendados para produção ou comercialização de bens e serviços. (Vinculante, conforme Portaria MF nº 277, de 07/06/2018, DOU de 08/06/2018).

SÚMULA CARF Nº 80

Na apuração do IRPJ, a pessoa jurídica poderá deduzir do imposto devido o valor do imposto de renda retido na fonte, desde que comprovada a retenção e o cômputo das receitas correspondentes na base de cálculo do imposto.

SÚMULA CARF Nº 81

É vedada a aplicação retroativa de lei que admite atividade anteriormente impeditiva ao ingresso na sistemática do Simples. (Vinculante, conforme Portaria MF nº 277, de 07/06/2018, DOU de 08/06/2018).

SÚMULA CARF Nº 82

Após o encerramento do ano-calendário, é incabível lançamento de ofício de IRPJ ou CSLL para exigir estimativas não recolhidas. (Vinculante, conforme Portaria MF nº 277, de 07/06/2018, DOU de 08/06/2018).

SÚMULA CARF Nº 83

O resultado positivo obtido pelas sociedades cooperativas nas operações realizadas com seus cooperados não integra a base de cálculo da Contribuição Social sobre o Lucro Líquido – CSLL, mesmo antes da vigência do art. 39 da Lei no 10.865, de 2004.

SÚMULA CARF Nº 84

É possível a caracterização de indébito, para fins de restituição ou compensação, na data do recolhimento de estimativa. (Súmula revisada conforme Ata da Sessão Extraordinária de 03/09/2018, DOU de 11/09/2018). (Vinculante, conforme Portaria ME nº 129 de 01/04/2019, DOU de 02/04/2019).

SÚMULA CARF Nº 85

Na revenda de veículos automotores usados, de que trata o art. 5º da Lei no 9.716, de 26 de novembro de 1998, aplica-se o coeficiente de determinação do lucro presumido de 32% (trinta e dois por cento) sobre a receita bruta, correspondente à diferença entre o valor de aquisição e o de revenda desses veículos.

SÚMULA CARF Nº 86

É vedada a retificação da Declaração de Ajuste Anual do Imposto sobre a Renda da Pessoa Física que tenha por objeto a troca de forma de tributação dos rendimentos após o prazo previsto para a sua entrega. (Vinculante, conforme Portaria MF nº 277, de 07/06/2018, DOU de 08/06/2018).

SÚMULA CARF Nº 87

O imposto de renda não incide sobre as verbas recebidas regularmente por parlamentares a título de auxílio de gabinete e hospedagem, exceto quando a fiscalização apurar a utilização dos recursos em benefício próprio não relacionado à atividade legislativa. (Vinculante, conforme Portaria MF nº 277, de 07/06/2018, DOU de 08/06/2018).

SÚMULA CARF Nº 88

A Relação de Corresponsáveis – "CORESP", o "Relatório de Representantes Legais – RepLeg" e a "Relação de Vínculos – VÍNCULOS", anexos a auto de infração previdenciário lavrado unicamente contra pessoa jurídica, não atribuem responsabilidade tributária às pessoas ali indicadas nem comportam discussão no âmbito do contencioso administrativo fiscal federal, tendo finalidade meramente informativa. (Vinculante, conforme Portaria MF nº 277, de 07/06/2018, DOU de 08/06/2018).

SÚMULA CARF Nº 89

A contribuição social previdenciária não incide sobre valores pagos a título de vale-transporte, mesmo que em pecúnia

SÚMULA CARF Nº 90

Caracteriza infração às medidas de controle fiscal a posse e circulação de fumo, charuto, cigarrilha e cigarro de procedência estrangeira, sem documentação comprobatória da importação regular, sendo irrelevante, para tipificar a infração, a propriedade da mercadoria. (Vinculante, conforme Portaria MF nº 277, de 07/06/2018, DOU de 08/06/2018).

SÚMULA CARF Nº 91

Ao pedido de restituição pleiteado administrativamente antes de 9 de junho de 2005, no caso de tributo sujeito a lançamento por homologação, aplica-se o prazo prescricional de 10 (dez) anos, contado do fato gerador. (Vinculante, conforme Portaria MF nº 277, de 07/06/2018, DOU de 08/06/2018).

SÚMULA CARF Nº 92

A DIPJ, desde a sua instituição, não constitui confissão de dívida, nem instrumento hábil e suficiente para a exigência de crédito tributário nela informado.

SÚMULA CARF Nº 93

A falta de transcrição dos balanços ou balancetes de suspensão ou redução no Livro Diário não justifica a cobrança da multa isolada prevista no art. 44 da Lei nº 9.430, de 27 de dezembro de 1996, quando o sujeito passivo apresenta escrituração contábil e fiscal suficiente para comprovar a suspensão ou redução da estimativa. (Vinculante, conforme Portaria MF nº 277, de 07/06/2018, DOU de 08/06/2018).

SÚMULA CARF Nº 94

Os lucros auferidos no exterior por filial, sucursal, controlada ou coligada serão convertidos em reais pela taxa de câmbio, para venda, do dia das demonstrações financeiras em que tenham sido apurados tais lucros, inclusive a partir da vigência da MP nº 2.158-35, de 2001. (Vinculante, conforme Portaria MF nº 277, de 07/06/2018, DOU de 08/06/2018).

SÚMULA CARF Nº 95

A presunção de omissão de receitas caracterizada pelo fornecimento de recursos de caixa à sociedade por administradores, sócios de sociedades de pessoas, ou pelo administrador da companhia, somente é elidida com a demonstração cumulativa da origem e da efetividade da entrega dos recursos. (Vinculante, conforme Portaria MF nº 277, de 07/06/2018, DOU de 08/06/2018).

SÚMULA CARF Nº 96

A falta de apresentação de livros e documentos da escrituração não justifica, por si só, o agravamento da multa de ofício, quando essa omissão motivou o arbitramento dos lucros.

SÚMULA CARF Nº 97

O arbitramento do lucro em procedimento de ofício pode ser efetuado mediante a utilização de qualquer uma das alternativas de cálculo enumeradas no art. 51 da Lei nº 8.981, de 20 de janeiro de 1995, quando não conhecida a receita bruta. (Vinculante, conforme Portaria MF nº 277, de 07/06/2018, DOU de 08/06/2018).

SÚMULA CARF Nº 99

Para fins de aplicação da regra decadencial prevista no art. 150, § 4º, do CTN, para as contribuições previdenciárias, caracteriza pagamento antecipado o recolhimento, ainda que parcial, do valor considerado como devido pelo contribuinte na competência do fato gerador a que se referir a autuação, mesmo que não tenha sido incluída, na base de cálculo deste recolhimento, parcela relativa à rubrica especificamente exigida no auto de infração.

SÚMULA CARF Nº 100

O Auditor-Fiscal da Receita Federal do Brasil tem competência para fiscalizar o cumprimento dos requisitos do regime de drawback na modalidade suspensão, aí compreendidos o lançamento do crédito tributário, sua exclusão em razão do reconhecimento de benefício, e a verificação, a qualquer tempo, da regular observação, pela importadora, das condições fixadas na legislação pertinente. (Vinculante, conforme Portaria MF nº 277, de 07/06/2018, DOU de 08/06/2018).

SÚMULA CARF Nº 101

Na hipótese de aplicação do art. 173, inciso I, do CTN, o termo inicial do prazo decadencial é o primeiro dia do exercício seguinte àquele em que o lançamento poderia ter sido efetuado. (Vinculante, conforme Portaria MF nº 277, de 07/06/2018, DOU de 08/06/2018).

SÚMULA CARF Nº 102

É válida a decisão proferida por Delegacia da Receita Federal de Julgamento – DRJ de localidade diversa do domicílio fiscal do sujeito passivo. (Vinculante, conforme Portaria MF nº 277, de 07/06/2018, DOU de 08/06/2018).

SÚMULA CARF Nº 103

Para fins de conhecimento de recurso de ofício, aplica-se o limite de alçada vigente na data de sua apreciação em segunda instância.

SÚMULA CARF Nº 104

Lançamento de multa isolada por falta ou insuficiência de recolhimento de estimativa de IRPJ ou de CSLL submete-se ao prazo decadencial previsto no art. 173, inciso I, do CTN. (Vinculante, conforme Portaria MF nº 277, de 07/06/2018, DOU de 08/06/2018).

SÚMULA CARF Nº 105

A multa isolada por falta de recolhimento de estimativas, lançada com fundamento no art. 44 § 1º, inciso IV da Lei nº 9.430, de 1996, não pode ser exigida ao mesmo tempo da multa de ofício por falta de pagamento de IRPJ e CSLL apurado no ajuste anual, devendo subsistir a multa de ofício.

SÚMULA CARF Nº 106

Caracterizada a ocorrência de apropriação indébita de contribuições previdenciárias descontadas de segurados empregados e/ou contribuintes individuais, a contagem do prazo decadencial rege-se pelo art. 173, inciso I, do CTN. (Vinculante, conforme Portaria MF nº 277, de 07/06/2018, DOU de 08/06/2018).

SÚMULA CARF Nº 107

A receita da atividade própria, objeto da isenção da Cofins prevista no art. 14, X, c/c art. 13, III, da MP nº 2.158-35, de 2001, alcança as receitas obtidas em contraprestação de serviços educacionais prestados pelas entidades de educação sem fins lucrativos a que se refere o art. 12 da Lei nº 9.532, de 1997. (Vinculante, conforme Portaria MF nº 277, de 07/06/2018, DOU de 08/06/2018).

SÚMULA CARF Nº 108

Incidem juros moratórios, calculados à taxa referencial do Sistema Especial de Liquidação e Custódia - SELIC, sobre o valor correspondente à multa de ofício. (Vinculante, conforme Portaria ME nº 129 de 01/04/2019, DOU de 02/04/2019).

SÚMULA CARF Nº 109

O órgão julgador administrativo não é competente para se pronunciar sobre controvérsias referentes a arrolamento de bens. (Vinculante, conforme Portaria ME nº 129 de 01/04/2019, DOU de 02/04/2019).

SÚMULA CARF Nº 110

No processo administrativo fiscal, é incabível a intimação dirigida ao endereço de advogado do sujeito passivo. (Vinculante, conforme Portaria ME nº 129 de 01/04/2019, DOU de 02/04/2019).

SÚMULA CARF Nº 111

O Mandado de Procedimento Fiscal supre a autorização, prevista no art. 906 do Decreto nº 3.000, de 1999, para reexame de período anteriormente fiscalizado. (Vinculante, conforme Portaria ME nº 129 de 01/04/2019, DOU de 02/04/2019).

SÚMULA CARF Nº 112

É nulo, por erro na identificação do sujeito passivo, o lançamento formalizado contra pessoa jurídica extinta por liquidação voluntária ocorrida e comunicada ao Fisco Federal antes da lavratura do auto de infração. (Vinculante, conforme Portaria ME nº 129 de 01/04/2019, DOU de 02/04/2019).

SÚMULA CARF Nº 113

A responsabilidade tributária do sucessor abrange, além dos tributos devidos pelo sucedido, as multas moratórias ou punitivas, desde que seu fato gerador tenha ocorrido até a data da sucessão, independentemente de esse crédito ser formalizado, por meio de lançamento de ofício, antes ou depois do evento sucessório. (Vinculante, conforme Portaria ME nº 129 de 01/04/2019, DOU de 02/04/2019).

SÚMULA CARF Nº 114

O Imposto de Renda incidente na fonte sobre pagamento a beneficiário não identificado, ou sem comprovação da operação ou da causa, submete-se ao prazo decadencial previsto no art. 173, I, do CTN. (Vinculante, conforme Portaria ME nº 129 de 01/04/2019, DOU de 02/04/2019).

SÚMULA CARF Nº 115

A sistemática de cálculo do "Método do Preço de Revenda menos Lucro com margem de lucro de sessenta por cento (PRL 60)" prevista na Instrução Normativa SRF nº 243, de 2002, não afronta o disposto no art. 18, inciso II, da Lei nº 9.430, de 1996, com a redação dada pela Lei nº 9.959, de 2000. (Vinculante, conforme Portaria ME nº 129, de 01/04/2019, DOU de 02/04/2019).

SÚMULA CARF Nº 116

Para fins de contagem do prazo decadencial para a constituição de crédito tributário relativo à glosa de amortização de ágio na forma dos arts. 7º e 8º da Lei nº 9.532, de 1997, deve-se levar em conta o período de sua repercussão na apuração do tributo em cobrança. (Vinculante, conforme Portaria ME nº 129, de 01/04/2019, DOU de 02/04/2019)

SÚMULA CARF Nº 117

A indedutibilidade de despesas com "royalties" prevista no art. 71, parágrafo único, alínea "d", da Lei nº 4.506, de 1964, não é aplicável à apuração da CSLL. (Vinculante, conforme Portaria ME nº 129 de 01/04/2019, DOU de 02/04/2019).

SÚMULA CARF Nº 118

Caracteriza ganho tributável por pessoa jurídica domiciliada no país a diferença positiva entre o valor das ações ou quotas de capital recebidas em razão da transferência do patrimônio de entidade sem fins lucrativos para entidade empresarial e o valor despendido na aquisição de título patrimonial. (Vinculante, conforme Portaria ME nº 129, de 01/04/2019, DOU de 02/04/2019).

SÚMULA CARF Nº 120

Não é válida a intimação para comprovar a origem de depósitos bancários em cumprimento ao art. 42 da Lei nº 9.430, de 1996, quando dirigida ao espólio, relativamente aos fatos geradores ocorridos antes do falecimento do titular da conta bancária. (Vinculante, conforme Portaria ME nº 129, de 01/04/2019, DOU de 02/04/2019).

SÚMULA CARF Nº 121

A isenção do imposto de renda prevista no art. 6º, inciso XIV, da Lei nº 7.713, de 1988, referente à cegueira, inclui a cegueira monocular. (Vinculante, conforme Portaria ME nº 129, de 01/04/2019, DOU de 02/04/2019).

SÚMULA CARF Nº 122

A averbação da Área de Reserva Legal (ARL) na matrícula do imóvel em data anterior ao fato gerador supre a eventual falta de apresentação do Ato declaratório Ambiental (ADA). (Vinculante, conforme Portaria ME nº 129, de 01/04/2019, DOU de 02/04/2019).

SÚMULA CARF Nº 123

Imposto de renda retido na fonte relativo a rendimentos sujeitos a ajuste anual caracteriza pagamento apto a atrair a aplicação da regra decadencial prevista no artigo 150, §4º, do Código Tributário Nacional. (Vinculante, conforme Portaria ME nº 129, de 01/04/2019, DOU de 02/04/2019).

SÚMULA CARF Nº 124

A produção e a exportação de produtos classificados na Tabela de Incidência do IPI (TIPI) como "não tributados" não geram direito ao crédito presumido de IPI de que trata o art. 1º da Lei nº 9.363, de 1996. (Vinculante, conforme Portaria ME nº 129, de 01/04/2019, DOU de 02/04/2019).

SÚMULA CARF Nº 126

A denúncia espontânea não alcança as penalidades infligidas pelo descumprimento dos deveres instrumentais decorrentes da inobservância dos prazos fixados pela Secretaria da Receita Federal do Brasil para prestação de informações à administração aduaneira, mesmo após o advento da nova redação do art. 102 do Decreto-Lei nº 37, de 1966, dada pelo art. 40 da Lei nº 12.350, de 2010. (Vinculante, conforme Portaria ME nº 129 de 01/04/2019, DOU de 02/04/2019).

SÚMULA CARF Nº 127

A incidência da Contribuição de Intervenção no Domínio Econômico (CIDE) na contratação de serviços técnicos prestados por residentes ou domiciliados no exterior prescinde da ocorrência de transferência de tecnologia.

SÚMULA CARF Nº 128

No cálculo do crédito presumido de IPI, de que tratam a Lei nº 9.363, de 1996 e a Portaria MF nº 38, de 1997, as receitas de exportação de produtos não industrializados pelo contribuinte incluem-se na composição tanto da Receita de Exportação - RE, quanto da Receita Operacional Bruta - ROB, refletindo nos dois lados do coeficiente de exportação - numerador e denominador. (Vinculante, conforme Portaria ME nº 129, de 01/04/2019, DOU de 02/04/2019).

SÚMULA CARF Nº 129

Constatada irregularidade na representação processual, o sujeito passivo deve ser intimado a sanar o defeito antes da decisão acerca do conhecimento do recurso administrativo.

SÚMULA CARF Nº 130

A atribuição de responsabilidade a terceiros com fundamento no art. 135, inciso III, do CTN não exclui a pessoa jurídica do polo passivo da obrigação tributária.

SÚMULA CARF Nº 131

Inexiste vedação legal à aplicação de multa de ofício na constituição de crédito tributário em face de entidade submetida ao regime de liquidação extrajudicial.

SÚMULA CARF Nº 132

No caso de lançamento de ofício sobre débito objeto de depósito judicial em montante parcial, a incidência de multa de ofício e de juros de mora atinge apenas o montante da dívida não abrangida pelo depósito.

SÚMULA CARF Nº 133

A falta de atendimento a intimação para prestar esclarecimentos não justifica, por si só, o agravamento da multa de ofício, quando essa conduta motivou presunção de omissão de receitas ou de rendimentos.

SÚMULA CARF Nº 134

A simples existência, no contrato social, de atividade vedada ao Simples Federal não resulta na exclusão do contribuinte, sendo necessário que a fiscalização comprove a efetiva execução de tal atividade.

SÚMULA CARF Nº 135

A antecipação do recolhimento do IRPJ e da CSLL, por meio de estimativas mensais, caracteriza pagamento apto a atrair a aplicação da regra decadencial prevista no art. 150, §4º do CTN.

SÚMULA CARF Nº 136

Os ajustes decorrentes de superveniências e insuficiências de depreciação, contabilizados pelas instituições arrendadoras em obediência às normas do Banco Central do Brasil, não causam efeitos tributários para a CSLL, devendo ser neutralizados extracontabilmente mediante exclusão das receitas ou adição das despesas correspondentes na apuração da base de cálculo da contribuição.

SÚMULA CARF Nº 137

Os resultados positivos decorrentes da avaliação de investimentos pelo método da Equivalência Patrimonial não integram a base de cálculo do IRPJ ou da CSLL na sistemática do lucro presumido.

SÚMULA CARF Nº 138

Imposto de renda retido na fonte incidente sobre receitas auferidas por pessoa jurídica, sujeitas a apuração trimestral ou anual, caracteriza pagamento apto a atrair a aplicação da regra decadencial prevista no art. 150, §4º do CTN.

SÚMULA CARF Nº 139

Os descontos e abatimentos, concedidos por instituição financeira na renegociação de créditos com seus clientes, constituem despesas operacionais dedutíveis do lucro real e da base de cálculo da CSLL, não se aplicando a essa circunstância as disposições dos artigos 9º a 12 da Lei nº 9.430/1996.

SÚMULA CARF Nº 140

Aplica-se retroativamente o disposto no art. 11 da Lei nº 13.202, de 2015, no sentido de que os acordos e convenções internacionais celebrados pelo Governo da República Federativa do Brasil para evitar dupla tributação da renda abrangem a CSLL.

SÚMULA CARF Nº 141

As aplicações financeiras realizadas por cooperativas de crédito constituem atos cooperativos, o que afasta a incidência de IRPJ e CSLL sobre os respectivos resultados.

SÚMULA CARF Nº 142

Até 31.12.2008 são enquadradas como serviços hospitalares todas as atividades tipicamente promovidas em hospitais, voltadas diretamente à promoção da saúde, mesmo eventualmente prestadas por outras pessoas jurídicas, excluindo-se as simples consultas médicas.

SÚMULA CARF Nº 143

A prova do imposto de renda retido na fonte deduzido pelo beneficiário na apuração do imposto de renda devido não se faz exclusivamente por meio do comprovante de retenção emitido em seu nome pela fonte pagadora dos rendimentos.

SÚMULA CARF Nº 144

A presunção legal de omissão de receitas com base na manutenção, no passivo, de obrigações cuja exigibilidade não seja comprovada ("passivo não comprovado"), caracteriza-se no momento do registro contábil do passivo, tributando-se a irregularidade no período de apuração correspondente.

SÚMULA CARF Nº 145

A partir da 01/10/2002, a compensação de crédito de saldo negativo de IRPJ ou CSLL, ainda que com tributo de mesma espécie, deve ser promovida mediante apresentação de Declaração de Compensação – DCOMP.

SÚMULA CARF Nº 146

A variação cambial ativa resultante de investimento no exterior avaliado pelo método da equivalência patrimonial não é tributável pelo IRPJ e CSLL.

SÚMULA CARF Nº 147

Somente com a edição da Medida Provisória nº 351/2007, convertida na Lei nº 11.488/2007, que alterou a redação do art. 44 da Lei nº 9.430/1996, passou a existir a previsão específica de incidência da multa isolada na hipótese de falta de pagamento do carnê-leão (50%), sem prejuízo da penalidade simultânea pelo lançamento de ofício do respectivo rendimento no ajuste anual (75%).

SÚMULA CARF Nº 148

No caso de multa por descumprimento de obrigação acessória previdenciária, a aferição da decadência tem sempre como base o art. 173, I, do CTN, ainda que se verifique pagamento antecipado da obrigação principal correlata ou esta tenha sido fulminada pela decadência com base no art. 150, § 4º, do CTN.

SÚMULA CARF Nº 149

Não integra o salário de contribuição a bolsa de estudos de graduação ou de pós-graduação concedida aos empregados, em período anterior à vigência da Lei nº 12.513, de 2011, nos casos em que o lançamento aponta como único motivo para exigir a contribuição previdenciária o fato desse auxílio se referir a educação de ensino superior.

SÚMULA CARF Nº 150

A inconstitucionalidade declarada por meio do RE 363.852/MG não alcança os lançamentos de sub-rogação da pessoa jurídica nas obrigações do produtor rural pessoa física que tenham como fundamento a Lei nº 10.256, de 2001.

SÚMULA CARF Nº 151

Aplica-se retroativamente o inciso II do § 4º do art. 1º da Lei 11.945/2009, referente a multa pela falta ou atraso na apresentação da "DIF Papel Imune" devendo ser cominada em valor único por declaração não apresentada no prazo trimestral, e não mais por mês calendário, conforme anteriormente estabelecido no art. 57 da MP nº 2.158-35/ 2001, consagrando-se a retroatividade benéfica nos termos do art. 106, do Código Tributário Nacional.

SÚMULA CARF Nº 152

Os créditos relativos a tributos administrados pela Receita Federal do Brasil (RFB), reconhecidos por sentença judicial transitada em julgado que tenha permitido apenas a compensação com débitos de tributos da mesma espécie, podem ser compensados com débitos próprios relativos a quaisquer tributos administrados pela Receita Federal do Brasil, observada a legislação vigente por ocasião de sua realização.

SÚMULA CARF Nº 153

As receitas decorrentes das vendas de produtos efetuadas para estabelecimentos situados na Zona Franca de Manaus equiparam-se às receitas de exportação, não se sujeitando, portanto, à incidência das contribuições para o PIS/Pasep e para a COFINS.

SÚMULA CARF Nº 154

Constatada a oposição ilegítima ao ressarcimento de crédito presumido do IPI, a correção monetária, pela taxa Selic, deve ser contada a partir do encerramento do prazo de 360 dias para a análise do pedido do contribuinte, conforme o art. 24 da Lei nº 11.457/07.

SÚMULA CARF Nº 155

A multa prevista no art. 33 da Lei nº 11.488/07 não se confunde com a pena de perdimento do art. 23, inciso V, do Decreto Lei nº 1.455/76, o que afasta a aplicação da retroatividade benigna definida no art. 106, II, "c", do Código Tributário Nacional.

SÚMULA CARF Nº 156

No regime de drawback, modalidade suspensão, o termo inicial para contagem do prazo quinquenal de decadência do direito de lançar os tributos suspensos é o primeiro dia do exercício seguinte ao encerramento do prazo de trinta dias posteriores à data limite para a realização das exportações compromissadas, nos termos do art. 173, I, do CTN.

SÚMULA CARF Nº 157

O percentual da alíquota do crédito presumido das agroindústrias de produtos de origem animal ou vegetal, previsto no art. 8º da Lei nº 10.925/2004, será determinado com base na natureza da mercadoria produzida ou comercializada pela referida agroindústria, e não em função da origem do insumo que aplicou para obtê-lo.

SÚMULA CARF Nº 158

O Imposto de Renda Retido na Fonte – IRRF incidente sobre valores pagos, creditados, entregues, empregados ou remetidos, a cada mês, a residentes ou domiciliados no exterior, a título de remuneração pelas obrigações contraídas, compõe a base de cálculo da Contribuição de Intervenção no Domínio Econômico – CIDE de que trata a Lei nº 10.168/2000, ainda que a fonte pagadora assuma o ônus financeiro do imposto retido.

SÚMULA CARF Nº 159

Não é necessária a realização de lançamento para glosa de ressarcimento de PIS/Pasep e Cofins não cumulativos, ainda que os ajustes se verifiquem na base de cálculo das contribuições.

SÚMULA CARF Nº 160

A aplicação da multa substitutiva do perdimento a que se refere o § 3º do art. 23 do Decreto-lei nº 1.455, de 1976 independe da comprovação de prejuízo ao recolhimento de tributos ou contribuições.

SÚMULA CARF Nº 161

O erro de indicação, na Declaração de Importação, da classificação da mercadoria na Nomenclatura Comum do Mercosul, por si só, enseja a aplicação da multa de 1%, prevista no art. 84, I da MP nº 2.158-35, de 2001, ainda que órgão julgador conclua que a classificação indicada no lançamento de ofício seria igualmente incorreta.

SÚMULA CARF Nº 162

O direito ao contraditório e à ampla defesa somente se instaura com a apresentação de impugnação ao lançamento. (Vinculante, conforme Portaria ME nº 12.975, de 10/11/2021, DOU de 11/11/2021).

SÚMULA CARF Nº 163

O indeferimento fundamentado de requerimento de diligência ou perícia não configura cerceamento do direito de defesa, sendo facultado ao órgão julgador indeferir aquelas que considerar prescindíveis ou impraticáveis. (Vinculante, conforme Portaria ME nº 12.975, de 10/11/2021, DOU de 11/11/2021).

SÚMULA CARF Nº 164

A retificação de DCTF após a ciência do despacho decisório que indeferiu o pedido de restituição ou que não homologou a declaração de compensação é insuficiente para a comprovação do crédito, sendo indispensável a comprovação do erro em que se fundamenta a retificação. (Vinculante, conforme Portaria ME nº 12.975, de 10/11/2021, DOU de 11/11/2021).

SÚMULA CARF Nº 165

Não é nulo o lançamento de ofício referente a crédito tributário depositado judicialmente, realizado para fins de prevenção da decadência, com reconhecimento da suspensão de sua exigibilidade e sem a aplicação de penalidade ao sujeito passivo. (Vinculante, conforme Portaria ME nº 12.975, de 10/11/2021, DOU de 11/11/2021).

SÚMULA CARF Nº 166

Inexiste vedação legal à aplicação de juros de mora na constituição de crédito tributário em face de entidade submetida ao regime de liquidação extrajudicial. (Vinculante, conforme Portaria ME nº 12.975, de 10/11/2021, DOU de 11/11/2021).

SÚMULA CARF Nº 167

O art. 76, inciso II, alínea "a" da Lei nº 4.502, de 1964, deve ser interpretado em conformidade com o art. 100, inciso II do CTN, e, inexistindo lei que atribua eficácia normativa a decisões proferidas no âmbito do processo administrativo fiscal federal, a observância destas pelo sujeito passivo não exclui a aplicação de penalidades. (Vinculante, conforme Portaria ME nº 12.975, de 10/11/2021, DOU de 11/11/2021).

SÚMULA CARF Nº 168

Mesmo após a ciência do despacho decisório, a comprovação de inexatidão material no preenchimento da DCOMP permite retomar a análise do direito creditório.

SÚMULA CARF Nº 169

O art. 24 do decreto-lei nº 4.657, de 1942 (LINDB), incluído pela lei nº 13.655, de 2018, não se aplica ao processo administrativo fiscal. (Vinculante, conforme Portaria ME nº 12.975, de 10/11/2021, DOU de 11/11/2021).

SÚMULA CARF Nº 170

A homologação tácita não se aplica a pedido de compensação de débito de um sujeito passivo com crédito de outro. (Vinculante, conforme Portaria ME nº 12.975, de 10/11/2021, DOU de 11/11/2021).

SÚMULA CARF Nº 171

Irregularidade na emissão, alteração ou prorrogação do MPF não acarreta a nulidade do lançamento. (Vinculante, conforme Portaria ME nº 12.975, de 10/11/2021, DOU de 11/11/2021).

SÚMULA CARF Nº 172

A pessoa indicada no lançamento na qualidade de contribuinte não possui legitimidade para questionar a responsabilidade imputada a terceiros pelo crédito tributário lançado. (Vinculante, conforme Portaria ME nº 12.975, de 10/11/2021, DOU de 11/11/2021).

SÚMULA CARF Nº 173

A intimação por edital realizada a partir da vigência da Lei nº 11.196, de 2005, é válida quando houver demonstração de que foi improfícua a intimação por qualquer um dos meios ordinários (pessoal, postal ou eletrônico) ou quando, após a vigência da Medida Provisória nº 449, de 2008, convertida na Lei nº 11.941, de 2009, o sujeito passivo tiver sua inscrição declarada inapta perante o cadastro fiscal.

SÚMULA CARF Nº 174

Lançamento de multa por descumprimento de obrigação acessória submete-se ao prazo decadencial previsto no art. 173, inciso I, do CTN. (Vinculante, conforme Portaria ME nº 12.975, de 10/11/2021, DOU de 11/11/2021).

SÚMULA CARF Nº 175

É possível a análise de indébito correspondente a tributos incidentes sobre o lucro sob a natureza de saldo negativo se o sujeito passivo demonstrar, mesmo depois do despacho decisório de não homologação, que errou ao preencher a Declaração de Compensação – DCOMP e informou como crédito pagamento indevido ou a maior de estimativa integrante daquele saldo negativo. (Vinculante, conforme Portaria ME nº 12.975, de 10/11/2021, DOU de 11/11/2021)

SÚMULA CARF Nº 176

O imposto de renda pago por sócio pessoa física, em tributação definitiva de ganho de capital, pode ser deduzido do imposto de renda exigido de pessoa jurídica em razão da requalificação da sujeição passiva na tributação da mesma operação de alienação de bens ou direitos. (Vinculante, conforme Portaria ME nº 12.975, de 10/11/2021, DOU de 11/11/2021).

SÚMULA CARF Nº 177

Estimativas compensadas e confessadas mediante Declaração de Compensação (DCOMP) integram o saldo negativo de IRPJ ou CSLL ainda que não homologadas ou pendentes de homologação. (Vinculante, conforme Portaria ME nº 12.975, de 10/11/2021, DOU de 11/11/2021).

SÚMULA CARF Nº 178

A inexistência de tributo apurado ao final do ano-calendário não impede a aplicação de multa isolada por falta de recolhimento de estimativa na forma autorizada desde a redação original do art. 44 da Lei nº 9.430, de 1996. (Vinculante, conforme Portaria ME nº 12.975, de 10/11/2021, DOU de 11/11/2021).

SÚMULA CARF Nº 179

É vedada a compensação, pela pessoa jurídica sucessora, de bases de cálculo negativas de CSLL acumuladas por pessoa jurídica sucedida, mesmo antes da vigência da Medida Provisória nº 1.858-6, de 1999. (Vinculante, conforme Portaria ME nº 12.975, de 10/11/2021, DOU de 11/11/2021).

SÚMULA CARF Nº 180

Para fins de comprovação de despesas médicas, a apresentação de recibos não exclui a possibilidade de exigência de elementos comprobatórios adicionais. (Vinculante, conforme Portaria ME nº 12.975, de 10/11/2021, DOU de 11/11/2021).

SÚMULA CARF Nº 181

No âmbito das contribuições previdenciárias, é incabível lançamento por descumprimento de obrigação acessória, relacionada à apresentação de informações e documentos exigidos, ainda que em meio digital, com fulcro no caput e parágrafos dos artigos 11 e 12, da Lei nº 8.218, de 1991.

SÚMULA CARF Nº 182

O seguro de vida em grupo contratado pelo empregador em favor do grupo de empregados, sem que haja a individualização do montante que beneficia a cada um deles, não se inclui no conceito de remuneração, não estando sujeito à incidência de contribuições previdenciárias, ainda que o benefício não esteja previsto em acordo ou convenção coletiva de trabalho.

SÚMULA CARF Nº 183

O valor das aquisições de matérias-primas, produtos intermediários, materiais de embalagem, energia elétrica e combustíveis, empregados em atividades anteriores à fase industrial do processo produtivo, não deve ser incluído na base de cálculo do crédito presumido do IPI, de que tratam as Leis nºs 9.363/96 e 10.276/01. (Vinculante, conforme Portaria ME nº 12.975, de 10/11/2021, DOU de 11/11/2021).

SÚMULA CARF Nº 184

O prazo decadencial para aplicação de penalidade por infração aduaneira é de 5 (cinco) anos contados da data da infração, nos termos dos artigos 138 e 139, ambos do Decreto-Lei nº 37/66 e do artigo 753 do Decreto nº 6.759/2009. (Vinculante, conforme Portaria ME nº 12.975, de 10/11/2021, DOU de 11/11/2021).

SÚMULA CARF Nº 185

O Agente Marítimo, enquanto representante do transportador estrangeiro no País, é sujeito passivo da multa descrita no artigo 107 inciso IV alínea "e" do Decreto-Lei 37/66. (Vinculante, conforme Portaria ME nº 12.975, de 10/11/2021, DOU de 11/11/2021).

SÚMULA CARF Nº 186

A retificação de informações tempestivamente prestadas não configura a infração descrita no artigo 107, inciso IV, alínea "e" do Decreto-Lei nº 37/66. (Vinculante, conforme Portaria ME nº 12.975, de 10/11/2021, DOU de 11/11/2021).

SÚMULA CARF Nº 187

O agente de carga responde pela multa prevista no art. 107, IV, "e" do DL nº 37, de 1966, quando descumpre o prazo estabelecido pela Receita Federal para prestar informação sobre a desconsolidação da carga. (Vinculante, conforme Portaria ME nº 12.975, de 10/11/2021, DOU de 11/11/2021).

SÚMULA CARF Nº 188

É permitido o aproveitamento de créditos sobre as despesas com serviços de fretes na aquisição de insumos não onerados pela Contribuição para o PIS/Pasep e pela Cofins não cumulativas, desde que tais serviços, registrados de forma autônoma em relação aos insumos adquiridos, tenham sido efetivamente tributados pelas referidas contribuições.

SÚMULA CARF Nº 189

Os gastos com insumos da fase agrícola, denominados de "insumos do insumo", permitem o direito ao crédito relativo à Contribuição para o PIS/Pasep e à Cofins não cumulativas.

SÚMULA CARF Nº 190

Para fins do disposto no art. 3º, IV, da Lei nº 10.637/2002 e no art. 3º, IV, da Lei nº 10.833/2003, os dispêndios com locação de veículos de transporte de carga ou de passageiros não geram créditos de Contribuição para o PIS/Pasep e da Cofins não cumulativas.

SÚMULA CARF Nº 191

É possível a utilização, para formação de saldo negativo de IRPJ, das retenções na fonte correspondentes às receitas financeiras cuja tributação tenha sido diferida por se encontrar a pessoa jurídica em fase pré--operacional.

SÚMULA CARF Nº 192

É defeso à autoridade julgadora alterar o regime de apuração adotado no lançamento do IRPJ e da CSLL, de lucro real para lucro arbitrado, quando configurada hipótese legal de arbitramento do lucro.

SÚMULA CARF Nº 193

Os tributos discutidos judicialmente, cuja exigibilidade estiver suspensa nos termos do art. 151 do CTN, são indedutíveis para efeito de determinar a base de cálculo da CSLL.

SÚMULA CARF Nº 194

Para fins de incidência de contribuições previdenciárias, os escreventes e auxiliares de cartórios filiam-se ao Regime Geral de Previdência Social (RGPS), ainda que tenham sido admitidos antes de 21/11/1994.

SÚMULA CARF Nº 195

Os valores pagos aos diretores não empregados a título de participação nos lucros ou nos resultados estão sujeitos à incidência de contribuições previdenciárias.

SÚMULA CARF Nº 196

No caso de multas por descumprimento de obrigação principal, bem como de obrigação acessória pela falta de declaração em GFIP, referentes a fatos geradores anteriores à vigência da Medida Provisória nº 449/2008, a retroatividade benigna deve ser aferida da seguinte forma: (i) em relação à obrigação principal, os valores lançados sob amparo da antiga redação do art. 35 da Lei nº 8.212/1991 deverão ser comparados com o que seria devido nos termos da nova redação dada ao mesmo art. 35 pela Medida Provisória nº 449/2008, sendo a multa limitada a 20%; e (ii) em relação à multa por descumprimento de obrigação acessória, os valores lançados nos termos do art. 32, IV, §§ 4º e 5º, da Lei nº 8.212/1991, de forma isolada ou não, deverão ser comparados com o que seria devido nos termos do que dispõe o art. 32-A da mesma Lei nº 8.212/1991.

SÚMULA CARF Nº 197

Os valores recebidos a título de diferenças ocorridas na conversão da remuneração de Cruzeiro Real para a Unidade Real de Valor - URV são de natureza salarial, razão pela qual estão sujeitos à incidência de IRPF nos termos do art. 43 do CTN.

SÚMULA CARF Nº 198

Não incide imposto de renda sobre os juros de mora devidos pelo atraso no pagamento de remuneração por exercício de emprego, cargo ou função.

SÚMULA CARF Nº 199

A isenção do art. 4º, "d", do Decreto-Lei nº 1.510/1976 se aplica a alienações ocorridas após a sua revogação pela Lei nº 7.713/1988, desde que já completados cinco anos sem mudança de titularidade das ações na vigência do Decreto-Lei nº 1.510/1976.

SÚMULA CARF Nº 200

Incabível a manutenção do arbitramento com base no SIPT, quando o VTN é apurado sem levar em conta a aptidão agrícola do imóvel. Rejeitado o valor arbitrado, e tendo o contribuinte reconhecido um VTN maior do que o declarado na DITR, deve-se adotar tal valor.

SÚMULA CARF Nº 201

São isentos do imposto de renda os rendimentos do trabalho recebidos por técnicos a serviço das Nações Unidas, de seus programas ou de suas Agências Especializadas expressamente enumeradas no Decreto nº 59.308/1966, abrangidos por acordo de assistência técnica que atribua os benefícios fiscais decorrentes da Convenção sobre Privilégios e Imunidades das Nações Unidas, promulgada pelo Decreto nº 27.784/1950, contratados no Brasil por período pré-fixado ou por empreitada, para atuar como consultores.

SÚMULA CARF Nº 202

O prazo para homologação tácita da compensação declarada pelo sujeito passivo conta-se da data da entrega da Declaração de Compensação (DCOMP) ou da data do pedido de compensação convertido em DCOMP, mesmo quando anteriores a 31/10/2003.

SÚMULA CARF Nº 203

A compensação não equivale a pagamento para fins de aplicação do art. 138 do Código Tributário Nacional, que trata de denúncia espontânea.

SÚMULA CARF Nº 204

Enquanto não transcorrido o prazo de homologação tácita da Declaração de Compensação (DCOMP), pode o Fisco confirmar os requisitos legais de dedução de retenções na fonte e estimativas mensais na apuração de saldo negativo de IRPJ e CSLL.

SÚMULA CARF Nº 205

Os valores pagos a título de auxílio-alimentação em pecúnia compõem a base de cálculo das contribuições previdenciárias e das devidas a outras entidades e fundos.

SÚMULA CARF Nº 206

A compensação de valores discutidos em ações judiciais antes do trânsito em julgado, efetuada em ino-bservância a decisão judicial e ao art. 170-A do CTN, configura hipótese de aplicação da multa isolada em dobro, prevista no § 10 do art. 89 da Lei nº 8.212/1991.

SÚMULA CARF Nº 207

As contribuições previdenciárias, referentes à parte dos segurados, pagas por pessoa jurídica interposta em relação a seus sócios, cujas contratações tenham sido reclassificadas como relação de emprego em empresa diversa, podem ser deduzidas do valor lançado no auto de infração.

SÚMULA CARF Nº 208

Não incide contribuição previdenciária sobre os valores repassados pelas operadoras de planos de saúde intermediárias na remuneração aos profissionais de saúde credenciados que prestam serviços aos pacientes beneficiários do plano.

SÚMULA CARF Nº 209

As contribuições previdenciárias podem ser exigidas do tomador de serviços, ainda que sem apuração prévia no prestador, no caso de prestação de serviços executados mediante cessão de mão de obra, cabendo ao tomador de serviços, na qualidade de responsável solidário, comprovar o efetivo recolhimento.

SÚMULA CARF Nº 210

As empresas que integram grupo econômico de qualquer natureza respondem solidariamente pelo cumprimento das obrigações previstas na legislação previdenciária, nos termos do art. 30, inciso IX, da Lei nº 8.212/1991, c/c o art. 124, inciso II, do CTN, sem necessidade de o fisco demonstrar o interesse comum a que alude o art. 124, inciso I, do CTN.

SÚMULA CARF Nº 211

A contribuição previdenciária incide sobre as importâncias pagas aos segurados empregados a título de auxílio-educação, bolsas de estudo e congêneres, concedidos a seus dependentes antes da vigência da Lei nº 12.513/2011.

SÚMULA CARF Nº 212

A apresentação de requerimento junto à Administração Tributária é requisito indispensável à fruição do benefício de desoneração das contribuições previdenciárias, para fatos geradores ocorridos sob a égide do art. 55, §1º, da Lei nº 8.212/1991, por se caracterizar aspecto procedimental referente à fiscalização e ao controle administrativo.

SÚMULA CARF Nº 213

O auxílio-alimentação pago in natura ou na forma de tíquete ou congêneres não integra a base de cálculo das contribuições previdenciárias, independentemente de o sujeito passivo estar inscrito no PAT.

SÚMULA CARF Nº 214

A pensão paga por mera liberalidade a maiores de vinte e quatro anos, ainda que em razão de acordo homologado judicialmente ou por escritura púbica, não é dedutível na apuração do Imposto de Renda Pessoa Física (IRPF).

SÚMULA CARF Nº 215

A entrega intempestiva da Declaração do Imposto sobre a Propriedade Territorial Rural (DITR), antes de iniciado o procedimento fiscal, enseja o lançamento da multa por atraso calculada apenas com base no imposto apurado pelo sujeito passivo na DITR, ainda que sobrevenha lançamento de ofício.

SÚMULA CARF Nº 216

O desembaraço aduaneiro não é instituto homologatório do lançamento e a realização do procedimento de "revisão aduaneira", com fundamento no art. 54 do Decreto-Lei nº 37/1966, não implica "mudança de critério jurídico" vedada pelo art. 146 do CTN, qualquer que seja o canal de conferência aduaneira.

SÚMULA CARF Nº 217

Os gastos com fretes relativos ao transporte de produtos acabados entre estabelecimentos da empresa não geram créditos de Contribuição para o PIS/Pasep e de Cofins não cumulativas.

24.2 SÚMULAS VINCULANTES DO SUPREMO TRIBUNAL FEDERAL (STF)

As **súmulas vinculantes** são um instrumento jurídico previsto na Constituição Federal, após advento da EC 45/04, que trouxe a denominada **Reforma do Poder Judiciário**. Esse mecanismo tem como **objetivo principal** assegurar **maior celeridade e uniformidade na aplicação do Direito**, contribuindo para redução do acervo de processos semelhantes em tramitação no sistema judiciário.

A criação de súmulas vinculantes está disciplinada no artigo 103-A da CF/1988, seguindo um procedimento formal:

* **Competência do Supremo Tribunal Federal (STF)**

Apenas o **STF** possui competência para **aprovar súmulas vinculantes**, em decorrência de sua posição **como órgão de cúpula do Poder Judiciário** e **guardião da Constituição Federal**.

* **Requisitos para Aprovação**

* Reiteradas decisões sobre uma mesma matéria constitucional;
* Existência de controvérsia atual e relevante que gere instabilidade ou insegurança jurídica;
* Aprovação por, no mínimo, dois terços dos ministros do STF.

* **Proposição**

Podem propor a **edição**, **revisão** ou **cancelamento** de súmulas vinculantes:
* Presidente da República;
* Mesa do Senado Federal;
* Mesa da Câmara dos Deputados;
* Procurador-Geral da República;
* Conselho Federal da Ordem dos Advogados do Brasil (OAB);
* Governadores de Estado ou do Distrito Federal;
* Tribunais Superiores;
* Tribunais de Justiça;
* Defensoria Pública da União;
* Partes interessadas em processos judiciais nos quais o tema seja relevante.

* **Publicação e Eficácia**

Após sua aprovação, a súmula vinculante é **publicada no Diário da Justiça** e começa a **produzir efeitos imediatos**. Seu texto deve ser **claro** e **objetivo**, especificando exatamente o **entendimento consolidado**.

A **validade** das súmulas vinculantes decorre de sua **conformidade** com os **requisitos constitucionais** e **processuais** previstos. Uma vez editadas, produzirão os seguintes efeitos:

I – Vinculação

As súmulas vinculantes têm **efeito vinculante** em relação à **Administração Pública Direta** e **Indireta** e a todos os **órgãos do Poder Judiciário**, exceto o próprio STF, que pode revisá-las ou cancelá-las.

II – Redução de Litígios Repetitivos

Ao uniformizar o entendimento sobre questões constitucionais, ajudam a evitar que juízes de instâncias inferiores decidam de forma divergente sobre temas já pacificados, reduzindo o número de recursos ao STF.

III – Controle de Constitucionalidade

Embora não substituam o controle concentrado de constitucionalidade, as súmulas vinculantes **complementam** esse mecanismo ao consolidar entendimentos sobre a aplicação prática da Constituição.

IV – Restrições e Garantias

As súmulas vinculantes **não podem contrariar a Constituição** ou **limitar direitos fundamentais**. Caso sejam consideradas **inconstitucionais** ou **inadequadas**, seu **cancelamento** ou **revisão** pode ser solicitado.

Em matéria tributária, destacamos as seguintes súmulas vinculantes:

SÚMULA VINCULANTE Nº 8

São inconstitucionais o parágrafo único do artigo 5º do Decreto-Lei nº 1.569/1977 e os artigos 45 e 46 da Lei nº 8.212/1991, que tratam de prescrição e decadência de crédito tributário.

Com a declaração de inconstitucionalidade, os **prazos de prescrição e decadência em matéria tributária** devem seguir o disposto no **Código Tributário Nacional** (CTN), que possui **status de lei complementar**. Assim, os contribuintes que anteriormente estivessem sujeitos às regras inconstitucionais agora **seguem os prazos definidos pelo CTN**, garantindo maior **previsibilidade** e respeito ao ordenamento jurídico.

Essa súmula reflete o compromisso do STF com a observância rigorosa da **hierarquia normativa** e da **separação de competências no sistema tributário brasileiro**.

SÚMULA VINCULANTE Nº 12

A cobrança de taxa de matrícula nas universidades públicas viola o disposto no art. 206, IV, da Constituição Federal.

DIREITO TRIBUTÁRIO INTERDISCIPLINAR • Caio Bartine

A súmula reafirma o compromisso do STF com a **proteção dos direitos fundamentais**, particularmente o **direito à educação**. Ao declarar a cobrança de taxa de matrícula inconstitucional, o Supremo assegura que o **ensino superior público seja verdadeiramente acessível a todos**, independentemente da **condição econômica**, fortalecendo a **função social das universidades públicas** e a **promoção da igualdade de oportunidades**.

SÚMULA VINCULANTE Nº 17

Durante o período previsto no parágrafo 1º do artigo 100 da Constituição, não incidem juros de mora sobre os precatórios que nele sejam pagos.

A súmula reflete uma interpretação coerente do art. 100 da Constituição Federal, buscando equilibrar os **direitos dos credores** ao recebimento dos precatórios com a **necessidade de garantir a sustentabilidade financeira da Administração Pública**. Ao vedar a **incidência de juros de mora** durante o prazo constitucional, a norma protege o **princípio da legalidade**, assegura o **planejamento fiscal** e resguarda o **pagamento pontual das obrigações públicas**.

SÚMULA VINCULANTE Nº 19

A taxa cobrada exclusivamente em razão dos serviços públicos de coleta, remoção e tratamento ou destinação de lixo ou resíduos provenientes de imóveis, não viola o artigo 145, II, da Constituição Federal.

A súmula reforça a legitimidade da cobrança de taxas para **serviços públicos específicos e divisíveis**, como a coleta e destinação de resíduos sólidos, desde que em conformidade com o art. 145, II, da Constituição Federal. Isso contribui para a **sustentabilidade financeira dos serviços municipais** e assegura que o **custo do serviço** seja arcado por quem efetivamente se beneficia dele, promovendo **justiça fiscal** e **responsabilidade ambiental**.

SÚMULA VINCULANTE Nº 21

É inconstitucional a exigência de depósito ou arrolamento prévios de dinheiro ou bens para admissibilidade de recurso administrativo.

A súmula representa uma **proteção importante aos direitos fundamentais**, reforçando o compromisso com os **princípios da ampla defesa**, do **contraditório** e do **acesso à justiça**. Ao declarar inconstitucional a exigência de depósito ou arrolamento prévios para a interposição de recursos administrativos, o entendimento promove maior **equidade no processo administrativo**, garantindo que todos os cidadãos possam exercer plenamente seus direitos, independentemente de sua condição econômica.

SÚMULA VINCULANTE Nº 24

Não se tipifica crime material contra a ordem tributária, previsto no art. 1º, incisos I a IV, da Lei nº 8.137/90, antes do lançamento definitivo do tributo.

A súmula assegura a **primazia do processo administrativo tributário sobre o penal**, evitando acusações precipitadas e garantindo o respeito aos **princípios constitucionais**,

24 • DIREITO SUMULAR TRIBUTÁRIO **1205**

como o **devido processo legal**, a **ampla defesa** e o **contraditório**. Ao condicionar a tipificação do crime ao lançamento definitivo do tributo, a norma preserva o **equilíbrio** entre o **poder de fiscalização do Estado** e os **direitos fundamentais do contribuinte**.

SÚMULA VINCULANTE Nº 28

É inconstitucional a exigência de depósito prévio como requisito de admissibilidade de ação judicial na qual se pretenda discutir a exigibilidade de crédito tributário.

A súmula reafirma o compromisso do ordenamento jurídico brasileiro com os **princípios constitucionais de acesso à justiça, ampla defesa** e **devido processo legal**. Ao declarar inconstitucional a exigência de depósito prévio para discutir a exigibilidade de crédito tributário, a norma elimina **barreiras econômicas ao exercício do direito de ação**, garantindo **maior equilíbrio entre a autoridade fiscal do Estado** e os **direitos fundamentais dos contribuintes**. Essa interpretação fortalece o Estado Democrático de Direito e assegura que o **acesso ao Poder Judiciário** não seja privilégio de poucos, mas um direito universal.

SÚMULA VINCULANTE Nº 29

É constitucional a adoção, no cálculo do valor de taxa, de um ou mais elementos da base de cálculo própria de determinado imposto, desde que não haja integral identidade entre uma base e outra.

A súmula reafirma a necessidade de respeitar as **diferenças estruturais entre taxas e impostos no sistema tributário brasileiro**, ao mesmo tempo que reconhece a possibilidade de **utilização de elementos comuns nas bases de cálculo**, desde que ajustados e proporcionais à natureza da taxa. Esse entendimento protege o contribuinte de **excessos tributários**, garante a **funcionalidade do sistema tributário** e assegura a conformidade com os **princípios constitucionais**, como a **legalidade**, a **vedação ao confisco** e a **proporcionalidade**.

SÚMULA VINCULANTE Nº 31

É inconstitucional a incidência do Imposto sobre Serviços de Qualquer Natureza – ISS sobre operações de locação de bens móveis.

A súmula reafirma o compromisso do sistema jurídico brasileiro com os **princípios da legalidade** e da **estrita tipicidade no direito tributário**. Ao declarar inconstitucional a incidência de ISS sobre locação de bens móveis, o entendimento protege os contribuintes contra uma **tributação indevida** e garante a **aplicação correta dos conceitos de serviço** e **obrigação** no âmbito da tributação. Essa decisão contribui para a **segurança jurídica**, o respeito às **competências tributárias** e a conformidade com a Constituição Federal.

SÚMULA VINCULANTE Nº 32

O ICMS não incide sobre alienação de salvados de sinistro pelas seguradoras.

A súmula reforça a correta aplicação dos princípios tributários, em especial a **definição do fato gerador do ICMS**, ao excluir a incidência do imposto sobre a alienação de salvados de sinistro pelas seguradoras. O entendimento **evita distorções no sistema**

1206 DIREITO TRIBUTÁRIO INTERDISCIPLINAR • Caio Bartine

tributário, assegura **segurança jurídica** às operações do **setor de seguros** e protege os contribuintes contra **cobranças indevidas**, promovendo o respeito à Constituição e às normas tributárias vigentes.

SÚMULA VINCULANTE Nº 40

A contribuição confederativa de que trata o art. 8º, IV, da Constituição Federal, só é exigível dos filiados ao sindicato respectivo.

A súmula reafirma o **princípio da liberdade sindical**, destacando que a **contribuição confederativa** é uma **obrigação exclusiva dos filiados ao sindicato e não pode ser estendida a não filiados**, excluindo a característica tributária da referida contribuição. Esse entendimento protege os **trabalhadores e empregadores** de **imposições financeiras indevidas**, respeitando a **autonomia individual** e a relação voluntária entre os sindicatos e seus membros. Além disso, reforça a necessidade de sindicatos promoverem maior **representatividade e legitimidade** para atrair e manter filiados, em consonância com o **modelo de liberdade sindical** consagrado na Constituição Federal.

SÚMULA VINCULANTE Nº 41

O serviço de iluminação pública não pode ser remunerado mediante taxa.

A súmula reforça a necessidade de respeitar os limites constitucionais na instituição de tributos, estabelecendo que o **serviço de iluminação pública**, por sua **natureza indivisível**, não pode ser custeado por taxas. Essa orientação assegura a conformidade entre o sistema tributário e a Constituição, protegendo os contribuintes contra **cobranças inconstitucionais** e legitimando o uso da **Contribuição para Custeio de Iluminação Pública** (CIP) como alternativa válida. Além disso, promove a **segurança jurídica** e o **equilíbrio na gestão dos serviços públicos municipais.**

SÚMULA VINCULANTE Nº 48

Na entrada de mercadoria importada do exterior, é legítima a cobrança do ICMS por ocasião do desembaraço aduaneiro.

A súmula reafirma a **legitimidade da cobrança do ICMS** no momento do **desembaraço aduaneiro** como **fato gerador do imposto na importação de mercadorias.** Essa orientação está em consonância com a Constituição Federal, assegura maior **eficiência na fiscalização e arrecadação** do imposto e promove a **segurança jurídica** para os contribuintes. Além disso, **evita litígios desnecessários e harmoniza as regras tributárias com o funcionamento do comércio exterior**, respeitando a **competência dos Estados** no âmbito da tributação sobre a circulação de mercadorias.

SÚMULA VINCULANTE Nº 50

Norma legal que altera o prazo de recolhimento de obrigação tributária não se sujeita ao princípio da anterioridade.

A **alteração do prazo de recolhimento de obrigação tributária** não se sujeita ao princípio da anterioridade porque **não implica criação** ou **majoração de tribu-**

tos, mas apenas uma **modificação procedimental** na forma de cumprimento da obrigação tributária. Essa possibilidade visa atender à **gestão tributária eficiente**, desde que respeitados os limites do **princípio da legalidade** e a **razoabilidade**, para evitar onerar de forma excessiva o contribuinte. Essa interpretação consolida um equilíbrio entre a **flexibilidade administrativa** e a **proteção dos direitos do contribuinte**.

SÚMULA VINCULANTE Nº 52

Ainda quando alugado a terceiros, permanece imune ao IPTU o imóvel pertencente a qualquer das entidades referidas pelo art. 150, VI, "c", da Constituição Federal, desde que o valor dos aluguéis seja aplicado nas atividades para as quais tais entidades foram constituídas.

A súmula reafirma o **caráter instrumental da imunidade tributária** concedida às **entidades de educação** e **assistência social**, ao proteger seu patrimônio contra a **tributação** mesmo quando alugado a terceiros, desde que o valor dos aluguéis seja aplicado integralmente nas finalidades institucionais. Essa interpretação amplia a **eficiência do sistema tributário** ao reconhecer a importância do destino dado aos recursos pela entidade, promovendo **justiça fiscal** e respeitando a **função social** dessas instituições. A decisão equilibra o direito constitucional à **imunidade** com a necessidade de **garantir transparência** e **conformidade** com os requisitos legais.

SÚMULA VINCULANTE Nº 58

Inexiste direito a crédito presumido de IPI relativamente à entrada de insumos isentos, sujeitos à alíquota zero ou não tributáveis, o que não contraria o princípio da não cumulatividade.

A súmula esclarece que o **princípio da não cumulatividade no IPI** não assegura automaticamente o direito a **crédito presumido** em relação a insumos **isentos**, **alíquota zero** ou **não tributáveis**. Essa interpretação preserva a **lógica do sistema tributário**, ao vincular o crédito à efetiva incidência do imposto na etapa anterior. Embora possa gerar impacto econômico para setores que utilizam insumos desonerados, a vedação ao crédito presumido **respeita os limites constitucionais** e promove a **segurança jurídica**, destacando que qualquer ampliação nesse sentido depende de previsão legal específica.

24.3 SÚMULAS NÃO VINCULANTES DO SUPREMO TRIBUNAL FEDERAL (STF)

As **súmulas não vinculantes do Supremo Tribunal Federal** (STF) são enunciados que sintetizam o **entendimento consolidado do tribunal sobre determinado tema jurídico**. Diferentemente das súmulas vinculantes, que têm força normativa e obrigam a observância por parte de todos os órgãos do Poder Judiciário e da Administração Pública direta e indireta, **as súmulas não vinculantes não possuem esse caráter coercitivo**, servindo como orientação para magistrados, advogados, procuradores e outros operadores do Direito, promovendo **maior previsibilidade** e **uniformidade** nas decisões judiciais.

Decorrem da função do STF de **uniformizar a interpretação da Constituição** e de **outros textos normativos relevantes**. Ainda que não obrigatórias, **elas têm grande peso persuasivo**, pois refletem a jurisprudência predominante da mais alta Corte do país.

No entanto, o texto da súmula deve ser analisado **à luz das decisões que lhe deram origem. Ambiguidades** no enunciado podem gerar **debates sobre sua aplicação**. Assim, é essencial considerar as decisões **anteriores** e **posteriores** à edição da súmula, pois o STF pode **alterar** ou **refinar** seu entendimento ao longo do tempo.

Como a jurisprudência não é estática, as súmulas não vinculantes **podem perder força persuasiva** se houver **mudança no entendimento do STF** sobre o tema, notadamente em matéria tributária.

Inserimos as súmulas que se encontram **válidas** – ou seja, que não foram revogadas pelo STF – mas, que **devem ser interpretadas à luz do entendimento constitucional atualizado**. Muitas das súmulas aqui indicadas, por mais que não tenham sido revogadas, **não gozam de aplicabilidade**, visto que estavam sob a égide de Constituições anteriores à CF/1988.

SÚMULA Nº 66

É legítima a cobrança do tributo que houver sido aumentado após o orçamento, mas antes do início do respectivo exercício financeiro.

SÚMULA Nº 67

É inconstitucional a cobrança do tributo que houver sido criado ou aumentado no mesmo exercício financeiro.

SÚMULA Nº 68

É legítima a cobrança, pelos Municípios, no exercício de 1961, de tributo estadual, regularmente criado ou aumentado, e que lhes foi transferido pela Emenda Constitucional nº 5, de 21.11.61.

SÚMULA Nº 69

A Constituição estadual não pode estabelecer limite para o aumento de tributos municipais.

SÚMULA Nº 70

É inadmissível a interdição de estabelecimento como meio coercitivo para cobrança de tributo.

SÚMULA Nº 71

Embora pago indevidamente, não cabe restituição de tributo indireto.

SÚMULA Nº 73

A imunidade das autarquias, implicitamente contida no art. 31, V, "a", da Constituição Federal, abrange tributos estaduais e municipais.

SÚMULA Nº 74

O imóvel transcrito em nome de autarquia, embora objeto de promessa de venda a particulares, continua imune de impostos locais.

SÚMULA Nº 75

Sendo vendedora uma autarquia, a sua imunidade fiscal não compreende o imposto de transmissão "inter vivos", que é encargo do comprador.

SÚMULA Nº 76

As sociedades de economia mista não estão protegidas pela imunidade fiscal do art. 31, V, "a", Constituição Federal.

SÚMULA Nº 77

Está isenta de impostos federais a aquisição de bens pela Rede Ferroviária Federal.

SÚMULA Nº 78

Estão isentas de impostos locais as empresas de energia elétrica, no que respeita às suas atividades específicas.

SÚMULA Nº 79

O Banco do Brasil não tem isenção de tributos locais.

SÚMULA Nº 81

As cooperativas não gozam de isenção de impostos locais, com fundamento na Constituição e nas leis federais.

SÚMULA Nº 82

São inconstitucionais o imposto de cessão e a taxa sobre inscrição de promessa de venda de imóvel, substitutivos do imposto de transmissão, por incidirem sobre ato que não transfere o domínio.

SÚMULA Nº 83

Os ágios de importação incluem-se no valor dos artigos importados para incidência do imposto de consumo.

SÚMULA Nº 84

Não estão isentos do imposto de consumo os produtos importados pelas cooperativas.

SÚMULA Nº 85

Não estão sujeitos ao imposto de consumo os bens de uso pessoal e doméstico trazidos, como bagagem, do exterior.

SÚMULA Nº 86

Não está sujeito ao imposto de consumo automóvel usado, trazido do exterior pelo proprietário.

SÚMULA Nº 87

Somente no que não colidirem com a L. 3.244, de 14.8.57, são aplicáveis acordos tarifários anteriores.

SÚMULA Nº 88

É válida a majoração da tarifa alfandegária, resultante da L. 3.244, de 14.8.57, que modificou o Acordo Geral sobre Tarifas Aduaneiras e Comércio (GATT), aprovado pela L. 313, de 30.7.48.

SÚMULA Nº 89

Estão isentas do imposto de importação frutas importadas da Argentina, do Chile, da Espanha e de Portugal, enquanto vigentes os respectivos acordos comerciais.

SÚMULA Nº 90

É legítima a lei local que faça incidir o imposto de indústrias e profissões com base no movimento econômico do contribuinte.

SÚMULA Nº 91

A incidência do imposto único não isenta o comerciante de combustíveis do imposto de indústrias e profissões.

SÚMULA Nº 92

É constitucional o art. 100, nº II, da L. 4.563, de 20.2.57, do Município de Recife, que faz variar o imposto de licença em função do aumento do capital do contribuinte.

SÚMULA Nº 93

Não está isenta do imposto de renda a atividade profissional do arquiteto.

SÚMULA Nº 94

É competente a autoridade alfandegária para o desconto, na fonte, do imposto de renda correspondente às comissões dos despachantes aduaneiros.

SÚMULA Nº 95

Para cálculo do imposto de lucro extraordinário, incluem-se no capital as reservas do ano-base, apuradas em balanço.

SÚMULA Nº 96

O imposto de lucro imobiliário incide sobre a venda de imóvel da meação do cônjuge sobrevivente, ainda que aberta a sucessão antes da vigência da L. 3.470, de 28.11.58.

SÚMULA Nº 97

É devida a alíquota anterior do imposto de lucro imobiliário, quando a promessa de venda houver sido celebrada antes da vigência da lei que a tiver elevado.

SÚMULA Nº 98

Sendo o imóvel alienado na vigência da L. 3.470, de 28.11.58, ainda que adquirido por herança, usucapião ou a título gratuito, é devido o imposto de lucro imobiliário.

SÚMULA Nº 99

Não é devido o imposto de lucro imobiliário, quando a alienação de imóvel adquirido por herança, ou a título gratuito, tiver sido anterior à vigência da L. 3.470, de 28.11.58.

SÚMULA Nº 100

Não é devido o imposto de lucro imobiliário, quando a alienação de imóvel, adquirido por usucapião, tiver sido anterior à vigência da L. 3.470, de 28.11.58.

SÚMULA Nº 102

É devido o imposto federal do selo pela incorporação de reservas, em reavaliação de ativo, ainda que realizada antes da vigência da L. 3.519, de 30.12.58.

SÚMULA Nº 103

É devido o imposto federal do selo na simples reavaliação de ativo, realizada posteriormente à vigência da L. 3.519, de 30.12.58.

SÚMULA Nº 104

Não é devido o imposto federal do selo na simples reavaliação de ativo anterior à vigência da L. 3.519, de 30.12.58.

SÚMULA Nº 106

É legítima a cobrança de selo sobre registro de automóveis, na conformidade da legislação estadual.

SÚMULA Nº 107

É inconstitucional o imposto de selo de 3%, "ad valorem", do Paraná, quanto aos produtos remetidos para fora do Estado.

SÚMULA Nº 108

É legítima a incidência do imposto de transmissão "inter vivos" sobre o valor do imóvel ao tempo da alienação e não da promessa, na conformidade da legislação local.

SÚMULA Nº 110

O imposto de transmissão inter vivos não incide sobre a construção, ou parte dela, realizada pelo adquirente, mas sobre o que tiver sido construído ao tempo da alienação do terreno.

SÚMULA Nº 111

É legítima a incidência do imposto de transmissão "inter vivos" sobre a restituição, ao antigo proprietário, de imóvel que deixou de servir à finalidade da sua desapropriação.

SÚMULA Nº 112

O imposto de transmissão "causa mortis" é devido pela alíquota vigente ao tempo da abertura da sucessão.

SÚMULA Nº 113

O imposto de transmissão "causa mortis" é calculado sobre o valor dos bens na data da avaliação.

SÚMULA Nº 114

O imposto de transmissão "causa mortis" não é exigível antes da homologação do cálculo.

SÚMULA Nº 115

Sobre os honorários do advogado contratado pelo inventariante, com a homologação do juiz, não incide o imposto de transmissão "causa mortis".

SÚMULA Nº 116

Em desquite ou inventário, é legítima a cobrança do chamado imposto de reposição, quando houver desigualdade nos valores partilhados.

SÚMULA Nº 117

A lei estadual pode fazer variar a alíquota do imposto de vendas e consignações em razão da espécie do produto.

SÚMULA Nº 118

Estão sujeitas ao imposto de vendas e consignações as transações sobre minerais, que ainda não estão compreendidos na legislação federal sobre o imposto único.

SÚMULA Nº 119

É devido o imposto de vendas e consignações sobre a venda de cafés ao Instituto Brasileiro do Café, embora o lote, originariamente, se destinasse à exportação.

SÚMULA Nº 124

É inconstitucional o adicional do imposto de vendas e consignações cobrado pelo Estado do Espírito Santo sobre cafés da cota de expurgo entregues ao Instituto Brasileiro do Café.

SÚMULA Nº 125

Não é devido o imposto de vendas e consignações sobre a parcela do imposto de consumo que onera a primeira venda realizada pelo produtor.

SÚMULA Nº 126

É inconstitucional a chamada taxa de aguardente, do Instituto do Açúcar e do Álcool.

SÚMULA Nº 127

É indevida a taxa de armazenagem, posteriormente aos primeiros trinta dias, quando não exigível o imposto de consumo, cuja cobrança tenha motivado a retenção da mercadoria.

SÚMULA Nº 128

É indevida a taxa de assistência médica e hospitalar das instituições de previdência social.

SÚMULA Nº 129

Na conformidade da legislação local, é legítima a cobrança de taxa de calçamento.

SÚMULA Nº 130

A taxa de despacho aduaneiro (art. 66 da L. 3.244, de 14.8.57) continua a ser exigível após o Dec. Legisl. 14, de 25.8.60, que aprovou alterações introduzidas no Acordo Geral sobre Tarifas Aduaneiras e Comércio (GATT).

SÚMULA Nº 131

A taxa de despacho aduaneiro (art. 66 da L. 3.244, de 14.8.57) continua a ser exigível após o Dec. Legisl. 14, de 25.8.60, mesmo para as mercadorias incluídas na vigente lista III do Acordo Geral sobre Tarifas Aduaneiras e Comércio (GATT).

SÚMULA Nº 132

Não é devida a taxa de previdência social na importação de amianto bruto ou em fibra.

SÚMULA Nº 133

Não é devida a taxa de despacho aduaneiro na importação de fertilizantes e inseticidas.

SÚMULA Nº 134

A isenção fiscal para a importação de frutas da Argentina compreende a taxa de despacho aduaneiro e a taxa de previdência social.

SÚMULA Nº 135
É inconstitucional a taxa de eletrificação de Pernambuco.

SÚMULA Nº 136
É constitucional a taxa de estatística da Bahia.

SÚMULA Nº 137
A taxa de fiscalização da exportação incide sobre a bonificação cambial concedida ao exportador.

SÚMULA Nº 138
É inconstitucional a taxa contra fogo, do estado de Minas Gerais, incidente sobre prêmio de seguro contra fogo.

SÚMULA Nº 139
É indevida a cobrança do imposto de transação a que se refere a L. 899, de 1957, art. 58, IV, letra "e", do antigo Distrito Federal.

SÚMULA Nº 140
Na importação de lubrificantes é devida a taxa de previdência social.

SÚMULA Nº 141
Não incide a taxa de previdência social sobre combustíveis.

SÚMULA Nº 142
Não é devida a taxa de previdência social sobre mercadorias isentas do imposto de importação.

SÚMULA Nº 143
Na forma da lei estadual, é devido o imposto de vendas e consignações na exportação de café pelo Estado da Guanabara, embora proveniente de outro Estado.

SÚMULA Nº 144
É inconstitucional a incidência da taxa de recuperação econômica de Minas Gerais sobre contrato sujeito ao imposto federal do selo.

SÚMULA Nº 148
É legítimo o aumento de tarifas portuárias por ato do Ministro da Viação e Obras Públicas.

SÚMULA Nº 239
Decisão que declara indevida a cobrança do imposto em determinado exercício não faz coisa julgada em relação aos posteriores.

SÚMULA Nº 244
A importação de máquinas de costura está isenta do imposto de consumo.

SÚMULA Nº 302
Está isenta da taxa de previdência social a importação de petróleo bruto.

SÚMULA Nº 303

Não é devido o imposto federal de selo em contrato firmado com autarquia anteriormente à vigência da Emenda Constitucional nº 5, de 21.11.61.

SÚMULA Nº 306

As taxas de recuperação econômica e de assistência hospitalar de Minas Gerais são legítimas, quando incidem sobre matéria tributável pelo Estado.

SÚMULA Nº 308

A taxa de despacho aduaneiro, sendo adicional do imposto de importação, não incide sobre borracha importada com isenção daquele imposto.

SUMULA Nº 309

A taxa de despacho aduaneiro, sendo adicional do imposto de importação, não está compreendida na isenção do imposto de consumo para automóvel usado trazido do exterior pelo proprietário.

SÚMULA Nº 318

É legítima a cobrança, em 1962, pela municipalidade de São Paulo, do imposto de indústrias e profissões, consoante as leis 5.917 e 5.919, de 1961 (aumento anterior à vigência do orçamento e incidência do tributo sobre o movimento econômico do contribuinte).

SÚMULA Nº 323

É inadmissível a apreensão de mercadorias como meio coercitivo para pagamento de tributos.

SÚMULA Nº 324

A imunidade do art. 31, V, da Constituição Federal não compreende as taxas.

SÚMULA Nº 326

É legítima a incidência do imposto de transmissão "inter vivos" sobre a transferência do domínio útil.

SÚMULA Nº 328

É legítima a incidência do imposto de transmissão inter vivos sobre a doação de imóvel.

SÚMULA Nº 329

O imposto de transmissão "inter vivos" não incide sobre a transferência de ações de sociedade imobiliária.

SÚMULA Nº 331

É legítima a incidência do imposto de transmissão "causa mortis" no inventário por morte presumida.

SÚMULA Nº 332

É legítima a incidência do imposto de vendas e consignações sobre a parcela do preço correspondente aos ágios cambiais.

SÚMULA Nº 333

Está sujeita ao imposto de vendas e consignações a venda realizada por invernista não qualificado como pequeno produtor.

SÚMULA Nº 334

É legítima a cobrança, ao empreiteiro, do imposto de vendas e consignações, sobre o valor dos materiais empregados, quando a empreitada não for apenas de lavor.

SÚMULA Nº 336

A imunidade da autarquia financiadora, quanto ao contrato de financiamento, não se estende à compra e venda entre particulares, embora constantes os dois atos de um só instrumento.

SÚMULA Nº 348

É constitucional a criação de taxa de construção, conservação e melhoramento de estradas.

SÚMULA Nº 350

O imposto de indústrias e profissões não é exigível de empregado, por falta de autonomia na sua atividade profissional.

SÚMULA Nº 404

Não contrariam a Constituição os arts 3º, 22 e 27 da L. 3.244, de 14.8.57, que definem as atribuições do Conselho de Política Aduaneira quanto à tarifa flexível.

SÚMULA Nº 406

O estudante ou professor bolsista e o servidor público em missão de estudo satisfazem a condição da mudança de residência para o efeito de trazer automóvel do exterior, atendidos os demais requisitos legais.

SÚMULA Nº 435

O imposto de transmissão "causa mortis" pela transferência de ações é devido ao Estado em que tem sede a companhia.

SÚMULA Nº 436

É válida a L. 4.093, de 24.10.959, do Paraná, que revogou a isenção concedida às cooperativas por lei anterior.

SÚMULA Nº 437

Está isenta da taxa de despacho aduaneiro a importação de equipamento para a indústria automobilística, segundo plano aprovado, no prazo legal, pelo órgão competente.

SÚMULA Nº 438

É ilegítima a cobrança, em 1962, da Taxa de Educação e Saúde, de Santa Catarina, adicional do imposto de vendas e consignações.

SÚMULA Nº 439

Estão sujeitos à fiscalização tributária ou previdenciária quaisquer livros comerciais, limitado o exame aos pontos objeto da investigação.

SÚMULA Nº 468

Após a E. C. nº 5 de 21.11.61, em contrato firmado com a União, Estado, Município ou autarquia, é devido o imposto federal de selo pelo contratante não protegido pela imunidade, ainda que haja repercussão do ônus tributário sobre o patrimônio daquelas entidades.

SÚMULA Nº 469

A multa de cem por cento, para o caso de mercadoria importada irregularmente, é calculada à base do custo de câmbio da categoria correspondente.

SÚMULA Nº 470

O imposto de transmissão "inter vivos" não incide sobre a construção, ou parte dela, realizada, inequivocamente, pelo promitente comprador, mas sobre o valor do que tiver sido construído antes da promessa de venda.

SÚMULA Nº 471

As empresas aeroviárias não estão isentas do imposto de indústrias e profissões.

SÚMULA Nº 532

É constitucional a Lei nº 5.043, de 21.6.66, que concedeu remissão das dívidas fiscais oriundas da falta de oportuno pagamento de selo nos contratos particulares com a Caixa Econômica e outras entidades autárquicas.

SÚMULA Nº 533

Nas operações denominadas "crediários", com emissão de vales ou certificados para compras e nas quais, pelo financiamento, se cobram, em separado, juros, selos e outras despesas, incluir-se-á tudo no custo da mercadoria e sobre esse preço global calcular-se-á o imposto de vendas e consignações.

SÚMULA Nº 534

O imposto de importação sobre o extrato alcoólico de malte, como matéria-prima para fabricação de whisky, incide à base de 60%, desde que desembarcado antes do Decreto-lei nº 398, de 30.12.1968.

SÚMULA Nº 535

Na importação, a granel, de combustíveis líquidos é admissível a diferença de peso, para mais, até 4%, motivada pelas variações previstas no Decreto-lei nº 1.028, de 4-1-1939, art. 1º.

SÚMULA Nº 536

São objetivamente imunes ao imposto sobre circulação de mercadorias os produtos industrializados, em geral, destinados à exportação, além de outros, com a mesma destinação, cuja isenção a lei determinar.

SÚMULA Nº 537

É inconstitucional a exigência de imposto estadual do selo, quando feita nos atos e instrumentos tributados ou regulados por lei federal, ressalvado o disposto no art. 15, § 5º, da Constituição Federal de 1946.

SÚMULA Nº 538

A avaliação judicial para o efeito do cálculo das benfeitorias dedutíveis do imposto sobre lucro imobiliário independe do limite a que se refere a Lei nº 3.470, de 28-11-1958, art. 8º, parágrafo único.

SÚMULA Nº 539

É constitucional a lei do Município que reduz o imposto predial urbano sobre imóvel ocupado pela residência do proprietário, que não possua outro.

SÚMULA Nº 540

No preço da mercadoria sujeita ao imposto de vendas e consignações, não se incluem as despesas de frete e carreto.

SÚMULA Nº 541

O imposto sobre vendas e consignações não incide sobre a venda ocasional de veículos e equipamentos usados, que não se insere na atividade profissional do vendedor, e não é realizada com o fim de lucro, sem caráter, pois, de comercialidade.

SÚMULA Nº 542

Não é inconstitucional a multa instituída pelo Estado-membro, como sanção pelo retardamento do início ou da ultimação do inventário.

SÚMULA Nº 543

A Lei nº 2.975, de 27-11-1965, revogou, apenas, as isenções de caráter geral, relativas ao imposto único sobre combustíveis, não as especiais, por outras leis concedidas.

SÚMULA Nº 544

Isenções tributárias concedidas, sob condição onerosa, não podem ser livremente suprimidas.

SÚMULA Nº 545

Preços de serviços públicos e taxas não se confundem, porque estas, diferentemente daqueles, são compulsórias e têm sua cobrança condicionada à prévia autorização orçamentária, em relação à lei que as instituiu.

SÚMULA Nº 546

Cabe a restituição do tributo pago indevidamente, quando reconhecido por decisão, que o contribuinte de jure não recuperou do contribuinte de facto o quantum respectivo.

SÚMULA Nº 547

Não é lícito à autoridade proibir que o contribuinte em débito adquira estampilhas, despache mercadorias nas alfândegas e exerça suas atividades profissionais.

SÚMULA Nº 548

É inconstitucional o Decreto-lei nº 643, de 19.6.47, artigo 4º, do Paraná, na parte que exige selo proporcional sobre atos e instrumentos regulados por lei federal.

SÚMULA Nº 549

A Taxa de Bombeiros do Estado de Pernambuco é constitucional, revogada a Súmula nº 274.

SÚMULA Nº 550

A isenção concedida pelo art. 2º da Lei nº 1.815 de 1953, às empresas de navegação aérea não compreende a taxa de melhoramento de portos, instituída pela Lei nº 3.421 de 1958.

SÚMULA Nº 551

É inconstitucional a taxa de urbanização da Lei número 2.320, de 20-12-1961, instituída pelo Município de Pôrto Alegre, porque seu fato gerador é o mesmo da transmissão imobiliária.

SÚMULA Nº 553

O Adicional ao Frete para Renovação da Marinha Mercante (AFRMM) é contribuição parafiscal, não sendo abrangido pela imunidade prevista na letra d, inciso III, do art. 19, da Constituição Federal.

SÚMULA Nº 559

O Decreto-lei 730, de 5.8.69, revogou a exigência de homologação, pelo Ministro da Fazenda, das Resoluções do Conselho de Política Aduaneira.

SÚMULA Nº 569

É inconstitucional a discriminação de alíquotas do imposto de circulação de mercadorias nas operações interestaduais, em razão de o destinatário ser, ou não, contribuinte.

SÚMULA Nº 570

O imposto de circulação de mercadorias não incide sobre a importação de bens de capital.

SÚMULA Nº 571

O comprador de café ao IBC, ainda que sem expedição de nota fiscal, habilita-se, quando da comercialização do produto, ao crédito do ICM que incidiu sobre a operação anterior.

SÚMULA Nº 572

No cálculo do imposto de circulação de mercadorias devido na saída de mercadorias para o exterior, não se incluem fretes pagos a terceiros, seguros e despesas de embarque.

SÚMULA Nº 573

Não constitui fato gerador do imposto de circulação de mercadorias a saída física de máquinas, utensílios e implementos a título de comodato.

SÚMULA Nº 574

Sem lei estadual que a estabeleça, é ilegítima a cobrança do imposto de circulação de mercadorias sobre o fornecimento de alimentação e bebidas em restaurante ou estabelecimento similar.

SÚMULA Nº 575

À mercadoria importada de país signatário do GATT, ou membro da ALALC, estende-se a isenção do imposto de circulação de mercadorias concedida a similar nacional.

SÚMULA Nº 576

É lícita a cobrança do imposto de circulação de mercadorias sobre produtos importados sob o regime da alíquota "zero".

SÚMULA Nº 577

Na importação de mercadorias do exterior, o fato gerador do imposto de circulação de mercadorias ocorre no momento de sua entrada no estabelecimento do importador.

SÚMULA Nº 579

A cal virgem e a hidratada estão sujeitas ao imposto de circulação de mercadorias.

SÚMULA Nº 580

A isenção prevista no art. 13, parágrafo único, do Decreto-lei 43/66, restringe-se aos filmes cinematográficos.

SÚMULA Nº 581

A exigência de transporte em navio de bandeira brasileira, para efeito de isenção tributária, legitimou-se com o advento do Decreto-lei nº 666, de 2.7.69.

SÚMULA Nº 582

É constitucional a Resolução nº 640/69, do Conselho de Política Aduaneira, que reduziu a alíquota do imposto de importação para a soda cáustica, destinada a zonas de difícil distribuição e abastecimento.

SÚMULA Nº 583

Promitente-Comprador de imóvel residencial transcrito em nome de autarquia é contribuinte do imposto predial territorial urbano.

SÚMULA Nº 585

Não incide o imposto de renda sobre a remessa de divisas para pagamento de serviços prestados no exterior, por empresa que não opera no Brasil.

SÚMULA Nº 586

Incide imposto de renda sobre os juros remetidos para o exterior, com base em contrato de mútuo.

SÚMULA Nº 587

Incide imposto de renda sobre o pagamento de serviços técnicos contratados no exterior e prestados no Brasil.

SÚMULA Nº 588

O imposto sobre serviços não incide sobre os depósitos, as comissões e taxas de desconto, cobrados pelos estabelecimentos bancários.

SÚMULA Nº 589

É inconstitucional a fixação de adicional progressivo do imposto predial e territorial urbano em função do número de imóveis do contribuinte.

SÚMULA Nº 590

Calcula-se o imposto de transmissão causa mortis sobre o saldo credor da promessa de compra e venda de imóvel, no momento da abertura da sucessão do promitente vendedor.

SÚMULA Nº 591

A imunidade ou a isenção tributária do comprador não se estende ao produtor, contribuinte do imposto sobre produtos industrializados.

SÚMULA Nº 595

É inconstitucional a taxa municipal de conservação de estradas de rodagem cuja base de cálculo seja idêntica à do imposto territorial rural.

SÚMULA Nº 615

O princípio constitucional da anualidade (§ 29 do art. 153 da CF) não se aplica à revogação de isenção do ICM.

SÚMULA Nº 656

É inconstitucional a lei que estabelece alíquotas progressivas para o imposto de transmissão inter vivos de bens imóveis - ITBI com base no valor venal do imóvel.

SÚMULA Nº 657

A imunidade prevista no art. 150, VI, d, da Constituição Federal abrange os filmes e papéis fotográficos necessários à publicação de jornais e periódicos.

SÚMULA Nº 658

São constitucionais os arts. 7º da Lei 7.787/89 e 1º da Lei 7.894/89 e da Lei 8.147/90, que majoraram a alíquota do Finsocial, quando devida a contribuição por empresas dedicadas exclusivamente à prestação de serviços.

SÚMULA Nº 659

É legítima a cobrança da COFINS, do PIS e do FINSOCIAL sobre as operações relativas a energia elétrica, serviços de telecomunicações, derivados de petróleo, combustíveis e minerais do País.

SÚMULA Nº 660

Não incide ICMS na importação de bens por pessoa física ou jurídica que não seja contribuinte do imposto.

SÚMULA Nº 661

Na entrada de mercadoria importada do exterior, é legítima a cobrança do ICMS por ocasião do desembaraço aduaneiro.

SÚMULA Nº 662

É legítima a incidência do ICMS na comercialização de exemplares de obras cinematográficas, gravados em fitas de videocassete.

SÚMULA Nº 663

Os §§ 1º e 3º do art. 9º do Dl. 406/68 foram recebidos pela Constituição.

SÚMULA Nº 664

É inconstitucional o inciso V do art. 1º da Lei 8.033/90, que instituiu a incidência do imposto nas operações de crédito, câmbio e seguros - IOF sobre saques efetuados em caderneta de poupança.

SÚMULA Nº 665

É constitucional a Taxa de Fiscalização dos Mercados de Títulos e Valores Mobiliários instituída pela Lei 7.940/89.

SÚMULA Nº 666

A contribuição confederativa de que trata o art. 8º, IV, da Constituição, só é exigível dos filiados ao sindicato respectivo.

SÚMULA Nº 668

É inconstitucional a lei municipal que tenha estabelecido, antes da Emenda Constitucional 29/2000, alíquotas progressivas para o IPTU, salvo se destinada a assegurar o cumprimento da função social da propriedade urbana.

SÚMULA Nº 669

Norma legal que altera o prazo de recolhimento da obrigação tributária não se sujeita ao princípio da anterioridade.

SÚMULA Nº 670

O serviço de iluminação pública não pode ser remunerado mediante taxa.

SÚMULA Nº 724

Ainda quando alugado a terceiros, permanece imune ao IPTU o imóvel pertencente a qualquer das entidades referidas pelo art. 150, VI, c, da Constituição, desde que o valor dos aluguéis seja aplicado nas atividades essenciais de tais entidades.

SÚMULA Nº 730

A imunidade tributária conferida a instituições de assistência social sem fins lucrativos pelo art. 150, VI, c, da Constituição, somente alcança as entidades fechadas de previdência social privada se não houver contribuição dos beneficiários.

SÚMULA Nº 732

É constitucional a cobrança da contribuição do salário-educação, seja sob a Carta de 1969, seja sob a Constituição Federal de 1988, e no regime da Lei 9.424/96.

24.4 SÚMULAS DO SUPERIOR TRIBUNAL DE JUSTIÇA (STJ)

As **súmulas do Superior Tribunal de Justiça** (STJ) são enunciados que consolidam a **interpretação de determinada matéria jurídica**, com base em **decisões reiteradas do Tribunal**. Sua criação busca **uniformizar a jurisprudência**, conferir **previsibilidade às decisões judiciais** e garantir **segurança jurídica** no sistema jurídico brasileiro.

Possuem **caráter orientativo e não vinculativo**, salvo em casos específicos previstos em lei. Isso significa que não obrigam diretamente os juízes e tribunais a segui-las, exceto quando sua aplicação se dá em situações que envolvem:

- **Súmulas Vinculantes**: como vimos, são editadas pelo Supremo Tribunal Federal e possuem força vinculante para toda a administração pública e o Poder Judiciário. As súmulas do STJ, por sua vez, não possuem essa característica.

- **Súmulas no âmbito dos Juizados Especiais Federais (Lei nº 10.259/2001, art. 14, § 4º)**[2]: possuem caráter vinculativo nesses casos, desde que não haja decisão contrária do STF.

- **Incidentes de Resolução de Demandas Repetitivas (IRDR)**: súmulas oriundas de julgados no regime de recursos repetitivos pelo STJ podem ser aplicadas de forma obrigatória pelos tribunais de instâncias inferiores em casos análogos.

A **validade das súmulas do STJ** decorre de sua fundamentação em reiterados precedentes julgados pelo tribunal. O STJ, como **órgão máximo da justiça infraconstitucional**, é responsável por **uniformizar a interpretação de leis federais**. A súmula

---

2. **Art. 14.** Caberá pedido de uniformização de interpretação de lei federal quando houver divergência entre decisões sobre questões de direito material proferidas por Turmas Recursais na interpretação da lei.

(...)

§ 4º Quando a orientação acolhida pela Turma de Uniformização, em questões de direito material, contrariar súmula ou jurisprudência dominante no Superior Tribunal de Justiça -STJ, a parte interessada poderá provocar a manifestação deste, que dirimirá a divergência.

é elaborada pela **Comissão de Jurisprudência** e aprovada pelos **ministros em sessão plenária**.

No entanto, **sua validade pode ser questionada** caso haja mudança no entendimento jurisprudencial do próprio tribunal ou alteração legislativa ou constitucional que modifique o contexto jurídico no qual foi editada. Nesse caso, as súmulas podem ser **revisadas** ou **canceladas**.

Em matéria tributária, destacamos as seguintes súmulas:

SÚMULA Nº 20
A mercadoria importada de país signatário do GATT é isenta do ICM, quando contemplado com esse favor o similar nacional.

SÚMULA Nº 23
O Banco Central do Brasil é parte legítima nas ações fundadas na Resolução 1154, de 1986.

SÚMULA Nº 49
Na exportação de café em grão, não se inclui na base de cálculo do ICM a quota de contribuição, a que se refere o art. 2. do Decreto-lei 2.295, de 21.11.86.

SÚMULA Nº 50
O adicional de tarifa portuária incide apenas nas operações realizadas com mercadorias importadas ou exportadas, objeto do comércio de navegação de longo curso.

SÚMULA Nº 58
Proposta a execução fiscal, a posterior mudança de domicílio do executado não desloca a competência já fixada.

SÚMULA Nº 65
O cancelamento, previsto no art. 29 do Decreto-lei 2.303, de 21.11.86, não alcança os débitos previdenciários.

SÚMULA Nº 66
Compete à Justiça Federal processar e julgar execução fiscal promovida por Conselho de Fiscalização Profissional.

SÚMULA Nº 71
O bacalhau importado de país signatário do GATT é isento do ICM.

SÚMULA Nº 77
A Caixa Econômica Federal é parte ilegítima para figurar no polo passivo das ações relativas às contribuições para o fundo PIS/PASEP.

SÚMULA Nº 80
A taxa de melhoramento dos portos não se inclui na base de cálculo do ICMS.

SÚMULA Nº 87
A isenção do ICMS relativa a rações balanceadas para animais abrange o concentrado e o suplemento.

SÚMULA Nº 95

A redução da alíquota do imposto sobre produtos industrializados ou do imposto de importação não implica redução do ICMS.

SÚMULA Nº 100

É devido o adicional ao frete para renovação da marinha mercante na importação sob o regime de benefícios fiscais à exportação (BEFIEX).

SÚMULA Nº 112

O depósito somente suspende a exigibilidade do crédito tributário se for integral e em dinheiro.

SÚMULA Nº 121

Na execução fiscal o devedor deverá ser intimado, pessoalmente, do dia e hora da realização do leilão.

SÚMULA Nº 124

A taxa de melhoramento dos portos tem base de cálculo diversa do imposto de importação, sendo legítima a sua cobrança sobre a importação de mercadorias de países signatários do GATT, da ALALC ou ALADI.

SÚMULA Nº 125

O pagamento de férias não gozadas por necessidade do serviço não está sujeito a incidência do imposto de renda.

SÚMULA Nº 128

Na execução fiscal haverá segundo leilão, se no primeiro não houver lanço superior a avaliação.

SÚMULA Nº 129

O exportador adquire o direito de transferência de crédito do ICMS quando realiza a exportação do produto e não ao estocar a matéria-prima.

SÚMULA Nº 135

O ICMS não incide na gravação e distribuição de filmes e videoteipes.

SÚMULA Nº 136

O pagamento de licença-prêmio não gozada por necessidade do serviço não está sujeito ao imposto de renda.

SÚMULA Nº 138

O ISS incide na operação de arrendamento mercantil de coisas móveis.

SÚMULA Nº 139

Cabe a Procuradoria da Fazenda Nacional propor execução fiscal para cobrança de crédito relativo ao ITR.

SÚMULA Nº 153

A desistência da execução fiscal, após o oferecimento dos embargos, não exime o exequente dos encargos da sucumbência.

SÚMULA Nº 155

O ICMS incide na importação de aeronave, por pessoa física, para uso próprio.

SÚMULA Nº 156

A prestação de serviço de composição gráfica, personalizada e sob encomenda, ainda que envolva fornecimento de mercadorias, está sujeita, apenas, ao ISS.

SÚMULA Nº 160

É defeso, ao município, atualizar o IPTU, mediante decreto, em percentual superior ao índice oficial de correção monetária.

SÚMULA Nº 162

Na repetição de indébito tributário, a correção monetária incide a partir do pagamento indevido.

SÚMULA Nº 163

O fornecimento de mercadorias com a simultânea prestação de serviços em bares, restaurantes e estabelecimentos similares constitui fato gerador do ICMS a incidir sobre o valor total da operação.

SÚMULA Nº 166

Não constitui fato gerador do ICMS o simples deslocamento de mercadoria de um para outro estabelecimento do mesmo contribuinte.

SÚMULA Nº 167

O fornecimento de concreto, por empreitada, para construção civil, preparado no trajeto até a obra em betoneiras acopladas a caminhões, é prestação de serviço, sujeitando-se apenas à incidência do ISS.

SÚMULA Nº 184

A microempresa de representação comercial é isenta do imposto de renda.

SÚMULA Nº 185

Nos depósitos judiciais, não incide o imposto sobre operações financeiras.

SÚMULA Nº 188

Os juros moratórios, na repetição do indébito tributário, são devidos a partir do trânsito em julgado da sentença.

SÚMULA Nº 189

É desnecessária a intervenção do Ministério Público nas execuções fiscais.

SÚMULA Nº 190

Na execução fiscal, processada perante a Justiça Estadual, cumpre à Fazenda Pública antecipar o numerário destinado ao custeio das despesas com o transporte dos oficiais de justiça.

SÚMULA Nº 198

Na importação de veículo por pessoa física, destinado a uso próprio, incide o ICMS.

SÚMULA Nº 213

O mandado de segurança constitui ação adequada para a declaração do direito à compensação tributária.

SÚMULA Nº 215

A indenização recebida pela adesão a programa de incentivo à demissão voluntária não está sujeita à incidência do imposto de renda.

SÚMULA Nº 237

Nas operações com cartão de crédito, os encargos relativos ao financiamento não são considerados no cálculo do ICMS.

SÚMULA Nº 251

A meação só responde pelo ato ilícito quando o credor, na execução fiscal, provar que o enriquecimento dele resultante aproveitou ao casal.

SÚMULA Nº 262

Incide o imposto de renda sobre o resultado das aplicações financeiras realizadas pelas cooperativas.

SÚMULA Nº 274

O ISS incide sobre o valor dos serviços de assistência médica, incluindo-se neles as refeições, os medicamentos e as diárias hospitalares.

SÚMULA Nº 310

O auxílio-creche não integra o salário-de-contribuição.

SÚMULA Nº 314

Em execução fiscal, não localizados bens penhoráveis, suspende-se o processo por um ano, findo o qual se inicia o prazo da prescrição quinquenal intercorrente.

SÚMULA Nº 334

O ICMS não incide no serviço dos provedores de acesso à Internet.

SÚMULA Nº 350

O ICMS não incide sobre o serviço de habilitação de telefone celular.

SÚMULA Nº 351

A alíquota de contribuição para o Seguro de Acidente do Trabalho (SAT) é aferida pelo grau de risco desenvolvido em cada empresa, individualizada pelo seu CNPJ, ou pelo grau de risco da atividade preponderante quando houver apenas um registro.

SÚMULA Nº 352

A obtenção ou a renovação do Certificado de Entidade Beneficente de Assistência Social (Cebas) não exime a entidade do cumprimento dos requisitos legais supervenientes.

SÚMULA Nº 355

É válida a notificação do ato de exclusão do programa de recuperação fiscal do Refis pelo Diário Oficial ou pela Internet.

SÚMULA Nº 360

O benefício da denúncia espontânea não se aplica aos tributos sujeitos a lançamento por homologação regularmente declarados, mas pagos a destempo.

SÚMULA Nº 386

São isentas de imposto de renda as indenizações de férias proporcionais e o respectivo adicional.

SÚMULA Nº 391

O ICMS incide sobre o valor da tarifa de energia elétrica correspondente à demanda de potência efetivamente utilizada.

SÚMULA Nº 392

A Fazenda Pública pode substituir a certidão de dívida ativa (CDA) até a prolação da sentença de embargos, quando se tratar de correção de erro material ou formal, vedada a modificação do sujeito passivo da execução.

SÚMULA Nº 393

A exceção de pré-executividade é admissível na execução fiscal relativamente às matérias conhecíveis de ofício que não demandem dilação probatória.

SÚMULA Nº 394

É admissível, em embargos à execução, compensar os valores de imposto de renda retidos indevidamente na fonte com os valores restituídos apurados na declaração anual.

SÚMULA Nº 395

O ICMS incide sobre o valor da venda a prazo constante da nota fiscal.

SÚMULA Nº 396

A Confederação Nacional da Agricultura tem legitimidade ativa para a cobrança da contribuição sindical rural.

SÚMULA Nº 397

O contribuinte do IPTU é notificado do lançamento pelo envio do carnê ao seu endereço.

SÚMULA Nº 399

Cabe à legislação municipal estabelecer o sujeito passivo do IPTU.

SÚMULA Nº 400

O encargo de 20% previsto no DL n. 1.025/1969 é exigível na execução fiscal proposta contra a massa falida.

SÚMULA Nº 406

A Fazenda Pública pode recusar a substituição do bem penhorado por precatório.

SÚMULA Nº 409

Em execução fiscal, a prescrição ocorrida antes da propositura da ação pode ser decretada de ofício (art. 219, § 5º, do CPC).

SÚMULA Nº 411

É devida a correção monetária ao creditamento do IPI quando há oposição ao seu aproveitamento decorrente de resistência ilegítima do Fisco.

SÚMULA Nº 414

A citação por edital na execução fiscal é cabível quando frustradas as demais modalidades.

SÚMULA Nº 423

A Contribuição para Financiamento da Seguridade Social - Cofins incide sobre as receitas provenientes das operações de locação de bens móveis.

SÚMULA Nº 424

É legítima a incidência de ISS sobre os serviços bancários congêneres da lista anexa ao DL n. 406/1968 e à LC n. 56/1987.

SÚMULA Nº 425

A retenção da contribuição para a seguridade social pelo tomador do serviço não se aplica às empresas optantes pelo Simples.

SÚMULA Nº 430

O inadimplemento da obrigação tributária pela sociedade não gera, por si só, a responsabilidade solidária do sócio-gerente.

SÚMULA Nº 431

É ilegal a cobrança de ICMS com base no valor da mercadoria submetido ao regime de pauta fiscal.

SÚMULA Nº 432

As empresas de construção civil não estão obrigadas a pagar ICMS sobre mercadorias adquiridas como insumos em operações interestaduais.

SÚMULA Nº 433

O produto semielaborado, para fins de incidência de ICMS, é aquele que preenche cumulativamente os três requisitos do art. 1º da Lei Complementar n. 65/1991.

SÚMULA Nº 435

Presume-se dissolvida irregularmente a empresa que deixar de funcionar no seu domicílio fiscal, sem comunicação aos órgãos competentes, legitimando o redirecionamento da execução fiscal para o sócio-gerente.

SÚMULA Nº 436

A entrega de declaração pelo contribuinte reconhecendo débito fiscal constitui o crédito tributário, dispensada qualquer outra providência por parte do fisco.

SÚMULA Nº 437

A suspensão da exigibilidade do crédito tributário superior a quinhentos mil reais para opção pelo Refis pressupõe a homologação expressa do comitê gestor e a constituição de garantia por meio do arrolamento de bens.

SÚMULA Nº 446

Os Estados e o Distrito Federal são partes legítimas na ação de restituição de imposto de renda retido na fonte proposta por seus servidores.

SÚMULA Nº 447

Os Estados e o Distrito Federal são partes legítimas na ação de restituição de imposto de renda retido na fonte proposta por seus servidores.

SÚMULA Nº 448

A opção pelo Simples de estabelecimentos dedicados às atividades de creche, pré-escola e ensino fundamental é admitida somente a partir de 24/10/2000, data de vigência da Lei n. 10.034/2000.

SÚMULA Nº 451

É legítima a penhora da sede do estabelecimento comercial.

SÚMULA Nº 457

Os descontos incondicionais nas operações mercantis não se incluem na base de cálculo do ICMS.

SÚMULA Nº 458

A contribuição previdenciária incide sobre a comissão paga ao corretor de seguros.

SÚMULA Nº 460

É incabível o mandado de segurança para convalidar a compensação tributária realizada pelo contribuinte.

SÚMULA Nº 461

O contribuinte pode optar por receber, por meio de precatório ou por compensação, o indébito tributário certificado por sentença declaratória transitada em julgado.

SÚMULA Nº 463

Incide imposto de renda sobre os valores percebidos a título de indenização por horas extraordinárias trabalhadas, ainda que decorrentes de acordo coletivo.

SÚMULA Nº 464

A regra de imputação de pagamentos estabelecida no art. 354 do Código Civil não se aplica às hipóteses de compensação tributária.

SÚMULA Nº 468

A base de cálculo do PIS, até a edição da MP n. 1.212/1995, era o faturamento ocorrido no sexto mês anterior ao do fato gerador.

SÚMULA Nº 494

O benefício fiscal do ressarcimento do crédito presumido do IPI relativo às exportações incide mesmo quando as matérias-primas ou os insumos sejam adquiridos de pessoa física ou jurídica não contribuinte do PIS/PASEP.

SÚMULA Nº 495

A aquisição de bens integrantes do ativo permanente da empresa não gera direito a creditamento de IPI.

SÚMULA Nº 498

Não incide imposto de renda sobre a indenização por danos morais.

SÚMULA Nº 499

As empresas prestadoras de serviços estão sujeitas às contribuições ao Sesc e Senac, salvo se integradas noutro serviço social.

SÚMULA Nº 508

A isenção da Cofins concedida pelo art. 6º, II, da LC n. 70/1991 às sociedades civis de prestação de serviços profissionais foi revogada pelo art. 56 da Lei n. 9.430/1996.

SÚMULA Nº 509

É lícito ao comerciante de boa-fé aproveitar os créditos de ICMS decorrentes de nota fiscal posteriormente declarada inidônea, quando demonstrada a veracidade da compra e venda.

SÚMULA Nº 515

A reunião de execuções fiscais contra o mesmo devedor constitui faculdade do Juiz.

SÚMULA Nº 516

A contribuição de intervenção no domínio econômico para o Incra (Decreto-Lei n. 1.110/1970), devida por empregadores rurais e urbanos, não foi extinta pelas Leis ns. 7.787/1989, 8.212/1991 e 8.213/1991, não podendo ser compensada com a contribuição ao INSS.

SÚMULA Nº 523

A taxa de juros de mora incidente na repetição de indébito de tributos estaduais deve corresponder à utilizada para cobrança do tributo pago em atraso, sendo legítima a incidência da taxa Selic, em ambas as hipóteses, quando prevista na legislação local, vedada sua cumulação com quaisquer outros índices.

SÚMULA Nº 524

No tocante à base de cálculo, o ISSQN incide apenas sobre a taxa de agenciamento quando o serviço prestado por sociedade empresária de trabalho temporário for de intermediação, devendo, entretanto, englobar também os valores dos salários e encargos sociais dos trabalhadores por ela contratados nas hipóteses de fornecimento de mão de obra.

SÚMULA Nº 553

Nos casos de empréstimo compulsório sobre o consumo de energia elétrica, é competente a Justiça estadual para o julgamento de demanda proposta exclusivamente contra a Eletrobrás. Requerida a intervenção da União no feito após a prolação de sentença pelo juízo estadual, os autos devem ser remetidos ao Tribunal Regional Federal competente para o julgamento da apelação se deferida a intervenção.

SÚMULA Nº 554

Na hipótese de sucessão empresarial, a responsabilidade da sucessora abrange não apenas os tributos devidos pela sucedida, mas também as multas moratórias ou punitivas referentes a fatos geradores ocorridos até a data da sucessão.

SÚMULA Nº 555

Quando não houver declaração do débito, o prazo decadencial quinquenal para o Fisco constituir o crédito tributário conta-se exclusivamente na forma do art. 173, I, do CTN, nos casos em que a legislação atribui ao sujeito passivo o dever de antecipar o pagamento sem prévio exame da autoridade administrativa.

SÚMULA Nº 556

É indevida a incidência de imposto de renda sobre o valor da complementação de aposentadoria pago por entidade de previdência privada e em relação ao resgate de contribuições recolhidas para referidas entidades patrocinadoras no período de 1º/1/1989 a 31/12/1995, em razão da isenção concedida pelo art. 6º, VII, b, da Lei n. 7.713/1988, na redação anterior à que lhe foi dada pela Lei n. 9.250/1995.

SÚMULA Nº 558

Em ações de execução fiscal, a petição inicial não pode ser indeferida sob o argumento da falta de indicação do CPF e/ou RG ou CNPJ da parte executada.

SÚMULA Nº 559

Em ações de execução fiscal, é desnecessária a instrução da petição inicial com o demonstrativo de cálculo do débito, por tratar-se de requisito não previsto no art. 6º da Lei n. 6.830/1980.

SÚMULA Nº 560

A decretação da indisponibilidade de bens e direitos, na forma do art. 185-A do CTN, pressupõe o exaurimento das diligências na busca por bens penhoráveis, o qual fica caracterizado quando infrutíferos o pedido de constrição sobre ativos financeiros e a expedição de ofícios aos registros públicos do domicílio do executado, ao Denatran ou Detran.

SÚMULA Nº 569

Na importação, é indevida a exigência de nova certidão negativa de débito no desembaraço aduaneiro, se já apresentada a comprovação da quitação de tributos federais quando da concessão do benefício relativo ao regime de drawback.

SÚMULA Nº 583

O arquivamento provisório previsto no art. 20 da Lei n. 10.522/2002, dirigido aos débitos inscritos como dívida ativa da União pela Procuradoria-Geral da Fazenda Nacional ou por ela cobrados, não se aplica às execuções fiscais movidas pelos conselhos de fiscalização profissional ou pelas autarquias federais.

SÚMULA Nº 584

As sociedades corretoras de seguros, que não se confundem com as sociedades de valores mobiliários ou com os agentes autônomos de seguro privado, estão fora do rol de entidades constantes do art. 22, § 1º, da Lei n. 8.212/1991, não se sujeitando à majoração da alíquota da Cofins prevista no art. 18 da Lei n. 10.684/2003.

SÚMULA Nº 585

A responsabilidade solidária do ex-proprietário, prevista no art. 134 do Código de Trânsito Brasileiro - CTB, não abrange o IPVA incidente sobre o veículo automotor, no que se refere ao período posterior à sua alienação.

SÚMULA Nº 590

Constitui acréscimo patrimonial a atrair a incidência do imposto de renda, em caso de liquidação de entidade de previdência privada, a quantia que couber a cada participante, por rateio do patrimônio, superior ao valor das respectivas contribuições à entidade em liquidação, devidamente atualizadas e corrigidas.

SÚMULA Nº 598

É desnecessária a apresentação de laudo médico oficial para o reconhecimento judicial da isenção do imposto de renda, desde que o magistrado entenda suficientemente demonstrada a doença grave por outros meios de prova.

SÚMULA Nº 612

O certificado de entidade beneficente de assistência social (CEBAS), no prazo de sua validade, possui natureza declaratória para fins tributários, retroagindo seus efeitos à data em que demonstrado o cumprimento dos requisitos estabelecidos por lei complementar para a fruição da imunidade.

SÚMULA Nº 614

O locatário não possui legitimidade ativa para discutir a relação jurídico-tributária de IPTU e de taxas referentes ao imóvel alugado nem para repetir indébito desses tributos.

SÚMULA Nº 622

A notificação do auto de infração faz cessar a contagem da decadência para a constituição do crédito tributário; exaurida a instância administrativa com o decurso do prazo para a impugnação ou com a notificação de seu julgamento definitivo e esgotado o prazo concedido pela Administração para o pagamento voluntário, inicia-se o prazo prescricional para a cobrança judicial.

SÚMULA Nº 625

O pedido administrativo de compensação ou de restituição não interrompe o prazo prescricional para a ação de repetição de indébito tributário de que trata o art. 168 do CTN nem o da execução de título judicial contra a Fazenda Pública.

SÚMULA Nº 626

A incidência do IPTU sobre imóvel situado em área considerada pela lei local como urbanizável ou de expansão urbana não está condicionada à existência dos melhoramentos elencados no art. 32, § 1º, do CTN.

SÚMULA Nº 627

O contribuinte faz jus à concessão ou à manutenção da isenção do imposto de renda, não se lhe exigindo a demonstração da contemporaneidade dos sintomas da doença nem da recidiva da enfermidade.

SÚMULA Nº 640

O benefício fiscal que trata do Regime Especial de Reintegração de Valores Tributários para as Empresas Exportadoras (REINTEGRA) alcança as operações de venda de mercadorias de origem nacional para a Zona Franca de Manaus, para consumo, industrialização ou reexportação para o estrangeiro.

SÚMULA Nº 649

Não incide ICMS sobre o serviço de transporte interestadual de mercadorias destinadas ao exterior.

SÚMULA Nº 653

O pedido de parcelamento fiscal, ainda que indeferido, interrompe o prazo prescricional, pois caracteriza confissão extrajudicial do débito.

SÚMULA Nº 654

A tabela de preços máximos ao consumidor (PMC) publicada pela ABCFarma, adotada pelo Fisco para a fixação da base de cálculo do ICMS na sistemática da substituição tributária, não se aplica aos medicamentos destinados exclusivamente para uso de hospitais e clínicas.

SÚMULA Nº 666

A legitimidade passiva, em demandas que visam à restituição de contribuições de terceiros, está vinculada à capacidade tributária ativa; assim, nas hipóteses em que as entidades terceiras são meras destinatárias das contribuições, não possuem elas legitimidade ad causam para figurar no polo.

SÚMULA Nº 671

Não incide o IPI quando sobrevém furto ou roubo do produto industrializado após sua saída do estabelecimento industrial ou equiparado e antes de sua entrega ao adquirente.

SÚMULA Nº 673

A comprovação da regular notificação do executado para o pagamento da dívida de anuidade de conselhos de classe ou, em caso de recurso, o esgotamento das instâncias administrativas são requisitos indispensáveis à constituição e execução do crédito.

ANOTAÇÕES